СЛАВЯНСКИЙ ИНСТИТУТ АКАДЕМИИ НАУК
ЧЕШСКОЙ РЕСПУБЛИКИ

ИНСТИТУТ СЛАВЯНОВЕДЕНИЯ И БАЛКАНИСТИКИ
РОССИЙСКОЙ АКАДЕМИИ НАУК

СТАРОСЛАВЯНСКИЙ СЛОВАРЬ

(по рукописям X–XI веков)

Под редакцией
Р. М. ЦЕЙТЛИН, Р. ВЕЧЕРКИ
и Э. БЛАГОВОЙ

МОСКВА
«РУССКИЙ ЯЗЫК»
1994

ББК 81.2-4
С 77

Авторы:
Э. БЛАГОВА, Р. М. ЦЕЙТЛИН, С. ГЕРОДЕС,
Л. ПАЦНЕРОВА, М. БАУЭРОВА

Рецензенты:
акад. Н. И. Толстой,
д-р филол. наук А. Е. Супрун,
д-р филол. наук Г. А. Хабургаев

Данное издание выпущено при содействии Международного фонда «Культурная инициатива».

Старославянский словарь (по рукописям X—XI ве-
С 77 ков): Около 10 000 слов/Э. Благова, Р. М. Цейтлин, С. Геродес и др. Под. ред. Р. М. Цейтлин, Р. Вечерки и Э. Благовой.— М.: Рус. яз., 1994.— 842 с.
ISBN 5-200-01113-2

Словарь дает исчерпывающее описание лексики 18 древнейших памятников славянской письменности (около 10 тыс. слов).
Предназначается для научных работников, филологов-славистов, преподавателей и студентов, изучающих старославянский язык, для всех, интересующихся древнеславянской письменностью, для чтения Ветхого и Нового Завета.

С $\frac{4602030000-040}{015(01)-94}$ 76—93 **ББК 81.2-4**

ISBN 5-200-01113-2

ПРЕДИСЛОВИЕ

«Старославянский словарь (по рукописям X—XI веков)» рассчитан на славистов-языковедов, а также на историков, этнографов, юристов, литературоведов, изучающих древнейший период истории, культуры и быта славянских народов. Вместе с тем словарь является учебным пособием для студентов филологических, исторических и ряда других гуманитарных факультетов, отделений университетов и педагогических институтов.

Настоящий словарь — коллективный труд сотрудников Славянского института Академии наук Чешской республики и Института славяноведения и балканистики Российской Академии наук. Словарь создан на основе картотеки языка старославянских и церковнославянских рукописей Чехословацкой академии наук. Тексты расписаны по их лучшим изданиям; при наличии нескольких изданий учитываются и критически отбираются разночтения.

Работа в авторском коллективе была распределена следующим образом. Руководитель авторского коллектива — Э. Благова; она же автор ряда словарных статей (буквы д, и, к, н, все предлоги и союзы). Ею проведено специальное редактирование раздела греческих соответствий и дополнение этого раздела по последним публикациям греческих текстов. Она выполнила переводы на чешский язык в буквах ρ — ѵ. Авторы остальных словарных статей: Р. М. Цейтлин (буквы ρ — ѵ); С. Геродес (буквы а, б, в, г, є, м, о — от начала буквы до **ОСѪДИТИ**); Л. Пацнерова (буквы ж, ѕ, з, л, п) и М. Бауэрова (частицы в буквах а — п и часть буквы о — от **ОСѪДИТИ** до конца). Р. М. Цейтлин провела специальное редактирование русских толкований по буквам а — п.

Авторами разделов вступительной статьи являются Р. Вечерка («Описание старославянских рукописей», «Фонетико-фонологическая и правописно-графическая характеристика старославянских рукописей», «Нормализация написания заглавного слова основной словарной статьи», «О произношении старославянских букв») и Р. М. Цейтлин («Построение словарной статьи»). Перевод с чешского языка разделов, написанных Р. Вечеркой, выполнен Р. М. Цейтлин.

К словарю прилагаются морфологические таблицы, составленные Р. Вечеркой.

Создание словаря старославянской лексики, отвечающего как современному состоянию изученности рукописей старославянского языка, так и современному уровню лексикологии и лексикографии,— одна из насущных задач славяноведения наших дней. Важность создания такого труда объясняется прежде всего той исключительной ролью, которую играл старославянский язык в истории культуры (в широком понимании этого термина) народов Восточной Европы, прежде всего славянских, в эпоху раннего средневековья. Без такого словаря-справочника не могут обойтись не только слависты, но и византинисты и румыноведы различных специальностей, обращающиеся в своих исследованиях к старославянским текстам. Практически вообще нельзя заранее определить все возможные области использования справочника такого рода, каким является словарь древнего языка широкого международного распространения.

Старославянский язык — первая фиксация славянской речи на письме, первый по времени появления письменный славянский язык. Его возникновение относится ко второй половине IX в. и связано с именами уроженцев г. Солуня — братьев Константина-Кирилла Философа и Мефодия. Кирилл и Мефодий, выдающиеся общественные деятели своего времени, высокообразованные люди, создали славянскую азбуку (по мнению большинства ученых — глаголицу) и вместе со своими учениками и последователями сделали первые переводы богослужебных книг с греческого языка на славянский. Рукописи на старославянском языке непосредственно от IX в. не сохранились. Первые старославянские рукописи датируются по совокупности признаков в основном второй половиной X в., остальные — XI в. Датированные рукописи нам не известны; до нас дошло только несколько датированных надписей. Самые древние — надпись 921 г. в скальном монастыре около села Крепча (недалеко от г. Провадия); надпись на корчаге 930—931 гг. в Преславе; Добруджанская надпись 943 г. на камне; надпись 993 г. царя Самуила на могильной плите; Битольская надпись Ивана Владислава 1015—1016 гг. на камне и некоторые другие.

В течение длительного времени старославянский язык был общим культурным книжно-письменным (по другой терминологии — литературным) языком славянских народов. Старославянский язык и старославянская письменность сыграли значительную роль в формировании и развитии литературных языков и литератур почти всех славянских народов. Языковые факты, засвидетельствованные в старославянских рукописях, в силу тесного родства древних славянских языков позволяют истолковать целый ряд особенностей славянских языков различных групп в их историческом развитии от древности до современного состояния. Эти качества старославянского языка в течение почти двух столетий — с начальных этапов формирования научного славяноведения, с одной стороны, и сравнительно-исторического языкознания, с другой,— привлекают к старославянскому языку постоянное внимание специалистов различных областей гуманитарных знаний. Следует учитывать, что данные старославянского языка являются также непременным источником и при решении ряда проблем индоевропеистики.

Решение некоторых вопросов изучения старославянского языка затрудняется в известной мере тем, что в славистике пока нет общепринятой единой терминологии для наименования древнейшего славянского письменно-литературного языка, а также тем, что в это понятие не все ученые XIX—XX вв. вкладывают одинаковое во всех деталях содержание. Практически спор о содержании основных терминов, связанных с понятием старославянского языка, сводится прежде всего к обсуждению его временны́х и территориальных границ и состава письменных источников его изучения [1].

В данном словаре обработан словарный состав устоявшегося основного корпуса древних рукописей, называемых обычно «классическими старославянскими рукописями» (с добавлением некоторых относительно недавних находок [2]), в принадлежности которого к ядру старославянского языка в славистике никаких сомнений нет.

Наиболее исследованы в языковом отношении фонетика и морфология старославянского языка, а с начала XX в. и ряд вопросов синтаксиса, но словарный состав старославянского языка все еще остается наименее изученным разделом палеославистики. Именно поэтому так велика в настоящее время потребность в лексикографическом описании этого языка.

Старославянский язык — профилирующая дисциплина филологических факультетов всех высших учебных заведений в славянских странах и многих славистических институтов в неславянских странах. В программах по старославянскому языку раздел лексики обычно вообще отсутствует из-за неразработанности старославянской лексикологии. Практические занятия по чтению старославянских текстов (обязательные в вузовских программах) крайне затруднены, так как нет необходимых пособий по лексике и прежде всего словарей старославянского языка. Существующие словари, в которых учитывается лексика старославянских рукописей, не доступны широкому кругу специалистов и студентов, так как они печатались ограниченными тиражами и сразу же по выходе в свет становились библиографической редкостью. Это прежде всего относится к словарям Востокова, Миклошича, Садник и Айтцетмюллера, а также к опубликованным выпускам четырехтомного «Словаря старославянского языка» Чехословацкой академии наук.

Следует подчеркнуть, что малая изученность словарного состава языка древнейших рукописей характерна не только для палеославистики. Для основных направлений лингвистических исследований XIX в. и первой половины XX в. характерно определенное

[1] См. R. Večerka. Zur Periodisierung des Altkirchenslavischen.— «Annales Instituti slavici». Bd. 9, 1976, Wien — Köln — Graz; R. Večerka. Tschechische Terminologie der ältesten slavischen Schriftsprache.— «Старобългаристика», 1985, № 1; Р. М. Цейтлин. О содержании термина «старославянский язык».— «Вопросы языкознания», 1987, № 4.

[2] Имеются в виду Енинский апостол, Боянский и Зографский палимпсесты. Новейшие находки 1975 г. в монастыре св. Екатерины на Синае не могли быть учтены, так как были опубликованы после завершения работы над словарем. См. Joannis C. Tarnanidis. The Slavonic manuscripts discovered in 1975 at St. Catherine's Monastery on Mount Sinai. Thessaloniki, 1988.

пренебрежение к лексическим проблемам. Если словарный состав древних текстов и изучался, то преимущественно в виде изолированных словарных этюдов. Понятие лексической системы было обосновано и принято (далеко не всеми лингвистами) только в последние десятилетия XX века. Изучением лексики старославянского языка занимались многие видные палеослависты прошлого. Их имена вошли в историю славистики, в частности, в историю старославянской лексикологии и лексикографии.

Большой интерес для лексиколога-палеослависта представляют «Материалы и исследования в области славянской филологии и археологии» А. И. Соболевского (СПб., 1910), где разработана методика вычленения лексических пластов в рукописях, переписанных в различных славянских землях, которая в основных своих положениях сохраняет значение и в настоящее время, хотя в ряде характеристик отдельных слов Соболевский пришел к неверным выводам, так как не располагал всеми теми источниками, которыми владеет современный исследователь старославянского языка.

Изучением словарного состава старославянских и церковнославянских рукописей много занимались русские слависты: И. И. Срезневский, А. Л. Дювернуа, В. А. Погорелов, А. И. Соболевский, С. Н. Северьянов, М. Н. Сперанский, П. А. Лавров, С. М. Кульбакин, В. Н. Щепкин, Г. А. Ильинский, Е. Ф. Карский, Н. Н. Дурново, В. В. Виноградов, А. С. Львов и многие другие ученые.

Значительная работа по изучению древних славянских рукописей и их словарного запаса проводилась и проводится учеными других славянских стран. Многие исследования опосредованно или непосредственно связаны с изучением лексики старославянского языка.

Еще в 70-е годы XVIII в. Й. Добровский изучал древние восточные языки — еврейский, сирийский и арабский, а затем, во многом под влиянием В. Дуриха, одного из наиболее активных деятелей чешского Возрождения, начал анализировать славянские переводы евангелия. Хотя он пользовался поздними списками (классические старославянские рукописи евангелия за исключением мало тогда известного *Ас* не были еще открыты), именно ему удалось установить первые лексико-текстологические параллели различных евангельских списков на славянских языках типа архаизм — неологизм, например, такие, как **година — часъ, етеръ — нѣкъıи, кънигъı — писаниѥ**.

Вопросами старославянской и церковнославянской лексикологии, обычно в связи с подготовкой к печати древних славянских текстов, занимались и другие чешские и словацкие слависты: П.-Й. Шафарик, Л. Гейтлер, Фр. Пастрнек, Й. Поливка, В. Вондрак, М. Вейнгарт, Я. Фрчек, Й. Вайс, Й. Вашица, Й. Курц, Б. Гавранек, Я. Бауэр, Я. Станислав и многие другие ученые.

В Болгарии старославянской лексикологией занимались Б. Цонев, Ст. Младенов, Ст. Романски, К. Мирчев, И. Гылыбов, Й. Заимов.

В Югославии в области древнеславянской лексикографии и лексикологии работал Дж. Даничич, автор труда «Речник из књижевних старина српских» (Београд, тт. I—III, 1863—1864; в 1962 г. словарь был в одном томе фототипически переиздан в Граце). Вопросами старославянского языка и его лексики интересовался и Вук Караджич, в XX в.— В. Штефанич, Ф. Гривец, Б. Грабар, Й. Хамм и многие другие слависты.

Очень много сделал для старославянской и церковнославянской лексикологии и лексикографии ученик Ф. Миклошича В. Ягич, хорват по национальности, воспитанник Венского университета, бывший профессором университетов в Одессе (1872—1874), Берлине (1874—1880) и Петербурге (1880—1886). В. Ягичу принадлежат лучшие издания Зографского и Мариинского (с индексом слов) евангелий в кириллической транскрипции и фундаментальный труд «История возникновения древнецерковнославянского языка» [3], построенный на сопоставлении текстологических дублетов множества древних славянских рукописей различных изводов и редакций, в том числе и собственно старославянских. Эта тема стала традиционной и в известном отношении ведущей для текстологов и лексикологов XX в. (см. ряд исследований К. Горалка, К. Мирчева, Л. С. Львова и многих других современных славистов).

В известной мере с историей словарного состава старославянского языка связаны и некоторые польские работы по лексикологии и лексикографии, посвященные, как правило, позднему средневековью. Это прежде всего труды Ст. Слонского и Т. Лер-Сплавинского.

Большим знатоком старославянской и церковнославянской лексики был французский лингвист А. Вайан, которому принадлежит учебник старославянского языка, а также

[3] V. Jagić. Entstehungsgeschichte der kirchenslavischen Sprache. 2. Aufl., Berlin, 1913.

издания с комментариями ряда старославянских и церковнославянских текстов, многочисленные этюды по этимологии и толкованию старославянских лексем. Лексикологические работы А. Вайана всегда конкретны, насыщены материалами из старославянских рукописей, в этом отношении он далеко превзошел своего учителя А. Мейе (см. A. Meillet. «Études sur l'étymologie et le vocabulaire du vieux slave». Paris, I—II, 1902—1905).

Преимущественно в связи с проблемами индоевропеистики старославянский язык изучался и немецкими учеными. Большое значение для уяснения собственно лексикологических проблем имел в свое время раздел словообразования в учебнике старославянского языка А. Лескина; следует также назвать работы М. Фасмера, Б. фон Арнима, К. Мейера. Много сделал в области изучения старославянской лексики голландский ученый Н. Ван-Вейк.

Идея создания словаря церковнославянского языка занимала еще Й. Добровского и В. Копитара.

Первый большой словарь — «Lexicon linguae slovenicae veteris dialecti» (1850) — принадлежит Ф. Миклошичу, автору сравнительной грамматики и этимологического словаря славянских языков. В этом словаре содержится около 16 000 слов, выписанных из 69 рукописей и печатных книг. Славянские слова сопровождаются переводами на древнегреческий и латинский языки. В этом труде Ф. Миклошич лишь выборочно использовал древнейшие славянские рукописи, которые были в его распоряжении. В большинстве случаев при словах и нерегулярно приводимых примерах из текстов не даются точные указания на цитируемые места памятника.

В 1862—1865 гг. Ф. Миклошич опубликовал новый словарь — «Лексикон древнеславянско-греческо-латинский» [4]. По сравнению со словарем 1850 г. здесь учтено намного бóльшее количество слов, извлеченных из весьма многочисленных и разнообразных славянских рукописей и книг X—XVII вв. В частности, Ф. Миклошич полностью включил лексемы «Словаря церковнославянского языка» А. Х. Востокова, много материалов из его «Описания рукописей Румянцевского музеума», из «Описания славянских рукописей Московской синодальной библиотеки» А. В. Горского и К. И. Невоструева, из Лексикона Памвы Берынды, из «Сказаний русского народа» А. Сахарова, из опубликованных И. И. Срезневским древних текстов, из «Памятников» П.-Й. Шафарика (1851 г.), из «Исторической хрестоматии» Ф. И. Буслаева (1861 г.), из рукописных собраний В. Копитара, А. Михановича, из *Ас*. Полностью расписаны старославянские рукописи *Клоц* и *Супр* по изданиям самого Миклошича (1836 г. и 1851 г.).

Первым словарем церковнославянского языка, изданным в России, который сохраняет свое научное значение и в настоящее время, является «Словарь церковнославянского языка» (т. I, СПб., 1858; т. II, СПб., 1861) А. Х. Востокова, одного из основоположников современного славяноведения, выдающегося лексикографа и грамматиста XIX в. А. Х. Востоков собирал материалы для своего словаря в течение 40 лет. Он расписал для него более 130 рукописей XI—XVIII вв. и изданных к тому времени старинных памятников письменности различных изводов и редакций, а также включил в него материалы словаря Ф. Миклошича 1850 г.

Множество собственно лексикологических сведений об отдельных словах в древних славянских рукописях различных изводов и редакций в связи с палеографическими наблюдениями содержится в «Описании русских и словенских рукописей Румянцевского музеума» (СПб., 1842) А. Х. Востокова.

Названные словари древних славянских языков имели только косвенное отношение к старославянскому языку в современном понимании этого термина, так как их авторы не располагали достаточным количеством собственно старославянских рукописей. Последние за единичными исключениями (*Ас*, *Клоц* и *Супр* по несовершенным изданиям) стали достоянием палеославистики лишь с 70-х гг. XIX в. по изданиям В. И. Ягича (*Зогр.* 1879 г., *Мар.*, 1883 г., *Киев*, 1890 г.) и, в основном, позднее — в XX в. Тем не менее значение этих словарей для славистики в целом и для древнеславянской лексикографии, в частности, огромно. Именно в них впервые решались сложные вопросы подачи слова в словаре древнего языка, отрабатывались приемы его лексикографического описания, и, главное, было объяснено значение множества непонятных древних славянских слов, часть которых была впоследствии зафиксирована и в найденных позднее старославянских манускриптах. Эти труды облегчили работу последующих поколений лексикографов-палеославистов. В этой связи нельзя не отметить и значение для славистики «Материалов для словаря

---

[4] Fr. Miklosich. Lexikon palaeoslovenico-graeco-latinum. Vindobonae, 1862—1865.

древнерусского языка» И. И. Срезневского в 3-х томах (1893—1912 гг.), хотя автор и ограничил свою задачу древнерусским языком. В словаре Срезневского помимо собственно русских памятников расписаны восточнославянские рукописи различных других изводов, множество так наз. церковнославянских памятников общеславянского значения, частично материалы *Супр*, в комментариях к словарным статьям нередко приводятся данные из других славянских языков. В отличие от всех названных выше словарей в словаре Срезневского впервые словарная статья содержит подробные толкования значений и семантических оттенков слов, сопровождаемые значительным числом примеров из рукописей с точным указанием места цитаты в источнике.

О необходимости издания словаря старославянского языка и церковнославянских языков говорилось на первом Международном конгрессе славистов в Праге в 1929 г. Эта идея развивается в проекте решения Лингвистической секции 3-го съезда славянских филологов в Белграде [5].

В 1955 г. в Гейдельберге вышел «Краткий словарь к древнецерковнославянским текстам» Л. Садник и Р. Айтцетмюллера [6]. Он был задуман авторами как учебное пособие для чтения старославянских памятников. Значение словаря выходит за рамки собственно учебного пособия. Это оригинально решенный и надежный справочник не только для учащихся, но и для исследователей старославянского языка, прежде всего его словарного состава.

Труд Л. Садник и Р. Айтцетмюллера состоит из трех неравных по объему, но одинаково важных разделов. Первая, основная, часть (с. 1—170) — словарь. Кроме 16 старославянских рукописей, здесь учитывается лексика двух восточнославянских манускриптов — Слуцкой псалтыри (сохранился небольшой фрагмент рукописи) и Новгородских, или Куприяновских, отрывков евангелия, а также двух рукописей чешского извода — Киевских листков X в. и Пражских листков XI в. В словаре лексика данных 20 рукописей приведена исчерпывающе за исключением немногих пропусков, чаще всего из *Ас*. В работе над *Ас* авторы пользовались несовершенным изданием Чрнчича (Рим, 1878). В словаре, разумеется, не учтены позднее открытые рукописи: Зографский и Боянский палимпсесты, древнейший из известных в настоящее время текстов апостола — Енинский апостол, Рыльские глаголические листки, точнее их «новая» часть, в словарь включена лексика ранее известной части — так наз. Македонского глаголического листка. Старославянские слова приводятся в латинской транскрипции, толкования значений даются по-немецки и крайне лаконично; указываются лишь самые основные, обычно одно, реже — два значения. При слове пометами указывается часть речи. Наречия даются в статье соответствующего прилагательного. Иллюстративные примеры из рукописей не приводятся, устойчивые словосочетания указываются в исключительных случаях. Словарная статья завершается перечнем рукописей, в которых встречается данная лексема; здесь же указывается номер этимологической статьи (в третьей части словаря), к которой относится данная лексема.

Вторая часть словаря (с. 173—207) — так наз. обратный словарь. Пока это единственный опубликованный справочник такого рода по старославянскому языку. В нем указываются только славянские слова и не учитываются грецизмы.

Третья часть словаря (с. 211—341) — справочник по этимологии старославянских слов (кроме заимствованных из неславянских языков). Он состоит из 1180 словарных статей-гнезд однокоренных лексем. Каждое такое гнездо содержит этимологический комментарий авторов словаря и ссылки на основные работы в данной области, главным образом на этимологические словари Бернекера, Покорного, Траутмана, Младенова, Мейе, Фасмера, а также на наиболее значительные этимологические исследования по индоевропейской и собственно славянской этимологии.

Отметим также, что старославянская лексика комментируется на широком общеславянском фоне в 6 вышедших выпусках Сравнительного словаря славянских языков Л. Садник и Р. Айтцетмюллера. Здесь по целому ряду слов для старославянистов содержатся чрезвычайно ценные сведения [7].

С 1958 г. в Праге начал регулярно выходить отдельными выпусками Slovník jazyka staroslověnského ČSAV (далее СЯС). В настоящее время опубликовано 3 тома (буквы

---

[5] «Časopis pro moderní filologii». 1940, ročn. XXVI, № 4, s. 589—602.

[6] L. Sadnik und R. Aitzetmüller. Handwörterbuch zu den altkirchenslavischen Texten. Heidelberg, 1955.

[7] L. Sadnik, R. Aitzetmüller. Vergleichendes Wörterbuch der slavischen Sprachen. Lief. I, Wiesbaden, 1963 und ff.

ⲁ — ⲣ), печатается последний, четвертый том, подготовлен к печати справочный том, содержащий греческо-старославянский индекс слов и некоторые дополнительные материалы по словарю. Подготовлены к печати первые тетради «Этимологического словаря старославянского языка», в 1989 г. опубликован 1-й выпуск.

Систематическую работу по созданию СЯС начал еще В. Вондрак (1859—1925). После смерти В. Вондрака ее продолжил М. Вейнгарт (1890—1939), но преждевременная смерть прервала и его работу [8].

Непосредственно работа над СЯС началась в 1943 г. по проекту его будущего главного редактора Й. Курца (1901—1972) [9]. К 1954 г. в основном было завершено составление картотеки, и сотрудники словаря приступили к написанию словарных статей. В настоящее время картотека СЯС, которая образовалась в результате сплошного расписывания 86 старославянских и церковнославянских рукописей и насчитывает около двух миллионов словарных карточек, сама по себе представляет громадную научную ценность. На основе этой картотеки можно проводить самые разнообразные лексикологические исследования; целый ряд таких работ уже опубликован. На материалах этой картотеки построен и настоящий словарь.

СЯС отличается подробным анализом значений слов и его оттенков, переводы даются на чешском, русском и немецком языках. Большое значение придается греческим оригиналам. В начале словарной статьи в 1 и 2 томах даются выборочно типичные греческие и латинские соответствия толкуемых в данной словарной статье слов; начиная с 3-го тома указываются все греческие и латинские соответствия. Кроме того, выдержки из греческих оригиналов (там, где они известны) приводятся при иллюстративных примерах; при этих примерах даются также нетипичные (в том числе и ошибочные) греческие соответствия, отсутствующие в начальной части статьи. Большое внимание уделяется грамматическим особенностям, текстологическим дублетам, комментированию неясных и ошибочных переводов с греческого, а также описок писцов. Заглавные слова даются в нормализованной кириллической транскрипции. Комментарий дается на латинском языке, на латинском же языке даются все виды помет в словарной статье.

Весьма показательны горячие споры уже практического характера о составе источников словаря, которые возникли в середине 50-х годов нашего столетия в связи с широким обсуждением в печати его проспекта [10].

В СЯС эксцерпируются рукописи X—XVI вв.; всего, с дополнительно учтенными источниками (такими, как, например, *Ен*),— 86 старославянских и церковнославянских памятников. Они рассматриваются как «материал древнейшего периода старославянской письменности, т. е. памятников, сохранившихся от этой эпохи, или памятников, в эту эпоху возникших» (СЯС, вып. 2, с. XI). Кроме того, в словарь включены церковнославянские тексты чешского извода «по языковым и культурно-историческим соображениям» (там же, с. XI). СЯС включает памятники, возникшие, по всей вероятности, еще в велико-

---

[8] M. Weingart. O slovníku jazyka staroslověnského.— «Symbolae grammaticae in honorem I. Rozwadowski». II. Cracoviae, 1928.

[9] J. Kurz. Můj návrh na pokračování v přípravných pracích o staroslověnském slovníku.— Pocta Fr. Trávníčkovi a Fr. Wollmanovi. Brno, 1948. См. также «Введение» («Úvod») к СЯС (вып. 2, Прага, 1959).

[10] Slovník jazyka staroslověnského. Ukázkový sešit. Praha, 1956. Укажем основные работы, в которых обсуждался вопрос отбора памятников для СЯС: J. Kurz. Můj návrh na pokračování v přípravných pracích o staroslověnském slovníku.— В кн.: Pocta Fr. Trávníčkovi a Fr. Wollmanovi. Brno, 1948; Его же. Slovník jazyka staroslověnského Československé Akademie Věd.— В кн.: Beogradski međunarodni slavistički sastanak. Beograd, 1957. Ср. высказывания других ученых по этому вопросу при обсуждении проспекта СЯС в 1956 г.: Slavia, ročn. XXII, 1953, seš. 2—3; ročn. XXIV, 1955, seš. 1; Věstník ČSAV, ročn. 63, 1954, č. 4—6. См. также отзыв на первые выпуски СЯС А. Вайана: A. Vaillant. Chronique. Généralités.— RÉSl, t. 36, 1959, fasc. 1—4, рецензии на Садн.: Фр. Славского (JP, rocz. XXXVI, 1956, zesz. 2), Дикенмана (Kratylos, WSl, Bd. I, H. 1, 1956), А. Достала (Slavia, ročn. XXV seš. 4), А. В. Исаченко (ZfPh, Bd. 10, 1957, H. 2), Г. Роте (ZfSlPh, Bd. 26) и ответ на рец. Г. Роте Р. Айтцетмюллера (WSl, Bd. II, 1957), Й. Хамма (Slovo, 1957, № 6—8), Й. Курца (WSlJ, Bd, 6, 1957—1958). См. также статьи Р. Вечерки (Slavia, ročn. XL, 1951, seš. 1), А. Назор (Leksikografski simposij v Krakovu.— Slovo, t. 17, 1967). См. также: J. Kurz, Rad. Večerka, E. Havlová. Konference o slovníku jazyka staroslověnského a o etymologickém slovníku jazyků slovanských.— Slavia, ročn. XXIV, 1955, seš. 1; V. Štefanić. Problem rječnika južnoslovenskih redakcija staroslavenskog jezika.— Slovo, br. 11—12, 1962. Еще ранее по этим вопросам высказывались: S. M. Kuľbakin. Du classement des textes vieux-slaves. RÉSl, t. 2, fasc. 3—4; Н. Н. Дурново. Мысли и предположения о происхождении старославянского языка и славянских алфавитов.— Byzantinoslavica, ročn. I, 1929; N. N. Durnovo. Sur le problème du vieux-slave.— TCLP, I, 1929; P. A. Lavrov. Le lexique du vieux-slave.— RÉSl, t. 7, 1927, fasc. 1—4.

моравскую эпоху, независимо от того, в каких рукописях (более древних или более поздних) они сохранились.

В связи с решением четвертого Международного съезда славистов 1958 г. о создании единого словаря церковнославянского языка разных изводов [11] вопрос отграничения старославянских рукописей от церковнославянских обсуждался и на заседаниях Международной комиссии по составлению Словаря церковнославянского языка [12].

Инициатива создания краткого (объемом 36 авт. л.) словаря старославянского языка как совместного труда чехословацких и советских славистов принадлежит Й. Курцу (1901—1972) и С. Б. Бернштейну. Работа велась под их руководством в 60-е годы и прекратилась на начальной стадии.

Работа над настоящим словарем началась в середине 70-х годов. «Старославянский словарь (по рукописям X—XI веков)» строится на строго синхронных основаниях и является словарем всех древнейших дошедших до нашего времени классических старославянских рукописей. Это 18 текстов X и XI вв. Из них двенадцать глаголических: Киевский миссал (Киевские листки), евангелия Зографское, Мариинское, Ассеманиево, Охридские листки, Зографский палимпсест, Боянский палимпсест, Синайская псалтырь, Синайский евхологий, Синайский служебник, Клоцов сборник, Рыльские листки. Шесть рукописей кириллических: Саввина книга, Листки Ундольского, Енинский апостол, Супрасльская рукопись, Хиландарские листки, Зографские листки.

Киевские листки (X в.) — перевод с латинского языка. Они содержат литургические молитвы по западному обряду. Остальные 17 рукописей переведены с греческого языка. Описание каждой рукописи (включая краткие библиографические данные и языковую характеристику) дается в следующих разделах.

Древние надписи X—XI вв., представляющие громадный культурно-исторический интерес и содержащие важные факты различных языковых уровней, в своем словарном составе крайне ограничены, а потому не включены в состав «Старославянского словаря».

В отличие от А. Минчевой мы не включаем в число старославянских рукописей два восточнославянских текста: Новгородские (или Куприяновские) листки и Златоструй Бычкова, а также очень плохо сохранившийся Македонский кириллический листок — рукопись XI—XII вв. (См. А. Минчева. Старобългарски кирилски откъслеци. София, 1978).

Авторы и редакторы «Старославянского словаря» полагают, что без сплошного лексикографического описания словарного состава перечисленных древнейших славянских рукописей невозможно решение целого ряда кардинальных задач палеославистики на всех языковых уровнях, не говоря уже о лексическом.

Только после аналогичного лексикографического описания всех сохранившихся до нашего времени рукописей по отдельным изводам могут быть: 1) установлены четкие критерии восстановления несохранившихся текстов славянских переводов с греческого языка, относящихся к кирилло-мефодиевскому времени; 2) определены особенности протографов рукописей позднего средневековья; 3) выделены локальные особенности рукописей по изводам; 4) определены критерии отделения народных языковых особенностей конкретных славянских литературных языков эпохи их формирования и становления от общеславянских книжных.

Необходимо учитывать, что «Старославянский словарь» включает не все слова, которые были в старославянском языке, так как до нас дошли лишь немногие памятники старославянской письменности того периода. К тому же сохранившиеся рукописи из-за своей жанровой ограниченности фиксируют не весь словарный состав старославянского языка и не все имевшиеся в то время сочетания известных нам по этим рукописям слов. Об утраченных словах старославянского языка мы отчасти можем судить по косвенным источникам — по церковнославянским рукописям различных изводов и редакций. Эти материалы с достаточной полнотой представлены в СЯС. Вместе с тем исследование сохранившегося словарного состава старославянского языка и сравнительно-сопоставительное изучение лексики древнейших славянских рукописей, относящихся к различным языкам, показывает, что словник «Старославянского словаря» может дать достаточно полное представление о лексической системе старославянского языка в целом. Более того, «Старославянский словарь» — синхронное лексикографическое описание всех классических рукописей старославянского языка — позволяет при определенной методике восста-

---

[11] Сб. «IV Международный съезд славистов. Отчет.» М., 1960, с. 162.

[12] См. материалы заседания Комиссии 1966 г.— «Вопросы языкознания», 1966, № 1.

навливать с достаточной долей вероятности утраченные лексемы старославянского языка [13].

«Старославянский словарь» по своему типу тезаурус: он содержит все без исключения лексемы, имеющиеся в перечисленных выше 18 старославянских рукописях. Это слова различного происхождения — преимущественно славянские, а также заимствованные через посредство греческих (в подавляющем большинстве случаев) оригиналов — грецизмы, латинизмы, сирийские слова, гебраизмы (арамейские и древнееврейские слова), кроме того, заимствования, воспринятые из народных славянских языков — тюркизмы, германизмы и грецизмы. В словаре приводятся все имена собственные — названия личные, географические, географо-политические (т. е. наименования областей, государств, племен и т. п.). Все эти слова включаются в общий алфавит. В общий алфавит вносятся как самостоятельные словарные статьи также буквенные обозначения цифр, имеющиеся в перечисленных рукописях.

«Старославянский словарь» — словарь к определенным текстам. Он рассчитан прежде всего на читателя этих рукописей.

В словарь включены и неясные написания, описки и ошибки писцов, которые даются в виде ссылочных статей на основной вариант слова (на основную словарную статью) или как самостоятельные статьи, если других вариантов данного слова в старославянских рукописях не засвидетельствовано. Например: **бесквръньнъ** *Служ 3а 2-3; Супр 362, 1 см.* **бескръвьнъ**; **пѣровъ** *Супр 218, 3 см.* **прѣровъ**; **питѣтъ** *Л 13, 1 Зогр см.* **пилатъ**; **синѣ** *Гал 4, 25 Ен см.* **сина**; **рѫтрова** *Пс 21, 11 Син см.* **ѫтрова** (одни исследователи рассматривают вариант **рѫтрова** как описку, например, издатель рукописи С. Н. Северьянов, см. *Син*, с. 25; другие — как редкое явление в фонетике славянских языков — вторичный звук в начале слова, как, например, С. Б. Бернштейн в своей «Сравнительной грамматике славянских языков», М., 1961, с. 187).

При анализе значения, при определении нормативного варианта и в других элементах описания старославянского слова в «Старославянском словаре» учитываются, кроме данных 18 старославянских рукописей, также материалы косвенных источников — данные греческих протографов для 17 рукописей и соответствующего латинского текста для Киевских листков, данные этимологического анализа, данные исторических и диалектных словарей славянских языков, данные картотеки СЯС в ее полном объеме. При этом сведения, почерпнутые из косвенных источников, никогда не рассматриваются применительно к словам старославянских рукописей как самодовлеющие; назначение косвенных источников — вспомогательное: способствовать интерпретации тех фактов старославянских рукописей, которые представлены единичными употреблениями, часто недостаточными для их интерпретации.

Толкования слов, грамматические данные и другие справочные сведения даются на основании изучения всего материала о данном слове, который содержится в памятниках. Это, однако, не означает, что в каждой словарной статье будут указаны все случаи употребления данного слова. Если слово встречается в памятниках не более 15 раз (безразлично, в одной рукописи или в нескольких), то все эти случаи находят непосредственное отражение в словарной статье — часть как иллюстративные примеры, остальные — в заключительной части словарной статьи в виде перечня тех мест в рукописях, в которых оно встречается. Так как в старославянских рукописях преобладают редкоупотребляемые слова, то в подавляющем большинстве словарных статей читатель будет располагать исчерпывающими сведениями по данной лексеме.

Общее число словоупотреблений по всем 18 памятникам не установлено. Есть десятки слов, встречающихся в старославянских рукописях более тысячи раз. Это, в основном, так наз. неполнозначные слова — многие предлоги, союзы, местоимения, кроме того вспомогательные глаголы, а также слова типа **богъ, господь, рещи**.

При оценке количественных данных «Старославянского словаря» следует учесть одну из языковых универсалий: увеличение словарного состава языка происходит с нарастающей интенсивностью. Таким образом, суммарное число словоупотреблений по всем 18 рукописям, как и количественные данные по отдельным словам представляют относительно словарного состава старославянского языка в целом и его частных фактов [14] несравненно

---

[13] См. Р. Цейтлин. О старославянских словах, которых нет в рукописях старославянского языка.— Сб. «Этимология, 1975». М., 1977.

[14] О чем мы не располагаем точными данными, так как до нас дошли не все рукописи, написанные на старославянском языке.

большую его часть, чем такие же количественные соотношения в лексике большинства современных письменных языков.

Поскольку объем 18 рукописей различен, то и количество слов в них не одинаково (имеется в виду набор различных лексем, а не количество словоупотреблений). В *Супр* — 5285 слов; в *Мар* — 2874; в *Зогр* — 2756; в *Евх* — 2705; в *Ас* — 2603; в *Син* — 2358; в *Сав* — 2198; в *Клоц* — 1346; в *Ен* — 898; в *Боян* — 644; в *Рыл* — 411 (в части, опубликованной в 1909 г. Г. А. Ильинским,— 235); в *Хил* — 254; в *Зогр-лл* — 242; в *Киев* — 241; в *Унд* — 215; в *Охр* — 194.

Подсчеты производились по индексам слов к отдельным рукописям, составленным И. В. Ягичем (для *Мар*), С. Н. Северьяновым (для *Син*), К. Мейером (для *Супр*), С. Слонским (для *Евх*), В. Н. Щепкиным (для *Сав*), Г. А. Ильинским (для *Охр* и *Мар*), И. Гошевым (для *Рыл*), Е. Ф. Карским (для *Унд*), А. Вайаном и П. А. Лавровым (для *Зогр-лл*), К. Мирчевым и Х. Кодовым (для *Ен*), А. Досталом (для *Клоц*), И. Добревым (для *Боян*). Везде считались словарные статьи, в том числе и такие, в которых в отдельных немногих случаях объединено несколько слов (преимущественно лексических вариантов фонетического происхождения). В ряде случаев при подсчете сказался различный подход к выделению слова у составителей указанных индексов, а потому полученные цифры нельзя считать абсолютно точными. Так как индексов к *Зогр* и *Ас* не существует, число слов в этих рукописях подсчитано по словарю Садник с учетом отдельных пропусков слов в нем по этим рукописям, которые нам удалось установить. Число слов в *Зогр-пал* и *Служ* не подсчитано. Всего во всех 18 старославянских рукописях содержится около 10 000 слов.

В 1978 г. в Софии вышло новое издание кириллических текстов X—XI вв. (А. Минчева. Старобългарски кирилски откъслеци), к которым приложен сводный индекс всех слов и форм, встречающихся в этих рукописях. Новые данные А. Минчевой учтены в настоящем словаре.

Анализ распределения слов по отдельным рукописям показывает, что нет ни одной, в которой бы употреблялись все известные нам старославянские слова, но нет рукописи, кроме небольших по объему отрывков евангелий (*Унд*, *Охр*, *Боян* и *Зогр-пал*), в которой бы не было слов, только в ней употребляющихся (сравнительно с остальными рукописями).

Учет буквально каждого такого слова в любой из 18 рукописей имеет чрезвычайно важное значение для славянской лексикологии в целом прежде всего как древнейшая письменная фиксация славянского слова и при этом в контексте определенного литературного памятника и конкретной рукописи. Как показывает анализ, подавляющее большинство гапаксов[15] и редких слов в памятниках не является окказионализмами. В больших по объему рукописях число таких слов сравнительно велико. В качестве иллюстрации приведем несколько выборочных примеров из отдельных рукописей:

В *Зогр*: **блажьнъ, изгнаꙗти, коуръ, мьздьница, мѫдити, пивьца, свирати.**

В *Мар*: **възглавьница, жаль, засѣдьникъ, кокотъ, миса, помрькнѫти, расѣꙗниѥ, приплодити, токъ, чрѣвии.**

В *Ас*: **възлѣганиѥ, ключарь, недѣльнъ, похытати, пѣстоунъ, оусѣкновениѥ, оученица.**

В *Сав*: **агода, господа, грꙑсти, кръвоточениѥ, прахнѣнъ, сърицати, сѫкъ, оувѣтьникъ.**

В *Син*: **бедра, бразда, весна, вепрь, вѣко, жаба, заѩць, инокъ, злакъ, лѫгъ, мꙑто, перьнатъ, стрѫпътивъ, шьпътати.**

В *Ен*: **безродьнъ, благородьнъ, грѣхопаданиѥ, жиръ, застѫпьница, листопадъ, помощьница, сватьба.**

В *Евх*: **блато, грьмъ, дрѫгъ, зьрѣниѥ, колѧда, краста, локꙑ, монисто, мꙑшь, мънихъ, прѣгѫждьница, пѣвьць, рꙑти, скѫпость, съвада, цѣлꙑ, чешоуꙗ.**

В *Клоц*: **брѧцаниѥ, вꙑнести, гвоздь, дивъ, дроужьба, къмотра, прикладъ, скотьнъ, съставьникъ, ꙗгньць.**

В *Зогр-лл*: **благоиспꙑтаниѥ, бъдрьливъ, вꙑведениѥ, възвꙑшениѥ, въздрастаниѥ, испадати, лѣгальница, прозорьливъ.**

В *Хил*: **гоубительнъ, зизаниѥ, изобличати, обливати, помрачениѥ, оучительство, оуꙗсти, хоботъ.**

В *Рыл*: **богопротивьнъ, въорѫжати сѧ, коньчьнъ, малъжена, мъногоглаголаниѥ, нагло, слꙑшатель, юнотьнъ.**

В *Служ*: **бъдрость, въсклаꙗти сѧ, диптоуха** (приводим все слова, которые отмечены только в *Служ*).

---

[15] Гапаксом — из греческого ἅπαξ λεγόμενον (hapax legomenon) — называется слово, употребленное в определенном круге текстов один раз.

В *Супр*: бръвь, вапа, гость, дѣдъ, дѫти, жѧло, зрьцало, кобꙑла, коза, млатъ, мотꙑка, мѣлъ, мѣна, намочити, пила, плоскъ, рꙑло, свирѣль, сковрада, смрадъ, сѣдъ, цѣвьница, чело, чрьнило, ꙗдро.

В *Киев*: въсѫдъ, инокость, исповѣдь, милостивьно, мьша, оплатъ, очищениѥ, прѣдрагъ, причѧстьнъ, скврьность, цѣсарити, чьстити, ходатаити.

Только по одной какой-либо рукописи известно 4700 слов, т. е. почти половина всех зафиксированных в рукописях слов. Только в *Супр* употребляется 3124 слова, а остальные 2161 слово *Супр* отмечены еще в какой-либо одной или нескольких рукописях. 1567 слов известно только по одной из следующих рукописей: *Зогр, Мар, Ас, Сав, Син, Евх, Служ, Ен, Хил, Рыл, Зогр-лл, Клоц, Киев.* При этом такие слова могут в этой рукописи употребляться часто. Например, в *Син* слово рѣснота встречается 36 раз; сѫдьба — 29; в *Евх* распонъ — 11 раз, в *Супр* капищѥ — 26 раз, коумиръ — 29, сковрада — 18 раз [16].

Имеются и отдельные группы однокоренных слов, которые известны только по определенным группам старославянских рукописей или же только по одной рукописи, и даже только по отдельным произведениям, входящим в ту или иную рукопись. Так, например, только по *Супр* известно 5 слов с корнем -том- (томитель — сущ. и прил., томити, томлѥниѥ, оутомити); 6 слов с корнем -коуд- (коудити, прокоудити, прокоуда, прокоудьникъ, прокоудьнъ, прокоуждати); 10 слов с -ѫрод- (обѫродѣти, ѫродити сѧ, ѫродивъ, ѫродьнъ, ѫродьно, ѫродьскꙑ, ѫродьство, ѫродьствовати, ѫродовати, ѫродъ).

Около четверти словарного состава словаря старославянских рукописей составляют гапаксы. Среди них имеются лексемы самого различного характера. Прежде всего такие, которые принадлежат к редкоупотребляемым словам вообще или к редкоупотребляемым для того круга литературных памятников, который представлен в рукописях. В большинстве случаев это слова, широко известные в старославянском языке, многие из них следует отнести к праславянским, к общеславянскому словарному фонду. Таковы, например, баба *Ас 147б 4*, бъдрость *Служ 3а 18-19*, весна *Пс 73, 17 Син*, дроужьба *Клоц 4б 15*, заѩць *Пс 103, 18 Син*, кобꙑла *Супр 43, 1*, лоукъ *Евх 54а 10* и многие другие.

Целый ряд специальных и сугубо книжных слов (среди них преобладают кальки с греческого) также представлен в старославянских рукописях только гапаксами. Таковы, например, длъгослоужиѥ *Евх 92б 17*, неиздреченьникъ *Евх 56а 11*, сꙑнобожьствиѥ *Супр 342, 12*.

В числе гапаксов находим и малоупотребительные ареально ограниченные варианты частоупотребляемых и широкоизвестных слов. Их важно отличать от описок писцов данных рукописей. К числу таких гапаксов, например, относится глагол въздигнѫти сѧ *Мт 21, 21 Зогр-пал*; в *Мар* в этом стихе общеупотребительный вариант — двигнѫти сѧ, в других евангельских рукописях старославянского языка этот стих не имеет места. Только после анализа этого глагола на фоне косвенных данных из болгарского и других славянских языков различных эпох стало возможным квалифицировать данный гапакс из *Зогр-пал* как вариант известного старославянского глагола въздвигнѫти сѧ и не считать его опиской писца.

Коллектив словаря благодарит за помощь в проверке цитат и чтении корректур к. ф. н. В. С. Ефимову.

Авторы просят все пожелания и замечания по словарю направлять по адресу: 103012, Москва, Старопанский пер., 1/5, издательство «Русский язык».

[16] Все количественные данные в Предисловии приводятся по книге Р. М. Цейтлин. Лексика старославянского языка. М., 1977.

ОПИСАНИЕ СТАРОСЛАВЯНСКИХ РУКОПИСЕЙ

Описания старославянских рукописей следуют в том порядке, в каком они цитируются в словарной статье: *Зогр Мар Ас Сав Охр Унд Боян Зогр-пал Ен Син Служ Киев Евх Клоц Супр Хил Рыл Зогр-лл.* В конце каждого описания приводится (выборочно) библиография по данной старославянской рукописи, которая дается в хронологической последовательности.

Зографское четвероевангелие (*Зогр*). Неполная глаголическая рукопись четвероевангелия. Содержит 304 пергаменных листа, из них 288 — евангельский текст, 16 — написанный кириллицей синаксарь (месяцеслов). Рукопись датируется концом X или началом XI в. за исключением л. л. 41-57 (*Мт 16, 20-24, 20*), так называемого текста *Зогр-б*, который представляет собой позднюю вставку (от XI—XII вв.) и не относится к канону старославянских памятников (как и месяцеслов, который также не был создан одновременно с основным текстом), а потому и не включается в «Старославянский словарь».

Зогр было найдено в Зографском монастыре на Афоне в 1843 г. А. Михановичем. В 1844 г. с рукописью ознакомился русский славист В. И. Григорович, а в 1875 г. ее сфотографировал П. И. Севастьянов. В 1860 г. монастырь подарил *Зогр* русскому царю Александру II, который передал ее в Публичную библиотеку в Петербурге (теперь — Государственная публичная библиотека им. М. Е. Салтыкова-Щедрина), где она хранится в настоящее время (под шифром Глаг. 1).

Первые сведения о *Зогр* опубликовал И. И. Срезневский (в «Исследованиях и заметках о древних памятниках старославянской литературы», СПб., 1856) по выпискам, которые ему прислал болгарин Петкович, но полное научное издание евангелия в кириллической транскрипции осуществил И. В. Ягич («Quattuor evangeliorum codex glagoliticus olim Zographensis nunc Petropolitanus», Berolini, 1879; переиздано в Граце в 1954 г.).

Литература о *Зогр*: V. Jagić. Studien über das altslovenischglagolitische Zographos-Evangelium.— AfslPh, 1876, 1—55; 1877, 201—269; Н. Грунский. К Зографскому евангелию.— Сб. ОРЯС, т. 83, № 3, СПб., 1907, с. 1—43; N. van Wijk. Palaeoslovenica I. O prototypie cerkiewnosłowiańskiego «Codex Zographensis».— «Rocznik slawistyczny», 9, 1921, 1—14; Его же. Еще раз о Зографском четвероевангелии.— «Slavia», 1, 1922—23, 215—218; J. Kurz. Několik poznámek k staroslověnskému čtveroevangeliu Zografskému.— «Listy filologické», 50, 1923, 229—232; N. van Wijk. Zu den altbulgarischen Halbvokalen. 1. Der Umlaut der Halbvokale im Codex Zographensis.— AfslPh, 39, 1925, 15—43; J. Kurz. K Zografskému evangeliu.— «Slavia», 9, 1930 — 31, 465—489, 673—696; 11, 1932, 385—424; T. Nilsson. Über den Gebrauch der Präpositionen im altbulgarischen Codex Zographensis. Stockholm, 1944; H. G. Lunt. On Old Church Slavonic Phonemes: the Codex Zograf.— «Word», 8, 1952, 311 и след.; G. H. Fairbanks. The Phonemic Structure of Zographensis.— «Language», 28, 1952, 360—365; L. Moszyński. Wpływ morawski w obocznych formach Kodexu Zografskiego.— «Z polskich studiów slawistycznych», Warszawa, 1958, 24—33; E. Hercigonja. O nekim značenjima osnovnih preteritalnih vremena u jeziku Zografskog kodeksa.— «Radovi za slovensku filologiju», 4, Zagreb, 1961, 87—124; L. Moszyński. Ze studiów nad rękopisem Kodeksu Zografskiego. Wrocław — Warszawa — Kraków, 1961; Его же: Funkcje partykuły-spójnika *da* w Kodeksie Zografskim.— «Prace filologiczne», f. 18, 1961, cz. 2, 414—427; Его же. Warstwy językowe w Kodeksie Zografskim.— «Z polskich studiów slawistycznych». Warszawa, 1963, 237—265; И. Добрев. Към въпроса за прототиповете на старобългарския текст Codex Zographensis.— «Български език», 17, 1967, 144—147; П. Пенкова. Диакритичният «знак за мекост» в Зографското евангелие.— «Константин-Кирил Философ. Юбилеен сборник по случай на 1100 годишнината от смъртта му». София, 1969, 403—407; I. Galabov. Onomastisches aus dem Zographensis.— «Serta Slavica in memoriam A. Schmaus», München, 1971, 174—178; L. Moszyński. Próba ustalenia miejsca używania tzw. Kodeksu Zografskiego.— «Studia z filologii polskiej i słowiańskiej, II, Warszawa, 1972, 227—233; Его же. Język Kodeksu Zografskiego, cz. I. Imię nazywające. Wrocław — Warszawa — Kraków — Gdańsk, 1975; И. Добрев. Къде е написано Зографското евангелие и странствувало ли е то из западнославянски земи.— «Български език», 1972, № 6, 546—549; З. Загребин. О происхождении современного оклада Зографского евангелия.— «Старобългаристика», 1978, № 1, 66—73; Е. Бренер. Семантический анализ группы староболгарских глаголов Зографского евангелия.— «Старобългаристика», 4, 1980, 48—67; И. Добрев. Зографско евангелие.— «Кирило-Методиевска енциклопедия I». София, 1985, 734—740.

Мариинское четвероевангелие (*Мар*). Глаголическая неполная рукопись четвероевангелия. Его основную часть (171 лист) нашел В. И. Григорович в монастыре св. Богородицы на Афоне. После его смерти (в 1876 г.) эта рукопись с рядом других рукописей его собрания поступила в Румянцевский музей в Москве (теперь Государственная библиотека им. В. И. Ленина), где и хранится в настоящее время под шифром Григ 6 или Муз 1689 (ф. 87). Два начальных листа из памятника нашел А. Миханович и подарил Ф. Миклошичу, после смерти которого (в 1891 г.) они поступили в Народную библиотеку в Вене, где и хранятся в настоящее время под шифром Cod. Slav. 146. Первые издания отрывков из *Мар* были осуществлены Ф. Миклошичем, который опубликовал в 1850 г. фрагменты Михановича, и И. И. Срезневским, который включил отрывки из части Григоровича в свое издание «Древние глаголические памятники сравнительно с памятниками кириллическими», СПб., 1866. Полное научное издание *Мар* осуществил И. В. Ягич: Памятник глаголической письменности. Мариинское четвероевангелие. Труд И. В. Ягича. Берлин, 1883 (переиздано в Граце в 1960 г.). Текст передан кириллицей, утраченные начальные листы дополнены из текста Дечанского евангелия XIII в. (Мт 1—5, 24), а лакуны внутри рукописи — из текста *Зогр.* К изданию *Мар* приложено обширное исследование Ягича о палеографических и грамматических особенностях памятника, а также полный индекс слов и форм.

Литература о *Мар*: А. Будилович.— ЖМНПр, 1884, март, 152—169; L. Masing.— «Göttingener gelehrte Anzeigen», 1884, 687—711; J. Polívka.— «Listy filologické», II. 1884, 402—412; Л. Милетич. Особеностите на езика на Мариинския паметник.— «Периодическо списание», т. 5, кн. 19—20, София, 1886, 219—252; П. Бузук. К вопросу о месте написания Мариинского евангелия.— «Известия ОРЯС», 1918, т. 23, кн. 2, Пг, 1921, 109—149 (см. также рец. С. Кульбакина — «Južnoslovenski filolog», 1924, 4, 219—222; 1925 — 26, 304—307); Его же. Замечания о Мариинском евангелии.— «Известия ОРЯС», 1924, т. 29, Л., 1925, 307—368; F. Repp. Zur Kritik des Codex Marianus.— ZfslPh, 24, 1956, 271—276; H. G. Lunt. Contributions to the Study of Old Church Slavonic. I. On Re-Reading the «Marianus»,— «International Journal of Slavic Linguistics and Poetics», 1—2, 1959, 9—37; М. А. Муталимова. Переход причастий в другие части речи (по материалам Мариинского евангелия).— «Материалы научно-теоретической конференции», Минск, 1965, 342—345; Она же. Временные значения причастий (на материале Мариинского евангелия).— «Исследования по русскому языку». Минск, 1965, 154—180; L. Mathé. Syntaktische Funktïon des altslawischen Infinitivs und Supins auf Grund des Codex Marianus.— «Slavica», t. 6, 1966, 35—44; М. А. Муталимова. Составное причастное сказуемое в Мариинском кодексе.— «Тыпалогiя и гiсторiя славянскiх моў и ўзаемасвязi славянскiх лiтаратур. Минск, 1967, 107—110; Она же. Причастия в Мариинском евангелии, Л., 1968; Е. И. Гурьева. Гипотаксис в старославянском языке. На материале Мариинского и Остромирова евангелий. Тарту, 1968; Она же. Гипотаксис предложения с зависимой объектной частью в старославянском языке. На материале Мариинского и Остромирова евангелий.— «Ученые записки Тартуского ун-та», вып. 219-А. Труды по русской и славянской филологии, 12, 1968, 3—35; L. Moszyński. Cyrylica w Kodeksie Mariańskim.— «Studia z filologii polskiej i słowiańskiej», 8, 1969, 213—259; М. А. Муталимова. Причастия в Мариинском кодексе и их соответствия в евангелии Тяпинского (автореферат канд. дисс.). Минск, 1970; М. И. Лекомцева. К семантической характеристике глаголов говорения в Мариинском кодексе.— «Ученые записки Тартуского ун-та», вып. 284, 1971. Труды по знаковым системам, 5, 437—462; Й. Домбровский. К вопросу о выражении актуальности в языке (на материале Мариинского евангелия).— «Studia Slavica Acad. Scientiarum Hungaricae», 19, 1973, № 1—2, 17—26; П. Лили. К вопросу о существительных с основой на -ĭ. Их роль в контаминации с основами на -ŏ в Мариинском четвероевангелии.— «Studia Slavica

Acad. Scientiarum Hungaricae», 19, 1973, № 1—2, 197—205; L. Moszyński. Die Tetraevangelien des Codex Zographensis und Codex Marianus als liturgische Bücher.— «Byzantinoslavica», XLVI 1, 1985, 78—88.

Ассеманиево (или Ватиканское) евангелие-апракос (*Ас*). Глаголическая рукопись XI в. на 158 пергаменных листах, содержит так наз. апракос-евангелие, т. е. евангельские чтения па субботу и воскресенье в календарном порядке и с календарными заметками о христианских праздниках. Рукопись украшена многочисленными цветными орнаментальными заставками и инициалами. *Ас* было обнаружено в Иерусалиме Дж. Ассемани, директором Ватиканской (Папской) библиотеки, и с тех пор хранится в этой библиотеке под шифром Slav. 3. После ненадежных в научном отношении изданий Фр. Рачки (глаголицей в Загребе, 1865 г.) и И. Чрнчича (в латинской транскрипции в Риме, 1878 г.) *Ас* было фототипически издано Й. Вайсом и Й. Курцем (J. Vajs a J. Kurz. Evangeliarium Assemani. Codex Vaticanus 3. Slavicus glagoliticus. Tomus I. Prolegomena. Tabulae. Praha, 1929), а в кириллической транскрипции (с предисловием, текстологическими примечаниями и указаниями чтений) Й. Курцем как 2-й том этого издания (J. Kurz. Evangeliář Assemanův. Kodex Vatikánský 3. slovanský. Díl II, Praha, 1955). В 1981 г. в Софии вышло факсимильное издание *Ас*, подготовленное В. Ивановой-Мавродиновой и А. Джуровой с приложением (комментариями издателей) в виде отдельной книги: В. Иванова-Мавродинова, А. Джурова. Асеманиевото евангелие. Старобългарски глаголически паметник от X век. Художествено-историческо проучване. София, 1981.

Литература об *Ас*: J. Kurz. O potřebě nového vydání rukopisu Assemanova.— «Listy filologické», 53, 1926, 106—118; 234—247; М. Н. Сперанский. «Злые дни» в приписках Ассеманиева евангелия.— «Македонски преглед», 8, кн. I, 1932, 41—53; 180—181; St. Mladenov. Assemański albo Watykański Ewangeljarz.— «Słownik starożytności słowiańskich», zeszyt próbny. Warszawa, 1934, 1—3; F. Grivec. Dikcija Assemanijeva glagoljskega evangelistarja.— «Slovo», 3, 1953, 5—34; Его же. На семь петрѣ — «Slovo», 4—5, 1955, 24—46; M. Noha. Číslice v Assemanově kodexu.— «Slavia», 25, 1956, 394—400; J. Kurz. Seznam evangelijních čtení obsažených v stsl. rukopise Assemanově.— «Slavia», 1957, 336—363; L. Moszyński. Staro-cerkiewno-słowiańskie *oralo* — neologizm Kodeksu Assemaniego.— «Symbolae Philologicae in honorem Vitoldi Taszycki», Wrocław — Warszawa — Kraków, 1968, 223—228; J. Kurz. Nazalni vokali u Asemanovu kodexu.— «Slovo», 20, 1970, 5—28; Fr. Sławski. O archaizmach i innowacjach Kodeksu Assemaniego.— «Miscellanea linguistica», Ostrava, 1971, 23—25; Й. Заимов. Асеманиево евангелие като паметник на старобългарската култура.— «Вековни български езикови традиции 1». София, 1980, 68—71; Б. Велчева. Проблеми на глаголческата писменост. Асеманиево евангелие.— «Константин-Кирил Философ». София, 1981, 167—171; Б. Велчева. За една кирилска приписка в Асеманиевото евангелие.— «Помощни исторически дисциплини, 3». София, 1981, 94—97; H. G. Lunt. On the Old Church Slavonic Codex Assemanianus.— «Македонски јазик», 32—33, 1981 — 82, 405—416; Б. Велчева. Късната глаголица и кирилските приписки в Асеманиевия кодекс от X в.— «Литературознание и фолклористика». София, 1983, 202—207; Й. Заимов. За смекчаването на съгласните и за замяната на носовките в Асеманиевото евангелие. «Старобългаристика», 7, 1983, № 3, 43—57; Д. Минев. Асеманиево евангелие.— «Кирило-Методиевска енциклопедия, I». София, 1985, 124—134.

Саввина книга (*Сав*). Кириллическая рукопись в 129 листов, по всей вероятности, список с глаголического оригинала, содержит неполный текст евангелия-апракоса, датируется XI в. Происходит из северовосточной Болгарии, возможно, из области к северу от Дуная. *Сав* была собственностью Середкинского монастыря около Пскова, затем Типографской библиотеки (при Синодальной типографии) в Москве, в настоящее время хранится в Центральном государственном архиве древних актов в Москве под шифром ф. 381, № 14. Рукопись называется по имени писца — «попа Саввы», которое встречается в двух приписках к основному тексту. Рукопись была открыта и впервые издана И. И. Срезневским в 1868 г. Научное полное издание *Сав* принадлежит В. Н. Щепкину: Саввина книга. СПб., 1903. К тексту приложен индекс слов (переиздано в Граце в 1959 г.).

Литература о *Сав*: В. Н. Щепкин. Рассуждение о языке Саввиной книги. СПб., 1899; В. Погорелов. Из наблюдений в области древнеславянской переводной литературы. III. Опыт изучения текста Саввиной книги. Братислава, 1927; I. Bărbulescu. Iarăsi despre Savina kniga şi Codex Suprasliensis in Dacia Traiană.— «Archiva Societăţii Istorico-Filologice din Iaşi», 44, 1937, 59—75; K. Horálek. Význam Savviny knigy pro rekonstrukci stsl. překladu evangelia.— «Věstník Král. čes. spol. nauk», 1946, Praha, 1948; Fr. Sławski. Uwagi o słownictwie Księgi Sawy.— «Studia linguistica in honorem Th. Lehr-Spławiński».

Warszawa, 1963; А. С. Новикова. О некоторых отличиях Саввиной книги в области употребления падежей.— «Вестник Моск. ун-та. Филология», 1967, № 3, 47—59; Она же. О своеобразии употребления предложно-падежных форм в Саввиной книге.— «Вестник Моск. ун-та. Филология», 1968, № 4, 32—36; она же. Падежные отношения в Саввиной книге. Автореферат канд. дисс. М., 1968; В. Папазисовска. За Савината књига.— «Симпозиум 1100-годишнина од смртта на Кирил Солунски», II, Скопје; 1970, 301—317; E. Vrabie. Au fost kopiate «Savvina kniga» şi «Codex Suprasliensis» in Dacia Traiană?» — «Studii şi cercetări linguistice», 22, 1971, № 2, 185—198; Fr. Sławski. O archaizmach i innowacjach Księgi Sawy» — «Slavia», 47, 1978, 338—339.

Охридские глаголические листки (*Охр*). Два листка, написанные глаголицей, от XI в., содержащие отрывок евангелия-апракоса. Были найдены в 1845 г. В. И. Григоровичем в Охриде. Хранятся в Одесской государственной научной библиотеке им. А. М. Горького (до 1930 г.— в библиотеке Одесского ун-та). *Охр* издал И. И. Срезневский в 1866 г., Н. К. Грунский в 1906 г. Лучшим научным изданием является издание Г. А. Ильинского: «Охридские глаголические листки». Пг, 1915.

Литература об *Охр*: Z. Kurzová. Příspěvek k rozboru Ochridských listů.— «Симпозиум 1100-годишнина од смртта на Кирил Солунски», II, Скопје, 1970, 134—148.

Листки Ундольского (*Унд*). Два кириллических листа XI в., содержат отрывок из евангелия-апракоса. «Ундольскими» листки называются по имени их первого владельца — В. М. Ундольского, библиографа и собирателя памятников славянской письменности. После его смерти рукопись поступила в Румянцевский музей, ныне хранится в Библиотеке им. В. И. Ленина в Москве, фонд Ундольского, № 961. Впервые *Унд* были изданы И. И. Срезневским в кн. «Древние славянские памятники юсового письма». СПб., 1868 (текст и филологический анализ). Позднее: Е. Ф. Карский. Листки Ундольского. Отрывок кирилловского евангелия XI в. СПб., 1904 (переиздано в кн.: Е. Ф. Карский. Труды по белорусскому и другим славянским языкам. М., 1962); А. Минчева. Старобългарски кирилски откъслеци. София, 1978, 18—24.

Литература об *Унд*: В. Н. Щепкин. Листки Ундольского.— В кн.: «Сборник статей, посвященных Ф. Ф. Фортунатову». Варшава, 1902; В. Стојчевска-Антиќ. Листовите на В. М. Ундолски.— Сб. «Кирил Солунски», 2, Скопје, 1970, 389—403; В. Антиќ. Околу датирањето на Ундолските листови.— «Македонски јазик», 20, 1969, 175—178.

Боянское евангелие-апракос (*Боян*), так наз. Боянский палимпсест. Текст конца XI в. на глаголице. Этот пергамент в XII—XIII вв. был счищен, и на палимпсесте был написан другой текст — евангелие-апракос кириллицей (так наз. Боянское евангелие). Рукопись нашел в 1845 г. В. И. Григорович в Боянском монастыре около Софии; после его смерти рукопись поступила в Румянцевский музей, ныне хранится в Библиотеке им. В. И. Ленина в Москве под шифром М. 1960. Глаголические буквы и отдельные слова удалось прочитать В. И. Григоровичу, а также П.-Й. Шафарику и И. В. Ягичу. Значительную часть первоначального глаголического текста (26 страниц) удалось прочитать И. Добреву, которому принадлежит и издание *Боян* в кириллической транскрипции: И. Добрев. Глаголическият текст на Боянския палимпсест. София, 1972 (к изданию приложен индекс слов и исследование памятника).

Литература о *Боян*: L. Moszyński. Głagolski tekst Bojańskiego Palimpsestu wobec innych cyrylometodejskich ewangeliarzy.— «Изследвания върху историята и диалектите на българския език». София, 1979, 271—275; И. Добрев. Боянски палимпсест.— «Кирило-Методиевска енциклопедия, I». София, 1985, 236.

Зографский палимпсест (*Зогр-пал*). Отрывок евангелия-апракоса, написанного в конце XI в. глаголицей. Эти листы пергамена были позднее, видимо, в конце XII в., смыты, и на палимпсесте был написан текст евангелия-апракоса поздней глаголицей, известный под названием Зогр-б (см. выше о *Зогр*). Смытый первоначальный текст был прочитан, исследован и издан И. Добревым в кириллической транскрипции: И. Добрев. Палимпсестовите части на Зографското евангелие.— Сб. «Константин-Кирил Философ. Доклади от симпозиума, посветен на 1100-годишнината от смъртта му». София, 1971, 157—164. Отдельные части текста, которые издателю не удалось прочитать, пополнены по *Мар*.

О приведенных рукописях евангелия см. также литературу, посвященную более общим вопросам изучения старославянских и церковнославянских евангельских текстов: М. Н. Сперанский. К истории славянского перевода евангелия.— «Русский филологический вестник», 41, 1899, 198—219; 43, 1900, 9—28; O. Grünenthal. Die Übersetzungstechnik der aksl. Evangelienübersetzungen.— AfslPh, 31, 1910, 321—366; 507—528; 32, 1911, 1—48;

V. Vondrák. O csl. překladu evangelia v jeho dvou různých částech a jak se nám zachoval v hlavnějších rukopisech.— «Daničićev zbornik». Beograd — Ljubljana, 1925, 9—27; A. Snoje. Staroslavenski prevod evangeliev.— «Bogoslovni vestnik», II 2, 1922, Ljubljana, 105 и след.; В. Погорелов. Формы греческих слов в кирилло-мефодиевском переводе евангелия.— «Byzantinoslavica», 2, 1930, 1—26; J. Vajs. Kritické studie stsl. textu biblického, I—IV, Praha, 1927—1936; Его же. Byzantská recense a evangelijní kodexy staroslověnské.— «Byzantinoslavica», 1, 1929, 1—9; 4, 1932, 1—10; Его же. K charakteristice nejstarších evangelních rukopisů stsl.— «Byzantinoslavica», 5, 1933—34, 113—119; Его же. Kladné a záporné výsledky kritického bádání v stsl. evangelním textu.— «Byzantinoslavica», 7, 1937—38, 149—157; K. Horálek. Evangeliáře a čtveroevangelia. Příspěvky k textové kritice a k dějinám staroslověnského překladu evangelia. Praha, 1954 (см. рец.: F. Grivec.— «Slovo», 6—8, 1957, 349—358); R. Večerka. K překladu staroslověnských evangelií z řečtiny.— «Slavia», 24, 1955, 42—44; L. Moszyński. Staro-cerkiewno-słowiański aprakos.— «Studia z filologii polskiej i słowiańskiej», II, Warszawa, 1957, 373—395; J. Vrana. O tipovima, redakcijama i međusobnom odnosu staroslovenskih evanđelja.— «Slavia», 26, 1957, 331—336; 29, 1960, 552—557; K. Horálek. Zum heutigen Stand der textkritischen Erforschung des altkirchenslavischen Evangeliums.— ZfslPh, 27, 1959, 255—274; J. Vrana. Über das vergleichende Sprach- und Textstudium altkirchenslavischer Evangelien.— «Welt der Slaven», 5, 1960, 418—428; Л. П. Жуковская. Об объеме первой славянской книги, переведенной с греческого Кириллом и Мефодием.— «Вопросы славянского языкознания», 7, 1963, 73—81; К. Мирчев. Из историята на Кирилометодиевия евангелски превод в българските земи.— В кн.: «Хиляда и сто години славянска писменост. 863—1963». София, 1963, 155—164; L. Moszyński. Pokrewieństwo najstarszych staro-cerkiewno-słowiańskich textów ewangelijnych w świetle statystyki słownikowej.— «Slavia occidentalis», 27, 1968, 153—158; Его же. Zróżnicowanie leksykalne najstarszych staro-cerkiewno-słowiańskich textów ewangelijnych.— «Z polskich studiów slawistycznych, seria 3, Językoznawstwo». Warszawa, 1968, 195—204; И. Буюклиев. Структура на относителните изречения в Кирило-Методиевия превод на евангелския текст.— «Константин-Кирил Философ», София, 1969; O. Nedeljković. Redakcije staroslovenskog evanђelja i staroslovenska sinonimika.— «Симпозиум 1100-годишнина од смртта на Кирил Солунски», II, Скопје, 1970, 269—279; Е. М. Верещагин. Из истории возникновения первого литературного языка славян. I. М., 1971; II, М., 1972; Л. П. Жуковская. О глаголической традиции в славянском евангелии-апракос.— «Slovo», 21, 1971, 351—358; Она же. О текстологическом изучении памятников традиционного содержания.— Сб. «Текстология славянских литератур», Л., 1973, 183—193; Она же. Текстология и язык древнейших славянских памятников. М., 1975; H. Jelitte. Bestand und Deutung der lexikalischen Varianten in den aksl. Evangelientexten.— ZfslPh, 38, 1975, № I, 57—89; J. Vrana. Problematika postanka staroslavenskog prijevoda evanđelja.— «Prilozi Hrvatskog filološkog društva». Zagreb, 1978, 163—168; H. Bauerová. Změny kontrakčních skupin -aje-, -uje-, -ěje- v staroslověnských evangelních kodexech.— «Slavia», 48, 1979, 1—11.

Енинский апостол (*Ен*). Неполная, написанная кириллицей рукопись апостола-апракоса XI в. (39 листов пергамена). Найдена в 1960 г. в с. Енино около Казанлыка. Хранится в Народной библиотеке им. Кирилла и Мефодия в Софии. Издана К. Мирчевым и Х. Кодовым: Енински апостол. Старобългарски паметник от XI в., София, 1965 (текст, его фототипическое воспроизведение, исследование и индекс слов). С предисловием Х. Кодова; его же: Енински апостол. Факсимилно издание. София, 1983.

Литература об *Ен*: К. Мирчев. За езиковите особености на новооткрити фрагменти от най-стар славянски апостолски текст — Енински апостол от XI в.— Сб. «Славянска филология», III, 1963, 81—103; Н. Демирчева-Хафузова. Бележки по откриването на старобългарския писмен паметник «Енински апостол» от XI век.— «Български език», 1964, кн. 6, 527—533; Р. А. Симонов. Применялся ли знак **Y** в записи числа в Енинском апостоле XI в.?— «Советское славяноведение», 1967, № 3, 75—76; Р. Угринова-Скаловска. Енинскиот апостол во споредба со некои други апостоли.— «Симпозиум 1100-годишнина од смртта на Кирил Солунски». II. Скопје, 1970, 405—417; Z. Hauptová. Lexikální rozbor apoštola Eninského — «Studia palaeoslovenica». Praha, 1971, 105—121; L. Moszyński. Fragmenty psałterzowe Apostoła Enińskiego wobec tzw. Psałterza Synajskiego.— Сб. «Константин-Кирил Философ». София, 1971, 143—156; R. Aitzetmüller. Zur Einstufung des Apostolusfragments von Enina.— AnzfslPh, 10—11, 1979, 19—24; А. Атанасов. Енинският апостол — новооткрит старобългарски писмен паметник от средата на XI век.— «Вековни български езикови традиции, 1». София, 1980, 75—78; Е. Коцева. Особенности в календара на Енинския апостол.— «Старобългаристика 9», 1985, № 1, 104—110; Е. Дограмаджиева. Енински апостол.— «Кирило-Методиевска енциклопедия, I». София, 1985; 652—655.

Синайская псалтырь (*Син*). Глаголическая рукопись XI в., написанная несколькими писцами, содержит 177 листов пергамена, всего 137 псалмов. Рукопись хранится в монастыре св. Екатерины на Синае. Ее открыл архимандрит Порфирий Успенский. После неточного издания Л. Гейтлера (1883 г.) научное издание памятника осуществил С. Н. Северьянов: Синайская псалтырь. Глаголический памятник XI в. Пг., 1922. Текст псалтыри дан кириллицей, снабжен примечаниями издателя и полным старославянско-греческим индексом слов. Фототипическое издание осуществил М. Альтбауэр: M. Altbauer. Psalterium Sinaiticum, an 11th Century Glagolitic Manuscript from St. Catharine's Monastery, Mt. Sinai. Skopje, 1971. На Синае была найдена вторая часть рукописи; фототипически она опубликована в книге I. C. Tarnanidis. The Slavonic manuscripts discovered in 1975 at St. Catharine's Monastery on Mount Sinai. Thessaloniki 1988. В настоящем словаре ее лексический состав не обработан.

Литература о *Син*: Ю. В. Петровская. Мена глухих в Синайской псалтыри.— «Известия ОРЯС», 21, кн. I, 1917, 302 и след.; S. Kul'bakin. Psalterium Sinaiticum u novom izdanju.— «Južnoslovenski filolog», 4, 1924, 166—181; Его же. Poluglasnici u Sinajskom Psaltiru.— «Južnoslovenski filolog», 5, 1925—26, 69—82; B. von Arnim. Studien zum altbulgarischen Psalterium Sinaiticum. Leipzig, 1930; J. Laurenčík. Nelukianovská čtení v Sinajském žaltáři.— «Slovanské studie», Praha, 1948, 66—83; A. Wandas. Psałterz Biblii Ostrowskiej na tle Psałterza Synajskiego.— «Sprawozdania z prac naukowych Wydziału nauk społecznych», 1960, № 2—3, 97—100; L. Moszyński. Fragmenty psałterzowe Apostoła Eninskiego wobec tzw. Psałterza Synajskiego.— Сб. «Константин-Кирил Философ». София, 1971, 143—156; Е. М. Верещагин. К изучению семантики лексического фонда древнеславянского языка (доклад на VIII Международном съезде славистов). М., 1978; П. Илчев. Текстова структура на Синайския псалтир.— Сб. «Изследвания върху историята и диалектите на българския език». София, 1979, 200—205; M. Altbauer. Zum Wortschatz des «Psalterium sinaiticum».— «Palaeobulgarica», 3, 1979, № 1, 60—63; J. Schütz. Zur Psaltervokabel aksl. vъušiti<vъn-ušiti.— «Palaeobulgarica», 4, 1980, 1, 90—91; П. Илчев. Синайският псалтир и неговите писачи.— «Славянска палеография и дипломатика». София, 1980, 89—95; Л. Мавродинова. Украсата на Синайския псалтир.— «Старобългарска литература», 13, 1983, 74—90; Е. Дограмаджиева. Преводачески похвати при предаване на съюзните средства в Синайския псалтир.— «Старобългаристика», 1985, № 4, 45—55.

О *Син* см. также в работах о старославянском языке и о псалтыри вообще: J. Vajs. Které recense byla řecká předloha stsl. překladu žaltáře.— «Byzantinoslavica», 8, 1939—46, 55—86; J. Lépissier. La traduction vieux slave du Psautier.— «Revue des études slaves», 43, 1964, 59—72; J. Vlášek. Žalmový verš. Příspěvek k teorii staroslověnského verše. «Československé přednášky pro IV Mezinárodní sjezd slavistů v Praze», Praha, 1968, 383—388; J. Vlášek. O vztahu překladové techniky a poetiky stsl. žaltáře.— «Slavia», 38, 1969, 607—615; M. Pantelić. Zapadne variante u staroslovenskim psaltirima.— Сб. «Симпозиум 1100-годишнина од смртта на Кирил Солунски», Скопје, кн. 2, 1970, 291—299; J. Vlášek. Po stopách archetypu stsl. překladu žalmů.— «Studia palaeoslovenica», Praha, 1971, 389—392; Е. М. Верещагин. Прием параллелизма в псалтыри и выявление смысловых связей между словами первого литературного языка славян.— «Советское славяноведение», II, 1975, 60—72; Й. Хамм. К истории древнеславянского перевода Псалтыри.— Сб. «Культурное наследие древней Руси. Истоки. Становление. Традиции». М., 1976, 359—363; Е. М. Верещагин. О тематических группах лексики в псалтыри.— Сб. «Изследвания върху историята и диалектите на българския език». София, 1979, 83—87.

Синайский служебник (*Служ*) см. Евхологий синайский.

Киевские листки (Киевский миссал) (*Киев*). Семь пергаменных глаголических листов (13 страниц текста, первая страница первого листа содержит другой текст позднего письма). Рукопись относится приблизительно к X в. (или к концу IX в.), содержит отрывок литургии по римскому обряду и является переводом с латинского оригинала. Рукопись подарил Киевской духовной академии к ее 50-летию (в 1869 г.) представитель русской православной миссии в Иерусалиме архимандрит Антонин Капустин. В настоящее время *Киев* хранятся в Государственной публичной библиотеке в Киеве (шифр ДА/П. 328).

Широкая научная общественность узнала о *Киев* на 3-м Археологическом съезде (Киев, 1874 г.), где о них прочитал доклад И. И. Срезневский, их обнаруживший. Ему же принадлежит и первое издание *Киев*: «Римско-католический миссал в древнем глаголическом списке» (И. Срезневский. Сведения и заметки о малоизвестных и неизвестных памятниках, СПб., 1875. Приложение к XXVIII-му тому Записок Имп. Академии наук, № 1). Критическое издание *Киев* подготовил И. В. Ягич: V. Jagić. Glagolitica. Würdigung neuentdeckter Fragmente, Wien, 1890; издание с латинским текстом: G. Mohlberg. Il messale glagolitico di Kiew (sec. IX) ed il suo prototipo romano del sec. VI—VII («Atti della Pontificia Academia Romana di archeologia» (ser. III), Memorie, vol. II, Roma, 1928, 207—320; фототипическое издание оригинала рукописи с кириллической транскрипцией, латинским текстом и исследованием о памятнике: В. В. Німчук: Київські глаголичні листки. Київ, 1983. В издании принята кириллическая транскрипция М. Вейнгарта из хрестоматии: M. Weingart, J. Kurz. Texty ke studiu jazyka a písemnictví staroslověnského. Praha, 1949.

Литература о *Киев*: V. Oblak. Zur Provenienz der Kijever und Prager Fragmente.— AfslPh, 18, 1896, 106—112; V. Vondrák. O původu Kijevských listů a Pražských zlomků. Praha, 1904; V. Vondrák. Über die Provenienz der Kijever Blätter und Prager Fragmente.— AfslPh, 28, 1906, 472—478; А. И. Соболевский. Родина Киевских отрывков.— А. И. Соболевский. Материалы и исследования в области славянской филологии и археологии (Сб. ОРЯС, т. 88). СПб., 1910, 106—109; Н. Дурново. К вопросу о языке Киевских листков.— «Slavia», I, 1922 — 23, 219—227; Ed. Sievers. Die altslavischen Verstexte von Kiew und Freising.— «Berichte der sächs. Akad. d. Wiss., Phil.-hist. Klasse, 76, 2, 1924, Leipzig, 1925, 1—59; N. van Wijk. Kilka uwag o pochodzeniu Mszału Kijowskiego.— «Księga pamiętkowa ku czci O. Balzera», II, Lwów, 1925; Л. Арасимович. К вопросу о Киевских листках.— «Slavia» 6, 1927—28, 18—27; Н. Грунский. Київськи глаголицьки листи та Фрейзінгенські уривки. Київ, 1928; J. Vajs. Kyjevské listy a jejich latinský (římský) originál stol. VI. až VII.— «Bratislava», 4, 1930, 521—527; A. Ušeničnik. Najstarejši glagolski spomenik in liturgija sv. Cirila in Metoda.— «Bogoslovni vestnik», 10, 1930, 235 и след.; G. L. Trager. The Old Church Slavonic Kiev Fragment. Its Accents and their Relation to Modern Slavonic Accentuation — supl. to «Language», 13, 1933; J. Vašica. Slovanská liturgie nově osvětlená Kijevskými listy.— «Slovo a slovesnost», 6, 1940, 65—77; H. Hoeppner. Zur Forschungsgeschichte über die «Kiever Glagolitischen Blätter».— ZfslPh, 21, 1951, 39—63; M. Leumann. Die altkirchenslavischen Kiewer Blätter und ihr lateinisches Original.— «Festschrift Albert Debrunner», Bern, 1954, 291—305; E. Koschmieder. Die vermeintlichen Akzentzeichen der Kiever Blätter.— «Slovo», 4—5, 1955, 5—23; V. Tkadlčík. Trojí hlaholské *i* v Kyjevských listech.— «Slavia», 25, 1956, 200—216; A. J. Novák. Vztah Kyjevských listů k východnímu obřadu.— «Pravoslavný sborník», 1956, 90—92; R. Krajčovič. Kijevské listy v našej slavistike.— «Slovanský přehled». 43, 1957, 12; K. Gamber. Das glagolitische Sakramentar der Slavenapostel Cyrill und Method und seine lateinische Vorlage.— «Ostkirchliche Studien», 6, Würzburg, 1957, 165—173; А. И. Багмут. Дослiження російськими і українськими мовознавцями фонетичних і лексичних особливостей Київських листків і Празьких уривків у зв'язку з питанням про походження цих пам'яток.— Сб. «Слов'янське мовознавство», II, Київ, 1958, 251—276; F. Zagiba. Der historische Umkreis der Kiever Sakramentarfragmente.— «Slovo», 14, 1964, 59—77; O. Nedeljković. Akcenti ili neume u Kijevskim listićima?— «Slovo», 14, 1964, 25—51; K. Gamber. Die Kiewer Blätter in sakramentargeschichtlicher Sicht.— «Cyrillo-Methodiana», Köln — Graz, 1964, 362—371; L. Matějka. Systematic Sound Repetition in the Kiev Leaflets.— «The Slavonic and East European Journal», 4, 1962, 334—340; J. Stanislav. Aus dem slowakischen Material zum Studium der Kiever Blätter.— «Die Welt der Slaven», II, 1966, 221—232; Его же. Към въпроса за изследването на Киевските листи.— «Език и литература», 1967, кн. I, 3—24; R. Auty. The Western Lexical Elements in the Kievan Missal.— «Slawisch-deutsche Wechselbeziehungen in Sprache, Literatur und Kultur». Berlin, 1969, 3—6; J. Hamm. Das Rätsel der Kiewer Blätter. — Anzeiger der phil.-hist. Kl. der österr. Akad. der Wissenschaften», 1970, № 20, 175—177; J. Vlášek. Staroslověnská modlitba za vlast (Kij 3b 8—13), její poetika, sémantická struktura a překlad.— «Palaeoslovenica». Praha, 1971, 125—141; З. Штибер. О языке Киевского миссала.— «Исследования по славянскому языкознанию». М., 1971, 106—109; Б. Д. Фонкич. О судьбе Киевских глаголических листков.— «Советское славяноведение», 1972, № 2, 82—83; N. J. C. Gotteri. A Neglected Regularity in the Kiev Missal.— «The Slavonic and East European Review», 51, 1973, № 124, 445—447; H. Birnbaum. Noch einmal zur Lautgestalt der Kiever Blätter und zur Frage nach ihrer Herkunft.— ZfslPh, 38, 1975, 335—348; F. V. Mareš. The prayer «Look, Lord, upon our kingdom» in the Kiev Fragments.— «Folia Slavica», vol. 2, № 1—3 («Studies in honor of Horace G. Lunt»),

Columbus, Ohio, 1978, 240—244; J. Hamm. Das glagolitische Missale von Kiew.— Wien, 1979; F. Kortlandt. Zur Akzentuierung der Kiever Blätter.— ZfslPh, 41, 1980, 1—3; J. Vrana. Kijevski listovi nisu falsifikat.— «Slavia», 50, 1981, 322—326; H. Birnbaum. Wie alt ist das altertümlichste slavische Sprachdenkmal? Weitere Erwägungen zur Herkunft der Kiewer Blätter und zu ihrem Platz in der Literatur des slavischen Mittelalters.— «Die Welt der Slaven», 26/2, 1981, 225—258; Š. Ondruš. Z lexiky Kyjevských listov: vъsǫdъ.— «Slavica Slovaca», XIX, 1984, 34—42; M. Pantelić. O Kijevskim i Sinajskim listićima.— «Slovo», 35, 1985, 5—56; J. Schaeken. Die Kiever Blätter. Amsterdam, 1987; R. Večerka. Anmerkungen zu den Kiever glagolitischen Blättern.— «Byzantinoslavica» XLIX, 1988, fasc. I, 46—58.

Евхологий синайский (Синайский евхологий, Синайский требник) (*Евх*) и **Синайский служебник** (*Служ*). 106 пергаменных листов глаголического письма, датируемых XI в. и содержащих в большей своей части неполный перевод (с греческого и древневерхненемецкого) так наз. требника, т. е. книги молитв и специальных церковных служб на разные случаи жизни, а также так наз. Заповедей святых отцов (перевод с латинского) и три листа литургического служебника (перевод с греческого) (*Служ*). Рукопись нашел архимандрит Порфирий Успенский в 1850 г. в монастыре св. Екатерины на Синае, где *Евх* хранится и в настоящее время, кроме трех листов (*Служ*), которые П. Успенский и Н. П. Крылов увезли в Россию; из них два листа хранятся в Публичной библиотеке им. М. Е. Салтыкова-Щедрина в Ленинграде (шифр глаг. 2), третий лист — в библиотеке Академии наук СССР в Ленинграде (под шифром 24,4. 8).

Первое издание памятника (в кириллической транскрипции) осуществил Л. Гейтлер (L. Geitler. Euchologium. Glagolski spomenik manastira Sinai brda, Zagreb, 1882), позднее Я. Фрчек: J. Frček. Euchologium Sinaiticum. Texte slave avec sources grecques et traduction française.— «Patrologia Orientalis», t. 24, fasc. 5, Paris, 1933; t. 25, fasc. 3, Paris, 1939. Последнее издание — фототипическое воспроизведение текста и его кириллическую транскрипцию — осуществил Р. Нахтигал: R. Nahtigal. Euchologium Sinaiticum. I. Fotografski posnetek; II. Tekst s komentarjem, Ljubljana, 1941—42; недавно найденные листы рукописи опубликованы в книге I. C. Tarnanidis (см. у *Син*); их лексический состав в настоящем словаре не обработан.

Литература о *Евх*: R. Jarosiewicz. Über das Euchologium Sinaiticum.— «Sprawozdania dyrekcji c-k. wyższego gimnazyum w Kołomyi za 1888»; P. Lang. Jazykovědecký rozbor Euchologia Sinajského.— «Zpráva gymn. v Příbrami za léta 1888, 1889, 1890»; V. Vondrák. Althochdeutsche Beichtformeln im Altkirchenslavischen und in den Freisinger Denkmälern.— AfslPh, 16, 1894, 118—132; Его же. Zachodnio-europejskie postanowienia pokutne w języku cerkiewno-słowiańskim.— «Rozprawy Wydziału filologicznego Polskiej Akad. um.», XL, Kraków, 1904, 1—67; R. Nahtigal. Starocerkvenoslovanski evhologij.— «Razprave», II, Ljubljana, 1925, 221—228; N. van Wijk. Zur Vorgeschichte zweier altkirchenslavischer Sprachdenkmäler. I. Suprasliensis. II. Euchologium Sinaiticum.— AfslPh, 40, 1926, 265—278; St. Słoński. Index verborum do Euchologium sinaiticum. Warszawa, 1934; L. Grafenauer. Karolinska kateheza ter izvor Brižinskih spomenikov in Čina nadъ ispovědajǫštiimь sę.— «Razprave Znanstvenega društva u Ljubljani, 13, Filološko-lingvistički odsek, 2, 1936; Его же. Starobavarska (Svetoemmeramska) molitev v starem slovenskem csl. jeziku.— «Slovenski jezik. Glasilo Slavističnega društva». I. Ljubljana, 1938, 8 и след.; R. Trautmann. Zum Euchologium Sinaiticum.— ZfslPh, 17, 1941, 52—59; Н. С. Державин. Euchologium Sinaiticum. К вопросу о времени происхождения памятника.— В кн. Н. С. Державин. Сборник статей и исследований в области славянской филологии. М.— Л., 1941, 215—231; J. Frček. K textové kritice Sinajského euchologia. Řeholní rituál.— «Slavia», 18, 1947—48, 31—46; T. Repp. Zur Kritik der kirchenslavischen Übersetzung des St. Emmeramer Gebets im Euchologium Sinaiticum.— ZfslPh, 22, 1953, 315—332; J. Hahn. Der Imperativ *rači* im Euch Sin.— «Münchener Beiträge zur Slawenkunde», München, 1953, 124—136; A. Vaillant. L'Eucologe du Sinaï. Particularités de la langue du texte.— «Byzantinoslavica», 21, 1960, 75—87; А. Е. Карлинский. Древneверхнемецко-старославянская билингва из Синайского требника.— «Тезисы докладов, предназначенных для обсуждения на 1-й Всесоюзной конференции по вопросам славяно-германского языкознания», Минск, 1961, 79—82; A. Dostál. L'Eucologe Slave du Sinaï.— «Byzantion», 36, 1966, 41—50; F. Sławski. Modlitewnik Synajski.— «Słownik starożytności Słowiańskich», 3, № 1, 1967, 272—273; А. Е. Карлинский. Старославянская версия Сант-Эммерамской молитвы.— В кн.: «Типология и взаимодействие славянских и германских языков». Минск, 1969, 135—161; Ст. Кожухаров. Една редакция на поместения в Синайския молитвеник чинъ надъ исповѣдаѭщиимь сѧ в пергаментен препис от края на XIII в.— Сб. «Константин-Кирил Философ». София, 1969, 349—368; Z. Kurzová. Význam a užívání imperativu v Euchologiu Sinajském.— «Studia palaeoslovenica». Praha, 1971, 185—194; Она же. Atematické imperativy typu *daždi* v Euchologiu Sinajském.— «Slavia», 1971, 1—8; I. Bujukliev. K charakteristike niektorých hapax legomena v Sinajskom euchológiu.— «Zborník FF UK-Philologica», 23—24, 1971—72, Bratislava, 1974, 215—220; П. Пенкова. Коментариите на Р. Нахтигал към изданието на Синайския евхологий и днешното състояние на проучванията върху паметника.— В кн.: «Nahtigalov zbornik». Ljubljana, 1977, 375—389; Е. Даграмаджиева. Обстоятелствени изречения в Синайския евхологий.— Там же, 47—67; B. Džonov. Die angeblichen gotischen Entlehnungen in der altbulgarischen Beichte und im St. Emmeram Gebet.— «Palaeobulgarica», I, 1977, № 3, 60—69; П. Пенкова. Лексикографическая характеристика Синайского Евхология.— «Советское славяноведение», 1978, № 2, 83—87; Б. Джонов. Сант-Емерамската молитва и нейното отношение към изповедната молитва от Синайския требник.— «Годишник на Софийския университет. Факултет класически и нови филологии», 74/3, 1984, № 3; В. Андреева. Старобългарската изповедна молитва от Синайския требник и нейното старонемско съответствие — Сант-Емерамската молитва. Сравнително-стилистичен анализ.— «Старобългарска литература», 17, 1985, 85—97.

О *Киев* и *Евх* см. также в работах более общего характера: J. Vajs. Indoles liturgiae Slavicae, cuius ritus fuerit liturgia Slavica a ss. Constantino et Methodio introducta, orientalis ne an occidentalis.— «Acta VII conventus Velehradensis», Olomouc, 1937; J. Vašica. Slovanská liturgie sv. Petra.— «Byzantinoslavica», 8, 1939—1946, 1—54; F. Grivec. Ritus Liturgiae Slavicae.— «Acta Academiae Velehradensis», 17, 1941; Д. Чижевский. К вопросу о литургии св. Петра.— «Slovo», 2, 1953; S. Smržík. The Glagolitic or Roman-Slavonic Liturgy.— «Series Cyrillomethodiana», vol. 2. Slovak Institute Cleveland-Rome, 1959; M. Lacko. The Cyrillo-Methodian Origin of the Byzantine-Slavonic and the Roman-Slavonic Liturgy.— «Slovak Studies, III, Cyrillo-Methodiana», Rome, 1963, 79—87; L. Pokorný. Liturgie pěje slovansky.— Сб. «Solunští bratři», Praha, 1962, 158—191; Его же. Die slawische cyrillo-methodianische Liturgie.— Сб. «Sancti Cyrillus et Methodius». Praha, 1963, 118—126; Р. Якобсон. Тайная служба Константина Философа.— «Zbornik radova Bizantološkog instituta», knj. VIII, I. Mélanges Georges Ostrogorsky. Beograd, 1963, 153—166; F. Zagiba. Einige grundlegende Fragen des Cyrillo-Methodianischen liturgischen Gesanges.— «Sborník prací fil. fak. Brno, F9, 1965, 403—415; A. Dostál. The Origins of the Slavonic Liturgy. «Dumbarton Oaks Papers», 19, Washington, 1965, 67—87; J. Vašica. Slavische Petrusliturgie.— «Anfänge der slavischen Musik». Bratislava, 1966, 23—34; E. Koschmieder. Wie haben Kyrill und Method zelebriert?— «Anfänge der slavischen Musik», Bratislava, 1966, 7—22; J. Laurenčík. K otázce slovanské liturgie sv. Petra.— «Studia palaeoslovenica», Praha, 1971, 201—214; V. Tkadlčík. Byzantinischer und römischer Ritus in der slavischen Liturgie.— «Wegzeichen. Festgabe zum 60. Geburtstag von H. M. Biedermann». Würzburg, 1971, 313—332; Б. Чифлянов. Богослужебният чин, проведен от св. братя Кирил и Методий в началото на тяхната Моравска мисия.— «Годишник на Духовната акад. «Св. Климент Охридски», т. XXII (XVIII) за 1972—73 г., София, 1976, № 4, 225—385; V. Tkadlčík. Slovanská liturgie svatého Petra.— «Duchovní pastýř», XXVI, 13—14, 22—26; Его же. Byzantský a římský ritus ve slovanské bohoslužbě.— «Duchovní pastýř», XXVII, 1978, 4—10; V. Konzal. Die Entwicklung der byzantinischen Liturgie und die Slaven.— «Beiträge zur byzantinischen Geschichte im 9.— 10. Jahrhundert». Praha, 1978, 283—299.

Клоцов сборник (*Клоц*). Пергаменная глаголическая рукопись XI в., содержит гомилии (проповеди). От большого кодекса сохранилось 14 листов. Рукопись до конца XV в. была собственностью Ивана Франкопана, правителя о-ва Крка. В настоящее время *Клоц* разделен на две части: а) триентскую (12 листов), хранящуюся в городском музее в Триенте (Италия) и подаренную музею из частной библиотеки графа П. Клоца (откуда и название памятника), и б) инсбрукскую (2 листа), хранящуюся в музее «Ferdinandeum» в Инсбруке (Австрия). Триентскую часть первоначально издал В. Копитар (1836 г.), инсбрукскую — Ф. Миклошич (1860 г.), обе части издал И. И. Срезневский (1866 г.). Критическое издание всего памятника с соответствующим греческим текстом предпринял В. Вондрак (V. Vondrák. Glagolita Clozův. Praha, 1893); новое издание А. Достала содержит фототипическое воспроизведение *Клоц*, его кириллическую и латинскую транскрипцию с примечаниями, греческий текст, перевод на чешский язык и полный индекс слов: A. Dostál. Clozianus. Staroslověnský hlaholský sborník tridentský a innsbrucký. Praha, 1959.

Литература о *Клоц*: J. Kolář. Glagolita Clozův.— «Věstník Král. čes. spol. nauk. Třída fil.-hist.-jaz». Praha, 1893, separatum; G. A. Thal. Textkritische Studien zu Homilien des

Glagolita Clozianus.— AfslPh, 24, 1902, 514—555; J. Milčetič. Zur Entdeckung des Glagolita Clozianus.— AfslPh, 35, 1914, 603—606; N. van Wijk. О напряжённом ь (ѣ) в Сборнике Клоца.— «Slavia», 6, 1927—28, 239—245; F. Grivec. Clozov — Kopitarjev glagolit v slovenski književnosti in zgodovini.— «Razprave», 1/5, Ljubljana, 1943, 341—408; A. Vaillant. Une homélie de Méthode.— «Revue des études slaves», 23, 1947, 34—47; F. Grivec. Duo sermones s. Methodii Thessalonicensis.— «Orientalia Christiana Periodica», 16, 1950, 440—448; J. Vašica. Anonymní homilie v rukopise Clozově.— «Časopis pro moderní filologii», 33, 1950, 6—9; F. Grivec. O težkih mestih v Clozovem glagolitu.— «Razprave», I, Ljubljana, 1950, 61—65; F. Grivec. Zakon sudnyj in Clozov glagolit.— «Slovo», 3, 1953, 84—89; Vj. Stefanić. Novija istraživanja o Kločevu glagoljašu.— «Slovo», 2, 1953, 67—74; Его же. Kločev glagoljaš i Luka Rinaldis.— «Radovi Staroslavenskog instituta», 2, 1955, 129—155; J. Vašica. Anonymní homilie rukopisu Clozova po stránce právní.— «Slavia», 25, 1956, 221—233; A. Dostál. K hlaholskému písmu Clozova sborníku.— «Slavia», 25, 1956, 217—220; A. Vaillant. Les citations des Écritures dans le Suprasliensis et le Clozianus.— «Slavistična revija», 10, 1957, 34—40; R. Aitzetmüller. Cloz 3a 3: unebytivъ.— «Welt der Slaven», 4, 1959, 450—451; A. Dostál. K interpretaci některých míst v Clozově sborníku.— «Slavica Pragensia», 2, 1960, 59—63; E. Bláhová-Dvořáková. Syntax anonymní homilie rukopisu Clozova.— «Slavia», 31, 1962, 151—165; Она же. Homilie Clozianu a homiliáře Mihanovićova.— «Slavia», 32, 1963, 1—16; J. Vašica. K. výkladu některých míst v tzv. Anonymní homilii rukopisu Clozova.— «Orbis scriptus Dm. Tschiżewskij zum 70. Geburtstag». München — Albach, 1966, 853—856; М. Миовски. За адаптацијата на туѓата ономастика во Клоцовиот зборник во споредба со Михановиќевиот панегирик.— Сб. «Кирил Солунски», 2, Скопје, 1970, 175—196; S. Bonazza. Aus der Korrespondenz Andreas Di Pauli. Beitrag zur Clozianus-Forschung.— «Wiener slavistisches Jahrbuch». 19, 1973, 7—13; R. Marti. Die Evangelienzitate im Glagolita Clozianus.— «Colloquium Slavicum Basiliense (Gedenkschrift für Hildegard Schroeder)». Bern — Frankfurt a. Main — Las Vegas, 1981, 443—458; H. Keipert. Zwei Bemerkungen zur sogenannten Athanasius-Homilie des Codex Clozianus.— Сб. «Литературознание и фолклористика». София, 1983, 193—196.

Супрасльская рукопись (*Супр*). По своему содержанию *Супр* — мартовская минея, т. е. сборник житий святых и гомилий (проповедей) на месяц март. *Супр* — самый большой по объему старославянский памятник, она состоит из 285 пергаменных листов, написанных кириллицей в северо-восточной Болгарии одним писцом, и относится к середине XI в. *Супр* — собрание 24 житий и 24 гомилий различного происхождения; большая часть рукописи восходит к тексту X в., к преславской школе письменности. *Супр* была открыта М. К. Бобровским в библиотеке Супрасльского монастыря (под Белостоком) в 1823 г., впоследствии рукопись была разделена на три части и в настоящее время хранится в трех местах: 1) 151 лист в Народной библиотеке в Варшаве под шифром № 21 в собрании Замойских; 2) 118 листов — в Университетской библиотеке в Любляне под шифром Cod. Kop. 2; 3) 16 листов — в Государственной публичной библиотеке им. М. Е. Салтыкова-Щедрина в Ленинграде под шифром Qn. 72.

Первое издание *Супр* принадлежит Ф. Миклошичу (Вена, 1851 г.), но им была опубликована только Люблянская (Копитарова) часть рукописи. Часть рукописи, хранящуюся теперь в Государственной публ. библиотеке им. Салтыкова-Щедрина в Ленинграде (из собрания А. Ф. Бычкова), опубликовал И. И. Срезневский (СПб., 1868 г.). Полный текст *Супр* с критическим аппаратом издал С. Н. Северьянов: Супрасльская рукопись. СПб., 1904 (переиздание: Грац, 1956 в двух томах); Супрасълски или Ретков сборник. София, т. 1, 1982, т. 2, 1983. Йордан Заимов. Увод и коментар на старобългарския текст. Марио Капалдо. Подбор и коментар на гръцкия текст (в издании приведены снимки с рукописи, факсимильное воспроизведение издания С. Северьянова и греческие подлинники).

Литература о *Супр*: А. Бем. Историко-филологическое исследование о Супрасльской рукописи.— «Славянский сборник». Филологические записки, 8/1, 1869, 1—44; И. Паплонский. Известие о Супрасльской рукописи (с примечанием П. Лавровского).— «Варшавские университетские известия», 4, 1872, 1—5; V. Vondrák. Altslovenische Studien. Beiträge zur Kenntnis des Codex Suprasliensis.— «Sitzungsberichte der Kais. Akad. d. Wiss.», Bd., CXXII/7, Wien, 1890, 1—53, 81—90; A. Brückner. Zum Suprasler Codex.— AfslPh, 13, 1891, 317—318; V. Vondrák. Über einige orthographische und lexikalische Eigentümlichkeiten des Codex Suprasliensis.— «Sitzungsberichte d. Kais. Akad. d. Wiss., hist.-philol. Kl., Bd. CXXIV, Wien, 1891; E. Zivier. Studien über den Codex Suprasliensis. I, Breslau, 1892; II, Kattowitz, 1899; R. Abicht, H. Schmid, C. Reichelt, O. Gebhardt, J. Gheyn. Quellennachweise zum Codex Suprasliensis.— AfslPh, 15, 1893, 321—337; 16, 1894, 140—153; 18,

1896, 113—155 и 156—192; 20, 1898, 181—209; 21, 1899, 44—49; F. Pastrnek. O rukopise Supraslském.— «Listy filologické», 24, 1897, 96—109; А. Кочубинский. О Супрасльской рукописи I—II.— «Известия ОРЯС», 2, 1897, 1143—1148; A. Leskien. Die Vokale ъ und ь im Codex Suprasliensis.— AfslPh, 27, 1905, 481—512; Его же. Zur Kritik des altkirchenslavischen Codex Suprasliensis. I. II.— «Abhandl. d. phil.-hist. Kl. d. Königl. Sächsischen Gesellschaft d. Wiss.», t. 27, 1909, 443—465; t. 28, 1910, 1—26; С. П. Обнорский. Судьба j-та (j̨) в Супрасльской рукописи.— «Известия ОРЯС», 17, 1912, кн. 3, 252—255; Его же. Глухие в сочетании с плавными в Супрасльской рукописи.— «Известия ОРЯС», 17, 1912, кн. 3 и 4, 338—384; W. Lüdtke. Das Martyrium des Basiliscus.— AfslPh, 35, 1914, 44—51; к этому дополнение: V. Jagić. Das Verhältnis der altkirchenslavischen Übersetzung zu diesem Texte.— Там же, 51—55; N. van Wijk. Zur Komposition des altkirchenslavischen Codex Suprasliensis. Amsterdam, 1925; Его же. Zur Vorgeschichte zweier altkirchenslavischer Sprachdenkmäler. I. Suprasliensis. II. Euchologium sinaiticum.— AfslPh, 40, 1926, 265—278; Н. Н. Дурново. К вопросу о древнейших переводах на старославянский язык библейских текстов. Супрасльская рукопись.— «Известия ОРЯС», 30, 1926, 353—429; A. Margulićs. Der altkirchenslavische Codex Suprasliensis. Heidelberg, 1927; K. H. Meyer. Der Wechsel von *ě* und *ja* im Codex Suprasliensis.— Сб. «Symbolae Grammaticae in honorem I. Rozwadowski». Cracoviae, 1928, 193—203; P. Diels. Zur Schreibung des Codex Suprasliensis.— AfslPh, 41, 1928, 115 и след.; С. П. Обнорский. «Беглое» *в* в Супрасльской рукописи.— В кн.: «Сб. статей в честь акад. А. И. Соболевского». Л., 1928, с. 418—422; Н. Ван-Вейк. Был ли Климент переводчиком № 21 Супрасльской рукописи.— «Юбілейний збірник на пошану акад. М. С. Грушевського». Київ, 1928, 178—184; N. van Wijk. Zur Herkunft dreier Legenden des Codex Suprasliensis.— AfslPh, 42, 1929, 289—295; R. Trautmann, R. Clostermann. Drei griechische Texte zum Codex Suprasliensis.— ZfslPh, 11, 1934, 1—21 и 299—324; 12, 1935, 277—294; Они же. Noch ein griechischer Text zum Codex Suprasliensis.— ZfsPh, 13, 1936, 337—341; K. H. Meyer. Altkirchenslavish-grechisches Wörterbuch des Codex Suprasliensis. Glückstadt — Hamburg, 1935; N. van Wijk. Die älteste kirchenslavische Übersetzung der Homilie εἰς τὸν εὐαγγελισμὸν τῆς ὑπεραγίας Θεοτόκου — «Byzantinoslavica», 7, 1937—38, 108—123; K. H. Meyer. Altkirchenslavische Studien I. Fehlübersetzungen im Codex Suprasliensis.— «Schriften d. K. Gelehrten Gesellschaft», 15—16, Geisteswissensch. Kl. № 2, Halle a. d. S. 1939; С. М. Куљбакин. Лексичке студије.— «Глас Српске краљевске академије», 182. Други разред, 92. Београд, 1940, 9—24; З. Витох. За богатството на сложното съставно изречение в Супрасълския сборник.— «Спис. БАН». кн. 71. Клон ист.-фил., 34, 1950, 29—44; F. Ryšánek. Příspěvek ke kritice a výkladu sborníku Supraslského.— «Studie a práce lingvistické». I. Praha, 1954, 152—153; R. Aitzetmüller. Kulturkundliches aus dem Codex Suprasliensis.— «Festschrift Vasmer», Berlin, 1956, 23—27; A. Vaillant. Les citations des Écritures dans le Suprasliensis et le Clozianus.— «Slavistična revija» 10, 1957, 34—40; К. Мирчев. Има ли глагол мъчати в Супрасълския сборник?— «Български език», 8, 1958, 50—51; R. Aitzetmüller. Die altbulgarische Übersetzung der Vita s. Pauli Simplicis.— «Die Welt der Slaven», 5, 1960, 3—4, 225—232; Ю. Откупщиков. О слове стьгда в Супрасльской рукописи.— «Вопросы теории и истории языка», Л., 1963, 218—219; G. Fermeglio. Note critiche al testo del Codex Suprasliensis.— «Rendiconti dell'Istituto Lombardo di scienza e lettere e scienze morali e storiche» 100, Milano, 1966, 423—434; H. Birnbaum. Zu Suprasliensis.— «Scando-Slavica», 12, 1966, 87—95; Э. Благова. Гомилии Супрасльского и Успенского сборников.— «Исследования источников по истории русского языка и письменности». М., 1966, 77—87; R. Aitzetmüller. Die griechische Vorlage der abg. Vita s. Pauli Simplicis.— «Orbis scriptus Dm. Tschižewskij zum 70. Geburtstag». München, 1966, 49—52; Его же. Suprasliensis-Materialien.— AnzfslPh, 2, 1967, 48—66; 3, 1969, 102—117; 4, 1970, 72—82; 7, 1974, 92—108; С. Рухлова. Из наблюдений над употреблением редуцированных гласных в Супрасльской рукописи.— «Вестник СНО Казанск. ун-та. Обществ.-гуманит. науки», 1969, вып. 2—3, 127—130; E. Vrabie. Au fost copiate «Savvina kniga» şi «Codex Suprasliensis» in Dacia Traiană?».— «Studii şi cercetări lingvistice», 22, 1971, № 2, 185—198; H. Amse-de Jong. The Meaning of the Finite Verb Forms in Old Church Slavonic Codex Suprasliensis. The Hague — Paris, 1974; E. Bláhová. Vznik homiletické části kodexu Supraslského.— «Palaeoslovenica». Praha, 1971, 7—27; A. Milev. Über die altbulgarischen Übersetzungen im Codex Suprasliensis.— «Palaeobulgarica», 2, 1978, № 3, 51—59; Л. Боева. О житиях Супрасльского сборника.— «Palaeobulgarica», 2, 1978, № 3, 60—67; M. Capaldo. Zur linguistischen Betrachtung der Komposition des Codex Suprasliensis.— «Contributi italiani all'VIII Congresso internazionale degli Slavisti (Zagreb — Ljubljana, 1978)». Roma, 1978,

23—60; M. Dumitrescu. Соотношение средств и моделей словообразования в Супрасльском сборнике.— «Universitatea din Bucureşti. Facultatea de limbi şi literaturi straine. Catedra de filologia rusă». Bucureşti, 1978, 5—10; И. Добрев. Гръцките думи в Супрасълския сборник и втората редакция на старобългарските богослужебни книги.— «Български език», 1978, № 2, 89—98; Д. Иванова-Мирчева. Архаичен препис на Слово № 21 от Супрасълския сборник.— «Изследвания върху историята и диалектите на българския език». София, 1979, 177—181; «Проучвания върху Супрасълския сборник. Старобългарски паметник от X век. Доклади и разисквания пред Първи международен симпозиум за Супрасълския сборник. 1977. Шумен». София, 1980; И. Добрев. Агиографската реформа на Симеон Метафраст и съставът на Супрасълския сборник.— «Старобългарска литература», 10, 1981, 16—38; Ph. Malingoudis. Zu einigen Verfassungstermini des Codex Suprasliensis.— «Cyrillomethodianum», 5, 1981, 197—201; D. Trbojević. The Declension of Greek Masculine Names in the Codex Suprasliensis. Thessaloniki, 1982; М. Мъжлекова. За някои прилагателни и наречия от Супрасълския сборник, употребявани днес в българските териториални говори.— «Славистични проучвания. Сборник в чест на IX международен славистичен конгрес». София, 1983, 37—46; В. Иванова-Мавродинова, Л. Мавродинова. За украсата на Супрасълския сборник.— «Литературознание и фолклористика». София, 1983, 165—174; Д. Дунков. Супрасълският сборник и етапите в развитието на Преславската редакция на старобългарските книги.— «Език и литература». 1985, № 5, 11—20.

См. также о *Клоц* и *Супр* в более общих работах о минеях и гомилиях (старославянских и церковнославянских): A. Vaillant. L'homilie d'Épiphane sur l'ensevelissement du Christ. Texte vieux slave, texte grec et traduction française.— «Radovi Staroslovenskog instituta», 3, Zagreb, 1958, 7—101; E. Bláhová. Staroslověnský překlad Epifaniovy homilie.— «Bulletin Ústavu rus. jazyka a literatury», 10, 1966, 53—59; E. Bláhová. Die erste altkirchenslavische Übersetzung der Chrysostomus Homilie Ἐκ θαυμάτων ἐπὶ τὰ θαύματα.— AnzfslPh, 3, 1969, 74—101; Д. Иванова-Мирчева. Из старобългарския хомилиар (новооткрити преводи).— Сб. «Константин-Кирил Философ». София, 1969, 309—314; E. Bláhová. Příspěvek ke zkoumání stsl. homiletických textů. Trojí překlad Chrysostomovy homilie o Jidášově zradě.— «Studia palaeoslovenica». Praha, 1971, 49—64; E. Bláhová. Nejstarší staroslověnské homilie. Syntax a lexikon. Praha, 1973; Д. Иванова-Мирчева, Ж. Икономова. Хомилията на Епифаний за слизането в ада. София, 1975; Э. Благова. Значение Хлудовского сборника № 55 для изучения состава древнейших славянских гомилетических сборников.— «Археографический ежегодник за 1978 г.», М., 1979, 163—170.

Хиландарские листки (*Хил*). Два пергаменных листа, написанных кириллицей, датируются XI в., содержат неполный текст старославянского перевода Поучений Кирилла Иерусалимского. Рукопись нашел в 1844 г. В. И. Григорович в Хиландарском монастыре на Афоне и подарил Новороссийскому университету в Одессе (теперь Одесский государственный университет). В настоящее время *Хил* хранятся в Одесской государственной народной библиотеке им. А. М. Горького под шифром Р I 533. *Хил* издавались несколько раз: В. И. Григоровичем (в 1852 и 1856 гг.), И. И. Срезневским (в 1868 г.), И. В. Ягичем (в 1882 г.) и др. Критическое издание текста *Хил* с приложением фототипических снимков рукописи, греческого текста и словоуказателя осуществил С. М. Кульбакин: Хиландарские листки. Отрывок кирилловской письменности XI в. СПб., 1900. Последнее издание: А. Минчева. Старобългарски кирилски откъслеци. София, 1978, 24—39.

Литература о *Хил*: V. Vondrák. Paläographisches und Sprachliches anlässlich der neuen Publication der Blätter von Chilandar.— AfslPh, 22, 1900, 542—553; С. М. Кульбакин. Лексика Хиландарских отрывков XI в.— «Известия ОРЯС», т. VI, кн. 4, 1901, 132—133; A. Vaillant. La traduction vieux-slave des Catéchèses de Cyrille de Jérusalem.— «Byzantinoslavica», IV, 2, 1932, 253—302; Г. Георгиевски. Хилендарските ливчиња.— Сб. «Кирил Солунски. 2». Скопје, 1970, 67—80; Ch. Hannick. Fragmenta Chilandarica Palaeoslavica.— «Irénikon», 45, 1972, 371—375.

Рыльские глаголические листки (*Рыл*). 8 поврежденных пергаменных листов и 3 обрывка листов, написанных глаголицей, представляют собой отрывок из несохранившегося кодекса литургического назначения от XI в. (из исповедальной молитвы) и части Паренесиса (наставления) Ефрема Сирина. Первые два листа обнаружил В. И. Григорович в Рыльском монастыре в Болгарии в 1845 г.; в настоящее время они хранятся в Библиотеке АН СССР в Ленинграде под шифром 24.4.15 (фонд И. И. Срезневского). В 1880 г. К. Иречек обнаружил в переплете рукописи № 3/6 (Панегирик на Владислав Граматик 1473 г.) Рыльского монастыря еще 3 листа, а в 1936 г. Й. Иванов там же нашел еще часть фрагментов *Рыл*. Эти отрывки *Рыл* и сейчас хранятся в Рыльском монастыре под шифром 3/6.

Первое издание двух листов осуществил И. И. Срезневский (1866 г.). Более совершенное научное издание принадлежит Г. А. Ильинскому: Македонский глаголический листок. Отрывок глаголического текста Ефрема Сирина XI в. СПб., 1909. Все сохранившиеся фрагменты *Рыл* опубликовал И. Гошев (Рилски глаголически листове. София, 1956) в кириллической транскрипции, с приложением фотокопий оригинала, греческого текста, индекса слов и исследования, содержащего сопоставление с другими текстами, палеографическим и лингвистическим анализом памятника. (Помимо названного издания существует, по всей вероятности, как составная часть рыльского глаголического сборника еще так наз. Лист Григоровича, который хранится в Библиотеке АН СССР в Ленинграде под шифром 24.4.17; в «Старославянском словаре» он не учитывается).

Литература о *Рыл*: В. Погорелов. К вопросу о Македонском глаголическом листке.— «Сборник статей... посвященных Ф. Ф. Фортунатову». Варшава, 1902, 492—499; H. G. Lunt. Contributions to the Study of Old Church Slavonic. II. On thc Rila folia.— «International Journal of Slavic Linguistics and Poetics», 1—2, 1959, 9—37; В. Велчева. Глаголическият «и» проблем и Рилските листове.— «Български език», 1977, кн. 6, 456—461; С. Смядовски. Към въпроса за състава на Рилските глаголически листове.— «Български език», 1980, кн. 6, 500—501; Е. Деграмаджиева. Рилски глаголически листове.— «Вековни български езикови традиции, 1».— София, 1980, 73—75.

Зографские листки (*Зогр-лл*). Два пергаменных листа, написанные кириллицей, датируемые XI в., содержат отрывок перевода монашеских правил Василия Великого. *Зогр-лл* были найдены П. А. Лавровым в Зографском монастыре на Афоне, где и хранятся в настоящее время. Издания: P. Lavrov. Les Feuillets du Zograph.— «Revue des études slaves», 6, 1926, 5—23; P. A. Lavrov — A. Vaillant. Les Régles du Saint-Basile en vieux-slave. Les Feuillets du Zograph.— «Revue des études slaves», 10, 1930, 5—35 с приведением более позднего списка, с греческим оригиналом и индексом слов — старославянско-греческим и греческо-старославянским; А. Минчева. Старобългарски кирилски откъслеци. София, 1978, 39—45.

Литература о *Зогр-лл*: M. Dolobko. La langue des Feuillets du Zograph.— «Revue des études slaves», 6, 1926, 24—38.

Р. Вечерка

ФОНЕТИКО-ФОНОЛОГИЧЕСКАЯ И ПРАВОПИСНО-ГРАФИЧЕСКАЯ ХАРАКТЕРИСТИКА СТАРОСЛАВЯНСКИХ РУКОПИСЕЙ

Для облегчения ориентации в настоящем словаре приводим основные фонетико-фонологические и правописно-графические особенности старославянских рукописей. К ним относятся: а) явления, обусловленные архаическим чередованием гласных (так наз. аблаут) при словообразовании и формообразовании; б) явления, возникшие вследствие фонетико-фонологических изменений гласных и согласных, которые привели к изменению ожидаемых этимологических форм слов и тем самым затемнили их принадлежность к соответствующим этимологическим гнездам; в) явления, в результате которых фактическое графическое воплощение слов в рукописях отличается от нормализованных написаний заглавных слов основных словарных статей. Указанные явления наблюдаются в рукописях, как правило, не изолированно, а в сочетании с другими явлениями, возникшими вследствие исторических изменений.

А. Во всех старославянских рукописях известны общие чередования (альтернации) как наследство древнейших фонетических процессов, частично индоевропейских, частично общеславянских и частично диалектных, относящихся к праславянской эпохе.

I. У г л а с н ы х наблюдаются следующие чередования:

1. Чередование гласных, связанное с развитием исконного сочетания «гласный+сонант»: а) перед согласным, т. е. внутри слога (тавтосиллабическая, или гомосиллабическая, позиция); б) перед гласными, т. е. в разных слогах (позиция гетеросиллабическая, разнослоговая).

В тавтосиллабической позиции (перед согласным) уже в праславянскую эпоху произошла монофтонгизация дифтонгов, возникли носовые гласные, метатеза плавных. В гетеросиллабической позиции (перед гласным) сохранялись оба независимых первоначальных члена слога (с эвентуальной редукцией е>ь) в исконном порядке.

В старославянском языке наблюдаются следующие чередования этого типа:

1. Чередование гласных, основанное на первоначальном строении слога «гласный+сонант» или перед согласным, или перед гласным:

ѹ:ов из *оu̯, например, **ПЛОѴТИ:ПЛОВѪ, БЕСѢДОѴѬ:БЕСѢДОВАТИ**
ю:ев/ьв из *еu̯, например, **РЮТИ:РЕВѪ; БЛЮѬ:БЛЬВАТИ**
ѣ:о(j) из *оi̯, например, **ПѢТИ:ПОѬ;**
и:ь(j)>и(j) из *еi̯, например, **БИТИ:(БЬѬ) БИѬ**
ра:ор из *оr, например, **БРАТИ:БОРѬ**
лѣ:ел из *еl, например, **МЛѢТИ:МЕЛѬ**
ла:ол из *оl, например, **КЛАТИ:КОЛѬ**

Чередования данного типа иногда могут комбинироваться с чередованиями аблаутного происхождения, а в отдельных случаях могут быть и членами дальнейших рядов чередований (см. п. **2.**).

2. Чередование **ы:ъв** как результат перехода старого *ū перед гласными в *ŭu̯, например, **ѸМЫТИ:ѸМЪВЕНЪ** (страд. прич. прош. вр. из *-mū-tei: *-mū-en->*-mŭu̯-en-), **СВЕКРЫ:СВЕКРЪВЕ** (из *svekrū-s, *svekrū-es>*svekrŭu̯-es).

2. Чередование гласных в некоторых морфологических типах, основанное на индоевропейском аблауте и его проявлении и развитии в праславянскую эпоху. В старославянском языке оно частично отражено в морфологической парадигматике некоторых глаголов, преимущественно при образовании итеративных и фактитивных глаголов:

а) е:о:ь:и:ѣ:а [из и.-евр. *е:о:і (удлинение из ь):ē:ō], например, РЕКѪ:РЬЦИ (императив): ПРОРИЦАТИ:-РѢКАТИ (вне парадигматического ряда ср. также РОКЪ); ВЕДѪ:ВОДИТИ:ВѢСЪ (1 л. сигматического аориста из *vēd-s-ъ); БОДѪ:БАСЪ (1 л. сигматического аориста из *bōd-s-ъ, ср. 3 л. мн. ПРОБАСѦ)

б) ер/рѣ:ор/ра:ьр/рь:ир.[из *er:or:ьr:ir (удлинение из ьr)], например, БЕРѪ:БЬРАТИ:СЪБИРАТИ (ср. также СЪБОРЪ); МРѢТИ (из *mer-ti):МОРИТИ:МЬРѪ:ОУ-МИРАТИ (ср. также СЪ-МРЬ-ТЬ)

в) лѣ:ла:ль перед согласными, из *el:ol:ьl, например, ВЛѢЩИ (из *velk-ti):ВЛАЧИТИ (из *volk-iti):ВЛЬКЪ (действ. прич. прош. вр. из *vьlk-ъ, ср. им. мн. СЪВЛЪКЪШЕ СѦ)

г) ен/ѧ:он/ѫ:ьн/ън:ин (удлинение из ьn) и ем/ѧ:ом/ѫ:ьм/ъм:им (удлинение из ьm):ым (удлинение из ъm) по происхождению из en:on:ьn:ъn:īn:ūn и em:om:ьm:ъm:īm:ūm, например, ЖЕНѪ (из *genǫ):ГОНИТИ:ГЪНАТИ; ВЪЗѦТИ (из *vъz-em-ti):ВЪЗЬМѪ:ВЪЗИМАТИ; ПРОПѦТИ:ПРОПЬНѪ:ПРОПИНАТИ; (ср. также ОПОНА, ПѪТО из *ponto); ДѪТИ:ДЪМѪ:НАДЫМАТИ

д) ь(j)/и:о(j)/ѣ:ь:и (из *ei̯:oi̯:ь<ĭ:i<ī), например, ЦВНОТИ:ЦВЬТѪ (из *kvei̯t ti *kvĭt-ǫ; ср. также ЦВѢТЬ из *kvoi̯t-ъ); ЛѢПИТИ (из *loi̯p-iti):ПРИ-ЛЬПѢТИ (из *'lĭp-):ПРИЛИПАТИ (из *-līp-)

е) ов/оу:ав:ъ:ы (из *ou̯:ōu̯:ŭ:ū), например, СЛОУТИ:СЛОВѪ:СЛАВИТИ:СЛЫШАТИ; БОУДИТИ:БЪДѢТИ; ДЪХНѪТИ:ДЫХАТИ (ср. также ДОУХЪ)

ж) ва:ы (из *u̯ō/u̯ā:ū), например, КВАСИТИ:КЫСНѪТИ.

Примечание: Об остальных явлениях в области вокализма (редуцированные, носовые и т. д.) см. в пунктах Б и В.

II. У согласных наблюдаются следующие чередования:

1. д:с, т:с как результат еще балто-славянского изменения d и t в s в положении перед t при их сохранении в других положениях, например, ВЕДѪ:ВЕСТИ (из *vedti), ПЛЕТѪ:ПЛЕСТИ (из *pletti).

2. Чередование «согласный:Ø» как результат частично балто-славянских, частично праславянских утрат согласных в положении перед некоторыми согласными (при их сохранении в других положениях). Для старославянской морфологии и словообразования (т. е. вариации форм некоторых префиксов) в особенности характерны следующие чередования согласных с нулем звука:

а) к:Ø, г:Ø, например, РЕКѪ:РѢХЪ (1 л. архаичного сигматического аориста из *rēk-sъ); ЖЕГѪ:ЖѢХЪ (1 л. архаичного сигматического аориста из *gēg-sъ)

б) з:Ø, с:Ø, например, НЕСѪ:НѢСЪ (1 л. ед. архаичного сигматического аориста, из *nēs-sъ); равным образом приставки-предлоги ИЗ, ВЪЗ, БЕЗ, РАЗ без конечного з перед последующими з, с, ш, например, ИСЪХНѪТИ (из *jьzsъchnǫti), ИСЪНЬМИШТА (из *jьz sъnьmiskja); БЕЗЪЛОБИѤ (из *bezzъlobьje), БЕСРЪДЬНЪ (из *bezsrьdьnъ), БЕ-СѢМЕНЕ (из *bez sěmene); ИШЬДЪ (действ. прич. прош. вр., из *jьzšьdъ); ВЪЗИРАТИ (из *vъzzirati); РАСЫПАТИ (из *orzsypati). В некоторых случаях нельзя однозначно определить, какая исходная приставка употребляется: ВЪ- или ВЪЗ-, например, ВЪЗЪВАТИ (*vъz-zъvati? vъ-zъvati?); ВЪСЫПАТИ (vъz-sypati? vъ-sypati?)

в) д:Ø, т:Ø, например, ПРОБОДѪ:ПРОБАСЪ (1 л. ед. архаичного сигматического аориста, из *-bōd-sъ); ЧЬТѪ, ЧИСТИ (из *čitti):ЧИСѦ (3 л. мн. архаичного сигматического аориста, из *čitsǫt); ДАДѦТЬ:ДАМЬ (из *dōdmь); ПРИСВАДѪ (3 л. мн. асигматич. аориста):ПРИСВѦНѪТИ (из *prisvędnǫti); ВЕДѪ:ВЕЛЪ (из *vedlъ); ПЛЕТѪ:ПЛЕЛЪ (из *pletlъ)

г) м:Ø, б:Ø, п:Ø, в:Ø, в особенности при соотношении форм наст. вр. с инфинитивом глаголов типа -ѫ, -еши (с предшествующим губным):-ти, например, ГРЕБѪ:ГРЕТИ (из *grebti); ТЕПѪ:ТЕТИ (из *tepti); ЖИВѪ:ЖИТИ (из *živti), а также при соотношении форм аориста (и страд. причастия) с остальными формами некоторых глаголов типа -нѫ, -нешн:-нѫти, например, ОУТОПѪ (3 л. мн. асигматического аориста):ОУТОНѪТИ (из *utopnǫti); ОУГЛЕБЪ (вместо ОУГЛЬБЪ 1 л. ед. асигматического аориста):ОУГЛЬНѪТИ (из *ugьlbnǫti); ОХРЪМѪ (3 л. мн. асигматического аориста):ОХРЪНѪТИ (из *ochrъmnǫti). Утрата в в положении после б в старославянском языке проявляется изменением начала корня после приставки об-, например, ВЛѢЩИ:ОБЛѢЩИ (из *obvelkti); ВИТИ:ОБИТИ (из *obviti).

3. Чередование з:с как следствие регрессивной ассимиляции исконного звонкого z перед глухими согласными, например, ВЕЗѪ:ВЕСТИ (из *vezti); это явление имеет место

[1] Здесь и далее первый приведенный вариант, отделенный косой чертой /,— позиция перед гласным; второй вариант — позиция перед согласным.

и в чередующихся формах предлогов-приставок **ИЗ:ИС, БЕЗ:БЕС, РАЗ:РАС, ВЪЗ:ВЪС**, например, **ИЗБИТИ:ИСКОУСИТИ; ИЗ ДОМОУ:ИС КОРАБЛꙖ; РАЗДѢЛИТИ:РАСТОЧИТИ; ВЪЗНЕСТИ:ВЪСПИТѢТИ; БЕЗ НАРОДА:БЕС ПЛОДА**.

4. Чередование р:др как следствие праславянского изменения zr>zdr. Возникает при сочетании предлогов (и приставок) **ИЗ, ВЪЗ, БЕЗ, РАЗ** с основами слов, начинающимися этимологическим р, например, **РАДОВАТИ СѦ:ВЪЗДРАДОВАТИ СѦ; РЪПЪТАТИ:БЕЗДРЪПЪТЬНЪ; РАЗОУМЪ:БЕЗ-Д-РАЗОУМА; РЫТИ:ИЗДРЫТИ; РАБОТА:ИЗ-Д-РАБОТЫ; РѢШИТИ:РАЗДРѢШИТИ**.

5. Чередования к:ч:ц, г:ж:ѕ или з (об употреблении ѕ или з в различных рукописях см. ниже, раздел В), х:ш:с как следствие праславянских палатализаций задненебных, например, **ВЛЬКЪ:ВЛЬЧЕ:ВЛЬЦѢ, ВЛЬЦИ; БОГЪ:БОЖЕ:БОЅѢ** или **БОЗѢ, БОЅИ** или **БОЗИ; ДОУХЪ:ДОУШЕ:ДОУСѢ, ДОУСИ; РЕКѪ:РЕЧЕШИ:РЬЦИ; МОГѪ:МОЖЕШИ:МОЅИ** или **МОЗИ; ОУСЪХНѪТИ:ОУСЪШЕ** (3 л. ед. асигматического аориста из *usъche); **ПЛАКАТИ:ПЛАЧѪ** (из *plakjǫ); **ЛЪГАТИ:ЛЪЖѪ** (из *lъgjǫ); **ОТЬЦА** (род. ед., из *otьka):**ОТЬЧЕ** (из *otьke).

6. Чередования (кроме *Киев*) ск:щ или шт:сц или ст (о распределении щ:шт и сц:ст по рукописям см. ниже раздел В), зг:жд:зд как наследие палатализаций задненебных в указанных консонантных сочетаниях, например, **ИСКАТИ:ИЩЕТЪ‖ИШТЕТЪ** (из *isketъ или *iskjetъ); **ЛЮДЬСКЫИ:ЛЮДЬСЦИИ** или **ЛЮДЬСТИИ; ДРѦЗГА:ДРѦЗДѢ**; ср. также **МОЗГЪ:МОЖДАНЪ** (из *mozgēnъ). Сюда же следует отнести появление щ/шт и жд на морфонологическом стыке предлогов и приставок, кончающихся на -z/-s, с основами слов, начинающимися на č-, ž- (из *k-, *g-), например, ***ЧЕЗНѪТИ:ИЩЕЗНѪТИ** (из *iščeznǫti>*jьzkez-); **ЧЬСТЬ:БЕШТЬСТИ** (из *beščьsti<*bez kĭtti); **ЖИТИ:ИЖДИТИ** (из *iždžiti<*jьzgivti); **ЖѦДАТИ:ВЪЖДѦДАТИ** (из *vъždžędati<*vъzgend-).

7. Чередования с:ш и з:ж как результат мены s и z перед j и перед l' < *lj и n' < *nj, например, **НОСИТИ:НОШЕНЪ** (из *nosjenъ < *nos-i̯-enъ); **ВОЗИТИ:ВОЖЕНЪ** (из *vozjenъ < *voz-i̯-enъ); **МЫСЛИТИ:ПОМЫШЛѤНИѤ** (из *pomysl'enьje<*pomysljenьje<*pomysl-i̯-en); **БЕЗ НАРОДА:БЕЖ НѤГО** (из *bez n'ego<*bez njego). Перед l' и n' подобное изменение проводится непоследовательно, что хорошо отражают старославянские рукописи: **БЕЖ НѤГО** и **БЕЗ НѤГО**.

8. Чередования (кроме *Киев*) т:щ или шт, д:жд (о распределении щ и шт в отдельных рукописях см. ниже в разделе В) как результат специфического изменения первоначальных *t и *d перед *j и частично перед r'<*rj, например, **МЕТАТИ:МЕЩѪ** или **МЕШТѪ** (из *metjǫ); **ПРѢКРАТИТИ:ПРѢКРАЩѪ** или **ПРѢКРАШТѪ** (из *-kortjǫ); **ЖѦДАТИ:ЖѦЖДѪ** (из *gendjǫ); **ХОДИТИ:ХОЖДѪ** (из *chodjǫ); **СЪМОТРИТИ:СЪМОЩРѬ** или **-ШТРѬ** (из *sъmotr'ǫ<*sъmotrjǫ); **МѪДРИТИ:МѪЖДРѬ** (реконструированная форма из *modr'ǫ<*modrjǫ, но ср. без чередования **ОУМѪДРѤНЪ**); ср. также **СВѢЩА/СВѢШТА** из *světja и **МЕЖДА** из *medja.

9. Чередования р:р̑, л:л̑, н:н̑ как результат праславянских изменений *r, *l, *n в r', l', n' перед *j, например, **БРАТИ:БОРѬ** (т. е. bor'ǫ из *borjǫ); **СТЬЛАТИ:СТЕЛѬ** (т. е. stel'ǫ из *steljǫ); **СТЕНАТИ:СТЕНѬ** (т. е. sten'ǫ из *stenjǫ). О различной степени сохранения мягкости r', l', n' и о различном их графическом выражении в рукописях см. ниже, раздел В.

10. Чередования п:пл̑, б:бл̑, в:вл̑, м:мл̑ как результат праславянских диалектных изменений губных согласных перед *j, например, **СЫПАТИ:СЫПЛѬ** (из *sypjǫ); **ПОЗОБАТИ:ПОЗОБЛѬ** (из *pozobjǫ); **ВЪЗДРѢМАТИ:ВЪЗДРѢМЛѬ** (из *vъzdrěmjǫ); **ЛЮБИТИ:ЛЮБЛѬ** (из *ljubjǫ); **ЛОВИТИ:ЛОВЛѬ** (из *lovjǫ); здесь чередование может быть не фонетического, а аналогического происхождения; **СЪЛОМИТИ:СЪЛОМЛѤНЪ** (из *sъlomjenъ). О различной степени сохранения эпентетического l в отдельных рукописях см. ниже, раздел В.

11. Чередования (кроме *Киев*) г, к:щ или шт как результат специфического изменения kt (gt) перед передними гласными, например, **МОГѪ:МОЩИ** или **МОШТИ** (из *mokti<*mogti); **РЕКѪ:РЕЩИ** или **РЕШТИ** (из *rekti); ср. также **НОЩЬ** или **НОШТЬ** из *noktь.

12. Чередования (кроме *Киев*) ст:щ или шт и зд:жд (о распределении щ и шт в различных памятниках см. ниже, раздел В) как результат специфического изменения сочетаний *st и *zd перед j и перед r' из *rj, частично и перед vl' из *vj, например, **МЬСТИТИ:МЬЩѪ** или **МЬШТѪ** (из *mьstjǫ); **ПРИГВОЗДИТИ:ПРИГВОЖДЕНЪ** (из *prigvozdjenъ); **ОСТРИТИ:ОЩРѬ** или **ОШТРѬ** (из *ostrjǫ); укажем также **БЛАГОСЛОВЕСТВЕНИѤ:БЛАГОСЛОВЕЩВЕНИѤ** (в обоих случаях без l эпентетического), **ОУМРЬЩВЕНЪ** (без l эпентетического).

Б. Рукописи, написанные глаголицей, отличаются от рукописей, написанных кириллицей, способами передачи некоторых звуков буквами; следствием этого является отсутствие в отдельных случаях прямых буквенных соответствий в обеих азбуках.

1. а) в глаголических рукописях употребляется специальная буква Ⰼ «гръвь» (в современных изданиях глаголических рукописей, транслитерированных кириллицей, на ее месте употребляется более поздняя буква ђ) в словах, заимствованных из греческого, на месте греческого палатализованного γ'. В кириллических текстах в этих случаях употребляются буквы г҃/г, например, глаг. **ЂЕОНА**: кир. **Г҃ЕОНА/ГЕОНА**.

б) В кириллических рукописях в словах, заимствованных из греческого, могут употребляться буквы ѯ, ѱ на месте которых в глаголических рукописях в тех же словах употребляются только диграфы кс, пс.

2. В глаголических рукописях употребляется «ять» Ⱑ (в кириллической их транслитерации в современных изданиях старославянских памятников — ѣ) на месте этимологического ě и этимологического 'a/ja; в кириллических рукописях этимологическому 'a/ja соответствует, как правило, графема ꙗ, например, кир. **ꙖКО**: глаг. **ѢКО**; кир. **КОНꙖ**: глаг. **КОН҄Ѣ** или **КОНѢ**; кириллическая графема ꙗ не имеет графематического соответствия в глаголице.

3. В глаголических рукописях употребляется Ⰵ (в кириллической их транслитерации є) на месте этимологического е и этимологического je; этимологическое je в кириллических рукописях иногда выражается графемой ѥ, например, кир. **ѤГО**: глаг. **ЄГО**, кир. **КОНѤМЬ**: глаг. **КОН҄ЄМЬ/КОНЄМЬ**; кириллическая графема ѥ не имеет графематического соответствия в глаголице.

Примечание: В некоторых кириллических рукописях, однако, и в позициях, указанных в п.п. 2 и 3, в различной степени может соблюдаться графический узус глаголических рукописей. Подробнее см. в разделе В.

4. Дифференциация между графическим узусом в глаголических и кириллических рукописях проявляется также в буквенных обозначениях числа (ср. таблицы обеих азбук). Готовя к изданию кириллическую транслитерацию глаголических рукописей, издатели придерживаются различных принципов: или передают глаголическую букву (цифру) соответствующей кириллической буквой и при этом не принимают во внимание, что в отдельных случаях параллельные кириллические и глаголические графемы имеют разное числовое значение (это подлинная транслитерация), или же учитывают эти различия и передают глаголические буквы (цифры) теми кириллическими графемами, которые обозначают то же число (это так наз. транснумерация). Например, глаг. Ⰲ҃ (числовое значение 3) при транслитерации передается кир. буквой в҃ (которая в кириллице как цифра означает 2), а при транснумерации — кир. буквой г҃. (О передаче букв-цифр в отдельных рукописях см. в разделе В). В большинстве изданий старославянских рукописей проведена транслитерация, только в издании Синайской псалтыри Северьянова — транснумерация.

В. В ряду звуковых и графических различий слов и форм имеются такие, которые свойственны одному или нескольким памятникам в отличие от других. Рукописи, на которых базируется «Старославянский словарь», в фонетико-фонологической и в правописно-графической области характеризуются, кроме указанных, следующими особенностями:

1. *Зогр*: а) носовые гласные сохраняются и различаются (кроме единичных случаев замены ѫ — ѧ и ѫ — ѹ и совсем редких случаев замены ѧ — є). Рядом с глаг. Ⱗ (в кириллическом издании ѩ) применяется также так наз. «носовой с хвостиком» (в кириллическом издании ѧ) в формах им. ед. м. действ. причастий наст. вр. 1-го класса типа **ГРѦДѦИ**

б) сохраняется этимологическое «еры» в обычном графическом выражении ꙑ. Например, **БꙐТИ**

в) редуцированные гласные:

ва) в сильном положении большей частью сохраняются, но частично переходят в гласные полного образования ь>є, реже ъ>о, например, **ТЄМЬНИЦѪ** вм. **ТЬМЬНИЦѪ**, **ЦРЬКОВЬ** вм. **ЦРЬКЪВЬ**, **РОДОСЬ** вм. **РОДЪ СЬ**

вб) в слабом положении ъ, ь, как правило, сохраняются, но выпадают преимущественно в сочетаниях вьс, дъв, мън, кът, чьт, къд, пьс, път, дьц, пьц, към, сътв, дьн, вьд, жьд, ньн, рьц, например, **ВСѢ** (вм. **ВЬСѢ**), **МНОГО** (вм. **МЪНОГО**), **КТО** (вм. **КЪТО**), **ЧТО** (вм. **ЧЬТО**), **СЛѢПЦА** (вм. **СЛѢПЬЦА**) и т. п.

вв) не представлена так наз. лабиовеляризация, т. е. изменение ь в ъ после ж, ш, ч, ц, ѕ или з, шт, жд

вг) представлена (не всегда последовательно) ассимиляция ъ, ь по правилу Ягича, т. е. изменение ь>ъ перед слогом с задней гласной и изменение ъ>ь перед слогом с передней гласной, например, **МЪЗДА** наряду с этимологически правильным **МЬЗДА**, **ВЬЗѦТИ** наряду с **ВЪЗѦТИ** вд) напряженные редуцированные гласные в слабом положении выступают как в форме ь, так и и, например, **ЗНАМЕНЬЕ//-ИЕ**; в сильной позиции наблюдаются различные графические варианты: группа *ъјь предстает в графическом выражении ъи, ъ, ъ, оі, например, **ІСТИНЬНЪИ, НѢМЪ, ЧѢКЪ, СТОІ**. Группа *ьјь в графическом выражении — ии, ии, ii, и, і, ьі, еі, еі, например, **ОМОЧЬІ, ВЕЛИІ**

г) на месте праславянских слоговых *ъr и *ьr пишется большей частью (без различия) ръ, реже на месте *ьr — рь, а в единичных случаях и р, например, **ПРЪВЪІ//ПРЬВЪІ, ВРХОУ**. На месте праславянских слоговых *ъl и *ьl большей частью одинаково (без различия) пишется лъ, на месте *ьl кроме того иногда и ль, но ль иногда употребляется даже на месте праславянского *ъl, например, **ХЛЪМЬ//ХЛЬМЬ, ВЛЬКЪ**

д) палатальные r', l', n' из *rj, *lj, *nj обозначаются соответствующими буквами с дополнительным значком («дужкой») р̑, л̑, н̑ более последовательно, чем в остальных старославянских рукописях, например, **ВОЛ̑Ѣ, КОН̑Ѣ, ЗЕМЛ̑Ѧ**; только в сочетании р+ѣ значок палатальности употребляется редко, ср. **БОУРѢ**

е) l эпентетическое последовательно сохраняется перед ѣ (-'а), ѩ, ѭ, ю, є, например, **АВРААМЛ̑Є, ЗЕМЛ̑Ѧ, ЗЕМЛ̑Ѫ**. Но перед ь, и сохраняется редко или вообще отсутствует, например, **КОРАБЬ//КОРА̑БЬ** (вм. **КОРАБЛ̑Ь**); **ЗЕМЛ̑И//ЗЕМИ//ЗЕМ̑И**; **ПРИСТѪПЛ̑Ь//ПРИСТѪПЬ**

ж) частично еще сохраняется ѕ (из *g в результате 2-й и 3-й палатализации задненебных), частично уже заменяется позднейшим з, например, **КЪНѦЅЬ//КЪНѦЗЬ**

з) после ч, ж, ш, шт, жд, ц, ѕ/з, с (из *ch после 3-й палатализации задненебных) пишется обычно а, значительно реже — ѣ, например, **ЧАСЪ//ЧѢСЪ, ХОЖДААШЕ//ХОЖДѢАШЕ**, но обычно — ю, например, **ЧЮДИША СѦ, О҃ЦЮ**

и) рефлексы праславянских *tj, *kt, *stj и *skj практически передаются только через диграф шт, например, **ПИЖШТЕ**

к) глаголические буквы со значением числа в издании Ягича даются в кириллической транслитерации, например, д҃=5 (хотя д҃ в кириллических рукописях означает 4).

2. *Мар*: а) носовые ę/ję сохраняются в исконных позициях и пишутся через ѧ и ѩ, но на месте этимологических ǫ/jǫ пишутся не только ѫ/ѭ, но нередко и оу/ю, и наоборот, графемы ѫ/ѭ иногда появляются на месте этимологически ожидаемых оу/ю, например, **КЪ НЕМѪ** (вм. **КЪ НЕМОУ**), **ОТЬПОУШТЮ** (вм. **ОТЬПОУШТѪ**); примеры с о вместо ѫ типа **СОДИТЪ** (вм. **СѪДИТЪ**), вероятно, представляют собой ошибку писца (недописанное глаг. ѫ — ѥ, ср. о — э).

б) на месте этимологически ожидаемого «еры» графема ъі обычно сохраняется, лишь изредка на ее месте находим и (и во флексиях, и в корнях), например, **ЖЕНИ, РИБѪ** вм. **ЖЕНЪІ, РЪІБѪ**

в) редуцированные гласные:

ва) в сильной позиции еще сохраняются, но имеется и немало примеров с их вокализацией (ь>е, ъ>о), например, **ВЕСЬ** (вм. **ВЬСЬ**), **ДОЖДЪ** (вм. **ДЪЖДЬ**)

вб) в слабом положении ъ, ь также обычно сохраняются, но выпадают преимущественно в сочетаниях вьр, дъв, дьн, към, кън, кът, мън, ньд, път, пьс, пьш, пьц, чьт, шьш, например, **ТОКМО** (вм. **ТЪКЪМО**), **КНѦЅЪ** (вм. **КЪНѦЅЬ**)

вв) часто наблюдается изменение ь>ъ после ж, ш, ч, ц, ѕ/з, шт/щ, жд, т. е. так наз. лабиовеляризация по правилу Кульбакина, например, **НОЖЪ, ЧЪТО, НОЩЪ, КОНЕЦЪ** вм. этимологических **НОЖЬ, ЧЬТО, НОЩЬ, КОНЬЦЬ**

вг) частично представлена ассимиляция по правилу Ягича, т. е. переход ь>ъ в слоге перед задним согласным и ъ>ь в слоге перед передним согласным, например, **ВЬ СЬНѢ** (вм. **СЪНѢ**), **СЪБЪРАШѦ** (вм. **СЪБЬРАШѦ**)

вд) наблюдается также графическое смешение (немотивированная замена) ъ, ь в абсолютном конце слов, где уже в живом узусе последнего писца они явно не произносились, например, **КРЪВЪ** (вм. **КРЪВЬ**), **РАДОСТЪ** (вм. **РАДОСТЬ**)

ве) напряженные редуцированные гласные в слабом положении чаще передаются графемой и, чем графемой ь, например, **ЗНАМЕНИЕ, БИЕШИ**, но **ЛЕСТЬѬ**; вместо ъ на стыке морфем также пишется ъі в случаях типа **ВЪІ-ИСТИНѪ** (из *vъ jistinǫ). В сильной позиции на месте *ьјь находим ии, еи, на месте *ъјь — ъи, ъ, оі, например, **БОЛИИ//БОЛЕИ, ВѢЧЪНЪИ, СЛАВЪНЪ, С҃ТОИ** (-*svętъjь), а также на стыке морфем, как, например, **СЛЪІШАХОМЪІ-И** (из *slyšachomъjь)

г) на месте праславянского *jь обычно находим и, і, в сильной позиции иногда и е, например, **ПРИИМЪ//ПРИЕМЪ**

д) на месте праславянских слогообразующих *ьr *ъr обычно пишется без различения ръ, например, **скръбь, съмрътъ**, на месте праславянских слогообразующих *ьl, *ъl — лъ, например, **слъньце, влъкъ**

е) палатальные r', l', n' из *rj, *lj, *nj обозначаются соответствующими буквами с надстрочной «дужкой» р̑, л̑, н̑ значительно реже, чем в *Зогр*, например, **земл̑ѭ, бол̑ѣи**; обычно в графике мягкость не обозначается, например, **волѣ, землѭ, кланѣти сѧ**

ж) l эпентетическое сохраняется перед ѣ (-'а), ꙗ, ѭ, ю, ѥ, например, **авление, землѭ, кораблю**. Перед ь, и оно сохраняется, но нередко и отсутствует, например, **корабли//кораби, прѣломь**

з) частично еще сохраняется ѕ (из *g в результате 2-й и 3-й палатализации задненебных), но уже часто заменяется более поздним з, например, **кънѧѕь** и **кънѧзъ**

и) после ч, ж, ш, шт/щ, жд, ц, ѕ/з, с (из *ch в результате 3-й палатализации задненебных) пишется обычно а, в меньшем числе случаев — ѣ, например, **мѫжа, можааше, можѣахѫ**, но чаще пишется ю, чем ѹ, например, **слъньцю//слъньцоу**

к) рефлексы праславянских *tj, *kt, *stj, *skj передаются различно, иногда графемой щ (т. е. глаг. ⱋ), иногда диграфом шт, например, **отъвѣщавъше, отъпоуштати**

л) глаголические буквы с числовым значением в издании Ягича транслитерируются кириллицей, например, д҃=5 (тогда как в кириллических рукописях оно имеет числовое значение 4).

3. *Ас.* а) буквы, обозначающие носовые гласные, обычно встречаются на этимологически ожидаемых местах, реже встречается случай их взаимной мены, особенно ѫ:ѧ после ч, ж, л (мягкого), например, **льжѧ** (вин. ед. вм. **лъжѫ**), **приемлѧтъ** (вм. **приемлѭтъ**)

б) написание «еры» двояко: ꙑ и ъи

в) графемы для обоих редуцированных гласных сохраняются, но их этимологический прообраз в употреблении в значительной степени затемнен:

ва) сравнительно часто наблюдается вокализация редуцированных ь>е и ъ>о в сильном положении, например, **весь** вм. **вьсь, темьницѫ** вм. **тьмьницѫ, ложь** вм. **лъжь, лакоть** вм. **лакъть**

вб) ь, ъ часто опущены в слабом положении, например, **избраны** вм. **избьраны, всѣ** вм. **вьсѣ, кнѧѕь** вм. **кънѧѕь, многа** вм. **мънога**

вв) ъ и ь часто взаимно заменяются без какой-либо регулярности или явной мотивации, например, **прѣдъ оц҃мъ моимъ** вм. **оц҃мь моимь, законьникь** вм. **законьникъ, заповѣдъ** вм. **заповѣдь**

вг) в напряженной позиции на месте ь в слабом положении пишется и/і, например, **црковиѩ, на распѧтіѣ**, в сильном положении на месте *ьjь появляется ии, ии, иі, еи, еі, на месте *ъjь — ъи, ъиі, ꙑ, ъи, ои, оі

г) на месте праславянского *jь обычно употребляется и/і, в сильном положении иногда появляется и е, например, **въ заимъ//въ заемъ**

д) на месте праславянских слоговых *ъr, *ьr, *ъl, *ьl хотя и пишется ръ и рь и лъ и ль, но непоследовательно, без этимологического различия, например, **съмрьть//съмрътъ, скръбь//скрьбь, влькъ//влъкъ, слъньце//сльньце**

е) палатальные r', l', n' (из *rj, *lj, *nj) пишутся, как правило, без надстрочных «дужек» как р, л, н+ѣ, ѭ, ю, обычно написание лѧ (никогда л̑ꙗ, л̑ѧ)

ж) l эпентетическое чаще сохраняется, чем утрачивается, но утрата наблюдается во всех позициях (не только перед ь, и, как в *Зогр* и *Мар*), например, **прѣломь** вм. **прѣломл̑ь, ослабеноумоу** вм. **ослабл̑еноумоу, благословѣѭ** вм. **благословлѣѭ, вьзлюбѫ** вм. **възлюблѭ, любѣаше** вм. **любл̑ѣаше**

з) буква ѕ из *g в результате 2-й и 3-й палатализации употребляется в соответствии с этимологией, например, **растръѕа, по ноѕѣ**

и) после ч, ж, ш, шт/щ, ц, ѕ, с (из *ch в результате 3-й палатализации) обычно пишется а, реже ѣ, но чаще ю, чем ѹ, например **оц҃а, чл҃чѣ, отцедъшоу, къ оц҃ю**

к) рефлексы праславянских *tj, *stj, *skj и *kt пишутся неодинаково — графемой щ (т. е. глаг. ⱋ), или диграфом шт, например, **аще//аште, отъвѣштавъ, сѣдѧщаго**

л) глаголические буквы с числовым значением в издании Курца даются в кириллической транслитерации, например, д҃=5 (тогда как в кириллических рукописях д҃ имеет числовое значение 4).

4. *Сав*: а) носовые гласные различаются и сохраняются в соответствии с этимологией. Графема ꙙ употребляется в начале слога (т. е. в абсолютном начале слова и в середине слова после гласных) в значении ję, графемы ѧ/ꙙ — после согласных в значении ę, например, **стоѩщеі, сѧ, г҃лѧ, изидошꙙ**

б) специфические буквы, которыми кириллическая азбука отличается от глаголицы, применяются не всегда; в рукописи нередко соблюдается графический узус глаголических рукописей:

ба) только в единичных случаях употребляется ѥ, обычно же в начале слога и после палатальных r', l', n' из *rj, *lj, *nj пишется є, например, **ѥсть, абиѥ, глаголеши**

бб) графема ꙗ употребляется последовательно в начале слога (т. е. в абсолютном начале слова и в середине слова после гласных). После палатальных согласных r', l', n' из *rj, *lj, *nj — последовательно пишется (кроме одного случая) после n':нꙗ, тогда как в соединении с l' — всегда лѣ, в соединении с этимологическим r' — рѣ или чаще ра, например, **ꙗко, твоꙗ, г͠нꙗ, кланꙗше сѧ, волѣ, дивлѣхѫ сѧ, морѣ, творѣше, вараѥть**

в) редуцированные гласные:

ва) в сильном положении в абсолютном большинстве случаев еще сохраняются, но наблюдаются и единичные случаи перехода ь>е и ъ>о, например, **скѫдельничи** вм. **скѫдьльничи, смоковинѫ** вм. **смокъвинѫ**

вб) в слабом положении они нередко опускаются, особенно в группах вьр, вьн, вьс, гьн, дьн, дьр, жьд, зьд, зъл, къл, към, кът, мън, мьр, пьс, път, сьл, стьр, сътв, чьт, например, **тъкмо, мнѣ, ослѧ, что**

вв) так наз. лабиовеляризация по правилу Кульбакина (т. е. изменение ь>ъ) проводится после ж, ш, ч, например, **шъдъ, нашъ, чъто, колижъдо**, но после щ и жд непоследовательно, там частично сохраняется исконный ь, например, **нощь, виждъ//виждь**

вг) ассимиляция ъ, ь по правилу Ягича наблюдается редко, например, **вьпиꙗхѫ** (вм. въ-); **мѫчъное** вм. **мѫчьноѥ**

вд) наблюдается немотивированная мена ъ, ь в конце слов, где они в языке последнего писца уже не произносились, например, **на нъ, пророкомъ исаиемь гл⟨агол⟩ѭщьмъ**

ве) в напряженной позиции за ь в слабом положении регулярно (за исключением 2 случаев) пишется и//і, например, **абиѥ, имѣниѥ**. В сильном положении на месте этимологических *ьјь — ии, іи, ьи, на месте этимологических *ъјь, как правило,— ъі, например, **болиі/больи, зълъі**

г) на месте праславянских слоговых *ьr, *ъr без различения пишется большей частью рь, например, **дрьж-, скрьб-**, изредка, также без этимологического различения,— ръ, например, **жрътвѫ**; на месте праславянских слоговых *ьl, *ъl пишется то ль, то лъ, например, **плън-//пльн-, вльк-, длъг-**

д) l эпентетическое частично сохраняется, частично опускается (при этом во всех позициях), частично же на его месте появляется ь, например, **землѣ, вънемѣте, земьꙗ**

е) на месте праславянского *g в результате 2-й и 3-й палатализаций задненебных употребляется только з, например, **кнѧзь**

ж) после ч, ж, ш, щ, жд, ц, з (из *g в результате 3-й палатализации задненебных) и с (из *ch в результате 3-й палатализации задненебных) пишется обычно а, в единичных случаях — ѣ, но последовательно — ю и никогда оу, например, **отьца, мѫжа, отьцю, чюдеса, ницюмоу**

з) рефлексы праславянских *tj, *stj, *skj и *kt передаются буквой щ, например, **пища, ищѫтъ, отъпоущѫ, нощъ**.

5. *Охр*: а) носовые гласные употребляются в соответствии с их этимологией; на месте этимологических ę и ję//'ę употребляется одна буква (в издании Ильинского — ѩ), например, **сѩ, хотѩ, [гво]здиꙗиѩ**; единственная замена ǫ>u:**доуноу** (2 л. ед. аориста) вм. **доунѫ**

б) «еры» имеет обычное графическое выражение — ъі, например, **бъішѩ**

в) редуцированные гласные:

ва) в сильной позиции ь>е, например, **день, наченъ**, тогда как этимологический ъ сохраняется: **възрѣвъ**

вб) в слабой позиции ъ, ь обычно сохраняются, например, **кънигахъ, чьто естъ мьнѣ**; нередко наблюдается мена ъ и ь без какой-либо регулярности или явной мотивированности, например, **вьложі, денъ** (вм. **въложи, дьнь**), в отдельных случаях редуцированные опущены, например, **близнец, псана** вм. **близьньць, пьсана**

вв) в напряженной позиции встречается ъи, ъіи, ъі, іі, ии и т. п., например, **нарицаемъіи, гл⟨агол⟩ѭтъі и жива, приемъі**

г) на месте праславянских слоговых *ьr, *ъr пишется ръ, на месте праславянских слоговых *ьl, *ъl — лъ, например, **дръжѩть, пръстъ, наплънитъ** д) l эпентетическое частично сохраняется, частично утрачивается, например, **(въ п)рѣломлениı, прѣломь**

е) сохраняется ѕ, (из *g в результате 2-й и 3-й палатализации задненебных), например, **кънѩѕи, ноѕѣ**

ж) после шипящих согласных пишутся а, ю, например, **шьдъша, слышавъшюю**

з) рефлексы праславянского *tj пишутся через щ (т. е. глаг. ⱋ), например, **обращь сѩ**.

6. *Унд*: а) сохраняются носовые гласные в соответствии с их этимологией, но в графике без йотированных вариантов, например, **творѧщѧѧ, мож**

б) сохраняется этимологический «еры» в виде ы, например, **слышавъши**

в) редуцированные гласные передаются одним знаком ъ (ь отмечен только в двух словах: **есть, г⟨оспод⟩ь**), при этом:

ва) в сильном положении ъ частично сохраняется, например, **въсъ, конъцъ**, частично вокализуется ь>є, например, **скръжеть, праведъни**

вб) в слабом положении ъ также частично сохраняется, например, **полъꙁа, тѣломъ**, частью утрачивается, например, **оуспение, кто**

вв) в напряженном положении исконные редуцированные пишутся как ы, и, например, **въсѣвы, абие**

г) на месте слоговых праславянских *ъr, *ьr пишется ръ, на месте *ьl, *ъl — лъ, например, **встръꙁажще, слънъце**

д) не употребляются графемы ѥ, ꙗ, на их месте в соответствии с узусом глаголических рукописей употребляются буквы є, ѣ, например, **доброе, его, ѣко, септѧбрѣ**

е) l эпентетическое сохраняется, например, **пристѫплъше, землѧ**

ж) на месте праславянского *g в результате 2-й и 3-й палатализации задненебных — ꙁ, например, **съжиꙁажть сѧ**

з) после ч пишется ѣ, ю, после остальных шипящих и свистящих согласных — а, оу, например, **с⟨ъ⟩конъчѣние, чюдотворца, слышати, сѣвъшоу**

и) рефлексы праславянских *tj, *stj, *skj пишутся графемой щ, например, **аще, вѣджщи**.

7. *Боян*: а) носовые гласные частично взаимозаменяются, что характерно для так наз. среднеболгарских, более поздних рукописей; при этом в издании Добрева в отличие от издательских принципов Ягича глаг. ⰵ транслитерируется кириллическим ѧ (у Ягича — ѧ), а глаг. ⱔ транслитерируется кириллическим ѫ (у Ягича — ѩ), например, **славѫще** вм. **славѧше, оубиѧтъ** вм. **оубиѭть**

б) «еры» имеет двоякое графическое выражение — ы, ъи, например, **бысть, слъишавъ**

в) редуцированные гласные передаются одной буквой ъ (так наз. одноеровый памятник) и при этом:

ва) в сильной позиции частично еще сохраняются, частично вокализуются (исконное ь>є, исконное ъ>о), например, **старъцъ, тоуръскъ, созда** вм. **съзьда, правъдень** вм. **правьдьнъ**

вб) в слабой позиции частично сохраняются, частично утрачиваются, например, **донъдеже, свѣтъ, что** (вм. **чьто**), **пославъ** (вм. **посълавъ**)

вв) в напряженной позиции большей частью встречаются в форме ы//ьи, и, например, **по оубиени** на месте *ubijeniji<*ubьjenьji, **видѣвъи** на месте *viděvyjь<*viděvъjь

г) l эпентетическое большей частью сохраняется, но частично опускается, например, **прославлѭ, землѭ, земи, ослабеномоу**

д) большей частью еще сохраняется ѕ (из *g в результате 2-й и 3-й палатализации задненебных), но частично уже употребляется з, например, **кнѧѕъ, пѣнѧѕема**, но **мнозѣхъ**

е) после ч, ж, ш, щ, жд, ц, ѕ пишется, как правило, а (только после с из *ch в результате 3-й палатализации задненебных — ѣ) и преимущественно ю (изредка оу), например, **чюдѧща сѧ, о⟨тъ⟩цю, чоусте, мѣ⟨сѧ⟩ца, д⟨оу⟩ша, всѣ** (им.-вин. мн. с.)

ж) рефлексы праславянских *tj, *kt передаются графемой щ (т. е. глаг. ⱋ), например, **отъвѣща, аще**

з) глаголические литеры с числовыми значениями в издании Добрева транслитерированы.

8. *Зогр-пал*: а) для графического обозначения носовых гласных имеются два знака: ⰵ (в издании Добрева транслитерируется кириллическим ѧ) и ⱔ (в издании Добрева — кириллическое ѫ); оба употребляются большей частью этимологически правильно, но без различения позиций после твердых и мягких согласных или в начале слога, например,

ВСѦ, ѦЗКА, БѪДЕТЕ, ТВОРѪ, КОѪ. В единичных случаях имеет место замена ҁ на ɩ: **ПОГРОУЗѦТЬ**

б) на месте этимологически ожидаемого «еры» обычно употребляется графема **ъи**, например, **ВЪИ, БЪИТИ**

в) редуцированные гласные:

ва) в слабой позиции очень часто опускаются в середине слова и на его конце, например, **ВНИДЕ, КОНЦА, СТВОРИТЕ, БѪДЕТ**

вб) в напряженной позиции встречаются **ъи, и**, например, **ЛИСТВИЕ, ОУБИѪТЪ, ВЛАСТИѪ** (на месте групп *ъjь, *ьjь, *ьji — **ъи, и** или **ии**), например, **ПРѢТРЬПѢВЪИ, БОЛѢЗНИ** (род. мн.), **ЛЪЖИИ**

г) на месте праславянских слоговых *ьr, *ъr пишутся **ръ** и **рь** без их этимологического различия, например, **ПРѢТРЬПѢВЪИ, СЪВРЪШИЛЪ**; чаще — одно **р**, например, **В ЦРКВИ**; праславянские слоговые *ьl, *ъl отмечены в крайне редких случаях, например, **ОУМЛЪКНЕТА**

д) сохраняется ѕ (из *g в результате 2-й и 3-й палатализации задненебных), например, **МНОЅИ, ВРЬЅИ**

е) после щ и т. п. пишется ѧ и ю, например, **СѢДѦЩА, -ЩЮ**

ж) рефлексы праславянских *tj, *kt и т. п. пишутся графемой щ (т. е. глаг. ⱋ), например, **АЩЕ, СЪСѪЩИХЪ**.

9. *Ен*: а) буквы, обозначающие носовые гласные, употребляются в большинстве случаев соответственно с этимологией слова, но без знака йотации: в рукописи встречаются только ѧ и ѫ, например, **КНѦꙀОУ, БѪДѪТЬ, ѦЗЫЦИ, ПОѪ**; только в отдельных случаях наблюдается мена юсов, например, **ИМѦТЪ, ГЛ⟨АГОЛ⟩ѦЩЕ** вм. этимологически надлежащих **ИМѪТЪ, ГЛАГОЛѬЩЕ**

б) редуцированные гласные обозначаются одной графемой **ъ** (так наз. одноеровый памятник):

ба) в сильной позиции **ъ** во многих случаях сохраняется, на месте этимологического **ь** иногда встречается **е**, например, **ДЪНЪ, НАЧѦТЪКЪ, КОНЕЦЪ**

бб) в слабой позиции редуцированные гласные частично сохраняются, частично опущены, например, **ДЪНЕСЪ//ДНЕСЪ, КТО**

бв) в напряженной позиции в большинстве случаев наблюдаются **ы** и **и**, изредка (в слабой позиции) — **ъ**, например, **ВЪЗМЪЗДИЕ//ВЪЗМЪЗДЪЕ, КРЪЩЕНИЕМЪ, НЕМОЩНЫ**

в) графема ꙗ употребляется в единичных случаях, например, **ДѢꙖТИ**; большей частью — ѣ; графема ѥ не встречается вообще; в памятнике е и большей частью ѣ употребляется в соответствии с узусом, характерным для глаголических рукописей, например, **ѢКО, ПРѢХВАЛНАѢ, С⟨Ъ⟩П⟨А⟩СИТЕЛѢ, ЕГО, СВОЕѪ**

г) непоследовательно проведена мена цѣ>ца и ꙁѣ>ꙁа, например, **ѦЗЫЦАХЪ, ЦАНОѪ, ꙀАЛО** *вм.* **ꙖꙀЫЦѢХЪ, ЦѢНОѬ, ꙀѢЛО**

д) l эпентетическое сохраняется в небольшом количестве случаев, например, **ЗЕМЛѢ, ꙖВЛЪШИ СѦ**, чаще опускается, например, **ПРИЕМЕТЬ, ВЪЗЛОУБЕНИ**.

е) буква ꙁ (из *g в результате 2-й и 3-й палатализации) употребляется последовательно, например, **МНОꙀИ, ДВИꙀАЕТЪ**, случаи написания з единичны, например, **ВЪЗДВИЗАЕТЪ**

ж) после ч пишется ю, после с (в результате 3-й палатализации задненебных) — ѣ, в остальных случаях после шипящих и свистящих согласных — оу и а, например, **ЧЮДЕСА, ОТЪЦОУ, ОТЬЦА, ВЪСѢЧЪСКАѢ**

з) рефлексы праславянских *tj, *kt, *stj, *skj передаются графемой щ, например, **ПОЗЛАЩЕНАХЪ, ПОМОЩѢ**.

10. *Син*: а) носовые гласные в большинстве случаев сохраняются в соответствии с этимологией, частично имеет место мена ҁ — о, т. е. в графике иногда встречается о на месте ожидаемого ѫ и ѫ на месте ожидаемого о, например, **МОЖЕМЪ** (вм. **МѪЖЕМЬ**), **ВЪЗѪВѪТЪ** (вм. **ВЪЗОВѪТЪ**), в единичных случаях представлено е на месте ę, например, **ЕЗЫЦІ** (вм. **ꙖЗЫЦІ**). В рукописях для обозначения носовых гласных употребляются три буквы: ꙗ, ѫ, ѭ; буква ⰶ (в кириллической транскрипции ꙗ) употребляется в начале слов и в середине слов после гласных, а также и после согласных, например, **ꙖЗЫКЪ, ПРІБЛІЖИШѦ СѦ**

б) «еры» обычно пишется **ы**, реже **ъї** и еще реже **ъи**, в большинстве случаев сохраняется в соответствии с этимологией, единичны случаи употребления на месте «еры» **и/і**, например, **ꙖЗЦІ** (вм. **ꙖЗЫЦІ**)

в) редуцированные гласные:

ва) в сильной позиции частично сохраняются, частично вокализуются — ъ>о, ь>є, например, ДЬНЬ, ЦРЪКЪВЪ; ПРАВЕДЪНЫИХЪ, СОБЬРА вм. ПРАВЬДЬНЫИХЪ, СЪБЬРА

вб) в слабой позиции частично сохраняются, частично опускаются, например, СЪТВОРИ, ОУМЬРЖ, КТО вм. КЪТО, ПРАВДА вм. ПРАВЬДА; нередко наблюдается мена (графическая), особенно на конце слов, например, ПЖТЪ вм. ПЖТЬ, ДАСТЬ вм. ДАСТЪ

вв) в напряженной позиции на месте слабого ь встречается и или ь/ъ, на месте ъ встречается ы, в сильной позиции на месте исконных сочетаний *ьjь — ии, ьи или еи в различных графических вариантах; на месте исконного *ъjь находим ыи, ы или ои в различных графических вариантах, например, ПЖТИЕ//ПЖТЬЕ, ЖРѢБИІ, ДЬНЬИ//ДЬНЕИ, СМРЪТЬНЫ, СИЛЪНЫІ, НЕЧЪСТІВОІ

г) на месте праславянских слоговых *ьr, *ъr, *ьl, *ъl написания рь/ръ, ль/лъ употребляются без отражения этимологических отличий, например, СКРЪБЬ//СКРЬБИ, ВРЪХЪ, ПЛЪНЪ//ИСПЛЬНѪТЪ СѦ

д) палатальные r', l', n' (из *rj, *lj, *nj) графически выражаются сочетаниями букв р, л, н с ѣ, ю, ѭ//ж, например, ВОЛѢ, ОГНѢ, АЛТАРЮ, ЛЮДЬЕ, ОГНЮ, ЗЪРЖ, МИЛОСТЫНѬ//МІЛОСТЫНЖ

е) l эпентетическое большей частью сохраняется, например, ДРЕВЛЕ, ВЬЗЛЮБЛЖ, но изредка опускается (при этом во всех позициях), например, ОУГЛЪБѬ, в единичных случаях на его месте пишется ь/ъ, например, ГѢКОВЬЮ, ЗЕМЪѢ

ж) сохраняется ѕ (на месте *g в результате 2-й и 3-й палатализации задненебных), например, МЪНОЅѢ, ЅѢЛО

з) после ч, ж, ш, шт/щ, жд, ѕ, с (из *ch в результате 3-й палатализации задненебных) обычно пишется а, изредка — ѣ, например, ЧѢША, обычно — ю, изредка — оу, например, АШОУТЬ, обычно — ѭ (но никогда — ж), например, НАОУЧѬ, Д҃ШѬ

и) рефлексы праславянских *tj, *stj, *skj, *kt передаются неодинаково, иногда графемой щ (т. е. глаг. ⱋ), иногда диграфом шт, например, ШТЕДРОТА//ЩЕДРОТА

к) глаголические буквы с числовым значением в издании Северьянова транснумерованы, т. е. глаг. ⰲ҃ (которая при транслитерации соответствовала бы кириллической в҃) в числовом значении «3» (три) передается буквой г҃, имеющей в кириллице то же числовое значение.

11 и 12. *Евх* и *Служ*: а) носовые гласные употребляются этимологически правильно, например, ТѦ, ТВОЕѨ, МЖЧИМА, РАБОТАѬТЪ. Замены различного типа имеют место в единичных случаях, которые, по всей вероятности, являются описками писца

б) редуцированные гласные:

ба) в сильной позиции частично сохраняются, но чаще вокализуются (ь>є, ъ>о), например, ЛЮБЪВЬ, ВЪНЬМѢМЪ; ДВЕРЬМИ вм. ДВЬРЬМИ, СОНЪ вм. СЪНЪ

бб) в слабой позиции частично сохраняются, частично опускаются, например, ДНИ, НЕЗЛОБИѢ; графически пропуски слабых редуцированных иногда отмечаются специальным надстрочным значком в виде «крыши», который употребляется только в этой рукописи, но в настоящем словаре передается апострофом ', например, ПЛАЧЕТ', ТАЖ'КО, В'СѬ

бв) хорошо представлена лабиовеляризация, т. е. изменение ь в ъ, но только в положении после ж, ш, например, НАШЪ, НЕДЖЖЪНЪ; в сочетаниях чь, ць, зь (<dzь), щь, ждь обычно сохраняется исконный ь, например, ОТ⟨Ь⟩ЦЬ, ДѢВИЧЬСКАА, РОЖДЬСТВОМЪ

бг) ассимиляция ъ>ь и ь>ъ (по правилу Ягича) также частично представлена, например, ВЬЗДВИГНИ вм. ВЪЗДВИГНИ, НЕПРИСТЖПЪНѬ вм. НЕПРИСТЖПЬНѬ

бд) имеет место графическое смешение ъ, ь, преимущественно на конце слов, например, СЪ вм. СЬ, ПРѢДАНЬ вм. ПРѢДАНЪ

бе) в напряженной позиции на месте слабого ь перед и, ю большей частью — ь/ъ (изредка также и); перед є, ѩ везде и; перед ѣ, ѭ большей частью и (реже ь), например, ПОДЪНОЖЪЮ, ВЪ СЪДРАВЬИ, СЪДРАВИЕ, СОЛИѬ, Б⟨О⟩ЖИѢ; на месте слабого ъ — ы, реже ъи, например, ВЫНЖ//ВЪИНЖ; в сильной позиции на месте исконного сочетания *ьjь большей частью употребляется еи, реже ьи, ии, на месте *ъjь — ыи, ы, ъи, ои, например, ИСТОЧЕИ, ВОДЪНЫ, ПРОСТЕРЪИ, ИСТИНЪНЫИ

в) в графике рефлексов праславянских слоговых *ьr, *ъr, *ьl, *ъl наблюдаются написания рь/ръ, ль/лъ независимо от этимологических различий по твердости и мягкости, например, ИСПЛЪНИ, ІСТРЪГАЛЪ

г) l эпентетическое большей частью сохраняется, частично опускается, преимущественно перед ь, и, например, ПРОСЛАВЛѢЕТЪ СѦ//ПРОСЛАВѢЕТЪ СѦ, НА ЗЕМИ

д) на месте *g в результате 2-й и 3-й палатализации пишется з, например, БЛАЗѢ, ПОЛЬЗИ, ЗВѢЗДЫ е) рефлексы праславянских *tj, *stj, *skj, *kt передаются графемой щ (т. е. глаг. ⱋ), например, **ТРЕПЕЩѪТЪ, АЩЕ**

ж) после ч, ж, ш, щ, жд, ц регулярно пишется а (и только в единичных случаях ѣ) и ю, например, **ВѢНЬЧАЛЪ, МНОЖѢИШИѤ, ПРИШЕДЪШЮ, ЧЮВЬСТВИѤ, МЛАДЕНЬЦЮ**; после с (из *ch в результате 3-й палатализации задненебных) регулярно пишется ѣ, например, **В'СѢ**

з) этимологическое *ja в начале слога передается в большинстве случаев графемой ѣ, а также иногда и графемой а (особенно в сочетании *aja), например, **СТОѢНИѤ, ОУГОДЬНАА ТВОѢ ДѢѢТИ, ЖИЗНЬ ВѢЧЬНАА**.

13. *Клоц*: а) носовые гласные обычно представлены в соответствии с их этимологией, но частично имеет место и мена ѫ/ѭ — оу/ю, например, **РАЗЛЮЧАЕТЕ** вм. **РАЗЛѪЧАЕТЕ, МV(!)ЦѢ** вм. **МѪЦѢ**

б) «еры» передается через ъı, ъι обычно в соответствии с этимологией, например, **ОУМЪI, ВЪI**, частично же наблюдается взаимная мена ъı и и, например, **ПОКРІВАШЕ** вм. **ПОКРЪIВААШЕ, СЛИША** вм. **СЛЪIША, ДАРЪI** (им. мн.) вм. **ДАРИ, ТЪI** вм. **ТИ**

в) редуцированные гласные:

ва) в сильной позиции частично сохраняются, частично вокализуются (ь>е, ъ>о), например, **ДЕНЬ** вм. **ДЬНЬ, АГНЕЦЬ** вм. **АГНЬЦЬ, НАЧѦТОКЪ** вм. **НАЧѦТЪКЪ, ЛЮБОВЬ** вм. **ЛЮБЪВЬ**

вб) в слабой позиции редуцированные утрачиваются в сочетаниях бьн, вьн, дъв, дьц, зъл, към, kън, кът, льн, мън, мьн, ньц, пьн, пьс, рьн, рьц, сьн, сътв, тък

вв) лабиовеляризация по правилу Кульбакина, т. е. изменение ь>ъ, хорошо представлена после шипящих ж, ш, ч, шт, жд, например, **ТЪШТЪ, ЧЪТО, ВИЖДЪ**

вг) ассимиляция ъ>ь и ь>ъ по правилу Ягича представлена, но непоследовательно, например, **ПРАВЪДЪI** вм. **ПРАВЬДЪI, БЕСТОУДЪНА** вм. **БЕСТОУДЬНА, ВЬЗАША** вм. **ВЪЗАША**

вд) имеет место графическая мена ъ, ь на конце слов (где они в речи последнего писца уже не произносились), например, **ВЬСѢХЬ** вм. **ВЬСѢХЪ**

ве) в напряженной позиции в слабом положении частично встречается ь, ъ, частично — и, ъı, например, **АБЬЕ, ЦѢСАРЬСТВІЕ**; в сильной позиции на месте праславянского *ъjь находим ъıи, ъı, на месте *ьjъ находим іи, і, например, **БЛАЖЕНЪI ДА⟨ВЪI⟩ДЪ, ОУЧЕНІИ** (род. мн.), **АЗЪ ВАМЪ ПРѢДАМІ И, Б⟨О⟩ЖІ**

г) на месте праславянских слоговых *ьr, *ъr большей частью пишется только ръ, редко встречается написание рь в соответствии с этимологией, например, **СЪМРЬТЬ, СРѢДЬЦЕМЬ**; на месте праславянских слоговых *ьl, *ъl употребляется всегда лъ, например, **ДЛЪЖЕНЪ, ПЛЪНЪ**

д) l эпентетическое (так же, как в *Зогр*) сохраняется перед е, ѣ (-'а), ѩ, ѭ, ю, тогда как перед ь, и частично утрачивается, например, **ЗЕМЛѦ, ПОСТАВЛѪ, ДРЕВЛЕ, ИѢКОВЛЬ; ВЪЗЛЮБЬ, НА ЗЕМИ**

е) рефлексы праславянского *g после 2-й и 3-й палатализации задненебных обозначаются буквой з, в единичных случаях — ѕ, например, **КНѦЗЪ**, но **ЅѢЛОУТО**

ж) после ч, ж, ш, шт, жд, ц пишется а и ю, после с (из *ch после 3-й палатализации задненебных) пишется ѣ, например, **ПОУШТАТИ, ОУЧЕНІЧА, Д⟨ОУ⟩ША, ВЬСѢКЪ, АШЮТЬ, ГЛ⟨АГОЛ⟩ѬШТЮ**

з) рефлексы праславянских *tj, *stj, *skj, *kt обозначаются диграфом шт, например, **СѪШТЕМЪ, НОШТЬѬ, АШТЕ**.

14. *Супр*: а) носовые гласные различаются и употребляются в соответствии с этимологией; при этом графема ѧ употребляется в начале слова и после гласных (изредка также и ѩ); графема ѧ — после согласных (изредка также и ѧ), например, **ОУТВР'ЖДАѦ, ѨЗЕѬ, БЪIЩѦ, СѦ, НИШТѦѦ**

б) специфические буквы кириллической азбуки, которые не имеют эквивалентов в глаголической азбуке (см. выше, раздел Б, пункты 2, 3), употребляются значительно чаще, чем в *Сав*, но в *Супр* частично сохраняется и графический узус глаголических памятников:

ба) в начале слов обычно пишется ѥ, например, **ѤГО**, тогда как е — в заимствованных словах, например, **ЕЛИНЪ**; кроме того, регулярно в исконно славянских словах — **ЕИ, ЕТЕРЪ** и как дублеты в следующих отдельных случаях, как **ЕДА//ѤДА, ЕЗЕРО//ѤЗЕРО, ЕЛЕНЬ//ѤЛЕНЬ, ЕША//ѤША**, а также после и, ь, ѣ, например, **НИ ЕДНАЧЕ, И ЕЛИКО**

бб) графема ѥ употребляется обычно в начале слога (т. е. в абсолютном начале слов и в середине слов после гласных), тогда как после палатальных r', l', n' из *rj, *lj, *nj наряду с ꙗ как дублет представлено также и ѣ//͡ѣ, например, **ТРЕТИꙖ**, **ꙖКО**, **ОГНꙖ//ОГН͡Ѣ**, **РОДИТЕЛꙖ//РОДИТЕ͡ЛѢ**, **ДѢЛꙖ//ДѢ͡ЛѢ**, **ЦѢСАРꙖ//ЦѢСА͡РѢ**

в) «еры» в обычном виде ꙑ употребляется на местах, соответствующих этимологии, изредка встречается графический вариант ъи, а в отдельных случаях также и ы, например, **БЫСТЬ**, **МѪЧЕНИКЪИ**, **ВЫШЬНѬѬ**. В единичных случаях встречается и, например, **ОТЪКРИВАѬ** вм. **ОТЪКРЫВАѬ**

г) редуцированные гласные:

га) в сильной позиции частично сохраняются, при этом ъ последовательно (кроме трех случаев), тогда как ь частично сохраняется, а частично вокализуется в є, например, **СЪБЪРАВЪШЕ**, **ДЬНЬ**, **ВЬЗЕМЪШИ** вм. **-ЗЬМЪ-**, **ПО ТРЕХЪ ЖЕ ДЬНЕХЪ** вм. **ТРЬХЪ ДЬНЬХЪ**

гб) в слабой позиции часто опускаются, но иногда на их месте ставится апостроф, например, **ТЕМНИЦА//ТЕМ'НИЦА//ТЬМЬНИЦА**, **КНѦЗИ** вм. **КЪНѦЗИ**, **БОИМ ОѦ** вм. **БОИМЪ**

гв) лабиовеляризация по правилу Кульбакина проявляется весьма слабо, так что с достаточной достоверностью нельзя утверждать ее наличие

гг) ассимиляция редуцированных по правилу Ягича, т. е. мена ь>ъ перед слогом с задним гласным и мена ъ>ь перед слогом с передним гласным, представлена хорошо, например, **ПОБѢДЪНѬѬ** вм. **-ДЬНѪ-**, **ЗЬЛѢ** вм. **ЗЪЛѢ**

гд) имеет место частое графическое смешение (немотивированная замена) редуцированных гласных в абсолютном конце слов, где они в языке последнего писца не произносились, например, **ОУМОМЪ** вм. **-МЬ**, **СЬ МНОЗѢМЬ** вм. **СЪ**

ге) в напряженной позиции в слабом положении пишется ь (изредка также и ъ), и, ', например, **ПОМОШТЬꙖ//ПОМОШТИꙖ**, **ТЪЧЬѬ//ТЪЧЪѬ**, **ПРИЛЕЖАН'ІЄ**. В сильной позиции на месте этимологического *ьjь — ии, ьи, и, на месте этимологического *ъjь — ꙑи, ъи, ꙑ, например, **ДЬНЕШЬНИІ**, **СѪШТЬИ**, **СѪДИ** (им. ед.); **НОВЫИ**, **ГРОБЪНЪИ**, **НИКЕИСКЫ ГРАДЪ**

д) на месте праславянского *jь обычно пишется и, і, в сильной позиции иногда и є, например, **ЗАИМЪ//ЗАЄМЪ**

е) отчасти сохраняется различение исконных твердости и мягкости в графике бывших слоговых *ъr, *ьr, *ъl, *ьl, но большей частью эти различия в графике не отмечаются, пишется ръ (реже и рь), ль (реже лъ), например, **ПОВРЬГОША**, **ВЪВРЪГОШѦ** вм. **-РЬ-**, **СКРЬБЬ** вм. **-РЪ-**, **ВЛЬНА**, **ВЛЪКЪ** вм. **-ЛЬ-**

ж) палатальные l', n' из *lj, *nj большей частью пишутся с надстрочным значком мягкости ͡ («дужка») и непоследовательно с последующей гласной буквой йотованной или нейотованной; на месте r' из *rj часто опускается значок мягкости, как и графическое выражение предшествующей йотации у последующей гласной буквы, например, **МО͡ЛІАШЕ**, **ВО͡ЛѪ**, **СЬ Н͡ИМЬ**, **ГЛАГО͡ЛѦ**, **ВЬ Н͡ЕИЖЕ**, но реже — **ПОПАЛІѦ**, **ЛЮБИТЕ**, **ТВОРѢАШЕ**, чаще — **БОРѪШТИИ**, **ТВОРАСТА**, **ЦРОУ**

з) l эпентетическое сохраняется лишь отчасти, обычно оно отсутствует во всех позициях: перед ь, и опускается без замены; перед ꙗ, є, ѧ, ѭ, ю обычно заменяется на ь, например, **ЗЕМЛѢ**, **ЗЕМЛѬ**, **ДРЕВЬНІАІА** вм. **-ВЛЬ-**, **КОРАБИ** *вм.* **-БЛИ**, **ДРЕВЬЄ** вм. **-ВЛЄ**, **АВРАМЬꙖ** вм. **-МЛꙖ**

и) на месте праславянского *g после 2-й и 3-й палатализации задненебных употребляется только графема ѕ, например, **КЪНѦЅЬ**

к) после ч, ж, ш, шт, жд, ц, ѕ (из *g после 2-й и 3-й палатализации задненебных), с (из *ch после 3-й палатализации задненебных) обычно пишется а, оу, например, **МѪЖА**, **ТВОРЬЦА**, **ПРИШЪДЪША**, **ВРАЧОУ**, **ПРИШЪДЪШОУ**, **ГЛАГОЛѪШТОУ** (но **ВЬСѢКЪ**)

л) рефлексы праславянских *tj, *stj, *skj, *kt пишутся диграфом шт, например, **НОШТЬ**

15. *Киев*: а) носовые гласные употребляются в соответствии с их этимологией. Только одна буква ⱔ (в кириллической транслитерации ѩ) пишется в абсолютном начале слова и в середине слова после гласных и согласных, так же, как и в *Син*, например, **МѪЧЕНІКЪ**, **МІЛОСТІѬ**, **ТВОѨ**, **ТѨ**, **Ѩ**

б) «еры» употребляется в соответствии с этимологией и обычно графически передается через ъи, например, **МОЛІТВЪИ**

в) редуцированные гласные:

ва) употребляются этимологически правильно в сильной и слабой позициях (за исключением одного случая написания **ВЪСѢХЪ** вм. **ВЬС**-)

вб) в напряженной позиции на месте ь встречается и, реже і или ь, например, **МІЛОСТИѪ//МІЛОСТЬѪ, СЪДРАВІЄ**; на месте *ъjь преимущественно ы (возможно двусложовое), реже также ъи или (вероятно, односложовое) ъи, например, **ВѢЧЬНЫ, ВЬСЕМОГЪЦІ, ПРИНЕСЕНЪИ**

г) этимологическое *jь в начале слов пишется большей частью как ι, реже как и, в единичных примерах как і; в середине слов большей частью как і, реже ι, например, **ІМАМЪ, ИЗ-/ИС-, ДОСТОІНЪИ, СКВРЬНОСТИІ** (род. мн.)

д) этимологически слоговые *ьr, *ъr графически различаются как рь и ръ, этимологическое *ьl пишется как ль, например, **ТВРЬДЬ, СКРЪБЬНІ, НАПЛЬНЕНІ**

е) палатальные r', l', n' из *rj, *lj, *nj обозначаются соединением букв р, л, н с последующими ѭ, ю, ѣ, і, ь, є без диакритического значка мягкости («дужка»), например, **ПРІЕМЛѬЦЕ, ВЪНѪТРЬНѢѢ, ВЪИШЬНІМІ, ВЪЖЛЮБЛЕНЪИѨ**

ж) l эпентетическое последовательно сохраняется, например, **ЗЕМЛЬСКАѢ, ПРІЕМЛѬЦЕ**

з) на месте праславянских *tj, *kt здесь ц (в отличие от шт//щ в остальных памятниках), на месте праславянского *dj здесь з (в отличие от жд остальных памятников), на месте праславянских *stj и *skj — шч (в отличие от шт//щ в остальных памятниках), например, **ПОМОЦЬѬ, ПОДАЗЬ, ОЧИШЧЕНИѢ, ЗАШЧІТІ**

и) после шипящих согласных и ц пишется ю (не оу!) и большей частью ѣ, редко — а, например, **ХОДАТАѤЦЮ, МЬШѢ, ДОУШѢМИ, СРЬДЬЦѢ//СРЬДЬЦА, ПАПЕЖА**

16. *Хил*: а) носовые гласные употребляются в соответствии с этимологией, при этом после согласных пишутся ѫ, ѧ, а в начале слога, т. е. в абсолютном начале слов и в середине слов после гласных — ѭ, ѩ (-ję), например, **ЗѪБЫ, ТЬМОѬ, ЖИВѪЩѨ**

б) отчасти употребляются специфические буквы, которыми кириллическая азбука отличается от глаголической, но отчасти также соблюдается графический узус глаголических памятников:

ба) только в двух случаях представлено ѥ (**ПРОЧЕѤ, НАВЫЧЕНЬѤ**), обычно же в начале слога употребляется є, например, **ЕСТЬ, ОУЧЕНИЕ**

бб) буква ꙗ (чередующаяся с а) употребляется в начале слога, например, **ꙖКО, НЕЧЕСТЬꙖ; КАА**, после палатализованных r', l', n' из *rj, *lj, *nj этимологическое 'а передается через ѣ, например, **РАЗАРѢЕТЪ, ОУПОДОБЛѢѦ СѦ, НЪІНѢШЬНѢА**

в) «еры» сохраняется в соответствии с этимологией и обычно в виде ы, например, **ПРИЗЫВАНИЕ**, в окончаниях полных прилагательных пишется последовательно ъи, например, **КОТЕРЪИ, СТРАШЬНЪИМЪ**

г) редуцированные гласные:

га) в сильной позиции большей частью сохраняются, например, **ВЬСЬ**, частично вокализуется ь в є, например, **НЕЧЕСТЬНѢ** вм. **НЕЧЬСТЬНѢ**

гб) в слабой позиции также большей частью сохраняются, но частично утрачиваются, при этом на месте редуцированного употребляется знак ' (апостроф), например, **ОВЬЧАХЪ, ПРАВ'ДОѬ**

гв) имеются примеры ассимиляции ъ>ь и ь>ъ по правилу Ягича, например, **СВѢТЪЛА** вм. **СВѢТЬЛА, ПРАВЪДОѬ** вм. **ПРАВЬДОѬ**

гг) в напряженной позиции в слабом положении изредка пишется ь, большей частью — и, например, **ВЪСКРЪСЕНИꙖ, ПО ПРѢДАНИЮ, НЕЧЕСТЬꙖ**

д) на месте праславянских слоговых *ьr, *ъr пишется всегда ръ, на месте праславянских слоговых *ьl, *ъl — всегда лъ, например, **СЪМРЪТЬ, ВЛЪЦИ**

е) палатальное l' из *lj большей частью обозначается с диакритическим значком ͡, реже без него, например, **ПРИЕМЛ͡АИ, БЛ͡ЮДѢТЕ**, но **ОЖИВЛЕНЪ**; исконные r', n' пишутся без такого значка

ж) l эпентетическое обычно сохраняется, например, **ОСТАВЛЕНИЕ**, оно утрачено в единственном примере (перед ь!): **КОРАБЬ**

з) сохраняется ꙃ (из *g после 2-й и 3-й палатализации задненебных), например, **МЪНОꙃИ** и) после шипящих и ц пишется а, например, МОЖААШЕ, П'ШЕНИЦА, на месте этимологического 'а после ꙅ пишется ѣ, например, ПОЛЬꙅѢ (им. ед.), на месте ꙋ — ю, например, Ч҃ЛЧЮ

к) рефлексы праславянских *tj, *kt пишутся через щ, например, АЩЕ, ТЫЩЕѪ, только в одном случае через шт: ТЬЛАШТИИМЪ.

17. *Рыл*: а) носовые гласные употребляются последовательно и различаются между собой, например, СѪДЬНЪИѨ, МѦ, СТРАШ'НѪѪ

б) «еры» сохраняется в соответствии с этимологией в графическом выражении ъи, например, ТЪИ, СЛЪИШАТИ. Написание ъı и ъı в большинстве случаев наблюдается в окончаниях сложных склоняемых прилагательных и местоимений, например, ПЛЪТЬСКЪIМI, КЪI, где оно, по всей вероятности, обозначало двуслоговость

в) редуцированные гласные:

ва) в сильном положении почти последовательно сохраняются, лишь в единичных случаях наблюдается вокализация ь>є, ъ>о, например, ПРАВЕДЬНЪИХ', КРОТОКЪ

вб) в слабой позиции частично проявляются следы лабиовеляризации по закону Кульбакина (но только после ц), например, О⟨ТЪ⟩ЦЪ, отчасти наблюдается ассимиляция ъ>ь и ь>ъ по закону Ягича, например, БЬДЕНЬЕ, СЪЗЪДАТИ, но чаще они заменяются произвольно, при этом чаще ь, чем ъ, например, ВЕТЬХААГО, особенно в предлогах и приставках, например, ВЪ(-)>ВЬ(-) и ВЪЗ(-)>ВЬЗ(-): ВЬ СВОЕИ, ВЬЗВРАЩАЮЩЕ; слабые ъ и ь часто опускаются, при этом непоследовательно на их месте может стоять надстрочный знак ', например, МНОГО, В'СИ, ИЗВЕДЕТ' СѦ, но конечный ь обычно сохраняется, например, ВЬСПѦТЬ, ВѢТИТЕЛЬ, НЕМОЩЬ

вв) в напряженной позиции обычно пишутся ъ и ь, в редких случаях — и//ї, например, АБЬЕ, МОЩЬѪ, но ЦѢС⟨АРЬ⟩СТВИЕ, ЗНАМЕНЇЕМЬ (см. также пункт ва).

г) после плавных р и л, независимо от того, являются ли они этимологически слоговыми или неслоговыми, большей частью пишется ъ, и только в единичных случаях ь, например, С'МРЪТИ, СКВРЬ⟨НАВ...⟩, СЛЪЗИ, СЛЪЗАМИ

д) l эпентетическое сохраняется последовательно, например, ТРЪПЛѪ

е) сохраняется dz (из *g в результате 2-й и 3-й палатализации велярных); в издании Гошева он обозначается кириллическим ꙅ, например, ПОМОꙅИ

ж) после ш, ж, ч, щ, жд, ц, ꙅ пишется а (никогда ѣ), после с (из *ch в результате 3-й палатализации велярных) пишется ѣ, например, ⟨ИСХО⟩ДАША, Ч⟨ЛОВѢ⟩ЧА, ДОУША, ПОЛЬꙅА, ВСѢ, ВСѢКѪ; после тех же букв пишется ю (никогда ꙋ), например, ТВОРѦЩЮ, Н⟨ЪИ⟩НѢЧЮ, СР⟨ЪДЬ⟩ЦЮ

з) на месте этимологического *ja в начале слога большей частью пишется ѣ, например, НАРѢЧЬѢ, ѨЗ⟨ЪИ⟩ЧЬНАѢ, реже — а (преимущественно в сочетании *aja), например, ЛЮБИМАА, ЗМЇА

и) на месте рефлексов праславянских *tj, *kt, *stj, *skj пишется щ (т. е. глаголическое ⱋ), например, АЩЕ, ТЫЩАНЬЕМЬ.

18. *Зогр-лл*: а) носовые гласные сохраняются в соответствии с этимологией, ѭ пишется в начале слога и после л (если обозначает l' из *lj), в остальных случаях — ѫ, буквы ѧ и ѧ употребляются безразлично, как в начале слога, так и после согласных, например, ПОДВИЗАЮШТЕ СѦ БѪДѪТЪ, МОЛѪ, БѪИѦ, БРАТИѦ, ПРѢДЪЛЕЖАШТЕЕ

б) «еры» сохраняется в соответствии с этимологией и передается буквой ы, например, СЪВѦЗАНЫИ

в) редуцированные гласные:

ва) большей частью сохраняются и в сильной, и в слабой позиции (изредка замсняют друг друга), например, РЬВЬНОВАТИ, ТЬЧЬНО, НАМЪ, ЕЛЬМА; в единичных случаях имеет место вокализация сильного ь>є, например, НАПАСТЕХЪ, возможна вокализация ъ>о в формах местоимения КЫИ<*kъjь, например, КОИХЪ; реже наблюдается исчезновение ь, ъ в слабой позиции, например, ДВОЮ вм. ДЪВОЮ, МНОЗѢМЪ вм. МЪНОЗѢМЪ

вб) в напряженном положении встречаются и, ы, например, ПОВЕЛѢНИИ (род. мн.), ТРѢБОВАНИЕ, СЪВѦЗАНЫИ

г) рефлексы праславянских слоговых *ьr, *ъl (если они представлены) обозначаются через рь, ль, например, СЪ ПРЬВА, МЛЬЧАНИЕ д) этимологические *e и *je||'e не различаются, как в глаголической азбуке; во всех позициях употребляется одна буква є, например, **нє**, **оудьноє**, **єсть**

е) l эпентетическое сохраняется, например, **исправлєниє**

ж) рефлекс *g после 2-й и 3-й палатализации задненебных пишется большей частью через ꙁ, в отдельных случаях через з, например, **мноꙁѣхъ**, **мнозѣмъ**

з) рефлексы праславянских *tj, *kt и т. п. пишутся через щт, например, **аштє**

и) исконно мягкие l', n' из *lj, *nj пишутся через л, н без диакритического значка, но с последующими ꙗ, ю, ѩ, например, **молѩ**, **оуꙗшнꙗти**, **похоулꙗти**, **по оучєнию гн҃ю**, тогда как перед є, и, ь, ѧ//ѫ эта особенность графически не выражается, например, **оунє**, **исправлєниє**

к) после глухих шипящих обычно пишутся а, оу, например, **потрѣбьнѣиша**, **приближати сѧ**, **глѣъшоу**, в одном только случае отмечено ꙗ: **отълѫчꙗєтъ**.

Р. Вечерка

НОРМАЛИЗАЦИЯ НАПИСАНИЯ ЗАГЛАВНОГО СЛОВА ОСНОВНОЙ СЛОВАРНОЙ СТАТЬИ
(фонетическая и морфологическая)

I

1. Необходимость нормализации написания заглавного слова основной словарной статьи во многом определяется наличием дублетных букв в рукописях. В заглавных словах из числа таких букв применяются только: и (никогда і, ι, за исключением обозначения цифр), ѕ (никогда ꙁ), о (никогда ѡ, за исключением междометия ѡ!), оу (никогда ꙋ), щ (никогда шт), ꙑ (никогда ъи, ъι), ꙙ (никогда ѧ, ꙛ). Глаголическое ⰼ передается как г; если в тексте встречается написание с начальным ꙉ, то оно выделяется в ссылочную статью, например, ꙉолъꙉота *см.* голъгота.

2. В славянских словах восстанавливается их «идеальная» орфографическая и фонетическая форма, соответствующая так наз. каноническому старославянскому языку:

а) сохраняются этимологические:

аа) ь и ъ, в том числе и в слабом положении, например, **ДЬНЬ**, **СЪНЪ**, **ВЛЬКЪ**, **ВРЬХЪ**, **ТРЪГЪ**

аб) носовые, например: **ПѦТЬ**, **ПѪТЬ**. При наличии исконной дублетности ѫ/оу приводятся оба варианта, например, **НѪДИТИ**, **НОУДИТИ**: на первом месте дается наиболее употребительный вариант; второй вариант дается также на своем алфавитном месте как ссылочная статья на данную основную

ав) ꙑ и и, например, **БꙐТИ** и **БИТИ**

аг) ѣ и ’а, например, **НѢКЪТО**, **ВОНꙖ**, **ИЦѢЛꙖТИ** «исцелять», **ИЦѢЛѢТИ** «выздороветь» (в начале слова и внутри слова в положении после гласного употребляется форма с ꙗ, например, **ꙖКО**, **ꙖСТИ**, **ПОꙖСТИ**; о чередовании ꙗ-:а- в начале слова см. также ниже в разделе г

ад) ѕ и з, например: **ЅѢЛО**, **ЗВѢРЬ**

ае) сочетание гласных с исконным интервокальным j без стяжения и ассимиляции, например: **ЗНАѤШИ**

б) в напряженной позиции пишутся ꙑ, и перед и, например: **ДОБРꙐИ**, **ВꙐИНѪ**, **БОЛ҄ИИ**, и перед йотированными буквами, например: **АБИѤ**. Только у глаголов типа **БИТИ** приводятся обе формы: с -и-: **БИѬ**, **БИѤШИ** и с -ь-: **БЬѬ**, **БЬѤШИ**

в) графически не различаются исконные i, ji, jь, они во всех случаях передаются через и, например: **ꙖСТИ**, **СТРОИТИ**, **ТВОИ**

г) йотированные буквы употребляются:

га) в начале слога, т. е. в абсолютном начале слова и внутри слова после гласного, например: **ЮГЪ**, **ꙖСТИ**, **ѤДИНЬ**, **ꙖЗꙐКЪ**, **ЗНАѬ**, **ВОѤВОДА**, **ѬДОУЖЕ**, **НОВАꙖ**, **ѤѬ**;

чередование а-:ꙗ- в начале слова нормализуется следующим образом: большинство слов, которые в старославянских текстах имеют варианты с начальным а- или ꙗ-, в заглавных словах основных словарных статей пишутся с а-, а имеющиеся в текстах варианты на ꙗ- указываются в справочном отделе основной словарной статьи и даются как ссылки на основную статью, например, ꙗвити *см.* авити; в исключительных случаях при абсолютном преобладании варианта с ꙗ дается основная статья на ꙗ. Например: основная статья **ꙖКО**; ссылочная ако *см.* ꙗко

чередование є-:ѥ- в начале слова нормализуется следующим образом: на є- даются заимствованные слова, например: **ЄВАНГЄЛИѤ**, из исконно славянских слов только: **ЄДА**, **ЄИ**, **ЄСЄ**, **ЄТЮРЪ**; все остальные исконно славянские слова даются через ѥ, например: **ѤЛЕНЬ** чередование оу-:ю- в начале слова нормализуется в зависимости от преобладания в старославянских рукописях написаний с оу- или с ю-, например: слова с корнем оутр- на оу, слова с корнем юн- — на ю

гб) после палатальных согласных r', l', n' из *rj, *lj, *nj, например: **СЪБЛАЖНꙖТИ**, **МОРѤ**, **ВОЛꙖ**

д) палатальные r', l', n' из *rj, *lj, *nj, обозначаемые в старославянском языке р҄, л҄, н҄, т. е. со знаком мягкости («дужка» над буквой), если после них следует ь или и. Если же после них следуют йотированные буквы ю, ꙗ, ѥ, ѩ, ѭ, то «дужка» над ними не ставится (палатальность выражена йотированными гласными). Например, **Н҄ИВА**, **КОН҄Ь**, но **ВОНꙖ**.

3. В словах неславянского происхождения в качестве заглавного слова основной словарной статьи выбирается вариант, наиболее часто встречающийся в рукописях, при этом в справочном разделе приводятся остальные варианты. Вариантность формы объясняется различными причинами — или чисто графическими способами передачи иноязычного слова, или фонетическими особенностями, являющимися результатом устного или письменного заимствования данного варианта слова.

а) В результате выбора написания заглавного слова по принципу наибольшей употребительности возможны расхождения в написании даже однокоренных слов

аа) греческое ϑ передается через т, ѳ, например, **АТИНЫ** «Афины» и **АѲИНЕИ** «афиняне»

аб) греческое φ передается через п, в, ф, например, **КАПЕРЪНАОУМЪ**, **ПРОСВОРА**, **РАФАИЛЪ**

ав) греческое υ передается через оу, ю, и, ѵ, например, **ТОУМЬПАНЪ**, **МИРОНЪ**, **ВѴССОНЪ**, **ТѴРЪ** (а также **АКѴНДИНЪ** — греч. соответствие Ἀκίνδυνος)

аг) греческое υ в дифтонгических сочетаниях αυ, ευ — через в, ѵ, например, **ЕВАН-Г҄ЕЛИѤ**, **АѴРИЛИꙖНЪ**

ад) греческое ψ, ξ — через пс, кс или ѱ, ѯ, например: **ПСАЛЪМЪ**, **ПРИНКИѰЪ**, **АЛЕѮАНДРЪ**

ае) даются написания с неэтимологическим ъ между двумя согласными или в группе согласных, если такие формы имеются в рукописях, например: **КАПЕРЪНАОУМЪ**, **ПСАЛЪМЪ**

б) последовательно нормализуются без вариантов:

ба) є в начале слов, например, **ЕПИСКОУПЪ**

бб) палатальное g' как г҄ (за исключением ꙉ — кириллическое ꙉ, см. п. **1** стр. 000) и палатальное k' как к҄, например, **Г҄ЕОНА**, **К҄ЕСАР҄Ь**

бв) велярное ŋ перед задненебными как нг, нк, например, **АНГЕЛЪ**, **АНК҄ѴРА** (никогда **АГГЕЛЪ**, **АГКѴРА**; подобные написания в рукописях даются в справочном отделе словарной статьи и в виде ссылочных статей на основную словарную статью)

в) существительные на -еи, -ѣи типа **ФАРИСЕИ**, **ФАРИСѢИ** и образованные от них прилагательные даются заглавными словами в обеих формах (если они встречаются). При этом на первом месте дается форма на -еи. В разделе о вариантах написания указывается, сколько раз и в каких рукописях засвидетельствованы обе формы.

4. Варианты написания приводятся на своем алфавитном месте как ссылочные статьи на основную нормализованную словарную статью, а в последней такие варианты (с указанием тех рукописей, в которых они отмечены) даются в справочном отделе. Дублет фонетического происхождения приводится в заглавной части основной словарной статьи после основного варианта, например: **АЛЪДИИ**, **ЛАДИИ**; **СѪБОТА**, **СѪБОТЪ**

II

1. Морфологическая нормализация заглавного слова основной словарной статьи состоит в том, что в качестве такого слова всегда (за немногими исключениями, которые специально оговариваются) приводится слово в его основной словоформе, вне зависимости от того, встречается ли такая нейтральная (нормализованная) основная форма в текстах старославянских рукописей. Такой основной словоформой являются: а) у склоняемых слов — форма именительного падежа единственного числа (у прилагательных — именная форма мужского рода), например, **РАБЪ**, **ВРѢМЕНЬНЪ**, **АЗЪ**, **ПꙖТЬ**. Только местоимение 3 л. ед. *jь и возвратное местоимение даются заглавными словами в форме вин. п. ед. ч.: **И** и **СѨ** (так как форма им. п. отсутствует). Pluralia tantum, dualia tantum, а также в отдельных случаях названия жителей, членов племени и т. п. (которые в рукописях представлены только во мн. ч., при этом реконструкция ед. ч. не однозначна), даются в форме им. п. мн. ч. или им. п. дв. ч., например, **КЪНИГЫ**, **АТИНЫ**, **КОРѴНѲѢНЕ**, **ДЪВА**. Как самостоятельные словарные статьи даются личные местоимения 1-го и 2-го лица мн. и дв. ч. **МЫ**, **ВѢ**, **ВЫ**, **ВА** (так как они образованы от других корней, чем **АЗЪ**, **ТЫ**, т. е. являются супплетивными формами слова)

б) у глаголов — инфинитив, например, **НЕСТИ**.

2. В одну словарную статью объединяются слова — варианты фонетического и в отдельных случаях словообразовательного характера. Это принято преимущественно для некоторых имен собственных, заимствованных из греческого языка.

При наличии фонетических вариантов типа **ТРѢВА**, **ТРАВА**; **ИЕРЕИ**, **ИЕРѢИ** оба варианта являются заглавными словами, причем на первом месте дается наиболее употребительный вариант (например, **ТРѢВА**); при нарушении алфавитного порядка остальные варианты даются на своем алфавитном месте как ссылочные статьи. Фонетические варианты заглавного слова даются через запятую, словообразовательные — через союз *и*, например: **АНЬДРЕИ**, **АНЬДРѢИ**, -ꙗ *и* **АНЬДРЕІА**, **АНЬДРѢІА**, -ѩ *м*; **ДИМИТРИИ**, -иꙗ *и* **ДЬМИТРЪ**, -а *м*.

В сомнительных случаях реконструкции заглавного слова и его грамматических форм они даются со знаком вопроса. При наличии нескольких возможных вариантов ставится союз *или*: **ВЪНИСТИ**, въньзѫ, въньзеши *или* **ВЪНЬЗНѪТИ**, -нѫ, -неши *сов*.

3. В виде исключения самостоятельными словарными статьями даются:

а) формы причастий (в том числе и с отрицанием), употребляемых в функции прилагательного или существительного при отсутствии других форм данного глагола; в таких случаях форма инфинитива не реконструируется, а как заглавное слово словарной статьи дается причастие в краткой форме им. ед. м. с пометой *прич.-прил.* или *прич.-сущ.* Например: **ДОБРОДѢѬ**, -ѭи *прич.-прил.* (не добродѣꙗти!); **ПРИСНОСЫ**, -ꙑи *прич.-прил.* (не приснобыти!); **НЕМРЬЧЕНЪ** (не мрьчити!)

б) супплетивные формы сравнительной степени прилагательных и наречий и единичные формы превосходной степени, например, **ЛОУЧИИ**, **НАИПАЧЕ**.

Отдельными словарными статьями даются в большинстве случаев наречия, возникшие из существительных (или наречий) с предлогами, типа **ЗАОУТРА**.

4. Как одно слово представлены глаголы типа **ДОБРОТВОРИТИ**, которые последовательно будут трактоваться как композиты, т. е. не будут учитываться в словарных статьях **ДОБРЪ** и **ТВОРИТИ**.

5. Особое место занимают полиморфемные сочетания неизменяемых (служебных) слов. Древние рукописи писались без разделения на слова. В их современных изданиях издатели производят такое разделение в известной мере условно, поэтому в различных изданиях имеют место отличия в выделении слов. В настоящем словаре, например, некоторые сочетания с -же из-за их грамматической функции считаются одной лексемой, например, **ЕГДАЖЕ**, **ІАКОЖЕ**; с другой стороны, сочетание а бы считается двумя лексемами и рассматривается в статье **А** (*союз*).

6. Неизменяемые слова нормализуются в соответствии с реконструируемой языковой ситуацией в IX—X вв.— так, как эти предполагаемые формы фактически засвидетельствованы в рукописях. Например, предлоги **БЕЗ**, **ВЪЗ**, **ИЗ** даются как заглавные слова без конечного редуцированного (формы типа беж-нѥго даются ссылочными статьями). Предлог **ОТЪ** дается с редуцированным гласным, хотя в функции префикса он в большинстве случаев представлен без редуцированного, как от-.

Р. Вечерка

ПОСТРОЕНИЕ СЛОВАРНОЙ СТАТЬИ

Основная словарная статья, т. е. такая статья, в которой объясняется значение данного слова (в отличие от ссылочной словарной статьи) состоит из главной части, где дается толкование значения или значений, и двух справочных частей.

Все грамматические и стилистические пометы и различного рода пояснения даются в словарной статье по-русски курсивом.

Первая справочная часть словарной статьи вводит слово в лексико-грамматический класс. Заглавное слово всегда дается в нормализованном написании, кроме заимствованных слов и имен собственных; в последних нормализация отсутствует, основная словарная статья разрабатывается при наиболее употребительном варианте. Грамматические формы, которые указываются при изменяемых словах, могут отсутствовать в рукописях; их назначение — указать на определенную парадигму, т. е. тип склонения или спряжения, принятую как основную в грамматиках старославянского языка. После них (через союз *и*) приводятся вариантные формы слова, которые встречаются в рукописях, обычно это неологизмы или диалектные варианты основных форм, приводимых на первом месте после заглавного слова. Заглавная форма изменяемого слова может отсутствовать в старославянских рукописях, на ее существование указывают данные косвенных падежей имени, личных окончаний глагола (это характерно для гапаксов и редкоупотребляемых слов).

При существительных пометами *м*, *с*, *ж* указывается грамматический род. Слова общего рода даются с двумя пометами. Например, **ѪЖИКА**, -ꙑ *м и ж*. Если заглавная форма слова известна в двух вариантах, то даются оба варианта. При этом на первом месте дается тот вариант, который чаще употребляется. Например: **КОТОРЪІИ** *и* **КОТЄРЪІИ**, -аꙗ, -оѥ *мест.*; **ѤЗЄРО**, -а *с и* **ѤЗЄРЪ**, -а *м.* Такой тип подачи, помимо экономии места, обусловлен и тем, что в ряде косвенных падежей флексии вариантов совпадают, и выделять варианты с уверенностью можно только применительно к именительному падежу и к отдельным формам косвенных падежей. Сведения о числе употреблений каждого варианта даются при описании орфографических вариантов (см. далее). Если такие варианты не следуют по алфавиту непосредственно друг за другом, то более редкий вариант оформляется также и в виде ссылочной статьи. Если род существительного не установлен, ставится знак вопроса. Например: **АЛГОѴИ** ж (?)...

Если заглавная форма слова может быть восстановлена в двух вариантах на равных основаниях, то оба они приводятся через союз *или*. Например: **ПЛЬЗѢТИ** *или* **ПЛЬЗИТИ**, пльжѫ, пльзиши *несов.* **1**... Фонетические варианты разрабатываются в одной статье, при этом они отделяются друг от друга запятой. Это, в частности, варианты существительных на -єи и -ѣи типа **ИѤРЄИ**, **ИѤРѢИ**, варианты с -ра-, -рѣ- в корне типа **ТРАВА**, **ТРѢВА**, варианты с метатезой плавного или ее отсутствием в корне типа **АЛЪДИИ**, **ЛАДИИ**, варианты основ инфинитива глагола типа **ЖРЬТИ**, **ЖРѢТИ** и ряд других.

При слове специальными пометами указывается часть речи, к которой оно относится. Существительные и прилагательные даются в форме именительного падежа единственного числа. У dualia tantum и pluralia tantum слово приводится соответственно в форме двойственного числа или множественного числа (с указанием числа). При неизменяемых существительных (это преимущественно заимствованные слова) и при несклоняемых прилагательных дается помета *нескл.* Например: **КАНА** *ж нескл.*; **ТАЛИѲАКОУМЪ** *нескл. др.-евр.*; **ЄТНИ** *ж нескл.*; **ИСПЛЬНЬ** [1] *прил. нескл.*

При именах собственных всех разрядов после указания грамматического рода указывается, к какому подвиду относится существительное. Для этого ставятся курсивные пометы типа *имя* (имеется в виду имя собственное личное), *город*, *местность*, *страна*, *гора*, *остров*, *река*, *озеро* и т. п. При прилагательных, образованных от имен собственных, после пометы *прил.* дается указание *прил. к* (например, *прил. к* ıєзєкиил в статье **ІЄЗЄКИИЛЄВЪ**) в том случае, если соответствующее мотивирующее слово встречается в рукописях. Если мотивирующее имя собственное в рукописях отсутствует, то дается помета типа *прил. к названию города Кадес* (в словарной статье **КАДИСКЪ**); *прил. к мужскому имени Сим* (в словарной статье **СИМОВЪ**).

Форма родительного падежа существительного при заглавном слове указывает на тип склонения. Если слово может переходить из одного типа склонения в другой (что засвидетельствовано в рукописях), то на первом месте дается форма род. п., наиболее употребительная в рукописях; при равном соотношении — наиболее древняя. Например: **СЫНЪ**, -оу *и* -а *м*; **ОУДЪ**, -а *и* -оу *м*. Родительный падеж существительных среднего рода на -иѥ дается как -иꙗ. Например: **ВЕСЕЛИѤ**, -иꙗ; **ПИТИѤ**, -иꙗ; **ОУГОДИѤ**, -иꙗ. Родительный падеж слов женского и мужского рода на -ии дается как -ьꙗ у типа **АЛЪДИИ**, -ьꙗ, **БАЛИИ**, ьꙗ, но **ГЕОРГИИ**, -иꙗ.

Форма родительного падежа существительных мягких основ на л̑, н̑, р̑ дается, начиная с последней согласной основы. Например: **ВОНꙖ**, -ньꙗ; **КЕСАРЬ**, -рꙗ (но *ср.* **ДВОРЪ**, -а); **ОУЧИТЕЛ̑Ь**, -лꙗ.

Если формы склонения в старославянских рукописях не зафиксированы (это наблюдается преимущественно у заимствованных слов), то после указания восстанавливаемой формы род. п. ставится знак вопроса. Например: **НАОУТРИꙖ**, -ии *с мн.* (?) *или* -ьꙗ *ж* (?); **ИРИНИ**, -ньꙗ (?) *ж*. То же относится к реконструкции именительного падежа. Например: **ЄѴХИ** (?).

Прилагательные даются в именной форме. При ней указывается полная форма мужского рода, за исключением притяжательных прилагательных, несклоняемых прилагательных и прилагательных типа радъ. Например: **РАДОСТЬНЪ**, -ыи *прил.* ...; **ИСПЛЬНЬ**[1] *прил. нескл.* ...; **ОТЬЧЬ** *прил.* ...

При прилагательных и наречиях дается форма сравнительной степени, если она засвидетельствована в старославянских рукописях. Например: **ТЬНЪКЪ**, -ыи *прил.*, *сравн. ст.* тьнъчаи. Супплетивные формы сравнительной степени и единичные формы превосходной степени прилагательных и наречий даются самостоятельными словарными статьями.

Если в рукописях употребляется только причастие, но отсутствуют личные формы глагола и инфинитив, то как заглавное слово словарной статьи дается причастие в именной форме *им. ед. м.* с пометой *прич.-прил.* Например: **ЖИВОТВОРѦ** *прич.-прил.* ... (не животворити!); **ДЛЬГОТРЬПѦ** *прич.-прил.* (не дльготрьпѣти!).

У местоимений, изменяющихся по родам, при заглавной форме указываются формы женского и среднего рода. Например: **МОИ**, моꙗ, моѥ *мест.* ...; **ОВЪ**, ова, ово *мест.* ...

Числительные порядковые даются с пометой *числит. порядк.* Например: **ПѦТЪ**, -ыи *числит. порядк.*; числительные собирательные — с пометой *числит. собир.* Например: **ДЪВОИ**, -ꙗ, -ѥ *числит. собир.*

У предлогов указываются падежи, с которыми они употребляются.

Глаголы даются в инфинитиве с указанием форм 1-го и 2-го лица ед. ч. настоящего времени и вида глагола. Безличные глаголы даются в форме 3-го лица настоящего времени с пометой *безл.*

Личные формы глагола даются с последнего неизменяемого гласного или согласного основы инфинитива. Например: **ДѢЛАТИ**, -аѭ, -аѥши; **ВЪЗДРАСТИ**, -стѫ, -стеши; **ОУГЛѪБИТИ**, -блѭ, -биши.

Если основа инфинитива и основа настоящего времени глагола различаются (имеет место чередование гласных или согласных), если в основах инфинитива и настоящего времени имеются повторяющиеся гласные, если образование форм настоящего времени может вызвать затруднения, то личные окончания приводятся полностью (в ряде случаев и с повторением глагольной приставки). Например: **ЛИꙖТИ**, лѣѭ, лѣѥши; **ЧИСТИ**, чьтѫ, чьтеши; **ВЪНИТИ**, вънидѫ, вънидеши; **ГЛАСИТИ**, глашѫ, -сиши; **ДѪТИ**, дъмѫ, дъмеши.

Если употребляются две личные формы глагола, то приводятся обе через союз *и*; на первом месте дается наиболее употребительная форма, при равной частотности — наиболее древняя. Например: **ОУВѢДѢТИ**, оувѣмь *и* оувѣдѣ, оувѣси; **ВѦЗАТИ**, вѧжѫ, вѧжеши *и* вѧзаѭ, вѧзаѥши; **ДЫХАТИ**, дышѫ, дышеши *и* дыхаѭ, дыхаѥши; **МЕТАТИ**, метѫ, метеши *и* мещѫ, мещеши *и* метаѭ, метаѥши.

Если личные формы глагола не могут быть точно восстановлены, то возможные формы даются со знаком вопроса. Например: **ОУЪАДРИТИ**, оуъадрѭ *или* оуъаждрѭ (?) (вопрос относится к обеим формам).

Двухвидовые глаголы сопровождаются пометой *сов./несов.* На первом месте дается вид, который чаще встречается. Русские и чешские переводы, являющиеся видовыми парами разделяются знаком /. Например: **БЛАГОВѢСТИТИ**... *сов./несов.* ... возвестить/возвещать (*добрую весть*) ... ohlásit/ohlašovat ...

Если глагол сохраняет оба вида не во всех значениях, то после цифры, обозначающей значение, указывается, в каком виде (или в обоих видах) известно данное значение. Например: **НАСЛѢДОВАТИ**... *сов./несов.* **1.** *сов.* ... **2.** *несов.* ...

После личных форм и вида глагола указывается сильное управление, которое обозначается падежными вопросами (соответствующими косвенными падежами местоимений къто, чьто). Предложное управление указывается сочетанием предлога с косвенным падежом местоимений къто, чьто. Если глагол управляет только одушевленным существительным, указывается только местоимение къто, кого и т. д.; если глагол управляет только неодушевленным существительным, указывается только местоимение чьто, чесо и т. д. Если глагол может употребляться как с дополнением, так и без дополнения, то перед указанием на управление дается помета *без доп.* Например: **ОУЧИТИ**, оучѫ, оучиши *несов. без доп.*; кого чесомоу; кого чьто; о чемь; *с инф.*; **ДОХОДИТИ**, дохождѫ, доходиши *несов.* кого, чесо; до кого, чесо; **ОУВѢРИТИ**, -рѭ, -риши... 1. кого... 2. комоу; **ОУДАЛИТИ** кого, чьто; кого, чьто отъ кого, от чесо; **ОУКЛАШАТИ СѦ**, -ѩѭ сѧ, -ѩкши сѧ *несов.* ... **1.** (отъ) кого, чесо; въ чьто... **2.** *без доп.*; **ОУДОЛѢТИ**, -ѣѭ, -ѣкши *сов.* комоу, чесомоу; **ОУГОДИТИ**, оугождѫ, оугодиши **1.** комоу... **2.** прѣдъ цѣмь, чимь; въ чемь; **НАПЛЬНИТИ** чьто чесо.

Глаголы с сѧ, которые в старославянском языке, как правило, обозначают страдательный залог, даются в статьях соответствующих глаголов действительного залога. Примеры на формы страдательного залога даются, как правило, после примеров на действительный залог (если таковые имеются). Возвратное значение или сомнительные случаи, когда нельзя четко различить страдательное или возвратное употребление, даются после знака ▭. Например: **ОУБАЛОВАТИ**, -лоуѭ, -лоуеши... да неджжънънѩ оубалоуеши *Клоц 4б 3-4*; или к'то плачѧ сѧ і припадаѩ... не оубалоуетъ сѧ *Евх 84а 3-4*; **ВЪЗНЕСТИ**, -сѫ, -сеши... **2.** *перен.* ... повысить, возвысить... слава моѣ вьзнесе главѫ моѭ *Пс 3,4 Син*; вьсѣкъ... съмѣрѣѩи сѧ • вьзнесеть сѧ *Л 14, 11 Зогр Мар Ас* (възноситъ сѧ *Сав*) ▭ възнести сѧ... возвыситься... иже вьзнесетъ сѧ съмѣритъ сѧ *Мт 23, 12 Мар Ас*... (пример перед ▭ — на страдательный залог, пример после ▭ — на возвратное значение).

Если глагол имеет одно и то же значение в действительной и страдательной форме, то сѧ дается в скобках: плакати (сѧ), плачѫ (сѧ), плачеши (сѧ). Примеры в таких случаях приводятся на обе формы без особого выделения. Если глагол отмечен только в форме с сѧ (или вообще без нее не употребляется), то именно эта форма является заглавной. Например: **ВЪЗГАРАТИ СѦ**, -раѭ сѧ, -ракши сѧ; **ОУСЫРИТИ СѦ**, -рѭ сѧ, -риши сѧ.

Если глагол употребляется с двумя видами возвратного местоимения — сѧ и си, то обе формы приводятся следующим образом: **ПЕЧАЛОВАТИ СѦ** *или* **СИ**, -лоуѭ сѧ (си), -лоукши сѧ (си) ...

Если слово в определенных значениях употребляется в функции разных частей речи, то такие значения даются после римских цифр с соответствующими пометами, указывающими на часть речи. Например: **ТЬЧИѬ**... I. *нареч.* ... II. *союз.* ... III. *частица.* **ВРЬХОУ**... I. *нареч.* ... II. *предлог.*

После грамматических сведений при заглавном слове указываются количественные данные суммарно по всем рукописям, в которых оно отмечено. Если число употреблений слова не превышает ста, то приводится точная цифра всех употреблений. Если слово встречается более ста раз, то указывается (>100), (>200), (>300) и (>400); (>500) означает от 501 до 1000 случаев; затем (>1000), (>2000), (>3000) и т. д.

Если слово встречается не более 15 раз (безразлично — в одной рукописи или в нескольких), то все эти случаи находят непосредственное отражение в словарной статье: часть как иллюстративные примеры, остальные — в заключительной части словарной статьи в виде перечня всех мест во всех рукописях, где употреблено данное слово.

Если заглавное слово употребляется только в определенном словосочетании или словосочетаниях, то после него ставится двоеточие и приводится то словосочетание (или словосочетания, если их несколько), в составе которых оно отмечено. При других словах, входящих в такое словосочетание (словосочетания), даются ссылки на эту словарную статью, заглавное слово которой является опорным (семантическим) центром приведенного выражения. Например: **САВЕКОВЪ** *прил.* (1): г р ъ м ъ с а в е к о в ъ φυτὸν σαβέκ...; г р ъ м ъ *Евх 15б 8-9 см.* савековъ. Греческие соответствия и эквиваленты в таких случаях даются не к заглавному слову, а к словосочетанию или словосочетаниям в целом.

Если слово употребляется только в одной из своих косвенных форм в особой функции, например, имя существительное в значении наречия, то после заглавного слова за двоеточием приводится эта форма и при ней указываются число употреблений, греческое соответствие, русские и чешские эквиваленты. Например: **РАДОЩА**, -ѧ *ж*: радощами *тв. мн. в знач. нареч.*

Омонимы обозначаются арабскими цифрами. Как омонимы подаются слова различного происхождения типа **ЛАІАТИ**^{1} и **ЛАІАТИ**^{2}; **ГРАДЪ**^{1} и **ГРАДЪ**^{2}; **ВЬСЬ**^{1} *ж* и **ВЬСЬ**^{2} *мест.* или слова общего происхождения, функционирующие в старославянском языке как самостоятельные слова (омонимы) типа **ЧРЬНИЦА**^{1} и **ЧРЬНИЦА**^{2}; **ЛЬВЪ**^{1} *м* и **ЛЬВЪ**^{2} *м имя.* Как омонимы подаются слова общего происхождения, относящиеся к различным лексико-грамматическим классам. Например: **РОДЬСТВО**^{1} и **РОДЬСТВО**^{2}, **СВОБОДА**^{1} и **СВОБОДА**^{2}, **ТОМИТЕЛЬ**^{1} и **ТОМИТЕЛЬ**^{2}. В спорных случаях, когда нет достаточных данных об омонимичности в старославянском языке двух одинаковых слов общего происхождения, последние даются как разные значения одного слова.

В первой части основной словарной статьи после указания общего числа употреблений слова в прямоугольных скобках указываются фонетико-орфографические варианты написания корня слова, в исключительных случаях — также грамматические и словообразовательные варианты и описки писца. При этом называются рукописи, в которых отмечены данные варианты и описки, а в круглых скобках указывается, сколько раз данная форма слова отмечена в каждой рукописи. У слов, встречающихся более 100 раз, число орфографических вариантов не указывается. В этом разделе приводятся только те орфографические варианты, в которых вариация написания приходится на корень слова. Орфографические варианты, в которых вариация приходится на приставку, даются в исключительных, не типичных для старославянского языка случаях. Орфографические варианты суффиксов и флексий также не регистрируются, так как в рукописях очень много вариантов такого рода, и их перечни слишком перегрузили бы словарные статьи. В корне слова отмечаются следующие вариации: а) написания ъ и ь в сочетании с плавными согласными типа жрьтв- и жрътв-; утрата или вокализация ъ и ь типа вс- (вьс-), мног- (мъног-) или ден- (дьн-), сон- (сън-); б) деназализация носовых гласных типа водж- (вѫдж-), соди- (сѫди-); в) у слов с двумя формами корня типа алъдии и ладии отмечается, в каких рукописях употребляется та или иная форма; г) у слов неславянского происхождения на -еи/-ѣи (-еискъ/-ѣискъ) отмечается, в каких рукописях употребляется та или иная форма типа фарисеи, фарисѣи; нкреи, нкрѣи; евреискъ и еврѣискъ, а также другие единичные варианты типа епендитъ, епен'дитъ; д) приводятся все ошибочные написания и написания с утраченной частью слова (с восклицательным знаком, который дается в круглых скобках) типа оусънѣнъ (!) при **ОУСНИІАНЪ**. Слова под титлами даются только в орфографическом разделе, при этом выносные буквы ставятся в строку в круглых скобках. Знак титла ставится всегда над одной буквой даже в тех случаях, когда в рукописи он распространяется на несколько букв. Например: **ХЛѢБЬ**... [хлѣб҃ *Евх* (14), х҃бѣ *Евх* (1)]; **МОЛИТВА**... [... мл҃тв-, м(л)тв-, мол҃тв-... *Евх*...].

Примеры различных типов орфографического раздела: **ВАИ**, **ВАИА** *нескл.* ... [ваі- *Зогр* (1), ваиа *Ас* (1), ваѩ *Сав* (1)]; **ВАРТОЛОМЕИ**, -еіа *и* **ВАРТОЛОМѢИ**, -ѣіа [вартоломѣ- *Мар* (3), вар'толомѣ- *Зогр* (2), варътоломѣ- *Евх* (1), вартоломе- *Сав* (1), вар'толоме- *Зогр* (1), варѳоломе- *Ас* (1)]; **ОУПЪВАНИѤ**... [оупьв- *Син* (5), оуп'в- *Супр* (5), оупв- *Супр* (5), опъв- (!) *Евх* (1)]; **ОУКАРІАТИ**... [оукара- *Супр* (6)]; **ОУЖАСЪ**... [оужѣс- *Син* (1)]; **ТРЬПѢТИ**... [тръп- *Зогр* (3) *Мар* (4) *Ас* (4) *Сав* (1) *Боян* (1) *Ен* (3) *Син* (6) *Евх* (7) *Супр* (10) *Рыл* (1), творѧщ- (!) *Клоц* (1)...]; **ОУДРЬЖАТИ**... (27) [оудръ- *Зогр* (2) *Мар* (3) *Ас* (1) *Боян* (1) *Ен* (1) *Син* (6) *Евх* (1) *Супр* (10)]; **ТЪЩЬ**... [тьщ- *Мар* (1) *Син* (1) *Евх* (1)]...; **ЧИСТЪ**... [чьст- (!) *Син* (1), чьст- (!) *Супр* (1)...].

В справочный раздел в квадратных скобках включаются также все случаи искаженного написания слова различного происхождения, при этом пропуски букв в слове, как и в иллюстративных примерах, обозначаются двумя точками. Например: **САМПСОНЪ**... [саѱон- *Супр* (1), с..псс (!) *Клоц* (1), сам'псон- *Евх* (1), сам..н- (!) *Ен* (1)]; **ПРѢДАТИ**... [...прѣда.. *Ен* (1), п.. бж.. *Син* (1)].

Во всех случаях, кроме слов под титлами, в справочной части, заключенной в квадратные скобки, приводится основа слова без окончания.

Колебания в написании редуцированных в приставках даются ссылочными статьями типа **вьз-** *см.* **въз-**; **сь-** *см.* **съ-**. Если колебания в написании охватывают несколько слов с общей основой, то такая основа также дается ссылочной статьей. Например: **тръп-** *см.* **трьп-**.

Следующим разделом справочной части словарной статьи являются греческие соответствия старославянского слова, а также латинские соответствия для *Киев*, которые приводятся после греческих. В словаре под греческим соответствием понимается то слово или сочетание слов в греческом оригинале, которому непосредственно соответствует слово или словосочетание старославянской рукописи в определенном контексте данного литературного памятника. Для ряда слов греческие соответствия не приводятся, так как не установлены греческие оригиналы текста старославянской рукописи, в которой употреблено это слово. Такие слова сопровождаются пометой *греч. нет.* Когда не установлено латинское соответствие для слова из *Киев*, дается помета *лат. нет* (см., например, статью **ВЪНѦТИ**).

Почти все рукописи — переводы с греческого языка, кроме *Киев* и отдельных мест *Евх* (которые палеослависты связывают с западными источниками — древneверхненемецким или латинским оригиналом) и, возможно, так называемой Анонимной гомилии (проповеди) в составе *Клоц*, автором которой, как предполагают исследователи, является сам Мефодий. При этом остается неясным, была ли эта гомилия написана сразу на славянском языке или же Мефодий, написав ее по-гречески, затем сам перевел на старославянский язык.

Латинские соответствия для *Киев* в словаре приводятся по изданию Мольберга, например: **СЪВѢСТОВАТИ...** testificari. Мольберг в 1928 г. установил для Киевских листков соответствующий латинский текст, хотя и не являющийся непосредственным оригиналом *Киев*. Латинские соответствия других рукописей, если известны их греческие соответствия, в словаре не приводятся.

Анализу греческих соответствий в науке о старославянском языке традиционно уделяется очень большое внимание. Имеется немало исследований, результаты которых приняты большинством специалистов и используются в настоящем словаре. Вместе с тем в словаре обращается особое внимание на то, чтобы не подменять (как это характерно для некоторых работ по старославянскому и церковнославянскому языкам) анализ старославянского контекста анализом соответствующего места в греческом протографе. В старославянском словаре греческий текст рассматривается как источник первостепенного значения, но при этом учитывается, что все же это косвенный источник наших знаний о языке конкретной старославянской рукописи, хотя и переведенной с греческого [1].

Принципиально важно, что приводимые в словаре греческие соответствия не являются «переводами» соответствующих старославянских слов на греческий язык в отличие от лексиконов XIX в., например, словаря Ф. Миклошича и отчасти А. Х. Востокова. В отдельных, сравнительно немногих, случаях греческие соответствия не вполне отвечают или даже явно противоречат значениям старославянского слова. Такие греческие соответствия сопровождаются специальной пометой — предупредительным восклицательным знаком в круглых скобках. Например: **БРАТОЛЮБЬСТВИѤ...** μισαδελφία (!). Чаще всего в таких случаях имеет место непонимание переводчиком греческого оригинала или глазная ошибка из-за буквенного сходства одного греческого слова с другим.

Важно учитывать, что нам не известны те греческие рукописи, тексты которых непосредственно переводились на старославянский язык. Мы не всегда располагаем и точными данными, какая именно редакция литературного памятника лежит в основе славянского перевода. Древнегреческие и византийские редакции текстов Ветхого и Нового заветов и особенно гомилитические (проповеди) и агиографические (жития святых) сочинения все еще недостаточно изучены в сопоставлении с соответствующими произведениями

---

[1] Эта проблема была одной из центральных на Первом международном съезде славистов 1929 г. в Праге и на последующих конгрессах. См. также: J. Vajs. Evangelium sv. Marka a jeho poměr k řecké předloze. Praha, 1927; K. Nevostrujev. Le vocabulaire grec.— «Atti del V internazionale Congresso di studi bizantini». Roma, 1, 1938; M. Weingart. Le vocabulaire du vieux-slave dans ses relations avec le vocabulaire grec.— Там же. См. также: R. Večerka. Vliv řečtiny na staroslověnštinu.— «Listy filologické», ročn. 94, seš. 2, 1971; Его же. Řecký podíl na formování staroslověnštiny jako spisovného jazyka Velké Moravy.— «Československé přednášky pro VII. mezinárodní sjezd slavistů». Praha, 1973. В двух последних работах указывается основная литература по данному вопросу.

славянской письменности древнейшей поры. Показательность греческого текста поэтому всегда в той или иной степени относительна.

Греческие словосочетания, которые передаются на старославянский язык одним словом или свободным сочетанием слов (но не фразеологизмом), в настоящем словаре, в отличие от «Словаря старославянского языка» ЧСАН, даются в разделе греческих соответствий, а не в разделе старославянских устойчивых словосочетаний. В разделе толкований значений старославянского слова толкуется именно старославянское слово или устойчивое словосочетание, а не соответствующий греческий текст.

При подаче греческих соответствий приняты следующие правила:

1. В многозначных словах, кроме союзов и предлогов, греческие соответствия приводятся для каждого значения и оттенка значения, если эти соответствия различны. У союзов и предлогов греческие соответствия приводятся перед всеми значениями. Например: **ОУТВРЬДИТИ... 1.** στηρίζειν, ἐπιστηρίζειν... καθιδρύειν, χαρίζεσθαι (!)... ● κραταιοῦν... ▭ **оутврьдити сѧ** στηρίζεσθαι, στερεοῦσθαι... ▭ **оутврьжденъ** *в знач. прил.* ἐστηριγμένος... **2.** κυροῦν...

2. Если греческие соответствия относятся ко всем значениям данного слова, то они даются перед первым значением и далее не повторяются. Например: **ОУМРЬЩВЕНИѤ, -ниꙗ** *с* (4) νέκρωσις **1.** ... **2.** ...

3. Греческие соответствия приводятся в определенной последовательности — начиная с наиболее употребительного и кончая единичными. В тех случаях, когда греческое соответствие не отвечает значению старославянского слова или является другой частью речи по сравнению со старославянским словом, оно дается в конце перечня греческих соответствий и сопровождается восклицательным знаком в круглых скобках. Например: **РАБА...** παρθένος (!). После перечня греческих соответствий в круглых скобках даются старославянские словосочетания, которые переводят одно греческое слово. Это слово обычно является другой частью речи по сравнению со старославянским соответствием. Например: **ТЬЛѢТИ...** φθείρεσθαι, παλαιοῦσθαι; (**не тьлѣѭи** ἄφθαρτος...); **КАЗНЬ...** ζημία; (**казнь сътворити** τιμωρεῖν)...; **ОУМРѢТИ...** τελευτᾶν...; (**оумрѣти съ цѣмь** συναποθνήσκειν; **иждеѩ оумьръ** βισθανής); **КАМЕНИѤ... 1.** οἱ λίθοι; (**камениѥ остро** λιθόστρωτον; **камениѥмь бити, побивати** λιθάζειν, καταλιθάζειν, λιθοβολεῖν).

4. Греческие соответствия приводятся в той же основной словарной форме, что и старославянское заглавное слово (греческие глаголы даются в форме инфинитива). Например: **ВЪЛОЖИТИ...** βάλλειν; **ОУЧИТИ...** διδάσκειν, παραινεῖν... κρατύνειν (!), δεικνύναι (!) ▭ **оучити сѧ** μανθάνειν, μαθητεύεσθαι... ▭ **оучѧ(и)** *в знач. сущ.* διδάσκων, διδάσκαλος; **ДОМАЩЬНЬ...** οἰκιακός; **ДОЛѢ...** κάτω; **ИНАКО** ἄλλως, ἑτέρως.

Формы греческого слова, не соответствующие грамматической категории старославянского слова, приводятся в следующих случаях: а) если старославянскому прилагательному соответствует греческое существительное в родительном падеже с членом (τοῦ, τῆς, τῶν), который указывает род и число греческого существительного. Например: **ВИНЬНЪ**[2] ... τῆς ἀμπέλου; **ГОСПОДЬСКЪ...** τοῦ κυρίου, τοῦ δεσπότου; **ГРѢШЬНИЧЬ...** τοῦ ἁμαρτωλοῦ, τῶν ἁμαρτωλῶν; б) если старославянскому наречию соответствует греческое существительное в падежной форме без предлога, это существительное приводится в данном падеже с членом; если соответствием является греческое слово в падежной форме с предлогом, оно приводится в данном предложном сочетании. Например: **ВЪНѪТРЬ** ἔσω, εἰς τὸ ἐσώτερον; **ДОМОВИ** εἰς τὸν οἶκον; **БРАТРЬНЪ** ὁ πρὸς τὸν ἀδελφόν, τῶν ἀδελφῶν; **ДОКОЛѢ...** ἕως πότε, ἕως τίνος... **ДОМА...** ἐν τῷ οἴκῳ; в) если старославянскому отглагольному существительному соответствует греческий инфинитив, он приводится в соответствующей форме с членом (τὸ+инфинитив наст. времени, аориста и т. п.). Например: **ВЪЗНЕСЕНИѤ** τὸ ἀναληφθῆναι; **ВЪКОУШЕНИѤ** γεῦσις, μετάληψις... τὸ γεύσασθαι; **ВИДѢНИѤ...** τὸ βλέπειν.

5. Греческие соответствия не приводятся: а) при переносных значениях (сопровождающихся пометой *перен.*) и при оттенках значений, если в них засвидетельствовано то же соответствие, что и в основном значении; б) при возвратных формах глагола, помещенных за знаком ▭, если у них те же греческие соответствия, что и у глагола действительного залога.

Для большинства старославянских слов и устойчивых словосочетаний установлены определенные греческие соответствия. Там, где в греческих источниках имеются варианты, наиболее важные из них приводятся после основных соответствий с пометой *вар.* Например: **ПОТРѢБИТИ...** ἐξολοθρεύειν, *вар.* ἐξολοθρεύεσθαι.

Если в имеющемся греческом тексте конкретное лексическое соответствие старославянскому слову не может быть точно установлено, то дается помета *греч. неясно*. Например: **ЧРЬВЛЮЕНЪ...** чрьвлюнъıи прѫгъ *греч. неясно...*

Там, где греческий текст не установлен, дается помета *греч. нет*. Например: **ОУЧИТЕЛЬНЪ...** *греч. нет*.

Те слова в старославянских переводах с греческого языка, которые заимствованы через посредство греческого из других языков, стилистически (не этимологически!) являются грецизмами особого рода. При греческих соответствиях таких старославянских грецизмов в круглых скобках указывается язык-источник. Например: **ТАЛИѲАКОУМЪ...** ταλιθὰ κοῦμ (*др.-евр.*).

Число известных исследователям разночтений в греческих текстах, лежащих в основе старославянских памятников-переводов, весьма значительно. Тем не менее роль греческого источника при толковании подавляющего большинства конкретных старославянских слов, для которых установлены греческие соответствия, чрезвычайно велика, особенно при интерпретации темных или трудных для толкования мест в рукописи.

При определении греческих соответствий в настоящем словаре использованы материалы картотеки «Словаря старославянского языка» ЧСАН и те же источники, что и в нем. Для текстов Ветхого завета: A. Rahlfs. Septuaginta, t. t. I, II, 5 Aufl. London — Stuttgart, 1952; для текстов Нового завета: A. Merk. Testamentum graece et latine, ed. 7, Romae, 1951; H. V. Soden. Die Schriften des N. Testaments in ihrer ältesten erreichbaren Textgestalt, t. I, Berlin, 1902—1910, t. II, Göttingen, 1913; для *Евх* — греческие тексты, установленные Я. Фрчеком и опубликованные им в труде: J. Frček. Euchologium Sinaiticum, t. I, Paris, 1933 («Patrologia orientalis», t. XXXIV, fs. 5); t. II, Paris, 1939 («Patrologia orientalis», t. XXV, fs. 3). Для остальных памятников — греческие тексты, приложенные издателями соответствующих рукописей к старославянским текстам (см. указанные выше издания этих рукописей). Для *Супр*, в основном, использовано издание: J. P. Migne. Patrologiae cursus completus, series graeca, а также отдельные более поздние публикации (их список указан в «Словаре старославянского языка» ЧСАН, 2, с. XXIV—XXVI, там же приводятся указания на труд Миня и отмечаются жития и гомилии *Супр*, для которых греческий оригинал не установлен). Для *Супр* в «Старославянском словаре» учтены также вновь открытые итальянским славистом М. Капалдо греческие рукописи, более близкие к славянскому тексту *Супр*, чем опубликованные ранее. Они приведены (как и весь известный в настоящее время греческий текст) в последнем издании *Супр* 1982—1983 гг., осуществленном Й. Заимовым и М. Капалдо. (См. М. Капалдо. За състава на Супрасълския сборник.— В кн: «Проучвания върху Супрасълския сборник». София, БАН, 1980).

Главная часть словарной статьи посвящена раскрытию значения или значений старославянского слова, их оттенков и фразеологически неразложимых или устойчивых сочетаний.

Переводы даются на двух языках — русском и чешском; там, где это невозможно, даются толкования. Двуязычные переводы представляют и узкоспециальный интерес. В словарной статье сконцентрирован лексический материал, который во многих случаях может служить отправной точкой для дальнейших сравнительно-лексикологических сопоставлений славянских языков различных групп. Чешские переводы для русского читателя, как и русские переводы для чешского читателя, помимо основной цели — объяснения старославянского слова — в отдельных случаях помогут ознакомиться с историей данного слова и в другом родственном языке. Например: ст.-сл. **прѣстъ** — русск. 'палец' (*уст.* 'перст') чешск. 'prst'; ст.-сл. **стѣнь** — русск. 'тень' — чешск. 'stín'; ст.-сл. **оуглѫбити** в прямом значении — русск. 'углубить' — чешск. 'vyhloubit'; в переносном значении — русск. 'углубить' — чешск. 'prohloubit'; ст.-сл. **таинѣ** — русск. 'тайно' — чешск. 'tajně'; ст.-сл. **чесати** — русск. 'снимать, собирать плоды' — чешск. 'česat'; ст.-сл. **мьзда** — русск. 'плата' (с особым оттенком 'мзда') — чешск. 'mzda'.

Переводы с одного родственного языка на другой всегда представляют специфические трудности из-за кажущейся адекватности переводимого слова и его буквенно или фонетически сходных эквивалентов в языке перевода. Таких внешне похожих слов немало в языках одной семьи. При переводах с древнего языка на родственный современный возникают и дополнительные трудности.

Толкование значений и особенно оттенков значений старославянского слова представляет и свои специфические трудности. Во-первых, ряд старославянских слов принадлежит к общеславянскому фонду и известен (с семантическими нюансами) в других славянских языках в различные периоды их развития. Во-вторых, многие старославянские слова, как слова первого письменно-литературного языка межславянского общения и распространения, были заимствованы другими славянскими письменно-литературными языками на определенной стадии их формирования или развития и со временем претерпели в лоне заимствующего языка специфические семантические и стилистические изменения, которые самому старославянскому языку не были свойственны.

Нельзя, например, переводить старославянское **беспѫтьнъ** современным русским прилагательным 'беспутный' (в чешском языке подобное слово не употребляется), только 'бездорожный, непроходимый'. Ст.-сл. **бесцѣньнъ** соответствует современному русскому 'бесценный' (заимствованному в древности из старославянского), но его нельзя переводить современным чешским 'bezcenný', так как это прилагательное имеет антонимичное старославянскому слову значение — 'ничего не стоящий, не представляющий никакой ценности' (такое значение сохраняется в русском выражении *за бесценок*).

Трудности усугубляются тем, что при изучении старославянского языка на семантический аспект обычно обращалось мало внимания. В результате этого даже в специальных работах многие старославянские лексемы толкуются неверно или неточно. Так, слово **младъ** переводилось на русский язык как 'юный', а **брѣгъ** — как 'берег' (любой, вообще), тогда как в старославянском языке **младъ** означало 'только что появившийся, родившийся' (ср. русск. *младенец*), а **брѣгъ** — 'крутой берег', а также 'холм, склон, гора'. Даже при совпадении значений старославянского слова и соответствующего современного русского и чешского слова последние в ряде случаев не могут быть использованы в качестве эквивалентов без специальных помет из-за стилистических отличий от старославянского слова. Например: ст.-сл. **мьзда** вполне соответствует современному чешскому mzda, но русское *мзда* — слово стилистически не нейтральное; в современном литературном языке оно имеет устарелый или шутливо-иронический оттенок.

В отдельных случаях, когда в современном языке отсутствует стилистически нейтральный эквивалент, допускается перевод архаичным или диалектным словом, если оно точно соответствует значению старославянского слова. В этих случаях в скобках дается помета (*устар.*), (*книжн.*), (*диал.*) и т. п., и перед этим словом дается толкование на современном языке. Например: **ОУДОВЬЛѢТИ...** довлеть (*устар.*).

Учитывая трудности, связанные с переводом старославянского слова на современный язык, авторы руководствовались в выборе русских и чешских эквивалентов следующими соображениями: во-первых, стремились дать перевод, точно отражающий семантику старославянского слова; во-вторых, дать такой перевод, который можно употребить при переводе на современный язык старославянского слова в дошедших до нас рукописях. Поэтому значения старославянских слов часто передаются несколькими синонимами (даже при гапаксах). Это касается прежде всего глаголов и сложных слов, образованных по греческим моделям. При этом количество синонимов в русских и чешских переводах может не совпадать. При наличии синонимичных переводов на первом месте дается слово с более общим значением, затем следуют слова с более узким значением. В ряде случаев, преимущественно при глаголах, переводы могут не быть синонимами, их назначение — в комплексе пояснить значение данного старославянского слова в целом или в определенных сочетаниях этого слова с другими словами. Например: **ПОМРАЧЕНИѤ**, **-ниꙗ**... затемнение, помрачение; ослепление zatemněni; oslepeni; **ВЪЗИГРАТИ СѦ...** взыграть; подпрыгнуть от радости poskočit radostí. Эквиваленты, которые не образуют синонимического ряда, отделяются точкой с запятой.

Если в современном языке нет адекватного по виду глагола, возможны описательные и отсылочные объяснения. Например: **ОУПАСТИ** [2]**... 2.** прокормить (*на пастбище сов. к* **пасти**)... nasytit; **ПОРЬВЬНОВАТИ...** *сов.* ... ревновать... horlit, horlivě následovat. В тех случаях, когда управление русских и чешских глаголов отличается от управления старославянского глагола, оно указывается при помощи местоимений *кто-л., что-л., někdo, něco.*

При терминах, сопровождающихся пометой *спец.*, даются или переводы с краткими толкованиями (курсивом) или только толкования (курсивом). Например: **СТРИЩИ...** *спец.* стричь, постригать (*об обряде пострижения*) stříhat, postřihovat (*o postřižinách*); **БЛАЖЕНЬНЪ...** *спец. песнопение о блаженствах zpěv o blahoslavenstvích...*

При старославянских словах, обозначающих предметы или живые существа, точное значение которых нам неизвестно, вместо перевода дается толкование. См., например, объяснения слов **ИЛОСЪ, КАРЪКИНОСЪ.**

В неясных и сомнительных случаях предположительные переводы даются с вопросительным знаком, который ставится в круглых скобках.

Там, где перевод невозможен, в круглых скобках ставится знак вопроса, затем помета *неясно.* Например: **АНАВЛЪ**, -ла *м* (1)... (?) *неясно... Ас 122б 18-19.*

Значения старославянских слов обозначаются арабскими полужирными цифрами с точкой.

Старославянский язык изобилует метафорическими употреблениями прямых значений, которые еще не сформировались в соответствующие самостоятельные переносные значения, известные в ряде современных славянских языков. Такие переносные употребления (оттенки значений) даются за знаком ●. При этом на первом месте без перевода даются такие переносные употребления и значения, которые имеют те же русские и чешские эквиваленты, что и прямые значения.

Оттенки значений даются с переводами, если их нельзя перевести теми же эквивалентами, которые даны при прямом значении. Те переносные значения, которые в старославянском языке уже сформировались как самостоятельные, даются отдельными значениями. Например: **БИТИ...** бить bít ● бичевать bičovat ● убивать zabíjet; **ОУПРАВИТИ... 1.** ... **2.** *перен.* ... ● ... исправить, выправить napravit; **ОУСТРОЮНИЮ...** устройство; установленный порядок uspořádáni, řád... ● *перен.*: **...образъ есть етеръ доушевьна'го оустроюньꙗ** *Супр 497, 30*; **ОУСТРЬМЛЮНИЮ...** быстрое целенаправленное движение (prudký) pohyb, útok... ● *перен.* напор nápor.

В ряде случаев в старославянских рукописях имеются только метафорические употребления без примеров на прямое употребление. Эти метафорические употребления подаются следующим образом. Например: **ДОЛЬНЬ**, -ии *прил.* (1)... нижний dolni; *перен.* земной pozemský...; **ШОУМЬНЪ**, -ын *прил.* (1)... шумный hlučný; *перен.* хмельной, пьяный podnapilý...

После оттенков значения за знаком □ приводятся старославянские словосочетания с переводами. Если словосочетание не связано с определенным значением, то оно дается за знаком ♦. Таких словосочетаний за □ и ♦ может быть несколько. См., например, словарные статьи **БИТИ**, **БОУИ**, **ТРЖДЪ**. Словосочетания даются разрядкой.

Следует учитывать, что в старославянском языке определить границы между устойчивым и свободным словосочетанием при ограниченности материалов, которые дают рукописи, нередко бывает чрезвычайно трудно. Большое количество словосочетаний встречается в рукописях по одному разу; в таких случаях нельзя проверить, употреблялось ли данное словосочетание как устойчивое или же возникло в процессе перевода на старославянский язык определенного текста. Приходится принимать во внимание данные косвенных источников, которые не всегда могут заменить данные самих старославянских рукописей.

Если слово в каких-то отдельных формах употребляется в значении другой части речи, то такие употребления помещаются после знака ▭ с пометами типа *в знач. сущ.*, *в знач. прил.*, *в знач. нареч.* и т. п. Например: **БЛАГЪ...** ▭ **благо**, -ок *с ... в знач. сущ. ...*; **БѢСЬНЪ...** ▭ *в знач. сущ. ...*; **БЖДЖЩИИ...** ▭ **бждждщеѥ** *с*, **бждждщаꙗ** *с мн. в знач. сущ.*

За знаком ▭ даются также выражения со значением сказуемого (с пометой *в знач. сказ.*). Например: **БѢДЬНЪ...** ▭ **бѣдьно (ѥстъ)** *в знач. сказ. ...*; **ВРѢМА...** ▭ **врѣмѧ (ѥстъ), добро ѥстъ врѣмѧ** *в знач. сказ.*

Большую роль в словарной статье играют иллюстративные примеры из рукописей. Подбору иллюстративных примеров уделяется большое внимание. Эти примеры являются непосредственным продолжением толкования значения слова. К сожалению, в рукописях ограничено число таких примеров, в которых ясно раскрывается значение слова. Это примеры типа **имѣꙗи невѣстж женихъ естъ** *И 3, 29 Мар Ас* (*0 Зогр*); чаще они относятся к древнееврейским и арамейским словам: **г⟨лаго⟩ла емоу • еф'фата • еже есть развръзи сѧ** *Мк 7,34 Зогр Мар*; **она г⟨лаго⟩ла емоу • еврейскы раввоуни • еже наречетъ сѧ оучителю** *И 20,16 Мар* (**равви** *Ас, 0 Зогр*). Подобным примерам отдается предпочтение, и обычно они даются на первом месте. В ряде случаев (их немало, в том числе гапаксы) приходится приводить в качестве иллюстративных примеров те выдержки из рукописей, которые имеются, но не дают точного представления о значении слова без более широкого контекста или без учета греческого оригинала.

При отборе примеров в словаре учитывается не только их семантическая информативность. Особое внимание уделяется отбору таких примеров, которые содержат различные грамматические сведения о слове: нетипичные флексии, разные формы глагола, указания на управление, а также ошибочные написания. Последние сопровождаются восклицательным знаком в круглых скобках, и даются ссылочными статьями с указанием основной словарной статьи. Например: **СИЛА** [1]**... не с⟨ъ⟩п⟨ас⟩етъ сꙗ ц⟨ѣса⟩рь многж силж** (!)

Пс 32,16 Син (*архаичная форма тв. ед.*); **ОУСПѢШЬНЪ...** на оученик оуспѣшено (!) *Супр 379,9*; **КОРЕНЬ...** ѡ зависти и твора (! *вм.* кора) съмрьти велми плодънъı *Супр 399,14* (ссылочная статья: т в о р а *Супр 399,14 см.* корень).

Если литературный памятник известен в старославянском языке по нескольким рукописям, то текст в цитате приводится по наиболее древней рукописи или по той, в которой он лучше сохранился, а затем перечисляются все остальные рукописи идентичного содержания, где в данном контексте употребляется иллюстрируемое слово. Если же в данном контексте в рукописи идентичного содержания употреблено другое слово, оно приводится после цитаты с указанием этой рукописи. Если в подобной рукописи текст видоизменен, и данное слово отсутствует, дается помета *нет* и указывается рукопись. Если в *Зогр* или *Мар* утрачена данная часть рукописи, дается помета ∅. Например: **БАЛИИ...** балии ісцѣли сѧ самъ *Л 4,23 Мар* (врачю *Ас*, ∅ *Зогр*). Если контекст, цитируемый в словарной статье, повторяется с сохранением данного слова в другом месте рукописи, то это место также указывается с названием рукописи, а имеющийся в другой рукописи текстологический дублет приводится в круглых скобках с указанием этой рукописи.

Если в какой-то рукописи цитируется другой памятник (обычно тексты Псалтыри, Евангелия и Апостола), то после примера из этой рукописи перечисляются места в рукописях другого содержания, где приводится данная цитата. Например: **ДРЬКОЛЬ...** съ орѫжиемь і дрькол'ми... *Мт 26, 55, Зогр Мар Ас* (жьрьдьми *Сав*); *Клоц 4б 40—41* (съ дрѣвесъı *Супр 412, 12*); **ОУТРО...** оутрѣ въ огнь вьмѣтаемо *Мт 6,30 Зогр Мар Ас* (оутро *Сав*); *Мк 14,43 Зогр Мар*. При цитировании Библии в рукописях другого содержания после указания места в цитируемой рукописи приводится в круглых скобках указание на место в Библии, при этом, если слово варьируется, то приводится этот вариант. Например: **НА... 4.** ...си болѣзнь нѣстъ на съмрьть *Супр 313,6* (къ съмрьти *И 11,4 Зогр Мар Ас Сав*); **НЕВѢСТЬНИКЪ...** се навѣстьникъ грѧдетъ *Супр 369,3; 372,21—22* (женихъ *Мт 25,6 Зогр Мар Ас Сав*); **ПАСТЫРЬ...** азъ есмь пастырь добрьı *И 10,11 Зогр Мар Ас* (пастоухъ *Сав; Супр 478,12*); **РАЗМѢСИТИ...** дашѧ емоу пити оцьтъ съ зльчиѭ размѣшьнъ *Мт 27,34 Зогр Ас* (съмѣшънъ *Мар*, съмѣшенъ *Сав*), размѣшьше *Евх 50а 15*). Если в рукописи приводится цитата из текста Ветхого или Нового завета, который не сохранился в старославянских списках, то указывается только место из Библии. Например: **ПРИОБРѢТѢЛЬ...** мнѣ бо иже жити х⟨ристос⟩ъ • и иже оумрѣти приобрѣтѣль *Супр 166,8* (*Фил 1, 21*).

В иллюстративных примерах все слова под титлами раскрываются, восстанавливаемая часть слова дается в угловых скобках. Например: б⟨о⟩гъ, св⟨ѧ⟩тъ, г⟨лаго⟩ла. Все надстрочные буквы даются в строке в круглых скобках. Все диакритические значки, кроме паерка и знака мягкости, опускаются. Все знаки препинания заменяются точкой посередине строки. Все остальные особенности текста в цитируемых примерах сохраняются в том виде, в каком они даны в используемом издании. Например: **ОУКОРИЗНА...** а не оукорізнѣ творіть-е (! *вм.* творити е) *Клоц 2а 19*.

В исключительных случаях авторы «Старославянского словаря» отступают от деления на слова, даваемого издателями рукописей. Это касается преимущественно написаний союзов с постпозитивной частицей же (типа ꙗкоже), а также и прилагательных и причастий с не-. Например, причастие не оукрощенъ приводится в словаре как два слова, тогда как в изданиях *Супр* оно дается как одно слово. Авторы словаря в таких случаях исходят из положений старославянской грамматики и семантики.

Купюры, которые делают авторы словаря в цитатах из рукописей, обозначаются тремя точками (...), пропуски в издании текста из-за порчи рукописи — двумя точками (..). Если испорченный текст восстанавливается авторами словаря, то он дается в круглых скобках. Обычно восстанавливается текст *Хил* и начало *Клоц* и *Син*, не восстанавливается текст *Ен* и *Зогр-пал.*

При цитировании в текстах Ветхого и Нового завета указывается глава и стих; в остальных рукописях — лист (арабской цифрой), страница (русскими буквами), столбец (греческими буквами); в *Супр* — страница и строка издания.

После всех иллюстративных примеров в квадратных скобках даются примеры на неправильное употребление слова (ошибочные переводы) вследствие неверного понимания или прочтения греческого оригинала переводчиком. Например: **ИЗГОУБИТИ...** [сьвѣтьникъ же ихъ диꙗволъ • изгѹбивъ прьвоѥ дрѣво • им'же оумори адама ἀναλολήσας *Супр 402, 5-6* (переводчик читал ἀναλόλεσας *вм.* ἀναλολήσας)].

Кроме ошибочных переводов, в квадратных скобках даются лишние буквы и слова, написанные писцом. Например: побѣ[бѣ]дихъ *И 16,33 Зогр*; ... о въсхождении въ прав'дж [правдж] провьстржби... *Супр 478, 28.*

Иллюстративные примеры даются в каждой основной словарной статье, кроме тех, которые посвящены цифрам (обозначаемым старославянскими буквами). Цифры изображаются буквами со знаком титла. Например: ѮВ о оусохъшии смоковьници *Мар 43б 25*.

Завершает основную словарную статью вторая справочная часть. Она включает перечень всех рукописей, в которых употреблено заглавное слово. Если число всех употреблений данного слова не превышает 15, то в справочной части указываются места всех употреблений, кроме тех, которые даны в иллюстративных примерах. Если слово в указанном месте (стихе, строке) употребляется более одного раза, то в скобках арабскими цифрами указывается, сколько раз отмечено слово в данном месте рукописи — (2), (3) и т. д. Например: ...дьнь... *И 19,31 Зогр Мар Ас* (3) *Сав*.

Если общее число употреблений данного слова больше пятнадцати, то перечисляются только рукописи, в которых оно отмечено, без указания мест его употребления.

В словаре учитываются текстологические и лексикологические аспекты подхода к слову в рукописи, но они последовательно разграничиваются. В цитатах из памятников идентичного содержания в скобках указываются текстологические дублеты. В конце словарной статьи после перечня рукописей за пометой *Ср.* приводятся ссылки на собственно лексические дублеты и синонимы данного слова (т. е. на соответствующие основные словарные статьи). Текстологические дублеты — это слова, различно передающие одно и то же слово греческого (или латинского) оригинала в определенном контексте (чтении) определенного литературного памятника (псалтырь, евангелие, то или иное житие, проповедь и т. п.). Обычно текстологические дублеты являются одновременно и лексическими дублетами, т. е. словами, которые имеют одно и то же значение (в многозначных словах непременно совпадает одно значение и не обязательно остальные). Лексические дублеты, т. е. слова с одним и тем же значением, отличаем от синонимов, т. е. слов, близких по значению. Так, ссылками связываются лексемы велии и великъ, въспрь и горѣ. Словарные статьи **ОТОКЪ** и **ОСТРОВЪ** будут связаны перекрестными ссылками как лексические дублеты, одновременно они являются и дублетами текстологическими, что в данной их подаче не имеет принципиального значения; но статья **ПОТОКЪ** с этими словами таким образом сопоставлена не будет, так как это лексемы различных, несопоставимых значений. **ПОТОКЪ** — лишь текстологический дублет слов **ОТОКЪ** и **ОСТРОВЪ**, возникновение которого в рукописи следует отнести к ошибке писца (в результате внешнего сходства слов **ОТОКЪ** и **ПОТОКЪ**), что и будет отмечено в иллюстративных примерах. Ср. аналогичные текстологические дублеты **СЛАВОСЛОВЕСИѤ** и **СЛОВОСЛОВЕСТВИѤ**.

Дублеты и синонимы связываются между собой перекрестными ссылками. Такими ссылками, например, связаны словарные статьи: **ОНОУЦІА**, **САПОГЪ** и **ЧРѢВИИ**; **БЕЗОУМЬНЪ**, **БОУИ** и **ЖРОДИВЪ**; **ВИДѢТИ** и **ЗЬРѢТИ**; **ВЪЗГЛАВЬНИЦА** и **ДЪХЪТОРЪ**. Дублеты и синонимы приводятся в алфавитном порядке. В конце перечня после точки с запятой приводятся синонимические словосочетания; указывается опорное слово и за ним в круглых скобках словосочетание. Например: **АШОУТЬ...** — *Ср.* бездовь, спыти, соуи (въ соуѥ), тъщь (въ тъщѥ); **ВЪЗНЕСТИ...** — *Ср.* възвести, възвысити, въздвигнѫти, възѧти; вьзнести гласъ *ср.* възъпити.

Особое место в словаре занимают ссылочные статьи. Заглавное слово ссылочной статьи дается разрядкой строчными буквами. «Старославянский словарь» — словарь к определенным рукописям, и предполагается, что читатель при чтении старославянских рукописей будет обращаться к словарю за объяснениями словоупотреблений в том или ином контексте. Поэтому в ссылочных статьях даются такие формы старославянского слова, которые могут вызвать сомнения у читателя при определении их нормативных вариантов, выделяемых в словаре в качестве заглавных слов основных словарных статей. Ссылочными статьями даются и различные ошибочные написания слов.

Ссылочными статьями даются: 1) начальные буквы ѣ- *см.* ꙗ- и а-; ѡ- *см.* о-; 2) приставки, содержащие -ь- на месте этимологического -ъ- типа вь- *см.* въ-; сь- *см.* съ-; 3) корни слов, содержащие чередования в различных грамматических формах типа плѣжѫ... *см.* пльзати; корни слов с дублетными основами типа риба *Мт 14,17 Сав*; *Супр 495,30 см.* рыба; рикати *см.* рыкати; оумер- *см.* оумрѣти; плюѭ, плюѥши *см.* плювати; рьци *см.* рещи; рѣхъ *см.* рещи; 4) супплетивные формы, например: шьдъ, шьлъ *см.* ити (там, где несколько форм следуют друг за другом по алфавиту, они даются перечнем в одной ссылочной статье); тебе *см.* ты; 5) фонетико-орфографические варианты заимствованных слов типа костѧтинъ *см.* константинъ; 6) фонетические дублеты исконно славянских слов, разработанных в статье наиболее употребительного варианта типа трава *см.* трѣва; 7) ошибочные написания слов. В особо трудных случаях в ссылочных статьях сохраняется именно та форма слова (косвенный падеж имени, личная форма глагола и т. п.), которая имеет место в испорченном тексте рукописи. Например: зльзами *Супр 526,9 см.* сльза; прикаıѫ сѧ (!) *Евх 44б 13-14 см.* прикасати сѧ; рекѫмѫıѫ *Супр 191,18 см.* рещи; рцрва *Пс 17,51 см.* цѣсарѣвъ; лаетъ *Пс 111,10 Син. см.* растаıати; глада *Супр 104,29 см.* клада; тѣломъ *Супр 57,12 см.* дѣло; декапельскъ *Мк 7,31 Зогр см.* декапольскъ; оукрыти *Супр 240,6 см.* оукорити; 8) в отдельных случаях даются и другие формы. Например: присѧгохъ *Супр 508,13, 511,16 см.* присѧщи. Это показывает, что в словаре эта форма разрабатывается в статье **ПРИСѦЩИ**, а не **ПРИСѦГНѪТИ**, хотя она может относиться к обоим глаголам.

При ссылках, отмеченных в пунктах 1) — 4), не указываются рукописи, в которых встречаются данные словоформы. При ссылках на менее распространенные или единичные написания указываются все соответствующие места в рукописях, если данная словоформа употребляется не более трех раз, в исключительных случаях — 4 раза. При большем количестве случаев указываются только рукописи без указания места употребления.

Ссылочными статьями на соответствующую основную глагольную статью даются причастия, если они употребляются в функции прилагательного или существительного и указываются в перечне синонимов в основной словарной статье соответствующего прилагательного или существительного.

Не даются ссылки: 1) на глаголы разных видов. Например: при глаголе **ПРИНЕСТИ** нет ссылки на **ПРИНОСИТИ**; 2) на слова общего корня с отрицанием **НЕ**-. Например: при слове **ЧЬСТИВЪ** нет ссылки на **НЕЧЬСТИВЪ**.

Р. М. Цейтлин

КИРИЛЛИЧЕСКОЕ И ГЛАГОЛИЧЕСКОЕ ПИСЬМО

Кириллица	Цифровое значение буквы	Глаголица	Цифровое значение буквы	Название буквы	Транслитерация	
а	1	Ⰰ	1	азъ	а	a
б	—	Ⰱ	2	боукъı	б	b
в	2	Ⰲ	3	вѣдѣ	в	v
г	3	Ⰳ	4	глаголи	г	g
д	4	Ⰴ	5	добро	д	d
є	5	Ⰵ	6	ѥстъ	э, е	e
ж	—	Ⰶ	7	живѣте	ж	ž
ѕ, ꙃ	6	Ⰷ	8	ѕѣло	д͡з'	d͡z'
ꙁ, з	7	Ⰸ	9	землꙗ	з	z
і, ї	10	Ⰺ, Ⰹ	10	і	и	i
и	8	Ⰻ	20	иже	и	i
ђ *	—	Ⰼ	30	дервъ (ђервь)	г'	g'
к	20	Ⰽ	40	како	к	k
л	30	Ⰾ	50	людиѥ	л	l
м	40	Ⰿ	60	мыслите	м	m
н	50	Ⱀ	70	нашь	н	n
о	70	Ⱁ	80	онъ	о	o
ҁ	90	—	—	—	—	—
п	80	Ⱂ	90	покои	п	p
р	100	Ⱃ	100	рьци	р	r
с	200	Ⱄ	200	слово	с	s
т	300	Ⱅ	300	твръдо	т	t
оу, ꙋ	400	Ⱆ	400	оукъ	у	u

* Буква ђ применяется при издании глаголических рукописей кириллицей.

Продолжение

Кириллица	Цифровое значение буквы	Глаголица	Цифровое значение буквы	Название буквы	Транслитерация	
Ф	500	Ⱇ, ф	500	фрътъ	ф	f
Х	600	Ⱈ	600	хѣръ	х	ch
Ѡ	800	Ⱉ	700	ѡтъ	о	o
Щ	—	Ⱋ	800	ща	шт	št
Ц, Ц	900	Ⱌ	900	ци	ц	c
Ч, Ч	90	Ⱍ	1000	чрьвь	ч	č
Ш	—	Ⱎ	—	ша	ш	š
Ъ	—	Ⱏ	—	єръ	ъ **	(ъ)
ЪИ, ЪІ, Ы	—	ⰟⰊ, ⰟⰉ, ⰟⰋ	—	єры	ы	y
Ь	—	Ⱐ	—	єрь	ь **	(ь)
Ѣ	—	Ⱑ	—	ѣть	е, 'ä	ě
Ю	—	Ⱓ	—	—	ю	ju
Ꙗ	—	—	—	а йотированное	я	ja
Ѥ	—	—	—	е йотированное	е	je
Ѧ, Ѧ, Ѧ	—	Ⱔ	—	юс малый	*носовое* ę	ę
Ѫ	—	Ⱘ	—	юс большой	*носовое* ǫ	ǫ
Ѩ	—	Ⱗ ***	—	юс малый йотированный	*носовое* ję	ję
Ѭ	—	Ⱙ	—	юс большой йотированный	*носовое* jǫ	jǫ
Ѯ	60	—	—	ѯи	кс	x
Ѱ	700	—	—	ѱи	пс	ps
Ѳ	9	Ⱚ	—	ѳита	ф	th, f
Ѵ, Ѵ	400	Ⱛ	—	ижица	ю****	ü

** Старославянская графема Ъ произносится как современное безударное *о* (например, в слове *вода*); графема Ь – как безударное *е* (например, в слове *ветер*).

***В Супрасльской рукописи графема Ѧ обозначает носовое *е* с предшествующей йотацией; графемы Ѧ, Ѧ- носовое *е* без йотации. В Киевских глаголических листках и в Синайской псалтыри графема Ⱗ (в кириллической транслитерации Ѩ) обозначает носовое *е* или с предшествующей йотацией, или без нее.

**** Произносится как греческое Ѵ, французское u.

О ПРОИЗНОШЕНИИ СТАРОСЛАВЯНСКИХ БУКВ

Современное произношение старославянских текстов является в известной мере условным. Напомним, что каждая старославянская рукопись характеризуется определенными и специфическими только для нее чертами графики и орфографии (см. о них подробнее на стр. 29 и сл.). Эти особенности отчасти отражают специфические (локальные) нормы произношения. Попытка их восстановления (и реализации при чтении старославянских текстов) является, однако, неприемлемой, так как в известных нам рукописях (как списках с более древних оригиналов!) смешиваются разные региональные и временные языковые пласты. Поэтому целесообразно принять на практике единое и общее для всех рукописей (и тем самым для старославянского как литературного языка) условное произношение или по предлагаемому ниже варианту а), или по варианту б).

Единого общепринятого старославянского произношения отдельных графем в настоящее время нет. Для школьного чтения и для цитирования старославянских текстов различно передается этимологическое (позднее общеславянское) произношение с предполагаемыми ареальными, диалектными (в отношении места возникновения отдельных памятников или рукописей) отличиями. Важнейшие разногласия имеют место при воспроизведении произношения следующих праславянских графем:

1. Графема «ять» засвидетельствована в глаголических рукописях последовательно (а в ряде кириллических рукописей непоследовательно) не только в позиции исконного (общеславянского) «ятя» (из *ai̯/*oi̯ и ē), но и в позиции исконного (общеславянского) «а» с предшествующей йотацией (из *ā, *ō, и из *ē после йотации) (см. стр. 29 и сл.).

Графема «ять» произносится двояко: а) этимологически, т. е. в позиции исконного «ятя» произносится как широкое «е», смягчающее предшествующий согласный (’ä), например, дат. п. ед. ч. **женѣ** [žeńä] (<*ženě<*-nai̯), **болѣти** [bol’äti] (<*bolěti<*-lē-); в позиции же «а» после исконной йотации в начале слога произносится как «а» с йотацией [ja-], например **ѣко** [jako] (<*ja-), **стоѣти** [stojati] (<*stojati<*stoj-ē-), а в сочетании с предшествующим согласным как смягчающее его «а» [’a], например, 3 л. мн. ч. имперфекта **молѣахѫ/мол҄ѣахѫ** [mol’aachǫ] (<*molja-<*mol-i̯-ē-), род. п. ед. ч. **конѣ/кон҄ѣ** [końa] (<*konja<*-niō).

В кириллических рукописях в позиции «а» после исконной йотации засвидетельствована также графема **ꙗ**: **ꙗко**, **стоꙗти**, **молꙗахѫ**, **конꙗ** и т. п. Ею мы пользуемся в словаре в нормализованных заглавных словах.

б) «ять» произносится всегда одинаково (по принципу «одна графема — одна фонема», не принимая во внимание этимологию) как широкое «е», в начале слога с йотацией [jä], а внутри слога сильно смягчающее предшествующий согласный [’ä], например **ѣко** [jäko], **стоѣти** [stojäti], **конѣ/кон҄ѣ** [końä], **молѣахѫ/мол҄ѣахѫ** [mol’äachǫ].

2. Графема глаг. ⱔ (в кириллической транслитерации є) засвидетельствована в глаголических рукописях последовательно (а є в кириллических рукописях непоследовательно) не только в позиции исконного (общеславянского) нейотированного *е в начале заимствованных (и редких славянских) слов и того же гласного после несмягченного согласного, но и в позиции исконного (общеславянского) йотированного *je, произносимого первоначально в начале слога с предшествующей йотацией, внутри же слога с сильным смягчением предшествующего согласного (см. стр. 29 и сл.).

Графема ⱔ произносится двояко: а) этимологически, т. е. в позиции исконного *е как «э», например, 2 л. мн. ч. наст. вр. **ведєтє** [vedete], в позиции же после исконной йотации в начале слога как [je], например, **ємоу** [jemu], **новоє** [novoje], и в сочетании с согласным как смягчающее его [ʼe], например, **поле** [polʼe], **къ немоу** [kъ ńemu] и таким же образом со значком мягкости ̑ : **пол҄е** [polʼe], **къ н҄емоу** [kъ nʼemu].

б) всегда одинаково (по принципу «одна графема — одна фонема», не принимая во внимание этимологию) как «э», нейотированное в начале слога и несмягчающее предшествующий согласный внутри слога, например, **емоу** [emu, т. е. эму], **новое** [novoe=новоэ], **поле** [pole], **къ немоу** [kъ nemu]. Со значком мягкости ̑ , однако,— сильное смягчение согласного: **пол҄е** [polʼe], **къ н҄емоу** [kъ ńemu].

3. а) Графемы согласных перед графемами, обозначающими гласные переднего образования за исключением «ятя», т. е. перед **є**, **и**, (**і**, **ι**), **ѧ** (**ѧ**, **ѧ**), **ь**, принято произносить в канонических памятниках X—XI вв. несмягченно, так как на территории юго-восточного славянского языкового ареала (конкретно на Балканах) в то время, по всей вероятности, уже не существовало исконное в приведенных сочетаниях фонем позиционное смягчение согласных, например **ведете** [vedete], **ходити** [choditi], **ходѧ** [chodę], **дьнь** [dьnь]. На славянском Севере, однако, позиционное смягчение согласных перед гласными переднего образования в то время соблюдалось, так что для древних рукописей моравского, паннонского, чешского и восточнославянского (древнерусского) происхождения предполагают произношение [vʼedʼetʼe], [chodʼitʼi] и т. д.

б) Иногда даже для канонических памятников вводят одинаковое, унифицированное произношение графем согласных перед графемами, обозначающими гласные переднего образования, с позиционным смягчением: [vʼedʼetʼe], [chodʼitʼi] и т. д.

Р. Вечерка

УСЛОВНЫЕ СОКРАЩЕНИЯ НАЗВАНИЙ СТАРОСЛАВЯНСКИХ РУКОПИСЕЙ

Ас — Ассеманиево евангелие
Боян — Боянский палимпсест
Евх — Синайский евхологий
Ен — Енинский апостол
Зогр — Зографское евангелие
Зогр-лл — Зографские листки
Зогр-пал — Зографский палимпсест
Киев — Киевские листки
Клоц — Клоцов сборник
Мар — Мариинское евангелие
Охр — Охридские глаголические листки
Рыл — Рыльские листки
Сав — Саввина книга
Син — Синайская псалтырь
Служ — Синайский служебник
Супр — Супрасльская рукопись
Унд — Листки Ундольского
Хил — Хиландарские листки

УСЛОВНЫЕ СОКРАЩЕНИЯ НАЗВАНИЙ БИБЛЕЙСКИХ КНИГ И ИХ ЧАСТЕЙ

Авв — Книга пророка Аввакума
Ап — Откровение Иоанна Богослова (Апокалипсис)
Быт — Бытие. Первая книга Моисеева
Втзак — Второзаконие. Пятая книга Моисеева
Гал — Послание апостола Павла к Галатам
Деян — Деяния св. апостолов
Евр — Послание апостола Павла к Евреям
Еф — Послание апостола Павла к Ефесянам
И — Евангелие от Иоанна
Иак — Послание апостола Иакова
1 Ио — Первое послание апостола Иоанна
2 Ио — Второе послание апостола Иоанна
3 Ио — Третье послание апостола Иоанна
Ис — Книга пророка Исаии
Исх — Исход. Вторая книга Моисеева
Кол — Послание апостола Павла к Колоссянам
1 Кор — Первое послание апостола Павла к Коринфянам
2 Кор — Второе послание апостола Павла к Коринфянам
Л — Евангелие от Луки
Лв — Левит. Третья книга Моисеева
Мк — Евангелие от Марка
Мт — Евангелие от Матфея
Песнь — Книга Песни песней Соломона
1 Петр — Первое послание апостола Петра
2 Петр — Второе послание апостола Петра
Притч — Книга Притчей Соломоновых
Пс — Псалтырь; псалм
Рим — Послание апостола Павла к Римлянам
1 Тим — Первое послание апостола Павла к Тимофею
2 Тим — Второе послание апостола Павла к Тимофею
Тит — Послание апостола Павла к Титу
1 Фес — Первое послание апостола Павла к Фессалоникийцам
2 Фес — Второе послание апостола Павла к Фессалоникийцам
Фил — Послание апостола Павла к Филиппийцам
Филим — Послание апостола Павла к Филимону
Числ — Числа. Четвертая книга Моисеева

УСЛОВНЫЕ СОКРАЩЕНИЯ

аор. — аорист
арам. — арамейский
безл. — безличный
буд. — будущее (время)
в знач. сказ. — в значении сказуемого
вин. — винительный (*падеж*)
вм. — вместо
возвр. — возвратный (*глагол, частица*)
вопр. — вопросительный
вр. — время (*глагола*)
гебр. — гебраизм
гл. обр. — главным образом
глаг. — глаголица, глаголический
греч. — греческий; греческое соответствие
дат. — дательный (*падеж*)
дв. — двойственное (*число*)
действ. — действительный (*залог*)
диал. — диалектное
доп. — дополнение
др.-евр. — древнееврейский
ед. — единственное (*число*)
ж — женский (*род*)
зв. — звательный (*падеж*)
знач. — значение
и.-евр. — индо-европейский
им. — именительный (*падеж*)
инф. — инфинитив
кир. — кириллица, кириллический
книж. — книжный
колич. — количественное (*числительное*)
кр. ф. — краткая форма (*прилагательного*)
л. — лицо
-л. — -либо
личн. — личный
м — мужской (*род*)
межд. — междометие
мест. — местоимение
местн. — местный (*падеж*), локатив
мн. — множественное (*число*)
накл. — наклонение (*глагола*)
нареч. — наречие
наст. вр. — настоящее (*время*)
неизм. — неизменяемое
неодобр. — неодобрительное
неопр. — неопределенное
нескл. — несклоняемое
несов. — несовершенный (*вид*)
определит. — определительное
относит. — относительное
п. — падеж
перен. — переносное (*значение, употребление*)
перф. — перфект
повел. — повелительное (*наклонение*)
полн. ф. — полная форма
порядк. — порядковое (*числительное*)
превосх. ст. — превосходная степень
предл. — предложный (*падеж*) (*в современных русском и чешском языках*)
прил. — имя прилагательное
притяж. — притяжательное
прич. — причастие
прош. — прошедшее (*время*)
р. — род
род. — родительный (*падеж*)
с — средний (*род*)
сказ. — сказуемое
см. — смотри
собств. — имя собственное

собир.— собирательное
сов.— совершенный (*вид*)
сослаг. накл.— сослагательное наклонение
ср.— сравни
сравн. ст.— сравнительная степень
ст.-сл.— старославянский
страд.— страдательный (*залог*)
суп.— супин
сущ.— имя существительное
тв.— творительный (*падеж*)
указ.— указательное
уменьш.— уменьшительное
употр.— употребляется
усилит.— усилительный
устар.— устарелое
ч.— число
числит.— имя числительное

А

А̄ *цифра глаг. и кир.* (>100) α', εἷς 1.— *Зогр Мар Ас Охр Сав Син Евх Супр Хил.— Ср.* ѥдинъ, прьвъ

А *союз* (>700) **1.** *противительный* δέ, οὖν, γάρ, καί, ἀλλά, εἴπερ (!), ἤ (!) а, но však, ale: чьто же видиши сѫчьць иже естъ въ оцѣ братра твоего • а брьвн҄а еже естъ въ оцѣ твоемь не чюеши *Мт 7, 3 Зогр Мар Ас Сав*; вамъ дано естъ разоумѣти таинꙑ ц⟨ѣса⟩р⟨ь⟩с⟨тв⟩ьѣ б⟨о⟩жьѣ • а прочимъ въ притъчахъ *Л 8, 10 Зогр Мар Ас Сав*; гнѣваите сѧ а не съгрѣшаите *Пс 4, 5 Син; Евх 73а 13*; навꙑкохомъ бо отъ с⟨вѧ⟩тꙑихъ к҄нигъ покарѣти сѧ богоу а не кънѧземъ *Супр 59, 27*; сьмиреньѩ бо да (! *вм.* ради) съ братомъ и си жрътва • а тꙑ не исправиши мира *Супр 423, 2* (же *Клоц 9а 23*) ● бо... а, оубо... а, же... а μὲν... δέ (хотя)... но, а (sice)... ale: д⟨оу⟩хъ бо бьдръ • а плъть немоштьна *Мт 26, 41 Зогр Мар Ас Сав; Евх 47а 15*; бракъ оубо готовъ естъ • а зъванни не бѣшѧ достоинни *Мт 22, 8 Мар Ас* (∅ *Зогр*); алеѯандръ въскочи въ сковрадѫ • ѥдінъ же вьниде • а бꙑстъ видѣти въ сковрадѣ самого третиѩ *Супр 157, 30* **2.** *присоединительный* καί, δέ, δή, καίτοι, ὅπως (!) и, а а, pak: ово паде при пѫти... а дроугое паде на камене • і прозѧбъ оусъше • за не не імѣаше влагꙑ • а дроугое паде по срѣдѣ трьньѣ • і въздрасте трьнье і подави е • а дроугое паде на земли добрѣ *Л 8, 6-8 Зогр Мар Ас (Сав только Л 8, 8)*; ако же бо вьлѣзе къ оученикомъ наоучихъ сѧ • како же ли вьлѣзе никакоже не навꙑкохъ • а ѥгоже не прѣимъ то и глаголати не сьмѣѭ *Супр 501, 21* ● *вводит вопросительное предложение*: петръ г⟨лаго⟩ла іс⟨оусо⟩ви • г⟨оспод⟩и • а сь чьто *И 21, 21 Зогр Ас Сав* (∅ *Мар*); алеѯан҄дръ... рече наръгаѩ сѧ • а сиѩ ѫзꙑ чьсо ради сѫтъ на тебѣ *Супр 130, 11* □ а ли *вводит вопросительное предложение* καί, δέ а разве а což pak: інꙑ с⟨ъ⟩п⟨ас⟩е • а ли себе не можетъ съпасти *Мк 15, 31 Зогр Мар Сав*, а себе лі *Ас*; три лѣта сътворихъ въ презвутеръствѣ... и капиштемъ не пожръхъ • а нꙑнѣ ли велиши ми... бѣсоу пожръти *Супр 227, 18* **3.** *соединительный (с оттенком сопоставления)* καί, δέ et и а: ч⟨ловѣ⟩ка дъва вьнидосте въ црковь • помолитъ сѧ • единъ фарисѣі а дроугꙑ мꙑтарь *Л 18, 10 Зогр Мар Ас Сав*; разоумѣѭтъ д⟨оу⟩хомь блѫдѧштеи разоумъ • а ръпъштѫштеі наоучатъ сѧ послоушати *Клоц 1а 14* (и *Супр 325, 22*); бѣахѫ бо въ широтѫ пѧти лакътъ • а въ дльготѫ два десѧти ти пѧти лакътъ *Супр 230, 12* **4.** *условный (только в Евх) греч. нет если* jestliže, -li: аще к҄то оукрадет⟨ъ⟩ • главъно ч҄то... д҃ лѣт⟨а⟩ да п⟨о⟩каетъ с⟨ѧ⟩ • а ли мало ч҄то оукрадет⟨ъ⟩ • в҃ лѣт⟨а⟩ да покает҄сѧ *Евх 102б 7* □ а би, а бꙑ *(только в Супр)* εἰ, εἴγε если бы kdyby: а би бꙑлъ сьде не бꙑ ми оумрьлъ братъ *Супр 307, 21*, а бꙑ *Супр 306, 19; 306, 24; 315, 8; 315, 14* (аште би *И 11, 21 Зогр Мар Ас*, аще бꙑ *Сав*) **5.** *уступительный (очень редко)* καί, δέ, καίτοιγε хотя ač, ačkoliv: дівъ творітъ оумоу • землѣ вісѧшті повелѣньемь на водахъ • а тѫжька вештъ сѫшті *Клоц 10а 4*; іоане како бес печали съпиши • а мѡиси вь велицѣ бѣдѣ прѣбꙑваатъ *Супр 275, 26* **6.** *вводит главное предложение после условного (единственный случай) вар.* ἀλλά, δέ (*не переводится*): аште и вьси сьблазнѧт҄ сѧ о тебѣ • а азь николіже не съблажнѭ сѧ *Мт 26, 33 Ас (Зогр Мар Сав нет).— Зогр Мар Ас Сав Унд Боян Ен Син Служ Киев Евх Клоц Супр Хил Рыл*

а *Пс 38, 13 Син см.* азъ

аарѡнъ *Пс 105, 16 Син см.* аронъ

ааронь *Пс 117, 3 Син см.* аронь

аб *Зогр-лл 26 12 см.* абиѥ

аби *Супр. см.* а

АБИѤ *нареч.* (>300) [аб҄ѥ *Супр* (1), абь (!) *Мар* (1), аб (!) *Зогр-лл* (1), ѣбиѥ (!) *Мар* (1)] εὐθύς, εὐθέως, παραχρῆμα, ἤδη сейчас же, тотчас ihned, vtom, již: она же абие оставьша мрѣжѧ • по немь ідосте *Мт 4, 20 Зогр Ас*; і тъма абие бꙑс⟨тъ⟩ • і не оу бѣ пришьлъ къ нимъ і⟨соу⟩с⟨ъ⟩ *И 6, 17 Зогр Мар Ас*; і вьнидѫ въ каперънаоумъ • і абь въ соботꙑ на соньмищи оучаше ѩ *Мк 1, 21 Мар*, абье *Зогр*; наѳанъ тоу абиѥ рече *Супр 360, 26.—*

Зогр Мар Ас Сав Унд Боян Зогр-пал Евх Клоц Супр Рыл Зогр-лл

абъι *Супр см.* а

абь *Мк 1, 21 Мар*; абьк *см.* абик

АВВА *м нескл.* (2) ἀββᾶ (*арам.*) abba, отец abba, otec: ι г⟨лаго⟩ла ав'ва о⟨ть⟩ць *Мк 14, 36 Зогр Мар*

АВГОСТЪ, АВЪГОУСТЪ, -а *м* (23) [авго(с) *Ас* (18), авъгоуст *Зогр* (1) *Мар* (1), авьгоуст *Сав* (1), авгоуст *Ас* (1) *Унд* (1)] **1.** *имя* Αὔγουστος Август Augustus: ιзиде повелѣние • отъ кесара авъгоуста *Л 2, 1 Зогр Мар Ас Сав* **2.** *месяц* αὔγουστος август srpen: ици а҃ авгос⟨та⟩ *Ас 146а 27.— Зогр Мар Ас Сав Унд*

АВЕЛЪ, -а *и* **АВЕЛЬ**, -лꙗ *м имя* (10) [авел- *Мар* (1) *Евх* (1), авьл- *Супр* (1), авел- *Зогр* (1) *Мар* (1) *Ас* (1) *Супр* (3)] Ἄβελ Авель Ábel: да мьститъ сѧ • кръвь вьсѣхъ пророкъ • проливаемаѣ отъ съложеньѣ вьсего мира... отъ кръве авелѣ правьдънааго • до кръве захариꙗ *Л 11, 51 Зогр Мар*; агнець • ιже приведе авелъ во в'сѣсъжагаемаа *Евх 16б 6*; авьлъ пожъренъιи прѣжде • и пръвъιи правьдникъ *Супр 460, 12.— Мт 23, 35 Мар Ас; Супр 232, 9; 304, 26; 306, 4; 460, 12*

АВЕСЕЛОУМЪ, -а *м имя* (1) Ἀβεσσαλώμ Авессалом Absolón: псалмъ да⟨въι⟩довъ егда бѣгаше отъ лиц-а-веселоума с⟨ъι⟩на своего *Пс 3, 1 Син*

АВИАДЪ, АВИДЪ, -а *м имя* (4) [авиад- *Ас* (2), авид- *Сав* (2)] Ἀβιά Авия Abiáš: ровоамъ же роди авиада • авиадъ же роди асса *Мт 1, 7 Ас*, авида авидъ *Сав*

АВИАНЬ, АВИІАНЬ *прил. к мужскому имени Авий* (3) [авиа- *Зогр* (1), *Ас* (1), авиѣ- *Мар* (1)] τοῦ Ἀβιά Авиев Abiášův: ιереι етеръ ιменемь захариѣ • отъ дьневънъιꙗ чрѣдъι авианꙗ *Л 1, 5 Зогр Мар Ас*

АВИАТАРЪ, а- *и* **АВИАТАРЬ**, -рꙗ *м имя* (4) [авиатар- *Ас* (1) ѣвнавиафар- (!) *Зогр* (1), авиатарь- *Мар* (1), авитар- *Сав* (1)] Ἀβιαθάρ Авиафар Abiathar: како въниде въ храмъ б⟨о⟩жии • при авиатари архиереи *Мк 2, 26 Мар*, при ѣвнавиафарѣ (!) *Зогр*, прι авиатарѣ *Ас*, при авитари *Сав*

авивос(ъ) *Супр 256, 13-14 см.* авивъ

АВИВЪ, АВИВОСЪ, авива *м имя* (4) [авивос *Супр* (1)] Ἄβιβος Авив Abibus: мѣ⟨сѧ⟩ц⟨а⟩ • то⟨го⟩ж⟨е⟩ • еі҃ • с⟨вѧ⟩тъιхъ исповѣдъникъ • гюриꙗ самонъι и авива *Унд 2а 4.— Ас 127а 17; Супр 256, 13-14; 271, 7*

авидъ *Мт 1, 7 Сав см.* авиадъ

АВИЛИНИІА, -нꙗ *ж местность* (5) Ἀβιληνή Авилинея Abilina: ав⟨са⟩нию • четврътовластьствоуѭштю • авилиниеѭ *Л 3, 1 Зогр Мар Ас Сав Боян*

авилонъ *Евх 13а 14 см.* вавулонъ

авилоньскъ *Пс 136, 1 Син см.* вавулоньскъ

АВИМЕЛЕХОВЪ *прил. к мужскому имени Авимелех* (1) τοῦ Ἀβιμέλεχ Авимелехов Abimelechův: приде да⟨въι⟩дъ въ домъ авимелеховъ *Пс 51, 2 Син*

АВИРОНЪ, -а *м имя* (1) Ἀβιρών Авирон Abirón: отъврьзе сꙗ землѣ • и пожрѣтъ датана • и покръι на сънъмиці авирона *Пс 105, 17 Син*

авитарь *Мк 2, 26 Сав см.* авиатаръ

АВИТИ, ІАВИТИ, -влѭ, -виши *сов.* (>200) [ав- *Евх Зогр Мар Ас Сав Син Супр*, ѣв- *Зогр Мар Ас Унд Боян Син Клоц Рыл*, ꙗв- *Сав* (1) *Супр*] **1.** ἀποκαλύπτειν, φανεροῦν, δηλοῦν, δεικνύναι, ἐπιδεικνύναι, ἀναδεικνύναι, ἐμφανίζειν, ἀποδεικνύναι, μηνύειν, δημηγορεῖν, παριστάναι явить, открыть, сделать явным, обнаружить, показать, объявить zjevit, odhalit, učinit zjevným, ukázat, oznámit: ѣвихъ ιмѧ твое ч⟨ловѣ⟩комъ *И 17, 6 Зогр Мар Ас Сав 107а 19* (съказахъ *Сав 26а 8*); мънога дѣла добраа ѣвихъ вамъ • отъ о⟨ть⟩ца моего *И 10, 32 Зогр Мар Ас*; законъ его авитъ имъ *Пс 24, 14 Син*; не могѫ тръпѣти • да ꙗвьѭ дѣло • таче *Супр 240, 14*; обѣштавакѫтъ дѣвици самъ • своимъ лицемъ пришьствие ꙗвити *Супр 248, 24* □ авити сѧ ὁρᾶσθαι, φαίνεσθαι, ἐπιφαίνεσθαι, ἐμφαίνεσθαι, φανεροῦσθαι, ἀναδείκνυσθαι, ἀναφαίνεσθαι, φανερὸν γίγνεσθαι явиться, стать зримым, показаться, появиться zjevit se, stát se zjevným, ukázat se, objevit se: ави сѧ имъ илиѣ съ мосѣомь *Мк 9, 4 Зогр*, ѣви сѧ *Мар*, авишѧ сѧ *Ас*; ι ѣвишѧ сѧ прѣдъ нними *Л 24, 11 Зогр Мар Ас*; тъι бо б⟨ог⟩ъ нашъ на земи ави сѧ *Евх 4б 15*; облачьцъ малъ ꙗви сѧ надъ народомъ *Супр 568, 17* ● комоу, чесомоу φαίνεσθαι показаться, показать себя *кому-л.* (сделать *что-л.* напоказ) ukázat se *někomu* (udělat *něco* na odiv): ѣко любѧтъ... на распѫтиихъ • стоѭште молити сѧ • да ѣвѧтъ сѧ ч⟨ловѣ⟩комъ *Мт 6, 5 Зогр Мар Ас Сав* □ авленъ, ꙗвленъ ἐμφανής, φαιδρός, πρόδηλος; (не авленъ λανθάνων, ἀφανής) явный zjevný: авленѫ болѣзнь цѣлѣꙗ • ι не авленѫ исправлѣꙗ *Евх 26а 6-7* ● къ комоу φαίνεσθαι прийти, явиться *к кому-л.* přistoupit *k někomu*: кротъко ꙗви сѧ къ свѧтилиштоу *Супр 248, 13* **2.** ἀναδεικνύναι, ποιεῖν назначить, сделать *кого-л. кем-л.* ustanovit, učinit *někoho něčím*: тъ рабъι нъι сѫшта грѣхоу • свободь авилъ *Супр 480, 2* □ авити сѧ ἀναδείκνυσθαι оказаться, стать *чем-л.* stát se *něčím*: н⟨е⟩б⟨е⟩сьноумоу ц⟨ѣса⟩р⟨ь⟩ствоу твоемоу • причѧстьникъ авитъ сѧ *Евх 24а 2.— Зогр*

Мар Ас Сав Унд Боян Син Евх Клоц Супр Рыл.— Ср. окрꙑти, показати

авиоудъ, авиюдъ, -а *м имя* (4) [авиоуд- *Ас* (2), авиюд- *Сав* (2)] Ἀβιούδ Авиуд Abiud: зоровавель же роди • авиоуда • авиоудъ же роди елиакима *Мт 1, 13 Ас Сав*

авинѣнь *Л 1, 5 Мар см.* авиань

авлꙗти, ꙗвлꙗти, -лꙗѭ, -лꙗкши *несов.* (45) [ав- *Зогр* (1) *Мар* (3) *Ас* (2) *Евх* (7), ꙗв-/ѣв- *Зогр* (2) *Мар* (1) *Сав* (1) *Клоц* (7) *Супр* (21)] **1.** δεικνύναι, ἐνδεικνύναι, ἐπιδεικνύναι, ἐλέγχειν, ἀποδεικνύναι, δημοσιεύειν, σημαίνειν, ἐμφανίζειν; (авлꙗѩ σαφῶς) являть, делать явным, показывать, раскрывать, разоблачать zjevovat, činit zjevným, ukazovat, odhalovat: кое знамение ѣвлѣеши намъ ѣко си твориши *И 2, 18 Мар Зогр*; лице ꙗвьꙗкть печаль *Супр 474, 26*; не тъкма бо цѣсарьство образоваваше • нъ и кръвоꙗденьк и оубиство жидовъ ꙗвьꙗше *Супр 484, 24*; не хотѣаше же овъторити ꙗже о оученицѣхъ своихъ ꙗвъꙗкмаꙗ кмоу *Супр 569, 14* ● ἀποδεικνύναι, δεικνύναι представлять (*в каком-л. свете*) představovat (*v nějakém světle*): то славьнѣиша (! *вм.* славьнѣише) ꙗвьꙗше • трьпѣник мѫченик' *Супр 92, 27* ▭ авлꙗти сѧ ὀπτάνεσθαι, καταμηνύεσθαι, φαίνεσθαι являться, представать, делаться зримым zjevovat se, stávat se zjevným: по срѣдѣ мосѣа • і илиѩ въ горѣ ѣвлѣѩ сѧ *Клоц 13б 35*; аште кде оставькна бꙑвааше кость свѣтомъ ꙗвьꙗше сѧ *Супр 81, 9-10* ● представляться (*в каком-л. свете*) představovat se (*v nějakém světle*): вьнѣждоу оубо авлѣате сѧ чл⟨о⟩в⟨ѣ⟩комъ праведьни *Мт 23, 28 Мар* **2.** авлꙗти сѧ φαίνεσθαι казаться, представляться zdát se: слꙑшасте власвимиѭ • чьто вамъ сѧ авлѣетъ *Мк 14, 64 Зогр Мар* **3.** авлꙗти сѧ φαίνεσθαι становиться, быть stávat se, být: пльть приꙗтъ богъ слово • и чловѣкъ ꙗвьꙗше сѧ *Супр 480, 10.— Зогр Мар Ас Сав Евх Клоц Супр.— Ср.* окрꙑвати, показати, показовати

авлєниѥ, ꙗвлєниѥ, -ниꙗ *с* (32) [ав- *Зогр* (3) *Мар* (5) *Ас* (1) *Евх* (1) *Супр* (1), ꙗв-/ѣв- *Зогр* (1) *Мар* (1) *Ас* (2) *Охр* (1) *Сав* (8) *Супр* (8)] **1.** ἀποκάλυψις, ἀνάδειξις откровение (*божественное*) zjevení, odhalení: божиимъ ꙗвьѥниимъ приде сѣмо *Супр 203, 8*; данок кмоу съкровиште отъ благодѣти доуховьнꙑѩ • до врѣмене ꙗвьѥниꙗ кмоу съхранѣ *Супр 26, 12-13* **2.** ὀπτασία, ἐπιφάνεια явление, видение zjevení, vidění: ѣвленье а⟨н⟩ѣ⟨е⟩лъ видѣвъша *Л 24, 23 Зогр Мар Ас Охр* ▭ авлєниѥ, авлєниꙗ *мн.* τὰ φῶτα Богоявление (*церковный праздник*) Zjevení Páně: с⟨ѫ⟩б⟨от⟩ѫ прѣдъ ꙗвлении *Сав 145а 15* **3.** σαφήνεια, ἔνδειξις, ἀπόδειξις знамение, знак znamení: се ксть кръстьнок исправьѥник • се ксть въскръсениꙗ великоѥ ꙗвьѥник *Супр 489, 30* **4.** τὸ πρόδηλον нечто явное, очевидное со je jasné, zřejmé: та кдина о нѥмъ съповѣдаѩ • ꙗже въсѣмъ съпроста ꙗвьѥник навѣдѫштиимъ того *Супр 278, 30* □ въ авлєниѥ прити εἰς φανερὸν ἔρχεσθαι стать явным, обнаружиться vyjevit se, vyjít najevo: нѣстъ бо таино • еже не авитъ сѧ • ни оутаено еже не бѫдетъ познано • і въ авленье придетъ *Л 8, 17 Зогр Мар Ас Сав* **5.** ἀνάδειξις назначение ustanovení: о авлении седми десатъ *Мар 76б 13.— Зогр Мар Ас Охр Сав Евх Супр.— Ср.* богоавлєниѥ, видѣниѥ, просвѣщениѥ

авлѥнѣ, ꙗвлѥнѣ *нареч.* (1) σαφέστερον явно, открыто jasně, nepokrytě: рьци ꙗвьѥнѣ • и штемок *Супр 437,1.— Ср.* авѣ, обиновати сѧ (не обиноуѩ сѧ)

аворовъ *прил.* (1) τῆς πλατάνου яворовый javorový: привѧзаша с⟨вѧ⟩тааго дѫбѣ соусѣ аворовѣ *Супр 18, 10*

авраамль, аврамль *прил. к* авраамъ (39) [авраам- *Зогр* (7) *Мар* (3) *Ас* (8) *Син* (2) *Супр* (2), аврам- *Зогр* (2) *Мар* (7) *Сав* (3) *Евх* (5)] τοῦ Ἀβραάμ Авраамов Abrahámův: за нѥ і сь с⟨ꙑ⟩нъ авраамль естъ *Л 19, 9 Зогр Мар Ас*; на лонѣ аврамли *Евх 58а 23.— Зогр Мар Ас Син Ен Евх Супр.— Ср.* авраамовъ

авраамовъ, аврамовъ *прил. к* авраамъ (3) [авраам- *Зогр* (1) *Мар* (1), аврам- *Евх* (1)] τοῦ Ἀβραάμ Авраамов Abrahámův: на лонѣ аврамовѣ *Евх 57б 23.— Л 3, 34 Зогр Мар.— Ср.* авраамль

авраамъ, аврамъ, -а *м имя* (80) [авраам- *Зогр* (15) *Мар* (13) *Ас* (21) *Ен* (2) *Син* (2) *Супр* (6), аврам- *Зогр* (2) *Мар* (5) *Сав* (11) *Евх* (2) *Супр* (1)] Ἀβραάμ Авраам Abrahám: възведъ очи свої • сꙑ въ мѫкахъ • оузьрѣ авраама із далече *Л 16, 23 Зогр Мар Ас Сав.— Зогр Мар Ас Сав Ен Син Евх Супр*

автономъ, -а *м имя* (2) Αὐτόνομος Автоном Autonomus: мѣ⟨сѧ⟩ца сеп⟨тѧ⟩б⟨ра⟩ ѕ҃і... с⟨вѧ⟩тааго автонома *Ас 116бβ 26, Ен 29б 9*

авьлъ *Супр 460, 12 см.* авелъ

авьтоухъ *Сав 151а 17 см.* евтоухъ

авѣ, ꙗвѣ *нареч.* (72) [авѣ *Зогр* (8) *Мар* (5) *Ас* (2) *Евх* (2) *Супр* (8), ꙗвѣ/ѣвѣ *Зогр* (4) *Мар* (7) *Ас* (1) *Сав* (5) *Син* (1) *Клоц* (2) *Супр* (27)] **1.** παρρησίᾳ, φανερῶς, φανερόν, φανερότερον, σαφῶς, σαφέστερον, ἐναργῶς, ἐμφανῶς, ἐν τῷ φανερῷ, εὐθυβόλως, πρόδηλον, κατάδηλον явно, открыто zjevně, nepokrytě: ι⟨соу⟩с⟨ъ⟩ же къ томоу не ѥвѣ хождааше въ юдеихъ *И 11, 54 Зогр Мар Ас* □ авѣ ѥстъ *в знач. сказ.* δῆλον, φανερόν, ἐν παρρησίᾳ, σαφές ясно, известно je zřejmé, je známo: тѣмьже иже бес покаанѩ оумьретъ • то авѣ то естъ • ѣко нѣстъ крестьѣнъ *Евх 66б 15*; чим же се ꙗвѣ ѥстъ *Супр 490, 29*; никъ-тоже бо въ таинѣ ничесоже творитъ • ι иштетъ самъ ѣвѣ бъıти *И 7, 4 Зогр Мар Ас* □ авѣ творити/сътворити кого δῆλον, φανερόν τινα ποιεῖν открывать/открыть, выдавать/выдать odhalovat/odhalit, prozrazovat/prozradit: бесѣда твоѣ авѣ тѧ творитъ *Мт 26, 73 Зогр Мар Ас Сав* (2); запрѣти имъ • да не авѣ его сътворѧтъ *Мт 12, 16 Зогр Мар Сав*, творѧтъ *Ас* **2.** σαφῶς наверно jistě, určitě: въста авѣ и бес пьрѫ *Супр 440, 10* □ авѣ ꙗко δηλονότι наверно, конечно nepochybně, zajisté: цѣмъ же даньı бѫдѫтъ • свѧтителъı ꙗвѣ ꙗко *Супр 246, 12.— Зогр Мар Ас Сав Син Евх Клоц Супр.— Ср.* авлиѣ, обиновати сѧ (не обиноуѩ сѧ)

АГАПИИ, -иꙗ *м имя* (2) Ἀγάπιος Агапий Agapios: мѣ⟨сѧ⟩ца сеп⟨тѧ⟩б⟨ра⟩ н҃і • с⟨вѧ⟩тъıхъ м⟨ѫ⟩ч⟨ени⟩къ... теописта и агапгѣ *Ас 120б 17-18.— Ен 35а 17*

АГАРЬ, -и *ж имя* (2) [-ръ] Ἁγάρ Агарь Agar: агаръ бо естъ синѣ гора • еже въ рави *Гал 4, 25 Ен.— Гал 4, 24 Ен*

АГАРѢНЕ, -ъ *м мн. племя* (1) οἱ Ἀγαρηνοί агаряне Agarénové: села идоумѣискаѣ измаилитѣне • моѣвъ ι агарѣнѣ (! *вм.* -не) *Пс 82, 7 Син*

АГАТОКЛИꙖ, -ниꙗ *ж имя* (1) Ἀγαθόκλεια Агафоклея Agathokleia: паматъ... (с⟨вѧ⟩-тѣи) агатокли (!) *Ен 20а 16*

АГАТОНИКЪ, -а *м имя* (1) Ἀγαθόνικος Агафоник Agathonik: мѣ⟨сѧ⟩ца авгос⟨та⟩ к҃в с⟨вѧ⟩т⟨аа⟩г⟨о⟩ • агатоника *Ас 152а 18*

АГАѲОДОРЪ, -а *м имя* (2) *греч. нет* Агафодор Agathodor: съвѧзавъше с⟨вѧ⟩тъıѩ мѫжа • еугеньꙗ • агаѳодора елпидиꙗ • жъзлиѥмъ и камениѥмъ влачѧште побиша *Супр 538, 23.— Супр 538, 15*

агге- *см.* анге-

АГГИИ, -иꙗ *м имя* (1) Ἁγίας Агий Agias: а се имъ имена... леwнтии • аггии • аетиі *Супр 69, 15*

АГЛАИИ, -иꙗ *м имя* (1) Ἀγλάϊος Аглаий Aglaios: запрѣтивъ агланоу капикларию • твьрдѣ блюсти ихъ *Супр 72, 2*

АГНЬЦЬ, ꙖГНЬЦЬ, -а *м* (30) [ѣгньц- *Клоц* (2)] ἀμνός, ἀρνίον, ἀρήν агнец, ягненок beránek, jehně: стоꙗше на крьстѣ агньць • и два вълка *Супр 437, 15*; се агньць б⟨о⟩жи въземлѩи грѣхъı вьсего мира *И 1, 29 Зогр Мар Ас Сав Боян.— Зогр Мар Ас Сав Боян Син Служ Евх Клоц Супр.— Ср.* агнѧ, овьчѧ

АГНѦ, -ѧте *с* (3) ἀρήν ягненок, агнец jehně, beránek: азъ посълаѭ въı • ѣко агнѧ по срѣдѣ вълкъ *Л 10, 3 Зогр* (агньцѧ *Мар*, овцѧ *Ас*).— *Супр 471, 27; 481, 7.— Ср.* агньць, овьчѧ

АГОДА, -ъı *ж* (3) [агона (!) *Сав* (1)] καρπός плод plod: или творитъ дрѣво доброе агодѫ емоу добрѫ • или творитъ дрѣво прахнѣно и агонѫ (!) емоу изгнилѫ • отъ агодъı бо дрѣво знаетъ сѧ *Мт 12, 33 Сав* (плодъ... плодь... отъ плода *Зогр Мар Ас*).— *Ср.* плодъ

агона *Мт 12, 33 Сав см.* агода

АГРИКОЛАИ, -аꙗ *м имя* (5) Ἀγρικόλαος Агриколай Agrikolaos: агриколаи воѥвода глагола *Супр 70, 1.— Супр 68, 27-28; 71, 18; 74, 29; 76, 6-7*

АГРИПА, -ъı *м* и **АГРИПЪ**, -а *м имя* (2) [агрипа *Супр* (1) агрипъ *Супр* (1)] *греч. нет* Агриппа Agrippa: воѥвода же агрипъ вълѣзъ въ амасиискъ градъ • съзъва старѣишинъı града *Супр 17, 5.— Супр 15, 22*

АДАВОВЪ *прил. к мужскому имени Адав* (1) *греч. нет* Адавов, Адава *род.* Adabův: исаиꙗ нѣк'то именемь • сънъ адавовъ *Супр 271, 21*

АДАМОВЪ *прил. к* адамъ (7) τοῦ Ἀδάμ Адамов Adamův: с⟨ъı⟩нъ съı ѣко мьнимъ бѣ • иосифовъ... адамовъ *Л 3, 38 Зогр Мар.— Супр 280, 22; 396, 18; 482, 15; 483, 29; 489, 16*

АДАМЪ, -а *м имя* (47) Ἀδάμ Адам Adam: д⟨ь⟩нес⟨ь⟩ • адамъ обнавлѣетъ сѧ • ι евъга свобаждаетъ сѧ *Евх 2а 4.— Евх Клоц Супр Рыл*

аддъдиѥвъ *Л 3, 28 Зогр см.* адъдиѥвъ

АДИКЪ, -а *м имя* (1) Ἀττικός Аттик Atticus: мѣ⟨сѧ⟩ца октов⟨ра⟩ а҃і • с⟨вѧ⟩т⟨ъı⟩хъ о⟨ть⟩ць наш⟨ихъ⟩ арх⟨ие⟩п⟨иско⟩пь ц⟨ѣса⟩рѣ града • нектариа арсака • адика *Ас 122б 14*

АДОВЪ, -ъıи *прил. к* адъ (22) τοῦ ᾅδου, τοῦ ταρτάρου адов, адский podsvětní, pekelný: тъı еси петръ • ι на семь камене • съзиждѫ цръковь моѭ • ι врата адова не оудолѣѭтъ еи *Мт 16, 18 Зогр Мар Ас*; бѣдъı адовъı обрѣтѫ мѧ *Пс 114, 3 Син.— Зогр Мар Ас Син Евх Клоц Супр.— Ср.* адовьнъ, адовьскъ, адьскъ

АДОВЬНЪ, -ъıи *прил.* (2) τοῦ ᾅδου адский, адов podsvětní, pekelný: дьньсь вратьници адовьнии видѣвъше иштезоша *Супр 450, 2; Клоц 13а 32-33.— Ср.* адовъ, адовьскъ, адьскъ

АДОВЬСКЪ, -ъıи *прил.* (3) τοῦ ᾅδου адский, адов podsvětní, pekelný: дьнесь же бльштанимъ б⟨о⟩жиѥмъ • адовъскоѥ жилиште бъкть *Супр 449, 26-27;— Клоц 13а 25; Супр 459, 12.— Ср.* адовъ, адовьнъ, адьскъ

АДРИАНЪ, -а *м имя* (1) Ἀδριανός Адриан Hadrián: мѣ⟨сѧ⟩ца авгос⟨та⟩ • н҃ѕ • с⟨вѧ⟩та м⟨ѫ⟩ч⟨ени⟩ка адриана и иже сь нимъ *Ас 152а 25*

АДЪ, -а *м* (76) ᾅδης ад podsvětí, peklo легъко бо очима твоима вл⟨адꙑ⟩ко • оумрътвити і оживити • низъвести въ адъ • і пакы възвести *Евх 78б 24*; не тьчьѭ же сьмрьть нарицааше сѧ • раздрѣшенъѥ д⟨оу⟩шѧ отъ тѣлесе нъ и адъ *Супр 487, 18* ● ад, пекло peklo: до н⟨ебе⟩се възнесъ сѧ • до ада съведеши сѧ *Л 10, 15 Зогр Мар*; възвратѧтъ сѧ грѣшьници вь адъ *Пс 9, 18 Син.— Зогр Мар Ас Сав Син Евх Клоц Супр Хил.— Ср.* ѥеона, прѣисподьнь (прѣисподьнѧꙗ)

АДЪДИѤВЪ *прил. к мужскому имени Аддий* (2) [аддъди- *Зогр* (1)] τοῦ Ἀδδί Аддиев Addiův: с⟨ꙑ⟩нъ съı... аддъдиевъ *Л 3, 28 Зогр*, адъдиевъ *Мар*

АДЬСКЪ, -ꙑи *прил.* (4) τοῦ ᾅδου адский podsvětní: тоу въ чрѣвѣ адьстѣѥмъ лежитъ їѡна *Супр 461, 2.— Супр 335, 15; 461, 1; 464, 29.— Ср.* адовъ, адовьнъ, адовьскъ

АѤРЪ, -а *м* (2) ἀήρ воздух vzduch: да бѣсꙑ сѫштѧѩ на аерѣ проженетъ *Супр 482, 11-12.— Евх 71а 12.— Ср.* въздоухъ, вѣтръ

АѤРЬНЪ, -ꙑи *прил.* (1) τῶν ἀέρων воздушный vzdušný: темъна вода въ облацѣхъ аеръныхъ *Пс 17, 12 Син.— Ср.* въздоушьнъ

АЕТИИ, -ꙗ *м имя* (1) *греч. нет* Аэтий Aetius: бѣахѫ же воини кападокиискꙑѩ странꙑ... а се имъ имена • дометиꙗнъ... аггии • аетиї • никал *Супр 69, 15*

АЗАРИꙖ, -ьѩ *м имя* (2) Ἀζαρίας Азария Azariáš: мѣ⟨сѧ⟩ца дек⟨ѩбра⟩ иж с⟨вѧ⟩тъıхъ трии отрокъ • ананиѩ азариѩ мисаила и данила пр⟨о⟩р⟨о⟩ка *Ас 129б 23.— Супр 179, 6*

АЗАРЪ, -а *м имя* (4) [азарь *Ас* (1)] Ἀζώρ Азор Azor: елиакимь же роді азара • азарь же роді садока *Мт 1, 13-14 Ас Сав* (∅ *Зогр Мар*)

АЗЪ *мест., род.* мене, *дат.* мьнѣ, ми, *вин.* мене, мѧ, *местн.* мьнѣ, *тв.* мъноѭ (>2 700) [ѥзъ *Мар* (1), а (!) *Син* (1)] ἐγώ я já: азъ же по срѣдѣ васъ есмь *Л 22, 27 Зогр Мар*; ѣко оутвръ(ді)шѧ сѧ паче мене *Пс 17, 18 Син*; а не противи сѧ мьнѣ акꙑ онисиї *Супр 48, 27*; рьци ми • како подобаше створіті лоучъш *Клоц 5а 33*; ꙗко и мене грѣшьнаго... съподобилъ ѥси *Супр 103, 6-7*; помилоуи мѧ *Евх 84б 21*; ѣко милость твоѣ велиѣ на мьнѣ естъ *Пс 85, 13 Син*; ч҄то же г⟨лаго⟩лѭ о сихъ • ѥже положі прѣдъ мноѭ *Супр 49, 9* ♦ тако ми *с вин.* μά, νή клянусь *кем* přísahám *při kom*: тако ми богꙑ не имамъ тебе по-

штадѣти *Супр 104, 21.— Зогр Мар Ас Охр Сав Боян Зогр-пал Ен Евх Клоц Супр Зогр-лл*

аиръ *Л 8, 41 Ас см.* иаиръ

АИЦЕ, -а *с* (6) ᾠόν яйцо vejce: котораго же отъ васъ о⟨ть⟩ца... с⟨ꙑ⟩нъ... аште проситъ аица • еда подастъ емоу скоръпиі *Л 11, 12 Зогр Мар Ас Сав* (2).— *Супр 291, 8*

АКАКИИ, -ꙗ *м имя* (1) Ἀκάκιος Акакий Akakios: бѣахѫ же воини кападокиискꙑѩ странꙑ... а се имъ имена • дометиꙗнъ... ек҄дикїи • акакии • їѡанъ *Супр 69, 11*

акимъ *Ас 166 вβ 14 см.* иоакимъ

ако *Зогр Ас Супр см.* ꙗко

АКРИДЬ, -и *ж* (5) ἀκρίς акрида kobylka: ѣдь • акриди і медъ дивиі *Мк 1, 6 Зогр Мар Ас Боян* (прѫзи *Сав*).— *Мт 3, 4 Ас.— Ср.* прѫгъ

АКРОГОНИѤИ *прил.* (1) ἀκρογωνιαῖος краеугольный úhelný: потъкѫ сѧ въ акрогоние • і (!) камень *Клоц 12б 20-21* (ѫгъльнъи *Супр 448, 17*).— *Ср.* ѫгъльнъ

АКРОТОМЪ, -а *м* (2) ἀκρότομος скала, утес skála, útes: обѣтование • недвижимо • основано • на акротомѣ *Евх 93б 17.— Пс 113, 8 Син*

АКЫ *нареч. и союз* (>100) [ѣкꙑ *Зогр* (3)] I. *нареч. относительное* акꙑ, акꙑи ὡς, ὥσπερ, ὡσεί, καθάπερ, καθά, κατά, δίκην, ἅτε, ὡσανεί; (акꙑ снѣгъ, акꙑ снѣгъ сиꙗѩи сѧ χιονόφεγγος) *выражает сравнение* как, точно, словно jako, stejně jako: бѫдѣте же мѫдри акꙑ змиѩ *Мт 10, 16 Зогр* (ѣко *Мар*); възлюбиши подроуга своего ѣкꙑ самъ сѧ *Мк 12, 31 Зогр* (ѣко *Мар Ас*); просвьтѣшѧ сѧ кости с⟨вѧ⟩тъıхъ вь водѣ • акꙑ и свѣтильници *Супр 81, 8*;. съвъраша съборъ • да не акꙑ снѣгъ сиꙗѭштаго сѧ бисъра примѫтъ *Супр 385, 18* ● акꙑ... тако *греч. нет* как... так jako... tak: акꙑ отьць любовънꙑи приѥмлетъ чадо своѥ • тако притекъ львъ скочи на праведьника *Супр 166, 20* ● *выражает условно-предположительное сравнение* как будто jako by, jakoby: и бꙑшѧ акꙑ мрътві *Мт 28, 4 Ас* (ѣко *Зогр Мар*, ꙗко *Сав*) ● *присоединяет имя предикативное* как, в качестве *кого-л., чего-л.* jako, jakožto: како оубо хоштете • о семь намъ страдати • акꙑ правьдьникомъ или акꙑ и неправьдьникомъ *Супр 128, 1*; сего дѣлма и (*т. е.* законъ) оустави • поне испльнити ѥго не можааше • акꙑ тѧжька сѫшта *Супр 416, 28* (ѣко *Клоц 6б 11*) II. *союз изъяснительный* ὡς, ὅτι что že: дроузиї же не покорꙗахѫ сѧ • глаголѭште акꙑ нѣстъ велико чоудо *Супр 33,24*; да оувѣсте акꙑ и не въпрашати сѧ велимъ *Супр 130, 15.— Зогр Ас Евх Супр.— Ср.* окꙑ, ꙗко

АКѴЛА, -ы *м имя* (1) Ἀκύλας Акила Akvila: бѣ и акула и прискула • и мнози инии *Супр 347, 3*

АЛАВАСТРЪ, -а *м* (11) [алавестр- *Зогр* (1), алавѣстр- *Зогр* (2)] ἀλάβαστρος, ἀλάβαστρον алебастровый сосуд alabastrová nádoba: приде жена • имѫшти алавѣстръ хризмы • нар'дьнꙑ пистикии драгы *Мк 14, 3 Зогр Мар*; принесъши алавастръ мура *Л 7, 37 Зогр Мар Ас.— Мт 26, 7 Зогр Мар Ас Сав; Мк 14, 3 Зогр Мар.— Ср.* стькл'ѣница

алавестръ *Мт 26, 7 Зогр см.* алавастръ

алавѣстръ *Мк 14, 3 Зогр см.* алавастръ

АЛАМОУНДАРЬ, -рꙗ *м имя* (1) Ἀλαμούνδαρος Аламундар Alamundar: аламоундарь сиснкъ • цѣсаръскыи санъ вьзьмъ • иже персомъ дань дагахѫ • иде на аравиѭ *Супр 291, 25*

АЛАСѴРЬ *прил. к мужскому имени Асур* (?) Ἀσσούρ Асура *род.* Asurův: стр⟨а⟩сть ...римпсиѩ и дроужинꙑ еѩ • при диоклитиѣнѣ ц⟨ѣса⟩ри • и при ц⟨ѣса⟩ри перстѣ • артаванѣ • с⟨ы⟩нѣ • аласѵри *Ен 38а 8*

АЛГОѴИ *ж* (?) *нескл.* (3) [алъгоуи *Клоц* (1), ал'гѵи *Супр* (1), ал...оуи *Супр* (1)] ἀλοή алоэ aloe: змурнѫ и въ погребениѥ • и ал'гѵи прикмькъ *Супр 451, 26; Клоц 14а 14.— Супр 454, 1*

АЛГОѴИНЪ *прил.* (3) [алгоуин- *Мар* (1), алгоин- *Ас* (1), олъгоуін- *Зогр* (1)] τῆς ἀλοῆς из алоэ z aloe: съмѣшение змърно і олъгоуіно *И 19, 39 Зогр Мар Ас*

алдии *Супр 428, 21 см.* алъдии

алекс- *см. также* алеѯ-

АЛЕКСАНДРОВЪ *прил. к* алеѯандръ (5) [алек'сан'др- *Зогр* (1), *Ас* (1), алексаньдр- *Сав* (1), алеѯан'др- *Супр* (1), алексѧдр- *Мар* (1)] τοῦ Ἀλεξάνδρου Александров Alexandrův: і задѣшѧ мимо ходѧштю • етероу симоноу • кѵрѣниноу... о⟨ть⟩цю алек'сан'дровоу • і р⟨оу⟩фовоу • да възъметъ крьстъ его *Мк 15, 21 Зогр Мар Ас Сав.— Супр 161, 2*

АЛЕКСАНДРЬСКЪ, -ꙑи *прил. к* алеѯандрига (2) [алеѯандрьс- *Супр* (1)] ὁ κατὰ Ἀλεξάνδρειαν александрийский alexandrijský: кѵрила арх⟨ие⟩п⟨искоу⟩па александрьска *Ас 149б 21-22.— Супр 186, 17-18.— Ср.* алеѯандрискъ

алексаньдровъ *Мк 15, 21 Сав см.* александровъ

алексѧдровъ *Мк 15, 21 Мар см.* александровъ

алел'ѣи *Евх 106а 5 см.* алелоуига

алелоугиа *Ен 26б 5 см.* алелоуига

алелоугѣ *Пс 106, 1 Син см.* алелоуига

АЛЕЛОУИГА *межд.* (50) [алелоуиѣ *Син* (8), алелоугиа *Ен* (1), алѣлоугѣ *Син* (2), алелоугѣ *Син* (1), алилоу.. *Ен* (1), аллелоугьѣ *Син* (2), аллѣлоуиѣ *Син* (1), алел'ѣи *Евх* (1), аллоу(г) *Ен* (11), аллоу- *Ен* (2), алл(г) *Ен* (2), але(ѣ) *Ас* (9), але(га) *Сав* (5), ал(л)е *Евх* (2), ал(ѣ) *Ас* (2)] ἀλληλούϊα, ἀλληλούϊα (*евр.*) аллилуйя aleluja: але⟨лоуи⟩ѣ глас⟨ъ⟩ г *Ас 5аа 2.— Ас Сав Ен Син Евх*

АЛЕЛОУИГАРИИ (?) -ига *м* (2) [ал(л)е] *греч. нет* аллилуйарий alleruiarion: алел⟨оуиарии⟩ глас⟨ъ⟩ искрь е *Евх 58б 14.— Евх 99б 20*

алеѯ- *см. также* алекс-

АЛЕѮАНДРИИСКЪ, -ꙑи *прил. к* алеѯандрига (1) τῶν Ἀλεξανδρέων александрийский alexandrijský: отъ алеѯандриска града *Супр 189, 9.— Ср.* александрьскъ

АЛЕѮАНДРИГА, -иѩ *ж город* (5) [алеѯан'др- *Супр* (1), александр- *Ас* (1) *Ен* (1)] Ἀλεξάνδρεια Александрия Alexandrie: с⟨вѧ⟩тоую о⟨ть⟩цю наш⟨е⟩ю аѳан⟨а⟩сиѣ и кѵрила арх⟨ие⟩п⟨искоу⟩па александриѩ *Ас 141а 20.— Ен 29б 7; Супр 188, 2; 188, 22; 201, 10*

АЛЕѮАНДРЪ, -а *м имя* (57) [алеѯан'др- *Супр* (7), александр- *Ен* (1)] Ἀλέξανδρος Александр Alexandr: алеѯан'дръ же вьсхотѣ порѫгати сѧ кмоу *Супр 130, 9.— Ен Супр*

али *см.* а *союз*

алиакимъ *Мт 1, 13 Сав см.* елиакимъ

алк- *см.* алък-

аллелоугьѣ *Пс 104, 1; 105, 1 Син см.* алелоуига

аллѣлоуиѣ *Син 174а см.* алелоуига

алмодановъ *Л 3, 28 Мар см.* елмодановъ

АЛСОСЪ, -а *м остров* (1) *греч. нет* Алсос Alsos: привръженъ бꙑстъ въ островъ нарицаѥмꙑи алсосъ • въ странахъ рѣкꙑ дьнапра *Супр 539, 5*

алтарь *Пс 42, 4 Син см.* олътарь

АЛФИИ, -ига *м имя* (1) Ἀλφειός Алфей Alfeus: ..мѫчени.. (ке)лоунтина • алфиа • александра *Ен 37б 16*

алъгоуи *Клоц 14а 14 см.* алгоуи

АЛЪДИИ, ЛАДИИ, -иѩ *ж* (14) [алъди- *Зогр* (1) *Супр* (1), алди- *Супр* (1), лади- *Зогр* (4) *Мар* (6), галии (!) *Зогр* (1)] πλοῖον, σκάφη ладья, корабль loď: оузьрѣ ѣкова зеведеова • і оана братра его • і та въ ал'дии • завѧзаѭшта мрѣжѧ *Мк 1, 19 Зогр*, въ ладии *Мар*; і вълѣзъше въ ладиѭ ѣдѣахѫ на онъ полъ морѣ *И 6, 17 Мар*, въ галиѭ (!) *Зогр* (въ корабь *Ас*).— *Мк 1, 20 Зогр Мар; Мк 4, 36 Зогр* (2) *Мар* (2); *Мк 4, 37 Зогр Мар; Супр 428, 21; 522, 8.— Ср.* корабль, корабльць, ладиница

АЛЪКАНИѤ, -ига *с* (4) [алк- *Супр* (3)] **1.** *греч. нет* голод hlad: алъкание жѧдание *Евх 69б 22* **2.** νηστεία пост postění, půst: слово о алкании *Супр 354, 16-17*; кок врѣмѧ алканиꙗ оукрашениѥ *Супр 356, 8.— Супр*

319, 5.— Ср. алъчьба, гладъ, постъ, пощение

АЛЪКАТИ, ЛАКАТИ, -чѫ, -чеши *несов.* (28) [алък- *Сав* (4) *Евх* (3), ал'к- *Зогр* (1) *Супр* (3), алк- *Мар* (3) *Ас* (3) *Супр* (2), лак- *Зогр* (4) *Мар* (1) *Ас* (1) *Син* (3)] **1.** πεινᾶν быть голодным, голодать být hladový, hladovět, lačnět: къгда тѧ видѣхомъ • лачѫшта і натроухомъ • ли жѧждѫшта • і напоіхомъ *Мт 25, 37 Зогр,* алчѫща *Мар Ас Сав* **2.** νηστεύειν, ἀσιτεῖν поститься postit se: аще вѣдꙑ се сътворилъ естъ • да алъчетъ за сѧ • елико и за оного • і еже естъ възѩлъ • да дастъ нищимъ *Евх 104а 3*; онъ же три дни ал'кавъ *Супр 518, 21-22.— Зогр Мар Ас Сав Син Евх Супр.— Ср.* постити сѧ

АЛЪНИИ, -ниѩ *ж* (1) ἔλαφος лань laň: едина отъ мьнии (! *вм.* алънии) сѫштиихъ въ лаодикии *Супр 232, 30*

АЛЪЧЬБА, -ꙑ *ж* (13) [алч- *Супр* (10)] νηστεία, ἄσκησις пост půst: донелиже на многꙑ дни въ ал'чьбѣ и молитвѣ прѣбꙑваѭштоу славьноуоумоу томоу сергю • съвръшенѣ възможе бѣсъ изгънати из него *Супр 567, 18*; нъ добро вь врѣмѧ алчъбꙑ • покаанию прѣди положити цѣльбꙑ *Супр 358, 24.— Супр 53, 23; 170, 29; 280, 26-27; 513, 30; 514, 10; 530, 8; 531, 1-2; 547, 23; 547, 26; 548, 6; 548, 28-29.— Ср.* алъкание, постъ, пощение

АЛЪЧЬБЬНЪ, -ꙑи *прил.* (3) τῆς νηστείας относящийся к посту, связанный с постом postní: не раздроушаатъ сѧ алчьбънꙑи троудъ *Супр 431, 7.— Супр 390, 6; 427, 27*

АЛЪЧЬНЪ, -ꙑи *прил.* (1): алъчьнъ бꙑти πεινᾶν быть голодным, голодать být hladový, hladovět, lačnět: ал'ченъ бо бѣхъ и дасте ми ꙗсте (! *вм.* ꙗсти) *Супр 123, 20* (възлакахъ бо сѧ *Мт 25, 35 Зогр,* възалкахъ *Мар Сав,* възьалкахъ *Ас*).— *Ср.* алъкати

АЛЬФЕОВЪ *прил. к мужскому имени Алфей* (10) [алфе- *Зогр* (2) *Мар* (1) *Ас* (1)] τοῦ Ἀλφαίου Алфеев Alfeův: і мимо грѧдꙑ ис⟨оусъ⟩ • видѣ левгиѭ альфеова • сѣдѧшта на мꙑтьници *Мк 2, 14 Зогр Мар Ас Сав.— Мт 10, 3 Зогр Мар; Мк 3, 18 Зогр Мар; Л 6, 15 Зогр Мар*

алѣлоуіѣ *Пс 114, 1; 117, 1 Син см.* алелоуиꙗ

АМАЛИКЪ, -а *м племя* (1) Ἀμαλήκ Амаликитяне Amalečané: на тѧ завѣтъ з(ав)ѣшташа... мамънъ і амалікъ *Пс 82, 8 Син*

АМАСИИСКЪ, -ꙑи *прил. к* амасиꙗ (2) [амасиск- *Ас* (1)] τῆς Ἀμασείας, τῶν Ἀμασεῶν амасийский amasejský: василиа кп⟨иско⟩па амасиска *Ас 146а 2.— Супр 17, 6*

АМАСИꙖ, -ниѩ *ж город* (1) Ἀμάσεια Амасия Amasea: хотѣше бо скоро отити отъ амасиѩ *Супр 17, 14*

АМБАКОУМЪ, -а *м имя* (2) Ἀββακούμ, Ἀμβακούμ Аввакум Habakuk: акꙑ пророкъ ꙗкоже мьнѣ амбакоумъ • обрѣте сѧ въ своеи пештерѣ *Супр 289, 23.— Супр 502, 3*

АМБОНЪ, -а *м* (2) ἄμβων амвон ambona, ambon: въсходитъ патриархъ на амбонъ *Ен 30б 18.— Ен 30б 13*

АМЕМОУРМНИИ, -ниѩ *м* (4) [аменоуръм- *Супр* (1)] ἀμεμουρμνῆς калиф, халиф kalif, amemurmnes: амемоур'мнии повелѣ его оусѣкнѫти *Супр 66, 10-11.— Супр 56, 7; 56, 20; 57, 30.— Ср.* амемоурмнинъ

АМЕМОУРМНИИНЪ *прил.* (2) [аменоурмн- *Супр* (1)] τοῦ ἀμεμουρμνή халифов kalifův: въ амемоур'мниинъ дворъ *Супр 59, 1-2.— Супр 56, 6*

АМЕМОУРМНИНЪ, -а *м* (1) ἀμεμουρμνῆς халиф kalif: не могꙑ тлъкъ извѣштати лѫкавоуѹмоу амемоурмниноу • досажденига и оукора *Супр 61, 11.— Ср.* амемоурмнии

аменоур- *см.* амемоур-

АМИДЬСКЪ, -ꙑи *прил. к названию города Амида* (1) τῆς Ἀμίδης Амиды *род.* Amidy *род.*: по амидьстѣѣмь плѣнении *Супр 292, 1*

АМИНАДАВОВЪ *прил. к* аминадавъ (2) τοῦ Ἀμιναδάβ Аминадавов Aminadabův: с⟨ꙑ⟩нъ сꙑ... аминадавовъ *Л 3, 33 Зогр Мар*

АМИНАДАВЪ, -а *м имя* (4) Ἀμιναδάβ Аминадав Aminadab: араамъ же роді амінадава • амінадавъ же роді • нассона *Мт 1, 4 Ас Сав*

АМИНЪ, АМИНЬ *межд.* (>400) [аминъ *Мар Ас Сав Ен Евх Супр,* аминь *Зогр Мар Ас Клоц Супр,* амин *Зогр Мар Ас Супр,* амин' *Зогр Супр,* амнь *Зогр Мар Клоц,* амнъ *Мар,* амн *Клоц,* ами(н) *Ас Сав Служ,* ам(н) *Ас,* ами *Сав Супр*] ἀμήν (*из др.-евр.*) аминь amen: амин' г⟨лаго⟩лѭ вамъ • ідеже колижьдо проповѣдано бѫдетъ... еже сътвори си • г⟨лаго⟩лано бѫдетъ въ п⟨амѧ⟩ть еѩ *Мк 14, 9 Зогр Мар*; съ нимьже тебѣ слава... вь вѣкꙑ вѣкомъ аминъ *Евх 17а 12.— Зогр Мар Ас Сав Ен Служ Евх Клоц Супр.— Ср.* бꙑти (бѫдетъ)

АМОНЪ, -а *м имя* (2) Ἀμμών Амон Amon: и с⟨вѧ⟩т⟨а⟩го амона *Ен 20а 18.— Пс 82,8 Син*

АМОРИИ, -ниꙗ *м город* (1) Ἀμώριον Аморий Amórion: въста зълодѣи на крьстиꙗнꙑ • и в'сѧ воѩ своѩ оустроивъ • на дроугое лѣто на възлюбьенꙑи градъ [къ] аморії приде поплѣнити его хотѧ *Супр 56, 15*

АМОРѢИСКЪ, -ꙑи *прил. к названию племени Аморреяне* (2) τῶν Ἀμορραίων аморрейский amorejský: ізбі... сіога ц⟨ѣса⟩рѣ аморѣіска *Пс 134, 11 Син.— Пс 135, 19 Син*

АМОСОВЪ *прил. к* амосъ (2) τοῦ Ἀμώς Амосов Amosův: с⟨ы⟩нъ сы... амосовъ *Л 3, 25 Зогр Мар*

АМОСЪ, -а *м имя* (4) Ἀμώς, Ἀμών Аммос, Амон A'mos, Ámon: манасн же роді амоса • амось же роді носиѩ *Мт 1, 10 Ас Сав*

АНАВЛЪ, -а *м имя* (1) *греч. нет* (?) *неясно*: мѣ⟨сѧ⟩ца октов⟨ра⟩ в҃і с⟨вѧ⟩т⟨ы⟩х⟨ъ⟩ м⟨ѫ⟩ч⟨ени⟩к⟨ъ⟩ • папоула распа анавла и дроужинъи нх⟨ъ⟩ *Ас 122б 18-19*

АНАГНОСТЬСТВО, -а *с* (1) τῶν ἀναγνωστῶν τάξις служба чтеца (*в церкви*) služba lektora: шесть на десѧте лѣтъ сътворихъ въ анагностьствѣ *Супр 227, 12*

АНАЛАВЪ, -а *м* (2) ἀνάλαβος аналав (*часть монашеского облачения*) analav (*část mnišského oděvu*): приемлетъ аналавъ *Евх 97а 7.— Евх 99а 10-11*

АНАНИІА, -ніѩ *м имя* (13) Ἀνανίας Анания Ananiáš: мѣ⟨сѧ⟩ца октов⟨ра⟩ а҃ с⟨вѧ⟩таag⟨о⟩ ап⟨осто⟩ла ананиѩ *Ас 121б 24; Сав 131а 16.— Ас 129б 22-23; 141а 28; Ен 38б 2-3; Евх 34а 21; 34б 1; Супр 179, 5-6; 358, 10; 362, 9; 362, 13; 363, 12; 363, 16*

АНАСТАСИІА, -ніѩ *ж имя* (2) Ἀναστασία Анастасия Anastázie: мѣ⟨сѧ⟩ца дек⟨ѧбра⟩ к҃е с⟨вѧ⟩тънѩ м⟨ѫ⟩ч⟨ени⟩цѧ анастасиѩ *Ас 132б 2.— Супр 198, 9*

АНАТОЛИИ, -ниа *м имя* (2) [анатонл- (!) *Ас* (1)] Ἀνατόλιος Анатолий Anatol, Anatolij, Anatolius: мѣ⟨сѧ⟩ца тог⟨о⟩ и҃ с⟨вѧ⟩тъних⟨ъ⟩ о⟨ть⟩ць наш⟨и⟩х⟨ъ⟩ • арх⟨ие⟩п⟨искоу⟩пъ бъвшихъ ц⟨ѣса⟩ри градѣ • максимина прокла • анатонлѣ (!) и ѥенада *Ас 127а 27-28.— Супр 236, 17*

анатонлъ *Ас 127а 27-28 см.* анатолии

АНАѮАРХЪ, -а *м имя* (1) Ἀνάξαρχος Анаксарх Anaxarchos: тои ли сократъ и аристидъ • и анаѯархъ • и прочии величаахѫ сѧ *Супр 138, 14*

АНГЕЛЪ, -а *м* (>300) [анꙉел- *Киев*, аєг҃ел- *Син*, анг҃ел- *Ен Супр*, ангел- *Хил*, ан҃ьꙉл- *Мар*, агг҃ел- *Супр*, аг'г҃ел- *Супр*, аг҃ел- *Син*, ан҃гл- *Мар Унд Ен Син Супр*, аєгл- *Син*, ан҃ꙉл- *Зогр Мар Ас Боян Клоц*, аꙉ҃л- *Зогр Мар Ас Боян Евх Клоц*, аꙉ҃л' *Рыл*, ан҃ꙉл *Ас*, аꙉ҃л- *Боян*, аг҃л- *Сав Син*, аггл- *Сав*, а(н҃)л- *Мар*] ἄγγελος, ἀρχάγγελος (!); (равьнъ анг҃еломъ ἰσάγγελος) ангел anděl: вь шестꙑ же м⟨ѣ⟩с⟨ѧ⟩ць • посъланъ быс⟨тъ⟩ а⟨н⟩ꙉ⟨е⟩лъ гаврилъ • отъ б⟨ог⟩а • въ градъ галилеіскъ *Л 1, 26 Зогр Мар* (арх⟨а⟩нꙉ⟨е⟩лъ *Ас; Супр 246, 4*); ѣко аег⟨е⟩ломъ своимъ заповѣстъ о тебѣ • съхраніті тѧ во вьсѣхъ пѫтехъ твоіхъ *Пс 90, 11 Син*; ни оумрѣти бо по томь могѫтъ • равьни бо сѫтъ а⟨н⟩ꙉ⟨е⟩ломъ • і с⟨ы⟩нове сѫтъ б⟨о⟩жі *Л 20, 36 Зогр Мар*; нъ да равъно ангеломъ живѫщѧ помраченниіа тъмоѭ • и невѣрьства гоубительнъмь обложитъ оустроенимь *Хил 2аβ 9* ● *перен.* ἄρχων предводитель, князь kníže: иже сѫтъ агг҃ели сотонини *Супр 260, 27.— Зогр Мар Ас Сав Унд Боян Ен Син Евх Клоц Супр Рыл Хил*

АНГЕЛЬСКЪ, -ын *прил.* (36) [ангел- *Супр* (2), агг҃ел- *Супр* (20), анꙉл- *Евх* (1) *Клоц* (1), аꙉл- *Евх* (12)] τῶν ἀγγέλων, τοῦ ἀγγέλου, ἀγγελικός; (анг҃ельскаго образа, анг҃ельскъ образьнъ ἀγγελοειδής) ангельский andělský: великꙑ же сѫтъ • і анꙉ⟨е⟩лъскыѩ силꙑ *Клоц 9б 36-37*; съподоби и жити достоино • а⟨н⟩ꙉ⟨е⟩л⟨ь⟩скоумоу житью • і съхрани и отъ неприѣзнинъ сѣтеи *Евх 81а 23-24*; въ воинъство а⟨н⟩ꙉ⟨е⟩л⟨ь⟩скааго образа • і житие въ высотѫ • н⟨е⟩б⟨е⟩с⟨ь⟩нааго ц⟨ѣса⟩р⟨ь⟩ства *Евх 90б 8-9.— Евх Клоц Супр*

АНГЕЛЬСКꙐ *нареч.* (1) ἀγγελικῶς ангельски andělsky: а⟨н⟩ꙉ⟨е⟩л⟨ь⟩скꙑ зьрѣти тебе • чистомь ср⟨ьдь⟩цемь *Евх 94б 14*

андреа *Зогр Ас Унд см.* аньдреи

андреовъ *И 1, 44 Зогр см.* аньдреовъ

андрѣа *Мк 3, 18 Зогр см.* аньдреи

АНИНА, -ы *и* **АНИНЪ**, -а *м имя* (8) [*им. ед.* анина *Супр* (3), *род. ед.* анина *Супр* (4), *местн. ед.* анинѣ *Супр* (1)] Ἀνίνας Анин Aninaš, Anin: с⟨вѧ⟩тыи же анина абие оувѣдѣвъ само то отъ с⟨вѧ⟩тааго д⟨оу⟩ха *Супр 558, 3*; съчинити и писанью прѣдати • ѩже отъ чловѣка б⟨о⟩жиіа анина *Супр 543, 21.— Супр 543, 13; 544, 7; 544, 22; 547, 13; 548, 5; 560, 30*

АНКѴРА, -ы *ж* (2) [іан- *Супр* (1)] ἄγκυρα якорь kotva: дондеже име(ши) вѣровьнѫѭ анкѵрѫ *Супр 500, 13.— Супр 509, 17.— Ср.* котъка

АНКѴРЬСКЪ, -ын *прил. к названию города Анкира* (1) τῆς Ἀγκύρας анкирский ankyrský: климента еп⟨искоу⟩па анкѵрска *Ас 141а 24-25*

АННА[1], -ы *ж имя* (13) [аньн- *Мар* (1) *Сав* (2), ан'н- *Супр* (1)] Ἄννα Анна Anna: мѣ⟨сѧ⟩ца дек⟨ѧбра⟩ з҃ зачатие с⟨вѧ⟩тънѩ аннѣи • б⟨огороди⟩цѧ *Ас 128б 22.— Л 2, 36 Зогр Мар Ас Сав; Зогр 129а 5; Мар 76а 9; Ас 116бβ 15; 150б 29; Сав 126б 17; Ен 25а 5; 28б 3; Супр 24, 29*

АННА[2], -ы *м имя* (14) [ан'н- *Зогр* (2) аньн- *Сав* (2), *Клоц* (1), анън- *Боян* (1), ноаньнъ (!) *Сав* (1)] Ἄννας Анна Annáš: посъла же і ан'на съвѧзана къ каіафѣ *И 18, 24 Зогр Ас*, ноаньнъ (!) *Сав.— Л 3, 2 Зогр Мар Ас Сав Боян; И 18, 13 Зогр Мар Ас Сав; Клоц 13б 8; Супр 450, 16*

АНТИГРАФЕVСЪ, -а *м* (1) ἀντιγραφεύς антиграф (*контролер государственных доходов*) antigraf (*kontrolor státních příjmů*): ѳеωдωръ • славънꙑи антиграфеvсъ *Супр 281, 7*

АНТИМЪ, -а *м имя* (3) Ἄνθιμος Анфим Anthim: мѣ⟨сѧ⟩ца септѧб⟨ра⟩ ӡ҃ с⟨вѧ⟩тааг⟨о⟩ с⟨вѧ⟩т⟨ите⟩лѣ м⟨ѫ⟩ч⟨ени⟩ка антіма еп⟨иско⟩па никоміді⟨и⟩ *Ас 114 аβ 27-28.— Сав 125б 4; Ен 24б 3*

АНТИНОПОЛЬ, -и *ж город* (3) Ἀντινόπολις Антинополь Antinopol: ведомъ къ антінополи • прѣшедъ рѣкѫ *Супр 150, 8-9.— Супр 150, 5; 150, 13-14*

АНТИОХИИСКЪ, -ꙑи *прил. к* антиохиꙗ (5) [ан'т- *Супр* (1)] τοῦ Ἀντιόχου (!) антиохийский antiochijský: тъгда пришедъшоу въ антиохиискꙑи градъ *Супр 214, 1-2.— Супр 214, 15; 561, 1-2; 562, 8-9; 564, 22*

АНТИОХИꙖ, -иѩ *ж город* (1) Ἀντιόχεια Антиохия Antiochie: мелетии отъ антиωхиѩ *Супр 201, 12*

АНТИПАСХА, -ꙑ *ж* (3) [антипа(с) *Ас* (1), антипасх *Ас* (1), анти(пс҃) *Ас* (1)] (κυριακὴ τοῦ) Ἀντίπασχα воскресенье после пасхи neděle po velikonocích, Bílá neděle: нед⟨ѣлѣ⟩ ӡ҃ антипас⟨ха⟩ *Ас 66β 28.— Ас 122б 9; 156б 7*

АНТИФОНЪ, -а *м* (9) [антифω(н) *Ен* (2), анти(ф) *Ен* (2) *Евх* (2), анъти(ф) *Евх* (1)] антифон antifona: и по сем⟨ь⟩ начьнѫт⟨ъ⟩ • антиф⟨онъ⟩ • въ глас⟨ъ⟩ г҃ *Евх 83б 14.— Ен 20б 16; 21а 9; 26б 14; 27а 18; 31б 17; 32а 11; Евх 84б 15; 85б 4*

АНТИХРЬСТЪ, -а *м* (1) ἀντίχριστος антихрист antichrist: вьниде антихрьстъ въ градъ *Супр 221, 3-4*

АНТОНИИ, -иꙗ *м имя* (19) [анът- *Евх* (1)] Ἀντώνιος Антоний Antonín: зѣло лютѣ бѣсѧштъ сѧ юноша приведенъ бꙑстъ къ блаженоуоумоу антонию *Супр 171, 18.— Ас Сав Евх Супр.— Ср.* антонинъ, антонъ

АНТОНИНЪ, -а *м имя* (26) [ан'т- *Супр* (12)] *греч. нет* Антонин Antonín: твори въскорѣ непрѣподобьне • и вьсѣхъ нечьстиве ан'тонине томителю • волѫ отьца своего сотонꙑ *Супр 166, 14.— Супр.— Ср.* антонии, антонъ

АНТОНЪ, -а *м имя* (1) Ἀντώνιος, Ἀντωνῖνος Антон Antonín: с⟨вѧ⟩тꙑихъ м⟨ѫ⟩ч⟨ени⟩къ антона и родітелю его *Ас 126а 3.— Ср.* антонии, антонинъ

а н т ѹ п а т ъ *Супр 110, 20; 117, 1 см.* анѳvпатъ

а н т v п а т ъ *Супр 111, 6; 117, 30 см.* анѳvпатъ

а н ъ д р е ꙗ *Мт 4, 18 Сав см.* аньдреи

а н ъ н а *Л 3, 2 Боян см.* анна[2]

а н ъ т и ф о н ъ *Евх 85б 4 см.* антифонъ

а н ъ т о н и и *Евх 92б 24-25 см.* антонии

АНЬДРЕИ, АНЬДРѢИ, -ꙗ *и* **АНЬДРЕꙖ, АНЬДРѢꙖ**, -ѩ *м имя* (31) [аньдреи *Сав* (1) *Супр* (2), аньдрѣи *Зогр* (2) *Мар* (1), аньдрѣꙗ *Зогр* (5) *Мар* (8), анъдреꙗ *Сав* (1), андреа *Зогр* (2) *Ас* (5) *Унд* (1), андрѣа *Зогр* (1), андреи *Ас* (1), аньдриа *Охр* (1)] Ἀνδρέας Андрей Ondřej: г⟨лаго⟩ла емоу единъ отъ оученикъ его ан'дреа братъ симона петра *И 6, 8 Зогр*, аньдрѣа *Мар*, андреа *Ас*; ходѧ же при мори галилеисцѣ • видѣ симона і аньдрѣѭ братра того симона *Мк 1, 16 Мар*, аньдрѣа *Зогр.— Зогр Мар Ас Охр Сав Унд Супр*

АНЬДРЕОВЪ, АНЬДРѢОВЪ *и* **АНЬДРѢЮВЪ** *прил. к* аньдреи, аньдрѣи (6) [аньдреов- *Сав* (1), андреов- *Зогр* (1) *Ас* (1), аньдрѣов- *Зогр* (1) *Мар* (1), аньдрѣкв- *Мар* (1)] τοῦ Ἀνδρέου Андреев Ondřejův: придѫ въ домъ... аньдрѣовъ *Мк 1, 29 Зогр Мар*; бѣ же филипъ отъ видсаідьска града • андреова і петрова *И 1, 45 Зогр Ас*, аньдреова *Сав*, аньдрѣева *Мар*

а н ь д р и а *И 1, 40 Охр см.* аньдреи

а н ь д р ѣ и *см.* аньдреи

а н ь д р ѣ о в ъ *см.* аньдреовъ

а н ь д р ѣ ꙗ *см.* аньдреи

а н ь н а[1] *Мар 76а 9; Л 2, 36 Сав; Сав 126б 17 см.* анна[1]

а н ь н а[2] *Л 3, 2 Сав; И 18, 13 Сав см.* анна[2]

а н ѳ ѹ п а т ъ *Супр. см.* анѳvпатъ

АНѲVПАТЪ, -а *м имя* (78) [ан'тvп- *Супр* (1), ан'тоуп- *Супр* (1), ан'ѳvп- *Супр* (1), антvп- *Супр* (2), антоуп- *Супр* (2), анѳоуп- *Супр* (4)] ἀνθύπατος наместник, проконсул správce provincie, prokonsul: повелѣ анѳvпатъ... мечемъ главѫ кмоу отъсѣшти *Супр 118, 28-29.— Супр*

а о н а г р ъ *Пс 103, 11 Син см.* онагръ

АПАМИИСКЪ, -ꙑи *прил. к* апамиꙗ (2) τῶν Ἀπαμαίων апамийский apamejský: въ земи же апамиистѣ *Супр 557, 20.— Супр 111, 18*

АПАМИꙖ, -иѩ *ж город и край* (1) *греч. нет* Апамия Apamea: идꙑ же отъ апамиѩ *Супр 562, 7*

АПОЛОНИꙖ, -иѩ *ж город* (1) Ἀπολλωνία Аполлония Apollonia: блаженоуоумоу же кодратоу повелѣ анѳvпатъ коупно и съ инѣми • въслѣдъствовати въ аполониѭ *Супр 114, 24-25*

АПОЛОНОВЪ *прил. к* аполонъ (3) τοῦ Ἀπόλλωνος Аполлонов Apollónův: повелѣ же воквода вьвести кго въ храмъ аполоновъ *Супр 20, 4.— Супр 114, 26; 220, 22*

АПОЛОНЪ, -а *м имя* (8) **1.** Ἀπολλώνιος Аполлоний Appolónius: мѣ⟨сѧ⟩ца дек⟨ѧбра⟩ гі҃ с⟨вѧ⟩тааг⟨о⟩ тvрса левка калиника • и с⟨вѧ⟩тоую м⟨ж⟩ч⟨ени⟩коу филимона и аполона *Ас 129б 21* **2.** Ἀπόλλων Аполлон (*бог*) Apollón (*bůh*): сии же иже близъ днга • глаголемъıи аполонъ • не отъ бл҄жда ли роди сѧ • отъ женъı рекомъıѩ литоуc *Супр 8, 1-2.— Супр 1, 10; 21, 3; 26, 14; 27, 4; 27, 6; 115, 7*

АПОСТОЛА, -ы *ж* (1) ἰσαπόστολος (!) проповедница христианства hlasatelka křesťanství: мѣ⟨сѧ⟩ца сеп⟨тѧ⟩б⟨ра⟩ к҃г страс⟨ть⟩ с⟨вѧ⟩тъıѩ пръвом⟨ж⟩ч⟨ени⟩цѧ апо⟨сто⟩лъı ѳеклъı *Ас 121а 19-20*

АПОСТОЛЪ, -а *м* (>100) [апостл- *Мар,* ап(о)стл- *Ен,* апстл- *Ен,* апол- *Зогр Унд Клоц,* апол’ *Рыл,* ап(о)л- *Супр,* апо(л) *Евх,* апл *Мар Ас Сав Служ Евх Рыл Зогр-лл,* апо *Клоц*] **1.** ἀπόστολος посол, посланец posel, vyslanec: нѣстъ рабъ болии г⟨оспод⟩ѣ своего • ни ап⟨ост⟩олъ болии посълавъшаего ı *И 13, 16 Зогр Мар Сав* (сълъ *Ас*) **2.** ἀπόστολος апостол apoštol: вѣдѣ г⟨оспод⟩ı връховьнѣаго ап⟨осто⟩ла твоего петра *Служ 1б 12*; то же с⟨вѧ⟩тоумоу ı блаженоумоу павълоу ап⟨ост⟩олоу г⟨лаго⟩лѭштю къ вѣрънъмъ *Клоц 2а 31* **3.** *греч. нет* апостол (*книга*) apoštol (*kniha skutků a listů apoštolů*): ап⟨осто⟩лъ къ ефесеомъ *Евх 105б 9*; и чьтет⟨ъ⟩ ч⟨ь⟩тьць • ап⟨ост⟩ол⟨ъ⟩ *Евх 58б 14.— Зогр Мар Ас Сав Унд Ен Служ Киев Евх Клоц Супр Рыл Зогр-лл.— Ср.* сълъ

АПОСТОЛЬСКЪ, -ъıи *прил.* (8) [аплъск- *Евх* (1), апо(л)ск- *Служ* (1), апск- *Евх* (1)] ἀποστολικός, τῶν ἀποστόλων апостольский, апостолов *род.* apoštolský, apoštolů *род.*: нъıнѣ радоуетъ сѧ ап⟨осто⟩л⟨ь⟩скъı ликъ *Евх 87б 17*; ѡ како прѣштенъи архиереиско • въз’мѫти апостольскъı тржтъı *Супр 471, 23.— Служ 3б 25; Евх 23б 18-19; Супр 186, 1-2; 302, 1; 426, 13-14; 471, 24*

АПОСТОЛЬСТВО, -а *с* (1) ἀποστολή апостольство apoštolské povolání: аще бо инѣмъ нѣсмъ апост⟨о⟩лъ • нъ оубо вамъ есмъ • печатъ моемоу апост⟨о⟩л⟨ъ⟩ствоу въı есте о г⟨оспод⟩и *1 Кор 9, 2 Ен*

АПОСТОЛЬСТВОВАТИ, -ствоуѭ, -ствоуѥши *несов.* (1) *греч. нет* быть апостолом být apoštolem: гласъ... наказаѩ како отътолѣ ап⟨осто⟩л⟨ь⟩ствовати • тебѣ *Евх 34а 19*

АПРИЛЪ, -лга *м* (8) [апри(л) *Ас* (4), апр(л) *Ас* (2)] ἀπρίλιος апрель duben: мѣ⟨сѧ⟩ца април⟨ѣ⟩ а҃і с⟨вѧ⟩та⟨а⟩г⟨о⟩ антима *Ас 145б 24.— Ас 145б 19; 145б 25; 145б 26; 146а 1; 146а 3; 146б 14; Сав 151а 17*

а р а а м ъ *Мт 1, 3 Ас; Мт 1, 4 Ас см.* арамъ

АРАВИИСКЪ, -ъıи *прил. к* аравига (1) τῆς Ἀραβίας арабский, аравийский arabský: дастъ сѩ емоу отъ золъта аравиıска *Пс 71, 15 Син.— Ср.* аравьскъ

АРАВИꙖ, -иѩ *ж страна* (3) [рави- *Ен* (1)] Ἀραβία Аравия Arábie: страс⟨ть⟩ с⟨вѧ⟩тъıх⟨ъ⟩ м⟨ж⟩ч⟨ени⟩къ козмъı и дамиана от аравиѩ *Ас 127б 11.— Гал 4, 25 Ен; Супр 291, 27*

АРАВЬСКЪ, -ъıи *прил.* (2) τῶν Ἀράβων арабский, аравийский arabský: цѣ⟨са⟩рı аравьстıı саво даръı прıнесѫтъ *Пс 71, 10 Син.— Пс 71, 15 Син.— Ср.* аравиıскъ

АРАМОВЪ *прил. к* арамъ (2) τοῦ Ἀράμ Арамов Áramův: с⟨ъı⟩нъ... арамовъ *Л 3, 33 Зогр Мар*

АРАМЪ, -а *м имя* (4) [араамъ *Ас* (2)] Ἀράμ Арам Áram: арамъ же роди • аминадава *Мт 1, 4 Сав Ас; Мт 1, 3 Ас Сав*

АРЕИ, -еа *м имя бога* (1) Ἄρης Арес Áres: оубои сѧ... тръвеличьствънааго • ареа • писидона *Супр 115, 9*

АРЕОПАГИТЪ, -а *м прозвание* (1) Ἀρεοπαγίτης Ареопагит Areopagita: с⟨вѧ⟩тааг⟨о⟩ о⟨ть⟩ца наш⟨е⟩го м⟨ж⟩ч⟨ени⟩ка дионисıа ареопаѓıта *Ас 122а 11*

АРЕТА, -ъı *м имя* (1) *греч. нет* Арефа Arethas: мѣ⟨сѧ⟩ца октов⟨ра⟩ к҃д... м⟨ж⟩ч⟨ени⟩ка аретъı и дроужинъı его *Ас 121б 25*

АРЗАНИНЬСКЪ *прил. к названию страны Арзания* (1) τῶν Ἀρζανινῶν арзанийский arzanijský: отъ землѩ съı арзанıнъскъı *Супр 271, 21-22*

АРИАНИ, АРИГАНИ, -нъ *м мн.* (4) [ариан- *Супр* (3), ариган- *Супр* (1)] Ἀρειανοί ариане ariáni: призъвавъ въ цркъ’ве вьсѧ ариганъı *Супр 200, 14.— Супр 200, 3; 200, 24; 508, 12*

АРИАНЬСКЪ, АРИГАНЬСКЪ, -ъıи *прил. к* ариани, аригани (4) [ариан- *Супр* (2), ариган- *Супр* (2)] Ἀρειανός арианский ariánský: ариганъскаꙗ хоула *Супр 197, 20.— Супр 186, 14; 199, 21; 202, 1*

АРИИ *и* **АРИОСЪ,** аригга *м имя* (12) [ариос *Супр* (1)] Ἄρειος Арий Árius: арии бо и въ нъıнѣшьнии и въ бѫдѫштии вѣкъ • да бѫдетъ отълѫченъ отъ славъı божиѩ *Супр 187, 16.— Супр 187, 12; 187, 29; 188, 22; 190, 2; 190, 19; 509, 18; 510, 1; 510, 8; 511, 30; 513, 9; 541, 28*

АРИМАТЕꙖ, -еѩ, **АРИМАТѢꙖ,** -ѣѩ *ж город* (19) [аримате- *Зогр* (2), ариматѣ- *Зогр* (2) *Мар* (4) *Клоц* (1), ариматı- *Клоц* (2), аримаѳе- *Ас* (4) *Супр* (4)] Ἀριμαθαία Аримафея Arimathia: поздѣ же бъıвъшю • приде ч⟨ловѣ⟩къ богатъ • отъ ариматеѩ • ıменемь ıосифъ *Мт 27, 57 Зогр,* отъ ариматѣѩ *Мар,* отъ аримаѳеѩ *Ас.— Зогр Мар Ас Клоц Супр*

а р и м а т и г а *Клоц 14а 16; 14б 35 см.* ариматега

а р и м а т ѣ г а *Зогр Мар Клоц см.* ариматега

а р и м а ѳ е г а *Ас Супр см.* ариматега

а р и о с *Супр 509, 18 см.* арии

АРИСТИДЪ, *-а м имя* (1) Ἀριστείδης Аристид Aristeides: тои ли сократъ и аристидъ • и анаѯархъ • и прочии величаахѫ сѧ *Супр 138, 14*

а р и ꙗ н и *Супр 200, 14 см.* арiани

АРИꙖНЪ, *-а м имя* (7) Ἀρειανός Ариан Ariánus: ариꙗнъ воѥвода се слышавъ рече *Супр 149, 8.— Супр 146, 7; 147, 6; 148, 5; 150, 2; 153, 6; 153, 20*

а р и ꙗ н ь с к ъ *Супр 186, 14; 197, 20 см.* арианьскъ

АРИѤВЪ *прил. к* арии (3) τοῦ Ἀρείου Ариев Áriův: вьсѫ ариѥвѫ хоулѫ *Супр 190, 23.— Супр 192, 16; 201, 15-16*

АРМЕНИИСКЪ, *-ыи прил.* (1) τῶν Ἀρμενίων армянский arménský: армениистии от(р)оци *Супр 278, 26.— Ср.* арменьскъ, рамѣньскъ

АРМЕНИꙖ, *-ıѩ ж страна* (2) Ἀρμενία Армения Arménie: с⟨вѧ⟩тааго св⟨ѧ⟩щ⟨е⟩ном⟨ѫ⟩ч⟨ени⟩ка грiгориа архиеп⟨иско⟩па великъıѩ армениѩ *Ас 121б 21.— Ен 38а 5*

АРМЕНЬСКЪ, *-ыи прил.* (2) ὁ κατὰ Ἀρμενίαν, τῆς Ἀρμενίας армянский arménský: отъ арменъскааго никополꙗ бѣ *Супр 278, 17.— Ен 38а 9-10.— Ср.* армениискъ, рамѣньскъ

АРОМАТЪ, *-а м* (11) ἄρωμα благовоние vonná mast: оуготоваша ароматы • ı м'ѵро *Л 23, 56 Зогр Мар.— Мк 16, 1 Зогр Мар Ас; Л 24, 1 Зогр Мар Ас; И 19, 40 Зогр Мар Ас.— Ср.* вонꙗ

АРОНОВЪ, АРОУНОВЪ *прил. к* аронъ (3) [аро- *Син* (1) *Супр* (1), ароу- *Син* (1)] τοῦ Ἀαρὼν Ааронов Áronův: бл⟨аго⟩с⟨ловес⟩твилъ естъ домъ ароуновъ *Пс 113, 20 Син.— Пс 132, 2 Син; Супр 300, 15.— Ср.* арон҃ь

АРОНЪ, *-а м имя* (8) [аар- *Син* (1)] Ἀαρὼν Аарон Áron: посъла мосѣа раба своего • арона егоже избъра себѣ *Пс 104, 26 Син.— Сав 74а 18-19; Ен 7а 13-14; 8а 6; 10а 15; Пс 98, 6 Син; 105, 16 Син; Супр 127, 13*

АРОН҃Ь *прил. к* аронъ (9) [аар- *Син* (1)] τοῦ Ἀαρὼν Ааронов Áronův: бъıстъ... ıереı етеръ ıменемь захариѣ... ı жена его отъ дъштеръ арон҃ь *Л 1, 5 Зогр Мар Ас.— Ен 29а 7; Пс 76, 21 Син; 113, 18 Син; 117, 3 Син; 134, 19 Син; Евх 9а 11.— Ср.* ароновъ

АРСАКЪ, *а м имя* (1) Ἀρσάκιος Арсакий Arsacius: нектариа арсака • адика *Ас 122б 14*

АРТАВАНЪ, *-а м имя* (1) Ἀρταβάνος Артаван Artavan: при диоклитиѣнѣ ц⟨ѣса⟩ри • и при ц⟨ѣса⟩ри перстѣ • артаванѣ • с⟨ы⟩нѣ • аласури *Ен 38а 8*

АРТЕМА, *-ы и* **АРТЕМИДА**, *-ы ж имя богини* (4) [*вин.* артемѫ *Супр* (1), арфемѫ *Супр* (1), *род.* артемидъı *Супр* (2)] Ἄρτεμις Артемида Artemis: освѣштаниѥ богъıнѧ артемидъı *Супр 222, 9.— Супр 226, 15; 226, 29; 231, 2.— Ср.* артемись

АРТЕМИДОВЪ *прил. к* артема (3) τῆς Ἀρτέμιδος Артемидин Artemidin: таче въшъдъ въ цръкʼвиште артемидово • възисковааше капиштъ цръкъвънъıихъ *Супр 221, 8.— Супр 220, 26; 221, 13-14*

АРТЕМИИ, *-ıꙗ м имя* (1) Ἀρτέμιος Артемий Artemios: мѣсаца марта к҃д • страсть свѧтааго чистителѣ и мѫченика • артемиа *Супр 220, 9*

АРТЕМИСЬ *ж нескл. или прил. к* артема (1) Ἄρτεμις Артемис (*название моста, посвященного богине Артемиде*) Artemis (*název mostu zasvěceného bohyni Artemidě*): и ѥгда прѣлѣзоша мостъ рекомъıи артемись... помоли сѧ *Супр 254, 13.— Ср.* артема

АРТЕМОНЪ, *-а м имя* (32) [арѳе- *Супр* (1), арʼте- *Супр* (1)] Ἀρτέμων Артемон Artemón: въпрашааше раба божиꙗ арʼтемона • како звѣри сиꙗ оулови *Супр 223, 13.— Супр*

а р оу н о в ъ *Пс 113, 20 Син см.* ароновъ

АРФАКСАДОВЪ *прил. к мужскому имени Арфаксад* (2) τοῦ Ἀρφαξὰδ Арфаксадов Arfaxadův: с⟨ы⟩нъ... арфаксадовъ *Л 3, 36 Зогр Мар*

а р ф е м а *Супр 226, 15 см.* артема

а р х а г г е л- *см.* арханг҃ел-

АРХАНГ҃ЕЛОВЪ *прил.* (3) [архагг҃е- *Супр* (1), арʼхагʼге- *Супр* (1), арʼхагг҃е- *Супр* (1)] τοῦ ἀρχαγγέλου архангелов, архангельский archandělův: потомь же и отʼца своѥго арʼхагʼг҃еловъı ради благодѣти • обративъ блага оутодьника показа б⟨ог⟩оу *Супр 26, 4.— Супр 32, 19; 372, 19*

АРХАНГ҃ЕЛЪ, *-а м* (22) [арʼханʼг҃ел *Супр* (1), архаггел *Супр* (5), архагʼгел *Супр* (2), арʼхагг҃ел *Супр* (2), арʼхагʼгел *Супр* (3), арханг(л) *Ас* (1), арх҃нѣл *Ас* (1) *Клоц* (1), арх҃анѣл *Ас* (1) *Клоц* (1), архѣл *Евх* (1), арѣл *Евх* (1)] ἀρχάγγελος, ἄγγελος (!), ἀρχιστράτηγος (!) архангел archanděl: посъланъ бъıстъ арх⟨а⟩нѣ⟨е⟩лъ гавриилъ от б⟨ог⟩а *Л 1, 26 Ас; Супр 246, 4* (а⟨н⟩ѣ⟨е⟩лъ *Зогр Мар*); дошедъшоу же врѣмени бракоу • ꙗви сѧ кононоу • арʼхагʼгѣлъ михаилъ *Супр 25, 2.— Ас Евх Клоц Супр*

АРХАНГ҃ЕЛЬСКЪ, *-ыи прил.* (2) [арх҃ѣлъс- *Евх* (1)] τῶν ἀρχαγγέλων, ἀρχαγγελικός архангельский archandělský: арх⟨ан⟩ѣ⟨е⟩лъсции лици • тебѣ кланѣѭтъ сѧ *Евх 4а 15.— Супр 464, 13-14*

а р х е р ѣ и *Клоц 13б 8 см.* архиереи

АРХИДИꙖКОНЪ, *-а м* (1) ἀρχιδιάκονος архидиакон arcijáhen: с⟨вѧ⟩таго пръвом⟨ѫ⟩ч⟨ени⟩ка архидиѣкона стефан⟨а⟩ *Ас 135б 8*

АРХИЕПИСКОУПЪ *и* **АРХИЕПИСКОПЪ**, -а *м* (38) [архиепп- *Ас* (2) *Супр* (10), архпп- *Ас* (6), архп- *Ас* (2), арп(п)- *Ас* (1), архпскп- *Ен* (2)] ἀρχιεπίσκοπος, ἐπίσκοπος (!) архиепископ arcibiskup: с⟨вѧ⟩таго о⟨ть⟩ца наш⟨его⟩ томъи ар⟨хие⟩п⟨иско⟩па • ц⟨ѣса⟩рѣград⟨а⟩ *Ас 144а 29*; їωанна архиеп⟨ископ⟩па златоустааго слово вь великѫ срѣдѫ • о завнсти *Супр 395, 22.— Ас Ен Клоц Супр*

АРХИЕРЕИ, -еа *и* -ея, **АРХИЕРѢИ**, -ѣа *и* -ѣя *м* (>200) [архиере- *Зогр Мар Ас Сав Боян Супр*, архиерѣ- *Зогр* (3) *Евх Клоц*, архерѣ- (!) *Клоц* (1)] ἀρχιερεύς первосвященник, архиерей velekněz, nejvyšší kněz: тъгда събърашѧ сѧ ар'хиереи • і кънижьници • і старци людьсции • на дворъ архиереовъ • нарицаемаго каіѣфа *Мт 26, 3 Зогр Мар Ас Сав*; с⟨ы⟩нъ ч⟨ловѣ⟩ч⟨ь⟩скы прѣданъ бѫдетъ • ар'хиереомъ *Мк 10, 33 Зогр Мар Ас Сав*; пилатъ же съзъвавъ архиереѩ *Л 23, 13 Зогр Мар.— Зогр Мар Ас Сав Боян Ен Евх Клоц Супр*

АРХИЕРЕИСКЪ, **АРХИЕРѢИСКЪ**, -ын *прил.* (7) [архиереи- *Мар* (1) *Супр* (1), ар'хиереи- *Супр* (3), архиерѣи- *Зогр* (1) *Евх* (1)] τῶν ἀρχιερέων первосвященника *род.*, первосвященнический veleknéží *род.*, veleknězský: они же прилежаахѫ гласы велиі • просѧште его на пропѧтье • і оустоѣхѫ гласи іхъ • і архиерѣісціи *Л 23, 23 Зогр*, архиереистии *Мар.— Евх 34а 11-12; Супр 471, 22; 472, 5; 472, 9; 476, 26.— Ср.* архиереовъ

АРХИЕРЕОВЪ *прил.* (33) τοῦ ἀρχιερέως первосвященника *род.* veleknězův: петръ же ідѣаше по немь іздалече • до двора архиереова *Мт 26, 58 Зогр Мар*; тако х⟨ристос⟩а б⟨ог⟩оубиици имъше • приведошѧ на дворъ ар'хиереωвъ *Супр 471, 28.— Зогр Мар Ас Сав Боян Супр.— Ср.* архиереискъ

АРХИЛАИ, -ая *м имя* (3) [архѣл- *Боян* (1)] Ἀρχέλαος Архелай Archelaos: слъишавъ же • ѣко архилаи ц⟨ѣса⟩р⟨ь⟩ствоуетъ въ июдеи • въ ирода мѣсто о⟨ть⟩ца своего *Мт 2, 22 Ас Сав Боян*

АРХИСТРАТИГЪ, -а *м* (2) [ар'хи- *Супр* (1)] ἀρχιστράτηγος верховный военачальник vrchní velitel: іже еси разгръдѣвъшии • іног'да ар'хистратигъ • і съ своеѭ его слоужьбоѭ • ослоушаниемь отъвръгъшь сѧ • съвръгы на землѭ *Евх 51а 20.— Супр 464, 11.— Ср.* воєвода

а р х и с о у н а г о г ъ *Мк 5, 22 Мар; Л 13, 14 Сав см.* архисѵнагогъ

АРХИСѴНАГОГОВЪ *прил.* (2) [ар'хи- *Зогр* (1)] τοῦ ἀρχισυναγώγου принадлежащий архисинагогу náležející představenému synagogy: приде въ домъ ар'хисѵнагоговъ *Мк 5, 38 Зогр Мар.— Ср.* сѵнагоговъ

АРХИСѴНАГОГЪ, -а *м* (12) [архисоун- *Мар* (1) *Сав* (1), ар'хисѵн- *Зогр* (4)] ἀρχισυνάγωγος архисинагог, глава синагоги představený synagogy: пришьдъ етеръ отъ ар'хисѵнагога • г⟨лаго⟩ла емоу *Л 8, 49 Зогр Мар* (сѵнагога *Ас*, соунагога *Сав*).— *Мк 5, 22 Зогр Мар; Мк 5, 35 Зогр Мар; Мк 5, 36 Зогр Мар; Л 13, 14 Зогр Мар Сав; Супр 480, 26.— Ср.* сѵнагогъ, старѣишина, кънѧзь

АРХИТРИКЛИНЪ *и* **АРХИТРИКЛИНЬТЪ**, -а *м* (9) [архитриклин- *Зогр* (2) *Мар* (2) *Ас* (2), архитриклинът- *Зогр* (1), ар'хитриклин- *Мар* (1) *Ас* (1)] ἀρχιτρίκλινος распорядитель пира vrchní správce hostiny: ѣко же въкоуси архитриклинъ вина бывъшаго отъ воды... пригласи женихa архитриклинъ *И 2, 9 Зогр Мар Ас.— И 2, 8 Зогр Мар Ас*

а р х ѣ л а и *Мт 2, 22 Боян см.* архилаи

АРЬНѢИ, -ѣя *м имя* (2) *греч. нет* Арней (?) Arnej (?): арьнѣи въ калиопиї старѣишинъствоуѧ • живы въ антиохиїстѣмь велицѣмъ градѣ *Супр 564, 21.— Супр 565, 2-3*

а р ѳ е м о н ъ *Супр 221, 21-22 см.* артемонъ

а с а а ф о в ъ *Пс 49, 1 Син см.* асафовъ

а с а ф а т ъ *Мт 1, 8 Сав см.* иосафатъ

АСАФОВЪ *прил. к* асафъ (3) [асааф- *Син* (1)] τῷ Ἀσάφ Асафов Asafův: псаломъ асаафовъ *Пс 49, 1 Син.— Пс 73, 1 Син; 75, 1 Син*

АСАФЪ, -а *м имя* (1) *греч. нет* Асаф Asaf: асафъ • іже о вьскрѣшениї • въстани боже сѫди земи *Супр 478, 23*

АСИИСКЪ, -ын *прил. к* асия (2) τῆς Ἀσίας азиатский asijský: въ поустыни асиистѣи *Супр 8, 4.— Супр 201, 21.— Ср.* асиянъ

АСИЯ, -иѩ *ж страна* (3) Ἀσία Азия Asie: прослоутие бо мѫчения его оуже по вьсеи асии • и бъхма по вьсеи вьселенѣи обьтекло бѣаше *Супр 117, 7.— Супр 235, 28; 236, 16*

АСИЯНЪ *прил.* (1) τῶν Ἀσιανῶν азиатский ázijský: мѫжь нѣкто отъ асияны земьѩ сы *Супр 293, 22.— Ср.* асиискъ

АСКАЛОНЪ, -а *м город* (1) Ἀσκάλων Аскалон Askalón: възврати сѧ съ многоѭ бѣдоѭ въ аскалонъ *Супр 294, 3-4*

АСКЛИПИИ, -ия *м имя бога* (4) Ἀσκληπιός Асклепий, Эскулап Asklépios, Eskulap: нъ своѭ славѫ иматъ великыи богъ асклипии *Супр 227, 25.— Супр 115, 5; 227, 10; 228, 27*

а с к л и п и и *Супр 125, 1; 125, 4 см.* асклипиадъ

АСКЛИПИОДЪ, -а *м имя* (1) Ἀσκληπιόδοτος Асклепиодот Asklepiodotus: цѣсарьствовавъшоу маѯимиаоу • приде прѣмѣньникъ въ ас'клипиωда мѣсто *Супр 15, 20-21* асклипиıади *Супр 125, 20; 139, 4 см.* асклипиıадъ

АСКЛИПИІАДЪ, АСКЛИПИАДИ, -ıада *и* **АСКЛИПИИ**, -ıа *м имя* (12) [*им.* асклипиıадъ *Супр* (7), асклипиıади *Супр* (2); *род., вин.* асклипиıада *Супр* (1); *дат.* асклипии (!) *Супр* (1); *тв.* асклипиıемь *Супр* (1)] Ἀσκληπιάδης Асклепиад Asklepiades: ѫти бꙑшѧ пионии презвѵтеръ • и савини исповѣдьница • и асклипиıадъ и макєдони *Супр 124, 26*; рече же асклипиıади и савинии *Супр 125, 20*; ѫти бꙑшѧ сии съ савиниѭ • и съ асклипиıемъ *Супр 125, 1.— Супр 125, 4; 132, 26-27, 28, 29; 132, 30-133, 1; 133, 2; 133, 16, 17-18; 139, 4*

АСПИДА, -ꙑ *ж* (3) ἀσπίς змея, гадюка had, zmije: на аспидѫ і васıльскаа настѫпıші *Пс 90, 13 Син.— Пс 57, 5 Син; Супр 183, 21.— Ср.* ехидьна, змиıа

АСПИДОВЪ *прил.* (1) τῶν ἐχιδνῶν змеиный, гадючий hadí, zmijí: плємѧ аспидово • како можете добро г⟨лаго⟩лати • лѫкави сѫще *Мт 12, 34 Сав* (ıштѧдиѣ ехиднова *Зогр Мар Ас*).— *Ср.* ехидьновъ, змиинъ, змиıевъ

АССАРИИ, -ıа *м* (2) [асѵрии *Ас* (1), ссарии (!) *Мар* (1)] ἀσσάριον ассарий (*мелкая монета*) assarius, penízek: не дьвѣ ли пьтици на ссарии (!) вѣнимѣ єсте *Мт 10, 29 Мар*, асѵрıи *Ас* (пѣнѧзоу *Зогр*).— *Ср.* пѣнѧѕь

асоуровъ *Л 2, 36 Мар см.* асѵровъ

АСОУРЪ, -а *м страна и народ* (1) [ѣсоуръ] Ἀσσούρ Ассирия, ассирийцы Assur, Asyřané: ıбо і ѣсоуръ съ нıмі пріде • бꙑшѧ въ застѫпленıе с⟨ы⟩номъ лотовомъ *Пс 82, 9 Син*

АСЪ, АССЪ, -а *м имя* (4) [ас- *Сав* (2), асс- *Ас* (2)] Ἀσά Аса Asa: авидъ же роди аса • асъ же роди • асафата *Мт 1, 7,8 Сав*, асса • ассь *Ас*

АСѴРИИ, -ıа *м* (2) Ἀσσύριος ассириец Asyřan: пъсаломъ асафовъ пѣснь къ асѵрію *Пс 75, 1 Син.— Супр 215, 6*

асѵрии *Мт 10, 29 Ас см.* ассарии

АСѴРОВЪ *прил. к мужскому имени Асир* (4) [сѵров- *Зогр* (1), асоуров- *Мар* (1)] τοῦ Ἀσήρ Асиров Áserův: и бѣ анна пр⟨о⟩р⟨о⟩ч⟨и⟩ца • дьшти фаноуилева • ѡтъ колѣна асѵрова *Л 2, 36 Ас Сав*, асоурова *Мар*, колѣна сѵрова *Зогр*

асѵрьскъ *Л 4, 27 Ас см.* сѵрьскъ

АТАНАИЛЪ, -ла *м* (1) *греч. нет* Атанаил (*одно из имён бога*) Athanael (*jedno ze jmen Boha*): заклинаѭ тѧ д⟨оу⟩ше зълꙑ • б⟨о⟩гомь саваотомь • ı в'сѣмь воинъствомь а⟨н⟩ѣ⟨е⟩лꙑ б⟨о⟩жьи • ı атанаилемь • б⟨о⟩гомь в'седрържителемь *Евх 52а 10*

АТИНꙐ, -нъ *ж мн. город* (1) Ἀθῆναι Афины Athény: въ онꙑ дни • въ атин.. живѫщоу павлоу *Деян 17, 16 Ен*

АФЕДРОНЪ, -а *м* (4) [афред- *Зогр* (2)] ἀφεδρών задний проход zadnice: вьсѣко еже въходитъ въ оуста • въ чрѣво въмѣщаатъ сѧ • ı афедрономъ исходитъ *Мт 15, 17 Мар*, афредомь *Зогр.— Мк 7, 19 Зогр Мар*

афредонъ, афредъ *Мт 15, 17 Зогр; Мк 7, 19 Зогр см.* афедронъ

АФРИКАНЪ, -а *м имя* (4) Ἀφρικανός Африкан Afrikánus: мѣсѧца марта к҃ • мѫжа свѧтꙑихъ • терентиıа • африкана • и помпиıа *Супр 174, 10.— Супр 177, 13; 181, 7; 185, 15*

АФРИКИІА, -иѩ *ж страна* (1) Ἀφρική Африка Afrika: посъла же въ африкиѭ нечьстивѫѭ тѫ заповѣдь *Супр 174, 21*

АФРИКЬСКЪ, -ꙑи *прил. к* африкиıа (1) ὁ ἐν τῇ Ἀφρικῇ африканский africký: посъла же въ африкиѭ нечьстивѫѭ тѫ заповѣдь • къ кнѧзоу фѵртоунатиıаноу африкьскоуоумоу *Супр 174, 23*

АХААВЪ, -а *м имя* (2) [аха'в- *Супр* (1)] Ἀχαάβ Ахав Achab: разгнѣвавх сѧ свѧтꙑимъ доухомъ въгодьникъ христосовъ • по пророцѣ илии • на аха'ва цѣсара издраилитъска *Супр 194, 28.— Супр 190, 21*

АХАЗЪ, -а *м имя* (4) Ἄχαζ Ахаз Achaz: ноатамь же роді ахаза • ахазь же роді незекиѭ *Мт 1, 9 Ас Сав*

АХИЛА, -ꙑ *м имя* (1) Ἀχιλλᾶς Ахилла Achillas: призови же ахилѫ и алеѯандра оба презвѵтера • зане... та прѣкмлета по рѧдоу епископъскꙑи столъ *Супр 187, 19*

АХИЛИИ, -ıа *м имя* (1) Ἀχίλλιος Ахиллий Achillius: мѣ⟨сѧ⟩ца ма⟨и⟩ѣ д҃і с⟨вѧ⟩таго о⟨ть⟩ца наш⟨е⟩го с⟨вѧ⟩т⟨ите⟩лѣ ахилıа *Ас 146б 5*

АХИМЪ, АХИНЪ, -а *м имя* (4) [ахим- *Сав* (2), ахин- *Ас* (2)] Ἀχίμ Ахим Áchim: садокъ же роди • ахима • ахимъ же роди • елиоудѫ *Мт 1, 14 Сав*, ахина • ахинъ *Ас*

АХОЛИИ, -ıа *м имя* (2) Ἀχόλιος Ахолий Acholius: и крьсти сѧ тоу сѫштиимъ епископомъ ахолиıемъ солоуна града *Супр 197, 27-28.— Супр 197, 17-18*

АЩЕ *союз и частица* (>1000) [ѣще *Мар* (3) *Син* (24), ıаще *Супр* (1), еще (!) *Зогр* (1); ашти *вм.* аще би *Супр* (5), аштишѧ *вм.* аще бишѧ *Супр* (1)] I. *союз* **1.** аще, аще да (*в Супр*) *условный* ἐάν, εἰ, ἄν, εἴπερ, ὁπόταν, ἐπεὶ (ἄν), ἤ (!) если jestliže, -li: аште азъ съвѣдѣтельствоуѭ о мьнѣ • съвѣдѣтельство мое нѣстъ ıстинъно *И 5, 31 Зогр Мар Ас*; аште къто ıматъ оуши слꙑшати да слꙑшитъ *Мк 7, 16 Зогр Мар*; аште ли бѫдѫтъ • с⟨ы⟩нове мира • почиетъ на н҃емь миръ вашь • аште ли ни • къ вамъ възвратитъ сѧ *Л 10, 6 Зогр Мар*; можетъ бо то аште хоштетъ творити •

вѣстъ хытрость тѫ аште да нѣстъ лѣнива *Супр 381, 27 и 28* ● *с индик. или (чаще) с сослаг. накл.* если бы kdyby: въскраи же бѣаше ѥзера банѣ • раждежена • да аште к'то хоштетъ пристѫпити и їзбѣгнѫти • прибѣжитъ къ бани *Супр 76, 18*; аште бо бисте вѣрѫ імали мосѣови • вѣрѫ бисте ꙗли ı мьнѣ *И 5, 46 Зогр Мар Ас*; х⟨ристос⟩ъ потомь не отърече сѧ • тѫжде кръвь... въдаті самомоу продавъшю ѭ • аште бі хотѣлъ *Клоц 7б 35* (а бы *Супр 419, 30*); аште не би былъ • сь зълодѣі • не бихомъ прѣдали его тебѣ *И 18, 30 Зогр Мар Ас Сав*, аштu сь не былъ зълодѣи *Супр 433, 1*; како можаахѫ противѫ цѣсаремъ... стати... аште да не быша въставъшааго насытили сѧ намановениꙗ *Супр 442, 30*; аштиша бо ѥд'ни воини печатьлѣли • могли быша глаголати *Супр 441, 1* ● **аще... то, аще... тѣ, аще... и, аще... тогда** εἰ... ∅, ἄν... ∅, ἐάν... ∅, ἐάν... τότε если (бы)... то jestliže, kdyby... tedy, tehdy: аште оубо свѣтъ іже въ тебѣ • тъма естъ • тѣ тъма кольми *Мт 6, 23 Зогр Мар*, аще... то *Ас Сав*; ѣште мі не оудоблѣѭ-тъ-гда непороченъ бѫдѫ *Пс 18, 14 Син*; аште • (в)ъзненавидѣвь отъпоустіші (*т. е.* женѫ) • ı покрієтъ нечьстье на тѧ *Клоц 2б 16*; аште соль обоуꙗетъ то чимъ осолитъ сѧ *Супр 259, 30*, аште же соль обоуѣетъ • чимь осолитъ сѧ *Мт 5, 13 Зогр* (∅ *Мар*); ѣште не законъ твоі поучение мое естъ • тогда оубо погыблъ бимь во съмѣрениі моемь *Пс 118, 92 Син* **2. аще, аще и** (*с индик. или сослаг. накл.*) *условно-уступительный* εἰ καί, ἐάν, ἐὰν καί, ἄν, κἄν, ἤ (!) если даже, если бы и i když, i kdyby: ѥже аште по единомоу с'пана бываѭтъ • ни самомоу мнюѭ • вьсемоу мироу въмѣстити • пишемыхъ кънигъ *И 21, 25 Зогр* (∅ *Мар*); вѣроуѩи въ мѧ • аште оумьретъ оживетъ *И 11, 25 Зогр Мар Ас Сав, Супр 75, 25*; насъ же не имаши въсхытити • аште и цѣсарьство намъ обѣштавакши *Супр 2, 13*; ѣште оуплъчітъ сѧ на мѧ плъкъ не оубоітъ сѧ сръдьце мое *Пс 26, 3 Син*, аште *Супр 17, 27*; николиже жрѫти имамъ богомъ твоимъ • аште съ вьсѣмъ вьспрѣштениѥмъ повелиши[ши] *Супр 148, 11*; не бо никтоже чистъ аште и ѥдинъ дьнь поживетъ на земи *Супр 358, 16*; аште и ѥдинъ би былъ чоудимыи • довьлѣаше нашеи силѣ одолѣти *Супр 82, 28* ● **аще и... нъ, аще и... а, аще и... обаче** εἰ καὶ... ἀλλά, εἰ καὶ... ∅ если (бы) и... но все-таки i když, i kdyby... přece: аште и вьси сьблазнѧт' сѧ о тебѣ • а азь николіже не съблажнѭ сѧ *Мт 26, 33 Ас*, аште... азъ николиже *Зогр Мар Сав*; аште и врази имъ ѥсмъ ꙗкоже вѣштаѭтъ • нъ чловѣци ѥдначе обидѫ ненавидѧште *Супр 126, 26*; аште бо и оустъі намъ нъниа не бесѣдоуѥ • обаче доухомъ въ стоѩштиихъ слоухы вьпиѥтъ *Супр 385, 5* **3. аще и** *уступительный* εἰ καί хотя ačkoliv, třebaže: аште ı б⟨ог⟩а не боѭ сѧ • ı ч⟨ловѣ⟩къ не срамлѣѭ сѧ • за не творитъ ми троудъ въдовица си • да мьштѫ ѥѩ *Л 18, 4 Зогр Мар Ас Сав* ● **аще и... нъ, аще и... обаче** εἰ καὶ... ἀλλά хотя... все-таки ačkoliv... přece: аште и на ѥдинь часъ наѩтъ быстъ нъ добрѣ сьдѣла *Супр 427, 5*; аште бо и наша благодѣть ѥсть • ꙗже отъ владыкы • нъ и тѣмь сладость бываатъ *Супр 490, 23*; аште и сьребро поврьже (*т. е.* июда) жидомъ... обаче не вьста ни въсплака сѧ *Супр 362, 29* **4.** *употребляется в изъяснительных предложениях* εἰ, ἵνα если, если бы jestliže, kdyby: каѣ польза ч⟨ловѣ⟩коу • аште приобрѧштетъ вьсь миръ *Л 9, 25 Зогр Мар Ас*; добрѣе емоу би было • аште сѧ би не родилъ ч⟨ловѣ⟩къ тъ *Мт 26, 24 Зогр Мар Ас Сав* ● что že: пилатъ же диви сѧ • аште оуже оумрѣтъ *Мк 15, 44 Зогр Мар Ас*; не диви сѧ вьзлюбьѥне • аште отъ водъ пажити цвѣтьнии ꙗвишѧ сѧ *Супр 495, 19* ● чтобы aby: ѡгнѣ прѣдъ (! *вм.* придъ) въврѣшти въ землѭ • чьто хоштѫ • аште оуже възгорѣ сѧ *Л 12, 49 Зогр Мар* ● *в придаточных предложениях после глаголов или оборотов, обозначающих клятву* (*из др.-евр.*) εἰ что не že ne: аминь' • г⟨лаго⟩лѭ вамъ • аште дастъ сѧ родоу семоу знамениѥ *Мк 8, 12 Зогр Мар*; единоѭ клѧсъ сѧ св⟨ѧ⟩т⟨ы⟩мъ моимъ • аште да⟨вы⟩доу солъжѫ *Пс 88, 36 Син* **5. аще не, аще да не** *ограничительный* ἐὰν μή, εἰ μή, ἂν μή разве только leč, leda: не можетъ чаша си мимо ıти отъ мене • аште не пьѭ ѥѩ *Мт 26, 42 Зогр Мар Ас Сав, Евх 47а 18*; не можетъ с⟨ы⟩нъ творити о себѣ ничесоже • аште не еже видитъ о⟨ть⟩ца творѧшта *И 5, 19 Зогр Мар Ас*; она славьнаꙗ мѫжа • не идѣаста прѣжде въ полатѫ къ ц⟨ѣса⟩роу • аште не рано вь зорѧ шьдъша къ прѣподобьноуоумоу покланꙗаста сѧ ѥмоу *Супр 205, 20*; не моштъно ти ѥстъ ити • аште да не възвративъ сѧ въ с⟨вѧ⟩тыи градъ • ї идеши въ лаврѫ чрьньца савы *Супр 294, 7* II. *частица* **1.** *неопределенная в сочетаниях* иже аще *см.* иже; идеже аще *см.* идеже; иждеже аще *см.* иждеже; отъньдѣже аще *см.* отъньдѣже; елико аще *см.* елико **2.** *вопросительная* (*в прямых и косвенных вопросах*) εἰ ли zda, zdali: рѣшѧ емоу г⟨оспод⟩и • аште оударимъ ножемь *Л 22, 49 Зогр Мар*; назираахѫ ı • аште въ сѫботѫ ицѣлитъ ı *Мк 3, 2 Зогр Мар Ас Сав*; въпрашааше и аште чьто видитъ *Мк 8, 23 Зогр Мар* ● разве cožpak: аште и вы не разоумѣѥте *Супр 366, 12* ● ἐάν что же если а co když: рече ımъ се ли въ блазнитъ • аште оубо оузьрите с⟨ы⟩на ч⟨ловѣчь⟩скаго • въходѧшта ıдеже бѣ прѣжде *И 6, 62 Зогр Мар Ас* **3.** *желательная (с сослаг. накл.)* εἰ хоть бы, если бы kéž by: аште би разоумѣлъ вь дьнь сь • ı ты ѣже къ мироу твоемоу *Л 19, 42 Зогр Мар.— Зогр Мар Ас Сав Боян Зогр-пал Ен Син Евх Клоц Супр Хил Рыл Зогр-лл*

АЩЕРЪ, -а *м* (1) σαῦρα ящерица ještěrka: глаголѭтъ сѫшта аштера здѣлена (! *вм.* зелена) • нь нѣстъ зависти (! *вм.* завистивыихъ) зеленаꙗ (! *вм.* зеленѣи) *Супр 399, 24*

ащи, ащишѧ *см.* аще

АЦѢ *союз уступительный* (3) καίτοι а между тем, хотя а přece, ačkoli, třebaže: цѣлованиꙗ ми не да • ацѣ прѣмьдивъ сы • зъвавъ ны на обѣдъ • прѣжде излѣсти ти цѣловати мѧ *Супр 395, 5.— Супр 308, 22; Супр 410, 20.— Ср.* цѣ, ибо, любо[1], аще (аще и)

АШОУТЬ *нареч.* (4) [ашютъ *Клоц* (2)] **1.** δωρεάν без причины bezdůvodně: да не порадоуѭтъ ми сѧ вражьдоуѭщии на мѧ • бес правъды • ненавидѧщии мене ашоуть *Пс 34, 19 Син* **2.** μάτην напрасно, тщетно nadarmo, marně, zbytečně: аште бо ı тъмѫ ımамъ добрыхъ дѣлъ • гнѣвъ же дръжимъ • вьсе въ соуе ı ашютъ *Клоц 9б 17.— Пс 34, 7 Син; Клоц 1а 6.— Ср.* бездобь, поустошь, спыти, соуи (въ соуе), тъщь (въ тъще)

ашютъ *Клоц 1а 6; 9б 17 см.* ашоуть

АѲАНАСИИ, -иꙗ *м имя* (3) [аѳ(н)аси- *Ас* (1)] Ἀθανάσιος Афанасий Athanasius: мѣ⟨сѧ⟩ца манѣ в̃ с⟨вѧ⟩т⟨аа⟩г⟨о⟩ аѳанасиа еп⟨иско⟩па *Ас 146а 6.— Ас 141а 19; Супр 69, 11*

АѲИНЕИ, -еꙗ *м* (2) Ἀθηναῖος афинянин Athéňan: тѣхъ сократъ отъ аѳинеи не пострада *Супр 138, 13.— Супр 540, 15*

АѴДИСОТЪ, -а *м имя* (1) Ἀβδισσότας Авдиссот Abdissot: мѫжъ нѣкто доброговѣинъ • именемь аѵдисотъ *Супр 270, 23*

АѴРИЛИꙖНЪ, -а *м имя* (29) Αὐριλλιανός Аврелиан Aurelián: и по сед҆ми дьниї изиде аѵрилиꙗнъ и сѣде на сѫдишти *Супр 6, 26.— Супр*

АѴРИЛИꙖНЬ *прил. к* аѵрилиꙗнъ (1) *греч. нет* Аврелианов Aureliánův: мнози же отъ сѣчецъ мѫчаштиїхъ с⟨вѧ⟩таꙗ повелѣниѥмъ аѵрилиꙗнѥмъ *Супр 6, 10*

Б

Б̃ *цифра глаг.* (>100) β', δύο, δεύτερος; (в̃ı δώδεκα) 2.— *Зогр Мар Ас Евх Киев.— Ср.* в̃, дъва, оба, въторъ

БАБА, -ы *ж* (1) *греч. нет* кормилица pěstounka: вита и модеста пѣстоуна его • и кр⟨ь⟩станицѧ бабъи его *Ас 147б 4*

БАГЪРИТИ, -рѭ, -рииши *несов.* (1) φοινίσσειν багрить barvit nachově: егда младенииштъ кръвиѭ виѳлеѥмъ багъримъ бѣѣше *Супр 397, 16*

БАГЪРЪ, -а *м* (3) **1.** *греч. нет* багрец (*краска*) nach (*barva*): въ багъра мѣсто и чрьвьѥни • с⟨вѧ⟩тыихъ о⟨ть⟩цъ и ар҆хиеп⟨искоу⟩пъ кръвьѭ оукрасивъ сѧ *Супр 543, 2* **2.** ἁλουργίς, πορφυροῦς (!) багряница, пурпур purpurový šat, purpurový plášť: самомоу носѧштоуоумоу вѣньць • и баг҆ра имѣѭштоуоумоу *Супр 491, 30.— Супр 438, 16.— Ср.* багърѣница, прапраждъ, порьфѵра

БАГЪРѢНИЦА, -ѧ *ж* (3) [багр- *Супр* (1)] πορφύρα багряница, пурпур purpurový šat, purpurový plášť: изиде бо имъı исоуса вѣньчана • и въ багрѣницѫ облъчена *Супр 435, 5.— Супр 7, 2; 368, 11.— Ср.* багъръ, прапраждъ, порьфѵра

БАЛИИ, -ꙗ *м* (8) ἰατρός врач lékař: балии ıсцѣли сѧ самъ *Л 4, 23 Мар* (врачю *Ас*, ∅ *Зогр*); бали неджжънымъ г⟨оспод⟩ı *Евх 84а 4-5.— Мк 2, 17 Мар; Мк 5, 26 Мар; Л 8, 43 Мар; Пс 87, 11 Син; Клоц 5а 40; 10а 32.— Ср.* врачь, ицѣлитель, цѣлитель

БАЛОВАНИЕ, -иꙗ *с* (1) ἰατρεία лечение léčení: да имѫтъ ѭ... къ балованью *Евх 5а 18.— Ср.* бальство, врачьба, ицѣлѥниѥ, цѣлѥниѥ, цѣлъı, цѣльба

БАЛЬСТВО, -а *с* (5) ἰατρεία, ἀλεξιτήριον, φάρμακον лекарство; лечение lék; léčení: сътвори ѭ... неджгомъ бальство *Евх 5а 5;* ѣко бальство естъ то живота вѣчьнаго *Киев 6а 7— Киев 4б 21; Евх 6б 19; Клоц 5а 40.— Ср.* балованиѥ, врачьба, ицѣлѥниѥ, цѣлѥниѥ, цѣлъı, цѣльба

БАНЬСКЪ, -ыи *прил.* (1) τοῦ λουτροῦ банный, бани *род.* lázeňský, lázně *род.*: и примѧталъ сѧ вьнезаапѫ • или ıз морѣ... или ıс покрова баньскааго • или ıс кѫпѣли водъныѧ *Евх 54б 13*

БАНꙖ, -ныѧ *ж* (10) βαλανεῖον, λουτρόν, γυμνάσιον (!) баня lázeň: влѣзъ нѣк҆де въ бани грѣкмъ *Супр 92, 17* ● *перен.* омовение koupel: дастъ ни бесъмрьтыѧ банѭ *Супр 517, 25.— Супр 76, 17; 76, 19-20; 76, 23; 78, 5; 78, 15; 92, 21; 93, 18; 235, 10*

БЕДРА, -ы *ж* (1) μηρός бедро bedro: прѣпоѣши сѧ жрѫжъемъ (!) твоимъ по бедрѣ твоеı *Пс 44, 4 Син*

БЕДРЬНЪ (?) *прил.* (1) πλούσιος обильный (?) hojný (?): въ мирѣ семь... приметъ бедръно въздание *Евх 58а 3*

бежъ *см.* без

БЕЗ *предлог* (>200) [безъ *Зогр Ен Евх Супр*, безь *Ас* (1), безо *Зогр* (1), бес *перед глухими согласными Зогр Мар Ас Сав Ен Син Евх Клоц Супр Рыл*, бе *перед* с, з, ч *Зогр Мар Син Евх Клоц Супр*, безд *перед* р *Зогр Мар Супр*, беж *перед* н҃ *Зогр Ас Киев*, бещ (*т. е.* без ч-) *Зогр* (2) *Мар* (1)] *с род.* **1.** *при обозначении отсутствия, неимения кого-л., чего-л.* ἄνευ, χωρίς, ἀ-, ἄτερ, δίχα, παρά, οὐ κατά sine без bez: подобьнъ естъ ч⟨лове⟩коу • създавъшю храминѫ безъ основаньѣ *Л 6, 49 Зогр*, без *Мар*; бежнего ничьтоже не бъістъ *И 1, 3 Зогр Ас*, бес того *Супр 10, 17*; нѣстъ пророкъ бештьсти (=без чьсти) *Мк 6, 4 Зогр*, бечьсти *Мар*; бесъблазна (=без съблазна) да бѫдете • в'сѧ дьни живота ею *Евх 10б 18*; аште ли моудити мните • самѣмъ вратомъ без-д-рѫжкоу о себѣ възати сѧ велитъ *Супр 465, 29* **2.** *при обозначении несогласия, сопротивления* παρά, οὐ κατά, ἀ- против, вопреки, не по proti, ne podle: сиꙗ въпадъшꙗꙗ въ поганъскꙑꙗ нѫждѧ • і без волѧ отъ нихъ ѣко непьщева въкоушьше... скврънѫ отъ съвѣсти ихъ очисти *Евх 22б 17*; не бѣхъ ли ти реклъ в҃і позъвати • то како без моего повелѣниꙗ три на десѧте еси позъвалъ *Супр 121, 16*; да и тꙑ възлюбиши еѫже възненавидѣ без оума *Супр 395, 13.— Зогр Мар Ас Сав Ен Син Киев Евх Клоц Супр Хил Рыл*

БЕЗАКОНЕНИЮ, БЕЗАКОНЬНИЮ, -иꙗ *с* (71) [безаконен- *Мар* (1) *Син* (44), безакон҃ен- *Супр* (1), безаконьн- *Син* (1), безаконн- *Син* (24)] ἀνομία, ἀνόμημα беззаконие, проступок nepravost, provinění: съберѫтъ отъ ц⟨ѣ⟩с⟨а⟩р⟨ь⟩ствиѣ его вьсѧ сканьдѣлꙑ • і творѧщꙗꙗ безаконение *Мт 13, 41 Мар* (безаконие *Зогр Ас Унд*); помилоуі мꙗ б⟨о⟩же по велицѣі милості твоеі • і по многꙑимъ щедротамъ твоимъ оцѣсті безаконньѣ моѣ *Пс 50, 3 Син*; не дѣлаѭштеі во безаконениѣ • въ пѫтехъ его ходишꙗ *Пс 118, 3 Син.— Мар Син Супр.— Ср.* безаконие, грѣхъ, законопрѣстѫпление

БЕЗАКОНИЮ, -иꙗ *с* (53) **1.** ἀνομία, παρανομία, ἀνόμημα, ἀσέβεια, δυσσέβεια, δυσσέβημα, παραπληξία нарушение закона; проступок přestoupení zákona; přečin: не по безаконъемъ нашимъ • сътворилъ естъ намъ *Пс 102, 10 Син*; прѣзьри безакониѣ наша • щедротами твоими *Евх 62б 10* **2.** *греч. нет* беззаконие, произвол bezzákonnost, libovůle: да ли о пльтьнѣѣмь оучинение • а о доуховьнѣѣмь безаконие *Супр 361, 22-23.— Зогр Мар Ас Сав Унд Зогр-пал Син Евх Клоц Супр.— Ср.* безаконение, законопрѣстѫпление, грѣхъ

БЕЗАКОНЬНИКЪ, -а *м* (21) [безакьнъ- *Син* (1)] ἄνομος, παράνομος, ἀχάριστος тот, кто преступает законы, преступник ten, kdo přestupuje zákony: съ безаконникома причьтенъ бꙑс⟨тъ⟩ *Мк 15, 28 Зогр Мар Ас Сав*; словеса безакьнъникъ прѣмогѫ нꙑ *Пс 64, 4 Син*; ѡ чоудо како безакон'никъ вѫжетъ свободънꙑꙗ *Супр 57, 25.— Зогр Мар Ас Сав Син Клоц Супр Рыл.— Ср.* законопрѣстѫпьникъ

БЕЗАКОНЬНОВАТИ, -ноуѭ, -ноуюши *несов.* (6) ἀνομεῖν не соблюдать (преступать) законы, совершать беззаконие nezachovávat (přestupovat) zákony, dopouštět se nepravosti, bezpráví: съгрѣшіхомъ съ о⟨ть⟩ці нашімі безаконъновахомъ і не оправьдіхомъ *Пс 105, 6 Син.— Пс 24, 3 Син; 118, 78 Син; Евх 74б 13; Супр 93, 16-17; 110, 30—111, 1*

БЕЗАКОНЬНЪ, -ꙑи *прил., сравн. ст.* безаконьнѣи (34) παράνομος **1.** παράλογος нарушающий законы, незакономерный přestupující zákony, nezákonitý, nenáležitý: слъньце распинаемъ видітъ • і сьѣти не съмѣетъ... ноштьѭ • безаконнѫѭ • котораетъ дрързость • безаконьѣ юдѣіска *Клоц 11б 2* **2.** ἄλογος, ἄτοπος, δυσσεβής, βλάσφημος, ἀθέμιστος, τοῦ νόμου (!) негодный, свойственный негодяю, злодейский nešlechetný, ničemný, zločinný: егда погоубі себе юда • егда съвѣтꙑ безаконнꙑꙗ сътворі *Клоц 6а 3-4*; недоволно ми бѫдет' врѣмѧ • да всѣ съповѣдѣ • безакон'наѣ дѣла и вещи *Рыл 2ба 14*; ѣко въздревьновахъ на безаконьнꙑꙗ міръ грѣшьникъ відꙗ *Пс 72, 3 Син*; иже безаконьнѣи сꙑ • и акꙑ инъ ахаавъ • на свѧтꙑꙗ божиꙗ цръкви възбѣси сѧ *Супр 190, 20-21.— Син Клоц Супр Рыл.— Ср.* законопрѣстѫпьнъ

безаконьнье *Пс 102, 3 Син см.* безаконение

БЕЗАКОНЬНѢ *нареч.* (1) *греч. нет* безобразно ničemně: начѧ ноздрьми и оустꙑ г⟨лаго⟩лати хоулꙑ • и оукарати безаконнѣ и неподоб'нѣ правьд'нааго *Супр 554, 2*

БЕЗБОЖЬНЪ, -ꙑи *прил.* (13) ἄθεος, τῆς ἀθεότητος безбожный bezbožný: весь поганъскꙑ • и безбожьнꙑ обꙑчаи *Евх 23б 20*; покажи безаконьноумоу и безбожьноумоу ан'тониноу • и дел'матию • ꙗко тꙑ еси богъ крьстиꙗньскъ *Супр 163, 7* ▭ *в знач. сущ.* безбожник bezbožník: безбожьне... доколи прѣобидиши б⟨о⟩жие трьпѣние *Супр 49, 22.— Супр 56, 5-6; 56, 23; 56, 24; 57, 14; 85, 5-6; 180, 12-13; 216, 26; 217, 14; 396, 22; 460, 21; Рыл 2 бв 7-8*

БЕЗБОЖЬСТВО, -а *с* (1) ἀθεία безбожие bezbožnost: не имамꙑ цѣсарѣ развѣ к҃есара рѣша • отъметание без гонениꙗ • безбожьство съ егуптъскꙑимъ зъломъ *Супр 435, 18*

БЄЗБОІАЗНИЮ, -нꙗ *с* (1) *греч. нет* бесстрашие nebojácnost: абьѥ того трепетъ и невидѣньѥ обьѧ • ꙗкоже ктомоу кмоу не имѫштоу безбоꙗзниꙗ • прочеѥ мѫчити кѧ *Супр 559, 28*

БЄЗБРАШЬНЪ, -ъıи *прил.* (1): безбрашьно брашьно (*игра слов*) *греч. нет* еда без пищи jídlo bez pokrmu: а ѥже которъи ѥстъ нꙑнꙗ • примꙑи • и безбрашънꙑимъ брашънꙑимъ (! *вм.* брашъномъ) кръмѧ чоудъна'го сего *Супр 272, 12-13*

БЄЗБѢДЬНЪ, -ъıи *прил.* (1) ἀκίνδυνος безопасный bezpečný: да ти доведѫ дьнесь-пастꙑ безбѣдьнъıѧ *Супр 503, 5.— Ср.* бѣда (без бѣдꙑ)

БЄЗВЄЩЬНЪ, -ъıи *прил.* (3) [безвѣщън- *Супр* (1), безвѣстън- (!) *Супр* (1)] ἄϋλος невещественный nehmotný: и ста крьстъ многосильнаꙗ сила • стрѣла невидома • бꙑлиѥ безвештьно *Супр 428, 6.— Супр 272, 18-19; 272, 27*

БЄЗВИНЬНЪ, -ъıи *прил. в знач. сущ.* (3) ἀθῷος, ἀνεύθυνος невинный nevinný: нъ безвинънꙑѧ и правьдивꙑѧ мѫчите *Супр 398, 1.— Супр 368, 2-3; 398, 3.— Ср.* безгрѣшьнъ, невиньнъ, неповиньнъ, непорочьнъ

БЄЗВОДЬНА, -ꙑ *ж* (3) ἄνυδρον безводная пустыня bezvodá poušť: въсхотѣшѧ хотѣнъю въ поустꙑні • ι искоусішѧ б⟨ог⟩а въ безводьнѣ *Пс 105, 14.— Пс 77, 15 Син; Пс 77, 17 Син.— Ср.* поустꙑни

БЄЗВОДЬНЪ, -ъıи *прил.* (7) ἄνυδρος безводный, сухой bezvodý, suchý: прѣходитъ сквозѣ безводънаѣ мѣста *Л 11, 24 Мар* (бездънаа *Зогр*); вь землі поустѣ ι непрѣходьнѣ ι безводьнѣ *Пс 62, 2 Син.— Пс 77, 40 Син; 104, 41 Син; 106, 4 Син; 106, 35 Син; Евх 55а 3-4*

БЄЗВРѢМЄНЬНЪ, -ъıи *прил.* (2) [безъ- *Супр* (1)] **1.** *греч. нет* безвременный, вне времени bez času, mimo čas: имꙑи в' себѣ слово... въ обличьи своемь • съприсносѫщьноумоу • безврѣменъно • бесконечьно *Евх 67а 9-10* **2.** ἄωρος преждевременный předčasný: ни мозѣте измѣнити безъврѣменьноѭ съмрьтиѭ • сладъкꙑѧ сеѧ жизни *Супр 86, 30*

БЄЗВѢДЬНЪ, -ъıи *прил.* (1): тьма безвѣдьнаꙗ *греч. нет* тьма невежества tma nevědomosti: ιзведи и отъ слѣпотꙑ • ѥко из безвѣдънꙑѧ тъмꙑ *Евх 33а 24*

БЄЗВѢРИЮ, -нꙗ *с* (1) *греч. нет* безверие, неверие nevěra: ιзгонѧ в'сѣко безвѣрие ιз люден своихъ *Евх 446 15-16.— Ср.* невѣриѥ, невѣрьствиѥ, невѣрьство

безвѣстънъ *Супр 272, 27 см.* безвещьнъ

БЄЗВѢСТЬНЪ, -ъıи *прил.* (1) ἄδηλος неизвестный, неясный neznámý, nejasný: безвѣстьнаа и таинаа прѣмѫдростъ твоѭ ѥвилъ ми еси *Пс 50, 8 Син.— Ср.* невѣдомъ

БЄЗГНѢВЬНЪ *прил.* (1) ἀόργητος беззлобный neznající hněvu: тако же творааше вьсѧ лѣта житиꙗ своѥго • господоу работаѧ въ молитвахъ прѣбꙑваѧ... добродръзостенъ • некоторичьнъ безълобенъ • безгнѣвьнъ • пооучаливъ *Супр 207, 21.— Ср.* гнѣвъ (без гнѣва)

БЄЗГОДИЮ, -нꙗ *с* (1) ἀωρία неблагоприятное время nevhodný čas: варихъ вь безгодьи ι возъвахъ *Пс 118, 147 Син*

БЄЗГОДЬНѢ *нареч.* (1) ἀκαίρως не вовремя, несвоевременно nevčasně, nevhodně: не въсхошти безгодьнѣ осѫдити себе *Супр 269, 15.— Ср.* врѣмѧ (без врѣмене), годъ (не въ годъ)

БЄЗГРАДЬНИКЪ, -а *м* (1) ἄπολις человек без родины člověk bez domova: то како юже безградьникꙑ ли ѧ наречемъ • или градьникꙑ вьсеѧ вьселенꙑѧ *Супр 84, 1*

БЄЗГРѢШЬНЪ, -ъıи *прил.* (4) ἀναμάρτητος безгрешный bezhříšný: безгрѣшьнъ бо бѣаше • нъ безгрѣшенъ сꙑ кръсти сѧ *Хил 1аа 12-13, 14.— Евх 86а 9; Супр 569, 9.— Ср.* безвиньнъ, грѣхъ (без грѣха), невиньнъ, неповиньнъ

БЄЗДАРЬСТВЬНЪ, -ъıи *прил.* (1) ἀχάριστος неблагодарный nevděčný: съвлѣкъше бездарьствьнааго • пакꙑ биꙗте *Супр 103, 2-3.— Ср.* невъзблагодатьнъ, невъзблагодѣтьнъ

бездениѥ *Пс 35, 7 Син; Евх 4а 8; Супр 77, 5-6 см.* бездъниѥ

БЄЗДОБЬ *нареч.* (1) μάτην тщетно, напрасно nadarmo, marně: она же отъвѣштаста глаголѭшта бездобь молиши сѧ *Супр 167, 4.— Ср.* ашоуть, поустошь, спꙑти, соуи (въ соуѥ), тъщь (въ тъще), оумъ (без оума)

БЄЗДРОДЬНЪ *прил.* (1) ἀγενής незнатный neurozený: (б)езродън(а)... (и)збра б⟨ог⟩ъ *1 Кор 1, 28 Ен*

БЄЗДРЪПЪТЬНЪ, -ъıи *прил.* (1) *греч. нет* безропотный nereptavý: ходи... въ бездръпътъное слоужение *Евх 89а 26-896 1*

БЄЗДРѢВЬНЪ *прил.* (1) ἄξυλος не из дерева, недеревянный nejsoucí ze dřeva, nedřevěný: двьри баздънꙑ възьмъ отъ срѣдꙑ • и врата бездрѣв'на кръстомъ х⟨ристо⟩с⟨ъ⟩ сьломь *Супр 462, 17*

БЄЗДОУШЬНЪ, -ъıи *прил.* (4) ἄψυχος не имеющий души, неживой nemající duši, neživý: каменьѥ бездоуш'но и коумириѥ *Супр 536, 9.— Супр 23, 9-10; 485, 20; 495, 25*

БЄЗДЪЖДИЮ, -нꙗ *с* (2) αὐχμός, ἀβροχία бездождие, засуха bezdeští, sucho: да бꙑ... отъгналъ належаштеѥ бездъждиѥ *Супр 529, 28-29.— Супр 529, 13*

БЕЗДЪНА, -ы *ж* (17) [бездьн- *Сав* (1) *Син* (3) *Супр* (3), безьн- (!) *Син* (1)] ἄβυσσος пропасть, бездна propast, hlubina: съмѧтѣшѧ сѧ бездьны мъножъство шюма водъ *Пс 76, 17 Син*; и запрѣті чрьмьнумоу морю • і исъше • и проведе ѩ въ бездънѣ ѣко по поустыні *Пс 105, 9 Син*; не вѣсте ли ꙗко огню неоугасаемоу быти • и чрьви неоусыпаѭштоу • и бездьнѣ и тинѣ *Супр 107, 20.— Зогр Мар Ас Сав Син Клоц Супр.— Ср.* бездъник

БЕЗДЪНИѤ, -ия *с* (4) [бездьн- *Супр* (1), безден- *Син* (1) *Евх* (1) *Супр* (1)] ἄβυσσος, βυθός пропасть, бездна propast, hlubina: повелѣ его вь рѣкѫ вьврѣшти • и въ бездьнии оумрѣти *Супр 153, 30*; тебе боѩтъ сѧ безденіѣ *Евх 4а 8.— Пс 35, 7 Син; Супр 77, 5-6.— Ср.* бездъна

БЕЗДЪНЪ, -ыи *прил.* (4) ἄνυδρος (!), ἄθυρος (!) бездонный bezedný: прѣходитъ сквозѣ бездънаѣ мѣста *Мт 12, 43 Зогр Мар.— Л 11, 24 Зогр; Супр 462, 17*

бездьна *Сав Син Супр см.* бездъна

бездьник *Супр 153, 30 см.* бездъник

БЕЗИМЕНЬНЪ *прил.* (1) *греч. нет* безымянный, неназванный bezejmenný, bez názvu: псалмъ... да⟨ви⟩довъ • безіменнъ *Пс 65, 1 Син*

безлов- *Евр 7, 26 Ен; Супр 172, 7 см.* безълов-

БЕЗЛѢТЬНЪ *прил.* (1) *греч. нет* вневременный, нестареющий bez věku, nestárnoucí: имѣѩ в' себѣ слово... бесконечьно • безлѣтъно *Евх 67а 10-11*

БЕЗМИЛОСТИВЪ, -ыи *прил.* (1) ἀπηνής немилосердный nemilosrdný: отъ дроужины отътръгъше • лютыѩ и безмілостивыѩ слоугы диꙗволовы *Супр 64 3-4.— Ср.* немилостивъ

БЕЗМЛЪВИѤ, -ия *с* (5) [безмльв- *Клоц* 1)] σιγή, ἡσυχία безмолвие, тишина klid, ticho: безмлъвье много • і млъчанье м'ного • безмльвье много • ѣко цѣсарь съпитъ *Клоц 12б 2-3, 3-4* ● монашеский или отшельнический подвиг молчания asketická usebranost, mlčení: въ начало въздраста • въ обла-шьстѣмъ образѣ сы • въ кротости и въ безмлъвии... видимъ бѣаше *Супр 544, 25.— Евх 92а 1; Клоц 12б 1.— Ср.* безмлъвьствик, мльчаник, неплищеваник

БЕЗМЛЪВЬНЪ *прил.* (2) [безмльв- *Супр* (1)] ἡσύχιος, ἀπερίεργος (!) безмолвный, молчаливый klidný, tichý, usebraný: вь безмлъвъно житие *Евх 19а 16.— Супр 204, 24.— Ср.* мльчаливъ

БЕЗМЛЪВЬСТВИѤ, -ия *с* (1) ἡσυχία безмолвие, (покорное) молчание klid, usebrání: тѣмже аште съ безмльвьствиемъ въ слѣдъ х⟨ристо⟩са идеши *Супр 462, 26.— Ср.* безмлъвик, мльчаник, неплищеваник

БЕЗМЬЗДЬНИКЪ, -а *м* (2) [безмез- *Ас* (2)] ἀνάργυρος бессребреник odměny nežádající člověk: мѣ⟨сѧ⟩ца ноѩб⟨ра⟩ а̃ с⟨вѧ⟩тоую чюдотворцю без'мездьникоу козмъи и дамиана *Ас 125б 2.— Ас 150а 25-26*

БЕЗМѢРЬНЪ *прил.* (3) ἀμύθητος безмерный nesmírný: безмѣрьно множьство отъ малъ хлѣбъ прѣпитѣлъ *Супр 473, 10.— Супр 87, 11; 92, 14*

БЕЗМѪЖЬНЪ, -ыи *прил.* (2): безмѫжьнъ мѫжь ἄνανδρος ἀνήρ муж только по названию manžel jen podle jména: іосифъ • безмѫжъны мѫжъ маріинъ *Клоц 14а 15; Супр 451, 27*

БЕЗНАДЕЖДЬНЪ, -ыи *прил.* (1) *греч. нет* утративший надежду ztrativší naději: надежда безнадеждъныимъ *Супр 143, 29*

БЕЗНАЧѦЛЬНО *нареч.* (1) ἀνάρχως без начала bez začátku: рождъшоуоумоу сѧ отъ ѥго безначѧльно прѣжде вѣкъ *Супр 188, 6*

БЕЗНАЧѦЛЬНЪ, -ыи *прил.* (11) ἄναρχος не имеющий начала nemající počátku: тебѣ славѫ въсылаемъ • безначѧльноумоу о⟨ть⟩цю *Евх 21б 10*; егдаже безначѧлны о⟨ть⟩ць • безначѧльное рождьство • с⟨ы⟩ноу своемоу ѡтъкры *Евх 53а 9-10, 10-11.— Евх 4а 23; 20а 18; 21б 11; 56б 12; 61б 5-6; 79б 19-20; Супр 168, 22-23; 471, 9-10.— Ср.* начѧло (без начѧла)

безо *Мт 10, 29 Зогр см.* без

БЕЗОКОВАТИ, -коуѭ, -коуеши *несов.* (1) ἀναισχυντεῖν быть бесстыдным být nestoudný: они же прѣбываахѫ безокоуѭште • невѣрьствиімъ *Супр 32, 26.— Ср.* стыдѣти сѧ (не стыдѣти сѧ)

БЕЗОЧЬСТВО, -а *с* (5) ἀναίδεια, ἀναισχυντία бесстыдство nestoudnost: нъ за безочьство его • въставъ дастъ емоу • елико трѣбоуетъ *Л 11, 8 Зогр Мар Ас Сав.— Клоц 8а 35.— Ср.* бесрамик, бестоудик

безплачьнъ *Супр 429, 18 см.* бесплачьнъ

безпѫтьнъ *Супр 289, 17 см.* беспѫтьнъ

безскръбънъ *Супр 285, 17-18 см.* бескръбьнъ

БЕЗОУМАН *прил.* (2) ἀγνώμων, φρενόληπτος неумный nerozumný: ѡ издраилю без оуман *Супр 387, 7*; ѡ веле оумъ без оуман сьвѣтъ • и несьвѣштаниѥ пльть (! *вм.* пльнъ) *Супр 387, 14.— Ср.* безоумль, безоумьнъ, несъмысльнъ

БЕЗОУМИѤ, -ия *с* (27) ἄνοια, ἄγνοια, ἀπόνοια, ἀφροσύνη, ἀγνωμοσύνη, ἀναισθησία, μανία, φρενοβλαβία, τύφλωσις τοῦ νοός; (въ безоумии παραφρονῶν) неразумность, безрассудство nerozum, pošetilost: они же ıсплънишѧ сѧ безоумиѣ *Л 6, 11 Зогр Мар*; вьсмрьдѣшѧ сѧ ı сгнишѧ раны моѩ • отъ лица безоумиѣ моего *Пс 37, 6 Син; Евх 76а 14.— Зогр Мар Син Евх Клоц Супр.— Ср.* несъмышлениıє

БЕЗОУМЛЪ, БЕЗОУМЬЛЪ, -ни *прил.* (9) [безоумл- *Супр* (1), безоумьл- *Сав* (1) *Супр* (7)] ἄφρων, παράφρων, ἀγνώμων неразумный, безрассудный nerozumný, pošetilý: доколи безоумлни єсте *Супр 27, 29* □ *в знач. сущ.*: рече же емоу б⟨ог⟩ъ безоумьлю *Л 12, 20 Сав* (безоумьне *Зогр Мар Ас*); безоумьлю въ смѣсѣ твориши зъло *Супр 356, 25.— Супр 2, 16; 27, 29; 29, 19-20; 153, 7; 183, 4-5; 322, 27; 425, 7-8.— Ср.* безоуман, безоумьникъ, безоумьнъ, боуи, невѣгласъ, несъмысльнъ, неразоумьнъ, неразоумичьнъ, неразоумивъ

безоумьлъ *см.* безоумлъ

БЕЗОУМЬНИКЪ, -а *м* (1) πανάθλιος неразумный человек nerozumný člověk: ѡ о(каа)нъı безоумьниче *Клоц 12а 16.— Ср.* безоумлъ

БЕЗОУМЬНЪ, -ын *прил., сравн. ст.* безоумьнѣи (19) [бесоу- *Син* (1)] ἄφρων, τῆς ἀνοίας, μάταιος, ἀγνώμων неразумный, безрассудный nerozumný, pošetilý: мѫжь безоуменъ не познаетъ • ı неразоумивъ не разоумѣетъ сıхъ *Пс 91, 7 Син*; се старѣишинъı жьрцемъ и кнıжьникомъ • безоумьнѣишѧ младеньцемь сьтвори *Супр 340, 18-19* □ *в знач. сущ.*: безоумьне • въ сиѭ ношть д⟨оу⟩шѫ твоѭ ıстѧзаѭ отъ тебе *Л 12, 20 Зогр Мар Ас* (безоумьлю *Сав*).— *Зогр Мар Ас Син Евх Клоц Супр.— Ср.* безоуман, безоумлъ, боуи, невѣгласъ, неразоумивъ, неразоумичьнъ, неразоумьнъ, несъмысльнъ

безчѧдънъ *Супр 249, 16 см.* бецѧдьнъ

безъ *Зогр Ен Евх Супр см.* без

безъврѣменьнъ *Супр 86, 30 см.* безврѣменьнъ

БЕЗЪЛОБИВЪ, -ын *прил.* (1) ἄκακος беззлобный, кроткий, беспорочный prostý zloby, mírný: влъци... кротъкоѭ обложени кожеѭ • и образъмь безълобивыѩ прѣлъщаѭще *Хил 2аβ 22.— Ср.* безълобьнъ, незълобивъ, зълоба (бе-зълобы)

БЕЗЪЛОБИЄ, -иꙗ *с* (1) ἀκακία беззлобность, невинность nevinnost, dobrota: не оубоицъ неприꙗзньствоу • нъ младънихъ безълобию *Супр 340, 26.— Ср.* незълоба, незълобиє

БЕЗЪЛОБЬНЪ, -ын *прил.* (10) [безьлоб- *Супр* (2), безлоб- *Супр* (1) *Ен* (1)] ἄκακος, ἀνεξίκακος, ἁπλοῦς беззлобный; кроткий, беспорочный prostý zloby, mírný: юнаꙗ и безълобьнаꙗ врьста творьца похвали *Супр 324, 2-3*; безлобьныи старьць *Супр 172, 7.— Евр 7, 26 Ен; Супр 5, 30; 8, 28; 169, 5; 207, 21; 330, 21-22; 367, 26; 440, 17.— Ср.* безълобивъ, незълобивъ, зълоба (без зълобы)

БЕЗЪРАТИИ *прил.* (1) ἀπολέμητος мирный, без войны pokojný, bez válek: почто на безъратии мир' оустите рати *Супр 324, 22*

безъчоувьствьнъ *Супр 116, 5-6 см.* бецюувьствьнъ

безъчьствовати *Супр 214, 30-215, 1 см.* бецьствовати

безь *Мт 10, 29 Ас см.* без

безьлобьнъ *Супр 8, 28; 440, 17 см.* безълобьнъ

бес *см.* без

бесада *Супр 363, 23 см.* бесѣда

БЕСВѢТЬНЪ *прил.* (1) *греч. нет* лишенный света jsoucí bez světla: ѡсвѣтитъ омраченыхъ • ѣко бесвѣтънѫ тъмѫ *Евх 33а 2*

бескврънынъ *Служ 3а 2-3; Супр 362, 1 см.* бескръвьнъ

БЕСКВРЬНЬНЪ, -ын *прил.* (2) *греч. нет* непорочный neposkvrněný: ѡ жити емоу во в'семь говѣньи • ı бескврънънѣ • ı оугодьнѣ житьи *Евх 98б 2.— Ен 34б 5-6.— Ср.* нескврьньнъ

БЕСКОНЬЧЬНЪ, -ын *прил.* (4) ἀκήρατος бесконечный nekonečný: о въсхожденьи на оупъвание • живота бесконечьнааго *Евх 65а 13-14*; ємоуже слава и дръжава въ бесконьчьныѩ вѣкы вѣкомь *Супр 543, 11.— Евх 67а 10; Супр 532, 18.— Ср.* коньць (без коньца)

БЕСКРЪБЬНЪ, -ын *прил.* (1) ἡσύχιος спокойный, мирный, безмятежный pokojný, klidný, bezstarostný: бес'печально и бескр'бьно житиє живъı *Супр 492, 16-17.— Ср.* беспечальнъ

БЕСКРЪВЬНЪ, -ын *прил.* (3) [бескврънън- (!) *Служ* (1) *Супр* (1), безскръбън- (!) *Супр* (1)] ἀναίμακτος бескровный nekrvavý: приносѧ бескврънънѭѭ жрътвѫ *Супр 362, 1*; въ годъ безскръбънъıѩ жрътвъı *Супр 285, 17-18.— Служ 3а 2-3*

БЕСЛОВЕСЬНЪ, -ын *прил.* (5) ἄλογος, ἀλόγιστος бессловесный (*о животных*) němý, nemající dar řeči (*o zvířatech*); *перен.* неразумный nerozumný: от'ци ваши акъı бесловесънаꙗ животъна оу прѣльсти бѣахѫ *Супр 27, 16*; и съвъсхъıштени бъıхомъ ꙗко бесловесьнии животи *Супр 108, 9.— Супр 273, 13; 321, 26; 495, 30.— Ср.* бесловьнъ, несловесьнъ

БЕСЛОВЬНЪ, -ын *прил.* (1) ἀλόγιστος неразумный nerozumný: нъ обаче зълъ любопьрива бъıваетъ и бестоуда • и бесловънъıими начинаетъ *Супр 443, 16-17.— Ср.* бесловесьнъ, несловесьнъ

БЕСЛЪНЬНЪ, -ын *прил.* (1) ἀνήλιος лишенный солнечного света postrádající slunečního světla: ꙗко оубо врата и беслъньнаꙗ адова жилишта... постиже *Супр 464, 7*

БЕСПЕЧАЛЬНЪ, -ын *прил.* (2) [бес'п- *Супр* (1)] ἀμέριμνος, ἀπράγμων беззаботный, спокойный bezstarostný, klidný: и въі беспечал'нъи сътворим *Мт 28, 14 Ас* (бес печали *Зогр Мар Сав*).— *Супр 492, 16.— Ср.* бескрьбьнъ, печаль (без печали)

БЕСПЛАЧЬНЪ, -ын *прил.* (1) ἀπενθής бесслезный, без слез, без плача (jsoucí) bez slz, bez pláče: ѡ многообразьнааго дьнн • ѡ многоплачьнааго и безплачьнааго *Супр 429, 18*

БЕСПЛОДЬНЪ *прил.* (1) ἄκαρπος бесплодный, неплодоносящий neplodný, nepřinášející plody: видѣ смокве акы чловѣка бесплодьна *Супр 345, 7.— Ср.* неплодьнъ, плодъ (без плода), сѣмꙙ (иже не творитъ сѣмене)

БЕСПЛЪТЬНО *нареч.* (1) ἀσωμάτως бесплотно netělesně: благословимъ тꙙ... благословешенааго прѣжде вѣкъ • и досели беспльтьно *Супр 330, 6*

БЕСПЛЪТЬНЪ, -ын *прил.* (17) [беспльт- *Супр* (9)] ἀσώματος, ἄϋλος, ἄσαρκος бесплотный nemající tělo, netělesný: единъ плачет' сꙙ днѣволъ • видꙙ тꙙ бесплотъныхъ а⟨н⟩ѣ⟨е⟩лъ житие приемлѫща *Евх 88а 9*; дьнесь ангели съ чловѣкы размѣсиша сꙙ • и носꙙштии тѣло съ беспльтъныими силами • пѣтие въспѣваѭтъ *Супр 486, 30.— Ен Евх Супр.— Ср.* плъть (без плъти)

БЕСПОСАГАИ *прил.* (1) ἀπειρόγαμος незамужний nevdaný: тоꙙ оубо дѣльма твоꙗ беспосагаꙗ матере и дѣвицꙙ • милоуи мꙙ *Супр 391, 27*

БЕСПРАВЬДИѤ, -ига *с* (1) ἀδικία несправедливость nespravedlnost: а не беспрaвьдиꙗ дѣлакте *Супр 257, 24.— Ср.* неправьда

БЕСПРАВЬДЬНЪ, -ын *прил.* (1) τῆς ἀδικίας несправедливый nespravedlivý: оубои беспрaвьдьныи творꙙтъ • и вь тьмницѫ вьнити отъмештѫтъ сꙙ *Супр 432, 6.— Ср.* неправьдивъ, неправьдьнъ

БЕСПРИКЛАДЬНЪ, -ын *прил.* (1) *греч. нет* беспримерный, несравненный bezpříkladný, nesrovnatelný: сътворен... бесприкладънѫѭ цѣлъвь • съдравие и оцѣщение *Евх 47б 2-3*

БЕСПРѢСТАНИ *нареч.* (5) ἀδιαλείπτως, ἀπέραντα беспрестанно, постоянно bez přestání, neustále: болѣзни беспрѣстани кмоу творꙙ *Супр 567, 7.— Супр 13, 26; 192, 21-22; 327, 11-12; Рыл 2аа 3.— Ср.* вьинѫ, иностань, незамѫдьно, присно

БЕСПѪТЬНЪ, -ын *прил.* (1) τῆς ἀνοδίας бездорожный bezcestný: заблѫдивъ въ безпѫтъныꙗ брѣгы *Супр 289, 17*

БЕСРАМИѤ, -ига *с* (3) ἀναίδεια, ἀναισχυντία бесстыдство nestoudnost: ꙗже прьвое бесрамие сътвори • бесрамие добро *Супр 394, 22.— Супр 394, 23-24.— Ср.* безочьство, бестоудие

БЕСРАМЪКЪ, -а *м* (1) ἀναιδής бесстыдник nestoudník: ѡ сѣмꙙ ханаана бесрамька *Супр 323, 30.— Ср.* бестоудьникъ, бестоудьць

БЕСРАМЬНЪ, -ын *прил.* (1) ἀναιδέστατος бесстыдный nestoudný: бесрамьнаꙗ • жена сѫшти стыди сꙙ *Супр 13, 14.— Ср.* бестоудьнъ

бессьник *Супр 274, 26 см.* бесъник

БЕСТРАСТИѤ, -ига *с* (2) ἀπάθεια, ἄδεια (!) отсутствие страданий život bez utrpení: възведи ны съ собоѭ • на свое бестрастие *Евх 65а 20*; доколѣ наше бестрастие льстиши ѡ чловѣче *Супр 436, 30*

БЕСТРАСТЬНЪ, -ын *прил.* (4) ἀπαθής не знающий страданий neznající utrpení: сын родомь бестрастенъ *Евх 26а 15-16.— Супр 436, 19; 504, 6; 511, 13-14.— Ср.* страсть (без страсти), врѣдъ (не примъ врѣда)

БЕСТОУДИѤ, -ига *с* (3) ἀναίδεια, αἰσχύνη бесстыдство nestoudnost: вельѣ дръзость велье бестоудье *Клоц 4б 31.— Евх 53б 22; Супр 526, 3.— Ср.* безочьство, бесрамие

БЕСТОУДЬНИКЪ, -а *м* (1) ἄφρων бесстыдник nestoudník: да придетъ бестоудьници приемлꙙи жрътвѫ *Супр 116, 9.— Ср.* бесрамъкъ, бестоудьць

БЕСТОУДЬНЪ, -ын *прил., сравн. ст.* бестоудьнѣи (10) ἀναιδής, ἀναίσχυντος, αἴσχιστος бесстыдный nestoudný: понеже бестоудънаѣ дръзостъ събыстъ сꙙ • і дѣтѣль съконьча сꙙ • тогда лі оувѣдѣ грѣхъ *Клоц 5б 17*; да не бестоудьнѣиша его сътворитъ *Супр 412, 22.— Евх 54а 21; Клоц 4а 19; 5б 35-36; 7б 27; Супр 74, 24; 415, 16; 515, 1-2; 528, 9.— Ср.* бесрамьнъ

БЕСТОУДЬНѢ *нареч.* (1) *греч. нет* бесстыдно nestoudně: бестоуднѣ възираше на раба б⟨о⟩жиꙗ *Супр 554, 12-13*

БЕСТОУДЬЦЬ, -а *м* (1) ἀναιδής бесстыдник nestoudník: о ѫже ты сьвѣштавакши сꙙ и мѣнѫ твориши бестоудьче *Супр 415, 15-16.— Ср.* бестоудьникъ, бесрамъкъ

БЕСТЬЛѢНИѤ, -ига *с* (1) ἀφθαρσία нетленность netlení, *перен.* neporušitelnost: ты бестьлѣниемъ тълѣние отъгъна *Супр 505, 26.— Ср.* нетьлѣние, неистьлѣние

БЕСТЬЛѢНЪ, -ын *прил.* (1) *греч. нет* нетленный netlející, *перен.* neporušitelný: въ бестьлѣныихъ мѣсто • тьлѣние пробраштѫ *Супр 164, 30.— Ср.* бестьлѣньнъ, нетьлѣньнъ, неистьлѣньнъ

БЕСТЬЛѢНЬНЪ, -ын *прил.* (1) τῆς ἀφθαρσίας нетленный netlející, *перен.* neporušitelný: даждъ и мьнѣ господі банѫ бестьлѣньнѫѭ *Супр 235, 10.— Ср.* бестьлѣнъ, нетьлѣньнъ, неистьлѣньнъ

БЕСТѪЖЬНЪ, -ын *прил.* (1) *греч. нет* переносимый без жалоб, безропотный snášený bez naříkání, bez stěžování: послѣдоуѩ повелѣниемъ его • въ завьдѣнънѫѭ молитвѫ • въ бестѫжъное пощение *Евх 89а 25-26*

б е с оу м е н ъ *Пс 13, 1 Син см.* безоумьнъ

БЕСХРАМЬНИКЪ, -а *м* (2) ἄοικος человек без крова člověk bez domova: даждъ ми тѣло мрьтво на погребениѥ... Їсоуса бесхрамника *Супр 454, 18.— Супр 455, 1.— Ср.* домъ (без домоу)

б е с ц ѣ н н ъ *Клоц 14б 24; Супр 453, 14 см.* бецѣньнъ

б е с ч и н а и *Супр 322, 25 см.* бещинаи

б е с ч и н и ѥ *Супр 288, 24 см.* бещиниѥ

б е с ч и н ь н ъ *Супр 288, 26-27; 398, 4 см.* бещиньнъ

б е с ч ь с т в и ѥ *Супр 328, 10-11 см.* бещьствиѥ

б е с ч ь с т в ь н ъ *Супр 512, 7 см.* бещьствьнъ

б е с ч ь с т и ѥ *Супр 74, 25-26 см.* бещьстиѥ

БЕСЪМРЬТИѤ, -ига *с* (5) [весьмрьт- *Супр* (1), весъмрът- *Евх* (1), весьмрът- *Клоц* (1)] ἀθανασία бессмертие nesmrtelnost: ты єдинъ имы весъмрътие *Евх 61б 10.— Клоц 10б 5; 12а 27; Супр 480, 15; 517, 25.— Ср.* весъмрьтьство

БЕСЪМРЬТЬНЪ, -ын *прил.* (30) [весьмрьт- *Супр* (8), весъмрь- *Ен* (1) *Евх* (11) *Клоц* (1) *Супр* (2) *Рыл* (1)] ἀθάνατος, ἀκήρατος, θνητάθνητος, τῆς ἀθανασίας бессмертный nesmrtelný: хвалимъ тѧ г⟨оспод⟩і б⟨о⟩же нашъ • ѣкоже тебѣ единомоу животъ бесъмрътенъ естъ *Евх 58а 10-11* ● *перен.*: бола • кда коли отъ многааго к нен попеченьіа • бесьмрьтьнѫѭ болѣзнь нанесетъ *Супр 516, 24.— Ен Евх Клоц Супр Рыл.— Ср.* несъмрьтьнъ

БЕСЪМРЬТЬСТВО, -а *с* (1) ἀθανασία бессмертие nesmrtelnost: б⟨о⟩же нашъ • имѣіи единъ бесъмрътъство *Евх 57б 15.— Ср.* бесъмрьтиѥ

БЕСЬНИѤ, -ига *с* (1) ἀγρυπνία бдение, бессонница bdění: съна же толико приѥмлаше • кликоже тъчьѭ оума не погоубити • бессьниѥмъ *Супр 274, 26.— Ср.* бъдѣниѥ

БЕСѢДА, -ы *ж* (36) [беса- *Супр* (1)] **1.** λόγος, ῥῆμα, λαλία, ὁμιλία, διαλογή, ἔντευξις, εὐτυχία (!); (жродиваіа бесѣда μωρολογία) слово, речь, разговор slovo, řeč, rozmluva: ѥже не за твоѭ бесѣдѫ вѣроуемъ *И 4, 42 Зогр Мар Ас*; і дажди намъ • да полезьны бѫдѫтъ бесѣды нашѧ *Евх 18а 2* □ λαλία речь, манера речи mluva, způsob mluvy: въ істинѫ і ты отъ нихъ еси • і бесѣда твоѣ авѣ тѧ творитъ *Мт 26, 73 Зогр Мар Ас Сав* (2); ібо галилеанинъ еси • і бесѣда твоѣ подобитъ ти сѧ *Мк 14, 70 Зогр Мар* **2.** ὑπόθεσις, ῥῆσις проповедь kázání, homilie: хотѣхъ патріархово бесѣдѫ къ вамъ • простърѣті *Клоц 3а 27.— Зогр Мар Ас Сав Син Евх Клоц Супр.— Ср.* бесѣдованиѥ, слово, рѣчь

БЕСѢДОВАНИѤ, -ига *с* (1) ὁμιλία разговор, беседа rozhovor, beseda: бесѣдованиѥ обычаи • обьштиѥ ѥже на трепезѣ *Супр 411, 28* (бесѣдѫ *Клоц 4б 21*).— *Ср.* бесѣда

БЕСѢДОВАТИ, -доуѭ, -доуѥши *несов.* къ комоу, съ цѣмь, комоу (50) **1.** ὁμιλεῖν, προσομιλεῖν, λαλεῖν, φιλολογεῖν, περαίνειν, λέγειν, διαλέγειν, διαλέγεσθαι, φθέγγεσθαι, ὑπαγορεύειν, προσαγορεύειν; (обиликмь бесѣдовати περιττολογεῖν) беседовать, разговаривать, говорить rozmlouvat, mluvit: та бесѣдоваашете къ себѣ • о вьсѣхъ сихъ приключьшихъ сѧ сихъ *Л 24, 14 Зогр Мар*, бесѣдоваасте *Ас*; заклинаѭ тѧ... бесѣдовавъшинмь • намъ страс⟨ть⟩ми до гроба • і ада вьскрьсениемь испровръгъшинмь *Евх 53б 5-6*; сего дѣлма четврътън се дьн' имамъ бесѣдоуѧ съ вами о молитвѣ за врагы *Супр 406, 29* **2.** συντυγχάνειν, συνομιλεῖν общаться, встречаться *с кем-л.* jednat, stýkat se *s někým*: не можааxѫ • бесѣдовати къ нѥмоу • народомъ *Л 8, 19 Зогр Мар Ас Сав.— Зогр Мар Ас Сав Ен Евх Супр.— Ср.* глаголати, повѣдати

БЕЩИНАИ *прил.* (1) ἄτακτος необузданный, несдержанный nevázaný, neukázněný: съвора весчинаѥ множьство разоумѣваи *Супр 322, 25-26.— Ср.* бещиньнъ

б е щ и н н и ц а *Клоц 2а 24-25 см.* бещиньница

БЕЩИНИѤ, -ига *с* (1) ἀκαταστασία бесчинство, необузданность, несдержанность nevázanost, neukázněnost, zlořád: и блаженоуоумоу савѣ • отъ лавры отъшьдъшоу на страны скѵѳопольскыѧ • бесчиниіа ради послѣдьнинхъ • иже въ новѣи лаврѣ быша *Супр 288, 24.— Ср.* бещиньница

БЕЩИНЬНИЦА, -ѧ *ж* (1) *греч. нет* бесчинство zlořád: нъ і позьрѧштаѩ ихъ кънѧзѧ таковьсаѩ бештініцѧ (! *вм.* бештіньницѧ) *Клоц 2а 24-25.— Ср.* бещиниѥ

БЕЩИНЬНЪ, -ын *прил.* (3) [бесчи- *Супр* (2)] ἄτακτος, τῆς ἀταξίας необузданный, несдержанный nevázaný, neukázněný: чьстьныи їѡанъ бѣжа бесчинънааго съвора *Супр 288, 26-27.— Супр 398, 4; 497, 24.— Ср.* бещинаи

БЕЩИСЛЬНЪ, -ꙑи *прил.* (9) [бечислън- *Супр* (2)] ἀμέτρητος, ἄτακτος (!) бесчисленный; безмерный nesčíslný; nesmírný: и абиѥ по ѥд'номъ д'ни • приде съ множьствомъ воѥводъ... съ... бештислънꙑими вои *Супр 561, 26*; хвалимъ тѧ г⟨оспод⟩и б⟨о⟩же нашъ • ѣкоже тебѣ единомоу животъ бесъмрътенъ естъ • и слава непостижьна • и милость бещисльна *Евх 58а 12.— Евх 53б 1; 68а 15; Клоц 5а 16-17; 12б 15-16; Супр 448, 13; 541, 7; 565, 25-26.— Ср.* бещисменьнъ

БЕЩИСМЕНЬНЪ, -ꙑи *прил.* (1) μύριοι бесчисленный nesčíslný: како можаахѫ противѫ цѣсаремъ... стати • иждe мечи и сковрадꙑ • и пешти • и бечисменьнꙑѧ по вьсѧ дьни сьмрьти *Супр 442, 29.— Ср.* бещисльнъ

БЕЩОУВЬСТВЬНЪ, -ꙑи *прил.* (1) ἀναίσθητος ничего не чувствующий, не воспринимающий nic necítící, nevnímající: коумиромъ безъчоувьствьномъ • жържѫште *Супр 116, 5-6.— Ср.* нечоувьствьнъ

БЕЩЬСТВИѤ, -ꙗ *с* (1): б е щ ь с т в и ѥ с ъ т в о р и т и ἀτιμάζειν опозорить zneuctít: не хоули христосова цѣсарьства хоульниче • да не родивъшоуоумоу бесчьствиѥ сътвориши *Супр 328, 10-11.— Ср.* бещьстиѥ, нечьстиѥ; бещьствиѥ сътворити *ср.* бещьствовати

БЕЩЬСТВОВАТИ, -воуѭ, -воуѥши *несов./сов.* (2) [вечьс- *Супр* (1), безъчьс- *Супр* (1)] ἀτιμάζειν срамить/посрамить, бесчестить zneucťovat/zneuctít, pohanět: не ч'ти мене бечьствоуѭ съзъдателꙗ *Супр 510, 13*; оукори и безъчьствова ѥѩ *Супр 214, 30-215, 1.— Ср.* бещьствиѥ (бещьствиѥ сътворити), досаждати, досадити, чисти (не чисти)

БЕЩЬСТВЬНЪ, -ꙑи *прил.* (1) τῆς ἀσεβείας бесчестный bezectný: въ кои (*т. е.* рѫцѣ) оудръжа мьздѫ бесчьстьвьнѫѭ *Супр 512, 7.— Ср.* нечьстивъ, нечьстьнъ

б е щ ь с т и *Мк 6, 4 Зогр см.* без *и* чьсть

БЕЩЬСТИИ *прил.* (2) [вечьс- *Зогр* (1)] ἄτιμος непочитаемый, не пользующийся почетом bezectný, nepožívající cti: нѣстъ пр⟨оро⟩къ бещьстии • тъкмо въ своемь отъчьствии *Мт 13, 57 Мар Зогр.— Ср.* бещьствьнъ, чьсть (без чьсти)

БЕЩЬСТИѤ, -ꙗ *с* (4) [бес'ч- *Супр* (1), бечьс- *Супр* (3)] ἀτιμία, αἴσχιστον бесчестие, посрамление zneuctění, pohana: бестоуд'на же лица ваша глаголѭштаа на б⟨ог⟩а неправьдѫ • бес'чьстиꙗ во испльни *Супр 74, 25-26* ◆ б е щ ь с т и ѥ с ъ т в о р и т и ἀτιμάζειν опозорить zneuctít: да христосоу бечьстиѥ сътворѧт' *Супр 385, 12.— Супр 436, 20; 510, 14.— Ср.* бещьствиѥ, нечьстиѥ, нечьсть; бещьстиѥ сътворити *см.* бещьствовати

БЕЩЬСТЬНЪ *прил.* (4) [бечьс- *Супр* (2)] ἄτιμος, ἀτιμωθείς, ἠτιμώμενος посрамленный zneuctěný: того камениемь бивъше пробишѧ главѫ емоу • и посълашѧ бештьстъна *Мк 12, 4 Зогр Мар.— Супр 436, 7; 446, 17*

б е щ ѧ д а *Л 20, 30 Зогр см.* без *и* чѧдо

БЕЩѦДИѤ, -ꙗ *с* (1) ἀτεκνία бездетность; бесплодие bezdětnost; neplodnost: въздаахѫ ми зълаа въз добраа • и бещѧдие д⟨оу⟩ши моеи *Пс 34, 12 Син*

б е щ ѧ д ъ *Л 20, 28 Мар см.* без *и* чѧдо

БЕЩѦДЬНЪ, -ꙑи *прил.* (5) [безчѧдън- *Супр* (1), бѫштьдьн- (!) *Зогр* (1)] ἄτεκνος, μὴ καρποφορῶν бездетный; бесплодный bezdětný; neplodný: тъ оумьрѣтъ бештѧдьнъ *Л 20, 30 Мар* (бештѧда *Зогр*); не роди безчѧдънаꙗ *Супр 249, 16.— Л 20, 28 Зогр; Л 20, 29 Зогр Мар.— Ср.* чѧдо (без чѧда)

БЕЦѢНЬНЪ, -ꙑи *прил.* (3) [бесцѣни- *Клоц* (1) *Супр* (1)] ἀτίμητος бесценный, драгоценный mající nesmírnou cenu, drahocenný: не посрами насъ... даѭщиихъ въ имѧ твое • дарꙑ бецѣнънꙑѩ *Евх 44а 14.— Клоц 14б 24; Супр 453, 14.— Ср.* мъногоцѣньнъ

б е ч и н о у *Супр 565, 19 см.* без *и* чинъ

б е ч и с м е н ь н ъ *Супр 442, 29 см.* бещисменьнъ

б е ч ь с т в о в а т и *Супр 510, 13 см.* бещьствовати

б е ч ь с т и *см.* без *и* чьсть

б е ч ь с т и и *Мт 13, 57 Зогр см.* бещьстии

б е ч ь с т и ѥ *Супр 385, 12; 436, 20; 510, 14 см.* бещьстиѥ

б е ч ь с т ь н ъ *Супр 436, 7; 446, 17 см.* бещьстьнъ

б е ч ѧ с т и *Евх 1а 25 см.* чѧсть

б и *см.* бꙑти

БИВАТИ, -аѭ, -аѥши *несов.* (1) ἀποκτείνειν убивать zabíjet: не оубоите сѧ отъ биваѭщиихъ тѣло *Мт 10, 28 Ас* (оубиваѭштиихъ *Зогр Мар*).— *Ср.* оубивати

БИСЬРЪ, -а *м* (20) [бисър- *Зогр* (1) *Ас* (1) *Сав* (3) *Клоц* (1) *Супр* (5), бисер- *Зогр* (1) *Ас* (2), биср- *Супр* (1)] μαργαρίτης жемчуг, жемчужина perla: ни помѣтаите бисеръ вашихъ прѣдъ свиниѥми *Мт 7, 6 Зогр Мар Ас Сав.— Зогр Мар Ас Сав Клоц Супр*

БИТИ, бьѭ, бьѥши *и* биѭ, биѥши *несов.* (>100) δέρειν, τύπτειν, κόπτειν, πνίγειν, ῥαπίζειν, μαστίζειν, μαστιγοῦν бить bít: биѣахѫ и по ланитама *И 19, 3 Зогр*, биѣхѫ *Мар Ас*, бихѫ *Сав*; биетъ тѧ трисавице г⟨оспод⟩ь • часънаа • емлѭщиѥ въ ѥ̃ часъ • сего • биениемь неотъвѣтъномь *Евх 49б 14* ● φραγελλοῦν, ῥαβδίζειν, μαστιγοῦν бичевать bičovat: и поржгаѭтъ сѧ емоу • и досадѧтъ емоу и заплюѭтъ и • и бивъше оубиѭтъ и *Л 18,*

33 Мар (тепъше *Зогр*) ● φονεύειν убивать zabíjet: младеништа... кд'наче въ младьнѣи и млѣчьнѣи пишти сѫште • лютомь гнѣвомъ града иродомъ биемы *Супр 397, 10* ◆ **каменикмь бити** λιθάζειν, λιθοβολεῖν забрасывать камнями kamenovat: того каменимь бивъше пробишѧ главѫ емоу *Мк 12, 4 Зогр Мар.— Зогр Мар Ас Сав Боян Евх Клоц Супр Рыл.— Ср.* тети, оубивати

БИЧЬ, -а *м* (4) φραγέλλιον, φραγέλλη бич, плетка bič, důtky: сътворь ѣко вичь отъ връвии • вьсѧ ізгъна цръкъве *И 2, 15 Зогр Мар Ас.— Супр 193, 6.— Ср.* вошага

БИЄНИЄ, -ига *с* (4) [бьк- *Супр* (2)] τὸ μαστιγῶσαι, κολετός битье; бичевание bití; bičování: прѣдадѧтъ і на поржганиѥ ыз⟨ы⟩к⟨о⟩мъ • і биениѥ и пропѧтье *Мт 20, 19 Мар* (∅ *Зогр*); ринѫша сѧ на оукоризны и бьенига *Супр 535, 19.— Евх 49б 16; Супр 386, 12*

благо *с см.* благъ

благо *Син см.* благоже

БЛАГОВОЛИТИ, -лѭ, -лиши *несов./сов.* (18) на кого; о комь; чьто εὐδοκεῖν благоволить *к кому-л.*, любить/возлюбить *кого-л.* mít zalíbení *v někom*, oblíbit si *někoho*: ты еси с⟨ы⟩нъ мои възлюбленъı • о тебѣ благоволихъ *Л 3, 22 Зогр Мар*; вьсесъжагаемыхъ же не благоволіши *Пс 50, 18 Син*; ѡ благоволити г⟨оспод⟩ю б⟨ог⟩оу на ны *Евх 61а 11.— Зогр Мар Ас Сав Син Евх Супр.— Ср.* благоизволити

БЛАГОВОЛЕНИЄ, -ига *с* (20) εὐδοκία, εὐγνωμοσύνη милость, благоволение milost, dobrá vůle: ei о⟨ть⟩че ѣко тако бъістъ • благоволение прѣдъ тобоѭ *Л 10, 21 Зогр Мар Ас* (2) *Сав* (2); въ благоволені твоемь възнесетъ сѧ рогъ нашь *Пс 88, 18 Син.— Зогр Мар Ас Сав Син Евх Супр Рыл.— Ср.* волга

БЛАГОВОЛЕНО *нареч.* (1) εὐαρέστως благосклонно blahosklonně: приемъи възможьно приношение въдовицѧ • благоволено *Евх 13б 10*

БЛАГОВОНЬНЪ, -ыи *прил.* (1) (благовоньна масть μύρον) благовонный, ароматный libovonný, příjemně vonící: и се жена... принесъши стькльницѫ благовоньны масти *Супр 391, 10* (*ср.* алавастръ м'vра *Л 7, 37 Зогр Ас*, мvроу *Мар*, алавастръ хризмы *Мк 14, 3 Мар Зогр*).— *Ср.* благоѫханьнъ

БЛАГОВРѢМЕНЬНЪ, -ыи *прил.* (2) εὔκαιρος своевременный, уместный včasný, vhodný: бл⟨а⟩годѣтъ обрѧщемъ въ благоврѣменънѫ помощь *Евр 4, 16 Ен* ▭ **благоврѣменьно** *в знач. сказ.* удобно, пора je vhodné, je na čase, je čas: благоврѣменьно оубо намъ • вьвести покаанию оучителга *Супр 390, 14.—* благоврѣменьно *ср.* врѣмѧ (врѣмѧ єстъ, добро єстъ врѣмѧ)

БЛАГОВЪГОДЬНЪ, -ыи *прил.* (1) εὐάρεστος угодный příjemný: ѡ благовъгодьнѣ трѣбѣ быти • словесъноумоу семоу слоуженью нашемоу • г⟨оспод⟩ю помо⟨лимъ сѧ⟩ *Евх 60а 14.— Ср.* благоприѩтьнъ, въгодьнъ, добровъгодьнъ, оугодьнъ

БЛАГОВѢРИЄ, -ига *с* (7) εὐσέβεια набожность, благочестие zbožnost, bohabojnost: естъ бо дрьзъ • и бесрама • ни дѣвъства срамлѣѩ сѧ • ни цѣломѫдриѣ чьты • ни благовѣриѣ боѩ сѧ *Евх 88а 15-16*; ции б⟨ог⟩а нашего вышьши сѧ творите... страшьныими сими мѫжами прѣтите • грѣхъ на ны носѧште • благовѣрие • нъ не страшивомъ прѣтите *Супр 88, 21.— Евх 18а 5; 19а 18; 53б 14-15; 94б 9; Супр 57, 16.— Ср.* благочьстие, вѣра (благага вѣра), говѣиньство, говѣние, доброговѣние, доброчьстие

БЛАГОВѢРЬНЪ, -ыи *прил.* (6) εὐσεβής, εὐσεβῶν, τῆς εὐσεβείας набожный, благочестивый zbožný, bohabojný: па⟨мѧ⟩т⟨ь⟩... благовѣрном⟨оу⟩ • констатиноу ц⟨ѣса⟩рю *Ас 146б 6.— Ен 5а 1; Супр 24, 25; 85, 11; 96, 21; 97, 15.— Ср.* благочьстивъ, благочьстьнъ, доброговѣинъ, говѣинъ, доброчьстивъ, доброчьстьнъ, чьстьнъ

БЛАГОВѢРЬНѢ *нареч.* (2) εὐσεβῶς набожно, благочестиво zbožně, bohabojně: и вьси благовѣрьнѣ живѫштиї о х⟨ристос⟩ѣ • ноуждаахѫ сѧ жрьти богомъ *Супр 68, 26.— Супр 69, 4-5.— Ср.* благочьстьно

БЛАГОВѢСТВОВАТИ, -воуѭ, -воуєши *несов.* (9) εὐαγγελίζεσθαι возвещать (*добрую весть*) oznamovat, hlásat (*dobrou zprávu*): се бо благовѣствоуѭ вамь радость велиѭ *Л 2, 10 Зогр* (благовѣштаѭ *Мар Ас*, благовѣстоуѭ *Сав*); многа же іна благовѣствоваше г⟨лаго⟩лѧ къ людьмъ *Л 3, 18 Зогр* (благовѣстъствоваше *Мар Ас*, повѣдаѩ г⟨лаго⟩ла⟨а⟩ше *Сав*).— *Л 7, 22 Зогр; Л 16, 16 Зогр Мар; Л 20, 1 Зогр; Клоц 14а 5; Супр 451, 19; 452, 3.— Ср.* благовѣстити, благовѣстовати, благовѣстьствовати, благовѣщати

БЛАГОВѢСТИТИ, -вѣщѫ, -вѣстиши *сов./несов.* (17) εὐαγγελίζεσθαι возвестить/возвещать (*добрую весть*) oznámit/oznamovat, ohlásit/ohlašovat (*dobrou zprávu*): подобаетъ ми благовѣстити ц⟨ѣса⟩р⟨ь⟩ствие б⟨о⟩жие *Л 4, 43 Зогр Мар*; благовѣсти сѧ гаvриїломъ ар'хаг'геломъ • дѣвѣ с⟨вѧ⟩тѣ и прѣчистѣ отъ рода цѣсарьска сѫшти *Супр 10, 20-21.— Зогр Мар Ас Сав Син Клоц Супр.— Ср.* благовѣстьствовати

БЛАГОВѢСТОВАТИ, -тоуѭ, -тоуєши *несов.* (8) εὐαγγελίζεσθαι возвещать (*добрую весть*) oznamovat, hlásat (*dobrou zprávu*): прокажении очищаѭтъ сѧ и глоусии слышѧтъ •

мрътвии въстаѭтъ • ι ништии благовѣстоуѭтъ *Мт 11, 5 Мар* (благовѣстьствоуѭтъ *Ас, нет Зогр*).— *Л 7, 22 Мар; Л 8, 1 Зогр Мар; Л 9, 6 Зогр Мар Сав; Л 2, 10 Сав.*— *Ср.* благовѣствовати, благовѣстити, благовѣстьствовати, благовѣщати

БЛАГОВѢСТЪСТВОВАТИ, -воуѭ, -воуѥши *несов./сов.* (9) εὐαγγελίζεσθαι возвещать/возвестить (*добрую весть*) oznamovat/oznámit, ohlašovat/ohlásit (*dobrou zprávu*): г⟨оспод⟩ь дастъ г⟨лаго⟩лъ благовѣстьствоуѭщиимъ силоѭ многоѭ *Пс 67, 12 Син*; агг҄елъ... порождениѥ ѥго ѥже отъ гроба благовѣстьствова *Супр 451, 20-21; Клоц 14а 7.*— *Л 3, 18 Мар Ас; Л 20, 1 Мар; Мт 11, 5 Ас; Клоц 14а 18-19; Супр 452, 1.*— *Ср.* благовѣствовати, благовѣстити, благовѣстовати, благовѣщати

БЛАГОВѢЩАТИ, -аѭ, -аѥши *несов.* (3) εὐαγγελίζεσθαι возвещать (*добрую весть*) ohlašovat (*dobrou zprávu*): се бо благовѣштаѭ вамъ радость велиѭ *Л 2, 10 Мар Ас* (благовѣствоуѭ *Зогр*, благовѣстоуѭ *Сав*).— *Л 9, 6 Ас.*— *Ср.* благовѣствовати, благовѣстити, благовѣстовати, благовѣстьствовати

БЛАГОВѢЩЕНИѤ, -ниѩ *с* (12) [благовѣ(щ)н- *Ас* (1)] **1.** εὐαγγέλιον, τὰ εὐαγγέλια добрая весть dobrá zvěst: не дасть ли ѥмоу родьствоу їѡановоу благовѣштениѩ *Супр 249, 6-7* ● εὐαγγέλιον евангелие evangelium: ѩкоже сьвѣдѣтел҄ьствоуѥтъ ми павьлъ глагол҄ѧ • по благовѣштению рече *Супр 347, 21-22* **2.** Εὐαγγελισμός благовещение (*церковный праздник*) Zvěstování (Panny Marie): на благовѣщ⟨е⟩ние с⟨вѧ⟩тѣи б⟨огороди⟩ци *Ас 158а 2.*— *Ас 144б 2; 145а 4; Супр 243, 26-27; 243, 28; 245, 8; 249, 11; 301, 30; 445, 12; 464, 12.*— *Ср.* еванг҄елиѥ

БЛАГОГОЛѢНЬНЪ, -ыи *прил.* (1) εὐσκελής имеющий крепкие ноги mající pevné nohy: нѣ ли юнотъ въ васъ и благоголѣненъ *Супр 30, 24-25*

БЛАГОДАВЬЦЬ, -а *м* (1) ἀγαθός, *вар.* φιλάγαθος благодетель dobrodinec: ты вл⟨а-дъı⟩ко благодавьче • ι ч⟨ловѣ⟩к⟨о⟩люб'че *Евх 10а 1.*— *Ср.* благодател҄ь, благодатьникъ, благодѣтел҄ь

БЛАГОДАРИТИ, -рѭ, -риши *несов.* (9) εὐχαριστεῖν благодарить, восхвалять děkovat, velebit: по ицѣл҄ении многы̑ д'ни тоу благодарѧ и хвалѧ • и проповѣдаѩ х⟨ристо⟩са б⟨ог⟩а нашего *Супр 555, 28.*— *Супр 309, 7; 309, 12; 316, 29; 517, 19; 518, 11; 541, 28; 550, 28; 556, 2.*— *Ср.* благодарьствити, благодарьствовати, хвалити

БЛАГОДАРИѤ, -риѩ *с* (1) *греч. нет* польза; благодеяние prospěch; dobrodiní: нꙑнѩ гнѣвааши сѧ о божиихъ оученихъ • ѩко пишеми сѫтъ на благодариѥ вѣроуѭштиїмъ *Супр 403, 22*

БЛАГОДАРЬСТВИТИ, -рьщвлѭ, -рьствиши *несов./сов.* (10) **1.** εὐχαριστεῖν, εὐχαριστίαν ἀποπέμπειν благодарить/поблагодарить, восхвалять děkovat/poděkovat, vzdávat/vzdát díky, velebit: и видѣвъ старць лѣторасль благодарьствѣаше бога съ слъзами *Супр 300, 21*; ѩже възьмъ старцъ и съ слъзами облобъızавъ • изѣ • и благодарьстви извѣстивъшааго ѥмоу бога *Супр 300, 26* **2.** *несов.* εὐεργετεῖν благодетельствовать, оказывать благодеяние dobře činit, prokazovat dobrodiní: обьходѧ грады и вьси • благодарьствѧ вьсѧ оутомьѥныѩ дияволомь *Супр 11, 9.*— *Супр 100, 17; 119, 9; 169, 26-27; 194, 2; 276, 22; 299, 25-26; 518, 17.*— *Ср.* благодарити, благодарьствовати, хвалити, благодѣꙗти, благотворити, добродѣꙗти, добротворити

БЛАГОДАРЬСТВИѤ, -иѩ *с* (2) εὐχαριστία благодарственная хвала, благодарение děkování, díkůvzdání: не бо на хвалѫ намъ слово и на благодарьствиѥ тъчьѭ трѣбѣ • нъ и на оучениѥ оуспѣшено *Супр 379, 8.*— *Супр 524, 20.*— *Ср.* благодарѥниѥ

БЛАГОДАРЬСТВОВАТИ, -воуѭ, -воуѥши *несов.* (2) εὐχαριστεῖν благодарить, восхвалять děkovat, velebit: благодарьствоуѭ тѧ г⟨оспод⟩и їс⟨оу⟩х⟨ристо⟩се *Супр 112, 10-11.*— *Супр 103, 11.*— *Ср.* благодарити, благодарьствити

БЛАГОДАРЬСТВЬНЪ, -ыи *прил.* (2) **1.** εὐχαριστήριος благодарственный děkovný: благодарьствьныѩ пѣсни въсылааше богоу *Супр 292, 30-293, 1* **2.** *греч. нет* благодатный prospěšný: а ѥже къ богоу богатъство • скоро ѥстъ и благодарьствьно *Супр 160, 9.*— *Ср.* добродарьствьнъ, похвальнъ

БЛАГОДАРѤНИѤ, -ниѩ *с* (3) [-ре- *Супр* (3)] εὐχαριστία благодарственная хвала, благодарение děkování, díkůvzdání: тебѣ славѫ и благодарениѥ въздаѥмъ *Супр 342, 23.*— *Супр 319, 26-27; 340, 21.*— *Ср.* благодарьствиѥ

БЛАГОДАТЕЛ҄Ь, -лѩ *м* (1) εὐεργέτης благодетель dobrodinec: обладаѭште ими благодателе нарицаѭтъ сѧ *Л 22, 25 Мар* (благодѣтел҄е *Зогр*).— *Ср.* благодавьць, благодатьникъ, благодѣтел҄ь

БЛАГОДАТИ, -дамь, -даси *сов.* (1) εὐεργετεῖν оказать благодеяние prokázat dobrodiní: поѭ г⟨оспод⟩ю благодавъшюмоу мнѣ *Евх 74а 7-8* (благодѣавъшюмоу *Пс 12, 6 Син*).— *Ср.* благосътворити, добросътворити

БЛАГОДАТЬ, -и *ж* (24) χάρις, χάρισμα милость, благодать milost, přízeň: не бои сѧ марие • обрѣте бо благодатъ отъ б⟨ог⟩а *Л 1,*

30 Мар (благодѣть *Зогр Ас*); и кстъ зѣло старъ • и свѣтьлъ лицемъ и доушеѭ поустьнѣи • и божьствънꙑѩ благодати напльнѥнъ *Супр 302, 22.— Мар Супр Хил.— Ср.* благость, благодѣть

БЛАГОДАТЬНИКЪ, *-а м* (1) εὐεργέτης тот, кто делает добро, оказывает милость dárce dobra, milosti: истинноумоу с⟨ы⟩ноу • отъ отьца благодатьникоу *Супр 176, 5-6.— Ср.* благодавьць, благодатель, благодѣтель

БЛАГОДАТЬНЪ, *-ꙑи прил.* (2) **1.** κεχαριτωμένος благодатный, исполненный милости zahrnutý, obdařený milostí: радоуи сѧ благодатънаѣ г⟨оспод⟩ь съ тобоѭ *Л 1, 28 Мар* (благодѣтънаѣ *Зогр Ас*) **2.** τῆς χάριτος милостивый milostivý: благодатьное призꙑвание знаменавъ д⟨оу⟩шѫ • не дастъ къ томоу страшьнъимъ пожрътоу бꙑти змиемь *Хил 1б а 14-15.— Ср.* благодѣтьнъ

БЛАГОДОУШИѤ, *-ꙗ с* (1) εὐψυχία душевное спокойствие dobrá mysl, duševní pohoda: да... бѫдетъ ти... дльгослоужью податель • благод⟨оу⟩шью давець *Евх 92б 17-18*

БЛАГОДѢТЕЛЬ, *-ꙗ м* (10) εὐεργέτης, τῶν ἀγαθῶν χορηγός благодетель; тот, кто делает добро, оказывает милость dobrodinec, dárce milosti: ц⟨ѣса⟩ре ꙗзꙑкомъ • оустоꙗтъ імъ • і обладаѭште ими • благодѣтеле нарицаѭтъ сѧ *Л 22, 25 Зогр* (благодателе *Мар*).— *Клоц 10б 36; Супр 148, 3; 322, 28; 393, 6; 402, 20; 417, 3; 417, 10; 493, 11; 494, 14-15.— Ср.* благодатьникъ, благодатель

БЛАГОДѢТЬ, *-и ж* (>100) [бл(д)т *Ас* (1), бл҃гдѣ- *Сав* (3) *Хил* (1), бл҃го- *Ен* (1) *Син* (1), бл҃годѣ(т) *Рыл* (1)] χάρις **1.** χάρισμα, εὐχαριστία, δύναμις (!) милость, благодать milost, přízeň: видѣхомъ славѫ его • славѫ ѣко іночѧдаего отъ о⟨ть⟩ца • ісплънь благодѣти істинꙑ *И 1, 14 Зогр Ас*; д'несь бо • благодѣть с⟨вѧ⟩тааго д⟨оу⟩ха • приходѧщи освѧщ⟨а⟩етъ доуновениемь водꙑ *Евх 1б 16-17* **2.** εὐεργεσία, ἀγαθότης; (благодѣть творити εὐαρεστεῖν !) благодеяние, добро dobrodiní, dobro: творѧи в'сѣ въ благодѣть нашѫ *Евх 25а 15* **3.** χαρά (!); (не благодѣти имѣти ἀχαριστεῖν) благодарение, благодарность dík, vděčnost: благодѣть милостивꙑимъ и бесъмрътънꙑимъ богомъ *Супр 146, 25*; благодѣть исповѣдаѭ богоу моемоу • дарьствовавъшоуоумоу ми... вѣньць *Супр 254, 9-10* **4.** ἀρετή добродетель ctnost: потъшта сѧ съ вьсѣкоѭ твьрдостиѭ съписати • на възграждение... подражателемъ таковꙑѩ о х⟨ристос⟩ѣ благодѣти *Супр 272, 1* **5.** χάρις приятность libost: и така словеса да износитъ • да дастъ благодѣть слꙑшаштїимъ *Супр 497, 22.— Зогр Ас Сав Ен Син Евх Клоц Супр Хил Рыл Зогр-лл.— Ср.* благодать, благодѣꙗние, благость, милостꙑни, милость, дѣтѣль (блага, добра дѣтѣль)

БЛАГОДѢТЬНЪ, *-ꙑи прил.* (9) **1.** κεχαριτωμένος благодатный, исполненный милости zahrnutý, obdařený milostí: радоуі сѧ благодѣтънаѣ *Л 1, 28 Зогр Ас* (благодатънаѣ *Мар*) **2.** εὐεργέτης, τῆς χάριτος милостивый, благотворный milostivý, blahodárný: дивлѣхѫ сѧ о словеси благодѣтьнѣ • исходѧщихъ (!) из оустъ его *Л 4, 22 Сав* (благодѣти *Ас*, благодати *Мар, нет Зогр*); істочьниче благодѣтьнꙑ *Евх 21б 4-5*; исповѣждъ оубо ꙗко сѫтъ бози истиньнии • благодѣтьнии *Супр 148, 17* **3.** εὐχάριστος благодарный vděčný: и бѫи благодѣтни бꙑваите *Кол 3, 15 Ен.— Евх 43а 5; 85а 24; Супр 256, 8.— Ср.* благодатьнъ

БЛАГОДѢꙖНИѤ, *-ꙗ с* (12) [благодѣа- *Евх* (3) *Супр* (7)] εὐεργεσία, εὐεργέτημα, ἀγαθοεργία, εὐποιΐα, κηδεμονία делание добра, благодеяние konání dobra, dobročinnost, dobrodiní: ісповѣдаемъ благодѣть • проповѣдаемъ м⟨и⟩л⟨о⟩сть • не таимъ благодѣаниѣ *Евх 4б 9*; вьса нюдеа испльни сѧ благодѣании *Супр 323, 25-26.— Евр 13, 16 Ен; Евх 24б 11; 82а 11-12; Супр 95, 7-8; 396, 25; 398, 16-17; 411, 18; 417, 4; 417, 22; 494, 13.— Ср.* добросътворѥние

БЛАГОДѢꙖТИ, *-дѣѭ, -дѣѥши несов./сов.* (4) [-дѣа- *Син* (2) *Евх* (1)] εὐεργετεῖν, εὐεργετεῖσθαι, εὐαρεστεῖν (!) оказывать/оказать благодеяние, делать/сделать добро prokazovat/prokázat dobrodiní, konat/vykonat dobro: а и не благодѣти имѣти благодѣѭштиимъ *Супр 127, 10-11*; вьзовѫ къ б⟨ог⟩оу вꙑшьнюмоу • б⟨ог⟩оу благодѣавьшюмоу мнѣ *Пс 56, 3 Син.— Пс 12, 6 Син; Евх 95а 7-8.— Ср.* благотворити, благодѣть (благодѣть творити), добротворити

БЛАГОЖЕ *межд.* (8) εὖγε хорошо, так и надо dobře tak: рѣшѧ благо же благо же видѣсте очи наши *Пс 34, 21 Син.— Пс 34, 25 Син; 39, 16 Син; 69, 4 Син.— Ср.* добрѣ

БЛАГОИЗВОЛИТИ, *-лѭ, -лиши сов./несов.* на кого, на комь, о комь, въ комь (12) [бл҃го- *Сав* (1)] εὐδοκεῖν возлюбить/любить *кого-л.*, благоволить *к кому-л.* najít zalíbení *v někom*, oblíbit si *někoho*, mít zalíbení *v někom*: се отрокъ мои егоже ізволихъ • възлюбл҃енꙑ мои • на ньже благоізволи д⟨оу⟩ша моѣ *Мт 12, 18 Зогр Мар Ас*, на немьже *Сав*; сь естъ с⟨ы⟩нъ мои възлюбленꙑ о немьже благоизволихъ *Мт 17, 5 Мар; Евх 3б 1*; ѣко благоизволи в ніхъ *Пс 43, 4 Син.— Л 12, 32 Зогр*

 БЛА

Мар Ас Сав; Пс 48, 14 Син.— Ср. благоволити

БЛАГОИЗВОЛЬНЪ, -ꙑи *прил.* (1) (благоизвольнъ бꙑти εὐδοκιμεῖν) известный, знаменитый proslulý: того ради паче благоизвольни бꙑшѧ *Супр 373, 3-4*

БЛАГОИЗВОЛѤНИѤ, -ꙗ *с* (3) ἀρετή преимущество, добродетель přednost, ctnost: нѣстъ иного бога развѣ мене • и славꙑ моѥѩ иномоу не дамъ • ни благоизволении моихъ ваꙗниимъ *Супр 263, 4 (Ис 42, 8).— Супр 8, 27-28; 274, 5-6*

БЛАГОИСПЫТАНИѤ, -ꙗ *с* (1) ἀκρίβεια старательность pečlivost: аште бо... старѣишоуоумоу братиѩ иштетъ благоиспꙑтание • како естъ моштьно въ тоижде вьси мноѕѣхъ сицихъ полоучити *Зогр-лл 16б 18.— Ср.* испꙑтаниѥ, опасениѥ, опасъ

БЛАГОКОРЕНЬНЪ, -ꙑи *прил.* (1) εὔριζος, *вар.* εὖ ῥιζῶν благородный, хорошего происхождения, рода z dobrého kořene, rodu, ušlechtilý: благокореннꙑмъ радованꙑимъ • въсеѩ землѩ *Пс 47, 3 Син*

БЛАГОЛѢПЬНЪ, -ꙑи *прил.* (1) εὐπραγῶς (!) красивый, прекрасный krásný, půvabný: отъ несѫщиихъ въ бꙑтие • в'се б⟨ла⟩голѣпъное словомь съставль *Евх 56б 18-19.— Ср.* добръ, красьнъ, лѣпъ

БЛАГООБРАЗЬНО *нареч.* (1) εὐσχημόνως добропорядочно náležitě, slušně: ѣко въ дне благоѡбразно ходимъ *Рим 13, 13 Ен*

БЛАГООБРАЗЬНЪ *прил.* (6) εὐσχήμων, εὐπρεπής добропорядочный, почтенный náležitý, slušný, počestný: приде ιосифъ отъ ариматʼеѩ • благообразьнъ съвѣтьникъ *Мк 15, 43 Зогр Мар Ас* (2); дажди емоу житие благообразъно *Евх 99а 2.— Евх 76 3-4.— Ср.* доброобразьнъ

БЛАГОПРИМИЧЬНЪ, -ꙑи *прил.* (1) εὐπρόσδεκτος благоприятный, удобный příhodný, příznivý: нꙑнѣ врѣмѧ благопримичьно *Супр 356, 8.— Ср.* примичьнъ

БЛАГОПРИЛЕЖЬНЪ, -ꙑи *прил.* (1) εὐπάρεδρος усердный snaživý, horlivý: непосагъшиꙗ бо печетъ сѧ о г⟨оспод⟩и... на доброобразьноѥ • и благоприлежьноѥ къ г⟨оспод⟩и бе съмѫштениꙗ *Супр 375, 28.— Ср.* прилежьнъ

БЛАГОПРИѨТЬНЪ, -ꙑи *прил.* (1) εὐάρεστος угодный, приятный příjemný: ꙗкоже жрътва жива благоприѩтъна тебѣ *Супр 91, 23-24.— Ср.* благовъгодьнъ, въгодьнъ, добровъгодьнъ, приѩтьнъ, оугодьнъ

БЛАГОРАСТВОРѤНИѤ, -ꙗ *с* (1) *греч. нет* приятное смешение, соединение vhodné smíšení: бл⟨а⟩г⟨осло⟩ви вино се • ι сътвори е во в'сѣко благорастворение пиѭщиимъ *Евх 146 4*

БЛАГОРОДИѤ, -ꙗ *с* (1) εὐγένεια благородство urozenost: се и тѣло погоубитъ • и доушевно благородиѥ прѣдастъ *Супр 494, 21-22.— Ср.* доброродиѥ, доброродьство

БЛАГОРОДЬНЪ, -ꙑи *прил.* (1) εὐγενής благородный urozený: не мноѕи благород.. *1 Кор 1, 26 Ен.— Ср.* доброродьнъ, чьстьнъ, родъ (блага, добра рода)

благословениѥ *Евх см.* благословлѥниѥ

благословенъ *Зогр Сав Служ Евх см.* благословлѥнъ

благословесенъ *Супр 329, 26; 329, 29 см.* благословесьнъ

БЛАГОСЛОВЕСИТИ, -вешѫ, -весиши *сов.* (21) [бл҃гс- *Син* (4), благс- *Син* (3), бл҃с- *Син* (1)] εὐλογεῖν **1.** благословить požehnat: благ⟨ослове⟩с⟨и⟩ нꙑ б⟨о⟩же и оубоѩтъ сѧ тебе вьси коньці землѩ *Пс 66, 8 Син* □ благословешенъ *в знач. прил.* εὐλογημένος благословенный požehnaný: благословешенъ грѧдꙑи въ имѧ господьне *Супр 319, 27-28* (бл⟨агослове⟩нъ *Пс 117, 26 Син*) **2.** благословить, вознести хвалу pochválit, vzdát chválu: б⟨лагос⟩л⟨ове⟩си • д⟨оу⟩ше моѣ г⟨оспод⟩ѣ *Пс 102, 1 Син* □ благословешенꙑи *в знач. сущ.* εὐλογημένος благословенный, восхваленный dobrořečený, velebený: придѣте възлюбьѥни да благословестимъ благословешенааго *Супр 320, 3.— Син Супр.— Ср.* благословествити, благословити; благословешенъ *ср.* благословествьнъ, благословлѥнъ

БЛАГОСЛОВЕСТВЕНИѤ, -ꙗ *с* (5) [бл҃ст- *Син* (3)] εὐλογία благословение požehnání: не рѣшѧ мимоходѧштии бл⟨агослове⟩ствение г⟨осподь⟩не на васъ *Пс 128, 8 Син.— Пс 23, 5 Син; 83, 7 Син; 132, 3 Син; Супр 493, 18.— Ср.* благословещвлѥниѥ, благословещениѥ, благословешениѥ, благословлѥниѥ

БЛАГОСЛОВЕСТВИТИ, -вещвлѭ, -вествиши *сов./несов.* (36) [бл҃ств- *Син* (22), бл҃гств- *Син* (1)] εὐλογεῖν **1.** *сов.* διδόναι εὐλογίας благословить požehnat: бл⟨агослове⟩ствилъ естъ домъ ι⟨здра⟩илевъ *Пс 113, 20 Син* **2.** *несов.* благословлять, восхвалять vzdávat chválu, dobrořečit, velebit: се нꙑнѣ б⟨лагос⟩л⟨ове⟩ствите г⟨оспод⟩ѣ *Пс 133, 1 Син*; бѫді имѧ его б⟨лагос⟩л⟨ове⟩ствено въ вѣкꙑ *Пс 71, 17 Син.— Син Супр.— Ср.* благословесити, благословествовати, благословестити, благословити, благословлꙗти, блажити

БЛАГОСЛОВЕСТВОВАТИ *или* **БЛАГОСЛОВЕСЬСТВОВАТИ**, -ствоуѭ, -ствоуѥши *несов.* (1) εὐλογεῖν благословлять žehnat: въдовицѧ его б⟨лагос⟩л⟨ове(ьс)⟩ствоуѩ б⟨лагос⟩л⟨ове⟩щѫ *Пс 131, 15 Син.— Ср.* благословестити, благословити

БЛАГОСЛОВЕСТВЬНЪ *прил.* (1) εὐλογημένος благословенный, восхваленный dobrořečený, velebený: бѫди имѧ г⟨осподь⟩не б⟨лагос⟩л⟨ове⟩ствьно *Пс 112, 2 Син.— Ср.* благословесьнъ, благословлюнъ, благословествити (благословественъ), благословесити (благословешенъ)

БЛАГОСЛОВЕСТИТИ, -вещѫ, -вестиши *сов./несов.* (18) [бл҇тсв- *Зогр* (1) *Мар* (1) *Евх* (1), бл҇стити *Ас* (1) *Син* (4), бгсвс- *Зогр* (1), благст- *Мар* (1)] εὐλογεῖν **1.** κατευλογεῖν sanctificare благословить/благословлять požehnat/žehnat: ѣдѫщиемъ же имъ • приимъ н⟨соу⟩с⟨ъ⟩ хлѣбъ и бл⟨а⟩г⟨о⟩с⟨лове⟩шть • прѣломи *Мт 26, 26 Мар Ас* (бл⟨а⟩г⟨осло⟩вивъ *Зогр*, благословль *Сав*; оустъ своими б⟨лагос⟩л⟨ове⟩щахѫ і *Пс 61, 5 Син* **2.** благословить/благословлять, восхвалить/восхвалять vzdát/vzdávat chválu, dobrořečit: б⟨лагос⟩л⟨ове⟩щѫ г⟨оспод⟩ѣ на вьсѣко врѣмѧ *Пс 33, 2 Син*; благословестѫштії бо юго благословешени сѫтъ *Супр 319, 29.— Зогр Мар Ас Син Киев Евх Супр.— Ср.* благословесити, благословествити, благословествовати, благословесьстовати, благословити, благословлꙗти, блажити

БЛАГОСЛОВЕСЬНЪ *прил.* (2) εὐλογημένος благословенный požehnaný: благословесенъ градꙑи въ имѧ господьнѥ *Супр 329, 29.— Супр 329, 26.— Ср.* благословествьнъ, благословлюнъ, благословесити (благословешенъ)

БЛАГОСЛОВЕСЬСТОВАТИ, -тоуѭ, -тоуюши *сов.* (1) εὐλογεῖν благословить vzdát chválu: въ цр⟨ъ⟩къвахъ благословесъстоуѭ тѧ *Пс 25, 12 Син.— Ср.* благословесити, благословествити, благословестити, благословити

БЛАГОСЛОВЕЩВЛЮНИЮ, -нꙗ *с* (1) εὐλογία благословение požehnání: г⟨осподь⟩не юстъ с⟨ъ⟩п⟨асе⟩нье • и на людехъ твоихъ бл⟨а⟩гословещвенье твою *Пс 3, 9 Син.— Ср.* благословещению, благословешению, благословлюнию

БЛАГОСЛОВЕЩЕНИЮ, -нꙗ *с* (4) [бл҇гще- *Син* (1) *Супр* (3)] εὐλογία, τὸ εὐλογεῖσθαι благословение požehnání: не вьсхотѣ бл⟨а⟩г⟨ослове⟩щенью и оудали сѧ отъ него *Пс 108, 17 Син.— Супр 519, 11; 524, 4; 568, 27.— Ср.* благословещвлюнию, благословешению, благословлюнию

БЛАГОСЛОВЕШЕНИЮ, -нꙗ *с* (2) εὐλογία благословение požehnání: благословешенью и полоученью нцѣленью приѩша *Супр 568, 5-6.— Супр 524, 11.— Ср.* благословещвлюнию, благословещению, благословлюнию

благословешенъ *см.* благословесити

БЛАГОСЛОВИТИ, -влѭ, -виши *сов./несов.* (>100) [бл҇гв- *Зогр Мар Ас Сав Боян Ен Евх*, бл҇гсв- *Зогр Мар Сав Клоц*, бг҇св- *Зогр*, бл҇гов- *Евх*, бл҇гос- *Мар Ен*, бл҇гослв- *Мар*, бл҇г- *Евх*, благв- *Зогр*, благ҇ов- *Евх*, бла(г҇)с- *Евх*, бла(г҇)в- *Евх*, бл҇ти *Мар Ас Ен Син Клоц*, бл҇гсти *Мар Син*, блѣ҇ти *Ас Евх*, бл҇гти *Син Евх Клоц*, бл҇г *Син*, бл҇агсти *Син*, благ҇ти *Син*, бл҇готи *Клоц*] εὐλογεῖν **1.** благословить/благословлять požehnat/žehnat: приимъ н⟨соу⟩с⟨ъ⟩ • хлѣбъ і бл⟨а⟩г⟨осло⟩вивъ • прѣломи і *Мт 26, 26 Зогр*, благословль *Сав* (бл⟨а⟩г⟨о⟩с⟨лове⟩шть *Мар Ас*); по истинѣ не благословꙑѭ юго *Супр 298, 27* **2.** εὐχαριστεῖν, ἀνυμνεῖν, εὐαγγελίζεσθαι (!) благословить/благословлять, восхвалить/восхвалять vzdát/vzdávat chválu, dobrořečit, velebit: і ѣко б⟨ог⟩а бл⟨а⟩г⟨о⟩с⟨ло⟩виша садаштаго на жрѣбѧте *Клоц 1а 36-37; Супр 326, 15-16*; нъ мꙑ живии благо⟨сло⟩вимъ тѧ *Евх 64б 25-26.— Зогр Мар Ас Сав Боян Ен Син Евх Клоц Супр.— Ср.* благословесити, благословествити, благословествовати, благословестити, благословесьстовати, благословлꙗти, блажити

БЛАГОСЛОВЛꙖТИ, -ꙗѭ, -ꙗюши *несов.* (3) **1.** εὐλογεῖν благословлять žehnat: обемъ ѩ благословлѣаше • възлагаѩ рѫцѣ на нѩ *Мк 10, 16 Мар* (благословештааше *Зогр*) **2.** αἰνεῖν благословлять, восхвалять dobrořečit, vzdávat chválu: она же идѫшта благословꙑаста бога *Супр 5, 16.— Л 24, 51 Зогр.— Ср.* благословествовати, благословествити, благословестити, благословити, блажити

БЛАГОСЛОВЛЮНИЮ, БЛАГОСЛОВЕНИЮ, -нꙗ *с* (28) [благословꙑюн- *Супр* (8), благословен- *Евх* (2), бл҇говен- *Евх* (4) *Ен* (1), бл҇гвен- *Евх* (7), бл҇гсли- *Син* (1), бл҇гословн- *Син* (1), бл҇н- *Син* (1), бла(г҇)словен- *Евх* (1), бл҇агвен- *Евх* (1), бл(г҇)вен- *Евх* (1)] εὐλογία, εὐμένεια, τὸ εὐλογεῖσθαι; (благословлюниѥ възѧти, приꙗти εὐλογεῖσθαι; без благословлюниꙗ ἀνεύλόγητος) благословение požehnání: благ⟨о⟩словение трапезѣ *Евх 17а 23*; сътвори ѭ бꙑти в'сѣмъ • почръпаѭщинимъ отъ неѩ • и кропѧщинимъ сѧ еѭ • і въкоушаѭщимъ еѩ • бл⟨а⟩г⟨осло⟩венью істочьникъ *Евх 6б 18.— Ен Син Евх Супр.— Ср.* благословественик, благословещвлюник, благословещеник, благословешеник

БЛАГОСЛОВЛЮНЪ, БЛАГОСЛОВЕНЪ, -ꙑи *прил.* (31) [благословꙑюн- *Супр* (4), благословен- *Сав* (2), бл҇гвен- *Зогр* (1) *Служ* (1) *Евх* (1); бл҇гсв- *Зогр* (1), бл҇гслв- *Мар* (1), бл҇гсн- *Зогр* (1) *Мар* (1), бл҇гсвн- *Мар* (1), бл҇гв- *Зогр* (1), бл҇гн- *Зогр* (1) *Мар* (1) *Син* (1), бл҇вн- *Ас* (2), бл҇н- *Ас* (3) *Син* (2) *Евх* (2), бл҇гвн- *Сав* (2), бл҇гослвн- *Мар* (1), бл҇агон- *Син* (1)] εὐλογημένος, εὐλογητός **1.** благословенный požehnaný: бл⟨а⟩г⟨о⟩с⟨ло⟩венъ плодъ чрѣва твоего *Л 1, 42 Зогр Мар Ас Сав*

2. благословенный, восхваленный blahořečený, velebený: бл⟨а⟩г⟨о⟩с⟨лове⟩нъ г⟨оспод⟩ь б⟨ог⟩ъ ι⟨здраи⟩л҃евъ *Л 1, 68 Зогр Мар Ас*; благословьѥнъ ѥси г⟨оспод⟩и б⟨о⟩же нашъ *Супр 112, 21.— Зогр Мар Ас Сав Син Служ Евх Клоц Супр.— Ср.* благословествьнъ, благословесьнъ, благословесити (благословешенъ)

БЛАГОСТЫНИ, -нѩ *ж* (11) [бластынѩ (!) *Син* (1)] χρηστότης, ἀγαθωσύνη, ἀγαθότης, δικαιοσύνη доброта, благожелательность dobrotivost, laskavost: възлюбилъ ѥси зълобѫ паче благостынѩ *Пс 51, 5 Син*; испльни д⟨оу⟩шѫ раба своѥго твоѥѩ благостынꙙ *Супр 163, 5-6.— Пс 13, 1 Син; 13, 3 Син; 24, 7 Син; 36, 3 Син; 37, 21 Син; Евх 8а 9; 24а 19; 74б 23; 77а 3.— Ср.* благость, благыни, доброта

БЛАГОСТЬ, -и *ж* (23) [благ҃ст- *Син* (2), бл҃г- *Ен* (1)] χρηστότης, ἀγαθωσύνη, ἀγαθότης, χάρις доброта, милость, благожелательность dobrotivost, milost, přízeň: напои и ιсточьникомь твоеѩ благости *Евх 30а 1-2*; отъврьзъшю же тебѣ рѫкѫ вьсѣчъскаа • ιсплъньѩтъ сѩ благостι *Пс 103, 28 Син.— Ен Син Евх Супр.— Ср.* благостыни, благыни

БЛАГОСТЬНЪ, -ъи *прил.* (1) τῆς χρηστότητος добрый, милостивый dobrotivý, milostivý: ѣко варилъ ι ѥси бл⟨а⟩гословнъимιмι (! *вм.* бл⟨а⟩гословениемь) • бл⟨а⟩г⟨о⟩стънымъ *Пс 20, 4 Син.— Ср.* благъ

БЛАГОСЪТВОРИТИ, -рѭ, -риши *сов.* (2) ἀγαθύνειν, χρηστότητα ποιεῖν сделать добро učinit dobře: исповѣстъ тι сѩ егда благоств⟨о⟩риши ѥмоу *Пс 48, 19 Син*; благосътворилъ ѥси съ рабомь твоιмъ *Пс 118, 65 Син.— Ср.* добросътворити

БЛАГОТВОРИВЪ, -ъи *прил.* (1) ἀγαθοποιός делающий добро konající dobro: ни ангела благотворива дьꙗвола непьщевавъше пожрьти бѫдемъ *Хил 2ба 12.— Ср.* добродѣѩ, благотворити (благотворѧ)

БЛАГОТВОРИТИ, -рѭ, -риши *несов.* комоу (13) [бл҃го- *Сав* (2)] ἀγαθοποιεῖν делать добро, благодетельствовать dobře činit, konat dobro: обаче любите врагы вашѧ ι благотворите *Л 6, 35 Зогр Мар Сав* (добро творіте *Ас*); благотворѧ напасть дѣѭщиимъ тебѣ *Евх 89б 3*; д⟨оу⟩хъ с⟨вѧ⟩тыи • иже отъ от'ца исходитъ благотворѧи *Супр 28, 25.— Л 6, 33 Зогр* (2) *Мар* (2) *Ас* (2) *Сав* (2).— *Ср.* благодѣꙗти, добротворити; благотворѧ *ср.* благотворивъ, добродѣѩ

БЛАГОЧИННІЕНИѤ, -ниꙗ *с* (1) εὐστάθεια надлежащее устройство dobré uspořádání: (о) оустроени въселенъстѣмъ благочинени с⟨вѧ⟩тъимъ цр⟨ъ⟩к⟨ъ⟩вамъ *Ен 21б 13*

БЛАГОЧЬСТИВЪ, -ъи *прил.* (1) *греч. нет* набожный, благочестивый, богобоязненный zbožný, bohabojný: сего же нечьстиваго оставивъше • на благочьстива разбоиника приведѣмъ слово *Супр 426, 17.— Ср.* благовѣрьнъ, благочьстьнъ, доброговѣинъ, говѣинъ, доброчьстивъ, доброчьстьнъ, чьстьнъ

БЛАГОЧЬСТИѤ, -ниꙗ *с* (9) εὐσέβεια набожность, благочестие, богобоязненность zbožnost, bohabojnost: иже въ благодѣти добрѣ вонѩктъ • благочьстиѥ носѧтъ *Супр 335, 10.— Супр 313, 12; 322, 1; 326, 5; 338, 6; 339, 25-26; 357, 10; 401, 10; 401, 13.— Ср.* благовѣриѥ, вѣра (благаꙗ вѣра), говѣниѥ, доброговѣниѥ, доброчьстиѥ, чьсть

БЛАГОЧЬСТОВАТИ, -тоуѭ, -тоуѥши *несов.* (1) εὐσεβῆ εἶναι быть набожным, благочестивым být zbožný: да аще с⟨ы⟩нъ б⟨о⟩жии кръсти сѧ • къто оуже крьщениꙗ небрѣгы благочьстоуѥтъ *Хил 1аа 9*

БЛАГОЧЬСТЬНО *нареч.* (1) εὐσεβῶς набожно, благочестиво zbožně, bohabojně: отроци благочьстьно слоужѧтъ хвалѫ *Супр 324, 6.— Ср.* благовѣрьнѣ

БЛАГОЧЬСТЬНЪ, -ъи *прил.* (3) εὐσεβής набожный, благочестивый zbožný: благочьстьнѫѭ вѣрѫ приѥмьѭшти *Супр 341, 3-4.— Супр 506, 18; Хил 2бβ 6-7.— Ср.* благовѣрьнъ, благочьстивъ, говѣинъ, доброговѣинъ, доброчьстивъ, доброчьстьнъ, чьстьнъ

благок *см.* благъ

БЛАГОѪХАНИѤ, -ниꙗ *с* (2) εὐωδία, θυμίαμα благоухание libá vůně: прими ι сиѭ жрътвѫ • въ вониѭ благоѫханиѣ *Евх 15б 13-14.— Евх 61а 18.— Ср.* вониꙗ, доброводниѥ

БЛАГОѪХАНЬНЪ, -ъи *прил.* (1) *греч. нет* благовонный, ароматный libovonný, aromatický: нерѫданъ вонѣетъ мастиѭ • благоѫханъноѭ *Евх 3б 8-9.— Ср.* благовоньнъ

БЛАГЪ, -ъи *прил.* (>200) [бл҃г- *Мар* (1) *Сав* (2), гъ (!) *Син* (1)] ἀγαθός, χρηστός, καλός, εὐσεβής, εὐμεγέθης, ἅγιος (!), ἄφθονος (!), εὖ(γε) (!) добрый, хороший; приятный dobrý; příjemný: ѣко слъньце своѥ сиѣетъ • на зълы ι благы *Мт 5, 45 Зогр Мар*, благънѩ *Ас* (на добраго *Сав*); пастоухъ добрыи и благъи *Супр 328, 21*; да в'сег'да в'сѣкъ доволъ имѫще • ιзбытъчьствоуемъ • во в'сѣкомь дѣлѣ блазѣ *Евх 15б 21* ▭ благо, -оѥ *с*, блага *с мн. в знач. сущ.* τὸ ἀγαθόν, τὰ ἀγαθά; (благо прииѧти εὐεργετεῖσθαι) добро, доброе дело, нечто хорошее dobro, dobrý skutek, dobrá věc: благо же примше великоѥ отъ чловѣколюбиваарго б⟨ог⟩а *Супр 531, 3*; изидѫтъ сътворьшеи блага • въ въскрѣшенье животоу *И 5, 29 Зогр*, благаа *Мар Ас*; мы грѣшьнии • ι недостоинии раби твои •

насыщьше сѧ • богатыхъ благъ твоихъ • хвалѫ тебѣ приносимъ *Евх 17б 9*; благо *нареч.*, благо кстъ *в знач. сказ.*: мьнѣ же прилѣплѣти сѧ б⟨о⟩ѕѣ благо естъ *Пс 72, 28 Син* ◆ благо врѣмѧ *см.* врѣмѧ; благаꙗ вѣра *см.* вѣра; благаꙗ дѣла, благаꙗ дѣтѣль *см.* дѣло, дѣтѣль; благаꙗ лѣпота *см.* лѣпота; благыи нравъ *см.* нравъ; блага рода *см.* родъ; благъ оугодьникъ *см.* оугодьникъ.— *Зогр Мар Ас Сав Ен Син Евх Клоц Супр Хил Рыл Зогр-лл.*— *Ср.* добръ, милъ

БЛАГЫН҄И, -нѩ *ж* (11) **1.** τὸ ἀγαθόν добро dobro: се бо начꙗло благынꙗмъ *Супр 445, 15* **2.** τὸ ἀγαθόν добро, имущество majetek, zboží: приде чловѣкъ нѣкто незнаемъ съпроста къ старьцоу имѣѩ осьлꙗ многъ благын҄ь наложено *Супр 291, 5*; обрѣтъ толикы благын҄ѩ въ пештерѣ *Супр 291, 16* **3.** ἀγαθότης, μακαριότης доброта, доброжелательность dobrota, dobrotivost: б⟨ож⟩е вьседръжителю... покажи и о мьнѣ недостоинѣ рабѣ своемъ • своѭ благын҄ѭ *Супр 22, 1*; приими владыко и нын҄ѣ съвоинꙑ моѩ... нын҄ѣ же прибѣгаѭштꙗ къ твоеи благын҄и • и чл⟨овѣ⟩колюбью *Супр 110, 2-3.*— *Супр 123, 29; 158, 13-14; 430, 4-5; 436, 18; 513, 16; 523, 27-28.*— *Ср.* благъ (благо), благостын҄и, благость, добръ (добро), добрость, доброта

БЛАЖЕНИКЪ, -а *м* (3) μακαρίτης блаженный (*наименование святых*) blahoslavený (*pojmenování svatých*): блаженикъ оубо сава того приимъ *Супр 283, 11.*— *Супр 286, 1; 293, 4.*— *Ср.* облаженикъ, блаженъ

БЛАЖЕНИѤ, -иꙗ *с* (7) **1.** μακαριότης, ὁσιότης блаженство blaženost; svatost: вѣчнок сѫште • и їспльн҄ено вьсего блаженьꙗ • естъ сице *Супр 544, 23* **2.** μακαρισμός блаженство blahoslavenství: о блажен[ъ]ихъ *Мар 76а 22*, ѡ блаженъıхъ (!) *Зогр 129а 18.*— *Супр 326, 3-4; 377, 1; 544, 17; 544, 18.*— *Ср.* блаженьство

БЛАЖЕНЪ, -ыи *прил.* (>300) [бл҃ж- *Сав* (1) *Син* (1), бла(ж҃)- *Рыл* (1)] μακάριος **1.** счастливый, блаженный šťastný, blažený: блажени кротьци • ѣко ти наслѣдѧтъ земл҄ѭ *Мт 5, 5 Зогр Мар Ас*, блаженіі *Сав*; блаженъ мѫжъ емоуж-е-стъ застѫплені-е-моу отъ тебе *Пс 83, 6 Син*; добро дѣло и блажено избъра *Евх 87а 2* **2.** ἅγιος, μακαρίτης, τρισόσιος, εὐλαβής (!), ἀγαθός (!), πανάγαστος (!), γενναῖος (!), ἀπόστολος (!) beatus блаженный (*наименование святых*) blahoslavený (*pojmenování svatých*): блаженыи же сава печальнъ бывъ въ оумѣ • отиде... отъ манастирѣ *Супр 287, 4*; почто блаженыи петръ ананиѭ и сапфирѫ тоу абие оумори *Супр 362, 9*; і блаженъихъ ради анћелъ твоіхъ *Киев 7а 5-6.*— *Зогр Мар Ас Охр Сав Ен Син Киев Евх Клоц Супр Рыл.*— *Ср.* блажьнъ, блаженикъ, облаженикъ

БЛАЖЕНЬНЪ, -а *м* (1) *спец.* μακαρισμός *песнопение о блаженствах zpěv o blahoslavenstvích*: анътиф⟨онъ⟩ в҃ блажен⟨ъ⟩нъ глас⟨ъ⟩ г҃ *Евх 85б 4*

БЛАЖЕНЬСТВО, -а *с* (1) μακαριότης блаженство blaženost: ничтоже отъ вьсего того тъчьно естъ • блаженьства праведънꙑихъ *Супр 87, 30.*— *Ср.* блажение

БЛАЖИТИ, -жѫ, -жиши *несов.* (18) μακαρίζειν; (не блажити ἀχαριστεῖν) восхвалять velebit: се бо отъ селѣ блажѧтъ мѧ вьси роди *Л 1, 48 Зогр Мар Ас Сав*; понеже бо и петръ егда исповѣда х⟨ристо⟩са блажааше сѧ *Супр 379, 13*; о н҄ихъже славити и величати не блажѧтъ *Супр 339, 10.*— *Зогр Мар Ас Сав Клоц Супр.*— *Ср.* благословествити, благословестити, благословити, благословлꙗти

БЛАЖЬНЪ *прил.* (1) μακάριος блаженный blahoslavený: блажьнъ естъ іже аште не съблазнитъ сѧ о м'нѣ *Л 7, 23 Зогр* (блаженъ *Мар*).— *Ср.* блаженъ

БЛАЗНА, -ы *ж* (2) πλάνη; (без блазны ἀνεμπόδιστος) заблуждение, ошибка poblouděni, omyl: да не бѫдетъ тождеименникъ н҄инаꙗже (! *вм.* никаꙗже) блазна отълѫчи сего отъ иного *Супр 410, 17*; без блазны намъ на небеса пѫтьшьствие оуготови *Супр 353, 11.*— *Ср.* заблѫждение, съблазнъ

БЛАЗНИТИ, блажнѭ, блазниши *несов.* (10) **1.** ἀπατᾶν, πολεμεῖν обманывать, соблазнять, искушать, смущать šálit, mámit, pokoušet, znepokojovat: нъ врагъ льститъ мѧ • і блазнитъ д⟨оу⟩шѫ моѭ *Евх 83б 20* ▭ блазнити сѧ πλανᾶσθαι ошибаться, заблуждаться mýlit se, být v bludu: ꙗко блазнѧтъ сѧ о н҄ихъже вѣроуѭтъ *Супр 31, 19* **2.** σκανδαλίζειν возмущать, вызывать негодование pohoršovat, rozhořčovat: се ли вы блазнитъ *И 6, 61 Зогр Мар Ас* ▭ блазнити сѧ σκανδαλίζεσθαι возмущаться pohoršovat se: блажнѣахѫ сѧ о н҄емь *Мт 13, 57 Зогр Мар* **3.** блазнити сѧ βλασφημεῖν богохульствовать rouhat se: блазнѧтъ же сѧ не разоумѣѭште • ꙗко съхождениꙗ си бѣ и пришъдъшиихъ дѣл҄ьма немошти молитва *Супр 303, 16.*— *Супр 29, 20; 147, 29.*— *Ср.* сканъдалисати, съблажнꙗти

БЛАЗНЪ, -а *м* (3) σκάνδαλον соблазн, искушение pokušení: аще к'то въ цр⟨ъ⟩к⟨ъ⟩ве съпѧ • толи емоу врагъ блазнъ принесетъ въ сънѣ • ж҃ денъ да поститъ сѧ *Евх 105а 6-7.*— *Евх 53б 20; Супр 74, 28.*— *Ср.* сканъдалъ, съблазнъ

БЛАЗНЬНИЧЬ *прил.* (1) τοῦ βλασφήμου богохульника *род.* rouhačův: не приємлетъ чьсти блазньнича *Супр 510, 2*

БЛАЗНЬНЪ, -ын *прил.* (2) **1.** ἐπισφαλής (!) подверженный ошибкам, заблуждающийся omylný, bloudící: не тако не правьд'нъ владыка • не тако блазньнъ х⟨ристо⟩с⟨ъ⟩ • іакоже тебѣ своѭ пльть оувѣроуктъ *Супр 512, 10* **2.** βλάσφημος богохульный rouhavý: а ты кѫдоу арие блазньное навы(че) кѫдоу оувѣдѣ іаже проповѣдаіеши *Супр 511, 30.— Ср.* хоульнъ

БЛАТО, -а *с* (2) λίμνη болото, трясина bahno, bažina: на в'сѣхъ мѣстѣхъ исправи імъ пѫть • ли по земи • ли по морю • ли по блатомъ *Евх 18б 6-7.— Евх 54б 6.— Ср.* вапа

БЛИЖИКА, -ы *м* (4) ὁ πλησίον родственник, близкий, ближний příbuzný, nejbližší, bližní: дроуѕи мои і ближикы моіа прѣмо мнѣ приближишѧ сѧ сташѧ • і ближьни мои далече сташѧ *Пс 37, 12 Син; Евх 76б 2-3.— Пс 121, 8 Син; Супр 135, 12.— Ср.* ближьнии, въскраинии, искрьнии, подроугъ, ѫжика

б л и ж н е *Рим 13, 11 Ен см.* близъ

БЛИЖЬНИИ *прил.* (24) ὁ ἐγγύς, ὁ ἔγγιστα, ὁ κύκλῳ близкий blízký: ідѣмъ въ ближьнѧѧ вси і грады *Мк 1, 38 Зогр Мар Ас Сав*; славно бо бысть има его чрьноризьцемъ • всѣмъ ближьнимъ *Супр 548, 26* □ б л и ж ь н и и *в знач. сущ.* ὁ πλησίον близкий, ближний nejbližší, bližní: възлюби ближьнѣаго своего іако ї самъ сѧ *Мт 22, 39 Сав* (искрънѣго *Мар Ас*, ∅ *Зогр*); то оубо вѣдѫште • принесѣмъ вьсе на оуспѣхъ ближьнимъ *Супр 378, 20.— Зогр Мар Ас Сав Ен Син Евх Супр.— Ср.* ближика, въскраинии, искрьнии, подроугъ, ѫжика

БЛИЗНЬЦЬ, -а *м прозвание* (11) Δίδυμος Близнец Blíženec: рече же т'ома • нарицаемы близньць • къ оученикомъ *И 11, 16 Зогр Мар Ас Сав.— И 20, 24 Мар Ас Охр; И 21, 2 Зогр Мар Ас; Супр 498, 26-27*

БЛИЗНЬЧЬНЪ, -ын *прил.* (1) δίδυμος двойной, двойственный dvojí: близньчьныма источьникома • крьви и водѣ излиіанома • съпасъ своѥ творѣаше *Супр 438, 18*

БЛИЗЪ *нареч. и предлог* (88) [близь *Ас* (1) *Син* (1)] **I.** *нареч., сравн. ст.* ближе ἐγγύς, πλησίον, ἐγγύτερον, πάρεγγυς, ἐγγύθεν близко blízko: ѣко близъ бѣаше гробъ идеже положисте і⟨соу⟩са *И 19, 42 Зогр Мар Ас*; бѣ же близъ праздьникъ іюдеіскъ *И 7, 2 Зогр Мар Ас*; поставьѥны бо стрѣшти мѫченикы • близъ нѣк'де въ бани грѣкмъ *Супр 92, 16*; нынѣ ближне (! *вм.* ближе)… с⟨ъ⟩п⟨а⟩сение • ли егда вѣровахомъ *Рим 13, 11 Ен* **II.** *предлог с род. и дат. при обозначении пространственных отношений* ἐγγύς, πάρεγγυς, ἐγγύτερον, ἔγγιστα, πλησίον; (близъ кого быти adesse) близко, вблизи blízko, u: ини придѫ корабли отъ тивернѣды • близъ мѣста • ідеже ѣшѧ хлѣбы *И 6, 23 Зогр Мар Ас*; ωбаче близъ боіаштімъ сѧ его *Пс 84, 10 Син*; близъ вьси вълѣзе въ нивѫ *Супр 217, 30.— Зогр Мар Ас Сав Боян Ен Син Киев Евх Супр.— Ср.* искрь

б л и з ь *Ас Син см.* близъ

б л и с к а т и с ѧ *Супр 336, 7-8 см.* блисцати сѧ

БЛИСКЪ, -а *м* (1) *греч. нет* молния blesk: мол⟨итва⟩ над⟨ъ⟩ емоуже аще блис'къ изъметъ зракъ *Евх 34а 5.— Ср.* блисцаниѥ, бльщаниѥ, мльнии

б л и с т а н и ѥ *Супр 462, 14-15; 465, 1 см.* блисцаниѥ

БЛИСЦАНИѤ, -ниа *с* (6) [блісцѣн- *Син* (1), блистан- *Супр* (2)] ἀστραπή, τηλαύγησις блистание, сияние, блеск blýskání, záře, lesk: бѫдетъ свѣтъло в'се • ѣко се егда свѣтильникъ • блисцаньемь просвѣштаетъ сѧ *Л 11, 36 Зогр Мар*; вънезаапѫ бысть съвыше • блистанию мракъ *Супр 465, 1.— Пс 17, 13 Син; Клоц 13а 25; Супр 462, 14-15.— Ср.* блискъ, бльщаниѥ

БЛИСЦАТИ СѦ, -аѭ сѧ, -аѥши сѧ *несов.* (5) [блиска- *Супр* (1)] ἀστράπτειν, ἐξαστράπτειν, στίλβειν сверкать, блистать, блестеть blýskat, blýskat se, lesknout se: і быс⟨ть⟩ егда молѣаше сѧ • видѣнье лица его іно • і одѣанье его бѣло блисцаѭ сѧ *Л 9, 29 Зогр Мар.— Л 17, 24 Зогр Мар; Супр 336, 7-8.— Ср.* бльщати сѧ

б л оу с т и *Ен 3а 14 см.* блюсти

БЛѤВАТИ, блюѭ, блюѥши *несов.* (1) *греч. нет* рвать zvracet: аще к'то обѣдъ сѧ блюетъ *Евх 103а 10*

БЛѤВОТИНА, -ы *ж* (2) ἔμετος, ἐξέραμα рвота zvratky: ѣко песъ на своѭ бльвотинѫ възвраштаѩ сѧ *Евх 91а 5-6.— Евх 70а 10*

БЛЬЩАНИѤ, -ниа *с* (2) **1.** στιλβότης блеск lesk: іакоже аште к'то видит' вѣдро злато • имѣѭште ѫтрь камение чьстьноѥ • носѧште на себѣ си таина написана • хоштетъ вѣдро видѣти • бльштаниа дѣльма *Супр 344, 6-7* **2.** ἀστραπή блистание; молния blýskání; blesk: дьнесь же бльштанимь б⟨о⟩жиѥмъ • адовьскоѥ жилиште быѥтъ *Супр 449, 26* (блисцанимь *Клоц 13а 25*).— *Ср.* блисцаниѥ, блискъ, мльнии

БЛЬЩАТИ СѦ, -щѫ сѧ, -щиши сѧ *несов.* (4) ἀστράπτειν сверкать, блистать, блестеть blýskat se, třpytit se, lesknout se: мѫжа дъва стасте вь нихъ • вь ризахъ бльштѧштахъ сѧ *Л 24, 4 Зогр Мар Ас.— Супр 167, 20.— Ср.* блисцати сѧ, льщати сѧ

БЛѢДЪ, -ꙑи *прил.* (3) χλωρός бледный bledý: бѣаше бо ти лице блѣдо видимо *Супр 159, 21.— Супр 133, 8; 159, 23*

БЛѢДѢТИ, -дѣѭ, -дѣкши *несов.* (1) *греч. нет* бледнеть blednout: вьсѣкъ бо въ болѣзни сꙑ тѣлесьнѣи блѣдѣѥ ꙃѣло *Супр 159, 25*

БЛЮДО, -а *с* (8) πίναξ блюдо mísa: принесе главѫ его на блюдѣ *Мк 6, 28 Зогр Ас* (на мисѣ *Мар*).— *Мт 14, 8 Зогр; Мт 14, 11 Зогр; Мк 6, 25 Зогр Мар Ас; Л 11, 39 Зогр.— Ср.* блюдъ, миса, паропсида

БЛЮДЪ, -а *м* (4) σκουτέλιον блюдо mísa: иди брате даждь ѥмоу блюдъ тъ *Супр 121, 2.— Супр 120, 29; 121, 5; 122, 11.— Ср.* блюдо, миса, паропсида

БЛЮСТИ, блюдѫ, блюдеши *несов.* (45) [блоу- *Ен* (1)] **1.** βλέπειν, ὁρᾶν, σκοπεῖν, φυλάσσειν смотреть, следить pozorovat, hledět, dbát, dávat pozor: блюдѣта да никтоже не оувѣстъ *Мт 9, 30 Зогр Мар Ас Сав*; блюди чѧдо • каковаа обѣтованиѣ даеши б⟨ог⟩оу *Евх 87б 1* **2.** кого, чьто τηρεῖν, ἐπιτηρεῖν, παρατηρεῖν, φυλάσσειν, φρουρεῖν; (не блюдомъ ἀφύλακτος) охранять, оберегать střežit, opatrovat: чистѣ и крѣпѣ своѭ вѣрѫ блюдѫште *Супр 58, 17*; видѣвъ же неблюдомѫ сѫштѫ ѩнвѫ *Супр 40, 28-29* **3.** чьто τηρεῖν блюсти, соблюдать plnit, zachovávat: вьсѣ оубо елико аште рекѫтъ вамъ блюсти • съблюдаите *Мт 23, 3 Мар Ас*; тъщаще сѧ блюсти • единение д⟨оу⟩ха • въ съѭзъ мира *Евх 105б 18.— Зогр Мар Ас Сав Ен Евх Супр Хил.— Ср.* блюсти сѧ, вънимати, съблюдати, съмотрити, стрѣщи, съхранꙗти, хранити

БЛЮСТИ СѦ, блюдѫ сѧ, блюдеши сѧ *несов.* (47) βλέπειν, ὁρᾶν **1.** παραφυλάσσεσθαι обращать внимание hledět, dbát, dávat pozor: блюдѣте сѧ оубо како слꙑшите *Л 8, 18 Зогр Мар Ас* (блюдѣте *Сав*); блюдѣте сѧ чѧда • да никтоже васъ отълѫчитъ отъ любьве христосовꙑ *Супр 236, 12-13* **2.** отъ чесо, чесо προσέχειν остерегаться, беречься *чего-л.* stříci se, chrániti se *něčeho*: блюдѣте сѧ • отъ кваса фарисеиска *Мт 16, 6 Зогр Мар*; блюдѣте сѧ врага *Евх 97б 8-9.— Зогр Мар Ас Сав Евх Супр.— Ср.* блюсти, вънимати, стрѣщи, съхранꙗти, хранити

БЛѦДЬ[1], -и *м* (1) *греч. нет* болтун, пустомеля mluvka, tlachal: то не тъчьѭ блѧдь ѥсмъ нъ и юродъ *Супр 156, 1.— Ср.* блѧдьникъ

БЛѦДЬ[2], -и *ж* (9) **1.** λῆρος, πιθανολογία пустая болтовня nerozumné mluvení: ꙗвишѧ сѧ прѣдъ ѩими • ꙗко блѧди г⟨лаго⟩ли ихъ *Л 24, 11 Зогр Мар Ас*; боуꙗ словеса глаголеши • и блѧди многꙑ *Супр 155, 22* **2.** *греч. нет* заблуждение, ересь bludné učení, blud: прѣстани алеѯан'дре отъ блѧди... и пожьри богомъ *Супр 162, 14* **3.** *греч. нет* распутство, разврат smilstvo, nemravnost: въ помꙑшленьи неправедьнѣ • поустоши и блѧди • ꙗкоже азъ колижьдо сътворихъ *Евх 72а 17.— Супр 8, 21-22; 156, 26; 358, 25.— Ср.* блѫдъ, боуи (боуꙗ словеса)

БЛѦДЬНИКЪ, -а *м* (1) φλήναφος болтун, пустомеля žvanil, mluvka: нѣкотории завистиѭ пострѣкакми • ѩзꙑчьна и блѧдьника и нарицаѭ *Супр 276, 24.— Ср.* блѧдь[1]

БЛѦДЬНЪ, -ꙑи *прил.* (1) *греч. нет* болтливый žvanivý: не бо съпле...кано кок • или блѧдьно вашимъ слоухомъ вьнѧти мо҇ѫ *Супр 533, 1*

БЛѦСТИ, блѧдѫ, блѧдеши *несов.* (4) φλυαρεῖν болтать, говорить вздор tlachat, nesmyslně hovořit: доколѣ хоулꙑ глаголеши о бозѣхъ много блѧдꙑ *Супр 8, 16.— Супр 12, 10-11; 155, 28; 155, 30*

БЛѪДИЛИЩЕ, -а *с* (1) πορνεῖον место разврата, дом терпимости místo neřesti, nevěstinec: їоулиꙗниѩ повелѣ поставити на блѫдилишти *Супр 2, 25-26.— Ср.* цѧтоимьство

БЛѪДИТИ, блѫждѫ, блѫдиши *несов.* (11) **1.** πλανᾶσθαι блуждать bloudit: овьца вьнѣ оградꙑ блѫждааше *Супр 498, 29* ● *перен.*: блѫдите не вѣдѫште кънигъ • ни силꙑ б⟨о⟩жиѩ *Мт 22, 29 Мар*; рѣхъ присно блѫдѧтъ срьдьцемь *Пс 94, 10 Син* **2.** πορνεύειν развратничать smilnit: к'то оубо понуди жидовъ... блѫдити въ дьштерехъ иностранникъ *Супр 127, 6-7.— Мк 12, 24 Зогр Мар; Мк 12, 27 Зогр Мар; Евх 78б 6-7; Клоц 1а 14; 2а 16.— Ср.* блѫдъ (блѫдъ творити, дѣꙗти), любꙑ (любꙑ творити, дѣꙗти), прѣлюбодѣꙗти

блѫдництьствѣ *Супр 131, 19-20 см.* блѫдьничьство

БЛѪДОЛЮБИЄ, -ꙗ *с* (1) *греч. нет* беспутство, развратность záliba v prostopášnosti, ve smilstvu: бѫди... въ блѫдолюбиѣ мѣсто • чистолюбець *Евх 70б 14-15*

БЛѪДЪ, -а *м* (24) πορνεῖον, πορνεία, πορνικός блуд, разврат smilstvo: съгрѣшихъ... присно въпадаѭ въ блѫдꙑ • и прѣлюбодѣаниѣ *Евх 68а 21*; нѣ ли ї тъ отъ блѫда родилъ сѧ *Супр 8, 8* ◆ блѫдъ дѣꙗти, творити, сътворити πορνεύειν развратничать, погрязнуть в разврате smilnit, dopustit se/dopouštět se smilstva: аще к'то съ чрънищеѭ блѫд⟨ъ⟩ сътворит⟨ъ⟩ *Евх 103а 1*; аще к'то самъ в' сѧ блѫд⟨ъ⟩ творит⟨ъ⟩ *Евх 103а 4*; каа бо польꙃѣ еже вѣдѣти • о б⟨о⟩ꙃѣ правааꙗ оученꙗ добрѣ • а блѫдъ дѣꙗти срамьнѣ *Хил 2бβ 12*; блѫдъ сътворихъ • оубои сьдѣлахъ *Супр 528, 10-11.— Евх Супр Хил.— Ср.* блѧдь[2], блѫжденик, любодѣꙗник, прѣлюбодѣꙗник; блѫдъ дѣꙗти *ср.* блѫдити, любꙑ (любꙑ творити, дѣꙗти, сътворити), прѣлюбодѣꙗти

БЛѦДЬНИКЪ, -а *м* (3) ἄσωτος, πόρνος развратник smilník: сии не можетъ ицѣлѣти • блѫдникъ бо ѥстъ и пиꙗница *Супр 564, 16.— Супр 7, 16-17; 371, 22.— Ср.* любодѣи, прѣлюбодѣи

БЛѦДЬНИЦА, -ѧ *ж* (23) πόρνη блудница, развратница prostopášnice, smilná žena, nevěstka: давъи... блѫдьници отъпоущение грѣхомъ *Евх 77а 11*; приде блѫдница стьклѣницѫ мѵра дръжѧшти • и възлиꙗ масло то дрѣвѣнок на главѫ господьнѭ *Супр 408, 10.— Служ Евх Супр.— Ср.* любодѣица

БЛѦДЬНИЧЬСКЪ, -ыи *прил.* (1) πορνικός блудницы *род.*, развратницы *род.* smilné ženy, nevěstky *род.*: чоуждаахѫ сѧ вьси трьпѣнию исоусовоу • видѧште и кротъко трьпѧшта • лобъзаниꙗ блѫдьничьска *Супр 392, 25*

БЛѦДЬНИЧЬСТВО, -а *с* (1) πορνεῖον проституция prostituce: не жьрѭтъ женꙑ вь блѫдничьствѣ (!) стоѩт' *Супр 131, 19—20*

БЛѦДЬНО *нареч.* (4) ἀσώτως распутно, беспутно prostopášně, rozmařile: тоу расточи імѣнье свое живꙑ блѫдъно *Л 15, 13 Зогр Мар Ас Сав*

БЛѦДЬНЪ, -ыи *прил.* (12) τῆς πορνείας, ἀσχημόνως προεστώς; (блѫдьна ἡ πόρνη; распалєниѥ блѫдьнок οἶστρος) распутный, развратный prostopášný, smilný: б⟨о⟩же нашъ... съхранеи ап⟨осто⟩лꙑ своꙗ отъ блѫда • ι отъ раждежениѣ блѫдъна • ι отъ помꙑшлениѣ блѫдъна *Евх 37а 10, 11*; призвавъше бестоуднѫ женѫ и блѫднѫ • дашѧ еи два десѧти златицъ *Супр 515, 2* ♦ **блѫдьнꙑи сꙑнъ, блѫдьнъ** *м греч. нет* блудный сын marnotratný syn: приими нꙑ... ѣкоже и блѫдънааго с⟨ꙑ⟩на • ι разбонника *Евх 86а 10*; въздвигни мѧ... ѣко древльнѣаго блѫдъна • ι ѣко прѣждьнѣаго разбоиника *Евх 79а 1.— Евх 36б 18; 70а 16; Супр 351, 1; 515, 2; 521, 6; 525, 5; 525, 26-27; 525, 30.— Ср.* любодѣи, любодѣинъ, прѣлюбодѣинъ, прѣлюбодѣиствьнъ

БЛѦЖДЕНИѤ, -ниꙗ *с* (3) πορνεία, ἀκολασία, λαγνεία беспутство, разврат, прелюбодеяние bezuzdnost, smilstvo, cizoložství: родъ • къ капиштемъ слоужению • и на пѣсни • и на блѫждениꙗ женомъ *Супр 352, 13.— Супр 391, 30; 404, 1.— Ср.* блѧдь[2], блѫдъ, любодѣꙗние, прѣлюбодѣꙗние

БО *союз и частица* (>2000) I. *союз* **1.** *пояснительный или причинный* γάρ, καὶ γάρ, ὅτι, δι' ὅτι, διὰ τὸ *с инф.*, ἐπειδή, οὖν, δέ (!), καί (!), ἀλλά (!), ἤ (!), γε (!), δή (!), πάντως (!) quia ибо, ведь totiž, neboť, vždyť: корабь же бѣ по срѣдѣ морѣ вълаꙗ сѧ вльнами • бѣ бо противьнъ вѣтръ *Мт 14, 24 Зогр Мар Ас Боян* (∅ *Сав*); по дѣлом же ихъ (*т. е.* фарисеи) не творіте... сьвраѭтъ бо брѣмена тѧжька... и въскладаѭтъ на плеща чл⟨овѣ⟩чьска *Мт 23, 4 Ас* (же *Мар*, ∅ *Зогр*); боли въ васъ • да бѫдетъ вамъ слоуга • іже бо възнесетъ сѧ съмѣритъ сѧ *Мт 23, 12 Ас* (а *Мар*, ∅ *Зогр*); чьто троуждаете женѫ • дѣло бо добро сьдѣла о мнѣ *Мт 26, 10 Зогр Мар Ас Сав*; нѣстъ сѫде • въста бо *Л 24, 6 Ас* (нъ *Зогр Мар*); да с⟨вѧ⟩тѫ створімъ своѭ д⟨оу⟩шѫ • можемъ бо се створіти • аште хоштемъ • єдінѣмь дьнемь *Клоц 8б 17; Супр 421, 24*; въ шестꙑи мѣсѧцъ глагола • се бо ѥстъ шестꙑи мѣсѧць • зачѧтию їωановоу *Супр 245, 14* ● **бо оубо** μὲν γάρ, οὖν ибо totiž: жѧтеле сѫтъ ан⟨ъ⟩ѣ⟨е⟩ли • ѣко бо оубо събираѭтъ плѣвелꙑ • ι огнемь съжиꙁаѭтъ • тако бѫдетъ вь сконьчание вѣка сего *Мт 13, 40 Мар* (ѣкоже оубо *Ас*, ѣко оудобь (!) *Зогр*); мните бо оубо пронꙑрьствомъ въздръжаниꙗ • пронꙑрити славѫ божиѭ *Супр 331, 12* ● **бо... а, бо... же** μὲν... δέ, γὰρ... δέ, μὲν γὰρ... δέ, ∅... καί ибо (хотя)... но neboť (sice)... avšak: бьдите ι молите сѧ... д⟨оу⟩хъ бо бьдръ • а плъть немоштьна *Мт 26, 41 Зогр Мар Ас Сав; Мк 14, 38 Зогр Мар; Евх 47а 14*; ι вечеръ бывъшю • бѣ бо корабл҄ь по срѣдѣ морѣ • а сь єдинъ на земл҄и *Мк 6, 47 Зогр* (*нет Мар*); ономоу б(о) мъногашти на семь житии пакость творилъ еси • самъ же себе еси створилъ без отъвѣта *Клоц 9а 8*; имѣахѫ бо масло не обильно же *Супр 370, 27* **2.** *следствия* οὖν, γοῦν, τοίνυν, ὅθεν, γάρ (!) поэтому proto, tedy: нічесоже іного ненавідітъ б⟨ог⟩ъ ѣко же того іже дръжітъ гнѣвъ... послоушаі бо чъто сѫтъ *Клоц 9а 16; Супр 422, 26*; не можааше оуже и ходити • вьсь бо пѫть на колѣхъ везомъ бѣаше *Супр 117, 22*; понеже вештниꙗ н(е) (сѫ)тъ ти закони истинании • не вѣдѫште бо то творѧтъ *Супр 148, 1* **3.** *присоединительный* δέ, καί, γάρ, μέν и, же а, pak: слъньце мрькнетъ • и лоуна не дастъ свѣта своего • и ꙁвѣздꙑ съпадѫтъ съ н⟨е⟩б⟨е⟩се • силꙑ бо н⟨е⟩б⟨е⟩с⟨ь⟩нꙑꙗ двигнѫтъ сѧ *Мт 24, 29 Ас* (и *Зогр Мар Сав*); на всакъ днь • великъ обꙑчаі бѣ гемоноу • отъпуштати народоу съвѧꙁьниꙗ егоже хотѣхѫ • имѣше бо тогда съвѧꙁьниꙗ нарочита *Мт 27, 16 Сав* (же *Зогр Мар Ас*); ι абье въста дѣвица ι хождааше • бѣ бо лѣтома ӗі *Мк 5, 42 Зогр Мар*; д⟨ь⟩нес⟨ь⟩ • ц⟨ѣса⟩р⟨ь⟩ство н⟨е⟩б⟨е⟩с⟨ьс⟩кое коупихомъ • госп⟨о⟩дьскоу бо ц⟨ѣса⟩р⟨ь⟩ствоу не бѫдетъ коньца *Евх 2б 22*; ѥгда чоудеса творѧшта видѣ • не вѣшта ꙗко съгрѣшихъ... ѥма бо зъло вьмѣсти сѧ... тъгда разоумѣ грѣхъ *Супр 414, 26* (понеже *Клоц 5б 17*) ● *с отрицательным оттенком*: егда бо грѧдеши съ сѫпьремь твоимь къ кънѧꙁоу • на пѫти даждь дѣлание избꙑти отъ него *Л 12, 58 Мар* (же *Зогр*); мы... ксмъ повиньни съблазнивъше сѧ на пѫти • тъ бо не отъпаде *Супр 33, 1*; не бѣ бо кд'но отечьство с⟨вѧ⟩тыимъ • дроугыи бо отъ иноѧ страны бѣ *Супр 83, 29 и 30* ● *употребляется в главном предложении после придаточного или в придаточном после главного, если первое содержит союз* бо *греч. нет не переводится*: а быша бо не излѣзли отъ закона • не быша бо закона положьшааго похоулили *Супр 401, 20*; еже бо зъло страдати • цѣсарьство бо намъ небесное исхаждак *Супр 406, 10*; сего ради бо мы не видаште х⟨ристос⟩а покланıаемъ сѧ кмоу • имже бо онъ видѣвъ поклани сѧ *Супр 499, 8* II. *частица усилительная (чаще всего при местоимениях)* μέν, γάρ; (тъ бо ὅς) же -pak: ıемонъ рече имъ • что бо зъло сътвори *Мт 27, 23 Мар* (оубо *Ас*, сь *Сав, нет Зогр*); *Мк 15, 14 Мар* (оубо *Зогр*); *Л 23, 22 Зогр Мар*; г⟨лаго⟩лаше ем • ты бо • емоуже не хоштеши бѫдеть ти принѧти *Супр 131, 18*; амемоур'мниѩ же нарицаѭтъ кнѧза сьвѣтъ ихъ • тъ бо и прьвъи сьвѣтьникъ нарицактъ сѧ *Супр 56, 8*; иже недостоино вьземьѭтъ с⟨вѧ⟩тое комъканик • въ ты паче въскачетъ и въладитъ часто диıаволъ • ıакоже бо и въ ıюдѫ тъгда *Супр 421, 7* (*Клоц 8а 38 нет*).— *Зогр Мар Ас Сав Унд Боян Зогр-пал Ен Син Служ Киев Евх Клоц Супр Хил Рыл Зогр-лл*

БОГАТИТИ СѦ, богащѫ сѧ, богатиши сѧ *несов.* (3) πλουτεῖν богатеть, быть богатым bohatnout, být bohat: богатѧштаıа сѧ отъпоусти тъштѧ *Л 1, 53 Зогр Мар.*— *Л 12, 21 Сав.*— *Ср.* богатѣти, обогащати, богатъ (богатъ быти)

БОГАТЪ, -ыи *прил.* (>100) πλούσιος **1.** ὁ ἐν τῷ πλούτῳ κομῶν; (богатъ быти πλουτεῖν) богатый bohatý: ч⟨ловѣ⟩къ етеръ бѣ богатъ • ı облачааше сѧ въ фор'фирѫ *Л 16, 19 Зогр Мар Ас Сав*; земъни же с⟨ы⟩н⟨о⟩ви чл⟨о⟩в⟨ѣ⟩чи въкоупѣ богатъ ı оубогъ *Пс 48, 3 Син*; нѣстъ рабъ ни свободь • нѣстъ богатъ и ништъ *Супр 101, 26*; доуховъныими же благодѣтьми богатомъ сѫштемъ *Супр 283, 11* **2.** щедрый, богатый štědrý, hojný: сътвори съ нами • ı молащиимъ сѧ съ нами • богатыıа м⟨и⟩л⟨о⟩сти твоеıа • ı щедроты *Евх 63а 5-6.*— *Зогр Мар Ас Сав Син Евх Клоц Супр.*— *Ср.* обильнъ

БОГАТЬСТВИЮ, -ıа *с* (4) πλοῦτος богатство bohatství: печаль свѣта сего • ı льсть богатьствиѣ подавлѣетъ е • слово *Мт 13, 22 Зогр* (б⟨о⟩гатъства *Мар*).— *Мк 4, 19 Зогр Мар; Л 8, 14 Мар.*— *Ср.* богатьство

БОГАТЬСТВО, -а *с* (46) [бгатъств- *Мар* (2) *Ен* (1), бгств- *Син* (1)] πλοῦτος, χρήματα, περιουσία τῶν χρημάτων, θησαυρός, τὰ κτήματα, τὰ σκῦλα (!) богатство bohatství: чѧда • ѣко не оудобь естъ оупъваѭштимъ на богатьство • въ ц⟨ѣса⟩р⟨ь⟩с⟨тв⟩ие б⟨о⟩жие вьнити *Мк 10, 24 Зогр Мар*; ч⟨ло⟩в⟨ѣ⟩къ иже... оупъва на множьство богатъства своего *Пс 51, 9 Син*; начръпаимъ сѧ оубо и мы сь ними съ горъ и небесънааго богатъства • несытами пазоухами *Супр 327, 9.*— *Зогр Мар Ас Сав Ен Син Клоц Супр Рыл.*— *Ср.* богатьствик

БОГАТѢТИ, -ѣѭ, -ѣкши *несов.* (3) πλουτεῖν богатеть, быть богатым bohatnout, být bohat: тако събираıаı себѣ • а не въ б⟨ог⟩ъ богатѣıа *Л 12, 21 Зогр Мар*, богатѣıаи *Ас* (богатѧ сѧ *Сав*).— *Ср.* богатити сѧ, обогащати, богатъ (богатъ быти)

БОГОАВЛЕНИЮ, -ıа *с* (8) [боав- *Ас* (2), бгоав- *Ас* (1) *Евх* (3), богоıав- *Супр* (1)] θεοφανεία явление бога zjevení boží: отьць же сава • въ обычаи сы богоıавьıениıа же и аггельска видѣниıа • не оубоıа сѧ *Супр 287, 25* ● богоавлкник, богоавлкниıа *мн.* τὰ θεοφάνεια богоявление (*церковный праздник*) Zjevení Páně: по амин⟨ъ⟩ вьлѣет⟨ъ⟩ воды • ѡт⟨ъ⟩ с⟨вѧ⟩тых⟨ъ⟩ б⟨о⟩гоавлении *Евх 21а 13.*— *Ас 138а 10-11; 139б 1; 158а 13; Евх 19б 7; 20а 22; 21а 13.*— *Ср.* авлкник, епифаниıа, просвѣщеник

БОГОБОРИЮ, -ıа *с* (1) θεομαχία богоборчество boj proti bohu: нѣстъ дошьла западънынхъ странъ ариıанъскаıа хоула • ни вьзможе прѣльстити • бывъшек тѣмь нечъстъноик богоборик *Супр 197, 22.*— *Ср.* богоборкник

БОГОБОРЬНЪ, -ыи *прил.* (3) θεομάχος борющийся против бога, богоборческий bojující proti bohu: съказа имъ о богоборьнѣи тои боуи ереси обрѣтеник *Супр 188, 28-29.*— *Супр 188, 19; 191, 10.*— *Ср.* богокоторьнъ, богосварьнъ, воквати (на бога воюıа)

БОГОБОРЬЦЬ, -а *м* (2) θεομάχος богоборец odpůrce boha: недостоино же отъ богоборьцъ жидовъ • въсприимаше възмьздиıа *Супр 480, 18-19.*— *Супр 87, 13-14.*— *Ср.* богосварьникъ

БОГОБОРЮНИЮ, -ıа *с* (1) θεομαχία богоборчество boj proti bohu: да не подражаимъ жидовьска юродьства • нъ дѣтьскоу позавидимъ благодарению • не старьць богодарению (! *вм.* богоборкнию) • нъ младеништъ богословьению *Супр 340, 22.*— *Ср.* богоборик

БОГОВЕСЕЛЬНЪ, -ыи *прил.* (1) θεοπρεπής (!) радующийся богу radující se v bohu: и мы въздревьноуимъ боговесельноуоумоу ликоу *Супр 321, 10*

БОГОВИДЬЦЬ, -а *м* (1) θεόπτης видящий бога vidoucí boha: отъ негоже за памать ѹмоле̑нъ бꙑвъ съ горꙑ къ намъ новꙑи сии боговидъцъ *Супр 278, 1*

БОГОВЪГОДЬНЪ, -ꙑи *прил.* (1) θεάρεστος угодный богу bohumilý, bohulibý: боговъгодьнъ съвѣтоуѥтъ съвѣтъ въ свѧтꙑи градъ отити *Супр 282, 8.— Ср.* богоѹгодьнъ, богогодьнъ, боголѣпьнъ

БОГОГОДЬНЪ, -ꙑи *прил.* (1) θεάρεστος угодный богу bohumilý, bohulibý: ѡ веле не коупьноѥ оучениѥ • богогодьнꙑихъ *Супр 327, 3.— Ср.* боговъгодьнъ, боголѣпьнъ, богоѹгодьнъ

б о г о д а р е н и ѥ *Супр 340, 22 см.* богоборѥниѥ

БОГОДЪХНОВЕНЪ, -ꙑи *прил.* (1) θεόπνευστος боговдохновенный, вдохновленный богом inspirovaný bohem: ликъ б⟨о⟩годъ(хнов)ен(ъ) *Ен 5а 8*

БОГОЗЪВАНЪ, -ꙑи *прил.* (1) θεόκλητος избранный богом bohem vyvolený: б⟨о⟩гозванаѣ пръвомѫченица ѣви сѧ *Ен 36а 6*

БОГОКОТОРЬНЪ, -ꙑи *прил.* (1) θεομάχος борющийся против бога, богоборческий bojující proti bohu: отъсѫждѫ богокоторьнъ съборъ *Супр 504, 15-16.— Ср.* богоборьнъ, богосварьнъ, воѥвати (на бога воюꙗ)

БОГОЛѢПЬНО *нареч.* (2) θεοπρεπῶς богоугодно bohumile: къ богоу боголѣпьно вѣровати наоучихъ сѧ *Супр 139, 29-30.— Супр 463, 10-11*

БОГОЛѢПЬНЪ, -ꙑи *прил.* (2) θεοπρεπής богоугодный, божеский bohulibý, božský: акꙑ николиже видѣвъше благодѣтелꙗ • и славьна боголѣпьнꙑими чоудесꙑ *Супр 322, 29.— Супр 332, 17.— Ср.* боговъгодьнъ, богогодьнъ, богоѹгодьнъ

БОГОЛЮБИВЪ, -ꙑи *прил.* (6) [б҃ол- *Супр* (4)] θεοφιλής любящий бога, набожный milující boha, zbožný: примъ бо⟨го⟩любивꙑи ц⟨ѣса⟩рь донесъшаꙗ кн҃игꙑ *Супр 541, 25.— Супр 114, 17-18; 517, 26-27; 534, 22; 548, 22; 552, 12*

БОГОЛЮБЬЦЬ, -а *м* (4) [б҃олюб- *Евх* (1), б҃олюб- *Супр* (1)] φιλόθεος, φιλοθεάμων (!) человек любящий бога člověk milující boha: бѫди... въ влъхволюбиѣ мѣсто • б⟨о⟩голюбець *Евх 70б 18.— Супр 55, 23; 365, 16; 543, 15*

БОГОМРЬЗЪКЪ, -ꙑи *прил.* (3) [богомрьз- *Супр* (1), б҃омрьз- *Супр* (1)] θεοστυγής враждебный богу bohu se protivící, bohu nepřátelský: землꙗ... тѣм'же и не трьпѣаше • нъ негодовааше • не хотѧшти носити на себѣ богомрьзъкꙑихъ жидовъ *Супр 485, 8.— Супр 482, 8; 567, 22-23*

БОГОМѪДРОСТЬНЪ, -ꙑи *прил., сравн. ст.* богомѫдростьнѣи (1) τοῦ θεοῦ σοφώτερος мудрый как бог moudrý jako bůh: ѫродивоѥ бо • богомѫдростьнѣѥ чловѣкомъ ѥстъ *Супр 183, 2* (б⟨ог⟩оу прѣм(ѫдрѣѥ) *1 Кор 1, 25 Ен*)

БОГОМѪДРЪ, -ꙑи *прил.* (1) θεόσοφος божественно мудрый božsky moudrý: глѫбинънааго змиѣ • б⟨о⟩гомѫдрꙑимь хѫдожьствомь • оуловль *Евх 63б 11-12*

БОГОНАѸЧЕНЪ, -ꙑи *прил.* (3) [б҃он- *Клоц* (1)] θεοδίδακτος внушенный богом od boha naučený: новомъ ѩзꙑкомъ богонаоученѫѭ пѣснь поѥмъ *Супр 326, 8; Клоц 1а 28.— Супр 321, 16.— Ср.* богоѹченъ, наоучити (богомь наоученъ)

БОГОНЕВѢСТА, -ꙑ *ж* (1) θεοῦ νύμφη невеста бога boží nevěsta: словомъ наочъши сѧ (! *вм.* наоучьши сѧ) • оу павла б⟨о⟩гоневѣсто *Ен 36а 4*

БОГОНОСИВЪ, -ꙑи *прил.* (2) θεοφόρος носящий в себе бога nosící v sobě boha: богоносивꙑ сь отьць богоу сѧ на оучѧстиѥ въдавъ *Супр 279, 9.— Супр 300, 29.— Ср.* богоносьнъ, носити (бога носѧ)

БОГОНОСЬНЪ, -ꙑи *прил.* (3) θεολόγος (!) носящий в себе бога nosící v sobě boha: бꙑстъ намъ лоза богоносьнаꙗ *Супр 353, 20.— Супр 403, 28-29; 404, 10.— Ср.* богоносивъ, носити (бога носѧ)

БОГОНОСЬЦЬ, -а *м* (4) [б҃оно(ц) *Ас* (1), б҃оносьц- *Ас* (1), б҃оно̑сць *Ас* (1)] θεοφόρος богоносец, носящий в себе бога ten, kdo v sobě nosí boha: св⟨ѧ⟩щ⟨е⟩ном⟨ѫ⟩ч⟨ени⟩ка б⟨ог⟩оно⟨сь⟩ц⟨а⟩ игънатиꙗ *Ас 141б 4*; ѡ съборе влъкъ паче кръвиѭ питомомъ некли чловѣкомъ богоносьцемъ *Супр 385, 28.— Ас 128б 2; 131б 9*

БОГООБРАЗЬНЪ, -ꙑи *прил.* (1) θεοτύπωτος богоподобный, подобный богу podobný bohu: богообразъноѥ приѥмл҃етъ • разоумьнꙑими възводимъ степеньми законоположениѥ *Супр 277, 12*

БОГОПОЗНАНИѤ, -ꙗ *с* (4) θεογνωσία познание бога poznání boha: дѣти хвалѫ приносѧтъ • да родите̑ль обличатъ безаконꙗ • и вѣроуѭштиихъ обновѧтъ богопознаниѥ *Супр 338, 17.— Супр 329, 18-19; 335, 26; 340, 24-25.— Ср.* богоразоумиѥ, познаниѥ (къ богоу познаниѥ !), разоумъ (божии разоумъ)

БОГОПРИѤМЬЦЬ, -а *м* (1) θεοδόχος богоприимец (*державший бога на руках*) ten, kdo držel v náručí boha: мѣ⟨сѧ⟩ца фе⟨в⟩р⟨а⟩р⟨ѣ⟩ в҃ с⟨вѧ⟩таго сѵмеона бо⟨го⟩приѥмца *Ас 142б 9*

БОГОРАЗОѸМИѤ, -ꙗ *с* (2) [б҃го- *Евх* (1)] θεογνωσία познание бога poznání boha: свѣтомь б⟨о⟩горазоумиѣ • в'сь миръ озарѣѥтъ сѧ *Евх 2б 9.— Супр 474, 19.— Ср.* богопознание, познание (къ богоу познание !), разоумъ (божии разоумъ)

БОГОРОДИЦА, -ѧ *ж* (48) [бцрц- *Евх* (9) *Служ* (1), бц- *Ас* (11) *Сав* (5) *Унд* (1) *Ен* (13) *Киев* (2)] θεοτόκος богородица bohorodička: благовѣщение с⟨вѧ⟩тѣи б⟨огороді⟩ці марии *Ас 145а 5*; прѣс⟨вѧ⟩таа б⟨ого⟩р⟨оди⟩це помилоуи *Евх 36б 13*; да ны съприимникы сътворитъ х⟨ристо⟩с⟨ъ⟩ б⟨о⟩гъ • прѣчистыѧ ради матере его с⟨вѧ⟩тыѧ богородицѧ *Супр 124, 2.— Ас Сав Унд Ен Служ Киев Евх Супр*

БОГОРОДИЧИНЪ *прил.* (1) τῆς θεοτόκου богородицын, богородицы *род.* bohorodiččin: оусьпение с⟨вѧ⟩тыѧ аннъи • м⟨а⟩т⟨е⟩ре б⟨о⟩г⟨ороди⟩чинъи *Ас 150б 30*

БОГОРОДИЧЬНО, -а *с* (3) [бго- *Евх* (1), бо(г) *Евх* (1), б *Евх* (1)] θεοτόκιον *литург.* богородичен verš ke cti bohorodičky: и пакы тожде • слав⟨а⟩ • и бог⟨ородично⟩ *Евх 98а 15.— Евх 11б 21; 84б 9*

БОГОСВАРЬНИКЪ, -а *м* (1) (богосварьникъ бывати θεομαχεῖν) богоборец odpůrce boha: о ниꙗъже пѣти и благодѣть въздаꙗти • коудатъ и богосварници бываѭтъ *Супр 339, 12.— Ср.* богоборьць

БОГОСВАРЬНЪ, -ъи *прил.* (1) θεομάχος борющийся против бога, богоборческий bojující proti bohu: не босварьнъихъ (! *вм.* богосварьнъихъ) жидовъ • на съпаса раждизаемо зълое лиганиѥ (! *вм.* лаганиѥ) • и камени глаголати ноуждѫ творитъ *Супр 396, 8.— Ср.* богоборьнъ, богокоторьнъ, воевати (на бога воюѩ)

БОГОСЛОВЕСТВИТИ, -вещвлѭ, -вествиши *несов.* (1) θεολογεῖν проповедовать; восхвалять бога hlásat; chválit boha: дроузии богословештваахѫ • благословешенъ грѧдъи вь имѧ господьне *Супр 322, 16.— Ср.* богословесьствовати, богословити

БОГОСЛОВЕСЬСТВОВАТИ, -ствоуѭ, -ствоуєши *несов.* (1) θεολογεῖν проповедовать; восхвалять бога hlásat; chválit boha: посъланъ бъістъ гаврилъ • възвѣштаѩ цѣсарьско таиное знамение • а не испытаемо • таиное кланꙗемо • а не прѣмѣримо • таиное богословесьствоуемо • а не испытаемо... *Супр 245, 2-3.— Ср.* богословествити, богословити

БОГОСЛОВИТИ, -влѭ, -виши *несов.* (3) θεολογεῖν проповедовать; восхвалять бога hlásat; chválit boha: разбоиникъ на крьстѣ богословитъ *Супр 425, 5.— Супр 324, 5; 333, 6-7.— Ср.* богословествити, богословесьствовати

БОГОСЛОВЛЕНИЕ, -иꙗ *с* (2) θεολογία вероучение učení víry: навыкнѣте оть ниꙗъ к'то наоучивъи • к'то съвьравъи • отъкѫдоу оученика • кое новое богословьеные • и ветъхое прореченик *Супр 324, 28.— Супр 340, 23*

БОГОСЛОВЪ, -а *м* (1) θεολόγος богослов teolog: его же м⟨о⟩ли б⟨о⟩гослове прилежно *Ен 36б 11.— Ср.* богословьць

БОГОСЛОВЬНЪ, -ъи *прил.* (1) τῆς θεολογίας богословский bohoslovný: богословьнааго оходитъ закона *Супр 338, 12*

БОГОСЛОВЬЦЬ, -а *м* (5) [бгословц- *Ас* (2) *Ен* (1), бословц- *Ас* (1), бгословьц- *Сав* (1)] θεολόγος богослов teolog: мѣ⟨сѧ⟩ца сеп⟨тѧ⟩б⟨ра⟩ прѣставление с⟨вѧ⟩тааго иоана б⟨о⟩гословца ев⟨ан⟩ѣ⟨е⟩л⟨и⟩ста *Ас 121б 15-16*; глігора б⟨о⟩гословца • еп⟨иско⟩па бъивша наизианзии *Ас 141а 26-27.— Ас 146а 7; Сав 151б 4-5; Ен 36б 5.— Ср.* богословъ

БОГООУГОДЬНЪ, -ъи *прил.* (1) θεάρεστος богоугодный, приятный богу bohumilý, bohu příjemný: і мы съ ними въспоемъ новым⟨ъ⟩ ѩзыком(ь) пѣснъ еванѣ⟨е⟩л⟨ь⟩скѫѭ бо⟨го⟩наоученоуѭ бо⟨го⟩оугодънѫ *Клоц 1а 28.— Ср.* боговъгодьнъ, богогодьнъ, боголѣпьнъ

БОГООУЧЕНЪ, -ъи *прил.* (2) [бооучен- *Клоц* (1), бооучън- *Клоц* (1)] θεοδίδακτος внушенный богом od boha naučený: наоучі сѧ • отъ него • како бооученѫ (! *вм.* богооученѫ) пѣснь *Клоц 1а 19* (богомь наоученѫ *Супр 325, 29*).— *Клоц 1б 7.— Ср.* богонаоученъ, наоучити (богомь наоученъ)

БОГОЧЬСТИВЪ, -ъи *прил.* (8) [бчь- *Ас* (1) *Супр* (2), бчъс- *Супр* (1)] εὐλαβής, θεοσεβής чтущий бога, благочестивый uctívající boha, bohabojný: чл⟨овѣ⟩къ сь правьдивъ • и б⟨ог⟩очьстивъ • чаѩ оутѣхы из⟨дран⟩л⟨е⟩вы *Л 2, 25 Ас* (чьтивъ *Зогр,* чьстивъ *Мар Сав*); иже призъвавъ ѳеоѳаила б⟨ог⟩очъстиваго попа *Супр 564, 9-10.— Супр 8, 29; 529, 15-16; 539, 23; 541, 22; 552, 12; 564, 13.— Ср.* чьстивъ

БОГОЧЬСТИВѢ *нареч.* (1) *греч. нет* благочестиво bohabojně: тѣмь тако богочьстивѣ испоуштеномъ *Супр 539, 20-21.— Ср.* богочьстьно

БОГОЧЬСТИЕ, -иꙗ *с* (6) [бчь- *Супр* (2) *Хил* (1)] θεοσέβεια благочестие, богобоязненность, набожность bohabojnost, zbožnost: радости извѣтъ бѫди вамъ • чѧдъ вашихъ богочьстие *Супр 324, 25-26*; б⟨ог⟩очьстиꙗ же образъ отъ дъвосго сего състоитъ сѧ *Хил 2ба 22-23.— Супр 98, 16; 559, 5; 559, 8; 560, 20*

БОГОЧЬСТЬНО *нареч.* (1) θεοσεβῶς набожно, благочестиво nábožně, bohabojně: не тол'ми богочьстьно отъвѣшташа • елми врачьбьно *Супр 314, 12.— Ср.* богочьстивѣ

БОГОЧЬТЬЦЬ, -а *м* (3) [бгоч- *Зогр* (1) *Мар* (1), боч- *Ас* (1)] θεοσεβής набожный, благочестивый человек bohabojný, zbožný člověk: нъ аште къто б⟨о⟩гочьтьць естъ • ι волѫ его творитъ *И 9, 31 Зогр Мар Ас*

богоꙗвьꙗениѥ *Супр 287, 25 см.* богоꙗвлениѥ

БОГЪ, -а *м* (>2100) [б҃, б҃г-] θεός, εἴδωλον (!), σέβασμα (!) deus бог bůh: ꙗко вьсι б⟨о⟩ѕι ꙗзыкъ демонι • г⟨оспод⟩ь же н⟨е⟩б⟨е⟩са створι *Пс 95, 5 Син*; сътвори намъ богы • иже прѣдъ нами поидѫтъ *Супр 417, 8*; поидѫ отъ сілы въ силѫ авꙗтъ сꙗ б⟨ог⟩ъ б⟨ого⟩мъ въ сιонѣ *Пс 83, 8 Син* ● *единый* πατήρ (!), κύριος (!), δεσπότης (!), δωτήρ (!), χριστός (!), τὸ θεῖον (!); (отъ бога θεόθεν): къто можетъ отъпоуштати грѣхы • тъкъмо единъ б⟨ог⟩ъ *Мк 2, 7 Зогр Мар Ас Сав Боян*; ιсъже м⟨о⟩л⟨и⟩твами по⟨с⟩ѣти насъ б⟨о⟩же *Служ 3б 15*; азъ вънинѫ жьрѫ богоу своѥмоу жрьтвѫ хвалѣ *Супр 20, 26-27* ● *перен.*: нѣстъ ли псано въ законѣ вашемъ • ꙗко азъ рѣхъ бѕи есте *И 10, 34 Зогр Мар Ас* ◆ на бога воюꙗ *см.* воѥвати; богомь любимъ *см.* любити; богомь написаны и *см.* напьсати; богомь наоученъ *см.* наоучити; бога носꙗ *см.* носити; къ богоу (!) познаниѥ *см.* познаниѥ; богомь поущенъ и *см.* поустити; сѫпротивь богоу *см.* сѫпротивь.— *Зогр Мар Ас Охр Сав Боян Ен Син Служ Киев Евх Клоц Супр Хил Рыл*

БОГЫНИ, -ниꙗ *ж* (4) θεά богиня bohyně: рабъ ѥси богынꙗ артемидꙑ *Супр 226, 29.— Супр 222, 8; 226, 15; 231, 2*

БОЖИИ *прил.* (>800) [б҃жии, б҃жи *все памятники*, б҃ьи, б҃ъи *Син*] τοῦ θεοῦ, θεῖος, θεϊκός, ὁ εἰς θεόν, ὁ ἐκ τοῦ θεοῦ, ὁ κατὰ θεόν, ἔνθεος, τῆς θεότητος, τοῦ κυρίου (!), τοῦ χριστοῦ (!), τῆς χάριτος (!), ἅγιος (!) божий boží *только о едином боге*: аште ли о д⟨оу⟩сѣ б⟨о⟩жии • азъ ιзгонѭ бѣсы • оубо постиже на васъ ц⟨ѣса⟩р⟨ь⟩с⟨тв⟩ие б⟨о⟩жие *Мт 12, 28 Зогр Мар*; вънидѫ къ алтарю б⟨о⟩жю *Пс 42, 4 Син*; ѡтълѫчи сꙗ ι отъдѣли • оустꙑди сꙗ • ѡбраза образоваанааго • рѫкоѭ б⟨о⟩жиеѭ *Евх 54б 20*; радъ бывъ и божиꙗ благодѣти испльнивъ сꙗ • дроужинѣ своѥи рече *Супр 62, 28* ◆ сынъ божии θεόπαις, υἱὸς τοῦ θεοῦ сын божий, Христос syn boží, Kristus: познанъ бывъ • ι⟨со⟩у⟨съ⟩ с⟨ы⟩нъ б⟨о⟩жи *Клоц 13б 27, Супр 451, 2*; божиꙗ вѣра *см.* вѣра; божии даръ *см.* даръ; божии народи *см.* народъ; отьць божии *см.* отьць; божии разоумъ *см.* разоумъ; божиꙗ ребра *см.* ребро; божиꙗма рѫкама *см.* рѫка; божиꙗ тѣла, божию тѣлоу *см.* тѣло.— *Зогр Мар Ас Сав Охр Боян Ен Син Евх Клоц Супр Хил Рыл Зогр-лл.— Ср.* божьскъ, божьствьнъ

БОЖЬСКЪ, -ыи *прил.* (3) τῶν θεῶν, θεϊκός божеский, божий božský, boží: рьци ми ты кто ѥси льстаи многыꙗ • и отъвраштаѩ ѩ отъ жрътвъ божъскыихъ *Супр 155, 6.— Супр 8, 12; 345, 12.— Ср.* божии, божьствьнъ

БОЖЬСТВО, -а *с* (27) [б҃жс- *Служ* (1) *Евх* (1), б҃жь- *Супр* (2)] **1.** τὸ θεῖον бог bůh, božská podstata: еже сꙗ прѣс⟨вꙗ⟩таа троица речетъ • о⟨ть⟩ць и с⟨ы⟩нъ ι с⟨вꙗ⟩ты д⟨оу⟩хъ • три съставы сълично въ единомь б⟨о⟩жьствѣ *Евх 67а 15*; ѥдно трьми сьставынии божьство • без начала • бе сътворениꙗ • несъгонимо • ни прѣмѣнимо *Супр 327, 26-27* **2.** θεότης божественность božství: слово же то б⟨о⟩жие • б⟨ог⟩ъ сы отъ б⟨ог⟩а • нашего ради с⟨ъ⟩п⟨ас⟩ениѣ • пльтиѭ обложивъ свое б⟨о⟩ж⟨ь⟩ство *Евх 67а 18*; обличи о мьнѣ силѫ божьства твоѥго вь сь часъ *Супр 22, 10.— Служ Евх Супр*

БОЖЬСТВЬНЪ, -ыи *прил.* (39) [б҃жь- *Супр* (1), б҃жст- *Клоц* (3) *Рыл* (2), б҃жсьн- *Рыл* (3), б҃жест- *Евх* (3) *Хил* (1)] θεῖος **1.** τῆς θεότητος божий boží: заклинаѭ тꙗ... землѭ содомъскѫѭ и гоморъскѫѭ • ѡгнемь б⟨о⟩жествьнымь попальшемь *Евх 52б 7-8*; (в)ъчера плътьскаа • а дьнесь господьскаа дѣꙗ • въчера ч⟨ловѣчь⟩скаа • а дьнесь б⟨о⟩ж⟨ь⟩ствьнаа дѣетъ *Клоц 13а 23; Супр 449, 24* **2.** θεσπέσιος, θεόπνευστος (!) божественный božský: съподоби и... овецьника б⟨о⟩же⟨с⟩твънꙑхъ твоихъ таинъ *Евх 74а 24-25*; повѣда... ѥже о божьствьнѣѥмъ їѡаннѣ *Супр 295, 4.— Евх Клоц Супр Хил Рыл.— Ср.* божии, божьскъ

БОЛИИ, БОЛЬШИ, БОЛѤ *прил. сравн. ст.* (>100) μείζων, περισσότερος, πλείων, κρείττων, χείρων (!), χαλεπώτερος (!) больший větší: разорѭ житьницѫ моѭ • ι большѫ съзиждѫ *Л 12, 18 Зогр Ас Сав*, большꙗ *Мар*; нъ разоумѣи • ꙗко паче отъселѣ измѣнꙗтъ тꙗ большаа подвизаниѣ • брани неприѣзньскыꙗ *Евх 91б 5*; большеѥ чоудо себѣ оставьꙗ *Супр 316, 25* ● πλείων, πλέον обильнее, больше hojnější, více: вьсѣкѫ разгѫ... отрѣбитъ ѭ да плодъ болии сътворитъ *И 15, 2 Мар Зогр*, больши *Ас*, болы, боли *Сав*; си сѫтъ чоудеса сьмѣрена'го и прѣпростаагo паула • и ина ваштьша и больша сихъ *Супр 174, 3* ● μέγιστος, μέγας (!) наибольший největší: каѣ заповѣдь естъ больши въ законѣ *Мт 22, 36 Мар Ас Сав*; си естъ пръва и большиѣ заповѣдь *Мт 22, 38 Мар*, большаа *Ас* (велиꙗ *Сав*).— *Зогр Мар Ас Сав Зогр-пал Ен Евх Клоц Супр.— Ср.* вꙗштии

БОЛЬ, -и *м* (10) ὁ ἐν ἀσθενείᾳ, ἄρρωστος больной nemocný člověk: мол⟨итва⟩ над⟨ъ⟩ болемь пиѭщемь многѫ водѫ *Евх 29б 10*; почто боли ваша избиваѥте *Супр 388, 20.—*

Евх 24а 21; 27а 18; 30а 5; 38б 15; 38б 18; 42б 13; 43а 10; Супр 38, 9-10.— Ср. неджжьникъ

БОЛЬМИ *нареч.* (1) *греч. нет* очень velmi: тжжааше же болми *Супр 561, 16*

БОЛЬНЪ, -ъи *прил.* (9) ἀσθενής, ἄρρωστος, ἀσθενῶν больной nemocný: когда же тѧ видѣхомъ больна ли въ темьници *Мт 25, 39 Ас* (болѧшта *Зогр Мар Сав*); больнъıѩ своѩ приношаахж к немоу *Супр 531, 20.— Мт 25, 43 Мар Ас; Мт 25, 44 Зогр Мар Ас Сав; Евх 27а 2.— Ср.* болѣзньнъ, неджжьнъ

больш- *см.* болии

БОЛЬШЬМИ *нареч.* (4) μᾶλλον, μεῖζον, ἐπὶ πλεῖστον, πλεῖον больше více: хотѣхъ большъмi простьрѣтi слово се *Клоц 9б 1*; оунълъı бъıша больш'ми д⟨оу⟩шѧ *Супр 494, 16.— Клоц 12а 20; Супр 172, 17.— Ср.* больми, боле, вельми

БОЛѢЗНЬ, -и *ж* (>100) **1.** ἀσθένεια, μαλακία, νόσος, νόσημα, ἀρρωστία, τὸ ἀσθενόν болезнь, нездоровье nemoc, churavost: си болѣзнь нѣстъ къ съмръти • нъ къ славѣ б⟨о⟩жи *И 11, 4 Зогр Мар Ас Сав*; г⟨оспод⟩i • цѣлѣѩи отъ в'сего неджга • i болѣзни *Евх 24б 16* **2.** ἄλγημα, ἄλγος, ἀλγηδών, ὀδύνη, ὠδίς, ὠδίν, πόνος, τὰ ἐπίπονα, χυμός, λυσίπονος, κατοχή, ἀνάγκη; (болѣзни *род.* ὀδυνηρός; без болѣзни ἀνόδυνος, ἀπόνως; болѣзни имѣти ἀλγύνεσθαι; болѣзнь приѩти ὀδυνᾶσθαι; въ болѣзни бъıти μαλακίζεσθαι) боль, страдание bolest, utrpení: ѡдръжашѧ мѧ болѣзнi съмрътьнъıѩ *Пс 17, 5 Син*; без болѣзни сътворiвъ и бес тжгъı отъпоусти ѩ *Супр 39, 18*; отъ того дебельства болѣзни имѣѩ *Супр 335, 13*; за нъı болѣзнь приемлетъ *Супр 436, 15-16*; въ болѣзни бъıстъ безаконии ради нашихъ *Супр 436, 24-25.— Зогр Мар Ас Сав Зогр-пал Син Евх Клоц Супр Зогр-лл.— Ср.* неджгъ, немощь, ѩза

БОЛѢЗНЬНЪ, -ъи *прил.* (8) **1.** *греч. нет* больной nemocný: събираахж сѧ к немоу • болѣзньнии • и врѣдъ имжштии *Супр 556, 4* **2.** ἀλγεινός, κατώδυνος, δυσφορώτατος болезненный (*связанный с болью*) bolestivý: дръжѧщааго врѣдъ болѣзньнъı въ оустѣхъ *Евх 28а 19*; болѣзньно творитъ • мразимъıимъ чоуство *Супр 89, 22* **3.** *греч. нет* болезни *род.* nemoci *род.*: побѣди в'сѭ силж болѣзньнжѭ • i дажди рабоу твоемоу съдравие *Евх 29б 4.— Супр 91, 4; 283, 26; 534, 17; 568, 4-5.— Ср.* больнъ, неджжьнъ

БОЛѢТИ, болѭ, болиши *несов.* (>100) **1.** ἀσθενεῖν, κακῶς ἔχειν, ἐν ἀσθενείᾳ εἶναι, νοσεῖν, κάμνειν, ἀσθενὴς εἶναι, ἀρρωστεῖν болеть být nemocen: сътьникоу же етероу рабъ болѧ зълѣ оумирааше *Л 7, 2 Зогр Мар Ас Сав*; i цѣли болѧщааго г⟨оспод⟩i *Евх 26а 3*; приде къ болѧштиимъ врачь *Супр 251, 19* **2.** ὀδυνᾶσθαι, ἀλγεῖν, πονεῖν чувствовать боль mít bolest: завистиѭ стрѣчеми срьд'ци болѣахж *Супр 398, 22*; дѣтишть плачетъ и мати болитъ *Супр 312, 9* ● ὠδίνειν иметь родовые потуги mít porodní bolesti: се болѣ неправьдж • зачѧтъ болѣзнь i родi безаконье *Пс 7, 15 Син* ◆ болѣти огньмь *см.* огнь.— *Зогр Мар Ас Сав Ен Син Евх Супр Рыл.— Ср.* неджговати

БОЛѨРИНЪ, -а *м* (9) μεγιστάς, ὁ τὰ πρῶτα φέρων; (болѩре *мн.* σύγκλητος) вельможа velmož: сътворж тѧ едного отъ болѣръ своихъ *Супр 61, 4.— Ен 21б 17; Супр 58, 2; 58, 21-22; 66, 5; 195, 18; 198, 10; 216, 7; 562, 25.— Ср.* бълѩ

БОЛѨРЬСКЪ, -ъи *прил.* (4) τῆς συγκλήτου, συγκλητικός вельможи *род.* velmožský: заповѣди кесаровѣ и болѣрьстѣ не повинж сѧ *Супр 104, 17-18.— Супр 101, 29; 202, 14; 281, 13*

БОЛѤ *нареч. сравн. ст.* (12) [боле *Син* (1) *Евх* (1)] πλεῖον, πλέον, πλείων, ἐκτυπώτερον больше, более více: ѣко покаашѧ сѧ проповѣдиѭ iониноѭ • i се боле iонъı сьде *Мт 12, 41 Зогр* (болеи *Мар*); аште ли же въ селѣхъ ихъ п лѣтъ • и боле ихъ троудъ i болѣзнь *Пс 89, 10 Син*; нъıнѣ же велми боле глаголж *Супр 379, 29.— Мт 12, 42 Зогр; Л 21, 3 Зогр Мар Ас Сав; Евх 23б 9-10; Супр 442, 15; 463, 9; 564, 27.— Ср.* больми, большьми, вѧще

бооченъ *Клоц 1а 19 см.* богооученъ

БОРЕНИѤ, -иѩ *с* (1) πόλεμος борьба boj: миръная вина • сьмирения начѧтъкъ • борении отѧтък • разорение сьмрьти *Супр 486, 27-28.— Ср.* бранье, брань

БОРЬЦЬ, -а *м* (1) *греч. нет* борец bojovník: подраживъ борьцѧ прѣдъпльчьнъıѩ *Супр 93, 27*

босварьнъ *Супр 396, 8 см.* богосварьнъ

БОСТИ, бодж, бодеши *несов.* (7) [бжд- *Евх* (1)] σφάττειν, νύσσειν колоть bodat: приемъı копие бодѧщее въ пазоухж твоѭ *Евх 29а 2*; тъгда они акъı остънъı бодоми зжбъı скръжьтаахж *Супр 403, 4*; нарещи неджгъ бжджщеи (!) *Евх 29а 12.— Евх 29а 1; 35б 9; Супр 354, 1; 474, 10*

БОѨЗНЬ, -и *ж* (16) φόβος, δέος боязнь, страх bázeň, strach: боѣзнь i трепетъ приде на мѧ *Пс 54, 6 Син*; не бо естъ вамъ рече богати сѧ • нъ онѣмъ распьнъшиимъ • отъньмъ оубо имъ боѩзнь • и словесъı и лицемъ *Супр 445, 11.— 1 Ио 4,18 Ен* (3); *Пс 13,5 Син* (2); *Супр 382, 30; 445, 5; 446, 12; 458, 20; 471,*

20; 472, 3; 543, 21; 565, 23-24; 570, 12-13.— Ср. страхъ

БОІАТИ СѦ, боѭ сѧ, боиши сѧ *несов.* кого, чесо; отъ кого, чесо *или без доп.* (<200) φοβεῖσθαι, φρίττειν, δεδοικέναι, δειλιᾶν; (не боꙗ сѧ ἀφόβως) бояться bát se: дрьзаите азъ есмь не боіте сѧ *Мт 14, 27 Зогр Мар Ас Сав Боян*; далъ еси боꙗщимъ сꙗ тебе знаменье *Пс 59, 6 Син*; і прогънавъı ада • печати лі сѧ боитъ *Клоц 12а 18-19*; нъ не бои сѧ отъ мѫжъ *Супр 16, 7.— Зогр Мар Ас Сав Боян Ен Син Евх Клоц Супр Рыл.— Ср.* оубоꙗти сѧ

БРАДА, -ы *ж* (7) πώγων, γένειον борода vousy na bradě, brada: мол⟨итва⟩ на пострижение брадѣ *Евх 8б 24.— Пс 132, 2 Син; Евх 8б 3; 8б 14; 9а 12; 9а 16; Супр 142, 8*

БРАДЪІ, брадъве *ж* (2) σκέπαρνον топор sekyra: твоѭ шиѭ брадвиѭ отъсѣкнетъ *Супр 237, 2-3.— Супр 161, 29-30.— Ср.* секъıра

БРАДѢТИ, -дѣѭ, -дѣѥши *несов.* (1) (брадѣꙗ ἰούλοις ἐπανθοῦσιν) обрастать бородой dostávat vousy na bradě: брада же ѥмоу акъı топрьво брадѣѭштоу свьтѣаше сѧ *Супр 142, 8*

БРАЗДА, -ы *ж* (1) αὖλαξ борозда brázda: браздъı ѥꙗ напои оумьно-жи-та ѥꙗ *Пс 64, 11 Син*

БРАКЪ, -а *м*, **БРАКЪІ**, -ъ *м мн.* (50) γάμος, γάμοι (*мн.*), νυμφών свадьба, брак svatba, sňatek: бракъ бъıс⟨тъ⟩ въ кана галилѣісцѣі *И 2, 1 Зогр Мар*, бракъı бъıшѧ *Ас Охр*; его же призъва десница твоѣ • въ д⟨оу⟩ховьнъıѩ бракъı *Евх 94б 24*; сь бо їѡсифъ братиꙗ чьстънъмъ браком' женивъ сѧ прѣжде • и родивъ сънъı страда подроужиꙗ *Супр 246, 14.— Зогр Мар Ас Охр Сав Ен Евх Супр*

БРАНИТИ, -нѭ, -ниши *несов.* (13) κωλύειν, προαναστέλλειν возбранять, запрещать bránit, zabraňovat: не дѣите дѣтиі приходити къ мнѣ • і не браните імъ • тацѣхъ бо естъ ц⟨ѣса⟩р⟨ь⟩ствие б⟨о⟩жие *Мк 10, 14 Зогр Мар*; еда бранѭ ли пиштѧ • не бранѭ сего *Супр 494, 25 и 26.— Мт 19, 14 Мар; Мк 9, 39 Зогр Мар Ас; Л 9, 50 Зогр Мар; Л 18, 16 Зогр Мар; Клоц 4а 30*

БРАНИѤ, -ꙗ *с* (2) [бър- *Супр* (1), бьр- *Супр* (1)] ἄθλησις, ἀγωνία борьба zápas: ꙗкоже се вьлазѧштеи въ бъраниѥ въкоупѣ имена своꙗ глаголѭтъ • и на мѣсто бо бьраниꙗ въстѫпаѭтъ *Супр 86, 13 и 14.— Ср.* борениѥ, брань

БРАНЬ, -и *ж* (49) πόλεμος, τὰ πολέμια, οἱ πολέμιοι (!), πάλη, ἐπανάστασις, παλαίστρα, ἔθνος (!), σκηπτουχία (!); (брань положити τιτρώσκειν (!); не сътрьпѣти брани ὑποδῦναι τῇ ἥττᾳ) борьба, бой, битва zápas, boj, bitva: егда же оуслъıшите брани • і слоухъı брании • не оужасаіте сѧ *Мк 13, 7 Зогр Мар*; покори подъ ногама его • в'сѧ поганьскъıꙗ брани (! *вм.* странъı) • любѧште брань *Евх 19а 8*; к томоу оуже до старости дошьдъшоу • не сьтрьпѣти брани *Супр 521, 16*; сѫпостатъ брань положи *Супр 251, 3* ◆ пособиꙗ на брани. творѧи *см.* пособиѥ.— *Зогр Мар Ас Сав Син Евх Клоц Супр.— Ср.* борениѥ, браниѥ

БРАНЬСКЪ, -ъıи *прил.* (1) πολεμικός военный válečný: за браньскѫѭ хъıтрость • и за мѫжьство д⟨оу⟩шѧ • того дѣльма велиѧ чьсти имѣахѫ отъ цѣсара *Супр 84, 30*

БРАТИ (СѦ), борѭ (сѧ), бориши (сѧ) *несов.* (22) [бъра- *Супр* (2)] πολεμεῖν, ἐκπολεμεῖσθαι, μάχεσθαι, προσμάχεσθαι, συνάπτειν, πάλην ἀναδέχεσθαι, παλαίειν; (борѧи πολέμιος) бороться, воевать zápasit, bojovat: весь день борѧ сътѫжи мі *Пс 55, 2 Син*; єгда сѧ б'рахомъ на велицѣи брані *Супр 72, 27*; хоштѫ сьнѧти сѧ съ борѭштиимъ *Супр 247, 25.— Син Евх Клоц Супр Хил*

братиꙗ *см.* братриꙗ

БРАТОЛЮБЬСТВИѤ, -ꙗ *с* (2) φιλαδελφία, μισαδελφία (!) братская любовь bratrská láska: вьсѣꙗ їѡсифъ слъзъı братолюбьствиꙗ *Супр 364, 18-19.— Супр 367, 19.— Ср.* братролюбиѥ, братолюбьство

БРАТОЛЮБЬСТВО, -а *с* (1) φιλαδελφία братская любовь bratrská láska: тъı каинꙗ братооубииства (! *вм.* братолюбьства) бѣлъıꙗ ризъı съвлѣче *Супр 389, 9.— Ср.* братолюбьствиѥ, братролюбиѥ

БРАТОСЪТВОРІѤНИѤ, -ꙗ *с* (1) ἀδελφοποιΐα принятие в монахи (*обряд*) přijetí za mnicha: мол⟨итва⟩ на братосътворениѥ *Евх 9а 20.— Ср.* братротворениѥ

братооубииство *Супр 389, 9 см.* братолюбьство

БРАТРИꙖ, БРАТИꙖ, -ѩ *ж собир.* (>200) [братр- *Зогр Мар Син Евх Клоц*, брат- *Зогр Ас Сав Ен Син Киев Евх Клоц Супр Зогр-лл*, брта *Ас*, братѣ *Рыл*] οἱ ἀδελφοί, ἀδελφότης, οἱ μοναχοί (!), τὸ φιλόθεον (!) братья; братство, братия bratří; bratrstvo: іди же къ братри моеи *И 20, 17 Мар*, братии *Ас* (∅ *Зогр*); ізиде же слово се въ братриѭ *И 21, 23 Зогр*, въ братиѭ *Ас Сав* (∅ *Мар*); о⟨ть⟩ць имѫтъ богъ • и братиꙗ вьси не отъ ѥд'ного и ѥдноꙗ рождени *Супр 84, 19*; б⟨о⟩же силъ • посѣти братиѭ нашеѭ • милостиѭ и щедротами *Евх 26а 21.— Зогр Мар Ас Сав Ен Син Киев Евх Клоц Супр Рыл Зогр-лл.— Ср.* братрьство, братръ

БРАТРОЛЮБИѤ, -ниѩ *с* (2) φιλαδελφία братская любовь bratrská láska: не оугожденїѣ ч⟨ловѣ⟩комъ • ли себѣ оуташдати въ тръпѣнне • благовѣрне • братролюбие *Евх 94б 9-10.— Евх 92а 1.— Ср.* братолюбьствнк

БРАТРОТВОРЕНИѤ, -ниѩ *с* (1) ἀδελφοποίησις принятие в монахи (*обряд*) přijímání za mnicha: мол⟨итва⟩ а҃ на братротворение *Евх 96 20.— Ср.* братосътворкник

БРАТРЪ, БРАТЪ, -а *м* (>300) [братр- *Зогр Мар Ас Охр Син Служ Евх Клоц Рыл*, брат- *Зогр Ас Сав Боян Ен Син Евх Клоц Супр Рыл Зогр-лл*, брот- (!) *Зогр* (1), бр- *Зогр* (1), брт- *Мар* (1), брта *Евх*] ἀδελφός, σύνδουλος (!), ὑπουργός (!); (братъ господьнь ἀδελφοθέος; брата оубити ἀδελφοκτονεῖν) брат bratr: пръвы же симонъ иже нарицаеть сѧ петръ • и ан'дрѣа • братъ емоу *Мт 10, 2 Зогр*, братръ *Мар*; покои д⟨оу⟩шѧ рабъ твоихъ • прѣжде оусопъшиихъ • о⟨ть⟩цемъ же и чѧдомъ же • и братромъ нашимъ *Евх 64а 3*; с⟨вѧ⟩тааг⟨о⟩ ап⟨осто⟩ла иѣкова • брата г⟨осподь⟩нѣ *Ас 124а 4; Сав 133б 2* ● *перен.* (*о монахе*): въз'двигни и нынѣ • отъ ложа немощьнааго братра нашего *Евх 39б 18*; идѫштоу же кмоу пѫтемь сърѣте и братъ нѣкъıи *Супр 524, 6.— Зогр Мар Ас Охр Сав Боян Ен Син Служ Евх Клоц Супр Рыл Зогр-лл.— Ср.* братрига

БРАТРЬНЬ, БРАТЬНЬ, -ии *прил.* (5) [братрьн- *Евх* (1) *Клоц* (2), братьн- *Супр* (1) *Зогр-лл* (1)] ὁ πρὸς τὸν ἀδελφόν, τῶν ἀδελφῶν; (ненависть братьнга μισαδελφία) братский, брата *род.* bratrův, bratrský: сего ради и въ врѣмѧ жрътвѣ • иноѩ правъдъı коеѩ не помѣнѫ • нъ съмиренье братрьне *Клоц 9а 41*; сь лѣпотъı бъıсте остриди скрьбь ненавистнїю братьню (!) *Супр 368, 8.— Евх 88б 3; Клоц 9а 23; Зогр-лл 1а 10*

БРАТРЬСТВО, БРАТЬСТВО, -а *с* (2) [братр- *Евх* (1), брат- *Супр* (1)] φιλαδελφία братство bratrství: ѣко... съблюсти братръство независтьно • г⟨оспод⟩ю по⟨молимъ сѧ⟩ *Евх 96 13.— Супр 364, 29*

БРАТОУЧѦДЪ, -а *м* (2) ἀδελφιδοῦς, ἀνεψιός племянник (*сын брата*) synovec (*syn bratrův*): приде въ иероусалимъ • имѫшти съ собоѭ братоучѧда самьчиѩ санъ прѣдръжѧшта *Супр 297, 30.— Супр 281, 6*

братъ *см* братръ

братьнь *Супр 368, 8; Зогр-лл 1а 10 см.* братрьнь

братьство *Супр 364, 29 см.* братрьство

БРАЧЬНЪ, -ъıи *прил.* (12) τοῦ γάμου свадебный, брачный svatební: видѣ тоу ч⟨ловѣ⟩ка не облъчена въ одѣание брачьное *Мт 22, 11 Мар Ас* ♦ брачьнии съıнове υἱοὶ τοῦ νυμφῶνος свадебные гости svatebčané: еда можете с⟨ъı⟩нъı брачьнъıѩ • доидеже женихъ естъ съ ними • сътворити постити сѧ *Л 5, 34 Зогр Мар.— Мт 9, 15 Мар; Мт 22, 12 Мар Ас; Мк 2, 19 Зогр Мар; Евх 106б 15; 106б 18; Супр 246, 26*

БРАШЬНО, -а *с* (75) [*тв. ед.* брашънъıимь! *Супр* (1)] βρῶμα, βρῶσις, βρώσιμον, τροφή, ἔδεσμα, ἐπισιτισμός, ἑστίασις, τὰ ἑψιτά, δαπάνη (!), τὰ κόλλυβα (!), αἴσθησις (!); (въкоушати брашьно ἐσθίειν) еда, кушанье jídlo, pokrm: оученици бо его ошьли бѣахѫ въ градъ • да брашьна коупѧтъ *И 4, 8 Зогр Мар Ас*; тъı сътлъче главѫ змьевѫ • далъ еси брашьно людемъ етюпьскомъ *Пс 73, 14 Син*; бѣаше прѣдь нима трепеза оуготована вьсѣчьскъıими брашънъı добръıими *Супр 182, 10*; безбрашънъıимъ брашънъıимъ (!) кръмѧ чоудъна'го сего *Супр 272, 13.— Зогр Мар Ас Сав Ен Син Евх Клоц Супр.— Ср.* брашьньце, пища, гадь

БРАШЬНЬЦЕ, -а *с* (3) *греч. нет* **1.** еда, кушанье jídlo, pokrm: ничсоже обрѣтъ носѧштѫ • розвѣ брашьньца кже ки гонѣктъ на пѫти *Супр 559, 22* **2.** просвира hostie: аще к'то болѣзни ради • изблюетъ брашеньце *Евх 103а 12.— Евх 104б 25.— Ср.* брашьно, пища, гадь; въсѧдъ, комъканик, оплатъ

БРИДЪКЪ, -ъıи *прил.* (1) δριμύτατος острый drsný; *перен.* пронизывающий pronikavý: бѣаше же и въздоухъ стоуденъ • и часъ бридъкъ *Супр 76, 14.— Ср.* лютъ

БРИТВА, -ъı *ж* (2) ξυρόν бритва břitva: ѣко бритва изоштрена сътворилъ еси лестъ *Пс 51, 4 Син; Супр 426, 7*

БРЪВЬ, -и *ж* (1) βλέφαρον ресница (?), веко (?) brva (?), víčko (?): намагаахѫ очима • да тъкмо не вѣштаахѫ брьвьми к немоу *Супр 502, 18*

БРЪЗДА, -ъı *ж* (1) κημός удила udidlo: бръздами и оуздоѭ челюсти ихъ въстѧгнеши *Пс 31, 9 Син*

БРЪЗО *нареч.* (1) ἐν τάχει быстро rychle: на прѣславьно чоудо течаахѫ • колико брьзо народи *Супр 125, 25.— Ср.* скоро

бръна *Евх 53а 19 см.* брьна

бръник *Мар Ас Син Клоц Супр см.* брьник

БРЪНѦ, -нь *ж мн.* (2) [брьн- *Евх* (1)] θώραξ броня brnění: одѣетъ сѧ въ маньтицѫ • незълобью • ѣко въ бръна правъдъı *Евх 97а 18-19.— Евх 94а 2*

БРЪСЕЛИѤ, -ниѩ *с собир.* (1) ὄστρακον черепки střepy: повелѣвъ брьселик тлъчено подъ хрьбьтъ блаженааго мѫченика подъсъıпати *Супр 104, 26*

БРЪСАЛО, -а *с* (1) ἐκμαγεῖον полотенце utěradlo: коли єси видѣлъ сице женѫ • своѧ власы бръсало сътворьшоу (! *вм.* сътворьшѫ) *Супр 395, 3*

БРЬВЬНО, -а *с* (17) [бръв- *Зогр* (3) *Мар* (6) *Ас* (3)] δοκός бревно břevno: ꙇзъми пръвѣе брьвъно • ꙇз очесе твоего *Л 6, 42 Зогр Мар.— Зогр Мар Ас Сав*

брьзо *Супр 125, 25 см.* бръзо

БРЬНА, -ы *ж* (1) πηλός грязь bláto: заклинаѭ тѧ... бръноѭ слѣпоумоу просвѣщьшемь *Евх 53а 19.— Ср.* брьниє, калъ

БРЬНИЄ, -ꙗ *с* (22) [брън- *Мар* (1) *Ас* (4) *Син* (1) *Клоц* (1) *Супр* (1), брен- *Мар* (1) *Син* (2) *Евх* (1)] πηλός грязь bláto: сътвори брьние отъ плиновениѣ *И 9, 6 Зогр Мар Ас*; възведе мѧ... отъ бръньѣ тїмѣна • ꙇ постави на камнї ноꙁѣ мои *Пс 39, 3 Син* ● *греч. нет* глина hlína: ꙗже въ породѣ • рѫка деснаꙗ адамова рѫка прикоснѫ сѧ дрѣвѣ • и прѣстѫпьнниимъ оусъхнѫ • тои пакы глинънымъ брьниемъ грьньчаремъ сътворенѣ быти *Супр 396, 20.— Зогр Мар Ас Син Евх Клоц Супр.— Ср.* брьна, калъ

БРЬНЬНЪ, -ыи *прил.* (1) πήλινος созданный из грязи, из глины stvořený z bláta, z hlíny: не сътьретъ брьньнъıихъ творьць *Супр 506, 23*

брьселиє *Супр 104, 26 см.* бръселиє

БРѢГЪ, -а *м* (27) **1.** κρημνός крутой склон, откос sráz, svah: оустръми сѧ стадо по брѣгоу въ езеро *Л 8, 33 Зогр Мар Ас Сав*; мѣсто вь н҃емьже затворилъ сѧ єстъ с⟨вѧ⟩тыи старцъ • брѣгъ иматъ на западъ • и высокъ ꙁѣло *Супр 300, 1* **2.** αἰγιαλός, ὄχθη, ὄχθος, αἰθάλη τοῦ ποταμοῦ, χεῖλος, λαγγὰς τοῦ ποταμοῦ берег břeh: оутроу же абие бывъшю • ста н⟨соу⟩с⟨ъ⟩ • при брѣꙁѣ *И 21, 4 Зогр Мар Ас*; разгнѣвавъша сѧ мѫчителꙗ • повелѣста извлѣшти ѧ • и извѧзавъше ѧ вести на брѣгъ морѣ *Супр 79, 23.— Зогр Мар Ас Сав Евх Клоц Супр.— Ср.* стѣна

БРѢЖЬНЪ, -ыи *прил.* (1) τοῦ κρημνοῦ склона, откоса *род.* srázu, svahu *род.*: брѣжънꙑи же камꙑ • толма соухъ ꙁѣло єстъ *Супр 300, 3*

БРѢМЕНЬНЪ, -ыи *прил.* (1) *греч. нет* обремененный obtížený: покою брѣменънꙑимъ *Супр 144, 7*

БРѢМѦ, брѣмене *с* (28) φορτίον, φόρτος, ἄρσις, τὰ ἀγώγιμα, γόμος; (брѣмѧ накласти ἐπιφορτίζειν) груз, бремя náklad, břemeno: събираѭтъ же брѣмена тѧжъка и не оудобь носима *Мт 23, 4 Мар Ас* (∅ *Зогр*); нꙑнꙗ оубо наша доуша • тѧжькѫѭ пльть • акꙑ велико брѣмѧ съвръгъша (! *вм.* -ша) • оудобь перѫтъ къ творьцоу *Супр 390, 10*; хотѧ брѣмѧ накласти скотоу своємоу *Супр 41, 5.— Зогр Мар Ас Сав Син Евх Супр Рыл*

брѣщи *см.* небрѣщи

БРѦЦАНИЄ, -ꙗ *с* (1) οἱ λόγοι (τῆς κιθάρας), *вар.* οἱ φθόγγοι бряцание brnkání: д⟨оу⟩х⟨о⟩вънъхъ гѫслї брѧцаньѣ *Клоц 16 11*

БОУИ, -ии *прил.* (26) μωρός, ἄφρων, ἀπάνθρωπος (!); (боуи творити ἐκβακχεύειν) неразумный, неумный pošetilý, bláhový: тъгда оуподоби сѧ ц⟨ѣса⟩р⟨ь⟩с⟨тв⟩ие н⟨ебесь⟩ское • ї дѣвъ... пѧть же бѣ отъ н҃ихъ боуї • ꙇ пѧть мѫдръ *Мт 25, 2 Зогр Мар Ас Сав*; боуї когда оумѫдрїте сѧ *Пс 93, 8 Син*; съказа имъ о богоборьнѣи тои боуи ереси обрѣтениє *Супр 188, 29* ◆ боуꙗ словеса *греч. нет* празднословие tlachání: боуꙗ словеса глаголеши *Супр 155, 21.— Зогр Мар Ас Сав Ен Син Евх Клоц Супр.— Ср.* безоумль, ѫродивъ, ѫродъ; боуꙗ словеса *ср.* бладь[2]

БОУИСТВО, -а *с* (1) μωρία неразумность pošetilost, bláhovost: благословиєнъ... цѣсарь на сѫпротивника • не вьседръжителъства силоѭ и мѫдростиѭ • нъ мьнимꙑимъ кръста боуиствомъ... плѣнъ разграбитъ *Супр 329, 5-6.— Ср.* безоумиє, боуєсть, ѫродьство

БОУКꙐ, боукъве *ж* (4): боукъви *мн.* τὰ γράμματα запись, грамота zápis, listina: приими боукъви твоꙗ • ꙇ напиши •о҃• *Л 16, 7 Зогр Мар.— Л 16, 6 Зогр Мар.— Ср.* кън҃игꙑ

БОУРЬНЪ, -ыи *прил.* (5) τῆς καταιγίδος, βίαιος грозовой, бурный bouřný, bouřlivý: д⟨оу⟩х⟨о⟩мъ боурънꙑмъ съкроушітъ кораблѧ тарьсиськꙑѧ *Пс 47, 8 Син.— Пс 10, 6 Син; 80, 8 Син; 106, 25 Син; Супр 77, 7*

БОУРꙖ, -рꙗ *ж* (20) [бѫр- *Мар* (1)] λαῖλαψ, καταιγίς, χειμών, αὐχμός (!), ὕδωρ (!); (боуриѭ βιαίως) буря, гроза bouře: сънide боурѣ вѣтрьна въ езеръ *Л 8, 23 Зогр Ас*, бѫрѣ *Мар*; ꙇзбави... отъ града носима боуреѭ *Евх 14а 8*; да не потопитъ насъ боура водьнаа *Супр 77, 20*; боурѫ вѣтрьнѫ оутолилъ словомъ *Супр 473, 18-19.— Зогр Мар Ас Син Евх Супр*

БОУЄСТЬ, -и *ж* (6) μωρία, ὠμότης (!) неразумность pošetilost, bláhovost: останї сѧ оубо понѣ нꙑнѣ отъ боуєсти • и от' безоумьна оуп'ваниꙗ крьстиꙗньска *Супр 49, 18*; се же показаєтъ и онѣхъ боуєстъ *Супр 440, 16.— Евх 45б 3; Супр 1, 19; 48, 10; 139, 25-26.— Ср.* безоумиє, боуиство, ѫродьство

БЪДРОСТЬ, -и *ж* (1) νῆψις бодрость čilost: ѣко быти приемлѭщиимъ вь б⟨ъ⟩д⟨ро⟩сть д⟨оу⟩ши *Служ 3а 18-19*

БЪДРЪ, -ыи *прил.* (7) [бьд- *Зогр* (2) *Мар* (2) *Ас* (1) *Евх* (1)] πρόθυμος бодрый čilý: д⟨оу⟩хъ бо бьдръ а плъть немоштьна *Мк 14,*

38 Зогр Мар.— Мт 26, 41 Зогр Мар Ас Сав; Евх 47а 14.— Ср. бѫдрьливъ, бъждрь

БЪДРЪЛИВЪ, -ын *прил.* (1) νηφάλιος бодрый čilý: аште бо и прозорьливо и въ словеси довьльное имѫште и бъдрьливое... иштетъ благоиспытание *Зогр-лл 1б 15.— Ср.* бъдръ, бъждрь

БЪДѢНИѤ, -ия *с* (4) [бьд- *Евх* (2) *Супр* (1) *Рыл* (1)] ἀγρυπνία, εὐγρηγόρησις бодрствование, бдение bdění: прѣпоѥши сѧ твръдиѭ • постомь и бьдѣниемь *Евх 84а 24.— Евх 82б 22; Супр 279, 24; Рыл 26β 37.— Ср.* весъник

БЪДѢТИ, бъждѫ, бъдиши *несов.* (65) [бьд- *Зогр* (14) *Мар* (13) *Ас* (8) *Сав* (7) *Син* (1) *Евх* (6) *Супр* (8)] γρηγορεῖν, ἀγρυπνεῖν, ἀργαυλεῖν, διανυκτερεύειν, ἐναγρυπνεῖν, νήφειν бодрствовать, бдеть bdít: вратьникоу повелѣ да бьдитъ *Мк 13, 34 Зогр Мар*; оублажи и бьдѧща • дѣлаѭща • съпѧща *Евх 94б 11*; мы ꙗкоже измрьли бѣхомъ сьномъ • онъ же бьдѣ въ вьсѫ ноштъ *Супр 79, 16-17.— Зогр Мар Ас Сав Син Евх Супр*

БЪЖДРЬ, -рни *прил.* (1) *греч. нет* бодрый čilý: дѣло съвръшаѧ • бьждреѭ д⟨оу⟩шеѭ *Супр 550, 21.— Ср.* бъдръ, бъдрьливъ

бъраник *Супр 86, 13 см.* бранне

бърати *Супр 101, 11; 335, 2 см.* бьрати

бърати сѧ *Супр 113, 9 см.* брати (сѧ)

БЪХЪМА, БЪХЪМЪ *нареч.* (8) [бъхъма *Супр* (1) *Зогр-лл* (1), бъхъмъ *Супр* (1), бъхма *Супр* (5)] πάντη, παντελῶς, τὸ σύνολον совсем, вообще zcela, vůbec: воды же оу нѥю бъх'ма не бѣаше *Супр 547, 29.— Супр 117, 7; 261, 2; 273, 15; 497, 24-25; 502, 1; 529, 30; Зогр-лл 2б 20.— Ср.* бъшиѭ

БЪЧЕЛА, -ы *ж* (3) [бьч- *Син* (1)] μέλισσα пчела včela: ѡбидѫ мѧ ѣко бьчелы сотъ *Пс 117, 12 Син.— Л 24, 42 Мар Ас*

БЪШИѬ *нареч.* (7) [бьш- *Супр* (1)] ὅλως, ὅλον, παντελῶς; (не бъшиѭ οὐδαμῶς) совсем, полностью; вообще zcela, naprosto, vůbec: бьшиѭ кго охоулитъ *Супр 338, 13*; не оустѫпихъ бъшьѭ божьствомъ *Супр 503, 3.— Супр 30, 1-2; 43, 4-5; 346, 8; 347, 7; 393, 4.— Ср.* бъхъма, бъхъмъ

БЫВАТИ, -аѭ, -акши *несов.* (<200) [събывати (!) *Зогр-лл* (1)] **1.** γίγνεσθαι, καθίστασθαι, μεταποιεῖσθαι, πραγματεύεσθαι, πράσσεσθαι, ἐπιδέχεσθαι наставать, становиться, возникать, совершаться nastávat, stávat se, vznikat, dít se, konat se: иже прѣвѣе вълажаше по възмѫштени воды • съдравъ бываааше *И 5, 4 Зогр Мар Ас*; сим же тако • нъ и паче сихъ • въ адѣ бываѭштемъ *Супр 467, 27* **2.** εἶναι, ἐπιτείνεσθαι бывать, находиться bývat: нъ обаче зълъ любопьрива бываатъ и бе стоуда *Супр 443, 16* **3.** *вспомогательный глагол в страдательных конструкциях*: в'сѣко оубо дрѣво... посѣкаемо бъиваетъ и въ огнь вьмѣтаемо *Мт 3, 10 Ас*; гонимъ бываааше бѣсомь *Л 8, 29 Зогр Мар Ас Сав* ◆ богосварьникъ бывати *см.* богосварьникъ; живъ бывати *см.* живъ; лоучии бывати *см.* лоучии; въ напастьхъ бывати *см.* напасть; пакости бывати *см.* пакость; причѧстьникъ бывати *см.* причѧстьникъ; сѫпротивь бывати *см.* сѫпротивь; чоудесемъ бывати *см.* чоудо.— *Зогр Мар Ас Сав Ен Син Евх Клоц Супр Рыл Зогр-лл.— Ср.* быти

БЫЛИѤ, -ия *с собир.* (9) αἱ βοτάναι травы, растения byliny, rostliny, býlí: мѣсто... порастъ былиѥмъ многомъ и трьнїѥм' *Супр 217, 21* ● φάρμακον, ἔμπλαστρος; (сѫпротивьно былик ἀντιφάρμακον) целебные травы léčivé byliny: да аште не рачи приѧти былиꙗ на помоштъ *Супр 414, 4-5*; многоболѣзньнъıимъ чловѣкомъ • сѫпротивъно ѧзи былик *Супр 436, 29* ● *перен.*: покааньꙗ былье *Супр 522, 16.— Супр 251, 4; 428, 6; 430, 16; 495, 21; 564, 24.— Ср.* трава

БЫЛꙖ *нескл. м* (3) *греч. нет* господин pán: не бои сѧ былꙗ *Супр 230, 1.— Супр 230, 7; 233, 20.— Ср.* болгаринъ

БЫСТРЪ, -ын *прил.* (2) ἐντρεχής скорый rychlý: агриколаоу воеводѣ сѫштоу • гоубителю сѫштоу сверѣпоу • и быстроу къ диꙗволи слоужьбѣ *Супр 68, 29.— Супр 332, 22.— Ср.* скоръ

БЫТИ, ксмь, кси *несов.* бѫдѫ, бѫдеши *сов.*; *буд.* бѫдѫ, бѫдеши; *аор.* быхъ, бы, бысть; *имперфект* бѣхъ, бѣ, бѣ (бѣаше); *сослаг. накл.* бимь, би, би; *прич. наст.* сы, сѫщи, сы; *прич. прош.* бывъ, бывъши, бывъ; *прич. перфекта* былъ, была, было; *наст. вр. с отрицанием* нѣсмь, нѣси, нѣстъ (>7000) **1.** *несов.* εἶναι; ὑπάρχειν, τυγχάνειν, μένειν, γίγνεσθαι, ἐνεῖναι, μετεῖναι, προσεῖναι, ἔχειν, ἀπέχειν, προσέχειν, ἄγειν, διάγειν, ἵστασθαι, καθίστασθαι, περιίστασθαι, κεῖσθαι, διακεῖσθαι, περιπατεῖν, οἰκεῖν, ἐνοικεῖν, διατρίβειν, ἐπιδημεῖν, ἐπιξενοῦσθαι, εὑρίσκεσθαι, ἱδρύεσθαι, πέλειν, ὁρμᾶσθαι, τελεῖν, νέμεσθαι, χρηματίζειν, ἀναδείκνυσθαι, ἀποπληροῦν, προιέναι, κομᾶν, μέλλειν; (сы, иже ксть ὁ; не быти λείπειν, ἀπεῖναι, ἀπολιμπάνεσθαι; съ цѣмь, оу кого быти συνεῖναι; оу кого быти προσεῖναι; въ чемь быти περιβάλλεσθαι; при комь быти προσκαρτερεῖν τινι; тоу, сьде, оуже быти παρεῖναι; прѣжде быти προϋπάρχειν; решти ксть λεκτέον) esse быть být: і гънашѧ і симонъ • і иже бѣахѫ съ нимь *Мк 1, 36 Зогр Мар Ас*, бѣхѫ *Сав*; рече оученикомъ своимъ • да естъ при нѥмь ладица *Мк 3, 9 Зогр Мар*; сꙑ на селѣ • да не възвратитъ сѧ вьспѧть *Мк 13, 16 Зогр*, сꙑи *Мар*; сѫштю емоу въ вит'анїі • въ домоу симона... приде жена *Мк 14, 3 Зогр Мар*; бѣ же филипъ отъ видсаідьска града *И 1, 45 Зогр Мар Ас Сав*; рече безоуменъ въ срьдьци своимъ нѣстъ б⟨ог⟩а *Пс 13, 1 Син*; бѣ(ше)тоу іюда • се г⟨лаго⟩лѫштю х⟨ристос⟩оу *Клоц 7б 24* (и приде *Супр 419, 19-20*); нѣ ли юнотъ въ васъ *Супр 30, 24* ● εἶναι значить znamenat: аште речетъ ч⟨ловѣ⟩къ • о⟨ть⟩цю ли м⟨ате⟩ри • кор'ванъ • еже естъ даръ *Мк 7, 11 Зогр Мар* ● комоу, оу кого, отъ кого, кого ἔχειν, δίδοσθαι, εἶναι, γίγνεσθαι, χρῆσθαι иметься *у кого-л.*; принадлежать *кому-л* mít; patřit *někoti*: аште бѫдетъ етероу чл⟨о⟩в⟨ѣ⟩коу • р҃ • овецъ *Мт 18, 12 Мар Сав*, оу етера *Ас*; блажени ништии д⟨оу⟩хомь • ѣко тѣхъ естъ ц⟨ѣса⟩р⟨ь⟩с⟨тв⟩о н⟨е⟩б⟨е⟩с⟨ьс⟩кое *Мт 5, 3 Зогр Ас Сав*; не бо бѣѣше отъ нѥго съплетъка рѣчемъ *Супр 46, 30* ● комоу *с инф.* δεῖν, μέλλειν, ἔχειν, εἶναι, δίδοσθαι, χρή, δυνατόν следует, нужно, должен mít (povinnost, nutnost), muset: вамъ естъ вѣдѣти таинꙑ ц⟨ѣса⟩р⟨ь⟩ствиꙗ н⟨е⟩б⟨есь⟩скаго *Л 8, 10 Сав* (дано естъ *Зогр Мар Ас*); не бо кстъ вамъ рече богати сѧ *Супр 445, 9;* понеже бо вьсѣко оумрѣти кстъ • оумрѣмъ *Супр 91, 20* ● съ цѣмь συνέρχεσθαι, προσφθείρεσθαι (!) вступать в половые связи stýkat se (pohlavně): та бо х⟨ристос⟩а сп⟨а⟩са прижитъ • не съ мѫжемъ бывъши *Супр 482, 28* ● чемоу ἰσχύειν годиться hodit se: аште же соль обоуѣетъ... ни чьсомоу же бѫдетъ къ томоу *Мт 5, 13 Зогр* ◻ чьто кстъ тебѣ, намъ *и т. п.* τί πρός σε, ἡμᾶς *и т. п.*, τί σοι что (тебе,) нам *и т. п.* до того co je (ti nám *apod.*) do toho: аште хоштѫ да тъ прѣбѫдетъ • доньдеже придѫ • чьто е тебѣ *И 21, 22 Зогр Ас*, естъ *Сав* (∅ *Мар*); они же рѣшѧ чьто естъ намъ *Мт 27, 4 Зогр Мар Ас Сав*; се кстъ πάρεστιν (он) здесь je zde: оучитель се естъ • і зоветъ тѧ *И 11, 28 Зогр Мар Ас Сав* ▭ сѫщаꙗ *с мн. в знач. сущ.* τὰ ὄντα имущество majetek: обильнѣ трѣбоуѭштимъ сѫштаꙗ истьштаѭштоу *Супр 370, 26*; сѫщек *с ед., мн. в знач. сущ.* τὸ εἶναι бытие bytí, existence: тъ бо и-спрьва нꙑ сътворилъ • отъ не сѫштааго вь сѫштек приведъ *Супр 479, 28-29*; несѫщек, несѫщаꙗ *с ед., мн. в знач. сущ.* τὸ μὴ ὄν небытие nebytí, neexistence: отъ не сѫщиихъ въ бытие • в'се... съставль *Евх 56б 17-18*; хотѧщаꙗ быти *с мн. в знач. сущ.* τὰ μέλλοντα то, что будет, будущее co se má stát, budoucnost: свѧтꙑи доухъ... хотѧштаꙗ быти проповѣдааше *Супр 323, 10-11* **2.** *сов.* γίγνεσθαι, εἶναι, παραγίγνεσθαι, προσγίγνεσθαι, φύειν, συμβαίνειν, πράσσεσθαι, ἔρχεσθαι, ἐπέρχεσθαι, ἀποβαίνεσθαι, καταβάλλεσθαι, καταλαμβάνειν, προχωρεῖν, δοκεῖν (!) fieri случиться, совершиться, возникнуть stát se, nastat, přihodit se, vzniknout: вечероу бывъшю • приде съ обѣма на десѧте *Мк 14, 17 Зогр Мар*; да свѧтꙑ твоі въсѫдъ пріемлѭще достоіні бѫдемъ очищениѣ твоего *Киев 3а 12-13*; бꙑстъ исходѧштꙋ кмоу на поле *Супр 191, 23*; да не бѫдетъ отъстѫпити отъ сътворивъшааго мѧ б⟨ог⟩а *Супр 150, 1* ● измениться změnit se: бѫдѫтъ стръпътьнаа въ праваѣ • і остриѣ въ пѫти гладъкꙑ *Л 3, 5 Зогр Мар Ас Сав* ◻ въ себѣ быти, въ оумѣ своємь быти ἐν ἑαυτῷ γίγνεσθαι, εἰς ἑαυτὸν ἔρχεσθαι прийти в себя přijít k sobě: кд'ва же вь себѣ бывъ анѳупатъ • повелѣ ѩ вести вь темницѫ *Супр 111, 2*; бывъше же въ оумѣ своємъ • въставъше припадошѧ каѭште сѧ *Супр 39, 12* ▭ бывъшек, бывъшаꙗ *с ед., мн. в знач. сущ.* τὸ γενόμενον, τὸ γεγονός, τὸ γεγενημένον то, что случилось, событие co se stalo, událost: възвѣстишѧ архиереомъ вьсѣ вывъшаа *Мт 28, 11 Зогр Мар Ас Сав*; иде вь себѣ дивѧ сѧ бывъшюмоу *Л 24, 12 Зогр Мар Ас* (2); вьзвѣштено бꙑстъ аурилиꙗноу отъ приставьнꙑихъ воинъ вьсе то бывъшек *Супр 15, 5*; бѫдетъ γένοιτο аминь amen: благо⟨сло-ве⟩нъ г⟨оспод⟩ь • въ вѣкъ • бѫдетъ бѫдетъ *Пс 88, 53 Син*; бѫди *с инф.* γένοιτο пусть kéž: кгоже бѫди вьсѣмъ намъ полоучити *Супр 384, 5*; не бѫди, да не бѫдетъ *в знач. междом.* μὴ γένοιτο нет nikoli: въ кои рѫцѣ вь нѥнже вьсхꙑти заложено имѣнье... въ тои х⟨ристос⟩а обиска не бѫди *Супр 512, 9*; да ли сии оубо м҃ мъ да оудолѣѭтъ • да не бѫдетъ *Супр 73, 5*; бѫди кже *в знач. союза греч.* нет если и jestliže i: бѫди кже не видѣлъ кси • то не слꙑша ли *Супр 475, 5* **3.** *связка и вспомогательный глагол* **а)** *связка* εἶναι, ∅ быть být: азъ есмь пѫть і истина • і животъ *И 14, 6 Зогр Мар Ас* (2) *Сав*; видѣ дъва братра... въмѣтаѭшта мрѣжѧ въ море • бѣашете бо рꙑбарѣ *Мт 4, 18 Зогр*, бѣсте *Ас*, бѣста *Сав* (∅ *Мар*); бѣахѫ же етери негодоуѭште *Мк 14, 4 Зогр Мар*; добро естъ намъ сьде быти *Л 9, 33 Зогр Мар*; не бѫди несꙑтъ *Супр 41, 7*; азъ бо крьстьꙗнъ • кємь *Супр 102, 1*; тꙑ кси ц⟨ѣса⟩роу сътворивꙑи то *Супр 360, 16*; дѣвоѭ бо бѣ еуа *Супр 489, 9*; видѣти и бѣаше сѣда *Супр 121, 26* **б)** *вспомогательный глагол в греч. форма знаменательного глаго-*

ла быть být: *перфект*: далъ емоу єси • дльготѫ дьны вь вѣкъ *Пс 20, 5 Син*; еже сътворилъ єсть • іночядъі с⟨ы⟩нъ б⟨о⟩жі *Клоц 9а 35* (сътвори *Супр 423, 13*); *давнопрошедшее*: не бѣхъ ли ти реклъ ѥї позъвати *Супр 121, 15*; *второе будущее*: аще ли с⟨ѧ⟩ бѫдет⟨ъ⟩ недобрѣ покаалъ с⟨ѧ⟩ *Евх 102а 15-16*; аште на то сътворимъ владъікы подражали бѫдемъ *Супр 379, 11*; *сослагательное накл.*: аште не бимь пришьлъ і г⟨лаго⟩лалъ імъ • грѣха не бѫ імѣли *И 15, 22 Зогр Мар Ас*, аще не бѣхъ пришьлъ... не бъіша имѣли *Сав*; абъі не былъ влъхвъ • и насъ бъі огнь тъ пожеглъ *Супр 23, 1*; *страдат. залог*: прѣдъ владъікы же і ц⟨ѣса⟩рѧ • ведени бѫдете *Мт 10, 18 Зогр Мар*, ведоми бѫдете *Ас*; бѣ пасха юдѣиска іногда • нъ разорена бъістъ *Клоц 7б 16* (разори сѧ *Супр 419, 12*); си вьси ѩти бъівъше отъ воѥводъ *Супр 69, 17* ◆ алъчьнъ быти *см.* алъчьнъ; близъ быти *см.* близъ; богатъ быти *см.* богатъ; въ болѣзни быти *см.* болѣзнь; бѣдьно быти *см.* бѣдьнъ; воинъ быти *см.* воинъ; воѥвода быти *см.* воѥвода; брѣдоу быти *см.* брѣдъ; въ гнѣвѣ быти *см.* гнѣвъ; годѣ быти *см.* годѣ; длъжьнъ быти *см.* длъжьнъ; добрѣ ѥстъ *см.* добръ; довольнъ быти *см.* довольнъ; достоино ѥстъ, достоинъ быти *см.* достоинъ; дрьзъ быти *см.* дрьзъ; дрѧселъ быти *см.* дрѧселъ; живъ быти *см.* живъ; жадьнъ быти *см.* жадьнъ; испльнь быти *см.* испльнь; на коньчинѣ быти *см.* коньчина; въ коупѣ быти *см.* коупъ; лихъ быти *см.* лихъ; лоучии быти *см.* лоучии; лъжесъвѣдѣтель быти *см.* лъжесъвѣдѣтель; лѣпо ѥстъ *см.* лѣпъ; милостивъ быти *см.* милостивъ; милъ быти *см.* милъ; мокръ быти *см.* мокръ; мьнѥ быти *см.* мьнѥ; невѣстѣ быти *см.* невѣста; недостоинъ быти *см.* недостоинъ; неистовъ быти *см.* неистовъ; неключимъ быти *см.* неключимъ; несытъ быти *см.* несытъ; нѫжда ѥстъ *см.* нѫжда; обычаи ѥстъ *см.* обычаи; патриархъ быти *см.* патриархъ; печальнъ быти *см.* печальнъ; пльнъ быти *см.* пльнъ; повиньнъ быти *см.* повиньнъ; подоба ѥстъ *см.* подоба; подобьно ѥстъ, подобьнъ быти *см.* подобьнъ; польза ѥстъ *см.* польза; помощь быти *см.* помощь; потрѣба ѥстъ *см.* потрѣба; праздьнъ быти *см.* праздьнъ; присно сы *см.* присно; пришьльць быти *см.* пришьльць; приѩтьнъ быти *см.* приѩтьнъ; простъ быти *см.* простъ; пьрѩмъ любивъ быти *см.* пьрѩ; оу прѣльсти быти *см.* прѣльсть; радъ быти *см.* радъ; свѣтьлъ быти *см.* свѣтьлъ; скрьбьнъ быти *см.* скрьбьнъ; слоухоу быти *см.* слоухъ; старѣи быти *см.* старъ; старѣишина быти *см.* старѣишина; съборoу быти *см.* съборъ; соулѣѥ ѥстъ *см.* соулии; тъчьнъ быти *см.* тъчьнъ; тѧжько ѥстъ *см.* тѧжькъ; оугодьнъ быти *см.* оугодьнъ; оуниѥ ѥстъ *см.* оуниі; на оуспѣхъ быти *см.* оуспѣхъ; цѣсарь быти *см.* цѣсарь; чистъ быти *см.* чистъ; чрьньць быти *см.* чрьньць; чьстьнъ быти *см.* чьстьнъ; ѩзвьнъ быти *см.* ѩзвьнъ.— *Зогр Мар Ас Сав Охр Унд Боян Зогр-пал Ен Син Служ Киев Евх Клоц Супр Хил Рыл Зогр-лл.*— *Ср.* бывати; сѫщеѥ *ср.* бытиѥ; сѫщаꙗ *ср.* имѣниѥ; не сѫщеѥ *ср.* небытиѥ; хотѧщаꙗ быти *ср.* бѫдѫщии (бѫдѫщеѥ)

БЫТИѤ, -иꙗ *с* (11) τὸ εἶναι, γένεσις существование, бытие bytí, existence: г⟨оспод⟩і... сътворен в'сѣ • отъ небытиѣ въ бытиѥ *Евх 8б 5*; не бывъшаꙗго въ бытиѥ приведъши *Супр 317, 12.— Киев 4а 17; Евх 3б 22; 18б 2-3; 56б 18; 60б 1; 60б 7; Клоц 9б 35; Супр 305, 4; 535, 15.— Ср.* быти (сѫщеѥ)

бьдѣниѥ *Евх Супр Рыл см.* бъдѣниѥ

бьждрь *Супр 550, 21 см.* бъждрь

бьраниѥ *Супр 86, 14 см.* браниѥ

БЬРАТИ, берѫ, береши *несов.* (3) [бър- *Супр* (2)] ἐκλέγειν, τρυγᾶσθαι, περισπᾶσθαι собирать sbírat: отрочникы закона събиракши • а истовоѥ грозновьѥ бърати • попоуштакши *Супр 335, 2.— Супр 43, 17; 101, 11.— Ср.* събирати

бьчела *Пс 117, 12 Син см.* бъчела

бьѥниѥ *Супр 386, 12; 535, 19 см.* биѥниѥ

БѢГАТИ, -аѭ, -аѥши *несов.* (27) **1.** φεύγειν бежать, убегать běžet, utíkat: егда же гонѧтъ вы въ градѣ семь • бѣгаите въ дроугъі *Мт 10, 23 Зогр Мар*; отъпоуштеномъ же имъ бывъшемъ • так(о) теѭште бѣгаахѫ акы огнемъ пакы гоними *Супр 39, 21* **2.** чесо, отъ чесо φεύγειν τι, ἀποδιδράσκειν избегать, сторониться *чего-л.*, уклоняться *от чего-л.* prchat *před něčím*, vystříhat se *něčeho*, stranit se: егда бѣгаше отъ лиц-а-веселоума с⟨ы⟩на своего *Пс 3, 1 Син*; дѣла б⟨о⟩жиꙗ бѣгаѥмъ *Супр 130, 4.— Зогр Мар Ас Сав Боян Ен Син Евх Супр.— Ср.* отъбѣгати, оубѣжати

БѢДА, -ы *ж* (52) **1.** ἀνάγκη, συμφορά, τὰ δεινά, ἐπανάστασις, ἐπήρεια беда, бедствие soužení, bída: горе непраздънымъ • ι доьжштимъ въ тъı дни • бѫдетъ бо бѣда вельѣ на земл҃и • ι гнѣвъ на л҃юдехъ сихъ *Л 21, 23 Зогр Мар*; въпасти вь бѣдѫ *Супр 534, 30* **2.** ἀνάγκη, βία, τὸ ἀναγκαῖον; (бѣдѫ творити βιάζεσθαι; без бѣдъı οὐδὲ βιασθείς) надобность, необходимость; принуждение nutnost; donucení: кага бо бѣ бѣда словомъ исъхнѫти смокви • а не словомъ плода имѣти *Супр 345, 21*; нь не хотѣаше ноуждеѭ сътворити добра • ни бѣдоѭ привлѣшти къ себѣ *Супр 408, 25*; нъıнѧ же о себѣ никогоже ноудѧшта • ни бѣдъı творѧшта • рать творѧтъ на б⟨ог⟩а *Супр 419, 8* (нı єдıномоу бѣдѧштю *Клоц 7б 8*); без бѣдъı самъ о себѣ • дома роди зълѫ льсть *Супр 408, 29* **3.** κίνδυνος, ἐπικίνδυνον, ἐπανάστασις; (без бѣдъı ἐπικινδύνως) опасность nebezpečí: въсѣко ми кстъ и глаголати и мльчати бѣда *Супр 240, 21*; вьсѣдъ въ корабь • и малъı въ пѫчинѫ отъплоувъ • нѣ отъ кокго сѫпротивовѣтрина възврати сѧ съ многоѭ бѣдоѭ въ аскалонъ *Супр 294, 3*; без бѣдъı присѧгнѫти *Супр 43, 5.— Зогр Мар Ен Син Евх Супр.— Ср.* нищета, нѫжда; бѣдѫ творити *ср.* бѣдити, без бѣдъı *ср.* безбѣдьнъ

БѢДИТИ, бѣждѫ, бѣдиши *несов.* (4) ἀναγκάζειν, κολακεύεσθαι (!) принуждать nutit: ι нънѣ о себѣ нı єдıномоу бѣдѧштю • нı єдıномоу • нѫдѧштю • брань творѧтъ къ б⟨ог⟩оу *Клоц 7б 8* (бѣдъı творѧшта *Супр 419, 8*); врѣ(мѧ) дьн(ı) (с)є(моу) бѣдıтъ нъı безоумьє єг(о) (ı)зглаголати *Клоц 3а 32* ▭ бѣдити сѧ на чьто προτρέπεσθαι стремиться usilovat: пакъı рекѫ и бѣдѫ сѧ на добро не помльчѫ *Супр 320, 1.— Супр 365, 17.— Ср.* нѫдити

бѣдно *Супр 151, 5 см.* бѣдьнъ

БѢДЬНЪ, -ъıи *прил., сравн. ст.* бѣдьнѣи (13) **1.** ταπεινός бедный, убогий bídný, ubohý: аще не послоушаете м'не бѣдънааго *Евх 59б 9-10* ● κυλλός, ἀνάπηρος изувеченный zmrzačený: видѧще... бѣдънъıѩ съдравъı *Мт 15, 31 Мар* (бѣсъньıѩ *Зогр*) **2.** δύσβατος трудный, нелегкий obtížný, nesnadný: како бо иматъ сътръпѣти толикъ пѫть • бѣд'ноу сѫштоу и горъноу *Супр 31, 10* ▭ бѣдьно (кстъ) *в знач. сказ.* χαλεπόν, δύσληπτον, δύσκολον трудно je obtížné: бѣдьно же и необрѧштемо д⟨оу⟩шѫ моштьнѫ очесы многы *Зогр-лл 1б 12*; тебѣ кстъ было оудобѣк показати и сътворити • мнѣ же бѣдьк (! *вм.* бѣдьнѣк) оставити *Супр 377, 19* **3.:** бѣдьно бъıти комоу κινδυνεύειν быть в опасности být v nebezpečí: ти зѣло вѣтръı и вльнами мьчими възврацтаахѫ сѧ въспѧть • и бѣдно имъ бѣаше *Супр 151, 15.— Мт 18, 8 Мар Л 14, 21 Зогр Мар Ас Сав; Супр 31, 10; 345, 18*

бѣдьк *Супр 377, 19 см.* бѣдьнъ

БѢЖАНИѤ, -ниѩ *с* (3) φυγή бегство, побег běh, útěk: обрати и на бѣжание *Евх 51б 12.— Супр 560, 1; 560, 3.— Ср.* бѣство

БѢЖАТИ, бѣжѫ, бѣжиши *несов./сов.* (76) φεύγειν **1.** ἐκτρέχειν, ὑποφεύγειν бежать/побежать běžet, utíkat/utéci: оубои сѧ бѣжи • не възврати сѧ *Евх 54б 26*; пасѫштеи свиниѩ бѣжашѧ • ι възвѣстишѧ въ градѣ • ι на селѣхъ *Мк 5, 14 Зогр Мар*; кдинъ же отъ чисмене ослабѣвъ... бѣжавъ отиде *Супр 92, 13* **2.** отъ чесо, чесо ἀποδιδράσκειν, λειποτακτεῖν, φυγαδεύειν, ἀναχωρεῖν, ξενοῦσθαι, φυγῇ χρῆσθαι избегать *чего-л.*, уйти/уходить *от чего-л.* prchat/prchnout: къто съказа вамъ бѣжати отъ грѧдѫштаго гнѣва *Л 3, 7 Зогр Мар Ас Сав*; бѣжѧ бесчинънааго събора *Супр 288, 26.— Зогр Мар Ас Сав Син Евх Супр.— Ср.* бѣгати, оубѣжати

БѢЛИТИ, бѣлѭ, бѣлиши *несов.* (4) λευκαίνειν белить bílit: бъıшѧ ризъı его льштѧштѧ сѧ... ѣцѣхъже не можетъ • гнафеι на зем҃лѣ (! *вм.* на зем҃ли) тако бѣлити *Мк 9, 3 Зогр* (оубѣлити *Мар*) ▭ не бѣлкнъ ἄγναφος небеленый (*о ткани*) nebílený (*o látce*): никтоже бо не приставлѣатъ • приставленıѣ • плата не бѣлкна ризѣ ветъсѣ *Мт 9, 16 Мар* (∅ *Зогр*).— *Мк 2, 21 Зогр Мар*

БѢЛОРИЗЬЦЬ, -а *м* (4) *греч. нет* мирянин laik: аще которъı бѣлоризецъ • скѫпости ради клънетъ с⟨ѧ⟩ *Евх 104а 12.— Евх 38б 12; 102б 18; 104а 23.— Ср.* облашь

БѢЛОСТЬ, -и *ж* (1) λευκότης белизна, чистота bělost, čistota: не съвлачите бѣлости доушьнъıѧ *Супр 507, 30*

БѢЛЪ, -ъıи *прил.* (21) λευκός, λευχείμων; (въ бѣлахъ ризахъ λευκοσχημονοῦντες) белый bílý: бѣ же... одѣние его бѣло ѣко снѣгъ *Мт 28, 3 Зогр Мар Ас*, одежда... бѣла *Сав*; видѣахѫ бо кмоу сѣдинъı бѣлъı акъı вльнѫ *Супр 47, 29.— Зогр Мар Ас Сав Супр.— Ср.* плавъ

БѢСИТИ СѦ, бѣшѫ сѧ, бѣсиши сѧ *несов.* (10) μαίνεσθαι, λυττᾶν беситься, неистовствовать běsnit, šíleně zuřit: како ли можаахѫ сътрьпѣти народоу бѣсѧштоу сѧ *Супр 442, 19* ● δαιμονιᾶν, δαιμονίζεσθαι быть одержимым злым духом být posedlý zlým duchem: дъщи моıа зѣло бѣситъ сѧ *Мт 15, 22 Сав* (бѣсъноуетъ сѧ *Зогр Мар*); привождаахѫ же и бѣсѧштаѩ сѧ къ н҃емоу *Супр 18, 25* ◆ на новъ мѣсѧць бѣсити сѧ σεληνιάζεσθαι быть лунатиком být náměsíčný: ıако на новъ мѣ⟨сѧ⟩ц⟨ь⟩ бѣситъ сѧ

Мт 17, 15 Сав (бѣсъноетъ сѧ! *вм.* бѣсъноуетъ сѧ *Мар*, бѣсъноует⟨ъ⟩ сѧ *Ас*).— *Супр 157, 10; 171, 16-17; 172, 8-9; 183, 5; 374, 21; 519, 18.— Ср.* бѣсьновати сѧ, зълодѣıати сѧ, бѣсъ (бѣсы имѣти)

БѢСОВАНИѤ, -ниıа *с* (7) μανία, εἰδωλομανία (!), ἄθεος οἰκοδομή (!) бешенство, неистовство, беснование zběsilost, zuřivost, posedlost: прѣпьрѣша ли вы мѫжы • остати сѧ бѣсованиıа ѥже имате зълосъмрьтьнии *Супр 180, 5-6.— Супр 1, 5; 34, 13; 53, 25-26; 115, 1-2; 165, 29-30; 180, 13.— Ср.* бѣшениѥ

БѢСОВЬСКЪ, -ъıи *прил.* (8) τῶν δαιμονίων, τῶν δαιμόνων бесовский, злых духов *род.* běsovský, zlých duchů *род.*: о кънѧзı бѣсовъстѣ изгонитъ бѣсы *Мт 9, 34 Ас* (бѣсъ *Зогр Мар*, бѣсомъ *Сав*).— *Супр 161, 23-24; 165, 19; 171, 10; 171, 22; 220, 12-13; 543, 6-7; 560, 12.— Ср.* бѣсьнъ, демоньскъ

БѢСТВО, -а *с* (6) φυγή бегство, побег útěk, únik: да не бѫдетъ бѣство ваше зимѣ *Мк 13, 18 Зогр Мар.— Мт 24, 20 Мар Ас Сав; Супр 466, 6.— Ср.* бѣжаниѥ

БѢСЪ, -а *м* (>200) δαιμόνιον, δαίμων, διάβολος, πνεῦμα (!), θεός (!) бес, злой дух běs, zlý duch: видѣхомъ етера • о ıмени твоемь • ıзгонѧшта бѣсы *Л 9, 49 Зогр Мар*; с⟨вѧ⟩тыи же кононъ помиловавъ ѩ повелѣ бѣсомъ остати сѧ ихъ *Супр 39, 9* ◆ бѣсы, бѣсъ имѣти ἐμμανῶς ἔχειν, δαιμόνια ἔχειν, δαιμονᾶν быть одержимым злым духом být posedlý zlým duchem: бѣсы имѣѭштиї вь н҃ихъ • бѣсъ праштаѥми измѫдрѣваахѫ *Супр 398, 30.— Зогр Мар Ас Сав Евх Клоц Супр.— Ср.* бѣсьнъ, демонъ

бѣсъновати сѧ *см.* бѣсьновати сѧ

БѢСЬНОВАТИ СѦ, -ноуѭ сѧ, -ноуѥши сѧ *несов.* (20) [бѣсън-] δαιμονίζεσθαι, πάσχειν ὑπὸ δαιμόνων быть одержимым бесом, злым духом být posedlý zlým duchem: привѣсѧ емоу бѣсъноуѭшть сѧ слѣпъ ı нѣмъ *Мт 12, 22 Зогр Мар*; мол⟨итва⟩ над⟨ъ⟩ бѣсъноуѭштимии сѧ *Евх 51а 11* ◆ бѣсьновати сѧ на новы мѣсѧцѧ σεληνιάζεσθαι быть лунатиком, страдать лунатизмом být náměsíčný: ѡ бѣсъноуѭштимь сѧ на новы м⟨ѣ⟩с⟨ѧ⟩цѧ *Зогр 129б 14.— Зогр Мар Ас Сав Евх.— Ср.* бѣсити сѧ, зълодѣıати сѧ, бѣсъ (бѣсы имѣти)

БѢСЬНЪ, -ъıи *прил.* (29) [бѣсън- (!) *Сав* (1)] μανιώδης, μαινόμενος, τοῦ δαιμονίου неистовый, бешеный zběsilý, vzteklý, zuřivý: ѡ ıмѫштимь д⟨оу⟩хъ бѣсьнъ *Зогр 129а 9, Мар 76а 13*; вы бо бѣсъни сѫште ны цѣломѫдрънꙑѩ бѣшенꙑ мьните *Супр 116, 15* ◆ δαιμονιζόμενος, δαιμονισθείς, δαιμονῶν, κυλλός (!) одержимый бесом, злым духом, бесноватый posedlý zlým duchem: привѣсѧ емоу вьсѧ болѧштѧѩ • различьнꙑми недѫгꙑ • ı страстьми одръжимꙑ • ı бѣсънꙑѩ *Мт 4, 24 Зогр* (∅ *Мар*); а они завистиѭ прѣдолѣѥми • паче бѣсънꙑихъ прѣделѣваахѫ *Супр 399, 2* ▭ бѣсьнъ *в знач. сущ.* δαίμων бес běs: бѣсънъихъ оученииа хвалѧште *Супр 403, 30.— Зогр Мар Ас Сав Супр.— Ср.* бѣсовьскъ, бѣшенъ, демоньскъ; бѣсъ

БѢШЕНИѤ, -ниıа *с* (4) μανία исступление, беснование běsnění, zběsilost, zuřivost: видѣахѫ бо ѥго бечислъноѥ бѣшеньѥ *Супр 565, 27.— Супр 15, 6; 215, 17; 557, 30.— Ср.* бѣсованиѥ

БѢШЕНЪ *прил.* (2) μαίνεσθαι (!) безумный šílený: бѣшенъ ли ѥси алеѯандре *Супр 157, 8-9.— Супр 116, 16.— Ср.* бѣсьнъ, демоньскъ

бѧштьдьнъ *Л 20, 29 Зогр см.* бещѧдьнъ

бѫдѫщеи *Евх 29а 12 см.* бости

БѪДѪШТИИ *прил.* (20) μέλλων, ἀποβησόμενος, ἐσόμενος, αἰώνιος предстоящий, будущий nastávající, budoucí: не отъпоуститъ сѧ емоу • ни вь сь вѣкъ ни въ бѫдѫщии *Мт 12, 32 Мар* (въ грѧдѫштиı *Зогр Ас Сав*); кажетъ же не мало врѣмѧ бѫдѫштеѥ пакы • ѥже посрѣдоу оученикы отъвода ѥже чаıати *Супр 372, 8* ▭ бѫдѫщеѥ *с*, бѫдѫщаıа *мн., в знач. сущ.* то, что будет, что случится, будущее co bude, co se stane, budoucnost: настоıѩщаа потрѣбьномь • съматрѣıѧ • ı бѫдѫщаа оудобь строıѧ *Евх 64а 20*; близъ нѣкъде въ бан҃и грѣкмъ • съмотрааше бѫдѫштааго *Супр 92, 18.— Мар Евх Супр Рыл.— Ср.* грѧдѫщии; бѫдѫщеѥ *ср.* быти (хотѧщаıа быти)

бѫрıа *Л 8, 23 Мар см.* боурıа

В

В *цифра глаг. и кир.* (>200) **1.** *глаг.*: γ', τρεῖς 3 **2.** *кир.*: β', δύο, δεύτερος; (в҃ı δώδεκα) 2.— *Зогр Мар Ас Сав Унд Син Служ Киев Евх Супр.— Ср.* в҃, дъва, триѥ, въторъ, третии

ВА *мест., род., местн.* ваю, *дат., тв.* вама (70) ὑμεῖς вы (*вас двое*) vy (*dva*): посъла дъва оученика своѣ • ı г⟨лаго⟩ла има идѣта въ весь ѣже естъ прѣмо вама *Мт 21, 1 Мар Ас Сав*; тъгда коснѫ ѣ въ очи г⟨лаго⟩л҃ѧ • по вѣрѣ ваю бѫди вама *Мт 9, 29 Зогр Мар Ас Сав.— Зогр Мар Ас Сав Зогр-пал Супр.— Ср.* вы

ВААЛОВЪ *прил. к имени бога Ваал* (1) τοῦ Βάαλ Ваалов Bálův: при илии ıзбави ι⟨здран⟩лѣ отъ льсти вааловы *Евх 5б 12-13*

ВАБИТИ, -блѭ, -биши *несов.* (1) ἀνδραποδίζειν (!) привлекать, манить lákat, vábit: и оума свобожденик вабимо • на добро истинѣ постиженик не идетъ *Супр 334, 6*

в а в и.. *Сав 72б 14 см.* вавула

в а в и л - *см.* вавул-

в а в оу л ь н ъ *Пс 86, 4 Син см.* вавулонъ

ВАВУЛА, -ы *м имя* (2) [въавид- (!) *Ас* (1), вави.. *Сав* (1)] Βαβύλας Вавила Babylas: мѣ⟨сѧ⟩ца сеп⟨тѧ⟩б⟨ра⟩ • г̃ с⟨вѧ⟩т⟨ы⟩хъ м⟨ѫ⟩ч⟨ени⟩къ • въавидѣ (! *вм.* вавилѣ) • неремиони • и теодорѣ *Ас 114ба 6*; нед⟨ѣлıа⟩ сыропоустън⟨а⟩ • памѧт⟨ь⟩ вави..ноу (! *вм.* вавилы) левоу *Сав 72б 14*

ВАВУЛОНЪ, -а *м город и страна* (5) [вавоульн- *Син* (1), авилон- *Евх* (1) *Ен* (1), вавилон- *Клоц* (1), вавоулон- *Супр* (1)] Βαβυλών Вавилон Babylón: авлен отрокы въ авилонѣ • свѣтълѣшѧ (*вм.* -ѣнишѧ) плодъ земънъıхъ *Евх 13а 14.— Ен 27а 2-3; Пс 86, 4 Син; Клоц 7а 26; Супр 418, 17*

ВАВУЛОНЬСКЪ, -ын *прил.* (11) [-вил- *Ас* (3) *Сав* (4) *Син* (1) *Клоц* (1), авил- *Син* (1), -вул- *Супр* (2)] τῆς Βαβυλῶνος вавилонский babylónský: по прѣселении же вавилоньстѣ *Мт 1, 12 Ас Сав* (∅ *Зогр Мар*); на рѣцѣ вавоулоньстѣ тоу сѣдохомъ *Супр 418, 21*, вавилоньсцѣ *Клоц 7а 30*, авилоньстѣ *Пс 136, 1 Син.— Мт 1, 11 Ас Сав; Мт 1, 17 Ас Сав* (2); *Супр 172, 30-31*

ВАДИТИ, важдѫ, вадиши *несов.* на кого (9) κατηγορεῖν, διαβάλλειν обвинять *кого-л.* obviňovat *někoho*: къде сѫтъ ıже на тѧ важдахѫ *И 8, 10 Зогр Мар*; тъгда томителъ сладьцѣ приимъ вадивъшѧѧ тъıѧ • отъвѣшта глаголѧ *Супр 215, 11-12.— Л 23, 2 Зогр Мар; Л 23, 10 Зогр Мар; Л 23, 14 Зогр Мар.— Ср.* глаголати

ВАИ, ВАИА *нескл.* (3) [ваı *Зогр* (1), ваиа *Ас* (1); ваıѧ *Сав* (1)] (τὰ) βαΐα пальмовые ветви palmové ratolesti: прıѧшѧ ваı отъ финикъ *И 12, 13 Зогр Ас Сав* (вѣие *Мар*).— *Ср.* вѣик, вѣтвик

ВАКЪХЪ, -а *м имя* (2) [вакх- *Ас* (1)] Βάκχος Вакх Bakchus: съподоблен с⟨вѧ⟩таа м⟨ѫ⟩ч⟨ени⟩ка • серьѣнѣ • ı вакъха • братра бъıти *Евх 10б 12.— Ас 122б 10*

в а л е р и ıа н ъ *Супр 69, 17 см.* оуалериıанъ

ВАЛИТИ СѦ, -лѭ сѧ, -лиши сѧ *несов.* (2) κυλίεσθαι катиться kutálet se: съпаде коумирь съ мѣста своего • и вала сѧ приде близъ с⟨вѧ⟩тааго *Супр 33, 16.— Супр 36, 20.— Ср.* валıати сѧ

ВАЛІАТИ СѦ, -лıаѭ сѧ, -лıакши сѧ *несов.* (5) κυλίεσθαι, κυλιᾶν кататься, катиться válet se, kutálet se: ı видѣвъ ı д⟨оу⟩хъ сътрѧсе и • ı падъ на земли валѣаше сѧ пѣнѫ тѣштѧ *Мк 9, 20 Зогр Мар Ас Сав*; по истинѣ и нъıнıа каменик свѧто валıакть сѧ по земи *Супр 294, 30—295, 1.— Ср.* валити сѧ

в а м а *см.* ва

ВАПА, -ы *ж* (1) λίμνη болото, стоячая вода bažina, stojatá voda: видѣ мѣсто нѣкако • акы вапѫ сѫштѫ исѧк'шѫ • и тинъı смрьдѧштѫ пльнѫ *Супр 193, 12.— Ср.* блато

ВАРААВА, -ы *м имя* (39) [-рава *Мар* (4) *Сав* (4), -вва *Мар* (1) *Супр* (1), -равва *Мар* (7), варваръ (!) *Клоц* (1)] Βαραββᾶς, Βαραβᾶς Варавва Barabáš: бѣ же варaава разбоıникъ *И 18, 40 Зогр Ас Сав*; варава *Мар.— Зогр Мар Ас Сав Клоц Супр*

ВАРААКЪ, -а *м имя* (1) Βαράκ Вараак Baraak: постигнетъ бо мѧ (по)вѣсти дѣжща лѣта ѡ (гедео)нѣ • и ѡ варaацѣ же и ѡ сам(со)нѣ *Евр 11, 32 Ен*

ВАРАХИИНЪ *прил. к мужскому имени Варахия* (2) τοῦ Βαραχίου Варахиин Barachiášův: до крьве захариıа с⟨ы⟩на варахиина *Мт 23, 35 Мар Ас* (∅ *Зогр*)

ВАРАХИСИИ, -иıа *м и* **ВАРАХИСИОНЪ**, -а *м имя* (21) [-сии *Супр* (16), -сион *Супр* (5)] Βαραχίσιος Варахисий Barachisius: обрѣтоша сѧ въ персьстѣ земи... дъва брата варахисии и ıѡна именемь нарицакма *Супр 255, 12*; такожде же и ти мѫченици видѣвъше свѧтаıа ıѡнѫ и варахисиѡна *Супр 256, 5.— Супр*

в а р а х и с и о н ъ *Супр см.* варахисии

ВАРВАРА, -ы *ж имя* (2) Βαρβάρα Варвара Barbora: мѣ⟨сѧ⟩ца декıаб⟨ра⟩ г̃ • с⟨вѧ⟩тъııа м⟨ѫ⟩ч⟨ени⟩цѧ варварън *Ас 127б 20.— Сав 134а 19*

в а р в а р ъ *Супр 101, 27 см.* варъваръ

ВАРДИАХОВЪ, -а (?) *м город* (1) Βαρδιαβώχ Вардиавох Bardiaboch: бывъшема же има въ вьси вардıаховъ *Супр 255, 20*

ВАРИОНА *м нескл.* (3) Βαριωνᾶ (*др.-евр.*) сын Ионы syn Jonův: блаженъ еси симоне варнона *Мт 16, 17 Зогр Мар Ас*

ВАРИТИ[1], -рѭ, -риши *сов.* (43) **1.** προφθάνειν, προάγειν, προλαμβάνειν, προέρχεσθαι, προκαταλαμβάνειν обогнать, опередить *кого-л.* předejít, předstihnout *někoho:* пѣши отъ всѣхъ градъ тѣшѧ тамо ı варишѧ ıѧ *Мк 6, 33 Зогр Мар*; иже варив' доидетъ мѣста того • того кстъ силен' б⟨ог⟩ъ *Супр 30, 29* **2.** προφθάνειν, προλαμβάνειν внезапно напасть *на кого-л.*, застигнуть *кого-л.* přepadnout, zaskočit *někoho*: варишѧ мѧ сѣтı съмрътънъıѧ *Пс 17, 6 Син.— Зогр Мар Ас Сав Син Супр Зогр-лл.— Ср.* прѣдъварити

ВАРИТИ[2], -рѭ, -риши *несов.* (3) μαγειρεύειν варить, готовить vařit: и варѧштоу носити брашъно дѣлателемъ *Супр 284, 27-28.— Супр 284, 2; 284, 7*

ВАРНАВА, -ы *м имя* (2) Βαρνάβας Варнава Barnabáš: мѣ⟨сѧ⟩ца аї с⟨вѧ⟩тоую ап⟨осто⟩лоу варѳоломеа и варнавъи *Ас 146б 18-19.— Сав 123б 4*

ВАРТИМЕИ, -ета *м имя* (3) [варьт- *Мар* (1)] Βαρτιμαῖος Вартимей Bartimaeus: с⟨ы⟩нъ т'имеовъ • вартимеи • слѣпъ сѣдѣаше при пѫти хлѧпаѩ *Мк 10, 46 Зогр Мар.— Мар 43б 23*

ВАРТОЛОМЕИ, -ета *и* **ВАРТОЛОМѢИ**, -ѣта *м имя* (9) [вартоломѣ- *Мар* (3), вар'толомѣ- *Зогр* (2), варътоломѣ- *Евх* (1), вартоломе- *Сав* (1), вар'толоме- *Зогр* (1), варѳоломе- *Ас* (1)] Βαρθολομαῖος Варфоломей Bartoloměj: ѡбѣма же на десѧте апо⟨сто⟩лома • ıмена сѫтъ си • пръвъı же симонъ ıже нарицаеть сѧ петрь • ı ан'дрѣа • братъ емоу • филипъ • ı вар'толомѣи • ı тома *Мт 10, 3 Зогр Мар.— Мк 3, 18 Зогр Мар; Л 6, 14 Зогр Мар; Ас 146б 18; Сав 123б 3-4; Евх 10б 8*

ВАРЪ, -а *м* (5) καύσων зной, жара vedro, žár: равънъı намъ сътворилъ ıѩ еси • понесъшенмъ тѧготѫ дьне и варъ *Мт 20, 12 Мар Ас* (∅ *Зогр*).— *Л 12, 55 Зогр Мар; Супр 540, 18.— Ср.* зноı

ВАРЪВАРЪ, -а *м* (2) [варв- *Супр* (1)] βάρβαρος иноплеменник, варвар cizozemec, barbar: нѣстъ богатъ и нıштъ • ни варваръ • ни скуѳъ... вьси бо о господи кдино кемъ *Супр 101, 27.— Пс 113, 1 Син.— Ср.* иноплеменьникъ, иностраньникъ, иноıазычьникъ

в а р ъ т о л о м ѣ и *Евх 10б 8 см.* вартоломеи

ВАРЬ, -и *ж* (2) βᾶρις дворец palác: ѡтъ варьи сло(но)венъıхъ ıз нıхъже възвеселишѧ тѧ *Пс 44, 9 Син.— Пс 47, 4 Син*

в а р ь т и м е и *Мар 43б 23 см.* вартимеи

ВАРІАТИ, -іаѭ, -іакши *несов.* (16) [-ра- *Сав* (1) *Супр* (4)] προάγειν, προφθάνειν, προηγεῖσθαι, προτρέχειν обгонять, опережать *кого-л.* předcházet, předstihovat *někoho*: по въскрьсновени же моемь • варѣѭ въ въ галилеи *Мт 26, 32 Зогр Мар* (варıѭ *Ас Сав*); вараѭтъ херовимъ • и прѣтѣкаѭтъ серафимъ *Супр 458, 12-13.— Зогр Мар Ас Сав Супр.— Ср.* варити[1], прѣдъваріати

в а р ѳ о л о м е и *Ас 146б 18 см.* вартоломеи

ВАСАНЬСКЪ *прил. к названию страны Васан* (1) τῆς Βασάν васанский basanský: ı ога ц⟨ѣса⟩рѣ васаньска *Пс 135, 20 Син*

ВАСИЛИИ, -ига *и* **ВАСИЛЬ**, -лıа *м имя* (13) [-лии *Ас* (1) *Сав* (1) *Ен* (1) *Служ* (1), -леи *Супр* (5), -лѣи *Супр* (1), -ль *Сав* (1) *Евх* (1) *Супр* (1)] Βασίλειος, Βασιλεύς Василий Basileus, Bazil, Vasil: мѣ⟨сѧ⟩ца тог⟨о⟩ нѐ св⟨ѧ⟩щ⟨е⟩ном⟨ѫ⟩ч⟨ени⟩ка василиа еп⟨иско⟩па амасиска *Ас 146а 2*; заклинание с⟨вѧ⟩таг⟨о⟩ василѣ • над⟨ъ⟩ д⟨оу⟩хы нечистъı *Евх 56б 4.— Сав 144а 10; 151б 1; Ен 24б 9; Служ 26 1; Супр 81, 30; 532, 21; 535, 8; 537, 9; 538, 7; 538, 13-14; 538, 18*

ВАСИЛИНА, -ы *ж имя* (3) Βασιλίνα Василина Basilina, Vasilina: се же азъ отъ тоѩ самоѩ слъıшахъ диıаконисъı василинъı *Супр 299, 29.— Супр 297, 28; 299, 8*

ВАСИЛИСКЪ, -а *м имя* (21) [васискъ (!) *Супр* (1)] Βασιλίσκος Василиск Basiliskus: воини же идоша съ с⟨вѧ⟩тънимъ василискомъ *Супр 16, 22.— Супр*

ВАСИЛИІА, -иѩ *ж имя* (1) Βασίλισσα Василиса Vasilisa: мѣ⟨сѧ⟩ца септѧб⟨ра⟩ ѐ... с⟨вѧ⟩тъıѩ м⟨ѫ⟩ч⟨ени⟩цѧ васил⟨и⟩ѩ *Ас 114аβ 29*

в а с и л ь *Сав Евх Супр см.* василии

ВАСИЛЬСКЪ, -а *м* (1) βασιλίσκος василиск bazilišek: на аспıдѫ ı васильскаа (*! вм.* -ска) настѫпıшı *Пс 90, 13 Син*

в а с и с к ъ *Супр 20, 22 см.* василискъ

ВАСНЬ *нареч.* (7) τάχα, ὡς εἰκός вероятно, может быть snad, asi: васнь крьстиıани проклаша мѧ • и богъ ихъ мѫчитъ мѧ *Супр 222, 5*; къıи законъ • къıими словесъı извѣштакмъ • васнь почьтенъıими дьнесь *Супр 434, 24. Супр 226, 19; 302, 3; 432, 16; 432, 17; 446, 18*

ВАСОИ, -іа *м имя* (4) Βασσόης, Βασόης, Βασώης Васой Basóes: мѣсаца марта • ȝ • мѫченик с⟨вѧ⟩тъıнхъ и славънъıхъ новоıавьшиїхъ сѧ мѫченикъ • ѳеѡдора... васоıа • и дроужинъı их' *Супр 54, 7.— Супр 62, 26; 64, 11, 64, 24*

ВАШЬ, ваша, ваше *мест.* (>500) ὑμέτερος, ὑμῶν ваш váš: радоуıте же сѧ • ѣко ıмена ваша напсана сѫтъ на н⟨ебе⟩с⟨ь⟩хъ *Л 10, 20 Зогр Мар Ас* (2) *Сав* (2); пророка въставитъ вамъ г⟨оспод⟩ъ б⟨ог⟩ъ отъ братиѩ вашеѩ акъı мене *Супр 387, 2*; по чьто въı прѣстѫпаете заповѣдь б⟨о⟩жиѭ • за прѣдание ваше *Мт 15, 3 Зогр Мар*; рьцѣте же оубо къ богомъ вашимъ *Супр 177, 9.— Зогр Мар Ас Сав Боян Ен Син Евх Клоц Супр Рыл*

в а ю *см.* ва

ВАІАНИЮ, -ига *с* (1) γλυπτόν изваяние, статуя socha: нѣстъ иного бога развѣ мене • и славъı моеѩ иномоу не дамъ • ни благоизволении моихъ ваıанимъ *Супр 263, 4.— Ср.* истоуканьнъ

ВЕВЕІА, -ıѩ *ж имя* (1) Βεβαία Вевея Bebea: стр⟨а⟩стъ с⟨вѧ⟩таго м⟨ѫ⟩ч⟨ени⟩ка зарила • и вевеи сестрѣ его *Ен 24б 16-17*

ВЕДРО, -а *с* (2) εὐδία хорошая погода jasné počasí: вечеръ сѫштю г⟨лаго⟩лете •

ведро чрьмъноѹетъ сѧ н⟨е⟩бо *Мт 16, 2 Зогр Мар*

в е д ъ(х) *Ен 18а 15 см.* ветъхъ

ВЕЛЕ *межд.* (15): ѡ в е л е ὢ, ὤ, ὤ πόσος ох, о как ó, ó jak: ѡ веле медъ капьѭштии ѩзыкъ дѣтии • ѡ веле не коупьѥнок ѹчениѥ • богогодьнꙑихъ *Супр 327, 1, 2.— Супр. 311, 13; 323, 27; 339, 4; 339, 5; 354, 22; 368, 2; 387, 14; 398, 14; 419, 25 (2); 419, 26; Рыл 26β 12; 26β 13-14.— Ср.* ѡ

в е л е з ъ л о б а *Рыл 26β 12 см.* веле, зълоба

в е л е и *см.* велии

в е л е н е н а в и с т ь *Рыл 26β 13-14 см.* веле, ненависть

в е л е р ѣ ч е в а т и *Евх 76б 16 см.* вельрѣчевати

в е л е р ѣ ч ы в ъ *Пс 11, 4 Син см.* вельрѣчивъ

ВЕЛИИ *прил.* (>200) [-льи *Зогр* (23) *Мар* (2) *Син* (2) *Клоц* (8) *Супр* (1), -лъи *Син* (2), -леи *Мар* (1) *Ас* (4) *Боян* (1) *Син* (11) *Евх* (2) *Рыл* (1), -ли *Зогр* (2) *Ас* (1), -лы *Зогр* (1) *Син* (1)] μέγας, πολύς, πρῶτος (!), σφόδρα (!) большой velký: ι надъ в'сѣми сими • междю нами ι вами • пропасть вельѣ ѹтврьди сѧ *Л 16 26 Зогр Мар Ас* (велика *Сав*); дары велиѩ онимомъ раздаваѭште *Супр 93, 4* ● *о голосе* громкий silný: сътрѧсъ ι д⟨ѹ⟩хъ нечистꙑ • ι възъпивъ гласъмь велиемь • ι изиде ιжнего *Мк 1, 26 Зогр Мар* ◆ в е л и и д ь н ь *см.* дьнь:— *Зогр Мар Ас Сав Боян Ен Син Евх Клоц Супр Рыл.— Ср.* великъ, болии, вѧщии

ВЕЛИИСТВО, -а *с* (5) μέγεθος необычайно большая величина velikost: сиї велииствомъ тѣла... и силоѭ тъченъ вьсѣхъ своихъ • ѹн҃ьше *Супр 84, 27*; видѣ ли велиїство дара *Супр 496, 22.— Супр 490, 20; 494, 13; 496, 25.— Ср.* великота, величьство

ВЕЛИКОДОУШЬНЪ, -ꙑи *прил.* (1) μεγαλόψυχος великодушный velkodušný: ѡ великодоушьнꙑи оуме *Супр 63, 29*

ВЕЛИКОЛѢПОТИѤ, -ниꙗ *с* (1) *греч. нет* великолепие velkolepost: тебѣ подобаатъ хвала • слава великолѣпотиѥ • свѧтость *Супр 144, 17.— Ср.* вельлѣпота

ВЕЛИКОТА, -ꙑ *ж* (1) μέγεθος необычайно большая величина velikost: показаѩ ч⟨ловѣ⟩колюбьѣ своего • великотѫ до самого прѣ(дан)ьѣ вьсѣкѫ пользѫ творѣаше емоу *Клоц 3б 33.— Ср.* велииство, величиѥ, величьствиѥ, величьство

ВЕЛИКЪ, -ꙑи *прил., сравн. ст.* величаи (>300) μέγας, πολύς, κραταιός, τοσοῦτος, παμμεγέθης, ἀναφαίρετος, βίαιος, βαρύς, σφοδρός, παλίστροφος (!), πλούσιος, ἀνήκεστος (!), βαθύς (!), ὑψηλός (!), ἐπουράνιος (!), λαμπρός (!), σύντονος (!); (великъ бꙑти αἴρεσθαι; великомь гласомь μεγαλοφώνως) большой veliký, velký: видиши ли великаѣ си зъданиѣ *Мк 13, 2 Зогр Мар*; се море великое пространое *Пс 103, 25 Син*; великѫ бо печаль иматъ о тебѣ *Супр 225, 17-18* ● сильный silný: по морю же вѣтроу великоу дъхаѭштю *И 6, 18 Зогр* (велию *Мар Ас*) ● *о голосе* громкий silný: и рече слово просто • великомъ гласомъ *Супр 568, 15* ● великий (*выдающийся*) veliký (*význačný*): ѣко пророкъ великъ въста въ насъ *Л 7, 16 Зогр Мар* (велии *Ас*); слꙑшали ѥсте • сергꙗ • савраитъскоѹоум(оѹ) племени кнѧза поставьѥна • великомъ родомъ *Супр 566, 20* ◆ в е л и к ъ д ь н ь πάσχα, πασχαλία ἑορτή, τὰ γενέσια *см.* дьнь; в е л и к а н е д ѣ л ꙗ *см.* недѣлꙗ; в е л и к ъ п ѧ т ъ к ъ *см.* пѧтъкъ; в е л и к а с ѫ б о т а *см.* сѫбота; в е л и к ъ ч е т в р ъ т ъ к ъ *см.* четврътъкъ; в е л и к а ꙗ д а р о ѹ ѩ и *см.* даровати.— *Зогр Мар Ас Сав Боян Ен Син Евх Клоц Супр Хил Рыл Зогр-лл.— Ср.* велии, болии, вѧщии

в е л и ч а а н и ѥ *Супр 519, 13-14 см.* величаниѥ

ВЕЛИЧАВЪ, -ꙑи *прил.* (2) ἀλαζών надменный, заносчивый vypínavý, domýšlivý: писано бо ѥстъ мрьзость г⟨осподе⟩ви вьсь величавꙑи *Супр 545, 18.— Супр 88, 26-27.— Ср.* грьдъ

ВЕЛИЧАНИѤ, -ниꙗ *с* (11) [величаан- *Супр* (!)] φαντασία, φρύαγμα, τῦφος, οἴησις надменность vypínavost: величаниѥ мльчати не трьпитъ *Супр 279, 22*; вь н҃ихъже много величаньѥ и вьнѣш҃нїмъ одѣанїмъ • и многомъ различнїмъ трепезꙑ *Супр 491, 13.— Супр 273, 19; 279, 19; 333, 18-19; 492, 25-26; 513, 21; 519, 13-14; 522, 5; 545, 12; 545, 14.— Ср.* кꙑчениѥ, тъщеславиѥ

ВЕЛИЧАТИ, -аѭ, -аѥши *несов.* (16) μεγαλύνειν **1.** увеличивать zvětšovat: раширѣѭтъ же хранилишта своѣ • ι величаѭтъ подъметꙑ • вьскрилиѣ ризъ своихъ *Мт 23, 5 Мар Ас* (∅ *Зогр*) **2.** превозносить, восхвалять povznášet, velebit: падоша ници на земи • величаѭште б⟨ог⟩а крьстиꙗньска *Супр 541, 5*; се же отъ многꙑихъ ѥмоу чоудесъ ицѣлениꙗ • о н҃ихъже величааше сѧ има ѥмоу *Супр 45, 13* ▭ в е л и ч а т и с ѧ μεγαλαυχεῖν, ἐπαίρεσθαι, ἀναβρύνεσθαι, κενοδοξεῖν, μέγα φυσᾶν, φρυάσσειν (!) гордиться honosit se, vychloubat se: да не приложитъ потомъ величати сѧ чл⟨ове⟩коу на земi *Пс 9, 39 Син*; ч'то сѧ пророкꙑ величаѥши *Супр 334, 28.— Мар Ас Син Супр.— Ср.* величити, вельрѣчевати

в е л и ч е с т в - *Син Евх см.* величьств-

ВЕЛИЧИТИ, -чѫ, -чиши *несов.* (6) μεγαλύνειν превозносить, восхвалять povznášet, velebit: рече мариѣ • величитъ д⟨оу⟩ша моѣ г⟨оспод⟩ѣ *Л 1, 46 Зогр Мар Ас Сав; Ен 27а 16.— Евх 51б 22.— Ср.* величати

ВЕЛИЧИѤ, -ига *с* (14) μεγαλειότης, μεγαλωσύνη величие velikost, velebnost: дивлѣахѫ же сѧ вси о величии б⟨о⟩жии *Л 9, 43 Зогр Мар Ас* (о величъствии *Сав*); величиѥ чоудесъ • ѩже с⟨вѧ⟩тыи твораше вънѩѫ назнаменоуѭште до вѣка *Супр 560, 26* ● τὰ μεγαλεῖα, τὰ μεγάλα нечто великое něco velikého: ѣко сътвори мьнѣ величие силънъı *Л 1, 49 Зогр Ас*, величьѣ *Мар* ● μεγαλονοία величество veličenstvo (*при обращении*): савина повелѣ ваше величиѥ въ затворѣ бъıти *Супр 147, 3.— Пс 78, 11 Син; Евх 8б 6; 70б 3-4; 75б 20; Супр 136, 18-19; 546, 5.— Ср.* величьствиѥ, величьство, высота

ВЕЛИЧЬСКЪ, -ъıи *прил. к названию места и реки Велица (или Велика?)* (1) *греч. нет* величский veličský: мѣ⟨сѧ⟩ца июл⟨ѣ⟩ ӣѫ... о⟨ть⟩ца наш⟨е⟩г⟨о⟩ климента еп⟨и⟩ск⟨о⟩па величскаго *Ас 151а 4*

ВЕЛИЧЬСТВИѤ, -ига *с* (6) [-чъс- *Сав* (1), -чествье *Евх* (2)] μέγεθος, μεγαλωσύνη величие velikost, velebnost: тъı прими покаание • і исповѣдание рабоу твоемоу семоу • припадаѭщю величествью твоемоу *Евх 74а 16* ● τὰ μεγαλεῖα нечто великое něco velikého: силоѭ твоеѭ і правъдѫ твоѭ • б⟨ог⟩ъ вышьнихъ ѣже сътворі величьствіѣ *Пс 70, 19 Син.— Л 9, 43 Сав; Евр 1, 3 Ен; Евх 80а 8; Супр 508, 14.— Ср.* величиѥ, величьство, высота

ВЕЛИЧЬСТВО, -а *с* (10) [-чес- *Син* (1), -чъс- *Супр* (2) *Ен* (1), величь *Киев* (1)] **1.** μέγεθος большая величина velikost: ꙗко не вь величъствѣ тѣлесъ • или въ въздрастѣ тѣлесъ лишенъıихъ • въсѣлꙗктъ сѧ б⟨о⟩жига благодѣть *Супр 546, 6-7* **2.** μεγαλειότης, μεγαλωσύνη, μεγαλοπρέπεια majestas величие velikost, velebnost: оумъножилъ еси на мнѣ величество твое *Пс 70, 21 Син*; а и ꙗвьꙗѧ величьство волѧ *Супр 545, 29.— Ен 24а 15; Киев 3б 17; 5а 11; Супр 115, 6; 287, 17; 530, 30; 534, 2.— Ср.* величство, великота, величиѥ, величьствиѥ

величга *Супр 190, 18 см.* велигаръ

ВЕЛИГАРЪ, -а *м имя* (1) Βελιάρ Велияр Beliar: лѣтоу прѣшедъшоу мирънъıи врагъ велига (!) поставьꙗктъ съсѫдъ свои акъı въторааго арна на правѫѭ вѣрѫ цѣсара оуала *Супр 190, 18*

ВЕЛИѤИМЕНЬНЪ, -ъıи *прил.* (1) μεγαλώνυμος славный, прославленный slavný, slovutný: велиеименънаа прѣмѫдрость *Евх 63б 17*

ВЕЛИѤꙖДЪ, -а *м* (1) *греч. нет* обжора nenasyta, žrout: мол⟨итва⟩ ѡ избавленьи вельеѣда ч⟨ловѣ⟩ка *Евх 36а 10*

велми *Супр см.* вельми

ВЕЛФЕГОРЪ, -а *м имя* (2) [-льфѣ- *Син* (1)] Βεελφεγώρ Ваалфегор Baalpeor: и причѧстишѧ сѧ вельфѣгорѣ • и сънѣсѧ жрътвѫ мрътвъıхъ *Пс 105, 28 Син.— Супр 127, 5*

велъ- *см.* вель-

ВЕЛЬБѪДЪ, -а *м* (17) κάμηλος верблюд velbloud: оудобѣе бо естъ вельбѫдоу • сквозѣ игълинѣ оуши проити • неже богатоу вь ц⟨ѣса⟩р⟨ь⟩с⟨тв⟩ье б⟨о⟩жие вънити *Л 18, 25 Зогр Мар Ас Сав; Мт 19, 24 Мар Ас Сав (Ø Зогр); Мк 10, 25 Зогр Мар*; и абиѥ оутврьди сѧ нога вельбѫдоу и бъıстъ съдрава *Супр 218, 19.— Зогр Мар Ас Сав Супр*

ВЕЛЬБѪЖДЬ *прил.* (7) [велъб- *Боян* (1)] τοῦ, τῆς καμήλου верблюжий velbloudí: сам же иоанъ имѣаше ризѫ своѭ • ѡт⟨ъ⟩ власъ вельбѫждъ *Мт 3, 4 Ас Сав (Ø Зогр Мар).— Мк 1, 6 Зогр Мар Ас Сав Боян*

ВЕЛЬГЛАСЬНЪ, -ъıи *прил.* μεγαλόφωνος громогласный zvučný: вельгласънаꙗ трѫба *Супр 206, 22-23*

ВЕЛЬДАРОВАНИѤ, -ига *с* (1) φιλοτιμία (!) щедрое даяние štědrý dar: благоволеньѥ бо о прьвъıихъ сьгрѣшении • вельдарованиѥ приѥмлѥтъ владычьне *Супр 496, 27-28.— Ср.* любьзнъ (любьзноѥ даганиѥ)

вельеѣдъ *Евх 36а 10 см.* велиѥꙗдъ

вельѕѣволъ, вельѕѣвоулъ *Мар см.* вельзѣволъ

ВЕЛЬЗѢВОЛЪ, -а *м* (16) [вельѕѣвол- *Мар* (2), велъѕѣвол- *Мар* (1), вельѕѣвоул- *Мар* (2), вельзѣвоул- *Мар* (1), вельзѣоул- *Зогр* (2), вельзѣол- *Евх* (1), вельзѣво.. *Ас* (1)] Βεελζεβούλ, Βεελζεβούβ Вельзевул Belzebub: сь не ізгонитъ бѣсъ • тъкмо о вельзѣволѣ кънязи бѣсъ *Мт 12, 24 Зогр Мар.— Зогр Мар Ас Евх*

вельзѣолъ *Евх 53б 25 см.* вельзѣволъ

вельзѣоулъ *Зогр см.* вельзѣволъ

ВЕЛЬЛѢПОТА, -ы *ж* (8) [вълѣп- *Син* (1), вьллѣп- *Син* (2)] μεγαλοπρέπεια, εὐπρέπεια великолепие velkolepost: ѣко да въспоѭ славѫ твоѭ вьсь день вельлѣпотѫ твоѭ *Пс 70, 8 Син*; емоуже подобаетъ в'сѣ слава • честь и дръжава • і поклонѣние • і вельлѣпота *Евх 95б 24-25.— Пс 8, 2 Син; 20, 6 Син; 28, 4 Син; 95, 6 Син; 103, 1 Син; 110, 3 Син.— Ср.* великолѣпотиѥ

ВЕЛЬЛѢПЪ, -ъıи *прил.* (6) μεγαλοπρεπής великолепный, великий velkolepý, veliký: хвалити вельлѣпое имѧ твое *Евх 38а 14-15.— Евх 13б 1; 13б 17-18; 23а 3; 99а 25; Супр 102, 13*

ВЕЛЬМИ *нареч.* (40) [-лми *Супр* (17), вель(м) *Евх* (1)] μεγάλως, μέγα, μεγάλῳ, πολλῷ, ἕως σφόδρα, σφοδρότερον, μᾶλλον, μεγάλα, ἰσχυρῶς, τοσοῦτον, μειζόνως, πολλά, ἀσφαλῶς (!), γνησίως (!), διαπρυσίως (!); (вельми трѣбѣ искати πολυζήτητος) очень, весьма velmi: б⟨ог⟩ъ иже тварь своѭ вельмі помілова *Киев 2б 10-11*; възбѣсивъше сѧ велми вльсви • повелѣшѧ принести олово *Супр 264, 20* ● *о голосе* громко silně: вьскрича мати дѣтишта вел'ми глаголѭшти *Супр 44, 2.— Син Киев Евх Клоц Супр.— Ср.* больми

ВЕЛЬМОЖА *и* **ВЕЛЬМѪЖА**, -ѧ *м* (2) [-мож- *Супр* (1), -мѫж- *Супр* (1)] τοπάρχης вельможа velmož: не бѣаше же оу него разлѫчены богатоугоумоу и оубогоугоумоу • ни послоушааше коли вельможъ *Супр 557, 12.— Супр 354, 6.— Ср.* болгаринъ, былıа

ВЕЛЬМѪДРОВАТИ, -роуѭ, -роуєши *несов.* (3) μέγα φρονεῖν быть самонадеянным být domýšlivý: вельмѫдроуѧ же алеѯандръ рече *Супр 159, 10.— Супр 522, 5-6; 522, 11.— Ср.* мѫдрити сѧ

в е л ь м ѫ ж а *Супр 354, 6 см.* вельможа

ВЕЛЬРѢЧЕВАТИ, -чоуѭ, -чоуєши *несов.* на кого (4) [велерѣч- *Евх* (1), вельрѣч- *Син* (1), велърѣч- *Син* (2)] μεγαλορρημονεῖν кичиться, превозноситься vychloubat se: аще бі ненавідѧи мне на мѧ велърѣчевалъ *Пс 54, 13 Син.— Пс 34, 26 Син; Пс 37, 17 Син; Евх 76б 19.— Ср.* величати сѧ

ВЕЛЬРѢЧИВЪ, -ыи *прил.* (1) μεγαλορρήμων хвастливый vychloubavý: потрѣбітъ г⟨оспод⟩ь... ѩзыкы велерѣчывъи *Пс 11, 4 Син*

в е л ь ф ѣ г о р ъ *Пс 105, 28 Син см.* велфегоръ

ВЕЛѢНИѤ, -ıа *с* (1) *греч. нет* повеление, приказ, заповедь přikázání, příkaz, rozkaz: ни възг(н)ѫшаи сѧ мноѭ [ѭ] прѣстѫпльшааго ти велѣние *Евх 85а 20.— Ср.* повелѣниѥ

ВЕЛѢТИ, велѭ, велиши *несов.* (53) **1.** ἐπιτάσσειν, παραινεῖν, πείθειν, κελεύειν, προστάσσειν, προτρέπειν, ἐπιτρέπειν, παρακελεύειν, ἀξιοῦν (!); (аще велиши διὰ τῆς τάξεως) велеть, приказывать velet, rozkazovat, přikazovat: ѣко по области д⟨оу⟩х⟨о⟩мъ нечистъıмъ велитъ • ı послоушаѭтъ его *Мк 1, 27 Зогр Мар*; ч'то велиши намъ творити *Супр 37, 10* **2.** θέλειν, βούλεσθαι хотеть, желать chtít, přát si: ѡ⟨ть⟩че аште велиши мимо неси чашѫ сьѭ отъ мене *Л 22, 42 Зогр* (волиши *Мар*); не велѫ вам' не вѣдѣти о оусъпьшиїхъ да не скрьбите *Супр 488, 9.— Зогр Мар Ас Сав Боян Евх Клоц Супр.— Ср.* волити, повелѣвати, хотѣти

в е н и ıа м и н ъ *Пс 79, 3 Син см.* веньıаминъ

ВЕНЬIАМИНЪ, -а *м имя* (3) [-ниıа- *Син* (1)] Βενιαμίν Вениамин Benjamin: прѣдъ ефремомь ı вениѣміномь • ı нмасію (*! вм.* манасію) • въздвігні сılѫ твоѭ ı пріді *Пс 79, 3 Син.— Супр 367, 21; 367, 26*

ВЕНЬIАМИНЬ *прил. к* веньıаминъ (1) τοῦ Βενιαμίν Вениаминов Benjaminův: отъ сѣмене авраамьıа • племене веньıаминıа *Супр 347, 12*

в е п л҃ ь *Мт 2, 18 Боян см.* въпль

ВЕПРЬ, -рıа *м* (1) σῦς кабан, вепрь kanec, vepř: ѡзоба ı вепрь отъ лѫга • ıнокъ дивьеı поѣлъ естъ *Пс 79, 14 Син*

ВЕРИГА, -ы *ж* (10) ἅλυσις, κλοιός, σίδηρον цепь, оковы řetěz, pouto, okovy: поим'ше ѥдного съвазаша • веригами двоими *Супр 146, 4-5.— Ас 141а 15; Супр 58, 27; 181, 23; 182, 6; 182, 8; 195, 22; 223, 22-23; 318, 14; 368, 15.— Ср.* розвьнъ

ВЕРЪСАВЕIА, -еıѧ *ж имя* (1) Βηρσαβεέ Вирсавия Betsabé: псалмъ да⟨ви⟩довъ вънгда пріде къ немоу натанъ пр⟨оро⟩къ егда вьніде къ веръсавеı *Пс 50, 2 Син*

ВЕРѢIА, -ıѧ *ж* (5) μοχλός, κλεῖθρον запор závora: ѣко съкроуші врата мѣдѣна • и верѣıѧ желѣзнъı съломі *Пс 106, 16 Син.— Евх 63а 24; 63б 8; Супр 462, 18; 466, 3*

в е с д е *Мт 25, 29 Ас см.* вьсьде

ВЕСЕЛИТИ, -лѭ, -лиши *несов.* (62) εὐφραίνειν laetificare веселить, радовать obveselovat, rozveselovat: рѣчьна оустрьмленьѣ веселıатъ града б⟨о⟩жıѣ *Пс 45, 5 Син; Ен 26б 10*; б⟨ог⟩ъ иже нъи • лѣта огрıадѫцѣ блаженаго климента мѫченика твоего ı папежа чьстъıѧ веселиші *Киев 1б 5* □ в е с е л и т и с ѧ εὐφραίνεσθαι, ἀγαλλιᾶσθαι, ἀγάλλεσθαι, τέρπεσθαι, συνευφραίνεσθαι, συνευωχεῖσθαι радоваться, веселиться radovat se, veselit se: ı ѣдъше да веселимъ сѧ • ѣко с⟨ы⟩нъ мoı сь • мрътвъ бѣ ı оживе *Л 15, 23 Зогр Мар Сав* (да възвеселимъ сѧ *Ас*); съ аг'гелы веселѧтъ сѧ *Супр 55, 8-9* ● εὐφραίνεσθαι вести веселый образ жизни vést veselý život: облачааше сѧ въ фор'фирѫ • ı вус'сонъ • веселѧ сѧ на в'сѣкъ дьнь свѣтьлъ *Л 16, 19 Зогр Мар Ас Сав.— Зогр Мар Ас Сав Ен Син Киев Клоц Супр.— Ср.* радовати сѧ

ВЕСЕЛИѤ, -ıа *с* (43) εὐφροσύνη, ἀγαλλίασις, τὰ χρηστότερα, εὐφρασία, φαιδρότης, χαρά веселье, радость veselí, radost: слоухоу моемоу даси радостъ и веселье *Пс 50, 10 Син*; въстанѣте идѣте отъсѫдоу • отъ страсти вь веселиѥ *Супр 470, 14* ● εὐωχία веселие пиршества, пир hodovní veselí, hostina, kvas: дьнесь цѣсарь славы... причастьникꙑ небесьноуоумоу веселию • земьнꙑꙗ сътвори *Супр 322, 3.— Зогр Мар Син Евх Супр.— Ср.* радость

ВЕСЕЛО *нареч.* (2) φαιδρῶς весело vesele: нꙑнѣ весели прїстѫпимъ • къ въскресъшюмоу весело *Клоц 12а 30.— Супр 536, 19.— Ср.* радостьно

ВЕСЕЛЪ, -ꙑи *прил.* (7) ἀγαλλόμενος, φαιδρός, κεχαριτωμένος, γεγηθώς, ἐπίχαρις, τῆς ἀγαλλιάσεως веселый, радостный veselý: radostný: лице въ старости веселоѥ *Супр 47, 30.— Клоц 12а 29; Супр 62, 33; 141, 19; 319, 12; 321, 1; 327, 6-7.— Ср.* радостьнъ

ВЕСЛО, -а *с* (1) κώπη весло veslo: твоꙗ пленица сѫтъ зависти • и корабьчиꙗ бѣси • весла льсти *Супр 400, 16*

ВЕСНА, -ꙑ *ж* (1) ἔαρ весна jaro: лѣто і веснѫ тꙑ созъда *Пс 73, 17 Син*

в е с н ъ *Супр 514, 7 см.* вьсьнъ

ВЕСНЬНЪ, -ꙑи *прил.* (1) τοῦ ἔαρος весенний jarní: земьꙗ оубо вь се врѣмѧ веснъноѥ • шипъкъ и ї҃а и инъ цвѣтъ раститъ *Супр 495, 16*

ВЕСТИ[1], ведѫ, ведеши *несов./сов.* (>100) ἄγειν, ἀπάγειν, εἰσάγειν, ἀνάγειν, φέρειν, ἀποφέρειν, ἕλκειν, ὁδηγεῖν, παραλαμβάνειν, ἀναλαμβάνειν, ἀναπέμπειν (!) вести/повести, отводить/отвести vést/dovést, odvádět/odvést: они же (по)имъше и⟨соу⟩са ведошѧ и къ каїѣфѣ • ар'хиереови *Мт 26, 57 Зогр Сав* (2), вѣсѧ *Мар Ас* (2); егоже аште лобъжѫ імѣте и то естъ • і ведѣте і съхраньно *Мк 14, 44 Зогр Мар*; ведоми къ пакостьникомъ сего ѱалма глаголаахѫ *Супр 73, 15-16*; повелѣ вьсѧ вести ѧ вь темницѫ *Супр 104, 25.— Зогр Мар Ас Сав Боян Син Евх Клоц Супр.— Ср.* отъвести, извести, възвести, прѣдъвести, водити

ВЕСТИ[2], везѫ, везеши *несов.* (2) κομίζειν, ἄγειν везти vézt: вьсь бо пѫть на колѣхъ везомъ бѣаше *Супр 117, 23.— Супр 96, 8*

в е с ь - *см.* вьсь-

ВЕТЪХЪ, -ꙑи *прил.* (49) [-тъхъ *Супр* (2) *Рыл* (1), вьт- *Зогр* (1), ведъх *Ен* (1)] παλαιός, ἀρχαῖος старый, древний starý, dávný: никътоже приставлениѣ плата не бѣлена • не приставлѣетъ ризѣ ветъсѣ *Мк 2, 21 Зогр Мар*; съвлъкъше сѧ • ветъхааго ч⟨ловѣ⟩ка *Евх 94а 22*; обрѣте гробъ ветъхъ подоболичьнъ пештерѣ *Супр 527, 24* ♦ в е т ъ х ꙑ и з а в ѣ т ъ *см.* завѣтъ; в е т ъ х ꙑ и з а к о н ъ *см.* законъ; в е т ъ х ꙑ ѩ к ъ н и г ꙑ *см.* кънига.— *Зогр Мар Ас Сав Ен Евх Клоц Супр Рыл.— Ср.* древьнь, старъ

ВЕТЪШАТИ, -ꙗѭ, -ꙗши *несов.* (3) παλαιοῦσθαι стареть, ветшать stárnout, vetšet: сътворите влагалиште не ветъшаѭште *Л 12, 33 Зогр*, влагалишта не ветъшаѭшта *Мар*, ветъшаѭщаꙗ *Сав* (тьлѣѭщꙗ *Ас*).— *Ср.* тьлѣти

ВЕЩЬ, -и *ж* (31) **1.** πρᾶγμα, στοιχεῖον вещь, предмет věc, předmět: да и вещьми і ч⟨ловѣ⟩кꙑ • і а⟨н⟩ѣ⟨е⟩лꙑ • и видимꙑими і невидимꙑими • славитъ сѧ... имѧ твоѥ *Евх 6а 3*; да всѣ съповѣдѣ • безакон'наѣ дѣла и вещи *Рыл 26а 15* ● ὕλη материя hmota: како зиждѫтъ сѧ • така оуста рече кꙑими шарꙑ коѥѭ вештиѭ *Супр 381, 30* **2.** φύσις сущность, суть přirozenost, povaha: видѣхъ и море мрътво • водѫ прѣмѣнєнѫ своѥꙗ вешти *Супр 128, 24* **3.** πρᾶγμα факт skutečnost: по неже оубо • мнози начѧшѧ • чинити повѣсть • о ізвѣстънꙑхъ въ насъ вештехъ *Л 1, 1 Зогр Мар Ас*; ѣже чьтѫ напсана • знаѭ вештъмі *Клоц 11б 8-9* ● дело věc: аште дъва отъ васъ съвѣштаате на земи о вьсѣкои вешти *Мт 18, 19 Мар Ас Сав.— Зогр Мар Ас Сав Ен Син Евх Клоц Супр Рыл Зогр-лл.— Ср.* вещьство, рѣчь, ѥстьство

ВЕЩЬНЪ, -ꙑи *прил.* (1) ἔνυλος вещественный, материальный věcný, hmotný: како оубо тоу • съ безвѣстънꙑми (*! вм.* безвештънꙑми) вештънꙑими притекъ ста • повѣдѣ ꙗвѣ *Супр 272, 27*

ВЕЩЬСТВО, -а *с* (1) *греч. нет* материальная действительность, вещественность hmotná skutečnost, věcnost: сладость бо имамъ къ вештьствоу • не бо ми ѥсть оупвати ѥдинѣмъ рѣчемъ *Супр 501, 3.— Ср.* вещь

в е ч е р н ꙗ *Супр 338, 25 см.* вечерьнꙗ

ВЕЧЕРЪ[1], -а *м* (37) [вьчер- *Син* (1), ве(ч) *Евх* (1)] ὀψία, ἑσπέρα, ὥρα (!); (въ вечеръ ὀψέ) вечер večer: вечероу бꙑвъшю • приде съ обѣма на десѧте *Мк 14, 17 Зогр Мар* ● παραμονή канун (праздника), навечерие vigilie, předvečer: въ вечеръ х⟨ристосо⟩ва рождства *Мар 81а 15* ♦ н а в е ч е р ъ τὸ ἑσπέρας, εἰς ἑσπέραν вечером večer: ѣко трѣва мимоідѫтъ • ютро процвьтѫ... на вечеръ • отъпадетъ *Пс 89, 6 Син*; п р и в е ч е р ѣ, к ъ в е ч е р о у, п о д ъ в е ч е р ъ πρὸς ἑσπέραν под вечер k večeru, navečer: облѧѕи съ нама ѣко при вечерѣ естъ *Л 24, 29 Мар Ас Охр*; къ вечероу бо бѣаше дьни *Супр 76, 15*; да въкоуситъ подъ вечеръ • мало кашицѧ *Евх 44а 22.— Зогр Мар Ас Охр Сав Син Евх Клоц Супр*

ВЕЧЕРЪ[2] *нареч.* (16) [вече(р) *Ас* (1) *Евх* (1)] ὀψέ, τῆς ὀψίας, τὸ ἑσπέρας, περὶ τὰς ἑσπερινὰς ὥρας вечером večer: і вечеръ бꙑвъшю • бѣ бо корабль по срѣдѣ морѣ *Мк 6, 47 Зогр* (вечероу *Мар*); мол⟨итва⟩ над⟨ъ⟩ сꙑромь вь великꙑ сѫботъ • вечеръ *Евх 16а 19*; вечеръ въдворітъ сѧ плачь • и заоутра радость

Пс 29, 6 Син.— Зогр Мар Ас Сав Син Евх Супр.— Ср. поздѣ

ВЕЧЕРЬНИИ *прил.* 1) *греч. нет* вечерний večerní: коньчаѭмъ вечерънꙑѩ мол⟨и⟩тв⟨ꙑ⟩ *Евх 66а 19*

ВЕЧЕРЬНꙖ, -ѩ *ж* (1) δεῖπνον ужин večeře: на вечерьни съ господьни възлежашта *Супр 338, 25.— Ср.* вечерꙗ, вечерꙗниѥ

ВЕЧЕРꙖ, -ѩ *ж* (46) δεῖπνον, τὸ δειπνεῖν ужин, пир večeře, hostina: по вечери приѥмъ чашѫ... прѣда ѹченикомъ *Евх 46б 12*; ѥгда ıродъ рождьствоу своѥмоу вечерѫ творѣаше *Мк 6, 21 Зогр Мар Ас.— Зогр Мар Ас Сав Ен Евх Супр.— Ср.* вечерьнꙗ, вечерꙗниѥ

ВЕЧЕРꙖНИѤ, -ꙗ *с* (2) τὸ δειπνεῖν ужин večeře: приимъ... ı чашѫ такожде по вечерѣнии г⟨лаго⟩лѩ *Л 22, 20 Зогр Мар.— Ср.* вечерꙗ, вечерьнꙗ

ВЕЧЕРꙖТИ, -ꙗѭ, -ꙗѥши *несов.* (3) δειπνεῖν ужинать večeřet: ѹготоваı чьто вечерѣѭ *Л 17, 8 Зогр Мар Ас* (нѣчто вечери *Сав*)

ВИДАНА, -ꙑ *ж город* (6) [видѣна *Супр* (4)] Βίδανα Видана Bidana: вь видѣнѣ нарицаѭмѣ вьси *Супр 35, 10.— Супр 24, 23; 46, 5; 46, 13; 47, 17; 47, 22*

ВИДИМО *нареч.* (1) *греч. нет* видимо viditelně: свативъ отиде невидимо • видимо бо прѣбꙑвааше сь нимь доиьжде с⟨ва⟩ти сѧ *Супр 25, 15*

видимъ *см.* видѣти

ВИДОВАТИ, -доуѭ, -доуѥши *несов.* (2) ὁρᾶν, κατοπτρίζεσθαι видеть, созерцать vídat, pozorovat: иже бо прѣдъ вратꙑ лежаштааго миноуѩ • их'же ни видовалъ истрьгнѫти хоштетъ бѣдꙑ и родьства *Супр 374, 12.— Супр 289, 4.— Ср.* видѣти

ВИДОМЪ, -ꙑи *прил.* (4) ὁρώμενος, αἰσθητός видный, видимый viditelný: стража видома поусти льва велика зѣло *Супр 292, 22.— Супр 293, 12; 430, 2-3; 504, 29.— Ср.* видьнъ, видѣти (видимъ)

видсаид- *см.* видъсаид-

ВИДЪ, -а *м* (11) **1.** θεωρία, ἱστορία (!) вид pohled: ѹжасъша же сѧ вида того • рекоста *Супр 211, 17*; ѥгда бо хоштѫ повѣстьнаꙗ съказати дѣлеса • тоу абиѥ съ видомъ чоудеса к нимь привлѣкѫтъ сѧ *Супр 344, 2* ● ὀπτασία видение vidění: и видъ от'цемъ повѣдавъ • веденъ бꙑ къ мльчальникоу *Супр 294, 21* **2.** θεωρία зрение schopnost vidět, nazírání: вьспать влѣкѫ же сѧ пакꙑ доуховьнꙑимъ видомъ *Супр 344, 14* **3.** εἶδος образ, вид vzhled, podoba: камениѥ сѫште • чловѣкꙑ изваꙗни • и въ видъ чловѣчьскъ ображени *Супр 177, 7.— Супр 211, 3; 277, 14; 345, 13; 408, 1; 436, 6; 436, 7.— Ср.* видѣниѥ

ВИДЪСАИДА, -ꙑ *ж город* (14) [витъс- *Зогр* (1) *Мар* (1), видьс- *Зогр* (1) *Мар* (1), видс- *Ас* (1), виѳс- *Мар* (1)] Βηθσαϊδά Витсаида Betsaida: бѣ же филипъ отъ виѳсаидꙑ отъ града аньдрѣѥва *И 1, 45 Мар Ас Сав* (отъ видсаıдьска града *Зогр*).— *Мт 11, 21 Зогр Мар; Мк 6, 45 Зогр Мар; Мк 8, 22 Зогр Мар; Л 10, 13 Зогр Мар; И 12, 21, Зогр Мар Ас*

ВИДЪСАИДЬСКЪ *прил. к* видъсаида (1): видъсаидьскъ градъ Βηθσαϊδὰ ἡ πόλις Витсаида Betsaida: бѣ же филипъ отъ видсаıдьска града • андреова ı петрова *И 1, 45 Зогр* (отъ виѳсаидꙑ отъ града аньдрѣѥва *Мар*, от вıдсаидꙑ • градьца *Ас*, отъ видъсаıдꙑ града *Сав*)

видъфагии *Клоц 1б 3 см.* витъфагии

ВИДЬНЪ, -ꙑи *прил.* (1) θεωρητικός видимый viditelný: показа намъ и тъ • богомъ написанꙑ ѥго скрижали • извъньждоу оубо дѣиствънꙑ • извънѫтрь же видьнꙑ (*вм.* -но ?) • имѫшта оутврьждениѥ *Супр 278, 5.— Ср.* видомъ, видѣти (видимъ)

ВИДЬЦЬ, -а *м* (1) *греч. нет* очевидец, свидетель očitý svědek: избꙑвьши ѥлинъскꙑѩ • на съразоумѣниѥ прѣславьнѣ събꙑв'шиихъ сѧ о нѥю • придоша тѣхъ видьци *Супр 569, 2.— Ср.* самовидьць

видѣна *Супр см.* видана

ВИДѢНИѤ, -ꙗ *с* (40) **1.** θέα, ὄψις видение vidění, dívání: а азъ ни ѥдинъ ѥсмъ не достоинъ видѣнью ѥго *Супр 500, 1-2* **2.** θέαμα, θεωρία зрелище podívaná: онъ... видѣ видѣниѥ дивьно *Супр 93, 2*; тѣм'же и веде и на видѣниѥ *Супр 445, 28* ● ὀπτασία, ὅραμα, ὅρασις видение vidění, vize: ıшедъ же не можааше г⟨лаго⟩лати къ людемъ • ı разоумѣшѧ ѣко видѣние видѣ въ цр⟨ъ⟩к⟨ъ⟩ви *Л 1, 22 Мар Ас* (∅ *Зогр*) **3.** τὸ βλέπειν зрение vidění, schopnost vidět: помоли сѧ х⟨ристо⟩соу да подастъ намъ видѣниꙗ *Супр 3, 22* **4.** εἶδος, ἰδέα, δεῖξις; (животьномь видѣниѥмь ꙗвлꙗѩ сѧ ζωοφανής) образ, вид podoba, vzhled: ни гласа ѥго никъдеже слꙑшасте • ни видѣниѣ ѥго видѣсте *И 5, 37 Зогр Мар Ас.— Зогр Мар Ас Син Евх Супр.— Ср.* видъ, зракъ

ВИДѢТИ, виждѫ, видиши *несов./сов.* (>1400) **1.** ὁρᾶν, ἐφορᾶν, καθορᾶν, βλέπειν, θεωρεῖν, θεᾶσθαι, σκοπεῖν, συνορᾶν, τῆς θέας τυγχάνειν, θεατὴς γίγνεσθαι, αἴρειν (!), μανθάνειν (!), λαμβάνειν (!); (чловѣкомь видѣти ἐπιδεικτικῶς; прѣди видѣти προορᾶν) видеть/увидеть vidět/uvidět, spatřit: ѥгда видѣахѫ ı д⟨оу⟩си нечистии • припадаахѫ къ немоу *Мк 3, 11 Зогр Мар*; чесо видѣтъ ıзидете въ поустꙑнѭ *Мт 11, 7 Зогр Мар Ас*; шьдъша възвѣстита ıоаннови • ѣже видѣста ı слꙑшаста *Л 7, 22 Зогр Мар*; виждъ оубо словеса си сьвѣдѣтельствоуѭшта о всемъ томь *Супр 439, 28* ● καταμανθάνειν, γιγνώσκειν узнать poznat: коли кси видѣлъ сице женѫ • своѧ власы бръсало сътворьшоу *Супр 395, 2-3* ▭ **видимъ**, -ыи *в знач. прил.* ὁρατός, ὁρώμενος, θεατός, θεαθείς, φαινόμενος, εὐθεώρητος; (не видимъ ἀόρατος, μὴ ὁρώμενος, ἀγνοούμενος, ἀθεώρητος, ἀθέατος, ἀνείδεος, ἀφανής, ἀπρόβλεπτος; видимъ бывати ὁρᾶσθαι, ἐπιφαίνεσθαι) видный, видимый viditelný: д⟨ь⟩нес⟨ь⟩ • невидимы видимъ • бываетъ *Евх 2а 10*; ꙗже на небесехъ и на земи • видимаꙗ и невидимаꙗ *Супр 188, 11* **2.** *в знач.* вѣдѣти εἰδέναι знать vědět: добрѣ бо видѣ • ꙗко... спѣшьнѣѥ бѫдетъ съѹ̑ати • троудꙑ же и гонениꙗ *Супр 302, 3.— Зогр Мар Ас Охр Сав Унд Боян Зогр-пал Ен Син Евх Клоц Супр Хил Рыл.— Ср.* зьрѣти; видимъ *см.* видомъ, видьнъ

ВИКЕНТЪ, -а *м имя* (1) Βικέντιος Викентий Vincenc: мѣ⟨сѧ⟩ца ноѥмв⟨ра⟩ а̃і с⟨вѧ⟩таага⟨о⟩ м⟨ѫ⟩ч⟨ени⟩ка мінъи и виктора и вікента *Ас 127а 6*

ВИКТОРЪ, -а *м имя* (1) Βίκτωρ Виктор Viktor: мѣ⟨сѧ⟩ца ноѥмв⟨ра⟩а̃і с⟨вѧ⟩таага⟨о⟩ м⟨ѫ⟩ч⟨ени⟩ка мінъи и виктора *Ас 127а 5-6*

ВИЛИТИСЪ, -а *м* (1) ῥηξιφυλήτης, *вар.* φυλλίτης *вид вредного насекомого druh škodlivého hmyzu:* зачьнѫ нꙑнѣ г⟨лаго⟩лати • имена гадомъ • прѫгъ... ѩосъ • вилитисъ *Евх 59а 17*

ВИНА, -ы *ж* (90) **1.** αἰτία, ἀφορμή, παραίτιος, αἴτιος, ὑπόθεσις τρόπος (!), ἀξία (!) причина, повод příčina, důvod: аште достоитъ чл⟨овѣ⟩коу поустити женѫ своѭ • по вьсѣкои винѣ *Мт 19, 3 Мар Ас Сав* (∅ *Зогр*); отъ винꙑ же тоѩ ноудимъ бѣаше прочеѥ жити въ ма(на)стꙑри своѥмъ *Супр 548, 30* **2.** πρόφασις, ἀπολογία, ὕλη (!) отговорка výmluva: нн̑ѣ же винꙑ не имѫтъ о грѣсѣ своемь *И 15, 22 Зогр Мар Ас Сав* **3.** αἰτία, αἴτιον, ἔγκλημα, λάβη (!); (без винꙑ ἀθῷος) вина, провинность vina, provinění: азъ ниединоꙗ винꙑ не обрѣтаѭ вь н̑емь *И 18, 38 Зогр Мар Ас Сав*; сихъ дѣлꙑма вьсѣхъ винъ хоштемъ погоубити ѥго *Супр 402, 29.— Зогр Мар Ас Сав Боян Евх Клоц Супр.— Ср.* непьщеваниѥ; без винꙑ *ср.* безвиньнъ

ВИНАРЬ, -ꙗ *м* (2) ἀμπελουργός виноградарь vinař: рече же къ винареви *Л 13, 7 Зогр Мар*

ВИНО, -а *с* (84) **1.** οἶνος вино víno: никътоже ни въливаетъ • вина нова въ мѣхꙑ вьтъхꙑ *Мк 2, 22 Зогр Мар*; васъ веселитъ вино *Супр 19, 14* **2.** ἄμπελος, σταφυλή, καρπός виноградная лоза, виноград vinná réva, hrozny: посъла рабꙑ своѩ къ дѣлательмъ имать вина своего *Мт 21, 34 Сав* (плодꙑ его *Мар Ас*, ∅ *Зогр*); ожидахъ сътворити ми вино сътвори же трьниѥ *Супр 436, 1* ▭ **вина** *мн.* αἱ ἄμπελοι, ἄμπελος виноградник révoví, vinice: ѡ всем⟨ь⟩ гадѣ зълѣ • гоубѧщиимь • вина и нивꙑ • і врътꙑ *Евх 59а 6*; ізбі градомь віна іхъ *Пс 77, 47 Син.— Зогр Мар Ас Охр Сав Ен Син Евх Супр.— Ср.* виноградъ, грозновиѥ, гроздъ, грознъ, лоза, плодъ

ВИНОВЬНЪ, -ыи *прил.* (2) *греч. нет* виновный, виноватый vinen: бывъшоуоумоу виновьноу въ началѣ *Супр 544, 21* ◆ **виновьна творити** αἰτιᾶσθαι обвинять *кого-л.*, ставить в вину *кому-л.* obviňovat *někoho*: вы ꙗкоже хоштете печатьлѣите • да не дроугꙑѩ имате виновьнꙑ творити *Супр 440, 30.— Ср.* виньнъ[1]

ВИНОГРАДЪ, -а *м* (81) [виногр̄д- *Мар* (2), виног(р)д- (!) *Мар* (1), віногра(д) *Ас* (1)] **1.** ἀμπελών виноградник vinice, vinohrad: ч⟨лове⟩къ насади виноградъ • і въдастъ і дѣлателемъ *Л 20, 9 Зогр Мар*; вино благоѥ новааго винограда *Супр 143, 23* **2.** ἄμπελος виноградная лоза vinná réva, vinný kmen: віноградъ із егоупьта прѣнесе *Пс 79, 9 Син*; привѧзаѭштааго къ винградоу жрѣбѧ своѥ *Супр 321, 22.— Зогр Мар Ас Сав Боян Син Евх Супр.— Ср.* вино, грозновиѥ, гроздъ, грознъ, лоза

ВИНОГРАДЬНЪ, -ыи *прил.* (1) τοῦ ἀμπελῶνος виноградника *род.* viničný: да отъ плода виноградьнааго дадѧтъ емоу *Л 20, 10 Зогр* (виногр⟨а⟩да *Мар*)

ВИНОДАТИѤ, -иꙗ *с* (1) οἰνοδοσία дарение вина darování vína: видѣшѧ лазара оухода сьмрьти бивъша • слꙑшашѧ по мороу хождениѥ • недѣланоѥ винодатиѥ *Супр 323, 20*

ВИНОПИВЬЦА, -ѧ *м* (1) οἰνοπότης пьяница piják vína: се ч⟨ловѣ⟩къ ѣдьца • і винопивьца *Л 7, 34 Зогр* (винопиица *Мар*).— *Ср.* винопиица, пивьца

ВИНОПИИЦА, -ѧ *м* (2) οἰνοπότης пьяница piják vína: се чл⟨о⟩в⟨ѣ⟩къ ѣдъца и винопиица *Л 7, 34 Мар* (винопивьца *Зогр*).— *Мт 11, 19 Мар.— Ср.* винопивьца, пивьца

ВИНОПИТИѤ, -иꙗ *с* (1) *греч. нет* питье вина, употребление вина pití vína, požívání vína: тѣмьже и тꙑ чѧдо • бѫди... въ винопитиѣ мѣсто водопиица *Евх 70б 1*

ВИНЪЗАНТИИСКЪ *прил. к названию городка Визади* (1) τῶν Βηξαϊδέων, *вар.* τῆς Βιξάδης визадийский bizadský: (ст⟨ра⟩ст)ъ с⟨вѧ⟩таго... нїѧ града винъзантїиска *Ен 36б 3*

ВИНЬНИКЪ, -а *м* (1) αἴτιος тот, кто является причиной původce: толика добра виньника погоубити мꙑслѧтъ *Супр 386, 23*

виньнъ[1], -ꙑи *прил.* (7) **1.** αἴτιος повинный, являющийся причиной jsoucí příčinou: а иже зъло сътворити • винно намъ вѣчноу огню и мѫцѣ бываатъ *Супр 406, 11* **2.** ὑπεύθυνος, αἴτιος виноватый, виновный vinen, provinilý: а тꙑ ли разбоиника въводиши • иже тъмами зъла и тъмами безаконии виннь ѥстъ *Супр 308, 30* □ виньнъ, виньна сътворити кого αἰτιᾶσθαι обвинить obvinit: к'то иматъ б⟨ог⟩а винна • сътворити *Супр 432, 19* **3.** виньнъ, виньна сътворити кого чимь ἔνοχον ποιεῖν обязать *кого-л. к чему-л.* učinit povinným, zavázat *někoho něčím*: тоже не просто словесꙑ кꙑими • нъ и дѣлесемь виннꙑ сътвори своѩ оученикꙑ • рѣшити и вѧзати *Супр 358, 6.— Супр 41, 21; 368, 3; 403, 19—20.— Ср.* виновьнъ

виньнъ[2], -ꙑи *прил.* (1) τῆς ἀμπέλου виноградный vinný: тꙑ плодось вин̂ънꙑ бл⟨а⟩г⟨осло⟩ви *Евх 14а 17*

висамбонъ, -а *м имя* (1) Βισάμβων Висамбон Bisambón: ѥдинъ же отъ прѣстолꙑштиихъ • висамбонъ именемъ рече *Супр 149, 26*

висѣниѥ, -ниꙗ *с* (1) *греч. нет* висение visení: самъ бо отъ многа висѣниꙗ не можааше о себѣ рѫкоу вьздѣти *Супр 143, 1*

висѣти, вишѫ, висиши *несов.* (18) κρέμασθαι, περικρέμασθαι висеть viset: не на дрѣвѣ лі вісѧ моліші *Клоц 11а 31* ● *перен.*: вь сею обою заповѣдию • весь законъ и пророци висѧть *Мт 22, 40 Мар Ас Сав (Ø Зогр).— Мар Ас Сав Ен Клоц Супр*

вит'аѣии *Мк 11, 1 Зогр см.* витъфагии

виталии, -иꙗ *м имя* (6) Βιτάλιος Виталий Vitális: жьрецъ именемь виталии *Супр 228, 23-24.— Супр 235, 5; 235, 15; 235, 20; 235, 21-22; 236, 28*

витаниꙗ, -ниѩ *ж город* (42) [виѳа- *Ас* (8) *Сав* (4) *Супр* (4), вифа- *Зогр* (1)] Βηθανία Вифания Betánie: бѣ же етеръ болѧ лазарь отъ витаниѩ • градьца марина • і марътꙑ сестрꙑ еѩ *И 11, 1 Зогр Мар Ас Сав.— Зогр Мар Ас Сав Супр*

вит'аѣии *Супр 409, 3-4 см.* оклеветаниѥ

витати, -аѭ, -аѥши *несов./сов.* (12) αὐλίζεσθαι, ἐνοικεῖν, κατασκηνοῦν, ἐπιφοιτᾶν, καταλύειν жить, обитать, пребывать *где-л.*, поселиться bydlit, přebývat, usadit se: егда вьсѣно бѫдетъ въздрастетъ... і творитъ вѣтви велиѩ • ѣко мошти подъ сѣниѭ его • птицамъ неб⟨есь⟩скꙑмъ витати *Мк 4, 32 Зогр Мар*; ѣко къ грѣшьноу мѫжю вьниде • витатъ *Л 19, 7 Зогр Мар Ас*; тꙑ фараѡсоу въ срьдци витавъ *Супр 389, 13.— Мт 13, 32 Зогр Мар; Л 9, 12 Зогр Мар; Супр 338, 21; 395, 27.— Ср.* въселити (сѧ), жити, обитати, привитати

витезда, -ꙑ *ж пруд* (3) [фезда *Зогр* (1)] Βηθεσδά Вифезда Bethezda: естъ же въ ер⟨оу⟩с⟨али⟩мѣхъ на овьчи кѫпѣли • ѣже нарицаатъ сѧ евреискꙑ витезда *И 5, 2 Мар Ас*, фезда *Зогр*

витлее-, витлео-, витлѣе- *см.* витьлее-

витфагии *Мт 21, 1 Ас*, витфаѣии *Мт 21, 1 Мар см.* витъфагии

витъ, -а *м имя* (1) βῖτος Вит Vít: мѣ⟨сѧ⟩ца июн⟨ѣ⟩ д҃і с⟨вѧ⟩т⟨ꙑ⟩хъ м⟨ѫ⟩ч⟨ени⟩къ вита и модеста пѣстоуна его • и кр⟨ь⟩станицѧ бабъи его *Ас 147б 3*

витъсаида *Мт 11, 21 Зогр Мар см.* видъсаида

витъфагии, -иѩ *ж село* (8) [витъфаѣи- *Мар* (2), витъфаги- *Сав* (1), витфаги- *Ас* (1), витфаѣи- *Мар* (1), вит'аѣи- *Зогр* (1), відъфагі- *Клоц* (1)] Βηθφαγή Витфагия Bétfagé: егда приближи сѧ въ іер⟨оу⟩с⟨а⟩л⟨и⟩мъ • і приде въ витфаѣниѭ • къ горѣ елеоньсцѣ *Мт 21, 1 Мар Ас Сав (Ø Зогр).— Мк 11, 1 Зогр Мар; Л 19, 29 Зогр Мар; Клоц 1б 3*

витьлеемъ, -а *м и* **виѳлеемь**, -и *ж город* (28) [витьлеемъ *Зогр* (1), виѳлеемь *Ас* (3) *Супр* (1), виѳлеемъ *Ас* (1) *Супр* (3), витлеемъ *Мар* (2), виѳьлеомъ *Сав* (7), виѳлеомь *Ас* (2), виѳлеомъ *Ас* (2), витл҃ѣемъ *Зогр* (1), витьлѣомъ *Клоц* (1), виѳьомъ (!) *Сав* (1), виѳлемъ *Супр* (1), витьлѣмь *Клоц* (1), витьлеомъ *Боян* (1)] Βηθλεέμ Вифлеем Betlém: пастꙑри • рѣшѧ дроугъ къ дроугоу • прѣідѣмъ оубо до витл҃ѣема *Л 2, 15 Зогр Мар Ас Сав.— Зогр Мар Ас Сав Боян Клоц Супр*

витьлеемьскъ, -ꙑи *прил.* (3) [витьлеом- *Зогр* (1), витлеом- *Ас* (1), витлеемъс- *Мар* (1)]: витьлеемьскꙑи градьць Βηθλεέμ Вифлеем Betlém: отъ витьлеомьскаго градьца *И 7, 42 Зогр Мар Ас* (отъ (ви)ѳьлеомꙑ вси *Сав*)

витьлеомьскъ *И 7, 42 Зогр см.* витьлеемьскъ

витьлѣмь *Клоц 14а 16 см.* витьлеемъ

витьлѣомъ *Клоц 14а 8 см.* витьлеемъ

витьфагии *Мт 21, 1 Сав см.* витъфагии

вифаниꙗ *Мк 11, 1 Зогр см.* витаниꙗ

виꙗлица, -ѧ *ж* (2) *греч. нет* буря bouře: б⟨о⟩же творьче • г⟨лаго⟩лавꙑ изъ облака мосѣеви • пр⟨оро⟩коу твоемоу • точѧщи боури • сѫщи виѣлици *Евх 44б 9.— Евх 44б 24.— Ср.* боуриꙗ

виѳаниꙗ *Ас Сав Супр см.* витаниꙗ

виѳле-, виѳлео- *см.* витьлее-

виѳьлеомъ *Сав см.* витьлеемъ

виѳьомъ (!) *Мт 2, 8 Сав см.* витьлеемъ

вкоусити *Евх 46а 19-20 см.* въкоусити

ВЛАВИІАНЪ, -а *м имя* (1) Φλαβιανός Флавиан Flavián: памѧтъ • влавиѣноу патриархоу *Ен 46б 16*

ВЛАГА, -ы *ж* (7) ἰκμάς, νοτία; (без влагы ἄνιγμος; мокротьнаꙗ влага ὑγρὰ οὐσία) влага vláha: а дроугое паде на камене • ι прозѧбъ оусъше • за не не імѣаше влагы *Л 8, 6 Зогр Мар Ас* ● *перен.*: подажди ми влагѫ твоихъ щедротъ *Евх 78а 4.— Супр 128, 22; 300, 4; 300, 5*

ВЛАДЪІКА, -ы *м* (>200) [-дъка *Клоц* (1), вл(д)ка *Евх* (2), вл̃дка *Мар* (3) *Ас* (4) *Сав* (2) *Боян* (1) *Евх* (1) *Супр* (3), вл̃ка *Мар* (1) *Ас* (1) *Сав* (4) *Син* (1) *Служ* (1) *Евх* (57), вл̃д *Ен* (1), л̃ *Ен* (1)] δεσπότης, ἡγεμών, ἡγούμενος, κρατῶν, πατήρ (!), σωτήρ (!) правитель, владыка vládce, vladař, pán: прѣдъ владыкы же ι ц⟨ѣса⟩рѧ • ведени бѫдете мене ради *Мт 10, 18 Зогр Мар Ас*; вл⟨адъ⟩ко г⟨оспод⟩ι б⟨о⟩же о⟨ть⟩ць нашихъ *Евх 7а 3*; воле же чьто сътворилъ тъгда владыка тъ *Супр 86, 23* ◆ подъ владыкоѭ, подъ владыками ὑπὸ ἐξουσίαν под властью, в подчинении, подвластный pod mocí, podřízený: ибо азъ чл⟨овѣ⟩къ есмь подъ вл⟨а⟩д⟨ы⟩ками оучиненъ *Л 7, 8 Сав* (подъ властелы *Зогр Мар Ас*); ιбо азъ ч⟨ловѣ⟩къ есмь подъ владыкоѭ • імы подъ собоѭ воιнъı *Мт 8, 9 Зогр Мар Ас*, подъ вл(адъ)ками *Сав.— Зогр Мар Ас Сав Боян Ен Син Служ Евх Клоц Супр.— Ср.* властелинъ, вождь, вьсевладыка

ВЛАДЪІЧИЦА, -ѧ *ж* (5) [вл̃чца *Ас* (1), вл̃чица *Служ* (1)] δέσποινα правительница, владычица vládkyně, vladařka: оусьпение пр⟨ѣ⟩с⟨вѧ⟩тыѩ вл⟨а⟩д⟨ы⟩ч⟨и⟩цѧ нашеѩ б⟨огороди⟩цѧ *Ас 152а 13* ● *перен.*: бѫдеши владычица моιи д⟨оу⟩ши *Супр 1, 23.— Служ 36 8; Евх 61а 26; Супр 1, 17*

ВЛАДЪІЧЬНЪ, -ии *прил.* (11) ἡγεμονικός, δεσποτικός, τοῦ δεσπότου, τῆς ἐξουσίας владыки *род.*, правителя *род.* vladařský, vládcův, vladaře *род.*: повелѣньꙗ послоушаѭшти владычьнꙗ *Супр 495, 22*; онъ съвѣтъı творѣаше • ι на кръві владычьні • цѣнѫ възімааше *Клоц 6а 10.— Пс 50, 14 Син; Клоц 13а 21; Супр 472, 5; 489, 17; 494, 12; 496, 28; 526, 20-21; 526, 30; 556, 12.— Ср.* владычьскъ, властельскъ

ВЛАДЪІЧЬСКЪ, -ъıи *прил.* (6) [вла(д)чьс- *Евх* (1)] ἡγεμονικός, δεσποτικός, τοῦ δεσπότου, τῆς ἐξουσίας владыки *род.*, правителя *род.* vladařský, vládcův: ιже отъ вла-д⟨ы⟩чьскааго твоего д⟨оу⟩ха *Евх 95а 3*; въ... владычьскъıи санъ *Супр 463, 6.— Супр 322, 24; 376, 21; 449, 22; 502, 16.— Ср.* владычьнъ, властельскъ

ВЛАДЪІЧЬСКЪІ *нареч.* (3) δεσποτικῶς, οἰκονομικῶς как владыка, в качестве владыки vladařsky: отъметами оубо вьчера • владычьскъıи легеонъ • аггелъ глаголѧ петрови *Супр 463, 7.— Супр 463, 11—12; 465, 11*

ВЛАДЪІЧЬСТВИІЄ, -иꙗ *с.* (8) [владъıчъст- *Мар* (1), владъıчест- *Син* (1), вл̃дчс- *Ас* (1)] **1.** ἡγεμονία, δεσποτεία власть, владычество vláda, panování: въ пѧтое на десѧте лѣто • вл⟨а⟩д⟨ы⟩ч⟨ь⟩ствиѣ • тіверіѣ кесарѣ *Л 3, 1 Ас* (владычьства *Зогр Мар Сав*); на вьсѣкомъ мѣстѣ владычествіе (!) его *Пс 102, 22 Син* **2.** владычьствиꙗ *мн.* αἱ ἐξουσίαι начальство, власти vrchnost: егда же приведѫтъ въı на сънъмишта • ι власти • ι владычьствиѣ *Л 12, 11 Зогр Мар* (вл⟨а⟩д⟨ы⟩чьства *Ас*) ● *спец.* αἱ ἐξουσίαι, αἱ ἀρχαί, οἱ θρόνοι *один из ангельских чинов jeden ze sborů andělů*: тысѫштѧ тысѫштами • имъı аггелъ и арханггелъ • властии владычьствии *Супр 463, 17-18.— Клоц 3а 14-15; Супр 458, 17; 464, 19-20.— Ср.* владычьство, власть

ВЛАДЪІЧЬСТВО, -а *с* (12) [владъıчъст- *Мар* (2) *Сав* (1), владъıчст- *Боян* (1), вла(д)ч- *Евх* (2), вл̃дч- *Ас* (1)] **1.** ἀρχή, ἡγεμονία власть, владычество vláda, panování: въ пѧтое же на десѧте лѣто • владычьства • тиверьѣ кесарѣ *Л 3, 1 Зогр Мар Ас Сав Боян* (вл⟨а⟩д⟨ы⟩ч⟨ь⟩ствиѣ *Ас*) **2.** владычьства *мн.* αἱ ἐξουσίαι начальство, власти vrchnost: ѣко нѣстъ емоу брань къ кръви • ι плъти • къ властемъ ι влад⟨ы⟩чьствомъ *Евх 93б 23* (*Еф 6, 12*) **3.** ἀρχή владения, государство říše: имѫщюмоу власть • на в'сѣкомь влад⟨ы⟩чьствѣ *Евх 55а 19.— Л 12, 11 Ас; Л 20, 20 Зогр Мар; Пс 109, 3 Син; Супр 143, 15.— Ср.* владычьствиѥ, власть

ВЛАСВИМИСАТИ, -аѭ, -аѥши *несов.* (8) [власфи- *Мар* (1)] βλασφημεῖν богохульствовать rouhat se: а иже власвимисаетъ на д⟨оу⟩хъ с⟨вѧ⟩ты *Л 12, 10 Зогр Мар Ас.— Мт 9, 3 Зогр; Мк 3, 28 Зогр Мар; Мк 3, 29 Зогр Мар.— Ср.* власвимлꙗти, хоулити, възхоулꙗти, хоуловати

ВЛАСВИМИꙖ, -иѩ *ж* (28) [власфи- *Мар* (9)] βλασφημία богохульство rouhání: вьсѣкъ грѣхъ ι власвимиѣ • отъпоустится сѧ ч⟨ловѣ⟩комъ • а ѣже на д⟨оу⟩хъ власвимиѣ • не отъпоустится сѧ ч⟨ловѣ⟩комъ *Мт 12, 31 Зогр* (хоула... хоула *Мар Ас*, хоуление... хоуление *Сав*).— *Зогр Мар Ас Сав.— Ср.* хоула, хоулиник

ВЛАСВИМЛꙖТИ, -ꙗѭ, -ꙗѥши *несов.* (5) [власфи- *Мар* (1)] βλασφημεῖν богохульствовать rouhat se: въı г⟨лаго⟩лете ѣко власвимлѣеши • зане рѣхъ ѣко с⟨ы⟩нъ б⟨о⟩жии есмь *И 10, 36 Зогр Ас*, власфимлѣеши *Мар.— Мт 9,*

3 Мар Ас.— Ср. власвимисати, хоулити, хоуловати

ВЛАСИИ, -ия *м имя* (1) Βλάσιος Власий Blažej: мѣ⟨сѧ⟩ца тог⟨о⟩ ай с⟨вѧ⟩та⟨а⟩го св⟨ѧ⟩щ⟨е⟩ном⟨ѫ⟩ч⟨ени⟩ка власиѣ *Ас 142б 11*

ВЛАСТЕЛЬ, -лга *м* (5) **1.** ἔπαρχος владетель, властелин vladař, vládce: ѡ дѫбе блаженыи • егоже цѣсаре чьтѫтъ • властеле и вельмѫжа любѧтъ *Супр 354, 5-6* **2.** властеле *мн.* ἐξουσία начальство, власти, власть vrchnost, moc: ıбо азъ ч⟨ловѣ⟩къ есмь подъ властелы • оучиненъ *Л 7, 8 Зогр Мар Ас* (подъ вл⟨а⟩д⟨ы⟩ками *Сав*) ● *спец. греч. нет один из ангельских чинов jeden ze sborů andělů:* егоже трепещѫтъ • видимаа и невидимаа • а⟨н⟩ѣ⟨е⟩ли ı арх⟨ан⟩ѣ⟨е⟩ли • прѣстоли ı г⟨оспо⟩дествиѣ • властели ı дръжавы *Евх 45б 21.— Ср.* владыка

ВЛАСТЕЛЬСКЪ, -ыи *прил.* (3) δεσποτικός, τοῦ δεσπότου, τῆς δεσποτείας владетеля *род.*, властелина *род.* vladařský, vládce *род.*: ıакоже вь немь властельско хотѣние *Супр 345, 3-4.— Супр 43, 6; 501, 28.— Ср.* владъıчьнь, владъıчьскъ

ВЛАСТИ, владѫ, владеши *несов.* чемь (17) ἄρχειν, κατάρχειν, ἡγεμονεύειν, δεσπόζειν, ἐξουσιάζειν, κυριεύειν, καρπίζειν (!) владеть, властвовать vládnout, panovat: владѫштю с҆үрнеѧ • кѵринию *Л 2, 2 Зогр Мар Ас,* владѫщюмоу *Сав*; вьсѣмъ егүптомъ владъı *Супр 367, 13.— Зогр Мар Ас Сав Син Евх Клоц Супр.— Ср.* обладати

ВЛАСТЬ, -и *ж* (>100) **1.** ἐξουσία, ἀρχή, αὐθεντία, τυραννίς, ἀξία; (едина власть μοναρχία; подъ властиѭ бъıти βασιλεύεσθαι) власть, право vláda, moc, právo: бѣ бо оучѧ ѣко власть имъı *Мт 7, 29 Зогр Мар Ас Сав*; дадите же ми на нь власть *Супр 27, 21*; ц⟨ѣса⟩ръ съı • подъ властиѭ естъ ц⟨ѣса⟩роу *Супр 360, 22* **2.** власти *мн.* αἱ ἀρχαί начальство, власти vrchnost: нѣстъ емоу брань къ кръви • ı плъти • къ властемъ ı влад⟨ы⟩чьствомъ *Евх 93б 23* (*Еф 6, 10*) ● *спец: один из ангельских чинов jeden ze sborů andělů:* тъıсѫшта тъıсѫштами • имъı аггелъ и арханѓелъ • властии владъıчьствии *Супр 463, 17* ● власть *ед. при обращении* ἐξουσία величество veličenstvo: молѭ сѧ вашеи свѣтьлѣи власти *Супр 228, 25* **3.** ἀρχή, ἐξουσία; (цѣсарıа власть τὰ βασίλεια) владения, государство říše, stát: цѣсарьствоуѭштоу грьчьстѣи власти *Супр 65, 3*; строити рамѣньскѫ власть *Супр 281, 22.— Зогр Мар Ас Сав Боян Зогр-пал Ен Евх Клоц Супр Хил.— Ср.* владъıчьствие, владъıчьство, область

власфим- *см.* власвим-

ВЛАСЪ[1], -а *м* (58) θρίξ, κόμη, τρίχωμα волос vlas, chlup: вамъ же ı власи главъı • вси ıштьтени сѫтъ *Мт 10, 30 Зогр Мар Ас* ● власи *мн.* αἱ τρίχες власяница žíněné roucho, žínice: бѣ же ıоанъ облъченъ власъı вельбѫжди *Мк 1, 6 Зогр Мар Ас Сав Боян* ◆ постриженик власомъ *см.* постриженик.— *Зогр Мар Ас Сав Боян Син Евх Супр*

ВЛАСЪ[2], -а *м имя* (1) *греч. нет* Влас Blas: азъ же власъ въ ефесѣ съı • въ то врѣмѧ оупразнивъ сѧ отъ дѣла ц⟨ѣса⟩ра • прѣписахъ *Супр 144, 23*

ВЛАСѢНЪ, -ъıи *прил.* (1) *греч. нет* волосяной žíněný: повелѣ кнѧзь... власѣномь соукномъ вьстирати ранъı еıю *Супр 213, 11*

ВЛАХЕРНЫ, -нъ *ж мн. район города Константинополя* (1) Βλαχέρναι Влахерны Blacherny: мѣ⟨сѧ⟩ца июл⟨ѣ⟩ ѣа св⟨ѧ⟩щ⟨е⟩ние цр⟨ъ⟩к⟨ъ⟩ве с⟨вѧ⟩тънıѧ б⟨огороди⟩цѧ • ѣже въ влахернах⟨ъ⟩ *Ас 151а 7*

ВЛАЧИТИ, -чѫ, -чиши *несов.* (9) ἕλκειν, σύρειν, ὀκλάζειν волочить, тащить vléci, vláčet, táhnout: повелѣша влачити и по трьнию *Супр 270, 4.— Супр 71, 27; 125, 13; 134, 18; 134, 27; 137, 20; 435, 27; 537, 19; 538, 24.— Ср.* влѣщи

вл ъ къ *Мар Ас Супр Хил см.* вльк ъ

вл ъ н- *см.* вльн-

ВЛЪСНѪТИ, -нѫ, -неши *несов.* (1) ψελλίζειν говорить косноязычно vadně mluvit, koktat: ıазъıци влъснѫштеı • наоучѧтъ сѧ г⟨лаго⟩лати миръ *Клоц 1а 15-16* (нѣмоуѭштиı *Супр 325, 23*).— *Ср.* нѣмовати

ВЛЪХВОВАНИЄ, -ıа *с* (3) [вльх- *Супр* (1)] μαγεία, φαρμακεία волхвование, колдовство, магия čáry, magie, kouzelnictví: нъıнıа исповѣждь мнѣ о вльхвованиı своемь *Супр 23, 5-6.— Супр 22, 28; 151, 6.— Ср.* влъшьба, влъшьствие, влъшьство

ВЛЪХВОВЬНЪ, -ъıи *прил.* (1) *греч. нет* колдовской kouzelnický: прѣврати ѭ чисти ı акъı бога • своеѭ вльхвовьнѫѭ хъıтростиѭ измѣнıаѧ сѧ *Супр 7, 22.— Ср.* влъшьбьнъ

ВЛЪХВОЛЮБИЄ, -ıа *с* (1) *греч. нет* приверженность к колдовству záliba v kouzelnictví: бѫди... въ влъхволюбиѣ мѣсто • б⟨о⟩голюбець *Евх 70б 17*

ВЛЪХВЪ, -а *м* (45) [вльх- *Ас* (1) *Сав* (7) *Супр* (24)] μάγος, ἀρχίμαγος колдун, волхв, жрец kouzelník, čaroděj; pohanský kněz: се влъсви отъ въстокь • придѫ въ иер⟨оуса⟩л⟨и⟩мъ *Мт 2, 1 Ас Сав* (*Ø Зогр Мар*); идеже нечьстиви вльсви мѫчаахѫ крьстиıаны горьцѣ *Супр 255, 19.— Ас Сав Боян Супр.— Ср.* чародѣи

ВЛЪШЬБА, -ы *ж* (6) [вль- *Супр* (2)] μαγεία колдовство kouzelnictví, čáry: азъ бо крьстьıанъ ıесмъ и не вѣдѣ ни вльшьбы ни проказьства *Супр 111, 25.— Супр 112, 19; 157, 15-16; 159, 20; 166, 2; 567, 22.— Ср.* влъхованиıе, влъшьствиıе, влъшьство

ВЛЪШЬБЬНЪ, -ыи *прил.* (2) [вльшебънъ *Супр* (1)] μαγικός колдовской kouzelnický: навыкъ зѣло хытрость вльшебънѫѭ *Супр 7, 16.— Супр 567, 3.— Ср.* влъхвовьнъ

ВЛЪШЬСКЪ, -ыи *прил.* (6) [вльш- *Супр* (3)]: старѣишина влъшьскъ ἀρχίμαγος верховный жрец pohanský velekněz: то слышавъша отъ нѥю старѣишинꙑ влъшьскꙑѩ • разгнѣвавъша сѧ зѣло *Супр 260, 7.— Супр 256, 26; 257, 9; 258, 22; 261, 7; 263, 8.— Ср.* влъхвъ

ВЛЪШЬСТВИѤ, -ıа *с* (1) μαγεία колдовство kouzelnictví, čáry: азъ дивлѭ сѧ вида силѫ влъшьствиıа ıего *Супр 151, 8.— Ср.* влъхованиıе, влъшьба, влъшьство

ВЛЪШЬСТВО, -а *с* (5) [вльш- *Супр* (2)] μαγεία, γοητεία колдовство kouzelnictví, čáry: нꙑнıа оувѣдѣхъ ıако тꙑ влъшъствомъ крьмиши сѧ *Супр 165, 29.— Супр 74, 21; 151, 23; 152, 25; 567, 4.— Ср.* влъхованиıе, влъшьба, влъшьствиıе

ВЛЬКЪ, -а *м* (35) [влъ- *Мар* (5) *Ас* (5) *Супр* (9) *Хил* (2)] λύκος, θηρίον (!) волк vlk: ı влькъ расхꙑтитъ ıѩ • ı распѫдитъ овьцѧ *И 10, 12 Зогр Мар Ас.— Зогр Мар Ас Супр Хил*

ВЛЬНА[1], -ы *ж* (28) [влъ- *Зогр* (2) *Мар* (3) *Ас* (1) *Син* (6) *Евх* (3) *Клоц* (1) *Супр* (2)] κῦμα, μετεωρισμός волна vlna: корабь же бѣ по срѣдѣ морѣ вълаıа сѧ влънами *Мт 14, 24 Зогр Мар Ас Боян*; прѣсѣкъшии вльнꙑ морьскꙑѩ *Супр 477, 11.— Зогр Мар Ас Боян Син Евх Клоц Супр*

ВЛЬНА[2], -ы *ж* (1) ἔριον шерсть vlna, rouno: видѣахѫ бо ıемоу сѣдинꙑ бѣлꙑ акꙑ вльнѫ *Супр 47, 29*

ВЛЬНИТИ СѦ, вльнѭ сѧ, вльниши сѧ *несов.* (1) (не вльнѩи сѧ ἀκύμαντος) волноваться (*о море*) vlnit se: сѣдѧштинмъ въ тьмѣ сльньце правьдьноıе ıави сѧ • вл҃ьнѩѭштинмъ отишиıе • и невлънѧштеıе сѧ пристаништ̑е *Супр 251, 21-22*

ВЛЬНЬНЪ, -ыи *прил.* (2) [влън- *Супр* (1)] *греч. нет* волн *род. мн.* vln *род. мн.*: иже по пѣнамъ влънънꙑимъ ходи *Супр 344, 23.— Супр 399, 9*

ВЛЬНIАТИ СѦ, -нıаѭ сѧ, -нıаıеши сѧ *несов.* (1) χειμάζεσθαι носиться по волнам být unášen vlnami: сѣдѧштинмъ въ тьмѣ сльньце правьдьноıе ıави сѧ • вл҃ьнıаѭштинмъ отишиıе • и невлънѧштеıе сѧ пристаништ̑е *Супр 251, 21*

ВЛЬНѤНИѤ, -ıа *с* (5) [влъ- *Зогр* (1) *Ас* (1) *Евх* (1), влънен- (!) *Мар* (1), плъньѣ (! *мн.*) *Евх* (1)] κλύδων волнение (*моря*) vlnobití: запрѣти вѣтроу • ı влънѣнью морьскоумоу *Л 8, 24 Зогр*, влъне⟨н⟩ию водъноумоу *Мар Ас.— Евх 26б 1; 53а 15-16*

ВЛЬЧЬЦЬ, -а *м* (2) τρίβολος волчец bodlák: онъ бо стенати и трѧсти сѧ осѫжденъ бꙑстъ и трьниıе [и трьниıе] и вльчецъ дѣлати *Супр 484, 1.— Супр 483, 29.— Ср.* триволъ, рѣпиıе

ВЛѢШИ, влѣкѫ, влѣчеши *несов.* (17) ἕλκειν, σύρειν; (въспѧть влѣшти ἀνθέλκειν) волочить, тянуть vléci, táhnout: влѣкѫште мрѣжѫ рꙑбъ *И 21, 8 Зогр Мар Ас Сав*; повелѣша ѫжемъ за ногѫ повръзъше и влѣшти *Супр 261, 8.— Зогр Мар Ас Сав Евх Клоц Супр.— Ср.* влачити

в н- *см.* вън-

в о *предлог см.* въ

в о- *приставка см.* въ-

в о а з ъ *Мт 1, 5 Сав см.* воозъ

ВОАНИРЪГЕСЪ *м нескл. прозвание* (2) [воанирѣıеси *Зогр* (1)] Βοανηργές Воанергес Boanergés: и иѣкова зеведеова • ı иоана братра иѣковлѣ • ı нарече има именѣ • воанирѣıесъ • еже естъ с⟨ы⟩на громова *Мк 3, 17 Мар Зогр*

ВОДА, -ы *ж* (>300) [въда *Син* (1)] ὕδωρ, νᾶμα вода voda: приимъ водѫ оумꙑ рѫцѣ прѣдъ народомь *Мт 27, 24 Зогр Мар Ас Сав*; далъ ти би водѫ живѫ *И 4, 10 Зогр Мар Ас*; противѫ силѣ питиıа оученноу почрьпѣмъ водѫ *Супр 312, 29* ● в о д ы *мн.* ὕδατα, ῥεῖθρα, νάματα, ῥεύματα во́ды (*о реке, озере, море*) vodstvo, vody (*v řece, jezeře, moři*): морьскꙑıѩ сланꙑıѩ водꙑ • сладькꙑ бꙑваѭтъ *Евх 26б 5*; д'несь • неръданъскꙑıѩ водꙑ • въ ицѣлениıе авишѧ сѧ ч⟨ловѣ⟩комъ *Евх 2а 21*; и бѫдетъ акꙑ дрѣво сажденоıе при исходиштинхъ водъ *Супр 352, 26* (*Пс 1, 3, ∅ Син*) ● κατακλυσμός потоп potopa: не оштютишѧ • доидеже приде вода • ı възѧтъ всѧ *Мт 24, 39 Зогр Мар Сав* (потопъ *Ас* (2)).— *Зогр Мар Ас Сав Охр Боян Син Евх Клоц Супр Хил.— Ср.* наводиıе, потопъ, рѣка

ВОДИТИ, вождѫ, водиши *несов.* (13) ἄγειν, ὁδηγεῖν, ἀπάγειν водить, вести, сопровождать vodit, vést, doprovázet: слѣпъ же слѣпьца аште водитъ • оба въ ıѣмѫ въпадета сѧ *Мт 15, 14 Зогр Мар*; пѫть водѧи къ от'цоу *Супр 144, 2.— Мк 13, 11 Зогр Мар; Л 6, 39 Зогр Мар; Пс 79, 2 Син; Евх 11б 15; Клоц 10б 26; Супр 171, 20; 350, 21; 350, 26-27.— Ср.* вести

ВОДОНОСЪ, -а *м* (10) ὑδρία сосуд для воды nádoba na vodu: бѣ же тоу водоносъ камѣнъ шесть • по очиштению июдѣıскоу *И 2, 6 Зогр Мар Ас Охр.— И 2,7 Мар Ас Охр; И 4, 28 Зогр Мар Ас.— Ср.* водонось

ВОДОНОСЬ, -и *ж* (8) *греч. нет* сосуд для воды nádoba na vodu: възъмъ водонось • нача ити пѫтьмь на рѣкѫ *Супр 550, 23.— Супр 550, 6; 550, 13; 550, 25; 550, 29; 551, 4; 551, 6; 551, 11.— Ср.* водоносъ

ВОДОПИИЦА, -ѧ *м* (1) *греч. нет* тот, кто пьет воду (*вместо вина*) ten, kdo pije vodu (*místo vína*): бѫди... въ винопитиѣ мѣсто водопиица *Евх 70б 1*

ВОДОТѢЧЬ, -а *м или* **ВОДОТѢЧА**, -ѧ *ж* (1) χείμαρρος поток (воды) tok vody: обрати плѣнениѥ наше акы водотѣча вь югъ *Супр 349, 5* (потокъ *Пс 125, 4 Син*).— *Ср.* потокъ

ВОДЬНОТРѦДОВИТЪ, -ыи *прил.* ὑδρωπικός больной водянкой vodnatelný: ѡ водънотрѫдовитѣмь *Зогр 130а 20.— Мар 76б 31.— Ср.* водьнъ (водьнꙑи трѫдъ имꙑ)

ВОДЬНЪ, -ыи *прил.* (29) τοῦ ὕδατος, τῶν ὑδάτων водный, водяной vodní, vod *род. мн.*: авишѧ сѧ істочъниці водъниі *Пс 17, 16 Син*; да не потопитъ насъ воура водьнаа *Супр 77, 20* ◆ водьнꙑи трѫдъ, водьнꙑи прѣлогъ (водьнꙑи трѫдъ имꙑ ὑδρωπικός) водянка vodnatelnost: чл⟨о⟩в⟨ѣ⟩къ единъ имꙑ водънꙑи трѫдъ *Л 14, 2 Мар Ас Сав* (∅ *Зогр*); мол⟨итва⟩ над⟨ъ⟩ трѫдовитомь [и] водънꙑими прѣлогꙑ *Евх 31а 17-18.— Мар Ас Сав Син Евх Супр*

ВОЖДЬ, -а *м* (6) [-дъ *Ас* (1)] **1.** ὁδηγός поводырь vůdce: горе вамъ вожди слѣпии *Мт 23, 16 Мар* (∅ *Зогр*) **2.** ἡγούμενος, προηγούμενος, ἡγεμών вождь, владыка vůdce, vévoda: ис тебе бо изидетъ вождъ • иже оупасетъ люди своѩ и⟨здраи⟩лѣ *Мт 2, 6 Ас* (вл⟨а⟩д⟨ꙑ⟩ка *Сав*, ∅ *Зогр Мар*).— *Мт 15, 14 Зогр Мар; Мт 23, 24 Мар; Евх 51б 9.— Ср.* владꙑка, игемонъ

ВОЗЪ, -а *м* (1) ἅμαξα повозка vůz: повелѣста же мѫчителѣ привести возꙑ *Супр 80, 12.— Ср.* колесьница, коло (кола)

ВОИ, вои *м мн.* (19) στρατιά, στρατός, στράτευμα, τὰ στρατεύματα, τὰ στρατόπεδα войско, войска vojsko: егда же оузьрите • обьстоіѧмъ вої іи⟨роуса⟩л⟨и⟩мъ *Л 21, 20 Зогр Мар*; въста зълодѣи на крьстиꙗнꙑ • и в'сѧ воѩ своѩ оустроивъ... къ аморії приде *Супр 56, 13* ● οἱ στρατιῶται солдаты vojáci: азъ ч⟨ловѣ⟩къ есмь подъ властелꙑ • оучиненъ • імѣѩ подъ собоѭ воѩ *Л 7, 8 Зогр Мар* (воинꙑ *Ас Сав*); б⟨ог⟩ъ биенꙑ пилатомь • і прѣданꙑ на распѧтие • веденꙑ вои пилаци *Евх 49б 21* ◆ воѩ сътворити ἐκστρατεύειν послать войска *против кого-л.*, начать войну vypravit vojsko, zahájit válku: ѳеѡфилъ... воѩ сътворивъ на скврънавꙑѩ срацинꙑ *Супр 56, 2.— Зогр Мар Ас Боян Евх Супр.— Ср.* воинъ, воиньство

ВОИНЪ, -а *м* (>100) στρατιώτης, στρατευόμενος, στρατευσάμενος, στρατηλάτης, διωγμίτης, δήμιος, προτίκτωρ, σπεκουλάτωρ, στρατηγός (!); (воини στρατός, στρατιά, λαὸς πανστρατί, τάξις, στράτευμα; воинъ бꙑти στρατεύεσθαι) воин voják: воіни же ведошѧ і вънѫтрь на дворъ *Мк 15, 16 Зогр Мар*; приходѧ къ тъмничьноуоумоу • стражоу • и къ воиномъ даѩ имъ много злато *Супр 98, 18*; нѣкоторꙑи добии воинъ пъваѩ своеѭ силоѭ *Супр 105, 11*; непотрѣбьноуоумоу рабоу воини ѥсте *Супр 107, 27* ● *перен.*: свѣтелъ сꙑ благодѣтниѥ и истинънꙑи х⟨ристосо⟩въ воинъ *Супр 62, 28*; непобѣдни сѫште о къзнехъ • воина твоѥго сотонꙑ *Супр 100, 3.— Зогр Мар Ас Сав Боян Ен Евх Клоц Супр.— Ср.* вои, оими (*мн.*), ратьникъ

ВОИНЬСТВО, -а *с* (10) **1.** στρατιά, στρατεία войско, воинство vojsko: вьсемоу воинъствоу ѥго господинъ бꙑхъ *Супр 113, 20*; с⟨вѧ⟩тꙑхъ а⟨н⟩ѣ⟨е⟩лъ воинъства *Евх 93б 2* **2.** στρατεία, ζώνη (!) военная служба, принадлежность к воинскому сословию vojenská služba, příslušnost k vojenskému stavu: крьстиꙗни же иже бѣ'хѫ въ воиньствѣ вьси ноуждаахѫ сѧ от нихъ жрьти бѣсомъ *Супр 69, 1*; не покоривъшемъ сѧ отъѩти поꙗсꙑ и воиньство *Супр 73, 27-28.— Евх 50б 8; 52а 9; Супр 55, 11-12; 70, 5; 147, 14; 439, 10.— Ср.* воинъ

воінѫ *Пс 34, 27 Син; 69, 5 Син см.* вꙑинѫ

ВОИСКА, -ꙑ *ж* (1) *греч. нет* война vojenské tažení: мол⟨итва⟩ на воискѫ идѫште *Евх 19а 1*

воле *Супр см.* волѥ

ВОЛИТИ, -лѭ, -лиши *несов.* (6) **1.** βούλεσθαι хотеть chtít: о⟨ть⟩че аще волиши мімо неси чашѫ сиѭ отъ мене *Л 22, 42 Мар* (велиши *Зогр*) **2.** μᾶλλον αἱρεῖσθαι предпочитать, выбирать raději chtít, volit: волимъ арианъскѫѭ вѣрѫ неже къ коупносѫштию приложити сѧ *Супр 202, 1.— Мт 11, 27 Зогр Мар Ас; Евх 73б 5.— Ср.* велѣти, хотѣти

ВОЛОВЬНЪ, -ыи *прил.* (4) τῶν βοῶν воловий, волов *род. мн.* volský, volů *род. мн.*: сѫпрѫгъ воловънꙑхъ коупихъ пѧть *Л 14, 19 Зогр Мар Ас Сав*

ВОЛЪ, -оу *м* (21) βοῦς вол vůl: которааго васъ • осьлъ • ли волъ • въ кладѧзь въпадетъ сѧ *Л 14, 5 Зогр Мар Ас Сав*; стада различь воловъ *Супр 42, 29.— Зогр Мар Ас Сав Син Евх Супр*

ВОЛЬНЪ, -ыи *прил.* (8) ἑκούσιος добровольный, сознательный, умышленный, вольный dobrovolný, chtěný, úmyslný: отъдаждь... прѣгрѣшениѣ наша • вольнаа и невольнаа *Евх 66а 3*; вольнии грѣси *Супр 127, 4.— Пс 67, 10 Син; 118, 108 Син; Евх 73б 13; Супр 135, 29; 334, 14-15; 503, 9.— Ср.* своѥвольствьнъ

ВОЛꙖ, -лѩ ж (>200) **1.** θέλημα, βούλημα, βούλησις, προαίρεσις, γνώμη воля vůle: ꙇже бо аште творитъ волѭ о⟨ть⟩ца моего *Мт 12, 50 Зогр Мар*; о мнѣ створиті волѭ твоѭ б⟨о⟩же мои не въсхотѣхъ *Пс 39, 9 Син* □ волѭ имѣти съ чимь; чесомоу συνευδοκεῖν соглашаться, одобрять souhlasit, schvalovat: волѭ ꙇмате • съ дѣлы о⟨ть⟩ць вашихъ *Л 11, 48 Зогр*, дѣломъ *Мар*; по воли ἑκών, κρίνας (!); (не по воли ἄκων) добровольно dobrovolně: имъже не по воли жърѫтъ *Супр 126, 11*; въ темницѫ идемъ по воли *Супр 130, 16*; волеѭ ἑκών, ἑκουσίως, ἐκ προθέσεως, κατὰ πρόθεσιν, γνώμῃ, τῷ θελήματι добровольно dobrovolně: ѣже сътворихъ волеѭ *Евх 68б 9*; волеѭ на сьпасьнѫѭ страсть съ вами придетъ *Супр 331, 26*; без волѩ οὐ κατὰ πρόθεσιν против воли nedobrovolně: без волѧ отъ нихъ... въкоушьше *Евх 22б 17-18* **2.** πόθος, προαίρεσις, μανία стремление, желание přání, touha: отъсѣче отъ себе вьсѧ своѩ волѧ *Супр, 273, 10*; да бѫдеши мѫченикъ волеѭ • и излѣзеши бeз гонениꙗ • безъ огнѣ • без-д-ранъ тѣхъжде мѫкъ съподобьѥнъ *Супр 82, 10* **3.** βία насилие násilí: а не акы инѣхъ волеѭ • и насъ въсхытивъше ведете *Супр 130, 17* **4.** εὐδοκία благоволение zalíbení: ей • о⟨ть⟩че • ѣко тако быс⟨ть⟩ волѣ прѣдъ тобоѭ *Мт 11, 26 Зогр Мар* **5.** ἔνδοσις, γνώμη, προαίρεσις воля, свобода (*действий, решений*) možnost, svoboda: дадите ми волѭ мало дьниі • да шедъ оустроѭ жѫжикы своѩ *Супр 16, 13*; волꙗ ѥмоу бѣ дана *Супр 414, 3.— Зогр Мар Ас Сав Ен Син Евх Клоц Супр Рыл Зогр-лл.— Ср.* хотѣниѥ, благоволѥниѥ, желаниѥ, замысль; без волѩ, не по воли *ср.* неволꙗ (неволѥѭ)

ВОЛѤ *межд. и частица* (16) [воле *Супр* (16)] I. *межд.* волѥ же δεῦρο δή итак, давайте nuže: воле же оубо... памѧть на обьштѫ ползѫ... състроимъ *Супр 83, 3* ● οὖν, εἶτα (!) и вот, а вот nu a, a hle, avšak hle: воле же чьто сътворилъ тъгда владꙑка тъ *Супр 86, 22* II. *частица* волѥ, волѥ же ἆρα δέ разве, ли zdaž, což(pak): воле же и рѫцѣ сълагаѥши • простеръшоуоумоу исъхъшии рѫцѣ • или и нозѣ по законоу мрьтвꙑимъ вѧжеши *Супр 456, 28* □ волѥ (же) оубо ἆρα, ἆρα γάρ, ἆρα δέ разве не, ли, истинно ли zda tedy, zda opravdu: воле оубо и своима прьстома • ꙗко мрьтвоу ісоусови затвараѥши очи *Супр 456, 24*; воле же оубо и на одрѣ въздвижеши • рекъшоуоумоу ослабьѥноуоумоу жилами възми свои одръ и ходи *Супр 457, 2.— Супр.— Ср.* веле, се, есе, и, ли, оубо

вон- *см.* вън-

ВОНꙖ, -нѩ ж (11) **1.** ὀσμή запах vůně: храмина же ꙇсплъни сѧ • отъ вонѩ хризмьнꙑѩ *И 12, 3 Зогр Мар Ас Сав* □ добраꙗ вонꙗ ἄρωμα аромат, благовоние vůně: стран'ниї множаахѫ сѧ к ѥмоу • добрꙑѩ ради вонѧ имени ѥго *Супр 549, 13* **2.** вонѩ *мн.* τὰ ἀρώματα, τὰ εἴδη (!) благовония vonné látky, masti: мѵромъ ѥже ѥстъ различь вонꙗми оустроѥно *Супр 425, 22-23*; сь вонꙗми многоцѣньнꙑими • обив'ше... положишѧ чьстъноѥ ѥго тѣло въ томъ гробѣ *Супр 532, 6.— Евх 15б 13; 95а 19; Супр 143, 13; 349, 16.— Ср.* благоѫханиѥ, добровониѥ; хризма,ароматъ, мѵро, масть

ВОНꙖТИ, -ꙗѭ, -ꙗѥши *несов.* (3) (вонꙗѩ μυρόπνευστος; добрѣ вонꙗти μυριπνοεῖν) (приятно) пахнуть, благоухать vonět: днес⟨ь⟩ самъ неръданъ вонѣѥтъ мастиѭ • благоѫханьноѭ *Евх 3б 7-8* ● *перен.*: въ црькъвнѣѥмъ ликоуѭтъ чрьтозѣ • и ѥже въ благодѣти добрѣ вонꙗѥтъ • благочьстиѥ носѧтъ *Супр 335, 10.— Евх 2а 23*

вооанирѥси *Мк 3, 17 Зогр см.* воанирѫгесъ

ВООЗОВЪ *прил. к* воозъ (2) τοῦ Βοός Воозов Boozův: с⟨ы⟩нъ сꙑ... воозовъ *Л 3, 32 Зогр Мар*

ВООЗЪ, -а *м имя* (4) [воазъ *Сав* (1), воозь *Ас* (1)] Βοός Вооз Booz: салмонъ же роді вооза от⟨ъ⟩ рахавꙑ • воозь же роді овида *Мт 1, 5 Ас Сав*

воп- *см.* въп-

ВОСКЪ, -а *м* (6) κηρός воск vosk: ѣко таетъ воскъ отъ лицѣ огнѣ *Пс 67, 3 Син.— Пс 21, 15 Син; 57, 9 Син; 96, 5 Син; Супр 153, 2; 462, 21*

вотъ *Л 24, 27 Охр см.* отъ

ВОЩАГА, -ꙑ *ж* (1) μάστιξ кнут, плеть bič, důtky: огнь готовъ мечь изъоштренъ • распѧтиѥ поставьѥно • пропасть • коло воштагꙑ *Супр 85, 17.— Ср.* бичь

ВОѤВАТИ, воюѭ, воюѥши *несов.* (3) πολεμεῖν; (на бога воюѩ θεομάχος) воевать bojovat: воѥвавъше на доушепагоубьнꙑѩ коумирѧ *Супр 542, 18*; заклинаѭ тѧ... мѫчителѣ ꙇ воѩ на б⟨ог⟩а воюѭщѧ *Евх 52б 13.— Супр 514, 19.—* на бога воюѩ *ср.* богоборьнъ, богокоторьнъ, богосварьнъ

ВОѤВОДА, -ꙑ *м* (89) **1.** στρατιώτης военачальник vojevůdce: подобааше бо варити воиноу воѥводѫ *Супр 245, 16* **2.** ἡγεμών, ἡγούμενος, ἄρχων, στρατηγός; (воѥвода быти ἡγεμονεύειν) правитель, владыка vladař, vévoda: прѣдъ воеводами • ꙇ ц⟨ѣса⟩ри станете мене ради *Мк 13, 9 Зогр Мар*; воѥвода же агрипъ вълѣзъ въ амасиїскъ градъ • съзъва старѣишинꙑ града *Супр 17, 5.— Зогр Мар Ен Супр.— Ср.* владꙑка, игемонъ, кънѧзь

ВОѤВОДИНЪ *прил.* (4) τοῦ ἡγεμόνος правителя, владыки *род.* vladařův, vévodův: **иждє бѣашє корабь воѥводинъ** *Супр 151, 13.— Супр 18, 28; 151, 17; 154, 4.— Ср.* **игємоновъ**

ВОѤВОДЬСКЪ, -ыи *прил.* (1) στρατηγικώτατος военачальника *род.* velitelský: **глаголъ єтеръ крѣпокъ • и арханг҃єльскъ • и воѥводьскъ свѣтълъ** *Супр 464, 14*

ВОѤВОДЬСТВО, -а *с* (1) στρατηγία должность военачальника hodnost vojevůdce: **въ мноsѣхъ старѣишиньствѣхъ градъскы лѣпьствовавъшемъ • въ воѥводьствѣхъ же • и народоводимѣхъ** *Супр 278, 23*

воѭжи *Супр 514, 19 см.* **воѥвати**

врабеи *Пс 10, 1 Син см.* **врабии**

ВРАБИИ, -иꙗ *м* (1) στρουθίον воробей vrabec: **прѣвітаі по горамъ ѣко птіца • врабеі** *Пс 10, 1 Син*

ВРАГЪ, -а *м* (>200) ἐχθρός, πολέμιος, ἀλλότριος (!), πάθος (!), ὁ πλησίον (!) враг nepřítel: **възлюбиши подроуга своего • і възненавидиши врагы своѩ** *Мт 5, 43 Зогр*, **врага своего** *Мар Ас Сав*; **покори ємоу в'сѧ врагы • і сѫпостатꙑ** *Евх 5б 24*; **ѡ крамольниче б⟨о⟩жиї и враже истинѣ** *Супр 49, 30* ● *перен. о дьяволе*: **прѣскврьнънꙑи бо врагъ родоу чл⟨овѣ⟩ч⟨ь⟩скоу** *Супр 519, 16.— Зогр Мар Ас Сав Унд Ен Син Евх Клоц Супр Рыл*

вражд- *см.* **вражьд-**

ВРАЖЕНИѤ, -иꙗ *с* (1) *греч. нет* предсказание, гадание, ворожба věštění, hádání: **въпадаѭ... въ чародѣаниѣ • въ враженіѣ** *Евх 68б 1*

ВРАЖИИ *прил.* (21) τοῦ ἐχθροῦ, ἐχθροκράτης вражеский, вражий nepřítelův, nepřátelský: **се дахъ вамъ власть настѫпати... на вьсѫ силѫ вражиѭ** *Л 10, 19 Зогр Ас* (2) *Сав* (2) (**врага** *Мар*); **отъ страха вражіѣ ізъмі д⟨оу⟩шѫ моѭ** *Пс 63, 2 Син* ● *перен. о дьяволе*: **раздрѣши кꙑзни вражиѩ** *Евх 62б 25.— Зогр Ас Сав Син Евх Супр*

ВРАЖЬДА, -ы *ж* (14) ἔχθρα, ἐχθρός (!), τυραννίς; (**не помьнѣти вражьдꙑ** ἀμνησικακία) вражда, злоба nepřátelství, zášti: **о не помьнѣти вражьдꙑ** *Мар 43б 26*; **бываатъ бо врѣмѧ поврѣшти вражьдꙑ** *Супр 357, 5* ◆ **вражьдѫ имѣти, дрьжати** ἐν ἔχθρᾳ εἶναι, ἐχθραίνειν, μένειν ἐχθραίνων питать злобу, ненависть, вражду chovat nepřátelství, nevražit, nenávidět: **прѣжде бо бѣашете вражьдѫ имѫшта междю собоѭ** *Л 23, 12 Зогр Мар*; **а ли тꙑ съ клеврѣтомъ своимъ моудиши • вражьдѫ дръжа** *Супр 422, 7-8.— Евх 103а 24-25, Клоц 8б 21; 8б 33; Супр 274, 13; 336, 28; 388, 27; 400, 20; 421, 28; 422, 18-19.—* **вражьдѫ имѣти** *см.* **вражьдовати**

ВРАЖЬДОВАТИ, -доуѭ, -доуѥши *несов.* **комоу, на кого** (7) ἐχθραίνειν, ἐγκοτεῖν, μηνίειν питать вражду, злобу, ненависть, ненавидеть chovat nepřátelství, nevražit, nenávidět: **тꙑ поразі вьсѩ вражьдоуѭщѩѩ мнѣ въсоуе** *Пс 3, 8 Син*; **да не порадоуѭтъ ми сѩ вражьдоуѭщіі на мѩ • бес правъдꙑ** *Пс 34, 19 Син.— Пс 54, 4 Син; 102, 9 Син; Евх 34а 12; Супр 406, 26; 563, 17.— Ср.* **вражьда (вражьдѫ имѣти, дрьжати)**

ВРАЖЬСКЫ *нареч.* (1) *греч. нет* вражески nepřátelsky: **вьзнесеньѥ • ѥже бѣ кнѧзъ вѣка сего вражьскꙑ въсхꙑтилъ себѣ** *Супр 545, 21*

врамѩ *Пс 80, 16 Син см.* **врѣмѧ**

ВРАНЪ, -а *м* (4) κόραξ ворон havran, krkavec: **съмотрите вранъ • како не сѣѭтъ ни жьн҃ѭтъ** *Л 12, 24 Зогр Мар* ◆ **вранъ нощьнъ** νυκτικόραξ сыч sýček: **бꙑхъ ѣко нощънꙑ вранъ на нꙑрищі** *Пс 101, 7 Син.— Супр 460, 19*

ВРАТА, -ъ *с мн.* (90) πύλη, αἱ πύλαι, πυλών, θύρα, τὰ παντόθυρα, πόρτη ворота, дверь vrata, brána, dveře: **вьнидѣте ѫзъкꙑми вратꙑ** *Мт 7, 13 Зогр Мар Ас*; **ѡ мьнѣ глоумлѣхо** (! *вм.* **глоумлѣахѫ**) **сѩ сѣдѩштеі въ вратѣхъ** *Пс 68, 13 Син*; **врата адовъскаꙗ съкроушивъ** *Супр 459, 12.— Зогр Мар Ас Сав Ен Син Евх Клоц Супр.— Ср.* **дврь**

ВРАТАРИЦА, -ѧ *ж* (1) ἡ θυρωρός привратница vrátná: **ѥли бо връховьн҃и-ї-хъ • вратарицѧ женꙑ словесе не сътрьпѣ** *Супр 442, 20.— Ср.* **двьрьница**

ВРАТАР҃Ь, -рꙗ *м* (3) ὁ θυρωρός, ἡ θυρωρός (!) привратник dveřník, vrátný: **повелѣ вратароу призъвати диꙗкона филеа** *Супр 224, 14*; **рече вратареви** *И 18, 16 Сав* (**двьрьници** *Зогр Ас, Ø Мар*).— *Супр 224, 1.— Ср.* **вратьникъ, двьрьникъ**

ВРАТИТИ СѦ, вращѫ сѧ, вратиши сѧ *сов.* (5) **1.** ὑποστρέφειν вернуться vrátit se: **въставъша во тъ часъ вратисте сѧ въ і⟨ероусали⟩мъ** *Л 24, 33 Мар* (**възвратісте сѧ** *Ас, Ø Зогр*) **2.** στρέφεσθαι обернуться, повернуться obrátit se: **ни помѣтаіте бисеръ вашихъ прѣдъ свин҃иѣми. да не... враштьшѧ сѧ растръгнѫтъ вꙑ** *Мт 7, 6 Зогр*, **вращьше сѧ** *Мар Сав* (**възвращьше сѧ** *Ас*).— *Супр 43, 26.— Ср.* **възвратити сѧ, обратити сѧ**

ВРАТЪ[1], **-а** *м* (2) κοχλίας колесо, орудие пытки kolo, mučidlo: **въложишѧ и въ вратъ... и тоу съломишѧ вьсѧ кости ѥмоу** *Супр 270, 15.— Супр 269, 3*

ВРАТЪ[2], **-а** *м* (1) πτερύγιον крыша (двускатная) střecha (sedlová): **тогда і поѩтъ диꙗволъ... и постави і на вратѣ цр⟨ь⟩к⟨ъ⟩вьнѣмь** *Мт 4, 5 Сав* (**на крилѣ** *Зогр Ас, Ø Мар*).— *Ср.* **крило**

ВРАТЪКЪ, -ꙑи *прил.* (1) εὐπερίτρεπτος шаткий, неустойчивый vratký, nestálý: вратка наша мꙑслъ *Супр 410, 4*

ВРАТЬНИКЪ, -а *м* (5) θυρωρός, πυλωρός привратник vrátný, dveřník: вратьникоу повелѣ да бьдитъ *Мк 13, 34 Зогр Мар.— Клоц 13а 32; Супр 450, 2; 464, 19.— Ср.* ватарь, двьрьникъ

ВРАЧЕВАТИ, -чоуѭ, -чоукши *несов.* (1) *греч. нет* лечить, врачевать léčit, uzdravovat: богоу подавъшоу емꙋ врачевати • различьнꙑѩ и многоличьнꙑѩ ѩзꙙ *Супр 556, 3.— Ср.* ицѣлѣвати, цѣлити

ВРАЧЕВЪ *прил.* (1) τοῦ ἰατροῦ врача *род.* lékařův: не врачево то съгрѣшение *Супр 414, 5* (бали неповінънь *Клоц 5а 40*)

ВРАЧЕВЬНЪ, -ꙑи *прил.* (1) *греч. нет* врачебный lékařský: болѣзни врачевьнааго ицѣленьꙗ *Супр 556, 25-26.— Ср.* врачевьскъ

ВРАЧЕВЬСКЪ, -ꙑи *прил.* (1) τῶν ἰατρῶν врачей *род. мн.* lékařský, lékařů *род. мн.*: ꙗкоже бо врачевьстии отроци змиинꙑѩ ꙗзвꙑ цѣлꙙтъ *Супр 430, 14.— Ср.* врачевьнъ

ВРАЧЬ, -а *м* (36) ἰατρός, τὸ ἰατρεῖον (!) врач lékař: не трѣбоуѭтъ съдрави врачевъ *Мк 2, 17 Зогр* (балиѩ *Мар*); азъ повелѭ врачемъ ицѣлити тꙙ *Супр 115, 4.— Зогр Мар Ас Сав Унд Евх Супр.— Ср.* бални, ицѣлитель, цѣлитель

ВРАЧЬБА, -ꙑ *ж* (2) [-ч'ба *Супр* (2)] θεραπεία лечение, врачевание, излечение léčba, léčení, vyléčení: творѣше ки ꙗже на врач'бѫ *Супр 516, 22.— Супр 556, 27.— Ср.* балованик, бальство, ицѣльба, ицѣленик, лѣчьба, цѣлꙑ, цѣльба, цѣленик

ВРАЧЬБЬНО *нареч.* (1) ἰατρικῶς целительно lékařsky: не тол'ми богочьстьно отъвѣшташꙙ • еми врачьбно *Супр 314, 13*

ВРАЧЬБЬНЪ, -ꙑи *прил.* (1) θεραπευτικός лечащий, врачующий mající schopnost léčit, uzdravovat, léčící: рѫцѣ-и слѣпꙑихъ цѣльбьнѣи • хромꙑихъ врачьбьнѣи *Супр 431, 20.— Ср.* цѣльбьнъ

ВРЪХОСЪ, -а (?) *м* (1) βροῦχος *разновидность нелетающей саранчи druh nelétavých kobylek*: зачьнѫ нꙑнѣ г⟨лаго⟩лати • имена гадомъ • прѫгъ • сланѫ... каръкиносъ • връхосъ *Евх 59а 18.— Ср.* връхъ

ВРЪХЪ, -а *м* (1) *греч. нет разновидность нелетающей саранчи druh nelétavých kobylek*: осоуша еѭ • і (! *вм.* осоушаѩі) великꙑ връхъ • в'сѣкꙑ гадꙑ • ѡтидѣте отъ лозиѣ • ѡтъ нивъ • ѡтъ вратоградъ *Евх 59а 20.— Ср.* връхосъ

ВРЬБИЕ, -ꙗ *с собир.* (3) [връ- *Син* (1)] αἱ ἰτέαι ивы *мн.*, вербы *мн.* vrboví, vrby *мн.*: на връбии по срѣдѣ ѥѩ (! *вм.* еѩ) • обѣсихомъ оръган[ъ]ꙑ нашѧ *Пс 136, 2 Син; Клоц 7а 31; Супр 418, 22*

ВРЬБЬНИЦА, -ѧ *ж* (3) [връб- *Евх* (1) *Супр* (1)] βαϊοφόρος, τὰ βαΐα Вербное воскресенье Květná neděle: свꙙтааго отца нашего ïѡана златооустааго • слово на врьбьницѫ *Супр 318, 11.— Евх 15б 24; Супр 332, 14.— Ср.* цвѣтьнъ (недѣлꙗ цвѣтьнаꙗ)

ВРЬВЬ, -и *ж* (4) [връ- *Зогр* (1) *Мар* (1) *Ас* (1) *Супр* (1)] σχοινίον веревка provaz: сътворь ѣко бичь отъ връвиі *И 2, 15 Зогр Мар Ас.— Супр 270, 7*

ВРЬЖЕНИЕ, -ꙗ *с* (2) [връ- *Зогр* (1) *Мар* (1)] βολή бросание, бросок hození, hod: самъ отъстѫпи отъ нихъ • ѣко връженье камени *Л 22, 41 Зогр Мар*

ВРЬСТА, -ꙑ *ж* (12) [връ- *Евх* (1) *Супр* (9)] ἡλικία **1.** возраст věk: шесть на десꙙте лѣтъ оубо сѫштоу блаженоуоумоу връстоѭ *Супр 272, 30* **2.** οἱ συνήθεις поколение, сверстники pokolení, vrstevníci: отъметаеши бо сѧ родитель • братриѩ женꙑ и дѣтеи • ѫжикꙑ • и в'сего рождениѣ • дроугъ и връстъ *Евх 90а 1.— Супр 11, 6; 98, 14-15; 252, 30; 279, 15; 279, 26; 288, 28-29; 295, 7; 302, 12; 302, 20; 324, 3.— Ср.* въздрастъ

ВРЬТОГРАДАРЬ, -рꙗ *м* (2) [врът- *Мар* (1) *Ас* (1)] κηπουρός садовник zahradník: мьнѧшти ѣко вратоградарь естъ *И 20, 15 Мар Ас* (∅ *Зогр*)

ВРЬТОГРАДЪ, -а *м* (8) [врът- *Зогр* (1) *Мар* (1) *Ас* (1) *Евх* (3)] κῆπος огород, сад zahrada, sad: да отъженѫтъ... в'се еже обидитъ вина • і нивꙑ • і врътоградꙑ *Евх 59а 13-14* ● *греч. нет* райский сад rajská zahrada: тебе ради ишьдъшааго отъ врьтограда • июдеѡмъ прѣданъ бꙑхъ отъ врьта • и въ врьтѣ осѫжденъ бꙑхъ *Супр 469, 4-5.— Л 13, 19 Зогр Мар Ас Сав; Евх 59а 22-23; 59б 8-9.— Ср.* врьтъ, врьтъпъ, врьтъпоградъ, градъ

ВРЬТЪ, -а *м* (11) [врът- *Зогр* (2) *Мар* (1) *Ас* (5) *Евх* (1)] κῆπος огород, сад zahrada, sad: не азъ ли тѧ видѣхъ въ врътѣ съ нимь *И 18, 26 Зогр Ас* (въ градѣ *Сав*, ∅ *Мар*).— *И 18, 1 Зогр Мар Ас* (2); *И 19, 41 Ас* (2); *Евх 59а 7; Супр 469, 5; 469, 5-6.— Ср.* врьтоградъ, врьтъпоградъ, врьтъпъ, градъ

ВРЬТЪПОГРАДЪ, -а *м* (3) [врът'п- *Супр* (2), вратп- *Супр* (1)] παράδεισος сад, зверинец zahrada, obora: намъ повелѣ прити къ врът'поградоу семоу *Супр 224, 10.— Супр 223, 10; 223, 28-29.— Ср.* врьтоградъ, врьтъ, врьтъпъ, градъ

ВРЬТЪПЪ, -а *м* (16) [врътъ- *Зогр* (4) *Мар* (5) *Клоц* (1) *Супр* (3), врато- *Син* (1), врьть- *Супр* (2)] **1.** κῆπος огород, сад zahrada, sad: бѣ же на мѣстѣ • ідеже і пропѧшꙙ • врътъпъ

• ι въ врътъпѣ гробъ новъ *И 19, 41 Зогр Мар* (врътъ... въ врътѣ *Ас*) **2.** σπήλαιον пещера jeskyně, sluj: егда бѣжа отъ лица саоулова въ врътопъ *Пс 56, 1 Син*; како обита въ гробѣ не оставл҃ии прѣстола отъча • како въ врата врътъпоу въходитъ *Супр 459, 9* ● притон, вертеп doupě, peleš: храмъ... вы же сътвористе и • врътъпъ разбоиникомъ *Мк 11, 17 Зогр Мар.— Зогр Мар Син Клоц Супр.— Ср.* врьтоградъ, врьтъ, врьтъпоградъ, градъ, пещера, пещь

ВРЬТѢТИ СѦ, врьщѫ сѧ, врьтиши сѧ *несов.* (1) κυκλοῦν ворочаться, вертеться vrtět se, obracet se: горѣ и долоу врьтитъ сѧ *Супр 366, 27*

ВРЬХОВЬНЪ, -ыи *прил.* (1) κορυφαῖος верховный, высший, стоящий во главе, главный vrchní, nejvyšší, přední, hlavní: с⟨вѧ⟩тоую връховноую ап⟨осто⟩лоу • петра и павла *Ас 149б 24.— Ср.* врьховьнь

ВРЬХОВЬНЬ, -ни *прил.* (9) [връх- *Служ* (1) *Евх* (2) *Супр* (4)] κορυφαῖος, ἀρχηγός верховный, высший, главный vrchní, nejvyšší, přední: връховьнюмоу ап⟨осто⟩лоу петроу *Евх 20б 19-20*; блаженъи петръ врьховьнии апостоломъ *Супр 526, 24.— Служ 1б 11-12; Евх 22б 6-7; Супр 122, 18; 442, 20; 471, 29; 541, 21; 542, 11.— Ср.* врьховьнъ

ВРЬХОУ *нареч. и предлог* (26) [връхоу *Зогр* (2) *Мар* (6) *Ас* (5) *Син* (1) *Евх* (1) *Супр* (4) *Хил* (1)] ἐπάνω **I.** *нареч.* ἐπ᾽ αὐτῶν наверху, сверху navrchu, nahoře: възложишѧ връхоу ризы своıѧ *Мт 21, 7 Мар Ас Сав*; акы кораби връхоу плаваахѫ *Супр 66, 24* **II.** *предлог с род.* **1.** *при указании места или направления действия* на (*с предл. и вин.*), поверх (*с род.*) na (*с предл. и вин.*): не можетъ градъ оукрытı сѧ връхоу горы стоıѧ *Мт 5, 14 Ас Зогр* (∅ *Мар*); походилъ ıако же по соухоу врьхоу морıа *Супр 473, 18*; м⟨а⟩ти его повръже и врьхоу ихъ *Супр 80, 22* **2.** *при указании предмета, выше которого что-л. находится или кладется* над (*с тв.*) nad (*с тв.*): вельѣ връхоу н⟨е⟩б⟨е⟩съ милость твоѣ *Пс 107, 5 Син*; положишѧ връхоу главы его • винѫ напсанѫ *Мт 27, 37 Зогр Мар Ас Сав.— Зогр Мар Ас Сав Син Евх Супр Хил.— Ср.* врьхъ (на врьхоу), выше, горѣ, надъ

ВРЬХЪ, -оу *м* (19) [връх- *Зогр* (4) *Мар* (4) *Ас* (3) *Охр* (1) *Син* (2) *Евх* (3) *Супр* (1)] ἄκρον, κορυφή, ὀφρῦς верх, вершина, темя vrch, vrchol, temeno: ведошѧ ı до връхоу горы *Л 4, 29 Зогр Мар*, до връха *Ас*; бѫдетъ оутвръждение на земли на връхоу [го]горъ *Пс 71, 16 Син*; на връхъ емоу неправьда его сънідетъ *Пс 7, 17 Син* ● *перен. греч. нет* величайший největší: начьнъ же отъ мосеа • дроуга б⟨о⟩жнıаго връха пророкъ *Супр 478, 6* ♦ съ врьхоу ἐκ τῶν ἄνωθεν сверху svrchu, schora: бѣ же хитонъ нешьвенъ • ι съ връхоу ıсткан҄ъ вьсь *И 19, 23 Зогр Мар*; на врьхоу ἐπάνω наверху nahoře: звѣзда... ста на врьхоу • идеже бѣ отроча *Мт 2, 9 Сав* (връхоу *Ас*, ∅ *Зогр Мар*); до врьха **а)** ἕως ἄνω доверху až dovrchu: бѣ же тоу водоносъ камѣнъ шесть... ι наплънишѧ до връха *И 2, 7 Зогр Мар Ас Охр* **б)** (до врьха плодъ творити τελεσφορεῖν) в высшей степени, полностью v nejvyšší míře, plně: подавл҄ѣѭтъ сѧ • ι не до връха • плода творѧтъ *Л 8, 14 Зогр Мар Ас* (до коньча *! вм.* до коньца *Сав*).— *Зогр Мар Ас Охр Син Евх Супр.—* съ врьхоу *ср.* гора (отъ горы); на врьхоу *ср.* врьхоу, горѣ; до врьха *ср.* коньць (до коньца)

ВРѢДИТИ, врѣждѫ, врѣдиши *сов.* (27) βλάπτειν, ἀδικεῖν, τραυματίζειν, παραθλίβειν, κηλιδοῦν (!), πολιορκεῖν (!); (не врѣжденъ ἀδιάνοικτος!) повредить, причинить вред uškodit, poškodit, ublížit: аще и съмрътъно что испиѭтъ ничътоже ихъ не врѣдитъ *Мк 16, 18 Мар Ас* (∅ *Зогр*); не дажди емоу врѣдити плъти • ни оуда ни жилъ • ни приближити сѧ д⟨оу⟩ши его *Евх 42б 3*; вѣждъ ıако же изидеши • и ни едного отъ оудовъ его врѣдиши • или и врѣдивъ отидеши отъ н҄его *Супр 554, 19*; ıако не врѣди его никакоже таковаıа мѫжа *Супр 269, 1*; врата гроба и печатии неврѣждены съхранıаѧ *Супр 459, 15.— Зогр Мар Ас Сав Евх Клоц Супр.— Ср.* обидѣти

ВРѢДЪ[1], -а *м* (32) **1.** πάθος, λώβη; (ничесоже примъ врѣда ἀπαθής) рана, ранение rána, poranění: д⟨оу⟩ха • ıцѣлѣѭщааго от⟨ъ⟩ в'сѣкоıѧ болѣзни • ι в'сего строупа • и в'сего врѣда *Евх 41б 6*; и врѣд' рѫкы лѣвыѧ прѣтръпѣвъшоу *Супр 521, 10* ● *греч. нет* нарыв, чирей vřed, nežit: мол⟨итва⟩ над⟨ъ⟩ емоуже естъ врѣдъ въ оустѣхъ • ли въ оушью *Евх 27б 23* **2.** μώλωψ болезнь nemoc, choroba: да имѫтъ ıѧ... къ балованью врѣдомъ *Евх 5а 18*; прихождаахѫ же и женъı к н҄емоу имѫшта таинъıѧ врѣды • ıхже не моштьно врачемъ видѣти *Супр 557, 1* **3.** βλάβος ущерб, убыток ztráta, újma: азъ тебе о приобрѣтении въпрашах' • ты же ми врѣдъ повѣдакши *Супр 447, 12* ● βλάβη; (врѣдъ творити βλάπτειν; врѣдоу быти βλάπτεσθαι; на врѣдъ быти ἐπὶ βλάβῃ εἶναι) вред škoda: что вы врѣдъ творѧтъ писменаıа *Супр 404, 3*; да не бѫде отъ н҄его врѣда *Супр 35, 28*; иже на врѣдъ бѣаше чловѣкомъ *Супр 45, 6-7* □ без врѣда ἀβλαβής, ἀβλαβῶς невредимый, невредимо, без повреждения beze škody, bez úhony: повели съхранити свѣтъ мрака его • без вьсѣкого врѣда *Евх 32б 12.— Евх Супр.— Ср.* рана, строупъ, творъ; проказа, прокаженик; болѣзнь, недѫгъ, ıаза; врѣжденик, пакость; врѣдъ творити *ср.* врѣждати врѣдъ[2]: не врѣдоу сътворити ἀδοκιμάζειν *см.* неврѣдъ

ВРѢДЬНЪ *прил.* (2) **1.** βλαβερός вредный škodlivý: да би к' томоу • ничесоже врѣдъна • на тѣлесехъ сихъ • знаменаваемъıхъ съдѣалъ *Евх 51б 14-15* **2.** врѣдьнъ быти βλάπτεσθαι потерпеть ущерб utrpět škodu: да не и зизаньıа ꙗко п'шеницѫ ꙗдъше невѣдьствомь врѣдьни бѫдемъ *Хил 2ба 8.— Ср.* пакость (пакость приꙗти)

ВРѢЖДАТИ, -аѭ, -аѥши *несов.* (4) βλάπτειν вредить, причинять вред škodit: стража крѣпы на вьса сѫпротивьнꙑꙗ и мꙑтꙑꙗ • нъ и бѣсовьскꙑꙗ плькꙑ • х⟨ристо⟩с⟨ов⟩омъ дѣиствомъ врѣждаѭтъ *Супр 543, 7* □ врѣждаѩ βλαβερός вредный škodlivý: врѣждаѭщиꙗ водꙑ • при елисѣи солиѭ ицѣль *Евх 66 9.— Евх 20б 17—18; Супр 314, 14.— Ср.* врѣдъ (врѣдъ творити), пакость (пакость творити); врѣждаѩ *ср.* врѣдьнъ

ВРѢЖДЕНИѤ, -ꙗ *с* (1) (без врѣждениꙗ ἀσινής) повреждение poškození, ublížení: тꙑ и нꙑнѣ хотащиꙗ сьде жити... прослави • бес пакости • і врѣждениѣ в'сего житиѣ • въ храмѣ семь *Евх 14б 22.— Ср.* врѣдъ[1], пакость

ВРѢМЕНЬНО *нареч.* (1) πρόσκαιρος временно, на время dočasně, na čas: нежели врѣ..нъно имѣти • грѣх(а) сластъ *Евр 11, 25 Ен*

ВРѢМЕНЬНЪ, -ꙑи *прил.* (8) πρόσκαιρος, πρότερος (!) временный, преходящий, непостоянный časný, dočasný, pomíjející: не імать же корене вь себѣ • нъ врѣменъно естъ *Мт 13, 21 Зогр Мар*; прѣзьрѣша врѣменънѫѭ жизнь *Супр 97, 10-11* ◆ въ часѣ врѣменьнѣ ἐν στιγμῇ χρόνου в одно мгновение v okamžiku: показа емоу вьсѣка ц⟨ѣ⟩с⟨а⟩р⟨ь⟩ствиѣ въселенꙑꙗ вь чѣсѣ врѣменьнѣ *Л 4, 5 Мар (Ø Зогр).— Мк 4, 17 Зогр Мар; Евх 81а 3-4; Супр 408, 15.— Ср.* маловрѣменьнъ

ВРѢМѦ, -мене *с* (<500) [врамꙑ *Син* (1); въ оно врѣма: въ оно(в) *Ас Сав Боян*, въ(н)о *Ас*, въ он(в) *Ас*, въ(н)ма *Унд*, въ о(н) врѣ(м) *Евх*] καιρός **1.** χρόνος, ὥρα, ἡμέρα tempus время, период čas, doba, období: въ оно в⟨рѣмѧ⟩ • чл⟨овѣ⟩къ юноша единъ приде къ іс⟨оусо⟩ви *Мт 19, 16 Сав*; вь врѣменехъ с⟨ва⟩тꙑихъ апостолъ *Супр 24, 1*; дошедъшоу же врѣмени бракоу • ꙗви са кононоу *Супр 25, 1* ● καιρός, ἔτος время года, пора roční období: четꙑръми врѣменꙑ • крѫгъ лѣтоу вѣньчалъ еси *Евх 4а 2*; година врѣмене ꙗко зимна *Супр 89, 5* □ грѧдѫщеѥ врѣмѧ τὸ μέλλον будущее budoucnost: въ грѧдѫштеѥ врѣмѧ посѣчеши ѭ *Л 13, 9 Зогр Мар*; ѥлико врѣмѧ ὅσον χρόνον пора, доколе pokud, jak dlouho: елико врѣмѧ съ собоѭ імѫтъ жениха • не імѫтъ постити сѧ *Мк 2, 19 Зогр Мар*; прѣжде врѣмене *греч. нет* заранее předem: прѣжде врѣмене приготовьıаше оуче никꙑ своꙗ на молитвѫ *Супр 569, 20-21*; въ мало врѣмѧ μικρὸν χρόνον недолго, ненадолго krátce, nakrátko: еште въ мало врѣмѧ свѣтъ въ васъ естъ *И 12, 35 Зогр Мар Ас Сав*; на дльѕѣ врѣмене ἐπὶ χρόνον долго, долгое время dlouho, dlouhou dobu: не хотѣше на дльзѣ врѣмене *Л 18, 4 Сав*, на дльѕѣ врѣмені *Ас Мар*, на дльзѣ же врѣмени *Зогр*; прѣжде мала врѣмене πρὸ βραχέως недавно nedávno: даждь ми тѣло ісосово • омрачьшаго сльнце прѣжде мала врѣмене *Супр 454, 10*; отъ мънога врѣмене, отъ мъногъ врѣменъ ἐξ ἱκανῶν χρόνων давно, с давних пор odedávna: бѣ бо желѣꙗ отъ многа врѣмене видѣті и *Л 23, 8 Зогр*, отъ мъногъ врѣменъ *Мар*; на вьсꙗко врѣмѧ **а)** κατὰ καιρόν по временам, время от времени čas od času: анѣ⟨ѥ⟩лъ бо г⟨оспод⟩нъ на всѣко врѣмѧ • мꙑѣше сѧ въ кѫпѣлі *И 5, 4 Ас* (на вьсѣ лѣта *Зогр Мар*) **б)** ἐν παντὶ καιρῷ всегда, навсегда vždy: оскврънѣѭтъ сѧ пѫт[т]і его на вьсѣко врѣмѧ *Пс 9, 26 Син* **2.** (благо врѣмѧ εὐκαιρία; въ благо врѣмѧ εὔκαιρος; подобьно врѣмѧ εὐκαιρία, εὔκαιρος) подходящее, надлежащее время, надлежащий срок, благоприятный, подходящий, удобный момент vhodný, určitý čas, pravá chvíle: въ врѣмѧ посъла къ дѣлателемъ рабъ • да отъ плода виноградънааго дадѧтъ емоу *Л 20, 10 Зогр Мар*; елисавети же испълни сѧ врѣмѧ родити еи *Л 1, 57 Мар* (дьнье *Зогр Ас*); искааше подобьна врѣмене • да і прѣдастъ без народа *Л 22, 6 Зогр Мар*; бꙑстъ г⟨оспод⟩ъ прібѣжище оубогоумоу • помоцьникъ • въ благо врѣмѧ *Пс 9, 10 Син*; ꙗже вь лѣпо врѣмѧ • жизньнѥ показа бесрамиѥ *Супр 394, 23* ● обстоятельства okolnosti: аште е льзѣ поуштати женѫ своѭ • на вьсѣко врѣмѧ *Клоц 2б 8-9*; хвалаштеи добл҃а мѫжа въ тъчьнѣхъ врѣменех' • не отълѫчатъ сѧ подражениꙗ *Супр 82, 7* □ въ (подобьно) врѣмѧ, въ благо врѣмѧ εὐκαίρως, εὔκαιρον удобно, вовремя vhodně: тꙑ же на кръстѣ простеръ рѫцѣ въ врѣмѧ • погꙑбъшꙑ обрѣте раі *Клоц 11б 17*; искааше како і въ подобьно врѣмѧ прѣдастъ *Мк 14, 11 Зогр Мар*; да даси пищѫ імъ въ благо врѣмѧ *Пс, 103, 27 Син*; безъ врѣмене ἀκαίρως неудобно, не вовремя nevhodně: онъ бо простеръ рѫкѫ на дрѣво без врѣмене • оукраденъ бꙑстъ *Клоц 11б 15* ▭ врѣмѧ (ѥстъ), добро ѥстъ врѣмѧ *в знач. сказ.* καιρός, εὔκαιρον удобно, пора je vhodné, je na čase, je čas: врѣмѧ естъ юже ꙇздрешті • ꙇ прюбъштиті ны таінахъ *Клоц 16 7*; добро юстъ врѣмѧ дьньсь вьсѣмъ намъ вьз'пити *Супр 486, 22.— Зогр Мар Ас Сав Охр Унд Боян Ен Син Киев Евх Клоц Супр Хил Рыл.— Ср.* година, годъ, дьнь, лѣто, часъ; въ благо врѣмѧ, подобьно врѣмѧ *ср.* благоврѣменьнъ

ВРѢТИЩЕ, -а *с* (13) [врѣще *Син* (1)] **1.** σάκκος мешок (из грубой ткани) pytel, měch: повелѣ анѳупатъ... вьвѣсити и вь нь вь врѣтишти *Супр 112, 4*; многоу же часоу минѫвъшоу • повелѣ изѧти и из врѣтишта *Супр 112, 6* ● πήρα сума, мошна, кошелек mošna, měšec: ни носите вълагалишта ни врѣтишта • ни сапогъ *Л 10, 4 Зогр Мар* **2.** σάκκος вретище (*одежда из грубой ткани*) hrubý, žíněný šat: облачаахѫ сѧ въ врѣтище • и сьмѣрѣахъ постомь д⟨оу⟩шѫ моѭ *Пс 34, 13 Син*; положихъ одѣнье мое въ врѣште (*! вм.* врѣтиште) *Пс 68, 12 Син.— Мт 11, 21 Зогр Мар; Л 10, 13 Зогр Мар; Пс 29, 12 Син; Супр 112, 3; 112, 7-8.— Ср.* мѣхъ, мошьна, пира

врѣще *Пс 68, 12 Син см.* врѣтище

ВРѢЩИ, врьгѫ, врьжеши *сов.* (18) [врь- *Зогр* (4) *Мар* (6) *Ас* (2) *Супр* (2) *Боян* (1)] βάλλειν, ῥίπτειν бросить hodit, vrhnout: прѣжде врьзи камень на нѭ *И 8, 7 Зогр Мар* □ врѣщи сѧ βάλλειν ἑαυτόν, βάλλεσθαι броситься vrhnout se: аште речетъ горѣ сеи • двигни сѧ ꙇ врьзи сѧ въ море *Мк 11, 23 Зогр* (въврьзи сѧ *Мар*); *Супр 316, 19* ♦ врѣщи жрѣбии *см.* жрѣбии.— *Зогр Мар Ас Сав Боян Зогр-пал Супр.— Ср.* въврѣщи, въместити, въметати

всакъ *Сав см.* вьсꙗкъ

вс- *см.* въс-, вьс-

вт- *см.* вът-

вх- *см.* вꙑх-

вчера *И 4, 52 Ас; Евр 13,8 Ен см.* вьчера

ВЪ *предлог* (>7000) [вь; в; во *Мар Боян Син Евх Супр*, вън *Мар* (1) *Син* (4) *Супр* (1), вꙑ *перед* и *Мар Син*] **А.** *с вин.* εἰς, ἐν, ἐπί, πρός, κατά, περί, ὑπό (!), ἐκ (!) in (*с вин.*) **1.** *при обозначении пространственных отношений: при указании направления действия внутрь чего-л. или на поверхность чего-л.* в (*с вин.*), на (*с вин.*) do, na (*с вин.*): егда молиши сѧ • вьниди въ клѣть твоѭ *Мт 6, 6 Зогр Мар Ас Сав*; вьсѣко дрѣво еже не сътворитъ плода добра • посѣкаѭтъ • ꙇ въ огнь въметаѭтъ *Мт 7, 19 Зогр Мар*; ꙇзидошѧ въ горѫ елеоньскѫѭ *Мт 26, 30 Зогр Мар Ас Сав*; да ведени бѫдете въ ефесъ *Супр 137, 6* ● *при указании направления к чему-л.* к, до k: приде въ море галилеiское *Мк 7, 31 Зогр* (на море *Мар Ас Сав*) ● *при указании места действия* (*ср.* Б. 1.) в (*с предл.*), на (*с предл.*) v (*с предл.*), na (*с предл.*): омочи съ мноѭ въ солило рѫкѫ *Мт 26, 23 Зогр Мар*, въ солилѣ *Ас*; не въ юд'номъ мѣстѣ сѧ затворьше • нъ въ многа мѣста сѫште *Супр 94, 24* **2.** *при глаголах движения для обозначения изменения состояния* в (*с вин.*) do: въ лѫжѫ въпаде и разболѣ сѧ *Супр 197, 15-16*; помолите сѧ да не вьнидете въ напасть *Л 22, 46 Зогр Мар* **3.** *при обозначении объектных отношений* в (*с вин. и предл.*), о (*с предл.*) do, v (*с вин. и предл.*), o (*с предл.*): аште къто тѧ оударитъ • въ деснѫѭ ланитѫ *Мт 5, 39 Зогр Мар; Клоц 4а 33*; вь ризѫ не облачааше сѧ *Л 8, 27 Зогр Мар Ас Сав*; иже аште съблазнитъ единого отъ малыхъ сихъ • вѣроуѭштихъ въ мѧ *Мк 9, 42 Зогр Мар*; приемꙑ копие бодѫщее въ пазоухѫ твоѭ *Евх 29а 2*; ● *при указании на предмет, лицо, против которого направлено действие* против proti: аште седморицеѭ съгрѣшитъ въ тѧ *Л 17, 4 Зогр Мар* (кь тебѣ *Ас*, ти *Сав*) **4.** *при обозначении временных отношений* в (*с вин.*) v (*с вин.*): посъла рабꙑ своѩ въ годинѫ вечерѧ *Л 14, 17 Зогр Мар Ас Сав*; бѣ же оучѧ... въ сѫботꙑ *Л 13, 10 Зогр Мар Ас*, въ сѫботѫ *Сав* ● *при указании на срок протекания действия* на (*с вин.*) na (*с вин.*): ꙇже въ врѣмѧ вѣрѫ емлѭтъ *Л 8, 13 Зогр Мар*; не подвижѫ сѧ вь вѣкъ *Пс 29, 7 Син* **5.** *при обозначении цели, назначения действия* к, в (*с вин.*), для k, pro, na: вьметѣте мрѣжѧ ваша въ ловитвѫ *Л 5, Зогр Мар Ас*; б⟨о⟩же мои въ помошть моѭ вонъми *Пс 70, 12 Син*; повелѣвꙑи земи творити плодъ • вь веселие и пищѭ нашѭ *Евх 13а 12*; егда пѧть хлѣбъ прѣломихъ • вь пѧть тꙑсѫшть *Мк 8, 19 Зогр Мар* ● *при обозначении результата действия, перехода из одного состояния в другое, превращения* в (*с вин.*), *твор. без предлога* v (*с вин.*), *твор. без предлога*: бꙑхъ ꙇмъ въ притъчѫ *Пс 68, 12 Син*; прѣложен при мосѣи • водѫ горъкѫѭ • людемъ твоимъ • въ сладъкѫѭ *Евх 66 8* **6.** *при обозначении образа действия* в (*с вин. и предл.*) v (*с вин. и предл.*): д⟨оу⟩хъ с⟨вѧ⟩тꙑ • егоже посълетъ о⟨ть⟩ць въ ꙇмѧ мое *И 14, 26 Зогр Мар Ас Сав*; аще к'то братра своего въ гнѣвъ проклънетъ *Евх 104б 16*; прѣдастъ емоу слав(ѫ) единого б⟨о⟩ж⟨ь⟩ства • вь три лица *Служ 1б 17* ● *при обозначении меры* (*твор. без предлога*): въ нѭже мѣрѫ мѣрите • намѣритъ сѧ вамъ *Мк 4, 24 Зогр Мар* **7.** *в составе предложных сочетаний, имеющих значение наречий*: въ истинѫ *см.* истина; въ правьдѫ *см.* правьда; въ жтрь *см.* вънѫтрь **Б.** *с местн.* ἐν, εἰς, ἐπί, παρά, πρός, ἐντός, διά, κατά, περί, ἐκ (!), μετά (!) in **1.** *при обозначении пространственных отношений: при обозначении места* *действия* в (*с предл.*), на (*с предл.*) v (*с предл.*), na (*с предл.*): сѫштю емоу въ вит'ании *Мк 14, 3 Зогр Мар*; емоуже лопата въ рѫкоу его *Л 3, 17 Зогр Ас Сав*, въ рѫцѣ *Мар* ● *при обозначении окружения* среди mezi (*с твор.*): се а⟨н⟩ѣ⟨е⟩лъ г⟨оспод⟩нь ста вь нихъ *Л 2, 9 Зогр Мар Ас Сав* ● *при указании направления действия* (*ср.* А. 1.) в (*с вин.*), на (*с вин.*) do, na (*с вин.*): шьдъше • въ окрѫстънихъ селѣхъ і вьсехъ *Мк 6, 36 Зогр Мар*; пришедъ вь севастии *Супр 72, 18* **2.** *при обозначении состояния* в (*с предл.*) v (*с предл.*): жена етера сѫшти • въ точении кръве • лѣт ві *Мк 5, 25 Зогр Мар* **3.** *при обозначении временных отношений* в (*с предл. и вин.*) v (*с предл. и вин.*): оба заматорѣвъша въ дьнехъ своіхъ бѣашете *Л 1, 7 Зогр Мар Ас*; въведе ꙗ облакомь въ дьне *Пс 77, 14 Син*; д'вашди вь недѣли дврьцѧ отврьзаѩ *Супр 528, 29* **4.** *при обозначении объектных отношений* о (*с предл.*), в (*с предл.*) о (*с предл.*), v (*с предл.*): чьто въ прочиіхъ печете сѧ *Л 12, 26 Зогр* (о прочиихъ *Мар*); ѣко благоизволи в ніхъ *Пс 43, 4 Син*; въ заповѣдехъ его въсхоштетъ ѕѣло *Пс 111, 1 Син* **5.** *при обозначении образа и обстоятельства действия* в (*с предл.*), при, с v (*с предл.*), při, s: да бѫдетъ милостыни твоѣ въ таінѣ *Мт 6, 4 Зогр Мар Ас Сав*; мьнѧтъ сѧ ѣко въ мноѕѣ г⟨лаго⟩лани своемь • оуслышани бѫдѫтъ *Мт 6, 7 Зогр Мар Ас Сав*; вь себѣ бо землѣ плодитъ сѧ *Мк 4, 28 Зогр* (о себѣ *Мар*); во псалътыри десѧтьстроунънѣ поіте емоу *Пс 32, 2 Син* **6.** *при обозначении цели* (*редко*) на (*с вин.*), для na (*с вин.*), pro: вь чемь гыбѣль си хризмънаѣ быс⟨тъ⟩ *Мк 14, 4 Зогр Мар*; ни въ земи ни въ гноі • трѣбѣ естъ *Л 14, 35 Зогр Мар* **В.** *с род.?* ἐν в (*с предл.*) v (*с предл.*): дроужина быхомъ • въ маловрѣменьнааго сего житиꙗ *Супр 72, 8.— Зогр Мар Ас Сав Охр Унд Боян Зогр-пал Ен Син Служ Киев Евх Клоц Супр Хил Рыл Зогр-лл*

въавидѣ *Ас 114а 6 см.* вавула

ВЪБЛАГОВОЛИТИ, -лѭ, -лиши *сов.* (1) εὐδοκεῖν возлюбить oblíbit si, najít *v někom* zalíbení: еда въ вѣкъ отърінетъ г⟨оспод⟩ь • і не приложітъ въблаговолиті пакы *Пс 76, 8 Син.— Ср.* благоизволити

ВЪБѢГАТИ, -аѭ, -аеши *несов.* (1) συμφεύγειν вбегать vbíhat *перен.* проникать vnikat: отъгонима бо топлота отъ конецъ тѣла • и въбѣгаѭшти въ глѫбинѫ части *Супр 89, 26*

ВЪБѢГНѪТИ, -нѫ, -неши *сов.* (1) καταφεύγειν вбежать vběhnout: въбѣгнеши въ храминѫ *Супр 195, 13*

ВЪВЕДЕНИЮ, -ниꙗ с (1): шоуждиихъ въведении ξενοδοχία гостеприимство pohostinnost: подвиѕаѭште сѧ ꙗкоже дроугоу дроуга добрѣишоу быти... въ штоуждиихъ въведении *Зогр-лл 2а 19.— Ср.* страньнолюбию

ВЪВЕСТИ, -ведѫ, -ведеши *сов.* (69) [оувѣдѣста *(!) Сав* (1)] εἰσάγειν, ἄγειν, ἀντεισάγειν, ἀνάγειν, εἰσφέρειν, φέρειν, ὁδηγεῖν, βάλλειν, ἐμβάλλειν, εἰσδέχεσθαι, δέχεσθαι; (въведенъ быти εἰσέρχεσθαι) ввести, привести zavést dovnitř, uvést: имъше же и вѣсѧ • і въвѣсѧ и въ домъ архиереовъ *Л 22, 54 Мар* (∅ *Зогр*); приближивъ сѧ къ юньцоу... рѫкоѭ поимъ • вьведе въ свои хлѣвъ *Супр 566, 14*; і въведе ꙗ въ горѫ с⟨вѧ⟩тынꙗ своеꙗ *Пс 77, 54 Син* ● *перен.*: не въведи насъ въ іскоушенье *Л 11, 4 Зогр Мар Сав* ● συνάγειν принять, приютить přijmout, poskytnout útulek: страннъ бѣхъ і въведосте мѧ *Мт 25, 35 Зогр Сав*, вьвѣсте *Мар* (∅ *Ас*).— *Зогр Мар Ас Сав Боян Син Евх Клоц Супр Рыл.— Ср.* възвести, приꙗти

ВЪВЛѢЩИ, -влѣкѫ, -влѣчеши *сов.* (2) ἕλκειν втянуть, втащить vtáhnout, zavléci: оуста моѣ отвръсъ і вьвлѣхъ д⟨оу⟩хъ • ѣко заповѣдеі твоіхъ желѣхъ *Пс 118, 131 Син.— Супр 277, 15-16*

ВЪВОДИТИ, -вождѫ, -водиши *несов.* (17) εἰσάγειν, ἀπάγειν, εἰσφέρειν, εἰσοικίζειν вводить, приводить vodit dovnitř, uvádět: емъ и за рѫкѫ деснѫѭ • въводитъ и къ олътарю *Евх 96а 4*; отьць твои... адама ис породы изведе • а ты ли разбоиника въводиши *Супр 308, 29* ● *перен.*: тѣснъ пѫть • въводѧі въ животъ *Мт 7, 14 Зогр Мар Ас; Евх 89б 8-9.— Зогр Мар Ас Сав Ен Евх Супр.— Ср.* приꙗмати

ВЪВРѢТИ, -вьрѫ, -вьреши *сов.* (1) βάλλειν воткнуть, вонзить vrazit, zabodnout: колъ желѣзнъ въврѣти междоу рѫкама и ногама *Супр 2, 22.— Ср.* въглѫбити, вънисти, оуглѫбити

ВЪВРѢЩИ, -врьгѫ, -врьжеши *сов.* (>100) [-връ- *Зогр* (24) *Мар* (30) *Ас* (14) *Унд* (1) *Евх* (1) *Клоц* (1) *Супр* (25)] βάλλειν, ἐκβάλλειν, ἐμβάλλειν, ῥίπτειν, χαλᾶν, ἀκοντίζειν, τρέπειν, ὠθεῖν, ἀποτιθέναι, κατείργειν, βλῆσκειν, πέμπειν, χοῦν, τρέπειν; (въврьженъ быти ἀπέρχεσθαι, οἰκεῖν) ввергнуть, бросить vhodit, uvrhnout: а не все тѣло твое въвръжено бѫдетъ въ ѓеонѫ *Мт 5, 29 Зогр Мар*; помышлѣꙗ ѣко по толицѣ оучении въ какъ брѣгъ севе въвръгъ не чюѣше *Клоц 3б 5* ● *перен.*: много бо бѣсованиѥ ѥже отъ тебе томьниѥ въвръже тѧ въ хоулѫ *Супр 1, 6* ▭ въврѣщи сѧ ἑαυτὸν βάλλειν броситься vrhnout se: ꙗкоже приноужденомъ имъ быти боꙗзнꙑѭ юньца • самѣмъ сѧ въврѣшти въ пештъ хлѣбьнѫѭ *Супр 565, 24.— Зогр Мар Ас Сав Унд Боян*

Зогр-пал Евх Клоц Супр.— Ср. врѣщи, въметати

ВЪВѢРИТИ, -рѭ, -риши *сов.* (4) **1.** πιστοῦσθαι сделать верным, верующим učinit věrným, věřícím: родъ иже не исправі срьдьца своего • і не въвѣрі съ б⟨ого⟩мь д⟨оу⟩ха своего *Пс 77, 8 Син* **2.** πιστεύειν поверить, уверовать uvěřit: нъ ѥдно бываѥтъ тъчьѭ • ѥже обличеноу быти гробоу • и вьвѣреноу быти отъ сего въстанию *Супр 444, 16* **3.** ἐμπιστεύειν доверить, вверить svěřit: не бо нъ и о виноградѣ отъда дѣлателемъ и отиде • и сьде вьвѣривъ отиде *Супр 376, 14.— Супр 511, 3.— Ср.* оувѣрити

ВЪВѢСИТИ, -вѣшѫ, -вѣсиши *сов.* (1) τιθέναι, ἐμβάλλειν повесить внутрь, подвесить pověsit dovnitř, zavěsit: повелѣ анѳупатъ принести врѣтиште • и вьсадити и вь не • и ископати ровъ • и вьвѣсити и вь нь вь врѣтишти • и бити и • посохами *Супр 112, 4.— Ср.* повѣсити

ВЪВѢІАТИ, -вѣѭ, -вѣѥши *сов.* (1) *греч. нет* вдуть zavát dovnitř: етеръ бо вѣтръ страха вь нѣ вьвѣавъ • іакоже листомъ вьсѣмъ естьствомъ двизааше *Супр 472, 17*

ВЪГАЖДАНИѤ, -ниа *с* (1) *греч. нет* угождение, служение zavděčování, služba: не срамьіѥши ли сѧ ѡ мѫчителю о сътворенъіихъ тобоѭ зьлии • и о въгаждании бѣсовьстѣмъ *Супр 161, 23.— Ср.* оугождениѥ

ВЪГАЖДАТИ, -аѭ, -аѥши *несов.* комоу (4) εὐαρεστεῖν, δουλεύειν, θεραπεύειν служить, угождать sloužit, zavděčovat se: много спѣшениѥ творѣаше въгаждати богȣ *Супр 281, 5.— Супр 176, 4; 281, 11; 284, 10—11.— Ср.* оугаждати

ВЪГЛАШЕНИѤ, -ниа *с* (1) κατήχησις наставление poucení: никакоже нѣстъ бывъшеѥ се чоудо нъ въглашениѥ пришъдъшимъ *Супр 309, 26.— Ср.* оглашениѥ, оученниѥ

ВЪГЛѪБИТИ, -блѭ, -биши *сов.* (1) ἐνσπείρειν вонзить vbodnout: сицевъ остенъ зависти • ѥднѫ бо въглѫби ѭ въ доуши *Супр 339, 27-28.— Ср.* вьврѣти, вънисти, оуглѫбити

ВЪГНѢЖДАТИ СѦ, -аѭ сѧ, -аѥши сѧ *несов.* (1) *греч. нет* гнездиться uhnízďovat se: кажоуштоу болѧштоуоумоу и назнаменоуѭштоу • въ коемъ мѣстѣ плъзааше д⟨оу⟩хъ • окы змиіа вьгнѣждаѧ сѧ вь немь *Супр 567, 14*

ВЪГНѢЗДИТИ СѦ, -гнѣждѫ сѧ, -гнѣздиши сѧ *сов.* (1) ἐννοσσεύειν угнездиться uhnízdit se: ты запрѣти нынѣ • вьгнѣждьшиюмоу сѧ въ рабъ твои • противьнаагo диѣвола *Евх 56а 13.— Ср.* оугнѣздити сѧ

ВЪГОДИТИ, -гождѫ, -годиши *сов.* комоу чимь (4) εὐαρεστεῖν, εὐδοκιμεῖν угодить, послужить zavděčit se, posloužit: съподоби мѧ мѫченичьскыимъ съвръшениимъ въгодити тебѣ *Супр 260, 23.— Супр 159, 12-13; 280, 26; 281, 2.— Ср.* оугодити

ВЪГОДЬНИКЪ, -а *м* (6) εὐάρεστος, θεράπων угодник (*наименование некоторых святых*) služebník (*pojmenování některých svatých*): оуправи на въісотѫ • възводѧ въгодьника своѥго енѡха *Супр 232, 10.— Супр 192, 21; 194, 27; 206, 21-22; 232, 23; 276, 19-20.— Ср.* оугодьникъ

ВЪГОДЬНЪ *прил.* (1) πρέπων угодный, приятный příjemný, milý: си сѫтъ прѣподобьнааго троудьні въгодьни богоу • и отцемь и аг'гелом' • и чловѣкомъ тѣхъ ради излиха любимъ ѥстъ богомъ *Супр 219, 27.— Ср.* благовъгодьнъ, оугодьнъ

ВЪДАТИ, -дамь, -даси *сов.* (50) ἐπιδιδόναι, διδόναι, ἐκδιδόναι, ἀποδιδόναι, παρατιθέναι, βάλλειν, καταβάλλειν, ἀφιεροῦν отдать dát, odevzdat: съгънѫвъ кънигы въдавъ слоугѣ сѣде *Л 4, 20 Мар Ас Сав* (Ø *Зогр*); ицѣли отрока • і въдастъ і о⟨тъ⟩цю его *Л 9, 42 Зогр Мар Ас Сав*; повелѣ пилатъ въдати ѥмоу • прѣсвѧтоѥ тѣло *Супр 455, 28*; да тѧ съдроужитъ врага сѫшта и ратьника • своѭ доушѫ вьда *Супр 422, 6*, въдастъ *Клоц 8б 32* ● поручить, доверить svěřit, propůjčit: създа стлъпъ і въдастъ і тѧжателемъ і отиде *Мк 12, 1 Зогр Мар* ● возвратить vrátit: въсаді и въ темьницѫ • доньдеже въдастъ емоу дльгъ весь *Мт 18, 30 Ас* (въздастъ *Мар Сав*) ♦ плешти въдати *см.* плеще; на оучѧстиѥ въдати *см.* оучѧстиѥ ▭ въдати сѧ предаться *чему-л.* oddat se *něčemu*: не въдадимъ себе пьіаньствоу *Супр 493, 7* ● πείθεσθαι подчиниться podrobit se: се старѣи васъ оуктімонъ въдастъ сѧ • и жрътвѫ сътвори *Супр 136, 27.— Зогр Мар Ас Сав Боян Евх Клоц Супр.— Ср.* въздати, отъдати, прѣдати

ВЪДАІАТИ, -даѭ, -даѥши *несов.* (4) *греч. нет* отдавать odevzdávat: оувѣдѣвъше же обычаи ѥго • въдаіахѫ себе розличьнъіими одръжимии страстьми • да то съвръшаатъ к нимъ *Супр 556, 17* ▭ въдаіати сѧ ἐκδιδόναι ἑαυτόν предаваться, отдаваться odevzdávat se, oddávat se: кто бо ѥстъ изходѧи на рать • и не въдаѧ сѧ вьсѣмь срьдьцемь на сьмрьть *Супр 264, 16* ♦ въдаіати сѧ въ вѣрѫ кого πιστεύειν ἑαυτόν быть откровенным *с кем-л.* svěřovat se *někomu*: самъ же н⟨оу⟩с⟨ъ⟩ • не въдааше себе въ вѣрѫ іхъ *И 2, 24 Зогр Мар*

ВЪДВАРІАТИ СѦ, -іаѭ сѧ, -іаѥши сѧ *несов.* (4) αὐλίζεσθαι пребывать, вселяться, водворяться přebývat, usazovat se: бѣ же вь дьне оучѧ въ цр⟨ъ⟩к⟨ъ⟩ве • а ноштиѭ въдварѣаше сѧ исходѧ въ горѣ нарицаемѣи елеонъ *Л 21, 37 Мар* (оудварѣаше сѧ *Зогр*).— *Супр 546, 8-9; 546, 10; Рыл 16а 4-5.— Ср.* въселıати, оудварıати

ВЪДВОРИТИ СѦ, -рѭ сѧ, -риши сѧ *сов.* (11) αὐλίζεσθαι, συναυλίζεσθαι вселиться, водвориться usadit se, pobýt: изиде вънь из града въ витаниѭ • ı въдвори сѧ тоу *Мт 21, 17 Мар Зогр-пал* (всели сѧ *Сав, Ø Зогр*); живѫı въ помоштı вышнѣго • въ кровѣ б⟨ог⟩а н⟨е⟩б⟨е⟩сьнаего въдворıтъ сѧ *Пс 90, 1 Син; Супр 70, 20.— Пс 24, 13 Син; 29, 6 Син; Евх 58б 12; 75а 12; Супр 286, 21; 510, 3.— Ср.* въселити сѧ, оудворити сѧ

въдов- *см.* вьдов-

ВЪДРѪЖАТИ, -аѭ, -аѥши *несов.* (1) πηγνύναι водружать vztyčovat: крестъ въдрѫжаше сѧ • а ıдольскаѣ слоужъба разорена бываше *Клоц 10б 8*

ВЪДРѪЖИТИ, -жѫ, -жиши *сов.* (3) πηγνύναι водрузить vztyčit, postavit: крьстъ въдрѫженъ бывааше *Клоц 10б 11-12.— Ен 30б 3; Супр 560, 23-24.— Ср.* подрѫжити, поставити

ВЪДОУНѪТИ, -нѫ, -неши *сов.* (2) ἐμπνεύειν, ἐπιπνεύειν вдохнуть vdechnout: съ младеништи вѣнк вьзьмѣмь... да и въдоунетъ въ ны с⟨вѧ⟩тыи доухъ *Супр 321, 15-16.— Супр 22, 3-4.— Ср.* въдъхнѫти

ВЪДЪХНѪТИ, -нѫ, -неши *сов.* (1) ἐμπνεύειν вдохнуть vdechnout: заклинаѭ тѧ б⟨о⟩гомь... въдъхнѫвъшимь б⟨о⟩жествьны д⟨оу⟩хъ въ п⟨ро⟩р⟨о⟩кы *Евх 53б 11-12.— Ср.* въдоунѫти

ВЪДѢТИ, -деждѫ, -деждеши *и* -дѣѭ, -дѣѥши *сов.* (4) [вьд- *Евх* (3)] βάλλειν вложить vložit: въдѣ прѫстъı своѩ въ оуши его *Мк 7, 33 Ас; Евх 31б 21* (въложи *Зогр Мар Сав*); вьдежди прѫстъı въ оуши его *Евх 31б 18.— Евх 50а 3.— Ср.* въложити

ВЪЖАГАТИ, -аѭ, -аѥши *несов.* (3) καίειν, ἐξάπτειν зажигать zapalovat, zažehovat: ни въжагаѭтъ свѣтильника • ı поставлѣѭтъ его подъ спѫдомь *Мт 5, 15 Зогр Ас* (*Ø Мар*).— *Супр 95, 4.— Ср.* въжиѕати; зажагати

въжделати *Пс 18, 11 Син; Супр 252, 9 см.* въжделѣти

ВЪЖДЕЛѢТИ, -ѣѭ, -ѣѥши *и* **ВЪЖДЕЛАТИ**, -аѭ, -аѥши *сов.* (кого), чесо; *с инф.* (14) [въжделѣ- *Зогр* (3) *Мар* (3) *Син* (2) *Клоц* (1) *Супр* (3), въждела- *Син* (1) *Супр* (1)] ἐπιθυμεῖν, ποθεῖν сильно захотеть, возжаждать *чего-л.* zatoužit *po něčem*: егда вьжделѣете единого дьне • с⟨ы⟩на ч⟨ловѣчь⟩скааго видѣти *Л 17, 22 Зогр Мар*; вьжделѣхъ заповѣдеı твоıхъ *Пс 118, 40 Син*; молитı въжделѣхъ *Клоц 11а 32* □ въжделанъ *в знач. прил.* ἐπιθυμητός вожделенный, желанный, желаемый žádoucí, kýžený, vytoužený: сѫдъбъı г⟨осподь⟩нѩ истıньнъı оправъданъи въкоупѣ • въжделана (*! вм.* въжделанъı) паче злата ı камені драга *Пс 18, 11 Син.— Мт 13, 17 Зогр Мар; Л 22, 15 Зогр Мар; Пс 118, 20 Син; Супр 252, 9; 490, 30-491, 1; 491, 2; 506, 8.— Ср.* въждѧдати, въсхотѣти

ВЪЖДѦДАТИ, въждѧждѫ, въждѧждеши *и* въждѧдаѭ въждѧдаѥши *сов.* (19) [въжѧда- *Мар* (1)] **1.** въждѧдати сѧ διψῆν почувствовать жажду pocítit žízeň: въждѧдахъ сѧ • ı напоıсте мѧ *Мт 25, 35 Зогр Мар Ас Сав*; ıже пиетъ отъ водъı ѭже азъ дамь емоу • не ıматъ въждѧдати сѧ въ вѣкъ *И 4, 14 Зогр Ас*, не вьждѧдаатъ сѧ *Мар* **2.** въждѧдати къ комоу; на кого διψῆν возжаждать, сильно захотеть zatoužit: въждѩда д⟨оу⟩ша моѣ къ б⟨ог⟩оу крѣпъкоуемоу *Пс 41, 3 Син*; въждѩда на тѧ д⟨оу⟩ша моѣ • коль множицеѭ тебѣ плоть моѣ *Пс 62, 2 Син.— Зогр Мар Ас Сав Син.— Ср.* въжделѣти, въсхотѣти

ВЪЖЕЩИ, -жегѫ, -жежеши *и* -жьгѫ, -жьжеши *сов.* (18) [-жь- *Евх* (1) *Супр* (2)] ἅπτειν, ὑπανάπτειν, ἀνάπτειν, ἐξάπτειν, ἐμπυρίζειν зажечь, возжечь zapálit, zažehnout: никътоже свѣтильника вьжегъ • въ кровѣ полагаетъ • ни подъ спѫдомь • нъ на свѣштьницѣ *Л 11, 33 Зогр Мар Сав*; въжѣшѩ огнемь свѩтило твое *Пс 73, 7 Син* ● *перен.*: вьжьзи вь немь • ıскрѫ твоего м⟨и⟩л⟨осръ⟩диѣ *Евх 78а 7* □ въжещи сѧ ἀνάπτεσθαι *перен.* воспламениться, распалиться vzplanout, rozpálit se: въжегъ сѧ гнѣвомъ *Супр 61, 24.— Зогр Мар Ас Сав Син Евх Супр.— Ср.* възгнѣтити, възгорѣти сѧ, въспланѫти, зажещи, раждещи

ВЪЖИЅАТИ, -аѭ, -аѥши *несов.* (3) ἅπτειν зажигать zapalovat: аште погоубитъ драгъмѫ единѫ • не въжизаетъ ли свѣтильника • ı помететъ храминъı • ı иштетъ прилежьно *Л 15, 8 Зогр Мар* □ въжиѕати сѧ ὑφάπτεσθαι *перен.* воспламеняться, распаляться rozpalovat se: ѥгоже присно видѧште въжизаѭтъ сѧ *Супр 435, 12.— Ср.* въжагати, заждиѕати, раждиѕати

въжлюбленні *Киев 5б 5 см.* възлюблѥние

въжлюбленъıѩ *Киев 5а 3-4 см.* възлюбити

въжѧдати *И 4, 13 Мар см.* въждѧдати

ВЪЗ *предлог с вин.* (10) [вьз *Син* (1) *Евх* (1) *Супр* (2), въс *Евх* (1)] **1.** *при указании на предмет, являющийся объектом замещения, возмещения, отплаты* ἀντί вместо, взамен místo, za (*с вин.*): въздаахѫ ми зълаа въз добраа *Пс 34, 12 Син* ● *при обозначении*

ВЪЗ

постепенного нарастания, накопления на (*с вин.*) za (*с твор.*): **отъ ісплъ҃нениѣ его мꙑ вьси приѩхомъ • благодѣть въз благодѣть** *И 1, 16 Зогр Мар* **2.** *при обозначении пространственных отношений греч. нет* у, близ u, blízko: **егоже петръ видѣ мѫчима • стоѩ въс коурениѣ** *Евх 48а 25.— Пс 37, 21 Син; 108, 5 Син; Евх 77а 1; Супр 388, 15; 411, 18; 446, 3*

ВЪЗАВИДѢТИ, **-виждѫ, -видиши** *сов.* **комоу** (1) βασκαίνειν позавидовать pojmout závist: **тꙑ испръва адамоу въ породѣ възавидѣ** *Супр 389, 1.— Ср.* **позавидѣти**

ВЪЗАКОНИТИ, **-нѭ, -ниши** *сов.* (2) νομοθετεῖν сделать законом uzákonit, stanovit jako zákon: **възаконии връховьнюмоу ап⟨осто⟩лоу петроу... ничесоже скврънъна • ли нечиста • мнѣти сътворенꙑхъ тобоѭ • на пищѭ ч⟨ловѣ⟩комъ** *Евх 20б 19.— Евх 80б 4.— Ср.* **законъ (законъ положити, поставити, дати)**

ВЪЗАКОНИѤ, **-ниꙗ** *с* (1) νομοθεσία узаконивание, закон uzákonění, zákon: **чьстьно ѥстъ числа ѥже почелъ ѥси • четꙑрьми десѧтꙑ дьнии поста • им҄же вьзакониѥ** (*вм.* **възаконениѥ?**) **вьниде миръ** (*! вм.* **въ миръ**) *Супр 92, 8-9.— Ср.* **законоданиѥ, законоположениѥ, законъ**

ВЪЗАЛЪКАТИ (СѦ) *и* **ВЪЗЛАКАТИ (СѦ)**, **-чѫ (сѧ), -чеши (сѧ)** *сов.* (39) [**възалък-** *Мар* (7) *Сав* (2) *Зогр-пал* (1), **възал'к-** *Супр* (12), **възаалък-** *Мар* (2) *Супр* (1), **възлак-** *Зогр* (7) *Син* (2), **въслак-** *Зогр* (1), **възьалк-** *Ас* (3), **вьзалк-** *Мар* (1)] πεινᾶν, λιμώσσειν проголодаться, взалкать zlačnět, pocítit hlad: **горе вамъ насꙑштениі нꙑнѣ • ѣко въслачете** (!) **сѧ** *Л 6, 25 Зогр*, **възалчете сѧ** *Мар*; **възвратѧтъ сѩ на вьчеръ и възлачѫтъ ѣко песъ** *Пс 58, 7 и 15 Син.— Зогр Мар Ас Сав Зогр-пал Син Супр*

ВЪЗБИТИ, **-биѭ, -биѥши** *и* **-бьѭ, -бьѥши** *сов.* (1): **в ъ з б и т и п р ь с и** τύπτειν τὸ στῆθος ударить себя в грудь udeřit se v prsa: **егоже видѣвъ адамъ създанꙑи прѣжде • и оужасомъ вьзбивь прьси • вьзпи къ вьсѣмъ • сьпѧштинмъ отъ вѣка** *Супр 468, 14.— Ср.* **оударити**

ВЪЗБЛАГОСЛОВЕСТВИТИ, **-вещвлѭ, -вествиши** *сов.* (1) εὐλογεῖν благословить požehnat: **възблаго(слове)ствѩтъ сѩ о немь вьсѣ колѣна земьскаѣ** *Пс 71, 17 Син.— Ср.* **благословити, благословествити**

ВЪЗБОІАТИ СѦ, **-боѭ сѧ, -боиши сѧ** *сов.* (6) φοβεῖσθαι, καταπλήσσεσθαι, πτοεῖσθαι испугаться polekat se, zaleknout se: **възбоѣшѧ сѧ страхомь вельемь** *Мк 4, 41 Зогр Мар.— Супр 68, 13; 71, 30; 72, 22; 142, 12.— Ср.* **оубоꙗти сѧ**

ВЪЗБРАНИТИ, **-нѭ, -ниши** *сов.* **комоу чесо** (18) κωλύειν, πολεμεῖν (!) воспрепятствовать, помешать zabránit, překazit: **видѣхомъ етера • о імени твоемь • ізгонѧшта бѣсꙑ • і възбранихомъ емоу** *Л 9, 49 Зогр Мар*; **възбрани емоу в'сѣхъ пѫтеи • сѫщиихъ по плъти • і скозѣ мѧса** *Евх 36а 2-3* ● отказать odepřít: **темл҃ѭштюмоу тебѣ ризѫ • і срачицѧ не възбрани** *Л 6, 29 Зогр Мар* ● **комоу, чесомоу отъ чесо** удержать zadržet: **ѡто вьсѣкого пѫти зъла възбранихъ ногама моіма** *Пс 118, 101 Син.— Зогр Мар Ас Син Евх Супр.— Ср.* **ставити**

ВЪЗБРАНІАТИ, **-ꙗѭ, -ꙗѥши** *несов.* **комоу чесо** (14) κωλύειν, διακωλύειν, ἀσφάλειαν παρέχεσθαι препятствовать, мешать bránit, zabraňovat: **юанъ же възбран҃ѣше емоу г⟨лаго⟩лѧ** *Мт 2, 14 Зогр Сав*, **възбранѣаше** *Ас* (*Ø Мар*); **сего обрѣтохомъ... възбран҃ѣѭшта • даѣти к҃есареви дань** *Л 23, 2 Зогр Мар*; **слъньце стꙑдѣаше сѧ • покланѣнье пріемлѧ • възбранѣти сѧ покланѣѭштимъ сѧ не въ⟨з⟩може** *Клоц 10а 19.— Евх 46а 7-8; 46а 11; 49б 17; Клоц 3б 23; Супр 30, 4; 53, 7; 94, 21-22; 501, 14*

ВЪЗБОУДИТИ, **-боуждѫ, -боудиши** *сов.* (17) ἐγείρειν, διεγείρειν, ἐξυπνίζειν, διυπνίζειν разбудить probudit: **лазарь дроугъ нашь оусъпе • нъ ідѫ да възбоуждѫ і** *И 11, 11 Зогр Мар Ас Сав; Супр 313, 27 и 29.— Зогр Мар Ас Сав Супр.— Ср.* **оубоудити**

ВЪЗБОУЖДАТИ, **-аѭ, -аѥши** *несов.* (2) διυπνίζειν будить budit: **окꙑ отъ съна възбоуждаѭшта мѧ** *Супр 543, 19.— Супр 275, 23-24*

ВЪЗБОУІАНИѤ, **-ниꙗ** *с* (1) ἐξεμπλάριον (!) росток (?), почка (?) výhonek (?), pupenec (?); *перен*: **жрѣбѧ готоваѥмо ѥстъ • бесловесьнꙑихъ странъ • прьвоѥ несловесъноѥ възбоуꙗниѥ • на показаниѥ покорению** *Супр 321, 27*

ВЪЗБЪНѪТИ, **-бънѫ, -бънеши** *сов.* (1) *греч. нет* проснуться, пробудиться procitnout, probudit se: **тѣмъ имъ вь сьнѣ глаголаномъ • въз'бънѫста** *Супр 536, 15-16.— Ср.* **въспрѧнѫти, въстати**

ВЪЗБЬРАТИ, **-берѫ, -береши** *сов.* (1) συλλέγειν собрать sebrat, posbírat: **хоштеші лі • да шедъше възберемъ ѩ** *Мт 13, 28 Ас* (**іcплѣвемъ** *Зогр Мар*, **изъберемъ** *Унд*).— *Ср.* **исплѣти, изьбрати, съБЬрати**

ВЪЗБѢСИТИ, **-бѣшѫ, -бѣсиши** *сов.* (7) ἐκβακχεύειν привести в неистовство (в исступление) rozběsnit, rozzuřit: **книжници жидовьсти • на христоса оубиѥниѥ възбѣсишѧ** *Супр 340, 17* ▭ **в ъ з б ѣ с и т и с ѧ** ἐκμαίνεσθαι, ἐμμανῆ γίγνεσθαι, ἀνοίᾳ κρατεῖσθαι прийти в неистовство (в исступление) rozběsnit se, rozzuřit se: **тъгда вьзбѣсивъ сѧ повелѣ дрѣвесꙑ сѫкатꙑ бити ѧ**

Супр 178, 17; акы инъ ахаавъ • на свѧтыѩ божиѩ цръкви възбѣси сѧ *Супр 190, 22.— Супр 177, 12; 184, 30; 193, 10-11; 264, 20.*—възбѣсити сѧ *ср.* възбѣсьнѣти

ВЪЗБѢСОВАТИ СѦ, -соуѭ сѧ, -соуѥши сѧ *несов.* (1) ἐκμαίνεσθαι приходить в неистовство (в исступление) zuřit, běsnit: оуне бо ѥстъ... чистъ имѣти оумъ • негли бѣсънъихъ оученииа хвалѧште • на блѫждениѥ възбѣсовати сѧ *Супр 404, 1.— Ср.* бѣсити сѧ

ВЪЗБѢСЬНѢТИ, -нѣѭ, -нѣѥши *сов.* (1) μαίνεσθαι прийти в неистовство (в исступление) rozzuřit se, rozběsnit se: тръпитъ възбѣсьнѣвъшиимъ • цѣлитъ отъвѣтомъ обаштрениѥ *Супр 330, 28-29.— Ср.* възбѣсити

ВЪЗБѢШАТИ, -аѭ, -аѥши *несов.* (1) ἐκβακχεύειν доводить до безумия uvádět v šílenství: сице бо ѥстъ зълыи корень тъ • бѣса лютѣи • оувѧзъшаѩ възвѣшаѩ (! *вм.* възбѣ-) доуша *Супр 411, 24* (Д⟨оу⟩шѫ нашѫ боуѭ творітъ *Клоц 4б 11*).— *Ср.* боуи (боуи творити)

ВЪЗБѢШЕНИѤ, -иꙗ *с* (4) μανία **1.** безумие šílenství: ѡ веле нюдино безакониѥ • ѡ веле възбѣшениѥ • овъ бо прода ѩ на трехъ десѧтехъ динарии *Супр 419, 26-27* **2.** исступление, беснование zuřivost, zběsilost: оставивъ ѥже безбожьнъихъ тѣхъ • на доброчьстънъіѩ възбѣшениѥ *Супр 217, 15.— Супр 217, 7-8; 566, 10.— Ср.* бѣсованиѥ, бѣшениѥ

ВЪЗВАЛИТИ, -лѭ, -лиши *сов.* (3) προσκυλίειν привалить přivalit: възваль • камень на двьри гроба отиде *Мт 27, 60 Зогр Мар Ас.— Ср.* привалити

ВЪЗВАРИТИ, -рѭ, -риши *сов.* (1) λύειν довести до кипения uvést do varu: повелѣша възварити пьцьлъ въ конобѣ *Супр 268, 16.— Ср.* разварити

в ъ з в а т и *Супр 77, 27 см.* възъвати

ВЪЗВЕЛИЧАТИ, -аѭ, -аѥши *несов.* (2) μεγαλύνειν восхвалять, славить velebit, slavit: сего раді исповѣмь сѧ т⟨е⟩бѣ въ ѩзыцѣхъ... възвелічаѩ с⟨ъ⟩п⟨асе⟩нъе (! *вм.* съпасенъѣ) [р]ц⟨ѣса⟩р⟨е⟩ва *Пс 17, 51 Син* □ в ъ з в е л и ч а т и с ѧ ἀποχρῆσθαι (!) гордиться, кичиться honosit se, vychloubat se: даүидъ мѫдръ сы и въ съмыслѣ живы • не възвелича сѧ ц⟨ѣса⟩ръскоѭ чьстиѭ *Супр 360, 18.— Ср.* величати сѧ, величити сѧ

ВЪЗВЕЛИЧИТИ, -чѫ, -чиши *сов.* (22) [въз- *Зогр* (1) *Мар* (1) *Син* (5) *Супр* (2)] μεγαλύνειν **1.** увеличить, умножить zveličit, rozmnožit: ѣко възвеличилъ естъ г⟨оспод⟩ь • милость своѭ съ неѭ *Л 1, 58 Зогр Мар Ас*; чл⟨о⟩в⟨ѣ⟩къ мира моего... ѣдъі хлѣбъі моѩ възвелічилъ есть на мѩ ковъ *Пс 40, 10 Син* □ в ъ з в е л и ч и т и с ѧ μεγαλύνεσθαι увеличиться, умножиться rozmnožit se, zveličit se: възвеличишѩ сѩ дѣла твоѣ г⟨оспод⟩і *Пс 103, 24 Син* ● *перен. греч. нет* возвыситься; превзойти povznést se; převýšit: възвеличи сѧ на врагъі доброчьстиѥмъ • въгодьникъ твои моүси *Супр 232, 22* **2.** εὐφραίνειν (!) восхвалить, восславить vychválit, oslavit: воінѫ възвеличітъ сѩ г⟨оспод⟩ь *Пс 69, 5 Син* □ в ъ з в е л и ч и т и с ѧ μεγαλύνεσθαι преисполниться гордости, ликования naplnit se hrdostí: въ імѧ г⟨оспод⟩і б⟨ог⟩а нашего възвелічимъ сѩ *Пс 19, 6 Син.— Зогр Мар Ас Ен Син Супр.— Ср.* възвести, прѣвъзнести

ВЪЗВЕСЕЛИТИ, -лѭ, -лиши *сов.* (69) εὐφραίνειν, φαιδρύνειν laetificare обрадовать, порадовать rozveselit, obveselit: възвеселі д⟨оу⟩шѫ раба твоего *Пс 85, 4 Син*; ѡ заоутра опечаливъіи • вечеръ же възвеселивъ *Супр 429, 19* □ в ъ з в е с е л и т и с ѧ εὐφραίνεσθαι, ἀγαλλιᾶσθαι обрадоваться, порадоваться rozveselit se, zaradovat se: възвеселити же сѧ і въздрадовати подобааше • ѣко братръ твоі сь • мрътвъ бѣ і оживе *Л 15, 32 Зогр Мар Ас Сав*; възвеселѭ и въздрадүѭ сѩ о тебѣ *Пс 9, 3 Син.— Зогр Мар Ас Сав Ен Син Киев Евх Супр Рыл.— Ср.* въздрадовати сѧ

ВЪЗВЕСЕЛѨТИ, -ѩѭ, -ѩѥши *несов.* (1) εὐφραίνειν радовать rozveselovat, těšit: възвеселѣѩ оүпъванием̾ • съмръть повинънѫ сѫщѭ • мнозѣмъ ранамъ *Евх 64а 21.— Ср.* веселити

ВЪЗВЕСТИ, -ведѫ, -ведеши *сов.* (72) **1.** ἀνάγειν, ἕλκειν, ἀναφέρειν, ἀπάγειν вывести, привести наверх, возвести vyvést nahoru: възведе ѩ на горѫ высокѫ единъі *Мт 17, 1 Мар Ас* (∅ *Зогр*); отъ бездьнъ земли древле възведе мѩ *Пс 70, 20 Син* ● *перен.*: отъ одръжѧщиихъ болѣзнеи • і отъ скръбеи възведи *Евх 28а 25-28б 1*; мол⟨итва⟩ ѡ избавленьи вельѥѣда ч⟨ловѣ⟩ка... і еже възвести сѧ д⟨оу⟩хомь с⟨вѧ⟩тъімь чрън⟨ь⟩цю • се (! *вм.* съ) тѣхъж'де *Евх 36а 13* □ в ъ з в е с т и о ч и αἴρειν, ἐπαίρειν, ἀνατείνειν τοὺς ὀφθαλμούς поднять глаза pozvednout oči: възведъ очи свої • на оученикъі своѩ г⟨лаго⟩лааше *Л 6, 20 Зогр Мар Ас Сав* **2.** ἐπανάγειν, ἐξάγειν, συνάγειν, ἐκβάλλειν, ἐπιβιβάζειν ввести, привести uvést, přivést: чловѣчьско ѥстъство • отъ диꙗволꙗ противъства свободивъ • на прьвоѥ доброродиѥ възведе *Супр 490, 7* **3.** ἀναβιβάζειν возвести (*в сан*) povýšit: на старѣишинъство братиѩ възведоша *Супр 277, 7.— Зогр Мар Ас Сав Син Евх*

Супр.— Ср. възнести, извести; възвести очи *ср.* възьрѣти

ВЪЗВИТИѤ, -ниꙗ *с* (1) κέρδος прибыль zisk: вьсе то подъ нозѣ подъложивъ прѣштениѥ съ вьзвитиимъ сьмѣсивъ • винꙑ искааше како сѧ бꙑ съ братиѭ позналъ *Супр 367, 23*

ВЪЗВИТЪ, -и *ж* (3) τόκος проценты, лихва úrok: подоба ти бѣ дати сьребро мое прикоупъ творѧштиимъ • и азъ пришъд' оубо вьзѧлъ бꙑхъ моѥ съ вьзвитиѭ *Супр 370, 1* (съ лихвоѭ *Мт 25, 27 Зогр Мар Ас Сав*).— *Супр 377, 16* (2).— *Ср.* лихва, приносъ

ВЪЗВОДИТИ, -вождѫ, -водиши *несов.* (7) **1.** ἀνάγειν, ἀναβιβάζειν выводить наверх vyvádět vzhůru: б⟨о⟩же нашъ... оумрьщвѣѩ и живѩ • и низъводѩ въ адъ и възводѩ *Евх 57б 18* ● *перен.* ἄγειν воспитывать vychovávat: крьстиıанома сѫштема родивъшиима • крьстиıанѣ и възвождааше сѧ съ своѥѭ братьѭ *Супр 279, 5-6* **2.** ἀνιστάναι поднимать zdvíhat, pozvedat: ızбави ıа отъ в'сеıа болѣзни... възводѩ отъ одра скврънъна *Евх 26б 3* **3.** ἀναφέρειν (ἐπὶ τιμήν) возводить (*в сан*) povyšovat: повелѣ имати и ноудити ѩ жрьти... жьрѫштѧѩ • на великꙑ санꙑ и чьсти възводити *Супр 255, 7-8.— Евх 57б 18; Супр 232, 10; 277, 13.— Ср.* въздвиѕати

ВЪЗВРАТИТИ, -вращѫ, -вратиши *сов.* (>200) **1.** ἀποστρέφειν, ἐπιστρέφειν, στρέφειν, ἀποτίνειν, ἀποδιδόναι, ἀναπέμπειν, βάλλειν (!) возвратить, вернуть, отдать, послать обратно vrátit, navrátit, poslat zpět: възврати ножь свої въ ножьницѫ *И 18, 11 Сав* (вънъзи *Зогр Мар Ас*); възврати • ⷱ҇ • сърeбрьникъ • архиереомъ *Мт 27, 3 Зогр Мар Ас Сав*; облькъ ı вь ризѫ свѣтълѫ • възврати ı къ пилатови *Л 23, 11 Зогр Мар* ▭ възвратити сѧ ὑποστρέφειν, ἐπιστρέφειν, ἐπανέρχεσθαι, ἀνακάμπτειν, ἐπανάγειν, παλινδρομεῖν, ἀναλύειν, ἀποστρέφεσθαι, ἐπανατρέχειν возвратиться, вернуться vrátit se: миръ вашь къ вамъ възвратитъ сѧ *Мт 10, 13 Зогр Мар*; възвратишѧ сѧ въ галилеѭ *Л 2, 39 Зогр Мар Ас Сав* ● *перен.*: възвратішѧ сѧ ı отъврьгѫ сѧ ѣкоже отьцı ıхъ *Пс 77, 57 Син* **2.** ἐπιστρέφειν, ἀντιστρέφειν, ἀνατρέπειν обратить вспять, отменить zvrátit, zrušit: възврати г⟨оспод⟩ь плѣнение наше ѣко потокъ югомь *Пс 125, 4 Син*; езекиıа иже слъзами възврати съмрьти нарѣчиѥ *Супр 238, 24* ▭ възвратити сѧ στρέφεσθαι, ἀποστρέφεσθαι, ἐπιστρέφεσθαι обратить вспять obrátit se: иорданъ възвратı сѧ вьспѧть *Пс 113, 3 Син*; како могѫ възвратити сѧ на жродивѫѩ и непользьнѫѩ вѣрѫ бѣсовьскѫѩ *Супр 165, 17* **3.** ἀποστρέφειν отвратить, отогнать odvrátit: оумъножітъ възвратитı ѣрость своѭ *Пс 77, 38 Син*; възвратилъ еси помошть орѫжиѣ его *Пс 88, 44 Син* ▭ възвратити сѧ ἀποστρέφειν отступиться odvrátit se: възвратилъ сѩ есı отъ гнѣва ѣростı твоеѩ *Пс 84, 4 Син.— Зогр Мар Ас Сав Боян Зогр-пал Син Евх Супр Хил Рыл.— Ср.* вратити, обратити, отъвратити, прѣвратити

ВЪЗВРАЩАТИ, -аѭ, -аѥши *несов.* (18) **1.** ὑποστρέφειν возвращать vracet, navracet: тꙑ... созъдалъ еси ч⟨ловѣ⟩ка • ı пакꙑ вь землѭ вьзвращаѥ[и]ши и *Евх 57б 20* ▭ възвращати сѧ ὑποστρέφειν, ἐπιστρέφειν, παλινδρομεῖν, στρέφεσθαι возвращаться vracet se: коньчавъшемъ дьни • възвраштаѭштемъ сѧ имъ *Л 2, 43 Зогр Мар Ас Сав*; ѣко песъ на своѩ бльвотинꙑ възвращаıѩ сѧ *Евх 91а 6* ● *перен.*: ѣко вьзвращаете сѧ вьспѧть *Рыл 2аβ 17* **2.** ἀποστρέφειν, ἐμποδίζειν отвращать odvracet: въскѫѭ възвраштаеші рѫкѫ твоѭ • ı десницѫ твоѭ отъ срѣдꙑ ѣдръ твоıхъ до коньца *Пс 73, 11 Син.— Зогр Мар Ас Сав Боян Син Евх Супр Рыл.— Ср.* отъвращати

ВЪЗВРАЩЕНИѤ, -ниꙗ *с* (5) **1.** ἀνακομιδή возвращение (*чего-л.*) navrácení: мѣ⟨сѧ⟩ца еноу⟨а⟩р⟨а⟩ ҃ӥз па⟨мѧ⟩т⟨ь⟩ в⟨ъ⟩звращениѣ • мощемъ • св⟨ѧ⟩щ⟨е⟩ном⟨ѫ⟩ч⟨ени⟩ка бо⟨го⟩но⟨сь⟩ц⟨а⟩ игнатиıа *Ас 141б 3* **2.** ἐπάνοδος возвращение (*чьё-л.*) návrat: избѣгни ıз него... ı не имѣı възвращениѣ къ немоу *Евх 48б 22.— Ас 141а 29; Супр 95, 23; 243, 30*

ВЪЗВРѢЩИ, -врьгѫ, -врьжеши *сов.* (3) [-връг-, -връѕ- *Зогр* (1) *Мар* (1) *Син* (1)] ἐπιρρίπτειν набросить, накинуть hodit, přehodit: възврьгъше ризꙑ своѩ на жрѣбѧ въсадишѧ ı⟨соу⟩са *Л 19, 35 Зогр Мар.— Пс 54, 23 Син*

ВЪЗВЫСИТИ, -вꙑшѫ, -вꙑсиши *сов.* (2) ὑψοῦν возвысить povznést: чакмъ... χ⟨ристо⟩с⟨а⟩ въсвꙑсивъша сѧ *Супр 513, 10*; възвꙑши (*вм.* -шьи) же благословьѥниимъ чистителꙗ мелихиседека *Супр 232, 12.— Ср.* възнести

ВЪЗВЫШЕНИѤ, -ниꙗ *с* (1) ἔπαρσις надменность, гордыня povýšenost, pýcha: от възвꙑшениꙗ събꙑваѥтъ сѧ имъ пакости [съ]бꙑвати *Зогр-лл 2б 12-13.— Ср.* величаниѥ, възгрьдѣниѥ, вьзнесениѥ, вꙑшениѥ, грьдꙑни, грьждениѥ

ВЪЗВѢРОВАТИ, -роуѭ, -роуѥши *сов.* (3) πιστεύειν поверить, уверовать uvěřit: ти тъгда вьзвѣрꙋѭ чоудеси *Супр 500, 29-30.— Супр 506, 4; 506, 9.— Ср.* вѣра (вѣрѫ ıати), вѣровати

ВЪЗВѢСИТИ СѦ, -вѣшѫ сѧ, -вѣсиши сѧ *сов.* (3) ἀπάγχεσθαι повеситься oběsit se: повръгъ є въ црькъве отиде • і ошьдъ възвѣси сѧ *Мт 27, 5 Зогр Мар* (оудаві сѧ *Ас Сав*).— *Евх 49а 19-20*.— *Ср.* оудавити сѧ

ВЪЗВѢСТИТИ, -вѣщѫ, -вѣстиши *сов.* (>100) ἀπαγγέλλειν, ἀναγγέλλειν, δηλοῦν, ἀναφέρειν, μηνύειν, καταμηνύειν, δῆλον ποιεῖν сообщить, рассказать oznámit, povědět: ідн въ домъ твои... і възвѣсти імъ • елико ти г⟨оспод⟩ь сътвори *Мк 5, 19 Зогр Мар*; възвѣстишѧ кнѧзоу юже видѣшѧ *Супр 182, 22-23* ● ἀναγγέλλειν, ἐξαγγέλλειν, διαγγέλλειν, μηνύειν возвестить zvěstovat: ѣко отъ моего приметъ • і възвѣститъ вамъ *И 16, 15 Зогр Мар Ас* (повѣстъ *Сав*); възвѣстѧтъ н⟨е⟩б⟨е⟩са правьдѫ его *Пс 49, 6 Син*.— *Зогр Мар Ас Сав Ен Син Евх Супр*.— *Ср.* повѣдѣти, проповѣдѣти, сътъкати

ВЪЗВѢЩАТИ, -аѭ, -аѥши *несов.* (17) ἀγγέλλειν, ἀναγγέλλειν, ἐξαγγέλλειν, λέγειν, δηλοῦν сообщать, рассказывать oznamovat, povídat: приде мариѣ магдалини възвѣщаѭшти оученикомъ *И 20, 18 Мар Ас* (∅ *Зогр*) ● ἀναγγέλλειν, ἐπαγγέλλειν, ἀπαγγέλλειν, διαγγέλλειν, μηνύειν, βοᾶν вещать, проповедовать zvěstovat, hlásat: ты же шьдъ възвѣштаі ц⟨ѣса⟩р⟨ь⟩с⟨тв⟩не б⟨о⟩жье *Л 9, 60 Зогр Мар Ас*; възвѣштаѭште хвалы г⟨осподь⟩нѩ і сілы его *Пс 77, 4 Син*.— *Зогр Мар Ас Син Супр*.— *Ср.* повѣдати, проповѣдати

ВЪЗВѢЩЕНИѤ, -ниꙗ *с* (2) μήνυμα возвещение, сообщение oznámení: подиви сѧ възвѣштению бывъшоуоумоу о томъ къ с⟨ва⟩тоуоумоу *Супр 559, 1*.— *Супр 243, 29* възвѣшати *Супр 411, 24 см.* възвѣшати

ВЪЗВѢꙖНИѤ, -ниꙗ *с* (1) ἐπίπνευσις дуновение, веяние závan, vanutí: то топлоѥ възвѣꙗниѥ юговоо *Супр 349, 12-13*.— *Ср.* вѣꙗниѥ

ВЪЗВѢꙖТИ, -вѣѭ, -вѣѥши *сов.* (10) πνεῖν, ἐπιπνεῖν подуть, повеять zavanout: і сънидe дъждь і придѫ рѣкы • і възвѣашѧ вѣтри • і опьрѣшѧ сѧ храминѣ тои *Мт 7, 27 Зогр Мар Ас Сав*.— *Мт 7, 25 Зогр Мар Ас Сав; Супр 349, 6; 349, 10*

ВЪЗВѦЗАТИ, -вѧжѫ, -вѧжеши *сов.* (2) **1.** προσδεῖν завязать наверх, связать наверху přivázat nahoru, svázat nahoře: неоукроштении бо безаконию дѣлателе • отрѣшивъше поꙗсъ ѥмоу • власы ѥмоу възвѧзашѧ *Супр 61, 30* **2.** ἐπιφορτίζειν усугубить, увеличить zvětšit: на съмьрьть хотѧште възвѧзати тѧготѫ *Клоц 11а 12-13*

ВЪЗГАРАТИ СѦ, -аѭ сѧ, -аѥши сѧ *несов.* (2) ἀλλοιοῦσθαι, ἐμπυρίζεσθαι возгораться rozhořívat se, zapalovat se: или коуренниемь • или дъıмомь етеромь • видимъ • или ѣко огнь възгараѩ сѧ *Евх 54а 5* ● *перен.*: въ гръдості нечьстиваго възгараетъ сѩ ніщеі *Пс 9, 23 Син*

ВЪЗГЛАВЬНИЦА, -ѧ *ж* (1) προσκεφάλαιον подушка poduška: і бѣ самъ на крьмѣ на възглавьници съпѧ *Мк 4, 38 Мар* (на дохъторѣ *Зогр*).— *Ср.* дъхъторъ

ВЪЗГЛАГОЛАТИ, -лѭ, -лѥши *сов.* (35) [-гл- *Зогр* (3) *Мар* (3) *Ас* (2) *Сав* (2) *Син* (10), -глагл- *Мар* (1)] λαλεῖν **1.** начать говорить, заговорить začít mluvit, promluvit: не пьцѣте сѧ прѣжде чьто възглаголете *Мк 13, 11 Зогр Мар*; възглаголѭтъ вьсі дѣлаѭштеі безаконениѥ *Пс 93, 4 Син*; възгла⟨гола⟩шѧ нѣми ѩзыкы *Евх 62а 12* **2.** на кого κατηγορεῖν высказаться *против кого-л.*, обвинить *кого-л.* promluvit *proti někomu*, vznést žalobu *na někoho*: і назираахѫ і • аште въ сѫботѫ іцѣлитъ і • да на нь възг⟨лаго⟩лѭтъ *Мк 3, 2 Зогр Мар Сав*; взъглѭ *Ас* (!) възг⟨лаго⟩лашѩ на мѩ ѩзыкомъ льстівомъ *Пс 108, 2 Син*.— *Зогр Мар Ас Сав Син Евх Супр*.— *Ср.* изглаголати, проглаголати

ВЪЗГЛАСИТИ, -глашѫ, -гласиши *сов.* (72) [-гла(с) *Евх* (1), вз.. *Зогр-пал* (1)] φωνεῖν **1.** *без доп.* προσφωνεῖν, κραυγάζειν, μελῳδεῖν, σαλπίζειν (!) возгласить, воскликнуть zvolat, promluvit (*hlasitě*): пакы же пилатъ възгласи хотѧ отъпоустити і⟨соу⟩са *Л 23, 20 Зогр Мар*; и възглас⟨итъ⟩ иерѣи • и речет⟨ъ⟩ • мир⟨ъ⟩ вьсѣм⟨ъ⟩ *Евх 10б 25* ● заговорить, начать говорить promluvit: не възгласѩтъ грътанемь своімь *Пс 113, 15 Син* ● пропеть (*о петухе*) zakokrhat: і абиѥ коуръ възгласи *Мт 26, 74 Зогр Мар Ас Сав* ▭ възглашенаꙗ *с мн. в знач. сущ.* πρόφθεγμα предсказание předpověď: вьсачьскы блюдѣаше • възглашенъıихъ о дѣвици *Супр 245, 28* **2.** кого позвать (*громким голосом*) *кого-л.* zavolat *někoho*: прѣжде даже не възгласи тебе филипъ • сѫшта подъ смоковьницеѭ видѣхъ тѧ *И 1, 49 Зогр Мар Ас Сав*: егда лазарѣ възгласи отъ гроба *И 12, 17 Зогр* (възъва *Мар Ас Сав*).— *Зогр Мар Ас Сав Зогр-пал Ен Син Евх Супр Рыл*.— *Ср.* възъвати, възъпити, въскричати, въспѣти, пригласити

ВЪЗГЛАШАТИ, -аѭ, -аѥши *несов.* (4) προσφωνεῖν, ἐπιφωνεῖν кричать volat: они же възглашаахѫ г⟨лаго⟩лѭште • пропьни и *Л 23, 21 Зогр* (выпиѣхѫ *Мар*).— *Мт 11, 16 Зогр Мар; Супр 160, 29*.— *Ср.* въпити, гласити, зъвати

ВЪЗ

ВЪЗГЛАШЕНИѤ, -ниꙗ *с* (58) [в(ш) *Евх* (57)] ἐκφώνησις *литург.* возглас (*заключительные слова безмолвной молитвы священника, произносимые вслух*) ekfoneze (*závěr tiché modlitby, pronášený nahlas*): **възглашение • (из)драдъно • прѣс⟨вѧ⟩тѣи • чистѣи... приснодѣвѣ марии** *Служ 3б 6.— Служ Евх*

ВЪЗГНѢТИТИ, -нѣщѫ, -нѣтиши *сов.* (9) ἅπτειν, ἀνάπτειν, περιάπτειν разжечь (*огонь*) vznítit, zapálit (oheň): **възгнѣштьшемъ же имъ огн҃ь по срѣдѣ двора** *Л 22, 55 Зогр Мар.— Супр 80, 22-23; 118, 1; 118, 2; 157, 13; 157, 16-17; 164, 2-3; 164, 5.— Ср.* **въжещи, зажещи**

ВЪЗГНѪШАТИ СѦ, -аѭ сѧ, -аѥши сѧ *несов.* **цѣмь, чимь** (3) [-гѫш- (!) *Син* (1) *Евх* (1)] βδελύσσεσθαι брезгать, гнушаться *кем-л., чем-л.* hnusit si, ošklivit si *někoho, něco*: **не възгнѫшаи сѧ мноѭ грѣшъникомь** *Евх 79а 5.— Пс 106, 18 Син; Евх 85а 19.— Ср.* **гнѫшати сѧ**

ВЪЗГОРѢТИ СѦ, -рѭ сѧ, -риши сѧ *сов.* (8) ἀνάπτεσθαι, ἐξάπτεσθαι, καύεσθαι, ἐκκαύεσθαι разгореться, загореться, возгореться vzplanout, vznítit se, rozhořet se: **огнь отъ него въспланетъ сѧ • жгльѥ възгорѣшѧ сѧ отъ него** *Пс 17, 9 Син.— Л 12, 49 Зогр Мар; Пс 2, 13 Син; 49, 3 Син; 77, 21 Син; Евх 23б 7; Супр 191, 12.— Ср.* **разгорѣти сѧ, въспланѫти сѧ**

ВЪЗГРАДИТИ, -граждѫ, -градиши *сов.* (4) **1.** οἰκοδομεῖν; (**ѥже бѣаше възградилъ** οἰκοδομή; **възграждены на пѣсьцѣ** ἀστήρικτος) возвести, построить vystavět: **възградивъ въ томъ градѣ цръкъве прѣхвальнѣи богородици** *Супр 279, 11* ● *перен.*: **възгражденыихъ на пѣсьцѣ д⟨оу⟩ша прѣльштаѫ** *Супр 214, 26-27* **2. възградити сѧ о чемь** οἰκοδομεῖσθαι укрепиться *в чем-л.* utvrdit se *v něčem*: **вьсѣмъ отьцьмъ възградивъшемъ сѧ о того оустроѥнии • и чистотѣ** *Супр 285, 1-2.— Супр 52, 27.— Ср.* **съзьдати, оутврьдити**

ВЪЗГРАЖДАТИ, -аѭ, -аѥши *несов.* **о чемь** (1) οἰκοδομεῖν укреплять *в чём-л.* upevňovat, utvrzovat *v něčem*: **по вьсѧ дьни • възграждаѥми и оутврьждаѥми о вѣрѣ господьн҃и** *Супр 205, 29.— Ср.* **оутврьждати**

ВЪЗГРАЖДЕНИѤ, -иꙗ *с* (3) οἰκοδομή укрепление upevnění, utvrzení: **на възгражденьѥ и оутврьжденьѥ аггельскааго сего житиꙗ** *Супр 513, 27.— Супр 271, 28; 520, 18.— Ср.* **оутврьжденьѥ**

ВЪЗГРЪДѢНИѤ, -ниꙗ *с* (1) *греч. нет* гордыня pýcha: **ненавистьнъ б⟨ого⟩ви плодъ възгръдѣньꙗ** *Супр 545, 16.— Ср.* **величаниѥ, възвышениѥ, гръдын҃и, гръжденьѥ**

ВЪЗГРЬМѢТИ, -млѭ, -миши *сов.* (2) [возгръм- *Син* (2)] βροντᾶν загреметь zahřmít: **возгръмѣ съ н⟨е⟩б⟨е⟩си г⟨оспод⟩ь** *Пс 17, 14 Син.— Пс 28, 3 Син*

възгѫшати сѧ *Пс 106, 18 Син; Евх 85а 19 см.* **възгнѫшати сѧ**

ВЪЗДАНИѤ, -ниꙗ *с* (8) ἀνταπόδοσις, ἀνταπόδομα, τὸ ἀποδιδόναι отплата, воздаяние odplata, odevzdání: **обаче очима своима съмотриши • и въздание грѣшьникомъ оузьриши** *Пс 90, 8 Син;* **за наже троудилъ сѧ естъ • въ мирѣ семь • имени твоего ради • приметъ бедръно въздание • въ жилищихъ с⟨вѧ⟩тыхъ** *Евх 58а 3-4* ♦ **слово въданию сътворити** λόγον ἀποδιδόναι дать отчет vydat počet: **како ти засъвѣдѣтельствоуетъ намъ • извѣстоуѧ • ѣко слово възданью сътворити имаши** *Евх 82б 15.— Пс 18, 12 Син; 27, 4 Син; 54, 21 Син; 68, 23 Син; 93, 2 Син.— Ср.* **въздаꙗниѥ, възмьздиѥ, въсплащениѥ**

ВЪЗДАТЕЛЬ, -лꙗ *м* (1) ἀποδότης воздающий, воздатель odplatitel: **что противѫ томоу мъздамъ въздатель • любивъи чьстемь добро дѣꙗштиимъ х⟨ристо⟩с⟨ъ⟩** *Супр 427, 11.— Ср.* **мьздодавьць, мьздоотъдавьць**

ВЪЗДАТИ, -дамь, -даси *сов.* (>100) **1.** ἀποδιδόναι, ἀνταποδιδόναι, ἐπιδιδόναι, προσφέρειν отдать, дать odevzdat, dát: **виноградъ прѣдастъ инѣмъ дѣлателемъ • иже въздадѧтъ емоу плоды въ врѣмена своѣ** *Мт 21, 41 Мар Ас Сав (∅ Зогр)* ◻ **въздати хвалѫ, въздати благодарениꙗ** εὐχαριστεῖν, ἐν εὐχαριστίαις ἀνατείνειν поблагодарить poděkovat, vzdát díky: **приимъ чашѫ • хвалѫ въздавъ рече** *Л 22, 17 Зогр Мар;* **пѣсньми и хвалами • благодарениꙗ въздадимъ ѥмоу** *Супр 319, 27;* **въздати клѧтвы** ἀποδιδόναι τοὺς ὅρκους сдержать клятву splnit přísahu: **въздаси же г⟨осподе⟩ви клѧтвы своѧ** *Мт 5, 33 Зогр Мар;* **въздати обѣты** ἀποδιδόναι τὰς εὐχάς исполнить обеты splnit sliby: **въздамъ тебѣ обѣты моѧ** *Пс 65, 13 Син;* **въздати слово** *см.* **слово; въздати нарѣчиѥ** *см.* **нарѣчиѥ** **2.** ἀποδιδόναι, ἀμείβεσθαι отдать, отплатить, воздать odplatit, vrátit: **прилежи емь • и еже аште приждивеши • азъ егда възвраштѫ сѧ въздамь ти** *Л 10, 35 Зогр Мар Ас Сав;* **ѣко ты въздаси комоужьдо по дѣломъ его** *Пс 61, 13 Син.— Зогр Мар Ас Сав Ен Син Евх Супр Рыл.— Ср.* **вьдати, дати, отъплатити; въздати хвалѫ** *ср.* **благословити**

ВЪЗДАꙖНИѤ, -ниꙗ *с* (7) ἀνταπόδοσις, ἀνταπόδομα, ἀντάμειψις, ἀμοιβή отплата, воздаяние odplata, odevzdání: **ѥда коли и ти тѧ такожде възовѫтъ • и бѫдетъ ти**

въздааниѥ *Л 14, 12 Мар Зогр*; въздадимъ благодѣтелеви за бывъшѫѭ на насъ милость • въздааньѥ довьльно *Супр 493, 12.— Пс 102, 2 Син; 118, 112 Син; 136, 8 Син; Супр 411, 19.— Ср.* възданиѥ, възмьздиѥ

ВЪЗДАꙖТИ, -даѭ, -даѥши *несов.* (38) **1.** ἀποδιδόναι отдавать, давать; воздавать dávat; vzdávat: похвальнѫѭ ѥмоу пѣснь въздаѭште *Супр 65, 6* □ въздаꙗти славѫ δόξαν ἀναπέμπειν славить oslavovat: да радостиѭ радоуетъ сѧ... і славѫ въздаѥтъ тебѣ *Евх 31а 14-15*; въздаꙗти хвалѫ, хвалы, благодарениѥ, благодѣть εὐχαριστεῖν, εὐχαριστίαν ἀναπέμπειν, εὐχαριστίαν ἀποπληροῦν; (благодѣть въздаꙗти καταγεραίρειν) восхвалять, возносить хвалу; благодарить chválit, vzdávat chválu, děkovat, vzdávat díky: паде ниць на ногоу ѥго • хвалѫ ѥмоу въздаꙗ *Л 17, 16 Зогр Мар* (хвалѫ... въздасть *Ас*, хвалѫ взда *Сав*); и тебѣ славѫ и благодарениѥ въздаѥмъ *Супр 342, 23-24*; о нихъже пѣти и благодѣть въздаꙗти *Супр 339, 11-12*; въздаꙗти молитвы (!) ἀποδιδόναι τὰς εὐχάς исполнять обеты plnit sliby: тако въспоѭ імені твоѥмоу въ вѣкы • въздаꙗ молітвы моꙗ *Пс 60, 9 Син*; въздаꙗти слово *см.* слово **2.** ἀποδιδόναι, ἀνταποδιδόναι, διδόναι, ἀντιδιδόναι отплачивать, воздавать vracet, odplácet: за ты лі добрꙑꙗ дѣтѣлі сьꙗ мъздꙑ въздаеші ѥмоу *Клоц 4б 5.— Зогр Мар Ас Сав Син Евх Клоц Супр*

ВЪЗДВИГНѪТИ, -нѫ, -неши *сов.* (75) [въздиг- *Зогр-пал* (1)] **1.** ἐγείρειν, ἐξεγείρειν, ἐπαίρειν, αἴρειν, ἀπαίρειν, κουφίζειν, ἀνατείνειν, ἀποκαθιστάναι, κιχρᾶν (!) erigere поднять zdvihnout, pozdvihnout: въздвигнѣте главы ваша • за не приближі сѧ ізбавленье ваше *Л 21, 28 Зогр Мар*; въздвіже рѫкѫ своѭ на нꙗ *Пс 105, 26 Син*; помани и множьствомь милостеи твоихъ... іміже въздвиглъ еси • множьство ч⟨лове⟩къ • от⟨ъ⟩ одра немощьнꙑхъ *Евх 39б 14-15* ● *перен.*: къ тебѣ г⟨оспод⟩і въздвігъ д⟨оу⟩шѫ моѭ *Пс 24, 1 Син; Евх 74б 7*; съпадъшиихъ въздвигоша • сѫмнаштиїхъ сѧ оутврьдиша *Супр 97, 14* □ въздвигнѫти гласъ φωνὴν ἐπαίρειν, αἴρειν подать голос, заговорить pozvednout hlas, promluvit: въздвигъ гласъ свои блаженꙑи кодратъ • въ'зпи *Супр 109, 19* **2.** ἐγείρειν воздвигнуть vybudovat, vystavět: разорите цръковь сиѭ • і трьми дьнꙑ въздвігнѫ ѭ *И 2, 19 Зогр Мар* (сьзіждѫ *Ас*) ● *перен.* создать vytvořit: ꙗко можетъ б⟨ог⟩ъ • от⟨ъ⟩ камениѣ сего въздвигнѫті чꙗда авраамоу *Мт 3, 9 Ас* (∅ *Зогр Мар*) **3.** ἐγείρειν, ποιεῖν, ἀνιστάναι, ἐπαίρειν поднять, устроить vyvolat, podnítit, způsobit, učinit: аүрилианъ же оубоꙗвъ сѧ народа ѥда крамолѫ въздвиг'нѫтъ • дастъ о нѥѭ отъвѣтъ *Супр 14, 3-4*; въздвиже съвѣдѣниѥ въ ꙗковѣ *Пс 77, 5 Син.— Зогр Мар Ас Сав Боян Зогр-пал Ен Син Киев Евх Супр.— Ср.* въздѣти, вънести, възѧти, въскрѣсити, съзьдати; въздвигнѫти гласъ *ср.* възъпити

ВЪЗДВИГЪ, -а *м* (6) [въздви(г) *Ас* (1), вздви(г) *Ас* (1)]: въздвигъ (чьстьнаѥго) креста, крьстоу ὕψωσις τοῦ (τιμίου) σταυροῦ Воздвижение (честного) креста (*церковный праздник*) Povýšení (sv.) kříže (*církevní svátek*): въ с⟨ѫ⟩б⟨от⟩ѫ прѣдъ въздвигомь кр⟨ь⟩ста *Сав 127а 5.— Ас 27аα; 116бβ 20; 117а 3; Сав 127а 7; Ен 30а 3.— Ср.* въздвижениѥ

ВЪЗДВИЖЕНИѤ, -ниꙗ *с* (9) [въздвиже(н) *Ас* (1), вьздвиже(н) *Ас* (1), здви- (!) *Ен* (1)] *греч. нет* поднятие zvednutí: и пакꙑ въздвиꙁаетъ крстъ... пакꙑ пѣвъци поѭтъ пѣс⟨нъ⟩ • по вторѣмъ здви..(ни) (!) *Ен 31а 16* ◆въздвижениѥ (чьстьнаѥго) крьста ὕψωσις τοῦ (τιμίου) σταυροῦ Воздвижение (честного) креста (*церковный праздник*) Povýšení (sv.) kříže (*církevní svátek*): сѫб⟨ота⟩ по вьздвижен⟨ии⟩ чес⟨ть⟩на⟨а⟩г⟨о⟩ кр⟨ь⟩ста *Ас 118б 18.— Ас 117а 22; 118б 18; Сав 128а 15; Боян К 2; Ен 30а 5; 33а 11; 33а 12-13.— Ср.* въздвигъ

ВЪЗДВИꙀАТИ, -жѫ, -жеши *и* -ꙁаѭ, -ꙁаѥши *несов.* (5) **1.** αἴρειν, ἐπαίρειν, ἐγείρειν поднимать zdvíhat, pozdvihovat: въздвиꙁаꙗі отъ землꙗ ништа • і отъ гноішта възносꙗ оубога *Пс 112, 7 Син* **2.** ἐμποιεῖν поднимать, устраивать vyvolávat, podněcovat: пьрꙗ съ ними въздвижѫште *Зогр-лл 2а 14.— Ен 31а 14; Пс 74, 6 Син; Супр 457, 2.— Ср.* възводити, възимати

ВЪЗДИВИТИ СѦ, -влѭ сѧ, -виши сѧ *сов.* чесомоу, отъ чесо (3) ἐκπλήσσεσθαι, ὑπερθαυμάζειν удивиться *чему-л.* podivit se, užasnout *nad něčím*: дъждь съпоусти... ѥмоуже въздививъше сѧ... отидоша *Супр 530, 28*; вьздивьше же сѧ отъ чоудесъ вьскричаша велми *Супр 33, 18.— Супр 550, 2.— Ср.* подивити сѧ, почоудити сѧ, оужаснѫти сѧ

ВЪЗДИВИꙖТИ, -виꙗѭ, -виꙗѥши (?) *или* -виѭ, -виѥши (?) *сов.* (1) *греч. нет* одичать zdivočet: юньць приведенъ на даръ б⟨ого⟩ви • и тоу крьмимъ въшьствинимъ лѫкааго бѣса въздивиꙗ *Супр 565, 15*

въздигнѫти *Мт 21, 21 Зогр-пал см.* въздвигнѫти

ВЪЗДИРАТИ, -аѭ, -аѥши *несов.* (1) κατάγειν раздирать rozdírat: повелѣша извлачити тръсти из него • да съ тръстикмъ и пльть кго въздиракть сѧ *Супр 270, 11*

ВЪЗРАДОВАТИ СѦ, -доуѭ сѧ, -доуеши сѧ *сов.* о комь, чемь; комоу, чесомоу; въ комь, чемь (97) χαίρειν, ἀγαλλιᾶσθαι, ἐπιχαίρειν, γηθεῖν возрадоваться, обрадоваться zaradovat se, zajásat: мнози о рождьствѣ его въздрадоуѭть сѧ *Л 1, 14 Зогр Мар Ас*: приідѣте въздрадоуимъ сѧ г⟨оспод⟩ю *Пс 94, 1 Син*; въ дѣлѣхъ рѫкѫ твоеѭ въздрадоуѭ сѧ *Пс 91, 5 Син.— Зогр Мар Ас Охр Сав Син Евх Супр.— Ср.* възвеселити сѧ, обрадовати сѧ, порадовати сѧ, сърадовати сѧ

ВЪЗДРАЖАТИ, -аѭ, -акши *несов.* кого отъ чесо (1) ἀναχαιτίζειν удерживать, отговаривать zdržovat, zadržovat: не бо нъ того надѣахѫ сѧ • того ради и чисто (*! вм.* часто) ѩ въздражакть • отъ надеждѧ тоѩ *Супр 372, 12*

ВЪЗДРАЗИТИ, -ражѫ, -разиши *сов.* (1) ἀντικρούειν удержать zadržet: въздразихъ петра оучити мѧ хотѧшта *Супр 510, 22*

ВЪЗДРАСТЕНИѤ, -ніа *с.* (1) αὔξησις возрастение vzrůst: или въ въздрастении числа съ(въ)здрьжьники • или въ инѣхъ таковыхъ дѣлѣхъ • исходѧште и въ рети испадаѭть *Зогр-лл 2а 19-20.— Ср.* оумъножение

ВЪЗДРАСТИ, -стѫ, -стеши *сов.* (18) αὐξάνειν, αὐξάνεσθαι, συνασκεῖσθαι, συμφύεσθαι, ἀναβαίνειν, βρύειν вырасти vyrůst: а дроугое паде по срѣдѣ трьньѣ • і въздрасте трьнье і подави е *Л 8, 7 Зогр Мар Ас Сав*; женоѭ въз'драсте зълок • и женоѭ истѣкаѭть лоучьшаꙗ *Супр 251, 6-7.— Зогр Мар Ас Сав Киев Супр Рыл.— Ср.* възити

ВЪЗДРАСТИТИ, -ащѫ, -астиши *сов.* (5) αὐξάνειν, πολυπλασιάζειν, βλαστεῖν, ἐκδιδόναι вырастить dát vyrůst: земьꙗ не своимъ кстъствомъ прозѧбенье въздрасти былии *Супр 495, 21*; въздрасти ѣ • силоѭ с⟨вѧ⟩тааго твоего д⟨оу⟩ха *Евх 12б 13.— Пс 104, 24 Син; Евх 35а 19; Супр 300, 18*

ВЪЗДРАСТЪ, -а *м* (19) **1.** *греч. нет* рост (*человека*) vzrůst, postava: по тѣлоу же хоудъ бѣаше въздрастомъ *Супр 545, 25* **2.** ἡλικία возраст věk: самого въпросите • въздрастъ імать самъ • о себѣ да г⟨лаго⟩леть *И 9, 21 Зогр Мар Ас*; отъ млада бо въздраста кротость вь немъ ꙗви сѧ *Супр 546, 19.— Зогр Мар Ас Евх Супр.— Ср.* връста, растъ

ВЪЗДРАЩАТИ, -щаѭ, -щакши *несов.* (1) αὐξάνειν растить, выращивать, взращивать dávat růst: да чистоѭ д⟨оу⟩шеѭ и тѣломь • плоды творѧ • і въздращаѩ • і примѣшаѩ сѧ с⟨вѧ⟩тѣмь твоемь д⟨оу⟩сѣ • наслѣдьникъ бѫдеть • ц⟨ѣса⟩р⟨ь⟩ства н⟨е⟩б⟨е⟩с⟨ь⟩нааго *Евх 74б 2.— Ср.* растити

въздревьновати *Пс 72, 3 Син см.* въздрьвьновати

ВЪЗДРИНѪТИ, -нѫ, -нешн *сов.* (2) ὠθεῖν повалить povalit: доколѣ належите на чл⟨о⟩в⟨ѣ⟩ка оубьѥте въсі вы • ѣко на стѣнѫ прѣклоненѫ и плотъ въздріновенъ *Пс 61, 4 Син.— Пс 117, 13 Син.— Ср.* вьринѫти

ВЪЗДРОУТИ, -ровѫ, -ровеши *сов.* (2) βρύχειν *или* βρύκειν закричать, взреветь zakřičet, zařvat: слышавъ же се воѥвода въздроу акы левъ • и повелѣ съвѧзати ѧ *Супр 71, 26.— Супр 74, 6.— Ср.* въскричати, възъпити

ВЪЗДРЪВАНИѤ, -ніа *с* (1) τὸ ἐκσπᾶσθαι вырывание vytržení: да бѫдѫть ѣко трѣва на зъданиіхъ • ѣже прѣжде въздръванiѣ исъше *Пс 128, 6 Син*

ВЪЗДРЫДАТИ, -аѭ, -акши *сов.* (4) θρηνεῖν, πενθεῖν зарыдать dát se do pláče: горе вамъ смѣѭштеи сѧ нынѣ ѣко въздрыдаате и въсплачете сѧ *Л 6, 25 Мар* (въздыхаете *Зогр*).— *И 16, 20 Зогр Мар Сав.— Ср.* въсплакати сѧ, прослъзити сѧ

ВЪЗДРЬВЬНОВАТИ, -ноуѭ, -ноукши *сов.* (3) [-ревьн- *Син* (1) *Супр* (1)] ζηλοῦν **1.** на кого, на чьто вознегодовать rozhorlit se, rozhořčit se: ѣко въздревьновахъ на безаконьныѩ міръ грѣшьнікъ відѧ *Пс 72, 3 Син* **2.** комоу, чесомоу с усердием последовать *кому-л., чему-л.* horlivě *někoho, něco* následovat: и мы въздревьноуимъ боговеселыноуоумоу ликоу *Супр 321, 9-10.— Супр 9, 11*

ВЪЗДРЬЖАНИѤ, -ніа *с* (22) [-дръ- *Супр* (21), -др'- *Супр* (1)] **1.** ἄσκησις, τὸ ἀσκεῖν, σωφροσύνη (!), ἀγρυπνία (!) воздержание zdrženlivost, odříkání: въздръжаниѥ же без' бъдѣниꙗ чистоты • и сьмѣрениꙗ оуправити сѧ не можетъ *Супр 279, 23*; вьси оубо идѣмъ • сь лѣпымь въздръжаниимь и чистотѫ *Супр 420, 9* **2.** εὐλάβεια, εὐσέβεια благоволение; благочестие pokora; úcta, zbožnost: и съ страхомъ и трепетомъ • и лѣпымь въздръжаниимь • къ грѫдоуоумоу и страшъноуоумоу пристѫпите комьканию *Супр 405, 21-22.— Супр*

ВЪЗДРЬЖАНЬНЪ, -ьіи *прил.* (2) [-дръ- *Супр* (2)] τῆς ἀσκήσεως воздержанный odříkavý: иже плодъныимь словомъ и дѣломъ • на житиѥ въздръжан'ноѥ чиниаше *Супр 279, 30.— Супр 171, 14-15*

ВЪЗДРЬЖАТИ, -жѫ, -жиши *несов.* (6) [-дръ- *Евх* (1) *Супр* (5)] **1.** кого, чьто κατέχειν задерживать, удерживать zdržovat, zadržovat: поусти бо к немоу жена кго довропомоштьница • поѹштакма мѫжа въздръжашти *Супр 434, 6* □ въздръжати сѧ отъ чесо *или без доп.* (ἀσκήσει) ταλει νοῦν ἑαυτόν воздерживаться odříkat si: тѣлесьноѥ бо богатьство съ троѹдомъ и болѣзниѭ великоѭ обрѣтаѥтъ сѧ • имъже въ погыбѣль д⟨оѹ⟩ша не въздръжаштаа сѧ идѫтъ *Супр 160, 6*; аще к'то твръдо въздръжитъ сѧ етъ (! вм. отъ) в'сего • то въ скорѣ приметъ ославѫ *Евх 69б 2-3* **2.** чьто ἀνέχεσθαι придерживаться *чего-л.* přidržovat se *něčeho*: не глаголетъ г⟨осподь⟩мь ни б⟨ого⟩мъ • не въздръжитъ истины • не съложитъ сѧ съ ѳомѫ *Супр 509, 22* **3.** въздрьжа εὐλαβής благочестивый zbožny: иже при иномь оѹбо въздръжа бѣаше • къ црькъви же въсѣчьстѣи не приобьштааше сѧ *Супр 298, 1.— Супр 294, 17.— Ср.* оѹдрьжати

ВЪЗДРѢМАТИ (СѦ), -млѭ (сѧ), -млѥши (сѧ) *сов.* (12) νυστάξειν заснуть, задремать usnout, zdřímnout si: въздрѣма д⟨оѹ⟩ша моѣ отъ оунынrealѣ *Пс 118, 28 Син*; въздрѣмашѧ сѧ въсѣдъшеі на конѧ *Пс 75, 7 Син.— Мт 25, 5 Зогр Мар Ас Сав; Пс 75, 7 Син; 120, 3 Син; 120, 4 Син; Супр 135, 8; 275, 22; 369, 2; 372, 6-7.— Ср.* оусънѫти

ВЪЗДОУНѪТИ, -нѫ, -неши *сов.* на кого, чьто (2) ἐμφυσᾶν сильно дунуть *на кого-л., что-л.* dýchnout *na někoho, něco*: и сътворивъше знамениѥ кръстьноѥ на лицихъ своихъ • въздоунѫша на капишта • и тоу абие сътрьша сѧ *Супр 180, 15-16.— Супр 230, 2.— Ср.* доунѫти

ВЪЗДОУХЪ, -а *м* (17) ἀήρ, αἰθήρ воздух vzduch, povětří, ovzduší: ты къ въздыханью въздоухъ пролиѣ *Евх 4а 13-14*; бѣаше же и въздоухъ стоуденъ *Супр 76, 14.— Евх Супр.— Ср.* аеръ

ВЪЗДОУШЬНЪ, -ьн *прил.* (1) ἀέριος воздуха *род.* ovzduší *род.*: памѧть дни того • вь ньже въздѹшьныихъ бѣдъ свобождени быша • творѧтъ *Супр 531, 7-8.— Ср.* аерьнъ

ВЪЗДЪХНѪТИ, -нѫ, -неши *сов.* (16) στενάζειν, ἀναστενάζειν, καταστενάζειν вздохнуть vzdechnout: възьрѣвъ на н⟨е⟩бо въздъхнѫвъ • і г⟨лаго⟩ла емоу *Мк 7, 34 Зогр*, въздъхнѫ *Мар Ас Сав Боян*; въздъхнѫвъ д⟨оѹ⟩хомь своімь г⟨лаго⟩ла *Мк 8, 12 Зогр Мар*; плачі сѧ горько і въздъхні вельми *Клоц 3б 37.— Зогр Мар Ас Сав Боян Евх Клоц Супр*

ВЪЗДЫХАНИѤ, -ниѣ *с* (22) **1.** στεναγμός вздох vzdychání: въздыхание мое отъ тебе не оутаісѧ *Пс 37, 10 Син*; съ слъзами и въздыханиї биѣше вь прьси своѣ *Супр 524, 26* **2.** ἀναπνοή дыхание dýchání: ты къ въздыханью въздоухъ пролиѣ *Евх 4а 13.— Син Служ Евх Супр.— Ср.* стенаниѥ; дыханиѥ, издыханиѥ

ВЪЗДЫХАТИ, -аѭ, -аѥши *несов.* (2) πενθεῖν вздыхать vzdychat: горе вамъ смѣѭштіімъ сѧ нынѣ • ѣко въздыхаете і въсплачете сѧ *Л 6, 25 Зогр* (въздрыдаате *Мар*).— *Супр 568, 14.— Ср.* стенати

ВЪЗДЬРАТИ, -дерѫ, -дереши *сов.* (3) ἐκριζοῦν вырвать (*с корнем*) vytrhnout (*s kořenem*): г⟨лаго⟩лали бисте оубо сукамѣнѣ сеі • въздери сѧ і въсади сѧ въ море *Л 17, 6 Зогр Мар Ас* (вьзьми сѧ *Сав*).— *Ср.* възѧти, ископати, искоренити

ВЪЗДѢЛАТИ, -аѭ, -аѥши *сов.* (1) γεωργεῖν возделать (*землю*) obdělat (*zemi*): такожде и трьниѥмъ вѣньчанъ быстъ • да вьздѣланѫѭ зьлѣ земьѭ грѣхомъ • своимъ послоушаниимъ кротчѣишѫ сътворитъ *Супр 484, 6-7*

ВЪЗДѢТИ, -деждѫ, -деждеши *и* -дѣѭ, -дѣѥши *сов.* (22) ἐκτείνειν, ἀνατείνειν, αἴρειν, ἐπαίρειν, διαπεταννύναι, ἐκπεταννύναι поднять, воздеть zvednout, pozdvihnout: въздеждеши рѫцѣ твоі • і инъ тѧ поѣшетъ *И 21, 18 Зогр Ас Сав* (Ø *Мар*); егда въздѣѭ рѫцѣ моі къ цр⟨ъ⟩къви с⟨вѧ⟩т⟨ѣ⟩і твоеі *Пс 27, 2 Син.— Зогр Мар Ас Сав Син Евх Супр.— Ср.* въздвигнѫти, вънести

ВЪЗДѢꙖТИ СѦ, -ѣѭ сѧ, -ѣѥши сѧ *несов.* (1) ἐπαιρεῖσθαι подниматься, воздеваться (*вверх*) zvedat se (*vzhůru*): отъта бѫди рѫка • да иматъ дрьзновениѥ • къ владыцѣ въздѣꙗти сѧ *Супр 91, 10*

ВЪЗИГРАТИ СѦ, -аѭ сѧ, -аѥши сѧ *сов.* (18) σκιρτᾶν, συσκιρτᾶν взыграть, подпрыгнуть от радости poskočit radostí: вьзигра сѧ младѣништь радоштами вь чрѣвѣ моемь *Л 1, 44 Зогр Мар Ас Сав*; нынѣ вьзиграѭтъ сѧ праведьныихъ народи *Евх 87б 18*; горы вьзіграшѧ сѧ ѣко овьни • і хлъми ѣко агньци овьчии *Пс 113, 4 Син; Евх 3б 9.— Зогр Мар Ас Сав Син Евх Супр*

ВЪЗИМАНИѤ, -ниѣ *с* (1) *греч. нет* припадок zachvacování, záchvat: прѣсѫчи еи істочьникъ • отъ негоже исходитъ • възбрани еи в'сего възиманиѣ • отъ негоже възимаетъ силѫ *Евх 45а 12*

ВЪЗИМАТИ, въземлѭ, въземлѥши *и* възимаѭ, възимаѥши *несов.* (40) **1.** αἴρειν, λαμβάνειν, κομίζεσθαι, ἀπολαύειν (!) брать, получать, принимать brát (si), dostávat, přijímat: запрѣти імъ • да ничесоже не вьземл҄ѭтъ на пѫть *Мк 6, 8 Зогр Мар*; онъ съвѣты творѣаше • і на кръви владычьні • цѣнѫ възімааше *Клоц 6а 11* ● брать (*в руки*) brát (*do rukou*): въземл҄ѭште камениѥ мештаахѫ на нь *Супр 216, 24* ● *перен.*: до колѣ д⟨оѹ⟩шѧ нашѧ вьземл҄еши *И 10,*

24 Зогр Мар □ възимати комъканик μετέχειν τῶν θείων μυστηρίων причащаться св. таин přijímat svátost oltářní: иже недостоино въземлѭтъ с⟨вѧ⟩ток комъканик *Супр 421, 5*; възимати пѫть περιοδεύειν пускаться в дорогу, в путь podnikat cestu: к'то поемлетъ врачеви троуждаништоу сѧ • и толикъ пѫть въземлѭштоу *Супр 361, 6* **2.** αἴρειν, ἁρπάζειν, ἀπαιτεῖν брать; отнимать odnímat: въ сиѭ нощъ въземлѭтъ д⟨оу⟩шѫ твоѭ *Л 12, 20 Сав* (истѧзаѭтъ *Мар Ас*, истѧзаѭ *Зогр*) **3.** възимати сѧ ἐπαίρεσθαι возвышаться povyšovat se: вьсѣко вышение въземлѭштеѥ сѧ • на вѣдѣние божие *Супр 280, 30.— Зогр Мар Ас Сав Син Евх Клоц Супр.— Ср.* възносити, приимати

ВЪЗИРАТИ, -аѭ, -аеши *несов.* на кого, чьто (21) ἀτενίζειν, ἐνατενίζειν, ἀφορᾶν, ἀποβλέπειν, προσέχειν, ἀναθεωρεῖν; (изница възираѩ λοξῷ τῷ ὀφθαλμῷ) смотреть, взирать vzhlížet, hledět, dívat se: ѡчи его на оубогаго възираете *Пс 9, 29 Син*; на нь присно възираше *Супр 79, 27-28*; из'ница възираѩ дѣвичѫ ѫтробѫ съмотрѣше *Супр 240, 4.— Ен Син Евх Клоц Супр Рыл.— Ср.* прѣзирати

ВЪЗИСКАНИѤ, -ниꙗ *с* (4) ζήτησις, ἐπιζήτησις, ἀναζήτησις поиски hledání, vyhledání: на възискание заблѫждъшоуоумоу адамоу сънити моими штедротами хоштѫ *Супр 247, 13.— Супр 131, 3; 145, 17; 220, 12*

ВЪЗИСКАТЕЛЬ, -лꙗ *м* (1) διαιτητής тот, кто судит, обсуждает posuzovatel: послоушникъ бо ѥсмъ чоудесемъ властельскомъ • а не възискатель божиѥмъ дѣлесемъ *Супр 501, 28*

ВЪЗИСКАТИ, -искѫ *и* -ищѫ, -ищеши *сов. и* -искаѭ, -искаеши *несов.* (>100) **1.** ἀναζητεῖν, ζητεῖν, ἐκζητεῖν, ἐπιζητεῖν отыскать, разыскать/искать vyhledat/hledat: възиштете мене і не обрѧштете *И 7, 36 Зогр Мар*; приде к нимъ полемъ... възискаті и влачити крьстиꙗны • на трѣбы *Супр 125, 12*; възвратисте сѧ въ і⟨ероуса⟩л⟨и⟩мъ • възискаѭшта его *Л 2, 45 Зогр Мар Ас Сав Боян* ● *перен.*: въсхвалѧтъ г⟨оспод⟩ѣ възіскѫште его *Пс 21, 27 Син*; не имамъ бо съде прѣбываѭща града • нѫ грѧдѫщаго възискаимъ *Евр 13, 14 Ен* **2.** ζητεῖν; (ѕѣло възискати πολυπραγμονεῖν) изучить/изучать; наблюдать prozkoumat/zkoumat: възискати • оубо лѣпо възлюбьѥнии • словесе ѥже о смок'ви *Супр 347, 25*; тъгда възвѣрꙋѭ чоудеси ѕѣло възиштѫ сеѭ си рѫкоѭ *Супр 500, 30* **3.** ἐκζητεῖν, ἐπιζητεῖν, ζητεῖν, αἰτεῖν захотеть/хотеть, пожелать/желать zatoužit/toužit, chtít: възиштѫтъ вънити • і не възмогѫтъ *Л 13, 24 Зогр Мар Ас Сав*; іже аште възиштетъ д⟨оу⟩шѫ своѭ с⟨ъ⟩п⟨а⟩сти погоубитъ ѭ *Л 17, 33 Зогр Мар*; въсесъжагаѥмꙑхъ о грѣсѣхъ не възиска *Пс 39, 7 Син* **4.** ἐκζητεῖν потребовать/требовать, взыскать/взыскивать (*долг, отчет*) vyžádat/vyžadovat (*dluh, účet*): възиштетъ сѧ отъ рода сего *Л 11, 51 Зогр Мар*; не възіштетъ *Пс 9, 34 Син.— Зогр Мар Ас Сав Ен Син Евх Супр.— Ср.* въпрашати, изискати, искати

ВЪЗИСКОВАТИ, -коуѭ, -коуеши *несов.* кого, чесо (1) ἐπιζητεῖν искать, отыскивать hledat, vyhledávat: таче въшъдъ въ црък'вište артемидово • възисковаавше капиштъ црькъвънꙑихъ *Супр 221, 8.— Ср.* възискати, искати

ВЪЗИТИ, -идѫ, -идеши *сов.* (88) ἀναβαίνειν **1.** ἐπιβαίνειν, ἀνέρχεσθαι, ἐπανέρχεσθαι, ἀναλαμβάνεσθαι, ἀνατρέχειν взойти, подняться vyjít (*nahoru*), vystoupit: оузьрѣвъ же народꙑ възиде на горѫ *Мт 5, 1 Зогр Ас Сав* ● *перен.*: і огнь възгорѣ сѧ въ ꙇѥковѣ і гнѣ-въ-зіде (! вм. гнѣвъ възіде) на і⟨здра⟩илѣ *Пс 77, 21 Син*; на срьдьце чловѣкоу не възиде *Супр 154, 11* **2.** взойти, возрасти vzejít, vzrůst: дро⟨у⟩гое паде въ трънии • і възиде трьние и подави е *Мк 4, 7 Мар* (∅ *Зогр*) **3.** ἐπανάγειν, ἐξέρχεσθαι уйти, отойти vyjít, odejít, odejet: възиде же і осифъ (! *вм.* і ѡсифъ) • отъ галилеꙗ • града назаретьска *Л 2, 4 Зогр Мар Ас Сав*; вълѣзь же въ єдинъ от⟨ъ⟩ корабицю... молі и от землѧ възити мало *Л 5, 3 Ас* (отъстѫпити *Зогр Мар*).— *Зогр Мар Ас Сав Ен Син Евх Клоц Супр.— Ср.* вълазити, вълѣсти, вънити, въстѫпити, въсходити, въходити; изити, исходити, отити; въздрасти

ВЪЗЛАГАТИ, -аѭ, -аеши *несов.* (18) τιθέναι, ἐπιτιθέναι, ἐναποτιθέναι класть, возлагать klást, pokládat: і обрѣтъ ѭ възлагаетъ на рамѣ свої *Л 15, 5 Зогр Мар* ● *перен.*: на негоже о⟨ть⟩ца обѣтованиѣ твоѣ възлагаеши *Евх 92а 8* ♦ възлагати рѫцѣ, рѫкѫ τιθέναι, ἐπιτιθέναι, ἐκτείνειν τὰς χεῖρας возлагать руки vkládat ruce: обемъ ꙗ благословлѣаше • възлагаꙗ рѫцѣ на нꙗ *Мк 10, 16 Мар Зогр.— Зогр Мар Ас Сав Евх Супр.— Ср.* въскладати

възлакати сѧ *Зогр Син см.* възалъкати сѧ

ВЪЗЛЕЖАТИ, -жѫ, -жиши *несов.* (72) ἀνακεῖσθαι **1.** лежать ležet: оузьрѣ въ папрьтѣ тоꙗ чьстънꙑꙗ црькъве • мѫжа чоудьна свѧта възлежѧшта и оумираѭшта *Супр 296, 6* **2.** κατακεῖσθαι, κατακλίνεσθαι; (възлежати съ συνανακεῖσθαι) возлежать (*за трапезой*) ležet (*u stolu při jídle*), stolovat: мьздоимьци пришедъше възлежаахѫ съ и⟨соу⟩сомь *Мт 9, 10 Зогр Мар Ас*; вьзлежахѫ *Сав*; съ мытари вьзлежааше • и сь любодѣицами живѣаше *Супр 474, 1.— Зогр Мар Ас Сав Ен Евх Супр.— Ср.* лежати

ВЪЗЛЕТѢТИ, -лещѫ, -летиши *сов.* (1) ἀναπέτεσθαι взлететь vzlétnout: мѫченомъ же бывъшемъ тѣмъ свѧтыимъ • и вьзлетѣвъшемъ на небо *Супр 256, 21-22*

ВЪЗЛЕЩИ, -лѧгѫ, -лѧжеши *сов.* (50) **1.** ἀναπίπτειν, κλίνειν, ἐπιτιθέναι ἑαυτόν возлечь, лечь ulehnout: иже и възлеже на пръси его *И 21, 20 Зогр Ас Сав* (∅ *Мар*); зною же въ прѣпладьнии бывъшоу • възлеже моусии подъ камыкомъ великомъ *Супр 275, 16-17* **2.** κατακλίνεσθαι, ἀνακλίνεσθαι, ἀναπίπτειν, ἀνακεῖσθαι возлечь (*за трапезой*) ulehnout (*za stůl při jídle*): егда быс⟨тъ⟩ година • вьзлеже и оба на десѧте апо⟨сто⟩ла съ нимь *Л 22, 14 Зогр Мар.— Зогр Мар Ас Сав Охр Ен Супр.— Ср.* лещи

ВЪЗЛИВАТИ, -аѭ, -аеши *несов.* на чьто *или без доп.* (6) ἐπιχεῖν, κενοῦν лить, наливать, возливать (*устар.*) nalévat, lít: обѧза строупы его • вьзливаѩ масло и вино *Л 10, 34 Зогр Мар Ас Сав.— Супр 179, 1; 457, 4-5.— Ср.* изливати

ВЪЗЛИѦТИ, -лѣѭ, -лѣеши *сов.* на чьто *или без доп.* (14) [-льѣ- *Зогр* (1) *Мар* (1)] καταχεῖν, ἐπιχεῖν, βάλλειν, ἐπιβάλλειν налить nalít: алавѣстръ хризмы... вьзльѣ емоу на главѫ *Мк 14, 3 Зогр Мар*; повелѣша принести олово и растопивъше възлиѣти на очи *Супр 264, 21-22* ● *перен.*: вьзлѣи на нь б҃лагодѣть • и разоумъ *Евх 95а 1.— Мт 26, 7 Зогр Мар Ас Сав; Мт 26, 12 Зогр Мар Ас Сав; Евх 20а 20; Супр 408, 11.— Ср.* излити

ВЪЗЛОЖИТИ, -жѫ, -жиши *сов.* чьто на кого, чьто; чьто комоу (>100) ἐπιτιθέναι, περιτιθέναι, ἀνατιθέναι, τιθέναι, ἐπιβάλλειν, περικεῖσθαι, ἀναφέρειν, ἐπιδεῖν (!), ἀνατείνειν (!) положить, возложить položit: съплетъше вѣньць отъ трънинѣ • възложишѧ на главѫ его *Мт 27, 29 Зогр Мар Ас Сав*; тогъда възложетъ (! *вм.* възложѧтъ) на олт(а)рь твои тельцѧ *Пс 50, 21 Син* ● *перен.* περιτιθέναι, κατατίθεσθαι, ὑποβάλλειν, ἐντίθεσθαι, ἐπιλαμβάνειν: възложи на нѧ бл⟨а⟩г⟨осло⟩вение твое *Евх 13а 1*; не бышѧ такоѩ рачили емоу възложити славы *Супр 442, 4*; възложимъ на тѧ мѫкы *Супр 258, 29* ● *греч. нет* надеть obléci: поп⟨ъ⟩ вьзложь оурарь • и фелонь *Евх 38б 4* ● προστιθέναι прибавить připojit: кто же отъ васъ пекы сѧ • можетъ възложити на тѣло свое • лакъть единъ *Мт 6, 27 Сав* (приложити тѣлеси своемь *Зогр Мар Ас*) ● *без доп.* ἀνατίθεσθαι дать монашеский обет zaslíbit se, složit řeholní slib: призьри... на съмѣрение раба твоего сего • иже възложи • и исповѣда прѣдъ многы съвѣдѣтелы *Евх 93б 10* ♦ **възложити рѫцѣ, рѫкѫ** на кого **а)** ἐπιτιθέναι τὰς χεῖρας, τὴν χεῖρα возложить руки, руку *на кого-л.* vložit ruce, ruku *na někoho*: тъкъмо на мало недѫжьникъ възложи рѫцѣ и ицѣли *Мк 6, 5 Зогр Мар*; и ицѣли недѫжнъıѩ • вьзложьша рѫкѫ своѭ на нь *Евх 40а 14-15* **б)** ἐπιβάλλειν τὰς χεῖρας поднять руку, взять vztáhnout ruku, zajmout: тогда пристѫпьше • възложишѧ рѫцѣ на и⟨соу⟩са • и ѩшѧ и *Мт 26, 50 Зогр Мар Ас Сав Боян*; **възложити ѩзвы** πληγὰς ἐπιτιθέναι изранить zranit: въ разбоиникы въпаде • иже... и ѣзвы възложьше отидошѧ *Л 10, 30 Зогр Мар Ас Сав*; **възложити очи** τιθέναι τοὺς ὀφθαλμούς устремить взгляд upřít zrak: изгонѧштеи мѧ нынѣ обидѫ мѧ • очі своі възложішѧ оуклонішѧ на землѭ *Пс 16, 11 Син.— Зогр Мар Ас Сав Боян Син Евх Супр.— Ср.* наложити, положити

ВЪЗЛѢГАНИѤ, -ниѣ *с* (1) πρωτοκλισία возлежание за трапезой ležení u stolu: любѧтъ же възлѣганиѣ на вечерѣхъ *Мт 23, 6 Ас* (прѣждевъзлѣганиѣ *Мар*, ∅ *Зогр*).— *Ср.* прьвовъзлежение, прьвовъзлѣгание, прѣждевъзлѣгание

ВЪЗЛѢСТИ, -лѣзѫ, -лѣзеши *сов.* (13) ἀναβαίνειν, ἐπιβαίνειν взойти; влезть (*наверх*) vylézt (*nahoru*), vystoupit: и прѣди текъ вьзлѣзе на с҄ѵкомариѭ • да видитъ ис⟨ус⟩а *Л 19, 4 Зогр Мар Ас*; вьзлѣзоша на храминѫ тьмничьнѫѭ *Супр 184, 6-7.— Л 5, 19 Зогр Мар Ас Сав; Пс 131, 3 Син; Супр 41, 14; 118, 7; 350, 13; 565, 30.— Ср.* възити, вълѣсти, въсходити

ВЪЗЛЮБИТИ, -блѭ, -биши *сов.* (>200) [въжлю- *Киев* (1), възьвъзлюб- (!) *Ас* (1)] **1.** ἀγαπᾶν, φιλεῖν, ἐρᾶσθαι, εὐφραίνεσθαι полюбить, возлюбить (*устар.*) zamilovat si, oblíbit si: вьзлюбиши г⟨оспод⟩а б⟨ог⟩а своего • отъ всего срьдьца твоего *Л 10, 27 Зогр Мар Ас Сав*; законъ же твоі вьзлюбихъ *Пс 118, 113 Син*; г⟨оспод⟩и б⟨о⟩же нашъ • вьзлюблеи тако дѣвьство *Евх 80б 22-23*; вьзлюбивъшеи мі(рь сь) и мірьскъıми пек'(ше) сѧ *Рыл 5ба 1* □ **възлюблєнъ**, -ын *в знач. прил. или сущ.* ἀγαπητός любимый, дорогой, возлюбленный milovaný, drahý: се отрокъ мои егоже изволихъ • възлюбленъı мои • на ньже благоизволи д⟨оу⟩ша моѣ *Мт 12, 18 Зогр Мар Ас Сав*;

ѥгда дастъ възлюбленъıимъ своимъ сонъ *Пс 126, 2 Син* **2.** ἐπιποθεῖν, ποθεῖν, θέλειν, ἐρᾶσθαι захотеть, пожелать zatoužit: възлюбихъ с⟨ъ⟩п⟨ас⟩ениѥ твоѥ *Пс 118, 174 Син*; ѥже възлюбиша въсприѩша *Супр 55, 5*; вьселити сѧ вь нꙑ възлюби *Супр 507, 6* □ възлюблѥнъ, -ъıи *в знач. прил.* ποθεινός, ποθούμενος желанный vytoužený: ѥсе намъ приде възлюбьѥноѥ и сьпасноѥ празденьство *Супр 486, 25.— Зогр Мар Ас Сав Ен Син Киев Евх Клоц Супр Рыл.— Ср.* въсхотѣти; възлюблѥнъ *ср.* любьнъ

ВЪЗЛЮБЛѤНИКЪ, -*а м* (3) ἀγαπητός дорогой, любимый milovaný, drahý: пристави възлюбьѥниче оумъ си къ гласоу *Супр 317, 13-14.— Супр 317, 1; 317, 27-28.— Ср.* възлюбити (възлюблѥнъ)

ВЪЗЛЮБЛѤНИѤ, -иꙗ *с* (3) [въжлю- *Киев* (1)] ἀγάπη, ἀγάπησις любовь láska: положишѧ на мѧ... ненавістъ за възлюбленьѥ моѥ *Пс 108, 5 Син.— Киев 5б 5; Евх 10а 3-4*

ВЪЗМАГАТИ, -гаѭ, -гаѥши *несов.* (5) **1.** δύνασθαι быть в состоянии být s to, moci: междю нами і вами • пропасть вельѣ оутврьди сѧ • ѣко да хотѧштеі минѫти • отъ сѫдоу тамо • не възмагаѭтъ *Л 16, 26 Зогр Мар Ас Сав* **2.** ἐνδυναμοῦσθαι возрастать, усиливаться vzmáhat se, nabývat síly: брат⟨иꙗ⟩ възмагаіте о г⟨оспод⟩и *Еф 6, 10 Ен.— Ср.* мощи

възметати *Супр 118, 9 см.* възмѣтати

ВЪЗМОЖЬНЪ, -ъıи *прил.* (29) **1.** δυνατός возможный možný: вьсѣ възможьна вѣроуѭштюмоу *Мк 9, 23 Зогр Мар Ас Сав Боян* ● ὁ κατὰ δύναμιν посильный odpovídající možnosti: приемъı възможьно приношениѥ въдовицѧ *Евх 13б 9* □ възможьно (ѥстъ) *в знач. сказ.* δύνατόν ἐστι возможно je možno: молѣаше сѧ • да аште възможьно ѥстъ • мимо іти отъ нѥго чѣсъ *Мк 14, 35 Зогр Мар* **2.** възможьна (*вин. ед. м*) сътворити кого δυναμοῦν τινα укрепить *кого-л.* posílit *někoho*: помолимъ же сѧ... да богъ кште паче и паче възможьна сътворитъ ѥго *Супр 302, 24-25.— Зогр Мар Ас Боян Евх Супр.— Ср.* мощьнъ; възможьна сътворити *ср.* оукрѣпити

ВЪЗМОЩИ, -могѫ, -можеши *сов.* (93) **1.** ἰσχύειν, δύνασθαι, δυνατόν (!); (не възмощи ἀδύνατον εἶναι) posse, valere смочь, суметь moci, dokázat, dovést: како мꙑ не възмогомъ ізгънати ѥго *Мк 9, 28 Зогр Мар Ас Боян* (могохомъ *Сав*); како оубо възможемъ пристѫпити къ таковоуоумоу мѫчителю *Супр 215, 25* ● (не възмощи ἀδυνατεῖν) осуществиться, претвориться (*в жизнь*) uskutečnit se: ѥда не възможетъ отъ мене • сътворьшоуоумоу вьсѣчьскаꙗ словомъ *Супр 249, 16* (не ізнеможетъ... вьсѣкъ г⟨лаго⟩лъ *Л 1, 37 Зогр Мар Ас Сав*) **2.** δυναμοῦσθαι, ἀνδρίζεσθαι стать могучим, стать крепким, укрепиться vzmoci se, nabýt moci, zesílit: да і нъı възможемъ въ въжлюбленꙑ твоѥмь *Киев 5б 4-5*; того ради братиꙗ да възможемъ вьси *Супр 63, 15-16* **3.** кого, чьто; на кого, на чьто κατισχύειν одолеть přemoci: въ въздрастѣ юнѣ побѣдивша • възможе на старость *Супр 522, 10*; не възмогѫтъ на тѫ *Евх 91б 6-7.— Зогр Мар Ас Сав Боян Син Киев Евх Клоц Супр Рыл.— Ср.* прѣмощи, прѣодолѣти, оукрѣпити

ВЪЗМЬЗДИѤ, -иꙗ *с* (4) [-мъз- *Ен* (2)] ἀμοιβή, μισθαποδοσία воздаяние, отплата odměna, odplata: оустави оустръмьѥнье то • да не възмьздꙑ троуднааго • рекше ц⟨ѣса⟩рьствиꙗ вѣчьнааго лишиши сѧ *Супр 558, 12.— Евр 10, 35 Ен; Евр 11, 26 Ен; Супр 480, 19.— Ср.* въздаꙗниѥ, въздаꙗниѥ, въсплаштениѥ

ВЪЗМѢРИТИ, -рѭ, -риши *сов.* (5) ἀντιμετρεῖν измерить, отмерить naměřit, odměřit: вь нѭже мѣрѫ мѣрите • възмѣрѧтъ вамъ *Мт 7, 2 Зогр Ас*, възмѣритъ сѧ вамъ *Мар* (мѣритъ сѧ *Сав*).— *Л 6, 38 Зогр Мар.— Ср.* намѣрити

ВЪЗМѢТАТИ, -аѭ, -аѥши *несов.* (2) [възмет- *Супр* (1)] **1.** ἐκριπτεῖν подбрасывать, взметать vyhazovat vzhůru, rozviřovat: нъ [ѣ]ко п(ра)хъ ѥго(же) възмѣтаѥтъ вѣтръ отъ лица землѧ *Пс 1, 4 Син* **2.** ἐπιβάλλειν кидать, бросать házet: възметаахѫ же слоугꙑ дїꙗвола на сковрадѫ • пьцьлъ • и масло и трьстиѥ *Супр 118, 9.— Ср.* възмѧщати, метати, помѣтати

ВЪЗМѦСТИ СѦ, -матѫ сѧ, -матеши сѧ *сов.* (9) ταράσσεσθαι **1.** зашататься zakymácet se: възмѧсѧ сѧ і вьсколѣбашѧ сѧ ѣко пиѣнꙑ *Пс 106, 27 Син* **2.** прийти в смятение, взволноваться upadnout ve zmatek, znepokojit se, vzrušit se: вси бо видѣвъше і • і възмѧтошѧ сѧ *Мк 6, 50 Зогр*, възмѧшѧ сѧ *Мар*; възмѧсѧ сѧ вьсі неразоумьнꙑ срьдьцемь *Пс 75, 6 Син*; вьсь градъ възмѧте сѧ • отъ бывъшааго страха *Супр 22, 15-16*; нищъ і оубогъ ѥсмь азъ • и ср⟨ъ⟩д⟨ь⟩це моѥ възмѧте сѧ во мнѣ *Пс 108, 22 Син.— Пс 64, 8 Син; 103, 29 Син; Евх 76а 24-25.— Ср.* възмѫтити, съмѧсти, съмѫтити

ВЪЗМѪЖАТИ, -аѭ, -аѥши *несов.* (1) ἀνδρίζεσθαι мужать nabývat mužnosti, statečnosti: миръ тебѣ крѣпи сѧ и възмѫжаи *Супр 193, 29*

ВЪЗМѪТИТИ, -мѫщѫ, -мѫтиши *сов.* (17) **1.** възмѫтити сѧ ταράσσεσθαι прийти в движение rozvířit se, rozbouřit se: ч⟨лове⟩ка не імамь • да егда възмѫтитъ сѧ вода • въвръжетъ мѧ въ кѫпѣль *И 5, 7 Зогр Мар Ас* **2.** възмѫтити *перен.* ἐκταράσσειν, διακόπτειν привести в замешательство, смутить uvést ve zmatek, vzrušit: оустрашениѣ твоѣ възмѫтішѧ мѧ *Пс 87, 17 Син* ▭ възмѫтити сѧ ταράσσειν ἑαυτόν, ταράσσεσθαι смутиться zkormoutit se: нынѣ д⟨оу⟩ша моѣ възмѫти сѧ *И 12, 27 Зогр Мар Ас Сав Боян.— Зогр Мар Ас Сав Боян Син Супр.— Ср.* възмасти сѧ, съмасти, съмѫтити

ВЪЗМѪЩАТИ, -аѭ, -акши *несов.* (6) **1.** ταράσσειν, ταράσσεσθαι приводить в движение uvádět v pohyb: а⟨н⟩ѣ⟨е⟩лъ бо г⟨осподь⟩нь на вьсѣ лѣта... възмѫштааше водѫ *И 5, 4 Зогр Мар Ас* ▭ възмѫщати сѧ κλονεῖσθαι трястись, дрожать chvět se, třást se: тѣло бо вь стоудень въпадъ... възмѫштаактъ сѧ • и въскыпитъ • ѕѫбомъ зыбьѭштемъ сѧ *Супр 89, 16* **2.** *перен. греч. нет* приводить в замешательство, смущать uvádět ve zmatek: кгда богазнь и страхъ • обьметъ земьнааго • вьсе кго естьство абик възмѫштактъ *Супр 471, 21-22.— Супр 496, 11.— Ср.* мастн, мѫтити, съмѫщати

ВЪЗМѪЩЕНИѤ, -ига *с* (10) ταραχή, σάλος волнение, движение zvlnění, pohyb: иже прьвѣе влажаше по възмѫштении воды • съдравъ бывааше *И 5,4 Зогр Мар Ас* ♦ без възмѫщенига ἀθόλωτος не помутневший bez zákalu, nezakalený: бес порока съсѫдъ • бе скврънъı хлѣвина • безъ възмѫштенига стьклѣница *Супр 243, 3-4.— Л 21, 25 Зогр Мар Ас Сав; Пс 88, 10 Син; Супр 496 12.— Ср.* съматеник, съмѫщаник

ВЪЗНАКЪ *нареч.* (1) ὕπτιος навзничь naznak: и лежитъ възнакъ въскрѣшение вьсѣмъ • и оумрьштенъ бываатъ богъ пльтиѭ • вьскрѣшаѧи мрьтвыѧ *Супр 456, 5*

ВЪЗНЕНАВИДѢТИ, -виждѫ, -видиши *сов.* (54) μισεῖν возненавидеть pojmout nenávist *k někomu*: възненавидиши врагы своѩ *Мт 5, 43 Зогр Мар*, възненавідı *Ас* (ненавидиши *Сав*); възненавідѣ вьсѩ творѩщѩѩ беззаконенье *Пс 5, 6 Син.— Зогр Мар Ас Сав Зогр-пал Ен Син Евх Клоц Супр*

ВЪЗНЕПЬЩЕВАТИ, -щоуѭ, -щоукши *сов.* (1) ὑπολαμβάνειν предположить, подумать pomyslit (si): възнепьштева безаконье • ѣко бѫдѫ тебѣ подобенъ *Пс 49, 21 Син.— Ср.* помыслити

ВЪЗНЕСЕНИѤ, -ига *с* (4) **1.** τὸ ἀναληφθῆναι вознесение vynesení (vzhůru): по възнесеньи бывъшимь на н⟨е⟩бо • сѣде о деснѫѭ б⟨ог⟩а *Евх 62а 6-7* **2.** *перен.* ἔπαρσις возвышение povýšení: възнесенимъ нѣкъımимъ или величааниимъ ѩтъ • въ сьгрѣшеньк попоуштенъ бъıстъ въпасти *Супр 519, 13.— Супр 545, 20; 570, 4.— Ср.* възношеник, въсхожденик

ВЪЗНЕСТИ, -сѫ, -сеши *сов.* (>100) **1.** ἀναφέρειν, ὑψοῦν, ἐπαίρειν, ἀναπεταννύναι (!), σπείρειν (!) поднять (вверх), вознести vynést (vzhůru), vyzdvihnout, pozdvihnout: на каменъ вьзнесеши мѩ *Пс 26, 5 Син*; ѣкоже моси вьзнесе змиѭ въ поустъıни • тако подобаатъ сѧ вьзнести сыноу чл⟨о⟩в⟨ѣчь⟩скоумоу *И 3, 14 Мар Сав Ас* (2)● εἰσάγειν, ἀνάγειν, ποιεῖν (!) принести přinést: вьзнѣсѧ і въ і⟨ероуса⟩л⟨и⟩мъ *Л 2, 22 Зогр Мар Ас Сав*; вьзнесѫ тебѣ волы и козьлы *Пс 65, 15 Син* ▭ вьзнести гласъ αἴρειν τὴν φωνήν подать голос, заговорить pozvednout hlas, promluvit: ти вьзнѣсѧ гласъ г⟨лаго⟩лѭште *Л 17, 13 Мар Зогр Ас* ▭ вьзнести сѧ ὑψοῦσθαι подняться (вверх), вознестись vynést se (vzhůru), vznést se, pozdvihnout se: вьзнеси сѩ н⟨а⟩ ⟨не⟩б⟨е⟩са *Пс 56, 6 Син* **2.** *перен.* ὑψοῦν, ἐπαίρειν повысить, возвысить povýšit, povznést, vyvýšit: слава моѣ вьзнесе главѫ моѭ *Пс 3, 4 Син*; вьсѣкъ... съмѣрѣѩı сѧ • вьзнесетъ сѧ *Л 14, 11 Зогр Мар Ас* (възноситъ сѧ *Сав*) ▭ вьзнести сѧ ὑψοῦσθαι, ἐπαίρεσθαι, μετεωρίζεσθαι возвыситься povýšit se, vyvýšit se, povznést se: иже вьзнесетъ сѧ съмѣритъ сѧ *Мт 23, 12 Мар Ас* (∅ *Зогр*); доколѣ вьзнесетъ сѩ врагъ мої на мѩ *Пс 12, 3 Син*; кънѩѕи людьсции... ѕѣло вьзнѣсѩ сѩ *Пс 46, 10 Син* ● προσκόπτειν продвинуться вперед pokročit: напаче бо вьзнесѫтъ сѧ нечьстивии *2 Тим 2, 16 Ен.— Зогр Мар Ас Сав Боян Ен Син Евх Клоц Супр.— Ср.* възвести, възвъıсити, възвышити, въздвигнѫти, възити, възѩти; вьзнести гласъ *ср.* възъпити

ВЪЗНИКНѪТИ, -нѫ, -неши *сов.* (6) ἀνανεύειν, διακύπτειν пробиться, подняться proniknout na povrch, vztyčit se: некъли вьзникнѫ из глѫбинъı безаконеи моихъ *Евх 69а 1-2* ● *перен.* ἀνανήφειν прийти в себя, воспрянуть vzpamatovat se, vzchopit se: видѣвъ же ѩ отънемогъша молитвѫ сътвори о нихъ и възникоша *Супр 39, 12.— Пс 91, 8 Син; Супр 41, 3; 41, 8; 48, 24-25.— Ср.* възбънѫти, въспрѩнѫти

ВЪЗНИСТИ, -ньзѫ, -ньзеши *или* **ВЪЗНЬЗНѪТИ**, -ньзнѫ, -ньзнеши *сов.* (8) περιτιθέναι наколоть, насадить nabodnout, nasadit: исплънь гѫбѫ оцьта • вьньзъ на трьсть • напаѣаше і *Мк 15, 36 Зогр Мар.— Мт 27, 48 Зогр Мар Ас Сав; И 19, 29 Зогр Мар*

ВЪЗНОСИТИ, -ношѫ, -носиши *несов.* (31) **1.** ἀναφέρειν, ἀνάγειν, ὑψοῦν, ἀνυψοῦν поднимать, возносить (*устар.*) vynášet vzhůru, zdvíhat, pozdvihovat: възносꙗ облакꙑ отъ послѣдьниихъ землꙗ *Пс 134, 7 Син*; отъ гноишта възносꙗ оубога *Пс 112, 7 Син* ● приносить přinášet: тѣмже оубо възносимъ жрътвѫ хвалѣ вꙑнѫ б⟨ого⟩ви *Евр 13, 15 Ен* ▭ възносꙙи *в знач. сущ.* ὁ ἀναφέρων носильщик nosič: херовимъскꙑи прѣстолъ оуготовилъ сꙙ ѥстъ • възносꙙштеи ѩдри • иначе готови *Супр 470, 25*; възносити сꙙ ἀναφέρεσθαι подниматься, возноситься vynášet se vzhůru, zdvíhat se, pozdvihovat se: възношааше сꙙ на н⟨е⟩бо *Л 24, 51 Зогр Мар Ас* **2.** *перен.* ὑψοῦν, ὑπερυψοῦν повышать, возвышать povyšovat, vyvyšovat: всакъ... съмѣрꙗи сꙙ възноситъ сꙙ *Л 14, 11 Сав* (вьзнесетъ сꙙ *Зогр Мар Ас*) ● восхвалять velebit: възносите г⟨оспод⟩а б⟨ог⟩а нашего *Пс 98, 5 Син*; *Ен 32б 4; 32б 8; 32б 17* ▭ възносити сꙙ ὑψοῦν ἑαυτόν, μετεωρίζεσθαι, ἐπαίρεσθαι гордиться, кичиться, возвышаться povyšovat se, vyvyšovat se: вꙑ... не възносите сꙙ *Л 12, 29 Зогр Мар*; аште падетъ врагъ твои не порадоуи сꙙ • и о потъчении кмоу не възноси сꙙ *Супр 126, 21*.— *Зогр Мар Ас Сав Син Клоц Супр*.— *Ср.* въздвизати, възимати, вꙑсити сꙙ

ВЪЗНОШЕНИѤ, -ниꙗ *с* (3) [взноше(н) *Ас* (1), взно(ш)н *Ас* (1)] **1.** възношениѥ господьниѥ Ἀνάληψις τοῦ κυρίου Вознесение Господне Nanebevstoupení Páně: въ че⟨твръть⟩к⟨ъ⟩ взношен⟨ие⟩ г⟨осподь⟩не *Ас 28аа 1* **2.** ἀναφορά жертвоприношение, жертва oběť: тогда благоволиши жрътвѫ правьдѫ • възношеньѣ въсесъжагаемаа *Пс 50, 21 Син*.— *Ас 155а 26*.— *Ср.* възнесениѥ, въсхождениѥ, приношениѥ

възньзнѫти *см.* living възнисти

ВЪЗОРЪ, -а *м* (2) **1.** ὄψις вид vzhled, vzezření: страш'номъ възоромъ • и свирѣпа власꙑ имѫшта *Супр 40, 12* **2.** θέαμα взгляд, взор pohled: а тꙑ листвиимъ закрꙑвъ очи си • вьсь сꙙ тамо прѣда... ни къ цвѣтьца възороу личесе своѥго не прѣведꙑ *Супр 335, 13*.— *Ср.* видѣниѥ, възьрѣниѥ, зракъ

възпити *Супр см.* възъпити

ВЪЗЪВАНИѤ, -ниꙗ *с* (4) ἀνάκλησις, τὸ φωνῆσαι зов, призыв zavolání, vyzvání: посъланъ бꙑстъ гаврилъ • носа адамоу нарицаниѥ възъваниꙗ *Супр 244, 8*.— *Супр 243, 29-30; 350, 7-8; Зогр-лл 1а 1*.— *Ср.* призъваниѥ

ВЪЗЪВАТИ, -зовѫ, -зовеши *сов.* (87) [-зьв- *Ас* (6) *Син* (3), -зв- *Син* (1) *Ен* (2) *Супр* (1), -зѫв- *Син* (1)] **1.** κράζειν, ἀνακράζειν ἐκκράζεν, κραυγάζειν воззвать, воскликнуть zvolat, vykřiknout: възъва же въ црькъве • оуча н⟨соу⟩с⟨ъ⟩ *И 7, 28 Зогр Мар Ас*; гласьмъ моимъ къ г⟨осподе⟩ви возьвахъ *Пс 3, 5 Син* **2.** καλεῖν, ἐπικαλεῖσθαι, φωνεῖν позвать, призвать zavolat, povolat: възъвааху слѣпьца *Мк 10, 49 Зогр* (зъваахѫ *Мар*); аште не бꙑ мене напрасно възъвалъ *Супр 276, 4* ● καλεῖν, ἀνακαλεῖν, ἀντικαλεῖν, προσκαλεῖν пригласить pozvat: ч⟨ловѣ⟩къ етеръ сътвори вечерѭ велиѭ • ι възъва многꙑ *Л 14, 16 Зогр* (зъва *Мар Ас Сав*) **3.** προσαγορεύειν назвать nazvat, pojmenovat: сѫштѫѭ блѫдьницѫ не възъва блѫдницеѭ нъ женоѭ *Супр 394, 16*.— *Зогр Мар Ас Сав Боян Ен Син Евх Супр Зогр-лл*.— *Ср.* възгласити, възъпити, нарещи, пригласити, призъвати

ВЪЗЪПИТИ, -пиѭ, -пиѥши *сов.* (>100) [-зьп- *Мар* (2) *Ас* (18) *Супр* (9), -з'п- *Супр* (6), -зп- *Супр* (5)] **1.** *без доп.* κράζειν, κραυγάζειν, ἀνακράζειν, βοᾶν, ἐκβοᾶν, ἀναβοᾶν, ἐπιβοᾶν, φωνεῖν, ἀναφωνεῖν, ἐπιφωνεῖν; (възъпити гласомь ἐπαίρειν φωνήν, φωνὴν χρῆσθαι) воскликнуть, вскричать, возопить vzkřiknout, zvolat: отъ страха възъпишꙙ *Мт 14, 26 Зогр Мар Ас Сав Боян*; ѡ възъпивъшиі гласомь отъ народа *Зогр 130а 3, Мар 76б 19*; кнꙙзи же вел'ми вьзпивъше вьсмиꙗшꙙ сꙙ *Супр 138, 1* **2.** кого, чьто βοᾶν, ἀναβοᾶν провозгласить, объявить prohlásit, vyhlásit, provolat: паче же наше съпасениѥ вьзъпиѩмъ *Супр 479, 14* **3.** кого ἀνακαλεῖσθαι позвать, призвать zavolat, povolat: тебе ѥдиного нꙑнѣчоу възъпиѭ *Супр 311, 8*.— *Зогр Мар Ас Сав Боян Ен Служ Евх Клоц Супр*.— *Ср.* въздроути, възъвати, въскричати

възъꙗрити сꙙ *Супр 112, 17 см.* възꙗрити сꙙ

ВЪЗЫВАТИ, -аѭ, -аѥши *несов.* (3) **1.** ἐπικαλεῖσθαι взывать, кричать volat: вънегда вьзꙑвахъ оуслꙑша мꙙ б⟨о⟩же *Пс 4, 2 Син* **2.** ἀνακαλεῖσθαι звать, приглашать povolávat: крьстьноѥ же дрѣво и ошьдъшиіхъ отъ ада пакꙑ възꙑвааше *Супр 489, 21*.— *Евх 73а 3*.— *Ср.* въпити, зъвати

възьвъзлюбіхъ *И 19, 9 Ас см.* възлюбити

ВЪЗЬРѢНИѤ, -ниꙗ *с* (4) ὅρασις взгляд pohled: иже ѥстъ измѣрилъ водѫ морьскѫѩ грьстиѭ... а вьзрѣниемь своимь землѭ потрꙙсаѥтъ *Евх 55б 21*.— *Евх 37а 11-12; 68б 3; 88а 13*.— *Ср.* възоръ

ВЪЗЬРѢТИ, -рѭ, -риши *несов.* (>100) [-зр- *Боян* (1), -зър- *Зогр* (1) *Мар* (4) *Сав* (1)] βλέπειν, ἀναβλέπειν, ἐμβλέπειν, περιβλέπειν, ἐπιβλέπειν, ἀντιβλέπειν, ὁρᾶν, ἀφορᾶν, ἐφορᾶν, θεωρεῖν, ἀτενίζειν, ἐντυγχάνειν, προσέχειν, παρακύπτειν, ἀνατείνειν (!); (възьрѣти очима ἐπαίρειν τοὺς ὀφθαλμούς) посмотреть pohlédnout: вънезаапѫ възьрѣвъше • никогоже не видѣшѧ *Мк 9, 8 Зогр Мар*; възърѣвъ на нѧ съ гнѣвомь *Мк 3, 5 Зогр Мар Ас Сав*; възърѣвъ і⟨сѹ⟩с⟨ъ⟩ • очима своима на н⟨е⟩бо • и рече *И 17, 1 Сав 25б 1* (възведе очи *Зогр Мар Сав 107а 4*, възведъ очи *Ас*); на кого възьрѫ *Супр 173, 28*; кгда же ли вь еѵаггелиѩ възьрѣхъ *Супр 430, 7-8.— Зогр Мар Ас Охр Сав Боян Син Евх Клоц Супр.— Ср.* възвести (възвести очи)

възьꙗрити сѧ *Супр 164, 21 см.* възꙗрити сѧ

ВЪЗѢХАТИ, -ѣдѫ, -ѣдеши *сов.* (1) ἐπανάγειν отъехать, поехать vyjet, odjet: възѣди въ[въ] глѫбинѫ • і вьметѣте мрѣжѧ вашѧ въ ловитвѫ *Л 5, 4 Мар* (виждь ѣхаі *Зогр*, въѣдi *Ас*).— *Ср.* възꙗхати

ВЪЗꙖРИТИ СѦ, -рѭ сѧ, -риши сѧ *сов.* (2) [възъꙗр- *Супр* (1), възьꙗр- *Супр* (1)] θυμοῦσθαι рассердиться, прийти в ярость rozzlobit se, rozzuřit se, rozhněvat se: възъꙗривъ же сѧ анѳѵпатъ рече къ нѥмоу *Супр 112, 17.— Супр 164, 21.— Ср.* разгнѣвати сѧ

възꙗхати *см.* възѣхати

ВЪЗѨТИ, възьмѫ, възьмеши *сов.* (>400) **1.** αἴρειν, ἐπαίρειν, ἀφαιρεῖσθαι, λαμβάνειν, ἀναλαμβάνειν, μεταλαμβάνειν, ἐπιλαμβάνειν, κομίζεσθαι, συγκομίζειν, βαστάζειν, δέχεσθαι, ἐκβάλλειν, φέρειν, χρῆσθαι взять, схватить vzít (si), uchopit, sebrat: възьми одръ твои і иди въ домъ твои *Мт 9, 6 Зогр Мар Ас Сав*; на рѫкахъ возьмѫтъ тѧ *Пс 90, 12 Син*; вьземъ дѣтишта отъ звѣрѣ дастъ матери *Супр 44, 28* **2.** λαμβάνειν, δέχεσθαι, κομίζεσθαι, ἔχειν принять, получить přijmout, dostat: ѹбои сѧ г⟨оспод⟩а... на немьже възѧ ѹченикъ его • л҃ сърeбрьникъ *Евх 47б 19-20*; просиша благодѣти отъ нѥго сь небесе • и соугоубь за кд'но възѧша *Супр 55, 3*; и тѣмъ възѧсте вѣньцѧ отъ рѫкоу господьнѹ *Супр 68, 2* ● λαμβάνειν вместить pojmout, obsáhnout: сьсѫдъ • аште ѥстъ великъ велико възьметъ • аште малъ мало възьметъ си *Супр 307, 27, 28* □ възѧти комъканик, въсѫдъ κοινωνεῖν причаститься (*св. таин*) přijmout (*svátost oltářní*): ни свѧтааго комканиꙗ вьземи *Супр 361, 27*; (с)вьѧты твоі въсѫдъ г⟨оспод⟩і іже ѥсмъ възѧлі *Киев 3б 20*; благословлѥник възѧти *см.* благословлѥник; вѣньцѧ възѧти *см.* вѣньць; въ заимъ възѧти *см.* заимъ; коньць възѧти *см.* коньць; начѧтъкъ възѧти *см.* начѧтъкъ; побѣдѫ възѧти *см.* побѣда; съмрьть възѧти *см.* съмрьть **3.** αἴρειν, ἐπαίρειν, λαμβάνειν, ἐκβάλλειν отнять odejmout: възьмѣте отъ нѥго мънасѫ *Л 19, 24 Зогр Мар Ас*; придетъ дьѣволъ • і възъметъ слово отъ срьдьца іхъ *Л 8, 12 Зогр Мар Ас Сав* **4.** αἴρειν, ἐπαίρειν поднять zvednout: възъмѣте камень *И 11, 39 Зогр Мар Ас*; вьземъши с⟨ы⟩на своѥго на рамоу... идѣаше *Супр 80, 18* □ възѧти сѧ ἐπαίρεσθαι, ἐκριζοῦσθαι подняться zvednout se: г⟨лагола⟩ли бысте горѣ сеі • вьзьми сѧ и стани въ мори *Л 17, 6 Сав* (вьздери сѧ *Зогр Мар Ас*); возьмѣте сѩ врата вѣчънаѣ *Пс 23, 9 Син.— Зогр Мар Ас Сав Боян Ен Син Киев Евх Клоц Супр.— Ср.* възвести, въздвигнѫти, въздьрати сѧ, възнести, заѩти, изѧти, отѧти, приѩти

ВЪЗѨТИѤ, -иꙗ *с* (1) *греч. нет* получение obdržení: ѡ възѧтие (*вм.* о възѧти ?) намъ • і оставление грѣхомъ • і познание твоеѩ благодѣти *Евх 60а 24*

възѫвати *Пс 64, 14 Син см.* възъвати

въинънъ *Евх 89б 1 см.* выиньнъ

въ инѫ *см.* выинѫ

въ испрь *см.* выспрь

ВЪКОПАТИ, -паѭ, -паѥши *сов.* (2) **1.** *греч. нет* вкопать zakopat: въкопавъше четыри дрѣвеса • и протѧгъше по дрѣвесемъ привѧжате и твръдо *Супр 158, 29* **2.** σκάπτειν вскопать okopat: и нынꙗ же ѥже повелѣ сътворихомъ и въкопахомъ нивы *Супр 41, 23-24.— Ср.* окопати

ВЪКОРЕНИТИ *и* **ОУКОРЕНИТИ**, -нѭ, -ниши *сов.* (6) [вък- *Супр* (3), оук- *Евх* (2) *Супр* (1)] ῥιζοῦν укоренить zasadit (do země): призьри на виноградъ съ • і насади и • і оукорени и *Евх 14а 3* □ въкоренити сѧ ῥιζοῦσθαι, ῥιζοῦν укорениться (*о растении*), пустить корни zakořenit se (*o rostlinách*), zapustit kořeny: вь земьѭ же въдрьженоѥ копиѥ въкорени сѧ *Супр 560, 24.— Евх 91б 23; Супр 301, 4; 560, 1; 560, 14.— Ср.* върѣснити сѧ

въкосити *И 2, 9 Ас см.* въкоусити

ВЪКОУПЪ, ВЪКОУПЬ *нареч.* (5) [въкоупъ *Мар* (1), въкоупь *Ас* (1) *Сав* (1) *Супр* (1), вькоупь *Супр* (1)] **1.** ἀπὸ μιᾶς, κατὰ τὸ αὐτό вместе, совместно společně, spolu: і начѧсѧ въкоупъ отърицати сѧ вьси *Л 14, 18 Мар Ас Сав* (въ коупѣ *Зогр*) **2.** ἅμα одновременно současně, zároveň: тѣмь глаголѭ г⟨оспод⟩ь мои и б⟨ог⟩ъ мои... прѣдъ вѣкы вькоупь и новъ *Супр 504, 28.— Супр 133, 29.— Ср.* въкоупѣ, коупьно

ВЪКОУПЬНЪ, -ыи *прил.* (1) *лат. нет* совместный společný: подазь намъ просимъ тѧ вьсемогыи б⟨о⟩же... въкоупьнѫѩ молитвѫ *Киев 2а 15*

ВЪКОУПѢ *нареч.* (70) ὁμοῦ, ἐπὶ τὸ αὐτό, ἅμα **1.** ἀπὸ μιᾶς, ὁμοθυμαδόν, ἡνωμένως, ἡνωμένος; (въ коупѣ сѣсти συγκαθίζειν) вместе spolu: бѣахѫ въ коупѣ симонъ петръ • і ѳома... і натанаілъ *И 21, 2 Зогр Мар Ас*; възгнѣштьшемъ же імъ огнь по срѣдѣ двора • і въ коупѣ сѣдъшемъ *Л 22, 55 Зогр Мар*; въкоупѣ на мѧ шьпътаахѫ вси вразі мої *Пс 40, 8 Син*; по мнозѣхъ же лѣтѣхъ прѣбываньꙗ има въкоупѣ *Супр 548, 4* **2.** одновременно současně, zároveň: да постъıдѧтъ сѧ и посрамлѣѭтъ сѧ въкоупѣ *Пс 34, 26 Син*; въ мирѣ вькоупѣ оусънѫ и почиѭ *Пс 4, 9 Син.— Зогр Мар Ас Син Евх Клоц Супр.— Ср.* въкоупъ, коупьно

ВЪКОУСИТИ, -коушѫ, -коусиши *сов.* чесо (59) [вькос- *Ас* (1)] γεύεσθαι, ἀπογεύεσθαι, μεταλαμβάνειν, λαμβάνειν, μετέχειν принять пищу, попробовать (*пищу*) pojíst, ochutnat: ѣко же въкоуси архитриклинъ вина бывъшаго отъ водъı *И 2, 9 Зогр Мар*, въкосі (!) *Ас*; поидѣте чѧда да въкоусите *Супр 38, 19* ▭ невъкоушенъ *в знач. прил.* ἄγευστος неиспытавший neznalý: оузьрѣвъ ... веньꙗмина... отъча лозъı послѣдьнии грознъ • невъкоушенъıи братиѩ нелюбьствомъ (*! вм.* -ства) *Супр 367, 28.— Зогр Мар Ас Сав Ен Син Евх Супр*

ВЪКОУСЪ, -а *м* (2) γεῦσις, πρᾶξις (!) пробование (*пищи*) ochutnání: бѣжи кѧ въкоуса • сладъка ти естъ въкоушаѭште • нъ горька по въкоусѣ *Супр 350, 29 и 30.— Ср.* въкоушение

ВЪКОУШАТИ, -аѭ, -аеши *несов.* чесо, чьто (8) γεύεσθαι, μεταλαμβάνειν, ἐσθίειν принимать пищу, есть, пробовать (*пищу*) přijímat potravu, jíst, ochutnávat, poživat: пѧтыи дьнь не въкоушаѩ брашно *Супр 170, 8* ● *перен.*: а иже въкоушаѥтъ скръбии господьнѣ *Супр 267, 1.— Евх 56 17; 66 17-18; 13а 18; 21а 8-9; Супр 285, 8; 350, 29-30.— Ср.* ꙗсти

ВЪКОУШЕНИѤ, -ниꙗ *с* (8) γεῦσις, μετάληψις, βρῶσις, βρῶμα, τὸ γεύσασθαι пробование (*пищи*), принятие, прием пищи ochutnávání, poživání, ochutnání, požití: подаждь рабоу твоемоу • отъдание семоу... въкоушьшю мѧсъ нечистъıхъ • іхъже въкоушение отърекль еси *Евх 22а 12*; сица бѣ и змиꙗ сладька бесѣдоѭ • нъ горька льстиѭ • сладько въкоушение нъ горько падение *Супр 351, 9.— Евх 6а 17-18; 20а 12-13; 22а 21; 69б 5; Супр 524, 19; Хил 2аа 18-19.— Ср.* въкоусъ

ВЪКЪІСНѪТИ, -нѫ, -неши *сов.* (2) ζυμοῦσθαι заквасится vykynout: подобьно естъ квасоу • егоже приемъши жена съкръı въ мѫцѣ • трии сатъ • доідеже въкъıсе всѣ *Л 13, 21 Зогр Сав* (вькъıсѣ *Мар*, въскъıсѧ *Ас*).— *Ср.* въкъıсѣти, въскъıснѫти, въскъıсѣти

ВЪКЪІСѢТИ, -ѣѭ, -ѣеши *сов.* (1) ζυμοῦσθαι заквасится vykynout: подобьно естъ квасоу • иже приемъши жена съкръı въ мѫцѣ • трии сатъ • доньдеже вькъıсѣ вьсѣ *Л 13, 21 Мар* (въкъıсе *Зогр Сав*, въскъıсѧ *Ас*).— *Ср.* въкъıснѫти, въскъıснѫти, въскъıсѣти

ВЪЛАГАЛИЩЕ, -а *с* (11) βαλλάντιον сума měšec: іже імать въ лагалиште • да възьметъ такожде і пирѫ *Л 22, 36 Зогр Мар.— Л 10, 4 Зогр Мар; Л 12, 33 Зогр Мар Ас Сав; Л 22, 35 Зогр Мар; Клоц 14б 26.— Ср.* врѣтище, мѣхъ, мошьна, пира

ВЪЛАГАТИ, -аѭ, -аеши *несов.* (11) **1.** βάλλειν, ἐμβάλλειν вкладывать, класть vkládat, dávat: вьсѣко оубо дрѣво не творѧштее добра плода • посѣкаѭтъ • і въ огнь влагаѭтъ *Л 3, 9 Зогр* (вьмѣтаѭтъ *Мар*); а неподобьна вьземьѭштиихъ въ большѫѭ мѫжѫ въ лагаѭтъ *Супр 421, 10* **2.** *греч. нет* налагать ukládat, nařizovat: разлѫчение вълагаетъ ти • штъ добродѣанъı дроужинъı *Евх 88а 26*; г⟨оспод⟩і б⟨о⟩же... в'сѣмъ исповѣдание вълагаеши *Евх 80а 4.— Мт 6, 30 Сав; И 15, 6 Зогр Мар Ас Сав* (2); *Супр 496, 6.— Ср.* въметати, вьмѣтати; повелѣвати

ВЪЛАЗИТИ, -лажѫ, -лазиши *несов.* (15) ἐμβαίνειν, καταβαίνειν, ἐπιβαίνειν, εἰσέρχεσθαι, κατέρχεσθαι, εἰσιέναι, παροδεύειν входить, вступать vcházet, vstupovat: егда же прихождѫ азъ • інъ прѣжде мене въ лазитъ *И 5, 7 Зогр Мар Ас*; въ лазиши бо въ водѫ еще носѧ грѣхъı *Хил 1ба 12-13.— И 5, 4 Зогр Мар Ас; Супр 86, 12-13; 134, 17; 139, 6-7; 421, 7; 507, 22; 510, 2; 555, 25; 555, 26.— Ср.* въстѫпати, въходити

ВЪЛАЗЪ, -а *м* (3) εἴσοδος вход vstup, vchod: къ оученикомъ въ лазъ лише рѣчи естъ *Супр 501, 18.— Супр 308, 24; 499, 24.— Ср.* въходъ, въхождение

ВЪЛАІАТИ, вълаѭ, вълаеши *несов.* (6) βασανίζειν качать houpat, kymácet: корабь же бѣ по срѣдѣ морѣ вълаѩ сѧ влънами *Мт 14, 24 Зогр Мар Ас* ▭ вълаіати сѧ κινδυνεύειν качаться kymácet se, zmítat se: съниде боурѣ вѣтръна въ езеръ • і исконьчаваахѫ сѧ • і вълаахѫ сѧ *Л 8, 23 Зогр Мар Ас.— Ср.* зъıбати, колѣбати, трѧсти

ВЪЛЕЖАТИ, -жѫ, -жиши *несов.* чемь (1) προσκαρτερεῖν прилежно заниматься *чем-л.* pilně se *něčím* obírat: како ли вьлежиши кънигахъ *Супр 334, 29.— Ср.* прилежати

ВЪЛИВАТИ, -аѭ, -аеши *несов.* (9) βάλλειν вливать vlévat: ни вьливаѭтъ вина нова • въ мѣхъı ветъхъı... нъ вино ново въ мѣхъı новы въливаѭтъ *Мт 9, 17 Мар (Ø Зогр)* □ въливати сѧ ἐπιβάλλειν (!) вливаться vlévat se: быстъ боурѣ вѣтръна велиѣ • влъны же въливаахѫ сѧ въ ладиѭ *Мк 4, 37 Зогр Мар.— Мк 2, 22 Зогр Мар; Л 5, 37 Зогр Мар; Л 5, 38 Зогр Мар*

ВЪЛИТИ, -лиѭ, -лиѥши *сов.* (1) βάλλειν влить vlít: по томь же въли водѫ въ оумывальницѫ *И 13, 5 Мар* (волиѣ *Зогр Ас Сав*).— *Ср.* въливати

ВЪЛИТИѤ, -иꙗ *с* (1) libamen возлияние, жертва úlitba, obět': тѣлесе свѧтаго ι прѣдрагънꙑѧ кръве напльнени вълитиѣ просимъ г⟨оспод⟩ι б⟨о⟩же нашь *Киев 2а 6-7*

ВЪЛИꙖТИ, -лѣѭ, -лѣѥши *сов.* чьто; чесо въ чьто (9) [вльѣти *Зогр* (1)] βάλλειν, ἐμβάλλειν, ἐπιχεῖν влить vlít: по томь же волиѣ водѫ въ оумывальницѫ *И 13, 5 Зогр Ас Сав* (въли *Мар*); и по амин⟨ъ⟩ вълѣет⟨ъ⟩ водꙑ *Евх 21а 12.— Мк 2, 22 Зогр; Евх 19б 5-6; Супр 264, 22; 270, 18; 445, 2.— Ср.* вълити

ВЪЛОВЬНЪ, -ꙑи *прил.* (1) ἤρεμος спокойный, медленный povlovný, klidný, pomalý: ходъ вловьнъ имѣти *Супр 497, 25.— Ср.* тихъ

ВЪЛОЖЕНИѤ, -иꙗ *с* (1) κατάθεσις вложение uložení: мѣ⟨сѧ⟩ца авгос⟨та⟩ ҃ѣ ҃а • вложение • поѣса чес⟨ть⟩нааго пр⟨ѣ⟩с⟨вѧ⟩тънꙑѧ б⟨огороди⟩цѧ лежѧщааго въ с⟨вѧ⟩тѣ крабии • въ халкопратиихъ *Ас 153б 8.— Ср.* положеник

ВЪЛОЖИТИ, -жѫ, -жиши *сов.* (49) βάλλειν, ἐμβάλλειν, κατατιθέναι, τιθέναι, ἐπιτιθέναι, λαμβάνειν, ἀσφαλίζειν вложить vložit: вложи прьстꙑ своѩ въ оуши его *Мк 7, 33 Зогр Мар Сав Боян* (вѫдѣ *Ас*); по том⟨ь⟩ вълoжит⟨ъ⟩ кр⟨ь⟩стꙑ въ водѫ *Евх 6а 22*; ι въложи оумъ въ ср⟨ѣдь⟩це мое с⟨вѧ⟩тааго твоего д⟨оу⟩ха *Евх 37б 7-8.— Зогр Мар Ас Охр Сав Син Евх Супр.— Ср.* вѫдѣти

ВЪЛЬСТИТИ, -льщѫ, -льстиши *сов.* (1) δολοῦν обмануть obelstít: ѣко вольсти • прѣдъ нимъ • обрѣсти безаконние свое *Пс 35, 3 Син.— Ср.* оульстити

вълѣпота *Пс 20, 6 Син см.* вельлѣпота

ВЪЛѢСТИ, -лѣзѫ, -лѣзеши *сов.* (>100) ἐμβαίνειν, ἀναβαίνειν, καταβαίνειν, ἔρχεσθαι, εἰσέρχεσθαι, εἰσιέναι, ἐπεισέρχεσθαι, ὑπεισέρχεσθαι, παρέρχεσθαι вступить, войти vstoupit, vejít: абие оубѣди оученикꙑ вълѣсти въ корабь *Мт 14, 22 Зогр Мар Ас* (2) *Сав* (2); по том⟨ь⟩ вълѣзѣте вь цр⟨ъ⟩к⟨ъ⟩вь *Евх 72а 1*; агрипъ вълѣзъ въ амасиіскъ градъ *Супр 17, 5*; вълѣзъ къ сѫштии тоу братиї цѣлова ѧ *Супр 523, 21-22.— Зогр Мар Ас Сав Евх Супр Хил.— Ср.* вънити

ВЪМЕТАТИ, -метѫ, -метеши *сов./несов. и* -метаѭ, -метаѥши *несов.* (10) βάλλειν, ἀμφιβάλλειν, χαλᾶν забросить/забрасывать, бросить/бросать vrhnout/vrhat, vhodit/vhazovat, házet: въметѣте мрѣжѧ вашѧ въ ловитвѫ *Л 5, 4 Зогр Мар*, въметіте *Ас*; видѣ симона • ι аньдрѣа брата того симона • въметѫшта мрѣжѧ въ море *Мк 1, 16 Зогр*, въметаѭшта *Мар*; вьсѣко дрѣво еже не сътворитъ плода добра • посѣкаѭтъ • ι въ огнь въметаѭтъ *Мт 7, 19 Зогр* (вьмѣтаѭтъ *Мар*).— *Мт 6, 30 Мар; Л5, 5 Ас; И 12, 6 Зогр; Супр 183, 22.— Ср.* въврѣщи, вълагати, вьмѣтати, метати

ВЪМѢНИТИ, -нѭ, -ниши *сов.* (7) λογίζεσθαι приписать, вменить *что-л. кому-л.* přičíst, započítat *někoti něco*: бл⟨а⟩женъ мѫжъ емоуже не въмѣнітъ г⟨оспод⟩ь грѣха *Пс 31, 2 Син*; еже ι съ безаконьникома вьмѣни сѧ *Л 22, 37 Зогр Мар.— Пс 43, 23 Син; 105, 31 Син; Супр 525, 29; 544, 20.— Ср.* въчисти, примѣнити, причисти

ВЪМѢРИТИ, -рѭ, -риши *сов.* (1) ταπεινοῦν *перен.* унизить pokořit, ponížit: вьмѣришѧ въ оковехъ нозѣ его *Пс 104, 18 Син.— Ср.* съмѣрити

ВЪМѢСТИТИ, -мѣщѫ, -мѣстиши *сов.* (26) **1.** χωρεῖν, προχωρεῖν вместить, заключить pojmout: бѣ же тоу водоносъ камѣнъ шесть... въмѣстѧшть по дъвѣма • ли тремъ мѣрамъ *И 2, 6 Зогр Мар Ас Охр*; небесьстиї и земьстии коньци • не вьмѣстѧт' тебе владꙑко *Супр 250, 9* □ въмѣстити сѧ поместиться, войти vměstnat se, vejít se: събра сѧ на мѣсто то мѫжи и женꙑ • и младенци... ꙗкоже не бѣаше вьмѣстити сѧ народоу *Супр 109, 3* **2.** въмѣстити, въмѣстити сѧ χωρεῖν понять pochopit: могꙑ вьмѣштати да вьмѣстить *Мт 19, 12 Мар Ас*, вьмѣстѧтъ *Сав*, ...сѧ вьмѣстити да сѧ вьмѣститъ *Супр 371, 4* **3.** ἐγκαταδεῖν (!) вместить, вложить umístit, vložit: въмѣсті б⟨ог⟩ъ въ праздьникꙑихъ дѣтѣлі *Клоц 6б 27* (привѧза *Супр 417, 12*) □ въмѣстити сѧ προχωρεῖν поселиться, поместиться usídlit se, umístit se: б⟨ог⟩ъ нашъ вьмѣстилъ сѧ естъ въ нꙑ *Супр 74, 23* ● совершиться, осуществиться uskutečnit se: имa бо зъло вьмѣсти сѧ *Супр 414, 26-27* (събыстъ сѧ *Клоц 5б 17-18*); егда прѣдааник вьмѣсти сѧ *Супр 415, 19* (съконьча сѧ *Клоц 6а 2*).— *Зогр Мар Ас Сав Охр Клоц Супр.— Ср.* настати, събыти сѧ, съконьчати сѧ

ВЪМѢТАТИ, -аѭ, -аѥши *несов.* (30) βάλλειν бросать *куда-л., во что-л.* vhazovat, házet: ѣкоже ч⟨лове⟩къ въмѣтаетъ сѣмѧ въ землѭ *Мк 4, 26 Зогр Мар*; вьсѣко дрѣво... посѣкаѭтъ и вь огнь вьмѣтаѭтъ *Мт 7, 19 Мар*

(въметаѭтъ *Зогр*).— *Зогр Мар Ас Сав*.— *Ср.* вълагати, въметати, метати

ВЪМѢШТАТИ, -аѭ, -аѥши *несов.* (13) **1.** *греч. нет* вмещать, заключать pojímat, obsahovat: паницѫ великѫ... м'ного могѫштѫ вьмѣштати водъ сътвори въ манастꙑри *Супр 552, 17* □ вꙿъмѣштати сѧ χωρεῖν помещаться, входить směstnávat se, vejít se: абьѥ събъраша сѧ мнози • ѣко къ томоу не въмѣштааахѫ сѧ • ни прѣдъ двьрьми *Мк 2, 2 Зогр Мар Сав*, не въмѣщаті сѧ *Ас*; како въ гробъ невъмѣштаѥмꙑи въмѣштаѥмꙑи вьмѣштаат' сѧ *Супр 459, 7-8* **2.** χωρεῖν понимать chápat: могꙑ вьмѣштати да вьмѣститъ *Мт 19, 12 Мар Ас* (вьмѣстити *Сав*, 0 *Зогр*).— *Мт 15, 17 Зогр Мар; И 8, 37 Зогр Мар Ас*.— *Ср.* разоумѣти

вън *Л 1, 44 Мар; Пс 17, 7; 34, 13; 78, 12; 88, 51 Син; Супр 244, 26 см.* въ

вънезаапъ, вънезаапь *см.* вънезаапѫ

ВЪНЕЗААПѪ, ВЪНЕЗААПЪ, ВЪНЕЗААПЬ *нареч.* (29) [-заапѫ *Зогр* (3) *Мар* (5) *Ас* (3) *Сав* (1) *Син* (2) *Евх* (1) *Супр* (2), -заѣпѫ *Зогр* (1), -запѫ *Зогр* (1) *Сав* (2), -заапъ *Супр* (7), -заапь *Супр* (1)] ἐξαίφνης, ἄφνω, αἰφνίδιος, αἰφνίδιον, ἐξάπινα, ἄρδην, ἀθρόως вдруг, внезапно, неожиданно náhle, neočekávaně: вънезаапѫ възьрѣвъше • никогоже не видѣшѧ къ томоу *Мк 9, 8 Зогр Мар*; пристѫпи бо вьнезаапъ *Супр 499, 21*.— *Зогр Мар Ас Сав Син Евх Супр*.— *Ср.* напрасно

вънезаѣпѫ *Мк 13, 36 Зогр см.* вънезаапѫ

ВЪНЕСЕНИѤ, -ниꙗ *с* (4): вънесениѥ богородицѧ εἴσοδος τῆς Θεοτόκου Введение во храм Богородицы (*церк. праздник*) Uvedení Panny Marie do chrámu (*círk. svátek*): сего мѣ⟨сѧца⟩... к҃а • вьнесение б⟨огороди⟩ци вь цр⟨ь⟩к⟨ъ⟩въ *Сав 134а 14*.— *Ас 127б 3; Сав 135б 3; Унд 2а 10*

ВЪНЕСТИ, -несѫ, -несеши *сов.* (14) εἰσφέρειν, εἰσάγειν, ἐπάγειν внести vnést, zanést: мѫжи носѧште на одрѣ ч⟨ловѣ⟩ка... искаахѫ вьнести і • і положити і прѣдь нимь *Л 5, 18 Зогр Мар Ас Сав*; ѥгоже... вьнесоша въ манастꙑрь *Супр 562, 13*.— *Л 5, 19 Зогр Мар Ас Сав; Супр 219, 10; 417, 19; 487, 28; 488, 21; 491, 10*

ВЪНИМАТИ, ВЪНЬМАТИ, вънемлѭ, вънемлѥши *и* вънимаѭ вънимаѥши *несов.* (44) προσέχειν внимать, внимательно слушать naslouchat, pozorně vnímat: вънемлѣте милостꙑнѧ вашѧ • не творити прѣдъ ч⟨лове⟩к(ꙑ) да видими бѫдете імі *Мт 6, 1 Зогр Мар Ас*, вьнимаіте *Сав*; бѫдѣте оуши твоі вънемлѭште гласъ молитвꙑ моеѩ *Пс 129, 2 Син* ● себѣ отъ кого, отъ чесо ὁρᾶν, προσέχειν (ἑαυτῷ) ἀπό τινος остерегаться *кого-л., чего-л.* chránit se *před někým, něčím*: вънемлѣте отъ кънижьникъ • хотѧштиꙑхъ въ одеждахъ ходити *Л 20, 46 Зогр Мар Ас*, вънимаіте себѣ отъ кънижъникъ *Сав*; пръвѣе вънемлѣте себѣ отъ кваса фарисѣіска *Л 12, 1 Зогр Мар*.— *Зогр Мар Ас Сав Ен Син Евх Супр Рыл*.— *Ср.* блюсти, непьщевати

ВЪНИСТИ, -ньзѫ, -ньзеши *и* **ВЪНЬЗНѪТИ**, -ньзнѫ, -ньзнеши *сов.* (5) [вънъз- *Супр* (1)] βάλλειν, καταπείρειν, ἐμπηγνύναι воткнуть, вонзить, вложить vrazit, zarazit: въньзи ножь въ ножьницѧ *И 18, 11 Зогр Мар Ас* (възврати *Сав*); повелѣ... колъ желѣзнъ... вънъзнѫти вь земьѭ *Супр 2, 23*.— *Пс 31, 4 Син*.— *Ср.* оуньзнѫти

ВЪНИТИ, -идѫ, -идеши *сов.* (>500) εἰσέρχεσθαι, ἔρχεσθαι, πορεύεσθαι, εἰσπορεύεσθαι, ἐπέρχεσθαι, ἐπανέρχεσθαι, ἐπαναβαίνειν, ἐμπίπτειν, παριέναι, παραγίγνεσθαι, ἀναβαίνειν, ἐπιβαίνειν, καταβαίνειν, κατέρχεσθαι, ἀντεισάγεσθαι, περιβάλλεσθαι, ἐξέρχεσθαι (!), ἀνθεῖν; (вънити съ συνεισέρχεσθαι, συναναβαίνειν, συνακολουθεῖν) войти, вступить vejít, vstoupit: вьниди въ клѣть твоѭ *Мт 6, 6 Зогр Мар Ас Сав*; вьниде въ каферънаоумъ *Л 4, 31 Зогр Мар Ас*; въшьдъ вънѫтрь сѣдѣше съ слоугами *Мт 26, 58 Зогр Мар Ас Сав* (2); подъ кровъ закьхеовъ вьнити *Евх 14б 12* ● *перен.*: молите сѧ • да не вьнидете въ напасть *Мк 14, 38 Зогр Мар*.— *Зогр Мар Ас Сав Охр Боян Зогр-пал Ен Син Служ Евх Клоц Супр*.— *Ср.* вълѣсти, въстѫпити

ВЪНОЗИТИ, -ножѫ, -нозиши *сов.* (1) ἐμπείρειν вонзить vrazit: гвоздиѧ острꙑ вънозишѧ въ оноуштѫ *Супр 17, 20*.— *Ср.* вънисти, оуньзнѫти

ВЪНОСИТИ, -ношѫ, -носиши *несов.* (3) εἰσφέρειν, διδόναι (!) вносить vnášet: дивьнаꙗ бо нѣкаꙗ въносиши въ слоухꙑ наша *Супр 540, 16 (Деян 17, 20)*.— *Евр 13, 11 Ен; Супр 89, 29*

ВЪНОУШИТИ *и* **ВЪОУШИТИ**, -шѫ, -шиши *сов.* (11) [въноу- *Син* (2) *Супр* (1), въоу- *Син* (7) *Евх* (1)] ἐνωτίζεσθαι услышать uslyšet: въоуши моленье мое не (въ) оустьнахъ льстівахъ *Пс 16, 1 Син*; оуши імѫтъ і не вънoушьѫтъ *Пс 134, 17 Син*.— *Пс 5, 2 Син; 38, 13 Син; 48, 2 Син; 54, 2 Син; 53, 4 Син; 83, 9 Син; 85, 6 Син; Евх 77б 5; Супр 73, 13*.— *Ср.* оуслꙑшати

ВЪНЪ *нареч. и предлог* (>100) [вьнъ *Мар* (2) *Супр* (1), вонъ *Мар* (21) *Ас* (17) *Боян* (2) *Син* (2) *Евх* (1)] **I.** *нареч.* ἔξω наружу, вон ven: ізгънашѧ і вънъ із града *Л 4, 29*

Зогр Мар (изгънаша и из града *Ас*); исхождааше вонъ і г⟨лаго⟩ла⟨а⟩ше *Пс 40, 7 Син* II. *предлог с род.* ἔξω, ἐκ из (ven) z: излѣзоша же звѣрик вънъ цркъве *Супр 229, 15*; ишедъшема же има вънъ града *Супр 14, 12-13.— Зогр Мар Ас Сав Боян Син Евх Супр.— Ср.* вънѣ, вънѣѭдоу

вънъзнѫти *см.* вънисти

вънъм- *см.* вънѧти

вънъмати *см.* вънимати

ВЪНѢ *нареч. и предлог* (49) [вьнѣ *Зогр* (9) *Мар* (11) *Сав* (4) *Евх* (1) *Супр* (15), внѣ *Евх* (2)] I. *нареч.* ἔξω *вне, снаружи* vně, venku: петръ же вьнѣ сѣдѣаше • на дворѣ *Мт 26, 69 Зогр Мар Ас Сав*; аще которааго цр⟨ъ⟩кы отълѫчаетъ въ мало врѣмѧ • вьнѣ стоѣти *Евх 69а 7* II. *предлог с род.* ἔξω, ἔξωθεν вне vně, mimo: никомоу отътоли сьмѣти по слънечьнѣѥмъ заходѣ вьнѣ домоу своѥго обрѣсти сѧ *Супр 53, 5*; да не вьнѣ чрътога затворенъ бѫдетъ *Супр 319, 16—17* ● из (ven) z: тѣло же влѣк'ше вьнѣ вратъ *Супр 537, 24.— Зогр Мар Ас Сав Ен Евх Супр.— Ср.* вънъ, вънѣѭдоу, вънѣѭдѣ, извъноу

ВЪНѢЩЬНЬ, ВЪНѢШЬНЬ, -ьнии *прил.* (16) [вънѣщ-, вьнѣщ- *Мар* (5) *Супр* (1), вънѣш-, вьнѣш- *Зогр* (2) *Супр* (6) *Зогр-лл* (2)] ὁ ἔξω, ἐξώτερος, ὁ ἔξωθεν внешний, наружный, находящийся вне *чего-л.* vnější, kdo (co) je vně: вамъ естъ дано вѣдѣти... ωнѣмъ же вънѣщънимь въ притъчахъ вьсѣ бываѭтъ *Мк 4, 11 Мар*; вь ньхъже много величаньк и вьнѣш'нїимъ одѣанїимъ *Супр 491, 13* ● *перен.* ὁ τῶν κοινῶν τεχνῶν мирской světský: ꙗко и вьнѣшьныи хытрьци рьвьноуѭтъ тъчьно имъ оумѣѭштинимъ хытрьцемъ *Зогр-лл 2а 11* □ вънѣщьнкк, вънѣшьнкк *в знач. сущ.* τὸ ἔξω, τὸ ἔξωθεν, τὸ ἐκτός наружная сторона vnějšek: ѣко очиштаате вьнѣщънее стькльници *Мт 23, 25 Мар (∅ Зогр).— Зогр Мар Супр Зогр-лл.— Ср.* кромѣщьнии, кромѣшьнии

вънѣждоу *Мт 23, 28 Мар; Мк 7, 15 Мар см.* вънѣѭдоу

ВЪНѢѬДОУ *нареч. и предлог* (5) [-ждѫ *Мар* (1), -ждоу *Мар* (2)] ἔξωθεν I. *нареч.* снаружи zevně: ѣко подобите сѧ гробомъ повапьненомъ • іже вьнѣѭдѫ оубо сѫтъ краськи *Мт 23, 27 Мар (∅ Зогр)* II. *предлог с род.* вне vně, mimo: ничьтоже нѣстъ • еже можетъ ч⟨ловѣ⟩ка • въходѧ вь нь • не можетъ осквръниити *Мк 7, 15 Зогр*, отъ вьнѣждоу *Мар.— Мт 23, 28 Мар; Евх 19б 5.— Ср.* вънъ, вънѣ, вънѣѭдѣ

ВЪНѢѬДѢ *нареч.* (1) ἔξωθεν вне vně: вьнѣждѣ обраштаахъ чоудесно • а жтрьждѣ страшно *Супр 511, 21.— Ср.* вънѣ, вънѣѭдоу

ВЪНЮГДА *союз и нареч.* (22) [вънегъда *Син* (1), вънгда *Син* (2)] I. *союз временной* ἐν τῷ *с инф.*, ὅταν, ὁπότε, ἐν ὅσῳ, ἡνίκα когда když, až: и бысть⟨ъ⟩ вънегда ськонча н⟨соу⟩с⟨ъ⟩ вьсѣ словеса сіи • дивлѣахѫ сѧ народі • о оученнии его *Мт 7, 28 Ас* (егда *Зогр Мар Сав*); низъложиъ ꙗ еси вънегда разг(р)ъдѣшѧ *Пс 72, 18 Син* II. *нареч. греч. нет* когда kdy: вь дни вьнегда сѧ роді блаженыи мѫченикъ полукарпъ *Супр 124, 22.— Ас Син Евх Супр.— Ср.* вънюгдаже, когда, кгда

ВЪНЮГДАЖЕ *союз временной* (2) ἐν ὅσῳ когда když: вьнегдаже то сѧ творѣше • и пилатъ ни глаголати ни слышати можааше *Супр 434, 1.— Супр 552, 18.— Ср.* вънюгда, когда, кгда

ВЪНѦТИ, вънъмѫ, вънъмеши *сов.* (38) [вънъм- (вонъм-, вьнъм-) *Син* (14) *Евх* (7), вьнем- *Супр* (1), вънм- *Ен* (1) *Евх* (1)] **1.** чьто; комоу *или без доп.* προσέχειν обратить внимание *на что-л.*, внять *чему-л.* dát pozor *na někoho, něco*, všimnout si *někoho, něčeho*: оуготованъе срьдьцю іхъ вънꙗтъ оухо твое *Пс 9, 38 Син*; б⟨о⟩же мої вонъмі мі *Пс 21, 2 Син*; и по тръс⟨вѧ⟩тѣмь не речет⟨ъ⟩ • диѥ⟨къ⟩ • вънъмѣм⟨ъ⟩ *Евх 96б 19* ● въ чьто, на чьто поспешить (*на помощь*), содействовать přispěchat, přispět: б⟨о⟩же въ помоштъ моѭ вонъмі *Пс 69, 2 Син*, на помоштъ мьнѣ вьньми *Супр 118, 12* **2.** *лат. нет* получить přijmout: да оупъвание (въ)ньмемъ дѣлъ своіхъ *Киев 2б 22* **3.** чьто; *с инф.* κρίνειν, εἰσδέχεσθαι задумать, принять решение rozhodnout se, pojmout úmysl: нъ да видѧтъ вьси • ꙗко вьнѧтъ вь тем'ницѫ абик ити *Супр 125, 8-9*; помышленик же вьнѧ видѣти како отълѫчаѥтъ сѧ доуша отъ тѣлесе *Супр 296, 1.— Ен Син Киев Евх Супр.— Ср.* приꙗти

ВЪНѦТИ СѦ, -ньмѫ сѧ, -ньмеши сѧ *сов.* (4) [вънем- *Зогр* (1) *Мар* (1) *Ас* (1)] τύφεσθαι загореться vznítit se: пръта вънемъша сѧ не оугаситъ *Мт 12, 20 Мар Ас Сав*, не вънемъша сѧ *Зогр*

ВЪНѪТРЬ *нареч.* (20) [въжтрь *Евх* (1) *Супр* (1)] **1.** ἔσω, εἰς τὸ ἐσώτερον внутрь dovnitř: воіни же ведошѧ і вънѫтрь на дворъ *Мк 15, 16 Зогр Мар*; въскочити вьнѫтрь *Супр 182, 18-19* □ до вънѫтрь ἔσω внутрь dovnitř: петръ ідѣаше ізъдалече вь слѣдъ его • до вънѫтрь въ дворъ архиереовъ *Мк 14, 54 Зогр Мар* **2.** ἔσω, ἔσωθεν, ἔνδον внутри uvnitř: по осми денъ пакы бѣахѫ вънѫтрь оученици его *И 20, 26 Мар Охр (∅ Зогр)*; не імѣі нікътоже вънѫтрь зълы мыслі *Клоц 8б 13.— Зогр Мар Ас Сав Охр*

Евх Клоц Супр.— Ср. вънѫтрьѭдоу, ѫтрь, ѫтрьѭдоу

ВЪНѪТРЬНЬ, -нии *прил.* (13) ὁ ἔνδοθεν, ἐνδότερος внутренний vnitřní: заложилъ еси пѫть в'сѣкои неприѣзни • ходѧщии по земи • і в'сѣкомоу недѫгоу • ходѧщюмоу по плъти • і скозѣ мѧса • по жиламъ вьнѫтрьнимъ *Евх 42а 16* □ вънѫтрьнѥѥ *с ед.*, вънѫтрьнꙗꙗ *с мн. в знач. сущ.* τὸ ἔσωθεν, τὸ ἐντός, τὰ ἐντός viscera внутренность nitro, vnitřek: очисти прѣжде вьнѫтрьнее стекльници *Мт 23, 26 Мар (Ø Зогр).— Л 11, 39 Зогр Мар; Л 11, 40 Зогр Мар; Пс 102, 1 Син; Киев 3а 19-20; Евх 42а 16; Супр 177, 14; 178, 19; 467, 18; 565, 20-21*

ВЪНѪТРЬѬДОУ *нареч. и предлог* (10) [-ждѫ *Мар* (2)] **I.** *нареч.* **1.** ἔσωθεν, ἐντός внутри uvnitř: иже вьнѣѭдѫ оубо сѫтъ красьни • вънѫтрьждѫ же плъни сѫтъ костии мрътвыихъ *Мт 23, 27 Мар (Ø Зогр)* **2.** ἐνδότερον внутрь dovnitř: ови въходѧштоу вънѫтрьѭдоу х⟨ристо⟩соу прѣдьтечаахѫ *Супр 467, 24* **II.** *предлог с род.* ἐνδότερος (!) среди mezi: адамъ онъ • сьвѧзаныи вьсѣхъ ч⟨ловѣ⟩къ прѣжде • вьнѫтрьѭдоу вьсѣхъ *Супр 468, 1-2.— Мт 7, 15 Зогр Ас; Мт 23, 28 Мар; Л 17, 21 Зогр Мар; Пс 44, 14 Син; Евх 19б 4-5.— Ср.* вънѫтрь, ѫтрь, ѫтрьѭдоу

ВЪОБРАЖАТИ СѦ, -аѭ сѧ, -аѥши сѧ *несов.* (1) τυποῦν ἑαυτόν уподобляться, следовать (*образцу*) připodobňovat se, následovat (*vzor*): не въображаѭштамъ сѧ... *Зогр-лл 2б 14.— Ср.* образовати

ВЪОБРАЗИТИ, -ажѫ, -азиши *сов.* (2) μορφοῦν уподобить připodobnit: въобразивъша же себе въ рабии образъ *Супр 533, 5-6.— Супр 22, 2.— Ср.* образити

ВЪОРѪЖАТИ СѦ, -аѭ сѧ, -аѥши сѧ *несов.* (1) *греч. нет* вооружаться ozbrojovat se: твоеѭ м⟨и⟩л⟨о⟩ст⟨ь⟩ѭ въорѫжаѭ сѧ (са)мь на (в')сѧ проти(вл)ѣѭщиѧ ми сѧ *Рыл 7ба 5*

ВЪОРѪЖИТИ СѦ, -жѫ сѧ, -жиши сѧ *сов.* (4) καθοπλίξεσθαι; (въорѫжь сѧ ἔνοπλος) вооружиться ozbrojit se: егда крѣпъкы въорѫжь сѧ хранитъ • своі дворъ *Л 11, 21 Зогр* (оуорѫжь сѧ *Мар*).— *Евх 84а 22-23; 84б 2-3; Супр 26, 26.— Ср.* оуорѫжити

ВЪПАДАТИ, -аѭ, -аѥши *несов.* (4) πίπτειν, περιπίπτειν; (въпадати въ напасть ἐπηρεάζεσθαι) падать, впадать *во что-л.*, попадать upadat *do něčeho*: множицеѭ въпадаѥтъ въ огнь *Мт 17, 15 Сав* (падаѥтъ *Мар Ас, Ø Зогр*) ● *перен.*: въпадаѭщиимъ въ грѣхы *Евх 75б 17-18*; о⟨ть⟩че авлен сѧ • вельми послоушаѩ • въпадаѭщиихъ въ напасть *Евх 63б 19.— Евх 68а 20-21.— Ср.* падати

ВЪПАДЕНИѤ, -ниꙗ *с* (1) *греч. нет* впадение vpadnutí, upadnutí: отъ трѫда сего изъми и • ѣко въпадениѣ стоуденааго *Евх 31б 10-11*

ВЪПАСТИ (СѦ), -падѫ (сѧ), -падеши (сѧ) *сов.* (66) πίπτειν, ἐμπίπτειν, ἀναπίπτειν, παραπίπτειν, περιπίπτειν, ἐκπίπτειν, εἰσέρχεσθαι, ἔρχεσθαι (!), γίγνεσθαι (!), λαμβάνεσθαι (!), συνέρχεσθαι (!), συνάπτεσθαι (!) упасть, впасть, попасть vpadnout, upadnout: въ разбоіникы въпаде *Л 10, 30 Зогр Мар Ас Сав*; въ печаль лютѫ въпадъ *Супр 282, 3*; аште въпадетъ сѧ въ сѫботѫ въ ѣмѫ *Мт 12, 11 Зогр Мар*; въпаде сѧ въ пѣровъ • и изломи ногѫ прѣдьнѭѭ *Супр 218, 3.— Зогр Мар Ас Сав Унд Син Евх Клоц Супр*

ВЪПЕРИТИ, -рѭ, -риши *сов.* (1) πτεροῦν окрылить okřídlit: а мрьтвии въперени бѫдѫтъ на вьстаниѥ *Супр 425, 2*

ВЪПЕЧАЛИТИ СѦ, -лѭ сѧ, -лиши сѧ *сов.* о чемь (1) λυπεῖσθαι опечалиться zarmoutit se: томоу же о семъ зѣло въпечаливъшоу сѧ *Супр 297, 21.— Ср.* опечалити, оскрьбѣти, пожалити сѧ

въписати *см.* въпьсати

ВЪПИТИ, -пиѭ, -пиѥши *несов.* (>100) κράζειν, ἀνακράζειν, διακράζειν, βοᾶν, ἐπιβοᾶν, ἐκβοᾶν, ἀναβοᾶν, κραυγάζειν, ἐπιφωνεῖν, λέγειν, ἀλαλάζειν, ἀνάκλησις (!) звать, кричать volat, křičet: они же ізлиха въпиѣхѫ г⟨лаго⟩лѭште *Мт 27, 23 Зогр Мар Сав*, въпиѣахѫ *Ас*; доухомъ въ стомѫштиихъ слоухы вьпиѥтъ *Супр 385, 7.— Зогр Мар Ас Сав Боян Ен Син Евх Клоц Супр Рыл.— Ср.* зъвати

ВЪПЛАКАТИ, -плачѫ, -плачеши *сов.* (1) οἰμώζειν заплакать zaplakat: ты же зълозьлѣ въплачеши *Супр 115, 24.— Ср.* въсплакати сѧ

ВЪПЛЪТИТИ, -плъщѫ, -плътиши *сов.* (7) [-пль- *Евх* (4) *Супр* (2)] σαρκοῦν воплотить vtělit: оубои сѧ вьпльщенааго б⟨ог⟩а • подобениѣ *Евх 54б 21* □ въплътити сѧ σαρκοῦσθαι воплотиться vtělit se: вьпльщьша сѧ б⟨ог⟩а видѧще *Евх 53а 6-7.— Киев 2б 12-13; Евх 52б 18-19; 61б 19; Супр 459, 4; 533, 7.— Ср.* въчловѣчити сѧ

ВЪПЛЪЩЕНИѤ, -ниꙗ *с* (4) [-пль- *Евх* (1), вьпльчени- (!) *Супр* (1)] σάρκωσις, ἐνσάρκωσις воплощение vtělení: забылъ еси в'сѧ грѣзы ихъ... вьпльщениемь единочѧдааго с⟨ы⟩на б⟨о⟩жиѣ *Евх 30а 17.— Евх 30б 6; Супр 24, 2; 330, 8.— Ср.* въчловѣчениѥ

ВЪПЛЪЧЕНИѤ, -ниꙗ *с* (1) παράταξ(ι)ς' построение (*войска*) šešikování (*vojska*): ꙗкоже бо вельгласьнаꙗ трѫба трѫбашти выставьꙗѥтъ мнogы • на въплъчениѥ рати *Супр 206, 24.— Ср.* оплъчениѥ

ВЪПЛЪЧИТИ, -чѫ, -чиши *сов.* (2) [оуплъ-

Син (1)] *греч. нет* построить (*войско*) seřadit, sešikovat (*vojsko*): на тъıа въплъчи • вѣроужшта кмоу жидовъı и елинъı *Супр 538, 21* □ въплъчити сѧ παρατάσσεσθαι построиться seřadit se, sešikovat se: ѣште оуплъчітъ сѩ на мѩ плъкъ *Пс 26, 3 Син.— Ср.* оплъчити сѧ

ВЪПЛЬ, -лга *м* (18) [вьп- *Ас* (1) *Сав* (1) *Супр* (8), воп- *Син* (1), веп- *Боян* (1)] κραυγή крик volání, křik, pokřik: полоу нощти же въпль бъıс⟨тъ⟩ • се женихъ грѧдетъ *Мт 25, 6 Зогр Мар Ас Сав*; вопль мої прѣдъ нимъ вънидетъ вън-оуші его *Пс 17, 7 Син* ● ὀδυρμός, οἰμωγή, ὀλολυγμός вопль nářek, úpění: глас⟨ъ⟩ въ рамѣ слъишанъ бъıс⟨тъ⟩ • плачь и ръıдание и въпль многъ *Мт 2, 18 Ас Сав Боян* (∅ *Зогр Мар*).— *Зогр Мар Ас Сав Боян Син Супр*

ВЪПРАВЬДИТИ, -вьждѫ, -вьдиши *сов.* (1) δικαιοῦν оправдать ospravedlnit: тако вьси въправьдивъше сѧ • хвалѧтъ тебе *Супр 232, 24-25.— Ср.* оправьдити

ВЪПРАШАНИѤ, -ниꙗ *с* (6) **1.** ἐρώτησις, ἐπερώτησις спрашивание, вопрос dotazování, otázka: мъı бо готови ѥсмъ о въпрашании твоем' отъвѣштавати *Супр 177, 30* **2.** ἐξέτασις, ἀκρόασις расследование, допрос vyšetřování, výslech: отълѫчивъше ꙗ разно • да не слъıшита къждо ѥю въпрашаниꙗ подроуга си *Супр 258, 18.— Супр 98, 3; 177, 27; 225, 26; 258, 22.— Ср.* въпросъ, въпрошениѥ

ВЪПРАШАТИ, -аѭ, -аѥши *несов.* (>100) **1.** ἐρωτᾶν, ἐπερωτᾶν, διερωτᾶν, πυνθάνεσθαι, λέγειν (!) спрашивать, вопрошать tázat se, ptát se, dotazovat se: въпрашааше и аште чьто видитъ *Мк 8, 23 Зогр Мар*; онъ же въставивъ ѩ въпрашааше • ч'то ѥстъ вина *Супр 44, 7* **2.** ἐξετάζειν, πυνθάνεσθαι, ἀκούειν, ἀνακρίνειν допрашивать, вести допрос, расследование vyšetřovat, vyslýchat: стоѣвъı на сѫдищи мѫчимъ • і въпрашаемъı в'сѭ ноць стоуденѫѭ *Евх 48а 22*; да оувѣсте акъı и не въпрашати сѧ велимъ • нъ въ темницѫ идемъ по воли *Супр 130, 15* **3.** ἐρωτᾶν просить prosit, žádat: оувѣштаите сѧ и въı • въпрашаѭтъ бо васъ лепидонъ • и еуктимонъ *Супр 136, 28.— Зогр Мар Ас Сав Боян Син Евх Супр*

ВЪПРОСИТИ, -прошѫ, -просиши *сов.* (>100) ἐρωτᾶν, ἐπερωτᾶν, πυνθάνεσθαι, μανθάνειν (!) спросить *кого-л.* otázat se *někoho*: въпроси ѩ колико імате хлѣбъ *Мк 8, 5 Зогр Мар*; въпроси кънижьникъı • чьто сътѧзаете сѧ вь себѣ *Мк 9, 16 Зогр Мар.— Зогр Мар Ас Сав Зогр-пал Син Клоц Супр.— Ср.* въспросити

ВЪПРОСЪ, -а *м* (11) [въпро(с) *Евх* (9)] ἐρώτησις, πεῦσις вопрос otázka: не отъмештетъ сѧ въпроса *Супр 331, 2*; въпрос⟨ъ⟩ • оубо добро дѣло и блажено избъра *Евх 87а 1.— Евх 82а 6; 83а 7; 83а 10; 87а 6; 87а 12; 87а 15; 87а 19; 92а 17; 92а 20.— Ср.* въпрашаниѥ, въпрошениѥ

ВЪПРОШЕНИѤ, -ниꙗ *с* (12) [въпро(ш) *Евх* (1)] **1.** ἐρώτησις, ἐπερώτησις, ζήτησις вопрос otázka, dotaz: ѡ г⟨осподь⟩ни въпрошении *Зогр 129б 12*; въпрош⟨ение⟩ • прѣбъıваеши ли въ манастъıри *Евх 87а 8* **2.** αἴτησις просьба vyprošení, prosba: о въпрошении тѣлесе г⟨осподь⟩нѣ *Мар 44а 6.— Зогр 103б 20; Мар 43б 16; 44а 1; 133а 5; Евх 86б 18; 86б 21; 92а 15; Супр 99, 10-11; 240, 23.— Ср.* въпрашаниѥ, въпросъ

въпрѣвъзлѣганиѥ *Зогр 130а 21 см.* прѣвовъзлѣганиѥ

ВЪПРѢКЪI *нареч.* (2): въпрѣкъı глаголати ἀντιλέγειν противоречить mluvit proti, odporovat: аште ли кто ѥште вьпрѣкъı глаголетъ • и пьритъ сѧ *Супр 346, 29.— Супр 346, 21-22*

ВЪПРѢЧАТИ СѦ, -аѭ сѧ, -аѥши сѧ *сов.* (1) ἐμπλέκεσθαι впутаться zaplést se: ни паки вьпрѣчаите сѧ *Рыл 26β 2*

ВЪПРѦШТИ, -прѧгѫ, -прѧжеши *сов.* (2) προστιθέναι впрячь zapřáhnout: конꙗ люта сѫшта... въпраже въ жрънъви *Супр 565, 7.— Супр 222, 29.— Ср.* припрѧшти

ВЪПОУСТИТИ, -поущѫ, -поустиши *сов.* (1) εἰσάγειν впустить vpustit: дьнесь испаде ис породъı • дьнесь пакъı въпоуштенъ бъıстъ *Супр 429, 16*

ВЪПОУШТАТИ, -аѭ, -аѥши *несов.* (1) παρεμβάλλειν впускать vpouštět: блѫдьница ѥстъ сласть • сладъко ти бесѣдоуѥтъ съпрьва • таи въпоуштаѭшти • бесѣдоѭ горесть съмрьтънѫѭ *Супр 351, 6*

ВЪПЬСАТИ *и* **ВЪПИСАТИ**, -пишѫ, -пишеши *сов.* (7) [въпс- *Клоц* (2)] γράφειν, ἀναγράφειν вписать, записать, написать vepsat, zapsat, napsat: въ небесеХъ ваша вьписана сѫтъ имена *Супр 507, 27*; еже ѥ въ б⟨о⟩жі законъ въпсано *Клоц 2а 3.— Клоц 2а 7; Супр 16, 1; 140, 22; 152, 16-17; 484, 24-25.— Ср.* напьсати

ВЪРАЗОУМИТИ, -млѭ, -миши *сов.* (10) συνετίζειν наставить, вразумить poučit, osvítit: въразоуми мѩ і испъıтаѭ законъ твоі *Пс 118, 34 Син.— Пс 15, 7 Син; 31, 8 Син; 118, 73 Син; 118, 125 Син; 118, 144 Син; 118, 169 Син; Евх 81б 4; 84а 26; 98а 14*

въринѫти *Пс 48, 15 Син см.* выринѫти

ВЪРѢСНИТИ СѦ, -рѣшнѭ сѧ, -рѣсниши сѧ *сов.* (1) *лат. нет* укорениться zakořenit se: зълоба нашѣ не върѣсні сѩ въ насъ *Киев 5б 8.— Ср.* въкоренити сѧ

ВЪРАДИТИ, -раждѫ, -радиши *сов.* (1) κατατάσσειν включить, причислить vřadit, zařadit: и вь ликъ твоихъ дроугъ вьради *Супр 507, 18.— Ср.* въчинити, въчисти, причетати, причинити

ВЪРАЖДЕНИЄ, -ния *с* (3) ἀκολουθία, λεπτόν очередь, порядок zařazení, sled, pořadí: молитъ его по вьражденню ем' *Супр 525, 7.— Супр 281, 17; 534, 3.— Ср.* рядъ

ВЪРѪШТАТИ СѦ, -аѭ сѧ, -аеши сѧ *несов.* (1) βοθρίζεσθαι биться (*о стены и т. п.*) narážet, tlouci se (*o skály atp.*): походаште и ломаште сѧ бѣахѫ въ горахъ въръштаѭште сѧ вь стѣнахъ вьсь дьнъ тъ и тѫ нощь *Супр 32, 1*

ВЪРѪЧИТИ, -чѫ, -чиши *сов.* (2) ἐγχειρίζειν, πιστεύειν вручить, дать, вверить odevzdat, svěřit, odkázat: отъда оубо емѹже бѣ връжчено едно таланто *Супр 378, 15-16.— Супр 281, 24*

въ с *предлог см.* въз

въ с - *см. также* вьс-

ВЪСАДИТИ, -саждѫ, -садиши *сов.* (32) **1.** βάλλειν, ἀποτίθεσθαι поместить, посадить vsadit: імъ іоан'на • съвѧза і въсади въ тьмьницѫ *Мт 14, 3 Зогр Мар* **2.** φυτεύειν, ἐμφυτεύειν посадить (*растение*) zasadit (*rostlinu*): смоковьницѫ імѣаше етеръ въ винградѣ своемь • въсажденѫ *Л 13, 6 Зогр Мар* ● *перен.*: въсадити сътвореное слово о въскръсении *Супр 442, 24* **3.** ἐπιβιβάζειν посадить (*верхом*) posadit: въсаждь же і на свої скотъ • приведе же і въ гостиницѫ *Л 10, 34 Зогр Мар Ас* (възъмъ же і на скотъ *Сав*).— *Зогр Мар Ас Сав Син Евх Супр.— Ср.* посадити

въ с а к ъ *см.* вьсякъ

ВЪСВЕРѢПѢТИ, -ѣѭ, -ѣеши *сов.* (1) ὀρίνεσθαι рассвирепеть rozběsnit se, rozzuřit se: въсверѣпѣвъше (*! вм.* въсверѣпѣвъ же) бо влънами • съ земл(е)ѭ сѧ борετъ *Евх 1а 17-18.— Ср.* възярити сѧ

в ъ с е г д а *см.* вьсегда

ВЪСЕЛИТИ, -лѭ, -лиши *сов.* (44) κατασκηνοῦν, κατοικίζειν, κατοικεῖν поселить, вселить usídlit, ubytovat: въсели въ селѣхъ іхъ колѣна і⟨здра⟩илева *Пс 77, 55 Син* ● *перен.*: въселиті славѫ въ землѭ нашѫ *Пс 84, 10 Син* □ в ъ с е л и т и с ѧ σκηνοῦν, κατασκηνοῦν, οἰκεῖν, κατοικεῖν, παροικεῖν, αὐλίζεσθαι поселиться, вселиться usídlit se: пришедъ вьсели сѧ въ каперьнаоумъ *Мт 4, 13 Зогр Мар Ас Сав Боян*; птицѧ... вьселишѧ сѧ въ вѣтви его *Л 13, 19 Зогр Мар Ас Сав*; плотъ моѣ въселітъ сѧ на оупъванье *Пс 15, 9 Син.— Зогр Мар Ас Сав Боян Син Киев Евх Супр.— Ср.* витати, въдворити сѧ, населити

ВЪСЕЛЯТИ, -яѭ, -яеши *несов.* (6) [-сѣл- *Син* (1) *Евх* (2) *Супр* (1)] κατοικίζειν поселять, вселять usídlovat, usazovat: б⟨ог⟩ъ вьсѣлѣетъ иномысльныѩ вь домъ *Пс 67, 7 Син*; в'сѣлѣетъ же во нь съдравие *Евх 46а 15* □ в ъ с е л я т и с ѧ ἐνοικεῖν поселяться, вселяться usídlovat se: въ въздрастѣ тѣлесъ лишенъиих' • въсѣляѭтъ сѧ б⟨о⟩жиѩ благодѣть *Супр 546, 8.— Кол 3, 16 Ен; Пс 112, 9 Син; Евх 48б 26-49а 1.— Ср.* селити

в ъ с е л е н а *Пс 23, 1 Син см.* въселеная

ВЪСЕЛЕНАЯ, -ыѩ *ж* (62) [оус- *Мар* (1) *Син* (5), -на *Син* (1)] οἰκουμένη (*обитаемая*) земля, весь мир země (*obydlená*), zemský okrsek, svět: ізиде повелѣние • отъ кесара авъгоуста • написати вьсѧ вьселенѫѩ *Л 2, 1 Зогр Ас Сав*, оуселенѫѩ *Мар*; сѫдиті въселенѣі въ правьдѫ *Пс 95, 13 Син*; градьникы вьсеѩ вьселеныѩ *Супр 84, 3.— Зогр Мар Ас Сав Боян Зогр-пал Ен Син Служ Евх Клоц Супр.— Ср.* въселение, миръ

ВЪСЕЛЕНИЄ, -ния *с* (4) **1.** σκήνωμα, κατοικητήριον обиталище, жилище příbytek, obydlí: вьзлюбіхъ... мѣсто въселеньѣ славы твоеѩ *Пс 25, 8 Син* **2.** οἰκουμένη (*обитаемая*) земля, весь мир země (*obydlená*), zemský okrsek, svět: отъ вьсего вькоупѣ вьселении (!) • слышаште и глаголѭште *Супр 513, 11.— Супр 247, 7; 509, 25.— Ср.* въселеная, жилище, селище

ВЪСЕЛЕНЬСКЪ, -ыи *прил.* (3) οἰκουμενικός, τῆς οἰκουμένης всемирный, вселенский celosvětový, všeobecný: вьселеньскыи же оучитель • блаженыи павьлъ *Супр 488, 8*; па⟨мѧ⟩т⟨ь⟩ с⟨вѧ⟩т⟨ы⟩мъ о⟨ть⟩ц⟨е⟩мъ • събьравъшимъ сѧ въ с⟨вѧ⟩тѣмъ и вьселеньстѣмъ съборѣ *Ас 118б 22-23.— Ен 21б 12*

ВЪСИЯТИ, -яѭ, -яеши *сов.* (22) [-сья- *Син* (1) *Клоц* (1)] **1.** ἀνατέλλειν, ἐξανατέλλειν, ἀναλάμπειν, λάμπειν засиять, воссиять zazářit, zastkvít se: свѣтъ въсиѣетъ на насъ *Мт 4, 16 Зогр*, въсіѣ имъ *Ас Сав Боян* (∅ *Мар*); рѣснота отъ землѩ въсіѣ *Пс 84, 12 Син* **2.** λοιεῖν (!) зажечь roznítit: вьсиявыи свѣтъ и тъмѫ • отъгънавъ *Супр 179, 16.— Зогр Мар Ас Сав Боян Ен Син Евх Клоц Супр*

ВЪСКАКАТИ, -скачѫ, -скачеши *несов.* (1) ἐπιπηδᾶν вскакивать skákat dovnitř, vskakovat: въ ты паче въскачетъ и вълазитъ часто диѩволъ *Супр 421, 6*

ВЪСКЛАДАТИ, -аѭ, -аеши *несов.* (2) ἐπιτιθέναι класть, возлагать nakládat, vkládat, klást: сьбираѭтъ бо брѣмена тѧжька... и въскладаѭтъ на плеща чл⟨овѣ⟩чьска *Мт 23, 4 Ас* (възлагаѭтъ *Мар*, ∅ *Зогр*).— *Евх 47б 16.— Ср.* възлагати, полагати

ВЪСКЛАНѤТИ СѦ, -ѩѭ сѧ, -ѩкши сѧ *несов.* (1) ἀνίστασθαι выпрямляться vzpřimovat se: въсклан҄ѣѧ сѧ поп⟨ъ⟩ з(намен)⟨аетъ⟩ ѣ҃ • с⟨вѧ⟩тыѩ дары г⟨лаго⟩лѧ *Служ 3а 8*

ВЪСКЛАСТИ, -адѫ, -адеши *сов.* (1) ἐπιτιθέναι положить, возложить naložit: повелѣста... привести возы • и въскладъше тѣлеса свѧтыихъ прѣвезошѧ ѩ на брѣгъ рѣкы *Супр 80, 12.— Ср.* накласти, наложити, положити

ВЪСКЛИКНОВЕНИѤ, -ниѩ *с* (3) ἀλαλαγμός клики (*радости, восторга*) výkřiky (*radosti*), jásot: възіде б⟨ог⟩ъ во въскликновены *Пс 46, 6 Син* (въсклицаньѥмъ *Супр 478, 29*).— *Ac 28аа 5-6; Пс 26, 6 Син.— Ср.* въсклицаниѥ, кликновениѥ

ВЪСКЛИКНѪТИ, -нѫ, -неши *сов.* (11) ἀλαλάξειν, βοᾶν воскликнуть (*радостно*), возликовать radostně vzkřiknout, zajásat: въскликнѣте б⟨ог⟩оу гласомъ радості *Пс 46, 2 Син*; въкоупѣ же силы въскликнѫшѧ *Супр 466, 1.— Ен 19а 9; Пс 65, 1 Син; 80, 2 Син; 94, 1 Син; 94, 2 Син; 97, 4 Син; 97, 6 Син; 99, 1 Син; Супр 319, 11*

ВЪСКЛИЦАНИѤ, -ниѩ *с* (3) [въсклицѣ- *Син* (1)] ἀλαλαγμός, αλάλαγμα клики (*радости, восторга*) výkřiky (*radosti*), jásot: добрѣ поіте емоу въсклицѣньемъ *Пс 32, 3 Син.— Пс 43, 13 Син; Супр 478, 29.— Ср.* въскликновениѥ, кликновениѥ

ВЪСКЛОНИТИ, -нѭ, -ниши *сов.* (12) *греч. нет* выпрямить, поднять vzpřímit, vztyčit: въсклони и отъ прѣклонениѣ неприѣзнина *Евх 40а 19* □ въсклонити сѧ ἀνακύπτειν выпрямиться, подняться vzpřímit se, vztyčit se: въсклоните сѧ • і въздвигнѣте главы вашѧ *Л 21, 28 Зогр Мар.— Л 13, 11 Зогр Мар Ас Сав; И 8, 7 Зогр Мар; И 8, 10 Зогр Мар; Евх 63а 9*

ВЪСКЛОНѤНИѤ, -ниѩ *с* (1) ἀνάνευσις выпрямление vzpřímení: ѣко нѣстъ въсклонениѣ во съмрът-і-хъ *Пс 72, 4 Син*

ВЪСКОЛѢБАТИ СѦ, -блѭ сѧ, -блюши сѧ *и* -баѭ сѧ, -бакши сѧ *сов.* (1) σαλεύεσθαι зашататься zakymácet se: въсколѣбашѧ сѧ ѣко пиѣні *Пс 106, 27 Син.— Ср.* потрѧсти

въскорѣ *см.* скорѣ

ВЪСКОЧИТИ, -чѫ, -чиши *сов.* (17) **1.** εἰσπηδᾶν, ἐπιπηδᾶν, πηδᾶν вскочить vskočit: въскочи вь езеро вьпиѧ и глаголѧ *Супр 78, 18*; въскочити вънѫтрь *Супр 182, 18* **2.** ἀναπηδᾶν, ἐκπηδᾶν выскочить vyskočit: ѩкоже въскочити ведѫштиїмъ кго отъ страха *Супр 18, 14.— Клоц Супр.— Ср.* искочити

ВЪСКРАИ *предлог с род.* (1) ἐγγύς близ, возле blízko, vedle: въскраи же бѣаше кзера банѣ • раждежена *Супр 76, 17.— Ср.* близъ, искрь

ВЪСКРАИНИИ, -нꙗкго *прил.-сущ.* (2) ὁ πλησίον ближний bližní: аште оуправьникк въскраинѣааго глаголеши *Супр 380, 9-10.— Супр 379, 6-7.— Ср.* ближика, ближьнии, близъкъ

ВЪСКРИЛИТИ, -лѭ, -лиши *сов.* (1) ἀναπτεροῦν окрылить okřídlit; *перен.*: дьньсь пророчьскы трѫбы вьсь миръ въскрилишѧ *Супр 319, 2-3*

ВЪСКРИЛИѤ, -ниѩ *с* (11) κράσπεδον подол, край (*одежды*) lem, okraj (*roucha*): молѣахѫ и • да понѣ въскрили ризы его прикоснѫтъ сѧ *Мк 6, 56 Зогр Мар.— Мт 9, 20 Мар Ас; Мт 14, 36 Зогр Мар; Мт 23, 5 Мар Ас; Л 8, 44 Зогр Мар Ас.— Ср.* краи, омета, подъметъ

ВЪСКРИЧАТИ, -чѫ, -чиши *сов.* (13) κράζειν, ἀνακράζειν, ἀλαλάζειν, ὀλολύζειν, πράσσειν (!) воскликнуть, вскричать zvolat, vzkřiknout: своимъ имъ ѩзыкомъ въскрича глаголѧ *Супр 26, 28*; пакы въскрича къ стоѩштиимъ *Супр 154, 19.— Супр 33, 18-19; 35, 3; 36, 10; 36, 21; 43, 24; 44, 1; 44, 25; 138, 20-21; 149, 29; 151, 10; 524, 25.— Ср.* въздроути, възъвати, възъпити, кричь (кричь сътворити)

ВЪСКРЪБѢТИ, -блѭ, -биши *сов.* (2) λυπεῖσθαι опечалиться, почувствовать скорбь zesmutnět, zarmoutit se: въскръбѣхъ печалью моеѭ *Пс 54, 3 Син*; въ скръбехъ (! *вм.* въскръбѣхъ) *Пс 76, 4 Син.— Ср.* опечалити сѧ, пожалити си

ВЪСКРЪМИТИ, -млѭ, -миши *сов.* (3) [вьскрьм- *Супр* (1)] ἐκτρέφειν, τρέφειν вскормить vyživit, *перен.* воспитать vychovat: еже оубо которыи кстъ родивыи • добыаго сего и въскръмивыи *Супр 272, 8.— Супр 96, 18; 96, 20.— Ср.* въспитѣти

ВЪСКРЬСАТИ, -аѭ, -акши *несов.* (2) [въскрьс- *Супр* (2)] ἀνίστασθαι воскресать (*из мертвых*) vstávat z mrtvých: мрьтвии въскрьсаѭтъ *Супр 425, 25-26.— Супр 471, 1.— Ср.* въстаѩти

ВЪСКРЬСЕНИѤ, -ниѩ *с* (40) [въскръс- (вьскрьс-) *Ас* (4) *Евх* (2) *Клоц* (1) *Супр* (13) *Хил* (1), въскр'с- *Супр* (1)] ἀνάστασις, ἔγερσις, τὸ ἐγερθῆναι, κρύψις (!) воскресение (*из мертвых*) zmrtvýchvstání, vzkříšení (*z mrtvých*): по въскрьсении же моемь варѭ вы [вы] въ галілеи *Мт 26, 32 Ас Сав* (по въскрьсновени *Зогр Мар*); ѩко мрьтвыимъ въскрьсениѥ вьсѣмъ проповѣдано бъістъ *Супр 386, 20.— Ас Сав Евх Клоц Супр Хил.— Ср.* въскрьсновениѥ, въскрѣшениѥ

ВЪСКРЬСНОВЕНИѤ, -ниѩ *с* (4) [-кръс- *Зогр* (2) *Мар* (1)] ἔγερσις, τὸ ἐγερθῆναι воскресение (*из мертвых*) zmrtvýchvstání, vzkříšení (*z mrtvých*): по въскрьсновенꙇ его • вънидоша въ с⟨вѧ⟩тъı градъ *Мт 27, 53 Зогр Мар* (по въскръсени *Ас*, по вьскрьсениı *Сав*).— *Мт 26, 32 Зогр Мар.— Ср.* въскрьсениѥ, въскрѣшениѥ

ВЪСКРЬСНѪТИ, -нѫ, -неши *сов.* (>100) [въскръс- (воскръс-, вьскръс-) *Зогр Мар Ас Син Евх Супр Хил*, вьскр'с- *Супр* (2), въскрес- (вьскрес-) *Мар* (1) *Ас* (1) *Син* (1) *Клоц* (1)] ἀνίστασθαι встать vstát: въскръсні г⟨оспод⟩ı гнѣвомъ твоıмъ *Пс 7, 7 Син*; ѥда съпѧı не приложітъ въскръснѫтı *Пс 40, 9 Син* ● ἀνίστασθαι, ἐγείρεσθαι, ἀναβιοῦν воскреснуть vstát z mrtvých: аще къто отъ мрътвыхъ въскръснетъ *Л 16, 31 Зогр Мар Ас Сав*; мрьтвии въскръсоша *Супр 386, 16-17.— Зогр Мар Ас Сав Ен Син Евх Клоц Супр Хил.— Ср.* въстати

ВЪСКРѢСИТИ, -крѣшѫ, -крѣсиши *сов.* (48) ἀνιστάναι поднять pozvednout: г⟨оспод⟩ı помилуı мѧ и въскрѣси мѧ ı въздамъ ıмъ *Пс 40, 11 Син* ● ἀνιστάναι, ἐξανιστάναι, ἐγείρειν, ἐξεγείρειν воскресить vzkřísit: бѣ лазарь оумьрыı • егоже въскрѣси отъ мрътвыхъ н⟨соу⟩с⟨ъ⟩ *И 12, 1 Зогр Мар Ас Сав*; како куѫ въскрѣси *Супр 463, 2.— Зогр Мар Ас Сав Ен Син Киев Клоц Супр Рыл.— Ср.* въставити

ВЪСКРѢСЬНЪ, -ыи *прил.* (4) ἀναστάσιμος, τῆς ἀναστάσεως относящийся к воскресению (*из мертвых*) týkající se vzkříšení (*z mrtvých*): гробъ вьскрѣсьноѥ село *Клоц 11б 40*; вьскрѣсьныи дьнь г⟨оспод⟩и нашего ї҃с҃ꙋ х⟨рьст⟩а *Супр 486, 26.— Ас 153б 11; Супр 440, 6*

ВЪСКРѢШАТИ, -аѭ, -аѥши *несов.* (11) ἐγείρειν, ἀνιστάναι воскрешать (*из мертвых*) křísit (*z mrtvých*): болѧщѧѩ цѣлите • мрътвыѩ въскрѣшаѥте *Мт 10, 8 Зогр Мар Ас Сав.— И 5, 21 Зогр Мар Ас; Евх 26б 20; Супр 456, 7; 468, 18; 471, 2.— Ср.* въставлıати

ВЪСКРѢШЕНИѤ, -ıа *с* (57) ἀνάστασις воскрешение, воскресение (*из мертвых*) zmrtvýchvstání, vzkříšení (*z mrtvých*): въ въскрѣшеньѥ ѥгда въскръснѫтъ *Мк 12, 23 Зогр Мар*; не вѣровасте ли быти вьскрѣшению мрътвыимъ *Супр 107, 17-18*; вьскрѣш(енью) бо естъ праздь(никъ) *Рыл 26а 22.— Зогр Мар Ас Сав Ен Син Евх Супр Рыл.— Ср.* въскрьсениѥ, въскрьсновениѥ, въстаниѥ, въставлѥниѥ

ВЪСКОУРИТИ СѦ, -рѭ сѧ, -риши сѧ *сов.* (1) καπνίζεσθαι задымиться začít soptit, dýmat: прікасаıѫı сѧ горахъ въскоурѧтъ сѧ *Пс 103, 32 Син*

ВЪСКОУРІАТИ, -ıаѭ, -ıаѥши *несов.* (1) *греч. нет* заставлять дымиться působit, aby (*hora*) soptila, dýmala: б⟨о⟩же творьче... прика(са)ѩ сѧ горахъ • ı въскоурѣѩ ıа *Евх 44б 14*

ВЪСКЫПѢТИ, -плѭ, -пиши *сов.* (2) ἀναβράσσεσθαι, ἐξέρπειν вскипеть, взволноваться vzkypět, překypět: въскыпѣ землѣ іхъ жабами *Пс 104, 30 Син.— Супр 89, 16-17*

ВЪСКЫСНѪТИ, -нѫ, -неши *сов.* (1) ζυμοῦσθαι закваситься vykynout: подобьно естъ квасоу • ıже приемъши жена • съкры въ мѫцѣ трı сатъ • дондеже въскысѧ вьсѣ *Л 13, 21 Ас* (въкысе *Зогр Сав*, вькысѣ *Мар*).— *Ср.* въкыснѫти, въкысѣти, въскысѣти

ВЪСКЫСѢТИ, -ѣѭ, -ѣѥши *сов.* (2) ζυμοῦσθαι закваситься vykynout: подобьно естъ ц⟨ѣса⟩р⟨ь⟩с⟨тв⟩о н⟨е⟩б⟨есь⟩ское • к'васоу • ıже вьзьмъши жена съкры въ мѫцѣ трıи с(а)тъ • доньдеже въскысѣ вьса *Мт 13, 33 Зогр Мар.— Ср.* въкыснѫти, въкысѣти, въскыснѫти

ВЪСКѪѬ *нареч.* (42) ἵνα τί, εἰς τί, τί почему, зачем, для чего proč: б⟨о⟩же мои въскѫѭ мѧ остави *Мт 27, 46 Зогр Мар Ас.— Зогр Мар Ас Сав Ен Син Евх Супр.— Ср.* почьто, чьто

ВЪСЛАВИТИ, -влѭ, -виши *сов.* (2) δοξάζειν прославить, восславить oslavit: да сѧ въславитъ богъ кѭ *Супр 313, 4-5* (прославитъ сѧ *И 11, 4 Зогр Мар Ас Сав*).— *Супр 389, 28.— Ср.* прославити

ВЪСЛАДИТИ СИ, -слаждѫ си, -сладиши си *сов.* чимь (1) ἡδύνειν насладиться potěšit se: и отъ оупитиıа не могѫтъ ити въ домы своѩ • понеже много сѫтъ пили въсладивъше си виномъ *Супр 267, 13-14.— Ср.* насладити

въслакати *Л 6, 25 Зогр см.* възалъкати

ВЪСЛАНІАТИ СѦ, -ıаѭ сѧ, -ıаѥши сѧ *несов.* комоу (?); комь (?) (1) ἐξαρτᾶσθαι опираться (*на кого-л.*) opírat se (*o někoho*): твои бо людиѥ мы и овьцѧ паствины твоѩ • и тебѣ вьси въсланıаѥм' сѧ *Супр 342, 22-23*

ВЪСЛѢДОВАТИ, -доуѭ, -доуѥши *несов.* комоу, чесомоу; кого, чесо (8) ἀκολουθεῖν, ἐπακολουθεῖν следовать, идти вслед (*за кем-л., чем-л.*) následovat, jít *za někým, něčím*: повелѣ... вьслѣдовати кмоу дожи ї до кесарииска града *Супр 223, 24-25*; се вса оставихомъ и вьслѣдовахомъ тебѣ *Супр 547, 6* (вь слѣдъ тебе идомъ *Мт 19, 27 Мар Ас Сав*).— *Супр 30, 28; 105, 8; 283, 1; 292, 28; 430, 1; 509, 23-24.— Ср.* въслѣдьствовати, ити (въ слѣдъ), послѣдовати, послѣдьствовати

въслѣдъ *см.* слѣдъ

ВЪСЛѢДЬСТВОВАТИ, -воуѭ, -воуѥши *несов./сов.* комоу, чесомоу; кого, чесо (6) ἀκολουθεῖν, συνοδεύειν следовать/последовать, идти/пойти вслед (*за кем-л., чем-л.*) následovat, jít *za někým, něčím*: оучаще правовѣр'но вьслѣдъствоующе с⟨ва⟩тоуоумоу василеоу *Супр 538, 17-18;* излѣзоша же звѣрие вънъ цръкъве повелѣниимъ правьдника • и вьслѣдьствоваша кго *Супр 229, 16-17.— Супр 114, 18; 114, 24; 223, 6-7; 561, 25.— Ср.* въслѣдовати, ити (въ слѣдъ ити), послѣдовати, послѣдьствовати

ВЪСЛѢПАТИ, -плѭ, -плѥши *несов.* (2) ἅλλεσθαι течь, струиться prýšit, vytékat: бѫдетъ въ немъ источьникъ водъи • въслѣплѭштаꙗ въ животъ вѣчънъи *И 4, 14 Ас,* вьслѣпльжштжѭ (!) *Зогр* (въходаща *Мар*)

ВЪСМИѦТИ СѦ, -смѣѭ сѧ, -смѣкши сѧ *сов.* (8) γελᾶν, ἀναγελᾶν засмеяться, начать смеяться zasmát se, začít se smát: блажени плачѭштеі сѧ нынѣ • ѣко въı вьсмѣете сѧ *Л 6, 21 Зогр Ас Сав,* въсмѣѭтъ сѧ *Мар.— Пс 51, 8 Син; Супр 131, 11; 138, 1; 169, 13*

ВЪСМРЬДѢТИ СѦ, -смрьждѫ сѧ, -смрьдиши сѧ *сов.* (2) [-смръ- *Син* (1) *Евх* (1)] προσόζειν начать смердеть zasmrádnout, začít páchnout: вьсмръдѣшꙗ сꙗ і съгнишꙗ ранъı моꙗ *Пс 37, 6 Син.— Евх 76а 12-13*

въсокъ *Пс 88, 28 Син см.* высокъ

ВЪСПИТАНИѤ, -ниꙗ *с* (1) θρέμμα домашний скот domácí dobytek: влькъ мое вьспитаниѥ сънѣдактъ *Супр 247, 19.— Ср.* скотъ

ВЪСПИТѢТИ, -тѣѭ, -тѣкши *сов.* (4) τρέφειν, ἀνατρέφειν, ἐκτρέφειν вскормить vyživit: на водѣ покоінѣ въспітѣ мꙗ *Пс 22, 2 Син* ● воспитать vychovat: приде въ назаретъ въ немьже бѣ въспитѣнъ *Л 4, 16 Мар Ас Сав (Ø Зогр).— Ср.* въскръмити

ВЪСПЛАКАТИ (СѦ), -плачѫ (сѧ), -плачеши (сѧ) *сов.* (15) κλαίειν, δακρύειν, κόπτεσθαι, πενθεῖν, δάκρυσι νοτίζειν заплакать zaplakat, dát se do pláče: ѣко въсплачете сѧ • і въздрыдаете въı • а вьсь миръ въздрадоуетъ сѧ *И 16, 20 Зогр Мар,* въсплаче(те) въı сѧ *Сав;* абие въ радости вьсплака *Супр 367, 30.— Мт 24, 30 Мар Ас Сав; Л 6, 25 Зогр Мар; Пс 94, 6 Син; Супр 243, 12-13; 316, 10; 363, 1; 517, 4; 568, 12.— Ср.* просльзити сѧ

ВЪСПЛАНѪТИ СѦ, -нѫ сѧ, -неши сѧ *сов.* (1) καταφλογίζειν, *вар.* καταφλέγεσθαι вспыхнуть, воспламениться vzplanout, vzplápolat: възіде дъімъ гнѣвомъ его • и огнь отъ него въспланетъ сꙗ *Пс 17, 9 Син.— Ср.* вьжещи (сѧ), възгорѣти сѧ, разгорѣти сѧ

ВЪСПЛАЩЕНИѤ, -ниꙗ *с* (1) ἀντάμειψις отплата, расплата odplata: вѣчьнꙑхъ твоихъ благъ • въсплащение даꙗ имъ *Евх 13б 7-8.— Ср.* въздание, въздаꙗние, възмьздие

ВЪСПЛЕСКАТИ, -плещѫ, -плещеши *сов.* (7) κροτεῖν, ἐπικροτεῖν начать рукоплескать zatleskat: аг'гели же слышавъше вьсплескаша *Супр 86, 8;* вьсі ꙗзъіци въсплещѣте рѫкама *Пс 46, 2 Син; Ас 28аа 3.— Пс 97, 8 Син; Клоц 14а 3-4; Супр 319, 10-11; 451, 17*

ВЪСПЛИЩЕВАТИ, -щоуѭ, -щоукши *сов.* (1) *греч. нет* зашуметь zahlučet: брат'ꙗ же сѫштаа на сыноу ꙁ҃ • в(ъ)сплиштевавъше съматоша сѧ *Супр 570, 11*

ВЪСПЛЮНѪТИ, -нѫ, -неши *сов.* (2) *греч. нет* плюнуть plivnout: вьсплюнѫвъ на ꙗзъікъ его • сътрѣбилъ еси нѣмость отъ ꙗзъіка его *Евх 28а 10-11.— Евх 28а 1-2.— Ср.* плинѫти, плюнѫти

въспоменание *1 Кор 11, 24 Ен см.* въспоминание

ВЪСПОМИНАНИѤ, -ниꙗ *с* (4) [въспомен- *Ен* (1)] ἀνάμνησις воспоминание připomínka, památka: слава сѣд⟨ильна⟩ псал⟨мъ⟩ да⟨въідо⟩въ (въ) вьспоминание о сѫботѣ *Пс 37, 1 Син;* се творите въ мое въспоминание *Евх 46б 19,* въспоме(н)ан.. *1 Кор 11, 24 Ен.— Пс 69, 1 Син.— Ср.* паматие, памать, помановение

ВЪСПОМИНАТИ, -аѭ, -акши *несов.* кого, чьто (3) ἀναμιμνήσκειν, ὑπομιμνήσκειν напоминать připomínat: въспоминаетъ бо ти любьвь родителю *Евх 88б 2.— 2 Тим 2, 14 Ен; Супр 417, 21-22.— Ср.* намѣнꙗти, поминати

въспомѣнѫти *Зогр Мар Сав Зогр-лл см.* въспоманѫти

ВЪСПОМАНѪТИ (СѦ) *и* **ВЪСПОМѢНѪТИ (СѦ),** -нѫ (сѧ), -неши (сѧ) *сов.* (13) [въспоман- *Зогр* (1) *Ас* (1) *Син* (1) *Евх* (2) *Супр* (2), въспомѣн- (вьспомѣн-) *Зогр* (1) *Мар* (2) *Сав* (2) *Зогр-лл* (1)] **1.** кого, чьто μιμνήσκεσθαι, ἀναμνᾶσθαι, ὑπόμνησιν λαμβάνειν вспомнить vzpomenout si, rozpomenout se: чѧдо въспомѣни ꙗко прилѧлъ еси благаꙗ въ животѣ своемь *Л 16, 25 Сав* (помѣни *Зогр Мар Ас*); тѣмь же потрѣбьно естъ въспомѣнѫти и сьде ап⟨осто⟩ла г⟨лаго⟩лавъша *Зогр-лл 1а 15;* въспомꙗні сꙗ безаконнье о⟨ть⟩ць его прѣдъ г⟨осподе⟩мъ *Пс 108, 14 Син* **2.** комоу чьто ἀναμιμνήσκειν, ὑπομιμνήσκειν напомнить připomenout: въспоманѫтъ вамъ в'сѣ • ѣже рѣхъ вамъ *И 14, 26 Зогр,* въспоманетъ *Ас,* вьспомѣнетъ *Мар Сав.— Мк 11, 21 Зогр Мар; Евх 46а 4-5; 64б 26; Супр 83, 16; 293, 7.— Ср.* поманѫти (сѧ)

ВЪСПОПЛЪЗЕНИѤ, -ниꙗ *с* (2) [-плъ- *Син* (2)] ὀλίσθημα оступание, скольжение sklouznutí, klopýtnutí: ѣко ізбавилъ есі... нозѣ мої отъ въспоплъзеньѣ *Пс 55, 14 Син.— Пс 114, 7 Син*

ВЪСПРИМАТИ, -приемлѭ, -приемлкши *несов.* (7) ἀπολαμβάνειν, ἀπέχειν принимать, получать přijímat, dostávat: аминь г⟨лаго⟩лѭ вамъ • ѣко въсприемлѭтъ мъздѫ своѭ *Мт 6, 5 Мар* (въсприимѫтъ *Зогр,* въсприімѫтъ

Ас Сав).— *Мт 6, 16 Мар; Л 23, 41 Зогр Мар Ас* (2); *Супр 480, 19*.— *Ср.* **приматн**

ВЪСПРИѨТИ, -**примѫ**, -**примеши** *сов.* (39) λαμβάνειν, ἀπολαμβάνειν, ἀναλαμβάνειν, ἀπέχειν, αἴρειν, χρῆσθαι, φορεῖν, ἐθέλειν (!) принять, получить přijmout, dostat: **въспримѫтъ мъздѫ своѭ** *Мт 6, 2 Зогр Мар Ас Сав*; **ꙗкоже образъ въсприѩти многомъ милосрьдиꙇмъ съподобилъ** *Супр 490, 15*.— *Зогр Мар Ас Сав Евх Супр Хил*.— *Ср.* **приѩти**

ВЪСПРОСИТИ, -**прошѫ**, -**просиши** *сов.* **кого чесо** (19) αἰτεῖν, αἰτεῖσθαι, ζητεῖν попросить poprosit, požádat: **которааго же отъ васъ о⟨ть⟩ца • въспроситъ с⟨ы⟩нъ твоі хлѣба** *Л 11, 11 Зогр Мар Ас Сав* (2); **покаанига въспроситъ** *Супр 363, 9*.— *Зогр Мар Ас Сав Зогр-пал Син Евх Супр*.— *Ср.* **испросити**

ВЪСПРѢТИТИ, -**прѣщѫ**, -**прѣтиши** *сов.* (8) **1.** ἐμβριμᾶσθαι, ἀπειλεῖν пригрозить pohrozit: **въспрѣтивъ кмоу рече къ немоу** *Супр 33, 12* **2.** ἐπιτάσσειν приказать přikázat: **въспрѣтиши бездьнѣ огньнѣи** *Супр 384, 2* **3.** ἐπιτιμᾶν укорить, упрекнуть pokárat: **приѩти бо чловѣчьска не хоштетъ • да не чловѣка ради • пакы въспрѣштена бѫдетъ** *Супр 129, 1*.— *Супр 34, 22-23; 36, 12; 36, 17-18; 36, 23-24; 219, 14*

ВЪСПРѢЩАТИ, -**аѭ**, -**акши** *несов.* (2) **1.** ἀπειλεῖν грозить, угрожать hrozit: **не имаши ты мене никакоже въспрѣштаѩ мьнѣ мѫками** *Супр 148, 22* **2.** ἐπιτιμᾶν порицать, укорять vytýkat, kárat: **кгда же ли отъмѣтааше сѧ крьста и отъвѣштавааше сѧ • въспрѣштакмо кмоу бывааше ѕѣло** *Супр 379, 15-16*

ВЪСПРѢЩЕНИѤ, -**ниꙗ** *с* (5) **1.** κατηγορία упрек, порицание výčitka, předhůzka: **да кли тожде невѣстиѭ речено кстъ толико въспрѣштеник** *Супр 379, 18* **2.** ἀπειλή угроза hrozba: **въспрѣштеник съмрьти** *Супр 49, 7* **3.** παραγγελία запрещение zákaz: **ꙗкоже прѣстѫпьшема има въспрѣштениꙗ** *Супр 40, 16*.— *Супр 77, 16; 148, 12*.— *Ср.* **прѣщеник**

ВЪСПРѦНѪТИ, -**нѫ**, -**неши** *сов.* (3) διανίστασθαι, ἀνανήφειν встать, проснуться vstát, procitnout: **того дѣлꙗ и трѫсъ бѫстъ • да въспрѧнѫтъ и подвигнѫтъ сѧ** *Супр 445, 1*.— *Клоц 5б 23; Супр 103, 3*.— *Ср.* **възбънѫти, въстати, подвигнѫти сѧ**

ВЪСПРѦТАТИ, -**прѧтаѭ**, -**прѧтакши** *или* -**прѧщѫ**, -**прѧщеши** *сов.* (1) συστέλλειν остановить zastavit, zarazit: **приподобихомъ же и мы сѧ матери оубозѣи • не имѫшти гладомь млѣка • нъ въспрѧтавъшѫ млѣчънымъ** (!) **пѫти** *Супр 384, 17-18*.— *Ср.* **съпрѧтати**

ВЪСПОУСТИТИ, -**поущѫ**, -**поустиши** *сов.* (1): **въспоустити пѣснь** ἀναπέμπειν ᾠδήν начать петь, запеть začít zpívat, zanotovat píseň: **богонаоученѫѭ въспоустимъ въ чинъ пѣснь** *Супр 321, 17*.— *Ср.* **испоустити**

ВЪСПОУЩАТИ, -**аѭ**, -**акши** *несов.* (1): **въспоущати пѣснь** ἀναπέμπειν ᾠδήν начинать петь začínat zpívat: **добродарьствънѫѭ пѣснь въспоуштаѭшта богоу** *Супр 215, 21-22*.— *Ср.* **испоущати**

ВЪСПЫТАТИ, -**аѭ**, -**акши** *сов.* (1) ζητεῖν попытаться, постараться pokusit se, vynasnažit se: **въспытаи и ты тако глаголати пакы ꙗкоже и тъ** *Супр 383, 1*.— *Ср.* **възискати**

ВЪСПѢВАТИ, -**аѭ**, -**акши** *несов.* (1) (**пѣтик въспѣвати** ὑμνῳδίας ἀναφέρειν) петь prozpěvovat: **носѧштии тѣло съ беспльтъныими силами • пѣтик въспѣваѭтъ** *Супр 487, 1*.— *Ср.* **пѣти**

ВЪСПѢТИ, -**поѭ**, -**покши** *сов.* (65) **1.** *без доп.* ᾄδειν, ὑμνεῖν, ψάλλειν, βοᾶν; (**прѣжде въспѣти** προαναφωνεῖν, **въспѣти съ** συμβάλλειν) спеть zazpívat: **въспѣвъше ізидѫ • въ горѫ елеоньскѫѭ** *Мк 14, 26 Зогр Мар*; **имені твоемоу въспоѭ** *Пс 17, 50 Син* **2.** *без доп.* φωνεῖν запеть (*о петухе*) zakokrhat: **изиде вънъ на прѣдъдворие • і коуръ въспѣтъ** *Мк 14, 68 Зогр Мар* **3. кого** ὑμνεῖν, ἀνυμνεῖν, ψάλλειν, ᾄδειν воспеть zpěvem oslavit: **в'сѣ тварь въспѣтъ тѧ** *Евх 4б 13*; **прѣдъ аггелы въспоѭ тѧ** *Пс 137, 1 Син*.— *Зогр Мар Ас Сав Ен Син Служ Евх Клоц Супр*.— *Ср.* **възгласити, съпѣти**

ВЪСПѢТИѤ, -**ниꙗ** *с* (2) *греч. нет* пение (*петухов*) zakokrhání: **тоı ноıщи до коурıѣ въспѣтиѣ • трищи отвръже сѧ** *Евх 48б 1*.— *Евх 48б 3*

ВЪСПѦТЬ *нареч.* (58) [**въспѧтъ** *Боян* (1)] ὀπίσω, εἰς τὰ ὀπίσω, ὕπτιος; (**въспѧть влѣщи** ἀνθέλκειν) вспять, назад zpět: **ıдѫ въспѧть ı падѫ на землı** *И 18, 6 Зогр Мар Ас Сав; Клоц 5а 19*; **ıерьданъ възврати сѧ въспѧть** *Евх 3а 22*; **въспѧть влѣкѫ же сѧ пакы доуховьнымъ видомъ** *Супр 344, 13* ◆ **въспѧть приносити** ἀνθυποφέρειν возражать namítat: **въспѧть приносѧ глаголѫ • си болѣзнь нѣстъ на съмрьть** *Супр 313, 5*.— *Зогр Мар Ас Сав Боян Син Евх Клоц Супр Рыл*

ВЪСТАВАТИ, -**ваѭ**, -**вакши** *несов.* (1) ἐξεγείρειν вставать vstávat: **а пать камыкъ даоуидовъ зависти ꙗже вь са⟨оулѣ⟩ паче въстава** *Супр 399, 23-24*.— *Ср.* **въстаꙗти**

ВЪСТАВИТЕЛЬ, -**лꙗ** *м* (1) ἐφευρετής создатель, виновник strůjce, původce: **б⟨ог⟩ъ... въ тъмѫ вътрътъравъ... тѧ в'семоу зълоу въставителѣ диѣволе** *Евх 55а 11*.— *Ср.* **обрѣтатель, обрѣтельникъ, приобрѣтельникъ**

ВЪСТАВИТИ, -влѭ, -виши *сов.* (43) ἀνιστάναι, ἀνιστᾶν, ἐγείρειν, διεγείρειν, ἀνορθοῦν, ὁπλίζειν (!) поставить, поднять postavit, zvednout: давъı ап⟨осто⟩лоу твоемоу петроу • въстави(ти) хромааго въ имѧ твое *Евх 44а 1*; вьстави кго отъ земьѧ *Супр 555, 22*; въстави же кго • и за рѫкѫ имъ сътвори и съ собоѭ ходити *Супр 563, 6* ● *перен.*: нъ иже братиѭ моѭ на мѧ въстави *Супр 366, 24*; пророка въставитъ вамъ г⟨оспод⟩ъ б⟨ог⟩ъ отъ братиѩ вашеѩ *Супр 387, 1-2* ◆ **въставити (из мрьтвъıихъ)** ἐγείρειν, ἀνεγείρειν, διεγείρειν, ἀνιστάναι воскресить vzkřísit (*z mrtvých*): лазара четврьтодьньна из мрьтвъıихъ въставилъ *Супр 480, 23-24*; твои сънъ съмрьть побѣдить • мрътвъıѩ въставитъ *Супр 238, 29*.— *Евх Супр.*— *Ср.* въскрѣсити, поставити

ВЪСТАВЛꙖТИ, -ꙗѭ, -ꙗкши *несов.* (3) [-выꙗ- *Супр* (3)] ἐγείρειν, διεγείρειν, διανιστάναι воскрешать křísit (*z mrtvých*): ст҃ѣнь оученикъ въставыꙗше мрътвъıѩ *Супр 307, 17-18*.— *Супр 206, 23; 402, 26*.— *Ср.* въскрѣшати

ВЪСТАВЛѤНИѤ, -ниꙗ *с* (1) τὸ ἐγεῖραι воскрешение vzkříšení: дѣꙗши ли молитвъı трѣбова тъгда на въставьꙗние оумьръшааго *Супр 307, 4-5*.— *Ср.* въскрѣшение, въскрьсение, въскрьсновение, въстание

ВЪСТАНИВЪ, -ъıи *прил.* (1) διεγηγερμένος ревностный horlivý: доушѫ трѣзвѫ и въстанивѫ *Супр 493, 13*.— *Ср.* подвижьнъ, тъщивъ

ВЪСТАНИѤ, -ниꙗ *с* (17) **1.** ἀνάστασις; (без въстаниꙗ ἀνέγερτος) *действие по гл.* въстати (1.) vstání, povstání: се лежитъ сь • на паданье і на въстанье многомъ *Л 2, 34 Зогр Мар Ас Сав Боян*; безъ въстаниꙗ падениꙗ *Супр 425, 10-11* ● ἀνάστασις, ἔγερσις, ἀνέγερσις воскресение zmrtvýchvstání: а тѣмь ли хотѣахѫ простѣ бесѣдоуѭштемъ вѣровати о въстани *Супр 443, 5-6* **2.** ἐπιβουλή козни úklady: ꙗвивъши кмоу лѫкавьнъıихъ самарѣнъ • наипаче же сотонино пооучение на правьднааго и въстание *Супр 517, 17*.— *Зогр Мар Ас Сав Боян Клоц Супр.*— *Ср.* въскрьсение, въскрьсновение, въскрѣшение, въставление; ковъ, крамола

ВЪСТАНЬНЪ, -ъıи *прил.* (1) *греч. нет* касающийся вставания týkající se vstání: възбранѣетъ ти врѣмени • въстанъıнааго *Евх 49б 18*

ВЪСТАТИ, -станѫ, -станеши *сов.* (>400) **1.** ἐξανίστασθαι, ἀνίστασθαι, ἐπανίστασθαι, ἐγείρεσθαι, ἐξεγείρεσθαι, διανίστασθαι, διεγείρεσθαι, ἀναπηδᾶν, ἵστασθαι (!), ἀφίστασθαι (!), αἴρεσθαι встать vstát, povstat: чьто бо естъ оудобѣе решти • отъпоуштаѭтъ ти сѧ грѣси твои • ли решти въставъ ходи *Мт 9, 5 Зогр Мар*; въстани и ходи *Ас Сав*; въставъ же отъ молитвъı • и текъ инѣмь пѫтьмь прѣдъвари цѣсара *Супр 194, 4*; въстані... б⟨о⟩же мои повелѣньемъ імъже заповѣдѣ *Пс 7, 7 Син* □ **въстати (отъ, из мрьтвъıихъ)** ἐγείρεσθαι, ἀνίστασθαι; (въстати съ цѣмь συνανίστασθαι, συνεγείρεσθαι ἐκ νεκρῶν) воскреснуть, восстать из мертвых vstát z mrtvých: въста отъ мрътвъıхъ *Мт 27, 64 Зогр Мар Ас*; ꙗко видѣвъшимъ его въставъша из мрътвъıхъ не ꙗсѧ вѣръı *Мк 16, 14 Мар Ас* (∅ *Зогр*); ꙗко ї⟨соу⟩с⟨ъ⟩ • оумрѣтъ и вьста *Супр 488, 15* **2.** на кого ἐγείρεσθαι, ἐπεγείρεσθαι, ἀνίστασθαι, ἐπανίστασθαι, συνίστασθαι, ἐπιχειρεῖν восстать *против кого-л.* povstat *proti někomu*: егда въстанетъ грѣшьникъ на мѧ *Пс 38, 2 Син*; въста зълодѣи на крьстиꙗнъı *Супр 56, 12*.— *Зогр Мар Ас Сав Боян Зогр-пал Ен Син Евх Клоц Супр.*— *Ср.* въскрьснѫти

ВЪСТАꙖТИ, -стаѭ, -стакши *несов.* (27) **1.** ἐξεγείρεσθαι, διεγείρεσθαι, ἐγείρεσθαι, ἀνίστασθαι, ἐξυπνίζεσθαι; (въстаꙗти съ цѣмь συνανίστασθαι) вставать vstávat, povstávat: море же вѣтроу велию дъıхаѭштю въстааше *И 6, 18 Мар Ас* (по морю же вѣтроу великоу дъıхаѭштю *Зогр*); иже за оутра въстаѭште... радоуѭтъ сѧ зѣло *Супр 267, 16* □ **въстаꙗти (из, отъ мрьтвъıихъ)** ἐγείρεσθαι (ἐκ νεκρῶν, ἐκ τάφου) воскресать, восставать из мертвых vstavat z mrtvých: мрътвиі въстаѭтъ *Мт 11, 5 Зогр Мар Ас*; отъ мрътвъıихъ въстаа лазарь *Супр 303, 3*; х⟨ристос⟩а... въстаѭшта из мрътвъıхъ *Клоц 12а 28* **2.** на кого ἐπανίστασθαι восставать *против кого-л.* povstávat *proti někomu*: отъ въстаѭщихъ на мѧ отъми мѧ *Пс 58, 2 Син*.— *Зогр Мар Ас Син Евх Клоц Супр Хил.*— *Ср.* въскрьсати, въставати

ВЪСТЕНАТИ, -стенѫ, -стенкши *сов.* (3) στενάζειν, ἀναστενάζειν застонать zasténat: да аште вьстенетъ или въсплачетъ сѧ мариꙗ *Супр 243; 12*.— *Супр 363, 1; 386, 14*

ВЪСТИРАТИ, -аѭ, -акши *несов.* (4) τρίβειν, ἀνατρίβειν натирать, тереть třít, vytírat: соукномъ въстирати ранъı кго *Супр 161, 18*.— *Супр 116, 20; 179, 2; 213, 11*.— *Ср.* трѣти

ВЪСТЛАПИТИ, -плѭ, -пиши *сов.* (1) *греч. нет* укротить, смирить zmírnit: въстлапивъ гнѣвъ словесъı кротъкъıми *Супр 566, 13*

ВЪСТОКЪ, -а *м* (33) **1.** ἀνατολή восход (солнца) východ (slunce); *перен.*: посѣти насъ • въстокъ съ въıше *Л 1, 78 Зогр Мар*;

ꙗко и мрьтва погрѣбакши ї҆соуса • въстока въстокомъ *Супр 456, 24* **2. въстокъ, въстоци** *мн.* ἀνατολή, αἱ ἀνατολαί восток (*страна света*) východ (*světová strana*): ѣко мноꙁи отъ въстокъ • і западъ • приджтъ *Мт 8, 11 Зогр Мар Ас*, отъ въстока *Сав*; бѣ • нѣк'то мжжь въ поустꙑни на въстоцѣ... живꙑи *Супр 191, 2* ● *перен.* Θράκη (!) Восток Východ, východní země: с⟨вѧ⟩та⟨а⟩го м⟨ж⟩ч⟨ени⟩ка ѳеодора воина на встоцѣ *Ас 146б 16*; акꙑ въстока свободи • и запада *Супр 512, 25.— Зогр Мар Ас Сав Ен Син Супр.— Ср.* въсходъ

ВЪСТОЧИВЪ, -ꙑи *прил.* (1) *греч. нет* неистовый, бешеный zuřivý, vzteklý: заклинаѭ тѧ... идеже аще еси... или поустошенъ • или въсточивъ *Евх 54а 14—15*

ВЪСТОЧЬНЪ, -ꙑи *прил.* (4) ἀνατολικός восточныйй východní: тѣмь отължчи жити въсточьнѭѭ странж града *Супр 542, 5.— Супр 15, 22-23; 248, 2; 538, 25*

ВЪСТРЕПЕТАТИ, -пещж, -пещеши *сов.* (6) τρέμειν, τρομάζειν содрогнуться, затрепетать zatřást se, zachvět se: вьстрепещи побѣгни • ізгонитъ тѧ г⟨оспод⟩ь *Евх 49б 6-7.— Евх 51а 8; Клоц 12б 7; Супр 110, 20; 448, 6; 466, 11.— Ср.* въстрѧсти сѧ

ВЪСТРЪГАТИ, -аѭ, -акши *несов.* (9) [вьстрьг- *Сав* (1)] τίλλειν, συλλέγειν (!) срывать, вырывать vytrhávat: начашѧ въстръгати класꙑ і ѣсти *Мт 12, 1 Зогр Мар.— Мт 13, 29 Зогр Мар Ас; Мк 2, 23 Зогр Мар Ас Сав.— Ср.* въстрьꙁати

ВЪСТРЪГНЖТИ, -нж, -неши *сов.* (6) ἐκριζοῦν, ἐκτίλλειν, ἀναρπάζειν вырвать vytrhnout: еда въстръгаѭште плѣвелъ • въстръгнете коупъно съ ни҇мь і пьшеницж *Мт 13, 29 Зогр Мар Ас Унд* ● *перен.*: въстръгнетъ тѧ и прѣселітъ тѧ отъ села твоего *Пс 51, 7 Син.— Супр 375, 14*

ВЪСТРЬꙀАТИ, -аѭ, -акши *несов.* (4) [въстръꙁа- *Ас* (1), въстръꙁа- *Зогр* (1) *Мар* (1) *Унд* (1)] τίλλειν, συλλέγειν срывать, вырывать vytrhávat: въстръꙁаахж оучєници єго класꙑ *Л 6, 1 Зогр Мар*, въстръꙁаахж *Ас.— Мт 13, 29 Унд.— Ср.* въстръгати

ВЪСТРѦСТИ СѦ, -сж сѧ, -сеши сѧ *сов.* (2) τρομάζειν, φρίκη γίγνεσθαι содрогнуться, затрепетать zatřást se, zachvět se: ꙗкоже и мѣстоу вьстрѧсти сѧ на немже стоꙗше *Супр 520, 5.— Супр 221, 26.— Ср.* въстрепетати, потрѧсти (сѧ), сътрѧсти (сѧ)

ВЪСТРѪБИТИ, -блѭ, -биши *сов.* (6) σαλπίζειν затрубить zatroubit: въстрѫбітє на новъ мѣсѧць трѫбоѭ *Пс 80, 4 Син*; не въстрѫби прѣдъ собоѭ *Мт 6, 2 Зогр Мар*, не въстрѫбітє *Ас* (не възгласи *Сав*) ● кого, чьто возвестить звуками трубы ohlásit zatroubením: єгда отрокꙑ ѡсанна въ вꙑшьни҇ихъ выпиѭшта цръкꙑ въстрѫбитъ *Супр 322, 16.— Супр 318, 3.— Ср.* провъстрѫбити

ВЪСТЪКНЖТИ, -нж, -неши *сов.* (1) ἀναρτᾶν воткнуть, всунуть vetknout: нꙑнꙗ видиши кєда мѫчителꙗ съваꙁа • кде же главѫ кєго въстъче *Супр 462, 28.— Ср.* потъкнѫти

ВЪСТѦГНЖТИ, -нж, -неши *сов.* (1) ἄγχειν стянуть, взнуздать stáhnout, spoutat: връꙁдамі и оуздоѭ челюсті іхъ въстѧгнеші *Пс 31, 9 Син.— Ср.* сътѧгнѫти

ВЪСТѦꙀАНИЮ, -ниꙗ *с* (1) ἀπαίτησις требование vymáhání: нъ тебѣ подоба бѣ вьдати рече • и вьстѧꙁаниѥ мьнѣ оставити *Супр 377, 14-15*

ВЪСТѦꙀАТИ[1], -аѭ, -акши *несов.* (3) **1.** *греч. нет* спрашивать dotazovat se: вьстѧꙁаѥмъ рече *Супр 369, 21* **2.** ἀπαιτεῖν, ἀπαίτησις (!) требовать назад, взыскивать, отбирать požadovat zpět, vymáhat, vyžadovat: виждъ же єго... не вьскорѣ въстѧꙁаѭшта *Супр 376, 12.— Супр 377, 13-14.— Ср.* възискати, истѧꙁати[1]

ВЪСТѦꙀАТИ[2], -тажж, -тажеши *сов.* (2) ἐγκαλεῖν обвинить, упрекнуть obvinit: єда коли г⟨оспод⟩ь • мене грѣшьнааго и оубогааго въстажетъ • о скръби сихъ пришед'шихъ къ мнѣ *Супр 568, 13.— Супр 375, 9.— Ср.* поꙗти

ВЪСТЖЖИТИ, -жж, -жиши *сов.* (6) θλίβεσθαι, ἀναγκάζεσθαι оказаться в тяжелом, горестном положении, в страдании ocitnout se v tísni, v soužení: въꙁъвашѧ къ г⟨оспод⟩ю • єгда въстѫжишѧ *Пс 106, 28 Син.— Пс 105, 44 Син; 106, 6 Син; 106, 13 Син; 106, 19 Син; Супр 32, 12-13.— Ср.* сътѫжити

ВЪСТЖПАТИ, -аѭ, -акши *несов.* (3) μεθίστασθαι, συνωθεῖσθαι вступать vstupovat: на мѣсто бо вьраниꙗ въстѫпаѭтъ *Супр 86, 14-15* ◆ **въстѫпати въ плесньци** *см.* плесньце.*— Евх 97а 14; Супр 89, 28.— Ср.* вълазити

ВЪСОУѤ *нареч.* (20) μάτην, εἰς μάτην, ματαίως, εἰς κενόν, διὰ κενῆς, εἰκῇ напрасно, без пользы, всуе nadarmo: въ соуе же чьтѫтъ мѧ *Мк 7, 7 Зогр Мар*; обаче въсоуе въсѣка соуєта • въсѣкъ чл⟨о⟩в⟨ѣ⟩къ живꙑ *Пс 38, 6 Син.— Син Евх Супр.— Ср.* ашоуть, соуи, тъщь (въ тъще)

ВЪСХВАЛИТИ, -лѭ, -лиши *сов.* (25) αἰνεῖν, εὐχαριστεῖν, ἀνευφημεῖν, ἀνυμνεῖν восхвалить, возблагодарить vzdát chválu (díky), oslavit: въсхвалѫ імѧ б⟨ог⟩а моего съ пѣсниѭ *Пс 68, 31 Син*; никътоже бо єстъ достоинъ по лѣпотѣ тѧ въсхвалити *Служ 2а 8-9* ▭ **въсхвалити сѧ** καυχᾶσθαι, ἐγκαυχᾶσϑαι начать хвастаться začít se pyšnit: въсхвалишꙗ сꙙ ненавідꙙштеі тебе *Пс 73, 4 Син.— Ен Син Служ Евх Супр.— Ср.* похвалити

ВЪСХВАТИТИ, -ащѫ, -атиши *сов.* (2) διαρπάζειν похитить uchvátit: мꙑслѧштемъ въсʼхватити правьдника мошти *Супр 219, 12-13.— Супр 557, 30.— Ср.* въсхꙑтити

ВЪСХЛАЩЕНИѤ, -ига *с* (1) φίμετρον обуздание, укрощение zadržení na uzdě, zkrocení: то бо кмоу бѣаше тъчьѭ оунъіѩению въсхлаштению (*! вм.* -ник) *Супр 274, 29*

ВЪСХЛѪПАТИ, -аѭ, -акши *сов.* (1) ἐπαιτεῖν начать просить милостыню začít žebrat: да прѣселꙗтъ сꙙ с⟨ы⟩н⟨о⟩ве его и въсхлꙙпаѭтъ (!) *Пс 108, 10 Син*

въсхлꙙпати *Пс 108, 10 Син см.* въсхлѫпати

ВЪСХОДИТИ, -хождѫ, -ходиши *несов.* (49) **1.** ἀναβαίνειν, εἰσπορεύεσθαι, ἐπανέρχεσθαι, εἰσέρχεσθαι, ἔρχεσθαι, ἐπανάγειν, ἀνατρέχειν, προσπελάζειν всходить, подниматься vycházet (nahoru), vystupovat: і абие въсходѧ отъ водꙑ • і видѣ разводѧшта сѧ н⟨е⟩б⟨е⟩са *Мк 1, 10 Зогр Мар Ас* (исходѧ *Сав*); заоутра рече въсходѧ въ градъ ї⟨соу⟩с⟨ъ⟩ • възалка *Супр 348, 15* **2.** ἐγείρεσθαι всходить vzcházet: даѣше плодъ въсходѧ и растꙑ *Мк 4, 8 Мар* **3.** ἀνατέλλειν, ἀνίσχειν восходить vycházet: сльньцоу въсходѧштоу съкрꙑктъ сѧ стѣнь *Супр 417, 28.— Зогр Мар Ас Сав Ен Син Супр.— Ср.* въходити, исходити

ВЪСХОДЪ, -а *м* (4) **1.** ἄνοδος дорога, ведущая вверх, склон горы cesta vzhůru, svah: поимꙑ и на въсходъ с⟨вѧ⟩тааго голгоѳꙑ особь • рече *Супр 286, 13* **2.** (въсходъ и горьница ἡ ὑπερῴη στοά) верхний этаж horní poschodí: испльни же сѧ вьсе то мѣсто • и въсходи и горьницѧ • елинъ и жидовъ *Супр 125, 28*; стоѩштоу с⟨вѧ⟩тоуоумоу на въсходѣ сꙑньнѣмь *Супр 570, 6* **3.** αἱ ἀνατολαί восток (*часть света*) východ (*světová strana*): въсшьдъшоуоумоу на небо небесе на вьсходъ *Супр 321, 12.— Ср.* въсхожденик, въстокъ, горьница

ВЪСХОЖДЕНИѤ, -ига *с* (6) εἴσοδος, ἄνοδος восхождение, подъем vycházení (nahoru), výstup: сѣдѧщиимъ низъ • въсхождение показавъ *Евх 63б 9* ● ἀνάλημψις вознесение (*на небо*) nanebevstoupení: егда съконьчаваахѫ сѧ дьнье • въсхожденью его *Л 9, 51 Зогр Мар.— Евх 65а 10-11; 65а 12; Супр 478, 28.— Ср.* въсходъ, въшьствик, възнесеник

ВЪСХОТѢТИ, -хощѫ, -хощеши *сов.* (60) ἐθέλειν **1.** чьто; чесо; чесомоу; *с инф.* ἐπιθυμεῖν, βούλεσθαι захотеть, пожелать zatoužit: вьзиде на горѫ і призъва ꙗже самъ въсхотѣ *Мк 3, 13 Зогр* (хотѣ *Мар*); аще бі вьсхотѣлъ жрътвѣ далъ бимъ оубо *Пс 50, 18 Син*; то имѣнига ли въсхотѣ небрѣгꙑи имѣнига *Супр 432, 23-24*; алеѯанʼдръ же вьсхотѣ поржгати сѧ кмоу *Супр 130, 9-10* **2.** кого; комоу проявить благосклонность, полюбить projevit přízeň, oblíbit si: избаві мꙙ ѣко въ(с)хотѣ мꙙ *Пс 17, 20 Син*; въсхотѣвъ намъ оутврьді срьдьцѣ нашѣ *Киев 2б 14-15* ◆ невъсхощи *с инф. повелит. накл.* (*в отрицании*): не въсхошти безгодьнѣ осѫдити себе *Супр 269, 14-15.— Зогр Мар Ас Сав Охр Боян Син Киев Евх Клоц Супр.— Ср.* въждел҄ѣти, похотѣти

ВЪСХОУЛІАТИ, -гаѭ, -гакши *несов.* (1) ἀντιλοιδορεῖν хулить, поносить, оскорблять в свою очередь hanět, tupit, oplácet urážku: хоулимъ не възъхоулгааше *Супр 481, 8-9.— Ср.* оклеветати, хоулити

въсхътити *Пс 9, 30 Син см.* въсхꙑтити

ВЪСХЫТАТИ, -аѭ, -акши *несов.* (5) ἁρπάζειν похищать uchvacovat, loupit: и въсхꙑтаатъ сѣное въ ср⟨ъ⟩д⟨ь⟩ци его *Мт 13, 19 Мар* (въсхꙑштаетъ *Зогр*).— *Мт 11, 12 Зогр Мар Ас Сав.— Ср.* въсхꙑщати, похващати

ВЪСХЫТИТИ, -хꙑщѫ, -хꙑтиши *сов.* (21) [-хът- *Син* (1)] ἁρπάζειν, συναρπάζειν, ἐπαίρειν взять, похитить uchopit, uchvátit: никътоже не можетъ въсхꙑтити іхъ • отъ рѫкꙑ о⟨ть⟩ца моего *И 10, 29 Зогр Мар Ас*; насъ въсхꙑтивъше ведете *Супр 130, 17-18*; въ кои рѫцѣ вь ѩенже вьсхꙑти заложено имѣнье *Супр 512, 4.— Зогр Мар Ас Син Супр.— Ср.* въсхватити, похватити, похꙑтити

ВЪСХЫЩАТИ, -аѭ, -акши *несов.* (7) ἁρπάζειν, συναρπάζειν хватать, захватывать, похищать uchvacovat, zachvacovat: отъ мъногъ бо лѣтъ въсхꙑштааше і *Л 8, 29 Зогр Мар* (похꙑтааше *Ас*, похващаше *Сав*); да на вьскрѣшеньи свѣтъли сърѧщемъ и • въсхꙑщаеми • на облацѣхъ по аероу *Евх 71а 10-11* (*1 Фес 4, 17*).— *Мт 13, 19 Зогр; Пс 21, 14 Син; 68, 5 Син; Евх 69б 15-16.— Ср.* грабити, въсхꙑтати, похващати, похꙑтати

ВЪСХЫЩЕНИѤ, -ига *с* (2) ἅρπαγμα похищение, грабеж uloupení: съгрѣшихъ... въпадаѭ... въ въсхꙑщениѣ тоуждего имѣниѣ *Евх 68б 5.— Пс 61, 11 Син.— Ср.* граблкник, хꙑщеник

ВЪСХЫЩЬНИКЪ, -а *м* (1) ἅρπαξ похититель, грабитель lupič: пьсе и въсхꙑштьниче *Супр 102, 10.— Ср.* хꙑщьникъ

въсчоудити сѧ *Супр см.* въщоудити сѧ

ВЪСЪЛАТИ, -сълѭ, -сълкши *сов.* (1) *греч. нет* послать poslat, vyslat: да въсълемъ тебѣ съмыслънꙑꙗ мол⟨и⟩твꙑ *Евх 18а 7.— Ср.* посълати

ВЪСЪІЛАТИ, -аѭ, -аѥши *несов.* (39) ἀναπέμπειν высылать, направлять posílat, vysílat: тебѣ славѫ • и хвалѫ въсылаемъ *Евх 10а 17*; молитвънꙑѧ и похвальнꙑѧ пѣсни владꙑцѣ х⟨ристо⟩су въсылаѭште *Супр 531, 10.— Евх Супр.— Ср.* сълати

ВЪСЪІНꙖТИ, -ꙗѭ, -ꙗѥши *несов.* (1) ὑφαίνειν ткать (?), прясть (?) tkát (?), příst (?); *перен.* слагать skládat: се же и рече или притьчеѭ съказаѧ • и вьсꙑнаѧ ѭ или показаѧ *Супр 374, 3*

ВЪСЪІНѤНИѤ, -ꙗ *с* (1) υἱοθεσία усыновление přijetí za syna: братиꙗ вьси не отъ кд'ного и кдноѧ рождени • нъ отъ въсꙑнѥниꙗ доухoвьнааго *Супр 84, 20.— Ср.* оусꙑнѥние

ВЪСЪІПАТИ, -плѭ, -плѥши *сов.* (3) ῥίπτειν, ἀπορρίπτειν всыпать vsypat, nasypat: пепелъ съметъше въсꙑпашѧ вь рѣкѫ *Супр 80, 30.— Супр 94, 14; 541, 2*

в ъ с ѣ л ꙗ т и *Син Евх Супр см.* въселꙗти

ВЪСѢСТИ, -сѧдѫ, -сѧдеши *сов.* (28) καθίζειν, ἐπικαθίζειν, ἐμβαίνειν, ἐπιβαίνειν сесть posadit se, vsednout, nasednout: идѫ і вьсѣдѫ въ корабль • і въ тѫ ношть не ꙗшѧ ничесоже *И 21, 3 Зогр Мар Ас*; ц⟨ѣ⟩с⟨а⟩ръ твои грѧдетъ тебѣ • кротокъ и вьсѣдъ на осьлѧ • і жрѣбѧ с⟨ꙑ⟩на ѣрьмьнича *Мт 21, 5 Мар Ас Сав (∅ Зогр).— Зогр Мар Ас Сав Син Супр.— Ср.* сѣсти

в ъ с ѣ т и *см.* въсѣꙗти

ВЪСѢꙖТИ, ВЪСѢТИ, -сѣѭ, -сѣѥши *сов.* (25) [-сѣꙗ- (-сѣѣ-, -сѣа-) *Зогр* (3) *Мар* (2) *Ас* (3) *Унд* (3) *Супр* (7), -сѣ- *Зогр* (3) *Мар* (4)] ἐνσπείρειν, σπείρειν, ἐπισπείρειν, παιδοσπορεῖν посеять zasít: а врагъ естъ въсѣавꙑ плѣвелъ диѣволъ *Мт 13, 39 Зогр Мар Ас Унд*; егда вьсѣно бѫдетъ въздрастетъ *Мк 4, 32 Зогр Мар*; кл'ма не иматъ родаи сѧ вьсѣавъшааго и *Супр 240, 20.— Зогр Мар Ас Сав Унд Супр*

ВЪСѪДЪ, -а *м* (14) communio причащение přijímání (*svátosti oltářní*): въсѫда твоего г⟨оспод⟩і насъıщені *Киев 6а 22* ♦ п о в ъ с ѫ д ѣ ad complendum, ad communionem молитва по причащении modlitba po přijímání: по въсѫдѣ *Киев 3а 9*; в ъ с ѫ д ъ в ъ з ѧ т и *см.* възѧти.— *Киев 2а 4; 2б 1; 3а 11; 3б 18; 3б 19; 4б 1; 5а 12; 5б 15; 6а 21; 6б 16; 7б 5; 7б 10-11.— Ср.* брашьньце, комъканиѥ, оплатъ, причѧстиѥ, причѧщениѥ

ВЪСѪДЬНЪ, -ꙑи *прил.* (1) *лат. нет* относящийся к причащению vztahující se k přijímání: (в)ъсѫдьнаѣ молітва *Киев 5б 16*

ВЪТАИНОѤМЬНЪ, -ꙑи *прил.* (1) *греч. нет* тайно охватывающий tajně uchvacující: иждени трѧсавицѧ сиѭ... притѫжаѭщии д⟨оу⟩ши его • въ болѣзни сеи • в'сѣхъ часъ • втаиноемьнꙑхъ *Евх 45а 5*

в ъ т а н и *Мт 26, 6 Зогр см.* въ *и* витаниꙗ

ВЪТОРИЦЕѬ *нареч.* (23) [вьт- *Ас* (2), вт- *Ас* (1)] ἐκ δευτέρου, δεύτερον, δίς (во) второй раз, вторично podruhé: въторицеѭ коуръ въспѣтъ *Мк 14, 72 Зогр Мар*; то жде же пакꙑ сътвори • въторицеѭ рекъ к' ѥмоу • помилоуи мѧ б⟨о⟩же *Супр 562, 19-20.— Зогр Мар Ас Сав Клоц Супр.— Ср.* вторoѥ

ВЪТОРОПРЬВЪ, -ꙑи *прил.* (2) [-пръв- *Зогр* (1) *Мар* (1)]: в ъ т о р о п р ь в а ꙗ с ѫ б о т а σάββατον δευτερόπρωτον первая суббота после второго дня еврейской пасхи první sobota po druhém dni židovských velikonoc: бꙑстъ же въ сѫботѫ • втoропръвꙑ (*! вм.* втoропръвѫ) • ити емоу сквозѣ сѣаньѣ *Л 6, 1 Зогр*, въторопръвѫѭ *Мар*

ВЪТОРОѤ *нареч.* (3) δεύτερον во-вторых, (во) второй раз, вторично za druhé, podruhé: второе же • ꙗко недостоинѣе приемати съмѣетъ достоинꙑимъ съготованꙑихъ *Зогр-лл 1а 12*; иже кстъ въ свѧтѣѣмь • второѥ грѧдъ на облацѣхъ... силами славимъ *Супр 326, 30.— Клоц 1б 5.— Ср.* въторицеѭ

ВЪТОРЪ, -ꙑи *числит. и прил.* (42) [вьт- *Супр* (1), вт- *Ен* (2)] δεύτερος I. *числит.* второй druhý: се пакꙑ второе чюдо сътвори н⟨су⟩с⟨ъ⟩ *И 4, 54 Зогр Мар* (вьторицеѭ *Ас*); второе крѫщение приемлеши д'несь братре *Евх 90б 15* □ в ъ т о р ꙑ и н а д е с ѧ т е πεντεκαιδέκατος (!) двенадцатый dvanáctý: въ второе на десѧте лѣто *Л 3, 1 Сав* (въ пѧтое же на десѧте лѣто *Зогр Мар Ас*) II. *прил.* второстепенный druhořadý: бѣахѫ бо и їни оученици исоусоу... нь ти въторини бѣахѫ *Супр 409, 6.— Зогр Мар Ас Сав Ен Син Евх Клоц Супр.— Ср.* б҃, в҃, дроугъ

ВЪТОРЬНИКЪ, -а *м* (23) [вторни(к) *Унд* (1), вто(к) *Ас* (1), въ(т)р *Сав* (2), в(т)кь *Ас* (1), в(к)ъ *Ас* (11), в(к)ь *Ас* (2), в(т)ъ *Сав* (2), в(к) *Ас* (1)] ἡ τρίτη вторник úterý: в⟨ъ⟩ в⟨ъторьни⟩къ д҃ нед⟨ѣлѧ⟩ по пас⟨тѣ⟩ *Ас 21аβ 17-18*; въ великꙑи въторникъ *Супр 384, 10-11.— Ас Сав Унд Супр*

ВЪТРЪТЪРАТИ, -аѭ, -аѥши *сов.* (1) ταρταροῦν ввергнуть в ад uvrhnout do pekla: б⟨ог⟩ъ... ѫзами въ тъмѫ въ трътъравъ • съвѧзанъ • вь великѫѭ ношть *Евх 55а 8-9*

в ъ т ъ щ е *см.* тъщь

в ъ о у ш и т и *Син Евх см.* въноушити

ВЪХОДИТИ, -хождѫ, -ходиши *несов.* (77) εἰσέρχεσθαι, εἰσπορεύεσθαι, ἀναβαίνειν, ἐμβαίνειν, εἰσιέναι, ἐπιπηδᾶν, κατέρχεσθαι, ἅλλεσθαι, ἐνάλλεσθαι входить vcházet, vstupovat: вьсѣко еже въходитъ въ оуста *Мт*

15, 17 Зогр Мар; въ нѭже коліжьдо градъ въходітє *Л 10, 10 Зогр Мар Ас*; въходітє въ дворы єго *Пс 95, 8 Син*; п⟨о⟩пъ въходитъ къ олътарю *Евх 96б 15.— Зогр Мар Ас Сав Ен Син Евх Клоц Супр.— Ср.* вълазити

ВЪХОДЪ, -а *м* (14) εἴσοδος вход, приход vstup, přístup: въходы и исходы єго • ізбави отъ снѣга *Евх 14а 5*; оуготовали ми слоухоу въходъ *Супр 248, 11* ● *спец.*: а се входъ *Ен 27а 14.— Ен 23а 7; 32б 11; Евх 58б 4; Супр 144, 3; 248, 24; 248, 28; 251, 6; 277, 22; 465, 25; 501, 23; 566, 26.— Ср.* вълазъ, въхожденије, въшьствије

ВЪХОДЬНЪ, -ын *прил.* (5) *греч. нет* входной vstupní: затварѣѭтъ ти сѧ в'сѧ двьри въходънъıѩ *Евх 46а 14.— Евх 45а 7-8; 45а 9; 46а 12-13; 48б 26*

ВЪХОЖДЕНИЮ, -ниꙗ *с* (5) εἴσοδος, ἀνάβασις вход, приход vstup, příchod: двьри н⟨е⟩б⟨е⟩сънааго ц⟨ѣса⟩р⟨ь⟩ства • развръзъ твоєго жидетъ въхожденіѣ *Евх 87б 25-26.— Пс 83, 6 Син; 120, 8 Син; Евх 15б 17; 18б 10.— Ср.* вълазъ, въходъ, въсхожденије, приходъ

ВЪЩОУДИТИ СѦ, -щоуждѫ сѧ, -щоудиши сѧ *сов.* (4) [въсч- *Супр* (3), вьсч- *Супр* (1)] θαυμάζειν, ἐκπλήσσεσθαι удивиться podivit se: к'то не въсчоудитъ сѧ строиѫ вѣроѫ сеѭ *Супр 55, 14.— Супр 299, 1; 301, 6; 390, 22*

ВЪЦѢСАРИТИ СѦ, -рѭ сѧ, -риши сѧ *сов.* (14) [въц҃р- *Зогр* (1) *Ас* (1) *Ен* (3) *Син* (1) *Евх* (1), вьц҃р- *Сав* (2) *Син* (1), вьц҃ѣср- *Син* (1)] βασιλεύειν; (въцѣсарити сѧ съ цѣмь συμβασιλεύειν) воцариться stát se králem, ujmout se vlády: въц⟨ѣса⟩ри сѧ б⟨ог⟩ъ надъ вьсѣми ѩзыкы *Пс 46, 9 Син*; г⟨оспод⟩ь вьцѣс⟨а⟩рі сѧ да гнѣваѭтъ сѧ людие *Пс 98, 1 Син, Ен 32а 12*; аще тръпимъ с нимъ въц⟨ѣса⟩рим сѧ *2 Тим 2, 12 Ен.— Л 1, 33 Зогр Мар Ас Сав; Сав 81а 8; Ен 25а 11; Пс 92, 1 Син; 95, 10 Син; 96, 1 Син; Евх 97б 14.— Ср.* оуцѣсарити сѧ

въ ч е р а *Мар Клоц Супр см.* вьчера

въ ч е р а ш ь н҃ ь *Клоц 12б 9-10 см.* вьчерашьнь

ВЪЧИНИТИ, -нѭ, -ниши *сов.* (1) ἐγκατατάσσειν включить, причислить vřadit, zařadit: въ аг҃ельскъıи ликъ въчиненомъ бывъшемъ *Супр 256, 22-23.— Ср.* върадити, въчисти, пристроити, причетати

ВЪЧИНІАТИ, -іаѭ, -іаѥши *несов.* (1) κατατάσσειν причислять zařazovat: създании вьчин҃ѣти дръзнѫ скврънънъıи • и нечист҃ыи *Супр 188, 8.— Ср.* причетати

ВЪЧИСТИ, -чьтѫ, -чьтеши *сов.* (5) τάσσειν, κατατάσσειν, καταριθμεῖν причислить připočíst, zařadit: оун҃ьше вьси въ онмъство въчьтени бъıша *Супр 84, 29-30.— Супр 78, 21; 190, 3-4; 472, 26; 472, 29.— Ср.* върадити, въчинити, причисти

ВЪЧЛОВѢЧЕНИЮ, -ниꙗ *с* (1) ἐνανθρώπησις воплощение (*в человеческом образе*), вочеловечение přijetí lidské přirozenosti, vtělení: с⟨ъ⟩п⟨а⟩сънымь въчл⟨о⟩в⟨ѣ⟩чениемь • единочѧдааго с⟨ы⟩на твоєго • і б⟨ог⟩а нашего *Евх 23а 15-16.— Ср.* въплъщеније

ВЪЧЛОВѢЧИТИ СѦ, -чѫ сѧ, -чиши сѧ *сов.* (2) ἐνανθρωπεῖν воплотиться (*в человеческом образе*), вочеловечиться přijmout lidskou přirozenost, vtělit se: сего дѣлꙗ владыка нашь въчловѣчи сѧ *Супр 359, 12.— Супр. 502, 8.— Ср.* въплътити сѧ

ВЪЧѦЛО, -а *с* (1) ἀρχηγός начало počátek: ѡ... съпасению въчѧло *Супр 313, 11.— Ср.* зачѧло, начѧло, начѧтъкъ, поконъ

ВЪЧѦТИ, -чьнѫ, -чьнеши *сов.* (11) **1.** ἄρχεσθαι, ἐξάρχειν начать začít: тлѣщи вьчьнѫтъ вь двьри *Л 13, 25 Сав* (начьнетъ... тлѣшти *Зогр Мар Ас*) **2.** *вспомогательный гл. при образовании буд. вр.*: аште же и о цркви не родити вьчьнетъ *Мт 18, 17 Мар Ас Сав* (∅ *Зогр*).— *Мт 6, 24 Зогр Ас Сав; Л 16, 13 Зогр; Клоц 7б 40; 12а 5; Супр 320, 10.— Ср.* зачѧти, начѧти; имѣти, хотѣти

ВЪШОУМѢТИ, -мѣѭ, -мѣѥши *сов.* (2) [въшюм- *Син* (2)] ἠχεῖν зашуметь zašumět: въшюмѣшѧ... водъı іхъ *Пс 45, 4 Син.— Пс 82, 3 Син*

в ъ ш ь н҃ ь *Пс 91, 9 Син см.* въшьнь

ВЪШЬСТВИЮ, -ниꙗ *с* (3) [-шест- *Евх* (1) *Супр* (1)] *греч. нет* **1.** приход příchod, vstup: ѩже въшествиꙗ твоихъ воинъ не сътрьпѣвъша *Супр 164, 16* **2.** вознесение (*на небо*) nanebevstoupení: въшествиѣ твоего ради н⟨е⟩б⟨е⟩сънааго *Евх 30б 7.— Супр 565, 15.— Ср.* вълазъ, въходъ, въхожденије, въсхожденије

ВЪІАХАТИ, -іадѫ, -іадеши *сов.* (2) ἀνάγεσθαι, ἐπανάγειν отъехать, поехать vyjet, odjet: въѣді въ глѫбинѫ *Л 5, 4 Ас* (ѣхаі *Зогр*, вьзѣди *Мар*).— *Л 8, 23 Мар.— Ср.* възѣхати

ВЫ *мест., род., местн.* васъ, *дат.* вамъ, *вин.* вы, васъ, *тв.* вами (>2500) ὑμεῖς вы vy: вложите вы въ оуши ваши словеса си *Л 9, 44 Зогр* (*нет Мар*); єдинъ отъ васъ прѣдастъ мѧ *Мк 14, 18 Зогр Мар*; того послоушаите о всемъ єже заповѣстъ вамъ *Супр 387, 4*; тамо вы (!) єстъ далъ г⟨оспод⟩ь • денънѭѩ пищѭ *Евх 59б 2*; страхоу г⟨господь⟩ню наоучѫ вы *Пс 33, 12 Син*; пакы заклинаѭ васъ *Евх 59б 3-4*; добрѣ оубо сего раді прогласі • о васъ ісаі(ѣ) пророкъ *Клоц 1а 8*; кто мѧ постави сѫдиѭ ли дѣлателѣ надъ вами *Л 12, 14 Зогр Мар.— Зогр Мар Ас Сав Охр Унд Боян Зогр-пал Син Евх Клоц Супр Хил Рыл Зогр-лл*

ВЫВРѢЩИ, -врьгѫ, -врьжеши *сов.* (1) ἐκβάλλειν выбросить, извергнуть vyvrhnout, odhodit: ты же възненавідѣ наказанье • і вывръже словеса моѣ. вьспѧтъ *Пс 49, 17 Син.— Ср.* изврѣщи, отъврѣщи

ВЫГОНИТИ, -нѭ, -ниши *несов.* (1) ἐκδιώκειν выгонять, изгонять vyhánět: мноѕи выгонѧштеі мѧ і сътѫжаѭштеі ми *Пс 118, 157 Син.— Ср.* изгонити

ВЫГЪНАТИ, выженѫ, выженеши *сов.* (5) ἐκβάλλειν, ἐκδιώκειν выгнать, изгнать vyhnat: выгънані бѫдѫтъ із домовъ своіхъ *Пс 108, 10 Син*; сего выгънахъ *Пс 100, 5 Син.— Пс 36, 28 Син; 43, 3 Син; 79, 9 Син.— Ср.* изгънати

ВЫИНЬНЪ, ВЫНЬНЪ, -ыи *прил.* (2) [вын- *Евх* (1) *Клоц* (1)] διηνεκής постоянный stálý, ustavičný: бѣ же праздьникъ памѧті имъ • вын'наѣ *Клоц 6б 39.— Евх 89б 1.— Ср.* приснъ

ВЫИНѪ, ВЪИНѪ, ВЫНѪ *нареч.* (57) [вынмѫ *Мар* (1) *Син* (3), вънмѫ *Зогр* (1) *Мар* (3) *Син* (1) *Евх* (1) *Клоц* (1) *Супр* (19), вънѫ *Зогр* (1) *Ас* (2) *Сав* (1) *Ен* (2) *Син* (15) *Евх* (4), воінѫ *Син* (2)] διὰ παντός, πάντοτε, ἀδιάστατον, ἀδιαλείπτως, διηνεκῶς, εἰς τὸ διηνεκές, ἀδιάσπαστος (!), εἰς ἀεί, ἀνελλιπῶς (!), ἄνωθεν (!) постоянно, всегда stále, neustále, vždy: ѣко анѣ⟨ѥ⟩ли... въ інѫ видѧтъ лице отъца моего *Мт 18, 10 Мар Ас Сав* (Ø *Зогр*); вынѫ хвала его въ оустѣхъ моіхъ *Пс 33, 2 Син*; азъ вънѫ жьрѫ богоу свокмоу жрьтвѫ хвалѣ *Супр 20, 26.— Зогр Мар Ас Сав Ен Син Евх Клоц Супр.— Ср.* присно, вьсегда

в ы и с п л ъ н и т и *Клоц 3б 25 см.* исплънити

ВЫКНѪТИ, -нѫ, -неши *сов.* чьто; чесомоу (5) μανθάνειν, διδάσκεσθαι привыкнуть, приучиться zvyknout si, naučit se: матери добры матере повѣсть да выкнѫт' *Супр 95, 29* □ в ы к н ѫ в ы и з а к о н о у *в знач. сущ.* νομομαθής знаток законов znalec zákonů: оученикъ продакъ • и законоу выкнѫвъшии коупоуѭтъ *Супр 425, 3-4.— Супр 239, 13; 361, 2; 356, 22.— Ср.* навыкнѫти, наоучити сѧ

ВЫНЕСТИ, -несѫ, -несеши *сов.* (1) ἐκβάλλειν вынести, извлечь vynést: колико вынесе • отъ д⟨оу⟩шѧ юдов⟨ъ⟩і *Клоц 4б 20.— Ср.* изнести

в ы н ь н ъ *Евх 89б 1, Клоц 6б 39 см.* выиньнъ

в ы н ѫ *Зогр Ас Сав Ен Син Евх см.* выинѫ

ВЫРИНѪТИ, -нѫ, -неши *сов.* (3) [вър- *Син* (1)] ἐξωθεῖν выгнать, изгнать vyhnat: вырині ѩ ѣко прогнѣвашѧ тѧ *Пс 5, 11 Син.— Пс 35, 13 Син; 48, 15 Син.— Ср.* отъринѫти

ВЫСИТИ СѦ, вышѫ сѧ, высиши сѧ *несов.* (1) ἐπαίρεσθαι возноситься vyvyšovat se: видѣхъ нечьстиваего прѣвьзосѧща сѧ и высѧща сѧ ѣко кедры ливаньскыѩ *Пс 36, 35 Син.— Ср.* възносити

ВЫСОКЪ, -ыи *прил., сравн. ст.* вышии (41) [вьс- *Син* (1)] ὑψηλός **1.** μέγας; (высокъ ѕѣло ὑψηλότατος) высокий vysoký: възведе ѩ на горѫ высокѫ *Мк 9, 2 Зогр Мар*; тъ вама покажетъ горьницѫ высокѫ • постъланѫ готовѫ *Мк 14, 15 Зогр* (велиѭ *Мар*) □ в ы с о к а ꙗ *с. мн.*, в ы с о к о *с ед. в знач. сущ.* τὰ ὑψηλά, τὸ ὑψηλόν высота výšina: къто ѣко г⟨оспод⟩ь б⟨ог⟩ъ нашъ живѫі на высокыхъ *Пс 112, 5 Син*; на высоцѣ же стоѩштоу коумиру *Супр 33, 11* **2.** μετάρσιος; (вышии ἀνώτερος, ὑπερέχων; вышии сѧ творити προτιμᾶσθαι) возвышенный veliký, vznešený: въсокъ (!) надъ цѣсарі земьныимі *Пс 88, 28 Син*; іже дръжитъ в'сѣчьскаа... мышъцеѭ своеѭ высокоѭ *Евх 55б 16-17*; вышьша бѣсъ створи *Супр 414, 10* (надъ бѣсы *Клоц 5б 5*); ции б⟨ог⟩а нашего вышьши сѧ творите *Супр 88, 17* ● в ы ш и и чесо стоящий выше povznesený: быти емоу вышъшю миръныхъ печалеи *Евх 98б 9.— Зогр Мар Ас Сав Ен Син Евх Супр.— Ср.* вышьнь; высокаꙗ *ср.* высота

ВЫСОТА, -ы *ж* (24) ὕψος **1.** μέγεθος высота, величина výška; velikost: ні въздвижіте на высотѫ гога (*! вм.* рога) вашего *Пс 74, 6 Син*; не вьниман добротѣ • ни высотѣ възраста кго • ꙗко оуничʼжихъ кго *Супр 546, 12* □ в ы с о т ы м о р ь с к ы ѩ μετεωρισμός высокие морские волны, валы vlnobití: дивьны высоты морьскыѩ дивенъ въ вышьніхъ г⟨оспод⟩ь *Пс 92, 4 Син* **2.** высота výšina: иже сътвори высотѫ и глѫбины *Супр 262, 17-18*; посъла бо аг'гела свокго съ высотъ небесъскыихъ *Супр 4, 23* **3.** *перен.* величие, высота velikost, vznešenost: по высотѣ твоеі оумножіль еси с⟨ы⟩ны човѣчьѩ *Пс 11, 9 Син.— Син Евх Супр.— Ср.* величьство, великота, величик, величьствик, высокъ (высокаꙗ, высоко)

ВЫСПРЬ *нареч.* (7) [въ испрь *Мар* (1) *Ас* (2)] ἄνω вверх, вверху vzhůru, nahoru, nahoře: възведе очи выспрь *И 11, 41 Зогр Мар Ас* (горѣ *Сав*); сын выспрь съ от'цемъ вънѫ ꙗко богъ *Супр 458, 29.— Супр 458, 22; 460, 10; 460, 25.— Ср.* врьхоу, горѣ

ВЪІСПРЬНЬ, -ннн *прил.* (3) ὁ ἄνω верхний, вышний, самый высокий horní, nejvyšší: призьри нынѣ отъ въіспрьнинхъ н⟨е⟩б⟨е⟩съ твоихъ *Евх 32а 2-3.— Клоц 14а 29; Супр 458, 26-27.— Ср.* вышьнь, горьнь

ВЪІШЕ *сравн. ст. нареч. и предлог* (12) [въіже ! *Супр* (1)] I. *нареч.* ἀνώτερον, ἀνωτέρω выше výše: дроуже посади вышe *Л 14, 10 Зогр Мар Ас Сав*; ıакоже и вышe съказахомъ *Супр 302, 13* □ съ вышe *см.* съвышe II. *предлог с род.* ἐπάνω, ὑπέρ, ἀνώτερος над (*с тв.*) nad (*с тв.*): сѣтии вышe бывъше *Супр 498, 6-7*; юже бо вышe пытаниıа кстъ *Супр 338, 7* ● (вышe мироу ὑπερκοσμίως) больше, сверх (*с род.*) více než, nad (*с вин.*): вышe мироу праздьноуимъ *Супр 319, 24.— Супр 216, 9; 505, 7-8; 521, 9; 566, 16.— Ср.* врьхоу; надъ

ВЪІШЕНИѤ, -ниıа *с* (1) ὕψωμα возвышение vyvýšení, vyvyšování: вьсѣко вышенис въземлıжштек сѧ • на вѣдѣнис божис *Супр 280, 30.— Ср.* възвышенис, възнесенис

вышии *сравн. ст. прил. см.* высокъ

ВЪІШЬНЬ, -ннн *прил.* (>100) [въш- *Син* (1)] **1.** ὁ ἄνω, ὁ ἄνωθεν, ὑψηλότατος; (съ вышьнıакго краıа ἀπ' ἄνωθεν) *верхний* horní: катапетазма црковънаѣ • раздъра сѧ • съ вышьнѣго краѣ • до нижьнѣаго *Мт 27, 51 Зогр Мар Ас Сав*; главѫ на вышьнимь мѣстѣ положи *Евх 76 6*; ıакоже тѣмъ испльнити вышьнии миръ *Супр 533, 24*; вьзиде въ вышьнї иероусалимъ *Супр 452, 12* **2.** ὕψιστος, ἀνώτερος, ἀνώτατος высший nejvyšší: с⟨ы⟩не б⟨ог⟩а вышьнѣего *Мк 5, 7 Зогр Мар*; съвръженъı • отъ вышьнıаıа свѣтълости *Евх 52а 3* ▭ вышьнии *в знач. сущ.*: ты отроча пророкъ вышьнѣго наречеши сѧ *Л 1, 76 Зогр Мар Ас*; вышьнıаıа *с мн. в знач. сущ.* τὰ ἄνω, τὰ ὕψιστα, τὰ ὑψηλά высоты *мн.* výšiny *мн.*: вышьнѣѣ • съ нижьнимии бесѣдоуѩтъ *Евх 26 15*; ѡсана въ вышьнихъ *Евх 16а 11*; азъ отъ вышьнихъ есмь *И 8, 23 Зогр Мар Ас.— Зогр Мар Ас Сав Ен Син Киев Клоц Супр.— Ср.* высокъ, въіспрьнь, горьнь

ВЪІıА, -ıа *ж* (36) τράχηλος, αὐχήν шея, выя šíje, hrdlo, krk: аште обложатъ камень • жрьновьнъı о вы его *Мк 9, 42 Зогр Мар*; повелѣ... съвѧзавъше за вьıѫ вести вьсѧ вькоупѣ къ кзероу *Супр 76, 8.— Зогр Мар Ас Сав Син Евх Супр.— Ср.* шиıа

вь- *см. также* въ-

ВЬДОВА, -ы *ж* (13) [вьд- *Зогр* (3) *Мар* (3) *Ас* (3) *Сав* (1) *Евх* (1) *Супр* (1)] χήρα вдова vdova: ι та вьдова до осми десѧтъ • ι четырь лѣт *Л 2, 37 Зогр Мар Ас Сав*; аще к'то съ вьдовоѭ... блѫд⟨ъ⟩ сътворитъ *Евх 103б 8.— Л 7, 12 Зогр Мар Ас; Л 18, 3 Зогр Мар Ас; Пс 108, 9 Син; Супр 378, 27.— Ср.* вьдовица

ВЬДОВИЦА, -ѧ *ж* (38) [вьд- *Зогр* (7) *Мар* (11) *Ас* (5) *Сав* (7) *Син* (3) *Евх* (1) *Супр* (1)] χήρα вдова, вдовица vdova: видѣвъ же етерѫ вьдовицѫ оубогѫ • вьмѣтаѭштѫ тоу дъвѣ леп'тѣ • ι рече *Л 21, 2 Зогр Мар Ас Сав*; вьдовицѧ іхъ не оплаканы бышѧ *Пс 77, 64 Син.— Зогр Мар Ас Сав Син Евх Супр.— Ср.* вьдова

ВЬДОВЬЧЬ *прил.* (1) τῆς χήρας вдовий vdovský, vdovy *род.*: юже оубогыѧ трепезы вьдовичѧ не похоули *Супр 395, 26*

вьз- *см.* въз-

вьзѣди *Л 5, 4 Мар см.* възѣхати

вьллѣпота *Пс 8, 2 Син; 103, 1 Син см.* вельлѣпота

вьн- *см.* вън

вьноу *см.* извъноу

вьп- *см.* въп-

вьпльченис *Супр 330, 8 см.* въплъщенис

вьр- *см. также* вър-

вьращьнеи (!) *Пс 89, 4 Син см.* вьчеращьнь

ВЬРѢТИ, -рѭ, -риши *несов.* (1) καχλάζειν кипеть vřít: акы сьребро слъзы вьрѧшта капаахѫ по ланитама на землѭ *Супр 397, 25*

вьс- *см. также* въс-

вьсıа- *см.* вьсıа-

ВЬСЕВИДѦ, -ѧи *прич.-прил.* (1) ἐποπτικός всевидящий vševidoucí: дѣѥши нѣстъ вьсевидѧштиıа сила божиıа • съмотрѧшти вьсе *Супр 366, 13*

ВЬСЕВЛАДЫКА, -ы *м* (1) *греч. нет* властитель (всего) vládce (všeho): в'севл⟨ады⟩ко г⟨оспод⟩ι *Евх 72б 4.— Ср.* вьседрьжитель

ВЬСЕГДА *нареч.* (59) [вьс- *Мар* (6) *Ас* (8), в'с- *Зогр* (1) *Евх* (7) *Супр* (2) *Рыл* (5), вс- *Зогр* (2) *Сав* (4)] πάντοτε, διὰ παντός, εἰκότως, καθ' ἑκάστην всегда, постоянно vždy, vždycky, stále: вьсегда даждь намъ хлѣбъ сь *И 6, 34 Зогр Мар*; вьсегда сѣдѧ съ сльзами плакааше сѧ *Супр 274, 21.— Зогр Мар Ас Сав Евх Супр Рыл.— Ср.* вьнинѫ, присно

ВЬСЕДРЬЖИТЕЛЬ, -лıа *м* (28) [вьседръ- (в'седръ-) *Евх* (15) *Супр* (12)] παντοκράτωρ вседержатель vládce všeho, všemohoucí: г⟨оспод⟩ι б⟨о⟩же в'седръжителю *Евх 9а 8-9*; заклинаѭ та о велицѣи силѣ вьседръжителıа бога *Супр 122, 1-2.— Евх Супр.— Ср.* вьсевладыка, вьседрьжѧ, вьсемогы

ВЬСЕДРЬЖИТЕЛЬСТВО, -а *с* (1) παντοκρατικός (!) всевластие, всемогущество všemohoucnost: не вьседръжительства силоѭ и мѫдростиѭ • нъ мьнимымъ крьста боуиствомъ *Супр 329, 4*

ВЬСЕДРЬЖА, -жи *прич.-прил.* (1) παντοκρατικός вседержащий, всемогущий všim vládnoucí, všemohoucí: и тебѣ славж... въздаемъ... єдиносжштьнѣи и животворѧштии • и вседръжаштії троици *Супр 342, 26.— Ср.* вьседрьжитель, вьсемогы

ВЬСЕЖЕГОМЪ, -ъıи *прич.-прил.* (1) ὁλοκαυτούμενος сжигаемый целиком, полностью (*в качестве жертвы всесожжения*) celý spalovaný (*jako zápalná oběť*): да приѩти бждемъ • ꙗкоже жрьтва жива благоприꙗтьна тебѣ • стоуденнѩ сеѩ • вьсежегоми • добро приношеник • ново вь(се)съжеженик *Супр 91, 24-25.— Ср.* вьсесъжагаемъ, вьсꙗсъжагаемъ

ВЬСЕИ(ЗѢДАѨ, -ѩи) *прич.-прил.* (1) παμφάγος всепожирающий, всепоглощающий vše sžírající, vše pohlcující: съпасителю вьнезаапъ растрьгнѫвъшоу вьсеи(зѣдаѭштеѥ) адово чрѣво *Супр 498, 23*

ВЬСЕЛИЧЬСКЫ *нареч.* (1) διόλου всячески, вообще všemožně, všemi způsoby, vůbec: вселичьскы съконьча добротворѧ • досаждаѭштимъ ємоу *Супр 481, 20-21.— Ср.* вьсꙗчьскы

ВЬСЕМОГЫ, -ъıи *прич.-прил.* (13) [в'се- *Евх* (6)] παντοδύναμος omnipotens всемогущий všemohoucí: просимъ тѩ вьсемогы вѣчьнъı б⟨о⟩же *Киев 3а 17*; врачоу вьсемогыи *Супр 392, 12-13.— Киев 2а 13; 2б 2-3; 4а 2; 4б 2; 5а 13; Евх 33а 10; 48б 7; 56а 12; 72а 5; 72б 5; 80а 1-2.— Ср.* вьседрьжитель, вьседрьжа

ВЬСЕНОЩЬНЪ, -ъıи *прил.* (1) παννύχιος всенощный, продолжающийся всю ночь celonoční, trvající celou noc: в'сенощьное намъ славословествие твое дароуи *Евх 38а 12-13*

ВЬСЕПЛОДЬНЪ, -ъıи *прил.* (1): в ь с е п л о д ь н о е *с в знач. сущ.* ὁλοκάρπωσις жертва, состоящая только из плодов oběť skládající se zcela z plodů: б⟨о⟩же... прнемъı кадило захарьино • і илиѩ вѣрънааго • в'сеплодъное *Евх 15б 11-12*

ВЬСЕСРЬДЬ *нареч.* (1) εἰλικρινῶς от всего сердца, всем сердцем z celého srdce, upřímně: вьзискаѭштинимъ того вьсесрьдь исправьенꙗ *Супр 521, 22-23*

ВЬСЕСЪЖАГАЮМЪ, -ъıи *прич.-прил.* (8) [въс- *Ас* (1) *Син* (2)]: в ь с е с ъ ж а г а е м о е *с*, в ь с е с ъ ж а г а е м а ꙗ *ж в знач. сущ.* ὁλοκαύτωμα жертва всесожжения zápalná oběť, celopal: въсесъжагаемъıхъ о грѣсѣхъ не възиска *Пс 39, 7 Син*; еже любіті искрьнѣаго • акы себе • боле естъ въсесъжагаемыих жрьтвъ *Мк 12, 33 Ас* (ѡлокавътоматъ • і жрътвъ *Зогр Мар*); вьсесъжагама (! *вм.* вьсесъжагаема) твоѣ тоучьна бѫди *Пс 19, 4 Син.— Пс 49, 8 Син; 50, 18 Син; 50, 21 Син; 65, 13 Син; 65, 15 Син.— Ср.* вьсесъжеженик, вьсꙗсъжагаемъ, олокавътоматъ

ВЬСЕСЪЖЕЖЕНИЮ, -ꙗ *с* (1) ὁλοκαύτωμα жертва всесожжения zápalná oběť, celopal: да приꙗти бѫдемъ • ꙗкоже жрьтва жива... ново вьсъжеженик (!) *Супр 91, 25-26.— Ср.* вьсесъжагаемъ, вьсꙗсъжагаемъ, олокавътоматъ

в ь с ъ ж е ж е н и е *Супр 91, 25-26 см.* вьсесъжеженик

ВЬСЬ[1], -и *ж* (>100) [въсь *Ас*, в'сь *Зогр*, весь *Мар Ас*, вьсь *Зогр Сав*, вес *Ас*, ве(с) *Ас*] χωρίον **1.** κώμη, πόλις (!); (вьсь и градъ κωμόπολις) деревня, весь ves, vesnice: прохождааше и⟨соу⟩с⟨ъ⟩ • градъı вьсѧ і вьси *Мт 9, 35 Зогр Мар Ас Сав*; дошедъ оусоровы вьси *Супр 46, 10* **2.** κτῆμα поместье, усадьба, земельный участок statek, dvůr, pozemek: тъгда приде съ ними и⟨соу⟩с⟨ъ⟩ вь весь нарицаемжѩ • ѥен'симани *Мт 26, 36 Зогр Мар Ас Сав.— Зогр Мар Ас Сав Клоц Супр Зогр-лл.— Ср.* градьць, село

ВЬСЬ[2], вьсꙗ (вьса), вьсе *мест.* (>300) [въсь *Мар Ас Сав Унд Боян Ен Син Киев Клоц Супр*, в'сь *Зогр Ас Служ Евх Супр Рыл*, весь *Мар Ас Син Евх*, вьсь *Зогр Мар Ас Сав Боян Зогр-пал Син Супр Рыл*] **1.** πᾶς, ἅπας, παμ- omnis весь, каждый všechen, veškerý, každý: вси бо пророци і законъ • до іоана прорѣшѧ *Мт 11, 13 Зогр Мар Ас Сав*; помани в'сѧ оуме(ръ)шѧꙗ *Служ 3б 15*; тако и вьсе дрѣво доброе • добръи плодъ творітъ *Мт 7, 17 Ас* (вьсѣко *Зогр Мар*) □ н а д ъ в ь с ѣ м ь, н а д ъ в ь с ѣ м и (с и м и) ἐπὶ πᾶσιν, ἐν πᾶσι (τούτοις), σὺν πᾶσι (τούτοις) сверх того, кроме всего этого kromě toho všeho, nadto: приложи і се надъ вьсѣмь • і заключи іоана вь тъмьници *Л 3, 20 Зогр Мар*; надо вьсѣмі сімі съгрѣшишѧ пакы ємоу *Пс 77, 32 Син*; п о в ь с е м оу κατὰ λεπτόν поодиночке, в отдельности jednotlivě, po jednom: ꙗкоже бѣаше дѣло • по вьсемоу съказа ємоу *Супр 517, 14*; н а в ь с ѧ д ь н и, п о в ь с ѧ д ь н и *см.* дьнь; н а в ь с ꙗ л ѣ т а, п о в ь с ꙗ л ѣ т а *см.* лѣто; н а в ь с ѣ х ъ м ѣ с т ѣ х ъ *см.* мѣсто **2.** ὅλος, πᾶς, πάμπας; (вьсѣмь оумомь, вьсѣмь срьдьцемь προθύμως; вьсѫ нощь стоꙗти διανυκτερεύειν; вьсе оржжиѥ πανοπλία) весь, целый celý, veškerý: прохождааше в'сѭ галилеѭ и⟨соу⟩с⟨ъ⟩ • оуча *Мт 4, 23 Зогр Ас Сав* (Ø *Мар*); єдинѫ ноштиѭ вьсь вѣкъ измѣнимъ *Супр 91, 7*; не въдамъ сѧ вьсѣмь срьдьцемь на сьмрьть *Супр 264, 16*; облѣци и въ оржжие в'се • с⟨вѧ⟩тааго твоего д⟨оу⟩ха *Евх 93б 20* □ в ь с ь м и р ъ *см.* миръ.— *Зогр Мар Ас Сав Охр Унд Боян Зогр-пал Ен Син Служ Киев Евх Клоц Супр*

Хил Рыл Зогр-лл.— Ср. **вьсякъ, вьсячьскъ, къжьдо**

ВЬСЬДЕ *нареч.* (10) [**вес-** *Мар* (1) *Ас* (1)] **1.** πανταχοῦ всюду, везде všude: **дьнесь радость вьсьде по вьселенѣи** *Супр 490, 17* **2.** παντί, ἄνω καὶ κάτω всегда, во всех случаях ve všem, vůbec, za všech okolností: **імѫштюмоу бо вьсьде дано бѫдетъ і избѫдетъ** *Мт 25, 29 Зогр Мар Ас.— Клоц 3б 6; 6а 16; Супр 3, 14; 377, 22-23; 488, 16; 557, 27.— Ср.* **вьсьжде, вьсѧдѣ, мѣсто (на вьсѣхъ мѣстѣхъ)**

ВЬСЬЖДЕ *нареч.* (15) **1.** πανταχοῦ всюду, везде všude: **виждъ же его вьсьжде не вьскорѣ въстазаѫшта** *Супр 376, 11*; **искати вьсьжде чловѣка б⟨о⟩жия** *Супр 519, 22* **2.** ἐν παντί всегда, во всех случаях ve všem, vůbec, za všech okolností: **нѫ въс..жд.. м⟨о⟩л⟨и⟩твоѫ и м⟨о⟩л..** ...*Фил 4, 6 Ен.— Супр 57, 6; 57, 7* (3); *57, 8; 57, 8-9; 57, 9; 144, 5; 345, 5; 409, 17; 415, 29; 569, 5.— Ср.* **вьсьде, вьсѧдѣ, мѣсто (на вьсѣхъ мѣстѣхъ)**

ВЬСЬНЪ, **-ын** *прил.* (1): **в ь с ь н ы и г р а д ъ** κωμόπολις местечко venkovské městečko: **бысть нѣкыи отъшьльць • вь веснѣѣмь градѣ** *Супр 514, 7.— Ср.* **градьць, вьсь**[1] **(вьсь и градъ)**

в ь с ѣ - *см.* **вьсѧ-**

ВЬСЯКО *нареч.* (8) [**-сѣ-** *Мар* (1) *Ас* (1) *Клоц* (1) *Супр* (5)] πάντως, ὅλως, ὅμως (!), τάχα (!); (**вьсяко окаянъіи** ταλάθλιος) во всём, совсем, наверно vůbec, zcela, zajisté: **понеже бо вьсѣко оумрѣти естъ • оумрѣѣмъ да оживемъ** *Супр 91, 20*; **ѡ оканни и вьсѣко окаанни** *Супр 107, 14.— Л 4, 23 Мар Ас; Клоц 9а 3; Супр 73, 3; 240, 20; 564, 17.— Ср.* **отънѭдь**

ВЬСЯКЪ, **-а, -о** *мест.* (>400) [**вьсѣ-** *Зогр Мар Ас Син Евх Клоц Супр*, **въсѣ-** *Мар Ас Ен Син*, **в'сѣ-** *Зогр Служ Евх Рыл*, **всѣ-** *Зогр Ас Боян Евх Супр*, **вьса-** *Сав Супр*, **въса-** *Сав*, **вса-** *Сав*] πᾶς, ἕκαστος каждый, всякий, весь každý, veškerý, všechen: **ѣко всѣкъ възносаі сѧ съмѣритъ сѧ** *Л 14, 11 Зогр Мар Ас*; **мол⟨итва⟩ над⟨ъ⟩ в'сѣцѣмь стадомь** *Евх 15а 2*; **а к томоу прѣклонитъ сѧ емоу вьсѣко колѣно небесьнъіихъ и земьнъіихъ** *Супр 332, 8* ♦ **н а в ь с я к ъ д ь н ь** *см.* **дьнь**; **н а в ь с я к ѫ н о щ ь** *см.* **нощь**; **н а в ь с я к о в р ѣ м ѧ** *см.* **врѣмѧ**.— *Зогр Мар Ас Сав Боян Ен Син Служ Евх Клоц Супр Рыл.— Ср.* **вьсь, вьсячьскъ, къжьдо**

ВЬСЯМО *нареч.* (1) πανταχοῦ всюду, во все стороны všude, všemi směry: **житие прѣподобьнааго отьца нашего исаакиа • вьсѧдоу же и вьсѣмо проповѣдаемо** *Супр 206, 26-27.— Ср.* **вьсѧдоу**

ВЬСЯСЪЖАГАЕМЪ, **-ын** *прич.-прил.* (1): **в ь с я с ъ ж а г а е м а я** *с мн. в знач. сущ.* ὁλοκάρπωσις жертва всесожжения zápalná oběť, celopal: **с⟨вѧ⟩ти и • ѣкоже с⟨вѧ⟩тити ізволи агнець • іже приведе авелъ во в'сѣсъжагаемаа** *Евх 16б 6-7.— Ср.* **вьсесъжежение, вьсесъжагаемъ, олокавътоматъ**

ВЬСЯЧЬСКЪ, **-ын** *прил.* (21) [**въсѣ-** *Супр* (14), **въсѣ-** *Ен* (1), **в'сѣ-** *Евх* (3)] πᾶς, σύμπας всякий, всяческий všechen, veškerý: **вьсѣчьско тѣло... съзъва на господьнѭ хвалѫ** *Супр 320, 4-5*; **іже дрьжитъ в'сѣчьскаа** *Евх 55б 14-15* ♦ **в ь с я ч ь с к а я ц р ь к ы** *см.* **црькы**.— *Ен Син Евх Клоц Супр.— Ср.* **вьсь, вьсякъ**

ВЬСЯЧЬСКЫ *нареч.* (8) [**вьсач-** *Супр* (2), **вьсѣч-** *Супр* (6)] πάντα τρόπον, ἕκαστα, κατὰ λόγον, πᾶς (!), παντοῖος (!) всячески všemožně, všemi způsoby: **вьсѣчьскы сѧ дѣаша присъвъкоупити ѧ хоташте • къ правѣи... вѣрѣ** *Супр 201, 25.— Супр 51, 19; 59, 7; 204, 18; 245, 27; 276, 25-26; 344, 28; 409, 24*

ВЬСЯДОУ *нареч.* (21) [**въсѧ-** *Зогр* (2) *Ас* (1) *Супр* (6), **всѧ-** *Сав* (1) *Ен* (1), **въсѧдѫ** *Мар* (2)] πανταχοῦ, πάντοθεν, ἁπανταχῆ, παντί, πανταχόθεν всюду, везде všude: **обидѫтъ тѧ • і окрочатъ тѧ въсѧдоу** *Л 19, 43 Зогр Мар*; **того плакати вьсѧдоу подобьно** *Супр 406, 7.— Зогр Мар Ас Сав Ен Супр.— Ср.* **вьсьде, вьсьжде, вьсямо, вьсѧдѣ**

ВЬСЯДѢ *нареч.* (5) [**въс-** *Зогр* (1) *Мар* (2) *Ас* (1)] πανταχοῦ, πανταχόθεν всюду, везде všude: **они же нишедъше проповѣдѣша въсѧдѣ** *Мк 16, 20 Мар* (**въсѧдоу** *Ас*, *Ø Зогр*) ♦ **о т ъ в ь с ѧ д ѣ** πάντοθεν отовсюду odevšad: **прихождаахѫ къ немоу отъ въсѧдѣ** *Мк 1, 45 Зогр Мар.— Л 9, 6 Ас; Супр 508, 26.— Ср.* **вьсьде, вьсьжде, вьсямо, вьсѧдоу**

в ь т - *см.* **вът-**

в ь т ъ х ъ *Мк 2, 22 Зогр см.* **ветъхъ**

в ь ц - *см.* **въц-**

в ь ч - *см. также* **въч-**

ВЬЧЕРА *нареч.* (20) [**въч-** *Мар* (1) *Клоц* (7), *Супр* (5), **вч-** *Ас* (1) *Ен* (1)] ἐχθές, χθές вчера včera: **ѣко вьчера въ часъ седмъі остави огнь** *И 4, 52 Зогр Мар Ас.— Зогр Мар Ас Ен Клоц Супр*

ВЬЧЕРАЩЬНЬ, **-нии** *прил.* (1) ὁ ἐχθές вчерашний včerejší: **ѣко день вьраштьне и -же** (*! вм.* **вьчераштьнен**) **мимоидетъ • і стража ноштьнаѣ** *Пс 89, 4 Син.— Ср.* **вьчерашьнь**

ВЬЧЕРАШЬНЬ, **-нии** *прил.* (4) [**въч-** *Клоц* (1)] ὁ πρὸ βραχέως (!) вчерашний včerejší: **къде нынѣ сѫтъ • въчерашьнаѣ млъвы** *Клоц 12б 9-10; Супр 448, 8-9* ♦ **п р ь в ѣ е в ь ч е р а ш ь н я е г о** πρὸ τῆς ἐχθές позавчера předevčírem: **прьвѣе вьчерашьняаго вла-**

дыка на крьстѣ бѣаше *Супр 495, 10.— Супр 495, 12.— Ср.* вьчерацьнь

ВѢ *мест., вин.* на, *род., местн.* наю, *дат., тв.* нама (77) ἡμεῖς мы (*нас двое*) my (*dva*): вѣ оубо въ правъдѫ • достоіныа... въсприем-лѥвѣ *Л 23, 41 Зогр Мар Ас Сав*; не осрами наю отъ лица твоѥго *Супр 183, 13*; егда г⟨лаго⟩лааше къ нама на пѫти *Л 24, 32 Мар Ас*; посъла на старьць на орѫдиѥ • на ливиадѫ *Супр 296, 21*; не ср⟨ъ⟩д⟨ь⟩це ли наю горѧ бѣ въ наю *Л 24, 32 Мар Ас* (∅ *Зогр*); вѣроуѥвѣ бо богоу ꙗко побѣжденъ бѫдеши нама *Супр 12, 24.— Зогр Мар Ас Сав Охр Зогр-пал. Супр*

вѣаниѥ *Супр 388, 6 см.* вѣꙗниѥ

ВѢДОМЪ, -ыи *прич.-прил.* (4) **1.** γνωστός известный známý: вѣдомо да бѫдетъ тебѣ *Супр 104, 16* **2.** ὁ ἐν γνώσει сознательный vědomý: отъдажди... прѣгрѣшениѣ наша • вольнаа и невольнаа • вѣдомаа і невѣдомаа *Евх 66а 3* **3.** ὁ ἐν εἴδει различимый, узнанный poznatelný, rozeznatelný: ты невѣдомы и вѣдомъ бысть мене дѣлꙗ *Супр 504, 30.— Супр 199, 22.— Ср.* съвѣдѣти (съвѣды), съвѣстьнъ

ВѢДРО, -а *с* (3) στάμνος, κάδος ведро vědro: подобаетъ излиѣти із него • к҃ вѣдеръ • воды *Евх 20б 6.— Супр 344, 4; 344, 6.— Ср.* криница, стамьна

ВѢДЬ, -и *ж* (4) γνώμη, γνῶσις, δόγμα, τρόλος (!) знание, познание vědění, poznání: не инъ ми съказа вѣди • не отъ слоуха имамъ чоудо *Супр 510, 20.— Супр 301, 7; 500, 18; 511, 15.— Ср.* вѣдѣниѥ, повѣдь, познаниѥ, разоумъ, оуставъ

ВѢДѢНИѤ, -ꙗ *с* (2) γνῶσις знание, познание vědění, poznání: вьсѣко вышениѥ вьземлѭштеѥ сѧ • на вѣдѣниѥ божиѥ *Супр 280, 30-31.— Супр 143, 6-7.— Ср.* вѣдь, повѣдь, познаниѥ, разоумъ

ВѢДѢТИ, вѣмь *и* вѣдѣ, вѣси *несов.* (>800) **1.** εἰδέναι, γιγνώσκειν, ἀναλογίζεσθαι, ὑφαιρεῖσθαι, ἐπίστασθαι, συνειδέναι, προγιγνώσκειν, μανθάνειν, ἀκούειν (!); (не вѣдѣти ἀγνοεῖν, ἀπορεῖν, ἀγνωμονεῖν) знать znát, vědět: вѣстъ бо о⟨ть⟩ць вашь іхъже трѣбоуете *Мт 6, 8 Зогр Мар Ас Сав*; ѣко не вѣмь ч⟨лов⟩ѣка сего *Мк 14, 71 Зогр Мар*; вѣдѣ г⟨оспод⟩і разбоинника възъпивъша г⟨оспод⟩і *Служ 1б 8*; вѣды ꙗко сии доухове лѫкави сѫтъ *Супр 53, 16*; а ты кде моудиши не вѣдѣ *Супр 242, 17*; іже і та их(ъ)же не вѣдѣхѫ старці • б⟨ого⟩мь наоучені въспѣшѧ *Клоц 1а 2-3* (иже и старьци не вѣдомо бысть *Супр 325, 6*) □ прѣжде вѣдѣти προβλέπειν предвидеть předvídat: прѣжде бо вѣдѣаше ꙗко семоу ѥстъ быти *Супр 51, 2* □ вѣдѣти сѧ εἰδέναι знать, отдавать себе отчет (*в чём-л.*) být si vědom (*něčeho*): о⟨ть⟩че отъпоусти імъ • не вѣдѧтъ бо сѧ чьто творѧтъ *Л 23, 34 Зогр Мар Ас Сав* **2.** *в знач.* видѣти ὁρᾶν видеть vidět: відѣвъ мѧ вѣрова • блажени не вѣдѣвъшеі • и вѣровавъшеі *И 20, 29 Охр* (не видѣвъшеі *Зогр Мар Ас*); ѡт⟨ъ⟩ селѣ познаете и • и вѣсте и *И 14, 7 Ас 93аβ 1* (в(и)дѣсте *Зогр Сав*, оувѣдѣсте *Мар*, оувѣсте *Ас 29аβ 13-14*).— *Зогр Мар Ас Сав Охр Унд Боян Ен Син Служ Евх Клоц Супр Хил Рыл.— Ср.* знати, разоумѣти, разоумѣвати, оумѣти

ВѢЖДА, -ѧ *ж* (2) βλέφαρον веко oční víčko: ѡ[ч]і его на ницꙗего прізіраете • вѣжди его іспытаете с⟨ы⟩ны чл⟨овѣ⟩чѧ *Пс 10, 4 Син.— Супр 431, 21.— Ср.* вѣко

ВѢИѤ, -ꙗ *с собир.* (9) [ꙗвлꙗѧ ! *Супр* (1)] τὰ βαΐα, τὰ κλάδη, αἱ στιβάδες; (вѣиѥ носити κλαδηφορεῖν) ветви větvoví, ratolesti: прьѧсѧ вѣие отъ финикъ *И 12, 13 Мар* (ваі *Зогр*, вана *Ас*, ваіѧ *Сав*); ѥгда млады дѣти вѣиѥ възьм'ше и вѣиѥмъ ѥмоу побѣдѫ глаголаште • ѡсан'на въ вышьн҄иихъ *Супр 402, 30*; егда ли пакы вѣиѥ носѧшта • и сьрѣтаѭшта христоса... съмоштрѫ *Супр 332, 28*; ѥмоуже кръстоу корениѥ вь землѭ вѫложено бысть • ꙗвлꙗѧ (*! вм.* а вѣꙗ) на небеса възложены *Супр 352, 21.— Мк 11, 8 Зогр Мар; Супр 321, 14; 326, 14; 341, 6.— Ср.* ваи, вѣтвиѥ, вѣтвь, вѣꙗ, лѣторасль, розга

ВѢКО, -а *с* (1) βλέφαρον веко oční víčko: аште дамь сонъ очима моіма • і вѣкома моіма дрѣмание *Пс 131, 4 Син.— Ср.* вѣжда

ВѢКЪ, -а *м* (>500) [вѣ(к) *Ас Евх*, вѣ (!) *Евх*] αἰών; (прѣдъ вѣкы προαιώνιος; бѫдѫштаего вѣка αἰώνιος) век, вечность věk, věčnost: не отъпоуститъ сѧ емоу • ни вь сь вѣкъ • ни въ грѧдѫштиі *Мт 12, 32 Зогр Мар Ас Сав*; г⟨оспод⟩ь въ вѣкъ прѣбываетъ *Пс 9, 8 Син*; ѣко ты дръжиши • и ц⟨ѣса⟩р⟨ь⟩ствоуеши на насъ... нынѣ и присно и вь вѣкы вѣкомъ *Евх 56б 3*; ѥгда ти рекѫ сынъ вышьн҄аго • прѣжде вѣкъ бе страсти родивъшааго • отьца назнаменахъ *Супр 239, 15*; ты б⟨ог⟩ъ мои и г⟨оспод⟩ь • прѣдъ вѣкы вькоупь и новъ *Супр 504, 28*; си сѫтъ таины христианомъ • о вьскрѣшении мрьтвыихъ • и жизни бѫдѫштаего вѣка *Супр 486, 4* ● κόσμος мир svět: наслѣдоуите оуготованое вамъ ц⟨ѣса⟩р⟨ь⟩ство • отъ сложениѣ вѣкоу *Евх 99б 12* (всего мира *Мт 25, 34 Зогр Мар Ас Сав*).— *Зогр Мар Ас Сав Унд Боян Зогр-пал Ен Син Служ Евх Клоц Супр*

ВѢНИТИ, -ниѫ, -ниши *несов.* (7) πωλεῖν продавать prodávat: не дьвѣ ли птици пѣнѧзоу вѣните сѧ *Мт 10, 29 Зогр*, вѣнимѣ есте

Мар Ас.— Л 12, 6 Зогр Мар Ас Боян.— Ср. продавати, цѣнити

ВѢНЬЦЬ, -а *м* (54) στέφανος, μίτρα, διάδημα, βραβεῖον, γέρας (!) венец, корона věnec, koruna: воини съплетъше отъ трънии̂ вѣньць • възложиша на главѫ емоу *И 19, 2 Зогр Мар Ас Сав*; тако ми вѣньцъ цѣсара персъска саворна *Супр 264, 1*; дажди емоу вѣнець правъды *Евх 57б 25* ♦ вѣньцѧ въз ѧти στεφανοῦσθαι принять венец být korunován: сътрьпите мало • и законьнѣ пострадите да вѣньца възьмете *Супр 75, 28.— Зогр Мар Ас Сав Син Евх Клоц Супр*

ВѢНЬЧАТИ, -аѭ, -акши *сов./несов.* (19) στεφανοῦν, (στέφανον) ἀναδεῖν увенчать/венчать, короновать ověnčit/věnčit, korunovat: такожде и трьникмъ вѣньчанъ бысть *Супр 484, 6*; щито[то]мъ благоволеньѣ вѣньчалъ ны еси *Пс 5, 13 Син*; вѣнъчаѭщаго тѧ милостьѭ щедротами *Пс 102, 4 Син*; невидимыими добротамі • вѣньчаемы *Клоц 9б 38-10а 1.— Ен Син Евх Клоц Супр*

ВѢРА, -ы *ж* (>400) **1.** πίστις, γνῶσις (!) вера víra: дъшти вѣра твоѣ с⟨ъ⟩п⟨ас⟩е тѧ *Мк 5, 34 Зогр Мар Ас Сав Унд*; о оумеръшиихъ въ вѣрѣ *Служ 3а 25*; прѣбѫдѣте о вѣрѣ х⟨ристо⟩совѣ *Супр 16, 25* □ вѣрѫ ꙗти/имати, имѣти πιστεύειν, πείθεσθαι, συντιθέναι; (не ꙗти вѣры, не имѣти вѣры ἀπιστεῖν) поверить/верить uvěřit/věřit: ꙗкоже не ѧ вѣры дѣвици *Супр 241, 30*; не імѣахѫ імъ вѣры *Л 24, 11 Зогр Мар Ас*; въдаꙗти сѧ въ вѣрѫ кого *см.* въдаꙗти сѧ **2.** θρησκεία; (божиꙗ вѣра θεοσέβεια) вера, религия víra, vyznání, náboženství: къ соуктьнѣи крьстиꙗньстѣ вѣрѣ пристѫпи *Супр 101, 10*; кѫѭ вѣрѫ имаши *Супр 139, 22* ● αἵρεσις секта sekta: обрѣтоша... кдного отъ вѣры фрѵгинскыѩ *Супр 133, 27* □ зълаꙗ вѣра κακοπιστία ложная вера špatná víra, špatné náboženství: препоситъ же и прочии • иже бѣахѫ отъ ариевы зълыѩ вѣры • паче съвратиша цѣсарѣ *Супр 192, 16*; благаꙗ вѣра εὐσέβεια набожность zbožnost: показа доблаꙗ мати • ꙗко оученими благыѩ вѣры вьскрьмила и паче • неже млѣкомь *Супр 96, 18.— Зогр Мар Ас Сав Унд Служ Киев Евх Клоц Супр Хил.— Ср.* благовѣрик, благочьстик, говѣник

ВѢРОВАТИ, -роуѭ, -роукши *несов./сов.* комоу, чесомоу; въ кого, чьто; къ комоу, чесомоу; о комь, чемь (>400) πιστεύειν, πιστοῦσθαι, σέβεσθαι, γιγνώσκειν, πείθεσθαι, πειθαρχεῖν, δοξάζειν (!), εὔχεσθαι (!); (не вѣровати ἀπιστεῖν, διαπιστεῖν, ἀπειθεῖν) верить/поверить, веровать/уверовать věřit/uvěřit: г⟨лаго⟩ла іма • н⟨сoy⟩с⟨ъ⟩ вѣроуета ли • ѣко могѫ се створити *Мт 9, 28 Зогр Мар Ас Сав*; вѣровати о всѣхъ • ѣже г⟨лаго⟩лашѧ пророци *Л 24, 25 Зогр Мар Ас*; ізбѣгни і-сего раба... вѣроуѭщаагo въ имѧ г⟨осподь⟩не *Евх 46а 2*; вѣроуѭ богоу *Супр 4, 19*; вѣроваша къ богоу *Супр 6, 11*; іже не вѣроуетъ въ с⟨ы⟩на *И 3, 36 Зогр*, иже не вѣроуоутъ *Мар.— Зогр Мар Ас Сав Охр Боян Зогр-пал Ен Син Евх Клоц Супр Рыл.— Ср.* вѣра (вѣрѫ ꙗти, имати, имѣти), вѣрьствовати

ВѢРОВЬНЪ, -ыи *прил.* (1) τῆς πίστεως веры *род.* víry *род.*: подвижа прилежи донде же име⟨ши⟩ вѣровьнѫѭ анкүрѫ *Супр 500, 12-13.— Ср.* вѣрьнъ

ВѢРЬНО *нареч.* (4) **1.** *греч. нет.* с верой, веруя věrně, podle víry: аште вѣрьнъ кси • вѣрьно приди къ христосоу *Супр 328, 11* ● πιστῶς верно, точно věrně (*podle skutečnosti*), přesně: аште ли вѣтъскы се • а не вѣрьно слышиши *Клоц 14а 36* **2.** πιστῶς с доверием s důvěrou: сице блѫдници вѣрьно таи въ доуши • дѣл'ница молашти съ сльзами • чоуждаахѫ сѧ вьси трьпѣнию исоусовоу *Супр 392, 22.— Супр 452, 19*

ВѢРЬНЪ, -ыи *прил., сравн. ст.* вѣрьнѣи (>100) **1.** πιστός верный, преданный věrný: добръ рабе благъı • і вѣрьнъı • о малѣ бѣ вѣрьнъ *Мт 25, 21 Зогр Мар Ас Сав*; да нами людие твои • вѣрьнии слоужѧтъ *Евх 9а 5* **2.** πιστός верующий věřící: сь вѣрьнъıми покланꙗктъ сѧ доухомь *Супр 321, 24*; оу гроба кго вѣр'нии стлъпъ поставиша великъ *Супр 539, 10* ● εὐλαβής, εὐσεβής набожный zbožný: поимъ еп⟨иско⟩пъ клирикы и мѫжа вѣрьны *Супр 81, 6*; с'де жена вѣрна за чадъ молѧшти приходитъ *Супр 95, 22* **3.** πιστός, ἀξιόπιστος верный, достоверный; правильный pravdivý, hodnověrný; správný: вѣрьнъı вьсꙗ заповѣди его *Пс 110, 7 Син*; не бо нъ вѣрнѣиши еста очи послоухъ *Супр 500, 27* **4.** τῆς πίστεως веры *род.* víry *род.*: тебе разоумѣѭ вѣрьнъıма очима *Супр 505, 13-14.— Зогр Мар Ас Сав Охр Ен Син Евх Клоц Супр.— Ср.* благовѣрьнъ, вѣровьнъ, достоиновѣрьнъ, правьдивъ

ВѢРЬСТВОВАТИ, -воуѭ, -воукши *несов.* (6) πιστεύειν; (не вѣрьствовати ἀπιστεῖν) верить věřit: не вѣрьствовахъ рекшинмъ сѫпротивнхъ сѧ апостоломъ *Супр 510, 21.— Супр 500, 20 (2); 500, 25; 507, 12; 512, 16.— Ср.* вѣра (вѣрѫ имати), вѣровати

вѣс- *см.* вести

ВѢСТЬ, -и *ж* (13) φήμη, ἀκοή, ἐπίπνοια (!); (вѣсть приꙗти χρηματίζεσθαι) весть, известие zpráva, pověst: вѣсть изиде по вьсеи странѣ о немь *Л 4, 14 Мар* (Ø *Зогр*); вѣсть же прıємъ въ сънѣ отıде въ странѫ галилеıскѫ *Мт 2, 22 Ас Сав Боян* (∅ *Зогр Мар*) ◆ без вѣсти быти ἄδηλος γίγνεσθαι, ἀφανὴς γίγνεσθαι исчезнуть, пропасть без вести zmizet: то има рек'шема без вѣсти абиѥ бꙑстъ облакъ *Супр 211, 20.— Мт 9, 26 Зогр Мар Ас Сав; Супр 187, 25; 217, 18-19; 305, 15; 338, 19*

ВѢСТЬНИКЪ, *-а м* (4) ἄγγελος, μηνυτής вестник posel, zvěstovatel: посъла вѣстьникꙑ прѣдъ лицемь своıмь *Л 9, 52 Зогр Мар;— Л 7, 24 Мар; Супр 245, 17.— Ср.* анꙉелъ, сълъ

ВѢТВИѤ, *-ıꙗ с собир.* (6) οἱ κλάδοι, τὰ κλάδη, ὁ κλάδος ветви větve, větvoví: пьтицѧ н⟨е⟩б⟨е⟩с⟨ьс⟩кꙑѩ вселишѧ сѧ вь вѣтвии его *Л 13, 19 Сав*, въ вѣтви *Зогр Мар Ас.— Мк 13, 28 Мар; Клоц 1а 36.— Ср.* ваи, вѣиѥ, вѣтвь, лѣторасль, розга

ВѢТВЬ, *-и ж* (8) [вѣть (!) *Зогр* (1)] κλάδος ветвь větev: дроугыи же рѣзахѫ вѣтви отъ дрѣва • и постилахѫ по пѫти *Мт 21, 8 Мар Сав* (∅ *Зогр*).— *Мт 13, 32 Зогр Мар; Мк 4, 32 Зогр Мар; Мк 13, 28 Зогр; Евх 16а 9.— Ср.* ваи, вѣиѥ, вѣтвиѥ, вѣꙗ, лѣторасль, розга

ВѢТИИ, *-ıѩ м* (1) ῥήτωρ оратор, вития řečník: и ıѧзꙑци вѣтии • и словеса хꙑтрьцъ • и бесѣдꙑ оучитеꙉ • извѣштати не могѫ зълобꙑ ѥѩ *Супр 400, 1*

ВѢТИТЕЉЬ, *-ꙗ м* (1) *греч. нет* советник rádce: ѣко в'(сегда) и • в'семоу слън(ши)тель и вѣтитель... тъи еси *Рыл 7б а 27.— Ср.* съвѣтьникъ

ВѢТРЪ, *-а м* (76) ἄνεμος, πνεῦμα, ἀέριον πνεῦμα, ἀήρ; (на вѣтрѣ μετάρσιος) ветер, дуновение vítr: вьзвѣашѧ вѣтри • ı нападѫ на храминѫ тѫ *Мт 7, 25 Зогр Мар Ас Сав*; ѥгда вѣтръ лютъ сѣверъ вѣꙗше не прѣстаѩ *Супр 90, 2*; на вѣтрѣ прѣнесенъ бꙑстъ *Супр 289, 26* ● *перен.* страна света světová strana: тъгда посълетъ а⟨н⟩ѣ⟨е⟩лꙑ своѩ • ı съберетъ ıзбъранꙑѩ своѩ • отъ четꙑръ вѣтръ • отъ кон'ца землѧ • до коньца неб⟨е⟩си *Мк 13, 27 Зогр Мар.— Зогр Мар Ас Сав Боян Син Евх Супр Рыл.— Ср.* доухъ

ВѢТРЬНЪ, *-ꙑи и* **ВѢТРЬНЬ**, *-нии прил.* (9) [-нъ *Зогр* (2) *Мар* (2) *Ас* (1) *Супр* (1), -нь *Син* (2) *Евх* (1)] τοῦ ἀνέμου, τῶν ἀνέμων ветренный, ветров *род.* větrný, větrů *род.*: бꙑстъ боурѣ вѣтръна велиѣ *Мк 4, 37 Зогр Мар*; ходꙑи на крилу вѣтрьнꙑю *Пс 103, 3 Син*, вѣтръню *Евх 56б 21.— Л 8, 23 Зогр Мар Ас; Пс 17, 11 Син; Супр 473, 19*

ВѢТЪ, *-а м* (2) βουλή, σύμφωνον соглашение, договор úmluva, smlouva: вѣта не сътвористе на ıрода *Супр 397, 2.— Супр 415, 24.— Ср.* завѣтъ, съвѣтъ

вѣть *Мт 13, 32 Зогр см.* вѣтвь

ВѢТЪСКꙐ *нареч.* (2) μυθικῶς вымышленно vybájeně: аште ли вѣтъскꙑ се • а не вѣрьно слꙑшиши *Клоц 14а 36; Супр 452, 18*

ВѢЩАВАТИ, *-ваѭ, -ваѥши несов.* (1) φθέγγεσθαι говорить mluvit, hovořit: тꙑ кто ѥси прѣдь ними вѣштаваѩ *Супр 102, 18.— Ср.* бесѣдовати, вѣщати, глаголати

ВѢЩАНИѤ, *-ıꙗ с* (1) φθόγγος голос hlas: во вьсѫ землѭ изıдѫ вѣщанъѣ ихъ *Пс 18, 5 Син.— Ср.* гласъ

ВѢЩАТИ, *-аѭ, -аѥши несов.* (20) λέγειν, φάναι, λαλεῖν, φθέγγεσθαι, κηρύσσειν, προσδιαλέγεσθαι, συμβουλεύειν говорить, рассказывать, сообщать mluvit, říkat, vypravovat, oznamovat: вѣшта же и⟨соу⟩съ о съмръти его *И 11, 13 Ас* (рече *Зогр Мар Сав*); ничсоже не вѣшта прѣжде гласа сего *Супр 309, 9*; чоудьна вѣштаѥши *Супр 501, 30.— Ас Супр.— Ср.* бесѣдовати, вѣщавати, глаголати, провѣщати

ВѢЩЕ, *-а с* (1) (вѣще творити στασιάζειν) совещание, сговор úradek: пакꙑ на владꙑкѫ вѣште творѧтъ рабı *Супр 424, 25.— Ср.* съборъ, съвѣтъ

ВѢЧЬНО *нареч.* (1) αἰωνίως вечно věčně: въсхотѣшѧ вѣчьно чьстьни бꙑти *Супр 55, 7-8*

ВѢЧЬНЪ, *-ꙑи прил.* (>200) **1.** αἰώνιος, ἀΐδιος, συναΐδιος, ἀπαραίτητος (!) aeternus; (животъ вѣчьнꙑи immortalitas) вечный věčný: ıдѣте отъ мене проклѧти • въ огнь вѣчьнꙑı *Мт 25, 41 Зогр Мар Ас Сав*; вѣчьнꙑ б⟨о⟩же *Киев 3а 1*; бальство естъ то живота вѣчьнаго *Киев 6а 8* ● ὁ ἀπ' αἰῶνος извечный, давний odvěký, dávný: раздрѣшъ вѣчьнꙑѩ ѫзꙑ *Клоц 12б 28; Супр 448, 24* **2.** ἀέναος постоянный, непрестанный stálý, trvalý, ustavičný: тъи самъ помоцьѭ твоеѭ вѣчьноѭ зашчıтı нꙑ *Киев 5а 17-18.— Зогр Мар Ас Сав Охр Зогр-пал Ен Син Служ Киев Евх Клоц Супр Рыл.— Ср.* прѣвѣчьнъ

ВѢꙖ, *-ѩ ж* (4) κλάδος ветвь větev, ratolest: егда оуже вѣѣ еѩ бѫдетъ млада *Мт 24, 32 Зогр Мар Ас Сав.— Ср.* ваи, вѣиѥ, вѣтвиѥ, вѣтвь, лѣторасль

ВѢꙖНИѤ, *-ıꙗ с* (1) βία веяние vání: великꙑихъ вѣтръ вѣаниꙗ *Супр 388, 6.— Ср.* възвѣꙗниѥ, дꙑханиѥ

ВѢꙖТИ, вѣѭ, вѣѥши *несов.* (3) ἐπιπνεῖν, πνοή (!) дуть, веять vanout: ѥгда вѣтръ лютъ сѣверъ вѣꙗше не прѣстаѩ *Супр 90, 2.— Супр 89, 8; 90, 12.— Ср.* дꙑхати

ВѦЗАТИ, вѧжѫ, вѧжеши *и* вѧзаѭ, вѧзаѥши *несов.* (14) δεῖν, δεσμεύειν, καταδεσμεῖν, χειροῦσθαι, στρεβλοῦν (!) вязать, связывать vázat, poutat: вѧзаахѫ і ѫжи желѣзньı *Л 8, 29 Зогр Мар Ас Сав*; безакон'никъ вѧжетъ свободъньıѩ *Супр 57, 25.— 2 Тим 2, 9 Ен; Супр 41, 1-2; 88, 24-25; 358, 7; 431, 24; 447, 20; 456, 30; 462, 16; 467, 22*

ВѦЩЕ *нареч. сравн. ст.* (17) πλεῖον, πλείω, ἐπάνω больше, более více: не імамъ сьде • вѧште пѧти хлѣбъ *Л 9, 13 Зогр Мар* ◆ вѧще сътворити πλεονάζειν превысить převýšit: аште и богатъ кси • нічимьже вѧште сътвориши оубогааго *Супр 491, 24.— Мт 20, 10 Мар Ас Сав; Мт 26, 53 Зогр Мар Ас Сав Боян; Мк 14, 5 Зогр Мар; Л 7, 43 Зогр Мар Сав; Супр 170, 5.— Ср.* болк

ВѦЩИИ, **вѧщьши,** **вѧще** *прил. сравн. ст.* (19) μείζων, πλείων, μέγας больший, вящий větší: іже бо мьн҃ии естъ вс҄ѣхъ васъ • сь естъ вѧшты *Л 9, 48 Зогр Мар*; вѧщьшѭ честь имѣѩ *Евх 102б 22-23.— Зогр Мар Ас Сав Евх Супр.— Ср.* болии

ВѴЗАНЬТИНСКЪ, -ыи *прил.* (1) τῶν Βυζαντίων византийский byzantský: вѵзан'тинистии же и арменинистии от⟨р⟩оци *Супр 278, 25-26*

ВѴЛИ *нескл. город* (1) Βουλβί Вулви Bulbi: иди въ асиѭ • на мѣсто рекомок вѵли • кже кстъ при мори *Супр 235, 28*

ВѴССОНЪ, **ОѴСОНЪ,** -а *м* (4) [вѵс'сон- *Зогр* (1), вѵсон- *Мар* (1), вѵсь- *Ас* (1), оѵсон- *Сав* (1)] βύσσος виссон (*тонкое полотно*) kment, jemné plátno: ч⟨лов҄ѣ⟩къ етеръ... облачааше сѧ въ фор'фирѫ • і вѵс'сонъ *Л 16, 19 Зогр Мар Ас Сав*

вѵсь *Л 16, 19 Ас см.* вѵссонъ

вѵфиниıа *Супр 97, 30 см.* вѵѳиниıа

ВѴѲИНИІА, -ıѩ *ж край* (2) Βιθυνία Вифиния Bythinie: вь никомидинискыи градъ вѵѳиниѩ *Супр 97, 30.— Супр 541, 27*

Г

Г҃ *цифра глаг. и кир.* (>200) **1.** *глаг.* δ', τέσσαρες, τέταρτος 4 **2.** *кир.* γ', τρεῖς, τρίτος 3.— *Мар Ас Сав Унд Боян Син Киев Евх Супр.— Ср.* в҃, д҃; трик, четыре, третии четврьтъ

гаваата *И 19, 13 Зогр см.* гаввата

гавата *И 19, 13 Боян см.* гаввата

ГАВВАТА, -ы *ж местность* (5) [гаваата *Зогр* (1), гавваѳа *Ас* (1), гавата *Боян* (1)] Γαββαθᾶ (*др.-евр.*) Гаввафа Gabbatha: на мѣстѣ рекомѣмь літострата • евреискъи же гаввата *И 19, 13 Ас* (2) *Зогр Мар Боян*; голъгаѳа (!) *Сав* (2)

гавваѳа *И 19, 13 Ас 103аβ 21-22 см.* гаввата

ГАВРИИЛЪ, -а *м имя* (27) [гав҃рлъ *Мар* (1), гаврилъ *Сав* (1), гав҃рилъ *Зогр* (1), гавьрилъ *Мар* (1) *Евх* (1), гаѵриилъ *Супр* (14), гаѵрилъ *Супр* (3)] Γαβριήλ Гавриил Gabriel: посъланъ бъıстъ арх⟨а⟩нћ⟨е⟩лъ Гавриилъ *Л 1, 26 Ас Зогр Мар, Супр 247, 9.— Зогр Мар Ас Сав Евх Супр*

гаврилъ *Сав 134а 6-7 см.* гавриилъ

гавьрилъ, гавьриилъ *Зогр Мар см.* гавриилъ

ГАДАРИНЬСКЪ, -ыи *прил. к названию города Гадара* (6) τῶν Γαδαρηνῶν гадаринский gadarenský: вьсь народъ области гадаринъскыѩ *Л 8, 37 Мар* (ћерћесіньскъıѩ *Зогр*); *Л 8, 26 Мар Ас Сав* (ћенисаретьскѫ *Зогр*); *Мк 5, 1 Зогр Мар.— Ср.* г҃ерг҃есиньскъ

ГАДЪ, -а *м* (11) ἑρπετόν, θηρίον ползающее животное (*в большинстве случаев нечистое, мерзкое*) plazivý živočich (*většinou nečistý*): тоу гади[и] імъже нѣстъ числа *Пс 103, 25 Син*; зачьнѫ нынѣ г⟨лаго⟩лати • имена гадомъ *Евх 59а 15* ● *собир.*: заклинаѭ въı в'сѣкъ гадъ • ѡтидѣте отъ лозиѣ *Евх 59б 7.— Евх 20а 7-8; 54а 7; 59а 5-6; 59а 12; 59а 21; Супр 495, 24; 495, 28; 495, 29*

ГАДЬНЪ, -ыи *прил.* (1) *греч. нет перен.* мерзкий, отвратительный nečistý, odporný: того радма попирааше страсти гадънъıѩ и ѩдовитъıѩ *Супр 556, 15*

газафилакиıа *Мк 12, 43 Зогр см.* газофилак҃иıа

ГАЗОФИЛАК҃ИІА, -ıѩ *ж и* **ГАЗОФИЛАК҃ИИ,** -ııа *м* (11) [*дат.* газофилак҃инови, -к҃еови *Зогр Мар, вин.* газофилак҃инѫ *Зогр Мар Ас Сав, мест.* газофилак҃ии *Зогр Мар Ас*; газафил- *Зогр* (1), ћазофил- *Зогр* (1), газофоулик- *Зогр* (1)] γαζοφυλάκιον сокровищница pokladnice: і с҄ѣдъ и⟨соу⟩с⟨ъ⟩ прѣмо газофилак҃нови • видѣвъ како народъ • мештетъ мѣдь въ газафилак҃инѫ *Мк 12, 41 Зогр*, прѣмо газофилакеови... вь газофилакинѫ *Мар.— Мк 12, 43 Зогр Мар; Л 21, 1 Зогр Мар Ас Сав; И 8, 20 Зогр Мар Ас*

газофоулик҃иıа *Мк 12, 43 Зогр см.* газофилак҃иıа

ГАИИ, -ııа *м имя* (2) [гасии (!) *Ас* (1)] Γάϊος Гай Gaius: мѣ⟨сѧ⟩ца октѵв⟨ра⟩ в҃і҃ • с⟨вѧ⟩тъıх м⟨ѫ⟩ч⟨ени⟩къ дасиѣ гасиѣ и зотика *Ас 123а 27-28.— Супр 69, 11*

ГАЛААДЪ, -а *м имя* (2) Γαλαάδ Галаад Galaad: мои естъ галаадъ и мої естъ манасі *Пс 59, 9 Син.— Пс 107, 9 Син*

ГАЛАТИ, -ъ *м мн.* (2) οἱ Γαλάται Галатяне, жители Галаты Galat'ané: нщі҃ нед⟨ѣлѧ⟩ к҃в • къ галатѡмъ *Ен 30а 4.— Ен 38а 12* галии *И 6, 17 Зогр см.* алъдии

ГАЛИЛЕИ, -ѥа *и* **ГАЛИЛѢИ**, -ѣꙗ *м* (4) [-леи *Зогр* (1) *Мар* (2), -лѣи *Зогр* (1)] Γαλιλαῖος галилеянин, житель Галилеи Galilejec: о галилѣихъ іже бѣахѫ въ силоуамѣ *Зогр 130а 13*, о галилеихъ *Мар 76б 26.— Л 13, 1 Зогр Мар.— Ср.* галилеꙗнинъ

ГАЛИЛЕИСКЪ *и* **ГАЛИЛѢИСКЪ**, -ꙑи *прил.* (58) [-леи- *Зогр* (10) *Мар* (12) *Ас* (13) *Сав* (6) *Боян* (2) *Зогр-пал* (1), -лѣи- *Зогр* (7) *Мар* (5) *Охр* (1), галѣлѣи- *Мар* (1)] Γαλιλαῖος, τῆς Γαλιλαίας галилейский galilejský: ходѧ же при мори галилѣисцѣмь *Мт 4, 18 Зогр Ас Сав*; аште ч⟨ловѣ⟩къ галилѣискъ естъ *Л 23, 6 Зогр Мар.— Зогр Мар Ас Сав Охр Боян Зогр-пал*

ГАЛИЛЕꙖ, -ѥѧ *и* **ГАЛИЛѢꙖ**, -ѣѩ *ж страна* (>100) [-ле- *Зогр Мар Ас Сав Боян Супр*, -лѣ- *Зогр Мар Охр*] Γαλιλαία Галилея Galilea: і бѣ проповѣдаѩ на съньмиштихъ іхъ • въ вьсеи галилеі *Мк 1, 39 Зогр Мар Ас Сав*; і тъ прохождааше междю самарнеѭ • галилѣѭ *Л 17, 11 Зогр Мар.— Зогр Мар Ас Сав Охр Боян Супр*

ГАЛИЛЕꙖНИНЪ *и* **ГАЛИЛѢꙖНИНЪ**, -а *м* (9) [-ле- *Зогр* (1) *Мар* (1), -лѣ *Зогр* (4) *Мар* (3)] Γαλιλαῖος галилеянин, житель Галилеи Galilejec: мьните ли ѣко галилѣане сии • грѣшьнѣише паче вьсѣхъ галилѣанъ бышѧ *Л 13, 2 Зогр*, галилѣане... вьсѣхъ чл⟨овѣ⟩къ *Мар.— Мк 14, 70 Зогр Мар; Л 22, 59 Зогр Мар; И 4, 45 Зогр Мар.— Ср.* галилеи

галилѣ- *см.* галиле-

ГАНАНИѤ, -ниꙗ *с* (2) πρόβλημα загадка hádanka: ѡтврьзѫ въ прітъчахъ оуста моѣ • провѣштаѭ гананіѣ іспрьва *Пс 77, 2 Син.— Пс 48, 5 Син*

ГАНЪГРЕНА, -ꙑ *ж* (1) γάγγραινα гангрена sněť: слово ихъ • ѣко ганъгрена жиръ обрѧщетъ *2 Т 2, 17 Ен*

гасии *Ас 123а 27-28 см.* гаии

гасити *см.* негасимъ, негасѧ, негашѧ

гаурилъ, гаурилъ *Супр см.* гаврилъ

ГВОЗДВИИ, -ꙗ *м* (1) ἧλος гвоздь hřeb: имѣаше сии корабль котъкы желѣзны • нъ исоусовами гвоздвими изгорѣшѧ *Супр 400, 28.— Ср.* гвоздии, гвоздь

ГВОЗДВИИНЪ, -ꙑи *прил.* (1) τῶν ἥλων гвоздевой, гвоздей *род. мн.* hřebů *род. мн.*: аште не виждѫ вь рѫкоу его знаменьꙗ гвоздвиинааго не имѫ вѣры *Супр 506, 7* (ѣзвы гвозденнꙑѩ *И 20, 25 Мар*, гвоздиинꙑѩ *Ас*, Ø *Зогр*).— *Ср.* гвоздиинъ

ГВОЗДИИ, -ꙗ *м* (12) ἧλος, ὀβελίσκος (!) гвоздь hřeb, hřebík: гвоздии же верѣѧ вечьнꙑѩ съкроуши • и сълом҃ь *Супр 462, 18.— Супр 17, 19; 17, 22; 141, 5; 178, 27; 399, 15; 437, 23; 438, 17; 500, 9; 500, 10; 503, 4; 505, 4.— Ср.* гвоздвии, гвоздь

ГВОЗДИИНЪ, -ꙑи *прил.* (9) [-деинъ *Мар* (1)] τῶν ἥλων гвоздевой, гвоздей *род. мн.* hřebů *род. мн.*: аште не виждѫ на рѫкоу его ѣзвы гвозденнꙑѩ *И 20, 25 Мар*, гвоздиинꙑѩ *Ас Охр.— И 20, 25 Мар Ас Охр; Супр 499, 26; 500, 24-25; 500, 29.— Ср.* гвоздвиинъ

ГВОЗДЬ, -и *м* (2) ἧλος гвоздь hřeb: кр'стъ і моука и гвоздие • і съмрьть сі животоу • бесъмрътъноумоу бываѭтъ пелены *Клоц 10б 20.— Клоц 11а 29.— Ср.* гвоздвии, гвоздии

Г҃ЕВАЛЬ, -ла *м нация* (1) Γεβάλ Гевал Gebal: г҃евали (! *вм.* -ль) і мамънъ і амалікъ *Пс 82, 8 Син*

гемонъ *см.* игемонъ

Г҃ЕНАДЪ, -а *м имя* (1) Γεννάδιος Геннадий Gennadius: мѣ⟨сѧ⟩ца тог⟨о⟩ ӣ с⟨вѧ⟩тънх⟨ъ⟩ о⟨ть⟩ць наш⟨и⟩х⟨ъ⟩ • арх⟨ие⟩п⟨ иско⟩пъ бънвшнх ц⟨ѣса⟩ри градѣ • максимина прокла • анатолѣ (!) и ѣенада *Ас 127а 28*

Г҃ЕНИСАРЕТЬСКЪ, -ꙑи *прил.* (9) [ѣенисарет- *Зогр* (4) *Мар* (3) *Ас* (3)] Γεννησαρέτ Генисаретский genezaretský: придошѧ на землѭ ѣенисаретьскѫ *Мт 14, 34 Зогр Мар Ас* (генисареѳь *Сав*).— *Мк 6, 53 Зогр Мар; Л 5, 1 Зогр Мар Ас; Л 8, 26 Зогр* (*вм.* гадариньскъ)

Г҃ЕНИСАРЕѲЬ *ж нескл. (?) край* (1) Γεννησαρέτ Генисарет Genezaret: придѫ въ землѭ генисареѳь *Мт 14, 34 Сав* (на землѭ ѣенисаретьскѫ *Зогр Мар Ас*)

Г҃ЕОНА, -ꙑ *ж* (22) [ѣеон- *Зогр* (8) *Мар* (8) *Ас* (2), ѣеенна *Мар* (1), геон'на *Супр* (1), ѣеоньна *Мар* (1), г҃еѡна *Супр* (1)] γέεννα геенна, ад peklo: да погыбл҃етъ единъ оудъ твоихъ • а не все тѣло твое въвръжено бѫдетъ въ ѣеон- *Мар* (1)] τῆς γεέννης, ἐν τῇ γεέννῃ, н а г а γέεννα геенна огненная pekelný oheň: іжь речетъ боуе • повиненъ естъ ѣеонѣ огньнѣи *Мт 5, 22 Зогр* (Ø *Мар*).— *Зогр Мар Ас Боян Супр.— Ср.* адъ, дьбрь

Г҃ЕОНЬСКЪ, -ꙑи *прил.* (3) [г҃еѡн- *Супр* (1), ѣеон- *Мар* (1)] τῆς γεέννης, ἐν τῇ γεέννῃ, οὐράνιος (!) адский, геенны *род.* pekelný: како оубѣжите отъ сѫда ѣеонъскааго *Мт 23, 33 Мар* (Ø *Зогр*).— *Супр 88, 6; 453, 3.— Ср.* адовъ, адьскъ

Г҃ЕОРГИИ *и* **Г҃ЕОРЬГИИ**, -ꙗ *м имя* (4) [ѣеорѣии *Ас* (2), георьгии *Сав* (1), г҃еѡргии *Супр* (1)] Γεώργιος Георгий Jiří: мѣ⟨сѧ⟩ца април⟨ѣ⟩ к҃г • с⟨вѧ⟩тааго великааго м⟨ѫ⟩ч⟨ени⟩ка ѣеорѣиа *Ас 145б 27.— Ас 127б 9; Сав 151а 18-19; Супр 282, 18*

Г҃ЕРЪГЕСИНИ, -синъ *м мн.* (1) οἱ Γεργεσηνοί гергесиняне, жители гергесинской области, Gergesenští: въ оно в⟨рѣмѧ⟩ пришъдъ і⟨соу⟩с⟨ъ⟩ въ землѭ герьгесиномь *Мт 8, 28*

Сав (ћер'ћесин'скѫ *Зогр*, ћерћесинскѫ *Мар*, ћерћесиньскѫ *Ас*)

ГЕРЪГЕСИНЬСКЪ *и* **ГЕРЪГЕСИНСКЪ**, -ыи *прил.* (5) [ћерћесиньскъ *Зогр* (1) *Ас* (1), ћер'ћесин'скъ *Зогр* (1), герьгесиньскъ *Сав* (1), ћерћесинскъ *Мар* (1)] τῶν Γεργεσηνῶν гергесинский gergesenský: вьсь народъ области • ћерћесиньскыѩ *Л 8, 37 Зогр Сав* (гадаринъскыѩ *Мар*).— *Мт 8, 28 Зогр Мар Ас*.— *Ср.* гадариньскъ

ГЕРЪМАНЪ, -а *м имя* (1) Γερμανός Герман Germanus: мѣ⟨сѧ⟩ц⟨а⟩ ві • епифана и герьмана *Сав 151б 20*

герьгесиньскъ *Л 8, 37 Сав см.* герънгесиньскъ

ГЕТЪСИМАНИ *ж* (?) *нескл. поместье* (6) [ћетъс- *Мар* (1), ћедьс- *Ас* (1), ћедси- *Мар* (1), геть- *Сав* (1), ћен'си- *Зогр* (2)] Γεθσημανί Гефсимания Getsemany: тъгда приде съ нйми и⟨соу⟩с⟨ъ⟩ • вь вcь нарицаемжѭ • ћен'симани *Мт 26, 36 Зогр Мар Ас Сав.— Мк 14, 32 Зогр Мар*

гетьсимани *Мт 26, 36 Сав см.* гетъсимани

ге ѡ- *см.* гео-

ГИСТЕРЬНА, -ы *ж* (1) *греч. нет* водоём cisterna: видѣаше сѧ то стражда отъ прѣподобьнааго еп⟨искоу⟩па • и отъ творѧштиихъ гистер'нѫ хытрьцъ *Супр 553, 6-7*

ГЛАВА, -ы *ж* (>600) [гл(в)а *Мар Ас Сав Унд Евх*, гл(в) *Ас*, гл(ва) *Ас*, глва *Боян*, глав *Ас*, гла *Сав*, г(в) *Сав*, г *Сав*, лав *Ас*, ла *Охр*] **1.** κεφαλή, κορυφή; (главѫ пробити κεφαλαιοῦν; главѫ отъсѣщи κρούειν) голова hlava: положишѧ връхоу главы его • винѫ напсанѫ *Мт 27, 37 Зогр Мар Ас Сав*; того камениемь бивъше пробишѧ главѫ емоу *Мк 12, 4 Зогр Мар*; положилъ еси на главѣ его вѣнъць *Пс 20, 4 Син*; сѣчьца отъсѣче главѫ ки *Супр 14, 18* ● *перен.*: блажѫ главѫ твоѭ книже прикоснѫ сѧ і⟨соу⟩с⟨ъ⟩ глава вьсѣмъ *Супр 458, 3* ● κεφάλαιον суть (дела), главное jádro (věci), hlavní věc: да не продьлѫ слова • да придемъ вь самѫ главѫ вештиі *Супр 481, 27* □ глава жгълоу κεφαλὴ γωνίας глава угла, краеугольный камень vrchol úhlu, úhelný kámen: камень... быс⟨тъ⟩ въ главѫ жгълоу *Мк 12, 10 Зогр Мар* **2.** κεφάλαιον глава (*книги*) kapitola, hlava: глав⟨ы⟩ ев⟨а⟩нъѣ⟨е⟩лиѣ еже отъ марька *Мар 43а 19*; — [еда како звѣрьми изѣдена бѫдѫ прѣдъ главоѭ твоеѭ πρὸ τῆς κέλλης *Супр 515, 21 — переводчик читал* κεφαλῆς *вм.* κέλλης].— *Зогр Мар Ас Сав Охр Унд Боян Син Евх Клоц Супр Хил.— Ср.* главизна

ГЛАВИЗНА, -ы *ж* (1) κεφάλαιον суть (дела), главное jádro (věci), hlavní věc: многоѥ же оставивъше • къ главизнѣ придѣмъ *Супр 189, 29.— Ср.* глава

ГЛАВЬНЪ, -ыи *прил.* (1): главьноѥ мѣсто κρανίον место казни (*в Иерусалиме*) popraviště (*v Jeruzalémě*): иде на свѧтоѥ главьноѥ мѣсто *Супр 286, 4-5.— Ср.* краниѥвъ

ГЛАГОЛАНИѤ, -ниѣ *с* (6) [гланиѥ] τὸ λαλῆσαι говорение, речь mluvení, řeč: г⟨оспод⟩ь же и⟨соу⟩съ по г⟨лаго⟩лании его къ нимъ • вьзнесе сѧ на небо *Мк 16, 19 Мар*, по г⟨лаго⟩ланию *Ас* (∅ *Зогр*) ◆ мъного глаголаниѥ πολυλογία многословие mnohomluvnost: ѣкоже і ѩзычьници • мьнѧтъ сѧ ѣко въ многѣ г⟨лаго⟩лани своемь • оуслышани бѫдѫтъ *Мт 6, 7 Зогр Мар Ас Сав.— Ср.* глаголъ, гласъ, рѣчь

ГЛАГОЛАТИ, -лѭ, -леши *несов.* (>3300) [глати, гти] **1.** λαλεῖν, λέγειν, ὁμιλεῖν, φάναι, προφάναι, συλλαλεῖν, ἀπαγγέλλειν, διαλέγεσθαι, φθέγγεσθαι, παρακαλεῖν, προσφωνεῖν, συντυγχάνειν (!), διηγεῖσθαι, ἀρνεῖσθαι, ἀντιλέγειν, διαλαλεῖν, προλέγειν, κηρύσσειν, ἀποκρίνεσθαι, ἐπερωτᾶν, βοᾶν, κράζειν, προσφέρειν, τιθέναι, ὑποδεικνύναι; (глаголати съ цѣмь συλλαλεῖν; ношиѭ глаголѧ νυκτολάλος) говорить, проповедовать mluvit, říkat, pravit, hlásat: раздрѣши сѧ жза ѩзыка его • і г⟨лаго⟩лааше чисто *Мк 7, 35 Зогр Мар Ас Сав Боян*; г⟨лаго⟩лааше же і притъчѫ къ нимъ *Л 5, 36 Зогр Мар*; повелѣ никомоуже не г⟨лаго⟩лати *Л 9, 21 Зогр Мар*; іли самъ еси вельзѣолъ... или ношиѭ г⟨лаго⟩лѧ • или глоухо страшѧ *Евх 54а 8* ● на кого, въ кого κατηγορεῖν τινα, τινός, καταλαλεῖν, λέγειν πρός τινα, φθέγγεσθαι κατά τινα высказываться *против кого-л.*, жаловаться *на кого-л.*, обвинять *кого-л. в чём-л.* mluvit *proti někomu*, žalovat *na někoho*, obviňovat *někoho*: се же рѣшѧ іскоушаѭште и • да бѫ імѣли на нь чьто г⟨лаго⟩лати *И 8, 6 Зогр Мар*; іво сѣдѫ кънѧѕи і на мѩ г⟨лаго⟩лаахѫ *Пс 118, 23 Син*; глаголи оубо також де вь нь *Супр 381, 20* □ въпрѣкы, противѫ глаголати ἀντιλέγειν противоречить, возражать mluvit proti, odporovat: нъ азъ съказанию семоу тъштѫ сѧ • въпрѣкы глаголати *Супр 346, 21-22*; доуша отъ землѣ исподьнииихъ истръжена бѫдетъ • ни диѣволоу противѫ глаголѫштоу *Супр 317, 24-25*; лихо глаголати βατταλογεῖν говорить попусту, болтать mluvit zbytečně, tlachat: молѧште же сѧ не лихо г⟨лаго⟩лѣте *Мт 6, 7 Зогр Мар Сав*, г⟨лаго⟩лите *Ас*; малы глаголати μικρολογεῖν говорить кратко, скупыми словами mluvit skoupě: почто малы глаголѫ мало дакши отъ мира сего *Супр 87, 23*; ѣсно глаголати τρανολογεῖν говорить ясно mluvit jasně: то ли не ѩзыци нанѣмь истинѫ ꙗсно глаголѭтъ *Супр 336, 25*; хоулы глаголати *см.* хоула □ глаголѥмоѥ *в знач. сущ.* λογισμός, глаголаноѥ *в знач. сущ.* τὸ εἰρημένον сказанное, изречение řečené, výrok: ничтоже бо сице казитъ жизни чловѣчьскыѩ • ꙗко еже скоро вѣровати глаголемыимъ *Супр 305, 26-27*; по глаголаноуоумоу въ ѱалмѣхъ • работаите богоу съ страхомъ *Супр 285, 13*; не глаголѭи *в знач. сущ.* ἄλαλος немой němý: вьсаждьшимь глоухымъ слоухъ • і не г⟨лаго⟩лѭщимъ г⟨лаго⟩лати *Евх 53а 24* **2.** λέγειν, φωνεῖν называть jmenovat, nazývat: вѣмь ѣко месиа придет • г⟨лаго⟩лемы х⟨ристос⟩ъ *И 4, 25 Ас* (рекомы *Зогр Мар*).— *Зогр Мар Ас Сав Охр Унд Боян Зогр-пал Ен Син Служ Евх Клоц Супр Рыл Зогр-лл.— Ср.* бесѣдовати, възвѣстити, възглаголати, вѣщати, глашати, повѣдати, нарицати; не глаголѭи *ср.* гѫгъниво, нѣмъ

ГЛАГОЛЪ, -а *м* (>200) [гл҃-] ῥῆμα **1.** ῥῆσις, τὸ λέγειν слово, речь slovo, řeč: вьсеі стрѣнѣ іюдѣісцѣи • повѣдаеми бѣахѫ вси г⟨лаго⟩ли сіи *Л 1, 65 Зогр Мар Ас*; б⟨о⟩же… въоуші г⟨лаго⟩лы оустъ моіхъ *Пс 53, 4 Син* **2.** вещь, событие věc, událost: видимъ г⟨лаго⟩лъ сь бывъшии • іже г⟨оспод⟩ь съказа намъ *Л 2, 15 Зогр Мар Ас Сав.— Зогр Мар Ас Сав Боян Ен Син Евх Клоц Супр Рыл.— Ср.* бесѣда, глаголаниѥ, гласъ, рѣчь, слово

глада *Супр 104, 29 см.* клада

ГЛАДИВЪ, -ыи *прил.* (1) λεληθαργημένος голодный hladový: гладиваꙗ снга • ненасыштенаꙗ • ꙗже николиже своимъ нѣста сыта *Супр 172, 17-18.— Ср.* алъчьнъ

ГЛАДИТИ, глаждѫ, гладиши *несов.* (1) *греч. нет* гладить hladit: приими мол⟨и⟩твѫ • і поклонение раба твоего сего • і мене грѣшънааго творѧщааго повелѣниѣ твоѣ • гладѧщааго прьстомь очи его *Евх 33б 23*

ГЛАДЪ, -а *м* (32) [гладь (!) *Зогр* (1) *Супр* (1)] λιμός, ἀσιτία, τῶν ἀναγκαίων σπάνις; (гладомь мрѣти πεινᾶν) голод hlad: азъ же сьде гладомь гыбл҃ѭ *Л 15, 17 Зогр Мар Ас Сав*; вь день глада насытѧтъ сѧ *Пс 36, 19 Син*; възврати сѧ третии дьнь гладъмъ мьрѣы • и раслабѣвъ *Супр 291, 14.— Зогр Мар Ас Сав Зогр-пал Син Супр.— Ср.* алъканиѥ; гладомь мрѣти *ср.* алъкати

ГЛАДЪКЪ, -ын *прил.* (4) λεῖος гладкий, ровный hladký, rovný: бѫдѫтъ стрьпьтънаа въ праваѣ • і остриѣ въ пѫти гладъкы *Л 3, 5 Зогр Мар Ас*, остри пѫтие гладъци *Сав.— Ср.* правъ

гладъше *Супр 141, 14 см.* кластн

гладь *Л 15, 14 Зогр; Супр 367; 15 см.* гладъ

ГЛАСИТИ, глашѫ, гласиши *несов.* (7) φωνεῖν, προαναφωνεῖν, συμψελλίζειν звать volat: вьниде же пакы пилатъ въ преторъ • і гласи і⟨соу⟩са і рече емоу *И 18, 33 Зогр Ас* (възъва *Мар*, г⟨лаго⟩ла къ і⟨соу⟩соу *Сав*).— *Мт 20, 31 Зогр-пал; Мк 9, 35 Зогр Мар; Супр 403, 1; 320, 19.— Ср.* въпити, гласовати, глашати, зъвати

ГЛАСОВАТИ, -соуѭ, -соуѥши *несов.* (1) *греч. нет* звать volat: рече бо къ немоу б⟨ог⟩ъ гласоуѩ *Клоц 2б 39.— Ср.* въпити, гласити, глашати, зъвати

ГЛАСЪ, -а *м* (>400) [гла(с) *Ас Сав Евх Супр*, гл҃с- *Мар*, гл(с) *Ас*] **1.** φωνή, κραυγή, ὀδυρμότης голос hlas: приде гласъ із облака г⟨лаго⟩лѧ *Мк 9, 7 Зогр Мар*; дажди емоу на съдравие чистъ гласъ *Евх 43а 22-23* ● ῥῆμα речь, слово řeč, slovo: съказашѧ о гласѣ • г⟨лаго⟩ланѣмь имъ о отрочѧте семь *Л 2, 17 Сав* (о г⟨лаго⟩лѣ *Зогр Мар Ас*) ● звук zvuk: гласъ ногоу етера слышѫ *Супр 468, 6* □ безгласа ἄφωνος молчаливый, тихий; молча, тихо mlčenlivý, tichý; bez hlesu, mlčky, tiše: ꙗкоже агнѧ прѣдъ стригѫштиїмъ ѥго безъ гласа • не противѧ сѧ *Супр 481, 7*; прѣбывъ многы часы вь тѣхъ ранахъ безъ гласа прѣда доушѫ *Супр 47, 11*; великомь гласомь μεγαλοφώνως громко, звучно hlasitě, zvučně: рьци сь н҃имъ великомъ гласомъ • из оустъ младьнецъ и съсѫштиихъ съвръшилъ ѥси хвалѫ *Супр 336, 11*; ѥдинѣмь гласомь συμφώνως согласно, в один голос souhlasně, jednohlasně: отъ обоихъ • ѥдинѣмь гласомъ съ отцемъ и съ доухомь хвалимъ *Супр 322, 6* **2.** ἦχος глас (*определенный напев в церк. песнопении*) hlas, modus (*tónina byzantského církevního zpěvu*): пѣние се глас⟨ъ⟩ г҃ *Евх 99б 25.— Зогр Мар Ас Сав Боян Ен Син Служ Евх Клоц Супр.— Ср.* бесѣда, вѣщаниѥ, глаголаниѥ, глаголъ, рѣчь, слово, шоумъ; ѥдинѣмь гласомь *ср.* съгласьно

ГЛАШАТИ, -аѭ, -аѥши *несов.* (12) φωνεῖν **1.** καλεῖν звать volat: етери же… г⟨лаго⟩лаахѫ • ѣко илиѭ глашаетъ *Мт 27, 47 Ас* (зоветъ *Зогр Мар Сав*); оумьрьшаѧ ꙗко съпѧштаѧ глашааше • хромыѩ на теченьѥ словомъ зъвааше *Супр 473, 15* **2.** называть nazývat: своѩ овьцѧ глашаетъ по імени *И 10, 3 Зогр Мар Ас.— Мк 3, 31 Мар; Мк 15, 35 Зогр Мар; И 11, 28 Ас; И 13, 13 Зогр Мар Ас.— Ср.* глаголати, гласити, гласовати, зъвати

глигор- *см.* григор-

ГЛИНЬНЪ, -ын *прил.* (3) [гниль- (!) *Супр* (1)] τοῦ κεραμέως, ὀστράκινος глиняный hliněný: и палицеѭ желѣзноѭ пасетъ • и акы съсѫды глинны • тьлѣнии оума съвръш'шаѧ сѧ сътъретъ *Супр 336, 9*; гнильное (!) свѣштило тѣлесе емоу разорѧтъ • нъ свѣштѧ божьства емоу оугасити не могѫтъ *Супр 402, 15-16.— Супр 396, 20*

ГЛОУМИТИ СѦ, -млѭ сѧ, -миши сѧ *несов.* (2) μετεωρίζεσθαι, μετεωρεῖν отвлекаться; пустословить rozptylovat se; zbytečně mluvit: пекъи сѧ пѫтьскыми и глоумли сѧ • не х⟨ристос⟩а ли съвлъклъ сѧ естъ • ѣко не чаѩ слова въздати вь дьнь сѫдьнъı *Рыл 1аβ 33.— Супр 277, 9.— Ср.* глоумлѣати сѧ

ГЛОУМЛѢТИ СѦ, -лѣѭ сѧ, -лѣеши сѧ *несов.* (3) ἀδολεσχεῖν отвлекаться; пустословить rozptylovat se; zbytečně mluvit: ѡ мьнѣ глоумлѣхо (! *вм.* -хѫ) сѣ сѣдѩштеı въ вратѣхъ • ı о мьнѣ поѣхѫ пьѭште вино *Пс 68, 13 Син* ● раздумывать přemítat, uvažovat: ноштьѭ срьдьцемь глоумлѣхъ сѣ • ı клъцаше д⟨оу⟩хъ моı *Пс 76, 7 Син.— Пс 118, 23 Син.— Ср.* бесѣдовати, глоумити сѧ

ГЛОУМЛЕНИЕ, -ниѣ *с* (1) ἀδολεσχία пустословие, nesmysl, nesmyslná řeč: повѣдашѧ мнѣ законопрѣстѫпьнии глоумлениѣ *Пс 118, 85 Син.— Ср.* глоумъ

ГЛОУМЪ, -а *м* (2) **1.** глоумъı дѣѣати *греч. нет* высмеивать vysmívat se: с⟨вѧ⟩тъ(иѩ) к'нигъи слъишаще смьѣхом' сѧ гл(оум)ъ(и) дѣѭщ(е) чьтѫщ(имъ) ѩ *Рыл 5бβ 14* **2.** без глоума ἀμετεώρητος не отвлекаясь nerozptýlený; nerozptýleně: оумъ безъ глоума хранѧ *Супр 279, 27.— Ср.* глоумление

ГЛОУХЪ, -ъıи *прил.* (40) κωφός глухой hluchý: глоусиı слъıшѧтъ *Мт 11, 5 Зогр Мар Ас*; заклинаѭ тѧ... вьсаждьшиимь глоухъıмъ слоухъ *Евх 53а 23.— Зогр Мар Ас Сав Боян Син Евх Супр*

ГЛѦДАТИ, -аѭ, -аеши *несов.* (5) βλέπειν, περιβλέπειν, ὁρᾶν, τρακτεύειν смотреть, глядеть; видеть dívat se, hledět; vidět: ицѣли ı • ѣко слѣпъ ı глоухъ ı г⟨лаго⟩лаше ı глѧдааше *Мт 12, 22 Зогр Мар.— Супр 191, 24; 340, 3; 349, 22.— Ср.* видѣти, възглѧдати, зьрѣти

ГЛѪБИНА, -ъı *ж* (36) βάθος, βυθός, βόθυνος, κύτος, ἄβυσσος глубина hlubina, hloubka: виждь ѣхаı въ глѫбинѫ • ı въметѣте мрѣжѧ ваша въ ловитвѫ *Л 5, 4 Зогр Мар Ас* ● *перен.*: въздвигни мѧ г⟨оспод⟩ı из глѫбинъı зълъ моихъ *Евх 78б 26.— Зогр Мар Ас Син Служ Евх Супр.— Ср.* бездъна, бездъние

ГЛѪБИНЬНЪ, -ъıи *прил.* (2) βύθιος глубинный hlubinný; *перен.* адский pekelný: стараего зълодѣа • ı глѫбинънааго змиѣ • б⟨о⟩гомѫдрьıмь хѫдожьствомь • оуловль *Евх 63б 10-11.— Супр 528, 22.— Ср.* адовъ, адовьскъ, адьскъ, бездънъ

ГЛѪБОКЪ, -ъıи *прил., сравн. ст.* глѫблии (11) βαθύς глубокий hluboký: ıзбави отъ ненавıдѧштıхъ мѧ • ı отъ глѫбокъıхъ водъ *Пс 68, 15 Син*; тѣм'же и с'нидошѧ тъгда текѫште въкѹпѣ • и послѣдоуѭште богови и господи на гробьнаѣ и вьсеи земи глѫбьшаѣ *Супр 464, 4.— И 4, 11 Зогр Мар Ас; Пс 63, 7 Син; Супр 262, 18; 269, 8; 439, 9; 533, 18; 555, 17*

глѫси *Пс 91, 4 Син см.* гѫсли

глѫсли *Син см.* гѫсли

ГНАФЕИ, -еѣ *м* (2) γναφεύς белильщик bělič: бъıшѧ ризъı его льштѧштѧ сѧ • бѣлъı ѕѣло ѣко ı снѣгъ • ѣцѣхъже не можетъ • гнафеı на земли тако бѣлити *Мк 9, 3 Зогр Мар*

ГНЕСТИ, гнетѫ, гнетеши *несов.* (4) ἀποθλίβειν теснить, давить tísnit, tlačit: народи оутѣштаѭтъ тѧ • ı гнетѫтъ *Л 8, 45 Зогр Мар Ас Сав.— Ср.* оугнѣтати

гнесь *Евх 78а 14 см.* гньсь

гнильнъ *Супр 402, 15-16 см.* гниньнъ

ГНИТИ, гниѭ, гниеши *несов.* (1) гнить, гноиться hnít, hnisat: не могѫ бо ицѣлениѣ оулоучити • ѣзвѣ гниѭщиıи въ ср⟨ьдь⟩ци моемь *Евх 67б 26-68а 1*

ГНОИ, гноѣ *м* (10) **1.** κόπρος, κόπριον, κοπρία, σῆψις; (гноѣ пльнъ πισσοειδής !) навоз; гниль hnůj; hniloba: аште же соль обоуѣетъ • о чемь оубо осолитъ сѧ • ни въ земи ни въ гноı • трѣбѣ естъ *Л 14, 35 Зогр Мар*; ѡ зависти корабью гноѣ пльнъ некрьстьнааго *Супр 400, 5* **2.** ἕλκος язва, гнойная рана vřed, hnisavá rána: нъ ı п'сı приходѧште • облızаахѫ гноı его *Л 16, 21 Зогр Мар Ас.— Л 13, 8 Зогр Мар; Пс 82, 11 Син; Супр 338, 29.— Ср.* врѣдъ[1]

гнониннъ *Л 16, 20 Ас см.* гноинъ

ГНОИНЪ, -ъıи *прил.* (4) [-нинъ *Ас* (1)] εἱλκωμένος покрытый язвами, гнойный, гноящийся pokrytý vředy, hnisavý, hnisající: ништь же бѣ етеръ ıменемь лазоръ • ıже лежааше • при вратѣхъ его гноıнъ *Л 16, 20 Зогр Мар Ас Сав*

ГНОИШТЕ, -а *с* (1) κοπρία навозная куча hnojiště: отъ гноıшта възносѧ оубога *Пс 112, 7 Син*

гноус-, гноуш- *см.* гнѫс-, гнѫш-

ГНЬСЬ, -и *ж* (1) *греч. нет* грязь, гной špína, hnis: ı подаждь грѣшънъıма ми очима • ıсточьникъ слезъ • ıмиже да бимь отъмылъ • гнесь отъ д⟨оу⟩ша моеѩ • ı скврънѫ отъ плъти моеѩ *Евх 78а 14*

ГНѢВАНИЕ, -ниѣ *с* (1) φρύαγμα гнев hněv: кде людие и гнѣваниѣ • и трѫтъ неправьдънъıи *Супр 448, 13-14* (шатаньѣ *Клоц 12б 16*).— *Ср.* гнѣвъ

ГНѢВАТИ СѦ, -аѭ сѧ, -аеши сѧ *несов.* на кого, на комь, о чемь *или без доп.* (31) ὀργίζεσθαι, χολᾶν, ἐνέχειν, κυμαίνεσθαι, πονεῖν, γογγύζειν (!), ἀγανακτεῖν, διαφέρειν, ἀμύνεσθαι, ἐμμαίνεσθαι, καταφρυάσσεσθαι, ἀλγεῖν сердиться, гневаться hněvat se, zlobit se: на мѧ ли гнѣваете сѧ *И 7, 23 Зогр Мар Ас*; гнѣваите сѧ а не съгрѣшаите *Пс 4, 5 Син*; оунѥ бы сице гнѣвати сѧ на тѣхъ • иже пласцемъ събираник пишѫтъ *Супр 403, 18*; нынѧ гнѣвааши сѧ о божиихъ оучениихъ *Супр 403, 21.— Зогр Мар Ас Ен Син Евх Супр.— Ср.* гнѣвъ **(въ гнѣвѣ быти)**, ꙗрити сѧ

ГНѢВИТИ, -влѭ, -виши *несов.* (2) ἐρεθίζειν сердить, гневить hněvat se, rozčilovat: дѣтиштъ мѧ обавьꙗѥ въ ѫтробѣ скача • почто паче сама гнѣвлѫ ѣосифа *Супр 242, 5.— Супр 239, 26*

ГНѢВЪ, -а *м* (>100) ὀργή, θυμός, πικρία, παροργισμός, μανία, σκάνδαλον, ἀμύνη irasci гнев hněv: гнѣвъ б⟨о⟩жи прѣбываѥтъ на нѥмь *И 3, 36 Зогр Мар*; прѣстани отъ гнѣва і остави ꙗрость *Пс 36, 8 Син* ◆ въ гнѣвѣ быти **а)** *несов.* ἐμμαίνεσθαι сердиться, гневаться, быть в гневе hněvat se, být v hněvu: вь гнѣвѣ сы нача глаголати *Супр 45, 22* **б)** *сов.* ἐμμανὴς γίγνεσθαι рассердиться, разгневаться rozhněvat se: арнꙗнъ же воѥвода се слышавъ вь гнѣвѣ бывъ • къ воиномъ глагола *Супр 153, 21.— Зогр Мар Ас Сав Син Киев Евх Клоц Супр Рыл.— Ср.* гнѣваник, ꙗрость въ гнѣвѣ быти *ср.* гнѣвати сѧ

гнѣвыи *Пс 17, 49 Син см.* гнѣвьливъ

ГНѢВЬЛИВЪ, -ыи *прил.* (1) ὀργίλος, гневающийся, злобный, сердитый hněvivý, zlostný: избавітелъ моі отъ врагъ моіхъ гнѣ⟨вьли⟩выхъ *Пс 17, 49 Син.— Ср.* гнѣвьнъ

ГНѢВЬНЪ *прил.* (1) αὐστηρός гневный, злобный hněvivý, zlobný: възъвавъ ѭ гнѣвъномъ лицемъ *Супр 240, 25-26.— Ср.* гнѣвьливъ

ГНѢЗДИТИ СѦ, гнѣждѫ сѧ, гнѣздиши сѧ *несов.* (1) ἐμφωλεύειν гнездиться hnízdit: главы гнѣздѧщиихъ сѧ змиевъ • тоу съкроушилъ еси *Евх 46б 19*

ГНѢЗДО, -а *с* (9) νοσσιά, κατασκήνωσις, καλιά гнездо hnízdo: лиси ꙗзвины імѫтъ • і п'тица н⟨е⟩б⟨есь⟩скыѩ гнѣзда *Л 9, 58 Зогр Мар Ас* (обитѣли *Сав*).— *Мт 8, 20 Зогр Мар Ас; Л 13, 34 Мар; Пс 83, 4 Син; Супр 350, 4*

гнѫсити сѧ (?) *см.* гнѫшати сѧ

ГНѪСЬНЪ, ГНОУСЬНЪ, -ыи *прил.* (3) [-нѫ- *Супр* (1), -ноу- *Супр* (2)] μιαρός, τῆς κακίας гнусный, отвратительный hnusný, ošklivý: отъ[т]връгни мѧ отъ скверы гнѹсьныѩ *Супр 160, 20-21.— Супр 386, 10; 410, 28.— Ср.* скврьнъ, скврьнавъ

ГНѪШАТИ СѦ, ГНОУШАТИ СѦ, -аѭ сѧ, -аѥши сѧ *несов.* кого, чесо (5) [*имперф.* гнѫшааше сѧ *возможен и от гл.* гнѫсити сѧ; -нѫ- *Супр* (2), -ноу- *Супр* (3)] βδελύσσεσθαι, μυσάσσεσθαι, ἀειδῶς ἔχειν гнушаться, брезгать ošklivit si, hnusit si: сице бѣ ѣосифъ боголюбьць... ꙗко и льстимъ и бѣдимъ • егоуптѣныѩ гнѫшааше сѧ и бѣгааше • прѣлюбодѣнствьнааго дѣлесе *Супр 365, 18*; гнѫшаѥтъ сѧ которьнааго гласа ихъ *Супр 510, 4.— Супр 110, 10; 167, 22-23; 545, 12*

гобезник *Евх 13а 4 см.* гобьзик

ГОБИНО, -а *с или* **ГОБИНА**, -ы *ж* (1) εὐθηνία изобилие hojnost: а они въ гобинѣ вѣры • гладомь невѣрьствиꙗ мьрѣхѫ *Супр 398, 23-24.— Ср.* гобьзик, обилик

ГОБЬЅЕВАТИ, -ѕюѭ, -ѕюѥши *или* **ГОБЬЗОВАТИ**, -зоуѭ, -зоуѥши *несов.* (2) [гобъ- *Син* (1)] εὐθηνεῖν жить в изобилии žít v nadbytku: колесница б⟨о⟩жьѣ тъмами тъмы • тысѫщѧ гобьзоуѭщихъ *Пс 67, 18 Син*; поношение гобъѕюѭщимъ *Пс 122, 4 Син.— Ср.* гобьѕьствовати, обиловати

ГОБЬЅИТИ, гобьжѫ, гобьѕиши *несов.* (1) εὐθηνεῖν изобиловать oplývat: гобьзѧщиѣ (*примечание писца к слову* плодовита, *т. е.* жена) *Пс 127, 3 Син*

ГОБЬЅИѤ, -иꙗ *с* (1) εὐθηνία изобилие hojnost: да имѫще гобезие твое • подадѧтъ и нищимъ *Евх 13а 4.— Ср.* гобино, обилик

ГОБЬЅЬСТВОВАТИ, -ствоуѭ, -ствоуѥши *несов.* (1) εὐθηνεῖν жить в изобилии, в достатке žít v nadbytku: сі грѣшьниці і гобьзьствоуѭште • въ вѣкъ оудръжашѧ богатьство *Пс 72, 12 Син.— Ср.* гобьѕевати, обиловати

гобьз- *см.* гобьѕ-

ГОВОРИТИ, -рѭ, -риши *несов.* (2) θορυβεῖν, θρυλεῖν шуметь hlučet: не говори ни съмѧти доуша дѣвици *Супр 248, 12.— Супр 467, 28.— Ср.* млъвити

ГОВОРЪ, -а *м* (4) θόρυβος, θρῦλος шум, гул hluk: къде нынѣ сѫтъ • въчерашънѧѩ млъвы и гласі • і говорі • бываѭштеі на х⟨ристос⟩а • отъ законопрѣстѫпьникъ *Клоц 12б 10; Супр 448, 9.— Клоц 12б 15; Супр 448, 13.— Ср.* млъва

ГОВѢИНЪ, -ыи *прил.* (3) εὐλαβής, σεμνός набожный, богобоязненный, благочестивый zbožný, bohabojný: храниши ли сѧ вь дѣвьствѣ • і цѣломѫдрьи • і говѣинѣ житьи *Евх 87а 14.— Служ 3б 26; Евх 19а 9.— Ср.* богочьстивъ, благовѣрьнъ, въздрьжати (въздрьжа), доброговѣинъ, чьстивъ

ГОВѢИНЬСТВО, -а *с* (1) *греч. нет* набожность, благочестие zbožnost, bohabojnost: моливъ и самъ съ говѣинъствомъ и тихостиѭ *Супр 553, 24.— Ср.* говѣник

ГОВѢНИѤ, -иꙗ *с* (9) εὐλάβεια; (говѣниимь εὐλαβῶς) набожность, благочестие zbožnost, bohabojnost: ѡ жити емоу во в'семь говѣньи • ι бескврънънѣ • ι оугодьнѣ житьи *Евх 98б 1*; ꙗрѣ и съ страхомъ • и съ вьсѣмъ говѣниимъ стоꙗ вь пѣтии *Супр 285, 12.— Евх 92а 2; Клоц 2б 22-23, 9б 22; Супр 67, 27; 456, 20; 458, 24; 492, 18.— Ср.* благовѣрик, говѣньство, доброговѣник

ГОВѢТИ, -ѣѭ, -ѣкши *несов.* (1) αἰδεῖσθαι быть набожным, богобоязненным žít zbožně, bohabojně: прѣтимаате вами не боѭ сѧ • ꙗко клеврѣтъ ми кстъ оумѣкть говѣти • небрѣгѫштиїхъ о коумирѣхъ *Супр 88, 8-9*

ГОВѦЖДЬ *прил.* (2): г о в ѧ ж д а ж и л а βούνευρον плеть býkovec: повелѣ бити ѩ • сѫкатомъ жезлиемъ • и жилами говѧждами *Супр 178, 6-7.— Супр 113, 7*

ГОДИНА, -ы *ж* (>100) ὥρα **1.** ἡμέρα (!); (без годины ἀωρία) (*благоприятное, назначенное*) время (*vhodná, určitá*) chvíle, (*vhodný, určitý*) čas: нъ се естъ ваша година • ι область тьмънаѣ *Л 22, 53 Зогр Мар*; не ю приде година моѣ *И 2, 4 Зогр Мар Ас*; с⟨ъ⟩п⟨ас⟩етъ ми д⟨оу⟩шѫ въ годинѫ онѫ *Рыл 2аа 32-33* **2.** φυλακή (!) час (*единица времени*) hodina (*jako časová jednotka*): бывъши же годинѣ шестѣι • тъма быс⟨тъ⟩ по вьсеι земли • до девѧтыѩ годины *Мк 15, 33 Зогр Мар* **3.** г о д и н а в р ѣ м е н е ὥρα τοῦ ἔτους время года roční období: съмотривъ бо кстъство тоѩ земьѩ • ꙗко стоудень велика кстъ вь нѥи • и година врѣмене ꙗко зимна *Супр 89, 4-5.— Зогр Мар Ас Сав Охр Боян Евх Супр Рыл.— Ср.* врѣмѧ, годъ, часъ

ГОДИТИ, гождѫ, годиши *несов.* комоу, чесомоу (1) συμπεριφέρεσθαι удовлетворять vyhovovat, být po vůli: не самъ молитвы трѣбоуѩ нъ немошті женьстѣ годѧ *Супр 308, 14*

г о д о в а т и *см.* негодовати

ГОДЪ, -а *м* (26) **1.** ὥρα, καιρός, χρόνος (*благоприятное, назначенное*) время (*vhodná, určitá*) doba, (*vhodný, určitý*) čas: никътоже не възложи рѫкы на нь • ѣко не ю бѣ пришьлъ годъ его *И 7, 30 Зогр Мар* (годіна *Ас*); вь в'сѣкъ годъ *Евх 101б 14*; поусто е мѣсто • и годъ юже минѫ *Мт 14, 15 Сав* (година *Зогр Мар Ас*) □ в ъ т ъ г о д ъ, в ъ т о г о д а ἐν τῷ καιρῷ ἐκείνῳ, τηνικαῦτα тогда, в то время tehdy, v onen čas, v onu chvíli: не бо нъ въ годъ тъ мнози отъпадоша того напрасно въстръжени *Супр 375, 13* **2.** (мъногы годы σύγχρονος) год rok: видѣша мнoгы годы сьвѧзана ѩзи ослабьнаго *Супр 323, 16* **3.** πάσχα (!) праздник hod, svátek: бѣ же вь пѧтъкъ обѣдъ годоу *И 19, 14 Сав 115а 11* (параскевьѥи пасцѣ *Зогр Мар Ас* (2) *Сав 128б 18*) **4.** *в знач. сказ. с инф.* εὔκαιρον пора, время (je) čas, (je) vhodná doba: годъ же се и блаженаго паула на срѣдѫ извести бесѣды *Супр 356, 5* ◆ н е в ъ г о д ъ ἀκαίρως не вовремя, некстати v nevhodnou dobu, nevhod: не въ годъ просиша *Супр 373, 1*; н а г о д ѣ συμμέτρως соответственно přiměřeně: вьзѧ на годѣ *Супр 40, 28.— Зогр Мар Ас Сав Евх Супр.— Ср.* врѣмѧ, година, часъ; годѣ

ГОДѢ *нареч.* (7): г о д ѣ б ы т и *несов./сов.* ἀρέσκειν, θεραπεύεσθαι (!) нравиться/понравиться, подходить/подойти (*для чего-л.*) líbit se/zalíbit se, být vhod, přijít vhod, hodit se: естъ ли ти годѣ игоуменъ *Евх 92а 18*; годѣ быст' вьсѣмъ слово то *Супр 540, 27.— 2 Т 2, 4 Ен; Пс 68, 32 Син; Евх 92а 19; Супр 204, 24; 544, 11.— Ср.* оугодьно

г о л г о т а *И 19, 17 Мар см.* голъгота

г о л г о ѳ а *Ас см.* голъгота

ГОЛЪ, -ын *прил.* (1) γύμνωσις (!) голый nahý: да кмоу не бѫдетъ видѣти голъ прьсии *Супр 187, 9.— Ср.* нагъ

г о л ъ г а ѳ а, г о л ъ г а ф а *Сав см.* голъгота

г о л ъ г о л ъ г о т а *И 19, 17 Боян см.* голъгота

ГОЛЪГОТА, -ы *ж гора* (16) [голгот- *Мар* (1), ꙁолъꙁот- *Зогр* (1), голгоѳ- *Ас* (3) *Супр* (1), голъгаѳ- *Сав* (4), голъгаф- *Сав* (1), ꙁельꙁот- *Зогр* (1), ꙁелъꙁот- *Зогр* (1), голъголъгот- *Боян* (1)] Γολγοθᾶ (*др.-евр.*) Голгофа Golgota: ιзиде въ нарицаемое краниево мѣсто • еже г⟨лаго⟩летъ сѧ евреискы голгота *И 19, 17 Мар Зогр Ас Сав.— Зогр Мар Ас Сав Боян Супр.— Ср.* краниквъ

ГОЛЪГОТИНЪ *прил. к* голъгота (1): г о л ъ г о т и н о м ѣ с т о Γολγοθᾶ τόπος место Голгофа místo Golgota: пришъдъ же на гольгоѳино мѣсто *Супр 455, 29*

г о л ь г о ѳ и н ъ *Супр 455, 29 см.* голъготинъ

ГОЛѢНЬ, -и *ж* (23) σκέλος, εὐκνημία (!) голень holeň: придѫ же воини • ι пръвоумоу прѣбиша голѣни *И 19, 32 Зогр Мар Ас* (3) *Сав*, голѣнъ (! *вм.* голѣни) *Боян.— Зогр Мар Ас Сав Боян Супр*

ГОЛѪБИНЪ *прил.* (4) τῶν περιστερῶν голубиный, голубки *род.*, голубицы *род.* holubí, holubičí: дати жрътвѫ... дъва кагръличишта • дъва пътѣньца голѫбина *Л 2, 24 Зогр Мар Ас Сав.— Ср.* голѫбинь

ГОЛѪБИНЬ *прил.* (2) τῆς περιστερᾶς голубки *род.*, голубицы *род.* holubičí, holubice *род.*: д⟨оу⟩хъ с⟨вѧ⟩ты • вь видѣньи голѫбини • съ н⟨е⟩б⟨е⟩се надъ главѫ г⟨осподь⟩нѭ сънидe *Евх 3б 12.— Евх 3а 20.— Ср.* голѫбинъ

г о л ѫ б ъ *Ас Боян см.* голѫбь

ГОЛѪБЬ, -и *м* (32) [голѫбъ *Ас* (2) *Боян* (1)] περιστερά голубь holub: ѣко видѣхъ д⟨оу⟩хъ съходѧщь ѣко голѫбь... съ неб⟨е⟩се *И 1, 32 Зогр Мар Ас Сав Боян.— Зогр Мар Ас Сав Боян Зогр-пал Син Евх Супр*

ГОМОРЬСКЪ, -ыи *прил. к названию города Гоморра* (5) τῶν Γομόρρων, τῆς Γομόρρας гоморрский gomorský: землѩ содомъскꙑѩ и гоморъскꙑѩ *Евх 52б 6-7.— Мт 10, 15 Зогр Мар; Супр 136, 3; 304, 30*

ГОМОРꙖНЕ, -нъ *м мн.* (2) Γόμορροι Гоморряне, жители города Гоморры Gomorští: отърадьнѣе бѫдетъ • содомомъ • ли гоморѣнемь • въ дьнь сѫдънꙑ *Мк 6, 11 Зогр Мар*

ГОНАЖАТИ, -аѭ, -аѥши *несов.* чесо (2) [-н҃а- *Супр* (1)] ἀπαλλάσσειν освобождать, избавлять osvobozovat, zbavovat: добрѣ въ галилеи гон҃ажаѩ дѣлъ и бѣдъ *Супр 445, 23.— Супр 445, 5.— Ср.* избавлꙗти

ГОНЕЗНѪТИ, -нѫ, -неши *сов.* кого, чесо *или без доп.* (10) διασῴζεσθαι, λανθάνειν, ἀπολανθάνεσθαι, ἀπαλλάσσεσθαι, ἀποτυγχάνειν, ἐκφεύγειν освободиться, спастись, избавиться *от кого-л., чего-л.,* избежать *чего-л.* osvobodit se *od někoho, něčeho,* zachránit se *před někým, něčím,* vyváznout *z něčeho,* zbavit se *někoho, něčeho,* uniknout *někomu, něčemu*: доиде иконииска града и тоу гонезе *Супр 51, 5*; їѡсифа гонезнѫти хотѣаше *Супр 240, 1*; да бꙑшѧ ни томѫ трепезꙑ гонезнѫли *Супр 405, 16.— Супр 238, 16; 338, 14; 354, 29; 401, 6; 412, 20; 412, 23-24; 440, 28.— Ср.* избавити, свободити, съпасти, оубѣжати

г о н е н е и *Евх 66б 22 см.* отъгонениѥ

ГОНИТЕЛЬ, -лꙗ *м* (3) διώκτης преследователь, гонитель pronásledovatel: ни гонителꙗ отъгъна познавъша твоѥ цѣсарьствиѥ *Супр 507, 16.— Супр 94, 6; 527, 2*

ГОНИТИ, -нѭ, -ниши *несов.* (29) **1.** ἐλαύνειν гнать hnát: гонимъ бꙑвааше бѣсомь • сквозѣ поустꙑн҃ѩ *Л 8, 29 Зогр Мар Ас Сав* ● διώκειν, καταδιώκειν гнать, преследовать honit, pronásledovat: егда же гонѧтъ вꙑ въ градѣ семь • бѣгаите въ дроугꙑ *Мт 10, 23 Зогр Мар* **2.** διώκειν, καταδιώκειν, μεταδιώκειν стремиться *к чему-л.,* искать *чего-л.* usilovat *o něco*: дажди емоу... гонити в'сѣко добродѣание *Евх 81б 16-17.— Зогр Мар Ас Сав Ен Син Евх Клоц Супр.— Ср.* гънати

ГОНОЗИТИ, гоножѫ, гонозиши *сов.* (2) διασῴζειν освободить, спасти osvobodit, zachránit: аште можеши отъпоустити и • аште ли не можеши самъ сѧ гонози *Супр 434, 9.— Супр 414, 8.— Ср.* гонезнѫти, избавити, свободити, съпасти

ГОНѢТИ, гонѣѭ, гонѣѥши *несов.* (4) ἀρκεῖν, ἐπαρκεῖν хватать, быть достаточным stačit, dostačovat: ч'то бѫдѫ люди селикꙑ гостѧ • имже ѥдинъ х⟨ристо⟩с⟨ъ⟩ гонѣѥтъ насꙑтити *Супр 424, 20.— Супр 387, 8-9; 423, 22; 559, 22.— Ср.* довьлѣти, достати

ГОНѤНИѤ, -нꙗ *с* (18) διωγμός гонение pronásledování: по томь же бꙑвъши печали • ли гон҃ению • словесе ради *Мк 4, 17 Зогр Мар*; бѣаше гон҃ениѥ велико на крьстиꙗнꙑ *Супр 68, 24-25.— Зогр Мар Евх Супр.— Ср.* прогонениѥ

ГОРА, -ꙑ *ж* (>200) [г҃ра *Мар* (1)] ὄρος, ὀρεινή гора hora, vrch: пакꙑ поѩтъ его неприѣзнь на горѫ вꙑсокѫ ѕѣло *Мт 4, 8 Зогр Ас Сав Боян* (∅ *Мар*); горꙑ сионьскꙑ *Пс 47, 3 Син*; ѡтидѣте въ поустꙑнѩ горꙑ *Евх 59б 12* ◆ о т ъ г о р ꙑ д о н и з ъ, д о н и з о у, д о д о л о у ἐπάνωθεν ἕως κάτω сверху вниз shora dolů: раздъра сѩ • на дъвое отъ горꙑ до низъ *Л 23, 45 Зогр,* ѡт⟨ъ⟩ горъи до низоу *Ас* (*Мар нет*); облѣчена въ котꙑгѫ льнѣнѫ • раздъранѫ отъ горꙑ дожи и до долоу *Супр 187, 5*; с ъ г о р ꙑ ἄνωθεν заранее, сначала shora, předem, od počátku: не притѧжите злата • ни сьребра • ни мѣди въ поꙗсѣхъ вашихъ • съ горꙑ прѣжде прат(а)ѩ тебѣ • сьребролюбьствиꙗ съказаниѥ *Супр 411, 6*; с в ѧ т а ꙗ г о р а ὄρος ἅγιον гора Сион hora Sion: та... въвѣсте мѩ въ горѫ с⟨вѧ⟩тѫѭ твоѭ *Пс 42, 3 Син.— Зогр Мар Ас Сав Боян Зогр-пал Ен Син Евх Клоц Супр.— Ср.* врьхъ, подъгориѥ, хлъмъ

г о р а (въ горѣ) *Мк 15, 7 Зогр см.* ковъ

ГОРИИ, горьши, гориѥ *прил. сравн. ст.* (30) [горꙑ *Клоц* (1), горьшии *Супр* (1), горш- *Супр* (2)] χείρων, πονηρότερος, πικρότερος, χειρότερος, χαλεπώτερος хуже, худший horší: бѫдетъ послѣдьнѣѣ льсть горьши прьвꙑѩ *Мт 27, 64 Зогр Мар Ас, Супр 439, 23*; поѥметъ дроугꙑхъ горьшь себе седмь *Л 11, 26 Зогр,* горьша *Мар*; такъ бо естъ зълꙑ тъ корень • бѣса горꙑ *Клоц 46 11*; ни единоѩ пользѧ обрѣтъши • нъ паче въ горе пришьдъши *Мк 5, 26 Зогр Мар Сав Унд,* въ гореѥ въпадъши *Ас* ▭ г о р и и в ь с ѣ х ъ *превосх. ст.* χαλεπώτατος самый худший, хуже всех nejhorší: въ сьгрѣшеньѥ вьсѣхъ горшеѥ *Супр 519, 15.— Зогр Мар Ас Сав Унд Клоц Супр.— Ср.* зълъ

ГОРКОНИИ, -нꙗ *м имя* (1) Γοργόνιος Горгоний Gorgonius: а се имъ имена • дометиꙗнъ • исухии • змарагдъ... горконии *Супр 69, 11-12*

г о р оу ш- *см.* горюш-

г о р ъ- *см.* горь-

ГОРЬКО *нареч.* (15) [-р'ко *Зогр* (1) *Супр* (2), -рко *Ас* (1), -ръко *Клоц* (1)] πικρῶς, πικρόν горько hořce: шьдъ вънъ петръ • плакааше сѩ горько *Л 22, 62 Зогр Мар*; гор'ко въздъхнѫвь рече *Супр 523, 24.— Мт 26, 75 Зогр Мар Ас* (2) *Сав* (2); *Клоц 3б 37; Супр 44, 6; 338, 11; 405, 25; 526, 27-28; Рыл 5ба 26-27.— Ср.* горьцѣ

ГОРЬКЪ, -ꙑи *прил., сравн. ст.* горьчаи (20) [горък- *Евх* (3) *Супр* (1), горк- *Супр* (2)] πικρός горький hořký: раствореи при мосѣи горъкѫѩ водѫ • въ сладъкѫѩ *Евх 20б 16*; нъ послѣжде горьчаѥ зълчи обрѧштеши *Супр 351, 3*; горкоѥ сладько сътворивъ *Супр 430, 18-19* ● *перен.* жестокий krutý: идоста же примышлѣѭшта горъкꙑѩ мѫжꙑ *Супр 210, 20.— Син Евх Клоц Супр.— Ср.* лютъ

ГОРЬНИЦА, -ѧ *ж* (5) ὑπερῷον, ὑπερῴη, ἀνάγαιον горница, верхнее помещение horní místnost: тъ вама покажетъ горьницѫ высокѫ • постъланѫ *Мк 14, 15 Зогр Мар.— Л 22, 12 Зогр Мар; Супр 125, 28-29*

ГОРЬНЪ, -ꙑи *прил.* (1) (бѣдьнъ и горьнъ δύσβατος) горный, гористый horský; hornatý: како бо иматъ сътръпѣти толикъ пѫть • бѣд'ноу сѫштоу и горьноу *Супр 31, 10-11.— Ср.* горьнь

ГОРЬНЬ, -нии *прил.* (5) ἀνώτερος, ὁ ἄνω, ἀνατολικός (!) верхний, горний horní, hořejší: хотѣаше ити къ горьнїимъ мѣстомъ *Супр 24, 10* ▭ горьнии *м мн. в знач. сущ.* οἱ ἄνω небожители nebešťané: сего дѣлꙗ горьнии • земьноѥ съпасениѥ проповѣдаѭште поꙗхѫ *Супр 322, 7*; горьнꙗꙗ *ж ед. в знач. сущ.* ὀρεινή горы horstvo: въ всеи горнии юдеистѣи • повѣдаеми бѣахѫ вьси г⟨лаго⟩ли сі *Л 1, 65 Ас* (вьсеі стрѣнѣ *Зогр*, въ вьсеи странѣ *Мар*).— *Супр 45, 28; 349, 23.— Ср.* въıспрьнь

ГОРЬЦѢ *нареч.* (5) [-рцѣ *Супр* (2) -ръцѣ *Служ* (1)] πικρῶς, πικρόν горько hořce: вѣдѣ г⟨оспод⟩і врьховьнѣаго ап⟨осто⟩ла твоего петра прославивъша сѧ горьцѣ *Служ 16 13* ● *перен.* жестоко krutě: тако мѫчимъ велми горцѣ *Супр 153, 9.— Супр 209, 26-27; 255, 19; 517, 4; 551, 11.— Ср.* горько, люто, лютѣ

горьш- *см.* гории

ГОРѢ *нареч.* (9) ἄνω **1.** вверх, горе vzhůru, nahoru: і⟨соу⟩с⟨ъ⟩ же вьзведе очи своі горѣ *И 11, 41 Сав* (въıспрь *Зогр*, въ іспрь *Мар Ас*) **2.** наверху, вверху nahoře: ти тоу помѧнеши горѣ стоѩ оу трѣбишта *Супр 422, 28.— Супр 333, 10; 366, 27; 383, 13; 456, 2; 508, 23; 558, 29; 565, 30.— Ср.* въıспрь, въıше

ГОРѢТИ, горѭ, гориши *несов.* (22) καίεσθαι; (горѩ τοῦ πυρός) гореть hořet: бѫдѫ чрѣсла ваша прѣпоѣсана • і свѣтильници горѧште *Л 12, 35 Зогр Мар Ас,* горѧще *Сав*; не ср⟨ъ⟩д⟨ь⟩це ли наю горѧ бѣ въ наю *Л 24, 32 Мар,* горъı *Ас* (∅ *Зогр*); принести свѣшта горѧшта *Супр 13, 2* ▭ горъı, горѧ *в знач. прил.* διακαής *перен.* пламенный, горячий horoucí, vroucí: горѧштѫ любьвьѭ • и божьствъньмь огнемь разгараѩ сѧ присно *Супр 273, 30.— Зогр Мар Ас Сав Син Супр*

ГОРЮШЬНЪ, -ꙑи *прил.* (15) [гороу- *Зогр* (1) *Мар* (1) *Ас* (3) *Сав* (1)] τοῦ σινάπεως горчичный hořčičný: подобьно естъ ц⟨ѣса⟩р⟨ь⟩с⟨тв⟩о н⟨е⟩б⟨е⟩с⟨ьс⟩кое • зрънoу горюшьноу *Мт 13, 31 Зогр Мар.— Мт 17, 20 Мар Ас Сав; Мк 4, 31 Зогр Мар; Л 13, 19 Зогр Мар Ас Сав; Л 17, 6 Зогр Мар Ас Сав*

ГОРЮ *межд.* (69) οὐαί, οἴμμοι горе běda: горе же непраздънымъ и доѩштимъ въ тꙑ дьни *Мт 24, 19 Мар Ас Сав Боян.— Зогр Мар Ас Сав Боян Зогр-пал Супр Рыл.— Ср.* лютѣ

горѥ *с прил. см.* гории

ГОРЮСТЬ, -и *ж* (5) πικρία, πικρόν горечь hořkost: ѥмоуже клѧтвꙑ оуста его плъна сѫтъ • и горести і лъсті *Пс 9, 28 Син.— Супр 143, 18-19; 351, 7; 426, 5; 474, 9-10*

гꙋсли *Пс 32, 2 Син см.* гѫсли

ГОСПОДА, -ꙑ *ж* (1) πανδοχεῖον постоялый двор, гостиница hospoda, hostinec: възъмъ же і на скотъ своі • приведе же і въ господѫ *Л 10, 34 Сав* (въ гостиницѫ *Зогр Мар,* въ гостіньницѫ *Ас*).— *Ср.* гостиница, гостиньница, щоуждекрьмьница, ꙗтъхоульница

ГОСПОДИНЪ, -а *м* (87) [гспдин- *Мар* (1) *Ас* (1), гспдн- *Ас* (1), гдин- *Сав* (1), гин- *Зогр* (1) *Мар* (1), гнъ (!) *Зогр* (1), гдн- *Зогр* (1) *Ас* (9) *Сав* (1), гн- *Зогр* (16) *Мар* (14) *Ас* (8) *Сав* (6) *Унд* (1)] κύριος, δεσπότης, οἰκοδεσπότης, φύλαξ (!), αὐθέντης (!) господин, хозяин pán, hospodář: егоже поставитъ г⟨осподи⟩нъ надъ домомь своимь *Л 12, 42 Зогр* (г⟨оспод⟩ъ *Мар*) ◆ господинъ домоу, храминꙑ, храминѣ, храма οἰκοδεσπότης, κύριος хозяин hospodář: аште г⟨оспод⟩ина домоу вельзѣвола нарѣшѧ *Мт 10, 25 Зогр Мар Ас*; ѣко аште би вѣдѣлъ г⟨осподи⟩нъ • храминꙑ *Л 12, 39 Зогр Мар Ас*; г⟨осподи⟩нъ храма *Мт 24, 43 Зогр Мар Ас,* храминѣ *Сав.— Зогр Мар Ас Сав Унд Евх Супр.— Ср.* господь

ГОСПОДИНЬ *прил.* (1) δεσποτικός господский, господина *род.* pánův: нагъ избѣже • да господиниꙗ не оскврьнитъ мѣста *Супр 365, 24.— Ср.* господьнь

ГОСПОДЫНИ, -нѩ *ж* (1) δέσποινα госпожа paní: видѣвъши же господꙑни... бꙑвъшеѥ чоудо • вѣрова г⟨оспод⟩оу *Супр 18, 23.— Ср.* госпожда

ГОСПОДЬ, -и *м* (>1600) [г-, г(с)д-] **1.** κύριος, δεσπότης dominus господин pán: никꙑ же рабъ не можетъ двѣма г⟨осподь⟩ма работати *Мт 6, 24 Зогр Мар* (г⟨оспо⟩диномa *Ас Сав*);

отъ кѫдоу се • да придетъ мати г⟨оспод⟩и моего къ мнѣ *Л 1, 43 Зогр Мар* □ **господь домоу** οἰκοδεσπότης хозяин hospodář: въстанетъ г⟨оспод⟩ь • домоу • і затворитъ двьри *Л 13, 25 Зогр Мар* **2.** κύριος, δεσπότης, θεός, θεὸς πατήρ, Χριστός (!), Ἰησοῦς (!) dominus (бог) господь Pán, Hospodin: на г⟨оспод⟩а оупъвахъ *Пс 10, 1 Син*; приими г⟨оспод⟩і м⟨о⟩л⟨и⟩твы нашѧ *Евх 16а 20.— Зогр Мар Ас Сав Охр Унд Боян Зогр-пал Ен Син Служ Киев Евх Клоц Супр Рыл.— Ср.* господинъ

ГОСПОДЬНЬ, -ни *прил.* (>300) [гн҃-] δεσποτικός **1.** господский pánův: ты притъчѧ подобишѧ вѣрьнааго роба и неразоумьнааго • и господьне растрошивъшааго *Супр 370, 11* **2.** τοῦ κυρίου, τοῦ θεοῦ, τοῦ δεσπότου, κυριακός, τοῦ Χριστοῦ, τοῦ σωτῆρος; (братъ господьнь ἀδελφόθεος) господень Páně: і се а⟨н⟩ћ⟨е⟩лъ г⟨осподь⟩нь ста въ нихъ *Л 2, 9 Зогр Мар Ас Сав*; с⟨вѧ⟩тааг⟨о⟩ ап⟨осто⟩ла іѣкова • брата г⟨осподь⟩нѣ *Ас 124а 4, Сав 133б 2*; десница г⟨осподь⟩нѣ сътвори силѫ *Пс 117, 15 Син*; оубои сѧ имени г⟨осподь⟩нѣ *Евх 45б 17*; господьнѥ пришьствиѥ • сама прѣисподьнѣа прѣисподнимъ доити хотѣаше *Супр 467, 29.— Зогр Мар Ас Сав Боян Ен Син Евх Клоц Супр Зогр-лл.— Ср.* господинь, господьскъ

ГОСПОДЬСКЪ, -ын *прил.* (16) [гдск- *Ас* (1), госпдьск- *Евх* (1), гдьскъ *Евх* (1)] δεσποτικός **1.** господский pánův: оньде бо бииѫштааго и пиганааго и господьско трошѧштааго и погоубыѩѭштааго мѫчитъ *Супр 370, 23* **2.** τοῦ κυρίου, τοῦ δεσπότου, κυριακός, ὁ τῆς αὐθεντίας господень Páně: ѣко а⟨н⟩ћ⟨е⟩ли г⟨оспо⟩дьсции *Евх 59б 5*; господьскаа дѣлѣ *Клоц 13а 22, Супр 449, 23.— Ас Евх Клоц Супр.— Ср.* господинь, господьнь

ГОСПОДЬСТВИѤ, -ига *с* (2) [гдестви- *Евх* (1)]: **господьствиѩ** *мн. греч. нет, один из ангельских чинов jeden ze sborů andělů*: а⟨н⟩ћ⟨е⟩ли і арх⟨ан⟩ћ⟨е⟩ли • прѣстоли і г⟨оспо⟩дествиѣ *Евх 45б 20-21.— Супр 463, 18*

ГОСПОДЬСТВО, -а *с* (2) κυριότης, αὐθεντία владычество, господство vláda, moc: своимъ господьствьмъ зовѫ мрътвааго *Супр 310, 2-3.— Супр 327, 24-25.— Ср.* владычьствиѥ, владычьство, власть, область

ГОСПОЖДА, -ѧ *ж* (17) [гжда *Ас* (1) *Син* (1)] κυρία, γυνή, δέσποινα госпожа paní: ѣко очи рабынѧ въ рѫкоу г⟨оспо⟩ждѧ своеѩ *Пс 122, 2 Син*; госпожда же селоу томоу елиньни бѣаше • имѧ ки трогани *Супр 18, 5* ● *о богородице*: род⟨ь⟩ство с⟨вѧ⟩тыѩ г⟨оспо⟩ждѧ б⟨огороди⟩цѧ *Ас 116аβ 11.— Ас Син Супр.— Ср.* господыни

ГОСТИНИЦА, -ѧ *ж* (2) πανδοχεῖον постоялый двор, гостиница hostinec, hospoda: приведе же і въ гостиницѫ *Л 10, 34 Зогр Мар* (въ гостіньницѫ *Ас*, въ господѫ *Сав*).— *Ср.* господа, гостиньница, штоуждекрьмьница, гатьхоульница

ГОСТИНЬНИКЪ, -а *м* (3) πανδοχεύς содержатель постоялого двора, гостиницы hostinský: ізьмъ д'ва пѣнѧза дастъ гостиннникоу *Л 10, 35 Зогр Мар Ас* (гостьникоу *Сав*).— Ср. гостьникъ

ГОСТИНЬНИЦА, -ѧ *ж* (3) πανδοχεῖον, γηροκόμειον постоялый двор, гостиница hostinec, hospoda: приведе и въ гостіньницѫ *Л 10, 34 Ас* (въ гостиницѫ *Зогр Мар*, въ господѫ *Сав*).— *Супр 282, 15; 282, 17.— Ср.* господа, гостиница, штоуждекрьмьница, гатьхоульница

ГОСТИНЬЦЬ, -а *м* (2) πλατεῖα широкая дорога, улица široká cesta, ulice: влачаахѫ и по гостиньцоу градъноуоумоу *Супр 537, 20.— Супр 323, 23.— Ср.* распѫтиѥ, стьгна

ГОСТИТИ, гошѫ, гостиши *несов.* (2) δεξιοῦσθαι, ξενίζειν угощать hostit: ч'то бѫдѫ люди селикы гостѧ • имже ѥдинъ х⟨ристо⟩с⟨ъ⟩ гонѣѥтъ насытити *Супр 424, 19.— Супр 18, 6*

ГОСТЬ, -и *м* (1) φίλος гость host: пиръ великъ гостемъ своимъ оуготовивъ *Супр 267, 3-4*

ГОСТЬНИКЪ, -а *м* (1) πανδοχεύς содержатель постоялого двора, гостиницы hostinský: възъмъ в҃ пѣнѧза • дасть гостьникоу *Л 10, 35 Сав* (гостиньникоу *Мар Зогр Ас*).— *Ср.* гостиньникъ

ГОТОВАТИ, -аѭ, -аѥши *несов.* (5) ἑτοιμάζειν, παρασκευάζειν, εὐτρεπίζειν готовить připravovat: позорьникы въскрьсенью его • готоваеши *Клоц 12а 22.— Пс 64, 7 Син; Клоц 12а 24; Супр 248, 6-7; 321, 25.— Ср.* готовити, оуготовати, строити

ГОТОВИТИ, -влѭ, -виши *несов.* (10) ἑτοιμάζειν готовить připravovat: пакы готовѧтъ жидове сьребро да въ адъ поустѧтъ *Супр 424, 28* □ **готовити сѧ на чьто** παρασκευάζεσθαι, παρασκευάζειν, ἑτοιμάζεσθαι, ἑτοιμάζειν ἑαυτόν, κάμνειν готовиться *к чему-л.* připravovat se *na něco*: сии на слоужъбѫ готовлѣахѫ сѧ *Клоц 6а 11-12.— Супр 191, 22; 216, 13; 216, 17-18; 290, 29; 300, 30; 399, 8; 415, 25; 550, 5.— Ср.* готовати, оуготовати, строити

ГОТОВЪ, -ын *прил.* (56) ἕτοιμος готовый hotov, připravený: вы бѫдѣте готови • ѣко въ ньже часъ не мьните с⟨ы⟩нъ ч⟨ловѣчь⟩скы придетъ *Л 12, 40 Зогр Мар Ас Сав*; ѣко левъ готовъ на ловъ *Пс 16, 12 Син* ● πρόσφορος полезный užitečný: възискати покаганьнѫѩ готовы цѣльбы *Супр 362, 16.— Зогр Мар Ас Сав Син Евх Супр*

ГРАБИТИ, -блѭ, -биши *несов.* (4) ἁρπάζειν, διαρπάζειν, πλεονεκτεῖν отнимать, грабить brát, loupit: иждени трѧсавицѫ сиѭ • отъ раба твоего сего... грабѧщѫѭ водѫ • трѧсѫщѫѭ виѣлицеѭ • вь тѣлеси его *Евх 44б 23*; богатъство грабити *Супр 90, 18.— Супр 378, 5; 527, 6.— Ср.* въсхыщати

ГРАБЛЄНИЄ, -ниꙗ *с* (1) *греч. нет* грабеж loupež: да бы кто... очистилъ... доушѫ отъ прѣльсти мира сего • и всего грабьєниꙗ *Супр 570, 23-24.— Ср.* въсхыщениѥ, разграблениѥ

г р а б ь є н ь є *Супр 570, 23-24 см.* граблєниє

ГРАДИТИ, граждѫ, градиши *несов.* (1) κτίζειν строить stavět: сълоучи сѧ градити манастырь отъ лавры на сѣверъ *Супр 284, 13.— Ср.* зьдати

ГРАДЪ[1], -а *м* (>400) [гра *Ас* (2), ..радъ *Ен* (1)] **1.** πόλις, κώμη, μητρόπολις (!), πύλη (!); (напьсати въ градъ πολιτογράφειν) город město: прохождааше і⟨соу⟩с⟨ъ⟩ • грады всѧ і вси *Мт 9, 35 Зогр Мар Ас Сав*; наведе ꙗ на пѫть правъ • вънітi въ градъ обитѣльнъи *Пс 106, 7 Син*; вьси наꙋании въ вышьни градъ иероусалимъ *Супр 496, 23-24* ● *перен. о жителях города*: і се весь градъ ізиде противѫ і⟨соу⟩с⟨о⟩ви *Мт 8, 34 Зогр Мар Ас Сав* □ б е з г р а д а ἄπολις (*человек*) не имеющий родины (*člověk*) bez domova: без домоу • и без града бывъше *Супр 442, 2*; с в ѧ т ы и г р а д ъ ἁγία πόλις святой город (*Иерусалим*) svaté město (*Jeruzalém*): тогда поѩтъ і диѣволъ • вь с⟨вѧ⟩ты градъ *Мт 4, 5 Зогр Ас Сав* (*Ø Мар*); в ь с ь и г р а д ъ *см.* вьсь; в ь с ь н ы и г р а д ъ *см.* вьсьнъ; и к о н и и с к ъ г р а д ъ *см.* иконийскъ; и с а ѵ р ь с к ы и г р а д ъ *см.* исаѵрьскъ; к о н с т а н т и н ь г р а д ъ *см.* константинь; н и к е и с к ы и г р а д ъ *см.* никеискъ; п о у с т ъ г р а д ъ *см.* поустъ; р и м ь с к ъ г р а д ъ *см.* римьскъ; ц ѣ с а р ь г р а д ъ *см.* цѣсарь **2.** τεῖχος городская стена hradby: саторнинъ же имѣаше село вънѣ града • не далече града *Супр 204, 9* **3.** κῆπος, παράδεισος сад, парк zahrada, obora: не азъ ли тѧ видѣхъ въ градѣ *И 18, 26 Сав* (въ врътѣ *Зогр Мар Ас*); ꙗкоже въ градѣ ни смокы бѫдетъ • ни дѫбъ никакъже многыѩ ради топлоты и соухоты *Супр 301, 11.— Зогр Мар Ас Сав Боян Зогр-пал Ен Син Евх Клоц Супр Зогр-лл.— Ср.* стѣна, станиѥ; врътоградъ, врътъ, врътъпъ; без града *см.* безградьниѥ

ГРАДЪ[2], -а *м* (8) χάλαζα град, градобитие kroupy, krupobití: ізбі градомь віна іхъ *Пс 77, 47 Син*; ізбави... отъ града носима боуреѭ *Евх 14а 7.— Пс 17, 13 Син; 77, 48 Син; 104, 32 Син; Евх 54б 10-11; Супр 77, 6; 397, 10*

ГРАДЬНИКЪ, -а *м* (1) πολίτης гражданин, житель občan, obyvatel: то како юже безградьникы ли ѩ наречемъ • или градьникы вьсеѩ вьселенъıѩ *Супр 84, 2.— Ср.* гражданинъ, жителинъ

ГРАДЬНЪ, -ъıи *прил.* (5) τῆς πόλεως городской městský: оумаша градьнъıѩ стѣнъı *Супр 540, 5.— Супр 206, 9; 281, 3; 397, 12; 537, 20.— Ср.* градьскъ

ГРАДЬСКЪ, -ъıи *прил.* (2) τῆς πόλεως городской městský: нача оучити градъскыѩ мѫжа *Супр 535, 10.— Супр 174, 28.— Ср.* градьнъ

ГРАДЬСКЫ *нареч.* (1) πολιτικός (!) публично veřejně: въ мнозѣхъ старѣишиньствѣхъ градъскы лѣпьствовавъшемъ • въ воеводьствѣхъ же • и народоводимѣхъ *Супр 278, 22*

ГРАДЬЦЬ, -а *м* (11) **1.** κώμη, πόλις городок městečko: бѣ же етеръ болѧ лазарь отъ витаниꙗ • градьца марина • і марътъı сестры еꙗ *И 11, 1 Зогр Мар Ас* (града *Сав*) **2.** κηπάριον садик, огородик zahrádka: потом же градьць малъ на брѣзѣ сьтворивъ • и тъ вь рѣдъкыѩ часы дьни дѣлаѩ • отъ того крьмлѧ себѣ имѣаше *Супр 519, 5.— Мт 14, 15 Зогр Мар; Мк 6, 6 Зогр Мар; И 7, 42 Зогр Мар; И 1, 45 Ас.— Ср.* вьсь[1] (вьсь и градъ), вьсьнъ (вьсьнъıи градъ)

ГРАЖДАНИНЪ, -а *м, мн.* граждане (10) πολίτης; (граждане *мн.* πόλις) гражданин, житель občan, obyvatel: породьнааго гражданина • безъ земьнааго троуждениꙗ живѫшта *Супр 429, 23-24*; і граждане емоу • ненавидѣахѫ его *Л 19, 14 Зогр Мар Ас*; да не бѫдетъ съ зълыими гражданы осѫжденъ *Супр 319, 19*; скрьбь же и печаль не хоулѫ имѣахѫ граждане *Супр 191, 20-21.— Супр 13, 27; 319, 20; 362, 22; 542, 30.— Ср.* градьникъ, жителинъ

ГРАЖДЕНИЄ, -ниꙗ *с* (1) οἰκοδομή постройка stavení: на пештеръное гражденије пришъдъ *Супр 293, 6.— Ср.* зьданиѥ

г р а ж д ъ *Супр 215, 1 см.* граждь

ГРАЖДЬ, -жда *м* (1) φάτνη конюшня stáj: оукори и безъчьствова ѭ (*т. е.* црькъвь) • конемъ граждъ сътворивъ ѭ *Супр 215, 1*

г р а ж д ь в ь н.. (?) *Супр 552, 20 разура в рукописи*

ГРАНЪ, -а *м* (1) *греч. нет* стих verš: и по сем⟨ь⟩ рекѫт⟨ъ⟩ граннъ (!) *Евх 65а 3.— Ср.* стихъ

г р а т и а н ъ *Супр 197, 11 см.* гратиꙗнъ

ГРАТИꙖНЪ, -а *м имя* (3) [гратиан- *Супр* (1)] Γρατιανός Грациан Gracián: и посълаша сълы къ цѣсароу гратиꙗноу *Супр 196, 26.— Супр 197, 11; 197, 13* греб- *см. также* грети

ГРЕБЕНИѤ, -нꙗ *с* (2) τὸ ἐλαύνειν гребля veslování: видѣвъ ꙗ страждѫштꙗ въ гребении *Мк 6, 48 Зогр Мар*

ГРЕБИЩЕ, -а *с* (1) μνημεῖον могила hrob: сърѣтосте и дъва бѣсъна • отъ гребиштъ іхъ • ісходѧшта *Мт 8, 28 Зогр* (отъ гробиштъ *Ас*, отъ гроба *Сав*, отъ жалии *Мар*).— *Ср.* гробище, гробъ, жаль

ГРЕТИ, гребѫ, гребеши *несов.* (3) ἐλαύνειν грести veslovat: гребъше же ѣко дъва десѧти і пѧть стадиі • ли ҃ ти оузьрѣшѧ і⟨соу⟩са ходѧшта по морю *И 6, 19 Зогр Мар Ас*

гречьскꙑ *И 19, 20 Ас Боян см.* грьчьскꙑ

ГРИГОРИИ, -нꙗ *и* **ГРИГОРЪ**, -а *м имя* (20) [григории *Ас* (1) *Боян* (1) *Супр* (8), глигории *Ас* (1) *Унд* (1); григоръ *Сав* (3) *Супр* (2), глигоръ *Ас* (2), глигорь *Ен* (1)] Γρηγόριος Григорий Řehoř: мѣ⟨сѧ⟩ца ноѧб⟨ра⟩ ҃з҃і • с⟨вѧ⟩тааго глигориа чюдотворца неокесариꙗ *Ас 127а 23.— Ас Сав Унд Боян Ен Супр*

григоръ *Сав Супр см.* григории

гристи *Л 12, 33 Сав см.* грꙑсти

ГРОБИЩЕ, -а *с* (3) μνῆμα, μνημεῖον могила hrob: сърѣтосте и дъва бѣсъна • отъ гробиштъ исходѧща *Мт 8, 28 Ас* (отъ гребиштъ *Зогр*, отъ гроба *Сав*, отъ жалии *Мар*).— *Супр 528, 30; 529, 17.— Ср.* гребище, гробъ, жаль

ГРОБЪ, -а *м* (>200) τάφος, μνημεῖον, μνῆμα, λάκκος (!), ταφή могила, склеп, гробница hrob; hrobka: гроби отвръзошѧ сѧ • і многа тѣлеса почивавъшиіхъ с⟨вѧ⟩тъіхъ въсташѧ *Мт 27, 52 Зогр Мар Ас Сав*; тако прогнѣвающѧѩ живѫщѧѩ въ гробѣхъ *Пс 67, 7 Син.— Зогр Мар Ас Сав Охр Син Евх Клоц Супр.— Ср.* гребище, гробище, жаль

ГРОБЬНЪ, -ьи *прил.* (9) **1.** τοῦ τάφου могильный hrobový: гробънъи камꙑ отъвалıакъши *Супр 338, 27* **2.** ὁ ἐν ᾅδῃ преисподний podsvětní: послѣдоуѭште богови и господи на гробьнаꙗ и вьсен земи глѫбьшаꙗ *Супр 464, 3-4*; ıако въ тьмнѣхъ ложеснѣхъ х⟨ристо⟩са проповѣдаѭ гробьнꙑимъ вьсѣмъ *Супр 461, 10.— Клоц 12а 25-26; 12а 35; 14б 1-2; Супр 448, 1; 452, 24; 472, 27*

ГРОЗА, -ꙑ *ж* (2) φρίκη ужас hrůza: гроза етера и трепетъ • въкоупѣ же и съмѫштание и страхъ пристрашънъ нападаѥтъ *Супр 464, 25.— Клоц 3а 6.— Ср.* страхъ, трепетъ

ГРОЗДЪ, -а *м* (6) σταφυλή, τρύγη, καρπός виноградная гроздь vinný hrozen: еда обьемлѭтъ отъ трънѣ гроздꙑ *Мт 7, 16 Зогр Ас* (грознꙑ *Мар*).— *Л 6, 44 Зогр Мар; Евх 14а 10; 59а 19.— Ср.* вино, грозновиѥ, грознъ

ГРОЗНОВИѤ, -нꙗ *с* (2) οἱ βότρυες, οἱ καρποί виноградные грозди vinné hrozny: да не отъ винограда сладъкоѥ обьемлѭтъ грозновиѥ *Супр 385, 22.— Супр 335, 2.— Ср.* вино, гроздъ, грознъ

ГРОЗНЪ, -а *м* (3) σταφυλή, βότρυς виноградная гроздь vinný hrozen: еда обемлѭтъ отъ трънѣ грознꙑ *Мт 7, 16 Мар* (гроздꙑ *Зогр Ас*); тъчьѭ же оузьрѣвъ братиѭ и приснааго брата веньꙗмина • безълобьнааго младааго мьн҇ьшааго • отьча лозꙑ послѣдьн҇ии грознъ *Супр 367, 27-28.— Супр 397, 16-17.— Ср.* вино, гроздъ, грозновиѥ

ГРОЗЬНЪ, -ьи *прил.* (2) *греч. нет* страшный, грозный hrozný: ѡ бꙑтьи намъ ѣко не бꙑти • въ грозъное правьдивое съшествие • с⟨вѧ⟩таго емоу д⟨оу⟩ха • г⟨оспод⟩ю по⟨мо⟩лимъ сѧ⟩ *Евх 60б 2.— Евх 51б 8.— Ср.* страшьнъ

ГРОМОВЪ *прил.* (2) τῆς βροντῆς грома *род.* hromu *род.*: нарече има имен҇ѣ • вооаниръси • еже естъ с⟨ꙑ⟩на громова *Мк 3, 17 Зогр Мар.— Ср.* громьнъ

ГРОМЪ, -а *м* (12) βροντή гром hrom, hřmění: гласъ дашѧ облаці ıбо стрѣлꙑ твоѩ прѣходѩтъ • гласъ грома твоего въ колеси *Пс 76, 19 Син*; и мльчитъ въ плъти громъ божиꙗ словесе *Супр 456, 8.— И 12, 29 Зогр Мар Ас Сав Боян; Пс 103, 7 Син; Евх 56б 20; Супр 6, 15; 230, 5; 266, 3*

ГРОМЪГЛАСЪ, -ьи *прил.* (1) βροντόφωνος громоголосый hřímavý: громъгласомъ етеромъ слꙑшѧштемъ *Супр 465, 2*

ГРОМЬНЪ, -ьи *прил.* (1) *греч. нет* громовой hromový: гласъ испоуштенъ бꙑ изъ облака • окꙑ громънꙑи • на многъ часъ гръмѣ *Супр 570, 8-9.— Ср.* громовъ

ГРЪДОСТЬ, -и *ж* (3) ὑπερηφανία, τὸ ὑπερηφανεύεσθαι, ἔπαρσις надменность, гордыня pýcha, zpupnost: въ гръдості нечьстиваго възгараѥтъ сѧ ніщеі *Пс 9, 23 Син.— Евх 52а 5; 91б 14.— Ср.* възгръдѣние, гръдꙑн҇и, гръжденије

ГРЪДЪ, -ьи *прил.* (24) [грьд- *Супр* (2), родъ (!) *Син* (1)] **1.** ὑπερήφανος, τυφωνικός возгордившийся, надменный pyšný, zpupný: расточи гръдꙑѩ мꙑслью срьдьца іхъ *Л 1, 51 Зогр Мар*; ѡтиди • в'сѣкъ демонъ нечистꙑ... или гръдъ • или животьномь • видѣниемь авлѣѩ сѧ *Евх 53б 26* **2.** φρικτός, φρικώδης, φοβερός величественный, поражающий, изумляющий vznešený, hrozný: гръдъ на облацѣхъ • и аггелꙑ • и силами славимъ *Супр 326, 30*; къ жрьтвѣ приходиши грьдѣ и с⟨вѧ⟩тѣ *Супр 421, 29.— Зогр Мар Син Евх Супр Рыл*

ГРЪДꙐН҇И, -нѩ *ж* (14) [грьд- *Син* (1)] ὑπερηφανία, μεγαλαυχία, τῦφος надменность; гордыня pýcha, zpupnost: отъ срьдьца ч⟨ловѣ⟩ч⟨ь⟩ска • помꙑшлен҇ѣ зълаѣ ісходѧтъ... хоулениe • гръдꙑни • безоумье *Мк 7,*

22 Зогр Мар; кръстъ въдръженъ бываашє • июдѣиска гръдꙑни падааше Клоц 10б 12.— Пс 16, 10 Син; 30, 19 Син; 30, 24 Син; 35, 12 Син; 58, 13 Син; 72, 6 Син; 73, 3 Син; 73, 23 Син; 100, 7 Син; Евх 89а 18; Супр 467, 12.— Ср. възгръдѣник, гръдость, гръждениѥ

ГРЪДѢ *нареч.* (1) φοβερόν грозно, потрясающе pyšně, hrozně: прѣди идꙑи грьдѣ на ратьникꙑ • вьзиракть крьстъ *Супр 105, 13*

ГРЪЖДЕНИѤ, -ниꙗ *с* (1) ἐπιληψία (!) гордыня pýcha: сице бо обоихъ безоумиѥ • сице ихъ грьждениѥ оудрьжаниꙗ *Супр 339, 14.— Ср.* величаниѥ, възгрьдѣниѥ, грьдость, грьдꙑни

ГРЪЛИЦА, -ѧ *ж* (1) τρυγών горлица hrdlička: ибо пьтица обрѣте себѣ храминѫ • и грълица гнѣздо себѣ *Пс 83, 4 Син*

ГРЪЛИЧИЩЬ, -а *м* (5) [грьл- *Сав* (1)] τρυγών птенец горлицы hrdliččí mládě: приведе б⟨ого⟩ви • и о⟨тъ⟩цю дъва гръличчишта *Клоц 14а 32-33; Супр 452, 15.— Л 2, 24 Сав; Клоц 14а 27; Супр 452, 9-10.— Ср.* кагрълиичищь

гръмъ *Евх 15б 8-9 см.* савековъ

гръмѣти *Супр 570, 9 см.* грьмѣти

ГРЪНЬЧАРЬ, -рꙗ *м* (1) κεραμεύς гончар hrnčíř: ꙗко ѥстъ лѣпо... глинѣнꙑимь брьниѥмь грьньчаремъ сътворенѣ быти *Супр 396, 20-21.— Ср.* скѫдьльникъ

ГРЪСТЬ, -и *ж* (1) δράξ горсть hrst: иже ѥстъ измѣрилъ водѫ морьскѫѭ грьстиѭ *Евх 55б 20*

ГРЪТАНЬ, -и *м* (11) [грьт- *Супр* (2), грт'- *Супр* (1)] λάρυγξ, φάρυγξ, λαιμός горло, гортань hrdlo, chřtán: прильпле ꙗз⟨ꙑ⟩къ мои грътани моѥмь *Пс 136, 6 Син*; показа силѫ грьтань • имже изидоша прѣдааниꙗ словеса *Супр 426, 15.— Пс 5, 10 Син; 21, 16 Син; 68, 4 Син; 113, 15 Син; 118, 103 Син; Евх 29б 23; Супр 104, 6; 351, 2; 353, 25*

гръчьскъ *Супр 65, 3; 144, 26; 566, 26 см.* грьчьскъ

гръчьскꙑ *И 19, 20 Мар см.* грьчьскꙑ

гръци *Супр 291, 28-29 см.* грьци

ГРЫСТИ, грꙑзѫ, грꙑзеши *несов.* (1) διαφθείρειν (!) грызть, глодать, точить hryzat, hlodat, rozžírat: идеже тать не приближаѥтъ сѧ ни чрьвь гризетъ • ни тьлѣ тьлитъ *Л 12, 33 Сав* (ни тьлѣ тьлитъ • ни чрьвь *Зогр*, ни тьлѣ тьлитъ *Мар Ас*)

ГРЬМѢТИ, грьмлѭ, грьмиши *несов.* (1) *греч. нет* греметь hřmět: гласъ испоуштенъ бꙑ изъ облака • окꙑ громьнꙑи • на многъ часъ грьмѣ *Супр 570, 9*

грьньчарь *Супр 396, 21 см.* гръньчарь

грьтань *Супр 351, 2; 426, 15 см.* грътань

ГРЬЧЬСКЪ, -ꙑи *прил.* (5) [гръч- *Супр* (3)] ἑλληνικός, τῶν Ῥωμαίων, ἑβραϊκός (!) греческий řecký: въходъ въ грьчьскѫ землѭ *Супр 566, 26*; робъ же б⟨о⟩жии грьчьскомъ ѩзꙑкомь бѣаше грѫбъ и неоустроѥнъ *Супр 48, 28.— Л 23, 38 Сав; Супр 65, 3; 144, 26.— Ср* елиньскъ

ГРЬЧЬСКꙐ *нареч.* (5) [гръч- *Мар* (1), греч- *Ас* (1) *Боян* (1)] ἑλληνιστί по-гречески řecky: бѣ нап'сано евреискꙑ и грьчьскꙑ • латиньскꙑ *И 19, 20 Зогр Мар Ас Сав Боян*

ГРЬЦИ, грькъ *м мн.* (1) οἱ Ῥωμαῖοι греки Řekové: иде на аравиѭ и на палестинѫ съ многоѭ ꙗростиѭ на грькꙑ въсждоу плѣнꙗѧ *Супр 291, 28-29.— Ср.* елинъ

ГРѢХОВЬНЪ, -ꙑи *прил.* (19) τῶν ἁμαρτιῶν, τῶν ἁμαρτημάτων, τῆς ἁμαρτίας, ὁ ἐξ ἁμαρτιῶν, τοῦ πάθους, τῆς ἀρρωστίας греха *род.*, грешный, греховный hříšný, hříchu *род.*: съхрани нꙑ отъ мрачьнꙑѩ тъмꙑ грѣховьнꙑѩ *Евх 37б 20-21*; твоꙗ ѫжа сѫтъ грѣховьнии съѫзи *Супр 400, 14* □ грѣховьноѥ *с в знач. сущ.* ἁμάρτημα грех hřích: и ѩзꙑ грѣховьнꙑихъ растрьзаахѫ сѧ *Супр 387, 16.— Ен Евх Супр Хил.— Ср.* грѣшьнъ; грѣхъ

грѣхопаданиѥ *Ен 31б 8 см.* грѣхъпаданиѥ

ГРѢХЪ, -а *м* (>300) ἁμαρτία, ἁμάρτημα, πταῖσμα, ἀνομία, πλημμέλημα, πεπλημμελημένον, ἔγκλημα, παρακοή, ὀργή; (грѣхъ отъпоустити συγχωρεῖν) culpa, peccatum, excessus грех, проступок hřích, provinění: отъпоуштаѭтъ ти сѧ грѣси твои *Мт 9, 5 Зогр Мар Ас Сав*; грѣховъ раздрѣшениѥ *Евх 5а 4*; сихъ въкоушьшю неволеѭ • отъпоусти грѣхъ *Евх 22а 15*; ꙗгахѫ сѧ славѧште б⟨ог⟩а • и ïсповѣдаѭште грѣхꙑ своѧ бꙑшѧ крьстиꙗни *Супр 4, 3* ◆ без грѣха ἀναμάρτητος безгрешный bezhříšný, nevinný: иже васъ без грѣха ѥстъ *И 8, 7 Зогр Мар.— Зогр Мар Ас Сав Охр Боян Ен Син Служ Киев Евх Клоц Супр Хил Рыл.— Ср.* беззакониѥ, вина, грѣхъпаданиѥ, законопрѣстѫплениѥ, прѣгрѣшениѥ, прѣстѫплениѥ; без грѣха *ср.* безгрѣшьнъ

ГРѢХЪПАДАНИѤ *и* **ГРѢХОПАДАНИѤ**, -ниꙗ *с* (3) [грѣхъпад- *Син* (2), грѣхопад- *Ен* (1)] παράπτωμα грех, прегрешение upadání do hříchu: грѣхъпаданьѣ къто разоумѣѥтъ *Пс 18, 13 Син.— Ен 31б 8; Пс 21, 2 Син*

ГРѢШЬНИКЪ, -а *м* (>100) ἁμαρτωλός грешник hříšník: бѣахѫ же приближаѭште сѧ къ немоу вси мꙑтаре • и грѣшьници *Л 15, 1 Зогр Мар*; положишѧ грѣшьници сѣть мьнѣ • и отъ заповѣдеи твоихъ не заблѫдихъ *Пс 118, 110 Син*; на хрьбьтѣ моѥмъ коваахѫ грѣшници • оудалишѧ беззакониѥ ихъ *Супр 113,*

11; Пс 128, 3 Син.— Зогр Мар Ас Сав Син Евх Супр.— Ср. законопрѣстѫпьникъ; грѣшьнъ

ГРѢШЬНИЦА, -ѧ ж (8) ἡ ἁμαρτωλός грешница hříšnice: вѣдѣлъ би оубо • ꙇ какова жена прикасаетъ сѧ емь • ѣко грѣшьница естъ Л 7, 39 Зогр Мар Ас.— Л 7, 37 Зогр Мар Ас; Супр 391, 7-8; 393, 3.— Ср. блѫдьница

ГРѢШЬНИЧЬ прил. (7) τοῦ ἁμαρτωλοῦ, τῶν ἁμαρτωλῶν грешника, грешников род. hříšníka, hříšníků род.: неже жꙇтꙇ въ селѣхъ грѣшьнꙇчꙇхъ Пс 83, 11 Син; масло грѣшниче Супр 542, 24.— Пс 35, 12 Син; 54, 4 Син; 81, 2 Син; 81, 4 Син; 108, 2 Син

ГРѢШЬНЪ, -ꙑи прил. (82) ἁμαρτωλός грешный hříšný: исповѣдание • грѣшънааго раба Евх 77б 20; како можетъ ч⟨ловѣ⟩къ грѣшьнъ • сице знамениѣ творити И 9, 16 Зогр Мар Ас ▭ г р ѣ ш ь н ꙑ и в знач. сущ. грешник hříšník: съмрьть грѣшьнꙑихъ люта Пс 33, 22 Син.— Зогр Мар Ас Сав Ен Син Евх Супр Рыл.— Ср. законопрѣстѫпьнъ; грѣшьникъ, законопрѣстѫпьникъ

ГРѢꙖТИ, грѣѭ, грѣеши несов. (15) διαθάλπειν, πυριάζειν греть, согревать hřát, ohřívat: грѣаше ѩ теплостиѭ рѫкꙑ своѥѩ Супр 516, 15 ▭ г р ѣ ꙗ т и с ѧ θερμαίνεσθαι греться, согреваться hřát se, ohřívat se: стоѣхѫ же рабꙇ и слоугꙑ огнь сътворьше • ѣко зима бѣ • и грѣахѫ сѧ • бѣ же съ нꙇми петръ стоꙗ и грѣꙗ сѧ И 18, 18 Ас Сав, грѣахѫ (!)... грѣꙗ (сѧ) Зогр (∅ Мар).— Мт 14, 54 Зогр Мар; Мк 14, 67 Зогр Мар; И 18, 25 Зогр Ас Сав; Супр 92, 17

ГРѦСТИ, грѧдѫ, грѧдеши несов. (>100) ἔρχεσθαι, εἰσέρχεσθαι, ἐπέρχεσθαι, κατέρχεσθαι, πορεύεσθαι, περιπατεῖν, ὑπάγειν, ἐπανάγειν, ὁδεύειν, βαδίζειν, ἥκειν, ἐπείγεσθαι, προσέρχεσθαι, ἀπέρχεσθαι, ἐπιπορεύεσθαι; (мимо грѧсти παράγειν; грѧди δεῦρο, δεῦτε) идти, приходить, грясти jít, kráčet, přicházet: ѣко азъ къ о⟨ть⟩цю грѧдѫ И 14, 12 Зогр Мар Ас (2) Сав; ѣко грꙑдетъ сѫдитъ землꙇ Пс 95, 13 Син; лазоре грѧди вънъ И 11, 43 Зогр Мар Ас (иди Сав); грѧди и покажи намъ Супр 218, 28 ● въ слѣдъ кого, по комь, послѣдь ἀκολουθεῖν τινι, ὀπίσω τινός следовать, идти вслед за кем-л. následovat někoho, jít za někým: вьслѣдь тебе грѧдѫщѧ Евх 80б 7-8; по мнѣ тꙑ грѧд(и) И 21, 22 Зогр Ас (иди Сав, ∅ Мар); послѣдь грѧдѫште боѣахѫ сѧ Мк 10, 32 Зогр Мар ▭ г р ѧ д ꙑ и в знач. прил. μέλλων, ἐρχόμενος будущий, грядущий budoucí, nastávající: не отъпоуститъ сѧ емоу • ни вь сь вѣкъ • ни въ грѧдѫштии Мт 12, 32 Зогр Ас Сав (бѫдѫщии Мар); г р ѧ д ѫ щ е е с, г р ѧ д ѫ щ а ꙗ с мн. в знач. сущ. μέλλον, μέλλοντα мн. будущее, грядущее budoucí věci, budoucnost: разбоиника грѧдѫштее просивъша сии прѣвеликꙑи даръ ѥдномь часѣ показа Супр 427, 12; ꙇ грѧдѫштаа възвѣститъ вамъ И 16, 13 Зогр Мар Ас.— Зогр Мар Ас Сав Охр Боян Ен Син Евх Клоц Супр.— Ср. ити, ходити; въслѣдовати, въслѣдьствовати; грѧдꙑи ср. бꙑти (бѫдꙑи)

ГРѪБЪ, -ꙑи прил., сравн. ст. грѫбѣи (5) ἰδιώτης, ἀμαθής, ἀγροῖκος, δόλιος (!) несведущий, необразованный neznalý, nevzdělaný: бѣаше бо мѫжь тъ не простъ • и грѫбъ • нъ проказивъ • славоѭ и имѣниѥмъ Супр 214, 25; нѣси петра и ꙇѡанна грѫбѣи Супр 378, 28; нъ вьсѣхъ бѣахѫ грѫбьши Супр 442, 10.— Супр 48, 29; 403, 26

г р ѫ г о м ь Супр 268, 18 см. крѫгъ

ГРѪСТОКЪ, -ꙑи прил. (2) χαλεπός тягостный, печальный těžký, smutný: сьвѣдѣтельствоуѥтъ сарра • и сь неѭ ревека • и пакꙑ анна • грѫстокаго неплодьства • работавъша страсти Супр 250, 3.— Рыл 5ба 31-32.— Ср. неоудобь, тѧжькъ

ГОУБИТЕЛЬ, -ꙗ м (5) [..оуб.. Син (1)] λοιμός, ὀλέθριος, ὀλοθρεύων, τύραννος губитель zhoubce, hubitel: въчера съвѧзанъ бꙑвааше • дьнесь неразрѣшенꙑми ѫзамꙇ • съвѧзаетъ гоубꙇтелѧ Клоц 13а 28 (мѫчителѧ Супр 449, 29).— Пс 1, 1 Син; Клоц 6б 35; Супр 35, 25-26; 68, 28

ГОУБИТЕЛЬНЪ, -ꙑи прил. (1) λοιμώδης губительный zhoubný: нъ да равьно ангеломъ живѫщѧ помраченииꙗ тъмоѭ • и невѣрьства гоубителнъмь обложитъ оустроениимь Хил 2аβ 12-13

ГОУБИТЕЛЬСТВО, -а с (1) ὀλέθριον гибель záhuba: сътвори ѩ... демономъ гоубительство Евх 5а 6.— Ср. гꙑбѣль, пагоуба

ГОУБИТИ, -блѭ, -биши несов. (5) ὀλοθρεύειν, ἀπολλύειν, βλάπτειν, φθείρειν губить, уничтожать hubit, ničit: мол⟨итва⟩ с⟨вѧ⟩тааг⟨о⟩ трофона • ѡ в⟨ь⟩сем⟨ь⟩ гадѣ злѣ • гоубѧщиимь • вина и нивꙑ Евх 59а 6.— Евх 82б 8; Супр 417, 17; 544, 2; 565, 18

ГОУМЬНО, -а с (7) ἅλων, ἅλως **1.** гумно, ток humno, mlat: емоуже лопата въ рѫкоу его • ꙇ потрѣбитъ гоумъно свое Л 3, 17 Зогр Мар Ас Сав **2.** житница, амбар sýpka, špižírna: аще к'то домъ зажежетъ • ли гоумъно Евх 103б 11; и сѣавъ • ожидаѥтъ пришедъши жѧтвѣ напльнити гоумно Супр 266, 7.— Мт 3, 12 Зогр.— Ср. житьница

ГОУРИꙖ, -ꙗ м имя (2) [гюр- Унд (1)] Γουρίας Гурий Gurias: мѣ⟨сѧ⟩ца ноѥб⟨ра⟩ д҃ꙇ с⟨вѧ⟩тааго ꙇѣкова... и с⟨вѧ⟩тꙑих • исповѣдьник⟨ъ⟩ • гоурнꙗ самонъи и авива *Ас 127а 17.— Унд 2а 3*

ГЪНАТИ, женѫ, женеши *несов.* (19) **1.** ἐλαύνειν, ἄγειν, διώκειν, ἐπιδιώκειν гнать hnát: онъ же окы отъ пастоуха женомъ • тако ндѣаше *Супр 558, 21* **2.** καταδιώκειν следовать *за кем-л.* неотступно úsilovně následovat *někoho*: ꙇ гънаша ꙇ симонъ • ꙇ иже бѣахѫ съ нимь • ꙇ обрѣтъше ꙇ г⟨лаго⟩лаша емоу *Мк 1, 36 Зогр Мар Ас Сав.— Зогр Мар Ас Сав Супр Рыл.— Ср.* гонити

ГЫБАТИ, гыблѭ, гыблѥши *несов.* (6) ἀπόλλυσθαι гибнуть, погибать hynout: азъ же сьде гладомь гыблѫ *Л 15, 17 Зогр Мар Ас* (изгыбаѭ *Сав*).— *И 6, 27 Зогр Мар; Евх 78б 6.— Ср.* гыбнѫти, изгыбати, погыбати

ГЫБНѪТИ, гыбнѫ, гыбнеши *несов./сов.* (4) ἀπόλλυσθαι гибнуть, погибать/погибнуть hynout/zahynout: дѣлаите не брашно гыбнѫштеѥ *И 6, 27 Ас* (2) (гыблѭштеѥ *Зогр Мар*); запрѣтилъ єси ꙗзыкомъ ꙇ гыбе • нечьстивъи *Пс 9, 6 Син.— Супр 479, 29.— Ср.* гыбати, изгыбати, погыбати, погыбнѫти

ГЫБѢЛЬ, -и *ж* (7) **1.** *греч. нет* гибель, погибель záhuba: не прѣзьрѣвъ ч⟨ловѣ⟩ка • отъ неприѣзнина лѫкавъства • въ глѫбинѫ гыбѣли • ꙇ льсти съшедъша *Евх 23а 13* **2.** ἀπώλεια потеря ztráta: въ чемь гыбѣль си хризмънать быс⟨ть⟩ *Мк 14, 4 Зогр Мар.— Мт 26, 8 Зогр Мар Ас Сав.— Ср.* гоубительство

гюрига *Унд 2а 3 см.* гоурнга

ГѪБА, -ы *ж* (12) σπόγγος губка houba: гѫбѫ же наплъньше оцьт(а)... придѣша къ оустомъ его *И 19, 29 Зогр Мар Ас.— Мт 27, 48 Зогр Мар Ас Сав; Мк 15, 36 Зогр Мар; Евх 42б 15; 50б 19; Супр 469, 22*

ГѪГЪНИВЪ, -ыи *прил.* (6) μογιλάλος косноязычный, гнусавый; немой těžko mluvící, huhňavý; němý: приведоша къ немоу глоухъ гѫгънивъ *Мк 7, 32 Зогр,* гѫгънива *Мар Сав* (нѣма *Ас*).— *Мар 43б 12; Евх 28а 10; Супр 456, 28.— Ср.* глаголати (не глаголꙗ), нѣмъ

ГѪСЛИ, -лии *ж мн.* (15) [гѫсли *Син* (4), гсли *Син* (1), гѫсн *Син* (1)] κιθάρα, ψαλτήριον (!) струнный инструмент strunný nástroj: ꙇсповѣмь сꙗ тебѣ въ гѫслехъ б⟨о⟩же *Пс 42, 4 Син.— Пс 32, 2 Син; 56, 9 Син; 70, 22 Син; 80, 3 Син; 91, 4 Син; 97, 5 Син* (2); *107, 3 Син; Евх 88а 4; Клоц 1б 10-11; 7а 33; Супр 320, 16; 418, 23; Рыл 26β 24-25*

ГѪСѢНИЦА, -ѧ *ж* (1) βροῦχος *вид вредного насекомого druh škodlivého hmyzu:* придѫ прози • ꙇ гѫсѣница ꙇмъже не бѣ числа *Пс 104, 34 Син.— Ср.* връхосъ

Д

Д̄ *цифра глаг. и кир.* (>100) **1.** *глаг.* ε', πέντε 5: *Зогр Мар Ас Евх Киев* **2.** *кир.* δ', τέσσαρες 4: *Син Сав Боян Унд Супр.— Ср.* г̄, є̄, пѧть, четыре, пѧтъ, четврьтъ

ДА *союз и частица* (>1500) [до *Зогр* (3) *Мар* (3)] **I.** *союз* **1.** *целевой* (*с глаголом в форме изъяв. или сослаг. накл.*) ἵνα, ὅπως, ὅπως ἄν, ὡς, ὥστε, πρὸς τὸ *с инф.*, τοῦ *с инф.*, εἰς τὸ *с инф.*, ἐν τῷ *с инф.*, ἐπὶ τῷ *с инф.*, εἰ (!), καί (!), ἕνεκα *с род.*, χάριν *с род.* ut; (да не, да ни μή, μή ποτε, τοῦ μὴ *с инф.*, ὅπως μή) чтобы aby: любите врагы вашѧ... да бѫдете с⟨ы⟩нове о⟨ть⟩ца вашего *Мт 5, 45 Зогр Мар Ас,* ꙗко да бѫдете *Сав*; бьдите ꙇ молите сѧ • да не вьнидете въ напасть *Мт 26, 41 Зогр Мар Ас Сав*; множицеѭ и въ огнь вървръже • ꙇ въ водѫ • да ꙇ би погоубилъ *Мк 9, 22 Зогр Мар Ас Сав*; ибо с⟨ы⟩нъ чл⟨овѣ⟩ч⟨ь⟩скы... пріде... да послоужітъ *Мк 10, 45 Ас* (послоужитъ *супин Зогр Мар Сав*); ведоша ꙇ до връхоу горы... да бѫ ꙇ низъринѫли *Л 4, 29 Зогр Мар Ас*; даждь ми сиѭ водѫ • да ни жаждѫ • ни прихождѫ сѣмо почръпатъ *И 4, 15 Зогр Мар Ас*; кште мало прѣтръпи да съвръшенъ бѫдеши *Супр 79, 30*; богъ бо своѥго си сына поусти... да подъзаконьныѧ искоупитъ *Супр 416, 23* (посъла... ꙇскоупітъ *Клоц 6б 6 Гал 4, 4*); сии шьдъше вь плѣнение възаша (*т. е.* сѫсѫды) • да имѣѭтъ памѧть житиꙗ • своѥѧ земьѧ • нъ не да поѭтъ *Супр 418, 26 и 28* (да імѫтъ... не хотѧште • тоу пѣти *Клоц 7а 36 и 37*) ● *в вводных предложениях*: которыи єстъ родивыи • добыаго сего и въскръмивыи • прѣжде чръноризъства да тако рекѫ чоудьныи градъ земьныи ѥстъ *Супр 272, 9*; нъ да съкративъ слово рекѫ • иде вь виѳаниѭ *Супр 315, 4*; не поиштетъ ли самъ ходатаꙗ себѣ • да ꙗвѣ издрекѫ • и мьньшааго себе *Супр 361, 19* ● *с оттенком следствия* (*с глаголом в изъяв. накл. или с инф.*) так, что(бы) takže, tak aby: помрачисте сѧ оч-ı-хъ да не відѧтъ *Пс 68, 24 Син*; оумъножѧтъ сѧ въ старості мастітѣ • ꙇ добропріемлѭште бѫдѫтъ да възвѣстѧтъ • ѣко правъ г⟨оспод⟩ь б⟨ог⟩ъ нашъ *Пс 91, 16 Син*; прѣданника... толикоу доброу съподоби • да и до послѣдьнꙗго вечера трьпа кмоу прѣбы *Супр 409, 22*; толика бо сила бѣаше оучителꙗ • да и блѫдница привлѣшти на свок послоушание *Супр 408, 20* ● да, нъ да *с ограничительным оттенком* εἰ μή, εἰ μὴ ἵνα только чтобы leč aby: ни чьсомоу же бѫдетъ къ томоу (*т. е.* соль) • да ꙇсъпана бѫдетъ вънъ *Мт 5, 13 Зогр* (∅ *Мар*); тать не приходитъ • нъ да оукрадетъ *И 10, 10 Зогр Мар Ас Сав* **2.** *употребляется в изъяс-*

нительных предложениях (*с глаголом в форме изъяв. или сослаг. накл.*) ἵνα, ὥστε, ὡς, *вин. с инф.*; (**да не** ἵνα μή, ὅπως μή, μή, τοῦ μὴ *с инф.*) чтобы aby: **елико хоштете да творѧтъ вамъ ч⟨ловѣ⟩ци • тако і вы творите імъ** *Мт 7, 12 Зогр Мар Ас*; **запрѣти імъ • да не авѣ его сътворѧтъ** *Мт 12, 16 Зогр Мар Ас Сав*; **семоу задѣшѧ да понесетъ кр⟨ь⟩стъ его** *Мт 27, 32 Ас* (2) (**понести кр⟨ь⟩стъ его** *Зогр Мар Сав*); **молѣаше і бѣсъноваві сѧ • да би съ нимь былъ** *Мк 5, 18 Зогр Мар*; **емоу же азъ нѣсмь достоінъ • да отрѣшѫ ремень сапогоу его** *И 1, 27 Зогр Мар* (**отрѣшіті** *Ас*); **авраамъ о⟨ть⟩ць вашь • радъ би былъ да би видѣлъ дьнь мої** *И 8, 56 Зогр Мар Ас*; **нѣстъ лѣпо да именоуетъ сѧ х⟨ристосо⟩въ рабъ** *Евх 104а 7*; **нѣстъ бо ч⟨ловѣ⟩къ творѧі прѣдълежѧштаа • да бѫдѫтъ тѣло і кръвъ х⟨ристосо⟩ва** *Клоц 8а 15* (**быти пльти и крьви христосовѣ** *Супр 420, 15*); **не бо хотѣх' дабы кто оувѣдѣлъ таинꙑ сеѩ** *Супр 288, 2* ● *вводит прямую речь*: **магнъ повелѣ привести с⟨вѧ⟩тааго нисиѭ • се помꙑсливъ • или да оувѣштаѭ отъврѣшти сѧ христосова имене • или да мѫчитъ кго** *Супр 46, 19* **3.** *употребляется в придаточных определительных предложениях* ἵνα, τοῦ *с инф.* чтобы aby: **испльнишѧ сѧ дение да родітъ** *Л 2, 6 Ас* (**родити еі** *Зогр Мар Сав*) ● когда kdy: **придетъ година • да вьсѣкъ іже оубиетъ вꙑ • мьнитъ си слоужьбѫ приносити б⟨ог⟩ови** *И 16, 2 Зогр Мар Ас* (2) *Сав* (2) ● что že: **естъ же обꙑчаі вамъ • да единого вамъ отъпоуштѫ на пасхѫ** *И 18, 39 Зогр Мар Ас Сав* **4.** *употребляется в придаточных пояснительных предложениях после вопросительного предл.* ὅτι что že: **отъ кѫдоу се мнѣ да придетъ м⟨а⟩ті г⟨оспод⟩а моего кь мнѣ** *Л 1, 43 Ас Зогр Мар Сав*; **чьто ти естъ море да побѣже • і тꙑ иеръдане да възврати сѩ вьспѩть** *Пс 113, 5 Син* **5.** *соединительный и присоединительный* καί, δέ, οὖν, τοίνυν, ἀλλά и, же a, pak: **видѣвъ же неблюдомѫ сѫштѫ нивѫ • прѣклони сѧ и потрьза не соумьнѧ сѧ • да ако начѧ снопꙑ вѧзати • оуслꙑша гласъ** *Супр 41, 1*; **оубоꙗ бо сѧ мѫжꙑ да тѣмъ не да намъ прѣити** *Супр 151, 25*; **азъ сего житиꙗ не трѣбоуѭ... да оубо того ради николиже не отъврьгѫ сѧ господа моего і͡с⟨оуса⟩ х⟨ристо⟩са** *Супр 259, 8* ● *с отрицательным оттенком*: **не десѧть ли іцѣлѣстишѧ сѧ • да девѧть како** *Л 17, 17 Зогр Мар Ас Сав*; **инако рече • и і͡нако сътвори • глаголааше жрѣти • да въ жрьтвꙑ мѣсто влъхвованиꙗъ своимь огнь принесе на храмъ** *Супр 22, 27*; **волꙗ кмоу бѣ дана • да аште не рачи приꙗти бꙑлиꙗ на помоштъ • не врачево то съгрѣшение** *Супр 414, 4* (**аште лі** *Клоц 5а 39*) ● *вводит вопросительное предложение* (*по значению близок частице*): **воєвода рече • да ч'то ти бꙑстъ** *Супр 147, 13* **6.** *вводит главное предложение после условного* (*очень редко*) *греч. нет* (*не переводится*): **аште хощеши да сътворимъ съде три кровꙑ** *Мт 17, 4 Мар Ас* (*∅ Зогр*); **аще оубо д⟨оу⟩хомъ нарицаетъ его г⟨оспод⟩а • да како с⟨ꙑ⟩нъ емоу естъ** *Мт 22, 45 Сав* (**і** *Мар, нет Ас, ∅ Зогр*) II. *частица* **1.** *побудительная* ἵνα, *греч. оптатив или повел. накл., или буд. вр., или конъюнктив*; (**да не** μή) да, пусть ať, kéž: **ꙗко вѣрова • да бѫдетъ ти** *Мт 8, 13 Сав* (**бѫди тебѣ** *Зогр Мар Ас*); **аште ц⟨ѣса⟩рь і⟨здраи⟩л⟨е⟩въ естъ • да сълѣзетъ нꙑнѣ съ кр⟨ь⟩ста** *Мт 27, 42 Зогр Мар Ас Сав*; **тогда сѫштеі въ іюдѣі • да бѣгаѭтъ въ горꙑ • і иже по срѣдѣ его да ісходѧтъ • іже въ странахъ • да не въходѧтъ въ нь** *Л 21, 21 Зогр Мар*; **г⟨оспод⟩і да не постъ⟨і⟩жѫ сѩ ѣко призъвахъ тѩ** *Пс 30, 18 Син*; **трѧсомꙑ же да въкоуситъ подъ вечеръ • мало кашицѧ** *Евх 44а 21*; **да въскрьснетъ богъ и разидѫтъ сѧ врази кго** *Супр 22, 17* (**въскрьснетъ** (*без* **да**) *Пс 67, 2 Син*) □ **да, да оубо** *при глаголах в форме повел. накл.* λοιπόν, τοίνυν, οὖν, διό; (**да не** μή) ну-ка, вот nuže: **призъвалъ нꙑи єси г⟨оспод⟩і • да исправі нꙑ і очистi** *Киев 3б 8*; **есе онꙑ нивꙑ противѫ не копанꙑ остаѭтъ • да идѣте копаите и потрѣбите** *Супр 37, 23*; **виждѫ же тѧ и добролична • и рѣчива зѣло • да оубо послоушаи мене дроуже** *Супр 100, 14* ● *при глаголах в форме изъяв. накл.*: **да оуже кд'но отъ двоюго прѣдъложимъ вамъ** *Супр 73, 23*; **да оубо оуже слꙑша вьсѧ наша анѳупате** *Супр 99, 18* **2.** *усилительная* (*в сочетании с союзом или относительным местоимением*) *греч. нет* (*не переводится*): **иже да не отъвръжетъ сѧ имене хрисостова (!) • да оубиенъ бѫдетъ** *Супр 45, 19*; **вѣстъ хꙑтрость тѫ аште да нѣстъ лѣнива** *Супр 381, 28.— Зогр Мар Ас Сав Охр Боян Зогр-пал Ен Син Служ Киев Евх Клоц Супр Хил Рыл*

ДАВИТИ, **давлѭ, давиши** *несов.* (3) πνίγειν, ἀποπνίγειν душить rdousit, škrtit: **обрѣте единого отъ клеврѣтъ своихъ... і имъ давлѣше и** *Мт 18, 28 Мар*, **давлѣаше** *Ас* (**вьꙗше** *Сав, ∅ Зогр*).*— Супр 57, 3*

ДАВЪІДОВЪ *прил. к* **давꙑдъ** (>100) [**даүидов-** *Супр* (9), **да͡в-** *Зогр* (14) *Мар* (1) *Син* (33) *Клоц* (2), **д͡авд-** *Мар* (4), **д͡адв-** *Син* (3), **д͡адов-** *Син* (23), **д͡в-** *Зогр* (1) *Мар* (7) *Сав* (12) *Боян* (1) *Син* (9) *Евх* (1) *Клоц* (1), **дв͡дов-** *Ас* (1), **дв͡дв-** *Ас* (1) *Мар* (4), **д͡довъ** *Ас* (1), **д͡дв-** *Ас* (11)] τοῦ Δαυίδ Давидов Davidův: **въздвиже рогъ с⟨ъ⟩п⟨ас⟩еньѣ нашего • въ домоу да⟨вꙑдо⟩вѣ • отрока своего** *Л 1, 69 Зогр* (**дав⟨ꙑ⟩да** *Мар*).*— Зогр Мар Ас Сав Боян Зогр-пал Син Евх Клоц Супр*

ДАВЫДЪ, -а *м имя* (>100) [даүид- *Супр* (19), даүд- *Супр* (4), даүыд- *Супр* (1), дав҃- *Зогр* (1) *Син* (1), дав҃д- *Мар* (7), дад҃- *Зогр* (10) *Син* (17) *Клоц* (2), дв҃- *Мар* (1) *Син* (1), дв҃д- *Мар* (4) *Сав* (2) *Ен* (1) *Син* (1), дд҃- *Ас* (9) *Сав* (6) *Евх* (4) *Супр* (7) *Рыл* (1)] Δαυίδ Давид David: несен же роді д⟨авы⟩да ц⟨ѣса⟩рѣ • д⟨авы⟩дъ же ц⟨ѣса⟩рь роді соломона *Мт 1, 6 Ас Сав* (∅ *Зогр Мар*).— *Зогр Мар Ас Сав Ен Син Евх Клоц Супр Рыл*

ДАВЬЦЬ, -а *м* (3) δοτήρ даритель dárce: ты бо еси давець • оүбогымъ *Евх 86 21*.— *Евх 92б 18*; *Супр 285, 20-21*.— *Ср.* даритель, подадитель, податель

ДАЖЕ *союз* (62) [дажи *Евх* (2)]: даже не, прѣжде даже не, прѣжде даже, прьвѣе даже не πρὸ τοῦ *с инф.*, πρίν, πρίν ἤ, πρὶν ἢ ἄν прежде чем, перед тем как, пока, пока не dříve než, než, dokud ne: идѣмъ оүбо братиꙗ моꙗ вънкоүпѣ • даже не придетъ въ команъ воѥвода *Супр 16, 20*; г⟨оспод⟩і • дажи до кон҄ца не погыбнѫ с⟨ъ⟩п⟨ас⟩и мѧ *Евх 84а 5*; сънидн прѣжде даже не оүмьретъ отроча мое *И 4, 49 Зогр Мар*, (прѣжде да не *Ас*); прьвѣе даже не съмѣрихъ сѧ азъ прѣгрѣшихъ *Пс 118, 67 Син*; не видѣти съмрьти • прѣжде даже видитъ х⟨рист⟩а г⟨оспод⟩нѣ *Л 2, 26 Зогр Мар Ас Боян*, прѣжде даже не *Сав*.— *Зогр Мар Ас Сав Боян Син Евх Супр*.— *Ср.* доидеже, доньдеже, донелиже

дажи *Евх 83б 21; 84а 5 см.* даже

ДАЛЕЧЕ *нареч. и предлог* (52) I. *нареч.* **1.** μακράν, πόρρω, πορρώτερον, μακρόθεν, ἐκ διαστήματος далеко daleko: ближьнии мои далече сташѧ *Пс 37, 12 Син*; *Евх 76б 5* □ кль далече καθ' ὅσον на какое расстояние, насколько o kolik, nakolik: ель далече отъстоꙗтъ вьстоці отъ западъ • оүдалилъ естъ отъ насъ безаконьѣ наша *Пс 102, 12 Син*; далече быти ἀπέχειν находиться на расстоянии být vzdálen: дьва бѣста отъ ѿихъ идѫшта... въ вьсь сѫштѫѭ далече отъ нероүсалима • шести десѧтъ стадии *Супр 471, 18* (отъстоꙗштѫѭ *Л 24, 13 Зогр Ас*, отъстоꙗштѫ *Мар*); далече сътворити ἀφιστάναι, ἀποδιώκειν удалить oddálit, vzdálit: безбожьны обычаи • далече сътвори отъ мысли его *Евх 23б 20* **2.** μακρά долго dlouho: непьштеваниемь • далече молѧште сѧ *Мк 12, 40 Зогр Мар* II. *предлог* πόρρω далеко от, мимо daleko od, mimo: воинъ далече вои хождааше *Супр 498, 30*; си дѣла далече сѫтъ сьмрьтьнаго естьства *Супр 473, 24*.— *Зогр Мар Ас Сав Ен Син Евх Клоц Супр*.— *Ср.* далѥ, издалече

далматъскъ *Супр 185, 25 см.* дальматьскъ

ДАЛЬМАНОУФАНЬСКЪ, -ын *прил. к названию области Далмануфа* (2) [дальманоүтан- *Мар* (1)] Δαλμανουθά далмануфский dalmanutský: приде • въ страны дальманоуфаньскы *Мк 8, 10 Зогр Мар*

ДАЛЬМАТЬСКЪ, -ын *прил. к названию области Далмация* (1) *греч. нет* далматинский dalmatský: житиѥ прѣподобьнааго о⟨ть⟩ца нашего исаакі монастыра далматъска҄го *Супр 185, 25*

ДАЛЬНИИ *прил.* (2) *греч. нет* **1.** отдаленный vzdálený: жена нѣкаꙗ... пришьлъствоуѭшти вь нѣкыихъ дальнихъ мѣстѣхъ поүстыни *Супр 559, 9-10* **2.** следующий další: нічьже ино дальнее съмышлѣті *Клоц 2б 2*

ДАЛꙖ, -лѩ *ж* (6): въ далѩ ἀπό, ἀπέχων на расстоянии ve vzdálenosti: отиде тридесѧтъ пьпириштъ въ далѩ отъ манастирѣ *Супр 287, 6*.— *Супр 185, 13; 221, 26; 273, 26; 284, 29; 547, 30*.— *Ср.* подалиѥ

ДАЛѤ *нареч.* (2) πορρώτερον дальше dále: тъ творѣаше сѧ дале ити *Л 24, 28 Мар Ас* (далече *Зогр*).— *Ср.* далече

ДАМАСКОВЪ *прил. к* дамаскъ (2) τῆς Δαμασκοῦ дамасский damašský: с⟨вѧ⟩таг⟨о⟩ ап⟨осто⟩ла ананиѩ • еп⟨искоү⟩па дамаскова *Ас 121б 25*.— *Ен 38б 3*

ДАМАСКЪ, -а *м город* (1) *греч. нет* Дамаск Damašek: донде въ дамаскъ • третьеи день *Евх 34а 22*

ДАМАШТАНИНЪ, -а *м* (1) *греч. нет* дамаскинец, житель Дамаска obyvatel Damašku: поставенъ бъівъ ап⟨о⟩ст⟨о⟩лы д(ам)аштѣнинъ сѫи *Ен 38б 4-5*

ДАМИАНЪ, -а *м имя* (4) Δαμιανός Дамиан Damián: мѣ⟨сѧ⟩ца июлѣ • а҃ • с⟨вѧ⟩тоую безмездьникоу козмы и дамиана *Ас 150а 26*.— *Ас 125б 3; 127б 11; Сав 133б 10*

ДАНИИЛЪ, -а *м имя* (16) [данил- *Зогр* (1) *Ас* (3) *Сав* (1) *Боян* (1) *Евх* (1)] Δανιήλ Даниил Daniel: избавивыи даниила отъ оүстъ львовъ *Супр 179, 7-8*.— *Зогр Мар Ас Сав Боян Евх Супр*

ДАНЬ, -и *ж* (8) φόρος, τέλος; (дань даꙗти, дати τελεῖν) налог, дань, подать daň: достоитъ ли намъ кесареви дань даѣти или ни *Л 20, 22 Зогр*, дань дати *Мар*; иже персомъ дань даꙗхѫ *Супр 291, 27*.— *Мт 17, 25 Мар Ас Сав; Л 23, 2 Зогр Мар*.— *Ср.* кинъсъ, оброкъ

дара, -ы *ж Супр 420, 18 см.* даръ

ДАРИТИ, -рѭ, -риши *несов.* (1) χαρίζεσθαι дарить, давать darovat, dávat: что ми словеса дѣаниімъ дариши *Супр 510, 24*.— *Ср.* даровати, дарьствовати, даꙗти, подаꙗти

ДАРОВАНИѤ, -ниꙗ *с* (5) δωρεά, δώρημα, χάρις дарение, дар obdarování, dar: славѧще тебѣ дателѣ • в'сѣмъ благъімъ • дарованиемъ *Евх 16б 23.— Евх 9б 7; 90б 14-15; 106а 4-5; Супр 496, 26.— Ср.* даръ, даꙗниѥ, рованиꙗ

ДАРОВАТИ, -роуѭ, -роуѥши *несов./сов.* (14) χαρίζεσθαι, δωρεῖσθαι; (великаꙗ дороуѭи μεγαλόδωρος) дарить/подарить dávat/dát, darovat: многомъ слѣпомъ дарова прозьрѣнье *Л 7, 21 Зогр Мар*; в'сѭ чистотѫ дароуи еи *Евх 81а 7-8*; въ зьлъ мѣсто добро даровашѧ (!) *Супр 481, 22*; обаче великаꙗ дароуѭштааго х⟨ристо⟩са • прѣвеликоѥ чл⟨овѣ⟩колюбиѥ *Супр 522, 12.— Евх 9б 15; 14а 16; 38а 14; 57а 2; Супр 449, 30; 481, 20; 531, 17-18; 535, 16; 563, 13-14.— Ср.* дарьствовати, дати, даꙗти, подаꙗти

ДАРЪ, -а (*реже* -оу) *м* (>100) [дара *ж* (?) *Супр* (1)] **1.** δῶρον, δωρεά, δώρημα, δόμα, χρῆμα (!) donum, munus; (даръ приносити δωροφορεῖν, δορυφορεῖν (!) дар dar: что бо естъ боле • даръ ли или олтарь св⟨ѧ⟩щаѩи даръ *Мт 23, 19 Мар* (∅ *Зогр*); дѣти дары приносѧтъ *Супр 337, 30* ● χάρισμα, χάρις; (божии даръ χάρισμα) дар божий, милость dar boží, milost: тъı раба твоего сего... в'сѣми даръми твоими • оукраси *Евх 8б 15-16*; вьсчоуди сѧ • о старчи прозорьнѣѣмь дароу *Супр 299, 2*; бес каꙗзни дарове *Супр 347, 24*; образъ испльнꙗѩ строитъ • молитвьникъ словеса глаголꙗ она нъ сила и дара (!) божиꙗ вьсе ѥстъ *Супр 420, 18* **2.** ἀμοιβή, ἔπαθλον вознаграждение, награда odměna: достоиннъıи троудъ своихъ дары приимъ *Супр 272, 23.— Зогр Мар Ас Сав Ен Син Киев Служ Евх Клоц Супр.— Ср.* въздаꙗниѥ, възмьздиѥ, дарованиѥ, даꙗниѥ, мьзда, рованиꙗ

ДАРЬСТВОВАТИ, -ствоуѭ, -ствоуѥши *несов.* (10) χαρίζεσθαι дарить, давать darovat, dávat: осѫжденъıмъ • свободѫ даръствоуетъ *Клоц 13а 30-31* (дароуѥтъ *Супр 449, 30*).— *Клоц 14б 14-15; 14б 17; Супр 3, 28; 163, 4; 179, 12; 179, 14-15; 254, 10-11; 488, 30; 502, 12.— Ср.* дарити, даровати, даꙗти, подаꙗти

ДАСИИ, -ниꙗ *м имя* (1) Δάσιος Дасий Dasius: мѣ⟨сѧ⟩ца октов⟨ра⟩ ҃ка • с⟨вѧ⟩тъıхъ м⟨ѫ⟩ч⟨ени⟩къ дасиѣ гаиѣ и зотика *Ас 123а 27*

ДАТАНЪ, -а *м имя* (1) Δαθάν Дафан Dathan: ѡтъврьзе сѧ землѣ • и пожрѣтъ датана *Пс 105, 17 Син*

ДАТЕЛЬ, -лꙗ *м* (6) πάροχος, χορηγός даритель dárce: дателꙗ благъıихъ славѧщѣе *Супр 551, 10.— Евх 14б 7; 16б 22; 40б 22-23; Супр 313, 16; 568, 20.— Ср.* давьць, подадитель, податель

ДАТИ, дамь, даси *сов.* (>1000) διδόναι **1.** μεταδιδόναι, ἐπιδιδόναι, παραδιδόναι, ἀποδιδόναι, δωρεῖσθαι, παρέχειν, χαρίζεσθαι, βραβεύειν, συγχωρεῖν, ἀμείβεσχαι, ἐπιτιθέναι, κατατιθέναι, βάλλειν, παρασκευάζειν, βλύζειν dare, praestare; (дати съвѣтъ συμβουλεύειν) дать dát: хлѣбъ нашь насѫщьнъı даждь намъ дьнес *Мт 6, 11 Ас Зогр Мар Сав*; възлакахъ бо сѧ і дасте ми ѣсти *Мт 25, 35 Зогр Мар Ас Сав*; бѣ же каіафа • давъı съвѣтъı іюдѣомъ *И 18, 14 Зогр Ас Сав* (∅ *Мар*); сего ради законъ дасть съгрѣшаѭштеимъ пѫть *Пс 24, 8 Син*; *Евх 74б 25*; желанье срьдьца твоего даль емоу еси *Пс 20, 3 Син*; просите • і дастъ сѧ вамъ *Мт 7, 7 Зогр Мар Ас Сав* ● дать, принести (*плоды*) přinést (*plody*): запрѣщен смокови • неплодовитѣи • не давъшии плода тебѣ *Евх 35а 4* ● вознаградить, отплатить, воздать odměnit, odplatit, nahradit: по дѣломъ рѫкоу іхъ даждь імъ *Пс 27, 4 Син*; даждь ми имъже еси дльженъ *Мт 18, 28 Мар Ас* (въздаждь *Сав,* ∅ *Зогр*) ● πιστεύειν, ἐμπιστεύειν вверить svěřit: господинъ мои... не вѣстъ ничсоже из мене • ѥже ѥмꙋ въ домоу • нъ вьсе ѥсть далъ въ рѫцѣ мои *Супр 366, 5* □ дати гласъ подать голос vydat hlas: дастъ гласъ свои въıшьнеі *Пс 45, 7 Син*; дати славѫ διδόναι δόξαν выразить благодарность vzdát chválu, poděkovat: не обрѣтѫ сѧ • възвраштьше сѧ дати славѫ б⟨ого⟩у *Л 17, 18 Зогр Мар Ас Сав*; дати отъвѣтъ διδόναι ἀπόφασιν вынести приговор vynést rozsudek: дастъ о нѥю отъвѣтъ • мечемъ оуморити ꙗ *Супр 185, 1*; дати дѣланиѥ διδόναι ἐργασίαν приложить усилия vynaložit úsilí: егда же грѧдеши съ сѫпьремь своимь къ кънѧзоу • на пѫти даждь дѣланье ізбъıти отъ нѥго *Л 12, 58 Зогр Мар*; дати зажда *см.* зажда; дати законъ *см.* законъ; дати (въ) заимъ *см.* заимъ **2.** *с дат. пад. и инф. или придаточным предложением цели* ἀφιέναι, ἐᾶν, συγχωρεῖν позволить, оставить, дать dovolit, nechat, dopustit: не дадѣаше імъ г⟨лаго⟩лати *Л 4, 41 Зогр* (даѣше *Мар*); не дастъ огню сътѫжити има *Супр 5, 24*; дадите оубо да мьштѫ б⟨о⟩гоу вашемоу *Супр 32, 24-25.— Зогр Мар Ас Сав Боян Зогр-пал Ен Син Киев Служ Евх Клоц Супр Хил.— Ср.* въдати, въздати, издати, отъдати, положити, въвѣрити, възаконити; дати славѫ *ср.* прославити, слабословити

ДАꙖНИѤ, -ниꙗ *с* (11) δόμα, δόσις, πρόθεσις даяние, дар darování, dar: оумѣѥте дааниѣ блага даѣти чѧдомъ вашимъ *Мт 7, 11 Зогр Мар* ♦ любьзьноѥ даꙗниѥ *см.* любьзьнъ.— *Л 11, 13 Зогр Мар Ас Сав* (2);

Пс 67, 19 Син; Супр 50, 9; 123, 6; 493, 21.— Ср. даръ, вельдарованиѥ

ДАІАТИ, даѭ, даѥши *несов.* (>100) **1.** διδόναι, ἐπιδιδόναι, δωρεῖσθαι, χαρίζεσθαι, τιθέναι, ἀνατέλλειν, κιχρᾶν, ἀφιέναι, ἐπιτελεῖν (!), προτείνειν (!), καταλιμπάνειν (!), χαλᾶν (!), οἰκειοῦν (!), διαιρεῖν (!), ἐπαφιέναι (!), τελεῖν (!), παρέχειν (!) давать, раздавать, предоставлять dávat, rozdávat, poskytovat: даіте і дастъ сѧ вамъ *Л 6, 38 Зогр Мар*; миръ мої даѭ вамъ не ѣкоже вьсь миръ даетъ • азъ даѭ вамъ *И 14, 27 Зогр Мар Сав*, даѭ (*далее нет*) *Ас*; разоумъ даетъ младенцемъ *Пс 118, 130 Син*; силѫ даетъ родоу ч⟨ловѣчь⟩скоу плодъ творіті *Клоц 8а 24* ● ἀποδιδόναι отдавать, возвращать odplácet: идѫ длъгъ вамъ отъдатъ • длъгъ і мьнѣ даѭштоумоу на оуспѣхъ *Супр 498, 14-15* ● давать, приносить (*плоды*) přinášet (*plody*): даахѫ плодъ • ово съто • ово шестъ десѧтъ *Мт 13, 8 Зогр Мар* ● *совершать* dělat, činit: даѭшта знамениіа и чоудеса въ егүптѣ *Супр 77, 11* □ даіати славѫ выражать благодарность, благодарить vzdávat chválu (dík), děkovat: даетъ же славѫ имени твоемоу *Евх 46а 16*; даіати на коүпли ἐμπορίαν ποιεῖσθαι торговать, продавать obchodovat, prodávat: оувѣштаваѧ • не даіати дара б⟨о⟩жиіа на коупли *Супр 518, 14*; даіати троудъ κόπους παρέχειν беспокоить obtěžovat: чьто троудъ даете женѣ *Мт 26, 10 Ас* (троуждаете *Зогр Мар Сав*); даіати (въ) заимъ *см.* заимъ; даіати дань *см.* дань; даіати десѧтинѫ *см.* десѧтина; даіати силѫ *см.* сила; даіати разоумъ *см.* разоумъ **2.** ἐᾶν, παραχωρεῖν, συγχωρεῖν давать, позволять dovolovat: видѣша... аггела господьнıа стоѩшта прѣдъ звѣрьми • и не даѭштоу приближити сѧ ими *Супр 184, 11.— Зогр Мар Ас Сав Охр Син Евх Клоц Супр Рыл.— Ср.* въздаіати, отъдаіати, оставліати; даіати славѫ *ср.* прославліати, славословити

ДВИГНѪТИ, -нѫ, -неши *сов.* (24) κινεῖν, σαλεύειν, αἴρειν, ἐπαίρειν двинуть pohnout: движе ѣко овьцѧ люди своѧ • і възведе ѩ ѣко стадо въ поустꙑнѭ *Пс 77, 52 Син* ● *перен.*: двигнетъ на нѭ гнѣвомъ сѫдиѭ *Супр 391, 17* ▭ двигнѫти сѧ двинуться pohnout se: силꙑ бо неб⟨есь⟩скꙑѩ двигнѫтъ сѧ *Л 21, 26 Зогр Ас Сав* (подвигнѫтъ сѧ *Мар*) ● *перен.*: гнѣвомъ движе сѧ *Супр 565, 16.— Зогр Мар Ас Сав Син Супр.— Ср.* въздвигнѫти, подвигнѫти

ДВИЖАТИ СѦ, -жѫ сѧ, -жиши сѧ *несов.* (6) κινεῖσθαι, σαλεύεσθαι, χορεύειν, ἕρπειν, κλονεῖσθαι двигаться hýbat se: младеништь ѫтрь движааше сѧ *Супр 239, 28-29* ▭ движимъ *в знач. прил.* движущийся pohybující se: водꙑ же • тъгда изнесоша животьнꙑ движимꙑ *Супр 495, 23.— Пс 68, 35 Син; 108, 10 Син; Супр 6, 16; 485, 20.— Ср.* двизати

ДВИЖЕНИѤ, -ніа *с* (4) κίνησις движение pohyb: ѡбьходитъ назираѩ твое слово • і движение • і възрѣние *Евх 88а 12-13.— И 5, 3 Зогр Мар Ас — Ср.* подвижениѥ

ДВИЅАТИ, движѫ, движеши *и* двиѕаѭ, двиѕаѥши *несов.* (20) **1.** σαλεύειν, κινεῖν, τὰ σύμπαντα φέρειν (!) двигать pohybovat, hýbat: (па)кꙑ двиѕаетъ кр⟨ъ⟩стъ *Ен 31а 17*; чесо ізидосте въ поустꙑнѭ видѣтъ • трьсти ли вѣтромь движемꙑ *Л 7, 24 Зогр Мар* ▭ двиѕати сѧ двигаться hýbat se: о томь оубо живѫште и движѫште сѧ *Супр 532, 25* ● *перен.*: многа ıарость звѣрінъска двизааше сѧ • отъ неправедьнꙑихъ на благовѣрьнꙑѩ *Супр 85, 10* **2.** σκύλλειν затруднять obtěžovat: не движи оучителѣ *Л 8, 49 Зогр Мар Ас Сав* ▭ двиѕати сѧ утруждать себя, трудиться obtěžovat se, namáhat se: г⟨осподи⟩ не движи сѧ *Л 7, 6 Зогр Мар Ас Сав.— Зогр Мар Ас Сав Ен Супр.— Ср.* движати сѧ, подвижати, подвиѕати, троуждати

ДВОРЪ, -а *м* (60) αὐλή, περίβολος двор dvůr, nádvoří: въ прѣвѣѣмъ оубо дворѣ не видитъ ни ѥд'ного *Супр 555, 9*; инꙑ овцѧ імамь • ѩже не сѫтъ отъ двора сего *И 10, 16 Зогр Мар Ас Сав*; стоıаште бѣахѫ ногꙑ нашѧ въ дворѣхъ твоихъ їн⟨роуса⟩л⟨и⟩мъ *Пс 121, 2 Син* ● атрий atrium: тъгда събьраша сѧ ар'хиереи • і кънижьници • і старци людьсции • на дворъ архиереовъ *Мт 26, 3 Зогр Мар Ас Сав* ● ἔπαυλις, οἶκος дом, жилище příbytek: сим' же ведомомъ бꙑвъшемъ • въ амемоур'мниінъ дворъ *Супр 59, 2.— Зогр Мар Ас Сав Син Евх Супр.— Ср.* домъ, жилище, ограда

ДВЬРЬ, -и *ж и* **ДВЬРИ**, -ии *ж мн.* (>100) θύρα, πύλη, πυλών, θυρίς (!), θυρίδιον (!); (прѣдъ двьрьми ἐν προθύροις) дверь, ворота dveře, brána: вьниди въ клѣть твоѭ • і затворь двьри твоѩ • помоли сѧ *Мт 6, 6 Зогр Мар Ас Сав*; на земи ми бесѣдоукши и прѣдъ двьрьми клѣти моѥѩ *Супр 237, 4*; забꙑ ѥдноѭ затъкнѫти двьри *Супр 297, 17* ● *перен.*: двьрі неб⟨е⟩сі отвръзе *Пс 77, 23 Син.— Зогр Мар Ас Сав Охр Син Евх Клоц Супр.— Ср.* врата, двьрьцѧ

ДВЬРЬНИКЪ, -а *м* (3) θυρωρός привратник dveřník, vrátný: семоу двьрьникъ отвръзаетъ *И 10, 3 Зогр Мар Ас.— Ср.* вратарь, вратьникъ

ДВЬРЬНИЦА, -ѧ *ж* (4) ἡ θυρωρός привратница vrátná: г⟨лаго⟩ла же раба двьрьница петрови *И 18, 17 Зогр Сав* (*нет Ас, ∅ Мар*).— *И 18, 16 Зогр Ас*.— *Ср.* **вратарица**

ДВЬРЬЦѦ, -ь *ж мн.* (7) **1.** θύρα дверь dveře: **на много растворивъ двьрьцѧ** *Супр 554, 27* ● царские ворота svaté dveře, královské dveře: **поставитъ и прѣдъ дверьцами** *Евх 100а 9-10* **2.** θυρίς окно okno: **прѣклонивъ сѧ двьрьцами** *Супр 516, 7*.— *Евх 97а 23; Супр 184, 8; 528, 29; 554, 22; 554, 23-24*.— *Ср.* **врата, двьрь**

ДЕБЕЛЬСТВО, -а *с* (1) τραχύτης (!) полнота tloušťka; *перен.* грубость hrubost: **вьсь сѧ тамо прѣда • ни отъ того дебельства болѣзни имѣѧ** *Супр 335, 12*

ДЕВѦТЪ, -ыи *числит. порядк.* (23) ἔνατος девятый devátý: **до девѧтыѩ годины** *Мт 27, 45 Зогр Мар Ас* (**ѳ҃тыѩ** *Сав*); **въ седмьдесѧтънои и деватои лѣто** *Супр 295, 6-7* ▭ **девѧтыи на десѧте** девятнадцатый devatenáctý: **мѣсѧца марта въ девѧтъ на десѧте** *Супр 168, 28*.— *Зогр Мар Ас Евх Супр*.— *Ср.* **з҃, ѳ҃; девѧтыи на десѧте** *ср.* **девѧтьнадесѧтьнъ**

ДЕВѦТЬ, -и *числит.* (29) ἐννέα; (**девѧть десѧтъ** ἐνενήκοντα; **девѧть сътъ** ἐννακόσιοι) девять devět: **обрѣтоста девѧть мѫжь крьстиꙗнъ затворены** *Супр 255, 25*; **не оставитъ ли девѧти десѧтъ • і девѧть въ поустꙑни** *Л 15, 4 Зогр Мар*; **жиста девѧть сътъ • и л҃ лѣтъ** *Супр 9, 21*.— *Зогр Мар Ас Сав Супр*.— *Ср.* **з҃, ѳ҃**

ДЕВѦТЬНАДЕСѦТЬНЪ, -ыи *числит. порядк.* (1) ἐννεακαιδεκαετής (!) девятнадцатый devatenáctý: **по девѧтьнадесѧтьнѣмь лѣтѣ** *Супр 273, 19-20*.— *Ср.* **девѧтъ (девѧтыи на десѧте)**

декапельскъ *Мк 7, 31 Зогр см.* **декапольскъ**

ДЕКАПОЛИТЬСКЪ, -ыи *прил. к* **декапол҄ь** (1) τῆς Δεκαπόλεως Десятиградия *род.* dekapolský: **вы видѣсте и повѣдакте • людинскѫ землѫ и декаполитьскѫ изгорѣвъшѫ** *Супр 129, 3*.— *Ср.* **декапольскъ**

ДЕКАПОЛЬ, -ꙗ *и* **ДЕКАПОЛѢИ**, -ѣꙗ *м область* (5) [**декаполѣи** *Зогр* (1), **докапелии** *Сав* (1)] Δεκάπολις Десятиградие Dekapolis, Desítiměstí: **по немь идошѧ народи мноꙁи • отъ галилеѩ і декаполѣа** *Мт 4, 25 Зогр*, **декаполѣ** *Ас*, **докапелиꙗ** *Сав* (∅ *Мар*).— *Мк 5, 20 Зогр Мар*

ДЕКАПОЛЬСКЪ, -ыи *прил. к* **декапол҄ь** (5) [**декапел-** *Зогр* (1)] τῆς Δεκαπόλεως Десятиградия *род.* dekapolský: **приде въ море галилеиское • междю прѣдѣлы • декапельскы** *Мк 7, 31 Зогр*, **декапольскы** *Мар Ас Сав Боян*.— *Ср.* **декаполитьскъ**

ДЕКИИ, -ꙗ *м имя* (6) Δέκιος Декий Decius: **цѣсарьствоуѭштоу декию • римьстѣи власти** *Супр 174, 11*.— *Ен 38б 18; Супр 97, 28; 98, 7; 124, 24; 185, 17*

ДЕКѦБРЪ, -а *и* **ДЕКѦБРЬ**, -рꙗ *м* (31) [*род.* **декѧбра** *Сав* (1) *Супр* (2), **-рѣ** *Унд* (1) *Ен* (1), **де(к҃)** *Ас* (16), **дек(б҃)** *Ас* (5), **декѧ(б҃)** *Ас* (4), **де(к)бр** *Ас* (1)] Δεκέμβριος декабрь prosinec: **мѣ⟨сѧ⟩ца дек⟨ѧбра⟩ з҃ зачатие с⟨вѧ⟩тыѩ аннъи** *Ас 128б 22*.— *Ас Сав Унд Ен Супр*

ДЕЛМАТИИ, -ꙗ *м имя* (2) *греч. нет* Далматий Dalmatius: **делматии же принк҃ѱъ пристрашенъ бывъ** *Супр 162, 24*.— *Супр 163, 8*

ДЕМОНЪ, -а *м* (6) δαιμόνιον, δαίμων демон démon: **отиди • в'сѣкъ демонъ нечистꙑ • і скврънъны** *Евх 53б 17*.— *Пс 90, 6; 95, 5; 105, 37 Син; Евх 5а 6; 51б 3*.— *Ср.* **бѣсъ**

ДЕМОНЬСКЪ, -ыи *прил.* (2) τῶν δαιμόνων демонский, демонов *род.* démonský, démonů *род.*: **прѣльсть демонъскаꙗ разори сѧ** *Супр 488, 22*.— *Евх 53а 17*.— *Ср.* **бѣсовьскъ**

ДЕСИТИ, **дешѫ, десиши** *сов.* (4) καταλαμβάνειν, εὑρίσκειν застать zastihnout: **дешеи оученикы своѩ съпѧщѧ** *Евх 47а 9* ● *перен.*: **аще ны деситъ день съмрътъны въ грѣсѣхъ** *Евх 71а 4*.— *Супр 297, 15-16; 486, 16*.— *Ср.* **обрѣсти**

ДЕСНИЦА, -ѧ *ж* (50) δεξιά правая рука, десница pravá ruka, pravice: **да не чюетъ шюица твоѣ • чьто творитъ десница твоѣ** *Мт 6, 3 Зогр Мар Ас Сав*; **с⟨ъ⟩п⟨ас⟩і десницеѭ твоеѭ і оуслъши мѧ** *Пс 107, 7 Син*.— *Зогр Мар Ас Сав Син Служ Евх Супр*

ДЕСНЪ, -ыи *прил.* (>100) δεξιός правый pravý: **аште къто тѧ оударитъ • въ деснѫѭ ланитѫ • обрати сѧ емоу дроугѫѭ** *Мт 5, 39 Зогр Мар; Клоц 4а 33; Супр 411, 9* ◆ **о деснѫ, о деснѫѭ, десныи** ἐκ δεξιῶν, ἐν δεξιᾷ, ἐν τοῖς δεξιοῖς, ἐν ταῖς δεξιαῖς по правую сторону, одесную po pravé straně, po pravici: **дьѣволъ да станетъ о деснѫѭ его** *Пс 108, 6 Син*; **да... съподобитъ сѧ • стоѣние твоего деснааго** *Евх 7а 17-18*.— *Зогр Мар Ас Сав Ен Син Евх Супр*

ДЕСѦТИНА, -ы *ж* (6) (**десѧтинѫ даꙗти** ἀποδεκατεύειν) десятая часть, десятина desetina, desátý díl, desátek: **десѧтинѫ даѭ • всего елико притѧжѫ** *Л 18, 12 Зогр Мар Ас Сав*.— *Л 11, 42 Зогр Мар*

ДЕСѦТИСТРОУНЬНЪ, ДЕСѦТЬСТРОУНЬНЪ, -ыи *прил.* (2) [**десꙗти-** *Син* (1), **десꙗть-** *Син* (1)] δεκάχορδος десятиструнный desetistrunný: **во псалътырі десꙗтьстроунънѣ поите емоу** *Пс 32, 2 Син*.— *Пс 91, 4 Син*

ДЕСѦТОРО *числит. собир.* (1) δέκα

десять, десятеро desatero, deset: приимъ десѧторо братиѩ *Супр 279, 15.— Ср.* десѧть

ДЕСѦТЪ, -ꙑи *числит. порядк.* (1) *греч. нет* десятый desátý: приходитъ бо намъ слово • къ десѧтоуоумоу часоу дьни *Супр 437, 8.— Ср.* і҃

ДЕСѦТЬ, -и *числит.* (>100) δέκα, δεκάς десять deset: жена имѫшти десѧть драгъмъ *Л 15, 8 Зогр Мар*; нам' же прѣдълежитъ не о единомъ мѫченицѣ чоудити сѧ ни о дъвою • ни о десѧти *Супр 82, 15* ▭ *в составе сложных числительных количественных*: единъ на десѧте, единꙑи на десѧте ἕνδεκα 11; дъва на десѧте, оба на десѧте δώδεκα 12; трие на десѧте δεκατρεῖς 13; пѧть на десѧте δεκαπέντε 15; шесть на десѧте ἑκκαίδεκα 16; осмь на десѧте δεκαοκτώ 18; дъва десѧти, дъва десѧтѣ εἴκοσι 20; три десѧти τριάκοντα 30; четꙑри десѧти τεσσαράκοντα 40; пѧть десѧтъ πεντήκοντα 50; шесть десѧтъ ἑξήκοντα 60; седмь десѧтъ ἑβδομήκοντα 70; осмь десѧтъ ὀγδοήκοντα 80; девѧть десѧтъ ἐνενήκοντα 90; десѧть тꙑсѫщь μύριοι 10 000: възвѣстишѧ вьсѣ си единомоу на десѧте *Л 24, 9 Зогр Мар Ас*; заповѣдаѩ обѣма на десѧте оученикома своима *Мт 11, 1 Зогр Мар* (обѣма на і҃те *Ас*); дъшти иночѧда бѣ емоу • ѣко и дъвою на десѧте лѣтоу *Л 8, 42 Зогр Мар Ас Сав*; бѣаше же ихъ до триї на десѧте *Супр 18, 8*; проваждаѩ же его до пѧти на десѧте поприштъ *Супр 527, 18*; шесть на десѧте лѣтъ сътворихъ въ анагностьствѣ *Супр 227, 11*; ли они осмь на десѧте • на н҃ѩже паде стлъпъ силоуамьскъ... мьните ли ѣко ти длъжьнѣише бѣшѧ • паче вьсѣхъ ч⟨ловѣ⟩къ *Л 13, 4 Зогр Мар*; ѥкоже по двѣма десѧтьма и трьмь десѧтьмь чрьн'цемъ к н҃емоу приходити *Супр 519, 8-9*; четꙑрьми десѧтꙑ • и шестиѭ лѣтъ • създана бꙑс⟨тъ⟩ цр⟨ъ⟩кꙑ си *И 2, 20 Зогр Мар Ас*; единъ бѣ длъжьнъ • пѧтьѭ сътъ динарь • а дроугꙑ пѧтьѭ десѧтъ *Л 7, 41 Зогр Мар Ас*; дъва отъ н҃ихъ бѣсте идѫшта... въ вьсь отъстоѩштѫѭ • стадиі шесть десѧтъ отъ и⟨ероуса⟩л⟨и⟩ма *Л 24, 13 Зогр Мар Ас*; ѡ авлениі седми десѧтъ *Зогр 1296 19; Мар 766 16*; напиши осмь десѧтъ *Л 16, 7 Мар*, •п҃• *Зогр*; радоуетъ сѧ о неи паче • неже о девѧти десѧтъ и девѧти не заблѫждьшиихъ *Мт 18, 13 Мар Ас*, девѧти десѧтъ и ѳ҃ти *Сав* (∅ *Зогр*); аште и десѧть тꙑсѫщь речеши... не оумалитъ сѧ чьсть *Супр 496, 20; в составе сложных числительных порядковых*; единꙑи на десѧте ἑνδέκατος 11; третии на десѧте τρισκαιδέκατος 13; пѧтꙑи на десѧте πεντεκαιδέκατος 15; осмꙑи на десѧте ὀκτωκαιδέκατος 18: вь единѫѭ же на десѧте годинѫ ишедъ *Мт 20, 6 Мар Ас Сав* (∅ *Зогр*); третиꙗго на десѧте не видѣаше ник'тоже *Супр 121, 21*; въ пѧтое же на десѧте лѣто • владꙑчьства • тиверьѣ к҃есарѣ *Л 3, 1 Зогр Мар Ас*, въ въторое на десѧте *Сав*; въ шестое на десѧте лѣто диѡклитиꙗнꙗ цѣсарьства *Супр 535, 1*; сиѭ же дъштерь авраамл҃ѭ сѫштѫ • ѭже съвѧза сотона • се осмое на десѧте лѣто • не достоѣше ли раздрѣшити сеѩ *Л 13, 16 Зогр Мар Ас Сав* ▭ десѧть, десѧтии *в знач. сущ.* οἱ δέκα десять (человек) deset (lidí): не десѧть ли иштистишѧ сѧ *Л 17, 17 Зогр Мар Ас* (і҃ *Сав*); и слꙑшавъше десѧтии *Мт 20, 24 Мар* (∅ *Зогр*).— *Зогр Мар Ас Сав Боян Син Евх Клоц Супр.— Ср.* і҃; единъ на десѧте *ср.* единонадесѧтъ

десѧтьстроунънъ *Пс 32, 3 Син см.* десѧтистроунънъ

деши *Супр 303, 23 см.* дѣеши

джевьнъ *Пс 77, 44 Син см.* дъждевьнъ

диавол- *см.* диꙗвол-

ДИВИИ *прил.* (19) ἄγριος дикий divoký, nepěstovaný: единъ отъ дивиихъ животъ глагола епископоу *Супр 225, 12*; ѣдь • акриди и медъ диві *Мк 1, 6 Зогр Мар Ас Сав Боян* ◆ дивиꙗ коза αἴγαγρος дикая коза divoká koza: видиши дивиѩ сиѩ козꙑ и елени *Супр 224, 17.— Зогр Мар Ас Сав Боян Син Супр.— Ср.* сверѣпъ

ДИВИТИ СѦ, -влѭ сѧ, -виши сѧ *несов.* о комь, чемь; комоу, чесомоу (>100) θαυμάζειν, ἐκπλήσσεσθαι, καταπλήσσεσθαι, ξενίζεσθαι, ἐξίστασθαι удивляться divit se, žasnout: дивл҃ѣаахѫ же сѧ вси о величиі б⟨о⟩жиі *Л 9, 43 Зогр Мар Ас Сав*; емоуже а⟨нъ⟩ѣ⟨е⟩ли и в'сѧ силꙑ н⟨е⟩б⟨е⟩сънꙑѩ дивишѧ сѧ *Евх 53а 6*; азъ дивл҃ѭ сѧ *Супр 151, 7.— Зогр Мар Ас Сав Боян Зогр-пал Син Евх Супр.— Ср.* оужасати сѧ, чоудити сѧ

ДИВО, дивесе *с* (1) τέρας чудо div, zázrak: помѣнѣте... дівеса его *Пс 104, 5 Син.— Ср.* знамение, чоудо

ДИВЪ, -а *м* (2) θαῦμα удивление, изумление údiv, úžas: дівъ бо тварі принесъ прѣспѣѭштъ • мѣрѫ тварі *Клоц 10а 10* ◆ дивъ творити ἐκπλήσσειν удивлять, вызывать удивление udivovat, působit podiv: дівъ творітъ оумоу • землѣ *Клоц 10а 3.— Ср.* оужасть

ДИВЬНО *нареч.* (4) θαυμαστῶς, παραδόξως удивительно podivuhodně: наставітъ тѧ дівьно десница твоѣ *Пс 44, 5 Син.— Пс 75, 5 Син; Клоц 12а 35; Супр 448, 1*

ДИВЬНЪ, -ꙑи *прил.* (56) θαυμαστός, θαυμάσιος, παράδοξος, ξένος, καινός, ξενίζων удивительный podivuhodný: **словомь малomь • неб⟨е⟩са отвръзе • і дівънонѫ пѣсныѫ • дівъно съкровиште обрѣтъ** *Клоц 11б 22-23* ◆ **дивьнаꙗ гора** *название горы*: **сумеона бъившаго на дивнѣи горѣ** *Ас 146б 8-9* ▭ **дивьна, дивьнаꙗ** *с мн.* чудеса divy: **видѣхомъ дивъна дьньсь** *Л 5, 26 Зогр Мар Сав*, **дівьнаа** *Ас*.— *Зогр Мар Ас Сав Ен Евх Клоц Супр*.— *Ср.* **чоудьнъ**

ДИДРАГЪМА, -ꙑ *ж или нескл.* (6) δίδραχμον (монета в) две драхмы dvoudrachma: **оучитель вашъ не даетъ ли дидрагма** *Мт 17, 24 Мар Ас*, **дидрагъмъı** *Сав (Ø Зогр)*.— *Мт 17, 24 Мар Ас Сав*

ДИМИТРИИ, -ꙗ *и* **ДЬМИТРЪ**, -а *м имя* (2) Δημήτριος Дмитрий Dimitrij: **мѣ⟨сѧ⟩ца октоб⟨ра⟩ ӗі с⟨вѧ⟩тааг⟨о⟩ м⟨ѫ⟩ч⟨ени⟩ка дімітріа • іже въ солоунѣ** *Ас 124б, 11*, **дьмитра** *Сав 133б 4*

ДИМОСИИ, -ꙗ *м* (3) δημόσιος служитель veřejný, státní sluha: **димосии же стоꙗаше дръжѧ коумирь** *Супр 138, 24*.— *Супр 138, 27; 141, 4*

ДИМОФИЛЪ, -а *м имя* (3) Δημόφιλος Демофил Demophilus: **старѣишина арианомъ • именемъ димофилъ** *Супр 200, 4*.— *Супр 200, 7; 200, 13*

ДИНА *мест.* (1) ὁ δεῖνα один, некий jeden, jistý: **идѣте въ градъ кь динѣ** *Мт 26, 18 Ас* (**къ етероу** *Зогр Мар*, **къ нѣкомоу** *Сав*).— *Ср.* **етеръ, нѣкъıи, онъсица, юдинъ**

ДИНАРИИ, -ꙗ *м* (6) δηνάριον, ἀργύριον динарий denár: **повръже три десѧти динарии** *Супр 414, 21* (**съребрьникъ** *Клоц 5б 11*).— *Супр 407, 20 (2); 419, 22; 419, 27-28; 425, 21*.— *Ср.* **динарионъ, динарь, пѣнѧѕь, сьребрьникъ**

ДИНАРИОНЪ, -а *м* (1) δηνάριον динарий denár: **давъ динарионъ** *Супр 438, 2*.— *Ср.* **динарии, динарь, пѣнѧѕь, сьребрьникъ**

ДИНАРЬ, -ꙗ *м* (4) δηνάριον динар denár: **юдинъ бѣ длъжьнъ • пѧтьѭ сътъ динарь** *Л 7, 41 Зогр Мар Ас* (**сьребрьникъ** *Супр 393, 23*).— *Супр 425, 24*.— *Ср.* **динарионъ, динарии, пѣнѧѕь, сьребрьникъ**

ДИОДОРЪ, -а *м имя* (1) Διόδωρος Диодор Diodor: **стр⟨а⟩стъ с⟨вѧ⟩тъıхъ м⟨ѫ⟩ч⟨е⟩н⟨и⟩къ • диѡдѡра • и диѡдоума** *Ен 29б 5*

ДИОДОУМЪ, -а *м имя* (1) Δίδυμος Диодим Diodymos: **стр⟨а⟩стъ с⟨вѧ⟩тъıхъ м⟨ѫ⟩ч⟨е⟩н⟨и⟩къ • диѡдѡра • и диѡдоума** *Ен 29б 6*

ДИОКЛИТИꙖНЪ, -а *м имя* (10) [-**тиан-** *Супр* (1) *Ен* (1)] Διοκλητιανός Диоклетиан Dioklecián: **постигъшоу бо гонению • иже бъıстъ при диоклитиꙗнѣ и маѯимиꙗнѣ ц⟨ѣса⟩ри** *Супр 252, 16*.— *Супр 144, 30; 186, 29; 220, 11; 534, 23-24; 534, 29-30; Ен 29б 11; 37б 14; 38а 7; 39а 5*

ДИОКЛИТИꙖНЬ *прил. к* **диоклитиꙗнъ** (1) *греч. нет* Диоклитиана *род.* Diokleciánův: **въ шестоk на десѧте лѣто диѡклитиꙗнꙗ цѣсарьства** *Супр 535, 1*

ДИОМИДИИ, -ꙗ *м имя* (1) Διομήδης Диомид Diomédes: **овъ глаголааше азъ юсмъ диѡмидии** *Супр 52, 30*

ДИОНИСИИ, -ꙗ *м имя* (1) Διονύσιος Дионисий Dionysius: **мѣ⟨сѧ⟩ца октоб⟨ра⟩ ӗ с⟨вѧ⟩тааг⟨о⟩ о⟨ть⟩ца наш⟨е⟩го м⟨ѫ⟩ч⟨ени⟩ка дионисиа • ареопаѓіта** *Ас 122а 10*.— *Ср.* **дионисъ**

ДИОНИСЪ, -а *м имя* (1) Διονύσιος Дионисий Dionysius: **мѣ⟨сѧ⟩ц⟨а⟩ г҃ • диониса епископа** *Сав 131а 17*.— *Ср.* **дионисии**

ДИОНѴСЪ, -а *м бог* (1) Διόνυσος Дионис Dionysos: **такожде же дионусь • нарочитъıи вашь богъ** *Супр 8, 7*

ДИОСКОРЪ, -а *м местность* (1) τοῦ Διοσκόρου Диоскор Dioscorum: **оусѣк'нѫшѧ и • на мѣстѣ нарицаемѣ диоскоръ** *Супр 23, 17*

ДИОПТОУХА *нескл. с мн.* (1) τὰ δίπτυχα диптих diptycha: **ди(п)'тоуха о оумеръшихъ** *Служ 3б 9-10*

ДИРА, -ꙑ *ж* (3) [*им.* **дирѣ** *Зогр* (1)] σχίσμα дыра díra: **больши дира бѫдетъ** *Мт 9, 16 Мар (Ø Зогр)*.— *Мк 2, 21 Зогр Мар*

ДИꙖВОЛОВЪ *прил.* (7) [**диа-** *Супр* (1)] τοῦ διαβόλου дьяволов, дьявольский d'áblův: **по диꙗволовѣ силѣ** *Супр 35, 19*.— *Супр 64, 4; 143, 19; 479, 15; 486, 29; 487, 2; 488, 29*.— *Ср.* **диꙗволь, неприꙗзнинъ, сотонинъ**

ДИꙖВОЛЪ, -а *м* (>100) [**диѣ-** *Зогр Мар Ас Унд Евх*, **дьѣ-** *Зогр* (1) *Син* (1) *Клоц* (3), **дьꙗ-** *Супр* (4) *Хил* (1), **диа-** *Ас* (3) *Супр* (1)] διάβολος дьявол d'ábel: **да запрѣтитъ ти г⟨оспод⟩ь диѣволе** *Евх 56б 11-12*; **сами сѧ диꙗволоу прѣдасте** *Супр 107, 16-17* ● *перен.*: **отъ васъ юдинъ диѣволъ естъ** *И 6, 70 Зогр Мар*.— *Зогр Мар Ас Сав Унд Боян Син Евх Клоц Супр Хил*.— *Ср.* **бѣсъ, зълодѣи, лѫкавъ, неприꙗзнь, сотона**

диꙗ *Супр 115, 8 см.* **зеусъ**

ДИꙖВОЛЬ *прил.* (23) [**дьѣ-** *Клоц* (1)] διαβολικός, τοῦ διαβόλου, τοῦ Βελίαρ дьявольский d'ábelský, d'áblův: **изъми е из вьсѣкоѩ напасти диѣволѩ** *Евх 56а 16* ● *перен.*: **глава диꙗволѣ тъı юси агриколаоу** *Супр 74, 29*.— *Евх Клоц Супр*.— *Ср.* **диꙗволовъ**

ДИꙖКОНИСА, -ꙑ *ж* (3) ἡ διάκονος диаконисса diakonka, jáhenka: **отъ... диꙗконисъı василинъı** *Супр 299, 29*.— *Супр 297, 28; 298, 3-4*.— *Ср.* **слоужительница**

ДИІАКОНЪ, -а *м* (3) [диа- *Ас* (1)] διάκονος дьякон diakon, jáhen: повелѣ вратороу призъвати диıакона филеа *Супр 224, 14.— Ас 141а 11; Супр 224, 16.— Ср.* диıакъ, слоуга

ДИІАКОНЬСТВО, -а *с* (7) **1.** *собир.* διακονία дьяконы diakoni, jáhnové, diakonstvo, jáhenstvo: помани... в'сѣ(ко) попъство • и диѣконъство еже о х⟨рьст⟩ѣ *Служ 3б 21* **2.** συναπτή ектения (*молитва, произносимая дьяконом в литургии*) kolekta, ektenie, (*modlitba ve východní liturgii přednášená jáhnem*): и по еванѣ⟨е⟩льи речет⟨ъ⟩ диѣ⟨къ⟩ • диѣконъство сие *Евх 58б 19.— Евх 9а 22-23; 10а 24; 61б 2; 65а 4; 96б 16*

ДИІАКЪ, -а *м* (36) [ди(ѣ) *Служ* (7) *Евх* (17) д(ѣ) *Евх* (1)] διάκονος, διάκων дьякон diakon, jáhen; диıакоу рекшоу вьньмѣмь *Супр 540, 30*; диѣ⟨къ⟩ • речет⟨ъ⟩ • г⟨оспод⟩ю пом⟨о⟩лимъ с⟨ѧ⟩ *Евх 93а 9.— Служ Евх Супр Рыл.— Ср.* диıаконъ, слоуга

ДИІАПСАЛЪМА *нескл.* (40) [дıѣпъса- *Син* (6), ди(ѣ)пса(л) *Син* (17), ди(ѣ), дı(ѣ) *Син* (10), дıѣплма *Син* (3), дıѣпь *Син* (1), дı *Син* (1)] διάψαλμα диапсалма diapsalma, sela: дıѣпъсалма • помѣнѫ равъ ı вавоульна *Пс 86, 3 Син.— Син*

ДЛАНЬ, -и *ж* (5) παλάμη ладонь dlaň: пригвожденıемь дланью своею • пригвоздилъ еси в'сѧ рѫкы нечьстивъıхъ *Евх 30б 21.— Евх 3а 15; Супр 425, 16; 45б, 8-9; 50б, 21*

ДЛЪГОСЛОУЖИѤ, -иıа *с* (1) εὐτονία (!) верность служения vytrvalost ve službě: бѫдетъ ти... оутѣшенью вина • длъгослоужью податель *Евх 92б 17*

ДЛЪГОТА, -ы *ж* (6) **1.** μῆκος длина, протяженность délka, vzdálenost: вѣахѫ бо въ широтѫ пѧти лакътъ • а въ длъготѫ два десѧти ти пѧти лакътъ *Супр 230, 12* **2.** μακρότης продолжительность, длительность délka, dlouhé trvání: живота проси оу тебе ı далъ емоу еси • длъготѫ дъны *Пс 20, 5, Син.— Ен 25а 10; Пс 22, 6; 90, 16; 92, 5 Син*

ДЛЪГОТРЬПѢЛИВЪ, -ыи *прил.* (2) μακρόθυμος терпеливый, снисходительный trpělivý, shovívavý: г⟨оспод⟩ь же дльготрьпѣливъ сы • бѣсы проганиıааше *Супр 481, 16-17.— Супр 116, 23-24.— Ср.* длъготрьпѧ, трьпѣливъ

ДЛЪГОТРЬПѢЛИѤ, -иıа *с* (1) μακροθυμία долготерпение, снисходительность trpělivost, shovívavost: въсхотѣ длъготрьпѣлиıїмъ • и трьпѣньıемъ • наставити заблѫждъшиихъ на истинѫ *Супр 481, 12-13.— Ср.* длъготрьпѣние, трьпѣльство, трьпѣние

ДЛЪГОТРЬПѢНИѤ, -иıа *с* (2) μακροθυμία долготерпение, снисходительность trpělivost, shovívavost: да оувѣси его длъготрьпѣние *Супр 376, 15.— Супр. 122, 14.— Ср.* длъготрьпѣлие, трьпѣльство, трьпѣние

ДЛЪГОТРЬПѦ, -ѧи *прич.-прил.* (2) μακροθυμῶν, μακρόθυμος терпеливый, снисходительный trpělivý, shovívavý: отецъ нарицаатъ сѧ... и щедръ • милостивъ • и длъготръпѧи *Супр 21, 20-21.— Супр 12, 11.— Ср.* длъготрьпѣливъ, трьпѣливъ

ДЛЪГЪ, -а *м* (24) ὀφειλή, ὀφειλόμενον, δάνειον, αἱ εὐθύναι, χρέος долг dluh, povinná dávka: длъгъ твои отъпоустихъ тебѣ *Мт 18, 32 Мар Ас Сав* (∅ *Зогр*) ● расчет vyrovnání: тажъшаıа имѣти имаши длъгы • отъ о⟨ть⟩ца на страшънѣмь • и необинънѣмь сѫдищи *Евх 91а 19* ● грех hřích: отъпоусти намъ дльгы наша *Мт 6, 12 Зогр Мар Ас Сав* ◆ по длъгоу и по чьсти ὀφείλων надлежащим образом náležitě: по длъгоу и по чьсти • съ любьвиѭ присно своемоу г⟨оспод⟩и • вънинѫ прѣстоıати богови *Супр 463, 24.— Зогр Мар Ас Сав Евх Супр*

ДЛЪЖЬНИКЪ, -а *м* (18) ὀφειλέτης, ὀφείλων, χρεοφειλέτης должник dlužník: дъва длъжьника бѣашете заимодавьцю етероу *Л 7, 41 Зогр Мар Ас; Супр 393, 20.— Зогр Мар Ас Сав Супр*

ДЛЪЖЬНЪ, -ьн *прил., сравн. ст.* длъжьнѣи (52) **1.** ὀφείλων, ὀφειλέτης; (длъжьнъ быти ὀφείλειν, χρεωστεῖν) должен dlužen: такожде многашди и о дльжьнынхъ имѣниıмъ бываıетъ *Супр 494, 2*; ти длъжьнѣише бѣшѧ • паче вьсѣхъ ч⟨лов⟩ѣкъ *Л 13, 4 Зогр Мар*; длъж'нъ бѫде нѣкто комоу сьребромъ *Супр 494, 2-3* **2.** ὀφειλόμενος надлежащий, должный náležitý, povinný: длъжънѫıѫ тебѣ хвалѫ • благодѣанıемь въздаıѫща *Евх 24б 10* ◆ длъжьнъ быти *с инф.* ὀφείλειν быть должен, быть обязан mít, musit: за сѧ длъжън(ъ) (е)стъ... приносити о грѣсѣхъ *Евр 5, 3 Ен.— Зогр Мар Ас Сав Ен Служ Евх Клоц Супр.— Ср.* повиньнъ

ДЛЬГЪ, -ын *прил., сравн. ст.* дльжаи (14) [длъ- *Мар* (1) *Ас* (1) *Сав* (1) *Супр* (7)] μακρός долгий dlouhý: хоштеши бо се на пѫть отити длъгъ *Супр 558, 7*; ıакоже длъжаıе соломонъ • прореченьıе отъ б⟨ог⟩а нримь *Супр 534, 1* ◆ на дльѕѣ ἐπὶ πολύ долго dlouho: мѫжи ми срьдьце на дльзѣ *Супр 516, 20.— Л 18, 4 Зогр Мар Ас Сав; Супр 53, 24; 88, 30; 169, 8; 289, 2; 416, 7; 518, 4; 557, 3*

ДО *предлог* (>400) *с род.* **1.** *при обозначении пространственных отношений* ἕως, μέχρι, πρός, κατά, εἰς usque ad *при указании на место, предмет, лицо, являющееся предельным пунктом движения* до, вплоть до, k k, až k, až po (*с вин.*): народи ıскаахѫ его • ı придѫ до него *Л 4, 42 Зогр Мар*; приближишѧ сѧ до вратъ съмрътьныихъ *Пс 106, 18 Син*; покланѣетъ с⟨ѧ⟩ до землѧ прѣд⟨ъ⟩ с⟨вѧ⟩-тым⟨ь⟩ олътаремь *Евх 96а 5*; сътворишѧ же шьствие с⟨вѧ⟩тии • отъ реченааго мѣста до рѣкы *Супр 60, 4* ● *при указании на место, на которое направлено движение* в (*с вин.*), на (*с вин.*) do, na (*с вин.*): прѣидѣмъ оубо до витлѣема *Л 2, 15 Зогр Мар Ас Сав*; ведошѧ ı до връхоу горы *Л 4, 29 Зогр Мар Ас*; въсходѧтъ до неб⟨е⟩съ ı низъходѧтъ до безднъ *Пс 106, 26 Син* ● *при указании на предельный пункт распространения действия* до do: даждь имъ мъздѫ • наченъ отъ послѣдьнииxъ до пръвыихъ *Мт 20, 8 Мар Ас Сав* (∅ *Зогр*); порази вьсѧ пръвѣньцѧ егупьтьскы • отъ чл⟨овѣ⟩ка до скота *Пс 134, 8 Син*; нѣстъ творѧи добра нѣстъ до единого *Пс 52, 4 Син*; прѣфациѣ • до вѣчьны б⟨о⟩же *Киев 16 16* **2.** *при обозначении временных отношений* ἕως, ἄχρι, μέχρι, εἰς, μετά (!) *при указании на время или событие, являющееся предельным для какого-л. действия* до do: тѣмь же нарече сѧ село то село кръве до сего дне *Мт 27, 8 Зогр Мар Ас Сав*; отъ шестыѧ же годины • тъма быс⟨тъ⟩ по всеи земли • до девѧтыѧ годины *Мт 27, 45 Зогр Мар Ас Сав*; пакы же и до ноштı показа мѧ ѫтроба моѣ *Пс 15, 7 Син*; отъ юностı моеѧ ı до нынѣ възвѣштѫ чюдеса твоѣ *Пс 70, 17 Син*; до старостı матерьства • б⟨о⟩же моı не оставı мене *Пс 70, 18 Син* ● *при указании на срок протекания действия, в течение* ἐπί (*вин. без предлога*) po (*с вин.*): того ради не вынıде до трии дьнии ни за ходоу (!) себѣ *Супр 170, 13*; тако[го] же арианı до четыръ десѧтъ лѣтъ правовѣрьныихъ цръкви дръжаша *Супр 200, 24* **3.** ἕως, ἄχρι, εἰς, πρός; (до коньца παντελῶς; до врьха плодъ творити, до коньца плодъ творити τελεσφορεῖν) *при обозначении количества и меры действия* до do, k: прѣтрьпѣвы же до конца с⟨ъ⟩п⟨ас⟩енъ бѫдетъ *Мт 10, 22 Зогр Мар Ас; Супр 71, 1*; катапетазма црковьнаѣ раздъра сѧ • въ вышьнѣго краѣ • до нижьнѣаго • на дъвое *Мт 27, 51 Зогр Мар Ас Сав*; прıскръбьна естъ д⟨оу⟩ша моѣ до съмръти *Мт 26, 38 Зогр Мар Ас Сав; Евх 47а 4; Супр 383, 9*; не до връха • плода творѧтъ *Л 8, 14 Зогр Мар Ас*, до коньча (!) *Сав*; ıстъштаıте до основанеı его *Пс 136, 7 Син* **4.** κατά, πρός *при указании на предмет, лицо, против которого направлено действие* против proti: аште имаши что до врага своего *Супр 421, 26* (на врага *Клоц 8б 19*) **5.** πλείω *при указании на приблизительное количество предметов, или лиц* около, приблизительно asi: бѣаше же ихъ до триı на десѧте *Супр 18, 8* ◆ д о ж и и д о *см.* дожи.— *Зогр Мар Ас Сав Охр Боян Зогр-пал Унд Ен Син Служ Киев Евх Клоц Супр Зогр-лл Хил Рыл*

д о *И 7, 3 Зогр Мар; И 12, 10 Зогр Мар; И 17, 1 Зогр см.* да

ДОБЛЬ, -ии *прил., сравн. ст.* добльи (26) [доби- *Супр* (9), добь- *Супр* (5)] γενναῖος, ἀνδρεῖος, ἀκαταγώνιστος, ἄριστος доблестный, мужественный chrabrý, statečný: показа доблаѣ мати • ѣко оученими благыѧ вѣры въскрьмила и *Супр 96, 17*; доблиишимъ оупванье вѣчныѧ жизни остави *Супр 533, 16*.— *Супр*.— *Ср.* доблиестьнъ, крѣпъкъ, сильнъ

ДОБЛЬНО *нареч.* (1) γενναίως доблестно chrabře: трьпѧште страсть • добльно *Супр 92, 1*.— *Ср.* доблие, мѫжьскы

ДОБЛЬСТВО, -а *с* (1) ἀνδραγάθημα подвиг hrdinský čin: ѣко и добльства побраньскаѣ • многаш'ди бо словописателе • и шарописателе начрьтаıѫт' *Супр 83, 7-8*.— *Ср.* доблиесть, подвигъ

ДОБЛИЕ *нареч.* (6) [добие *Супр* (5)] γενναίως, ἀνδρείως, ἐν γενναιότητι доблестно chrabře: добие сътрьпѣ лютыѧ ты мѫкы *Супр 105, 4*.— *Супр 62, 30; 175, 9; 213, 16; 253, 27; 274, 9*.— *Ср.* добльно, мѫжьскы

ДОБЛИЕСТЬ, -и *ж* (2) [добие- *Супр* (2)] τὸ γενναῖον доблесть, подвиг chrabrost, statečný čin: кто естъ довьленъ словесы исповѣдати • того добиести и троуды *Супр 274, 2-3*.— *Супр 69, 21*.— *Ср.* добльство, мѫжьство, подвигъ

ДОБЛИЕСТЬНЪ, -ыи *прил., сравн. ст.* доблиестьнѣи (1) *греч. нет* доблестный chrabrý: иже раба своего алеѯандра добиестьнѣишиими троуды • крѣп'ка на твое оувѣдѣние… приведъ *Супр 161, 12*.— *Ср.* добль

ДОБРО *нареч.* (1) καλῶς хорошо dobře: блаженъ еси ı добро тебѣ бѫдетъ *Пс 127, 2 Син*.— *Ср.* добрѣ

д о б р о в а *Пс 73, 5 Син см.* дѫбрава

ДОБРОВОНИЕ, -иѣ *с* (1) εὐωδία благоухание, аромат libá vůně: оузьрѣ… д⟨оу⟩шѫ его отъ аггелъ… съ… добровониемъ • на небеса възносимѫ *Супр 296, 9*.— *Ср.* благоѫханиe, воніа

ДОБРОВЪГОДЬНЪ, -ыи *прил.* (1) εὐάρεστος приятный, угодный příjemný, vhodný: молѣше бога съ слъзами • довести сѧ въ мѣсто добровъгодьно и мльчально *Супр 282, 21*.— *Ср.* благовъгодьнъ, въгодьнъ, оугодьнъ

ДОБРОГОВѢИНЪ, -ꙑи *прил.* (2) εὐλαβής, ὁ ἐν εὐσεβείᾳ набожный, благочестивый zbožný, bohabojný: мѫжь нѣкто доброговѣинъ • именемь аудисотъ *Супр 270, 22.— Супр 202, 13.— Ср.* говѣинъ, благовѣрьнъ

ДОБРОГОВѢНИѤ, -ꙗ *с* (1) εὐλάβεια набожность, благочестие zbožnost, bohabojnost: кротости ради лихꙑꙗ • и ѥже о божии доброговѣнии • дѣлꙑ оутврьди нареченоѥ *Супр 252, 14.— Ср.* благовѣриѥ, говѣиньство, говѣниѥ

ДОБРОДАРЬСТВЬНЪ, -ꙑи *прил.* (1) εὐχαριστήριος благодарственный děkovný: видѣша и... добродарьствънѫѭ пѣснь въспоуштаѭшта богоу *Супр 215, 21.— Ср.* благодарьствьнъ, похвальнъ

ДОБРОДРЬЗОСТЬНЪ, -ꙑи *прил.* (1) εὐπαρρησίαστος откровенный přímý, upřímný: тако же творааше вьса лѣта житиꙗ своѥго • господоу работаꙗ... добродрьзостенъ • некоторичьнъ безълобенъ *Супр 207, 20*

ДОБРОДѢТѢЛЬНЪ, -ꙑи *прил.* (1) ἐνάρετος добродетельный ctnostný: рабоу твоѥмоу • подажди мꙑсль праведънѫ • і жизнь добродѣтѣльнѫ *Евх 7а 13-14.— Ср.* добродѣꙗнъ, добръ

ДОБРОДѢꙖНИѤ, -ꙗ *с* (7) ἀρετή, εὐεργεσία добродетель, добрые дела ctnost, dobré skutky: не оукрадетъ зълоба добродѣаньꙗ *Супр 509, 26-27.— Евх 81б 17; 82б 19-20; 88а 17; 94б 6; 98а 8-9; Супр 513, 16-17.— Ср.* благодать, доброcть, доброта, доброчьсть, дѣтѣль (добра дѣтѣль)

ДОБРОДѢꙖНЪ, -ꙑи *прил.* (2) ἐνάρετος добродетельный ctnostný: дажди ѥмоу житиѥ благообразьно • житиѥ добродѣано *Евх 99а 3.— Евх 88б 1.— Ср.* добродѣтѣльнъ

ДОБРОДѢꙖ, -ꙗи *прич.-прил.* (1) ἐν ταῖς εὐεργεσίαις делающий добро činící dobro: любивꙑи чьстемь добро дѣѭштинимъ х⟨ри-сто⟩с⟨ъ⟩ *Супр 427, 11-12.— Ср.* благотворивъ, благотворити (благотворꙗ)

ДОБРОЛИЧЬНЪ, -ꙑи *прил.* (1) εὐειδής красивый sličný, krásný: виждѫ же тѧ и добролична • и рѣчива зѣло *Супр 100, 13.— Ср.* красьнъ, добръ

ДОБРООБРАЗЬНЪ, -ꙑи *прил.* (1) εὐσχήμων добропорядочный, náležitý, slušný: непосагъшиꙗ бо печетъ сѧ о г⟨оспод⟩и... на доброобразьноѥ • и благоприлежьноѥ *Супр 375, 27-28.— Ср.* благообразьнъ

ДОБРОПОБѢДЬНЪ, -ꙑи *прил.* (1) καλλίνικος победоносный vítězný: сии ѥдин на десѧте страстотрьпьци • и добропобѣдьнии мѫченици *Супр 271, 9-10*

ДОБРОПОМОЩЬНИЦА, -ѧ *ж* (1) καλὴ βοηθός хорошая помощница dobrá pomocnice: поусти бо к нѥмоу жена ѥго добропомоштьница *Супр 434, 5*

ДОБРОПОТРѢБЬНЪ, -ꙑи *прил.* (1) εὔχρηστος очень нужный, полезный velmi potřebný, užitečný: съсѫдъ • иже мьноѭ мьнѣнѣ освѧштенъ • и добропотрѣбьнъ *Супр 287, 15.— Ср.* потрѣбьнъ

ДОБРОПРИИМАТИ, -приѥмлѭ, -приѥмлѥши *несов.* (1) εὐπαθεῖν быть здоровым, сильным být zdravý, silný: оумъножꙑатъ сѧ въ старості мастітѣ • і доброприѥмлѭште бѫдѫтъ *Пс 91, 15 Син*

ДОБРОРАЗОУМИВЪ, -ꙑи *прил.* (1) εὐγνώμων знающий, очень сведущий znalý, moudrý: доброразоумивъ сѫдии отъложи тѧжесть на жидовъскꙑ главꙑ *Супр 433, 6.— Ср.* разоумьнъ

ДОБРОРАЗОУМИВѢ *нареч.* (1) εὐγνωμόνως разумно, со знанием дела rozumně, moudře: ови приносѧште исповѣдаѭт' доброразоумивѣ и своѥ и владꙑчьско *Супр 376, 21*

ДОБРОРОДИѤ, -ꙗ *с* (1) εὐγένεια знатность urozenost: дьньсь чловѣчьско ѥстъство • отъ диꙗволꙗ противъства свободивъ • на прьвоѥ доброродиѥ възведе *Супр 490, 7.— Ср.* благородиѥ, доброродьство

ДОБРОРОДЬНЪ, -ꙑи *прил., сравн. ст.* доброродьнѣи (3) εὐγενής знатный, благородный urozený, ušlechtilý: доброродьнъ сꙑ не пооубожаи сѧ самъ *Супр 163, 18*; зѣло добрѣи доброродьнѣи ѥсмъ • ꙗко не пожрѣхъ *Супр 106, 29.— Супр 7, 27.— Ср.* родъ (добра рода), чьстьнъ

ДОБРОРОДЬСТВО, -а *с* (3) εὐγένεια, περιφάνεια τοῦ γένους знатность urozenost: раби г⟨осподь⟩ни ѥсмъ • се ѥстъ наше доброродьство *Супр 100, 9-10.— Супр 99, 14; 442, 11-12.— Ср.* благородиѥ, доброродиѥ

ДОБРОСТЬ, -и *ж* (3) εὐλάβεια, ἀρετή добродетель dobrota, ctnost: добрости ѥго • почьтъше *Супр 386, 2.— Супр 365, 7; 410, 18.— Ср.* говѣиньство, говѣниѥ, доброта, доброчьсть

ДОБРОСЪТВОРИТИ, -рѭ, -риши *сов.* (4) εὐεργετεῖν, ἀγαθὸν ποιεῖν, ἀγαθοποιεῖν, εὐδοκιμᾶν сделать добро učinit dobro: достоитъ ли въ сѫботѫ • добро сътворити ли зъло сътворити *Мк 3, 4 Ас* (добро творити *Зогр Мар Сав*).— *Л 6, 9 Ас; Пс 114, 7 Син; Супр 378, 26.— Ср.* благосътворити

ДОБРОСЪТВОРѤНИѤ, -ꙗ *с* (1) εὐποιΐα благодеяние dobrodiní, prokázání dobra: да имѫще гобезие твоѥ • подадѧтъ и нищиимъ • добросътворениѥ *Евх 13а 5.— Ср.* благодѣꙗниѥ

ДОБРОТА, -ꙑ *ж* (36) **1.** ἀγαθότης, ἀρετή добродетель dobrota, ctnost: се дѫбъ вьпиѥтъ добротѣ старчи сьвѣдѣтельствоѫ *Супр 300, 28* **2.** κάλλος, καλλονή красота krása: насытишѧ ли сѧ любьвьници твои доброты твоѩ *Супр 5, 2.— Син Клоц Супр.— Ср.* добрость, добрачьсть

ДОБРОТВОРИТИ, -рѭ, -риши *несов.* (23) καλῶς ποιεῖν, εὐ ποιεῖν, ἀγαθὸν ποιεῖν, ἀγαθοποιεῖν, εὐεργετεῖν делать добро činit dobro: вьселичьскы съконьча добротворѧ • досаждаѭштимъ ѥмоу *Супр 481, 21.— Зогр Мар Ас Сав Супр.— Ср.* благодѣꙗти, благотворити, добродѣꙗ

ДОБРОЧЬСТИВЪ, -ꙑи *прил.* (3) εὐσεβής, θεοσεβής благочестивый, набожный zbožný: въгодьни богоу... и доброчьстивꙑимъ людемъ *Супр 220, 1.— Супр 222, 7-8; 281, 13-14.— Ср.* благочьстивъ, благовѣрьнъ, говѣинъ, доброчьстьнъ, чьстивъ

ДОБРОЧЬСТИѤ, -ꙗ *с* (4) εὐσέβεια благочестие, набожность zbožnost: възвеличи сѧ на врагꙑ доброчьстиѥмь • въгодьникъ твои моуси *Супр 232, 23.— Супр 105, 4; 217, 13; 252, 3.— Ср.* благовѣриѥ, благочьстиѥ, говѣниѥ, доброговѣниѥ

ДОБРОЧЬСТЬ, -и *ж* (1) ἀρετή добродетель ctnost: оного отъ доброчьсти нарече *Супр 410, 21.— Ср.* добродѣꙗниѥ, добрость, доброта, дѣтѣль (благаꙗ, добраꙗ дѣтѣль)

ДОБРОЧЬСТЬНЪ, -ꙑи *прил.* (4) [доброчест- *Хил* (1)] εὐσεβής, ὁ τῆς εὐσεβείας ἀθλητής благочестивый, набожный zbožný: безбожьнꙑихъ тѣхъ • на доброчьстьнꙑѩ възбѣшениѥ *Супр 217, 15.— Супр 207, 28; 214, 15; Хил 26β 1.— Ср.* благовѣрьнъ, благочьстивъ, благочьстьнъ, говѣинъ, доброчьстивъ, чьстьнъ

ДОБРЪ, -ꙑи *прил., сравн. ст.* добрѣи (>100) [*сравн. ст.* деврѣ- *Зогр* (1)] καλός **1.** ἀγαθός, περικαλλής, εὐλαβής, ἡδύς, εὐθαλής, ἐνάρετος, εὐγενής, καλλίνικος, χρηστός, συνετῶς (!); (доброѥ дѣло κατόρθωμα; добрꙑи мѫченикъ καλλίμαρτυς) хороший, добрый dobrý: азъ ѥсмь пастꙑрь добрꙑ *И 10, 14 Зогр Мар Ас Сав*; дроугоѥ паде на земл҃и добрѣ *Л 8, 8 Зогр Мар Ас Сав*; съконьча сѧ въ добрѣ исповѣдании *Супр 187, 28*; забꙑшѧ добꙑѩ (!) его дѣтѣли *Клоц 66 27*; вѣрѫ прѣмѫдрости • посрѣдѣ пакостьникъ • добриї мѫченици проповѣдасте *Супр 68, 7*; бꙑстъ добрѣиши и мѫдрѣиши *Супр 408, 15* ▭ добро, -оѥ *в знач. сущ.* τὸ ἀγαθόν, τὰ ἀγαθά, τὸ καλόν, τὰ καλά добро dobro: оуклони сѧ отъ зъла і творі добро *Пс 33, 15 Син*; о селицѣ добрѣ не радоуѭтъ сѧ *Супр 386, 22* ● τὰ ἀγαθά добро, имущество majetek, zboží: съберѫ тоу жита моѣ • і добро моѥ *Л 12, 18 Зогр Мар*, доброѥ *Ас Сав* ▭ добро (ѥстъ) *в знач. сказ., сравн. ст.* добрѣѥ ѥстъ καλόν ἐστιν, συμφέρει, λυσιτελεῖ хорошо je dobré: добро въ врѣмѧ алчъбꙑ • покаꙗниꙗ прѣди положити цѣльбꙑ *Супр 358, 23*; добрѣѥ естъ вамъ да азъ ідѫ *И 16, 7 Зогр* (оунѣѥ *Мар, Ас* оуне *Сав*) □ добра(ꙗ) дѣтѣль *см.* дѣтѣль; добро врѣмѧ *см.* врѣмѧ; добра рода *см.* родъ **2.** περικαλλής красивый krásný: видѧ чловѣчьскꙑ добрꙑѩ женꙑ и дьштери *Супр 7, 18-19*; видиши ли небо се • коль добро ѥстъ видѣти и коль велико *Супр 87, 27.— Зогр Мар Ас Сав Унд Зогр-пал Син Служ Евх Клоц Супр Хил Рыл Зогр-лл.— Ср.* благъ, красьнъ, благородьнъ, благоврѣменьнъ; лоучии, оуни

ДОБРѢ *нареч.* (82) **1.** καλῶς, γνησίως, εὖ, ἀκριβῶς, προθύμως (!), θερμῶς (!), χαριέντως (!); (добрѣ слꙑшаи εὐήκοος) хорошо dobře: добрѣ вьсе творитъ *Мк 7, 37 Зогр Мар Ас Сав* ● правильно správně: да добрѣ глагола съборьникъ *Супр 356, 30*; оушима добрѣ слꙑшаштема • слꙑшимъ *Супр 318, 25* **2.** (добрѣ цвьтѧи καλλίπνοος; добрѣ воніати μυριπνοεῖν) красиво, прекрасно krásně: зависть добрѣ цвьтѫштиї цвѣтъ • любъве оуваждаѥтъ *Супр 399, 18*; ѥже въ благодѣти добрѣ воніаѥтъ *Супр 335, 9-10* ◆ добрѣ мѫдровати *см.* мѫдровати.— *Зогр Мар Ас Сав Боян Ен Син Евх Клоц Супр Хил Рыл Зогр-лл.— Ср.* добро, правꙑ, лѣпота (съ лѣпотꙑ)

добꙑѩ *Клоц 66 27 см.* добръ

добь- *Супр см.* добл҃-

ДОВЕСТИ, -ведѫ, -ведеши *сов.* (6) ἀπάγειν, ὁδηγεῖν, προξενεῖν, ἀποσφζειν (!) привести, довести přivést: доведи мѧ о⟨ть⟩ца твоѥго прѣвꙑшьнѣаго *Евх 366 2-3.— Супр 31, 26-27; 39, 6; 282, 21; 503, 4; 564, 12.— Ср.* въвести, привести

довльство *см.* довъльство

ДОВОДИТЕЛЬ, -лꙗ *м* (1) *греч. нет* вождь vůdce, průvodce: ходатаю нашь • і доводителю *Евх 276 3*

ДОВОЛЪ, -а *м* (6) **1.** αὐτάρκεια достаток dostatek: да в'сѣмь обогащаѥми раби твои • і в'сь доволъ имѫще • ізбꙑтъкоуѥмъ • во в'сѣкомь дѣлѣ блазѣ *Евх 126 17* ● δαπάνη расходы náklad: къто отъ васъ хотѧ стлъпъ създати • не прѣжде ли сѣдъ • раштьтетъ доволъ *Л 14, 28 Зогр Мар* **2.** доволъ имѣти до чесо ἀρκεῖσθαι удовлетворяться, быть довольным *чем-л.* být spokojen *s něčím*: і не до сего же доволъ імѫште • нъ і разбоінікꙑ нѫдѧтъ • причітаѭште съмрьти его *Клоц 11а 15.— Евх 156 19-20; 17а 6.— Ср.* довъльство

ДОВОЛЬНО *нареч.* (2) ἱκανῶς достаточно,

довольно dosti: иже о молитвѣ довольно бесѣдовахомъ *Супр 407, 22.— Ен 266 12*

ДОВОЛЬНЪ, -ын *прил.* (17) [довъ- *Зогр-лл* (1), довь- *Супр* (9) *Клоц* (1), дъвъ- *Зогр* (1), дьвь- *Мар* (1)] **1.** ἱκανός, αὐτάρκης достаточный dostačující: полагаат' сиѩ притчѧ довьльнѧ на прѣпьрѣние *Супр 371, 19* ● способный schopný: к'то довьленъ исповѣдати • печали *Супр 56, 25* □ довольнъ быти ἀρκεῖν, ἐξαρκεῖν, ἱκανεῖν хватать (*безличн.*) stačit: ни тѣмь бысть довьльно тъчьѭ поуштениѥ *Супр 374, 6* **2.** довольнъ быти чимь ἀρκεῖσθαι довольствоваться, быть довольным *чем-л.* spokojit se *s něčím*: довольни бѫдѣте оброкы вашими *Л 3, 14 Зогр Ас*, дьвьльни *Мар* (достоіни *Сав*). — *Зогр Мар Клоц Супр Рыл Зогр-лл.— Ср.* достоинъ

довъльнъ *Зогр-лл 16 14 см.* довольнъ

ДОВЪЛЬСТВО, -а *с* (2) [довл҄ь- *Супр* (2)] αὐτάρκεια, συμμετρία должное количество potřebná míra: въ потрѣбѣ и довл҄ьствѣ станѣмъ *Супр 494, 22.— Супр 494, 20.— Ср.* доволъ

довълѣти *Ас Клоц см.* довьлѣти

ДОВЬЛѢТИ, -лѭ, -лиши и -лѣѭ, -лѣиши *несов.* (33) [довъ- *Ас* (2) *Клоц* (2)] **1.** ἀρκεῖν, ἐξαρκεῖν хватать stačit: довьлѣетъ оученикоу да бѫдетъ ѣкоже ι оучител҄ь его *Мт 10, 25 Зогр Мар Ас* □ довьлѣти сѧ чесомоу στοιχεῖν придерживаться držet se: да бѫдетъ... трѣзвение съдѣваѩ • единачьнааго образа • ιсправленью довьлѣѩ сѧ *Евх 99а 21-22* **2.** довьлѣти сѧ о комь, чемь *греч. нет* довольствоваться *чем-л.* spokojit se *s něčím*: дльженъ естъ вьсѣкъ кръштеныи... о своеι женѣ довълѣти сѧ *Клоц 26 1-2.— Зогр Мар Ас Сав Евх Клоц Супр.— Ср.* достати

довѣдѣти *Евх Супр см.* недовѣдѣти

ДОЖИ *частица* (19): дожи и до ἕως, μέχρι, ἄχρι, ἕως καί, κατέναντι до (самого) až do, až k: твоихи бо доуши погыбѣль прѣодолѣ дожи и до съмрьти *Супр 1, 2.— Супр*

ДОЖЬДАТИ, -жьдѫ, -жьдеши *сов.* кого, чесо *или без доп.* (2) ἀναμένειν, περιμένειν подождать počkat, vyčkat: лѣпо имъ юстъ дожьдати анѳупата *Супр 137, 1.— Супр 91, 5.— Ср.* пожьдати

ДОЗЬРѢТИ, -зьрѭ, -зьриши *несов.* кого, чесо (3) φαντάζεσθαι созерцать spatřovat: того бо... въ чистотѣ житиꙗ своѥго • ꙗко въ зрьцалѣ дозьра • не можааше насытити сѧ *Супр 275, 3.— Супр 272, 20; 272, 21-22.— Ср.* зьрѣти

ДОНДЕЖЕ, ДОИЖДЕ, ДОИЖДЕЖЕ, ДОИЖЕ *союз временной* (35) [доиждє *Син* (1) *Супр* (1), доиждеже *Син* (7) *Супр* (1), доиже *Син* (1)] **1.** ἕως οὗ, ἕως ἄν, μέχρις οὗ, μέχρι τοῦ *с инф.*, ἀπ' ἄρτι ἕως ἄν пока не dokud ne: и на сѣнь крилоу твоею надѣѭ сѧ доиже прѣидетъ безаконенье тако очи наши къ г⟨оспод⟩ю б⟨ог⟩оу нашемоу • доиждеже оуштедрітъ ны *Пс 122, 2 Син; Супр 75, 21* **2.** ἕως, ἐν ᾧ, ἕως ὅτου пока dokud, pokud: поѭ б⟨ог⟩оу моемоу доідеже есмь *Пс 103, 33 Син*; видимо бо прѣбываааше сь ни́мь доиждє с⟨вѧ⟩ти сѧ *Супр 25, 16.— Зогр Мар Ас Син Евх Супр.— Ср.* донь́де, донилиже

доиждє *Пс 93, 13 Син; Супр 25, 16 см.* дондеже

доиждеже *Син Супр см.* дондеже

доиже *Пс 56, 2 Син см.* дондеже

ДОИКЪ, -а *м имя* (1) Δωήκ Доик Doeg: егда пріде • доикъ доумѣанъ *Пс 51, 2 Син*

ДОИЛИЦА, -ѧ *ж* (1) λοχευομένη кормящая своим молоком kojící: поѩтъ ι отъ стадъ овьчіхъ • ѡтъ доилиць поѩто ι *Пс 77, 71 Син*

доимѣти *Супр 92, 29 см.* недоимѣти

ДОИТИ[1], -идѫ, -идеши *сов.* (44) φθάνειν, καταλαμβάνειν, καταντᾶν, λαμβάνειν, ἔρχεσθαι, παρέρχεσθαι, ἐγγίζειν, ἐφίστασθαι, ἀφικνεῖσθαι, γίγνεσθαι, παραβάλλειν **1.** чесо; въ чьто; на чьто; до чесо; къ чесомоу; кого прийти, дойти přijít, dojít: дондошѧ на село *Супр 18, 4*; възврати сѧ не дошъдъ рѣкы *Супр 551, 1*; видѧште безбожьнии безаконьное оубиваниѥ • дондошѧ и новосвѣтълыѩ благовѣрию подвижьникы *Супр 57, 15* ● *перен.* достичь dosáhnout, dospět: дондошѧ копаѭште до съсѧдъ крьчажьныихъ *Супр 52, 10*; дондє коньца житию *Супр 208, 4* **2.** *без доп.* прийти, наступить přijít, nastat: дошедъшоу же врѣмени бракоу *Супр 25, 1.— Евх Супр.— Ср.* прити

ДОИТИ[2], доѭ, доиши *несов.* (11) θηλάζειν кормить (грудью) kojit: горе непраздънымъ • ι доѩштімъ въ ты дни *Л 21, 23 Зогр Мар.— Мт 24, 19 Мар Ас Сав Боян; Мк 13, 17 Зогр Мар; Л 23, 29 Зогр Мар; Супр 237, 19*

докапелии *Мт 4, 25 Сав см.* декаполь

ДОКОЛѢ *нареч.* (52) [доколи *Супр* (3)] ἕως πότε, ἕως τίνος доколе dokud, jak dlouho: доколѣ бѫдѫ въ васъ • ι тръплѭ вы *Л 9, 41 Зогр Мар Ас Сав*; понеже не вѣмъ доколѣ живи бѫдемъ *Евх 71а 3.— Зогр Мар Ас Сав Син Евх Супр*

доконьчати *см.* недоконьчати

ДОЛОУ *нареч.* (8) κάτω; (долоу съмотрити κατασκοπεῖν) вниз dolů: аште с⟨ы⟩нъ еси б⟨о⟩жии • поусти себе долоу *Мт 4, 6 Зогр Сав* (низоу *Ас Боян*, ∅ *Мар*); двьрьцами съмоштраахѫ долоу *Супр 184, 8* ◆ до долоу вниз dolů: облѣчена въ котъıгѫ льнѣнѫ • раздъранѫ отъ горы дожи и до долоу *Супр 187, 6.— Супр 211, 3; 349, 22; 366, 27; 374, 24.— Ср.* низоу, низъ

ДОЛЬНЬ, -ни *прил.* (1) ὁ κάτω нижний dolní; *перен.* земной pozemský: дольнии небесьнъıимъ веселиѥмъ... коупно праздьноуѭште *Супр 322, 10.— Ср.* нижьнь

ДОЛѢ *нареч.* (2) κάτω, χαμαί внизу dole: долѣ лежитъ • и горѣ ꙗвьꙗѥтъ сѧ *Супр 508, 23.— Супр 522, 15.— Ср.* низъ

ДОМА *нареч.* (6) ἐν τῷ οἴκῳ, οἴκοθεν дома doma: марнѣ дома сѣдѣаше *И 11, 20 Зогр Мар Ас Сав.— Супр 267, 18; 408, 29.— Ср.* домъ (въ домоу)

ДОМАЖИВЬЦЬ, -а *м* (1) *греч. нет* местный житель, туземец domorodec: кра(м)олы д(омо)живъцъ *Ен 22а 5-6*

ДОМАЦЬНЬ, -нии *прил.* (2) οἰκιακός домашний domácí: врази чл⟨овѣ⟩коу домацьнии его *Мт 10, 36 Мар* (домашьнии *Зогр*).— *Мт 10, 25 Мар.— Ср.* домашьнь

ДОМАШЬНЬ, -нии *прил.* (4) οἰκιακός, ὁ ἐν τῇ πατρίδι домашний domácí: аште г⟨оспод⟩ина домоу вельзѣвола нарѣшѧ • колми паче домашьнꙗѩ его *Мт 10, 25 Зогр Ас* (домаштьнꙗѩ *Мар*).— *Мт 10, 36 Зогр; Клоц 7а 36-37.— Ср.* домацьнь, свои

ДОМЕНЪ, -а *м имя* (3) [домн- *Супр* (1)] Δόμνος Домн Domnus: а се имъ имена... лусимахъ • домнъ • сакердон *Супр 69, 9.— Супр 70, 29; 74, 22*

ДОМЕСТИКЪ, -а *м* (2) δομέστικος доместик (*высокий чиновник римской и византийской империи*) domesticus (*jeden z vysokých římských a byzantských úředníků*): глаголаша к немоу доместици *Супр 222, 7.— Супр 222, 4-5*

ДОМЕТИИ, -ꙗ *м имя* (4) Δομέτιος Дометий Dometius: навадиша на праведника дометиꙗ *Супр 215, 10.— Супр 213, 29; 219, 3; 219, 24*

ДОМЕТИꙖНЪ, -а *м имя* (3) **1.** Δομετιανός Дометиан Domitián: а се имъ имена • дометиꙗнъ • исухии • змарагдъ *Супр 69, 6-7* **2.** Δομέτιος Дометий Dometius: тек'ше къ пештерѣ с⟨вѧ⟩тааго дометиꙗна *Супр 215, 18.— Супр 217, 16*

ДОМОВИ *нареч.* (2) εἰς τὸν οἶκον домой domů: шьдъши домови • обрѣте отроковицѫ лежаштѫ • на одрѣ *Мк 7, 30 Зогр Мар.— Ср.* домъ

ДОМОВИТЪ, -ꙑи *прил.* (12): чловѣкъ домовитъ οἰκοδεσπότης хозяин (дома) hospodář: подобьно естъ ц⟨ѣ⟩с⟨а⟩р⟨ь⟩ствие небес⟨ьс⟩кое • чл⟨о⟩в⟨ѣ⟩коу домовитоу *Мт 20, 1 Мар Ас Сав* (∅ *Зогр*).— *Мт 13, 52 Зогр Мар Ас Сав; Мт 21, 33 Мар Ас (2) Сав Боян.— Ср.* господь (господь домоу)

ДОМОВЬНЪ, -ꙑи *прил.* (2): приставлѥник домовьноѥ οἰκονομία управление домом, хозяйство správcovství, hospodaření: въздаждь • отъвѣтъ о приставлени домовьнѣемь *Л 16, 2 Зогр Мар.— Ср.* строи, строительство, строѥниѥ (строѥниѥ домоу), съмотрѥниѥ

ДОМЪ, -оу *м* (>100) οἶκος, οἰκία **1.** οἴκημα, οἰκόπεδον, στέγη дом, жилище dům, příbytek: иже на кровѣ • да не сълазитъ въ домъ • ни да вьнидетъ вьзѧтъ чесо отъ домоу своего *Мк 13, 15 Зогр Мар*; въıгънани бѫдѫтъ із домовъ своіхъ *Пс 108, 10 Син*; се иже мѧкка носѧтъ • въ домохъ ц⟨ѣса⟩рихъ сѫтъ *Мт 11, 8 Зогр Мар Ас* □ въ домоу ἐν τῇ οἰκίᾳ дома doma: отрокъ мои лежитъ въ домоу ославленъ *Мт 8, 6 Зогр Мар Ас* (въ храминѣ *Сав*); въ домъ свои, въ домы своѩ, домъ домъ εἰς (τὸν) οἶκον (αὐτοῦ, αὐτῶν), εἰς τὰ ἴδια, εἰς τοῖς ἰδίοις, οἴκαδε домой domů: аште отъпоуштѫ ѩ не ѣдъшѧ въ домы своѩ *Мк 8, 3 Зогр Мар*; да цѣлъ идетъ въ свои домъ *Супр 172, 1*; ꙗкоже тѣмъ домъ дом' идѫштемъ • славити • и благословествити б⟨ог⟩а *Супр 531, 16* **2.** οἰκητήριον челядь, домашние, дом čeleď, domácnost, dům; видѣвъши же господъıни села того бывъшеѥ чоудо • вѣрова г⟨оспод⟩оу съ вьсѣмь домомъ своимъ *Супр 18, 24*; не помьнѧтъ ни домовъ ни чѧда • ни имѣниꙗ *Супр 267, 24* □ без домоу ἄοικος без дома, без родины bez domova: без домоу и без града бывъше *Супр 442, 2*; господь домоу *см.* господь; приставьникъ домоу *см.* приставьникъ; строѥниѥ домоу *см.* строѥниѥ **3.** род, дом rod, dům: стража дахъ тѧ с⟨ы⟩не чл⟨овѣ⟩чь • домоу и⟨здраи⟩левоу *Евх 82а 18.— Зогр Мар Ас Сав Боян Син Ен Евх Клоц Супр.— Ср.* дворъ, хлѣвина, храмина, храмъ; въ домоу *ср.* дома; въ свои домъ *ср.* домови; без домоу *ср.* бесхрамьникъ

ДОМЪІСЛИТИ СѦ, -мъıшлѭ сѧ, -мъıслиши сѧ *сов.* чесо (1) καταλαμβάνειν понять pochopit: ѥгоже глѫбокыѩ мысли • не можетъ никтоже домъıслити сѧ *Супр 262, 19-20.— Ср.* помъıслити; недомъıслити сѧ

домъıшлꙗти сѧ *см.* недомъıшлꙗти сѧ

ДОМЬНИНЪ, -а *м имя* (1) Δομνῖνος Домнин Domninus: мѣ⟨сѧ⟩ца октов⟨рѣ⟩ а҃... м⟨ѫ⟩ч⟨ени⟩ка домьнина *Ас 122а 1*

донелиже *Супр. см.* донѥлиже

донелѣже *Л 17, 8 Сав; Супр 216, 28 см.* донѥлиже

ДОНЕСТИ, -несѫ, -несеши *сов.* (3) ἀποφέρειν, ἀπάγειν принести, отнести donést, zanést: **посла мѧ игоумены҄ѣ донести просворѫ вь сьѭ вьсь** *Супр 515, 27.— Супр 209, 3-4; 541, 25.— Ср.* **принести**

донъде *И 12, 35 Боян см.* **доньде**

ДОНЬДЕ, ДОНЬДЕЖЕ, ДОНЬЖДЕ, ДОНЬЖДЕЖЕ *союз временной* (>100) [**-ъде** *Боян* (1), **-жде** *Супр* (6), **-ждеже** *Супр* (1)] **1.** ἕως ἄν, ἕως οὗ, ἕως ὅτου, ἕως ᾧ, ἄχρις οὗ, μέχρις οὗ, μέχρις ὅτου, μέχρι τοῦ *с инф.*, πρὸ τοῦ *с инф.*, ἀπ᾿ ἄρτι ἕως ἄν, ἐν ᾧ пока не dokud ne: **сѣди о деснѫѭ мене • доньдеже положѫ врагы твоѩ • подъножью ногама твоима** *Л 20, 43 Зогр Мар* (**доиждеже** *Пс 109, 1 Син*); **мы же не отъстѫпимъ отъ тебе доньждеже оживиши насъ** *Супр 77, 3*; **дотолѣ же мѫчишѧ и • доньдеже ребра кго оголишѧ** *Супр 260, 12-13* ● *с оттенком следствия* ἕως ὅτε так что, до того, что až: **и подъпалити кмоу чрѣво и ребра • доньжде пльть кмоу акы воскъ съжежена бывъши растечетъ сѧ** *Супр 153, 1-2* ● *с оттенком условия* εἰ μή пока не, если не dokud ne, jestliže ne: **не иматъ прѣити на онѫ странѫ • доньжде прѣжде исповѣстъ имѧ г⟨оспод⟩а моего ї⟨соу⟩с⟨а⟩ х⟨ристо⟩са** *Супр 151, 30* **2.** ἕως, ὡς, ὡς ἔτι, ἐν ᾧ, ἐφ᾿ ὅσον, ἕως ὅτου пока dokud, pokud: **слоужи ми • доньдеже ѣмь і пьѭ** *Л 17, 8 Зогр Мар Ас* (**донелѣже** *Сав*); **ходите донъде свѣтъ имате** *И 12, 35 Боян*, **доньдеже** *Зогр Мар Ас Сав* □ **доньдеже не** ἕως οὗ пока не dokud ne: **по истинѣ не благословьѭ кго • дондеже не отъстѫпитъ мѫдръствованиꙗ отълѫчивъшиихъ сѧ** *Супр 298, 27-28.— Зогр Мар Ас Сав Боян Ен Син Евх Супр.— Ср.* **дондеже, донелиже**

доньжде *Супр см.* **доньде**

доньждеже *Супр 77, 3 см.* **доньде**

ДОНЕЛИЖЕ, ДОНЕЛѢЖЕ *союз временной* (9) [**донелиже** *Супр* (7), **донелѣже** *Сав* (1) *Супр* (1)] **1.** ἕως ὅτου, ἄχρις οὗ пока не dokud ne: **молишѧ кго прѣбыти отроковици оу него ё дьни • донелиже до коньца свободитъ сѧ отъ бѣса** *Супр 520, 14-15* **2.** ὡς, ἕως пока dokud, pokud: **слоужить ми донелѣже ꙗмь и пиѭ** *Л 17, 8 Сав* (**доньдеже** *Зогр Мар Ас*).— *Супр 216, 28; 378, 8-9; 516, 26-27; 526, 17; 544, 14; 555, 7; 567, 18.— Ср.* **дондеже, доньде**

ДОПАСТИ, -падѫ, -падеши *сов.* (1) ἐπιπίπτειν достаться, выпасть (*на долю*) připadnout: **ѫжа допадѫ мі въ дрьжавънꙑхъ** *Пс 15, 6 Син*

ДОПОЗДѢ *нареч.* (1) ὀψέ позднее později: **женꙑ... аѕѫ понѣ допоздѣ нѣколи • отъложивъша златьнааго желаниꙗ** *Супр 447, 4.— Ср.* **поздѣ**

ДОРОУМѢДОНТЪ, -а *м имя* (2) [**дородоментЕн** (1)] Δορυμέδων Доримедонт Dorymedon: **стр⟨а⟩(ст)ъ с⟨вѧ⟩тоую м⟨ѫ⟩ч⟨ени⟩коу (трофим).. и дороумѣдонтѣ** *Ен 38а 2.— Ен 35а 13-14*

ДОСАДИТЕЛЬ, -лꙗ *м* (2) ὑβριστής тот, кто поносит, оскорбляет hanobitel, tupitel: **не бѫди досадитель владыкамъ** *Супр 13, 4.— Супр 146, 30*

ДОСАДИТИ, -саждѫ, -садиши *сов.* **комоу, чесомоу; кого, чьто** (9) ὑβρίζειν, ἐνυβρίζειν, ἀτιμάζειν опорочить, оскорбить potupit, pohanět: **прочи имъше рабꙑ его досадишѧ имъ** *Мт 22, 6 Мар Ас (Ø Зогр); Евх 106а 23-24*; **алъкати бо имаши • и жѧдати • і наготовати • і досажденоу ти бывати • і порѫганоу • поношеноу же** *Евх 90а 25-26*; **дръзнѫ ли досадити добрꙑѧ нашѧ ц⟨ѣса⟩рѧ** *Супр 148, 6.— Л 18, 32 Зогр Мар; Л 20, 11 Зогр Мар.— Ср.* **бесчьствовати, охоулити, поносити [2], порѫгати, посрамити, сканъдалисати**

ДОСАЖДАТИ, -аѭ, -акши *несов.* **комоу, чесомоу** (11) ὑβρίζειν, ὕβρεις προσάγειν порочить, оскорблять, поносить tupit, hanět: **съконьча добротворѧ • досаждаѭщтимъ емоу** *Супр 481, 21-22* ● ἐπανατείνειν угрожать vyhrožovat: **мѫками безмѣрънами • досаждааше имъ** *Супр 87, 11.— Л 11, 45 Зогр Мар; Супр 2, 15-16; 8, 16-17; 61, 22; 102, 13-14; 269, 27; 474, 2; 484, 30.— Ср.* **бесчьствовати, корити, поносити [2], посрамлꙗти, рѫгати, хоулити**

ДОСАЖДЕНИЮ, -иꙗ *с* (6) ὕβρις, ἀτιμία поношение, оскорбление potupa, pohana: **прѣспѣ же сьѭ добротѫ • ч⟨лов⟩ѣкъ почътеньемь • досажденье почътеньемь створь** *Клоц 10а 9-10* ◆ **досаждениꙗ приꙗти** ὑβρίζεσθαι быть опороченным, оскорбленным být potupen: **досаждениꙗ отъ насъ примъше негодоуете** *Супр 88, 18.— Пс 82, 17 Син; Клоц 4а 3; Супр 61, 11; 253, 3.— Ср.* **бесчьстиꙗ, нечьстиꙗ, нечьсть, оукоръ, хоула**

досели *Супр см.* **доселѣ**

ДОСЕЛѢ *нареч.* (33) [**досели** *Супр* (4)] ἕως ἄρτι, ἕως τοῦ νῦν, ἕως τούτου, ἄχρι τοῦ δεῦρο, μέχρις οὗ, μέχρι τῆς δεῦρο, μέχρι τοῦ νῦν до сих пор, доселе až dosud, dosud: **до селѣ не просисте ничесоже • въ имѧ мое** *И 16, 24 Зогр Мар Ас* (2) *Сав* (2); **они же покоренії с⟨вѧ⟩тааго конона досели прѣбꙑшѧ** *Супр 53, 19.— Зогр Мар Ас Сав Евх Супр*

достати *см.* **недостати**

ДОСТОИНО *нареч.* (8) ἀξίως dignanter достойно vhodně, náležitě: **достоино оубо зъваньѫ стѫпан** *Евх 90б 22* (*Еф 4, 1*) ◆ **достоино сътворити** καταξιοῦν сделать достойным učinit hodným: **твокго то кстъ чловѣколюбьствиꙗ • заблѫдивъшаго вьзыскаатъ... и прьвааго мѣста достоино сътворити** *Супр 342, 20.— Киев 5б 14; Евх 81а 23; 81б 20; 86а*

17; 105б 11-12; Клоц 8а 39.— Ср. достоинѣ, подобьно; недостоино

ДОСТОИНОВѢРЬНЪ, -ыи прил. (1) ἀξιόπιστος заслуживающий доверия věrohodný: достоиновѣрьнии отьци Супр 168, 19-20.— Ср. подобьнъвѣръ

ДОСТОИНЪ, -ыи прил. (>100) **1.** ἄξιος, ἱκανός, ἐπιβάλλων, προσήκων, αἴτιος, ἁρμόζων, ὑπεύθυνος; (достоинъ сътворити ἀξιοῦν, καταξιοῦν) достойный hoden, vhodný, náležitý: вьсего мира владꙑкѫ познавъ • достоино дастъ поклонение Супр 427, 9 □ достоинъ быти ἀξιοῦσθαι, καταξιοῦσθαι, ἄξιον εἶναι быть достойным být hoden: бесцѣннаго бісєра • достои(нъ) (бъ)іcтъ прияти Клоц 14б 25; Супр 453, 14; достоінъ бо естъ дѣлатель мъздꙑ своеѩ Л 10, 7 Зогр Мар □ достоино естъ в знач. сказ. ἔξεστιν следует, полагается, надлежит sluší se, hodí se: достоино ли естъ дати кинъсъ кесареви или ни Мт 22, 17 Мар Сав (достоитъ Ас, ∅ Зогр) **2.** достоинъ быти ἀρκεῖσθαι быть довольным být spokojen: достоіни бѫдете • обѣщании вашими Л 3, 14 Сав (довольни Зогр Мар Ас).— Зогр Мар Ас Сав Боян Служ Киев Евх Клоц Супр Зогр-лл.— Ср. довольнъ, достоиньнъ, подобьнъ

ДОСТОИНЬНЪ, -ыи прил. (10) ἄξιος, ἐπάξιος, ὀφειλόμενος достойный hoden, vhodný, náležitý: достоинъны троудъ своихъ дарꙑ приимъ Супр 272, 22 □ достоиньно в знач. сказ. ἔξεστιν следует, полагается, надлежит sluší se, hodí se: достоинъно же и оного възискати Супр 440, 18-19.— Супр 8, 20-21; 109, 13; 190, 10; 216, 4; 219, 9-10; 287, 10; 433, 9; 447, 19-20.— Ср. довольнъ, достоинъ, подобьнъ

ДОСТОИНЬСТВО, -а с (3) ἀξία достоинство, честь důstojnost, důstojenství: родъ мои и достоинъство съ с⟨вѧ⟩тыими естъ Супр 102, 1.— Супр 157, 24-25; Хил 1аα 16-17.— Ср. санъ, чинъ, чьсть

ДОСТОИНѢ нареч. (1) ἀξίως достойно vhodně, náležitě: ѳеѡрии же нарицаемъ епископьскыимъ саномъ почьтенъ • и того достоинѣ живꙑ Супр 293, 24-25.— Ср. достоино, подобьно

ДОСТОІАНИЕ, -иꙗ с (36) κληρονομία наследство, наследственная доля dědictví, dědický podíl: дастъ землѭ іхъ достоѣние • достоѣние і⟨здра⟩илю людемъ своимъ Пс 134, 12 Син ● περιουσιασμός имущество majetek: ѣко іѣкова ізбъра себѣ г⟨оспод⟩ь • і⟨здра⟩илѣ въ достоѣние себѣ Пс 134, 4 Син.— Зогр Мар Ас Боян Ен Син.— Ср. наслѣдие, наслѣдование

достоіанъ Клоц 2а 26 см. съдостоіанъ

ДОСТОІАТИ, -стоѭ, -стоиши несов. (79): достоитъ комоу, чесомоу с инф. ἔξεστιν, δεῖ, προσήκει, χρή, ἄξιον следует, полагается, надлежит sluší se, hodí se, lze, náleží: аште достоітъ въ сѫботѫ цѣлити Мт 12, 10 Зогр Мар; достоѣше емоу проити сквозѣ самариѭ И 4, 4 Зогр Мар.— Зогр Мар Ас Сав Боян Киев Евх Клоц Супр.— Ср. достоинъ (достоино естъ), льзѣ, подобати, подобьнъ (подобьно естъ), потрѣба, трѣба (трѣбѣ естъ)

ДОСЬДЕ нареч. (3) ἕως ὧδε, ἐνταῦθα досюда až sem: оучѧ • по всеі іюдеі • начьнъ отъ галилеѩ до сьде Л 23, 5 Зогр Мар.— Супр 495, 5

ДОСѦШТИ, -сѧгѫ, -сѧжеши сов. (1) φθάνειν достичь, добиться dosáhnout: присѧзи образѣ аште вѣроукши и досѧжеши Супр 511, 12

ДОТЕШТИ, -текѫ, -течеши сов. кого, чесо (2) греч. нет догнать, достичь dohnat, dostihnout: дотекъ с⟨вѧ⟩таго Супр 551, 5.— Супр 560, 9.— Ср. доити [1]

ДОТОЛѢ нареч. (2) ἕως τότε, ἐπὶ τοσοῦτον до тех пор, дотоле dotud, dotehdy: не оубо бѣаше дотолѣ видѣлъ аггела Супр 122, 29.— Супр 260, 12

ДОХОДИТИ, -хождѫ, -ходиши несов. кого, чесо; до кого, чесо (2) φθάνειν, καθικνεῖσθαι доходить, достигать dosahovat: ѡ лѣствице небесе доходѧшти Супр 63, 29.— Супр 89, 21

дохъторъ см. дъхъторъ

ДОШЬСТИЕ, -иꙗ с (1) греч. нет приход (достижение какого-л. места, пункта) příchod, dosažení: прѣжде же дошьстиꙗ емоу прѣполовьлениꙗ пѫти • обрѣте сѧ водонось испльнена водꙑ Супр 550, 24.— Ср. пришьстие

ДРАГЪ, -ыи прил., сравн. ст. дражии (16) τίμιος, περικαλλής, βαρύτιμος, πολυτελής дорогой, драгоценный drahý, vzácný, cenný: положилъ еси на главѣ его вѣнъць • отъ камені драгаего Пс 20, 4 Син; ничьтоже естъ драже вѣка сего Евх 44а 15 ● перен. καταθύμιος дорогой, милый milý: и елико тебѣ любо и драго тебѣ бѫдетъ Супр 48, 15.— Мт 26, 7 Зогр Мар Ас Сав; Мк 14, 3 Зогр Мар; Пс 18, 11 Син; Служ 3а 10; 3а 13; Евх 21б 3; 102б 6; Супр 368, 16; 389, 19.— Ср. бецѣньнъ, мъногоцѣньнъ, чьстьнъ

ДРАГЪМА, -ꙑ ж (6) δραχμή драхма drachma: обрѣтъ драгъмѫ ѭже погоубихъ Л 15, 9 Зогр Мар.— Л 15, 8 Зогр Мар; Евх 84а 15; 85б 12-13

ДРЕВЛЬНЪ, -ниі прил. (20) [древь- Зогр (3) Мар (4) Син (1) Клоц (1) Супр (1)] ἀρχαῖος старый, древний, прежний starý, dávný, dřívějši: поревъноуимъ... древльнюмоу разбоиникоу • древльнии блѫдьници • древльнюмоу мытарю • іже единоѭ отъстѫпль зъла • по томь не възврати сѧ на тожде *Евх 70а 18-20* □ *в знач. сущ.*: речено бысть древьнимъ *Мт 5, 21 Зогр* (*∅ Мар*); како древьнѣа прѣидѫ • како новаа процвисѧ *Клоц 13б 3; Супр 450, 12.— Зогр Мар Син Служ Евх Клоц Супр.— Ср.* ветъхъ, прьвъ, старъ

ДРЕВЛЄ *нареч.* (20) [древье *Евх* (1) *Супр* (5), древе *Ен* (1)] πάλαι, πάλιν, πρίν, πρῶτον, ἄνωθεν, βραδύ прежде, раньше, когда-то dříve, napřed, kdysi: повели ми • древле шьдъше погрети о⟨ть⟩ца моего *Л 9, 59 Зогр Мар Ас* (прѣжде *Сав*); ѣкоже древье избави данила из оустъ львовъ *Евх 85а 13.— Зогр Мар Ен Син Евх Клоц Супр.— Ср.* когда, прьвѣє, прѣжде

ДРОБИТИ, дроблѭ, дробиши *несов.* (1) μελίζειν разламывать rozlamovat: ни свѧтаего комканиꙗ вьземи • чловѣкъ бо єстъ дробѧи є *Супр 361, 28.— Ср.* ломити

ДРОБЬНЪ, -ыи *прил.* (1) λεπτός мелкий drobný, jemný: и лъжеименънаего бога сътвори • акы пѣсъкъ дробенъ *Супр 22, 14*

ДРОЖДИѬ, -ии *ж мн.* (1) τρυγίας закваска, дрожжи kvas, droždí: дрождьѩ его не (і)ск[р]ꙑдашѧ сѧ *Пс 74, 9 Син*

ДРОУГА, -ы *ж* (2) φίλη подруга přítelkyně: съзываєтъ дроугы і сѫсѣдꙑнѧ *Л 15, 9 Зогр Мар*

ДРОУГОИЦИ *нареч.* (1) ποτέ в другой раз jindy: овогда камениємь биꙗхѫ г⟨оспод⟩а • дроугоици же окоушаахѫ сѧ съ стѣнъ сърин ѫти *Супр 480, 30.— Ср.* дроугоє, овогда

ДРОУГОЮ *нареч.* (1) τὰ δέ в другой раз jindy: а дроугоє.. аше (*т. е.* гла⟨гола⟩ше *вм.* давааше) чьсти отъ ц⟨ѣса⟩рѣ и саны приимете *Супр 87, 5.— Ср.* дроугоици, овогда

ДРОУГЪ[1], -а *м* (>100) φίλος, ἑταῖρος, σύσκηνος друг, сотоварищ přítel, druh: дроуже на неже еси пришьлъ *Мт 26, 50 Зогр Мар Ас Сав Боян*; дроуѕи мои і ближикы моѩ прѣмо мнѣ приближишѧ сѧ *Пс 37, 12 Син; Евх 76б 2.— Зогр Мар Ас Сав Боян Син Евх Клоц Супр.— Ср.* клеврѣтъ, подроугъ

ДРОУГЪ[2], -ыи *прил.* (>400) **1.** ἄλλος, ἕτερος, ὁ δέ, εἷς, τις, ἐπιών, λοιπός, ἔνιοι *мн.* другой jiný: бꙑстъ же въ дроугѫѭ сѫботѫ • вънити емоу • въ сънъмиште *Л 6, 6 Зогр Мар Ас*; да ови похватившеє за оуши влѣчаахѫ и • дроузии же съзажда пориваахѫ а дроузиї биꙗхѫ *Супр 14, 21-22* □ дроугъ дроуга ἀλλήλους, ἄλλος ἄλλον, ἕτερος ἕτερον, ἀμφότεροι друг друга navzájem, vzájemně, jeden druhého: съберѫтъ сѧ прѣдъ нимь вси ѩзыци • і разлѫчитъ ѩ дроугъ отъ дроуга *Мт 25, 32 Зогр Мар Ас Сав*; приємлюще дроугъ дроуга *Кол 3, 13 Ен*; дроугъ дроузѣ прѣтъкаѭ сѧ *Супр 466, 7*; въ дроугꙑи ἄλλοτε в другой раз jindy: въ дроугꙑи же пакꙑ юноша нѣкъи отъ бѣса насиленъ оуѣма ногама раслабѣ *Супр 518, 18* **2.** δεύτερος второй druhý: си єстъ велиꙗ заповѣдь • и се дроугаꙗ подобьна еи *Мт 22, 39 Сав* (вътораа *Мар Ас, ∅ Зогр*).— *Зогр Мар Ас Сав Охр Боян Зогр-пал Ен Евх Клоц Супр Зогр-лл.— Ср.* въторъ, инъ, овъ, прочии

ДРОУЖИНА, -ы *ж* (30) συνοδία, συμμορία, οἱ σὺν αὐτῷ, οἱ ἑταῖροι, οἱ συνοδεύοντες, οἱ συστρατιῶται, οἱ συναθληταί сотоварищи druhové, společníci: ѡсвѣщен... пав'ла ап⟨осто⟩ла твоего • на пѫти по срѣдѣ дроужинꙑ его *Евх 34а 10.— Зогр Мар Ас Сав Боян Ен Евх Супр Рыл.— Ср.* дроугъ[1], чадь

ДРОУЖЬБА, -ы *ж* (1) φιλία дружба přátelství: не помнітъ ні дроужъбꙑ • ні обꙑчаѣ • ні рода *Клоц 4б 15*

ДРОУЖЬНЬ, -нии *прил.* (1) τοῦ φίλου друга *род.* přítelův: не хотѧи съмрьти грѣшьнꙑимъ • радоукши сѧ сьмрьти дроужьнии *Супр 314, 22*

ДРЪВА, -ъ *с мн.* (3) τὰ ξύλα, ὕλη дрова dříví: принесоша дръва и огнь *Супр 5, 13.— Супр 5, 10; 141, 14.— Ср.* дрѣво

ДРЬЖАВА, -ы *ж* (58) [дръ- *Зогр* (1) *Мар* (1) *Ен* (2) *Син* (7) *Евх* (16) *Клоц* (1) *Супр* (28)] κράτος, κραταίωμα, κραταιότης, κραταίωσις держава, власть, сила moc, vláda, síla: тꙑ владеши дръжавоѭ морьскоѭ *Пс 88, 10 Син*; кто сь єстъ раздроушивꙑи нашѫ непобѣдимѫѭ дръжавѫ и мѫжьство *Супр 466, 26.— Зогр Мар Ен Син Евх Клоц Супр.— Ср.* власть, крѣпость, область

ДРЬЖАВЬНЪ, -ыи *прил.* (4) [дръ- *Син* (2) *Евх* (1)] κραταιός, κράτιστος могущественный, сильный, державный mocný, silný: ѫжа допадѫ мі въ дрьжавънꙑхъ • ибо достоѣнье мі дръжавьно естъ мънѣ *Пс 15, 6 Син.— Пс 22, 5 Син; Евх 55б 15-16.— Ср.* крѣпъкъ

ДРЬЖАНИЄ, -ниꙗ *с* (2) [дръ- *Супр* (1)] κράτημα, ἁφή прикосновение držení, uchopení, dotyk: видѧште и кротъко трьпѧшта • лобъзаниꙗ блѫдьничьска • и дрьжаниꙗ рѫкоу грѣшьноу *Супр 392, 26.— Супр 446, 9.— Ср.* прикосновениє, присѧжениє

ДРЬЖАТИ, -жѫ, -жиши *несов.* (>100) [дръ- *Зогр* (11) *Мар* (11) *Ас* (6) *Охр* (2) *Син* (1) *Евх* (14) *Клоц* (2) *Супр* (68)] κρατεῖν, κατέχειν **1.** ἔχειν, συνέχειν, χειροθετεῖν, χειρίζειν, ἀξιοῦν; (дрьжати гнѣвъ μνησίκακον εἶναι) держать, иметь držet, mít: ꙗви же сѧ диꙗволъ о деснѫѭ дръжѧ мечь *Супр 76, 5*; призьри на нꙑ • і на раба твоего сего... дръжѧщаего врѣдъ болѣзньнꙑ въ оустѣхъ *Евх 28а 18*; тольма ли ѡ мѫжоу дръжимъ єси невѣдѣникмь *Супр 475, 19*; нічесоже іного ненавідітъ б⟨ог⟩ъ ѣко же того іже дръжітъ гнѣвъ *Клоц 9а 13* ● владеть mít v moci, ovládat: тако[го] же аріани до четꙑрь десѧтъ лѣтъ правовѣрънꙑихъ цръкви дръжашѧ *Супр 200, 26* ● держать в тюрьме věznit: мѫжи дръжѧштеи и⟨су⟩са • рѫгаахѫ сѧ емоу *Л 22, 63 Мар Зогр* ● задерживать zdržovat: народи іскаахѫ его • і придѫ до нѥго • і дръжаахѫ і да би не ошьлъ отъ нѥхъ *Л 4, 42 Зогр Мар* ▭ дръжати сѧ кого, чесо ἀντέχεσθαι, ἔχεσθαι, ἐκκρεμάννυσθαι держаться držet se: никъꙑ же рабъ не можетъ двѣма г⟨осподь⟩ма работати... ли единого дръжитъ сѧ • а о дроугѣмь не брѣшти въчьнетъ *Мт 6, 24 Зогр Мар Ас* (единомоу ꙋгодитъ *Сав*) ● удерживаться *от чего-л.* bránit se *něčemu*, ovládat se: ѥкоже сльзити ѥмоу зѣло... и не мошти сѧ самомоу дръжати *Супр 285, 19* □ дръжати вражьдѫ *см.* вражьда; дръжати мѫчительство *см.* мѫчительство **2.** ἀσπάζεσθαι соблюдать, придерживаться, исповедовать zachovávat, dodržovat, udržovat, vyznávat: сꙇ сѫтъ • иже добромь сръдьцемь і благомь • слꙑшѧштеі слово • дръжѧтъ *Л 8, 15 Зогр Мар Ас* (хранѧтъ *Сав*); прѣданиѭ испрьва апостолꙑ вѣрѫ дръжимъ *Супр 197, 24*; дръжѧтъ же памѧть свѧтꙑихъ моштии • дожи и до нꙑнѣ *Супр 219, 22* ▭ дръжати сѧ чесо, по чьто χρῆσθαι, ἐκχρῆσθαι соблюдать *что-л.* dodržovat *něco*: добро и съпасно покаание • дръжѧштиимъ сѧ его *Супр 390, 5*; дръжѧ сѧ паче по немьвение • стꙑдѧ сѧ не тъчьѭ отъ иного видѣти сѧ • нъ и самъ нагъ видѣти сѧ *Супр 280, 19* **3.** *без доп.* ἐπικρατεῖν, κατέχειν длиться, оставаться trvat: дръжа же таковаꙗ неоутѣшимаꙗ скрьбь • на м'нога врѣмена *Супр 190, 29.— Зогр Мар Ас Сав Охр Син Киев Евх Клоц Супр.— Ср.* съдрьжати, оудрьжати, хранити

ДРЬЗАТИ, -аѭ, -аеши *несов.* чимь; о чемь *или без доп.* (26) [дръ- *Зогр* (7) *Мар* (7) *Ас* (5) *Боян* (1) *Евх* (1) *Супр* (4)] θαρρεῖν, τολμᾶν, θρασύνειν мужаться, отваживаться, дерзать být dobré mysli; odvažovat se, troufat si: дръзаи дъшти • вѣра твоѣ с⟨ъ⟩п⟨ас⟩е тѧ *Мт 9, 22 Зогр Мар Ас* (надѣі сѧ *Сав*); дръзаѭще щедротами твоими вьпиемъ *Евх 62а 24*; чсо дѣлма о сихъ дръзаеши безаконьнꙑихъ дѣлесехъ *Супр 418, 16.— Зогр Мар Ас Сав Боян Супр.— Ср.* дрьзовати, надѣꙗти сѧ, съмѣти, оупъвати

ДРЬЗНОВЕНИѤ, -ниꙗ *с* (22) [дръ- *Сав* (2) *Ен* (3) *Служ* (1) *Евх* (5) *Клоц* (1) *Супр* (9) *Рыл* (1)] παρρησία, τόλμη, προθυμία, τρόπος смелость, дерзновение důvěra, smělost: ѡ семь съвръшаетъ сѧ любꙑ в насъ • да дръзновение имамъ въ д⟨ь⟩нь сѫднꙑ *1 Ио 4, 17 Ен* ● дерзость opovážlivost: ѣрость • кличь • хоуление • клевета • прѣзоръство • дръзновение • любꙑ чѧстьнаа *Евх 91б 16-17* ◆ съ дрьзновеникмь (ἐν) παρρησίᾳ, εὐπαρρησιάστως смело, открыто směle, otevřeně: се нꙑнѣ съ дръзновениемъ г⟨лаго⟩леши *И 16, 29 Сав 140б 3* (не обиноуѩ сѧ *Мар Ас Сав 106б 8*, обиноуѩ сѧ *Зогр*).*— Сав Ен Служ Евх Клоц Супр.— Ср.* дрьзость

ДРЬЗНѪТИ, -нѫ, -неши *сов.* (29) [дръ- *Зогр* (1) *Мар* (1) *Ас* (1) *Клоц* (1) *Супр* (20)] τολμᾶν, κατατολμᾶν, θαρρεῖν, ἐπιχειρεῖν дерзнуть, набраться храбрости, осмелиться, отважиться dodat si mysli, nabýt odvahy, osmělit se, odvážit se: дръзнѫвъ вьниде къ пилатоу • і проси тѣла іс⟨оусо⟩ва *Мк 15, 43 Зогр Мар Ас; Клоц 14б 7; Супр 452, 28; 454, 3*; дръзохъ пристѫпити к тебѣ господи *Супр 391, 23.— Зогр Мар Ас Клоц Супр Рыл*

ДРЬЗО *нареч.* (1) εὐθαρσῶς смело směle: свободьномъ гласомь дрьзо мѫжьскꙑ... крьстиꙗни сами сѧ нарекошѧ *Супр 86, 2.— Ср.* дрьзѣ

ДРЬЗОВАТИ, -зоуѭ, -зоуеши *несов.* за кого, чьто (1) [дръ- *Супр* (1)] παρρησιάζεσθαι смело говорить směle mluvit: по оумрътвии ли хотѣахѫ за нь дръзовати • аште да не бꙑ въсталъ *Супр 441, 23.— Ср.* дрьзати

ДРЬЗОСТЬ, -и *ж* (18) [дръ- *Евх* (2) *Клоц* (6) *Супр* (9)] παρρησία смелость smělost: имъ за оуздѫ конѣ цѣсара • рече къ цѣсароу дръзостьѭ *Супр 194, 7-8* ● τόλμα, τόλμημα дерзость opovážlivost: вельѣ дръзость велье бестоудье *Клоц 4б 30.— Евх Клоц Супр.— Ср.* дрьзновение

ДРЬЗЪ, -ꙑи *прил., сравн. ст.* дрьзѣи (11) [дръ- *Евх* (2) *Супр* (6)] ἀπότομος, εὔτολμος, εὐθαρσής; (дрьзъ творити кого παραθαρσύνειν) смелый smělý: подражателе хрьстови • жилишта с⟨вѧ⟩тааго д⟨оу⟩ха • исповѣд'ници дрьзи *Супр 67, 16*; страшивꙑѩ дръзꙑ творѣше *Супр 98, 23* ● τολμηρός, θρασύτερος, στυγερός дерзкий opovážlivý: есть бо дръзъ • и бесрама *Евх 88а 13* ◆ дрьзъ бꙑти θαρσυλοιεῖσθαι осмелеть, набраться храбрости osmělit se, nabrat odvahy: видѣвъше же с⟨вѧ⟩тии бꙑвъшее • дрьзи бꙑшѧ *Супр 74, 11.— Евх 88б 6; Супр 28, 13; 46, 16; 66, 5; 98, 21; 380, 28; 380, 30*

ДРЬЗѢ *нареч.* (1) ἐπὶ πλεῖον (!) смело směle: тѣло бо биеши • еже аште дрьзѣ сътрьпитъ • славьнѣе вѣньчаетъ сѧ *Супр 88, 11.— Ср.* дрьзо

ДРЬКОЛЬ, -и *м* (16) [дръ- *Мар* (3) *Ас* (2) *Боян* (1) *Клоц* (2), др'- *Зогр* (1) *Супр* (1), дрькьл- *Мар* (1)] ξύλον, δόρυ, βάκλον палка, дубина hůl, klacek: ѣко на разбоиника ли ізидосте • съ орѫжиемь і дрьколʹми • ѩти мѧ *Мт*

26, 55 Зогр Мар Ас (жьрьдьми Сав).— Мт 26, 47 Зогр Мар Ас Боян; Мк 14, 43 Зогр; Мк 14, 48 Зогр Мар; Л 22, 52 Зогр Мар; Клоц 4б 40-5а 1; 12б 13; Супр 79, 23-24.— Ср. дрѣво, дрѫгъ, жрьдь, жьзлъ, палица, посоха

ДРѢВО, дрѣвесе и дрѣва с (>100) ξύλον **1.** δένδρον дерево (*растение*) strom: дроузи вѣѥ рѣзаахѫ отъ дрѣвъ *Мк 11, 8 Зогр*, отъ дрѣва *Мар* **2.** ἴκριον дерево, древесина dřevo: сии бо бози аже мѣнише • каменик и дрѣво и мѣдь и желѣза сѫтъ *Супр 177, 2* ● *перен.* крест kříž: поклонениѥ чьстьнаго дрѣва *Сав 127а 1* **3.** кол, палка kůl, kyj: повелѣ дрѣвесы сѫкатъı бити ѩ *Супр 178, 18.— Зогр Мар Ас Сав Ен Син Евх Клоц Супр.— Ср.* дръва, дрьколь, дрѫгъ

ДРѢВОДѢЛІА, -лѧ м (1) τέκτων плотник tesař: комоу же се • не семоу ли дрѣводѣли ïωсифоу *Супр 246, 13.— Ср.* тектонъ

ДРѢВЬНЪ, -ыи *прил.* (3) τοῦ ξύλου, τῶν ξύλων дерева, деревьев *род.* stromu, stromů *род.*: въ добровѣ дрѣвьнѣ секырами расѣшѧ двьрі его *Пс 73, 5 Син.— Клоц 10а 39; 11а 11.— Ср.* дрѣвѣнъ

ДРѢВѢНЪ, -ыи *прил.* (5) τοῦ ξύλου древесный, дерева *род.* stromu *род.* ● *перен.*: дрѣвѣныи врѣдъ на съпасъ прѣложивъ *Супр 430, 21* ◆ масло дрѣвѣнок ἔλαιον деревянное масло olej: възлиꙗ масло то дрѣвѣнок на главѫ господьн҄ѫ *Супр 408, 12.— Клоц 10а 33; Супр 238, 20-21; 291, 7.— Ср.* дрѣвьнъ

ДРѢМАНИѤ, -ниꙗ с (1) νυσταγμός дремота, дрёма dřímání, dřímota: аште дамь сонъ очима моима • ı вѣкома моıма дрѣманиѥ *Пс 131, 4 Син*

ДРѦЗГА, -ы ж (1) *греч. нет* лес, роща les, háj: скрьжьтрааше зѫбы на нь • ꙗко левъ въ дрѧздѣ траштѧ звѣрь *Супр 12, 8.— Ср.* дѫбрава, лѣсъ, лѫгъ

ДРѦСЕЛОВАТИ, -лоуѭ, -лоуеши *несов.* (2) στυγνάζειν печалиться být smutný: чръмьноуетъ бо сѧ дрѧселоуѧ н⟨е⟩бо *Мт 16, 3 Зогр Мар.— Ср.* печалити сѧ, печаловати сѧ, скрьбѣти

ДРѦСЕЛЪ, -ыи *прил.* (3) σκυθρωπός печальный smutný, sklíčený: чьто сѫтъ словеса си • о нихъже сътѧзаета сѧ къ себѣ ıдѫшта • ı еста дрѧсела *Л 24, 17 Зогр Ас* (дрѧхла *Мар*) ◆ дрѧселъ быти στυγνάζειν опечалиться zesmutnět: ωнъ же дрѧселъ бывъ о словесе • отиде скръбѧ *Мк 10, 22 Зогр* (дрѧхлъ *Мар*).— *Ср.* дрѧхлъ, печальнъ, скръбьнъ, сѣтьнъ, оунылъ

ДРѦХЛЪ, -ыи *прил.* (8) σκυθρωπός, κατηφής, στυγερός скорбный, печальный smutný, sklíčený: да не дрѧхлъ на приѩтиѥ обраштетъ сѧ *Супр 319, 18* ◆ дрѧхлъ быти στυγνάζειν опечалиться zesmutnět: онъ же дрѧхлъ бывъ о словеси • отиде скръбѧ *Мк 10, 22 Мар* (дрѧселъ *Зогр*).— *Л 24, 17 Мар; Супр 42, 9; 343, 23; 405, 25; 491, 7; 557, 8.— Ср.* дрѧселъ, печальнъ, скръбьнъ, сѣтьнъ, оунылъ

ДРѦХЛЬСТВО, -а с (2) κατήφεια скорбь zármutek, sklíčenost: оубогыи оубо въ дрѧхльствѣ • богатыи же вь веселии *Супр 492, 23.— Супр 491, 15.— Ср.* печаль, скръбь

ДРѪГЪ, -а м (1) *греч. нет* палка, дубина hůl, kyj: на негоже приде отъ ар҄хиерѣи • съ свѣщами ı съ мечи • ı съ дрѫгы *Евх 48а 2-3.— Ср.* дрьколь, дрѣво, жрьдь

ДРѪЧЕНИѤ, -ниꙗ с (1) ἀηδία затруднения, трудности obtíž, trápení, trýzeň: прѣмногы образы • недѫгъ тѣмь приобрѣтъше • и много дрѫчениѥ примъше *Супр 495, 3.— Ср.* оудрѫчениѥ

доуждевъ *Супр 301, 19 см.* дъждевъ

доуксъ *Супр 73, 18; 73, 19; 74, 1; 74, 12; 74, 30; 75, 11-12 см.* доуѯъ

ДОУМѢꙖНЪ, -а м (1) Ἰδουμαῖος идумеянин, житель Идумеи Idumejec: егда пріде • доикъ доумѣанъ *Пс 51, 2 Син*

ДОУНАВЪ, -а м *река* Δανούβιος, Ἴστρος Дунай Dunaj: прѣплоувъше рѣкѫ рекѫмѫѭ доунавъ *Супр 191, 18-19.— Супр 196, 10; 197, 10*

ДОУНОВЕНИѤ, -ниꙗ с (1) *греч. нет* дуновение dechnutí: д҄несь бо • благодѣть с⟨вѧ⟩тааго д⟨оу⟩ха • приходѧщи освѧщ⟨а⟩етъ доуновениемь водъı *Евх 16б 18.— Ср.* доухъ, дъхновениѥ

ДОУНѪТИ, -нѫ, -неши *сов.* (4) ἐμφυσᾶν дохнуть, дунуть dechnout: се рекъ доуноу и г⟨лаго⟩ла имъ • примѣте д⟨оу⟩ха с⟨вѧ⟩та *И 20, 22 Мар Ас Охр* (∅ *Зогр*).— *Супр 520, 6.— Ср.* въдоунѫти

ДОУПИНА, -ы ж (2) ὀπή отверстие otvor, dutina: вънидe кмоу нога въ доупинѫ пештеръ҄нѫѭ *Супр 218, 16.— Супр 219, 1.— Ср.* пропадь, пропасть, скважьниꙗ

ДОУХАТИ, доушѫ, доушеши *несов.* (6) πνεῖν дышать, веять dýchat, vanout: д⟨оу⟩хъ ıдеже хоштетъ доушетъ *И 3, 8 Зогр Мар* (дъıшетъ *Ас*).— *Л 12, 55 Зогр Мар; Супр 45, 26; 62, 7.— Ср.* дъıхати

ДОУХОВЬНЪ, -ыи *прил.* (80) [дх҃ов- *Мар* (1) *Сав* (1) *Ен* (2) *Евх* (22) *Клоц* (6) *Супр* (10), дх҃в- *Клоц* (1)] **1.** πνευματικός, ὁ κατὰ πνεῦμα духовный duchovní: да въ п҄салъмѣхъ • ı пѣньихъ • ı пѣс⟨нь⟩хъ д⟨оу⟩ховънъıхъ • прославлѣѥтъ • прѣчестъное • и вельлѣпое имѧ твое *Евх 99а 23* **2.** τοῦ πνεύματος относящийся к духу vztahující se k duchu: д⟨оу⟩ховьное хоуление не отъдастъ сѧ чл⟨овѣ⟩комъ

Мт 12, 31 Сав (на д⟨оу⟩хъ *Зогр Мар Ас*).— *Мар Сав Ен Евх Клоц Супр*

ДОУХЪ, -а *м* (>500) [дх҃-] πνεῦμα **1.** дух duch: блажени ништии д⟨оу⟩хомь • ѣко тѣхъ естъ ц⟨ѣса⟩р⟨ь⟩с⟨тв⟩о н⟨е⟩б⟨е⟩с⟨ьс⟩кое *Мт 5, 3 Зогр Ас Сав* (∅ *Мар*); і⟨сoу⟩с⟨ъ⟩ же пакы възъпивъ гласомь велиемь • іспоусти д⟨оу⟩хъ *Мт 27, 50 Зогр Мар Ас Сав* ● δαίμων демон démon: дастъ імъ властъ • на доусѣхъ нечистыхъ *Мт 10, 1 Зогр Мар Ас Сав*; заклинаѭ та д⟨оу⟩ше зълы *Евх 52а 7* ● Святой Дух Duch svatý: с⟨вѧ⟩тааго д⟨оу⟩ха съществие • троичьское съвъкоупление съвѣстьствова *Евх 53а 12*; томоу слава • и тѣмь богоу и о⟨ть⟩цоу • о доусѣ свѧтѣѣмь *Супр 478, 30* **2.** πνοή дыхание dýchání, dech: словесемъ г⟨осподь⟩н⟨е⟩мъ н⟨е⟩б⟨е⟩са оутвръдишѧ сѧ • и д⟨оу⟩х⟨о⟩мъ оустъ его вьсѣ сила ихъ *Пс 32, 6 Син* ● дуновение, ветер vanutí, vítr: д⟨оу⟩х⟨о⟩мъ боурънomъ съкроушитъ кораблѧ таръсисъскыѩ *Пс 47, 8 Син* □ без доуха ἄπνους бездыханный, мертвый bezdechý, mrtvý: и бываатъ въ малѣ без доуха • животъ вьсѣмъ и д⟨оу⟩хъ *Супр 456, 3.— Зогр Мар Ас Сав Охр Боян Ен Син Служ Евх Клоц Супр Рыл*

ДОУША, -ѧ *ж* (>500) [дѫш- *Супр* (1); дш҃-] ψυχή, πνεῦμα; (доуши польѕьнъ ψυχωφελής) душа duše: не оубоите сѧ оубиваѭштихъ тѣло • а д⟨оу⟩шѧ не могѫштъ оубити *Мт 10, 28 Зогр Мар Ас*; оукоренити сѧ вь нихъ начинаетъ • тьлитель д⟨оу⟩шъ *Евх 91б 24*; многыихъ благынѧ • и д⟨оу⟩ши полезьныихъ добродѣании... ходатаи бываатъ *Супр 513, 16* ● *перен.* жизнь život: да постыдѧтъ сѧ і посрамлѣѭтъ сѧ • іскѫштии д⟨оу⟩шѧ моеѩ *Пс 34, 4 Син* ◆ въ немьже доуша естъ ἔμψυχος живой živý: сѣверъ же лютъ вѣѩ вьсе вь нѥмъже д⟨оу⟩ша бѣ на съмр'ть рѣаше *Супр 90, 12*; прѣдати доушѫ ἐκδημεῖν испустить дух, умереть zemřít: въ тъ часъ • прѣдалъ бѣаше д⟨оу⟩шѫ чловѣкъ *Супр 296, 14-15*; доуши прокоудьнъ *см.* прокоудьнъ.— *Зогр Мар Ас Сав Боян Зогр-пал Ен Син Киев Служ Евх Клоц Супр Хил Рыл Зогр-лл*

ДОУШЕВЬНЪ, -ыи *прил.* (14) [дшев- *Евх* (4) *Супр* (1)] **1.** ψυχικός, τῆς ψυχῆς, ὁ ἐν τῇ ψυχῇ, πάνδημος (!) душевный duševní: ізбави ѩ отъ в'сеѩ болѣзни • і недѫга д⟨оу⟩шевъна и тѣлесъна *Евх 26б 2-3* **2.** ἔμψυχος живой, имеющий душу živý, mající dušj: бездоушнаа движѧтъ сѧ • и доушевьнии не вѣроуѭтъ *Супр 485, 20* ● *перен.*: посъланъ бѣстъ гаврииль • къ доушевьнѣи полатѣ • цѣсара аггеломъ *Супр 244, 15.— Евх 25б 2-3; 61а 4; 69а 21-22; Супр 247, 28; 251, 15; 461, 13; 462, 7; 474, 17; 494, 21; 494, 28-29; 497, 29-30.— Ср.* доушьнъ

ДОУШЕГОУБЬНЪ, -ыи *прил.* (2) [дше- *Евх* (1)] ψυχοφθόρος губящий души, пагубный hubící duše, zhoubný: въпадъ въ разбоиѧ д⟨оу⟩шегоубънъıѩ • поработихъ сѧ *Евх 78а 20-21.— Супр 328, 25.— Ср.* доушепагоубьнъ, прокоудьнъ (доуши прокоудьнъ)

ДОУШЕПАГОУБЬНЪ, -ыи *прил.* (1) *греч. нет* губящий души, пагубный hubící duše, zhoubný: воквавъше на доушепагоубьнъıѩ коумира *Супр 542, 18-19.— Ср.* доушегоубьнъ, прокоудьнъ (доуши прокоудьнъ)

ДОУШЕОУСПѢШЬНЪ, -ыи *прил.* (1) *греч. нет* полезный для души prospěšný duši: покоушѫ сѧ юже вь мнѣ болѣзньнок • цѣлительнѫѭ ихъ свѧтостиѭ • прѣдъложити доушеоуспѣшьнаго • слоушаѭштиимъ *Супр 534, 18-19.— Ср.* доуша (доуши польѕьнъ)

ДОУШЬНЪ, -ыи *прил.* (9) **1.** τῆς ψυχῆς, τῶν ψυχῶν душевный, души *род.* duševní, duše *род.*: иже пльтиѭ побѣждени бысте • крѣпостиѭ д⟨оу⟩шънѫѭ побѣдите *Супр 108, 22* **2.** ἔμψυχος живой, имеющий душу živý, mající duši: бездоушьнок ѥстьство • доушьнаа животъна изнесе *Супр 495, 26.— Супр 191, 10-11; 360, 10; 392, 27-28; 432, 11; 507, 30; 511, 18; 569, 11.— Ср.* доушевьнъ

ДОУѮОВЪ, -ыи *прил. к* доуѯъ (2) τοῦ δουκός воеводы *род.* velitelův: жьдѣаше бо и доуѯова пришествиѩ *Супр 72, 4.— Супр 147, 12*

ДОУѮЪ, -а *м* (8) [доук'с- *Супр* (5)] δούξ воевода dux, velitel: приде доуѯъ отъ кесариѩ *Супр 72, 18.— Супр 73, 2; 73, 18; 73, 19; 74, 1; 74, 12; 74, 30; 75, 11-12*

ДЪВА *м*, дъвѣ *ж*, *с числит. колич.* (>200) [дьв- *Зогр* (12) *Мар* (18) *Ас* (34) *Охр* (1) *Супр* (19), д'в- *Зогр* (5) *Супр* (6), дв- *Зогр* (11) *Мар* (2) *Ас* (9) *Сав* (14) *Боян* (2) *Зогр-пал* (1) *Ен* (1) *Клоц* (3) *Супр* (29) *Зогр-лл* (1)] δύο; (дъвѣ лѣтѣ διετὴς χρόνος) два dva: никъıже рабъ не можетъ дъвѣма г⟨осподь⟩ма работати *Мт 6, 24 Зогр Мар Ас Сав*; прѣшъдъшема же дьвѣма лѣтома по съконьчании свѧтааго *Супр 217, 24* ● ζεῦγος пара pár: дъва кагрьличишта *Л 2, 24 Зогр Мар Ас* (в҃ *Сав*) ◆ дъва на десѧте δώδεκα двенадцать dvanáct: егда бꙑстъ дъвою на десѧте лѣтоу *Л 2, 42 Мар Ас* (в҃ї лѣтѣ *Зогр*, в҃ї лѣтѣ *Сав*); дъва десѧти εἴκοσι двадцать dvacet: даша еи два десѧти златицъ *Супр 515, 2*; дъвѣ сътѣ διακόσιοι двести dvě stě: дьвѣма сътома пѣнѧзь • хлѣбъ не довьлѣатъ імъ *И 6, 7 Зогр Мар Ас*; дъвѣ тысѫщи δισχίλιοι две тысячи dva tisíce: бѣ же іхъ ѣко дьвѣ тысѧшти *Мк 5, 13 Зогр Мар*; по дъвѣма, дъва нъ дъва ἀνὰ δύο, δύο

δύο по два, по двое po dvou: посьла и⟨соу⟩съ оученикы своѩ по дъвѣма прѣдъ лицемъ своимъ *Л 10, 1 Ас Зогр Мар*; начѧтъ сълати • дъва • нъ дъва *Мк 6, 7 Зогр Мар*; дъвѣ помышлениi *см.* помышлениѥ; дъва краты *см.* кратъ.— *Зогр Мар Ас Сав Охр Боян Зогр-пал Ен Евх Клоц Супр Зогр-лл.— Ср.* в҃, в҃, дъвои, оба

ДЪВАДЕСѦТЬНЪ, -ын *числит. порядк.* (2) [два- *Супр* (1)] εἰκοστός двадцатый dvacátý: дъвадесѧтъноуоумоу оубо и осмоуоумоу лѣтоу пришъдъшоу *Супр 280, 5.— Супр 302, 11.— Ср.* дъводесѧтьнъ

ДЪВАШЬДИ *нареч.-числит.* (3) [двашди, д'вашди *Супр* (3)] δίς, δεύτερον два раза, дважды dvakrát: ѥд'ноѭ и двашди и многаш'ди *Супр 165, 12.— Супр 526, 26; 528, 28-29.— Ср.* кратъ (дъва краты), соугоубь

ДЪВОДЕСѦТЬНЪ, -ын *числит. порядк.* (1) [дво- *Супр* (1)] εἰκοστός двадцатый dvacátý: вь лѣто дводесѧтьноѥ и четврьтоѥ • цѣсара диѡклитиана *Супр 220, 10.— Ср.* дъвадесѧтьнъ

ДЪВОДОУШИѤ, -ꙗ *с* (1) διψυχία сомнение pochybnost, pochybování: вьсѣко дъводоушиѥ отъ срьдьца ѥмоу отътрѣбивъ *Супр 299, 7*

ДЪВОИ, дъвоꙗ, дъвоѥ *числи. собир.* (20) [дьв- *Супр* (1), дв- *Ас* (2) *Сав* (1) *Ен* (1) *Супр* (5)] δύο двое, два dvoje, dva: дъвоi людьѥ вь сионѣ • въ врѣмѧ х⟨ристосо⟩вьнѣи мѫцѣ придѫ *Клоц 13б 4-5; Супр 450, 13* ♦ на дъвоѥ εἰς δύο, μέσον, κατὰ μέσον надвое, пополам na dvě části, vedví, na dvě: катапетазма црковънаѣ • раздъра сѧ... на дъвое *Мт 27, 51 Зогр Мар Ас Сав.— Зогр Мар Ас Ен Син Клоц Супр.— Ср.* дъва

ДЪВОПОМОСТИТЬ, -ын *прил.* (1) διστηγής двухэтажный jednoposchod'ový, dvoupodlažní: сътвори ѥмоу клѣть дъвопомоститѫ *Супр 204, 18*

ДЪВОѤНАДЕСѦТЕЛОУЧЬНЪ, -ын *прил.* (1) δωδεκάκτινος имеющий двенадцать лучей dvanáctiparprskový: тако ми великѫѭ богынѭ артемѫ • и двоѥнадесѧтелоучьноѥ сльньце *Супр 231, 2-3*

ДЪЖДЕВЪ, -ын *прил.* (2) [доуждев- *Супр* (1)] ὀμβρομιαῖος, τοῦ ὑετοῦ дождевой, дождя *род.* dešťový, deště *род.*: подъгориѥ поточьноѥ доуждевыихъ водъ *Супр 301, 19.— Супр 250, 27.— Ср.* дъждевьнъ, дъждьнъ, тѫчьнъ

ДЪЖДЕВЬНЪ, -ын *прил.* (2) [дьждев- *Евх* (1), джев- *Син* (1)] *греч. нет* дождевой, дождя *род.* dešťový, deště *род.*: ѡблаци дьждевьнии... дьждь праведъны одьждаѫтъ *Евх 16 21* ▭ дъждевьныи *в знач. сущ.* ὄμβρημα дождь déšť: правратi (!) въ кровъ рѣкы ѥхъ • i тѫчьныѩ (джевьныѩ; *глосса*) ѥхъ *Пс 77, 44 Син.— Ср.* дъждевъ, дъждьнъ, тѫчьнъ

ДЪЖДИТИ, -ждѫ, -ждиши *несов.* (4) [дьжд- *Ас* (1)] βρέχειν ниспосылать дождь sesílat déšť: дъждитъ на праведъныѩ • i неправьдъны *Мт 5, 45 Зогр Мар Ас Сав.— Ср.* одъждати

ДЪЖДЬ, -а *м* (19) [дь- *Ас* (1) *Син* (1) *Евх* (1), до- *Мар* (2) *Син* (2), де- *Ас* (1)] βροχή, ὑετός, ὄμβρος дождь déšť: съниде дъждь i придѫ рѣкы *Мт 7, 27 Зогр Сав*, дождъ *Мар*, сьни-де-ждь *Ас.— Зогр Мар Ас Сав Син Евх Супр*

ДЪЖДЬНЪ, -ын *прил.* (2) *греч. нет* дождевой dešťový: сътвори паницѫ зѣло малѫ • на приманиѥ дъждьныихъ водъ *Супр 549, 14.— Супр 552, 16.— Ср.* дъждевъ, дъждевьнъ, тѫчьнъ

ДЪНА, -ы *ж* (2) *греч. нет* подагра dna: помилоуи ч⟨лов҃ѣ⟩ка сего • вьпиѭщааго дъноѭ *Евх 36б 8.— Евх 36б 6*

ДЪСКА, -ы *ж* (14) [дь- *Супр* (3)] **1.** πίναξ, τίτλος доска, таблица deska, tabulka: пилатъ на дьстѣ истинѫ показа *Супр 403, 13*; ꙗкоже бо шаръчиꙗ на ѥдиои дьстѣ • и образы чрътаѭтъ и истинѫ пишѫтъ шаромъ *Супр 418, 1* ● πτυχή створка раковины lastura: и ты бисръа (*вм.* бисръра) дъскы имиже сѧ красѧтъ • зьлѣ оумножакши *Супр 335, 15* **2.** σανίς доска prkno: да не видѧтъ тако стар'ца лежашта... на земи • ни бо ни дъскы бѣаше под нимъ ни рогозины *Супр 555, 5* **3.** τράπεζα стол stůl: тръжьникомъ расыпа пѣнѧзѧ • i дъскы опроврьже *И 2, 15 Зогр Мар Ас.— Мт 21, 12 Мар Зогр-пал; Мк 11, 15 Зогр Мар; Супр 83, 11; 100, 29-30; 403, 13.— Ср.* дъщица, пинакида, трапеза

ДЪХНОВЕНИѤ, -ꙗ *с* (2) ἔμπνευσις, ἐμφύσημα дыхание dechnutí: ѡтъ дъхновенъѣ д⟨оу⟩ха гнѣва твоего *Пс 17, 16 Син.— Супр 469, 8.— Ср.* доуновениѥ, доухъ

ДЪХЪТОРЪ, -а *м* (1) προσκεφάλαιον подушка poduška: бѣ самъ на кръмѣ • на доxъторѣ съпѧ *Мк 4, 38 Зогр* (на възглавьници *Мар*).— *Ср.* възглавьница

ДЪЩИ, дъщере *ж* (>500) [дьщ- *Ас* (12) *Супр* (14) *Рыл* (1), дщ- *Унд* (1)] θυγάτηρ, θυγάτριον дочь dcera: раздѣлѧтъ сѧ • о⟨ть⟩ць на с⟨ы⟩на • i с⟨ы⟩нъ на о⟨ть⟩ца • мати на дъштерь • i дъшти на матерь *Л 12, 53 Зогр Мар* ● *перен.*: дрьзаи дъшти • вѣра твоѣ с⟨ъ⟩п⟨ас⟩е тѧ *Мт 9, 22 Зогр Мар Ас Сав*; iерei етеръ iменемь захариѣ... i жена его отъ дъштеръ ароньь *Л 1, 5 Зогр Мар Ас*; не боi сѧ дъшти сионова *И 12, 15 Зогр Мар Ас Сав.— Зогр Мар Ас Сав Унд Ен Син Клоц Супр Рыл*

ДЪЩИЦА, -ѧ *ж* (3) πινακίδιον дощечка destička, tabulka: **испрошь дъштицѫ написа... ιоанъ естъ ιмѧ емоу** *Л 1, 63 Зогр Мар Ас.— Ср.* **дъска, пинаѯида**

ДЫМЪ, -а *м* (8) καπνός дым dým, kouř: **ищезѫ ѣко дымъ дьні моі** *Пс 101, 4 Син* ● *перен.*: **не поманѫ... братолюбьствиꙗ ненавистьнааго дыма** *Супр 367, 20.— Пс 17, 9 Син; 36, 20 Син; 67, 3 Син; Евх 52б 9; 54а 3; Супр 128, 19.— Ср.* **коурѥниѥ**

ДЫХАНИѤ, -ниꙗ *с* (5) **1.** πνοή дыхание dýchání: **отъ тебе естъ в'се дыханиѥ благо** *Евх 79а 26-79б 1* ● *перен.* живое существо živá bytost: **отъ в'сего дыханиѣ • страхомь славитъ сѧ прѣс⟨вѧ⟩тое имѧ твое** *Евх 51б 22-23* **2.** πνεῦμα дуновение vanutí: **тѧжци вѣтри великѫ дыханиꙗ силѫ на кротость тишаахѫ** *Супр 399, 11.— Супр 257, 29; 262, 17.— Ср.* **доухъ**

ДЫХАТИ, **дышѫ, дышеши** *и* **дыхаѭ, дыхаѥши** *несов.* (8) **1.** ἐμπνεῖν дышать dýchat: **сынъ же оучимыи материѭ • именемь мелитъ • кште дыхааше** *Супр 80, 11* **2.** πνεῖν дуть, веять dout, vanout: **море же • вѣтроу велию дыхаѭщю въстааше** *И 6, 18 Ас Зогр Мар.— И 3, 8 Ас; Супр 94, 12; 96, 2; 189, 4-5.— Ср.* **доухати, вѣꙗти**

ДЬБРЬ, -и *ж* (7) φάραγξ долина, низина, ущелье údolí, rokle: **всѣка дьбрь ιсплънитъ сѧ** *Л 3, 5 Зогр Мар Ас Сав* ● **дьбрь (огньнаꙗ)** τάρταρος ад peklo: **рабе дьбри огньныѧ** *Супр 231, 13.— Пс 59, 2 Син; Супр 107, 21.— Ср.* **ждолиѥ, ждоль; адъ, геона**

ДЬНАПРЪ, -а *м река* (1) *греч. нет* Днепр Dněpr: **въ странахъ рѣкы дьнапра** *Супр 539, 5*

ДЬНЄВЬНЪ, -ын *прил.* (3) **1.** ἡμερινός дневной denní: **подобітъ сѧ і сімъ слънъце • дъневънымъ сѧ свѣтомь облагаѩ** *Клоц 10а 1-2* **2.** ἐπιούσιος ежедневный každodenní: **хлѣбъ нашъ д'невьны • даждъ намъ на всакъ д'нь** *Л 11, 3 Сав* (**надьневънъі** *Зогр*, **насѫштънъі** *Мар*) **3.**: **дьневьнаꙗ чрѣда** ἐφημερία череда, смена (*иудейских священнослужителей*) směna, služba (*židovských kněží a levitů*): **ιереι етеръ ιменемь захариѣ • отъ дьневънъіѩ чрѣдъі авиаѳѧ** *Л 1, 5 Зогр* (**ефимериѩ** *Ас Мар*).— *Ср.* **дьнь, дьньнъ; надьневьнъ, насѫщьнъ; ефимериꙗ**

ДЬНИѬ *нареч.* (2) ἡμέρας днем ve dne: **хранѧшта и • ноштиѭ и дьниѭ** *Супр 292, 23-24.— Супр 537, 30.— Ср.* **дьнь**

ДЬНЬ, -е *м* (>1000) [**ден-** *Мар* (72) *Ас* (46) *Охр* (3) *Боян* (1) *Ен* (2) *Син* (67) *Служ* (1) *Евх* (39) *Клоц* (4) *Супр* (11), **д'н-, дн-** *Зогр* (39) *Сав* (73) *Унд* (1) *Боян* (4) *Ен* (4) *Син* (7) *Евх* (8) *Супр* (21) *Рыл* (1), **дън-** *Зогр* (1) *Мар* (9) *Ас* (7) *Син* (9), **д҃н-** *Зогр* (1) *Ен* (3) *Хил* (1), **ден** *Ас* (11)] ἡμέρα; (**третии дьнь, трии дьнии** τριήμερος) день den: **четырьми десѧты • ι шестиѭ лѣтъ • създана быс⟨тъ⟩ цр⟨ъ⟩кы си • ι ты ли трьми дьнъі въздвигнеши ѭ** *И 2, 20 Зогр*, **деньми** *Мар Ас*; **аще к'то дроуга своего оупоитъ до рѫга • да постите сѧ оба ѯ҃ дьнеи** *Евх 104а 26*; **дьнь вь ноштъ сѧ прѣоблѣче** *Супр 475, 16*; **ты мрьтвъ триї дьнь** *Супр 505, 8*; **третиї дьнь въставъ из мрътвыихъ** *Супр 11, 19* ● **дьнии** αἱ ἡμέραι, χρόνος время, времена, дни doba, čas: **ѣкоже быс⟨тъ⟩ въ дьни ноевы • тако бѫдетъ ι въ дьни с⟨ы⟩на ч⟨ловѣчь⟩скаго** *Л 17, 26 Зогр Мар* ◆ **велии, великъ дьнь** а) ἑορτή, τὰ γενέσια праздник svátek: **великъ же день творѧште аполѡноу** *Супр 26, 13* б) ἡ μεγάλη ἡμέρα, ἡ τοῦ Πάσχα ἑορτή, ἡ Πασχαλία ἑορτή, τὸ Πάσχα Пасха velikonoce: **бѣ бо вели дьнь тоѩ сѫботы** *И 19, 31 Зогр Мар Ас* (3), **великъ днь** *Сав*; **великъ дьнь и праздьникы съ отьци сътворивѣ** *Супр 290, 5*; **полоу дьне, полоу дьни, на полоу дьне** а) μεσημβρίας, μεσημβρίαν, μεσημβρινός (!) в полдень v poledne: **вечеръ ι ютро и полоудьне повѣмъ** *Пс 54, 18 Син*; **прѣвращаѩ сѧ • или на оутрънѭѭ • или на полоуд'не • или полоуноцΗ** *Евх 54а 25* б) κατὰ μεσημβρίαν, *вар.* τὸ νότιον μέρος на юг, к югу na jih, k jihu: **въздвигшоу кр⟨ъ⟩стъ архиереꙗ • на въстокъ... и пакы на западъ такожде • и на полѹдне толикожде и на полоуноцъ такожде** *Ен 31а 10*; **дьнь и нощь, нощь и дьнь** ἡμέρας καὶ νυκτός, νύκτα καὶ ἡμέραν, νύκτωρ καὶ καθ' ἡμέραν днем и ночью ve dne v noci: **болѣзнь вь срьдьці моемъ дьнь і ноштъ** *Пс 12, 3 Син*; **въстаетъ ноштъ ι дьнь** *Мк 4, 27 Зогр Мар*; **въ дьне, въ дьни, въ дьнь** τῆς ἡμέρας, τὰς ἡμέρας, ἐν τῇ ἡμέρᾳ днем ve dne: **бѣ же въ дьне оуча въ цркъве • а ноштиѭ оудварѣаше сѧ ιсходѧ въ горѣ** *Л 21, 37 Зогр Мар*; **б⟨ог⟩ъ моі възовѫ въ денъ і не оуслъишиши** *Пс 21, 3 Син*; **по вьсѧ дьни, на вьсѧ дьни, на вьсꙗкъ дьнь** καθ' (ἑκάστην) ἡμέραν, ἐφ' ἑκάστης ἡμέρας cotidianus (!) ежедневно každodenně: **по всѧ дьни бѣхъ въ васъ • оуча въ цръкъве** *Мк 14, 49 Зогр Мар*; **ѣкоже нъи чьстимъ чьсті сіхъ на вьсѧ дьні** *Киев 7а 15*; **не гнѣва наводѧ на вьсѣкъ денъ** *Пс 7, 12 Син*; **дьне дьне** ἡμέραν ἐξ ἡμέρας изо дня в день den ze dne, den co den: **въздаѩ молитвы моѩ дне дне** *Пс 60, 9 Син*; **дьньсь҃нь, дьньшь҃нь дьнь** *см.* **дьньсь҃нь, дьньшь҃нь; оутрь҃нь, оутрѣи дьнь** *см.* **оѹтрь҃нь, оутрѣи; дьнь рождьства** *см.* **рождьство; наставъшакго дьне** *см.* **настати.**— *Зогр Мар Ас Сав Охр Унд Боян Ен Син Служ Киев Евх Клоц Супр Хил Рыл*

ДЬНЬ, дьнии *прил.* (2) τῆς ἡμέρας дневной, однодневный denní, jednodenní: придете пѫтъ • дьниї і искаашете его въ рождении *Л 2, 44 Зогр*, дьнеи *Мар*.— *Ср.* дьневьнъ, дьньнъ

ДЬНЬНИЦА, -ѧ *ж* (2) [ден- *Син* (1)] ἑωσφόρος денница, утренняя звезда denice, jitřenka: прѣжде деньницѧ родихъ тѧ *Пс 109, 3 Син*.— *Супр 241, 17-18*.— *Ср.* зорıа

ДЬНЬНЪ, -ыи *прил.* (3) [ден- *Евх* (1)] **1.** τῆς ἡμέρας дневной denní: посъланъ бысть оутро идꙑ прѣдъ свѣтомъ дьньнꙑим *Супр 244, 24* **2.** καθημερινός ежедневный každodenní: тамо вꙑ естъ далъ г⟨оспод⟩ь • денънѫѭ пищѫѭ *Евх 59б 2-3*.— *Супр 426, 23*.— *Ср.* дьневьнъ, дьнь, надьневьнъ, насѫщьнъ

ДЬНЬСЬ *нареч.* (>100) [дьньсъ *Сав* (1), дьнъсъ *Клоц* (1), дьнесь *Мар* (13) *Ас* (8) *Син* (1) *Евх* (1) *Клоц* (12) *Супр* (50), дьнесъ *Мар* (1) *Ас* (1), дънесь *Мар* (3), дънесъ *Ен* (1), дньсь *Зогр* (2) *Сав* (2), дньсъ *Сав* (1), днесь *Зогр* (1) *Син* (2) *Евх* (4), днесъ *Син* (1) *Ен* (1), дьне(с) *Ас* (2), дне(с) *Евх* (28), дъ(с) *Ен* (3), днъ *Ен* (1)] σήμερον сегодня dnes: дьньсь с⟨ъ⟩п⟨асе⟩ние домоу семоу бꙑстъ *Л 19, 9 Зогр Мар Ас* ♦ до дьньсь μέχρι σήμερον до сегодняшнего дня, до сих пор dodnes, dosud: до дьнесь • и до пришъствиıа кмоу *Супр 420, 26* (до дьнесьнѣго дьне *Клоц 8а 27*).— *Зогр Мар Ас Сав Ен Син Евх Клоц Супр*

ДЬНЬСЬНЬ, -нии *прил.* (6) [дьнес- *Зогр* (1) *Мар* (1) *Служ* (1) *Евх* (1) *Клоц* (1) *Супр* (1)]: дьньсьнии (дьнь) ἡ σήμερον сегодняшний день dnešní den, dnešek: вь дьнесьнеи день съшедъше сѧ • съ пр⟨оро⟩комь д⟨авы⟩домь ръцѣмъ *Евх 95б 15*.— *Мт 11, 23 Зогр Мар*; *Служ 1б 24-25; Клоц 8а 27; Супр 35, 4*.— *Ср.* дьньшьнь

ДЬНЬШЬНЬ, -нии *прил.* (10) [дьнеш- *Супр* (6), д'неш-, днеш- *Супр* (4)]: дьньшьнии (дьнь) ἡ σήμερον (ἡμέρα), ἡ ἐνεστῶσα ἡμέρα, τὸ νῦν, ἡ ἑξῆς сегодняшний день dnešní den, dnešek: на нем'же мѣстѣ до дьнешьнıаго дьне цѣл'бꙑ многꙑ творѧтъ сѧ *Супр 532, 11*.— *Супр 53, 10; 163, 3; 199, 23; 200, 20; 217, 22; 287, 1; 531, 6; 552, 18; 560, 25-26*.— *Ср.* дьньсьнь

ДЬРАНИѤ, -ıа *с* (1) *греч. нет* сдирание dření, odření: сьнидошѧ ранꙑ дъраниıа кго *Супр 162, 6*

ДЬРАТИ, дерѫ, дереши *несов.* (7) [дър- *Супр* (4)] ξεῖν драть, сдирать drát, odírat, drásat: разгнѣвавъ сѧ повелѣ дърати ıа *Супр 183, 8* ● скрести, царапать *что-л.* škrábat *na něco*: ногътьми своими дврьи держѫштоу *Супр 558, 23*.— *Супр 113, 30; 161, 6-7; 161, 16; 179, 26-27; 183, 14*.— *Ср.* стръгати

ДѢВА, -ꙑ *ж* (46) [дв- *Ен* (2) *Евх* (1)] παρθένος дева, девственница panna: посъланъ бꙑс⟨тъ⟩ а⟨нъ⟩ѥ⟨е⟩лъ гавьрилъ... къ дѣвѣ обрѫченѣ мѫжеви • емоуже імѧ іосифъ • отъ домоу да⟨выдо⟩ва • імѧ дѣвѣ марıѣ *Л 1, 27 Зогр Мар Ас*.— *Зогр Мар Ас Сав Боян Ен Син Киев Евх Клоц Супр*.— *Ср.* дѣваıа, дѣвица, приснодѣва

ДѢВАІА, -ѩ *ж* (2) παρθένος дева, девственница panna: анѥ⟨е⟩лъ дѣвѣи възъпі *Клоц 14а 22; Супр 452, 5*.— *Ср.* дѣва, дѣвица, приснодѣва

ДѢВИЦА, -ѧ *ж* (73) **1.** κοράσιον, κόρη, ἡ παῖς девушка, девочка dívka: дѣвице тебѣ г⟨лаго⟩лѭ въстани *Мк 5, 41 Зогр Мар* **2.** παρθένος дева, девственница panna: аще к'то съ въдовоѭ • ли съ дѣвицеѭ блѫд⟨ъ⟩ сътворитъ • є҃ лѣт⟨ѣ⟩ да пок⟨а⟩етъ с⟨ѧ⟩ *Евх 103б 9*.— *Зогр Мар Ас Сав Евх Супр*.— *Ср.* дѣва, дѣваıа, приснодѣва; отроковица

ДѢВИЧЬ, -ии *прил.* (10) παρθενικός, τῆς παρθένου, τῶν παρθένων девичий, девственный panenský: лице дѣвиче • ходъ дѣвичъ • очи дѣвичи • осклабьıение дѣвиче • бесѣда дѣвича • а жтроба не дѣвича • нъ матерѣ *Супр 240, 11-13*.— *Супр 240, 4; 250, 11; 334, 10; 370, 29*.— *Ср.* дѣвичьскъ, дѣвьствьнъ

ДѢВИЧЬСКЪ, -ꙑи *прил.* (2) παρθενικός девичий, девственный panenský: дѣвичьскаа с⟨вѧ⟩тилъ еси ложесна *Евх 4б 11*.— *Супр 535, 23*.— *Ср.* дѣвичь, дѣвьствьнъ

ДѢВЬСТВО, -а *с* (17) [дѣвъства (!) *Супр* (2)] παρθενία девственность, девство, чистота panenství, panictví, čistota: живъши съ мѫжемь з҃ лѣт • отъ дѣвъства своего *Л 2, 36 Зогр Мар Ас Сав*; храниши ли сѧ вь дѣвьствѣ • і цѣломѫдрьи • і говѣинѣ житьи *Евх 87а 13*.— *Евх Супр*

ДѢВЬСТВЬНЪ, -ꙑи *прил.* (4) [дѣвъ- *Клоц* (1), дѣве- *Супр* (2)] παρθενικός, τῆς παρθένου, τῆς παρθενίας девственный panenský: дѣвествънꙑи даръ чистота свѧтꙑнıаıа *Супр 372, 4*.— *Клоц 14а 39-40; Супр 452, 22; 459, 11*.— *Ср.* дѣвичь, дѣвичьскъ

ДѢДЪ, -а *м* (1) πρόγονος предок předek: единъ же отъ ıнхъ блага рода отъ дѣдъ славенъ же племенемъ *Супр 62, 25*.— *Ср.* прадѣдъ

дѣи *Супр 438, 23* см. дѣкши

ДѢИСТВО, -а *с* (3) ἐνέργεια действие činnost, působení: иже отъ дѣиства сотонина • начѧ отъштиштати и съмѫштати семоу върѫченѫѭ цръкъве *Супр 281, 22-23*.— *Супр 543, 7; Зогр-лл 16 9*.— *Ср.* дѣıание

ДѢИСТВОВАТИ, -ствоуѭ, -ствоуѥши *несов.* (5) *греч. нет* делать, действовать konat, působit: вьсѣ бо дѣиствоуѩ и въ вьсѣхъ х⟨ристо⟩съ ѥстъ *Супр 544, 9.— Супр 534, 24; 544, 28; 560, 29; 569, 6.— Ср.* дѣлати, дѣꙗти

ДѢИСТВЬНЪ, -ꙑи *прил.* (2) πρακτικός действующий, делающий působící: дѣиствьнъ сꙑ влъшьбꙑ • прѣльщаѥши вьсѧ *Супр 166, 2.— Супр 278, 4*

ДѢЛАНИѤ, -ниꙗ *с* (4) ἐργασία труд, усилие práce, námaha: изиде чл⟨овѣ⟩къ на дѣло свое • и на дѣланьѣ своѣ до вечера *Пс 103, 23 Син* ♦ дати дѣланиѥ приложить усилия vynaložit námahu: егда же грѧдеши съ сѫпьремь своимь къ кънѧзоу • на пѫти даждь дѣланье избꙑти отъ него *Л 12, 58 Зогр Мар.— Пс 106, 23 Син.— Ср.* дѣло, дѣтѣль, дѣꙗниѥ

ДѢЛАТЕЛЬ, -лꙗ *м* (>100) ἐργάτης **1.** κῆρυξ (!) деятель, делатель činitel, původitel: отъстѫпите отъ мене вьси дѣлателе неправдѣ *Л 13, 27 Зогр Мар Ас Сав* ● ἐγκάθετος исполнитель vykonavatel: посълашѧ дѣлателѧ • творѧште сѧ п(р)аведьници сѫште *Л 20, 20 Зогр* (засѣдьникꙑ *Мар*) **2.** ὁ κοπιῶν работник dělník: достоинъ бо естъ дѣлатель пиштѧ своеѩ *Мт 10, 10 Зогр Мар* ● γεωργός, θεριστής крестьянин, земледелец rolník, zemědělský dělník, pěstitel: ч⟨лове⟩къ насади виноградъ • и въдастъ и дѣлателемъ *Л 20, 9 Зогр Мар.— Зогр Мар Ас Сав Боян Ен Евх Супр.— Ср.* ратаи, тѧжатель

дѣлатель *Л 12, 14 Зогр см.* дѣлитель

ДѢЛАТИ, -аѭ, -аѥши *несов.* (61) ἐργάζεσθαι **1.** *без доп.* работать pracovat: о⟨ть⟩ць мои до селѣ дѣлаетъ • и азъ дѣлаѭ *И 5, 17 Зогр Мар Ас* □ дѣлаꙗи οἰκοδόμος работающий, работник pracující: водѫ отъ потока възносѧ • варѧ дѣлаѭштиимъ *Супр 284, 2* **2.** чьто (дѣлаѥмъ ἔργον!) делать, совершать dělat, konat: чьто сътворимъ • да дѣлаемъ дѣла б⟨о⟩жиѣ *И 6, 28 Зогр Мар Ас* ● γεωργεῖν обрабатывать, выращивать obdělávat, pěstovat: ізгънана бꙑста ис породънꙑѩ пиштѧ • дѣлати землѭ рѫками своима *Супр 9, 19* ● οἰκοδομεῖν строить stavět: иже свѣтълꙑѩ домꙑ дѣлаѭтъ *Супр 416, 6* **3.** о чемь пускать в дело *что-л.* hospodařit *s něčím*: шьдъ же приемꙑ ҃д талан'тъ • дѣла о нихъ • и приобрѣте дроугꙑѩ ҃д талан'тъ *Мт 25, 16 Зогр Мар Ас Сав.— Зогр Мар Ас Сав Евх Супр.— Ср.* дѣиствовати, дѣꙗти, творити

ДѢЛИТЕЛЬ, -лꙗ *м* (2) [дѣла- (!) *Зогр* (1)] μεριστής тот, кто делит *что-л.* rozdělovatel: кто мѧ постави сѫдиѭ ли дѣлителѣ надъ вами *Л 12, 14 Мар*, дѣлателѣ (!) *Зогр*

ДѢЛИТИ, -лѭ, -лиши *несов.* (1) μερίζειν делить dělit: дѣлитъ ми сѧ оумъ *Супр 343, 30*

ДѢЛО, дѣлесе *и* дѣла *с* (>300) ἔργον, πρᾶγμα **1.** πρᾶξις, ἐνέργεια, δρᾶμα (!), προαίρεσις (!), ἁμάρτημα (!); (дѣло доброѥ κατόρθωμα; дѣло правьдьноѥ meritum; дѣло чоудесьноѥ θαῦμα, θαυματούργημα; благаꙗ дѣла ἀρετή) дело, поступок skutek, čin: дѣла бо ѣже дастъ мьнѣ о⟨ть⟩ць да съвръшѫ ѣ • та дѣла ѣже творѭ • съвѣдѣтельствоуѭтъ о мьнѣ *И 5, 36 Зогр Мар Ас*; хоштѫ повѣстьнаꙗ съказати дѣлеса *Супр 344, 1*; да... избꙑтъкоуемъ • во в'сѣкомь дѣлѣ блазѣ *Евх 126 19*; аште бо і тъмѫ імамъ добрꙑхъ дѣлъ • гнѣвъ же дръжимъ • вьсе въ соуе і ашютъ *Клоц 9б 16*; молітвамі... вьсѣхъ свѧтꙑхъ твоіхъ • і дѣлъ іхъ раді правьдьнꙑхъ *Киев 7б 9*; ал'чьбоѭ и благꙑими дѣлꙑ • поспѣшивъ *Супр 514, 11*; могѫ азъ сътворити неприꙗзниноѥ се дѣло • ти съгрѣшити прѣдъ богомь *Супр 366, 9*; прѣжасаѥтъ мѧ дѣло • дѣлитъ ми сѧ оумъ *Супр 343, 30*; сихъ чоудесьнꙑихъ дѣлесъ вьзлюбьѥниче *Супр 317, 27* □ без дѣла ἄπρακτος бездельный nečinný: без дѣла оубо бꙑс⟨тъ⟩ небо • кꙑ-исправленью нечьсти *Клоц 10а 16* **2.** ἐργασία, ἐργαστήριον (!), γεωργία работа, занятие, деятельность práce, zaměstnání, konání, činnost: давъ рабомъ своимъ власть • и комоуждо дѣло свое *Мк 13, 34 Зогр Мар*; оукрѣпи и на дѣло твоихъ заповѣдеи *Евх 74а 21-22* **3.** произведение dílo, výtvor: не сътворите себѣ капиштъ • ни покланѣите сѧ дѣломъ рѫкъ вашихъ *Супр 262, 29* **4.** πραγματεία дело věc, záležitost: нѣстъ се моѥ дѣло *Супр 171, 21.— Зогр Мар Ас Сав Ен Син Служ Киев Евх Клоц Супр Хил Рыл Зогр-лл.— Ср.* дѣланиѥ, дѣтѣль, дѣꙗниѥ

ДѢЛОМѢРЬНЪ, -ꙑи *прил.* (1): ѫже дѣломѣрьноѥ σχοινίον κληροδοσίας веревка для обмера земли měřící šňůra: по жрѣбию раздѣли имъ землѭ • ѫжемь дѣломѣрьнꙑмь *Пс 77, 55 Син*

ДѢЛЬМА *послелог с род.* (84) [дѣл'ма, дѣлма *Супр* (29)] διά, ὑπέρ, ἕνεκεν, ἐκ из-за, ради pro, kvůli: отьць твои ѥдного дѣлма грѣха адама ис породꙑ изведе *Супр 308, 27-28* ♦ сего дѣльма, того дѣльма διὰ τοῦτο, ἐκ τούτου поэтому proto: сего дѣл'ма павьлъ оучитъ *Супр 409, 30*; того дѣльма стени • того плачи *Супр 406, 1*; чесо дѣльма τίνος ἕνεκεν почему proč: чсо дѣлма и почто *Супр 493, 29.— Супр Зогр-лл.— Ср.* дѣлꙗ, за, ради; чесо дѣльма *ср.* почьто; сего дѣльма *ср.* тѣмьже

ДѢЛЬНИКЪ, -а *м* (2) ἐργαστήριον мастерская dílna: въ доушьнѣѣмь си дѣльницѣ хоулънꙑ ковааше на н҃ь мꙑсли *Супр 392, 28*; сице блѫдници вѣрьно таи въ доуши • дѣлꙿница (*вм.* -цѣ) молѧшти съ сльзами *Супр 392, 22*

ДѢЛꙖ *послелог с род.* (29) [дѣлѣ *Сав* (4) *Супр* (1), дѣла *Супр* (1)] διά, χάριν, ὑπέρ, κατά из-за, ради pro, kvůli: мене дѣлꙗ освѧтѧтъ имѧ моѥ *Супр 325, 18* (мене ради *Клоц 1а 11*)◆ сего дѣлꙗ, того дѣлꙗ διὰ τοῦτο, τούτου χάριν поэтому proto: сего дѣлꙗ горьн҃ии • земьноѥ съпасениѥ проповѣдаѭште погꙑхѫ *Супр 322, 7*; того дѣлѣ • и противѫ изиде народъ *И 12, 18 Сав* (сего ради *Зогр Мар Ас*).— *Сав Супр.*— *Ср.* дѣльма, за, ради; сего дѣлꙗ *ср.* тѣмьже

ДѢТИ, -ии *ж мн.* (59) παιδία, παῖδες, τέκνα, νήπιοι, βρέφη, πρόγονοι дети děti: не дѣите дѣтии приходити къ мнѣ *Мк 10, 14 Зогр Мар* ● *перен.*: дѣти • єда чьто снѣдьно імате *И 21, 5 Зогр Мар Ас* ◆ дѣтемъ творити παιδολοΐα плодить, родить детей plodit děti: повелѣти тѣлеси поспѣхъ творити дѣтемь *Супр 249, 25.— Зогр Мар Ас Сав Зогр-пал Евх Супр Хил.— Ср.* дѣтищь, отрокъ, отрочѧ, чѧдо

ДѢТИЩЬ, -а *м* (21) παιδίον, παῖς ребенок dítě: и дѣтишть плачетъ и мати болитъ • навꙑкъши обꙑчаѥмъ крьмити дѣтишть *Супр 312, 8 и 10.— Зогр Мар Евх Супр.— Ср.* дѣти, отрокъ, отрочѧ, чѧдо

ДѢТОГОУБЛЄНИѤ, -ꙗ *с* (1) *греч. нет* детоубийство usmrcění dítěte: присно въпадаѭ въ блѫды • і прѣлюбодѣаниѣ • въ разбоꙗ • вь дѣтогоублениѣ *Евх 68а 22-23*

ДѢТЬСКЪ, -ꙑи *прил.* (6) παιδικός, τῶν παιδίων, τῶν παίδων, νέος детский, детей *род.* dětský, dětí *род.*: ꙗдѧтъ отъ кроупиць дѣтьскъ *Мк 7, 28 Зогр Мар*; познати мѧ сътвори таинѫ твоѭ из дѣтъска възраста *Супр 31, 24-25* ● малолетний nedospělý: аще ли естъ дѣтескъ • ӗ денъ да постит' сѧ *Евх 104б 2.— Супр 326, 4; 340, 21*

ДѢТѢЛЬ, -и *ж* (20) **1.** πρᾶξις; (добраꙗ дѣтѣль εὐεργεσία; благаꙗ, добраꙗ дѣтѣль ἀρετή) дело, поступок skutek, čin: вь дѣло съконьчаваѭшта • повелѣниимъ дѣтѣли *Супр 463, 30*; забꙑшѧ добꙑѧ (*вм.* добрꙑѧ) его дѣтѣлі *Клоц 6б 27*; крѣпѧшта въ благꙑѧ дѣтѣли подвизѣхъ *Супр 548, 13* **2.** ἐνέργεια деятельность, действие působení, činnost: очисти в'сѧ нꙑ • дѣтѣлиѭ с⟨вѧ⟩тааго твоего д⟨оу⟩ха *Евх 62б 23-24.— Евх Клоц Супр.— Ср.* добродѣꙗниѥ, дѣланиѥ, дѣло, дѣꙗниѥ

дѣнью *Евх 7а 11 см.* подаꙗниѥ

дѣѥши *Супр. см.* дѣѥши

ДѢꙖНИѤ, -ꙗ *с* (18) **1.** πρᾶξις, ἔργον, πρᾶγμα дело, поступок skutek, čin: да избавленъ бѫдетъ • отъселѣ в'сего нечиста • въкоушениѣ и дѣꙗниѣ *Евх 22а 21-22*; добраа бо дѣꙗниѣ троудомь съ нискаѭтъ сѧ *Евх 87а 4* **2.** ἐργασία, μεθοδία деятельность, действие působení, činnost: въпадъшиимъ гадомъ вь не • дѣꙗниемь неприѣзниномь • отъжени отъ рабъ твоихъ *Евх 20а 8.— Евх Клоц Супр Хил.— Ср.* дѣланиѥ, дѣло, дѣтѣль

ДѢꙖТИ, дѣѭ, дѣѥши *несов.* (76) **1.** дѣꙗти, дѣꙗти сѧ ἐνεργεῖν, γίγνεσθαι действовать působit: ѡгради и силоѭ с⟨вѧ⟩тааго твоего д⟨оу⟩ха • да не възможетъ дѣꙗти на нь *Евх 80б 14-15*; силꙑ дѣѭтъ сѧ о н҃емь *Мт 14, 2 Зогр Мар*; и вьсѣчьскꙑ сѧ дѣаша присъвъкоупити ѫ хотѧште • къ... вѣрѣ *Супр 201, 25* **2.** дѣꙗти чьто πράσσειν, ποιεῖν, ἐνδεικνύναι делать, совершать dělat, konat, činit: чьто дѣета отрѣшаѭшта жрѣбьць *Мк 11, 5 Зогр*, дѣата *Мар*; вь миръ съдравие оустрои и • в'сѭ правъдѫ дѣѭща • по заповѣдемъ твоимъ *Евх 18а 18-19*; въчера (п)лътьскаа • а дьнесь господьскаа дѣꙗ • (в)ъчера • ч⟨ловѣчь⟩скаа • а дьнесь б⟨о⟩ж⟨ь⟩ствьнаа дѣетъ *Клоц 13а 21-22*; дѣѧ (...ꙗвьꙗктъ) *Супр 449, 23-25* □ блѫдъ, любꙑ дѣꙗти *см.* блѫдъ, любꙑ; коуплѭ дѣꙗти *см.* коуплꙗ; молитвѫ дѣꙗти *см.* молитва; мольбꙑ дѣꙗти *см.* мольба; пакости дѣꙗти *см.* пакость; прѣлюбꙑ дѣꙗти *см.* прѣлюбꙑ ▭ дѣꙗти сѧ ἐπιτελεῖσθαι состояться konat se: дъвѣ жрътвѣ • въ тъ вечеръ дѣашете сѧ *Клоц 13б 11* (даꙗшете сѧ *Супр 450, 19*) □ милъ сѧ дѣꙗти *см.* милъ **3.** не дѣꙗти кого *с инф.* ἀφιέναι не мешать *кому-л.*, оставить *кого-л.* nebránit *někomu*, nechat *někoho*; не дѣите дѣтии приходити къ мнѣ *Мк 10, 14 Зогр Мар*; не дѣі ѥꙗ *И 12, 7 Зогр Мар*, не дѣите *Ас Сав.— Зогр Мар Ас Сав Ен Син Служ Евх Клоц Супр Хил Рыл.— Ср.* дѣиствовати, дѣлати, творити

ДѢѤШИ *частица* (18) [дѣѣши *Супр* (15), деши *Супр* (1), дѣї *Супр* (1)] μή, μὴ γάρ, ἆρα разве (не) zda (ne), což (ne): дѣѥши отъринѫ люди своѧ господь *Супр 347, 9*; дѣї (!) ли о ратьницѣхъ ѥдинѣхъ рече *Супр 438, 23.— Супр.— Ср.* єда, волѥ оубо, ли

ДѪБИѤ, -ꙗ *с собир.* (2) δένδρα деревья stromoví, stromy: присно зеленꙑимъ дѫбиѥмъ веселѧшта сѧ *Супр 429, 28.— Супр 301, 14-15.— Ср.* дрѣво

ДѪБРАВА, -ꙑ *ж* (5 [дѫбро- *Син* (3), добро- *Син* (1)] δρυμός роща, дубрава, дуброва háj, listnatý les: ꙗко огнь ї попалѣетъ дѫбровꙑ *Пс 82, 15 Син.— Пс 28, 9; 73, 5; 131, 6 Син; Евх 55б 12.— Ср.* лѣсъ, лѫгъ

ДѪБРАВЬНЪ, -ꙑи *прил.* (2) [дѫбро- *Син* (1)] τοῦ δρυμοῦ лесной lesní, hajní: мо сѫтъ въсі звѣрі дѫбравънii *Пс 49, 10 Син.— Пс 95, 12 Син.— Ср.* лѫжьнъ

дѫброва *Пс 28, 9; 73, 5; 82, 15 Син см.* дѫбрава

дѫбровьнъ *Пс 95, 12 Син см.* дѫбравьнъ

ДѪБЪ, *-а м* (14) **1.** δένδρον, φυτόν, βλαστός дерево strom: въ градѣ ни смокы бѫдетъ • ни дѫбъ никакъже *Супр 301, 12* **2.** δρῦς дуб dub: бл⟨а⟩г⟨осло⟩вивъи • жрътвѫ аврамлѭ • подъ дѫбомь мамьврискъімь *Евх 156 5.— Супр 8, 5; 18, 10; 18, 16-17; 228, 13; 300, 27-28; 301, 3; 343, 4; 347, 29; 353, 30; 354, 5; 385, 23; 399, 26.— Ср.* дрѣво

ДѪТИ, дъмѫ, дъмеши *несов.* (2) **1.** *греч. нет* дуть dout, foukat: въстагаше напрасно бѣс'... дъмъі на лице кго • и плюѭ на нь *Супр 554, 8* **2.** дѫти сѧ ὀγκοῦσθαι вздуваться nadouvat se: ѫтроба дьмѣше сѧ • и младеништь ѫтрь движааше сѧ *Супр 239, 27-28.— Ср.* надъімати сѧ

Є

Є̄ *цифра глаг. и кир.* (>200) **1.** *глаг.* F', S', ἕξ 6 **2.** *кир.* ε', πέντε 5.— *Мар Ас Сав Унд Син Киев Евх Супр.— Ср.* пѧть; шесть

ЄВАНГЄЛИИСКЪ, *-ъıи прил.* (4) [єуаг'гел- *Супр* (1), єуаггел- *Супр* (3)] εὐαγγελικός евангельский, евангелия *род.* evangelní, evangelia *род.*: кѹаг'гелииско бо писаньк *Супр 545, 27.— Супр 312, 17; 385, 1; 390, 19-20.— Ср.* еванг҃ельскъ

ЄВАНГЄЛИСТЪ, *-а м* (30) [еванꙉелiст- *Клоц* (1), еванꙉлист- *Клоц* (4), ева(ꙉ)ст- *Ас* (1), ева(г҃)лист- *Сав* (2), евꙉлист- *Ас* (2) *Евх* (1), евлист- *Ас* (1), евꙉлст- *Ас* (2), ев(ꙉ)лiст- *Ас* (1), ев(г҃)лiст- *Сав* (1), евꙉст- *Служ* (1), ев(ꙉ)ст- *Ас* (2), єуаггелист- *Супр* (12)] εὐαγγελιστής, εὐαγγελιζόμενος (!) евангелист evangelista: кон⟨ь⟩ча с⟨ѧ⟩ лоук⟨а⟩ ев⟨ан⟩ꙉ⟨е⟩лiстъ • и начѧт⟨ъ⟩ сѧ марко ев⟨ан⟩ꙉ⟨е⟩лiсть *Ас 74ба 3-5.— Ас Сав Служ Евх Клоц Супр*

ЄВАНГЄЛИꙖ, *-ньѧ ж* (4) [єуаггел- *Супр* (3), єуагел- *Супр* (1)] εὐαγγέλιον евангелие evangelium: слово • отъ тлъкованиꙗ єуаггелиѩ • ꙗже отъ мат'ѳеѩ о десѧти дѣвицъ *Супр 368, 23.— Супр 318, 28; 430, 7; 547, 5.— Ср.* еванг҃елик

ЄВАНГЄЛИЄ, *-ниꙗ с* (>500) [еванг҃лие *Ен*, еванꙉлие *Мар*, еван(ꙉ)лье *Евх*, еваꙉелие *Зогр*, еваньꙉелие *Мар*, еваньꙉлие *Мар*, еваꙉлие *Зогр Евх*, ева(ꙉ)лие *Боян*, ева(г҃)лие *Сав*, еваггелие *Ас*, ева(ꙉ) *Ас Охр Боян Евх*, ева(г҃) *Сав Ен*, ев(в҃)а *Сав*, ев҃а *Ас*, евнъ(ꙉ)лие *Мар*, евнꙉлие *Мар Ас*, евнꙉлье *Клоц*, евнглие *Ен*, евꙉлие *Зогр Ас Евх*, ев(г҃)лие *Сав*, евге(л҃) *Унд*, ев(г҃)л *Сав*, ев(ꙉ) *Ас*, е(в҃) *Ас*, ев.. *Боян*, єуаггелик *Супр*] εὐαγγέλιον **1.** благая весть blahá, dobrá zvěst: приде и⟨соу⟩с⟨ъ⟩ въ галилеѭ • проповѣдаѧ ева⟨н⟩ꙉ⟨е⟩лие • ц⟨ѣса⟩р⟨ь⟩с⟨тв⟩иꙗ б⟨о⟩жиꙗ *Мк 1, 14 Зогр Мар* **2.** евангелие evangelium: ев⟨ан⟩ꙉ⟨елие⟩ от⟨ъ⟩ лоук⟨ы⟩ *Ас 141б 11.— Зогр Мар Ас Сав Охр Унд Боян Ен Евх Клоц Супр.— Ср.* благовѣщение

ЄВАНГЄЛЬ, *-лꙗ м имя* (1) Εὐάγγελος Евангелий Evangelus: с⟨вѧ⟩тънх⟨ъ⟩ м⟨ѫ⟩ч⟨ени⟩къ єоустата полvкарпа • и єоуваꙉ (!) • и инѣхъ *Ас 150б 2*

ЄВАНГЄЛЬСКЪ, *-ъıи прил.* (5) [еванꙉскъ *Клоц* (1), еванꙉлскъ *Клоц* (1), єуаггельскъ *Супр* (3)] εὐαγγελικός, τῶν ἀγγέλων (!), ἀγγελικός (!) евангельский, евангелия *род.* evangelní, evangelia *род.*: і(ѡ)анна архиепископа костантиниꙗ града златооустаго • отъ съказаниꙗ єуаггельскааго • иже отъ матѳеѩ *Супр 439, 16.— Клоц 1а 28; 1б 5; Супр 312, 27; 533, 13-14.— Ср.* еванг҃елиискъ

ЄВГЄНИИ, *-ниꙗ и* **ЄВГЄНЪ**, *-а м имя* (3) [евꙉенъ *Ас* (1), єугении *Супр* (1), єугеньи *Супр* (1)] Εὐγένιος Евгений Evžen: с⟨вѧ⟩тънх⟨ъ⟩ м⟨ѫ⟩ч⟨ени⟩къ • евстратiа... евꙉена • мьрдара *Ас 129б 17.— Супр 538, 15; 538, 22*

ЄВДОКСИИ, *-ниꙗ м имя* (1) Εὐδόξιος Евдоксий Eudoxius: с⟨вѧ⟩таагo м⟨ѫ⟩ч⟨ени⟩ка евдоксiа • харитона *Ас 115ба 2*

ЄВЄРОВЪ *прил. к мужскому имени Евер* (2) τοῦ Ἔβερ Евера *род.* Heberův: с⟨ы⟩нъ сы ѣко мьнимъ бѣ • іосифовъ... фалековъ • еверовъ • салань *Л 3, 35 Зогр Мар*

евꙉенъ *Ас 129б 17 см.* евгении

ЄВЛАМПИИ, *-ниꙗ м имя* (1) Χαραλάμπης (!) Евлампий Eulampius: с⟨вѧ⟩таагo евлампiа и инѣхъ *Ас 120а 22*

евпраксиꙗ *Ас 150б 30 см.* евъпраксиꙗ

ЄВРЄИ, *-єꙗ м* (8) Ἑβραῖος еврей Hebrej, Žid: къ евреѡмъ послание *Ен 5а 11.— Ен 6а 5; 8а 8; 8б 1; 23б 15; 25а 12; 28б 12; 33б 6.— Ср.* жидовинъ, июдѣи

ЄВРЄИСКЪ, ЄВРѢИСКЪ, *-ъıи прил.* (7) [-рен- *Мар* (1) *Ас* (1) *Супр* (1), неврѣи- *Евх* (1)] ἑβραϊκός, τῶν Ἑβραίων, ὁ ἐξ Ἰουδαίων еврейский hebrejský, židovský: свобождени отъ работъı фараоушѧ • мосѣемь родъ неврѣискъ *Евх 5б 5-6.— Л 23, 38 Зогр Мар Ас; Евх 16а 7-8; Клоц 13б 6; Супр 450, 14.— Ср.* иудѣискъ

ЄВРЄИСКЪІ, ЄВРѢИСКЪІ *нареч.* (19) [-рен- *Зогр* (1) *Мар* (2) *Ас* (5) *Сав* (4) *Боян* (3), -рѣи- *Зогр* (2) *Мар* (2)] ἑβραϊστί по-еврейски hebrejsky: бѣ нап'сано евреıскꙑ ı грьчьскꙑ • латиньскꙑ *И 19, 20 Зогр Мар Ас Сав Боян.— Зогр Мар Ас Сав Боян*

ЕВСЕВИИ, -ниꙗ *м имя* (1) Εὐσέβιος Евсевий Eusebius: па⟨мѧ⟩т⟨ь⟩ с⟨вѧ⟩т⟨ꙑ⟩мъ ıже на строумици • тимотеоу теодороу евсевию и дроужинѣ их *Ас 152б 1*

ЕВСЕЕНТЪ (!), -а *м имя* (1) Αὐξέντιος Авксентий Auxentius: мѣ⟨сѧ⟩ца дек⟨ѧбра⟩ ӏ͠ві с⟨вѧ⟩тъıх⟨ъ⟩ м⟨ѫ⟩ч⟨ени⟩къ • евстратıа • евсеента • евѣена *Ас 129б 17*

евстатии *Ас 120б 16; Ен 35а 15 см.* евьстатии

ЕВСТРАТИИ, -ниꙗ *м имя* (1) Εὐστράτιος Евстратий Eustratius: с⟨вѧ⟩тъıх⟨ъ⟩ м⟨ѫ⟩ч⟨ени⟩къ • евстратıа • евсеента • евѣена • мьрдара • и ореста *Ас 129б 16*

ЕВТАИ, -аꙗ *м имя* (1) Ἰεφθάε Евтей Jephte: постигнетъ бо мѧ (по)вѣсти дѣжща лѣта... ѡ вараацѣ же и ѡ... евтаи *Евр 11, 32 Ен*

ЕВТѴХЪ, -а *м имя* (2) [авьтоухъ *Сав* (1)] Εὐτύχιος Евтихий Eutychius: па⟨мѧ⟩т⟨ь⟩ с⟨вѧ⟩та⟨а⟩г⟨о⟩ о⟨ть⟩ца наш⟨его⟩ евтѵха арх⟨ие⟩п⟨искоу⟩па ц⟨ѣса⟩риград⟨ѣ⟩ *Ас 145б 20; Сав 151а 17*

ЕВЪГА, -ꙑ *ж имя* (15) [еѵа *Супр* (3), еѵга *Супр* (9), ꙗѵга *Супр* (1), кгда (!) *Супр* (1)] Εὔα Ева Eva: радоуи сѧ обрадованаꙗ • да азъ помилоуѭ еѵѫ озълобьенѫѭ *Супр 248, 16.— Евх 2а 5; Супр 9, 10; 9, 13; 248, 25-26; 457, 19; 459, 27; 463, 2; 469, 26-27; 471, 3; 482, 16* (2); *482, 23; 489, 9; 489, 14*

ЕВЪПРАКСИІА, -ньꙗ *ж имя* (2) [евпракс- *Ас* (1)] Εὐπραξία Евпраксия Eupraxia: с⟨вѧ⟩тъıнꙗ евпраксиꙗ *Ас 150б 30.— Евх 93а 3*

евъстатии *Ен 35б 3 см.* евьстатии

ЕВЬСТАТИИ, -ниꙗ *м имя* (5) [евст- *Ас* (1) *Ен* (1), еоустатъ *Ас* (1), евъст- *Ен* (1)] Εὐστάθιος Евстахий Eustachius: с⟨вѧ⟩тъıхъ м⟨ѫ⟩ч⟨ени⟩къ евстатıа и женꙑ его *Ас 120б 16.— Ас 150б 1; Сав 135б 2; Ен 35а 15; 35б 3*

егда *см.* кгда

ЕГЕПЬТЬ, -а *м город* (1) (*ошибка*) Γέθ (!) Гет Geth: егда ꙗсѧ ı іноплеменьниці въ егепьтѣ (! *вм.* гетѣ) *Пс 55, 1 Син*

егип-, егоуп-, егюп- *см.* еѵуп-

ЕГКРАТИИ, -ниꙗ *м имя* (1) Ἐγκράτιος Енкратий Encratius: родителю бꙑвъ • егкратиꙗ • и еѵфимиꙗ • тако нарицаѥмома *Супр 278, 18*

егѵпетъ *Ас см.* еѵупьтъ

ЕѴУПЬТЪ, -а *м страна* (38) [еѵипетъ *Ас*, егѵпетъ *Ас*, еѵиптъ *Ас Клоц*, егѵптъ *Ас*, еѵуптъ *Син*, егѵптъ *Сав Син Супр*, егıптъ *Син*, егѵп'тъ *Супр*, еѵпутъ *Син*, еѵюптъ *Евх Клоц*, еѵоуптъ *Боян*, еѵоупътъ *Боян*, еѵоупетъ *Боян*, еѵоуптъ *Син*, еѵоупьтъ *Син*, егоуптъ *Син Супр*] Αἴγυπτος Египет Egypt: се анѣ⟨е⟩лъ г⟨оспод⟩нъ въ сьнѣ ѣви сѧ иосифоу въ еѵиптѣ *Мт 2, 19 Ас Сав Боян* (∅ *Зогр Мар*).— *Ас Сав Боян Син Евх Клоц Супр*

ЕѴУПЬТЬСКЪ, -ъıи *прил. к* еѵупьтъ (10) [еѵуп- *Син* (1), егѵптьскъ *Супр* (2), егѵптъскъ *Супр* (1), егѵп'тьскъ *Супр* (1), еѵоуп- *Син* (2), еѵоупет- *Син* (1), еѵоупот- *Син* (1), ..пътъскъ *Ен* (1)] τῆς Αἰγύπτου, αἰγυπτιακός, τῶν Αἰγυπτίων египетский egyptský: въ землї еѵоупетьстѣ на поли танеосѣ *Пс 77, 12 Син* ◆ кгѵпьтьска страна Αἴγυπτος Египет Egypt: гонению же оубо належѫштоу на крьстиꙗнꙑ зѣло егѵптьстѣ странѣ зѣло мѫтѧшти сѧ *Супр 145, 7.— Ен 76 13; Пс 77, 51 Син; 80, 6 Син; 80, 11 Син; 134, 8 Син; Супр 145, 5; 172, 28-29; 435, 19*

ЕѴУПЬТѢНИНЪ, -нина *м* (1) Αἰγύπτιος египтянин Egypťan: ı избѣгъ съмрътı • ıже гоубıтель наведе на еѵюптѣнı вьсѧ *Клоц 6б 36*

ЕѴУПЬТѢНЪІНИ, -ньꙗ *ж* (2) [егоуптѣнъıни *Супр* (2)] Αἰγυπτία египтянка Egypt'anka: не бесѣдоваааше ли сими словесꙑ къ егоуптѣнъıни ïѡсифъ *Супр 366, 2.— Супр 365, 17-18*

ЕДА *частица и союз* (>200) [кда *Сав* (1) *Супр* (26), е (!) *Син* (1)] I. *частица* 1. *вопросительная* (*в прямом и косвенном вопросе*) μή, μήτι, μήποτε, εἰ, ἆρα; (еда како μήποτε, μήπου, ἴσως) разве, ли což (pak), zdali: аще рꙑбꙑ проситъ • еда змьѭ подастъ емоу *Мт 7, 10 Мар* (ли *Зогр*); еда приходитъ свѣтильникъ • да подъ спѫдомъ положенъ бѫдетъ *Мк 4, 21 Мар* (егда *Зогр*); помꙑшлѣѭштемъ вьсѣмъ • въ срьдьцихъ своıхъ • о ıоан'нѣ еда тъ естъ χ⟨ристос⟩ъ *Л 3, 15 Зогр Мар Ас Сав*; еда тꙑ отъ галилеꙗ еси *И 7, 52 Зогр Мар Ас Сав*; съвръши бо сѧ г⟨лаго⟩лъ г⟨оспод⟩а н⟨соу⟩са • кда сꙑнъ чловѣчьскꙑи обрѧштетъ вѣрѫ на земи *Супр 135, 10* (ли *Л 18, 8 Зогр Мар*); кда како и по правьдѣ кже страждетъ *Супр 436, 14* 2. еда когда *желательная* μήποτε пусть не kéž ne: еда когъда порадоуѭтъ ми сѧ врази мои *Пс 37, 17 Син; Евх 76б 16* ● еда коли *греч. нет* пусть не kéž ne: оу горе мнѣ еда коли г⟨оспод⟩ь • мене грѣшьнааго и оубогааго въстѧжетъ • о скръби сихъ пришед'шихъ къ мнѣ *Супр 568, 12* II. *союз* 1. *целевой* еда, еда како, еда когда, еда коли μή ποτε чтобы не aby (snad) ne: раби же рѣшѧ емоу • хоштеши ли оубо да шьдъше ıсплѣвемъ ꙗ • онъ же рече ни • еда въстрьгаѭште плѣвелъ • въстръгнете коупьно съ нимь ı пьшеницѫ

Мт 13, 29 Зогр Мар, єда како *Ас Унд*; єгда възъванъ бѫдеши на бракъ • не сѧди на прѣдьнимь мѣстѣ • єда къто чьстьнѣи тебе бѫдетъ • зъванъıхъ *Л 14, 8 Зогр Мар Ас Сав*; єгда твориши обѣдъ • ли вечерѭ • не зови дроугъ твоıхъ... єда коли ı ти такожде въздаанье *Л 14, 12 Зогр Мар*; просвѣтı очı моı єда когда оусънѫ во съмрътı *Пс 12, 4 Син; Евх 74а 1*; на рѫкахъ возъмѫтъ тѧ • єда когда прѣтъкнеши о камень ногѫ твоѭ *Пс 90, 12 Син* (да не *Мт 4, 6 Ас*, да не когда *Зогр Сав*, ∅ *Мар*) **2.** *изъяснительный* (*при глаголах со значением «бояться» и т. п.*) μή чтобы не aby (snad) ne: боимъ сѧ єда въскорѣ начьнѫ искати тебе *Супр 16, 18*; блюди оубо • єда свѣтъ ıже (**естъ**) вь тебѣ • тъма естъ *Л 11, 35 Зогр Мар*; блюдѣте єда къто вы естъ крадоводѧи прѣмѫдростиѭ и тъщеѭ лестиѭ *Хил 2аα 5* (*Кол 2, 8*) ● єда како, єда когда, єда коли μή ποτε, μήπως чтобы не aby (snad) ne: вьнемлѣте же себѣ • єда когда отѧгъчаѭтъ сръдьца ваша • обѣданьемь ı пьѣньствомь *Л 21, 34 Зогр Мар Ас Сав*; боѭ сѧ • ıєда како бе сѣмене дѣтиштоу обадителѣ бѫдѫ *Супр 240, 17*; боѧ сѧ • ıєда коли отъ многааго к нєи попеченьıа • бесьмрътьнѫѭ болѣзнь нанесетъ *Супр 516, 23* **3.** *условный* (?) εἰ если (?) jestliže (?): єда не можетъ прѣити отъ мне чаша си • аще не въкоушѫ еѩ • да бѫдетъ волѣ твоѣ *Евх 47а 17* (аште *Мт 26, 42 Зогр Мар Ас Сав*).— *Зогр Мар Ас Сав Унд Ен Син Евх Супр Хил*

ЄДЄМЬСКЪ *прил. к названию племени Эдом* (1) τῆς Ἐδώμ едомский edemský: помыни г⟨оспод⟩ı с⟨ы⟩нъı едемьскъı *Пс 136, 7 Син*

єдеръ *Л 7, 2 и 7, 36 Ас см.* етеръ

єдин- *см.* ıєдин-

ЄЗЄКИꙖ, -иѩ *м имя* (5) [иез- *Ас* (2) *Сав* (2)] Ἐζεκίας Езекия Ezechiáš: ахазь же роди иезекиѭ • иезекıѣ же роди манасиѭ *Мт 1, 9-10 Ас Сав* (∅ *Зогр Мар*).— *Супр 238, 23*

ЄИ *частица* (76) ναί да, же, конечно ano, zajisté, ovšem: г⟨лаго⟩ла ıмъ н⟨соу⟩с⟨ъ⟩ • разоумѣєте ли вьсѣ си • г⟨лаго⟩лашѧ емоу еı г⟨оспод⟩и *Мт 13, 51 Зогр Мар Ас Сав*; еи вл⟨адъı⟩ко призьри на нъı • ı на с⟨вѧ⟩тъı храмъ сь *Евх 63а 2*.— *Зогр Мар Ас Сав Боян Евх Клоц Супр*.— *Ср.* аминь, правь

єѓоуп-, єѓюп-, єѓуп- *см.* єгүп-

ЄКАТЄРИНА, -ы *ж имя* (1) Αἰκατερίνη Екатерина Kateřina: мѣ⟨сѧ⟩ца ноıаб⟨ра⟩ ⷦ҃ⷰ • с⟨вѧ⟩тъıѩ м⟨ѫ⟩ч⟨ени⟩цѧ екатиринъı *Ас 127б 8*

ЄКЪДИКИИ, -иıа *м имя* (1) Ἐκδίκιος Екдикий Ecdicius: а се имъ имена... сеүриıанъ • ек'дикıи акакıи • ıѡанъ *Супр 69, 10*

ЄЛДЪ, -а *м имя* (1) Ἑλλάδιος Елладий Helladius: мѣ⟨сѧ⟩ца еноу⟨а⟩ра ѕ҃ • страс⟨ть⟩ с⟨вѧ⟩тоую м⟨ѫ⟩ч⟨ени⟩коу теофила диакона • и елда *Ас 141а 11*

ЄЛЄНА, -ы *ж имя* (1) Ἑλένη Елена Helena: мѣ⟨сѧ⟩ца ма⟨и⟩ѣ ка҃ па⟨мѧ⟩т⟨ь⟩ с⟨вѧ⟩тоумоу... констатиноу ц⟨ѣса⟩рю • и м⟨а⟩т⟨е⟩ре его еленъи *Ас 146б 7*

ЄЛЄОНЪ *м нескл. гора* (4) ἐλαιών, τῶν ἐλαιῶν гора Елеонская Olivetská hora: ı бъıстъ ѣко приближи сѧ • въ витъфагиѭ • ı витаниѭ • къ горѣ нарицаемѣı елеонъ *Л 19, 29 Зогр Мар*.— *Л 21, 37 Зогр Мар*

ЄЛЄОНЬСКЪ, -ъıи *прил. к* елеонъ (24) [елион- *Сав* (2)] τῶν ἐλαιῶν елеонский olivový: ıзидошѧ въ горѫ елеоньскѫѭ *Мт 26, 30 Зогр Мар Ас Сав*.— *Зогр Мар Ас Сав Евх*

ЄЛЄУСИИ, -иıа *м имя* (1) Ἐλεύσιος Елевсий Eleusius: отъ арневъı же и македонıа странъı • елеүси маркианъ... и прочии *Супр 201, 16*

ЄЛИ, ЄЛОИ *нескл.* (*арам. или др.-евр.*) (12) [ели *Зогр* (2), еллı *Ас* (2), елои *Зогр* (2), елѡı *Мар* (4), или *Сав* (2)] ἠλί, ἐλωΐ боже мой můj bože: ели • ели лем'ма заваҳ'тани • еже естъ б⟨о⟩же б⟨о⟩же мои въскѫѭ мѧ остави *Мт 27, 46 Зогр Мар Ас Сав*.— *Мк 15, 34 Зогр* (2) *Мар* (2)

єлназаръ *Мт 1, 15 Сав* (2) *см.* елиıезоръ

ЄЛИАКИМОВЪ, ЄЛИІАКИМОВЪ *прил. к* елиакимъ (2) [-на- *Мар* (1), -иѣ- *Зогр* (1)] τοῦ Ἐλιακίμ Елиакимов Eliakimův: с⟨ы⟩нъ съı... елиѣкимовъ *Л 3, 30 Зогр Мар*

ЄЛИАКИМЪ, -а *м имя* (4) [али- *Сав* (2)] Ἐλιακίμ Елиаким Eliakim: авиоүдъ же роди елиакима • елиакимь же роди азара *Мт 1, 13 Ас Сав* (∅ *Зогр Мар*)

ЄЛИНЪ, ЄЛЛИНЪ, -а *м* (15) [елинъ *Зогр* (1) *Ас* (1) *Супр* (8), еллинъ *Зогр* (1) *Мар* (1), ıелинъ *Супр* (2), ельлинъ *Мар* (1)] Ἕλλην грек, эллин Řek: єда въ расѣание елинъско хоштетъ ити • ı оучити ельлинъı *И 7, 35 Мар Зогр*.— *И 12, 20 Зогр Мар Ас; Супр 101, 27; 109, 1; 125, 29; 126, 12; 221, 10; 438, 20; 537, 17; 538, 3; 538, 22; 569, 4*.— *Ср.* елиньнъ, грьци

ЄЛИНЪІНИ, -иѩ *ж* (1) Ἑλληνίς гречанка, эллинка Řekyně: госпожда же селоу томоу елинъıни бѣаше *Супр 18, 5*

ЄЛИНЬНЪ, -а *м* (1) Ἕλλην грек, эллин Řek: ꙁ҃ı о пришедъшиихъ елиньнѣхъ *Мар 133а 16*.— *Ср.* елинъ, грьци

ЄЛИНЬСКЪ, -ъıи *прил. к* елинъ (9) ἑλληνικός, τῶν Ἑλλήνων греческий, эллинский řecký: бѣ же ı написанье нап'сано • надъ нимь • кънигами елинъскамь • ı римьскамь *Л 23, 38 Зогр Мар Ас Сав*.— *И 7, 35 Мар; Супр 105,*

21; 357, 18; 535, 9; 569, 1.— Ср. грьчьскъ

елионьскъ *Мт 21, 1 Сав; Мт 26, 30 Сав см.* елеоньскъ

ЄЛИСАВЕТЬ, -и *ж имя* (34) [-вьть *Зогр* (6), -ветъ *Мар* (1), -веѳь *Ас* (7) *Сав* (4) *Супр* (2), -веѳ *Ас* (1)] Ἐλισάβετ Елизавета Alžběta: і жена твоѣ елисавьть • родитъ с⟨ы⟩нъ тебѣ • і наречеши імѧ емоу іоан'нъ *Л 1, 13 Зогр Мар Ас.— Зогр Мар Ас Сав Супр*

елисавеѳь *Ас Сав Супр см.* елисаветь

елисавьть *Зогр см.* елисаветь

ЄЛИСЕИ, ЄЛИСѢИ, -ꙗ *м имя* (7) [-сеи *Мар* (1) *Ас* (1) *Сав* (1) *Супр* (1), -сѣи *Евх* (2), клисеи *Супр* (1), нелисеи *Ас* (1)] Ἐλισσαῖος Елисей Eliseus: і мъноѕи бѣахѫ прокажени в⟨ъ⟩ ⟨издраи⟩ли при елисеи пророцѣ *Л 4, 27 Мар Ас Сав* (Ø *Зогр*).— *Ас 146б 21; Евх 6б 10; 20б 18; Супр 283, 25*

ЄЛИСПОНТЪ, -а *м пролив* (2) Ἑλλήσποντος Геллеспонт, Дарданеллы Hellespont, Dardanely: да на пѫти елиспонта идѫште отъсѣкѫтъ главѣ кю *Супр 114, 15.— Супр 111, 13*

ЄЛИСПОНТЬСКЪ, -ын *прил. к* елиспонтъ (3) [елиспонъскъ *Супр* (1)] ὁ περὶ Ἑλλήσποντον геллеспонтский hellespontský: къ елиспонтъскоуоумоу островоу *Супр 116, 30.— Супр 201, 20-21; 538, 8-9*

елиспонъскъ *Супр 538, 8-9 см.* елиспонтьскъ

елиоуда *Мт 1, 14 Сав см.* елиоудъ

ЄЛИОУДЪ, -а *м имя* (4) [-оуда *Сав* (1)] Ἐλιούδ Елиуд Eliud: ахінъ же роді елиоуда • еліоудъ же роді еліезора *Мт 1, 14-15 Ас Сав* (Ø *Зогр Мар*)

ЄЛИЮЗОРЪ, -а *м имя* (4) [-азаръ *Сав* (2)] Ἐλεάζαρ Елиазар Eleazar: еліоудъ же роді еліезора • еліезоръ же роді маттана *Мт 1, 15 Ас Сав* (Ø *Зогр Мар*)

елл- *см. также* ел-

ЄЛМОДАНОВЪ *прил. к мужскому имени Елмодам* (2) [алм- *Мар* (1)] τοῦ Ἐλμωδάμ Елмодамов Elmodamův: с⟨ы⟩нъ сы... елмодановъ *Л 3, 27 Зогр,* алмодановъ *Мар*

елои *см.* ели

ЄЛПИДИИ, -ꙗ *м имя* (2) Ἐλπίδιος Елпидий Elpidius: еугении • агаѳодор' • ел'пидии • прѣподобнии еп⟨искоу⟩пи *Супр 538, 16.— Супр 538, 23*

ельлинъ *И 7, 35 Мар см.* елинъ

ЄМАНОУИЛЪ, -ла *м имя* (3) [енма- *Ас* (1), емъманоуилъ *Боян* (1)] Ἐμμανουήλ Эммануил Emmanuel: и нарекѫтъ имѧ емоу енманоуиль *Мт 1, 23 Ас Сав Боян* (Ø *Зогр Мар*)

ЄМАНЪ, -а *м имя* (1) Αἰμάν Еман Eman: слово разоумьно еманоу і⟨здра⟩илитѣниноу *Пс 87, 1 Син*

ЄМАОУСЪ *нескл. селение* (4) [-сь *Зогр* (1), ем'м- *Супр* (1)] Ἐμμαοῦς Эммаус Emauzy: і се дъва отъ ӣихъ бѣсте іджшта въ тъжде дьнь • въ вьсь отъстоѩштѭ • стадиі шесть десѧтъ отъ і⟨ероуса⟩л⟨и⟩ма • еже імѧ емаоусь *Л 24, 13 Зогр Мар Ас.— Супр 471, 19-20*

ем'маоусъ *Супр 471, 19-20 см.* емаоусъ

емъманоуилъ *Мт 1, 23 Боян см.* еманоуилъ

ЄНКЕНИꙖ, -ии *с мн.* (1) τὰ ἐγκαίνια праздник восстановления иерусалимского храма slavnost obnovení jeruzalémského chrámu: бышѧ же тъгда енкениѣ въ ер⟨оу⟩с⟨а⟩л⟨и⟩м⟨ѣ⟩хъ *И 10, 22 Мар* (свѧш⟨те⟩ниѣ *Зогр Ас* (2).— *Ср.* освѧщеник, свѧщеник

енманоуилъ *Мт 1, 23 Ас см.* еманоуилъ

еннонъ *И 3, 23 Мар см.* енънонъ

ЄНОЗДРОИНЪ, -а *м* (1) (ὁ ἐν Ὀσροήνῃ) житель Осроина (*области*) Ostroiňan: и слышали кєте • сергꙗ • савраитъскоуоум племени кнѧза поставьєна • великомъ родомъ • въ еноздроинѣхъ • и междоурѣчии область дръжавъ *Супр 566, 21*

ЄНОСОВЪ *прил. к мужскому имени Енос* (2) τοῦ Ἐνώς Еносов Enosův: с⟨ы⟩нъ сы... еносовъ *Л 3, 38 Зогр Мар*

ЄНОХОВЪ *прил. к* енохъ (2) τοῦ Ἐνώχ Енохов Enochův: с⟨ы⟩нъ сы... еноховъ *Л 3, 37 Зогр Мар*

ЄНОХЪ, -а *м имя* (1) Ἐνώχ Енох Enoch: ты бо освѧти образъ отрока своєго заклана бе зълобы авела • и оуправи на высотѫ • възвода въгодьника своєго енѡха *Супр 232, 10*

ЄНОУАРЬ, ЄНЬВАРЬ, -рꙗ *м* (18) [еньварь *Сав* (1), еноурь *Боян* (1), еноуарь *Евх* (1), енуаръ *Супр* (1), еноу(р) *Ас* (11), ено(р) *Ас* (1), ен(р) *Ас* (2)] Ἰανουάριος январь leden: мѣ⟨сѧ⟩ца ен⟨оуа⟩р⟨ѣ⟩ ӣд с⟨вѧ⟩тааг⟨о⟩ о⟨ть⟩ца наш⟨е⟩го • гліигора *Ас 141а 26.— Ас Сав Боян Евх Супр*

еноурь *Ас Боян см.* еноуарь

ЄНЪНОНЪ, -а *м город* (2) [еннон- *Мар* (1)] Αἰνών Енон Enon: бѣ же иоанъ крьстѧ вь еннонѣ *И 3, 23 Мар Ас* (Ø *Зогр*)

еньварь *Сав 144а 9 см.* еноуарь

еньдиктъ *Сав 122б 1-2 см.* инъдиктъ

енуаръ *Супр 279, 2 см.* еноуарь

епантимъ *Сав 125б 4 см.* антимъ

ЄПАРХЪ, -а *м* (2) ἴπαρχος (!) наместник области místodržitel provincie: рече епархъ ѳеѡфилъ *Супр 137, 4.— Супр 136, 25*

ЄПАРЬШЬСКЪ, -ын *прил.* (1) τοῦ πρέτορος наместнический místodržitelský: и дръжаштоу тъгда епар'шъскын санъ • приведенъ же бысть людьми на епископьство *Супр 202, 16* епендитъ *И 21, 7 Мар Ас см.* епеньдитъ

ЄПЄНЬДИТЪ, -а *м* (4) [-н'ди- *Зогр* (1), -нди- *Мар* (1) *Ас* (1)] ἐπενδύτης одежда oděv: епен'дитомь прѣпоѣса сѧ *И 21, 7 Зогр Мар Ас Сав*

епископ- *см.* епископ-

ЄПИСКОУПИІА, -ныѧ *ж* (2) ἐπισκοπή епископство biskupství, biskupský úřad: и сътвори въ епископии десѧть лѣтъ *Супр 302, 14.— Супр 281, 19-20.— Ср.* епископьство

ЄПИСКОУПЛЬ *прил.* (1) τοῦ ἐπισκόπου епископский biskupský: отънелиже изидохъ из града епископльꙗ *Супр 233, 15-16.— Ср.* епископьскъ, пископль

ЄПИСКОУПЪ, -а *м* (>100) [-копъ *Сав Супр*, еп҃пъ *Ас Супр*, епс҃пъ *Евх*, епи(с҃)п- *Евх*, епс҃кпъ *Ас Ен Евх*, епскоуп *Ен*, епіс҃кпъ *Ен*] ἐπίσκοπος епископ biskup: мѣ⟨сѧ⟩ца авгос⟨та⟩ н҃д • с⟨вѧ⟩таго ап⟨осто⟩ла тита еп⟨иско⟩па *Ас 152а 21*; по трехъ же дьнехъ ꙗвишѧ сѧ епископоу града того • именемь петрꙋ *Супр 81, 2.— Ас Сав Ен Евх Супр Рыл.— Ср.* пископъ

ЄПИСКОУПЬСКЪ, -ын *прил.* (4) τῆς ἐπισκοπῆς, ἀρχιεπίσκοπος (!) епископский biskupský: прѣмлета по радоу епископъскын столъ *Супр 187, 22-23* ◆ епископьскъи съборъ σύνοδος синод, собрание епископов synod, biskupské shromáždění: цѣсарь съборъ епископъскын сътвори *Супр 201, 2.— Супр 202, 29; 293, 23-24.— Ср.* епископль, пископль

ЄПИСКОУПЬСТВО, -а *с* (6) [епи҃пъс- *Син* (1), епис҃кпъство *Служ* (1)] ἐπισκοπή, ἐπισκοπεῖον, ἀρχιερωσύνη епископство biskupství, biskupský úřad: бѫдѫ дьне его малі • и епи⟨скоу⟩пъство его прѣимі инъ *Пс 108, 8 Син*; въ епископьствѣ акы въ манастꙑри троуждааше сѧ *Супр 280, 18* ● *собир.* епископы biskupové: помани г⟨оспод⟩і (в')се епиcк⟨оу⟩пъство *Служ 3б 19.— Супр 202, 17; 280, 16; 280, 18; 295, 6.— Ср.* епископиꙗ

ЄПИТИМИІА, -ныѧ *ж* (1) (епитимиѩ ἐπιτιμῶν) епитимья církevní trest, pokání: того поѹштааше • ово наказаниѥмъ ово епитимиѩ *Супр 188, 17*

ЄПИФАНИИ, -ниꙗ *м имя* (3) Ἐπιφάνιος Епифаний Epifanius: мѣ⟨сѧ⟩ца маѣ с⟨вѧ⟩та⟨а⟩г⟨о⟩ о⟨ть⟩ца наш⟨е⟩го епифаниа *Ас 146б 3.— Клоц 12а 32; Супр 447, 28.— Ср.* епифанъ

ЄПИФАНИІА, -нии *с мн.* (2) [ефи- *Сав* (2)] τὰ θεοφάνεια Богоявление Zjevení Páně (*церковный праздник*): навечерне с⟨вѧ⟩тыхъ ефифании *Сав 146а 14.— Сав 147б 14.— Ср.* авлениѥ, богоавлениѥ, просвѣщениѥ

ЄПИФАНЪ, -а *м имя* (2) [ефи- *Ас* (1)] Ἐπιφάνιος Епифаний Epifanius: с⟨вѧ⟩тоую о⟨ть⟩цю наш⟨е⟩ю арх⟨ие⟩п⟨иско⟩поу ц⟨ѣса⟩рѣгр⟨а⟩да ефифана и минъи *Ас 152а 23.— Сав 151б 20.— Ср.* епифании

ЄРАЗМЪ, -а *м имя* (1) Ἔρασμος Эразм Erasmus: мѣ⟨сѧ⟩ца июн⟨ѣ⟩ в҃... с⟨вѧ⟩таго еразма еп⟨иско⟩па *Ас 146б 12*

ЄРАКЛЬ, -лꙗ *м имя* (1) Ἡρακλῆς Геракл Héraklés, Herkules: оубои сѧ величьства богъ и великааго аполона довьꙗго • и ераклꙗ иже вьсѣхъ ц⟨ѣса⟩ръ • и днꙗ *Супр 115, 7-8.— Ср.* ираклъ

иорданъ *Мк 1, 9 Ас 158а 19 см.* иорданъ

ерданьскъ *Мт 3, 6 Сав; Мк 1, 5 Ас Сав см.* иорданьскъ

ереминискъ *Супр 252, 12 см.* срѣмьскъ

ЄРЄМИОНИ, -ныѧ *ж имя* (1) Ἑρμιόνη Ермиона Hermiona: с⟨вѧ⟩т⟨ы⟩хъ м⟨ѫ⟩ч⟨ени⟩къ • въавидѣ • и еремиони *Ас 114ба 6-7*

еремиꙗ *Сав 151б 3 см.* иеремиꙗ

ЄРЄСЄВИИ, -ныѧ *ж* (1) ἐρυσίβη ржавчина хлебная obilná rez: і дастъ ересеви плодъ іхъ *Пс 77, 46 Син*

ЄРЄСЬ, -и *ж* (3) αἵρεσις ересь hereze: обрѣте богоборъныѧ ереси потопъ доушьнын *Супр 191, 10.— Супр 188, 29; 189, 6.— Ср.* бладь, вѣра

ЄРЄТИКЪ, -а *м* (1) *греч. нет* еретик heretik: сыны притворивъ обоѩдоу несѣкомаaго камыка • на еретикы и на ратьныѧ *Супр 543, 4*

ЄРЄТИЧЬСКЪ, -ын *прил.* (1) τῶν αἱρέσεων еретический heretický: повелѣ... прити на съборъ и старѣишинамъ еретичьскамъ *Супр 201, 8-9*

ЄРЄІА, -еѩ *ж имя* (1) Ἥρα Гера Héra: отъ крона и ереѩ раждаѭтъ сѧ матери божьскыѩ *Супр 8, 11*

ериха *Зогр Мар Ас Сав см.* иериха

ерихонъ *Мт 20, 29 Ас; Мк 10, 46 Зогр см.* иериха

ЄРМИІА, -ныѧ *м имя* (1) Ἑρμείας Гермий (?) Hermias: ермиꙗ же к'то воинъ ѥдинъ отъ стрѣгѫштиихъ ѥго рече *Супр 152, 2*

ЄРОДОВЪ *прил.* (1) τοῦ ἐρωδιοῦ цапли *род.* volavčí: еродово жилище *Пс 103, 17 Син*

ероусалимлꙗнинъ *Мк 1, 5 Мар см.* иероусалимлꙗнинъ

ероусалимъ *Зогр Мар Ас Сав Син см.* иероусалимъ

ерьданъ *Евх 2а 20; 6а 11-12 см.* иорданъ

ерьданьскъ *Евх 6б 11 см.* иорданьскъ

ЄРЪМОУНЪ, -а *м горы* (1) Ἑρμών Ермон Hermón: таверъ і ръмоунъ (*! вм.* ерьмоунъ) імені твоемоу въздрадоваСте сѧ *Пс 88, 13 Син*

ЄРЪМОУНЬ *прил. к* еръмоунъ (1) τοῦ Ἑρμών ермонский hermónský: ѣко роса ерѣмоунѣ съходѧштіѣ на горы сионѧ *Пс 132, 3 Син.— Ср.* ерѣмоуньскъ

ЄРЪМОУНЬСКЪ, -ыи *прил. к* ерѣмоунъ (1) τοῦ Ἑρμών ермонский hermónský: ѣко роса ерѣмоунѣска *Евх 9а 12-13* (ерѣмоунѣ *Пс 132, 3 Син*).— *Ср.* ерѣмоунь

е р ѣ н с к ъ *Л 1, 9 Зогр см.* икренскъ

ЄСЄ *частица* (7) [єсе *Супр* (2)] ἰδού, ἴδε, καί, ὅδε (!) вот hle: иже бъистъ мѫжь пророкъ • о нѥмже захариꙗ глаголааше • есе мѫжь вьстокъ има кго *Супр 476, 10.— Супр 37, 22; 88, 23; 369, 25; 478, 20; 486, 25; 504, 11.— Ср.* се

ЄСЛИМОВЪ *прил. к мужскому имени Еслим* (2) τοῦ Ἑσλί Еслимов Heslimův: с⟨ы⟩нъ съı... еслимовъ *Л 3, 25 Зогр Мар*

ЄСПЕРИНА, -ы *ж* (1) *греч. нет* вечерня nešporу: мол⟨итва⟩... бываѭщи... на есперинѣ *Евх 59б 17*

ЄСРОМОВЪ *прил. к* есромъ (2) τοῦ Ἑσρώμ Есромов Esromův: с⟨ы⟩нъ съı... есромовъ *Л 3, 33 Зогр Мар*

ЄСРОМЪ, -а *м имя* (4) [ефромъ *Сав* (2)] Ἑσρώμ Есром Esrom: фаресъ же роді есрома • есромь же роді арaама *Мт 1, 3 Ас Сав* (∅ *Зогр Мар*)

ЄТАНЪ, -а *м имя* (1) Αἰθάν Ефам Ethan: разоумъ о таінъıхъ етана і⟨здра⟩илітѣніна *Пс 88, 1 Син*

ЄТЕРЪ, -а, -о *мест.* (>200) [едеръ *Ас* (2), ете(р̃) *Ас* (1), етер *Ас* (2), -рь *Клоц* (1), теръ *Ен* (1)] τις, ὁ δεῖνα некий, некоторый, один, некто nějaký, některý, jeden: етери отъ кънижьникъ рѣшѧ къ себѣ *Мт 9, 3 Зогр Ас* (кдини *Мар*, нѣцні *Сав*); оуготовити сѧ отъселѣ • не на покои • ни на пищѭ • ни на ино етеро земьнъıхъ красотъ *Евх 90а 17* ▭ *в знач. сущ.* кто-то, некто kdosi: пришьдъ етеръ отъ ар'хисүнагога • г⟨лаго⟩ла емоу *Л 8, 49 Зогр Ас* (единъ *Мар Сав*).— *Зогр Мар Ас Сав Охр Унд Боян Ен Евх Клоц Супр Хил.— Ср.* дина, нѣкъто, нѣкъıи, кдинъ; онъсица

ЄТИОПЬСКЪ, -ыи *прил.* (4) [ефіоп- *Супр* (1)] τῶν Αἰθιόπων, Αἰθίοψ эфиопский etiopský: далъ есі брашьно людемъ етіопьскомъ *Пс 73, 14 Син.— Ен 27а 5; Пс 86, 4 Син; Супр 62, 9-10*

ЄТИОПѢНИ, -нъ *м мн.* (1) οἱ Αἰθίοπες эфиопы Etiopové: прѣдо нь пріпадѫтъ етіопѣні *Пс 71, 9 Син*

ЄТНИ *ж нескл. вулкан* (1) Αἴτνη Этна Etna: етни вь сикилии островъ • исхода отъ нѥго огнь *Супр 129, 6*

е оу в а ѣ ь *Ас 150б 2 см.* еванѓель

ЄОУСИГНЪ, -а *м имя* (1) Εὐσίγνιος Евсигний Eusignius: с⟨вѧ⟩та⟨а⟩го м⟨ѫ⟩ч⟨ени⟩ка еоусігна *Ас 151б 6*

е оу с т а т ъ *Ас 150б 1 см.* евьстатии

ЄФЕСЕИ, -еи *м мн.* (2) οἱ Ἐφέσιοι ефесяне Efesané: ап⟨осто⟩лъ къ ефесеомъ *Евх 105б 9.— Ен 35б 7*

ЄФЕСЪ, -а *м город* (2) Ἔφεσος Эфес Efes: азъ же власъ въ ефесѣ съı *Супр 144, 23.— Супр 137, 6*

ЄФЕСЬСКЪ, -ыи *прил. к* ефесъ (1) τῆς Ἐφέσου эфесский efesský: еүгѡнии ефесьскъıи *Супр 201, 18*

ЄФИМЕРИꙖ, -иѩ *ж* (2) [-мѣр- *Мар* (1)] ἐφημερία череда, смена (*иудейских священнослужителей*) směna, služba (*židovských kněží a levitů*): захаринѣ • отъ ефимѣриѩ авиѣнѩ *Л 1, 5 Мар Ас* (отъ дьневънъıѩ чрѣдъı *Зогр*).— *Ср.* чрѣда, дьневьнъ (дьневьнаꙗ чрѣда)

е ф и м и ꙗ *Ас 119а 23; 150б 23 см.* еүфимиꙗ

е ф и м ѣ р и ꙗ *Л 1, 5 Мар см.* ефимериꙗ

е ф и ф а н- *см.* епифан-

ЄФРАНТА, -ы *м область* (1) Ἐφραθά, *вар.* Ἐφρανθά Ефрафа Efrata: се слъıшахомъ ѭ въ ефрантѣ *Пс 131, 6 Син*

ЄФРАТЪ, -а *м река* (5) *греч. нет* Евфрат Eufrat: ношааше водѫ отъ рѣкъı ефрата *Супр 550, 8.— Супр 547, 30; 551, 3; 551, 23; 562, 5*

е ф р е е м ъ *Пс 107, 9 Син см.* ефремъ

ЄФРЕМОВЪ *прил. к* ефремъ (2) [ефѩм- *Син* (1)] τοῦ Ἐφραίμ Ефремов Efrémův: і отъринѫ село іосіфово • і колѣна ефремова не ізбьра *Пс 77, 67 Син.— Пс 77, 9 Син*

ЄФРЕМЪ, -а *м* (9) [е *Евх* (1), ефре(м̃) *Рыл* (1), ефреемъ *Син* (1), ефреомъ *Зогр* (1)] Ἐφραίμ Ефрем Efrém: **1.** *имя*: сѣдъıи на хіроувимѣ ѣви сѧ • прѣдъ ефремомь і вениѣміномь • і нмасію (*! вм.* манасиѭ) *Пс 79, 3 Син; Евх 100а 5* **2.** *город*: і⟨соу⟩с⟨ъ⟩ же к томоу не авѣ хождааше въ-июденхъ • нъ иде отъ тѫдоу въ странѫ близъ поустъıни • въ ефремъ нарицаемъ градъ *И 11, 54 Мар Ас*, ефреомъ *Зогр.— Ас 141б 2; Пс 59, 9 Син; 107, 9 Син; Рыл 2аβ 16*

е ф р е о м ъ *И 11, 54 Зогр см.* ефремъ

е ф р о м ъ *Мт 1, 3 Сав* (2) *см.* есромъ

ЄФРОСИНА, -ы *ж имя* (1) Εὐφροσύνη Ефросина Eufrozína: мѣ⟨сѧ⟩ца сеп⟨тѧ⟩в⟨ра⟩ ӣд... пр⟨ѣпо⟩д⟨обь⟩нъıѩ ефросінъи нареченъıѩ имен⟨е⟩мь мѫжскомъ змараздь *Ас 121а 25*

ЄФФАТА *нескл. арам.* (5) [еф'фата *Зогр* (1), ефьфата *Сав* (1), е(въ)фъта *Боян* (1)] ἐφφαθά разверзнись otevři se: г⟨лаго⟩ла ємоу • єф'фата • єже єстъ развръзи сѧ *Мк 7, 34 Зогр Мар Ас Сав Боян*

єфьтимъ *Евх 92б 25 см.* єvтvмии

єфьфата *Мк 7, 34 Сав см.* єффата

єфѩмовъ *Пс 77, 9 Син см.* єфремовъ

ЄХИДЬНА, -ы *ж* (1) ἔχιδνα гадюка zmije: повелѣ привести єлико имѫтъ звѣрии • лютъ и зълъ • аспидꙑ и єхид'нꙑ • и кєрастꙑ *Супр 183, 21-22*

ЄХИДЬНОВЪ *прил.* (9) τῶν ἐχιδνῶν гадючий zmijí: ѡтѧдьѣ єхидънова • къто съказа вамъ бѣжати отъ грѧдѫштаго гнѣва *Л 3, 7 Зогр Мар Ас Сав.— Мт 3, 7 Ас; 12, 34 Зогр Мар Ас; 23, 33 Мар.— Ср.* аспидовъ, змиинъ, змиєвъ

ЄѲЄРИИ, -иꙗ *м имя* (4) Αἰθέριος Еферий (?) Aetherius: посъланъ бꙑстъ отъ ıєроусалима єп⟨искоу⟩пъ • тамо • єѳєрии имєнємъ *Супр 539, 1-2.— Супр 293, 23; 294, 18; 294, 29*

єѳиѡпьскъ *Супр 62, 9-10 см.* єтиопьскъ

єѵа, єѵга *Супр см.* євъга

єѵаггєл- *Супр см.* єван҄гєл-

єѵгєнии *Супр 538, 15 см.* євгєнии

ЄѴДОКИꙖ, -иѩ *ж имя* (1) Εὐδοκία Евдокия Eudocia: и прѣбꙑвъ въ гостиньници ꙗже прѣдъ градомъ • ꙗже създана бꙑстъ отъ блажєнꙑѩ єѵдокиѩ *Супр 282, 16-17*

ЄѴИѲИИ, -иꙗ *м имя* (1) Εὐήθιος Евифий (?) Euethius: отъ ариєвꙑ жє и макєдониꙗ странꙑ • єлєѵси маркианъ ламѱачьскꙑи • и єѵиѳии єфєсъскꙑи • и маръ • халкидоньскъ и прочии *Супр 201, 17*

ЄѴКАРПИОНЪ, -а *м имя* (5) (Εὐκαρπίων) Евкарпион Eucarpius: мѣсѧца марта кє мѫчєниє свѧтоую • трофима и єѵкарпиѡна *Супр 209, 24.— Супр 210, 8-9; 210, 16; 210, 26-27; 212, 13*

ЄѴКТИМОНЪ, -а *м имя* (3) [оук- *Супр* (1)] Εὐκτήμων Евктимон Euktémón: въпрашаѥтъ бо васъ лєпидонъ • и єѵктимонъ *Супр 136, 29.— Супр 136, 26-27; 137, 23*

ЄѴТѴМИИ, -иꙗ *м имя* (2) [єvтѵмии *Ас* (1), єфьтимъ *Евх* (1)] Εὐθύμιος Евфимий Euthymius: пр⟨ѣпо⟩д⟨обь⟩на⟨а⟩го о⟨ть⟩ца наш⟨єго⟩ єтѵмиа *Ас 141а 21.— Евх 92б 25*

ЄѴТѴХИИ, -иꙗ *м имя* (2) Εὐτύχιος, Εὔτυχος Евтихий Eutychius: сє имъ имєна... алєѯан'дръ • єѵтѵхии • лѵсимахъ *Супр 69, 8.— Супр 69, 14*

ЄѴТѴХИꙖКЪ, -а *м имя* (1) Εὐτυχιανός Евтихиян Eutychianus: обрѣтоша... жєнѫ макєдоньскѫ • и ѥдного отъ вѣрꙑ фрѵгиискꙑѩ • имєнємь єѵтѵхиꙗкъ *Супр 133, 28*

ЄѴФИМИꙖ, -иѩ *ж имя* (3) [єфимиꙗ *Ас* (2)] Εὐφημία Ефимия Eufémie: родитєлю бꙑвъ • єгкратиꙗ • и єѵфимиѩ • тако нарицаємома *Супр 278, 18.— Ас 119а 23; 150б 23*

ЄѴФИМЪ, -а *м имя* (1) Εὐφήμιος Ефимий Eufémius: єѵфимоу архиєпископоу кꙑсндтиниꙗ града • потроудивъшоу сѧ за нь *Супр 282, 6*

ЄѴХИ (?), -иѩ *ж греч. нет* молитва modlitba: молитвѫ сътворивъ животворивааго крьштєниꙗ єѵхиѩ • надъ тѣломъ ѥго *Супр 537, 5.— Ср.* молитва

Ж

Ж *цифра глаг.* (>100) ζ', ἑπτά, ἕβδομος 7.— *Зогр Мар Ас Евх.— Ср.* з҃, сєдмь, сєдмъ

ЖАБА, -ы *ж* (2) [жѣ- *Син* (1)] βάτραχος лягушка, жаба žába: въскꙑпѣ зємлѣ ıхъ жабами *Пс 104, 30 Син.— Пс 77, 45 Син*

ЖАЛИТИ, жалѭ, жалиши *несов.* о чємь (1) ὀλοφύρεσθαι сетовать, скорбеть naříkat, hořekovat, truchlit: ѕѣло жалѧштємъ о младꙑихъ чѧдѣхъ исѣчєнии *Супр 397, 14.— Ср.* жаловати, сѣтовати

ЖАЛОВАТИ, жалоуѭ, жалоуѥши *несов.* по комь (2) πενθεῖν сетовать, скорбеть naříkat, truchlit, želet: жалова бо и тъ по лазарѣ и ïюдѣ *Супр 382, 29* □ жалоуѩ *в знач. прил.* σκυθρωπός унылый, скорбный zasmušilý: єгда жє поститє сѧ • нє бѫдѣтє ꙗко ı лицємѣри жалоуѭщє *Мт 6, 16 Сав* (сѣтоуѭштє *Зогр Ас, нет Мар*).— *Ср.* жалити, сѣтовати

ЖАЛОСТЬ, -и *ж* (5) ζῆλος усердие, рвение horlivost, horlení: жалость домоу твоєго сънѣстъ мѩ *Пс 68, 10 Син; И 2, 17 Зогр Мар Ас.— Пс 118, 139 Син.— Ср.* рьвьниѥ

ЖАЛЬ, -и *ж* (1) μνημεῖον могила, гробница náhrobek, hrob, hrobka: сърѣтєтє и дъва бѣсъна отъ жалии ıсходѧща лютѣ ѕѣло *Мт 8, 28 Мар* (отъ грєбиштъ *Зогр*, отъ гробиштъ *Ас*, отъ гроба *Сав*).— *Ср.* грєбищє, гробищє, гробъ

-ждє *частица см.* вьсьждє, доиждє, инъждє, колиждє, послѣждє, сьждє, такождє, такъждє, тоуиждє, тъждє

жденъ *Супр 125, 29 см.* жєна

ЖЄ *союз и частица* (>3000) **I.** *союз* δέ, οὖν, καί, γάρ, μέν, τε, μέντοι, μήν, δή, τοίνυν, τότε (!) tamen **1.** *присоединительный* (*присоединяет предложения или периоды, связанные с предшествующими временной последовательностью*) и, же, потом а, pak: они (*т. е.* бѣси)... идѫ вь свиниѩ... пасѫщєи жє бѣжашѧ • и шъдъшє въ градъ повѣдашѧ вса • о бѣсьноую *Мт 8, 33 Сав* (ι *Зогр*, а *Мар Ас*); хвалѫ въздавъ прѣломи • ι дастъ оученикомъ своιмъ • оученици же народомъ *Мт 15, 36 Зогр Мар* (а *Ас Сав*); рече емоу и⟨соу⟩с⟨ъ⟩... продаждъ имѣние твое... слышавъ же юноша слово отиде скрьбѧ *Мт 19, 22 Мар Ас Сав* (∅ *Зогр*); и ставъ ι⟨соу⟩с⟨ъ⟩ зъва ıа (*т. е.* слѣпьца) • и рече что хощета да створѫ вама • она же рѣста емоу *Мт 20, 33 Сав* (*нет Мар Ас*, ∅ *Зогр*); прочии емъше рабы его • досадишѧ имъ • и избишѧ ıѧ • слышавъ же ц⟨ѣса⟩ръ тъ • разгнѣвавъ сѧ... погоуби оубицѧ тъи *Мт 22, 7 Ас* (ι *Мар*, ∅ *Зогр*); ι ставъ (*т. е.* исоусъ) надъ неѭ запрѣти огню • и остави ѭ • абие же въставъши слоужааше имъ *Л 4, 39 Мар* (ι *Зогр*); вь шестъı же м⟨ѣ⟩с⟨ѧ⟩ць • посъланъ быс⟨тъ⟩ а⟨н⟩ѥ⟨е⟩лъ гавьриилъ • отъ б⟨ог⟩а • въ градъ галилеιскъ *Л 1, 26 Зогр Мар Ас*; ѣко же въкоуси архитриклинъ вина бывъшаго отъ водъı • ι не вѣдѣаше отъ кѫдоу естъ... пригласи жениха архитриклинъ *И 2, 9 Зогр Мар* (и ѣко *Ас*); отъвѣшташѧ ι рѣшѧ емоу... ты ли ны оучиши • ιзгънашѧ же ι вънъ *И 9, 34 Зогр Ас* (ι *Мар*); ι абие речет⟨ъ⟩ вънъмѣм⟨ъ⟩ • п⟨о⟩пъ же въздвигъ потирь речетъ • вънъмѣмъ *Евх 116 1* ● *присоединяет предложения, дополняющие, развивающие или уточняющие высказанную мысль* же, и (при этом) pak, i: а⟨н⟩ѥ⟨е⟩лъ во г⟨осподь⟩нь... отъвали камень... бѣ же зракъ его • ѣко мльнии • ι одѣние его бѣло ѣко снѣгъ *Мт 28, 3 Зогр Ас Сав* (во *Мар*); бѣ же мариѣ • помазавъшиѣ г⟨оспод⟩ѣ мѵромь *И 11, 2 Зогр Мар Ас Сав; Супр 313, 1*; ι се рекъ показа имъ рѫцѣ и нозѣ и ребра своѣ • въздрадовашѧ же сѧ оученици видѣвъше г⟨оспод⟩а *И 20, 20 Мар Ас* (∅ *Зогр*); и вьсь народъ искаше прикасати сѧ ıемь • и сила из него исхождаше • ицѣлѣаше же вьсѧ *Л 6, 19 Сав* (ι *Зогр Мар Ас*); молѧштоу же сѧ ıемоу • доидошѧ на село да почиıѫтъ мало • госпожда же селоу томоу елинънı̃ бѣаше *Супр 18, 5*; ïсточ'никъ изиде из н̃его • ıестъ же и до сихъ дьниï *Супр 18, 19*; съконьчавъшиïхъ же сѧ свѧтъıнихъ • имена сѫтъ си *Супр 271, 5* ● *с пояснительным оттенком* ибо totiž: ишьдъшѧ бѣжашѧ отъ гроба • ιмѣаше же ıѧ трепетъ ι оужасъ *Мк 16, 8 Зогр Мар Ас*; и⟨соу⟩с⟨ъ⟩ рече • си болѣзнь нѣстъ къ съмръти... л̃юбл̃ѣаше же ι⟨соу⟩с⟨ъ⟩ • мар'тѫ • ι сестрѫ еıѧ *И 11, 5 Зогр Мар Ас* (во *Сав*); г⟨лаго⟩ла имъ пилатъ • поимѣте вы и распьнѣте • азъ же не обрѣтаıѫ вь немь винъı *И 19, 6 Сав 128б 4* (во *Зогр Мар Ас* (2), *Сав 114б 6 Боян*); ложь конь во с⟨ъ⟩п⟨ас⟩ение • во множествии же силъı своеıѧ не с⟨ъ⟩пасетъ сıѧ *Пс 32, 17 Син* ● *с оттенком следствия* итак tedy: вьсѣхъ же родовъ • ѿ⟨ъ⟩ авраама до д⟨авъı⟩да • родовъ г̃i̇те *Мт 1, 17 Ас* (*нет Сав*, ∅ *Зогр Мар*); бѫдѣте же въı испльнении • ıакоже и о⟨ть⟩ць вашъ н⟨е⟩б⟨есь⟩скъı • испльненъ естъ *Мт 5, 48 Сав* (оубо *Зогр Мар Ас*); тоуне приıѧсте • тоуне же дадите *Мт 10, 8 Зогр Ас Сав* (*нет Мар*); рече ми • ιди въ кѫпѣль силаамл̃ѭ • ι оумъı сѧ • ишьдъ же ι оумъıвъ сѧ прозьрѣхъ *И 9, 11 Зогр Мар Ас*; кѫдоу же ли различъе бъıстъ *Клоц 6а 14-15* (оубо *Супр 415, 27-28*) ● *вводит вопросительное предложение* (*по значению близок частице*) же, и а, pak: по томь же дроугоумоу рече • тъı же количѣмь дльженъ еси *Л 16, 7 Зогр Мар*; въ законѣ намъ моси повелѣ • таковъııѧ камениемь побивати • тъı же чьто г⟨лаго⟩леши *И 8, 5 Зогр Мар* □ и же καί, καί... δέ, δέ и (потом) а (pak): ι аще речетъ кто вама что • речета ѣко г⟨оспод⟩ь трѣбоуетъ ею • ι абье же посълетъ ѣ *Мт 21, 3 Мар* (*только* и *Ас Сав*, ∅ *Зогр*); и егда же приде врѣмѧ емати е посъла рабъı своѧ *Мт 21, 34 Сав, только* же *Мар Ас Боян* (∅ *Зогр*); ι бъıстъ же възлежаштю емоу въ домоу его • ι мънози мъıтаре и грѣшъници възлежахѫ съ и⟨соу⟩с⟨о⟩мь *Мк 2, 15 Мар* (*только* ι *Зогр Ас Сав*); прѣидосте дьни пѫть • и искаашете же его • въ рождении *Л 2, 44 Ас* (*только* ι *Зогр Мар Сав, нет Боян*); имѣѩи заповѣди моѩ и хранѧ ѩ • тъ естъ любѧи мѧ • и любѧи же мѧ • възлюбенъ бѫдетъ о⟨ть⟩цьмь моимь *И 14, 21 Сав 25б 11* (а *Зогр Мар Ас* (2), *Сав 101а 17*); же оубо οὖν итак tedy: ι въı же оубо нъıн̃ѣ • печальни бѫдете *И 16, 22 Зогр Мар, только* же *Сав*; воле же оубо и на одрѣ въздвижеши • рекъшоуоумоу ослабьıеноуоумоу жилами възми свои одръ и ходи *Супр 457, 2* **2.** *начинательный* (*начинает новый период*) и, же i: быс⟨тъ⟩ же по томь • ι тъ прохождааше сквозѣ градъı • ι в'си *Л 8, 1 Зогр Мар*; сътьникоу же етероу рабъ болѧ зьлѣ оумирааше • ιже бѣ емоу чьстьнъ *Л 7, 2 Зогр Мар Ас Сав*; чл⟨о⟩в⟨ѣ⟩къ же единъ бѣ богатъ • ι облачаше сѧ въ пор'фѵрѫ • ι вѵсонъ *Л 16, 19 Мар* (*нет Зогр Ас Сав*) **3.** *соединительный* и а: ѣко бо бѣ ιона вь чрѣвѣ к̃итовѣ • три дни три же ношти *Мт 12, 40 Зогр* (и три ношти *Мар*); ιродъ... видѣвъ ι⟨соу⟩са • радъ бъıстъ зѣло... въпрашааше же ι словесъı многъı *Л 23, 8-9 Зогр Мар*; н⟨е⟩б⟨е⟩са ιсповѣдаıѫтъ славѫ б⟨о⟩жıѭ • творъ же рѫкоу его възвѣштаетъ тврдъ *Пс 18, 2 Син*; тъı бо в⟨ог⟩ъ съı неисписаненъ • безначѧленъ же • ι неизглаголаненъ *Евх 4а 23* ● *при перечислении*: азъ на нашеи земи • славенъ съı племенемь • высокъ же саномъ • богатъ же зѣло *Супр 63, 9* ● ∅ ... же, оубо... же, жє... жє, жє... а *с оттенком сопоставления*: овомоу дастъ д҃ талан'тъ • овомоу же в҃ • овомоу же а҃ *Мт 25, 15 Зогр Мар Ас Сав*; они же отъвѣщашѧ • ови иоана кр⟨ь⟩с⟨ти⟩т⟨е⟩лѣ • инии же илиѭ • а дроугыи единого отъ пр⟨о⟩рок⟨ъ⟩ *Мк 8, 28 Ас Сав* (ı *Зогр Мар*); четврътовластьствоуѭштю • галилеѩ ıродоу • филипоу же братоу его • четврътовластьствоуѭштю • ı тѵрнеѩ *Л 3, 1 Зогр Мар Ас Сав* (*нет Боян*); ови оубо бѣжаахѫ въ горы • ови же на селѣхъ сѫште таıахѫ сѧ *Супр 98, 9*; овогда же бора сѧ овогда же лестьми льстѧ градъ прѣѩ *Супр 56, 22*; да ако сѧ приближишѧ обои близъ рѣкы • сии же страстоносьци съвѧзани • а сии льстивыи и неоукроштеныи пьсъ • по водѣ идъı *Супр 60, 7*; съ трѫбоѭ • и страхомъ и радостиѭ • радостиѭ же свѧтыихъ и правьдныих • страхом же неправьдьныихъ и грѣшьныихъ *Супр 486, 13-14* □ жє и τε καί, καί, δέ (как) и, и (также) (jakož) i, a (také): събърашѧ вьсѧ ѩже обрѣтѫ • зълыѩ же и добръı *Мт 22, 10 Мар Ас* (∅ *Зогр*); ı обрѣтѫ мариѭ же ı осифа • ı младьньць лежѧшть въ ѣслехъ *Л 2, 16 Зогр Мар Сав* (*только* и *Ас, только* же *Сав*); трѫск... бѫдѫтъ • страхованиѣ же • и знамениѣ с н⟨е⟩б⟨е⟩се велиѣ бѫдѫтъ *Л 21, 11 Мар* (*только* ı *Зогр*); вьсѧ ıзгъна цръкъве • овьцѧ же ı волы *И 2, 15 Зогр Мар Ас*; сътвори ѩ быти... в'сѣкомоу ковоу • видимоу же и невидимоу • отъ гонении (! *вм.* отъгонение) *Евх 66 21*; тако небесьское житие прѣподобьнааго отьца нашего исаакиа • вьсѫдоу же и вьсѣмо проповѣдаемо *Супр 206, 26*; вьси бо съшедъше сѧ попове же и клирици • облаши же и чрьноризьци *Супр 219, 20*; лѣпо естъ... чьсть • отъ цѣсарь же и кназь • и воеводъ • и отъ вьсего дъıханиıа примати *Супр 262, 16* ● ни... жє, *при отрицании* ни... же καὶ... δέ, καί, καὶ μέν, οὐδέ (μή) и (также, еще) a (také, ještě, k tomu): любѧтъ... възлѣганиѣ на вечерѣхъ • и прѣждесѣданиѣ на сьньмищиихъ • и нарицати же сѧ от⟨ъ⟩ ч⟨лове⟩къ оучiтеле *Мт 23, 7 Ас* (*только* ı *Мар,* ∅ *Зогр*); не сь ли естъ тек'тонъ • с⟨ы⟩нъ мариинъ • ı братръ же ıѣковоу • ı осиı *Мк 6, 3 Зогр, только* же *Мар*; рыдаахѫ же вси • ı плакаахѫ же сѧ еѩ *Л 8, 52 Зогр* (*только* и *Мар Ас Сав*); нъ оно оуне естъ... и се же оубо вьсе добро *Супр 130, 3*; не съберѫ сънемъ ıхъ отъ кръвьı • нı помѧнѫ же ıмѧн ıхъ *Пс 15, 4 Син* ● паче же μᾶλλον δέ и даже a dokonce: глаголааше • ıако еже за х⟨ристос⟩а троудити сѧ • паче же еже за нь оумьрѣти *Супр 99, 1* **4.** *противительный* но ale, však: вънемлѣте отъ лъжиıхъ пророкъ • ıже приходѧтъ къ вамъ въ одеждахъ овьчахъ • вънѫтрьѫдоу же сѫтъ вльци • хыштьници *Мт 7, 15 Зогр Мар Ас*; мънози бо сѫтъ зъвании мало же избъраныихъ *Мт 20, 16 Мар Ас* (∅ *Зогр*); ıдѫ по тебѣ г⟨оспод⟩и • древлѣ же повели отъврѣшти ми сѧ • ıже сѫтъ въ домоу моемь *Л 9, 61 Зогр Мар Ас* (нъ *Сав*); ови г⟨лаго⟩лахѫ ѣко благъ естъ • ıни же г⟨лаго⟩лахѫ ни • нъ льститъ народы *И 7, 12 Зогр Мар Ас*; ıосифъ • ıже бѣ отъ ариматѣѩ • съı оученикъ ıс⟨оусо⟩въ • таинъ же за страхъ ıюдеıскъ *И 19, 38 Зогр Мар Ас*; бл⟨агословьѩ⟩щии его наслѣдѩтъ землѭ • клънѫщеı же его потрѣбѩтъ сѩ *Пс 36, 22 Син*; азъ есмъ вашего племене • штоуждь же васъ дѣломъ *Супр 28, 3*; имѣахѫ бо масло не обильно же *Супр 370, 28*; егда рати бѣшѧ ноуждѫ творѧштее (!) • ни пѣсни можаахѫ сьпѣти... нынıа же о себѣ... рать творѧтъ на б⟨ог⟩а *Супр 419, 7* (ı *Клоц 76 7*) ● *с оттенком ограничения*: милосрьдъ... естъ лише къ вьсѣмъ... паче же иже отъ нечьстиıа обратѧтъ сѧ къ немоу *Супр 29, 5* **5.** *уступительный* (*при обороте дательного самостоятельного*) хотя ačkoliv: искаахѫ лъжа сьвѣдѣтельства... и не обрѣтѫ • многомъ же съвѣдѣтелемъ приступавъшемъ *Мт 26, 60 Ас Сав 111б 11* (ı *Зогр, Сав 97б 2, нет Мар*); толикоу же бывъшю не протрьже сѧ мрѣжа *И 21, 11 Сав* (*нет Зогр,* ı *Мар Ас*); толико же емоу зъла нанесъшоу ни ед'ного гласа испоусти *Супр 153, 3* **6.** *вводит главное предложение после придаточного (редко)*, *греч.* ∅, μέν а) *после придаточного времени* егда (же)... (тогда) же, ıако... же когда... (тогда) když... (tehdy, tu): егдаже ıзгънанъ быс⟨тъ⟩ народъ • въшьдъ же ѩтъ ѭ за рѫкѫ *Мт 9, 25 Зогр* (*нет* же *Мар Ас Сав*); егда же оуслыша ѣко болитъ тогда же прѣбыстъ • на немьже бѣ мѣстѣ дъва дьни *И 11, 6 Зогр Мар Ас* (*нет* же *Сав*); егда ıзиде • г⟨лаго⟩ла же н⟨оу⟩с⟨ъ⟩ *И 13, 31 Зогр Мар*; и ıако отъ желаниıа къ июлиıаниı течаахѫ народи вьси • аг'гелъ же отътрѧсъ прахъ ıако отъ ногъ ихъ • ослѣпи ѩ *Супр 3, 9* **б)** *после придаточного причины* понеже... же так как... (поэтому) protože... (proto): июдеı же понеже пѧтъкъ бѣ... молишѧ же пилата • да прѣбиѭтъ голѣни ıхъ *И 19, 31 Сав* (*нет* же *Зогр Мар Ас* (2) *Боян*) **в)** *после придаточного цели* да... же чтобы... (поэтому) aby... (proto): да оувѣсте ѣко власть ıматъ... отъпоуштати грѣхы • рече же ослабленоуомоу *Л 5, 24 Зогр Ас* (*нет* же *Мар Сав*) **г)** *после придаточного, выражающего условие* аще... же если... (то) jestliže... (tehdy, tu): аште ли речет зълыи работ... моудитъ г⟨оспо⟩динъ мои приті... придетъ же г⟨оспо⟩динъ раба того • въ ден⟨ъ⟩ въ ньже не чаетъ *Мт 24, 50 Ас* (*нет* же *Зогр*

Мар Сав); аще кто оуслъишитъ г⟨лаго⟩лъи моѩ • и не сьхранитъ ихъ • азь же не сѫждѫ емоу И 12, 47 Ас (нет же Зогр Мар) д) после придаточного уступительного аще и... же хотя... (но, все-таки) ačkoliv... (ale, přece): аште и блаженъıи сь въздрастомъ хоудъ бѣ • д⟨оу⟩шеѭ же велик' о люб'ви б⟨о⟩жии Супр 546, 18 е) после причастной конструкции: не имъı сѣмене • остави же женѫ своѭ братроу своемоу Мт 22, 25 Мар (Ø Зогр); гребъше же ѣко ӣ и пѧть стадии лі ѣти • оузьрѣша же и⟨соу⟩са И 6, 19 Ас (нет Зогр Мар); въсаждь же і на свої скотъ • приведе же і въ гостиницѫ Л 10, 34 Зогр Сав (нет Мар Ас) II. частица усилительная δέ, -γε, δή 1. в вопросительных предложениях, чаще всего при вопросительном местоимении или наречии же а, -pak: чьто же видиши сѫчьць іжь естъ въ оцѣ братра твоего Мт 7, 3 Зогр Мар Ас Сав; чьто же сѧ вамъ мьнітъ Мт 18, 12 Ас (нет Мар Сав, Ø Зогр); когда же тѧ видѣхомъ странна Мт 25, 38 Зогр Мар Ас Сав; распѧтъıи же оубо кто кстъ Супр 137, 29; почто же и трьник носилъ Супр 483, 28 2. в повелительных и желательных предложениях же, ну -ž, nuže: разоумѣите же сі забъıвающеі б⟨ог⟩а Пс 49, 22 Син; ѡ г⟨оспод⟩і с⟨ъ⟩п⟨ас⟩і же • ѡ г⟨оспод⟩і поспѣши же Пс 117, 25 Син; бѫди же вьсѣмъ намъ... оуслъıшати блаженъıи тъ гласъ Супр 123, 26 3. усиливает разные члены предложения, не переводится: аште можеши • помози намъ • милосръдовавъ же о насъ Мк 9, 22 Зогр (нет Мар Ас Сав); і не хотѣаше на дльзѣ же врѣмени Л 18, 4 Зогр (нет Мар Ас Сав); і въ законѣ же вашемь • спано (!) естъ И 8, 17 Зогр Мар (нет Ас); рѣшѧ благо же благо же видѣсте очи наши Пс 34, 21 Син; добра корене добра же и лѣторасль Супр 96, 16 ● при междометии: аминь же г⟨лаго⟩лѭ вамъ Мк 14, 25 Мар (нет Зогр); се же рѣхъ вама Мт 28, 7 Сав (нет Зогр Мар Ас) ◆ д о н ь д е ж е см. также доньдеже; и д е ж е см. также идеже; и ж д е ж е см. также иждеже; к а к о ж е см. также какоже; н и к о л и ж е см. николиже; н и к о т о р ъı и ж е см. никоторъıиже; н и к ъ т о ж е см. никътоже; н и к ъı и ж е см. никъıиже; н и ч ь т о ж е см. ничьтоже; н и к д и н ъ ж е см. никдинъже; п о т о м ь ж е см. также потомьже; т а ж е см. таже; т а к о ж е см. такоже; т ъ ж е см. тъже; т ѣ м ь ж е см. также тѣмьже; ꙗ к о ж е см. также ꙗкоже; ꙗ м о ж е см. также ꙗможе; к г д а ж е см. также кгдаже; к л ь м а ж е см. кльмаже.— Зогр Мар Ас Сав Охр Унд Боян Зогр-пал Ен Син Служ Киев Евх Клоц Супр Хил Рыл Зогр-лл

ж е з л и к Супр 178, 6 см. жьзлик

ж е з л ъ, ж е з л ь Мар Ас Ен Син Евх Клоц см. жьзлъ

ж е з ъ Пс 73, 2 Син см. жьзлъ

ж е л а н и к, ж е л а н ь е Син Евх Супр см. желѣник

ж е л а н ъ, -ъıи Пс 105, 24 Син см. желѣти

ж е л а т и Зогр Мар Ас Син Супр см. желѣти

ж е л ѣ з н и и Супр 438, 17 см. желѣзо

ЖЕЛѢЗНЪ, -ъıи прил. (30) [желѣзьн- Ас (1)] σιδηροῦς, τοῦ σιδήρου, χαλκοῦς (!); (ѫже желѣзно ἅλυσις) железный železný: верѣѩ желѣзнъı сълом і Пс 106, 16 Син; жезлъ желѣзнъ Евх 546 23; і вѧзаахѫ і ѫжи желѣзнъı Л 8, 29 Зогр Мар Сав, желѣзьнъними Ас.— Зогр Мар Ас Сав Син Евх Супр

ЖЕЛѢЗО, -а с (9) [желѣзнии ! Супр (1)] σίδηρος железо železo: сии бо бози ѫже мѣнише • камени и дрѣво и мѣдь и желѣза сѫтъ Супр 177, 2; отъ роудъ же и желѣзнии (! вм. желѣза) • лѫшта же и гвоздии Супр 438, 17 ● σίδηρον железное орудие nástroj ze železa: повелѣ раждегъше желѣза зѣло жешти и по ребромъ Супр 116, 22 ● ж е л ѣ з о, ж е л ѣ з а мн. σίδηρον оковы, кандалы železa, železná pouta: желѣзо проіде д⟨оу⟩ша его Пс 104, 18 Син; повелѣвъ... желѣзъı же оковати и въсѧдоу Супр 104, 29.— Пс 106, 10 Син; Клоц 3а 12; Супр 118, 20; 397, 5-6

ж е л ѣ з ь н ъ Л 8, 29 Ас см. желѣзнъ

ЖЕЛѢНИѤ и ЖЕЛАНИѤ, -ниꙗ с (14) [желѣ- Зогр (1) Мар (1), жела- Син (4) Евх (1) Супр (6), лежаньк ! Супр (1)] ἐπιθυμία желание touha, žádost, přání: желание грѣшьникоу погъıбнетъ Пс 111, 10 Син; тѣмъ на лежаньк (!) бѫдѫштиихъ идемъ Супр 488, 24 ● βουλόμενοι ἀπολαύειν (!) плотское желание tělesná žádost: ꙗко отъ желаниꙗ къ июлиꙗнии течаахѫ народи вьси Супр 3, 7 ◆ ж е л а н и к м ь н ѣ к с т ъ ἐμοὶ μὲν καταθύμιόν ἐστιν желаю, хочу toužím, přeji si: мьнѣ оубо желаник кстъ възвратити сѧ Супр 203, 24-25.— Л 22, 15 Зогр Мар; Пс 9, 38 Син; 20, 3 Син; 37, 10 Син; Евх 76а 22; Супр 97, 15-16; 289, 6; 447, 5; 490, 30.— Ср. жаданик; желаник мьнѣ кстъ ср. желѣти

ЖЕЛѢТВА, -ъı ж (2) πένθος печаль, горе žal, žalost, smutek: аште и въ желѣтвѫ въпадеши Супр 382, 27.— Супр 383, 15.— Ср. жалость, желꙗ

ЖЕЛѢТИ, -лѣѭ, -лѣкши и **ЖЕЛАТИ,** -лаѭ, -лакши несов. чесо; къ комоу, (чесомоу); кого, чьто или на чьто; с инф. или без доп. (28) [желѣ- Зогр (2) Мар (1) Син (1) Клоц (1) Супр (3), жела- Зогр (1) Мар (2) Ас (2) Син (4) Супр (10), жела.. Ен (1)] ἐπιθυμεῖν, ἐπιποθεῖν, ποθεῖν, ἐπιθυμητικὸν εἶναι, ἐφίεσθαι, θέλειν желать, хотеть toužit, přát si: ι желѣѩ насытити сѧ • отъ кроупиць падаѭштиιхъ • отъ трепезы богатааго *Л 16, 21 Зогр*, желааше *Мар Ас* (∅ *Сав*) ▭ желаемыи, желанъ, -ыи *в знач. прил.* ποθούμενος, ἐπιθυμητός желаемый žádaný, vytoužený: се ти прѣстоитъ сам' желаемыи *Супр 502, 21*; и оуничъжишѧ землѭ желанѫѭ *Пс 105, 24 Син.— Зогр Мар Ас Ен Син Клоц Супр.— Ср.* жѧдати; желание (мьнѣ естъ)

ЖЕЛꙖ, желѩ *ж* (2) θρῆνος, πένθος печаль, горе žalost, smutek: ѡ стенании и желе *Супр 386, 11.— Супр 426, 22.— Ср.* жалость, желѣтва

ЖЕНА, -ы *ж* (>400) [жденъ! *Супр* (1)] **1.** γυνή, γύναιον, τὸ θῆλυ женщина žena: ιдѣаше же вь слѣдъ его мъногъ народъ людии • мѫжи ι женъı *Л 23, 27 Зогр Мар* **2.** γαμετή, γυνή, μνηστή; (мѫжи и женъı ἀνδρόγυνοι) жена, супруга žena, manželka: отъметаеши бо сѧ родитель • братриѩ женъı и дѣтеи *Евх 89б 25*; кричава и трьзаниꙗ мѫжь и женъ *Супр 397, 11.— Зогр Мар Ас Сав Охр Унд Боян Ен Син Евх Клоц Супр*

ж е н е с к ъ *Мт 19, 4 Мар Ас; Евх 54а 7 см.* женьскъ

ЖЕНИТИ, -нѭ, -ниши *несов./сов.* (23) **1.** кого цѣмь μνηστεύεσθαι женить ženit/oženit: родителѣ емоу съвѣштаста сѧ женити ї дѣвицеѭ именемь ан'на *Супр 24, 29* **2.** ж е н и т и с ѧ *без доп.*; цѣмь γαμεῖν, προσομιλεῖν жениться ženit se: ѣкоже бо бѣахѫ • въ дьни прѣжде потопа • ѣдѫште ι пиѭште • женѧште сѧ ι посагаѭште *Мт 24, 38 Зогр Мар Ас* (2) *Сав.— Зогр Мар Ас Сав Супр*

ЖЕНИХОВЪ *прил.* (4) τοῦ νυμφίου жениха *род.* ženichův: а дроугъ жениховъ стоѩ и послоушаѩ его • радостиѭ радоуоутъ сѧ за гласъ жениховъ *И 3, 29 Мар Ас* (∅ *Зогр*)

ЖЕНИХЪ, -а *м* (40) νυμφίος жених ženich: ι ѣко на жениха възложи на мѧ вѣнець *Евх 97б 26.— Зогр Мар Ас Сав Син Евх Супр.— Ср.* зѧть, невѣстьникъ

ЖЕНЬСКЪ, -ыи *прил.* (13) [жене- *Мар* (1) *Ас* (1) *Евх* (1), женъ- *Евх* (1) *Супр* (2)] τῶν γυναικῶν, τῆς γυναικός, γυναικεῖος, τῶν παρθένων; (женьскъıи полъ, женьскъıи родъ τὸ θῆλυ) женский, женщин *род.* ženský, žen *род.*: видаштаа • течение женьское *Супр 447, 3*; ѣко сътвори и ıскони мѫжескъ полъ и женескъ *Мт 19, 4 Мар Ас* (мѫжа и женѫ *Сав*, ∅ *Зогр*); да нечьсть женьска родоу • вь чьсть обратитъ *Супр 244, 9-10.— Евх 45б 1; 54а 7; Супр 80, 16-17; 307, 20-21; 308, 14; 390, 21; 397, 27; 442, 25; 517, 26*

ЖЕНЬСТВО, -а *с* (1) *греч. нет* женские свойства, особенности ženství: не тъı ли сама и в'сѧ твоѩ • боите сѧ... женъства женъска *Евх 45б 1*

ж е р ь ц ь *Супр 21, 1-2 см.* жьрьць

ЖЕСТОКОЛѢГАНЬНИКЪ, -а *м* (1) *греч. нет* ложащийся на жесткое ложе, аскет ten, kdo lehá na tvrdém lůžku, asketa: бѫди... въ мѧкъколѣганиѣ мѣсто • жестоколѣганъникъ *Евх 70б 5-6*

ЖЕСТОКЪ, -ыи *прил.* (18) σκληρός, τραχύς, ἀπηνής, ἀνήλατος твердый, жесткий tvrdý: drsný: сего бо дѣльма и жестокое камение сѧ распадааше *Супр 485, 15* ● *перен.* жестокий krutý: вѣдѣхъ тѧ ѣко жестокъ еси ч⟨лов⟩ѣкъ *Мт 25, 24 Зогр Мар Ас Сав Супр 369, 22; 377, 3*; мѫкъı жестокъı и лютъı зѣло *Супр 258, 30* ▭ ж е с т о к а ꙗ *с мн. в знач. сущ.* жестокость tvrdost: ави людемъ своимъ жестокаа *Пс 59, 5 Син.— Зогр Мар Ас Сав Син Супр Хил.— Ср.* крѣпъкъ, лютъ, тврьдъ

ЖЕСТОСРЬДИВЪ, -ыи *прил.* (1) ἀχάριστος жестокосердный tvrdého srdce, zatvrzelý: слъıшите жестосрьдивии • что вамъ благовѣститъ захариꙗ пророкъ *Супр 324, 16.— Ср.* жестосрьдъ

ЖЕСТОСРЬДИѤ, -иꙗ *с* (8) [жестосрь- *Зогр* (1) *Мар* (3) *Ас* (2), жестосрд- *Сав* (1)] σκληροκαρδία, καρδία (!) жестокосердие tvrdost srdce: поноси невѣрьствию ихъ и жестосръдью *Мк 16, 14 Мар Ас.— Мт 19, 8 Мар Ас Сав; Мк 10, 5 Зогр Мар; Супр 298, 16.— Ср.* жестость

ЖЕСТОСРЬДЪ, -ыи *прил.* (1) θηριώδης (!) жестокосердный, суровый tvrdého srdce, drsný: съпасъшии жестосръдъıѩ вьсѧ ѩзъıкъı *Супр 460, 17.— Ср.* жестосрьдивъ

ЖЕСТОСТЬ, -и *ж* (1) τὸ ἀπηνές суровость, жестокость tvrdost, drsnost, krutost: еже бо непросльзити отънѫдь акъı жестость ... отъмештѧ *Супр 316, 11.— Ср.* жестосрьдие

ЖЕШТИ, жегѫ, жежеши *несов.* (17) [жъг- *Супр* (1)] καίειν, κατακαίειν, ἐκκαίειν, προσφέρειν (τὸ πῦρ), καταπιμπράναι, δαπανᾶν (πυρί) жечь žhnout, pálit: ι съвѧжате ıѩ въ снопъı ѣко жешти ıѩ *Мт 13, 30 Зогр* (съжешти *Мар Ас*); слоугам' же беспрѣстани жегѫштамъ *Супр 13, 26* ● *перен.* συνέχειν сжигать (*о жаре*) zachvacovat (*o horečce*): и огн҃ь великъ начѧ жешти и *Супр 221, 27* ◆ о г н҃ е м ь ж е г о м ъ *см.* огн҃ь.— *Зогр Мар Ас Евх Супр*

ЖИВИТИ, живлѭ, живиши *сов./несов.* (28) **1.** ζωοποιεῖν, ζῆν, ζωοῦν оживить/оживлять oživit/oživovat: ı не отъстѫпимъ тебє • жівши нъі і ѝмѧ твоє прізовемъ *Пс 79, 19 Син*; тако і с⟨ы⟩нъ єгоже хоштетъ живитъ *И 5, 21 Зогр Мар*, живіті (!) *Ас* ▭ живѧи *в знач. прил.* ζωτικός животворящий, оживляющий oživující: живѧи • і свѣтелъ істочьникъ *Евх 63а 17* **2.** ζωογονεῖν оставить в живых nechat na živu: іже аште въсхоштетъ д⟨оу⟩шѫ своѭ с⟨ъ⟩п⟨а⟩сти погоубитъ ѭ • а іже погоубитъ живітъ ѭ *Л 17, 33 Зогр Мар.— Зогр Мар Ас Син Евх.— Ср.* живлꙗти, жити

ЖИВЛꙖТИ, -влꙗѭ, -влꙗкши *несов.* (1) ζωοποιεῖν живить oživovat: д⟨оу⟩хъ єстъ иже живлѣатъ *И 6, 63 Мар* (жив(є)тъ *Зогр Ас*).— *Ср* живити, жити

ЖИВОТВОРИВЪ, -ъіи *прил.* (3) ζωοποιός животворящий životodárný: чьстьнъıимъ мѣстомъ поклонивъ сѧ • и животворивоуоумоу дрѣвꙋ *Супр 293, 27.— Супр 534, 24; 537, 4.— Ср.* животворьнъ, животворѧ, животьнъ, жизньнъ

ЖИВОТВОРЬНЪ, -ъіи *прил.* (1) ζωοποιός животворящий životodárný: искоупоуѭштааго животворьноѭ кръвьѭ • своѥѭ миръ *Супр 331, 28.— Ср.* животворивъ, животворьць, животворѧ, животьнъ, живъ, жизньнъ

ЖИВОТВОРЬЦЬ, -а *м* (1) ζωοποιός тот, который дает жизнь, животворящий ten, kdo dává život, životodárce: в(ъздвиже)ніє чес⟨ть⟩на⟨аго⟩ ж(ів)отворца к⟨рьс⟩та г⟨осподь⟩нѣ *Ас 117а 22-23.— Ср.* жизнодавьць, животворѧ

ЖИВОТВОРѦ, -ѧи *прич.-прил.* (16) [живоувотворѧ- ! *Евх* (1)] ζωοποιῶν, ζωοποιός, ζωαρχικός животворящий životodárný: съ прѣс⟨вѧ⟩тъıмь • і благъıмь • і животворѧщимь д⟨оу⟩хо⟨мь⟩ *Евх 18б 24* ▭ животворѧ *с в знач. сущ.* αἱ ζωογονίαι оживление oživení: да оуже ник'деже покоꙗ ник'деже ослабьѥниꙗ • ник'деже животворѧшта • нъ вьсьжде сьмрьть *Супр 57, 6.— Ас Ен Евх Супр Рыл.— Ср.* животворивъ, животворьнъ, животворьць, животьнъ, живъ, жизньнъ

ЖИВОТОЛЮБЬЦЬ, -а *м* (1) φιλοζήμιος (!) жизнелюбивый человек milovník života: аште лі же къ (! *вм.* ѣко) животолюбьці • і нена(ви)дѧшт(є)і добра • съ честьѭ і отрокъı намъ д(ад)іте *Клоц 1а 24-25*

ЖИВОТЪ, -а *м* (>200) [жидовъ ! *Супр* (1)] **1.** ζωή, τὸ ζῆν, βίος, ἀναστροφή, ζωός vita, vivere; (животъ вѣчьнъıи immortalitas) жизнь život: поидѣте... отъ съмръти въ животъ *Супр 470, 12*; да живѫ въ домоу г⟨осподь⟩ні въсѧ дъні живота моего *Пс 26, 4 Син*; чьто сътворѭ животъ вѣчьнъı наслѣдоуѭ *Л 18, 18 Зогр Мар Ас Сав* □ животъ сь αὕτη ἡ ζωή эта жизнь, земная жизнь tento život, pozemský život: мъı же за приꙗзнь истоваaго ц⟨ѣса⟩рѣ • живота сего не прѣдамъ ли *Супр 91, 14* **2.** ζῷον живое существо, животное, зверь živý tvor, zvíře: дивиѧа животъı оулавьꙗѧ словомъ х⟨ристо⟩совомъ *Супр 223, 5.— Зогр Мар Ас Сав Охр Ен Син Служ Киев Евх Клоц Супр.— Ср.* животьнъ (животьно), жизнь, житиѥ, жить

животъ *Пс 67, 11 Син вм.* живѫтъ *см.* жити

животътнъıѧ *Пс 15, 11 Син см.* животьнъ

ЖИВОТЬНЪ, -ъıи *прил.* (31) [живототн- (!) *Син* (1)] **1.** τῆς ζωῆς, ζωτικός, εἰς ζωὴν αἰώνιον жизни *род.* života *род.*: азъ ѥсмь хлѣбъ животьнъı *И 6, 35 Зогр Мар Ас*; оучини імена ихъ • въ кънигахъ животьнъıхъ *Евх 65б 3-4* **2.** ζωηφόρος животворящий životodárný: бъıстъ диꙗволоу лоза съмрьтьнаꙗ • и намъ лоза животьна *Супр 353, 19* **3.** τῶν ζῴων, ζῳοφανής животный, звериный, животных *род. мн.* zvířecí, zvířat *род. мн.*: или животьномь • видѣниѥмь авлѣѧ сѧ *Евх 53б 26-27* ▭ животьно, -оѥ, *с* животьнъ *м в знач. сущ.* ζῷον живое существо, животное, зверь živá bytost, živočich, zvíře: от'ци ваши акъı бесловесьнаꙗ животьна оу прѣльсти бѣахѫ *Супр 27, 16*; животьнаа малаа съ великъıми *Пс 103, 25 Син*; водъı же • тъгда изнесошѧ животьнъı движимъı *Супр 495, 23.— Зогр Мар Ас Ен Син Евх Супр.— Ср.* животворивъ, животворьнъ, животворѧ, живъ, житиискъ, звѣринъ, звѣриньнъ, звѣрьнъ животьно *ср.* животъ, звѣрь

живоувотворѧ *Евх 56а 5-6 см.* животворѧ

ЖИВЪ, -ъıи *прил.* (<200) [жидовє ! *Супр* (1)] **1.** ζῶν, ἀθάνατος, ὑγιής (!), ὕψιστος (!); (ѣлѣ живъ ἡμιθανής; живъ бъıвати ζωογονεῖσθαι; живъ бъıти ζῆν, οὐκ ἀποθνῄσκειν, σύν τινι εἶναι, ἡ ζωὴ τινός ἐστιν) живой živý: да изнесѫтъ водъı гадъ доушъ живъıихъ *Супр 495, 24-25*; тъı єси х⟨ристос⟩ъ с⟨ы⟩нъ б⟨ог⟩а живаго *Мт 16, 16 Зогр Мар Ас*; і въ разбоiникъı въпаде... і оставьше і єлѣ живъ сѫшть *Л 10, 30 Зогр Мар*, єлѣ жива *Ас*, єлѣ живого *Сав*; чьто іштете живаєго съ мрътвъıми *Л 24, 5 Зогр*, живааго *Мар Ас*; живи бъıваѭтъ оулавьꙗѥмии *Супр 496, 6*; не оумьрѫ нъ живъ бѫдѫ *Пс 117, 17 Син* □ живъ творити *греч. нет* оживлять oživovat: слава тебѣ ї⟨оусо⟩у... живъı творѧ вьсѧ *Супр 143, 5* **2.** ζῶν животворящий životodárný: отъ кѫдѫ оубо имаши водѫ живѫ *И 4, 11 Мар Ас* (*нет Зогр*); ꙗко тъ ѥстъ доуховьнъıи и живъıи камъıк' *Супр 485, 16.— Зогр Мар Ас Сав Охр Ен Син Евх Клоц*

Супр.— Ср. животънъ; живъ быти, бывати *ср.* жити; живъ творити *ср.* живити

живы, жива, живѫщ- *прич. см.* жити

живѫщоу *Деян 17, 16 Ен см.* жьдати

жидове *Супр 444, 10 см.* живъ

жидове, жидови *мн. см.* жидовинъ

ЖИДОВИНЪ, -а *м* (74) Ἰουδαῖος иудей, еврей Žid: отъвѣшта пилатъ еда азъ жидовинъ есмь *И 18, 35 Зогр Мар Ас Сав*; жидове и клини *Супр 109, 1*; емоуже жидови запльваша лице *Евх 48а 17.— Зогр Мар Ас Сав Евх Клоц Супр.— Ср.* июдеи

жидовисци *Евх 49а 11-12 см.* жидовьскъ

жидовъ *Супр 438, 15 см.* животъ

ЖИДОВЬСКЪ, -ыи *прил.* (36) [жидовис- (!) *Евх* (1)] τῶν Ἰουδαίων, Ἰουδαϊκός, Ἰουδαῖος, τῶν Ἑβραίων, τῶν δρωμένων (!) иудейский, еврейский židovský, hebrejský: вьсѧ жидовъскѫ землѭ прошедъ *Супр 128, 12.— Евх Клоц Супр.— Ср.* еврěискъ, июдеискъ

жизи *Супр 389, 7 см.* жизнь

ЖИЗНОДАВЬЦЬ, -а *м* (1) ὁ τῆς ζωῆς χορηγός тот, кто дает жизнь ten, kdo dává život, dárce života: нѣсмъ бо тольма слаби • да оставим' жизнодавьца *Супр 176, 18.— Ср.* животворьць

ЖИЗНЬ, -и *ж* (>100) [жизнъ *Супр* (1), жизи (!) *Супр* (1)] ζωή, βίος, τὸ ζῆν, πολιτεία, διαγωγή, νεότης (!), φωνή (!), θάνατος (!); (жизнь любьи φιλόζωος) жизнь život: а х⟨ристо⟩с⟨ъ⟩ юстъ... юже жизни и сьмрьти власть иматъ *Супр 311, 24*; подоба ми юстъ сѣдѣти мльчаште дожи и до коньца жизни моюѧ *Супр 205, 15*; идѫтъ... праведьници въ жизнь вѣчьнѫѭ *Мт 25, 46 Ас* (въ животъ вѣчьныи *Зогр Мар Сав*); любѧи же жизнь съпаде сѧ • безакон'новавъ вътъште *Супр 93, 16* ● *перен.*: повѣсиша жизнь на дрѣвѣ *Супр 477, 11* ◆ жизнь си, жизнь нынѣшьнꙗꙗ, жизнь настоꙗщиꙗ, жизнь сѫщиꙗ, жизнь наша αὕτη ἡ ζωή, οὗτος ὁ βίος, ἡ παροῦσα ζωή, ὁ παρὼν βίος, ἡ ζωὴ ἡμῶν, τὰ παρόντα эта жизнь, земная жизнь tento život, pozemský život: ни мозѣте измѣнити безъврѣменьноѭ съмрьтиѭ • сладъкыѩ сеѩ жизни *Супр 87, 1*; вьсе лі юже сьберетъ на потрѣбѫ юстъ • тако же и нынѣшьнꙗꙗ' жизнь *Супр 127, 30.— Ас Сав Зогр-пал Ен Служ Евх Клоц Супр Хил Рыл.— Ср.* животъ, житию, жить

ЖИЗНЬНЪ, -ыи *прил.* (1) ζωηφόρος жизнетворящий životodárný: ꙗже вь лѣпо врѣмѧ • жизньною показа бесрамию *Супр 394, 23.— Ср.* животворивъ, животворѧ

ЖИЛА, -ы *ж* (25) **1.** ἴς жила, сухожилие žíla, šlacha: възбрани емоу в'сѣхъ пѫтеи • сѫщиихъ по плъти • і скозѣ мѧса • і по жиламъ • і по костемъ *Евх 36а 4-5* □ ослабити жилы νεκροῦν (!) парализовать ochromit: сь истъ юстъ • обличивъи крьстомъ • и позороу сътворивъ • и ослабль жилы ваша *Супр 467, 5*; ослабленъ жилами παραλυτικός парализованный ochrnulý: і придоша къ нємоу носѧште ослаблена жилами • носимъ четырьми *Мк 2, 3 Зогр Ас Сав*, ослабленъ жилами *Мар* **2.** жила говѧжда *или* соурова βούνευρον плеть býkovec: и повелѣ бити ѩ • сѫкатомъ жезлиюмъ • и жилами говѧждами *Супр 178, 6*; повелѣ... бити и жилами соуровамі *Супр 100, 30.— Зогр Мар Ас Сав Евх Супр*

ЖИЛИЩЕ, -а *с* (33) οἰκία, οἴκημα, κατοικία, παροικία, καταγώγιον, κατοίκησις, κατοικητήριον, οἰκητήριον, οἴκησις, μονή, σκήνωμα жилище příbytek, bydliště: іже жилиште імѣаше въ гробѣхъ *Мк 5, 3 Зогр Мар*; даждъ ми сего стран'нааго • юмоуже мѣста и жилишта не сьвѣмъ *Супр 454, 27-28* ● *перен.*: приметъ бедръно вьздание • въ жилищихъ с⟨ва⟩тыхъ твоихъ *Евх 58а 4.— Зогр Мар Ен Син Евх Клоц Супр Рыл Зогр-лл.— Ср.* дворъ, домъ, жище, обитѣль, скиниꙗ

ЖИРЪ, -а *м* (1) νομή пастбище pastva: и слово ихъ • ꙗко ганъгрена жиръ обрѧщетъ *2 Тим 2, 17 Ен.— Ср.* паствина

житеискъ *Л 8, 14 Мар; Л 21, 34 Мар см.* житиискъ

ЖИТЕЛИНЪ, -а *и* **ЖИТЕЛЬ**, -лꙗ *м* (5) οἰκήτωρ, πολίτης житель obyvatel, občan: і шьдъ прилѣпи сѧ единомь отъ жителъ тоꙗ страны *Л 15, 15 Зогр Мар*, жітель *Ас Сав*; вльлъ мою вьспитанию сьнѣдактъ • опоустѣ раю жителинъ *Супр 247, 20.— Ср.* гражданинъ

ЖИТИ, живѫ, живеши *несов.* (>200) **1.** ζῆν, ἐπιζῆν, συζῆν, βιοῦν, κατὰ τὸν βίον εἶναι, διατρίβειν, συστρέφεσθαι, ἀναστρέφεσθαι, κατείργεσθαι, ἐμφωλεύειν, τρέφειν (!), ἐκδέχεσθαι (!) жить žít: азъ живѫ о⟨ть⟩ца ради *И 6, 57 Зогр Мар Ас*; вь селѣхъ їхъ не бѫді иже живетъ *Пс 68, 26 Син*; животъныа твоѣ животъ (! *вм.* -жтъ) на неї *Пс 67, 11 Син*; не хотѧще неродъно жити дьни своꙗ *Евх 91а 18*; живъши съ мѫжемь҃ ѯ҃ лѣт • отъ дѣвъства своего *Л 2, 36 Зогр Мар Ас Сав*; таже дауидъ мѫдръ сы и въ съмыслѣ живы *Супр 360, 18* ● οἰκεῖν, κατοικεῖν, μένειν, παραμένειν, διάγειν, κατασκηνοῦν, αὐλίζεσθαι жить, пребывать, находиться bydlet, přebývat, dlít, zůstávat: ты ли юдинъ живеши въ иероусалимѣ • и не оувѣдѣлъ юси бывъшааго вь нємь *Супр 475, 9*; въ немъ живемъ • и тъ в насъ *1 Ио 4, 13*

Ен □ (**житик**) **жити** βίον μετέρχεσθαι, βίον διάγειν, βίον διανύειν, βίον μετιέναι, βίον πολιτεύεσθαι, πολιτείαν μετιέναι, πολιτείαν ἐπιδείκνυσθαι жить (*нравственно и т. п.*) žít (*o způsobu života*): **да оутѣшение ихъ • вь безмлъвъно житие • еже живемъ** *Евх 19а 17*; **да достоино живъ • по заповѣдемъ твоимъ... съподобитъ сѧ радоу с⟨вѧ⟩тыхъ твоихъ** *Евх 81б 20* □ **живыи а)** *в знач. прил.* живой živý: **въждьда д⟨оу⟩ша моѣ къ б⟨ог⟩оу крѣпъкоуемоу и живѫщюемоу** *Пс 41, 3 Син* **б)** *в знач. сущ.* οἰκήτωρ житель obyvatel: **вьсемоу** (! *вм.* **вьсемъ**) **подъ сльньцоу живѫштиїмъ • вѣрънымъ** *Супр 189, 17* □ **живѫщеи окрьсть** *мн. в знач. сущ.* οἱ παροικοῦντες, οἱ περιοικοῦντες, οἱ περίοικοι соседи sousedé: **ѣко слышахъ рѫженъе много живѫштихъ окръстъ его** *Пс 30, 14 Син* **2.** ζωοποιεῖν оживлять oživovat: **д⟨оу⟩хъ естъ иже живет** *И 6, 63 Ас*, **жив(е)тъ** *Зогр* (**живлѣатъ** *Мар*).— *Зогр Мар Ас Сав Охр Ен Син Киев Евх Супр Хил.— Ср.* **витати, живъ (живъ быти); живыи** *ср.* **жителинъ, сѫсѣдъ**

ЖИТИИСКЪ, **-ыи** *прил.* (17) [**житеи-** *Мар* (2)] βιωτικός, τοῦ βίου жизни *род.*, жизненный, мирской života *род.*, životní, světský: **еда когда отѧгъчаѭтъ срьдьца ваша... печальми житиискыми** *Л 21, 34 Зогр Сав*, **житискыими** *Ас*, **житеискыими** *Мар* □ **житиискаꙗ** *с мн. в знач. сущ.* τὰ βιωτικά мирские дела světské záležitosti: **оставльшѧѩ в'сѣ житиискаа** *Евх 80б 6.— Зогр Мар Ас Сав Ен Евх Супр.— Ср.* **животьнъ, житьнъ**[1]

ЖИТИѤ, **-ꙗ** *с* (>100) [**жить-** *Зогр* (1) *Евх* (8) *Клоц* (3) *Супр* (7) *Рыл* (3)] **1.** βίος, ζωή, τὸ συζῆν, πολιτεία, πολίτευμα, διαγωγή, συναναστροφή, ἡλικία, τρόπος, διάθεσις, στρατεία, ἄσκησις, ἁγνεία (!); (**говѣино житиѥ** εὐλάβεια; **доброѥ житиѥ** ἐνάρετος) жизнь, житие žití, život: **хвалимъ тѧ г⟨осποд⟩ι избавльшааго... раба твоего сего • отъ соуетънааго житиѣ сего мира** *Евх 81а 21*; **хранишι ли сѧ вь дѣвьствѣ • ι цѣломѫдрьи • ι говѣинѣ житьи** *Евх 87а 14*; **мѫжоу правьдивоу и добромъ житиимъ** *Супр 294, 11-12* □ **житиѥ се, житиѥ нынѣшьнѥѥ, житиѥ настоѩщеѥ** ὁ παρὼν βίος, ἡ παροῦσα ζωή, ἡ τοιαύτη ζωή, ἡ ἐνταῦθα διατριβή, αὕτη ἡ σωτηρία (!) эта жизнь, земная жизнь tento život, pozemský život: **строѩ • ι настоѩщее наше житие • ι бѫдѫщааго намъ наслажденне • обѣщавъ** *Евх 16б 17* **2.** κατοικία жилище obydlí: **моли ѥго попешти сѧ о пештерѣ • рек'ше о гробѣ • вь нем'же житиѥ имѣаше с⟨вѧ⟩тыи** *Супр 531, 28* **3.** βίος средства к жизни živobytí: **вьсе елико имѣаше въвръже вьсе житье свое** *Мк 12, 44 Зогр*, **житие** *Мар* ● μαμωνᾶς богатство, мамона mamon, bohatství: **аште оубо вь неправьдьнѣмь житии • не бисте вѣрьни** *Л 16, 11 Зогр Сав*, **жити** *Мар* (**въ неправедьнѣмъ мамонѣ** *Ас*).— *Зогр Мар Сав Ен Евх Клоц Супр Рыл Зогр-лл.— Ср.* **въселѥниѥ, животъ, жизнь, жилище, жить**

ЖИТО, **-а** *с* (6) σῖτος, γέννημα, καρπός хлеб, плод obilí, plod: **разорѭ житьницѧ моѩ • ι большѧ съзиждѫ • ι съберѫ тоу жита моѣ • ι добро мое** *Л 12, 18 Зогр Мар Ас Сав.— Пс 64, 11 Син; Евх 12б 14.— Ср.* **плодъ, пьшеница**

ЖИТОМѢРѤНИѤ, **-ꙗ** *с* (2): **даꙗти житомѣрѥниѥ** διδόναι τὸ σιτομέτριον определять количество зерна какой-то меркой, мерить зерно odměřovat obilí: **къто оубо естъ вѣрънъι приставьникъ • ι мѫдръι • егоже поставитъ г⟨осποди⟩нъ надъ домомь своимь • даѣти въ врѣмѧ житомѣренье** *Л 12, 42 Зогр*, **житомѣрение** *Мар*

житъница *Мт 13, 30 Унд см.* **житьница**

ЖИТЬ, **-и** *ж* (1) ζωή жизнь život: **ꙗко не въсхотѣ оувѣдѣти истиннааго б⟨ог⟩а • давъшааго ти жить** *Супр 115, 25-26.— Ср.* **животъ, жизнь, житиѥ**

ЖИТЬНИЦА, **-ѧ** *ж* (19) [**житъ-** *Унд* (1)] ἀποθήκη, ὡρεῖον амбар, житница sýpka, stodola: **ι съберетъ пьшеницѫ • вь житьницѫ своѩ** *Л 3, 17 Зогр Мар Ас Сав.— Зогр Мар Ас Сав Унд Супр.— Ср.* **съкровище**

ЖИТЬНЪ[1], **-ыи** *прил.* (1) τῆς πολιτείας жизненный životní: **и тебе праштаѭ ꙗкоже и снѩ • житьнъιихъ съгрѣшении** *Супр 393, 29-30.— Ср.* **животьнъ, житиискъ**

ЖИТЬНЪ[2], **-ыи** *прил.* (1) τοῦ γεννήματος хлебный obilný: **и насѣшѧ села и насадишѧ винограды • и сътворишѧ плодъ житенъ** *Пс 106, 37 Син*

житьѥ *Зогр Евх Клоц Супр Рыл см.* **житиѥ**

ЖИЩЕ, **-а** *с* (2) δοχεῖον, πολίτευμα жилище, обиталище příbytek, bydliště: **оу горе мнѣ ꙗко жиште ѥсмъ диꙗволе** *Супр 517, 9.— Супр 272, 17.— Ср.* **жилище**

ЖЛАДЬБА, **-ы** *ж* (1) ζημία ущерб, убыток ztráta, újma: **аште и зѣло имании жладьба • нь николиже тебе не распа • ꙗкоже и христоса жидове** *Супр 422, 14.— Ср.* **лишениѥ, тъщета**

ЖЛАСТИ, **жладѫ, жладеши** *и* **ЖЛѢСТИ**, **жлѣдѫ, жлѣдеши** *сов./несов.* **чьто, чимь** *или без доп.* (4) [**жла-** *Супр* (3), **жлѣ-** *Супр* (1)] καταβάλλειν, ἀποτίνειν возместить/возмещать убыток, уплатить/платить долг nahradit/nahrazovat ztrátu, splatit/splácet dluh: длъж'нъ бѫде нѣкто комоу сьребромъ • и не иматъ чимъ жласти *Супр 494, 4.— Супр 360, 13; 494, 5; 494, 9.— Ср.* въздати, въздаıати, отъплатити

ж л ѣ с т и *Супр 360, 13 см.* жласти

ж р ъ н о в ь н ъ *Зогр Мар см.* жрьнъвьнъ

ж р ъ н ы *Зогр Мар Ас Сав Супр см.* жрьны

ж р ъ т в а *Зогр Мар Ас Сав Боян Ен Син Евх Клоц Супр см.* жрьтва

ж р ъ т в ъ н ъ *Супр 98, 3; 138, 25 см.* жрьтвьнъ

ж р ъ т и *Зогр Мар Супр см.* жрьти

ж р ъ т и ѥ *Супр 148, 30 см.* жрьтиѥ

ЖРЬДЬ, -и *ж* (3) [жьрь- *Сав* (1)] ξύλον, δόρυ палка, дубина, дреколье hůl, kyj: ıако на разбоıника ли изидосте съ орѫжиємь • и жьрьдьми ѩти мѧ *Мт 26, 55 Сав* (дрькол'ми *Зогр*, дрькольми *Мар*, дръколмі *Ас*).— *Мт 26, 47 Сав; Супр 448, 11.— Ср.* дрьколь, дрѫгъ, жьзлъ, палица, посоха

ЖРЬНЪВЬНЪ, -ыи *прил.* (4) [жръно- *Зогр* (2) *Мар* (2)]: к а м ы ж р ь н ъ в ь н ъ λίθος μυλικός, μύλος ὀνικός жернов žernov, mlýnský kámen: добрѣ-є-моу би было • аште би камень жръновънъı • възложенъ на вꙑѭ єго • ı връженъ въ море *Л 17, 2 Зогр Мар.— Мк 9, 42 Зогр Мар*

ЖРЬНЫ, жрьнъве *ж* (7) [жръ- *Зогр* (1) *Мар* (2) *Ас* (1) *Сав* (1) *Супр* (2)] μύλος жернов žernov, mlýnský kámen: оунѣє ємоу єстъ да обѣсѧтъ жръновъ на вꙑи єго осьльскꙑ *Мт 18, 6 Мар* (∅ *Зогр*) ● ж р ь н ъ в и *мн.* μύλος жернова, жерновая мельница žernovy, žernový mlýn: двѣ мелѭшти въ жрън'вахъ *Мт 24, 41 Зогр*, жрънъвахъ *Мар Ас Сав.— Супр 395, 29-30; 565, 8*

ЖРЬТВА, -ы *ж* (94) [жръ- *Зогр* (5) *Мар* (6) *Ас* (2) *Сав* (2) *Боян* (1) *Ен* (4) *Син* (16) *Евх* (2) *Клоц* (11) *Супр* (33)] θυσία, σπονδή, θῦμα, τὸ θύειν, τὸ ἐπιθύειν, εἶδος (!); (жрьтва скотьнаıа κτηνόθυτον) жертва, жертвоприношение oběť: вьсѣка жрътва солиѭ осолитъ сѧ *Мк 9, 49 Зогр Мар*; тѣмже оубо възносимъ жрътвѫ хвалѣ вꙑнѫ б⟨ого⟩ви *Евр 13, 15 Ен*; тогда благоволиши жрътвѫ правьдѫ (!) *Пс 50, 21 Син*; ові скотъıнѫѭ жрътвѫ... приношахѫ *Клоц 13б 19-20*; не проситъ жрътвъ кръвавъ *Супр 28, 14* ♦ ж р ь т в а м р ь т в ы х ъ (*т. е.* богъ), м р ь т в ы и м ъ (*т. е.* богомъ), ж р ь т в а б о ж ь с к а ıа θυσία νεκρῶν жертва идолам, языческим богам oběť modlám, pohanská oběť: сънѣсıѧ жрътвѫ мрътвꙑхъ *Пс 105, 28 Син*; отъвраштаѩ ѩ отъ жрътвъ божъскꙑихъ *Супр 155, 5-6*; ж р ь т в а б е с к р ъ в ь н а ıа *см.* бескръвьнъ; ж р ь т в а в ь с е с ъ ж а г а ѥ м а ıа *см.* вьсесъжагаѥмъ; ж р ь т в ѫ *или* ж р ь т в ы в ъ з н о с и т и, п р и н о с и т и/п р и н е с т и, т в о р и т и/с ъ т в о р и т и, ж р ь т и/п о ж р ь т и, д а т и/в ъ з д а т и о комь, за кого ἐπιθύειν, θυσίαν *или* θυσίας *или* σπονδὰς ἀναφέρειν, προσφέρειν, διδόναι, θύειν, ἐπιτελεῖν приносить/принести жертву *во имя кого-л.*, совершать/совершить жертвоприношение, жертвовать/пожертвовать přinášet/přinést oběť *za někoho,* dávat/dát oběť', vykonávat/vykonat oběť', obětovat: ı дати жрътвѫ по реченоумоу • въ законѣ г⟨осподь⟩ни *Л 2, 24 Зогр Мар Ас Сав Боян*; тебѣ пожьрѭ жрътвѫ хвальнѫ *Пс 115, 8 Син*; ові скотъıнѫѭ жрътвѫ • ові же б⟨о⟩жию тѣлоу жрътвѫ приношахѫ *Клоц 13б 19-20 и 20-21*; азъ чловѣкоу жрътвꙑ не творѭ *Супр 132, 4.— Зогр Мар Ас Сав Боян Ен Син Евх Клоц Супр.— Ср.* възношениѥ, вълитиѥ, жрьтиѥ, приношениѥ, трѣба; жрьтвѫ дати *и т. д. ср.* жрьти, пожрьти

ЖРЬТВЬНЪ, -ыи *прил.* (2) [жръ- *Супр* (2)]: к оу м и р ь ж р ь т в ь н ы и εἰδωλόθυτον (!) кумир жертвенный, идол жертвенный obětní modla: димосии же стоıаше дрѫжѧ коумирь жрътвънꙑи *Супр 138, 25*; ж р ь т в ь н о ıа с т и μιαροφαγεῖν есть жертвенных животных, принимать участие в жертвенном пире jíst obětované, zúčastnit se obětních hodů: аште рачатъ жрътвъно ıасти *Супр 98, 3.—* жрьтвьно ıасти *ср.* мѧсо (скврьньна мѧса ıасти).— *Ср.* трѣбьнъ

ЖРЬТИ, ЖРѢТИ, жьрѫ, жьрешиı *несов./сов.* (69) [жръ- *Зогр* (1) *Мар* (1) *Супр* (12), жърѫ *и т. д. Супр* (11)] θύειν, ἐπιθύειν, λατρεύειν, τελεῖν, ὁλοκαρποῦν; (жрьти и осквръните сѧ μιαροφαγεῖν) приносить/принести жертву, жертвовать/пожертвовать přinášet/přinést oběť, obětovat: приде же дьнь опрѣснъкъ • въ нъже подобно бѣ жрътв пасхѫ *Л 22, 7 Зогр Мар*; азъ же жьрѫ богоу моıемоу ı⟨соу⟩с⟨оу⟩ х⟨ристо⟩соу *Супр 148, 3*; ıако жъръше и оскврънивъше сѧ придохомъ *Супр 130, 14*; ıако да вьси въсждоу • въ вьсѣхъ областехъ и странахъ и мѣстѣхъ • жрътв и трѣбꙑ творити милостивꙑимъ богомъ *Супр 147, 24-25.— Зогр Мар Супр.— Ср.* жрьтва (жрьтвѫ възносити *и т. д.*)

ЖРЬТИѤ, -ıа *с* (1) [жръ- *Супр* (1)] τὸ θύειν жертвоприношение obětování: не могѫтъ (*т. е.* мѫжи) вꙑнѫ и присно дръ(жа)ти вь се(бѣ) мѫчимааго • жрътиıа ради соуѥтънꙑимъ богомъ *Супр 148, 30.— Ср.* жрьтва

ЖРѢБИИ, -ıа *м* (23) [жрѣбъ- *Син* (1), жрѣбь- *Зогр* (2) *Син* (1)] κλῆρος **1.** жребий los, úděl: въ рѫкоу твоеѥ жрѣбы моі *Пс 30, 16 Син* □ **по жрѣбию раздѣлити** κληροδοτεῖν разделить по жребию vykázat losem: по жрѣбию раздѣли імъ землѭ • ѫжемь дѣломѣрьнымъ *Пс 77, 55 Син*; **жрѣбиѩ метати о чьто** βάλλειν κλῆρον *или* κλήρους ἐπί τινα, λαγχάνειν περί τινος метать, бросать/бросить жребий *о чем-л.* metat los, losovat *o něco*: меташѧ жрѣбьѩ о нѩ *Мк 15, 24 Зогр Мар Ас Сав* **2.** доля, наследство podíl, dědictví: не оставитъ г⟨оспод⟩ь жьзла грѣшьникъ • на жрѣбиі праведьникъ *Пс 124, 3 Син.— Зогр Мар Ас Сав Син Евх Клоц Супр.— Ср.* достоꙗние, наслѣдие, причѧстие, рѧдъ, часть

ЖРѢБЬЦЬ, -а *м* (9) πῶλος детеныш (*осла, лошади*) mládě (*osla, koně*): грѧдѫ... на жрѣбьці • отъ відъфагиѩ *Клоц 1б 3* (на жрѣбѧти *Супр 326, 25-26*).— *Мк 11, 2 Зогр Мар; Мк 11, 4 Зогр Мар; Мк 11, 5 Зогр Мар; Мк 11, 7 Зогр Мар.— Ср.* жрѣбѧ, осьлѧ

ЖРѢБѦ, -ѧте *с* (30) πῶλος детеныш (*осла, лошади*) mládě (*osla, koně*): привѣсте осьлѧ и жрѣбѧ *Мт 21, 7 Мар Ас Сав*; ѣко б⟨ог⟩а бл⟨а⟩г⟨о⟩с⟨ло⟩виша сѧдѫштаго на жрѣбѧте *Клоц 1а 37; Супр 326, 16* ♦ **жрѣбѧ осьлие** *или* **осьлѧтино** *см.* осьлѧ, осьлѧтинъ.— *Зогр Мар Ас Сав Клоц Супр.— Ср.* жрѣбьць

жрѣти *см.* жрьти

ЖОУПАНЪ, -а *м* (3) *греч. нет* глава жупы, жупан župan, představený župy: приде съ множьствомъ воеводъ и казньцъ и жоупанъ • и сановитыими *Супр 561, 24.— Супр 561, 7; 562, 26*

ЖОУПЕЛЪ, ЖОУПЬЛЪ, -а *м* (3) [жю- *Зогр* (1) *Мар* (1), зюпел- (!) *Син* (1)] θεῖον сера, жупел síra: одъжди жюпьлъ • і огнь съ небесе • і погоуби вьсѧ *Л 17, 29 Зогр*, жюпелъ *Мар.— Пс 10, 6 Син*

ЖОУПИЩЕ, -а *с* (3) τάφος, μνῆμα могила, гробница hrob, hrobka: зовѫ и лазара изъ жоупишть *Супр 310, 9.— Супр 311, 6; 316, 15-16.— Ср.* гробъ, гробище, жаль

жоупьлъ *см.* жоупелъ

жъгомы *Супр 476, 17 см.* жещи

жъдати *Супр см.* жьдати

жъзлие *Супр 213, 10; 538, 23 см.* жьзлие

жъзлъ *Мар Сав Супр см.* жьзлъ

жънѫ *Мт 25, 26 Сав и* **жънѫтъ** *Мт 6, 26 Сав см.* жѧти

жъречьскъ *Супр 407, 27 см.* жьрьчьскъ

жърѣць *Супр 246, 24; 460, 20-21,* **жърьць** *Супр см.* жьрьць

жър- *Супр см.* жрьти

ЖЬДАТИ, жидѫ *и* жьдѫ, -деши *несов.* кого, чесо; чесомоу *или без доп.* (26) [жъд- *Супр* (4), живѫщоу ! *Ен* (1)] ἐκδέχεσθαι, ἀπεκδέχεσθαι, προσδέχεσθαι, μένειν, ἀναμένειν, περιμένειν, ὑπομένειν, προσδοκᾶν, ἀποκεῖσθαι, ἀναβάλλειν ждать, ожидать čekat, očekávat: і бѣшѧ людье жидѫште захариѩ *Л 1, 21 Зогр Мар Ас*; і жьдахъ иже со мъноѭ поскръбитъ і не бѣ *Пс 68, 21 Син* ● *перен.*: събери же незамоудъно • помьнѣти благаа • жидѫщаа любѧщиимъ тѧ *Евх 100б 24* ● подстерегать *кого-л.* číhat *na někoho*: мене жидѫтъ грѣшьници погоубити мѧ *Пс 118, 95 Син.— Зогр Мар Ас Син Евх Супр.— Ср.* ожидати, пожьдати, чаꙗти

ЖЬЗЛИѤ, -иꙗ *с собир.* (7) [жез- *Супр* (1), жъз- *Супр* (2)] αἱ ῥάβδοι, τὰ ῥόπαλα палки, прутья hole, pruty, proutí: и различьно къждо биꙗхѫ и • ови прѫтиемъ ови бичи • а дроугыи жьзлиемъ *Супр 193, 7.— Супр 178, 6; 178, 16-17; 213, 10; 258, 15; 260, 11; 538, 23.— Ср.* жьзлъ, прѫтие

ЖЬЗЛЪ, -а *м* (29) [же- *Мар* (1) *Ас* (1) *Син* (4) *Евх* (2) *Клоц* (1) *Ен* (4), жъ- *Мар* (2) *Сав* (1) *Супр* (6), жезъ ! *Син* (1)] ῥάβδος **1.** палка, прут hůl, prut: жезлъ желѣзнъ *Евх 54б 23* ● *перен.*: облюбльшаего жезлъ вѣры твоеѩ... съхрани мѧ отъ живота немощьнааго *Евх 36а 18* ● посох hůl (poutnická): і запрѣти імъ • да ничесоже не възем҄ѭтъ на пѫть • тъкъмо жьзлъ единъ • ни п҄иры ни хлѣба *Мк 6, 8 Зогр*, жезлъ *Мар* **2.** βακτηρία скипетр, жезл žezlo: прѣстолъ твоі б⟨о⟩же въ вѣкъ вѣка • жезлъ правості жезлъ ц⟨ѣса⟩ръства твоего *Пс 44, 7 Син; Евр 1, 8 Ен.— Зогр Мар Ас Сав Ен Син Евх Клоц Супр.— Ср.* дрьколь, жрьдь, палица, посоха

жьрьдь *Мт 26, 55 Сав см.* жрьдь

ЖЬРЬЦЬ, -а *м* (17) [жър- *Супр* (7), жъръ- *Супр* (2), же- *Супр* (1), жьре- *Супр* (2)] ἱερεύς, θύτης священнослужитель, жрец kněz, žrec: бѣахѫ же въ цръквишти томъ змиеве живѫште • и жърьци едноѭ лѣта сладька брашна подаꙗхѫ имъ *Супр 227, 29* ♦ **старѣишина жьрьцемъ** ἀρχιερεύς первосвященник, верховный жрец nejvyšší kněz, velekněz: то бо старѣишинъі жьрьцемъ • и книжници жидовьсти • на христоса оубиение възбѣсишѧ *Супр 340, 15.— Супр.— Ср.* иерей, попъ, свѧтитель, свѧщеникъ, чиститель; старѣишина жьрьцемъ *ср.* архиереи, жьрьчьскъ (старѣишина жьрьчьскъ)

ЖЬРЬЧЬСКЪ, -ыи *прил.* (6) [жъре- *Супр* (1), жьре- *Супр* (1)]: **старѣишина жьрьчьскъ** ἀρχιερεύς, ἀρχιμάγος первосвященник, верховный жрец nejvyšší kněz, veleknĕz: ..пиша к немоу оучацю • ..рѣишинъи жрчскъи • и старци людстии *Мт 21, 23 Зогр-пал* (архиереи *Мар*, *∅ Зогр*); шьдъ... июда искариотинъ • къ старѣишинамъ жъречьскамъ *Супр 407, 27* (къ архиереомъ *Мт 26, 14 Зогр Мар Ас Сав*).— *Супр 230, 14; 257, 6; 408, 28; 410, 26-27.— Ср.* архиереи, жьрьць (старѣишина жьрьцемъ)

ж ь р ѫ, ж ь р е ш и *и т. д. см.* жрьти

ж ѣ б а *Пс 77, 45 Син см.* жаба

ж ю п е л ъ *Л 17, 29 Мар*, жюпьлъ *Л 17, 29 Зогр см.* жоупелъ

ЖѦДАНИѤ, -ниꙗ *с* (2) **1.** *греч. нет* жажда, ощущение жажды žízeň, žíznĕní: тѣснꙑхъ же тѣхъ вратъ • ι скръбънааго пѫти • се сѫтъ дѣла • алъканиe жаданиe • земелѥга-ниѥ *Евх 69б 22* **2.** πόθος желание, жажда žádost, žádostivost: прилежи ꙁѣло къ такомоу жаданию дондеже оузьриши жадѣнааго ꙗко и жаждеши *Супр 500, 14.— Ср.* желѣниѥ, жажда

ЖѦДАТИ, жаждѫ, жаждеши *и* жадаѭ, жадаѥши *несов.* чесо; на чьто; *с инф. или без доп.* (39) [жѩ- *Ас* (2) *Син* (2) *Киев* (1)] **1.** διψῆν испытывать жажду, жаждать žíznit, mít žízeň: и потоци наводьнишѧ сѧ • ι жаждѫщѧѩ люди своѩ насыщь *Евх 5б 9* ● *перен.*: блажени ал'чѫштии ι жаждѫштіі правъдꙑ ради • ѣко ти насꙑтѧтъ сѧ *Мт 5, 6 Зогр Ас*, жаждѫщеі *Сав* (*∅ Мар*) **2.** ποθεῖν, ἐπιποθεῖν, πεινᾶν, ἐπιθυμεῖν desiderare хотеть, жаждать toužit, žádat: и жадаше насꙑтити сѧ • отъ рожьць ѩже ѣдѣхѫ свиниѩ • и никтоже не даꙗше емꙋ *Л 15, 16 Сав* (желааше *Зогр Мар Ас*); вѣчьнаѣ твоѣ ιхъже жѩдаемъ подась намъ *Киев 3а 6-7.— Зогр Мар Ас Сав Син Киев Евх Супр.— Ср.* желѣти, жадьнъ (жадьнъ бꙑти)

ЖѦДЬНЪ, -ꙑи *прил.* (3) *греч. нет* испытывающий жажду žíznivý, žíznicí: иждени ιз него в'сь д⟨оу⟩хъ жадънꙑ *Евх 43а 2* ♦ ж ѧ д ь н ъ б ꙑ т и διψῆν испытывать жажду být žíznivý, žíznit: пришед'шиимъ отъ пѫти жад'номъ сѫштемъ водѫ принести *Супр 549, 24.— Супр 123, 20-21.— Ср.* жадати

ЖѦДѢНЪ, -ꙑи *прил.* (1) ποθούμενος желанный žádaný, vytoužený: дондеже оузьриши жадѣнааго ꙗко и жаждеши *Супр 500, 14.— Ср.* желѣти (желаѥмꙑи, желанъ), въжделѣти (въжделанъ)

ЖАЖДА, -ѧ *ж* (9) δίψα, δίψος жажда žízeň: въ жѩждѫ моѭ напоишѩ мѩ оцьта *Пс 68, 22 Син; Супр 478, 19* ● *перен.*: како насꙑштѫ жаждѫ вашего любослꙑшаниꙗ *Супр 424, 17* ● иссохшая земля vyprahlá zemĕ: положилъ есі рѣкꙑ въ поустꙑнѭ • исходища водьнаа въ жѩждѫ *Пс 106, 33 Син.— Пс 61, 5 Син; 103, 11 Син; Евх 29б 20; Супр 135, 7; 568, 9.— Ср.* жаданиѥ

ЖѦЛО, -а *с* (3) κέντρον жало osten, žihadlo: к'де ти сьмрьти жало *Супр 352, 3; 487, 5; 479, 25* (*1 Кор 15, 55*).— *Ср.* остьнъ, стрѣкало

ЖѦТВА, -ꙑ *ж* (50) [жѩ- *Ас* (3)] θερισμός, θυσία (!) жатва žatva, sklizeň, žnĕ: егда же съзьрѣетъ плодъ • посълетъ сръпъ • настоітъ жатва *Мк 4, 29 Зогр Мар* ● θέρος время жатвы, лето doba žní, léto: слъньце о ни҃хъ въсиꙗ топло ꙗко въ жатвѫ *Супр 77, 30* ♦ ж ѧ т в а п о к а ꙗ н и ꙗ *перен.* ὁ τῆς μετανοίας πορισμός приношение покаяния konání pokání: коѥ врѣмѧ покааниꙗ жатвѫ (*вм.* жатва) *Супр 356, 11.— Зогр Мар Ас Сав Унд Евх Супр*

ЖѦТВЬНЪ, -ꙑи *прил.* (1) *греч. нет* жатвенный žňový: врѣмѧ же жатвъноѥ бѣаше *Супр 568, 9*

ЖѦТЕЉЬ, -ꙗ *м* (4) θεριστής жнец žnec: въ врѣмѧ жатвѣ рекѫ жателемъ *Мт 13, 30 Унд* (жѩтелѣнемь *Ас*, дѣлателемъ *Зогр Мар*).— *Мт 13, 39 Зогр Мар Унд.— Ср.* дѣлатель, жателꙗнинъ, жѧти (жьнѧи)

ж ѧ т е л ѣ н е *Супр 43, 21; 43, 24; 43, 16-17 см.* жателꙗнинъ

ЖѦТЕЛꙖНИНЪ, -а *м* (5) [-лѣ- *Ас* (2) *Супр* (3)] θεριστής, ἐργάτης жнец žnec: жѩтелѣне анѣ⟨е⟩лі сѫтъ *Мт 13, 39 Ас* (жатеље *Зогр Мар Унд*).— *Мт 13, 30 Ас; Супр 43, 16-17; 43, 21; 43, 24.— Ср.* дѣлатель, жатель, жѧти (жьнѧи)

ЖѦТИ, жьнѭ, жьнеши *несов.* (37) [жънѫ- *Сав* (2)] θερίζειν жать žnout: плодꙑ ѩже еси далъ намъ • ιхъже сънидошѧ сѧ раби твои жатъ *Евх 12б 25-26* □ ж ь н ѩ и *в знач. сущ.* ὁ θερίζων жнец žnec: еѩже (*т. е.* трѣвоѭ) не ї̈сплъни рѫкꙑ своеѩ жьнѧи *Пс 128, 7 Син* ● *перен.*: інъ естъ сѣѩи • і инъ естъ жьнѧі *И 4, 37 Зогр Мар Ас.— Зогр Мар Ас Сав Син Евх Супр — Ср.* жатель, жателꙗнинъ

ж ѩ д а т и *Ас Син Киев см.* жадати

ж ѩ ж д а *Син см.* жажда

ж ѩ т в а *Мт 13, 30 Ас* (2), *Мт 13, 39 Ас см.* жатва

ж ѩ т е л ѣ н е *Мт 13, 39 Ас, Мт 13, 30 Ас см.* жателꙗнинъ

Ѕ

Ѕ҃ *цифра глаг. и кир.* (>100) **1.** *глаг.* η', ὀκτώ, ὄγδοος, ἕβδομος (!) 8 **2.** *кир.* ѕ' *или* F', ἕξ, ἕκτος, ζ' (!), ς' (!), ἕβδομος (!) 6.— *Зогр*

Мар Ас Сав Охр Унд Син Евх Супр.— Ср. ѕ҃, ѕ҃, осмь, шесть

ЅВѢЗДА, -ы *ж* (34) [звѣ- *Мар* (2) *Сав* (6) *Евх* (3) *Супр* (11)] ἀστήρ, ἄστρον звезда hvězda: і бѫдѫтъ знаменьѣ въ слъньци • і мѣсѧци • і ѕвѣздахъ *Л 21, 25 Зогр Мар Ас*, звѣздахъ *Сав* ● *перен.* φωστήρ свет světlo: и сице пострадавъше вѣньчани бышѧ • и сиꙗѭтъ ꙗко и звѣздъі вь вьсемь мирѣ *Супр 81, 13.— Зогр Мар Ас Сав Син Евх Супр — Ср.* свѣтило; свѣтильникъ

ЅВѢЗДОЗЬРЬЦЬ, -а *м* (1) [звѣ- *Евх* (1)] ἀστρομαγικός звездочет, астролог hvězdopravec, astrolog: или звѣздозьрецъ • или чаромъ обрѣтатель *Евх 54а 17-18*

ѕ в ѣ р и е *Ен 36а 10 см.* звѣрь

ЅѢЛО *нареч.* (<200) [зѣ- *Зогр* (4) *Ас* (1) *Сав* (11) *Син* (1) *Евх* (5) *Клоц* (2) *Супр* (87)] σφόδρα, ἕως σφόδρα, σφοδρῶς, σφοδρότερον, λίαν, μάλα, πάνυ, πολύ, ἐπὶ πολύ, ὅλως, ἀκριβῶς, ἰσχυρῶς, ἐπαξίως, τὰ μέγιστα, καθ' ὑπερβολήν, ἱκανῶς (!), ἀσφαλῶς (!), πάντως (!), ἀναιδῶς (!), δεινῶς (!), κακῶς (!), μέγας (!); (ѕѣло любити φιλότιμος εἶναι; великъ ѕѣло παμμεγεθέστατος; высокъ ѕѣло ὑψηλώτατος; далече ѕѣло ἐκ πολλοῦ διαστήματος; ѕѣло рано ὄρθρου βαθέως; поздѣ ѕѣло нощиѭ ἑσπέρας βαθείας ἐπιλαβούσης) очень, слишком velmi, příliš: дъва бѣсъна... ꙇ҃юта ѕѣло *Мт 8, 28 Зогр Ас*, лютѣ ѕѣло *Мар*, лютѣ зѣло *Сав*; оубоѣшѧ сѧ ѕѣло *Мт 27, 54 Мар Ас*, ѕѣло *Сав* (*Зогр нет*); въ единѫ же сѫботъ ѕѣло рано *Л 24, 1 Зогр Мар Ас*; и постигошѧ и далече зѣло *Супр 44, 18*; цѣсарествиѥ небесьноѥ • зѣло любьѭ *Супр 88, 5*; стража видома поусти льва велика зѣло • и страшьна *Супр 292, 22*; мѣсто... брѣгъ иматъ на западъ • и высокъ зѣло *Супр 300, 1*; и чоувъства • ꙗже сѫтъ наитрѣбьши пѫти оучению • зѣло лютѣ прокоуди *Супр 340, 1*; аште и зѣло иманиꙇ жладьба *Супр 422, 13*; жена • идетъ к нѥмоу • поздѣ зѣло ноштиѭ *Супр 515, 8* ◆ п а ч е ѕ ѣ л о, ѕ ѣ л о πολλῷ μᾶλλον, σφοδρότερον гораздо больше, еще больше mnohem více, daleko více: онъ же паче зѣло въпиѣше *Л 18, 39 Зогр*, ѕѣло *Мар* (*только* паче *Ас*); зѣло добрѣи доброродьнѣи ѥсмъ *Супр 106, 29*; горе ѥсть зѣло оумьрьшоу изъгорѣти *Супр 131, 12*; д о ѕ ѣ л а ἕως σφόδρα чрезмерно přespříliš: і не отъими отъ оустъ моихъ словесе істінъна до ѕѣла *Пс 118, 43 Син*; т ъ г д а ѕ ѣ л о αὐτίκα μάλα сейчас же ihned: кажетъ же не мало врѣмѧ бѫдѫштеѥ пакы • ѥже посрѣдоу оученикы отъводѧ ѥже чаꙗти • тъгда зѣло ꙗвити сѧ цѣсарьствоу ѥго *Супр 372, 10.— Зогр Мар Ас Сав Боян Ен Син Евх Клоц Супр.— Ср.* вельми, паче

ѕ ѣ л о у т о *Клоц 2б 20 вм.* ѕѣло лоуто

З

З҃ *цифра глаг. и кир.* (>100) **1.** *глаг.* θ', ἔννατος 9 **2.** *кир.* ζ', ἑπτά, ἕβδομος, ἕκτος (!), ὄγδοος (!) 7.— *Мар Ас Сав Унд Боян Син Евх Супр Рыл.— Ср.* девѧть, девѧтъ, ѳ҃, седмь, седмъ, ж҃

ЗА *предлог* (>300) **А.** *с вин.* ὀπίσω, ἀπό, ἀντί, περί, ὑπέρ, εἰς, διά, ὑπό **1.** *при указании объекта, места, за пределы которого направлено действие, движение* за (*с вин.*) za (*с вин.*): иди за мѧ сотоно *Мт 4, 10 Сав*, за мно(ѧ) *Боян* (отиди *Зогр Ас*, ∅ *Мар*) **2.** *при указании на объект, за который берутся* за (*с вин.*) za (*с вин.*): и⟨соу⟩с⟨ъ⟩ же імъ і за рѫкѫ въздвиже и *Мк 9, 27 Зогр Мар Ас Сав Боян*; имъ за оуздѫ конѥ *Супр 194, 6* **3.** *при указании на лицо, предмет, являющийся объектом замещения, возмещения, отплаты* вместо, взамен místo, za (*с вин.*): отиде ню̑да • и вьниде за нѥ матѳеи *Супр 94, 5*; за доушѫ ихъ приими моѭ д⟨оу⟩шѫ *Супр 110, 12*; око за око • і зѫбъ за зѫбъ *Мт 5, 38 Зогр Мар*; за тръс⟨вѧ⟩тоѥ поет сѧ • кр⟨ъ⟩стоу твоемоу покланѣемъ сѧ *Ен 32б 15* **4.** *при указании на объект, ради которого совершается действие* ради, за (*с вин.*) za, pro: дати д⟨оу⟩шѫ своѭ • ізбавленіе за мъногы *Мт 20, 28 Мар Зогр-пал* (∅ *Зогр*); *Мк 10, 45 Зогр Мар Ас Сав*; не прѣстаи за ны м⟨о⟩лѧщи *Ен 28б 9*; добрѣе ѥстъ единомоу ч⟨ловѣ⟩коу оумьрѣти за ꙇ҃юди *И 18, 14 Зогр Ас Сав* (∅ *Мар*) **5.** *при обозначении причины действия* из-за, ради pro, kvůli: аще комоу оумьретъ дѣтищь некръщенъ • за лѣность *Евх 104б 10*; мати ѥд'ного блаженъіихъ • тѣхъ видѣвъши прокынихъ • оуже стоуденьѭ оумеръшѧ • а своѥго иначе дъіхаѭшта • за силоѭ (*вм.* -лѫ) и за сътрьпѣниѥ лютъіихъ *Супр 96, 3* **6.** *при указании на лицо, вступающее в брак* за (*с вин.*) za (*с вин.*): аште жена поустивъши мѫжа си • і посагнетъ за інъ *Мк 10, 12 Зогр Мар* **7.** *при обозначении объектных отношений*: за ланитѫ бити *см.* ланита; за оухо оударити *см.* оухо **8.** *в составе предложных сочетаний, имеющих значение наречий*: за тъщеѥ *см.* тъщь **Б.** *с твор.* ὀπίσω *при указании предмета, места, по другую сторону которого происходит действие* за (*с твор.*) za (*с твор.*): іди за мъноѭ сотоно *Мт 16, 23 Мар* (∅ *Зогр*); *Мк 8, 33 Зогр*

Мар; Л 4, 8 Мар (∅ *Зогр*) **В.** *с род.* διά, ὑπέρ, μετά (!) **1.** *при указании на объект, в пользу, ради которого совершается действие* (*ср. А. 4.*) ради, за (*с вин.*) za (*с вин.*), pro: за ꙇзбъранъꙇхъ же прѣкратѧтъ сѧ дьне ти *Мт 24, 22 Зогр*, за избъранꙑѩ *Мар Ас Сав*; молитвѫ сътворѫ за вꙑ • и за вьсего рода крьстиꙗньска *Супр 17, 1* □ за... ради ради, за (*с вин.*) za (*с вин.*), pro: за сего раді дльженъ естъ вьсѣкъ кнѧзъ... законъ... проѹчати *Клоц 2а 8* **2.** *в составе предложных сочетаний, имеющих значение наречий*: за ѹтра, ѹтро за ѹтра *см.* заѹтра, ѹтро.— *Зогр Мар Ас Сав Охр Боян Зогр-пал Ен Син Служ Евх Клоц Супр Рыл*

за не, за н҃е, за н҃еже *см.* заніе, занеже

за ходѹ (!) *Супр 170, 13 см.* заходъ

заблодішѩ *Пс 106, 4 Син см.* заблѫдити

ЗАБЛѪДИТИ, -блѫждѫ, -блѫдиши *сов.* (19) [-бло- ! *Син* (1)] πλανᾶσθαι заблудиться zabloudit, zbloudit: радоѹетъ сѧ о нен паче • неже о девѧти десѧтъ и девѧти не заблѫждьшиихъ *Мт 18, 13 Мар Ас* (непогꙑбъшихъ *Сав*, ∅ *Зогр*) ● *перен.* отъ чесо πλανᾶσθαι ἐκ τινός, ἀπό τινος отклониться *от чего-л.* odchýlit se *od něčeho*: отъ заповѣдеі твоіхъ не заблѫдихъ *Пс 118, 110 Син.— Мар Ас Син Евх Супр.— Ср.* съблазнити сѧ

ЗАБЛѪЖДЕНИѤ, -ниꙗ *с* (1) πλάνη заблуждение zabloudění, pobloudění: твоѥго то ѥстъ чловѣколюбьствиꙗ • заблѫдивъшаего възискатъ • и отъ заблѫжденꙗ обратити *Супр 342, 19.— Ср.* блазна, съблазнъ

ЗАБЪВЕНИѤ, -ниꙗ *с* (1) [-бь- *Супр* (1)] ἔκστασις изумление úžas: анѳѹпатъ же акꙑ въ забьвении бꙑвъ • о дрьзости мѫжа того • рече *Супр 99, 20.— Ср.* дивъ, ѹжасть

забъвенъ *Зогр Ас Боян Син см.* забꙑти

ЗАБЪДѢНЬНЪ, -ꙑи *прил.* (1) [-бь- *Евх* (1)]: молитва забъдѣньнаꙗ *греч. нет* молитва при бодрствовании modlitba při bdění: ходи по заповѣдемъ г⟨осподь⟩нѣмъ присно • послѣдѹѧ повелѣниемъ его • въ забьдѣнънѫѭ молитвѫ • въ бестѫжьное пощение *Евх 89а 24-25*

ЗАБЪДѢТИ, -бъждѫ, -бъдиши *сов.* (1) [забь- *Син* (1)] ἀγρυπνεῖν остаться бодрствовать, не спать zůstat vzhůru, v bdění, nespat: забьдѣхъ і бꙑхъ ѣко пьтица собѣщинѣ сѩ наздѣ *Пс 101, 8 Син*

ЗАБꙐВАТИ, -ваѭ, -ваѥши *несов.* (8) ἐπιλανθάνεσθαι забывать zapomínat: егда прімахѫ добро отъ него • скоро забꙑвахѫ *Клоц 6б 19; Супр 417, 3-4*; разоѹмѣгте же сі забꙑвающеі б⟨ог⟩а *Пс 49, 22 Син.— Евр 13, 2 Ен; Пс 9, 18 Син; 43, 25 Син; 102, 2 Син; Клоц 6б 39*

ЗАБꙐТИ, забѫдѫ, забѫдеши *сов.* (61) [забъвенъ *Зогр* (1) *Ас* (1) *Боян* (1) *Син* (1), забьвенъ *Мар* (1) *Син* (3)] ἐπιλανθάνεσθαι, λανθάνειν, λήθην ποιεῖν, οὐκ αἰσθάνεσθαι (!); (сътворити забꙑти εἰς λήθην ἐμβάλλειν) забыть zapomenout: не забѫді ѹбогꙑихъ твоіхъ до конъца *Пс 9, 33 Син*; забꙑ ѥдноѭ затъкнѫти дьври *Супр 297, 16* ◆ землꙗ забъвена *перен.* γῆ ἐπιλελησμένη земля забвения, преисподняя země zapomenutí, podsvětí: правъда твоѣ вь землі забьвенѣ *Пс 87, 13 Син* ▭ забꙑти сѧ ἐξ ἑαυτοῦ γίγνεσθαι забыться zapomenout se: акꙑ забꙑвъ сѧ • не може отъвѣштати ѥмѹ словесе *Супр 194, 20-21.— Зогр Мар Ас Боян Ен Син Евх Клоц Супр Рыл*

ЗАБꙐТИѤ, -тиꙗ *с* (1) λήθη забвение zapomnění: таже ѥгда забꙑтиꙗ облакъ • пришъдъ на ѹмъ слово стави *Супр 312, 14-15.— Ср.* забꙑть

ЗАБꙐТЬ, -и *ж* (1) λήθη забвение zapomnění: вьса си въ забꙑть вложи сьребролюбьствие тъгда *Супр 412, 1.— Ср.* забꙑтиѥ

забьвениѥ *Супр 99, 20 см.* забъвениѥ

забьвенъ *Мар Син см.* забꙑти

забьдѣнънꙑи *Евх 89а 24-25 см.* забъдѣньнъ

забьдѣти *Пс 101, 8 Син см.* забъдѣти

завахтании *Мт 27, 46 Ас см.* савахтани

завах'тани, завахътани *Мт 27, 46 Зогр; Мк 15, 34 Зогр см.* савахтани

заведеовъ *глаг. приписка Мт 10, 3 Мар см.* зеведеовъ

ЗАВИДА, -ꙑ *ж* (1) *греч. нет* зависть závist: завидꙑ противлѩщѩ сѧ б⟨о⟩жьи прав'дѣ *Евх 89а 14.— Ср.* зависть

ЗАВИДЬЛИВЪ, -ꙑи *прил.* (1) *греч. нет* завистливый závistivý: не изволи любити насъ • неподобьне и завидьливе • и покръвене тъмоѭ *Супр 71, 24.— Ср.* завистьливъ, завидѣти (завидѧи)

ЗАВИДѢТИ, завиждѫ, завидиши *несов.* комоу (6) φθονεῖν, ζηλοῦν завидовать závidět: ни завиди творѧщимъ безаконение *Пс 36, 1 Син* ▭ завидѧи *в знач. сущ.* φθονῶν завистливый, завистник závistivý, závistivec: хвалꙑ бо зависть имѣѭштиимъ • орѫжиѥ завидѧштиимъ сѫтъ *Супр 403, 6*; не завидѧи *в знач. прил.* ἄφθονος независтливый nezávistivý: не завидѧштеѥ благодѣаниѥ *Супр 95, 7.— Супр 336, 16; 340, 11-12; 403, 6; 538, 20.—* завидѧи *см.* завистьникъ; не завидѧи *ср.* незавидьливъ, независтьнъ

ЗАВИСТЬ, -и *ж* (56) φθόνος, ὁ φθονερός, τὰ φθονερά, ζῆλος, φόνος (!), ἐπιορκία (!), κακία (!) зависть závist: вѣдѣаше бо ѣко зависти ради прѣдаша і арх'иереі *Мк 15, 10 Зогр Мар; Мт 27, 18 Зогр Мар Ас Сав* ◆ зависть имѣꙗи ὁ φθονούμενος вызывающий зависть ten, jemuž se závidí: хвалы бо завистъ имѣѭштиимъ • оржжиѥ завидаштиимъ сѫтъ *Супр 403, 5.— Зогр Мар Ас Сав Киев Евх Супр.— Ср.* завида

ЗАВИСТЬЛИВЪ, -ыи *прил.* (3) φθονερός, φθονῶν, βασκαινόμενος завистливый závistivý: ѡ зависти ꙗже не тобоѭ завистьливымъ жити дастъ *Супр 388, 25.— Супр 340, 23; 400, 17.— Ср.* завидьливъ, завидѣти (завидѣти)

ЗАВИСТЬНИКЪ, -а *м* (1) σκώπτης (!) завистник závistník: ꙗкоже завистьникомъ молитвьникомъ быти глаголѭштемъ • ꙗко источьникъ присно текꙑи затвори сѧ *Супр 276, 29-30.— Ср.* завидѣти (завидѣти)

ЗАВИТИ, -виѭ, -виѥши *сов.* (1) περισφίγγειν закрутить zakroutit: повелѣша принести вратъ и вложити и вь нь • и сътѧгнѫти и завити зѣло *Супр 269, 4*

завлонь *Мт 4, 15 Ас см.* завоулонь

ЗАВОРА, -ы *ж* (2) μοχλός засов závora: врата мѣдьна сътърьши • заворы желѣзны сломьши *Супр 317, 8-9.— Супр 473, 1-2.— Ср.* верѣꙗ, затворъ

ЗАВРѢТИ, -вьрѫ, -вьреши *сов.* (1) συγκλείειν закрыть zavřít: исоуни оржжие • и завьри прѣдь гонѧштимь мѧ *Пс 34, 3 Син.— Ср.* заклепнѫти, заключити, затворити, затъкнѫти, заѩти

ЗАВОУЛОНЬ *прил. к мужскому имени Завулон* (8) [завь- *Ас* (1), зав- *Ас* (1), завѵ- *Зогр* (2), заоу- *Сав* (2)] Ζαβουλών Завулонов Zabulonův: пришедъ вьсели сѧ въ капернаоумъ • на поморие • въ область завѵлонѭ *Мт 4, 13 Зогр*, въ прѣдѣлѣхъ завьлонихъ *Ас*, заѹлонихъ *Сав*, зав(оу)лонихъ *Боян (∅ Мар).— Мт 4, 15 Зогр Ас Сав Боян*

завьлонь *Мт 4, 13 Ас см.* завоулонь

ЗАВѢТЪ, -а *м* (39) **1.** διαθήκη договор, уговор smlouva, úmluva: сътворити милость съ о⟨ть⟩ци нашими • і помѣнѫти завѣтъ с⟨вѧ⟩тоі своі *Л 1, 72 Зогр Мар* □ скриниꙗ завѣта κιβωτὸς τῆς διαθήκης ковчег завета archa úmluvy: златѫ имѫщи кадилницѫ • и скринѫ завѣта *Евр 9, 4 Ен*; ветъхыи и новыи завѣтъ ἡ παλαιὰ (καὶ) ἡ καινὴ Διαθήκη Ветхий и Новый завет Starý a Nový zákon: нъ и отьць ветъхоу завѣтоу не вѣдѣ нъ и сынъ по новоуоумоу завѣтоу *Супр 305, 10 и 11* **2.** ἐντολή наказ, завет příkaz, přikázání: нъ се ч'то сътворимъ ꙗко завѣтъ божии прѣстѫпихомъ *Супр 386, 29.— Зогр Мар Ас Сав Ен Син Евх Супр.— Ср.* велѣние, законъ, заповѣдь, повелѣние

ЗАВѢЩАВАТИ, -ваѭ, -ваѥши *несов.* комоу (3) **1.** διατίθεσθαι завещать odkazovat, zůstavovat: і азъ завѣштаваѭ вамъ • ѣкоже завѣшта мнѣ о⟨ть⟩ць мои • ц⟨ѣса⟩р⟨ь⟩с⟨тв⟩о *Л 22, 29 Зогр Мар* **2.** завѣтъ завѣщавати διαθήκην διατίθεσθαι заключать договор uzavírat smlouvu: съберѣт-е-моу прѣ⟨по⟩д⟨обь⟩ныѩ его • завѣщаваѭщѧѩ завѣтъ его о жрътвахъ *Пс 49, 5 Син*

ЗАВѢЩАТИ, -щаѭ, -щаѥши *сов.* (6) [зѣшташѧ ! *Син* (1)] διατίθεσθαι **1.** обещать slíbit: въхождениѣ въ срьдьце свое завѣшта *Пс 83, 6 Син* □ завѣтъ завѣщати комоу, на кого διαθήκην διατίθεσθαι заключить договор, обязаться uzavřít smlouvu, smluvně se zavázat: завѣштахъ завѣтъ избьранымъ моимъ *Пс 88, 4 Син* **2.** завещать odkázat, zůstavit: і азъ завѣштаваѭ вамъ • ѣкоже завѣшта мнѣ о⟨ть⟩ць мои • ц⟨ѣса⟩р⟨ь⟩с⟨тв⟩о *Л 22, 29 Зогр Мар.— Пс 82, 6 Син; 104, 9 Син*

ЗАВѦЗАТИ, -ѩѭ, -ѩѥши *несов.* (4): мрѣжѧ завѧзати καταρτίζειν τὰ δίκτυα чинить сети opravovat sítě: видѣ іна дъва братра... завѧзаѭш і а мрѣжѧ своѩ *Мт 4, 21 Зогр Ас* (строѩща *Сав*, ∅ *Мар*).— *Мк 1, 19 Зогр Мар.— Ср.* вѧзати, строити

завѵлонь *Мт 4, 13 Зогр, Мт 4, 15 Зогр см.* завоулонь

ЗАГЛАДИТИ, -глаждѫ, -гладиши *сов.* (3) ἐξαλείφειν, ἀπαλείφειν стереть, загладить zahladit, smazat: да и ржкоѱаниѥ грѣхъ нашихъ загладитъ *Супр 483, 5.— Супр 390, 17; 480, 2.— Ср.* отъмыти, погладити

ЗАГЛАЖДАТИ, -ждаѭ, -ждаѥши *несов.* (1) ἐξαλείφειν стирать, заглаживать smazávat: како можетъ таковъ сꙑ чловѣкъ грѣшьнъ грѣхꙑ заглаждати *Супр 358, 23*

ЗАГРАДИТИ, -граждѫ, -градиши *сов.* (3) ἐμφράσσειν преградить, закрыть zahradit, zacpat: загради оуста львови *Супр 158, 9.— Супр 1, 7-8; 312, 7.— Ср.* заложити

ЗАГРАДЬНЪ, -ꙑи *прил.* (1): заградьное *в знач. сущ.* περίβολος (!) сад zahrada: ꙗкоже аште и к'то начьнетъ отъ заградьныихъ • и отъ виноградъ *Супр 42, 17.— Ср.* врьтъ, врьтоградъ, врьтъпъ

ЗАДИ *нареч.* (16) **1.** ὀπίσω позади, сзади vzadu: і ставъши зади при ногоу его... начѧтъ мочити нозѣ его сльзами *Л 7, 38 Зогр Мар; Супр 391, 10*; сь заді *Ас* □ съ зади ὄπισθεν, ὀπίσω сзади zezadu: пришьдъши въ народѣ • съ зади • прикоснѫ сѧ ризѣ его *Мк 5, 27 Зогр Мар Сав Унд*, сь заді *Ас* **2.** *греч.*

нет назад dozadu: тѣмже зади повръже вьсѫ печаль *Супр 547, 10.— Ср.* съзажда

ЗАДЛЬЖИТИ, -жѫ, -жиши *сов.* (1) μακρύνειν продолжить prodloužit: на хрибьтѣ моемь коваахѫ грѣшьници • задлъжишѧ безаконние свое *Пс 128, 3 Син.— Ср.* продльжити

ЗАДОУШИТИ СѦ, -шѫ сѧ, -шиши сѧ *сов.* (1) ὀλιγοψυχεῖν задохнуться ztratit dech: и не обрѣтъ кѫдоу съвратити сѧ къ пештерѣ • не могы же грѧсти • паде задоушивъ сѧ *Супр 289, 20*

ЗАДЪХНѪТИ СѦ, -нѫ сѧ, -неши сѧ *сов.* (2) [-дь- *Супр* (1)] ἀναπήγνυσθαι (!), καταστάζειν (!) задохнуться zalknout se: тоже они рьвьностиѭ задъхнѫти сѧ хотѣахѫ *Супр 398, 29.— Супр 466, 13-14*

ЗАДѢТИ, задѣѭ, задѣеши *сов./несов.* (12) **1.** *сов.* комоу чьто ἀγγαρεύειν, ἐπιτιθέναι возложить *на кого-л. что-л.*, заставить uložit *někotи něco*, přinutit: ꙇмъше • симона етера к҃уринѣа... задѣшѧ емоу крьстъ носити по ꙇ⟨соу⟩сѣ *Л 23, 26 Зогр Мар* **2.** з а д ѣ т и с ѧ *несов. греч. нет* закрываться zakrývat se: трѧсавице • крадѫщиѣ отаи силѫ его • тъмоѭ задѣѭщи сѧ • ѣко и тать *Евх 47б 15.— Мт 27, 32 Зогр Мар Ас Сав; Мк 15, 21 Зогр Мар Ас Сав; Евх 50а 11-12*

з а е м о д а в ь ц ь *Пс 108, 11 Син см.* заимодавьць

з а е м ъ *Зогр Ас Син см.* заимъ

ЗАЖДА, -ѧ *ж* (1) νῶτον спина záda: з а ж д ѫ д а т и νῶτα διδόναι убежать, показать спину prchnout, ukázat záda: съмрьти не оуклонимъ сѧ ѡ сьвоннъ • не дадимъ зажда диꙗволови *Супр 91, 18.— Ср.* хрьбьтъ

ЗАЖДЬ, зажда *м* (1) ἀφετήριον зад zadní část těla: иже въ мотылы мѣсто нечистыѩ ѫтробы • ѫтробѫ вьсѫ изваливъ • заждемь нечистыи тъ *Супр 190, 7.— Ср.* афедронъ

ЗАЖЕЩИ, зажегѫ, зажежеши *и* зажьгѫ, зажьжеши *сов.* (4) [зажь- *Мар* (1) *Ас* (1)] ἐμπιμπράναι, ἐμπιμπρᾶν зажечь, поджечь zapálit: погоуби оубицѧ ты • ꙇ грады ихъ зажьже *Мт 22, 7 Мар Ас,* зажеже *Евх 106б 3 (Ø Зогр).— Евх 103б 10-11.— Ср.* въжещи, запалити

ЗАЖИЅАТИ, -аѭ, -аеши *несов.* (1) ἀναλίσκειν (!) зажигать, поджигать zapalovat: повелѣ цѣсарь саворин... влъхвомъ • свѧтыѩ цръкви хръстиꙗнъскы огнемъ зажизати *Супр 255, 3.— Ср.* съжагати, съжиѕати

ЗАЗИРАТИ, -аѭ, -аеши *несов.* (1) καταγινώσκειν укорять, упрекать, подозревать zazlívat, vytýkat: нъ иштѫтъ • чесо ради ции не ноудими сами приходѧтъ на жрътвѫ • да тѣхъ ли ради вьсѣмъ крьстиꙗномъ зазиракте *Супр 127, 21*

ЗАЗНАМЕНАТИ, -аѭ, -аеши *сов.* (1) σφραγίζειν наложить печать, запечатать označit pečetí, zapečetit: зазнаменаı гробъ • воинъı • поставı • остѫпı гробъ *Клоц 12а 19.— Ср.* запечатьлѣти

ЗАЗОРЪ, -а *м* (2) ὑποψία, πόρνη (!) подозрение podezření: се бо грѣха не имѫтъ иже скорѣѥ въстати • а иже поздѣѥ зазора бы пльно было *Супр 443, 24.— Супр 238, 23*

ЗАЗОРЬНЪ *прил.* (2) **1.** μεμπτέος предосудительный, зазорный zasluhující hanu, výtku: хвалимъ оубо ꙗко словомъ оусоуши • зазорьнъ же ꙗко без оума ѥ прокла *Супр 346, 2* **2.** ὕποπτος подозрительный podezřelý: аште ли мимошъдъшемъ • и отъшъдъшемъ бѫдѫтъ • стражемъ хотѣаше зазорьно дѣло быти *Супр 444, 3*

ЗАЗЬРѢТИ, -рѭ, -риши *несов.* (6) **1.** καταγινώσκειν, μέμφεσθαι упрекать, укорять zazlívat, vytýkat: видѣшѧ етерı отъ оученикъ его • нечистама рѫкама... ѣдѫштѧ хлѣбы • зазьрѣахѫ *Мк 7, 2 Зогр Мар* **2.** λανθάνειν тайком порочить, поносить tajně hanět, tupit: тьмномъ словомъ хоулиши • мьнѧ зазьрѣти *Супр 104, 10* ◆ з а з ь р ѣ т и г л а г о л ѣ ῥήματος ἐπιλαμβάνεσθαι ловить на слове chytat za slovo: ꙇ не могошѧ зазьрѣти... г⟨лаго⟩лѣ его прѣдъ л҃юдьми *Л 20, 26 Зогр Мар.— Супр 425, 19*

ЗАИМАТИ, заемлѭ, заемлеши *несов.* (1) δανείζεσθαι занимать, брать в долг vypůjčovat si: заемлетъ грѣшьникъ ꙇ не възвратитъ *Пс 36, 21 Син*

ЗАИМОДАВЬЦЬ, -а *м* (4) [зае- *Син* (1)] δανειστής заимодавец, кредитор věřitel: дъва длъжьника бѣашете заꙇмодавьцю етероу *Л 7, 41 Зогр,* заимодавьцоу *Мар Ас* (давъшꙋ заим' *Супр 393, 20*).— *Пс 108, 11 Син*

ЗАИМЪ, -а *м* (21) [зае- *Зогр* (2) *Ас* (4) *Син* (1), зак- *Супр* (1)]: (въ) з а и м ъ д а ꙗ т и, д а т и δανείζειν, χρῆν; (заимъ давъ δανειστής) давать/дать взаймы půjčovat/půjčit: въ заꙇмъ даꙇте • ничесоже чаѭште *Л 6, 35 Зогр Мар Сав,* въ заимъ дадıте *Ас;* заемъ даетъ праведьнъ *Пс 36, 26 Син;* в ъ з а и м ъ в ъ з ѧ т и о у к о г о δανείζεσθαι взять взаймы vypůjčit si: хотѧщаго оу тебе въ заꙇмъ възѧти не възврати *Мт 5, 42 Сав* (заѩти *Зогр Мар Ас*).— *Зогр Мар Ас Сав Син Супр.—* въ заимъ възѧти *ср.* заѩти; давъ заимъ *ср.* заимодавьць

ЗАИТИ, -идѫ, -идеши *сов.* (8) περιπίπτειν зайти (*куда-л.*), уйти zajít, odejít: заблѫдивъ въ безпѫтънъıѩ брѣгъı заиде *Супр 289,*

17-18; вь(з)иракще (вь)спать • видѣти хотѧще праведьнъих' • ѡт⟨ъ⟩ нихъже сѧ разлѫчи(шѫ) • и плачѫт' сѧ горь(ко лютѣ) • ѣко и заидѫт' *Рыл 5ба 27* ● δύειν, ἐπιδύειν зайти (*о солнце*) zajít, zapadnout (*o slunci*): бѣ бо оубо зашъло вь адъ • праведъное слънъце *Клоц 14б 33; Супр 453, 21* ◆ з а и т и м ы с л и ѭ: заiдъ мыслью *глосса к* помѣнѫхъ (ἐμνήσθην) *Пс 76, 4 Син.— Клоц 12б 30; Супр 357, 7; 448, 26.— Ср.* отити

ЗАКАЛАТИ, -лаѭ, -лакши *несов.* (6) θύειν, θύειν ἐν σφαγῇ, σφάττειν закалывать, приносить кровавую жертву zabíjet (*jako oběť*): радоуетъ сѧ съ с⟨вѧ⟩тъіми а⟨н⟩ѣ⟨е⟩лъі его • закалаѩ тебѣ телець оупитѣнъі *Евх 90б 20-21.— Клоц 13б 14; Супр 116, 4; 116, 8; 437, 3-4; 450, 21-22.— Ср.* клати

ЗАКЛАТИ, заколѭ, заколкши *сов.* (21) [-къл- *Зогр* (1), -кьл- *Ас* (2)] θύειν, σφάζειν, σφάττειν, κατασφάττειν, σφαγιάζειν заколоть, убить, зарезать zabít: закла емоу телець питомъі *Л 15, 30 Зогр Мар Сав,* закьлалъ емоу еси *Ас* ● заклать, принести кровавую жертву zabít (*jako oběť*): да речетъ камѣнъіи богъ вашъ • что хоштетъ да кмоу заколѫтъ • козѫ ли или волъ *Супр 116, 12-13.— Зогр Мар Ас Сав Син Супр*

ЗАКЛЕНѪТИ, -нѫ, -неши *сов.* (3) κλείειν, κατακλείειν clades (!) запереть, заключить zavřít, uzavřít: і заклепе иоана въ темьници *Л 3, 20 Мар* (заключи *Зогр*).— *Л 4, 25 Мар; Киев 5б 13.— Ср.* заврѣти, заключити, затворити, затъкнѫти, заѩти

з а к л е п - *см.* закленѫти

ЗАКЛИНАНИѤ, -иꙗ *с* (3) **1.** ἐξορκισμός, ἀφορκισμός заклинание zaklínání: зак'линание... над⟨ъ⟩ д⟨оу⟩хъі нечистъі *Евх 56б 4* **2.** ἐπιορκία лжеприсяга křivá přísaha: како оубо зиждетъ сѧ • клѧтвами • хоуламии • заклинаникмъ завистиѭ *Супр 382, 5.— Евх 51б 6*

ЗАКЛИНАТИ, -аѭ, -акши *несов.* кого цѣмь; о комь (26) ὁρκίζειν, ἐξορκίζειν, ἐνορκίζειν κατά τινος *или* ἐν τινί заклинать zaklínat, zapřísahat *někoho někým*: заклинаѭ тѧ б⟨ого⟩мь *Мк 5, 7 Зогр Мар.— Зогр Мар Ас Сав Евх Супр.— Ср.* клати

ЗАКЛЮЧИТИ, -чѫ, -чиши *сов.* (11) κλείειν, κατακλείειν, ἀποκλείειν, ἐγκλείειν запереть, заключить zavřít, zamknout: і заключи іоана вь тьмьници *Л 3, 20 Зогр* (заклепе *Мар*); самъ въ ѫтрьнѣѭ клѣтькѫ заключи сѧ *Супр 516, 3* ◆ з а т в о р и в ъ з а к л ю ч и т и προσηγνύναι запереть на замок zavřít na zámek, zamknout: затворивъ заключи двьри *Супр 515, 14-15.— Л 4, 25 Ас Сав; Супр 243, 7; 309, 21-22; 498, 25; 527, 28; 561, 17; 566, 25-26.— Ср.* заврѣти, закленѫти, затворити, затъкнѫти, заѩти

ЗАКЛѦТИ, -кльнѫ, -кльнеши *сов.* (1) ὁρκίζειν τινά заставить поклясться zapřísáhnout *někoho*: и въ продлъжении пришъдъ рѣчи • закла и да повѣстъ кмоу о себѣ *Супр 294, 25*

з а к о л - *см. также* заклати

ЗАКОЛѤНИѤ, -иꙗ *с* (6) σφαγή убийство (*ножом, копьем*) zabití (*nožem, kopím*): вьмѣнишѩ нъі ѣко овьцѩ на заколенье *Пс 43, 23 Син* ● θυσία заклание, кровавое жертвоприношение krvavá oběť': мол⟨итва⟩ на заколѣние *Евх 15а 24.— Супр 434, 25; 437, 1-2; 460, 15; 481, 6.— Ср.* исѣчение, колкние

ЗАКОНОДАВЬЦЬ, -а *м* (1) νομοθέτης законодатель zákonodárce: постави г⟨оспод⟩і законодавьца надь німи *Пс 9, 21 Син.— Ср.* законодаѩи

ЗАКОНОДАНИѤ, -иꙗ *с* (1) *греч. нет* установление законов, законодательство zákonodárství: проповѣдати отъпоуштение дръжащимъ • і дръжимъімъ • б⟨о⟩жиемь твоимь законоданиемь *Евх 64б 11-12.— Ср.* възаконкние, законоположение

ЗАКОНОДАѨИ, -даѭщаего *прич.-прил. в знач. сущ. м* (1) ὁ νομοθετῶν законодатель zákonodárce: ıбо бл⟨аго⟩с⟨ловес⟩твениѣ дастъ законодаѩі *Пс 83, 7 Син.— Ср.* законодавьць

з а к о н о м оу *Л 2, 27 Боян см.* законьнъ

ЗАКОНОПОЛОЖЕНИѤ, -иꙗ *с* (1) νομοθεσία установление законов, законодательство zákonodárství: нъ въсходитъ на горѫ и тъ • и непрѣходънъіи прѣшьдъ мракъ • богообразънок прикмлетъ • разоумьнъіими възводимъ степеньми законоположение • и видъ *Супр 277, 13-14.— Ср.* възаконкние, законодание

з а к о н о п р ѣ п ь н о *Пс 40, 9 Син см.* законопрѣстѫпьнъ

з а к о н о п р ѣ с т о п л е н і е *Пс 100, 3 Син см.* законопрѣстѫплкние

ЗАКОНОПРѢСТѪПЛЮНИѤ, -иꙗ *с* (2) [-сто- *Син* (1)] παρανομία, παράβασις нарушение закона, преступление přestoupení zákona, zločin, přečin: не ревьноуі... ч⟨ловѣ⟩коу творѩщюемоу законопрѣстѫпление *Пс 36, 7 Син.— Пс 100, 3 Син.— Ср.* безаконение, безаконие, грѣхъ, прѣстѫплкние

ЗАКОНОПРѢСТѪПЬНИКЪ, -а *м* (11) παράνομος, ὁ παρανομῶν нарушающий законы, установления ten, kto přestupuje zákon; zločinec: законопрѣстѫпьници же потрѣбѩтъ сѩ вькоупѣ *Пс 36, 38 Син.— Пс 5, 6 Син; 35, 2 Син; 74, 5 Син; 85, 14 Син; 118, 113 Син; Клоц 12б 11-12; 12б 29-30;*

Супр 448, 10; 448, 25; 467, 2.— Ср. безаконьникъ, грѣшьникъ, законопрѣстѫпьнъ

ЗАКОНОПРѢСТѪПЬНЪ, -ꙑи *прил.* (7) [законопрѣпьно! *Син* (1)] παράνομος, παρανομῶν нарушающий законы, установления ten, kto přestupuje zákon, zločinný: не прѣдьлагахъ прѣдъ очима моима • вешті законопрѣстѫпьнꙑ *Пс 100, 3 Син*; и съ законопрѣстѫпънꙑимі не вънідѫ *Пс 25, 4 Син.— Пс 40, 9 Син; 70, 4 Син; 118, 85 Син; Супр 464, 19; 464, 23-24.— Ср.* безаконьнъ, грѣшьнъ, безаконьникъ, законопрѣстѫпьникъ, законъ (без закона)

ЗАКОНООУЧИТЕЛЬ, -лꙗ *м* (4) νομοδιδάσκαλος, νομικός учитель закона učitel zákona: і бѣахѫ сѣдѧште фарисѣі • і законооучителе *Л 5, 17 Зогр Мар Ас.— Мт 22, 35 Мар.— Ср.* законъ (законоу въкнѧвъıи), законьникъ, кънигъчии, кънижьникъ

ЗАКОНЪ, -а *м* (>200) **1.** νόμος, θέσπισμα, νομοθεσία, ἐντολή, λόγος, ἄνομος (!), νόμου τηρητής (!); (законъ дати, положити, поставити νομοθετεῖν; законъ съхранити νομοφυλακεῖν; законъ прѣстѫпати παρανομεῖν; законоу въкнѧвъıи νομομαθής) закон; установление zákon; ustanovení: мꙑ законъ імамъ • і по законоу нашемоу дльжьнъ естъ оумьрѣти *И 19, 7 Зогр Мар Ас Сав, Супр 434, 21 и 22*; повинѫти ти сѧ подобаатъ закономъ ц⟨ѣса⟩ремъ *Супр 106, 7*; кꙑи сицъ законъ оубоица поуштати *Супр 398, 7*; сего ради законъ дастъ съгрѣшаѭщиимъ • на пѫть *Евх 74б 25; Пс 24, 8 Син*; законъ положі въ і⟨здра⟩илі *Пс 77, 5 Син*; законъ поставітъ емоу на пѫті иже ізволі *Пс 24, 12 Син; Евх 75а 9*; мьнѧште сѧ законъ съхранѧште *Супр 339, 23*; грьдиі законъ прѣстѫпахѫ вельми *Пс 118, 51 Син*; блажени непорочьниі въ пѫть • ходѧштеі въ законѣ г⟨осподь⟩ні *Пс 118, 1 Син*; сего ради трѧсꙑ сѧ і трепештѧ • да б⟨о⟩жи хранітъ законъ *Клоц 2б 39*; за сего раді длъженъ естъ вьсѣкъ кнѧзъ... б⟨о⟩жи с⟨вѧ⟩тꙑ х⟨рист⟩оу законъ • і пророкомъ і ап⟨остол⟩омъ • і блаженꙑмъ о⟨тъ⟩цемь проучати *Клоц 2а 11*; пакꙑ оученикъ продаєтъ • и законоу въкнѧвъшии коупоуѭтъ *Супр 425, 3-4* ● *перен.*: не хотѧтъ бо словеса ꙗже о с⟨вѧ⟩тꙑихъ • подъ закономъ похвалꙑ бꙑти *Супр 83, 24* ● закон (*природы*) (*přirozený*) zákon, řád: творитъ вьсего не знати • и себе и ближьнѧѧ • и естьствънꙑѩ законꙑ *Супр 411, 26* (тѣлесьнаго обꙑчаѣ *Клоц 4б 13*); а еже дѣвици родити • не причѧштъши сѧ къ мѫжоу • вꙑше того естъ закона тѣлесьнаго *Супр 250, 7*; съмрьтънꙑѩ разврьже законꙑ *Супр 310, 29* □ (ветъхꙑи) законъ νόμος, ἡ παλαιά Ветхий завет Starý zákon: не мните ѣко приідъ разоритъ закона ли пророкъ *Мт 5, 17 Зогр Ас*; въ законѣ чьто естъ п'сано • како чьтеши *Л 10, 26 Зогр Мар Ас Сав*; цѣсарьствова бо сьмрьть отъ адама до мωусиѧ • рек'ше до закона *Супр 351, 27*; слꙑши и проповѣждь... како законъ остѫпаетъ • како благодѣть процвитает(ъ) *Клоц 13а 37; Супр 450, 6*; сімі бо псалъми поѣхѫ • въ ветъсѣмь законѣ *Клоц 7а 34-35*; новꙑи законъ ἡ καινή Новый завет Nový zákon: како ветъхꙑ законъ обетъша • како новꙑ извѣштаетъ сѧ *Клоц 13б 2; Супр 450, 10*; без закона ἀθέμιτος противозаконный, преступный; преступно protizákonný, zločinný; protizákonně, zločinně: несьвѣдами покмѧ плѣнникꙑ • и много бе закона творѧ *Супр 291, 30-292, 1* **2.** νόμος; (по законоу мрьтвꙑимъ νεκροπρεπῶς) обычай obyčej, zvyk: повелѣша съвѧзати и по перскоу законѹ *Супр 260, 8*; или и нозѣ по законоу мрьтвꙑимъ вѧжеши *Супр 456, 30.— Зогр Мар Ас Сав Боян Ен Син Евх Клоц Супр.— Ср.* завѣтъ, обꙑчаи, оуставъ; без закона *ср.* безаконьнъ, безаконьникъ, законопрѣстѫпьнъ

ЗАКОНЬНИКЪ, -а *м* (23) **1.** νομικός знаток закона, учитель закона zákoník, znalec zákona, učitel zákona: и⟨соу⟩с⟨ъ⟩ • рече къ законьникомъ • і фарисѣомъ *Л 14, 3 Зогр Мар Ас Сав* **2.** sacerdos священник kněz: чьстьнаго климента законьника і мѫченика чьсті чьстѧще *Киев 1б 17-18.— Зогр Мар Ас Сав Киев.— Ср.* законооучитель, кънигъчии, кънижьникъ, иереи, свѧщеникъ

ЗАКОНЬНО *нареч.* (1) νομίμως законно, по закону zákonně, podle zákona: аще не законьно мѫченъ бѫд(е)тъ *2 Тим 2, 5 Ен.— Ср.* законьнѣ

ЗАКОНЬНЪ, -ꙑи *прил.* (16) [закономоу! *Боян* (1)] τοῦ νόμου, νόμιμος, νομικός, ἔννομος закона *род.*, законный zákona *род.* zákonný: сътворити іма по обꙑчаю • законноумоу о немь *Л 2, 27 Зогр Мар Ас Сав*, закономоу *Боян*; дръжавѫ законнѫѫ... (при)имше *Ен 5а 3.— Зогр Мар Ас Сав Боян Ен Клоц Супр.— Ср.* позаконьнъ

ЗАКОНЬНѢ *нареч.* (1) *греч. нет* в соответствии с законом, по закону zákonně, podle zákona: сътрьпите мало • и законьнѣ пострадаите *Супр 75, 27-28.— Ср.* законьно

ЗАКРОВЪ, -а *м* (1) ἀποκρυφή укрытие, убежище příkrov, úkryt: і положі тъмѫ закровъ своі *Пс 17, 12 Син.— Ср.* кровъ, покровъ

ЗАКРЪІВАТИ, -аѭ, -аеши *несов.* (3) κατακαλύπτειν укрывать, закрывать zakrývat, zahalovat: страхомь непристѫпънꙑѩ славꙑ твоеѩ • закрꙑваѭтъ сѧ *Евх 4а 21*; долоу клачашта и лици закръываѭшта *Супр 211, 4.— Супр 187, 7-8.— Ср.* покрывати

ЗАКРЫТИ, -кръыѭ, -кръыкши *сов.* (3) περικαλύπτειν, ἐναποτήκειν (!) закрыть zakrýt: і закрывъше і бьѣахѫ і по лицоу *Л 22, 64 Зогр Мар.— Супр 335, 11.— Ср.* покрыти

закхеи *Мар 77а 13 см.* закьхеи

зак'хеи *Супр 350, 13; 350, 15; 545, 28 см.* закьхеи

закълати *Л 15, 27 Зогр см.* заклати

закьлати *Л 15, 27 Ас; Л 15, 30 Ас см.* заклати

ЗАКЬХЕИ, ЗАКЬХѢИ, -ꙗ *м имя* (14) [-хеи *Зогр* (3) *Мар* (3) *Ас* (3) *Супр* (3), -хѣи *Зогр* (1) *Мар* (1); -к'х- *Супр* (3), -кх- *Мар* (1); закьхеа *Зогр* (1)] Ζακχαῖος Закхей Zacheus: і се мѫжь іменемь нарицаемъі закьхеа *Л 19, 2 Зогр,* закьхеи *Мар Ас.— Л 19, 5 Зогр Мар Ас; Л 19, 8 Зогр Мар Ас; Зогр 130б 10; Мар 77а 13; Супр 350; 13; 350; 15; 545, 28*

ЗАКЬХЕОВЪ *прил. к* закьхеи (1) τοῦ Ζακχαίου Закхеев, Закхея *род.* Zacheův: б⟨о⟩же... съподоблеи подъ кровъ закьхеовъ вьнити *Евх 14б 11-12*

закьхѣи *Л 19, 5 Зогр Мар см.* закьхеи

ЗАЛАЗЪ, -а *м* (2) κίνδυνος опасность nebezpečí: и приобраштеши намъ залазъ не хꙋдъ *Супр 102, 24.— Зогр-лл 1б 9.— Ср.* бѣда

ЗАЛОГЪ, -а *м* (1) *греч. нет* залог zástava: кгда хотѣаше погребенъіи отъврѣшти дрѫжимъіѩ многодьньнъіѩ залогъі *Супр 472, 26*

ЗАЛОЖИТИ, -ложѫ, -ложиши *сов.* (3) *греч. нет* преградить zahradit: заложилъ еси пѫть в'сѣкои непріѣзни *Евх 42а 12* ◆ имѣник заложено τὰ κειμήλια клад, сокровище poklad: приꙗ ли тъі г⟨оспод⟩а • въ кои рѫцѣ вь ѥнже вьсхъіти заложено имѣнье *Супр 512, 5.— Евх 42а 17.— Ср.* заградити; имѣник заложено *ср.* съкровище

ЗАМАЗАТИ, -мажѫ, -мажеши *сов.* (1) *греч. нет* помазать pomazat: плинѫвъі на землѭ • замазавъі (*т. е.* очи) слинами і брениемь • слѣпоумоу рождьшю сѧ *Евх 33а 3-4* (*ср.* помаза емоу очи брьниемь *И 9, 6 Зогр Мар Ас*).— *Ср.* помазати

заматерѣти *Л 2, 36 Зогр см.* заматорѣти

ЗАМАТОРѢТИ, -рѣѭ, -рѣкши *сов.* (10) [заматер- *Зогр* (1)] προβαίνειν состариться zestárnout: азъ бо есмь старъ • і жена моѣ заматорѣвъши въ дьньхъ своіхъ *Л 1, 18 Зогр Мар Ас.— Л 1, 7 Зогр Мар Ас; Л 2, 36 Зогр Мар Ас Сав.— Ср.* обетъшати, състарѣти сѧ

ЗАМОРИТИ, -морѭ, -мориши *сов.* (1) κατατήκειν уморить, замучить umořit: ни въ тьмници затвори • ни гладь замори • ни ранъі дастъ *Супр 367, 15.— Ср.* оуморити

замоудити *Евр 10, 37 Ен; Супр 118, 7; 201, 1 см.* замѫдити

ЗАМЪІСЛЪ, -а *м* (1) *греч. нет* замысел úmysl, záměr: і бѫди ми подавъıи силѫ • і мѫдрость • і правьденъ замъіслъ *Евх 72б 7-8.— Ср.* разоумъ, оумъ

ЗАМѪДИТИ, -мѫждѫ, -мѫдиши, **ЗАМОУДИТИ,** -моуждѫ, -моудиши *сов.* (5) [-мѫ- *Син* (2), -моу- *Ен* (1) *Супр* (2)] χρονίζειν, μέλλειν (!) задержаться, замешкаться omeškat se, zpozdit se: (е)ще бо мало елико грѧдетъ придетъ и не (з)амоудїтъ *Евр 10, 37 Ен.— Пс 39, 18 Син; 69, 6 Син; Супр 118, 7; 201, 1.— Ср.* оумоудити

ЗАНИДА, -ъі *и* **ЗАНИѲАСЪ,** -а *м имя* (2) Ζανίδας Занифа (?) Zanithas: съконьчавъшиїхъ же сѧ сватъıнхъ • имена сѫтъ си • їѡна варахисии • занида • лазаръ *Супр 271, 6,* заниѳас *Супр 256, 12*

ЗАНИОСЪ, -а *м местность* (1) Τάνις Танис Tanis: імѣ полю заниосъ *глосса к* на поли танеосѣ *Пс 77, 12 Син.— Ср.* танеосъ

заниѳасъ *Супр 256, 12 см.* занида

ЗАНѤ *союз* (>100) **1.** *причинный* (*с индик. или инф.*) ὅτι, διότι, καθότι, διὰ τό *с инф.*, ἐν τῷ *с инф.*, ἐπεί, ἐπειδή, ἀνθ' ὧν, παρά *с вин.*, εἰς τό *с инф.* потому что, так как protože, poněvadž: і се бѫдеши мльча • до ѥгоже дьне бѫдетъ се • за ѥе не вѣрова • словесемъ моімъ *Л 1, 20 Зогр Мар Ас;* облъıгаахѫ мѩ зане гонѣахъ благостъıнѭ *Пс 37, 21 Син; Евх 77а 2;* соугобіте благодѣть зане таковомъ отрокмъ (!) достоіні бъıсте о⟨ть⟩ці *Клоц 1а 1* (ꙗко *Супр 325, 5*); сего раді испразні и (*т. е.* законъ) • зане не може его съвръшіті *Клоц 6б 9* (поне *Супр 416, 27*); егда д⟨оу⟩ховънаѣ пішта вънідетъ • въ оумъ пълнъ зълобъі • паче погоубітъ • і истълітъ • нъ (! *вм.* не) своеѭ силоѭ • нъ зане немоштъна естъ д⟨оу⟩ша пріемлѫштиѣ *Клоц 8б 11* (недѫгомъ принимъшаа доуша *Супр 421, 20*); не бо кстъ цѣсаремъ того нарешти... зане заповѣди божиѩ прѣстѫпивъшоу кмоу коумиромъ жрьти *Супр 214, 5* ● сего ради... занк διὰ τοῦτο... ὅτι поэтому... потому что proto... (proto)že: сего ради гонѣхѫ и⟨соу⟩с⟨ъ⟩ іюдѣи і искаахѫ его оубити • за не си творѣаше въ сѫботѫ *И 5, 16 Зогр Мар* **2.** *следственный* (*только в Супр*) ὅθεν, διό поэтому proto, pročež: д⟨оу⟩хъ с⟨вѧ⟩тъıи вьнидетъ въ тѧ и сила въıшьнꙗаго обьсѣнитъ тѧ • занѥ и раждакмок отъ тебе с⟨вѧ⟩то • наречетъ сѧ *Супр 10, 26* (тѣмь же *Л 1, 35 Зогр Мар Ас Сав*); добрѣ • ꙗко не тъчьѭ богъı прѣобидѣлъ кси • нъ и ц⟨ѣса⟩рѣ похоули • зане сътворѫ ти • да живоу ти сѫштоу звѣрьми плоушта ти извлѣчена бѫдѫтъ *Супр 165, 9* **3.** *временной (единственный случай)* ἐπειδή когда když: занє прѣдастъ • і повръже ѣ҃ сърєбрьнікъ *Клоц 5б 10* (кєма бо *Супр 414, 26*).— *Зогр Мар Ас Сав Боян Ен Син Евх Клоц Супр*

ЗАНЮЖЕ *союз* (11) **1.** *причинный* διότι, διὰ τό *с инф.*, ἐπειδή потому что, так как protože, poněvadž: ч'то мало и велико поимовати имѣѧ прѣдакши оучителѩ • [за] занєже ли ти прѣда • на бѣсы власть *Супр 411, 14* (імьже *Клоц 4а 39*); и поштєниѥ наше и оудрьжаньѥ доуховьно бѫди • занеже и орѫжьѥ наше вь неже ны облькль владыка • доуховьно ѥстъ *Супр 497, 12* ● занѥже... то тѣмь διά *с вин.* потому что, поскольку... поэтому protože... proto: за неже тождеименитъ ѥси • то тѣмъ ти ѥстъ дала животъ *Супр 226, 29-30* **2.** *следственный (единственный случай)* ἐφ' οἷς поэтому proto, pročež: за неже достоитъ и намъ решти • что въздамъ господеви *Супр 480, 4.*— *Л 19, 11 Зогр Мар; Супр 82, 3; 83, 25; 212, 28; 482, 15-16; 497, 9*

ЗАПАДЪ, -а *м* (26) **1.** δύσις закат, заход (*солнца*) západ (*slunce*): слънъце позна западъ свої *Пс 103, 19 Син* **2.** αἱ δυσμαί, δύσις запад západ: и придѫтъ отъ въстокъ и западъ и сѣвера и юга *Л 13, 29 Мар Ас*, отъ въстока и отъ запада *Сав* (∅ *Зогр*); акы въстока свободи • и запада *Супр 512, 25.*— *Зогр Мар Ас Сав Ен Син Супр.*— *Ср.* заходъ

ЗАПАДЬНЪ, -ьи *прил.* (2) τῶν Ἰλλυρίων (!) западный západní: нѣстъ дошъла западънъıихъ странъ арианъскаѩ хоула *Супр 197, 19-20* ▭ западьнъ (*т. е.* вѣтръ) λίψ западный ветер západní vítr: въздвиже югъ до небесі • і наведе силоѭ своеѭ западенъ *Пс 77, 26 Син.*— *Ср.* западьскъ

ЗАПАДЬСКЪ, -ыи *прил.* (1) τοῦ ᾅδου (!) западный západní: въшъдъшоуоумоу на западъскыѩ запады *Супр 465, 22-23.*— *Ср.* западьнъ

ЗАПАЛИТИ, -лѭ, -лиши *сов.* (1) ἅπτειν зажечь zapálit: възъмъше огнь запалишѧ плѣвьницѫ *Супр 196, 21.*— *Ср.* възгнѣтити, зажещи

ЗАПЕЧАТЬЛѢТИ, -лѣѭ, -лѣѥши *сов.* (7) [-чѣ- *Ас* (1)] σφραγίζειν запечатать, наложить печать zapečetit, opatřit pečetí: они же шедъше оутвръдишѧ гробъ • запечѣтьлѣвъше камень • съ коустодиеѭ *Мт 27, 66 Ас* (знаменавъше *Зогр Мар*) ● *перен.*: приимъıи его съвѣдѣтельство запечатьлѣ • ѣко б⟨ог⟩ъ истиненъ (!) ѥстъ *И 3, 33 Мар Ас Охр* (∅ *Зогр*).— *Супр 246, 8; 440, 4-5; 472, 22-23.*— *Ср.* знаменати

запечѣтьлѣти *Мт 27, 66 Ас см.* запечатьлѣти

ЗАПИНАТИ, -аѭ, -аѥши *несов.* (1) ὑποσκελίζειν ставить препятствия, препятствовать, *перен.* обманывать klást překážky, *перен.* oklamávat: како ти и кымьждо хѫдожьствомь з⟨а⟩пинаетъ⟨ъ⟩ *Рыл 26β 18.*— *Ср.* прѣльщати

ЗАПЉЬВАНИѤ, -ниѩ *с* (1) ἔμπτυσμα оплевывание poplivání: виждъ лица моѥго заплъваньѩ • ѥже тебе ради приѩхъ *Супр 469, 6-7*

ЗАПЉЬВАТИ, заплюѭ, заплюѥши *сов.* (9) ἐμπτύειν оплевать poplivat: і поржгаѭтъ сѧ емоу • і досадѧтъ емоу • і заплюѭтъ і *Л 18, 32 Зогр Мар.*— *Мт 26, 67 Зогр Мар Ас Сав* (2); *Евх 48а 18; 50а 6-7.*— *Ср.* оплъвати

заповѣ *Л 2, 1 Ас см.* заповѣдь

ЗАПОВѢДАНИѤ, -ниѩ *с* (1) πρόσταγμα веление, приказание nařízení, příkaz: нѣстъ оуталo сѧ насъ нечьстивоѥ заповѣданиѥ *Супр 147, 27.*— *Ср.* велѣниѥ, заповѣдь, запрѣщениѥ, зарокъ, повелѣниѥ, заповѣдати (заповѣданаѩ)

ЗАПОВѢДАТИ, -аѭ, -аѥши *несов./сов.* чьто комоу (51) **1.** ἐντέλλεσθαι, παραγγέλλειν, διαστέλλειν, θεσπίζειν, διατάσσειν, ἐπιτάσσειν, νομοθετεῖν, ὑποτίθεσθαι, προστιθέναι, περιέχειν (!) приказывать/приказать, велеть nařizovat/nařídit, přikazovat/přikázat, poroučet/poručit: оучаще ѩ блюсти • вьсѣ елико заповѣдахъ вамъ *Мт 28, 20 Мар Ас Сав* (заповѣдѣхъ *Зогр*) ▭ заповѣданаѩ *с мн. в знач. сущ.* τὰ προστεταγμένα веления, заповеди příkazy: нѣси ли слышалъ о заповѣданъıихъ намъ • отъ самодръжецъ *Супр 147, 22* **2.** ἐπαγγέλλεσθαι сообщать oznamovat: и твоѥ заповѣдаѥши отроковици пришьствиѥ *Супр 250, 7-8.*— *Зогр Мар Ас Сав Унд Син Евх Супр.*— *Ср.* велѣти, възвѣщати, задѣти, заповѣдѣти, запрѣтити, запрѣщати, зарещи, повелѣти, повѣдати, проповѣдати, съказати

ЗАПОВѢДЬ, -и *ж* (>200) [-дъ *Мар* (1) *Ас* (4) *Киев* (1), ..ди *Боян* (1), заповѣ ! *Ас* (1)] ἐντολή, ἔνταλμα, πρόσταγμα, ἐπίταγμα, διάταγμα, δόγμα, παραγγελία, ἐπάγγελμα, θέσπισμα, νόμος, φήμη (!), διαθήκη (!) приказ, заповедь, веление příkaz, přikázání, ustanovení: въ оно в⟨рѣмѧ⟩ изиде заповѣ (! *вм.* заповѣдь) отъ кесарѣ августа • написаті всѧ вьселенѫѭ *Л 2, 1 Ас* (повелѣние *Зогр Мар Сав*); сръдьце же іхъ не бѣ право съ нимь • ни вѣришѧ сѧ въ заповѣди его *Пс 77, 37 Син* ● *спец. греч. нет* епитимья pokání: исповѣстъ сѧ емоу • і дастъ емоу заповѣд⟨ь⟩ *Евх 77а 9* ● donum, donare, perceptio (!) дар (?), обещание (?) dar (?), příslib (?): да възможемъ...

приꙗти заповѣді твоꙗ *Киев 3б 14-15.— Зогр Мар Ас Сав Боян Син Киев Евх Супр Хил Рыл.— Ср.* велѣние, законъ, заповѣданиѥ, запрѣщениѥ, зарокъ, повелѣниѥ

ЗАПОВѢДѢТИ, -вѣмь, -вѣси *сов.* чьто комоу (28) ἐντέλλεσθαι, παραγγέλλειν, ἐπιτάσσειν приказать, велеть nařídit, poručit, přikázat: оучѧштѧ ꙗ блюсти • вьсѣ елико заповѣдѣхъ вамъ *Мт 28, 20 Зогр* (заповѣдахъ *Мар Ас Сав*).— *Зогр Мар Ас Сав Син Евх Супр.— Ср.* задѣти, заповѣдати, запрѣтити, зарещи, повелѣти

заповѣжди *Евх 51б 13,* заповѣждь *Супр 187, 23 см.* заповѣдѣти

ЗАПОСЛОУШАТИ, -аѭ, -аѥши *несов.* (1) διαμαρτύρεσθαι свидетельствовать svědčit: си въспоминаи ..(по)слоушаѧ прѣдъ б⟨ого⟩мъ *2 Т 2, 14 Ен.— Ср.* засъвѣдѣтельствовати

запръва *Супр 39, 29 см.* запрьва

ЗАПРЬВА *нареч.* (4) [-пръ- *Супр* (1)] τὴν ἀρχήν, ἐκ προοιμίων, πρῶτον сперва, прежде всего zprvu, nejprve: запрьва оубо льшта'ше ихъ ласканиимъ *Супр 86, 26.— Супр 39, 29; 89, 14; 498, 1.— Ср.* искони, испрьва, начѧло (въ начѧло)

ЗАПРѢТИТИ, -прѣщѫ, -прѣтиши *сов.* (95) **1.** παραγγέλλειν, ἐπιτάσσειν, διαστέλλεσθαι, παραγγελία (!) запретить, приказать důtklivě poručit, přikázat: і запрѣти імъ • да никомоуже не повѣдѧтъ *Мк 7, 36 Зогр Мар Ас Сав Боян* **2.** ἐμβριμᾶσθαι, ἐπιτιμᾶν укорить, пригрозить pohrozit, vyplísnit, pokárat: аште съгрѣшитъ братръ твоі • запрѣти емоу *Л 17, 3 Зогр Мар Ас Сав* ◆ запрѣтити доухоу *или* доухомь ἐμβριμᾶσθαι τῷ πνεύματι взволноваться být pohnut: запрѣти доухоу • і възмѧти сѧ самъ *И 11, 33 Зогр Мар Ас Сав.— Зогр Мар Ас Сав Боян Син Евх Супр.— Ср.* въспрѣтити, задѣти, заповѣдѣти, запрѣщати, зарещи, повелѣти

ЗАПРѢЩАТИ, -аѭ, -аѥши *несов.* (15) [-щашетъ ! *Сав* (1)] **1.** ἐπιτάσσειν, διαστέλλεσθαι запрещать důtklivě poroučet, přikazovat, zakazovat: еликоже імъ тъ запрѣштааше • они паче із лиха проповѣдаахѫ *Мк 7, 36 Зогр,* запрѣщаше *Боян,* запрѣщашетъ (! *вм.* запрѣщаше) *Сав* (заповѣдааше *Мар,* запрѣті *Ас*) **2.** ἐπιτιμᾶν укорять, угрожать hrozit, plísnit, kárat: і запрѣштаꙗ не дадѣаше імъ г⟨лаго⟩лати *Л 4, 41 Зогр Мар.— Евх 45а 17; 45б 16; 46а 21; 47б 13; 47б 18; 50б 5-6; Клоц 2а 13; Супр 310, 4; 383, 29; 412, 7.— Ср.* велѣти, заповѣдати, запрѣтити

ЗАПРѢЩЕНИѤ, -ꙗ *с* (12) **1.** πρόσταγμα, ἐπιταγή запрет, запрещение, приказ zákaz, rozkaz: вида смокве • прѣжде господьска запрѣштениꙗ • прозабъшѧ и свѣтьлѫ • а по господьстѣ запрѣштении • и драхло и соухо *Супр 343, 21 и 22* **2.** ἐπιτίμησις угроза, воспрещение, порицание pohrůžka, pokárání: о запрѣштении водамъ *Мар 43б 2* **3.** ἐπιτίμιον отплата, наказание odplata, trest: бывъи бо прьвъи чл⟨овѣ⟩къ • за велика запрѣштениꙗ симъ осѫжденъ бываааше *Супр 487, 12.— Зогр 129б 6; Пс 17, 16 Син; 75, 7 Син; 79, 17 Син; 103, 7 Син; Евх 56б 10; Супр 33, 14-15; 489, 10-11.— Ср.* велѣниѥ, заповѣданиѥ, заповѣдь, зарокъ, повелѣниѥ, прѣщениѥ

ЗАПОУСТѢНИѤ, -ꙗ *с* (9) [-нь- *Зогр* (2)] ἐρήμωσις опустошение, разорение zpustošení, spoušť: егда же оузьрите мръзость запоустѣниѣ • реченѫѭ даниилъмъ пр⟨оро⟩к⟨о⟩мь *Мт 24, 15 Мар Ас Сав,* запоустѣн(иѣ) *Боян* (∅ *Зогр*); *Мк 13, 14 Зогр Мар.— Л 21, 20 Зогр Мар; Пс 72, 19 Син*

ЗАПОУСТѢТИ, -поустѣѭ, -поустѣѥши *сов.* (5) ἐρημοῦσθαι, χηρεύειν прийти в упадок, прийти в запустение zpustnout: вьсѣко ц⟨ѣса⟩р⟨ь⟩ство раздѣль сѧ на сѧ • запоустѣетъ *Мт 12, 25 Зогр Мар.— Л 11, 17 Зогр Мар; Супр 251, 12-13.— Ср.* опоустѣти

запьн- *см.* запѧти

ЗАПЬРАТИ, -перѫ, -переши *сов.* (1) πατεῖν растоптать pošlapat: трѣбишта разметана • свѧтаꙗ свѧтъихъ запърана *Супр 418, 15.— Ср.* попьрати

ЗАПѦТИ, -пьнѫ, -пьнеши *сов.* комоу (5) [-пъ- *Син* (1)] σκελίζειν, ὑποσκελίζειν, συμποδίζειν τινά, γιγνώσκειν (!) сбить с ног, повалить podrazit nohy: аште възможетъ запѧти б⟨о⟩жию рабоу иакωвоу *Супр 515, 4;* и не запьнѫтъ сѧ стопы его *Пс 36, 31 Син.— Пс 76, 20 Син; 77, 31 Син; Супр 525, 1.— Ср.* сълѧти

ЗАПѦТИѤ, -ꙗ *с* (1) *греч. нет* препятствие překážka: и юнъи съхранитъ сѧ бе запѧтиꙗ *Супр 548, 21*

ЗАРАЗИТИ, -ражѫ, -разиши *сов.* (1) πνίγειν пресечь, подавить zarazit, potlačit: да заражѫ мльчаниѥмъ отъвѣштаниѥ *Супр 242, 6*

ЗАРЕЩИ, -рекѫ, -речеши *сов.* комоу (1) παραγγέλλειν запретить, приказать nařídit, rozkázat, zakázat: и въспрѣтивъ лѫкавоуоумоу томоу бѣсоу • зарече ѥмоу да ник'деже сѧ не ꙗвитъ *Супр 36, 25.— Ср.* задѣти, заповѣдѣти, запрѣтити, повелѣти

ЗАРИЛЪ, -а *м имя* (1) Σάρβηλος Сарвил Sarbelius: стр⟨а⟩стъ с⟨вѧ⟩таго м⟨ѫ⟩ч⟨ени⟩ка зарила *Ен 24б 16*

ЗАРОКЪ, -а *м* (1) οἱ ὅροι *мн.* повеление příkaz: нъ аште к'то ч'то речетъ чесо ради отъвръгоша сѧ зарока ѥмоу бѣси *Супр 53, 12.— Ср.* заповѣдь, запрѣщениѥ, повелѣниѥ, оуставъ

заррь *Мт 1, 3 Сав см.* зарь

ЗАРЪ, -а *м имя* (2) [заррь *Сав* (1)] Ζαρά Зара Zaram: юда же роді фареса и зара *Мт 1, 3 Ас*, зарра *Сав* (∅ *Зогр Мар*)

ЗАРІꙖ, -ѩ *ж* (6) ἀκτίς, αὐγή, αἴγλη; (зарѩ поущати ἀστράπτειν) заря, свет, луч záře, jas, záblesk: заоутра кгда… златыѩ зарѧ • правьдьнок сльньце въ отьмѣненыихъ срьдьцихъ просвѣти *Супр 348, 23.— Супр 250, 18; 335, 18; 339, 19; 348, 25; 401, 14.— Ср.* зорѩ

ЗАСКОПИѤ, -ніа *с* (1) ὑπόληψις коварство úskok: дѣти хвалѫ приносѧтъ • да вьсе заскопик • тъште слово покажетъ непрігазни *Супр 337, 17-18*

ЗАСТОІꙖТИ, застоѩ, застоиши *несов.* (4) ὑπωπιάζειν докучать obtěžovat: за не творитъ ми троудъ вѫдовица си • да мьштѫ ѥѩ • да не до коньца приходѧшти застоітъ мене *Л 18, 5 Зогр Мар Ас Сав*

ЗАСТѪПАНИѤ, -ніа *с* (1) προστασία защита ochrana: таланти бо сьде сѫтъ • когождо сила • или въ застѫпании • или въ имѣнии *Супр 378, 21.— Ср.* застѫплѥниѥ, застѫпъ, защищениѥ, помощь

ЗАСТѪПАТИ, -аѭ, -аѥши *несов.* (8) **1.** συμμαχεῖν, ἀντιλαμβάνεσθαι, ὑπερασπίζεσθαι защищать, приходить на помощь *кому-л.*, заступаться *за кого-л.* zastávat se *někoho*, ujímat se *někoho*, chránit, přicházet *někomu* na pomoc: б⟨ог⟩ъ въ варъхъ его знаемъ естъ • егда застѫпаетъ и *Пс 47, 4 Син* **2.** ὑποδύνειν, παρεμποδίζειν отступать ustupovat: видѣ кыихъ бѣсъ сьсѫмнаште сѧ кго • и застѫпаѭшта отъ страха *Супр 37, 6* ● *перен.*: і на неи множѣишиѥ чювьствиѥ оутвръждь • не застѫпаѭща дроугъ дроуга • власы же главѫ покрылъ еси *Евх 7б 9.— Евх 94а 11; Супр 67, 23-24; 68, 10; 162, 4-5; 207, 19.— Ср.* защищати, помагати

ЗАСТѪПИТИ, -плѭ, -пиши *сов.* (19) [застѫ ! *Ен* (1), заст ! *Ен* (1), за ! *Ен* (1)] ἀντιλαμβάνεσθαι, ὑπερασπίζειν, προϊστάναι защитить, прийти на помощь *кому-л.*, заступиться *за кого-л.* postavit se *za někoho*, ochránit, pomoci *někomu*, ujmout se *někoho*: застѫпи мѧ г⟨оспод⟩и заст (! *вм.* застѫпи) *Ен 20б 8.— Ен Син Евх Супр.— Ср.* защитити, помощи

ЗАСТѪПЛѤНИѤ, -ніа *с* (10) ἀντίλη(μ)ψις, προστασία заступничество, помощь, защита zastání, pomoc, záštita: блаженъ мѫжъ емоуж-е-стъ застѫплені-е-моу отъ тебе *Пс 83, 6 Син.— Пс 21, 20 Син; 82, 9 Син; 88, 19 Син; 107, 9 Син; Евх 57б 2-3; 61а 22; Супр 50, 8-9; 103, 16; 544, 7-8.— Ср.* застѫпаниѥ, застѫпъ, защищениѥ, помощь

ЗАСТѪПЪ, -а *м* (4) ἀντίλη(μ)ψις, προστασία, ὁ προστατεύων (!) заступничество, помощь, защита zastání, pomoc, záštita: ты бо еси помощь • і застѫпъ • і надеждѣ в'сѣмъ прибѣгаѭщиимъ къ тебѣ *Евх 79б 16-17*; и не имѣѩ чловѣчьскы помошти • ни застѫпа *Супр 365, 3-4.— Супр 375, 19; 522, 29.— Ср.* застѫпаниѥ, застѫплѥниѥ, застѫпьникъ, защищениѥ, помощь

ЗАСТѪПЬНИКЪ, -а *м* (24) [-пъ- *Син* (1), -п'- *Супр* (4)] ἀντιλή(μ)πτωρ, βοηθός, ὑπασπιστής, προστάτης, ὑπέρμαχος заступник, защитник, помощник zastánce, ochránce, pomocník: ты же г⟨оспод⟩і застѫпьнікъ мої есі *Пс 3, 4 Син.— Син Евх Супр.— Ср.* защититель, защитьникъ, помощьникъ

ЗАСТѪПЬНИЦА, -ѧ *ж* (1) προστάτις заступница, помощница zastánkyně, pomocnice: б⟨огороди⟩це • тѧ въистинѫ исповѣдаѭще • имамъ грѣшнии застѫпницѫ *Ен 28б 7.— Ср.* помощьница

застѫпьниѥ *Супр 50, 8-9; 103, 16; 544, 7-8 см.* застѫплѥниѥ

ЗАСЪВѢДѢТЕЛЬСТВОВАТИ, -ствоуѭ, -ствоуѥши *сов./несов.* комоу (4) [-тельстоуѭ ! *Син* (1)] διαμαρτύρεσθαι подтвердить/подтверждать, засвидетельствовать/свидетельствовать dosvědčit, svědčit: да засъвѣдѣтельствоуетъ імъ • да не і ти приди҆тъ на мѣсто се мѫчьное *Л 16, 28 Зогр*, да засъвѣдѣтельствоуоутъ *Мар* (да сьвѣдѣтельствоуетъ *Ас Сав*).— *Пс 80, 9 Син; Евх 82б 13-14.— Ср.* запослоушати, съвѣдѣтельствовати

засъвѣдѣтельстоуѭ *Пс 80, 9 Син см.* засъвѣдѣтельствовати

ЗАСѢДЬНИКЪ, -а *м* (1) ἐγκάθετος коварный человек úkladný člověk: і съглѧдавъше посълашѧ засѣдьникы • творѧщѧ сѧ праведьници сѫште да имѫтъ і въ словеси *Л 20, 20 Мар* (дѣлателѧ *Зогр*)

затварати *Супр 456, 25 см.* затварꙗти

затварѣти *Мар Евх Клоц см.* затварꙗти

ЗАТВАРІꙖТИ, -ꙗѭ, -ꙗѥши *несов.* (6) [-рѣ- *Мар* (1) *Евх* (2) *Клоц* (1), -ра- *Супр* (1)] κλείειν, κατακλείειν, ἀποφράσσειν закрывать, запирать zavírat: горе вамъ… лицемѣри • ѣко затварѣате ц⟨ѣ⟩с⟨а⟩р⟨ь⟩ствие н⟨е⟩б⟨е⟩с⟨ьс⟩кое прѣдъ чл⟨о⟩в⟨ѣ⟩къ (! *вм.* чловѣкы) *Мт 23, 14 Мар* (∅ *Зогр*).— *Евх 46а 13; 48б 25; Клоц 12а 9; Супр 456, 25; 465, 7*

затворениѥ *Евх 52б 26; Супр 274, 13-14 см.* затворѥниѥ

ЗАТВОРИТИ, -рѭ, -риши *сов.* (70) [за..ренамъ *Охр* (1)] κλείειν, ἀποκλείειν, ἐναποκλείειν, διακλείειν, συγκλείειν, κατακλείειν, κατείργειν, ἀσφαλίζειν, μανδρεύειν, τὸ κλεῖθρον (!); (затворити оуста φιμοῦν) закрыть, затворить zavřít: не твори ми троуда • юже двьри затворены сѫтъ *Л 11, 7 Зогр Мар Ас Сав*; прѣмлькоша отъ пьрѣнига • затвореномъ бывъшемъ оустомъ ихъ истиноѭ *Супр 331, 19-20* ● (въ тьмьници) κατακλείειν, ἐγκλείειν, συναποκλείειν, κατείργειν, βάλλειν (ἐν τῇ φρουρᾷ, ἐν τῷ δεσμωτηρίῳ, ἐν τῇ φυλακῇ), ἀναλαμβάνειν (!) заключить (в тюрьму) zavřít do vězení, uvěznit: повелѣша... затворити ї҆хъ въ тьмници • и блюсти зѣло *Супр 57, 22* ● *перен.* кого, чьто въ чемь συγκλείειν τινά εἴς τι предать *кому-л.* vydat všanc, na pospas: и нѣси мене затворилъ въ рѫкахъ вражьѣхъ *Пс 30, 9 Син* ◆ ѫзами затворити κατασφαλίζειν связать spoutat: ѥ ѫзами вѣчьнами • вь прѣисподьнихъ... затворь *Евх 63б 15-16*; затворити и заключити *см.* заключити □ затворити сѧ κλείεσθαι, ἀποκλείεσθαι, ἀποφράσσεσθαι закрыться uzavřít se: ꙗко источьникъ присно текꙑи затвори сѧ *Супр 277, 1-2* ● ἐγκλείεσθαι стать затворником stát se poustevníkem, uzavřít se do mnišské cely: мѣсто вь нѥмъже затворилъ сѧ ѥстъ с⟨вѧ⟩тꙑи старць • брѣгъ иматъ на западъ *Супр 299, 30.— Зогр Мар Ас Сав Охр Син Евх Клоц Супр.— Ср.* заврѣти, заклєнѫти, заключити, затъкнѫти, заѩти

ЗАТВОРЪ, *-а м* (3) **1.** κλεῖθρον запор, засов závora, uzávěra: въкоупѣ желѣз'наꙗ ѫжа и верѣѩ съкроушиша сѧ • въкоупѣ затвори отъпадоша *Супр 466, 4* **2.** κατοχή тюрьма, темница vězení: савина повелѣ ваше величиѥ въ затворѣ бꙑти *Супр 147, 3.— Супр 472, 3-4.— Ср.* верѣꙗ, тьмьница

ЗАТВОРѤНИѤ, *-ꙗ с* (2) [-ре- *Евх* (1) *Супр* (1)] χωνευτήριον (!) заключение uzavření: затворениимъ же и мльчаниѥмъ паѩчинꙑ хоуждъшѭѭ славѫ оумори *Супр 274, 13-14.— Евх 52б 26*

ЗАТЪКНѪТИ, *-тъкнѫ, -тъкнеши сов.* (2) διδόναι τὸ κατώχιον заткнуть, закрыть zacpat, zavřít: забꙑ ѥдноѭ затъкнѫти двьри *Супр 297, 17.— Супр 532, 26-27.— Ср.* заврѣти, заклєнѫти, заключити, затворити, заѩти

ЗАТЫКАТИ, *-аѭ, -аѥши несов.* (1) βύειν затыкать ucpávat: ѣко аспидꙑ глоухꙑ затꙑкаѭщиѩ оуши свої *Пс 57, 5 Син*

заоулонь *Мт 4, 13 и 4, 15 Сав см.* завоулонь

заоустра *Пс 48, 15 Син см.* заоутра

ЗАОУТРА *нареч.* (24) [заоустра ! *Син* (1)] πρωΐ, τὸ πρωΐ, εἰς τὸ πρωΐ, πρωΐας, ἕωθεν, αὐγῆς, ὄρθρου утром zrána, ráno: вечеръ въдворітъ сѩ плачь • и заоутра радость *Пс 29, 6 Син.— Зогр Мар Ас Сав Син Евх Супр.— Ср.* оутро[2]

ЗАОУТРЬНЬ, *-ꙗи прил.* (2) [-ръ- *Евх* (1)] *греч. нет* утренний ranní: бꙑвъ съвѧзанъ отъ ар'хиерѣи • ѥ старець июдѣискъ • вь заоутръниимь съвѣтѣ *Евх 49а 14-15.— Евх 49б 8-9.— Ср.* оутрьнь

ЗАОУШАНИѤ, *-ꙗ с* (1) ῥάπισμα заушение pohlavkování: ч'то бо видиши цѣсарьскоѥ ѡ разбоиниче • заоушаниѥ ли пльваниѥ ли • гвоздиѩ *Супр 437, 23.— Ср.* заоушениѥ

заоушаꙗхѫ *Супр 138, 30-139, 1 см.* заоушити

ЗАОУШЕНИѤ, *-ꙗ с* (1) ῥάπισμα заушение pohlavkování: нъ и плешти свои даꙗше на ранꙑ • по пророчьскоумоу • и ланитѣ свои на заоушеньꙗ *Супр 481, 4* (*Ис 50, 6*).— *Ср.* заоушаниѥ

ЗАОУШИТИ, *-шѫ, -шиши сов.* (3) ῥαπίζειν дать пощечину dát pohlavek, zpohlavkovat: аште тѧ к'то заоушитъ о деснѫѭ ланитѫ *Супр 411, 9* (оударитъ *Мт 5, 39 Зогр Мар*).— *Супр 138, 30-139, 1; 436, 2*

захарна *Л 1, 5 Ас см.* захариꙗ

ЗАХАРИНИНЪ *прил. к* захариꙗ (12) [-рин- *Зогр* (1) *Сав* (1), -рꙑн- *Евх* (1)] τοῦ Ζαχαρίου Захарии *род.* Zachariášův: елисавеѳ • жена захаринина *Л 1, 24 Ас 145а 7* (его *Зогр Мар Ас 149а 3-4*).— *Л 1, 40 Зогр Мар Ас Сав; Л 3, 2 Зогр Мар Ас Сав; Пс 137, 1 Син; Евх 15б 10-11; Супр 485, 13*

захаринъ *Л 3, 2 Зогр, Л 1, 40 Сав см.* захарининъ

ЗАХАРИꙖ, *-ньѩ м имя* (32) [захарнѣ *Зогр* (5) *Мар* (5) *Ас* (4), захарна *Ас* (1)] Ζαχαρίας Захария Zachariáš: ѥреи етеръ ѥменемь захарнѣ *Л 1, 5 Зогр Мар*, захарна *Ас.— Зогр Мар Ас Ен Супр*

захарꙑнъ *Евх 15б 10-11 см.* захарининъ

ЗАХОДИТИ, *-хождѫ, -ходиши несов.* (6) δύειν заходить, закатываться (*о солнце*) zacházet, zapadat (*o slunci*): егда же захождааше слъньце *Мк 1, 32 Зогр*, захождаше *Мар* □ незаходѧи *в знач. прил.* ἄδυτος не заходящий nezapadající: слъньце не заходѧщеѥ *Евх 16 24* ● εἰς τὰ βάθη (!), *вар.* εἰς τὰ ἄδυτα (!) не заживающий nezacelující se: не заходѧштиїхъ ꙗзвъ *Супр 503, 23.— Л 4, 40 Зогр Мар*

ЗАХОДЪ, *-а м* (2) [за ходоу ! *Супр* (1)] **1.** δύσις заход, закат (*солнца*) západ (*slunce*): никомоу отътоли сьмѣти по слъньчьнѣѣмь заходѣ вънѣ домоу своѥго обрѣсти сѧ *Супр 53, 4* **2.** χρεία отхожее место záchod: того ради не вънидε до трии дьнии ни за ходоу (! *вм.* заходоу) себѣ *Супр 170, 13.— Ср.* западъ

ЗАЩИТИТЕЛЬ, *-лꙗ м* (8) [заштїтелъ ! *Син* (1)] ὑπερασπιστής защитник ochránce: г⟨осnод⟩ь заштїтїтель животоу моемоу *Пс 26, 1 Син.— Пс 27, 8 Син; 30, 3 Син; 30, 5 Син;*

32, 20 Син; 36, 39 Син; 39, 18 Син; 70, 3 Син.— Ср. избавитель, застѫпьникъ, защитьникъ

ЗАЩИТИТИ, -щищѫ, -щитиши сов. (6) [зашчити- Киев (5)] ὑπερασπίζεσθαι protegere, circumtegere, defendere, defensio (!) защитить ochránit: а тън самъ помоцьѭ твоеѭ вѣчьноѭ зашчіті нъи Киев 5а 18.— Киев 2а 17; 4б 17-18; 6а 13-14; 7б 23; Евх 92б 13-14.— Ср. застѫпити

ЗАЩИТЬНИКЪ, -а м (8) ὑπερασπιστής защитник ochránce: защітьниче мои г⟨оспод⟩і Пс 58, 12 Син.— Пс 17, 3 Син; 17, 31 Син; 27, 7 Син; 83, 10 Син; 113, 17 Син; 113, 18 Син; 113, 19 Син.— Ср. избавитель, застѫпьникъ, защититель

защищати Супр 407, 29-30 см. защицати

ЗАЩИЩЕНИѤ, -ига с (1) [-ньє Син (1)] ὑπερασπισμός защита ochrana: і далъ мі єсі заштіщеньє с⟨ъ⟩п⟨асе⟩ньѣ Пс 17, 36 Син.— Ср. застѫплениѥ, застѫпъ

ЗАЩИЦАТИ, -аѭ, -аѥши несов. (3) [заштиштати ! Супр (1)] αἰνίσσεσθαί τι, вар. ἐπείγεσθαι намекать narážet na něco (v řeči), naznačovat: то бо еуагг҃елистъ заштицаꙗ рече Супр 412, 17.— Супр 352, 7; 407, 29-30.— Ср. знаменати, клепати

ЗАЦѢДИТИ, -цѣждѫ, -цѣдиши сов. (1) греч. нет напоить (по капле) napojit (po kapkách): оубои сѧ... възъпивъшааго на распонѣ къ б⟨ог⟩оу • зацѣжденааго из гѫбы оцьтомь Евх 50б 18.— Ср. напоити

ЗАЧИНАТИ, -аѭ, -аѥши несов. (1) греч. нет начинать začínat: ꙇбо отъ праведънꙑхъ дѣании зачінаємъ блаженоє житье Клоц 1б 24.— Ср. начинати

зачънъшю Мт 18, 24 Сав и зачънѫтъ Клоц 1а 29 см. зачѧти

ЗАЧѦЛО, -а с (76) [зач҃ Зогр (17) Ас (29) Сав (13) Евх (1), зч҃ Мар (10)] ἀρχή начало začátek: зачѧло єва⟨н⟩ѣ⟨е⟩лиѣ • іс⟨оу⟩ х⟨ристосо⟩ва с⟨ы⟩на б⟨о⟩жиѣ Мк 1, 1 Зогр Мар Ас Сав.— Зогр Мар Ас Сав Син Евх.— Ср. начѧло, начѧтъкъ

ЗАЧѦТИ, зачьнѫ, зачьнеши сов. (29) [-чьѧ- Син (2), -чъ- Сав (1) Клоц (1), зачѧ! Евх (1)] ἄρχεσθαι, προσάγειν (!) начать začít: зачънъшю же емоу сърицати слово Мт 18, 24 Сав (наченъшю Мар Ас); зачьнѫ нꙑнѣ г⟨лаго⟩лати • имена гадомъ Евх 59а 14 ● (въ чрѣвѣ) συλλαμβάνειν (ἐν γαστρί, ἐν τῇ κοιλίᾳ), (ἐν γαστρὶ) ἔχειν зачать (дитя) počít: і се елисаветь ѫжика твоѣ • і та зачѧтъ с⟨ы⟩на въ старость своѭ Л 1, 36 Мар Ас Сав, Супр 245, 12, зачьнетъ Зогр ● перен.: зачѧтъ болѣзнъ і роді безаконньє Пс 7, 15 Син.— Зогр Мар Ас Сав Боян Син Евх Клоц Супр.— Ср. въчѧти, начѧти, приѩти

ЗАЧѦТИѤ, -ига с (5) σύλληψις зачатие početí: зачѧтие иоаноу кр⟨ь⟩стителю Ас 121а 17, Сав 131а 6; Ен 35б 16.— Ас 128б 22; Супр 245, 15

заштітєлъ Пс 27, 8 Син см. защититель

зашълъ см. заити

зашчити Киев см. защитити

заимъ Супр 123, 14 см. заимъ

ЗАѨТИ, заимѫ, заимеши сов. (5) 1. δανείζεσθαι взять взаймы, занять vypůjčit si: і хотѧштааго отъ тебе заѩти • не отъврати Мт 5, 42 Зогр Мар Ас (въ заимъ възѧти Сав) 2. ἐμφράσσειν затворить, закрыть zavřít: ѣко заѩсѧ сѧ оуста г⟨лаго⟩лѭщиимъ неправъдѫ Пс 62, 12 Син.— Пс 106, 42 Син.— Ср. заврѣти, закленѫти, заключити, затворити, затъкнѫти, заимъ (въ заимъ възѧти)

ЗАѨЦЬ, -а м (1) χοιρογρύλλιος (!), вар. λαγώς заяц zajíc: горꙑ вꙑсокꙑѩ еленемъ • каменъ прібѣжище заѩцемъ Пс 103, 18 Син

збавленье Евх 60а 22 см. избавлениѥ

званиѥ Евр 3, 1 Ен; 1 Кор 1, 26 Ен см. зъваниѥ

звати Кол 3, 15 Ен см. зъвати

ЗВОНЪ, -а м (1) ἦχος шум, грохот hluk, hřmot: абиѥ бꙑстъ трѫсъ и звонъ • ꙗкоже въскочити веджштиїмъ ѥго отъ страха Супр 18, 13.— Ср. говоръ, млъва, ропътъ, шоумъ

звѣзда Мар Сав Евх Супр см. ѕвѣзда

звѣздозьрєць Евх 54а 17 см. ѕвѣздозьрьць

ЗВѢРИНЪ, -ꙑи прил. (2) (звѣриномь лицемь θηριοπρόσωπον) звериный zvířecí: или животьномь • видѣниемь авлѣѩ сѧ • или змиевомь • іли звѣриномь лицемь Евх 54а 2 ◆ чародѣи звѣринъ ἐπαοιδὸς τῶν θηρίων действующий чарами на зверей, заклинатель зверей zaklínač zvířat: и призъвавъ вьсѧ чародѣѩ звѣринꙑѩ • повелѣ привести ѥлико имѫтъ звѣрии • лютъ и зълъ Супр 183, 19.— Ср. звѣриньнъ, звѣрьнъ, животьнъ

ЗВѢРИНЬНЪ, -ꙑи прил. к звѣрь (1) греч. нет звериный, зверей род. мн. zvířecí, zvířat род. мн.: отвръзоша оградѫ звѣринънѫѭ • и изиде рикаѩ левъ Супр 166, 19-20.— Ср. звѣринъ, звѣрьнъ, животьнъ

ЗВѢРИНЬСКЪ, -ꙑи прил. (1) θηριώδης зверский zvířecký: и многа ꙗрость звѣринъска движааше сѧ • отъ неправедънꙑихъ на благовѣрьнꙑѩ Супр 85, 9-10

ЗВѢРОКРЪМЬНИКЪ, -а м (1) греч. нет тот, кто кормит зверей krmič zvěře: тако стенѭштоу львоу • отвори звѣрокръмьникъ пакꙑ • и изиде инъ львъ Супр 166, 28

ЗВѢРОІАДИМЪ, -ꙑи *прич.-прил.* (1) θηριάλωτος пожираемый зверями požíraný zvěří: лютѫ видѣниѥ праведънꙑимъ • воинъ оушидь храбърꙑи • плѣньникъ овьча х⟨рьсто⟩во • звѣроꙗдимо *Супр 93, 12*

ЗВѢРЬ, -и *м* (57) [звѣр' *Супр* (1), ѕвѣ- *Ен* (1)] θηρίον, θήρ, λύκος (!), ἑρπετόν (!); (звѣрьми изѣденъ θηριάλωτος) зверь, (дикое) животное (divoké) zvíře, živočich: проложишѧ (! *вм.* положишѧ)... плъті прѣподобьнꙑихъ твоіхъ звѣремъ земьнꙑмъ *Пс 78, 2 Син*; прѣбꙑшѧ же звѣриѥ затворени сь нима *Супр 183, 28*; помилѹи мѧ и приими • да не бѫдѫ звѣрьми изѣдена *Супр 515, 30.— Зогр Мар Ен Син Супр Хил Рыл.— Ср.* животъ, животьнъ (животьно)

ЗВѢРЬНЪ, -ꙑи *прил.* (1) *греч. нет* звериный, зверя *род.* zvířecí, zvířete *род.*: видѧште издалеча • съ великꙑимъ оустрьмьѥниимъ теченьꙗ приходѧштъ (*т. е.* львъ) • мнѧште на изѣдениѥ имъ прѣдълежати • звѣрьноуоумоу нашьствию *Супр 558, 20.— Ср.* звѣринъ, звѣриньнъ, звѣриньскъ, животьнъ

з в ѣ с т і *Пс 101, 24 Син см.* възвѣстити

ЗВѦЦАТИ, звѧгѫ, звѧжеши *несов.* (1) *греч. нет* рассказывать vyprávět, povídat: тꙑ ли... не оувѣдѣлъ ѥси бꙑвъшааго вь нѥмь (*т. е.* въ иероусалимѣ) • ни ли звѧгома слꙑшалъ ѥси *Супр 475, 11* (*ср. Л 24, 18*).— *Ср.* глаголати, повѣдати

з д в и ж е н и ѥ *Ен 31а 16 см.* въздвижениѥ

з д ѣ л е н а *Супр 399, 24 см.* зеленъ

ЗЕВЕДЕИ, ЗЕВЕДѢИ, -а *м имя* (5) [зеведѣ- *Зогр* (1)] Ζεβεδαῖος Зеведей Zebedeus: оставьша о⟨ть⟩ца своего зеведѣа въ ладии *Мк 1, 20 Зогр*, зеведеа *Мар.— Мт 4, 21 Зогр Ас Сав*

ЗЕВЕДЕОВЪ, ЗЕВЕДѢОВЪ *прил. к* зеведеи, зеведѣи (27) [зеведѣ- *Зогр* (1), заведе- ! *Мар* (1)] τοῦ Ζεβεδαίου Зеведеев Zebedeův: іѣковъ • і оанъ • с⟨ꙑ⟩на зеведеова *Мк 10, 35 Зогр Мар Ас Сав.— Зогр Мар Ас Сав*

з е в е д ѣ и *Мк 1, 20 Зогр см.* зеведеи

з е в е д ѣ о в ъ *И 21, 2 Зогр см.* зеведеовъ

ЗЕВЕИ, -а *м имя* (1) Ζεβέε Зевей Zebach: положі кънѧ(ѕѧ) іхъ ѣко і орова і зива і зевеа і салъманоу *Пс 82, 12 Син*

ЗЕЛЕНЪ, -ꙑи *прил.* (5) [здѣ- ! *Супр* (1)] χλωρός, ἀειθαλής зеленый zelený: на трѣвѣ зеленѣ *Мк 6, 39 Зогр Мар.— Супр 399, 24; 399, 25; 429, 28*

ЗЕЛИѤ, -иꙗ *с* (9) λάχανον растение rostlina, zelina: і егда вьсѣно бѫдетъ въздрастетъ (*т. е.* гороушьно зрьно) • і бѫдетъ болѥ вьсѣхъ зелиі *Мк 4, 32 Зогр Мар* ● *собир.* τὰ λάχανα, αἱ λαχανίδες овощи, зелень zelenina: овъ бо вѣроуетъ ѣсти вьсе • а изнемага(ѧ)и зелие да ѣстъ *Римл 14, 2 Ен.— Мт 13, 32 Зогр Мар; Л 11, 42 Зогр Мар; Пс 36, 2 Син; Супр 275, 13.— Ср.* бꙑлиѥ, злакъ

з е м е л ѣ г а н и е *Евх 69б 23 см.* земльлѣганиѥ

з е м л ъ с к ъ *Мт 24, 30 Мар см.* земьскъ

з е м л̑ ь с к ъ *Пс 71, 11 Син; Киев 4а 22-23; Киев 5а 22 см.* земьскъ

ЗЕМЛꙖ, -лѧ *ж* (>700) **1.** γῆ, οἰκουμένη; (вьсꙗ землꙗ οἰκουμένη; коньци землѧ βασιλεία (!); по вьсеи земли πανταχοῦ) земля, мир země, svět: небо і землѣ мимо іделъ • а словеса моѣ не мимо ідѫтъ *Мт 24, 35 Зогр Мар Ас* (2) *Сав* (2); власть імать с⟨ꙑ⟩нъ ч⟨лове⟩ч⟨ь⟩скꙑ • на земи отъпоуштати грѣхꙑ *Л 5, 24 Зогр Мар Ас Сав*; и сьберѫтъ ѡт⟨ъ⟩ конець землѧ вьсѧ съблазнꙑ • и творѧщѧѧ беззаконие *Мт 13, 41 Ас Унд* (отъ ц⟨ѣса⟩р⟨ь⟩с⟨тв⟩иѣ его *Зогр Мар*); дастъ гласъ свої вꙑшьнеі и потрѧсе сѧ землѣ *Пс 45, 7 Син*; ѣкоже естъ поставилъ день • вь ньже хоштетъ сѫдіти б⟨ог⟩ъ вьсеі земі правьдоѭ *Клоц 11а 4-5*; аште оубо любіти правъдѫ владꙑкамъ землѧ • б⟨о⟩жие слово велітъ *Клоц 1б 22*; повелѣниѥмъ же цѣсаремъ вьсѫдоу по вьсеи земи • та дръжати коуп'носѫштѧѩ вѣрѫ *Супр 189, 26* **2.** γῆ, χώρα, πατρίς; (хананеиска землꙗ Χαναάν; по жрѣбию раздѣлити землю κληροδοτεῖν) страна, земля, край země, kraj: придошѧ на землѭ ѥенисаретьскѫ *Мт 14, 34 Зогр Мар*, въ землѭ *Ас Сав*; по жрѣбию раздѣли імъ земѭ *Пс 77, 55 Син*; како съпоемъ пѣснь г⟨осподь⟩нѭ на землі тоуждеї *Пс 136, 4 Син; Клоц 7б 1; Супр 418, 30*; инъ ѥстъ на хананеистѣ земи богъ *Супр 366, 11*; повелѣ вести ѧ въ своѧ • земьѧ и градꙑ *Супр 111, 10-11*; да имѣѭтъ памѧть житиꙗ • своѥѧ земьѧ *Супр 418, 27* (домашънѣго жітьѣ *Клоц 7а 36-37*) **3.** γῆ, ἔδαφος, χέρσος; (на землѭ, на земли, по земли χαμαί, ἐγγύς; подъ землѥѭ ἐν ὑπογαίῳ; покланꙗти сѧ до землѧ ποιεῖν μετάνοιαν) земля, поверхность земли, суша země, povrch zemský, souš: си рекъ плинѫ на землѫ *И 9, 6 Зогр Мар Ас*; ідѫ вьспѧть і падѫ на земли *И 18, 6 Зогр Мар Ас Сав*; бѣ бо корабль по срѣдѣ морѣ • а сь единъ на земли *Мк 6, 47 Зогр Мар*; заложилъ еси пѫть в'сѣкои неприѣзни • ходѧщии по земи *Евх 42а 13*; покланѣетъ с⟨ѧ⟩ до землѧ прѣд⟨ъ⟩ с⟨вѧ⟩тꙑм⟨ь⟩ олътаремь *Евх 96а 5*; отъкѫдоу съгрѣваѭтъ сѧ • аште нѣстъ огнь подъ землѥѭ *Супр 129, 11*; бѣаше сѣдѧ свѧтꙑи на земи *Супр 260, 10*; въставъ отъ земьѧ оустрьми сѧ въ миръ *Супр 523, 19* ● γῆ, ἄρουρα земля, почва země, půda, prst': абиѥ прозѧбошѧ • за нѥ не імѣаше глѫбинꙑ землѣ *Мт 13, 5 Зогр Мар*; шьдъ • съкрꙑхъ талан'тъ твоı зем҃и *Мт 25, 25 Зогр Мар Ас Сав* ◆ земльꙗ исподьнꙗꙗ τὰ καταχθόνια преисподняя, ад podsvětí: доуша отъ зем҃ль исподьн҃ихъ истръжена бъıстъ *Супр 317, 23*; прѣисподьнии землꙗ, подъ землѭ καταχθόνιος, ὑποχθόνιος преисподний podsvětní: оумьрьшиимъ отъ вѣка подъ земьѭ жилишта *Супр 464, 5*; прѣисподьнии землѧ • глѫбинъı тръторъскъıꙗ *Евх 53б 18.— Зогр Мар Ас Сав Охр Унд Боян Ен Син Евх Клоц Супр Рыл.— Ср.* въселенаꙗ, миръ; на землѭ *ср.* ниць

ЗЕМЛЮЛЕГАНИЮ, -ꙗ *с* (1) *греч. нет* лежание на земле (*из аскетизма*) léhání na zemi: тѣснъıхъ же тѣхъ вратъ • ı скръбънааго пѫти • се сѫтъ дѣла • алъканıе жѧданıе • земелѣганıе *Евх 69б 23*

земнъ *Пс 47, 5 Син; Супр 154, 9; 425, 15 см.* земьнъ

земънъ *Зогр Мар Ас Син Евх Клоц Супр см.* земьнъ

земꙗ *Син см.* землꙗ

ЗЕМЬНЪ, -ꙑи *прил.* (47) **1.** τῆς γῆς, ὁ ἐπὶ τῆς γῆς, ὁ ἀπὸ τῆς γῆς, ἐπίγειος, γηγενής, ἐγκόσμιος, χαμαίζηλος земной; земли *род.* pozemský, země *род.*: аште земъна рѣхъ вамъ и не вѣроуоуте *И 3, 12 Мар*, земънаа *Ас* (*Ø Зогр*); земьниı на небеса вьсходатъ *Супр 479, 21* **2.** земьнаꙗ *с мн. в знач. сущ.* αἱ γαῖαι зе́мли (*мн.*), стра́ны (*мн.*) země (*мн.*): нарѣшѧ ıмена своѣ на земънъıхъ *Пс 48, 12 Син* **3.** τῆς γῆς, ὁ ἐπὶ τῆς γῆς, τῇ γῇ (!) земли *род.*, почвы *род.* země *род.*, půdy *род.*: абье прозѧбе зане не имѣаше глѫбинъı земънъıꙗ *Мк 4, 5 Мар* (*Ø Зогр*) □ земьное троужданıе γεωπονία возделывание земли obdělávání půdy: чловѣка породьнааго гражданина • безъ земьнааго троужданиꙗ живѫшта *Супр 429, 24.— Зогр Мар Ас Сав Син Евх Клоц Супр.— Ср.* земьскъ

ЗЕМЬСКЪ, ЗЕМ҃ЛЬСКЪ, -ꙑи *прил.* (11) [-мь- *Мар* (1) *Сав* (1) *Син* (2) *Клоц* (1) *Супр* (2), -мль- *Мар* (1) *Син* (1) *Киев* (2)] τῆς γῆς, ὁ κάτω terrenus земной, земли *род.* zemský, země *род.*, pozemský: ı поклонıатъ сıа емоу цѣ⟨са⟩рı землъстıı *Пс 71, 11 Син*; твоѣ же (сѫ)тъ вьсѣ • небесьскаѣ (ı з)емльскаѣ г⟨осподı *Киев 4а 22-23.— Мт 17, 25 Мар; Мт 24, 30 Мар Сав; Пс 71, 17 Син; 137, 4 Син; Киев 5а 22; Клоц 8б 26-27; Супр 102, 28-29; 250, 9.— Ср.* земьнъ

земьꙗ *Сав Син Супр см.* землꙗ

земѣ, земꙗ *Зогр Мар Ас Сав Боян Ен Син Евх Клоц Супр см.* землꙗ

ЗЕФЕАНИНЪ, -а *м житель пустыни Зиф* (1) Ζιφαῖος Зифей Zifšťan: вънгда (!) поıдѫ зефеане *Пс 53, 2 Син*

ЗЕѴСЪ, днꙗ *м имя* (4) Ζεύς Зевс Zeus: богъ оубо иже естъ зеѵсъ • иже естъ на небеси *Супр 140, 8*; оубои сѧ величьства богъ и великааго аполона... и днꙗ *Супр 115, 8.— Супр 7, 14; 8, 1*

ЗИВЪ, -а *м имя* (1) Ζήβ Зив Zeb: положı кънıꙗ(ѕıа) ıхъ ѣко ı орова ı зива ı зевеа ı салъманоу *Пс 82, 12 Син*

зижд- *см. также* зьдати

ЗИЖДИТЕЛЬ, -лꙗ *м* (5) κτίστης создатель, строитель, творец stavitel, tvůrce: тоу нок χ⟨ри⟩с⟨тос⟩овъи образъ • великоуоумоу ков'чегоу божии цръкъви зиждитель *Супр 460, 17* ● πλαστουργός, δεσπότης (!) зиждитель, создатель, творец stvořitel, tvůrce: зьрѧ... невидимааго видима • зиждителѣ въ рабьи образѣ *Евх 3б 3.— Клоц 14б 10-11; Супр 453, 2; 484, 27.— Ср.* зьдати (зиждѫ), зьдатель, съдѣтель, съзьдатель, творьць

ЗИЗАНИЮ, -ꙗ *с* (1) ζιζάνιον сорная трава, плевел plevel *перен.*: тѣмь же трѣбѣ намъ естъ б⟨о⟩жиꙗ бл⟨а⟩г⟨о⟩дѣть и оумъ трѣзвь и видѧщи очи да не и зизаньꙗ ꙗко п'шеницѫ ꙗдъше невѣдьствомь врѣдьни бѫдемъ *Хил 2ба 5.— Ср.* плѣвелъ

ЗИЛОТЪ, -а *м прозвище* (2) Ζηλωτής Зилот Horlivec: ı избъра отъ н҃ихъ... симона нарицаемааго зилота *Л 6, 15 Зогр Мар*

ЗИМА, -ꙑ *ж* (17) χειμών **1.** зима zima, zimní období: бъıшѧ же тогда свѧш⟨те⟩нıѣ въ ı⟨ероуса⟩л⟨и⟩мѣхъ • ı зима бѣ *И 10, 22 Зогр Мар Ас* □ зимѣ *лок. в знач. нареч.* χειμῶνος зимой v zimě: молите же сѧ да не бѫдетъ бѣство ваше зимѣ *Мк 13, 18 Зогр Мар* **2.** ψῦχος холод zima, chlad, chladno: стоѣхѫ же раби • ı слоугъı огнь сътворьше • ѣко зима бѣ *И 18, 18 Зогр Ас Сав* (*Ø Мар*) **3.** буря bouře: тѧжци вѣтри великѫ дъıханиꙗ силѫ на кротость тишаахѫ • а они ръвъностиѭ зависти зъıбьѭште сѧ • распѧтию зимъı поучаахѫ сѧ *Супр 399, 13.— Зогр Мар Ас Сав Евх Супр.— Ср.* боурꙗ, мразъ, стоудень

ЗИМЬНЪ, -ꙑи *прил.* (7) **1.** χειμέριος, τοῦ χειμῶνος зимний zimní: молите же сѧ да не бѫдетъ бѣство ваше зимьно • ни въ сѫботѫ *Мт 24, 20 Сав Боян* (*зимѣ Мар Ас, Ø Зогр*); съмотривъ бо естъство тоѧ земьѧ • ꙗко стоудень велика естъ вь н҃еи • и година врѣмене ꙗко зимна *Супр 89, 5* **2.** χειμέριος холодный, студеный chladný, studený: ноштъ лютовѣтрьнѫ • земьѭ зимнѫ *Супр 96, 25* **3.** χειμών (!) бурный bouřný, bouřlivý: дьнь сь зимнъ • чръмъноуетъ бо сѧ дрѧселоуѧ н⟨е⟩бо *Мт 16, 3 Зогр*, зименъ *Мар.— Супр 261, 10.— Ср.* боурьнъ, стоуденъ

ЗИНОВИꙖ, -ꙗ *ж имя* (1) Ζηνοβία Зиновия Zenobia: мѣ⟨сѧ⟩ца октов⟨ра⟩ ѣ҃ с⟨вѧ⟩-

т⟨ын⟩хъ м⟨ж⟩ч⟨ени⟩къ зінова и зиновиꙗ сестръи его *Ас 125а 24-25*

ЗИНОВЪ, -а *м имя* (1) Ζηνόβιος Зиновий Zenobius: мѣ⟨сѧ⟩ца октов⟨ра⟩ ҂ѣ с⟨вѧ⟩т⟨ын⟩хъ м⟨ж⟩ч⟨ени⟩къ зінова и зиновиꙗ сестръи его *Ас 125а 24*

ЗИНОНОВЪ *прил. к* зинонъ (1) τοῦ Ζήνωνος Зенона *род.* Zenonův: на коньць цѣсарьства зинонова *Супр 282, 6*

ЗИНОНЪ, -а *м имя* (1) Ζήνων Зенон Zeno: блаженааго же зинона и алеѯандра • и ѳеодора *Супр 177, 18*

ЗИНѪТИ, зинѫ, зинеши *сов.* (2) χαίνειν τὸ στόμα разинуть, открыть (*рот, зев*) otevřít (*ústa*): зинѫ адъ оустъі своими *Супр 487, 21*; зинѫвъ прѣда доушѫ *Супр 144, 21*

ЗІꙖТИ, зѣѭ, зѣѥши *несов.* (2) χαίνειν разевать, открывать (*рот, зев*) otvírat (*ústa*): младеньци ꙗко и птишти възираѭтъ к тебѣ зѣѭште *Супр 513, 3.— Супр 466, 12*

ЗЛАКЪ, -а *м* (1) χλόη зелень, зеленая поросль zeleň, zelený porost: зане ѣко трѣва ꙗдро ісъшѫтъ • и ѣко зелие злака скоро отъпадѫтъ *Пс 36, 2 Син.— Ср.* зелиѥ, трава

ЗЛАТИКЪ, -а *м* (1) νόμισμα золотой, золотая монета zlatý peníz, zlaťák: они же... дашѧ ѥмоу два златика *Супр 145, 25.— Ср.* златица, скълѧѕь

ЗЛАТИЦА, -ѧ *ж* (11) χρύσινος, νόμισμα золотой, золотая монета zlatý peníz, zlaťák: ꙗко нѣстъ остала ни ѥдина златица въ ризьници *Супр 120, 24-25.— Супр 23, 20; 120, 5; 120, 7; 120, 14; 120, 15-16; 120, 22; 121, 5; 122, 10; 515, 3; 518, 12.— Ср.* златикъ, скълѧѕь

ЗЛАТО, -а *с* (32) [золъто *Син* (1)] χρυσός, χρυσίον; (златомь пократь χρυσοκόλλητος, златомь шьвенъіи χρυσόπαστος) золото zlato: скринѫ завѣта • вьсѫдоу шкованъ златомъ *Евр 9, 4 Ен*; се на колесници златомь покованѣ сѣждѫ *Супр 368, 13*; кыи оусп**ѣ**хъ... златомъ шьвенъіихъ ризъ *Супр 447, 9* ● *перен.* χρυσός, χρυσίον, χρήματα деньги, богатство peníze, bohatství: і изведе ѩ съ сребромъ • и златомъ *Пс 104, 37 Син.— Зогр Мар Ас Сав Ен Син Клоц Супр*

ЗЛАТОНОСИВЪ, -ъіи *прил.* (1) χρυσοφόρος носящий золотые украшения nosící zlaté ozdoby: и въі златоносивъіѩ женъі видѧштѧ • течениѥ женьскоѥ *Супр 447, 2*

ЗЛАТООУСТЪ, -ъіи *прил. в знач. сущ.* (24) Χρυσόστομος Златоуст Zlatoústý: їѡанна златооустааго слово вь великъі четврътъкʼ *Супр 424, 15.— Ас Сав Унд Супр.— Ср.* хрьсостомъ

ЗЛАТЪ, -ъіи *прил.* (15) χρυσοῦς, χρύσινος, τοῦ χρυσίου, χρυσίον (!); (злата строуꙗ χρυσορρόης) золотой zlatý: златѫ имѫщи кандилницѫ *Евр 9, 4 Ен* ● *перен.*: златъіѩ зарѧ • правьдьноѥ сльньце въ отьмѣненъіихъ срьдьцихъ просвѣти *Супр 348, 23*; доидошѧ... подвижьникъі • ѥже доухомь господьнѣмь златъі строуѩ *Супр 57, 17-18.— Пс 44, 14 Син; 67, 14 Син; 113, 12 Син; 134, 15 Син; Супр 1, 24; 6, 29; 129, 15-16; 129, 22; 222, 17; 318, 14-15; 344, 4; Евр 9, 4 Ен.— Ср.* златьнъ

ЗЛАТЬНЪ, -ъіи *прил.* (1) τῶν χρυσίων золота *род.*, относящийся к золоту zlata *род.*, vztahující se k zlatu: и въі златоносивъіѩ женъі... отъложивъша златьнааго желаниꙗ *Супр 447, 5.— Ср.* златъ

з л о *Сав Ен Син Клоц см.* зълъ

з л о б а *Мт 6, 34 Сав; Супр 481, 2 см.* зълоба

з л о д ѣ и *Сав Ен см.* зълодѣи

зʼ л о ч ь с т ь н ъ *Супр 15, 6 см.* зълочьстьнъ

з л ъ *Ас Сав см.* зълъ

ЗЛЪЧЬ, -и *ж* (13) [зль- *Зогр* (1) *Супр* (4)] χολή желчь žluč: дашѧ ѥмоу пити оцьтъ съ зльчиѭ размѣшьнъ *Мт 27, 32 Зогр*, съ зл**ъ**чьѭ *Мар Ас Сав.— Пс 68, 22 Син; Евх 50а 15; 69б 6-7; Супр 351, 3; 438, 15; 469, 19-20; 478, 19; 484, 9; 484, 11*

з л ь з а *Супр 526, 9 см.* сльза

з л ь ч ь *Зогр Супр см.* злъчь

з л ѣ *Мт 17, 15 Сав; Мт 21, 41 Боян; Рыл 5аа 2 см.* зълѣ

ЗМАРАГДЪ, -а *м имя* (2) [змараздь ! *Ас* (1)] Σμάραγδος Смарагд Smaragd: а се имъ имена • дометиꙗнъ • исухии • змарагдъ *Супр 69, 7.— Ас 121а 26*

з м а р а з д ь *Ас 121а 26 см* змарагдъ

ЗМИИ, змиꙗ *м* (25) [змь- *Син* (2), змъ- *Син* (1)] δράκων, ὄφις, ὁ Βαβυλώνιος Βήλ (!) змей, змий, змея́ drak, had: тъі съкроуши главъі змьемъ въ водѣ *Пс 73, 13 Син* ● *перен.*: кръвопивъіи змию *Супр 115, 28*; не дастъ... пожрътоу бъіти змиемь *Хил 16а 20.— Сав Син Евх Супр Хил.— Ср.* змиꙗ

ЗМИИНЪ, -ъін, **ЗМИИНЬ**, -нии *прил.* (6) [-нъ *Супр* (5), -нь *Син* (1)] τοῦ ὄφεως, ὀφιώδης, τοῦ δράκοντος змеиный, змея́ *род.*, змия *род.* dračí, hadí: сьмрьтоносьнъ ꙗдъ змиинъ *Супр 484, 10*; по образоу змиинию *Пс 57, 5 Син.— Супр 102, 8; 134, 26; 430, 14; 567, 6.— Ср.* змиѥвъ

ЗМИꙖ, змиѩ *ж* (38) [змь- *Зогр* (1) *Мар* (1)] ὄφις, κάρα (!) змея́, змий had: ѣкоже моси вьзнесе змиѭ въ поустъіни *И 3, 14 Мар Ас* (2) (змиі *Сав*) ● *перен.*: змиѩ иждадьѣ ехидънова *Мт 23, 33 Мар (∅ Зогр)*; нъ мьнимъіимъ кръста боуиствомъ • вь зълоби сѫштѧ змиѩ • плѣнъ разграбитъ *Супр 329, 6.—*

Зогр Мар Ас Сав Евх Супр Хил.— Ср. змии

ЗМИЮВЪ *прил.* (3) [змь- *Син* (1) *Хил* (1)] τοῦ δράκοντος; (змиювомь лицемь δρακοντοειδής) змéя *род.*, змия *род.*, змеиный dračí, hadí: ты сътлъче главѫ змьевѫ *Пс 73, 14 Син*; или животьномь • видѣниемь авлѣѩ сѧ • или змиевомь • ꙇли звѣриномь лицемь *Евх 54а 2.— Хил 1аβ 13.— Ср.* змиинъ

змръна *Пс 44, 9 Син; Клоц 14а 12-13 и 13 см.* змѵрна

змръньнъ *И 19, 39 Мар см.* змѵрьнъ

змъи *Пс 103, 26 Син см.* змии

змърно *И 19, 39 Зогр см.* змѵрьнъ

змьи *Пс 73, 13 Син; Пс 90, 13 Син см.* змии

змьꙗ *Л 10, 19 Зогр, Мт 7, 10 Мар см.* змиꙗ

змьквъ *Пс 73, 14 Син, Хил 1аβ 13 см.* змиювъ

ЗМѴРНА, ЗМРЪНА, -ы *ж* (8) [змръна *Син* (1) *Клоц* (2)] σμύρνα смирна myrha: принѣсѧ емоу даръи • злато и ливанъ и змѵрнѫ *Мт 2, 11 Ас*, змѵрьнѫ *Сав* (∅ *Зогр Мар*); змръна ꙇ стактъ ꙇ касиѣ *Пс 44, 9 Син.— Клоц 14а 12-13 и 13; Супр 451, 25 и 26; 453, 30*

ЗМѴРЬНА, -ы (1) *и* **ЗМѴРЬНИꙖ**, -ньꙗ *ж город* (3) [змѵрьна *Супр* (1), змѵрьниꙗ *Супр* (2)] Σμύρνα Смирна Smyrna: гонению сѫштоу декиꙗ цѣсара въ змѵрьнѣ *Супр 124, 24*; приде анѳупатъ въ змѵрьнии *Супр 139, 17.— Супр 144, 22*

ЗМѴРЬНЪ, ЗМРЪНЬНЪ, -ын *прил.* (3) [змѵрн- *Ас* (1), змърн- *Зогр* (1) *Мар* (1)] τῆς σμύρνης смирны *род.* myrhový: съмѣшение • змѵрно *И 19, 39 Ас*, змръньно *Мар*, змърно *Зогр*

ЗМѴРЬНЬСКЪ, -ын *прил. к* змѵрьна (3) [змѵрн- *Ас* (1) *Супр* (2)] τῆς Σμύρνης Смирны *род.*, смирнский Smyrny *род.*, smyrenský: еп⟨искоу⟩па змѵрнъска *Ас 142б 19.— Супр 124, 8; 126, 5-6*

ЗНАМЕНАВАТИ, -ваѭ, -вакши *несов.* (2) σφραγίζειν отмечать, обозначать poznamenávat, označovat: на тѣлесехъ сихъ • знаменаваемъıхъ *Евх 51б 15-16.— Евх 51б 18.— Ср.* знаменати, знаменовати

ЗНАМЕНАТИ, -аѭ, -акши *несов./сов.* (19) σημαίνειν **1.** σφραγίζειν, διδόναι τὴν σφραγίδα обозначать/обозначить označovat/označit ● *сов.* наложить печать označit pečetí, vtisknout pečet': оутвръдиша гробъ • знаменавъше камень съ коустодиеѭ *Мт 27, 66 Зогр Мар* (запечѣтьлѣвъше *Ас*) ● *несов./сов.* осенять/осенить крестом, крестным знамением znamenat znamením kříže: поп⟨ъ⟩ знаменает⟨ъ⟩ глав⟨ѫ⟩ *Евх 93а 8* ▭ знаменати сѧ *сов.* σημειοῦσθαι появиться, проявиться objevit se, projevit se: знамена сѧ на насъ свѣтъ лица твоего г⟨оспод⟩ꙇ *Пс 4, 7 Син; Евх 73а 18* ● σημαίνεσθαι перекреститься pokřižovat se: знамена сѧ *Ен 33а 10* **2.** *несов.* давать понять naznačovat: се повелѣ да знаменак • ꙗко и ино нѣчто кстъ *Супр 316, 2-3.— Зогр Мар Ас Ен Син Служ Евх Клоц Супр Хил.— Ср.* зазнаменати, запечатьлѣти, знаменавати, знаменовати, клепати, назнаменати, назнаменовати, прѣкрьстити

ЗНАМЕНИТЪ, -ын *прил.* (2) ἐπίσημος, περιφανής выдающийся význačný, znamenitý: на мѣстѣ знаменитѣ *Супр 67, 10-11.— Супр 58, 23-24.— Ср.* нарочитъ, нарочьнъ

ЗНАМЕНИЮ, -ниꙗ *с* (>100) [знамнеꙇ ! *Син* (1)] σημεῖον **1.** σημείωσις, σύσσημον, τεκμήριον, σφραγίς, γνώρισμα, τύπος знамение, знак znamení: прѣдаꙗꙇ же ꙇ • дастъ ꙇмъ знамение *Мт 26, 48 Зогр Мар Ас Сав Боян*; примѣте знамение кр⟨ь⟩стъное *Евх 97б 17-18* ● чудо zázrak: се сътвори начѧтъкъ знамениемъ н⟨соу⟩с⟨ъ⟩ • въ кана галилеꙇ *И 2, 11 Зогр Мар Ас* **2.** знак, знамя znak, odznak, prapor: знамене нашихъ не вiдѣхомъ *Пс 73, 9 Син.— Зогр Мар Ас Сав Охр Боян Син Евх Супр.— Ср.* хорѫгы, чоудо

ЗНАМЕНОВАТИ, -ноуѭ, -ноукши *несов.* (2) σημαίνειν, ἐπισημαίνειν знаменовать znamenat, naznačovat: наречение бога вашего • пагоубѫ вѣроуѭштиiмъ къ нӗмоу знаменоукть *Супр 21, 5-6.— Супр 408, 5.— Ср.* знаменавати, знаменати

знамнеꙇ *Пс 104, 27 Син см.* знамение

ЗНАНИЮ, -ниꙗ *с* (8) [знанъе *Син* (1)] γνωστός близкий знакомый, друг blízký, známý, přítel: оудалилъ еси знанiѣ моѣ отъ мене *Пс 87, 9 Син*; вл⟨ады⟩ко мои знанъе мое *Пс 54, 14 Син* ● *собир.* γνωστοί знакомые známí: ꙇ искаашете его въ рождении • ꙇ въ знании *Л 2, 44 Зогр Мар Ас Сав*, въ знани *Боян.— Пс 87, 19 Син.— Ср.* знати (знакмъ, знанъ)

ЗНАТИ, знаѭ, знакши *несов.* (>100) γι(γ)νώσκειν **1.** ἐπιγι(γ)νώσκειν, γνωρίζειν, εἰδέναι; (не знати ἀγνοεῖν) знать (*кого-л.*) znát: ѣкоже знаетъ мѧ о⟨ть⟩ць • ꙇ азъ знаѭ о⟨ть⟩ца *И 10, 15 Зогр Ас Сав*, знаатъ *Мар* ● (мѫжа, женѫ) γι(γ)νώσκειν (ἄνδρα, γυναῖκα) быть в интимных отношениях stýkat se pohlavně: и не знааше еѩ • дондеже роди с⟨ы⟩нъ свои прьвѣнець *Мт 1, 25 Ас Сав Боян* ● φαίνεσθαι видеть, замечать vidět, rozeznávat: меташа камение на правьдьника • донелѣже напльниша пештерѫ камениꙗ • ꙗкоже не знати пештеры *Супр 216, 29* ▭ знакмъ, -ын *в знач. прил.* γνωστός, γνώριμος, γνωριζόμενος знакомый, известный známý: ꙇзиде же оученикъ тъ • ꙇже бѣ знаемъ архиереови

И 18, 16 Зогр Ас Сав; **стоѣхѫ же в'си знаемиі его ız далече** *Л 23, 49 Зогр Мар Ас* ▭ **з н а к м а ꙗ** *с мн. в знач. сущ.* γνωρίσματα знаки, доказательства známky, důkazy: **да своими ѫзами познаѭтъ знакмаꙗ** *Супр 311, 20* ▭ **з н а н ъ** *в знач. прил.* γνώριμος знакомый známý: **цѣсареви ли твориши знана** *Супр 87, 22* **2.** знать, сознавать vědět *o něčem*, být si vědom *něčeho*: **ѣко беззаконньє моє азъ знаѭ** *Пс 50, 5 Син.— Зогр Мар Ас Сав Боян Ен Син Евх Клоц Супр Рыл.— Ср.* **вѣдѣти, познати**

ЗНОИ, **зноꙗ** *м* (7) καῦμα, καύσων, φλογμός зной, жара vedro, žár: **ибо ичръпанѣ вьсеи водѣ приспѣша нѣцийи вь самъ зной** *Супр 549, 21* ● *перен.*: **лоза богоносьнаꙗ • зной грѣховъныи нашъ • съпрѫтаѭшти** *Супр 353, 20.— Супр 172, 29; 173, 3; 275, 15-16; 301, 24; 384, 29.— Ср.* **варъ**

з о л ъ *Мар Ас см.* **зълъ**

з о л ъ *Пс 87, 4 Син см.* **зъло**

з о л ъ т о *Пс 71, 15 Син см.* **злато**

ЗОРОВАВЕЛЬ, **-лꙗ** *м имя* (4) Ζοροβάβελ Зоровавель Zorobabel: **салатіль же роді зоровавелѣ • зоровавель же роді • авіоуда** *Мт 1, 12 и 13 Ас Сав (∅ Зогр Мар)*

ЗОРОВАВЕЛЮВЪ *прил. к* **зоровавель** (2) τοῦ Ζοροβάβελ Зоровавелев Zorobabelův: **с⟨ы⟩нъ... зоровавелевъ** *Л 3, 27 Зогр Мар*

ЗОРꙖ, **зорь** *ж мн.* (4) φαῦσις; (**рано въ зорꙗ** ὀρθρίζοντες) (утренняя) заря zora, červánky: **ты съвръши зорꙗ і слъньце** *Пс 73, 16 Син*; **начьнъ носити отъ вечера дожи и до зорь** *Супр 550, 10.— Супр 205, 21; 564, 18.— Ср.* **зарꙗ**

ЗОСИМА, **-ы** *м имя* (1) Ζώσιμος Зосима Zosimus: **александра • (зоси)мы** *Ен 37б 17*

ЗОТИКЪ, **-а** *м имя* (1) Ζωτικός Зотик Zoticus: **с⟨вѧ⟩тъıхъ м⟨ѫ⟩ч⟨ени⟩къ дасиѣ гасгѣ и зотика** *Ас 123а 28*

ЗРАКЪ, **-а** *м* (19) **1.** ὀπτικόν зрение zrak, schopnost vidět: **отвръзи ємоу очи • і подаждь ємоу зракъ** *Евх 34а 1* ● *перен.*: **глаголати къ богоу любѧ въ мльчании • и оумьнꙑи зракъ • длъгꙑимъ трьпѣниѥмъ очиштаѫ** *Супр 289, 2* **2.** ὄψις взгляд, взор zrak, pohled: **кꙑи ли недѫгъ о зракоу добротѫ прокоудитъ** *Супр 399, 17* **3.** εἰδέα, εἶδος, μορφή образ, вид vzezření, podoba, vzhled: **бѣ же зракъ его • ѣко мльни** *Мт 28, 3 Зогр Мар Сав*, **зракь** *Ас* ● *перен.*: **въскрьсни зраче мои** *Супр 468, 27.— Зогр Мар Ас Сав Евх Супр.— Ср.* **видъ**[1], **видѣниѥ, възоръ, зьрѣниѥ, образъ**

з р ъ н о *Зогр Мар Ас Супр см.* **зрьно**

ЗРЬНО, **-а** *с* (21) [**-ръ-** *Зогр* (5) *Мар* (6) *Ас* (2) *Супр* (1), **зьрь-** *Сав* (1), **съзрьн-** ! *Супр* (1)] κόκκος зерно zrno: **аште зрьно пьшеньно не оумьретъ падъ въ земли** *И 12, 24 Зогр Мар Ас* (2).*— Зогр Мар Ас Сав Супр*

ЗРЬЦАЛО, **-а** *с* (1) (**ꙗко въ зрьцалѣ** ἐσόπτρως) зеркало zrcadlo: **того бо ноштъ и дьнь въ чистотѣ житиꙗ своѥго • ꙗко въ зрьцалѣ дозьрѧ** *Супр 275, 3.— Ср.* **тикъ**

ЗЪВАНИѤ, **-ниꙗ** *с* (18) [**зь-** *Син* (2) *Супр* (1), **зв-** *Ен* (2)] **1.** κραυγή, βοή зов, крик volání, křik: **приемꙑ зъвание слѣпоую** *Евх 33б 13* **2.** κλῆσις, ἐσθίασις (!), *вар.* ἐστίασις (!), πρωτοκλισία (!) приглашение pozvání: **зъванъ на обѣдъ робомъ своимъ... приде к нѥмоу • да зъваниѥмъ покажетъ своѥго съшьствиꙗ вꙑсотѫ** *Супр 391, 3* ● κλῆσις призыв povolání: **званию н⟨е⟩бесн⟨оу⟩моу причѧстъници** *Евр 3, 1 Ен.— Ен Син Евх Супр.— Ср.* **възъваниѥ, въплъ, кличь, призъваниѥ**

з ъ в а н ъ *см.* **зъвати**

ЗЪВАТИ, **зовѫ, зовеши** *несов.* (>100) [**зь-** *Ас* (19), **зв-** *Ен* (1)] **1.** κραυγάζειν, κράζειν, καλεῖν, φωνεῖν, ἐπικράζειν, ἐπιφωνεῖν, ἐπικαλεῖν, προσκαλεῖν, μετὰ κραυγῆς (!) восклицать, взывать, звать, кричать volat, křičet: **народи же ходѧштеи прѣдъ нимъ • і вь слѣдъ • зъваахѫ г⟨лаго⟩лѭште** *Мт 21, 9 Мар (∅ Зогр) Сав* **2.** καλεῖν, φωνεῖν звать, приглашать zvát: **нъ егда твориши пиръ • зови ништѧѩ** *Л 14, 13 Зогр Мар* ● καλεῖν призывать povolávat: **х⟨рьст⟩ъ вꙑ зоветъ спѣшьно** *Евх 85б 16* ▭ **з ъ в а н ъ, -ꙑи** *в знач. прил.* κεκλημένος, κληθείς, συνανακείμενος (!) приглашенный, званый pozvaný: **и посъла рабъ свои въ годъ вечерѧ • решти зъванꙑмъ градѣте** *Л 14, 17 Мар Зогр Сав*, **зьванꙑимъ** *Ас* ● κλητός призванный povolaný: **мъноѕи бо сѫтъ зъвании мало же избъранꙑхъ** *Л 14, 24 Мар Сав*, **зьвании** *Ас* **3.** καλεῖν звать, называть nazývat: **чьто же мѧ зовете г⟨оспод⟩и г⟨оспод⟩и** *Л 6, 46 Зогр Мар.— Зогр Мар Ас Сав Охр Ен Син Евх Супр Рыл.— Ср.* **възъвати, възпити, глашати, нарицати, призывати**

з ъ д а н и ѥ *Зогр Мар Син Супр см.* **зьданиѥ**

з ъ д а т е л ь *Супр 432, 1-2 см.* **зьдатель**

з ъ д а т и *Зогр Мар Син Супр см.* **зьдати**

з ъ д ъ *Пс 101, 8 Син см.* **зьдъ**

з ъ л о *с см.* **зълъ**

ЗЪЛОБА, **-ы** *ж* (46) [**зь-** *Син* (1) *Супр* (2), **зл-** *Сав* (1) *Супр* (1), **во-зълобо** (! *вм.* **въ зълобѣ**) *Син* (1)] πονηρία, κακία, κακουργία, μοχθηρία, τὸ κακοῦργον θηρίον (!), πονηρός (!), ἐθελοκακεῖν (!) malitia скверность, пакость; все плохое špatnost, zloba; zlo: **вънѫтрьнѣꙗ ваша плъна сѫтъ • хꙑштеньꙗ і зълобꙑ** *Л 11, 39 Зогр Мар*; **в'сѣкоѩ зълобꙑ очищенъ** *Евх 56а 21-22* ◆ **б е з з ъ л о б ъ** ἀκακούργως, ἄκακος, ἀκάκως беззлобный, кроткий;

беззлобно, кротко prostý zloby, mírný; mírně, beze zloby: кротъкъ бо и бе зълобы бѣаше *Супр 46, 29*; образъ отрока своѥго заклана бе зълобы авела *Супр 232, 8-9.— Зогр Мар Сав Син Киев Евх Клоц Супр Хил Рыл.— Ср.* зълъ (зъло), зълобь, лѫкавьство; без зълобы *ср.* безълобивъ, безълобьнъ, незълобивъ, неискоусьнъ (неискоусьнъ зъла)

ЗЪЛОБИВЪ, -ыи *прил.* (3) [зь- *Син* (1)] πονηρευόμενος причиняющий зло, злой působící zlo, zlý: покрыи мѧ отъ сонъма зълобивыхъ *Пс 63, 3 Син.— Пс 21, 17 Син; 118, 115 Син*

ЗЪЛОБИТИ, -блѭ, -биши *несов.* (1) κακίζειν порочить, унижать hanit, znevažovat: почто ли зълобиши моѥ чловѣколюбьствиѥ *Супр 394, 7*

ЗЪЛОБОВАТИ, -боуѭ, -боуѥши *несов.* (2) κακοῦν, πονηρεύεσθαι причинять зло, вредить činit zlo, škodit: егда приближаѭтъ сѧ на мѧ зълобоуѭштеи о сънѣсті плътеі моихъ *Пс 26, 2 Син.— Пс 93, 16 Син.— Ср.* зълотворити

ЗЪЛОБЬ, -и *ж* (14) [зь- *Супр* (5)] κακία, πονηρία, μοχθηρία, κακουχία; (въ своѥи зълоби παραπαίων) скверность špatnost, zloba: покаита сѧ отъ зълоби ваю *Супр 363, 13*; нъ ѥдначе прѣбываѥте въ своѥи зьлоби *Супр 413, 25* ◆ без зълоби ἀνεξίκακος, τῇ ἀκακίᾳ, ἄφωνος (!) беззлобный, кроткий beze zloby, mírný: добръ и бе зълоби *Супр 365, 15.— Супр 323, 18; 329, 6; 336, 19; 340, 30; 363, 11; 385, 26; 386, 8; 410, 19; 413, 23; 421, 18-19; 434, 26.— Ср.* зълоба; без зълоби *ср.* безълобивъ, безълобьнъ, незълобивъ, неискоусьнъ (неискоусьнъ зъла)

ЗЪЛОБѢСЬНЪ, -ыи *прил.* (1) ἄθλιος одержимый, окаянный posedlý: тако ли наказаша ва мѫжы • ѡ зълобѣсьнаꙗ *Супр 182, 28.— Ср.* бѣсьнъ, зълосмрьтьнъ, зълъ, окаꙗнъ

ЗЪЛОВѢРИѤ, -иꙗ *с* (1) δυσσέβεια безбожие bezbožnost: прѣпьрѣша ли вы мѫжы • остати сѧ бѣсованиꙗ... или прѣбываѥте въ зъловѣрии вашемъ *Супр 180, 7.— Ср.* безбожьство, нечьстиѥ

ЗЪЛОВѢРЬСТВО, -а *с* (1) ἑτεροδοξία ложная вера, ересь bludná víra, hereze: къ црькъви же вьсѣчьстѣи не приобьштааше сѧ • севырово зъловѣрьство приимъ *Супр 298, 3.— Ср.* вѣра (зълаꙗ вѣра)

ЗЪЛОДѢИ, -ꙗ *м* (30) [зь- *Ас* (5) *Супр* (1), зл- *Сав* (4) *Ен* (1)] κακοῦργος, κακοποιός, κακὸν ποιῶν, ἀνοσιουργός, ὁ ἐναντίος причиняющий зло, злодей ten, kdo páše zlo, zločinec: ведѣахѫ же і • і ина зълодѣѣ дъва • съ н҃имь оубитъ *Л 23, 32 Зогр Мар Ас Сав* ◆ старыи зълодѣи ἀρχέκακος *о дъяволе o ďáblovi:* старааго зълодѣа • і глѫбинънааго змиѣ • б⟨о⟩гомѫдрыимь хѫдожьствомь • оуловль *Евх 63б 10.— Зогр Мар Ас Сав Ен Евх Супр*

ЗЪЛОДѢИНЪ, -ыи *прил.* (1) κακότεχνος злодейский zločinný: не вѣдѣ бо како чьтениѥ се иновѣрьникомъ да врѣдъ... не отъ истины... нъ отъ онѣхъ зълодѣинꙑѧ доуша *Супр 303, 8.— Ср.* зълодѣискъ

ЗЪЛОДѢИСКЪ, -ыи *прил.* (2) τῶν κακούργων злодея *род.*; злодейский zločince *род.*, zločinecký: зълодѣискоѭ съмрьтиѭ оумирати *Супр 87, 3.— Супр 91, 14-15.— Ср.* зълодѣинъ

ЗЪЛОДѢИСТВО, -а *с* (1) κακουργία злодеяние, злодейство zločin, špatnost: съмотри же ми зълодѣиство ихъ рѫжьноѥ *Супр 443, 7-8.— Ср.* зълодѣꙗниѥ

ЗЪЛОДѢꙖНИѤ, -иꙗ *с* (1) τὸ κακοπραγεῖν злодеяние, злодейство konání zla, špatnost: не на покаꙗниѥ нъ на зълодѣꙗниѥ *Супр 388, 9.— Ср.* зълодѣиство

ЗЪЛОДѢꙖТИ СѦ, -дѣѭ сѧ, -дѣѥши сѧ *несов.* (1): зълодѣꙗи сѧ на новы мѣсѧцѧ σεληνιαζόμενος лунатик náměsíčný: о зълодѣѭштимъ сѧ на новы м⟨ѣ⟩с⟨ѧ⟩ца *Мар 43б 18.— Ср.* бѣсити сѧ, бѣсьновати сѧ, недѫгъ (мѣсѧчьнꙑꙗ зълы недѫгы имы)

ЗЪЛОКЪЗНЬНЪ, -ыи *прил.* (3) κακότεχνος злокозненный lstivý: отъ зълокъзньныихъ сѣтии прѣскврьньнааго врага *Супр 520, 22*; зълокъзньнꙑѧ нравы *Супр 75, 11.— Супр 69, 30*

ЗЪЛОНРАВЬНЪ, -ыи *прил.* (1) κακότροπος дурного нрава, безнравственный zkažený, špatných mravů: ꙗко паулъ нѣк'то... съ красьноѭ женоѭ съпраже сѧ • зълонравънѫ разоума *Супр 169, 7*

ЗЪЛОСЛОВИТИ, -влѭ, -виши *несов.* (7) [зь- *Зогр* (1) *Ас* (1)] κακολογεῖν злословить, поносить zle mluvit *o někom*, zlořečit *někomu*: і иже зьлословитъ • о⟨ть⟩ца ли м⟨ате⟩рь • съмрътиѭ да оумретъ *Мк 7, 10 Зогр Мар; Мт 15, 4 Зогр Мар;— Мк 9, 39 Зогр Мар Ас.— Ср.* зълъ (зъло глаголати)

ЗЪЛОСТРАДАТИ, -страждѫ, -страждеши *несов.* (1) κακοπαθεῖν испытывать страдания snášet obtíže: по еванг⟨е⟩лию мо(ем)оу • (в) немже злос(траждѫ).. ѣко злодѣи *2 Тим 2, 9 Ен.— Ср.* страдати

ЗЪЛОСЪМРЬТЬНЪ, -ыи *прил.* (3) βιοθάνατος, ἄθλιος заслуживающий смерти, окаянный zasluhující smrt, bídný: остати сѧ бѣсованиꙗ иже имате зълосъмрьтьнии *Супр 180, 6.— Супр 7, 10; 111, 28-29.— Ср.* зълобѣсьнъ, зълъ, окаꙗнъ

ЗЪЛОСЪТВОРИТИ, -рѭ, -риши *сов.* (4) κακοποιεῖν, κακῶς ποιεῖν, ἀσχημονεῖν причинить зло, вред spáchat zlo, poškodit: **аште достоітъ въ сѫботꙑ добро творити • ли зъло сътворити** *Л 6, 9 Зогр Ас* (**зълотворити** *Мар*); **зълꙑими... тѣми въ старости моѥи зъло сътворивъ въпадохъ** *Супр 525, 3-4.— Супр 406, 16.— Ср.* **зълъ (сътворити зъло)**

ЗЪЛОТВОРИТИ, -рѭ, -риши *несов.* (4) κακοποιεῖν, κακουργεῖν, αἰσχροπραγεῖν совершать зло, вредить činit zlo, páchat zlo, škodit: **вѣдѣахѫ глаголѥмаꙗ • и хотѧште зъло творꙗахѫ** *Супр 440, 23*; **въшедъ въ домъ свои • обрѣте ꙗ зъло творѧшта** *Супр 169, 10* ● κακίζειν, *вар.* μέμφεσθαι порочить, принижать hanět, znevažovat: **фарисеи... чловѣколюбьствиѥ • акꙑ невѣсть зълотворѣаше** *Супр 392, 30.— Л 6, 9 Мар.— Ср.* **зълъ (творити зъло)**

ЗЪЛОЧЬСТЬНЪ, -ꙑи *прил.* (3) [**зь-** *Супр* (1), **з'-** *Супр* (1)] δυσσεβής, δυσσεβέστατος, δυσώνυμος безбожный bezbožný: **и съповѣда ѥмоу вьсе о зьлочьстьнѣѣмь оуали** *Супр 199, 14.— Супр 15, 6; 191, 27-28.— Ср.* **безбожьнъ, нечьстивъ, нечьстьнъ**

зълокъ *с см.* **зълъ**

ЗЪЛЪ, -ꙑи *прил.* (>300) [**зол-** *Мар* (4) *Ас* (1) *Син* (1), **(л)зълоѥ** (!) *Зогр* (1)] πονηρός, κακός, κάκιστος, ἄτοπος, φαῦλος, χαλεπός, σαπρός, δεινός, δυσμενής, ἄθλιος, ἐπίβουλος, σκαιός, πονηρία (!), κακία (!), κακῶς (!), ἀκάθαρτος (!), ἄλλος (!), δυσσέβεια (!); (**зълоѭ съмрьтиѭ оумрѣти** κακὴν κακῶς μεταλλάσσειν τὸν βίον) плохой, дурной zlý, špatný: **како можете добро творити зьли сѫште** *Мт 12, 34 Зогр Мар Ас* (**лѫкави** *Сав*); **м'нож'ство зълъ ч⟨ловѣ⟩къ попираетъ мѧ** *Евх 85а 10-11*; **ꙗкоже вьсѣмъ... зълѫ съмрьтиѭ оумрѣти** *Супр 145, 4* ● *перен.*: **такъ бо естъ зълꙑ тъ корень • бѣса горы** *Клоц 46 10; Супр 411, 23* ▭ **зълъ, -ꙑи** *в знач. сущ.* плохой человек zlý člověk: **ѣко слъньце свое сиѣетъ • на зълꙑ і благꙑ** *Мт 5, 45 Зогр Мар*, **на зьлънꙑꙗ** *Ас*, **на злаго • и на добраго** *Сав* ▭ **зъло, -ок** *в знач. сущ.* κακόν, κακία, κακῶς (!), πονηρόν, πονηρία, φαῦλον, δεινόν, πάθος, ἀνιᾶν *инф.*; (**поминати зъло, памѧтивъ бꙑти зълоу** μνησικακεῖν, μνησίκακον εἶναι; **вьсего зъла пльнъ** παμπόνηρος; **творити зъло** κακοποιεῖν; **сътворити зъло** κακουργεῖν) зло, злое дело, дурной поступок zlo, špatnost, špatná věc, zlý skutek: **азъ г⟨лаго⟩лѭ вамъ • не противити сѧ зълоу** *Мт 5, 39 Зогр Мар*; **оуклонишѧ на тѧ зълаѣ** *Пс 20, 12 Син*; **тѣхъ подобаетъ паче ры(д)ати • і плакати сѧ творѧштихъ зъло** *Клоц 36 28*, **творѧштааго зъло** *Супр 406, 6*; **любо и зъло хотѧшта сътворити** *Супр 337, 21*; **ѥже не поминати зъла** *Супр 405, 5-6*; **памѧтиви ѥсмъ зълоу** *Супр 424, 5-6*; **ѡ беззакон'ниче • и вьсего зъла пльне** *Супр 425, 14*; **не хотѧи же зъла рабомъ своимъ господь вари по обꙑчаю** *Супр 275, 18* ◆ **прьвꙑи зълъ** *греч. нет о дьяволе o ďáblovi*: **прьвꙑи зълъ сотона** *Супр 522, 1*; **зъло глаголати** κατηγορεῖν поносить, злословить zle mluvit, zlořečit: **ѥскрънимь своимъ зъло г⟨лаго⟩лѭште** *Клоц 4а 1*; **зъло сътворити, творити** *см.* **зълосътворити, зълотворити**; **неискоусьнъ зъла** *см.* **неискоусьнъ**; **мѣсѧчьнꙑꙗ зълꙑ недѫгꙑ имꙑ** *см.* **недѫгъ**; **зълꙑи начѧльникъ** *см.* **начѧльникъ**; **зълꙑи съвѣтъ** *см.* **съвѣтъ**; **зълаꙗ вѣра** *см.* **вѣра**; **зълꙑи смрадъ** *см.* **смрадъ**.— *Зогр Мар Ас Сав Боян Ен Син Евх Клоц Супр Рыл.— Ср.* **гории, лѫкавъ; зъло** *ср.* **зълоба, зъль; зъло глаголати** *ср.* **зълословити; прьвꙑи зълъ** *ср.* **зълодѣи (старꙑи зълодѣи), начѧльникъ (зълꙑи начѧльникъ)**

ЗЪЛЬ, -и *ж* (8) [**зь-** *Супр* (5)] κακία, τὸ κακόν зло, злое дело zlo, špatnost: **отъ вьсѣхъ зълии нашіхъ очисті нꙑ** *Киев 4а 5-6.— Супр 160, 23-24; 161, 23; 188, 21; 433, 3; 433, 8; 443, 15; 443, 20.— Ср.* **зълоба, зълобь, зълъ (зъло)**

ЗЪЛѢ *нареч.* (49) [**зь-** *Зогр* (1) *Мар* (1) *Ас* (4) *Сав* (2) *Клоц* (3) *Супр* (31) *Рыл* (1), **зл-** *Сав* (1) *Боян* (1) *Рыл* (1)] κακῶς, ἀθλίως, δυσσεβῶς, ὠμῶς, κακός (!), καλῶς (!) плохо zle, špatně: **аште зълѣ г⟨лаго⟩лахъ сьвѣдѣтельствоуі о зьлѣ** *И 18, 23 Зогр Ас Сав* (∅ *Мар*) ● тяжело, жестоко těžce, krutě: **сътьникоу же етероу рабъ болѧ зьлѣ оумирааше** *Л 7, 2 Зогр Мар Ас* (*нет Сав*); **помилоуи с⟨ы⟩нъ мои • ѣко... зьлѣ страждетъ** *Мт 17, 15 Мар Ас Сав* (∅ *Зогр*) ◆ **зъло зълѣ, зълѣ зълоу** κακὴν κακῶς, κακεγκάκως очень жестоко velmi krutě: **пожьри богомъ • аште ли ни • то зьло зьлѣ погоубьѭ ва** *Супр 12, 14*; **ꙗкоже... зьлѣ зълоу жизнь погоубити** *Супр 539, 19.— Зогр Мар Ас Сав Боян Евх Клоц Супр Рыл*

ЗЫБАНИѤ, -ниꙗ *с* (1) *греч. нет* качание kymácení: **абиѥ же прѣста сꙑнъ отъ зꙑбаньꙗ** *Супр 570, 17.— Ср.* **колѣбаниѥ**

ЗЫБАТИ, зꙑблѭ, зꙑблѥши *несов.* (11) *греч. нет* качать zmítat: **и самъ сꙑнъ колѣбаше сѧ акꙑ овоште зꙑблѥмо отъ многа вѣтра** *Супр 570, 10* ▭ **зꙑбати сѧ** κινεῖσθαι, κλονεῖσθαι, σαλεύεσθαι, περιφέρεσθαι, φέρεσθαι качаться, колебаться, трястись kymácet se, zmítat se, třást se: **землѣ зꙑблѭштї сѧ матетъ** *Клоц 116 3-4* ● ἀράσσεσθαι стучать jektat, cvakat: **зѫбомъ зꙑбьѭштемъ сѧ** *Супр 89, 17.— Супр 228, 12; 228, 13; 352, 11; 398, 27; 399, 12; 426, 28; 563, 7-8; 570, 26.—*

Ср. въласати сѧ, клатити, колѣбати, потрѧсати, сътрѧсати, трѧсти

зыбьѩ *Супр см.* зыбати

зьваник *Пс 5, 2 Син; 9, 13 Син; Супр 280, 4 см.* зъваник

зьвати *Ас см.* зъвати

ЗЬДАНИѤ, -ниꙗ *с* (15) [зъ- *Зогр* (3) *Мар* (4) *Син* (1) *Супр* (6)] **1.** οἰκοδομή, οἰκοδομία, δῶμα постройка, здание stavení, budova: виждь • каково каменье • ι каково зъдание *Мк 13, 1 Зогр Мар* **2.** κτίσις, κτίσμα, πλάσμα сотворение, создание stvoření, tvor, tvorstvo: бѫдѫтъ бо дьньe ти скръбьни • ѣко не бысть тако отъ начѧла зъданию *Мк 13, 19 Зогр Мар.— Мт 24, 1 Мар Ас; Мк 13, 2 Зогр Мар; Пс 128, 6 Син; Супр 109, 28; 284, 4; 432, 2; 534, 2-3; 534, 4; 540, 18.— Ср.* зьдъ, съзьданик, сътворѥник

ЗЬДАТЕЛЬ, -лꙗ *м* (1) πλάστης создатель, строитель stavitel, tvůrce: творьць отъ твари • зъдатель отъ зъданиꙗ *Супр 432, 1-2.— Ср.* зиждитель, творьць

ЗЬДАТИ, зиждѫ, зиждеши *несов.* (32) [зъ- *Зогр* (2) *Мар* (2) *Син* (1) *Супр* (3), з'- *Супр* (1)] **1.** οἰκοδομεῖν, κτίζειν строить, возводить stavět: егда храмі зъдашѩ сѧ *Пс 95, 1 Син* ▭ зиждѧи *в знач. сущ.* строитель stavitel, budovatel: аште не г⟨оспод⟩ь съзиждетъ домоу • въсоуе троудишѩ сѧ зиждѫштеі *Пс 126, 1 Син* **2.** κτίζειν, πλάσσειν создавать, созидать tvořit, vytvářet: в'се б⟨ла⟩голѣпьное словомь съставль • зиждѧи д⟨оу⟩хы *Евх 56б 19-20.— Зогр Мар Ас Син Евх Супр.— Ср.* съзидати; зиждѧи *ср.* зиждитель

зьде *см.* сьде

ЗЬДЪ, -а *м* (1) δῶμα стена, постройка zeď, stavení: забьдѣхъ і быхъ ѣко пьтица собыѩщиѣ сѧ на зъдѣ *Пс 101, 8 Син.— Ср.* зьданик

зьл- *см.* зъл-

зьрьно *Л 17, 6 Сав см.* зрьно

ЗЬРѢЛЪ, -ьн *прил.* (2) πέπειρος, ἄωρος (!) зрелый zralý: класы красьныѩ и зьрѣлы *Супр 388, 11.— Супр 397, 5*

ЗЬРѢНИѤ, -ниꙗ *с* (1): на лица зьрѣник προσωποληψία лицеприятие, пристрастность posuzování podle osoby, stranění: ι нѣстъ отъ тебе на лица зьрѣниѣ *Евх 58а 15* (*Рим 2, 11*)

ЗЬРѢТИ, зьрѭ, зьриши *несов.* кого, чьто, чесо; на кого, чьто; къ комоу *или без доп.* (57) βλέπειν, ἀποβλέπειν, ὁρᾶν, ἀφορᾶν, ὑφορᾶν, θεωρεῖν, ἀτενίζειν, ἐνοπτρίζεσθαι, προσέχειν, συμπαρεῖναι видеть, смотреть vidět, dívat se, hledět: мариѣ же магдалынꙑи • ι мариѣ ιосиова • зьрѣашете къде і полагаахѫ *Мк 15, 47 Зогр Мар*, зьрѣаста *Ас*; зьрѧште оузьрите • ι не імате видѣти *Мт 13, 14 Зогр Мар*; зьрѧще бо земла • недвижимы *Евх 1а 12* ● *перен.* ὁρᾶν заботиться hledět, dbát: зьри да не... речеши *Супр 506, 4* ◆ на лице зьрѣти πρόσωπον λαμβάνειν, εἰς πρόσωπον βλέπειν быть пристрастным, лицеприятствовать posuzovat podle osoby, být zaujatý: не зьриши бо на лице ч⟨ловѣ⟩комъ *Мт 22, 16 Мар*, на лица *Ас Сав*; не зьрѧ на чьто οὐ πρός τι несмотря *на что-л.* nehledě *na něco*: юже имамъ издрешти не на благодѣти зьрѧ глаголѭ • нъ ѣкоже юстъ истина *Супр 71, 9.— Зогр Мар Ас Сав Син Евх Клоц Супр.— Ср.* видѣти, глѧдати, позьрѣти; съмотрити

зѣло *Зогр Ас Сав Син Евх Клоц Супр см.* ѕѣло

ЗѢНИЦА, -ѧ *ж* (4) κόρα зрачок, зеница zřítelnice: съхрані мѧ г⟨оспод⟩і ѣко зѣницѫ ока *Пс 16, 8 Син.— Евх 53а 18; 53а 24; Супр 473, 14-15*

зѣшташѩ *Пс 82, 6 Син см.* завѣщати

зѣѭ, зѣкши *см.* зиꙗти

зюпелъ *Пс 10, 6 Син см.* жоупелъ

ЗѦБСТИ *или* **ЗѦТИ**, зѧбѫ, зѧбеши *несов.* (1) καταξαίνειν рвать rvát, trhat: егда власи женьсти ногъты зѧбоми бѣахѫ *Супр 397, 27*

ЗѦТЬ, -и *м* (3) νυμφίος жених ženich: ѧже... изидоша на сърѣтение зѧти и невѣстѣ *Супр 368, 28.— Супр 237, 5; 335, 19-20.— Ср.* женихъ, невѣстьникъ

ЗѪБЪ, -а *м* (57) ὀδούς зуб zub: зѫбы грѣшьнъıхъ съкроушилъ еси *Пс 3, 8 Син.— Зогр Мар Ас Сав Унд Син Евх Супр Хил Рыл*

ЗѪБЬНЪ, -ьн *прил.* (1) τῶν ὀδόντων зубной, зубов *род.*, зубовный zubů *род.*: и да бѫдеши отъгнанъ въ тъмѫ кромѣшьнѭѭ • идеже бѫдетъ плачь и скръжетъ зѫбьнъıи *Супр 554, 26* (зѫбомъ *Мт 8, 12 Зогр Мар Ас Сав*)

И

Ӣ *цифра глаг. и кир.* (>100) **1.** *глаг.* κ' εἴκοσι 20 **2.** *кир.* η', ὀκτώ 8.— *Зогр Мар Ас Сав Унд Ен Син Евх Супр.— Ср.* к҃, ѕ҃, дъва (дъва десѧти), осмь

И[1] *союз и частица* (>17000) **I.** *союз* καί, τε, δέ, δή, μέντοι, οὖν, οὐδέ, οὔτε, γάρ, ἤ, τότε (!) **1.** *соединительный: соединяет однородные члены предложения и целые предложения* и a; *при отрицании* ни ani: подобаатъ с⟨ы⟩ноу ч⟨ловѣчь⟩скоумоу много пострадати • ι искоушеноу быти • отъ старць ι архиереі • ι кънижьникъ • ι оубьеноу быти • ι третиі дьнь въскръснѫти *Л 9, 22 Зогр Мар*;

і сънидѫ дъжди і придѫ рѣкы • і възвѣашѧ вѣтри • і нападѫ на храминѫ тѫ *Мт 7, 25 Зогр Мар Ас Сав*; ничтоже бо естъ покръвено еже не отъкръвено бѫдетъ • і таино еже не оувѣдѣно бѫдетъ *Мт 10, 26 Мар* (ни *Ас, нет Зогр*); бѣ иона въ чрѣвѣ китовѣ • три дьни и три ношти *Мт 12, 40 Мар* (же *Зогр*); отъпоусти же имъ въсажденааго въ темьницѫ... и і⟨соу⟩са прѣдастъ воли ихъ *Л 23, 25 Мар* (а *Зогр*) ● *соединяет предложения, связанные временной последовательностью* и а: се дѣва въ чрѣвѣ приметъ • и родітъ с⟨ы⟩на • и нарекѫтъ имѧ емоу емманоуиль *Мт 1, 23 Ас Сав Боян* (*Ø Зогр Мар*); и се ѥмоу рекъшоу измѣни сѧ лице ѥмоу... и пристѫпи к н҃емоу отъ слоужѧштиихъ прѣдъ кнѧземъ • и г⟨лаго⟩ла ѥмоу *Супр 159, 17 и 18* ● *соединяет предложение с причастием наст. времени — не переводится*: прокаженъ пристѫпь клан҃ѣаше сѧ емоу і г⟨лаго⟩лѧ *Мт 8, 2 Зогр* (*нет Мар Ас Сав*); архіереи • рѫгаѭще сѧ • дроугъ къ дроугоу съ кънижьнікы и г⟨лаго⟩лаахѫ *Мк 15, 31 Ас* (*нет Зогр Мар Сав*) ● (и)... и, же... и *с усилительным оттенком* и... и, как... так (и) i... i, jak... tak (i): къто оубо сь естъ • ѣко і вѣтри і море послоушаѭтъ его *Мк 4, 41 Зогр Мар*; женъı • ѩже і бьѣахѫ сѧ і плакаахѫ сѧ его *Л 23, 27 Зогр Мар*; ѡ⟨ть⟩че прослави імѧ твое • приде же глас съ н⟨е⟩б⟨е⟩се • і прославихъ і пакы прослав҃лѫ *И 12, 28 Зогр Мар Ас* (*нет* ...и *Сав Боян*); пришъдъшоу оученикоу старчоу • и образъ и лице повѣда отче *Супр 299, 27* (2); отъдажди... прѣгрѣшениѣ наша • вольнаа и невольнаа • вѣдомаа і невѣдомаа *Евх 66а 4*; тѣхъжде вештіи насладішѧ сѧ і сіи • і сь *Клоц 6а 13*; да бѫдеши міроу ходатаі • і себѣ • и інѣмъ *Клоц 9а 37; Супр 423, 16*; мнозии же тѣмь • и съпасошѧ сѧ и съпасаѭтъ сѧ *Супр 277, 25* (2); много полагааше спѣшениѥ • чрѣво же дръжати и величаниѥ прѣобидѣти *Супр 279, 19*; идѫ дльгъ вамъ отъдатъ • дльгъ і мьнѣ даѭштоумоу на оуспѣхъ и въı обогатѧи *Супр 498, 14* ● *с противительным оттенком* и, но, однако а, však, ale: бѣ бо оучѧ ѣко власть імꙑ • і не ѣко кънижьници іхъ *Мт 7, 29 Зогр Мар Ас* (а *Сав*); дивішѧ сѧ народи... и фарисеи г⟨лаго⟩лаахѫ • о кънѧѕі бѣсовъстѣ изгонитъ бѣсъı *Мт 9, 34 Ас* (же *Зогр Сав*, а *Мар*); жьдахъ иже со мъноѭ поскръбітъ і не бѣ *Пс 68, 21 Син*; каменьѥ распаде сѧ и ти не чоуѭтъ *Супр 485, 19* ● *с разделительным оттенком* и, или а, nebo: бѫди же слово ваше • еи • еи • і ни ни *Мт 5, 37 Зогр Мар*; не пьцѣте сѧ • г⟨лаго⟩лѭще что ѣмъ ли что пиемъ • и въ что одеждемъ сѧ *Мт 6, 31 Сав* (ли *Зогр Мар Ас*); вьсѣкь іже оставітъ братіѭ • ли сестръı... ли села и храминъı имене моего раді *Мт 19, 29 Ас* (ли *Мар*, или *Сав*, *Ø Зогр*); ч'то мало и велико поимовати имѣѩ прѣдаѥши оучителю *Супр 411, 12* (коѭ віны... ли малѫ • лі велікѫ *Клоц 4а 38*) ● *с пояснительным оттенком* ибо totiž: и аште любіте любѧштѧѩ въı • кѫѭ мъздѫ имате *Мт 5, 46 Ас* (бо *Мар Сав, нет Зогр*); и г⟨лаго⟩лаше аще тъкмо коснѫ сѧ краі ризѣ его с⟨ъ⟩п⟨а⟩сѫ сѧ *Мт 9, 21 Сав* (бо *Мар Ас, Ø Зогр*) ● *при образовании сложных числительных — не переводится*: не оставитъ ли девѧти десѧтъ и девѧти на горахъ *Мт 18, 12 Мар Ас*, ч҃ и ѳ҃ти *Сав* (*Ø Зогр*); та въдова до осми десѧтъ • і четырь лѣт *Л 2, 37 Зогр Мар*; до осми десѩтъ и г҃ *Ас*, до • і҃ (и) д҃ *Сав*; дъвадесѧтъноуоумоу оубо и осмоуоумоу лѣтоу пришъдъшоу *Супр 280, 6* ● *в составе словосочетаний, имеющих значение наречия*: сѣмо и овамо ᾧδε κἀκεῖσε на все стороны na všechny strany: водъı рѣчьнъıѩ... сѣмо и овамо текошѧ *Евх 16 4*; въ родъ и родъ εἰς γενεὰν καὶ γενεάν из поколения в поколение, во всех поколениях z pokolení do pokolení, po všechna pokolení: съвѣтъ же г⟨осподь⟩нь вь вѣкъ прѣбываетъ • мысλі сръдьца его въ родъ і родъ *Пс 32, 11 Син*; дьнь и нощь, дьниѭ и нощиѭ *см.* дьнь, нощь □ же и τε καί (как) и (jakož) i: раби... събърашѧ вьсѧ ѩже обрѣтѫ • зълыѩ же и добръı *Мт 22, 10 Мар Ас* (*Ø Зогр*); обрѣтѫ мариѭ же і осифа • і младьньць *Л 2, 16 Зогр Мар Сав*, и... и *Ас*; алчъбами же и молитвами • и оцѣштениѥмъ тѣлесънымъ • и чистотѫ срьдьчьнѫѭ помыслы присно чиста *Супр 280, 27*; ї̈ѡаннъ • вьсе съконьчаваааше послоушаниѥ • строителѣ же и прокынихъ отьць *Супр 283, 30* **2.** *присоединительный: присоединяет члены предложения или целые предложения, дополняющие, уточняющие или развивающие высказанную мысль* и а: не трѣбоуѭтъ съдравиі врача • нъ болѧщиі • и въı шъдъше наоучите сѧ • что естъ милости хощѫ *Мт 9, 13 Сав* (же *Мар*, оубо *Ас*, *Ø Зогр*); і⟨соу⟩с⟨ъ⟩... рече • дръзаи дъшти • вѣра твоѣ с⟨ъ⟩п⟨ас⟩е тѧ • і с⟨ъ⟩п⟨ас⟩ена быс⟨тъ⟩ жена *Мт 9, 22 Зогр Мар Ас Сав*; ѣшѧ вси и насытишѧ сѧ... и ꙗдъшихъ бѣ • мѫжъ є҃ тысѧщь *Мт 14, 21 Сав* (же *Зогр Мар Ас*); а ісходѧштаа із оустъ • отъ сръд'ца ісходѧтъ • і та скврънѧтъ ч⟨ловѣ⟩ка *Мт 15, 18 Зогр Мар*; отъ б⟨ог⟩а бъıстъ си • и естъ дивъна въ очию нашею *Мт 21, 42 Мар Ас* (2) (се *Сав, Ø Зогр*); оузьрѣ іѣкова зеведеова • і-оана братра его • і та въ ал'диі • завѧзаѭшта мрѣжѧ *Мк 1, 19 Зогр Мар*; прокопавъше съвѣсишѧ одръ • на немъже ослабленъı сь лежааше • и видѣвъ и⟨соу⟩съ вѣрѫ ихъ • г⟨лаго⟩ла *Мк 2, 5 Ас* (же *Зогр Мар Сав, Ø Боян*); и въста абие (*т. е.* ослабенъıи)... и дивлѣхѫ сѧ вси *Мк 2, 12 Сав* (ѣко дивлѣахѫ сѧ *Зогр Мар Боян*; ѣко дівіті сѧ *Ас*); почрьпѣте нынѣ и принесѣте ар'хитриклинови • і принѣсѧ *И 2, 8 Мар* (они же *Зогр Ас*); рѣшѧ не въпрашаим'ъ его нынꙗ • да не никтоже... оуслышатъ таковыихъ словесъ его... и бꙑстъ тако *Супр 263, 18* □ и ж е и а: г⟨лаго⟩ла ослабеноумꙋ • въстани възьми одръ твоі... и видѣвъше же народи • дивишѧ сѧ *Мт 9, 8 Сав* (*только* же *Зогр Мар Ас*); и сьбраномь же сѫщемъ им • рече имъ пілатъ *Мт 27, 17 Ас* (*только* же *Зогр Мар Сав*); отъвѣшта имъ и⟨соу⟩съ... дѣломъ моимъ вѣрѫ имѣте • да разоумѣате... ѣко въ мънѣ о⟨тъ⟩цъ и азъ въ от⟨ь⟩ци • і искаахѫ же его пакы ѩти *И 10, 39 Мар* (*только* же *Зогр*); и с е καὶ ἰδού и, и вот а, a tu, a hle: мѫжи ніневьѣитьсци... осѫдятъ і • ѣко покаашѧ сѧ въ проповѣдь • іонинѫ • і се мъножае сьде іоны *Л 11, 32 Зогр Мар*; се помꙑсливъша идѣахо-вѣ • и се львъ идѣаше на сърдштѫ нама *Супр 297, 1*; и а б и е (ж е) καὶ εὐθέως, εὐθὺς δέ, καί и, и вот а, a tu: оученици... отъ страха възьпишѧ • и абие рече имъ и⟨соу⟩съ г⟨лаго⟩-лѧ • дрьзаите *Мт 14, 27 Ас, только* и *Сав* (абие же *Зогр Мар Боян*); аще речетъ кто вама что • речета ѣко г⟨оспод⟩ь трѣбоуетъ ею • і абье же посълетъ ѣ *Мт 21, 3 Мар*; и абие *Ас, только* и *Сав* (Ø *Зогр Боян*) **3.** *начинательный*: и, и с е *начинает новое предложение или период* и і, a: і прѣходѧштю ис⟨оусо⟩ви • по нємь ідете ѣ҃ слѣпца *Мт 9, 27 Зогр Мар* (въ ⟨о⟩но ⟨врѣмѧ⟩ *Ас Сав*); и пристѫпишѧ оученици къ і⟨соу⟩с⟨о⟩ви • единомоу *Мт 17, 19 Сав* (тогда *Мар Ас;* Ø *Зогр Боян*); і быс⟨тъ⟩ емоу възлежаштю въ домоу • і се мнози грѣшьници • і мьздоімьци пришедъше възлежаахѫ съ и⟨соу⟩сомь *Мт 9, 10 Зогр Мар Ас Сав*; і бѣ ч⟨ловѣ⟩къ въ і⟨ероуса⟩л⟨и⟩мѣ • емоуже іма семьонъ *Л 2, 25 Зогр Ас* (2) *Сав*, і се *Мар* (Ø *Боян*) ● *вводит вопросительное предложение* (*по значению близок усилительной частице*) и, же a, -pak: і къто естъ іскрьнїи ми *Л 10, 29 Зогр Мар Ас* (*нет Сав*); и кто естъ довьленъ словесꙑ исповѣдати • того добꙑсти и троудꙑ *Супр 274, 1* ● *вводит восклицательное предложение* (*по значению близок междометию*) и, вот a, aj: и тꙑ вїѳлееме земле июдова • нічимъ же меньші есі вь вл⟨а⟩д⟨ꙑ⟩кахъ июдовахъ *Мт 2, 6 Ас Сав* (Ø *Зогр Мар*); і тꙑ каф'ерънаоумъ... до ада сънидеши *Мт 11, 23 Зогр Мар*; і нꙑнѣ ц⟨ѣса⟩-ре разоумѣіте *Пс 2, 10 Син* **4.** *усилительный* и даже a dokonce, ba dokonce: се грѧдетъ година • і нꙑн҃ѣ приде *И 16, 32 Зогр Мар Ас Сав* (2); вьсѣ оубо добра сѫтъ • і зѣло дбра (!) *Клоц 10а 7*; прослоутие бо мѫчения его оуже по вьсеи асии • и бѣхма по вьсеи вьселенѣи обьтекло бѣаше *Супр 117, 7*; оубои сьдѣлахъ • крьвь неповиньнѫ пролиꙗхъ • и къ вьсѣмь тѣмъ • страдавъшек то тѣло • водамъ и звѣрьмъ и птицамъ прѣдахъ на сьнѣденьк *Супр 528, 12* **5.** *соотносительный: соединяет предложения в условно-следственной зависимости* (если)... то, (когда)... тогда (jestliže)... tehdy, (jestliže)... pak: грѧдѣта въ слѣдъ мене • і сътворѭ вꙑ ч⟨ловѣ⟩комъ ловьца *Мт 4, 19 Зогр Ас Сав* (Ø *Мар*); възлакахъ бо сѧ і дасте ми ѣсти • въждѧдахъ сѧ • і напоісте мѧ • страннъ бѣхъ і въведосте мѧ *Мт 25, 35 Зогр Мар Ас Сав*; наімьникъ... видитъ влька грѧдѫшта • і оставлѣетъ овьцѧ *И 10, 12 Зогр Мар Ас Сав*; живота проси оу тебе і далъ емоу есі *Пс 20, 5 Син*; рече и придѫ пьсьꙗ моухꙑ *Пс 104, 31 Син*; повелѣвааше вѣтромъ • и оустѫпаахѫ *Супр 476, 16* ● *соединяет предложения в причинно-следственной зависимости* (потому что)... поэтому (protože)... proto: сѫбота естъ і не достоітъ тебѣ възѧти одра своего *И 5, 10 Зогр Мар Ас*; б⟨ог⟩ъ мои еси тꙑ и вьзнесѫ тѧ *Пс 117, 28 Син* ● *соединяет предложения в уступительно-следственной зависимости* (хотя)... и все-таки (ačkoliv)... a přece, (ačkoliv)... a přesto: не ѣкоже ѣшѧ о⟨тъ⟩ци ваши ман'нѫ і оумрѣшѧ *И 6, 58 Зогр Мар Ас*; не обиноуѩ сѧ г⟨лаго⟩-летъ • і ничесоже емоу не г⟨лаго⟩лѭтъ *И 7, 26 Зогр Мар Ас*; ті же смотришѧ і прѣзърѣшѧ мѧ *Пс 21, 18 Син* ● *присоединяет предложение или инфинитив со значением цели* чтобы aby: остави і изъмѫ сѫчець із очесе твоего *Мт 7, 4 Зогр Мар* (да *Ас Сав*); повели ми прѣжде іти • і погребти о⟨тъ⟩ца моего *Мт 8, 21 Зогр Мар Ас Сав*; къде хоштеши і оуготоваемъ ти ѣсти пасха *Мт 26, 17 Зогр Ас Сав* (*нет Мар*); колико имате хлѣбъ • ідѣте и видите *Мк 6, 38 Мар* (*нет Зогр*) ● *присоединяет объект* (*лицо*), *к которому проявляется какое-л. отношение* (*из др.-евр.*) по отношению к vůči: ничьсоже тебѣ і правьдьникоу томоу *Мт 27, 19 Зогр Мар Ас Сав* **6.** *вводит главное предложение после придаточного времени* (*очень редко*) то, тогда tehdy: ѣко грѧдꙑ приближі сѧ къ домоу • і слꙑша пѣниѣ *Л 15, 25 Зогр* (*нет Мар Ас Сав*) ● *вводит главное предложение после причастной конструкции; не переводится*: крьштъ сѧ и⟨соу⟩с⟨ъ⟩ • і възиде отъ водꙑ *Мт 3, 16 Зогр* (абіе *Ас Сав,* Ø *Мар*); въсходѧ отъ водꙑ • і видѣ разводѧшта сѧ н⟨е⟩б⟨е⟩са *Мк 1, 10 Зогр Мар Сав* (*нет Ас*); давъ же ки просворꙑ • и посъла ѩ къ с⟨вѧ⟩тоуоумоу алеѯандроу *Супр 517, 20* ● *при сравнении присоединяет второй сравниваемый член предложения или предложение* (так) и (tak) і:

да бѫдетъ волѣ твоѣ • ѣко на н⟨ебе⟩си ι на земл҃и *Мт 6, 10 Зогр Мар Ас Сав*; ѣкоже знаетъ мѧ о⟨ть⟩ць • ι азъ знаѭ о⟨ть⟩ца *И 10, 15 Зогр Мар Ас Сав*; ꙗкоже и прѣжде и нꙑнꙗ... к н҃емоу пришьли сѫтъ *Супр 530, 21* **II.** *частица* καί **1.** *усилительная* и, также i, také; *при отрицании* ни ani: идѣте и вꙑ въ виноградъ мои *Мт 20, 4 Мар Сав* (*нет Ас, Ø Зогр Боян*); еже мънитъ сѧ имъи • и то възѧто бѫдетъ от⟨ъ⟩ него *Мт 25, 29 Ас* (*нет Зогр Мар Сав, Супр 370, 5 и 377, 24*); приде ч⟨лове⟩къ... ιменемь ιосифъ • ιже ι оучи сѧ оу ι⟨сог⟩са *Мт 27, 57 Зогр Мар*, ιже и тъ оучι сѧ *Ас*; оузьрıте с⟨ꙑ⟩на чл⟨ове⟩ча • въсходѧща идеже бѣ и прѣжде *И 6, 62 Ас* (*нет Зогр Мар*); саторнинъ же имѣаше село вьнѣ града... такожде же и оунк'торъ • имѣаше и тъ оу приморꙗ *Супр 204, 9 и 10*; елико бо великоѥ въздрьжаньѥ и житиѥ прѣжде обави • толицѣмь вел'ми и отъпаде *Супр 521, 1*; ѣкоже розга не можетъ плода творити о себѣ... тако и вꙑ *И 15, 4 Мар Ас Сав 102б 8* (ни *Зогр Сав 27б 1*) ● даже и ba i, dokonce i: чьсо ιзидосте видѣтъ • пророка ли • ει • г⟨лаго⟩лѭ вамъ • ι лише пророка *Мт 11, 9 Зогр Мар Ас Сав*; г⟨лаго⟩лѭ вамъ • ѣко црькъве ι бол҃и естъ сьде *Мт 12, 6 Зогр Мар*; тако ли не възможе • и единого часа побъдѣти сь мъноѭ *Мт 26, 40 Ас* (*нет Зогр Мар Сав*); каѣ бо естъ польза ч⟨лове⟩коу аште приобрѧштетъ ι вьсь миръ *Мк 8, 36 Зогр* (*нет Мар Ас Сав*); онъ же тебе ради • не ослабилъ естъ ι оумьрѣти *Клоц 8б 36* (*нет Супр 422, 9*); коньчнѣѥ же и на крьстъ приведоша и *Супр 481, 1* □ и до *с род. или с нареч.* ἕως, (καὶ) μέχρι до самого až do: промьче сѧ слово се въ июдеихъ • и до сего дьне *Мт 28, 15 Ас* (*только* до *Зогр Мар Сав*); отъ юности моеѩ ι донꙑнѣ възвѣштѫ чюдеса твоѣ *Пс 70, 17 Син*; обладаетъ отъ морѣ ι до морѣ *Пс 71, 8 Син*; вьсе испрьва дожи и до коньца... видѣвъ *Супр 271, 25*; въ хꙑзинѣ затворенъ • вь н҃енже и доселѣ мльчитъ *Супр 302, 17* **2.** *при конструкции дательного самостоятельного или причастия по значению близка уступительному союзу* хотя и ač, ačkoliv, byť i: ιскаахѫ лъжа съвѣдѣтелѣ... ι не обрѣтѫ • ι многомъ лъжемъ • съвѣдѣтелемъ пристѫпьшемъ *Мт 26, 60 Зогр, Сав 97б 2* (же *Ас, Сав 111б 11, нет Мар*); марıꙗ въ инѫ мꙑсль приде • ти и не хотѧшти рече *Супр 242, 1*; вѣждъ ꙗкоже изидеши • и ни ѥдного отъ оудовъ ѥго врѣдиши • или и врѣдивъ отидеши оть н҃его *Супр 554, 19* **3.** *в сочетании с союзами, союзными словами или наречиями, входящими в состав союза, образует сложные союзы*: акꙑ и *см.* акꙑ; аще и *см.* аще; или и *см.* или; нъ и *см.* нъ; тако и *см.* тако; такожде и *см.* такожде; ꙗко и *см.* ꙗко; ꙗкоже и *см.* ꙗкоже.— *Зогр Мар Ас Сав Охр Унд Боян Зогр-пал Ен Син Киев Служ Евх Клоц Супр Хил Рыл Зогр-лл*

И² ꙗ, ѥ *мест.* (>1000) [*после предлогов* него, немоу, н҃ь *и т. п.* | **1.** *указат., только в соотносит. сочетаниях* αὐτόν тот ten: мало ιхъ естъ иже ι обрѣтаѭ(тъ) *Мт 7, 14 Зогр Мар Ас* (мало же естъ тѣхъ *Евх 69б 19, 89б 9-10*); ι съвръши и... иже насади десница твоѣ *Евх 100а 3* (*нет Пс 79, 16 Син*) **2.** *относит.* ὅς который který, jenž: не мꙑслиши ѣ сѫтъ б⟨о⟩жѣа *Мк 8, 33 Мар* (ѣже *Зогр*); помѣнѫ петръ гл⟨агол⟩ъ ιс⟨оусо⟩въ • ι рече емоу *Мт 26, 75 Зогр* (иже *Мар Ас Сав 112б 14*, еже *Сав 98б 8*); ѣко огнь ι попалѣетъ дѫбровꙑ *Пс 82, 15 Син* **3.** *личн.* αὐτόν он on: вьсѣ тѣмь бꙑшѧ • ι безн҃его ничьтоже не бꙑстъ *И 1, 3 Зогр Ас* (*Ø Мар*); простеръше на н҃ь своѩ рѫкꙑ ноуждаахѫ и принести ѥмоу имѣниѥ *Супр 38, 22 и 23*; помол҃ьшемъ же сѧ имъ... приде к н҃имъ полемъ • и иже бѣахѫ сь н҃имъ *Супр 125, 10-12*; видѣвъ ѩ съ обꙑчьнѫѭ кѧ хотѧщѧ • вьсмиꙗвъ сѧ вьзьпи к н҃има глагол҃а *Супр 169, 12-13*.— *Зогр Мар Ас Сав Охр Унд Боян Зогр-пал Ен Син Евх Киев Служ Клоц Супр Хил Рыл Зогр-лл*.— *Ср.* онъ, тъ

ИА *с* (?) *мн. греч.* (1) τὰ ἴα фиалки fialky: шипъкъ и ı̈а и инъ цвѣтъ раститъ *Супр 495, 16*

ИАВИНЪ, -а *м имя* (1) Ἰαβίν Иавин Jabín: ѣко ιавинови въ потоцѣ кıсовѣ *Пс 82, 10 Син*

ИАИРЪ, -а *м имя* (6) [ιаръ *Зогр* (1), аиръ *Ас* (1)] Ἰάϊρος Иаир Jairos: ι се приде единъ отъ ар'хисѵнагога • ιменемь ιаıръ *Мк 5, 22 Зогр Мар*.— *Л 8, 42 Зогр Мар Ас Сав*

ИАКИМЪ, -а *м имя* (3) [акимъ *Ас* (1) *Ен* (1)] Ἰωακίμ Иоаким Jáchym: акима и анѣ *Ен 28б 2*.— *Ас 116бβ 14, Сав 126бβ 17*

и а к о в л҃ ь *И 4, 6 Ас, Ас 116а 14 см.* ıаковл҃ь

и а к о в ъ *Ас Супр см.* ıаковъ

ИАННѢѬВЪ *прил. к мужскому имени* Ианнаи (2) [ιаннаевъ *Мар* (1)] τοῦ Ἰανναί Ианнаев Janaiův: с⟨ꙑ⟩нъ... мельхиевъ • ιан'нѣевъ • ιосифовъ *Л 3, 24 Зогр Мар*

ИАРЕДОВЪ *прил. к мужскому имени* Иаред (2) τοῦ Ἰάρετ Иаредов Jaredův: с⟨ꙑ⟩нъ... еноховъ • ιаредовъ • малелеил҃евъ *Л 3, 37 Зогр Мар*

и а р ь *Л 8, 41 Зогр см.* ıаиръ

ИАСА, -ꙑ *ж местность* (1) Ἰασά Иаса Iasa: вь нѣкоторѣи вьси нарицаѥмѣи иаса *Супр 255, 12*

ИБО *союз* (85) καὶ γάρ, καί, ὅτι, ἐπειδή, ἄρα (!), πάντως (!), *вар.* ἀλλά **1.** и б о, и б о и *пояснительный или причинный* ведь, ибо vždyť, neboť, totiž: аште л҃юбите л҃юбѧштѧѩ вꙑ • каѣ вамъ хвала естъ • ιбо ι грѣшьници ӑюбѧштаѩ ӑюбатъ *Л 6, 32 Зогр Мар Ас* (и грѣшъни бо *Сав*); ꙇбо азъ ч⟨ловѣ⟩къ есмь подъ властелъ • ѹчиѿенъ *Л 7, 8 Зогр Мар Сав* (азь бо *Ас*); остави намъ грѣхъı наша • ꙇбо ꙇ сами оставл҃ѣемъ • вьсѣкомоу длъжьникоу нашемоу *Л 11, 4 Зогр Мар Сав*; сı къ ꙇюдѣомъ г⟨лаго⟩лѫ • понеже льстѧште сѧ мнѧтъ пасхѫ творіти • ꙇбо стоудънѫѭ волеѭ • опрѣснъкъı ѣдѧтъ *Клоц 7а 17* (кльа *Супр 418, 10*) **2.** *усилительный* и также, и даже a také, ba i: чашѫ моѭ испиета • ꙇбо и крьштениемь имъже азъ крьштаѭ сѧ крстита сѧ *Мт 20, 23 Мар* (∅ *Зогр*); юнъ бъıхъ їбо състарѣхъ сѧ • ꙇ не видѣхъ праведьника оставлена *Пс 36, 25 Син* ● и действительно, и на самом деле a vskutku, a opravdu: иже... рече къ попоу • сии не можетъ ицѣлѣти... ибо по проречению правьднааго • на оутрьıа прѣжде зорь • нападъ лѫкавъıи бѣсъ • оудави чловѣка того *Супр 564, 17* ● *с противительным оттенком* но, и все-таки avšak, a přece: мьножицеѭ брашьа сѧ со мьноѭ отъ юности моеѩ • ꙇбо не прѣмогѫ мене *Пс 128, 2 Син* **3.** *уступительный* (*с конструкцией дат. самостоятельного*) хотя ač: того не можааше зьрѣтı... ꙇбо свѣтильнıкомь сѫштемъ • ꙇ свѣштамъ толикамъ *Клоц 5а 6* (цѣ *Супр 412, 16*); ибо ичръпанѣ вьсеи водѣ приспѣша нѣции вь самъ зной *Супр 549, 20.— Зогр Мар Ас Сав Ен Син Евх Клоц Супр*

ИГ҃ЕМОНОВЪ *прил.* (4) [нѥмон- *Мар* (1) *Ас* (1), ѥмон- *Зогр* (1), гемон- *Сав* (1)] τοῦ ἡγεμόνος правителя *род.* vladařův: воини нѥемонови *Мт 27, 27 Мар Зогр Ас Сав.— Ср.* воеводинъ

ИГ҃ЕМОНЪ, -а *м* (33) [нѥмон- *Зогр* (7) *Мар* (8) *Ас* (9), ѥмон- *Зогр* (1), гемон- *Сав* (6)] ἡγεμών правитель vladař: ꙇ⟨соу⟩с⟨ъ⟩ же ста прѣдъ ꙇѥемономь *Мт 27, 11 Зогр Мар Ас Сав.— Зогр Мар Ас Сав.— Ср.* владъıка, воевода, кънѧѕь

ИГО, -а *с* (16) ζυγός иго jho: възьмѣте ꙇго мое на себѣ *Мт 11, 29 Зогр Мар Ас Сав.— Мт 11, 30 Зогр Мар Ас Сав; Пс 2, 3 Син; Ен 21а 6; Евх 29а 11; 85б 17; 89б 14; 89б 18; 100а 11; Супр 542, 17*

ИГРАТИ, -аѭ, -аеши *несов.* (6) **1.** παίζειν развлекаться, играть bavit se, hrát si: на позориште миръное • точаахъ играахъ и троуждаахъ сѧ *Супр 63, 10* **2.** σκιρτᾶν, σκιρτοβατεῖν прыгать от радости skákat radostí: чии сънъ се • иже въ моемь ѫтробъı постеѿи играе *Супр 242, 15.— Супр 113, 4; 489, 1; 490, 1; Рыл 2аβ 21-22.— Ср.* скакати

ИГРЬ, -и *ж* (3) παίγνιον игра, развлечение; шутка hra, zábava; žert: въпадаѭ въ блѫдъı... въ плясаниѣ • въ игри зълъı *Евх 68а 25.— Супр 126, 10; 221, 5*

ИГОУМЕНИꙖ, -нѩ *ж* (1) ἡγουμένη игуменья představená kláštera: посла мѧ игоуменьꙗ донести просворѫ вь сьѭ вьсь *Супр 515, 26-27*

ИГОУМЕНЪ, -а *м* (13) ἡγούμενος начальник, правитель představený: помните игоуменъı ваша *Евр 13, 7 Ен* ● ἀρχιμανδρίτης игумен představený kláštera, opat: г⟨лаго⟩лет⟨ъ⟩ нерѣи къ игоуменоу *Евх 82а 5-6.— Евх 82а 3; 82а 12-13; 82а 15; 82б 4-5; 83б 7-8; 92а 18; Супр 119, 22; 219, 21; 272, 5-6; 275, 6 и 8.— Ср.* владъıка, вождь

ИГОУМЕ҃Њ *прил.* (1) *греч. нет* игумена *род.* opatův: на оутврьждение себѣ игоумена молитвъı *Супр 273, 25*

ИГЪЛИНЪ *прил.* (9) τῆς βελόνης, τῆς ῥαφίδος иглы *род.*, игольный jehly *род.*: оудобѣе бо естъ вельбѫдоу • сквозѣ ꙇгълинѣ оуши проити *Л 18, 25 Зогр Мар Ас Сав.— Мт 19, 24 Мар Ас Сав; Мк 10, 25 Зогр Мар*

ИГЪНАТИИ, -иꙗ *м имя* (2) [игь- *Ас* (2)] Ἰγνάτιος Игнатий Ignác: мѣ⟨сѧ⟩ца дек⟨ѧбрѣ⟩ ӣ • с⟨вѧ⟩тааго бо⟨го⟩носьца игьнатиа *Ас 131б 19.— Ас 141б 4*

ИДЄ *частица и нареч.* (16) I. *частица усилит.* ὅτι, ἐπεί, ἐπειδή, μέντοιγε ведь, да ведь, поистине vždyt', vždyt' přece, zajisté: како бѫдетъ се иде мѫжа не знаѭ *Л 1, 34 Мар Ас Сав* (ꙇжде *Зогр*); оуслъıшѫ чьто речетъ о мнѣ г⟨оспод⟩ь б⟨ог⟩ъ • ꙇде речетъ міръ на люди своѩ *Пс 84, 9 Син* II. *нареч.* ὅπου где kde: се мѣсто иде бѣ положенъ *Мк 16, 6 Мар* (ꙇдеже *Зогр Ас*).— *Зогр Мар Ас Сав Син.— Ср.* идеже, иждє, иждеже

ИДЕЖЄ *нареч.* (>100) ὅπου, οὗ, ἐν ᾧ, ἔνθα, ὅθεν где kde: ини придѫ корабли отъ тивериѣдъı • близъ мѣста • ꙇдеже ѣшѧ хлѣбъı *И 6, 23 Зогр Мар* ◆ **идеже аще, идеже колижьдо, идеже аще колижьдо** ὅπου ἐάν, ὅπου ἄν, οὗ ἐάν где (бы) ни, куда (бы) ни kdekoli, kamkoli: идеже аште вьнидетъ • рьцѣта г⟨оспо́ди⟩ноу домоу *Мк 14, 14 Зогр Мар*; ꙇже идеже аще колıжьдо иметъ и • пѣнъи тѣщитъ *Мк 9, 18 Ас* (ꙇже аште колижьдо *Зогр Мар Сав*).— *Зогр Мар Ас Сав Охр Боян Син Служ Евх Клоц Супр Хил Рыл.— Ср.* иде, ижде, иждеже, ꙗможе

ИДИТОУМЪ, -а *м имя* (3) [ꙇдитом- *Син* (1)] Ἰδιθούν Идифун Idufun: о ꙇдıтоумѣ пъсломъ асафовъ *Пс 76, 1 Син.— Пс 38, 1 Син; 66, 1 Син*

ИДОЛОЖРЬТВЬНЪ, -ъıи *прил.* (1) εἰδωλόθυτος принесенный в жертву идолам obětovaný, modlám: ѣсти идолѡжрътвьнаѣ *1 Кор 8, 10 Ен*

ИДОЛОСЛОУЖИТЕЛЬ, -лꙗ *м* (1) εἰδωλολάτρης идолопоклонник modloslužebník: ходѫи съ идолослоужителемь иматъ чѧсть *Рыл 2аβ 24-25.— Ср.* коумиръ (коумиромъ слоугоуѭи)

ИДОЛЪ, -а *м* (5) εἴδωλον идол modla: ꙇдоли ꙗꙁ⟨ы⟩къ сърєбрьни ꙇ злати • дѣла рѫкъ чл⟨овѣ⟩чь *Пс 134, 15 Син.— Пс 96, 7 Син; 113, 12 Син; Евх 26 13; Супр 485, 12.— Ср.* капище, коумиръ

ИДОЛЬСКЪ, -ыи *прил.* (3) εἰδωλικός идолопоклоннический, языческий modloslužebný, pohanský: ꙇз гроба идолъскааго *Евх 54б 14-15* ◆ идольскаꙗ слоужьба εἰδωλολατρεία идолопоклонство modloslužba: ꙇдольскаѣ слоужъба разорена бываше *Клоц 10б 9.— Евх 54а 15-16.— Ср.* коумирьскъ; идольскаꙗ слоужьба *ср.* коумирослоужениѥ

ИДОУМѢИСКЪ, -ыи *прил. к* идоумѣꙗ (2) τῆς Ἰδουμαίας, τῶν Ἰδουμαίων идумейский, едомский idumejský, edomský: въ поустꙑни ꙇдоумѣисцѣи *Пс 62, 1 Син.— Пс 82, 7 Син.— Ср.* едемьскъ

ИДОУМѢꙖ, -ѣѩ *ж страна* (6) Ἰδουμαία Идумея Idumaea: на идоумѣѭ наложѫ сапогъ мои *Пс 107, 10 Син.— Мк 3, 8 Зогр Мар; Пс 59, 10 Син; 59, 11 Син; 107, 11 Син.— Ср.* едемъ

незекиꙗ *Мт 1, 9 и 10 Ас Сав см.* езекиꙗ

нелисеи *Л 4, 27 Ас см.* елисеи

нерамовъ *Л 3, 29 Зогр см.* иоарамовъ

неръдан- *см.* иоръдан-

ИЖДЕ *частица, нареч. и союз* (30) I. *частица усилит.* ὅτι, ἐπεί, ἐπειδή ведь vždyť: горе вамъ кънижьници ꙇ фарисѣи • ꙇ лицемѣри • ꙇжде есте ако ꙇ гроби невѣдоми *Л 11, 44 Зогр* (ꙇде *Мар*) II. *нареч.* ὅπου, ἔνθα, ὅθεν, ὅπου δ' ἄν, ὅς (!) где kde: бѣжа инже завистъ не раждаѥтъ сѧ *Супр 404, 28*; ижде ѥста дъва или триѥ събрани въ моѥ имѧ • то тоу ѥсмъ посрѣдоу ихъ *Супр 206, 17* (ꙇдеже *Мт 18, 20 Мар Ас Сав, ∅ Зогр*) III. *союз времени* ὡς когда když: да ижде близъ бышѧ ꙗко ѥдино пьприще • мꙑшлꙗаахѫ како бꙑ вьлѣсти къ с⟨вѧ⟩тоуоумоу *Супр 37, 2.— Зогр Ас Син Супр Зогр-лл.— Ср.* иде, идеже, иждеже, ѥгда

ИЖДЕЖЕ *нареч. и союз* (23) I. *нареч.* ὅπου, ἔνθα, ὅθεν, οὗ где kde: идѣвѣ въ црък'вище иждеже стоитъ богъ твои *Супр 227, 22* □ иждеже аще, иждеже колижьдо ὅπου ἐάν, ὅπου δ' ἄν где (бы) ни kdekoli: ꙇждеже бо аште бѫдетъ троупъ тоу съберѫтъ сѧ орли *Мт 24, 28 Зогр* (ꙇдеже бо аште *Мар Ас Сав*); ꙇжде же колижьдо вьнидете въ домъ • тоу прѣбываꙇте *Мк 6, 10 Зогр* (идеже колижъдо *Мар*) II. *союз условный* ὁπότε, ὥς если, когда jestliže, když: ижде же оубо ниединоже сѧ исповѣдаетъ благое… еже разлѫчати сѧ самѣмъ отъ себе и бъхъма нестроино *Зогр-лл 26 16.— Зогр Мар Ас Син Супр Зогр-лл.— Ср.* иде, идеже, ижде

ИЖДЕЩИ, иждегѫ, иждежеши *сов.* (1) ἐκκαίειν зажечь zapálit, zažehnout: принесошѧ дръва и огнь • и їждегошѧ въ ровѣ *Супр 5, 13.— Ср.* въжещи, раждещи

ИЖДИТИ, иждивѫ, иждивеши *сов.* (9) δαπανᾶν, προσδαπανᾶν истратить, прожить, растратить vynaložit, vydat; promarnit: много пострадавъши • отъ мъногъ врачевъ • ꙇ иждивъши вьсе свое *Мк 5, 26 Зогр Мар Сав Унд* (издаѣвъшꙇ *Ас*); ꙇждивъшю же емоу вьсѣ • бꙑстъ гладь крѣпъкъ на странѣ тоꙇ *Л 15, 14 Зогр Мар Ас Сав.— Л 10, 35 Сав.— Ср.* издаꙗти, прииждити

ИЖЕ, ꙗже, ѥже *мест.* (>1000) [*после предлогов* ньгоже, ньмоуже, ньже *и т. п.*] **1.** *относит.* **а)** ὅς, ὅστις, ὅσπερ, ὅσος, οὗτος, ὁ τίς который který, jenž: хлѣбъ бо ꙇже азъ дамь • плъть моѣ естъ • ѭже азъ дамь за животъ вьсего мира *И 6, 51 Зогр Мар*, егоже… ѭже *Ас*; чьто же видиши сѫчьць • ꙇже естъ въ очесе братра твоего • а брьвъна еже естъ въ очесе твоемь не чюеши *Л 6, 41 Зогр Мар*; ѩже свѧтꙑѩ цръкъви съ ратиѭ ѥсте прѣѩли • то и тꙑ оставивъше вьнѣ град(а) прѣбываѥте *Супр 199, 27* ▭ ѥже *неизмен. форма*: нꙑнꙗ тъжде • ѥже трепезѫ онѫ оутвори • сии и нꙑнꙗ сиѭ оутвараѥ *Супр 420, 13* (оукрашеꙇ тогда тѫ трапезѫ *Клоц 8а 12-13*); помѣни сънъмъ твої • еже сътѧжа испръва *Пс 73, 2 Ен 32а 4*; ꙇже *Син* □ отъ нихъже *греч. нет* с того времени как od té doby co: и польѕѫ принимаахѫ • оть нихъже видѣахѫ ѥго • въ въздръжаниї… прѣбываѭшта *Супр 548, 28*; имьже образомь *см.* образъ **б)** *в конструкциях, переводящих греч. конструкции с членом* ὁ который (*или не переводится*) jenž (*nebo se nepřekládá*): ѭдѣ-ꙇсхожденье еже отъ еѵупта помнѣахѫ • а ꙇже отъ поганъ • ꙇзбавленье • ꙇже отъ лъстꙇ проповѣдахѫ *Клоц 13б 21-23; Супр 450, 26-27*; нꙑнꙗ врѣмѧ ѥже отъ тебе застѫпьѥниѥ… нꙑнꙗ врѣмѧ ꙗже отъ тебе помоштъ *Супр 103, 16-17*; да оувѣмъ ꙇ таꙇнꙑ • ѩже тоу *Клоц 13а 14; Супр 449, 16*; кланꙗти сѧ богоу иже въ вꙑшьниїхъ сѣдѧи *Супр 28, 5*; а еже сѣсти о деснѫ и о шѫѭ мене нѣстъ мьнѣ сего дати *Мт 20, 23 Мар* (∅ *Зогр*); каа бо польѕѣ еже вѣдѣти • о б⟨о⟩ѕѣ праваꙗ оучениꙗ добрѣ • а блѫдъ дѣати срамьнѣ *Хил 26β 10* □ иже съ нимь συνοδία, οἱ σὺν αὐτῷ (его) друзья (jeho) přátelé, družina: мѫка с⟨вѧ⟩тааго кодрата и иже сь нимъ *Супр 97, 25* **2.** иже, иже аще, иже колижьдо ὅς, ὃς ἄν, ὃς ἐάν, ὅστις (ἄν), ὅσος (ἐάν), ἄν τις какой (бы) ни, кто (бы) ни, что (бы) ни kterýkoli, kdokoli, cokoli: въ ѩже домъ вьнидете • тоу прѣбываите *Л 9, 4 Зогр Мар Ас Сав*; ıжь бо оубиетъ • повиненъ естъ сѫдоу *Мт 5, 21 Зогр*, иже *Мар*; оуслыши ны • во нъже денъ ѣште прізовемъ тѧ *Пс 19, 10 Син*; никътоже не вѣстъ... къто естъ о⟨тъ⟩ць ток'мо с⟨ы⟩нъ • ı емоуже аште хоштетъ с⟨ы⟩нъ авити *Л 10, 22 Зогр Мар Ас*; отъ не ıмѫштааго • ı еже аште мнитъ сѧ ıмы • вьзѧто бѫдетъ отъ ѩего *Мт 25, 29 Зогр Мар Сав*, еже *Ас*; въ ѩже градъ колижьдо вьнидете • ı приемлѭтъ вы • ѣдите прѣдълагаемаѣ вамъ *Л 10, 8 Зогр Мар*; иже колижьдо не приметъ васъ... ıсходѧште ız домоу • ли ız града того • отътрѧсѣте • прахъ отъ ногъ вашихъ *Мт 10, 14 Зогр Мар* **3.** καὶ οὗτος, καὶ αὐτός, ὅστις (и) тот, (и) этот kterýžto, (a) ten, (a) tento: единъ же отъ нихъ... хвалѧ емꙋ възда • иже бѣ тоу самарѣнинъ *Л 17, 16 Сав* (ı тъ *Зогр Мар Ас*); дъшти иночѧдаꙗ болѣше емоу • ꙗко двою на десѧте лѣтоу • ꙗже оумираше *Л 8, 42 Сав* (ı та *Зогр Мар Ас*); иже братъ сытостъ паче примъ таковаго трьпѣниꙗ глагола къ старьцоу *Супр 290, 1* ● **иже** *вводит пояснение или уточнение* ὅ что (и) což (i): пръвѣе вьнемлѣте себѣ отъ кваса фарисѣиска • еже естъ лицемѣрье *Л 12, 1 Зогр Мар*; врагъ твоихъ ради • раздроушиши врага и мьстьника • иже ıесте вы *Супр 331, 8*; прѣбыстъ оусоровѣ вьси • нич'соже иного ради • нъ оубити с⟨вѧ⟩тааго съ нисиѭ иже и сътвори *Супр 47, 20* □ **иже съказаѥтъ сѧ, иже ѥстъ съказаѥмо, иже нарицаѥтъ сѧ, иже наречетъ сѧ, иже ѥстъ нарицаѥмо, иже ѥстъ** ὅ λέγεται, ὅ ἑρμηνεύεται, ὅ ἐστιν, τοῦτ᾽ ἔστιν что значит což znamená: оумы сѧ • въ кѫпѣли силоуамьсцѣ • еже съказаетъ сѧ посъланъ *И 9, 7 Зогр Мар Ас*; г⟨лаго⟩ла еı • талитакоумъ • еже естъ съказаемо • дѣвице тебѣ г⟨лаго⟩лѭ въстани *Мк 5, 41 Зогр Мар*; г⟨лаго⟩ла емоу евреискъи равви • еже нарицаетъ сѧ оучителю *И 20, 16 Ас*; еже наречетъ сѧ *Мар* (∅ *Зогр*); пришьдъше на мѣсто нарицаемое • ѣельѣота • еже естъ нарицаемо краниево мѣсто *Мт 27, 33 Зогр Мар Ас Сав*; г⟨лаго⟩ла емоу • еф'фата • еже естъ разврѣзи сѧ *Мк 7, 34 Зогр Мар Ас Сав*; **заниже** *см.* занеже; **понеже** *см.* понеже.— *Зогр Мар Ас Сав Охр Унд Боян Зогр-пал Ен Син Киев Служ Евх Клоц Супр Рыл Зогр-лл*

ИЗ *предлог с род.* (>300) [изъ *Зогр* (1) *Ас* (3) *Син* (1) *Евх* (3) *Супр* (16), изь *Мар* (1) *Ас* (5), изо *Зогр* (1), ис *перед глухими согласными Зогр* (2) *Мар* (2) *Ас* (2) *Сав* (2) *Боян* (1) *Ен* (1) *Син* (4) *Евх* (6) *Клоц* (2) *Супр* (28), и *перед* с, з, ц, ч *Зогр* (10) *Мар* (12) *Ас* (5) *Ен* (1) *Син* (1) *Евх* (7) *Супр* (9), изд *перед* р *Зогр* (1) *Мар* (1) *Син* (15) *Евх* (7) *Супр* (3), иж *перед* ѩ *Зогр* (9) *Мар* (3) *Клоц* (1) *Супр* (2), ищ-ис ч *Син* (1)] ἐκ, ἀπό, διά **1.** *при обозначении места, предмета, из которого начинается движение, действие* из z: ишедъ и⟨соу⟩с⟨ъ⟩ • и-цр⟨ъ⟩к⟨ъ⟩ве *Мт 24, 1 Мар* (∅ *Зогр*); мариѣ нарицаемаѣ магдалъıни • ıж неѩже седмь бѣсъ ıзиде *Л 8, 2 Зогр*, ız неѩже *Мар*; приемъ чашѫ... г⟨лаго⟩лѧ • пиите из неѩ в'си *Евх 46б 15* (отъ ѩеѩ *Мт 26, 27 Зогр Мар Ас Сав*); ıзбаві мѧ из-д-рѫкы врагъ моихъ *Пс 30, 16 Син*; видѣшѧ смоковьницѫ оусохъшѫ ıс корене *Мк 11, 20 Зогр Мар* ● *при обозначении перехода из основного состояния в другое* из z: г⟨оспод⟩ь из мрьтвъıхъ въсталъ *Супр 479, 8* **2.** *при указании на предка* из z: радоуи сѧ благодѣтьнаа с⟨вѧ⟩таа б⟨ого⟩р⟨оди⟩це... ız неѩже роди сѧ праведъное слън'це *Евх 85б 1* **3.** *при обозначении исходного момента какого-л. действия или состояния* с (*с род.*) od, z: вьсѣ си съхранихъ изь юности моеѩ *Л 18, 21 Мар* (отъ юности *Зогр Ас Сав*) **4.** *при обозначении материала, из которого что-л. состоит* из z: врътъпъ ıс камене • ıдеже х⟨ристос⟩ъ пораждаетъ сѧ *Клоц 14а 10; Супр 451, 22* **5.** *при обозначении предметов или явлений, посредством которых что-л. делается* из, от z, od: дѣлателѥ х⟨ристосо⟩ви акы изъ ѥдинѣхъ оустъ • и ѥдинѣмъ гласомъ рѣшѧ *Супр 59, 20*; змръна ı стактъ ı касиѣ • отъ різъ твоихъ • ѡтъ варьи сло(но)венъıхъ ız ніхъже възвеселишѧ тѧ *Пс 44, 9 Син*; ѥлма господинъ мои госпожде не вѣстъ ничсоже из мене • иже ѥмꙋ въ домоу *Супр 366, 4* **6.** *в составе предложных сочетаний, имеющих значение наречий, см.* извъноу, извънѫдоу, извънѫтрь, издавна, издалеча, издалече, излиха, испрьва, изѫтрь, изѫтрьѭдоу.— *Зогр Мар Ас Сав Унд Боян Ен Син Служ Евх Клоц Супр Рыл*

ИЗБАВИТЕЛЬ, -лꙗ *м* (12) λυτρωτής, ῥύστης, λυτήριον избавитель, спаситель, освободитель osvoboditel, zachránce, spasitel: г⟨оспод⟩ı помощьниче мої избавітелъ мої *Пс 18, 15 Син*; — *Пс 17, 3 Син; 17, 49 Син; 69, 6 Син; 77, 35 Син; Евх 26 23; Супр 251, 25; 314, 27-28; 390, 24; 500, 23; 507, 1; 509, 12.*— *Ср.* избавьникъ, свободителѥ, съпасителѥ, съпасъ

ИЗБАВИТИ, -влѭ, -виши *сов.* кого чесо, отъ чесо, ис чесо (>100) ῥύεσθαι, λυτροῦσθαι, ἀπαλλάσσειν, ἀναρρύεσθαι, ἐξαίρεσθαι, σῴζειν, διασῴζειν, ἐξάγειν, ἐλευθεροῦν liberare, eripere избавить, освободить, спасти zachránit, osvobodit, vysvobodit, spasit: оупъва на б⟨ог⟩а • да ıзбавитъ ı нынѣ *Мт 27, 43 Зогр Ас Сав*, избавитъ-и *Мар*; да избавыт҄ъ сѧ възлюблени твоі • с⟨ъ⟩п⟨ас⟩е десницеѭ твоеѭ *Пс 59, 7 Син*; да рекѫтъ избавлени г⟨оспод҄ь⟩мъ • ꙗже избаві из-д-рѫкы • вражьеꙗ *Пс 106, 2 Син*; ѡ избавити сѧ намъ отъ в'сѣкоꙗ скръби *Евх 61а 19*; нꙑнꙗ ти отъньмѫ главѫ • нꙑнꙗ и запада из'бавьѭ твоꙗ пакости *Супр 512, 21.— Зогр Мар Ас Сав Охр Боян Ен Син Киев Служ Евх Супр.— Ср.* гонезнѫти, избыти, извести, свободити, съпасти

ИЗБАВЛꙖТИ, -ꙗѭ, -ꙗкши *несов.* кого отъ чесо, ис чесо (11) ῥύεσθαι, λυτροῦσθαι избавлять, освобождать zachraňovat, vysvobozovat, osvobozovat: благодѣтелѣ осѫждаѭште • ιзбавлѣѭтъ оубицѫ *Клоц 10б 37* ▭ избавлꙗти сѧ освобождаться osvobozovat se, zbavovat se: достоино оубо зъванью стѫпаи • ιзбавлѣꙗ сѧ отъ соуетьнꙑхъ любьве *Евх 90б 23.— Пс 7, 3 Син; 34, 10 Син; 49, 22 Син; 102, 4 Син; Евх 24б 5; 27б 20-21; Супр 4, 20; 269, 20; 468, 10.— Ср.* гонажати, съпасати

ИЗБАВЛѤНИѤ, -ꙗ *с* (31) [избаве- *Зогр* (1) *Ен* (1)] λύτρωσις, λύτρον, ἀπολύτρωσις, ἀπαλλαγή, κλῆσις (!) redemptio избавление, освобождение, спасение vysvobození, osvobození, spasení: приближі сѧ ιзбавл҄еньѥ ваше *Л 21, 28 Зогр Мар.— Зогр Мар Ас Сав Ен Син Киев Евх Клоц Супр.— Ср.* издрѣшениѥ, свобожденик, съпасениѥ

ИЗБАВЬНИКЪ, -а *м* (1) ῥυόμενος избавитель osvoboditel: нѣстъ ιзбавьника емоу *Пс 70, 11 Син.— Ср.* избавител҄ь

ИЗБАДАТИ, -аѭ, -акши *несов.* (1) νύσσειν выкалывать vypichovat: въпиꙗше велми • ꙗкоже се бꙑша нѣкомоу орѫжинимъ очи избадали *Супр 274, 24*

избер- *см.* изьбрати

ИЗБИВАТИ, -аѭ, -акши *несов.* (2) ἀποκτείνειν, ἀποκτέννειν убивать, истреблять pobíjet, vybíjet: на оутрьѣ ιзбіваахъ вьсꙗ грѣшьнꙑꙗ землі *Пс 100, 8 Син.— Супр 388, 20*

ИЗБИРАТИ, -аѭ, -акши *несов.* (4) ἐκλέγεσθαι выбирать, избирать vybírat: прѣдъсѣданьѣ • ιзбираахѫ *Л 14, 7 Зогр Мар Ас Сав*

ИЗБИТИ, избиѭ, избиѥши *сов.* (25) ἀποκτείνειν, ἐκτείνειν, ἀναιρεῖν, φονεύειν, πατάσσειν перебить, убить pobít, vybít, ubít: с⟨ы⟩нове есте избивъшихъ пр⟨оро⟩кы *Мт 23, 31 Мар* (∅ *Зогр*).— *Зогр Мар Ас Сав Боян Син Евх Супр.— Ср.* исклати, побити, оубити

ИЗБЛ҄ЬВАТИ, изблюѭ, изблюѥши *сов.* (3) ἐξεμεῖν извергнуть, стошнить vyzvracet, vyvrhnout: аще к'то болѣзни ради • ιзблюетъ брашеньце • ѕ҃ дьни да постит' сѧ • и еже естъ изблъвалъ • да съхранитъ на огни *Евх 103а 11-13.— Супр 484, 10*

ИЗБОРЬНЪ, -ꙑи *прил.* (2) *греч. нет* избранный vybraný, vyvolený: сьсѫдъ изборьнꙑи *Супр 534, 6* ◆ еванг҃елиѥ изборьноѥ изборное евангелие, евангелие-апракос evangeliář: евагелие избор'ное *Ас 1а 1-2.— Ср.* изьбрати (изьбранъ)

ИЗБОСТИ, изводѫ, изводеши *сов.* (1) (избости рогы κερατίζειν) прободать probodnout: о тебѣ врагы нашꙗ изводемъ рогы *Пс 43, 6 Син.— Ср.* провости

ИЗБЫВАТИ, -аѭ, -акши *несов.* (5) **1.** περισσεύεσθαι быть в избытке přebývat: коликоу наимьникъ о⟨ть⟩ца моего ιзбꙑваѭтъ хлѣби *Л 15, 17 Зогр Мар Ас Сав* **2.** ἀπαλλάσσεσθαι избавляться zbavovat se: егда строупꙑ на себѣ имѣѭштеі избꙑваахѫ *Супр 398, 19-20.— Ср.* избытьчьствовати, изобиловати

ИЗБЫТИ, избѫдѫ, избѫдеши *сов.* (36) **1.** περισσεύειν, ὑπολείπειν остаться zbýt, zůstat: ни единъ отъ ніхъ не ιзбꙑстъ *Пс 105, 11 Син* ▭ избывъшеѥ *с*, избывъшии *м мн. в знач. сущ.* остатки zbytky: насꙑтишꙙ сѧ вси • ι възѧшꙙ ιзбꙑвъшаꙗ ιмъ • оукроухъ • коша дъва на десꙙте *Л 9, 17 Зогр*, избꙑвъшее *Мар* **2.** περισσεύειν быть в избытке přebýt: ни бо аще не ѣмъ лишимъ сѧ ни аще ѣмъ избѫдетъ намъ *1 Кор 8, 8 Ен* **3.** чесо, отъ чесо ῥύεσθαι, ἀπαλλάσσεσθαι, λύσιν, εὑρίσκειν, λυτροῦσθαι, σῴζεσθαι избавиться, избыть zbavit se, osvobodit se: тъгда мѫжꙑ да избѫдетъ чловѣкъ тъ *Супр 42, 24-25*; даждь дѣланье ιзбꙑти отъ н҄его *Л 12, 58 Зогр Мар.— Зогр Мар Ас Сав Син Супр.— Ср.* избавити, изобиловати, избывъшеѥ *ср.* избытъкъ

ИЗБЫТИѤ, -ꙗ *с* (2) λύσις, συγχώρησις избавление zbavení, vysvobození: ѡ отъданьи грѣховъ • ι о избꙑтьи прѣгрѣшенеи *Евх 98б 7-8.— Супр 530, 8.— Ср.* избавлѥниѥ, съпасениѥ

ИЗБЫТЪКОВАТИ, -коуѭ, -коуѥши *несов.* (2) περισσεύειν быть в избытке mít nadbytek: да в'сег'да в'сѣкъ доволъ имѫще • ιзбꙑтъкоуемъ во в'сѣкомь дѣлѣ блазѣ *Евх 17а 7.— Евх 12б 18.— Ср.* избывати, избытъчьствовати, изобиловати

ИЗБЫТЪКЪ, -а *м* (30) περίσσευμα, τὸ περισσεῦον **1.** λείψανον, τὸ περίλοιπον остаток zbytek: възѧшꙙ ιзбꙑтъкꙑ оукроухъ *Мт 15, 37 Зогр Мар Ас*, избꙑтъкъ *Сав* **2.** τὸ περισσεύειν излишек přebytek, nadbytek: вьси бо сиі отъ ιзбꙑтъка въвръгошꙙ въ дарꙑ б⟨ог⟩ви *Л 21, 4 Зогр Мар Ас Сав.— Зогр Мар Ас Сав Син Евх Супр.— Ср.* лихотъкъ, обилиѥ, останъкъ, избыти (избывъшеѥ)

ИЗБЫТЬЧЬСТВОВАТИ, -ствоуѭ, -ствоуѥши *несов.* (1) περισσεύειν быть в избытке mít nadbytek: да в'сег'да в'сѣкъ доволъ имѫще •

ιзбытъчьствоуемъ • во в'сѣкомь дѣлѣ блазѣ *Евх 15б 20-21.— Ср.* избывати, избыткъковати, изобиловати

ИЗБЬРАНИѤ, -ниꙗ *с* (2) ἐκλογή избрание vybrání, vyvolení: ѡ ιзбърании апо⟨сто⟩лъ *Зогр 129а 18, Мар 43а 27.— Ср.* изволеник

и з б ь р а н ъ *см.* избьрати

ИЗБЬРАТИ, изберж, избереши *сов.* (>100) [избър- *Зогр* (16) *Мар* (17) *Ас* (2) *Син* (11) *Евх* (15) *Супр* (4), избр- *Ас* (5) *Сав* (11) *Ен* (1) *Супр* (1) *Рыл* (1), изъбр- *Мар* (1), ιзбрър- ! *Син* (1)] **1.** συλλέγειν, συνάγειν выбрать, собрать vybrat, sebrat: хощеши ли да шедъше изъберемъ (*т. е.* плѣвелъ) *Мт 13, 28 Унд* (ιсплѣвемъ ꙗ *Зогр Мар*, възберемъ *Ас*) **2.** ἐκλέγεσθαι, ἐπιλέγεσθαι избрать vybrat, vyvolit: н(е) вы мене ιзбърасте • нъ азъ ιзбърахъ вы *И 15, 16 Зогр Мар Ас Сав* ▭ и з б ь р а н ъ, -ын *в знач. прил. и сущ.* ἐκλεκτός, τῆς ἐκλογῆς, δόκιμος, δεδοξασμένος (!) избранный vybraný, vyvolený: не простъи его оученикъ прѣда • нъ отъ избранааго родоу единъ *Супр 409, 13*; събержтъ ιзбъраныꙗ его *Мт 24, 31 Зогр Мар Ас Сав.— Зогр Мар Ас Сав Унд Ен Син Евх Супр Рыл.— Ср.* възбьрати, изволити, събьрати

ИЗБѢГАТИ, -аѭ, -аеши *несов.* (1) *греч. нет* выбегать vybíhat: кричаще избѣгаите • ι отъходите *Евх 45б 14*

ИЗБѢГНѪТИ, -нѫ, -неши *сов.* (8) **1.** ис кого, чесо φεύγειν выбежать, выйти vyběhnout, vyjít: ιзбѣгни ι-сего раба г⟨оспод⟩нѣ *Евх 46а 1*; нагъ избѣже *Супр 365, 24* **2.** чесо διαφεύγειν избежать uniknout, uprchnout: избѣгъ съмрьти *Клоц 6б 34-35.— Евх 48б 19; 51а 8; Супр 22, 14-15; 23, 2; 76, 19.— Ср.* избѣжати, истещи, оубѣгнѫти

ИЗБѢЖАТИ, -жѫ, -жиши *сов.* чесо, отъ чесо (2) ἐκφεύγειν избежать uniknout, uprchnout: не надѣита сѧ избѣжати рѫкоу моею *Супр 7, 6.— Рыл 4аа 11.— Ср.* избѣгнѫти, истещи, оубѣгнѫти

ИЗВАЛИТИ, -лѭ, -лиши *сов.* (2) ἐκχεῖν извергнуть vyvalit, vyvrhnout: въ мотылы мѣсто нечистыѩ ѫтробы • ѫтробѫ вьсѭ извальвъ *Супр 190, 7* ▭ и з в а л и т и с ѧ πίπτειν извергнуться vyvalit se, vyhřeznout: чрѣва начьнѫтъ хытѣти извалити сѧ на землѭ *Супр 114, 1-2.— Ср.* изврѣщи

ИЗВАꙖТИ, -ꙗѭ, -ꙗеши *сов.* (1) γλύφειν изваять vytesat: сии бо(зи) не видѧтъ... камение сѫще • чловѣкы изваꙗни *Супр 177, 7.— Ср.* исѣщи

ИЗВЕСТИ[1], изведѫ, изведеши *сов.* (77) ἐξάγειν, ἄγειν, ἀνάγειν, μετάγειν, προσάγειν, ἐκφέρειν, ἐκβάλλειν, ἕλκειν, καταβαίνειν, ὁδηγεῖν, ἐξεῖναι (!) вывести vyvést: емъше и извѣсѧ вонъ из винограда *Мт 21, 39 Мар Ас Боян*, изведоша *Сав* (∅ *Зогр*) ● избавить, освободить zbavit, osvobodit: ιзведи и отъ слѣпоты *Евх 33а 23* ● произвести (на свет), дать взойти přivést (k životu), dát vzejít: тебе ради оуснѫвъша'го ран • и еуѫ отъ ребра изведъша *Супр 469, 27*; ιзвести хлѣбъ отъ землꙗ *Пс 103, 14 Син* ◆ н а с р ѣ д ѫ и з в е с т и εἰς μέσον ἄγειν, λέγειν привести, сказать uvést, říci: годъ же се и блаженааго паула на срѣдѫ извести бесѣды *Супр 356, 6.— Зогр Мар Ас Сав Боян Син Евх Супр Рыл.— Ср.* избавити, извлѣщи, привести

ИЗВЕСТИ[2], извезѫ, извезеши *сов.* (3) κατάγειν вывезти vyvézt: ιзвезъше корабь на соухо *Л 5, 11 Зогр Мар Ас.— Ср.* извлѣщи

ИЗВИТИ, извиѭ, извиеши *сов.* (1) κλώθειν свить, сплести splést, svázat: въземъ розвъны извиты три на выѭ своѭ възложи *Супр 125, 3.— Ср.* исплести, съплести

ИЗВЛАЧИТИ, -чѫ, -чиши *несов.* (2) ἐκσύρειν, κατασύρειν извлекать, вытаскивать vytahovat: повелѣша извлачити трьсти из нѥго *Супр 270, 9-10.— Супр 270, 12*

ИЗВЛѢЩИ, извлѣкѫ, извлѣчеши *сов.* (26) ἑλκύειν, σπᾶσθαι, ἀνασπᾶν, ἀποσπᾶν, ἀναβιβάζειν, σύρειν извлечь, вытащить vyvléci, vytáhnout: вълѣзе же симонъ петръ • ι извлѣче мрѣжѫ на земл҃ѭ *И 21, 11 Зогр Мар Ас Сав*; ιзвлѣкъ ножь свои *Мт 26, 51 Зогр*, извлѣче *Мар Ас Боян* ● вырвать vyrvat: живоу ти сѫштоу звѣрьми плоушта ти извлѣчена бѫдѫтъ *Супр 165, 10-11.— Зогр Мар Ас Сав Боян Син Супр.— Ср.* извести[2], измъкнѫти, изѧти

ИЗВОДИТИ, -вождѫ, -водиши *несов.* (11) ἄγειν, ἐξάγειν, ἐκσπᾶν выводить vyvádět: се ιзвождѫ ι вамъ вънъ *И 19, 4 Зогр Мар Ас Сав* ● избавлять zbavovat: съмрьтьнъ естъ • иже по своеи воли изводѧ себѣ отъ житиꙗ *Супр 136, 21.— И 19, 14 Боян; Пс 67, 7 Син; 134, 7 Син; Супр 344, 25; 380, 11-12; 466, 24*

ИЗВОЛИТИ, -лѭ, -лиши *сов.* (53) **1.** αἱρετίζειν, ἐθέλειν, βούλεσθαι, ἐκλέγεσθαι, αἱρεῖσθαι, προαιρεῖσθαι избрать, предпочесть zvolit si, vybrat si, chtít: се отрокъ мои егоже ιзволихъ *Мт 12, 18 Зогр Мар Ас Сав*; їзволихъ прiмѣтатi сѧ въ домъ б⟨ог⟩а моего паче • неже жiтi въ селѣхъ грѣшьнiчiхъ *Пс 83, 11 Син; Евх 84а 7; Супр 147, 19* ▭ и з в о л и с ѧ комоу *безлич.* ἔδοξεν, ἐδέησεν захотелось zazdálo se, zalíbilo se: ιзволи сѧ ι мьнѣ... псати тебѣ *Л 1, 3 Зогр Мар Ас* **2.** εὐδοκεῖν, καταξιοῦν, καταδέχεσθαι изволить, захотеть ráčit: б⟨о⟩же с⟨ъ⟩п⟨ас⟩е нашъ • ιзволен нарещи сѧ •

виноградомь • единочѧдааго с⟨ы⟩на твоего *Евх 14а 12* ● дать, позволить dát, dovolit: тъ на славѫ свѧтааго своего имене изволи • оумножити сѧ словесьноуоумоу стадоу • въгодника своего *Супр 206, 20* □ не изволи μὴ πειρῶ, μὴ αἱροῦ *повел. накл.*: не изволи любити насъ *Супр 71, 23.— Зогр Мар Ас Сав Ен Син Киев Евх Супр Зогр-лл.— Ср.* волити, избьрати, дати, моцщи, рачити

ИЗВОЛЕНИѤ, -ııа *с.* (11) προαίρεσις, τὸ αἱρεῖσθαι, πρόθεσις, προθυμία, γνώμη, παστάς (!) решение, выбор, воля rozhodnutí, volba, vůle: съпаситель рече • изволение ваше добро *Супр 70, 30.— Супр 75, 8-9; 103, 17; 248, 7-8; 371, 11; 492, 5; 523, 16; 544, 17; 558, 2; Хил 2аβ 7-8; Зогр-лл 2б 10-11.— Ср.* волıа, избьрание, хотѣние

ИЗВРАЧЕВАТИ, -чоуѭ, -чоуеши *сов./несов.* (2) *греч. нет* излечить/излечивать vyléčit/léčit: помоливъ сѧ • абие изврачевана его съподоби *Супр 560, 11*; ıакоже мнозѣмъ дивити сѧ • и съ оужастиѭ г⟨лаго⟩лати • николиже сеи ѫзи изврачоуемѣ бывати *Супр 556, 29.— Ср.* ицѣлити, ицѣлıати, оуврачевати

ИЗВРѢЩИ, -врьгѫ, -врьжеши *сов.* (16) [изврѣг- *Зогр* (3) *Мар* (3) *Ас* (2) *Евх* (2) *Супр* (2)] ἐκβάλλειν, βάλλειν, ῥίπτειν, ἐκρίπτειν извергнуть, выбросить vyvrhnout, vyhodit: оубиша и • ı изврѣгоша и вънъ ız винограда *Мк 12, 8 Зогр*, изврѣгѫ *Мар* ● кого чесо лишить zbavit: да изврьжетъ с⟨ѧ⟩ сана *Евх 102б 14-15* ♦ изврѣщи отрочѧ изгнать плод způsobit si potrat: аще которaа жена изврьжетъ отрочѧ • ē лѣт⟨ѣ⟩ да покает' сѧ *Евх 103б 6-7.— Зогр Мар Ас Сав Евх Супр.— Ср.* вывръщи, изгънати, отъврѣщи

ИЗВЪНОУ *нареч.* (2) ἔξωθεν извне zvenčí: всѣко еже ız вьноу въходитъ въ ч⟨лов⟩ѣка • не можетъ его оскврънити *Мк 7, 18 Зогр Мар.— Ср.* извънѫдоу

ИЗВЪНѪДОУ *нареч.* (1) ἔξωθεν извне zvenčí: богомъ написаны его скрижали • извънѫдоу оубо дѣиствьны • извънѫтрь же видьны *Супр 278, 4.— Ср.* извъноу

ИЗВЪНѪТРЬ *нареч.* (1) ἔσωθεν изнутри zevnitř: богомъ написаны его скрижали • извънѫдоу оубо дѣиствьны • извънѫтрь же видьны *Супр 278, 5.— Ср.* изѫтрьѫдоу

ИЗВЫКНѪТИ, -нѫ, -неши *сов.* чьто (1) ἐκμανθάνειν выучить (*наизусть*) naučit se (*zpaměti*): никтоже оубо пѧтидесѧтъ ѱалма извыкнѫти можетъ *Супр 355, 16.— Ср.* выкнѫти, навыкнѫти, наоучити сѧ

ИЗВѢДѢТИ, извѣмь, извѣси *несов.* (2) γιγνώσκειν узнавать, знать (*хорошо*) poznávat, (*dobře*) znát: тъ бо извѣстъ таина ср⟨ъ⟩д⟨ь⟩ца *Пс 43, 22 Син.— Клоц 1б 36.— Ср.* вѣдѣти, знати, съвѣдѣти

извѣс- *см.* извести[1]

ИЗВѢСТИТИ, извѣщѫ, извѣстиши *сов.* (10) πληροφορεῖν **1.** кого, чьто известить oznámit zvěstovat: аггелъ къ їосифоу приде • и извѣстивъ слово изгънати дѣвицѫ стави *Супр 242, 19* □ извѣстити си узнать dovědět se: извѣстивъ же си зѣло о немъ... ıако съвръшена естъ зѣло доуша его *Супр 171, 1* **2.** комоу поддержать, укрепить utvrdit, posílit: извѣстити же емоу хотѧ малы оубоıавъша сѧ *Супр 292, 20* □ извѣстити сѧ убедиться přesvědčit se: о немъже извѣстихомъ сѧ многыими *Супр 128, 11* ● βεβαιοῦσθαι укрепиться utvrdit se: в на(с)ъ извѣсти сѧ *Евр 2, 3 Ен* ● комоу убедить *кого-л.* přesvědčit *někoho*: аще ми сѧ хошти (*вм.* хоштеши) извѣстити *Супр 65, 21.— Супр 286, 17; 293, 12; 300, 26; Зогр-лл 2б 5-6.— Ср.* оутврьдити, извѣсто

ИЗВѢСТО *нареч.* (4) ἀσφαλῶς, βεβαίως, ἀκριβῶς несомненно, твердо bezpečně, jistě, pevně: да вѣроуѭ и азъ извѣсто *Супр 500, 21* ♦ извѣсто сътворити комоу πληροφορεῖν уверить, убедить *кого-л. в чем-л.* ujistit, přesvědčit *někoho o něčem*: дондеже пришьдъ извѣсто сътвориши їосифоу • чии сынъ се *Супр 242, 13.— Супр 25, 28; 264, 5.— Ср.* извѣстьно, извѣстьнѣ, истина (въ истинѫ), извѣсто сътворити *ср.* извѣстити

ИЗВѢСТОВАТИ, -стоуѭ, -стоуеши *несов./сов.* (4) **1.** πληροφορεῖν, διαβεβαιοῦσθαι извещать/известить oznamovat/oznámit, zvěstovat: блаженоуоумоу савѣ • извѣстоуѭштоу и глаголѭштоу *Супр 284, 20-21*; повѣсть о ızвѣстованыхъ въ насъ вештехъ *Л 1, 1 Мар* (о ızвѣстънъıхъ *Зогр Ас*) **2.** βεβαιοῦν укреплять posilovat: добро бо благодѣтиѭ извѣстовати ср⟨ъ⟩д⟨ъ⟩ца • а не брашны *Евр 13, 9 Ен.—Евх 82б 14-15.—Ср.* извѣщати, оутврьждати

ИЗВѢСТЪ, -ыи *прил.* (3) **1.** *греч. нет* известный známý: бѣстъ нѣчто сице невѣрьнымъ не извѣсто *Супр 210, 22-23* **2.** βέβαιος несомненный, верный jistý, pevný: на вѣрѫ извѣстѫ придѫтъ *Супр 314, 8* □ слово извѣсто *см.* слово.— *Супр 239, 18.— Ср.* извѣстьнъ

ИЗВѢСТЬ, -и *ж* (1): по извѣсти γνησίως искренно opravdově: блажи оубо по извѣсти пострадавъшааго мѫченик *Супр 82, 9.— Ср.* добрѣ, присно, срьдьце (отъ вьсего срьдьца)

ИЗВѢСТЬНО *нареч.* (2) ἀκριβῶς несомненно, точно jistě, důkladně: испытаите извѣстьно о отрочѧті *Мт 2, 8 Ас Сав* (Ø *Зогр Мар*).— *Ср.* извѣсто, извѣстьнѣ, истина (въ истинѫ)

ИЗВѢСТЬНЪ, -ын *прил., сравн. ст.* извѣстьнѣи (11) **1.** βέβαιος верный, твердый jistý, pevný: аще бо г⟨лаго⟩ланое анг⟨е⟩лы (сло)во бысть извѣст.. *Евр 2, 2 Ен*; хранітелю раю • адама ıзвѣстьнѣı *Клоц 11б 13* **2.** πεπληροφορημένος известный známý: инъ же никтоже не бѣаше кмоу извѣстенъ *Супр 210, 12* □ извѣстьно ксть πέπεισται известно je známo: ıзвѣстъно бо бѣ людьмъ • о ıоан'нѣ • ѣко пророкъ бѣ *Л 20, 6 Зогр Мар.— Л 1, 1 Зогр Ас; Евр 3, 14 Ен; Клоц 1б 33-34; 3а 15; Евх 95б 4.— Ср.* извѣстъ, крѣпъкъ

ИЗВѢСТЬНѢ *нареч., сравн. ст.* извѣстьнѣк (3) ἀκριβῶς несомненно, точно jistě, bezpečně, přesně: изъходаште зъвании къждо и свокго домоу • вѣдатъ извѣстьнѣ ꙗко идѫтъ на веселик *Супр 267, 6-7*; хоташте же извѣстьнѣк видѣти • въздѣзоша на храминѫ тъмничьнѫѭ *Супр 184, 6.— Супр 218, 29-30.— Ср.* извѣсто, извѣстьно, истина (въ истинѫ)

ИЗВѢТЪ, -а *м* (5) ἀφορμή причина, повод příčina, důvod: радости извѣтъ бѫди вамъ • чадъ вашихъ богочьстик *Супр 324, 25* ● ἀπολογίας πρόφασις отговорка výmluva: пода кмѹ трѣбы • да ни кдного же иматъ извѣта • аште прѣбѫдетъ въ зьлѣ *Супр 420, 4* (вины *Клоц 7б 40*).— *Супр 304, 5; 566, 2; 569, 3.— Ср.* вина

ИЗВѢЩАНИК, -ꙗ *с* (1) πληροφορία уверение, утверждение ujišťování, přesvědčování: обѣшта са съ извѣштанимъ вьсѣчьстѣи црькви приобьштити са *Супр 299, 3.— Ср.* извѣщеник, оутврьждение

ИЗВѢЩАТИ, -аѭ, -акши *сов./несов.* (21) λέγειν, φθέγγεσθαι, ἐκλέγειν, λαλεῖν, βεβαιοῦν, ἀπαγγέλλειν, ἐκχρῆσθαι; (хоулѫ извѣщати ὀνειδίζειν) возвестить/возвещать, провозгласить/провозглашать, объявить/объявлять oznámit/oznamovat, vyhlásit/vyhlašovat, zvěstovat: лѣпо оубо намъ братиꙗ блаженааго павла слово извѣштати *Супр 368, 18*; како ветъхы законъ обетъша • како новы извѣштаетъ са *Клоц 13б 3; Супр 450, 11*; аште ли кто опасно пытак коегождо извѣштанынхъ • многы иматъ виды • великѫ глѫбинѫ разоума *Супр 408, 1.— Клоц Супр.— Ср.* извѣстити, извѣстовати, оутврьдити

ИЗВѢЩЕНИК, -ꙗ *с* (2) πληροφορία доказательство, подтверждение důkaz, potvrzení: прикмаста же и дръжанимъ знамение • и извѣштеник въскръсениꙗ *Супр 446, 10.— Евх 20а 11-12.— Ср.* извѣщаник, оутврьждение

ИЗВѦЗАТИ, извѧжѫ, извѧжеши *сов.* (1) *греч. нет* связать svázat: повелѣста извлѣшти ѩ • и извѧзавъше ѩ вести на брѣгъ морѣ *Супр 79, 22-23.— Ср.* съвѧзати

ИЗГАНꙖТИ, -ꙗѭ, -ꙗкши *несов.* (1) ἐκβάλλειν изгонять vyhánět, vymítat: ı бѣсы многы ıзганѣахѫ *Мк 6, 13 Зогр* (изгонѣахѫ *Мар*).— *Ср.* изгонити

ИЗГЛАГОЛАТИ, -лѭ, -лкши *сов.* (7) λέγειν произнести, сказать, рассказать vyslovit, pronést, vypovědět: да не вьсего по радоу изглаголѭ *Супр 7, 30.— Евх 72а 8; Клоц 3а 32-33; 8б 40; Супр 202, 3; 562, 21; 562, 23.— Ср.* възглаголати

ИЗГЛАДИТИ, изглаждѫ, изгладиши *сов.* (1) κοσμεῖν сгладить uhladit: ꙗкоже тѣло юно страстьникоу изглаждено *Супр 142, 6-7*

ИЗГНИЛЪ, -ын *прил.* (1) σαπρός гнилой shnilý: творитъ дрѣво прахнѣно и агонѫ (! *вм.* агодѫ) емоу изгнилѫ *Мт 12, 33 Сав* (плодь его зълъ *Зогр Мар Ас*).— *Ср.* съгнити (съгнилъ)

ИЗГОНИТИ, -нѭ, -ниши *несов.* (79) ἐκβάλλειν, ἐξάγειν, ἐκδιώκειν, καταδιώκειν, διώκειν, ἐλαύνειν выгонять, изгонять vyhánět: како можетъ сотона сотонѫ изгонити *Мк 3, 23 Мар* (ıзгънати *Зогр*) ● преследовать pronásledovat: молите • за творѧштаꙗ вамъ напасти • ı изгонѧштаꙗ вы *Мт 5, 44 Зогр Мар Ас.— Зогр Мар Ас Сав Син Евх Супр.— Ср.* изганꙗти

ИЗГОРѢТИ, -рѭ, -риши *сов.* (10) καίεσθαι, πυρίκαυστον γίγνεσθαι, δαπανᾶσθαι сгореть shořet: видѣѣше бо рѫкѫ с⟨вѧ⟩тааго отъ огнꙗ оуже вьсѫ изгорѣв'шѫ *Супр 517, 4* ● *перен.*: ıзгорѣвъшее грѣхы ср⟨ъдь⟩це мое *Евх 78а 5* ● χωνεύεσθαι расплавиться roztavit se: имѣаше сии корабль котъкы желѣзны • нъ исоусовами гвоздвими изгорѣша *Супр 400, 28;— Супр 129, 4; 131, 12; 131, 13; 140, 21; 140, 24; 435, 13; 516, 27.— Ср.* съгорѣти

ИЗГОУБИТИ, -блѭ, -биши *сов.* (8) ἀπολλύναι погубить zahubit: и ïзгоубиша многы *Супр 147, 29* ◆ оумъ изгоубити τῶν φρενῶν ἐξίστασθαι потерять разум ztratit rozum: нѣсмь оума изгоубилъ *Супр 149, 29-30*; [сьвѣтьникъ же ихъ диꙗволъ • изгѹбивъ прьвок дрѣво • им'же оумори адама ἀναπολήσας *Супр 402, 5-6* (переводчик читал ἀναπόλεσας *вм.* ἀναπολήσας)].— *Супр 395, 24; 396, 12; 396, 13; 402, 3; 404, 12-13.— Ср.* погоубити

ИЗГЪНАНИК, -ꙗ *с* (2) διωγμός изгнание, преследование vyhnání, pronásledování: аште не ıматъ приꙗти съторицеѭ... по ıзгънании • ı въ вѣкъ грѧдѫшты • животъ вѣчьны *Мк 10, 30 Зогр Мар.— Ср.* гоненик, прогонение

ИЗГЪНАТИ, ижденѫ, иждените *сов.* (>100) ἐκβάλλειν, ἐξαίρειν, διώκειν, ἐκδιώκειν, ἐξορίζειν, ἐξελαύνειν, ἀπελαύνειν, ἀποσοβεῖν выгнать, прогнать, изгнать vyhnat: ı грѧдѫштаго къ мьнѣ • не ıжденѫ вънъ *И 6,*

37 Зогр Мар Ас; **аште мене ѩзгънашѧ • ѩ васъ иждѧнѫтъ** *И 15, 20 Зогр Мар Ас Сав* ◆ **нс съньмищь изгънати** ἀποσυνάγωγον ποιεῖν, *страд.* ἀποσυνάγωγος γίγνεσθαι отлучить от синагоги vyloučit ze synagogy: **да не ѩсънъмишть ѩзгънани бѫдѫтъ** *И 12, 42 Зогр Мар Ас.— Зогр Мар Ас Сав Боян Зогр-пал Ен Евх Клоц Супр.— Ср.* **въıгънати**

ИЗГЫБАТИ, -аѭ, -акши *несов.* (1) ἀπόλλυσθαι гибнуть hynout: **азъ же сьде гладомъ изгъıбаѭ** *Л 15, 17 Сав* (**гъıблѭ** *Зогр Мар Ас*).— *Ср.* **гъıбати, погъıбати**

ИЗГЫБНѪТИ, -нѫ, -неши *сов.* (9) ἀπόλλυσθαι, ἀφανίζεσθαι погибнуть zahynout: **мрътвъ бѣ ѩ оживе • ѩзгыблъ бѣ ѩ обрѣте сѧ** *Л 15, 24 Зогр Мар Ас* (**погъıблъ бѣ** *Сав*).— *Л 15, 32 Зогр Мар Ас; Супр 348, 22; 402, 19; 402, 20.— Ср.* **погъıбнѫти**

ИЗДАВЬНА *нареч.* (4) πρὸ πολλοῦ, πάλαι издавна odedávna: **издавьна бо тѧ вѣмь дѣлесъı отъвръгъша сѧ кго** *Супр 336, 2-3.— Супр 18, 18; 335, 19; 565, 8*

ИЗДАЛЕЧА *нареч.* (6) ἀπὸ μακρόθεν, πόρρωθεν издали zdaleka: **сълоучаѭштии же сѧ на пѫти • видѧште издалеча • съ великъıимъ оустрьмьнимъ теченьѥмь приходѧштѫ** *Супр 558, 18* ● поодаль opodál: **мъıтарь издалеча стоѩ • не хотѣше ни очию своею вьзвести на н⟨е⟩бо** *Л 18, 13 Сав* (**ѩз далече** *Зогр Мар Ас*).— *Мт 26, 58 Сав; Л 16, 23 Сав; Л 17, 12 Сав; Супр 334, 19.— Ср.* **издалече, далече**

ИЗДАЛЕЧЕ *нареч.* (39) μακρόθεν, ἀπὸ μακρόθεν, πόρρωθεν, τηλαυγής, προορῶν (!) издали zdaleka: **дроузии бо отъ ѩихъ ѩздалече сѫтъ пришьли** *Мк 8, 3 Зогр Мар* ● поодаль opodál: **сърѣте ѩ ї • прокаженъ мѫжь • иже сташѧ ѩз далече** *Л 17, 12 Зогр Мар Ас* (**из далеча** *Сав*).— *Зогр Мар Ас Син Супр.— Ср.* **издалеча, далече**

ИЗДАТИ, -дамь, -даси *сов.* (3) ἀποδιδόναι, ἀναδιδόναι выдать, отдать vydat: **мрьтвааго да издастъ** *Супр 309, 22* ● принести vydat: **тъгда рече да изнесѫтъ водъı • гадъ доушъ живъıихъ • нъıнѣ же не гадъı нъ доуховънъıѩ даръı издастъ** *Супр 495, 29-30.— Супр 310, 8.— Ср.* **изнести**

ИЗДАѤТИ, -даѭ, -дакши *несов./сов.* (6) [**-даа-** *Зогр* (1)] ἀναδιδόναι выдавать/выдать, отдавать/отдать vydávat/vydat: **и ада видиши господьскомь повелѣниимь • четврьтодьньна издаѭшта** *Супр 339, 2* ● προσαναλίσκειν, δαπανᾶν истратить vynaložit: **жена... ѩздаавъши вьсе ѩмѣнье свое** *Л 8, 43 Зогр Мар Ас*, **издаѩ** *Сав.— Мк 5, 26 Ас.— Ср.* **иждити**

ИЗДРАИЛИТЬСКЪ, -ъıи *прил.* (2) τοῦ Ἰσραήλ, Ἰσραηλίτης израильский izraelský: **разгнѣвавъ сѧ... на ахава цѣсара издраилитъска** *Супр 194, 29.— Супр 277, 19.— Ср.* **издраилевъ**

ИЗДРАИЛИТѢНИНЪ, -а *м* (6) [**иилітѣнин-** *Син* (2), **илітѣнин-** *Зогр* (1) *Ас* (1)] Ἰσραηλίτης израильтянин Izraelita: **се въ ѩстинѫ ѩ⟨здраи⟩литѣнинъ** *И 1, 48 Зогр Ас Сав* (**изд⟨раи⟩лѣнинъ** *Мар*); **о таинъıхъ етана ѩ⟨здра⟩илитѣнина** *Пс 88, 1 Син.— Пс 87, 1 Син; Супр 347, 11.— Ср.* **издраилѣнинъ**

ИЗДРАИЛЬ, -лѩ *м* (92) [**изл-** *Мар* (3) *Ас* (9) *Сав* (8) *Боян* (3), **иил-** *Зогр* (1) *Син* (29), **ил-** *Зогр* (9) *Мар* (5) *Ас* (3) *Син* (1) *Ен* (1) *Евх* (7) *Клоц* (1) *Супр* (2), **исл-** *Син* (1), **зл-** *Сав* (1), **л** *Мар* (2), **из..** *Охр* (1)] Ἰσραήλ израильтяне, Израиль Izraelité, Izrael: **мъногъı бѣахѫ прокажени в ⟨издраи⟩ли при елисеи пророцѣ** *Л 4, 27 Мар Ас Сав* (∅ *Зогр*); **да авитъ сѧ ѩ⟨здраи⟩леви** *И 1, 31 Зогр Мар Ас Сав*; **ѩ⟨здра⟩илю ѣште мене послоушаеши • да не бѫдетъ въ тебѣ б⟨ог⟩ъ новъ** *Пс 80, 9 Син.— Зогр Мар Ас Сав Охр Боян Син Ен Евх Клоц Супр*

ИЗДРАИЛѢНИНЪ, -а *м* (1) Ἰσραηλίτης израильтянин Izraelita: **се въı-истинѫ изд⟨раи⟩лѣнинъ** *И 1, 48 Мар* (**ѩ⟨здраи⟩литѣнинъ** *Зогр Ас Сав*).— *Ср.* **издраилитѣнинъ**

ИЗДРАИЛЮВЪ *прил. к* **издраиль** (90) [**излев-** *Зогр* (1) *Ас* (1) *Сав* (3) *Ен* (1), **излв-** *Мар* (3) *Ас* (10) *Сав* (8), **издрлв-** *Мар* (3), **издлв-** *Мар* (1), **издрв-** *Мар* (1), **илев-** *Зогр* (10) *Ас* (1) *Ен* (1) *Евх* (4), **илв-** *Зогр* (2) *Мар* (2) *Ас* (1) *Боян* (1) *Клоц* (3), **иилев-** *Син* (13), **иилв-** *Син* (10), **иидраилев-** (!) *Син* (1)] τοῦ Ἰσραήλ израилев, Израиля *род.* Izraelův, izraelský: **славлѣхѫ б⟨ог⟩а ѩ⟨здраи⟩лева** *Мт 15, 31 Зогр Мар*; **да оубоитъ же сѩ отъ него вьсе сѣмѩ и⟨здра⟩ил⟨е⟩во** *Пс 21, 24 Син.— Зогр Мар Ас Сав Боян Ен Син Евх Клоц Супр.— Ср.* **издраилитьскъ**

ИЗДРАСТИТИ, -щѫ, -стиши *сов.* (1) βλαστάνειν вырастить dát vyrůst: **нива ихъ мрьтвъıѩ живъı акъı класъı красьнъıѩ и зьрѣлъı бес троуда изьрасти** *Супр 388, 11.— Ср.* **въздрастити, прозѧбнѫти**

ИЗДРЕЩИ, -рекѫ, -речеши *сов.* (10) λέγειν, ἀναλέγειν, ἀποφαίνεσθαι, ὁμολογεῖν, διαστέλλειν, φράζειν произнести vyřknout, vyslovit: **не помыштетъ ли самъ ходатаѩ себѣ • да ѩвѣ издрекѫ • мьньшааго себе** *Супр 361, 19* ● обещать slíbit: **клатвоѭ ѩздрече еи дати • егоже аште въспроситъ** *Мт 14, 7 Зогр Мар*; **въздамъ тебѣ обѣтъı моѩ • ѩже издрѣсте оустьнѣ мо(ѩ)** *Пс 65, 14 Син.— Клоц 1б 7-8;*

Супр 61, 21; 71, 8-9; 151, 1; 249, 10; 488, 7-8.— Ср. изглаголати

ИЗДРЫТИ, -рыѭ, -рыкши *сов.* (2) ὀρύσσειν вырыть vykopat, vyrýt: ровъ ꙇздръı и ископа ꙇ *Пс 7, 16 Син.— Пс 93, 13 Син.— Ср.* ископати

ИЗДРѢШЕНИѤ, -ниꙗ *с* (2) redemptio искупление vykoupení: да... рѣснотивьнаѣ издрѣшениѣ обьмемъ *Киев 2а 10.— Киев 5б 9.— Ср.* избавлѥниѥ

ИЗДРАДЬ *нареч.* (1) καθ' ὑπερβολήν чрезвычайно nadmíru, mimořádně: паулъ нѣк'то польскыи ратаи • издрадь безълобенъ и простъ житиѥмъ *Супр 169, 5.— Ср.* издрадьно

ИЗДРАДЬНО *нареч.* (2) ἐξαιρέτως чрезвычайно mimořádně: издрадьно помыслихъ • и сего прѣславьнааго чоудесе не прѣзьрѣти *Супр 559, 6.— Служ 3б 7.— Ср.* издрадь

ИЗДРАДЬНЪ, -ын *прил.* (2) *греч. нет* чрезвычайный mimořádný: издраднoѥ и пытаѥмоѥ се ѥстъ • да бъı кто б⟨ог⟩ви оугодилъ *Супр 570, 21.— Супр 547, 27-28*

издржкы *см.* ржка

издрꙙсъшю *Пс 135, 15 Син см.* истрꙙсти

ИЗДЪХНѪТИ, -нѫ, -нешн *сов.* (10) ἐκψύχειν, ἀποπνεῖν испустить дух, скончаться vydechnout naposled, skonat: и⟨coy⟩с⟨ъ⟩ же поуштъ гласъ велы • ꙇздъше *Мк 15, 37 Зогр Мар*; тихо и без болѣзни издъхнѫ *Супр 141, 22*; затвори очи • ꙗкоже народоу мнѣти ꙇ издъша (*вм.* издъхъша) *Супр 141, 16.— Мк 15, 39 Зогр Мар; Л 23, 46 Зогр Мар Ас; Супр 149, 28.— Ср.* испоустити (испоустити доухъ)

ИЗДЫХАНИѤ, -ниꙗ *с* (1) ἀναπνοή дыхание, выдох vydechnutí, dech: до послѣдьнѣаго • издыханиѣ твоего *Евх 87а 10-11.— Ср.* въздыханиѥ, доухъ

ИЗДЫХАТИ, -аѭ, -аѥши *несов.* (5) ἀποψύχειν испускать дух, кончаться, умирать vydechovat naposled, skonávat: ꙇздыхаѭштемъ ч⟨ловѣ⟩комъ отъ страха *Л 21, 26 Зогр Мар Ас Сав*; она же... изиде вь слѣдъ състольника кнꙙжа • и абиѥ издыха *Супр 234, 2*

ИЗДЬРАТИ, издерѫ, издереши *сов.* (1) ἀνασπᾶν вырвать vytrhnout дъва аггела издр..ста и ис тины тоꙙ *Супр 193, 26-27.— Ср.* истръгнѫти

ИЗДѢЛАТИ, -аѭ, -аѥши *сов.* (1) πελεκᾶν сделать, изготовить udělat, zhotovit: се дрѣво пророчьскомь окомь видѣвъ иеремиꙗ • жиды хотꙙште христосоу издѣлати *Супр 353, 2.— Ср.* сътѣлати

ИЗДѢꙖТИ, -ѣѭ, -ѣѥши *несов.* (1) ἐκφέρειν пускать (*ростки, корни и т. п.*) utvářet, nasazovat (*pupeny atp.*): годѣ бѫдетъ б⟨ог⟩оу паче тельца юна • рогъı ꙇздѣѭшта ꙇ пазнегъти *Пс 68, 32 Син*

ие- *см.* ис-

изем- *см.* изимати, изꙙти

иземънꙑꙗ *Евх 54б 11 см.* млънии

ИЗИМАТИ, иземлѭ, иземлѥши *несов.* (3) αἴρειν, ἐκχεῖν вынимать vyjímat: ѥже ти бѣ далъ даръ • ис твоихъ иземьꙙ оустъ *Супр 426, 12* ● *перен.*: доколѣ д⟨оу⟩шꙙ нашꙙ иземлеши *И 10, 24 Ас* (възем̄леши *Зогр Мар*).— *Супр 430, 15*

ИЗИСКАТИ, -искѫ *и* -ищѫ, -ищеши *сов.* (7) **1.** ζητεῖν потребовать, взыскать vyžádat: в'сѣкомоу же ѥмоуже дано бъıс⟨тъ⟩ много • мъного ꙇзиштетъ сꙙ отъ него *Л 12, 48 Зогр Мар* **2.** ἐρευνᾶν исследовать prozkoumat: не обиска ѥгоже ненавидѣ • не изиска ѥгоже охоуди *Супр 512, 12-13* **3.** ἐκζητεῖν захотеть, пожелать zatoužit: четыр'ми десꙙтъı дьньми постомъ • илиꙗ г⟨ос-под⟩а изискавъ г⟨оспод⟩а видѣлъ *Супр 92, 10* □ изисканъ *в знач. прил.* желанный vytoužený: велиѣ дѣла г⟨оспод⟩нѣ • ꙇзискана во вьсѣхъ волѣхъ его *Пс 110, 2 Син.— Супр 512, 3; 512, 14.— Ср.* възискати

ИЗИТИ, изидѫ, изидеши *сов.* (>400) ἐξέρχεσθαι, ἀπέρχεσθαι, ἔρχεσθαι, ἐκπορεύεσθαι, ἀναχωρεῖν, ἀνέρχεσθαι, προέρχεσθαι, ἀνίστασθαι (!) выйти vyjít: възвраштѫ сꙙ въ домъ мои отъ нѭдоуже ꙇздъ *Л 11, 24 Зогр Мар*; ишедъ вонъ петръ плака сꙙ горько *Л 22, 62 Мар* (шьдъ *Зогр*); въспѣвъше ꙇздошꙙ въ горѫ елеоньскѫѭ *Мт 26, 30 Зогр*, изидѫ *Мар Ас Сав*; азъ бо чюхъ силѫ ꙇшьдъшѫ ꙇз мене *Л 8, 46 Зогр Мар Ас*, ишъдъшѫѭ *Сав*; ꙇзиде бѣсъ ꙇз дъштере твоеꙗ *Мк 7, 29 Зогр Мар* ● вытечь, вылиться, брызнуть vytéci, vylít se, vyprýštit: дроугъı же приимъ копие • прободе ѥмоу ребра • ꙇ изиде вода ꙇ кръвь *Мт 27, 49 Зогр Мар Ас Сав* ● выступить, проступить, проявиться vystoupit, projevit se: ꙇзидетъ ѣко ис тоука неправъда ихъ *Пс 72, 7 Син* ● ἥκειν, προέρχεσθαι родиться vzejít, zrodit se: отъ дѣвы изиде ї̈с⟨оусъ⟩ *Супр 428, 12* ● разойтись, распространиться rozejít se, rozšířit se: изиде слоухъ его въ вьсеи с'ури *Мт 4, 24 Зогр* (Ø *Мар*); во вьсѫ землѭ изидѫ вѣщанъѣ ихъ *Пс 18, 5 Син* ◆ изити противѫ комоу ὑπαντᾶν, ἀπαντᾶν, ἐξέρχεσθαι εἰς ὑπάντησιν выйти навстречу vyjít naproti: народъ многъ... изидошꙙ противѫ ѥмоу *И 12, 13 Сав*, изидѫ *Зогр Мар Ас*; цѣсарь же изъшъдъ противѫ ѥмоу *Супр 199, 10-11*; изити на *с вин.* выступить (в поход) против *кого-л.* vytáhnout proti *někomu*: ѳеѡфилъ ѥже о насъ цѣсарьствоуѥ • воꙙ сътворивъ на скврънавъıѩ срацинъı изиде *Супр 56, 3*; изити на дѣло εἰς ἔργον ἄγεσθαι осуществиться uskutečnit se: вида прореченик свок на дѣло исъшедъше *Супр 321, 21-22.— Зогр Мар Ас Сав Охр Унд Боян Син Евх Клоц Супр.— Ср.* възити

изищ- *см.* изискати

ИЗЛАГАТИ, -аѭ, -акши *несов.* (1) ἔξω βάλλειν вытеснять vyhánět: съвръшена любъвь излагаеть боѣзнь *1 Ио 4, 18 Ен.— Ср.* изгонити

ИЗЛАЗИТИ, излажѫ, излазиши *несов.* (5) ἐξέρχεσθαι, ἀναβαίνειν выходить vycházet: не излаза из мѣста *Супр 528, 24-25*; да не излази слово скврьнаво ѭдѣже х⟨ристос⟩ъ вьлазить *Супр 507, 21* ● ἐκβαίνειν превышать překračovat: аште и на р҃ ихъ раздѣлиши • свокго чисмене не излазать *Супр 95, 1.— Супр 561, 18; Хил 16а 21-22.— Ср.* исходити

ИЗЛИВАТИ, -аѭ, -акши *несов.* (2) ἐκχεῖν, ἐκχεύειν выливать, проливать vylévat: изливаѭ ѭ (*т. е.* боурѭ моръскѫѭ) на лице в'сеѩ землѩ *Евх 56б 22-23*; се есть кръв(ь) моѣ • ıзливаема за въı • въ оставленье грѣхомъ *Клоц 7б 22-23* (проливаемаа *Мт 26, 28 Мар Зогр Ас Сав*).— *Ср.* възливати, проливати

ИЗЛИТИ, -лиѭ, -ликши *сов.* (2) ἐκχεῖν вылить, *перен.* излить vylít: ıзлиите прѣдь нимъ ср⟨ъ⟩д⟨ь⟩ца ваша *Пс 61, 9 Син* □ излити сѩ вылиться vylít se: ѣко вода излıхъ сѩ *Пс 21, 15 Син.— Ср.* възлиꙗти, излиꙗти

ИЗЛИХА *нареч.* (19) ἐκ περισσοῦ, ἐκ περισσῶς, περισσότερον, περισσῶς, ὑπερβαλλόντως, εἰς ὑπερβολήν, πολλῷ μᾶλλον; (излиха имѣти περισσεύειν) чрезвычайно, слишком nadmíru, příliš: ѕѣло ıз лиха дивл҃еахѫ сѩ *Мк 6, 51 Зогр Мар*; блѫдьникъ съı излиха паче вьсѣхъ чловѣкъ *Супр 7, 17*; лѣпо же бѣ намъ прав'дѫ излиха имѣти • паче кн҃ижьник и фарисеи *Супр 135, 25* ● еще больше ještě více: онъ же ıз лиха въпиѣаше • с⟨ы⟩не да⟨выдо⟩въ помилоуı мѩ *Мк 10, 48 Зогр Мар.— Зогр Мар Ас Сав Боян Син Евх Супр.— Ср.* лихо, прѣизлиха

ИЗЛИꙖТИ, -лѣѭ, -лѣкши *сов.* (14) ἐκχεῖν, ἐκχύνειν, προχεῖν, καταχεῖν, ἀντλεῖν вылить vylít: подобаеть излиѣти ıз него • к҃ вѣдерь • водъı *Евх 20б 5-6* ● *перен.* излить vylít: тѣмьже и нынѣ щедротъı твоѩ излѣи *Евх 85б 20* □ излиꙗти сѩ ἐκτρέχειν вылиться vylít se: абие излиꙗ сѧ вънъ конобъ *Супр 268, 26* ● *перен.* излиться vylít se: излъѣ сѩ оуничьженье на кънѩѕѩ ıхъ *Пс 106, 40 Син.— Пс 41, 5 Син; 44, 3 Син; Служ 3а 15; Евх 64б 8-9; 85б 20; Клоц 10а 12; Супр 6, 18; 438, 19; 476, 28; 493, 10.— Ср.* излити

ИЗЛОМИТИ, -млѭ, -миши *сов.* (1) κλᾶν сломать zlomit: изломи ногѫ прѣдьнѭѭ *Супр 218, 3-4.— Ср.* съломити

ИЗЛѢКОВАНИѤ, -ꙗ *с* (1) *греч. нет.* излечение, выздоровление vyléčení, vyhojení: надѣѭште сѧ ꙗко ıзлѣкованьк отъ плесноу кго • подасть сѧ тѣлесемъ ихъ *Супр 556, 21.— Ср.* ицѣлкник

ИЗЛѢСТИ, -лѣзѫ, -лѣзеши *сов.* (52) ἐξέρχεσθαι, ἐκβαίνειν, ἐξορμᾶν, ὑπαντᾶν; (излѣзи δεῦρο) выйти vyjít: лазаре излѣзи вънъ *Супр 310, 13; 310, 27; 311, 4* (гради *И 11, 43 Зогр Мар Ас*, иди *Сав; Супр 317, 18 и 20 и 22*); излѣзъше фарисеи съвѣть сътворишѧ на ï⟨соу⟩са *Супр 395, 23-24; 396, 11; 398, 12; 401, 17* (ıшьдъше *Мт 12, 14 Зогр Мар*) ● καταβαίνειν, ἀποβαίνειν выйти, сойти (*на берег*) vystoupit (*z lodě*): ѣко ıзлѣзѫ на землѭ • видѣшѩ огнь лежѩшть *И 21, 9 Зогр Мар* (извлѣшѩ *Ас*, изв(л)ѣкошѩ *Сав*); излѣзъ ıс корабл҃ѣ петръ • хождааше на водахъ *Мт 14, 29 Зогр Мар Сав Боян* (сълѣзь *Ас*).— *Зогр Мар Сав Боян Евх Супр.— Ср.* изити, сълѣсти

ИЗМАИЛИТѢНЕ, -ъ *м мн.* (1) οἱ Ἰσμαηλῖται измаильтяне Izmaelité: села ıдоумѣискаѣ ıзмаилитѣне *Пс 82, 7 Син*

ИЗМЕТАТИ, -мещѭ, -мещеши *сов.* (1) ἐκβάλλειν выбросить vyhodit: и въходѧште подъ водоѭ комоу вь п҃е • измештеть и вънъ *Супр 128, 27.— Ср.* изврѣщи

измладь *Супр 117, 27 см.* младъ

ИЗМЛЬКНѪТИ, -нѫ, -неши *сов.* (1) βραγχιᾶν умолкнуть zmlknout: ıзмлъче грътань моı *Пс 68, 4 Син.— Ср.* оумлькнѫти

ИЗМОРИТИ, -рѭ, -риши *сов.* (5) ἀποκτείνειν истребить, погубить vyhubit, zahubit, zabít: звѣри сиѩ изморихъ *Супр 231, 8.— Супр 184, 23; 230, 11; 230, 18; 231, 4.— Ср.* избити, изгоубити, побити, погоубити, оубити, оуморити, оумрьтвити

ИЗМРЬМЬРАТИ, -рѭ, -ркши *сов.* (1) λογοθετεῖν (!) изгрызть, съесть, источить (*о червях*) rozhlodat, sežrat: вьсѣхъ измрьмрѭть чрьвьк *Супр 238, 13.— Ср.* изѣсти

ИЗМРѢТИ, -мьрѫ, -мьреши *сов.* (9) [*инф.* измьрѣти *Супр* (1)] θνήσκειν, ἀποθνήσκειν, τελευτᾶν, ἀπονεκροῦσθαι перемереть, умереть pomřít, zemřít: измрѣшѩ бо искѫщии д⟨оу⟩шѩ отрочѧте *Мт 2, 20 Ас Сав Боян* (Ø *Зогр Мар*); мъı ꙗкоже измрьли бѣхомъ сьномъ *Супр 79, 16.— Супр 175, 3; 229, 23; 230, 1; 230, 9-10; 231, 15-16.— Ср.* оумрѣти

измъвен- *см.* измъıти

ИЗМЪЖДАТИ, -аѭ, -акши *сов.* (1) σαθροῦν ослабеть zeslábnout, ochabnout: тварь рѫкоу мокю измъжда *Супр 247, 18.— Ср.* ослабѣти

ИЗМЪКНѪТИ, -нѫ, -неши *сов.* (1) *греч. нет* вынуть, извлечь vytáhnout, vytasit: томоу же на мнозѣ мѫчѫштоу сѧ • ꙗкоже измъкнѫти копиѥ *Супр 560, 4.— Ср.* извлѣщи, изѧти

ИЗМЫТИ, -мыѭ, -мыѥши *сов.* (8) λούειν, ἐκπλύνειν вымыть, умыть vymýt, umýt: ꙇзмьвены не трѣбоуѥтъ • тъкъмо нозѣ оумыти *И 13, 10 Зогр Мар Ас Сав* ● *перен.*: водоѭ омываѭши тѣло б⟨о⟩жиѥ • измывъшаго вьсѧ *Супр 457, 10* □ измыти сѧ умыться umýt se: свиньи ѣже измывъши сѧ • пакы въ калѣ калѣѥтъ сѧ *Евх 70а 12.— Пс 6, 7 Син; Супр 27, 24.— Ср.* омыти, оумыти

измьрѣти *Супр 175, 3 см.* измрѣти

ИЗМѢНА, -ы *ж* (7) ἀντάλλαγμα, ἀλλοίωσις, ἐξίλασμα обмен, замена, возмещение výměna, náhrada: чьто бо дастъ ч⟨лов⟩ѣкъ ꙇзмѣнѫ за д⟨оу⟩шѫ своѭ *Мк 8, 37 Зогр Мар Ас Сав.— Мт 16, 26 Мар; Пс 48, 8 Син; 76, 11 Син.— Ср.* измѣнениѥ, мѣна

ИЗМѢНИТИ, -нѭ, -ниши *сов.* (23) **1.** ἀλλάσσειν, ἀπαλλάσσειν, ἐναλλάσσειν, διαδέχεσθαι, ἠβᾶν (!) изменить, переменить změnit, přeměnit: епископьство неволеѭ приимъ • правьниꙗ чрьнориз̾скаадго житиꙗ не измѣни *Супр 280, 17-18* □ измѣнити сѧ ἀλλοιοῦσθαι, ἀλλάσσεσθαι измениться, перемениться změnit se: разгорѣ сѧ срьдьце мое жтроба моѣ ꙇзмѣтъ (! *вм.* измѣнитъ) сѧ *Пс 72, 21 Син* **2.** ἀλλάσσειν, ἀνταλλάσσεσθαι, διαμείβειν заменить, обменять zaměnit, vyměnit: измѣнишѧ славѫ его • въ образъ тельца *Пс 105, 20 Син*; ꙇзмѣни же крьстъ гробъ *Клоц 11б 38* **3.** ἀλλάσσειν сменить, заменить vystřídat: повелѣ ѥште и паче бити ѧ • дондеже измѣни къждо по трьмь десѧтьмь кентоурионы *Супр 178, 14* □ измѣнити сѧ ἀλλάσσεσθαι смениться vystřídat se: биѭштиимъ же измѣнив᾽шемъ сѧ пѧть краты *Супр 103, 25-26* **4.** *спец.* о измѣнѧщиихъ сѧ *и* измѣньшиихъ сѧ ὑπὲρ τῶν ἀλλοιωθησομένων *дословный перевод с греч. на месте евр. Шешоным — музыкальный инструмент или начало песни «Лилия закона»*: пьсал⟨ъ⟩мь ѩ въ конець о ꙇзмѣньшихъ сѧ да⟨вы⟩доу *Пс 68, 1 Син*; о ꙇзмѣнѣштихъ сѧ *Пс 79, 1 Син.— Ен Син Евх Клоц Супр.— Ср.* прѣмѣнити

измѣниѥ *Пс 88, 52 Син см.* измѣнениѥ

ИЗМѢНОВАТИ СѦ, -ноуѭ сѧ, -ноуѥши сѧ *несов.* (3) **1.** *греч. нет* меняться, изменяться měnit se: трьпѣниꙗ ли ради измѣноуѥтъ сѧ лице твоѥ *Супр 159, 29-30* **2.** *спец.* о измѣноуѭщиихъ сѧ ὑπὲρ τῶν ἀλλοιωθησομένων, τοῖς ἀλλοιωθησομένοις *дословный перевод с греч. на месте евр. Шешоным — музыкальный инструмент или начало песни «Лилия закона»*: о измѣноуѭщиихъ сѧ (!) *Пс 59, 1 Син*; о измѣноуѭщихъ *Пс 44, 1 Син.— Ср.* измѣнꙗти

измѣньныи *см.* неизмѣньнъ

ИЗМѢНꙖТИ, -ꙗѭ, -ꙗѥши *несов.* (3) ἀλλοιοῦν, ἀλλάσσειν изменять, менять proměňovat, měnit: си слышавъ аурилиꙗнъ лице своѥ измѣнѣаше различьнѣ отъ ꙗрости *Супр 12, 6* □ измѣнꙗти сѧ ἀλλοιοῦσθαι изменяться, меняться měnit se: прѣврати ѧ чисти ї акы бога • своѩ вльхвовьнѩѩ хытростиѩ измѣнꙗѩ сѧ *Супр 7, 23.— Супр 121, 25.— Ср.* измѣновати

ИЗМѢНЕНИѤ, -ꙗ *с* (4) [ꙇзмѣніе (!) *Син* (1)] ἀντάλλαγμα, ἀλλοίωσις, μεταβολή изменение, перемена proměna, změna: иже тѣмъ измѣненіимъ прѣльсти женъі добродьнꙑѩ *Супр 7, 26*; [помѣні г⟨оспод⟩і поношеніе... еже поносишѧ ꙇзмѣніе (! *вм.* измѣнение) х⟨ристос⟩а твоего *Пс 88, 52 Син — дословный перевод неясного греч. места* τὸ ἀντάλλαγμα].— *Пс 54, 20 Син; Евх 7б 11-12.— Ср.* прѣмѣна

ИЗМѢРИТИ, -рѭ, -риши *сов.* (2) μετρεῖν; (пѧдиѭ измѣриѥнъ παλαιστή) измерить změřit: иже естъ измѣрилъ водѫ морьскѫѩ грьстиѭ *Евх 55б 19*; пѧдьѭ ꙇзмѣренꙑ положилъ еси дни моѩ *Пс 38, 6 Син.— Ср.* възмѣрити, намѣрити

ИЗМѪДРѢВАТИ, -аѭ, -аѥши *несов.* (1) σωφρονεῖν образумливаться přicházet k rozumu: бѣсы имѣѭштиї вь ни҃хъ • бѣсъ праштаѥми измѫдрѣваахѫ *Супр 399, 1.— Ср.* оумѫдрꙗти

ИЗНЕМАГАТИ, -аѭ, -аѥши *несов.* (5) ἐκλείπειν, ἀσθενεῖν ослабевать, слабеть ochabovat, slábnout: егда ꙇзнемагаѥтъ крѣпость моѣ не остаѵі мене *Пс 70, 9 Син; Евх 62б 4-5* □ изнемагаѩи *в знач. прил.* ὁ ἀσθενῶν слабый slabý: изнемага(ѩ)и зелие да ѣстъ *Рим 14, 2 Ен.— Рим 14, 21 Ен.—* изнемагаѩи *ср.* немощьнъ

ИЗНЕМОЩИ, -могѫ, -можеши *сов.* (20) **1.** ἀσθενεῖν, ἐξασθενεῖν, ἐκλείπειν, πατεῖσθαι ослабеть, изнемочь zeslábnout, ochabnout: враѕі моі ті изнемогѫ і падѫ *Пс 26, 2 Син*, изнемогошѧ *Супр 74, 17-18*; колѣнѣ моꙇ изнеможете отъ поста *Пс 108, 24 Син* **2.** ἀδυνατεῖν стать невозможным stát se nemožným: не ꙇзнеможетъ отъ б⟨ог⟩а вьсѣкъ г⟨лаго⟩лъ *Л 1, 37 Зогр Мар Ас Сав.— Зогр Мар Ас Сав Син Супр.— Ср.* ослабѣти, раслабѣти

ИЗНЕСТИ, -сѫ, -сеши *сов.* (13) **1.** ἐκφέρειν, φέρειν, ἐκβάλλειν, ἀνάγειν вынести vynést: ꙇзнесѣте одеждѫ прьвѫѭ *Л 15, 22 Зогр Мар Ас Сав* **2.** ἐξάγειν, ἐκδιδόναι произвести (*на свет*) vyvést, vydat, přivést (*k životu*):

водꙑ же • тъгда изнесоша животънꙑ движимꙑ • ѥгда оуслꙑшаша • да изнесѫтъ водꙑ гадъ доушъ живъıхъ *Супр 195, 23 и 24.— Евх 126 4-5; Супр 81, 4; 219, 8; 327, 6; 495, 26; 495, 28; 495, 30.— Ср.* възнести, вънести, извести

ИЗНИЦА *нареч.* (1) λοξῷ τῷ ὀφθαλμῷ украдкой úkosem: из'ница възираѩ дѣвичѫ ѫтробѫ съмотрѣаше *Супр 240, 3-4*

ИЗНОСИТИ, -ношѫ, -носиши *несов.* (25) ἐκφέρειν, προφέρειν, ἐκβάλλειν, προβάλλειν, ἐκκομίζειν выносить vynášet: се ıзношаахѫ оумьръшь с⟨ꙑ⟩нъ *Л 7, 12 Зогр Мар Ас*; сърѣте нѣкого износима въ вратѣхъ мрьтва *Супр 307, 1* ● *перен.*: ѥсть бо каꙗние от' вьсеѩ доуша износимо *Супр 362, 21* ● προσφέρειν, προφέρειν произносить pronášet: така словеса да износитъ • да дастъ благодѣть слꙑшаштиїмъ *Супр 497, 21-22.— Зогр Мар Ас Сав Супр*

ИЗНОШЕНИѤ, -ꙗ *с* (1) ἐκδημία вынесение vynášení: въ врѣмѧ же изношениꙗ тръблаженааго исаꙗкиꙗ • постави помошть на пѫти прѣдъ манастꙑремъ *Супр 208, 29*

ИЗНОУРИТИ, -рѭ, -риши *сов.* (1) συλαγωγεῖν захватить, похитить ukořistit, uloupit: каꙗ изноурениꙗ • ꙗже змиꙗ изноури въ породѣ сь аггелꙑ равънѫѭ жизнь *Супр 348, 11.— Ср.* прѣизноурити

ИЗНОУРѤНИѤ, -ꙗ *с* (2) σῦλον добыча kořist, lup: въздастъ ти изноурениꙗ доуша *Супр 348, 10.— Супр 348, 11.— Ср.* плѣнъ

ИЗОБАТИ, -бльѭ, -блѥши *сов.* (1) ἐσθίειν поесть pojíst: от ѯ҃ ѥлиже смокви изоба богоносивꙑи старць • готовꙗаше сѧ *Супр 300, 29.— Ср.* сънѣсти

ИЗОБИЛОВАТИ, -лоуѭ, -лоуѥши *несов.* (1) περισσεύειν быть в избытке přebývat: оскѫдѣѥтъ пшеница • не можетъ бо изъобиловати *Супр 266, 12.— Ср.* избꙑвати, избꙑтъчьствовати

ИЗОБИЛЬНЪ, -ꙑи *прил.* (1) περισσός избыточный nadbytečný: тъ и насъ • не тъчьѭ потрѣбънꙑихъ • нъ изобильнꙑихъ накръмитъ *Супр 290, 17.— Ср.* обильнъ

ИЗОБЛИЧАТИ, -аѭ, -аѥши *несов.* (1) ἐξελέγχειν изобличать usvědčovat: плѣвелъ... образъмь оубо къ п'шеници оуподоблѣ҃ѧ сѧ отъ въкоушениꙗ же расмотрьливъıми изъобличаѥмъ *Хил 2αα 20-21.— Ср.* обличати

ИЗОБРѢСТИ, -рѧщѫ, -рѧщеши *сов.* (5) [изъо- *Супр* (2)] ἐξευρίσκειν **1.** найти, отыскать vyhledat: то зьлодѣими • лѫкав'но примꙑшл҃ено бꙑстъ • такого мѣста изъобрѣсти *Супр 92, 24* **2.** ἐφευρίσκειν, ἐξερευνᾶν, ἐπινοεῖν придумать, изобрести vynalézt, nalézt: диꙗволъ • ино коумирослоужениѥ • арииꙗньскѫѭ хоулѫ изобрѣте *Супр 186, 14-15.— Супр 50, 23; 88, 30; 265, 30.— Ср.* обрѣсти

ИЗОБРѢТАТИ, -аѭ, -аѥши *несов.* (1) *греч. нет* придумывать, изобретать vymýšlet, vynalézat: новꙑ и лютꙑ изобрѣтаѭште мѫкꙑ *Супр 209, 30.— Ср.* обрѣтати

ИЗОБРѢТЕНИѤ, -ꙗ *с* (1) εὕρεσις измышление, изобретение vymyšlení, vynalezení: иоудеискꙑꙗ оубо подобьнꙑꙗ ереси отъвръгоша изобрѣтениѥ *Супр 189, 6.— Ср.* обрѣтениѥ

изобрѧщ- *см.* изобрѣсти

ИЗОСТРИТИ, -ощрѭ, -остриши *сов.* (6) [изъо- *Супр* (1)] ἀκονᾶν наточить naostřit, nabrousit: ıже изострıшѧ ѣко орѫжье ѩзꙑкꙑ своꙗ *Пс 63, 4 Син*; мечь изъоштренъ *Супр 85, 15.— Пс 44, 6 Син; 51, 4 Син; 119, 4 Син; Супр 426, 7.— Ср.* наострити

изр- *см.* издр-

ИЗОУМѢТИ СѦ, -ѣѭ сѧ, -ѣѥши сѧ *сов.* (1) παλαιοῦσθαι (!) лишиться ума, обезуметь pozbýt rozumu: ꙗнаꙗ и безълобьнаꙗ врьста творьца похвали • а изъоумѣвъшии сѧ дьньми зълꙑ • въпрашаахѫ кто сь ѥстъ *Супр 324, 3-4.— Ср.* оумъ (оумъ погоубити)

ИЗОУНЬШИНА, -ꙑ *ж* (1) (изоуньшинѫ творити λύειν) улучшение, облегчение zlepšení, ulehčení: сънъ бо не чоуѭштиихъ себе • врѣждаѥтъ продлъжаѩ сѧ • огн҃емъ жегомъıимъ изоуншинѫ • творитъ потомь *Супр 314, 15-16*

изходити *Супр 289, 24 см.* исходити

изчазати *Супр 436, 7 см.* ищазати

изчезнѫти *Супр 487, 3 см.* ищезнѫти

изчистити *Мт 8, 3 Ас см.* ищистити

изъобиловати *Супр 266, 12 см.* изобиловати

изъобличаѥмъ *Хил 2αα 20-21 см.* изобличати

изъобрѣсти *Супр 50, 23; 92, 24 см.* изобрѣсти

изъощренъ *Супр 85, 15 см.* изострити

изъоумѣвъшии сѧ *Супр 324, 3-4 см.* изоумѣти сѧ

изъхватити *Супр 232, 17 см.* исхватити

изъходити *Супр 267, 5 см.* исходити

изъчитати *Супр 179, 18 см.* ищитати

изъшъдъ *Супр 199, 10-11; 236, 20; 289, 16 см.* изити

ИЗЪꙖСНИТИ, -ꙗшнѭ, -ꙗсниши *сов.* (1) *греч. нет* прояснить učinit jasným: заклинаѭ тѧ... з҃ѣницѧ слѣпꙑмъ • ıзъѣсньшиимь *Евх 53а 25.— Ср.* просвѣтити

изьгорѣти *Супр 131, 13 см.* изгорѣти

изьм- *см.* изѧти

ИЗѢДЕНИѤ, -ꙗ *с* (1) *греч. нет* съедение snědení, sežrání: мнѧште на изѣдениѥ имъ прѣдълежати • звѣрьноуоумоу нашьствию *Супр 558, 19.— Ср.* сънѣденик

ИЗѢСТИ, -ѣмь, -ѣси *сов.* (10) κατεσθίειν, ἐσθίειν, καταναλίσκειν; (звѣрьми изѣденъ θηριάλωτος; изѣденъ быти βρῶμα γίγνεσθαι) съесть snist, sežrat: пьтица изѣдатъ васъ *Евх 59б 10-11*; аже възьмъ старцъ... изѣ *Супр 300, 25*; еда како звѣрьми изѣдена бѫдѫ *Супр 515, 20-21* ● прокутить, проесть projíst, prohýřit: с⟨ы⟩нъ твоі • ізѣды твое імѣнье • съ любодѣіцами • приде *Л 15, 30 Зогр Мар Сав*, изѣдъ *Ас.— Супр 138, 27; 515, 30; 538, 26.— Ср.* измрьмьрати, сънѣсти

ИЗѦТИ, изьмѫ, изьмеши *сов.* (45) αἴρειν, ἐπαίρειν, ἐξαίρειν, ἐκβάλλειν, κρατεῖν вынуть, убрать vyjmout, vzít: ізъми прѫвѣе бръвъно із очесе твоего і тъгда оузьриши ізѧти і сѫчьць • із очесе брата твоего *Мт 7, 5 Зогр Мар Ас Сав* ● изъять, отнять, взять odejmout: прѣсвѣтълымь свѣтомь твоимь • іземъ зракъ его *Евх 34а 15*; іскѫщеі д⟨оу⟩шѭ моеѭ ізѧті ѭ *Пс 39, 15 Син* ● освободить osvobodit: ізъмѣте оубога і ніщта • із-д-рѫкъ грѣшьничь ізбавіте і *Пс 81, 4 Син*; изъмѫ і прославлѭ і *Пс 90, 15 Син.— Зогр Мар Ас Сав Син Евх Супр.— Ср.* възѧти, извлѣщи, избавити, истѫкнѫти, съпасти

ИЗѦЩЬНИЧЬСКЪ, -ыи *прил.* (1): старѣшина изѧщьничьскъ *греч. нет* глава мытарей vrchní celník: глаголетъ мала бывъша зак'хеа по въздрастоу • а и іавьіаѭ величьство вола • старѣишинъі изаштъничъска *Супр 545, 29-30.— Ср.* мытарь (старѣи мытарісмъ)

ИЗѪТРИ, ИЗѪТРИИ, ИЗѪТРЬ *нареч.* (3) ἔσωθεν, ἔνδοθεν изнутри zevnitř: вьсѣ си зълаѣ • із ѫтрі ісходѧтъ *Мк 7, 23 Зогр*, из ѫтрь *Мар*; изѫтри же вьпиѧ *Супр 36, 14-15.— Ср.* изѫтрьѭдоу, извънѫтрь

ИЗѪТРЬѬДОУ *нареч.* (6) [-ѭдѫ *Мар* (2)] ἔσωθεν изнутри zevnitř: із ѫтрьѭдоу бо • отъ срьдьца ч⟨лове⟩ч⟨ь⟩ска • помышленіѣ зълаѣ ісходѧтъ *Мк 7, 21 Зогр*, із оутрьѭдѫ *Мар.— Л 11, 7 Зогр Мар Ас Сав.— Ср.* изѫтри, извънѫтрь

и ѣ е м о н ъ *см.* игемонъ

и к о в а т и *Пс 89, 12 Син см.* оковати

и к о в ъ *Мк 3, 18 Зогр см.* иаковъ

ИКОНА, -ы *ж* (1) εἰκών изображение (*портрет, статуя*) zobrazení: (*podobizna, socha*): ікоунѫ іхъ оунічьжишиѧ *Пс 72, 20 Син.— Ср.* образъ

ИКОНИИСКЪ, -ыи *прил. к названию города Иконий* (2): и к о н и и с к ъ г р а д ъ Ἰκόνιον, ἡ Ἰκονιαίων πόλις Иконий Ikonion: доиде иконииска града *Супр 51, 5.— Супр 45, 21.— Ср.* иконьскъ

ИКОНОМЪ, -а *м* (2) οἰκονόμος управитель správce: похвали г⟨осподи⟩нъ домоу ıконома • неправьдънааго *Л 16, 8 Зогр Мар.— Ср.* приставьникъ, строитель

ИКОНЬСКЪ, -ыи *прил. к названию города Иконий* (1) τοῦ Ἰκονίου иконийский ikonský: корната еп⟨и⟩скоупа • иконъска *Ен 29б 13.— Ср.* икониискъ

и к о у н а *Пс 72, 20 Син см.* икона

ИЛАРИОНЪ, -а *м имя* (1) Ἱλαρίων Илларион Hilarion: пр⟨ѣпо⟩д⟨обь⟩наго о⟨ть⟩ца наш⟨его⟩ илариона *Ас 123а 28* (иларнѧ *Сав 132б 15*).— *Ср.* иларнıа

ИЛАРИІА, -иѩ *м имя* (1) Ἱλαρίων Илларион Hilarion: о⟨ть⟩ца нашего иларнѧ *Сав 132б 15* (илариона *Ас 123а 28*).— *Ср.* иларионъ

и л е н е в ъ *Л 3, 23 Зогр см.* илиевъ

ИЛИ *союз и частица* (>200) I. *союз* ἤ, ἤτοι, εἴτε, ἀλλά, γάρ **1.** *разделительный* или nebo: не п'цѣте сѧ д⟨оу⟩шеѭ своеѭ • чьто ѣсте ıли что пиете *Мт 6, 25 Зогр* (ли *Мар Ас Сав*); что бо ѹдобѣе ре[че]щи • отъдаѭтъ ти сѧ грѣси • или рещи въстани и ходи *Мт 9, 5 Сав* (ли *Зогр Мар Ас*); которыı же отъ васъ • рабъ імѣѩ ... речетъ емоу • абье минѫвъ • възлязи • ıли речетъ емоу • оуготоваı чьто вечерѣѭ *Л 17, 8 Зогр*, или не речетъ *Сав* (нъ не речетъ ли *Мар*, и не речетъ лı *Ас*) ● и л и... и л и или... или (же) buď... nebo: или творитъ дрѣво доброе агодѫ емоу добрѫ • или творитъ дрѣво прахнѣно и агонѫ (!) емоу изгнилѫ *Мт 12, 33 Сав* (ли... ли *Зогр Мар Ас*); повелѣ бо воевода или жьръше избыти ти • или не жьръше зьлѣ оумрѣти *Супр 20, 8 и 9* ● и л и... и л и то ли... то ли, будь (то)... или at' (již)... (a)nebo: заклинаѭ тѧ... идеже аще еси • ı отъньѭдѣже аще идеши • ıли самъ еси вельзѣолъ • ı не видимъ • или грьдъ • или животьномь • видѣниемь авлѣѩ сѧ • или змиевомь • ıли звѣриномь лицемь *Евх 53б 25 и 26* (2) *и 54а 2* (2); око оубо вида или дѫбъ цвѣтьчанъ • или источникъ сильно текѫштъ • тѣмь видѣнимъ тамо сѧ влѣчетъ *Супр 343, 5* ● л и... и л и *в вопросительных предложениях* (*часто*) ли... или (zda)... či, (zda)... nebo: ты ли еси грѧдыи • ıли іного чаемъ *Мт 11, 3 Зогр Ас* (ли... ли *Мар*); крьщение иоаново отъ кѫдѫ бѣ • съ н⟨е⟩б⟨е⟩се ли или отъ чл⟨о⟩в⟨ѣ⟩къ *Мт 21, 25 Мар* (∅ *Зогр*); достоıтъ ли • кинсъ дати кесареви • ıли ни • дамъ ли ıли не дамъ *Мк 12, 14 Зогр Мар*; ч'то кстъ слажде свѣтъ ли или тъма *Супр 25, 23* **2.** *сравнительный* (*при сравн. ст.*) (*очень редко*) чем než: изволихъ паче примѣтати сѧ въ домъ б⟨ог⟩а моего • или жити въ жилиштихъ грѣшьникъ *Супр 147, 20* (неже *Пс 83, 11 Син*) **3.** *условный* (*единственный случай*) εἰ καί если и jestliže, i kdyby: или и дръзнѫ нарешти χ⟨ристо⟩са • не абье ли огнь съшедъ пожежетъ мѧ *Супр 526, 7* II. *частица вопросительная* (*очень редко*) μή неужели, разве zda(ž), což: или не можетъ рече рѫка моꙗ отъти васъ *Супр 135, 17*; или еже сѣасте ѡ жидове • того не пождасте • или кто отъ васъ примъ господа сътѫжи си *Супр 388, 12 и 13*; аште ли мѫжь ти госпожде вьнѣ естъ • то или богъ мои ошьлъ естъ с нимь *Супр 366, 15.— Зогр Мар Ас Сав Ен Син Евх Клоц Супр Хил Рыл Зогр-лл* или *Мт 27, 46 Сав см.* ели

ИЛИАДИИ, -иꙗ *м имя* (1) Ἡλιάδης Илиадий Heliades: а се имъ имена • дометиꙗнъ... илиадиї *Супр 69, 16*

ИЛИИНЪ *прил. к* илиꙗ (7) τοῦ Ἡλίου, τοῦ Ἡλία Илии, Ильи *род.* Eliášův: вь дьни илиины *Л 4, 25 Мар Ас Сав* (*Ø Зогр*).— *Л 1, 17 Зогр Мар Ас; Супр 395, 25*

ИЛИꙖ, -иѩ *м имя* (76) **1.** Ἡλίας Илия, Илья Eliáš: ави сѧ імъ ілиѣ съ мосѣомь *Мк 9, 4 Зогр Мар* **2.** Ἡλί Или Heli: слышиши оубо илиѭ глаголѭшта сыномъ своимъ *Супр 407, 12.— Зогр Мар Ас Сав Евх Клоц Супр*

ИЛИѤВЪ *прил. к* илиꙗ (2) τοῦ Ἡλεί, τοῦ Ἡλί Илиев Heliův: с⟨ы⟩нъ сы ѣко мьнимъ бѣ • іосифовъ • ілиевъ *Л 3, 23 Мар,* ілеіевъ (!) *Зогр*

ИЛОСЪ, -а *м* (1) *греч. нет вид вредного насекомого druh škodlivého hmyzu*: зачьнѫ нынѣ г⟨лаго⟩лати • имена гадомъ • прѫгъ • сланѫ • чрьвены прѫгъ... ілосъ *Евх 59а 17*

ИМАНИѤ, -иꙗ *с* (2) **1.** τρύγη собирание, уборка sbírání, sklizeň: мол⟨итва⟩ на гроздъми вина на имание *Евх 14а 11* **2.** τὰ χρήματα имущество jmění: аште и зѣло иманиї жладьба *Супр 422, 13.— Ср.* жѧтва, имѣние

ИМАТИ, емлѭ, емлеши *несов.* (48) [ємати *Сав* (1)] **1.** λαμβάνειν хватать, схватывать jímat, zachvacovat: иждени трѧсавицѧ... емлѭщѧѧ на врѣмена *Евх 46б 22*; і се д⟨оу⟩хъ емлетъ і *Л 9, 39 Зогр Ас Сав,* емлеты-и *Мар* **2.** δράσσεσθαι, κατέχειν захватывать, ловить zajímat, chytat: повелѣ имати и ноудити ѧ жръти *Супр 255, 4* **3.** λαμβάνειν, τρυγᾶν собирать, убирать sbírat, sklízet: егда же приде врѣмѧ емати е посъла рабы своѧ къ дѣлателемъ иматъ вина своего *Мт 21, 34 Сав* (врѣмѧ плодомъ... прияти плоды *Мар Ас, Ø Зогр*) **4.** вѣрѫ имати πιστεύειν верить věřit: за та дѣла вѣрѫ емлете ми *И 14, 11 Зогр Ас,* емлете *Мар Сав.— Зогр Мар Ас Сав Евх Супр.— Ср.* бьрати, събирати

ИМЕНИТЬ, -ыи *прил.* (2) ὀνομαστός именитый, славный proslulý, slavný: именити сѫште вьсѣми за добрѫ дѣтѣль *Супр 85, 3.— Супр 202, 13.— Ср.* славьнъ

ИМЕНОВАТИ, -ноуѭ, -ноуеши *несов.* (6) ὀνομάζειν называть jmenovat, nazývat: симона егоже іменова петра *Л 6, 14 Зогр Мар*; да отъстѫпитъ отъ неправды въсѣкъ именоуѩ имѧ г⟨оспод⟩не *2 Тим 2, 19 Ен*; любодѣанье же і вьсѣка нечистота въ васъ да не іменоуетъ сѧ *Клоц 2а 33-34 (Еф 5, 3).— Евх 104а 7; Супр 546, 3-4.— Ср.* зъвати, нарицати

ИМЬЖЕ *союз причинный* (29) διὰ τὸ *с инф.*, ὅτι, ὡς, ὁπότε, ἐπειδή, διότι, ἐπειδήπερ, ὅθεν потому что, так как protože, poněvadž, jelikož: и⟨соу⟩с⟨ъ⟩ • не въдааше себе въ вѣрѫ іхъ • імьже самъ вѣдѣаше вьсе *И 2, 24 Зогр Мар*; імьже ли ти область далъ естъ • на нечистыхъ бѣсѣхъ... за ты лі добрыѩ дѣтѣлі сьѩ мъзды въздаеші емоу *Клоц 4а 39* (за анеже! *Супр 411, 14*); разоумѣвъша ꙗко пророкъ естъ • имже събыша сѧ емоу вьса прорицаниꙗ *Супр 199, 7.— Зогр Мар Евх Клоц Супр*

ИМѢНИИЦЕ, -а *с* (1) ἐνθήκη имущество, ноша jmění, náklad: имѣниице бо ти зълое диꙗволъ дастъ *Супр 400, 8.— Ср.* имѣние

ИМѢНИѤ, -иꙗ *с* (98) τὰ ὑπάρχοντα, ὕπαρξις, τὰ χρήματα, τὰ πράγματα, ὅσα ἔχω, κτῆσις, κτῆμα, οὐσία, βίος, ὑπόληψις; (небрѣгы имѣниꙗ ὁ ἀκτήμων) имущество, состояние jmění, majetek: о⟨тъ⟩че даждь ми • достоіныѭ часть • імѣньѣ • і раздѣли іма імѣнье *Л 15, 12 Зогр Мар Ас Сав*; бранѧ древле твоі волі • еже імаши въ імѣнии *Клоц 4а 31* (сьребролюбьствиꙗ съказание *Супр 411, 6-7*); имѣниꙗ ли въсхотѣ небрѣгыи имѣниꙗ *Супр 432, 23 и 24* ◆ имѣние заложено *см.* заложити.— *Зогр Мар Ас Сав Ен Син Евх Супр Рыл.— Ср.* имание, имѣниице, съкровище

ИМѢНЬНЪ, -ыи *прил.* (2) τῶν χρημάτων имущественный majetnický: пльтьнѧѧ бо побѣдиша похоть • имѣньныѩ же не побѣдиша *Супр 371, 25.— Супр 371, 27*

ИМѢТИ, имамь, имаши *и* (*редко*) имѣѭ, имѣеши *несов.* (>1000) ἔχειν **1.** βαστάζειν, μετέχειν, περιέχειν, φέρειν, ἐπιδεικνύναι (!), κτᾶσθαι (!), κερδαίνειν (!), περιποιεῖσθαι (!), χρῆσθαι (!), ἄνειν (!), εἰδέναι (!), διαμηχανᾶσθαι (!); (не имѣти ἀπορεῖν; не имы ἄφορος) иметь mít: лиси ѣзвины імѫтъ і п'тица неб⟨е⟩с⟨ьс⟩кыѩ гнѣзда • а с⟨ы⟩нъ ч⟨ловѣчь⟩скы не іматъ кде главы подъклонити *Мт 8, 20 Зогр Мар Ас Сав*; очи ιмѫште не видите • ι оуши ιмѫште • не слышите *Мк 8, 18 Зогр Мар*; пѧть бо мѫжь ιмѣла еси • ι нынѣ егоже ιмаши нѣстъ ти мѫжь *И 4, 18 Зогр Мар Ас*; ѣкоже бо о⟨ть⟩ць животъ ιматъ вь себѣ • тако дастъ ι с⟨ы⟩нови животъ ιмѣти вь себѣ *И 5, 26 Зогр Мар Ас*; ιмѫштюмоу бо вьсьде дано бѫдетъ ι избѫдетъ • а отъ не ιмѫштааго • ι еже аште мнитъ сѧ ιмы • вьзѧто бѫдетъ отъ н҄его *Мт 25, 29 Зогр Мар Ас*, имѫщюмоу... отъ не имѫщаго... имѣѧ *Сав*; тѧ въ истинѫ исповѣдаѫще • имамъ грѣшнии застѫпницѫ *Ен 28б 6* ● содержать obsahovat: имѣѩ в' себѣ слово събезначально *Евх 67а 6-7*; иматъ же и плаштъ тъ инѫ притъчѫ *Супр 484, 21* ● получать získávat, dostávat: кѫѭ мъздѫ ιмате *Мт 5, 46 Зогр Мар Ас Сав*; не отъложите ѹбо дрьзновениѣ вашего • еже иматъ вевелие (!) възмъзмъздъе (!) *Евр 10, 35 Ен* ● *с сущ., обозначающим действие, состояние или свойство, в качестве неполнозначного глагола*: миръ ιмѣите междю собоѭ *Мк 9, 50 Зогр*; имѣте *Мар*; да дрьзновение имамъ въ д⟨ъ⟩нъ сѫдны *1 И 4, 17 Ен*; да помнимъ прıсно словеса сı • с⟨вѧ⟩тaѣ лобъзаньѣ • страшънаѣ цѣлованьѣ • ѣже междю собоѭ ιмамъ *Клоц 9б 6* (ѥже къ себѣ самѣмъ *Супр 423, 26*); мѫдрость имаши зѣло *Супр 48, 8*; м'ногѫ тѫгѫ имѣахѫ вьсѣчьскы пекѫште сѧ имъ цѣлити раны *Супр 51, 19*; лѣпо же бѣ намъ прав'дѫ излиха имѣти • паче к҄нижчии и фарисеи *Супр 135, 25*; кѫѭ обьштинѫ имата съ мноѭ *Супр 172, 20*; великѫ бо печаль иматъ о тебѣ *Супр 225, 18*; хотатъ стоудъ имѣти *Супр 338, 3*; кротость имѣаше • и сьмѣрениѥ *Супр 365, 4*; се во имѣаше льстивъи на оумѣ *Супр 58, 10* ● *с сущ. и страд. прич. в вин. падеже в знач. состояния*: присно оума имы своѥго простръта къ богоу *Супр 141, 27*; вьлѣзе же ѵподьıакъ • рѫцѣ имы распрострьтѣ и вьздѣнѣ на небо *Супр 555, 14*; пришъдъ же и оумрьштено имы тѣло вьсе • и лице раскривьѥно *Супр 561, 27* □ имѣти чьто на кого, до кого иметь *что-л.* против *кого-л.* mít *něco* proti *někomu*: отъпоуштаıте • аште чьто ιмате на кого *Мк 11, 25 Зогр Мар*; аште ιмаши чъто на врага • ιждені гнѣвъ *Клоц 8б 19*, имаши что до врага своѥго *Супр 421, 26* **2.** кого кого, кого ꙗко кого, кого *с инф.* λογίζεσθαι считать *кого-л. кем-л.* považovat *někoho za někoho*: ιмѣι мѧ отъречена *Л 14, 18 Зогр Мар Ас*, имѣи мѧ отърещи сѧ *Сав*; вьси бо ιмѣахѫ ιоана ѣко пророка *Мк 11, 32 Зогр Мар* **3.** *с инф.* δεῖν, μέλλειν долженствовать mít, muset: с⟨ы⟩нъ бо ч⟨ловѣчь⟩скы ιматъ прѣдати сѧ • въ рѫцѣ ч⟨ловѣчь⟩сцѣ *Л 9, 44 Зогр Мар*; надѣѭштемъ сѧ имъ • ꙗко и градъ сѧ иматъ пасти *Супр 110, 22*; видѣ ꙗко оутро въ тъ дьнь ѧти имѫтъ быти *Супр 125, 2*; симоне • ιмамь ти нѣчьто решти *Л 7, 40 Зогр Мар Ас*; дивьно чоудо ти имамъ съповѣдати *Супр 224, 20* ● δύνασθαι мочь moci: не оубоıте сѧ отъ оубиваѭштиихъ тѣло • ι не по томь не ιмѫштемъ • лиха чесо сътворити *Л 12, 4 Зогр* (не могѫштемь *Мар Ас*); к'то иматъ б⟨ог⟩а винна • сътворити *Супр 432, 19* **4.** *вспомогательный глагол при образовании форм будущего времени*: вѣроуѥм въ мѧ • не ιматъ въждѧдати сѧ никогдаже *И 6, 35 Зогр Мар Ас*; не иматъ прѣити родъ сь доньдеже вса си бѫдѫтъ *Мт 24, 34 Сав 47б 13* (не мимо ιдетъ *Зогр Мар Ас* (2) *Сав 88б 8*); съкроушѫ ѩ ι не ιмѫтъ моцı тı постоѣтı *Пс 17, 39 Син*; глаголати же оуто иматъ миръ на людехъ своихъ *Супр 318, 29* (речетъ *Пс 84, 9 Син*) **5.** *без доп.* ἔχειν, ἄγειν быть být: трети се д'нь ιматъ дьньсь *Л 24, 21 Зогр Мар Ас*; отъпоусти старца сего ꙗко д'ни многы иматъ сьде • тако без милости отъ сѫпротивнааго бѣса мѫчимъ *Супр 553, 15*; сим же сице имѫштемъ *Супр 438, 13* ● *чаще без доп.* быть *какого-л.* мнения *о чем-л.* být *nějakého* mínění *o něčem*, mít *nějaký* názor *na něco*: нъ рече к' н҄имъ не сице имѣѧ • нъ сѫпротиви имъ срамити сѧ хотѧ *Супр 304, 12*; како приспѣѥ (! *вм.* приснѣѥ) о дѣвицах' иматъ х⟨ристо⟩с⟨ъ⟩ *Супр 375, 24* ◆ не благодѣти имѣти *см.* благодѣть; болѣзни имѣти *см.* болѣзнь; бѣсъ имѣти *см.* бѣсъ; водьныи трѫдъ имы *см.* водьнъ; волѭ имѣти *см.* волꙗ; вражьдѫ имѣти *см.* вражьда; вѣрѫ имѣти *см.* вѣра; доволъ имѣти *см.* доволъ; зависть имы *см.* зависть; излиха имѣти *см.* излиха; коньчинѫ имѣти *см.* коньчина; миръ имѣти *см.* миръ; мощь имѣти *см.* мощь; мѣсѧчьныѩ зълы недѫгы имы *см.* недѫгъ; мѫдрость имѣти *см.* мѫдрость; въ нечаꙗниѥ имѣти *см.* нечаꙗниѥ; печаль имѣти *см.* печаль; плодъ имѣти *см.* плодъ; скѫдость имѣѩ *см.* скѫдость; стоудъ имѣти *см.* стоудъ; соулѣѥ имѣти *см.* соулѣѥ; трѣбѣ имѣти *см.* трѣба; хвалѫ имѣти *см.* хвала; въ чрѣвѣ имѣти *см.* чрѣво; часть имѣти *см.* часть.— *Зогр Мар Ас Сав Охр Унд Боян Зогр-пал Ен Син Киев Служ Евх Клоц Супр Хил Рыл Зогр-лл.*— *Ср.* быти, хотѣти, ꙗти

ИМѦ, имене *с* (>500) [имѧ(ρ) = имѧ рекъ *Служ* (1) *Евх* (9)] ὄνομα, προσηγορία, κλῆσις, προσωνυμία; (имѧ нарещи ἐπονομάζειν) имя jméno: наречеши ιмѧ емоу ιоан'нъ *Л 1, 13 Зогр Мар Ас*; своѩ овьцѧ глашаетъ по имени *И 10, 3 Зогр Мар Ас*; да оувѣштаѭ отъврѣшти сѧ христосова имене *Супр 46, 20* ◆ именьмь, именемь τοὔνομα, ἐξ ὀνόματος, λεγόμενος, καλούμενος по имени, именуемый, названный jménem: обрѣтѫ ч⟨ловѣ⟩ка • куринѣиска • именемь симона *Мт 27, 32 Зогр Мар Ас*; именьмъ *Сав*; приде ч⟨ловѣ⟩къ богатъ именемь иосифъ *Клоц 14б 6; Супр 452, 28.— Зогр Мар Ас Сав Охр Боян Ен Син Служ Евх Клоц Супр Рыл.— Ср.* нареченик

ИНАКО *нареч.* (6) ἄλλως, ἑτέρως, τοὐναντίον иначе, другим способом jinak, jiným způsobem: не льзѣ съпасти сѧ инако *Супр 370, 16-17.— Супр 22, 26 (2); 178, 4-5; 375, 30; 376, 5.— Ср.* дроугоє

ИНАМО *нареч.* (1) ἀλλαχοῦ в другое место jinam: нѣстъ ми льзѣ инамо ити развѣ сьде *Супр 170, 22.— Ср.* овамо, онамо

ИНАЧЕ *нареч.* (2) ἔτι, τε καί еще ještě: видѣвъши... своѥго (*т. е.* сына) иначе дъхаѭшта *Супр 96, 2.— Супр 470, 25.— Ср.* ѥдиначе, ѥще

ИНДИКТИОНЪ, -а *м* (1) ἴνδικτος индикт (*период 15 лет*) indikce (*období 15 let*): начѧтъкъ индиктиωноу *Ен 20а 10.— Ср.* индиктъ

ИНДИКТЪ, -а *м* (2) [еньдиктъ *Сав*] ἴνδικτος индикт (*период 15 лет*) indikce (*období 15 let*): начѧток⟨ъ⟩ инд(и)ктоу и нов⟨оуемоу⟩ лѣт⟨оу⟩ *Ас 112бβ 14-15*, е(нь-диктоу) *Сав 122б 1-2.— Ср.* индиктионъ

ИНОВѢРЬНИКЪ -а *м* (2) αἱρετικός иноверец, еретик jinověrec, heretik: да срамьлѣѭтъ сѧ иновѣрьници *Супр 310, 30.— Супр 303, 6.— Ср.* еретикъ

ИНОВѢРЬНЪ, -ыи *прил.* (1) αἱρετικός иноверный, еретический jinověrný, heretický: мнози бо отъ иновѣрънынхъ глаголѭтъ *Супр 303, 9.— Ср.* еретичьскъ

ИНОГДА *нареч.* (14) [инъгда *Супр* (7)] **1.** ποτέ, τότε (!), πότε (!) когда-то kdysi: вѣсѧ і къ фарисѣомъ • іже бѣ іногда слѣпъ *И 9, 13 Зогр Мар Ас* **2.** ἄλλοτε в другой раз jindy: и пакы инъгда • не тъчьѭ ли слово рече надъ дѣвицѫ *Супр 307, 5.— Евх 51а 19-20; Клоц 1а 31; 7а 25; 7б 15; Супр 40, 10; 326, 9; 418, 18; 419, 12; 452, 25; 496, 7.— Ср.* когда, прѣжде

ИНОДОУШЬНО *нареч.* (2) [іноді͠шьно *Клоц* (1)] προθύμως (!) единодушно jednomyslně: іже отъ поганъ • інод⟨оу⟩шьно его приимахѫ *Клоц 13б 18*, инодоушьно *Супр 450, 25-26.— Ср.* ѥдинодоушьно

ИНОКОСТЬ, -и *ж* (1) peregrinatio странствование по чужбине putování, pobyt v cizině: іже оутьѫже бъіті блаженоумоу апостолоу твоемоу петроу • въ інокості подроугъ *Киев 1б 21-22*

ИНОКЪ, -а *м* (1) μονιός тот, кто живет один, одиночка, одинокий ten, kdo žije sám, osamocený, samotář: ωзоба і вепрь отъ лѫга • інокъ дивьеі поѣлъ естъ *Пс 79, 14 Син*

ИНОМЪІСЛЬНЪ, -ыи *прил.* (1) μονότροπος (!) единомыслящий jednomyslný, stejného smýšlení: б⟨ог⟩ъ въсѣлѣетъ иномъіслънъіѩ вь домъ *Пс 67, 7 Син.— Ср.* равьнодоушьнъ, ѥдьнодоушьнъ

ИНОМЪІШЛЮНИЮ, -ниа *с* (2) ὁμόνοια единодушие, единомыслие jednomyslnost, svornost: съвѣшташѩ іномъішленіемь къ себѣ *Пс 82, 6 Син.— Пс 54, 15 Син.— Ср.* съдъіханиѥ

ИНОПЛЕМЕНЬНИКЪ, -а *м* (17) ἀλλογενής, ἀλλόφυλος, βάρβαρος иноплеменник, иноземец cizinec, cizozemec: мнѣ іноплеменъніці покоришѩ сѩ *Пс 107, 10.— Зогр Мар Ас Сав Ен Син Евх Клоц Супр.— Ср.* иностраньникъ, иноѩзычьникъ, страньникъ, тоуждеплеменьникъ

ИНОРОГЪ, -а *м* (2) μονόκερως единорог jednorožec: вьзнесетъ сѩ ѣко інорогъ (! *вм.* -рога) рогъ моі *Пс 91, 11 Син.— Пс 77, 69 Син*

ИНОРОЖЬ *прил.* (2) [норожъ (!) *Син* (1)] τῶν μονοκερώτων единорогов *род. мн.* jednorožců *род. мн.*: с⟨ъ⟩п⟨ас⟩і мѩ отъ оустъ лъвовъ • і отъ рогъ інорожъ *Пс 21, 22 Син.— Пс 28, 6 Син*

ИНОСТАНЬ *нареч.* (4) *греч. нет* постоянно ustavičně: д⟨оу⟩ховьнъіими пѣсньми питааше сѧ иностань *Супр 550, 13.— Супр 541, 10; 549, 17; 553, 4.— Ср.* беспрѣстани, вьинѫ, присно

ИНОСТАНЬНЪ, -ыи *прил.* (1) ἐπίμονος постоянный ustavičný: прилежа вънѫ молитвѣ и въздр'жании • и їностаньнѣмь исповѣдании *Супр 529, 4.— Ср.* вьиньнъ, приснъ

ИНОСТРАНЬНИКЪ, -а *м* (2) ἀλλόφυλος, βάρβαρος чужеземец, чужестранец cizinec, cizozemec: колико родовъ и странъ • и їностраньникъ • ти вьси крьста ради ал'чѫтъ *Супр 431, 4.— Супр 127, 7.— Ср.* иноплеменьникъ, иноѩзычьникъ, страньникъ, тоуждеплеменьникъ

ИНОСЪКАЗАЮМЪ, -ыи *прич.-прил.* (1) ἀλληγορούμενος иносказательный alegorický, jinotajný: ѣже еста иносъказаема *Гал 4, 24 Ен*

ИНОЧЬСКЪ, -ыи *прил.* (1) *греч. нет* одинокий osamělý; *спец.* иноческий, монашеский mnišský: оста оу нѥго тъгда иночьскоѥ житиѥ вьзлюбивъ *Супр 560, 22-23.— Ср.* мънишьскъ

ИНОЧЬСТВО, -а *с* (1) *греч. нет* иночество, монашество mnišství: оугодно же си розмысливъ о житии с⟨вѧ⟩тааго • и о иночьствѣ • молитвѫ к нѥмꙋ сътвори *Супр 547, 19.— Ср.* чрьноризьство

ИНОЧѦДЪ, -ын *прил.* (31) μονογενής, μόνος единственный (*о ребенке*) jednorozený, jediný: призъри на с⟨ы⟩нъ мои • ѣко иночѧдъ ми естъ *Л 9, 38 Мар Ас Сав* (единочѧдъ *Зогр*); еже сътворилъ естъ • иночѧдъı с⟨ы⟩нъ б⟨о⟩жı *Клоц 9а 35* (ѥдинорожденъıи *Супр 423, 13-14*) ● *перен.* одинокий osamělý, opuštěný: помилоуı мѧ ѣко иночѧдъ ı ништъ есмь азъ *Пс 24, 16 Син; Евх 75а 18.— Зогр Мар Ас Сав Син Евх Супр.— Ср.* ѥдинородьнъ, ѥдинорожденъ, ѥдиночѧдъ

ИНОѦЗЫЧЬНИКЪ, -а *м* (2) βάρβαρος чужеземец, чужестранец cizinec, cizozemec: инoѩзычьници чътѫтъ ѳомѫ *Супр 509, 8-9.— Супр 512, 6.— Ср.* иноплеменьникъ, иностраньникъ, страньникъ, тоуждеплеменьникъ

ИНОѦЗЫЧЬНЪ, -ын *прил.* (1) βάρβαρος чужестранный jinojazyčný, cizí: инoѩзычьна оставьша *Супр 513, 8.— Ср.* тоуждь

ИНЪ, ина, ино *мест.* (>400) **1.** τις какой-то, некий, некоторый některý, jakýsi: инии же отъ стоѩщихъ тꙋ *Мт 27, 47 Сав* (етери *Зогр*, етерıи *Ас*, едини *Мар*) **2.** ἄλλος, ἕτερος, ἀλλότριος, λοιπός (!), ἐκεῖνος (!) другой jiný: идѫ въ инѫ вьсь *Л 9, 56 Зогр*, въı-инѫ *Мар*; ови г⟨лаго⟩лахѫ ѣко благъ естъ • ıни же г⟨лаго⟩лахѫ ни *И 7, 12 Зогр Мар Ас*; иде ı пропѧсѧ • ı съ нимь ına дъва *И 19, 18 Зогр Мар Ас Сав*; inь етеръ крѣплѣаше сѧ г⟨лаго⟩лѧ *Л 22, 59 Зогр Мар*; нıчесоже ıного ненавıдıтъ б⟨ог⟩ъ ѣко же того иже дръжıтъ гнѣвъ *Клоц 9а 12* (ничсоже бо сице *Супр 422, 23*); иного коего отъ тоѩ вѣры слышимъ именемь нисиї *Супр 46, 6* **3.** ἕκαστος каждый každý: сице и сии гласъ кд'нѫ реченъ • въ инѫ трепезѫ... жрътвѫ съвръшенѫ творитъ *Супр 420, 25* (на вьсѣкѫ трапѣзѫ *Клоц 8а 26*) ◆ при иномь оубо... же ἄλλα μέν... δέ хотя... однако jinak sice... avšak: иже при иномь оубо въздръжа бѣаше • къ црькъви же вьсѣчьстѣи не приобьштааше сѧ *Супр 298, 1*; въ инѫ *см.* въинѫ.— *Зогр Мар Ас Сав Охр Боян Ен Син Евх Клоц Супр Рыл Зогр-лл.— Ср.* дина, дроугъ, етеръ, нѣкыи, овъ, ѥдинъ

инъгда *см.* иногда

ИНЪДЄ *нареч.* (4) ἀλλαχοῦ, ἑτέρωθι, ἐν ἑτέρῳ в другом месте jinde: виждъ пакы инъде твораштимъ зъло немилостıвъıмъ моукы *Клоц 3б 15.— Евр 5, 6 Ен; Супр 488, 11-12; 488, 14.— Ср.* инъжде

ИНЪЖДЄ *нареч.* (1) ἀλλαχοῦ в другом месте jinde: иньжде же никдеже *Супр 434, 30.— Ср.* инъде

ИНѪДОУ *нареч.* (3) [иноу- *Зогр* (1)] ἀλλαχόθεν, ἄλλοθεν в другом месте, другим путем, из другого места jinudy; odjinud: ови дроугъ дроуга инѫдоу сьвѧзьнѩ господеви привождаахѫ *Супр 467, 21.— И 10, 1 Зогр Мар.— Ср.* инѫдѣ

ИНѪДѢ *нареч.* (1) ἀλλαχόθεν другим путем jinudy: не въходѧи дверьми въ дворъ ов'чиı • нъ прѣлазѧ инѫдѣ • тать естъ *И 10, 1 Ас* (иноудоу *Зогр*, инѫдоу *Мар*).— *Ср.* инѫдоу

ИОАВЪ, -а *м имя* (1) Ἰωάβ Иоав Ioab: обрати сѧ иоавъ ı изби дьбрь солıшьскѫѩ *Пс 59, 2 Син*

иоананеовъ *см.* иоананѥвъ

ИОАНАНѤВЪ *прил. к мужскому имени Иоанан* (2) [ıоананеовъ *Зогр* (1)] τοῦ Ἰωνάμ Иоанонов Jonamův: с⟨ы⟩нъ... ıоананевъ *Л 3, 30 Мар*, ıоананеовъ *Зогр*

ИОАНАѤВЪ *прил. к мужскому имени Иоаннан* (2) τοῦ Ἰωανάν Иоаннанов Johananův: с⟨ы⟩нъ... ıоанаевъ *Л 3, 27 Зогр Мар*

ИОАННА, -ы *ж имя* (5) [оан'на *Зогр* (1)] Ἰωάννα Иоанна Jana: ı иоанна жена хоузанѣ приставъника иродова *Л 8, 3 Мар Зогр.— Л 24, 10 Зогр Мар Ас*

ИОАНОВЪ *прил. к* иоанъ (30) [иоан'н-, иоанн- *Зогр* (2) *Мар* (1) *Супр* (2)] τοῦ Ἰωάννου Иоанна, Ивана *род.* Janův: ошьдъшема же оученикома ıоановома *Л 7, 24 Зогр Мар.— Зогр Мар Ас Ен Супр.— Ср.* иоанѥвъ

ИОАНЪ, -а *и имя* (>400) [иоан'н-, иоанн- *Зогр* (25) *Мар* (2) *Ас* (2) *Сав* (1) *Супр* (30), иан'н- *Зогр* (1) *Супр* (2), ıан- *Супр* (1), ион- *Зогр* (1) *Клоц* (1), иѡа(н), иоа(н) *Ас* (34) *Сав* (60) *Охр* (1) *Унд* (2) *Ен* (3) *Евх* (1), ио(н), иѡ(н) *Ас* (58) *Сав* (1)] Ἰωάννης Иоанн, Иван Jan: вьси бо ѣко пр⟨оро⟩ка имѫтъ иоана *Мт 21, 26 Мар* (∅ *Зогр*).— *Зогр Мар Ас Сав Охр Унд Боян Ен Служ Евх Клоц Супр*

иоаньнънъ *И 18, 24 Сав см.* анна[2]

ИОАНѤВЪ *прил. к* иоанъ (1) τοῦ Ἰωάννου Иоанна, Ивана *род.* Janův: съкровиште їоанѥвъ оуправьѥнии *Супр 283, 19.— Ср.* иоановъ

ИОАРАМОВЪ *прил. к мужскому имени Иорим* (4) [иорамовъ *Мар* (2), ерамовъ *Зогр* (1)] τοῦ Ἰωράμ, τοῦ Ἰωρίμ Иоримов, Арамов Jorimův, Arnův: с⟨ы⟩нъ... арамовъ • ıоарамовъ *Л 3, 33 Зогр*, ıорамовъ *Мар.— Л 3, 29 Зогр Мар*

ИОАРАМЪ, -а *м имя* (4) [иорамъ *Сав* (2)] Ἰωράμ Иорам Joran: иосафатъ же роди иоарама • иоарамь же роди озиѭ *Мт 1, 8 Ас Сав* (∅ *Зогр Мар*)

ИОАСАФАТЪ, -а *м имя* (4) [асафат- *Сав* (2)] Ἰωσαφάτ Иосафат Josafat: ассь же роді иоасафата • иоасафатъ же роді иоарама *Мт 1, 8 Ас Сав* (∅ *Зогр Мар*)

ИОАТАМЪ, -а *м имя* (4) [иотам- *Сав* (2)] Ἰωάθαμ Иоафам Jotam: иозіѣ же роді иоатама • иоатамь же роді ахаза *Мт 1, 9 Ас Сав* (∅ *Зогр Мар*)

иово.. (!) *Ен 21б 17 см.* новоосвѣщенъ

ИОВЪ, -а *м имя* (4) Ἰώβ Иов Job: оупо-доб(л)ъ сѧ... иwвоу въ страстехъ *Ен 23а 9.— Супр 232, 20; 487, 14; Хил 1аβ 8-9*

ИОЗИꙖ, -иѩ *м имя* (4) [ози- *Сав* (2)] Ὀζίας Озия Uziáš: иоарамь же роді иозиѭ • иозіѣ же роді иоатама *Мт 1, 8 и 9 Ас Сав* (∅ *Зогр Мар*)

ИОНА, -ы *м имя* (47) Ἰωνᾶς Иона Jonáš: ѣко бо бѣ іона вь чрѣвѣ китовѣ • три дни *Мт 12, 40 Зогр Мар.— Зогр Мар Супр*

ИОНАДАВЛЬ *прил. к мужскому имени Ионадав* (1) τοῦ Ἰωναδάβ Ионадава *род.* Jonadabův; да⟨выдо⟩въ пъса⟨лъ⟩мъ съіномъ іонавлъ (! *вм.* іонадавлемъ) *Пс 70, 1 Син*

иониноу *Л 8, 51 Сав см.* иоанъ

ИОНИНЪ *прил. к* иона (19) τοῦ Ἰωνᾶ Ионы *род.* Jonášův: покаашѧ сѧ въ пропо-вѣдь • іониниѫ *Л 11, 32 Зогр Мар.— Зогр Мар Ас Сав Охр Супр*

иорамовъ *Л 3, 29 Мар; Л 3, 33 Мар см.* иоарамовъ

иорамъ *Мт 1, 8 Сав см.* иоарамъ

ИОРЪДАНОВЪ *прил. к* иоръданъ (1) τοῦ Ἰορδάνου иорданский jordánský: бл⟨а⟩го-⟨сло⟩вение іеръданово *Евх 5а 1-2.— Ср.* иоръданьскъ

ИОРЪДАНЪ, -а *м река* (45) [иор'дан-, иордан- *Зогр* (9) *Мар* (2) *Сав* (1) *Син* (1) *Супр* (2) *Хил* (1), иеръдан- *Син* (1) *Евх* (9), иердан- *Ас* (5), еръдан- *Евх* (2), ердан- *Ас* (1)] Ἰορδάνης Иордан Jordán: иде пакы на онъ полъ іордана *И 10, 40 Зогр Мар.— Зогр Мар Ас Сав Син Евх Супр Хил*

ИОРДЪДАНЬСКЪ, -ын *прил.* (19) [иор'дан-, иордан- *Зогр* (2) *Син* (1) *Супр* (2); иеръдан- *Евх* (3), иердан- *Ас* (4) *Сав* (1), еръдан- *Евх* (1), ердан- *Ас* (1) *Сав* (2)] τοῦ Ἰορδάνου, Ἰορδάνειος иорданский jordánský: приде въ вьсѫ странѫ іор'даньскѫѭ *Л 3, 3 Зогр*, иоръданъскѫѭ *Мар*, иерданьскѫ *Ас*, иерданьскѫѭ *Сав.— Зогр Мар Ас Сав Евх Супр.— Ср.* иоръдановъ

ИОСИ(И), -иѩ *м имя* (5) [осии *Зогр* (2) *Мар* (2)] Ἰωσῆ, Ἰωσῆς, Ἰωσήφ Иосия, Иосиф Josef: вь нихъ же бѣ марıѣ магъдалꙑни • і марıѣ іѣковлѣ • і осиı м⟨а⟩ти *Мт 27, 56 Зогр Мар Ас.— Мк 6, 3 Зогр Мар*

ИОСИОВЪ *прил. к* иосии *и* иосиꙗ (6) τοῦ Ἰωσῆ, τοῦ Ἰωσῆτος, τοῦ Ἰωσήφ Иосии *род.* Jozuův; Josefův: с⟨ы⟩нъ... іровъ • іосновъ *Л 3, 29 Зогр Мар.— Мк 15, 40 Зогр Мар; Мк 15, 47 Зогр Мар*

ИОСИФОВЪ *прил. к* иосифъ (20) τοῦ Ἰωσήφ Иосифа *род.* Josefův: обрѣтомъ і⟨со⟩са с⟨ы⟩на іосифова *И 1, 45 Зогр Мар Ас Сав.— Зогр Мар Ас Сав Син*

ИОСИФЪ, -а *м имя* (>100) Ἰωσήφ Иосиф Josef: приде ч⟨ловѣ⟩къ богатъ • отъ ари-матеѩ • іменемь іосифъ *Мт 27, 57 Зогр Мар Ас.— Зогр Мар Ас Сав Боян Ен Син Евх Клоц Супр*

ИОСИꙖ, -иѩ *м имя* (4) Ἰωσίας, Ἰωσία Иосия Joziáš: амось же роді иосиѭ • иосıа же ро-ді иохониѭ *Мт 1, 10 и 11 Ас Сав* (∅ *Зогр Мар*)

иотамъ *Мт 1, 9 Сав см.* иоатамъ

ИОХОНИꙖ, -иѩ *м имя* (4) [охониꙗ *Сав* (1)] Ἰεχονίας Иехония Jechoniáš: иосıа же роді иохониѭ *Мт 1, 11 Ас Сав* (∅ *Зогр Мар*).— *Мт 1, 12 Ас Сав*

ипокритъ *Мк 6, 2 Сав см.* ѵпокритъ

ипрьвааго *Супр 402, 2 см.* испрьва

ИРАКЛИИ, -иꙗ *м имя* (1) Ἡράκλειος Ираклий Herakleios: а се имъ имена... мелитонъ • иракліи • але҃ан'дръ *Супр 69, 8*

ИРАКЛЪ, -а *и* **ИРАКЛЬ**, -ꙗ *м имя греческого мифического героя* (2) Ἡρακλῆς Геркулес, Геракл Héraklés, Herkules: пожьрѣте вели-коуоумоу богоу ираклю *Супр 176, 28.— Супр 177, 24.— Ср.* еракль

ИРИНЕИ, -еꙗ *м имя* (10) Εἰρηναῖος Ириней Irenej: мѫченик с⟨вѧ⟩тааго иринеа *Супр 252, 1.— Супр 252, 12; 252, 18; 252, 20; 252, 26; 253, 3-4; 253, 8; 253, 25; 253, 30; 254, 7*

ИРИНИ, -иѩ (?) *ж название собора* (1) Εἰρήνη Ирина Irena: вь великѫѭ цръкъве • ꙗже тъгда ирини нарицааше сѧ *Супр 208, 16*

ИРОВЪ *прил. к мужскому имени Ир* (2) τοῦ Ἤρ Ира *род.* Erův: с⟨ы⟩нъ... косамовъ • елмодановъ • іровъ *Л 3, 28 Зогр Мар*

ИРОДИꙖ, иродиꙗдꙑ *ж имя* (13) Ἡρῳδιάς Иродиада Herodias: іродиѣ же гнѣвааше сѧ на нь *Мк 6, 19 Зогр Мар Ас*; іродъ бо імъ іоан'на • съвѧза і въсади въ тьмьницѫ • іродъѣдъі ради *Мт 14, 3 Зогр Мар.— Мк 6, 17 Зогр Мар Ас; Мк 6, 22 Зогр Мар Ас; Л 3, 19 Зогр Мар*

ИРОДИꙖДИНЪ *прил. к* иродиꙗ (2) τῆς Ἡρῳδιάδος Иродиады *род.* Herodiadin: плѧса дъшти іродиѣдина *Мт 14, 6 Зогр Мар*

ИРОДИꙖНЕ, -ъ *м мн. название сторонников Ирода* (7) [родиꙗн- *Сав* (1)] οἱ Ἡρῳδιανοί иродиане herodiáni: посълашѧ къ немоу • етеръі отъ фарисеи • і иродиѣнъ

Мк 12, 13 Зогр, иродинѣны *Мар.— Мт 22, 16 Мар Ас Сав; Мк 3, 6 Зогр Мар*

ИРОДОВЪ *прил. к* иродъ (12) τοῦ Ἡρῴδου Ирода *род.* Herodův: дьни же бывъшю • рождьства иродова *Мт 14, 6 Зогр Мар.— Мт 2, 15 Ас Сав Боян; Мк 8, 15 Зогр Мар; Л 8, 3 Мар; Л 23, 7 Зогр Мар; Мар 77а 27; Супр 461, 12*

ИРОДЪ, -а *м имя* (80) Ἡρῴδης Ирод Herodes: і рече іродъ • іоанна азъ оусѣкнѫхъ *Л 9, 9 Зогр Мар.— Зогр Мар Ас Сав Боян Клоц Супр*

ирѣи *Евх 20а 24, 21а 15 см.* иереи

ИСААВОВЪ *прил. к мужскому имени Исав* (2) τοῦ Ἠσαύ, Ἠσαῦ Исава *род.* Ezauův: отъ рѫкы исаавовы *Евх 15а 11.— Супр 77, 16-17*

ИСААКИИ, -ия *м имя* (21) [исак- *Супр* (16)] Ἰσαάκιος Исаакий Isaacius: поимъша блаженааго исакиа • ведоста и затвориста и *Супр 196, 2.— Супр*

ИСААКОВЪ *прил. к* исаакъ (11) [исак- *Мар* (4) *Ен* (1) *Евх* (3)] τοῦ Ἰσαάκ Исаака *род.* Izákův: азъ есмъ б⟨ог⟩ъ аврамль • і богъ исаковъ *Мт 22, 32 Мар* (∅ *Зогр*).— *Мк 12, 26 Зогр Мар; Л 3, 34 Зогр Мар; Л 20, 37 Зогр Мар; Гал 4, 28 Ен; Евх 57б 24; 58а 23; 65б 4-5*

ИСААКЪ, -а *м имя* (15) [исак- *Мар* (2) *Ас* (1) *Сав* (4) *Супр* (1)] Ἰσαάκ Исаак Izák: боже отьць нашихъ авраама исаака • иакωва *Супр 260, 16.— Мт 1, 2 Ас* (2) *Сав* (2); *Мт 8, 11 Зогр Мар Ас Сав; Л 13, 28 Мар Ас Сав; Ас 130а 18; Пс 104, 9 Син; Супр 460, 22-23*

ИСАВРИ, -ръ *м мн.* (1) οἱ Ἴσαυροι исавры, жители Исаврии isaurští: циї же отъ исавръ пог'наша вьслѣдъ воеводѫ *Супр 51, 6*

исавриꙗ *Супр 23, 29 см.* исаѵриꙗ

исаврьскъ *см.* исаѵрьскъ

ИСАИИНЪ *прил. к* исаиꙗ (3) [исаин- *Мар* (1)] τοῦ Ἠσαΐου Исаии *род.* Izaiášův: събываетъ сѧ імъ • пророчьство ісаісаино (!) *Мт 13, 14 Зогр*, исаино *Мар.— Супр 433, 27.— Ср.* исаиевъ

ИСАИꙖ, -иѩ *м имя* (51) Ἠσαΐας, Ἡσαΐας Исаия Izaiáš: въздаша емоу кънигы исаиѩ пророка *Л 4, 17 Мар Ас Сав* (∅ *Зогр*).— *Зогр Мар Ас Сав Боян Ен Клоц Супр*

ИСАИЕВЪ *прил. к* исаиꙗ (1) τοῦ Ἠσαΐου Исаии *род.* Izaiášův: исаиевы гласы слышааше *Супр 245, 25.— Ср.* исаиинъ

ИСАѴРИꙖ, -иѩ *ж название области* (4) [исаври- *Супр* (1); савра, -ы *Супр* (1)] Ἰσαυρία Исаврия Isauria: в'са исаѵриꙗ и прѣдѣли ки *Супр 35, 7.— Супр 23, 29; 26, 18; 40, 11*

ИСАѴРЬСКЪ, -ыи *прил. к* исаѵриꙗ (6) [исавр- *Супр* (2)] Ἰσαυρικός, τῆς Ἰσαυρίας, τῶν Ἰσαύρων; (исаѵрьскъіи градъ Ἰσαυρόπολις) исаврский isaurský: сѫшти отъ града исаѵрьскааго • ӥї • попьриштъ *Супр 24, 24.— Супр 24, 6-7; 26, 16-17; 49, 1; 50, 25-26; 564, 8-9*

ИСИДОРЪ, -а *м имя* (1) Ἰσίδωρος Исидор Izidor: с⟨вѧ⟩таг⟨о⟩ пахомиѣ исидора *Ас 146б 4*

ИСКАЗИТИ, -кажѫ, -казиши *сов.* (5) **1.** ἀφανίζειν уничтожить zničit: дьнесь мѣдьнаꙗ врата съломи владыка нашъ х⟨ристос⟩ъ • и само сьмрьтное лице исказилъ *Супр 487, 7* **2.** εὐνουχίζειν оскопить vyklestit: сѫтъ каженици іаже исказиша чл⟨овѣ⟩ци *Мт 19, 12 Мар Ас* (∅ *Зогр*) ▭ исказити сѧ оскопить себя vyklestit se: сѫтъ каженици иже исказиша сѧ сами *Мт 19, 12 Мар*, іже исказіша сами *Ас* (∅ *Зогр*).— *Ср.* погоубити, прокоудити

ИСКАНИЕ, -иꙗ *с* (1) ζήτησις искание, исследование hledání, zkoumání: нашъ оумъ подвизаа на исканиѥ *Супр 402, 1.— Ср.* възисканиѥ, испытаниѥ

ИСКАРИОТИНЪ, -а *м имя* (5) Ἰσκαριώτης Искариот Iškariotský: шьдъ отъ двою на десѧте июда искариотинъ • къ старѣишинамъ жьрьчьскамъ *Супр 410, 26* (іскариотьскы *Мт 26, 14 Зогр Мар Ас Сав*).— *Супр 407, 26; 410, 7-8; 410, 11; 410, 13.— Ср.* искариотъ, искариотьскъ

ИСКАРИОТЪ, -а *м имя* (3) Ἰσκαριώτης Искариот Iškariotský: тогда шедъ единъ отъ обою на [де]десѧте • нарицаемы юда іскаріотъ *Клоц 4а 16-17* (іскариотьскы *Мт 26, 14 Зогр Мар Ас Сав*).— *Л 22, 3 Зогр Мар.— Ср.* искариотинъ, искариотьскъ

ИСКАРИОТЬСКЪ, -ыи *прил.-м имя* (28) [скариот- *Евх* (2)] Ἰσκαριώτης, τοῦ Ἰσκαριώθ искариотский, Искариот Iškariotský: единъ отъ обою на десѧте нарицаемъі іюда іскариотъскы *Мт 26, 14 Зогр Мар Ас Сав.— Зогр Мар Ас Сав Евх.— Ср.* искариотинъ, искариотъ

ИСКАТИ, искѫ *и* ищѫ, ищеши *несов.* кого, чесо; кого, чьто (>400) ζητεῖν, ἐπιζητεῖν, ἀναζητεῖν, περιζητεῖν, διερευνᾶν, ἀνιχνεύειν, πρὸς τὴν ἔρευναν ἀσχολεῖσθαι (вельми трѣбѣ искати πολυζήτητος; егоже искаахѫ σκοπός!) **1.** искать hledat: вси іштѫтъ тебе *Мк 1, 37 Зогр Мар Сав*, искѫтъ *Ас*; иштаі обрѣтаетъ *Л 11, 10 Зогр Мар Ас Сав*; іштате ц⟨ѣса⟩р⟨ь⟩с⟨тв⟩ьѣ б⟨о⟩жиѣ *Л 12, 31 Зогр*, иштите *Мар*; покажѫ вамъ мѣсто • иждеже естъ искомыи вами савинъ *Супр 145, 23* **2.** кого, чесо *или с инф.* стремиться, желать, хотеть snažit se, toužit, chtít, žádat si: искааше видѣти і *Л 9, 9 Зогр Мар*; искѫште іѧти и • оубоѣша сѧ народа *Мт 21, 46 Мар*

(∅ *Зогр*); **нѫждаахѫ сѧ искѫщеі д⟨оу⟩шѧ моеѩ • ι искѫщеі зъла мнѣ** *Пс 37, 13 Син*; **искѫщиии... ιскѫще** *Евх 76б 6.— Зогр Мар Ас Сав Унд Боян Ен Син Евх Клоц Супр Хил Зогр-лл.— Ср.* **възискати, хотѣти**

ИСКЛАТИ, исколѭ, исколѥши *сов.* (3) θύειν заколоть zabít, pobít: **юньци мои и оупитѣнаа исколена** *Мт 22, 4 Мар; Евх 106а 19,* **исколенаа** *Ас* (∅ *Зогр*).— *Ср.* **заклати, оубити**

ИСКОНИ *нареч.* (21) **1.** ἀπ' ἀρχῆς, ἐξ ἀρχῆς, ἀρχαῖος (!) с (самого) начала od počátku: **вы же съвѣдѣтельствоуоуте • ѣко искони съ мъноѭ есте** *И 15, 27 Мар Зогр Ас Сав* **2.** ἐν ἀρχῇ в начале na počátku: **ιскони • бѣаше слово** *И 1, 1 Зогр Ас* (**испрьва** *Супр 344, 30,* **въ начало** *Супр 10, 14,* ∅ *Мар*).— *Зогр Мар Ас Супр.— Ср.* **испрьва, начѧло (въ начѧло)**

ИСКОНЬНЪ, -ыи *прил.* (2) *греч. нет* исконный ten, který je od počátku: **исконьныи врагъ бѣсъ** *Супр 554, 20.— Супр 538, 19*

ИСКОНЬЧАВАТИ СѦ, -ваѭ сѧ, -ваѥши сѧ *несов.* (3) συμπληροῦσθαι гибнуть, умирать hynout, mřít: **съниде боурѣ вѣтрьна въ езеръ • ι исконьчаваахѫ сѧ** *Л 8, 23 Зогр Мар Ас.— Ср.* **коньчавати сѧ, съконьчавати сѧ**

ИСКОНЬЧАТИ СѦ, -аѭ сѧ, -аѥши сѧ *сов.* (10) τελεῖν, ἐκλείπειν кончиться, окончиться zaniknout, skončit: **не ιматъ ιсконьчати сѧ градъ ι⟨здраи⟩левъ** *Мт 10, 23 Зогр,* **исконьчати** (*нет* **сѧ**) *Мар* ● погибнуть, умереть, скончаться zahynout, zemřít, skonat: **ιсконьчашѧ сѧ погыбѫ за безаконеніе свое** *Пс 72, 19 Син.— Пс 17, 38 Син; 89, 7 Син; 89, 9 Син; 101, 28 Син; 103, 35 Син; 118, 82 Син; 118, 123 Син.— Ср.* **съконьчати сѧ**

ИСКОПАНИѤ, -ниꙗ *с* (1) *греч. нет* раскопка vykopání: **прѣжде ископаньꙗ ровомъ • оу манастъıра с⟨вѧ⟩тааго събраша сѧ народи мнози** *Супр 568, 2*

ИСКОПАТИ, -аѭ, -аѥши *сов.* (19) ὀρύσσειν, ἀνορύσσειν, σκάπτειν, ἀνασκάπτειν выкопать vykopat: **ровъ ιздры и ископа ι** *Пс 7, 16 Син* ♦ **ис корене ископати** *см.* **корень.**— *Зогр Мар Ас Сав Боян Супр.— Ср.* **издръıти, раскопати**

ИСКОРЕНИТИ, -нѭ, -ниши *сов.* (5) ἐκριζοῦν вырвать с корнем vykořenit, vyvrátit z kořene: **положихъ тѧ • ιскоренити • и насадити • раскопавати • ι създати** *Евх 82а 23-24*; **вcѣкъ садъ егоже насади о⟨тъ⟩ць мои неб⟨е⟩с⟨ьс⟩къı • ιскоренитъ сѧ** *Мт 15, 13 Зогр Мар.— Супр 465, 6; 483, 29.— Ср.* **корень (ис корене ископати)**

ИСКОЧИТИ, -чѫ, -чиши *сов.* (7) ἐκπηδᾶν, ἀναπηδᾶν, ἀφίστασθαι; (**искочити сътворити** ἀνιστάναι) выскочить vyskočit: **видѣша вьнезаапъ искочивъша ис кръчага • два мрачна люта** *Супр 52, 20-21*; **заклинаѭ тѧ б⟨о⟩гомь... мрътвыѩ из гроба искочити сътворьшемъ** *Евх 53б 4.— Клоц 4а 21; Супр 112, 8; 409, 11; 410, 29; 566, 3.— Ср.* **въскочити**

ИСКРА, -ы *ж* (2) σπινθήρ искра jiskra: **вьжьзи вь немь • ιскрѫ твоего м⟨и⟩л⟨осръ⟩диѣ** *Евх 78а 8.— Евх 23б 5*

ИСКРАСТИ, -крадѫ, -крадеши *сов.* (1) ληστεύειν украсть ukrást, uloupit: **наоучь ч⟨ловѣ⟩кы ц⟨ѣ⟩с⟨а⟩р⟨ь⟩ствие ιскрасті** *Клоц 11б 28.— Ср.* **оукрасти**

ИСКРАЧИЛО, -а *с* (1) *греч. нет орудие пытки mučicí nástroj*: **ни искрачила твоꙗ • ни мѫкы твоѩ оустрашатъ мене** *Супр 162, 2*

ИСКРОПЫТЬНѢ *нареч.* (1) ἀκριβῶς совершенно, точно dokonale, přesně: **манастъıръскоѥ оуправьѥние • искропытьнѣ наоучивъшемъ сѧ** *Супр 284, 19.— Ср.* **извѣсто, извѣстьно, извѣстьнѣ, опасьно**

ИСКРЬ *предлог и нареч.* (5) **I.** *предлог с род.* πλησίον близко, недалеко blízko, nedaleko: **приде же въ градъ самарьскъ • нарицаемы соухарь • ιскрь вьси ѭже дастъ ιѣковъ ιосифоу** *И 4, 5 Зогр Мар Ас* **II.** *нареч. спец.* **гласъ искрь** ἦχος πλάγιος плагальный лад plagální tonus: **глас⟨ъ⟩ искрь ҃е** *Евх 58б 15.— Евх 105б 5.— Ср.* **близъ**

ИСКРЬ҃НИИ *прил.* (30): *в знач. сущ.* ὁ πλησίον ближний, друг bližní, druh: **възлюбиши искрьнѣго своего** *Мт 5, 43 Мар Ас* (**подроуга** *Зогр,* **ближьнꙗго** *Сав*).— *Зогр Мар Ас Сав Син Клоц.— Ср.* **ближь҃нии, дроугъ, подроугъ**

ИСКОУПИТИ, -плѭ, -пиши *сов.* (12) ἐξαγοράζειν выкупить vykoupit, odkoupit: **искоупи оу стражъ тѣлесѣ с⟨вѧ⟩тоую** *Супр 270, 25* ● *перен.* искупить vykoupit: **придохъ рече отъ безаконьныѩ клѧтвы искоупитъ чловѣка** *Супр 416, 21* ▭ **искоупити сѧ чимь** выкупиться, откупиться vykoupit se: **глаголааше дльжника имѣти близъ не мошти же сѧ кмоу чимь искоупити** *Супр 551, 29.— Евх 39а 17; Клоц 6б 6; Супр 106, 19; 106, 20; 270, 28; 416, 24; 480, 3; 552, 1; 552, 11.— Ср.* **коупити, избавити**

ИСКОУПОВАТИ, -коупоуѭ, -коупоуѥши *несов.* (1) ἐξωνεῖσθαι *перен.* искупать vykupovat: **искоупоуѭштааго животворьноѭ кръвьѭ • своѥѭ миръ** *Супр 331, 28.— Ср.* **избавлꙗти, коуповати**

ИСКОУСИТЕЛЬ, -лꙗ *м* (2) ὁ πειράζων искуситель pokušitel: **прістѫпль искоусітель рече емоу** *Мт 4, 3 Ас Сав* (**диѣволъ • ιскоушаѩ и** *Зогр,* ∅ *Мар*)

ИСКОУСИТИ, -коушѫ, -коусиши *сов.* (44) **1.** δοκιμάζειν, πειρᾶσθαι; (искоушь πεῖρα, ὁ διὰ τῆς πείρας ἐλθών, ὁ προαποκείμενα ἔχων ἐκ τῆς πείρας) испытать, испробовать zkusit, vyzkoušet: сѫпрѧгъ воловъныхъ • коупихъ пѧть • і градѫ іскоуситъ іхъ *Л 14, 19 Зогр Мар Ас* (искоушатъ *Сав*); тог'да иматъ дѣло твое искоушено быти • каково бѫдетъ *Евх 89а 4* ● испытать, пережить zakusit: елико васъ искоусисте зимѫ *Супр 89, 11*; нѣстъ бо инѣмъ оуказати нъ искоушьшиїмъ *Супр 89, 13* □ искоусити сѧ испытать себя, изучить себя vyzkoušet se, prozkoumat se: еще мало врѣмѧ искоуси сѧ *Евх 92а 22* □ искоушенъ *в знач. прил.* δόκιμος, δοκίμιος испытанный, проверенный osvědčený: словеса г⟨осподь⟩нѣ словеса прѣчиста • съребро раждежено искоушьнъ (*вм.* -шено) земі • а и оцѣштенье седмерицеѭ *Пс 11, 7 Син*; ꙗкоже сьде быхомь искоушени • маловрѣменьноуоумоу ц⟨ѣса⟩роу • такожде потъштимъ сѧ искѹшени обрѣсти сѧ • б⟨ог⟩оу *Супр 72, 12-13 и 14-15* **2.** ἐκπειράζειν ввести в искушение uvést do pokušení: не іскоусиши г⟨оспод⟩а б⟨ог⟩а своего *Мт 4, 7 Зогр Ас Сав Боян* (∅ *Мар*); и⟨соу⟩с⟨ъ⟩ възведенъ бысть ... въ поустꙑнѭ • іскоусити сѧ отъ неприѣзни *Мт 4, 1 Зогр*, искоуситъ сѧ *Ас Сав* (∅ *Мар*) **3.** ἀποδοκιμάζειν обсудить, оценить zhodnotit, posoudit: ѣко подобаатъ с⟨ы⟩ноу ч⟨ловѣчь⟩скоумоу много пострадати • і искоушеноу быти • отъ старць *Л 9, 22 Зогр Мар.— Зогр Мар Ас Сав Боян Ен Син Евх Супр.— Ср.* покоусити сѧ

ИСКОУСЪ, -а *м* (7) **1.** πεῖρα искус, испытание zkouška: да оувѣси отъ искоуса сего • ꙗко х⟨ристо⟩сови кемъ воини *Супр 100, 1* **2.** πειρασμός искушение pokušení: искоусъ бо великъ хоштетъ быти въ лаврѣ *Супр 295, 22* □ искоусъ сътворити πειράζειν ввести в искушение uvést v pokušení: что сѧ сьвѣштаста искоусъ сътворити • доухомъ господьнемь *Супр 363, 18* (*Деян 5, 9*); искоусъ приꙗти *греч. нет* подвергнуться искушению být vystaven pokušení: да искоусъ приметъ бѣсовъскъ *Супр 171, 9* **3.** πεῖρα опыт zkušenost: ч'то... вѣдѣахѫ сами искоусоу ѧ томоу наоучив'шоу *Супр 569, 23.— Супр 295, 30; 301, 10.— Ср.* искоушение, напасть, окоуса

ИСКОУСЬНИКЪ, -а *м* (2) δοκιμαστής изыскатель, исследователь zkoumatel, posuzovatel: добрии же искоусьници • глоумивъше сѧ и не сълъгаша *Супр 277, 9.— Зогр-лл 2б 15.— Ср.* възискатель

ИСКОУСЬНЪ, -ꙑи *прил.* (3) **1.** δόκιμος испытанный, опытный, искушенный osvědčený, zkušený: шьдъ же великꙑи антонии къ искоусьноуоумоу паулоу *Супр 171, 26-2*7 ἐν πείρᾳ знающий, познавший *что-либо*, знакомый *с чем-либо* znalý *něčeho*: не оу искоусьнъ бывъ тоѩ пѹстꙑнѧ *Супр 289, 15.— Супр 98, 9-10.— Ср.* искоусити (искоушенъ)

ИСКОУШАТИ, -аѭ, -аеши *несов.* (40) πειράζειν **1.** δοκιμάζειν испытывать, исследовать zkoušet, zkoumat: лице н⟨е⟩боу • і землі оумѣете іскоушати *Л 12, 56 Зогр Мар* **2.** ἐκπειράζειν искушать pokoušet: бѣ тоу въ поустꙑни дьнии к҃ • іскоушаемъ сотонoѭ *Мк 1, 13 Зогр Мар.— Зогр Мар Ас Сав Ен Клоц Супр Хил.— Ср.* окоушати, покоушати сѧ

ИСКОУШЕНИЮ, -ꙗ *с* (20) **1.** πεῖρα, πειρατήριον испытание zkouška, zkoušení, vyzkoušení: съподоби мѧ искоушение мѫкъ приꙗти *Супр 78, 22* **2.** πειρασμός искушение pokušení: не въведи насъ въ іскоушенье *Л 11, 4 Зогр Мар* (напасть *Сав*) **3.** πεῖρα; (без искоушениꙗ ἀγύμναστος) опыт zkušenost: вьнѣшьнихъ вештии искоушение на прѣдълежаштии разоумъ пользевати намъ мошти имати *Зогр-лл 2а 9*; ни обрѣмыѧ ихъ праштаѧ прѣбывати • ни безъ искоушениꙗ *Супр 280, 2.— Зогр Мар Ас Боян Син Евх Супр.— Ср.* искоусъ, напасть, окоуса

ИСКЪІДАТИ, -аѭ, -аеши *сов.* (1) ἀποκυλίειν выбросить vyhodit: зависти доушѧ своеѩ • горни творѧшта ти гнои • не искꙑдаеши *Супр 338, 30.— Ср.* вꙑврѣщи, изврѣщи, отъврѣщи

ИСКЪІПѢТИ, -плѭ, -пиши *сов.* (1) βλύζειν брызнуть vytrysknout, vyvřít: искꙑпѣ множьство водъ *Супр 235, 3-4.— Ср.* излиꙗти сѧ, источити сѧ

ИСЛѢДИТИ, ислѣждѫ, ислѣдиши *сов.* (2) ἐξιχνιάζειν выследить, разыскать vyslídit, vypátrat: кдина отъ мьнии (*вм.* альнии)... ислѣдивъши въ слѣдъ кго приде въ кесариѭ *Супр 233, 2.— Супр 233, 16-17*

ислѣдимъ *см.* неислѣдимъ

ислѣжденъ *см.* неислѣжденъ

исопъ *см.* ѵсопъ

ИСПАДАТИ, -аѭ, -аеши *несов.* (1): въ рети испадати εἰς ἐριθείας ἐκπίπτειν начинать раздоры, вступать в споры upadat do sporů: въ рети испадаѭтъ *Зогр-лл 2а 22.— Ср.* въпадати

ИСПАСТИ, -падѫ, -падеши *сов.* (6) **1.** πίπτειν упасть spadnout: ѕвѣздꙑ іспадѫтъ съ неб⟨е⟩се *Мт 24, 29 Зогр* (съпадѫтъ *Мар Ас Сав*) **2.** чесо; ис чесо; отъ чесо ἐκπίπτειν отпасть, лишиться odpadnout, pozbýt: слꙑша адама отча домѹ испадъша *Супр 429, 23*; дьнесь испаде ис породꙑ *Супр 429, 15.— Супр 107, 24-25; 349, 19; 410, 8.— Ср.* отъпасти, съпасти

ИСПИТИ, -пьѭ, -пьѥши *и* -пиѭ, -пиѥши *сов.* (10) πίνειν выпить vypít: чашѫ оубо ѭже азъ пиѭ • іспьета *Мк 10, 39 Зогр Мар Ас Сав.— Мт 20, 23 Мар; Мк 16, 18 Мар Ас; Ен 35б 1; Пс 74, 9 Син; Супр 484, 9*

ИСПЛЕСТИ, -плетѫ, -плетеши *сов.* (3) πλέκειν, πλοκή (!) сплести splést, uplést: исплетъше вѣнець отъ трънию *Евх 49б 25-50а 1.— Супр 274, 16-17; 363, 3.— Ср.* извити, съплести

ИСПЛЬНИТИ, -нѭ, -ниши *сов.* чьто чесо; чьто чимь (>100) [испл- *Зогр* (23) *Мар* (29) *Ас* (25) *Сав* (4) *Син* (21) *Евх* (10) *Клоц* (2) *Супр* (5)] πληροῦν **1.** γεμίζειν, πιμπλάναι, ἐμπιμπλάναι, ἐμπληροῦν, μεστοῦν; (испльнити сѧ πλήρης γίγνεσθαι; испльнѥнъ πλήρης, γέμων) наполнить naplnit: испльнишѧ дъва на десѧте коша оукроухъ • отъ пѧти хлѣбъ ıачьнѣнъıхъ *И 6, 13 Зогр Мар Ас*; испльн҃ гѫбѫ оцьта • вьзньзъ на трьсть • напаѣаше і *Мк 15, 36 Зогр Мар*; іже (*т. е.* неводъ) егда іспльни сѧ • ізвлъкъше і на краи *Мт 13, 48 Зогр Мар Ас Сав* ● *перен.*: испльни сѧ д⟨оу⟩хомь с⟨вѧ⟩тъıмь елисавьть *Л 1, 41 Зогр Мар Ас Сав* **2.** исполнить, совершить dovršit, dokonat, naplnit: подобно естъ намъ испльнити всѭ правьдѫ *Мт 3, 15 Ас Сав* (съкончати *Зогр*, ∅ *Мар*); поне испльнити юго (*т. е.* закона) не можааше • акы тѧжька сѫшта • прѣжде юмоу испльнивъ вьсе тъгда раздрѣши *Супр 416, 27 и 29* (ісправіти... съконьчавъ *Клоц 6б 10 и 11-12*); радость ваша іспльнитъ сѧ *И 15, 11 Зогр Мар Ас Сав* ▭ испльнити сѧ исполниться, совершиться dovršit se, naplnit se: елисавети же іспльнишѧ сѧ дьньe родити еі *Л 1, 57 Зогр Ас*, испльни сѧ врѣмѧ *Мар* ▭ испльнѥнъ *в знач. прил.* πεπληρωμένος, τέλειος совершенный dokonalý: бѫдѣте же вы испльнени • ıакоже и о⟨ть⟩ць вашъ н⟨е⟩б⟨е⟩с⟨ьс⟩кы • испльненъ естъ *Мт 5, 48 Сав* (съвръшени... съвръшенъ *Зогр Мар Ас*); радость ваша іспльн҃на бѫдетъ *И 16, 24 Зогр Мар Ас Сав* (2) **3.** ἀναπληροῦν совершить, осуществить uskutečnit, vykonat: вьсего бо дьне жизни испльни дѣло *Супр 427, 4* ▭ испльнити сѧ исполниться, осуществиться uskutečnit se, splnit se: да іспльнѧтъ сѧ • в'сѣ нап'санаа *Л 21, 22 Зогр Мар* **4.** выполнить vyplnit, splnit: испльні г⟨оспод⟩і вьсѣ прошеньѣ твоѣ *Пс 19, 6 Син* **5.** ἀναπληροῦν дополнить, заполнить doplnit, vyplnit: вьсѣка дьбрь іспльнитъ сѧ *Л 3, 5 Зогр Мар Ас Сав* ● *перен.*: да съпасѫтъ сѧ вы-испльніти імъ грѣхы *Клоц 3б 25.— Зогр Мар Ас Сав Боян Син Евх Клоц Супр.— Ср.* исправити, напльнити, съврьшити, съконьчати

ИСПЛЬНЬ[1] *прил. нескл.* (30) [испл- *Зогр* (6) *Мар* (4) *Ас* (3) *Ен* (1) *Син* (5) *Евх* (1) *Супр* (2)] πλήρης, πλήρωμα (!); (трѣбы испльнь κατείδωλος; испльнь быти πληροῦσθαι, πίμπλασθαι) полный plný: видѣхомъ славѫ его • славѫ ѣко іночѧдаего отъ о⟨ть⟩ца • іспльнь благодѣти істинъı *И 1, 14 Зогр Ас* (∅ *Мар*); іспльни (! *вм.* -нь) и житинискыхъ • і неб⟨е⟩с⟨ьс⟩къıхъ благъ бъıвъша *Евх 18а 20.— Зогр Мар Ас Ен Син Евх Супр.— Ср.* пльнъ

ИСПЛЬНЬ[2] *нареч.* (1) *греч. нет* полностью zcela, úplně: испльни нъı • испльнь с⟨вѧ⟩тааго д⟨оу⟩ха *Евх 17а 17*

ИСПЛЬНѤТИ, -ıаѭ, -ıаѥши *несов.* кого, чьто чесо, чимь (15) [испл- *Зогр* (1) *Мар* (1) *Ас* (2) *Син* (1) *Клоц* (1)] πληροῦν **1.** ἐμπιμπλάναι наполнять naplňovat: мимоиде вьсѣчьскаа испльнıаѩ *Супр 250, 16*; ѡтроча же растѣаше... іспльн҃ѣѩ сѧ прѣмѫдрости *Л 2, 40 Зогр Мар Ас* (2) *Сав* (2) *Боян* **2.** выполнять, исполнять plnit, vykonávat: образъ испльнıаѩ ст[р]оитъ • молитвьникъ *Супр 420, 17* (образъ т'кмо имать *Клоц 8а 16-17*) **3.** заполнять zaplňovat, vyplňovat: приде акъı чловѣкъ • вьсе мѣсто испльнıаѩи *Супр 391, 5.— Пс 102, 5 Син; Клоц 13б 1; Супр 144, 15; 450, 10; 458, 28.— Ср.* напльнıати

ИСПЛЬНѤНИѤ, -ıа *с* (10) [испл- *Зогр* (2) *Мар* (1) *Ас* (1) *Син* (4) *Евх* (1)] πλήρωμα полнота naplnění, plnost: отъ іспльн҃ниѣ его мы вьси приıахомъ • благодѣть въз благодѣть *И 1, 16 Зогр Ас* (∅ *Мар*) ● содержимое obsah, náplň: да подвіжітъ сѧ море (и) іспльнени-е-го *Пс 97, 7 Син* ● полное число úplnost, plný počet: людемъ твоимъ вьсѣчьскыѩ цръкъве • и вьсѣкого испльн҃ниıа кѧ *Супр 254, 18-19.— Мк 8, 20 Зогр Мар; Пс 23, 1 Син; 49, 12 Син; 95, 11 Син; Евх 8а 8.— Ср.* коньчина

ИСПЛѢТИ, -плѣвѫ, -плѣвеши *сов.* (2) συλλέγειν выполоть vyplít: хоштеши ли оубо да шьдъше іспльвемъ ıа *Мт 13, 28 Зогр Мар* (възберемъ *Ас*).— *Ср.* възбьрати

ИСПОВѢДАНИѤ, -ıа *с* (40) ὁμολογία, ἐξομολόγησις, ἐξαγγελία (!), πίστις (!) **1.** исповедание vyznání: стоите и нынıа о исповѣдании юже въ съпаса *Супр 108, 19*; ты примии покаание • і исповѣдание рабоу твоемоу семоу *Евх 74а 15* **2.** провозглашение, обет prohlášení, slib: а⟨н⟩ћ⟨е⟩ли бо придѫ написаѭще исповѣдание твое се *Евх 87б 3-4* **3.** славословие, благодарение chvalozpěv, díkůčinění: варімъ лиц-е-го ісповѣданіимь *Пс 94, 2 Син* **4.** без исповѣданиıа ἀνέκφραστος невыразимый nevyslovitelný: къ оученикомъ вълазъ лише рѣчи кстъ • и безъ исповѣданьꙗ *Супр 501, 19.— Ен Син Евх Клоц Супр.— Ср.* исповѣдь, съповѣданик; без исповѣданиꙗ *ср.* неисповѣданъ, неисповѣдимъ

ИСПОВѢДАТИ, -аѭ, -акши *несов.* (>100) **1.** ὁμολογεῖν, ἐξομολογεῖν, ἐξομολογεῖσθαι исповедовать, признавать vyznávat, přiznávat: и съповѣдовати начьнъ • ꙗкоже бѣаше по истинѣ • исповѣда имъ вьсе събывъшек сѧ *Супр 524, 1*; кдинъ аринꙍс... не исповѣдаатъ съ ѳомѫ г⟨оспод⟩и х⟨ристос⟩а *Супр 509, 20*; ıсповѣдаѭште грѣхꙑ своꙗ *Мк 1, 5 Зогр Мар Ас Сав*; посъланъ бꙑстъ гаврiилъ • възвѣштаꙗ цѣсарьско таинок... таино исповѣдакмо • а не мѣримо *Супр 245, 3-4* ▭ исповѣдати сѧ признаваться, исповедаться vyznávat se: къ богоу съгрѣши даундъ • томоу сѧ исповѣда *Супр 361, 1* ● *спец.* исповедаться zpovídat se: чин⟨ъ⟩ над⟨ъ⟩ исповѣдаѭщиимь сѧ *Евх 66б 1* **2.** διηγεῖσθαι, καταγγέλλειν, ἐπαγγέλλειν, ἐξηγεῖσθαι, ὑφηγεῖσθαι, ἐκδιηγεῖσθαι, δημοσιεύειν, λέγειν рассказывать, возвещать vyprávět; oznamovat: н⟨е⟩б⟨е⟩са ıсповѣдаѭтъ славѫ б⟨о⟩жьѭ *Пс 18, 2 Син*; исповѣ.. *Ен 36б 14*, испо.. *Ен 38б 11*; к'то довьленъ исповѣдати • печали и въздыханиꙗ *Супр 56, 25* **3.** καθομολογεῖν давать обет slibovat: призьри мил⟨осръ⟩дъномь окомь • на съмѣрение раба твоего сего • ıже възложи • и ıсповѣда прѣдъ многꙑ съвѣдѣтелꙑ *Евх 93б 10* **4.** ὁμολογεῖν восхвалять, прославлять velebit, slavit, chválit: прѣпѣтаѣ б⟨огороди⟩це • тѧ вънистинѫ исповѣдаѫще • имамъ грѣшнии застѫпницѫ *Ен 28б 6* ▭ исповѣдати сѧ комоу, чесомоу ὁμολογεῖσθαι, ἐξομολογεῖσθαι, ἀνθομολογεῖσθαι восхвалять, прославлять velebit, slavit, chválit: та въ тъ часъ • приставъши ıсповѣдааше сѧ г⟨осподе⟩ви *Л 2, 38 Зогр Мар Ас Сав*; ıсповѣдаıте сꙗ г⟨оспо-де⟩ви • ѣко благъ *Пс 105, 1 Син*; наипаче исповѣдаахѫ сѧ б⟨ого⟩ви • ꙗко такъ даръ данъ бꙑстъ странамъ ихъ *Супр 568, 23.— Зогр Мар Ас Сав Ен Син Евх Клоц Супр Рыл.— Ср.* възвѣщати, извѣщати, исповѣдовати, обѣщавати, проповѣдати, съказати, съповѣдати, съповѣдовати

ИСПОВѢДОВАТИ, -доуѭ, -доукши *несов.* (2) *греч. нет* исповедовать vyznávat: исповѣдовати того коуп'но б⟨ог⟩а и чловѣка *Супр 533, 8.— Супр 542, 28.— Ср.* исповѣдати

ИСПОВѢДЬ, -и *ж* (1) confessio *спец.* исповедание (*веры*) vyznání (*víry*): ıже оутьвже бꙑтї блаженоумоу апостолоу твоемоу петроу • въ інокостї подроугъ • въ исповѣдї оученїкъ *Киев 1б 22-2а 1.— Ср.* исповѣданик

ИСПОВѢДЬНИКЪ, -а *м* (13) **1.** ὁμολογητής сторонник vyznavač: ѡ разбоıнїче цѣс⟨а⟩р⟨ь⟩ствию ıсповѣдьнїче *Клоц 11б 21* ● *спец.* исповедник (*святой, не умерший мученической смертью*) vyznavač (*svatý, který nezemřel mučednickou smrtí*): о... (ис)повѣдьницѣхъ • постьницѣхъ • ı (в')сѣкомь д⟨оу⟩сѣ праведьнѣ *Служ 3б 4* **2.** *греч. нет* кающийся, исповедник kajícník: мол⟨итва⟩ на разд'рѣшение поста исповѣдьникоу *Евх 79б 22-23.— Ас 124б 6; 125б 28; 127а 16; 157б 12; Унд 2а 3; Супр 67, 16; 193, 22; 201, 24; 209, 15; 213, 5-6*

ИСПОВѢДЬНИЦА, -ѧ *ж* (1) ὁμολογήτρια сторонница vyznavačka: ѧти бꙑшѧ пионии презвѵтеръ • и савнни исповѣдьница *Супр 124, 26*

ИСПОВѢДЬНЪ *прил.* (1): *спец.* исповѣдьнъ бꙑти чесо *греч. нет* признаться, исповедоваться vyznat se, vyzpovídat se: г⟨оспод⟩ı б⟨о⟩же в'семогъıи • тебѣ бѫдѫ азъ исповѣденъ • в'сѣхъ моихъ грѣхъ *Евх 72а 5-6*

ИСПОВѢДѢТИ, -вѣмь *и* -вѣдѣ, -вѣси *сов.* (>100) **1.** ὁμολογεῖν, ἐξομολογεῖν, ἐξαγορεύειν, ἀνακτᾶσθαι (!) признать, исповедовать přiznat, vyznat: вьсѣкъ оубо • ıже ıсповѣстъ мѧ прѣдъ ч⟨лове⟩кꙑ • ıсповѣмь ı азъ прѣдъ о⟨ть⟩ц⟨е⟩мь • моимь *Мт 10, 32 Зогр Мар Ас* (2) *Сав*; поздѣ вѣровавъ • а скоро ıсповѣдѣвъ *Клоц 11б 33*; исповѣждъ оубо ꙗко сѫтъ бози истиньнии *Супр 148, 16* ▭ исповѣдѣти сѧ признаться, исповедаться vyznat se: пристѫпи съ слъзами и исповѣждъ сѧ... б⟨ог⟩оу *Супр 526, 15* ● *спец.* (не исповѣдꙑ сѧ ἀνεξομολόγητος) исповедаться vyzpovídat se: по том⟨ь⟩ въз'д'виг'нетъ и • ı исповѣстъ сѧ емоу • ı дастъ емоу заповѣд⟨ь⟩ *Евх 77а 7-8*; въ зьлѣ прѣбꙑвааше неисповѣдꙑ сѧ *Супр 359, 18-19* **2.** ἐξαγγέλλειν, ἀναγγέλλειν, ἐξηγεῖσθαι, ἐκδιηγεῖσθαι, ὁμολογεῖν, διδάσκεσθαι (!) рассказать, известить vypovědět; oznámit: б⟨ог⟩а никътоже не видѣ • николиже • ıночѧдꙑ с⟨ꙑ⟩нъ • сꙑи въ лонѣ о⟨ть⟩чи • тъ ıсповѣдѣ *И 1, 18 Зогр* (исповѣда *Ас*, ∅ *Мар*) **3.** καθομολογεῖν, ἐξομολογεῖν дать обет slíbit: не благословьѭ кго • дондеже не отъстѫпитъ мѫдръствованиꙗ отълѫчивъшихъ сѧ • и вьсѣчьстѣи цръкви исповѣстъ приобьштити сѧ *Супр 298, 30* **4.** ἐξομολογεῖσθαι, ἀνθομολογεῖσθαι восхвалить, прославить vzdát chválu, oslavit: ıсповѣдıте памѧть с⟨вѧ⟩тꙑнꙗ его *Пс 96, 12 Син* ▭ исповѣдѣти сѧ комоу, чесомоу восхвалить, прославить vzdát chválu, oslavit: ıсповѣмъ сꙗ тебѣ въ людехъ г⟨оспод⟩ı *Пс 107, 4 Син*;

аште бо сѧ тебѣ не исповѣдѣ • на прьвѫѭ чьсть не вьзидѫ *Супр 355, 8.— Зогр Мар Ас Боян Ен Син Евх Клоц Супр Хил.— Ср.* възвѣстити, въсхвалити, извѣстити, обѣщати, похвалити, съказати

ИСПОДЬН҄Ь, -ни *прил.* (1) (землꙗ исподьнꙗꙗ τὰ καταχθόνια) преисподний nejspodnější; *перен.*: доуша отъ земл҄ь исподьниихъ истръжена бꙑстъ *Супр 317, 23.— Ср.* прѣисподьн҄ь

ИСПОЛИНЪ, -а *м, мн.* исполи (4) [спол- *Син* (1) *Евх* (1) *Супр* (1)] γίγας великан, исполин obr: ни сице оутѫжилъ (*вм.* -ло) землѭ стлъпотворениѥ споловъ *Супр 485, 10* ● герой, богатырь rek, bohatýr: въздрадоуѥтъ сѧ ꙗко исполинъ тешті пѫтъ *Пс 18, 6 Син.— Пс 32, 16 Син; Евх 52б 2-3*

ИСПОЛОУ *нареч.* (1) (исполоу оумрьтвити ἡμιθανῆ ποιεῖν) наполовину napolo: прилагаѭште имъ главꙑ палѣхѫ • и ісполоу оумрьтвивъше пометаахѫ на земи *Супр 39, 7*

ИСПОЧИТИ, -чиѭ, -чиѥши *сов.* (2) ἀναπαύεσθαι, ἀνακτᾶσθαι отдохнуть odpočinout si: нꙑнѣ оубо испочихъ и възмогохъ *Супр 118, 24.— Супр 43, 27.— Ср.* почити

ИСПРАВИТЕЛ҄Ь, -лꙗ *м* (1) *греч. нет* вождь vůdce: христосъ ми да нач'нетъ слово • ѥдинꙑи прѣмѫдрꙑи • и прѣмѫдрꙑимъ исправител҄ь *Супр 532, 23.— Ср.* наставьникъ

ИСПРАВИТИ, -влѭ, -виши *сов.* (26) **1.** εὐθύνειν, κατευθύνειν выравнить vyrovnat, urovnat: ісправите пѫть г⟨осподь⟩нь *И 1, 23 Зогр Мар Ас* **2.** ἀνορθοῦν, ἐπανορθοῦν, διορθοῦν исправить napravit, opravit: да тебѣ развраштенꙑи зракъ • исправьѭ въ прьвꙑи образъ *Супр 469, 9-10* ● κατορθοῦν, κατευθύνειν укрепить upevnit: исправі вьселенѫѭ ѥже не подвижітъ сѧ *Пс 95, 10 Син*; с⟨ꙑ⟩нове рабъ твоіхъ веселꙗтъ сѧ • и сѣмꙗ іхъ вь вѣкъ исправітъ сѧ *Пс 101, 29 Син* **3.** κατευθύνειν, κατορθοῦν направить řídit: исправі стопꙑ моꙗ *Пс 39, 3 Син*; отъ г⟨оспод⟩ѣ стопꙑ ч⟨лове⟩коу ісправꙗтъ сѧ *Пс 36, 23 Син* **4.** πληροῦν, κατορθοῦν совершить, осуществить vykonat, uskutečnit: лѣпо ѥстъ намъ исправити вьсѫ правьдѫ *Супр 416, 19* (съкончати *Мт 3, 15 Зогр*, испълнити *Ас Сав*, *∅ Мар*).*— Зогр Мар Ас Син Киев Евх Клоц Супр.— Ср.* испльнити, направити, съконьчати, оуправити

ИСПРАВЛꙖТИ, -ꙗѭ, -ꙗѥши *несов.* (5) **1.** *греч. нет* исправлять napravovat, opravovat: авленѫ болѣзнь іцѣлѣꙗ • і не авленѫ исправлѣꙗ *Евх 26а 7-8* **2.** κατορθοῦν, διωθεῖν (!) совершать, осуществлять vykonávat, uskutečňovat: а(ште) оубо мира ради [і] і си жрътва бꙑс⟨тъ⟩ тꙑ же не ісправлѣеші міра без оума сѧ прічаштаеші жрътвѣ *Клоц 9а 24* (исправиши *Супр 423, 3*); добраа бо дѣѣниѣ троудомь сънискаѭтъ сѧ • і болѣзниѭ исправлѣѭт' сѧ *Евх 87а 5* **3.** *без доп.* κατευθύνειν выдержать, устоять obstát: г⟨лаго⟩лꙑ неправедьнаа не ісправлѣше прѣдъ очима моіма *Пс 100, 7 Син.— Супр 316, 13.— Ср.* съконьчавати

ИСПРАВЛЄНИЄ, -ꙗ *с* (20) **1.** διόρθωσις, ἐπανόρθωσις исправление náprava: без дѣла оубо бꙑс⟨тъ⟩ неко • кꙑ-исправленью нечъсти *Клоц 10а 17* **2.** κατόρθωσις укрепление, опора upevnění, opora: правьда і сѫдъ исправлениѥ прѣстола его *Пс 96, 2 Син* **3.** *греч. нет* осуществление uskutečnění: вь семь бо обрѣтаѥмъ • и житиꙗ великоѥ въздръжаньѥ • и сьмѣреньꙗ исправьѥньѥ *Супр 513, 29-30* ● κατόρθωμα поступок, дело skutek, čin: нѣстъ добротꙑ лѣпѣиша того • въ вьсѣхъ д⟨оу⟩ховьнꙑихъ ис'правьѥниихъ *Супр 545, 10-11* **4.** κανών порядок, правило řád, pravidlo: трѣзвение съдѣваꙗ • ѥдиначьнааго образа • ісправленью довьлѣꙗ сѧ *Евх 99а 21.— Син Евх Клоц Супр Зогр-лл.— Ср.* дѣло, дѣꙗниѥ, правило, оуправлѥниѥ

ИСПРАЗНИТИ, -пражнѭ, -празниши *сов.* (2) κενοῦν опустошить vyprázdnit, uprázdnit: адова селишта испразнитъ • а небесьна жилишта... испльнитъ *Супр 342, 4* ● *перен.* κατηγορεῖν (!) отменить zrušit: сего раді испразни и • зане не може его съврьшіті *Клоц 66 9* (оупразни *Супр 416, 26*).*— Ср.* оупразнити

ИСПРАХНѢТИ, -ѣѭ, -ѣѥши *сов.* (1) ὡσεὶ χνοῦς γίγνεσθαι истлеть, обратиться в прах zpráchnivět, zetlít: въ нѥм'же многꙑ мрьтвꙑихъ лежаахѫ кости • ѫже отъ многъ лѣтъ испрахнѣлꙑ бѣахѫ *Супр 527, 26-27*

ИСПРОВРѢШТИ, -врьгѫ, -врьжеши *сов.* (7) ἀνατρέπειν, καταστρέφειν опрокинуть, перевернуть převrátit: продаѭштиимъ расꙑпа сьребро и дъскꙑ испровръже *И 2, 15 Ас* (опровръже *Зогр Мар*) ● διαρρηγνύναι, σκυλεύειν (!) ниспровергнуть vyvrátit, rozvrátit: ѥгда хотѣаше х⟨ристос⟩ъ испровръшти ада *Супр 472, 24.— Мт 21, 12 Мар; Мк 11, 15 Зогр Мар; Евх 53б 7-8; Супр 317, 7-8.— Ср.* опроврѣщи

ИСПРОСИТИ, -прошѫ, -просиши *сов.* (14) αἰτεῖν, ἐξαιτεῖν, ζητεῖν попросить, потребовать, испросить vyprosit (si), vyžádat (si), poprosit: стар'ци • наоустишꙗ народꙑ • да іспросꙗтъ вараавѫ *Мт 27, 20 Зогр Мар Ас Сав*; іспросивъ хартиѭ написа тако *Супр 152, 14*; воле оубо іѡсифе испрошии и примъ • вѣси ли оубо кого приꙗтъ *Супр 456, 10.— Л 1, 63 Зогр Мар Ас; Л 23, 52 Зогр Мар; Пс*

103, 21 Син; Евх 57а 16-17; Супр 135, 14.— Ср. въпросити, въспросити

ИСПРОШЕНИѤ, -ниꙗ *с* (3) αἴτησις, ἐξαίτησις просьба vyprošení, vyžádání: о исп(р)ошении тѣлесе г⟨осподь⟩нѣ *Мар 77а 30.— Мар 77а 26; 133а 19.— Ср.* въпрошениѥ

ИСПРЬВА *нареч.* (37) [испръва *Зогр* (2) *Мар* (2) *Ас* (4) *Ен* (1) *Син* (3) *Клоц* (2) *Супр* (7)] **1.** ἀπ' ἀρχῆς, ἐξ ἀρχῆς, κατ' ἀρχάς, ἐκ προοιμίων, ἀνὰ πρώτους, πάλαι (!), ἄνωθεν (!) сначала, сперва od počátku, zpočátku: ѣкоже прѣдашѧ намъ • бывъшеи испръва • самовидьци *Л 1, 2 Ас* (іскони *Зогр Мар*) **2.** ἐν ἀρχῇ в начале na počátku: испрьва бѣ слово *Супр 344, 30* (іскони *И 1, 1 Зогр Мар Ас*).— *Зогр Мар Ас Сав Ен Син Клоц Супр.— Ср.* запрьва, искони, начѧло (въ начѧло)

ИСПРЬВЪ, -ын *или* **ИСПРЬВАИ** *прил.* (1) ὁ ἐξ ἀρχῆς исконный dávny, pocáteční: сьвѣтъ въздаша • отъ кого • ꙗвѣ ꙗко испрьвааго (*вм.* испр-) • чловѣкооубоица дигавола *Супр 402, 2.— Ср.* исконьнъ

ИСПОУСТИТИ, -поущѫ, -поустиши *сов.* (21) **1.** ἀφιέναι, ἐκπέμπειν выпустить, испустить vypustit: боденъ бо лѫштеѭ вь ребра • кръвь и водѫ испоусти *Супр 354, 2* ● *перен.*: възъпивъ гласомь велиемь • іспоусти д⟨оу⟩хъ *Мт 27, 50 Зогр Мар Ас Сав* □ испоустити гласъ φωνὴν ἀφιέναι, ἐκπηδᾶν (!) воскликнуть zvolat: своѭ немоштъ намъ показаша і сіѭ іспоуштъшаго гласъ *Клоц 5а 22* **2.** ἀπολύειν отпустить propustit, pustit: не испоустиши мрьтвааго *Супр 310, 18* **3.** παραπέμπειν послать vyslat, poslat: хоташтаа (*вм.* -шта) его или камо испоустити • или въ кѫѭ мѫжѫ прѣдати *Супр 361, 15.— Зогр Мар Ас Сав Евх Клоц Супр.— Ср.* отъпоустити, посълати, поустити

ИСПОУЩАТИ, -аѭ, -аѥши *несов.* (5) **1.** ἀφιέναι выпускать, испускать vypouštět: сльзъ источникъ испоуштаѩ *Супр 523, 14-15* □ испоущати гласъ, слово *греч. нет* восклицать, говорить volat, mluvit: вънѧтъ гласъ испоуштааше *Супр 210, 25*; слово испоуштааше • и прогонꙗаше недѫгы *Супр 473, 12* **2.** ἀπολύειν отпускать propouštět, pouštět: вѣчьныѩ сьвазьнѩ испоуштаахѫ *Супр 467, 23* **3.** *греч. нет* посылать vysílat, posílat: не прѣстаѭштоу испоуштати еп⟨иско⟩пы вь вьсѧ страны *Супр 535, 5.— Ср.* отъпоущати, посылати, поущати; испоущати гласъ *ср.* въпити

ИСПОУЩЕНИѤ, -ниꙗ *с.* (2) **1.** *греч. нет* выпускание, испускание vypuštění: испоущениемь д⟨оу⟩ха • землѣ потрѧсе сѧ *Евх 50б 24* **2.** ἀπόλυσις освобождение propuštění: видаште • и съвѧзьнѥмъ испоуштениѥ *Супр 460, 3-4.— Ср.* отъпоущениѥ

ИСПЫТАНИѤ, -ниꙗ *с* (6) **1.** *греч. нет* исследование, расследование zkoumání, vyšetřování: таже съ тръпѣльсвомъ • іспытаньемь на вьсѣкъ день раздрѣшаѭште *Клоц 1б 38* ● ἐξερεύνησις вымысел, умысел výmysl, nápad: іщезѫ испытаѭщеі • испытаньѣ *Пс 63, 7 Син* **2.** ἀκρίβεια старательность pečlivost: вьсе бо съ іспытанімь • повѣдаетъ блажены сь еван⟨ъ⟩ѣлистъ *Клоц 5б 40.— Клоц 1б 34; 2б 21; 4а 10.— Ср.* благоиспытаниѥ, исканиѥ, испыть, истина, опасениѥ, примъішлениѥ

ИСПЫТАТИ, -аѭ, -аѥши *сов./несов.* (34) ἐρευνᾶν, ἐξερευνᾶν, ἐξετάζειν, κατεξετάζειν, ἀκριβοῦν, καταμανθάνειν испытать/испытывать, исследовать vyzkoumat, prozkoumat/zkoumat: г⟨оспод⟩ь испытаетъ праведьнаего і нечъстіваго *Пс 10, 5 Син*; посъланъ бысть гаурнілъ • възвѣштаѧ цѣсарьско таинок знакмок • а не испытакмо *Супр 245, 1* ● разузнать/разузнавать vyzvědět/vyzvídat: шедьше испытаите извѣстъно о отрочаті *Мт 2, 8 Ас Сав* (∅ *Зогр Мар*).— *Зогр Мар Ас Сав Боян Син Евх Супр.— Ср.* въстѧѕати, искати, испытовати, истѧѕати

ИСПЫТЬ, -и *ж* (1) ἔρευνα испытание, исследование zkoumání, prozkoumání: полагаѭ ти вьсѧ моѩ сѫдъі на испыти *Супр 503, 11.— Ср.* испытаниѥ, пътаниѥ

ИСПѢТИ, -поѭ, -поѥши *сов.* (2) *греч. нет* спеть, пропеть zazpívat, odzpívat: да испоетъ к҃ псал⟨ъ⟩мъ *Евх 103б 22-23.— Евх 103а 14-15.— Ср.* съпѣти

иставьꙗѧи *Супр 400, 6 см.* истаплꙗти

ИСТАИТИ, -таѭ, -таиши *сов.* (2) ἐκτήκειν расплавить, растопить, *перен.* растрогать roztavit, *перен.* rozrušit: істаіла мѧ естъ жалость твоѣ *Пс 118, 139 Син.— Пс 38, 12 Син.— Ср.* растопити

ИСТАПЛꙖТИ, -ꙗѭ, -ꙗѥши *несов.* (1) (истаплꙗѧи ναυαγιοφόρος) топить potápět: ѡ зависти корабью гноꙗ пльнъ некръстьнаого • иставьꙗѧи (!) *Супр 400, 6.— Ср.* оутапати

ИСТАЧАТИ, -аѭ, -аѥши *несов.* (1) προχεῖν издавать, источать vylévat: кръвиѭ мастъ истачаеши *Ен 34б 7.— Ср.* изливати, излꙗти, точити

ИСТАꙖТИ, -таѭ, -таѥши *сов.* (2) τήκεσθαι, ἐκτήκεσθαι растаять, расплавиться roztát, roztavit se, rozpustit se: ѣко воскъ істаавъ ѡтъімѫтъ сѧ *Пс 57, 9 Син* ● *перен.* истаять (*от горя, слез*), сокрушиться být zdrcen: видѣхъ не разоумѣваѭштѧ і ıстаахъ • ѣко словесъ твоıхъ не съхранишѧ *Пс 118, 158 Син.— Ср.* растанти сѧ

истеса, истесѣ *см.* исто

ИСТЕЩИ, -текѫ, -течеши *сов.* (8) **1.** ῥεῖν, ἐκρεῖν, ἀπορρεῖν, πηγάζειν забить (*об источнике*), брызнуть vytéci, vytrysknout: разврѣзе каменъ и истѣшѧ воды *Пс 104, 41 Син* **2.** ἐκτρέχειν выбежать vyběhnout: вѣдатъ то и м'ртвии • того бо ради отъ гробъ истекоша *Супр 503, 19.— И 7, 38 Зогр Мар Сав; Супр 317, 19; 474, 11; 483, 4.— Ср.* избѣжати, потещи

ИСТИНА, -ы *ж* (>300) **1.** ἀλήθεια, τὸ ἀληθές, τὰ ἀληθῆ, τὰ χρηστὰ γράμματα; (ѩкоже ѥстъ истина ὡς ἔστιν; любѧи истинѫ φιλαλήθης) истина, правда pravda: ı разоумѣете ıстинѫ • ı истина свободитъ вы *И 8, 32 Зогр Мар Ас*; възврати зълаа врагомъ моимъ • истиноѭ твоеѭ потрѣби ѩ *Евх 77б 12* (рѣснотоѭ *Пс 53, 7 Син*); не стыдиши ли сѧ прѣисподьнии темьныи диѩволе • и штѹждь истинѣ *Супр 74, 28*; не на благодѣти зьрѧ глаголѫ • нъ ѩкоже ѥстъ истина *Супр 71, 10* ● действительность, истинность skutečnost: да навыкнеши колико объштенье образоу къ ıстıнѣ *Клоц 7а 4* □ въ истинѫ [выистинѫ *Мар* (10) *Охр* (1)]; по истинѣ ἀληθῶς, ὄντως, ἐπ' ἀληθείας, κατ' ἀλήθειαν, ἐν ἀληθείᾳ, τῇ ἀληθείᾳ, ὡς ἀληθῶς, ἀληθές, ἀκριβῶς (!) ὅλως (!) действительно, на самом деле, воистину skutečně, opravdu, doopravdy, vskutku: въ ıстинѫ ч⟨ловѣ⟩къ сь • с⟨ы⟩нъ б⟨о⟩жы бѣ *Мк 15, 39 Зогр Мар*; не бо прѣзьритъ г⟨оспод⟩ь любѧштиїхъ ѥго въ истинѫ *Супр 66, 29*; слышавъше же се доблии воини • и по истинѣ дѣлателе х⟨ристо-со⟩ви *Супр 59, 19* ● правдиво, правильно pravdivě, správně: добрѣ оучителю въ ıстинѫ рече *Мк 12, 32 Мар Ас*, ıстинѫ рече *Зогр* **2.** ἀκρίβεια точность přesnost: не бо сице ѥстъ истина разоумъ (*вм.* -ма *или* -моу) *Супр 346, 23* ● правила монашеской жизни řád mnišského života: градити манастъıръ отъ лавры на сѣверъ • на приманиѥ тоу новоприходаштиихъ из мира • чрънorизьчьскѫѭ истинѫ • пръвоѥ въ томъ наоучати сѧ *Супр 284, 16* □ въ истинѫ ἀκριβῶς, σαφῶς (!), по истинѣ ἠκριβωμένως точно přesně: ıзволи сѧ ı мьнѣ хождьшю • ıс пръва по вьсѣхъ • въ ıстинѫ по рѧдоу • псати тебѣ • славьны т'еофиле *Л 1, 3 Зогр Мар Ас*; отъ многыихъ съказано... нъ не по їстинѣ *Супр 345, 15.— Зогр Мар Ас Сав Унд Охр Ен Син Служ Евх Клоц Супр.— Ср.* правьда, рѣснота; въ истинѫ *см.* истиньнѣ

ИСТИНЬНЪ, -ыи *прил., сравн. ст.* истиньнѣи (>100) ἀληθής, ἀληθινός, τῆς ἀληθείας, ὁ ὄντως, ἀλήθεια (!) настоящий, истинный pravý, opravdový: бѣ свѣтъ ıстинъны • ıже просвѣштаетъ вьсѣкого ч⟨ловѣ⟩ка *И 1, 9 Зогр Ас* (*∅ Мар*); г⟨оспод⟩ı б⟨о⟩же нашъ • н⟨е⟩б⟨е⟩с⟨ь⟩ны животворѧи хлѣбе • ıстинъная пище • в'сѣмъ *Евх 16б 15*; да съпоборетъ за истинънѫѭ и правѫѭ вѣрѫ *Супр 189, 1-2* ● правильный, справедливый správný, spravedlivý: аште оубо вь неправьдьнѣмь житıı • не бисте вѣрьни • въ ıстин'нѣмь къто вамъ вѣрѫ ıметъ *Л 16, 11 Зогр Мар Ас Сав* ● правдивый pravdivý: ıстинъно естъ съвѣдѣтельсто (!) *И 5, 32 Зогр Мар Ас* ● ἀληθεύων говорящий правду, правдивый pravdomluvný: приведи истинъны послоухы *Супр 241, 23* ● φυσίζωος, ὁ ὢν действительный skutečný: бываетъ пасха ı образънаѣ ı истиннаѣ *Клоц 7а 11* ● κύριος важный důležitý: блаженыи кодратъ... добротоѭ и родомъ... и иже вьсего истиньнѣи • богочьстиѥмъ оукрашенъ *Супр 98, 16.— Зогр Мар Ас Сав Охр Боян Ен Син Евх Клоц Супр Рыл.— Ср.* истовъ, истъ, правъ, правьдивъ, рѣснотивьнъ

ИСТИНЬНѢ *нареч., сравн. ст.* истиньнѣѥ (2) (ѕѣло истиньнѣ ἀκριβῶς; истиньнѣѥ видѣти μανθάνειν) точно přesně: иже... вьсе... зѣло истиньнѣ слышавъ и видѣвъ *Супр 271, 26*; истиньнѣѥ видѣти свѣтъ *Супр 182, 19.— Ср.* истина (въ истинѫ)

ИСТИРАТИ, -аѭ, -аѥши *несов.* (4) ψώχειν, ἐκτίλλειν (!) растирать, вылущивать roztírat, vydrolovat: въстрьзаахѫ оученици его класы • ı ѣдѣахѫ ıстираѭште рѫкама *Л 6, 1 Зогр Мар Ас.— Супр 529, 1*

ИСТИСКАТИ, -аѭ, -аѥши *несов.* (1) ἐκμάσσειν выжимать vymačkávat: и кръви текѫшти ѩзвѣ божиѩ тѣла съмѣѥши истискати ѭ *Супр 457, 8*

ИСТО, истесе *с* (3): истеса *мн. и* истесѣ *дв.* νεφροί утроба, внутренности útroby, vnitřnosti, ledví: раждьзи истесѣ мои и срьдьце ми *Супр 349, 1* (жтробѫ *Пс 25, 2 Син*).— *Супр 305, 4; 305, 5.— Ср.* лѧдвиѩ, чрѣсло, жтроба

ИСТОВЪ, -ыи *прил.* (9) ἀληθινός, τῆς ἀληθείας, τῆς νομοθεσίας, ὢν настоящий, истинный pravý: тъгда бо истовоѥ пока'ниѥ • ѥгда бо не рѣчиѭ ч'томо ѥстъ • нъ ѥгда дѣлесы знакмо *Супр 362, 18* ● правдивый pravdivý: о семь бо естъ слово истовое *И 4, 37 Мар* (ıстиньное *Зогр Ас*).— *И 15, 26 Сав; Евх 36а 21; 70а 4; Супр 87, 22; 91, 13; 329, 8; 335, 1.— Ср.* истиньнъ, истъ, правьдивъ, рѣснотивьнъ

ИСТОНѪТИ, -нѫ, -неши *сов.* (7) ἀποπνίγεσθαι, ἀποθνήσκειν, ὄλλυσθαι, ναυαγεῖν потонуть, утонуть utonout, utopit se: оустръми сѧ стадо по брѣгоу въ єзеро • і истопе *Л 8, 33 Зогр Мар Ас Сав.— Мт 8, 32 Сав; Супр 197, 10-11; 401, 3.— Ср.* истопити сѧ, оутонѫти

ИСТОПИТИ СѦ, -плѭ сѧ, -пиши сѧ *сов.* (1) ναυαγεῖν потонуть, потерпеть кораблекрушение potopit se, ztroskotat: старѣишина бѣхъ кораб'никомъ • и истопихомъ сѧ и погоубихомъ много имѣниꙗ *Супр 120, 1.— Ср.* истонѫти, потопити

ИСТОЧИТИ, -чѫ, -чиши *сов.* (5) βλύζειν, προΐεσθαι источить, истечь (*кровью*) dát vytéci, vylít: источи кръвь ꙗзвоѭ из-д-ребръ своихъ *Евх 29а 20.— Евх 21б 6; 29б 12; Супр 483, 17; 499, 28-29.— Ср.* излиꙗти

ИСТОЧЬНИКЪ, -а *м* (49) πηγή, ὀχετός источник, родник pramen, zřídlo: бѫдетъ вь нѥмь істочьникъ воды *И 4, 14 Зогр Мар Ас.— Зогр Мар Ас Сав Унд Син Евх Супр*

истрадати *Супр 90, 4-5 см.* страдати

ИСТРЪГАНИѤ, -ниꙗ *с* (2) *греч. нет* разрыв přetrhání, ztrhání: їстръганиѥмь жилъ своихъ • оумрътвилъ єси силы в'сѣкомоу недѫгоу *Евх 35б 17.— Евх 30б 24*

ИСТРЪГАТИ, -аѭ, -аѥши *сов.* (1) *греч. нет* разорвать, перервать zpřetrhat, ztrhat: їстръганиѥмь жилъ твоихъ • їстръгалъ єси в'сѧ жилы ихъ *Евх 31а 1.— Ср.* прѣтръгнѫти

ИСТРЪГНѪТИ, -нѫ, -нєши *сов.* (14) ἐξαρπάζειν, ἐκσπᾶν, ἀνασπᾶν, ἐξαιρεῖν вырвать, извлечь, исторгнуть vytrhnout, vytáhnout: рѫкоѭ копиꙗ хотѣаше истръгнѫти *Супр 559, 30*; котораꙗго васъ • осьлъ • ли волъ • въ кладѧзь въпадетъ сѧ • і не абьє ли їстръгнєте єго • вь дьнь сѫботьны *Л 14, 5 Зогр Мар Ас Сав* ● отъ кого, чесо διαρρηγνύναι оторвать, отнять odtrhnout, odejmout: каꙗ бо томь братиꙗ • ꙗже отъ двою на десѧте плѣницоу • кд'нѫ отъ себе истръгнѫша *Супр 364, 24* ● *перен.*: аште имаши что до врага своѥго • истръгни гнѣвъ • ицѣли ꙗзвѫ *Супр 421, 27* (ѡждені *Клоц 8б 20*).— *Пс 21, 10 Син; 24, 15 Син; Евх 75а 16; Супр 218, 22; 234, 27-28; 317, 23-24; 374, 12.— Ср.* въстръгнѫти, извлѣщи, изѧти, исхватити, исхытити

ИСТРЬТИ, истьрѫ, истьреши *сов.* (1) συντρίβειν истребить, разгромить, уничтожить potřít, vyhladit, zničit: ї истръ вьсе дрѣво прѣдѣлъ їхъ *Пс 104, 33 Син.— Ср.* потрѣбити, сътрьти

ИСТРѢБИТИ, -блѭ, -биши *сов.* (4) καθαρίζειν очистить očistit: и се прокаженъ покланꙗаше сѧ ємоу г⟨лаго⟩лѧ г⟨оспод⟩и • аще хощеши можеши мѧ истрѣбити • и простеръ рѫкѫ • коснѫ сѧ ємь і⟨соу⟩с⟨ъ⟩ г⟨лаго⟩лѧ • хощѫ истрѣбити тѧ *Мт 8, 2 и 3 Сав* (ѡчистити... ѡчисти сѧ *Зогр Мар Ас*); и абиѥ истрѣби сѧ ємоу проказа *Мт 8, 3 Сав* (ѡчисти сѧ *Зогр Мар Ас*) ● *греч. нет* разогнать rozehnat, rozptýlit: прогънавъ в'сѧ недѫгы • словомь твоимь • і в'сѧ дѣтѣль вражиѭ • ꙗко облакы истрѣбль *Евх 26а 1.— Ср.* ищистити, оцѣстити, очистити, отрѣбити, сътрѣбити

ИСТРѢБЛꙖТИ, -ꙗѭ, -ꙗєши *несов.* (2) καθαρίζειν очищать vyčišťovat: вьсꙗко єже із вьноу въходитъ въ ч⟨ловѣ⟩ка... сквозѣ афедронъ ісходитъ • істрѣблꙗѩ вьсѣ брашьна *Мк 7, 19 Зогр Мар.— Ср.* оцѣщати, очищати

ИСТРѢБЛЄНИѤ, -ниꙗ *с* (1) *греч. нет* очищение vyčištění: мол⟨итва⟩ на истрѣбление кладѧзю *Евх 21а 16.— Ср.* оцѣщениѥ, очищениѥ

ИСТРѦСТИ, -сѫ, -сеши *сов.* (5) [издрꙙс- *Син* (1)] ἐκτινάσσειν, ἀποτινάσσειν, ἐξεᾶν стряхнуть, отряхнуть, отбросить setřást, vytřást, odhodit: исходѧще отъ града того • прахъ отъ ногъ вашихъ истрѧсѣте *Л 9, 5 Ас* (отътрѧсѣте *Зогр Мар Сав*); їсповѣдаїте сѧ г⟨осподе⟩ви... издрꙙсъшю (!) фараоса ї силѫ єго въ море *Пс 135, 15 Син* □ истрѧсти сѧ τινάσσεσθαι затрястись zatřást se: да сѧ истрѧсѫтъ гроби *Супр 425, 1.— Супр 5, 22-23; 264, 3.— Ср.* отътрѧсти, потрѧсти, сътрѧсти

ИСТОУКАНЬНЫИ, -аѥго *прил. в знач. сущ.* (5) [истоуканъıи *Син* (1)] τὸ γλυπτόν изваяние, идол, истукан socha, modla: поклонишѧ сѧ истоуканъıмоу (!) *Пс 105, 19 Син.— Пс 77, 58 Син; 96, 7 Син; 105, 36 Син; 105, 38 Син.— Ср.* ваꙗниѥ

ИСТЪ, -ыи *прил. и мест.* (10) **I.** *прил.* **1.** ὁ φύσει, καθαρός (!) настоящий, истинный, действительный pravý, skutečný: градетъ бо истыи чловѣколюбьць *Супр 460, 5*; вѣдꙑ бо ѥго истоѥ и великоѥ покаꙗниѥ *Супр 529, 9* **2.** ἀκριβής точный přesný: по въздръжании ми въздръжаньѥмь истыимь *Супр 525, 13* **II.** *мест.* ὁ αὐτός, οὗτος, ἐκεῖνος (именно) тот, тот самый (právě) ten: за истаꙗ дѣла вѣрѫ ємлете ми *И 14, 11 Сав 25а 7* (та *Зогр Мар Ас* (2) *Сав 100б 9*); сь истыи ѥстъ посылаѩи вꙑ въ огнь вѣчьныи *Супр 467, 7*; тъ истыи ѥстъ • съвѧзавыи и омрачь *Супр 467, 5*; онъ истыи ѥстъ съкроушивъи въ їѡрданьскыхъ водахъ • главы змиевъ вашихъ *Супр 467, 2.— Евр 1, 12 Ен; Супр 467, 4; 557, 6-7.— Ср.* истиньнъ, правьдивъ, рѣснотивьнъ, самъ, сь, тъ

ИСТЪКАТИ, -тъчѫ, -тъчеши *сов.* (3) ὑφαίνειν выткать, соткать utkat, setkat: бѣ же хитонъ нешьвенъ • і съ врьхоу їстъканъ вьсь *И 19, 23 Зогр Мар.— Супр 348, 9*

ИСТЪКНѪТИ, -нѫ, -неши *сов.* (3) ἐξαιρεῖν, ἐκβάλλειν выбить, выковырнуть vyrazit, vyloupnout: аште же око твое десное съблажнѣетъ тѧ ıстъкни е *Мт 5, 29 Зогр* (ızьми *Мар*).— *Мк 9, 47 Зогр Мар.— Ср.* изѧти

истълѣньнѣ *Пс 15, 10 Син см.* истьлѣние

ИСТЪНИТИ, -нѭ, -ниши *сов.* (1) λεπτύνειν истончить, уменьшить, уничтожить ztenčit, zmenšit; zničit: истънѭ ѩ ѣко прахъ прѣдъ лицемъ вѣтра *Пс 17, 43 Син.— Ср.* оумьнити

ИСТЪЩАТИ, -аѭ, -аеши *несов.* (3) κενοῦν опорожнять (*сокровищницу*) vyprazdňovat (*pokladnici*): (не) обильнѣ трѣбоуѭштиимъ сѫштаıа истьштаѭштоу *Супр 370, 26-27* ● уничтожать ničit: їстъштаїте • їстъштаїте до основанеї его *Пс 136, 7 Син*

ИСТЪЩИТИ СѦ, -щѫ сѧ, -щиши сѧ *сов.* (1) ζημιοῦσθαι потерпеть ущерб utrpět škodu: чсо истъштивьше сѧ плачете сѧ *Супр 388, 14.— Ср.* отъщетити

ИСТЬЛИТИ, -лѭ, -лиши *сов.* (6) [истъл- *Син* (3)] διαφθείρειν, καταφθείρειν испортить, истребить zkazit, zahubit, zničit: егда д⟨оу⟩ховънаѣ пишта вънідетъ • въ оумъ плънъ зълобы • паче погоубітъ • ı истьлітъ *Клоц 8б 10* (прокоудатъ и погоубатъ *Супр 421, 19-20*).— *Пс 56, 1 Син; 57, 1 Син; 58, 1 Син; 74, 1 Син; Супр 463, 5.— Ср.* исказити, погоубити, прокоудити

ИСТЬЛѢНИѤ, -иıа *с* (15) [истълѣ- *Син* (3), истьлѣ҃- *Супр* (1)] φθορά, διαφθορά; (без истьлѣниıа ἄφθαρτος) тление, разрушение, гибель porušení, zkáza, záhuba: ні даси прѣподобъноумоу своемоу відѣті істълѣньнѣ (! *вм.* -ньѣ) *Пс 15, 10 Син*; мрьтвии вьстанѫтъ • безъ истьлѣниıа *Супр 318, 4-5*; [да... облѣчетъ сѧ безъ истьлѣниѣ (*вм.* въ безънистьлѣние) а⟨нъ⟩ѣ⟨е⟩лъ ἀφθαρσίαν *Евх 99б 5*].— *Пс 29, 10 Син; 54, 24 Син; 102, 4 Син; Клоц 16 26; Супр 235, 9; 244, 21-22; 461, 2; 461, 30; 463, 5; 470, 11; 471, 8-9; 522, 1.— Ср.* пагоуба, тьлѣниѥ, тьлıа

ИСТѢКАТИ, -аѭ, -аеши *несов.* (3) **1.** πηγάζειν вытекать, течь vytékat, pramenit: ● *перен.*: женоѭ въз'дрaсте зълоѥ • и женоѭ истѣкаѭтъ лоучьшаıа *Супр 251, 7* **2.** не истѣкати ἀεννάως βρύειν течь не переставая, не иссякать nepřestávat téci, neustále téci: приснотекы • ı не истѣкаѭ • живѫ • ı свѣтелъ ıсточьникъ *Евх 63а 16.— Евх 85а 25-26.— Ср.* тещи

истѣлити *Супр 115, 6 см.* ицѣлити

истѣлкник *Пс 37, 4 Син; 37, 8 Син см.* ицѣлкник

истѣшѧ *Пс 104, 41 Син см.* истещи

ИСТѦЅАТИ[1], -аѭ, -аеши *несов.* (6) ἀπαιτεῖν требовать назад, взыскивать, отбирать požadovat zpět, vymáhat, vyžadovat: въсѣкомоу жс просѧштоумоу оу тебе дaи • ı отъ отемлѭштааго твоѣ не истѧѕаи *Л 6, 30 Мар Зогр.— Л 12, 20 Зогр Мар Ас; Евх 57б 21.— Ср.* възискати, въстѧѕати, сътѧѕати

ИСТѦЅАТИ[2], -тажѫ, -тѧжеши *сов.* (12) **1.** ἐξετάζειν, ἀνακρίνειν спросить, расспросить, расследовать otázat se, vyptat se, vyšetřit: ı се азъ ıстѧзавъ ı прѣдъ вами • не обрѣтъ ниединоѭже о ч⟨ловѣ⟩цѣ семь вины *Л 23, 14 Зогр Мар* **2.** ἀπαιτεῖν, ἐκζητεῖν, πράσσειν потребовать, взыскать, отобрать vyžádat zpět, vymoci: истѧжѭ ов'цѧ отъ пастырь *Евх 82б 9-10.— Л 19, 23 Зогр Мар Ас; И 21, 12 Зогр, Мар Ас Сав; Евх 87б 5; Супр 377, 15-16.— Ср.* възискати, въстѧѕати, изискати, испытати

ИСТѪПИТИ, -плѭ, -пиши *сов.* (1) ἀπορρήγνυσθαι выйти vystoupit, vyjít: ѡ кольми сьребролюбьство зьло • тѣмь бо оученикъ апостольска истѫ⟨пи⟩въ радоу • оудавьѥню жже приѩ *Супр 426, 14.— Ср.* изити

ИСОУНѪТИ, -нѫ, -неши *сов.* (1) ἐκχεῖν вытащить, обнажить (*меч*) vysunout, vytasit: исоуни орѫжие *Пс 34, 3 Син.— Ср.* истрьгнѫти, изѧти

исоу- *см.* исоусовъ, исоусъ

ИСОУСОВЪ *прил. к* исоусъ (>100) [ıс҃в-, ıс҃в- *Зогр* (22) *Мар* (24) *Ас* (21) *Сав* (9) *Охр* (1) *Боян* (1) *Евх* (1), ıѵс҃в- *Охр* (1), ıѵс҃ов- *Клоц* (1)] τοῦ Ἰησοῦ Иисуса *род.*, Иисусов Ježíšův: симонъ петръ • припаде къ колѣнома ıс⟨оусо⟩вама *Л 5, 8 Зогр Мар*, ис⟨оусо⟩вома *Ас* ◆ исоуχристосовъ [исх҃в- *Зогр* (2) *Ас* (3) *Сав* (1) *Ен* (1); иоух҃в- *Ас* (1)] τοῦ Ἰησοῦ Χριστοῦ Иисуса Христа *род.* Ježíše Krista *род.*: їсоухристосово оубитиѥ мыслѧтъ *Супр 388, 30.— Зогр Мар Ас Сав Охр Боян Ен Евх Клоц Супр*

ИСОУСЪ, -а *м имя* (>1000) [ıс҃- *Зогр Мар Ас Сав Охр Унд Боян Ен Киев Евх Клоц Супр Хил*, ıѵ҃- *Клоц* (1), ніс҃- *Супр* (1)] Ἰησοῦς Иисус Ježíš: егда разлѫчаашете сѧ отъ нѥго • рече петръ къ ıс⟨оусо⟩ви *Л 9, 33 Зогр Мар*; ѥгоже познахомъ слова ѥго ради їсоуса христоса *Супр 132, 2* ◆ исоухристосъ, исоухрьстосъ, исоухрьстъ [исх҃-, ıсх҃- *Зогр* (1) *Ас* (5) *Сав* (2) *Служ* (1) *Евх* (36) *Клоц* (1) *Супр* (43), ıѵх- *Ас* (1), ıѵх҃- *Клоц* (1) *Супр* (6), їсоух҃- *Супр* (4) ıс҃ѵх҃- *Супр* (1), ıх҃ *Клоц* (1); исоухрьстос-, -хрьстос- *Супр* (2), исоухрьст-, -хрьст- *Супр* (7)] Ἰησοῦς Χριστός Иисус Христос Ježíš Kristus: благодѣть ı истина ıс⟨оу⟩х⟨ристосо⟩мь бꙑстъ *И 1, 17 Зогр Ас* (∅ *Мар*); въ имѧ исоу хрьстоса *Супр 45, 9;* г⟨оспод⟩и ї҆су хрьсте слава тебѣ *Супр 154, 29.— Зогр Мар Ас Сав Охр Унд Боян Ен Киев Служ Евх Клоц Супр Хил*

ИСОУШИТИ, -шѫ, -шиши *сов.* (5) ξηραίνειν иссушить vysušit: исоуши моисъ безаконии источьникъ • ꙗкоже исоуши подрагомъ крьвоточаштиꙇ рѣкꙑ *Супр 392, 16 и 17.— Евх 35а 7; 35а 15; Супр 345, 23.— Ср.* исѫчити

ИСХАЖДАТИ, -аѭ, -аеши *несов.* чьто (1) προξενεῖν приобретать, добывать (*для кого-либо*) získávat, dobývat (*někomu*): еже бо зъло страдати • цѣсарьство бо намъ небесное исхаждае *Супр 406, 10.— Ср.* исходатаꙗти

ИСХВАТИТИ, -хващѫ, -хватиши *сов.* (1) ἐξαρπάζειν выхватить vytrhnout: изъхвати же изъ огн҃ѣ палѫшта любостраньнаего лота *Супр 232, 17.— Ср.* изѧти, истрьгнѫти

ИСХОДАТАИ, -ꙗ *м* (1) πρόξενος ходатай, заступник zjednavatel: се и тꙑ сътвориши противѫ силѣ своиꙇ • мироу исходатаи бꙑваѧ *Супр 423, 15-16* (ходатаі *Клоц 9а 37*).— *Ср.* исходатаиникъ, ходатаи

ИСХОДАТАИНИКЪ, -а *м* (1) πρόξενος ходатай, заступник zjednavatel: х⟨ри-стос⟩ъ • иже и ї҆сходатаиникъ естъ намъ • вьсѣхъ добръ *Супр 479, 27.— Ср.* исходатаи, ходатаи

ИСХОДАТАꙖТИ, -ꙗѭ, -ꙗеши *несов.* (1) *греч. нет* ходатайствовать, добывать (*для кого-л.*) získávat, zjednávat, dobývat (*někomu*); послѣдь же плодъ миренъ ıсходатаетъ *Евх 88б 16.— Ср.* исхаждати

ИСХОДИТИ, -хождѫ, -ходиши *несов.* ис кого, чесо; отъ кого, чесо (>100) ἐξέρχεσθαι, ἐκπορεύεσθαι, πορεύεσθαι, προέρχεσθαι, ἐκχωρεῖν, ἐκδημεῖν, ἐκβάλλεσθαι (!), φέρεσθαι (!), ἀναβλύζειν (!) выходить, исходить vycházet: ıсходѧштаа ıз оустъ • отъ срьд'ца ıсходѧтъ *Мт 15, 18 Зогр Мар;* ѣко поздѣ бꙑстъ • ıсхождааше вънъ • ıз града *Мк 11, 19 Зогр Мар* ● προβαίνειν, ἐνδείκνυσθαι (!) приближаться к концу blížit se ke konci, schylovat se ke konci: лѣтоу же изходѧштоу *Супр 289, 24*; потом же рокоу коньчавъшоу сѧ • паче же вѣдѣ ꙗвьление на коньць исходѧште *Супр 367, 10-11* ● προϊέναι исключаться, быть исключительным vynikat: начьн(ъ)ше бо рьвьновати на доброе... или въ въздрастении числа съ (въ)здрьжьникꙑ или въ инѣхъ таковыихъ дѣлѣхъ исходѧште и въ рети испадаѭтъ *Зогр-лл 2а 21.— Зогр Мар Ас Сав Боян Ен Син Евх Клоц Супр Рыл Зогр-лл.— Ср.* въсходити, излазити

ИСХОДИЩЕ, -а *с* (8) διέξοδος выход, исход východiště, východisko: ıдѣте оубо на исходишта пѫтии *Мт 22, 9 Мар Ас* (∅ *Зогр*); *Евх 106б 6-7* ● источник, исток zřídlo, pramen, proud: бѫдетъ акꙑ дрѣво сажденое при исходиштиихъ (!) водъ *Супр 352, 26* (*Пс 1, 3*) ● исходища *мн.* αἱ ἔξοδοι восток východ: ни отъ ıсходıшть ни отъ западъ *Пс 74, 7 Син.— Пс 106, 33 Син; 106, 35 Син; 118, 136 Син.— Ср.* въстокъ, въсходъ, исходъ, исхождение

ИСХОДЪ, -а *м* (15) ἔξοδος, διέξοδος выход, исход vyjití: рождьство его вьсемоу словоу оделѣ • а и отъ гроба и исходъ прѣидетъ вьсего помꙑсла *Супр 501, 17* ● выход, переход východ, průchod: господоу исходꙑ съмрьтьнꙑимъ вратомъ *Супр 465, 24* (*Пс 67, 21*) ● исходный пункт východisko: кꙑи ли обрѧштѫ исходъ словоу *Супр 508, 17* ● уход, конец odchod, konec: г⟨лаго⟩лааше же ıсходъ его • ıже хотѣаше съконьчати (сѧ) въ ı⟨ероуса⟩л⟨и⟩мѣ *Л 9, 31 Зогр Мар;* исходъ живота его *Евх 58б 4* ● *спец.* Исход, Вторая книга Моисея Exodus, Druha kniha Mojžíšova: въ навечерие • бꙑваѭтъ • чтенїѣ • г҃ • а҃ • ѡт⟨ъ⟩ исхода *Ен 30а 8-9.— Пс 18, 7 Син; 64, 9 Син; 73, 5 Син; 113, 1 Син; Евх 14а 5-6; Супр 204, 3; 251, 5; 465, 25-26.— Ср.* въсходъ, исходище, исхождение; исходьнъ (кън҃игꙑ исходьнꙑѧ)

ИСХОДЬНЪ, -ꙑи *прил.* (1): (кън҃игꙑ) исходьнꙑѧ Ἔξοδος Исход, Вторая книга Моисея Exodus, Druhá kniha Mojžíšova: почитаѭтъ сѧ вамъ • кн҃игꙑ сѫдинскꙑѧ • цѣсарьскꙑѧ исходьнꙑѧ *Супр 127, 17.— Ср.* исходъ

ИСХОЖДЕНИЕ, -ꙗ *с* (8) ἔξοδος, διάβασις, ἐπίβασις выход, уход, исход vycházení, odchod: г⟨оспод⟩ь съхранитъ въхождение твое • ї ї҆схождение твое *Пс 120, 8 Син.— Пс 28, 1 Син; 103, 3 Син; 104, 38 Син; Евх 15б 17-18; 18б 10-11; Клоц 13б 21; Супр 450, 26.— Ср.* исходъ

ИСХЫТИТИ, -хꙑщѫ, -хꙑтиши *сов.* (2) ἐξαρπάζειν вырвать, выхватить vytrhnout, vyrvat: отъ рода ог҃ньнааго и мѫж' исхꙑтитъ человѣка *Супр 514, 4.— Евх 78б 14.— Ср.* въсхꙑтити, истрьгнѫти, исхватити

исцѣлити, исцѣлѣти, исцѣлꙗти, исцѣление *см.* ицѣлити, ицѣлѣти, ицѣлꙗти, ицѣление

исшъдъ *Супр 558, 23-24 см.* изити

ИСЪХАТИ, исъшѫ, исъшеши *сов.* (5) ξηραίνεσθαι, ἀποξηραίνεσθαι засохнуть, иссохнуть uschnout, vyschnout: ıзвръжетъ сѧ вънъ • ѣкоже розга • ı исъшетъ *И 15,*

6 *Зогр Мар Сав* (2) (исъхнетъ *Ас*).— *Пс 36, 2 Син*.— *Ср.* исъхнѫти

ИСЪХНѪТИ, -нѫ, -неши *сов.* (12) ξηραίνεσθαι засохнуть, иссохнуть uschnout, vyschnout: не имѣхѫ корениѣ і исъхошѧ *Мт 13, 6 Зогр*, исъхѫ *Мар*; азъ ѣко сѣно исохъ *Пс 101, 12 Син*; рѫцѣ съдагакши • простеръшоуоумоу исъхъшии рѫцѣ *Супр 456, 29*.— *Мт 21, 19 Мар; И 15, 6 Ас; Пс 21, 16 Син; 89, 6 Син; 101, 5 Син; 128, 6 Син; Супр 345, 22; 476, 24*.— *Ср.* исъхати, исѧкнѫти, оусъхнѫти

и с ъ ш е д ъ *Супр 321, 21-22 см.* изити

ИСЫПАТИ[1], -аѭ, -аѥши *несов.* (2) βάλλειν, ἐκκενοῦν высыпать vysypávat: вънъ ісыпаетъ сѧ (*т. е.* соль) *Л 14, 35 Зогр* (исыплѭтъ ѭ *Мар*).— *Супр 297, 20*

ИСЫПАТИ[2], -плѭ, -плѥши *сов.* (2) βάλλειν высыпать vysypat: да ісыпана бѫдетъ вънъ (*т. е.* соль) *Мт 5, 13 Зогр* (∅ *Мар*).— *Л 14, 35 Мар*

и с ѣ д ъ *Л 5, 3 Ас см.* сѣсти

ИСѢЩИ, исѣкѫ, исѣчеши *сов.* (14) **1.** λατομεῖν; (исѣченъ λαξευτός) высечь, вырубить vysekat, vytesat: положи е въ новѣемь своемь гробѣ • іже ісѣче въ камени *Мт 27, 60 Зогр Мар Ас* **2.** κατασφάζειν перебить, избить pobít: врагы моѩ ты... исѣцѣте ѩ прѣдъ мноѭ *Л 19, 27 Зогр Мар* ● ἀποτέμνειν, ἀποκεφαλίζειν обезглавить stít: по кд'номоу когождо ихъ исѣкоша *Супр 64, 29*.— *Мк 15, 46 Зогр Мар Ас; Л 23, 53 Зогр Мар; Супр 62, 10; 180, 25-26; 397, 6*.— *Ср.* избити, извагати, отъсѣкнѫти, отъсѣщи, оусѣкнѫти

ИСѢЧЕНИѤ, -ниѩ *с* (1) σφαγή убийство, избиение pobití: зѣло жалаштемъ о младыихъ чадѣхъ исѣчении *Супр 397, 15*.— *Ср.* заколкниѥ, колкниѥ

ИСѦКНѪТИ, -нѫ, -неши *сов.* (11) ξηραίνεσθαι, ψύχεσθαι иссякнуть, высохнуть, иссохнуть vyschnout: абье ісѧкнѫ істочьникъ кръве еѩ *Мк 5, 29 Зогр Мар Ас Сав*; запрѣті чрьмьнуумоу морю • ї исѧче *Пс 105, 9 Син* ● *перен.*: за оумъножение безакониѣ • ісѧкнетъ любы мъногыхъ *Мт 24, 12 Мар Ас* (2), *Сав 87а 6*, исѧчетъ (!) *Сав 47а 5*.— *Супр 193, 13*.— *Ср.* исъхнѫти

ИСѪЧИТИ, -чѫ, -чиши *сов.* (3) ξηραίνειν, πέσσειν (!) высушить, испарить vysušit, vypařit: ты исѫчі рѣкы наводьненыѩ *Пс 73, 15 Син* ● χωνεύειν произвести при помощи осушения vyrobit sušením: въ кои (*т. е.* рѫцѣ) исѫчи крьвьныѩ сѫды *Супр 512, 7*.— *Супр 267, 16-17*.— *Ср.* исоушити

ИСѴХИИ, -ниѩ *м имя* (1) Ἡσύχιος Исихий Hesychius: а се имъ имена • дометниѩнъ • исѵхии *Супр 69, 7*

ИТАЛИѢ, -ниѩ *ж страна* (1) Ἰταλία Италия Itálie: автонома • еп⟨и⟩скоупа • в(ы)въша въ пронетѣ • италиѩ *Ен 29б 11*

ИТИ, идѫ, идеши, *прич. прош.* шьдъ, шьлъ *несов./сов.* (>100) πορεύεσθαι, παραπορεύεσθαι, ἔρχεσθαι, ἀπέρχεσθαι, ἐξέρχεσθαι, ἀνέρχεσθαι, προέρχεσθαι, κατέρχεσθαι, ὑπέρχεσθαι, προσέρχεσθαι, διέρχεσθαι, ἀπιέναι, ἄγειν, ὑπάγειν, ἀπάγειν, ἀνάγειν, ἐπανάγειν, δεῦρο, παραγίγνεσθαι, περιπατεῖν, καταβαίνειν, βαδίζειν, τρέχειν, ἀνατρέχειν, προσαγορεύειν, ὁδεύειν, χωρεῖν, φεύγειν, πλεῖν, βάλλεσθαι (!), ἐπείγεσθαι (!), γίγνεσθαι (!); (ити прѣди, прѣдь, прѣдъ *с тв.* προπορεύεσθαι, προέρχεσθαι, προσπορεύεσθαι, προάγειν, προιέναι, προτρέχειν; ити съ *с тв.* συμπορεύεσθαι, συνέρχεσθαι, συνοδεύειν; ити на дѣло σχολάζειν τῇ γεωργίᾳ) идти jít: идѣта і възвѣстита братрии моеи • да идѫтъ въ галилеѭ *Мт 28, 10 Зогр Мар Ас Сав; Супр 446, 13-14*; единъі же на десѧте оученикъ идошѧ въ галилеѭ *Мт 28, 16 Зогр Сав*, идѫ *Мар Ас*; прѣдъ ними идосте іѣковъ • і-оанъ *Мк 10, 35 Зогр*, идете *Мар Ас Сав*; самъ и⟨соу⟩с⟨ъ⟩ приближи сѧ • і идѣаше съ нима *Л 24, 15 Зогр Мар*; прѣдь идѫштеі • прѣштаахѫ емоу *Л 18, 39 Зогр Мар*, прѣдъ идѫщиі *Ас*; огнь прѣдъ нимь прѣді идетъ *Пс 96, 3 Син*; идѣте на дѣло *Супр 37, 21*; она славънаѩ мѫжа • не идѣаста (!) прѣжде въ полатѫ къ ц⟨ѣса⟩рю • аште не рано вь зора шъдъша къ прѣподобьноуоумоу покланѩста сѧ кмоу *Супр 205, 19-20 и 21*; шъдъшоу трии попришть • сърѣте и рабъ божии артемонъ • иды из' лова *Супр 223, 3 и 4*; помоливъ сѧ идѣаше пѫтьмь *Супр 225, 3*; исаиѩ нѣк'то именемь... иже бѣаше шълъ съ вльхвы послоушати тъчьѭ быванмыихъ *Супр 271, 22*; како можеши ити къ мирьнѣи трепезѣ *Супр 422, 8* (ходіті *Клоц 8б 34*) ● ехать jet: видѣшѧ ѩ идѫштѧ • і познашѧ ѩ мъноsи *Мк 6, 33 Мар* (ѣдѫштѧ *Зогр*); сии льстивыи и неоукроштеныи пьсъ • по водѣ иды *Супр 60, 9* ● уйти/уходить odejít/odcházet: отъпоусти народы • да шедъше въ окрѫстьнѧѩ вьси и села витаѭтъ *Л 9, 12 Мар* (ошьдъше *Зогр*) ● выйти/выходить vyjít/vycházet: шьдъ вънъ петръ • плакааше сѧ горько *Л 22, 62 Зогр* (ишедъ *Мар*); лазоре иди вънъ *И 11, 43 Сав; Супр 317, 18 и 20 и 22* (грѧди *Зогр Мар Ас*, излѣзи *Супр 310, 13 и 27; 311, 4*) ● прийти/приходить přijít/přicházet: се ц⟨ѣса⟩ръ твоі идетъ тебѣ кротъкъ *Мт 21, 5 Сав* (грѧдетъ *Мар Ас*, ∅ *Зогр*); они же шъдъше къ і⟨соу⟩сови молѣхѫ і тъщьно *Л 7, 4 Сав* (пришьдъше *Зогр Мар Ас*) ●

войти/входить vejít/vcházet: они же ишедъше идѫ въ свиниѩ Мт 8, 32 Мар Сав (вънидѫ Зогр Ас) ♦ въ слѣдъ кого ити, ити по с местн. ἀκολουθεῖν, ἐπακολουθεῖν, συνακολουθεῖν идти вслед кому-л., идти, следовать за кем-л. jít za někým, následovat někoho: она же абие оставьша мрѣжѧ • по немь ідосте Мт 4, 20 Зогр, идете Ас, идоста Сав (Ø Мар); се мы оставихомъ вьсѣ • і въ слѣдъ тебе ідохомъ Мк 10, 28 Зогр, идомъ Мар; нѣкотории отъ вьслѣдъ идѫштаа братиѩ • погнахѫ сь ннмъ Супр 119, 6; мимо ити см. мимоити; ити пѫтьмь см. пѫть.— Зогр Мар Ас Сав Охр Унд Боян Ен Син Евх Клоц Супр Рыл.— Ср. вънити, грѧсти, изити, отити, прити, прѣити, ходити, ꙗхати

ИТОУРИꙖ, -иꙗ ж край (5) [итур- Зогр (1) Сав (1), тур- Ас (1), тоур- Боян (1)] Ἰτουραία Итурея Iturea: филипоу же братроу его четврътовластьствоующтоу итоуриеѩ Л 3, 1 Мар Зогр Ас Сав Боян

иоуланъ Ас 142б 15-16 см. иоулиꙗнъ

ИОУЛИТА, -ы ж имя (1) Ἰουλίττα Иулита Iulita: с⟨вѧ⟩таго м⟨ѫ⟩ч⟨ени⟩ка курика • иоулитъи м⟨а⟩т⟨е⟩ре его Ас 150б 24

ИОУЛИꙖНИ, -ниѩ ж имя (19) [иули- Супр (4)] Ἰουλιανή Иулиана Juliána: с⟨вѧ⟩таа же иоулиꙗни милосрьдовавъши вьза водъ мало Супр 3, 22.— Охр Супр

ИОУЛИꙖНИНЪ прил. к иоулиꙗни (1) τῆς Ἰουλιανῆς Иулианы род. Juliánin: великъ богъ паулъ и їоулиꙗнинъ Супр 3, 13-14

ИОУЛИꙖНЪ, -а м имя (6) [иоулан- Ас (1), июли- Супр (1)] Ἰουλιανός Иулиан Julián: възвѣстиша ц⟨ѣса⟩роу иоулиꙗноу Супр 217, 5.— Ас 113б β 24; 142б 15-16; Супр 69, 12; 214, 1; 554, 4

ИОУСТИНИꙖНЪ, -а м имя (1) Ἰουστινιανός Иустиниан Justinián: къ доброчьстивоуоумоу нашемоу цѣсароу иоустиниꙗноу Супр 281, 14

ИЩАЗАТИ, -аѭ, -аѥши несов. (6) [ищѣза- Син (1); ичаза- Супр (1); изчаза- Супр (1)] ἐκλείπειν, φεύγειν исчезать mizet: ѣкоже ищазаетъ дымъ • тако ищезнѫтъ Пс 67, 3 Син.— Пс 36, 20 Син; 118, 81 Син; Супр 436, 7; 466, 17; 557, 5

ИЩЕЗНѪТИ, -нѫ, -неши сов. (11) [из'чез- Супр (1)] ἐκλείπειν, ἀφανίζεσθαι, ἄφαντον γίγνεσθαι, φρίσσειν (!) исчезнуть zmizet: да постыдѩтъ сѩ ищезнѫтъ • оклеветаѭштеі д⟨оу⟩шѫ моѭ Пс 70, 13 Син; вратьници адовьнии • відѣвъше его иштезѫ Клоц 13а 33, иштезоша Супр 450, 2-3.— Л 24, 31 Мар Ас; Пс 36, 20 Син; 63, 7 Син; 67, 3 Син; 103, 29 Син; Евх 62а 22; Супр 487, 3

ИЩИСТИ, ищьтѫ, ищьтеши сов. (9) [ич- Ас (2) Ен (1) Син (1)] ἀριθμεῖν, ἐξαριθμεῖν сосчитать, счесть sečíst, spočítat: вамъ же і власи главы • вси іштьтени сѫтъ Мт 10, 30 Зогр Мар, ичьтені Ас; ичисѩ вьсѩ... кості моѩ Пс 21, 18 Син; ичтоша Ен 31б 14.— Л 12, 7 Зогр Мар Ас; Пс 89, 11 Син

ИЩИСТИТИ, ищищѫ, ищистиши сов. (22) [ичист- Ас (6) Сав (1), изчист- Ас (1)] καθαρίζειν очистить očistit: можеши мѧ іштистити Мт 8, 2 Зогр Мар, ичиститі Ас (истрѣбити Сав); хоштѫ іштісти сѧ Мк 1, 41 Зогр Мар, ичисти Ас (очисти сѧ Сав).— Зогр Мар Ас Сав.— Ср. истрѣбити, оцѣстити, очистити

ИЩИТАТИ, -аѭ, -аѥши несов. (1) ἀριθμεῖν считать sčítat, počítat: изъчитаѩи звѣздъі небесьскъіѩ Супр 179, 18 (Пс 146, 4)

ИЩРЬПАТИ, ищрьплѭ, ищрьплѥши сов. (1) греч. нет исчерпать vyčerpat: ичръпанѣ вьсеи водѣ Супр 549, 20

ИЩѦДИѤ, -иꙗ с (9) γέννημα потомство, порождение potomstvo, pokolení: іштадиѣ ехиднова Мт 12, 34 Зогр Мар Ас (племѧ Сав).— Мт 3, 7 Ас; Мт 23, 33 Мар; Л 3, 7 Зогр Мар Ас Сав.— Ср. племѧ

ищѧ, ищѫ см. искати

ИЦѢЛИТЕЛЬ, -лꙗ м (4) θεραπευτής врач, целитель lékař, uzdravovatel: ицѣлителю страждѫщиимъ Евх 26б 14.— Евх 26а 17; 32а 15; 39а 18-19.— Ср. балии, врачь, цѣлитель

ИЦѢЛИТИ, -лѭ, -лиши сов. (>100) [исцѣл- Зогр (1) Мар (28) Сав (4) Син (5) Супр (11), истѣл- Супр (1)] θεραπεύειν, ἀποθεραπεύειν, ἰᾶσθαι, ὑγιῆ ποιεῖν, ἐξεγείρειν (!), ξηραίνειν (!), ἁγιάζειν (!) излечить, исцелить vyléčit, uzdravit: вьсѧ недѫжьнъіѩ іцѣли Мт 8, 16 Зогр Ас Сав, исцѣли Мар; сътвори въ мнѣ жилище с⟨вѧ⟩тоумоу твоемоу д⟨оу⟩хоу • іцѣливъшюмоу в'сего ч⟨ловѣ⟩ка Евх 41а 15; хризмѣ пролиꙗвъшии сѧ • и вьсь миръ исцѣльши Супр 457, 6; понеже та и ꙗже симъ тъч'наꙗ • въ еуаггелии лежаштаꙗ • глѫбокѫѭ старостиѭ • и оудобь ицѣлимѫѭ • вьсѣꙗна бъіша въ човѣчьскъіѩ помъіслъі Супр 533, 19; оутвръжденомъ же кго оудомъ • и съвръшенѣ ицѣленомъ Супр 563, 9-10 ▭ ицѣлити сѧ исцелиться uzdravit se, vyléčit se: врачю ицѣлі сѧ самъ Л 4, 23 Ас, ісцѣли Мар (Ø Зогр).— Зогр Мар Ас Сав Ен Син Евх Клоц Супр.— Ср. оуваловати

ИЦѢЛЬБА, -ы ж (2) θεραπεία излечение, исцеление vyléčení, uzdravení: ицѣльба отъ врача приноситъ сѧ Супр 308, 6.— Супр 308, 8.— Ср. балованиѥ, ицѣлениѥ, лѣчьба, цѣльба, цѣлъ, цѣлениѥ

ИЦѢЛѢВАТИ, -аѭ, -аѥши *несов.* (1) ϑεραπεύεσϑαι исцеляться, выздоравливать uzdravovat se: привождаахѫ же и бѣсьштѧѧ сѧ къ нѥмоу • и ї҆цѣлѣваахѫ *Супр 18, 26.— Ср.* цѣлѣти

ИЦѢЛѢТИ, -лѣѭ, -лѣѥши *сов.* (57) [исцѣ- *Мар* (12) *Сав* (5) *Супр* (2)] ϑεραπεύεσϑαι, ἰᾶσϑαι, ὑγιαίνειν, σῴζεσϑαι (!) выздороветь, исцелиться uzdravit se, vyléčit se: разоумѣ тѣломь ѣко ицѣлѣетъ отъ раны *Мк 5, 29 Зогр*, ицѣлѣ *Унд* (цѣлѣатъ *Мар*; цѣетъ! *Сав*, цѣла естъ *Ас*); аште оуспе исцѣлѣѥтъ *Супр 306, 15-16 и 314, 11-12* (съпасенъ бѫдетъ *И 11, 12 Зогр Мар Ас Сав*); отъ ицѣлѣвъшиихъ • отъ нѥго ıазвѫ приим'шоуоумꙋ *Супр 455, 19-20.— Зогр Мар Ас Сав Унд Евх Супр.— Ср.* цѣлъ (цѣлъ быти)

ИЦѢЛІАВАТИ, -аѭ, -аѥши *несов.* (1) ἰᾶσϑαι исцелять, лечить uzdravovat, léčit: сила из него исхождааше • и ицѣ[ѣ]лѣваашe вьсѧ *Л 6, 19 Ас 123б 16-17* (ицѣлѣаше *Зогр, Ас 150б 16*, цѣлѣаше *Мар Сав*).— *Ср.* врачевати, ицѣлıати, цѣлити

ИЦѢЛІАТИ, -ıаѭ, -ıаѥши *несов.* (30) [исцѣ- *Мар* (4) *Сав* (1) *Син* (1) *Супр* (3)] ϑεραπεύειν, ἰᾶσϑαι исцелять, лечить uzdravovat, léčit: онъ же на когожъдо ихъ рѫкѫ възлагаѩ исцѣлѣаше ѩ *Л 4, 40 Мар* (цѣлѣаше *Зогр*); авленѫ болѣзнь ıцѣлѣѩ *Евх 26а 7*; стражджштеи отъ д⟨оу⟩хъ нечистъ • ıсцѣлѣахѫ сѧ *Л 6, 18 Мар Сав* (цѣлѣахѫ сѧ *Зогр Ас* (2).— *Зогр Мар Ас Сав Син Евх Супр.— Ср.* врачевати, ицѣлıавати, цѣлити

ИЦѢЛѤНИѤ, -иıа *с* (32) [исцѣ- *Мар* (1) *Клоц* (2) *Супр* (1), истѣ- *Син* (2)] ϑεραπεία, ἴασις, ἴαμα, εὐρωστία (!), ἀλεξιφάρμακον (!) излечение, исцеление, выздоровление léčení, léčba, uzdravení: трѣбоуѭштѧѩ ицѣленић цѣлѣаше *Л 9, 11 Мар Зогр*; пожии же по ицѣлениї боле ҃є лѣтъ *Супр 564, 27.— Зогр Мар Син Евх Клоц Супр.— Ср.* балованиѥ, ицѣльба, цѣлѣниѥ

ичазати *Супр 557, 5 см.* ицазати

ичисти *см.* ицисти

ичиститн *см.* ицистити

ичръпати *Супр 549, 20 см.* ицрьпати

ишедъ, ишелъ, ишъдъ, ишьдъ, ишьлъ *см.* изити

ИШЬСТВИѤ, -иıа *с* (1) *греч. нет* уход odchod: по ишъствии ѥго • отъ великааго града ан'тиохиїскааго *Супр 562, 8.— Ср.* исходъ, ошьстиѥ

ИЮДА, -ы *м имя* (>100) Ἰούδας, Ἰούδα Иуда Juda; Jidáš: симонъ кананѣı • ı-юда ıскариотьскы • ıже ı прѣдастъ *Мт 10, 4 Зогр Мар.— Зогр Мар Ас Сав Син Евх Клоц Супр*

ИЮДЕИ, ИЮДѢИ, -ıа *м член народа* (>200) [июде- *Зогр Мар Ас Сав Боян Ен Клоц Супр*, июдѣ- *Зогр Мар Евх Клоц*] Ἰουδαῖος иудей, еврей Žid: промьче сѧ слово се • въ ıюдеıхъ до сего дне *Мт 28, 15 Зогр Мар Ас Сав.— Зогр Мар Ас Сав Боян Ен Евх Клоц Супр.— Ср.* жидовинъ

ИЮДЕИСКЪ, ИЮДѢИСКЪ, -ыи *прил. к* июдеıа *и* июдеи (>100) [июде- *Зогр Мар Ас Сав Боян Супр*, июдѣ- *Зогр Мар Охр Син Евх Клоц*] **1.** Ἰουδαῖος, τῆς Ἰουδαίας иудейский, иудейской земли judský: и⟨соу⟩соу рождьшю сѧ въ виѳлеоми июденстѣмь *Мт 2, 1 Ас Сав* (∅ *Зогр Мар*) **2.** τῶν Ἰουδαίων, Ἰουδαϊκός иудейский, еврейский, иудеев *род.* židovský, Židů *род.*: ты ли еси ц⟨ѣса⟩рь ıюдѣıскъ *Мт 27, 11 Зогр Мар Ас Сав.— Зогр Мар Ас Сав Охр Боян Син Евх Клоц Супр.— Ср.* жидовьскъ

ИЮДЕІА, ИЮДѢІА, -ѩ *ж страна* (54) [июде- *Зогр Мар Ас Боян Ен Супр*, июдѣ- *Зогр Мар Сав Боян Син Евх Клоц*] Ἰουδαία Иудея Judea, Judsko: слышавъ ѣко и⟨соу⟩с⟨ъ⟩ • приде отъ ıюдеѩ въ галилеѭ • ıде къ нѥмоу *И 4, 48 Зогр Мар Ас.— Зогр Мар Ас Сав Боян Ен Син Евх Клоц Супр*

ИЮДИНЪ *прил. к* июда (8) τοῦ Ἰούδα Иуды *род.* Judův; Jidášův: ѡ веле июдино безаконие *Супр 419, 26.— Л 3, 26 Зогр Мар; Клоц 11б 35; Супр 411, 28; 419, 26; 421, 4; 523, 19.— Ср.* июдовъ

ИЮДОВЪ *прил. к* июда (16) τοῦ Ἰούδα Иуды *род.* Judův; Jidášův: и ты виѳлееме земле июдова • нічимъ же меньши есі вь вл⟨а⟩д⟨ы⟩кахъ июдовахъ *Мт 2, 6 Ас Сав* (∅ *Зогр Мар*).— *Зогр Мар Ас Сав Син Клоц Супр.— Ср.* июдинъ

июлиıанъ *Супр 554, 4 см.* иоулиıанъ

ИЮЛЬ, -ıа *м* (11) [ию(л) *Ас* (10)] Ἰούλιος июль červenec: мѣ⟨сѧ⟩ца июлѣ • ҃а • *Ас 150а 25.— Ас 150а 27; 150б 1, 150б 3; 150б 22; 150б 24; 150б 26; 150б 28; 150б 29; 151а 2; 151а 6*

ИЮНЬ, -ıа *м* (14) [ию(н) *Ас* (10)] Ἰούνιος июнь červen: ици въ ҃ѓі июнѣ *Ас 121а 18.— Ас 132б 5; 141а 22; 146а 5; 146б 11; 146б 15; 146б 21; 147б 3; 147б 5; 147б 6; 149б 21; 149б 23; 149б 24; Сав 151б 4*

ИІА, иѩ *ж имя* (1) Ἴα Ия Ia: (стр⟨а⟩ст)ъ с⟨вѧ⟩таго м⟨ѫ⟩ч⟨ени⟩ка • ршмана • и їѧ *Ен 36б 2*

ИІАКОВЛЬ *прил. к* иıаковъ (51) [иако- *Ас* (2)] τοῦ Ἰακώβ Иакова *род.* Jakubův; вьсе сѣмѩ ıѣковле прославіте *Пс 21, 24*

Син.— Зогр Мар Ас Сав Ен Син Евх Клоц Супр.— Ср. иıаковов҄ъ

ИІАКОВОВЪ *прил. к* иıаковъ (2) τοῦ Ἰακὼβ Иакова *род.* Jakubův: с⟨ы⟩нъ сы... іѡдовъ • іѣковов҄ъ *Л 3, 34 Зогр Мар.— Ср.* иıаковль

ИІАКОВЪ, -а *м имя* (>100) [иаков- *Ас* (11) *Супр* (11), иков- *Зогр* (1)] Ἰακὼβ, Ἰάκωβος Иаков Jakub: поıѧтъ н⟨соу⟩с⟨ъ⟩ • петра • іѣкова • іоана *Мк 9, 2 Зогр Мар.— Зогр Мар Ас Сав Унд Син Евх Клоц Супр*

ИѤЗАВЕЛЬ, -и *ж имя* (2) Ἰεζάβελ Иезавель Jesabel: бѣгаи сласти акы илиıа иезавели *Супр 351, 13.— Супр 403, 11*

ИѤЗЕКИИ, -иıа *м имя* (1) Ἰεζεκιήλ Иезекииль Ezechiel: пѣснь іеремиѩ • ізекиѭ (!) *Пс 64, 1 Син*

ИѤЗЕКИИЛЮВЪ *прил. к* иѥзекии (1) τοῦ Ἰεζεκιήλ Иезекииля *род.* Ezechielův: иезекилева *Ен 18а 8*

ИѤМЕНИИНЪ *прил. к мужскому имени* Иемини (1) τοῦ Ἰεμενί Иемини *род.* Jemini *род.*: о словесехъ соусиıнѣхъ • с⟨ы⟩на иеменіина *Пс 7, 1 Син*

ИѤРА *нескл.* (*из греч.*) *название ворот* (1) *греч. нет* Иера (*т. е.* святые) Hiera (*tj.* svatá): тѣло же влѣк'ше вьнѣ вратъ слышаштиихъ сѧ • иера *Супр 537, 24*

ИѤРАѮЪ, -а *м имя* (1) Ἱέραξ Иеракс Hierax: повѣдааше же с⟨вѧ⟩тыи божии • иераѯ *Супр 169, 1*

ИѤРЕИ, ИѤРѢИ, -ıа *и* -а (43) [иере- *Зогр* (8) *Мар* (5) *Ас* (1) *Сав* (1) *Ен* (3) *Син* (1) *Супр* (1), ииıре- *Супр* (1), иерѣ- *Зогр* (2) *Мар* (2) *Син* (4) *Евх* (10) *Клоц* (2), ирѣ- *Евх* (2)] ἱερεύς иерей, священник kněz: шьдъше покажите сѧ іереомъ *Л 17, 14 Зогр*, иерѣомъ *Мар*; моси і аронъ въ іерѣіхъ его *Пс 98, 6 Син*, иереихъ *Ен 8а 6.— Зогр Мар Ас Сав Син Евх Клоц Супр.— Ср.* жьрьць, молитвьникъ, попъ, свѧтитель, свѧщеникъ, чиститель

ИѤРЕИСКЪ, ИѤРѢИСКЪ, -ыи *прил.* (4) [иереи- *Мар* (1) *Ас* (1), иерѣи- *Евх* (1), ерѣи- *Зогр* (1) τῆς ἱερατείας, τῆς ἱερωσύνης иерейский, священнический, священников *род.* kněžský, kněží *род.*: по обычаю иереискоумоу • ключі сѧ емоу покадиті *Л 1, 9 Ас Мар*, ерѣіскоумоу *Зогр.— Евх 9а 4.— Ср* свѧтительскъ

ИѤРЕИСТВО, -а *с* (2) ἱερωσύνη иерейство (*сан*) kněžství: иже вьсѣхъ выше великыихъ богъ ииреиство дастъ сѧ тебѣ *Супр 48, 17.— Супр 50, 10.— Ср.* чистительство

ИѤРЕМИІА, -иѩ *и* **ИѤРЕМИИ,** -иıа *м имя* (16) [ерем- *Сав* (1)] Ἱερεμίας, Ἰερεμίας Иеремия Jeremiáš: тогда събыс⟨тъ⟩ сѧ реченое • иеремиемь пр⟨о⟩р⟨о⟩к⟨о⟩мъ *Мт 2, 17 Ас Сав* (∅ *Зогр Мар*); пѣснь іеремиѩ *Пс 64, 1 Син.— Зогр Мар Ас Сав Боян Син Супр*

ИѤРИХА, -ы *ж и* **ИѤРИХОНЪ,** -а *м город* (17) [иıериχ- *Зогр* (1), ериχ- *Зогр* (3) *Мар* (4) *Ас* (3) *Сав* (2), иериχон- *Мар* (2) *Ас* (1), ериχон- *Зогр* (1) *Ас* (1)] Ἰεριχώ Иерихон Jericho: і приде въ ериχѫ • і исходѧштю емоу въ (*вм.* ис) ериχона... вартимеи • слѣпъ сѣдѣаше при пѫти *Мк 10, 46 Зогр Мар.— Зогр Мар Ас Сав*

ИѤРОНИІА, -иѩ *ж имя* (1) Ἱερεία (?) Иерония (?), Иерия (?) Hieronie (?), Hierie (?): прѣ⟨по⟩д⟨об⟩ныхъ постьницахъ χ⟨ристосо⟩вахъ • евъпрак'сии • феврониі • оломьпии • іеронии • і прочиимъ *Евх 93а 4*

ИѤРОУСАЛИМЛЬ *прил. к* иѥроусалимъ (1) τῆς Ἰερουσαλήμ иерусалимский jeruzalémský: проповѣдаи дьшти иероусалимлıа *Супр 337, 4-5.— Ср.* иѥроусалимовъ, иѥроусамьскъ

ИѤРОУСАЛИМЛІАНИНЪ, ИѤРОУСАЛИМѢНИНЪ, -а *м* (7) [иероусалимлѣн- *Мар* (1), иерс(л)мѣн- *Ас* (2) *Сав* (1), илмѣн- *Зогр* (1), иилмлѣн- *Зогр* (1), ерлмн- *Мар* (1)] Ἱεροσολυμίτης житель Иерусалима obyvatel Jeruzaléma: вьсѣ іюдѣіскаѣ страна • і н⟨ероуса⟩л⟨и⟩мѣне *Мк 1, 5 Зогр Мар Ас Сав.— И 7, 25 Зогр Мар Ас*

ИѤРОУСАЛИМОВЪ *прил. к* иѥроусалимъ (1) τῆς Ἰερουσαλήμ иерусалимский jeruzalémský: да оузьритъ благаа иер⟨оуса⟩л⟨и⟩мова *Евх 8а 20.— Ср.* иѥроусалимль, иѥроусалимьскъ

ИѤРОУСАЛИМЪ, -а *м город* (>200) [ероусалим- *Мар* (2), ıроусалим- *Супр* (1), ироусалим- *Мар* (1), иероуслм-, иероус(л)м- *Мар* (1) *Ас* (1) *Сав* (2), иерслм-, иерс(л)м- *Мар* (2) *Ас* (5) *Сав* (8) *Ен* (4) *Евх* (2), иерлм-, иер(л)м- *Мар* (2) *Ас* (22) *Сав* (2), иелм-, ие(л)м- *Зогр* (1) *Евх* (1) *Клоц* (1), иелим- *Син* (1), нем- *Мар* (1), илм-, ілм-, іалм- *Зогр* (37) *Мар* (7) *Хил* (1), илем- *Син* (1), им- *Зогр* (1) *Мар* (30) *Клоц* (1), ирслм- *Мар* (1), ирм- *Мар* (1), иилм- *Зогр* (2) *Син* (8), иим- *Син* (1), ерслм-, ерс(л)м- *Мар* (4) *Ас* (1) *Сав* (5), ерлм-, ер(л)м- *Зогр* (3) *Мар* (1) *Ас* (7) *Сав* (4), ерсм- *Мар* (2), ерм- *Зогр* (3), елм- *Зогр* (4); ем- *Мар* (1), еилм- *Син* (1); *после предлогов* лм- *Мар* (3), м- *Мар* (1); *местн.* въ иероусалимѣхъ *Зогр* (7) *Мар* (5) *Ас* (1)] Ἰερουσαλήμ, Ἱεροσόλυμα Иерусалим Jeruzalém: посъла і къ іродоу • сѫштю томоу въ і⟨ероуса⟩л⟨и⟩мѣхъ въ дьни ты *Л 23, 7 Зогр*, въ ироусалимѣ *Мар.— Зогр Мар Ас Сав Ен Син Евх Клоц Супр Хил.— Ср.* градъ (свѧтыи градъ)

ИѤРОУСАЛИМЬСКЪ, -ыи *прил. к* иѥроусалимъ (8) [ерслм- *Ен* (1), елмс- *Зогр* (2), ілмс- *Мар* (1), иилмеск- *Син* (1)] τῆς Ἰερουσαλήμ иерусалимский jeruzalémský: вы же сѧдете въ градѣ е⟨роуса⟩л⟨и⟩м⟨ь⟩сцѣ *Л 24, 49 Зогр Мар Ас.— Л 23, 28 Зогр Мар; Ен 29б 17-18;*

Пс 136, 7 Син; Супр 534, 28.— Ср. иѥроусалимл҄ь, иѥроусалимовъ

ИѤССИ, -еа *м имя* (4) Ἰεσσαί Иессей Jesse: овıодъ же роди • иесеа *Мт 1, 5 Ас Сав* (∅ *Зогр Мар*).— *Мт 1, 6 Ас Сав*

ИѤССОВЪ *прил. к* иѥсеи (3) τοῦ Ἰεσσαί Иессея *род.* Jesseův: пѣсни да⟨въıдо⟩въı множашѧмѧ с⟨ы⟩на иесеова *Пс 72, 1 Син.— Л 3, 32 Зогр Мар*

ИУСТИНА, -ы *ж имя* (1) Ἰουστίνη Устинья Justina: иустинъи дѣвъи *Ас 122а 6-7*

I, ι

Ї *цифра глаг. и кир.* (>100) ι', δέκα 10.— *Ас Сав Унд Син Ен Супр Хил.— Ср.* ї, десѧть, десѧтъ

ї *цифра глаг.* (>100) ι', δέκα 10.— *Зогр Мар Ас Охр Евх.— Ср.* Ї, десѧть, десѧтъ

Ꙉ

Ꙉ *цифра глаг.* (90) λ', τριάκοντα 30: гребъше же ѣко дъва десѧти ι пѧть стадии • ли Ꙉ-ти оузьрѣшѧ ι⟨соу⟩са *И 6, 19 Зогр Мар Ас.— Зогр Мар Ас Евх Клоц.— Ср.* л҃

ꙉазофилакиѩ *Л 21, 1 Зогр см.* газофилакиѩ

ꙉедсимани *Мт 26, 36 Мар см.* гетъсимани

ꙉедьсимани *Мт 26, 36 Ас см.* гетъсимани

ꙉеенна *Мт 10, 28 Мар см.* геона

ꙉелъꙉота *Мк 15, 22 Зогр см..* голъгота

ꙉельꙉота *Мт 27, 33 Зогр см.* голъгота

ꙉемоновъ *Мт 27, 27 Зогр см.* игемоновъ

ꙉемонъ *Мт 27, 11 Зогр см.* игемонъ

ꙉенадъ *Ас 127а 28 см.* генадъ

ꙉенисаретьскъ *Зогр Мар Ас см.* генисаретьскъ

ꙉен'симани *Мт 26, 36 Зогр; Мк 14, 32 Зогр см.* гетъсимани

ꙉеона *Зогр Мар Ас см.* геона

ꙉеоньна *Мт 23, 15 Мар см.* геона

ꙉеонъскъ *Мт 23, 33 Мар см.* геоньскъ

ꙉеорꙉии *Ас 127б 9; 145б 27 см.* георгии

ꙉерꙉесинскъ *Мт 8, 28 Мар см.* геръгесиньскъ

ꙉерꙉесиньскъ *Мт 8, 28 Зогр Ас; Л 8, 37 Зогр см.* геръгесиньскъ

ꙉетъсимани *Мк 14, 32 Мар см.* гетъсимани

ꙉолъꙉота *И 19, 17 Зогр см.* голъгота

К

К҃ *цифра глаг. и кир.* (>100) **1.** *глаг.* μ', τεσσαράκοντα 40 **2.** *кир.* κ', εἰκάς 20.— *Зогр Мар Ас Сав Унд Боян Син Евх Клоц Супр.— Ср.* м҃, н҃, десѧть (дъва десѧти, четъıри десѧти)

каании *Зогр 130а 7 см.* окаанник

КАГРЪЛИЧИЦЬ, -а *м* (3) τρυγών птенец горлицы hrdliččí mládě: дати жрътвѫ... дъва кагрьличишта • дъва пьтѣньца голѫбина *Л 2, 24 Зогр Мар Ас* (грьличища *Сав*).— *Ср.* грълицчиць

КАДИЛО, -а *с* (3) θυμίαμα ладан, фимиам kadidlo: вънесѫ тебѣ съ кадиломъ овьнъı *Пс 65, 15 Син.— Евх 15б 10; 42а 8.— Ср.* ливанъ [1], тьмианъ

КАДИЛЬНИЦА, -ѧ *ж* (1) θυμιατήριον кадильница kadidelnice: златѫ имѫщи кандилницѫ *Евр 9, 4 Ен*

КАДИЛЬНЪ, -ъıи *прил.* (4) τοῦ θυμιάματος, τῆς εὐωδίας (!) кадильный kadidlový: ави же сѧ емоу а⟨н⟩ꙉ⟨е⟩лъ г⟨осподь⟩нь • стоѩ о деснѫѭ ол'тарѣ кадильнааго *Л 1, 11 Зогр Мар Ас.— Евх 95а 19-20*

КАДИСКЪ *прил. к названию города Кадес* Κάδης *род.* принадлежавший городу Кадес města Kades *род.*: сътрѧсетъ г⟨оспод⟩ь поустъıнѭ кадискѫ *Пс 28, 8 Син*

КАДИТИ, каждѫ, кадиши *несов.* (2) θυμιᾶν кадить okuřovat kadidlem: кадитъ окръсть • ι творит⟨ъ⟩ • иерѣи мол⟨и⟩твѫ сиѭ *Евх 20б 8.— Евх 19б 12*

КАДЪМОВЪ *прил. к мужскому имени Кадм* (1) τοῦ Κάδμου Кадмов Kadmův: такожде же и дионусь • нарочитъıи вашь богъ • нѣ ли ї тъ отъ блѫда родилъ сѧ • бъıвъ отъ семелиѩ кад'мовъı *Супр 8, 9-10*

КАЖДЕНИѤ, -ниѩ *с* (1): тьмиѩньное кажденнѥ θυμίαμα каждение okuřování kadidlem: аште не приметъ тьмьѩньнааго кажденниѩ ни жрътвъ • то не можеши вънити въ цръкъве *Супр 227, 26*

КАЖЕНИКЪ, -а *м* (9) εὐνοῦχος кастрат, евнух eunuch, kleštěnec: сѫтъ бо каженици иже и-чрѣва м⟨ате⟩р⟨ь⟩нѣ родишѧ сѧ тако *Мт 19, 12 Мар Ас Сав* (∅ *Зогр*).— *Мт 19, 12 Мар* (2) *Ас* (2) *Сав* (2).— *Ср.* скопьць

КАЗАНИѤ, -ниѩ *с* (3) νουθεσία, παραίνεσις наставление, поучение poučování, napomínání: їна приложивъ отъ с⟨вѧ⟩таго д⟨оу⟩ха данъıѩ кмоу благодѣти словеса казанию *Супр 25, 26.— Клоц 5б 21, Супр 415, 1.— Ср.* наказаниѥ, показаниѥ, поѹчениѥ, оувѣщаниѥ, оучениѥ

КАЗАТЕЛЬ, -лѩ *м* (1) φωταγωγός наставник vychovatel: погребъше кго • акъı своѥго казателꙗ и оучителꙗ • имъ бывъша *Супр 52, 3*.— *Ср.* наставьникъ

КАЗАТИ, кажѫ, кажеши *несов.* (25) **1.** δεικνύναι, ἐνδείκνυσθαι, ἐπιδείκνυσθαι, ὑποδεικνύναι, γράφειν (!); (прѣжде казати προδιατυποῦν) указывать ukazovat, označovat, naznačovat: само бо се мнимоѥ оукорьно сꙑ • то кажетъ владꙑкꙑ чловѣколюбьѥ *Супр 409, 20*; дѣлесꙑ и словесꙑ кажѫ ꙗко не гонезнетъ прѣдадꙑи *Супр 412, 20*; и ино большеѥ • ѥже грѧдѫшта имъ прѣжде казааше *Супр 417, 23* **2.** παραινεῖν, νουθετεῖν, παιδεύειν поучать, наставлять, побуждать poučovat, vychovávat, pobízet: ѥгда никогоже бѣ кажѫшта • тъгда... прѣмѣни сѧ *Супр 415, 4* (не бѣ нікътоже оучѧ его *Клоц 5б 26*); на мнозѣ кажѫ • молѫ припадаѭ • кланꙗѭ сѧ • оувѣштати ѥго не възможе *Супр 527, 14*.— *Ен Супр Зогр-лл.*— *Ср.* показовати, пооучати, оучити

КАЗИТИ, кажѫ, казиши *несов.* (3) **1.** ἀνατρέπειν (!) портить kazit: ничтоже бо сице казитъ жизни чловѣчьскꙑѩ • ꙗко еже скоро вѣровати глаголѥмꙑимъ *Супр 305, 25* **2.** εὐνουχίζειν кастрировать vyklešťovat: сѫтъ каженици иже сѧ казишѧ отъ чл⟨овѣ⟩къ • и сѫтъ каженици • иже сѧ сами казишѧ *Мт 19, 12 Сав* (ꙗже исказишѧ чл⟨овѣ⟩ци... исказишѧ сѧ сами *Мар Ас*).— *Ср.* развращати, скопити, цѣстити сѧ

КАЗНЬ, -и *ж* (7) **1.** ζημία, κίνδυνος (!); (казнь сътворити τιμωρεῖν) наказание trest: съмрьтънѫѭ казнь приметъ *Супр 199, 27*; не приде бо въ прьвоѥ пришьствиѥ • мѫчити и казнь сътворити невѣрьнꙑимъ *Супр 481, 11* **2.** δόγμα, θέσπισμα приказ, указ nařízení, příkaz: посъла же по вьсѧ градꙑ и по вьсеи земи казнь *Супр 220, 14-15*.— *Евх 91а 11; Супр 101, 22; 101, 29; 199, 17*.— *Ср.* заповѣдь, мьсть, повелѣниѥ

КАЗНЬЦЬ, -а *м* (1) *греч. нет* военачальник (vojenský) velitel: приде съ множьствомь воѥводъ и казньцъ и жоупанъ *Супр 561, 24*

КАИНАНОВЪ *прил. к мужскому имени Каинан* (4) [каиновъ *Мар* (1)] τοῦ Καϊνάν Каинана *род.* Kainanův: с⟨ꙑ⟩нъ сꙑ... каинановъ *Л 3, 36 Зогр Мар*.— *Л 3, 37 Зогр Мар*

КАИНЪ, -а *м имя* (6) Κάϊν Каин Kain: от'цоу же решти... каиноу кде авель братъ ти *Супр 306, 4*; тꙑ каинꙗ (*вм.* каина) братооубииства (! *вм.* братолюбьства) бѣлꙑѩ ризꙑ съвлѣче *Супр 389, 8-9*.— *Супр 304, 25; 400, 8; 400, 10; 485, 9*

к а н ю н а *Супр 547, 15 см.* манюма

КАИꙖФА, -ꙑ *м имя* (40) [канаф- *Зогр* (5) *Ас* (11) *Евх* (1) *Клоц* (1), каиф- *Зогр* (1)] Καϊάφας Каиафа Kaifáš: ведошѧ и къ каиѣфѣ • ар'хиереови *Мт 26, 57 Зогр Мар Ас Сав* (2).— *Зогр Мар Ас Сав Боян Евх Клоц*

КАИꙖФИНЪ *прил. к* каиꙗфа (3) [каиаф- *Евх* (2)] τοῦ Καϊάφα Каиафы *род.* Kaifášův: воини ведошѧ і⟨соу⟩са • на дворъ каиꙗфинъ еже естъ преторъ *Мк 15, 16 Сав* (канафѣ *Ас*, *нет Зогр Мар*).— *Евх 48а 5; 48а 24*

КАКО *нареч. и союз* (>400) I. *нареч. вопрос.* πῶς, ὅπως, πόθεν, ποῦ, ποίῳ τρόπῳ, τί, ποῖος, πρὸς τό (!), ὡς(!), οἷος (!) как jak: како можете добро творити зъли сѫште *Мт 12, 34 Зогр Мар Ас Сав*; фарисѣи же ішьдъше • съвѣтъ сътворишѧ на нь • како и погоубѧтъ *Мт 12, 14 Зогр Мар*; понеже оубо не бѣ како вь цѣсарьствиѥ небес'ное вънити разбоиникоу *Супр 483, 14* ● сколь jak (velice) (*гл. обр. в восклицательных предложениях*): ѡ како сверѣпьство владꙑкъ • възмѫти оумъ оученикъ *Супр 471, 24*; виждь како любл҃ѣаше і *И 11, 36 Зогр Мар Ас Сав* □ к а к о н е οὔπω разве не, неужели не jak to že, což: г⟨лаго⟩лааше имъ како не разоумѣѥте *Мк 8, 21 Мар* (не оу ли *Зогр*); како не можете • единого часа со мноѭ побьдѣти *Евх 47а 11* (тако ли не *Мт 26, 40 Зогр Мар Ас Сав*) II. *союз* **1.** ὅτι, πῶς как, что jak, že: възьрите на птицѧ н⟨е⟩б⟨есь⟩скꙑѩ • како не сѣѭтъ *Мт 6, 26 Зогр* (ѣко *Мар Ас Сав*); да оуже врѣмѧ оубо противѫ онѣмъ пльчити сѧ • глаголѭштиимъ • како немошти дѣльма х⟨ристо⟩с⟨ъ⟩ моливъ сѧ въстави лазара *Супр 306, 9* **2.** е д а к а к о, д а н е к а к о μήποτε, μήπως, μήπου чтобы не aby ne: отъпоустити іхъ не хоштѫ не ѣдъшь • да не како ослабѣѭтъ на пѫти *Мт 15, 32 Зогр Мар Ас* (за не *Сав*); повели оубо оутврьдити гробъ • до третиѥго дьне • еда како пришьдъше оученици нощтиѭ оукрадѫтъ і *Мт 27, 64 Зогр Мар Ас; Супр 439, 21; 440, 3*; онъ же р⟨е⟩че • ни • еда како въстръгаѭште плѣвелꙑ • въстръгнете сь ними и пшеницѫ *Мт 13, 29 Ас* (еда *Зогр Мар*).— *Зогр Мар Ас Сав Унд Боян Зогр-пал Ен Син Евх Клоц Супр Рыл*.— *Ср.* какоже, ꙗко

КАКОВЪ, -ꙑи *мест.-прил.* (12) ποταπός, οἷος какой jaký: виждь • каково каменье • і каково зъданиѥ *Мк 13, 1 Зогр Мар*; блюди чѧдо • каковаа обѣтованиѣ даеши б⟨ог⟩оу *Евх 87б 1*.— *Л 1, 29 Зогр Мар Ас; Л 7, 39 Зогр Мар Ас; Евх 89а 5*.— *Ср.* какъ

КАКЪ *мест.* (21) **1.** *вопрос.* οἷος, ὁποῖος, ποταπός, τίς, πῶς (!) какой jaký: тꙑ единъ вѣси г⟨оспод⟩і • какꙑ моѩ сѫтъ бѣдꙑ *Евх 72б 18*; какоѭ оубо славꙑ съподобѧтъ сѧ прѣбꙑваѭштии въ заповѣдехъ ѥго *Супр 123, 10*; како (*вм.* какъ) же ѥстъ образъ прѣложениꙗ *Супр 84, 25-26* **2.** *неопр. греч. нет* какой-нибудь nějaký: аште наречет' сѧ съборъ какъ то м'нози съберѫт' сѧ *Рыл 26β 34* □ какъ любо οἷος какой-либо, любой jakýkoliv: въ неже мѣсто аште въпадетъ какъ любо скотъ • то к томоу живо не изльзетъ *Супр 193, 16.— Зогр Мар Ас Евх Клоц Супр.— Ср.* каковъ

КАЛАНЪДЫ, -ъ *ж мн.* (1) *греч. нет* календы kalendy (*первый день месяца у римлян*): прѣжде четырь калан'дъ мар'та *Супр 81, 20.— Ср.* колѧда

КАЛИНИКЪ, -а *м имя* (2) Καλλίνικος Каллиник Callinicus: с⟨вѧ⟩таго о⟨ть⟩ца наш⟨е⟩го калиника *Ас 152а 19-20.— Ас 129б 20*

КАЛИОПИꙖ, -ниѩ *ж город* (1) *греч. нет* Каллиопия Calliope: арьнѣи въ калиопиї старѣишинъствоуѩ *Супр 564, 21*

КАЛИСТРАТЪ, -а *м имя* (1) Καλλίστρατος Каллистрат Callistratus: памѧтъ с⟨вѧ⟩тыхъ мѫченикъ калистрата и дроужины его *Ен 37б 12*

КАЛИСТЪ, -а *м имя* (2) Κάλλιστος Калист Callistus: мѫченик... ѳеѡфила • калиста • васоꙗ и дроужины их' *Супр 54, 7.— Супр 64, 9*

КАЛЪ, -а *м* (3) πηλός грязь bláto, bahno, kal: видѣхъ... мрътвои же тѣлесьнок видѣние • акы тинавъ калъ смрьдѧштъ *Супр 167, 22.— Евх 70а 12-13; Супр 344, 22.— Ср.* брьние

КАЛꙖТИ СѦ, калꙗѭ сѧ, калꙗкши сѧ *несов.* (1) *греч. нет* пачкаться špinit se: подобенъ естъ... свиньи ѣже измывъши сѧ • пакы въ калѣ калѣетъ сѧ *Евх 70а 13*

КАМЕНИѤ, -ниꙗ *с собир.* (90) 1. οἱ λίθοι; (камение остро λιθόστρωτον; камение метати, камениѥмь бити, побити, побивати λιθάζειν, καταλιθάζειν, λιθοβολεῖν) камни, каменья kamení: рьци каменью семоу да бѫдѫтъ хлѣби *Л 4, 3 Зогр Мар*; о добрѣ дѣлѣ не мештемъ каменїѣ на тѧ *И 10, 33 Зогр Мар Ас*; овогo же оубишѧ • овогo же каменемь побишѧ *Мт 21, 35 Мар Ас Сав Боян (∅ Зогр)*; овогда камениѥмъ биꙗхѫ г⟨оспод⟩а *Супр 480, 29*; повелѣ прострѣти и по острoу камению • и бити *Супр 113, 6* □ камение драгое, мъногоцѣньное λίθοι τίμιοι драгоценные камни drahokamy: вѣньць отъ камениꙗ драгааго *Супр 368, 16*; оукрашены камениѥмъ многоцѣнънымъ *Супр 6, 29-30* 2. αἱ πέτραι, τὰ πετρώδη скалы skály: отъ срѣдъ камьньѣ (!) дадѧтъ гласъ *Пс 103, 12 Син*; каменье на оукроухы распаде сѧ *Супр 475, 16-17*; дроугаѣ же (*т. е.* сѣанаѣ) падошѧ на каменихъ • ѣко не имѣшѧ земли многы *Мт 13, 5 Зогр Мар.— Зогр Мар Ас Сав Ен Син Евх Супр.— Ср.* камы, камыкъ

КАМЕНЬНЪ, -ыи *прил.* (2) 1. τῶν λίθων каменный, камня, камней *род.* kamene, kamenů *род.*: тъштитъ бо сѧ и каменьнѧѩ видѣти добротѫ *Супр 344, 8-9* 2. πετρώδης каменистый kamenitý: и си такожде сѫтъ • иже на каменънъıхъ сѣеми *Мк 4, 16 Мар* (на каменихъ *Зогр*).— *Ср.* камѣнъ

КАМО *нареч.* (34) 1. *вопрос.* ποῦ куда kam: не вѣси отъ кѫдоу приходитъ • и камо идетъ *И 3, 8 Зогр Мар* 2. *неопр. греч. нет* куда-нибудь někam: хотѧштаа его или камо испоустити • или въ кѫѭ мѫкѫ прѣдати *Супр 361, 15.— Зогр Мар Ас Сав Боян Супр.— Ср.* ꙗможе

КАМЫ, камене *м* (>100) 1. λίθος камень kámen: а⟨н⟩ѣ⟨е⟩лъ... отъвали камень • ѡтъ двьрьі гроба *Мт 28, 2 Зогр Мар Ас Сав*, камы *Супр 444, 23*; не оставѧтъ камене • на камени *Л 19, 44 Зогр Мар*; покрывъ сѧ въ гробѣ каменемь *Евх 27а 20-21*; дѣла рѫкоу чловѣчьскоу • отъ камени и отъ дрѣва творени *Супр 49, 27* □ камы драгыи λίθος τίμιος драгоценный камень drahokam: вѣнъць • отъ камені драгаего *Пс 20, 4 Син*; свѣтьлыи камы φεγγίτης λίθος фенгит (*род слюды*) ofengit: свѣтълыи камень... невѣрьствнимъ отъмѧтъ *Супр 385, 19* 2. πέτρα скала skála: въложи і въ гробъ • иже бѣ исѣченъ въ камене *Мк 15, 46 Зогр*, отъ камене *Мар*; развръзе камень въ поустыні и напоі ꙗ — *Пс 77, 15 Син;* връхъ ic камене • идеже х⟨ристос⟩ъ пораждаетъ сѧ *Клоц 14а 10; Супр 451, 23.— Зогр Мар Ас Сав Боян Син Евх Клоц Супр Хил.— Ср.* камение, камыкъ, петръ

КАМЫКЪ, -а *м* (18) 1. λίθος камень kámen: възлеже моусии подъ камыкомъ великомъ *Супр 275, 17* 2. πέτρα скала skála: пиꙗхѫ бо рече отъ доуховьнааго послѣдоуѭшта камыка • камыкъ же бѣ х⟨ристос⟩ъ *Супр 485, 18* (2).— *Супр.— Ср.* камение, камы, петръ

КАМѢНЪ, -ыи *прил.* (10) 1. λίθινος каменный kamenný: бѣ же тоу водоносъ камѣнъ шесть *И 2, 6 Зогр Мар Ас Охр* 2. πετρώδης, ὁ ἐν ταῖς πέτραις скальный skalní: сънидошѧ въ камѣнѧѩ тѫ распали(н)ѫ[ѩ] *Супр 36, 7.— Евх 80аб; Супр 34, 7-8; 34, 26; 116, 11; 519, 2.— Ср.* каменьнъ

КАНА *ж нескл. город* (13) Κανᾶ Кана Kána: бракъ быс⟨тъ⟩ въ кана галилѣисцѣі *И 2, 1 Зогр Мар Ас Охр.— И 2, 11 Зогр Мар Ас; И 4, 46 Зогр Мар; И 21, 2 Зогр Мар Ас; Мар 133а 2*

КАНАГАЛИЛѢИСКЪ, -ыи *прил. к* кана галилѣиска (1) ἐν Κανᾷ τῆς Γαλιλαίας Каны Галилейской *род.* Kány Galilejské *род.*: прѣложеи водѫ въ вино • въ канагалилѣискыхъ брацѣхъ *Евх 14а 24-25*

КАНАНѢИ, -ѣꙗ *м прозвище по месту рождения* (4): симонъ кананѣи Σίμων ὁ Καναναῖος Симон Кананейский Šimon Kapanejský: симонъ кананѣи *Мт 10, 4 Зогр Мар.— Мк 3, 18 Зогр Мар*

кандилница *Евр 9, 4 Ен см.* кадильница

КАНЪДИДЪ, -а *м имя* (6) Κάνδιδος Кандид Candidus: с⟨вѧ⟩тыи кан'дидъ *Супр 71, 21.— Супр 69, 16; 70, 28-29; 71, 16; 73, 29; 74, 2-3*

КАНЪДИЛО, -а *с* (2) *греч. нет* лампа, лампада lampa, svítilna: покмлѧ масло отъ кан'дила *Супр 567, 12.— Супр 562, 28-29.— Ср.* свѣтило, свѣтильникъ

КАНЪДИЛЬНЪ, -ыи *прил.* (1) *греч. нет* ламповый, лампадный lampový: отъ масла кандилънааго възъмъ *Супр 562, 15*

КАНѪТИ, -нѫ, -неши *сов.* (1) στάξειν выделить влагу, капать vydat vláhu, nechat skanout: землѣ потрѧсе сѧ ибо н⟨е⟩б⟨е⟩са канѫшѧ *Пс 67, 9 Син*

КАПАДОКИИСКЪ, -ыи *прил. к названию страны Каппадокия* (2) τῶν Καππαδοκῶν каппадокийский kapadocký: с⟨вѧ⟩тааго васил҃ѣ ар'хиеп⟨искоу⟩па кесариѩ кападокїискыѩ *Супр 81, 30.— Супр 69, 3*

КАПАДОКИСА, -ы *ж* (1) Καππαδόκισσα жительница Каппадокии Kapadočanka: жена нѣкто кападокиса родомъ *Супр 297, 27*

КАПАТИ, каплѭ, каплѥши *несов.* (9) στάζειν, ἀποστάζειν, καταβαίνειν, ῥίπτειν; (медъ каплѭи μελίρρυτος) капать kapat, kanout: медъ бо каплетъ отъ оустьноу жены блѫдьны *Супр 350, 30-351, 1*; слъзы врѫштѧ капаахѫ по ланитама на землѭ *Супр 397, 25-26*; ѡ веле медъ капѭштии ѩзыкъ дѣтии *Супр 327, 1-2.— Л 22, 44 Зогр Мар Ас Сав; Пс 71, 6 Син; Супр 51, 13.—* медъ каплѭи *ср.* медоточьнъ

КАПЕРЪНАОУМЪ, -а *м город* (46) [каферъ- *Зогр* (4) *Мар* (1)] Καπερναούμ, Καφαρναούμ Капернаум Kafarnaum: си рече на сънъмишти • оучѧ въ каперънаоумѣ *И 6, 59 Зогр Мар Ас.— Зогр Мар Ас Сав Боян*

КАПИКЛАРИИ, -ꙗ *м* (4) καπικλάριος тюремный надзиратель, надсмотрщик žalářník, dozorce: запрѣтивъ агланоу капикларию • тврьдѣ блюсти ихъ *Супр 72, 2.— Супр 76, 16; 78, 3; 79, 13.— Ср.* стражь

КАПИТОНЪ, -а *м имя* (3) Καπίτων Капитон Capito: дастъ имъ еп⟨искоу⟩па именемь капитона *Супр 539, 28.— Супр 532, 21; 542, 4*

КАПИЩЕ, -а *с* (26) εἴδωλον, ἄγαλμα, εἰκών, ξόανον идол modla: мрътвомъ же капиштемъ не клан҃ѣѭ сѧ *Супр 115, 20* ◆ капищемъ слоуженик εἰδωλολατρεία идолопоклонство modloslužba: многы недѫгы чловѣчьскыи з(ыбаа)ше сѧ родъ • къ капиштемъ слоуженью... женомъ *Супр 352, 12.— Супр.— Ср.* идолъ, коумиръ

КАПИЩЬНИЦА, -ѧ *ж* (1) ναός языческий храм, капище pohanský chrám: кде бо капишта • и животънаꙗ поустошьнаꙗ оубиваниꙗ • кде капиштьницѧ и нечьстивыи огн҃ь *Супр 428, 3.— Ср.* коумирьница, капищьнь (црькъвище капищьнок)

КАПИЩЬНЪ, -ыи *прил.* (1): црькъвище капищьнок ναός языческий храм, капище pohanský chrám: цркъвиште капиштьнок разори сѧ *Супр 180, 23*

КАПЛꙖ, -ѧ *ж* (13) θρόμβος, σταγών, κρουνός, ὀχετός (!); (каплꙗми κρουνηδός (!)) капля kapka, krůpěj: бьістъ потъ его ѣко і капл҃ѧ кръве капл҃ѭштѧѩ на земл҃ѫ *Л 22, 44 Зогр Мар Сав,* каплѣ *Ас*; видѣахѫ капл҃ѫштѧ отъ н҃его крьви • капл҃ѣми *Супр 51, 14.— Пс 64, 11 Син; 71, 6 Син; Клоц 14б 12* (2); *Супр 388, 17-18; 453, 3; 453, 3-4; 499, 29.— Ср.* кроплꙗ

КАПЬ, -и *ж* (2) εἰκών облик, изображение, образ obraz, podoba: сътворивъ бо сь чловѣка по капи нашеи и по образоу *Супр 308, 19.— Супр 247, 16.— Ср.* образъ

КАРЪВАНА, -ы *ж* (4) [кор'вон- *Ас* (1)] κορβανᾶς сокровищница pokladnice: не достоіно естъ въложити его (*т. е.* сърєбра) въ кар'ванѫ • понеже цѣна кръве естъ *Мт 27, 6 Зогр Мар Ас Сав*

КАРЪКИНОСЪ, -а *м* (1) καρκίνος *вид вредного рака или краба druh škodlivých raků nebo krabů*: имена гадомъ... ілосъ • вилитисъ • карькиносъ *Евх 59а 17-18*

касамовъ *Л 3, 28 Мар см.* косамовъ

КАСАТИ СѦ, -аѭ сѧ, -аѥши сѧ *несов.* комь, чемь; кого, чесо; комоу, чесомоу (5) ἅπτεσθαι касаться dotýkat se: рѫка ѥстъ ѩзыкъ нашъ христосовоу ногоу касаѭшти сѧ *Супр 379, 28*; обьшта бо бѣаше страсть • и нашего рода касаѭшти сѧ *Супр 430, 6-7*; касааше сѧ жъгомъıимъ огн҃емъ • и хладни бываахѫ *Супр 476, 16-17.— Супр 476, 22; 567, 15*

КАСИꙖ, -иѩ *ж* (1) κασία кассия, (дикая) корица kasie, (divoká) skořice: змръна і стактъ і касиѣ • отъ різъ твоихъ *Пс 44, 9 Син*

КАТААРОСЪ, -а (?) *м* (1) *греч. нет вид вредного насекомого druh škodlivého zmyzu*: имена гадомъ • прѫгъ • сланѫ • чрьвены прѫгъ • катааросъ *Евх 59а 16*

КАТАПЕТАЗМА, -ы *ж* (8) [катапеѳазм- *Супр* (1)] καταπέτασμα завеса opona: катапетазма црковънаѣ • раздьра сѧ • съ вышьн҃его краѣ • до нижьн҃ѣаго • на дъвое *Мт 27, 51 Зогр Мар Ас* (опона *Сав*).— *Л 23, 45 Зогр Мар Ас; Евр 9, 3 Ен; Супр 454, 12.— Ср.* опона

КАТОЛИКИИ *прил.* (2) [кафо- *Служ* (1)] καθολικός всеобщий obecný: въ с⟨вѧ⟩тѣи твоеи католикии • ι ап⟨осто⟩лъсцѣи цр⟨ъ⟩к⟨ъ⟩ве *Евх 23б 18.— Служ 3б 24-25.— Ср.* съборьнъ

каферънаоумъ *Зогр Мар см.* каперънаоумъ

кафоликии *Служ 3б 24-25 см.* католикии

КАШИЦА, -ѧ *ж* (1) *греч. нет* каша kaše: трѧсомы же да въкоуситъ подъ вечеръ • мало кашицѧ *Евх 44а 22-23*

КАѨЗНЬ, -и *ж* (1) (бес каѩзни ἀμεταμέλητος) покаяние pokání: бес каѩзни дарове *Супр 347, 24.— Ср.* каѩние, покаѩзнь, покаѩние

КАѨНИѤ, -ниѩ *с* (1) μετάνοια покаяние pokání: ѥстъ бо каѩние от' вьсеѧ доуша износимо *Супр 362, 20.— Ср.* каѩзнь, покаѩзнь, покаѩние

КАѨТИ СѦ, каѭ сѧ, каѥши сѧ *несов.* о чемь; чесо (25) μετανοεῖν, μεταμέλεσθαι, κόπτεσθαι (!) каяться, раскаиваться kát se, činit pokání: каите сѧ и вѣроуите въ ев⟨а⟩нѣ⟨е⟩лие *Мк 1, 15 Мар* (покаите сѧ *Зогр*); припадошѧ каѭште сѧ о дръзости *Супр 39, 13-14*; каѭ сѧ вьсеѭ зълобъи • ѭже с'творихъ *Рыл 7бβ 25* ● жалеть, огорчаться litovat, rmoutit se: ты бо еси б⟨ог⟩ъ каѭщиихъ сѧ • каѭ сѧ о в'сѣхъ прѣгрѣшеньихъ нашихъ *Евх 75б 22.— Зогр Мар Ас Сав Евх Супр*

КВАСЪ, -а *м* (25) **1.** ζύμη закваска kvas, kvásek: храните сѧ • не от кваса хлѣбънааго • нъ отъ оучениѣ фарисеиска *Мт 16, 12 Зогр Мар* **2.** творенъ квасъ σίκερα заквашенный напиток, квас kvašený nápoj, kvas: мол⟨итва⟩ над⟨ъ⟩ болем⟨ь⟩ пиѭштем⟨ь⟩ квасъ *Евх 42б 13*; вина ι творена кваса • не ιматъ пити *Л 1, 15 Зогр* (сикера *Мар Ас*).— *Зогр Мар Ас Сав Евх Супр.— Ср.* сикера

КВАСЬНЪ, -ыи *прил.* (2): ѩза квасьнаѩ *греч. нет* заболевание, возникшее от питья заквашенного напитка nemoc vzniklá požitím kvašeného nápoje: иждени ιз него... в'сѣкѫ ѩзѭ квасьнѫѭ *Евх 43а 3.— Евх 42б 18-19*

КЕДРЪ, -а *м, мн.* кедри *и* кедры *ж* (6) κέδρος кедр cedr: съкроушитъ г⟨оспод⟩ь кедры ливанъскъ(ι)ѩ *Пс 28, 5 Син*; ѣко кедрι ливанъскыѩ оумъножѩтъ сѩ *Пс 91, 13 Син*; насытѩтъ сѩ дрѣва польскаа • кедры ливанъскы-ѩ-же еси насадилъ *Пс 103, 16 Син.— Пс 28, 5 Син; 36, 35 Син; 79, 11 Син*

КЕДРЬСКЪ *прил. к названию ручья Кедрон* (6) τοῦ Κεδρῶν кедронский cedronský: на онъ полъ потока кедръска *И 18, 1 Мар Зогр Ас* (2) *Сав* (2)

КЕЛА НОВА *нескл. (из лат.) местность* (1) Κελλανόβα Келла нова Cella nova: мати же ѥго блаженаѩ силвиѩ • живѣаше близъ вратъ с⟨вѧ⟩тааго паула апостола • на мѣстѣ нарицаѥмѣѣмь кела нова *Супр 119, 26*

КЕЛЕВЕИ, -ѩ (?) *м (из греч.) имя* (2) καὶ Λεββαῖος (и) Леввей (i) Lebbaeus: ιѣковъ алф'еовъ • ι келевеи нареченъι тадеи *Мт 10, 3 Зогр Мар*

КЕЛЕСТИНА, -ы *ж имя* (1) Καλλίστη Келестина Celestina: с⟨вѧ⟩т.. келестинѣ *Ен 20а 17*

КЕЛОУНТИНЪ, -а *м житель города Калыт* (1) Καλυτηνός калытенский kalytenský: мѫчени.. келоунтина *Ен 37б 16*

КЕНЪТОУРИОНЪ, -а *м* (3) κεντυρίων центурион, сотник setník: оувѣдѣвъ отъ кенътоуриона • дастъ тѣло ιосифови *Мк 15, 45 Зогр Мар* (от⟨ъ⟩ сьтьника *Ас*).— *Супр 187, 15.— Ср.* сътьникъ

КЕРАСТЪ, -а *м* (1) κεράστης рогатая гадюка zmije rohatá: повелѣ привести ѥлико имѫтъ звѣрии • лютъ и зълъ • аспидъ и ехид'ны • и керастъι *Супр 183, 22*

керинѣискъ *Мт 27, 32 Сав см.* куринѣискъ

керинѣнинъ *Мк 15, 21 Сав см.* куринѣнинъ

КЕСАРИИСКЪ, -ыи *прил. к* кесариѩ (5) τῆς Καισαρείας, τῶν Καισαρέων Кесарии *род.* Caesareje *род.*: въ кесарийскыи градъ *Супр 222, 30-223, 1.— Мар 43б 16; Супр 223, 25; 224, 7; 236, 17*

КЕСАРИѨ, -иѩ *ж город* (20) Καισάρεια Кесария Caesarea: ιзиде же н⟨соу⟩с⟨ъ⟩ • ι оученици его • въ вьсь кесариѩ филиповы *Мк 8, 27 Зогр Мар Ас Сав* ◆ новаѩ кесариѩ Νεοκαισαρεία Неокесария Neocaesarea: ѩкоже видѣти новѫѭ кесариѭ и ефратъ рѣкѫ *Супр 562, 5.— Зогр Мар Ас Сав Супр*

КЕСАРОВЪ *прил.* (6) τοῦ καίσαρος кесарев, императорский císařův: чи ѥстъ образось и написание • гл⟨агола⟩шѧ емоу кесаровъ *Мт 22, 20 Мар* (кесаревъ *Ас*, ц⟨ѣса⟩рево *Сав*, Ø *Зогр*).— *Мк 12, 16 Мар; Мк 12, 17 Мар; Л 20, 24 Мар; Супр 104, 17; 106, 17.— Ср.* кесаревъ, цѣсаревъ

КЕСАРЬ, -риа *и* **КЕСАРЪ**, -а *м* (40) [*род.* кесарѣ *Зогр* (2) *Мар* (2) *Ас* (4) *Боян* (2), кесара *Зогр* (1) *Мар* (1) *Сав* (4) *Супр* (2); *дат.* кесарю *Ас* (1), кесареви *Зогр* (7) *Мар* (5) *Сав* (1), кесароу *Ас* (2) *Супр* (1), кесарови *Мар* (4)] καῖσαρ кесарь, (римский) император (římský) císař: не ιмамъ ц⟨ѣса⟩рѣ • тък'мо кесарѣ *И 19, 15 Зогр Ас* (2) *Боян*, кесара *Мар Сав* (2); *Супр 435, 17*; въздадите оубо кесарева кесареви *Мт 22, 21 Мар*, кесарю *Ас* (ц⟨ѣса⟩реви *Сав*, Ø *Зогр*); нѣси дроугъ кесареви *И 19,*

12 Зогр Сав, кесарови *Мар*, кесароу *Ас*.— *Зогр Мар Ас Сав Боян Супр*.— *Ср*. цѣсарь

КЕСАРІЄВЪ, -ыи *прил.* (8) τοῦ Καίσαρος кесарев, императорский císařův: кесаревать въздадите кесареви *Мк 12, 17 Зогр* (кесарова *Мар*).— *Мт 22, 20 Ас; Мт 22, 21 Мар Ас; Мк 12, 16 Зогр; Л 20, 24 Зогр; Л 20, 25 Зогр Мар*.— *Ср*. кесаровъ, цѣсарювъ

КИВОТЪ, -а *м* (2) κιβωτός ларец schránka, skříňka: воскрьсні г⟨оспод⟩і... ты кивотъ св⟨ѧ⟩тыньѩ твоеѩ *Пс 131, 8 Син* ● Ноев ковчег archa Noemova: съвръши же кивотъ и съхрани прѣподобьнааго ноѩ *Супр 232, 11*.— *Ср*. ковьчегъ, крабии, скрижаль, скриниѩ

КИНЪСОВЪ, -ыи *прил.* (1) τοῦ κήνσου налоговый, податный daně *род.*, daňový: покажѣте ми скьлѧзь киносовы *Мт 22, 19 Сав* (кинъсъны *Мар Ас*, ∅ *Зогр*).— *Ср*. кинъсьнъ

КИНЪСЪ, -а *м* (12) [кинсъ *Зогр* (2) *Мар* (1); киньсъ *Мар* (2), кинсь *Мар* (1), киньсь *Сав* (1); кинось *Ас* (1), кинос *Ас* (1)] κῆνσος налог, подать daň, dávka: ц⟨ѣ⟩с⟨а⟩ри земьсции отъ кыхъ приемлѭтъ дани • ли кинсь *Мт 17, 25 Мар*, кінос*Ас* (оброкы *Сав*, ∅ *Зогр*).— *Мт 22, 17 Мар Ас Сав; Мк 12, 14 Зогр Мар; Зогр 130б 16; 130б 20; Мар 43б 29; 77а 19; 77а 23*.— *Ср*. дань, оброкъ

КИНЪСЬНЪ, -ыи *прил.* (2) τοῦ κήνσου налоговый, податный daně *род.*, daňový: покажите ми склѧзъ кинъсъны *Мт 22, 19 Мар*, кіносьнъи *Ас* (киносовы *Сав*, ∅ *Зогр*).— *Ср*. киносовъ

КИСОВЪ *прил.* (1): потокъ кисовъ χείμαρρος Κίσων поток Киссон potok Kišon: сътворі имъ... ѣко іавінові въ потоцѣ кісовѣ *Пс 82, 10 Син*

КИТОВЪ *прил.* (2) τοῦ κήτους китовый velrybí: бѣ іона вь чрѣвѣ китовѣ *Мт 12, 40 Зогр Мар*

КИТЪ, -а *м* (2) κῆτος кит velryba: їѡна три дни въ китѣ поживъ *Супр 478, 26*.— *Супр 401, 8-9*

КИФА, -ы *м имя* (4) [киѳа *Охр* (1)] Κηφᾶς Кифа Kefas: ты наречеши сѧ кифа • еже съказаетъ сѧ петръ *И 1, 43 Зогр Мар Ас Охр*

КЛАВДИИ, -иѩ *м имя* (1) Κλαύδιος Клавдий Klaudius: се имъ имена... оуалерии • клавдии • прискъ *Супр 69, 13*

КЛАДА, -ы *ж* (1) ξύλον колода (*орудие пытки*) kláda (*mučicí nástroj*): повелѣвъ... нозѣ кмоу въ гладѫ (!) вложити *Супр 104, 29*

КЛАДѦЅЬ, -а *м* (6) φρέαρ, πηγή колодец studna: кладѧѕь естъ глѫбокъ *И 4, 11 Зогр* (стоуденецъ *Мар Ас*).— *Л 14, 5 Зогр; И 4, 6 Зогр* (2); *И 4, 12 Зогр; Евх 21а 16-17*.— *Ср*. источьникъ, стоуденьць, ръвеникъ

КЛАНІАНИЄ, -иѩ *с* (1) *греч. нет* поклонение klanění: тѣснъіхъ же тѣхъ братъ... се сѫтъ дѣла • алъкание жадание • землѥгание *Евх 69б 23*.— *Ср*. покланѣаник, поклонъ, поклонкник

КЛАНІАТИ СѦ, -нѩѭ сѧ, -нѩкши сѧ *несов.* (46) προσκυνεῖν, γονυπετεῖν, παρακαλεῖν (!), γελᾶν (!) кланяться klanět se: кънѧзъ вьшедъ кланѣше сѧ емоу *Мт 9, 18 Мар Ас* (поклони сѧ *Сав*, ∅ *Зогр*); на мнозѣ кажд • молѧ припадаѧ • кланѣаѧ сѧ • оувѣштати кго не вьзможе *Супр 527, 14* ● *перен.* поклоняться, почитать klanět se, uctívat: вы кланѣте сѧ егоже не вѣсте • мы же кланѣемъ сѧ егоже вѣмъ *И 4, 22 Ас Мар* (∅ *Зогр*); да не никтоже отъ чтѫштиїихъ и кланѣѭштиихъ сѧ сльньцоу и огнꙋ и водѣ • оуслъішатъ таковыихъ словесъ кго *Супр 263, 13*.— *Зогр Мар Ас Сав Син Евх Клоц Супр*.— *Ср*. покланѣати

КЛАСТИ, кладѫ, кладеши *несов.* (2) [глад- (!) *Супр* (1)] περισωρεύειν, ζημιοῦσθαι (!) класть klást: принесеномъ же бывъшемъ дръвомъ • и крѫгомъ гладъше (!) *Супр 141, 14-15*; не мати ковьчегомъ • да не кладеши (! *вм.* жладеши) кже вь нѥмъ *Супр 243, 2*.— *Ср*. полагати

КЛАСЪ, -а *м* (18) στάχυς, ἄσταχυς; (класъ творити σταχυοφορεῖν) колос klas: въстръзаахѫ оученици его класы *Л 6, 1 Зогр Мар Ас*; не нынѣ ли кстъ класъ творѧшти *Супр 249, 15*.— *Зогр Мар Ас Сав Супр*

класьнъ *Супр 397, 8 см.* власьнъ

КЛАТИ, колѭ, колкши *несов.* (2) σφάττειν закалывать, убивать zabíjet: видѧ от'ць с⟨ы⟩на колѥма *Супр 56, 28*.— *Супр 57, 2*.— *Ср*. закалати

КЛАТИТИ, клащѫ, клатиши *несов.* (2) κλυδωνίζειν качать, колебать kývat, zmítat: стави сѧ корабь посрѣдоу рѣкы • и бѣаше клатимъ зѣло *Супр 151, 3* ◆ клатити сѧ *греч. нет* колебаться zmítat se: избавѧ вьсѫ д⟨оу⟩шѫ клатѧштѫ сѧ въ горести диаволовѣ *Супр 143, 18*.— *Ср*. вълаѣати, зыбати, колѣбати, сътрѧсати, трѧсти

КЛЕВЕТА, -ы *ж* (4) λοιδορία, καταλαλία, συκοφαντία клевета kleveta, pomluva: въпадаѭ... вь клеветы • въ съвады *Евх 68а 24*.— *Пс 118, 134 Син; Евх 91б 15-16; Супр 481, 24*.— *Ср*. обажденик, оклеветаник, рѣчь, хоула

КЛЕВЕТАРЬ, -рѩ *м* (1) κατήγορος обвинитель žalobce: ѣкоже дроугъ дроугоу быти клеветаремъ и обличителемъ *Супр 441, 12*.— *Ср*. обадитель, обличитель

КЛЕВЕТАТИ, клевещѫ, клевещеши *несов.* на кого; о комь, о чемь (2) καταλαλεῖν, διαβάλλειν клеветать pomlouvat: сѣдѩ на братра своего клеветааше *Пс 49, 20 Син*; почто клевештеши о моємъ съществии *Супр 394, 6.— Ср.* вадити, глаголати, оклеветавати, хоулити

КЛЄВЄТЬНИКЪ, -а *м* (3) συκοφάντης клеветник pomlouvač, klevetník: не любодѣи бо ни клеветьници • ни обідьливи ц⟨ѣ⟩с⟨а⟩р⟨ь⟩ствіє б⟨о⟩жіє наслѣдъствоуѭтъ *Клоц 2а 36.— Пс 71, 4 Син; Клоц 12а 10.— Ср.* досадитель

КЛЄВЄТЬНЪ, -ыи *прил.* (1) τῆς συκοφαντίας клеветнический pomlouvačný: пакы людѣи • да не приметъ клеветьнъıѧ винъı *Клоц 12а 7*

КЛЄВРѢТЪ, -а *м* (19) σύνδουλος, ὁμόδουλος, δοῦλος сотоварищ (по труду) spoluslužebník: шьдъ же работъ • обрѣте единого отъ клеврѣтъ своихъ *Мт 18, 28 Мар Ас* (подрѹгъ *Сав, Ø Зогр*).— *Зогр Мар Ас Сав Супр.— Ср.* подроугъ

КЛЄОПА, -ы *м имя* (8) Κλεοπᾶς Клеопа Kleofáš: о клеопѣ *Мар 77а 31.— Л 24, 18 Зогр Мар Ас; Супр 475, 3; 476, 2; 477, 23; 477, 24*

КЛЄОПОВЪ *прил. к* клеопа (9) [клеофов- *Сав* (2)] τοῦ Κλεωπᾶ Клеопы *род.* Kleofášův: стоѣахѫ же при кр⟨ь⟩стѣ іс⟨оусо⟩вѣ • мати его • і сестра матере его • маріѣ клеопова *И 19, 25 Зогр Мар Ас* (3) *Боян,* клеофова *Сав* (2).— *Супр 477, 19*

КЛЄПАТИ, клеплѭ, клеплѥши *несов.* (12) σημαίνειν указывать naznačovat: се же г⟨лаго⟩лааше клепл҄ѧ • коеѭ съмрьтиѭ хотѣаше оумьрѣти *И 12, 33 Зогр Мар Сав Боян* (ѯнаменоуѧ *Ас*).— *И 18, 32 Зогр Мар Ас Сав; И 21, 19 Зогр Мар Ас Сав.— Ср.* защицати, знаменати, назнаменовати

КЛИКНОВЄНИѤ, -ниѣ *с* (1) ἀλαλαγμός ликование jásání: блажені людие вѣдѫштеі кликновеніе *Пс 88, 16 Син.— Ср.* въскликновениѥ, въсклицаниѥ

КЛИМЄНТЪ, -а *м имя* (11) Κλήμης Климент Klement, Kliment: чьстьнаго климента законьника і мѫченика чьсті чьстьаце *Киев 16 17.— Ас 127б 5; 141а 24; 141б 6-7; 151а 3; 151а 5; Сав 134а 15-16; Унд 2а 12; Киев 1б 1; 1б 3; 1б 12*

КЛИОСКАѴРЪ, -а *м дорога в Риме* (2) Κλοιοσκαύρη Клиоскаури Clivus Scauri: єгда бѣ въ манастъıри с⟨вѧ⟩тааго аньдреа апостола • нарицаѥмаaго клиоскаръ (!) *Супр 122, 8.— Супр 119, 21*

КЛИРИКЪ, -а *м* (3) κληρικός клирик duchovní, klerik: поимъ еп⟨искоу⟩пъ клирикы и мѫжѧ вѣрьны *Супр 81, 5.— Супр 219, 20; 282, 11-12.— Ср.* клиросьникъ, причьтьникъ, свѧщеникъ

КЛИРОСЪ, -а *м* (6) κλῆρος; (поставлѥнъ быти въ клиросѣ диꙗкъ χειροτονεῖσθαι) клир, духовенство klérus, duchovenstvo: вьсь градъ коупно съ архиепископомъ • и съ вьсѣмь клиросомъ • съ хвалами и пѣсньми доуховънъıими • несоша и *Супр 208, 21;* поставьѥнъ бъı-въ-клиросѣ диꙗкъ *Супр 214, 9.— Супр 517, 27; 529, 21; 530, 16; 532, 5*

КЛИРОСЬНИКЪ, -а *м* (2) κληρικός клирик duchovní, klerik: ꙗкоже... к немоу приходити • и клиросникомъ и многъıимъ облашнимъ *Супр 519, 10.— Супр 553, 7.— Ср.* клирикъ, причьтьникъ, свѧщеникъ

КЛИЦАТИ, кличѫ, кличеши *несов.* (4) ἀλαλάζειν, βοᾶν, κράζειν, ἐπικράζειν кричать křičet: видѣ мльвѫ • і плачѫштѧ сѧ • і кличѫштѧ много *Мк 5, 38 Зогр* (кричѧштѧ *Мар*).— *Супр 43, 25; 138, 18; 465, 3.— Ср.* въпити, зъвати, кричати

КЛИЧЬ, -а *м* (2) κραυγή крик křik: вьсѣкъ гнѣвъ • і ѣрость • і кличь • і хоула • да възъметъ сѧ отъ оустъ вашихъ *Клоц 4а 8* (*Еф 4, 31*).— *Евх 91б 15.— Ср.* въпль, зъваниѥ, кричь, плиць

КЛОКОТАТИ, клокоцѫ, клокоцеши *несов.* (2) κοχλάζειν клокотать, кипеть klokotat, vřít: клокоштетъ коноб҄ъ *Супр 234, 11-12.— Супр 233, 22-23.— Ср.* врѣти

КЛОНИТИ СѦ, -нѭ сѧ, -ниши сѧ *несов.* (1) κλονεῖσθαι клониться klonit se, sklánět se: страхомъ же клонѧ сѧ и запрѣштениѥмъ сьпаде коумирь съ мѣста своѥго *Супр 33, 14.— Ср.* прѣкланꙗти

КЛОПОТЪ, -а *м* (1) *греч. нет* грохот rachot: б⟨о⟩же творьче... оумъножь клопотъ камениѣ *Евх 44б 12-13*

КЛЬЦАТИ, -аѭ, -аѥши *несов.* (1) σκάλλειν размышлять hloubat: клъцаше д⟨оу⟩хъ мої *Пс 76, 7 Син*

КЛЬЧЬТАТИ, кльчьщѫ, кльчьщеши *несов.* (1) *греч. нет* заставлять стучать rozklepávat, rozjektávat: мол⟨итва⟩... над⟨ъ⟩ трѧсѫщимь сѧ трѧсавицеѭ • клечьщѭщиѭ зѫбы *Евх 44а 20*

КЛЬЧЬТЪ, -а *м* (1) *греч. нет* стук jektání: иждени трѧсавицѫ... творѧщѫ клъчетъ зѫбы его *Евх 45а 2*

КЛѢТЬ, -и *ж* (16) κελλίον, κέλλη, ταμιεῖον, οἴκημα, οἰκία, κουβούκλειον каморка; хижина komůrka; chýše: єгда молиши сѧ • вълиди въ клѣть твоѭ *Мт 6, 6 Зогр Мар Ас Сав* ● (монашеская) келья (mnišská) cela: їѡанъ клѣть прѣимъ • и повелѣнъ мльчати прѣбъı три лѣта *Супр 285, 5.— Зогр Мар Ас Сав Супр.— Ср.* клѣтька, хъıзина, хлѣвина

КЛѢТЬКА, -ы *ж* (5) κελλίον, κέλλα каморка, хижина komůrka; chýška: вьлѣзъ самъ въ жтрьнѭѭ клѣтькѫ заключи сѧ • оставивъ женѫ вь вънѣшнии клѣт'цѣ *Супр 516,*

3 и 4.— Супр 523, 11; 524, 8; 527, 21-22.— Ср. клѣть, хызина, хлѣвина

КЛЮСА, -ѧте *с* (6) *греч. нет* вьючное животное tažné zvíře, soumar: єгоже не могъше носѧштии въсадити на клюса *Супр 552, 24*; не обрѣте клюсѧте *Супр 552, 3-4.— Супр 551, 24; 551, 30; 552, 5; 552, 11-12.— Ср.* ꙗрьмьникъ

КЛЮЧАРЬ, -рꙗ *м* (1) κλειδοφύλαξ ключник, ключарь klíčník: с⟨вѧ⟩тъıх⟨ъ⟩ м⟨ѫ⟩ч⟨ени⟩къ ананиꙗ прозвутера и петра ключарѣ *Ас 141а 29*

КЛЮЧАѤМЪ, -ъıи *прич.-прил.* (1) πρόσφορος подходящий vhodný: си же о себѣ повѣдавши • ключаємъıи отъвѣтъ приѩ *Супр 299, 24-25*

КЛЮЧИТИ СѦ, -чѫ сѧ, -чиши сѧ *сов.* (10) δεῖν, συμβαίνειν, λαγχάνειν случиться stát se, přihodit se: аште ми сѧ ключитъ съ тобоѭ оумьрѣти • не отъвръгѫ сѧ тебе *Мк 14, 31 Мар* (сѧ лоучитъ *Зогр*).— *Мт 26, 35 Зогр Мар Ас Сав; Л 1, 9 Зогр Мар Ас; Евх 19а 22; 20а 25.— Ср.* лоучити сѧ, приключити сѧ, събъıти сѧ, сълоучити сѧ

КЛЮЧЬ, -а *м* (9) [клоуч- *Супр* (1), кл(ч)- *Мар* (1)] κλείς ключ klíč: горе вамъ законьникомъ • ѣко възѧсте ключь разоумѣнью • сами вънидосте • ı въходѧштимъ възбранисте *Л 11, 52 Зогр Мар* ● κλεῖθρον запор, замок závora, zámek: адовъı клоуча съкроушитъ *Супр 238, 30.— Мт 16, 19 Зогр Мар Ас; Служ 16 15; Супр 501, 10-11; 526, 2*

КЛѦТВА, -ъı *ж* (33) **1.** ὅρκος клятва přísaha: клѧтвоѭ ıздрече ен дати • егоже аште въспроситъ *Мт 14, 7 Зогр*, съ клѧтвоѭ *Мар* **2.** ἀρά, κατάρα, κατάκρισις проклятие kletba, prokletí: кръвиѭ твоеѭ искоупилъ нъı еси отъ клѧтвъı *Евх 39а 18.— Зогр Мар Ас Сав Ен Син Евх Клоц Супр.— Ср.* присѧга

КЛѦТВЬНЪ, -ъıи *прил.* (1) τῆς ὁρκωμοσίας клятвенный přísežný: слово же клѧтвъное *Евр 7, 28 Ен*

КЛѦТИ, кльнѫ, кльнеши *несов.* (59) **1.** καταρᾶσθαι проклинать, клясть proklínat, zlořečit: б⟨ла⟩г⟨о⟩с⟨ло⟩вите кльнѫштаѩ въı *Л 6, 28 Зогр Мар*; благословествите а не кльнѣте *Супр 346, 25* **2.** клѧти сѧ чимь ὀμνύναι, ὀμνύειν, ἐξομνύειν; (въ лъже, въ лъжѫ клѧти сѧ ἐπιορκεῖν) клясться přísahat, zapřísahat se: ни главоѭ своеѭ кльни сѧ *Мт 5, 36 Зогр Мар*; ı клѧтъ сѧ еı • ѣко егоже аште просиши дамь ти *Мк 6, 23 Зогр Мар Ас*; единоѭ клѧсъ сѧ св⟨ѧ⟩т⟨ъı⟩мъ моıмъ *Пс 88, 36 Син*; клѧ же сѧ мѫжъ тъ продавъшинимъ тѣлеса • ꙗко никтоже отъ кнѧзъ вашихъ не иматъ оувѣдѣти бъıвъшааго *Супр 270, 29.— Зогр Мар Ас Сав Син Евх Супр.— Ср.* проклинати

КЛѦЧАТИ, -чѫ, -чиши *несов.* (1) *греч. нет* становиться на колени klekat: падоста на земи... долоу клѧчѧшта и лици закръıваѭшта *Супр 211, 3-4*

КОБЫЛА, -ъı *ж* (1) *греч. нет* кобыла kobyla: стада различь воловъ • кобъılъ *Супр 43, 1*

КОБЬ, -и *ж* (2) τύχη судьба osud: ч'то имѧ твоѥ и ч'то ти кобь *Супр 46, 24.— Супр 147, 7.— Ср.* жрѣбии

КОВАРЬСТВО, -а *с* (1) τρόπος хитрость, коварство chytrost, lstivost: ч'то ѥ слово • что коварьство *Супр 459, 21*

КОВАТИ, ковѫ, ковеши *несов.* (5) **1.** τεκταίνειν; (кованъ ἐλατός) ковать kovat: на хрıбьтѣ моемь коваахѫ грѣшьници *Пс 128, 3 Син*; поıте б⟨ог⟩оу нашемоу... въ трѫбахъ кованахъ *Пс 97, 6 Син* **2.** κινεῖν строить козни strojit (úklady): фарисеи... таи въ доушьнѣѣмь си дѣльницѣ хоулънъı коваше на нь мъıсли *Супр 392, 28-29.— Супр 113, 10; 161, 29.— Ср.* ротити сѧ

КОВЪ, -а *м* (7) ἐπιβουλή, στάσις, ἔνστασις злой умысел, заговор, козни zlý úradek, spiknutí, úklady: бѣ же нарицаемъı варавва съ своими ковьникъı съвѧзанъ • ıже въ ковѣ оубииство сътворишѧ *Мк 15, 7 Мар*, въ горѣ(!) *Зогр*; ѣдъı хлѣбъı моѩ възвеличилъ есть на мѩ ковъ *Пс 40, 10 Син*; кови же и съвѣти зъли на нѧ плетоми бъıваахѫ *Супр 85, 11.— Евх 6б 21; 18б 15; Клоц 12б 12.— Ср.* крамола, кънзь, съвѣтъ

КОВЬНИКЪ, -а *м* (2) στασιαστής заговорщик spiklenec: бѣ же нарицаемъı варавва съ своими ковьникъı съвѧзанъ • ıже въ ковѣ оубиство сътворишѧ *Мк 15, 7 Мар Зогр.— Ср.* крамольникъ, матежьникъ

КОВЬЧЕГЪ, -а *м* (14) [ковъ- *Ас* (1) *Супр* (1), ковчег- *Ас* (1) *Супр* (1)] κιβωτός, θήκη, λάρναξ ларец, ковчег skříňka, schránka: глаголи въ оуши словесъноуоумоу ковьчегоу *Супр 248, 11* ● гроб rakev: положишѧ кго въ ковьчезѣ *Супр 52, 4-5* ● ковчег завета archa úmluvy: прѣдь лицемъ ковьчега божиꙗ покрытъ *Супр 320, 18* ● Ноев ковчег archa Noemova: до негоже дьне вьниде ное въ ковьчегъ *Л 17, 27 Зогр Мар.— Мт 24, 38 Зогр Мар Ас (2) Сав; Евх 16а 2; Супр 243, 1; 460, 16; 543, 5.— Ср.* кивотъ, крабии, рака, скрижаль, скриниꙗ

КОВЬЧЕЖЬЦЬ, -а *м* (3) [ковче- *Ас* (1)] γλωσσόκομον ларец; мешок для денег schránka, skříňka; měšec: тать бѣ • ı ковьчежьць ıмъı • ı въметаемаа ношааше *И 12, 6 Зогр Ас* (скриницѫ *Мар Сав*).— *И 13, 29 Зогр.— Ср.* скриница

КОГДА *нареч. и союз* [къгда *Зогр* (4) *Син* (1) *Евх* (3) *Супр* (11), кьгда *Ас* (1); когъда

Син (4) **I.** *нареч.* **1.** *вопрос.* πότε когда kdy: **когда же тѧ видѣхомъ странна • і въвѣсомъ** *Мт 25, 38 Зогр Мар Ас Сав*; **не вѣсте бо къгда врѣмѧ бѫдетъ** *Мк 13, 33 Зогр*, **когда** *Мар* **2.** *неопр.* ποτέ когда-нибудь někdy: **аште же сѧ сълоучааше къгда иджштоу кмоу въ градъі** *Супр 207, 8* **II.** *союз*: **еда когда, да не когда** μήποτε чтобы не aby (snad) ne: **вьнемлѣте же себѣ • еда когда отѧгъчаѭтъ сръдьца ваша • обѣданьемь і пьѣньствомь** *Л 21, 34 Зогр Мар Ас Сав*; **просвѣті очі моі еда когда оусънѫ во съмрътi** *Пс 12, 4 Син; Евх 74а 1*; **(по)добаетъ лише намъ внима(ти сл)ышаниемъ да (не к)о(гд)а от⟨ъ⟩па(де)мъ** *Евр 2, 1 Ен.— Зогр Мар Ас Сав Ен Син Евх Клоц Супр Зогр-лл.— Ср.* **иногда, како, коли, нѣкогда, овогда**

КОДРАНТЪ, -а *м* (4) [**конъдратъ** *Зогр* (2)] κοδράντης кондрат quadrans (*римская монета*): **въвръже дъвѣ лептѣ • еже естъ кодрантъ** *Мк 12, 42 Мар*, **конъдратъ** *Зогр.— Мт 5, 26 Зогр Мар*

КОДРАТЪ, -а *м имя* (56) Κοδρᾶτος Кодрат Codratus: **не прѣльштаи себе кодрате** *Супр 101, 21.— Супр*

КОЖА, -ѧ *ж* (6) δέρμα, δέρρις, δορά, βύρσα кожа, шкура kůže: **пропинаѩи неба ѣко и кожѫ** *Пс 103, 2 Син.— Евх 4а 10; Супр 179, 17-18; 268, 22; Хил 1аβ 22; 2аβ 21*

КОЖЬНЪ, -ъіи *прил.* (2) δερμάτινος, αἱμάτινος(!) кожаный kožený: **обльклъ сѧ кси въ срамьнѧѩ кожьнѧѩ ризѫ** *Супр 470, 8.— Супр 470, 9*

КОЗА, -ы *ж* (6) αἶξ; (**дивиꙗ, дивиꙗꙗ коза** αἴγαγρος) коза koza: **что хоштетъ да кмоу заколѧтъ • козѫ ли или волъ** *Супр 116, 13*; **видиши дивиѩ сиѩ козы и клени** *Супр 224, 17.— Супр 43, 1; 223, 8; 223, 27; 224, 2*

КОЗМА, -ы *м имя* (4) Κοσμᾶς Кузьма Kosmas: **с⟨вѧ⟩тоую чюдотворцю без'мездьникоу козмъи и дамиана** *Ас 125б 2.— Ас 127б 10; 150а 26; Сав 133б 10*

КОЗЬЛИЩЬ, -а *м* (8) ἔριφος, ἐρίφιον козленок kůzle: **ѣкоже пастырь разлѫчаетъ • овьцѧ отъ козьлишть** *Мт 25, 32 Зогр Мар Ас Сав.— Мт 25, 33 Зогр Мар Ас Сав.— Ср.* **козьлѧ**

КОЗЬЛОГЛАСОВАНИѤ, -ниꙗ *с* (1) κῶμος пир, разгул hodování, hýření, nevázané veselí: **ѣко въ дне благоѡбразно ход(и)мъ • не козлогласовании • пиѣнъствии** *Рим 13, 13 Ен*

КОЗЬЛЪ, -а *м* (3) **1.** χίμαρος козел kozel: **не примѫ отъ домоу твоего телецъ • ні отъ стадъ твоіхъ козелъ** *Пс 49, 9 Син* **2.** κλοιός оковы (на шею) pouto (na krk): **съвѧзаша • веригами двоими • и козълъ тѧжькъ възложивъше кмоу** *Супр 146, 5.— Пс 65, 15 Син*

КОЗЬЛЬ *прил.* (3) τῶν τράγων козлиный kozlí: **еда ѣмь мѧса юнъча • ли кръвь козьлѩ пиѭ** *Пс 49, 13 Син.— Евр 9, 12 Ен; Супр 483, 21*

КОЗЬЛѦ, -ѧте *с* (4) ἔριφος козленок kůzle: **мьнѣ николиже не далъ еси козьлѧте** *Л 15, 29 Зогр Мар Ас Сав.— Ср.* **козьлищь**

КОКОТОГЛАШЕНИѤ, -ниꙗ *с* (1) ἀλεκτοροφωνία пение петухов kuropění: **вечеръ ли въ полоу ношти • ли въ кокотоглашение • ли ютро** *Мк 13, 35 Мар* (**въ коуроглашенье** *Зогр*).— *Ср.* **коуроглашениѥ**

КОКОТЪ, -а *м* (11) ἀλέκτωρ петух kohout: **абие кокотъ възгласи** *Мт 26, 74 Мар* (**коуръ** *Зогр Ас Сав 98б 6-7*, **коури** *Сав 112б 13*).— *Мт 26, 34 Мар; 26, 75 Мар; Мк 14, 30 Мар; 14, 68 Мар; 14, 72* (2) *Мар; Л 22, 34 Мар; 22, 60 Мар; 22, 61 Мар; И 13, 38 Мар.— Ср.* **коуръ**

КОКОШЬ, -и *ж* (2) ὄρνις курица, наседка slepice, kvočna: **въсхотѣхъ събърати чѧда твоѣ • ѣкоже събираатъ кокошъ птенъцѧ скоѩ подъ крилѣ** *Мт 23, 37 Мар* (**лѫжаѣ** *Ас*, *∅ Зогр*).— *Л 13, 34 Мар.— Ср.* **лѫжаꙗ**

кокоуль *Евх 97а 4-5 см.* **коукоуль**

КОЛАСАИСКЪ, -ыи *прил. к названию жителей города Колоссы* (1) ὁ πρὸς Κολοσσαεῖς(!) колоссян *род. мн.* kolosenský: **чьтение • отъ къ коласанскааго (!) посъланиꙗ** *Хил 2аа 4*

КОЛЕСЬНИЦА, -ѧ *ж* (4) ἅρμα, βουριχάριον повозка, колесница vůz, povoz: **се на колесници златомь покованѣ сѣждѫ** *Супр 368, 12.— Пс 67, 18 Син; Супр 234, 16-17; 234, 20-21.— Ср.* **возъ, коло (кола), кръкыга, орѫжиѥ**

КОЛЕСЬНИЧЬНЪ, -ыи *прил.* (1) *греч. нет* повозки, колесницы *род.* vozový, vozu *род.*: **конь приведе • кръмимъи и риштѫштъ въ колесничьнѣѣмъ таканиии** *Супр 565, 1*

КОЛИ *нареч. и союз* (13) **I.** *нареч.* **1.** *вопрос.* πότε; (**не быти комоу коли понѣ** οὐκ εὐκαιρεῖν) когда kdy: **цѣ и коли оубо оукрали быша** *Супр 441, 13*; **і не бѣ імъ коли понѣ ѣсти** *Мк 6, 31 Зогр Мар* **2.** *неопр.* ποτέ когда-нибудь někdy: **къто відѣ ілі къто слыша • о кръві съвѣтъ творімъ коли** *Клоц 5б 37* □ **не... коли, ни... коли** οὐ... ποτε никогда nikdy: **не бо ни отьць прѣстанетъ коли кже быти ꙗкоже кстъ съставомъ** *Супр 327, 29*; **ни послоушааше коли вельможъ** *Супр 557, 12* **II.** *союз*: **еда коли** μήποτε, μή πως чтобы не aby (snad) ne: **оу горе мнѣ еда коли г⟨оспод⟩ь • мене грѣшьнааго и оубогааго въстѧжетъ** *Супр 568, 12.— Л 14, 12 Зогр Мар; Супр 315, 28; 328, 1; 395, 2; 516, 23.— Ср.* **како, когда; никогда, николи, овогда**

КОЛИЖЬДО *част.* (61) ἄν, ἐάν **1.** иже, ꙗкъже аще колижьдо кто бы ни, что бы ни, какой бы ни kdokoli, cokoli, kterýkoli: иже колижьдо речетъ слово на с⟨ы⟩нъ ч⟨ловѣчь⟩скъ • отъпоустітъ сѧ емоу *Мт 12, 32 Зогр Мар Ас* (иже аще *Сав*); въ нъже градъ колижьдо вьнидете • і приемлѭтъ вы • ꙗдите прѣдълагаемаꙗ вамъ *Л 10, 8 Зогр Мар*; ꙗкоже азъ колижъдо сътворихъ • і в'сꙗ излиха *Евх 72а 17-18* **2.** идеже, идеже аще колижьдо где бы ни kdekoliv: іждеже колижьдо вьнидете въ домъ • тоу прѣбываіте *Мк 6, 10 Зогр*, идеже колижъдо *Мар*; іже идеже аще коліжьдо иметъи • пѣнъи тѣцитъ *Мк 9, 18 Ас*, іже аште колижьдо *Зогр Мар Сав* **3.** ꙗможе колижьдо куда бы ни kamkoli: ідѫ по тебѣ ꙗможе колижьдо ідеши *Л 9, 57 Зогр Мар Ас Сав.— Зогр Мар Ас Сав Боян Зогр-пал Евх.— Ср.* аще

КОЛИКО[1] *нареч.* (7) πόσα (*с мн.*), πόσος (!) насколько, как jak velice, jak: (ко)лико нъи прѣльс(ти поу)стошьнъі сь ми(ръ) *Рыл 5бβ 6-7* ◆ колико паче πόσῳ μᾶλλον, πόσον насколько больше oč více: аште за съмрьтънааго ц⟨ѣса⟩ра боржште сѧ одолѣвахомъ... колико паче за бесъмрьтьнааго цѣсара подвизаѭште сѧ • побѣдимъ *Супр 69, 28.— Супр 46, 4; 63, 14; 95, 11; 125, 25; 149, 1.— Ср.* како, коль, кольми, коликъ (колицѣмь паче)

КОЛИКО[2], -а *мест.-числит.* (41) πόσος, τοσοῦτος (!), πῶς (!) сколько kolik: колико хлѣбъ імате *Мт 15, 34 Зогр Мар Ас Сав*; коликоу наімьникъ о⟨ть⟩ца моего ізбываѭтъ хлѣби *Л 15, 17 Зогр Ас*, колико наимъникъ *Мар Сав*; колицѣмь длъженъ еси *Л 16, 7 Зогр Мар.— Зогр Мар Ас Сав Син Супр.— Ср.* коликъ

КОЛИКЪ *мест.* (24) πόσος, ποῖος, ἡλίκος, ὁπόσος, ὅσος (!), τοσοῦτος (!) сколь большой, какой jak veliký, jaký: вижль колико на тѧ съвѣдѣтельствоуѭтъ *Мк 15, 4 Зогр Мар*; відѣ лі коликъ прібытъкъ • ꙗви страждѫштімъ зьлꙗ *Клоц 3б 14-15*; а сии въ колицѣ мразѣ сѫште доселѣ живи сѫтъ *Супр 78, 7*; съ колицѣмъ оудръжанимъ • поштеньѥ тѣлеснок творѧтъ *Супр 497, 7* ◆ колицѣмь паче *греч. нет* насколько больше čím více, oč více: колицѣмъ паче подобааше и мьнѣ • ꙗвити въ съповѣдании томь *Супр 545, 30.— Зогр Мар Ас Сав Клоц Супр.— Ср.* колико[2]

КОЛО, колесе *и* кола ѥ (7) τροχός; (на колеси привѧзаноу быти τροχίζεσθαι) колесо kolo: гласъ грома твоего въ колесі *Пс 76, 19 Син*; ксе мы • и на колеси привѧзани быти готови *Супр 88, 23-24* ◆ кола *мн.* ἅμαξα повозка vůz: вьсь бо пѫть на колѣхъ везомъ бѣаше *Супр 117, 22-23.— Пс 82, 14 Син; Супр 80, 20; 85, 16; 96, 7.— Ср.* возъ, колесьница

КОЛОНИИСКЪ *прил. к названию города Колония* (1) τῆς Κολονίας колонийский kolonský: севастинискъи митрополитъ... отъ колонискa града людии • оумоленъ бывъ... постави епископа *Супр 280, 10-11*

КОЛЪ, -а *м* (2) πάσσαλος, πάλλος кол kůl: повелѣ... привѧзати и по четъıри колы *Супр 152, 30.— Супр 2, 21*

КОЛЬ *нареч.* (22) πῶς, τί, ὡς как, сколь jak velice: коль ѫзъка врата і тѣснъ пѫть *Мт 7, 14 Зогр Мар Ас*; чѣша твоꙗ оупаꙗѭшті мѧ коль дръжавьна есть *Пс 22, 5 Син*; видиши ли небо се • коль добро кстъ видѣти и коль велико *Супр 87, 27 и 28* ◆ коль краты ποσάκις сколько раз kolikrát: коль краты въсхотѣхъ събьрати чѧда твоꙗ *Мт 23, 37 Мар Ас* (Ø *Зогр*); коль мъножицеѭ ποσαπλῶς как часто, сколько раз jak často, kolikrát: коль множицеѭ тебѣ плоть моꙗ • вь земли поустѣ *Пс 62, 2 Син.— Зогр Мар Ас Син Евх Супр.— Ср.* колико, коликъ, кольми, чьто

КОЛЬМИ *нареч.* (27) **1.** πόσῳ, πόσος сколь, как jak velice: аште оубо свѣтъ іже въ тебѣ • тъма естъ • тѣ тъма кольми *Мт 6, 23 Зогр Мар Ас Сав*; видиши ли кол'ми ти спѣшатъ о истинѣ *Супр 441, 9* **2.** πόσῳ, πολλῷ (!) чем oč: кольми оубо лоучии естъ ч⟨ловѣ⟩къ овьчате *Мт 12, 12 Зогр Мар*; аште бо о кдномь грѣшьницѣ каѭшти сѧ • радость бываатъ на небеси и по земи • кольми паче о сьпасении вьселеныѩ *Супр 490, 4-5.— Зогр Мар Ас Сав Супр.— Ср.* колико, коль

КОЛѢБАНИѤ, -ꙗ *с* (1) *греч. нет* колебание kolísání: ѡ съхраненьи намъ • бес колѣбаниꙗ • вь вѣрѣ *Евх 60а 9.— Ср.* зыбаник

КОЛѢБАТИ, колѣблѭ, колѣблѭщи *несов.* (5) σαλεύειν качать houpat, kymácet: чесо видѣтъ ізидете въ поустыѭ • трьсти ли вѣтромь колѣблемы *Мт 11, 7 Зогр Мар Ас* ▭ колѣбати сѧ *греч. нет* качаться kymácet se, zmítat se: самъ сынъ колѣбаше сѧ акы овоште зыблемо отъ многа вѣтра *Супр 570, 9-10* ● *перен.*: σαλεύεσθαι колебаться váhat: ови бѣгаахѫ • а дроузии послоушаахѫ • инии колѣбаахѫ сѧ *Супр 85, 18.— Ср.* зыбати, клатити, трѧсти, колѣбати сѧ *ср.* вълаꙗти сѧ

КОЛѢНО, -а *с* (67) **1.** γόνυ; (поклонити сѧ, покланꙗти сѧ на колѣноу, падати на колѣноу γονυπετεῖν; поклонение колѣнома γονυκλισία) колено koleno: притекъ единъ богатъ • і поклони сѧ емоу на колѣноу *Мк 10, 17 Зогр Мар*; приде къ немоу прокаженъ молѧ і • і на колѣноу падаѩ *Мк 1, 40 Зогр Мар Ас Сав*; колѣнѣ мои изнеможете отъ поста *Пс 108, 24 Син*; мол⟨итва⟩ на поклонение колѣнома *Евх 59б*

15-16 **2.** φυλή поколение, племя, колено pokolení, kmen: **сѫдаште объма на десяте колѣнома издраил⟨е⟩в⟨о⟩ма** *Мт 19, 28 Мар Ас Сав* (∅ *Зогр*).— *Зогр Мар Ас Сав Ен Син Евх Супр*.— *Ср.* **племѧ**

КОЛЕНИЕ, **-ия** *с* (2) σφαγή избиение, убийство zabíjení, vraždění: **вьсьжде колениꙗ вьсьжде крьви** *Супр 57, 8.— Супр 57, 11.— Ср.* **заколение, исѣчение**

КОЛѦДА, **-ы** *ж* (1) *греч. нет* коляда koleda: **аще к'то въ а҃ день идет⟨ъ⟩ на коладѫ • еноуарѣ • ѣкоже пръвѣе погани творѣахѫ • ѣ҃ лѣт⟨ъ⟩ да покаетъ сѧ** *Евх 103б 3*

КОМАНА, **-ы** *ж город* (5) [**команъ** *м Супр* (1), **команы** *мн. Супр* (1)] Κομάναι Комана Comana: **създа емоу цръкъве... въ команѣ** *Супр 23, 22*; **мѫченик приїмеши въ команѣхъ** *Супр 16, 6-7*; **даже не придетъ въ команъ воевода** *Супр 16, 20-21.— Супр 17, 26; 19, 28*

КОМАНЬСКЪ *прил. к* **комана** (1): **градъ команьскъ** ἡ πόλις Κομάνα город Комана město Comana: **повелѣ привести ї и ины темничьникы • къ градоу команьскоу** *Супр 17, 12-13*

КОМЕНТАРИСИИ, **-ия** *м* (5) κομενταρήσιος тюремный надзиратель, надсмотрщик žalářník, dozorce: **пришедъшоу коментарисию** *Супр 140, 26-27.— Супр 102, 20; 146, 16; 146, 21; 147, 2.— Ср.* **капикларии, стражь**

КОМИСЪ, **комиса** *и* **комита**, **КОМИСИИ**, **-ия** *м* (42) [**комис-** *Супр* (12), **комит-** *Супр* (2), **комисии** *Супр* (1)] κόμης комис comes (*обозначение разных санов, гл. обр. префект провинции*): **артемонъ ѩтъ бъıстъ • нечистъıимъ комисомъ** *Супр 224, 7*; **повѣдите комитоу вашемоу** *Супр 222, 22*; **повелѣ же комисии** *Супр 223, 11.— Супр*

КОМЪКАНИЕ, **-ия** *с* (5) κοινωνία, τὰ θεῖα μυστήρια; (**сватое комъкание възати** κοινωνεῖν) причастие (св. тайн) přijímání (svátosti oltářní): **иже недостоино въземлѭтъ с⟨ва⟩тое комъкание** *Супр 421, 6* (**приемлѫштеі с⟨вѧ⟩тъıхъ таинъ** *Клоц 8а 36*).— *Евх 11б 5-6; Супр 25, 13-14; 361, 27; 405, 23.— Ср.* **въсѧдъ, причѧщение**

КОМЪКАТИ, **-аѭ**, **-аеши** *несов.* (1) *греч. нет* причащать podávat přijímání: **и комъкаетъ ѣ оба** *Евх 11б 5*

КОНДАЧЬСКЪ, **-ъıи** *прил. к женскому имени Кондакия* (1) τῆς Κανδάκης Кондакии *род.* Candace: **дроугаагo скоп'ца подражаѧ кон'дачьскъıѧ** *Супр 60, 19-20*

КОНОБЪ, **-а** *м* (11) [**коньбъ** *Син* (1)] λέβης, χαλκίον котел kotel: **излиꙗ сѧ вънъ конобъ** *Супр 268, 26-27.— Пс 59, 10 Син; 107, 10 Син; Супр 233, 23; 234, 5; 234, 12; 234, 18; 234, 21; 268, 17; 268, 23; 268, 24.— Ср.* **котьлъ**

КОНОНОВЪ *прил. к* **кононъ** (3) τοῦ Κόνωνος, Κώνωνος Конона *род.* Kononův: **единъ б⟨ог⟩ъ кононов' оделѣ** *Супр 35, 3.— Супр 36, 23* (2)

КОНОНЪ, **-а** *м имя* (32) Κόνων, Κώνων Конон Konon: **ведоша влька къ ногама с⟨ва⟩тоуоумоу кононоу** *Супр 44, 23.— Супр*

конскъ *Ас 116б*β *30-31 см.* **иконьскъ**

КОНСТАНТИНЪ, **-а** *м имя* (10) [**константин-** *Ас* (1), **коньстатин-** *Супр* (2), **костатин-** *Супр* (6), **костаньтин-** *Супр* (1)] Κωνσταντῖνος Константин Konstantin: **въ дьни бо прѣдъреченаагo крьстиꙗнаагo цѣсара костантіна** *Супр 186, 16-17.— Ас 146б 7; Супр 54, 6-7; 64, 4-5; 186, 3; 188, 14; 189, 19; 214, 30; 539, 15; 541, 22-23*

КОНСТАНТИНЬ *прил. к* **константинъ** (18) [**конъстантинь** *Супр* (1), **коньстатинь** *Супр* (1), **констѧтинь** *Клоц* (1), **костантинь** *Супр* (8), **костатинь** *Супр* (1), **късѧтинь** *Супр* (6)]: **константинь градъ** Κωνσταντινούπολις Константинополь Konstantinopol, Cařihrad: **їан'на архиеп⟨искоу⟩па костатиниꙗ града златооустаагo слово** *Супр 479, 4.— Клоц Супр.— Ср.* **цѣсарь (цѣсарь градъ)**

конъдратъ *Мт 5, 26 Зогр; Мк 12, 42 Зогр см.* **кодрантъ**

конъстантинь *Супр 332, 13 см.* **константинь**

конь *см.* **искони**

КОНЬ, **конꙗ** *м* (21) ἵππος, ὄχημα (!); (**на кони** ἱππεύων; **на конихъ** ἔφιπποι; **сътворенъ конемъ тещи** ἱππήλατος) конь, лошадь kůň: **не бѫдѣте ѣко конъ и мъскъ імъже нѣстъ разоума** *Пс 31, 9 Син*; **приде на кони к' нимъ** *Супр 60, 11*; **поле сътворено бѣ • конемъ тешти** *Супр 90, 6.— Син Супр*

коньбъ *Пс 59, 10 Син см.* **конобъ**

КОНЬНЪ, **-ъıи** *прил.* (1) τοῦ ἵππου конский, лошадиный koňský: **едва... възмогоша отъ-тръгнѫти рѫцѣ его отъ оуздъı коньнъıѧ цѣсарѧ** *Супр 193, 9-10.— Ср.* **коньскъ**

КОНЬСКЪ, **-ъıи** *прил.* (1) τῶν ἵππων конский, лошадиный koňský: **оуп'ваѭште коньскъıимъ ходомъ** *Супр 31, 6.— Ср.* **коньнъ**

КОНЬЦЬ, **-а** *м* (>400) [**кон҃**, **коц҃** *Зогр*, **к(ц)** *Мар*, **ко(ц)** *Ас Сав Евх*, **коцъ** *Син*, **кнц҃** *Служ*] ἄκρον **1.** πέρας край, граница kraj, hranice: **приде отъ коньць землѧ • слъıшатъ прѣмѫдрости соломонѧ** *Мт 12, 42 Зогр* (*нет Мар*); **изидѫ... въ коньцѧ въселенъıѧ г⟨лаго⟩лі ихъ** *Пс 18, 5 Син*; **небесьстиї и земьстии коньци • не вьмѣстат' тебе владъıко** *Супр 250, 9* ● край, область krajina, končina: **оупъванье вьсѣхъ кьнец (!) землѧ и сѫщихъ вь морі далече** *Пс*

64, 6 *Син* **2.** τέλος, πλήρωμα, ἔκβασις, αἰών (!) конец konec: ц⟨ѣса⟩р⟨ь⟩ствоу его не бѫдетъ коньца *Л 1, 33 Зогр Мар Ас Сав; Евх 26 23; Супр 237, 26; 238, 9*; тако пѣти весь пс⟨а⟩лъмъ сеи по стихоу до конца *Евх 116 18* ● кончина, смерть smrt: такомоу же и достоинъ бъıстъ коньцоу *Супр 142, 1* □ коньць *нареч.* наконец, в конце nakonec, posléze: коньць егда призъванъ бъıстъ къ г⟨оспод⟩оу... съпсаное се остави на наказание намъ *Супр 24, 17*; до коньца παντελῶς, τελείως, εἰς τέλος, ἕως τέλος; (до коньца плодъ творити τελεσφορεῖν) полностью, в высшей степени plně, v nejvyšší míře: възлюбль своꙗ • сѫштꙗ въ вьсемь мирѣ • до коньца вьзлюбиꙗ *И 13, 1 Зогр Мар Сав*; пострадахъ ї съльхъ сꙗ до коньца *Пс 37, 7 Син*; не до коньча (!) плода творѧтъ *Л 8, 14 Сав* (до връха *Зогр Мар Ас*); бес коньца ἀτελής лишний zbytečný: оставилъ моленꙗ ихъ г⟨оспод⟩ь • бес коньца бъıти *Супр 92, 15*; коньць въꙁѧти τὸ πλήρωμα αἴρειν уничтожиться zničit se: възъметъ коньць отъ неꙗ новое *Мк 2, 21 Зогр Мар.— Зогр Мар Ас Сав Унд Зогр-пал Ен Син Евх Служ Клоц Супр.— Ср.* връхъ, коньчание, коньчина, краи

КОНЬЧАВАТИ, -ваѭ, -ваеши *несов.* (3) τελειοῦν кончать, заканчивать končit, dokončovat: коньчавающтоу тебѣ мѫчение • та прѣемлета по радоу епископъскъıи столъ *Супр 187, 20-21* □ коньчавати сѧ λήγειν кончаться končit (se): кьде бо подоба одолѣнꙗ коньцоу • развѣ на побѣдьницѣ коньчавати сѧ *Супр 427, 30* ● πληροῦσθαι исполняться, осуществляться vyplňovat se, uskutečňovat se: пророчьско коньчаваааше сѧ писание *Супр 403, 9.— Ср.* коньчати, съвръшати, съконьчавати

КОНЬЧАНИѤ, -ꙗ *с* (7) συντέλεια окончание, конец skončení, konec: что естъ знамение твоего пришествиѣ и коньчание вѣка *Мт 24, 3 Мар Ас* (2) *Сав* (∅ *Зогр*).— *Мт 13, 39 Зогр Ас; Ен 30б 6.— Ср.* коньць, коньчина, съконьчание

КОНЬЧАТИ, -аѭ, -аеши *несов./сов.* (35) τελειοῦν, διέρχεσθαι, πληροῦν, ψάλλειν (!) кончать/кончить končit/skončit: исцѣлениѣ творѭ дьнесь и въ трети коньчаѭ *Л 13, 32 Мар* (∅ *Зогр*); коньчаимъ вечеръныꙗ мол⟨и⟩тв⟨ъı⟩ *Евх 66а 19* ● διανύειν исполнять/исполнить, осуществлять/осуществить plnit/naplnit, uskutečňovat/uskutečnit: оудобь оуже вьсѫ добрѫ дѣтѣль коньчаем' *Супр 498, 2* □ коньчати сѧ πληροῦσθαι, συντελεῖσθαι, ἐκλείπειν, λήγειν; (не коньчати сѧ ἀδαπάνητον μένειν) кончаться/кончиться končit/skončit (se): четъıремъ же лѣтомъ коньчавъшемъ сѧ *Супр 288, 22* ● исполняться/исполниться, осуществляться/осуществиться plnit se/naplnit se, uskutečňovat se/uskutečnit se: оусъхнѫ смокъı и коньча сѧ писание *Супр 352, 1-2* ● δαπανᾶσθαι уничтожаться/уничтожиться ničit se/zničit se: виемомъ же с⟨вѧ⟩тъıимъ • коньчаша сѧ тини и жьзлие *Супр 178, 16.— Зогр Мар Ас Сав Боян Син Евх Супр.— Ср.* испльнити, испльнꙗти, коньчавати, оконьчати, съвръшати, съвръшити, съдѣꙗти, съконьчати

КОНЬЧИНА, -ъı *ж* (43) τέλος, συντέλεια, πέρας, πλήρωμα конец konec: петръ... сѣдѣше съ слоугами • видѣти кончинѫ *Мт 26, 58 Зогр Мар Ас Сав*; жѧтва естъ коньчина вѣка *Мт 13, 39 Мар Унд* (коньчание *Зогр Ас*); не могѫште до коньчинъı болѣзни сътрьпѣти *Супр 85, 23* ● цель cíl: прѣходитъ видимааго житиꙗ конь'чинѫ *Супр 277, 18* ● кончина, смерть smrt: коньчинѫ • благѫ и миръıнѫ даждн намъ *Евх 66а 8* ◆ коньчинѫ имѣти приближаться к концу, исполняться, осуществляться chýlit se ke konci, naplňovat se, uskutečňovat se: ıбо еже о мнѣ коньчинѫ ıматъ *Л 22, 37 Зогр Мар*; на коньчинѣ бъıти ἐσχάτως ἔχειν быть при смерти, умирать umírat: дъшти моѣ на коньчинѣ естъ *Мк 5, 23 Зогр Мар.— Зогр Мар Ас Сав Боян Унд Зогр-пал Ен Син Евх Клоц Супр.— Ср.* коньць, коньчание, съконьчание

КОНЬЧЬНЪ, -ъıи *прил.* (2) *греч. нет* окончательный, последний poslední, definitivní: тогда видѧще кон'чь(н)ое то осѫжденье *Рыл 56а 35.— Рыл 56β 36.— Ср.* послѣдьнь

КОНЬЧЬНѢѤ *нареч.* (5) τέλος, τελευταῖον наконец nakonec, posléze: коньчьнѣе вьниде сотона въ отроковицѫ нѣкѫѭ *Супр 525, 17-18.— Супр 481, 1; 481, 5; 481, 27; 515, 1.— Ср.* коньць, послѣжде

КОПАТИ, -аѭ, -аеши *несов.* (8) σκάπτειν, διασκάπτειν, ὀρύσσειν копать kopat: копати не могѫ *Л 16, 3 Зогр Мар*; мотъıкъı и ръıла вьземъше копаша *Супр 219, 7-8* ● окапывать, обрабатывать землю okopávat, obdělávat půdu: идѣте копаите и потрѣбите *Супр 37, 23.— Супр 37, 22-23; 52, 9; 52, 10-11; 275, 12.— Ср.* дѣлати

КОПИИ, -ꙗ *м имя* (3) Κόττις Котий Cottis: молѧште своего старѣишинѫ копиа *Супр 37, 28.— Супр 38, 1; 39, 23*

КОПИИНИКЪ, -а *м* (1) σκηπτοῦχος копьеносец kopiník: етери орѫжьници • такожде и копиинници • скори господьстѣи брани *Супр 463, 26-27*

КОПИѤ, -ꙗ *с* (28) λόγχη, ῥομφαία копье kopí: дроугъı же приимъ копие • проболе емоу ребра *Мт 27, 49 Зогр Мар Ас Сав.— Зогр*

Мар Ас Сав Боян Евх Супр.— Ср. лѫщѧ, орѫжиѥ

КОПРЪ, -а *м* (1) ἄνηθον укроп kopr: отъдесѧтъствоѹете мѧтѫ и копръ • і кѹминъ *Мт 23, 23 Мар* (∅ *Зогр*)

КОРАБИЦЬ, -а *м* (9) [кораблиц- *Зогр* (1)] πλοιάριον, πλοῖον лодка, челнок loďka, člun: видѣвъ дъва корабица • стоꙗшта при ѥзерѣ *Л 5, 2 Зогр Мар* (кораблѣ *Ас*).— *Л 5, 3 Зогр Мар Ас; И 21, 8 Зогр Мар Ас Сав.— Ср.* корабл҄ь, ладица

кораблиць *И 21, 8 Зогр см.* корабиць

КОРАБЛ҄Ь *и* **КОРАБЬ**, -ꙗ *м* (>100) [корабл- *Зогр* (23) *Мар* (16) *Ас* (10) *Сав* (2) *Боян* (1) *Син* (3), кораб- *Зогр* (14) *Мар* (21) *Ас* (17) *Сав* (10) *Супр* (30) *Хил* (1)] πλοῖον, πλοιάριον, ὁλκάς, ναῦς, πηδάλιον (!) челн, корабль loď, koráb: исплънишѧ оба кораблѣ ѣко погрѫжати сѧ іма *Л 5, 7 Зогр Мар Ас*; ѡ зависти корабью гноꙗ плънъ *Супр 400, 5.— Зогр Мар Ас Сав Боян Син Супр Хил.— Ср.* алъдии, корабьць

КОРАБЛ҄НИКЪ, -а *м*: старѣишина корабл҄никомъ ναύκληρος капитан корабля velitel lodi, kapitán: старѣишина бѣхъ кораб'никомъ • и истопихомъ сѧ *Супр 119, 30.— Ср.* корабьчии

корабь *см.* корабл҄ь

КОРАБЬЧИИ, -ꙗ *м* (1) ναύτης корабельщик lodník: твоꙗ пленицѧ сѫтъ зависти • и корабьчиꙗ бѣси • весла льсти *Супр 400, 15.— Ср.* корабл҄никъ

КОРВАНЪ *м нескл.* (*арам.*) (2) κορβᾶν дар богу, храму dar Bohu, chrámu: аште речетъ ч⟨ловѣ⟩къ • о⟨ть⟩цю ли м⟨ате⟩ри • кор'ванъ • еже естъ даръ • і еже аште • отъ мене пользевалъ єси *Мк 7, 11 Зогр Мар*

кор'вона *Мт 27, 6 Ас см.* каръвана

КОРЕНИѤ, -ꙗ *с* (15) αἱ ῥίζαι, ῥίζα; (корениѥ ископати ἐκριζοῦν) корни kořeny, kořání: видѣшѧ смоковьницѫ оусъхъшѫ ис коренѣ *Мк 11, 20 Мар* (іс корене *Зогр*); насаді коренїѣ его *Пс 79, 10 Син*; поставьꙗѭ тѧ дьнесь и корениѥ ископати • и пакы въсадити *Супр 357, 14* ● θεμέλιον основание základy: копаѭште корениѥ... доидошѧ копаѭште до съсѫдъ *Супр 52, 9.— Мт 13, 6 Зогр Мар; Мк 4, 6 Мар; Л 3, 9 Мар Ас; Супр 143, 7; 313, 11; 313, 11; 347, 2; 352, 20; 354, 3.— Ср.* корень

КОРЕНТИИ, -ии *м мн.* (7) [к(о)рент *Ен* (1)] οἱ Κορίνθιοι коринфяне Korint'ané: (ап⟨о⟩с)т⟨о⟩лъ • къ корентиомъ *Ен 34б 13*; ап⟨о⟩ст⟨о⟩лъ къ корентием *Ен 38б 12.— Ен 2а 14; 3а 7; 3а 9; 14б 15; 35а 6.— Ср.* корѵнѳꙗне

КОРЕНЬ, -не *м* (25) ῥίζα, ῥίζωμα корень kořen: юже бо секъıра при корене дрѣва лежитъ *Л 3, 9 Зогр Сав* (при коренни *Мар Ас*) ● *перен.*: несторъ к'то вь тѣхъ мѣстѣхъ • добраго корене обрѣтъ сѧ *Супр 24, 21* ◆ ис корене ископати ἐκριζοῦν, ἀνασκάπτειν вырвать с корнем, искоренить, уничтожить vykořenit, zničit: ис корене ископати многобожьство *Супр 357, 15.— Зогр Мар Ас Сав Син Евх Клоц Супр.— Ср.* корениѥ; ис корене ископати *ср.* искоренити

КОРЕОВЪ *и* **КОРѢОВЪ** *прил. к мужскому имени Корей* (11) [кореов- *Син* (4), корѣов- *Син* (7)] τοῦ Κορέ Кореев Koreův: пъсаломъ с⟨ы⟩номъ кореовомъ *Пс 87, 1 Син*; о с⟨ы⟩нохъ корѣовѣхъ псалмъ *Пс 46, 1 Син.— Пс 41, 1 Син; 43, 1 Син; 44, 1 Син; 45, 1 Син; 47, 1 Син; 48, 1 Син; 83, 1 Син; 84, 1 Син; 86, 1 Син*

КОРИСТЬ, -и *ж* (4) τὰ σκῦλα добыча kořist: лѣпотѣ • домоу раздѣліті корістъ *Пс 67, 13 Син.— Л 11, 22 Зогр Мар; Пс 118, 162 Син.— Ср.* плѣнъ

КОРИТИ, -рѭ, -риши *несов.* (2) βλασφημεῖν, ὑβρίζειν хулить, оскорблять pokořovat, urážet: ч'то сѧ пророкы величаѭши • а прорицаѭмааго кориши *Супр 334, 28-29.— Супр 510, 14.— Ср.* бещьствовати, власвимисати, досаждати, рѫгати, оукарꙗти, хоулити

КОРНАТЪ, -а *м имя* (2) Κορνοῦτος, Κουρουνᾶτος Корнут Cornutus: с⟨вѧ⟩т⟨а⟩го м⟨ѫ⟩ч⟨ени⟩ка корната • еп⟨и⟩скоупа • иконъска *Ен 29б 12.— Ас 116б β 30*

КОРНИЛ҄Ь, -ꙗ *м имя* (1) Κορνήλιος Корнелий Cornelius: с⟨вѧ⟩т⟨а⟩го корнилѣ сътнїка *Ен 29б 18*

КОРЪ, -а *м* (1) κόρος мера korec: сътомь коръ • пьшеницѧ *Л 16, 7 Зогр* (корецъ *Мар*).— *Ср.* корьць

КОРЬЦЬ, -а *м* (1) κόρος мера korec: сътомь корецъ пьшеницѧ *Л 16, 7 Мар* (коръ *Зогр*).— *Ср.* коръ

корѣовъ *Син см.* кореовъ

КОРѴНѲІАНЕ, -ꙗнъ *м мн.* (1) οἱ Κορίνθιοι коринфяне Korint'ané: како съблаждив'шааго въ корѵнѳѣнехъ приꙗти павьлъ повелѣ *Супр 527, 4.— Ср.* корентии

КОСАМОВЪ *и* **КАСАМОВЪ** *прил. к мужскому имени Косам* (2) τοῦ Κωσάμ Косамов Kosamův: с⟨ы⟩нъ сы ѣко мьнимъ бѣ • іосифовъ... аддъдиевъ • косамовъ *Л 3, 28 Зогр*, касамовъ *Мар*

КОСНѪТИ, -нѫ, -неши *сов.* кого, чьто въ чьто (42) ἅπτεσθαι коснуться dotknout se: коснѫ ѣ въ очи *Мт 9, 29 Зогр Мар Ас*, коснѫ сѧ очию има *Сав*; пристѫпль коснѫ въ одръ *Л 7, 14 Зогр Мар*, коснѫ сѧ въ одръ *Ас* □ коснѫти сѧ комь, чемь; кого, чесо; въ чьто коснуться dotknout se: коснѫ сѧ краі ризѣ его *Мт 9, 20 Сав* (прикоснѫ сѧ *Мар Ас*, ∅ *Зогр*);

коснѫвъ сѧ его рѫкама *Супр 566, 12.— Зогр Мар Ас Сав Боян Супр.— Ср.* прикоснѫти сѧ

к о с т а н т и н҃ь *Супр см.* константин҃ь

к о с т а т и н - *Супр см.* константинъ

к о с т а т и н҃ь *Супр 479, 4 см.* константин҃ь

КОСТЬ, -и *ж* (40) [ост- (!) *Син* (1)] ὀστοῦν кость kost: д⟨оу⟩хъ плъти и кости не иматъ *Л 24, 39 Мар Ас* (∅ *Зогр*); н⟨ѣ⟩стъ мира вь костехъ моїхъ *Пс 37, 4 Син; Евх 76а 8* ● к о с т и *мн.* τὰ λείψανα, σώματα мощи ostatky: ꙗко сѫтъ съхранены кости наша семь мѣстѣ *Супр 81, 3.— Зогр Мар Ас Ен Син Евх Супр.— Ср.* мощи

к о т е р ы и *Л 11, 11 Мар; Хил 26β 13 см.* которыи

КОТОРА, -ы *ж* (2) διάλεκτος, μάχη ссора, спор svár, spor: которѣ бывъши междоу господиномъ вельбѫда • и господиномъ н҃ивы *Супр 218, 4.— Супр 511, 6.— Ср.* распьрѣние, съвада

КОТОРАТИ, -аѭ, -аѥши *несов.* (2) **1.** καταδικάζειν осуждать odsuzovat: котораетъ дръзостъ • безаконьѣ юдѣиска *Клоц 11б 2* **2.** к о т о р а т и с ѧ μάχεσθαι ссориться svářit se: дъвѣма прѣдълежаштема вештьма • и котораѭштема сѧ има дроуга къ дроузѣ • кдно изволите *Супр 59, 14.— Ср.* осѫждати, пьрѣти сѧ

КОТОРИЧЬ *прил.* (1) μάχιμος сварливый svárlivý: боꙗше бо сѧ тѣхъ мѣстъ слышавъ ꙗко дрьзи и которичи сѫтъ вь н҃ихъ *Супр 46, 16.— Ср.* которьнъ

КОТОРЫИ *и* **КОТЕРЫИ**, -аꙗ, -ое *мест.* (51) [котер- *Мар* (1) *Хил* (1)] **1.** *вопрос.* τίς который, какой který, jaký: которы обою паче възлюбитъ ı *Л 7, 42 Зогр Мар Ас Сав Супр 393, 24*; котораꙗго же отъ васъ о⟨ть⟩ца • въспроситъ с⟨ы⟩нъ твоı хлѣба • еда камень подастъ емоу *Л 11, 11 Зогр Ас Сав*, котераꙗго *Мар*; полша и вѣньчана • которымь трьнимь жидовъскыми мъздами *Супр 435, 30* **2.** *неопр.* τις некоторый, какой-нибудь některý, nějaký: егда хоштеши котороумоу с⟨вѧ⟩тоумоу слоужбѫ творити *Ас 157б 9-10*; аще котораа жена извръжетъ отроча • в҃ лѣт⟨ѣ⟩ да покает' сѧ *Евх 103б 6*; аште ли да котори сѫпротиватъ сѧ о томъ • то да прѣдаѭтъ сѧ сѫдоу *Супр 174, 18.— Зогр Мар Ас Сав Евх Супр Хил.— Ср.* етеръ, кыи, нѣкоторыи

КОТОРЬНЪ, -ыи *прил.* (1) μαχόμενος сварливый svárlivý: гнѫшаѭтъ сѧ которьнааго гласа ихъ *Супр 510, 5.— Ср.* которичь

КОТЪКА, -ы *ж* (1) ἄγκυρα якорь kotva: имѣаше сии корабл҃ь котъкы желѣзны *Супр 400, 27.— Ср.* анкира

КОТЫГА, -ы *ж* (7) χιτών, ἱμάτιον, κολόβιον нижняя одежда spodní šat, tunika: облѣчена въ котыгѫ льнѣнѫ *Супр 187, 4.— Супр 207, 14; 341, 12; 341, 18; 341, 22; 367, 17; 368, 10.— Ср.* матизмъ, одежда, риза, срачица, хитонъ

КОТЬЛЪ, -а *м* (2) χαλκίον котел kotel: приꙗша дръжати • крьштениѣ стькл҃ѣницамъ • ı чьваномъ • ı котъломъ *Мк 7, 4 Зогр Мар.— Ср.* конобъ

КОШЬ, -а *м* (13) κόφινος корзина koš: испльнишѧ дъва на десѧте коша оукроухъ *И 6, 13 Зогр Мар* (кошниці *Ас*).— *Мт 14, 20 Зогр Мар; 16, 9 Мар; Мк 6, 43 Зогр Мар; 8, 19 Зогр Мар; Л 9, 17 Зогр Мар; Пс 80, 7 Син; Супр 396, 3.— Ср.* кошьница

КОШЬНИЦА, -ѧ *ж* (15) κόφινος, σπυρίς корзина koš: колико кошьниць възѧсте *Мт 16, 9 Зогр* (кошъ *Мар*).— *Мт 14, 20 Ас Сав; 15, 37 Зогр Мар Ас Сав; 16, 10 Зогр Мар; Мк 8, 8 Зогр Мар; 8, 20 Зогр Мар; И 6, 13 Ас; Супр 428, 30.— Ср.* кошь

КРАБИИ, -иꙗ *ж* (2) θήκη ларец schránka: тоу мѡусии въ тъмныихъ низъ • ꙗкоже кѣ въ крабии *Супр 460, 28.— Ас 153б 9.— Ср.* к҃ивотъ, ковьчегъ, скриниꙗ

КРАДА, -ы *ж* (3) πυρά, πῦρ (!), βωμός (!) костер hranice dříví: крадѫ раждъзи и сами вь н҃ѫ вьлѣземъ *Супр 138, 19.— Супр 21, 1; 516, 13*

КРАДОВОДИТИ, -вождѫ, -водиши *несов.* (2) συλαγωγεῖν обманывать, обольщать klamat: мънози сѫтъ крадоводѧщеи философиеѭ *Хил 26β 23-24.— Хил 2аа 6.— Ср.* льстити, прѣльщати

КРАИ, -ꙗ *м* (13) **1.** ἄκρα, κράσπεδον (!); (съ вышьнꙗаго краꙗ ἀπ'ἄνωθεν; краи тѣла отъпадаѭтъ ἀκρωτηριάζεται) край, конец okraj, konec: прикоснѫ сѧ краи ризѣ его *Л 8, 44 Сав* (въскрилиı *Зогр Мар Ас*); ı се катапетазма црковънаѣ • раздъра сѧ • съ вышьн҃его краѣ • до нижьн҃ѣаго • на дъвое *Мт 27, 51 Зогр Мар Ас Сав*; потомь краи отъпадаѭт • тѣла • ꙗкоже огн҃емъ горѧштемъ *Супр 89, 23* **2.** αἰγιαλός берег břeh: иже (*т. е.* неводъ) егда ıсплъни сѧ • ıзвлъкъше ı на краи *Мт 13, 48 Зогр Мар Сав* (на соухо *Ас*).— *Мт 9, 20 Сав; 9, 21 Сав; Супр 121, 24; 473, 19.— Ср.* брѣгъ, въскрилиѥ, коньць, омета, подъметъ, полъ

КРАМОЛА, -ы *ж* (6) στάσις бунт, мятеж vzpoura, vzbouření: оубоꙗвъ сѧ народа ꙗда крамолѫ въздвиг'нѫтъ *Супр 14, 3.— Л 23, 19 Зогр Мар; Л 23, 25 Зогр Мар; Ен 22а 5.— Ср.* ковъ, мѧтежь, распьрꙗ, ѫсобица

КРАМОЛЬНИКЪ, -а *м* (2) ἀντάρτης, στασιώδης бунтовщик, мятежник vzbouřenec, spiklenec: ѡ крамольниче б⟨о⟩жиї и враже истинѣ *Супр 49, 30.— Супр 219, 15.— Ср.* ковьникъ, мѧтежьникъ

КРАНИѤВЪ *прил.* (17): к р а н и ѥ в о м ѣ с т о κρανίου τόπος, κρανίον лобное место Lebka (*место казни*): ꙇзиде же въ нарицамое краниево мѣсто • еже г⟨лаго⟩летъ сѧ еврѣꙇскꙑ ѥолъѥота *И 19, 17 Зогр Мар Ас Сав Боян.— Мт 27, 33 Зогр Мар Ас Сав; Мк 15, 22 Зогр Мар Ас Сав; Л 23, 33 Зогр Мар Ас Сав.— Ср.* главыъ, голъгота

КРАСА, -ы *ж* (1) κόσμος украшение ozdoba, výzdoba: бѣахѫ же капишта та позлаштена и оукрашена • красоѭ многоцѣнъноѭ *Супр 176, 25.— Ср.* оукрашениѥ

КРАСИТИ, крашѫ, красиши *несов.* (6) **1.** κοσμεῖν украшать krášlit, zdobit: красите ракꙑ праведьнꙑхъ *Мт 23, 29 Мар* (Ø *Зогр*) **2.** к р а с и т и с ѧ о чемь σεμνύνεσθαι наслаждаться *чем-л.* těšit se *z něčeho*: не толма о тѣхъ ꙗкоже о крьстѣ крашѫ сѧ *Супр 428, 11.— Клоц 8а 14; Супр 335, 15; 346, 18-19; 544, 4.— Ср.* красовати, оукрашати

КРАСОВАТИ, -соуѭ, -соуѥши *несов.* (4) **1.** к р а с о в а т и, к р а с о в а т и с ѧ κομᾶν быть украшенным být okrášlený, ozdobený: смокꙑ листвиѥмь красоуꙗше *Супр 352, 6*; обрѣте листвиѥмь красоуѭште (*вм.* -шть) сѧ *Супр 351, 17-18* **2.** к р а с о в а т и с ѧ чемь, чимь τέρπεσθαι наслаждаться *чем-л.* těšit se *z něčeho*: богъ съмрьти не сътвори • ни красоуѥтъ сѧ пагоубѣ жизи (!) *Супр 389, 6-7*; вы красоуѥте сѧ златомъ *Супр 19, 21.— Ср.* веселити, красити, наслаждати, радовати, оукрашати

КРАСОТА, -ы *ж* (11) [красата *Син* (1)] **1.** εὐκοσμία, εὐπρέπεια, ὡραιότης красота krása: прѣпоѣши сѧ... красотоѭ твоеѭ ꙇ добротоѭ твоеѭ *Пс 44, 4 Син* **2.** τερπνότης, τὰ τερπνά наслаждение potěšení, rozkoš, slast: оуготовити сѧ отъселѣ • не на покои • ни на пищѭ • ни на ино етеро земънꙑхъ красотъ • славънꙑхъ *Евх 90а 17-18.— Пс 15, 11 Син; 26, 4 Син; 49, 2 Син; 49, 11 Син; 95, 6 Син; Евх 88а 3; Супр 475, 14; 497, 21.— Ср.* доброта, лѣпота, наслажениѥ

КРАСТА, -ы *ж* (1) στίγμα λέπρας язва (*проказы*), короста strup (*při malomocenství*): заклинаѭ тѧ... отътрѧсъшинимь крастꙑ отъ строупивꙑхъ *Евх 53б 3*

КРАСТИ, крадѫ, крадеши *несов.* (19) κλέπτειν, ὑποκλέπτειν, ἀφαιρεῖν красть krást: не оубиваꙇ • ни прѣлюбꙑ створи • не кради *Мт 19, 18 Сав* (не оукрадеши *Мар Ас,* Ø *Зогр*); не пог'нѣва сѧ на крадъшааго *Супр 42, 10;* тъчно краденоуоумоу съложивъ златомь или сьребромъ принести *Супр 42, 22-23.— Зогр Мар Ас Сав Евх Клоц Супр.— Ср.* отъмати

КРАСТѢЛЬ, -и *ж* (1) ὀρτυγομήτρα перепел (?), коростель (?) křepelka (?), chřástal (?): проснша и приде крастѣли • и хлѣба н⟨е⟩б⟨е⟩с⟨ь⟩наго насꙑти ꙗ *Пс 104, 40 Син*

КРАСЬНЪ, -ыи *прил., сравн. ст.* красьнѣи (19) **1.** ὡραῖος, περικαλλής, λευχείμων (!), τέλειος (!) красивый krásný: подобите сѧ гробомъ повапьненомъ • ꙇже вьнѣѭдѫ оубо сѫтъ красьни • вънѫтрьѭдѫ же плъни сѫтъ костꙇꙇ мрътвꙑихъ *Мт 23, 27 Мар* (Ø *Зогр*); съ красьноѭ женоѭ съпраже сѧ *Супр 169, 6* **2.** τερπνός, τῆς πολυτελείας приятный příjemný: видѣвъ же мѣсто трѣвно и красьно *Супр 146, 12*; водꙑ оубо дьнесь • краснѣишѫ пажить намъ ꙗвиша *Супр 495, 17-18* ▭ к р а с ь н о *в знач. сказ.* приятно (je) příjemné: се оубо коль добро ꙇ коль красьно • еже жити братꙇꙇ въкоупѣ *Пс 132, 1 Син; Евх 116 16* ◆ к р а с ь н а ꙗ п о у с т ꙑ н ꙗ *см.* поустꙑнꙗ.— *Мар Син Евх Супр Рыл.— Ср.* добръ

КРАТИ *ж* (?) *нескл.* (*греч. вм.* краги?) κραυγή вопль nářek: рече б⟨ог⟩ъ къ авраамоу крати вꙑпль содомъскъ и гоморьскъ иде къ мьнѣ *Супр 304, 29.— Ср.* въпль

КРАТЪ *м* (47): к р а т ꙑ, к р а т ъ, к р а т а *нареч.* -ις, -κις, -πλασίων ...раз -krát: дон'деже три крата отъвръжеши сѧ мене • не вѣдѣти *Л 22, 34 Зогр*, три кратꙑ *Мар*; не г⟨ла⟩го⟩лѭ тебѣ до седмь кратъ • нъ до седмь десѧтъ кратъ седмицеѭ *Мт 18, 22 Мар* (Ø *Зогр*); прозѧбе и сътвори плодъ р҃ кратꙑ *Л 8, 8 Сав* (съторицеѭ *Зогр Ас*, сътократицеѭ *Мар*); пожѧтъ ѧ по три кратꙑ *Ен 30б 17* ◆ м ъ н о г о к р а т ꙑ, м ъ н о г ꙑ к р а т ꙑ, м ъ н о г ъ к р а т ꙑ πολλάκις много раз, часто mnohokrát, často: ѥмоу много кратꙑ • пѫтꙑ ꙇ ѫжи желѣзнꙑ • съвѧзаноу сѫштю прѣтрьзаахѫ сѧ *Мк 5, 4 Зогр*, мъногꙑ кратꙑ *Мар*; многъкратꙑ паче мене сьгрѣши *Супр 358, 21*; к о л ь к р а т ꙑ ποσάκις сколько раз kolikrát: коль кратꙑ въсхотѣхъ събърати чѧда твоѣ *Л 13, 34 Мар* (Ø *Зогр*).— *Зогр Мар Ас Сав Ен Син Евх Супр.— Ср.* дъвашьдꙑ, мъногашьдꙑ, мъножицеѭ, седмерицеѭ, седмицеѭ, седмькратицеѭ, сътократицеѭ, съторицеѭ, третицеѭ, тришьдꙑ

к р и в ъ *Пс 5, 7 Син см.* кръвь

КРИЛАТЪ, -ыи *прил.* (1) (крилата пътица πετεινός) крылатый okřídlený: крилатамъ п'тицамъ подоба сѧ • орълоу и стръкоу *Супр 7, 24-25*

КРИЛО, -а *с* (20) **1.** πτέρυξ крыло křídlo: ѣкоже събираатъ кокошъ птенъцѧ своꙗ подъ крилѣ *Мт 23, 37 Мар Ас* (Ø *Зогр*); на сѣнъ крилоу твоею надѣѭ сꙗ *Пс 56, 2 Син; Супр 353, 27*; не крильма (!) нъ плаштаницеѭ бога покрꙑвъша *Супр 458, 7* **2.** πτερύγιον крыша (*двускатная*) (sedlová) střecha: тогда поꙗтъ ꙇ диѣволъ • вь с⟨вѧ⟩тꙑ градъ • ꙇ постави ꙇ на крилѣ цръкъвьнѣемь *Мт 4, 5 Зогр Ас Боян* (братѣ *Сав*).— *Зогр Мар Ас Боян Син Евх*.— *Ср.* вратъ [2]

КРИНИЦА, -ѧ *ж* (1) στάμνος кувшин džbán: имѣше же брѣмѧ хлѣбы чисты... и криницѫ медоу *Супр 291, 8*.— *Ср.* крьчагъ, крьчажьнъ (съсѫдъ кръчажьныи), стамьна, чьванъ

КРИНЪ, -а *м* (3) κρίνον лилия lilie: съмотрите кринъ селънъıхъ • како растѫтъ *Мт 6, 28 Мар Ас* (цвѣтъ *Зогр*, цвѣты *Сав*).— *Л 12, 27 Мар*.— *Ср.* цвѣтъ

к р и т и *Клоц 14б 35; Супр 394, 26 см.* крыти

КРИЧАВА, -ы *ж* (1) αἱ οἰμωγαί крик, вопль křik, nářek: кричава и тръзаниꙗ мѫжь и женъ *Супр 397, 11*.— *Ср.* въпль, кличь, кричь, плачь

КРИЧАТИ, -чѫ, -чиши *несов.* (9) κράζειν, ἀλαλάζειν, ἀναβοᾶν, κραυγή (!), ὀλολυγμός (!) кричать křičet: кричѧще избѣгаите • ι отъходите *Евх 45б 14*; кричааше и въпиꙗше велми *Супр 274, 22*.— *Мк 5, 38 Мар; Супр 35, 11; 52, 29; 137, 13-14; 138, 27-28; 387, 10; 516, 5*.— *Ср.* въпити, клицати

КРИЧЬ, -а *м* (7) κραυγή, ὀλολυγμός крик, гомон křik, povyk: єдини же сѫпротиватъ сѧ жидове • кричемъ пьрѧште сѧ *Супр 433, 26*.— *Супр 108, 22; 108, 29; 433, 29-30; 434, 1; 434, 15-16; 435, 14*.— *Ср.* въпль, кличь, кричава

КРОВЪ, -а *м* (45) **1.** στέγη, δῶμα; (подъ єдинѣмь кровомь ὁμορόφιος) крыша střecha: г⟨оспод⟩и нѣсмь достоинъ да ми подъ кровъ вьнидеши *Мт 8, 8 Сав* (въ домъ *Зогр Мар Ас*); въ тъ дьнь въ ньже бѫдетъ на кровѣ • ι съсѫди его въ домоу • да не сълѣзетъ възѧтъ ιхъ *Л 17, 31 Зогр Мар* **2.** σκηνή шатер, жилище stan, stánek, příbytek: съкры мѧ въ крови **(!)** своемь *Пс 26, 5 Син*; вѣчнии крови и жилишта • съкровишта благыихъ отврьзоша сѧ *Супр 470, 26* **3.** ταμεῖον, κρυπτή скрытое место, тайник skryté místo, skrýš: никътоже свѣтильника вьжегъ • въ кровѣ полагаетъ *Л 11, 33 Зогр* (съкровѣ *Мар*) **4.** σκέπη охрана, защита, покровительство ochrana, záštita: на кровъ крілоу твоєю надѣѫтъ сѧ *Пс 35, 8 Син*.— *Зогр Мар Ас Сав Боян Син Евх Супр*.— *Ср.* покровъ, скиния, стелꙗ, стропъ, стрѣха, съкровище, съкровъ, таилище

КРОМѢ *нареч., предлог и союз* (12) **I.** *нареч.* πόρρω в стороне, в отдалении daleko, pryč: сии людие оустьнами мѧ чьтѫтъ • а срьдьце ихъ кромѣ отъстоитъ отъ мене *Мк 7, 6 Мар* (далече *Зогр*) □ к р о м ѣ б ы т и ἀπαλλάσσεσθαι быть отдаленным, отсутствовать být vzdálen, nepřítomen: зъла кромѣ сѫшта знамениꙗ *Супр 341, 2-3*; к р о м ѣ с ъ т в о р и т и ξενὸν ποιεῖν, ἀφιστάναι отдалить, отлучить oddálit, vzdálit, odloučit: бога мѧ кромѣ сътворитъ *Супр 366, 26* **II.** *предлог и послелог с род.* ἔξω, ἐκτός вне mimo, vně: не възможьно естъ пр⟨оро⟩коу погыбнѫти кромѣ нер⟨оу⟩с⟨али⟩ма *Л 13, 33 Мар* (∅ *Зогр*) ● без, кроме bez, kromě, mimo: ты бо єдинъ в'сего грѣха кромѣ єси *Евх 57а 12* **III.** *союз разделительный, греч. нет* только, лишь leč, než: соуєтьнъ (*т. е.* слоухъ) ι бесъвѣдѣтель • ι кромѣ съпасьнымь ιзвѣстьнымъ ιспытаньемь закон'ныимь • пріемлѫ *Клоц 1б 33*.— *Мк 5, 10 Зогр Мар; 1 Кор 6, 18 Ен; Служ 2а 9; Супр 366, 27-28; Рыл 1ба 3*.— *Ср.* без, вънѣ, развѣ, свѣнѥ

КРОМѢЦЬНИИ *и* **КРОМѢШЬНИИ** *прил.* (14) [кромѣць- *Мар* (3) *Ас* (2) *Евх* (2) *Супр* (1), кромѣш- *Зогр* (2) *Ас* (1) *Сав* (2) *Супр* (1)] ἐξώτερος внешний vnější: с⟨ы⟩н⟨о⟩ве[ве] ц⟨ѣсарь⟩ствиѣ изгънани бѫдѫтъ • въ тъмѫ кромѣштьнѭѭ *Мт 8, 12 Мар Ас*, кромѣшьнѭѭ *Зогр Сав*.— *Мт 22, 13 Мар Ас; Мт 25, 30 Зогр Мар Ас Сав; Евх 63б 15; 106б 22-23; Супр 378, 3-4; 554, 25*.— *Ср.* вънѣшьнии

КРОНИИ, -ꙗ *м имя* (1) Κρόνιος Кроний Cronius: повѣдааше же с⟨вѧ⟩тыи божии • нераѯ • и кронии *Супр 169, 2*

КРОНЪ, -а *м титан в греч. мифологии* (1) *греч. нет* Крон Kronos: отъ крона и ерея раждаѭтъ сѧ матери божьскыѧ *Супр 8, 11*

КРОПИТИ, -плѭ, -пиши *несов.* (3) ῥαντίζειν кропить kropit: кропѧщеи сѧ еѭ • да имѫтъ ѭ въ очищение д⟨оу⟩шамъ *Евх 5а 15*.— *Евх 6б 17; Супр 483, 22*

КРОПЛꙖ, -лѩ *ж* (1) νᾶμα (!) капля kapka, krůpěj: ꙗже заглади кроплꙗми слъзъ • написание зълы жизни *Супр 390, 17*.— *Ср.* капꙗ

КРОПЛЮЕНИѤ, -ꙗ *с* (1) ἐπιρράντισις кропление, окропление kropení, pokropení: бл⟨а⟩г⟨осло⟩ви вино се • своеѭ благостиѭ • ι ч⟨ловѣ⟩к⟨о⟩любиемь • бл⟨а⟩г⟨осло⟩вениемь • кропленнемь *Евх 20а 4*

КРОТАФЪ, -а *м* (1) κρόταφος висок spánek, skráň: аште дамь сонъ очима моима • ι вѣкома моима дрѣмание • ι покоі кротафома моима *Пс 131, 4 Син*

КРОТИТИ, крощѫ, кротиши *несов.* (2) καταπραΰνειν укрощать, успокаивать krotit, tišit, mírnit: ходѧи по морю акы по соухоу • и свирѣпымъ вльнамъ помаганимъ рѫкѫ твоєю кротѧи *Супр 77, 10* □ к р о т и т и с ѧ δαμάζεσθαι укрощаться krotit se, mírnit se: коньцꙗ в'сеѩ вселеньныꙗ покрыти тъщитъ сѧ ι на пѣсъцѣ разбиваѩ кротитъ сѧ *Евх 1а 21-22*

КРОТОЛЮБЬЦЬ, -а *м* (1) *греч. нет* миролюбивый человек mírumilovný člověk: бѫди.. въ сварьника мѣсто • кротолюбець *Евх 70б 9*

КРОТОСТЬ, -и *ж* (37) πραότης, πραΰτης, ἐπιείκεια, πραεῖα αὔρα кротость mírnost: съмѣрение ι любовь • ι кротость подажди емоу *Евх 81б 6-7*; въгаждам комоуждо съ всѣмъ сьмѣрениимъ • и кротостиѭ *Супр 284, 12.— Ас Ен Син Евх Клоц Супр.— Ср.* тихость, тихота

КРОТОСТЬНЪ, -ыи *прил.* (1) τῆς ἐπιεικείας исполненный кротости mírnosti *род.*: аште и златомъ съставьѥна ти быша оуста была • и камениимъ чьстънымъ не тольма сѧ быша свьтѣла • ꙗкоже нынꙗ оутвариѭ кротостьноѭ *Супр 380, 20*

КРОТЬКО *нареч.* (7) πραέως, ἐπιεικῶς, προσηνῶς, ἀνεξικάκως, πραΰς (!) кротко, терпеливо mírně, trpělivě: кротко же трьпѧ клеветы *Супр 481, 24.— Клоц 16 4; Супр 248, 13; 392, 24; 394, 17; 482, 2; 565, 9.— Ср.* кротъцѣ

КРОТЬКЪ, -ыи *прил., сравн. ст.* кротъчаи (39) **1.** ἥμερος ручной krotký: мьнѣаше бо комис' ꙗко питаѥми сѫтъ и кротьци (*т. е.* звѣрие) *Супр 223, 15* ● *перен.*: да вьздѣланѫѭ зълѣ земьѭ грѣхомъ • своимъ послоушаниимъ кротчѣишѫ сътворитъ *Супр 484, 8* **2.** πραΰς, πρᾶος, ἐπιεικής, ταπεινός кроткий mírný: се ц⟨ѣ⟩с⟨а⟩ръ твои грѧдетъ тебѣ • кротокъ *Мт 21, 5 Мар Ас Сав* (*Ø Зогр*); да оуслышѧтъ кротьци ї възвеселѧтъ сѧ *Пс 33, 3 Син.— Зогр Мар Ас Сав Син Евх Супр Хил Рыл.— Ср.* тихъ

КРОТЪЦѢ *нареч.* (1) *греч. нет* кротко mírně: правьдьныи... кротцѣ и тихо братоу рече *Супр 549, 29.— Ср.* кротько

КРОУПИЦА, -ѧ *ж* (8) ψιχίον крошка drobek: пси ѣдѧтъ отъ кроупиць • падаѭштиихъ отъ трепезы г⟨оспод⟩ии своихъ *Мт 15, 27 Зогр Мар Сав.— Мк 7, 28 Зогр Мар; Л 16, 21 Зогр Мар Ас.— Ср.* оукроухъ

кръвь *Мт 24, 29 Зогр см.* скръбь

КРЪВАВЪ *прил.* (1) τῶν αἱμάτων кровавый krvavý: тъ не проситъ жрътвъ кръвавъ *Супр 28, 14.— Ср.* кръвьнъ

КРЪВОПИВЪ, -ыи *прил.* (1) αἱμοπότης кровожадный krvežíznivý, krvelačný: с⟨ы⟩не сотониинъ • обьштьниче нечистыхъ бѣсовъ • бѣсьныи пьсе • кръвопивыи змию *Супр 115, 27.— Ср.* кръвоꙗдивъ

КРЪВОТОЧЕНИѤ, -ꙗ *с* (1) ῥύσις αἵματος кровотечение krvotok: и се жена сѫщи въ кръвоточении • отъ двою на десѧте лѣтоу *Л 8, 43 Сав* (въ точении кръви *Зогр*, кръве *Мар Ас*).— *Ср.* кръвь (точение кръве)

КРЪВОТОЧИВЪ, -ыи *прил.* (8) [крьво- *Сав* (1)] αἱμορροῶν страдающий кровотечением trpící krvotokem: ι се жена кръвоточива... прикоснѫ сѧ вьскрилии ризы его *Мт 9, 20 Мар Ас*, крьвоточиваꙗ *Сав* (*Ø Зогр*).— *Зогр 129б 9; Мар 43б 5; 76б 5; Супр 434, 18-19; 457, 8-9.— Ср.* кръвоточица, кръвоточѧщиꙗ, кръвь (кръвь точѧи)

КРЪВОТОЧИЦА, -ѧ *ж* (1) ἡ αἱμορροοῦσα женщина, страдающая кровотечением žena trpící krvotokem: кръвоточицѫ ицѣлилъ *Супр 480, 25-26.— Ср.* кръвоточивъ, кръвоточѧщиꙗ, кръвь (кръвь точѧи)

КРЪВОТОЧѦЩИꙖ, -ѩѩ *ж* (1) ἡ αἱμορροοῦσα женщина, страдающая кровотечением žena trpící krvotokem: исоуши подрагомъ крьвоточѧштиꙗ рѣкы *Супр 392, 18.— Ср.* кръвоточивъ, кръвоточица, кръвь (кръвь точѧи)

КРЪВОꙖДЕНИѤ, -ꙗ *с* (1) αἱμοβόρον кровожадность krvelačnost: кръвоꙗдение и оубиїство жидовъ ꙗвьꙗше *Супр 484, 23*

КРЪВОꙖДИВЪ, -ыи *прил.* (1) αἱμοβόρος кровожадный krvelačný: абие же акы льви кръвоꙗдивии • оустръмишѧ сѧ на нь скръжьштѫще зѫбы *Супр 216, 22-23.— Ср.* кръвопивъ, питомъ (кръвиѭ питомъ)

КРЪВЬ, -е *ж* (>200) [крьв- *Зогр* (1) *Мар* (1) *Сав* (11) *Син* (4) *Служ* (1) *Супр* (35), крв- *Мар* (1), кров- *Боян* (1) *Син* (4) *Евх* (1) *Клоц* (2), крів-! *Син* (1)] αἷμα кровь krev: си чаша новы завѣтъ моеѭ кръвиѭ • ѣже за вы пролѣетъ сѧ *Л 22, 20 Зогр Мар*; иже не отъ кръвиі • ни отъ похоти плътьскы • ни отъ похоти мѫжьскы • нъ отъ б⟨ог⟩а родишѧ сѧ *И 1, 13 Зогр*, от⟨ъ⟩ кръве *Ас* (*Ø Мар*); оувѣстъ сѧ въ ѩзыцѣхъ • прѣдъ очима нашима • месть кро[вь]ви рабъ твоихъ пролитыѩ (!) *Пс 78, 10 Син*; оубьена быстъ землѣ кръвьми *Пс 105, 38 Син*; тоуне пріде х⟨рист⟩е • пролитъ кръве своеѩ • за вьсѫ вьселенѫѭ *Клоц 5б 33-34*, кръвь своѭ *Супр 415, 14* ◆ кръви, кръвьмъ пролиꙗние αἱμοχυσία кровопролитие krveprolití: или ꙗко лѣпость диꙗволомъ и безбожьныихъ капиштъ • крьви пролиꙗние(мь) [и] оскврьнавьѥна (*вм.* -ѣ) • свѣтла на небо прострѣти сѧ *Супр 396, 23*; кръвьмъ пролиꙗние сътворитъ крьстиꙗномъ *Супр 221, 19*; точение кръве ῥύσις αἵματος кровотечение krvotok: жена етера сѫшти • въ точении кръве • лѣт в҃і *Мк 5, 25 Зогр Мар Ас Сав*, кръви *Унд*; кръвь точѧи αἱμορροῶν страдающий кровотечением trpící krvotokem: видѣша крьвь точѧштѧ ставьѥны крьвьныѩ рѣкы *Супр 398, 27*; кръви тещи, кръвь поущати αἱμορροεῖν кровоточить krvácet: кште и кръви текѫшти ꙗзвѣ божиꙗ тѣла съмѣкши истискати ѭ *Супр 457, 7*; осѧгъши • кште и крьвь поуштаѭшти божиꙗ тѣла • исоусовѣ рѫцѣ и нозѣ *Супр 457, 21*; кръвиѭ питомъ *см.* питомъ.— *Зогр Мар Ас Сав Унд Боян*

Ен Син Служ Евх Клоц Супр Хил.— кръвь точжи *ср.* кръвоточивъ

КРЪВЬНЪ, -ꙑи *прил.* (5) [крьв- *Супр* (2)] τοῦ αἵματος кровавый, крови *род.* krvavý, krve *род.*: не погоуби сь нечьстивꙑими доуша моѭ • и съ мѫжи кръвьнꙑими живота своѥго *Супр 434, 11-12* (крьвꙑ *Пс 25, 9 Син*).— *Супр 179, 28-29; 179; 30; 398, 28; 512, 7.— Ср.* кръвавъ

кръгꙑга *Супр 519, 27 см.* кръкꙑга

КРЪКНѪТИ, -нѫ, -неши *сов.* (1) γρύζειν издать звук, пискнуть hlesnout, muknout: помлъчаша послоушаѭште • ꙗкоже никомоуже кръкнѫти *Супр 129, 20*

КРЪКꙐГА, -ꙑ *ж* (4) [кръгꙑ- *Супр* (1)] βουριχάριον, βαστέρνιον, λεκτίκιον (!) повозка lehký vůz: повелѣ же комисии ставити кръкꙑгѫ *Супр 223, 12.— Супр 208, 13; 222, 29-30; 519, 27.— Ср.* колесьница, носило

КРЪМА [1], -ꙑ *ж* (2) πρύμνα корма záď lodi: бѣ самъ на кръмѣ • на доxъторѣ съпѧ *Мк 4, 38 Зогр Мар*

КРЪМА [2], -ꙑ *ж* (2) τροφή еда, пища pokrm, potrava: не носитъ ничсоже на кръмѫ • ни хлѣба ни водꙑ *Супр 170, 24.— Супр 143, 17.— Ср.* брашьно, кръмлꙗ, пища, ꙗдь

КРЪМИТИ [1], -млѭ, -миши *несов.* (1) κυβερνᾶν править, управлять, вести (рулем) kormidlovat, řídit: змиꙗ кръмивъши корабь • адама въ потопъ сьмрьти сьведе *Супр 400, 9.— Ср.* правити, строити

КРЪМИТИ [2], -млѭ, -миши *несов.* (14) [крьм- *Супр* (1)] τρέφειν, τρυφᾶν, ἑστιᾶν кормить, питать krmit, živit: дѣтишть плачетъ и мати болитъ • навꙑкъши обꙑчаѥмъ крьмити дѣтишть *Супр 312, 9-10* ▭ кръмити сѧ питаться živit se: обxождааше поустꙑнѭ • събираниꙗ ради саморастѫштиихъ мелагрии • отъ нихъже кръмѧтъ сѧ... отъxодьници *Супр 289, 12.— Супр 128, 26; 165, 29; 214, 17; 262, 22; 272, 13; 344, 17; 398, 23; 400, 9; 429, 25; 435, 22; 565, 1; 565, 14.— Ср.* питати, питѣти

КРЪМЛꙖ, -лѩ *ж* (4) [крьм- *Супр* (1)] τροφή, τρυφή (!) еда, пища pokrm, potrava: кде оубо кръмьѩ тоѩ избꙑтьци *Супр 428, 27.— Супр 373, 29; 519, 7; 565, 4.— Ср.* брашьно, кръма[2], пища, ꙗдь

КРЪМЛѤНИКЪ, -а *м* (1) νήπιος грудной ребенок kojenec: приподобѧтъ сѧ цръкъвнии кръмьеници • дѣтеxъ иже млѣко по вьсѩ дьни • пишти себѣ отъ матера съса сѫтъ *Супр 384, 13.— Ср.* младьньць

КРЪМЛѤНИѤ, -ꙗ *с* (1) (пищеѭ кръмлѥниѥ ἀρτοτροφία) насыщение sycení: слꙑшаша по морю xождениѥ • недѣланоѥ винодатиѥ • нетѫжанныѭ пиштеѭ крьмлѥниѥ *Супр 323, 21.— Ср.* насꙑштаниѥ, насꙑштениѥ

КРЪМЬНИКЪ, -а *м* (3) [крьм- *Супр* (1)] κυβερνήτης рулевой kormidelník: вѣстъ вльнѫ крьмникъ *Супр 509, 29.— Супр 400, 7; 429, 11-12.— Ср.* кръмьчии

КРЪМЬЧИИ, -ꙗ *м* (2) [крьм- *Супр* (1)] *греч. нет* рулевой kormidelník: кръмьчиѩ оубиша • сѫштиїхъ с нимъ • въ глѫбинѣ потопѧтъ *Супр 472, 13.— Супр 474, 17.— Ср.* кръмьникъ

кръстеньѥ *Клоц 2а 18 см.* крьщениѥ

крсти- *см.* крьсти-

КРЪЧАГЪ, -а *м* (3) ξέστης, κεράμιον глиняный сосуд, кувшин hliněná nádoba, džbán: дръжите прѣдааниѣ ч⟨ловѣчь⟩ска • крьштениѣ кръчагомъ • ı стьклѣницамъ *Мк 7, 8 Зогр* (чъваномъ *Мар*).— *Супр 45, 10; 52, 21.— Ср.* кринница, кръчажьнъ (съсѫдъ кръчажьнꙑи), чьванъ

КРЪЧАЖЬНЪ, -ꙑи *прил.* (2) [крьч- *Супр* (2)] τῶν κεραμίων глиняный hliněný: доидоша копаѭште до съсѫдъ крьчажьнꙑиxъ *Супр 52, 11.— Супр 53, 9.— Ср.* глиньнъ; кръчагъ

КРЪЧЬМЛꙖВАТИ, -аѭ, -аѥши *несов.* καπηλεύειν искажать překrucovat: арии... начѧ... божьствъна писаниꙗ отврьнь кръч'млꙗвати *Супр 188, 4*

КРꙐТИ, крꙑѭ, крꙑѥши *несов.* (9) [кри- *Клоц* (1) *Супр* (1)] κρύπτειν, ἀποκρύπτειν, καλύπτειν прятать, скрывать, укрывать krýt, skrývat, ukrývat: плѣнника и нага крꙑꙗше *Супр 489, 22* ▭ крꙑти сѧ скрываться skrývat se: юсифъ... бѣ криѩ сѧ страxа ради юдѣиска *Клоц 14б 35*; крꙑѩ сѧ *Супр 453, 23.— Пс 43, 16 Син; 53, 2 Син; Евх 2б 14; Супр 375, 21; 394, 26; 397, 29.— Ср.* съкрꙑвати, таити

крьв- *см.* кръв-

КРЬСТАНИЦА, -ѧ *ж имя* (1) Crescentia Крескентия Krescencie: вита и модеста пѣстоуна его • и кр⟨ь⟩станицѧ бабъи его *Ас 147б 5*

КРЬСТИТЕЛЬ, -лꙗ *м наименование Иоанна Предтечи* (47) [крститeл-, крстител- *Зогр* (4) *Мар* (6) *Ас* (2) *Служ* (1) *Евх* (1), кръстител- *Мар* (5) *Ен* (1), крстл- *Сав* (2), крстл- *Ас* (7), крсл- *Ас* (3)] βαπτιστής Креститель Křtitel: не въста въ рожденъиxъ женами • болиi ıоана крститель *Мт 11, 11 Зогр Мар Ас Сав.— Зогр Мар Ас Сав Ен Служ Евх*

КРЬСТИТИ, крьщѫ, крьстиши *сов./несов.* (>100) [крст-, крщ- *Ас* (16) *Ен* (1) *Евх* (1), кр'ст- *Евх* (1) *Супр* (1), кръст-, кръщ- *Зогр* (1) *Мар* (22) *Ас* (6) *Евх* (1) *Клоц* (3) *Супр* (9) *Хил* (4), крещ- *Зогр* (1)] **1.** βαπτίζειν, φωτίζειν, νεοφωτίζειν крестить pokřtít/

křtít: азъ оубо крьстихъ вы водоѭ • а тъ крьститъ вы д⟨оу⟩хомь с⟨вѧ⟩тъıмь *Мк 1, 8 Зогр Мар*; бъıстъ ıоанъ кръстѧ въ поустъıни *Мк 1, 4 Зогр Мар Ас Сав*; длъженъ естъ вьсѣкъ кръштенъı • самъ себе чиста хранити *Клоц 2а 40*; аще комоу оумьретъ дѣтищь некръщенъ • за лѣность • ѣ҃ лѣта да покаетʼ сѧ *Евх 104б 9 10;* крьштениемь ıмьже азъ крьштѫ сѧ • крьстита сѧ *Мк 10, 39 Зогр Сав* (кръштаѭ сѧ кръстита сѧ *Мар Ас*) **2.** *греч. нет* крестить/перекрестить dělat/udělat kříž: по том⟨ь⟩ въложит⟨ъ⟩ кр⟨ь⟩стъı въ водѫ кр⟨ь⟩стѧ ими *Евх 6а 23.— Зогр Мар Ас Сав Боян Ен Евх Клоц Супр Хил.— Ср.* крьщати, просвѣщати, прѣкрьстити

КРЬСТИꙖНЪ[1] *и* **КРЬСТИꙖНИНЪ**, -а *м* (20) [крьстиꙗнинъ *Супр* (1), кръст- *Супр* (3), крест- *Евх* (1) *Клоц* (1)] χριστιανός, τοῦ Χριστοῦ, τῶν χριστιανῶν христианин křesťan: крьстиꙗни есте *Мк 9, 41 Зогр* (хрьстови *Мар Ас*); савинъ иже нечьстивъıѩ вѣръı • нарицаѥмъıимъ кръстиꙗнинъ *Супр 146, 30*; савинъ нарицаѭ сѧ крьстиꙗнъ же ѥсмъ *Супр 147, 9*; како сего крьстиꙗни бога имѫтъ *Супр 304, 6.— Зогр Евх Клоц Супр*

КРЬСТИꙖНЪ[2], -ъıи *прил.* (3) [кръст- *Супр* (1)] χριστιανικώτατος христианский křesťanský: въ дьни бо прѣдъреченаадго крьстиꙗнаадго цѣсара костантина *Супр 186, 18.— Супр 200, 26-27; 208, 11.— Ср.* крьстиꙗньскъ

КРЬСТИꙖНЪıНИ, -нѩ *ж* (3) [кръст- *Супр* (2)] χριστιανή, χριστιανός (!) христианка křesťanka: она же глагола еи кръстиꙗнъıни ѥсмъ *Супр 132, 20.— Супр 131, 15-16; 132, 19*

КРЬСТИꙖНЬСКЪ, -ъıи *прил.* (26) [кръст- *Супр* (7), крест- *Евх* (1), хрьст- *Супр* (1)] τῶν χριστιανῶν христианский křesťanský: нѣсмь добрѣ наоученъ законоу б⟨о⟩жью • ни разоумѣлъ истиннъıѩ вѣрꙑ крестьѣнъскꙑ *Евх 67а 1*; молꙗахѫ множити сѧ с ними крьстиꙗньскоуоумоу исправьѥнию *Супр 541, 8-9.— Евх Супр.— Ср.* крьстиꙗнъ [2]

КРЬСТИꙖНЬСТВО, -а *с* (1) χριστιανισμός христианство křesťanství: оставъ сѧ крьстиꙗньства съ нами ед'нако бѫди *Супр 60, 26*

КРЬСТИꙖНѢ *нареч.* (1) χριστιανικῶς по-христиански křesťansky: крьстианома сѫштема родивъшиима • кръстианѣ и възвождааше сѧ съ своѥѭ братьѥѭ *Супр 279, 5*

КРЬСТЪ, -а *м* (>100) [кр҃ст-, крст- *Зогр* (13) *Мар* (16) *Ас* (26) *Сав* (16) *Боян* (5) *Ен* (16) *Служ* (1) *Евх* (13) *Клоц* (5), кръст- *Зогр* (2) *Мар* (8) *Супр* (20), крест- *Клоц* (2), кр҃т *Мар* (1)] σταυρός, Χριστός (!); (съ крьстꙑ λιτανεύοντες) крест kříž: нап'са же ı титьлъ пилатъ • ı положи ı на кр⟨ь⟩стѣ *И 19, 19 Зогр Мар Сав Боян*, кр⟨ь⟩стѣ *Ас*; ıже не носитъ кр⟨ь⟩ста своего • ı въ слѣдъ мене ıдетъ • не можетъ бъıти мои оученикъ *Л 14, 27 Зогр Мар*; крьстомъ оудолѣ диꙗволоу х⟨ристос⟩ъ *Супр 189, 19*; повелѣ съберати сѧ... и съ кръстꙑ къ пештерѣ тои • идеже ч⟨ловѣ⟩къ б⟨о⟩жиї живетъ ити *Супр 529, 23* ● *перен.* крест, крестное знамение kříž, znamení kříže: вълѣетъ водꙑ мало • въ жтрь • ѡтъ с⟨вѧ⟩тъıхъ • б⟨о⟩гоавлении • творѧ еѭ кр⟨ь⟩стꙑ ѣ҃ *Евх 19б 8.— Зогр Мар Ас Сав Боян Ен Служ Евх Клоц Супр.— Ср.* распонъ

КРЬСТЬНЪ, -ъıи *прил.* (25) [кр҃ст- *Ен* (1) *Служ* (1) *Евх* (1), кръст- *Супр* (12), крест- *Супр* (1)] τοῦ σταυροῦ крестный, креста *род.* kříže *род.*: иже нꙑ кр⟨ъ⟩стънъıмь мѫчениемь • вь дьнесьнии день • отъ неприѣзнинꙑ работꙑ ıзбавилъ еси *Служ 16 23-24;* ѕвѣрне лютиї оужасѫ сѧ • ѡбраза кр⟨ъ⟩стнаго *Ен 36а 11.— Ен Служ Евх Клоц Супр*

КРЬЩАТИ, -аѭ, -аѥши *несов.* (36) [кр҃щ-, кр҃шт- *Мар* (2) *Ас* (7) *Боян* (1), кръшт- *Мар* (6) *Ас* (1) *Евх* (3) *Супр* (1) *Хил* (1)] βαπτίζειν крестить křtít: чьто оубо крьштаеши аще тꙑ нѣси х⟨ристос⟩ъ *И 1, 25 Зогр Мар Ас*; вѣроуемъ писанью • ı кръщаемъ сѧ въ с⟨вѧ⟩тѫѭ троицѫ *Евх 67б 7-8.— Зогр Мар Ас Сав Боян Евх Супр Хил.— Ср.* крьстити

КРЬЩЕНИѤ, -иꙗ *с* (70) [кр҃щ- *Ас* (5), кръщ- *Мар* (9) *Евх* (7) *Клоц* (2) *Супр* (11) *Хил* (3), кръстенье *Клоц* (1)] **1.** βάπτισμα крещение křest: бъıстъ ıоанъ... проповѣдаѩ крьштение покаанию *Мк 1, 4 Зогр Мар Ас Сав*, ..ние *Боян*; ѩже абиѥ по оглашении съподоби с⟨вѧ⟩тааго крьштеньꙗ *Супр 537, 11* **2.** βαπτισμός мытье, омывание mytí, umývání: приѩша дръжати • крьштениѣ стькльницамъ *Мк 7, 4 Зогр Мар.— Зогр Мар Ас Сав Боян Зогр-пал Ен Евх Клоц Супр Хил.— Ср.* просвѣщениѥ, оумъıваниѥ

КРѢПИТИ, -плѭ, -пиши *несов.* (25) **1.** ἐνισχύειν, κατισχύειν, θαρσοποιεῖν, στένεσθαι (!) укреплять, крепить posilovat: дроугъ дроуга же крѣпьꙗхѫ словесꙑ сими *Супр 175, 21* □ крѣпити сѧ κραταιοῦσθαι, ἰσχύειν, ἀνδρίζεσθαι; (противѫ крѣпити сѧ ἀνταγωνίζεσθαι) крепнуть, укрепляться sílit, stávat se silným: въскръсни г⟨оспод⟩ı да не крѣпітъ сѧ ч⟨ловѣ⟩къ *Пс 9, 20 Син*; о къзнехъ • воина твоѥго сотонꙑ • стоимъ противѫ крѣпаште сѧ *Супр 100, 4* **2.** крѣпити сѧ διϊσχυρίζεσθαι, ἐπισχύειν подтверждать, утверждать potvrzovat, tvrdit, ujišťovat: ıнь етеръ крѣпл҃ѣаше сѧ г⟨лаго⟩лѧ • въ ıстинѫ ı сь бѣ съ ними *Л 22, 59 Зогр Мар.— Зогр Мар Ас Сав Син Супр.— Ср.* оукрѣплꙗти, оутврьждати

КРѢПОСТЬ, -и *ж* (47) ἰσχύς, κράτος, κραταίωμα, κραταιότης, κραταίωσις, ἔνστασις, ὀσφύς (!) сила, крепость síla: г⟨оспод⟩ь крѣпостъ людемъ своимъ дастъ *Пс 28, 11 Син*; юже пльтиѭ побѣждени бысте • крѣпостиѭ д⟨оу⟩шънѣѭ побѣдите *Супр 108, 21-22.— Зогр Мар Ас Сав Син Евх Супр.— Ср.* дръжава, моць, сила, оутврьждение

КРѢПЪ, -ъıи *прил., сравн. ст.* крѣплии, крѣпѣи (19) [прѣп- (!) *Син* (1)] ἰσχυρός, κραταιός, ἑδραῖος, στερεός сильный, крепкий, могучий silný, mocný: простьри рѫкѫ своѭ крѣпѫѭ *Супр 150, 23*, грѧдꙑ же по мнѣ крѣплеи мене естъ *Мт 3, 11 Ас* (∅ *Зогр Мар*); ї҆збавлѣѩ нища ї҆з-д-рѫкꙑ прѣпьши..хъ (!) его *Пс 34, 10 Син*, крѣпьшиихъ *Супр 329, 24*; паче крѣпѣи бъıстъ *Супр 64, 1-2.— Зогр Мар Ас Сав Син Супр.— Ср.* крѣпъкъ

КРѢПЪКО *нареч.* (4) γενναίως крепко pevně: прѣпоѣшимъ... крѣп'ко чрѣсла наша *Евх 85б 24* ● основательно, усиленно důkladně, usilovně: крѣпъко помꙑшлѣѩ *Клоц 26 34-35.— Евх 89б 21; Супр 80, 90.— Ср.* крѣпѣ, твьрдо, твьрдѣ

КРѢПЪКЪ, -ъıи *прил.* (45) ἰσχυρός, κραταιός, καρτερώτατος, ὀχυρός сильный, крепкий, могучий silný, mocný: бъıстъ гладь крѣпъкъ на странѣ тоі *Л 15, 14 Зогр Мар Ас Сав*; въждьлда д⟨оу⟩ша моѣ къ б⟨ог⟩оу крѣпъкоумоу *Пс 41, 3 Син*; б⟨ож⟩е • с⟨вѧ⟩тъıи крѣп'че *Рыл 76β 36* ▭ крѣпъкъıи *в знач. сущ.* силач silák: како можетъ кто • вьнити въ домъ крѣпъкааго *Мт 12, 29 Зогр Мар.— Зогр Мар Ас Сав Син Евх Супр Хил Рыл.— Ср.* дръжавьнъ, крѣпъ, моцьнъ, сильнъ, твьрдъ

КРѢПѢ *нареч.* (1) ἀκράδαντος (!) крепко pevně: чистѣ и крѣпѣ своѭ вѣрѫ блюдѫште *Супр 58, 16.— Ср.* крѣпъко

КРѪГЪ, -а *м* (7) [грѫг- (!) *Супр* (1)] κύκλος круг kruh, okruh: четꙑрьми врѣменꙑ • крѫгъ лѣтоу вѣньчалъ еси *Евх 4а 2*; възьри на крѫгъ вьселенꙑѩ • колико вьсии и колико градъ *Супр 430, 30* ◆ крѫгомь *творит. ед. в знач. нареч.* κύκλῳ, περικύκλῳ кругом, вокруг kolem, dokola: да одержѧтъ грѫгомь (!) вьсѧ главѫ юго *Супр 268, 18.— Супр 141, 14; 473, 22; 568, 18; 568, 19.— Ср.* окрьстъ, окрѫгъ

КОУДИТИ, коуждѫ, коудиши *несов* (1) δυσφημεῖν порицать, хулить hanět, tupit: о ни҃хъже пѣти и благодѣть въздаюати • коудѧтъ и богосварници бъıваѭтъ *Супр 339, 12.— Ср.* власвимисати, хоулити

КОУКОУЛЬ, -лѩ *м* (4) [кокоул- *Евх* (1)] κουκούλλιον капюшон, куколь kukla, kápě: женамъ коукоулю сънѧти *Евх 100а 25.— Евх 97а 4-5; 99а 9; 100а 8*

КОУМИРОСЛОУЖЕНИЮ, -ниꙗ *с* (4) εἰδωλολατρεία идолопоклонство, идолослужение modloslužba: оуклонити сѧ отъ коумирослоужениꙗ и вѣровати х⟨ристо⟩соу *Супр 6, 7-8.— Супр 17, 3; 185, 28-29; 186, 13-14.— Ср.* идольскъ (идольскаꙗ слоужьба)

КОУМИРЪ, -а *и* **КОУМИРЬ**, -рꙗ *м* (29) [коумиръ *Супр* (15), коумирь *Супр* (12)] εἴδωλον, κίβδηλον, ἀνδριάς, ξόανον, ἄγαλμα, δαίμων; (коумиръ жрьтвьнъıи εἰδωλόθυτον, къ коумиромъ εἰδωλολατρεῖν) кумир, идол modla: сьпаде коумирь съ мѣста своюго *Супр 33, 15*; тѧжько си сътворивъше о съкроушениі коумира своюго *Супр 35, 20-21*; подвигни нечоувествьна и глоуха коумирѣ сего *Супр 22, 6;* тече къ коумироу *Супр 33, 10-11*; коумири ли ти сѧ мьнѧтъ а не бози *Супр 7, 11*; каменьк бездоуш'но и коумирию сѫште *Супр 536, 9*; поклонѭ сѧ коумиремъ *Супр 7, 9*; коумира отъвьрже *Супр 186, 11*; невѣрѫѭштиі҆хъ о коумирѣхъ *Супр 88, 9* ◆ коумиромъ слоугоуѩи εἰδωλοθύτης идолопоклонник, идолослужитель modloslužebník: погоубиꙗ же врагꙑ • и коумиромъ слоугоуѭштиімъ *Супр 28, 11.— Супр.— Ср.* идолъ, капиште

КОУМИРЬНИЦА, -ѧ *ж* (3) εἰδωλεῖον, βωμός (!); (при коумирьници εἰδωλολατρικῶς) языческий храм pohanská svatyně: да не ведени бѫдѫтъ въ коумирьницѫ *Супр 137, 16.— Супр 137, 22; 137, 23.— Ср.* капиштьница, трѣбиште, црькъвиште

КОУМИРЬСКЪ, -ъıи *прил.* (9) τῶν εἰδώλων; (храмъ коумирьскъ ναός; мѣсто коумирьско Νεμεσεῖον) кумира *род.*, идола *род.*, кумиров *род. мн.*, идолов *род. мн.* modly *род.*, model *род. мн.*: ѡ оделѣньи намъ • льсти коумиръсцѣи *Евх 60б 4-5*; бѣаше же храмъ коумир'скъıи искони • нарицаюмъıи петасъ *Супр 17, 7-8.— Супр 24, 9; 131, 5-6; 157, 7; 176, 2-3; 176, 23; 220, 13; 567, 5.— Ср.* идольскъ

коумꙑ *Супр 307, 7 см.* талиѳакоумъ

КОУПИТИ, коуплѭ, коупиши *сов.* (56) ἀγοράζειν, ὠνεῖσθαι, πραγματεύεσθαι купить koupit: идѣте же паче къ продаѭштиімъ і коупите себѣ *Мт 25, 9 Зогр Мар Ас*, коупитъ *Сав*; коупль поп҃ѣвицѫ • і сънꙑмъ обитъ і *Мк 15, 46 Зогр Мар*; коуплени бо есте цаноѫ *1Кор 6, 20 Ен.— Зогр Мар Ас Сав Ен Евх Супр.— Ср.* искоупити

КОУПЛЬНЪ, -ъıи *прил.* (3) τοῦ ἐμπορίου торговый, купеческий kupecký: не творите домоу о⟨ть⟩ца моего • домоу коупльнаего *И 2, 16 Зогр Мар Ас*

КОУПЛІА, -лѩ *ж* (15) [кѫпѣл- (!) *Зогр* (1)] **1.** ἐμπορία торговля obchodování: отидѫ • овъ на село свою овъ на коуплѭ своѭ *Мт 22, 5 Мар Ас* (∅ *Зогр*); *Евх 106а 22* ● ἀγορά рынок tržiště: отъ коупла аще не покжплѭтъ сѧ не ѣдѧтъ *Мк 7, 4 Мар*, кѫпѣли (!) *Зогр* ◆ коуплѭ дѣꙗти, сътворити πραγματεύεσθαι, διαπραγματεύεσθαι торговать obchodovat: коуплѭ дѣите донъдеже придѫ *Л 19, 13 Зогр Мар Ас*; коуплѭ сътвориша съ небесьскыими дѣлы *Супр 55, 9* **2.** πραγματεία деятельность, занятие činnost, zaměstnání: (воинъ) бываѩ обѧ(з)аетъ сѧ коупѣлми житиискаами *2 Тим 2, 4 Ен*.— *Л 19, 15 Зогр Мар Ас; Клоц 5б 36; Супр 518, 15*.— *Ср.* коупъ[2]

КОУПОВАТИ, коупоуѭ, коупоуѥши *несов.* (9) ἀγοράζειν покупать kupovat: все елико имать продаетъ • и коупоуетъ село то *Мт 13, 44 Зогр Мар*.— *Мт 21, 12 Мар; Мк 11, 15 Зогр Мар; Л 17, 28 Зогр Мар; Л 19, 45 Мар; Супр 425, 4*.— *Ср.* коупла (коуплѭ дѣꙗти)

КОУПЪ[1], -а *м* (1) σωρός куча hromada, kupa: кыи коупъ болии естъ плѣвьнъıи ли или п'шеничьнъıи *Супр 127, 22*.— въ коупѣ *см.* въкоупѣ

КОУПЪ[2], -а *м* (1) *греч. нет* торговля obchod: ни брака творити • ни въ пѫть ход.. ни коупа дѣꙗти *Ен 20а 8*.— *Ср.* коупла

КОУПЬНО *нареч.* (67) [коупьноу *Евх* (1)] ἅμα **1.** ὁμοῦ, ὁμοθυμαδόν, πρὸς ἀλλήλους, ἐπὶ τὸ αὐτό, συν-, ὁμο- вместе, совместно společně, spolu: въстръгнете коупьно съ нимь и пьшеницѫ *Мт 13, 29 Зогр Мар* (*нет Ас*); събираахѫ сѧ коупьно на мѧ *Пс 30, 14 Син* **2.** σύγχρονον, σύνδρομος (!) одновременно současně, zároveň: оутвръдивъше же никеискѫѭ с⟨вѧ⟩тѫѭ правѫѭ вѣрѫ коуп'но • и ти оуставиша оустав' вѣры *Супр 202, 8* ◆ коупьно оутро ἅμα πρωΐ рано утром brzy ráno: изиде коупьно утро *Мт 20, 1 Мар Ас Боян* (за ѹтра *Сав*, ∅ *Зогр*).— *Зогр Мар Ас Боян Унд Син Евх Клоц Супр*.— *Ср.* въкоупъ, въкоупѣ

КОУПЬНОСЪІИ, -сѫщаго *прил.-прич.* (3) ὁμοούσιος единосущный soupodstatný: исповѣдати... нераз'дѣлимѫѭ и коуп'носѫщѫѭ троицѫ • отьца и сына и свѧтааго доуха *Супр 207, 26*.— *Супр 189, 26-27; 201, 9-10*.— *Ср.* коупьносѫщьнъ, коупьнѣ (коупьнѣ сѫщьнъ), единосѫщьнъ

КОУПЬНОСѪЩИѤ, -ꙗ *с* (1) τὸ ὁμοούσιον единосущие soupodstatnost: волимъ ариянъскѫѭ вѣрѫ неже къ коупносѫщию приложити сѧ *Супр 202, 2*.— *Ср.* единосѫщиѥ

КОУПЬНОСѪЩЬНЪ, -ъıи *прил.* (1) ὁμοούσιος единосущный soupodstatný: присъвъкоупити ѧ хотѧще • къ правѣи и коуп'носѫщьнѣи вѣрѣ *Супр 201, 26-27*.— *Ср.* коупьносъıи, коупьнѣ (коупьнѣ сѫщьнъ), единосѫщьнъ, сѫщьнъ

КОУПЬНѢ *нареч.* (1): коупьнѣ сѫщьнъ, -ъıи ὁμοούσιος единосущный soupodstatný: арии... оста въ отълѫчении • нача о коупьнѣ сѫщьнѣи • и с⟨вѧ⟩тѣи троици... хоульнъı оустъı износити *Супр 188, 1*.— *Ср.* коупьносъıи, коупьносѫщьнъ, единосѫщьнъ, сѫщьнъ

КОУПЬЦЬ, -а *м* (6) ἔμπορος торговец, купец kupec: подобьно естъ ц⟨ѣсаа⟩р⟨ь⟩ствие не-б⟨есь⟩ское • ч⟨лов⟩ѣкоу коупьцоу • ищѫщю добра бисъра *Мт 13, 45 Зогр Мар Ас Сав*.— *Клоц 11б 12; Супр 217, 25-26*

КОУРИИ *прил.* (2) *греч. нет* петуший, петушиный kohoutí: тои нощи до коуриѣ въспѣтиѣ • трищи отвръже сѧ *Евх 48б 1*.— *Евх 48б 3*

КОУРИТИ СѦ, -рѭ сѧ, -риши сѧ *несов.* (1) ἐξατμίζεσθαι дымиться, куриться kouřit, dýmat: егоже съвѣстиѭ дъıмъ не оугасаѧ коурить сѧ *Евх 52б 9-10*.— *Ср.* въскоурꙗти

КОУРОГЛАШЕНИѤ, -ꙗ *с* (1) ἀλεκτοροφωνία пение петухов kuropění: не вѣсте бо къгда г⟨оспод⟩ь домоу придетъ • вечеръ ли... ли въ коуроглашенье *Мк 13, 35 Зогр* (кокотоглашение *Мар*).— *Ср.* кокотоглашениѥ

КОУРЪ, -а *м* (3) ἀλέκτωρ петух kohout: прѣжде • даже коуръ не възгласитъ • три кратъı отъвръжеши сѧ мене *Мт 26, 34 Зогр Ас Сав* (кокотъ *Мар*).— *Ср.* кокотъ

КОУРѤНИѤ, -ꙗ *с* (3) ἀτμίς дым kouření, kouř, dým: или коурениемь • или дъıмомь етеромь • видимъ • или ѣко огнь възгараѩ сѧ *Евх 54а 3*.— *Евх 44б 13; 48а 25-26*.— *Ср.* дъıмъ

КОУСТОДИꙖ, -ѩ *ж* (12) κουστωδία сторож, стража stráž: оутвръдиша гробъ • знаменавъше камень съ коустодиеѭ *Мт 27, 66 Зогр Мар Ас* (2).— *Мт 27, 65 Зогр Мар Ас; Мт 28, 11 Зогр Мар Ас Сав; Супр 472, 30*.— *Ср.* стража, трѫтъ

КОУТОНЪ, -а *м имя демона* (1) Κουττόνιος Кутон Kuton: дроугъıи глаголааше азъ есмъ коутонъ *Супр 53, 1-2*

КОУЦИꙖ, -ѩ *ж* (2) τὰ βρεκτά каша, кутья kaše: блюдъ иже ти бѣ посълала съ коуциѭ (!) *Супр 122, 11-12*.— *Супр 120, 30*

КОУꙖТИ, -ꙗѭ, -ꙗеши *несов.* (1) γογγύζειν роптать reptat: не могѫ старьца зърѣти подъ обѫзомъ коуꙗѭшта *Супр 242, 16*.— *Ср.* ръпътати

КЪ *предлог* (>100) *с дат.* πρός, εἰς, ἐπί, παρά, πρίν ad **1.** *при обозначении объекта, к которому направлено движение или действие* к k: азъ къ о⟨ть⟩цю градѫ *И 14, 12 Зогр Мар Ас* (2) *Сав* (2); посъла рабъı своѩ • къ дѣлателемъ *Мт 21, 34 Мар Ас Сав* (∅ *Зогр*); къ тебѣ г⟨оспод⟩и въздвигъ д⟨оу⟩шѫ моѭ *Пс 24, 1 Син*; больнъıѩ своѩ приношаахѫ к немоу *Супр 531, 20* ● *при обозначении* *места, где совершается действие* у u: братъ твои варахисии отъвръже сѧ бога твоѥго • а ты прѣбываѥши ѥште к нѥмоу *Супр 265, 21* **2.** *при указании времени действия, которое непосредственно предшествует* перед před: по нѥже бѣ параскевьѥи • еже естъ къ сѫботѣ *Мк 15, 42 Зогр Мар*; слово о блѫд'ници • вь великѫѭ срѣдѫ къ пастѣ *Супр 390, 2* **3.** *при обозначении объектных отношений* (*дат. без предлога*), (*род. без предлога*), в (*с вин.*), на (*с вин.*) (*дат. без предлога*), (*род. без предлога*) na (*с вин.*), v (*с вин.*): вѣроующтъ къ рождъшоуоумоу сѧ отъ мариѩ *Супр 216, 2*; к' тебѣ оупвахомъ *Супр 77, 28* (на тѧ *Пс 21, 6 Син*); к'то првъвоѥ прикоснетъ сѧ къ нѥмоу *Супр 18, 22* ● *при обозначении лица, к которому обращена речь* к, (*дат. без предлога*) k, (*дат. без предлога*): рече къ симоноу *Л 7, 44 Сав* (симоноу *Зогр Мар Ас*); не можаахѫ • бесѣдовати къ нѥмоу • народомъ *Л 8, 19 Зогр Мар Ас Сав* ● *при указании на лицо, предмет, явление, к которым проявляется какое-л. отношение* к, с, по отношению к k, s, vůči: къ богоу любы без мѣры *Супр 275, 1*; не съмѣжіте очью вашею къ істінѣ *Клоц 1а 5* (противѫ истинѣ *Супр 325, 9*); да прімирітъ родъ нашъ къ б⟨ог⟩оу *Клоц 9а 30* (да състроитъ наше ѥстьство съ богомь *Супр 423, 9*); аще же съгрѣшитъ къ тебѣ братръ твои *Мт 18, 15 Мар Ас* (прѣдъ тобоѭ *Сав, ∅ Зогр*) ● *при указании на лицо или предмет, против которого направлено действие* против proti: брань творѧтъ къ б⟨ог⟩оу *Клоц 7б 9* (на б⟨ог⟩а *Супр 419, 8*); хоулѫ творѧтъ къ своѥмоу господоу *Супр 148, 2* ● *при обозначении взаимности* к, с, друг к другу k, s, vzájemně: не тѣлеса къ себѣ съмѣшаѭште • нъ д⟨оу⟩шѧ къ себѣ • съвѫзомь любовънымь совъкоуплѣѭште *Клоц 9б 10 и 11* (дроугъ къ дроугꙋ... коупьно *Супр 423, 30 и 424, 1*) **4.** *при обозначении цели, результата действия* к, для k, pro: да имѫтъ ѩ... къ баловаѭ врѣдомъ *Евх 5а 17*; си болѣзнь нѣстъ къ съмрьти • нъ къ славѣ б⟨о⟩жі *И 11, 4 Зогр Мар Ас Сав* ◆ къ томоу, не къ томоу *см.* тъ.— *Зогр Мар Ас Сав Боян Зогр-пал Ен Син Служ Киев Евх Клоц Супр Рыл*

къгда *см.* когда

КЪДЕ *нареч.* (>100) **1.** *вопрос.* ποῦ, ποίῳ τόπῳ, πῶς (!), τίς (!) где kde: оучителю • къде живеши *И 1, 38 Зогр Мар Ас Охр*; а ты кде моудиши не вѣдѣ *Супр 242, 16* **2.** *неопр.* πώποτε где-нибудь, где-то někde: обрѧштета • жрѣбѧ привѧзано • на нѥже никътоже къде • отъ ч⟨ловѣ⟩къ не въсѣде *Л 19, 30 Зогр Мар* **3.** *относит.* ὅπου, ἐν ᾧ где kde: вѣдꙑ мѣсто к'де живетъ свѧтꙑи савинъ *Супр 145, 20.— Зогр Мар Ас Сав Охр Син Евх Клоц Супр Хил Рыл*

КЪДЕЖЕ *союз* (2) ὡς, ἅμα δὲ τῷ когда, как только když, jakmile: к'деже издрече савинъ • стави сѧ корабь посрѣдоу рѣкꙑ *Супр 151, 1.— Супр 16, 11.— Ср.* когда, кгда

КЪЖЬДО, когожьдо *и* **КЪЖДЕ** когожде *мест.* (84) [-жде *Ас* (1) *Супр* (2); кож- *Зогр* (6) *Мар* (3) *Ас* (3) *Сав* (2), кьж- *Ас* (2)] ἕκαστος, τις (!), ἅπας (!), ἑκάτερος (!) каждый každý: начѧшѧ г⟨лаго⟩лати емоу • единъ кождо іхъ *Мт 26, 22 Зогр Мар Ас Сав*; покои в'сѧ о⟨ть⟩ца нашѧ и матери • комоужъдо насъ *Евх 65а 22-23*; отъдати комоуждо чловѣкоу по дѣломъ ѥго *Супр 259, 22.— Зогр Мар Ас Сав Син Евх Супр Рыл.— Ср.* вьсь, вьсѩкъ, вьсѩчьскъ, кꙑижьдо

КЪЗНЬ, -и *ж* (5) τέχνη, μηχανή, μηχάνημα способ, образ způsob: вь поганьскꙑѩ къзни юже не ходите *Рыл 2ба 37-2бβ 1* ● коварный замысел, происки, козни obmysl, úklad, nástraha: побѣждаѭштоу твоѩ проиꙑривꙑѩ къзни *Супр 12, 27.— Супр 100, 3; 516, 28; Рыл 8аа 18.— Ср.* примꙑшлѥни, примꙑшлѥние, проказьство, оумꙑшлѥние, хꙑтрость

КЪКЪНꙖ, -ныѩ *ж или* **КЪКЪНЬ,** -ѥи *м* (1) κνήμη голень holeň: не благоволитъ г⟨оспод⟩ь въ къкъню мѫжьскоу *Супр 546, 13-14.— Ср.* голѣнь

КЪМОТРА, -ꙑ *ж* (1) *греч. нет* кума kmotra: къмотрами своімі • і дъштерьми • іже отъ с⟨вѧ⟩таго крьштеньѣ • не съмѣшати сѧ *Клоц 2а 20*

КЪНИГЪЧИИ, -ниѩ *м* (6) [къникьчи- (!) *Мар* (1), кьнигьчі- *Ас* (1), книгъчи- *Супр* (1), кнхчи- *Супр* (1)] γραμματεύς знаток законов, учитель закона, книжник učitel zákona, zákoník: аз сьлѭ кь вамъ пр⟨о⟩р⟨о⟩кꙑ • и прѣмѫдръи и кьнігъчиѩ *Мт 23, 34 Ас* (кънижъникꙑ *Мар, ∅ Зогр*).— *Мт 23, 13 Мар; 23, 14 Мар; 23, 15 Мар; Супр 135, 25; 472, 9-10.— Ср.* кънижьникъ

КЪНИГꙐ, -ъ *ж мн.* (>100) [кьни- *Мар* (2) *Ас* (29), к'ни-, кни- *Ас* (2) *Сав* (1) *Боян* (3) *Ен* (3) *Супр* (24) *Рыл* (3)] **1.** βίβλος, βιβλίον, τὰ βιβλία, δέλτιον (!), δέλτος (!) книга, книги kniha, knihy: многа же іна знамениѣ створи н⟨соу⟩с⟨ъ⟩ • прѣдъ оученикꙑ своими • ѣже не сѫтъ п'сана въ кънигахъ сихъ *И 20, 30 Зогр Мар Ас Охр*; і съгънѫвъ кънигꙑ въдавъ слоуꙅѣ сѣде *Л 4, 20 Мар Ас Сав* (∅ *Зогр*); оучини імена ихъ • въ кънигахъ животънꙑхъ *Евх 65б 3* ● γραφή, γραφική (!) сочинение, описание spis, sepsání, popis: кънигꙑ род⟨ь⟩ства и⟨со⟩ус⟨ристосо⟩ва • с⟨ꙑ⟩на д⟨авꙑ⟩д⟨о⟩ва • с⟨ꙑ⟩на авраамлѣ *Мт 1, 1 Ас Сав* (∅ *Зогр Мар*); ихъже бо слово повѣстиѩ и

слоухомъ оуказаатъ сѧ • тѣхъ же и к'нигы мльчашта подражаниѥмъ показаѭтъ *Супр 83, 14* ● *спец.* γραφή, αἱ γραφαί Священное писание Písmo svaté: **како же оубо събѫдѫтъ сѧ кънигы** *Мт 26, 54 Зогр Мар Ас Сав Боян* □ **в е т ъ х ы ѩ   к ъ н и г ы** Παλαιά Ветхий завет Starý zákon: **многашди обраштеши вь ветъхыхъ книгахъ** *Супр 487, 24* **2.** τὰ γράμματα, ἐπιστολή; (**кънигы распоустьнъıѩ** ἀποστάσιον, βιβλίον ἀποστασίου) грамота, послание listina, list: **приимъ кнѧзъ книгы цѣсарь** *Супр 174, 26*; **іже аште поустітъ женѫ своѭ • дастъ еи кънигы распоустьнъıѩ** *Мт 5, 31 Зогр Мар* **3.** τὰ γράμματα буквы, письмена písmena, písmo: **бѣ же і напсанье нап'сано • надъ нимь • къннгами елинъскамі • і римьскамі • і еврѣіскамі** *Л 23, 38 Зогр Мар Ас Сав* □ **о у м ѣ т и   к ъ н и г ы** εἰδέναι γράμματα быть грамотным umět číst, být gramotný: **дадатъ сѧ рече книгы печатьлѣнъıѧ • мѫжоу оумѣѭштоу книгы** *Супр 247, 1.— Зогр Мар Ас Сав Боян Охр Ен Син Евх Клоц Супр Хил Рыл.— Ср.* **боукы, кънижицѧ, писаниѥ, писмѧ, пьсаниѥ**

КЪНИЖИЦѦ, *-ь ж мн.* (1) *греч. нет* грамота, послание listina, list: **подаıаше книжицѧ прѣподобьноуоумоу** *Супр 558, 29-30.— Ср.* **кънигы**

КЪНИЖЬНИКЪ, *-а м* (>100) [**кън-** *Мар* (2) *Ас* (20), **к'ни-, кни-** *Боян* (1) *Супр* (4)] γραμματεύς, γραμματεία (!) **1.** знаток закона, книжник zákoník: **събьраша сѧ къ немоу фарисѣи • і етери отъ кънижьникъ** *Мк 7, 1 Зогр Мар* **2.** писец písař: **ѩзыкъ мои тръстъ къніжъника ѩдропишьца** *Пс 44, 2 Син.— Зогр Мар Ас Сав Боян Син Евх Супр.— Ср.* **кънигъчии**

КЪНИЖЬНЪ, *-ыи прил.* (2) τοῦ βιβλίου книжный, книги *род.* knižní, knihy *род.*: **въ съвитъцѣ кънинѣемъ** (!) **пишетъ • о мнѣ** *Пс 39, 8 Син* ● τῆς γραφῆς Священного писания *род.* Písma svatého *род.*: **въ книжънъıихъ роудахъ • въ поустошъ бьдиши** *Супр 335, 3*

КЪНѦЖЬ *прил.* (9) [**кьнѧ-** *Ас* (1), **кнѧ-** *Супр* (4)] τοῦ ἡγεμόνος, τοῦ κόμητος правителя, властителя *род.* vladařův, vládcův: **изиде вь слѣдъ състольника кнѧжа** *Супр 234, 1* ● τοῦ ἄρχοντος начальника синагоги *род.* představeného synagogy *род.*: **пришедъ н⟨соу⟩с⟨ъ⟩ въ домъ кънѧжь** *Мт 9, 23 Зогр Мар Ас*, **въ храминѫ кънѧжѫ** *Сав.— Л 8, 51 Сав; Супр 74, 15; 162, 11; 162, 21.— Ср.* **владъıчьнъ, владъıчьскъ**

КЪНѦЅЬ, *-а м* (>100) [**кьн-** *Мар* (5) *Ас* (12) *Супр* (9), **к'н-, кн-** *Зогр* (1) *Мар* (1) *Ас* (1) *Боян* (1) *Ен* (5) *Клоц* (1) *Супр* (80)] ἄρχων, ἡγεμών, τύραννος, βασιλεύς, κόμης, μεγίστας, δήμιος (!); (**кънѧѕь быти** ἄρχειν) правитель, властитель, владыка vládce, vladař: **егда же градеши съ сѫпьремь своімь къ кънѧзоу** *Л 12, 58 Зогр*, **кьнѧѕоу** *Мар*; **о кънѧзи бѣсъ із-гонитъ бѣсы** *Мт 9, 34 Зогр Сав*, **кънѧѕи** *Мар*, **кьнѧѕі** *Ас*; **оубоıавъше сѧ прѣштениıа • послоушаша кнѧза** *Супр 175, 6* ● начальник představený, předák: **бѣ ч⟨ловѣ⟩къ отъ фарисѣі никодимъ імѧ емоу • кънѧзь іюдеіскъ** *И 3, 1 Зогр*, **кънѧѕъ** *Мар*, **кьнѧѕь** *Ас*; **тъ кънѧзь сънъмиштю бѣ** *Л 8, 41 Зогр Сав*, **кънѧзъ** *Мар*, **кьнѧѕъ** *Ас* ● вельможа velmož: **вечерѭ творѣаше • кънѧземъ своімъ • і тысѫштьникомъ • і старѣішинамъ** *Мк 6, 21 Зогр*, **кънѧѕемъ** *Мар*, **кьнѧѕем** *Ас* ● префект, городской или воинский начальник prefekt, správce, velitel: **люто же зъло дѣлаѭштемъ по вьса мѣста кнѧземъ** *Супр 209, 29.— Зогр Мар Ас Сав Боян Ен Син Евх Клоц Супр.— Ср.* **вельможа, владъıка, игемонъ**

КЪСНѢТИ, **къшнѭ, късниши** *несов.* (4) [**кьс-** *Мар* (3)] χρονίζειν медлить, задерживаться otálet, prodlévat: **кьснѧщоу же жениховоу • въздрѣмаша сѧ вьсѧ** *Мт 25, 5 Мар* (**моудаштю** *Зогр Ас Сав*).— *Мт 24, 48 Мар; Л 1, 21 Мар; Л 12, 45 Мар.— Ср.* **мѫдити**

к ъ с н ѧ т и н ь *Супр см.* **константинъ**

КЪТО, **кого** *мест* (>700) [**к'то, кто**] **1.** *вопрос.* τίς кто kdo: **кого мѧ г⟨лаго⟩лете быти** *Мт 16, 15 Зогр Мар Ас*; **блюди сѧ къ комоу пристѫпаеши • комоу обѣщаваеши сѧ • и кого сѧ отъмѣтаеши** *Евх 96а 22-23 и 23 и 24* **2.** *неопр.* τις кто-то, кто-нибудь, какой-то kdosi, někdo: **како можетъ кто • вьнити въ домъ крѣпъкааго** *Мт 12, 29 Зогр Мар*; **отъпоуштаіте • аште чьто імате на кого** *Мк 11, 25 Зогр Мар*; **аште къто сънѣстъ отъ хлѣба сего живъ бѫдетъ въ вѣкъ** *И 6, 51 Зогр Мар Ас*; **не хотѣаше да би къто чюлъ** *Мк 7, 24 Зогр Мар*; **егда зъванъ бѫдеши цѣмъ на бракъ • не сѧди на прѣдьнимь мѣстѣ** *Л 14, 8 Мар* (**кымъ** *Ас*, *нет* кто угодно kdokoliv: **речетъ кто любо проса** *Супр 145, 19* □ **к ъ т о   л ю б о** *греч. нет* кто угодно kdokoliv: **речетъ кто любо тънъчае вида** *Супр 546, 4* **3.** *относ. греч. нет* (тот) кто (ten) kdo: **приведи кто слъıша кто ли тоу стоıа** *Супр 241, 22*; **н и ... к о г о, к о м о у** *и т. п. см.* **никъто**; **н ѣ ... к о г о, к о м о у** *и т. п. см.* **нѣкъто**.— *Зогр Мар Ас Сав Унд Боян Зогр-пал Ен Син Евх Клоц Супр Хил Рыл.— Ср.* **етеръ, кыи, нѣкъто**

КЪЗНЬ, *-и ж* (1) μηχανή коварство, козни úklady, lest: **раздрѣши къзни вражиıа • сѫщиıа на нась** *Евх 626 25.— Ср.* **ковъ, къзнь, льсть, лѫкавьствиѥ, лѫкавьство, прѣльщениѥ**

КЪЗНЬНИКЪ, *-а м* (1) τεχνίτης творец tvůrce: **б⟨ог⟩ъ б⟨о⟩гомъ... н⟨е⟩б⟨е⟩сънъıхъ •**

къзньникъ *Евх 51а 15-16.— Ср.* творьць, хытрьць

КЪИ, кага, кок *мест.* (>200) **1.** *вопрос.* ποῖος, τίς какой, каков, который jaký, který: чесомоу оуподобимъ ц⟨ѣса⟩р⟨ь⟩с⟨тв⟩ие б⟨о⟩жие • ли коеі притъчи • приложимъ є *Мк 4, 30 Зогр Мар*; аште би вѣдѣлъ г⟨осподи⟩нъ • храмины • въ кы часъ тать придетъ *Л 12, 39 Зогр Мар*, въ къ (!) *Ас* (∅ *Сав*); не чю бывъшихъ вь нѥмь... і рече іма коіхъ *Л 24, 19 Зогр*, кыхъ *Мар*, кънихъ *Ас*; въпраша же годины отъ нихъ • въ кѫѭ соулѣе емоу быс⟨тъ⟩ *И 4, 52 Мар Ас* (часа... въ которы *Зогр*); кага сѫтъ словеса си • гаже прѣрѣкаета къ себѣ *Супр 474, 24; 474, 27; 474, 30* (чьто *Л 24, 17 Зогр Мар Ас*); кокѧ дѣлма вины... сьвѣтъ сътвористе на нѥго *Супр 402, 21*; веденъ бысть съвязанъ рѫкама... рѫ-цѣ-и (*т. е.* рѫцѣ цѣи) слѣпыихъ цѣльбьнѣи *Супр 431, 19* **2.** *неопр.* τις какой-то, какой-нибудь, некоторый nějaký, některý: ли по морю • ли по блатомъ • ли по рѣкамъ • ли инѣмь образомь кымь пѫть творѧщемъ *Евх 18б 8*; великъ же день творѧште аполѡноу • вь пештерѣ коки страшьнѣ и темьнѣ *Супр 26, 14*; слышѫ бо гако и кыѧ отъ васъ жидове призываѭтъ въ сьньмѣхъ *Супр 135, 26* □ к ы и л ю б о οἷος δήποτε любой jakýkoli, kterýkoli: имѣник своѥ желаѧ • оустроити по коѥмоу лоубо образоу *Супр 547, 3-4* **3.** *относит.* ὅς, οἷος который který, jenž: подраживъ борьцѧ прѣдъпльчьныѧ • ции въ прьвѣѥмь штитѣ падъшааго • абиѥ напльнѣатъ трѫтъ *Супр 93, 28*; въ... рѫцѣ вь ненже высхыти заложено имѣнье • въ кои апостолы окраде • въ кои приѩ иноѩзыч'ника плѣнъ *Супр 512, 5*; н ѣ... к о ѥ г о *и т. д. см.* нѣкыи.— *Зогр Мар Ас Сав Боян Зогр-пал Ен Евх Клоц Супр Хил Рыл Зогл-лл.— Ср.* етеръ, иже, каковъ, какъ, которыи, нѣкыи, нѣкъто

КЪИЖЬДО, кагажьдо, коѥжьдо *и* **КЪИЖДЕ**, кагажде, коѥжде *мест.* (13) [-ждо *Супр* (9) *Рыл* (1), -жде *Супр* (3)] ἕκαστος любой, каждый jakýkoli, každy: како оубо оубисте... коѥгождо отъ пророкъ *Супр 433, 11* ♦ к ъ и ж ь д о к о ѥ м ь ж ь д о θάτερος θατέρῳ взаимно, друг с другом vzájemně, jeden s druhým: гакоже бо вь вергахъ златахъ • при токы дроугъ дроузѣ сьплетенъ... съвъкоуплено же коѥждо коѥмьждо • и продльжаѥмо ѥстъ *Супр 318, 17-18.— Супр 298, 6; 318, 17; 378, 21; 407, 30; 502, 25-26; 523, 1; 549, 18; 557, 15; 569, 26-27; Рыл 26β 17.— Ср.* вьсь, вьсгакъ, къжьдо

КЪКА, -ы *ж* (1) κόμη волос vlas: раба твоего сего • постригаѭща кыкы главы своеѩ *Евх 8б 13.— Ср.* власъ

КЪІПѢТИ, -плѭ, -пиши *несов.* (2) *греч. нет* бурлить, пениться, вытекать prýštit, pramenit: сътворь драгааго камене • кыпѧщю (*вм.* -щѭ) водѫ • істочьниче благодѣтьны *Евх 21б 3* ● κομᾶν переполняться, изобиловать překypovat, oplývat: богатъствомъ же и слоужъбамъ родительскыимъ кыпѧштьмъ *Супр 278, 20-21*

КЪІСѢЛЪ, -ыи *прил.* (1): в и н о к ы с ѣ л о *греч. нет* молодое вино mladé víno: мол⟨ит-ва⟩ начѧтыю виноу кысѣлоу *Евх 14а 22*

КЪІЧЕНИѤ, -ига *с* (2) κενοδοξία, οἴησις самомнение, кичливость domýšlivost, pýcha: бѣжимъ кыченига и славы *Супр 340, 12.— Супр 340, 7.— Ср.* величаниѥ, възвышениѥ, възнесениѥ, тъщеславиѥ

КЪІЧИТИ СѦ, -чѫ сѧ, -чиши сѧ *несов.* (1) ἐπαίρεσθαι кичиться, хвастаться chlubit se, naparovat se: словеса имиже сѧ кычитъ • гор'ко прѣтръгнетъ *Супр 338, 11.— Ср.* величати, възносити

к ю п р ъ *Ен 35б 10 см.* купръ

к ю р и ѣ к ъ *Ен 38а 3 см.* куригакъ

КЮРЪ, -а *м имя* (1) Κουσαρός Кусар Kusaros: братоу сѫщꙋ • кюрꙋ (! *вм.* кюсарꙋ) ц⟨ѣса⟩роу арменьскоу *Ен 38а 9*

КѪДОУ *нареч.* (8) **1.** ποίας, διὰ ποίας каким путем kudy: не обрѣтъше кѫдоу вънести і • народа ради *Л 5, 19 Зогр Ас Сав*, кѫдѫ *Мар* **2.** πόθεν откуда odkud: кѫдоу же лі различье бысть *Клоц 6а 14-15.— Супр 289, 18; 511, 30; 512, 1.—* отъ кѫдоу *см.* отъкѫдоу

КѪПИНА, -ы *ж* (8) βάτος куст keř: не отъ трьньѣ бо чешѫтъ смоквьи • ни отъ кѫпины грозда обемлѭтъ *Л 6, 44 Зогр Мар.— Мк 12, 26 Зогр Мар; Л 20, 37 Зогр Мар; Супр 250, 22; 250, 25.— Ср.* кѫпиниѥ

КѪПИНИѤ, -ига *с* (1) *греч. нет* кустарник, кусты *мн.* křoví: трьниѥ зѣло люто и кѫпиниѥ *Супр 193, 15.— Ср.* кѫпина

к ѫ п ѣ л и *Мк 7, 4 Зогр см.* коупѣлга

КѪПѢЛЬ, -и *ж* (23) κολυμβήθρα купальня, место для купания, водоем koupel, lázeň, místo na koupání, nádrž: да егда възмѫтитъ сѧ вода • въврьжетъ мѧ въ кѫпѣль *И 5, 7 Зогр Мар Ас* ● купание koupel *перен.*: кѫпѣли не отъмештате сѧ с⟨вѧ⟩тыѩ *Супр 507, 24* ♦ о в ь ч а, о в ь ч и н а к ѫ п ѣ л ь *пруд в Иерусалиме* προβατικὴ κολυμβήθρα Овечья купальня Ovčí koupel: естъ же въ ер⟨оусали⟩мѣхъ на овьчи кѫпѣли • ѣже нарицаетъ сѧ евреіскы феэда *И 5, 2 Зогр Мар Ас.— Зогр Мар Ас Евх Супр.— Ср.* ванга; овьча кѫпѣль *ср.* вифезда

КѪЩА, -ѧ *ж* (1) σκηνή шалаш, хижина, палатка chatrč, chýše, stan: не имамъ хлѣбины оурочьны • не имамъ кѫштѧ ни домоу

Супр 416, 5.— Ср. **скинии, хлѣвина, хызина, хызъ**

КУМИНЪ, -а *м* (1) κύμινον тмин kmín: **отъдесѧтъствоуете мѧтѫ и копръ • і куминъ** *Мт 23, 23 Мар* (*Ø Зогр*)

КУПРИꙖНЪ, -а *м имя* (1) Κυπριανός Киприан Cyprián: **мѣ⟨сѧ⟩ца октов⟨рѣ⟩ в҃ • с⟨вѧ⟩тааг⟨о⟩ м⟨ѫ⟩ч⟨ени⟩ка еп⟨иско⟩па купрїѣна** *Ас 122а 6*

КУПРЪ, -а *м остров* (1) Κύπρος Kypr: **стр⟨а⟩стъ с⟨вѧ⟩томоу кюпроу еп⟨и⟩ск⟨о⟩поу** (! *вм.* **исаакоу епископоу кюпроу**) *Ен 35б 10*

КУПРЬСКЪ, -ꙑи *прил. к* **купръ** (2) τῆς Κύπρου кипрский kyperský: **с⟨вѧ⟩тааго епїфанїѣ • архиепїскоупа купрьскааго** *Клоц 12а 32-33*, **купрьска** *Супр 477, 28-29*

КУРЕСТИНЬ *прил.* (1): **к у р е с т и н ь г р а д ъ** ἡ Κυρεστῶν πόλις кирестский (?) город Kyrestské (?) město: **шьдь оубо господинь еѧ вь курестинь градь** *Супр 218, 9*

к у р и н е ꙗ, -еꙗ *ж Л 2, 2 Сав см.* **куриниꙗ**

КУРИКЪ, -а *м имя* (1) Κήρυκος Кирик Cyricus, Quiricus: **мѣ⟨сѧ⟩ца июл⟨иѣ⟩ ді҃ • с⟨вѧ⟩таго м⟨ѫ⟩ч⟨ени⟩ка курика** *Ас 150б 24*

КУРИЛЪ, -а *м имя* (5) [**курїл-** *Супр* (1)] Κύριλλος Кирилл Cyril: **о⟨ть⟩ца наш⟨его⟩ курила философа** *Ас 142б 12.— Ас 141а 19; 145б 22-23; Супр 69, 13; 201, 11*

КУРИНИИ, -ꙗ *м имя* (4) Κυρήνιος Квириний Quirinius, Cyrinius: **владѫштю с'уриеѭ • куриныю** *Л 2, 2 Зогр Мар* (**курїнеѭ** (!) *Ас*, **куриеѭ** (!) *Сав*)

к у р и н и ꙗ, -ниѩ *ж Л 2, 2 Ас см.* **куриниꙗ**

КУРИНѢИ, -а *м* (2) Κυρηναῖος киренеянин, житель города Кирены Kyréňan: **імъше • симона етера куринѣа грѧдѫшта съ села** *Л 23, 26 Зогр Мар.— Ср.* **куринѣнинъ**

КУРИНѢИСКЪ *прил. к названию города Кирена* (4) [**керинѣіск-** *Сав* (1)] Κυρηναῖος киренский, киренейский kyrénský: **обрѣтѫ ч⟨лов⟩ѣ⟨ка⟩ • куринѣіска • іменемь симона** *Мт 27, 32 Зогр Мар Ас Сав*

КУРИНѢНИНЪ *и* **КУРѢНИНЪ**, -а *м* (4) [**куринѣн-** *Ас* (1), **керинѣнин-** *Сав* (1), **курѣнин-** *Зогр* (1) *Мар* (1)] Κυρηναῖος киренеянин, житель города Кирены Kyréňan: **мимо ходѧштю • етероу симоноу • курѣниноу** *Мк 15, 21 Зогр Мар Ас Сав.— Ср.* **куринѣи**

КУРИОНЪ, -а *м имя* (9) Κυρίων Кирион Cyrion: **бѣаше же старѣи имъ вь пѣснехъ с⟨вѧ⟩тꙑи куриѡнъ** *Супр 70, 27-28.— Супр 69, 9; 71, 28; 72, 5; 72, 21; 74, 16; 75, 6; 75, 15; 79, 5*

КУРИꙖКЪ, -а *м имя* (2) [**кюриѣк-** *Ен* (1)] Κυριακός Кириак Cyriak: **па⟨мѧ⟩т⟨ь⟩ куриака патриарха** *Ас 125а 25.— Ен 38а 3*

КУРЪ, -а *м имя* (2) Κύρος Кир Cyrus: **мѣ⟨сѧ⟩ца июн⟨ѣ⟩ кѕ҃ • обрѣтение мощии кура иоан⟨а⟩** *Ас 149б 23.— Ас 141б 8*

Л

л҃ *цифра глаг. и кир.* (>100) **1.** *глаг.* ν' 50 *только в обозначении праздника Троицы pouze v označení satodušních svátků*: **сов⟨ота⟩ в҃ по л҃** *Ас 35ба 18-19*; **ишти сѫб⟨отꙑ⟩ ж҃... по л҃тъ** *Ас 129б 24*; **иш⟨и⟩ сѫб⟨отꙑ⟩ л҃нꙑѩ** *Ас 141а 16* **2.** *кир.* λ', τριάκοντα 30: **они же поставиша емоу • л҃ • сребрьникъ** *Мт 26, 15 Сав* (**л҃** *Зогр Ас*, **л҃-ти** *Мар*).— *Мар Ас Сав Унд Син Евх Супр.— Ср.* **л҃, н҃; десѧть (трик десѧте, пѧть десѧтъ); пѧтикостиꙗ, пѧтьдесѧтьница, роусалиꙗ**

ЛАВААНОВЪ *прил. к мужскому имени Лаван* (1) τοῦ Λάβαν Лаванов Labanův: **избавивъ і отъ рѫкꙑ исааковꙑ • і отъ лавааановꙑ** *Евх 15а 12*

ЛАВРА, -ꙑ *ж* (17) λαύρα лавра lávra, klášter: **ї идеши въ лаврѫ чрьньца савꙑ** *Супр 294, 8.— Супр.— Ср.* **манастꙑрь**

ЛАВРЕНТИꙖ, -иѩ *ж имя* (1) Λαυρέντια Лаврентия Laurentia: **памѧтъ... с⟨вѧ⟩т.. келестинѣ • и с⟨вѧ⟩тѣи лаврен..** *Ен 20а 17*

ЛАВРЪ, -а *м имя* (1) Λαῦρος Лавр Laurus: **с⟨вѧ⟩тоую м⟨ѫ⟩ч⟨ени⟩коу флора и лавра** *Ас 152а 14*

ЛАВРЬСКЪ, -ꙑи *прил.* (1) τῆς λαύρας лавры *род.* lávry *род.*, kláštera *род.*: **многꙑѩ ради топлотꙑ и соухотꙑ • въздоуха лаврьскааго** *Супр 301, 14*

л а д и и *Зогр Мар см.* **алъдии**

ЛАДИЦА, -ѧ *ж* (4) πλοιάριον, πλοῖον лодка lod'ka: **і въходѧштоу емоу въ ладицѫ** *Мк 5, 18 Зогр Мар.— Мк 3, 9 Зогр Мар.— Ср.* **алъдии, корабл҃ць, корабл҃ь**

л а е т ъ *Пс 111, 10 Син см.* **растаıати**

ЛАЗАРОВЪ *прил. к* **лазаръ** (4) τοῦ Λαζάρου Лазарев, Лазаря *род.* Lazarův, Lazara *род.*: **кл'ма глаголааше съпасъ марѳѣ и марии сестрама лазаровама** *Супр 304, 9.— Супр 306, 18; 313, 23; 315, 6*

ЛАЗАРЪ, -а *и* **ЛАЗАРЬ**, -рꙗ *и* **ЛАЗОРЪ**, -а *м имя* (>100) [**лазаръ** *Мар* (10) *Ас* (14) *Сав* (3) *Супр* (28), **лазарь** *Зогр* (12) *Мар* (8) *Ас* (1) *Супр* (12), **лазоръ** *Зогр* (4) *Сав* (13), **лаз(р)** *Ас* (1), **..а(за)ра** *Ен* (1)] Λάζαρος Лазарь Lazar: **ѡ богатѣмь і лазари** *Зогр 130б 5*, **лазарѣ** *Мар 77а 7*; **ништь же бѣ етеръ іменемь лазоръ** *Л 16, 20 Зогр Сав*, **лазаръ** *Мар Ас.— Зогр Мар Ас Сав Ен Супр*

л а з о р ъ *Зогр Сав см.* **лазаръ**

ЛАКОМЪ, -ꙑи *прил.* (1) λαίμαργος жадный chtivý *в знач. сущ.*: мимондъ сиї лакомꙑи *Супр 41, 26*

лакоть *Мар Ас см.* лакъть

ЛАКЪТЬ, -те *м* (16) **1.** ἀγκών локоть loket: и лактꙑ ѳомѫ потъıкаахѫ *Супр 502, 17* **2.** (*мера*) πῆχυς локоть loket: къто же отъ васъ пекꙑ сѧ можетъ • приложити тѣлесе своемь лакъть единъ *Л 12, 25 Зогр Мар.— Зогр Мар Ас Сав Супр*

ЛАМЕХОВЪ *прил. к мужскому имени Ламех* (2) τοῦ Λάμεχ Ламехов Lamechův: с⟨ꙑ⟩нъ сꙑ... симоновъ • ноевъ • ламеховъ *Л 3, 36 Зогр Мар*

ЛАМѰАЧЬСКЪ, -ꙑи *прил. к названию города Лампсак* (1) τοῦ Λαμψάκου лампсацкий lampsacký: маркианъ ламѱачьскꙑи *Супр 201, 17*

ЛАНИТА, -ꙑ *ж* (26) σιαγών, παρειά щека, ланита tvář: виждь ми ланитама оударанꙗ *Супр 469, 8*; слъзꙑ врьшта капаахѫ по ланитама на землѭ *Супр 397, 26* ◆ **бити, заоушити, оударити** кого **по ланитѣ, за** *или* **въ** *или* **о ланитѫ** λαμβάνειν ῥαπίσμασιν, διδόναι, ῥάπισμα, ῥαπίζειν εἰς τὴν σιαγόνα, τύπτειν ἐπὶ τὴν σιαγόνα бить по щекам, ударить по щеке, дать пощечину políčkovat, dát políček, udeřit do tváře: оудари въ ланитѫ і⟨соу⟩са *И 18, 22 Зогр*, за ланитѫ *Ас Сав* (∅ *Мар*); биѣахѫ і по ланитама *И 19, 3 Зогр Мар Ас Сав; Евх 48а 19*; нъ аште къто тѧ оударитъ • въ деснѫѭ ланитѫ *Мт 5, 39 Зогр Мар; Клоц 4а 33*; аште тѧ к'то заоушитъ о деснѫѭ ланитѫ *Супр 411, 9.— Зогр Мар Ас Сав Евх Клоц Супр*

ЛАОДИКИИСКЪ, -ꙑи *прил. к* лаодикиꙗ (2) τῆς Λαοδικείας лаодикийский laodicejský: из града лаодикиискааго *Супр 223, 2.— Супр 220, 19*

ЛАОДИКИꙖ, -иѩ *ж город* (1) Λαοδίκεια Лаодикия Laodicea: въ лаодикии • вь пискоупи градѣ *Супр 233, 1*

ЛАПОТЬ *м* (?), *ж* (?) (1) *неясная приписка Син 122а*

ЛАСКАНИѤ, -иꙗ *с* (3) θωπεία лесть lichocení: льшта'ше ихъ ласканиимъ *Супр 86, 27.— Супр 86, 24; 156, 8-9*

ЛАСКАТИ, -аѭ, -акши *несов.* (1) καταστρατηγεῖν льстить lichotit: и тъмамі примъıшлении • ласкааше ѩ *Супр 87, 7*

ЛАСКРЪДЬ, -и *ж* (1) *греч. нет* вожделение, похоть chtíč, choutka: і волеѭ противимъ сѧ • тѣлесънꙑмъ ласкръдемъ *Евх 69а 24-25*

латѣль *Пс 9, 29 Син см.* лаꙗтѣль

ЛАТИНЬСКЪ *нареч.* (4) ῥωμαϊστί по-латински latinsky: і бѣ нап'сано еврѣıскꙑ і грьчьскꙑ • латиньскꙑ *И 19, 20 Зогр Мар Ас Боян* (роумъскꙑ *Сав*).— *Ср.* роумьскꙑ

ЛАꙖНИѤ, -иꙗ *с* (3) [лаа- *Супр* (1), лиꙗ- (!) *Супр* (1)] ἐνέδρα, τὸ ἐνέδραν θεῖναι, *вар.* τὸ ἐνεδρευθῆναι засада; *перен.* козни nástrahy: събрати... рабꙑ • на лаꙗниѥ с⟨вѧ⟩таагo мѫжа *Супр 514, 27*; на съпаса раждизаѥмо зълоѥ лиꙗниѥ (!) *Супр 396, 9.— Супр 385, 3*

ЛАꙖТЕЛЬ, -лꙗ *м* (1) ἐνέδρα (!) тот, кто строит козни kdo činí nástrahy: прѣсѣдітъ въ лателіхъ (!) съ богатъıмі *Пс 9, 29 Син*

ЛАꙖТИ [1], лаѭ, лакши *несов. без доп.*, кого (6) ἐνεδρεύειν, ἐγκάθετος (!) подстерегать, сидеть в засаде číhat: лаѥтъ въ таинъıхъ ꙗко левъ въ оградѣ своеі • лаѥтъ въсхꙑтіті (! *вм.* въсхꙑтити) ништаѥго *Пс 9, 30 Син.— Л 11, 54 Зогр Мар; Зогр 130б 18; Мар 77а 19*

ЛАꙖТИ [2], лаѭ, лакши *несов. без доп.*: на кого (2) ὑλακτεῖν лаять štěkat: пьсьскꙑ же • лаѭ *Супр 560, 7*; на пастоуха лаѭтъ п'си *Супр 424, 24*

левѣии *Мк 2, 14 Ас, Л 5, 29 Ас см.* левьгии

левѣитъ *Л 10, 32 Ас, И 1, 19 Ас см.* левьгитъ

ЛЕВКЪ, -а *м имя* (1) Λεύκιος Левкий Leucius: с⟨вѧ⟩таагꙫ⟨о⟩ тѵрса левка калиника *Ас 129б 20*

левъ *Син Супр см.* львъ[1]

левъѣитъ *Л 10, 32 Мар см.* левьгитъ

ЛЕВЬГИИ, -иꙗ *м имя* (13) [левьѣи- *Мар* (5), левѣи- *Ас* (2), левѣи- *Зогр* (4) *Ас* (1)] Λευί, Λευίς Левий Levi: видѣ левѣиѭ альфеова • сѣдѧшта на мꙑтьници *Мк 2, 14 Зогр*; левьѣиѭ *Мар*, левѣиѭ *Ас*, левьгиѭ *Сав.— Л 5, 27 Зогр Мар Ас; Л 5, 29 Зогр Мар Ас; Зогр 129а 16; Мар 76а 19; Мар 43а 25*

ЛЕВЬГИИНЪ *прил. к* левьгии (5) [левѣи- *Зогр* (2), левьѣи- *Мар* (2)] τοῦ Λευί Левиев, Левия *род.* Leviho *род.*: домъ левьгиинъ *Пс 134, 20 Син.— Л 3, 24 Зогр Мар; Л 3, 29 Зогр Мар*

ЛЕВЬГИТЪ, -а *м* (6) [левъѣии- *Мар* (1), левьѣи- *Зогр* (1), левѣі- *Ас* (2), леоуги- *Сав* (1), левѣи- *Зогр* (1)] Λευίτης левит levita: посълашѧ... іереѩ і левьѣитꙑ *И 1, 19 Зогр*, левѣитꙑ *Ас* (∅ *Мар*).— *Л 10, 32 Зогр Мар Ас Сав*

левьѣии *Мар см.* левьгии

левьѣиинъ *Л 3, 24 Мар, Л 3, 29 Мар см.* левьгиинъ

левьѣитъ *И 1, 19 Зогр см.* левьгитъ

ЛЕГЕОНЪ, -а *м* (19) [леѥе- *Зогр* (5) *Мар* (6) *Ас* (2) *Боян* (1)] λεγεών, λεγιών легион pluk, legie: дъва на десѧте леѥеона а⟨н⟩ѣ⟨е⟩лъ *Мт 26, 53 Зогр Мар Ас Сав*, леѥеонъ *Боян*; *Супр 463, 10.— Мк 5, 9 Зогр Мар; Мк 5, 15 Зогр Мар; Л 8, 30 Зогр Мар Ас Сав;*

Зогр 129б 7; Мар 76б 3; Мар 43б 3; Супр 463, 8; 463, 15

лєгъко *Супр 72, 1 см.* льгъко

лєгъкъ, -ыи *Мар Ас Евх см.* льгъкъ

ЛЄДЪ, -а *м* (5) κρύος, κρύσταλλος лед led: и растаавъ сѧ лєдъ быстъ вода топла *Супр 78, 1*; прѣбыти ѥмоу на лєдѣ вьсѫ ношть *Супр 261, 9.— Супр 77, 6; 261, 11; 265, 6*

лєжаньѥ *Супр 488, 24 см.* желаниѥ

ЛЄЖАТИ, лєжѫ, лєжиши *несов.* (>100) κεῖσθαι, κατακεῖσθαι, ἀποκεῖσθαι, ἐπικεῖσθαι, ἀνακεῖσθαι, ἐγκεῖσθαι, συγκεῖσθαι, προκεῖσθαι, βάλλεσθαι, κατεχόμενον εἶναι, μένειν, πρηνῆ εἶναι лежать ležet: отрокъ мои лєжитъ въ домоу ославлєнъ *Мт 8, 6 Зогр Мар Ас Сав*; імаши мъного добро лєжѧштє на лѣта многа *Л 12, 19 Зогр Мар*, лєжѧщєє *Сав*, лєжѧщи (*т. е.* доуша) *Ас*; видитъ камы връхоу жоупишта лєжѧштъ *Супр 316, 16* ● *перен.*: в'сѭ болѣзнь скръби лєжѧщѧѩ • въ ср⟨ѣдь⟩ци іхъ ицѣли *Евх 57б 6* ● κεῖσθαι, ἐμφέρεσθαι, περιφέρειν; (прѣди лєжати προκεῖσθαι) быть, находиться, иметь место být, nalézat se: ꙗже въ с⟨вѧ⟩тыихъ к'нигахъ лєжѧшта имена бога моѥго *Супр 21, 14*; сє слово прѣди лєжѧштаꙗ оустраꙗѥ *Супр 420, 20* (прѣдълєжѧштаа *Клоц 8а 20*) ● κεῖσθαι быть предназначенным být určen: сє лєжитъ сь • на паданьє і на въстаньє многомъ *Л 2, 34 Зогр Мар Сав Боян*, лєжітось *Ас* ◆ лєжати ниць *см.* ниць.— *Зогр Мар Ас Сав Охр Боян Евх Клоц Супр.—* прѣди лєжати *ср.* прѣдълєжати

лєѣєонъ *Зогр Мар Ас Боян см.* лєгєонъ

лєкъкъ, -ыи *Евх 38а 20, Евх 100а 12 см.* льгъкъ

ЛЄМА, ЛЄММА, ЛИМА *нескл.* (*из греч.*) (6) [лєма *Мар* (1) *Ас* (1), лєм'ма *Зогр* (1), лима *Зогр* (1) *Мар* (1) *Сав* (1)] λεμά, λαμά (*арам. и др.-евр.*) отчего proč: єли • єли лєм'ма завах'тани • єже єстъ б⟨о⟩же б⟨о⟩же мои въскѫѭ мѧ остави *Мт 27, 46 Зогр*, лєма *Мар Ас*, лима *Сав.— Мк 15, 34 Зогр Мар.— Ср.* въскѫѭ

лєм'ма *Мт 27, 46 Зогр см.* лєма

ЛЄНТИИ, -иꙗ *м* (9) [лє(о)н- *Зогр* (1), лєонь- *Сав* (2)] λέντιον льняное полотенце, полотнище lněná rouška: і начѧтъ оумывати нозѣ оученикомъ • і отирати лєнтиємь • імьжє бѣ прѣпоѣсанъ *И 13, 5 Зогр Мар Ас*, лєоньтиємь *Сав.— И 13, 4 Зогр Мар Ас Сав; Супр 456, 19*

лє(о)нтиі *И 13, 4 Зогр см.* лєнтии

ЛЄОНТИИ, -иꙗ *м имя* (1) Λεόντιος Леонтий Leontij: а сє имъ имєна... флаѵіи • лєѡнтии • аггии *Супр 69, 15*

лєоньтиі *И 13, 4 Сав; И 13, 5 Сав см.* лєнтии

ЛЄПИДОНЪ *и* **ЛЄПИДЪ,** -а *м имя* (5) [-донъ *Супр* (3), -дъ *Супр* (2)] Λέπιδος Лепид Lepid: въпрашаѭтъ бо васъ лєпидонъ • и єѵктимонъ *Супр 136, 29*; лєпидъ рєчє *Супр 137, 26.— Супр 137, 24; 137, 28; 138, 2*

лєпидъ *Супр 137, 26, Супр 137, 28 см.* лєпидонъ

ЛЄПТА, -ы *ж* (5) λεπτόν лепта (*мелкая монета*) penízek: і пришьдъши єдина въдовица оубога • въвръжє дьвѣ лєп'тѣ • єжє єстъ конъдратъ *Мк 12, 42 Зогр*, лєптѣ *Мар; Л 21, 2 Зогр Мар Ас* (мѣрѣ *Сав*).— *Ср.* ассарии, мѣдьница, мѣра, тръхътъ

лєстъ *Мар Ас Син Супр Хил см.* льстъ

лєстьнъ *Евх 76б 7-8, Евх 94а 23 см.* льстьнъ

ЛЄТѢТИ, лєщѫ, лєтиши *несов.* (4) πέτεσθαι, περιπέτεσθαι, πετάννυσθαι лететь letět: и вьзідє на хєроувимъ і лєтѣ • лєтѣ на кроулоу вѣтръню *Пс 17, 11 Син.— Пс 90, 5 Син; Евх 4а 19*

лєоугитъ *Л 10, 32 Сав см.* лєвьгитъ

лєѡнтии *Супр 69, 15 см.* лєонтии

ЛЄЩИ, лѧгѫ, лѧжєши *сов.* (3) κοιμᾶσθαι лечь ulehnout: и вь ложихъ своихъ лѧгѫтъ *Пс 103, 22 Син*; нъ въ єдино(мъ) мѣстѣ лѧзи *Евх 36б 12; Евх 37б 3.— Ср.* възлєщи

лєѵѣии *Зогр Ас см.* лєвьгии

лєѵѣнинъ *Л 3, 24 Зогр; Л 3, 29 Зогр см.* лєвьгининъ

лєѵѣитъ *Л 10, 32 Зогр см.* лєвьгитъ

ЛИ *частица и союз* (>1000) **I.** *частица вопросительная греч.* Ø, ἆρα, εἰ, μή; (нє ли οὐχί) ли zda *или не переводится*: чєсо видѣтъ ізидєтє въ поустынѭ • трьсти ли вѣтромь колѣблємы *Мт 11, 7 Зогр Мар Ас*; оучитєль вашъ нє даєтъ ли дидрагма *Мт 17, 24 Мар Ас* (*нет Сав*, Ø *Зогр*); ты ли єси ц⟨ѣса⟩рь іюдѣискъ *Мт 27, 11 Зогр Мар Ас Сав*; кого хоштєтє отъ обою • отьпоуштѫ вамъ • вараавѫ ли іли і⟨соу⟩са *Мт 27, 17 Зогр Мар Ас Сав*; дѣти • иматє ли чьто снѣдьно *И 21, 5 Ас Сав* (єда *Зогр Мар*); дары ли дакши оставьштаа • славѫ ли оставьштѫѭ *Супр 87, 20 и 21*; кштє ли сѧ отъмєштєши нє хотѧ слышати *Супр 231, 13* ● разве, неужели zdaž, což: нє оу ли разоумѣваєтє ѣко вьсѣко єжє въходитъ въ оуста • въ чрѣво вълѣштаєтъ сѧ *Мт 15, 17 Зогр Мар*; нє сь ли єстъ тєк'тонъ... нє і ли сєстры єго сѫтъ сьдє въ насъ *Мк 6, 3 Зогр Мар*; которааго васъ • осьлъ • ли волъ • въ кладѧзь въпадєтъ сѧ • і нє абьє ли істръгнєтє єго *Л 14, 5 Зогр Ас* (*нет Мар Сав*); пєтръ тавиѳѫ нє словомь ли въстави • паулъ нє своими ли ризами многа знамениꙗ сътвори *Супр 307, 11 и 12* □ а ли *см.* а; д ѣ к ш и л и *см.* дѣкши II. *союз* **1.** *разделительный* ἤ или nebo: не мните ѣко придъ разоритъ закона ли пророкъ *Мт 5, 17 Зогр Ас* (∅ *Мар*); ли како речеши братоу своемоу • остави і изъмѫ сѫчецъ із очесе твоего *Мт 7, 4 Зогр Мар Сав* (и *Ас*); когда же тѧ відѣхомъ больна ли въ темьници *Мт 25, 39 Ас Сав* (іли *Зогр Мар*); еда кто от⟨ъ⟩ кънѧѕь вѣрова вь нь • лі от⟨ъ⟩ фарисеи *И 7, 48 Ас Мар* (или *Сав*, ∅ *Зогр*) ● л и... л и, л ю б о... л и или... или buď... nebo: ли бо единого (*т. е.* господина) възненавидитъ • а дроугаго възлюбитъ • ли единого дръжитъ сѧ • а о дроузѣмь небрѣшти въчьнетъ *Мт 6, 24 Зогр Мар Сав*, любо... ли *Ас* ● л и... л и будь (то)... или ať (již)... nebo, ať (již)... či: исправи імъ пѫть • ли по земи • ли по морю • ли по блатомъ • ли по рѣкамъ *Евх 186 5 и 6* (2) *и 7*; коѭ вінꙑ имꙑ • ли малѫ • лі великѫ прѣдаше оучителѣ *Клоц 4а 38* (2) (ч'то мало и велико *Супр 411, 13*) □ л ю б о л и *см.* любо **2.** *противительный или присоединительный* δέ, γε *только в сочетаниях*: аще ли, аще ли же, аще ли да, аще ли и, кгда ли, кгдаже ли но если, если же, когда же jestliže však, když pak: аште оубо бѫдетъ око твое просто • все тѣло твое бѫдетъ свѣтъло • аште ли око твое лѫкаво бѫдетъ • все тѣло твое тьмъно бѫдетъ *Мт 6, 23 Зогр Мар Ас Сав*; аще ли съгрѣшитъ прѣдъ тобоѭ братъ твоі... поими съ собоѭ единого ли • в҃ •... аще ли ослоушаетъ имъ • рьци цр⟨ь⟩к⟨ъ⟩ви • аще ли и о цр⟨ь⟩к⟨ъ⟩ви не брѣжетъ • да бѫдетъ ти ꙗко и поганъ *Мт 18, 16-17 Сав* (аще же... аще же... аште же *Мар Ас*, ∅ *Зогр*); въ домъ (! -оу) о⟨ть⟩ца моего обитѣли многꙑ сѫтъ • аште ли же ни • реклъ бимь вамъ *И 14, 2 Зогр Мар, Ас 29а 16, Сав* (аште же ні *Ас 93а 2*); аште ли да котори сѫпротиватъ сѧ о томъ • то да прѣдаѭтъ сѧ сѫдоу *Супр 174, 18*; аште ли и ц(и)н (в)арени бѫдѫтъ симь нравомь • подвизати ꙗ лѣпо естъ на исправление *Зогр-лл 26 20*; егда ли бѫдетъ постьнꙑ д'нь • то се чьти *Сав 147б 12*; егдаже лі помьнимъ сѧ • і самі о себѣ • можемъ въспрѧнѫти *Клоц 5б 21* (нъ кгда *Супр 415, 1*) **3.** *сравнительный* (*при сравн. ст.*) (*очень редко*) *греч.* ∅ чем než: і приставитъ м'нѣ • вяште • ли дъва на десѧте леѥеона а⟨н⟩ѣ⟨е⟩лъ *Мт 26, 53 Зогр Мар Боян* (нежелі *Ас Сав*) □ н е ж е л и *см.* нежели.— *Зогр Мар Ас Сав Охр Унд Боян Зогр-пал Ен Син Евх Клоц Супр Рыл Зогр-лл*

л и.. *Евр 9, 24 Ен см.* лице

ЛИВАНЪ[1], -а *м* (2) λίβανος ладан kadidlo: принѣсѧ емоу дарꙑ • злато и ливанъ и змѵрнѫ *Мт 2, 11 Ас Сав* (∅ *Зогр Мар*).— *Ср.* кадило, фимиꙗнъ

ЛИВАНЪ[2], -а *м горы* (1) Λίβανος Ливан Libanon: прѣвьзнетъ (! *вм.* прѣвьзнесетъ) сѧ паче ливана плодъ его *Пс 71, 16 Син*

ЛИВАНЬСКЪ, -ꙑи *прил. к* ливанъ[2] (5) τοῦ Λιβάνου, ἐν τῷ Λιβάνῳ ливанский libanonský, libánský: видѣхъ нечьстиваего прѣвьзносѧща сѧ и въсысѧща сѧ ѣко кедрꙑ ливаньскъїѧ *Пс 36, 35 Син.*— *Пс 28, 5 Син; 28, 6 Син; 91, 13 Син; 103, 16 Син*

ЛИВИꙖДА, -ꙑ *ж местность* (1) Λιβιάς Ливиада Libias: посъла на старьць на орѫдиѥ • на ливиадѫ *Супр 296, 22*

ЛИВРА, -ꙑ *ж* (4) λίτρα фунт libra: примъши • ливрѫ хризмꙑ *И 12, 3 Зогр Ас* (литрѫ *Мар Сав*).— *И 19, 39 Зогр Ас.*— *Ср.* литра

л и д и и *Л 2, 32 Мар см.* людиѥ

ЛИЗАТИ, лижѫ, лижеши *несов.* (2) ὑπολείχειν лизать lízat: львъ... лизааше потъ праведьника *Супр 166, 24.*— *Супр 233, 5-6*

ЛИКИНИИ, -иꙗ *м имя* (3) **1.** Λικίνιος Ликиний Licinius: вь лѣтѣхъ ликиниꙗ ц⟨ѣса⟩ра *Супр 68, 24* **2.** Λούκιος (! *вм.* Λουκιανός) Лукиан Lukianos: и приведенъ бꙑвъ къ ликинию кнѧѕоу *Ен 38б 7-8.*— *Супр 81, 22-23*

ЛИКОВАТИ, ликоуѭ, ликоуѥши *несов. без доп.*; съ цѣмь, чимь; въ чемь; о чемь (11) χορεύειν, περιχορεύειν, κροτεῖν; (ликовати съ цѣмь συγχορεύειν) плясать, танцевать plesat, tančit, provozovat rej: и рѫкама плешта ликоуѭ *Супр 332, 24*; н⟨е⟩б⟨е⟩са ліковати съ анг⟨е⟩лꙑ сътворилъ естъ *Ен 7а 17-18*; младеништи • сь ним иже и ликоуѥ доухомь • и весела сѧ *Супр 320, 17.*— *Супр 91, 8; 94, 28; 321, 15; 322, 19; 324, 24; 326, 6; 335, 8-9; 471, 6-7.*— *Ср.* играти, ликъствовати, плѧсати, ликъ (ликꙑ ставити)

ЛИКЪ, -а *м* (21) **1.** χορός, χορεία хоровод и хоровое пение (*в честь кого-л., чего-л.*) plesání, (*slavnostní*) sborový tanec a sborový zpěv: і слꙑша пѣниѥ і ликꙑ *Л 15, 25 Зогр Мар Ас Сав* □ л и к ъ с т а в и т и χοροστατεῖν ликовать jásat: егда ли пакꙑ вѣниѥ носѧшта и сърѣтаѭшта христоса • и ликꙑ ставашта... съмоштрѫ *Супр 332, 29* **2.** χορός, χορεία, χοροστασία сонм, лик sbor, kůr: арх⟨ан⟩ѣ⟨е⟩лъсции лици • тебѣ кланѣѭтъ сѧ *Евх 4а 16.*— *Зогр Мар Ас Сав Ен Евх Клоц Супр*

ЛИКЪСТВОВАТИ, -ствоуѭ, -ствоуѥши *несов.* (1) (ликъствовати съ цѣмь συγχορεύειν) ликовать, славить plesat, plesáním oslavovat: нъ да с' ним ъ сьнидемъ • нъ да с ним ъ ликъствоуѥмъ • нъ да възиграѥм' сѧ *Супр 459, 30.*— *Ср.* ликовати, съликъствовати, ликъ (ликꙑ ставити)

л і л ю (!) *Пс 41, 6 Син см.* лице

лима *Мт 27, 46 Сав; Мк 15, 34 Зогр Мар см.* лема

ЛИМОНЪ, лимна (!) *м имя* (2) Λίμνος Лимн Limnus: лимонъ презвутеръ съборьнѣи цръкъви *Супр 124, 27.— Супр 133, 26*

лини *вм.* лишени *Л 22, 35 Зогр см.* лишити

ЛИСИꙖ, -ꙗ *м имя* (1) Λυσίας Лисия Lysias: глава диꙗволѣ ты кси агриколаѵ • а опашь лисиꙗ доѵкꙿсъ *Супр 74, 30*

ЛИСТВИѤ, -ꙗ *с собир.* (22) [ли..не *Зогр-пал* (1)] τὰ φύλλα, τὰ πέταλα листва, листья listí, listy: егда оуже вѣтвь еꙗ бѫдетъ млада • і прозѧбнетъ листвье • вѣдите ѣко близъ естъ жѧтва *Мк 13, 28 Зогр Мар.— Зогр Мар Ас Сав Зогр-пал Супр.— Ср.* листъ

ЛИСТОПАДЪ, -а *м* (1) ὀκτώβριος октябрь říjen: м⟨ѣ⟩с⟨ѧ⟩цъ октѧбръ (реко)мы лист(о-падъ) *Ен 38а 16.— Ср.* октѧбрь

ЛИСТЪ, -а *м* (4) [лιст.. *Син* (1)] φύλλον, φυτόν лист list: дрѣво... ї лιст.. его не оупадетъ *Пс 1, 3 Син*, листъ *Супр 352, 27.— Супр 350, 22; 472, 17.— Ср.* листвиѥ

ЛИСЪ, -а *м* (10) ἀλώπηξ лис, лисица liška: лиси ѣзвины імѫтъ *Л 9, 58 Зогр Мар Ас Сав* ● *перен. о человеке* лиса, хитрец liška, chytrák: рьцѣте лисоу томоу *Л 13, 32 Мар* (∅ *Зогр*).— *Мт 8, 20 Зогр Мар Ас Сав; Пс 62, 11 Син*

ЛИТИꙖ, литиꙗ *ж* (1) λιτανία лития procesí: съ многыими молитвами и литиꙗми *Супр 529, 14*

ЛИТОСТРАТА, ЛИТОСТРАѲА, ЛИТОСТРОТА, -ы *ж и* **ЛИТОСТРОТЪ**, -а *м местность* (7) [лото- (!) *Сав* (1)] Λιθόστρωτον Литостротон Lithostrotos: і сѣде на сѫдищи • на мѣстѣ нарицаемѣмь литостратѫ *И 19, 13 Зогр*, литостротѣ *Мар*, літострата *Ас* (2), литостраѳа *Сав 128б 14-15*, лотостратѫ *Сав 115а 9*, литострот.. *Боян*

ЛИТРА, -ы *ж* (3) λίτρα фунт libra: несы съмѣшение змрънно и алгоуино • ѣко и литръ съто *И 19, 39 Мар* (ливръ *Зогр Ас*).— *И 12, 3 Мар Сав.— Ср.* ливра

литоѵ.. *Сав* 139^2*а 15 см.* литоѵргиꙗ

ЛИТОѴРГИꙖ, -ꙗ *ж* (10) [-ѣи- *Ас* (1), -рь- *Сав* (6), литоѵ.. *Сав* (1), лит.. *Сав* (1)] λειτουργία литургия mše: въ сѫб⟨отѫ⟩ велик⟨ѫ⟩ вечер⟨ъ⟩ на літ⟨оѵ⟩рѣи *Ас 116а 3.— Сав 92а 1; Сав 99а 8; Сав 121а 3; Сав 122б 2-3; Сав 126а 13; Сав 128а 17; Сав* 139^2*а 15; Сав 148а 1-2; Ен 31б 3*

литоѵрѣиꙗ *Ас 116а 3 см.* литоѵргиꙗ

литоѵрьгиꙗ *Сав см.* литоѵргиꙗ

ЛИТОѴС (!) *ж нескл.* (?) *имя* (1) Λητώ, *род.* Λητοῦς Латона Latona: отъ жены рекомыꙗ литоѵс *Супр 8, 3*

ЛИХВА, -ы *ж* (10) τόκος проценты, лихва úrok: і пришьдъ азъ • въздалъ оубо бимь свое съ лихвоѭ *Мт 25, 27 Зогр Мар Ас Сав* ◆ въ лихвѫ дати чьто ἐπὶ τόκῳ διδόναι τι отдать в рост *что-л.* dát *něco* na úrok: съребра своего не дастъ вь ліхвѫ *Пс 14, 5 Син.— Л 19, 23 Зогр Мар Ас; Пс 54, 12 Син; 71, 14 Син.— Ср.* възвитъ, приносъ

ЛИХО *нареч. и предлог, сравн. ст.* лише (25) **I.** *нареч.* περισσόν, ὑπερπερισσῶς чрезмерно, слишком, чрезвычайно nadměrně, nadbytečně, přílišně, hojně: и лихо дивлѣхѫ сѧ г⟨лаго⟩лѭще *Мк 7, 37 Сав* (прѣ із лиха *Зогр Мар Ас Боян*) ● лише *сравн. ст.* περισσόν, περισσῶς, περισσοτέρως, εἰς ὑπερβολήν свыше, сверх, больше nad běžnou míru, více: сего ради (по)добаетъ • лише намъ внима(ти сл)ышаниемъ *Евр 2, 1 Ен* □ лихо глаголати βατταλογεῖν пустословить, болтать zbytečně mluvit, tlachat: молѧште же сѧ не лихо г⟨лаго⟩лѣте *Мт 6, 7 Зогр Мар Ас Сав* **II.** лихо, лише *предлог с род.* ὑπέρ, περισσόν, περισσότερον свыше, сверх, более чем nad, přes, více než: каꙗ бо польза рьци ми • лихо потрѣбы надъмати сѧ *Супр 494, 19*; нъ чесо ізидосте видѣтъ • пророка ли • еі • г⟨лаго⟩лѭ вамъ • і лише пророка *Л 7, 26 Зогр Мар* □ лише рѣчи ἀπόρρητος несказанный nevypověditelný: и къ оученикомъ вълазъ лише рѣчи кстъ *Супр 501, 18.— Зогр Мар Ас Сав Ен Супр.— Ср.* излиха, лихъ, паче, прѣизлиха

лихо *см. также* лихо-

ЛИХОВАНИѤ, -ꙗ *с* (1) ἀλλοτρίωσις лишение odnímání, zbavování: чꙿто хотатъ дати... цѣсарьствиꙗ б⟨о⟩жиꙗ лихованик *Супр 425, 10.— Ср.* лишениѥ

ЛИХОВАТИ, лихоуѭ, лихоуѥши *несов.* кого чесо (1) ἀποστερεῖν отнимать *что-л.*, лишать *чего-л.* odnímat *něco*, zbavovat *něčeho*: кокго вы имѣниꙗ или притѧжаниꙗ лихоуѥтъ истиньнок писмѧ *Супр 404, 4.— Ср.* лишити

лихоемьство *Пс 118, 36 Син см.* лихоимьство

ЛИХОИМАНИѤ, -ꙗ *с* (1) *греч. нет* корыстолюбие zištnost, lakota: храни сѧ • штъ... лихоиманиѣ • родителѣ неприѣзнинъ дѣлесъ • слоуженью *Евх 89а 16.— Ср.* лихоимиѥ, лихоимьствиѥ, лихоимьство

лихоимати *Супр 378, 6 см.* лихоимьꙗи

ЛИХОИМИѤ, -ꙗ *с* (1) πλεονεξία корыстолюбие zištnost, lakota: храните сѧ • отъ вьсѣкого лихоимиѣ *Л 12, 15 Зогр* (лихоимьствиѣ *Мар*).— *Ср.* лихоиманиѥ, лихоимьствиѥ, лихоимьство

ЛИХОИМЬСТВИѤ, -ꙗ *с* (1) πλεονεξία корыстолюбие zištnost, lakota: храните сѧ отъ вьсѣкого лихоимьствиѣ *Л 12, 15 Мар* (лихоімиѣ *Зогр*).— *Ср.* лихоиманик, лихоимик, лихоимьство

ЛИХОИМЬСТВО, -а *с* (1) πλεονεξία корыстолюбие zištnost, lakota: приклоні ср⟨ъдь⟩це мое во съвѣдѣдѣніѣ (! *вм.* съвѣдѣніѣ) твоѣ • а не вь лихоемьство *Пс 118, 36 Син*.— *Ср.* лихоиманик, лихоимик, лихоимьствик

ЛИХОКЛѦТВА, -ы *ж* (1) *греч. нет* лжеприсяга křivá přísaha: ѥже азъ... съгрѣшихъ... лихоклѧтвы • і лъжѧ *Евх 72а 15*.— *Ср.* прѣстѫпоклѧтик

ЛИХОМЫСЛИТИ, -мышлѭ, -мыслиши *несов.* (1) *греч. нет* замышлять дурное zamýšlet zlé: сего • еже колижъдо изг⟨лаго⟩лахъ • и лихо сътворихъ • і лихо мыслихъ *Евх 72а 9*

ЛИХОСЪТВОРИТИ, -творѭ, -твориши *сов.* (1) *греч. нет* совершить *что-л.* дурное spáchat zlo: сего • еже колижъдо изг⟨лаго⟩лахъ • и лихо сътворихъ *Евх 72а 8-9*

ЛИХОТЪКЪ, -а *м* (1) ὑπερβολή избыток, излишек přemíra: видиши ли чловѣколюбьства лихотъкъ *Супр 390, 30*

ЛИХОІАДЕНИѤ, -ніа *с* (1) ἀδηφαγία неумеренность в еде, обжорство nadměrné jedení, obžerství: не въдадимъ себе пьяньствоу и лихоіаденью *Супр 493, 7-8*

ЛИХОѤМЛЬЦИ, -ѥмлѭщаѥго *прич.-прил. в знач. сущ. м* (1) ὁ πλεονεκτῶν корыстолюбец lakomec: видиши ли іако не тъчьѭ грабди и лихоѥмлди • ни иже зълаіа творѧтъ *Супр 378, 6*

ЛИХЪ, -ын *прил., сравн. ст.* лишии (21) **1.** περισσός, περισσότερος, ὑπερβάλλων чрезмерный, излишний nadměrný, nadbytečný, přílišný: бѫди же слово ваше • ен • ен • і ни ни • лихое бо сею отъ неприѣзни естъ *Мт 5, 37 Зогр Мар*; сиі примѫтъ лиш'шее осѫждение *Мк 12, 40 Зогр*, лише *Мар* **2.** *греч. нет* плохой, дурной špatný, zlý: бѫдѫ азъ исповѣденъ... моего лиха сътворениѣ *Евх 72а 7* **3.** лихъ быти чесо ἄμοιρος εἶναι, ξένος *или* ἀλλότριος τυγχάνειν, ὑστερεῖσθαι, ἀποστερεῖσθαι быть лишенным být prost, být zbaven, nemít: въ цѣсарьство небесъское • ѥгоже ты лихъ ѥси *Супр 12, 2* ● περισσός εἶναι быть безучастным být lhostejný: море обличааше сѧ • лихо сы къ страстемъ *Клоц 10а 20*.— *Зогр Мар Ас Боян Евх Клоц Супр*.— *Ср.* лишити (лишенъ быти)

ЛИЦЕ, лице *и* личесе *с* (>300) | [ли.. *Ен* (1), лиц.. *Сав* (1), ллцю (!) *Син* (1), лилю (!) *Син* (1)] **1.** πρόσωπον, πρόσοψις, ὄψις, μέτωπον, χαρακτήρ лицо obličej, tvář, líce: бьѣахѫ і по лицоу *Л 22, 64 Зогр Мар*; оумастіті лице олѣимъ *Пс 103, 15 Син*; прѣкръстиста лици свои • образомъ крестънымъ х⟨ристо⟩совомъ *Супр 5, 18*; ѥгда личеса отьць плачемъ прѣмѣнила сѧ бѣахѫ *Супр 397, 18* ● вид, облик podoba, vzhled, tvářnost: лице оубо н⟨е⟩б⟨е⟩си оумѣете расѫждати *Мт 16, 3 Мар Зогр* ● *перен.* (*по образцу др.-евр., где словом* лице *подчеркивается развивающее его существительное, прилагательное или местоимение*): с⟨ъ⟩п⟨асе⟩ние лицю моемоу и б⟨ог⟩ъ мої *Пс 42, 5 Син; Пс 41, 12 Син*; възвеселиші і радостьѭ съ лицемъ твоимъ *Пс 20, 7 Син*; н(ѣ)стъ мира вь костехъ моїхъ • отъ лица грѣхъ моїхъ *Пс 37, 4 Син; Евх 76а 9*; п(ра)хъ его(же) вьзмѣтаетъ вѣтръ отъ лица земльѧ *Пс 1, 4 Син*; отьвръженъ есмъ • отъ лица очью твоею *Пс 30, 23 Син*; видѣсте очи мої с⟨ъ⟩п⟨ас⟩енье твое • еже еси оуготовалъ прѣдь лицемь вьсѣхъ людии *Л 2, 31 Зогр Мар Ас Сав Боян*; призываѭи воурѧ морьскѧѭ • і изливаѧ ѩ на лице в'сеѩ земла *Евх 56б 23*; весела сѧ іако и прѣжде • прѣдь лицемъ ковьчега божиіа *Супр 320, 18* □ лицемь къ лицоу, въ лице ἐνώπιος ἐνωπίῳ, κατὰ πρόσωπον, αὐτοψεί лицом к лицу tváří v tvář: лицемъ къ лицоу • и оусты къ оустомъ глаголааше *Супр 383, 27*; и о прорицании ѥго ѥже вь лице глагола окааноуоумоу оуалоу *Супр 198, 26*; без лица ἀπρόσωπος обезображенный znetvořený: не дрьзнѫвъши акы без лица прѣдь лицемъ стати *Супр 394, 25-26*; оутвръдити лице свое *с инф.* τὸ πρόσωπον στηρίξειν твердо решить pevně se rozhodnout: і тъ оутвръди лице свое іти въ і⟨ероуса⟩л⟨и⟩мъ *Л 9, 51 Зогр Мар*; лице кого ѥстъ *с прич.* τὸ πρόσωπόν τινος ἐστίν *кто-л.* намерен *что-л.* сделать má v úmyslu, zamýšlí: і не прињаша его • ѣко лице его бѣ грѧдъі въ і⟨ероуса⟩л⟨и⟩мъ *Л 9, 53 Зогр Мар* **2.** πρόσωπον лицо, личность osoba: божии бо ѥстъ даръ • и не вѣстъ разньства лиць *Супр 491, 28*; обѣма разоумѣньма дѣанима бѣаше кланіаѭштоу сѧ лицоу *Супр 511, 29* ● сущность podstata: мѣдьнаіа врата съломи владыка нашъ х⟨ристос⟩ъ • и само сьмрьтное лице исказилъ *Супр 487, 7* ● *спец.* ὑπόστασις ипостась; лицо podstata; osoba: иже сы сиѣние славѣ его • и образъ лица его *Евр 1, 3 Ен*; прѣдастъ емоу слав(ѫ) единого б⟨о⟩ж⟨ь⟩ства • вь три лица *Служ 1б 17* □ самъ своимь лицемь αὐτοπρόσωπον лично osobně: обѣштаваѥтъ дѣвици самъ • своимъ лицемъ пришьствие іавити *Супр 248, 23*; на лице *или* на лица зьрѣти, на лица сѫдити εἰς πρόσωπον βλέπειν, κατ' ὄψιν κρίνειν лицеприятствовать, быть пристрастным soudit podle osoby, být zaujatý:

ни о комьже не родиши • не зьриши бо на лице ч⟨ловѣ⟩комъ *Мт 22, 16 Мар*, на лица *Ас Сав* (∅ *Зогр*); не сѫдите на лица *И 7, 24 Зогр Мар Ас*; на лице зьрѣниѥ *см.* зьрѣниѥ; звѣриномь лицемь *см.* звѣринъ; змиѥвомь лицемь *см.* змиѥвъ.— *Зогр Мар Ас Сав Боян Ен Син Служ Евх Клоц Супр Рыл.— Ср.* образъ, тварь, ипостась

ЛИЦЕМѢРИѤ, -ꙗ *с* (6) ὑπόκρισις лицемерие licoměrnost, přetvářka, pokrytectví: вьнемлѣте себѣ отъ кваса фарисѣиска • еже естъ лицемѣрье *Л 12, 1 Зогр*, лицемѣрие *Мар.— Мт 23, 28 Мар; Мк 12, 15 Зогр Мар; Евх 53б 23.— Ср.* лицемѣрьство

ЛИЦЕМѢРЪ, -а *м* (26) ὑποκριτής, ὕπουλος лицемер licoměrník, pokrytec: не бѫдѣте ꙗко і лицемѣри жалоущꙙще *Мт 6, 16 Сав* (vпокрити *Зогр Мар*, оупокрыті *Ас*).— *Зогр Мар Ас Сав Клоц.— Ср.* vпокритъ

ЛИЦЕМѢРЬСТВО, -а *с* (3) ὑπόκρισις, ὑπόληψις лицемерие licoměrnost, pokrytectví: лицемѣрьствомъ разоума *Супр 333, 9.—Супр 400, 16; 400, 18.— Ср.* лицемѣриѥ

ЛИШАТИ СѦ, -аѭ сѧ, -аѥши сѧ *несов.* (2) ὑστερεῖσθαι терпеть лишения, нуждаться strádat, mít nedostatek: быс⟨тъ⟩ гладъ крѣпокъ на странѣ тои • и тъ начѧтъ лишаті сѧ *Л 15, 14 Ас Сав* (лишити сѧ *Зогр Мар*).— *Ср.* лихъ (лихъ быти), лишити (лишити сѧ)

лише *Зогр Мар Ас Сав Ен Супр см.* лихо

ЛИШЕНИѤ, -ꙗ *с* (10) **1.** ὑστέρημα, ὑστέρησις, χωρισμός нехватка, скудость nedostatek: вси бо отъ ізбытъка своего въвръгошѧ • а си отъ лишениѣ своего *Мк 12, 44 Зогр Мар* **2.** στέρησις, ζημία утрата, лишение odnětí: отьча лишениꙗ съ слъзами плачѫштоу сѧ • ꙗви сѧ ѥмоу вь сьнѣ о⟨ть⟩ць *Супр 295, 14.— Л 21, 4 Зогр Мар Ас; Пс 33, 10 Син; Супр 79, 8-9; 367, 20; 547, 24.— Ср.* жладьба, недостатъкъ, скѫдость

лишенъ, -ꙑи *прич.-прил. см.* лишити
лишии *Зогр Мар см.* лихъ

ЛИШИТИ, лишѫ, лишиши *несов./сов.* (22) [лини (!) *Зогр* (1)] **1.** кого чесо στερεῖν, ὑστερεῖν, ἀποστερεῖν, ἀλλοτριοῦν, ἀμοιρεῖν отнимать/отнять, лишать/лишить odnímat/odejmout, zbavovat/zbavit: г⟨оспод⟩ь не лишитъ добра • ходѧштіхъ незълобиѥ *Пс 83, 12 Син; Евх 84а 17* □ лишити сѧ чесо, отъ чесо лишаться/лишиться zbavovat se/zbavit se: не лишишѧ сѧ отъ похоті своеѩ *Пс 77, 30 Син*; ѥдинъ ариѡс • лишитъ сѧ слова *Супр 509, 19* **2.** лишити сѧ, лишенъ быти чесо ὑστερεῖσθαι, ἐλασσοῦσθαι терпеть/потерпеть лишение, нуждаться mít nedostatek, postrádat: брашно насъ не поставитъ прѣдъ б⟨ого⟩мъ • ни бо аще не ѣмъ лишимъ сѧ ни аще ѣмъ избѫдетъ намъ *1 Кор 8, 8 Ен*; еда чесо лишени бысте *Л 22, 35 Мар*, лини (!) *Зогр* □ лишенъ, -ꙑи *в знач. прил. греч. нет* небольшой (?) neveliký, malý (?): не вь величъствѣ... тѣлесъ лишенꙑихъ’ • въсѣꙗѥтъ сѧ б⟨о⟩жиꙗ благодѣть *Супр 546, 7.— Зогр Мар Сав Ен Син Евх Супр.— Ср.* лиховати, лихъ (лихъ быти), лишати

лиꙗниѥ *Супр 396, 9 см.* лаꙗниѥ

ЛИꙖТИ, лѣѭ, лѣѥши *несов.* (2) βάλλειν, ἐκχεῖν лить lít: нъ вино новое въ мѣхꙑ новꙑ лиѣти *Мк 2, 22 Мар* (вльѣти *Зогр*).— *Супр 425, 18.— Ср.* въливати, вълиꙗти

ЛОБЪЗАНИѤ, -ꙗ *с* (10) [-бь- *Зогр* (1) *Ас* (1) *Супр* (2)] φίλημα, ἀσπασμός поцелуй, лобзание políbení, polibek: іюдо • лобъзаньѥмь ли с⟨ꙑ⟩на ч⟨ловѣчь⟩скаго прѣдаеши *Л 22, 48 Зогр*, лобъзаниѥмь *Мар.— Л 7, 45 Зогр Мар Ас Сав; Клоц 9б 4-5; Супр 392, 25; 423, 25; 426, 2-3.— Ср.* лобызаниѥ, цѣлованиѥ

ЛОБЪЗАТИ, лобъжѫ, лобъжеши *сов.* (15) [лобь- *Мар* (1) *Ас* (1) *Супр* (1)] φιλεῖν, καταφιλεῖν, ἀσπάζεσθαι поцеловать políbit: егоже аште лобъжѫ • то естъ *Мт 26, 48 Зогр Сав Боян*, лобьжѫ *Мар Ас.— Зогр Мар Ас Сав Боян Евх Супр.— Ср.* облобъзати

ЛОБЫЗАНИѤ, -ꙗ *с* (2) φίλημα поцелуй, лобзание políbení, polibek: лобызании молитъ *Супр 395, 2.— Супр 426, 10.— Ср.* лобъзаниѥ, цѣлованиѥ

ЛОБЫЗАТИ, -аѭ, -аѥши *несов.* (5) καταφιλεῖν, ἀσπάζεσθαι целовать, лобзать líbat: си же отъ нелиже вьнидъ • не прѣста лобызаѭщи ногоу моею *Л 7, 45 Сав; Супр 395, 9* (облобызаѭшти *Зогр Мар Ас*).— *Евх 97а 24; Супр 426, 8; 506, 15-16.— Ср.* облобызати, цѣловати

лобьзаниѥ *Л 7, 45 Зогр Ас; Супр 426, 2-3 см.* лобъзаниѥ

ЛОВИТВА, -ꙑ *ж* (11) **1.** κυνήγιον, θήραμα охота, ловля lov, hon: сътвори же комисъ • вь дьнь игри • и позорꙑ • и ловитвꙑ *Супр 221, 6* ● *перен.*: старѣишина паствинѣ • ловитвѫ сътворитъ оуловьшиимь • прѣжде оуловьѥноуоумоу отъ ѡнихъ адамоу *Супр 328, 27* ● **(рыбъ)** ἄγρα τῶν ἰχθύων рыбная ловля rybolov: ѡ ловитвѣ рыбъ *Зогр 129а 13; Мар 76а 17*; въметѣте мрѣжѧ ваша въ ловитвѫ *Л 5, 4 Зогр Мар Ас* **2.** θήρα добыча kořist: не дастъ насъ въ ловитвѫ зѫбомъ їхъ *Пс 123, 6 Син.— Л 5, 9 Зогр Мар Ас.— Ср.* ловъ

ЛОВИТИ, ловлѭ, ловиши *несов.* (12) *греч. нет* ловить, охотиться lovit, chodit na lov: аще которꙑ причетьникъ ловит *Евх 105а 13* ● **(рыбы)** ἁλιεύειν ловить рыбу chytat ryby: ідѫ рыбъ ловитъ *И 21, 3 Зогр Мар Ас* ●

перен.: отъ селѣ ч⟨ловѣ⟩кы бѫдеши ловѧ *Л 5, 10 Зогр Мар Ас* ▭ ловѧи *в знач. сущ.* ὁ θηρεύων, ὁ θηρευτής, ὁ ἁλιεύων охотник, рыбак lovec, rybář: ловѧштии во присно отъ водъ износѧтъ рибы *Супр 496, 4* ● *перен.*: д⟨оу⟩ша наша ѣко пътица ızбавитъ сѧ отъ сѣти ловѧштıхъ *Пс 123, 7 Син; Супр 80, 5.— Евх 85а 15-16; Супр 234, 28.*— ловѧи *ср.* ловьць, рыбарь

ЛОВЪ, -а *м* (3) τὰ κυνήγια, ἁλιεία, θήρα охота, ловля lov: ѡбѧсѧ мѧ ѣко левъ готовъ на ловъ *Пс 16, 12 Син.— Супр 223, 5; 496, 4.— Ср.* ловитва

ЛОВЬЦЬ, -а *м* (9) λυκοθήρας охотник, ловчий lovec: ов'цеѩ лачѫтъ ловьци *Супр 328, 24* ♦ ловьць (рыбамъ) ἁλιεύς рыбак, рыболов rybář: въмѣтаѭща мрѣжѧ въ море • бѣсте бо ловца *Мт 4, 18 Ас*, рыбамъ ловьца *Сав* (рыбарѣ *Зогр*, ∅ *Мар*) ● *перен.*: сътворѭ вы быти ловьца ч⟨ловѣ⟩комъ *Мк 1, 17 Зогр*, ловъца *Мар.— Мт 4, 19 Зогр Ас Сав; Супр 496, 3.— Ср.* ловити (ловѧи), рыбарь

ЛОВЬЧЬ *прил.* (2) τῶν θηρευτῶν охотничий lovecký, lovčí: тъ (*т. е.* богъ) ızбавıтъ мѧ отъ сѣтı ловьчѧ *Пс 90, 3 Син; Супр 70, 23*

ЛОЖЕ, -а *с* (25) κλίνη, κλινίδιον, κοίτη постель, ложе; носилки lože, lůžko, postel; nosítka: въстани • ı възъми ложе твое *Л 5, 24 Зогр Ас* (одръ *Сав*, од(ръ) *Мар*); безаконнїе свое помыслї на ложї сво[о]емъ *Пс 35, 5 Син* ● *перен.*: лютѣ бѫ(детъ малъженома) • ѣже не съхрани(с)те ложа нескврʼ(нь)на *Рыл 5ба 13* ● μάνδρα нора, логово doupě: скоумені... вь ложиҳъ своıҳъ лѧгѫтъ *Пс 103, 22 Син.— Зогр Мар Ас Син Евх Рыл.— Ср.* одръ, постелıа; ıазвина

ложезнъ *Пс 21, 11 Син см.* ложесна

ЛОЖЕСНА, -снъ *с мн.* (11) [-ѣна (!) *Мар* (1), -зн- (!) *Син* (1); ложесно *с ед. Супр* (1)] μήτρα лоно, утроба (*матери*) lůno (*mateřské*): всѣкъ младьньць • мѫжьска полоу • разврѣзаѧ ложесна *Л 2, 23 Зогр Ас Сав Боян*, ложеѣна *Мар*; не зачѧтъ ли неплодъı • не послѹша ли ложесно *Супр 249, 13* ♦ отъ *или* из ложеснъ ἀπὸ *или* ἐκ μήτρας от утробы матери od mateřského lůna: къ тебѣ привръженъ есмъ из ложеснъ *Евх 62а 20*, из ложезнъ (! *вм.* ложеснъ) *Пс 21, 11 Син.— Пс 57, 4 Син; Евх 46 11-12; Супр 461, 9.— Ср.* лоно, чрѣво, ѫтроба

ложесно *Супр 249, 13 см.* ложесна

ложь *И 8, 55 Ас; Пс 32, 17 Син; 115, 2 Син см.* лъжь

ложьнъ *Пс 39, 5 Син см.* лъжьнъ

ЛОЗА, -ы *ж* (25) ἄμπελος, ἀναδενδράς, κλῆμα виноградная лоза vinný keř, réva: ѣко бо розга не можетъ плода творити о себѣ • аште не бѫдетъ на лозѣ *И 15, 4 Зогр Мар Ас Сав* (2) ● *перен.*: оузьрѣвъ... веньıамина... отьчѧ лозы послѣдьнїни грознъ *Супр 367, 27.— Зогр Мар Ас Сав Син Супр.— Ср.* вино, виноградъ, лозиѥ

ЛОЗИѤ, -ıа *с собир.* (3) τὰ κλήματα, αἱ ἀναδενδράδες, ἄμπελος виноградные лозы révoví, výhonky révy: покры горы сѣнь его • ı лозье его (*т. е.* винограда) кедры б⟨о⟩ж(ı)ѧ *Пс 79, 11 Син.— Евх 136 24; 59б 8.— Ср.* лоза

ЛОЗЬНЪ, -ын *прил.* (8) τῆς ἀμπέλου виноградный révový: не ıмамь пити отъ плода сего лозънаго *Мт 26, 29 Зогр Мар Ас Сав; Мк 14, 25 Зогр Мар; Л 22, 18 Зогр Мар.— Ср.* виноградьнъ, виньнъ[2]

локъ *Пс 75, 4 Син; Пс 77, 57 Син см.* лѫкъ

ЛОКЫ, локъве *ж* (1) λάκκος лужа kaluž: аще ли еси... приматалъ сѧ (*т. е.* демонъ нечисты)... ız морѣ • ıли ız-д-рѣкы • или ız брѣгъ • или ız-д-ръвеника • или ız локъви *Евх 54б 5-6*

ЛОМИТИ, ломлѭ, ломиши *несов.* (5) [..мащее *Ен* (1)] κλᾶν ломать lámat: се естъ тѣло мое ломащее сѧ за вы *Евх 46б 10*; ..мащее *1 Кор 11, 24 Ен*; ломимое за многы *Клоц 7б 19*; пльть моıа за вы ломимаıа *Супр 353, 8* ▭ ломити сѧ περικλᾶσθαι продираться, ломиться prodírat se: поҳодѧште и ломѧште сѧ бѣаҳѫ въ гораҳъ врьжштаѭште сѧ вь стѣнаҳъ вьсь дьнъ тъ и тѫ ношть *Супр 31, 29.— Ср.* троуждати (троуждати сѧ)

ЛОНО, -а *с* (23) κόλπος, οἱ κόλποι лоно klín, lůno: бѣ же вьзлежѧ единъ отъ оученикъ его на лонѣ ıс⟨оусо⟩вѣ *И 13, 23 Зогр Мар*; мѣрѫ добрѫ... дадѧтъ на лоно ваше *Л 6, 38 Зогр Мар*; покои и на лонѣ авраамовѣ • исаковѣ • ıѣковли *Евх 57б 23*; д⟨оу⟩хъ... иже вьлѣзъ въ лоно мѫжа мѫчааше *Супр 567, 7.— Зогр Мар Ас Сав Син Евх Супр.— Ср.* ѫтроба

ЛОПАТА, -ы *ж* (7) πτύον, πλοῖον (!) лопата, веяльная лопата lopata, věječka: емоуже лопата въ рѫкоу его • ı потрѣбитъ гоумъно свое *Л 3, 17 Зогр Мар Ас Сав; Мт 3, 12 Зогр*; пѣготивымъ пѣготы акы лопатоѭ словесемь сьбрыса *Супр 387, 22.— Супр 127, 24*

ЛОПОТИВЪ, -ын *прил.* (2) *греч. нет* косноязычный mumlavý: мол⟨итва⟩... над⟨ъ⟩ лопотивомь д⟨оу⟩хомь *Евх 43а 11.— Евх 43а 17-18.— Ср.* гѫгъниви, нанѣмь

ЛОТОВЪ *прил. к* лотъ (6) τοῦ Λώτ, Λώτ Лота *род.*, Лотов Lotův: поминаıте женѫ лотовѫ *Л 17, 32 Зогр Мар.— Л 17, 28 Зогр Мар; Пс 82, 9 Син; Евх 91а 4-5*

лотостратѫ *И 19, 13 Сав 115а 9 см.* литострата

ЛОТЪ, -а *м имя* (3) Λώτ Лот Lot: ізиде лотъ • отъ содомл҃ѣнъ *Л 17, 29 Зогр Мар; Супр 232, 18*

лоубо *Супр 547, 4 см.* любо

ЛОУКА, -ы *м имя* (>100) [лоу(к) *Ас* (77) *Сав* (46)] Λουκᾶς Лука Lukáš: еваньеліе штъ лоукы *Зогр 131а*, отъ лоукы *Мар 76а* (*заглавия*).— *Зогр Мар Ас Сав Супр*

ЛОУКАВАРЪ, -а *м имя* (1) *греч. нет* Лукавар Lukavar: тома лоукаваръ *Син 23а 21* (*под строкой*)

ЛОУКЪ, -а *м* (1) *греч. нет* чеснок (?), лук (?) česnek (?), cibule (?): штиди • в'сѣкъ демонъ нечистъı... или нощнѫѭ г⟨ла-го⟩лѧ • или глоухо страшѧ • і прѣтекы • или въ лоуцѣ съвѣщаваѧ • или въ винѣ пиемѣ мнозѣ *Евх 54а 10.— Ср. также* лѫка

ЛОУНА, -ы *ж* (20) σελήνη луна měsíc, luna: лоуна не дастъ свѣта своего *Мт 24, 29 Мар Ас Сав* (м⟨ѣ⟩с⟨ѧ⟩ць *Зогр*) ● обращение луны běh luny: неоустроенъ • съ лоуноѭ прѣмѣнѣѧ сѧ *Евх 54а 22.— Зогр Мар Ас Сав Син Евх Супр.— Ср.* мѣсѧць

ЛОУНЬСКЪ, -ыи *прил.* (1) *греч. нет* лунный měsíční: лоуньскаа красота напрасно омрьче *Супр 475, 14.— Ср.* мѣсѧчьнъ

лоусании *Л 3, 1 Сав Боян см.* лусании

л҃оутость *Супр 212, 14 см.* лютость

ЛОУЧА, -ѧ *ж* (4) ἀκτίς луч paprsek: днес⟨ь⟩ • лоуна свѣтълами лоучами • в'сь миръ освѣщаетъ *Евх 2а 1* ● *перен.*: лоучѧ божьства и богоразоумиıа простърѣ на ня *Супр 474, 19.— Супр 66, 25; 164, 15*

ЛОУЧАТИ СѦ, -аѭ сѧ, -аєши сѧ *несов.* (1) *греч. нет* случаться přiházet se, stávat se: б⟨о⟩жиıа благодѣть... и вь великаа тѣлеса въдварати сѧ лоучаєтъ *Супр 546, 10.— Ср.* бывати, сълоучати сѧ

ЛОУЧЕ *нареч. сравн. ст.* (3) [лю- *Ен* (1)] κρεῖσσον лучше lépe: ѣко лоуче дьнь єдинъ въ дворѣхъ твоихъ паче тысѧщтъ *Пс 83, 11 Син.— Пс 36, 16 Син; Евр 1, 4 Ен.— Ср.* добрѣ (добрѣє), соул҄ѣє, соулє, оуне

ЛОУЧИИ, ЛОУЧЬШИ, ЛОУЧЕ *прил. сравн. ст.* (26) [лю- *Ен* (1)] βελτίων, κρείσσων, χρηστότερος, σώφρων (!) лучший, лучше lepší: ѣко лоучьши милость твоѣ паче живота *Пс 62, 4 Син* ▭ лоучьшаıа *с мн. в знач. сущ.* τὰ κρείσσονα лучшее lepší věci: непъщоуем(ъ) о васс (! *вм.* вас⟨ъ⟩) възлюбени • лючьша *Евр 6, 9 Ен* ◆ лоучии быти, бывати μεταβάλλεσθαι исправиться stát se lepším, polepšit se: і да оувѣсі • ѣко сілънъ сы • лоучі быти • не въсхотѣ *Клоц 5б 8*; егда не бѣ нікътоже оучѧ его • тогда лоучы бывааше *Клоц 5б 27*; лоучии быти кого, чесо (μᾶλλον) διαφέρειν быть лучше *кого-л., чего-л.* vynikat: кольми паче вы есте лоучьши пьтиць *Л 12, 24 Зогр*, лоучьше *Мар*; лоучьша сътворити кого ἀνάγειν исправить *кого-л.* polepšit *někoho*: вьса показа емоу • могѫшта его • лоучьша створіти *Клоц 5а 39.— Зогр Мар Ас Сав Ен Син Евх Клоц Супр.— Ср.* добръ (добрѣи), соул҃ии, оун҃ии

ЛОУЧИТИ СѦ, лоучѫ сѧ, лоучиши сѧ *сов.* (3) τυγχάνειν случиться naskytnout se, vyskytnout se: ıакоже бо егда роуминъ сы лоучитъ сѧ сѫди *Супр 382, 19* ▭ лоучитъ сѧ *безл.* комоу *с инф.* τυγχάνει, δεῖ случится přihodí se, stane se: аште ми сѧ лоучитъ оумрѣти съ тобоѭ • не отъвръгѫ сѧ тебе *Мк 14, 31 Зогр* (сѧ ключитъ *Мар*); лоучи же сѧ піѡниıа поставіти о деснѫѭ *Супр 141, 11.— Ср.* ключити сѧ, сълоучити сѧ

ЛЪБЬНЪ, -ыи *прил.* (1): мѣсто лъбьноє Κρανίου τόπος Лобное место Místo Lebek: егоже приведъше въ мѣсто лобьное *Евх 50а 13* (*ср.* на мѣсто ѣелъѣота • еже естъ съказаемо краниево мѣсто *Мк 15, 22 Зогр Мар Ас Сав*).— *Ср.* главьнъ (главьноє мѣсто), голъгота, краниєвъ

лъвовъ *Пс 21, 22 Син см.* львовъ

лъвъ *Ен 4б 17 см.* львъ[2]

ЛЪГАТИ, лъжѫ, лъжеши *несов.* (6) [ль- *Супр* (1)] ψεύδεσθαι лгать lhát: рекѫтъ • вьсѣкъ зълъ г⟨лаго⟩лъ на вы • лъжѫште мене ради *Мт 5, 11 Зогр Ас Сав* (∅ *Мар*).— *Супр 133, 17; 356, 22; 474, 26*

ЛЪЖА, -ѧ *ж* (29) [ль- *Ас* (1) *Супр* (2)] ψεῦδος, ψεῦσμα, ψευδής (!) ложь lež: егда г⟨лаго⟩летъ лъжѫ *И 8, 44 Зогр Мар*, льжѧ *Ас* ◆ без лъжѧ ἀψευδής правдивый pravdivý: ты б⟨ог⟩ъ истин'ны и чловѣкъ без лъжа *Супр 505, 2*; без лъжѧ ἀψευδῆ правдиво pravdivě: без лъжа отъвѣштаванта намъ *Супр 257, 11*; въ лъжѫ ψευδῆ; (въ лъжѫ клати сѧ ἐπιορκεῖν) ложно lživě, křivě: не въ лъжѫ клънеши сѧ *Мт 5, 33 Мар* (нъ въ лъже кльнеши сѧ *Зогр*); въ лъжѫ навадатъ на н҃ѫ *Супр 135, 5-6*; лъжѫ съвѣдѣтел҃ьствовати, съвѣдѣтел҃ьствовати лъжи, лъжѫ послоушати ψευδομαρτυρεῖν лжесвидетельствовать křivě svědčit: не лъжѧ съвѣдѣтельствоуи *Мк 10, 19 Мар* (не лъже съвѣдѣтел҃ьствоуи *Зогр*); и сьвѣдѣтел҃ьствоваша льжи *Супр 477, 14*; не кради ни лъжа послоушаі *Мт 19, 18 Сав* (не лъжесъвѣдѣтель бѫдеши *Мар, нет Ас*, ∅ *Зогр*).— *Зогр Мар Ас Сав Син Евх*

Супр.— лъжѫ съвѣдѣтельствовати *ср.* лъжепослоушьствовати, лъжесъвѣдѣтельствовати; без лъжа *ср.* нелъжьнъ; въ лъжѫ *ср.* лъжь (въ лъже)

ЛЪЖЕИМЕНИТЪ, -тын *прил.* (1) *греч. нет* ложный nepravý, falešný: отътврьгни (*вм.* отъвръгни) мѧ отъ скварꙑ гнѹсънꙑѩ • и отъ лъжеименитꙑихъ богъ *Супр 160, 21.— Ср.* лъжеименьнъ

ЛЪЖЕИМЕНЬНЪ, -ын *прил.* (3) ψευδώνυμος ложный nepravý, falešný: иже оубо речетъ лъжеименънъи богъ покорите ли сѧ кмоу *Супр 33, 7; Супр 22, 12-13; 49, 25.— Ср.* лъжеименитъ

ЛЪЖЕПОСЛОУШЬСТВОВАТИ, -ствоуѭ, -ствоукши *несов.* (1) *греч. нет* лжесвидетельствовать křivě svědčit: отъвръгошѧ кже не лъжепослоушьствоукши *Супр 477, 13-14.— Ср.* лъжа (лъжѫ съвѣдѣтельствовати), лъжесъвѣдѣтельствовати

ЛЪЖЕСЪВѢДѢНИѤ, -ига *с* (2) ψευδομαρτυρία лжесвидетельство křivé, lživé svědectví: отъ срьдца бо ісходѧтъ • помышлениѣ зълаѣ... лъжесъвѣдѣниѣ *Мт 15, 19 Зогр Мар*

ЛЪЖЕСЪВѢДѢТЕЛЬ, -лга *м* (2): лъжесъвѣдѣтель бꙑти ψευδομαρτυρεῖν лжесвидетельствовать křivě svědčit: не лъжесъвѣдѣтель бѫди *Л 18, 20 Зогр* (не лъжь съвѣдѣтель бѫди *Мар*, не лъжі съвѣдѣтель бѫді *Ас Сав*).— *Мт 19, 18 Мар.— Ср.* лъжипослоухъ, лъжь (лъжь съвѣдѣтель)

ЛЪЖЕСЪВѢДѢТЕЛЬСТВОВАТИ, ЛЪЖИСЪВѢДѢТЕЛЬСТВОВАТИ, -ствоуѭ, -ствоукши *несов. без доп.*; на кого (3) [лъже- *Зогр* (1) *Мар* (1), лъжи- *Зогр* (1)] ψευδομαρτυρεῖν лжесвидетельствовать křivě svědčit: мъноѕи бо лъже съвѣдѣтельствоваахѫ н(а) нь *Мк 14, 56 Мар*, лъжи съвѣдѣтельствоваахѫ *Зогр.— Мк 10, 19 Зогр.— Ср.* лъжа (лъжѫ съвѣдѣтельствовати), лъжепослоушьствовати, лъжесъвѣдѣтель (лъжесъвѣдѣтель бꙑти)

ЛЪЖИВЪ *прил.* (2) ψευδής, δόλιος лживый lživý, prolhaný: мѫжь кръвъ і лъжівъ мрьзітъ г⟨осподе⟩ві *Пс 5, 7 Син.— Пс 61, 10 Син.— Ср.* лъжь, лъжьнъ

ЛЪЖИПОСЛОУХЪ, -а *м* (1) *греч. нет* лжесвидетель křivý, lživý svědek: велди не прѣлюбодѣати... ни лъжи послоухꙋ бꙑти *Супр 365, 21.— Ср.* лъжесъвѣдѣтель

лъжисъвѣдѣтельствовати *Мк 14, 56 Зогр см.* лъжесъвѣдѣтельствовати

ЛЪЖЬ, -ни *прил.* (50) [ль- *Мар* (1) *Ас* (3) *Супр* (1), ложь *Ас* (1) *Син* (2)] **1.** ψεύστης; (трътарьскꙑ лъжни ταρταροψευδής) лживый lživý, prolhaný: азъ же рѣхъ въ оужасѣ моемь весь ч⟨ловѣ⟩къ ложь *Пс 115, 2 Син* □ въ лъже (въ лъже клѧти сѧ ἐπιορκεῖν) ложно lživě; křivě: нъ (! *вм.* не) въ лъже кльнеши сѧ *Мт 5, 33 Зогр* (не въ лъжѫ клънеши сѧ *Мар*); лъжь съвѣдѣтель ψευδόμαρτυς; (лъжь съвѣдѣтель бꙑти ψευδομαρτυρεῖν) лжесвидетель křivý svědek: послѣдь же пристѫпьша дъва лъжа съвѣдѣтелѣ *Мт 26, 60 Мар Ас*, к҃ съвѣдѣтелѣ лъжа *Сав 97б 4-5* (*только* съвѣдѣтелѣ *Зогр, Сав 111б 14-15*); не лъжь съвѣдѣтель бѫди *Л 18, 20 Мар* (лъжесъвѣдѣтель *Зогр*, лъжі съвѣдѣтель *Ас Сав*) **2.** ψευδής; (лъже съвѣдѣтельство ψευδομαρτυρία) ложный, вымышленный, неправдивый lživý, smyšlený, nepravdivý: льжа и непрѣпьрива словеса глаголемага *Супр 441, 2*; искаахѫ лъжа сьвѣдѣтельства на и⟨соу⟩са *Мт 26, 59 Ас*, лъжа съвѣдѣтелѣ *Зогр Мар Сав* (2) ● (лъжь христосъ ψευδόχριστος; лъжь пророкъ ψευδοπροφήτης; лъжь оучитель ψευδώνυμος!) ненастоящий nepravý, falešný: въстанѫтъ бо лъжии х⟨ристос⟩и *Мт 24, 24 Зогр Ас Сав*, лъжи *Мар*; вънемлѣте отъ лъжиихъ пророкъ *Мт 7, 15 Зогр Ас*, лъжихъ *Мар*; ѡ веле несъмышленик льжиихъ оучитель *Супр 323, 27-28* **3.** ψευδής ненадежный nespolehlivý: ложь конь во с⟨ъ⟩п⟨ас⟩енне *Пс 32, 17 Син.— Зогр Мар Ас Сав Зогр-пал Син Евх Супр.— Ср.* лъжесъвѣдѣтельствовати, лъживъ, лъжьнъ

ЛЪЖЬНЪ, -ын *прил.* (2) [ло- *Син* (1)] ψευδής ложный, неверный lživý, nepravdivý: ї не прізьрѣ вь соуѥа • і неистовленьѣ ложьнаа *Пс 39, 5 Син*; не лъжьнѫ поставити памѧть *Супр 534, 19-20.— Ср.* лъживъ, лъжь

лъстивъ *Син см.* льстивъ

лъсть *Ен Син Клоц см.* льсть

лъщеник *Пс 49, 19 Син см.* льщеник

ЛЬВИИ *прил.* (1) τῶν λεόντων львиный lví: како може аггелъ амбакоума сьвести на ровъ львии *Супр 502, 4.— Ср.* львовъ, львьскъ

ЛЬВОВЪ *прил.* (6) [лъ- *Син* (1)] τοῦ λέοντος, τῶν λεόντων львиный, льва *род.*, львов *род. мн.* lví, lva *род.*, lvů *род. мн.*: с⟨ъ⟩п⟨ас⟩і мѧ отъ оустъ лъвовъ *Пс 21, 22 Син; Супр 18, 2.— Пс 57, 7 Син; Евх 85а 14-15; Супр 179, 8; 226, 2.— Ср.* львии, львьскъ

ЛЬВЪ[1], -а *м* (26) [ле- *Син* (5) *Супр* (4)] λέων лев lev: обьходитъ бо ıако лъвъ ревꙑ • ищѧ кого пожьретъ *Хил 2ба 15-16* (*1 П 5, 8*).— *Син Супр Хил*

ЛЬВЪ[2], -а *м имя* (2) [лъ- *Ен* (1), лев- *Сав* (1)] Λέων Лев Lev: памѧтъ • влавиѣноу патриархоу • и лъвоу • папежоу римъскоу *Ен 4б 17; Сав 72б 14*

ЛЬВЬСКЪ *прил.* (1) λεοντιαῖος львиный lví ● *перен.*: глаголъ етеръ крѣпокъ... и

львьскъ къ противьнꙑимъ силамъ *Супр 464, 14.— Ср.* **львии, львовъ**

льгати *Супр 474, 26 см.* **лъгати**

ЛЬГЪКО *нареч.* (3) [**ле-** *Супр* (1)] ἀνεκτῶς легко, без трудностей lehko, lehce, snadno: **льг(ъ)ко се творѧ (съ) др(ъ)з(н)овленьемь (при)рицѫ • къ м⟨н⟩л⟨о⟩сти** *Рыл 7ба 21* ● ἀνετῶς (! *вм.* ἀνεκτῶς ?) *здесь* без оков bez okovů: **повелѣ легъко иҳъ вести вь тем'ницѫ** *Супр 72, 1.— Супр 98, 25-26*

ЛЬГЪКЪ, **-ꙑи** *прил.* (10) [**ле-** *Мар* (1) *Ас* (1) *Евх* (3), **лекъ-** (!) *Евх* (2)] **1.** ἐλαφρός, κοῦφος легкий lehký: **врѣмѧ мое льгъко естъ** *Мт 11, 30 Зогр Мар Ас Сав; Евх 89б 19* ● *перен.*: **помиловати раба твоего... оусънѫвъшааго вь легъкꙑ покои** *Евх 58б 23;* **болѣзнь лекъка** (! *вм.* **легъка**) *Евх 38а 20* **2.** легкий, нетрудный lehký, snadný: **легъко бо очима твоима вл⟨адꙑ⟩ко • оумрътвити ꙇ оживити** *Евх 78б 22.— Евх 100а 12; Супр 127, 25*

ЛЬГЪЧИТИ, **-чѫ, -чиши** *несов.* (1) ἐπικουφίζειν облегчать ulehčovat: **вѣроуѭ богоу лъгъчаштѹоумоу ми болѣзни** *Супр 4, 19-20.— Ср.* **облъгъчавати**

ЛЪГЫНИ, **-ниѩ** *ж* (1) ἀποφορά легкость, облегчение lehkost, ulehčení: **приде бо ми льгꙑни отъ дрѣва сватааго** *Супр 265, 15*

льжа *И 8, 44 Ас; Супр 368, 5; 477, 14 см.* **лъжа**

льжь *Мар Ас Супр см.* **лъжь**

ЛЬЅѢ *нареч.* (3) [**льзѣ** *Клоц* (1) *Супр* (2)]: **льѕѣ естъ** *греч. нет* можно lze, je možno: **въпрошеноу бꙑвъшю • аште е льзѣ поуштати женѫ своѭ** *Клоц 2б 8* ◆ **не льѕѣ** или **нѣстъ комоу льѕѣ** ἀμήχανόν ἐστι, οὐκ ἐνόν нельзя, невозможно nelze, není možno: **не льзѣ съпасти сѧ инако** *Супр 370, 16;* **нѣстъ ми льзѣ инамо ити развѣ сьде** *Супр 170, 22.— Ср.* **достоꙗти (достоитъ), възможьнъ (възможьно естъ), моцьнъ (моцьно естъ);** **не льѕѣ** *ср.* **невъзможьнъ (невъзможьно естъ)**

льзѣ *Клоц 2б 8; Супр 170, 22; 370, 16 см.* **льѕѣ**

ЛЬНѢНЪ, **-ꙑи** *прил.* (1) λινοῦς льняной lněný: **облѣчена въ котꙑгѫ льнѣнѫ** *Супр 187, 4-5*

ЛЬСТИВЪ, **-ꙑи** *прил.* (18) [**лъ-** *Син* (6), **-стн-** *Син* (1)] δόλιος, τῆς δολιότητος; (**блазномь льстивъ** ἀπατηλός) хитрый, лукавый; коварный lstivý, klamný; podvodný: **ꙇзбави д⟨оу⟩шѫ моѭ отъ оустенъ неправъдивъ • ꙇ отъ ѩз⟨ꙑ⟩ка лъстива** *Пс 119, 2 Син;* **се же слꙑшавъ льстивꙑи • и раждегъ сѧ гнѣвомъ** *Супр 59, 28.— Син Евх Супр.— Ср.* **льстьнъ, льстьць, лѫкавъ, лѫкавьнъ**

льстиві *Пс 54, 24 Син см.* **льстивъ**

ЛЬСТИТИ, **льщѫ, льстиши** *несов.* (17) **1.** περιπλανᾶν, δολιοῦν, καταθωπεύειν обманывать obelstívat, klamat: **ѩзꙑкꙑ своими льщаахѫ** *Пс 5, 10 Син* □ **льстити сѧ** ἀπατᾶσθαι обманываться, ошибаться, заблуждаться klamat se, mýlit se: **ꙇ къ ıюдѣомъ гл⟨агол⟩ѫ • понеже льсташте сѧ мнѧтъ пасҳѫ творꙇти** *Клоц 7а 16-17* **2.** ἀπαιᾶν, δελεάζειν, καταγοητεύειν, κολακεύειν, πλανᾶν, ἀπατηλός (!) лукавить, соблазнять lstivě lákat, vábit, svádět: **льститъ народꙑ** *И 7, 12 Зогр Мар Ас.— Зогр Мар Ас Син Евх Клоц Супр.— Ср.* **крадоводити; лихоимати, лѫкавьновати, прѣльщати, съблазнꙗти**

ЛЬСТЬ, **-и** *ж* (59) [**лъ-** *Ен* (3) *Син* (2) *Клоц* (1), **ле-** *Мар* (4) *Ас* (2) *Син* (5) *Супр* (1) *Хил* (2); *род.* **льсти** (!) *Супр* (1)] **1.** δόλος, δολιότης, πλάνη, πανουργία, ἀπάτη, δελεαστικὸς λόγος, πλανᾶσθαι (!); (**льсть сътворити** δολιοῦν; **льстиѭ оубити** δολοφονεῖν) обман, хитрость, коварство lest, klam, podvod: **ꙇ искаахѫ ар'х'иереи ꙇ кънижьници • како ꙇ льстиѭ емъше оубиѭтъ** *Мк 14,1 Зогр,* **лестьѭ** *Мар;* **лестъ створꙇтꙇ въ рабѣҳъ его** *Пс 104, 25 Син* ● θήρα ловушка, козни léčka, úklad: **да прꙇдетъ емоу сѣть еѩже не съвѣстъ • и лесть ѭже съкрꙑ обьметъ ꙇ** *Пс 34, 8 Син* □ **без льсти** ἄδολος бесхитростный bezelstný: **чаѭште словесьнааго без льсти млѣка словеси** *Супр 384, 27* **2.** ἀπάτη, κολακεία; (**съ льтиѭ** ὕπουλος) соблазн, обольщение mámení, vábení, svod: **печали вѣка сего • ꙇ льсть богатьствиѣ** *Мк 4, 19 Зогр,* **лесть** *Мар;* **младеништъ бо... ни работаѭтъ страсти льсти** *Супр 337, 25* **3.** πλάνη заблуждение blud, poblouzení: **не прѣзьрѣвъ ч⟨ловѣ⟩ка • отъ неприѣзнина лѫкавъства • въ глѫбинѫ гꙑбѣли • ꙇ льсти съшедъша** *Евх 23а 13.— Зогр Мар Ас Сав Ен Син Евх Клоц Супр Хил.— Ср.* **заблѫждение, льстьнъ (льстьное), лѫкавьствие, лѫкавьство, прѣльсть**

ЛЬСТЬНЪ, **-ꙑи** *прил.* (3) [**ле-** *Евх* (2)] **1.** ἡ ἀπάτη (!) соблазнительный vábný, svůdný: **о женѣ любодѣици • и о бесѣдѣ еѩ льстьнѣ** *Супр 350, 16-19 приписка* **2.** **льстьное** *с в знач. сущ.* δολιότης обман, хитрость, коварство lest, klam: **соуетьнаа и лестьнаа в'сь день поучахѫ сѧ** *Евх 76б 7-8* (**льстемъ... поучаахѫ сѩ** *Пс 37, 13 Син*).— *Евх 94 а 23.— Ср.* **льстивъ, лѫкавъ, лѫкавьнъ**

ЛЬСТЬЦЬ, **-а** *м* (15) ὁ πλάνος, λῃστής, κολακευτής обманщик lstivý člověk: **помѣнѫхомъ • ѣко льстьць онъ рече** *Мт 27, 63 Зогр Мар Ас; Супр 439, 30* ● *спец. о дьяволе*: **владꙑка • не порѫченꙑꙇ изиде • да льстьца оутаитъ сѧ** *Супр 246, 1-2.— Супр*

71, 18-19; 245, 23; 355, 4; 438, 27; 439, 19; 440, 15; 443, 9; 443, 10; 443, 20; 509, 27.— Ср. лѫкавъ, прѣльстьникъ

ЛЬЩАНИѤ, -ниꙗ с (1) χλωρότης блеск, блистание lesk: крилѣ голѫби посъребренѣ • і • і междюрамье его вь льщании златѣ Пс 67, 14 Син.— Ср. бльщаниѥ

ЛЬЩАТИ СѦ, льщѫ сѧ, льщиши сѧ несов. (2) στίλβειν блестеть, блистать lesknout se: бышѧ ризы его льштѧшта сѧ • бѣлы ѕѣло ѣко і снѣгъ Мк 9, 3 Зогр Мар.— Ср. бльщати сѧ

ЛЬЩЕНИѤ, -ниꙗ с (3) [лъ- Син (1)] δολιότης, κολακεία обман, хитрость lest, klamání: за льштенiѣ іхъ положилъ імъ еси зъла Пс 72, 18 Син.— Пс 49, 19 Син; Супр 49, 6.— Ср. льсть, лѫкавьствиѥ, лѫкавьство, прѣльщениѥ

лѣ Пс 89, 15 Син вм. лѣта

ЛѢВЪ, -ꙑи прил. (15) ἀριστερός левый levý: и лѣвѫѭ своѭ рѫкѫ възложи на огнь Супр 516, 13 ▭ лѣваꙗ ж в знач. сущ. ἡ ἀριστερά левая рука levice, levá ruka: ꙗви же сѧ дияволъ о деснѫѭ дрѫжѧ мечь • о лѣвѫѭ же змии Супр 76, 5 ◆ о лѣвѫѭ ἐξ ἀριστερῶν, ἐξ εὐωνύμων по левую сторону po levici, na levé straně: і поставитъ овьцѧ о деснѫѭ себе • а козьлишта о лѣвѫѭ себе Мт 25, 33 Зогр (о шюѭ Мар Ас, о шюѭѭ Сав).— Мт 27, 38 Сав; Мк 10, 37 Зогр Сав; Мк 10, 40 Зогр Сав; Мк 15, 27 Сав; Л 23, 33 Зогр Сав; Супр 141, 12; 162, 18; 516, 26; 521, 11.— Ср. шоуи

ЛѢГАЛЬНИЦА, -ѧ ж (1) греч. нет спальня ložnice: иждe же оубо ниединоже сѧ исповѣдаетъ благое въ разлѫчении жилиштъ братиѩ, рекъше лѣгальниць Зогр-лл 26 18

ЛѢГАТИ, лѣжѫ, лѣжеши несов. (2) (лѣгати съ συγκοιτάζεσθαι) лежать léhat, ležet: мол⟨итва⟩ лѣжѧщи на ложи Евх 37а 21; да... бѫдетъ... мѫжъствоу подвижьникъ • лѣжѧ и въстаѩ съ тобоѭ Евх 92б 19.— Ср. лежати

ЛѢНИВЪ, -ꙑи прил. (4) ὀκνηρός, ῥάθυμος ленивый, нерадивый lenivý, líný: зълꙑи рабе и лѣнивꙑи Мт 25, 26 Ас, лѣнивꙑ Сав (лѣнꙑ Зогр Мар); Супр 369, 26-27.— Супр 381, 28.— Ср. лѣнъ

ЛѢНИТИ СѦ, лѣнѭ сѧ, лѣниши сѧ несов. (6) 1. ῥαθυμεῖν, ὀλιγωρεῖν, ῥάθυμος (!) быть нерадивым, лениться být líný: сѫтъ оубо иже вьсе житиѥ своѥ лѣнѧтъ сѧ Супр 375, 8-9; ни о д⟨оу⟩ховьнѣи слоужьбѣ лѣнѣаше сѧ Супр 550, 14 2. ἀποκνεῖν медлить, колебаться být liknavý, otálet, váhat: аште и мнозѣмъ сѧ сълоучитъ лѣнити о томъ Супр 544, 19-20.— Супр 102, 23; 336, 6; 414, 30

ЛѢНОСТЬ, -и ж (10) 1. ῥαθυμία, ἀργία; (без лѣности ἀόκνως) леность, нерадивость lenost, lenivost: аще комоу оумьретъ дѣтищь некръщенъ • за лѣность Евх 104б 10; без' лѣности сь тихомъ лицемъ • ношааше водѫ отъ рѣкꙑ ефрата Супр 550, 7 2. ἀνωμαλία (!) медлительность, безучастность liknavost, netečnost: сьде же ничсоже таковааго • не (! вм. нъ) вьсѣми тажде лѣность отъвръжена ѥстъ Супр 491, 21.— Супр 249, 14; 275, 15; 410, 10; 414, 19; 513, 30-31; 522, 28; Рыл 5бβ 6.— Ср. мьдлость

ЛѢНЪ, -ꙑи прил. (2) ὀκνηρός ленивый lenivý: зълꙑ рабе лѣнꙑ Мт 25, 26 Зогр Мар (лѣнивꙑи Ас, лѣнивꙑ Сав).— Ср. лѣнивъ

лѣпо см. лѣпъ

ЛѢПОТА, -ꙑ ж (19) 1. εὐπρέπεια, κόσμος, ὡραιότης, τὸ εὔσχημον; (благаꙗ лѣпота εὐπρέπεια, въ свѧтительствѣ лѣпотѣ ἱεροπρεπής) красота, великолепие krása, půvab, nádhera: г⟨оспод⟩ь вьц⟨ѣса⟩ри сѧ въ лѣпотѫ сѧ облѣче Пс 92, 1 Син; Евх 97б 14; Ен 25а 11 2. съ лѣпотꙑ, въ лѣпотѫ, по лѣпотѣ ἀναγκαίως, καλῶς, εἰκότως, εὐλόγως прилично, уместно, надлежащим образом slušně, vhodně, náležitě: сь лѣпотꙑ тоже и павьлъ глаголааше Супр 412, 2; овъ множаи и овъ же хоуждеи приносъ показаста • да вь лѣпотѫ и на тризнахъ не тъчьно примета Супр 376, 10; никътоже бо естъ достоинъ по лѣпотѣ тѧ въсхвалити Служ 2а 8.— Ен Син Служ Евх Супр.— Ср. вельлѣпота, красота, лѣпъ (лѣпо), оукрашениѥ

ЛѢПОТЬНО нареч. (1) εἰκότως уместно vhodně: и ѕѣло лѣпотьнъ (! вм. -ьно) ничтоже бо отъ прѣтръгъшъ • нъ вьсе прѣобидѣвъше вѣчьноѥ съпасениѥ възѧша Супр 54, 22

ЛѢПЪ, -ꙑи прил., сравн. ст. лѣпѣи (48) [лѣп (!) Зогр-лл (1)] 1. εὔσπλαγχνος (!) великолепный, красивый velkolepý, krásný: по лѣпоуоумоу твоѥмоу милосрьдию Супр 528, 16; нѣстъ добротꙑ лѣпѣиша того • въ вьсѣхъ д⟨оу⟩ховьнꙑихъ ис'правьѥнꙑихъ Супр 545, 10 2. προσήκων, δέων, ἐνδεής, πρέπων приличный, уместный, надлежащий slušný, vhodný, náležitý: вь лѣпо врѣмѧ Супр 394, 23; ꙗже ѥдномоу богоу лѣпа Супр 330, 22 ▭ лѣпо (ѥстъ) δεῖ, πρέπει, χρή, χρεών, πρέπον ἐστίν, προσήκει, δίκαιόν ἐστιν, ἁρμόζει, ἀκόλουθόν ἐστιν, εὔκαιρον, εἰκός; (не лѣпо ѥстъ ἄτοπον) должно, уместно, надо, надлежит sluší se, patří se, je vhodné, je třeba, je záhodno: подвиѕати ѧ лѣпо естъ на исправление Зогр-лл 26 22; нѣстъ лѣпо да именоуетъ сѧ х⟨рьсто⟩въ рабъ Евх 104а 7; пиониꙗ же мѫченика • и паче поминати лѣпо Супр 124, 14.— Евх Клоц Супр

Зогр-лл.— Ср. достоитъ, лѣпотьно, лѣпѣ, подобаѥтъ, подобьно, потрѣба (потрѣба ѥстъ)

ЛѢПЬСТВОВАТИ, -ствоуѭ, -ствоуѥши *несов.* (1) διαπρέπειν выделяться, отличаться (*с наилучшей стороны*) skvít se, vynikat: въ мнозѣхъ старѣишиньствѣхъ градъскꙑ лѣпьствовавъшемъ *Супр 278, 22*

ЛѢПѢ *нареч.* (1) εὐφυῶς красиво, прекрасно krásně: и тꙑ бисръ адъскꙑ имиже сѧ красѧтъ • зълѣ оумножаѥши • а х⟨ристо⟩сови людиѥ тъ отъкриваѭ лѣпѣ *Супр 335, 17*

ЛѢСТВИЦА, -ѧ *ж* (2) κλῖμαξ лестница žebřík: лѣствицѫ намъ • вѣрѫ отъ земьѧ на небо поставивъ *Супр 353, 12-13.— Супр 63, 28*

ЛѢСЪ, -а *м* (2) ἄλσος, ἕλος лес les: ꙇз лѣса лѫжънааго *Евх 54б 9.— Супр 193, 14.— Ср.* дрѧзга, дѫбрава, лѫгъ

ЛѢТО, -а *с* (<300) [лѣ(т) *Ас Евх*; нова(л) *Ас* (1)] **1.** θέρος лето léto: лѣто ꙇ веснѫ тꙑ созъда *Пс 73, 17 Син* **2.** ἔτος, ἐνιαυτός, ἐνιαυσιαία περίοδος, χρόνος, καιρός; (дъвѣ лѣтѣ διετὴς χρόνος, διετές; три лѣта τριετὴς χρόνος; четꙑри лѣта τετραετὴς χρόνος; десѧть лѣтъ δεκαετὴς χρόνος; ѥдиноѭ лѣта ἅπαξ; на дроугоѥ лѣто τῷ ἐπιόντι καιρῷ; отъ мъногъ лѣтъ ἀπὸ τῆς τοῦ χρόνου παλαιότητος) год rok: бѣ бо тьсть каиафѣ • ꙇже бѣ архиереи лѣтоу томоу *И 18, 13 Зогр Ас*, томь лѣтѣ *Сав* (∅ *Мар*); тꙑсѧшти лѣтъ *Пс 89, 4 Син*; вь лѣтѣхъ ликиниꙗ ц⟨ѣса⟩ра *Супр 68, 24* □ (колика, коликоу) лѣтъ ѥстъ ἄγει χρόνον (τῆς ἡλικίας), ἐτῶν ἐστιν (сколько) лет ему je stár (kolik) let: бѣ бо лѣтома ї҃в҃ *Мк 5, 42 Зогр Мар*; и затвори ї въ хꙑзинѣ • пѧти десѧтъ ти пѧти лѣтъ сѫшта *Супр 293, 17*; лѣта обидѫща, лѣта ограждѫща, по вьсѧ лѣта, на вьсꙗ лѣта καθ' ἕκαστον ἐνιαυτόν, κατ' ἔτος, κατὰ καιρόν annuus ежегодно každoročně: вьсего лѣта обідѫцѣ *Киев 2б 9*; лѣта огрѧдѫцѣ *Киев 1б 2*; памѧть ѥго по вьсѧ лѣта творѧште *Супр 532, 13*; ново, новоѥ лѣто νέον ἔτος Новый год Nový rok: ново лѣто *Ен 35б 16*; лѣто приꙗто, приꙗтьно *спец.* ἐνιαυτὸς δεκτός юбилейный год, лето оставленья (*в иудейской традиции — год прощения*) milostivé léto, svatý rok: посъла мѧ... проповѣдѣти лѣто г⟨осподь⟩не приꙗто *Л 4, 19 Мар*, лѣто... приꙗтьно *Ас Сав* (∅ *Зогр*) **3.** χρόνος время čas, doba: съдѣтель... приставленью лѣтоу числъноумоу • живꙑмъ *Евх 64а 15* □ на лѣто τῷ χρόνῳ со временем časem: и просто решти на лѣто • сесь три смокви роди *Супр 300, 24.— Зогр Мар Ас Сав Унд Боян Ен Син Киев Евх Клоц Супр.— Ср.* врѣмѧ, годъ

ЛѢТОРАСЛЬ, -и *ж* (4) βλαστός, βλάστημα, κλάδος побег, отросток, ветвь letorost, výhonek, ratolest: ꙗже лѣторасль по малоу на высотѫ въсходѧшти донде до стропа *Супр 300, 22.— Супр 96, 16-17; 300, 20-21; 321, 15.— Ср.* вѣниѥ, вѣтвиѥ, вѣтвь, вѣꙗ, отърасль

лѣтъ *1 Кор 6, 12 Ен* (2) *см.* лѣть

ЛѢТЬ *ж* (6) [лѣтъ *Ен* (2)]; *только им. ед.* лѣть *и тв. ед.* лѣтиѭ: лѣть ѥстъ, лѣтиѭ ѥстъ ἔξεστιν позволено, можно je dovoleno, smí se; не лѣтиѭ нельзя není dovoleno: и како • не бо бѣаше лѣтиѭ пристѫпити *Супр 441, 14*; въсѣ ми лѣтъ сѫтъ (нѫ) не въсѣ на полъзѫ • въсе ми лѣтъ естъ • нѫ не азъ обладанъ бѫдѫ *1 Кор 6, 12 Ен*; не лѣть ти ѥстъ... безъ оудръжаниꙗ жити *Супр 496, 28.— Мт 20, 15 Мар Ас*

ЛѢТЬНЪ, -ꙑи *прил.* (1) τοῦ χρόνου временной časový, času *род.*: и се же послѣжде • азъ же на вьраждениѥ лѣтъноѥ въсхождѫ *Супр 281, 17-18*

ЛѢХА, -ꙑ *ж* (4): на лѣхꙑ на лѣхꙑ πρασιαὶ πρασιαί рядами po skupinách: ꙇ възлегоша на лѣхꙑ • на лѣхꙑ • по сътоу ꙇ пѧти десѧтъ *Мк 6, 40 Зогр Мар*

ЛѢЧЬБА, -ꙑ *ж* (2) ἴασις, ἴαμα лечение, исцеление léčení, léčba, uzdravování: ꙗкоже ѥмоу и даръ на бѣсꙑ полоучити • и многꙑ инꙑ лѣчьбꙑ... творити *Супр 514, 13.— Супр 521, 14.— Ср.* балованиѥ, ицѣлениѥ, цѣлꙑ, цѣльба

лѣѭ, лѣѥши *см.* лиꙗти

ЛЮБИВЪ, -ꙑи *прил.* (3) (любивъ чьстьмъ φιλότιμος; любивъ праздьникомъ φιλέορτος; любивъ пьрѣмъ бꙑти φιλοπραγμονεῖν) любящий *что-л.* milující, mající zálibu: ти любиви сѫтъ пьрѣмь *Супр 338, 2*; сице и свѧтꙑихъ еуаггелии чоудеса... праздьникомь • любивѫѭ црьк'ве христосовѫ веселѧтъ *Супр 318, 21.— Супр 427, 11*

любимъ, -ꙑи *прич.-прил. см.* любити

ЛЮБИТИ, люблѭ, любиши *несов.* (<300) [-бьѭ *Супр* (6), лю...ите *Сав* (1), лю..ьще *Рыл* (1)] **1.** ἀγαπᾶν, φιλεῖν, θέλειν, ἐπιποθεῖν, σέβεσθαι, τιμᾶν, ἡ ἀγάπη (!); (ꙃѣло любити φιλότιμος εἶναι; философиѭ любити φιλοσοφίαν ἀσκεῖν; любѧи жизнь ὁ φιλόζωος; любѧи истинѫ ὁ φιλαλήθης; любѧи мѫченикꙑ ὁ φιλόμαρτυς; чарꙑ любѧ ὁ φαρμακόφιλος; *вар.* τοῦ φαρμάκου φίλος) любить milovat, mít rád: л҃юбите врагꙑ вашѧ *Л 6, 27 Зогр Мар*; г⟨оспод⟩ꙇ б⟨о⟩же нашъ... заповѣдавꙑ намъ любити дроугъ дроуга *Евх 9б 23* ▭ любимъ, -ꙑи *в знач. прил.* ἀγαπητός, ποθούμενος, ἠγαπημένος; (богомь любимъ θεοφιλής) любимый milovaný, oblíbený: брат⟨и⟩ѥ любимаа *Рыл 2аβ 28* **2.** φιλεῖν, ἀγαπᾶν, ποθεῖν, ἐπιποθεῖν хотеть, любить (*делать что-л.*) přát si, chtít, rád (*něco dělat*): любиши ли съподобити сѧ а⟨н⟩ѣ⟨е⟩лъскоумоу образоу *Евх 86б 22* ▭ любѧ *в знач. прил.* ἀσπασίως с любовью, с радостью rád: їѡанъ же божъствъныи божъствъныѧ сласти въкоусивъ • млъчании ради сеѧ сѧ люба дръжааше *Супр 292, 12.— Зогр Мар Ас Сав Боян Ен Син Евх Клоц Супр Рыл.— Ср.* драгъ, любъ

ЛЮБЛЕНИКЪ, -а *м* (2) ἐραστής **1.** любовник milenec: насытиша ли сѧ любьеници твои доброты твоеѧ *Супр 5, 1* **2.** почитатель ctitel: любьеници же свѧтыихъ • възьмъше мошти ихъ положиша • на свѧтѣемь мѣстѣ *Супр 219, 15*

ЛЮБЛЕНИЕ, -иꙗ *с* (1) φιλοτιμία (!) любовь láska, laskavost: оубогыи же • ништетоѭ възбраненъ бываатъ тожде люб’ение авити *Супр 491, 19-20.— Ср.* любы

ЛЮБО[1] *союз и частица* (29) [лоубо *Супр* (1)] **I.** *союз* **1.** *разделительный* ἤ, κἄν, δὲ καί или nebo: ѥже азъ съвѣды съгрѣшихъ • любо не съвѣды *Евх 72а 13* ● любо ли или nebo: повелѣлъ же естъ жрьти крьстиꙗномъ • любо ли оумирати не жьрѫштемь *Супр 106, 22* ● любо... любо, любо... ли, любо... любо ли будь (то)... или, или... или at' (již)... nebo, bud'... nebo; любо въ вторѫѭ • любо въ третиѭ стражѫ придетъ *Л 12, 38 Зогр Мар Ас Сав*; любо єдиного възенавидiт (!) • а дроугаго възлюбитъ • ли єдиного дръжитъ сѧ *Л 16, 13 Ас* (ли бо... ли *Зогр Мар Сав*); да любо блаженије дѣтьско примете акы лѣпо • любо ли съ благочьстиимъ и дѣти намъ дадите *Супр 326, 3 и 4* **2.** любо и *уступительный* εἰ хотя, если бы и byt'i: аште ис пазоухы истрасеши любо и единъ съвалъмъ *Супр 264, 3*; ела бо ремьствомъ нѣкыимъ... любо и зъло хотѧшта сътворити • хвалѫ приносити славѧштаѧ • поштадитъ владыцѣ *Супр 337, 20* **II.** *частица*: *в сочетании с вопрос. мест. придает ему значение неопределенности* δήποτε -либо -koliv: въ неже мѣсто аште въпадетъ какъ любо скотъ *Супр 193, 16*; аште и к'то... отъ коего любо сѣмене кыѭ любо винѫ да оукрадетъ *Супр 42, 19*; речетъ кто любо тънъчае вида • абье томоу извѣштаноу быти *Супр 546, 4.— Зогр Мар Ас Сав Евх Супр*

любо[2] *Евх 72б 14 см.* любъ

ЛЮБОВЫЧѦ, -ѧи *прич.-прил.* (1) φιλομαθής любознательный zvídavý: принеси си рѫкѫ многопрьвѫѭ и любовычѧштѫ и вьложи вь ребро мое *Супр 503, 25-26*

любовьнъ *Клоц 9б 12; Супр 166, 21 см.* любъвьнъ

ЛЮБОДѢИ *прил.* (3) μοιχαλίς прелюбодейный cizoložný: родъ лѫкавъ • і любодѣи • знамениꙗ іштетъ *Мт 12, 39 Зогр Мар* ▭ любодѣи *в знач. сущ.* (πόρνος) блудник smilník: не любодѣі бо ні клеветьниці • ні обідьливи ц⟨ѣ⟩с⟨а⟩р⟨ь⟩ствiе б⟨о⟩жiе наслѣдъствоуѭтъ *Клоц 2а 36* (*ср. Еф 5, 5*).— *Ср.* блѫдьникъ, любодѣинъ, любодѣиць, любодѣꙗньнъ, прѣлюбодѣинъ

ЛЮБОДѢИНЪ, -ыи *прил.* (2) τῆς πορνείας прелюбодеяния *род.* cizoložství *род*: ѣко вьсѣкъ поуштаѩи женѫ своѭ • развѣ словесе любодѣінаого • творитъ ѭ прѣлюбы дѣати *Мт 5, 32 Зогр Мар* (любодѣан'наго *Клоц 2б 10*).— *Ср.* любодѣꙗньнъ, прѣлюбодѣинъ

ЛЮБОДѢИСТВО, -а *с* (2) μοιχεία прелюбодеяние, любодеяние cizoložství: како даоуидъ въ оубиство и любодѣиство въпадъ *Супр 359, 17.— Супр 526, 21.— Ср.* любодѣꙗние, прѣлюбодѣиство, прѣлюбодѣꙗние

ЛЮБОДѢИЦА, -ѧ *ж* (11) [любодѣиц... *Ен* (1), любодѣи... *Ен* (1)] πόρνη блудница smilná žena, nevěstka: тѣмъ оубо оуды х⟨ристо⟩вы • сътворѫ оуды любодѣиц(и •) да не бѫдетъ • ли не вѣсте ѣко прилѣплѣѩи сѧ любодѣи(ци) • єдино тѣло естъ *1 Кор 6, 15 и 16 Ен.— Мт 21, 31 Мар; Мт 21, 32 Мар; Л 15, 30 Зогр Мар Ас Сав; Евх 37а 12-13; Супр 474, 2; приписка к Супр 350, 17-18.— Ср.* блѫдьница

ЛЮБОДѢИЦЬ, -а *м* (1) μοιχός прелюбодей, блудник cizoložník: мьлчи оубо госпожде • потрьпи имѧ а не дѣло имѣти любодѣица *Супр 366, 30.— Ср.* прѣлюбодѣи

ЛЮБОДѢꙖНИЕ, -иꙗ *с* (11) [-дѣа- *Зогр* (2) *Мар* (3) *Ас* (1) *Евх* (1) *Клоц* (1)] πορνεία, κοίτη прелюбодеяние smilstvo: отъ в'сѣхъ оубо храни сѧ • ѡтъ нихъже въходитъ грѣховънаа съмрътъ • любодѣание • имьже с⟨вѧ⟩тыни тѣлесънаа с'квърнитъ сѧ *Евх 89а 9*; мы отъ любодѣаниѣ нѣсмъ рождени • мы єдиного о⟨ть⟩ца імамъ б⟨ог⟩а *И 8, 41 Зогр Мар Ас.— Мт 15, 19 Мар; Мк 7, 21 Зогр Мар; Рим 13, 13 Ен; 1 Кор 6, 13 Ен; 1 Кор 6, 18 Ен*; (*Еф 5, 3*) *Клоц 2а 32.— Ср.* блѫдъ, блѫждение

ЛЮБОДѢꙖНЬНЪ, -ыи *прил.* (1) τῆς πορνείας прелюбодеяния *род.* cizoložství *род.*: вьсѣкъ поуштаѩі женѫ своѭ развѣ словесе любодѣан'наго • творитъ ѭ прѣлюбъ творіті *Клоц 2б 10* (любодѣінаого *Мт 5, 32 Зогр Мар*).— *Ср.* любодѣинъ, прѣлюбодѣинъ

ЛЮБОИМѢНЬНЪ, -ыи *прил.* (1) φιλάργυρος корыстолюбивый, алчный ziskuchtivý, hrabivý: не бѫдѣте несыти нъ (*вм.* ни) любоимѣньни *Супр 53, 16.— Ср.* сьребролюбьць

ЛЮБОНИЩЬ, -ии *прил.* (1) φιλόπτωχος любящий бедных milující chudé: любоништии же и по истинѣ рабъ христосовъ • призъвавъ слоугѫ своѥго глагола ѥмоу *Супр 120, 2-3.— Ср.* ницелюбьць

ЛЮБОПЛАКАТИ, -плачѫ, -плачеши *несов.* (1) τὸ φιλοπενθές (!) любить плакать rád plakat, rád naříkat: а иже любоплакати • то акы слабо и не мѫжьствьно исправьıаѫ *Супр 316, 12*

ЛЮБОПЬРИВЪ, -ын *прил.* (1) φιλόνεικος сварливый milující spor, svárlivý: нъ обаче зълъ любопьрива бываѥтъ и бе стоуда *Супр 443, 16.— Ср.* распьрьнъ

ЛЮБОСЛЫШАНИѤ, -ига *с* (1) φιληκοΐα внимательное слушание, внимание ochotné, bedlivé poslouchání, pozornost: въ истинѫ тѫжѫ оужастиѭ сы одръжим' • како насыштѫ жаждѫ вашего любослышанига *Супр 424, 17-18*

ЛЮБОСТРАНЬНИѤ, -ига *с* (1) φιλοξενία гостеприимство pohostinnost: любостраньниѥ творѧ *Супр 207, 18.— Ср.* страньнолюбиѥ

ЛЮБОСТРАНЬНЪ, -ын *прил.* (1) φιλόξεινος гостеприимный pohostinný: изъхвати же изъ огн҃ѣ палѧшта любостраньнааго лота *Супр 232, 18.— Ср.* страньноприимьць

ЛЮБЪ *прил., сравн. ст.* любѣи (5) φίλος, προσφιλής, ποθούμενος, ποθεινός приятный milý: ѣкоже ты хощеши • ѣкоже ти любо *Евх 72б 14*; нѣстъ бо нич'тоже тако б⟨ог⟩оу любо • гакоже иже обьшта'го ради оуспѣха жити *Супр 379, 2*; что бо оустъ любѣи не вѣдѫштъ хоулити *Супр 380, 21.— Супр 48, 15; 56, 4.— Ср.* драгъ, любимъ, любьзнъ, любьнъ

любъвъ *1 И 4, 18 Ен см.* любы

ЛЮБЪВЬНЪ, ЛЮБОВЬНЪ, -ын *прил.* (5) [любъ- *Зогр-лл* (1), любь- *Супр* (2), любо- *Клоц* (1) *Супр* (1)] **1.** τῆς ἀγάπης любовный, любви *род.* lásky *род.*: да бѫдемъ въ ıстинѫ тѣло ѥдıно • не тѣлеса къ себѣ съмѣшаѭште • нъ д⟨оу⟩шѫ къ себѣ • съвѫзомь любовьнымь совъкоуплѣѭште *Клоц 9б 12*; къ любьвъноуоумоу сьвѫзоу *Супр 424, 1-2* **2.** *греч. нет* любящий milující: и акы отьць любовьныи приѥмлетъ чѧдо своѥ *Супр 166, 21.— Супр 524, 9; Зогр-лл 1а 6*

ЛЮБЫ, любъве *ж, им. также* любъвъ *Ен* (1), любьве (!) *Сав* (1), *вин.* любь (!) *Евх* (1) (>100) [любъ.. *Ен* (1), ..бъве *Ен* (1)] **1.** ἀγάπη, τὸ ἀγαπᾶν, στοργή, πόθος, εὔνοια, προσπάθεια, συμπάθεια, ἔρως, φιλία, φιλοστοργία, διάθεσις, πίστις (!); (съ любъвиѭ φιλοπόνως, φιλούσας) любовь láska: б⟨ог⟩ъ любы ѥстъ • ижъ прѣбываѥтъ въ любъви • въ б⟨о⟩зѣ прѣбываѥтъ *1 И 4, 16 Ен*; прѣзоръство • дрьзновение • любы чѧстьнаа • распьрѣние *Евх 91б 17* ● *перен.*: мала ноужда дьнесь къ вашеи любьви сьвѣштати *Супр 405, 7* **2.** φιλία, πόθος страсть, влечение touha, žádost: а любы не вѣстъ жьдати врѣмене зовѫшта *Супр 332, 21*; виждъ кѧ несытѫѭ любьве *Супр 395, 10* ● *перен.*: любы створишѧ въ начинаніхъ своіхъ *Пс 105, 39 Син* □ любы дѣгати, творити, сътворити πορνεύειν, μοιχεύειν, ἐπὶ πορνείᾳ, *вар.* παρεκτὸς λόγου πορνείας (!) блудить, прелюбодействовать smilnit, cizoložit, zcizoložit: а творѧи любы въ свое тѣло съгрѣшаѥтъ *1 Кор 6, 18 Ен*; иже аще поуститъ женѫ своѭ • не любы дѣгавъшѧ • и творитъ ѭ любы створьшѫ • прѣлюбы дѣетъ *Мт 19, 9 Сав* (развѣ словесе прѣлюбодѣина • творитъ ѭ прѣлюбы творити *Мар Ас*); потрѣбилъ ѥсı вьсего любы дѣѭшта (! *вм.* дѣѭшта) отъ тебе *Пс 72, 27 Син* □ на любъвь прити εἰς πλείονα πόθον ἔρχεσθαι захотеть zatoužit: то слышавши василина на множаншѫ любьвь приде • гакоже видѣти своима очима старца *Супр 299, 9.— Зогр Мар Ас Сав Зогр-пал Ен Син Киев Евх Клоц Супр Рыл.— Ср.* люблениѥ; любы дѣгати *ср.* блѫдити, прѣлюбодѣгати

любь *Евх 9б 8 вм.* любы

любьве *И 17, 26 Сав вм.* любы

любьвьнъ *Супр 424, 1-2; Супр 524, 9 см.* любъвьнъ

ЛЮБЬЗНО *нареч.* (2) *греч. нет* с любовью a láskou: ı любьзно бл⟨а⟩г⟨осло⟩ви и *Евх 17б 21-22.— Супр 547, 26.— Ср.* любьзнѣ

ЛЮБЬЗНЪ, -ын *прил.* (1): любьзноѥ даганиѥ φιλοτιμία благотворительность, щедрость dobročinnost, štědrost: и достоинъ даѭштаагo любьзнааго даанья *Супр 493, 21.— Ср.* вельдарованиѥ

ЛЮБЬЗНѢ *нареч.* (2) ἐρωτικῶς с любовью s láskou: пришьдъ любьзнѣ *Супр 543, 14.— Супр 405, 11.— Ср.* любьзно

ЛЮБЬНЪ, -ын *прил.* (1) ἠγαπημένος любимый oblíbený: да поидемъ къ любьноуоумоу пѫти нашемоу *Супр 63, 3.— Ср.* драгъ, любити (любимъ), любьзнъ

любьѭ, любьѥникъ, люб'ѥниѥ *см.* любити, любленикъ, люблениѥ

ЛЮДИИСКЪ, -ын *прил. к названию страны Лидия* (1) τῆς Λυδίας лидийский lydský: вы видѣсте и повѣдаѥте • людиискѫ землѭ и декаполитъскѫ • изгорѣвъшѫ огнемъ *Супр 129, 3*

ЛЮДИНЪ, -а *м* (1): простъ людинъ *греч. нет* мирянин laik: аще которъ простъ людинъ • вражъдѫ имы • оударитъ ч⟨лове⟩ка • и окръвавитъ и • ı҃ день да покаѥт' с⟨ѧ⟩ *Евх 103а 24.— Ср.* людиѥ, простъ

ЛЮДИѤ, -ии *м мн.* (>400) [лю(д) *Евх* (19) *Ас* (1), лѭдьми *Мар* (1), лидии *Мар* (1), лю.. *Охр* (1) *Евх* (1)] λαός, λαοί, ὄχλος, ἔθνος, οἱ οἰκήτορες, αὐτοί (!), οἱ (!); (богати людие οἱ πλούσιοι τοῦ λαοῦ) populus люди, народ lid, lidé: ста на мѣстѣ равьнѣ • і народъ оученикъ его • і множьство много ҇людиі Л 6, 17 Зогр Мар Сав, людеи Ас (2); тѣмже і҆с⟨оус⟩ъ да ос⟨вѧ⟩титъ люди своеѩ кръвїѫ • вънѣ вратъ прїѧтъ мѫкѫ Евр 13, 12 Ен ● спец. λαός миряне lid, laikové: поп⟨ъ⟩ мир⟨ъ⟩ всѣм⟨ъ⟩ люд⟨ие⟩ и д⟨оу⟩хов⟨и⟩ твоем⟨оу⟩ Евх 6а 8; възвративъ же сѧ пакы въскорѣ • съ в'сѣмъ клиросомъ и людьми прѣподобьнꙑи б⟨о⟩жиї с⟨вѧ⟩титеꙇь Супр 530, 16.— Зогр Мар Ас Сав Охр Боян Ен Син Киев Евх Клоц Супр.— Ср. народъ, чѧдь, ꙗзыкъ

ЛЮДЬСКЪ, -ꙑи прил. к людие (34) [лю(д)с- Боян (2)] **1.** τοῦ λαοῦ, τῶν λαῶν, τῶν Ἰουδαίων (!) народный, людской lidu, z lidu, lidský: се і҆юда единъ • отъ обою на десѧте приде • і съ ҇нимь народъ многъ • съ орѫжиі • і др'кол'ми • отъ ар'хиереи • і старць ҇людьскꙑхъ Мт 26, 47 Зогр Мар Сав Боян, людьскъниxъ Ас **2.** κοσμικός земной pozemský: имѣаше пръвае скиниі • оправдание слѫжъбѣ • с⟨вѧ⟩тое же людъское Евр 9, 1 Ен.— Зогр Мар Ас Сав Боян Зогр-пал Ен Син Евх.— Ср. мирьскъ

л ю с а н и и м имя Л 3, 1 Ас см. лусании

ЛЮТО, лютесе с (1) πανοῦργον зло, мерзость špatnost: бѫдѣмь дѣти бе зълоби • ничсоже зъла ни лютесе на доуши пишѫште Супр 341, 1.— Ср. зълъ (зъло)

ЛЮТОВѢТРЬНЪ, -ꙑи прил. (1) δυσήνεμος очень ветреный, бурный větrný, bouřlivý: ноштъ лютовѣтрьнѫ • земьѩ зимнѫ • и часъ врѣмени • обнаженіе тѣлесъ Супр 96, 25

ЛЮТОСТЬ, -и ж (3) [҇лоу- Супр (1)] πικρότης, δεινόν суровость, жестокость drsnost, krutost: облегъчи тѧгости наша • и лютости въздоуха г⟨оспод⟩и Супр 77; 25.— Супр 89, 6; 212, 14.— Ср. жестость

ЛЮТЪ, -ꙑи прил., сравн. ст. лющии и лютѣи (60) [..ютъ Рыл (1)] **1.** πονηρός, χαλεπός, δεινός, δεινότατος, πάνδεινος, δριμύς, ἀπηνής, πικρός, βίαιος, ὁ παρὰ φύσιν, μείζων, σφοδρότατος; (лютъ ѕѣло δεινότατος; напраснъ и лютъ δριμύς) жестокий, лютый; страшный krutý, lítý; hrozný: сърѣтосте и дъва бѣсъна • отъ гребиштъ і҆хъ • і҆сходѧшта ҇люта ѕѣло Мт 8, 28 Зогр Ас (лютѣ Мар Сав); поиметъ съ собоѭ • ҂ꙁ • інѣхъ д⟨оу⟩хъ ҇люштьшь себе Мт 12, 45 Зогр Мар; люта естъ зима нъ сладъка порода Супр 91, 3; лютами мѫками погоубьѭ тѧ Супр 156, 6; люта бо и нечловѣчьска сѫшта • на божиѩ рабꙑ быста лютѣиша Супр 210, 14-15 ▭ л ю т а ꙗ с мн. в знач. сущ. τὰ δεινά муки, мучение muka, mučení: ини же близъ бывъше лютꙑихъ прѣнемогоша Супр 85, 21 **2.** ἰσχυρός, βίαιος сильный silný: видѧ же вѣтръ лютъ оубоꙗ сѧ Мт 14, 30 Сав (крѣпокъ Ас, вѣтрꙑ крѣпъкꙑ Зогр Мар).— Зогр Мар Ас Сав Ен Син Супр Рыл.— Ср. жестокъ, крѣпъкъ

ЛЮТЬЦЬ, -а м (1) ὁ δεινός жестокий человек krutý člověk: како скврьнатъ въздоуха лютьци • своими скврънавꙑими дѣлꙑ Супр 57, 13

ЛЮТѢ нареч. (15): л ю т ѣ, л ю т ѣ ꙗ к о δεινῶς **1.** χαλεπός (!); (ѕѣло лютѣ δεινοτάτως, ἐλεεινῶς) жестоко, люто, страшно krutě, lítě; hrozně: лютѣ же емоу страждѫштоу и не могѫштоу тръпѣти болѣзни Супр 222, 10 **2.** сильно silně: начѧшѧ кънижьници і фарисѣи • і ҇лютѣ ѣко гнѣвати сѧ Л 11, 53 Зогр Мар.— Мт 8, 6 Зогр Мар Ас Сав; Мт 8, 28 Мар Сав; Евх 104а 13; Супр 171, 16; 340, 1; 467, 11-12; 519, 29; Рыл 5ба 11.— Ср. люто

л ю ч е нареч. Евр 1, 4 Ен вм. лоучии

л ю ч ъ н Евр 6, 9 Ен см. лоучии

ЛѪДВИИНЪ, -ꙑи прил. (1) [лѩ- Син (1)] греч. нет почечный ledvinný: истесѣ лѩдвеинѣи (! вм. лѩдвеинѣ) глосса к Пс 15, 7 Син

ЛѪДВИѨ, -ии ж мн. (2) [лѩ- Син (1)] αἱ ψύαι или ψόαι почки ledviny, ledví, перен. внутренности nitro: ѣко лѩдвиѩ моѩ наплънишѩ сѩ поругании Пс 37, 8 Син; Евх 76а 16-17.— Ср. исто

ЛѪЖАІА, -ѩ ж (1) ὄρνις наседка kvočna: иер⟨оу⟩с⟨а⟩л⟨и⟩мъ... коль кратꙑ въсхотѣхъ събърати чѧда твоѣ • ѣкоже събираетъ лѫжаѣ • птенцѧ своѩ подъ крилѣ Мт 23, 37 Ас (кокошь Мар, Ø Зогр).— Ср. кокошь

ЛѪЦАТИ, лѧчѫ, лѧчеши несов. (1) ἁλίσκειν расставлять ловушки klást léčky, líčit: да ꙗкоже овьцѧ травѧштинима (! вм. травѧштнимъ) вълкомь • ов'цеѭ лѧчѫтъ ловьци Супр 328, 24

л ѫ в ꙑ (!) Пс 5, 5 Син вм. лѫкавъ

ЛѪГЪ, -а м (1) δρυμός роща, лес háj, les: ѡзоба і вепрь отъ лѫга Пс 79, 14 Син.— Ср. дразга, дѫбрава, лѣсъ

ЛѪЖЬНЪ, -ꙑи прил. (2) τοῦ δρυμοῦ, τοῦ δρυμῶνος лесной, дубравный hajní, lesní, lužní: въ неже прѣідѫтъ вьсі звѣрье лѫжьниі Пс 103, 20 Син.— Евх 54б 9

ЛѪКА, -ꙑ ж (5) δόλος; (лѫка на оубиение δολοφονία; лѫкꙑ творити περιπλανᾶν) хитрость, козни, коварство lest, úklady: лѫками анѳупатъ посъла да ведени бѫдете въ ефесъ Супр 137, 5; не твори лѫкъ послоушникомъ Супр 433, 4 ◆ н а л ѫ к а х ъ греч. нет коварно, вероломно lstivě, věrolomně: на негожӗ приде оученикъ свои • ıюда скариотъскы • и лобъзавъ на лжкахъ *Евх 47б 23*; п с а л ж к ы ἀπεριέργως бесхитростно bezelstně: без лжкы и бе-зълобы • вѣровати же ѥмоу *Супр 28, 16-17; — Супр 387, 17.— Ср.* коварьство, къзнь, лоукъ, льсть, лжкавьство

лжкааго *Супр 565, 15 см.* лжкавъ

лжкавествıѣ *Мт 22, 18 Ас см.* лжкавьствиѥ

лжкавои *Пс 14, 4 Син см.* лжкавъ

ЛЖКАВЪ, -ыи *прил.* (44) [-вои *Син* (1), лжвъı (!) *Син* (1), лжкааго (!) *Супр* (1)] πονηρός, τῆς πονηρίας, σκαμβός, λῆρος, μιαρός очень плохой, коварный, лукавый zlý, špatný, ničemný, lstivý: како можете добро г⟨лаго⟩лати • лжкави сжще *Мт 12, 34 Сав* (зъли *Зогр Мар Ас*); и лжкавъı чл⟨овѣ⟩къ • отъ лжкава съкжда износитъ лжкаваıа *Мт 12, 35 Сав* (зълъı... зълааго... зълаѣ *Зогр Мар*, зълъии... лааго (!)... зълаа *Ас*) ▭ лжкавъıи *м в знач. сущ.* πονηρότατος, πονηρευόμενος подлец, негодяй, мерзавец ničema, podlý člověk: оуничъженъ естъ прѣдъ нимъ лжкавои *Пс 14, 4 Син*; ıакоже инъгда дьвѣма кыима лжкавома • отъ савръı въ горахъ живжште *Супр 40, 11* ▭ лжкавъıи *м в знач. сущ.* ὁ πονηρός лукавый, дьявол ďábel: нъ избави нъı wт⟨ъ⟩ лжкаваго *Мт 6, 13 Ас Боян* (отъ неприѣзни *Зогр Мар Сав*).— *Зогр Мар Ас Сав Боян Ен Син Евх Супр.— Ср.* диıаволъ, зълъ, льстивъ, лютъ, лжкавьнъ, неприıазнь, сотона

ЛЖКАВЬНО *нареч.* (1) κακούργως коварно, лукаво zlomyslně, úskočně: и то зълодѣими • лжкав'но примъıшлено бъıстъ • такого мѣста изъобрѣсти *Супр 92, 23*

ЛЖКАВЬНОВАТИ, -ноужѫ, -ноуѥши *несов.* (7) πονηρεύεσθαι (ἔν τινι), καταπανουργεύεσθαι ἐπί τινα τι причинять зло, строить козни dělat zlo, činit úklady: о пророцѣхъ моихъ не лжкавьноуıте *Пс 104, 15 Син*; на люди твоıа лжкавьноваша волеѭ *Пс 82, 4 Син.— Пс 36, 1 Син; 36, 8 Син; 36, 9 Син; 73, 3 Син; 91, 12 Син.— Ср.* льстити

ЛЖКАВЬНЪ, -ыи *прил.* (12) πονηρός, πονηρευόμενος очень плохой, коварный, лукавый zlý, špatný, ničemný, lstivý: оутвръдиша себѣ слово лжкавьно *Пс 63, 6 Син* ▭ лжкавьнъıи *м в знач. сущ.* ὁ πονηρός лукавый, дьявол ďábel: ıако бо из дѣвица изити ц⟨ѣса⟩рю • вѣдѣаше лжкавьнъıи *Супр 245, 25.— Мт 7, 11 Зогр Мар; Мт 12, 45 Зогр; Мк 7, 22 Мар; Л 11, 29 Мар; Пс 25, 5 Син; Евх 78а 22; Клоц 8а 8-9; Супр 479, 21; 517, 15.— Ср.* лжкавъ, льстьнъ

ЛЖКАВЬСТВИѤ, -ıа *с* (3) [-вьствиѥ *Супр* (2), -вествıѥ *Ас* (1)] πονηρία, *вар.* πανουργία; (лжкавьствиѥ оубиѥнию δολοφονία) зло, коварство zloba, zlo, lest: разоумѣвъ же и⟨соу⟩съ лжкавествıѣ ихъ рече • чьто мѧ искоушаете ıпокрıтı *Мт 22, 18 Ас* (лжкавъство *Мар Сав*, ∅ *Зогр*).— *Супр 389, 10; 486, 6.— Ср.* зълоба, коварьство, къзнь, льсть, льщениѥ, лжка, лжкавьство

ЛЖКАВЬСТВО, -а *с* (8) πονηρία, πανουργία pravitas зло, коварство zloba, zlo, lest: (тъ)и г⟨оспод⟩ı отъмı нъı отъ лжкавь(ст)ва нашего *Киев 5б 21-22.— Мт 22, 18 Мар Сав; Мк 7, 22 Зогр Мар; Евх 23а 12; 103а 21-22; Супр 497, 11.— Ср.* зълоба, коварьство, къзнь, льсть, льщениѥ, лжка, лжкавьствиѥ

ЛЖКЪ, -а *м* (16) [локъ (!) *Син* (2)] τόξον, τοξότης (!) лук (*оружие*) luk: ѣко се грѣшъниці налѧшѧ лжкъ • оуготоваша стрѣлъı въ тоулѣ *Пс 10, 2 Син.— Син Супр*

ЛЖЦА, -ѧ *ж* (4) λόγχη копье kopí: копиı̈ же... ѥдинъ оставъ на мѣстѣ • тоу лжштж своѭ потъкъ и ножь свои повръгъ сѣде *Супр 38, 3.— Супр 354, 1; 437, 25; 438, 17.— Ср.* копиѥ

ЛЖЧИТИ, -чж, -чиши *несов.* (2) χωρίζειν разлучать odlučovat: не раздѣлѭ тебе (*т. е.* христа) не раздѣленааго • не лжчж тебе не лжченааго *Супр 505, 17.— Ср.* отължчати, разлжчати

лѧгжтъ *Пс 103, 22 Син см.* лещи

лѧдвеıнѣи *Пс 15, 7 Син см.* лѧдвиинъ

лѧдвıѧ *Пс 37, 8 Син см.* лѧдвиѩ

лѧдьми *Л 20, 26 Мар см.* людиѥ

лѵвра (въ лѵврѣ) *Супр 292, 8 см.* роува

л҃ѵнıю *Л 3, 1 Зогр см.* лѵсании

ЛѴСАНИИ, -иıа *и* -иѩ *м имя* (5) Λυσανίας Лисаний Lysaniáš: ı лѵсанию четврътовластъствоуѭштоу • авилиниеѭ *Л 3, 1 Мар*, люсанию *Ас*, лоусанию *Боян*, л҃ѵнію *Зогр*, лоусаниеѭ *Сав*

ЛѴСИМАХЪ, -а *м имя* (1) Λυσίμαχος Лисимах Lysimachus: еѵтѵхии • лѵсимахъ • домнъ *Супр 69, 8-9*

М

м҃ *цифра глаг. и кир.* (68) **1.** *глаг.* ξ', ἑξήκοντα 60: дроугоѥ (*т. е.* сѣмѧ) паде на земи добрѣ • ı даѣше плодъ... ı приплоди ово три десѧте • ово м҃ • ово съто *Мк 4, 8 Мар* **2.** *кир.* μ', τεσσαράκοντα 40: д҃нъ м҃ и ноци м҃ *Мт 4, 2 Сав* (к҃ • *Зогр Ас*; ∅ *Мар*).— *Зогр Мар Ас Сав Ен Син Супр Хил.— Ср.* десѧть (шесть десѧтъ, четꙑре десѧте)

МААРНИСИИ, -иıа *м имя* (2) [мар- *Супр* (1)] Μααρνησί Маарисий Maarnesis: прѣдьсѣдъше же • масраѳ • и сироѳ • и марнисии •

трии старѣишинъі вльшъскъі *Супр 258, 21.— Супр 256, 27*

МААТОВЪ *прил. к мужскому имени Мааф* (2) τοῦ Μαάθ Маафов Maatův: с⟨ы⟩нъ сы... маатовъ *Л 3, 26 Зогр Мар*

МАГДАЛАНЬСКЪ, -ыи *прил. к* могъдаламъ (3) [магдалинъ- *Ас* (1)] τῆς Μαγδαλάν магдалинский, магдальский magdalský: приде въ прѣдѣлы • магдаланьскъі *Мт 15, 39 Зогр Мар*, магдалинъскы *Ас* (вь прѣдѣлы могъдаламъ *Сав*).— *Ср.* могъдаламъ

магдалъіни *см.* магъдалъіни

МАГИСТРИАНЪ, -а *м* (2) μαγιστριανός представитель власти, чиновник představitel moci, úředník, magistrián: рече воєвода магистриганоу и воиномъ *Супр 17, 15.— Супр 20, 1*

МАГНЪ, -а *м имя* (6) Μάγνος Магн Magnus: воєвода же магнъ нич'соже ради пот'шта сѧ на сиѥ старѣишинъство прити *Супр 47, 14.— Супр 45, 16; 46, 17; 47, 4-5; 49, 11-12; 49, 21*

МАГЪДАЛЪІНИ, -ныѧ *ж имя* (44) [магдал- *Зогр* (8) *Мар* (11) *Ас* (13) *Сав* (3) *Боян* (1) *Клоц* (1) *Супр* (2), маг'дал- *Ас* (1)] Μαγδαληνή Магдалина, Магдальская Magdaléna, magdalská: бѣ же тоу мариѣ магъдалъіни • ı дроугаѣ мариѣ сѣдѧшти прѣмо гробоу *Мт 27, 61 Зогр Мар Ас.— Зогр Мар Ас Сав Боян Клоц Супр*

МАДИГАМЪ, -а *м имя* (1) Μαδιάμ Мадиам Madian: сътвори имъ ѣко ı мадиѣмоу ı сисарѣ *Пс 82, 10 Син*

МАЗАТИ, мажѫ, мажеши *несов.* (11) ἀλείφειν, ὑπαλείφειν, λιπαίνειν мазать mazat: мазаахѫ олѣомь • многы недѫжьныѩ *Мк 6, 13 Зогр Мар*; что мажеши масломъ главѫ моѭ *Супр 510, 8.— Л 7, 38 Зогр Мар Ас; Супр 391, 14; 516, 14; 516, 19; 562, 30; 567, 12*

маи *Ас см.* маии

МАИИ, маига *м* (11) [маи *Ас* (7)] μάϊος май květen: мѣ⟨сѧ⟩ца маѣ ӣв • с⟨вѧ⟩та⟨а⟩г⟨о⟩ сүмеона бъівъшаго на дивнѣи горѣ *Ас 146б 8.— Ас 146а 5; 146а 6; 146а 26; 146а 28; 146б 4; 146б 5; 146б 6; 146б 7; Сав 151б 3; Супр 201, 22*

МАИЛИТЪ, -а *м* (2) [малетъ *Син* (1)] μαελέθ *еврейское слово, обозначающее, по всей вероятности, глас пения hebrejské slovo pravděpodobně vyjadřující tonus kantika*: въ конецъ о [о] малетѣ разоумъ да⟨вы⟩довъ *Пс 52, 1 Син.— Пс 87, 1 Син*

МАИНАНОВЪ *прил. к мужскому имени Маинан* (2) τοῦ Μεννά Маинанов Mennův: с⟨ы⟩нъ сы ѣко... маинановъ *Л 3, 31 Зогр Мар*

МАИЮМА, -ы *м имя* (1) Μαιουμᾶς Маиюма Maiumas: обрѣте прѣподобьна нѣкого въ манастъıри живѫшта • иже и памѧти благы достоинъ ѥстъ • канюна (!) именемь *Супр 547, 15*

МАКАВЕИ, -ега *м* (1) Μακκαβαῖος Маккавей Makabejec: мѣ⟨сѧ⟩ца авгос⟨та⟩ а̃ с⟨вѧ⟩тъıих макавеи *Ас 151а 10*

МАКЕДОНИГА, -ныѧ *м имя* (2) [македоньскъ! *Супр* (1)] Μακεδονία Македония Macedonia: ѧти бъıшѧ пионии презвүтеръ • и савини исповѣдьница • и асклипиадъ и македони (!) • и лимонъ презвүтеръ *Супр 124, 26-27*; вьлѣзъше же обрѣтошѧ затворена презвүтера... именемъ лимна • и женѫ македоньскѫ (! *вм.* македониѭ) *Супр 133, 26*

МАКЕДОНЬ *прил. к мужскому имени Македоний* (1) τοῦ Μακεδονίου Македониев Makedoniův, makedoniovský: събрашѧ же сѧ... отъ ариевъ же и македонѧ странъі *Супр 201, 16*

македоньскъ *Супр 133, 26 см.* македонига

максиминъ *Ас 127а 27 см.* маѯимиганъ

максимиѣнъ *Унд 2а 9 см.* маѯимиганъ

МАЛА *нареч.* (4): мала не παρὰ μικρόν, παρ' ὀλίγον, παρὰ βραχύ, μικροῦ δεῖν едва не málem, bezmála, téměř: поврѣзъ же и за въıѭ дастъ воиномъ вести • ıакоже мала ѥго не оудавити *Супр 137, 12.— Пс 72, 2 Син* (2); *Пс 118, 87 Син*

МАЛАХЕИ, -ега *м имя* (1) *греч. нет* Малахия Malachiáš: фропітоү (!) же малахеоү съзвѣстоүѭштю б⟨ого⟩ви • ı г⟨лаго⟩лѭштю *Клоц 26 14*

МАЛЕЛЕИЛЮВЪ *прил. к мужскому имени Малелеил* (2) τοῦ Μαλελεήλ Малелеилов Malaleelův: с⟨ы⟩нъ сы... малелеилевъ *Л 3, 37 Зогр Мар*

малетъ *Пс 52, 1 Син см.* маилитъ

МАЛО *нареч.* (85) **1.** *при обозначении меры* μικρόν, ὀλίγον, μικροῦ, μικρά, βραχύ, μικροῦ δεῖν немного trochu: прѣшьдъ мало паде ниць • молѧ сѧ *Мт 26, 39 Зогр Мар Ас Сав* **2.** *при обозначении времени* μικρόν, πρὸς ὀλίγον, μετὰ μικρόν, μετ' ὀλίγον немного, недолго krátký čas, krátce: еште мало ı вьсь миръ не... видитъ мене *И 14, 19 Зогр Мар Ас* (2) *Сав* (2); ѥште мало и отъженѫ тѧ отъ вьселеныѩ *Супр 512, 20* □ потомь мало μετὰ μικρόν спустя некоторое время, вскоре o málo později, zakrátko potom: потомъ мало дошедъше воини • сташѧ прѣдъ воєводѫ *Супр 146, 19* **3.** *при обозначении количества* ὀλίγοι, ὀλίγος, βραχύς, τις, μικρόν немного, мало nemnoho, trochu, málo: зане бѣшѧ мало числомъ • немноѕи пришельци вь неı *Пс 104, 12 Син*; се же отъ многъıихъ мало намѣнихомъ *Супр 53, 26.— Зогр Мар Ас Сав Боян Ен Син Евх Супр Рыл.— Ср.* малы, малъ, мальчько; мьнк

МАЛОВРѢМЕНЬНЪ, -ын *прил.* (13) πρόσκαιρος кратковременный, недолговечный, временный, преходящий krátkodobý, časný, dočasný, pomíjející: дрързаите не боите сѧ ихъ мѫжь • маловрѣменьни бо сѫтъ *Супр 75, 26-27*; ꙗже бо нынꙗ маловрѣменьнаа сьмр'ть • сънъ праведнымъ нарицаѥтъ сѧ *Супр 63, 22.— Супр 19, 23; 54, 29; 63, 12-13; 72, 8; 72, 13; 107, 30-108, 1; 108, 12; 166, 17-18; 258, 7-8; 514, 8; 558, 10-11.— Ср.* врѣменьнъ, малогодьнъ

МАЛОВѢРЪ, -ын *прил.* (14) ὀλιγόπιστος маловерный malověrný, mající malou víru: аште ли же трѣвѫ... б⟨ог⟩ъ тако одѣетъ • кольми паче васъ маловѣри *Л 12, 28 Зогр Мар.— Мт 6, 30 Зогр Мар Ас Сав; Мт 8, 26 Зогр Мар; Мт 14, 31 Зогр Мар Ас Сав; Мт 16, 8 Зогр Мар*

МАЛОГОДЬНЪ, -ын *прил.* (1) *греч. нет* кратковременный, преходящий krátkodobý, pomíjející: бѣсъ не боѩ сѧ • ни тебе имѫшта'го малогодънѩѩ власть *Супр 115, 22.— Ср.* врѣменьнъ, маловрѣменьнъ

МАЛОМОЩЬ, -и *м* (9) **1.** ἀνάπηρος, κυλλός калека, увечный mrzák, zmrzačený: егда твориши пиръ • зови ништѧѩ • маломошти • хромы *Л 14, 13 Зогр Мар* **2.** πτωχός бедняк chudák: приде къ нѥмоу маломоштъ • молѧ и и глаголѧ... погоубихомъ много имѣниѥ *Супр 119, 28.— Мк 9, 43 Зогр Мар; Евх 44б 4; Супр 120, 7; 120, 9; 121, 9.— Ср.* бѣдьнъ, хромъ

МАЛОМЬ *нареч.* (1) βραχύτατον недалеко, неподалёку nedaleko: въ пештерѣ ꙗже маломъ отъстоꙗше отъ хызины кго *Супр 274, 19.— Ср.* мало, малы, мальчько

МАЛОСЛОВИѤ, -ꙗ *с* (1) βραχυλογία немногословность stručnost řeči: мала ноужда дьнесь къ вашеи любьви сьвѣштати... кма ноуждьна малословьꙗ дьнесь вина *Супр 405, 13*

МАЛОСЪПАНИѤ, -ꙗ *с* (1) *греч. нет* недостаток сна, недосыпание skrovný spánek, újma na spaní: скръбьнааго пѫти • се сѫтъ дѣла • алъкание жѧдание... малосъпание *Евх 69б 23-24*

МАЛОЧИСМЕНЬНЪ, -ын *прил.* (1) σύμμετρος скудный, малочисленный málo početný, skrovný: малочисменьна бо бѣ благодѣть *Супр 429, 1*

малхъ *И 18, 10 Зогр Мар см.* мальхъ

МАЛЪ, -ын *прил.* (>200) μικρός **1.** *по величине, объему, размеру, возрасту* маленький, малый malý: не можааше видѣти народомь • ѣко тѣломь малъ бѣ *Л 19, 3 Зогр Мар Ас*; не боите сѧ малое стадо *Л 12, 32 Зогр Мар Ас Сав*; животъная мала съ великыми *Пс 103, 25 Син* ● *наименование апостола Иакова* Μικρός Меньший, Младший Mladší: бѣахѫ же жены ιздалече зьрѧштѧ... мариѣ магдалыни • ι мариѣ ιѥкова малаго *Мк 15, 40 Зогр Мар* □ мало, малоѥ *с ед. в знач. сущ.* μικρόν, ὀλίγον, ὀλίγα, ἐλάχιστον малое, малость málo: о малѣ бѣ вѣрьнъ надъ многы тѧ поставлѭ *Мт 25, 23 Зогр Мар Ас Сав*; ꙗко много погоубихъ • а мало ми кси далъ *Супр 120, 12* **2.** *по времени* ὀλίγος, μέτριος, ψιλός (!); (прѣжде мала врѣмене πρὸ βραχέως) малый, краткий malý, krátký: таче по малѣ часѣ глаголѧ цѣсаръ *Супр 194, 22*; прѣбы оу нѥго годъ малъ *Супр 289, 29* **3.** *по количеству* ὀλίγος немногий nemnohý: по малѣхъ дьнехъ *Супр 532, 1* **4.** *по значению* οἰκτρός малый malý: иже бо разоритъ единѫ заповѣди сихъ малыихъ *Мт 5, 19 Ас Зогр*; по нѥже сътвористе единомоу отъ сихъ малыхъ братъ моихъ мьньшихъ мнѣ створисте *Мт 25, 40 Зогр Мар Ас Сав* □ малыи *м ед. в знач. сущ.* μικρός незнатный, простой человек, бедняк prostý člověk, chudák: велиции обладаѭтъ малыими *Мт 20, 25 Мар* ● дитя dítě: иже аще скандалисаетъ единого отъ малыхъ сихъ *Мт 18, 6 Мар* (Ø *Зогр*) ♦ мало чьто ἐλάχιστον, μικρόν τι, βραχύ τι что-нибудь небольшое, малость, немного něco malého, něco málo, trochu: аще к'то... мало ч'то оукрадет⟨ъ⟩ *Евх 102б 7-8*; да кождо ιхъ мало чьто приметъ *И 6, 7 Зогр Мар Ас*; по малоу **а)** πρὸς μικρόν, βραχύ понемногу, скудно, немного po troše, skrovně, maličko: ꙗдѣѣше оубо отъ вьсего нъ по малоу *Супр 274, 7* **б)** κατὰ μικρόν, κατὰ μέρος, κατὰ βραχύ, μετ' ὀλίγον понемногу, постепенно pomalu, ponenáhlu: а вь нѩже въстѫпаѭтъ болѣзни въноситъ • по малоу съмрьти находѧшти мразомъ *Супр 89, 29*; расхождааше сѧ по малоу тъма *Супр 110, 26-27*; въ малѣ **а)** μικρόν вскоре zakrátko, v krátkém čase: въ малѣ ι не видите мене *И 16, 19 Зогр Мар Ас Сав* **б)** πρὸς βραχύ не надолго, на короткое время na krátko, na malou chvíli: б⟨ог⟩ъ въ малѣ оусъпе • ι съпѧштаѩ... въскрѣси *Клоц 12б 7; Супр 448, 7*; на малѣ *греч. нет* не надолго, на короткое время na chvíli: и стави ѩ на малѣ да бышѧ не вьлѣзли *Супр 555, 13*; на малѣ продаꙗти ὀλίγου πιπράσκειν дешево продавать za málo, lacino prodávat: поч'то сице на малѣ продакши • небесе и земнааго творьца *Супр 425, 15*; по малѣ μετ' ὀλίγον вскоре, немного погодя zanedlouho: кгоже по малѣ хотѣ въставити *Супр 316, 6.— Зогр*

Мар Ас Сав Ен Син Евх Клоц Супр Хил Рыл.— Ср. мьнии, мало

МАЛЪЖЕНА, -оу *м дв.* (1) *греч. нет* супруги manželé: люте бж(детъ малъжен)ома • еже не съхрани(с)те ложа нескв'(нь)на *Рыл 56а 12*

МАЛЫ *нареч.* (18) μικρόν, μικρά, σεμνόν (!), ὅλως (!), λεπτός (!); (малы глаголы μικρολόγως) немного trochu: рабъ... не ведевы же • сътворь же достоіная ранамъ • біенъ бждетъ малы *Л 12, 48 Зогр Мар*; малы въ пжчинж отъплоувъ *Супр 294, 1*; почто малы глаголꙗ мало дакши отъ мира сего *Супр 87, 23* ◆ преди малы, прежде малы, предъ симь малы πρὸ βραχέως незадолго до этого, немного раньше o málo dříve: ꙗгоже бо предı малы видеаше *Супр 161, 28*; прежде малы... водж • пришед'шимъ... принесъ *Супр 549, 26*; ꙗгда предь симъ малы искааше ты съказаниꙗ реченоумоу *Супр 317, 2*; потомь малы *греч. нет* вскоре после этого, немного позже o málo později, zakrátko potom: пришъдъ же потомь малы... не обрете клюсате *Супр 552, 2.— Зогр Мар Евх Супр Рыл.— Ср.* мало, мальчько

МАЛЬХЪ, -а *м имя* (4) [малхъ *Зогр* (1) *Мар* (1), мал'хъ *Ас* (1), мельхъ *Сав* (1)] Μάλχος Малх Malchus: бе же іма рабоу малхъ *И 18, 10 Зогр Мар Ас Сав*

МАЛЬЧЬКО *нареч.* (1) *греч. нет* немного maličko: трасомы же да въкоуситъ подъ вечеръ • мало кашица • а воды третьеи день да малеч'ко *Евх 44а 24.— Ср.* мало, малы

МАМАНТЪ, -а *м имя* (2) Μάμας Мамант Mamas: ме⟨сѧ⟩ца сеп⟨тѧ⟩в⟨ра⟩ ві с⟨вѧ⟩таг⟨о⟩ м⟨ж⟩ч⟨ени⟩ка маманта *Ас 113бβ 24.— Ен 23б 6-7*

МАМОНА, -ы *ж и м* (9) μαμωνᾶς мамона, имущество mamon, majetek: не можете б⟨ого⟩у работати і мамоне *Мт 6, 24 Зогр Мар Ас Сав*; аще оубо въ неправедьнемъ мамоне вер'ни не бысте *Л 16, 11 Ас* (вь неправьдьнемь житиі *Зогр Мар Сав*).— *Л 16, 13 Зогр Мар Ас Сав*

МАМОНИНЪ *прил.* (2) ὁ μαμωνᾶς (!) мамоны *род.* mamonu *род.*: сътворите себе дроугы • отъ мамонины неправъдъı *Л 16, 9 Зогр Мар*

мамънъ *Пс 82, 8 Син см.* амонъ

МАМЬВРИНСКЪ, -ыи *прил. к названию местности Мамре* (1): джбъ мамьврискъ δρῦς Μαμβρή дуб Мамбрийский dub Mambréův: г⟨оспод⟩і б⟨о⟩же • бл⟨а⟩г⟨осло⟩вивыи • жрътвж аврамлѭ • подъ джбомь мамьврискымь *Евх 15б 5-6*

мана *Пс 77, 24 Син см.* маньна

МАНАСИИ *и* **МАНАСИІА**, -ıꙗ *м имя* (8) [*им.* манаси *Син* (2), манасии *Ас* (1), манасиꙗ *Сав* (1); нмасı- (!) *Син* (1)] Μανασσῆς Манассия Manasses: незекıе же роді манасиѭ • манасии же роді амоса *Мт 1, 10 Ас*, манасиѭ • манасиꙗ *Сав* (∅ *Зогр Мар*).— *Пс 59, 9 Син; 79, 3 Син; 107, 9 Син; Супр 396, 30-397, 1*

МАНАСИИНЪ *прил. к* манасии (1) τοῦ Μανασσῆ Манассии *род.* Manassův: б⟨о⟩же с⟨ъ⟩п⟨ас⟩е нашъ... і молитвѫ манасиинѫ • покаанıемь приемъ *Евх 75б 11*

манасиꙗ *Мт 1, 10 Сав см.* манасии

МАНАСТЫРЬ, -рꙗ *м* (62) [манастир- *Супр* (5), моностър- *Супр* (5), мастырь (!) *Супр* (1)] μοναστήριον, μονή, κοινόβιον, ἀσκητήριον, λαύρα, Κυριακόν (!), ξενοδοχεῖον (!) монастырь klášter: да дастъ ницинимъ имение свое • и шедъ въ манастъıрь да пок⟨а⟩етъ с⟨ѧ⟩ *Евх 104а 15*; беаше же игоуменъ того манастъıре *Супр 119, 23.— Евх Супр*

МАНАСТЫРЬСКЪ, -ыи *прил.* (6) τῆς λαύρας монастырский, монастыря *род.* klášterní, kláštera *род.*: аще к'то отъ манастъıрьскыꙗ цр⟨ъ⟩к⟨ъ⟩ве • токъмо чьто оукрадет⟨ъ⟩ *Евх 103б 12-13* ● κοινοβιακός монастырский, монашеский klášterní, řeholní, mnišský: манастъıрьское житиꙗ *Супр 284, 23.— Супр 283, 13; 284, 5; 284, 18; 285, 23.— Ср.* мънишьскъ, иночьскъ, чрьноризьчьскъ

манна *Зогр Мар Ас Ен см.* маньна

МАНОВЕНИЮ, -ниꙗ *с* (1) νεῦμα указание, мановение pokyn: дръжавж законнжж • ц⟨е⟩са⟩р⟨ъ⟩ствие б⟨о⟩жиемъ мано(вениемъ при)имше ревнителе прав(еи ве)ре бысте *Ен 5а 4.— Ср.* намановение, помаганиꙗ

МАНЬНА, -ы *ж и с нескл.* (11) [-н'на *Зогр* (2) *Мар* (1), -нна *Зогр* (1) *Мар* (1) *Ас* (3) *Ен* (1), мана *Син* (1)] μάννα (*др.-евр.*) манна (небесная) mana: не ꙗкоже ꙗшѧ о⟨ть⟩ци ваши ман'нж і оумрешѧ *И 6, 58 Зогр Мар Ас.— И 6, 31 Зогр Мар Ас; И 6, 49 Зогр Мар Ас; Пс 77, 24 Син; Евр 9, 4 Ен*

МАНЬТИИЦА, -ѧ *ж* (2) παλλίον, περιβόλαιον манатья (*монашеский плащ*) mnišský plášť: маньтиицѫ одение неистьленью одеꙗ сѧ *Евх 99а 12.— Евх 97а 18*

МАРДАРЪ, -а *м имя* (1) Μαρδάριος Мардарий Mardarius: с⟨вѧ⟩тъıх⟨ъ⟩ м⟨ж⟩ч⟨ени⟩къ • евстратıа • евсеиıа • евгена • мьрдара (!) • и ореста *Ас 129б 17*

МАРИИНЪ *прил. к* мариꙗ (15) [-ринъ *Зогр* (1)] τῆς Μαρίας Мариин, Марии *род.* Mariin, Marie *род.*: не сь ли естъ тек'тонъ • с⟨ы⟩нъ мариінъ • і братръ же іѧковоу *Мк 6, 3 Зогр Мар.— Мт 1, 16 Ас Сав; Л 1, 41 Зогр Мар Ас Сав; И 11, 1 Зогр Мар Ас Сав; Клоц 14а 15; Супр 451, 28; 482, 26-27*

МАРИНЪ, -а *м имя* (1) Μαρῖνος Марин Marinus: и съзъда ѥмоу цръкъве маринъ кто крьстиꙗнъ въ команѣ *Супр 23, 21*

МАРИСЪ, -а *м имя* (2) Μάρις Марис Maris: съконьчавъшиїхъ же сѧ свѧтꙑихъ • имена сѫтъ си... авивъ • марисъ • марѹѳа *Супр 271, 7.— Супр 256, 13*

МАРИꙖ, -иѩ *ж имя* (>200) Μαρία, Μαριάμ Maria Мария Maria, Marie: бѣ же тоу мариѣ магъдалꙑни • і дроугаѣ мариѣ сѣдѧшти прѣмо гробоу *Мт 27, 61 Зогр Мар Ас.— Зогр Мар Ас Сав Боян Ен Киев Служ Евх Клоц Супр*

МАРКЕЛЪ, -а *м имя* (1) Μάρκελλος Маркелл Marcel: с⟨вѧ⟩таго с⟨вѧ⟩щ⟨е⟩н⟨о⟩м⟨ѫ⟩ч⟨ени⟩ка маркела еп⟨иско⟩па *Ас 152а 9-10*

МАРКИꙖНЪ, -а *м имя* (5) [мар'ки- *Ас* (2)] Μαρκιανός Маркиан Marcián: мѣ⟨сѧ⟩ца июл⟨иѣ⟩ аї с⟨вѧ⟩таго м⟨ѫ⟩ч⟨ени⟩ка маркиана *Ас 150б 22.— Ас 124б 5; 146б 15; Ен 5а 1-2; Супр 201, 17*

МАРКИꙖНЬ *прил. к* маркиꙗнъ (1) τοῦ Μαρκιανοῦ Маркиана *род.* Marciánův: въ четвръток лѣто маркианꙗ цѣсарьства *Супр 279, 3*

МАРКИꙖНЬСКЪ, -ꙑи *прил.* (1) τῶν Μαρκιωνιστῶν Маркионский markiónský: поставишѧ оубо ѥго на дрѣвѣ • таче потомъ и пресвутера коѥго митродора вѣрꙑ маркиꙗньскꙑѩ *Супр 141, 10-11*

МАРКЪ, -а *м имя* (40) [*им.* марко *Ас* (1), мар(к)ъ *Унд* (1), мар(к)ь *Сав* (8), мар(к) *Сав* (7), ма(р) *Ас* (15)] Μᾶρκος Марк Marek: с⟨вѧ⟩таг⟨о⟩ ап⟨осто⟩ла ев⟨ань⟩г⟨е⟩листа марка *Ас 146а 1.— Зогр Мар Ас Сав Унд Боян Супр*

марнисии *Супр 258, 21 см.* маарнисии

МАРОѲАСЪ, -а (?) *м и* **МАРѴѲА**, -ꙑ (?) *или нескл.* (?) *м имя* (2) [мароѳас *Супр* (1), марѹѳа *Супр* (1)] Μαρουθᾶς Маруфа Marothas: свѧтꙑимъ же мѫченикомъ... имена сѫтъ си • заниѳас • лазаръ • мароѳас *Супр 256, 13.— Супр 271, 8*

март- *см. также* марът-

мартии *Супр 538, 5 см.* мартъ

МАРТИНЪ, -а *м имя* (1) Μαρτῖνος Мартин Martin: с⟨вѧ⟩тꙑимъ мѫченикомъ прискоу • и мартиноу • и николаоу *Ен 35б 15*

МАРТЪ, -а *и* **МАРТИИ**, -иꙗ *м* (36) [мар'тъ *Супр* (3), мартъ *Ас* (1) *Сав* (1) *Супр* (23), мар(т) *Ас* (5) ма(р) *Ас* (2), мартии *Супр* (1)] Μάρτιος март březen: ищ⟨и⟩ ӣг мар⟨ъ⟩т⟨а⟩ *Ас 150а 28*; вь четврътъи день мар'та мѣсѧца *Супр 14, 8.— Ас Сав Супр*

марха *Супр 313, 1 см.* маръта

МАРЪ, -а *м имя* (1) Μάρης Мар Mares: отъ арневꙑ же и македонѧ странꙑ • елеуси⟨и⟩ маркианъ ламѱачьскꙑи • и еѹіѡии ефесъскꙑи • и маръ • халкидоньскъ и прочии *Супр 201, 18*

МАРЪТА, МАРЬТА, МАРѲА, -ꙑ *ж имя* (56) [маръта *Зогр* (2) *Мар* (5) *Служ* (1), марьта *Сав* (2), мар'та *Зогр* (12), марѳа *Ас* (2) *Супр* (2), марта *Мар* (9) *Ас* (10) *Сав* (10), марха *Супр* (1)] Μάρθα Марфа Marta: люблѣаше же і⟨соу⟩с⟨ъ⟩ • мар'тѫ • і сестрѫ еѩ • і лазарѣ *И 11, 5 Зогр Мар Ас Сав.— Зогр Мар Ас Сав Служ Супр*

МАРЪТОУРИИ, -иꙗ *м имя* (1) Μαρτύριος Мартурий Martyrius: с⟨вѧ⟩тоую м⟨ѫ⟩ч⟨ени⟩коу мар'киана и мар'тоурна *Ас 124б 5-6*

марѳа *Ас Супр см.* маръта

марѵѳа *Супр 271, 8 см.* мароѳасъ

МАСДРАѲЪ, -а *м имя* (2) [масраѳ *Супр* (1)] Μασδράθ Масдраф Masdrath: прѣдъсѣдъше же • масраѳ • и сироѳ... трии старѣишинꙑ вльшъскꙑ *Супр 258, 20.— Супр 256, 26*

МАСЛИНА, -ꙑ *ж* (1) ἐλαία маслина, олива oliva: азъ же ѣко маслина плодовита въ домоу б⟨о⟩жи *Пс 51, 10 Син*

МАСЛИНЬНЪ, -ꙑи *прил.* (3) τῆς ἐλαίας, τῶν ἐλαιῶν оливковый, маслины *род.* olivový, olivy *род.*: с⟨ꙑ⟩н⟨о⟩ве твоі • ѣко новорасли маслиннꙑ *Пс 127, 3 Син.— Евх 16а 6; 16а 9*

МАСЛО, -а *с* (30) ἔλαιον оливковое масло, елей olej: обѧза строупꙑ его • възливаѩ масло і вино *Л 10, 34 Зогр* (олѣи *Мар Ас Сав*); приимѣмъ масло вь свѣштѧ *Супр 378, 10* ◆ масло дрѣвѣное ἔλαιον оливковое масло olivový olej: имѣше же брѣмѧ хлѣбꙑ чистꙑ и топлꙑ • вино и масло дрѣвѣное *Супр 291, 7.— Зогр Евх Супр.— Ср.* масть, олѣи, хризма

масраѳ *Супр 258, 20 см.* масдраѳъ

МАСТИТИ, мащѫ, мастиши *несов.* (1) λιαίνειν умащать, мазать mastit, mazat: ѣко свѣщѫ да ти приноситъ • цѣломѫдриѣ свѣтълость... непрѣстан'но мастимѫ *Евх 81а 11-12*

МАСТИТЪ, -ꙑи *прил.* (2) πίων жирный, тучный tučný, mastný: старость моѣ въ олѣѣ (! *вм.* олѣи) маститѣ *Пс 91, 11 Син.— Пс 91, 15 Син*

мастꙑрь *Супр 549, 1 см.* манастꙑрь

МАСТЬ, -и *ж* (6) μύρον миро vonná mast: принесъши стькльницѫ благовоньнꙑ масти *Супр 391, 10* (алавастръ м'ѵра *Л 7, 37 Зогр Мар Ас*); самъ иерьданъ вонѣетъ мастиѭ *Евх 3б 8* ● ἔλαιον масло, жир olej, tuk: ѣко тоука и масті испльні сѩ д⟨оу⟩ша моѣ *Пс 62, 6 Син.— Ен 34б 7; Евх 2а 22-23; Супр 274, 9.— Ср.* ароматꙑ, вонꙗ, мѵра, хризма матативъ *Л 3, 26 Зогр Мар см.* маттатиевъ

матеи *Мар см.* матътеи

МАТЕРЬ *прил.* (4) [м҃терь *Сав* (1)] μητρικός, τῆς μητρός, τῶν μητέρων материнский matčin, mateřsky: сѫтъ бо каженици иже ис чрѣва м⟨а⟩терѣ быша таци *Мт 19, 12 Сав* (м⟨ате⟩р⟨ь⟩нѣ *Мар Ас*, ∅ *Зогр*).— *Супр 240, 14; 384, 15; 397, 21.— Ср.* матерьнь

МАТЕРЬНЬ, -нии *прил.* (5) [м(р)н- *Мар* (1), м҃три- *Ас* (1)] τῆς μητρός материнский matčin, mateřský: радоуи сѧ погрѫжьшиꙗ вь чрѣвѣ сьмрьть матерьнѭ *Супр 251, 14-15.— Мт 19, 12 Мар Ас; Супр 227, 6; 244, 27.— Ср.* матерь

МАТЕРЬСТВО, -а *с* (1) πρεσβεῖον дряхлость vetchost: до старості матерьства • б⟨о⟩же моі не оставі мене *Пс 70, 18 Син*

МАТИ, матере *ж* (>300) [м҃т- *Зогр Ас Сав Охр Боян Ен Клоц Супр*, м҃и *Зогр Ас Син*, матити (!) *Ас* (1)] μήτηρ мать matka: іже любитъ о⟨ть⟩ца ли матерь паче мене *Мт 10, 37 Зогр Мар Ас* (2), м⟨а⟩т⟨е⟩ре *Сав* (2); ѣко от⟨ь⟩ць моі и маті моѣ оставісте мѧ *Пс 26, 10 Син* ● *перен.*: маті сіоно (! *вм.* сіонъ) речетъ чловѣкъ • ї чловѣкъ роди сѧ вь немь *Пс 86, 5 Син*, мати сиѡнъ *Ен 27а 7.— Зогр Мар Ас Сав Охр Боян Ен Син Евх Клоц Супр Рыл Зогр-лл*

МАТИЗМЪ, -а *м* (2) ἱματισμός одежда oděv: раздѣлиша себѣ ризы моѩ • і о матизмъ моі меташа жрѣбиꙗ *И 19, 24 Зогр Мар.— Ср.* одежда, одѣник, одѣꙗник, риза

МАТИЦА, -ѧ *ж* (1): матица огн҃ьнаꙗ γέεννα геенна огненная, ад peklo: вьсе же ꙗкоже решти забывъ • и матицѫ огн҃ьнѫѭ прѣобидѣвъ • въ блѫдьнѫѭ погыбѣль въпадохъ *Супр 525, 30.— Ср.* геона, родьство (родьство огн҃ьное)

МАТРОНА, -ы *ж имя* (1) Ματρώνη Матрона Matrona: мѣ⟨сѧ⟩ца ноѩб⟨рѣ⟩ ѕ҃ сьнемъ арханѣ⟨е⟩ла михаил⟨а⟩ • и пр⟨ѣпо⟩д⟨об⟩нѣи матронѣ *Ас 126а 8*

маттанъ *Мт 1, 15 Ас см.* матьѳанъ

МАТТАТАЄВЪ *прил. к имени Маттафай* (2) [-т'та- *Зогр* (1)] τοῦ Ματταθά Маттафаев Matatův: с⟨ы⟩нъ сы... мат'татаевъ *Л 3, 31 Зогр Мар*

МАТТАТИЄВЪ *прил. к имени Маттафий* (4) [мат'та- *Зогр* (1), матат- *Зогр* (1) *Мар* (1)] τοῦ Ματταθίου Маттафиев Matatiášův: с⟨ы⟩нъ сы... мат'татиевъ *Л 3, 25 Зогр Мар.— Л 3, 26 Зогр Мар*

МАТТАТОВЪ *прил. к мужскому имени Матфат* (4) [мат'та- *Зогр* (2), маттат- *Мар* (2)] τοῦ Ματθάτ Матфатов Matatův: с⟨ы⟩нъ сы... мат'татовъ *Л 3, 24 Зогр Мар.— Л 3, 29 Зогр Мар*

маттѣи *Клоц см.* матътеи

МАТОУСАЛЬ *прил. к мужскому имени Мафусаил* (2) τοῦ Μαθουσάλα Мафусаилов Matusalemův: с⟨ы⟩нъ сы... матоусаль *Л 3, 37 Зогр Мар*

МАТЪТЕИ, МАТѲЕИ, МАТТѢИ, -ꙗ *м имя* (>150) [мат'ѳеи *Супр*, матѳеи *Ас Сав Супр*, мат'теи *Зогр*, матътеи *Мар*, матьтеи *Мар*, маттѣи *Клоц*, маѳеи *Ас Сав*, матеи *Мар*, ма(ѳ҃)и *Ас*, маѳ *Ас*, ма(ѳ҃) *Ас Сав Унд Ен*, ма(т҃) *Ас Сав Ен*, м҃а *Ас Сав*, м(ѳ҃) *Ас*] Ματθαῖος, Μαθθαῖος Матфей Matouš: прѣходѧ и⟨соу⟩с⟨ъ⟩ • отъ тѫдоу • видѣ ч⟨ловѣ⟩ка на мьздьници сѣдѧшта • іменемь мат'теа *Мт 9, 9 Зогр Мар Ас Сав*; ев⟨ань⟩ѥ⟨елие⟩ от⟨ъ⟩ маѳ⟨еа⟩ гл⟨а⟩ва с҃мѕ *Ас 121а 20.— Зогр Мар Ас Сав Унд Ен Евх Клоц Супр*

матьтеи *Мар см.* матътеи

МАТЬѲАНЪ, МАТТАНЪ, -а *м имя* (4) [мат'танъ *Ас* (1), маттанъ *Ас* (1), мат'ѳанъ *Сав* (1), матьѳанъ *Сав* (1)] Μαθθάν Матфан Matan: еліезоръ же роді мат'тана • маттанъ же роді • накова *Мт 1, 15 Ас Сав* (∅ *Зогр Мар*)

матѳеи *Ас Сав Супр см.* матътеи

МАТѲИꙖ, -ꙗ *м имя* (1) Ματθίας Матфий Matěj: обновилъ иже о оученицѣхъ • отиде нюда • и вьниде за нь матѳиꙗ *Супр 94, 5*

МАѮИМИꙖНЪ, -а *м имя* (4) [максимиѣн- *Унд* (1), максимин- *Ас* (1)] Μαξιμιανός Максимиян Maximián: с⟨вѧ⟩тъих⟨ъ⟩ о⟨ть⟩ць наш⟨и⟩х⟨ъ⟩ • арх⟨ие⟩п⟨иско⟩пъ бъвъших ц⟨ѣса⟩ри градѣ • максимина прокла *Ас 127а 27*; цѣсарьствовавъшоу маѯимиꙗноу *Супр 15, 19-20.— Унд 2а 9; Супр 252, 16*

МАѮИМЪ, -а *м имя* (3) Μάξιμος Максим Maxim: повелѣ терентиꙗ... маѯима... въ вънѫтрьнѭ тьмницѫ вьврѣшти *Супр 177, 13-14.— Супр 102, 11; 185, 15-16*

маѳеи *Ас Сав см.* матътеи

МЕДОТОЧЬНЪ, -ын *прил.* (1) μελίρρυτος источающий мёд, медовый, сладкий oplývající medem, medový, sladký: мы поемъ • медоточънъıѩ пѣсні *Клоц 1б 13-14*

МЕДЪ, -оу *и* -а *м* (14) μέλι; (медомь текъıи, медъ каплѭи μελίρρυτος) мёд med: ѣдь • акриди і медъ диві *Мк 1, 6 Зогр Мар Ас Сав Боян*; коль сладъка грътани моемоу словеса твоѣ • паче меда оустомъ моімъ *Пс 118, 103 Син* ● *перен.*: ѡ веле медъ капьѭштии ѩзыкъ дѣтии *Супр 327, 1.— Мт 3, 4 Ас Сав; Пс 18, 11 Син; 80, 17 Син; Супр 291, 8; 350, 30; 388, 18*

МЕЖДА, -ѧ *ж* (1) ῥύμη переулок ulička: кричава и тръзаниꙗ мѫжь и женъ • въ градьнынхъ стъгдахъ (!) и междахъ *Супр 397, 12.— Ср.* стъгна

МЕЖДОУ *предлог с тв.* (54) [междоу *Ас* (4) *Боян* (1) *Супр* (10), между *Зогр* (12) *Мар* (14) *Ас* (7) *Сав* (4) *Клоц* (1), мюждю *Син* (1)] **1.** *при обозначении пространственных отношений* μεταξύ, ἀνὰ μέσον, ἐν μέσῳ, διὰ μέσον между, среди mezi *с тв.*: отъ кръве аве л҃ѣ правьдънааго • до кръве захарниѧ • погыбъшааго междю ол'таремь • і храмомь *Л 11, 51 Зогр Мар*; проврѣша жъзлъ междоу рѫкама и стегноу кго *Супр 260, 9*; тъ прохождааше междю самарнеѭ • галилѣѭ *Л 17, 11 Зогр Мар*; междю нами і вами • пропасть вельѣ оутврьди сѧ *Л 16, 26 Зогр Мар Ас Сав* **2.** *при обозначении временных отношений греч. нет* между mezi *с тв.*: нед⟨ѣлѣ⟩ междоу ро⟨ж⟩д⟨ь⟩ствомъ и просвѣщениемъ *Ас 136б 20* □ междоу симь ἐν τῷ μεταξύ между тем mezitím: междю же симь • молѣахѫ і оученици его г⟨лаго⟩лѭште *И 4, 31 Зогр Мар Ас* **3.** *при обозначении объектно-пространственных отношений*: междоу собоѭ πρὸς ἀλλήλους, ἐν ἀλλήλοις, μετ' ἀλλήλων, εἰς ἀλλήλους, πρὸς αὐτούς взаимно, друг с другом navzájem: миръ імѣите междю собоѭ *Мк 9, 50 Зогр Мар*; страшънаѣ цѣлованьѣ • ѣже междю собоѭ імамъ *Клоц 9б 5-6.— Зогр Мар Ас Сав Боян Син Клоц Супр.— Ср.* въ, посрѣдѣ

МЕЖДОУМѢРИѤ, -ниа *с* (1) *греч. нет* промежуток времени mezidobí: въ междоумѣрнї же томъ • приде нѣкто палатиї *Супр 562, 5-6*

МЕЖДОУРАМИѤ, -ниа *с* (1) τὰ μετάφρενα часть спины между лопатками část zad mezi lopatkami: крилѣ голѫби посъребренѣ[ї] • і междюрамье его вь льщаніи златѣ *Пс 67, 14 Син*

МЕЖДОУРѢЧИѤ, -ниа *с область* (1) *греч. нет* Месопотамия Mezopotámie: въ еноздроинѣхъ • и междоурѣчнии область дръжавъ *Супр 566, 21.— Ср.* месопотамниа

междю *Зогр Мар Ас Сав Клоц см.* междоу

МЕЛАГРИИ, -ниа *м* (2) μελάγριον мелагрион (*съедобное растение*) melagrium (*jedlá rostlina*): ничсоже брашна не имавѣ сьде • развѣ мелагрии сихъ *Супр 290, 7.— Супр 289, 11*

МЕЛЕАННОВЪ *прил. к имени Мелеай* (2) τοῦ Μελεά Мелеаев Meleův: с⟨ы⟩нъ сы... мелеанновъ *Л 3, 31 Зогр Мар*

МЕЛЕТИИ, -ниа *м имя* (1) Μελέτιος Мелетий Meletius: събраша же сѧ коупносѫштаа вѣры • отъ алеѯандриѩ тимоѳеи... мелетии отъ антиѡхиѩ *Супр 201, 12*

МЕЛИТИНИ, -ниѩ *ж город* (1) Μελιτινή Мелитина Meliténé: мѣ⟨сѧ⟩ца ноѩб⟨ра⟩ з҃... с⟨ва⟩т⟨ъ⟩их⟨ъ⟩ м⟨ѫ⟩ч⟨ени⟩кь іже въ мелітинн ӏ҃ и҃ *Ас 126а 4*

МЕЛИТОНЪ *и* **МЕЛИТЪ**, -а *м имя* (2) [мелитонъ *Супр* (1), мелитъ *Супр* (1)] Μελίτων Мелитон Meliton: сынъ же оучимыи материѭ • именемь мелитъ • кште дъхааше *Супр 80, 10.— Супр 69, 7*

мелхи- *Мар Ен Супр см.* мельхи-

МЕЛЬХИСЕДЕКОВЪ *прил. к имени* мельхиседекъ (2) [мелхи- *Ен* (1)] τοῦ Μελχισεδέκ Мелхиседеков Melchisedechův: ты еси їерѣї вь вѣкъ по чиноу мельхіседековоу *Пс 109, 4 Син.— Евр 5, 6 Ен*

МЕЛЬХИСЕДЕКЪ, -а *м имя* (2) [мелхи- *Супр* (1)] Μελχισεδέκ Мелхиседек Melchisedech: пострѣщи главѫ рабоу твоемоу мельхиседекоу *Евх 7а 6.— Супр 232, 13-14*

МЕЛЬХИѤВЪ *прил. к мужскому имени Мелхи* (4) [мелхи- *Мар* (2)] τοῦ Μελχί Мелхиев Melchiův: с⟨ы⟩нъ... мельхиевъ *Л 3, 24 Зогр Мар.— Л 3, 28 Зогр Мар*

мельхъ *И 18, 10 Сав см.* мальхъ

мене *см.* азъ

меньшими *Л 7, 47 Ас см.* мьньшьми

МЕСИИ, -ниѩ *м* (6) Μεσσίας Мессия (*т. е.* Помазанник) Mesiáš (*tj.* Pomazaný): обрѣтомъ месиѭ • еже естъ съказаемо х⟨ристос⟩ъ *И 1, 42 Зогр Мар Ас.— И 4, 25 Зогр Мар Ас.— Ср.* христосъ

МЕСОПОТАМИИ, -ниѩ *ж область* (1) Μεσοποταμία Месопотамия Mezopotámie: пожеже месоп(о)тамиѭ соурінскѫѫ *Пс 59, 2 Син.— Ср.* междоурѣчик

МЕТАТИ, метѫ, метеши *и* мещѫ, мещеши *и* метаѭ, метаеши *несов.* (32) βάλλειν, ἐκπέμπειν бросать, метать metat, vrhat, házet: видѣвъ како народъ • мештетъ мѣдь въ газафилакиѭ *Мк 12, 41 Зогр*, мететъ *Мар*; посыпано каменимь кже на правьдника меташа *Супр 217, 20*; плакаахѫ сѧ метаѭште сѣмена своѣ *Пс 125, 6 Син* ♦ метати камении *см.* камении; метати жрѣбиѩ *см.* жрѣбии.— *Зогр Мар Ас Сав Син Евх Клоц Супр*

методии *Сав 151а 17 см.* меѳодии

МЕЧЬ, -а *м* (33) μάχαιρα, ξίφος, ῥομφαία; (съ мечи ξιφηφόρος) меч meč: падѫтъ въ остри меча *Л 21, 24 Зогр Мар*; мечемъ оударенъ бывъ *Супр 62, 2*; приведѣте ми сѣмо мѫжа жестокы... съ мечи *Супр 62, 10* ● *перен.*: не придъ положити мира • нъ мечь *Мт 10, 34 Зогр Мар* ♦ мечемь исѣщи ἀποκεφαλίζειν обезглавить (мечом) stít (mečem): повелѣ мечемъ исѣшти сватыѩ *Супр 180, 25*; съконьчати сѧ мечемь ἀποκεφαλίζεσθαι быть обезглавленным být sťat: протѧгъше выѭ своѭ • съконьчаша сѧ мечемъ *Супр 181, 1.— Зогр Мар Ен Син Евх Клоц Супр.— Ср.* ножь, орѫжиѥ

МЕѲОДИИ, -иꙗ *м имя* (2) [метод- *Сав* (1)] *греч. нет* Мефодий Metoděj: мѣ⟨сѧ⟩ца април⟨ѣ⟩ ѕ҃... па⟨мѧ⟩т⟨ь⟩ оуспениѣ пр⟨ѣпо⟩д⟨обь⟩нааг⟨о⟩ о⟨ть⟩ца наш⟨е⟩го • меѳодиꙗ • арх⟨иеписко⟩па вышнѧꙗ моравъи • брат⟨ра⟩ пр⟨ѣпо⟩д⟨обьна⟩го курила философа *Ас 145б 21; Сав 151а 17*

ми *см.* азъ

МИЛОВАТИ, милоуѭ, милоуѥши *несов.* (29) οἰκτίρειν, ἐλεεῖν, ἐπελεεῖν, φείδεσθαι; (трѣбѣ ѥстъ миловати о комь ἐλεεινός ἐστιν) проявлять милосердие, сострадание, милость mít slitování, soucit, být milostiv: тебѣ бо естъ миловати • ι с⟨ъ⟩п⟨ас⟩ати г⟨оспод⟩ι б⟨о⟩же *Евх 27а 15*; да не гнѣваѥмъ сѧ на врагы нъ милоуѥмъ ꙗ *Супр 406, 24*; о мьнѣ бо нѣстъ трѣбѣ плакати сѧ • ни миловати *Супр 102, 16.— Син Евх Клоц Супр.— Ср.* милосрьдовати

МИЛОСРЬДИѤ, -иꙗ *с* (12) [-срьд- *Зогр* (1), -срд҃ие *Мар* (1), м(л҃)дие *Евх* (6)] εὐσπλαγχνία, σπλάγχνον, συμπάθεια, φιλανθρωπία, εὔσπλαγχνος (!) милосердие, сострадание, милость milosrdenství, slitování, milost: волѣ твоѣ съдравие наше • ι м⟨и⟩л⟨осръ⟩дие твое животъ нашъ *Евх 41а 26*; по лѣпоуоумоу твоѥмоу милосрьдию • помилоуи мѧ *Супр 528, 17.— Л 1, 78 Зогр Мар; Евх 26а 11; 57б 5; 62а 17; 78а 8; 78б 5; Супр 490, 15; 530, 29; 560, 10.— Ср.* милость

МИЛОСРЬДОВАТИ, -доуѭ, -доуѥши *несов.* о комь, чемь (32) [-срьд- *Зогр* (7) *Ас* (1) *Супр* (1), -ср҃д- *Мар* (9) *Сав* (2), м(л҃)срд- *Ас* (6) *Сав* (1)] σπλαγχνίζεσθαι проявлять милосердие, сострадание, милость, милосердствовать, миловать mít slitování, soucit: милосръдоуѭ о народѣ • ѣко оуже три д҃ни присѣдѧтъ м҃нѣ • ι не ιмѫтъ чесо ѣсти *Мт 15, 32 Зогр Мар Ас* (милъ ми естъ народъ *Сав*); вьсьжде сльзы и нѣстъ кто милоуѧ • и нѣстъ к҃то милосръдоуѧ *Супр 57, 10.— Зогр Мар Ас Сав Зогр-пал Супр.— Ср.* миловати, милъ (милъ быти)

МИЛОСРЬДЪ, -ъιи *прил.* (16) [-срьд- *Зогр* (3) *Евх* (1) *Супр* (3), -ср҃д- *Мар* (3), м(л҃)срд- *Ас* (2), мл҃д- *Евх* (1) *Рыл* (1), м(л҃)д- *Евх* (1)] οἰκτίρμων, εὔσπλαγχνος, ἵλεως, φιλάγαθος милосердный milosrdný: милоср⟨ъ⟩дъ ты г⟨оспод⟩и *Мт 16, 22 Мар* (∅ *Зогр*); нарицаатъ сѧ... г⟨оспод⟩ь саваѡѳъ • и съпасъ • и милосръдъ *Супр 21, 19*; благыи и милосрьдыи б⟨ог⟩ъ *Супр 530, 24.— Зогр Мар Ас Евх Супр Рыл.— Ср.* милосрьдьнъ, милостивъ, мъногомилостивъ

МИЛОСРЬДЬНЪ, -ъιи *прил.* (4) [-срь- *Евх* (1), ми(л҃)дьн- *Евх* (1), м(л҃)срдьн- *Евх* (1)] εὔσπλαγχνος, ἵλεως милосердный, участливый milosrdný, vlídný: милосрьдьнама очима • възьри на мѧ *Евх 78а 9-10.— Евх 85а 21; 93б 8; Зогр-лл 1б 15.— Ср.* милосрьдъ, милостивъ, мъногомилостивъ

МИЛОСТИВЪ, -ъιи *прил.* (36) **1.** ἐλεήμων, οἰκτίρμων, ἵλεως, εὐΐλατος, εὐμενής, συμπαθής, συμπαθητικός, τοῦ ἐλέους; (милостивъ быти ἱλάσκεσθαι, εὐγενεῖν) propitius милосердный, ласковый milostivý, milosrdný, laskavý: блажени милостиви • ѣко ти помиловани бѫдѫтъ *Мт 5, 7 Зогр Ас Сав* (∅ *Мар*); жрьти и трѣбы творити милостивыимъ богомъ *Супр 147, 25*; б⟨ож⟩е милостивъ бѫди мьнѣ грѣшьникоу *Л 18, 13 Зогр Мар Ас Сав* **2.** pius набожный zbožný: просимъ... да еже милостιваѣ обѣцѣниѣ носимъ • рѣснотιвьнаѣ издрѣшениѣ обьмемъ *Киев 2а 8.— Зогр Мар Ас Сав Син Евх Киев Супр.— Ср.* милосрьдъ, милосрьдьнъ, мъногомилостивъ

МИЛОСТИВЬНО *нареч.* (1) benigniter милосердно, милостиво milostivě: вѣчьнаѣ твоѣ ιсхъже жьдаемъ подась намъ мιлостιвьно *Киев 3а 7-8.— Ср.* милость (милостиѭ, съ милостиѭ)

МИЛОСТЪІНИ, -ниꙗ *ж* (22) [-тин҃и *Супр* (1), м(л҃)сты- *Рыл* (1), мιст҃ын҃и *Син* (1)] **1.** ἔλεος, ἐλεημοσύνη, δικαιοσύνη сострадание, милосердие, благотворительность slitování, milosrdenství, dobročinnost: сътворы милост҃ын҃ѭ съ н҃имь *Л 10, 37 Зогр* (милость *Мар Ас Сав*); съ прιиметъ благословеѕтвенъе отъ г⟨оспод⟩ѣ • и милост҃ынѫ (о)тъ б⟨ог⟩а с⟨ъ⟩п⟨ас⟩а своего *Пс 23, 5 Син* **2.** ἐλεημοσύνη милостыня almužna, milodar: тебѣ же творѧштю милост҃ынѭ • да не чюетъ шюιца твоѣ • чьто творитъ десница твоѣ *Мт 6, 3 Зогр Мар Ас Сав*; ништоуоумоу просѧштоуоумꙋ милост҃ын҃ѧ • та жде трепеза прѣдъстоитъ *Супр 492, 3.— Зогр Мар Ас Сав Син Евх Супр Рыл.— Ср.* благост҃ын҃и, милость

МИЛОСТЬ, -и *ж* (>200) [мило (!) *Син Евх*, ми (!) *Син*, м(л)ст- *Ен Евх*, мλстъ *Ен*] **1.** ἔλεος, οἰκτιρμός, εὔνοια, εὐμένεια, συγγνώμη, ἀντίληψις, ἐκδίκησις, συμπάθεια, φιλανθρωπία, ἔλαιον (!) gratia, pietas; (милостиѭ твоѥѭ propitius) милосердие, пощада, сострадание, милость milosrdenství, slitování, smilování, milost: сътворити милость съ о⟨ть⟩ци нашими *Л 1, 72 Зогр Мар*; аві намъ г⟨оспод⟩ι милость твоѭ *Пс 84, 8 Син*; оуглѫби м⟨и⟩л⟨о⟩сть твоѭ на нь *Евх 14а 4* ▭

милостиѭ, съ милостиѭ φιλανθρώπως propitiatus милостиво milostivě, laskavě: азъ же нынꙗ обаче съ милостиѭ ти прїхождѫ *Супр 148, 14*; на слоужьбъи людиı твоıхъ милостиѭ прїзьрı *Киев 2а 19*; без милости ἀφειδῶς, ἀνηλεῶς, ἀσύγγνωστος, ἀνελεήμων, ἀνειδότως (!) беспощадный; беспощадно nemilosrdný; nemilosrdně: они бес цѣльбы сѫтъ и без милости *Супр 407, 10*; тако без милости лѣвѫѭ рѫкѫ къ огню придѣꙗ трьпѣаше *Супр 516, 25* **2.** ἐλεημοσύνη милостыня almužna, udělování almužny: не чловѣкомъ твориши видѣти милость своѭ *Супр 122, 27.— Зогр Мар Ас Сав Ен Син Киев Евх Супр Рыл.— Ср.* благостꙑни, милостꙑни, щедрота, дара, даръ; милостиѭ *ср.* милостивьно; без милости *ср.* безмилостивъ, немилостивъ

МИЛОСТЬНЪ, -ын *прил.* (1) ὁ περὶ τὴν ἐλεημοσύνην относящийся к милостыни týkající se almužny, udělování almužny: рекѫ же о поспѣшенії милостьнѣѣмь • и иже вьсѣмъ имже можемь • ближнюоумоу на оуспѣхъ быти *Супр 370, 14*

МИЛОТИ(И), -ныꙗ *ж* (1) μηλωτή овчина, плащ ovčí kůže, plášť': възьмъ же милотиѭ своѭ биıаше и по хръбътоу *Супр 172, 13*

МИЛЪ, -ын *прил.* (13): милъ быти комоу σπλαγχνίζεσθαι ἐπί τινα вызывать жалость *у кого-л.* vzbuzovat *něčí* soucit: милъ ми естъ народъ сь • ѣко оуже три дьни присѣдꙗтъ мнѣ • ı не ıмѫтъ чесо ѣсти *Мк 8, 2 Зогр Мар*; мили емоу быша *Мк 6, 34 Зогр Мар*; милъ сꙙ дѣꙗти δεῖσθαι просить прощения odprošovat: азъ милъ сꙙ дѣѭ б⟨ог⟩оу *Евх 68б 24*; тебѣ сꙙ мили дѣемъ... вл⟨ады⟩ко *Евх 61б 15*; милътоуетъ сꙙ (! *вм.* милъ сꙙ дѣетъ) *Евх 68б 20.— Мт 15, 32 Сав; Л 15, 20 Зогр Мар Ас Сав; Рыл 7ба 20.— Ср.* молити

милътоуетъ сꙙ *Евх 68б 20 см.* милъ

МИМОГРѦСТИ, -грѧдѫ, -грѧдеши *несов.* (4) παράγειν идти мимо, проходить, миновать jít mimo, procházet: задѣшꙙ мимогрѧдѫщоу етероу симоноу кѵрінѣниноу... да възьметъ кр⟨ь⟩стъ его *Мк 15, 21 Ас* (мимо ходꙙштю *Зогр Мар Сав*).— *Мк 2, 14 Зогр Мар Ас.— Ср.* мимоити, мимоходити, прѣходити

МИМОИТИ, -идѫ, -идеши *несов./сов.* (62) **1.** παρέρχεσθαι, παράγειν, ἀντιπαρέρχεσθαι, διέρχεσθαι, ἐπανάγειν, παρατρέχειν, διίστασθαι идти, проходить/пройти мимо, миновать jít mimo, přejít, minout: видѣхъ нечьстиваего... ї мимоıдъ ї се не бѣ *Пс 36, 36 Син*; пѫт'никъ же к'то мимоıды *Супр 40, 25* ● *перен.*: аште не можетъ чаша си мимо ıти отъ мене *Мт 26, 42 Зогр Мар Сав*, чаши сеи • да мимо идет отъ мене *Ас* ● *о времени* миновать, проходить/пройти mijet/minout, plynout/uplynout: мимо шьдъши • ѣко годинѣ единоı • ıнь етеръ крѣпл҃ѣаше сꙙ *Л 22, 59 Зогр Мар*; поне же постъ мимошьлъ • оуньлы быша *Супр 494, 15* **2.** παρέρχεσθαι проходить/пройти, кончаться/кончиться, исчезать/исчезнуть zanikat/zaniknout, mizet/zmizet: небо ı земл҃ѣ мимо ıдетъ • а словеса моѣ не мимо ıдѫтъ *Мт 24, 35 Зогр Мар Ас* (2) *Сав* (2); ютро ѣко трѣва мімоıдѫтъ *Пс 89, 5 Син.— Зогр Мар Ас Сав Син Супр.— Ср.* мимоходити, мимогрѧсти, прѣити, прѣходити; минѫти, ити, мимоминѫти

МИМОМИНѪТИ, -нѫ, -неши *сов.* (1) παρέρχεσθαι пройти, миновать zaniknout: ветъхаıа мимоминѫша • се быша вьса нова *Супр 430, 13.— Ср.* мимоити, минѫти, прѣити

МИМОНЕСТИ, -несѫ, -несеши *сов.* (6) **1.** παραφέρειν пронести *что-л.* мимо *кого-л.* přenést, odnést *něco* mimo *někoho*: ѡ⟨ть⟩че аште велиши мимо неси чашѫ сьѭ отъ мене *Л 22, 42 Зогр Мар* **2.** διαφέρειν пронести pronést: ı не дадѣаше никомоуже мимо нести • съсѫдъ сквозѣ цръковь *Мк 11, 16 Зогр Мар.— Мк 14, 36 Зогр Мар.— Ср.* пронести

МИМОТЕЩИ, -текѫ, -течеши *несов.* (1) διαπορεύεσθαι утекать, течь мимо téci mimo, odtékat: оунічь[чь]жѧтъ сꙙ ѣко вода мимотекѫщїѣ *Пс 57, 8 Син.— Ср.* мимотѣкати

МИМОТѢКАТИ, -аѭ, -аюши *несов.* (1) ῥεῖν утекать, течь мимо téci mimo, odtékat: богатьство аще мимотѣкаетъ не прїлагаіте ср⟨ъ⟩д⟨ь⟩ца *Пс 61, 11 Син.— Ср.* мимотещи

МИМОХОДИТИ, -хождѫ, -ходиши *несов.* (37) **1.** παρέρχεσθαι, παραπορεύεσθαι, διαπορεύεσθαι, παράγειν, διοδεύειν, διαβαίνειν проходить мимо, обходить, миновать chodit mimo, procházet, obcházet, mijet: слышавъша ѣко и⟨соу⟩съ мимо ходитъ • възъписте *Мт 20, 30 Мар Ас Сав Зогр-пал*; б⟨ог⟩ъ егда исхождаше прѣдъ людьми своими [землѣ] егда мимохождаше вь поустꙑні *Пс 67, 8 Син* ● чьто *перен.*: горе вамъ • фарисѣомъ • ѣко... мимо ходите сѫдъ ı л҃юбовь б⟨о⟩жиѭ *Л 11, 42 Зогр Мар* **2.** παρέρχεσθαι кончаться, проходить zanikat, pomíjet: видиши ли... земьѭ колика естъ • и вьса ıаже на н҃ен чоудьна... си бо мимоходѧтъ • а наша прѣбываѭтъ *Супр 88, 1*; како образи мимо ходѧтъ... како сѣнь мимо ходитъ *Клоц 13а 39*; *Супр 450, 7-8 и 9.— Зогр Мар Ас Сав Син Клоц Супр.— Ср.* мимогрѧсти, мимоити, миновати, прѣходити

МИНА, -ы *м имя* (2) Μηνᾶς Мина Menas: мѣ⟨сꙙ⟩ца ноıаб⟨ра⟩ а҃ı с⟨вѧ⟩тааг⟨о⟩ м⟨ѫ⟩ч⟨ени⟩ка мінъи и виктора и вікента *Ас 127а 5.— Унд 1б 36*

МИНОВАТИ, -ноуѭ, -ноукши *несов.* (4) παρέρχεσθαι, παρατρέχειν, προβαίνειν, παραιτεῖσθαι проходить мимо, миновать míjet: аште видиши осла врага твоѥго падъша подъ брѣменемъ не миноуи *Супр 126, 17.— Супр 347, 6; 374, 12; 380, 25.— Ср.* мимогрѧсти, мимоити, мимоходити, прѣходити

МИНѪТИ, минѫ, минеши *сов.* (46) **1.** παρέρχεσθαι, παρατρέχειν, διέρχεσθαι, προάγειν миновать, пройти minout, projít: да видитъ і⟨соу⟩са • ѣко тѫдѣ хотѣаше минѫти *Л 19, 4 Зогр Мар* (мимо иті *Ас*); ѣко не можааше ник'тоже • минѫти пѫтемь тѣмь *Мт 8, 28 Зогр Мар Ас* (прѣити *Сав*) ● *о времени* διαγίγνεσθαι, πολὺς γίγνεσθαι, βαίνειν; (прѣжде минѫти προλαμβάνειν) миновать, пройти projít, uplynout: минѫвъшю часоу • пристѫпьше къ нѥмоу *Мк 6, 35 Зогр Мар*; ни пакы мьни • ѣко минѫвъшеѥ лѣто прѣжде • довьлетъ ти в' семь житьи • подвигнѫти сѧ *Евх 91а 26*; лѣтоу же нѣкоѥмоу минѫвъшоу *Супр 279, 7* **2.** παρέρχεσθαι пройти, кончиться, прекратиться pominout, zaniknout: сѣни крилоу твоѥю надѣѭ сѧ • доколи • доньдеже минетъ безакониѥ моѥ *Супр 353, 28* **3.** διαβαίνειν перейти přejít: междю нами і вами • пропасть вельѣ оутвръди сѧ • ѣко да хотѧштеі минѫти • отъ сѫдоу тамо • не възмагаѭтъ *Л 16, 26 Зогр Мар Ас Сав*; ꙗко пропасть ѥстъ междоу вами и нами • ꙗкоже хотѧштиимъ извести не минѫти *Супр 373, 18.— Зогр Мар Ас Сав Евх Супр.— Ср.* мимоити, мимоминѫти, прѣити

м и р а *Л 7, 46 Мар см.* мѵра

м и р о *Зогр Ас см.* мѵра

МИРОДРЬЖИТЕЛЬ, -лꙗ *м* (1) κοσμοκράτωρ владыка мира vládce nad světem: нѣстъ ѥмоу брань къ кръви • і плъти • (нъ) къ властемъ і влад⟨ы⟩чьствомъ • къ миродръжителемъ вѣка сего *Евх 93б 24* (*Еф 6, 12*)

МИРОНЪ, -а *м имя* (1) Μύρων Мирон Myron: стр⟨а⟩стъ... свѧщенномѫч⟨ени⟩коу миронꙋ *Ен 35а 3*

МИРОТВОРЬЦЬ, -а *м* (3) εἰρηνοποιός, εἰρηνάρχης миротворец strůjce pokoje: сего бо раді • і с⟨ы⟩на б⟨о⟩жіѣ нарiцаетъ • міротворьца *Клоц 9а 38-39.— Евх 70б 7-8; Супр 329, 9.— Ср.* съмириꙗти (съмириꙗи)

МИРЪ[1], -а *м* (>150) [м(и)р *Евх*] εἰρήνη, καταλλαγή; (миръ имѣти εἰρηνεύειν) мир, покой mír, pokoj: слава въ вышьниихъ б⟨ог⟩ѵ • і на земи миръ • въ ч⟨лові⟩цѣхъ благоволѥние *Л 2, 14 Зогр Мар Ас Сав*; дъшти вѣра твоѣ с⟨ъ⟩п⟨ас⟩е тѧ • іди съ миромь *Мк 5, 34 Зогр Мар Сав*, в мир⟨ъ⟩ *Ас*; миръ імѣите междю собоѭ *Мк 9, 50 Зогр Мар*; миромь г⟨оспод⟩ю помолим' сѧ *Евх 98а 17*; і бъістъ въ мирѣ мѣсто его *Пс 75, 3 Син*; почто на безъратни мир' оустите рати *Супр 324, 22* ● *в приветствии*: миръ вамъ • азъ есмъ не боите сѧ *Л 24, 36 Мар Ас* (∅ *Зогр*); поп⟨ъ⟩ мир⟨ъ⟩ в⟨ь⟩сѣм⟨ъ⟩ люд⟨ие⟩ и д⟨оу⟩хов⟨и⟩ твоем⟨оу⟩ *Евх 100б 1*; миръ тебѣ крѣпи сѧ и възмѫжаи *Супр 193, 28* ◆ с т а р ѣ ш и н а м и р о у εἰρηνάρχης князь мира (*наименование Иисуса Христа*) kníže pokoje (*pojmenování Ježíše Krista*): прѣжде бо мироу старѣишинѣ • христосоу пришьствиꙗ *Супр 352, 9.— Зогр Мар Ас Сав Охр Боян Ен Син Евх Клоц Супр.— Ср.* покои; старѣишина мироу *ср.* миротворьць

МИРЪ[2], -а *м* (>400) κόσμος, οἰκουμένη; (выше мироу ὑπερκοσμίως) мир, вселенная, свет svět: егоже о⟨ть⟩ць с⟨вѧ⟩ти • і посъла въ миръ *И 10, 36 Зогр Мар Ас*; ѥгоже посъла б⟨ог⟩ъ на съпасениѥ мира *Супр 137, 30*; вьси съ радостиѭ коупьно тьцѣмъ • вьси тъштьно приимѣмъ • и выше мироу праздьноуимъ *Супр 319, 24* ◆ с ь м и р ъ, м и р ъ с ь οὗτος ὁ κόσμος, βίος этот мир, эта жизнь, земная жизнь tento svět, tento život, pozemský život: на сѫдъ азъ въ миръ сь приідъ *И 9, 39 Мар Зогр*, въ мірос *Ас*; вы отъ сего мира есте • азъ нѣсмъ отъ сего мира *И 8, 23 Мар Ас* (вьсего мира... вьсего мира *Зогр*); в ь с ь м и р ъ (πᾶς) ὁ κόσμος, (πᾶσα) ἡ οἰκουμένη, κτίσις; (вьсемоу мироу παγκόσμιος; вьсего мира οἰκουμενικός) мир, вселенная, свет svět: плъть моѣ естъ • ѭже азъ дамь за животъ вьсего мира *И 6, 51 Зогр Мар Ас*; животъ в'семоу мироу даровавъ *Евх 57а 2*; тоуне приде х⟨ристо⟩с⟨ъ⟩ • за вьсь миръ пролиꙗти кръвь своѭ *Супр 415, 13.— Зогр Мар Ас Сав Унд Боян Зогр-пал Син Служ Евх Клоц Супр Хил Рыл.— Ср.* вьселенаꙗ, свѣтъ[2]; сь миръ *ср.* жизнь (си жизнь)

МИРЬНО *нареч.* (1) εἰρηνικῶς мирно pokojně: ѣко мнѣ оубо миръно г⟨лаго⟩лаахѫ *Пс 34, 20 Син.— Ср.* мирьнѣ

МИРЬНЪ[1], -ьи *прил.* (14) εἰρηνικός, τῆς εἰρήνης мирный, спокойный, мира *род.* pokojný, klidný, míru *род.*: направити ногы нашѧ на пѫть миренъ *Л 1, 79 Зогр Мар*; ѣко ест-ъ-станокъ ч⟨лові⟩коу мирьноу *Пс 36, 37 Син*; ты же імы вражьдѫ на братъ свої • како можеші ходіті къ мірнѣі трапезѣ *Клоц 8б 34; Супр 422, 8-9.— Рим 14, 19 Ен; Пс 34, 20 Син; 119, 7 Син; Евх 18а 6; 19а 11; 66а 9; 88б 15-16; Супр 190, 17; 486, 27.— Ср.* покоинъ

МИРЬНЪ[2], -ьи *прил.* (6) κοσμικός, ὁ ἐν κόσμῳ, τοῦ κόσμου светский, мирской, мира *род.* světský, světa *род.*: разлѫчи тѧ г⟨оспод⟩ь отъ мирънаего житиѣ *Евх 90б 5-6*; ѡ избавити сѧ емоу отъ в'сеѩ мирънꙑѩ пакости *Евх 98б 5.— Евх 98б 9; Супр 63, 10; 542, 20-21; Хил 2аа 9-10.— Ср.* мирьскъ

МИРЬНѢ *нареч.* (5) ἐν εἰρήνῃ, μετ' εἰρήνης мирно pokojně: помоливъ сѧ за нꙗ отъпоусти мирьн'ѣ *Супр 205, 16*; възвратиши сѧ мирьн'ѣ *Супр 194, 17.— Супр 15, 12; 195, 5; 200, 19.— Ср.* мирьно

МИРЬСКЪ, -ꙑи *прил.* (12) ὁ ἐν κόσμῳ, τοῦ κόσμου, κοσμικός, τοῦ βίου, πνευματικός (!) светский, мирской, мира *род.* světa *род.*, světský: отъметаеши бо сѧ родитель... ı в'сѣхъ печалеи миръскꙑхъ *Евх 90а 2-3*; отъвръже сѧ потрѣбъ миръскъıихъ *Супр 279, 14* ♦ мирьское сътворение *см.* сътворение.— *Служ 3а 15-16; Супр 10, 29-30; 11, 12; 138, 17; 282, 19; 294, 14; 317, 15; 534, 16; Рыл 5ба 2.— Ср.* мирьнъ [2]

МИРЬСКꙐ *нареч.* (1) *греч. нет* по-мирски světsky: миръ лю(бл)ьше • и мирьскъи помъıшл'ше *Рыл 5ба 4*

МИСА, -ꙑ *ж* (4) πίναξ блюдо mísa: принѣсѧ главѫ его на мисѣ *Мт 14, 11 Мар* (на блюдѣ *Зогр*).— *Мт 14, 8 Мар; Мк 6, 28 Мар; Л 11, 39 Мар.— Ср.* блюдо, паропсида

МИСАИЛЪ, -а *м имя* (2) Μισαήλ Мисаил Misael: мѣ⟨сѧ⟩ца дек⟨ѧбра⟩ ҂з҃ с⟨вѧ⟩тъıхъ трıи отрокъ • ананиѩ азариѩ мисаила *Ас 129б 23.— Супр 179, 6*

мистъıни *Пс 32, 5 Син см.* милостъıни

мисеоти *Ас 114ба 8 см.* моси(и)

МИТРОДОРЪ, -а *м имя* (2) Μητρόδωρος Митродор Metrodor: пıѡнига поставıти о деснѫѩ • митродора же о лѣвѫѩ *Супр 141, 12.— Супр 141, 10*

МИТРОПОЛИТЪ, -а *м* (1) μητροπολίτης митрополит metropolita: севастиискъи митрополитъ *Супр 280, 9*

МИТРОФАНЪ, -а *м имя* (1) Μητροφάνης Митрофан Metrophanes: с⟨вѧ⟩таго о⟨ть⟩ца наш⟨е⟩го мıтрофана арх⟨иеписко⟩па ц⟨ѣса⟩рѣграда *Ас 146б 13*

МИТѢ *нареч.* (1) δύο παρὰ δύο попеременно střídavě: повелѣ... д'вѣма митѣ палицама раждеженама битı и *Супр 2, 24*

МИХАИЛЪ, -а *м имя* (8) [михи(л) *Ас* (1)] Μιχαήλ Михаил Michael: а⟨н⟩ѣ⟨е⟩ли г⟨оспо⟩дьсции • михаилъ гавьрилъ • оурилъ • рафаилъ *Евх 59б 5.— Ас 126а 7; Сав 134а 6; Супр 25, 2; 31, 22; 31, 26; 65, 3; 464, 17*

МЛАДЕНИЩЬ, МЛАДѢНИЩЬ, -а *м* (23) [младен- *Супр* (22), младѣн- *Зогр* (1)] βρέφος, νήπιος младенец malé dítě, nemluvně: взигра сѧ младѣништь радоштами вь чрѣвѣ моемь *Л 1, 44 Зогр* (младьнецъ *Мар Ас Сав*); не навъıкоша ли хвалити младеништи мира *Супр 336, 26.— Зогр Супр.— Ср.* дѣти, младьньць, младѧтьце

МЛАДЕНЬСТВО, -а *с* (3) νηπιότης; (младеньства παιδικός; отъ младеньства ἀπὸ νηπιόθεν) младенчество útlé mládí, dětství: азъ отъ младеньства крьстиꙗнъ есмъ *Супр 223, 21.— Евх 23и 24; Супр 321, 30*

младеньць *см.* младьньць

младеньчь *Мт 21, 16 Сав см.* младьньчь

МЛАДЪ, -ꙑи *прил.* (22) **1.** ἁπαλός, χλοηφόρος, ἀκέραιος только что появившийся, нежный mladý, křehký, svěží: егда оуже вѣѣ еѩ бѫдетъ млада *Мт 24, 32 Зогр Мар Ас Сав*; еже прѣстарѣвъшѫ сѧ трьсть • прѣобразити на младъ онъ (! *вм.* младьнъ?) образъ *Супр 249, 28* **2.** νήπιος, νηπιάζων, νέος, τρυφερός, τοῦ παιδός младенческий, детский dětský: ꙗко младоу и неискоусъноу зьла • дѣтии младъ • съсѫштъ тѣлеси молити прости *Супр 320, 8*; зѣло жалаштемъ о младъıхъ чадѣхъ (! *вм.* чадъ) исѣчении *Супр 397, 16 и 17* ♦ из младъ ногътии только что приготовленный, молодой čerstvý, právě vyrobený: имѣше же брѣма хлѣбъı чистꙑ... и младꙑ сърꙑ и аица *Супр 291, 7-8*; егда младенищтъ крьвиѭ вıнолекмъ багърıмъ бѣѣше • и младъ грозньвъ мьстъ младъ • съ родитеⷧ҇ топлами сльзами мѣсимъ бѣаше *Супр 397, 16 и 17* ♦ из младъ ногътии ἐξ ἁπαλῶν ὀνύχων с детства od mládí: измладь ногътии цѣломѫдрьствоуѭ *Супр 117, 27.— Зогр Мар Ас Сав Супр.— Ср.* малъ, младьнъ, мѧкъкъ

МЛАДЬНЪ, -ꙑи *прил.* (1) ἁπαλός младенческий, детский dětský: въ младьнѣи и млѣчьнѣи пишти сѫште *Супр 397, 9.— Ср.* младьньчь

МЛАДЬНЬЦЬ, МЛАДЕНЬЦЬ, МЛАДѢНЬЦЬ, -а *м* (52) [младьн- *Зогр* (6) *Мар* (1) *Ас* (2) *Син* (1) *Супр* (2), младън- *Мар* (1) *Ас* (3), младен- *Зогр* (1) *Мар* (5) *Ас* (2) *Сав* (9) *Боян* (1) *Ен* (1) *Син* (5) *Евх* (1) *Супр* (7), младѣн- *Зогр* (1) *Клоц* (3)] νήπιος, τὸ νήπιον, βρέφος; (младьньць мѫжьска полоу ἄρσεν) младенец malé dítě: вьзигра сѧ младьньць радоштами вь чрѣвѣ еѩ *Л 1, 41 Зогр Мар Ас Сав*; разоумъ даетъ младенцемъ *Пс 118, 130 Син*; подавъши съсъ младеньцоу *Супр 312, 4*; вьсѣкъ младьньць • мѫжьска полоу • развръзаѩ ложесна • с⟨вѧ⟩то г⟨осподе⟩ви наречетъ сѧ *Л 2, 23 Зогр Мар Ас Сав* ● младьньци *мн.* τὰ Νήπια Младенцы Mláďátka: мѣ⟨сѧ⟩ца дек⟨ѧбра⟩ к҃ѳ • с⟨вѧ⟩тъıх⟨ъ⟩ младънец⟨ь⟩ избиенъıхъ... въ вıолеемı иродомъ *Ас 135б 14.— Зогр Мар Ас*

Сав Боян Ен Син Евх Клоц Супр.— *Ср.* младеницѣ, младѧтьце

МЛАДЬНЬЧЬ, МЛАДЕНЬЧЬ, МЛАДѢНЬЧЬ *прил.* (5) [младьн- *Мар* (1) *Син* (1), младен- *Сав* (1) *Клоц* (1), младѣнч- *Зогр-пал* (1)] τῶν νηπίων младенческий dětský: ꙇз оустъ младьнечь съсѫщиихъ съвръшилъ еси хвалѫ *Пс 8, 3 Син; Мт 21, 16 Мар Сав Зогр-пал* (∅ *Зогр*); *Клоц 1а 21* (младеништь *Супр 326, 2*).— *Ср.* младьнъ

младѣништь *Л 1, 44 Зогр см.* младеницѣ

младѣньць, младѣньчь *см.* младьньць, младьньчь

МЛАДѦТЬЦЕ, -а *с* (2) τὸ νήπιον младенец malé dítě: тако бл⟨а⟩г⟨осло⟩ви ꙇ се младѧтьце *Евх 8а 13-14.— Евх 8а 9-10.— Ср.* младеницѣ, младьньць

МЛАТЪ, -а *м* (2) [м'латъ *Супр* (1)] σφῦρα молот kladivo: дадите ми м'латъ желѣзнъ и съкроушѫ кго *Супр 27, 25.— Супр 161, 29*

млъ- *см. также* мль-

МЛЪВА, -ы *ж* (17) [мльва *Зогр* (4) *Мар* (2) *Супр* (1)] θόρυβος, ταραχή, σάλος шум, волнение, смятение hluk, zmatek, rozruch: нъ не въ праздьникъ • да не мльва бѫдетъ въ людехъ *Мт 26, 5 Зогр Мар Ас Сав*; къде нынѣ сѫтъ • въчерашьнѧѩ млъвы и гласі • ꙇ говорі *Клоц 12б 10; Супр 448, 9.— Зогр Мар Ас Сав Син Евх Клоц Супр Рыл.— Ср.* възмѫщеник, говоръ, мѧтежь, плищь, съмѫщеник

МЛЪВИТИ, -влѭ, -виши *несов.* (14) [мльв- *Зогр* (3) *Ас* (1) *Сав* (2)] θορυβεῖν шуметь, волноваться hlučet, působit zmatek: чьто мльвите • ꙇ плачете сѧ *Мк 5, 39 Зогр Мар*; видѣвъ свир'цѧ • ꙇ народъ мльвѧшть *Мт 9, 23 Зогр Мар Ас*, народа мльвѧща *Сав* ● περισπᾶσθαι, θορυβάζεσθαι заботиться, беспокоиться příliš se starat, znepokojovat se: мар'та млъвлѣаше • о мнозѣ слоужьбѣ *Л 10, 40 Зогр Мар Ас Сав.— Л 10, 41 Зогр Мар Ас Сав.— Ср.* говорити, мѧсти, мѧтити, плищевати

мль- *см. также* млъ-

МЛЬНИИ, -ниѩ *ж* (23) [млъ- *Зогр* (4) *Мар* (4) *Ас* (3) *Сав* (3) *Син* (4)] ἀστραπή молния blesk: видѣхъ сотонѫ • ѣко млъниѭ съ н⟨ебе⟩се падъша *Л 10, 18 Зогр Мар Ас Сав*; ѡсвѣтішѧ млъньѩ твоѩ въселенѭѭ *Пс 76, 19 Син*; или ꙇз гроба • ил-из града • или ꙇземънъıѩ (*вм.* из млъниѩ?) • или ꙇзъ основаниѣ храмины *Евх 54б 11.— Зогр Мар Ас Сав Син Евх Супр.— Ср.* блискъ, блисцаник, бльщаник

МЛЬЧАЛИВЪ, -ын *прил.* (6) [млъч- *Супр* (1)] ἡσύχιος, εἰρηνικός (!) молчаливый, тихий mlčenlivý, tichý: на кого призьрѫ нъ на кротъкааго и млъчаливааго *Супр 545, 6-7* ● (*наименование Иоанна Молчаливого*) ἡσυχαστής Молчаливый Silentiarius, Mlčenlivý: въ словеси отьца їѡана мльчаливааго • иже въ моностꙑри блаженааго савꙑ *Супр 278, 12.— Супр 173, 29; 204, 15; 278, 10; 294, 10-11.— Ср.* мльчальникъ, мльчальнъ

МЛЬЧАЛЬНИКЪ, -а *м* (2) ἡσυχαστής молчальник (*монах или отшельник, давший обет молчания*) mlčenlivý (*asketa, oddávající se mlčení*): веденъ бꙑ къ мльчальникоу *Супр 294, 22.— Ср.* мльчаливъ

МЛЬЧАЛЬНЪ, -ын *прил.* (1) ἥσυχος тихий, спокойный tichý, klidný: мол҄аше... довести сѧ въ мѣсто добровъгодъно и мльчально *Супр 282, 22.— Ср.* мльчаливъ

МЛЬЧАНИѤ, -иꙗ *с* (17) [млъч- *Евх* (1) *Клоц* (1) *Супр* (4)] σιωπή, σιγή, ἡσυχία, τὸ ἡσυχάσαι, ἠρεμία, ἀσταλαξία, μακροθυμία (!) молчание, тишина mlčení, tichost: млъчаниемь своимь пригваждаемъ • на распонѣ *Евх 43а 12*; хотѣх' мльчаниимъ ѩзыка си съсѧдъ съжати *Супр 396, 7* ● немота němota: не имшоу вѣрꙑ жърьцоу • млъчаник наведе на нь *Супр 249, 8* ● *монашеский или отшельнический подвиг молчания asketické zachovávání mlčení*: да кмѹ отьць нашъ сава клѣть на мльчаник *Супр 285, 4* ♦ въ мльчании быти ἡσυχίαν ἄγειν молчать (*совершать подвиг молчания*) mlčet (*jako asketa se addávat mlčeni*): онъ же въ мльчанії сꙑ • възьрѣвъ видѣ кꙑихъ бѣсъ сьсѫмнаште сѧ кго *Супр 37, 4-5.— Евх Клоц Супр Зогр-лл.— Ср.* безмлъвик; мльчати

МЛЬЧАНЬНЪ, -ын *прил.* (1) τῆς ἡσυχίας тихий tichý: изиде на мльчанъное мѣсто *Супр 273, 23.— Ср.* мльчальнъ

МЛЬЧАТИ, мльчѫ, мльчиши *несов.* (43) [млъч- *Мар* (6) *Ас* (4) *Сав* (2) *Супр* (5)] σιωπᾶν, σιγᾶν, ἡσυχάζειν, ἠρεμεῖν молчать mlčet: ꙇ⟨соу⟩с⟨ъ⟩ же мльчааше ꙇ ничьсоже не отъвѣштавааше *Мк 14, 61 Зогр Мар*; мол҄аше сѧ въ оумѣ млъча *Супр 116, 25* ● *совершать монашеский подвиг молчания, жить в молчании jako asketa se oddávat mlčení, žít v mlčení*: мльча же тоу лѣтъ шесть *Супр 288, 29* ▭ мльчи *повел. накл. в знач. част.* ἄπαγε не так, совсем нет ne tak, vůbec ne: не бо ни начьномо ни прибꙑвающе • или оухоудѣѭште • мльчи • нъ кстъствьно и самотворьно по истинѣ *Супр 327, 21.— Зогр Мар Ас Сав Супр.— Ср.* мльчаник (въ мльчании быти)

МЛѢКО, -а *с* (9) γάλα молоко mléko: оусꙑри сѧ ѣко млѣко ср⟨ьдь⟩це іхъ *Пс 118,*

70 Син; аште кто видитъ матере чѧдолюбѫ млѣка не имѫштѫ *Супр 384, 19.— Супр 96, 19, 312, 6; 312, 6-7; 312, 14; 384, 14; 384, 17; 384, 27*

МЛѢТИ, мелѭ, мелѥши (8) *несов.* [*суп.* мьлѣть *Супр* (1)] ἀλήθειν молоть mlít: бѫдете дьвѣ въ коупѣ мелѭшти • единѫ поемлѭтъ а дроугѫѭ оставлѣѭтъ *Л 17, 35 Зогр Мар*; конь же тъ приведе въ манастырь • мьлѣть • на кръмьѭ *Супр 565, 4.— Мт 24, 41 Зогр Мар Ас Сав; Супр 565, 10*

МЛѢЧЬНЪ, -ыи *прил.* (2) τοῦ γάλακτος молочный mléčný: въ младьнѣи и млѣчьнѣи пишти сѫште *Супр 397, 9.— Супр 384, 18*

мн- *см. также* мън-

многочъстъно *Евр 1, 1 Ен см.* мъногочастьно

МОАВЪ, -а *м* (?) *или нескл.* (?) *край и его жители* (3) [моавь *Син* (1), моѥвъ *Син* (1)] Μωάβ Моав Moab: села идоумѣискаѣ измаилитѣне • моѥвъ и агарѣнѣ *Пс 82, 7 Син.— Пс 59, 10 Син; 107, 10 Син*

МОГЪДАЛАМЪ *м* (?) *нескл. местность* (1) Μαγδαλάν, *вар.* Μαγαδάν Магадан, Магдала Magadan, Magdala: прѣиде вь прѣдѣлы могъдаламъ *Мт 15, 39 Сав* (магдаланьскы *Зогр Мар*, магдалинъскы *Ас*).— *Ср.* магдаланьскъ

могы(и) *см.* мощи

могѫщ- *см.* мощи

МОДЕСТЪ, -а *м имя* (1) Μόδεστος Модест Modest: мѣ⟨сѧ⟩ца нюн⟨ѣ⟩ ді с⟨вѧ⟩т⟨ыи⟩хъ м⟨ѫ⟩ч⟨ени⟩къ вита и модеста пѣстоуна его *Ас 147б 3*

МОЖДАНЪ, -ыи *прил.* (1) μεμυαλωμένος мозговой morkový: вьсесъжагаемыѩ можданы и възнесѫ тебѣ *Пс 65, 15 Син*

можь *Пс 17, 26 Син см.* мѫжь

МОИ, моꙗ, моѥ *мест.* (>1400) ἐμός, μου *род.* мой můj: къто естъ мати моѣ • и къто сѫтъ братриѣ моѣ *Мт 12, 48 Зогр Мар*; оу тебе сътворѭ пасхѫ сь оученикъми моими *Мт 26, 18 Ас* (своими *Зогр Мар Сав*); пригвоздишѧ ноѕѣ мои и рѫцѣ мои *Пс 21, 18 Син* □ моѥ *с ед.*, моꙗ *с мн. в знач. сущ.*: отъ моего приметъ *И 16, 14 Зогр Мар Ас Сав*; в'сѣ моѣ твоѣ сѫтъ *Л 15, 31 Зогр Мар Ас Сав.— Зогр Мар Ас Сав Охр Унд Боян Зогр-пал Ен Син Служ Евх Клоц Супр Зогр-лл Рыл.— Ср.* азъ (ми), свои

моиси(и) *см.* моси(и)

МОКИИ, -иꙗ *м имя* (1) Μώκιος Мокий Mocius: мѣ⟨сѧ⟩ца маѣ аі с⟨вѧ⟩таго м⟨ѫ⟩ч⟨ени⟩ка мокиꙗ *Ас 146а 28*

МОКРОТЬНЪ, -ыи *прил.* (1) ὑγρός мокрый, влажный mokrý, vlhký: видѣхъ... землѭ огнемъ оупепелѥнѫ • и всего плода праздъна • и мокротьныѩ влагы *Супр 128, 22.— Ср.* мокръ, сыръ

МОКРЪ, -ыи *прил.* (1) (мокръ быти βάπτεσθαι) мокрый mokrý: мокры бышѧ ногы нашѧ кръвьѭ нашеѭ *Супр 77, 23.— Ср.* мокротьнъ

МОЛИТВА, -ы *ж* (>400) [молитво *Син*, мо(л)тва *Служ Евх*, м(л)тва *Евх*, мтва *Служ*, мо(л) *Служ Евх*] πρεσβεία, ἱκεσία, ἱκετηρία, ἔντευξις preces, intervenire мольба, просьба prosba: посълашѧ молитвѫ • въ слѣдъ его *Л 19, 14 Зогр Мар Ас*; съ многоѭ молитвоѭ молѧшти приꙗти ѭ *Супр 515, 12* ● εὐχή, προσευχή, δέησις, παράκλησις, λιτή, λειτουργία, ἀκολουθία, ψαλμῳδία, μυσταγωγία (!) oratio молитва modlitba: бѫдетъ храмъ мои • храмъ молитвѣ *Л 19, 46 Зогр Мар*; мол⟨и⟩тва цѣлоуѭште кр⟨ь⟩стъ *Служ 1б 22*; молитвѫ нашѫ оуслыши *Киев 2б 20* ● ходатайство přímluva: въсѣхъ свѧтъихъ... намъ молитвами ихъ достоиное отъплати *Киев 7б 3*; мол⟨и⟩твами с⟨вѧ⟩тыѩ б⟨ого⟩р⟨оди⟩цѧ • и в'сѣхъ с⟨вѧ⟩тыхъ твоихъ *Евх 17б 14* ♦ молитвѫ дѣꙗти, творити, сътворити προσεύχεσθαι, πρεσβεύειν, εὔχεσθαι, ἐπεύχεσθαι, προσαδολεσχεῖν молиться/помолиться modlit se/pomodlit se: иде въ поусто мѣсто • и тоу молитвѫ дѣꙗше *Мк 1, 35 Зогр Мар Ас* (моудѣше *Сав*); молитвѫ творѧштоу къ богоу *Супр 275, 21*; молитвѫ сътворите о мнѣ къ г⟨оспо⟩доу *Супр 16, 26.— Зогр Мар Ас Сав Зогр-пал Ен Син Киев Служ Евх Супр Рыл.— Ср.* еухи, мольба, моление, прошение, ходатаиство

МОЛИТВОВАТИ, -твоуѭ, -твоуѥши *несов.* (1) πρεσβεύειν молиться modlit se: иже и дръзновение иматъ молитвовати къ богоу за ны *Супр 220, 2.— Ср.* молити

МОЛИТВЬНИКЪ, -а *м* (8) **1.** ἱκέτης, πρεσβευτής проситель prosebník: не забѫди гласоу молитвьникъ твоихъ *Пс 73, 23 Син*; имѫште бо васъ застѫп'никы • и молитвьникы *Супр 68, 11* **2.** ἱερεύς священник kněz: къ владыцѣ богови приходиши молитвьникомъ *Супр 358, 29* □ старѣишина молитвьникомъ ἀρχιερεύς первосвященник velekněz: видѣвъше же старѣишинꙑ молитвьникомъ • и фарисеи чоудеса *Супр 330, 13.— Евх 64б 14; Супр 276, 30; 359, 7; 420, 17-18.— Ср.* иереи, свѧтитель, свѧщеникъ; старѣишина молитвьникомъ *ср.* архиереи

МОЛИТВЬНЪ, -ыи *прил.* (6) **1.** ἱκετήριος, λιτάνιος, τῆς ἱκετηρίας просительный prosebný: изѫтри же вьпиѩ поуштааше гласы молитвьныѩ *Супр 36, 15-16*; молитвьныѩ и похвальныѩ пѣсни владыцѣ х⟨ристо⟩соу въсылаѭште *Супр 531, 9* **2.** домъ, храмъ

молитвьнын οἶκος εὐκτήριος, ναὸς τῆς προσευχῆς дом молитвы, храм dům modlitby, chrám: **наставлѥнꙗ въ с⟨вѧ⟩ты молитвьнꙑ твоя храмъ** *Евх 26б 5*; **потом' же б⟨о⟩жии прѣподобьнын свѧтитель • молитвънын домъ рек'ше цр'к⟨ъ⟩ве • сътворивъ оу пештерꙑ прѣложи чьстънок кго тѣло** *Супр 532, 9.— Супр 276, 17; 563, 3*

МОЛИТИ (СѦ), молѭ (сѧ), молиши (сѧ) *несов.* **кого о комь, за кого; комоу** (>500) παρακαλεῖν, ἐρωτᾶν, δεῖσθαι, ἱκετεύειν, καθικετεύειν, αἰτεῖσθαι, ἐξαιτεῖν, πρεσβεύειν, παραινεῖν, ἐκλιπαρεῖν, ἀξιοῦν (!), δυσωπεῖν, ἐπικλεῖσθαι, ἐντυγχάνειν, παρακελεύεσθαι, λιτανεύειν; (**молитвами молити** λιτὰς προσφέρειν) rogare, deprecari, precari, quaesere просить, молить prosit: **молишѧ і вьсь народъ области • ѥерѥсіньскꙑѩ • отити отъ нихъ** *Л 8, 37 Зогр Мар Сав*; **азъ о сихъ молѭ • не о вьсемь мирѣ молѭ • нъ о сихъ ѩже далъ еси мьнѣ** *И 17, 9 Зогр Мар Ас Сав* (2); **молите • за творѧштаѩ вамъ напасти** *Мт 5, 44 Зогр Мар Ас* (**молитвѫ дѣите о напастьствѹѭщихъ** *Сав*); **молихъ сѧ оученикомъ твоимъ • да іжденѫтъ і • і не възмогѫ** *Л 9, 40 Зогр Мар Ас Сав*; **молите сѧ оубо г⟨оспо⟩д⟨и⟩ноу жѧтвѣ • да ізведетъ дѣлатеља • на жѧтвѫ своѭ** *Мт 9, 38 Зогр Мар* ● *только* **молити сѧ** προσεύχεσθαι, εὔχεσθαι, ποιεῖν τὴν εὐχήν, ὑπερεύχεσθαι молиться modlit se: **молим(ъ) ти сѧ • і мольбꙑ дѣемъ • и п(ро)симъ • і тебѣ сѧ молимъ** *Служ За 4*; **тебѣ молѧтъ сѧ звѣздꙑ** *Евх 4а 6*; **моли сѧ за мѧ да избѫдѫ грѣхъ моихъ** *Супр 235, 10.— Зогр Мар Ас Сав Боян Ен Син Киев Служ Евх Клоц Супр Рыл Зогр-лл.— Ср.* **молитвовати, просити, молитва (молитвѫ дѣіати, творити), мольба (мольбѫ творити, мольбꙑ дѣіати)**

МОЛЬБА, -ꙑ *ж* (10) ἱκεσία просьба, мольба prosba: **сь многоѭ мольбоѭ молѣаше сѧ кмоу** *Супр 529, 26*; **мольбѫ приношааше кд'номоу срьдьчьнаꙗ вѣдѫштоуоумоу владꙑцѣ • и к' нѥмоу акꙑ къ чловѣколюбьцоу въ оумѣ въпиꙗше** *Супр 391, 20* ● εὐχή, δέησις молитва modlitba: **колѣна прѣкланѣѥти • ѡ мольбѣ нашихъ грѣхъ** *Евх 62а 2*; **да съ такоѭ оубо мольбоѭ и доушеѭ • небесьнꙑѩ таинꙑ приимемъ** *Супр 507, 19* ◆ **мольбѫ творити, мольбꙑ дѣіати** εὔχεσθαι молиться modlit se: **онъ же о таинъихъ мольбѫ творѧ** *Супр 141, 17*; **мольбꙑ дѣемъ • и п(ро)симъ** *Служ За 4.— Супр 97, 1; 493, 17; 529, 26; 544, 15; Рыл 4аа 29-30.— Ср.* **ѥухи, молитва, моленик, прошеник**

МОЛЕНИѤ, -иꙗ *с* (16) [**м(л)..** *Ен* (1)] δέησις, παράκλησις, αἴτημα просьба, мольба prosba: **м⟨о⟩л⟨и⟩твоѫ и м⟨о⟩л.. хвалоѫ прин.. съказаѫтъ** *Фил 4, 6 Ен*; **вѣръꙗаꙗ же та мѫжа молѧста сѧ км⟨оу⟩ съ слъзами • приꙗти моленик кю** *Супр 203, 21* ● προσευχή, δέησις, ἱκεσία молитва modlitba: **г⟨оспод⟩ъ моленье мое приꙗтъ** *Пс 6, 10 Син*; **тѣмьже примни вл⟨адꙑ⟩ко наша моленѣ** *Евх 65а 21.— Ен Син Евх Супр.— Ср.* **молитва, мольба**

МОМСОУѤСТИНСКЪ, -ꙑн *прил. к названию города Момпсуестия* (1) τῆς Μοψουεστίας момпсуестийский mompsuestský: **на ѳеодωра момсоукстиїскааго** *Супр 301, 28-29*

МОНИСТО, -а *с* (1) κόσμος ожерелье, монисто náhrdelník: **ѣко невѣстѫ оукраси мѧ монистꙑ** *Евх 98а 1-2*

монастꙑрь *Супр см.* **манастꙑрь**

МОРАВА, -ꙑ *ж страна* (1) *греч. нет* Моравия Morava: **меѳодіа • арх⟨иеписко⟩па вꙑшнѩѩ моравъи** *Ас 145б 22*

морескъ *Пс 77, 27 Син см.* **морьскъ**

МОРЪ, -а *м* (3) λοιμός чума mor: **глади и мори бѫдѫтъ** *Л 21, 11 Мар*, [**въ**] **мори** *Зогр.— Ен 22а 3.— Ср.* **осъпа**

моръскъ *Мар Ас Ен Син Евх Супр Хил см.* **морьскъ**

МОРЬСКЪ, -ꙑн *прил.* (28) [**-ръс-** *Мар* (1) *Ас* (1) *Ен* (1) *Син* (4) *Евх* (5) *Супр* (1) *Хил* (1), **-рес-** *Син* (1)] τῆς θαλάσσης, ἁλμυρός, ἁλιευτικός, τοῦ ὕδατος (!) морской, моря *род.* mořský, moře *род.*: **оунѣе емоу естъ да... потопитъ і въ пѫчинѣ морьстѣи** *Мт 18, 6 Мар*; **рꙑбꙑ моръскꙑѩ** *Пс 8, 9 Син*; **влънꙑ морьскꙑѩ** *Супр 477, 11.— Зогр Мар Ас Сав Ен Син Евх Супр Хил*

МОРѤ, -риꙗ *с* (>200) θάλασσα; (**при мори** παραθαλάσσιος) море moře: **ходѧ же при мори галилѣисцѣмь • видѣ дъва братра** *Мт 4, 18 Зогр Ас Сав (∅ Мар)*; **овладаетъ отъ морѣ і до морѣ** *Пс 71, 8 Син*; **остати сѧ бога сътворьшааго небо и землѭ и море** *Супр 262, 13-14* ● *перен.* θάλασσα юг jih: **северъ ї море тꙑ създа** *Пс 88, 13 Син*; **отъ въстокъ і западъ і сѣвера и морѣ** *Пс 106, 3 Син* ◆ **море мрьтво** Θάλασσα Νεκρά Мёртвое море Mrtvé moře: **видѣхъ и море мрътво** *Супр 128, 23*; **море оточьнок** *см.* **отечьнъ.— Зогр Мар Ас Сав Боян Зогр-пал Син Евх Клоц Супр**

мосеи *Мар Ас Сав Евх Супр см.* **моси(и)**

МОСЕОВЪ, МОСѢОВЪ *прил. к* **моси(и)** (20) [**мосе-** *Мар* (3) *Ас* (5) *Сав* (1) *Боян* (1), **мосѣ-** *Зогр* (4) *Мар* (3) *Син* (2), **мѵсѣовъ** *Зогр* (1)] τοῦ Μωϋσέως, τοῦ Μωϋσῆ Моисеев Mojžíšův: **по законоу мѵсѣовоу** *Л 2, 22 Зогр Мар Сав Боян*; **молитва мосѣова** *Пс 89, 1 Син.— Зогр Мар Ас Сав Боян Син.— Ср.* **мосиинъ**

МОСИ(И) и МОИСИ(И), -сеа *и* **-сеꙗ** *и*

-сѣа *и* -сѣꙗ *и* -сиꙗ *м имя* (>100) [*им.* моси *Зогр Мар Ас Сав Клоц Супр,* мѡси *Зогр Супр,* мѵси (!) *Зогр,* монси *Сав Ен,* мѡнси *Супр,* моѵси *Супр,* мосии *Мар Ас,* монсии *Ас Ен,* мѡѵсии *Супр;* мосе- *Мар Ас Сав Евх Супр,* мосѣ- *Зогр Мар Евх Син Клоц; род.* мѡѵсиꙗ *Супр, дат.* моси(и) *Ас Сав Ен*] Μωϋσῆς, Μωσῆς Моисей Mojžíš: сего ради дастъ вамъ моси обрѣзание *И 7, 22 Зогр Мар Ас.— Зогр Мар Ас Сав Ен Син Евх Клоц Супр*

МОСИИНЪ *прил. к* моси(и) (1) τοῦ Μωϋσέως Моисеев, Моисея *род.* Mojžíšův: мѡѵсиино же понеже кротъкъ бѣ *Супр 383, 23.— Ср.* мосеовъ

мосовъ *Л 3, 25 Зогр см.* амосовъ

МОСТЪ, -а *м* (2) γέφυρα мост most: егда прѣлѣзоша мостъ *Супр 254, 13.— Супр 53, 8*

мосѣи *Зогр Мар Евх Син Клоц см.* моси(и)

мосѣовъ *Зогр Мар Син см.* мосеовъ

МОТЫКА, -ы *ж* (1) ὀρύγιον мотыга motyka: они же мотꙑкꙑ и рꙑла вьземъше копаша *Супр 219, 7*

МОТЫЛА, -ы *ж* (1) φορτίον (!) испражнения výkal: иже въ мотꙑлꙑ мѣсто нечистꙑꙗ жтробꙑ • жтробѫ вьсѫ изваливъ *Супр 190, 5*

МОЩИ[1], -ии *ж мн.* (14) λείψανον, τὰ σώματα мощи ostatky: обрѣтение мощемъ с⟨вѧ⟩таа⟨го⟩ м⟨ѫ⟩ч⟨ени⟩ка стеф⟨а⟩на *Ас 118б 21.— Ас 141а 29; 141б 4; 141б 6; 149б 23; Ен 30б 10; Супр 114, 20; 209, 4; 218, 17-18; 219, 5; 219, 8; 219, 13; 219, 16; 219, 23; 508, 27.— Ср.* останъкъ, остатъкъ

МОЩИ[2], могѫ, можеши *несов.* (>600) **1.** *с инф.* δύνασθαι, ἰσχύειν, ἀνέχεσθαι, ἔχειν, δυνατὸν εἶναι, ὑπομένειν, ἐπαρκεῖν, τολμᾶν, χωρεῖν; (не мощи ἀδυνατεῖν, ἀπέχειν τοῦ δύνασθαι) мочь moci, být schopen, být s to: како можете добро творити зьли сѫште *Мт 12, 34 Зогр Мар Ас Сав;* аще к'то алъкати не можетъ *Евх 103б 22;* да виждѫ може ли измꙑти себе *Супр 27, 24* ● *с оттенком вспомогат. глагола буд. времени* (*на месте греч. буд. времени*): како могѫ азъ сътворити неприꙗзниное се дѣло *Супр 366, 7* □ елико сила можетъ *см.* сила **2.** *без доп.* ἰσχύειν быть сильным, могущественным, иметь власть být silný, mocný, mít moc: вьсѣч'скꙑ сѧ вьсѣмъ показааше мошти *Супр 276, 26* **3.** *вспомогат. глагол повел. накл. с отрицанием:* не мози не вѣровати *Супр 239, 3;* не мози мене оставити *Супр 539, 8-9;* не мозѣмъ ризъ штадѣти *Супр 90, 25.— Зогр Мар Ас Сав Боян Ен Син Евх Клоц Супр Хил Рыл Зогр-лл.— Ср.* хотѣти; небрѣщи

МОЩЬ, -и *ж* (4) δύναμις, ἰσχύς мощь, сила moc, síla: прѣстави и отъ немощи въ мощь *Евх 25а 11.— Супр 27, 7; 379, 5; 413, 21.— Ср.* крѣпость, сила

МОЩЬНЪ, -ын *прил.* (12) **1.** мощьнъ (быти) δυνατὸν (εἶναι) мочь, быть способным, быть в состоянии moci, být schopen, být s to: ꙗко моштенъ естъ отъ мѫжь твоихъ соуѥтьнꙑихъ избавити мене *Супр 153, 13;* моштьнъ бо естъ въставити мѧ из гроба *Супр 536, 13-14* **2.** δυνάμενος возможный možný: вьсе моштьно исправити • волꙗ емоу бѣ дана *Супр 414, 3;* вѣдьно же и необраштемо д⟨оу⟩шѫ моштьнѫ очесꙑ многꙑ *Зогр-лл 1б 13* □ мощьно (естъ) δυνατόν (ἐστιν); (ꙗкоже мощьно ὡς οἷόν τε) можно, возможно je možno, lze: тъчьѭ нъ і бꙑти вь н҃ь моштьно естъ аште подвижемъ сѧ *Супр 383, 18;* законоу оубо црькъвноуоумоу • покарѣѧ сѧ присѧгохъ • ꙗкоже моштьно стѧжати *Супр 508, 14* ◆ не мощьнъ *см.* немощьнъ.— *Супр 296, 26; 414, 18; 421, 24; 514, 5; 534, 14-15; Зогр-лл 2б 19.— Ср.* възможьнъ; мощьно естъ *см.* льѕѣ, достоꙗти (достоитъ)

МОЧИТИ, мочѫ, мочиши *несов.* (3) βρέχειν мочить smáčet, skrápět: начѧтъ мочити нозѣ его сльзами *Л 7, 38 Зогр Мар* (омакаті *Ас*); *Супр 391, 11-12.— Ср.* омакати

МОШЬНА, -ы *ж* (2) πήρα сума, мошна mošna: не сътѧжите... ни мошьнꙑ на пѫти • ни дъвою ризоу *Мт 10, 10 Зогр Мар.— Ср.* врѣтище, вълагалище, пира

моѣвъ *Пс 82, 7 Син см.* моавъ

моусн(и) *см.* моси(и)

МРАЗИТИ, мражѫ, мразиши *несов.* (2) πηγνύναι морозить mrazit: ѥждени трѧсавицѧ... мразѧщиѭ плъть его *Евх 44б 25.— Супр 89, 22*

МРАЗЪ, -а *м* (5) **1.** πάχνη, πῆξις мороз mráz: повелѣша... и влѣшти • вънъ на мразъ *Супр 261, 9* **2.** κρύσταλλος лёд led: ізбави отъ снѣга • і отъ мраза *Евх 14а 7.— Супр 78, 8; 89, 30; 90, 6*

МРАЗЬНЪ, -ын *прил.* (1) ὁ διὰ τοῦ κρύους морозный mrazivý: отъвръгъ къждо и послѣдьнѭѭ срачицѫ къ съмрьти мразьнѣи идѣахѫ *Супр 90, 17*

МРАКЪ, -а *м* (9) γνόφας, ἀμαύρωσις, παννυξία (!) мрак temnota, tma: тъма же и мракъ • на анѳупата и на поганꙑꙗ просꙑпа сѧ *Супр 110, 18;* повели съхранити свѣтъ мрака его *Евх 32б 11.— Пс 96, 2 Син; Евх 32б 7; 32б 12-13; 78а 6-7; Супр 277, 11; 461, 19; 465, 1.— Ср.* тьма

МРАЧЬНЪ, -ын *прил.* (4) ζοφερός, γνοφώδης, ἐσκοτισμένος темный, мрачный temný, mračný: мрачьна и тьмьна вьздоуха сътвориста *Супр 52, 23* ● *перен.*: съхрани ны отъ мрачьныꙗ тъмы грѣховьныꙗ *Евх 37б 20*; ѡ... како не оустрашиша сѧ кмѹ власи • съ мрачьныимъ емоу оумомъ *Супр 66, 3* ▭ мрачьнъ *м ед. в знач. сущ.* λαῖλαψ бурный ветер vichr: видѣша вьнезаапъ искочивъша ис кръчага • два мрачна люта *Супр 52, 21.— Ср.* тьмьнъ

МРЬЗОСТЬ, -и *ж* (12) [мръз- *Зогр* (1) *Мар* (3) *Ас* (2) *Син* (1)] βδέλυγμα мерзость ohavnost, hanebnost: егда же оузьрите мрьзость запоустѣньѣ • реченѫѭ даниломь пророкомь *Мк 13, 14 Зогр Мар*; положишѧ мѧ въ мръзость себѣ *Пс 87, 9 Син.— Мт 24, 15 Мар Ас Сав Боян; Л 16, 15 Зогр Мар Ас Сав; Супр 545, 17-18*

МРЬЗЪКЪ *прил.* (1) *греч. нет* мерзкий mrzký, odporný: стоудьна ι мрьзъка • неб⟨е⟩сънымъ ι земьнымъ сътворишѧ мѧ *Евх 78б 2-3.— Ср.* стоудовьнъ, стоудьнъ

МРЬЗѢТИ, мрьжѫ, мрьзиши *несов.* комоу (3) [мръз- *Син* (3)] βδελύσσεσθαι быть омерзительным, вызывать отвращение být odporný, hnusit se: весь день словеса моѣ мръзѣахѫ ιмъ *Пс 55, 6 Син.— Пс 5, 7 Син; 118, 163 Син*

МРЬКНѪТИ, -нѫ, -неши *сов.* (7) [мрък- *Зогр* (2) *Мар* (1) *Ас* (2) *Син* (1)] ἐκλείπειν, σκοτίζεσθαι, σκοτάζειν померкнуть zatmít se: слъньцю мръкъшю • ι катапетазма цръковьнаѣ • раздъра сѧ *Л 23, 45 Зогр Ас* (помръче *Мар*).— *Мт 24, 29 Зогр Мар Ас Сав; Пс 104, 28 Син.— Ср.* омрькнѫти, помрькнѫти, оумрькнѫти, омрачити

МРЬТВОСТЬ, -и *ж* (3) [мрът- *Евх* (1)] **1.** οἱ νεκροί (!) умирание umírání: ты въ сьмрьти... ты въ мрьтвости ты выше мрьтвости... родителю присно сꙑи *Супр 505, 7 и 8* **2.** νέκρωσις умерщвление umrtvení: ризѫ же правьдѣ пособоуѩ • а поѣсъ мрътвость тѣлоу *Евх 99а 8.— Ср.* оумрьцвлѥние

МРЬТВЪ, -ꙑи *прил.* (>250) [мрът- *Зогр Мар Ас Боян Ен Син Евх Клоц Супр,* мрьт- *Сав* (1)] νεκρός, τεθνηκώς, κουφός (!), ὑπεύθυνος (!) мертвый mrtvý, mrtev: с⟨ы⟩нъ мои сь • мрътвъ бѣ ι оживе *Л 15, 24 Зогр Мар Ас Сав*; егда сьрѣте нѣкого износима въ вратѣхъ мрьтва *Супр 307, 2* ▭ мрьтвꙑи *м в знач. сущ.* мертвец mrtvý: еда мрътвымь сътвориши чюдеса *Пс 87, 11 Син*; живымъ ι мрътвымъ сѫдιтель ѥвлѥетъ сѧ *Клоц 11а 2*; за м⟨рътвыѩ⟩ *Ас 13а 19* ◆ отъ, из мрьтвꙑихъ въстати, въскрьснѫти ἐκ νεκρῶν ἀνίστασθαι восстать из мертвых, воскреснуть vstát z mrtvých: ιоанъ крьстѧι въста отъ мрътвыхъ *Мк 6, 14 Зогр Мар Ас*; чьто естъ еже ιз мрътвыхъ въскрьснѫти *Мк 9, 10 Зогр Мар*; по законоу мрьтвꙑимъ *см.* законъ.— *Зогр Мар Ас Сав Боян Ен Син Евх Клоц Супр Хил.— Ср.* мрьтвьць

МРЬТВЬЦЬ, -а *м* (19) [мрът- *Зогр* (2) *Мар* (2) *Ас* (2) *Клоц* (1)] νεκρός мертвый, мертвец mrtvý, zemřelý: остави мрътвыѩ • погрети своѩ мрътвьцѧ *Мт 8, 22 Зогр Мар Ас* (мрьтвыхъ *Сав*); рѫкѫ положи на мрьтвьци *Супр 537, 3-4.— Зогр Мар Ас Клоц Супр.— Ср.* мрьтвъ

мрьцати *см.* немрьчемъ, немрьчѧи

МРЬЧЕНИѤ, -ниа *с* (1) ζοφερός (!) мерцание, затмение, темнота zatmění, temnota: из'кавьѥниꙗ просѧште... мрьчениꙗ прѣтьмнаaго мрака *Супр 461, 18-19.— Ср.* тьма

МРѢЖА, -ѧ *ж* (43) δίκτυον, ἀμφίβληστρον, παγίς сеть, мережа síť: видѣ дъва братра... вьмѣтаѭшта мрѣжѧ въ море *Мт 4, 18 Зогр Ас Сав*; никтоже того прѣскочи сѣтии • никтоже того мрѣжь гонезнѫ *Супр 238, 16.— Зогр Мар Ас Сав Супр.— Ср.* неводъ, сѣть

МРѢКОРИꙖ, -иꙗ *ж* (2) *греч. нет* претория prétorský palác: б⟨ог⟩ъ... веденъ вои пилаци • въ мрѣкориѭ • ѡ немьже съвьрашѧ сѧ въ мрѣкории *Евх 49б 22 и 23-24.— Ср.* преторъ, притворъ, сѫдище

МРѢТИ, мьрѫ, мьреши *несов.* (3) φθείρεσθαι умирать, гибнуть mřít, hynout: гладъмъ мъры *Супр 291, 14.— Мк 15, 44 Ас; Супр 398, 24-25*

моуд- *см.* мѫд-

моука *Клоц 3б 16; 10б 20 см.* мѫка

МОУРИНЪ, -а *м, мн.* моури (2) Αἰθίοψ эфиоп, мавр Etiop, mouřenín: моурι *глосса к* прѣдо нь прιпадѫтъ етιопѣнι *Пс 71, 9 Син*; моуромъ *глосса к* далъ еси брашьно людемъ етιопьскомъ *Пс 73, 14 Син.— Ср.* етиопѣне

МОУСИКИИСКЪ, -ꙑи *прил.* (1) *греч. нет* играющий, занимающийся музыкой hrající, provozující hudbu: мы сънасомъ сѧ... моусикиискыхъ д⟨ѣ⟩въ • слышати гѫслеи г⟨лаго⟩лѭщиихъ *Евх 88а 3*

МОУХА, -ꙑ *ж* (3) μυῖα муха moucha: сѣдѣахѫ окрѫгъ тѣлесоу кю • ꙗкоже и моухꙑ отъ нѥю отъгонити *Супр 14, 30* ◆ пьсиꙗ моухꙑ *мн.* κυνόμυια *вид мух druh much*: посъла на нꙗ песьꙗ моухꙑ *Пс 77, 45 Син.— Пс 104, 31 Син*

мѡиси, мѡси, мѡѵси *Зогр Супр см.* мосеи

мѡѵсиинъ *Супр 383, 23 см.* мосиинъ

мъдлость *Клоц 2б 30; 5б 9 см.* мьдлость

мъз- *см.* мьз-

мън- *см. также* мьн-

МЪНАСЪ, МНАСЬ *ж нескл.* (*из греч.*) (29) [мънасъ *Зогр* (7), *Мар* (8), мън(с)ъ *Мар* (1), м'насъ *Зогр* (1), мънась *Зогр* (1), мьнасъ *Мар* (1), мнась *Зогр* (1) *Ас* (8) *Супр* (1)] μνᾶ, μνᾶς мина hřivna: мънась твоѣ г⟨оспод⟩и сътвори •д̄• мънасъ *Л 19, 18 Зогр Мар Ас*; при[с]носи отъ ѥдноѩ мнась • овь пѧть овъ десѧть принесоста *Супр 376, 3.— Зогр Мар Ас Супр*

МЪНИХЪ, -а *м* (1) *греч. нет* монах mnich: мол⟨итва⟩ над⟨ъ⟩ оумеръшиим⟨ъ⟩ • свѧщ⟨е⟩никомь • ли м'нихомъ *Евх 57б 13.— Ср.* чрьноризьць, чрьньць

МЪНИШЬСКЪ, -ын *прил.* (4) [мьнишъ- *Евх* (4)] τῶν μοναζόντων, τοῦ μοναχοῦ, μοναδικός монашеский mnišský: причѧстити сѧ вь ликъ мьнишъскън *Евх 86б 24.— Евх 80б 2; 87а 20-21; 90б 7.— Ср.* иночьскъ, чрьноризьчьскъ, чрьноризьскъ, чрьньчьскъ

МЪНОГАШЬДЫ, МЪНОГАШЬДИ, МЪНОГАЩИ *нареч.* (24) [мъногашъды *Сав* (1), многаштн *Клоц* (1), многаш'ди *Супр* (6), многашди *Супр* (12), многащи *Ас* (1) *Сав* (1) *Супр* (1), многыщи *Зогр-лл* (1)] πολλάκις, ὡς τὰ πολλά, πλειστάκις, πλεονάκις, πολλαχοῦ многократно, много раз mnohdy, mnohokrát: многащи і въ огнь въврьже *Мк 9, 22 Сав* (множицеѭ *Зогр Мар Ас*); ѥже многащди глаголахъ *Супр 446, 16.— Ас Сав Клоц Супр Зогр-лл.— Ср.* мъногочѧстьно, мъножицеѭ

МЪНОГО *нареч., сравн. ст.* мъножаѥ (89) [мьного *Мар* (4) *Ас* (1) *Син* (1), м'ного *Супр* (2), много *Зогр* (23) *Мар* (1) *Сав* (8) *Боян* (1) *Супр* (17) *Зогр-лл* (1)] πολύ, πολλά, πολύς, σφοδρῶς, πολλάκις, μυρία, πλεῖστα много, очень mnoho, velmi: много бо пострадахъ дньсь въ сънѣ его ради *Мт 27, 19 Зогр Мар Ас Сав*; мьного пришельствова д⟨оу⟩ша моѣ *Пс 119, 6 Син*; ѣко покаашѧ сѧ въ проповѣдь • іонинѫ • і се мъножаѥ сьде іоны *Л 11, 32 Зогр*, мъножѣе *Мар* ● *в знач. числ. неопр.* много mnoho: много дьнии нс коусъ имѫште *Супр 301, 10* ◆ м ъ н о г о к р а т ы *см.* кратъ.— *Зогр Мар Ас Сав Унд Боян Син Супр Зогр-лл.— Ср.* ѕѣло, вельми

МЪНОГОБОЖЬСТВО, -а *с* (1) πολυθεΐα многобожие mnohobožství: нс корене ископати многобожьство *Супр 357, 16*

МЪНОГОБОЛѢЗНЬНЪ, -ын *прил.* (2) [мно- *Супр* (2)] πολύπονος страдающий многими болезнями, многострадальный mnohými bolestmi trpící: кто оубо тъ многоболѣзньнын • и многотроудънын • и отъ вьсѣхъ мештемъ *Супр 436, 12-13.— Супр 436, 28*

МЪНОГОВЛЬНЬНЪ, -ын *прил.* (1) *греч. нет* волнистый, извилистый zvlněný, křivolaký: хотѧ же ходити многовлънънымъ пѫтьмь поустынънынхъ *Супр 547, 11-12*

МЪНОГОГЛАВЬНЪ, -ын *прил.* (1) πολυκέφαλος многоголовый, многоглавый mnohohlavý: многоглавънын... змии *Супр 186, 11-12*

МЪНОГОГЛАГОЛАНИѤ, -ниа *с* (1) *греч. нет* многословие, многоречие mnohomluvnost: то сѧ останѫ м'ногог⟨лаго⟩ланьѣ • страхъ (бо) велеи • одрьжитъ (ме ѡ сеи) • повѣсти *Рыл 5ба 14-15.— Ср.* глаголаниѥ (мъного глаголаниѥ)

МЪНОГОГЛАГОЛАТИ, -лѭ, -лѥши *несов.* (1) πολυλογεῖν излишне много говорить, болтать příliš mnoho mluvit, tlachat: не многоглаголите *Супр 70, 10.— Ср.* глаголати (лихо глаголати)

МЪНОГОДЬНЬНЪ, -ын *прил.* (1) *греч. нет* многодневный mnohadenní: хотѣаше погребеньи отъврѣшти дрьжимыѩ многодьньнъиѩ залогы *Супр 472, 25-26*

МЪНОГОДѢТѢЛЬНЪ, -ын *прил.* (1) *греч. нет* трудный namáhavý, obtížný: то же полоучивъ • окы вешти многодѣтѣльнѣ ѥмоу съдѣланѣ *Супр 546, 22*

МЪНОГОЛИЧЬНЪ, -ын *прил.* (1) *греч. нет* разнообразный rozmanitý: врачевати • розличьныѩ и многоличъныѩ ѩзѧ *Супр 556, 3.— Ср.* мъногоразличьнъ, различьнъ

МЪНОГОЛИЧЬНѢ *нареч.* (1) *греч. нет* разнообразно rozličnými způsoby: побѣждени от ѥго м'ноголичнѣ *Супр 566, 28-29.— Ср.* мъногоразличьно, различь

МЪНОГОЛѢТЪНЪ, -ын *прил.* (1) *греч. нет* многолетний mnohaletý: дажди съдравие рабоу твоемоу семоу • м'ноголѣтъно *Евх 42б 9-10*

МЪНОГОМИЛОСТИВЪ, -ын *прил.* (4) [м'но- *Евх* (2), мно- *Евх* (1) *Супр* (1)] πολυέλεος всемилостивый, многомилостивый přemilosrdný: прѣщедръ б⟨о⟩же • і м'ногомилостиве *Евх 92б 2-3.— Евх 73б 3; 78б 9-10; Супр 535, 23.— Ср.* прѣмилостивъ

МЪНОГООБРАЗЬНЪ, -ын *прил.* (4) [м'ного- *Евх* (1), много- *Евх* (1) *Супр* (2)] πολύμορφος, πολύτροπος многообразный mnohotvárný, mající mnoho podob: многообразънын змии • диꙗволъ *Супр 186, 12-13.— Евх 53б 21; 94а 23-24; Супр 429, 17*

МЪНОГООЧИТЕЛЬНЪ, -ын *прил.* (1) πολυόμματος многоокий mnohooký: видѧтъ безъ очию • съзъдавъшааго многоочитеѧнаго *Супр 456, 4-5.— Ср.* мъногоочитъ

МЪНОГООЧИТЪ, -ын *прил.* (3) [мно- *Супр* (2)] πολυόμματος многоокий mnohooký: мъногоочитии херовими *Евх 4а 16-17.— Супр 458, 15-16; 463, 19.— Ср.* мъногоочитеѧьнъ

МЪНОГОПЛАЧЬНЪ, -ын *прил.* (1) πολυπενθής полный слез, исполненный печали naplněný pláčem, plný zármutku: ѡ многообразьнааго дьни • ѡ многоплачьнааго и безплачьнааго *Супр 429, 17-18*

МЪНОГОПЛОДЬНЪ, -ын *прил.* (1) πολυτόκος многоплодный velmi plodný: стада ихъ многоплодъна сътвори *Евх 15б 16*

мъногопрьвын *Супр 503, 25 см.* мъногопьривъ

МЪНОГОПЬРИВЪ, -ын *прил.* (1) πολυπράγμων любопытный všetečný: принеси си ржкж многопрьвжж (!) и любовычжштж и вложи вь ребро мок *Супр 503, 25*

МЪНОГОРАЗЛИЧИѤ, -ига *с* (1) ποικίλος (!) многообразие různost: власъ многоразличьѣ • оуподобль *Евх 8б 10-11.— Ср.* различик

МЪНОГОРАЗЛИЧЬНО *нареч.* (1) πολυτρόπως многообразно rozličně, mnoha způsoby: многочъстъно и многоразлично • древе г⟨лаго⟩лавъ б⟨ог⟩ъ о⟨тъ⟩цемъ п⟨ро⟩рокы *Евр 1, 1 Ен.— Ср.* мъноголичьнѣ, различь

МЪНОГОРАЗЛИЧЬНЪ, -ын *прил.* (1) *греч. нет* многообразный velmi rozličný, přerozmanitý: многоразличьнии херовими *Евх 45б 22.— Ср.* мъноголичьнъ, различьнъ

МЪНОГОСИЛЬНЪ, -ын *прил.* (1) πολυδύναμος очень сильный, могучий velmi silný, mohutný: ста крьстъ многосильнага сила *Супр 428, 5*

МЪНОГОТРОУДЬНЪ, -ын *прил.* (1) πολυώδυνος многострадальный, многотрудный stižený mnohým utrpením: кто оубо тъ многоболѣзньнъін • и многотроудънъін *Супр 436, 13*

МЪНОГОЦѢНЬНЪ, -ын *прил.* (16) [м'ного- *Супр* (1), мьного- *Мар* (1), много- *Зогр* (2) *Ас* (2) *Сав* (1) *Супр* (7)] πολύτιμος, πολυτελής, πολυτίμητος, τίμιος, πολυτελέστερος драгоценный, дорогой drahocenný, drahý: приімъши • ливрж хризмы • нарда пистикиѩ • многоцѣнны • помаза ноѕѣ *И 12, 3 Зогр Мар Ас Сав*; иже златомъ м'ногоцѣнънымь оукрашены *Супр 220, 16-17.— Зогр Мар Ас Сав Супр.— Ср.* бецѣньнъ, драгъ, прѣдрагъ

мъногочъстъно *Евр 1, 1 Ен см.* мъногочѧстьно

МЪНОГОЧЬСТЬНЪ, -ын *прил.* (1) πολυσέβαστος достойный глубокого уважения, глубокочтимый vysoce ctěný, vážený: м'ногочестъноумоу имени твоемоу • дивимъ сѧ *Евх 1а 4-5.— Ср.* прѣчьстьнъ

МЪНОГОЧѦСТЬНО *нареч.* (1) πολυμερῶς очень часто, многократно velmi často, častokrát: многочъстъно (!) и многоразлично • древе г⟨лаго⟩лавъ б⟨ог⟩ъ о⟨тъ⟩цемъ п⟨ро⟩рокы *Евр 1, 1 Ен.— Ср.* мъногашьды, мъножицеѭ

МЪНОГЪ, -ын *мест.-прил., сравн. ст.* мъножаи (>900) [мьн- *Мар* (20) *Ас* (7) *Сав* (2) *Син* (5) *Супр* (2), мн- *Зогр Мар Ас Сав Унд Боян Ен Син Евх Клоц Супр*] πολύς, πλείων, πλεῖστος, ἱκανός, ἄπειρος, ἀναρίθμητος, πάμπολυς, μύριος, ποικίλος, ἐγκύκλιος, συχνός, πλαστός (!), τοιοῦτος, τοσοῦτος, τὸ πλῆθος многий, многочисленный mnohý, četný, hojný: оузьрѣвъ же и⟨соу⟩с⟨ъ⟩ • многы народы окрьстъ себе *Мт 8, 18 Зогр Мар*, многъ народъ *Ас Сав*; многа еси створилъ ты г⟨оспод⟩ι б⟨о⟩же мои чюдеса твоѣ *Пс 39, 6 Син*; вь ѩихъже бышѧ множашѧ силы *Мт 11, 20 Зогр*, мъножѣишѧѩ *Мар*; множаишии же ихъ въ доунавѣ бѣжаште истопиѩшѧ *Супр 197, 9* ● большой, значительный velký, značný: мъзда ваша многа естъ на небесехъ *Мт 5, 12 Зогр Ас Сав*; не с⟨ъ⟩п⟨а⟩етъ сѧ ц⟨ѣса⟩рь многѫ силѫ (! *вм.* многоѭ силоѭ) *Пс 32, 16 Син* ▭ мъноѕи *мн. в знач. сущ.* многие, множество mnoho lidí, množství: ι абье събърашѧ сѧ мнози *Мк 2, 2 Зогр Мар Ас Сав*; оузърѧтъ мнози ι оубоѩтъ сѧ *Пс 39, 4 Син* ◆ на мъного, на мъноѕѣ, по мъногоу ἐπὶ πολύ, ἐπὶ πλείους, πολλά весьма, очень, долго velmi, velice, dlouho: на много растворивъ двьрьца *Супр 554, 26*; на мнозѣ помоливъ сѧ *Супр 119, 8*; ѣко по мьногоу ї сплънихомъ сѧ оуничьженїѣ *Пс 122, 3-4 Син*; не по мъногоу, не по мъноѕѣ *см.* немъногъ; мъногы краты, мъногъ краты *см.* кратъ; мъного глаголаник *см.* глаголаник; мъногы годы *см.* годъ.— *Зогр Мар Ас Сав Охр Унд Боян Зогр-пал Ен Син Евх Клоц Супр Хил Рыл Зогр-лл.— Ср.* велии

мъногъкраты *см.* кратъ

мъногыщи *Зогр-лл 2а 15 см.* мъногашьды

МЪНОЖАТИ, -аѭ, -акши *несов.* (1) *греч. нет* множиться, умножаться množit se, přibývat: множаѭштем' же иностань кликоже д'нії • вънидѫ с ѩимъ прѣбываѭштимъ... не довьлѣахѫ воды развѣ на мало дни *Супр 549, 17.— Ср.* мъножити сѧ, оумъножати

МЪНОЖИТИ СѦ, -жѫ сѧ, -жиши сѧ *несов.* (5) [мн- *Евх* (1) *Клоц* (1) *Супр* (3)] πληθύνεσθαι, αὐξάνεσθαι размножаться rozmnožovat se: растіте сѧ ι множіте сѧ • ι исплъніте землѭ *Клоц 8а 22*; тъгда видѣвъ саторнинъ божиѭ благодѣтиѭ множаштѫ сѧ братиѭ *Супр 207, 2* ● *перен.* приходить в большом количестве přicházet v hojném počtu: стран'нії множаахѫ сѧ к ѩемоу • добрыѩ ради воиѩ имени кго *Супр 549, 12.— Евх 89а 12; Супр 541, 8.— Ср.* мъножати, оумъножати

МЪНОЖИЦЕѬ *нареч.* (20) [мн- *Зогр* (3) *Ас* (3) *Сав* (2) *Ен* (1) *Син* (1) *Клоц* (1), мьн- *Син* (2), ..ницеѫ *Ен* (1)] πολλάκις, πολλαπλασίονα, πλεονάκις нередко, многократно, часто mnohdy, mnohokrát, často: ѣко множицеѩ събираше сѧ и⟨соу⟩с⟨ъ⟩ • тоу съ оученикы своими *И 18, 2 Зогр Мар Ас* (многашьды *Сав*); мъножицеѩ во падаетъ на огнь • і мъножицеѩ въ водѫ *Мт 17, 15 Мар Сав* (множицеѩ... многашті *Ас*, ∅ *Зогр*) ◆ коль мъножицеѩ ποσαπλῶς сколько раз kolikrát: коль множицеѩ тебѣ плоть моѣ • вь землі поустѣ ї непрѣходьнѣ *Пс 62, 2 Син.— Зогр Мар Ас Сав Ен Клоц.— Ср.* мъногашьды, мъногочастьно

МЪНОЖЬСТВИѤ, -ниа *с* (2) [мн- *Син* (1)] πλῆθος множество množství: въ мъножьствии сілы твоеѩ • сългжѫтъ тебѣ вразі твоі *Пс 65, 3 Син.— Пс 32, 17 Син.— Ср.* мъножьство

МЪНОЖЬСТВО, -а *с* (78) [мьн- *Мар* (1) *Син* (2), м'н- *Евх* (1), мн- *Зогр* (6) *Мар* (1) *Ас* (7) *Сав* (3) *Син* (8) *Евх* (5) *Клоц* (1) *Супр* (29)] πλῆθος, μέγεθος, πολυτέλεια, στῖφος множество množství: вьсе множьство людии бѣ • молитвѫ дѣѩ *Л 1, 10 Зогр Мар Ас*; множьствомъ богатьства своего хвалѩще сѩ *Пс 48, 7 Син*; демонъское о множъство *Евх 53а 18*; ѩко бѣсовъ множьство пропадто быстъ *Супр 386, 18.— Зогр Мар Ас Сав Син Евх Клоц Супр.— Ср.* мъножьствиѥ

МЪСКЪ, -а *м* (1) ἡμίονος лошак mezek: не бѫдѣте ѣко конъ и мъскъ імъже нѣстъ разоума *Пс 31, 9 Син*

МЪСТЪ, -а *м* (1) γλεῦκος муст, молодое вино mošt: младъ грозньвъ мьстъ младъ • съ родитель топлами сльзами мѣсимъ бѣаше *Супр 397, 17*

мъщ- *см.* мьщ-

МЪЧАТИ, мъчѫ, мъчиши *несов.* (1) βασανίζειν кидать zmítat, smýkat: зѣло вѣтры и вльнами мьчими *Супр 151, 14*

мъчтъ *Супр 563, 20 см.* мьчьтъ

МЪШИЦА, -ѧ *ж* (2) [мьш- *Мар* (1)] κώνωψ, σκνίψ комар komár: вожди слѣпии • оцѣждаѭщеи мьшицѫ • а вельбѫдъ поглъштаѭще *Мт 23, 24 Мар* (∅ *Золр*); рече и придѫ пьсъѩ моухы • и мъшицѩ въ вьсѩ прѣдѣлы іхъ *Пс 104, 31 Син*

МЫ *мест., род., местн.* насъ, *дат.* намъ, ны, *вин.* насъ, ны, *тв.* нами (>1200) ἡμεῖς; (без насъ ἄποντες) nos мы my: како мы не възмогомъ ізгнати его *Мк 9, 28 Зогр Мар Ас Сав Боян*; ѣже се нъи (!) пріемлемъ • на раздрѣшение • і на очищчение намъ бѫдѫ *Киев 5а 14*; послоушаи насъ молѧщиихъ сѧ тебѣ *Евх 63б 26*; къто ѣвітъ намъ благаа *Пс 4, 7 Син*; достоинъ ли ны дати ц⟨ѣса⟩рю кинъсь • или ни *Мт 22, 17 Сав*; вь нихъже посѣти насъ • въстокъ съ выше *Л 1, 78 Зогр Мар*; да ны обогатітъ *Клоц 16 1*, насъ *Супр 326, 22*; и ти въ насъ едино бѫдѫтъ *И 17, 21 Мар Ас Сав*; борѫштии сѧ съ нами врази наши... падошѧ *Супр 74, 17.— Зогр Мар Ас Сав Охр Унд Боян Зогр-пал Ен Син Киев Служ Евх Клоц Супр Хил Рыл Зогр-лл*

МЫСЛИТИ, мышлѭ, мыслиши *несов.* (28) 1. διαλογίζεσθαι, λογίζεσθαι, σκέπτεσθαι, φρονεῖν, ἐνθυμεῖσθαι, μηχανᾶσθαι, μελετᾶσθαι, δοκεῖν думать, мыслить, размышлять myslit, přemýšlet, uvažovat: мышлѣаше вь себѣ г⟨лаго⟩лѩ *Л 12, 17 Зогр Мар Ас* (помышлѣше *Сав*); лихо мыслихъ *Евх 72а 9*; мышлѣаахѫ како бы вълѣсти къ с⟨вѧ⟩тоуоумоу *Супр 37, 3*; ч'то мыслиши варахисиѥ *Супр 261, 18-19* 2. μέλλειν, βουλεύεσθαι, ἐργάζεσθαι намереваться, замышлять mít v úmyslu, zamýšlet: толика добра виньника погоубити мыслѧтъ *Супр 386, 24*; їсоухристосово оубитиѥ мыслѧтъ *Супр 388, 30.— Зогр Мар Ас Син Евх Супр.— Ср.* мьнѣти, мѣнити[2], помышлѣати, размышлѣати

МЫСЛЬ, -и *ж* (38) 1. διάνοια, νοῦς, ἐπίνοια, σκοπός, προαίρεσις мысль mysl: расточи гръдыѩ мыслью срьдьца іхъ *Л 1, 51 Зогр Мар*; възлюбиши г⟨оспод⟩а б⟨ог⟩а твоего • вьсѣмъ ср⟨ъ⟩д⟨ь⟩цемъ твоимъ • и вьсеѭ д⟨оу⟩шеѭ своеѭ • і вьсеѭ мыслью твоеѭ *Мт 22, 37 Мар Ас* (∅ *Зогр*); весь поганъскы • и безбожьны обычаи • далече сътвори отъ мысли его *Евх 23б 21*; пльзъкъ нашъ оумъ • вратка наша мыслъ *Супр 410, 4* заити мысли*ѭ* *см.* заити 2. λογισμός, διαλογισμός, βουλή, βούλευμα, διαβουλή, ἔννοια, ἐνθύμησις мысль, намерение, мнение myšlenka, úmysl, smýšlení: вѣдꙑ же и⟨соу⟩с⟨ъ⟩ • мысли імъ і рече імъ *Мт 12, 25 Зогр Мар*; г⟨оспод⟩ь разарѣетъ съвѣтъ ѩзыкъ • штъмѣтаетъ же мыслі людеі *Пс 32, 10 Син*; мариа въ инѫ мысль приде *Супр 242, 1.— Зогр Мар Ас Син Киев Евх Клоц Супр Рыл.— Ср.* помыслъ, помышлениѥ, разоумъ, съмыслъ, оумъ, оумышлениѥ

МЫСЛЬНЪ, -ꙑи *прил.* (4) 1. νοερός, λογικός мыслящий, разумный myslící, rozumný: да тѣло слоужитъ мысльнѣи д⟨оу⟩ши *Евх 76 5* 2. λογικός, πνευματικός духовный duchovní: причаѩ с⟨вѧ⟩тѣмь і мысльнѣмь твоемь стадѣ *Евх 26б 7.— Евх 4а 4; 97б 18-19.—Ср.* доуховьнъ, оумьнъ, съмысльнъ

МЫТАРЬ, -рѩ *м* (78) τελώνης мытарь, сборщик податей celník, publikán: мнози мытаре • і грѣшьници възлежаахѫ съ и⟨соу⟩с⟨о⟩мь *Мк 2, 15 Зогр Мар Ас Сав*; мытарѧ апостолы творѩаше *Супр 473, 20* ◆ старѣи мытарꙗмъ ἀρχιτελώνης главный мытарь vrchní celník: сь бѣ старѣі мытаремъ *Л 19, 2 Зогр Мар Ас.— Зогр Мар Ас Сав Служ Евх Супр.— Ср.* мытоимьць, мьздоимьць

МЫТИ (СѨ), мыѭ (сѧ), мыкши (сѧ) *несов.* (5) λούεσθαι; (не мыти сѧ ἀλουσία) мыться mýt se, umývat se: мыѣше сѧ въ кѫпѣли *И 5, 4 Зогр Ас* (съхождааше въ кѫпѣль *Мар*).— [сего дѣла часто мыкмъ словесы • да быхомъ обаштрениѥ гнѣва • потѣштили и оуставили ἐπαντλοῦμεν τοῖς ῥήμασιν *Супр 407, 1*; на вьсѧ сѫпротивьныѩ и мытъѩ (?) *греч. нет Супр 543, 6*].— *Супр 280, 24.— Ср.* омывати

МЫТО, -а *с* (2) δῶρον подарок, взятка dar, úplatek: мыта на неповинънъıхъ не приꙗтъ *Пс 14, 5 Син.— Пс 25, 10 Син.— Ср.* даръ

МЫТОИМЬЦЬ, -а *м* (3) *греч. нет* мытарь celník: прости мѧ отъ в'сѣхъ зълъ • ѣко древльнѩѩ блѫдьницѫ • і мытоимьца *Евх 79а 4-5.— Служ 1б 7; Евх 80а 15.— Ср.* мытарь, мьздоимьць

МЫТЬНИЦА, -ѧ *ж* (9) τελώνιον место, где собирают подати, пошлины, таможня celnice: оузьрѣ мытарѣ именемъ левьѣиѭ • сѣдѩщъ на мытьници *Л 5, 27 Ас Мар* (на мьздьници *Зогр*).— *Мт 9, 9 Мар Ас Сав; Мк 2, 14 Зогр Мар Ас Сав.— Ср.* мьздьница

МЫШЬ, -и *ж* (1) *греч. нет* мышь myš: аще к'то не съхранитъ брашен'ца • толи мышъ его въкоуситъ *Евх 104б 25*

МЫШЬЦА, -ѧ *ж* (19) βραχίων рука, плечо, мышца *устар.* paže, rámě: мышьца г⟨осподь⟩нѣ • комоу отъкры сѧ *И 12, 38 Зогр Мар Ас*; десница твоѣ и мышьца твоѣ просвѣщенье лица твоего *Пс 43, 4 Син.— Зогр Мар Ас Син*

мьдливъ *см.* немьдливъ

МЬДЛОСТЬ, -и *ж* (2) [мъд- *Клоц* (2)] ῥαθυμία медлительность, леность, равнодушие liknavost, lenivost, netečnost: отъ тъмы мъдлості • ілі етероу іномоу невѣждъствью... не храніті покоушаѩ сѧ *Клоц 2б 30.— Клоц 5б 9.— Ср.* лѣность

МЬЗДА, -ы *ж* (69) [мъз- *Зогр* (12) *Мар* (12) *Ас* (5) *Ен* (1) *Син* (1) *Евх* (3) *Клоц* (2) *Супр* (4)] **1.** μισθός, ἀμοιβή плата, вознаграждение, отплата, мзда mzda, odměna, odplata: призови дѣлателѧ • і даждь имъ мъздѫ *Мт 20, 8 Мар Ас Сав*; си бо творѧ многѫ имѣти імаши мъздѫ • вь день онъ *Евх 83б 5* □ мьздамъ въздатель ὁ τῶν μισθῶν ἀποδότης воздатель odplatitel: что противѫ томоу мъздамъ вьздатель • любивыи... х⟨ристо⟩с⟨ъ⟩ *Супр 427, 10-11* **2.** δῶρον даяние, дар, подарок dar: помьша и вѣньчана • которыимъ трьниѥмъ жидовьскамн мъздами *Супр 436, 1.— Зогр Мар Ас Сав Ен Син Евх Клоц Супр.— Ср.* възданиѥ, въздаꙗниѥ, възмьздиѥ, мыто; мьздамъ въздатель *ср.* мьздодавьць, мьздоотъдавьць

МЬЗДОДАВЬЦЬ, -а *м* (3) [мъз- *Супр* (2)] μισθαποδότης воздающий (*по заслугам, за содеянное*) odměňující (*podle zásluh, za skutek*): да тъчно вѣньца полоучимъ вьси • отъ мъздодавьца бога *Супр 63, 26.— Супр 144, 1; Рыл 1аа 3.— Ср.* мьздоотъдавьць, мьзда (мьздамъ въздатель)

МЬЗДОИМЬЦЬ, -а *м* (2) [мъз- *Зогр* (1)] τελώνης мытарь, сборщик податей celník, publikán: по чьто съ мъздоімьци • і грѣшьникы • оучитель вашь ѣстъ *Мт 9, 11 Зогр* (съ мытари *Мар Ас Сав*).— *Мт 9, 10 Зогр.— Ср.* мытарь, мытоимьць

МЬЗДООТЪДАВЬЦЬ, -а *м* (1) *греч. нет* воздающий (*по заслугам, за содеянное*) odměňující (*podle zásluh, za skutek*): ты ѥси богъ крьстиꙗньскъ • и надѣѭштиимъ сѧ на тѧ мъздоотъдавьцъ ѥси *Супр 163, 10-11.— Ср.* мьздодавьць, мьзда (мьздамъ въздатель)

МЬЗДЬНИЦА, -ѧ *ж* (2) τελώνιον место, где собирают пошлины, таможня celnice: оузьрѣ мытарѣ... сѣдѧшть на мьздьници *Л 5, 27 Зогр* (на мътьници *Ас Мар*).— *Мт 9, 9 Зогр.— Ср.* мытьница

мьн- *см. также* мън-

МЬНИИ, МЬНЬШИ *прил., сравн. ст.* (42) [мьнѣи *Мар* (1), мьнеи *Мар* (1) *Ас* (2), мен- *Ас* (2), м'н- *Супр* (1)] **1.** μικρότερος, ἐλάσσων меньший menší: мьнні же въ ц⟨ѣса⟩р⟨ь⟩с⟨тв⟩и б⟨о⟩жии болні его ѥстъ *Л 7, 28 Зогр Мар* **2.** νεώτερος младший mladší: мьнии с⟨ы⟩нъ • отиде на странѫ далече *Л 15, 13 Зогр Мар Ас Сав* **3.** *в знач. превосх. ст.* ἐλάχιστος, μικρότερος наименьший, самый маленький, последний nejmenší: іже бо мьнні ѥстъ вьсѣхъ васъ • сь ѥстъ вашты *Л 9, 48 Зогр Мар*; ты віѳлееме... нічимъ же меньші еси вь вл⟨а⟩д⟨ы⟩кахъ іюдовахъ *Мт 2, 6 Ас Сав* (∅ *Зогр Мар*).— *Зогр Мар Ас Сав Супр Рыл.— Ср.* малъ, младъ

мьнии *Супр 232, 30 см.* алънии

МЬНИТИ СѨ, -нѭ сѧ, -нишн сѧ *несов.* (3) ἐλασσοῦσθαι, παύεσθαι уменьшаться menšit se, zmenšovat se: онomoy подобаатъ расти а мьнѣ мьнити сѧ *И 3, 30 Мар Охр* (нізіти сѧ *Ас*, ∅ *Зогр*).— *Клоц 12а 1-2.— Ср.* низити сѧ, оумаліати

мьноѭ *см.* азъ

МЬНЬШЬМИ, МЬНЬШИИМИ *нареч.* (3) [меньшими *Ас* (1)] ὀλίγον меньше méně: ѥмоуже мьнѥ отъпоуштаѥтъ сѧ • мьньшьми любитъ *Л 7, 47 Зогр Мар Ас.— Ср.* мьниѥ мьнѣ *см.* азъ

мьнѣи *Мт 11, 11 Мар см.* мьн҃ии

МЬНѢНИѤ, -ниꙗ *с* (1) πρόσληψις намерение úmysl: въпадъшиимъ • въ мьнѣние присѧгы отъпоусти *Евх 24а 14-15.— Ср.* мысль

МЬНѢТИ, мьнѭ, мьниши *несов.* (>100) [мън- *Мар* (2) *Ас* (3), мн- *Зогр* (1) *Боян* (2) *Клоц* (1) *Супр* (25)] **1.** δοκεῖν, νομίζειν, οἴεσθαι, ὑπολαμβάνειν, πειρᾶν, λογίζεσθαι думать, полагать, считать mínit, myslit, domnívat se: не мните ѣко придъ разоритъ закона ли пророкъ *Мт 5, 17 Зогр Ас*; понеже льстѧште сѧ мнѧтъ пасхѫ творити *Клоц 7а 17* **2.** *с двойным вин.* ἡγεῖσθαι, ὑπολαμβάνειν, λογίζεσθαι, νομίζειν, *страд.* φαίνεσθαι считать *кого-л. кем-л., что-л. чем-л.* pokládat, považovat *někoho za někoho, něco za něco*: вы бо бѣсъни сѫште ны цѣломѫдрьныѩ бѣшены мьните *Супр 116, 16*; ни влька овьцѫ мьнѣвъше оуꙗдени бѫдемъ *Хил 2ба 9-10* ● *с инф. и двойным им.*: плѣвелъ... п'шеница мьнимъ быти *Хил 2аа 15* ▭ мьн҃имыи *в знач. прил.* δοκῶν предполагаемый domnělý, předpokládaný: само бо се мнимое оукорьно сы *Супр 409, 19* **3.** мьнитъ сѧ *безл.* δοκεῖ τινι кажется zdá se: чьто сѧ вамъ мьнитъ *Мт 18, 12 Мар Ас Сав*; многыимъ мьнѣаше сѧ дѣлоу прѣславьноу быти *Супр 212, 11.— Зогр Мар Ас Сав Боян Евх Клоц Супр Хил.— Ср.* мыслити, мѣнити[1], непьщевати

МЬНИѤ *нареч. сравн. ст.* (5) [м'не *Супр* (1)] ὀλίγον, ἔλασσον; (мьние быти ἐλλείπειν) меньше méně: емоуже мьн҃е отъпоуштаетъ сѧ • мьн҃ьшьми ꙇ҃юбитъ *Л 7, 47 Зогр Мар Ас* (*нет Сав*); ни м'н҃е сѫтъ чисменемъ • ни множаише бываѭтъ *Супр 94, 28-29.— Супр 491, 25.— Ср.* мьн҃ьшьми

мьр'дара *Ас 129б 17 см.* мардаръ

мьрьтвъ *Л 15, 24 Сав см.* мрьтвъ

МЬСТИТИ, мьщѫ, мьстиши *сов.* (16) [мъ- *Евх* (1)] **1.** кого, чьто; комоу, чесомоу; на кого ἐκζητεῖν, ἀδικεῖν, ἐκδικεῖν, τιμωρεῖσθαι отомстить, наказать pomstít, potrestat: да мьститъ сѧ • кръвь вьсѣхъ пророкъ *Л 11, 50 Зогр Мар*; въс чьто мьстити хоштете богови *Супр 388, 15*; се нынѣ мъщѫ на васъ • и истѫжѫ ов'цѧ отъ пастырь *Евх 82б 9* **2.** кого отъ кого, кого чесо ἐκδικεῖν защитить obhájit: мьсти мене отъ сѫпр҃ѣ моего *Л 18, 3 Зогр Мар Ас Сав*; за н҃е творитъ ми троудъ въдовица си • да мьштѫ еѩ • да не до коньца приходѧшти застоитъ мене *Л 18, 5 Зогр Мар Ас Сав.— Зогр Мар Ас Сав Евх Супр.— Ср.* отъмьстити

МЬСТЬ, -и *ж* (19) [мъс- *Син* (2), мес- *Мар* (1) *Син* (2) *Супр* (1)] **1.** ἐκδίκησις, τιμωρία месть, мщение, наказание msta, pomsta, trest: б⟨ог⟩ъ мьсти г⟨оспод⟩ь • б⟨ог⟩ъ мьстии не обинѫлъ сѧ естъ *Пс 93, 1 Син*; аште к'то прѣобидитъ има емоу • недалече приѥметъ мьсть *Супр 40, 8* **2.** ἐκδίκησις защита obhajoba: а б⟨ог⟩ъ не імать ли сътворити • мьсти ізбъраныхъ своіхъ *Л 18, 7 Зогр Мар Ас Сав.— Зогр Мар Ас Сав Син Супр.— Ср.* мьщение, отъмьщение

МЬСТЬНИКЪ, -а *м* (3) [мес- *Син* (1)] ἐκδικητής мститель mstitel: да раздроушиши врага і местьніка *Пс 8, 3 Син; Супр 320, 26; 331, 8*

МЬЩАТИ, -аѭ, -аеши *несов.* (1) ἐκδικεῖν мстить, наказывать mstít, trestat: мъштаѩ на вьсѣ начинаніѣ іхъ *Пс 98, 8 Син.— отъмьщати*

МЬЩЕНИѤ, -ниꙗ *с* (4) [мъщ- *Мар* (1)] ἐκδίκησις мщение, наказание msta, pomsta, trest: ѣко дьнье мьштенью сии сѫтъ *Л 21, 22 Зогр Мар.— Супр 387, 10-11; 558, 10.— Ср.* мьсть, отъмьщение

МЬЧЬТЪ, -а *м* (4) [мъчтъ *Супр* (1)] φάντασμα, φαντασία видение, призрак přelud, vidění: видѣвь ѭ мнѣаше мьчьтоу быти *Супр 515, 13-14.— Супр 316, 23; 542, 21; 563, 20.— Ср.* призракъ

МЬША, -ѧ *ж* (8) missa месса mše: мьшѣ на вьсѧ дьні вьсего лѣта обідѫцѣ *Киев 2б 8.— Киев 3а 16; 4а 1; 4б 7; 5а 19; 5б 20; 6б 3; 7а 1.— Ср.* литоургиꙗ, слоужьба

мьшица *Мт 23, 24 Мар см.* мъшица

МѢДЬ, -и *ж* (10) χαλκός медь (*металл*) měď: сии бо бози ѫже мѣниши • камение и дрѣво и мѣдь и желѣза сѫтъ *Супр 177, 2* ● медная монета, медь měděný peníz: не сътѧжите злата ни сърeбра • ни мѣди при поѣсѣхъ вашихъ *Мт 10, 9 Зогр Мар*; мештетъ мѣдь въ газафилакиѭ *Мк 12, 41 Зогр Мар.— Мк 6, 8 Зогр Мар; Л 9, 3 Сав; Супр 160, 10; 411, 5.— Ср.* мѣдьница

МѢДЬНИЦА, -ѧ *ж* (1) ἀργύριον (!) монета peníz: искоупоуѭштааго животворьноѭ кръвьѭ • своеѭ миръ • сьцѣнѧтъ трьмъ десѧтемь мѣдьницъ *Супр 331, 30.— Ср.* мѣдь, лепта, пѣнѧѕь, сьребрьникъ

МѢДЬНЪ, -ыи *прил.* (4) χαλκοῦς медный, из меди měděný, z mědi: лѫкъ мѣденъ *Пс 17, 35 Син*; повелѣвша принести съвалъмы мѣдьны *Супр 263, 29*; мѣдьнаꙗ врата *Супр 487, 6.— Супр 317, 8.— Ср.* мѣдѣнъ

МѢДѢНЪ, -ыи *прил.* (1) χαλκοῦς медный, из меди měděný, z mědi: ѣко съкроуши врата мѣдѣна *Пс 106, 16 Син.— Ср.* мѣдьнъ

МѢЛЪ, -а *м* (1) *греч. нет* известь vápno:

сътворивъ съжеженаато (*вм.* из съжеженааго) мѣла... кѫпѣль *Супр 541, 12*

МѢНА, -ы *ж* (2) συνάλλαγμα (!) мена výměna, směna: приде х⟨ристо⟩с⟨ъ⟩ • за вьсь миръ пролиꙗти кръвь своѭ • о нѭже ты сьвѣштавакши сѧ и мѣнѫ твориши *Супр 415, 15* (коупльѫ *Клоц 5б 36*).— *Супр 415, 16.— Ср.* мѣнкник

МѢНИТИ[1], мѣнѭ, мѣниши *несов.* (14) **1.** λέγειν, δοκεῖν полагать, считать domnívat se, mínit, pokládat *za něco*: сьвѣштавъше сѧ • мѣнѭ же • еѵгении • агаѳодор' • ел'пидии *Супр 538, 15*; дниа • кгоже мѣниши богоу быти *Супр 7, 14* **2.** προφέρειν упоминать připomínat, zmiňovat se: аште ли кто мѣнитъ дѫбик малааго манастыра • кже при пѫти кстъ *Супр 301, 14* □ мѣнкныи *в знач. прил.* μνημονευθείς, προρρηθείς упомянутый připomenutý, zmíněný: мѣненааго чьстьнааго костантина цѣсара *Супр 188, 13.— Супр 4, 16; 177, 1; 177, 9; 205, 18-19; 239, 11; 242, 23; 260, 30; 377, 17; 409, 18; 535, 6.— Ср.* именовати, мьнѣти, нарицати

МѢНИТИ[2], мѣнѭ, мѣниши *несов.* (1) μεταβάλλειν менять měnit: ни нꙑнꙗ лица си мѣнитъ *Супр 325, 17* (прѣложитъ *Клоц 1а 10*).— *Ср.* измѣнꙗти, прѣмѣнꙗти

МѢНЮНИЮ, -ниꙗ *с* (1) συνάλλαγμα (!) мена výměna, směna: їюдо... то бꙑстъ мѣнениꙗ твокго отъ жидовъ притѧжаник *Супр 425, 11.— Ср.* измѣна, измѣнкник, мѣна

МѢРА, -ы *ж* (34) **1.** μέτρον, κανών мера míra: въ нѭже мѣрѫ мѣрите • намѣритъ сѧ вамъ *Мк 4, 24 Зогр Мар*; да постигнетъ мѣрѫ съвръшениѣ *Евх 99б 2-3* □ въ мѣрѫ ἐν μέτρῳ, μετὰ ἀκριβείας вмеру, точно přiměřeně, přesně: напоиши ны слезъ въ мѣрѫ *Пс 79, 6 Син*; іже естъ поставилъ горы въ мѣрѫ • і страны въ ставила *Евх 55б 23*; въ прьвѫѭ мѣрѫ *греч. нет* прежде всего především: в(..ръ)вѫѭ м(..) *Рыл 4аа 7*; без мѣры ἀνείκαστος непомерный, безмерный nezměrný: къ богоу любы без мѣры *Супр 275, 1* **2.** μετρητής, βάτος (*определенное*) количество, мера (určité) množství, míra, měřice: мѣрѫ добрѫ натъканѫ... (да)-дадѧтъ на лоно ваше *Л 6, 38 Зогр Мар*; р҃мь • мѣръ олѣа *Л 16, 6 Зогр Мар* **3.** λεπτόν монета peníz: видѣ же единѫ въдовицѫ оубогѫ • вьмѣтаѭщѫ тоу двѣ мѣрѣ *Л 21, 2 Сав* (дъвѣ леп'тѣ *Зогр Мар Ас*).— *Зогр Мар Ас Сав Охр Евх Клоц Супр Рыл.— Ср.* лепта, мѣдьница, пѣнѧзь

МѢРИЛО, -а *с* (1) ζυγός весы váhy: лъживі с⟨ы⟩н⟨о⟩ві чл⟨о⟩в⟨ѣ⟩чі • въ мѣрилѣхъ не оправьдиті *Пс 61, 10 Син.— Ср.* ставило

МѢРИТИ, -рѭ, -риши *несов.* (11) μετρεῖν мерить měřit: въ нѭже мѣрѫ мѣрите • намѣритъ сѧ вамъ *Мк 4, 24 Зогр Мар*; възвѣштаѫ цѣсарьско... таино исповѣдакмо • а не мѣримо *Супр 245, 4* ● *перен.* λογοθετεῖν обдумывать zvažovat, uvažovat: симоне... почто мѣриши моѭ добротѫ *Супр 394, 11.— Мт 7, 2 Зогр Мар Ас Сав* (2); *Л 6, 38 Зогр Мар*

МѢСИТИ, мѣшѫ, мѣсиши *несов.* (1) συγκιρνᾶν мешать, смешивать mísit, míchávat: младъ грозньвъ мьстъ младъ • съ родитель топлами сльзами мѣсимъ бѣаше *Супр 397, 18*

МѢСТО, -а *с* (>350) **1.** τόπος, χώρα, χῶρος, χωρίον, περίχωρος, μέρος, τοποθεσία, προκείμενον, γῆ, ἀγορά (!), οἶκος (!), κοίτη (!), ἀψίς (!), στάδιον (!), θήκη (!); (того мѣста ἐκεῖσε; въ се мѣсто ἐνταῦθα; ни мѣста μηδὲ τόπον; мѣсто коумирьско Νεμεσεῖον) место, пространство místo, prostor: прѣходитъ сквозѣ безднаѣ мѣста *Мт 12, 43 Зогр Мар*; покои... на мѣстѣ свѣтьлѣ • на мѣстѣ хладьнѣ *Евх 64б 16, 17*; оусѣк'нѫша и • на мѣстѣ нарицакмѣ диоскоръ *Супр 23, 16*; кнѧзъ иже бѣ того мѣста *Супр 117, 3*; иже ни мѣста имы кде главѫ подъклонити *Супр 432, 25* ● *перен.*: не даѭщa мѣста гнѣвоу *Евх 89б 6* □ мѣсто поусто ἐρημία, ἡ ἔρημος, ἔρημος τόπος пустыня pustina, poušť: иде въ поусто мѣсто • і тоу молитвѫ дѣаше *Мк 1, 35 Зогр Мар Ас Сав*; мѣсто прѣдьнкк πρωτοκλισία почетное место přední, čestné místo: не сѧди на прѣдьн҃имь мѣстѣ *Л 14, 8 Зогр Мар Ас Сав*; на вьсѣхъ мѣстѣхъ κατὰ τόπον всюду všude: да би н(е)... слъ(ша)лъ страш'нꙑхъ тѣх(ь) бꙑваѭщихъ на в'сѣхъ мѣстѣхъ *Рыл 4аа 17*; мѣсто главьнок *см.* главьнъ **2.** κληρουχία место, положение místo, postavení: заблѫдивъшааго вьзискаатъ... и прьвааго мѣста достоино (*вм.* -на) сътворити *Супр 342, 20* **3.** въ... мѣсто *предл. с род.* ἀντί *с род.*; (въ хлѣба мѣсто βρώσει ἄρτου; въ того мѣсто въвести ἀντεισάγειν) вместо místo, namísto: бѫди въ добро брашъно ѣдениѣ мѣсто • соухоѣдець • въ винопитиѣ мѣсто водопиица *Евх 70б 1*; сънѣдаѭщеі люді моѩ • въ хлѣба мѣсто *Пс 52, 5 Син*; оупразднитъ капиштемъ прѣльштеник • и въ того мѣсто вьвести богопознаник *Супр 329, 18.— Зогр Мар Ас Сав Боян Зогр-пал Син Служ Евх Клоц Супр Рыл Зогр-лл.—* мѣсто поусто *ср.* поустын҃и

МѢСѦЦЕСЛОВЕСЬНИКЪ, -а *м* (1) *греч. нет* месяцеслов, литургический календарь menologium, liturgický kalendář: еваггелие избор'ное... ѿт⟨ъ⟩ велик⟨ы⟩ѩ нед⟨ѣлѩ⟩ пасхы

• съ мѣ⟨сѧ⟩цесловесьнікомъ *Ас 1аа 10-13*

МѢСѨЦЬ, -а *м* (<300) [мсц- *Мар*, м(с)ц- *Зогр Мар Ен*, м(ѣ)ц- *Ас Боян*, мѣ(ц) *Сав Унд Евх*, м'ц- *Зогр*] **1.** σελήνη луна, месяц měsíc, luna: бѫдѫтъ знаменьѣ въ слъньци • і мѣсѧци *Л 21, 25 Зогр* (въ лоунѣ *Мар Ас Сав*) □ н о в ъ м ѣ с ѧ ц ь νεομηνία новолуние nov, novoluní: въстрѫбіте на новъ мѣсѩць трѫбоѭ *Пс 80, 4 Син*; б ѣ с и т и с ѧ, б ѣ с ь н о в а т и с ѧ, з ъ л о д ѣ ꙗ т и с ѧ н а н о в ъ м ѣ с ѧ ц ь *или* н а н о в ы м ѣ с ѧ ц ѧ *см.* бѣсити сѧ, бѣсьновати сѧ, зълодѣꙗти сѧ **2.** μήν месяц měsíc: прѣбыстъ же мариѣ съ неѭ • ѣко три м⟨ѣ⟩с⟨ѧ⟩цѧ *Л 1, 56 Зогр Мар Ас Сав*; мѣ⟨сѧ⟩ца тог⟨о⟩ ҃ѳі с⟨вѧ⟩та⟨а⟩го м⟨ѫ⟩ч⟨ени⟩ка неофита *Ас 141а 22.— Зогр Мар Ас Сав Унд Боян Ен Син Евх Супр.— Ср.* лоуна

м ѣ с ѧ ч ь н о *Супр 431, 16 см.* мѣсѧчьнъ

МѢСѨЧЬНЪ, -ын *прил.* (4) [м(ѣ)чн- *Ас* (1)] **1.** *греч. нет* лунный měsíční: мѣсѧч'но оубо бѣаше • и само то къ оутроу *Супр 431, 16*; тѣмъ пакости творите • на врѣмена мѣсѧчьнаа *Евх 45б 7* □ м ѣ с ѧ ч ь н ы ѩ з ъ л ы н е д ѫ г ы и м ы *см.* недѫгъ **2.** *греч. нет* месячный měsíční: кончашѧ сѧ нарочьнъиѩ мѣ⟨сѧ⟩ч⟨ь⟩нъиѩ слоужьб⟨ы⟩ *Ас 157б 8.— Мт 4, 24 Зогр.— Ср.* лоуньскъ

МѢХЪ, -а *м* (21) ἀσκός мех, бурдюк měch: ни въливаѭтъ вина нова • въ мѣхы ветъхы *Мт 9, 17 Мар* (∅ *Зогр*); акы мѣхъ бѣаше надъменъ *Супр 117, 18.— Зогр Мар Син Супр*

МѢШЕНИѤ, -ꙗ *с* (2) φύραμα тесто těsto: ..шениѥ кв.. *1 Кор 5, 6 Ен.— 1 Кор 5, 7 Ен* (?)

м ю ж д ю *Пс 67, 14 Син см.* междоу

м ѧ *см.* азъ

МѨКЪКОЛѢГАНИѤ, -ꙗ *с* (1) *греч. нет* лежание в мягкой постели léhání na měkkém lůžku: бѫди... вь величиѣ мѣсто • съмѣрѣѩ сѧ • въ мѧкъколѣганиѣ мѣсто • жестоколѣганъникъ *Евх 70б 5*

МѨКЪКЪ, -ын *прил., сравн. ст.* мѧкъчаи (14) μαλακός, ἁπαλός, τρυφερός мягкий měkký: троудъна мѧ... повелѣ на мѧкъцѣемъ семъ одрѣ почити ми *Супр 118, 23*; желѣза сковрады мѧкчаниша сѫтъ твоѥго срьдьца *Супр 118, 20* ● ἁπαλός нежный křehký, jemný: телець мѧкокъ • і овенъ дръжимъ за рогъ *Евх 15б 6-7* □ м ѧ к ъ к а, м ѧ к ъ к а ꙗ *с мн. в знач. сущ.* τὰ μαλακά мягкая одежда měkké, drahé roucho: іже мѧкка носѧтъ *Мт 11, 8 Зогр Мар*, мѧкькаѣ *Ас.— Мт 11, 8 Зогр Мар Ас; Л 7, 25 Зогр Мар; Евх 45б 9; Супр 90, 9-10; 312, 5*

МѨСО, -а *с* (9) [мѧ(с) *Ен* (1)] κρέας, σάρξ; (скврьньна мѧса ꙗсти μιαροφαγεῖν) мясо maso: подажди рабоу твоѥмоу • отъданиѥ... въкоушъшю мѧсъ нечистыхъ *Евх 22а 11*; мол⟨итва⟩ над⟨ъ⟩ ѣдъшимь скврънъна мѧса *Евх 22а 2*; толико же стръганъ бѣстъ... мѫченикъ • дондеже мѧса ѥмоу падоша вьса на земи *Супр 149, 21.— Рим 14, 21 Ен; 1 Кор 8, 13 Ен; Пс 43, 13 Син; Евх 36а 4; 42а 15; Супр 19, 17.— Ср.* плъть; скврьньна мѧса ꙗсти *ср.* жрьтвьно ꙗсти

МѨСОПОУСТЪ, -а *м* (6) [мѩ(с҃)поу(с҃) *Ас* (2) *Ен* (1), мѧ(с҃)пꙋстъ *Сав* (2), мѧ(с҃)по(с҃) *Ен* (1), мѧ(с҃)пꙋ(с҃) *Ен* (1)] *греч. нет* мясопуст masopust: нед⟨ѣлѩ⟩ прѣдъ мѧс⟨о⟩пꙋстомь *Сав 67б 6.— Ас 69аа 13; 69бβ 3; Сав 66б 13; Ен 1б 2; 2а 14*

МѨСОПОУСТЬНЪ, -ын *прил.* (9) [мѩ(с҃)поу(с҃)н- *Ас* (2), мѧ(с҃)поуст(н҃)ъ *Ас* (1), мѧ(с҃)пꙋстьнъ *Сав* (1), мѧ(с҃)постънъ *Ен* (1), мѧ(с҃)поу(с҃) *Ен* (1), мѧ(с҃) *Рыл* (1)] τῆς ἀπόκρεω мясопустный masopustní: в нед⟨ѣлѭ⟩ мѧс⟨о⟩поустън⟨ѫ⟩ *Ас 87аа 11.— Ас 71аβ 1; 71бβ 22; Сав 69а 15-16; 70а 9; 91б 17; Ен 3а 7; 3а 9; Рыл 26а 15*

МѨСТИ, мѧтѫ, мѧтеши *несов.* чимь (6) περιεργάζεσθαι трясти zmítat, třást; *перен.* обыскивать prohledávat: не мѧти ковьчегомъ *Супр 243, 1* □ м ѧ с т и с ѧ θορυβεῖσθαι, ταράσσεσθαι, χειμάζεσθαι находиться в смятении, тревожиться zmítat se, bouřit se, vzrušovat se: землѣ зыблѭшті сѧ мѧтетъ *Клоц 11б 4*; пакы мѧтетъ сѧ жидовьскын несьмъıсльнън родъ *Супр 424, 23.— Супр 47, 26-27; 145, 8; 479, 19.— Ср.* мѫтити, възмѫщати

МѨТА, -ы *ж* (3) ἡδύοσμον мята máta: ѣко десѧтинѫ даете отъ мѧты • і пиганъ *Л 11, 42 Зогр Мар.— Мт 23, 23 Мар*

МѨТЕЖЬ, -а *м* (16) ταραχή, ζάλη, ἐγχείρησις; (без мѧтежа ἡσύχως) мятеж, смятение, волнения zmatek, nepokoj: бѫдѫтъ трѫси по мѣста • і бѫдѫтъ глади і мѧтежи *Мк 13, 8 Зогр Мар*; великынхъ вѣтръ вѣаниꙗ • и мѧтежа великы *Супр 388, 6*; поусти без мѧтежа призъвати с⟨вѧ⟩тааго конона *Супр 46, 12.— Зогр Мар Син Евх Супр.— Ср.* възмѫщениѥ, говоръ, крамола, млъва, плиць, съмѫщениѥ

МѨТЕЖЬНИКЪ, -а *м* (1) ἀντάρτης мятежник buřič: ꙗвѣ ѥстъ ꙗко зьли ѥсте • и мѧтежьници *Супр 29, 13-14.— Ср.* ковьникъ, крамольникъ

МѨТЕЖЬНЪ, -ын *прил.* (2) ταραχώδης мятежный buřičský, bouřlivý: ѣко тъ ізбавітъ мѩ отъ сѣті ловьчѩ • і отъ словеси мѩтежьна *Пс 90, 3 Син; Супр 70, 24*

МѪДИТИ, МОУДИТИ, мѫждѫ, мѫдиши *и*

моуждѫ, моудиши *несов. с инф. или без доп.* (17) [мѫд- *Зогр* (2), моуд- *Зогр* (2) *Ас* (3) *Сав* (3) *Супр* (7)] χρονίζειν, μέλλειν, μένειν, ἀναμένειν медлить, колебаться, задерживаться otálet, váhat, zdržovat se: чюждаахѫ сѧ еже мѫждааше въ цр⟨ъ⟩къве *Л 1, 21 Зогр Ас* (къшнѣаше *Мар*); мѫдитъ г⟨осподи⟩нъ мої прити *Л 12, 45 Зогр* (кьснитъ *Мар*).— *Зогр Ас Сав Супр.— Ср.* къснѣти

МѪДРИТИ СѦ, мѫ(ж)дрѭ сѧ, мѫдриши сѧ *несов.* (1) φιλοσοφεῖν ἐπαγγέλλεσθαι принимать на себя вид мудреца stavět se moudrým: мѫдриши сѧ словесъи своими мьнѧ • ꙗко тацѣми словесꙑ оубѣжати имаши мьсти *Супр 49, 15*

МѪДРОВАТИ, мѫдроуѭ, мѫдроуѥши *несов.* (3) φρονεῖν, πείθεσθαι; (добрѣ мѫдровати εὐφρονεῖν) думать, размышлять, рассуждать myslit, přemýšlet, rozumovat: не добрѣ мѫдровати на цѣломѫдрованиѥ къ богоу *Супр 1, 3-4.— Евх 90б 11-12; Супр 2, 7.— Ср.* мѫдрьствовати, помꙑшлꙗти

МѪДРОСТЬ, -и *ж* (39) σοφία, φρόνησις, φρόνημα, φιλοσοφία; (мѫдрость имѣти φρονεῖν; мѫдрости *род.* θεῖος) мудрость moudrost: обратити ср⟨ь⟩дьца о⟨ть⟩ц⟨е⟩мъ на чѧда • і противьнꙑѩ • въ мѫдрость правьдънꙑхъ *Л 1, 17 Зогр Мар Ас*; мѫдрость бо чловѣчьска • юродьство оу бога ѥстъ *Супр 183, 3 (1 Кор 3, 19)* ● знание vědění, znalost: достоинѫ мѫдрость данꙑихъ намъ отъ доуховнааго дара вьсприїмше *Супр 493, 5* ● наука, учение učení: не... ли... боите сѧ в'сѣхъ мѫдростеи земънꙑхъ • мѫдрꙑхъ *Евх 45а 22* ● *спец.* Σοφία книга Мудрости kniha Moudrosti: послоушаи соломона въ мѫдростехъ глаголѭшта *Супр 356, 24-25* ♦ съмѣрѥна, съмѣрѥнаꙗ мѫдрость ταπεινοφροσύνη смирение, смиренномудрие pokora: облѣцѣте сѧ ѣко избрани... въ ѫтробѫ щедротъ • и благостъ • и съмѣренѫ мѫдростъ ї кротостъ *Кол 3, 12 Ен.— Зогр Мар Ас Сав Ен Син Евх Клоц Супр.— Ср.* мѫдрьство, прѣмѫдрость, разоумъ, съмꙑслъ, оумъ, цѣломѫдриѥ, цѣломѫдрость, цѣломѫдрьствиѥ

МѪДРЪ, -ꙑи *прил., сравн. ст.* мѫдрѣи (46) σοφός, φρόνιμος, συνετός, φρονιμώτατος, σώφρων, λαμπρός (!) мудрый, рассудительный moudrý, prozíravý, rozvážný: оуподоблѭ и мѫжю мѫдроу • іже съзъда храминѫ своѭ на камене *Мт 7, 24 Зогр Мар Ас Сав*; виждѫ бо тѧ дѣвицѫ мѫдрѫ сѫштѫ *Супр 1, 20*; ѣко с⟨ы⟩нове вѣка сего • мѫдрѣише паче с⟨ы⟩новъ свѣта *Л 16, 8 Зогр Мар*; бꙑстъ добрѣиши и мѫдрѣиши *Супр 408, 15-16* ▭ мѫдрꙑи *в знач. сущ.* ученый, мудрец učenec, mudřec: не... ли... боите сѧ в'сѣхъ мѫдростеи земънꙑхъ • мѫдрꙑхъ *Евх 45а 23.— Зогр Мар Ас Сав Евх Супр Рыл.— Ср.* прѣмѫдръ

МѪДРЬСТВО, -а *с* (1) φρόνησις мудрость, рассудительность moudrost, rozvaha: саторнинъ же много мѫдръство въсприимъ • оумꙑсливъ правьдѫ *Супр 204, 13.— Ср.* мѫдрость

МѪДРЬСТВОВАНИѤ, -иꙗ *с* (1) φρόνημα рассуждения rozumování: дондеже не отъстѫпитъ мѫдръствованиꙗ отълѫчивъшиихъ сѧ *Супр 298, 28*

МѪДРЬСТВОВАТИ, -ствоуѭ, -ствоуѥши *несов.* чьто (1) φρονεῖν думать, размышлять myslit, přemýšlet: дажди намъ тѫ мѫдръствовати • ѣже о х⟨рьст⟩ѣ и⟨соу⟩сѣ *Евх 11а 11.— Ср.* мѫдровати, мꙑслити, съмꙑшлꙗти

МѪДРѢ *нареч.* (2) φρονίμως мудро, разумно moudře, rozumně: похвали г⟨осподи⟩нъ домоу іконома... ѣко мѫдрѣ створи *Л 16, 8 Зогр Мар.— Ср.* прѣмѫдро

МѪДЬНЪ, МОУДЬНЪ, -ꙑи *прил.* (7) [мѫд- *Зогр* (1) *Мар* (1), моуд- *Ас* (1) *Охр* (1) *Евх* (1) *Супр* (2)] βραδύς колеблющийся váhavý: ѡ несъмꙑслънаа і мѫдънаа срьдьцемь *Л 24, 25 Зогр Мар Ас Охр.— Евх 78а 1; Супр 477, 25; 477, 30*

МѪЖАТИ СѦ, -аѭ сѧ, -аѥши сѧ *несов.* (4) ἀνδρίζεσθαι поступать мужественно, мужаться jednat zmužile, stávat se zmužilým, vzmužovat se: мѫжаі сѩ и да крѣпітъ сѩ сръдъце твое *Пс 26, 14 Син.— Пс 30, 25 Син; Супр 162, 19; 548, 12-13*

МѪЖЕБЛАЖЬСТВИѤ, -иꙗ *с* (1) *греч. нет* мужество statečnost, mužnost: иже мѫжеблажьствиїм' • и храбъръ бꙑвъ неже ин' кто • побѣдѫ сътвори по вса лѣта *Супр 566, 22.— Ср.* мѫжьство

МѪЖЬ, -а *м* (>300) [можь (!) *Син* (1)] **1.** ἀνήρ, ἄρσην; (мѭжь и жена ἀνδρογύνη) мужчина muž: ѣдъшиіхъ бѣаше четꙑри тꙑсѧшта мѫжь • развѣ женъ і дѣтиі *Мт 15, 38 Зогр Мар Ас* (*Сав нет*); мѫжа і женѫ сътворилъ ѣ естъ б⟨ог⟩ъ *Мк 10, 6 Зогр Мар*; бл⟨а⟩женъ мѫжъ емоуже не въмѣнітъ г⟨оспод⟩ь грѣха *Пс 31, 2 Син* ● ἀνήρ, ἄνθρωπος человек člověk: мѫжи кръвꙑ ї льстіві не прѣполовѩтъ дні своіхъ *Пс 54, 24 Син* ● ἐπιβάτης солдат voják: воѥвода... оуготовивъ ж⟩ конѧ и мѫжа • поустивъ въскорѣ къ видѣнѣ вьси *Супр 47, 21* □ мѫжь цѣсарь βασιλικός служащий императора královský úředník: бѣ же етеръ ц⟨ѣса⟩рь мѫжь егоже с⟨ы⟩нъ болѣаше *И 4, 47 Зогр Мар Ас* **2.** ἀνήρ муж, супруг muž, manžel: пѧть бо мѫжь імѣла еси • і нꙑнѣ егоже імаши нѣстъ ти мѫжь *И 4, 18 Зогр Мар Ас*;

сълоучи сѧ мѫжоу сестры его мариꙗ *Супр 281, 20* □ **замѫжь въдати, ити, посагати, посагнѫти** *см.* въдати, ити, посагати, посагнѫти.— *Зогр Мар Ас Сав Боян Ен Син Евх Клоц Супр*

МѪЖЬСКЪ, -ыи *прил.* (16) τοῦ ἀνδρός, ἀνδρικός, ἀνδρεῖος (!); (въ мѫжьскъ образъ εἰς ἄνδρα) мужской mužský: иже не отъ кръвии... ни отъ похоти мѫжьскы... родишѧ сѧ *И 1, 13 Зогр Ас*; одѣти сѧ въ мѫжъскыи образъ *Супр 299, 11* ◆ **мѫжьскъ полъ** ἄρσεν лицо мужского пола osoba mužského pohlaví: привидѣниемь сѧ авлѣꙗ • ѣко се мѫжескъ полъ • или женескъ *Евх 54а 6.— Зогр Мар Ас Сав Боян Евх Супр*

МѪЖЬСКЫ *нареч.* (4) ἀνδρείως мужественно mužně: ег'да тѧ видитъ мѫжьскы в'се тръпѧщѧ *Евх 88а 21-22.— Супр 62, 30; 86, 2; 532, 30.— Ср.* добльно, доблѥ

МѪЖЬСТВО, -а *с* (11) [-жъс- *Евх* (3), -сст- *Син* (1)] ἀνδρεία, θράσος, ἀριστεία; (без мѫжьства ἄνανδρος) мужество, отвага mužnost, odvaha: боите сѧ... мѫжъства мѫжьска *Евх 45а 24*; по истинѣ събравъшъ (*вм.* съборъ вашъ) • без мѫжьства *Супр 335, 22.— Пс 67, 7 Син; Евх 19а 6; 92б 18; Супр 83, 7; 83, 12; 85, 1; 431, 25-26; 460, 6; 466, 22.— Ср.* доблѥсть

мѫжьствьнъ *см.* немѫжьствьнъ

МѪКА[1], -ы *ж* (6) ἄλευρον мукá mouka: подобьно есть ц⟨ѣса⟩р⟨ь⟩с⟨тв⟩о н⟨е⟩б⟨есь⟩ское • к'васоу • иже възьмъши жена съкры въ мѫцѣ трии с(а)тъ *Мт 13, 33 Зогр Мар.— Л 13, 21 Зогр Мар Ас Сав*

МѪКА[2], -ы *ж* (>100) [моука *Клоц* (2), му- *Клоц* (1), мѫ(к) *Ас*] **1.** βάσανος, πάθος, τιμωρία, αἰκισμός, δεινόν, μαρτύριον, κριτήριον, ἄθλησις, τυραννίς (!) мýка, муки, мучение muka, trápení, mučení: възведъ очи свои • сы въ мѫкахъ *Л 16, 23 Зогр Мар Ас Сав*; мѫка с⟨вѧ⟩тааго кодрата *Супр 97, 24* ● κόλασις; (въ мѫцѣ быти κολάζεσθαι) штраф, наказание pokuta, trest: идѫтъ си въ мѫкѫ вѣчьнѫѭ *Мт 25, 46 Зогр Мар Ас Сав*; еже зьло сътворити • винно намъ вѣчноу огню и мѫцѣ бываатъ *Супр 406, 11-12* □ **мѫкѫ, мѫкы приимати, приѩти** πάσχειν претерпевать/претерпеть муки trpět/vytrpět muka, být mučen: прѣжде даже не приимѫ мѫкы *Л 22, 15 Зогр Мар*; наслаждаѭштеи сѧ недостоино • большѫ мѫкѫ себѣ приемлѭтъ *Клоц 8б 1*; мѫкѫ приѧт' *Супр 459, 4*; **мѫкы ѩти** (?) ἀθλεῖν состязаться závodit: аще же ли и мѫкы кто ї.. тъ не вѣнъчает сѧ *2 Тим 2, 5 Ен* **2.** βασανιστήριον орудие пытки mučidlo, mučicí nástroj: повелѣ прѣдь нимь положити мѫкы *Супр 48, 5.— Зогр Мар Ас Сав Ен Евх Клоц Супр Рыл.— Ср.* мѫченик, страданик, страсть

МѪТИТИ, мѫщѫ, мѫтиши *несов.* (2) ταράσσειν смущать, волновать, мутить mást, rozrušovat: їде оубо образомъ ходитъ чл⟨о⟩в⟨ѣ⟩къ • обаче въсоуе мѫтитъ сѧ *Пс 38, 7 Син.— Супр 352, 15-16.— Ср.* мѧсти, възмѫщати

МѪЧЕНИКЪ, -а *м* (>100) [мч҃к- *Евх Клоц*, м(ч)к- *Ас Сав Унд Ен*, мч҃ник- *Служ*, м(ч҃)нк- *Ен*, мѫ(ч҃)к- *Ен*] μάρτυς, μεγαλομάρτυς, ἅγιος, στρατιώτης, ἀθλόφορος; (свѧтитель мѫченикъ ἱερομάρτυς; великъıи мѫченикъ μεγαλομάρτυς; добрыи мѫченикъ καλλίμαρτυς; любѧи мѫченикы φιλόμαρτυς) martyr мученик mučedník: с⟨вѧ⟩та⟨а⟩го м⟨ж⟩ч⟨еани⟩ка трифона *Ас 141б 10*; с⟨вѧ⟩тааг⟨о⟩ с⟨вѧ⟩т⟨ите⟩лѣ м⟨ж⟩ч⟨ени⟩ка антима *Ас 114аβ 27*; с⟨вѧ⟩тааго... м⟨ж⟩ч⟨ени⟩ка ѳеор'ѳиа *Ас 145б 26*; блаженоумоу климентоу мѫченикоу твоемоу *Киев 1б 13*; идѣахѫ же добрии мѫченици • вь сурьскѫ земьѭ *Супр 58, 3-4*; како сытость бѫдетъ любѧштиїмъ мѫченикы *Супр 82, 3.— Ас Сав Унд Ен Киев Служ Евх Клоц Супр.— Ср.* страстоносьць, страстотрьпьць, страстьникъ

МѪЧЕНИЦА, -ѧ *ж* (12) [м(ч)ц- *Ас* (5) *Унд* (1), м(ч)ц *Сав* (1), мѫ(ч)нца *Ен* (1), м(ч)ница *Ен* (1)] μάρτυς, μεγαλομάρτυς, πρωτομάρτυς martyr мученица mučednice: с⟨вѧ⟩тъıѩ м⟨ж⟩ч⟨ени⟩цѧ анастасиѩ *Ас 132б 2.— Ас 114б 29; 119а 23; 127б 8; 127б 20; Сав 131а 8; Унд 2а 18; Ен 25б 11; 29б 4; 29б 6; 34б 4; Киев 2а 14*

МѪЧЕНИЧЬ *прил.* (3) τῶν μαρτύρων, τοῦ μάρτυρος мученический, мучеников *род.* mučednický, mučedníků *род.*: о мѫченичи памѧти *Супр 82, 2.— Супр 87, 12; 96, 9.— Ср.* мѫченичьскъ

МѪЧЕНИЧЬНО, -а *с* (1) *греч. нет* молитва, обращенная к мученикам modlitba k mučedníkům: и рекѫт⟨ъ⟩ м⟨ж⟩ченич'но противо гласоу • и по семь слав⟨а⟩ *Евх 11б 20*

МѪЧЕНИЧЬСКЪ, -ыи *прил.* (5) τῶν μαρτύρων, τοῦ μαρτυρίου, μαρτυρικός мученический, мучеников *род.* mučednický, mučedníků *род.*: повелѣ тѣло его вьврѣшти съ мѫченичьскы тѣлесы вь рѣкѫ *Супр 66, 20.— Супр 54, 8; 256, 16; 260, 22; 357, 19.— Ср.* мѫченичь

МѪЧЕНИѤ, -ниа *с* (35) [м(ч)ние *Ас* (1)] μαρτύριον, βάσανος, τιμωρία, οἱ κόποι, παράστασις, τυραννίς, τὸ μαρτυρικὸν στάδιον; (мѫчениꙗ *род.* τυραννικός) passio мýка, муки, мучение muka, trápení, mučení: м⟨ж⟩ч⟨е⟩ние с⟨вѧ⟩тааг⟨о⟩ ап⟨осто⟩ла ѳомы

Ас 122б 7; блюди да ти не съвратитъ оустъ печальноѥ мѫчениѥ Супр 382, 28-29 ♦ мѫчениѥ пострадати, приѩти μαρτυρεῖν принять муки (во имя веры) podstoupit muka, utrpení, být mučen (pro víru): блажи оубо по извѣсти пострадавъшааго мѫчениѥ Супр 82, 9-10; пришъдъ мѫчениѥ прїимеши въ команѣхъ Супр 16, 6.— Ас Киев Служ Евх Супр.— Ср. мѫка^{2}, страданиѥ, страсть

МѪЧИЛЬНЪ, -ъи прил. (2): мѫчильнъи съсѫдъ βασανιστήριον, κολαστήριον орудие пытки mučicí nástroj: повелѣвааше... съсѫдъı мѫчильнъıѩ прѣдъ нимi полагати Супр 174, 29-30.— Супр 175, 4-5.— Ср. мѫка^{2}

МѪЧИТЕЛЬ, -лꙗ м (25) 1. βασανιστής, τύραννος, παράνομος, μαινάς (!) мучитель, палач mučitel, katan: прѣдастъ i мѫчителемъ Мт 18, 34 Мар Ас Сав; сьвѣтъ же сътворьша мѫчителѣ рекоста Супр 80, 24 2. ἡγεμών, τύραννος тиран, властелин tyran, vládce: мѫчитель... дастъ... мечемъ оумориши ꙗ Супр 184, 28.— Зогр Мар Ас Евх Клоц Супр.— Ср. владъıка, властелинъ, игемонъ, мѫчительство (дрьжаи мѫчительство)

МѪЧИТЕЛЬСТВО, -а с (3) τυραννίς тирания tyranie, krutovláda: ваша бо дрьжава оуже раздроуши сѧ • ваше мѫчительство оуже прѣста Супр 467, 11 ♦ дрьжаи мѫчительство κρατοτύραννος тиран krutovládce: въ адъ идѣмъ • ꙗко да видимъ... дрьжѧштааго мѫчительство Супр 462, 14.— дрьжаи мѫчительство ср. мѫчитель

МѪЧИТЕЛЮВЪ прил. (1) греч. нет властелинов vládcův: вь дьнь сѫд(ь)нъı • видѣ бо лице (мѫчи)т(е)л(ево) Рыл 4аа 28.— Ср. владъıчьскъ

МѪЧИТИ, мѫчѫ, мѫчиши несов. (98) βασανίζειν, τιμωρεῖν, τυραννεῖν, τύπτειν, ἁρμόζειν, ἐνεργεῖν, αἰκίζειν, πειράζειν, πολεμεῖν (!), страд. πάσχειν, μαρτυρεῖν; (иже мѫчилъ τύραννος) мучить mučit, trápit: пришелъ ли еси сѣмо • прѣжде врѣмене мѫчитъ насъ Мт 8, 29 Зогр Мар Ас Сав; тъ мѫчимъ тоу прѣдастъ доушѫ Супр 196, 22; иже на нь мѫчилъ (вм. мѫчитель?) томоу прѣдолѣ Супр 328, 3 ● κολάζειν мучить (в наказание), наказывать mučit (za trest), trestat: аште не можеши оувѣштати то мѫчи Супр 131, 25 ● κολαφίζειν давать пощечины políčkovat: начѧшѧ... прикръıвати лице его • i мѫчити i Мк 14, 65 Зогр Мар ♦ мѫчаи слоуга δήμιος палач porgravčí, kat: ръкъı мѫчѧштиихъ слоугъ раслабѣшѧ Супр 110, 16.— Зогр Мар Ас Сав Ен Син Евх Супр.— Ср. бити

МѪЧЬНЪ, -ъи прил., сравн. ст. мѫчьнѣи (5) 1. τῆς βασάνου мук род., мучений род., связанный с муками, мучениями muk род., vztahující se k mukám, k mučení: да не i ти придѫтъ на мѣсто се мѫчьноѥ Л 16, 28 Зогр Мар Ас Сав 2. τυραννικός мучительный mučivý: нѣстъ бо тъчьна похоть пльтьнаꙗ имѣн'ѣи • нъ пльтьнаꙗ притьчанши паче • и мѫчьнѣиши Супр 371, 28

МѴРА, -ъı ж и **МѴРО**, -а с (51) [мѵра Мар (1), мира Мар (1), мѵро Зогр (7) Мар (9) Ас (8) Сав (7) Евх (1) Супр (14), миро Зогр (2) Ас (1)] μύρον, ἔλαιον миро murha, vonná mast'; приде блѫдница стькльницѫ мѵра дрьжѧшти Супр 408, 11 ● перен.: мѵро твоихъ дѣлъ Евх 81а 10 Зогр Мар Ас Сав Евх Супр.— Ср. масло, масть, олѣи, помазаниѥ, хризма

МѴРЬНЪ, -ъи прил. (2) τοῦ μύρου мира род. myrhy, vonné masti род.: храмина же исплъни сѧ от⟨ъ⟩ вонѧ мѵрнъıѩ И 12, 3 Ас Сав (хризмьнъıѩ Зогр Мар).— Ср. хризмьнъ

мѵси Зогр см. моси(н)

мѵсѣовъ Мк 12, 26 Зогр см. мосеовъ

Н

Н҃ цифра глаг. и кир. (55) 1. глаг. ο', ἑβδομήκοντα 70 2. кир. ν', πεντήκοντα 50 ● πεντηκοστή Пятидесятница Svatodušní svátky.— Зогр Мар Ас Сав Боян Ен Син Супр Рыл.— Ср. л҃, о҃, десѧть (пѧть десѧтъ, седмь десѧтъ), пѧтьдесѧтьница

НА предлог (<4000) А. с вин. εἰς, ἐπί, ἐν, πρός, κατά, περί, πρό 1. при обозначении пространственных отношений: при указании направления действия, при указании на предмет, место, на которое направлено действие на (с вин.) na (с вин.): пакъı поѩтъ его неприѣзнь на горѫ въısокѫ ѕѣло Мт 4, 8 Зогр Ас Сав Боян (∅ Мар); слъньце свое сиѣетъ • на зълъı i благъı Мт 5, 45 Зогр Мар Ас Сав ● при указании направления к чему-л. к, до k: тогда приде и⟨со⟩с⟨ъ⟩ отъ галилеѩ на iор'данъ Мт 3, 13 Зогр Ас Сав (∅ Мар) ● при указании на место действия (ср. Б. 1.) на (с предл.) na (с предл.): на вьсѣкѫ трапѣзѫ • въ вьсѣхъ црък⟨ъ⟩вахъ... жрътвѫ съвръшенѫ творiтъ Клоц 8а 26 2. при обозначении объектных отношений на (с вин. и предл.), в (с вин. и предл.), (вин. без предлога) na (с вин.), v (с вин. и предл.), (вин. без предлога): възьрите на птицѧ н⟨е⟩б⟨есь⟩скъıѩ Мт 6, 26 Зогр Мар Ас Сав;

на словеса твоѣ оупъвахъ *Пс 118, 81 Син;* покрієтъ нечъстье на тѧ *Клоц 2б 17* ● *при указании на предмет, лицо, против которого направлено действие* против proti: въстанѫтъ чѧда на родитєлѧ *Мт 10, 21 Зогр Мар Ас* **3.** *при обозначении временных отношений* в (*с предл.*), на (*с вин.*), (*тв., вин. без предлога*) v (*с предл.*), po (*с вин.*), na (*с вин.*), (*вин. без предлога*): на вськъ же дьнь великъ • обычаі бѣ ігемоноу • отъпоуштати народоу • съвѧзънѣ *Мт 27, 15 Зогр Мар Ас Сав;* възвратѧтъ сѧ на вечеръ *Пс 58, 15 Син;* повелѣ кго мѫчити на многы часы *Супр 49, 12* ● *при указании на срок протекания действия* на (*с вин.*) na (*с вин.*): д⟨оу⟩ше • імаши мъного добро лежаште на лѣта многа *Л 12, 19 Зогр Мар Ас Сав* **4.** *при обозначении цели действия* для, ради, из-за pro, kvůli: дроуже • на неже єсі пришелъ творі *Мт 26, 50 Ас Зогр Мар Сав Боян;* си болѣзнь нѣстъ на съмрьть *Супр 313, 6* (къ съмръти *И 11, 4 Зогр Мар Ас Сав*) ● *при обозначении результата действия, превращения, перехода из одного состояния в другое* в (*с вин.*) v (*с вин.*): иже оумышлєнимъ кдинѣмъ водѫ на вино прѣтвори *Супр 344, 21;* бл⟨а⟩г⟨осло⟩ви стадо се • і оумъножи є • на тысѫщѧ и на тъмы *Евх 15а 14* **5.** *при обозначении образа, способа действия* на (*с вин.*) na (*с вин.*): катапетазма црковънаѣ • раздъра сѧ • съ вышьнѣго краѣ • до нижьнѣаго • на дъвоє *Мт 27, 51 Зогр Мар Ас Сав* **6.** *при обозначении причины* из-за pro: аще єстъ достоіно поустити женѫ свѭ • на всакѫ винѫ *Мт 19, 3 Сав* (по вьсѣкои винѣ *Мар Ас, Ø Зогр*) **Б.** *с местн.* ἐν, ἐπί, εἰς, κατά, περί, πρό **1.** *при обозначении пространственных отношений: при указании места действия* на (*с предл.*), в (*с предл.*), у na (*с предл.*), v (*с предл.*), u: прославѧтъ о⟨ть⟩ца вашего іже єстъ на н⟨е⟩б⟨есь⟩хъ *Мт 5, 16 Зогр Ас* (*Ø Мар*); ста на брѣзѣ рѣкы *Супр 81, 6;* бystъ же на странахъ тѣхъ праздьникъ великъ *Супр 219, 18;* і разлѫчи тѧ г⟨оспод⟩ь отъ мирьнааго житиѣ • ѣко на лици емоу *Евх 90б 6* ● *при указании направления действия* (*ср. А. 1*) на (*с вин.*) na (*с вин.*): обрѧштета жрѣбьць привѧзанъ • на нємьже нѣстъ не оу никтоже отъ ч⟨лов⟩ѣкъ вьсѣлъ *Мк 11, 2 Зогр,* на ньже *Мар;* паде огнь на ніхъ *Пс 57, 9 Син* **2.** *при обозначении временных отношений* в (*с предл. и вин.*) v (*с предл. и вин.*); на оутрънѣіхъ пооучахъ сѧ въ тѧ *Пс 62, 7 Син;* ономоу б(о) мъногашти на семь житіи пакость творілъ єсі *Клоц 9а 9* **3.** *при обозначении объектных отношений* на (*с предл.*), *именная конструкция без предлога* na (*с предл.*), *именная конструкция без предлога*: потръпи на мънѣ и вьсе въздамъ ти *Мт 18, 29 Мар Ас* (о мнѣ *Сав, Ø Зогр*), утвръділъ естъ г⟨оспод⟩ь милость своѭ на боѧщіихъ сѧ его *Пс 102, 11 Син* **4.** *при обозначении образа действия* на (*с предл.*) na (*с предл.*): на рѫкахъ възъмѫтъ тѧ *Мт 4, 6 Зогр Ас Сав* (*Ø Боян*); придс на коńи к' ńимъ *Супр 60, 11* **5.** *при обозначении цены* за (*с вин.*) za (*с вин.*): чесо ради хризма си не продана быстъ • на трьхъ сътѣхъ пѣнязь *И 12, 5 Зогр Мар Ас Сав* **6.** *при образовании сложных числительных*: дъва на десѧте *и т. д. см.* десѧть.— *Зогр Мар Ас Сав Охр Унд Боян Зогр-пал Ен Син Служ Киев Евх Клоц Супр Рыл Зогр-лл*

НААНѢЕОВЪ *прил. к мужскому имени Наггей* (2) τοῦ Ναγγαί Наггеев Naggeův: с⟨ы⟩нъ сы... єслимовъ • нааńѣеовъ *Л 3, 25 Зогр Мар*

НААСОНОВЪ *прил. к* насонъ (2) τοῦ Ναασσών Насонов Nasonův: с⟨ы⟩нъ сы... салмоновъ • наасоновъ *Л 3, 32 Зогр Мар*

НАВАДИТИ, -важдѫ, -вадиши *сов.* (5) **1.** кого πείθειν, προβιβάζειν подговорить, подстрекнуть navést: старьци навадишѧ народы • да испросѧтъ варавѫ *Мт 27, 20 Сав* (наоустишѧ *Зогр Мар,* наоучишѧ *Ас*) **2.** на кого διαβάλλειν, καταμαρτυρεῖν оклеветать *кого-л.* pomluvit, osočit *někoho*: въ лъжѧ навадѧтъ на ńѫ *Супр 135, 5-6.— Мт 14, 8 Зогр Мар; Супр 215, 9.— Ср.* наоустити, наоучити, обадити, оклеветати

НАВАТЪ, -а *м имя* (4) Ναυάτος Нават Novatus: ѡ нафане чимъ дрьзнѫвъ • отъвѣштати хоштеши • наватомъ покм'кмъ *Супр 360, 29*

НАВГИНЪ *прил. к мужскому имени Нави* (2) τοῦ Ναυῆ Навин Nunův: покои і⟨соу⟩су навгиноу *Ен 20а 15.— Ен 35а 12*

НАВЕСТИ, -ведѫ, -ведеши *сов.* (17) **1.** что (на кого) ἐπάγειν наслать, напустить přivést, navést, seslat: избѣгъ съмръті • ѭже гоубітель наведе на єѥюптѣні *Клоц 6б 35;* сеѭ кровьѭ не възможе въскочіті • і ѣзвѫ навесті *Клоц 6б 37-38* (вьнести *Супр 417, 19*) кого на что εἰσάγειν, συνάγειν, ὁδηγεῖν направить, навести (на путь истинный) uvést: наведи мѧ г⟨оспод⟩і на пѫть твоі *Пс 85, 11 Син* **2.** συνάγειν дать пристанище, приют, ввести (в дом) uvést: страненъ бѣхъ и наведосте мѧ *Супр 123, 22* (вьвѣсте *Мт 25, 35 Мар,* въведосте *Зогр Сав, Ас нет*).— *Син Клоц Супр.— Ср.* въвести, вънести, навести, нанести, наставити

НАВЕЧЕРНІѤ, -ніа *с* (7) [наве(ч)рне *Ас* (1), навече(р) *Ас* (1)] παραμονή канун (праздника) vigilie, předvečer (svátku): навеч⟨є⟩рие с⟨вѧ⟩тааг⟨о⟩ б⟨ог⟩оавлениѣ *Ас 138а 10; Сав 146а 13-14.— Ас 132б 6; 144б 2; 152а 10; Сав 137б 1; Ен 30а 7*

НАВОДИТИ, навождѫ, наводиши *несов.* чьто комоу (2) ἐπάγειν насылать, напускать přivádět, sesílat, uvalovat: б⟨ог⟩ъ сѫдителъ правьденъ и крѣпокъ і тръпѣливъ • ї не гнѣва наводѧ *Пс 7, 12 Син*; великѫ бѣдѫ наводитъ не вьнимаѭштиїмъ *Супр 513, 23-24.— Ср.* наносити

НАВОДИЄ, -иꙗ *с* (2) πλήμμυρα наводнение, паводок povodeň, záplava: наводью же бывъшю • припаде рѣка храминѣ тоі *Л 6, 48 Зогр Мар.— Ср.* потопъ

НАВОДЬНИТИ СѦ, -нѭ сѧ, -ниши сѧ *сов.* (3) κατακλύζεσθαι; (наводьнѥныи Ἠθάμ (!)) переполниться (водой), выйти из берегов, разлиться rozvodnit se: потоці наводьнішѧ сѧ *Пс 77, 20 Син; Евх 5б 8-9.— Пс 73, 15 Син*

НАВЫКНѪТИ, -нѫ, -неши *сов.* чесомоу; чьто (55) μανθάνειν, διδάσκεσθαι, καταμανθάνειν, ἐνδιδάσκεσθαι научиться, усвоить naučit se: отъ смоковьницѧ же навыкнѣте притъчи *Мк 13, 28 Зогр Мар*; съмѣсишѧ сѧ съ ѩзыкы • и навыкѫ дѣла іхъ *Пс 105, 35 Син*; гнѣваѭштии сѧ навыкнѫтъ послоушати *Супр 325, 22-23* (наоучатъ сѧ *Клоц 1а 15*) ● познать, понять poznat, pochopit: да навыкнемь разньствье • прѣдадітелево • і оученікъ *Клоц 5б 37-38*; да навыкнеши ꙗко моштьнъ сы прѣложити сѧ не рачи *Супр 414, 18* (да оувѣсі *Клоц 5б 7*) □ навыкнѫти сѧ μυεῖσθαι научиться, усвоить naučit se: вѣдатъ сѧ навыкъшиї глаголемоѥ *Супр 419, 16-17* (наоученіи *Клоц 7б 20*).— *Зогр Мар Ен Клоц Супр.— Ср.* выкнѫти, извыкнѫти, наоучити сѧ, оувѣдѣти

НАВЫСОЧЕ *нареч.* (1) ἐφ᾽ ὑψηλοῦ высоко, в вышине vysoko, ve výši: побѣдителꙗ нага пригвождена навысоче вьсѣмъ показоваахе *Супр 489, 23.— Ср.* высоко, выспрь, горѣ

НАВЫЦАТИ, -аѭ, -аѥши *несов.* (1) μανθάνειν учиться, познавать učit se, poznávat: ч'то оубо отъ сего навыцаѥмъ *Супр 373, 11-12.— Ср.* оучити сѧ

НАВЫЧЕНИЄ, -иꙗ *с* (1) (оученіє навыченіє μάθημα) познание, понимание poznání: велико оубо естъ притѧжание правовѣрънъихъ • оученіє навыченьѥ *Хил 2б β 20.— Ср.* оученіє

НАВѢДѢТИ, -вѣмь, -вѣси *несов.* (1) ἐπίστασθαι знать vědět, znát: та ѥдина · о ѥемъ съповѣдаѫ • ꙗже въсѣмъ съпроста ꙗвьѥніє навѣдѫштинмъ того *Супр 278, 30.— Ср.* вѣдѣти

НАВѢЖДЕНИЄ, -иꙗ *с* (1) *греч. нет* посещение návštěva: на навѣжденьѥ стар'ца пришьдъше *Супр 555, 20.— Ср.* посѣщеніє, присѣщеніє

НАВѦЗАТИ, -вѧжѫ, -вѧжеши *сов.* (1) ἀφάπτεσθαι привязать přivázat: навѧзавъ на выѭ звѣри *Супр 558, 13.— Ср.* привѧзати

НАГЛО *нареч.* (1) *греч. нет* очень быстро, стремительно prudce; *перен.* опрометчиво unáhleně: (иже) наг(ло гнѣваѥтъ сѧ) *Рыл 16а 1.— Ср.* напрасно

НАГОСТЬ, -и *ж* (1) γύμνωσις нагота nahota: помышлꙗѫ адамовѫ нагость *Супр 280, 22.— Ср.* нагота, обнаженіє

НАГОТА, -ы *ж* (2) γύμνωσις, γυμνότης нагота nahota: отъвръгъ наготѫ облѣци сѧ вь чистотѫ *Супр 48, 26.— Супр 455, 10.— Ср.* нагость, обнаженіє

НАГОТОВАТИ, -тоуѭ, -тоуѥши *несов.* (1) γυμνητεύειν быть нагим být nahý: алъкати бо имаши • и жѧдати • і наготовати *Евх 90а 25*

НАГЪ, -ыи *прил.* (45) **1.** γυμνός; (нага сътворити γυμνοῦν) нагой, голый nahý: онъ же оставь понѣвицѫ • нагъ бѣжа оть ѥихъ *Мк 14, 52 Зогр Мар*; блюдѣте сѧ врага • да не нагы сътворитъ вы *Евх 97б 9* **2.** γυμνικός гимнастический gymnastický: вь назѣмъ подвизѣ • како много творѧтъ своѥ прилежан'ѥ *Супр 497, 5.— Зогр Мар Ас Сав Супр.— Ср.* голъ

НАДА, -ы *ж имя* (1) Ναδά Нада Nada: несторъ к'то... нада нарицаѥмѫ имы женѫ *Супр 24, 21*

НАДЕЖДА, -ѧ *ж* (21) ἐλπίς надежда naděje: ты бо еси помощь • і застѫпъ • і надеждѣ в'сѣмъ прибѣгаѭщиимъ къ тебѣ *Евх 79б 17*; крьстиꙗнъ иштаи надеждѧ къ богꙋ *Супр 160, 2.— Евх Супр.— Ср.* оупъваниѥ

НАДОИТИ, -доѭ, -доиши *сов.* (1) τρέφειν накормить (грудью) nakojit: аште кто видитъ матере... подаѭштѫ сьсъ • да не надои дѣтишта *Супр 384, 21.— Ср.* накръмити

НАДОУТИ СѦ, -доуѭ сѧ, -доуѥши сѧ *сов.* (1) οἰδαίνειν вздуться; *перен.* возгордиться nadout se: ꙗко се обратривъше сѧ срьдьце и надоувъши сѧ доуши *Супр 422, 25.— Ср.* надѫти

НАДЪ *предлог* (>100) **А.** *с вин.* ἐπί, κατά *при указании на предмет, к которому направлено действие* (*обычно сверху*) на, над (*с вин.*), к nad (*с вин.*), k: оузьрите... а⟨н⟩ѣ⟨є⟩лы б⟨о⟩жиѩ • въсходашта • і съходаштѧ • надъ с⟨ы⟩на ч⟨ловѣчь⟩скааго *И 1, 51 Зогр Мар Ас* (4) *Сав*; самарѣнинъ же етеръ грѧды • приде надъ ѥь *Л 10, 33*

Зогр Мар Ас (къ немоу *Сав*) **Б.** *с тв.* ἐπί, ἐπάνω, ὑπέρ, ὑπεράνω, παρά, ἐν (!), σύν (!) super **1.** *при указании предмета, выше которого что-л. находится* над (*с тв.*), сверху nad (*с тв.*); бѣ же ꙇ напсанье нап'сано • надъ нимь *Л 23, 38 Зогр Мар Ас Сав* **2.** *при обозначении предмета или лица, на которое направлено действие, чья-л. деятельность* над (*с тв.*) nad (*с тв.*): вѣрънъꙇ рабъ • ꙇ мѫдры • егоже поставитъ г⟨оспод⟩ь надъ домомь своꙇмь *Мт 24, 45 Зогр Мар Ас Сав*; попъ молит' сѧ • творѧ мол⟨и⟩твѫ • снѫ над⟨ъ⟩ нимь *Евх 92б 1*; слъзы оупоуштаѭшти ꙗко надъ мрътвъмъ *Супр 457, 16* **3.** *при обозначении господства, главенства, превосходства* над (*с тв.*), выше nad (*с тв.*): нѣстъ оученикъ надъ оучителемь своꙇмь *Л 6, 40 Зогр Мар*; г⟨оспод⟩ь вь сионѣ велеꙇ и высокъ естъ • надо вьсѣмꙇ людьмꙇ *Пс 98, 2 Син*; *Ен 32б 13* ♦ **надъ вьсѣмь, надъ вьсѣми (сими)** *см.* вьсь.— *Зогр Мар Ас Сав Ен Син Киев Евх Клоц Супр*

НАДЪЛЕЖАТИ, -лежѫ, -лежиши *несов.* (2) **1.** ἐπικεῖσθαι лежать *на чем-л.*, поверх *чего-л.* ležet *na pěčem*: заключи въ пештерѣ затвори надълежаштиими ветъхыими двьрьми *Супр 527, 28-29* **2.** *греч. нет* наступать, нависать nadcházet: съпримьникъ бѫди надълежаштии съмрьти алеѯан'дровѣ *Супр 161, 1.— Ср.* належати

НАДЫМАТИ СѦ, -аѭ сѧ, -аѥши сѧ *несов.* (2) διαρρήγνυσθαι (!) раздуваться, увеличиваться nadýmat se, rozšiřovat se: кая во польза... лихо потрѣбы надымати сѧ *Супр 494, 20* ● *перен.* οἰδαίνειν гордиться pyšnit se: надымаѩ сѧ срьдце *Клоц 9а 14.— Ср.* възносити

НАДЬНЕВЬНЪ, -ꙑи *прил.* (1) ἐπιούσιος насущный vezdejší: хлѣбъ нашь надьневънъı • даи намъ на вьсѣкъ д'нь *Л 11, 3 Зогр* (насѫштънъı *Мар*, д'невьнъı *Сав*).— *Ср.* дьневьнъ, настати (наставьшаѥго дьне), настоꙗти (настоѩи), насѫщьнъ

НАДѢꙖТИ СѦ *и* **НАДѢТИ СѦ,** -дѣѭ сѧ, -дѣѥши сѧ *несов.* комоу, чесомоу; на кого, чьто *или с инф.* (51) ἐλπίζειν, πείθεσθαι, θαρρεῖν, προσδοκᾶν, νομίζειν (!), προσέχειν (!), προσδέχεσθαι (!) надеяться, возлагать надежды, доверять doufat, důvěřovat: надѣаше сѧ знаменье етеро видѣти *Л 23, 8 Зогр Мар*; надѣꙇ сѧ дъщи • вѣра твоꙗ с⟨ъ⟩п⟨ас⟩етъ тѧ *Мт 9, 22 Сав* (дрьзаи *Зогр Мар Ас*); надѣѭщеꙇ сѧ силѣ своеꙇ *Пс 48, 7 Син*; добро естъ надѣѣти сѧ г⟨оспод⟩ѣ • неже надѣѣти сѧ на чл⟨о⟩в⟨ѣ⟩ка *Пс 117, 8 Син*; сеи сѣни надѣвъ сѧ блаженъıи даvидъ *Супр 353, 25-26*; радоуѭште сѧ • о надѣѭмънихъ • рѫгаѭште сѧ противъноуоумоу *Супр 92, 2.— Зогр Мар Ас Сав Унд Син Евх Супр.— Ср.* дрьзати, оупъвати

НАДѪТИ, -дъмѫ, -дъмеши *сов.* (1) ἐμπιμπράναι раздуть nadout: акы мѣхъ бѣаше надъменъ *Супр 117, 18.— Ср.* надоути сѧ

наемьникъ *Мар Ас см.* наимьникъ

НАЗАРЕИ, НАЗАРѢИ, -ꙗ *м* (16) [назаре- *Мар* (1) *Ас* (7) *Супр* (2), назарѣ- *Зогр* (3) *Мар* (2) *Боян* (1)] Ναζωραῖος назареянин nazaretský: и сь бѣ съ н⟨соу⟩сомъ назареомъ *Мт 26, 71 Ас* (назарѣниномь *Зогр Сав*, назарѣаниномь *Мар*).— *Зогр Мар Ас Боян Супр.— Ср.* назарѣнинъ

НАЗАРЕТЪ, -а *м город* (36) [назарео- *Ас* (1) *Сав* (9), назарѣт- *Зогр* (2)] Ναζαρέθ Назарет Nazaret: сь естъ н⟨соу⟩с⟨ъ⟩ пророкъ • иже отъ назарета галиленскааго *Мт 21, 11 Мар Сав*, на.. та *Зогр-пал* (∅ *Зогр*).— *Зогр Мар Ас Сав Боян Зогр-пал.— Ср.* назаретьскъ

НАЗАРЕТЬСКЪ, -ꙑи *прил. к* назаретъ (4): **градъ назаретьскъ** πόλις Ναζαρέθ Назарет Nazaret: вьзиде же ꙇ осифъ • отъ галилеѩ • града назаретьска *Л 2, 4 Зогр Мар Ас Сав.— Ср.* назаретъ

НАЗАРѢНИНЪ *и* **НАЗАРѢАНИНЪ,** -а *м* (27) [назарѣа- *Зогр* (1) *Мар* (1)] Ναζωραῖος назареянин, житель Назарета nazaretský: повѣдаша же емоу • ѣко ꙇ⟨соу⟩с⟨ъ⟩ • назарѣнинъ мимо ходитъ *Л 18, 37 Зогр Мар* (назареи *Ас*).— *Зогр Мар Ас Сав Боян Супр.— Ср.* назареи

НАЗЕМЬНЪ, -ꙑи *прил.* (1) ἐπίγειος земной, наземный pozemský: имѫщюмоу власть... на в'сѣкомь нарицаемѣмь • нан⟨е⟩б⟨е⟩сьнъıхъ и наземьнъıхъ • и тръторъскъıхъ *Евх 55а 21.— Ср.* земльнъ, земльскъ

НАЗИРАТИ, -аѭ, -аѥши *несов.* (11) παρατηρεῖσθαι следить, выслеживать pozorovat, sledovat: ꙇ назирааахѫ ꙇ • аште въ сѫботѫ цѣлитъ ꙇ *Мк 3, 2 Зогр Мар Ас Сав.— Л 6, 7 Зогр Ас; Л 14, 1 Мар Ас Сав; Пс 36, 12 Син; Евх 88а 12.— Ср.* блюсти, стрѣщи, съглѧдати, съсѫмьнѣти

НАЗНАМЕНАТИ, -аѭ, -аѥши *сов./несов.* (5) σημαίνειν, ἐπισημαίνεσθαι, μηνύειν, διαστρέφειν, σφραγίζεσθαι обозначить/обозначать, указать/указывать naznačit/naznačovat: слово повѣстиѭ назнамена дѣло *Супр 343, 13*; оустъны акы прагы назнаменаѭщѧте *Супр 332, 2-3* ▭ **назнаменати сѧ** показаться, появиться ukázat se, objevit se: назнамена же сѧ кмоу вѣньцъ по тѣлоу *Супр 142, 4.— Супр 239, 16; 408, 3.— Ср.* знаменати, клепати, назнаменовати

НАЗНАМЕНОВАТИ, -ноуѭ, -ноуѥши *несов.* (5) σημαίνειν, αἰνίσσεσχαι обозначать, указывать naznačovat: се се г⟨лаго⟩лааше назнаменоуѧ • коеѭ съмрьтиѭ хотѣаше оумрѣти *И 12, 33 Ас* (клепл҄ѧ *Зогр Мар Сав*).— *Супр 349, 18; 376, 16; 560, 27; 567, 13.— Ср.* знаменати, клепати, назнаменати

НАЗЬРѢТИ, -зьрѭ, -зьриши *сов.* (2) παρατηρεῖσθαι проследить, выследить dívat se, věnovat pozornost *někomu, něčemu*: назьрѣахѫ и кънижьници... аште въ соботѫ исцѣлитъ-и *Л 6, 7 Мар* (назираахѫ *Зогр Ас*).— *Пс 129, 3 Син.— Ср.* съгладати

НАИВѦЩЕ *нареч.* (2) **1.** οἱ πλείους больше всего, наиболее, в наибольшей степени nejvíce, většinou: отъ н҃ихъ же наиваште отъ елиспонтъскыихъ... градовъ бѣахѫ *Супр 201, 20* **2.** πλεῖστα обыкновенно, обычно obvykle: наиваште же прѣдъ сънъмъ молитвы творꙗаше *Супр 274, 26.— Ср.* наипаче

НАИМЬНИКЪ, -а *м* (25) [наем- *Мар* (3) *Ас* (2)] μισθωτός, μίσθιος наемный рабочий, наемник námezdní dělník, nádeník: коликоу наимьникъ о⟨ть⟩ца моего избываѭтъ хлѣби *Л 15, 17 Зогр Мар Ас Сав.— Зогр Мар Ас Сав*

НАИНЪ *нескл.* (?) *м город* (3) Ναΐν Наин Naim: ıдѣаше въ градъ нарицаемы наинъ *Л 7, 11 Зогр-Мар Ас*

НАИПАЧЕ *нареч.* (14) **1.** μάλιστα наиболее, больше всего nejvíce: на родъ чловѣчьскыи искони воюи диꙗволъ • и наипаче на робы с'паса нашего *Супр 514, 19* ● *греч. нет* главным образом, прежде всего hlavně, především: скѫдо бѣаше воды идеже живѣаше • наипаче же никакоже бѣаше воды питиꙗ *Супр 549, 11* ● μᾶλλον вернее, точнее přesněji, spíše: въ пештерѣ тои • наипаче же рекѫ въ гробѣ *Супр 528, 24* **2.** ἐπὶ πλεῖον очень velmi, velice: наипаче бо вънесѫтъ сѧ нечьстивии *2 Тим 2, 16 Ен*; того рад'ма наипаче вьсѣмъ дивити сѧ *Супр 565, 10.— Пс 50, 4 Син; 122, 4 Син; Супр 47, 5; 517, 16; 526, 2; 527, 7; 543, 29; 559, 7; 568, 23.— Ср.* вельми, ѕѣло, мъного, наивѧще, наискорѣѥ

НАИСКОРѢѤ *нареч.* (1) μάλιστα чаще всего, скорее всего nejrychleji, nejspíše: прıемлѭштеı с⟨вѧ⟩тыхъ таинъ • недостоıно • въ ты наıскорѣе въходитъ дьѣволъ *Клоц 8а 37* (паче *Супр 421, 6*).— *Ср.* наипаче, паче, скоро

НАИТИ, -идѫ, -идеши *сов.* (19) **1.** на кого, что; комоу ἐπέρχεσθαι, ἐφίστασθαι, ἐπανέρχεσθαι, ὑπεισέρχεσθαι, ἐπιφέρεσθαι, ἐπισκιάζειν сойти *на кого-л.*; войти sestoupit *na někoho*; vejít, vstoupit: д⟨оу⟩хъ с⟨вѧ⟩ты наıдетъ на тѧ *Л 1, 35 Зогр Мар Ас Сав* ● *перен.*: напасть *на кого-л.* napadnout, dopadnout *na někoho*: избывъше отъ нашъдъшѧѩ имъ богомь поуштеньıа ıазвы *Супр 531, 4* **2.** *без доп. греч. нет* наступить, настать nastoupit, nastat: пасха иѭдѣиска... разорена бысть • наıде бо д⟨оу⟩ховънаѣ *Клоц 7б 16*; [заклинаѭ тѧ... закономь пръвое • подобѧщемъ в'сѧ • нашедъшѧ емь (*вм.* наоучьшнимь?) • ı с⟨ъ⟩п⟨асе⟩ниемь на пѫть етеръ • волеѭ наставьшемь τοῦ... παιδαγωγήσαντος *Евх 52а 23*].— *Зогр Мар Ас Сав Син Евх Супр.— Ср.* вънити, напасти

НАИТРѢБЬНИИ *прил. превосх. ст.* (1) ἡ χρῆσις (!) самый нужный, наинужнейший nejpotřebnější: и чоувъства • ıаже сѫтъ наитрѣбьши пѫти оученію • ѕѣло лютѣ прокоуди *Супр 339, 30.— Ср.* трѣбѣ

НАКАЗАНИѤ, -ниꙗ *с* (15) παιδεία, νουθεσία, (τὸ) στηρίζεσθαι, προτροπή, ἐξουσία (!); (наказаникмь παραινῶν) наставление, поучение poučení, napomenutí: наказанъе твое само мѧ наоучитъ *Пс 17, 36 Син*; пооуштааше • ово наказаникмъ ово епитимиѭ *Супр 188, 16-17.— Пс 2, 12 Син; 17, 36 Син; 49, 17 Син; 118, 66 Син; Евх 83б 1; Клоц 4б 22-23; 6а 14; Супр 75, 30; 124, 19; 246, 17; 411, 30; 415, 27; 519, 11.— Ср.* казаниѥ, пооучениѥ, оучениѥ

НАКАЗАТИ[1], -кажѫ, -кажеши *сов.* кого чесомоу (10) παιδεύειν, παραινεῖν, νουθετεῖν наставить, научить poučit: блаженъ чл⟨о⟩вѣкъ егоже ты накажеши г⟨оспод⟩ı *Пс 93, 12 Син*; томоу ли тѧ наказа оучитель *Супр 411, 3* □ наказати сѧ научиться poučit se: накажѣте сѧ вьси сѫдѧштеı земли *Пс 2, 10 Син.— Пс 89, 10 Син; Супр 42, 12; 182, 27; 276, 25; 382, 15; 410, 23; 524, 22-23.— Ср.* наоучити

НАКАЗАТИ[2], -заѭ, -заѥши *несов.* (6) παιδεύειν, νουθετεῖν наставлять, учить poučovat: сего ради цръкы наказаетъ *Хил 2ба 19*; оучѧще и наказаѭще себе • въ псалмѣхъ и пѣнихъ *Кол 3, 16 Ен* □ наказати сѧ учиться, упражняться učit se, cvičit se: да бѫдетъ... въ вышънее послоушание наказаѩ сѧ *Евх 99а 19.— Пс 93, 10 Син; Евх 34а 18-19; Супр 191, 14-15.— Ср.* оучити

НАКЛАДАТИ, -даѭ, -даѥши *несов.* что на кого (2) φορτίζειν накладывать nakládat: накладаете на ч⟨ловѣ⟩кы брѣмена *Л 11, 46 Зогр Мар.— Ср.* налагати

НАКЛАСТИ, -кладѫ, -кладеши *сов.* что комоу, чесомоу (1) ἐπιφορτίζειν наложить naložit: хотѧ брѣмѧ накласти скотоу своѥмоу *Супр 41, 5-6.— Ср.* наложити

НАКОВАЛО, -а *с* (1) ἄκμων наковальня kovadlina: потъкѫ сѧ о наковалѣ непобѣдімѣемъ *Клоц 12б 24* (о наковальнѣ *Супр 448, 20*).— *Ср.* наковально

НАКОВАЛЬНО, -а *с* (2) ἄκμων наковальня kovadlina: (ıако) же бо н(аковально) (же)стоко срѣ(дце) (сътѧ)жавъ *Хил 2аβ 4.— Супр 448, 20.— Ср.* наковало

НАКРЪМИТИ, -млѭ, -миши *сов.* кого чесо (3) τρέφειν, διατρέφειν, ἐκτρέφειν накормить, насытить nakrmit, nasytit: тъ и насъ • не тъчьѭ потрѣбънꙑихъ • нъ изобильнꙑихъ накръмитъ *Супр 290, 17-18.— Супр 344, 19; 384, 28.— Ср.* надоити, напитати, напитѣти, натроути, насꙑтити

НАКꙐНѪТИ, -нѫ, -неши *сов.* (1) *греч. нет* сделать знак рукой pokynout: обративъ сѧ ра-б-⟨о⟩жиі и накꙑнѫвъ... ïωан'ноу • и призъвавъ и къ себѣ *Супр 554, 29.— Ср.* помаıати

НАЛАГАТИ, -аѭ, -аѥши *несов.* чьто комоу, чесомоу; на чьто ἐπισυνάπτειν накладывать, класть klást *na něco*: печати налагаѭтъ на гроıъ (! *вм.* гробъ) *Клоц 12а 15* ● *перен. греч. нет* наводить, накладывать, налагать nakládat, působit: ег'да тѧ видитъ мѫжьскꙑ в'се тръпѧща • пакꙑ налагаетъ ти оунꙑние *Евх 88а 22-23.— Ср.* накладати

НАЛЕЖАТИ, -жѫ, -жиши *несов.* комь, чемь; на комь, чемь; на кого, чьто (14) ἐπικεῖσθαι лежать, находиться *на чем-л.* ležet *na něčem*: бѣ же пешть ı камень належааше на нѥи *И 11, 38 Зогр Мар Ас*, належаше на нѫ *Сав* ● *перен.* ἐπιτίθεσθαι, ἐπαρτᾶσθαι отягощать, обременять naléhat, doléhat, tísnit: доколѣ належите на чл⟨о⟩в⟨ѣ⟩ка *Пс 61, 4 Син*; избѫдете належѧштихъ земи зълъ *Супр 530, 14-15.— Л 5, 1 Зогр, Мар; Супр 128, 10; 145, 6; 145, 11; 483, 19; 529, 28; 538, 2.— Ср.* лежати, падати

НАЛИꙖТИ, -лѣѭ, -лѣѥши *сов.* (1) κερανvύναι налить nalít: чашѫ налиıавъ дастъ имъ *Супр 236, 9*

НАЛОЖИТИ, -жѫ, -жиши *сов.* (6) **1.** чьто на чьто ἐκτείνειν; (веригꙑ наложити κλοιὰ περιβάλλειν, ἁλύσει δεῖν) положить, наложить položit, dát: на идоумѣѭ наложѫ сапогъ мої *Пс 107, 10 Син*; веригꙑ наложита на вꙑѭ ѥмоу *Супр 195, 22* ● ἀνάπτειν разложить (*костер*) založit (*oheň*): наложи крадѫ великѫ *Супр 516, 13* **2.** чьто чесо φορτοῦν наложить, нагрузить *кого-л., что-л. чем-л.* naložit: имѣѧ осьлѧ многъ благꙑнь наложено *Супр 291, 5.— Супр 181, 23-24; 223, 23.— Ср.* възложити, накласти, положити

НАЛѦЩИ, -лѧкѫ, -лѧчеши *сов.* (7) ἐντείνειν, διατείνειν натянуть napnout: грѣшьниці налѩшѧ лѫкъ *Пс 10, 2 Син.— Ас 5аа 2-3; Пс 36, 14 Син; 44, 5 Син; 57, 8 Син; 63, 4 Син; Супр 462, 25-26.— Ср.* отъвлѣщи

НАЛѦЦАТИ, -аѭ, -аѥши *несов.* (1) ἐντείνειν натягивать napínat: с⟨ꙑ⟩нові ефрѣмові налѩцаѭштеі і стрѣлѣѭште лѫкꙑ *Пс 77, 9 Син*

НАМАНОВЕНИѤ, -ниꙗ *с* (1) ῥοπή знак, мановение pokyn: аште да не бꙑшѧ въставъшааго насꙑтили сѧ намановениıа *Супр 443, 1.— Ср.* мановениѥ, помаıаниѥ

НАМАꙖТИ, -ıаѭ, -ıаѥши *несов.* (1) διανεύειν делать знак dávat znamení, kynout: лактꙑ ѳомѫ потꙑкаахѫ и намаıаахѫ очима *Супр 502, 17.— Ср.* помавати, поманѫти, помаıати

НАМОЧИТИ, -чѫ, -чиши *сов.* кого, чьто чимь (1) βρέχειν намочить, окропить omočit, pokropit: си сльзами намочи нозѣ *Супр 394, 29-30* (омочи *Л 7, 44 Зогр Мар Ас Сав*).— *Ср.* омочити

НАМѢНИТИ, -нѭ, -ниши *сов.* (6) **1.** ὀνομάζειν назвать, наименовать nazvat, pojmenovat: оного отъ добрости намѣни нюда рьвнивъи *Супр 410, 18* **2.** προλέγειν, μιμνήσκεσθαι упомянуть zmínit se: обноштьницѫ твориша въ намѣненѣи цръкъви *Супр 208, 19* □ ни въ кѫѭже намѣнити παραλογίζεσθαι не принять во внимание nevzít v úvahu: оувѣштаниıа т(а) ни въ кѫѭ же намѣнивъше *Супр 201, 29.— Супр 53, 26-27; 410, 19; 498, 19.— Ср.* нарещи, поманѫти

НАМѢНꙖТИ, -ıаѭ, -ıаѥши *несов.* (1) μνημονεύειν упоминать připomínat, zmiňovat se: оувѣдѣвъша же многашди намѣнıаниıа славънаıа мѫжа *Супр 203, 10.— Ср.* поминати

НАМѢРИТИ, -рѭ, -риши *сов.* (2) μετρεῖν отмерить naměřit: въ нѭже мѣрѫ мѣрите • намѣритъ сѧ вамъ *Мк 4, 24 Зогр Мар.— Ср.* възмѣрити

НАМѢСТЬНИКЪ, -а *м* (2) τοποτηρητής succesor преемник nástupce: іже оутѧже бꙑті блаженоумоу апостолоу твоемоу петроу... въ чьсті намѣстьнікъ *Киев 2а 1-2.— Супр 122, 18.— Ср.* прѣимьникъ

НАНЕБЕСЬНЪ, -ꙑи *прил.* (1) ἐπουράνιος небесный, находящийся на небе nebeský, ten, který je na nebi: имѫщюмоу власть... на в'сѣкомь нарицаемѣмь • нан⟨е⟩б⟨е⟩сънꙑхъ и наземьнꙑхъ • и тръторъскꙑхъ *Евх 55а 20.— Ср.* небесьнъ, небесьскъ

НАНЕСТИ, -несѫ, -несеши *сов.* (9) ἐπιφέρειν, προσφέρειν, ἐπάγειν, προσάγειν нанести nanést, přinést: повелѣ слоугамъ огнь нанести по вьсемоу тѣлоу кю *Супр 13, 25* ● чьто на кого; комоу наслать, напустить seslat, uvalit: многыихъ бо ради мѫжь аже нанесоша на нь *Супр 117, 21*; тако достоитъ и нанесенѫѭ кмоу боуреѫ... съповѣдати *Супр 520, 25.— Супр 111, 28; 153, 4; 178, 5; 213, 15-16; 516, 24-25; 544, 13.— Ср.* навести

НАНЗИАНЗИІА, -ныѩ *ж город* (1) Ναζιανζός Назианс Naziansos: глигора б⟨о⟩гословьца • еп⟨искоу⟩па бъвыша нан'зиан'зии *Ас 141а 27*

НАНОСИТИ, -ношѫ, -носиши *несов.* чьто на кого (2) προσφέρειν насылать, напускать sesílat, uvalovat: наносити на нь мѫжы *Супр 109, 8.— Евх 88а 20.— Ср.* наводити

НАНЬЗИІАНЬСКЪ, -ыи *прил. к* нанзианзиіа (2) τῆς Ναζιανζοῦ назианский naziánský: григории наньзиіанъскыи епископъ *Супр 198, 3.— Супр 201, 13*

НАНѢМЬ *прил. нескл.* (3) ψελλίζων косноязычный koktavý: ѩзыци нанѣмь истинѫ іасно глаголѭтъ *Супр 336, 25* (*Ис 29, 24*) (влъснѫштеі *Клоц 1а 15-16*).— *Супр 336, 23; 337, 14.— Ср.* влъснѫти (влъснѫи), гѫгъниvъ, лопотивъ, нѣмовати (нѣмоуѩи)

НАОСТРИТИ, -оштрѭ, -остриши *сов.* (1) ὀπλίζειν наточить, наострить naostřit, nabrousit: ножь наостри *Супр 389, 10.— Ср.* изострити

НАПАДАТИ, -аѭ, -аѥши *несов.* комь; на кого (5) ἐπιπίπτειν, συνεπιτίθεσθαι бросаться, падать *на кого-л.* naléhat, vrhat se *na někoho*: мъногы бо ицѣли • ѣко нападаахѫ ѥмь • хотѧште прикоснѫти сѧ ѥмь *Мк 3, 10 Зогр Мар*; не оубоѭ сѧ отъ тьмы людеі • нападаѭщихъ на мѧ *Пс 3, 7 Син.— Супр 464, 27; 565, 19-20.— Ср.* належати

НАПАДЕНИѤ, -ниѣ *с* (1) *греч. нет* нападение napadení, přepadení: нападениѥ нѣкоѥ отъ розбоиникъ пострадавъ *Супр 558, 8-9*

НАПАСТИ, -падѫ, -падеши *сов.* на кого, чьто (21) ἐπιπίπτειν, ἀναπίπτειν, προσπίπτειν, πίπτειν, ἐπιτίθεσθαι, ἐπιφέρεσθαι, ἐπαρτᾶσθαι, ἐπαφιέναι (!) броситься, напасть *на кого-л., что-л.* padnout, vrhnout se *na někoho, něco*: нападе на выѭ его *Л 15, 20 Зогр Мар Ас Сав*; възвѣашѧ вѣтри • і нападѫ на храминѫ тѫ *Мт 7, 25 Зогр Мар Ас* (потъкѫ сѧ храминѣ тоі *Сав*) ● *перен.*: страхъ нападе на нь *Л 1, 12 Зогр Мар*; поношениѣ поносѧштеихъ тебѣ нападѫ на мѧ *Пс 68, 10 Син*; раздроушитъ • нападъшаіа на земьѭ сьѭ зълаіа *Супр 529, 20.— Зогр Мар Син Супр.— Ср.* наити

НАПАСТЬ, -и *ж* (50) **1.** συμφορά, ἐπήρεια, ἐπιβουλή, περίστασις, ἀνάγκη; (напасть, напасти творити, сътворити ἐπηρεάζειν; въ напасть въпадати ἐπηρεάζεσθαι; въ напастьхъ бывати ἐπιβουλεύεσθαι) на́пасть, несчастье, беда; козни neštěstí, nebezpečí; úklady: напасть бо мі створі велиѭ *Клоц 8б 38-39*; онъ же слышавъ и съжаливъ си • о напасти свѧтыихъ цръкъвъ *Супр 199, 16* **2.** πειρασμός, πειρατήριον, πτῶμα (!) искушение pokušení: не въведи насъ въ напасть *Л 11, 4 Сав* (въ іскоушеньѥ *Зогр Мар*).— *Зогр Мар Ас Сав Ен Син Евх Клоц Супр Рыл Зогр-лл.— Ср.* бѣда, искоушениѥ, тѧга

НАПАСТЬСТВОВАТИ, -ствоуѭ, -ствоуѥши *несов.* комоу, чесомоу (1) ἐπηρεάζειν причинять зло, строить козни působit zlo, strojit úklady: молитвѫ дѣите о напастьствоуѭщихъ вамъ *Мт 5, 44 Сав* (за творѧштаѩ вамъ напасти *Зогр Мар*, напасть *Ас*).— *Ср.* напасть (напасть творити)

НАПАІАНИѤ, -ниѣ *с* (1) ποτισμός орошение zavlažování: копавшоу ровъ съвратити водѫ • и привести на напаіаниѥ зелию *Супр 275, 13*

НАПАІАТИ, -іаѭ, -іаѥши *несов.* кого, чьто чимь (16) ποτίζειν, ἀρδεύειν поить napájet: исплънь гѫбѫ оцьта • възнь зъ на трьсть • напаѣаше і *Мк 15, 36 Зогр Мар*; по малоу ведъі ѫ • и божьствьныими напаіаѫ питии *Супр 280, 3* ● орошать zavlažovat: бес прѣстани напаѣи садъи своѩ братре *Рыл 2аа 3-4*; д⟨ь⟩нес⟨ь⟩ • мастьми водамъ воньѭщіамъ • в'сѣ тварь напаѣетъ сѧ *Евх 2а 24.— Зогр Мар Ас Сав Син Евх Супр Рыл.— Ср.* оупаіати

написаниѥ *см.* напьсаниѥ

НАПИСАТИ[1], -аѭ, -аѥши *несов.* (5) ἀπογράφεσθαι описывать, записывать zapisovat, sepisovat: ізиде повелѣние • отъ кесара авъгоуста • написати вьсѫ вьселенѫѭ *Л 2, 1 Зогр Мар Ас* (напсати *Сав*); а⟨н⟩ѣ⟨е⟩ли бо придѫ написаѭще исповѣдание твоѥ се *Евх 87б 3.— Евх 84а 19-20.— Ср.* пьсати, съписати

написати[2]. -пишѫ, -пишеши *см.* напьсати

НАПИТАТИ, -аѭ, -аѥши *сов.* (1) τρέφειν накормить, насытить nakrmit, nasytit: напитани быша пѧть тысѫштъ *Супр 428, 25.— Ср.* накръмити, напитѣти, натроути

НАПИТѢТИ, -ѣѭ, -ѣѥши *сов.* (1) τρέφειν накормить, насытить nakrmit, nasytit: когда тѧ видѣхомъ алъчѫщіа и напитѣхомъ *Мт 25, 37 Сав* (натроухомъ *Зогр Мар Ас*).— *Ср.* накръмити, напитати, натроути

НАПЛЬНИТИ, -нѭ, -ниши *сов.* чьто чесо (34) [наплън- *Зогр* (5) *Мар* (3) *Ас* (4) *Сав* (1) *Охр* (2) *Син* (5) *Евх* (4)] πιμπλάναι, ἐμπιμπλάναι, πληροῦν, ἀναπληροῦν, γέμειν, γεμίζειν, ἀναγεμίζειν replere наполнить naplnit: **гѫбѫ же напльн҃ьше оцьт(а)** *И 19, 29 Зогр Ас* (**испльньше** *Мар*); **тѣлесе свѧтаго ι прѣдрагъıѩ кръве напльнені вьлитиѣ** *Киев 2а 6* ▭ **напльнити сѧ** наполниться naplnit se: **рѣка б⟨о⟩жьѣ напльні сѧ водъ** *Пс 64, 10 Син.— Зогр Мар Ас Сав Охр Син Евх Киев Супр.— Ср.* **испльнити**

НАПЛЬНІАТИ, **-ıаѭ, -ıаѥши** *несов.* (2) πληροῦν, ἀναπληροῦν наполнять naplňovat: **сьнидохомъı сѧ вьси слъıшатъ нѣчто о крьстѣ • и напльнıаѥмъı цръкве** *Супр 431, 9* ● дополнять, восполнять doplňovat, vyplňovat: **подраживъ борьцѧ прѣдъпльчьнъıѩ • ции въ прьвѣѣмь штитѣ падъшаацо • абиѥ напльн҃ѣатъ** (*вм.* **-ıѭтъ**) **тръıтъ** *Супр 93, 29*

НАПОИТИ, **-поѭ, -поиши** *сов.* **кого чесо; кого чимь; кого чьто** (34) ποτίζειν напоить, дать напиться napojit, dát napít: **иже колижьдо напоıтъ • ѥдиного отъ малъıхъ сихъ • чашѫ стоуденъı водъı** *Мт 10, 42 Зогр Мар Ас Сав*; **потокомъ пıштѩ твоѥѩ напоишı ıѩ** *Пс 35, 9 Син*; **вь жаждѫ моѭ напоишѧ мѧ оцьта** *Супр 478, 20* ● ἀρδεύειν, μεθύσκειν оросить, полить zavlažit, zalít: **браздъı ѥѩ напои** *Пс 64, 11 Син.— Зогр Мар Ас Сав Син Евх Супр.— Ср.* **зацѣдити**

напослѣдъкъ *см.* **послѣдъкъ**

НАПРАВИТИ, **-влѭ, -виши** *сов.* (5) κατευθύνειν, σώζειν (!) направить zaměřit, namířit, usměrnit: **стопъı моѩ направи по словеси твоѥмоу** *Пс 118, 133 Син.— Л 1, 79 Зогр Мар; Пс 58, 5 Син; Супр 402, 19.— Ср.* **исправити**

НАПРАВЛІАТИ, **-ıаѭ, -ıаѥши** *несов.* (2) ὁδηγεῖν направлять, вести usměrňovat, vést: **сице и свѧтъıихъ ѥуаггелии чоудеса • дроугъ отъ дроуга направьıаѭтъ • праздьникомь • любивъıѭ цръквe** *Супр 318, 20* ▭ **направлıати сѧ** κατορθοῦσθαι направляться směřovat: **сего ради ко вьсѣмъ заповѣдемъ твоıмь направлѣахъ сѧ** *Пс 118, 128 Син.— Ср.* **исправлıати, правити**

НАПРАСНИВЪ, **-ъıи** *прил.* (1) *греч. нет* сильный, неистовый prudký, divoký: **ѥгоже конıа люта сѫшта и сверѣпа и напраснива • имъ своима рѫкама** *Супр 565, 6.— Ср.* **напраснъ**

НАПРАСНИѤ, **-ніа** *с* (1) τὸ ἀθρόον внезапность náhlost: **напраснıѥмъ прѣложенıа • чоудо сътворилъ зърѧштиимъ** *Супр 93, 22-23*

НАПРАСНО *нареч.* (18) **1.** ἄφνω, ἀθρόως, ἀθρόον, αἰφνίδιον, θᾶττον (!) внезапно, вдруг náhle, najednou: **како твьрдѣи доуши ваю напрасно прѣмѣниста сѧ** *Супр 212, 22* **2.** ἀποτόμως сильно, неистово prudce, divoce: **не имате мошти сътрьпѣти ıарости гнѣва ѥмоу • на такъıѧ бо напрасно ıаритъ сѧ** *Супр 29, 18-19.— Супр.— Ср.* **вънезаапъ, нагло**

НАПРАСНЪ, **-ъıи** *прил.* (2) **1.** *греч. нет* скорый rychlý: **напраснѫ врач'бѫ полоучаахѫ** *Супр 556, 26-27* **2.** δριμύς сильный, резкий prudký: **болѣзнь же напрасна и люта и неиздрічема** *Супр 89, 20.— Ср.* **напраснивъ**

НАПРЬВОѤ *нареч.* (1) πρῶτον прежде всего nejprve, především: **напрьвоѥ врѣмѧ** *Супр 408, 2.— Ср.* **прьвоѥ, прьвъ (за прьвоѥ)**

НАПРѢЖДЬ *нареч.* (2) εἰς τὰ ἔμπροσθεν вперед dopředu, kupředu: **не можааше оуже напрѣждь поспѣшити** *Супр 561, 5.— Супр 134, 11*

НАПЬСАНИѤ *и* **НАПИСАНИѤ**, **-ніа** *с* (27) [**напьс-** *Син* (1), **напъс-** *Син* (1), **нап'с-, напс-** *Зогр* (4) *Сав* (4) *Син* (2), **нашѱ-** *Супр* (1), **напис-** *Мар* (7) *Ас* (4) *Супр* (1), **нас'п-, насп-** *Зогр* (2)] **1.** ὑπογραφή, γραμματεῖον письменное сообщение, текст, запись napsaná (písemná) zpráva, text, zápis: **посъланъ бъıстъ гаврилъ • носѧ адамоу нашѱаниѥ възъваниıа** *Супр 244, 8* ● ἀπογραφή список soupis: **се нап'саниѥ бъıс⟨тъ⟩ • владѫштю сѵриеѭ • кѵринью** *Л 2, 2 Зогр Мар Ас Сав* **2.** ἐπιγραφή; (**без написаниıа** ἀνεπίγραφος) надпись, заголовок nápis, nadpis: **покажѣте ми пѣнѧзь • чıи ıматъ образъ ι нап'саньѥ** *Л 20, 24 Зогр Мар*; **м҃ѣ без напъсанъѣ** *Пс 42, 1 Син.— Зогр Мар Ас Сав Син Супр.— Ср.* **пьсаниѥ, съписаниѥ, титълъ**

НАПЬСАТИ *и* **НАПИСАТИ**, **-пишѫ, -пишеши** *сов.* (93) [*основа инф.* **нап'са-, напса-** *Зогр* (17) *Мар* (1) *Сав* (9) *Клоц* (1) *Супр* (2), **нашѱа-** *Супр* (2), **написа-** *Зогр* (1) *Мар* (18) *Ас* (15) *Сав* (2) *Боян* (3) *Евх* (1) *Супр* (12)] γράφειν, ἐγγράφειν, ἐπιγράφειν, ἀπογράφειν, ἀναγράφειν, ὑπογράφειν, χαράσσειν; (**напьсати въ градъ** πολιτογράφειν; **богомь напьсанъ** θεόγραφος; **напьсана** *с мн.* τὰ γράμματα) написать napsat: **прими боукъви твоıѩ • ι напиши •н҃• ** *Л 16, 7 Зогр Мар;* **бѣ же ι напсаньѥ нап'сано • надъ н҃имь** *Л 23, 38 Зогр Мар Ас Сав*; **ѥже чьтѫ напсана • знаѭ вештъмı** *Клоц 11б 8*; **кн҃игъı написавъ** *Супр 199, 18*; **подобаатъ съконьчати сѧ въсѣмъ написанъıмъ** *Л 24, 44 Мар Ас* (**псанъıмъ** *Зогр*) ● записать zapsat: **оучинити сѧ подобаатъ • нашѱанааго вь стадии добръıѧ • дѣтѣли** *Супр 497, 27*; **съ праведьнъıмı не напішѫтъ сѧ** *Пс 68, 29 Син* ▭ **напьсати сѧ** записаться zapsat se: **идѣахѫ вси кождо • нап'сати сѧ въ свої градъ** *Л 2, 3 Зогр Мар,* **напıсатъ сѧ** *Ас Сав.— Зогр Мар Ас Сав Боян Син Евх Клоц Супр.— Ср.* **въпьсати**

НАРАЩЕНИѤ, -ниꙗ *с* (1) βλαστός поросль porost: тако бо и до дьнешьнꙗаго дьне естъ • нараштение горы тоѩ *Супр 217, 23*

НАРДЪ, -а *м* (4) [наръд- *Сав* (1)] νάρδος нард nard: мариѣ же прнимъши • ливрѫ хризмы • нарда пистикиꙗ • многоцѣнны • помаза ноѕѣ і⟨су⟩с⟨о⟩вѣ *И 12, 3 Зогр Мар Ас Сав.— Ср.* нардьнъ

НАРДЬНЪ, -ын *прил.* (2) [наръд- *Мар* (1)] τοῦ νάρδου нардовый, из нарда nardový: приде жена • імѫшти алавастръ хризмы • наръдъны пистикиꙗ драгы *Мк 14, 3 Мар Зогр.— Ср.* нардъ

НАРЕЩИ, -рекѫ, -речеши *сов.* (>100) **1.** καλεῖν, ἐπικαλεῖν, ἀποκαλεῖν, ὀνομάζειν, ἐπονομάζειν, λέγειν, προσλέγειν, ἐπιτιθέναι, προσαγορεύειν, ἐπιφημίζειν, προκομίζειν; (нарещи сѧ ἀκούειν; нарещи имѧ ἐπονομάζειν; нареченое *с* προσηγορία) назвать nazvat: і нарече імѧ симоноу петръ *Мк 3, 16 Зогр Мар*; ти с⟨ы⟩нове б⟨о⟩жии нарекѫтъ сѧ *Мт 5, 9 Зогр Ас Сав* (∅ *Мар*); келевеи нареченъ таден *Мт 10, 3 Зогр Мар*; нарѣшѧ імена своѣ на земъныхъ *Пс 48, 12 Син*; нарьци себе ѳеωдоти *Супр 132, 10* ● κηρύσσειν, ἀνακηρύσσειν обозначить, наименовать označit: кмоуже мѣниши быти безъ отьца • то како дъва отьца нарече *Супр 239, 12-13* ▭ н а р е щ и с ѧ значить znamenat: она г⟨лаго⟩ла емоу • евреискы раввоуни • еже наречетъ сѧ оучителю *И 20, 16 Мар* (нарицаетъ сѧ *Ас*, ∅ *Зогр*); н а р е ч е н ы и μνημονευθείς, προλεχθείς, εἰρημένος (выше)упомянутый, поименованный výše řečený, zmíněný: пришъдъ бо нареченыи пророкъ къ давидоу *Супр 359, 24* **2.** ὁρίζειν, ἀναδεικνύναι, ὑποδεικνύναι установить, назначить ustanovit, jmenovat: нарече тѧ г⟨оспод⟩ъ патриархоу быти *Супр 122, 15*; пришедъшемъ же имъ къ нареченоуоумоу мѣстоу *Супр 180, 29.— Зогр Мар Ас Сав Боян Зогр-пал Син Евх Клоц Супр Рыл.— Ср.* възъвати, намѣнити, прозъвати, рещи

НАРЕЧЕНИѤ, -ниꙗ *с* (3) **1.** προσηγορία наименование, название pojmenování, název: наречение бога вашего • пагоубѫ вѣроуѭштиимъ къ ѥмоу знаменоуетъ *Супр 21, 4* **2.** ψῆφος решение, назначение, постановление rozhodnutí, určení, ustanovení, úradek: по божию наречению постави имъ цѣсарꙗ *Супр 196, 29.— Супр 423, 11.— Ср.* нарокъ, оуставлениѥ

НАРИЦАНИѤ, -ниꙗ *с* (1) ὀνομασία призыв, призывание (*по имени*) volání (*jménem*), vzývání: б⟨о⟩жествъное нарицание • і призывание творимъ *Евх 56б 9.— Ср.* призываниѥ

НАРИЦАТИ, -цаѭ, -цаеши и -чѫ, -чеши *несов.* (>200) [*основа наст. вр.* нарич- *Супр* (19)] καλεῖν, ἀποκαλεῖν, ἐπικαλεῖν, λέγειν, ἐπιλέγειν, ὀνομάζειν, ἐπονομάζειν, φάναι, προσαγορεύειν, ἀναγορεύειν, ἀνακηρύσσειν, λογίζεσθαι называть, именовать, давать имя nazývat, jmenovat: самъ оубо да⟨вы⟩дъ нарицаетъ і г⟨оспод⟩ѣ *Мк 12, 37 Зогр Мар Ас*; симонъ іже нарицаеть сѧ петрь *Мт 10, 2 Зогр* (наречетъ сѧ *Мар*); бога и наричеши *Супр 162, 1* ● называть, произносить имя jmenovat, vyslovovat jméno: нѣсмъ достоиньни нарицати имене с⟨вѧ⟩таего х⟨ристо⟩сова *Супр 109, 13*; многомъ же крьстиꙗномъ ѩтомъ бывъшемъ • и вьсѣм' имѧ савиноу нарицаѭштемъ *Супр 145, 16* ● ὁμολογεῖν вызывать, исповедовать vzývat, vyznávat: посѣти раба твоего • нарицаѭщааго имѧ х⟨рист⟩а твоего *Евх 25а 23*; повѣдано бысть безбожьнок оно и нечьстивок повѣданиѥ • не нарицати х⟨ристос⟩а *Супр 85, 7* ▭ н а р и ц а т и с ѧ называться, именоваться nazývat se, jmenovat se: крьстиꙗни наричемъ сѧ *Супр 99, 12-13* ● значить znamenat: г⟨лаго⟩ла емоу евреискъи равви • еже нарицаетъ сѧ оучителю *И 20, 16 Ас* (наречетъ сѧ *Мар*, ∅ *Зогр*); н а р и ц а е м ъ, -ын (так) называемый (tak) zvaný, řečený: мариѣ нарицаемаѣ магдалъꙑни *Л 8, 2 Зогр Мар*; праздьникъ опрѣснъкъ • нарицаемы пасха *Л 22, 1 Зогр Мар*; видѣ ли вьсьде оуже • оусьпениѥ и сынъ сьмрьть наричемѫ *Супр 488, 17* ● считающийся *каким-л.* považovaný *za nějakého*: і сь м⟨ѣ⟩с⟨ѧ⟩ць шестъı естъ еі • нарицаемѣі неплодъви *Л 1, 36 Зогр Мар Ас*, нарицаемѣ *Сав.— Зогр Мар Ас Сав Охр Боян Ен Евх Клоц Супр.— Ср.* зъвати, именовати

НАРОДОВОДИМЪ, -ын *прил.* (1): н а р о д о в о д и м а *с мн.* αἱ δημαγωγίαι руководство, управление народом vedení lidu, vláda nad lidem: въ мнозѣхъ старѣишиньствѣхъ... въ воеводьствѣхъ же • и народоводимѣхъ *Супр 278, 23-24*

НАРОДЪ, -а *м* (>500) **1.** ὄχλος, δῆμος, πλῆθος, λαός, κόσμος (!); (божии народи θεόδημος; вьси народи, съ вьсѣмь народомь παμπληθεί; въ народѣ, прѣдъ народомь δημοσίᾳ) народ, толпа zástup, dav, lidé, lid: дивишѧ сѧ народи г⟨лаго⟩лѭште *Мт 9, 33 Зогр Мар Ас Сав*; обычаі бѣ іѥмоноу • отъпоуштати народоу • съвѧзънѣ *Мт 27, 15 Зогр Мар*; народось • іже не вѣстъ закона проклѧти сѫтъ *И 7, 49 Зогр Мар Ас*, народъ съ *Сав*; възъпишѧ же съ вьсѣмь народомь г⟨лаго⟩лѭште *Л 23, 18 Зогр*, вьси народи *Мар*; прѣдъсѣдъ анѳупатъ въ народѣ *Супр 99, 4*; вы же коумиромъ безъчоувьствьномъ •

жържште прѣдъ народомъ *Супр 116, 6* **2.** *греч. и лат. нет* племя, народ kmen, národ: не отъдазь нашего тоуземъ • і не обраті насъ въ плѣнъ народомъ поганьскъимъ *Киев 4б 12.— Зогр Мар Ас Сав Унд Боян Киев Клоц Супр.— Ср.* людик, ѩзыкъ

НАРОКЪ, -а *м* (2) **1.** ψῆφος вынесение приговора, решение (*суда*) výrok, rozhodnutí (*soudní*): вьси съ пилатомъ глаголѭтъ • правьдънꙑи приносѧште нарокъ *Супр 433, 25* **2.** нарокомь *в знач. нареч.* ὀνομαστί поименно jmenovitě: лазаре излѣзи вънъ • то почто нарокомъ • да не гласа распоуштена въ мрътвꙑих҄ простръвъ • вьсѧ иже въ жоупиштихъ въставитъ *Супр 311, 4.— Ср.* нареченик, нарѣчик

НАРОЧИТЪ, -ꙑи *прил.* (12) **1.** εὔσημος, σεμνός, ἐπιφανής широко известный, известный proslulý, pověstný: имѣше же тъгда съвѧзьнѣ нарочита • нарицаемааго вараавѫ *Мт 27, 16 Зогр Мар Ас Сав*; сътвори нарочитъи манастꙑрь *Супр 551, 22* **2.** ἐπίσημος особый, выделенный, обозначенный zvláštní, určitý: аще хощеши пр⟨о⟩р⟨о⟩коу • ли ап⟨осто⟩лоу... не нарочитоу творити • сьде ищи *Ас 157б 14*; въстрѫбите... въ нарочите (*вм.* -тъ) день праздьника вашего *Пс 80, 4 Син.— Супр 8, 7-8; 181, 4; 185, 12; 199, 18; 231, 4-5.— Ср.* знаменитъ, нарочьнъ

НАРОЧЬНЪ, -ꙑи *прил.* (1) *греч. нет* особый zvláštní: кончашѧ сѧ нарочьнъиѩ мѣ⟨сѧ⟩ч⟨ь⟩нъиѩ слоужьб⟨ꙑ⟩ вьсѣм⟨ъ⟩ с⟨вѧ⟩тъим⟨ъ⟩ *Ас 157б 7.— Ср.* нарочитъ

НАРѢЧИКЄ, -ꙗ *с* (3) ἀπόκρισις; (нарѣчик въздати ἀντιδηλοῦν) приговор, решение (*суда*) výrok, rozhodnutí (*soudní*): иже слъзами възврати съмрьти нарѣчик *Супр 238, 24*; възда кмоу нарѣчик цѣсарь *Супр 200, 9.— Рыл 5бβ 1.— Ср.* нарокъ, отъвѣтъ

НАРѪГАНИКЄ, -ꙗ *с* (1) *греч. нет* поругание, осмеяние posměch, výsměch: не бꙑти кмоу прикмьѭштоу нарѫганьꙗ или зълобꙑ *Супр 563, 28-29.— Ср.* порѫганик

НАРѪГАТИ СѦ, -аѭ сѧ, -акши сѧ *несов.* комоу, чесомоу (3) χλευάζειν; (нарѫгаѩ сѧ τῇ εἰρωνείᾳ) высмеивать, насмехаться posmívat se, vysmívat se: рече нарѫгаѩ сѧ *Супр 130, 10-11* ● λοιδορεῖν порочить, поносить hanět, tupit: нарѫгавъше сѧ кмоу и оусмиꙗвъше сѧ словесемъ кго *Супр 192, 17.— Супр 133, 11.— Ср.* досаждати, поносити, порѫгати, рѫгати сѧ, хоулити

насади *Мт 15, 13 Зогр см.* садити

насаділъ *Пс 54, 15 Син см.* насладити

НАСАДИТИ, -саждѫ, -садиши *сов.* (24) φυτεύειν, καταφυτεύειν посадить, насадить (*растения*) zasadit, nasázet, vysadit: виноградъ ч⟨ловѣ⟩къ насади *Мк 12, 1 Зогр Мар* ● *перен.* поселить usídlit: насаждені въ домоу г⟨осподь⟩ні *Пс 91, 14 Син*; насаждение (!) *Ен 23а 18.— Зогр Мар Ас Сав Ен Син Служ Евх Супр.— Ср.* въсадити, садити

насажденне *Ен 23а 18 см.* насадити

НАСЄЛИТИ, -лѭ, -лиши *сов.* (2) κατασκηνοῦν, κατοικεῖν населить osídlit, obydlit: насели землѭ *Пс 36, 3 Син.— Пс 92, 1 Син.— Ср.* въселити

НАСЄЛЮНАІА, -ꙑѩ *ж* (3) οἰκουμένη; (населкнꙑѩ *род.* οἰκουμενικός) земля, мир, вселенная země, svět, okrsek zemský: цѣсарь костантинъ... вьсеѩ населенꙑѩ цѣсар҄ства • дръжавѫ прѣимъ *Супр 186, 5.— Супр 232, 2; 262, 23.— Ср.* въселкнаꙗ, миръ (вьсь миръ)

НАСИЛИТИ, -лѭ, -лиши *сов.* комоу (3) ἐπιτίθεσθαι, ἐπηρεάζειν совершить насилие *над кем-л.* uškodit *někomu*: въставъ на правьднааго блѫдънꙑимъ кмоу нападе бѣсомъ • ꙗко тако кмоу насилити *Супр 521, 7* ● кого φθείρειν изнасиловать znásilnit: оубити кго насилѥнѫѭ отъ него отроковицѫ поваждаатъ *Супр 521, 26.— Супр 518, 19.— Ср.* врѣдити

НАСИЛИКЄ, -ꙗ *с* (3) δυναστεία, καταδυναστεία; (насилик сътворити βιάζεσθαι) насилие násilí: избави нꙑ и се • отъ насильѣ иноплеменьникъ *Евх 15а 15*; насилик сътворишѧ кмоу *Супр 33, 1-2.— Евх 62б 17.— Ср.* нѫжда

НАСИЛІАТИ, -ꙗѭ, -ꙗкши *несов.* комоу; кого (7) φθόνον ἐπαφιέναι (!), πλεονεκτεῖν (!); (не насилꙗкмъ ἀγύμναστος) совершать насилие *над кем-л.*, мучить dopouštět se násilí, týrat: иже сътѫживъ си отъ насилꙗѭштааго томꙋ бѣса *Супр 567, 8*; дроузии же пакꙑ не насилꙗкми ни отъ кокѩ же страсти тѣлесьнꙑѩ • помета҄хѫ сами сѧ прѣдъ ногама кго *Супр 568, 28-29.— Супр 519, 18; 520, 21-22; 527, 5; 556, 5; 564, 11.— Ср.* нѫдити

НАСКАКАТИ, -скачѫ, -скачеши *сов.* (1) ἐπιπηδᾶν наброситься *на что-л.*, схватить *что-л.* skočit *na něco*; chopit se *něčeho*: да не без оума наскачетъ на вьсе кже видитъ *Супр 497, 15*

НАСЛАДИТИ, -слаждѫ, -сладиши *сов.* (22) (наслѣ- *Син* (1), насаді- (!) *Син* (1)] **1.** γλυκαίνειν сделать сладким osladit: іже коупьно насаділъ (*вм.* насладілъ) мнѣ брашьна *Пс 54, 15 Син* **2.** насладити сѧ чесо; чесомоу; о чемь; на чемь ἀπολαύειν, κατατρυφᾶν, τέρπεσθαι, γλυκαίνεσθαι насладиться, испытать наслаждение, удовольствие okusit *něčeho*, potěšit se *něčím*, užít něčeho: кротъциї... наслѣдыатъ (!) сѧ на множьсвѣ (!) мира *Пс 36, 11 Син*; тѣхъжде вештін насладишѧ сѧ і сии • і сь *Клоц 6а 12*; славы господьнѧ наслаждьше сѧ *Супр 533, 29* ● комоу ἡδύνεσθαι доставить удовольствие potěšit *někoho*: да насладитъ сѧ емоу бесѣда моѣ *Пс 103, 34 Син.— Син Евх Клоц Супр Рыл.— Ср.* въсладити си, насытити

насладиши *Пс 81, 8 Син см.* наслѣдити

НАСЛАЖДАТИ СѦ, -аѭ сѧ, -аѥши сѧ *несов.* чесо; чесомоу (8) ἀπολαύειν наслаждаться, испытывать наслаждение, удовольствие okoušet, těšit se: наслаждаѩ сѧ • с⟨вѧ⟩тыѩ твоеѩ трапезы *Евх 22а 23*; тъ бо ѥстъ миръ нашъ ѥмоуже съподобимъ сѧ • наслаждати сѧ вьсегда *Супр 251, 28.— Евх 15а 20-21; 91а 22-23; Клоц 8а 39-40; Супр 23, 24; 496, 12; Рыл 16β 3-4.— Ср.* насыщати

НАСЛАЖДЕНИѤ, -ниꙗ *с* (4) ἀπόλαυσις наслаждение potěšení, slast, okoušení: бѫдѫщааго намъ наслажденѥ • ѡбѣщавъ *Евх 16б 18.— Евх 13а 25-26; Супр 54, 29-30; 492, 7*

НАСЛѢДИТИ, -слѣждѫ, -слѣдиши *сов.* (18) [насла- *Син* (1)] κληρονομεῖν, κατακληρονομεῖν унаследовать, получить (в наследство) zdědit, dostat, získat (dědictvím): животъ вѣчънъı наслѣдитъ *Мт 19, 29 Мар Ас Сав* (∅ *Зогр*) ● *без доп.* стать наследником, наследственным владетелем stát se dědicem, dědičným panovníkem: ты насладиши (! *вм.* наслѣ-) во вьсѣхъ ꙗзыцѣхъ *Пс 81, 8 Син.— Зогр Мар Ас Сав Син Евх.— Ср.* наслѣдовати

НАСЛѢДИѤ, -ниꙗ *с* (2) κληρονομία наследство, наследие dědictví: придѣте да оубиемъ сего и оудрьжимъ наслѣдие его *Мт 21, 38 Сав* (достоѣние *Мар Ас*).— *Евх 65б 6.— Ср.* достоꙗниѥ, наслѣдованиѥ

НАСЛѢДОВАНИѤ, -ниꙗ *с* (1) οἰκονομία (!) наследование, наследство dědictví: страсть въведе ісцѣленье • наслѣдованье (*вм.* -ньѣ ?) страсті *Клоц 10б 1.— Ср.* достоꙗниѥ

НАСЛѢДОВАТИ, -доуѭ, -доуѥши *сов./несов.* (19) **1.** *сов.* κληρονομεῖν унаследовать, получить в наследство zdědit, dostat, získat (dědictvím): придѣте бл⟨а⟩г⟨ослове⟩ни отъца[ца] моего • наслѣдоуите оуготованое вамъ ц⟨ѣ⟩с⟨а⟩р⟨ь⟩ствие *Мт 25, 34 Мар Ас Сав* (наслѣдите *Зогр*); *Евх 101б 25* **2.** *несов.* sequi, exsequi, imitari следовать *кому-л., чему-л.*, быть последователем *кого-л.* následovat *někoho*: подазь мілостівы • да егоже чьсть чьстімъ • сілоѭ (*вм.* силѫ ?) оубо мѫченіѣ его наслѣдоуемъ *Киев 1б 8-9.— Зогр Мар Ас Сав Ен Син Киев Евх.— Ср.*

въслѣдити, въслѣдьствовати, ити (въ слѣдъ ити), наслѣдити, наслѣдьствовати

НАСЛѢДЬНИКЪ, -а *м* (14) **1.** κληρονόμος наследник dědic: сь естъ наслѣдъникъ • придѣте оубимъ і • і оудръжимъ достоѣние его *Мт 21, 38 Мар Ас Сав Боян* (∅ *Зогр*) **2.** sekutor последователь následovník: іже оутьаже бъіті блаженоумоу апостолоу твоемоу петроу... въ мѫчениі наслѣдьникъ *Киев 2а 2-3* ● κοινωνός соучастник, сообщник společník, druh: ѥже бѣсте наслѣдьника симонови *Л 5, 10 Мар* (обьштьника *Зогр Ас*).— *Мк 12, 7 Зогр Мар; Л 20, 14 Зогр Мар; Евр 1, 2 Ен; Евх 74б 3-4; 94а 15; Клоц 10а 37.— Ср.* обьщьникъ

НАСЛѢДЬСТВОВАТИ, -ствоуѭ, -ствоуѥши *сов./несов.* (7) κληρονομεῖν, κληρονομίαν ἔχειν унаследовать/наследовать, получить/получать в наследство zdědit/dědit, dostat/dostávat jako dědictví: что сътворь животъ вѣчъныи наслѣдъствоуѭ *Л 10, 25 Мар Сав* (наслѣдоуѭ *Зогр Ас*); въ конць о насладъствоуѭщии (!) псалмъ да⟨въı⟩довъ *Пс 5, 1 Син.— Мк 10, 17 Мар; Л 18, 18 Мар Сав; Клоц 2а 37-38.— Ср.* наслѣдити, наслѣдовати

НАСОНЪ, -а *м имя* (4) [нассон- *Ас* (2)] Ναασσών Насон Nason: аминадавь же роди насона • насонъ же роди воаза *Мт 1, 4 Сав Ас* (∅ *Зогр Мар*)

наставеник *Супр 277, 19 см.* наставлѥниѥ

НАСТАВИТИ, -влѭ, -виши *сов.* кого на чьто; до чесо; въ чьто; въ чемь (35) ὁδηγεῖν, ἐφιστάναι, συμβιβάζειν, διάγειν показать (путь), ввести, довести, провести ukázat cestu, uvést, dovést, přivést: д⟨оу⟩хъ істи⟨н⟩ьны наставитъ въı • на вьсѣкѫ істинѫ *И 16, 13 Зогр Мар Ас* (2) *Сав*; наставльшюмоу люди своꙗ въ поустыни *Пс 135, 16 Син* ● *перен.* научить naučit: аще бо тако наставиши и • бѫдетъ ти н⟨е⟩бо ново *Евх 82б 22-23.— Зогр Мар Ас Сав Син Евх Супр.— Ср.* довести, навести, направити, наоучити

НАСТАВЛꙖТИ, -ꙗѭ, -ꙗѥши *несов.* кого въ чьто (3) ὁδηγεῖν показывать (путь), вводить, приводить ukazovat cestu, přivádět: блѫдницѫ плакавьшѫ сѧ • вь небесьскыи крѫгъ наставьꙗше *Супр 473, 22* ● *перен.* учить učit: ограждена тѧ обрѣтаѩ • крѣпъкоѭ рѫкоѭ и вѣроѭ • къ наставлѣѭщюмоу тѧ *Евх 91б 9-10.— Евх 26б 4-5.— Ср.* направлꙗти, оучити

НАСТАВЛѤНИѤ, -ниꙗ *с* (1) ὁδηγία ведение, руководство, наставление vedení: прѣходитъ видимааго житиꙗ коньчинѫ • въ наставении издраилитъскыихъ чрьноризьцъ *Супр 277, 19*

НАСТАВЬНИКЪ, -а *м* (29) ὁδηγός, κυβερνήτης руководитель vůdce: на исправьныѥ д⟨оу⟩ши наставника имꙑ *Супр 523, 10* ● ἐπιστάτης, καθηγητής, χειραγωγός, βραβευτής (!) наставник, учитель mistr, učitel: наставьниче • народи оутѣштаѭтъ тѧ *Л 8, 45 Зогр Мар Ас Сав.— Зогр Мар Ас Сав Евх Супр.— Ср.* доводитель, поводатаи, оучитель

НАСТАТИ, -станѫ, -станеши *сов.* (6) ἐφίστασθαι, προχωρεῖν настать, наступить nastat: наста врѣмѧ праздьньствоу нашемоу *Евх 16б 12* ● приступить přistoupit: наста доушевьнꙑи крьмьчи • рѣшити прѣрѣканьꙗ ѥю *Супр 474, 17* ◆ наставьшаѥго дьне ἐπιούσιος насущный vezdejší: хлѣбъ нашъ наставъшааго дьне • даждь намъ дьньсь *Мт 6, 11 Мар Сав* (настоꙗшт(аго) *Зогр*, насѫщьнꙑ *Ас*).— *Супр 474, 20; 487, 26.— Ср.* наити, настоꙗти, насѫщьнъ, пристати

НАСТАꙖТИ, -стаѭ, -стаѥши *несов.* (1) ἐνίστασθαι наставать, наступать nastávat: мѣсѧца шестааго ѕ҃ дьни • настаѭшти сѫботѣ велицѣи *Супр 124, 21.— Ср.* настоꙗти

НАСТОꙖНИѤ, -ꙗ *с* (1) τόνος настойчивость vytrvání, vytrvalost: покоушаѩ сѧ ослабити отъ настоꙗниꙗ благꙑѩ вѣрꙑ *Супр 86, 28*

НАСТОꙖТИ, -стоѭ, -стоиши *несов.* (9) παρίστασθαι начинаться, наступать nastávat: егда же съзьрѣѥтъ плодъ • посълетъ срьпъ • настоитъ жѧтва *Мк 4, 29 Зогр Мар* □ настоѩи *в знач. прил.* παρών нынешний, теперешний přítomný: строѩ • і настоѩщее наше житие • і бѫдѫщааго намъ наслаждение • ѡбѣщавъ *Евх 16б 16* ● ἐπιούσιος насущный vezdejší: хлѣбъ нашь настоꙗшт(аго д҆не) даждь намъ днесь *Мт 6, 11 Зогр* (наставъшааго дьне *Мар Сав*, насѫщьнꙑ *Ас*).— *Евх 37а 17-18; 64а 19; 89б 21; Клоц 13б 37-38; Супр 451, 11-12.— Ср.* настати, настаꙗти, находити; настоѩи *ср.* насѫщьнъ

НАСТЬЛАТИ, -стелѭ, -стелѥши *сов.* (1) (настьланъ τρυφερός) постлать, постелить nastlat, ustlat: ꙗко на одрѣ по истинѣ настъланѣ *Супр 118, 26.— Ср.* постьлати

НАСТѪПАТИ, -аѭ, -аѥши *несов.* (9) πατεῖν наступать (*ногой*) stoupat, šlapat *na něco*: дахъ вамъ власть • настѫпати на змиѩ *Л 10, 19 Зогр Мар Ас* (2) *Сав* (2).— *Супр 556, 8; 556, 20-21; Хил 1аβ 17.— Ср.* стѫпати

НАСТѪПИТИ, -плѭ, -пиши *сов.* (2) πατεῖν, ἐπιβαίνειν наступить, встать *на кого-л., что-л.* stoupnout, šlápnout *na něco*: на аспидѫ і васильскаа настѫпиши *Пс 90, 13 Син.— Евх 51б 19.— Ср.* стоупити

НАСОУѤ *нареч.* (1) ἐπὶ ματαίῳ напрасно nadarmo: иже не приꙗтъ насоуе д⟨оу⟩шѩ своеѩ *Пс 23, 4 Син.— Ср.* ашоуть, въсоуѥ, тоунѥ, тъщь (въ тъще)

НАСЫТИТИ, -сꙑщѫ, -сꙑтиши *сов.* кого чесо; кого отъ чесо; кого чимь (86) χορτάζειν, ἐμπιμπλάναι, πιμπλάναι, ἐκπιμπλάναι, γεμίζειν, κορεννύναι, εἰς κόρον διατρέφειν, κατατρυφᾶν, πρὸς ἑστίασιν (!) satiare насытить, накормить nasytit: отъ кѫдоу вьзъмемъ на поустѣ мѣстѣ хлѣбꙑ • насꙑтити толико народа *Мт 15, 33 Зогр Мар Ас Сав*; ништиѩ его насꙑштѫ хлѣба *Пс 131, 15 Син*; въсѫда твоего г⟨оспод⟩і насꙑщени просимъ тѧ *Киев 6а 22-23*; ч҆то сътворимъ пѧтиѭ хлѣбъ пѧть тꙑсѫштъ насꙑтивъшѹ въ поустꙑни *Супр 387, 26* □ насꙑтити сѧ ἀπολαύειν, κόρον λαμβάνειν, ἐφοδιάζεσθαι (!); (не насꙑтѧ сѧ ἀκόρεστος) насытиться, наесться nasytit se: желааше насꙑтити сѧ • отъ рожьць ꙗже ѣдѣахѫ свиниѩ *Л 15, 16 Зогр Ас Сав*, насꙑтити чрѣво свое *Мар*; мꙑ... раби твои • насꙑщьше сѧ • богатꙑхъ благъ твоихъ *Евх 17б 8-9* ● *перен.* удовлетвориться, насладиться, стать довольным utěšit se, spokojit se: аште да не бꙑшѧ въставъшааго насꙑтили сѧ наманованиꙗ *Супр 443, 1.— Зогр Мар Ас Сав Ен Киев Евх Супр.— Ср.* накръмити, напитати, напитѣти, натроути, насладити сѧ, оупитѣти

НАСЪIЩАНИѤ, -ꙗ *с* (1) ἀπόλαυσις насыщение sycení, nasycování; *перен.* удовлетворение uspokojování: сѫштиꙗ же сьде страдьба • благꙑихъ готовитъ насꙑштаниѥ *Супр 290, 29.— Ср.* кръмлѥниѥ, наслажениѥ, насꙑщениѥ

НАСЪIЩАТИ, -аѭ, -аѥши *несов.* кого чесо; кого чимь (6) κορεννύναι, ἐμφέρειν насыщать, кормить (*досыта*) sytit, nasycovat: насꙑштаѩ брашънъмь безвештънꙑимь • не насꙑташтааго сѧ *Супр 272, 18* □ насꙑщати сѧ ἀπολαύειν, ἐντρυφᾶν насыщаться nasycovat se, sytit se: насꙑщаѩ сѧ б⟨о⟩жиихъ твоихъ таинъ *Евх 22а 22* ● *перен.* наслаждаться užívat, těšit se: насꙑштаи сѧ жизни сеѩ и свѣта сего *Супр 102, 4-5.— Супр 109, 27; 351, 12; 429, 2-3; 446, 22-23.— Ср.* кръмити, наслаждати, питати, питѣти

НАСЪIЩЕНИѤ, -ꙗ *с* (2) ἀπόλαυσις, κόρος насыщение nasycení: вьсѣхъ на насꙑштениѥ съзъваша *Супр 327, 7.— Супр 278, 27.— Ср.* насꙑщаниѥ

НАСѢВАТИ, -аѭ, -аѥши *несов.* (1) ὑποσπείρειν сеять zasévat; *перен.* внушать vštěpovat: изволеньꙗ бо мѫжа ни видѣти могꙑ диꙗволъ • насѣваатъ ѥмоу отъчаанья помꙑслꙑ *Супр 523, 17.— Ср.* сѣꙗти

НАСѢЛꙖТИ, -ꙗѭ, -ꙗѥши *несов.* (1) κατοικίζειν пребывать, находиться *над чем-л.* sídlit *nad něčím*: г⟨оспод⟩ь потопъ насѣлѣѥтъ (!) *Пс 28, 10 Син*

НАСѢꙖТИ *и* **НАСѢТИ**, -ѣѭ, -ѣѥши *сов.* (2) σπείρειν **1.** чьто засеять osít: насѣꙗшѧ села и насадишѧ виноградꙑ *Пс 106, 37 Син* **2.** чесо посеять zasít, nasít: въкопахомъ нивꙑ • и насѣахомъ сланоутъка *Супр 41, 24.— Ср.* въсѣꙗти

НАСѪЩЬНЪ, -ꙑи *прил.* (2) ἐπιούσιος насущный vezdejší: хлѣбъ нашъ насѫштънꙑ • даи намъ на вьсѣкъ день *Л 11, 3 Мар* (надьневънꙑ *Зогр*, д'невьнꙑ *Сав*).— *Мт 6, 11 Ас.— Ср.* дьневьнъ, надьневьнъ, настати (наставъшааго дьне), настоꙗти (настоѩи)

натанилъ *Мк 1, 47 Сав см.* натанаилъ

НАТАЛИꙖ, -ꙑѩ *ж имя* (1) Ναταλία Наталия Natálie: женꙑи его наталиѩ *Ас 152 а 26*

НАТАНАИЛЪ, -ла *м имя* (24) [нафан- *Ас* (6) *Супр* (1), натаиль (!) *Сав* (1)] Ναθαναήλ Нафанаил Natanael: видѣ же и⟨со⟩с⟨ъ⟩ натанаилѣ *И 1, 47 Зогр Мар Ас Сав.— Зогр Мар Ас Сав Супр.— Ср.* атанаилъ

НАТАНОВЪ *прил. к* натанъ (2) τοῦ Ναθάν Нафанов Nátanův: с⟨ы⟩нъ сꙑ... натановъ *Л 3, 31 Зогр Мар*

НАТАНЪ, -а *м имя* (9) [нафан- *Супр* (7)] Ναθάν Нафан Nátan: давꙑи отъпоущение грѣховъ • д⟨авꙑ⟩доу каѭщю сѧ • натаномь пр⟨оро⟩комь *Евх 75б 10.— Пс 50, 2 Син; Супр 359, 22; 359, 27; 360, 3; 360, 15; 360, 26; 360, 28; 361, 3*

НАТРОУТИ, натровѫ, натровеши *сов.* кого чесо; кого отъ чесо (5) τρέφειν, ψωμίζειν накормить nakrmit: натровеши нꙑ хлѣба слезьна *Пс 79, 6 Син*; натроу ꙗ отъ тоука пъшеничьна *Пс 80, 17 Син.— Мт 25, 37 Зогр Мар Ас.— Ср.* накръмити, напитати, напитѣти, оупитѣти

НАТЪКАТИ, -тъчѫ, -тъчеши *сов.* (2) πιέζειν напихать, натолкать natlačit, napěchoval: мѣрѫ добрѫ натъканѫ • ı потрѫсънѫ • ı прѣливаѭштѫ сѧ • [да] дадѧтъ на лоно ваше *Л 6, 38 Зогр Мар*

НАОУМОВЪ *прил. к* наоумъ (2) τοῦ Ναούμ Наумов Naumův: с⟨ы⟩нъ сꙑ... мосовъ • наоумовъ *Л 3, 25 Зогр Мар*

НАОУМЪ, -а *м имя* (2) Ναούμ Наум Naum: мѣ⟨сѧ⟩ца дек⟨ѧбра⟩ а҃ с⟨вѧ⟩тааг⟨о⟩ пр⟨о⟩р⟨о⟩ка наоума *Ас 127б 16; Унд 2а 16*

НАОУСТИТИ, -оущѫ, -оустиши *сов.* (2) πείθειν подучить, подстрекнуть přemluvit, navést: архиереı же ı стар'ци • наоустишѧ народꙑ • да ıспросѧтъ вараавѫ *Мт 27, 20 Зогр Мар* (наоучишѧ *Ас*, навадишѧ *Сав*).— *Ср.* навадити, наоучити

НАОУТРИꙖ[1], -ии *с мн.* (?) *или* -ѩѩ *ж* (?) (1) ὄρθρος утро ráno: наоутриꙗ х⟨ристо⟩с⟨ъ⟩ вьскрьсениꙗ свѣтъ просвѣти мирови *Супр 348, 17.— Ср.* оутриꙗ, оутрие, оутро

наоутриꙗ[2] *нареч. см.* оутрие

наоутрѣи *см.* оутрѣи

НАОУЧАТИ, -аѭ, -аѥши *несов.* кого, чьто на чьто (2) διδάσκειν поучать, учить, наставлять učit, poučovat: наоучаѩ рѫцѣ мои на брань *Пс 17, 35 Син* □ наоучати сѧ παιδεύεσθαι учиться učit se: чрьноризьчьскѫѭ истинѫ • пръвое въ томъ наоучати сѧ *Супр 284, 17.— Ср.* оучити

НАОУЧЕНИѤ, -ниꙗ *с* (1) μάθησις поучение, наставление, учение učení, nauka: ничесоже штоужда сътвори наоучениꙗ отьца твоего диꙗвола *Супр 2, 10.— Ср.* оучение

НАОУЧИТИ, -чѫ, -чиши *сов.* кого чесомоу; чьто; *с инф.* (>100) [наоч- *Ен* (1)] διδάσκειν **1.** μαθητεύειν, κατηχεῖν, παιδεύειν, παραινεῖν, προσπλέκειν; (богомь наоученъ θεοδίδακτος, θεοδιδάκτως) научить, наставить, обучить naučit, poučit, vyučit: г⟨оспод⟩и • наоучи нꙑ молити сѧ *Л 11, 1 Зогр Мар*; страхоу г⟨осподь⟩ню наоучѫ вꙑ *Пс 33, 12 Син*; иже аште мѧ наоучиши • то то сътворѫ *Супр 169, 30*; нѣсмь добрѣ наоученъ законоу б⟨о⟩жью *Евх 66б 23*; та их⟨ъ⟩же не вѣдѣхѫ старцı • б⟨ого⟩мь наоученı въспѣшѧ *Клоц 1а 3* ▭ наоучити сѧ μανθάνειν научиться naučit se: да разоумѣеши • о нихъже наоучилъ сѧ еси словесехъ • оутвръжденье *Л 1, 4 Зогр Мар*, наоучилъ еси *Ас* **2.** πείθειν научить, подучить přemluvit, navést: они же приимъше сърeбро • сътворишѧ ѣкоже наоучени бꙑшѧ *Мт 28, 15 Зогр Мар Ас Сав.— Зогр Мар Ас Сав Ен Син Евх Клоц Супр.— Ср.* навадити, навꙑкнѫти, наставити, наоустити; богомь наоученъ *ср.* богонаоученъ

НАОУѲЕОВЪ *прил. к мужскому имени Науфей* (1) τοῦ Ναβουθέ, τοῦ Ναβώθ Науфея *род.* Nábotův: егда иезавель виноградъ науѳеѡв' отдати хотѣ • многꙑ книгꙑ писа *Супр 403, 11*

НАХОДИТИ, -хождѫ, -ходиши *несов.* (3) προσιέναι наставать, наступать, приходить nadcházet, nastávat, přicházet: по малоу съмрьти находѧшти мразомъ *Супр 89, 30.— Супр 266, 3-4; 569, 19.— Ср.* настаꙗти, настоꙗти

НАХОРОВЪ *прил. к мужскому имени Нахор* (2) τοῦ Ναχώρ Нахоров Nachorův: с⟨ы⟩нъ сꙑ... косамовъ • нахоровъ *Л 3, 34 Зогр Мар*

НАЧИНАНИѤ, -ниꙗ *с* (8) **1.** ἐπιτήδευμα начинание; поступок počínání; čin, skutek: любꙑ створишѧ въ начинаніхъ своіхъ *Пс 105, 39 Син* **2.** *спец.* ἀπαρχή жертва (*дар богу из первых плодов и т. п.*) prvotiny (*dary obětované bohu z prvních plodů atp.*): дажди ємоу въ начинаньи • пострижениѣ власъ єго *Евх 8а 16.— Пс 9, 12 Син; 13, 1 Син; 27, 4 Син; 80, 13 Син; 98, 8 Син; 105, 29 Син.— Ср.* дѣло, начѧтиѥ, оучинаниѥ

НАЧИНАТИ, -аѭ, -аѥши *несов.* (21) **1.** ἄρχεσθαι, ἀνάρχεσθαι, χρῆσθαι (!) начинать začínat, počínat: начинаѭштемъ же симъ бꙑвати • въсклоните сѧ *Л 21, 28 Зогр Мар*; оукоренити сѧ вь нихъ начинаєтъ • тьлитель д⟨оу⟩шъ *Евх 91б 23-24* **2.** ἐπιχειρεῖν пробовать, пытаться pokoušet se, snažit se: да бѫ оувѣдѣлі • ѣко невъзможънаѣ начинаѭтъ *Клоц 5а 15-16.— Зогр Мар Ас Сав Евх Клоц Супр.— Ср.* зачинати

НАЧРЬПАТИ СѦ, -аѭ сѧ, -аѥши сѧ *сов.* чесо (1) ἀντλεῖν зачерпнуть, почерпнуть načerpat si: начръпаимъ сѧ оубо и мꙑ сь ними съ горꙑ и небесьнааго богатьства *Супр 327, 8.— Ср.* почрьпати, почрѣти

НАЧРЬТАНИѤ, -ниꙗ *с* (1) γραφή изображение, рисунок zobrazení, kresba: прѣдъпоказавъше вьсѣмъ • ꙗкоже начрьтании мѫжь сихъ мѫжьства *Супр 83, 6-7.— Ср.* образъ

НАЧРЬТАТИ, -аѭ, -аѥши *несов./сов.* (4) [начръ- *Супр* (1)] διασημαίνειν, ὑπογράφειν писать/написать, рисовать/нарисовать, чертить/начертить, начертать psát/napsat, kreslit/nakreslit, načrtnout: добльства побраньскаꙗ • многаш'ди бо словописателе • и шарописателе начрьтаѭт' *Супр 83, 9*; образьнѫѭ пасхѫ начрьта • и истиньнѫѭ приложи *Супр 418, 4.— Супр 478, 6; 567, 30.— Ср.* пьсати

НАЧѦЛО, -а *с* (29) ἀρχή, κεφάλαιον, καταβολή (!); (без начала ἄναρχος) начало začátek, počátek: вьсѣ же си начѧло болѣзнии *Мт 24, 8 Мар Ас* (2) *Сав Зогр-пал* (Ø *Зогр*); въ начало бѣ слово *Супр 10, 14* (іскони *И 1, 1 Зогр Мар Ас*); божьство • без начала • бе-сътворениꙗ *Супр 327, 27.— Зогр Мар Ас Сав Боян Зогр-пал Син Евх Супр.— Ср.* вѪчало, зачало, начѧтъкъ, поконъ

НАЧѦЛЬНИКЪ, -а *м* (3) ἀρχηγός глава, вождь, зачинатель hlava, vůdce, původce: начѧльниче • ѿт⟨ъ⟩връженꙑ *Евх 51б 26* ♦ зълꙑи начѧльникъ ἀρχέκακος зачинщик (зла) původce, strůjce (zla): заклинаѭ тѧ • зълꙑ начѧльниче *Евх 51б 25-26.— Евх 51б 26.—* зълꙑи начѧльникъ *ср.* зълъ (прьвꙑи зълъ), зълодѣи (старꙑи зълодѣи)

НАЧѦЛЬНЪ, -ꙑи *прил.* (2) ἀρχικός главный, первый přední: ꙗко новоꙗвивъша сѧ нѣкого моусеꙗ • на старѣишинъство братиѩ възведоша • на начѧлъно свѣштило свѣштѫ *Супр 277, 7-8.— Супр 171, 22-23*

НАЧѦТИ, начьнѫ, начьнеши *сов.* (>200) **1.** ἄρχεσθαι, χρῆσθαι, ἐπιμένειν (!), προστίθεσθαι (!) начать začít, počít: оученици же єго възлакашѧ • і начашѧ въстрьгати класꙑ і ѣсти *Мт 12, 1 Зогр*, начѧсѧ *Мар*; оучѧ • по всеі іюдеі • начьнъ отъ галилеѩ до сьде *Л 23, 5 Зогр Мар*; ї рѣхъ нꙑнѣ начѧсъ *Пс 76, 11 Син*; христосъ ми да нач'нетъ слово *Супр 532, 22*; не вьсег'да ли кг'да начьнѣѣхомъ сѧ братиѥ • глаголаахомъ ѱал'моса сего *Супр 73, 9*; а не вьнѣ тожде чьсти сꙑнови слово причѧштаѥмо ѥстъ • не бо ни начьномо ни прибꙑваѭште • нъ оухоудѣѭште *Супр 327, 20* ● *спец.* ἀπαρχὴν ποιεῖσθαι принести в жертву первые плоды *и т. п.* přinést provotiny: пришедъшаего раба твоего сего • начѧти пострѣщи власꙑ главꙑ своеѩ • бл⟨а⟩г⟨осло⟩ви *Евх 76 20* ▭ **начѧти сѧ** начаться začít: въздвизаєтъ кр⟨ъ⟩стъ • и ..ко людемъ начнет сѧ • г⟨оспод⟩и помилоуи *Ен 31а 5* **2.** *форма наст. вр. с инф. в знач. вспом. гл. при образовании буд. времени* быть být: єдиного дрьжитъ сѧ а о дроуѕѣємь неродити начьнетъ *Мт 6, 24 Мар* (небрѣшти вѪчнетъ *Зогр Ас Сав*); сами сѧ прѣдадатъ • и ненавидѣти сѧ начънѫтъ *Мт 24, 10 Сав 47а 2-3* (възненавидитъ *Мар Ас Сав 87а 2-3*, Ø *Зогр*) **3.** ἐπιχειρεῖν взяться *за что-л.*, приняться *за что-л.*, попробовать dát se *do něčeho*, podniknout *něco*, pokusit se: по неже оубо • мнози начѧшѧ • чинити повѣсть • о ізвѣстънꙑхъ въ насъ вештехъ *Л 1, 1 Зогр*, начѧсѧ *Мар*, нашѧ (!) *Ас*; тꙑ начѧлъ ѥси дѣло • ненавидимоѥ отъ богъ *Супр 152, 22*; не облѣнихъ сѧ начѧти • нареченаего съчиненьꙗ *Супр 543, 22.— Зогр Мар Ас Сав Охр Боян Ен Син Евх Клоц Супр Зогр-лл.— Ср.* вѪчѧти, зачѧти

НАЧѦТИѤ, -ниꙗ *с* (4) **1.** *греч. нет* поступок, начинание čin, skutek, uskutečnění: прославивъ б⟨ог⟩а • стави сѧ • отъ начѧтиꙗ • ѥже бѣ отъмъштеньѥ помꙑслилъ *Супр 559, 3* **2.** *спец.* ἀπαρχή первинки prvotiny: мол⟨итва⟩ начѧтью виноу кꙑсѣлоу *Евх 14а 22.— Евх 13б 2; Супр 560, 6.— Ср.* начинаниѥ, начѧтъкъ

НАЧѦТЪКЪ, -а *м* (39) **1.** ἀρχή, ἀπαρχή, κεφάλαιον, ἄκρον, ἀφορμή, ἀρχηγός (!) начало, происхождение začátek, počátek, původ: се сътвори начатъкъ знамениемъ н⟨соу⟩с⟨ъ⟩ • въ кана галилеі *И 2, 11 Зогр Мар Ас*; въ начьтокъ ты г⟨оспод⟩і землѭ осънова *Пс 101, 26 Син; Евр 1, 10 Ен* (2) ● *перен.*: ѡ сьмрьти сьмрьти избавителю • съпасению начатъче *Супр 314, 28* □ начатъкъ възяти ἀρχὴν λαμβάνειν начать(ся) začít: она жидовъска бѣ пасха • она вь егуптѣ начатъкъ вьзд *Супр 416, 16* **2.** ἐπιχείρησις поступок, начинание počínání, čin, skutek: егда оучаше і • остаті зълаго начятка того • не послоуша *Клоц 5б 24.— Зогр Мар Ас Сав Ен Син Евх Клоц Супр.— Ср.* въчяло, зачяло, начинание, начяло, начятие, поконъ

НАШЬ, наша, наше *мест.* (>800) ἡμῶν, ἡμέτερος, ὁ καθ' ἡμᾶς, ὁ παρ' ἡμῶν noster наш náš: естъ дивъна въ очию нашею *Мт 21, 42 Мар Ас* (2) *Сав* (∅ *Зогр*); на връбиї по срѣдѣ ея (!) • обѣсихомъ оръганъı (!) нашя *Пс 136, 2 Син; Клоц 7а 32* (своя *Супр 418, 23*); молітвѫ нашѫ оуслъıши *Киев 2б 19*; іже волея страстехъ нашихъ причясти ся *Евх 67а 22*; вьсѣкъ гнѣвъ да отъвръжемъ • очиштъше нашъ оумъ *Клоц 9б 20* (своя сьвѣсти *Супр 424, 9*); и мы полоучімъ вѣчьнѫѭ жизнь о х⟨ристос⟩ѣ н⟨соу⟩сѣ г⟨оспод⟩и нашемъ *Супр 68, 17-18.— Зогр Мар Ас Сав Охр Унд Ен Син Киев Служ Евх Клоц Супр Рыл.— Ср.* свои

НАШЬСТВИЕ, -ия *с* (4) [наше- *Евх* (2) *Супр* (1)] **1.** ἐπιφοίτησις (!) приход příchod, vstoupení, vejití: приими нашествиѣ с⟨вя⟩тааго д⟨оу⟩ха *Евх 81а 5-6* **2.** ἐπανάστασις, καταδρομή нашествие, нападение vpád, útok: възбранѣѭште нашествия ратънъıихъ *Супр 94, 22.— Евх 25б 5-6; Супр 558, 20.— Ср.* нападение, пришьствие, пришьстие

НАЯТИ, наимѫ, наимеши *сов.* (7) μισθοῦσθαι нанять najmout: никтоже насъ не наятъ *Мт 20, 7 Мар Ас Сав* (∅ *Зогр*).— *Мт 20, 1 Мар Ас Сав; Супр 427, 5*

НАѴХОДОНОСОРЪ, -а *м имя* (1) Ναβουχοδονοσόρ Навуходоносор Nabuchodonosor: избавивъıи три отрокы отъ пештьнааго огн҃и • цѣсара наѵходоносора *Супр 226, 4*

НЕ *частица* (>5000) [*при* быти: нѣ (-не к-): нѣсмь, нѣси (*и т. д.*)] οὐ (οὐκ, οὐχ), μή, οὔτε, μήτε, ἀ-, δυσ-; [и не οὐδέ; оуже не μηκέτι] не ne: не моѣ волѣ нъ твоѣ да бѫдетъ *Л 22, 42 Зогр Мар*; не приідъ разоритъ нъ ісплънитъ *Мт 5, 17 Зогр Ас*; нѣсмь достоінъ да въ домъ мои вьнидеши *Мт 8, 8 Зогр Мар Ас Сав*; сь естъ хлѣбъ съшьдъı съ н⟨ебе⟩се • не ѣкоже ѣша о⟨ть⟩ци ваши ман҃нѫ і оумрѣша • ѣдаи хлѣбъ сь живъ бѫдетъ въ вѣкъ *И 6, 58 Зогр Мар Ас*; не по безаконьемъ нашимъ • сътворілъ естъ намъ *Пс 102, 10 Син*; дажди емоу не въ тъще тици *Евх 81б 15*; творя мол⟨и⟩твѫ • сиѭ над⟨ъ⟩ нимь не таи *Евх 92б 1*; не нашѫ оубо пасхѫ • хотѣахѫ оученіці оуготоваті • нъ юдѣіскѫ *Клоц 6а 36*; весѣда дѣвича • а ѫтроба не дѣвича • нъ матерѣ *Супр 240, 13*; имѣахѫ бо масло не обильно же *Супр 370, 27*; не бѫди то юже отъврѣшти ся намъ небесъскааго ц⟨ѣса⟩рѣ *Супр 59, 21*; не бо яко чловѣкъ бъıстъ с⟨ы⟩нъ божии • ї иже на н҃ь мѫчилъ (*вм.* мѫчитель) томоу прѣдолѣ... тѣмь цѣсарь бъıстъ • нъ яко цѣсарь и богъ *Супр 328, 2* ● *двойное отрицание* (*после отрицательных мест. и нареч.*): бежн҃его ничьтоже не бъıстъ • еже бъıстъ *И 1, 3 Зогр Ас* (∅ *Мар*); азъ николиже не съблажн҃ѭ ся о тебѣ *Мт 26, 33 Зогр Мар Ас Сав*; никомоуже ничьтоже не рьци *Мк 1, 44 Зогр Мар Ас Сав*; никакоже не врѣди юго ни при чесомьже *Супр 268, 28* ● *при отрицательном глаголе придает предложению утвердительное значение*: не не имѣ ї⟨соу⟩с⟨ъ⟩ водъı *Супр 483, 12*; никтоже да не невѣстъ сьрѣтения цѣсара *Супр 319, 16* ♦ аще не *см.* аще; не бо нъ *см.* небонъ; даже не *см.* даже; къ томоу не *см.* тъ (къ томоу); не тъкъма, тъкъмо, тъчиѭ *см.* тъкъма, тъкъмо, тъчиѭ; не оу *см.* оу.— *Зогр Мар Ас Сав Охр Боян Зогр-пал Ен Син Киев Евх Клоц Супр Хил Рыл Зогр-лл.— Ср.* ни

неавлюнъ *см.* авити

НЕБЕСЬНЪ, -ъıи *прил.* (>100) [н҃бс- *Ас* (45) *Сав* (8) *Унд* (1) *Боян* (1) *Ен* (1) *Син* (5) *Евх* (37), н҃бс- *Ас* (3) *Син* (1) *Евх* (2), н҃бс- *Ас* (1) *Ен* (1), н҃б- *Ас* (2) *Син* (1)] τῶν οὐρανῶν, τοῦ οὐρανοῦ, οὐράνιος, ἐπουράνιος, ὁ ἐν τοῖς οὐρανοῖς, ὁ ἐξ οὐρανοῦ, τοῦ Θεοῦ (!), οὐρανομίμητος (!), αἰώνιος (!) небесный nebeský: лісн ѣзвінъı нмѫтъ • и птица н⟨е⟩б⟨е⟩сънъıя гнѣзда *Л 9, 58 Ас Сав* (н⟨е⟩б⟨есь⟩скъıя *Зогр Мар*); вѣстъ бо о⟨тъ⟩ць вашь н⟨е⟩б⟨е⟩с⟨ь⟩нъıи • ѣко трѣбоуете сихъ • всѣхъ *Мт 6, 32 Ас Сав* (неб⟨есь⟩скъı *Зогр Мар*); възлягѫтъ съ авраамомъ • и исакомъ н-ѣковомъ • въ ц⟨ѣса⟩р⟨ь⟩ствии н⟨е⟩б⟨е⟩сьнѣемь *Мт 8, 11 Ас*, н⟨е⟩б⟨е⟩с⟨ь⟩нѣемь *Сав* (н⟨е⟩б⟨есь⟩сцѣмь *Зогр Мар*) ▭ небесьнии *в знач. сущ.* небожители nebešťané: прѣклонитъ ся юмоу вьсѣко колѣно небесънъıихъ и земьнъıихъ *Супр 332, 8* (*Фил 2, 10*); небесьная *с мн. в знач. сущ.* небо nebe: ѣко ты еси живъı съ о⟨ть⟩цемь • вь н⟨е⟩б⟨е⟩сънъıхъ *Евх 30б 10.— Ас Сав Унд Боян Ен Син Евх Супр.— Ср.* небесьскъ

НЕБЕСЬСКЪ, -ъıи *прил.* (>200) [н҃бс-

Зогр (19) *Мар* (29) *Сав* (36) *Евх* (3), **небс-** *Зогр* (21) *Мар* (14) *Сав* (1) *Евх* (1) *Клоц* (5), **нбес-** *Сав* (1), **нс-** *Зогр* (2)] τῶν οὐρανῶν, τοῦ οὐρανοῦ, οὐράνιος, ἐπουράνιος, ὁ ἐν τοῖς οὐρανοῖς, ὁ ἄνω caelestis небесный nebeský: **ни о⟨ть⟩ць вашь неб⟨есь⟩скы • отъпоустить прѣгрѣшены вашихъ** *Мк 11, 26 Зогр* (**иже въ нев⟨е⟩с⟨ь⟩хъ** *Мар*); **силы бо неб⟨есь⟩скыѩ двигнѫтъ сѧ** *Л 21, 26 Зогр Мар* (**н⟨е⟩б⟨е⟩съньниѩ** *Ас Сав*); **кто оубо болеи естъ въ ц⟨ѣ⟩с⟨а⟩р⟨ьс⟩тви неб⟨есь⟩сцѣемь** *Мт 18, 1 Мар Сав* (**н⟨е⟩б⟨е⟩с⟨ь⟩нѣамъ** *Ас, Ø Зогр*); **небесьстиї и земьстии коньци • не вьмѣстат' тебе владыко** *Супр 250, 8-9* □ **небесьсции** *в знач. сущ.* небожители nebešťané: **вьсѣко колѣно поклонитъ сѧ • небесьскыихъ и земьныихъ** *Супр 484, 19.— Зогр Мар Сав Киев Евх Клоц Супр Зогр-лл.— Ср.* **небесьнъ**

небл̇юдомъ *Супр 40, 28-29 см.* **блюсти**

НЕБЛЮДОМѢ *нареч.* (1) ἀφυλάκτως без присмотра nestřeženě: **овьцѧ многы тъмами пасомы въ горахъ неблюдомѣ** *Супр 43, 2*

НЕБО, небесе *с* (>500) [**нб(с)-** *Зогр Мар Ас Охр Боян Ен Син Служ Евх Клоц,* **нс-** *Зогр Син,* **небс-** *Зогр Мар Ен Син Евх Клоц,* **бе(с)** (!) *Син* (1), **бі** (!) *Син* (1), **бсі** (!) *Син* (1)] οὐρανός, οἱ οὐρανοί небо nebe: **ісповѣдаѭ сѧ тебѣ о⟨ть⟩че • г⟨оспод⟩и небоу і земли** *Мт 11, 25 Зогр Мар*; **ты кафѥрънаоумъ • вьзнесы сѧ до неб⟨е⟩съ • до ада сънидеши** *Мт 11, 23 Зогр*, **до н⟨е⟩б⟨е⟩се** *Мар*; **лице оубо н⟨е⟩б⟨е⟩си оумѣете расѫждати** *Мт 16, 3 Мар Зогр*; **ѕвѣзды іспадѫтъ съ нев⟨е⟩се** *Мт 24, 29 Зогр Мар Ас Сав*; **съкрываіте себѣ съкровишта на н⟨е⟩б⟨е⟩се** *Мт 6, 20 Зогр Сав*, **на н⟨е⟩б⟨е⟩си** *Ас*, **н⟨е⟩б⟨е⟩се** *Мар*; **ты бо ієси сътворилъ господи небо и землѭ • и вьсе чоудимоїє подъ небесемь** *Супр 232, 3 и 4.— Зогр Мар Ас Сав Охр Боян Ен Син Служ Евх Клоц Супр*

НЕБОГЪ, -ыи *прил.* (4) ταλαίπωρος, τάλας, ἄθλιος, δύστηνος убогий, несчастный nebohý, ubohý: **ієгда бѣ небогъмъ** (!) **радовати сѧ** *Супр 386, 14-15.— Супр 66, 18; 146, 18; 389, 11.— Ср.* **бѣдьнъ, оубогъ**

НЕБОЛѢЗНЬНЪ, -ыи *прил.* (1) ἀνώδυνος безболезненный bezbolestný: **постыдите сѧ неболѣзньнааго ражданьѩ** *Супр 507, 24*

НЕБОНЪ *союз* (22) *пояснительный* καὶ γάρ, οὐ, οὐ γάρ, οὐδὲ γάρ, οὔτε γάρ, ἐπειδήπερ ибо, ведь neboť, vždyť, vždyť přece: **тъгда ѕѣло іавити сѧ цѣсарьствоу ієго • не бо нъ того надѣахѫ сѧ** *Супр 372, 11*; **виждъ же ієго вьсьжде не вьскорѣ въстазаѭшта • не бо нъ и о виноградѣ отъда дѣлателемъ и отиде** *Супр 376, 12.— Супр*

небръгъ, небрьгъ *прич.-прил. Супр 40, 11; 97, 8 см.* **небрѣщи**

небрѣгомъ *Супр 454, 21; 488, 19-20 см.* **небрѣщи**

НЕБРѢЖЕНИЄ, -иꙗ *с* (1) ἀμέλεια нерадивость, небрежность nedbání, opomíjení: **ни погоубити толь великыѩ части небрѣжениємь б⟨о⟩жиихъ повелѣнии** *Зогр-лл 1а 20-21*

НЕБРѢЩИ, небрѣгѫ, небрѣжеши *несов.* **о** чемь; **чесо** (28) [**небръг-** (!) *Супр* (1), **небрьг-** (!) *Супр* (1)] καταφρονεῖν, καταμελεῖν, ἀνιέναι, ἀφιέναι, παρακρούεσθαι, παραλογίζεσθαι, οὐ προσποιεῖσθαι, οὐ μέλειν; (**не небрѣщи** συνάπτειν; **небрѣгомъ** εὐκαταφρόνητος; **небрѣгыи имѣниꙗ** ἀκτήμων) оставлять без внимания, пренебрегать, не заботиться nedbat, nestarat se, přezírat: **г⟨оспод⟩и небрѣжеши ли іако сестра моꙗ ієдинѫ мѧ остави слоужити тебѣ** *Л 10, 40 Сав* (**не родиши** *Зогр Ас*, **не радиши** *Мар*); **наимьникъ... небрѣжетъ о овьцахъ** *И 10, 13 Зогр Сав* (**не радитъ** *Мар*, **нородитъ** (!) *Ас*); **имѣниꙗ ли въсхотѣ небрѣгыи имѣниꙗ** *Супр 432, 24*; **мѫжи вь самомъ цвѣтѣ юности • о житиї небръгъше** (!) *Супр 97, 8*; **ѫзьника ісоуса... небрѣгома вьсѣми** *Супр 454, 21.— Зогр Ас Сав Супр Хил.— Ср.* **невеликъ (невеликоу творити), неврѣдъ (неврѣдоу сътворити), неродити**

НЕБЫТИЄ, -иꙗ *с* (5) τὰ οὐκ ὄντα, τὸ μὴ ὄν небытие nebytí, nicota: **своеѭ во волеѭ • отъ небытиѣ въ бытие сътвори в'сѣ** *Евх 3б 21.— Киев 4а 17; Евх 8б 5; Клоц 9б 34-35; Супр 535, 14-15.— Ср.* **быти (не сѫщаꙗ)**

небѣлкнъ *Мт 9, 16 Мар; Мк 2, 21 Зогр Мар см.* **бѣлити**

НЕВЕЛИКЪ, -ыи *прил.* (1): **невеликоу творити** *греч. нет* не придавать значения, пренебрегать přezírat, podceňovat: **невеликоу творѧ поштение твое • ѣко б⟨ог⟩оу негодѣ сѫще** *Евх 88а 24.— Ср.* **малъ; небрѣщи, неврѣдъ (неврѣдоу сътворити), неродити**

НЕВИДИМО *нареч.* (6) ἀοράτως невидимо, незримо neviditelně: **нынѣ невидимо прѣстоꙗтъ • чини бесплотьнии твои** *Евх 84а 18.— Ср.* **невидимѣ**

невидимъ, -ыи *см.* **видѣти**

НЕВИДИМѢ *нареч.* (1) τῇ ἀορασίᾳ невидимо, незримо neviditelně: **а сиѩ съблазні невидимѣ • наченъше пѫть** *Супр 31, 28.— Ср.* **невидимо**

НЕВИДОМЪ, -ыи *прич.-прил.* (2) ἀόρατος невидимый, незримый neviditelný: **како бо вѣдѣше къгда оумрѣ лазаръ • по невидомѣи**

силѣ божьства *Супр 315, 12-13.— Супр 428, 6.— Ср.* видѣти (не видимъ)

НЕВИДѢНИЮ, -ниꙗ *с* (3) ἀορασία, ἀβλεψία слепота nevidění, nevidomost, slepota: абье того трепетъ и невидѣнье обьѧ *Супр 559, 27.— Супр 32, 18-19; 340, 24.— Ср.* слѣпота

НЕВИНЬНЪ, -ын *прил.* (1) ἀθῷος невиновный, безвинный nevinný, bez viny: невиньна и ненеправьдьна не оубии *Супр 387, 8.— Ср.* безвиньнъ, незълобивъ, неповиньнъ, непорочьнъ

невльнѧи сѧ *Супр 251, 21-22 см.* вльнити сѧ

НЕВОДЪ, -а *м* (5) σαγήνη невод nevod, vlečná, tažná síť: подобьно естъ ц⟨ѣса⟩р⟨ь⟩ствие б⟨о⟩жие неводоу въвръженоу въ море *Мт 13, 47 Зогр Мар Ас Сав.— Супр 127, 28.— Ср.* мрѣжа, сѣть

НЕВОЛЬНЪ, -ын *прил.* (2) ἀκούσιος невольный (*без умысла*) nechtěný, bezděčný, nevědomý: отъдажди... прѣгрѣшениѣ наша • вольнаа и невольнаа *Евх 66а 3.— Евх 73б 13.— Ср.* неповольнъ

НЕВОЛꙖ, -ѩ *ж* (10) **1.** неволꙗ естъ ἀνάγκη необходимо, нужно je nutno: неволѣ бо естъ прити сканьдаломъ *Мт 18, 7 Мар* (Ø *Зогр*) **2.** неволеѭ ἀκούσιον, ἀβουλήτως, ἀπροαιρέτως непреднамеренно, без умысла, невольно neúmyslně, mimovolně, nevolky: сихъ въкоушъшю неволеѭ • отъпоусти грѣхъ *Евх 22а 14* **3.** неволеѭ ἄκων, ἀκουσίως не по своей воле proti (své) vůli: неволеѭ тѧ приноуждѫ исповѣдати *Супр 149, 10-11.— Евх 68а 17; 68б 10; 77а 16-17; Супр 89, 19; 280, 16; 368, 4-5; 530, 18.— Ср.* волꙗ

НЕВРѢДЪ, -а *м* (8) [не въ рѧд- *Ас* (1) *Сав* (1)]: невρѣдоу, неврѣдъ сътворити ἀδοκιμάζειν счесть неподходящим, отвергнуть uznat nevhodným, zavrhnout: камень їже не врѣдоу сътворишѧ зиждѫштеї • сь бѣстъ въ главѫ ѫгълоу *Пс 117, 22 Син; Мт 21, 42 Мар,* не въ рѧдоу *Ас,* не вь рѧдъ *Сав* (Ø *Зогр*).— *Мк 12, 10 Зогр Мар; Л 20, 17 Зогр Мар*

неврѣжденъ *Супр 459, 15 см.* врѣдити

невталимь *Мт 4, 15 Ас см.* невъфталимль

НЕВЪЗБЛАГОДАТЬНЪ, -ын *прил.* (1) ἀχάριστος неблагодарный nevděčný: тъ благъ естъ на невъзблагодатънꙑѩ и зълꙑѩ *Л 6, 35 Мар* (невъзблагодѣтънꙑѩ *Зогр Ас*).— *Ср.* бездарьствьнъ, невъзблагодѣтьнъ

НЕВЪЗБЛАГОДѢТЬНЪ, -ын *прил.* (2) ἀχάριστος неблагодарный nevděčný: тъ благъ естъ • на невъзблагодѣтънꙑѩ • ι зълꙑѩ *Л 6, 35 Зогр Ас* (невъзблагодатънꙑѩ *Мар*).— *Ср.* бездарьствьнъ, невъзблагодатьнъ

НЕВЪЗДРЬЖАНЪ, -ын *прич.-прил.* (1) ἄστεκτος невыносимый neúnosný: б⟨о⟩жествъное и с⟨вѧ⟩тое • ι великое • ι страшъное • еже • и трепетъное • ι невъздръжаное • нарицание *Евх 56б 8-9*

НЕВЪЗМОЖЬНЪ, -ын *прил.* (22) ἀδύνατος; (невъзможьнъ бꙑти ἀδυνατεῖν) невозможный nemožný: ничтоже не възможъно бѫдетъ вамъ *Мт 17, 20 Мар Ас* (оумметъ сѧ *Сав,* Ø *Зогр*); да бѫ оувѣдѣлі • ѣко невъзможънаѣ начинаѭтъ *Клоц 5а 15* ◆ невъзможьно естъ ἀνένδεκτόν ἐστιν, οὐκ ἐνδέχεται, οὐ δύναται невозможно je nemožné: не възможъно естъ пр⟨оро⟩коу погꙑбнѫти кромѣ нер⟨оу⟩с⟨али⟩ма *Л 13, 33 Мар* (Ø *Зогр*); не възможьно естъ въходити женѣ въ манастꙑрь *Супр 298, 11.— Зогр Мар Ас Сав Евх Клоц Супр.— Ср.* немощьнъ

невъкоушенъ *Супр 367, 28 см.* въкоусити

НЕВЪМѢСТИМЪ, -ын *прич.-прил.* (1) ἀχώρητος невместимый nevměstnatelný, nepojatelný: можетъ ли чрѣво въмѣстити невьмѣстимааго *Супр 248, 29.— Ср.* невъмѣщаемъ

НЕВЪМѢЩАЕМЪ, -ын *прич.-прил.* (1) ἀχώρητος невместимый nevměstnatelný, nepojatelný: како въ гробъ невъмѣштаемꙑи [въмѣштаемꙑи] вьмѣштаат' сѧ *Супр 459, 6-7.— Ср.* невъмѣстимъ

НЕВЪНѦТЪ, -ын *прич.-прил.* (1) ἀκατάληπτος непостижимый, непонятный nepochopitelný: мои богъ неиздречен'нъ естъ и невьнѧтъ *Супр 21, 10.— Ср.* непостижьнъ

НЕВЪФТАЛИМЛЬ *прил. к мужскому имени Нефталим* (7) [невтал- *Ас* (2), нефьтал- *Сав* (1), нефтал- *Боян* (2)] τοῦ Νεφθαλίμ Нефталима *род.* Neftalimův: землѣ невъф'талимлѣ *Мт 4, 15 Зогр Ас Сав Боян.— Мт 4, 13 Зогр Ас Боян*

невьѣитьскъ *Мт 12, 41 Зогр см.* ниневьгитьскъ

НЕВѢГЛАСЪ, -ын *прил.* (1) ἀγνώμων несведущий, незнающий nevědomý, neznalý: кл'ма оубо сицѣ бѣшѧ непочоуѫште и невѣгласи *Супр 417, 11-12.— Ср.* безоумаи, безоумль, безоумьнъ, неразоумичьнъ, неразоумьнъ, несъмꙑсльнъ

не вѣдомо *Супр 325, 6 см.* вѣдѣти

НЕВѢДОМЪ, -ын *прич.-прил.* (4) **1.** ἄδηλος, ἀνείδεος неразличимый, непознаваемый nerozeznatelný, nepoznatelný: горе вамъ... лицемѣри • ѣкое есте ако ι гроби невѣдоми • ι ч⟨лов ѣ⟩ци ходѧштеі връхоу не видѧтъ *Л 11, 44 Зогр Мар;* тꙑ не вѣдомꙑ и вѣдомъ бꙑстъ мене дѣлꙗ • тꙑ безъ образа • а в семъ образѣ *Супр 504, 30* **2.** ὁ ἐν ἀγνοίᾳ непреднамеренный, невольный nevědomý:

прѣгрѣшениѣ наша... вѣдомаа і невѣдомаа *Евх 66а 4.— Ср.* безвѣстьнъ

НЕВѢДЬСТВО, -а *с* (1) ἄγνοια незнание, неведение nevědomost, neznalost: (да не) и зизаньꙗ (ꙗк)о п'шеницѫ ꙗдъ(ше) невѣдьствомь врѣдьни бѫдемъ *Хил 2ба 7.— Ср.* невѣдѣник, невѣждьствик, невѣждьство, невѣсть

НЕВѢДѢНИЮ, -ниꙗ *с* (5) ἄγνοια, ἀγνόημα незнание, неведение nevědomost, neznalost: показавы намъ... колѣна прѣкланѣти • ѡ мольбѣ нашихъ грѣхъ • і о людьскыхъ невѣдѣньихъ *Евх 62а 3-4*; видѣ ли како не бы невѣдѣник съпасоу решти кде положисте и *Супр 306, 1-2.— Евх 23а 23; 74б 21; Супр 475, 19.— Ср.* невѣдьство, невѣждьствик, невѣждьство, невѣсть

НЕВѢЖДЬСТВИЮ, -ниꙗ *с* (3) ἀγνόημα, ἀπόνοια неведение, незнание nevědomost, neznalost: отъ тъмы мѫдрості • іли етероу іномоу невѣждьствью • лі любъві пльтьсцѣі не храніті покоушаꙗ сꙙ *Клоц 2б 31.— Клоц 4а 35; Евр 9, 7 Ен.— Ср.* невѣдьство, невѣдѣник, невѣждьство, невѣсть

НЕВѢЖДЬСТВО, -а *с* (1) ἄγνοια неведение, незнание nevědomost, neznalost: грѣхъ юності моеꙗ і невѣзества моего не помѣни *Пс 24, 7 Син* (невѣдѣниѣ *Евх 74б 21*).— *Ср.* невѣдьство, невѣдѣник, невѣждьствик, невѣсть

НЕВѢЖДЬСТВОВАТИ, -ствоуѭ, -ствоукши *несов.* (1) ἀγνοεῖν не знать nevědět: съмѣре.. мъ скръв.. ти могы... ..в.. оужщихъ *Евр 5, 2 Ен.— Ср.* вѣдѣти (не вѣдѣти)

невѣзества *Пс 24, 7 Син см.* невѣждьство

НЕВѢРИЮ, -ниꙗ *с* (5) ἀπιστία неверие nevěra: поносі невѣрию ихъ и жестосрьдию *Мк 16, 14 Ас* (невѣрьствию *Мар Сав*, ∅ *Зогр*).— *Мк 9, 24 Зогр Ас; Супр 471, 30; 482, 9.— Ср.* безвѣрик, невѣрьствик, невѣрьство

НЕВѢРЬНЪ, -ьн *прил.* (35) 1. ἄπιστος неверующий nevěřící: принеси рѫкѫ твоѭ • і вьложи въ ребра моѣ • і не бѫди невѣрьнъ нъ вѣрьнъ *И 20, 27 Зогр Мар Охр*, неневѣренъ (!) *Ас*; не бы молитва мрьтвааго дѣлма • нъ пришъдъшнихъ дѣлма невѣрънъıихъ *Супр 309, 28-29* 2. ἄδικος, ἀνόητος (!) неверный, вероломный nevěrný, věrolomný: невѣрънъı въ малѣ • і въ мнозѣ неправьдьнъ естъ *Л 16, 10 Зогр* (неправъдънъı *Мар Ас Сав*); видиши ли невѣрънъıи ѡ жидовине *Супр 325, 25* (несъмъıсльні (!) сръдьцемь *Клоц 1а 17*) 3. τῆς ἀπιστίας неверия *род.* nevíry *род.*: тъı невѣрьнъıꙗ рѣчи възмъ речеши *Супр 506, 5.— Зогр Мар Ас Сав Боян Евх Супр.— Ср.* неправьдьнъ

НЕВѢРЬСТВИЮ, -ниꙗ *с* (16) ἀπιστία неверие nevěra: вѣроуѭ г⟨оспод⟩и • помози моемоу невѣрьствию *Мк 9, 24 Мар Сав Боян* (невѣрью *Зогр Ас*); диви сꙙ за невѣрьствие іхъ *Мк 6, 6 Зогр* (невѣръство *Мар*).— *Зогр Мар Сав Боян Ен Супр.— Ср.* безвѣрик, невѣрик, невѣрьство

НЕВѢРЬСТВО, -а *с* (13) ἀπιστία, ἀμφιβολία (!) неверие nevěra: не сътвори тоу силъ мъногъ • за невѣрьство ихъ *Мт 13, 58 Мар* (невѣрьствие *Зогр*); размъıсливъ о своимъ невѣрьствѣ нача плакати • пръвааго свокго невѣрьства *Супр 563, 29-30.— Мт 17, 20 Мар Ас; Мк 6, 6 Мар; Супр 24, 12-13; 30, 22; 291, 17; 323, 13; 338, 27; 401, 7; Хил 2аβ 11-12; Зогр-лл 2б 1.— Ср.* безвѣрик, невѣрик, невѣрьствик

невѣрьствовати *см.* вѣрьствовати

НЕВѢСТА, -ы *ж* (19) νύμφη 1. (невѣста и родительница νυμφοτόκος; невѣстѣ быти νυμφεύεσθαι) невеста nevěsta: изідѫ противѫ женихоу и невѣстѣ *Мт 25, 1 Ас Зогр Сав* (*Мар нет*); радоуи сꙙ обрадованаꙗ невѣсто • и родительнице чиста *Супр 251, 11-12* 2. невестка, сноха snacha: раздѣлатъ сꙙ... свекръве на невѣстѫ своѭ • і невѣстѫ (! *вм.* -та) на свекръве своѭ *Л 12, 53 Зогр Мар.— Зогр Мар Ас Евх Супр*

НЕВѢСТЬ, -и *ж* (10) ἄγνοια незнание, неведение nevědomost, neznalost: да кли тожде невѣстиѭ речено естъ *Супр 379, 17.— Супр 304, 10; 304, 21; 304, 22; 304, 24; 304, 26; 304, 27; 305, 9; 392, 30; 412, 24.— Ср.* невѣдѣник, невѣждьствик, невѣждьство

НЕВѢСТЬНИКЪ, -а *м* (8) νυμφίος жених ženich: се невѣстьникъ градетъ *Супр 369, 3; 372, 21-22* (женихъ *Мт 25, 6 Зогр Мар Ас Сав*).— *Супр 369, 1; 369, 11; 372, 6; 374, 17; 374, 28; 375, 22.— Ср.* женихъ, зать

НЕВѢСТЬСТВО, -а *с* (1) (без невѣстьства ἀνύμφευτος) брак, бракосочетание sňatek: без невѣстьства дѣвица *Супр 243, 5.— Ср.* беспосаган, бракъ

НЕГАСИМЪ, -ьн *прич.-прил.* (2) ἄσβεστος негасимый, неугасаемый neuhasitelný, nehasnoucí: въ огни негасимѣмь • і въ тъмѣ кромѣщьнин затворь *Евх 63б 14-15.— Мт 3, 12 Зогр.— Ср.* негасꙙ, негашꙙ, неоугасакмъ, неоугасимъ

НЕГАСꙘ, -ꙙи *прич.-прил.* (1) ἄσβεστος неугасаемый, неугасимый nahasnoucí, neuhasitelný: плѣвы съжежетъ огнемъ негасꙙщиим *Л 3, 17 Ас* (негашѫштимь *Зогр Мар Сав*).— *Ср.* негасимъ, негашꙙ, неоугасакмъ, неоугасимъ

НЕГАШѦ, -ѥи *прич.-прил.* (8) ἄσβεστος неугасаемый, негасимый nehasnoucí, neuhasitelný: **добрѣе ти естъ маломоштниѭ въ животъ вьнити • нежели обѣ рѫцѣ имѫштю ити въ ѥеонѫ • въ огнь негашѫштеи** *Мк 9, 43 Зогр Мар.— Мк 9, 45 Зогр Мар; Л 3, 17 Зогр Мар Сав; Евх 55б 4-5.— Ср.* **негасимъ, негасѧ, неоугасаѥмъ, неоугасимъ**

НЕГЛАГОЛАНИѤ, -ниꙗ *с* (1) ἀφωνία безмолвие, немота mlčení, němota: **не осѫди ли ты старца неглаголаниѥмъ** *Супр 249, 9.— Ср.* **безмлъвиѥ, мльчаниѥ**

НЕГОДОВАТИ, -доуѭ, -доуѥши *несов.* **кого, чесо; о комь, чемь** (24) [**неготова-** (!) *Син* (1)] ἀγανακτεῖν, προσοχθίζειν, χαλεπαίνειν сердиться, негодовать, быть недовольным horšit se, rozhořčovat se, mrzet se, být nespokojen: **слышавъше десѧть • начѧшѧ негодовати • о ꙗковѣ • і-оан'нѣ** *Мк 10, 41 Зогр Мар Ас Сав*; **ѡтъвѣштавъ** (!) **же ар'хисүнагогъ • негодоуꙗ • за нє въ сѫботѫ ицѣли ѭ и⟨соу⟩с⟨ъ⟩** *Л 13, 14 Зогр Мар Ас*; **четыри десѧти лѣтъ негодовахъ рода того** *Пс 94, 10 Син*; **не трьпѣаше • нъ негодоваашє • не хотѧшти носити на себѣ богомръзъкыихъ жидовъ** *Супр 485, 7.— Зогр Мар Ас Сав Син Супр.— Ср.* **гнѣвати сѧ**

НЕГОДѢ *нареч.* (1) *греч. нет* неугодно nevhod: **невеликоу творѫ пощение твое • ꙗко б⟨ог⟩оу негодѣ сѫще** *Евх 88а 25*

НЕГЪБЛЬ, -ни *прил.* (1) *греч. нет* несгибающийся, негнущийся neohebný, nepoddajný: **простеры на распонѣ • в'сѧ оудъі своꙗ х⟨рист⟩е б⟨о⟩же нашъ • съгъбалъ еси в'сѧ негъблѧ** *Евх 35б 3*

НЕГЪЛИ, НЕКЪЛИ *нареч. и союз* (18) [**негъли** *Мар* (1) *Сав* (1), **негли** *Супр* (1), **некъли** *Зогр* (1) *Евх* (1) *Супр* (7), **некли** *Супр* (6)] I. *нареч.* τάχα, ἴσως может быть snad: **посълѭ с⟨ы⟩нъ мои възлюбленъі • некъли сего оусрамлѣѭтъ сѧ** *Л 20, 13 Зогр*, **негъли** *Мар*; **ч'то ѥ мысль сьнитию ѥго • ѥже въ адъ • некли адама съвѧзьна и намъ клеврѣта възвестъ съходитъ** *Супр 459, 22* II. *союз* 1. *целевой* ἵνα чтобы aby: **припадаѭ ти о⟨ть⟩че • да подаси ми заповѣдь • противо зъломъ моимъ • некъли вьзникнѫ из глѫбинъі безаконеи моихъ** *Евх 69а 1* ● **да негъли** ὡς ἄν, εἴ πως чтобы aby (snad): **настави мѧ молѭ ти сѧ • да некъли и азъ възмогѫ причѧстьникъ быти вь вѣкы вѣкъ** *Супр 160, 13* 2. *сравнительный* (*при сравн. ст. прил. и нареч.*) ἤ, καὶ μή чем než: **оудобѣе естъ вельбѫдѫ скозѣ иглинѣ оуши проити негъли богатоу вь ц⟨ѣса⟩р⟨ь⟩ствие б⟨о⟩жие** *Мт 19, 24 Сав* (**неже** *Мар*, **нежели** *Ас*, *Ø Зогр*); **азъ бърахъ припадати въ домъ бога** **мноѥго паче • некъли жити въ жилиштихъ грѣшьнъихъ** *Супр 101, 12* (**неже** *Пс 83, 11 Син*).— *Зогр Мар Сав Евх Супр.— Ср.* **неже, нежели**

НЕДАЛЕЧЕ *нареч.* (11) 1. οὐ μακράν, οὐ πόρρω недалеко nedaleko: **не далече еси отъ ц⟨ѣса⟩р⟨ь⟩с⟨тв⟩ьѣ б⟨о⟩жьѣ** *Мк 12, 34 Зогр Мар Ас*; **възвратиша сѧ въ манастъıрь • недалече сѫштоу отъ прѣжде реченъıꙗ цръкъве** *Супр 209, 12-13* 2. οὐκ εἰς μακράν вскоре zanedlouho: **аште к'то прѣобидитъ имѧ ѥмоу • недалече приїметъ мьсть** *Супр 40, 7.— Л 7, 6 Зогр Мар Ас Сав; Л 15, 20 Ас; Супр 204, 9*

НЕДВИЖИМЪ, -ыи *прич.-прил.* (5) 1. ἀκίνητος, ἀκατάσειστος неподвижный nepohnutelný: **зьрѧще бо землѧ • недвижимъі** *Евх 1а 13* 2. ἄλυτος нерушимый neporušitelný: **обличаѭтъ тѧ • недвижими печати** *Клоц 14а 37; Супр 452, 19-20.— Евх 93б 16; Супр 457, 1.— Ср.* **неподвижимъ, неподвижьнъ**

НЕДЛЪЖЬНЪ, -ыи *прил.* (1): **недлъжьнъ быти** οὐκ ὀφείλειν не быть должным, обязанным nebýt dlužen: **иже не длъженъ съı могъı же жласти • давъ отъпоуштаѥтъ • повинииааго** *Супр 494, 5*

НЕДОБРѢ *нареч.* (1) *греч. нет* нехорошо nedobře: **аще ли с⟨ѧ⟩ бѫдет⟨ъ⟩ недобрѣ покаалъ с⟨ѧ⟩ • то да не приѩтъ бѫдет⟨ъ⟩ въ свое от'ч⟨ь⟩ство** *Евх 102а 15.— Ср.* **зълѣ**

НЕДОВѢДИМЪ, -ыи *прич.-прил.* (1) ἀνείκαστος непонятный, непостижимый nepochopitelný: **да запрѣтитъ ти г⟨оспод⟩ь... и невидимъı сѫщьствомь • и недовѣдимъıи силоѭ** *Евх 56б 13-14.— Ср.* **неизоумѣѥмъ**

НЕДОВѢДѢТИ, -вѣмь, -вѣси *несов.* (1) ἀπορεῖν не понимать nechápat: **їсоусъ бо мльчитъ • не словесъ недовѣдъı слово** *Супр 432, 21.— Супр 111, 29-30.— Ср.* **вѣдѣти (не вѣдѣти), недомыслити, недомышлꙗти сѧ**

НЕДОИМѢТИ, -имамь, -имаши *несов.* **чесо** (1) ἀπορεῖν не иметь в достаточном количестве, недоставать mít nedostatek: **не тъ бо ѥстъ трьпѣливъ иже трѣбовании недоимать** *Супр 92, 29.— Ср.* **довьлѣти (не довьлѣти), лишити сѧ**

НЕДОКОНЬЧАТИ, -аѭ, -аѥши *сов.* (8) λείπειν, ὑστερεῖν не окончить, не завершить nesplnit, nevykonat: **еште ѥдиного не доконьчалъ еси** *Л 18, 22 Зогр Мар Ас Сав.— Мт 19, 20 Мар Ас; Мк 10, 21 Зогр Мар*

НЕДОМЫСЛИТИ (СѦ), -мышлѭ (сѧ), -мыслиши (сѧ) *несов.* (6) ἀπορεῖν, ἀπορεῖσθαι не понимать nechápat: **съзираахѫ же сѧ**

междю собоѭ оученици • не домышлꙗаште о комь г⟨лаго⟩летъ *И 13, 22 Зогр Мар*; дивиша сѧ • недомыслиша сѧ въкоупѣ и вьстрепеташа *Супр 466, 10-11.— Л 24, 4 Зогр Мар Ас.— Ср.* вѣдѣти (не вѣдѣти), недовѣдѣти, недомъышлꙗти сѧ

НЕДОМЪІШЛꙖТИ СѦ, -ꙗѭ сѧ, -ꙗкши сѧ *несов.* (4) ἀγνοεῖν, διαπορεῖν не понимать nechápat: слыша же ıродъ... бываѭштаа отъ него в'сѣ • ı не домышлꙗ̄ѣаше сѧ *Л 9, 7 Зогр Мар.— Клоц 11а 13; 11а 19-20.— Ср.* вѣдѣти (не вѣдѣти), недовѣдѣти, недомъıслити

НЕДОСТАТИ, -станѫ, -станеши *сов.* (9) μὴ ἀρκεῖν, ἐλλείπειν недостать, не хватить, отсутствовать nedostat se, nestačit, chybět: еда како не достанетъ вамъ ı намъ *Мт 25, 9 Зогр Мар Ас Сав* (не довьлѣктъ *Супр 369, 9*); недоставъшю виноу • г⟨лаго⟩ла м⟨а⟩ти ıс⟨оусо⟩ва къ немоу *И 2, 3 Зогр Мар Ас Охр*; ничтоже не доста кмоу ни мало ни велико *Супр 414, 16* (бѣ не остало *Клоц 56 6*)

НЕДОСТАТЪКОВАТИ, -коуѭ, -коуќши *несов.* (1) λείπεσθαι недоставать, не хватать nedostávat se, chybět: кок ти слово недостатъкоуктъ на веселик *Супр 491, 6.— Ср.* довьлѣти (не довьлѣти)

НЕДОСТАТЪКЪ, -а *м* (1) τὸ λειπόμενον недостаток, нехватка nedostatek: боле кстъ недостатька • безъ тьштеты бо благодѣть *Супр 429, 4.— Ср.* лишеник, скѫдость

НЕДОСТАТЪЧЬНЪ, -ын *прил.* (1) *греч. нет* нуждающийся potřebný, postrádající: въставъша же и недостатъчьны сѫшта • имѣнига пать ихъ • рѣша къ мѫдрыим' *Супр 369, 5*

НЕДОСТОИНО *нареч., сравн. ст.* недостоинѣк (5) ἀναξίως, ἀνάξιος недостойно nehodně: прıемлѭштеı с⟨вѧ⟩тыхъ таıнъ • недостоıно • въ ты наıскорѣе въходıтъ дьѣволъ *Клоц 8а 36; Супр 421, 5*; ꙗко недостоинѣе (*вм.* -нѣ?) приемати съмѣетъ достоиныимъ съготованыихъ *Зогр-лл 1а 12-13.— Клоц 8а 46; Супр 480, 18*

НЕДОСТОИНЪ, -ын *прил.* (31) ἀνάξιος, ἀχρεῖος, ἀναξίως, ἄθῳος (!); (недостоинъ кстъ οὐκ ἔξεστιν αὐτόν) недостойный nehodný: раби недостоини есмъ *Л 17, 10 Зогр Мар Ас Сав*; молимъ тѧ о в'сѣхъ насъ • недостоиныхъ рабѣхъ твоихъ *Евх 27б 5-6*; недостоини ксте жити *Супр 130, 27* ● неподходящий nevhodný: ни извѣштала ничьсоже • ни съмѣрено ни недостоино врѣмени *Супр 96, 11*; не достоинъ (*вм.* не достоино) • оубо се кстъ богоу *Супр 463, 22.— Зогр Мар Ас Сав Ен Служ Евх Супр*

НЕДОСТОИНЬСТВО, -а *с* (1) τὸ ἀνάξιον недостойность nehodnost: изводи бо чьстънок отъ недостоиньства *Супр 380, 12* недостоинѣк *Зогр-лл 1а 12-13 см.* недостоино

НЕДОOУМѢНИЮ, -ꙗ *с* (1) ἀμηχανία недоумение váhání, rozpaky: и видѣвъ ѭ одрьжимѫ и окы въ мнозѣ болѣзни сѫштѫ вь недооумѣнии быстъ *Супр 516, 9.— Ср.* дъводоушик, помышленик (дъвѣ помышлении), сѫмьнѣник

НЕДОЧАꙖНЬНЪ, -ын *прил.* (1) τῆς ἀπιστίας безнадежный beznadějný: ты своимъ съходомъ моѭ д⟨оу⟩шѫ възнесе • отъ не дочаанънꙑꙗ глѫбины *Супр 505, 22*

НЕДѢЛАНЪ, -ын *прич.-прил.* (2) ἀγεώργητος невозделанный neobdělaný: на непроходънѫѭ же землѭ • и на безводънѫѭ • и недѣланѫ *Евх 55а 4.— Супр 323, 20*

НЕДѢЛЬНЪ, -ын *прил.* (1) τῆς κυριακῆς воскресный nedělní: е(в)⟨ан⟩ѣ⟨е⟩лиѣ • въскрѣс⟨ь⟩наа оутрънѣа • недѣл⟨ь⟩наа *Ас 153б 12*

НЕДѢЛꙖ, -лꙗ *ж* (>200) [не(д҃) *Мар Ас Сав Охр Унд Ен Евх Рыл*, не(д҃)л- *Охр Рыл*, недѣ(л҃)- *Ен*] **1.** κυριακή воскресенье neděle: въ сѫботѫ же и вь недѣлѫ прьвѣк вьсѣхъ въхождааше вь цръкъве *Супр 285, 9*; нед⟨ѣлꙗ⟩ по ꙗвленiхъ еваг⟨гелие⟩ ѡт⟨ъ⟩ маѳ⟨еа⟩ *Сав 149б 2* □ новаꙗ недѣлꙗ κυριακὴ τοῦ Ἀντιπάσχα второе воскресенье после пасхи, Фомина неделя první neděle po velikonocích, Bílá neděle: вь новѫ нед⟨ѣ⟩л⟨ѭ⟩ • ѣже по пастѣ *Охр 2а 9* **2.** ἑβδομάς неделя týden: д'вашди вь недѣли дврьца отвръзаѧ *Супр 528, 29*; сѫб⟨ота⟩ в҃ нед⟨ѣлѧ⟩ по пасц⟨ѣ⟩ *Ас 14аа 23* □ свѧтаꙗ недѣлꙗ ἁγία καὶ μεγάλη ἑβδομάς Страстная неделя svatý týden, pašijový týden: в пон⟨едѣльни⟩к⟨ъ⟩ с⟨вѧ⟩тꙑѧ нед⟨ѣлѧ⟩ *Ас 82бβ 3*, с⟨вѧ⟩ты великꙑѧ нед⟨ѣлѧ⟩ *Сав 86а 16-17*; недѣлꙗ свѣтьлаꙗ ἑβδομὰς Διακαινησίμου первая пасхальная неделя první týden po velikonocích: в⟨ъ⟩ пѧ⟨тъ⟩к⟨ъ⟩ свѣт⟨лꙑѧ⟩ нед⟨ѣлѧ⟩ *Ас 56β 9-10* ◆ недѣлꙗ мѧсопоустьнаꙗ *см.* мѧсопоустьнъ; недѣлꙗ сыропоустьнаꙗ *см.* сыропоустьнъ; недѣлꙗ цвѣтьнаꙗ *см.* цвѣтьнъ.— *Мар Ас Сав Охр Унд Боян Ен Евх Супр Рыл*

НЕДѢЛЮНЪ, -ын *прич.-прил.* (1) ἀμέριστος неделимый, нераздельный nedělitelný, nerozdílný: не лѫчѫ тебе не лѫченааго • не прѣрѣжѫ тебе не дѣленааго *Супр 505, 18-19.— Ср.* нелѫченъ, нераздѣлимъ, нераздѣльнъ, нераздѣлкнъ, неразлѫченъ, неразлѫчимъ, неразлѫчьнъ

НЕДѪГОВАТИ, -гоуѭ, -гоуќши *несов.* (2) ἀρρωστεῖν болеть stonat, churavět: с'де жена вѣрна... молѧшти • недѫгоуѭштоуоумоу съпасениѥ *Супр 95, 24* ● вызывать недомогание působit slabost: мол⟨итва⟩ на в'сѭ болѣзнь недѫгоуѭщѭ *Евх 35а 23-24.— Ср.* болѣти

НЕДѪГЪ, *-а м* (>100) νόσος, ἀσθένεια, ἀρρωστία, νόσημα, τὸ νοσοῦν, πάθος, μαλακία болезнь, недуг nemoc, neduh: иже придѫ послоушатъ его • и ицѣлити сѧ • отъ недѫгъ своихъ *Л 6, 17 Зогр Мар Ас Сав*; сътвори ѩ... недѫгомъ бальство *Евх 5а 5* ◆ м ѣ с ѧ ч ь н ы ѩ з ъ л ы н е д ѫ г ы и м ы σεληνιαζόμενος страдающий лунатизмом, лунатик náměsíčný, náměsíčník: привѣсѧ емоу... мѣсѧчьныѩ зълы недѫгы имѫштѧ *Мт 4, 24 Зогр* (∅ *Мар*).— *Зогр Мар Ас Сав Син Евх Клоц Супр.— Ср.* болѣзнь, немощь, ꙗза; мѣсѧчьныѩ зълы недѫгы имы *см.* бѣсити сѧ, бѣсьновати сѧ, зълодѣꙗти сѧ

НЕДѪЖИВЪ, *-ыи прил.* (1) κακῶς ἔχων больной nemocný, neduživý: приношаахѫ бо на одрѣхъ недѫживыѩ • да понѣ стѣнь петровъ наидетъ на коѥго ихъ *Супр 307, 15.— Ср.* больнъ, недѫжьнъ, немощьнъ

НЕДѪЖЬНИКЪ, *-а м* (3) ἄρρωστος больной nemocný: тъкъмо на мало недѫжьникъ възложи рѫцѣ и ицѣли *Мк 6, 5 Зогр Мар.— Мк 16, 18 Мар.— Ср.* боль

НЕДѪЖЬНЪ, *-ыи прил.* (41) **1.** *в знач. сущ.* ἀσθενής, ἀσθενῶν, ἄρρωστος, κακῶς ἔχων, νοσῶν, νόσημα (!) больной nemocný, neduživý: на недѫжьныѩ рѫкы възложатъ *Мк 16, 18 Ас* (на недѫжьникы *Мар*, ∅ *Зогр*); съдѣтелю в'сѣмъ • и бали недѫжънымъ г⟨оспод⟩и *Евх 84а 5* **2.** τῆς ἀσθενείας вызывающий болезнь působící nemoc: и се жена д⟨оу⟩хъ имѫшти недѫжьнъ • ӥі лѣт⟨ъ⟩ *Л 13, 11 Зогр Мар Ас Сав*; въздвигни и отъ сърѣтенеи недѫжъныхъ *Евх 26а 5-6.— Зогр Мар Ас Сав Евх Клоц Супр.— Ср.* больнъ, недѫживъ, немощьнъ

НЕЕМАНЪ, *-а м имя* (3) Ναιμάν, Νεεμάν Нееман Naaman: мънози бѣахѫ прокажени в⟨ъ⟩ ⟨издраи⟩ли при елисеи пророцѣ • и ни единъ же отъ нихъ очисти сѧ • токмо нееманъ соурьскы *Л 4, 27 Мар*, нем'манъ *Ас*, неоманъ *Сав* (∅ *Зогр*)

НЕЖЕ *союз* (47) **1.** *сравнительный* (*чаще всего при сравн. ст. прил. и нареч.*) ἤ чем, нежели než: отърадьнѣе бѫдетъ • содомомъ • ли гоморѣнемь • въ дьнь сѫдънъı • неже градоу томоу *Мк 6, 11 Зогр Мар*; оудобѣе же естъ н⟨е⟩боу и земли прѣити • неже отъ закона единои чрътѣ погыбнѫти *Л 16, 17 Зогр Мар*; добро естъ оупъвати на г⟨оспод⟩ѣ • неже оупъвати на кънѧꙃѧ *Пс 117, 9 Син* **2.** *соединительный* (*при отрицании*) μὴ γάρ и не, ни а ne, ani ne: повелѣниѥ еже повелѣно вы кстъ о мнѣ творити • то скорѣѥ творите • неже помышлѣите ꙗко оставьѭ домъ господьнь *Супр 259, 25.— Зогр Мар Ас Сав Супр*

НЕЖЕЛИ *союз* (13) *сравнительный* (*при сравн. ст. прил. и нареч.*) ἤ чем, нежели než, nežli: добрѣе ти естъ маломоштиѭ въ животъ вьнити • нежели обѣ рѫцѣ имѫштю ити въ геонѫ *Мк 9, 43 Зогр* (неже *Мар*); вьсѣхъ чл⟨овѣ⟩къ с⟨ъ⟩п⟨а⟩с⟨е⟩ниѥ паче • нежели погыбению хоташтии *Супр 522, 14.— Мт 10, 15 Зогр; Мт 18, 13 Ас; Мт 26, 53 Ас Сав; Мк 9, 45 Зогр; Мк 9, 47 Зогр; Гал 4, 27 Ен; Евр 11, 25 Ен; Супр 463, 9; 550, 11; 565, 25*

н е з а а п ѫ *см.* вънезаапѫ

НЕЗАВИДЬЛИВЪ, *-ыи прил.* (1) ἄφθονος независтливый nezávistivý: съподоби... незавидьливомь окомь • наслаждати сѧ • отъ него *Евх 15а 19-20.— Ср.* независтьнъ, завидѣти (не завидѧи)

НЕЗАВИДЬНО *нареч.* (1) ἀμίσητον независтливо bez závisti: дажди има любити дроугъ дроуга • незавидьно *Евх 10б 17-18*

НЕЗАВИСТЬНЪ, *-ыи прил.* (1) *греч. нет* независтливый nezávistivý: съблюсти братръство независтьно *Евх 9б 13-14.— Ср.* незавидьливъ

НЕЗАЗОРЬНЪ, *-ыи прил.* (2) ἀκατάγνωστος безупречный, безукоризненный bezúhonný, bezvadný: дажди емоу... житие добродѣꙗно • и незазорьно *Евх 99а 3.— Супр 279, 27.— Ср.* непорочьнъ

НЕЗАМОУДЬНО *нареч.* (2) ἀδιαλείπτως непрерывно bez přestání: въ трьпѣнии своемъ стѧжалъ еси мъздѫ свою о⟨ть⟩че прѣподобне • въ м⟨о⟩л⟨и⟩твахъ незамоудно поживъ *Ен 23б 10.— Евх 100б 23.— Ср.* беспрѣстани

н е з а х о д ѧ и *Евх 1б 24; Супр 503, 23 см.* заходити

НЕЗНАѤМЪ, *-ыи прич.-прил.* (3) ἄγνωστος, ἀγνώριστος неизвестный neznámý: приде чловѣкъ нѣкто незнаѥмъ *Супр 291, 4.— Евх 54б 16-17; Супр 291, 4.— Ср.* неизвѣстъ

н е з о б а *Пс 40, 13 Син см.* незълоба

НЕЗЪВАНЪ, *-ыи прич.-прил.* (1) αὐτόκλητος незваный nezvaný: видиши ли сьѭ женѫ... ꙗже незъвана приде къ намъ *Супр 394, 21*

НЕЗЪЛОБА, *-ы ж* (8) [незоб- (!) *Син* (1)] ἀκακία беззлобность, беспорочность nevinnost, bezúhonnost: сѫди ми г⟨оспод⟩и • по правьдѣ моеи • ї по незълобѣ моеи на мьа *Пс 7, 9 Син.— Пс 25, 1 Син; 25, 11 Син; 36, 37 Син; 40, 13 Син; 77, 72 Син; 83, 12 Син; 100, 2 Син.— Ср.* безълобиѥ, незълобиѥ

НЕЗЪЛОБИВЪ, *-ыи прил.* (5) ἄκακος,

ἀπειρόκακος, ἀνεξίκακος, ἀμνησίκακος беззлобный, безвинный nevinný, bezúhonný: незълобіві і правии прі⟨лѣ⟩плѣхѫ сѧ мнѣ *Пс 24, 21 Син*; прѣчисты • і нескврънъны... непрѣмѣнънъі • незълобивъи г⟨оспод⟩і *Евх 61б 8.— Евх 24а 13; 75б 4; Супр 338, 5.— Ср.* безълобивъ, безълобьнъ, зълоба (без зълобы), зълобь (без зълоби), неискоусьнъ (неискоусьнъ зъла)

НЕЗЪЛОБИѤ, -ия *с* (2) ἀκακία беззлобие, кротость, беспорочность nevinnost, bezúhonnost: брат⟨ръ⟩ наш⟨ь⟩ сь • одѣетъ сѧ въ маньтиницѫ • незълобью *Евх 97а 18.— Евх 97а 5.— Ср.* безълобиѥ, незълоба

н е з ы в а ѥ м ъ *Супр 570, 26 см.* зывати

НЕИЗВѢСТЪ, -ыи *прил.* (2) **1.** *греч. нет* неизвестный neznámý: бѫдетъ нѣчто сице невѣрънымъ не извѣсто • вѣрьнымъ же и зѣло [не] извѣсто *Супр 210, 22* **2.** *греч. нет* неуверенный nejistý: ѥмии зѣло неизвѣста ѥсмъ • ти по истинѣ жтроба мѧ прѣдаѥ *Супр 242, 2-3.— Ср.* безвѣстьнъ, незнаѥмъ

НЕИЗГЛАГОЛАНЪ, -ыи *прич.-прил.* (2) ἄφατος, ἀνεκλάλητος невыразимый (словами) nevýslovný, nevypověditelný: ты бо б⟨о⟩же нашъ... неизг⟨лаго⟩ланъ въ ч⟨ловѣ⟩к⟨о⟩любьи твоемь *Евх 98б 21.— Евх 94б 17-18.— Ср.* неизглаголаньнъ, неизглаголѥмъ, неиздреченъ, неиздреченьнъ, неиздричемъ, неисповѣданъ, неисповѣдимъ, исповѣданиѥ (без исповѣданиꙗ)

НЕИЗГЛАГОЛАНЬНО *нареч.* (1) ἀρρήτως невыразимо (словами) nevýslovně, nevypověditelně: заклинаѭ тѧ... единочѧдымь его с⟨ы⟩номь • рожденымь отъ него пръвѣе в'сѣхъ вѣкъ • неизг⟨лаго⟩лан'но *Евх 52а 16.— Ср.* неиздреченьно

НЕИЗГЛАГОЛАНЬНЪ, -ыи *прил.* (2) ἀλάλητος, ἀνέκφραστος невыразимый (словами) nevýslovný, nevypověditelný: ты бо б⟨ог⟩ъ сы неисписанен • безначѧленъ же • і неизглаголаненъ *Евх 4а 23-24.— Евх 94а 11.— Ср.* неизглаголанъ, неизглаголѥмъ, неиздреченъ, неиздреченьнъ, неиздричемъ, неисповѣданъ, неисповѣдимъ

НЕИЗГЛАГОЛѤѤМЪ, -ыи *прич.-прил.* (1) ἀπόρρητος неизреченный, невыразимый (словами) nevýslovný: оузьрите и • сь неизглаголемѫѭ славоѭ оноѭ • и народомъ аггельскомъ граджшта *Супр 446, 24-25.— Ср.* неизглаголанъ, неизглаголаньнъ, неиздреченъ, неиздреченьнъ, неиздричемъ, неисповѣданъ, неисповѣдимъ

НЕИЗДАѤМЪ, -ыи *прич.-прил.* (1) μὴ δαπανώμενος неисчерпаемый nevyčerpatelný: не завидѧштеѥ благодѣаниѥ • неиздаѥмаа благодѣть *Супр 95, 8*

НЕИЗДРЕЧЕНЪ, -ыи *прич.-прил.* (4) ἄφατος, ἀπόρρητος, ἀνεκδιήγητος неизреченный, невыразимый (словами) nevýslovný, nevypověditelný: божиихъ неиз'дреченъ таинъ обьштениꙗ *Супр 493, 18-19*; отъ съсѫда избранаго ..дречен.. (*т. е.* неиздреченааго) *Ен 39б 4.— Евх 20б 11; Супр 490, 11.— Ср.* неизглаголанъ, неизглаголаньнъ, неизглаголѥмъ, неиздреченьнъ, неиздричемъ, неисповѣданъ, неисповѣдимъ

НЕИЗДРЕЧЕНЬНИКЪ, -а *м* (1) *греч. нет* неизъяснимое существо nevýslovná bytost: г⟨оспод⟩і в'седръжителю • неиздреченьниче • і в'семогы *Евх 56а 11*

НЕИЗДРЕЧЕНЬНО *нареч.* (1) ἀνεκλαλήτως невыразимо (словами) nevýslovně, nevypověditelně: заклинаѭ тѧ... рождьшимь сѧ неиздречен'но *Евх 52б 20-21.— Ср.* неизглаголаньно

НЕИЗДРЕЧЕНЬНЪ, -ыи *прил.* (5) ἄφατος, ἀνέκφραστος, ἀπειροδύναμος (!) невыразимый (словами), непостижимый nevýslovný, nevypověditelný: тебѣ единомоу животъ бесъмрътенъ естъ... и ч⟨ловѣ⟩колюбие неиздречен'но *Евх 58а 13.— Евх 25б 19-20; 63а 1-2; 63б 16; Супр 21, 9.— Ср.* неизглаголанъ, неизглаголаньнъ, неизглаголѥмъ, неиздреченъ, неиздричемъ, неисповѣданъ, неисповѣдимъ

НЕИЗДРИЧЕМЪ, -ыи *прич.-прил.* (1) ἄρρητος невыразимый (словами), непостижимый nevýslovný: болѣзнь же напрасна и люта и неиздрічема *Супр 89, 20-21.— Ср.* неизглаголанъ, неизглаголаньнъ, неизглаголѥмъ, неиздреченъ, неиздреченьнъ, неисповѣданъ, неисповѣдимъ

НЕИЗМѢНЬНЪ, -ыи *прил.* (1) ἀσύγχυτος (!) неизменный nezměnitelný: показавы намъ прооброжение • с⟨вѧ⟩тѣи единосѫщьнѣи троици • присносѫщии • і неразлѫчьнѣи • і неизмѣньнѣи (*вм.* неизмѣсьнѣи ?) *Евх 64б 4-5.— Ср.* несъмѣсьнъ

НЕИЗОУМѢѤМЪ, -ыи *прич.-прил.* (1) ἀνεπινόητος непостижимый, непонятный nepochopitelný: несаждена лоза • несъповѣдомо чоудо • неизоумѣемо рождениѥ *Супр 243, 9.— Ср.* недовѣдимъ

НЕИСКОУСЬНЪ, -ыи *прил.* (2) ἄπειρος; (неискоусьнъ зъла ἀπειρόκακος) неопытный, несведущий, неискушенный nezkušený, neznalý: ꙗко младоу и неискоусъноу зъла • дѣтии младъ • съсѫштъ тѣлеси молити прости вьчѧти господеви *Супр 320, 8-9.— Супр 520, 21*

НЕИСЛѢДИМЪ, -ыи *прич.-прил.* (1) *греч. нет* непостижимый nevyzpytatelný: понеже не ислѣдима ѥстъ прѣмѫдростьнаꙗ пѫчина

Супр 533, 24-25.— Ср. **неислѣдьнъ, неислѣжденъ**

НЕИСЛѢДЬНЪ, -ыи *прил.* (1) ἀνεξιχνίαστος непостижимый nevyzpytatelný: **непостижьнъи • неислѣдьнъи • непрѣмѣнънъı • незълобивън г⟨оспод⟩ı** *Евх 61б 7.— Ср.* **неислѣдимъ, неислѣжденъ**

НЕИСЛѢЖДЕНЪ, -ыи *прич.-прил.* (1) ἀνεξιχνίαστος непостижимый nevyzpytatelný: **ꙗко не испытани сѫдове его • и не неслѣждени пѫтиѥ его** *Супр 301, 8-9 (Рим 11, 33).— Ср.* **неислѣдимъ, неислѣдьнъ**

НЕИСПИСАНЬНЪ, -ыи *прил.* (1) ἀπερίγραπτος неописуемый nepopsatelný, nevylíčitelný: **ты бо б⟨ог⟩ъ сы неисписаненъ • безначѧленъ же • ı неизглаголаненъ** *Евх 4а 22-23*

НЕИСПЛЬНЮЕНЪ, -ыи *прич.-прил.* (1): **квасъ неисплънѥнъ** *греч. нет* не перебродивший (хмельной) напиток nedokvašený nápoj: **оупоилъ еси • в'сѧ ненавидѧщѧѩ тебѣ (!) • весь же д⟨оу⟩хъ непри(ѣзни)нъ • ı в'сѣкѫ ѩзѫ квасъныѫ • квасомь не исплъненомь • погыбѣльнымь** *Евх 42б 19-20*

НЕИСПОВѢДАНЪ, -ыи *прич.-прил.* (1) ἀνεκδιήγητος невыразимый (словами) nevýslovný, nevypověditelný: **мои богъ неиздречен'нъ ѥстъ и невьнатъ • и не разоумѣѫ сѧ • и неисповѣданъ** *Супр 21, 10-11.— Ср.* **неизглаголанъ, неизглаголаньнъ, неизглаголѥмъ, неиздреченъ, неиздреченьнъ, неиздричемъ, неисповѣдимъ, несъкажемъ, несъказаѥмъ, несъповѣдомъ, исповѣданиѥ (без исповѣданиꙗ)**

НЕИСПОВѢДИМЪ, -ыи *прич.-прил.* (2) *греч. нет* невыразимый (словами) nevýslovný, nevypověditelný: **ѡ свѣте неисповѣдимыи** *Супр 426, 18-19.— Супр 115, 19.— Ср.* **неизглаголанъ, неизглаголаньнъ, неизглаголѥмъ, неиздреченъ, неиздреченьнъ, неиздричемъ, неисповѣданъ, исповѣданиѥ (без исповѣданиꙗ)**

НЕИСПЫТАНЪ, -ыи *прич.-прил.* (1) ἀνεξερεύνητος непостижимый nevyzpytatelný: **ꙗко не испытани сѫдове его** *Супр 301, 8 (Рим 11, 33)*

НЕИСТОВЛЮНИЮ, -ниꙗ *с* (1) μανία безумие, неистовство šílení, pomatení: **не прізьрѣ вь соуѣѫ • ı неистовленьѣ ложьнаа** *Пс 39, 5 Син.— Ср.* **безоумиѥ, бѣсованиѥ, бѣшениѥ, неистовьство**

НЕИСТОВЪ, -ыи *прил.* (7) (**на похоть неистовъ** ἐρωτομανής) безумный, неистовый šílený, pomatený, zuřivý: **ѡтиди • в'сѣкъ демонъ нечистъı... или чары люба • или на похоть неистовъ** *Евх 54а 17* ♦ **нестовъ быти** μαίνεσθαι, ἐξίστασθαι быть не в своем уме, безумствовать šílet: **бѣсъ ıматъ • ı неıстовъ естъ** *И 10, 20 Зогр Мар Ас.— Мк 3, 21 Зогр Мар; Супр 557, 28.— Ср.* **бѣсьнъ, бѣшенъ**

НЕИСТОВЬСТВО, -а *с* (4) μανία безумие, неистовство pomatenost, šílenství: **ѡ безоумьѥ юдово • ı неıстовъство** *Клоц 7б 30.— Клоц 4б 7; 5б 10; Супр 482, 8.— Ср.* **безоумиѥ, бѣсованиѥ, бѣшениѥ, неистовлѥниѥ**

НЕИСТРЪГНОМЪ, -ыи *прич.-прил.* (1) *греч. нет* неисторжимый nevyrvatelný: **вь земьѭ же въдржженоѥ копиѥ въкорени сѧ • обличеньѥ сы съгрѣшению неистрьгномо** *Супр 560, 25*

НЕИСТЬЛѢНИЮ, -ниꙗ *с* (6) ἀφθαρσία; (**въ неистьлѣнии** ἄφθαρτος) нетленность nezkazitelnost, neporušitelnost: **сътвори ѭ неистьлѣнью источьникъ** *Евх 5а 2-3*; **съхранивъша своı тѣлесѣ • вь неистьлѣниї** *Супр 25, 29-26, 1.— Евх 53а 3-4; 99а 12-13; Супр 348, 13; 470, 11.— Ср.* **нетьлѣниѥ**

НЕИСТЬЛѢНЬНЪ, -ыи *прил.* (7) ἄφθαρτος, ἀδιάφθορος, τῆς ἀφθαρσίας нетленный, не подверженный тлению nepodléhající zkáze, neporušitelný: **достоинъ бѫдетъ • н⟨е⟩б⟨е⟩съныхъ твоихъ • неистьлѣнъныхъ • и бесъмрътъныхъ таинъ** *Евх 56а 25.— Евх 2а 8-9; 88а 2; 97б 1-2; Клоц 14а 31; Супр 141, 27; 452, 14.— Ср.* **бестьлѣнъ, бестьлѣньнъ, нетьлѣньнъ**

неистѣкаѭ *Евх 63а 16 см.* **истѣкати**

неисцѣлимъ *Супр 522, 16 см.* **неицѣлимъ**

НЕИЦИСЛЬНЪ, -ыи *прил.* (1) ἀνεξιχνίαστος (!) неисчислимый, безмерный nesčíslný, nesmírný: **отврьзаѩи прѣчистѫѩ ѫтробѫ • неицисльнѫѩ благость си • в'семоу приближаѭщюмоу сѧ любовиѭ** *Евх 92б 4-5.— Ср.* **бецисльнъ, бецисменьнъ, неицьтенъ**

НЕИЦЬТЕНЪ, -ыи *прич.-прил.* (1) *греч. нет* неисчислимый, безмерный nesčíslný, nesmírný: **слава твоѣ непостижъна естъ • ı ч⟨ло⟩вѣ⟩к⟨о⟩любиѥ неиздреченъно • ı мил⟨о⟩сть неичьтена** *Евх 63а 2.— Ср.* **бецисльнъ, бецисменьнъ, неицисльнъ**

НЕИЦѢЛИМЪ, -ыи *прич.-прил.* (2) [**неисцѣ-** *Супр* (1)] ἀνίατος, ἀθεράπευτος неисцелимый, неизлечимый nevyléčitelný: **покааньꙗ бывъ • неисцѣлимыѩ и смрьдѧштаѩ своѩ твари исцѣли строупы** *Супр 522, 16.— Супр 339, 5-6*

неичьтенъ *Евх 63а 2 см.* **неицьтенъ**

некли *см.* **негъли**

НЕКЛЮЧИМЪ, -ыи *прич.-прил.* (9) [**неклоу-** *Супр* (2)] ἀχρεῖος; (**неключимъ быти** ἀχρειοῦσθαι) бесполезный, непригодный neužitečný: **неключимаего раба • въврьзѣте и въ тьмѫ кромѣшьнѭѫ** *Мт 25, 30 Зогр Мар Ас Сав; Супр 370, 7; 378, 2-3*; **въсı оуклонишѧ сѧ въ-**

коупѣ неключими бꙑшѧ *Пс 52, 4 Син; 13, 3 Син.— Супр 150, 24.— Ср.* непотрѣбьнъ

некодимъ *И 3, 9 Ас см.* никодимъ

некопанъ *Супр 37, 22-23 см.* копати

НЕКОТОРИЧЬНЪ, -ꙑи *прил.* (1) ἄμαχος несварливый nesvárlivý: добродръзостенъ • некоторичьнъ безълобенъ *Супр 207, 20-21*

НЕКРОТЪКЪ, -ꙑи *прил.* (2) ἀνήμερος неукрощенный, дикий nezkrocený, divoký: ч'то глаголѭ о вльцѣхъ некротъкꙑихъ • нъ и львъ некротъкꙑихъ горьшии *Супр 385, 29 и 30.— Ср.* оукротити (неоукроштенъ)

некръщенъ *Евх 104б 9-10 см.* крьстити

НЕКРЬСТЬНЪ, -ꙑи *прич.* (2) ταρτάρινος (!) нехристианский nekřesťanský: се вьсе некрьстьнъи корабь зависть носитъ *Супр 400, 23.— Супр 400, 6*

НЕКТАРИИ, -ии *м имя* (2) Νεκτάριος Нектарий Nectarius: цѣсарь же о поставьѥнии епископа кънстантинꙗ града • къ епископомъ глагола да поставѧт' • и нарекошѧ нек'тариꙗ нѥгого (!) *Супр 202, 12.— Ас 122б 14*

НЕКОУПЛЮНЪ, -ꙑи *прич.-прил.* (1) ἀκαπήλευτος такой, который нельзя купить, непродажный takový, jaký nelze koupit, neprodejný: ѡ веле не коупьѥноѥ оученик • богогодьнꙑихъ *Супр 327, 2-3.— Ср.* непродаѥмъ

некъли *см.* негъли

НЕКЪНИЖЬНИКЪ, -а *м* (1) ἀγράμματος неученый человек neučený člověk: нѥси петра и ї̈оанна грѫбьи • иже и грѫби и некънижьници бѣшѧ *Супр 378, 28*

НЕЛИЦЕМѢРЬНЪ, -ꙑи *прил.* (3) ἀνυπόκριτος нелицемерный nelicoměrný, nelíčený: да і... б⟨ог⟩ъ • съ вꙑше відѣвъ • нелицемѣрьно обꙑштенье наше • і сімъ благꙑимъ нꙑ съподобітъ *Клоц 9б 25.— Евх 9б 8-9; 10а 8*

НЕЛИЦЕМѢРЬНѢ *нареч.* (1) *греч. нет* нелицемерно nelíčeně: молꙗаше нелицемѣрьнѣ пристѫпити къ х⟨ристо⟩сови *Супр 541, 11*

НЕЛЪЖЬНЪ, -ꙑи *прил.* (1) ἀψευδής неложный, правдивый ne lživý, pravdivý: вь день вь ньже с⟨вѧ⟩то и • неложьно повѣдалъ еси *Евх 65б 11.— Ср.* лъжа (без лъжѧ)

НЕЛѢПО *нареч.* (1) *греч. нет* неуместно, нелепо nevhodně: навꙑкнѫтъ нелѣпо мꙑслиѭ *Супр 338, 18*

нелѣпо ѥстъ *см.* лѣпъ

НЕЛЮБЬСТВО, -а *с* (1) (братиѩ нелюбьство μισαδελφία) нелюбовь neláska: отьчѧ лозꙑ послѣдьнии гроздъ • невъкоушенꙑи братиѩ нелюбьствомъ *Супр 367, 28-29.— Ср.* ненавидѣние, ненавистиѥ, ненависть

НЕЛѦЧЕНЪ, -ꙑи *прич.-прил.* (1) ἀχώριστος неделимый, неразлучный neoddělitelný, neodlučitelný: не раздѣлѧ тебе не раздѣленааго • не лѧчѧ тебе не лѧченааго *Супр 505, 18.— Ср.* недѣлимъ, нераздѣлимъ, неразлѫченъ, неразлѫчьнъ

НЕМИЛОСТИВЪ, -ꙑи *прил.* (2) ἀνελεήμων, ἀπαραίτητος немилосердный nemilosrdný: тако бо и мнози немилостивꙑѩ обꙑкли сѫтъ тьмнꙑ нарицати *Супр 374, 26*; виждъ пакꙑ инъде творѧштимъ зъло немилостівꙑѩ моукꙑ *Клоц 3б 15.— Ср.* милость (без милости)

нем'манъ *Л 4, 27 Ас см.* нееманъ

НЕМОГꙐ, -ꙑи *прич.-прил.* (1) ἀδύνατος немощный, бессильный nemohoucí, bezmocný: то и тѧ къ немогѫштоуоумоу ихъ прилагаѭтъ *Супр 373, 14-15.— Ср.* немощьнъ

НЕМОЩЬ, -и *ж* (25) ἀσθένεια, τὸ ἀσθενές бессилие, немощь, немощность nemohoucnost, slabost: еже ти бѣхомъ длъжьни сътворити • сътворихомъ • за немощь нашѫ • и за оумъножение грѣхъ нашихъ *Служ 2а 6*; попекъ сѧ о немошти чловѣчьстѣ • и о братѣ поболѣвъ • въстави и *Супр 291, 20* ● недомогание, болезнь nemoc, choroba: ицѣли и словомь твоимь бесъмрътьнꙑимъ • прѣстави и отъ немощи въ мощь *Евх 25а 11.— Ен Син Служ Евх Клоц Супр Рыл.— Ср.* мьдлоба, недѫгъ, слабость

НЕМОЩЬНЪ, -ꙑи *прил., сравн. ст.* немощьнѣи (47) **1.** ἀσθενής, ἀσθενῶν, ἡ ἀσθένεια (!), ἀγεννής (!) бессильный, немощный nemohoucí, bezmocný, slabý: д⟨оу⟩хъ бо бьдръ • а плъть немоштьна *Мт 26, 41 Зогр Мар Ас Сав; Мк 14, 38 Зогр Мар; Евх 47а 15*; ѥлма же оубо немоштьнѣи сѫпротивьникъ • толма же и бес простꙑнѧ побѣжденꙑѩ *Супр 371, 28-29* ● больной nemocný: образъ даѩ намъ • і на носилѣхъ носити немощьнꙑхъ *Евх 39б 2-3*; егда д⟨оу⟩ховьнаѣ пишта вънидетъ • въ оумъ плънъ зълобꙑ • паче погоубітъ • і истьлітъ • нъ (*вм.* не) своеѭ силоѭ • нъ зане немоштьна естъ д⟨оу⟩ша приемлѭштиѣ *Клоц 8б 11* (недѫгомъ принимъшаѧ доуша *Супр 421, 20*) ● болезни *род.* nemoci *род.*: въздвигни и отъ ложа немощьнааго *Евх 30б 16* **2.** ἀδύνατος, ἀμήχανος невозможный nemožný: немоштьна начинаѥте дѣлеса *Супр 413, 22* (невъзможьно *Клоц 5а 26-27*) □ немощьно (ѥстъ) комоу *с инф. или с придаточным предложением* ἀνένδεκτόν ἐστιν, ἀδύνατον (ἐστιν) невозможно, нельзя je nemožné, nelze: немоштьно ѥмоу ѥстъ • да не тоу абиѥ ранѫ възьметъ *Супр 42, 20*; имѫшта таинꙑѩ врѣдꙑ • иже не моштьно врачемъ видѣти *Супр 557, 1-2.— Зогр Мар Ас Сав Ен Син Евх Клоц Супр Зогр-лл.— Ср.* больнъ, невъзможьнъ, недѫживъ, недѫжьнъ, слабъ

НЕМРАЧЬНЪ, -ꙑи *прил.* (1) ἀνέσπερος немеркнущий, негаснущий nehasnoucí: како свѣтъ немрачьнꙑи въ темьнꙑѩ... приходитъ

Супр 459, 17.— Ср. немрьчм, немрьчемъ, помрачити (не помрачми сѧ)

НЕМРЬЧЕМЪ, -ъıи *прич.-прил.* (1) ἄδυτος немеркнущий, негасимый nehasnoucí: не бо постигнѫ ст҃ѣнь • иже вь нѥмь просвьтѣ сѧ немрьчемъıи свѣтъ *Супр 323, 1.— Ср.* немрьчм, немрачьнъ

НЕМРЬЧМ, -мı *прич.-прил.* (2) [немръч- *Клоц* (1)] ἀνέσπερος немеркнущий, негасимый nehasnoucí: съ сѫштими въ тъмѣ • не мръчмı свѣтъ *Клоц 13а 9; Супр 449, 12.— Ср.* немрачьнъ, немрьчемъ

НЕМЪВЕНИѤ, -ıꙗ *с* (1) ἀλουσία нечистоплотность, нечистота nemytí, nečistota: дръжѧ сѧ паче по немьвениѥ • стъıдѧ сѧ не тъчьѭ отъ иного видѣти сѧ • нъ и самъ нагъ видѣти сѧ *Супр 280, 20*

НЕМЪНОГЪ, -ъıи *прил.* (16) [немн- *Зогр* (3) *Ас* (2) *Сав* (2) *Син* (1) *Клоц* (1) *Супр* (1)] ὀλιγοστός, οὐ πολύς немногий, немногочисленный nemnohý, nečetný: зане бѣшѧ мало числомъ • немнози пришельці вь неі *Пс 104, 12*; і не по мнозѣхъ дьнехъ • събъравъ • все мьнии с⟨ъı⟩нъ • отиде на странѫ далече *Л 15, 13 Зогр Мар Ас Сав* ◆ не по мъногоу, не по мъносѣ μετὰ μικρόν, μετὰ βραχύ, μετ᾽ οὐ πολύ не задолго zanedlouho: не по многоу же пристѫпльше • стоıаштеі рѣшѧ петрови *Мт 26, 73 Зогр Мар*, не по мнозѣ *Ас Сав* (2).— *Мк 14, 70 Зогр Мар; Л 22, 58 Зогр Мар; Клоц 6б 22; Супр 559, 15*

НЕМѪЖЬСТВЬНЪ, -ъıи *прил.* (1) ἄνανδρος немужественный nemužný: иже любоплакати • то акъı слабо и не мѫжьствьно исправьıаѫ *Супр 316, 13.— Ср.* мѫжьство (без мѫжьства)

НЕМѪЧЕНЪ, -ъıи *прич.-прил.* (1) ἀπαθής неуязвимый, нечувствительный к мукам nezničitelný, necitelný k mukám: како немѫченъıи мѫкѫ приıат᾽ *Супр 459, 4*

НЕНАВИДѢНИѤ, -ıꙗ *с* (2) μῖσος ненависть nenávist: ненавидѣньемъ неправедъномъ възненавидѣшѧ мѧ *Пс 24, 19 Син; Евх 75а 25-26.— Ср.* ненавистиѥ, ненависть

НЕНАВИДѢНЬНЪ, -ъıи *прил.* (1) τοῦ μίσους ненавистный nenávistný: словесъı ненавидѣнъıı обидѫ мѧ *Пс 108, 3 Син.— Ср.* ненавистьнъ

НЕНАВИДѢТИ, -виждѫ, -видиши *несов.* (>100) μισεῖν; (ненавидѧи человѣка μισάνθρωπος; ненавидѧи добра μισάγαθος) ненавидеть nenávidět: не можетъ миръ ненавидѣти васъ • мене же ненавидитъ *И 7, 7 Зогр Мар Ас*; граждане емоу • ненавидѣахѫ его *Л 19, 14 Зогр Мар*; сами сѧ прѣдадѧтъ • и ненавидѣти сѧ начънѫтъ *Мт 24, 10 Сав 47а 2* (възненавидитъ дроугъ дроуга *Мар Ас* (2), *Сав 87а 2-3* (∅ *Зогр*); бѫдете ненавидими вьсѣми ıаз⟨ъı⟩къı *Мт 24, 9 Мар Ас* (2) *Сав, не.. Зогр-пал* (∅ *Зогр*); ізбаві отъ ненавідѧштіхъ мѧ *Пс 68, 15 Син*; аште лі же къ (*вм.* ѣко) животолюбьці • і нена(ви)дѧшт(е)і добра • съ честьѭ і отрокъı намъ д(ад)ите *Клоц 1а 25*; ненавидѧи ч⟨ловѣ⟩ка дьѣволъ *Рыл 26β 32.— Зогр Мар Ас Сав Зогр-пал Евх Клоц Супр Рыл*

НЕНАВИСТИѤ, -ıꙗ *с* (1) (ненавистиѥ братьниѥ μισαδελφία) ненависть nenávist: сь лѣпотъı бъıсте острили скрьбь ненавистию братьню *Супр 368, 7-8.— Ср.* нелюбьство (нелюбьство братньѥ), ненавидѣниѥ, ненависть

НЕНАВИСТЬ, -и *ж* (4) μῖσος; (ненависть доброу μισόκαλος; ненависть чловѣча μισάνθρωπος) ненависть nenávist: ѡ веле ненависть доброу и ненависть ч⟨ловѣ⟩ча • ѡт⟨ъ⟩ нечистааго д⟨оу⟩ха *Рыл 26β 14 и 15.— Пс 108, 5 Син; Супр 71, 14.— Ср.* ненавидѣниѥ, ненавистиѥ, нечловѣколюбиѥ

НЕНАВИСТЬНИКЪ, -а *м* (1) (ненавистьникъ чловѣкомъ μισάνθρωπος) ненавистник nenávistník: чловѣколюбьць на ненавистьника чловѣкомъ *Супр 329, 11*

НЕНАВИСТЬНЪ, -ъıи *прил.* (2) **1.** (братолюбьствиѥ ненавистьноѥ (!) μισαδελφία) ненавидящий, ненависти *род.* nenávistný, nenávisti *род.*: не помѧнѫ... ни племенънъıѧ зависти • ни братолюбьствиıа ненавистьнааго дъıма *Супр 367, 20* **2.** *греч. нет* ненавидимый, ненавистный nenáviděný: ненавистьнъ б⟨ого⟩ви плодъ възгръдѣниıа • имже и въскорѣ имат᾽ паденьѥ иже на пагоубѫ *Супр 545, 15*

НЕНАРОЧИТЪ, -ъıи *прил.* (1) ἄσημος незначительный, маловажный bezvýznamný: отъ мѣстъ бѣахѫ ненарочитъ *Супр 442, 13-14*

НЕНАСЕЛЕНЕНАıА, -ъıѧ *ж* (1) ἡ ἄοικος необитаемая земля neobydlená země: заклинаѭ тѧ... ненаселенѫѭ оукрашьшемъ *Евх 52а 21*

ненасилıаѥмъ *Супр 520, 21-22; 527, 5; 568, 29 см.* насилıати

НЕНАСЪІЩЕНЪ, -ъıи *прич.-прил.* (1) ἄπληστος ненасытный nenasytný: гладиваıа сиıа • ненасъıштенаıа • ıаже николиже своимъ нѣста съıта *Супр 172, 18.— Ср.* несъıтъ, несъıтьнъ

НЕНАОУЧЕНЪ, -ъıи *прич.-прил.* (1) ἀδίδακτος неученый neučený: богъ ѥстъ сице хвалимъıи ненаоученъıими ѩзъıкъı *Супр 324, 12.— Ср.* неоустроѥнъ

необиноуѩ сѧ *см.* обиновати сѧ

НЕОБИНЬНЪ, -ъıи *прил.* (1) ἀπαραλόγιστος непогрешимый, справедливый neomylný: тѧжъшаıа имѣти имаши дльгъı • отъ о⟨ть⟩ца на страшьнѣмь • і необинъıѣмь сѫдищи х⟨ри⟩стосо⟩вѣ *Евх 91а 20-21* необинѫти сѧ см. обинѫти сѧ

НЕОБИСКАНЪ, -ын *прич.-прил.* (2) ἀψηλάφητος неосязаемый nehmatatelný: сего ради обискаѭште • не обискана хвалимъ кго *Супр 499, 9.— Супр 504, 5*

НЕОБРАЗЬНЪ, -ын *прил.* (1) ἄμορφος бесформенный beztvarý: штиди • в'сѣкъ демонъ нечистъі... льстивъі необразънъі • многообразънъін *Евх 53б 20-21*

необрѣзанъ *Супр 418, 11-12 см.* обрѣзати

НЕОБРѦШТЕМЪ, -ын *прич.-прил.* (1) δυσεύρετος ненаходимый, труднонаходимый nenalezitelný, nesnadno nalezitelný: бѣдьно же и необраштемо д⟨оу⟩шѫ моштьнѫ очесы многъі *Зогр-лл 1б 12*

НЕОДРЬЖИМЪ, -ын *прич.-прил.* (1) *греч. нет* необъятный, непостижимый neobsáhnutelný, nepostižitelný: б⟨о⟩же вѣчьнъі... неприкосновенъі свѣте • неодръжимаа вещи *Евх 21а 22.— Ср.* неоудрьжаньнъ

НЕОКЕСАРИꙖ, -ꙑѩ *ж город* (2) Νεοκαισαρεία Неокесария Neocaesarea: с⟨вѧ⟩тааго глигориа чюдотвор⟨ь⟩ца неокесариѩ *Ас 127а 24.— Супр 552, 21.— Ср.* кесариꙗ

НЕОКОРЪ, -а *м* (1) νεωκόρος смотритель храма chrámový dozorce: придоста же к нимъ неокоръ и епархъ ѳеѡфилъ *Супр 136, 24-25*

неоманъ *Л 4, 27 Сав см.* неемань

неомъвенъ *Мк 7, 2 Зогр см.* омъіти

НЕОСКѪДѢНЬНЪ, -ын *прил.* (1) *греч. нет* неубывающий, нескудеющий neubývající: вл⟨адъі⟩ко • дажди рабоу твоемоу семоу водѫ • неоскѫдѣнънѫѭ *Евх 21б 8.— Ср.* нескѫдьнъ, оскѫдѣти (не оскѫдѣѩ, не оскѫдѣкмъ), скѫдѣти (не скѫдѣѩ, нескѫдѣкмъ)

неоскѫдѣкмъ, неоскѫдѣѩ *Л 12, 33 Зогр Ас см.* оскѫдѣти

НЕОСЛАБИМЪ, -ын *прич.-прил.* (1) ἀπαραίτητος неслабеющий, непреклонный neoslabitelný, neoblomný: различьни образи мѫкъ примъішлени бъіваахѫ • и мѫчимии неослабимі *Супр 85, 14.— Ср.* неослабьнъ

НЕОСЛАБЬНЪ, -ын *прил.* (1) ἀπαραχώρητος неоспоримый neoslabitelný, nezvratný: да аще о словесехъ сѫтъ сіцеваѣ неослабьна • то о дѣлѣхъ оубо ѡ како си бѫдѫтъ *Рыл 26а 7-8.— Ср.* неослабимъ

НЕОСТАВИМЪ, -ын *прич.-прил.* (1) ἀδιάδοχος ненаследуемый, непередаваемый nepředatelný: тебѣ... ц⟨ѣса⟩р⟨ь⟩ство и иномоу не оставимо *Евх 58а 14*

НЕОСѪЖДЕНЪ, -ын *прич.-прил.* (1) *греч. нет* неподсудный, не подлежащий суду nehodný odsouzení, nevinný: неосѫжденааго на сѫдишти поставиша • ꙗко осѫдіма прѣдъ пилатомъ *Супр 477, 6-7.— Ср.* неосѫжденьнъ

НЕОСѪЖДЕНЬНО *нареч.* (2) ἀκατακρίτως неподсудно bez odsouzení: дажди имъ... причастити сѧ... і неосѫжденъно съхранити сѧ *Евх 20а 14-15.— Евх 22а 15-16*

НЕОСѪЖДЕНЬНЪ, -ын *прил.* (1) ἀκατάκριτος неподсудный, не подлежащий суду nehodný odsouzení, nevinný: слоугѫ оустроилъ и бѣ... неосѫжден'на • приими *Евх 58б 1.— Ср.* неосѫжденъ

неотвръстъ *Клоц 14б 1; Супр 452, 23-24 см.* отврѣсти

НЕОТЪВѢТЬНЪ, -ын *прич.* (2) *греч. нет* непреодолимый nepřekonatelný: тъі рачи нъінѣ призьрѣти на раба твоего... поражена... раноѭ неотъвѣтъноѭ *Евх 30а 23.— Евх 49б 16-17*

НЕОФИТЪ, -а *м имя* (1) Νεόφυτος Неофит Neophytus: с⟨вѧ⟩таго м⟨ѫ⟩ч⟨ени⟩ка неофита *Ас 141а 22*

неоцѣщенъ *Супр 258, 16 см.* оцѣстити

НЕПЛИШТЕВАНИѤ, -ниꙗ *с* (1) ἠρεμία бесшумность, тишина nehlučení, ticho: ч'то се мльчаник много • и неплиштеваник много *Супр 448, 3* (безмлъвье много • і млъчанье м'ного *Клоц 12б 3*).— *Ср.* безмлъвик, мльчаник

НЕПЛОДОВИТЪ, -ын *прил.* (2) ἄγονος бесплодный, неурожайный neplodný, neúrodný: запрѣщен смокови • неплодовитѣи • не давъшии плода *Евх 35а 3.— Супр 249, 28-29.— Ср.* бесплодьнъ, неплодьнъ

НЕПЛОДЪІ, -дъве *ж* (13) στεῖρα бесплодная женщина neplodná žena: не бѣ іма чѧда • по неже бѣ елисаветъ неплодъі *Л 1, 7 Зогр Мар Ас Сав; Супр 245, 13*; вьселѣѭі неплодъве въ домъ *Пс 112, 9 Син.— Л 23, 29 Зогр Мар; Гал 4, 27 Ен; Супр 249, 12*

НЕПЛОДЬНЪ, -ын *прил.* (2) ἄκαρπος, τῆς ἀκαρπίας неплодный; неплодия *род.* neplodný, planý; neplodnosti *род.*: штидѣте въ поустъіѩ горъі • вь дрѣва неплодънаа *Евх 59б 12*; не отиде ли неплодъньи недѫгъ *Супр 249, 13.— Ср.* бесплодьнъ, неплодовитъ

НЕПЛОДЬСТВО, -а *с* (2) στείρωσις неплодие, бесплодность neplodnost: раздрѣшити неплодьство • прѣстарѣвъшиихъ оудъ *Супр 249, 25-26.— Супр 250, 3*

НЕПОБѢДИМЪ, -ын *прил.* (16) ἀήττητος, ἀκαταγώνιστος, ἄνικτος, ἀρραγής непобедимый nepřemožitelný: кто сь кстъ раздроушивъіи нашѫ непобѣдимѫѭ дръжавѫ *Супр 466, 25-26.— Клоц Супр.— Ср.* непобѣдьнъ, непрѣборимъ

НЕПОБѢДЬНЪ, -ын *прил.* (2) ἀήττητος, ἀνίκητος непобедимый nepřemožitelný: х⟨ристо⟩сови кємъ воини... непобѣдни сѫште о къзнехъ • воина твокго сотонъі *Супр 100,*

2.— *Супр 69, 5.— Ср.* **непобѣдимъ, непрѣборимъ**

непобѣжденъ *Евх 99а 16-17 см.* **побѣдити**

непобелѣнъ *Зогр 129б 16; Мар 76б 12 см.* **повелѣти**

неповиноуѩи сѧ *Супр 255, 8 см.* **повиновати сѧ**

НЕПОВИНЬНЪ, -ъıи *прил.* (29) [**неповинъ** *Зогр* (1) *Син* (1)] **1.** ἀθῷος, ἀναίτιος, οὐ (τινος) τὸ ἔγκλημα невиновный, неповинный nevinný, bez viny: **аште ли бисте вѣдѣли • чьто естъ • милости хоштѫ • а не жрътвѣ • николиже оубо бисте осѫдили неповинънъıхъ** *Мт 12, 7 Зогр Мар*; **неповиннъ есмь • отъ кръве сего правьдьника** *Мт 27, 24 Зогр Мар Ас*; **пролишѧ кръвъ неповинънѫ** *Пс 105, 38 Син*; **аште лі онъ не въсхотѣ • прıѩтı балъства • балı неповiнъıь** *Клоц 5б 1* (**не врачево то съгрѣшение** *Супр 414, 5-6*) **2.** ἀνεύθυνος неподвластный, неподчиненный nepodřízený, nepodrobený: **да нікъıже оубо отъ владъıкъ • отъ непрıѣзнı • обладанъ... не повинна себе вѣчъноумоу огню осѫжденью • непьштюетъ** *Клоц 2б 32*; **съ оумеръшими жıвотъ • съ повин'нъıми • неповин'нъı** *Клоц 13а 8; Супр 449, 11.— Зогр Мар Ас Сав Син Клоц Супр.— Ср.* **безвиньнъ, невиньнъ, незълобивъ, непорочьнъ**

НЕПОВОЛЬНЪ, -ъıи *прил.* (1) ἀκούσιος невольный, совершаемый не по своей воле nedobrovolný: **нъ толико оуне елико вольнии грѣси неповольнъıимъ** *Супр 127, 4.— Ср.* **невольнъ**

НЕПОГЛОУМЬНО *нареч.* (1) ἀμετεωρίστως непоколебимо, стойко stále, vytrvale: **ı наставı и на истинѫ твоѭ • припадаѭщıа ти непоглоумъно** *Евх 80б 12-13.— Ср.* **глоумъ (без глоума)**

непоглъщенъ *Евх 53б 8-9 см.* **поглътити**

НЕПОГОНЕНИЕ, -иꙗ *с* (1) συγχώρησις прощение, ненаказание nestíhání, beztrestnost, odpuštění: **тако и мъı длъжьни есмъ грѣшьнии • притешти къ избавителю • и възъмати отъ него непогонение грѣховъ нашихъ** *Супр 390, 25.— Ср.* **оставление, прощение**

непогъıбаѩи *см.* **погъıбати**

НЕПОДВИЖИМЪ, -ъıи *прич.-прил.* (2) *греч. нет* неподвижный nehybný: **прѣбъı самъ нѣмъ и неподвижимъ** *Супр 562, 10.— Супр 165, 20-21.— Ср.* **недвижимъ, неподвижьнъ, непозъıбьнъ, непостѫпьнъ**

НЕПОДВИЖЬНЪ, -ъıи *прил.* (1) ἀκίνητος неподвижный nehybný: **аште бо бъıша его вѣдѣли • не бъıша къ глоухоу и неподвижьноу камъıкоу толико творили тьштание** *Супр 27, 19-20.— Ср.* **недвижимъ, неподвижимъ, непозъıбьнъ, непостѫпьнъ**

НЕПОДОБЬНИКЪ, -а *м* (1) ἀνόσιος безбожник, негодный человек, развратник bezbožník, hanebník, neřestník: **скврьньниче и неподобьниче • съıне диꙗволь** *Супр 233, 8*

НЕПОДОБЬНЪ, -ъıи *прил.* (4) **1.** ἀνόμοιος непохожий nepodobný: **еднѣмъ тъчьѭ неподобьнъ бъıвъ мѡсеѡви** *Супр 277, 20-21* **2.** ὁ παρὰ τὴν ἀξίαν недостойный, неподобающий nevhodný, nedůstojný: **а неподобьна** (*вм.* **неподобьно** *или* **неподобьнѣ** *нареч.*) **въземьѭштихъ въ большѭѭ мѫкѫ възлагаѭтъ** *Супр 421, 9* (**недостоıно** *Клоц 8а 40*) ▭ **неподобьно естъ** *в знач. сказ.* οὐ ὅσιόν ἐστιν не надо, не подходит není třeba, není vhodné: **неподобьно естъ о оумираѭштихъ хвалити сѧ** *Супр 126, 14* **3.** ἀνοσιώτατος безбожный, бесчестный, развратный bezbožný, hanebný, neřestný: **не изволи любити насъ • неподобьне и завидьливе** *Супр 71, 24.— Супр 153, 24.— Ср.* **недостоинъ, непрѣподобьнъ, нечьстивъ, нечьстьнъ**

НЕПОДОБЬНѢ *нареч.* (1) *греч. нет* безбожно bezbožně, hanebně: **нача... оукарати беззаконнѣ и неподов'нѣ правьд'нааго** *Супр 554, 3.— Ср.* **непрѣподобьнѣ**

НЕПОЗЪІБЬНЪ, -ъıи *прил.* (1) ἀσάλευτος неподвижный, незыблемый nehybný, nepohnutelný: **пооучивъ ѩ словесъı многъı • тврьдомь и непозъıбномъ прѣбъıвати на камени • вѣръı господьнѧ** *Супр 208, 7.— Ср.* **недвижимъ, неподвижимъ, неподвижьнъ, непостѫпьнъ**

НЕПОКАІАНЬНЪ, -ъıи *прил.* (1) ἀμετανόητος нераскаявшийся nekající: **непокаан(ьно) къ томоу иматъ (н)зволение** *Хил 2аβ 6*

НЕПОКОРЪ, -а *м или* **НЕПОКОРА**, -ъı *ж* (1) (**въ непокорѣ** ἀπειθής) непослушание, непокорность nepokora: **повелѣно е... мѫчити тѧ • аште оубо въ непокорѣ прѣбъıваеши** *Супр 148, 25.— Ср.* **непокорение, непослоушание**

НЕПОКОРЬНЪ, -ъıи *прил.* (1) ἀπειθής непокорный, непослушный neposlušný, nepokorný: **изведъ мѧ изъ сѣти твоеѧ • на обличение непокоръıнаагo твоего оума** *Супр 194, 12.— Ср.* **непослоушьливъ**

НЕПОКОРЕНИЕ, -иꙗ *с* (1) ἀπείθεια непослушание, непокорность neposlušnost, nepokora: **о своемъ невѣрьствѣ и непокорении покаавъ сѧ** *Супр 291, 17-18.— Ср.* **непокоръ, непослоушание**

НЕПОЛЬЗЬНЪ, -ъıи *прил.* (2) [**непольз-** *Клоц* (1) *Супр* (1)] ἀνωφελής, ἀνόνητος бесполезный, напрасный neužitečný, zbytečný: **без оума сѧ прıчаштаеші жрътвѣ • ı исправленье непользъно тı бъıс⟨тъ⟩** *Клоц 9а 26* (**не**

разоумно *Супр 423, 4).— Супр 165, 18.— Ср.* неключимъ, непоспѣшьнъ, непотрѣбьнъ

непомрачаи сѧ *Евх 32б 10 см.* помрачити

НЕПОМРЬЦАѬ, -ѭи *прич.-прил.* (2) [непомръ- *Евх* (2)] *греч. нет* немеркнущий nehasnoucí: одари и цѣловиѭ • ѣко и свѣтомь твоимь • непомръцаѭщиимь *Евх 33б 1.— Евх 32б 24-25.— Ср.* немрачьнъ, немрьчемъ, немрьча, помрачити (не помрачаи сѧ)

НЕПОРОЧЕНЪ, -ыи *прич.-прил.* (2) ἀμόλυντος, ἄμωμος непорочный, безупречный neposkvrněný, bezúhonný: законъ г⟨осподь⟩нъ непореченъ *Пс 18, 8 Син*; непореченаꙗ дѣвица *Супр 246, 10-11.— Ср.* непорочьнъ

НЕПОРОЧЬНЪ, -ыи *прил.* (23) [непоченъ (!) *Син* (1)] ἄμωμος, ἀμώμητος, ἄμεμπτος, ἄχραντος, ἀμόλυντος, ἐν ἀφθαρσίᾳ непорочный bezúhonný, neposkvrněný: блажени непорочьниї въ пѫть *Пс 118, 1 Син*; г⟨оспод⟩ι б⟨о⟩же нашъ • прѣдъложен сѧ самъ • агнець непороченъ • за животъ в'сего мира *Служ 2б 4*; раждаетъ сѧ отъ свѧтааго д⟨оу⟩ха • и отъ непорочьнꙑѩ и прѣчистꙑѩ дѣвꙑ *Супр 10, 28-29* ● безупречный bezvadný, dokonalý: даетъ же съдравие • непороч'но семоу рабоу своемоу *Евх 50а 26.— Син Служ Евх Супр.— Ср.* бескврьньнъ, непореченъ, нескврьньнъ, порокъ (бес порока), чистъ

НЕПОРОЧЬНѢ *нареч.* (1) ἀμέμπτως безупречно bezúhonně: по работании ми непорочьнѣ б⟨ого⟩ви лѣтъ • н҃ • *Супр 525, 14-15*

непосагъшиꙗ *Супр 375, 26 см.* посагнѫти

НЕПОСЛОУШЬЛИВЪ, -ыи *прил.* (3) ἀνήκοος непослушный neposlušný: емлетъ же непослоушъливꙑѩ • хоудооумꙑѩ • ι хоудосилънꙑѩ • тѣмъ пакости творите *Евх 45б 4.— Евх 46а 23; Супр 41, 21-22.— Ср.* ослоушьливъ

НЕПОСПѢШЬНЪ, -ыи *прил.* (1) *греч. нет* бесполезный, напрасный neužitečný, zbytečný: нъ жрътвъ и скваръ трѣбоуетъ непоспѣшънъ жрътвъ • аже погрѫжаѥтъ чловѣкꙑ въ погыбѣль *Супр 158, 23.— Ср.* непольѕьнъ, непотрѣбьнъ

непосрамленъ *Евх 27б 14-15; 72а 23 см.* посрамити

НЕПОСТИЖЬНЪ, -ыи *прил.* (3) ἀκατάληπτος непостижимый, недоступный пониманию nepostižitelný, nepochopitelný: слава твоѣ непостижъна естъ *Евх 62б 26-27.— Евх 58а 11-12; 61б 7.— Ср.* невънѧтъ

НЕПОСТОИНЪ, -ыи *прил.* (1) ἀνυπόστατος неудержимый nezadržitelný: прѣїде д⟨оу⟩ша наша водѫ непостоинѫ *Пс 123, 5 Син*

НЕПОСТРАДАНЬНЪ, -ыи *прил.* (1) *греч. нет* не пострадавший ten, který netrpěl: непригвожденъ • и непострадан'нь • и бесьмрьтенъ *Супр 11, 17-18*

НЕПОСТЫДЬНЪ, -ыи *прил.* (5) ἀνεπαίσχυντος, κατῃσχυμμένος (!) непосрамленный, безупречный nezahanbený, bez hany: потъщи сѧ себе искоушена • поставити прѣдъ б⟨ого⟩мъ дѣлателѣ непостыдъна *2 Тим 2, 15 Ен*; да не възвратитъ сѧ съмѣренъ и срамленъ • непостыденъ (*вм.* постыдѣнъ) *Евх 101б 18.— Евх 10а 7; 28а 3-4; 100б 7*

НЕПОСТѪПЬНЪ, -ыи *прил.* (2) ἀκίνητος неподвижный nehybný: сташа звѣрие непостѫпьни *Супр 229, 6-7* ● ἀμετανόητος непреклонный, неуступчивый neústupný, neoblomný: да твръдо и непостѫпьно бѫдетъ • иже отъ него на крьстьꙗнꙑ бѣшение *Супр 215, 15.— Ср.* недвижимъ, неподвижимъ, неподвижьнъ, непозꙑбьнъ

НЕПОТРѢБЬНЪ, -ыи *прил.* (3) ἀχρεῖος, ἄχρηστος бесполезный, ненужный neužitečný, nepotřebný: цѣсарьство небесъное оставивъше • непотрѣбьноуоумоу рабоу воини есте *Супр 107, 26*; не непотрѣбьнъ нъ избъранъ съсѫдъ естъ їωанъ *Супр 287, 20-21.— Супр 287, 16-17.— Ср.* неключимъ, непольѕьнъ, непоспѣшьнъ

непоченъ *Пс 17, 24 Син см.* непорочьнъ

НЕПРАВЬДА, -ы *ж* (40) ἀδικία, ἀδίκημα, τὰ ἄδικα, ἀνομία, ἄδικος (!) несправедливость, неправда nespravedlnost, bezpráví, nepravost: отъстѫпите отъ мене вьси дѣлателе неправдѣ *Л 13, 27 Зогр Мар Ас* (неправьдьниі *Сав*); възлюбилъ еси правдѫ и възненавидѣ неправъдѫ *Евр 1, 9 Ен* (безаконение *Пс 44, 8 Син*); ѿтъ лихвꙑ и отъ неправъдꙑ ізбавітъ д⟨оу⟩шѧ іхъ *Пс 71, 14 Син.— Зогр Мар Ас Ен Син Клоц Супр.— Ср.* бесправьдие

НЕПРАВЬДИВЪ, -ыи *прил.* (1) ἄδικος несправедливый nespravedlivý: г⟨оспод⟩ι ізбави д⟨оу⟩шѫ моѭ отъ оустенъ неправъдивъ *Пс 119, 2 Син.— Ср.* бесправьдьнъ, неправьдьнъ, обидьливъ

НЕПРАВЬДОСЪТВОРЕНИЕ, -иꙗ *с* (1) *греч. нет* совершение дурных, несправедливых поступков spáchání nepravostí: ни сице осквръниша сѧ неправ'досътворениимъ содомьꙗне *Супр 485, 11.— Ср.* неправьда

НЕПРАВЬДЬНИКЪ, -а *м* (6) ἄδικος несправедливый, неправедный человек nespravedlivý člověk: хвалѫ тебѣ въздаѭ • ѣко нѣсмь ѣко ι прочии ч⟨ловѣ⟩ци • хꙑштьници • неправьдьници *Л 18, 11 Зогр Мар Ас Сав.— Супр 128, 2; 461, 14.— Ср.* неправьдьнъ

НЕПРАВЬДЬНЪ, -ыи *прил.* (52) ἄδικος, τῆς ἀδικίας, ἄσεμνος, τῆς ἀνομίας; (не неправьдьнъ δίκαιος) несправедливый, неправедный nespravedlivý: аште оубо вь неправьдьнѣмь житии • не бисте вѣрьни • въ істин'нѣмь къто вамъ вѣрѫ іметъ *Л 16, 11 Зогр Мар*; ѡ раздрѣшеньи • в'сеꙗ ѫзы неправедъныꙗ... г⟨оспод⟩ю помо⟨лимъ сѧ⟩ *Евх 60б 16-17*; невиньна и не неправьдьна не оубии *Супр 387, 8.— Зогр Мар Ас Сав Син Евх Клоц Супр.— Ср.* бесправьдьнъ, неправьдивъ, обидьливъ

НЕПРАВЬДЬНѢ *нареч.* (3) ἀδίκως несправедливо, неправедно nespravedlivě: самодръжьче цѣсарю аурилиане • неправедьнѣ сѫдиши • неправедьнѣ мѫчиши *Супр 13, 30-14, 1.— Супр 141, 24.— Ср.* правьда (бес правьдъı)

НЕПРАЗДЬНА, -ꙗ *прил. ж* (12) [непразн- *Сав* (2)] ἔγκυος, ἐν γαστρὶ ἔχουσα беременная těhotná: напсати сѧ съ мариеѭ • обрѫченѫѭ емоу женоѭ • сѫштѫѭ непраздъноѭ *Л 2, 5 Зогр Мар Ас Сав.— Мт 24, 19 Мар Ас Сав Боян; Мк 13, 17 Зогр Мар; Л 21, 23 Зогр Мар.— Ср.* чрѣво (въ чрѣвѣ имъı)

н е п р а ч ѫ щ н и м ъ с ѧ *Евх 32а 23 см.* помрачити

н е п р и г в о ж д е н ъ *Супр 11, 17 см.* пригвоздити

НЕПРИКОСНОВЕНЪ, -ъıи *прич.-прил.* (3) ἀπρόσιτος, ἄψαυστος неприкосновенный nedotknutelný: тъı единъ имъı бесъмрътие • живъı въ свѣтѣ неприкосновенѣ *Евх 61б 11.— Евх 21а 21; 63б 3*

НЕПРИМѢСЬНЪ, -ъıи *прил.* (1) ἀσύνοπτος (!) без примесей, несмешанный nesmíšený: зьрѧще бо землѧ • недвижимъı • разоумѣемъ тѧ дръжащааго родъ непримѣсьнъı *Евх 1а 14-15.— Ср.* несъмѣсьнъ

н е п р и н ъ *Евх 42б 17-18 см.* неприꙗзнинъ

НЕПРИСТѪПЬНЪ, -ъıи *прил.* (4) ἀπρόσιτος недоступный, неприступный nedostupný: страхомь непристѫпъньꙗ славъı твоеꙗ • закръıваѭтъ сѧ *Евх 4а 20.— Евх 5а 8; 57б 16; 86а 21*

НЕПРИЧѦСТЬНИКЪ, -а *м* (1) ἄμοιρος непричастный *к чему-л.* человек neúčastník: не бо бѣаше томоу непричѧстьникъ *Супр 60, 22*

НЕПРИꙖЗНИНЪ, -ъıи *прил.* (32) [непринъ (!) *Евх* (1)] **1.** πονηρός злой zlý: въскѫѭ помъıшлѣете въı • неприꙗзнина вь ср⟨ь⟩д⟨ь⟩ци вашемь *Мт 9, 4 Сав* (зъло *Зогр Мар Ас*) **2.** τοῦ πονηροῦ, τοῦ διαβόλου, τοῦ ἀντικειμένου, τοῦ δαίμονος, δαιμονικός дьявольский, злого духа *род.* d'ábelský, d'áblův: плѣвелъ сѫтъ с⟨ъı⟩нове неприѣзнини *Мт 13, 38 Зогр Мар Ас Унд*; в'сѭ скврънѫ • ли сѫмьнѣние • въпадъшимъ гадомъ вь не • дѣѥниемь неприѣзниномь • отъжени отъ рабъ твоихъ *Евх 20а 8-9*; оупоилъ еси • в'сѧ ненавидѧщꙗ тебѣ • весь же д⟨оу⟩хъ непринъ (! *вм.* неприѣзнинъ) • і в'сѣкѫ ѩзъıкъ квасънѫѭ *Евх 42б 17-18*; сь неприꙗзниномъ показаниимъ погъıбоста *Супр 362, 16-17.— Зогр Мар Ас Сав Унд Ен Син Служ Киев Евх Супр Рыл.— Ср.* диꙗволовъ, диꙗволь, зълъ, неприꙗзньскъ, сотонинъ, сотониньскъ

НЕПРИꙖЗНЬ, -и *ж* (29) **1.** τὸ πονηρόν, πονηρία зло zlo: не мози оубо никтоже съ льстьѭ прити • не мози никтоже неприꙗзни пльть (! *вм.* пльнъ) съı • не мози никтоже гадоу имѣа въ оумѣ *Супр 420, 29-30* (не імъı зълобъı въ оумѣ *Клоц 8а 31*) **2.** ὁ πονηρός, διάβολος, σατανᾶς злой дух, дьявол d'abel: и⟨соу⟩с⟨ъ⟩ възведенъ бъıстъ д⟨оу⟩хомь въ поустъıнѭ • іскоусити сѧ отъ неприѣзни *Мт 4, 1 Зогр* (от⟨ъ⟩ диѣвола *Ас Сав, ∅ Мар*); сиѭ же дъщере авраамлѭ сѫщѭ • ѭже съвѧза неприꙗзнь • се осмое на десѧте лѣто *Л 13, 16 Сав* (сотона *Зогр Мар Ас*); побѣдитель естъ на в'сѣкѫ неприѣзнь ноцьнѫѭ *Евх 48б 9*; ократилъ еси в'сѧ пѫти нечьстивъıхъ • і в'сѣмъ неприѣзнемъ • і в'сѣмъ недѫгомъ • і в'сѣмъ болѣзнемъ *Евх 35б 13.— Зогр Мар Ас Сав Евх Клоц Супр Рыл.— Ср.* диꙗволъ, зъло, зълоба, лѫкавъ, неприꙗзньство, сотона

НЕПРИꙖЗНЬСКЪ, -ъıи *прил.* (1) *греч. нет* дьявольский, злого духа *род.* d'ábelský: отъселѣ измѣнѧтъ тѧ большаа подвизаниѣ • брани неприѣзньскъıꙗ *Евх 91б 6.— Ср.* диꙗволовъ, диꙗволь, неприꙗзнинъ, сотонинъ, сотониньскъ

НЕПРИꙖЗНЬСТВО, -а *с* (1) πονηρία злоба, зло zloba, zlo: не оубоицъ неприꙗзньствоу • нъ младъıихъ безълобию *Супр 340, 25.— Ср.* зъло, зълоба, зълъ, неприꙗзнь

НЕПРОДАѤМЪ, -ъıи *прич.-прил.* (1) ἀκαπήλευτος непродажный neprodejný: да непродаѥмъıи даръ коупитъ *Супр 363, 8.— Ср.* некоупѥнъ

НЕПРОТЛЪКОВАНЪ, -ъıи *прич.-прил.* (1) ἀνερμήνευτος необъяснимый nevysvětlitelný: повѣдаѭ таибънѫ • а не протлъкоуѭ непротлъкованааго *Супр 501, 24-25*

НЕПРОХОДИМЪ, -ъıи *прич.-прил.* (1) ἄβατος непроходимый, недоступный nepřístupný: приведъı себѣ... тѣло прѣчисто... непроходимо • в'сѣцѣмь грѣхомь *Евх 63б 3-4.— Ср.* непрѣходимъ

НЕПРОХОДЬНЪ, -ъıи *прил.* (1) ἄβατος непроходимый, недоступный neprůchodný, neschůdný: бѣжи... на непроходънѫѭ же землѭ *Евх 55а 2-3.— Ср.* непрѣходьнъ

НЕПРѢБОРИѤМЪ, -ъıи *прич.-прил.* (1) δυσκαταγώνιστος непобедимый, неодолимый nepřemožitelný: плъкъ непрѣборемъıи • тъчьнъ и на бранехъ непобѣдимъı *Супр 83, 1.— Ср.* непобѣдимъ, непобѣдьнъ

НЕПРѢЗОРЬСТВО, -а *с* (1) τὸ ἀκενόδοξον

скромность nepřezíravost, skromnost: онъ же вида вѣрж ихъ и непрѣзорьство показоуѧ хаждааше *Супр 206, 5*

НЕПРѢВИДОМЪ, -ыи *прич.-прил.* (1) ἀνυπέρβλητος необъятный, необозримый neobsáhnutelný, nesčetný: ѡ трьпѣниꙗ непрѣвидомок мноꙁьство *Супр 394, 15.— Ср.* непрѣходьнъ

НЕПРѢКЛОНЬНЪ, -ыи *прил.* (5) ἀκλινής, ἀμετάβλητος, ἀμετάθετος, ἀκαμπής непреклонный neskláněјící se; neoblomný: д⟨ь⟩нес⟨ь⟩ • непрѣклоньнъı своемоу рабоу покланѣетъ сѧ *Евх 2а 12*; оувѣдѣвъ прилежьнок • и непрѣклоньнок исповѣданик ихъ *Супр 111, 8-9.— Супр 103, 13-14; 110, 5; 192, 30*

НЕПРѢЛОЖЕНИѤ, -ниꙗ *с* (1) *греч. нет* непреклонность stálost, nezlomnost: оувѣдѣвъ же непрѣложеник блаженааго мѫченика • рече къ нѥмоу *Супр 112, 30*

(НЕПРѢ)ЛОЖЬНЪ, -ыи *прил.* (1) ἀμετάθετος неизменный nezměnitelný: ..ложно свѣ.. *Евр 6, 17 Ен.— Ср.* неизмѣньнъ, непрѣмѣньнъ

НЕПРѢМѢНЬНО *нареч.* (1) ἀδιάλλακτα неизменно, без изменений, без перемен nezměnitelně: непрѣмѣнно • ненавидѧштиимъ рабомъ отъньдь ходатаи роди сѧ *Супр 251, 22-23*

НЕПРѢМѢНЬНЪ, -ыи *прил.* (1) ἀπαράλλακτος, ἀναλλοίωτος неизменный neproměnný: прѣчистъı • і нескврънънъı... непрѣмѣнънъı • незълобивъи г⟨оспод⟩і *Евх 61б 7-8.— Ср.* неизмѣньнъ, непрѣложьнъ

н е п р ѣ м ѣ р и м ъ *Супр 245, 2 см.* прѣмѣрити

НЕПРѢПОДОБЬНЪ, -ыи *прил.* (13) [не прѣ(д)- *Син* (1)] ἀνόσιος, οὐχ ὅσιος, ἐπιθέτης (!) безбожный bezbožný: ꙗко и тъ сьтвори дѣла непрѣподобьна *Супр 8, 6*; непрѣподобьнъıи жроде *Супр 8, 14.— Пс 42, 1 Син; Супр 1, 27-28; 4, 8-9; 7, 10-11; 8, 10-11; 12, 11-12; 13, 9; 111, 22; 160, 23; 166, 13-14; 227, 2-3.— Ср.* неподобьнъ, нечьстивъ, нечьстьнъ

НЕПРѢПОДОБЬНѢ *нареч.* (1) ἀνοσίως безбожно bezbožně: ч'то зъло сътворьша мѧ соуровѣ и непрѣподобьнѣ мѫчиши *Супр 4, 10*

НЕПРѢПЬРИВЪ, -ыи *прил.* (1) ἀπίθανος неубедительный, неправдоподобный nepřesvědčivý: аште и льжа и непрѣпьрива словеса глаголемаꙗ *Супр 441, 3*

НЕПРѢСТАНЬНО *нареч.* (3) ἀκαταπαύστως, ἀνελλιπῶς непрестанно neustále: не могѫ бо ицѣлениѣ оулоучити • ѥзвѣ гниѭщии въ ср⟨ъдь⟩ци моемь • непрѣстанъно *Евх 68а 1-2.— Евх 81а 11; 93а 22-23.— Ср.* беспрѣстани, вынѫ, иностань, присно

НЕПРѢСТАНЬНЪ, -ыи *прил.* (3) ἀδιάλειπτος, ἀέναος непрестанный neustálý: алчьбѣ и многоу пѣтию непрѣстан'ноуоумоу • въдавъ себе *Супр 548, 7.— Евх 95а 9; Супр 274, 30.— Ср.* вынинъ, иностаньнъ, присьнъ

н е п р ѣ с т а ѭ и *Евх 16 2-3; Супр 461, 15-16 см.* прѣстаꙗти

НЕПРѢСТѪПЬНЪ, -ыи *прил.* (1) н е п р ѣ с т ѫ п ь н о к *с в знач. сущ. греч. нет* ненарушение nepřestoupení: сего ради оутвръжденье • (вѣ)рѣ • і непрѣстѫпное б⟨о⟩жию законоу • і владычъствіе еже отъ него • ізвѣстъно і с⟨вѧ⟩то творѧште *Клоц 3а 14*

НЕПРѢХОДИМЪ, -ыи *прич.-прил.* (1) ἄβατος непроходимый nepřístupný: и непрѣходима естъства • прѣходима авишѧ сѧ *Евх 16 6.— Ср.* непроходимъ

НЕПРѢХОДЬНЪ, -ыи *прил.* (4) ἄβατος, ἀνυπέρβατος, ἄδυτος непроходимый neprůchodný, neschůdný: ѥстъ же въ прѣгъıп҃ехъ мѣсто то • и вь непрѣходънꙑихъ горахъ *Супр 26, 20*; соблазни ѩ по непрѣходънѣ а не по пѫті *Пс 106, 40 Син.— Пс 62, 2 Син; Супр 277, 11.— Ср.* непроходьнъ

НЕПЬЩЕВАНИѤ, -ниꙗ *с* (2) πρόφασις отговорка záminka, výmluva: поѣдаѭштеі домъı въдовиць • і непьштеваниемь • далече молѧште сѧ • сиі приимѫтъ лиш'шее осѫжденье *Мк 12, 40 Зогр Мар.— Ср.* вина

НЕПЬЩЕВАТИ, -щоуѭ, -щоуѥши *несов.* (16) [непъщ- *Зогр* (1) *Ас* (1) *Син* (2) *Хил* (1)] ὑπολαμβάνειν, δοκεῖν, ὑποπτεύειν, λογίζεσθαι, νομίζειν, ἡγεῖσθαι, λέγειν опасаться *чего-л.* tušit *něco* (s obavou): ѡтъıми поношение мое еже непъштевахъ *Пс 118, 39 Син* ● кого, чьто кого, чьто *или с инф.* считать *кого-л. что-л. кем-л., чем-л.* považovat *někoho, něco za někoho, něco*: кого мѧ непьштоуѭтъ народи бъıти *Л 9, 18 Зогр Мар*; прѣстѫпникъı непъштевахъ вьсѧ грѣшьнъıѩ землї *Пс 118, 119 Син.— Зогр Мар Ас Сав Син Евх Клоц Хил.— Ср.* мьнѣти

н е р а д и т и *см.* нεродити

НЕРАЗДРѢШАѤМЪ, -ыи *прич.-прил.* (1) ἄλυτος нерасторжимый nerozvazatelný: развръгъı ѫзъı съмрътънъıѩ • неразд҆рѣшаемъıѩ *Евх 63а 23.— Ср.* неразд҆рѣшенъ, неразд҆рѣшимъ, неразд҆рѣшьнъ

НЕРАЗДРѢШЕНЪ, -ыи *прич.-прил.* (1) ἄλυτος нерасторжимый nerozvazatelný: дьнесь неразд҆рѣшенъıми ѫзамі • съвѧзаетъ гоубітелѧ *Клоц 13а 27* (неразд҆рѣшьнами *Супр 449, 28*).*— Ср.* неразд҆рѣшакмъ, неразд҆рѣшимъ, неразд҆рѣшьнъ

НЕРАЗДРѢШИМЪ, -ыи *прич.-прил.* (1) ἄλυτος нерасторжимый nerozvazatelný: съкроушите сѧ желѣзнаꙗ ѫжа • неразд҆рѣшимаꙗ *Супр 464, 21.— Ср.* неразд҆рѣшакмъ, неразд҆рѣшенъ, неразд҆рѣшьнъ

НЕРАЗДРѢШЬНЪ, -ыи *прил.* (2) ἄλυτος

нерасторжимый nerozvazatelný: нераздрѣшьнаꙗ жжа желѣзнаꙗ • ꙗко воскъ расквьръ *Супр 462, 20.— Супр 449, 28.— Ср.* нераздрѣшаѥмъ, нераздрѣшенъ, нераздрѣшимъ

н е р а з д ь р а н ъ *Супр 438, 15-16 см.* раздьрати

НЕРАЗДѢЛИМЪ, -ꙑи *прич.-прил.* (1) ἀδιαίρετος неделимый, нераздельный nedělitelný: тꙑ бо о мьнѣ и азъ о тебѣ • ѥд'но и нераздѣлимо ѥсвѣ тилиште *Супр 468, 29.— Ср.* недѣлѥнъ, нераздѣльнъ, нераздѣлꙗѥмъ, нераздѣлѥнъ, неразлжченъ, неразлжчимъ, неразлжчьнъ

НЕРАЗДѢЛЬНЪ, -ꙑи *прил.* (1) *греч. нет* неделимый, нераздельный nedělitelný: единъство б⟨о⟩ж⟨ь⟩ства... просто нераздѣльно *Евх 86а 20.— Ср.* недѣлѥнъ, нераздѣлимъ, нераздѣлꙗѥмъ, нераздѣлѥнъ, неразлжченъ, неразлжчимъ, неразлжчьнъ

НЕРАЗДѢЛꙖѤМЪ, -ꙑи *прич.-прил.* (2) ἀδιαίρετος неделимый, неразделимый, нераздельный nedělitelný: славити • нераз'дѣлꙗѥмжѭ и коуп'носжштжѭ троицж *Супр 207, 25-26.— Супр 189, 15.— Ср.* недѣлѥнъ, нераздѣлимъ, нераздѣльнъ, нераздѣлѥнъ, неразлжченъ, неразлжчимъ, неразлжчьнъ

НЕРАЗДѢЛѤНЪ, -ꙑи *прич.-прил.* (1) ἀδιαίρετος неделимый, нераздельный nedělitelný: не раздѣлꙿж тебе не раздѣлꙿенаαго *Супр 505, 17.— Ср.* недѣлѥнъ, нераздѣлимъ, нераздѣльнъ, нераздѣлꙗѥмъ, неразлжченъ, неразлжчимъ, неразлжчьнъ

НЕРАЗЛЖЧЕНЪ, -ꙑи *прич.-прил.* (1) ἀχώριστος неразлучный, неделимый nerozlučný, neodděliteIný: χ⟨ри⟩с⟨тос⟩оу • иже отъ от'ца неразлжченъ ѥстъ *Супр 28, 20-21.— Ср.* недѣлѥнъ, нераздѣлѥнъ, неразлжчимъ, неразлжчьнъ

НЕРАЗЛЖЧИМЪ, -ꙑи *прич.-прил.* (2) *греч. нет* неотделимый, неразлучный nerozlučný, neoddělitelný: неразлжчимꙑи отъ б⟨о⟩жиꙗ славꙑ *Супр 144, 12.— Супр 143, 26-27.— Ср.* неразлжченъ, неразлжчьнъ

НЕРАЗЛЖЧЬНЪ, -ꙑи *прил.* (4) ἀδιαίρετος, ἀχώριστος, ἀχώρητος неразлучный, неделимый nerozlučný, neoddělitelný: радоуи сꙙ неразлжчьнааго ѥстъства мѣсто пространоѥ *Супр 251, 17.— Евх 96б 5-6; 64б 4; Супр 59, 24.— Ср.* недѣлѥнъ, нераздѣльнъ, неразлжченъ, неразлжчимъ

НЕРАЗОРИМЪ, -ꙑи *прич.-прил.* (2) ἀρραγής, ἄρρηκτος неистребимый neznіčitelný: ѡ болѣзни д⟨оу⟩ши корениѥ неразоримоѥ *Супр 313, 11-12.— Супр 183, 12*

НЕРАЗОУМИВЪ, -ꙑи *прил.* (3) ἀσύνετος, ἀνόητος неразумный nerozumný: мжжь... неразоумивъ не разоумѣѥтъ сихъ *Пс 91, 7 Син.— Мк 7, 18 Мар; Супр 477, 29-30.— Ср.* невѣгласъ, неразоумичьнъ, неразоумьливъ, неразоумьничьнъ, неразоумьнъ, несъмꙑсльнъ

НЕРАЗОУМИЧЬНЪ, -ꙑи *прил.* (2) ἀσύνετος, ἀγνώμων непонятливый, невосприимчивый, непонимающий nerozumný, necháрavý: неразоумичьноѥ срьдьце *Супр 334, 18*; неразоумичьни бѣахж о благодѣтели жидове *Супр 417, 2.— Ср.* невѣгласъ, неразоумивъ, неразоумьливъ, неразоумьничьнъ, неразоумьнъ, несъмꙑсльнъ

НЕРАЗОУМИѤ, -иꙗ *с* (2) ἀγνωσία, ἀγνωμοσύνη непонятливость, неразумность nerozumnost, necháрavost: ѡ неразоумьꙗ жидовъскааго *Супр 485, 18.— Супр 401, 4.— Ср.* невѣдѣниѥ, несъмꙑшлениѥ

НЕРАЗОУМЬЛИВЪ, -ꙑи *прил.* (1) ἀσύνετος не понимающий, непонятливый nerozumný, necháрavý: тако ли вꙑ неразоумьливи есте *Мк 7, 18 Зогр* (не разоумиви *Мар*).— *Ср.* невѣгласъ, неразоумивъ, неразоумичьнъ, неразоумьничьнъ, неразоумьнъ

НЕРАЗОУМЬНИЧЬНЪ, -ꙑи *прил.* (1) ἀνόητος непонятливый, неразумный necháрavý, nerozumný: обличении же сице неразоумьничьнꙑи (! *вм.*— нии)... богомь *Супр 331, 18.— Ср.* невѣгласъ, неразоумивъ, неразоумичьнъ, неразоумьливъ, неразоумьнъ, несъмꙑсльнъ, хоудооумъ, хоудооумьнъ

НЕРАЗОУМЬНЪ, -ꙑи *прил.* (8) **1.** ἀνόητος, ἀγνώμων, ἀνόνητος (!) непонятливый, неразумный necháрavý, nerozumný: ѡ неразоумъиаѣ • и моудьнаа ср⟨ъ⟩д⟨ь⟩цемъ *Л 24, 25 Ас*, ..разоумьнаа *Охр, Супр 477, 25* (несъмꙑслъиаа *Зогр Мар*, неразоумиви *Супр 477, 29-30*) **2.** ἀκατανόητος непонятный nepochopitelný: иже ѥстъ аггельскꙑмъ силамъ неразоумьно (! *вм.* -ьнъ) *Супр 248, 22.— Пс 75, 6 Син; Супр 158, 20-21; 370, 10; 423, 4.— Ср.* невѣгласъ, неразоумивъ, неразоумичьнъ, неразоумьливъ, неразоумьничьнъ, несъмꙑсльнъ, хоудооумъ, хоудооумьнъ

НЕРАЗОУМЬНѢ *нареч.* (1) ἀνοήτως неразумно nerozumně: имѣли бꙑшꙙ что отъвѣштавати и глаголати • аште и неразоумьнѣ *Супр 443, 28*

НЕРАСКАꙖНЬНЪ, -ꙑи *прил.* (1) ἀμεταμέλητος постоянный, непоколебимый stálý: б⟨о⟩же нашъ... нераскааненъ въ в'сѣхъ дарохъ твоихъ *Евх 98б 19-20*

н е р а с т в о р ѥ н ъ *Пс 74, 9 Син см.* растворити[1]

НЕРОДИТИ, НЕРАДИТИ, -жджь, -диши *несов.* о комь, чемь (26) [нерод- *Зогр* (3) *Мар* (8) *Ас* (7) *Сав* (1) *Евх* (1) *Клоц* (2) *Супр* (1), нерад- *Мар* (2) *Супр* (1)] ἀμελεῖν, οὐ μέλειν, οὐ φροντίζειν, παρακούειν, καταφρονεῖν пренебрегать, оставлять без внимания, презирать nedbat, nevšímat si, pohrdat: оучителю • не родиши ли ѣко погыбаемъ *Мк 4, 38 Зогр Мар*; тако не радѣахѫ о мѫкахъ *Супр 180, 2*; въскочи въ нь дьѣволъ • не о тѣлеси г⟨осподь⟩ни неродѫ • нъ о июдѣ не ро(д)ѫ • за безочьство *Клоц 8а 34* (не пльть обида... нъ стоудъ обида *Супр 421, 3 и 4*).— *Зогр Мар Ас Сав Евх Клоц Супр.*— *Ср.* небрѣщи, невеликъ (невеликоу творити), неврѣдъ (неврѣдоу творити), обидѣти, пещи сѧ

НЕРОДЬНО *нареч.* (1) καταφρονητικῶς беспечно, небрежно bezstarostně, nedbale: не хотяще неродьно жити дьни своѩ *Евх 91а 17-18*

НЕРСИСЪ, -а (?) *м имя* (1) Νέρσης Нерс Nerses: свѧтыихъ имена сѫтъ си... нерсисъ • илиа • авивъ • марисъ *Супр 271, 7*

НЕРѪКОТВОРЮНЪ, -ын *прич.-прил.* (3) ἀχειροποίητος, οὐ χειροποίητος нерукотворный neudělaný rukama: азъ разорѭ цръковь сиѭ рѫкотворенѫѭ • і трьми дьньı • іно (!) нерѫкотворенѫ съзиждѫ *Мк 14, 58 Зогр Мар.*— *Евр 9, 11 Ен*

несажденъ *Супр 243, 8 см.* садити

НЕСАМОВОЛЬНЪ, -ын *прил* (1) ἀθέλητος безвольный nemající (vlastní) vůli: ѩко бесловесънѫ нѣкакѫ и несамовольнѫ доушѫ имы *Супр 273, 13*

НЕСВѢТЬЛЪ, -ын *прил.* (1) *греч. нет* темный temný: болѣзнь несвѣтьлаѩ слепота slepota: призьри на раба твоего... оскръблена болѣзниѭ несвѣтълоѭ *Евх 32б 6.*— *Ср.* бесвѣтьнъ

НЕСКВРЬНЬНЪ, -ын *прил.* (6) [нескврь- *Евх* (4) *Ен* (1), нескв'- *Рыл* (1)] ἀμίαντος, ἀμόλυντος неоскверненный, непорочный neposkvrněný: да нескврънень • тебѣ хвалы въздаѭ *Евх 37а 18-19*; невѣсто чиста і нескврънънаа *Евх 85б 1.*— *Евр 13, 4 Ен; Евх 22б 23; 61б 5; Рыл 56а 13-14.*— *Ср.* бескврьньнъ, непореченъ, непорочьнъ, порокъ (бес порока), чистъ

НЕСКѪДЬНЪ, -ын *прил.* (1) ἄφθονος нескудеющий, неисчерпаемый neubývající, nevyčerpatelný: даѩ имъ земьныхъ твоихъ благъ • нескѫдьно (*т. е.* наслаждение) со в'сѣмь домомь твоимь *Евх 13б 15.*— *Ср.* неоскѫдѣньнъ, оскѫдѣти (неоскѫдѣѩ, неоскѫдѣѥмъ), скѫдѣти (не скѫдѣѩ, не скѫдѣѥмъ)

нескѫдѣѥмъ *Л 12, 33 Зогр Мар см.* скѫдѣти

НЕСЛАВА, -ы *ж* (1) ἀδοξία бесславие, бесчестие nesláva, hanba: неславѫ чьтомымъ ізльѣ *Клоц 10а 11-12*

НЕСЛАНЪ, -ын *прил.* (2) ἄναλος несоленый neslaný: аште ли же соль неслана бѫдетъ • о чемь ѭ осолите *Мк 9, 50 Зогр Мар*

НЕСЛОВЕСЬНЪ, -ын *прил.* (1) ἄλογος неразумный nerozumný: прьвоѥ несловесьноѥ възбоуѥниѥ • на показаниѥ покорению *Супр 321, 26-27.*— *Ср.* бесловесьнъ, бесловьнъ

НЕСТИ, несѫ, несеши *несов.* (22) φέρειν, προσφέρειν, ἀποφέρειν, βαστάζειν, προκομίζειν, ἐκκομίζειν нести nést: сърѧштетъ вы ч⟨ловѣ⟩къ • въ скѫдольници водѫ несъ *Л 22, 10 Зогр* (носѧ *Мар*); і принесошѧ главѫ его на блюдѣ • і дашѧ дѣвици • і несе матери своеи *Мт 14, 11 Зогр Мар*; приде же і никодимъ... несы съмѣшение змѵрно *И 19, 39 Зогр Мар Ас*; съ хвалами и пѣсньми доуховъныими • несоша и *Супр 208, 23.*— *Зогр Мар Ас Сав Супр.*— *Ср.* носити

НЕСТОРЪ, -а *м имя* (3) Νέστωρ Нестор Nestor: мѣ⟨сѧ⟩ц⟨а⟩ к҃з нестора • капетѹлинѣ *Сав 133б 6-7.*— *Ас 124б 7; Супр 24, 20*

НЕСТРОИНЪ, -ын *прил.* (1) ἀσύμφορος неподходящий, негодный nevhodný, nesouladný: противьна же толика • еже разлѫчати сѧ самѣмъ отъ себе и бъхъма нестроино *Зогр-лл 2б 20*

НЕСТРОѤНИѤ, -иѩ *с* (5) ἀκαταστασία беспорядок, смятение nesoulad, nepořádek, nepokoj: егда же оуслышите брани і нестроеньѣ • не оубоите сѧ *Л 21, 9 Зогр Мар Ас Сав.*— *Мт 24, 6 Ас*

НЕСЪВРЬШЕНЪ, -ын *прич.-прил.* (2) *греч. нет* незавершенный, несовершенный nedokonaný, nedokonalý: надежда его бѣсы съплетены сѫтъ • ѫже несъврьшены сѫшта • несъврьшены творятъ надѣѭштаѩ сѧ на нѧ *Супр 158, 15 и 16*

НЕСЪВѢДА, -ы *ж* (1) πολλαὶ μυριάδες несчетное множество bezpočet: несьвѣдами покмлѧ плѣнникы *Супр 291, 29-30.*— *Ср.* тьма

НЕСЪВѢДОМЪ, -ын *прич.-прил.* (1) ἀνεκδιήγητος непонятный nepochopitelný: ѡ несъказаѥмааго и несьвѣдомааго таинааго *Супр 344, 16-17*

НЕСЪВѢДЬНЪ, -ын *прил.* (4) [несьвѣ- *Супр* (4)] μυρίος бесчисленный, неисчислимый nesčetný: иже несьвѣдьныими аггелы орѫженосьствоуѥмъ *Супр 431, 29*; несьвѣдьнаѩ глаголѫ *Супр 428, 8.*— *Супр 374, 19-20; 428, 9.*— *Ср.* бещисльнъ, мъногъ, прѣмъногъ, тьма

НЕСЪВѢСТЬНЪ, -ын *прил.* (1) *греч. нет* бессознательный nevědomý: не могѫ оутаити • ѣже отъкрыти імать • съвѣстьнаа моѣ и несъвѣстьнаа *Евх 68б 15-16.*— *Ср.* невѣдомъ

несъвѣтъ *Супр 398, 15 см.* несъвѣтьство

НЕСЪВѢТЬСТВО, -а *с* (1) ἀβουλία беспомощность bezradnost: ѡ веле оумъ безоумьıа • и сьвѣтъ [несьвѣтъ] несьвѣтьства пльнъ *Супр 398, 15.— Ср.* несъвѣщаник

НЕСЪВѢЩАНИѤ, -нıа *с* (1) ἀβουλία беспомощность bezradnost: ѡ веле оумъ без оума и сьвѣтъ • и несьвѣштаниıа пльть (*вм.* пльнъ) *Супр 387, 14-15.— Ср.* несъвѣтьство

НЕСЪГОНИМЪ, -ъıи *прич.-прил.* (1) ἀπέραντος непостижимый nepostižitelný: ѥдно трьми сьставькнии божьство • без начала • бе сътворениıа • несъгонимо • ни прѣмѣнимо *Супр 327, 27-28.— Ср.* непостижьнъ

НЕСЪДРАВЪ, -ъıи *прил.* (2) *греч. нет* нездоровый nezdravý: приими раба твоего сего • сѫща несъдрава • трѫдомь *Евх 31б 7.— Евх 31б 1.— Ср.* боль, больнъ, немощьнъ

НЕСЪЗЬДАНЪ, -ъıи *прич.-прил.* (1) ἄκτιστος несозданный nestvořený: д⟨ь⟩нес⟨ь⟩ • несозъданъı • отъ созъданиѣ своего • рѫкоѭ дръжимъ бъıваѥт *Евх 2а 14-15.— Ср.* несътворкнъ

НЕСЪКАЖЕМЪ, -ъıи *прич.-прил.* (1) *греч. нет* невыразимый, не выражаемый словами nevýslovný: кмоуже въздививъше сѧ пѣснь похвальнѫѭ • того милосрьдию • и несъкажемоуоумоу величьствоу отидоша *Супр 530, 29-30.— Ср.* неисповѣданъ, неисповѣдимъ, несъказакмъ, несъповѣдомъ

НЕСЪКАЗАѤМЪ, -ъıи *прич.-прил.* (1) ἀνέκφραστος невыразимый, не выражаемый словами nevýslovný: ѡ несъказакмааго и несьвѣдомаaго таинааго *Супр 344, 16.— Ср.* несъкажемъ, неисповѣданъ

НЕСЪМРЪТЬНЪ, -ъıи *прил.* (2) [несъмръ- *Евх* (1) *Клоц* (1)] ἀθάνατος, τῆς ἀθανασίας бессмертный nesmrtelný: родоу в'сѣкомоу • съмрътъноу • и несъмрътъноу... съдѣтель *Евх 64а 11.— Клоц 11б 39.— Ср.* бесъмрьтьнъ, съмрьть (без съмрьти)

НЕСЪМЪІСЛЬНЪ, -ъıи *прил.* (11) ἀνόητος, ἄνους, ἀγνώμων, ἀλόγιστος лишенный смысла, неразумный nerozumný, pošetilý: въкоупѣ безоумънъ съ несъмъıслънъıмъ погъıбнетъ *Пс 48, 11 Син*; ѡ несъмъıсльнı (!) сръдьцемь жидовиѥ *Клоц 1а 17* (невѣрънъıи *Супр 325, 25*) ● ἄλογος неодаренный умом neobdařený rozumem: ѥгньць • ı ѥгньць • нъ овъ бѣ несъмъıсленъ • овъ съмъıсльнъ *Клоц 7а 5.— Л 24, 25 Зогр Мар; Пс 48, 13 Син; 48, 21 Син; Клоц 1а 34-35; 2б 3-4; Супр 326, 13; 424, 23-24.— Ср.* неразоумьнъ

НЕСЪМЪІШЛЕНИѤ, -нıа *с* (2) ἄνοια, παροινία (!) неразумность, неразумие nerozumnost, pošetilost: ѡ веле несъмъıшленик льжинхъ оучитель *Супр 323, 27.— Супр 339, 4-5.— Ср.* безоумик, невѣдѣник, неразоумик

НЕСЪМѢСЬНО *нареч.* (1) *греч. нет* не смешиваясь, не сливаясь nesmíšeně, neslou-čeně: ѥдинъство б⟨о⟩ж⟨ь⟩ства • вь трехъ сѫще оупостасехъ • несъмѣсьно прѣбѫдѫще *Евх 86а 19*

НЕСЪПОВѢДОМЪ, -ъıи *прич.-прил.* (1) *греч. нет* невыразимый, несказанный nevýslovný, nevypověditelný: несъповѣдомо чоудо *Супр 243, 9.— Ср.* неисповѣданъ

НЕСЪТВОРЕНИѤ, -нıа *с* (1) τὸ μὴ ποιεῖν неисполнение nesplnění: несътворениıа дѣльма б⟨о⟩жиѧ волѧ • са(м)ъ сѧ отълѫчивъ *Зогр-лл 1а 11*

НЕСЪТВОРЕНЪ, -ъıи *прич.-прил.* (1) ἄκτιστος не сотворенный nestvořený: въ троицѫ ѥдиноѥстьствьнѫ и несътворенѫ вѣроуѭште *Супр 486, 9.— Ср.* несъзьданъ, сътворкник (без сътворкниıа)

н е с ъ т р ъ п ѣ т и ıа *Супр 377, 30-378, 1 см.* несътрьпѣнъ

НЕСЪТРЬПИМЪ, -ъıи *прич.-прил.* (5) [несьтрь- *Супр* (4)] ἀφόρητος, ἀνήκεστος нестерпимый nesnesitelný: ıакоже кмоу отъ огнѣ прибъıваѭштѫѭ болѣзньѭ несьтрьпимѫѭ зълоуоумоу помъıслоу не наити на срьдьце *Супр 516, 30.— Супр 513, 23; 523, 13; 526, 10; 528, 27.— Ср.* несътрьпѣнъ

НЕСЪТРЬПѢНЪ, -ъıи *прич.-прил.* (2) [несътръпѣти- (!) *Супр* (1)] ἀφόρητος нестерпимый nesnesitelný: несътрьпѣна мѫка *Супр 375, 3*; несътръпѣтиıа (*вм.* -пѣнаıа) мѫка *Супр 377, 30-378, 1.— Ср.* несътрьпимъ

НЕСЪІТОСТЬ, -и *ж* (2) ἀπληστία ненасытность nenasytnost: похоуливъ же крадъшааго о несъıтости кго *Супр 42, 11.— Супр 42, 13-14.— Ср.* несъıтьство

НЕСЪІТЪ, -ъıи *прил.* (6) ἄπληστος, ἀκόρεστος; (несъıтъ бъıти ἀπληστεύεσθαι) ненасытный, жадный nenasytný, lačný, dychtivý: виждъ ка несъıтѫѭ любьве *Супр 395, 10*; не бѫдѣте несъıти *Супр 53, 15.— Супр 41, 7-8; 41, 27; 305, 30; 327, 9-10.— Ср.* несъıтьнъ, ненасъıщенъ

НЕСЪІТЬНЪ, -ъıи *прил.* (1) ἄπληστος ненасытный nenasytný: гръдомь окомь ı несъıтьномь ср⟨ъ⟩д⟨ь⟩цемь съ сıмь не ѣдѣахъ *Пс 100, 5 Син* (несъıтомъ *Супр 305, 30*).— *Ср.* ненасъıщенъ, несъıтъ

НЕСЪІТЬСТВО, -а *с* (1) ἀπληστία ненасытность nenasytnost: прѣбъıваѫ вь несъıтъствѣ своемь *Супр 42, 2-3.— Ср.* несъıтость

НЕСѢКОМЪ, -ъıи *прич.-прил.* (1) *греч. нет* неразбиваемый, твердый neotesatelný, tvrdý: сынъı притворивъ обоѭдоу несѣкомааго камъıка • на еретикъı и на ратьнъıѧ • с⟨вѧ⟩тъıнхъ о⟨ть⟩цъ ковьчегъı *Супр 543, 4*

н е с ѣ т ъ *Супр 243, 8 см.* сѣ(ıа)ти

н е с ѫ щ а ıа *Евх 56б 17-18 см.* бъıти

НЕТЬЛѢНИѤ, -нꙗ *с* (4) ἀφθαρσία нетленность neporušitelnost: **нетьлѣние на небесехъ подаетъ** *Супр 155, 26.— Евх 60б 8-9; Супр 75, 10; 349, 12.— Ср.* **ненстьлѣние**

НЕТЬЛѢНЬНЪ, -ын *прил.* (2) ἄφθαρτος, ἡ ἀφθαρσία (!) нетленный netlející, *перен.* neporušitelný: **облѣци мѧ хрьсте • нетьлѣньнꙑимь твоимь одеждеѭ** *Супр 64, 15* □ **нетьлѣньнаꙗ** *с мн. в знач. сущ.* нетленность neporníjejícnost: **иже възлюбишѧ въсприѩшѧ • паче тьлѣньнꙑихъ нетьлѣньнаꙗ • и абие полоучишѧ** *Супр 55, 6.— Ср.* **бестьлѣнъ, бестьлѣньнъ, ненстьлѣньнъ**

нетьлѣѩ *Евх 60а 4-5 см.* **тьлѣти**

НЕТѦЖАНЬНЪ, -ын *прил.* (1) ἄνοχθος не требующий усилий, труда nenamáhavý, bez námahy: **слꙑшашѧ по морю хождение • недѣланоѥ винодатие • нетѧжаннѫѭ пиштеѭ крьмление** *Супр 323, 20-21*

НЕОУБОЖЬНО *нареч.* (1) ἀπτωχεύτως безбедно ne chudě, bez chudoby: **прѣвѣчьнꙑ ц⟨ѣса⟩рь славьнꙑ • ооубожавꙑ въ своихъ неоубожьно насъ ради** *Клоц 1б 1* (**без оубожьства** *Супр 326, 21-22*).— *Ср.* **оубожьство (без оубожьства)**

НЕОУВѦДАѬ, -ѭн *прич.-прил.* (1) ἀμαράντινος неувядающий, невянущий nevadnoucí: **неоувѧдаѭштиимь вѣньцемь вѣньчани** *Супр 271, 12-13.— Ср.* **неоувѧждѧ**

НЕОУВѦЖДѦ, -ѧн *прич.-прил.* (1) ἀμάραντος неувядающий, невянущий nevadnoucí: **ѥмоуже листвие бе старости • и цвѣтьць неоувѧждѧ** *Супр 352, 23.— Ср.* **неоувѧдаѭ**

НЕОУГАСАѤМЪ, -ын *прич.-прил.* (2) ἄσβεστος неугасимый, негасимый neuhasitelný: **не вѣсте ли ꙗко огню неоугасаѥмоу бꙑти** *Супр 107, 19.— Супр 266, 21.— Ср.* **негасимъ, негасѧ, негашѧ, неоугасимъ**

НЕОУГАСИМЪ, -ын *прич.-прил.* (2) ἄσβεστος неугасимый neuhasitelný: **неоугасимꙑи пламъ(ı)** *Супр 435, 3.— Супр 425, 9.— Ср.* **неоугасаѥмъ**

НЕОУДОБЬ *нареч.* (16) δυσκόλως; (**неоудобь носимъ** δυσβάστακτος) неудобно, с трудом, трудно obtížně, nesnadno: **не оудобь вьнидетъ богатъ въ ц⟨ѣ⟩с⟨а⟩рествие н⟨е⟩б⟨есь⟩ское** *Мт 19, 23 Мар Ас Сав* (∅ *Зогр*); **накладаете на ч⟨ловѣ⟩кꙑ брѣмена • не оудобь носима** *Л 11, 46 Зогр Мар* ♦ **неоудобь ѥстъ** οὐκ εὔκολον, δύσκολόν ἐστιν трудно je obtížné: **не оудобь естъ оупъваѭштимъ на богатьство • въ ц⟨ѣса⟩р⟨ь⟩с⟨тв⟩не б⟨о⟩жие вьнити** *Мк 10, 24 Зогр Мар.— Зогр Мар Ас Сав Зогр-лл*

НЕОУДРЬЖАНЬНЪ, -ын *прил.* (1) ἀδιάφορος необъятный, непостижимый neobsáhnutelný, nepostižitelný: **много съхраненне покажи о мьнимꙑихъ • не оудрьжаньнꙑихъ** *Супр 497, 2.— Ср.* **неодрьжимъ**

НЕОУКРОТИМЪ, -ын *прич.-прил.* (2) *греч. нет* неукротимый nezkrotný: **иже неоукротимѫ волѭ имꙑ** *Супр 559, 19-20.— Супр 556, 11.— Ср.* **оукротити (неоукроценъ)**

неоукрощенъ *Супр 60, 8; 61, 6; 61, 28 см.* **оукротити**

неоумъвенъ *Мк 7, 2 Мар; Мк 7, 5 Зогр Мар см.* **оумꙑти**

НЕОУПОДАРІЕНИѤ, -нꙗ *с* (1) ἀχαριστία неблагодарность nevděčnost: **бѣжимъ неоуподарениꙗ и хоулꙑ** *Супр 340, 14*

НЕОУСТРОѤНЪ, -ын *прич.-прил.* (2) **1.** ἀκατάστατος непостоянный nestálý: **бестоуденъ • ръвьнивъ • неоустроенъ • съ лоуноѭ прѣмѣнѣѩ сѧ** *Евх 54а 21-22* **2.** ἀκατασκεύαστος необученный nevyučený: **робъ же б⟨о⟩жиї грьчьскомъ ѩзꙑкомъ бѣаше грѫбъ и неоустроенъ** *Супр 48, 29.— Ср.* **ненаоученъ**

НЕОУСЫПАѬ, -ѭн *прич.-прил.* (2) ἀκοίμητος неусыпный neustávající: **оугаснетъ геѡна огньна • чрьвь же неоусꙑпаѩи оумираетъ** *Супр 479, 19.— Супр 107, 19*

НЕОУТѢШИМЪ, -ын *прич.-прил.* (1) ἀπαραμύθητος безутешный bezútěšný, neutěšitelný: **дрьжа же таковаꙗ неоутѣшимаꙗ скрьбь • на м'нога врѣмена** *Супр 190, 30*

нефталимль *Мт 4, 13 Боян; Мт 4, 15 Боян см.* **невъфталимль**

нехоульнъ *Супр 412, 9 см.* **хотѣти**

НЕЦѢСАРОУѤМЪ, -ын *прич.-прил.* (1) ἀβασίλευτος не управляемый, не имеющий правителя neovládaný, nemající krále: **да ѥлма же оубо отъвръгосте сѧ своего цѣсара • прѣбѫдѣте оубо нецѣсароуѥми** *Супр 435, 26*

НЕЧАꙖНИѤ, -нꙗ *с* (5) [**нечаньѥ** *Супр* (1)] ἀπορία безнадежность, отчаяние beznaděj, zoufalství: **ı бѫдѫтъ знаменьѣ въ слъньци • ı мѣсѧци • ı ѕвѣздахъ • ı на земли тѫга ѩзꙑкомъ • отъ нечааньѣ • шюма морьскааго** *Л 21, 25 Зогр Мар Ас Сав* ♦ **въ нечаꙗние имѣти чьто** *греч. нет* не надеяться *на что-л.*, не доверять *чему-л.* nedoufat *v něco*, nedůvěřovat *něčemu*: **вь нечаньѥ имѣаше клеѡпа еже о х⟨ристос⟩ѣ** *Супр 477, 23.— Ср.* **отъчаꙗние**

НЕЧИСТОТА, -ы *ж* (4) ἀκαθαρσία нечистота nečistota: **подобите сѧ гробомъ повапьненомъ • ıже... пльни сѫтъ костии мрътвꙑихъ • ı вьсѣкоꙗ нечистотꙑ** *Мт 23, 27 Мар* (∅ *Зогр*) ● *перен.*: **любодѣанье же ı вьсѣка нечистота въ васъ да не именоуетъ сѧ** *Клоц 2а 33* (*Евр 5, 2*).— *Мт 23, 25 Мар; Евх 89а 11*

НЕЧИСТЪ, -ын *прил.*, *сравн. ст.* **нечистѣи** (>100) ἀκάθαρτος, οὐ καθαρός, τῆς ἀκαθαρσίας, μιαρός, κοινός, βέβηλος, δυσμενής (!), δυσσεβής (!), ἀνιερός (!) нечистый nečistý: видѣша етерıı отъ оученикъ его • нечистама ржкама • сирѣчь не омъвенама • ѣджшта хлѣбы *Мк 7, 2 Зогр Мар* ● *перен.*: бѣ на сънъмишти(хъ) ıхъ • ч⟨ловѣ⟩къ нечистомь д⟨оу⟩хомь *Мк 1, 23 Зогр Мар*; ѣко да избавленъ бждетъ • отъселѣ в'сего нечиста • въкоушениѣ и дѣѣниѣ *Евх 22а 21*; не прѣпьрıши насъ капиштемъ нечистомъ поклонити сѧ *Супр 177, 29*; не прости нечıстааго комиса *Супр 231, 23-24*; сами сжште вьсѣхъ нечистѣише *Супр 358, 15*.— *Зогр Мар Ас Сав Боян Евх Клоц Супр Рыл*.— *Ср.* скврьнъ, скврьнынъ

НЕЧЛОВѢКОЛЮБИЄ, -ия *с* (1) τὸ ἀπάνθρωπον отсутствие человеколюбия neláska k člověku, nelidskost: иже бо непросльзити отънждь акы жестость • и нечловѣколюбиѥ отъмешта *Супр 316, 11*

НЕЧЛОВѢКЪ, -а *м* (1) *греч. нет* жестокосердный человек nelidský člověk, ukrutník: се слышавъша лютаıа та • и соуроваıа и нечловѣка • падоста на земи *Супр 211, 1-2*

НЕЧЛОВѢЧЬНЪ, -ыи *прил., сравн. ст.* нечловѣчьнѣи (1) *греч. нет* бесчеловечный nelidský: ıароу да бъı обрѣлъ лютѣиша и нечловѣчьнѣиша *Супр 213, 3-4*.— *Ср.* нечловѣчьскъ

НЕЧЛОВѢЧЬСКЪ, -ыи *прил.* (2) ἀπάνθρωπος бесчеловечный nelidský: нечловѣчьскъ бъıшѧ и слѣпъ фарисеωвъ съмыслъ *Супр 393, 3-4*.— *Супр 210, 13*.— *Ср.* нечловѣчьнъ

НЕЧЛОВѢЧЬСТѢ *нареч.* (1) ἀπανθρώπως бесчеловечно nelidsky: нечловѣчьстѣ повелѣвашѧ наносити на нь мжкы *Супр 109, 7-8*

НЕЧОУВЬСТВИЄ, -ия *с* (2) (невѣждьствиѥ (и) нечоувьствиѥ ἀπονοία) непонятливость, невосприимчивость nechápavost, neschopnost vnímat: ω невѣждъствье • ω нечювьствье многоє *Клоц 4а 36* (ωлє безоумиѥ *Супр 411, 11*).— *Супр 535, 20*.— *Ср.* нечоувьство

НЕЧОУВЬСТВО, -а *с* (1) ἀναισθησία невосприимчивость nechápavost: ωлє нечоувьство жидовьско *Супр 396, 16*.— *Ср.* нечоувьствиѥ

НЕЧОУВЬСТВЬНЪ, -ыи *прил.* (2) ἀναίσθητος не воспринимающий, не чувствующий nevnímající: подвигни нечѹвествьна и глоуха коумирѣ сего *Супр 22, 5-6*.— *Супр 227, 19-20*.— *Ср.* бещоувьствьнъ

НЕЧЬСТВОВАТИ, -ствоуѭ, -ствоуѩши *несов.* (1) ἀσεβεῖν быть безбожным, нечестивым být bezbožný, jednat bezbožně: заклинаѭ тѧ... нечьствовавъшѧѩ • погоубльшемъ *Евх 52б 3*.— *Ср.* бещьствовати, нечьстовати

НЕЧЬСТИВЪ, -ыи *прил.* (58) ἀσεβής, δυσσεβής, τῆς δυσσεβείας, σεβόμενος (!), ἀκάθαρτος (!), βέβηλος (!), μιαρός (!), ἀλαζών (!) безбожный, нечестивый bezbožný: чесо ради прогнѣва нечъстıвоı б⟨ог⟩а *Пс 9, 34 Син*; егда же оуже повѣдано бъıстъ безбожьноѥ оно и нечьстивоѥ повѣданиѥ *Супр 85, 6*; ноужда'ше ѩ пожрѣти нечьстивъıимь бѣсомъ *Супр 114, 29*; посъла же въ африкиѭ нечьстивжѭ тж заповѣдь *Супр 174, 21*.— *Ен Син Евх Супр*.— *Ср.* безбожьнъ, зълочьстьнъ, нечьстьнъ

НЕЧЬСТИЄ, -ия *с* (14) **1.** ἀτιμία позор, бесчестие hanba, potupa, zneuctění: се прѣстрада да ны отъ неправдъı работъı изьметъ • и отъ нечьстиıа избавитъ *Супр 480, 12-13* **2.** ἀσέβεια, ἀσέβημα безбожность, нечестивость bezbožnost: милостивъ бжди г⟨оспод⟩и • о многыихъ моихъ нечьстиихъ *Супр 530, 2-3*.— *Пс 5, 11 Син; Евх 52б 17; Клоц 2б 17; Супр 26, 27; 29, 5-6; 87, 20; 349, 2; 357, 9; 460, 18; 485, 14; 560, 6; Хил 2аβ 24*.— *Ср.* безбожьство, бещьствиѥ, бещьстиѥ, досаждениѥ, нечьсть

НЕЧЬСТОВАТИ, -стоуѭ, -стоуѩши *несов.* (1) ἀσεβεῖν быть безбожным, нечестивым být bezbožný, jednat bezbožně: ѣко съхранıхъ пжти г⟨ospodь⟩нѧ • и не нечъстовахъ ⟨о⟩тъ б⟨ог⟩а моего *Пс 17, 22 Син*.— *Ср.* бещьствовати, нечьствовати

НЕЧЬСТЬ, -и *ж* (7) **1.** ἀτιμία, ἀδοξία позор, посрамление, бесчестие hanba, potupa, zneuctění: да нечьсть женьска родоу • вь чьсть обратитъ *Супр 244, 9* **2.** ἀσέβεια, ἀκάθαρτος (!) безбожность, нечестивость bezbožnost: ωдѣшѧ сѧ неправъдоѭ ı нечестıѭ своеѭ *Пс 72, 6 Син*; видиши ли како нечьсть опрѣсньчьскаıа *Супр 419, 9* (нечистıи • опрѣсньцı *Клоц 7б 12*).— *Пс 31, 5 Син; 64, 4 Син; Клоц 10а 17; 11а 18*.— *Ср.* безбожьство, бещьствиѥ, бещьстиѥ, досаждениѥ, нечьстиѥ

НЕЧЬСТЬНЪ, -ыи *прил.* (1) ἀσεβής безбожный, нечестивый bezbožný: бъıвъшеѥ тѣмь нечъстъноѥ богоборие *Супр 197, 22*.— *Ср.* безбожьнъ, зълочьстьнъ, нечьстивъ

НЕЧЬСТЬНѢ *нареч.* (1) ἀσεβῶς безбожно, нечестиво bezbožně: котеръı же пакы оуспѣхъ цѣломждровати добрѣ хоуловати же нечестьнѣ *Хил 2бβ 16-17*

н е ш ь в е н ъ *И 19, 23 Зогр Мар см.* шити

НЕѨСЫТЬ, -и *ж* (1) πελεκάν пеликан pelikán: оуподобихъ сѧ неѩсъıти поустъıнѣı *Пс 101, 7 Син*

НИ *частица и союз* (>900) **I.** частица **1.** *отрицательная* (*при отрицании только что сказанного или в отрицательном ответе на вопрос*) οὐ, οὐχί, οὐδέπω, μη(δέ), ναί (!) нет ne: онъ же рече ни *Мт 13, 29 Зогр Мар Ас Унд*; достоино ли естъ дати кинъсъ кесареви или ни *Мт 22, 17 Мар Ас Сав*; господьнıа ѥстъ заповѣдь иже глаголетъ • бжди вамъ • еи • еи • и ни • ни *Супр 205, 10* □ н и ѥ д и н а ч е οὐδέπω еще нет ještě ne: покористе ли сѧ понѣ нъін҃ѣ • или ни єдначе *Супр 33, 21* **2.** *усилительная при отрицании* οὐδέ, οὔτε, μήτε, παρ'οὐδενί даже (не) ani: **ни азъ г⟨лаго⟩лѭ вамъ • коеѭ властиѭ си творѭ** *Мт 21, 27 Мар* (∅ *Зогр*); **събърашѧ сѧ пакы народи • ѣко не мошти имъ ни хлѣба сънѣсти** *Мк 3, 20 Зогр Мар*; **ꙗкоже ні бъшъѭ отъринѫ люди жидовьскы г⟨оспод⟩ь • свѣдѣтельствоуѥтъ ми павьлъ** *Супр 347, 6*; **нь ни тако не отъстѫпи отъ н҃его • нечистъи бѣсъ** *Супр 523, 15* **II.** *союз соединительный* (*при отрицании*) καί (οὐ, μή), οὐ, οὐδέ, μή, μηδέ, μήτε, ἤ (!) и не, даже не a ne, ani(ž): **нѣстъ оученикъ надъ оучителемь • ни рабъ надъ г⟨осподь⟩мь своимь** *Мт 10, 24 Зогр Мар Ас*; **не оубиваі • ни прѣлюбы створи** *Мт 19, 18 Сав* (**не** *Мар Ас*; ∅ *Зогр*); **не вѣсте дни ни часа** *Мт 25, 13 Зогр Мар Ас* (2) *Сав*; **не даждь во съмѧтение ногы твоеѩ • ни да въздрѣмлетъ хранѧі тѧ** *Пс 120, 3 Син* ● **ни... ни** ни... ни ani... ani: **съкрываите себѣ съкровишта на н⟨е⟩б⟨е⟩се • идеже ни чръвь ни тьлѣ тьлитъ • идеже ни татие подъкопаѭтъ ни крадѫтъ** *Мт 6, 20 Зогр*, **...татие не подъкопаваѭтъ • ни крадѫтъ** *Мар Ас*, **идеже чрьвь • ни тьлѣ тьлитъ • идеже татие не подъкопаваѭтъ • ни крадѫтъ** *Сав*; **приде бо иоанъ • ни пиѩ ни ѣды** *Мт 11, 18 Зогр*, **не... ни** *Мар* ● **ни... неже** οὐδὲ μή... οὐδὲ μή: **ні прѣврѣждѫ въ рѣснотѣ моеі • неже оскврънѫ завѣта моего** *Пс 88, 34 Син.— Зогр Мар Ас Сав Унд Боян Ен Син Служ Евх Клоц Супр Хил Рыл Зогр-лл.— Ср.* **не, неже**

НИВА, -ы *ж* (25) χώρα, κτῆμα, τόπος σπόριμος нива, поле role, niva: **заклинаѭ вы в'сѣкъ гадъ • штидѣте отъ лозиѣ • штъ нивы • штъ врътоградъ** *Евх 59б 8* ◆ **нивы дѣлати** γεηπονία (!) обрабатывать землю obdělávat pole: **ꙗкоже имъ и нивы дѣлати и пешти сѧ вьсѣмь садомь** *Супр 40, 21.— Зогр Мар Ас Сав Евх Супр.— Ср.* **землꙗ, полѥ, село**

НИВЬНЪ, -ыи *прил.* (1) *греч. нет* полевой polní: **пешти сѧ вьсѣмь садомь и нивънымь сѣтиѥмъ** *Супр 40, 22.— Ср.* **сельнъ**

ниже *нареч. сравн. ст. см.* **низъ**

НИЖЬНЬ, -ии *прил.* (9) ὁ κάτω нижний dolní: **катапетазма црковьнаѣ • раздъра сѧ • съ вышьн҃его краѣ • до нижьн҃ѣаго** *Мт 27, 51 Зогр Мар Ас Сав* ▭ **нижьнꙗꙗ** *с мн. в знач. сущ.* τὰ κάτω земные дела, земля pozemské věci, země: **вы отъ нижънихъ есте • азъ отъ вышьнихъ есмь** *И 8, 23 Мар Ас* (∅ *Зогр*).— *Евх 2б 15-16; 2б 16-17; Супр 277, 23.— Ср.* **дольнь**

НИЗИТИ СѦ, **нижѫ сѧ, низиши сѧ** *несов.* (1) ἐλαττοῦσθαι уменьшаться, понижаться zmenšovat se, snižovat se: **оному подобаетъ расти • а мнѣ нізіти сѧ** *И 3, 30 Ас* (**мьнити сѧ** *Мар Охр,* ∅ *Зогр*).— *Ср.* **мьнити сѧ, оумалꙗти**

НИЗОУ *нареч.* (5) κάτω **1.** внизу dole: **сѫштю петрови низоу на дворѣ** *Мк 14, 66 Зогр Мар* **2.** вниз dolů: **аще с⟨ы⟩нъ еси б⟨о⟩жии • връзи сѧ низоу** *Мт 4, 6 Ас Боян* (**долоу** *Зогр Сав,* ∅ *Мар*) ▭ **до низоу** ἕως κάτω вниз dolů: **катапетазма... раз'дра сѧ на двое • шт⟨ъ⟩ горъи до низоу** *Л 23, 45 Ас* (**до низъ** *Зогр, Мар нет*).— *Ср.* **долоу, долѣ, низъ**

НИЗЪ *нареч., сравн. ст.* **ниже** (16) κάτω **1.** внизу dole: **выспрь богъ • низъ чловѣкъ** *Супр 458, 23* **2.** πρὸς τὰ κάτω, κατωτέρω вниз dolů: **да възненавидимъ • влѣкѫщиѭ ны • низъ похоть в'сѭ** *Евх 90б 25-26*; **изби вьсѧ отрокы... штъ двою лѣтоу и ниже** *Мт 2, 16 Ас Сав Боян* (∅ *Зогр Мар*) ▭ **до низъ, до ниже** ἕως κάτω вниз, донизу dolů: **опона цр⟨ъ⟩къвънаа раздъра сѧ на дъвое • съ выше до ниже** *Мк 15, 38 Зогр Мар*; **до низъ** *Л 23, 45 Зогр* (**до низоу** *Ас, Мар нет*).— *И 8, 6 Зогр Мар; Л 4, 9 Мар; Евх 63б 9; Супр 456, 2; 460, 24; 460, 28; 460, 29.— Ср.* **долоу, долѣ, низоу**

НИЗЪБИТИ, -бьѭ, -бьѥши *и* -биѭ, -биѥши *сов.* (1) κατάγειν низвергнуть, свалить srazit, svrhnout: **гнѣвомъ люди нізьбьеши ѩ** *Пс 55, 8 Син.— Ср.* **низъвести, низъврѣщи, низъложити, съвести**

НИЗЪВЕСТИ, -ведѫ, -ведеши *сов.* (5) κατάγειν низвести, низвергнуть svést, svrhnout: **нізъведе ѣко рѣкы воды** *Пс 77, 16 Син*; **въ тъмѫ глѫбины низъвенъ** (*вм.* **низъведенъ**) **за гръдость** *Евх 52а 4* ▭ **низъвести сѧ** καταβιβάζεσθαι упасть spadnout: **каперънаоуме до неб⟨е⟩се възнесыи сѧ • до ада низъведеши сѧ** *Л 10, 15 Мар* (**съведеши сѧ** *Зогр*).— *Пс 54, 24 Син; Евх 78б 24.— Ср.* **низъбити, низъврѣщи, съвести**

НИЗЪВОДИТИ, -вождѫ, -водиши *несов.* (2) κατάγειν низводить, низвергать svádět, srážet: **низъводѧ въ адъ и възводѧ** *Евх 57б 17.— Евх 64а 16-17*

НИЗЪВРѢЩИ, -врьгѫ, -врьжеши *сов.* (1) καταρρηγνύναι низвергнуть svrhnout: **ѣко възнесъ нізъвръже мѧ** *Пс 101, 11 Син.— Ср.* **низъбити, низъвести, низъринѫти, съврѣщи**

НИЗЪВѢСИТИ, -вѣшѫ, -вѣсиши *сов.* (4) καθιέναι спустить spustit: **сквозѣ скѫдоль низъвѣсишѧ і • съ ложемь прѣдъ і⟨соу⟩са** *Л 5, 19 Зогр Мар Ас Сав.— Ср.* **съвѣсити**

НИЗЪИТИ, -идѫ, -идеши *сов.* (2) καταβαίνειν сойти (вниз), спуститься sestoupit: **кънижьници низъшьдъше отъ ие⟨роуса⟩л⟨и⟩ма** *Мк 3, 22 Зогр*, **низъшедъшеи** *Мар.— Ср.* **сълѣсти, сънити**

НИЗЪЛОЖИТИ, -жж, -жиши *сов.* (6) καθαιρεῖν, καταβάλλειν низвергнуть, повергнуть srazit, svrhnout: низъложи силънꙑѩ съ прѣстолъ • і вьзнесе съмѣренꙑѩ *Л 1, 52 Зогр Мар.— Ен 5а 6-7; Пс 72, 18 Син; 105, 26 Син; 105, 27 Син.— Ср.* низъбити, низъвести, низъврѣщи, низърінжти, съвести, съврѣщи, сърінжти

НИЗЪПАСТИ, -падж, -падеши *сов.* (1) καταπίνεσθαι (!) упасть, пасть spadnout, klesnout: низъпаде сьмрьть до побѣжденіꙗ *Супр 352, 2.— Ср.* съпасти

НИЗЪРИНЖТИ, -ринж, -ринеши *сов.* (3) κατακρημνίζειν низринуть, низвергнуть svrhnout: ведошѧ і до врьхоу горꙑ • на н҃еже градъ іхъ създанъ бѣаше • да бж і низъринжли *Л 4, 29 Зогр Мар Ас.— Ср.* низъбити, низъвести, низъложити, низъврѣщи, сърінжти

НИЗЪХОДИТИ, -хождж, -ходиши *несов.* (10) καταβαίνειν спускаться, сходить sestupovat, scházet: оузьрите… анг⟨е⟩лꙑ б⟨о⟩жиѩ вьсходѧщѧ и низъходѧштѧ *И 1, 52 Мар Ас Сав* (съходѧштѧ *Зогр*), вьсходѧтъ горꙑ нізъходѧтъ въ полѣ *Пс 103, 8 Син.— Пс 27, 1 Син; 29, 4 Син; 87, 5 Син; 106, 26 Син; 113, 25 Син; Евх 65а 17.— Ср.* сълазити, съходити

НИЗЪХОЖДЕНИѤ, -ніꙗ *с* (2) κατάβασις склон, спуск svah: приближаѭщте же сѧ емоу • абье • къ низъхожденью горѣ елеоньсцѣ *Л 19, 37 Зогр Мар.— Ср.* брѣгъ

н и з ъ ш ь д - *см.* низъити

НИКАКОЖЕ *нареч.* (32) μηδέν, οὐδέν, οὐδ' ὅλως, μηδ' ὅλως, οὐδαμοῦ, οὐδαμῶς, οὐκοῦν, οὐ πότε, μήποτε, μηδέποτε, τὸ καθόλον, οὐκ, ἐπὶ πολύ; (никакоже ничесоже οὐδενός; да никакоже μήπως, μήποτε) никак, совсем не nikterak, naprosto ne, vůbec ne: ізиде із него • никакоже не врѣждь его *Л 4, 35 Зогр Мар Ас*; что се хꙑште бꙑти ꙗко никакоже ничсоже чоукши *Супр 153, 8*; вьньмѣте да никакоже вамъ • и велико и мало • и вольнꙑи грѣхъ прикоснетъ сѧ *Супр 135, 28.— Супр*

НИКАКЪЖЕ, никакаже, никакоже *мест.* (7) οὐδείς, μηδείς, οὐχ ἕτερος, οἱοσδήποτε никакой žádný: нѣстъ польза никакоѩже *И 6, 63 Зогр* (никоеѩже *Мар Ас*); въ градѣ ни смокꙑ бждетъ • ни джбъ никакъже *Супр 301, 12.— Супр 120, 26; 184, 30; 193, 24; 206, 29; 259, 3.— Ср.* никꙑиже

НИКАЛЪ, -а *м имя* (1) Μίκαλλος, Νικόλαος Николай (?), Микал (?), Nikolaos (?), Mikallos (?): а се имъ имена… аетиї • никал *Супр 69, 15.— Ср.* никола, николаи

НИКАМОЖЕ *нареч.* (2) *греч. нет* никуда nikam: нъ тако стоѩ никаможе вьзираѩ *Супр 567, 27-28.— Супр 561, 17*

НИКАНДРЪ, -а *м имя* (1) Νίκανδρος Никандр Nikandr: мѣ⟨сѧ⟩ца июн⟨ѣ⟩ ѕ҃ с⟨вѧ⟩таго м⟨ж⟩ч⟨енн⟩ка никандра *Ас 146б 15*

НИКАѤОНЬСКЪ, -ꙑи *прил. к* никѣꙗ (1): н и к а ѥ о н ь с к ꙑ и г р а д ъ *греч. нет* Никея Nicea: вь никаоньстѣѣмъ градѣ *Супр 541, 27.— Ср.* никеискъ

НИКЕИСКЪ, -ꙑи *прил. к* никеꙗ (6) ὁ κατὰ Νίκαιαν, ὁ ἐν Νικαίᾳ никейский nicejský: вѣроун вь никеискааго съвора заповѣди *Супр 200, 5* ◆ н и к е и с к ꙑ и г р а д ъ Νίκαια, Νικαέων πόλις Никея Nicea: живжштии бо вь никеистѣмъ градѣ *Супр 108, 28.— Супр 105, 6-7; 188, 27; 201, 3; 202, 7.— Ср.* никаконьскъ, никеꙗ

НИКЕІА, -еѩ *ж город* (2) Νίκαια Никея Nicea: памѧт⟨ь⟩ о⟨ть⟩ц⟨е⟩мъ іж⟨е⟩ в ники (!) *Ас 30аβ 2.— Ас 122б 15-16.— Ср.* никаконьскъ (никаконьскꙑи градъ), никеискъ (никеискꙑи градъ)

НИКИТА, -ꙑ *м имя* (2) Νικήτας Никита Nicetas, Nikita: стр⟨а⟩стъ с⟨вѧ⟩т⟨а⟩го мѫч⟨енн⟩ка никꙑ̈тꙑ *Ен 33а 14; Ас 118б 20*

НИКИФОРЪ, -а *м имя* (1) Νικήφορος Никифор Nicephorus, Nikifor: мѣ⟨сѧ⟩ца июн⟨ѣ⟩ в҃ с⟨вѧ⟩таго никифора патриарха *Ас 146б 11*

НИКОГДАЖЕ *нареч.* (7) [никъгдаже *Супр* 1)] οὔπω, οὐδέποτε, οὐ πώποτε, οὐκέτι никогда nikdy: ни съмѣꙗше никтоже отъ того дне • въпросити его никогдаже *Мт 22, 46 Сав* (къ томоу *Мар Ас*, ∅ *Зогр*); творди нꙑнꙗ въ адѣ • не бꙑвъшаꙗ никъгдаже въ адѣ *Супр 466, 23.— Л 23, 53 Зогр Мар; И 6, 35 Зогр Мар; Рыл 2аа 12-13.— Ср.* николи, николиже

НИКОДИМЪ, -а *м имя* (26) [некодімъ *Ас* (1)] Νικόδημος Никодим Nikodém: приде же і никодимъ • пришьдꙑ къ іс⟨оусо⟩ви нощтиѭ *И 19, 39 Зогр Мар Ас.— Зогр Мар Ас Сав Клоц Супр*

НИКОЛА, -ꙑ *м имя* (2) Νικόλαος Николай Mikuláš: мѣ⟨сѧ⟩ц⟨а⟩ ѕ҃ …николꙑ *Сав 135б 1.— Ас 128б 19.— Ср.* николаи, никалъ

НИКОЛАИ, -аꙗ *м имя* (1) Νικόλαος Николай Mikuláš: с⟨вѧ⟩тꙑмъ мѫченикомъ прискоу • и мартиноу • и николаоу *Ен 35б 15.— Ср.* никола, никалъ

НИКОЛИ *нареч.* (1) οὐδέποτε никогда nikdy: прѣходитъ бо и николи прѣбꙑваатъ *Супр 259, 8.— Ср.* никогдаже, николиже

НИКОЛИЖЕ *нареч.* (70) οὐδέποτε, οὐδέπω, οὔποτε, (οὐ) πώποτε, οὐ μηδέποτε, μήπω, μηκέτι никогда nikdy: никомоуже не работахомъ николиже *И 8, 33 Зогр Мар Ас*; вѣроуѧи въ мѧ не иматъ вьждѧдаті сѧ николіже *И 6, 35 Ас* (никогдаже *Зогр Мар*); нѣси ли николиже плавалъ по мороу *Супр 115, 10.— Зогр Мар Ас Сав Боян Зогр-пал Ен Клоц Супр.— Ср.* никогдаже, николи

НИКОМИДИИСКЪ, -ын *прил. к* никомидиꙗ (2): никомидискъ градъ Νικομηδέων πόλις Никомедия Nikomédie: ведомомъ бывъшемъ вь никомидинскын градъ вуѳинна *Супр 97, 29-30.— Супр 213, 21-22.— Ср.* никомидиꙗ

НИКОМИДИꙖ, -иѩ *ж город* (3) Νικομήδεια Никомедия Nikomédie: приде вь никомидиѭ *Супр 212, 19.— Ас 114аβ 28; Супр 211, 26.— Ср.* никомидиискъ (никомидиискъ градъ)

НИКОНЪ, -а *м имя* (1) Νίκων Никон Nikon: мѫчени.. келоунтина • алфиа • александра • зосимы • нїкона *Ен 37б 17-18*

НИКОПОЛЬ, -лꙗ *м город* (1) Νικόπολις Никополь Nikopol: отьцъ нашь їwаннъ • отъ арменьскааго никополꙗ бѣ *Супр 278, 17*

НИКОТОРЪІЖЕ, НИКОТЕРЪІЖЕ, никотораꙗже, никотороѥже *и* никотераꙗже, никотероѥже *мест.* (7) [-котор- *Мар* (1) *Ас* (1), -котер- *Зогр* (2) *Мар* (1), нитор- (!) *Ас* (1), никотоже (!) *Ас* (1)] οὐδείς никто, никакой nikdo, žádný: никотеръі же оубо ѥѥ г⟨лаго⟩лаше о немь *И 7, 13 Зогр Мар,* никоторъіже *Ас*; никотеръі же рабъ • не можетъ дьвама г⟨осподи⟩нома работати *Л 16, 13 Зогр* (никъıи же *Мар Ас Сав*); никотоже (!) *Мт 6, 24 Ас* (никъıже *Зогр Мар*).— *Л 4, 24 Мар Ас.— Ср.* никъто, никътоже, никъıже

НИКЪДЕ *нареч.* (1) οὐδέποτε нигде nikde: аште отьца семоу иштеши • не имаши никде обрѣсти *Супр 241, 9.— Ср.* никъдеже

НИКЪДЕЖЕ *нареч.* (9) [никьдеже *Ас* (1), ник'деже *Супр* (4), никдеже *Супр* (1), нигдеже *Ен* (1)] οὐ πώποτε, οὐδαμοῦ, οὐδαμῶς, μηδαμοῦ, οὐδέ нигде nikde: б⟨ог⟩а никтоже не видѣ нигдеже *1 Ио 4, 12 Ен*; да оуже ник'деже покоꙗ ник'деже ослабьѥниꙗ • ник'деже животворѧшта *Супр 57, 4-6.— И 5, 37 Зогр Мар; Супр 36, 25; 434, 30; 458, 30-459, 1.— Ср.* никъде

НИКЪТО, никого *мест.* (3) [никто *Ас* (1) *Боян* (1)] μηδείς, πώποτε (!) никто nikdo: ни гласа его никто не слъıшитъ *И 5, 37 Ас* (никъдеже *Зогр Мар*); никомоу отътоли сьмѣти по слънечьнѣѥмъ заходѣ вьнѣ домоу своѥго обрѣсти сѧ *Супр 53, 3.— Мк 9, 30 Боян.— Ср.* никътоже, никъıиже, никдинъ, никдинъже

НИКЪТОЖЕ, никогоже *мест.* (>500) [ник'тоже, никтоже *Зогр Мар Ас Сав Евх Супр*] οὐδείς, μηδείς, (οὐ) τις, μήτις, οὔτε τις, (οὐδέ) τις, μηδέ (τις), (οὐκ) ἄλλος никто nikdo: хотѣаше да никтоже не оувѣстъ *Мк 9, 30 Ас* (никто *Боян*, не хотѣаше да ι къто оувѣстъ *Зогр Мар*, да не кто *Сав*); възьрѣвъше • никогоже не видѣшѧ къ томоу *Мк 9, 8 Зогр Мар*; ни о комьже не родиши *Мт 22, 16 Мар Ас* (ни о чесомъ же *Сав, ∅ Зогр*); никомоуже отъ чловѣкъ да не творите пакости *Супр 37, 11-12*; не бесѣдоуѩ ни къ комоуже • не глаголѧ • ни къ ѥдномоу *Супр 528, 25.— Зогр Мар Ас Сав Охр Боян Ен Служ Евх Клоц Супр.— Ср.* никъто, никъıиже, никдинъ, никдинъже

НИКЪІИЖЕ, никаꙗже, никоѥже *мест.* (51) οὐδείς, μηδείς, (οὐ) τις, (μή) τις, (μή) σύμπας **1.** никакой žádný: притъчѧ никоѩже не г⟨ла⟩го⟩леши *И 16, 29 Мар*, никоеꙗже *Ас Сав* (2) (ниединоꙗ же *Зогр*); нiкоегоже с⟨ъ⟩п⟨а⟩сеньѣ • сiмi можемъ обрѣстi *Клоц 9б 17*; ни покаꙗнѣите сѧ дѣломъ рѫкъ вашихъ • ни инои твари никоѥиже *Супр 262, 30*; нинаꙗже (!) блазна отълѫчи сего отъ иного *Супр 410, 17*; ни на коѥже зъло дѣло и скврънаво поустити *Супр 37, 13*; не насилꙗѥми ни отъ коѥѩже страсти тѣлесьнꙑѩ *Супр 568, 29* **2.** никто nikdo: никъıже ли тебе осѫди *И 8, 10 Зогр*, никъıиже *Мар*; стоѩ • не дръжимъ никъıимъже *Супр 99, 10* □ ни въ кѫѭже намѣнити *см.* намѣнити.— *Зогр Мар Ас Сав Боян Евх Клоц Супр Рыл.— Ср.* никакъже, никъто, никътоже, никдинъ, никдинъже

НИНЕВЪГИТЪ, -а *м* (2) Νινευΐτης Ниневитянин obyvatel Ninive: бꙑс(тъ) іона • знамение ниневьѣитомъ *Л 11, 30 Зогр Мар*

НИНЕВЪГИТЬСКЪ, -ꙑи *прил. к* ниневги (4) [ниневъѣи- *Мар* (2), невьѣи- *Зогр* (1)] Νινευΐτης ниневийский ninivský: мѫжи ниневьѣитьсци • въскръснѫтъ *Л 11, 32 Зогр*, ниневъѣитьсции *Мар.— Мт 12, 41 Зогр Мар*

НИНЕѴИ, -ѵьѩ (?) *ж город* (1) Νινευή, Νινευΐ Ниневия Ninive: живи с нимъ вь ниневги изврьжени бꙑшѧ бꙑли *Супр 401, 11*

НИРИѤВЪ *прил. к мужскому имени Нирий* (2) τοῦ Νηρί Нириев Neriův: с⟨ꙑ⟩нъ сꙑ... нириевъ *Л 3, 27 Зогр Мар*

НИСИИ, -иꙗ *м имя* (10) [нγси- *Супр* (1)] Νίσιος Нисий Nisius: с⟨вѧ⟩та'го нγсиꙗ мѫчи и оуби *Супр 50, 3.— Супр 46, 7; 46, 10; 46, 18; 46, 22; 46, 26; 46, 27; 47, 13; 47, 20; 48, 28*

НИФОНТЪ, -а *м имя* (1) Νήφων Нифонт Niphon: мѣ⟨сѧ⟩ца дек⟨абрѣ⟩ н҃в... пр⟨ѣпо⟩д⟨обь⟩наг⟨о⟩ • с⟨вѧти⟩т⟨е⟩лѣ нифонта *Ас 132 б 5*

НИЩЕЛЮБИѤ, -иꙗ *с* (2) φιλοπτωχία любовь к бедным láska k chudým: ништелюбиѥ застѫпаѩ *Супр 207, 18-19.— Евх 69б 25-26*

НИЩЕЛЮБЬЦЬ, -а *м* (1) *греч. нет* любящий бедных milující chudé: бѫди... въ обидьливъства мѣсто • нищелюбець *Евх 70б 12-13.— Ср.* любоницѧ

НИЩЕТА, -ꙑ *ж* (12) πτωχεία, πενία, τὰ τῶν πενήτων бедность, нищета chudoba, bída: живѫшта въздръжанимъ великомъ и ништетоѭ • тъчьѭ б⟨ого⟩ви *Супр 547, 16* ● *перен.*: на очищение д⟨оу⟩ши • на нищетѫ д⟨оу⟩ховънѣѭ *Евх 90а 20-21.— Пс 30, 11 Син; 43, 25 Син; 87, 10 Син; 106, 10 Син; 106, 41 Син; Супр 341, 13-14; 491, 8; 491, 19; 491, 26; 496, 9.— Ср.* оубожьство

НИЩЬ, -ии *прил.* (>100) πτωχός, πένης, πενόμενος, ἐνδεής, ἄπορος, μέτριος, ξένος (!) бедный, нищий chudý, ubohý, bídný: ништь же бѣ етеръ ιменемь лазоръ *Л 16, 20 Зогр Мар Сав* (оубогь *Ас*); страсті раді ништиихъ • и въздъıханьѣ оубогыхъ • нънѣ (!) воскрьснѫ *Пс 11, 6 Син*; богатиї и ништии • и зълии и добрии • отъ того слоужъбѫ приемлѭт' *Супр 262, 5.— Зогр Мар Ас Сав Ен Син Евх Супр.— Ср.* оубогъ

НИЦАТИ, ничѫ, ничеши *несов.* (1) φύεσθαι возникать vznikat: животъ нічетъ • коньца не імѣѩ *Клоц 12а 2*

НИЦЬ *прил.* (19) ἐπὶ πρόσωπον (αὐτοῦ, αὐτῶν), χαμαί, πρηνής склоненный, ниц (skloněný) tváří k zemi, na tvář: ι се мѫжь ιсплънь прокаженьѣ • ι видѣвъ ι⟨соу⟩са паде ниць *Л 5, 12 Зогр Мар*; въ оужасти бывъше велицѣ • падоша ници на земи *Супр 541, 5*; ѥште ницоу лежаштоу болаштоуоумоу *Супр 276, 18.— Зогр Мар Ас Сав Евх Клоц Супр*

НИЧЬТОЖЕ, ничесоже *и* ничьсоже *мест.* (>400) [ничьже *Син* (1) *Клоц* (1)] οὐδέν, μηδέν, (οὔ)τι, οὐ (!), ὅτι οὖν (!); (ничимьже οὐδαμῶς; ничесоже приимъ врѣда ἀπαθής) nihil ничто nic: ничьтоже боле повелѣнааго вамъ творите *Л 3, 13 Зогр Мар*, ничесоже *Ас*; ты вıѳлееме земле июдова • нічимъ же меньши еси вь вл⟨а⟩д⟨ы⟩кахъ июдовахъ *Мт 2, 6 Ас Сав* (∅ *Зогр Мар*); въ тъ дьнь мене не въпросите ничесоже *И 16, 23 Зогр Мар Ас*, не помолите ни о чемь же *Сав*; ѵпостась моѣ ѣко ничъже прѣдъ тобоѭ *Пс 38, 6 Син*; оста ничьсоже приимъ врѣда *Супр 23, 4*; никакоже не врѣди его ни при чесомьже *Супр 268, 28.— Зогр Мар Ас Сав Боян Зогр-пал Ен Киев Евх Клоц Супр Рыл.— Ср.* никакъже, никъıже, никдинъ, никдинъже

НИѤДИНЪ, никдина, никдино *мест.* (46) [никд'н-, никдн- *Супр* (15)] οὐδείς, μηδείς, (οὐ, οὐδὲ, οὔτε) εἷς, (οὐ, μηδέ) τις' **1.** никакой žádný: ни единоѩ польза обрѣтъши *Мк 5, 26 Зогр Мар Ас Сав* (ниединоже *Унд*) **2.** никто, ничто nikdo, nic: бес того не бъıстъ ни кдино • еже быс⟨тъ⟩ *Супр 10, 17* (ничьтоже *И 1, 3 Зогр*, нічесоже *Ас*, ∅ *Мар*); ни о кдномь ихъ никакоже сѧ попече *Супр 546, 25-26.— Зогр Мар Ас Сав Унд Син Евх Клоц Супр Рыл.— Ср.* никакъже, никъто, никътоже, никъıиже, ничьтоже, никдинъже

НИѤДИНЪЖЕ, никдинаже, никдиноже *мест.* (46) [никдьн- *Зогр* (1), никд'н-, никдн- *Супр* (8)] οὐδείς, μηδείς, (οὐ, μηδὲ) εἷς **1.** никакой žádný: ниединъже мѫжь • тѣхъ зъванъıхъ • не вькоуситъ моеѩ вечерѧ *Л 14, 24 Зогр Мар Ас* (ни единъ *Сав*); не отъвѣща имъ ни къ единомоуже г⟨лаго⟩лѹ *Мт 27, 14 Сав* (ни къ единомоу *Зогр Мар Ас*); ни къ единои же ихъ посъланъ бъıстъ илиѣ *Л 4, 26 Мар Ас Сав* (∅ *Зогр*) **2.** никто nikdo: блюди ни единомоуже не рьци *Мт 8, 4 Сав* (никомоуже *Зогр Мар Ас*); намъ не достоинно кстъ погоубити ни кдного же *Супр 433, 10* (никогоже *И 18, 31 Зогр Мар Ас Сав*).— *Зогр Мар Ас Сав Унд Евх Клоц Супр.— Ср.* никакъже, никъто, никъıиже, никдинъ

нмасıю *Пс 79, 3 Син см.* манасии

но *Супр 386, 22 см.* нъ

НОВОЛѢПЬНЪ, -ъıи *прил.* (1) καινοπρεπής новый и прекрасный nový a krásný: и нововолѣпьно чоудесе *Супр 320, 8*

НОВООСВѢЩЕНЪ, -ъıи *прич.-прил.* (2) [ново.. (!) *Ен* (1)] νεοφώτιστος новокрещенный nově pokřtěný, novokřtěnec: такоѭ жизниѭ прѣхаждаите и въı новоосвѣштении *Супр 507, 23*; и въсѣхъ болѣрѣхъ • ново.. (!) людехъ его *Ен 21б 17.— Ср.* новосвѣтьнъ

НОВОПРИСТѪПИВЪ, -ъıи *прич.-прил.* (1) ἀρχάριος недавно поступивший, послушник nedávno přišlý, novic: прѣда и строителю манастъıрьскоуоумоу • акъı нѣкого отъ новопристѫпивъшиихъ повелѣвати кмоу да слоужитъ *Супр 283, 14.— Ср.* новоприходѧ

НОВОПРИХОДѦ, -ѧи *прич.-прил.* (1) ἀποτασσόμενος недавно поступивший, послушник nedávno přišlý, novic: на приманик тоу новоприходѧштиихъ из мира • чрьноризьчьскѫѭ истинѫ • пръвое въ томъ наоучати сѧ *Супр 284, 15.— Ср.* новопристѫпивъ

НОВОРАСЛЬ, -и *ж* (1) νεόφυτον побег, отросток výhonek, odnož: с⟨ы⟩н⟨о⟩ве твої • ѣко новораслі маслінъı • окръстъ трепезъı твоеѩ *Пс 127, 3 Син.— Ср.* отърасль

НОВОРОЖДЕНЪ, -ъıи *прич.-прил.* (1) ἀρτιγενής новорожденный novorozený: новорожденъıѩ жидовъскъı дѣти акъı трѣвѣ оувѧнѫти сътвори *Супр 389, 13*

НОВОСВѢТЪЛЪ, -ъıи *прил.* (1) νεολαμπής светящийся новым светом nově svítící: доидоша и новосвѣтълъıѩ благовѣрию подвижьникъı *Супр 57, 16*

НОВОСВѢТЬНЪ, -ъıи *прил.* (1) νεοφώτιστος новокрещенный, новообращенный nově pokřtěný, novokřtěnec: бѫдѣте присно новосьвѣтьни *Супр 508, 2-3.— Ср.* новоосвѣщенъ

НОВОІАВЛЬ СѦ, -влни сѧ *прич.-прил.* (3) νεοφανής недавно появившийся, новый nedávný, nový: мѫченик с⟨вѧ⟩тъıихъ и славъныхъ новоꙗвьшиїхъ сѧ мѫченикъ *Супр 54, 6.— Супр 54, 11; 277, 5-7*

НОВЪ, -ꙑи *прил., сравн. ст.* новѣи (>150) καινός, νέος, καινουργός, πρόσφατος (!); (новъ сътворити καινουργάζειν) новый nový: вино ново въ мѣхꙑ новꙑ • въливати *Л 5, 38 Зогр Мар*; въспоите г⟨оспод⟩ю пѣснь новѫ *Пс 95, 1 Син; Ен 33б 6б*; июдеискꙑѩ оубо подобьнꙑѩ ереси отъврьгоша изобрѣтение • и ꙗже тоѩ новѣиши • то то молитвами побѣдиша *Супр 189, 7*; чоудихомъ сѧ имже новъ такъ вълазъ сътвори *Супр 499, 24*; како древьнѣа прѣидѫ • како новаа процвисѧ *Клоц 136 4; Супр 450, 12* ● *перен.*: ветъхꙑѩ грѣховьнꙑѩ ризꙑ • ѡтъврьгъше • въ новꙑѩ и нетьлѣнънꙑѩ облѣхомъ сѧ *Евх 2а 8*; облѣкѫще сѧ въ новааго адама • еже естъ вь х⟨ри⟩стос⟩а *Рыл 26а 35* ● *атрибут некоторых святых přívlastek některých světců:* с⟨вѧ⟩т⟨а⟩го маманта • и павла новаго *Ен 23б 6-7* ◆ новъ завѣтъ, законъ *см.* завѣтъ, законъ; кела нова *см.* кела; новаꙗ кесариꙗ *см.* кесариꙗ; новоѥ лѣто *см.* лѣто; новъ мѣсѧць *см.* мѣсѧць; новаꙗ недѣлꙗ *см.* недѣлꙗ.— *Зогр Мар Ас Сав Охр Ен Син Евх Клоц Супр*

НОГА, -ꙑ *ж* (>400) πούς, γονύ (!) нога noha: отътрѧсѣте прахъ • иже естъ подъ ногами вашими *Мк 6, 11 Зогр Мар*; си же отъ нелиже вьнидъ • не прѣста облобꙑзаѭшти ногоу моею *Л 7, 45 Зогр Мар Сав*, нозѣ мои *Ас; Супр 395, 9*; изиде оумьрꙑ • обѧзанъ ногама и рѫкама *И 11, 44 Зогр Мар Ас Сав*; егда оумꙑ нозѣ ихъ • и приѩтъ ризꙑ своѩ *И 13, 12 Зогр Мар Сав* (2), ногъи *Ас*; въ рѣцѣ проидѫтъ ногами *Пс 65, 6 Син* ◆ подъ нозѣ подъложити ἐκποδὼν ποιεῖν отвергнуть, забыть zavrhnout, zapomenout: нъ вьсе то подъ нозѣ подъложивъ прѣштение съ вьзвитиимъ сьмѣсивъ *Супр 367, 22.— Зогр Мар Ас Сав Охр Ен Син Евх Клоц Супр*

НОГЪТЬ, -и *м* (7) [ногт- *Супр* (1), ногот- *Евх* (1)] ὄνυξ **1.** ноготь nehet: власи женьсти ногътꙑ забоми бѣахѫ *Супр 397, 27* **2.** коготь dráp, spár: ногътьми своими двьри держштоу *Супр 558, 23* ● ногъти *орудие пытки mučicí nástroj*: пакꙑ мѫчивъше и ногътьми *Супр 140, 12* ◆ из младъ ногътии *см.* младъ.— *Евх 36б 9; Супр 113, 30; 117, 27; Хил 2аβ 19*

НОЕ *и* **НОѤ,** ноꙗ *м имя* (10) [ноѥ *Супр* (1)] Νῶε Ной Noe: женѧште сѧ и посагаѭште • до негоже дьне • вьниде ное въ ковьчегъ *Мт 24, 38 Зогр Мар Ас Сав; Л 17, 27 Зогр Мар.— Евх 5б 3; 16а 3; Супр 232, 12; 460, 15*

НОЕВЪ *прил. к* ное (10) τοῦ Νῶε Ноев Noemův: ꙗкоже бо въ дьни ноевꙑ • тако бѫдетъ и въ дьни с⟨ꙑ⟩на ч⟨ловѣчь⟩скаго *Мт 24, 37 Зогр Мар Ас* (2) *Сав* (2); *Л 17, 26 Зогр Мар.— Л 3, 36 Зогр Мар*

НОЖЬ, -а *м* (43) [нѫж- (!) *Евх* (1)] **1.** μάχαιρα, ξίφος нож nůž: възврати ножь свои въ свое мѣсто • вси бо приемъши ножь • ножемь погꙑбнѫтъ *Мт 26, 52 Зогр Мар Ас Сав Боян* **2.** ножи *мн.* ψαλίδιον ножницы nůžky: възъми нѫжа (!) • и въдажди ми ꙗ *Евх 96а 17.— Зогр Мар Ас Сав Боян Евх Супр*

НОЖЬНИЦѦ, -ць *ж мн.* (4) θήκη ножны pochva: вънъзи ножь въ ножьницѧ *И 18, 11 Зогр Мар Ас Сав*

НОЖЬНЪ, -ꙑи *прил.* (4) τῶν ποδῶν ножной, ног *род.* nožní, nohou *род.*: прѣжде бꙑвъшаѩ емоу ножьнꙑѩ болѣзни *Супр 564, 29.— Евх 35б 8; Супр 268, 5; 556, 24*

НОЗДРИ, -ии *ж мн.* (6) ῥίς, μυκτήρ ноздри nozdry, chřípí: ноздри имѫтъ и не обонѣѭтъ *Пс 113, 14 Син; Супр 104, 4.— Супр 198, 21; 264, 22; 397, 22; 554, 1-2*

норожь *Пс 28, 6 Син см.* инорожь

НОСИЛА, -ъ *с мн.* (4) *греч. нет* носилки nosítka: мол⟨итва⟩ над⟨ъ⟩ принесеном⟨ь⟩ въ носилѣх⟨ъ⟩ *Евх 39а 21.— Евх 39а 8-9; 39а 22; 39б 2.— Ср.* кръкꙑга, одръ

НОСИТИ, ношѫ, носиши *несов.* (>100) φέρειν, φορεῖν, βαστάζειν, ἔχειν, αἴρειν, περικεῖσθαι, βάλλειν, περιβάλλεσθαι, ἄγειν, ἐπάγειν, ἐγχειρίζειν, ἐξιστάναι; (съ ними носити συμβαστάζειν; вѣние носити κλαδηφορεῖν; бога носѧ θεόφορος; христоса носѧ χριστόφορος; не оудобь носимъ δυσβάστακτος) **1.** нести, носить nést, nosit: ни носите влагалишта ни врѣтишта *Л 10, 4 Зогр Мар*; придѫ женꙑ на гробъ • носѧщѧ ꙗже оуготоваша ароматꙑ *Л 24, 1 Ас* (несѫщѧ *Зогр Мар*); ꙗко тать бѣ • и скриницѫ носѧ *И 12, 6 Сав* (имꙑ *Зогр Мар Ас*); избави отъ снѣга • и отъ мраза • и отъ града носима боуреѭ *Евх 14а 7-8*; скриниѭ видѣвъше б⟨ог⟩а носѧщѭ *Евх 16 4*; елико ихъ могѫтъ христоса носѧштааго корабьꙗ дрьжати сѧ *Супр 401, 5* ● *перен.*: самого житиꙗ раштение носѧште *Супр 97, 10*; вълазиши бо въ водѫ еще носѧ грѣхꙑ *Хил 16а 13-14*; мѫками прѣтите • грѣхъ на нꙑ носѧште • благовѣрние *Супр 88, 20* □ носити сѧ возноситься vznášet se: тѣлеса с⟨вѧ⟩тꙑихъ ношаахѫ сѧ сквозѣ водѫ *Супр 67, 1*; носѧи *в знач. сущ.* носильщик nosič: егоже носѧште носѧштии • вьнесоша въ манастꙑрь *Супр 562, 13* **2.** сносить, переносить, терпеть snášet: еште много имамь г⟨лаго⟩лати вамъ • нъ не можете носити нꙑнѣ *И 16, 12 Зогр Мар Ас Сав*; събираѭтъ же брѣмена тѧжька и не оудобь носима *Мт 23, 4 Мар Ас* (∅ *Зогр*).—

Зогр Мар Ас Сав Боян Ен Киев Евх Клоц Супр.— *Ср.* нести; бога носѧ *см.* богоносивъ, богоносьнъ

НОЩЬ, -и *ж* (>150) νύξ, ἑσπέρα; (вьсѫ ноць стоꙗти, об ноць быти διανυκτερεύειν) ночь noc: бѣ ꙇона вь чрѣвѣ китовѣ • три дни три же нощти *Мт 12, 40 Зогр Мар*; об нощть вьсѫ троуждьше сѧ • не ꙗхомъ ничьсоже *Л 5, 5 Зогр Мар Ас*; сице творѣахѫ до сед'ми дьниї и ноштиї *Супр 15, 2*; прісѫждени быша на ꙗснѣ вьсѫ нощть стоꙗти *Супр 90, 1* ◆ нощиѭ, въ нощи ночью v noci, za noci: ноштиѭ оудварѣаше сѧ ꙇсхода въ горѣ *Л 21, 37 Зогр Мар*; сьповѣдаста срьдоболи своеи • ꙗже видѣста въ ношти *Супр 536, 19*; полоу нощи, въ полоу нощи μέσης (τῆς) νυκτός, περὶ μέσας νύκτας, μεσονύκτιον, μεσονυκτίου, μεσονυκτικόν, περὶ τὸ μεσονύκτιον, ἐν τῷ μεσονυκτίῳ в полночь v půlnoci, o půlnoci: не вѣсте бо къгда г⟨оспод⟩ь домоу придетъ • вечеръ ли • ли полоу ношти *Мк 13, 35 Зогр*, въ полоу ношти *Мар*; или на полоуд'не • или полоуноци • или без годинꙑ етерꙑ *Евх 54а 25*; до полоу нощи μέχρι μεσονυκτίου до полуночи do půlnoci: въставъше пакꙑ поꙗхѫ до полоуношти *Супр 70, 26*; дьнь и нощь днем и ночью ve dne v noci: вынѫ дьнь ꙇ нощть въ гробѣхъ • ꙇ въ горахъ бѣ *Мк 5, 5 Зогр Мар*; на вьсꙗкѫ нощь κατὰ νύκτα каждую ночь každou noc: измꙑѭ на вьсѣкѫ ноцъ ложе мое *Пс 6, 7 Син*; нощиѭ глаголѧи *см.* глаголати.— *Зогр Мар Ас Сав Боян Ен Син Евх Клоц Супр*

НОЩЬНЪ, -ꙑи *прил.* (15) τῆς νυκτός, νυκτερινός, ἐν νυκτί ночной noční: ꙇ при четврътѣі стражи ноштьнѣи • ꙇ приде къ нимъ по морю ходѧ *Мк 6, 48 Зогр Мар* ◆ вранъ нощьнꙑи *см.* вранъ.— *Л 2, 8 Зогр Мар Ас Сав; Сав 121а 2; Пс 89, 4 Син; 90, 5 Син; 101, 7 Син; Евх 38а 3; 38а 11-12; 48б 9-10; 48б 11; Супр 553, 30*

НОШЕНИѤ, -ꙗ *с* (1) *греч. нет* ношение nošení: дастъ клюсѧ • на ношенье водѣ *Супр 551, 24*

НОѤМБРЪ, -а *м* (22) [ноѧм(б) *Ас* (20)] νοέμβριος ноябрь listopad: мѣ⟨сѧ⟩ц⟨а⟩ ноѧмбра а҃ • козмꙑ и дамиꙗна *Сав 133б 10.*— *Ас Сав*

НРАВЪ, -а *м* (12) ἔθος, γνώμη, τρόπος (благꙑи нравъ ἀρετή) нрав, обычай mrav, způsob: истинънꙑѧ благꙑѧ нравꙑ мѫжа • съказахомъ *Супр 520, 24.*— *Супр 55, 20; 69, 30; 71, 17; 75, 11; 129, 28; 252, 3; 437, 16; 514, 5; 544, 25-26; 557, 22; Зогр-лл 2б 21.*— *Ср.* обꙑчаи, щоудь

нтафати *Мар 166а 30 см.* пафи

НЪ *союз и частица* (>1000) [но *Супр* (1), нь *Супр* (22), нѫ *Боян* (17) *Ен* (17), н (!) *Мар*

(1) **I.** *союз* **1.** *противительный* ἀλλά, δέ, καί, μέντοι но, а ale: не придъ разоритъ нъ ꙇсплънитъ *Мт 5, 17 Зогр Ас* (∅ *Мар*); да мимо ꙇдетъ отъ мене чаша си • обаче не ѣкоже азъ хоштѫ • нъ ѣкоже тꙑ *Мт 26, 39 Зогр Мар Ас Сав*; не бѣ тъ свѣтъ • нъ да съвѣдѣтельствоуетъ о свѣтѣ *И 1, 8 Зогр Ас* (∅ *Мар*); не намъ нъ їмени твоемоу даждь славѫ *Пс 113, 9 Син*; хотѣхъ большъмі простьрѣті слово се • нъ довьлетъ реченое • послоушаѭштімъ *Клоц 9б 2*; никакоже покорѣахѫ сѧ • нъ и паче не вѣроваахѫ *Супр 30, 14*; можааше привлѣшти и оученика • нь не хотѣаше ноуждеѭ сътворити добра *Супр 408, 24* ● *с оттенком ограничения* но, только ale, jen, jenže, leč: не вьси въмѣстꙗтъ словесе сего • нъ имъже дано естъ *Мт 19, 11 Мар Ас* (∅ *Зогр*); запрѣти имъ • да ничьсоже не вьземлѭтъ на пѫть... ни пирꙑ ни хлѣба ни при поѣсѣ мѣди • нъ обоувенꙑ въ сандалиꙗ • ꙇ не облачити сѧ вь дъвѣ ризѣ *Мк 6, 9 Мар*, н.. *Зогр*; не бѣшѧ бо далече отъ землѧ • нъ ѣко дьвѣ сътѣ лакътъ *И 21, 8 Зогр Мар Ас Сав*; не бо сѫтъ б⟨о⟩зи мнози • нъ ѥдинъ богъ отецъ *Супр 100, 20* **2.** *присоединительный* ἀλλά, δέ, καί, καὶ μέν, οὖν, ὥστε (!) но, однако a však, avšak, ale: оуслꙑшати же имате брани... не оужасаите сѧ • подобаатъ бо вьсѣмъ бꙑти • нъ не тогда естъ коньчина *Мт 24, 6 Мар Ас* (2) *Сав* (∅ *Зогр*); а ꙇже пиетъ отъ водꙑ ѭже азъ дамь емоу • не ꙇматъ въждадати сѧ въ вѣкъ • нъ вода ѭже азъ дамь емоу • бѫдетъ вь немь ꙇсточьникъ водꙑ вьслѣпаѭштѧѧ въ животъ вѣчьнꙑ *И 4, 14 Зогр Мар Ас*; вѣмь ѣко сѣмѧ авраамле есте • нъ ꙇштете мене оубити • ѣко слово мое не въмѣштаетъ сѧ въ вꙑ *И 8, 37 Зогр Ас*, нь *Мар*; изволение ваше добро • нъ иже сътрьпитъ до коньца • тъ съпасетъ сѧ *Супр 71, 1* (же *Мт 24, 13 Мар Ас Сав*, ∅ *Зогр*) **3.** *начинательный* (*начинает новое предложение или период*) ἀλλά но však: нъ да на прѣдълежаштеѥ прѣидемъ *Супр 247, 7*; нъ сего инѣмь съписаѭштинимъ • оставьѭ съповѣдати *Супр 302, 1*; нъ да съкративъ слово рекѫ • иде вь виѳаниѭ *Супр 315, 4* **4.** *градационный*: нъ и, нъ ни ἀλλὰ καί, ἀλλά γε καί, ἀλλ' οὐδέ, ἀλλ' οὔτε но и, даже и, но ни, даже и не ale i, ba i, dokonce i, ale ani, ba ani, dokonce ani: ништь же бѣ етеръ ꙇменемь лазоръ • ꙇже лежааше • при вратѣхъ его гноинъ... нъ ꙇ п'си приходаште • облизаахѫ гнои его *Л 16, 21 Зогр Мар Ас*; мꙑ же надѣахомъ сѧ • ѣко сь естъ хотѧі ꙇзбавити ꙇ⟨здраи⟩лѣ • нъ ꙇ надъ вьсѣми сими • трети се д'нь ꙇматъ дьньсь • отъ нелиже си бꙑшѧ *Л 24, 21 Зогр Мар Ас* (∅ *Охр*); аште бо и доселѣ оумьрътвшими отъ вѣка • зьлѣ влали ксте к' томоу оуже

не обладаите ими • нъ ни инѣми ни вами • нъ ни вами самѣми бѫдете кнѧзи *Супр 465, 19* ● не тъкъмо (тъкъма)... нъ и, не тъчиѭ... нъ (и), не просто... нъ и οὐ μόνον... ἀλλὰ καί не только... но и nejen... ale i: і придѫ не и⟨соу⟩са ради тъкъмо • нъ да і лазарѣ видѧтъ *И 12, 9 Зогр Мар Ас Сав*; тъ и насъ • не тъчьѭ потрѣбънꙑихъ • нъ изобильнꙑихъ накръмитъ *Супр 290, 17*; то же не просто словесꙑ кꙑими • нъ и дѣлесемь виннꙑ сътвори своѩ оученикꙑ • рѣшити и вѧзати *Супр 358, 5*; кгда оубо оузьриши не тъкма анꙉелꙑ • нъ и ар҆хаꙉгелꙑ *Супр 491, 4* **5.** *ограничительный* εἰ μή, ἤ, ἀλλ' ἤ разве только, разве что, чем leč, leda, než: сего раді и въ врѣмѧ жрътвѣ • іноѩ правъдꙑ коеѩ не помѣнѫ • нъ съміренье братрьне *Клоц 9а 40*, нъ тъчьѭ *Супр 423, 20*; то кто слѣпъ нъ отроци мои • и глоуси • нъ владѫшти ими *Супр 323, 4 и 5* ● нъ тъкъмо, нъ тъчиѭ разве только, разве что leč, než: б⟨ог⟩а нікътоже не відѣ никьдеже • нъ тькмо иночѧдꙑ с⟨ꙑ⟩нъ *И 1, 18 Ас* (*Зогр нет, Ø Мар*); иного ничсоже творитъ • нъ тъчиѭ ѩзꙑкомъ съпасеник тебѣ творитъ *Супр 362, 4* **6.** *вводит главное предложение после условного и уступительного* аще (и)... нъ, нъ обаче, нъ оубо εἰ (καί), εἰ γάρ, εἰ μή... ἀλλά, ἤ... ὅτι (!) если бы и, хотя бы... но (все-таки) i když, i kdyby... přesto, přece: аште і вьси съблазнѧтъ сѧ нъ не азъ *Мк 14, 29 Зогр Мар*; аште бо и пльтиѭ отълѫчихъ сѧ отъ тебе • нъ доухомь съ тобоѭ кесмъ *Супр 295, 18*; аште и льжа и непрѣпьрива словеса глаголемаꙗ • нъ обаче же ꙗкоже и при инѣхъ не стыдѣахѫ сѧ *Супр 441, 3*; и аште и съвлѣче мѧ отъ одеждѧ • нъ оубо х⟨рист⟩а вь негоже кесмъ обльченъ • не имаши мошти сьвлѣшти *Супр 50, 14* **II.** *частица побудительная* (*в восклицательных и вопросительных предложениях*) ἀλλά вот nuže: рече же имъ нъ нꙑнѣ иже иматъ вълагалиште да възьметъ такожде и пирѫ *Л 22, 36 Мар* (*Зогр нет*); лазарь оумьрѣтъ • і радоуѭ сѧ васъ ради • да вѣрѫ імете ꙗко не бѣхъ тоу • нъ ідѣмъ къ немоу *И 11, 15 Зогр Мар Ас Сав; Супр 314, 20*; дъшти моѣ нꙑнѣ оумьрѣтъ • нъ пришедъ нꙑнѣ възложи на нѭ рѫкѫ твоѭ *Мт 9, 18 Мар Ас Сав* (*Ø Зогр*); къ чістѣ бо • жрътвѣ прістѫпаемъ • нъ да с⟨вѧ⟩тѫ створимъ своѭ д⟨оу⟩шѫ *Клоц 8б 16*; нъ чьсо ізидосте видѣтъ • ч⟨ловѣ⟩ка ли въ мѧкъкꙑ ризꙑ обльчена *Мт 11, 8 Зогр Мар Ас* ◆ дъва нъ дъва *см.* дъва; небо нъ *см.* небонъ; нъ обаче *см. также* обаче.— *Зогр Мар Ас Сав Охр Унд Боян Ен Син Служ Киев Евх Клоц Супр Хил Рыл Зогр-лл*

НЫНѢ, НЫНꙖ *нареч.* (>500) [нꙑнꙗ *Сав* (46) *Супр* (>100), нꙑнѣ *Супр* (31), нн҃ѣ *Ас* (1) *Ен* (4), н(н҃) *Ен* (1), нънѣ (!) *Ас* (1), нꙑ (!) *Супр* (1)] νῦν, νυνί, τὰ νῦν, ἄρτι, ἀρτίως, ἐν νῦν, ἐν τῷ τέως, ἐπὶ τοῦ παρόντος, πρὸς τὸ παρόν, ἐπ' αὐτοφώρῳ, δέ, δή, τοίνυν, ἀκμήν теперь, ныне nyní, teď: слѣпъ бѣхъ • нꙑн҃ѣ же виждѫ *И 9, 25 Зогр Мар Ас*; да речетъ нꙑнѣ домъ ааронь ꙗко благъ *Пс 117, 3 Син* ◆ до нꙑнѣ ἕως τοῦ νῦν, μέχρι τοῦ νῦν до сих пор dosud: не бꙑстъ тако отъ начѧла зъданию • еже създа б⟨ог⟩ъ до нꙑнѣ *Мк 13, 19 Зогр Мар*; отъ нꙑнѣ ἀπὸ τοῦ νῦν отныне od nynějška: г⟨оспод⟩ь окрьсть людеї своїхъ • отънꙑнѣ і до вѣка *Пс 124, 2 Син.— Зогр Мар Ас Сав Охр Боян Ен Син Евх Клоц Супр Рыл.— Ср.* нꙑнѣчоу

НЫНѢЧОУ, НЫНꙖЧОУ *нареч.* (8) [нꙑнѣчоу *Супр* (1), нꙑнꙗчоу *Супр* (6), нн҃ѣчю *Рыл* (1)] ἀρτίως, νῦν, μέχρι τοῦ νῦν, ἐπὶ τοῦ παρόντος, τέως, ἄρα, οὖν (!) теперь, ныне nyní, teď: тебе кдного нꙑнѣчоу възъпиѭ *Супр 311, 8.— Супр 312, 26; 359, 15; 396, 10; 401, 3; 403, 26; 406, 23; Рыл 2аа 23.— Ср.* нꙑнѣ

НЫНѢЩЬНЬ, -ьнии *прил.* (1) πρόσκαιρος нынешний, теперешний nynější: твоѣ естъ въ истинѫ великаа таина • нꙑнѣщьнее раздроушение • твоихъ тварен *Евх 65а 7.— Ср.* нꙑнѣшьнь

НЫНѢШЬНЬ, НЫНꙖШЬНЬ, -ьнии *прил.* (15) [нꙑнѣ- *Ен* (1) *Супр* (7) *Хил* (1), нꙑнꙗ- *Супр* (6)] ὁ νῦν, παρών нынешний, теперешний nynější: агаръ бо естъ синѣ гора • еже въ равнї • прилагаетъ сѧ нꙑнѣшнимъ ер⟨оу⟩с⟨а⟩лимѣ *Гал 4, 25 Ен*; сице бо възмошти имамъ • и влънꙑ нꙑнꙗшнꙗаго житиꙗ хран҆но прѣплоути *Супр 498, 5* ◆ до нꙑнѣшьнꙗкго, до нꙑнꙗшьнꙗкго ἕως τοῦ νῦν, μέχρι τοῦ νῦν, ἐπὶ τὸ νῦν, εἰς δεῦρο доныне, до сегодняшнего дня do nynějška, dodnes: видѣхъ дꙑма иж неѩ до нꙑн҃ѣшьнꙗго въсходѧшта *Супр 128, 20.— Супр 42, 14-15; 84, 11; 98, 27; 124, 19-20; 127, 29-30; 128, 14; 129, 5; 187, 16-17; 398, 6; 488, 23-24; 497, 3; Хил 2ба 20.— Ср.* нꙑнѣщьнь, настоꙗти (настоѩти)

нꙑнꙗ- *см.* нꙑнѣ-

НЫРИЩЄ, -а *с* (2) οἰκόπεδον, φρούριον (!) убежище, логово, логовище skrýš, doupě: бꙑхъ ꙗко ноштнꙑ вранъ на нꙑрищи *Пс 101, 7 Син.— Супр 467, 19*

ньца (!) *Пс 112, 3 см.* слъньце

нѣ *см.* нѣкъто, нѣкꙑи *и т. п.*

НѢКАКО *нареч.* (3) που, πως, γε как-нибудь, как-то nějak, jaksi: колико сѧ бꙑ троудилъ да бꙑ нѣкако обрѣлъ • понѣ кдного за тѧ молѧшта г⟨оспод⟩а *Супр 95, 12.— Супр 96, 5; 277, 23.— Ср.* како

НѢКАКЪ, нѣкака, нѣкако *мест.* (5) τις, ξένος (!) какой-то nějaký, jakýsi: видѣ мѣсто нѣкако *Супр 193, 12.— Супр 104, 22; 273, 2; 273, 13; 287, 20.— Ср.* етеръ, какъ, нѣкыи, кдинъ

НѢКОГДА, НѢКЪГДА *нареч.* (8) [нѣко- *Зогр,* нѣкъ- *Мар Супр*] ποτέ когда-то, когда-нибудь, однажды někdy, kdysi, jednou: ι ты нѣкъгда обраштъ сѧ оутвръди братриѭ твоѭ *Л 22, 32 Мар,* [(ны)]нѣ когда *Зогр.— Супр 98, 12; 186, 4; 188, 12; 216, 3; 276, 9; 293, 8.— Ср.* древлѥ, иногда, когда, коли, нѣколи, овогда, прѣжде

НѢКОЛИ *нареч.* (2) ποτέ, μόλις однажды, когда-то jednou, někdy: сиѭ азъ понѣ допоздѣ нѣколи • отъложивъша златьнааго желаниꙗ *Супр 447, 4.— Супр 517, 13.— Ср.* древлѥ, иногда, когда, коли, нѣкогда, овогда, прѣжде

НѢКОЛИКЪ, нѣколика, нѣколико *мест.* (1) ῥητός (!) несколько několik: нѣ по колицѣхъ мѣсѧцихъ *Супр 171, 5*

НѢКОТОРЫИ, нѣкотораꙗ, нѣкотороѥ *мест.* (16) τις, ποῖος (!) некоторый, некий některý, kterýsi: сълоучи сѧ коупьцоу нѣкоторооумоу • гънавъшоу вельбѫды своѩ и пасти ѩ на мѣстѣ томь *Супр 217, 26;* подоба бѣ нѣкоторъıимъ и оусънѫти *Супр 445, 3.— Супр.— Ср.* етеръ, которыи, къто, кыи, нѣкыи, кдинъ

НѢКЪДЕ *нареч.* (3) [нѣк'де *Супр* (2), нѣкде *Супр* (1)] που где-то někde, kdesi: ꙗкоже и нѣк'де апостолъ глаголетъ *Супр 318, 2-3.— Супр 92, 17; 344, 28.— Ср.* къде

НѢКЪТО, нѣкого *мест.* (41) τις, ὁ δεῖνα, εἷς, ὅστις (!), οὐδείς (!) кто-то, некто někdo, kdosi: прикосиѫ сѧ мьнѣ нѣкъто *Л 8, 46 Мар Ас Сав* (къто *Зогр*); идѣте въ градъ къ нѣкомоу *Мт 26, 18 Сав* (къ етероу *Зогр Мар,* къ динѣ *Ас*); аште ли да сълоучааше сѧ нѣ оу кого оумоудити кмоу *Супр 206, 7;* бѣ • нѣк'то мѫжь въ поустꙑни *Супр 191, 1-2.— Мар Ас Сав Ен Супр Рыл.— Ср.* дина, етеръ, инъ, къто, кыи, нѣкыи, оньсица

НѢКЫИ, нѣкаꙗ, нѣкоѥ *мест.* (53) τις, μέλλων (!) какой-то, некоторый, некий nějaký, některý, jakýsi: нѣции отъ кънижъникъ рѣшѧ къ себѣ *Мт 9, 3 Сав* (етери *Зогр Ас,* едини *Мар*); живе нѣ въ коеи пештерѣ ѣ҃і • лѣтъ *Супр 514, 9.— Зогр Мар Сав Супр Зогр-лл.— Ср.* етеръ, инъ, къто, кыи, нѣкакъ, нѣкоторыи, нѣкъто, кдинъ

НѢМОВАТИ, -моуѭ, -моуѥши *несов.* (1) ψελλίζειν говорить косноязычно vadně mluvit, koktat: ѩзыци нѣмоуѭштіі навыкнѫтъ вѣштати миръ *Супр 325, 23* (вълъснѫштеі *Клоц 1а 15-16*).*— Ср.* вълъснѫти, нѣмоглаголѧ

НѢМОГЛАГОЛѦ, -ли *прич.-прил.* (1) *греч. нет* говорящий косноязычно, заикающийся vadně mluvící, koktavý: мол⟨итва⟩ над⟨ъ⟩ всѣм⟨ь⟩ ѡнѣмѣвъшем⟨ь⟩ • и над⟨ъ⟩ болем⟨ь⟩ нѣмог⟨лаго⟩лѭщемь *Евх 43а 10.— Ср.* вълъснѫти, нѣмовати

НѢМОСТЬ, -и *ж* (1) *греч. нет* немота němota: въсплюнѫвъ на ѩзыкъ его • сътрѣбилъ еси нѣмость отъ ѩзыка его *Евх 28а 12*

НѢМЪ, -ыи *прил.* (13) κωφός, ἄλαλος, μογιλάλος немой němý: глоухꙑѩ творитъ слꙑшати • ι нѣмꙑѩ г⟨лаго⟩лати *Мк 7, 37 Зогр Мар Ас Сав Боян;* привѣсъ с⟨ы⟩нъ мои къ тебѣ • імѫшть д⟨оу⟩хъ нѣмъ глоухъ *Мк 9, 17 Зогр Мар Ас Сав;* а ли мрьтвааго того и нѣмааго капишта нѣстъ ми прѣобидѣти *Супр 226, 25.— Зогр Мар Ас Сав Боян Син Евх Супр.— Ср.* гѫгъньвъ

нѣсмь, нѣси, нѣстъ *и т. п. см.* быти

НѢЧЬТО, нѣчесо *и* нѣчьсо *мест.* (25) τι что-то, что-нибудь něco, cosi: помѣнеши ѣко бр⟨ат⟩ъ твои імать нѣчто на тѧ *Мт 5, 23 Зогр* (∅ *Мар*); *Клоц 9а 18; Супр 422, 29;* тъгда пристѫпи къ немоу мати с⟨ы⟩новоу заведевоу... просѧшти нѣчесо отъ него *Мт 20, 20 Мар* (∅ *Зогр*)*.— Зогр Мар Ас Сав Супр.— Ср.* чьто

нѫ *см.* нъ

НѪДИТИ, НОУДИТИ, -ждѫ, -диши *несов.* (42) [нѫ- *Зогр Мар Ас Охр Син Евх Клоц Хил Супр* (1), ноу- *Сав Супр* (24)] ἀναγκάζειν, καταναγκάζειν **1.** ὑποπιάζειν совершать насилие, оказывать давление, угнетать činit násilí, činit nátlak, tísnit: егда бранı бѣшѧ нѫдаштаѩ ıхъ • нı псалмъ съмѣшѧ рештı *Клоц 7б 6* (ноуждѫ твораштеѥ *Супр 419, 5*); почто мѧ ноудиши *Супр 170, 19-20* □ нѫдити сѧ βιάζεσθαι терпеть насилие, завоевываться силой trpět násilí, být dobýván násilím, úsilím: ц⟨ѣса⟩р⟨ь⟩с⟨тв⟩о неб⟨есь⟩ское нѫдитъ сѧ *Мт 11, 12 Зогр Мар Ас,* нѹдитъ сѧ *Сав* (нѫждьно естъ *Евх 69б 14*) **2.** βιάζειν, ἐκβιάζειν, παραβιάζεσθαι принуждать nutit: ноудите мѧ повелѣное отъ цѣсара сътворити *Супр 178, 3;* азъ самъ своеѭ волеѭ • никꙑмъже нѫдимъ • х⟨ристос⟩а ради хоштѭ прıꙗти образъ сь *Евх 96а 15* □ нѫдити сѧ прилагать усилия, добиваться, стараться, стремиться namáhat se, usilovat, snažit se: нѫждаахѫ сѧ искѫщеı д⟨оу⟩шѧ моеѩ *Пс 37, 13 Син;* плѣвелъ нѫдите (*вм.* -тъ) сѧ п'шеница мьнимъ быти *Хил 2аа 13-14.— Зогр Мар Ас Охр Евх Клоц Супр.— Ср.* бѣдити, двизати

НѪДЬМА, НОУДЬМА *нареч.* (2) [ноу- *Супр* 2)] ἀνάγκῃ, ἀπὸ ἀνάγκης насильно, по принуждению násilně, z donucení: никтоже ноудьма бываатъ добръ *Супр 414, 2* (нѫждеѭ

Клоц 5а 36).— Супр 365, 14-15.— Ср. нждьми, нжжда (нжждеѭ)

НЖДЬМИ *нареч.* (1) *греч. нет* по принуждению z přinucení, z donucení: аще к'то нждьми клънетъ с⟨ѧ⟩ *Евх 102б 3.— Ср.* нждьма, нжжда (нжждеѭ)

НЖЖДА, НОУЖДА, -ѧ *ж* (45) [нж- *Зогр Мар Ас Сав Евх Клоц Супр* (4), ноу- *Ен Супр* (27)] ἀνάγκη **1.** βία, βοήθεια (!); (нжждѫ творити βιάζεσθαι, καταναγκάζειν) насилие, принуждение násilí, přinucení: (прѣбы)ваахѫ ноудѧште его • и съ многоѭ ноуждеѭ поведоша и *Супр 37, 1-2*; не послоушаѭщтоу же с⟨вѧ⟩тоуоумоу алеѯандроу • оувѣштаниѩ кнѧжа • ни ноуждѧ • ни ранъ • ни гнѣва *Супр 162, 12*; странникы оубиваѭште • и ино много ноуждѫ творѧште *Супр 128, 18* ● усилие úsilí, námaha: кдва възʼдвигъ съ многѫ ноуждѫ (!) възложивъ на плешти свои *Супр 41, 12* □ нжждеѭ, по нжжди, на нжждѫ насильно, по принуждению násilně, z přinucení: ѣже азъ съвѣдѫ съгрѣшихъ • любо не съвѣдѫ • нжждеѭ любо не нжждеѭ *Евх 72а 13-14*; елико по ноужди бѣахѫ влачими *Супр 134, 18*; вьсего сего онъ небрѣже • и богъ на ноуждѫ не привлѣче *Супр 413, 1-2*; нжждеѭ оумьръ, нжждеѭ съмрьтьнъ βιοθανής умерший насильственной смертью zemřely násilnou smrtí: коемоу ноуждеѭ оумьръшоу чловѣкоу • оученици и дрѹзии с нимъ толици *Супр 136, 13-14*; не разоумѣѭтъ же ѣко ноуждеѭ съмрьтьнъ естъ *Супр 136, 20* **2.** τὸ ἀναγκαῖον; (потрѣбьнаѩ нжжда χρεία) надобность, необходимость nutnost, potřeba: въ четврьтъи дьнь • потрѣбьнаѩ ноужда емоу быстъ • и отвръзъ изиде *Супр 170, 16* □ нжжда ми естъ, нжждѫ имамь *с инф.* ἀναγκάζομαι мне нужно, мне надо, я должен potřebuji, musím: имамь нжждѫ изити • и видѣти е *Л 14, 18 Зогр Мар Ас Сав*; въпрашати хотѣаше • тоже мльчати емоу ноужда бѣаше *Супр 240, 6*; нжждѫ творити ἀναγκάζειν принуждать nutit: б⟨ог⟩оварьныихъ жидовъ • на съпаса раждизаемо зълое лиѣание • и камени глаголати ноуждѫ творитъ *Супр 396, 10* **3.** βάσανος; (по ноужди βασανιζόμενος) страдание strádání, utrpení: ѡ избавити сѧ намъ отъ в'сѣкоѩ скръби • гнѣва бѣдъ и нжждѧ *Евх 61а 20*; да некъли по ноужди прославитъ чъстъное и великое имѧ твое *Супр 150, 29.— Зогр Мар Ас Сав Ен Евх Клоц Супр.— Ср.* бѣда; нждьма, нждьми, потрѣба, трѣба

НЖЖДЬНИКЪ, НОУЖДЬНИКЪ, -а *м* (5) [нж- *Зогр* (1) *Мар* (1) *Ас* (1) *Евх* (1), ноу- *Сав* (1)] βιαστής насильник násilník: ц⟨ѣсаръство н⟩б⟨е⟩сное нждитъ сѧ *Мт 11, 12 Зогр Мар Ас*, нѹдитъ сѧ *Сав*) нжждьници въсхытаѭтъ е *Мт 11, 12 Зогр Мар Ас*, нѹждьни(ци) *Сав; Евх 69б 15*

НЖЖДЬНЪ, НОУЖДЬНЪ, -ъи *прил.* (8) [нж- *Евх* (1) *Супр* (2), ноу- *Супр* (5)] **1.** βίαιος; (нжждьноѭ съмрьтиѭ βιοθανής) насильственный násilný: отидетъ избывъ сѫдии нжждьнъıихъ *Супр 88, 14*; почи ѣко ноуждъноѭ съмрьтьѭ *Супр 136, 10-11* **2.** нжждьнъ бъıти βιάζεσθαι быть взятым силой trpět násilí, být dobýván násilím: нжждьно естъ ц⟨ѣса⟩р⟨ь⟩ство в⟨о⟩жие *Евх 69б 14* (нждитъ сѧ *Мт 11, 12 Зогр Мар Ас*, нѹдитъ сѧ *Сав*) **3.** ἀναγκαῖος, ἀνάγκη (!) необходимый, нужный nutný, potřebný: онъ оубо нжждьноѭ тъчьѭ пиштеѭ печетъ сѧ *Супр 492, 15*; еже ноуждъное и потрѣбьное *Супр 373, 10.— Супр 27, 3; 373, 5-6; 405, 13.— Ср.* потрѣбьнъ

нжжь *Евх 96а 17 см.* ножь

нѵсии *Супр 50, 3 см.* нисии

О

ѻ *цифра глаг. и кир.* (55) **1.** *глаг.* π' ὀγδοήκοντα 80: напиши •ѻ• *Л 16, 7 Зогр* (осмь десѧтъ *Мар*) **2.** *кир.* ο' 70: еваг⟨гелие⟩ ѻ̃ ѿт⟨ъ⟩ ишана глав⟨а⟩ ро̃ѕ *Сав 112б 19.— Зогр Мар Ас Сав Боян Син Евх Рыл.— Ср.* осмь (осмь десѧтъ), седмь (седмь десѧтъ)

О[1] *предлог* (>1800) **А.** *с вин.* εἰς, ἐκ, ἐν, ἐπί, ὑπέρ, περί **1.** *при обозначении пространственных отношений: при указании на расположение одного предмета относительно другого, только в сочетаниях:* о деснѫ(ѭ) (странѫ), о шоуѭ(ѭ), о лѣвѫѭ на правой, на левой стороне, с правой, с левой стороны na pravé, na levé straně, z pravé, z levé strany: въврьзѣте о деснѫѭ странѫ мрѣжѧ *И 21, 6 Зогр Мар Ас Сав*; а еже сѣсти о деснѫѭ • и о лѣвѫѭ • нѣстъ мнѣ дати *Мк 10, 40 Зогр Сав*, о деснѫѭ мене и о шюѭѭ *Мар Ас* ● *при указании на предмет, с которым что-л. сталкивается при движении* о, в (*с вин.*) о (*с вин.*), do: еда когда прѣтъкнеши о камень ногѫ твоѭ *Пс 90, 12 Син; Мт 4, 6 Ас Сав* (∅ *Зогр Мар*); аште тѧ к'то заоушитъ о деснѫѭ ланитѫ *Супр 411, 9* (оударитъ • въ деснѫѭ ланитѫ *Мт 5, 39 Зогр Мар*); ногама прѣдн̑има опьръ сѧ о стлъпъ *Супр 558, 28* **2.** *при обозначении временных отношений* (*единственный случай*) в течение během, za (*с вин.*): едва о лѣто възмогоша сѧ приѩти садове *Супр 301, 22* **3.** *при обозначении объектных отношений* о, о (*с вин.*): о ризѫ моѭ меташѧ жрѣбьѩ *Пс 21, 19 Син*, о матизмъ мои *И 19, 24 Зогр Мар*; тоуже приде х⟨ристо⟩с⟨ъ⟩... пролиıати кръвь своѭ • о нѭже ты съвѣштавакши сѧ *Супр 415, 14*, о неже *Клоц 5б 34* **Б.** *с местн.* περί, ἐπί, ἐν, παρά, κατά, πρός, ὑπέρ, διά, ἀπό, ἐκ, εἰς **1.** *при обозначении пространственных отношений: при указании на расположение чего-л. вокруг кого-л., чего-л.* вокруг kolem; видѣвъ же і⟨соу⟩с⟨ъ⟩ многъ народъ о себѣ *Мт 8, 18 Сав* (окрьстъ себе *Зогр Мар Ас*); обложатъ врази твоі • острогъ о тебѣ *Л 19, 43 Зогр Мар*; просвьтѣ сѧ свѣтъ великъ въ темници о нею *Супр 182, 3*; прикоснѫ сѧ веригахъ • облежаштихъ о выи кю *Супр 182, 7* ● *при указании на предмет, на поверхности которого или внутри которого что-л. находится или делается* на, в (*с предл.*) na, v (*с предл.*): аште ли къто ходитъ ноштиѭ потъкнетъ сѧ • ѣко свѣта нѣстъ о немь *И 11, 10 Зогр Мар Ас Сав*; вьсѣкѫ розгѫ о мьнѣ не творѧштѫ плода • ıзъметъ ѭ *И 15, 2 Зогр Ас Сав* (2) (*Ø Мар*); покажи и о мьнѣ... своѭ благыньѭ *Супр 21, 29* ● *при указании на лицо, предмет, рядом с которым, близко к которому происходит действие* у u: видѣвъше же и иже бѣахѫ о немь • бываемое *Л 22, 49 Мар* (съ нимь *Зогр*); прослави мѧ о⟨тъ⟩че... славѫ юже имѣхъ • прѣжде быти всемоу мироу о тебѣ *И 17, 5 Сав 26а 8* (оу тебе *Зогр Мар Ас, нет Сав 107а 8*) ● *при указании на предмет, с которым что-л. сталкивается или соприкасается* о о (*с вин.*): потъкѫ сѧ о наковалѣ непобѣдимѣемь *Клоц 12б 24; Супр 448, 20* **2.** *при указании на предмет речи, мысли, чувства* о (*с предл.*) о (*с предл.*), na (*с вин.*), *падежи без предлога:* ты чьто г⟨лаго⟩леши о немь *И 9, 17 Зогр Мар Ас*; въпрашаахѫ і оученици его о притъчи *Мк 7, 17 Зогр Мар*; въ тъ д⟨ь⟩нь мене не помолите ни о чемь же *И 16, 23 Сав* (не въпросите ничесоже *Зогр Мар Ас* (2); о мьнѣ поѣхѫ пьѭште вино *Пс 68, 13 Син*; не бъістъ довьльнъ • приносити оученьѣ • о єдиномь б⟨о⟩зѣ *Клоц 10а 26*; іоанъ съвѣдѣтельствоуетъ о немь *И 1, 15 Зогр Ас* (*Ø Мар*); дивлѣахѫ сѧ народи о оучении его *Мт 7, 28 Зогр Мар Ас*; чьто сѫтъ словеса си • о нихъже сътѧзаета сѧ *Л 24, 17 Зогр Мар Ас*; радоуетъ сѧ о неи (*т. е.* овьци) паче • неже о девѧти десѧтъ и девѧти не заблѫждьшихъ *Мт 18, 13 Мар Ас* (*Ø Зогр*); не плачите сѧ о мнѣ • обаче себе плачите сѧ • і чѧдъ вашихъ *Л 23, 28 Зогр Мар*; скръбѧ о окаменении сръдьца іхъ *Мк 3, 5 Зогр Мар Ас Сав*; милосрьдоуѭ о народѣ *Мт 15, 32 Зогр Мар Ас* (милъ ми естъ народъ *Сав*); негодоваша о обою братроу *Мт 20, 24 Мар* (*Ø Зогр*); оувѣриша же кго о семь *Супр 33, 9* ● *при указании на предмет внимания, заботы* о (*с предл.*) о (*с вин.*), na (*с вин.*), *падежи без предлога:* о одежди чьто сѧ печете *Мт 6, 28 Зогр Мар Ас* (при одежди *Сав*); печеши сѧ і мльвиши о мнозѣ *Л 10, 41 Зогр Мар Ас Сав*; не родите о єдиномъ от малыхъ сихъ *Мт 18, 10 Мар Ас* (єдиномоу сихъ малыхъ *Сав, Ø Зогр*); въскочи въ нь дьѣволъ • не о тѣлеси г⟨осподь⟩ни не родѧ *Клоц 8а 33* (не пльть обида господьнѧ *Супр 421, 3-4*); стрѣгѫште стражѫ ноштьнѭѭ • о стадѣ своемь *Л 2, 8 Зогр Мар Ас Сав* ● *при обозначении объектноопределительных отношений* о (*с предл.*) о (*с предл.*): всѣко слово праздьно • еже аште рекѫтъ ч⟨лове⟩ци • въздадѧтъ о немь • слово • вь дьнь сѫдънъі *Мт 12, 36 Зогр Мар Ас Сав*; въздаждь • отъвѣтъ о приставлении домовьнѣемь *Л 16, 2 Зогр Мар*; мьшѣ о мѫченицѣхъ *Киев 6б 3*; отъ прослоутиıа оубо кже о немъ прѣклонивъ сѧ *Супр 280, 10* **3.** *при обозначении обстоятельств состояния, действия* в, на (*с предл.*) v, na (*с предл.*): прѣбѫдѣте о вѣрѣ х⟨ристо⟩вѣ *Супр 16, 25*; видѣвъ... сестрѫ своѭ съконьчавъшѫ сѧ о господи *Супр 14, 20*; присно добрѣ живѫштимъ о бозѣ *Супр 519, 17*; нисиі прѣтръпѣ о добрѣемь исповѣдании *Супр 46, 28*; о⟨ть⟩че • с⟨вѧ⟩ти и съблюди ихъ • о имени твоемь *И 17, 11 Сав 26б 5* (въ іма *Мар Ас Сав 107б 15, Ø Зогр*) ● *при указании на основу какого-л. действия* из, от z, od: ѣко не отъ ізбытъка комоужьдо • животъ его естъ • о імѣнии емоу *Л 12, 15 Зогр* (отъ имѣниѣ *Мар*) **4.** *при указании на лицо, предмет, явление, к которому проявляется какое-л. отношение* к, с, на (*с предл.*), по отношению к k, s, na (*с предл.*), vůči: сь естъ с⟨ы⟩нъ мои • възлюбленъі • о немь же благоволихъ *Мт 3, 17 Зогр Ас* (2) *Сав* (*Ø Мар*); г⟨оспод⟩и потръпи о мнѣ • и все ти въздамь *Мт 18, 26 Сав* (на мьнѣ *Мар Ас, Ø Зогр*); онъ о прѣданы • тъштааше сѧ • а сии о слоужъбѣ *Клоц 6а 8 и 9*; покажи и о мьнѣ недостоинѣ рабѣ своимъ • своѭ благыньѭ *Супр 21, 29*; казнь ц⟨ѣса⟩рьскѫ... въскорѣ съконьчан о мьнѣ *Супр 101, 30*; множьство штедротъ показа о мьнѣ прѣмилостивыи г⟨оспод⟩ь *Супр 123, 7*; вьсѧ любъвьѭ ıаже о бозѣ • к немоу приходѧштаа принимааше *Супр 557, 14* ● *при указании на предмет, лицо, в пользу которого, ради которого совершается действие* для, за (*с вин.*), *дат. без предлога* pro, za (*с вин.*), *дат. без предлога:* дѣло бо добро съдѣла о мнѣ *Мт 26, 10 Зогр* (вь мьнѣ *Мар Ас Сав*); молитвѫ дѣите о напастьствоуѭщихъ вамъ *Мт 5, 44 Сав* (за творѧштаıа... напасти *Зогр Мар Ас*); приносимъ тебѣ • словесьнѫѭ сиѭ слоужъбѫ • о оумеръшихъ въ вѣрѣ *Служ 3а 25*; сьде оубо о в'семь оуспѣсѣ глаголетъ вьсѣчьстѣѣмь • иже о ближьнимъ творити подобаа *Супр 370, 18* ● *при указании на лицо, предмет, против которого направлено действие* против proti: о вьсѣкомъ бо крьстиıанѣ • казнь цѣсарьска лежитъ *Супр 101, 21*; кое оглаголаниıе носите о чловѣцѣ семъ *Супр 432, 18-19* (кѫѭ рѣчь приносите на ч⟨ловѣ⟩ка сего *И 18, 29 Зогр Мар Ас Сав*) ● *при указании на лицо, вслед за действием которого что-л. происходит* за (*с твор.*) za (*с твор.*): затвори о немь двьри *Евх 36а 5* **5.** *при обозначении образа, способа действия твор. без предлога*: о немьже сѫдѣ сѫдите сѫдатъ сѧ вамъ *Мт 7, 2 Сав* (ıмьже бо сѫдомь *Зогр Мар Ас*); о семь разоумѣѭтъ в'си • ѣко мои оученици есте *И 13, 35 Зогр Мар Ас Сав*; не можетъ плода творити о себѣ *И 15, 4 Зогр Мар Ас Сав*; да покаетъ сѧ о хл⟨ѣ⟩бѣ о вод⟨ѣ⟩ *Евх 103б 5*; ѡ чемь їсправитъ юноі пѫть свої *Пс 118, 9 Син*; заклинаѭ тѧ о велицѣи силѣ вьседръжителıа бога *Супр 122, 1* ● *при указании на предмет, лицо, с помощью которого что-л. делается твор. без предлога*: о кънѧзи бѣсъ ıзгонитъ бѣсы *Мт 9, 34 Зогр Мар Ас Сав*; видѣхомъ етера • о ıмени твоемь ıзгонѧшта бѣсы *Мк 9, 38 Зогр* (именемъ твоимь *Мар Ас*); аште же соль обоуѣетъ • о чемь оубо осолитъ сѧ *Л 14, 34 Зогр Мар*; моıа вса твоıа сѫтъ • и твоıа моıа • и прославлѭ сѧ о нихъ *Л 17, 10 Сав 26б 2* (вь нихъ *Зогр Мар Ас, Сав 167б 12*) **6.** *при обозначении причины* из-за, ради, за (*с вин.*) pro, za (*с вин.*), kvůli: славѧште б⟨ог⟩а • о всѣхъ ѣже слышашѧ *Л 2, 20 Зогр Мар Ас* (2) (отъ вьсѣхъ *Сав* (2); ıродъ... обличаемъ ıмь • о ıродьѣдѣ женѣ братра своего *Л 3, 19 Зогр Мар*; о добрѣ дѣлѣ не мештемъ каменıѣ на тѧ *И 10, 33 Зогр Мар Ас*; о семь вѣроуемъ • ѣко отъ б⟨ог⟩а еси ıшьлъ *И 16, 30 Зогр Мар Ас Сав* (2); створі оубо прѣжде • о немьже жрътва прінесена быс⟨тъ⟩ *Клоц 9а 27* (кего дѣлма *Супр 423, 6*); тъ прослав(и) бога о вьсѣхъ чоудесехъ • ѭже сътв(о)ри *Супр 203, 5* **7.** *при обозначении цели* к k: си болѣзнь нѣстъ къ съмръти нъ о славѣ б⟨о⟩жии *И 11, 4 Мар Ас Сав* (къ славѣ *Зогр*); ѡ съхраненьи намъ • бес колѣбаниѣ • вь вѣрѣ... г⟨оспод⟩ю помоли(мъ сѧ) *Евх 60а 9* ● *также с инф.*: егда пріближьѫтъ сѧ на мѧ зълобоуѭштеи о сънѣсті плътеі моіхъ *Пс 26, 2 Син*; ѡ дароватн сима и намъ • в'сѣ прошениѣ... г⟨оспод⟩ю ⟨помолимъ сѧ⟩ *Евх 96 15*; ѡ быти намъ храмоу • и жилицю • прѣс⟨вѧ⟩таго емоу д⟨оу⟩ха • г⟨оспод⟩ю помо⟨лимъ сѧ⟩ *Евх 60а 7.— Зогр Мар Ас Сав Охр Боян Ен Син Служ Киев Евх Клоц Супр Хил Рыл Зогр-лл*

О[2] *греч. артикль* (?) (2) [ѡ *Супр* (1)] ὁ (*в слав. языках нет*): не противи сѧ мьнѣ акы ониснї (= ὁ Νίσος) *Супр 48, 28*; благословьıенъ иже отъ бога богъ • ц⟨ѣса⟩рь славы • ѡ объоубожавъıи (= ὁ πτωχεύσας) своихъ си *Супр 326, 21*

о *межд. см.* ѡ

ОБ *предлог с вин.* (21) **1.** *при обозначении места; только в сочетании* о б о н ъ п о л ъ πέραν, ἀντιπέρα на другом берегу, за (*с твор.*) na druhém břehu, za (*с твор.*): пѫтъ морѣ об онъ полъ иордана *Мт 4, 15 Ас Сав Боян* (∅ *Зогр Мар*); ıже бѣ съ тобоѭ об онъ полъ иоръдана *И 3, 26 Мар* (на ономъ полоу *Ас*, ∅ *Зогр*) **2.** *при обозначении времени; только в сочетании* о б н о щ ь διὰ νυκτός; (об нощь быти διανυκτερεύειν) в течение ночи, всю ночь přes noc, během noci, celou noc: об ношть вьсѭ троуждьше сѧ • не ıахомъ ничьсоже *Л 5, 5 Зогр Мар Ас*; бѣ об ношть въ молитвѣ *Л 6, 12 Зогр Мар.— Зогр Мар Ас Сав Боян*

ОБА, *ж, с* обѣ *числ. колич.* (>100) [ѡба *Зогр* (1) *Мар* (1)] οἱ δύο, ἀμφότεροι, ἑκάτερος оба oba: слѣпъ же слѣпьца аште водитъ • оба въ ѣмѫ въпадета сѧ *Мт 15, 14 Зогр Мар*; абие цѣлоуетъ п⟨о⟩пъ оба братра *Евх 11а 2*; обѣма рѫкама кего имъша за обѣ полѣ ризьнѣи *Супр 187, 7* ◆ о б а н а д е с ѧ т е οἱ δώδεκα (все) двенадцать (všech) dvanáct: ѡбѣма же на десѧте апо⟨сто⟩лома • ıмена сѫтъ си *Мт 10, 2 Зогр Мар.— Зогр Мар Ас Сав Охр Евх Клоц Супр.— Ср.* дъва, обои

ОБАВАТИ, -ваѭ, -ваıеши *несов.* (2) ἐπᾴδειν, φαρμακεύειν заклинать zaříkávat, zaklínat: ѣже не оуслышитъ гласа обаваѭщаго • отъ прѣмѫдра обавьника обаваема *Пс 57, 6 Син.— Ср.* заклинати

ОБАВИТИ, -влѭ, -виши *сов.* (9) **1.** φανεροῦν, ἀποκαλύπτειν явить, открыть zjevit, odhalit: кгда хоштетъ богъ обавити свѧтъıимь своимъ • то пророци сѫтъ *Супр 283, 21*; ты оубо иже на тебѣ даръ съкры отъ мене • господь же мои обави *Супр 287, 30* **2.** ἐπιδεικνύναι, ἀποφαίνειν проявить, показать dát najevo, projevit, ukázat: словесемъ покааньıе обавиъ *Супр 526, 22*; г⟨оспод⟩ь нашь вьсѫ обави кротость *Супр 545, 19.— Супр 287, 12; 514, 5; 521, 1; 524, 9; 542, 16*

ОБАВЛІАТИ, -ıаѭ, -ıаıеши *несов.* (3) **1.** κατηγορεῖν открывать, делать явным odhalovat, prozrazovat: ѫтроба мѧ прѣдаıе • дѣтиштъ мѧ обавьıаıе въ ѫтробѣ скачѧ *Супр 242, 4* **2.** συμπαθεῖν (!) проявлять, показывать dávat najevo, projevovat, ukazovat: в'сѣмъ дивити сѧ... величаѭштемъ б⟨ог⟩а • болштиими сѧ кего своѭ крѣпость обавьıаѭштааго *Супр 566, 17-18*; ты и нынѣ вл⟨ады⟩ко •

ѡбавлѣѩ немощемъ нашимъ • бл⟨а⟩г⟨осло⟩ви вино се *Евх 20а 1.— Ср.* авлıати, обличати

ОБАВЛЮНИЮ, -нıа *с* (2) **1.** ἀποκάλυψις откровение zjevení, odhalení: отъ обавьѥньıа б⟨о⟩жиıа к ѣемоу пришьли сѫтъ *Супр 530, 21* **2.** ὀπτασία явление, видéние zjevení, vidění: томоу отъ аггельска обавьѥниıа обличеноу бывъшоу • възвѣсти ки глаголѧ *Супр 299, 13-14.— Ср.* авлѥник

ОБАВЬНИКЪ, -а *м* (1) φαρμακός заклинатель, колдун zaklínač, kouzelník: ѥже не оуслышитъ гласа обаваѭщаго • отъ прѣмѫдра обавьника обаваѥма *Пс 57, 6 Син.— Ср.* влъхвъ, чародѣи

ОБАДИТЕЛЬ, -лıа *м* (2) κατήγορος, κατήρ (!) обвинитель žalobce: кда како бе сѣмене дѣтиштоу обадитель (*ошибочно вм.* отьць) бѫдѫ • нѣ никтоже дѣтиштѹ обадитель *Супр 240, 17 и 18.— Ср.* клеветарь, обличитель, обличьникъ

ОБАДИТИ, обаждѫ, обадиши *сов.* (2) διαβάλλειν оклеветать, (ложно) обвинить pomluvit, (neprávem) obžalovat: нѣкотории отъ влъхвъ • обадишѧ свѧтаıа *Супр 256, 24.— Супр 221, 10.— Ср.* оклеветати

ОБАЖДЕНИЮ, -нıа *с* (1) συκοφαντία ложное обвинение, клевета křivé nařčení, pomluva: обаждениѥмъ госпождѧ си вь тьмницѫ въврьженъ бystъ *Супр 367, 7-8.— Ср.* клевета, оклеветаник

ОБАЧЕ *союз и нареч.* (98) **I.** *союз* **1.** о б а ч е, н ъ о б а ч е, о б а ч е о у б о, о б а ч е т о *присоединительный* (*с противительным оттенком*) πλήν, ὅμως; (нъ обаче ἀλλ' ὅμως, ὅμως, ἀλλὰ μέν; обаче оубо γοῦν, ὅμως μέντοι; обаче то ὅμως) однако, но, но все-таки avšak, přesto však: о⟨тъ⟩че мои • аште възможьно естъ • да мимо ıдетъ отъ мене чаша си • обаче не ѣкоже азъ хоштѫ • нъ ѣкоже ты *Мт 26, 39 Зогр Мар Ас Сав; Евх 47а 8; Супр 383, 4*; се дахъ вамъ власть • настѫпати на змьıѧ... обаче о семь не радоуıте сѧ • ѣко бѣси вамъ повиноуѭтъ сѧ • радоуıте же сѧ • ѣко ıмена ваша напсана сѫтъ на н⟨ебе⟩с⟨е⟩хъ *Л 10, 20 Зогр Мар Ас* (2) *Сав* (2); сего ради не можахѫ вѣровати • ѣко пакы рече ıсаıѣ... обаче оубо ı отъ кънѧзь • мнози вѣровашѧ вь ѣего *И 12, 42 Зогр Мар Ас*; разгнѣвашѧ же сѧ тьмничьнии стражик • и... вьведошѧ ихъ паче вьнѫтрь... обаче оубо и вь темницѫ мнози отъ страны прихождаахѫ • оувѣштати хотѧште *Супр 134, 14*; кто ѥстъ довьленъ словесы исповѣдати • того добьѥсти и троуды... обаче то понѣ мало отъ начѧтъкъ съповѣмъ блаженааго сего • благоизволениıа *Супр 274, 4*; коѥѧ дѣльма вины повѣдите ми ѡ жидове сьвѣтъ сътвористе на ѣего • нъ они обаче срамьıаѭтъ сѧ глаголати *Супр 402, 23* **2.** о б а ч е, о б а ч е н ъ *противительный* πλήν, μέντοι; (обаче нъ μέντοι) но ale, však: дъштери е⟨роуса⟩л⟨и⟩м⟨ь⟩скы • не плачите сѧ о мнѣ • обаче себе плачите сѧ *Л 23, 28 Зогр Мар*; ı приде прѣжде къ гробоу • ı приникъ видѣ ризы лежѧштѧ • обаче не вьниде *И 20, 5 Мар*, обаче нъ *Ас* (∅ *Зогр*) ● *с оттенком ограничения* πλήν но только ale jen: къ тебѣ не прıстѫпıтъ • обаче очима своима съмотриши • ї въздание грѣшьникомъ оузьриши *Пс 90, 8 Син* **3.** *вводит главное предложение после уступительного*: а щ е (и)... (н ъ) о б а ч е, и д е... о б а ч е εἰ καὶ... ὅμως, εἰ καὶ... ἀλλ' ὅμως, εἰ καὶ... ἀλλ' οὖν γε, μέντοιγε... πλήν если и... (но) все-таки i když... přesto: їде оубо образомъ ходитъ чл⟨о⟩в⟨ѣ⟩къ • обаче всоуе мѫтитъ сѧ *Пс 38, 7 Син*; аште бо и акы чловѣкъ поплъзъ сѧ паде • обаче • акы чловѣкъ исповѣда сѧ *Супр 354, 25*; аште и сьребро повръже жидомъ... обаче не вьста ни въсплака сѧ *Супр 363, 1*; аште и льжа и непрѣпьрива словеса глаголемаıа • нъ обаче же... тако же и о семъ быша глаголали *Супр 441, 3* **II.** *нареч.* **1.** о б а ч е, н ъ о б а ч е πλήν, ὅμως, πάντως δέ ведь vždyť, přece: обаче соуетьнı с⟨ы⟩н⟨о⟩ве чл⟨о⟩в⟨ѣ⟩чıı *Пс 61, 10 Син*; обаче вѣсте ѥлико вас исκоусисте зимѫ • ıако тѧжекъ ѥстъ образъ тоѩ мѫкы *Супр 89, 10*; нъ обаче и тѫ самѫ крьвь ѭже пролиıашѧ • на сьпасеник пролиıавъшиимъ дастъ *Супр 422, 15* (нъ вьсѣко *Клоц 9а 3*) **2.** о б а ч е, н ы н ѣ о б а ч е τέως; (нынѣ обаче ἐν τῷ τέως) пока zatím: обаче ѥдинъ ти сынъ разорихъ • обаче народа свободихъ твоıеѩ пакости • ѥште мало и отъвьсѧдоу тѧ разорѫ *Супр 512, 17 и 18*; азъ же нынıа обаче съ милостиѭ ти прıхождѫ... исповѣждъ оубо ıако сѫтъ бози истиньнии *Супр 148, 14.— Зогр Мар Ас Сав Син Евх Супр*

ОБЕТЪШАТИ, -аѭ, -аѥши *сов.* (11) [обътъша- *Син* (1), обьветьша- *Супр* (1), обедъша- *Ен* (1)] παλαιοῦσθαι обветшать, стать ветхим zestárnout, zvetšet: вьсѣ ѣко різа обетъшаѭтъ *Пс 101, 27 Син; Евр 1, 11 Ен* (2); како ветъхы законъ обетъша • како новы извѣштаѥтъ сѧ *Клоц 13б 2; Супр 450, 10-11.— Пс 6, 8 Син; 17, 46 Син; 31, 3 Син; 48, 15 Син; Евх 5а 21-22; Супр 231, 12-13.— Ср.* заматорѣти, състарѣти сѧ

ОБЕТЪШИТИ, -шѫ, -шиши *сов.* (1) παλαιοῦν состарить učinit starým: грѣхъ • въ моѭ капь сътворенааго обетъши *Супр 247, 17*

о б е щ ь н и к ъ *см.* обьщьникъ

ОБИДА, -ы *ж* (8) πλεονεξία (!); (обидѫ ненавидѣти ἀδικεῖσθαι) несправедливость, обида; вред, ущерб křivda, bezpráví, nepravost; újma, škoda: помышлениѥ зълаѥ ıсходѧтъ... татьбы • обиды • лѫкавьства *Мк 7,*

22 Зогр Мар; тѣснꙑхъ же тѣхъ вратъ • і скръбънааго пѫти • се сѫтъ дѣла... прѣтрьпѣние обидъı • нищелюбие *Евх 69б 25*; чловѣци єдначе обидѫ ненавидѧште *Супр 126, 28* ◆ о б и д ѫ т в о р и т и / с ъ т в о р и т и ἐπηρεάζειν, ἀδικεῖν совершать/совершить несправедливость, наносить/нанести обиду, ущерб dopouštět se/dopustit se bezpráví, škodit/poškodit: молите сѧ за творѧштѧѩ вамъ обидѫ *Л 6, 28 Зогр Мар*; кѫѭ обидѫ намъ сътворивъше • тако мѫчиши • и прѣбꙑвааши бию *Супр 50, 4*; о б и д ѫ п р и ѩ т и ἀδικεῖσθαι потерпеть несправедливость, обиду, ущерб utrpět bezpráví, újmu: о мрьтвѣ молѭ • отъ вьсѣхъ обидѫ приим'шѹ *Супр 455, 14.— Ср.* врѣдъ, неправьда, обидьливьство, пакость

ОБИДЬЛИВЪ, -ꙑи *прил.* (4) [обидлив- *Ен* (1)] ἄδικος, πικρός (!) несправедливый, причиняющий вред nespravedlivý, páchající nepravosti: дъждитъ на правьдьнꙑѩ • и обидьливꙑѩ *Мт 5, 45 Сав* (неправьдънꙑ *Зогр Мар*, неправедънꙑѩ *Ас*); не обидливъ бо б⟨ог⟩ъ (заб)ꙑти дѣ(ла) вашего *Евр 6, 10 Ен*; не любодѣі бо ні клеветьниці • ні обідьливі ц⟨ѣ⟩с⟨а⟩р⟨ь⟩ствие б⟨о⟩жие наслѣдъствоуѭтъ *Клоц 2а 37* (*1 Кор 6, 10*).— *Супр 460, 7-8.— Ср.* неправьдьнъ

ОБИДЬЛИВЬСТВО, -а *с* (1) *греч. нет* несправедливость nespravedlivost, špatnost: бѫди... въ обидьливъства мѣсто • нищелюбець *Евх 70б 11-12*

ОБИДѢТИ, обиждѫ, обидиши *сов./несов.* кого чимь (23) **1.** ἀδικεῖν, συκοφαντεῖν, διασείειν, ἀποστερεῖν обидеть/обижать *кого-л.*, повредить/вредить *кому-л.*, поступить/поступать несправедливо *с кем-л.* ukřivdit/křivdit, ublížit/ubližovat, uškodit/škodit *někomu*: аште есмь кого чимь обидѣлъ • възвраштѫ четворицеѭ *Л 19, 8 Зогр Мар* (оуобідѣлъ *Ас*); никогоже обидите • ни оклеветаіте *Л 3, 14 Зогр Мар Ас Сав*; сѫди г⟨оспод⟩і • обидѧщіімъ мѧ *Пс 34, 1 Син* **2.** *несов.* καταφρονεῖν, πάρεργον ἐργάζεσθαι презирать *кого-л.*, *что-л.* пренебрегать *кем-л.*, *чем-л.* pohrdat *někým, něčím*, přehlížet *někoho, něco*: тоу въскочи вь нь диꙗволъ • не пльть обидѧ господьнѫ • нъ стоудъ обидѧ июдинъ *Супр 421, 3 и 4*; июда обидѣ покаание *Супр 362, 28.— Зогр Мар Ас Сав Син Евх Клоц Супр.— Ср.* врѣдити, небрѣщи, прѣобидѣти, оуобидѣти, пакость (пакость сътворити, творити)

ОБИЛИЕ, -ия *с* (9) εὐθηνία, ἀφθονία, πιότης, πλησμονή изобилие, обилие, избыток hojnost, nadbytek: оупиѭтъ сѧ отъ обіліѣ домоу твоего *Пс 35, 9 Син*; ꙗко имѣниꙗ обилие бѣаше въ манастꙑри *Супр 557, 24-25* ▭ о б и л и е м ь *тв. ед. в знач. нареч.* слишком много zbytečně mnoho: да без оума оубо обилиемъ бесѣдоуѭши ѡ чловѣчине *Супр 365, 13.— Пс 29, 7 Син; 77, 25 Син; 121, 6 и 7 Син; Супр 92, 29; 365, 6.— Ср.* гобино, гобьзие, избꙑтъкъ; обилиемь *см.* лихо, излиха

ОБИЛО *нареч.* (3) ἀφθόνως в изобилии, обильно hojně: тѣлесънаа трѣбование обило подаваи *Евх 83б 3*; обило ꙗждъ *Супр 558, 6.— Супр 530, 25.— Ср.* обильнѣ

ОБИЛОВАТИ, -лоуѭ, -лоуеши *несов.* чимь (1) *греч. нет* изобиловать, иметь в изобилии oplývat, mít hojnost: дажди рабоу твоемоу семоу водѫ... да обилоуѭще еѭ • тебѣ славѫ въсылаемъ *Евх 21б 8-9.— Ср.* гобьзевати, гобьзьствовати, избꙑтъчьствовати, изобиловати

ОБИЛЪ, -ꙑи *прил.* (1) δαψιλέστερος обильный hojný: да и обило дарование приимете *Супр 496, 26.— Ср.* богатъ, изобильнъ, обильнъ

ОБИЛЬНЪ, -ꙑи *прил.* (1) δαψιλής обильный hojný: имѣахѫ бо масло не обильно *Супр 370, 27-28.— Ср.* богатъ, изобильнъ, обилъ

ОБИЛЬНѢ *нареч.* (1) δαψιλῶς обильно, в изобилии hojně: сьде же и не на оуспѣхъ сѫштаꙗ (! *вм.* сѫштааго) • и (не) обильнѣ трѣбоуѭштиимъ сѫштаꙗ истьштаѭштоу (! *вм.* истьштаѭштааго) *Супр 370, 25-26.— Ср.* обило

ОБИМАТИ, ОБЬМАТИ, обемлѭ, обемлеши *и* обимаѭ, обимаеши *несов.* (10) [*в наст. вр.* обьем- *Зогр* (1) *Ас* (1) *Супр* (2), *основа инф.* обьм- *Супр* (2)] **1.** περιπλέκειν обнимать objímat: обьемъ (! *вм.* обьемьемъ) тѣло твое *Супр 513, 2* **2.** συλλέγειν, τρυγᾶν, δρέπειν собирать, снимать, убирать obírat, očesávat, sklízet: еда обемлѭтъ отъ трънѣ грознꙑ *Мт 7, 16 Мар*, обьемлѭтъ *Зогр*, обьемлетъ *Ас*; цвѣтъ обьмавъше *Супр 335, 7.— Л 6, 44 Зогр Мар; Пс 79, 13 Син; Супр 385, 21-22; 396, 3.— Ср.* чесати

ОБИНОВАТИ СѦ, -ноуѭ сѧ, -ноуеши сѧ *несов.* (25) **1.** н е о б и н о в а т и с ѧ (не обиноуѩи сѧ παρρησίᾳ) поступать, говорить прямо, открыто, без обиняков jednat přímo, bez okolků, bez váhání: не обиноуѩ сѧ слово г⟨лаго⟩лааше *Мк 8, 32 Зогр Мар*; дльженъ естъ вьсѣкъ кназъ не обиноуѩ (сѧ) вьсѣхь • іже подъ властьѭ емоу... проповѣдати *Клоц 2а 9-10* ● *перен.*: огнемь не обиноуѭщемь сѧ • імать искоусити дѣло твое *Евх 88б 22-23* **2.** о б и н о в а т и с ѧ л и ц ь, л и ч е с ъ (*род. мн.*) πρόσωπα λαμβάνειν лицеприятствовать brát ohled, stranit: лиць грѣшьничь обиноуете сѧ *Пс 81, 2 Син.— Зогр Мар Ас Сав Син Евх Клоц*

ОБИНѪТИ СѦ, -нѫ сѧ, -неши сѧ *сов.* (3): н е о б и н ѫ т и с ѧ παρρησιάζεσθαι; (не обинꙑ сѧ παρρησίᾳ) поступать открыто, сказать прямо, не обинуясь jednat přímo, bez okolků: рече имь і⟨соу⟩с⟨ъ⟩ не обинꙑ сѧ *И 11, 14 Сав* (не обиноуѩ сѧ *Зогр Мар Ас*); б⟨ог⟩ъ мьсти не обинѫлъ сѩ естъ *Пс 93, 1 Син.— Пс 11, 6 Син*

ОБИСКАТИ[1], обискѫ *и* обищѫ, обищеши *сов.* (13) ψηλαφᾶν осмотреть, убедиться (на ощупь), ощупать ohledat, ohmatat, dotykem zjistit: обискахъ и зьрѣахъ рѫкѫ же пльть дрьжаахъ *Супр 511, 19*; потъкъ копьѥ вь земи • и тѫ имъ и обискавъ • ничсоже обрѣтъ носѧштѫ *Супр 559, 21* ▭ обисканъ *в знач. прил.* ψηλάφητος; (не обисканъ ἀψηλάφητος) осязаемый hmatatelný: обискаѭште • не обискана хвалимъ ѥго *Супр 499, 9.— Супр 499, 3; 499, 4; 504, 5* (2), *504, 13; 506, 8; 510, 18; 512, 1-2; 512, 9; 512, 12.— Ср.* осѧгнѫти, осѧѕати

ОБИСКАТИ[2], -аѭ, -аѥши *несов.* (1) ψηλαφᾶν осматривать, ощупывать ohledávat, ohmatávat: сего ради обискаѭште • не обискана хвалимъ ѥго *Супр 499, 9.— Ср.* осѧѕати

ОБИТАТИ, -аѭ, -аѥши *сов./несов.* (3) παροικεῖν, οἰκεῖν поселиться/поселяться, осесть, жить, обитать, пребывать usídlit se/usídlovat se, usadit se/usazovat se, ubytovat se, bydlit, přebývat, dlít: къто обітаетъ въ жілішті твоимь (*! вм.* твоемь) *Пс 14, 1 Син*; обита въ гробѣ не оставлїи прѣстола отьча *Супр 459, 8*; ѡбьѩсѩ мѩ... ѣко скоуменъ обітаѩ во съкровіштіхъ *Пс 16, 12 Син.— Ср.* витати, въселити, въселѣти, жити

ОБИТИ[1], обидѫ, обидеши *сов.* (28) **1.** κυκλοῦν, περικυκλοῦν, ἐπέρχεσθαι (!) окружить obklíčit: обидѫ же і юдѣи *И 10, 24 Зогр Мар Ас*; обложѧтъ врази твоі • острогъ о тебѣ • і обидѫтъ тѧ *Л 19, 43 Зогр Мар*; ізгонѩштеі мѩ нынѣ обідѫ мѩ *Пс 16, 11 Син* **2.** вьсе лѣто обидꙑ *лат. нет* круглый год celý rok: мьшѣ на вьсѩ дьні вьсего лѣта обідѫцѣ *Киев 2б 9.— Зогр Мар Ас Син Киев Супр.— Ср.* огрѧсти

ОБИТИ[2], обиѭ, обиѥши *сов.* (13) ἐντυλίσσειν, ἐνειλεῖν, σπαργανοῦν, δεῖν обернуть, обвить ovinout, zavinout: іспроси тѣло і⟨соу⟩с⟨о⟩во • і съньмъ е обитъ поп҇ѣвицеѭ *Л 23, 53 Зогр Мар*; сь воньами многоцѣньнꙑими • обив'ше... положиша... ѥго тѣло въ томъ гробѣ *Супр 532, 6.— Мт 27, 59 Зогр Мар Ас; Мк 15, 46 Зогр Мар Ас; Л 2, 7 Ас; И 19, 40 Зогр Мар Ас.— Ср.* повити

ОБИТѢЛЬ, -и *ж* (21) κατάλυμα, μονή, κατασκήνωσις жилище, жилье příbytek, obydlí: і роди с⟨ꙑ⟩нъ свои прьвѣнецъ • і повитъ і • і положи и вь ѣслехъ • зане не бѣ има мѣста въ обитѣли *Л 2, 7 Мар Ас Сав* (мѣста обитѣльна *Зогр*) ● *греч. нет* келья, скит poustevna: вь днехъ же тѣхъ начѧша страннії приходити къ обитѣли ѥго *Супр 548, 25.— Зогр Мар Ас Сав Евх Супр.— Ср.* жилище

ОБИТѢЛЬНЪ, -ꙑи *прил.* (4) τοῦ κατοικητηρίου, τῆς κατοικεσίας, ἐν τῷ καταλύματι жилой, (годный) для жилья obyvatelný, (vhodný) k obývání: въніті въ градъ обитѣльнъи *Пс 106, 7 Син*; не бѣ іма мѣста обитѣльна *Л 2, 7 Зогр* (въ обитѣли *Мар Ас Сав*).— *Пс 106, 4 Син; 106, 36 Син*

ОБЛАГАТИ, -гаѭ, -гаѥши *несов.* (2) περιβάλλειν обкладывать, окружать obkládat, obklopovat: подобітъ сѧ і сімъ слънъце • дъневънꙑмь сѧ свѣтомь облагаѩ *Клоц 10а 2.— Евх 88а 19*

ОБЛАДАНИѤ, -ниѩ *с* (2) (обладаниѥ вражиѥ ἐχθρόκρατον) владение, обладание, владычество ovládání, vláda: зьри оубо даѭщааго тебѣ власть • обладанью *Евх 82б 2*; бога отъ тѫждоу молѩахѫ • из'бавьѥниѩ просѧште... обладаниѩ вражиѩ *Супр 461, 18.— Ср.* власть, область

ОБЛАДАТИ, -аѭ, -аѥши *несов.* цѣмь, чимь *или без доп.* (27) ἡγεμονεύειν, ἐξουσιάζειν, κατεξουσιάζειν, δεσπόζειν, ἡγεῖσθαι, κληρονομεῖν, κυριεύειν, κατακυριεύειν владеть, обладать (властью), править ovládat, vládnout, panovat: въ пѧтое же на десѧте лѣто • владꙑчьства • тиверьѣ кесарѣ • обладаѭштю пѫн'тьскоумоу пилатоу • іюдееѭ *Л 3, 1 Зогр Мар Ас Сав Боян*; вл⟨адꙑ⟩ко б⟨о⟩же... ѡбладаѩи в'сеѭ твариѭ *Евх 93а 18-19*; вьсе ми лѣтъ естъ • нѫ не азъ обладанъ бѫдѫ • отъ кого *1 Кор 6, 12 Ен*; ї обладаетъ отъ морѣ і до морѣ *Пс 71, 8 Син.— Зогр Мар Ас Сав Боян Ен Син Евх Клоц Супр.— Ср.* власти

ОБЛАЖЕНИКЪ, -а *м* (1) μακαρίτης блаженный, святой blahoslavený, světec: обрѣте облаженика савѫ *Супр 283, 7.— Ср.* блаженикъ, блаженъ, облаженъ

ОБЛАЖЕНИѤ, -ниѩ *с* (1) μακαρισμός блаженство blahoslavenství: блажени бо иже не видѣвъше ти вѣроваша • облажение бо то на нꙑ прѣидетъ *Супр 506, 11.— Ср.* блажениѥ

ОБЛАЖЕНЪ, -ꙑи *прил.* (2) μακάριος блаженный blahoslavený, blažený: вѣсте сами... съказаниѥ облаженааго даоуида *Супр 359, 14.— Супр 508, 3.— Ср.* блаженъ

ОБЛАЗНИТИ СѦ, облажнѭ сѧ, облазниши сѧ *сов.* (1) ἀποκνεῖν уклониться, сойти с правильного пути sejít se správné cesty *перен.*: да никакоже облазнивъше сѧ отъ своѩ вѣрꙑ отъпадѫтъ *Супр 58, 9.— Ср.* съблазнити

ОБЛАКЪ, -а *м* (67) νεφέλη, νέφος облако, туча oblak; mrak: бꙑс⟨тъ⟩ же облакъ осѣн҇ѣѩ ѩ *Мк 9, 7 Зогр Мар*; темьна вода въ облацѣхъ аєрънꙑхъ *Пс 17, 12 Син* ● *перен.*: облакъ поганскъ разорити *Ен 36б 11.— Зогр Мар Ас Сав Ен Син Евх Клоц Супр*

ОБЛАСТЬ, -и *ж* (59) **1.** ἐξουσία власть, правление vláda, moc: бѫди область имꙑ • надъ десѧтиѭ градъ *Л 19, 17 Зогр Мар Ас* ● мощь, сила moc, síla: имѣти область • цѣлити недѫгꙑ • и изгонити бѣсꙑ *Мк 3, 15 Зогр Мар* ● право právo: їмамъ олтаръ ѿт⟨ъ⟩ нег(оже) не имѫтъ области.. слоужѧще скинї *Евр 13, 10 Ен* **2.** περίχωρος, ἐπαρχία, τὰ ὅρια область, край, территория oblast, kraj, území: вьсели сѧ въ каперьнаоумъ • на поморие • въ область завулонѧ • и невъф'талимл҃ѧ *Мт 4, 13 Зогр* (въ прѣдѣлѣхъ завьлонихъ *Ас*, вь прѣдѣлѣ (*! вм.* прѣдѣлѣхъ) заѹлонихъ *Сав*); да покает' сѧ • въ инои области *Евх 102а 9;* въ всѣхъ областехъ и странахъ и мѣстѣхъ • жрътви и трѣбꙑ творити *Супр 147, 24.— Зогр Мар Ас Сав Боян Зогр-пал Ен Син Евх Клоц Супр.— Ср.* власть, обладание

ОБЛАСТЬНО *нареч.* (1) *греч. нет* решительно, властно s mocí, mocně, důrazně: г⟨оспод⟩ь областьно пр⟨оро⟩комь рече *Евх 82б 6-7*

о б л а ч а т и (?) *Л 8, 27 Зогр Мар Ас Сав; Пс 34, 13 Син см.* облачити

ОБЛАЧИТИ, -чѫ, -чиши *несов.* (14) ἐνδύειν одевать, облачать odívat, oblékat: облачитъ и п⟨о⟩пъ *Евх 96б 21* □ о б л а ч и т и с ѧ въ чьто ἐνδύεσθαι, περιβάλλεσθαι одеваться, облачаться odívat se, oblékat se: вь ризѫ не облачааше сѧ *Л 8, 27 Зогр Мар Ас Сав*; облачаахѫ сѧ въ врѣтище *Пс 34, 13 Син.— Мк 6, 9 Зогр Мар; Л 16, 19 Зогр Мар Ас Сав; Пс 108, 19 Син; Евх 96б 22-23*

ОБЛАЧЬНЪ, -ꙑи *прил.* (1) τῆς νεφέλης облачный, тучи *род.* oblakový, mraku *род.*: въ стлъпѣ облачьнѣ г⟨лаго⟩лаше къ нимъ *Пс 98, 7 Син*

ОБЛАЧЬЦЬ, -а *м* (1) *греч. нет* облачко obláček: облачьцъ малъ ꙗви сѧ надъ народомъ *Супр 568, 16-17*

ОБЛАШЬ, -ии *прил.* (3) *в знач. сущ.* λαϊκός, κοσμικός мирянин laik: съшедъше сѧ попове же и клирици • облаши же и чрьноризьци *Супр 219, 20*; ꙗкоже... к н҄емоу приходити • и клиросникомъ и многꙑимъ облашимъ *Супр 519, 10.— Супр 532, 5-6.— Ср.* людинъ, облашьскъ

ОБЛАШЬСКЪ, -ꙑи *прил.* (1) *греч. нет* мирской laický: въ облашьстѣмъ образѣ сꙑ • въ кротости... видимъ бѣаше прѣбꙑваѩ присно *Супр 544, 24.— Ср.* облашь

ОБЛЕЖАТИ, -жѫ, -жиши *несов.* о чемь (2) ἐπικεῖσθαι, περικεῖσθαι лежать вокруг, облежать ležet kolem, obepínat: прикоснѫ сѧ веригах' • облежѧштиихъ о вꙑи кю *Супр 182, 7.— Супр 105, 18*

ОБЛЕЩИ, облагѫ, облажеши *сов.* (5) μένειν переночевать, остаться ночевать přenocovat, zůstat přes noc: облѧѕи съ нама ѣко при вечерѣ естъ... и вьниде съ нима облешть *Л 24, 29 Мар Ас*, облѧзи (*второго глагола нет*) *Зогр*

ОБЛИВАТИ, -аѭ, -аеши *несов.* (1) προσχεῖν обливать, поливать polévat, zalévat: тълаштимъ нечестьꙗ отъ зѫбъ обливаѭтъ (ꙗдъмь) *Хил 2аβ 25*

ОБЛИЗАТИ, оближѫ, оближеши *несов.* (3) ἐπιλείχειν облизывать olizovat: п'си прихождаште • облизаахѫ гнои его *Л 16, 21 Зогр Мар Ас.— Ср.* лизати

ОБЛИСТВЬНѢТИ, -ѣѭ, -ѣеши *сов.* (1) φύλλοις κομᾶν покрыться листьями pokrýt se listím: вьси див҄ѣхѫ сѧ видѧште дѫба облиствьнѣвъша *Супр 18, 17*

ОБЛИХОВАТИ СѦ, -хоуѭ сѧ, -хоуеши сѧ *сов.* кого, чесо (1) ἀπαλλοτριοῦσθαι избавиться zbavit se: прьв(ꙑи) великъ • ꙗко г⟨оспод⟩ꙗ облихова сѧ • и братьнѧ чѧсти *Зогр-лл 1а 10.— Ср.* лишити

ОБЛИЧАТИ, -аѭ, -аеши *несов.* кого, чьто о чемь (23) **1.** ἐλέγχειν, στηλιτεύειν, ἀποφθέγγεσθαι, κατηγορεῖν обличать, уличать, разоблачать, обвинять usvědčovat, obviňovat: къто отъ васъ обличаетъ мѧ о грѣсѣ *И 8, 46 Зогр Мар Ас*; тоже ни ꙗвѣ его обличааше прѣдъ вьсѣми да не бестоудьнѣиша его сътворитъ *Супр 412, 21*; аште ли вѣтъскꙑ се • а не вѣрьно слꙑшиши • обличаѭтъ тѧ • недвижими печаті *Клоц 14а 37; Супр 452, 19* ● ἐλέγχειν укорять kárat: иродъ... обличаемъ имь • о иродьѣдѣ женѣ братра своего • и о вьсемь зълѣ *Л 3, 19 Зогр Мар* **2.** δηλοῦν (публично) показывать, проявлять (veřejně) ukazovat, projevovat, dávat najevo: авие вьстанѫ • обличаѩ иже из' мрътвꙑихъ вьскрьсение *Супр 141, 7.— Зогр Мар Ас Клоц Супр.— Ср.* авлꙗти, глаголати, зазьрати, обавлꙗти

ОБЛИЧЕНИЕ, -ниꙗ *с* (9) ἐλεγμός, ἔλεγχος обличение, обвинение usvědčení, obvinění: въ обличенихъ о безаконены показалъ еси ч⟨ло⟩в⟨ѣ⟩ка *Пс 38, 12 Син*; вь землѭ же въдрьженое копие въкорени сѧ • обличение сꙑ съгрѣшению неистрьгномо • на мѣстѣ съхранꙗемо • до д'нешьнꙗаго дьне *Супр 560, 24* ● ἐλεγμός возражение odmluva: бꙑхъ ѣко чл⟨о⟩в⟨ѣ⟩къ не слꙑшѧи • ї не имꙑ въ оустѣхъ своихъ обличеньѣ *Пс 37, 15 Син.— Евх 76б 13; Супр 194, 12; 237, 30; 394, 27-28; 560, 6; 560, 14*

о б л и ч е н ъ *Супр 360, 8-9 см.* облѣщи

ОБЛИЧИТЕЛЬ, -лꙗ *м* (3) κατήγορος, ἔλεγχος обвинитель, обличитель žalobce: ѡ разбоиниче петроу помоштъниче • июдѣомъ обличителю *Клоц 11б 11.— Клоц 11б 35-36; Супр 441, 12-13.— Ср.* клеветарь, обадитель, обличьникъ

ОБЛИЧИТИ, -чѫ, -чиши *сов.* (39) **1.** кого о чемь; чесо ἐλέγχειν, στηλιτεύειν обличить, уличить, разоблачить, обвинить usvědčit, dokázat vinu, obvinit: обличитъ всего мира о грѣсѣ *И 16, 8 Зогр Мар Ас Сав*; и не приходитъ къ свѣтоу • да не о(бли)чатъ сѧ дѣла его *И 3, 20 Мар Ас*; в'си о нихъже обличени бываѭтъ *Супр 127, 17* ● ἐλέγχειν укорить pokárat: аще же съгрѣшитъ къ тебѣ братръ твои • иди обличи и междю собоѭ и тѣмь единѣмь *Мт 18, 15 Мар Ас Сав*; г⟨оспод⟩и не ѣростиѭ твоеѭ обличи мене *Пс 37, 2 Син* ● δειγματίζειν отдать на позор vydat hanbě, pohoršení: иосифь же мѫжь еѩ... не хотѧ обличити еѩ *Мт 1, 19 Ас Сав Боян* **2.** δημοσιεύειν, δηλοῦν, δεικνύναι, φανεροῦν, πληροφορεῖν, ἀπελέγχειν, φανερὸν ποιεῖν публично показать, засвидетельствовать, проявить veřejně ukázat, projevit, dát najevo: обличи о мьнѣ силѫ божьства твоего вь сь часъ *Супр 22, 9*; прьвое ми обличи • како и сынъ вышьняаго и сынъ давидовъ *Супр 239, 8.— Зогр Мар Ас Сав Боян Син Евх Супр*

ОБЛИЧИЄ, -ия *с* (1) *греч. нет* образ, вид obraz, podoba: имѣѩ в' себѣ слово събезначяльно • въ обличьи своемь *Евх 67а 8.— Ср.* образъ

ОБЛИЧЬНИКЪ, -а *м* (1) ἔλεγχος обвинитель, обличитель žalobce: быхъ тепенъ вьсь день • и обличьникъ мои на оутрѣ *Пс 72, 14 Син.— Ср.* обадитель, обличитель, клеветарь

ОБЛИЯТИ, облѣѭ, облѣєши *сов.* (1) καταχεῖν облить oblít: облиѣлъ и еси стоудомь *Пс 88, 46 Син*

ОБЛОБЪЗАТИ, -бъжѫ, -бъжеши, *сов.* (1) καταφιλεῖν поцеловать políbit: правъда и миръ обобъзасте сѧ (*! вм.* облобъзасте сѧ) *Пс 84, 11 Син.— Ср.* облобызати

ОБЛОБЫЗАТИ, -бызаѭ, -бызаєши *и* -бъжѫ, -бъжеши *несов./сов.* (20) καταφιλεῖν целовать/расцеловать, поцеловать, облобызать líbat/zlíbat, políbit: власы главы своеѩ отираше • и облобызааше нозѣ его *Л 7, 38 Зогр Мар Ас*; оумиливъ сѧ отъ благодѣти нападе на выѭ его • и облобызаа и глаголааше *Супр 526, 12*; пришьдъ абье пристѫпь къ немоу г⟨лаго⟩ла • равви равви • и облобыза и *Мк 14, 45 Зогр Мар*; въ развръзениє великое пришъдъ • облобыза правьднаго главѫ и десницѫ *Супр 553, 23.— Зогр Мар Ас Боян Супр.— Ср.* лобъзати, облобъзати, цѣловати

ОБЛОЖИТИ, -жѫ, -жиши *сов.* кого, чьто чимь; чьто по чесомоу (11) τιθέναι, περιτιθέναι, περιεμβάλλειν обложить obložit: повелѣша принести трьстие • и расцѣпивъше на дьвое обложити по пльти емоу *Супр 270, 6*; обложатъ врази твои • острогъ о тебѣ *Л 19, 43 Зогр Мар* ● *перен.* περιβάλλειν окружить obklopit: да... невѣрьства гоубительнъмь обложитъ оустроениимь *Хил 2аβ 13* ● *перен.* (обложенъ быти περικεῖσθαι) покрыть, обернуть, одеть pokrýt, zahalit, obléci: пльтиѭ обложивъ свое б⟨о⟩ж⟨ь⟩ство *Евх 67а 17*; кротъкоѭ обложени кожеѭ *Хил 2аβ 20.— Мк 9, 42 Зогр Мар; Евр 5, 2 Ен; Супр 447, 6 и 7.— Ср.* облѣщи

ОБЛЪГАТИ, -аѭ, -аєши *несов.* (6) ἐνδιαβάλλειν ложно обвинять, бесчестить, клеветать křivě obviňovat, hanobit, pomlouvat: се дѣло облъгаѭщихъ мѧ къ г⟨оспод⟩ю *Пс 108, 20 Син*; облъгаемъ естъ • кънижъникы *Евх 49а 23-24.— Пс 37, 21 Син; 108, 4 и 20 Син; Евх 77а 2.— Ср.* оклеветати

ОБЛЬВАТИ СѦ, облюѭ сѧ, облюєши сѧ *сов.* (1) *греч. нет* испачкать (себя) рвотой pozvracet se: аще к'то заклинаетъ кого с⟨вѧ⟩тъıми • толи оупив'сѧ облюетъ • ѕ҃ти денъ да постит' сѧ *Евх 105а 18*

ОБЛЬГЪЧАВАТИ, -ваѭ, -ваєши *несов.* комоу отъ чесо; чьто (3) ἐπικουφίζειν, ἀντιλαμβάνειν (!) облегчать ulehčovat *někomu od něčeho*, činit lehkým *někomu něco:* мнѣ бо обльгъчаваетъ отъ мѫкъ х⟨ристо⟩с⟨ъ⟩ *Супр 4, 11*; х⟨ристо⟩соу обльгъчаваѭштоу мѫкы *Супр 183, 15.— Супр 180, 3*

ОБЛЬГЪЧАТИ, -аѭ, -аєши *сов.* комоу чьто (1) *греч. нет* облегчить ulehčit, učinit lehkým: обльгъча братоу томоу ратъ *Супр 276, 21.— Ср.* обльгъчити

ОБЛЬГЪЧИТИ, -чѫ, -чиши *сов.* (2) [облег- *Супр* (1)] ἐλαφρύνειν, ἐπικουφίζειν облегчить ulehčit, učinit lehkým: облегъчи тѧгости наша *Супр 77, 24-25.— Зогр-лл 2а 3-4.— Ср.* обльгъчати

ОБЛЬСТИТИ, обльщѫ, обльстиши *сов.* кого чимь (5) παγιδεύειν, ἀγρεύειν поймать в ловушку chytit do léčky *перен.*: съвѣтъ сътвориша на нъ да обльстатъ и словомь *Мт 22, 15 Мар Ас Сав* (*∅ Зогр*).— *Мк 12, 13 Зогр Мар.— Ср.* оуловити

обльчени *Супр 464, 1-2 см.* опльченик

ОБЛѢДѢТИ, -дѣѭ, -дѣєши *сов.* (2) ἀλλοιοῦσθαι побледнеть zblednout: оужаснѫша сѧ съматоша сѧ • облѣдѣша *Супр 466, 10.— Супр 466, 15*

ОБЛѢНИТИ СѦ, -нѭ сѧ, -ниши сѧ *сов.* (3) ὀκνεῖν, ἀδικεῖν (!) облениться, стать равнодушным zlenivět, stát se lhostejným: аште ли облѣнимъ сѧ и праздьни ходимъ сьде • то ник'тоже насъ не помилоуетъ *Супр 378, 11*; облѣнихомъ бо сѧ (*вм.* обидѣхомъ ?) дроузии же и прѣобидѣвъше • безаконик сътворихомъ *Супр 135, 20.— Супр 543, 22*

ОБЛѢЩИ, облѣкѫ, облѣчеши *сов.* кого, что въ что; чимь (>100) ἐνδύειν, περιβάλλειν, ἀμφιεννύναι, ἐνδιδύσκειν, περιτιθέναι, ἱματίζειν, κηδεύειν (!) одеть obléci: чьсо ꙇзидосте видѣтъ • ч⟨ловѣ⟩ка ли въ мѧкъкы ризы обльчена *Мт 11, 8 Зогр Мар Ас*; хламидоѭ чрьвеноѭ облѣкошѧ ꙇ *Мт 27, 28 Сав* (одѣшѧ *Зогр Мар Ас*); пакы облѣци мѧ *Евх 78б 17*; быстъ... видѣти юношѫ красъна стоѩшта прѣдь ними • облѣчена въ котъıгѫ льнѣнѫ • раздъранѫ отъ горы дожи и до долоу *Супр 187, 4* ● *перен.*: въ правъдѫ бѣ обличенъ (! *вм.* обльченъ) *Супр 360, 8-9* ▭ о б л ѣ щ и с ѧ περιβάλλεσθαι, ἐνδύεσθαι одеться, облечься obléci se: не пьцѣте сѧ д⟨оу⟩шеѭ что ѣсте • ни тѣломь въ что облѣчете сѧ *Л 12, 22 Зогр Мар*; обльклъ сѧ кси въ срамьнѫѩ кожьнѫѩ ризѫ *Супр 470, 7-8* ● *перен.*: въ лѣпотѫ сѩ облѣче *Пс 92, 1 Син* ● въ кого, въ что, въ образъ кого ἐνδύεσθαι, (μορφὴν) φορεῖν принять вид, образ, усвоить образ жизни *кого-л.* přijmout, vzít na sebe podobu, způsob života *někoho*: ѡ съвлѣщи сѧ емоу ветъхааго ч⟨ловѣ⟩ка • ꙇ облѣщи сѧ емоу въ новааго • създанааго по образоу б⟨о⟩жью • г⟨оспод⟩ю помо⟨лимъ сѧ⟩ *Евх 98б 12*; въ рабиї образъ сѧ облѣче *Супр 480, 9.— Зогр Мар Ас Сав Боян Ен Син Киев Евх Супр Рыл.— Ср.* одѣти

ОБЛЮБИТИ, -блѭ, -биши *сов.* (1) *греч. нет* полюбить, возлюбить oblíbit si, zamilovat si: хвалѭ тѧ... въшедъшааго въ храмъ домоу твоего • облюбльшааго жезлъ вѣры твоеѩ *Евх 36а 18.— Ср.* възлюбити

ОБНАВЛꙖТИ, -ꙗѭ, -ꙗкши *несов.* (5) ἀνανεοῦν обновлять obnovovat: брьньмь обнавьꙗше зѣници очию *Супр 473, 14* ● *перен.* обновлять, возрождать, оживлять obnovovat, obrozovat, oživovat: хоштетъ обънавьꙗти сыны чловѣчьскы *Супр 266, 16*; адамъ обнавлѣетъ сѧ • ꙇ евъга свобаждаетъ сѧ *Евх 2а 5.— Евх 69а 3; Супр 190, 22-23*

ОБНАЖАТИ, -жаѭ, -жакши *несов./сов.* (3) **1.** *несов.* γυμνοῦν обнажать, оголять obnažovat: видиши... оуже воиномь лѫштѫ обнажаѭмѫ *Супр 437, 25* **2.** *сов.* γυμνοῦσθαι стать нагим, оголиться, обнажиться stát se nahým, obnažit se: нъ аште ты адаме поманеши • кгда въ породѣ обнажа • когго дѫба листвик възьмъ... одеждѫ сътвори *Супр 347, 28* ● *перен.* отъ чесо лишиться *чего-л.* být zbaven *něčeho*: иже ищезошѧ въ соуетѣ дение наши • ѡбнажахомъ • ѡт⟨ъ⟩ отъвѣта *Евх 62а 23.— Ср.* обнажити, оголити

ОБНАЖЕНИѤ, -ꙗ *с* (2) γύμνωσις обнажение, нагота obnažení, nahota: обѣма рѫкама кго имъша за обѣ полѣ ризьнѣи • и закрываѭшта обнаженик свок *Супр 187, 8.— Супр 96, 26.— Ср.* нагость, нагота

ОБНАЖИТИ, -жѫ, -жиши *сов.* (8) γυμνοῦν обнажить, оголить obnažit: своѩ оученикы до поꙗса обнаживъ *Супр 432, 27*; ꙗкоже вьсеи пльти кго обнажити сѧ • и вьси прѣстоѩштии оужасьни бывъше *Супр 162, 7* ● *перен.*: в'сѣ бо обнажена сѫтъ прѣдъ очима б⟨о⟩жиима *Евх 68а 6* (*Евр 4, 13*).— *Супр 38, 21; 89, 8; 367, 13-14; 485, 23; 503, 25.— Ср.* обнажати, оголити

ОБНИЩАТИ, -аѭ, -акши *сов.* (5) πτωχεύειν, πιαίνειν (!) обеднеть, обнищать zchudnout: богати обнищашѧ и възлакашѧ *Пс 33, 11 Син* ● *перен.*: обништаѭтъ же грѣхъмі и неправъдами людье *Клоц 3а 4.— Пс 78, 8 Син; Супр 77, 21; 494, 77.— Ср.* ооубожати

ОБНОВИТИ, -влѭ, -виши *сов.* (16) ἀνακαινίζειν, ἐγκαινίζειν, ἀνανεοῦν возобновить obnovit: посълеші д⟨оу⟩хъ свої съзиждѫтъ сѩ • и обновиші лице земли *Пс 103, 30 Син*; да родитеѯ обличатъ безаконикꙗ • и вѣроуѭштиихъ обновѧтъ богопознаник *Супр 338, 16-17* ● *перен.* оживить oživit: д⟨оу⟩хъ правъ обнові въ жтробѣ моеі *Пс 50, 12 Син*; пакы обнови мѧ *Евх 78б 16*; тъ обновитъ мѧ силоѭ своѭѩ *Супр 269, 19* ▭ о б н о в и т и с ѧ ἀνακαινίζεσθαι возобновиться obnovit se: болѣзнъ моѣ обнови сѩ *Пс 38, 3 Син.— Син Евх Супр.— Ср.* оживити

ОБНОВЛЄНИѤ, -ꙗ *с* (3) καινότης, ἀνανέωσις обновление, возрождение obnovení, obnova, obroda: въстааши пакы въ об'новлении жизни хода *Хил 16β 14*; обновитъ мѧ • обновьюнимъ своимъ иже хоштетъ творити о насъ *Супр 268, 13.— Евх 68а 3.— Ср.* поновлѥник

ОБНОСИТИ, -ношѫ, -носиши *несов.* (1) περιφέρειν носить вокруг, обносить nosit kolem: вьсѧ тварь ꙗко и оба́занък повѣдь обноситъ *Супр 509, 18*

ОБНОЩЬНИЦА, -ѧ *ж* (1) παννύχιον всенощная celonoční bohoslužba: обноштьницѫ творишѧ въ намѣнѥнѣи цръкъви *Супр 208, 18*

ОБНОЩЬНЪ, -ьи *прил.* (1) *греч. нет* продолжающийся всю ночь, всенощный celonoční: въдавъ себе и обноштъноуоумоу стоꙗнью *Супр 548, 7-8.— Ср.* вьсеноцьнъ

о б о б ъ з а с т е с ѩ *Пс 84, 11 Син см.* облобъзати

ОБОГАТИТИ, -ащѫ, -атиши *сов.* (4) πλουτίζειν обогатить, одарить obohatit, obdařit: посѣтилъ еси землѩ (*! вм.* землѭ) и оупои ѭ оумножилъ еси обогатіті ѭ *Пс 64, 10 Син*; прѣвѣчьны ц⟨ѣса⟩ръ... ооубожавы въ своіхъ неоубожъно насъ ради • да ны обогатитъ *Клоц 16 1-2; Супр 326, 22-23.— Супр 498, 15*

ОБОГАЩАТИ, -щаѭ, -щаѥши *несов.* (1) πλουτίζειν обогащать obohacovat: да в'сѣмь обогащаѥми раби твои • і в'сь доволъ имѫще • ізбытъкоуѥмъ *Евх 126 16-17.— Ср.* богатити

ОБОИ, обоѩ, обоѥ *числ.* (19) ἀμφότεροι *мн.*, ἑκάτερος; (отъ обоихъ ἑκατέρωθεν) оба, обоих видов obojí, obojího druhu: вино ново въ мѣхы новы • въливати • і обоѥ съблюдетъ сѧ *Л 5, 38 Зогр Мар*; на тои трепезѣ обои бываѥте пастѣ • и образънаѩ и истинънаѩ *Супр 417, 29*; тъ ѥстъ господь обоимъ • акы отъ обоихъ • ѥдинѣмь гласомь съ отцемь и съ доухомь хвалимъ *Супр 322, 5.— Зогр Мар Ас Супр Зогр-лл.— Ср.* дъвои, оба

ОБОНѦТИ, -ѩѭ, -ѩѥши *сов.* (3) ὀσφραίνεσθαι *без доп.* обонять, почувствовать запахи ucítit vůni: ноздри имѫтъ и не обонѣѭтъ *Пс 113, 14 Син* ● чьто понюхать přičichnout, přivonět *k něčemu*: истин'ноѥ мѵро ѥже обонѩвъше мрьтвии въскрьсаѭтъ *Супр 425, 25.— Супр 104, 4-5*

ОБОРИТИ, -рѭ, -риши *сов.* (2) **1.** ἀνασκάπτειν разрушить, снести pobořit, zbořit: се поставьѩѭ тѧ дьнесь и корениѥ ископати • и пакы въсадити • оборити и пакы създати *Супр 357, 15* **2.** оборити сѧ на чьто *греч. нет* наброситься *на что-л.* vrhnout se *na něco*: на причаштениѥ никакоже не обораштоу сѧ • повръже себе прѣдъ ногама рабъ б⟨о⟩жии *Супр 524, 13.— Ср.* раздроушити, разорити, сънорити

ОБОѨКО *нареч.* (1) τὸ συναμφότερον в обоих случаях, обоими способами v obou případech, obojím způsobem: аште тебе послоушаѭ тѣлеси ми пакость • нъ аште бога прѣслоушаѭ • обоѩко вь мѫцѣ ѥсмъ *Супр 367, 2*

ОБОѬДОУ *нареч.* (3): обоѭдоу, отъ обоѭдоу ἑκατέρωθεν по обеим сторонам, с обеих сторон na obou stranách, z obou stran: сыны притворивъ обоѭдоу несѣкомааго камыка *Супр 543, 4*; отъ обоѭдоу вамъ оуспѣхъ бѫдетъ *Супр 405, 18* ◆ мечь обоѭдоу остръ ῥομφαία δίστομος обоюдоострый меч dvousečný meč: острѣѥ паче меча обоѭдоу остра *Супр 351, 4*

ОБРАДОВАНИѤ, -ниѩ *с* (1) *греч. нет* радость rozradostnění, radost: ѡ обрадованьи [намъ] в'сѣмъ намъ... г⟨оспод⟩ю помоли⟨мъ сѧ⟩ *Евх 61а 1.— Ср.* радость

ОБРАДОВАТИ, -доуѭ, -доуѥши *сов.* (5): обрадовати сѧ *греч. нет* обрадоваться zaradovat se: ѩже и зѣло слышавъ отъ н҃ихъ ц⟨ѣса⟩рь обрадова сѧ *Супр 539, 27* □ обрадованаѩ *ж в знач. прил.* κεχαριτωμένη благодатная milosti plná: радоуи сѧ обрадованаѩ невѣсто *Супр 251, 11* (благодѣтънаѣ *Л 1, 28 Зогр Ас*, благодатънаѣ *Мар*).— *Супр 248, 15; 250, 30-251, 1; 251, 8.— Ср.* възвеселити сѧ, възрадовати сѧ, порадовати сѧ; обрадованаѩ *ср.* благодатьнъ, благодѣтьнъ

ОБРАЗИТИ СѦ[1], ображѫ сѧ, образиши сѧ *сов.* (1) о чьто προσκρούειν удариться, стукнуться *обо что-л.*, наткнуться *на что-л.* narazit se *o něco*, vrazit *do něčeho*: въ тъ вьлѣзъше жидове о камень образивъше сѧ *Супр 401, 2.— Ср.* потъкнѫти, прѣтъкнѫти

ОБРАЗИТИ[2], ображѫ, образиши *сов.* (2) τυποῦν, μορφοῦν создать, уподобить utvořit, připodobnit: сии бо не видѧтъ • ни глаголѭтъ ни ходѧтъ • ни слышѧтъ камениѥ сѫште • чловѣкы изваѩни • и въ видъ чловѣчьскъ ображени *Супр 177, 8.— Супр 135, 1.— Ср.* въобразити

ОБРАЗОВАТИ, -зоуѭ, -зоуѥши *несов.* **1.** μορφοῦν создавать, образовывать vytvářet, utvářet: оустыди сѧ • ѡбраза образоваанааго (!) • рѫкоѭ б⟨о⟩жиеѭ *Евх 54б 19-20* **2.** σχηματίζειν, ὑποτυποῦσθαι обозначать, представлять označovat, ukazovat, představovat: ти тако по ѥдиномоу и по двѣма образоуѭште • влѣчаахѫ • и доведъше пешти и прилагаѭште имъ главы палѣ'хѫ *Супр 39, 5.— Супр 47, 26; 484, 22-23*

ОБРАЗЪ, -а *м* (>200) **1.** σχῆμα, τύπος, μορφή, εἶδος, ὁμοίωσις, χαρακτήρ; (без образа ἀσχημάτιστος) вид, образ podoba, vzhled, vzezření, zjev: ави сѧ інѣмь образомь ідѫштема на село *Мк 16, 12 Зогр Мар Ас*; и се лице ѥго образы измѣнѣаше • овогда оубо видѣти и бѣаше сѣда • овогда же отрока *Супр 121, 25*; ты безъ образа • а в семъ образѣ • ты б⟨ог⟩ъ истин'ны и чловѣкъ без лъжѧ *Супр 505, 1*; образъ лица его нося *Евр 1, 3 Ен* **2.** σχῆμα звание, состояние, сословие stav: въ облашьстѣмъ образѣ сы *Супр 544, 24* ● *спец.* (мънишьскыи, чрьньчьскыи, ѥдиначьныи, аггельскыи, свѧтыи) σχῆμα, πρόσχημα; (приѥмлѧи образъ κατηχούμενος; ѥдиначьныи образъ ἄσκησις; аггельскаѥго образа ἀγγελοειδής) монашество, схима mnišský stav: мол⟨итва⟩ над⟨ъ⟩ хотѧщимь прьѩти образъ • единачьнъи *Евх 80б 21*; чин⟨ъ⟩ слоуженью • ѡбраза чрънечьска *Евх 81а 15*; и поклонит⟨ъ⟩ колѣнѣ в҃ приемлѧи образъ *Евх 93а 11* □ великыи образъ (μέγαλον) σχῆμα великая схима (*третья степень монашества*) třetí (*nejvyšší*) stupeň mnišství: чин⟨ъ⟩ слоуженью • великоумоу ѡбразоу *Евх 82а 1-2*; малъи образъ μικρὸν σχῆμα малая схима (*вторая степень монашества*) druhý stupeň mnišství: молитва малааго ѡбраза чрън⟨ь⟩цю *Евх 80б 3*;

на образъ прити ἐπὶ τῷ σχήματι ἔρχεσθαι принять монашество stát se mnichem: никътоже тебе нѫдитъ прити на сь образъ *Евх 96а 9* **3.** εἶδος вид, разновидность, форма druh, forma: и се паче въ истинѫ съвѣдатъ • искоушьшен • и прѣмногы образы • недѫгъ тѣмь приобрѣтъше • и много дрѫченьк приимше *Супр 495, 2*; вьсѣкъ образъ мѫжы приѧти *Супр 88, 25* **4.** εἰκών, στήλη, ἀνδριάς, ὁμοίωμα, γραμμή, νόμισμα (!) изображение, образ; изваяние obraz, vyobrazení, podobizna, socha: покажѣте ми пѣнязь • чиі іматъ образъ і нап'санье *Л 20, 24 Зогр Мар*; і измѣнишѧ славѫ его въ образъ телъца ѣдѫща сѣно *Пс 105, 20 Син*; поставьѭ златъ образъ въ градѣ семь *Супр 222, 17-18* ● *перен.* σύμβολον, τύπος, χαρακτήρ символ, знак, знамение symbol, znak, znamení: дѣва и дрѣво и сьмрьть • нашего побѣжденьꙗ быша образи *Супр 489, 8*; образъ крьстьныи сътворивъ • отъ чела нача и прѣкрьсти вьсе тѣло свок *Супр 162, 28*; аште бо не виждѫ въ рѫкоу кмоу образа гвоздикмъ *Супр 500, 8* (ѣзвы *И 20, 25 Мар Ас*) **5.** τύπος, τρόπος, ἀντίτυπον, παραίτιον (!), τυπικός (!); (христосовъ образъ χριστότυπος) прообраз, образец předobraz, vzor: б⟨о⟩же в'сєдръжителю • съказавы ковьчегомь образъ цр⟨ъ⟩к⟨ъ⟩вьны *Евх 16а 2*; тоу сьвѧзаныи исакъ • сьвѧзаныи древле отъ авраама • въ х⟨ристо⟩совъ образъ *Супр 460, 23-24* ● ὑπόδειγμα, τύπος пример příklad, vzor: образъ дахъ вамъ • да ѣкоже азъ творихъ вамъ • і вы творите *И 13, 15 Зогр Мар Ас Сав*; заклинаѭ тѧ б⟨о⟩гомь • крьщьшиимь сѧ въ иерьданѣ • і образъ намъ неистьлѣниѣ подавъша • въ водѣ погрѫженикмь *Евх 53а 3*; образъ бѫди емоу • во в'сѣко добродѣтѣние *Евх 82б 18-19* **6.** τρόπος способ, образ způsob: образъ же отълѫчениꙗ бысть сицъ *Супр 186, 26*; аште да не по того образоу глаголеши • не послоушаетъ тебе *Супр 382, 22*; ли по земи • ли по морю • ли по блатомъ... ли инѣмь образомь кымь пѫть творѧщемъ *Евх 18б 8* ● οἱ τρόποι, τρόπος образ жизни, поведение způsoby, mravy, chování: пагоубьникъ образомъ *Супр 186, 19*; нарекоша... мѫжа именита и доброговѣина • кротъка образомъ *Супр 202, 14* □ сицѣмь образомь τρόπῳ τοιούτῳ, τρόπῳ τοιῷδε так, таким образом takto, tímto způsobem: десихъ же и • сице творѧшта образомъ сицѣмъ *Супр 297, 16*; кымь образомь τίνι τρόπῳ как, каким образом jak, jakým způsobem: можемъ бо се створіти... како і кымь образомь *Клоц 8б 19; Супр 421, 26*; имьже образомь ὃν τρόπον как, каким образом jak, jakúm způsobem: імьже образомъ жьꙗдаетъ еленъ на источьникы водьныꙗ • тако желаетъ д⟨оу⟩ша моѣ къ тебѣ б⟨о⟩же *Пс 41, 2 Син*; вьсѣми образы πᾶσι τρόποις всесторонне všestranně: вьсѣми образы творѧѣше спѣхъ въгодити богоу *Супр 280, 25*.— *Зогр Мар Ас Сав Ен Син Киев Евх Клоц Супр Хил*.— *Ср.* икона, капь, лице, начрьтаник, обличик, подобик, подобьствик, прикладъ

ОБРАЗЬНЪ, -ыи *прил.* (4) **1.** τυπικός, τοῦ τύπου символический obrazný, symbolický: на тои трепезѣ • и образьнѫѭ пасхѫ начрьта • и истиньнѫѭ приложи *Супр 418, 3-4* **2.** ангельскъіи образьныи ἀγγελοειδής подобный ангелам, ангельский podobný andělům, andělský: а⟨н⟩ѣ⟨е⟩л⟨ь⟩ское образьное обѣтованиє *Евх 93б 15*.— *Клоц 7а 11; Супр 417, 30*.— *Ср.* съобразьнъ

обрати сѧ *Супр 384, 3 см.* обрьтити сѧ

ОБРАТИТИ, обращѫ, обратиши *сов.* (>150) **1.** кого, чьто; (къ) комоу чьто στρέφειν, μεταστρέφειν, ἐπιστρέφειν, καταστρέφειν, ὑποστρέφειν, τρέπειν, ἀνακαλεῖν (!), ἀνακτᾶσθαι convertere повернуть, обернуть, обратить obrátit, otočit: аще кто тѧ оударитъ въ деснѫѭ ланитѫ • обрати емоу и дроугѫѭ *Мт 5, 39 Мар*, обрати сѧ *Зогр* ● *перен.*: і многы с⟨ы⟩новъ і⟨здраи⟩левъ • обратитъ къ г⟨оспо⟩д⟨ю⟩ *Л 1, 16 Зогр Мар Ас*; б⟨о⟩же обраті ны ї просвѣті лице твое і съпасемъ сѧ *Пс 79, 4 Син*; потомь же и от'ца свокго ар'хаг'гєловы ради благодѣти • обративъ блага оугодьника показа б⟨ог⟩оу *Супр 26, 5*; да обратиши ѩ въ вѣрѫ твоѭ *Евх 79б 10*; обрати ны на правьдѫ *Киев 5б 22*; обрати и на бѣжание *Евх 51б 12* □ обратити сѧ στρέφεσθαι, ἐπιστρέφεσθαι, ἐπιστρέφειν, τρέπεσθαι повернуться, обратиться obrátit se, otočit se: обрашть сѧ въ народѣ г⟨лаго⟩лааше *Мк 5, 30 Зогр Мар Ас Сав Унд*; обрашть сѧ послѣдоуѭштюмоу народоу рече *Л 7, 9 Зогр Мар Ас Сав*; обратите сѧ къ чѧдомъ своимъ *Супр 324, 9* ● *перен.*: не полоучивъше кгоже искаахѫ на гнѣвъ обратишѧ сѧ *Супр 38, 20-21* ● къ комоу, камо обратиться *к кому-л., куда-л.* (*с просьбой, за помощью*) obrátit se *k někomu, na někoho, někam* (*s prosbou, o pomoc*): аште седморицеѭ съгрѣшитъ въ тѧ • і седморицеѭ обратитъ сѧ къ тебѣ • гл⟨агол⟩ѧ каѭ сѧ *Л 17, 4 Зогр Мар Ас Сав* **2.** кого, чьто въ чьто μεταβάλλειν, στρέφειν, μεταστρέφειν, μετάγειν превратить, изменить převrátit, změnit: обрати оумъ отроковици *Супр 25, 26*; вьсе ложе его обратілъ естъ въ недѫгъ его *Пс 40, 4 Син*; пакы обрати мѧ • пакы обнови мѧ *Евх 78б 16*; да нечьсть женьска родоу • вь чьсть обратитъ *Супр 244, 10* □ обратити кого въ плѣнъ subdere отдать на разграбление vydat v plen: не обраті насъ въ плѣнъ народомъ поганьскъıим *Киев 4б 11* ▭ обратити сѧ измениться změnit se: аще не обратите сѧ и бѫдете ѣко дѣти • не имате вьнити въ ц⟨ѣ⟩с⟨а⟩р⟨ь⟩ствие неб⟨есь⟩ское *Мт 18, 3 Мар Ас Сав*; обратити сѧ хотѧште *Супр 30, 5-6* **3.** чьто; кого отъ чесо ἐπιστρέφειν, μετάγειν, μεταβάλλειν отвернуть, отклонить, отвратить odvrátit, odvést, odehnat: ѡбрати плѣнение д⟨оу⟩шъ нашихъ *Евх 62а 16*; по чъто не обраті • людъı отъ тоѧ зълобъı *Клоц 5а 31-32*; госпожда... хотѧшти обратити савинѫ отъ вѣръı *Супр 132, 14*; твоѥго то ѥстъ чловѣколюбьствиꙗ • заблѫдивъшааго вьзискаатъ • и отъ заблѫждениꙗ обратити *Супр 342, 19* **4.** ὑποστρέφειν возвратить, привести обратно vrátit, přivést zpět: повелѣ бѣсомъ ити и обратити вълка съ дѣтиштемь цѣломъ *Супр 44, 15* ▭ обратити сѧ ὑποστρέφειν, ἐπανέρχεσθαι вернуться vrátit se: обрашть сѧ сътьникъ въ тъ часъ въ домъ свои обрѣте и съдрава *Мт 8, 13 Зогр* (възврашть сѧ *Мар*); аште тъı шьдъ на рать и живъ обратиши сѧ *Супр 195, 7-8*; обрати сѧ отътѫдоу • приносѧ намъ побѣдьнаꙗ *Супр 56, 10.— Зогр Мар Ас Сав Охр Унд Син Киев Евх Клоц Супр.— Ср.* вратити, възвратити

ОБРАЩАТИ, -щаѭ, -щаѥши *несов.* (16) **1.** кого ἐπιστρέφειν обращать obracet *перен.*: видѧ к нѥмоу приходѧшта б⟨о⟩жиї чловѣкъ... на истиньнѫѭ вѣрѫ обраштааше *Супр 514, 18*; глаголати же оуто иматъ миръ... на обраштаѭштиїхъ срьдьца кь нѥмоу *Супр 319, 1* ▭ обращати сѧ στρέφεσθαι, περιστρέφειν ἑαυτόν поворачиваться, оборачиваться obracet se: ник'тоже рѫкъı на ралѣ положь • и обращаѩ сѧ вьспать • оуправленъ ѥстъ въ ц⟨ѣса⟩р⟨ь⟩ство н⟨е⟩б⟨е⟩с⟨ь⟩ное *Евх 91а 9*; мѫченикъ обраштааше сѧ на сковрадѣ • ꙗко на одрѣ *Супр 118, 25* **2.** чьто въ чьто μεταστρέφειν, μεταβάλλειν превращать, изменять obracet, měnit: обращаѩи море вь соушѫ *Пс 65, 6 Син* ● *перен.*: иже сѧ мнѣахѫ обраштаѭште сѧ • начѧшѧ глаголати къ правед'ноуоумоу *Супр 30, 8-9* **3.** обращати сѧ ὑποστρέφειν, ἐπιστρέφειν возвращаться vracet se: ї помѣнѫ ѣко плоть сѫтъ • д⟨оу⟩хъ ходѧ ї не обраштаѩ сѧ *Пс 77, 39 Син*; абьѥ обраштааше сѧ сь многомъ похваленииⷨь *Супр 529, 2.— Син Евх Супр Рыл.— Ср.* възвращати

ОБРАЩЕНИѤ, -ниꙗ *с* (3) ἐπιστροφή, τὸ ἐπιστρέψαι обращение, превращение, изменение obrácení, přeměnění: не волѭ съмрьти грѣшьникоу • нъ обращение и животъ *Евх 73б 6; 101а 22.— Супр 529, 6*

ОБРОКЪ, -а *м* (4) **1.** ὀψώνιον плата mzda: довольни бѫдѣте оброкъı вашими *Л 3, 14 Зогр Мар Ас* (обѣщании *Сав*) **2.** κῆνσος дань, подать daň: ц⟨ѣса⟩ре земьнии отъ кого вьземлѭтъ дань • ли оброкъı *Мт 17, 25 Сав* (кинсь *Мар*, кинос *Ас*).— Ср. възмьздиѥ, дань, кинъсъ, мьзда

ОБРЪПЪТИТИ, обръпъщѫ, обръпътиши *сов.* (1) *греч. нет* обмануть ošálit, obalamutit: ѥстъ бо дрьзъ (*т. е.* диѣволъ) зъло творити • и лѫкавъ обръпьтити *Евх 88б 7-8*

ОБРЪТИТИ СѦ, обръщѫ сѧ, обрътиши сѧ *сов.* (2) [обра- (!) *Супр* (1)] φιμοῦσθαι закрыть рот, замолчать zavřít ústa, zmlknout: прѣдътече жизнь • да къ томоу съмрьть обрътитъ сѧ *Хил 16а 5*; въспрѣтиши бездьнѣ огньнѣи • и речеши оумлькни обрати сѧ (!) *Супр 384, 3*

ОБРѢЗАНИѤ, -ниꙗ *с* (9) περιτομή обрезание (*религиозный обряд*) obřízka (*náboženský úkon*): дастъ вамъ моси обрѣзание *И 7, 22 Зогр Мар Ас*; мѣ⟨сѧ⟩ц⟨а⟩ еньвара а҃ обрѣзание г⟨оспод⟩а на⟨ше⟩го *Сав 144а 9; Ас 135б 18; Боян 45б 5.— И 7, 23 Зогр Мар Ас*

ОБРѢЗАТИ[1], -рѣжѫ, -рѣжеши *сов.* (12) περιτέμνειν обрéзать (*совершить обряд обрезания*) obřezat: исплъни сѧ осмь дьнии • да і обрѣжѫтъ *Л 2, 21 Зогр Мар Ас Сав* (2) *Боян* (2) ◆ не обрѣзанъ *в знач. прил.* ἀπερίτμητος необрезанный neobřezaný: стоудъноѭ волеѭ • опрѣснъкъ ѣдѧтъ ні обрѣзані срьдьці • ні оушесъı своімі *Клоц 7а 19*; не обрѣзанъı *Супр 418, 11-12.— Л 1, 59 Зогр Мар Ас*

ОБРѢЗАТИ[2], -аѭ, -аѥши *несов.* (3) περιτέμνειν обрезáть (*совершать обряд обрезания*) obřezávat: въ сѫботѫ обрѣзаете ч⟨ловѣ⟩ка *И 7, 22 Зогр Мар Ас*

ОБРѢМЕНИТИ, -нѭ, -ниши *сов.* (7) φορτίζειν обременить, отяготить obtížit: придѣте къ мнѣ вси троуждаѭштеі сѧ • і обремен҃ении *Мт 11, 28 Зогр Мар Ас Сав; Евх 86а 2; 89а 12-13.— Евх 85б 15-16.— Ср.* отѧгъчити

ОБРѢМЛꙖТИ, -лꙗѭ, -лꙗѥши (?) *или* **ОБРѢМЕНꙖТИ**, -нꙗѭ, -нꙗѥши (?) *несов.* (1) καταφορτίζειν обременять, отягощать zatěžovat: ни обрѣмьꙗѧ (*вм.* обрѣменꙗѧ ?) ихъ праштаѧ прѣбъıвати *Супр 280, 1*

ОБРѢСТИ, обрѧщѫ, обрѧщеши *сов.* (>400) **1.** εὑρίσκειν, ὁρᾶν (!), μανθάνειν (!), φωρᾶσθαι (!) найти, обрести nalézt, najít: ищѣте • і обраштете *Мт 7, 7 Зогр Мар Ас Сав; Л 11, 9 Зогр Мар Ас Сав*; искаахѫ лъжа съвѣдѣтелѣ... і не обрѣтѫ *Мт 26, 60 Зогр Мар Ас Сав 111б 10*, не обрѣтошѧ *Сав 97б 1-2*; їбо пътица обрѣте себѣ храминѫ • ї грълица гнѣздо себѣ *Пс 83, 4 Син*; обрѣте широкъıи и пространъıи пѫть *Супр 351, 15*; обрѧштете тѣла мокро извръжена на соухо *Супр 154, 23* ● *перен.*: бѣды адовы обрѣтѫ мѧ *Пс 114, 3 Син* ● изобрести, придумать vynalézt, vymyslet: обрѣте же оумышлѥниѥ • съмотрите же како ѥстъ люто *Супр 89, 1*; не обрѣтъше что иматъ сътворити *Супр 138, 28* ● обнаружить, найти, установить shledat, zjistit: обрѣтє сѧ имѫщи въ чрѣвѣ ѿ⟨ъ⟩ д⟨оу⟩ха с⟨вѧ⟩та *Мт 1, 18 Ас Сав Боян* **2.** καρποῦσθαι, ἀνακτᾶσθαι приобрести, достичь *чего-л.* získat *něco*, dosáhnout *něčeho*: г⟨оспод⟩ь... ıмьже в'си оупъваемъ м⟨и⟩л⟨о⟩сть обрѣсти *Евх 65б 24*; погыбъши обрѣте раı *Клоц 11б 18*; нıкоегоже с⟨ъ⟩п⟨а⟩сеньѣ • сıмı можемъ обрѣстı *Клоц 9б 18* □ обрѣсти пользѫ ὠφελεῖσθαι извлечь пользу nalézt užitek: много пострадавъши... ı ни единоѭ пользѧ обрѣтъши *Мк 5, 26 Зогр Мар Ас Сав Унд* **3.** обрѣсти сѧ εὑρίσκεσθαι, ἐφευρίσκεσθαι очутиться, появиться octnout se: обрѣтоша сѧ въ персьстѣ земи *Супр 255, 10*; мы ѥдини м҃ • посрѣдоу ихъ обрѧштахом' сѧ *Супр 72, 26* ● встретиться, быть vyskytnout se, být: потомь же несторъ к'то вь тѣхъ мѣстѣхъ • добрааго корене обрѣтъ сѧ *Супр 24, 21*; изгъна из' града и отъ странъ тѣхъ • вьсѧ обрѣтъшаѧ сѧ самараны *Супр 517, 28.— Зогр Мар Ас Сав Охр Унд Боян Зогр-пал Ен Син Евх Клоц Супр Рыл.—Ср.* изобрѣсти, приобрѣсти

ОБРѢТАТЕЛЬ, -лıа *м* (1) αἱρετικός (!) тот, кто замышляет, устраивает *что-л.* ten, kdo *něco* zamýšlí, vynalézá: аще еси... чаромъ обрѣтатель *Евх 54а 18-19.— Ср.* обрѣтельникъ

ОБРѢТАТИ, -аѭ, -аѥши *несов.* (60) **1.** εὑρίσκειν находить, обретать nalézat, nacházet: ıштѫ плода на смоковьници сеı • ı не обрѣтаѭ *Л 13, 7 Зогр Мар*; ѣко вь нѥмь винъı не обрѣтаѭ *И 19, 4 Зогр Мар Ас Сав*; трѣвѫ прѣдъ двьрьми гробишта своѥго растѫштѭ обрѣтаѧ *Супр 528, 30* ● обнаруживать, устанавливать shledávat, zjišťovat: ѣкоже бо и грѣхъ въкоушениемь • ѣко сладокъ естъ • нъ последь горъчѣе злъчи обрѣтаетъ сѧ *Евх 69б 7* **2.** *греч. нет* приобретать, достигать *чего-л.* získávat, dosahovat *něčeho:* тѣлесьнок бо богатъство съ троудомъ и болѣзниѭ великоѭ обрѣтаетъ сѧ *Супр 160, 5* **3.** обрѣтати сѧ εὑρίσκεσθαι находиться, встречаться, появляться, присутствовать nalézat se, vyskytovat se, být přítomen: да надъ таковымь не подобаетъ сѧ нерѣови обрѣтати *Евх 66б 20*; вь ратехъ обрѣтахомъ сѧ *Супр 72, 23.— Зогр Мар Ас Сав Боян Ен Син Евх Клоц Супр*

ОБРѢТЕЛЬНИКЪ, -а *м* (1) εὑρετής тот, кто замышляет, устраивает *что-л.* ten, kdo *něco* zamýšlí, vynalézá: хоулы обрѣтельникъ прьвын *Супр 186, 21.— Ср.* обрѣтатель

ОБРѢТЕНИѤ, -ниа *с* (6) **1.** εὕρεσις, ἀνακομιδή обретение nalezení: обрѣтение мощемъ с⟨вѧ⟩таа⟨го⟩ м⟨ѫ⟩ч⟨ени⟩ка стеф⟨а⟩на *Ас 118б 20-21* ● εὕρεσις установление zjištění, nález: съказа имъ о богоборьнѣи тои коуи ереси обрѣтениѥ *Супр 188, 29* **2.** *греч. нет* приобретение získání: ѡ обрѣтеньи намъ • благодѣти ı милости *Евх 60а 12.— Ср.* изобрѣтениѥ

ОБРѢТѢЛЬ, -и *ж* (1) εὕρημα измышление vynález: ѡ зависти • оубоиствоу родителю • дııавола обрѣтѣль *Супр 388, 23*

обрѧщ- *см.* обрѣсти

ОБРѪЧИТИ, -чѫ, -чиши *сов.* (17) **1.** *греч. нет* обещать zaslíbit: можеши ли подъıати обрѫченааго раба г⟨осподь⟩нѣ *Евх 83а 8* ● μνηστεύειν, ἁρμόζειν, νυμφεύεσθαι обручить zasnoubit: напсати сѧ съ марнеѭ • обрѫченѣѭ емоу женоѭ • сѫштѭ непраздъноѭ *Л 2, 5 Зогр Мар Ас Сав*; посланъ бъıстъ гаурнилъ къ дѣвици обрѫченѣи їѡсифови *Супр 244, 17* **2.** *греч. нет* поручиться *за кого-л.* zaručit se *za někoho*: можеши ли... обрѫчити братра • ѣко по законоу г⟨осподь⟩ню • на в'сѣко благодѣание наставити и *Евх 82а 10.— Зогр Мар Ас Сав Евх Супр.— Ср.* вьрѫчити, нарещи, порѫчити

обоувенъ *см.* обоути

ОБОУТИ, обоуѭ, обоуѥши *сов.* (4) ὑποδεῖν обуть obout: обоувены въ сандалиѩ *Мк 6, 9 Мар*, обоувени *Зогр*; гвоздиѩ остры вънозиша въ оноуштѫ • и обоуша и *Супр 17, 20.— Евх 94а 3*

ОБОУІАТИ, -ıаѭ, -ıаѥши *сов.* (5) **1.** ἀπονοεῖσθαι стать помешанным, сойти с ума stát se pošetilým, pozbýt rozumu, zbláznit se: пакы мѫчивъше и ногътьми рѣша • покаи сѧ • отъвѣшта нѣѥмъ обоуıалъ *Супр 140, 13* **2.** μωραίνεσθαι лишиться вкуса, утратить чувство вкуса pozbýt chuti: аште же соль обоуѥетъ • о чемь оубо осолитъ сѧ *Л 14, 34 Зогр Мар.— Мт 5, 13 Зогр; Супр 259, 30.— Ср.* испрахнѣти, обѫродѣти

ОБОУІЕНЪ, -ын *прич.-прил.* (3) ἀπονενοημένος, παραπλήξ помешанный, сумасшедший pošetilý, bláznivý: обоуѥне • и вьсеѩ милости богъ стоуждь *Супр 22, 24-25.— Супр 75, 4; 411, 27*

объдръжати *Супр 157, 4; 224, 26 см.* одрьжати

объмати *Супр см.* обимати

обън- *см.* обн-

ОБЪСРЬДОВАНИѤ, -ниа *с* (1) τὰ σπλάγχνα сердечность, расположенность srdečnost, vroucí city: не трьпѣаше бо вл⟨ады⟩ко • за обьсръдованиѥ мил⟨о⟩сти твоеѩ *Евх 46 3-4*

о б ъ с т о ꙗ н и ѥ *Пс 107, 11 Син см.* остоꙗниѥ

о б ъ с т о ꙗ т и *Л 21, 20 Мар; Супр 150, 16 см.* остоꙗти

ОБЪТЕЩИ, -текѫ, -течеши *сов.* (1) διατρέχειν обежать oběhnout: прослоутиѥ бо мѫчениꙗ ѥго оуже... по вьсеи вьселен҄ѣи обьтекло бѣаше *Супр 117, 8*

о б ъ т ъ ш а т и *Пс 48, 15 Син см.* обетъшати

о б ъ оу б о ж а т и *Супр 326, 21 см.* оубожати

ОБЪХОДИТИ, ОБЬХОДИТИ, -хождѫ, -ходиши *несов.* (10) [объ- *Мар* (1) *Супр* (3), обь- *Зогр* (1) *Евх* (1) *Супр* (2) *Хил* (2)] περιάγειν, περιέρχεσθαι, περιιέναι, διέρχεσθαι обходить, ходить вокруг; проходить obcházet, chodit kolem; procházet: обьхождааше градьцѧ оучѧ *Мк 6, 6 Зогр Мар*; ѡбьходитъ назираѩ твоѥ слово • ι движениѥ *Евх 88а 11-12*; мъноѕи влъци обьходѧтъ въ одеждахъ овьчахъ *Хил 2аβ 15.— Супр 11, 8-9; 191, 13; 289, 9-10; 332, 22-23; 519, 21; Хил 2ба 15*

ОБЪХОДЬНЪ, -ыи *прил.* (1) περινόστιμος обходящий, странствующий obcházející, putující: обьходьни дѣлателе • прѣдобрии мѫченици *Супр 57, 19*

ОБЫКНѪТИ, -нѫ, -неши *сов.* (10) ἠσκημένον εἶναι, συνεθίζεσθαι, εἰωθέναι; (не обыкнѫти ἄπειρον εἶναι) привыкнуть zvyknout si, přivyknout: оумьретъ • не обыкъ алчъбы *Супр 170, 29*; мльчаливѫ жизнь ѥстъ обыклъ *Супр 204, 15*; тако бо и мнози немилостивыѩ обыкли сѫтъ тьмнꙑ нарицати *Супр 374, 26-27*; навꙑкнѣмъ оубо тако глаголати • ꙗкоже ѥстъ обыклъ ц⟨ѣса⟩ръ нашь послоушати *Супр 382, 25* □ о б ы ч е н ъ *в знач. прил.* συνήθης обычный, привычный, обыкновенный obvyklý, obyčejný: подаѭштоуоумоу имъ обыченаꙗ *Супр 134, 9*; по сътворении... обыченꙑѩ позоръı *Супр 226, 8.— Супр 87, 2; 543, 27; 565, 8; 565, 9.— Ср.* навꙑкнѫти; обыченъ *ср.* обычаинъ, обычьнъ

ОБЫЧАИ, -ꙗ *м* (62) ἔθος, συνήθεια, τὸ εἰωθός, εἰθισμένον, νόμος (!); (обычаи имѣти, обычаи ѥстъ комоу εἰωθέναι; по обычаю συνήθως) обычай, нрав; привычка, обыкновение obyčej, mrav; zvyk, zvyklost: сътворити ιма по обычаю • законноумоу о н҄емь *Л 2, 27 Зогр Мар Ас Сав Боян*; ѣкоже нꙑ еси оубѣдилъ обычаи сътворити • пострѣщи братра къ х⟨ристос⟩оу пришедъша *Евх 82а 7*; поѭште третии часъ ꙗкоже бѣаше им' обычаи *Супр 64, 20*; ѣко ιмѣ обычаи • пакꙑ оучааше ѩ *Мк 10, 1 Зогр Мар*; обычаι бѣ ιѥмоноу • отъпоуштати народоу • съвѧзън҄ѣ *Мт 27, 15 Зогр Мар Ас Сав.— Зогр Мар Ас Сав Боян Евх Клоц Супр.— Ср.* образъ, нравъ

ОБЫЧАИНЪ, -ыи *прил.* (1) συνήθης обычный obvyklý: раба твоего сего • каѩща сѧ... прими и обычаин҄ꙑмь твоимь ч⟨ловѣ⟩к⟨о⟩любиемь • прѣзьрѧ прѣгрѣшениѣ его *Евх 75б 14-15.— Ср.* обыкнѫти (обыченъ), обычьнъ

о б ы ч е н ъ *см.* обыкнѫти

ОБЫЧЬНЪ, -ыи *прил.* (6) συνήθης обычный obvyklý: обычьнѫѭ молитвѫ съконьчавъше *Супр 62, 18*; събъра же сѧ... народъ многъ • болии обычьна'го *Супр 568, 8-9.— Супр 169, 12; 190, 26; 559, 11; 560, 9-10.— Ср.* обыкнѫти (обыченъ), обычаинъ

ОБЫЧЬН҄Ѣ *нареч.* (1) *греч. нет* обычно obvykle: призъва ѥд'ного обыч'н҄ѣ • слоугоуѭштааго ѥмоу льва *Супр 558, 5*

о б ь в е т ъ ш а т и *Супр 231, 12-13 см.* обетъшати

ОБЬДО, -а *с* (2) θησαυρός, κλῆρος сокровище, богатство, наследство poklad, jmění, dědictví: дѣти обьдо отъкрывьше • на ѩзꙑцѣ богатьство изнесошѧ *Супр 327, 5*; се нꙑ остави акꙑ чѧдомъ своим' обьда • акꙑ и съкровиште ѥстьство дрьжитъ слово *Супр 509, 14.— Ср.* достоꙗниѥ, наслѣдиѥ, наслѣдованиѥ, съкровиште

о б ь д р ъ ж а т и *Л 14, 7 Ас; Супр 529, 13-14; 535, 9 см.* одрьжати

о б ь з и р а т и *Супр 502, 25 см.* озирати

о б ь м - *см.* обѧти

о б ь с т о ꙗ т и *Л 21, 20 Зогр см.* остоꙗти

о б ь с ѣ н и т и *Супр 10, 15 см.* осѣнити

ОБЬЩЕВАТИ, -щоуѭ, -щоуѥши *несов.* чесомоу (3) κοινωνεῖν участвовать, приобщаться *к чему-л.* účastnit se *něčeho*, podílet se *na něčem*: аште сѧ не сьвѣштаaши сь мноѭ • како ми обьштоуѥши гробоу *Супр 510, 17-18.— Супр 124, 9; Зогр-лл 2а 2.— Ср.* обьщити

ОБЬЩЕНИѤ, -ꙗ *с* (13) **1.** κοινωνία сообщество společenství: не по саномь раз'дѣлꙗѥтъ обьштениѥ *Супр 492, 5*; благодѣꙗниѣ же ι ѡбщениѣ не (забыв)аите *Евр 13, 16 Ен* ● *перен.* церковь církev: блюди сѧ да не простиши ѥго • и да не примеши ѥго въ обьштениѥ *Супр 187, 15* **2.** чесо къ чесомоу συγγένεια взаимоотношения vztah: да навыкнеши колико объштенье образоу къ ιстин҄ѣ *Клоц 7а 4* **3.** μετάληψις причащение, причастие přijímání: б⟨о⟩жиихъ таинъ... обьщениѥ примати *Евх 23б 25-26.— Евх 9а 25; 65а 16; 79б 24; Клоц 4б 21; 9б 25-26; Супр 187, 24-25; 492, 7; 493, 19.— Ср.* въсѧдъ, комъканиѥ, обьщина, обьщиѥ, причѧстиѥ, причѧщаниѥ, причѧщениѥ

ОБЬЩИНА, -ы *ж* (2) τὸ κοινόν общее дело, *что-л.* общее společná věc, *něco* společného:

кѫѭ обьштинѫ имата съ мноѭ *Супр 172, 20.— Евх 58а 16.— Ср.* обьщениѥ

ОБЬЩИТИ, -щѫ, -щиши *несов.* кого чесомоу (?), чесо (?) (1) κοινωνὸν ποιεῖν приобщать *кого-л. к чему-л.* činit *někoho* účastným *něčeho*: насъ... своѥмоу имени обьштѫ нарѣчениꙗ *Супр 423, 11.— Ср.* обьщевати

ОБЬЩИѤ, -иꙗ *с* (1) κοινωνία сообщество, общество společenství, společnost: зьри бо колико тъгда изведе отъ июдинꙑ доушѧ • бесѣдованиѥ обꙑчаи • обьштиѥ ѥже на трепезѣ *Супр 411, 29* (обьштенье *Клоц 4б 21*).— *Ср.* обьщениѥ

ОБЬЩЬ, -ии *прил.* (23) κοινός, ἰσόρροπος, πᾶς; (обьщааго ради оуспѣха κοινωφελῶς) общий, совместный společný: овештъ бо о⟨ть⟩ць имѫтъ богъ *Супр 84, 18*; обьшта бо бѣаше страсть • и нашего рода касаѭшти сѧ *Супр 430, 5* ● всеобщий obecný, všeobecný: нѣстъ бо нич'тоже тако б⟨ог⟩оу любо • ꙗкоже ѥже обьшта'го ради оуспѣха жити *Супр 379, 2-3*; вьведъша памѧть на обьштѫ пользѫ *Супр 83, 4* ◆ обьщии манастꙑрь κοινόβιον киновия (*монастырское общежитие*) coenobium (*společné bydlení mnichů v klášteře*): иди аште хоштеши чрьнецъ бꙑти • вьлѣзи вь обьштии манастꙑрь *Супр 170, 4*; обьщь вьсемоу мироу съньмъ *см.* съньмъ.— *Клоц Супр*

ОБЬЩЬНИКЪ, -а *м* (15) [обещ- *Мар* (1) *Ас* (1) *Евх* (2) *Клоц* (1) *Хил* (1), ѡбе- *Ен* (1)] κοινωνός сотоварищ, соучастник, сообщник společník, druh: с⟨ы⟩на зеведеова • ѣже бѣсте обьштьника симонови *Л 5, 10 Зогр Ас* (наслѣдьника *Мар*); обьштьниче нечистꙑхъ бѣсовъ *Супр 115, 26* ● участник účastník: да раздрѣшиши отъ грѣхъ раба твоего сего • і обещьника сътвори и • прѣчистꙑхъ твоихъ таинъ *Евх 80а 10*; бѫдѫ и азъ обьштьникъ вашимъ словесемъ *Супр 474, 29*; ѡбещникъ бꙑвъ славѣ его евъстатие *Ен 35б 2.— Мт 23, 30 Мар; Евх 74а 24; Клоц 9а 32; Супр 28, 22; 58, 12; 96, 30; 433, 8; Хил 1аа 25; Рыл 16β 5.— Ср.* дроугъ

ОБЬЩЬНЪ, -ꙑи *прил.* (3) κοινωνία (!) участвующий účastný, podílející se: приѩ женѫ си • не бракоу обьштънѫ *Супр 242, 21-22* ▭ обьщьно *с в знач. сущ. спец.* τὸ κοινωνικόν киноник (*богослужебное песнопение*) koinonikon (*liturgický zpěv*): (о)бщно • радоуите сѧ праве(дни) *Евх 35а 9.— Ен 37б 10.— Ср.* обьщь

ОБЬЩЬСТВО, -а *с* (1) κοινότης сообщество společenství: не бо ничтоже троица охоудѣѥ • или оустѫпитъ коли • и присности • или обьштъства и цѣсарьства *Супр 328, 1-2.— Ср.* обьщениѥ

ОБѢДАНИѤ, -иꙗ *с* (5) κραιπάλη объедение obžerství: отѧгъчаѭтъ сръдьца ваша • обѣданьемь і пьѣньствомь *Л 21, 34 Зогр Мар Ас Сав.— Евх 69б 1*

ОБѢДОВАТИ, -доуѭ, -доуѥши *несов.* (10) ἀριστᾶν обедать, есть obědvat, jíst: придѣте обѣдоуіте *И 21, 12 Зогр Мар Ас Сав*; да обѣдоуѭтъ сь нимъ *Супр 121, 10.— Л 11, 37 Зогр Мар; И 21, 15 Зогр Мар; Супр 121, 22-23*

ОБѢДЪ, -а *м* (22) ἄριστον, δεῖπνον, ἑστίασις общая трапеза, пир společné jídlo, stolování, hostina: егда твориши обѣдъ • ли вечерѭ • не зови дроугъ твоіхъ *Л 14, 12 Зогр Мар*; ꙗ҄юбѧште... прѣждезъваньѣ на обѣдѣхъ *Л 20, 46 Зогр Мар Сав* (вечерѣхъ *Ас*); зъванъ на обѣдъ робомъ своимъ *Супр 391, 1* ◆ обѣдъ годоу πάσχα праздник Пасхи, пасхальное торжество velikonoční slavnost: бѣ же вь пѧтъкъ обѣдъ годоу *И 19, 14 Сав 115а 11* (пасцѣ *Зогр Мар Сав 128б 16,* (па)сцѣ *Боян,* пастѣ *Ас* (2).— *Зогр Мар Ас Сав Евх Супр.— Ср.* вечерꙗ, пиръ

ОБѢСИТИ, обѣшѫ, обѣсиши *сов.* (13) κρεμαννύναι, ἀναρτᾶν повесить pověsit: да обѣсѧтъ жръновъ на вꙑи его *Мт 18, 6 Мар* (повѣсѧтъ *Зогр-пал, Ø Зогр*); на врьбиї по срѣдѣ ѥѩ (!) • обѣсихомъ оръганъꙑ (!) нашѩ *Пс 136, 2 Син; Клоц 7а 32; Супр 418, 23*; повелѣ ѥго обѣсивъше стръгати *Супр 149, 19* ◆ обѣсити (на крьстѣ) распять ukřižovat: единъ же отъ обѣшеноую злодѣю хоулѣаше і *Л 23, 39 Зогр Мар, Ас 105аа 10, Сав* (обою *Ас 109аβ 22-23*); обѣшаетъ трѫсомь • обѣшъшаꙗ на крстѣ г⟨оспод⟩ь *Клоц 11б 4-5* ▭ обѣсити сѧ κρεμάννυσθαι повеситься pověsit se: да... обѣшѫ сѧ вꙑи твоѥи *Супр 242, 12.— Супр 140, 10; 463, 1.— Ср.* повѣсити, пропѧти, распѧти

ОБѢСТИ СѦ, обѣмь сѧ, обѣси сѧ *сов.* (1) *греч. нет* объесться přejíst se: аще к'то обѣдъ сѧ блюетъ *Евх 103а 9-10*

ОБѢТОВАНИѤ, -иꙗ *с* (17) ἐπαγγελία, ἐπάγγελμα обет slib, příslib: мꙑ же братиѣ по исаковоу ѡбѣтование чѧда есмъ *Гал 4, 28 Ен* ● обетование, обещанный предмет, предмет обета slíbená věc, to, co bylo slíbeno: се азъ посъꙗ҄ѭ обѣтованиѥ отъ о⟨ть⟩ца моего на вꙑ *Л 24, 49 Зогр Мар Ас* ● συνθήκη обет (*монашеский*) slib (*řeholní*): блюди чѧдо • каковаа обѣтованиѣ даеши б⟨ог⟩оу *Евх 87б 1-2*; на негоже о⟨ть⟩ца обѣтованиѣ твоѣ възлагаеши *Евх 92а 8.— Зогр Мар Ас Ен Син Евх.— Ср.* обѣтъ

ОБѢТЪ, -а *м* (11) ὑπόσχεσις, σύνταξις обещание, обет slib, příslib, zaslíbení: прізъвалъ нъи еси г⟨оспод⟩і • да исправі нъи і очистı не нашихъ дѣлъ ради • нъ обѣта твоего ради • иже еси обѣцѣлъ намъ *Киев 3б 10*; по оуставоу вашемоу сътворите обѣтъ вашъ *Супр 32, 23* ● εὐχή обетная молитва záslibná modlitba: въздаждъ вышьнюмоу обѣты твоѩ *Пс 49, 14 Син*; въздамъ тебѣ обѣты моѩ *Пс 65, 13.— Пс 21, 26 Син; 55, 13 Син; 64, 2 Син; 115, 5 Син; 115, 9 Син; Супр 48, 24; 50, 12-13.— Ср.* обѣтованиѥ, обѣщаниѥ

ОБѢЩАВАТИ (СѦ), -ваѭ (сѧ), -ваѥши (сѧ) *несов.* (19) ἐπαγγέλλεσθαι, κατεπαγγέλλεσθαι, ὑπισχνεῖσθαι, καθομολογεῖν, συντίθεσθαι обещать, обязываться slibovat, zavazovat se: сь небесе зать обѣштаваѥши ми привести *Супр 237, 5-6*; си в'сѣ тако обѣщаваеши сѧ • оупъваниемь • и силоѭ х⟨ристосо⟩воѭ хранити сѧ *Евх 92а 13-14*; и ино толикожде обѣштаваѭште дати еи *Супр 515, 3* ● συντάσσεσθαι давать обет zaslibovat se: блюди сѧ къ комоу пристѫпаеши • комоу обѣщаваеши сѧ *Евх 96а 23.— Евх Клоц Супр Рыл*

ОБѢЩАНИѤ, -ниꙗ *с* (10) **1.** ἐπαγγελία, ὑπόσχεσις devotio, remedium (!) обещание, обет slib, příslib, zaslíbení: тѣми обѣштании побѣждена жена • идетъ к нѥмоу *Супр 515, 7*; то оувѣждъ • ꙗко ѥште сѫштѫ (!) ми въ ѫтробѣ матерн̑і • обѣштанимь дано бысть имѧ моѥ *Супр 227, 7* ● συνταγή монашеский обет řeholní slib: дьнесь въ обѣщание твоє... главѫ твоѭ постризаеши *Евх 86б 9* **2.** ὀψώνιον плата mzda: достоіни бѫдете • обѣщанні вашими *Л 3, 14 Сав* (оброкы *Зогр Мар Ас*).— *Киев 2а 8-9; 4б 23; Евх 85б 21; Супр 103, 19; 414, 12-13; 442, 16.— Ср.* завѣтъ, обѣтованиѥ, обѣтъ; оброкъ

ОБѢЩАТИ (СѦ), -аѭ (сѧ), -аѥши (сѧ) *сов.* (31) **1.** ἐπαγγέλλεσθαι, ἀπαγγέλλεσθαι, ὑπισχνεῖσθαι, συντίθεσθαι (по)обещать, обязаться slíbit, zavázat se: прізъвалъ нъи еси г⟨оспод⟩і • да исправі нъи і очистı • не нашихъ дѣлъ ради • нъ обѣта твоего ради іже еси обѣцѣлъ намъ *Киев 3б 11*; обѣшташа сѧ емоу сребрьникы дати *Мк 14, 11 Зогр*, обѣщашѧ *Мар* ● о б ѣ щ а т и с ѧ συντάσσειν дать обет zaslíbit se: не искоусиши г⟨оспод⟩а бога своѥго • обѣштавъ сѧ оубо богоу *Супр 165, 16*; обѣщасте сѧ х⟨рист⟩оу *Евх 97б 11* ● о б ѣ щ а т и с ѧ εὔχεσθαι молиться modlit se: обѣшта сѧ • б⟨ог⟩оу їѥковлю *Пс 131, 2 Син* ▭ о б ѣ щ а н а а *с мн. в знач. сущ.* обещание slib: по томь же ослабити обѣщанаа • і къ прьвоумоу житью възврати сѧ *Евх 91а 14* **2.** о б ѣ щ а т и с ѧ комоу, чесомоу πείθεσθαι, συγκατατίθεσθαι послушаться, подчиниться poslechnout, podrobit se: поидѣте оубо на съборъ да томоу сѧ обѣштакте *Супр 125, 19-20*; тъ сѧ мьнѣ обѣштактъ • и тѣхъ сътворитъ обѣштати сѧ *Супр 60, 14.— Зогр Мар Син Киев Евх Клоц Супр*

ОБѢШАТИ, -аѭ, -аѥши *несов.* (1) κρεμνᾶν (!) вешать věšet, *перен.*: землѣ зыблѭшті сѧ мѧтетъ • і обѣшаетъ трѫсомь • обѣшъшаѩ на крьстѣ г⟨оспод⟩ь *Клоц 11б 4*

ОБѦЗАНИѤ, -ниꙗ *с* (1) διάδημα повязка, перевязь páska, stuha: вьса тварь ꙗко и обѧзаньѥ повѣдь обносить *Супр 509, 18.— Ср.* вѣньць

ОБѦЗАТИ, -аѭ, -аѥши *и* -ѧжѫ, -ѧжеши (?) *сов./несов.* (16) δεῖν, χαλινοῦν, περιδεῖν, καταδεῖν, περιπλέκειν *сов.* обвязать, перевязать; связать ovázat, obvázat; svázat: обѧзанъ ногама і рѫкама • оукроемь • і лице его обѧзано оуброусомь *И 11, 44 Мар Ас Сав* (∅ *Зогр*); повелѣша... и врьвиѭ обѧзавъше сътѧгнѫти *Супр 270, 7* ● *перен.*: оуста своꙗ обѧзаша *Супр 386, 3* ▭ о б ѧ з а т и с ѧ чемь *сов.* περιπλέκεσθαι обвиться ovinout se: ѫжа грѣшьникъ обѩзашѧ сѩ мьнѣ *Пс 118, 61 Син* ● *перен.* чимь *несов.* связываться svazovat se: воинъ бывая обѧзаетъ сѧ коупѣлі житиискамі • да воеводѣ годѣ бѫдетъ *2 Тим 2, 4 Ен.— Зогр Мар Ас Сав Ен Син Супр.— Ср.* съвѧзати

ОБѦТИ, обьмѫ, обьмеши *сов.* (26) [обьѧ- *Зогр* (1) *Супр* (4), объѧ- *Супр* (1), объе- *Ас* (1)] **1.** ἐναγκαλίζεσθαι, περιπλέκειν, περιπτύσσειν обнять, заключить в объятия obejmout, sevřít v náručí: примъ отрочѧ... і обьмъ е рече *Мк 9, 36 Зогр Мар*, объемъ *Ас*; обьмъ и глаголааше • отьче їωане *Супр 287, 27* **2.** ὑπολαμβάνειν, συγκλείειν, συλλαμβάνειν, διαλαμβάνειν, περιέχειν, περιστοιχίζειν, κινεῖν (!) захватить; охватить zachvátit, uchvátit; zmocnit se: обѧшѧ множьство рыбъ много *Л 5, 6 Зогр*, обѧсѧ *Мар Ас*; ѡбьѩсѩ мѩ ѣко левъ готовъ на ловъ *Пс 16, 12 Син*; сии сѫтъ обьмъшии нашѫ странѫ *Супр 94, 20* ● *перен.*: многами тѫгами обьꙗтоу *Супр 492, 12*; страхомъ объꙗтъ бѣ въ страсти *Супр 474, 3-4* **3.** καταλαμβάνειν охватить, объять pojmout, obsáhnout: свѣтъ въ тъмѣ свьтитъ сѧ • і тъма его не обьꙗтъ *И 1, 5 Зогр Мар*, обѧт *Ас* **4.** capere приобрести získat: да еже милостіваѣ обѣцѣниѣ носимъ • рѣснотівьнаѣ издрѣшениѣ обьмемъ *Киев 2а 10.— Зогр Мар Ас Син Киев Супр*

ОБѦТРИТИ, обѧщрѭ, обѧтриши *сов.* (3) διαφλεγμαίνειν возбудить, воспалить zjitřit, zanítit; *перен.*: величанинмъ страсти вьсѫ доушѫ зьлѣ обѧтривъше *Супр 333, 19-20* ▭ о б ѧ т р и т и с ѧ φλεγμαίνειν воспалиться, опухнуть zanítit se, opuchnout: рѫцѣ же оударьшоуоумоу его • и ребра обатриша сѧ *Супр 139, 10-11.— Супр 422, 25*

ОБАТРІАТИ СѦ, -іаѭ сѧ, -іакши сѧ *несов.* (1) φλεγμαίνειν воспаляться, опухать zanĕcovat se, otékat *перен.*: нічесоже іного ненавідітъ б⟨ог⟩ъ... ѣкоже надъıмаѥ сѧ срьдце • і обатрѣѭшти сѧ д⟨оу⟩ша *Клоц 9а 15* (обатривъше сѧ срьдьце *Супр 422, 25*)

ОБАЩРІЄНИЄ, -нıа *с* (2) οἴδημα, φλεγμονή воспаление zanícení, zjitření, *перен.*: часто мъıкмъ словесъı • да бъıхомъ обаштреник гнѣва • потѣштили и оуставили *Супр 407, 2.— Супр 330, 29*

ОБѪЗЪ, -а *м* (1): подъ обѫзомь ὑπιδών с сомнением na pochybách, pochybovačně: не могѫ старьца зьрѣти подъ обѫзомъ коуıаѭшта *Супр 242, 16.— Ср.* изница

ОБѪРОДѢТИ, -ѣѭ, -ѣкши *сов.* (1) μωραίνεσθαι лишиться разума pozbýt rozumu: нарицакмиї сѧ мѫдри бъıти обѫродѣша *Супр 334, 17* (*Рим 1, 22*).— *Ср.* обоуıати

ОБѪХАТИ, -аѭ, -акши *несов.* (1) *греч. нет* обонять čichat: како оубо могѫтъ сии бози бъıти • ни видѧште ни осѧзаѭште • ни обѫхаѭште *Супр 163, 23*

ОВАМО *нареч.* (1): сѣмо и овамо ὧδε κἀκεῖσε туда и сюда sem a tam: сѣмо и овамо текоша *Евх 16 4-5.— Ср.* овъде, онамо, тамо

ОВИДОВЪ *прил. к* овидъ (2) τοῦ Ἰωβήδ Овидов Obédův: с⟨ъı⟩нъ съı... іесеовъ • овидовъ *Л 3, 32 Зогр Мар*

ОВИДЪ, -а *м имя* (4) [овıодъ *Ас* (2)] Ἰωβήδ Овид Obéd: воозъ же роди • овида отъ роути • овидъ же роди • несеıа *Мт 1, 5 Сав*, овıода... овıодъ *Ас* (∅ *Зогр Мар*)

ОВО *союз* (6): ово... ово, ово... ово же τὰ μὲν... τὰ δέ, τοῦτο μὲν... τοῦτο δέ, ὁ μὲν... ὁ δέ или... или, либо... либо buď... nebo, jednak... jednak: того поноуштааше • ово наказаниемъ ово епитимиѭ *Супр 188, 16 и 17*; ово ихъ избиша ово же прогнаша *Супр 197, 8 и 9.— Супр 86, 24 и 25*

ОВОГДА *нареч.* (6): овогда... овогда же, овогда же... овогда же, овогда оубо... овогда же ποτὲ μὲν... ποτὲ δέ иногда... иногда jednou... jindy, někdy... někdy: овогда тоуромъ бъıвъ • овогда же крилатамъ п'тицамъ подоба сѧ *Супр 7, 23 и 24*; овогда же бора сѧ овогда же лестьми льста градъ прѣѩ *Супр 56, 21 и 22*; овогда оубо видѣти и бѣаше сѣда • овогда же отрока *Супр 121, 25 и 26.— Ср.* дроугонци, иногда, когда, коли, нѣколи, нѣкогда

ОВОЩЕ, -а *с* (2) καρποφορία (!) фрукты ovoce: цвѣтьцъ прѣдъваракть прѣдъ овоштемъ *Супр 284, 22-23.— Супр 570, 10*

ОВОЩЬНЪ, -ъıи *прил.* (1): овощьноѥ хранилище ὀπωροφυλάκιον сарай в саду bouda v zahradě: положишѧ і⟨ероуса⟩лема ѣко овоштьное хранилиште *Пс 78, 1 Син*

ОВЪ, ова, ово *мест.* (>100) **1.** *указательное* (*редко*) ὁ μέν тот ten, onen: ови приносѧште исповѣдаѭт' доброразоумивѣ и свок и владъıчьско *Супр 376, 20* ● (*часто*) овъ... овъ (же), овъ... сь, овъ... дроугъıи, овъ... ∅ ὁ μὲν... ὁ δέ этот... тот, один... другой ten(to)... onen, jeden... druhý: тоу і пропѧша • і зълодѣа • ового оубо о деснѫѭ • а дроугаего о лѣвѫѭ распѧша *Л 23, 33 Зогр Мар Ас Сав*; людѣı же съвѧзаѭште агнець закалахѫ • а іже отъ поганъ • въ плъть б⟨ог⟩а • і ови вь сѣнь вьзирахѫ • ові же къ слънъцю • і къ б⟨ог⟩оу прітѣкаахѫ • і ові съвѧзавъше х⟨ристос⟩а • отъсълахѫ • а іже отъ поганъ • інод⟨оу⟩шъно его прінимахѫ *Клоц 13б 15 и 16 и 17, Супр 450, 22 и 23 и 24*; иже скрьбитъ къ четъıремъ десѧтемъ да прибѣгактъ • иже сѧ веселитъ к' ниімъ прітѣкактъ • овъ да избѫдетъ печали • а сь да поштадитъ сѧ веселик кго *Супр 95, 20*; приде невѣстьникъ • ти овъı готовъı с ниімь вьнидоша • овъı же вьнѣ затвориша сѧ *Супр 374, 17 и 18*; стоıаше на крьстѣ агньць • и два влька • нъ овъı прѣбъı на земи нравомъ • овъ же оуже прѣмѣнıааше сѧ *Супр 437, 16* (2) **2.** *неопр.* ἕτερός τις, ὅς, ὃς δέ, ἄλλος некоторый, кто-нибудь některý, někdo: тъгда запльваша лице-го • і пакости емоу дѣаша • ови же заланитѫ оудариша *Мт 26, 67 Зогр Мар Сав* (2), овиі *Ас*; ови г⟨лаго⟩лаахѫ • како можетъ ч⟨лове⟩къ грѣшьнъ • сице знаменіѣ творити *И 9, 16 Зогр Мар Ас*; овъ бо вѣроуетъ ѣсти въсе • а изнемагаѩи зелие да ѣстъ *Рим 14, 2 Ен*; овѣмъ бо ıави сѧ въ злато прѣложь сѧ *Супр 7, 27* ● овъ... овъ (же), овъ... инъ, инъ... овъ, овъ... дроугъıи, дроугъıи... овъ, овъ... сь (*чаще мн.*) ὃς μέν... ὃς δέ, ὁ μὲν... ὁ δέ, ὁ μὲν... ἕτερος, ὁ μὲν... ἄλλος, ἄλλος... ὁ δέ, εἷς... εἷς некоторый... другой, один... другой některý... jiný, jeden... druhý: кого г⟨лаго⟩лѭтъ мѧ ч⟨лове⟩ци сѫшта с⟨ъı⟩на ч⟨ловѣчь⟩скаго... ови іоана крестителѣ • іни же іліѭ • дроузи же іеремиѭ *Мт 16, 14 Зогр Мар Ас*; емъше же дѣлателе рабъı его ового биша • ового же оубиша • ового же камениемь побиша *Мт 21, 35 Мар Ас, нет* ...а дроугъıѩ... овъı же *Сав* (∅ *Зогр*); ови г⟨лаго⟩лахѫ ѣко благъ естъ • іни же г⟨лаго⟩лахѫ ни *И 7, 12 Зогр Мар Ас*; дроузи же г⟨лаго⟩лахѫ сь естъ х⟨ристос⟩ъ • ови же г⟨лаго⟩лахѫ • еда отъ галилеѩ х⟨ристос⟩ъ придетъ *И 7, 41 Зогр Мар Ас*, инии... ови *Сав*; ови обѣштаваахѫ сѧ • дроузиї же не покораахѫ сѧ *Супр 33, 32.— Зогр Мар Ас Сав Боян Ен Евх Клоц Супр.— Ср.* дроугъ, инъ, нѣкъıи, онъ, сь

ОВЪДЕ *нареч.* (6) [овьде *Зогр* (3) *Мар* (1)]:

съде... овъде ὧδε... ἐκεῖ здесь... там tu... tam: ι рекѫтъ вамъ • се съде • се овьде х⟨ристос⟩ъ • не ιзидѣте *Л 17, 23 Зогр*, овъде *Мар.— Мк 13, 21 Зогр Мар; Л 17, 21 Зогр Мар.— Ср.* овамо, онъде, съде, тамо

ОВЪТОРИТИ, -рѭ, -риши *сов.* (3) *греч. нет* повторить opakovat: не хотѣаше же овъторити ꙗже о оучениц͡ѣхъ своихъ ꙗвъꙗкмаꙗ кмоу *Супр 569, 13.— Супр 569, 22; 570, 2*

ОВЫШАТИ СѦ, -аѭ сѧ, -акши сѧ *несов.* (1) ὑψοῦσθαι превозноситься povyšovat se: божьство просиꙗше сѧ • и ношено овышааше сѧ *Супр 511, 27.— Ср.* възносити, высити

ОВЬНЪ, -а *м* (6) κριός баран, овен beran: вьсесъжагаемыꙗ можданы ї възнесѫ тебѣ съ кадiломъ овьны • възнесѫ тебѣ волы и козьлы *Пс 65, 15 Син*; телець ꙗкокъ • ι овенъ дръжимъ за рогъ *Евх 156 7.— Пс 64, 14 Син; 113, 4 Син; 113, 6 Син; Евх 36 10*

ОВЬН҃Ь *прил.* (1) τῶν κριῶν бараний beraní: принесѣте г⟨оспод⟩ю с⟨ы⟩ны овьнꙗ *Пс 28, 1 Син*

ОВЬЦА, -ѧ *ж* (>150) [овъц- *Мар Ас Сав Син*, овц- *Зогр Ас Сав Ен Супр*, ов'ц- *Зогр Евх Супр*] πρόβατον, προβάτιον овца ovce: се азъ сълѭ вы • ѣко ов'цѧ по срѣдѣ вълкъ *Мт 10, 16 Зогр Мар Ас*; далъ ны еси ѣко овъцѧ снѣди *Пс 43, 12 Син*; ѡ жидове овьцѧ не стризѣте *Супр 437, 4.— Зогр Мар Ас Сав Ен Син Евх Супр Хил.— Ср.* овьчѧ

ОВЬЧЬ, -чии *прил.* (19) [овч- *Ас* (2) *Супр* (1)] τῶν προβάτων, τοῦ προβάτου, προβατικός овечий ovčí: вънемлѣте отъ лъжихъ пророкъ • иже приходѧтъ къ вамъ въ одеждахъ овьчахъ *Мт 7, 15 Зогр Мар*, овьчиихъ *Ас*; ꙗко юже овчеѭ кръвьѭ двьри помазаша *Супр 417, 16*; естъ же въ ер⟨оусали⟩мѣхъ на овьчи кѫпѣли • ѣже нарицаетъ сѧ еврѣискы феѕда • пѧть притворъ ιмѫшти *И 5, 2 Зогр Мар*, овчии *Ас.— Зогр Мар Ас Сав Син Евх Супр Хил*

ОВЬЧѦ, -ѧте *с* (19) [ѡв- *Евх* (1), овч- *Супр* (1), о•/• *Евх* (1)] πρόβατον овечка, овца ovečka, ovce: кольми оубо лоучии естъ ч⟨ловѣ⟩къ овьчѧте *Мт 12, 12 Зогр Мар*; заблѫдихъ ѣко овьчѧ погыбъшее *Пс 118, 176 Син*; ѡвьчѧ азъ есмъ • съмысльнаaго твоего стада *Евх 85а 4.— Зогр Мар Син Евх Клоц Супр.— Ср.* овьца

ОВѪДОУ *нареч.* (3): сѫдоу и овѫдоу ἐντεῦθεν καὶ ἐντεῦθεν по ту и по другую сторону, с обеих сторон, по обе стороны z jedné i z druhé strany, z obou stran: пропѧсѧ ι съ н҃имь ιна дъва • сѫдоу ι овѫдоу • по срѣдѣ же ι⟨соу⟩са *И 19, 18 Зогр Мар Ас* (онѫдоу *Сав*).— *Ср.* онѫдоу, сѫдоу

ОГАВИѤ, -ꙗ *с* (1): огавик творити παρενοχλεῖν беспокоить, досаждать obtěžovat, trápit: азъ же вънегда они огавие творѣахѫ ми • облачаахѫ (*! вм.* облачаахъ) сѧ въ врѣтище • и съмѣрѣахъ постомь д⟨оу⟩шѫ моѭ *Пс 34, 13 Син.— Ср.* сътѫжати

огавьиник (!) *Супр 376, 2 см.* оглавлкник

ОГЛАВЛѤНИѤ, -ꙗ *с* (1) κεφάλαιον основная сумма základní obnos: отъ кдного огавьникꙗ (!) • разно быша при[с]носи отъ кдноѧ мнась • овь пѧть овъ десѧть принесоста *Супр 376, 2.— Ср.* цѣна

ОГЛАГОЛАНИѤ, -ꙗ *с* (2) **1.** κατηγορία обвинение obvinění: кок оглаголаник носите о чловѣцѣ семъ *Супр 432, 18* (рѣчь *И 18, 29 Мар Ас Сав, ∅ Зогр*) **2.** λοιδορία брань, ругань spílání: їжде бо зависть • тоу живѫтъ • враждꙑ и свари и прѣльсти • и пьрѧ и оглаголаниꙗ словеса • и хоулы и оукоренꙗ *Супр 400, 21.— Ср.* клевета, обличеник, оклеветаник, рѣчь

ОГЛАГОЛАТИ, -лѭ, -лкши *сов.* (2) κατηγορεῖν обвинить obvinit: твоꙗ оуста тебе оглаголашѧ • свои оустьнѣ тебѣ быста обличеник *Супр 237, 29.— Супр 394, 24.— Ср.* обличити, оклеветати

ОГЛАСИТИ, оглашѫ, огласиши *сов.* (4) κατηχεῖν наставить (*перед крещением или приятием монашеских обетов*) vyučit, poučit (*před přijetím křtu nebo mnišských slibů*): огласи кго словесы д⟨оу⟩ховъныими • и бѣаста оба... въздръжаник дръжѧшта *Супр 547, 21*; съ славословиимъ и съ слъзами • благодаривъ б⟨ог⟩а огласи ѭ *Супр 517, 19.— Супр 517, 23; 549, 15*

ОГЛАШАТИ, -аѭ, -акши *несов.* (3) κατηχεῖν наставлять vyučovat: дошедъшоу же врѣмени бракоу • ꙗви сѧ кононоу • ар'хаг'гелъ михаилъ... и бесѣдоуѧ сь н҃имъ оглашааше истиньныꙗ таи(ны) *Супр 25, 4*; оглашаѧ мѫжа съ женами и дѣтьми *Супр 541, 10.— Супр 514, 17*

ОГЛАШЕНИѤ, -ꙗ *с* (1) *греч. нет* наставление (*перед крещением*) vyučení, poučení (*před křtem*): ѩже абик по оглашении съподоби с⟨вѧ⟩таaго крьштеньꙗ • и бесъмрьтъныихъ причѧстити сѧ таинахъ *Супр 537, 10.— Ср.* възглашеник

ОГЛѦДАТИ СѦ, -аѭ сѧ, -акши сѧ *несов.* (2) περιβλέπεσθαι осматриваться, оглядываться rozhlížet se, ohlížet se: оглѧдааше сѧ вiдѣти сътворьшѫѭ се *Мк 5, 32 Ас Унд* (озирааше сѧ *Зогр Мар Сав*).— *Ср.* озирати

ОГН҃Ь, -ꙗ *и* -ни *м* (>250) πῦρ, πυρά, ἀνθρακιά, κλίβανον (!) огонь oheň: вьсѣко дрѣво еже не сътворитъ плода добра • посѣкаѭтъ • ι въ огн҃ь въметаѭтъ *Мт 7, 19 Зогр Мар* (*нет Ас*); хоштеши ли • ι речевѣ • да огн҃ь съшьдъ съ неб⟨е⟩се • ι поѣстъ ѩ *Л 9, 54 Зогр Мар*;

огнъ прѣдъ нимъ възгоритъ сѧ • ї окрьстъ его боурѣ велъѣ *Пс 49, 3 Син*; таже повелѣ вьврѣшти паула и үлигаиѭ въ огн҃ь *Супр 5, 15*; творѧи анг⟨е⟩лъı своѩ д⟨оү⟩хъı • и слоүгъı своѩ огнъ палѩщь *Евр 1, 7 Ен* ● πυρετός; (огнюмь болѣти, огнюмь жеци сѧ πυρέσσειν) жар, лихорадка horečka, zimnice: тъшта же симон҃ѣ бѣ • одръжима огн҃емь вельемь *Л 4, 38 Зогр Мар*; тъшта же симонова • лежааше огн҃емь жегома *Мк 1, 30 Зогр Мар* ♦ огн҃ь вѣчьнъ, бѫдѫщии γέεννα геенна огненная peklo: винно намъ вѣчноу огню и мѫцѣ бъıваатъ *Супр 406, 11*; оустраши бѫдѫштиимъ огн҃ьмъ *Супр 414, 12.— Зогр Мар Ас Сав Унд Ен Син Евх Клоц Супр.— Ср.* огн҃ь вѣчьнъ *см.* г҃еона

ОГН҃ЬНЪ, -ъıи *прил.* (35) τοῦ πυρός, τοῦ φλογός, πύρινος огненный, огневой, огня *род.* ohnivý, ohně *род.*: і въврьгѫтъ ıѧ вь пешть огн҃ьнѫ *Мт 13, 50 Зогр Мар Сав*; г⟨оспод⟩ь... огньнъıхъ д⟨оү⟩хъ *Евх 51а 12-13*; молитвоѭ правьд'нааго пламъı огн҃ьнъıи погасивъ *Супр 565, 29* ● горячий, раскаленный žhavý, řeřavý: ѡтъ блисцѣньѣ его прѣдъ нимъ облацѣ проідѫ • градъ і ѫгльє огньні *Пс 17, 13 Син* ♦ дьбрь огн҃ьнаıа *см.* дьбрь; матица огн҃ьнаıа *см.* матица; родъ огн҃ьнъ *см.* родъ; родьство огн҃ьноѥ *см.* родьство.— *Зогр Мар Ас Сав Унд Син Евх Супр.— Ср.* г҃еона

ОГОЛИТИ, -лѭ, -лиши *сов.* (1) γυμνοῦν оголить, обнажить obnažit: дотолѣ же мѫчиша и • доньдеже ребра ѥго оголиша *Супр 260, 13.— Ср.* обнажати, обнажити

оготовано *Мт 20, 23 Мар см.* оуготовати

ОГРАДА, -ъı *ж* (5) μάνδρα ограда, загородка ohrada: отвръзоша оградѫ звѣриньнѫѭ • и изиде рикаѩ левъ *Супр 166, 19*; овьца вьнѣ оградъı блѫждааше *Супр 498, 29* ● логовище doupě: лаетъ въ таінъıхъ ѣко левъ въ оградѣ своеі *Пс 9, 30 Син* ● Μάνδρα *название монастыря* Мандра Mandra: памѧтъ • прѣп⟨о⟩добномоу о⟨тъ⟩цоу нашемоу семеоноу • стлъпнї коу • иже въ оградѣ *Ен 20а 13.— Супр 565, 19.— Ср.* огражденик, оплотъ, халѫга

ОГРАДИТИ, ограждѫ, оградиши *сов.* (14) [ѡгр- *Евх* (1)] **1.** περιτιθέναι, περιτειχίζειν; (оградити острогомь περιχαρακοῦν) оградить, огородить ohradit: чл⟨овѣ⟩къ... иже насади виноградъ • і оплотомъ і огради *Мт 21, 33 Мар Ас Боян* (*нет Сав*); *Мк 12, 13 Зогр Мар*; тъı огради море пѣсъкомь *Евх 4а 12* **2.** *перен.* τειχίζειν, περιφράσσειν, ἀσφαλίξεσθαι, κατασφαλίξειν оградить, защитить zaštítit, ochránit: ѡгради и силоѭ с⟨вѧ⟩тааго твоего д⟨оү⟩ха *Евх 80б 13*; ограждена тѧ обрѣтаıѧ • крѣпъкоѭ рѫкоѭ и вѣроѭ *Евх 91б 7-8.— Евх 14а 4-5; 15а 18-19; 62б 17; 78б 17-18; Супр 410, 6; 507, 21.— Ср.* остѣнити, защитити

ОГРАЖДЕНИѤ, -ıа *с* (1) *греч. нет* ограждение ohrada, ohrazení; *перен.* западня léčka, past: въпадъ въ разбоıа д⟨оү⟩шегоүбьнъııа • поработихъ сѧ окаанъı • лѫкавънъıмь ограждениемь *Евх 78а 22-23.— Ср.* ограда

ОГРѦСТИ, оградѫ, оградеши *несов.* (1): лѣта оградѫща annuus в круговороте года, ежегодно každoročně: б⟨ог⟩ъ іже нъı лѣта огрѧдѫщѣ блаженаго климента... чьстьѭ веселиш *Киев 1б 2.— Ср.* обити[1]

ОГЪ, -а *м имя* (1) Ὤγ Ог Og: ї оүмрьштвьшюмоу ц⟨ѣса⟩рıа крѣпъкъı... ога ц⟨ѣса⟩рѣ васаньска *Пс 135, 20 Син*

ОДАРИТИ, -рѭ, -риши *сов.* кого чимь (1) *греч. нет* одарить obdarovat, obdařit: ізведи и отъ слѣпотъı... одари и... свѣтомь твоимь *Евх 33а 24-25*

ОДЕЖДА, -ѧ *ж* (47) [ѡд- *Ен* (1)] ἔνδυμα, ἱματισμός, ἱμάτιον, στολή, ἐσθής, περιβόλαιον, διπλοΐς одежда, одеяние oděv, šat, roucho: о одежди чьто сѧ печете *Мт 6, 28 Зогр Мар Ас*, при одежди *Сав*; іже приходѧтъ къ вамъ въ одеждахъ овьчахъ *Мт 7, 15 Зогр Мар Ас*; облѣче бо мѧ въ одеждѫ с⟨ъ⟩п⟨ас⟩ениѣ • і ризѫ веселиѣ *Евх 97б 24.— Зогр Мар Ас Сав Ен Син Евх Супр Хил.— Ср.* матизмъ, одѣник, одѣıало, одѣıаник, риза

ОДЕЖДЬНЪ, -ъıи *прил.* (1) τῆς στολῆς одежный, одежды *род.* šatový, šatu *род.*: сим же сице имѫштемъ... отъ морѣ же багъръ одеждьнъıи • отъ роүдъ же и желѣзнии *Супр 438, 16.— Ср.* ризьнъ

оделѣвати *Супр 72, 25; 87, 2-3 см.* одолѣвати

оделѣник *Евх 60б 4 см.* одолѣник

оделѣти *Супр см.* одолѣти

одобьнъ (!) *Супр 258, 3 см.* подобьнъ

ОДОЛѢВАТИ, -аѭ, -аѥши *несов. без доп.* (4) [одел- *Супр* (2)] νικᾶν, ἀριστεύειν одолевать, побеждать vítězit: аште за съмрьтънааго ц⟨ѣса⟩ра борѭште сѧ одолѣва'хомъ *Супр 69, 26-27*; не лѣпо ѥстъ обыкъшиимъ оделѣвати въ рати • зълодѣискоѭ съмрьтиѭ оумирати *Супр 87, 2-3.— Супр 72, 25; 159, 20.— Ср.* побѣждати

ОДОЛѢНИѤ, -ıа *с* (6) [одел- *Евх* (1)] νίκη, τρόπαιον преодоление, победа zdolání, přemožení, vítězství: цѣсара възаста побѣдѫ • и по одолѣнии томь • гратиıанъ цѣсарь иде въ римъ *Супр 197, 12*; ѡ оделѣньи намъ • льсти коумиръсцѣи • съшествиемь с⟨вѧ⟩тааго емоу д⟨оү⟩ха *Евх 60б 4.— Супр 427, 29; 503, 14; 504, 19; 512, 27.— Ср.* побѣда

ОДОЛѢТИ, -ѣѭ, -ѣѥши *сов.* комоу, чесомоу

или без доп. (16) [одел- *Супр* (5)] νικᾶν, περιεῖναι, καταπαλαίειν, περιγίγνεσθαι одолеть, победить zdolat, přemoci, zvítězit: семоу же бывъшоу чоудеси… народъ… глаголѧ • кдинъ б⟨ог⟩ъ кононов' оделѣ *Супр 35, 4*; и одолѣкши рати на н҃ѭже идеши *Супр 194, 15-16*; одолѣ имъ раавь блѫдница • одолѣ имъ кръвоточивага • одолѣ ханаанѣіни • и нынга пакы жена на н҃ѧ крѣпитъ сѧ *Супр 434, 18* (2) *и 19*; одолѣти не можааше *Хил 16β 25.— Супр 35, 4; 36, 3-4; 36, 23; 47, 6; 82, 29; 192, 9; 381, 17; 444, 8; 501, 16; 566, 25.— Ср.* побѣдити, съдолѣти, оудолѣти, оустогати

о д р а т и *Супр 111, 27 см.* одьрати

ОДРИН҃Ь, -нга *м город* (1) Ἀδριανούπολις Адрианополис Hadrianopolis: памѧтъ… с⟨вѧ⟩т⟨а⟩го амона… ц⟨ѣса⟩ри отъ одринѣ тра(кинскаго) *Ен 20а 19*

ОДРЪ, -а *м* (72) κλίνη, κλινίδιον, κράβατος постель, ложе, носилки, одр postel, lože, lehátko, nosítka: принесошѧ емоу ослабл҃енъ жилами • на одрѣ лежѧшть *Мт 9, 2 Зогр Мар Ас Сав*; принесъше же одръ възложивъше и на н҃ь принесошѧ въ преторъ *Супр 221, 29*; въздвигни и отъ одра грѣховъннаго *Евх 25б 8* ● σορός погребальные носилки, одр máry: пристѫпль коснѫ въ одръ *Л 7, 14 Зогр Мар Ас*; прикоснѫ сѧ одрѣ и въстави мрьтвааго *Супр 307, 2-3.— Зогр Мар Ас Сав Боян Син Евх Супр.— Ср.* ложе, носило, постелга

ОДРЪЖАНИѤ, -нга *с* (2) [одръ- *Син* (1) *Евх* (1)] κατάσχεσις владение držení, vláda: дамъ ті ѩзъ(і)къ • достоѣнье твое і одръжанье твое конець землѩ *Пс 2, 8 Син.— Евх 32б 2*

ОДРЪЖАТИ, -жѫ, -жиши *несов.* (48) [одръ- *Зогр* (5) *Мар* (5) *Ас* (1) *Син* (6) *Евх* (10) *Клоц* (1) *Супр* (11) *Рыл* (1), обьдръ- *Ас* (1) *Супр* (2), объдръ- *Супр* (2)] **1.** περιέχειν, συνέχειν, κατέχειν, ἔχειν захватывать, овладевать zachvacovat, uchvacovat, jímat: тъшта же симон҃ѣ бѣ • одръжима огнемь вельемь *Л 4, 38 Зогр Мар*; ѣко одръжашѧ мѩ зълаа імъже нѣстъ числа *Пс 39, 13 Син*; ицѣли и отъ одръжащиѩ болѣзни *Евх 27б 13-14*; оужастъ объдръжитъ мѧ о чловѣчьстѣ гласѣ клене *Супр 224, 26* **2.** συνέχειν владеть, обладать ovládat, vlastnit: ръци ми того ли прѣдаеш иже вьсѣчьскаа одръжитъ *Клоц 4б 33* **3.** περιέχειν обступать, окружать obklopovat, obkličovat: ѡбидѫ мѩ тельці мнозі… тоучьни одръжашѧ мѩ *Пс 21, 13 Син*; ѡбидѫ мѩ ѣко вода вьсь день ѡдръжаше мѩ въкоупѣ *Пс 87, 18 Син* **4.** κυκλοῦν занимать zaměstnávat, zaneprazdňovat: цѣсароу бо одръжимоу печалми имѣньи… оукрѣпьѩктъ сѧ *Супр 492, 11* **5.** ἐπέχειν замечать, обращать внимание všímat si, pozorovat: г⟨лаго⟩лааше же къ зъванꙑмъ притъчѫ • одръжѧ • како прѣдъсѣданьѣ • ізбирааху *Л 14, 7 Зогр Мар Ас Сав.— Зогр Мар Ас Сав Син Евх Клоц Супр Рыл.— Ср.* оудрьжати

ОДРЬЦЬ, -а *м* (1) ἐσχάρα решетка rošt: повелѣ комисъ • желѣзнъ одрьць раждешти *Супр 231, 17.— Ср.* сковрада

ОДЪЖДАТИ, -аѭ, -акши *несов.* (1) δροσίζειν орошать, заливать (дождем), проливать (дождь) sesílat (déšť), dštít: ѡблаци дьждевьнии • съ н⟨е⟩бесе на ч⟨ловѣ⟩кꙑ дьждь праведънꙑ одьждаѭтъ *Евх 16 23.— Ср.* дъждити

ОДЪЖДИТИ, одъждѫ, одъждиши *сов.* (5) βρέχειν пролить (дождь); оросить, залить (дождем) seslat (déšť); napršet: одъжди жюпьлъ • і огнь съ небесе • і погоуби вьсѧ *Л 17, 29 Зогр Мар*; одъждı імъ мана ѣстı • ї хлѣбъ небесьнꙑ дастъ імъ *Пс 77, 24 Син.— Пс 77, 27 Син; Евх 100а 3*

о д ъ л ѣ к ъ *Пс 16, 14 Син см.* отълѣкъ

о д ъ н а ч е *Пс 77, 30 Син см.* кдьначе

о д ь ж д а т и *Евх 16 23 см.* одъждати

ОДЬРАТИ, одерѫ, одереши *сов.* (2) [одра- *Супр* (1)] καταξεῖν, ἐκδέρειν ободрать odřít: вида же анѳупатъ вьсе тѣло с⟨вѧ⟩тааго одрано *Супр 111, 27.— Супр 268, 18*

о д ѣ а - *см.* одѣга-

ОДѢВАТИ, -аѭ, -акши *несов.* (1) ἀμφιάζειν одевать odívat, oblékat: котꙑгꙑ постилакши кгда ништаѩ одѣвакши *Супр 341, 19.— Ср.* одѣгати

ОДѢНИѤ, -нга *с* (12) ἔνδυμα, ἐσθής, ἱματισμός, στολή, περιβόλαιον одежда, одеяние, платье oděv, šat: бѣ же… одѣние его бѣло ѣко снѣгъ *Мт 28, 3 Зогр Мар* (одѣание *Ас*, одежда *Сав*); почто же гако овъ свѣтло одѣникноситъ • и богатѫ трепезѫ поставьѩктъ *Супр 491, 17.— Л 9, 29 Мар; Пс 68, 12 Син; 103, 6 Син; Евх 99а 12; 106б 15 и 17-18; Супр 492, 26; 497, 26; 593, 2.— Ср.* матизмъ, одежда, одѣгало, одѣганик

ОДѢТИ, одеждѫ, одеждеши *сов.* (43) περιβάλλειν, περιτιθέναι, ἀμφιεννύναι, ἀμφιάζειν, ἐνδύειν, σκέπειν одеть odít, obléci: бѣхъ… нагъ і одѣсте мѧ *Мт 25, 36 Зогр Мар Ас Сав*; зан҃е и одѣни бꙑшѧ свѣтълоѭ одеждеѭ *Супр 271, 11-12* ▭ о д ѣ т и с ѧ περιβάλλεσθαι, ἀναβάλλεσθαι, ἐνδύεσθαι, μεταμφιάζεσθαι одеться odít se, obléci se: чьто ѣмъ ли чьто пиемъ • ли чимь одеждемъ сѧ *Мт 6, 31 Зогр Мар Ас Сав*; одеждѫтъ сѧ ѣко одеждеѭ стоудомь своімь *Пс 108, 29 Син*; помꙑсли одѣти сѧ въ мѫжьскꙑи образъ *Супр 299, 11.— Зогр Мар Ас Сав Ен Син Евх Супр.— Ср.* облѣщи

ОДѢІАЛО, -а *с* (1) περιβόλαιον одежда, одеяние oděv, šat: **ѣко одѣало съвьеши ѣ ї измѣньатъ сьа** *Пс 101, 27 Син.— Ср.* **матизмъ, одежда, одѣник, одѣıанинє**

ОДѢІАНИЄ, -ıа *с* (8) ἔνδυμα, περιβολή, στολή, ἱματισμός одежда, одеяние, платье oděv, šat: **дроуже како вьниде сѣмо • не имъı одѣаниѣ брачьна** *Мт 22, 12 Мар Ас* (*Ø Зогр*); **вь ніхъже много величаньк и вьнѣш'ніїмъ одѣанніїмъ** *Супр 491, 13.— Мт 22, 11 Мар Ас; Мт 28, 3 Ас; Мк 12, 38 Мар; Л 9, 29 Зогр.— Ср.* **матизмъ, одежда, одѣник, одѣıало**

ОДѢІАТИ, **одѣѭ, одѣкши** *несов.* (5) ἀμφιεννύναι, θωρακίζειν одевать odívat, oblékat: **аште же сѣно дьньсь сѫштее • а оутрѣ въ огнь вьмѣтаемо • б⟨ог⟩ъ тако одѣетъ • колми паче васъ маловѣри** *Мт 6, 30 Зогр Мар Ас Сав.— Евх 99а 13.— Ср.* **одѣвати**

ОЖЕНИТИ, -нѭ, -ниши *сов.* (7) συνοικοῦν женить oženit: **родителıа же кмоу сего не вѣдѫшта сьвѣтъ о брацѣ твораста • и приведъша ожениста** *Супр 25, 19* □ **о ж е н и т и с ѧ цѣмь** *или без доп.* γαμεῖν, γαμεῖσθαι пожениться oženit se: **іже бо аште... оженитъ сѧ іноѭ** *Мк 10, 11 Зогр Мар*; **і пръвъı ожень сѧ оумьрѣтъ** *Мт 22, 25 Мар.— Мк 6, 17 Зогр Мар Ас.— Ср.* **женити**

ОЖЕСТИТИ, **ожещѫ, ожестиши** *сов.* (4) σκληρύνειν ожесточить zatvrdit: **не ожестіте срьдець вашіхъ** *Пс 94, 8 Син* □ **о ж е с т и т и с ѧ** ожесточиться zatvrdit se: **да не ожеститъ сѧ етеръ отъ (васъ) лъстиѭ грѣховноѭ** *Евр 3, 13 Ен.— Супр 357, 23; 357, 27.— Ср.* **ожесточити, окаменити**

ОЖЕСТОЧАНИЄ, -ıа *с* (1) πώρωσις ожесточение zatvrzelost: **тъгда и оучитель ихъ плача сѧ ожесточанııа срьдьца ихъ** *Супр 333, 13.— Ср.* **окамениник, оужесточеник**

ОЖЕСТОЧИТИ, -чѫ, -чиши *сов.* (2) σκληρύνειν ожесточить zatvrdit: **нъ послоушаите и не ожесточите въıѧ вашеѧ к' немоу** *Супр 29, 15-16* □ **о ж е с т о ч е н ъ** *в знач. прил.* ἰλιγγοειδής ожесточенный, зачерствелый zatvrzelý: **онѣхъ срьдьца ожесточена • сьвѣтъ на оубикник творıаахѫ** *Супр 399, 6.— Ср.* **ожестити**

ОЖЕСТѢТИ, -ѣѭ, -ѣкши *сов.* (1) σκληρύνεσθαι зачерстветь zatvrdnout, *перен.* завянуть zvadnout: **ѣко трѣва мімоідѫтъ • ютро процвьтѫ и прѣідетъ на вечеръ • ѡтъпадетъ ожестѣетъ і исъхнетъ** *Пс 89, 6 Син*

ОЖЕЩИ, **ожегѫ, ожежеши** *сов.* (1) συγκαίειν обжечь, опалить popálit: **въ день слъньце не ожежетъ тебе • ни лоуна ноштиѭ** *Пс 120, 6 Син.— Ср.* **опалити, пожещи, съжещи**

ОЖИВИТИ, -влѭ, -виши *сов.* (9) ζωοποιεῖν, ἀναζωοποιεῖν, ζωοῦν оживить, воскресить oživit, vzkřísit: **азъ оумьрѫ и оживьѭ** *Супр 263, 6*; **дѣѣши ли аште сьде съı не можеши оживити мрьтвааго** *Супр 313, 30.— Евх 78б 23; Супр 77, 3; 194, 10-11; 398, 11; 479, 30; 480, 27; Хил 16а 22.— Ср.* **въскрѣсити, живити**

ОЖИДАТИ, -аѭ, -акши *несов.* **кого, чесо** *или с инф.* (15) μένειν, ἀναμένειν, ἐπιμένειν, ἀνέχεσθαι, ἐκδέχεσθαι, προσδοκᾶν ждать, ожидать čekat, očekávat: **того бо по вьсѧ дьни ожидаѭ** *Супр 260, 24*; **сѣавъ • ожидаетъ пришедъши жѧтвѣ напльнити гоумно** *Супр 266, 6*; **что се сътвористе • оставивъше мѧ доселѣ а азъ ожидаѭ васъ • да въстѫживъ пакъı обратихъ сѧ къ вамъ** *Супр 32, 12.— Супр 12, 11; 98, 12; 143, 24-25; 154, 9; 267, 28; 432, 9; 432, 10-11; 433, 28; 436, 1; 445, 7; 530, 3; 549, 8.— Ср.* **жьдати, чаıати**

ОЖИТИ, **оживѫ, оживеши** *сов.* (25) ἀναζῆν, ἀναβιοῦν, ζῆν; (**ожити съ цѣмь** συζῆν) ожить, воскреснуть ožít, oživnout: **ѣко с⟨ъı⟩нъ мої сь • мрътвъ бѣ і оживе** *Л 15, 24 Зогр Мар Ас Сав*; **оумрѣмъ да оживемъ** *Супр 91, 21*; **аще с нимъ оумрѣхомъ • с нимъ оживемъ** *2 Тим 2, 11 Ен.— Зогр Мар Ас Сав Ен Супр.— Ср.* **въскрьснѫти**

ОЗАРИТИ, -рѭ, -риши *сов.* (1) καταυγάζειν озарить, осветить ozářit, osvítit: **слъньце не заходѧщее • свѣтомь в'сь миръ озари** *Евх 1б 25*

ОЗАРІАТИ, -ıаѭ, -ıакши *несов.* (1) καταυγάζειν озарять, освещать ozařovat, osvěcovat: **свѣтомь б⟨о⟩горазоумиѣ • в'сь миръ озарѣетъ сѧ** *Евх 2б 10*

ОЗИРАТИ, -аѭ, -акши *несов.* **кого, чесо; на кого, чьто** (5) [**обьзи-** *Супр* (1)] ὁρᾶν, περιεργάζεσθαι внимательно смотреть *на что-л.* hledět *na něco*, pozorovat: **ѳома стоıаше... обьзираѧ коегож'де и пъıтаѧ • въ истинѫ ли страдавъшии вьскр'сьшии тъ же к пришьлъ** *Супр 502, 25* ● *перен.*: **сьмрьти оуже не боѭ сѧ... ни на немоштъ своѭ озираѭ** *Супр 490, 10* □ **о з и р а т и с ѧ** περιβλέπεσθαι осматриваться ohlížet se, rozhlížet se: **озирааше сѧ видѣти • сътворьшѫѭ** *Мк 5, 32 Зогр Мар Сав* (**оглѧдааше сѧ** *Ас*).— *Ср.* **зьрѣти, оглѧдати сѧ**

о з и ıа *Мт 1, 8 и 9 Сав см.* **носиıа**

ОЗМЬРІЕНЪ, -ъıи *прил.* (1): **о з м ь р е н о в и н о** ἐσμυρνισμένος οἶνος вино, смешанное с миррой víno smíšené s myrhou: **даѣахѫ емоу піті • оз'мьрено вінo** *Мк 15, 23 Ас* (**оцьтъно** *Зогр Мар*, **оцьтѣно** *Сав*).— *Ср.* **оцьтънъ, оцьтѣнъ**

ОЗОБАТИ, -блѭ, -блкши *сов.* (1) λυμαίνεσθαι объесть, съесть ožrat, sežrat: **ѡзоба і** (*т. е.* **виноградъ**) **вепрь отъ лѫга • їнокъ дивьеї поѣлъ естъ** *Пс 79, 14 Син*

ОЗРАКЪ, -а *м* (1) ὄψις взгляд, взор zrak, pohled: кꙑи ли недѫгъ озракоу добротѫ прокоудитъ *Супр 399, 17*

ОЗЪЛОБИТИ, -блѭ, -биши *сов.* (7) κακοῦν измучить, причинить зло, страдания ztrápit, způsobit zlo: озълобленъ бꙑхъ і съмѣрихъ сѧ зѣло *Пс 37, 9 Син; Евх 76а 19*; достоѣние твое озълобишѧ *Пс 93, 5 Син*; да азъ помилоуѭ еѫ озълобьенѫѭ *Супр 248, 16.— Пс 88, 23 Син; 105, 32 Син; 106, 39 Син.— Ср.* оузълобити

ОЗЪЛОБЛЄНИѤ, -ꙗ *с* (2) κάκωσις лишения, страдания strádání, útrapy: варишѧ мѧ въ день озълобленьѣ *Пс 17, 19 Син.— Пс 43, 20 Син.— Ср.* мѫка², озълѥниѥ, печаль, страсть

ОЗЪЛЄНИѤ, -ꙗ *с* (1) κάκωσις лишения, страдания strádání, útrapy: и мꙑ мнѣхомъ и въ болѣзни и ꙗзвѣ • и въ озьлѣнии *Супр 436, 23.— Ср.* озълобленѥ

озьлѥниѥ *Супр 436, 23 см.* озълѥниѥ

ОИМИ, оимъ *м мн.* (4) οἱ στρατιῶται воины, бойцы vojáci: колико отъ нашихъ оимъ • на рати падошѧ *Супр 91, 11.— Супр 90, 30; 92, 19; 93, 4-5.— Ср.* воинъ, ратьникъ

ОИМЬСКЪ, -ꙑи *прил.* (1) στρατιωτικός воинский vojenský: трѫтъ оимъскꙑи • плъкъ непрѣборемꙑи • тъчьнъ и на бранехъ непобѣдимꙑ *Супр 83, 1.— Ср.* ратьничьскъ

ОИМЬСТВО, -а *с собир.* (1) *греч. нет* войско, воинство vojsko: сиї величьствомъ тѣла • и юностиѭ раштениꙗ... оуньше вьси въ оимъство въчьтени бꙑшѧ *Супр 84, 29.— Ср.* воиньство, рать

ОКАМЕНИТИ, ОКАМѢНИТИ, -нѭ, -нити *сов.* (8) [окамен- *Зогр* (2) *Мар* (2) *Супр* (1), окамѣн- *Зогр* (1) *Мар* (1) *Ас* (1)] πωροῦν, ἀπολιθοῦν ожесточить; сделать грубым, бесчувственным zkamenit, zatvrdit; učinit bezcitným: ослѣпи очи іхъ • і окамѣнилъ естъ срьдьца іхъ *И 12, 40 Зогр Мар Ас*; не разоумѣшѧ бо о хлѣбѣхъ • нъ бѣ сръдьце іхъ окаменено *Мк 6, 52 Зогр Мар.— Мк 8, 17 Зогр Мар; Супр 34, 8.— Ср.* ожестити, ожесточити, оутврьдити

ОКАМЕНЄНИѤ, -ꙗ *с* (4) πώρωσις черствость; жестокосердие tvrdost; zatvrzelost: възърѣвъ на нѧ съ гнѣвомь • скръбѧ о окаменении сръдьца іхъ *Мк 3, 5 Зогр Ас*, о окаменени *Мар*, ѡ окамененꙑ (!) *Сав.— Ср.* ожесточаниѥ, оужесточениѥ

окамѣнити *И 12, 40 Зогр Мар Ас см.* окаменити

оканꙑи *Супр 93, 12-13; 107, 14; 108, 14; 467, 1-2 см.* окаꙗнъ

ОКАꙖНИѤ, -ꙗ *с* (2) ταλανισμός сетование politováníhodnost: о окаании законьникъ *Мар 76б 22*, ѡ каании (! *вм.* ѡ окаании) *Зогр 130а 7*

ОКАꙖНЪ, ОКАꙖНЬНЪ, -ꙑи *прил., сравн. ст.* окаꙗнѣи, окаꙗньнѣи (25) [окаꙗн- *Син* (1) *Евх* (2) *Клоц* (1) *Супр* (15) *Рыл* (1), окан- *Супр* (4), окаꙗньн- *Супр* (1)] ἄθλιος, πανάθλιος, δείλαιος, ἐλεεινός, ταλαίπωρος, οἰκτρός, μάταιος (!), κατάδικος (!); (вьсꙗко окаꙗнъ πανάθλιος) бедный, обездоленный, несчастный bídný, ubohý, nešťastný, politováníhodný: оумилосрьди сѧ на мѧ окаанааго *Евх 79а 11*; ю горе мьнѣ окаꙗноуоумоу • како вьзьрѫ на небо *Супр 523, 25*; ѡ оканни и вьсѣко окаанни • что пострадав'ше толь скоро сътѫживъше си отъвръгосте сѧ вл⟨а⟩д⟨ꙑ⟩кꙑ χ⟨ри⟩с⟨тос⟩а *Супр 107, 14* ● окаянный, проклятый, очень плохой bídný, špatný, zlý: дъшті вавилоньска окаанаа *Пс 136, 8 Син*; ѡ ока'нии законопрѣстѫп'ници мѫчителе *Супр 467, 1-2*; что ва бꙑстъ вьсѣхъ чловѣкъ окаанѣнишаꙗ *Супр 212, 21.— Син Евх Клоц Супр Рыл.— Ср.* зълъ, небогъ

окаꙗньнѣи *Супр 212, 21 см.* окаꙗнъ

ОКАꙖТИ, окаѭ, окаѥши *сов.* (1) ταλανίζειν пожалеть politovat: ѥгда бо оузьритъ богатааго оубогꙑи • въ многоцѣннѫ одеждѫ одѣна • оустрѣленъ бꙑстъ печальѭ • окаꙗлъ себе *Супр 492, 30*

ОКЛЕВЕТАВАТИ, -ваѭ, -ваѥши *несов.* (2) παραλαλεῖν, καταλαλεῖν клеветать, оговаривать pomlouvat: кръи мѧ • ѡтъ гласа поносѧштаго и оклеветаваѭштаго *Пс 43, 17 Син.— Пс 100, 5 Син.— Ср.* вадити, глаголати, клеветати, оклеветати

ОКЛЕВЕТАНИѤ, -ꙗ *с* (2) [витаниѥ (!) *Супр* (1)] κατηγορία оговор, клевета pomluva, kleveta: да тѧ накажетъ чьсть (! *вм.* чистъ) имѣти оклеветаниꙗ ѩзꙑкъ *Супр 410, 23-24*; и се велико ѥмоу кажетъ сѫште витаниѥ (! *вм.* оклеветаниѥ) • ѥже решти ѥдинъ отъ обою на десѧте *Супр 409, 3-4.— Ср.* клевета, обаждениѥ, оглаголаниѥ, хоула

ОКЛЕВЕТАТИ, -аѭ, -аѥши *несов./сов. и* -вештѫ, -вештеши *сов.* (12) [-вештѫ, -вештеши *Супр* (2)] **1.** καταλαλεῖν, διαθλίβειν, ἐνδιαβάλλειν, συκοφαντεῖν оговаривать/оговорить, клеветать/оклеветать pomlouvat/pomluvit, hanět/pahanět: никогоже обидите • ни оклеветаіте • і довольни бѫдѣте оброкꙑ вашими *Л 3, 14 Зогр Мар Ас Сав*; тъ оклеветанъ бꙑстъ къ немоу *Л 16, 1 Зогр Мар*; да постꙑдѧтъ сѧ іштезѫѭштеи • оклеветаѭштеі д⟨оу⟩шѫ моѭ *Пс 70, 13 Син* **2.** *сов.* κατηγορεῖν обвинить obvinit: да не оклевештеши оучителꙗ немоштъ • ѥгда видиши оученика прѣдаѭште *Супр 408, 18.— Пс 118, 22 Син; Клоц 5а 30-31; Супр 305, 28; 413, 26.— Ср.* вадити, досадити, навадити, нарѫгати сѧ, обадити, облъıгати, оглаголати, оклеветавати, оукарꙗти

ОКЛООШИТИ, оклошнѭ (?), оклосниши *сов.* (1) *греч. нет* охрометь zmrzačit: изломи ногѫ прѣдьнѭѭ... и повѣда кънѧзоу о нивѣ • и како оклоснишѧ емоу вельбѫдь *Супр 218, 10*

ОКО, очесе *и* ока *с* (>350) ὀφθαλμός, ὄμμα, ὄψις, βλέφαρον; (съ ѥдинѣмь окомь μονόφθαλμος; без очию ἀόμματος) глаз, око oko: аште ли око твое лѫкаво бѫдетъ • все тѣло твое тьмъно бѫдетъ *Мт 6, 23 Зогр Мар Ас Сав*; чьто же видиши сѫчьць иже естъ въ оцѣ братра твоего • а брьвно еже естъ въ оцѣ твоемь не чюеши *Мт 7, 3 Зогр Мар*, въ оцѣ... въ очесі *Ас*, въ очесе... въ очесе *Сав*; отъ г⟨оспод⟩і бъıстъ сі • ї естъ дівъна въ очию нашею *Пс 117, 23 Син*; добрѣе ти естъ съ единѣмь окомь • вьнити вь ц⟨ѣса⟩р⟨ь⟩с⟨тв⟩ие б⟨о⟩жие *Мк 9, 47 Зогр Мар*; трепештѫтъ многоочитии • видѧште їсоуса въ пльти безъ очию *Супр 458, 16* ● *перен.* βλέμμα зрение, взгляд zrak, pohled: великъıи їосифъ плакавъ сѧ • прозьрѧ пророчьскъıимъ окомъ *Супр 364, 15* ◆ своима очима αὐτοψεί, αὐταῖς ὄψεσιν собственными глазами na vlastní oči: никътоже бо можааше своима очима б⟨ог⟩а бесплътъна видѣти *Супр 11, 1.— Зогр Мар Ас Сав Охр Боян Зогр-пал Син Служ Евх Клоц Супр Хил Зогр-лл*

ОКОВАТИ, окоуѭ, окоуѥши *сов.* (10) [икова- (!) *Син* (1)] **1.** περικαλύπτειν оковать; покрыть металлом okovat, pobít kovem: златѫ имѫщи кандилницѫ • и скринѭ завѣта • вьсѫдоу окованъ (! *вм.* окованѫ) златомъ *Евр 9, 4 Ен* **2.** πεδᾶν, περιτιθέναι заковать (*в цепи, кандалы*) zakovat (*do želez, do okovů*): да вънідетъ прѣдъ тѧ въздъıханіе окованъıхъ *Пс 78, 11 Син*; повелѣвъ... камъı великъ възложити на прьси ѥмоу... желѣзъı же оковати и въсѫдоу *Супр 104, 30* □ окованъıи *в знач. прил.* πεπεδημένος *перен.* выдержанный, стойкий, крепкий pevný: десніцѫ твоѭ тако съкажі мі • ї икованъıѩ (! *вм.* окованъıѩ) с⟨ръдь⟩цемь і мѫдростіѭ *Пс 89, 12 Син.— Пс 67, 7 Син; 68, 34 Син; 101, 21 Син; 106, 10 Син; Супр 464, 6; 466, 24.— Ср.* съвѧзати, сѫпѧти

ОКОВИ, оковъ *м мн.* (1) αἱ πέδαι оковы okovy: въмѣрішѧ въ оковехъ (!) ноѕѣ его *Пс 104, 18 Син.— Ср.* пѫто

ОКОНЬЧАТИ, -аѭ, -аѥши *сов.* (1) *греч. нет* окончить, закончить, завершить dokončit, ukončit, dokonat: отъложи • моѣ словеса • і мое дѣло оконьчаи г⟨оспод⟩і *Евх 72б 23-24.— Ср.* коньчати, съконьчати

ОКОПАТИ, -аѭ, -аѥши *сов.* (2) σκάπτειν окопать, окучить okopat: остави ѭ і се лѣто • доньдеже ѭ окопаѭ окрѫстъ *Л 13, 8 Зогр Мар.— Ср.* въкопати

ОКРАСТИ, окрадѫ, окрадеши *сов.* (2) συλᾶν обокрасть okrást: аще къто чрьницѫ окрадетъ • в҃ лѣта да постит' сѧ *Евх 105а 10.— Супр 512, 5*

ОКРАТИТИ, окращѫ, ократиши *сов.* (1) *греч. нет* ограничить, сократить zkrátit: г⟨оспод⟩і... ократилъ еси в'сѧ пѫти нечьстивъıхъ *Евх 35б 11.— Ср.* съкратити

ОКРИЛИТИ, -лѭ, -лиши *сов.* кого отъ чесо (1) *греч. нет* взять *кого-л.* под защиту; защитить *кого-л. от чего-л.* vzít *někoho* v ochranu *před něčím*, zaštítit *někoho před něčím*: окрили и отъ в'сѣхъ прилогъ неприѣзнинъ *Евх 80а 12.— Ср.* защитити

ОКРИНЪ, -а *м* (1) φιάλη сосуд nádoba: мол⟨итва⟩ надъ водоѭ с⟨вѧ⟩тааго просвѣщениѣ • г⟨лаго⟩лема въ окринѣ цр⟨ъ⟩к⟨ъ⟩вьнѣмь *Евх 66 5.— Ср.* блюдо, миса

ОКРОПИТИ, -плѭ, -пиши *сов.* (2) ῥαντίζειν окропить pokropit: окропиши мѧ осoфомь очищѫ сѧ *Пс 50, 9 Син; Евх 84б 22.— Ср.* покропити

ОКРОЧИТИ, -чѫ, -чиши *сов.* (1) συνέχειν обступить obstoupit: придѫтъ дьнье на тѧ • і обложѧтъ врази твоі... і окрочѧтъ тѧ въсѫдоу *Л 19, 43 Зогр* (осѧдѫтъ *Мар*).*— Ср.* обити, остѫпити[1], осѣсти

окръ *Пс 96, 3 Син см.* окрьстъ

ОКРЪВАВИТИ, -влѭ, -виши *сов.* (1) *греч. нет* окровавить, ранить до крови zkrvavit, ranit do krve: аще которъı простъ людинъ • вражъдѫ имъı • оударитъ ч⟨ловѣ⟩ка • и окръвавитъ и *Евх 103а 25-26*

ОКРЪВЕНИѤ, ОТЪКРЪВЕНИѤ, -ниꙗ *с* (9) [окръ- *Зогр* (1) *Мар* (1) *Ен* (1), отъкръ- *Супр* (4), отъкрь- *Сав* (1), о(т)кръ- *Ас* (1)] ἀποκάλυψις открытие, обнаружение odhalení: видѣсте очи моі с⟨ъ⟩п⟨ас⟩енье твое... свѣтъ въ окръвенье ѩзъıкъ *Л 2, 32 Зогр Мар*, въ от⟨ъ⟩кръвение *Ас*, въ отъкрьвение *Сав* ● откровение zjevení: оукрѣпити въı • по еванг⟨е⟩лию моемоу... по окръвению таинъı *Римл 14, 24 Ен*; ꙗвѣ же вьсѣмъ отъкръвениꙗ бъıваахѫ • отъ винъı же таковъı *Супр 569, 14-15.— Супр 24, 19; 569, 8; 569, 24.— Ср.* ꙗвлениѥ

окръвенъ *см.* окрыти

окрѫстъ *см.* окрьстъ

ОКРЫВАТИ, ОТЪКРЫВАТИ, -аѭ, -аѥши *несов.* (5) [окръı- *Супр* (1), отъкръı- *Супр* (2), отъкри- *Супр* (2)] ἀνακαλύπτειν, ἀναπτύσσεσθαι открывать, раскрывать odkrývat, odhalovat: нъıниꙗ отъкръıваѭтъ младѫ и добрѫ (*т. е.* соусанѫ) *Супр 135, 4* ● ἀποκαλύπτειν выявлять, открывать zjevovat: тѣм' сѧ благочьстиꙗ отъкриваатъ разоумъ *Супр 338, 7*;

а и самомоу никакоже хотѧштоу • ов’торити ѥмоу ч’то отъ окрꙑваѥмꙑихъ *Супр 569, 23.— Супр 335, 16; 555, 16*

ОКРꙐТИ, ОТЪКРꙐТИ, -крꙑѭ, -крꙑѥши *сов.* (45) [окрꙑ- *Син* (1), отъкрꙑ- *Зогр* (7) *Мар* (7) *Ас* (4) *Сав* (3) *Син* (4) *Евх* (3) *Супр* (3), о(т)крꙑ- *Ас* (3), ѡ(т)крꙑ- *Рыл* (1), отъкри- *Сав* (2) *Супр* (1), *прич. страд.* окръвен- *Зогр* (1) *Супр* (1), отъкръвен- *Мар* (1) *Ас* (1) *Супр* (2)] ἀποκαλύπτειν, ἀνακαλύπτειν, ἀποστεγάζειν, ἀνοιγνύναι, ἐρεύγεσθαι открыть, раскрыть odkrýt, odhalit, otevřít: отъкрꙑшѧ покровъ *Мк 2, 4 Зогр Мар Ас Сав*; ѡтъкръıи очи мои *Пс 118, 18 Син*; отвръзѫ въ притъчахъ оуста моѣ • отъкрꙑѭ съкръвенаѣ • отъ сложениѣ вьсего мира *Мт 13, 35 Зогр Мар* ● *перен.*: да отъкрꙑѭтъ сѧ отъ мъногъ ср⟨ъ⟩д⟨ь⟩цъ помꙑшлениѣ *Л 2, 35 Мар Ас Сав*, отъкрꙑетъ сѧ (!) *Зогр*; ꙗкоже отъкръвеномъ лицемъ славѫ господьнѭ видовати *Супр 289, 3-4* ● выявить, открыть zjevit: ни о⟨ть⟩ца кто знаетъ тъкмо с⟨ы⟩нъ • ι емоуже волитъ с⟨ы⟩нъ отъкрꙑти *Мт 11, 27 Зогр Мар Ас Сав*; ѡкрꙑ правъдѫ своѭ *Пс 97, 2 Син*; егда же безначальнꙑ о⟨ть⟩ць • безначальное рождьство • с⟨ы⟩ноу своемоу ѡтъкрꙑ *Евх 53а 12* ● ἐκκαλύπτειν проявить projevit: азъ своѥ вьсе сьтворихъ • мошть своѭ отъкрꙑхъ *Супр 413, 21* (ꙗвихъ *Клоц 5а 26*) □ о к р ъ в е н ъ ı и *в знач. прил. перен.* αἴθριος живущий под открытым небом, тот, у кого нет пристанища bydlící pod širým nebem, nemající střechu nad hlavou: сьмѣренааго ї͑соуса... окръвенааго страннааго *Супр 454, 20.— Зогр Мар Ас Сав Син Евх Супр Рыл.— Ср.* авити; окръвенꙑи *ср.* ꙗснъ; отворити

ОКРЬСТЪ, ОКРЬСТЬ *нареч. и предлог* (42) [окръстъ *Зогр* (5) *Ас* (2) *Син* (9), ѡкръстъ *Син* (2), окръсть *Мар* (5) *Син* (4) *Евх* (1) *Супр* (3), окрьсть *Мар* (1), *Сав* (1) *Супр* (4), ѡкрьсть *Евх* (1), ѡкръсть *Евх* (1), окр҃стъ *Ас* (2), окръ (!) *Син* (1)] I. *нареч. места* κύκλῳ, περί, πέριξ; (окрьстъ живꙑи περίοικος, окрьстъ стоꙗти περιίστασθαι) вокруг, кругом, окрест okolo, dokola, vůkol: остави ѭ... доньдеже ѭ окопаѭ окръстъ *Л 13, 8 Зогр Мар*; не оубоѭ сѧ отъ тьмꙑ людеı • нападаѭщихъ на мѧ окръстъ *Пс 3, 7 Син*; ѡгнь прѣдъ нимь прѣдı ıдетъ ı попалитъ окръ (!) врагꙑ его *Пс 96, 3 Син*, окрьсть *Супр 22, 21*; народа ради • стоꙗштаего окръстъ • рѣхъ да вѣрѫ ıмѫтъ *И 11, 42 Зогр Мар Ас Сав*, окрьсть стоѩштааго *Супр 309, 15 и 22-23*; аггелꙑ окрьсть стоѩшта виждѫ *Супр 437, 26*; слꙑшашѧ окръстъ живѫштеı • ı рожденье еѩ *Л 1, 58 Зогр Мар Ас*; бꙑис⟨тъ⟩ на вьсѣх страх • живѫщиихъ окр⟨ъ⟩стъ *Л 1, 65 Ас*, живѫштиıхъ окръстъ ıхъ *Зогр Мар* **II.** *предлог с род.* περί (*с вин.*), κύκλῳ, κυκλόθεν вокруг, окрест okolo, kolem: съгладавъ стоꙗштаꙗ окръстъ его г⟨лаго⟩ла *Мк 3, 34 Мар* (∅ *Зогр*); с⟨ы⟩н⟨о⟩ве твоı • ѣко новорасли маслинꙑ • окръсть трепезꙑ твоеꙗ *Пс 127, 3 Син*; пролишꙗ кръви ıхъ ѣко водѫ окръстъ ıе⟨роуса⟩лıма *Пс 78, 3 Син.— Зогр Мар Ас Сав Син Евх Супр.— Ср.* окрѫгъ

ОКРЬСТЬНЬ, -ьнꙗ *прил.* (8) [окрьс- *Зогр* (2) *Мар* (2) *Син* (1), ѡкрьс- *Ен* (1), окрс- *Ас* (1)] ὁ κύκλῳ, ὁ περικύκλῳ окрестный okolní: отъпоусти народꙑ • да ошьдъше въ окръстънꙑꙗ вьси • ı села витаѭтъ • ı обрѧштѫтъ брашьно *Л 9, 12 Зогр Мар*, въ окрьстьнꙑꙗ вьси *Мт 14, 15 Сав* (въ ближьнꙗꙗ *Зогр Мар Ас*); страшенъ естъ надо вьсѣмı окръстънıмı его *Пс 88, 8 Син.— Мк 6, 36 Зогр Мар; Ас 2аβ 2; Ен 32а 17.— Ср.* ближьнии, въскраинии, окрѫгъньнь

ОКРѪГЪ *предлог с род.* (2) κύκλῳ вокруг okolo, kolem: прихаждаахѫ же звѣриѥ... и сѣдѣахѫ окрѫг’ тѣлесоу ѥю *Супр 14, 29.— Супр 568, 6.— Ср.* окрьстъ

ОКРѪГЪНЬ, -ьнꙗ *прил.* (4) (окрѫгъньꙗꙗ вьси περίχωρος) окрестный okolní: не во домъ молитвьнꙑи тъчьѭ бѣаше испльненъ ѥдинъ... нъ и окрѫгънꙗꙗ вьсѧ хлѣвинꙑ *Супр 563, 5*; вьси иже въ градѣ • и въ окрѫгъниихъ вьсехъ живѫштии *Супр 531, 19.— Супр 532, 12-13; 568, 23.— Ср.* ближьнии, въскраинии, окрьстьнь

ОКТОБРЬ, ОКТѦБРЬ, -рꙗ *и* **ОКТѦБРЪ**, -а *м* (22) [окто(в҃) *Ас* (19), октѧбръ *Сав* (1) *Ен* (1), октѧ(в҃) *Ас* (1)] ὀκτώβριος октябрь říjen: мѣ⟨сѧ⟩ца октов⟨рѣ⟩ в҃ • с⟨вѧ⟩таагъ⟨о⟩ м⟨ѫ⟩ч⟨ени⟩ка еп⟨искоу⟩па коуприѣна *Ас 122а 6.— Ас Сав Ен.— Ср.* листопадъ

о к т ѧ б р ъ, о к т ѧ б р҃ ь *см.* октобрь

ОКОУСА, -ꙑ *ж* (1): о к о у с ꙑ т в о р и т и *греч. нет* выпытывать, спрашивать zkoušet, ptát se: прихождаахѫ архиереи искоушаѭште ѥго • и ѥдинѣмъ словомь онѣмꙑаше ѩ • ѥгда хотѣахѫ имъ окоусꙑ творити *Супр 476, 30.— 477, 1*

ОКОУШАТИ, -аѭ, -аѥши *несов.* (7) **1.** πειράζειν искушать, вводить в искушение pokoušet, uvádět do pokušení: чъто мѧ окоушаате ѵпокрити *Мт 22, 18 Мар* (искоушаете *Ас Сав*, ∅ *Зогр*); фарисѣı въпрашаахѫ ı • аште достоıтъ мѫжю женѫ поуштати • окоушаѭште и *Мк 10, 2 Зогр Мар* **2.** о к о у ш а т и с ѧ πειρᾶσθαι пытаться, пробовать pokoušet se, zkoušet: дроугоици же окоушаахѫ сѧ съ стѣнъ сърингѫти... и *Супр 480, 30.— Мк 12, 15 Зогр Мар; Л 20, 23 Мар.— Ср.* искоушати, покоушати

ОКꙐ *нареч.* (13) **1.** *относительное* ὡς как,

как будто jako, jakoby: да оутврьдитъ д⟨оу⟩шѫ своѭ вь люб'ви б⟨о⟩жии • окы основаньк крѣпо отъ вѣтра незыбьѥмо *Супр 570, 25*; гласъ испоущтенъ бъı изъ облака • окы громънын *Супр 570, 8* ● окы... тако *греч. нет* как будто... так jakoby... tak: онъ же окы отъ пастоуха женомъ • тако идѣаше на повелѣньѥ с⟨вѧ⟩тааго *Супр 558, 20* ● *присоединяет имя предикативное* как, в качестве *кого-л., чего-л.* jako, jakožto: оумьрѣ акы чловѣкъ • и приходитъ миръ окы аггелъ *Супр 508, 21* **2.** *употребляется при обозначении неопределенного количества, греч. нет* около, приблизительно asi: и приде к н҃емоу ставъ на въздоусѣ • окы трьми лактъı движенъ от' земьѩ *Супр 567, 25.— Супр 516, 8; 523, 11; 543, 19; 546, 22; 548, 15; 557, 16; 565, 8; 567, 14.— Ср.* акы, ꙗко, ꙗкоже

ОЛОВО, -а *с* (2) μόλυβδος свинец olovo: повелѣшѧ принести олово и растопивъше възлиꙗти на очи *Супр 264, 21.— Супр 45, 11*

ОЛОВѢНЪ, -ъıи *прил.* (2) μολύβδινος, τοῦ μολύβδου свинцовый olověný: видѣвъше ѩ съ многомъ оутврьждениїмъ сьвѧзанъı печати оловѣнъи имѫштѧ *Супр 52, 13.— Супр 1, 11*

ОЛОКАВЪТОМАТА, -ъ *с мн.* (3) τὰ ὁλοκαυτώματα всесожжения (*мн.*) zápalné oběti (*мн.*), celopaly (*мн.*): л҃юбити • іскрьн҃ѥго ѣко себе • боле ѥстъ вьсѣхъ • ѡлокавътоматъ • і жрътвъ *Мк 12, 33 Зогр Мар* (въсесъжагаѥмъıихъ *Ас*); аште се трѣбѣ г⟨оспод⟩і олокавътомата і даръı *Клоц 2б 40.— Ср.* жрьтва, вьсесъжагаѥмъ (вьсесъжагаѥмаꙗ), вьсесъжежениѥ

о л о м ь п и ꙗ *Евх 93а 3-4 см.* олүмьпиꙗ

о л ъ г о у и н ъ *И 19, 39 Зогр см.* алгоуинъ

о л ъ м ъ *Пс 71, 3 Син см.* хлъмъ

ОЛЪТАРЬ, -рꙗ *м* (35) [алтар- *Син* (1), олтръ (!) *Син* (1), ол'тар- *Зогр* (4), олтар- *Мар* (6) *Ас* (2) *Супр* (3) *Ен* (2)] **1.** θυσιαστήριον жертвенник oltář: аште оубо принесеши даръ свои къ ол'тарю *Мт 5, 23 Зогр* (∅ *Мар*): ави же сѧ ѥмоу а⟨н⟩ѣ⟨е⟩лъ г⟨осподь⟩нь • стоꙗ о десныѭ ол'тарѣ кадильнааго *Л 1, 11 Зогр Мар*; тогъда възложетъ (!) на олтръ (!) твои тельцꙗ *Пс 50, 21 Син* ● ἱλαστήριον очистилище (*золотая крышка, навес над ковчегом завета*) slitovnice (*zlaté víko, stříška nad archou úmluvy*): прѣвъıше же сѧ херовимъ славѣ • осѣнѣѫщи олтаръ *Евр 9, 5 Ен* **2.** ἱερατεῖον, βῆμα алтарь kněžiště: изволи положити сѧ въ црькъви... о десныѭ свѧтъıꙗ трепезъı • вънѫтрь въ олтари *Супр 209, 10*; въшед⟨ъ⟩ въ олътар⟨ь⟩ • молитъ сѧ *Евх 38б 8.— Зогр Мар Ас Ен Син Евх Супр.— Ср.* трапеза, трѣбище, трѣбьникъ

ОЛЪТАРЬВЬНЪ, -ъıи *прил.* (1) τοῦ θυσιαστηρίου жертвенника *род.* oltářní: съставите праздьникъ въ осѣнѣꙗштихъ • до рогъ олътарьвънъıхъ *Пс 117, 27 Син*

ОЛѢИ, олѣꙗ *и* олѣа *м* (34) ἔλαιον масло, елей olej: мазаахѫ олѣомь • многъı недѫжьнъıꙗ • і ицѣл҃ѣахѫ *Мк 6, 13 Зогр*, олеемъ *Мар*; ѿтъ плода пьшеницꙗ и вина и олѣа своего оумножишꙗ сꙗ *Пс 4, 8 Син*; сего ради помаза тꙗ б⟨ог⟩ъ твои олѣемъ радости паче причꙗстъникъ *Евр 1, 9 Ен*, олѣимъ *Пс 44, 8 Син.— Зогр Мар Ас Сав Ен Син Евх.— Ср.* масло

ОЛУМПИꙖ, -иꙗ *и* -иꙗдъı *ж имя* (2) [оломьп- *Евх* (1)] Ὀλυμπιάς Олимпия Olympie: прѣ⟨по⟩д⟨об⟩нъıхъ постьницахъ... евъпрак'сии... оломьпии *Евх 93а 3-4*; пр⟨ѣпо⟩д⟨об⟩ънꙑꙗ олумпиꙗдъи *Ас 151а 1*

ОМАКАТИ, -аѭ, -аѥши *несов.* (1) βρέχειν смачивать, окроплять smáčet, skrápět: начѧтъ слъзами омакаті нозѣ ѥго *Л 7, 38 Ас* (мочити *Зогр Мар*).— *Ср.* кропити, мочити

ОМЕТА, -ъı *ж* (1) φα край, кайма lem: ѣко хрізъма на главѣ... сходꙗштиї на ометъı ризъı ѥго *Пс 132, 2 Син.— Ср.* въскрилиѥ, подъметъ, подрагъ

о м и л о в а т и *Пс 9, 14 Син см.* помиловати

ОМИРЪ, -а *м имя* (1) Ὅμηρος Гомер Homér: лѣпо же бъı вамъ ѥдиномъ покарѣти сѧ оучителю вашемоу омироу *Супр 126, 13*

ОМЛЬЧАТИ, -чѫ, -чиши *сов.* (1) σιγᾶν замолкнуть, замолчать umlknout, zmlknout: сі еси створилъ омлъчаахъ *Пс 49, 21 Син.— Ср.* оумльк҃нѫти, оумльчати

о м о т и т и с ѧ *Пс 87, 16 Син см.* омѫтити сѧ

ОМОЧИТИ, -чѫ, -чиши *сов.* (22) βάπτειν, ἐμβάπτειν, βρέχειν, ἀποπλύνειν омочить, смочить omočit, smočit: посъли лазора да омочитъ • коньць пръста своего въ водѣ *Л 16, 24 Зогр Мар Ас Сав*; і омочь хлѣбъ приꙗтъ • і дастъ іюдѣ симоноу • іскариотьскоумоу *И 13 26 Зогр Мар*; кыже не омочи ногоу вльнами море • си сльзами омочи *Супр 395, 1 и 2* ▭ н е о м о ч ь с ѧ *в знач. прил.* ἄβροχος не замочившийся, сухой nesmočený, suchý: пробивъı жьзломь море • і люди своꙗ ногами не омочьшами сѧ проведъшемъ *Евх 52б 11-12.— Зогр Мар Ас Сав Евх Супр.— Ср.* намочити, оумочити

ОМРАЗИТИ СѦ, омражѫ сѧ, омразиши сѧ *сов.* (2) βδελύσσεσθαι стать отвратительным, мерзким stát se odporným, mrzkým: омразишꙗ сꙗ въ беззаконенъı нѣстъ творꙗи добра *Пс 52, 2 Син.— Пс 13, 1 Син*

ОМРАЧАТИ, -аѭ, -аѥши *несов.* (1) *греч. нет* затемнять zatemňovat: завидъı противꙗщиꙗ сѧ б⟨о⟩жьи прав'дѣ • ѣрости • ѡмрачаѭщи ср⟨ъ⟩д⟨ь⟩чьнѣи очи *Евх 89а 15*

ОМРАЧИТИ, -чѫ, -чиши *сов.* (11) **1.** σκοτίζειν покрыть мраком, затемнить, заслонить, закрыть zatemnit, zastínit, zastřít: даждъ ми тѣло ї̈сосово (! *вм.* ї̈соусово) • омрачьшааго сльнце прѣжде мала врѣмене *Супр 454, 9* ● *перен.*: еже еси далъ омраченъıмъ • освѣтити ıѧ • отъ тъмъı пагоубънъııѧ *Евх 32а 24* **2.** ἀμβλύνειν, ζοφοῦν ослепить, сделать слепым oslepit, učinit slepým: тъ истъıи ѥстъ • съвѧзавъıи и омрачь • и въ бездьнѫ посьлавъ въı *Супр 467, 6*; тъма ѥго не омрачитъ • рѣка не ставитъ *Супр 509, 6-7.— Пс 73, 20 Син; Евх 33а 1-2; 39б 7; Супр 227, 3-4; 231, 11-12; 485, 1; Рыл 5аа 12.— Ср.* помрачити

ОМРЬЗѢТИ, -ѣѭ, -ѣѥши *сов.* комоу (1) βδελύσσεσθαι опротиветь, стать омерзительным *кому-л.* zhnusit se, zprotivit se *někomu*: прогнѣва сѧ... г⟨оспод⟩ь на люді своıѧ • и омрьзѣ емоу достоѣнье свое • и прѣдастъ ıѧ вь рѫцѣ врагомъ *Пс 105, 40 Син*

ОМРЬКНѪТИ, -нѫ, -неши *сов.* (2) *греч. нет* померкнуть zatmít se: лоуньскаа красота напрасно омрьче *Супр 475, 15* ● ὀψίζειν быть застигнутым тьмой být zastižen tmou: идѫшти въ манастирь • омрькохъ на мѣстѣ семь *Супр 515, 28-29.— Ср.* мрькнѫти, помрькнѫти

ОМРЬТВѢТИ, -ѣѭ, -ѣѥши *сов.* (2) νεκροῦσθαι помертветь, оцепенеть zmrtvět, ztuhnout: дроузии же на разбоиникъı оустрьмивъша сѧ оустрашиша • ıакоже омрьтвѣти имъ и меча оупоустити *Супр 39, 3.— Супр 348, 26.— Ср.* оумрьтвити

ОМЪВЕНИѤ, -ıа *с* (1) *греч. нет* обмывание, омовение omytí: омьвениемь отврьзъ очи его *Евх 33а 6-7.— Ср.* оумъıвание

ОМЪıВАТИ, -аѭ, -аѥши *несов.* (4) νίπτειν, καταπλύνειν обмывать, омывать omývat, mýt: не омъıваѭтъ бо рѫкъ своихъ • егда хлѣбъ ѣдатъ *Мт 15, 2 Зогр Мар*; водоѭ омъıваѥши тѣло б⟨о⟩жиѥ *Супр 457, 9-10* □ омъıвати сѧ чесо ἀποκαθαίρεσθαι омываться *от чего-л.* omývat se *z něčeho*, smývat *něco*: скврьнъı своıа очиштати • и страстии своихъ омъıвати сѧ *Супр 333, 27-28.— Ср.* мъıти, оумъıвати

ОМЪıТИ, омъıѭ, омъıѥши *сов.* (11) νίπτειν, πλύνειν, ἀποπλύνειν, ἀπολούειν; (не омъвенъ ἄνιπτος) обмыть, омыть, вымыть omýt, umýt: г⟨лаго⟩ла емоу петрь • не омъıеши моею ногоу въ вѣкъ *И 13, 8 Ас* (оумъıеши *Зогр Мар Сав*); видѣша етери отъ оученикъ его • нечистама рѫкама • сирѣчь не омъвенама • ѣдѫшта хлѣбъı *Мк 7, 2 Зогр* (не оумьвенама *Мар*); омъıеши мıа паче снѣга оубѣлѭ сıа *Пс 50, 9 Син* ● смыть smýt: дажди ми... слъзъı точити • да си ıми омъıѭ стоудънаа дѣла *Служ 1а 10.— И 13, 10 Ас; Пс 50, 4 Син; Евх 19б 4; 84б 23; Супр 362, 27; 390, 19; 392, 12.— Ср.* измъıти, отъмъıти, оумъıти

омьвение *Евх 33а 6-7 см.* омъвение

ОМѦЧИТИ, -чѫ, -чиши *сов.* (1) λύειν смягчить, *перен.* излечить změkčit, *перен.* vyléčit: онъ строупъ ни молитва... не омѧчит' • проштение же грѣхомъ врага отъмѧчитъ *Супр 407, 17.— Ср.* отъмѧчити, оумѧчити

ОМѪТИТИ СѦ, омѫщѫ сѧ, омѫтиши сѧ *сов.* (1) ἐξαπορεῖσθαι отчаяться, прийти в отчаяние zoufat si, vzdát se naděje: ништь есмь азъ і въ троудѣхъ отъ юности моеıа • възнѣсъ же сıа и съмѣрихъ и омотіхъ (!) *Пс 87, 16 Син.— Ср.* отъчаıати

ОНАГРЪ, -а *м* (1) ὄναγρος онагр, дикий осел onagr, divoký osel: ждѫтъ аонагрі (!) въ жѧждѫ своѭ *Пс 103, 11 Син*

ОНАМО *нареч.* (2): сѣмо (и) онамо ὧδε καὶ ὧδε, τῇδε κἀκεῖσε туда и сюда sem i tam: възьрѣвъ сѣмо онамо *Супр 193, 11*; всѫ тварь ѥже видѣ • сѣмо и онамо зъıбьѭштѫ сѧ *Супр 426, 28.— Ср.* овамо

онисии *Супр 48, 28 см.* нисии

онова *Пс 77, 69 Син см.* основати

ОНОФРИИ, -ıа *м имя* (1) Ὀνούφριος Онуфрий Onufrius: мѣ⟨сѧ⟩ца а҃і҃... с⟨вѧ⟩таго о⟨тъ⟩ца наш⟨его⟩ поустъıнника онофриа *Ас 146б 19*

ОНОУДЕ *нареч.* (2) ἐκεῖ там tam, onde: сьде подобаѥ • събрати масло да оноуде потрѣбьно бѫдетъ *Супр 373, 26.— Супр 376, 7.— Ср.* овъде, онъде, тамо

ОНОУЩА, -ѧ *ж собир.* (3) τὰ ὑποδήματα обувь, сандалии obuv, sandály: съвѧзавъше ѥго сътвориша ѥмоу оноуштѫ • и гвоздиıа остръı вънозиша въ оноуштѫ *Супр 17, 19 и 20.— Супр 442, 11.— Ср.* плесньце, санъдалиıа, сапогъ, чрѣвии

ОНЪ, она, оно *мест. указательное* (>1300) **1.** ἐκεῖνος, αὐτός, ὁ δέ, ὁ μέν, οὗτος; (онъ же ὁ δέ, ἐκεῖνος, αὐτὸς δέ, ὅς δέ) тот ten, onen: вамъ естъ дано вѣдѣти таинаа ц⟨ѣ⟩с⟨а⟩р⟨ь⟩ствиѣ б⟨о⟩жиѣ • ѡнѣмъ же вънѣщънимь въ притъчахъ вьсѣ бъıваѭтъ *Мк 4, 11 Мар* (Ø *Зогр*); они же тѧжателе... къ себѣ рѣшѧ *Мк 12, 7 Зогр Мар*; съниде сь въ домъ свої оправъданъ паче оного *Л 18, 14 Зогр Мар Ас Сав*; придѫ же слоугъı къ с⟨вѧ⟩щенъıмъ • и фарисеомъ • и рѣша имъ они *И 7, 45 Сав* (ти *Зогр Мар Ас*); есе онъı н҃ивъı противѫ не копанъı остаѭтъ *Супр 37, 22*; егда же оубо они подвизаахѫ сѧ • онъ же блюдѣаше • събѫдѫштеѥ сѧ видѣ видѣние дивьно *Супр 93, 1*; сии бо моли сѧ • а онъ молитвѫ отъ молѧшта'го сѧ приѩ *Супр 303, 15*; ıако бъıти такомоу • тѣлесемь на томь мѣстѣ • а мъıслиѭ на ономь *Супр 343, 12*; не бо нъ образъ онъ бѣаше агньць • иномоу агньцоу доуховьноуоумоу *Супр 417, 24* (обра(з)ъ бѣ та • сеі д⟨оу⟩ховьнѣі пасцѣ *Клоц 7а 2*); тъжде • иже (*вм.* иже) трепезѫ онѫ оутвори • сии и нꙑнꙗ сиѭ оутварꙗѥ *Супр 420, 13* (тѫ трапезѫ *Клоц 8а 13*) ● *употребляется в главном предложении при относительном местоимении в придаточном* (*редко*) тот ten: не имамъ въкоусити браш'на земнааго • нъ ожидаѭ онолѧ пиштѧ вькоусити • ꙗкоже око не видѣ *Супр 154, 9*; кто болии • оумꙑваѩ ли нозѣ • или онъ кмоуже оумꙑваатъ нозѣ *Супр 303, 20*; сътвори оубо оно прьвое • кго (*вм.* ꙗкоже) дѣлма жрьтва принесена бꙑстъ *Супр 423, 5* (*нет Клоц 9а 26*) ● *в качестве определения, в положении после существительного — зародыш более позднего постпозитивного члена* (*очень редко*): падъ же рабъ онъ кланꙗаше сѧ емоу *Мт 18, 26 Сав* (работъ *Мар Ас*, *Ø Зогр*); падъ же подроугъ онъ молѣше і *Мт 18, 29 Сав* (клеврѣтотъ *Ас*, *нет Мар*, *Ø Зогр*); прѣстарѣвъшѧ сѧ трьсть • прѣобразити на младъ онъ образъ *Супр 249, 28*; си ѥстъ кръвь ѥже дѣльма тократь стꙑдькꙑѩ сьвѣтꙑ онꙑ творааше *Супр 419, 24* (бестоудънꙑ съвѣтъ творѣаше *Клоц 7б 28*) □ въ оно врѣмѧ, въ онꙑ дьни (*в начале чтения Евангелия или Апостола*) ἐν τῷ καιρῷ ἐκείνῳ, ἐν ταῖς ἡμέραις ἐκείναις в оно время za onoho času: въ оно в⟨рѣмѧ⟩ идѣаше и⟨соу⟩съ въ градъ нарицаемꙑ наинъ *Ас 52ба 9*; въ онꙑ дни • въ атин... живѧщоу павлоу и силѣ *Ен 39б 9* **2.** *в качестве мест. личн. 3 лица* αὐτόν, αὐτός, ἐκεῖνος, ὅς, ὅστις; (онъ же ὁ δέ, ὁ μέν) он on: г⟨лаго⟩ла ıма • грѧдѣта въ слѣдъ мене... она же абие оставьша мрѣжѧ • по немь ıдосте *Мт 4, 20 Зогр Ас Сав* (*Ø Мар*); и⟨соу⟩с⟨ъ⟩ же рече ıмъ... дадите ıмъ вꙑ ѣсти • они же г⟨лаго⟩лаша емоу • не ıмамъ сьде • тъкмо д҃ • хлѣбъ • ı е҃ рꙑбѣ • онъ же рече • принесѣте ми ꙗ сѣмо *Мт 14, 16-18 Зогр Мар Ас Сав*; онъ же г⟨лаго⟩лаше имъ *Мк 2, 25 Сав* (ı тъ *Зогр Мар Ас*); они же отъвѣшташѧ *Мк 8, 28 Зогр Мар Ас* (отъвѣщаша емоу *Сав*); онѣма же отврѣсте сѧ очи и познасте и *Л 24, 31 Мар Ас* (*Ø Зогр*); б⟨ог⟩ъ живетъ въ немъ • и онъ въ б⟨о⟩зѣ *1 Ио 4, 15 Ен*; азъ же вьнегда они огавие творѣахѫ ми • облачаахѫ (*! вм.* -хъ) сѧ въ врѣтище *Пс 34, 13 Син*; врагꙑ его облѣкѫ въ стоудъ • а на ономь процьвтетъ св⟨ꙗ⟩тꙑни моѣ *Пс 131, 18 Син*; ономоу же не отъвѣштаваѭштоу • въпрашааше слꙋгꙑ анѳупатъ *Супр 101, 1* ● αὐτός (он) сам on (sám): ı съпитъ • ı въстаетъ... ı сѣмѧ прозѧбаетъ • ı растетъ ѣкоже не вѣстъ онъ *Мк 4, 27 Зогр Мар* **3.** (*редко*) ἕτερος, ἄλλος, ὁ δέ другой druhý, jiný: видѣвъше поклонишѧ сѧ емоу • они же оусѫмьнѣшѧ сѧ *Мт 28, 17 Сав* (ови *Зогр Мар Ас*); онꙑ овьцѧ имамь *И 10, 16 Сав* (инꙑ *Зогр Мар Ас*); отълѫчивъшоу бо сѧ адамоу на оно мѣсто породꙑ • и еүгѫ ѥдинѫ оставив'шоу • пристѫпи диꙗволъ *Супр 9, 13* ● ἐχόμενος следующий následující: подобаатъ ми дьнесь и ютрѣ • и въ онъ день ити *Л 13, 33 Мар* (*Ø Зогр*) □ онъ полъ, она страна τὸ πέραν; (об онъ полъ, на онъ полъ πέραν) другая сторона, другой берег druhá strana, druhý břeh: вълѣзъ пакꙑ въ корабль • ıде на онъ полъ *Мк 8, 13 Зогр Мар*; приде въ прѣдѣлꙑ июдеıскꙑ • по ономь полоу ıор'дана *Мк 10, 1 Зогр*; по ономоу полоу *Мар*; не иматъ прѣити на онѫ странѫ *Супр 151, 30*; корабь оустрьми сѧ на онѫ странѫ *Супр 152, 19* **4.** ὁ δεῖνα один, некто jeden, jistý, určitý: идѣте къ ономоу и рьцѣте емоу *Евх 46а 25* (къ етероу *Мт 26, 18 Зогр Мар*, кь динѣ *Ас*, къ нѣкомоу *Сав*); тѣм'же бꙑстъ вьсѣмъ ѥд'но имѧ • оуже бо ни онъ • ни онъ • нъ вьси крьстиꙗни наричеми бꙑваахѫ *Супр 86, 21*.— *Зогр Мар Ас Сав Охр Унд Боян Зогр-пал Ен Син Евх Клоц Супр Хил Рыл*.— *Ср.* етеръ, инъ, овъ, тъ

ОНЪДЕ *нареч.* (1) ἐκεῖ там onde: оньде бо бѣжѫштааго... мѫчитъ *Супр 370, 22*.— *Ср.* овъде, тамо

ОНЪСИЦА, -ѧ *мест.* (1) ὅδε один, некий jeden, jistý: азъ отьче • оньсицѧ града епискоупъ поставьѥнъ ѥсмъ *Супр 286, 18*.— *Ср.* дина, етеръ, нѣкꙑи, ѥдинъ

оньде *Супр 370, 22 см.* онъде

оньсица *Супр 286, 18 см.* онъсица

ОНѢМЛꙖТИ, -ꙗѭ, -ꙗкши *несов.* (2) *греч. нет* заставлять молчать umlčovat: ѥдинѣмъ словомь онѣмꙑаше ѧ *Супр 476, 30*.— *Супр 477, 29*

ОНѢМѢТИ, -мѣѭ, -мѣкши *сов.* (4) κωφοῦσθαι, φιμοῦσθαι онеметь oněmět: онѣмѣхъ ї не отврѣсъ оустъ моихъ ѣко тꙑ створи *Пс 38, 10 Син*; мол⟨итва⟩ над⟨ъ⟩ в⟨ь⟩сѣм⟨ь⟩ онѣмѣвъшем⟨ь⟩ *Евх 43а 9*.— *Пс 38, 3 Син; Супр 266, 22*

ОНѪДОУ *нареч.* (1): сѫдоу и онѫдоу ἐντεῦθεν καὶ ἐντεῦθεν по ту и по другую сторону, с той и с другой стороны, с обеих сторон по обе стороны na jedné i na druhé straně, z jedné i druhé strany, z obou stran: идеже ı распѧшѧ • и съ нимь ина в҃ • сѫдоу и онѫдоу *И 19, 18 Сав* (овѫдоу *Зогр Мар Ас*).— *Ср.* овѫдоу

ОПАКꙐ *нареч.* (4) **1.** τοὐναντίον наоборот opačně: нъ опакꙑ мꙑслѧште опакꙑ творите *Супр 397, 28 и 29* **2.** опакꙑ съвѧзати, съвѧзовати ἐξαγκωνίζειν связать/связывать (*руки*) за спиной svázat/svazovat (*ruce*) za zády: ржцѣ опакы съвѧзоуѧ си *Супр 560, 5*; опакы же сы съвѧзанъ *Супр 18, 10-11*

ОПАЛИТИ, -лѭ, -лиши *сов.* (2) καταφλέγειν обжечь, опалить popálit, spálit: пришьствие божиꙗ огни • напои же кжпинж • не опали *Супр 250, 26*; б⟨ог⟩ъ • не опалимы ѧ съблюде • въ пламени огньнѣ'мь *Супр 565, 27-28*.— *Ср.* иждеци, ожеци, пожеци, съжеци

ОПАЛꙖТИ, -ꙗѭ, -ꙗкши *несов.* (3) καταφλέγειν, καταναλίσκειν жечь, опалять pálit, spalovat: ноулигани же видѧшти своего брата огнемъ опалꙗема *Супр 13, 7* ● *перен.*: опалѣѭтъ же безаконьнааго и нечьстиваго разоумъ *Супр 164, 19-20*.— *Супр 11, 2*.— *Ср.* жещи, палити, полѣти, съжизати

ОПАСЕНИѤ, -ниꙗ *с* (3) ἀκρίβεια внимание, старательность pozornost, pečlivost: послоушаи съ вьсѣм' опасениимь *Супр 306, 11*.— *Супр 323, 8; 380, 1*.— *Ср.* благоиспытание, испытание, опасъ

ОПАСИВЪ, -ыи *прил.* (1) περίεργος внимательный, усердный, старательный pozorný, pečlivý, horlivý: прѣжде ѳомы невѣрънааго • вѣрна и похвалена опасива *Супр 457, 25*

ОПАСЪ, -а *м* (1) ἀκρίβεια внимание, старательность pozornost, pečlivost: послоушаи молѭ съ вьсѣмь опасъмь *Супр 310, 2*.— *Ср.* благоиспытание, испытание, опасение

ОПАСЬНО *нареч., сравн. ст.* опасьнѣе (3) ἀκριβῶς усердно horlivě, pečlivě: аште ли кто опасно пыта е *Супр 407, 30*; хоштѫ пакы опасьнѣе • самѣми дѣлесы искоушение вьзѧти *Супр 305, 16*.— *Супр 356, 3*.— *Ср.* извѣсто, извѣстьно, извѣстьнѣ, искропытьнѣ

ОПАШЬ, -и *ж* (2) οὐρά хвост ocas: звѣздъı небесьныѩ подъ опашьѭ змиинонѭ • на землѭ влачимы *Супр 134, 26*.— *Супр 74, 30*.— *Ср.* хоботъ

ОПЕЧАЛИТИ, -лѭ, -лиши *сов.* (6) λυπεῖν, πτήσσειν опечалить zarmoutit: ѡ заоутра опечаливъıи • вечеръ же вьзвеселивъ *Супр 429, 18-19* ▭ о п е ч а л и т и с ѧ λυπεῖσθαι опечалиться zarmoutit se: онъ же то слышавъ опечали сѧ зѣло *Супр 525, 6-7*.— *Супр 430, 22-23; 549, 4-5; 557, 18; 568, 11*.— *Ср.* въпечалити сѧ, оскрьбити, оскрьбѣти, пожалити си

ОПЛАКАТИ, оплачѫ, оплачеши *сов.* (1) κλαίειν оплакать oplakat: вьдовицѧ ихъ не оплаканы бышѧ *Пс 77, 64 Син*

ОПЛАТЪ, -а *м* (10) oblata (*с мн.*) Святые дары obětní dary: надъ оплатъмь *Киев 2б 18*.— *Киев 1б 9; 2а 17; 3а 24; 4а 7; 4б 16; 5б 1; 6а 1; 6б 10; 7а 19*

ОПЛОТЪ, -а *м* (7) φραγμός забор, ограда plot, ohrada: виноградъ ч⟨лове⟩къ насади • и огради и оплотомь *Мк 12, 1 Зогр Мар*; разорилъ еси вьсѧ оплоты его *Пс 88, 41 Син*.— *Мт 21, 33 Мар Ас Боян; Пс 79, 13 Син*.— *Ср.* ограда, ограждение, плотъ, халѫга

ОПЛЪЧАТИ СѦ, -аѭ сѧ, -акши сѧ *несов.* (1) παράταξις (!) строиться в боевой порядок šikovat se, připravovat se k boji: ꙗко се при ц⟨ѣса⟩ри храбьрѣ • цѣсарьскы оплъчаѭшти сѧ *Супр 464, 24-25*.— *Ср.* плъчити сѧ

ОПЛЪЧЕНИѤ, -ниꙗ *с* (1) παράταξις боевой порядок sešikování, připravení k boji: къ врагомъ и мѫчителемъ обльчени (*! вм.* оплъчениемъ) *Супр 464, 1-2*.— *Ср.* въплъчение

ОПЛЪЧИТИ СѦ, -чѫ сѧ, -чиши сѧ *сов.* (2) **1.** παρατάσσεσθαι построиться в боевой порядок sešikovat se, připravit se k boji: аште оплъчитъ сѧ на мѧ плъкъ не оубоитъ сѧ срьд'це мое *Супр 17, 28* **2.** παρεμβάλλειν расположиться лагерем, поместиться utábořit se, umístit se: оплъчитъ сѧ агг⟨е⟩лъ г⟨оспод⟩нь окрѫсть боѩштиихъ сѧ его *Пс 33, 8 Син*.— *Ср.* въплъчити

ОПЛЬВАТИ, оплюѭ, оплюеши *сов.* (3) ἐμπτύειν оплевать poplivat: оутепѫтъ и • и оплюѭтъ и *Мк 10, 34 Зогр Ас* (*нет Мар Сав*); ꙗзвенъ бꙑстъ • оплььвавань (!) *Супр 436, 19*.— *Ср.* заплььвати

ОПЛѢНѤНИѤ, -ниꙗ *с* (1) αἰχμαλωσία плен, пленение zajetí: не паденье кое и грѣховьное оплѣнение... подъѧти възможетъ *Супр 513, 21*.— *Ср.* плѣнъ, плѣнение

ОПОНА, -ы *ж* (8) καταπέτασμα завеса opona: опона цр⟨ъ⟩кърънаа раздьра сѧ на дъвое • съ выше до ниже *Мк 15, 38 Зогр Мар; Мт 27, 51 Сав; Евх 51а 1; Супр 485, 21 и 22; 475, 15; 503, 20*.— *Ср.* катапетазма

ОПОСЛОУШАТИ, -аѭ, -акши *несов.* (1) μαρτυρεῖν свидетельствовать svědčit: прьсти твои опослоушаѭтъ ли ти *Супр 512, 3*.— *Ср.* послоушьствовати, съвѣдѣтельствовати, съвѣстьствовати

ОПРАВЬДАНИѤ, -ниꙗ *с* (39) **1.** *греч. нет* справедливые поступки spravedlivé skutky: оувѣдѣвъ ꙗкоже... на высотѫ растетъ чѧстымь течениемъ оправьданиꙗ *Супр 548, 11-12* **2.** δικαίωμα (справедливое) установление, указание (spravedlivé) ustanovení: ходѧшта въ заповѣдьхъ вьсѣхъ • и оправъданиихъ г⟨оспод⟩ьнихъ *Л 1, 6 Зогр Мар Ас*; имѣаше прьвае скинии • оправдание слоужьбѣ • с⟨вѧ⟩тое же людьское *Евр 9, 1 Ен*; ѡправъданеї твоїхъ не забыхъ *Пс 118, 83 Син*.— *Зогр Мар Ас Ен Син Супр Рыл*

ОПРАВЬДАТИ, -аѭ, -акши *несов./сов.* (13) δικαιοῦν оправдывать/оправдать ospravedlňovat/ospravedlnit: вы есте оправьдаѭштеи себе прѣдъ ч⟨лове⟩кы *Л 16, 15 Зогр Мар Ас*

Сав; (горе тѣмь и)же оправ(дажть бе)законʼника *Рыл 5аа 4*; г⟨оспод⟩ı б⟨о⟩же нашъ... ѡправъдавъи мытара *Евх 77а 12-13*; ѡправъда сѧ отъ грѣхъ *Рим 6, 7 Ен*; сънидє сь въ домъ свої оправъданъ *Л 18, 14 Зогр Мар Ас Сав; Служ 1б 8; Евх 58б 5.— Ср.* оправьдити

ОПРАВЬДИТИ, оправьждж, оправьдиши *сов.* (19) **1.** δικαιοῦν оправдать ospravedlnit: онъ же хотѧ оправьдити сѧ самъ • рече *Л 10, 29 Зогр Мар Ас Сав*; съмѣрєна і оубога оправьдитє *Пс 81, 3 Син* **2.** не оправьдити ἀδικάζειν совершить несправедливость, поступить несправедливо dopustit se bezpráví: безаконъноваχомъ і не оправьдіχомъ *Пс 105, 6 Син.— Зогр Мар Ас Сав Син.— Ср.* оправьдати

ОПРАЖНІАТИ, -іаѭ, -іаєши *несов.* (2) καταργεῖν истощать pustošit, ničit: въскѫѭ ι землѭ опражнѣєтъ *Л 13, 7 Зогр Мар*

ОПРОВРѢЩИ, -врьгѫ, -врьжеши *сов.* (2) ἀνατρέπειν опрокинуть převrátit: дъскы опровръже *И 2, 15 Зогр Мар.— Ср.* испровръщи

ОПРѢСНЪКЪ, -а *м* (6) [опрѣснок- *Мар* (2)] ἄζυμον пресный хлеб, опреснок nekvašený, přesný chléb: ıво стоүдъноѭ волеѭ • опрѣснъкы ѣдѧтъ *Клоц 7а 18* ● *перен.*: сего ради оубо празднoуимь • не квасомъ зълобы и лѫкавьствиꙗ • нъ опрѣснъкы чистотꙑ и їстинꙑ *Супр 486, 6-7 (1 Кор 3, 8)* ◆ дьнь опрѣснъкъ *или* опрѣснъка, праздьникъ опрѣснъкъ ἡμέρα *или* ἑορτὴ τῶν ἀζύμων праздник опресноков (*еврейская пасха*) přesnice (*židovské velikonoce*): въ прьвꙑ же дьнь опрѣснъкъ пристѫпишѧ оученици кꙑ и⟨соу⟩с⟨о⟩у *Мт 26, 17 Зогр Мар*, опрѣснъкъ (!) *Ас*, опрѣснъка *Сав*; приближааше же сѧ праздьникъ опрѣснъкъ *Л 22, 1 Зогр Мар.— Зогр Мар Ас Сав Клоц Супр*

ОПРѢСНЪЧЬСКЪ, -ꙑи *прил.* (1) τὰ ἄζυμα (!) пресных хлебов, опресноков *род.* přesných, nekvašených chlebů *род.*: видиши ли како нечьсть опрѣсньчьскаꙗ *Супр 419, 9* (к(ако) сѫтъ нечистии опрѣсньці *Клоц 7б 12-13*)

ОПРѢТИ СѦ, опьрѫ сѧ, опьреши сѧ *или* **ОПЬРѢТИ СѦ**, опьрѭ сѧ, опьриши сѧ *сов.* чемь; о чьто (4) προσκόπτειν опереться opřít se: възвѣашѧ вѣтри • ı опьрѣшѧ сѧ храминѣ тои *Мт 7, 27 Зогр Мар Ас* (потъкѫ сѧ *Сав*); жтръ же бꙑвъ звѣрь • и ногама прѣдн҄има опьръ сѧ о стлъпъ *Супр 558, 28.— Ср.* потъкнѫти сѧ

ОПОУСТИТИ[1], опоущѫ, опоустиши *сов.* (1) ἀπολύειν освободить zbavit, zprostit: ѡпоущена єси ѡтъ недѫга твоего *Л 13, 12 Ас* (отъпоуштена єси *Зогр Мар Сав*).*— Ср.* отъпоустити, раздрѣшити

ОПОУСТИТИ[2], опоущѫ, опоустиши *сов.* (2) ἐρημοῦν опустошить zpustošit: мѣсто его опоустишѧ *Пс 78, 7 Син.— Супр 180, 11*

ОПОУСТѢТИ, -ѣѭ, -ѣєши *сов.* (2) ἐρημοῦσθαι, ἔρημον εἶναι опустеть, стать опустошенным zpustnout, stát se pustým: опоустѣ бо вьсе чьстьноє жидовьскоє *Супр 485, 25.— Супр 247, 20.— Ср.* запоустѣти

ОПЫТАТИ, -аѭ, -аєши *сов.* (2) ψηλαφᾶν внимательно исследовать, проверить prozkoumat, vyzkoušet: не просто словесъ послоушати... нъ прьвоє опытати ѧ *Супр 305, 20-21.— Супр 504, 21-22.— Ср.* испытати

опьрѣти сѧ *см.* опрѣти сѧ

ОРАЛО, -а *с* (1) ἄροτρον рало, плуг, соха rádlo, pluh: никтоже възложь рѫкъи своеѩ на орало *Л 9, 62 Ас* (на рало *Зогр Мар Сав*).*— Ср.* рало

ОРАТИ, орѭ, орєши *несов.* (4) ἀροτριᾶν пахать orat: рабъ ıмѣѩ • орѭщь ли • пасѫщь *Л 17, 7 Зогр Мар Ас Сав*

ОРЕСТЪ, -а *м имя* (1) Ὀρέστης Орест Orestes: мѣ⟨сѧ⟩ца дек⟨ѧбра⟩ ві҃... ореста *Ас 129б 17-18*

ОРИГЕНЪ, -а *м имя* (1) Ὠριγένης Ориген Origenes: о вѣрѣ... троудꙑ • ѩже показа на оригена • и на ѳеодѡра момсоүкстиїскааго *Супр 301, 28*

ОРИТИ, орѭ, ориши *несов.* (1) καθέλκειν соблазнять svádět: арик что мѧ ориши • что мажеши масломъ главѫ моѭ *Супр 510, 8*

орл- *см.* орьл-

ОРОВЪ, -а *м имя* (1) Ὠρήβ Орив Oreb: положі кънѧ(ѕѧ) іχъ ѣко ι орова ι зива і... салъманоу *Пс 82, 12 Син*

ОРЪГАНЪ, -а *м* (4) [орг- *Клоц* (2)] ὄργανον музыкальный инструмент hudební nástroj: на врьбиї по срѣдѣ ѥѩ (! *вм.* єѩ) • обѣсиχомъ оръганъꙑ (!) нашѧ *Пс 136, 2 Син*; съкоупи ι оръганъ съвръшенъ *Евх 94а 18; Клоц 7а 32.— Клоц 7а 35.— Ср.* съсѫдъ

оръл- *см.* орьл-

ОРЪМОУНЬСКЪ, -ꙑи *прил. к названию местности Ермон* (1) ἐκ γῆς Ἑρμωνιίμ ермонский hermonský: помѧнѫχъ тѧ отъ землѧ норданъскꙑ и оръмоунъскꙑ *Пс 41, 7 Син.— Ср.* ерьмоун҄ь

ОРЬЛЪ, -а *м* (9) [орл- *Зогр* (2), оръл- *Супр* (2)] ἀετός орел orel: ıдеже тѣло • тоу ı орли сънемлѭтъ сѧ *Л 17, 37 Зогр Мар*; напрасно сь небесе придоста дъва аггела въ образѣ орълоу *Супр 234, 19.— Мт 24, 28 Зогр Мар Ас Сав; Супр 7, 25; 537, 30*

ОРЬЛ҄Ь *прил.* (1) τοῦ ἀετοῦ орлиный orlí: обновитъ сѧ ѣко орълѣ юность твоѣ *Пс 102, 5 Син*

ОРѪДИѤ, -иꙗ *с* (4) πρᾶγμα, ἀπόκρισις дело, деятельность věc, záležitost, čin: акы на оно орждиѥ того призъвавъ *Супр 280, 12*; посъла на старьць на орждиѥ • на ливнадж *Супр 296, 22.— Супр 46, 13-14; 445, 26.— Ср.* дѣло

ОРЖДОВАТИ, -доуѭ, -доуѥши *несов.* (1) [жродоу- (!) *Супр* (1)] (жродоуѭще ἐν ἀποκρίσει) устраивать zařizovat: и оударивъше въ двьри акы жродоуѭште (!) ч'то *Супр 145, 27*

ОРЖЖЕНОСЬСТВОВАТИ, -ствоуѭ, -ствоуѥши *несов.* (1) δορυφορεῖν охранять с оружием chránit zbraní: веденъ бꙑстъ вь тьмницж • иже несьвѣдънꙑими аггелꙑ оржженосьствоуѥмъ *Супр 431, 29-30*

ОРЖЖИѤ, -иꙗ *с* (72) [жржж- (!) *Син* (2) *Евх* (1)] **1.** ὅπλον, ῥομφαία, μάχαιρα, ξίφος, βέλος (!) оружие; меч zbraň; meč: тебѣ же самоі д⟨оу⟩шж проідетъ оржжье *Л 2, 35 Зогр Мар Ас Сав*; исоуни оржжие • и завьри прѣдь гоньꙗштіїмь мꙗ *Пс 34, 3 Син*; дрѣво животъноѥ • пламеньнꙑимъ оржжиѥмъ хранимо ѥстъ *Супр 247, 22*; оубѣжатъ прокоуждаѭштааго оржжиꙗ *Супр 332, 4* ● *собир.* τὰ ὅπλα, αἱ μάχαιραι, τὰ βέλη, πανοπλία оружие, доспехи zbraně, zbroj: ѣко на разбоіника ли ізидосте • съ оржжиемь і дрьколʼми • ꙗти мꙗ *Мт 26, 55 Зогр Мар Ас Сав* ● *перен.*: възъмѣмъ оржжие съмꙑслъно • сътажимъ добродѣание *Евх 98а 7*; хвалꙑ бо завистъ имѣѭштимъ • оржжиѥ завидаштимъ сжтъ *Супр 403, 5*; занѥже и оржжьѥ наше вь ѥже нꙑ облькль владꙑка • доуховьно ѥстъ *Супр 497, 12* □ вьсе оржжиѥ, вьсꙗ оржжиꙗ πανοπλία все оружие plná zbroj: вьсѣ оржжьѣ ѥго отъметъ *Л 11, 22 Зогр Мар*; облѣци и въ оржжие в'се *Евх 93б 20*; въ оржжии ἔνοπλος вооруженный, при оружии ve zbrani, ve zbroji: събьравъ сꙙ многъ народъ въ оржжиї поидоша на ѥь *Супр 50, 28*; видѣвъ ѭ въ оржжиї *Супр 38, 11* **2.** ἅρμα колесница válečný vůz: сі въ оржжꙑхъ и сі на конїхъ *Пс 19, 8 Син*; въшъдъ въ оржжи своѥмъ въ црькъве *Супр 221, 18.— Зогр Мар Ас Сав Боян Ен Син Киев Евх Клоц Супр Рыл.— Ср.* копиѥ, мечь, ножь, колесьница

ОРЖЖЬНИКЪ, -а *м* (1) ὁπλίτης тяжело вооруженный воин ozbrojenec: полоучиви етери оржжьници • такожде и копиинници *Супр 463, 26*

ОСАНА, ОСАННА *межд.* (29) [ѡсана, осана *Сав* (4) *Ен* (1) *Евх* (3) *Клоц* (2) *Супр* (1), ѡсанна *Зогр* (1) *Мар* (4) *Супр* (4), ѡсан'на, осан'на *Зогр* (2) *Мар* (1) *Ас* (1) *Супр* (4), ѡсанънна (!) *Мар* (1)] ὡσαννά осанна hosanna: зъваахж г⟨лаго⟩лѭште • ѡсанна • благословенъ грꙙдꙑи въ імꙙ г⟨осподь⟩не *И 12, 13 Зогр Мар Ас Сав*; ѡсан'на въ вꙑшьнихъ *Мк 11, 10 Зогр Мар.— Зогр Мар Ас Сав Ен Евх Клоц Супр*

ОСВИТАТИ, -аѭ, -аѥши *несов.* (1) ἐπιφώσκειν рассветать, светать svítat, rozednívat se: вечеръ же въ сжботж освитаѭшти • въ ѥдинъ отъ сжботъ • приде мариꙗ магдалꙑни *Супр 444, 19* (свитаѭшти *Мт 28, 1 Зогр Мар Ас Сав*).— *Ср.* свитати

ОСВѢТИТИ, освѣщѫ, освѣтиши *сов.* (13) **1.** φαίνειν, φωταγωγεῖν осветить, озарить osvětlit, ozářit: ѡсвѣтишꙙ млъньꙗ твоꙗ въселенжѭ *Пс 76, 19 Син*; ѡсвѣщен із неб⟨е⟩се свѣтомь великꙑмь *Евх 34а 8* ● *перен.* ἐπιφαύσκειν, φωτίζειν, ἐπαλείφειν (!) просветить osvítit: да тобоѭ освѣщенъ • хвалитъ сꙙ о тебѣ *Евх 33б 7*; сии оубо освѣштенꙑи отьцъ нашъ їѡаннъ • отъ арменьскааго никополꙗ бѣ *Супр 278, 16*; вьстани сьпꙙи • и въскрьсни отъ мрьтвꙑихъ • и освѣти тꙙ х⟨ристо⟩с⟨ъ⟩ *Супр 468, 19* (*Еф 5, 14*) ● φωτίζειν окрестить pokřtít: възложиста ржцѣ свои на главж ѥго • и освѣтиста и *Супр 235, 18* **2.** *перен.* φωταγωγεῖν вернуть зрение vrátit zrak: вѣдѣша слѣпааго отъ рода • освѣтивъшааго *Супр 323, 15.— Пс 96, 4 Син; Евх 32а 24-25; 33а 1; Супр 103, 18; 155, 19; 329, 16.— Ср.* просвѣтити, крьстити

ОСВѢЩАВАТИ, -ваѭ, -ваѥши *несов.* (1) φωτίζειν освещать, озарять osvětlovat, osvěcovat; *перен.* давать зрение vracet zrak: отъ заповѣди божиꙗ • освѣштаваѭштаꙗ очи срьдьчьнѣи *Супр 401, 23.— Ср.* освѣщати, просвѣщати

ОСВѢЩАНИѤ, -иꙗ *с* (1) ἀπαύγασμα сияние záře, jas: доброчьстивии бози • и освѣштаниѥ богꙑнꙙ артемидꙑ • ти тꙙ имжтъ сънабьдѣти *Супр 222, 8.— Ср.* просвѣщениѥ, свьтѣниѥ, сиꙗниѥ

ОСВѢЩАТИ, -аѭ, -аѥши *несов.* (8) φωτίζειν, καταυγάζειν, λαμπρύνεσθαι освещать, озарять osvětlovat: лоуна свѣтьлами лоучами • в'сь миръ освѣщаетъ *Евх 2а 1-2*; звѣздꙑ • в'селенжѭ освѣщаѭтъ *Евх 2а 4* ● *перен.*: въходиши и освѣштаеши тьмнꙑꙗ наша помꙑслꙑ *Супр 507, 11*; доушж слꙑшанимъ освѣштаꙗ *Супр 281, 10.— Супр 281, 4; 380, 21; 399, 3; 509, 4.— Ср.* освѣщавати, просвѣщати

ОСВѢЩЕНИѤ, -иꙗ *с* (1) βάπτισμα крещение křest: свꙙтааго освѣштениꙗ съподобивъ сꙙ *Супр 186, 7.— Ср.* крьщениѥ

ОСВꙘТИТИ, освꙙщѫ, освꙙтиши *сов.* (11) [ос҃ти- *Ен* (1) *Евх* (2) *Клоц* (1) *Супр* (1)] ἁγιάζειν освятить posvětit: тѣмже і⟨соу⟩съ да ос⟨вꙙ⟩титъ люди своеѭ кръвїѭ *Евр 13, 12 Ен*; тꙑ бо освꙙти образъ отрока своѥго *Супр 232, 7.— Евх 2а 18-19; 2б 25; Клоц 1а 12;*

Супр 51, 17; 287, 14; 325, 18-19; 325, 19; 329, 19; 559, 8

ОСВѦЩАТИ, -аѭ, -аѥши *несов.* (2) [осваꙃти *Евх* (1), осѣща- *Евх* (1)] ἁγιάζειν освящать posvěcovat: ты еси осв⟨ѧ⟩щаѩи в'се *Евх 20а 16.— Евх 16 17-18.— Ср.* свѧтити, свѧщати

ОСВѦЩЕНИѤ, -ниꙗ *с* (4) [освѣщение *Евх* (1), осѣѩце (!) *Син* (1)] ἐγκαινισμός освящение posvěcení: за осв⟨ѧ⟩щение в'сѣхъ насъ *Евх 60а 2*; п⟨са⟩ломъ пѣсні освѩце (!) домоу да⟨вꙑдо⟩ва *Пс 29, 1 Син*; не слꙑша ли цѣсарꙗ давꙑда божиѥмъ освѧштениимь поѭшта *Супр 335, 27-28.— Супр 542, 25.— Ср.* свѧщениѥ

ОСЕДЪЛАТИ, -аѭ, -аѥши *сов.* (2) στρωννύναι оседлать osedlat: повелѣ воиномъ своимъ оседълати ѥмоу конь *Супр 221, 17.— Супр 51, 3*

о с и н *Мт 27, 56 и Мк 6, 3 Зогр Мар см.* иосиꙗ

о с и ѭ *Супр 453, 13 см.* оусиꙗ

ОСИЛО, -а *с* (2) **1.** παγίς западня, сети nástraha, léčka: ѡ болѣзни... диаволоу осилѥ (!) • а чловѣкоу знамениѥ *Супр 313, 17* **2.** ἀγχόνη петля oprátka: ѡ горькꙑ июдинъ облічителю ѣвль сѧ тѧжꙑ осила *Клоц 11б 36.— Ср.* казнь, сѣть

ОСИНꙖТИ, -ꙗѭ, -ꙗѥши *несов.* (1) πελιδνὸν εἶναι синеть, бледнеть (*до синевы*) blednout, sinat: тѣло бо вь стоудень въпадъ • запрьва оубо вьсе осинꙗѥтъ • съсѣдаѭшти сѧ крьви *Супр 89, 15*

ОСИꙖТИ, -ꙗѭ, -ꙗѥши *сов.* (6) περιλάμπειν, ἐπισκιάζειν (!) осветить, озарить, осиять ozářit: слава г⟨осподь⟩нѣ осиѣ ѩ *Л 2, 9 Зогр Мар Ас Сав*; облакъ свѣтелъ осиѣ ѩ *Мт 17, 5 Мар Ас* (∅ *Зогр*)

о с и ф ъ *Зогр Мар см.* иосифъ

ОСКВРЬНАВЛѤНЪ, -ꙑи *прич.-прил.* (1) σπιλωθείς оскверненный poskvrněný: лѣпо ѥсть диꙗволомъ и безбожьнꙑихъ капиштъ • крьви пролиꙗниѥ и оскврьнавьѥна • свѣтла на небо прострѣти сѧ *Супр 396, 23.— Ср.* оскврьнити

ОСКВРЬНИТИ, -нѭ, -ниши *сов.* (39) [осквръ- *Зогр* (3) *Мар* (2) *Ас* (2) *Ен* (1) *Син* (8) *Евх* (6) *Супр* (1)] κοινοῦν, μιαίνειν, ἐνσπιλοῦν, ῥυπᾶν, μολύνειν, ἀναμειγνύναι, χραίνειν, ἐμφύρειν (!) осквернить poskvrnit: не разоумѣете ли • ѣко вьсѣко еже із вьноу въходитъ въ ч⟨ловѣ⟩ка • не можетъ его оскврънити *Мк 7, 18 Зогр Мар* ● βεβηλοῦν осквернить znesvětit: ні прѣврѣждѫ въ рѣсноте моеі • неже оскврънѫ завѣта моего *Пс 88, 35 Син*; оскврънi на земли св⟨ѧ⟩тꙑнѫ его *Пс 88, 40 Син* ▭ о с к в р ь н и т и с ѧ μιαίνεσθαι, μιαροφαγεῖν, ῥυπᾶσθαι оскверниться poskvrnit se: подаждн рабоу твоемоу • отъдание семоу оскврънꙑшюмоу сѧ • і въкоушъшю мѧсъ нечистꙑхъ *Евх 22а 9-10*; и инѣми оскврьнивъ сѧ большими того грѣхꙑ *Супр 525, 5.— Зогр Мар Ас Сав Ен Син Евх Супр.— Ср.* оскврьнавлѥнъ

ОСКВРЬНꙖТИ, -ꙗѭ, -ꙗѥши *несов.* (2) [оскврь- *Син* (1)] βεβηλοῦν, καταμιαίνειν осквернять poskvrňovat: горе оскврьнꙗѭштимъ своѥ тѣло *Супр 168, 14-15.— Пс 9, 26 Син.— Ср.* скврьнити

ОСКВРЬНѤНИѤ, -ниꙗ *с* (4) [оскврь- *Евх* (1)] μολυσμός, μῖσος, τὸ μιαροφαγεῖν осквернение poskvrnění: ѡскврънение плъти и д⟨оу⟩хоу *Евх 27а 11*; оустьнѣ оскврьнѥньꙗ сѫшти испльнѥнѣ • двигнѫти покоушѫ сѧ *Супр 528, 5.— Супр 125, 14; 521, 30.— Ср.* скврьнениѥ

ОСКЛАБИТИ СѦ, -блѭ сѧ, -биши сѧ *сов.* (7) μειδιᾶν, ὑπομειδιᾶν улыбнуться, усмехнуться usmát se, zasmát se: исаꙗкии осклабивъ сѧ малъ • рече *Супр 195, 25-26* ◆ о с к л а б л ѥ н ѣ о ч и βλοσυροὶ ὀφθαλμοί широко раскрытые глаза široce rozevřené oči: видѣахѫ бо ѥмоу сѣдинꙑ бѣлꙑ акꙑ вльнѫ • благо тѣло • осклабьѥнѣ очи *Супр 47, 29-30.— Супр 7, 7; 8, 12-13; 13, 16; 131, 13; 198, 16.— Ср.* смиꙗти сѧ

ОСКЛАБЛѤНИѤ, -ниꙗ *с* (1) γέλως улыбка úsměv: очи дѣвичи • осклабьѥниѥ дѣвиче... а ѫтроба не дѣвича *Супр 240, 12.— Ср.* смѣхъ

о с к о д ѣ ш ѩ *Пс 89, 9 Син см.* оскѫдѣти

ОСКРЪБИТИ, -блѭ, -биши *сов.* (2) *греч. нет* огорчить, удручить sklíčit: призьри на раба твоего... оскръблена болѣзниѭ *Евх 32б 5.— Евх 28а 6.— Ср.* острастити

ОСКРЪБЛꙖТИ, -ꙗѭ, -ꙗѥши *несов.* (1) *греч. нет* огорчать, удручать soužit: бѣсъ... съкроушаѫ старьца • и часто на землѭ помешта и оскръбꙗѫ *Супр 553, 4*

ОСКРЪБѢТИ, -блѭ, -биши *сов.* (4) λυπεῖσθαι опечалиться zarmoutit se: оскръбѣ петръ *И 21, 17 Зогр Ас Сав* (∅ *Мар*).— *Супр 549, 4.— Ср.* въскрьбѣти, опечалити

ОСКРЪДЪ, -а *м* (2) λαξευτήριον, πέλυξ кирка oškrt: въкоупѣ сѣчивомь і оскръдомь раздроушишѧ і *Пс 73, 6 Син*; ѣко оск'ръдъ сѣкꙑ камение *Евх 55б 12-13*

ОСКѪДИТИ, оскѫждѫ, оскѫдиши *сов.* (1) *греч. нет* отнять, отобрать odejmout: да ни тѣлесьнꙑѩ слоуж'бꙑ оскѫдитъ страньнꙑимъ *Супр 550, 16*

ОСКѪДѢТИ, -ѣѭ, -ѣѥши *сов.* (14) [оскод- *Син* (2)] ἐκλείπειν, λείπειν оскудеть, иссякнуть ochabnout, vyčerpat se: да не оскѫдѣетъ вѣра твоѣ *Л 22, 32 Зогр Мар*; ѣко вьсі дьни наши оскодѣшѧ (!) *Пс 89, 9 Син*; аште ли да небрѣжетъ пшеница лежати ки въ житьници •

и да не въсѣютъ отъ нѥѩ • то оскѫдѣютъ пшеница *Супр 266, 11* □ не оскѫдѣѩ, не оскѫдѣюмъ *в знач. прил.* ἀνέκλειπτος неоскудевающий nevyčerpatelný: сътворите влагалиште не ветъшаѭште • съкровиште не (о)скѫдѣемо *Л 12, 33 Зогр*, не оскѫдѣѭщее *Ас* (не скѫдѣемо *Мар*, не скѫдѣѭщее *Сав*).— *Л 16, 9 Зогр Мар; Евр 1, 12 Ен* (2); *Пс 9, 7 Син; 11, 2 Син; 30, 11 Син; 54, 12 Син; Супр 79, 10-11*

ОСЛА, -ы *ж* (1) ἀκόνη оселок brus: ѥд'на осла ръждѫ желѣзнѫѭ оцѣститъ *Супр 399, 21*

ОСЛАБА, -ы *ж* (2) *греч. нет* ослабление uvolnění, úleva: полоучитъ ослабѫ врѣдоу своемоу *Евх 68а 11.— Евх 69б 4*

ОСЛАБИТИ, -блѭ, -биши *сов.* (63) **1.** кого, чьто παραλύειν, κατολιγωρεῖν; (ослабити жилы νεκροῦν (!)) ослабить, лишить силы oslabit, zeslabit: покоушаѩ сѧ ослабити отъ настоꙗниꙗ благыѩ вѣры *Супр 86, 27-28*; позороу сътворивъ • и ослабл҃ь жилы ваша *Супр 467, 5* ● *с инф.* παραιτεῖσθαι отвергнуть odmítnout: онъ же тебе раді • не ослабілъ естъ і оумрѣти *Клоц 8б 35-36* (не отъвръже сѧ *Супр 422, 10*) □ ослаблюнъ (жилами) *в знач. прил.* παραλυτικός, παραλελυμένος разбитый параличом, парализованный ochrnutý: тъгда г⟨лаго⟩ла ослабл҃еноумоу • въставъ • възьми одръ твои і иди *Мт 9, 6 Зогр Мар Ас Сав*; придошѧ къ нѥмоу носѧште ослабл҃ена жилами *Мк 2, 3 Зогр Ас Сав*, ослабленъ *Мар*; ослабьюнаего ицѣливъ *Супр 473, 16-17* **2.** комоу ἐνδιδόναι, ἀνιέναι отпустить uvolnit: повелѣ юго мѫчити... и повелѣвъ ослабити *Супр 49, 13*; молꙗхѫ сѧ юмоу да ослабитъ имъ отъ многыѩ болѣзни *Супр 39, 16* **3.** комоу ἀνιέναι, ἀνέχεσθαι позволить dovolit, povolit: ослаби мі да почиѭ *Пс 38, 14 Син*; ослабите ми мало • и се сътворимъ *Супр 30, 23.— Зогр Мар Ас Сав Боян Син Евх Клоц Супр.— Ср.* раслаблюнъ

ОСЛАБЛꙖТИ, -ꙗѭ, -ꙗюши *несов.* комоу (2) ἐνδιδόναι уступать, послаблять *кому-л.* povolovat, ustupovat *někomu*: онъ же не ослабꙗаше имъ *Супр 33, 25*; юстьствьныѩ ради тѣлеси потрѣбы ослабꙗѩ исхождааше ис пештеры *Супр 289, 8-9*

ОСЛАБЛЮНИЮ, -ниꙗ *с* (1) ἄνεσις послабление uvolnění, zmírnění: ник'деже покоꙗ ник'деже ослабьюниꙗ *Супр 57, 5*

ОСЛАБѢТИ, -ѣѭ, -ѣюши *сов./несов.* (11) λύεσθαι, ἐκλύεσθαι, ἐκλείπειν, ἐνδιδόναι, ὀκλάζειν ослабеть/ослабевать, изнемочь/изнемогать zeslábnout/zeslabovat, zemdlít, ochabnout/ochabovat: аште отъпоуштѫ ꙗ не ѣдъшѧ въ домы своꙗ • ослабѣѭтъ на пѫти *Мк 8, 3 Зогр Мар*; ты ослабѣвъшаа тѣлеса съжимаꙗ *Евх 26б 18*; ваша грѫдыни до коньца ослабѣ *Супр 467, 13*; ослабѣаше • трьпѣние подвизаѭштиїхъ сѧ *Супр 92, 25.— Мт 15, 32 Зогр Мар Ас Сав; Супр 87, 8; 92; 12.— Ср.* изнемощи, раслабѣти

ОСЛОУШАНИЮ, -ниꙗ *с* (9) ἀνηκοΐα, παρακοή, ἀπείθεια, παράβασις неповиновение, непослушание, ослушание neuposlechnutí, neposlušnost: да отъстѫпитъ отъ васъ в'се ослоушаниѥ *Евх 91б 13*; адамоу же отъ ослоушаниꙗ конець приѥм'шоу *Супр 9, 23-24*; видиши ли... како... стыдѣние вамъ прѣжде повѣдоую пророкъ • ослоушаниꙗ дѣлꙗ вашего *Супр 325, 27-28.— Евр 2, 2 Ен; Евх 51а 21-51б 1; 54б 25; Супр 10, 12; 347, 19-20; 482, 24.— Ср.* противлюниѥ

ОСЛОУШАТИ комоу, чесомоу, **ОСЛОУШАТИ СѦ** кого, чесо, -аѭ (сѧ), -аюши (сѧ) *сов.* (7) ἀθετεῖν, ἀπειθεῖν, παρακούειν, ἀπιστεῖν не повиноваться, ослушаться nedbat, neposlechnout, oslyšet: аще ли ослоушаетъ имъ • рьци цр⟨ъ⟩к⟨ъ⟩ви *Мт 18, 17 Сав* (не послоушаатъ *Мар Ас, Ø Зогр*); како ли вьлежиши кнгахъ • разоума написанъıихъ ослоушаѩ сѧ *Супр 334, 30*; ослоушаюши ли сѧ юже слыша • послоушаи ꙗже видимаа *Супр 336, 20.— Супр 191, 7-8; 331, 11; 331, 14-15; 331, 15.— Ср.* противити сѧ, прѣслоушати

ОСЛОУШЬЛИВЪ, -ыи *прил.* (5) ἀπειθής, ἀπειθῶν своевольный, не подчиняющийся *кому-л., чему-л.* neposlušný: ѡ ослоушьливъıихъ отьць *Супр 323, 28*; обратѧтъ сѧ срьдьца отцемь на чѧда • и ослоушьливъıмъ на мѫдрость правьдивъıихъ *Супр 320, 28-29* (противьнъıꙗ *Л 1, 17 Зогр Мар Ас*).— *Супр 319, 14-15; 324, 1; 324, 8.— Ср.* непослоушьливъ, противьнъ

ОСЛЬПЕНИЮ, -ниꙗ *с* (1) *греч. нет* ослепление oslepnutí, zaslepenost: ослъпеньѥ грѣховьноѥ • отьмыти *Супр 560, 16.— Ср.* ослѣплюниѥ

ОСЛЬПНѪТИ, -нѫ, -неши *сов.* (5) [ослъп- *Евх* (1) *Супр* (1), ослеп- *Евх* (1)] τυφλοῦσθαι, ἀποτυφλοῦσθαι ослепнуть oslepnout: осльпнѫша роби божиї *Супр 323, 5*; мол⟨итва⟩ над⟨ъ⟩ ослеп⟨ъ⟩шем⟨ь⟩ *Евх 33б 10.— Евх 32б 18; Супр 413, 9; 484, 27*

ОСЛѢПИТИ, -плѭ, -пиши *сов.* (12) τυφλοῦν, πηροῦν, λείπειν ослепить, лишить зрения oslepit: ослѣпи очи іхъ *И 12, 40 Зогр Мар Ас*; вьси ослѣпьюниї прозьрѣшѧ *Супр 4, 1* ● *перен.* πωροῦν, καταμύειν ослепить zaslepit: ослѣпьюнѫ зависть на владычьскѫ славѫ подвиг' *Супр 322, 23.— Евх 53а 19; Клоц 4б 16; 5а 12; Супр 3, 10; 261, 28; 333, 29; 554, 15*

ОСЛѢПЛꙖТИ, -ꙗѭ, -ꙗюши *несов.* (2) σκοτίζειν, περιπίπτειν (!) ослеплять oslepovat;

перен. ослеплять zaslepovat: они очи имѫште ослѣпьыхѫ сѧ *Супр 399, 4.— Супр 439, 24*

ОСЛѢПЛЮНИЮ, -иꙗ *с* (1) *греч. нет* ослепление oslepnutí, zaslepenost: ѡ иже тъгда ослѣпьюниѥ невѣрънꙑихъ человѣкъ *Супр 217, 8.— Ср.* осьлпениѥ

ОСМОДЬНЕВЬНЪ, -ꙑи *прил.* (1) *греч. нет* совершающийся на восьмой день uskutečňující se na osmý den, jsoucí osmý den: обрѣзание осмодьневное г⟨оспод⟩а наш⟨е⟩го ис⟨оу⟩х⟨рист⟩а *Ас 135б 18-19*

ОСМОНАДЕСѦТЪ, -ꙑи *числ. порядк.* (1) ὀκτωκαιδέκατος восемнадцатый osmnáctý: въ лѣто осмонадесѧток ц⟨ѣса⟩рѣ персьска саворꙗ • гонениѥ бꙑстъ *Супр 254, 28.— Ср.* осмъ (осмꙑи на десѧте), ӥ

ОСМРАДИТИ, осмраждѫ, осмрадиши *сов.* (1) δυσωδεῖν окутать зловонием rozšířit zápach, zamořit: подобааше бо осмрадивъшоуоумоу христосовами хоулами • на смрадьнѣ мѣстѣ съконьчати житиѥ *Супр 190, 11-12*

ОСМЪ, -ꙑи *числ. порядк.* (12) ὄγδοος восьмой osmý: і бꙑстъ въ осмꙑ дьнь • придѫ обрѣзатъ отрочѧте *Л 1, 59 Зогр Мар Ас*; въ конець вь пѣнихъ о осмѣі псалмъ да⟨вꙑ⟩д⟨о⟩въ *Пс 6, 1 Син*; въ двадесѧтъноѥ своѥѧ ѥмоу връстꙑ лѣто • и осмоѥ *Супр 302, 12* ◆ осмꙑи на десѧте ὀκτωκαιδέκατος, δέκα καὶ ὀκτώ (!) восемнадцатый osmnáctý: се осмое на десѧте лѣто *Л 13, 16 Зогр Мар Ас Сав.— Пс 11, 1 Син; Супр 279, 14; 280, 6.— Ср.* ӥ, ѕ҃, осмонадесѧтъ

ОСМЬ, -и *числ. колич.* (18) ὀκτώ восемь osm: і по осми денъ пакꙑ бѣахѫ вънѫтрь оученици его *И 20, 26 Мар Ас*; дъва десѧти и осмь лѣтъ сътворихъ *Супр 227, 14*; на одрѣ носима • три десѧти и осмь лѣтъ *Супр 388, 1* ◆ осмь на десѧте δέκα ὀκτώ восемнадцать osmnáct: ли они осмь на десѧте • на ӥаже паде стлъпъ *Л 13, 4 Зогр Мар*; осмь десѧтъ ὀγδοήκοντα восемьдесят osmdesát: приими боукъви твоѩ и напиши осмь десѧтъ *Л 16, 7 Мар (Ø Зогр).— Зогр Мар Ас Сав Боян Супр.— Ср.* ѕ҃, ӥ; осмь десѧтъ *ср.* ѻ҃

ОСНОВАНИЮ, -иꙗ *с* (21) [осъ- *Син* (1)] θεμέλιον, θεμέλιος основание, фундамент základ: подобьнъ естъ ч⟨лове⟩коу зиждѫштю храминѫ • іже іскопа і оуглѫби • і положи основанье на камене *Л 6, 48 Зогр Мар*; осънова..ваньѣ (! *вм.* основаньѣ горъ съмѧтѧ сѧ *Пс 17, 8 Син*; въкоупѣ затвори отъпадошѧ • въкоупѣ основаниꙗ тъмница подвижаша сѧ *Супр 466, 4* ● *перен.*: приѩти бо хоштѫ сьмрьть вашеи вѣрѣ на основаниѥ *Супр 314, 25.— Зогр Мар Ен Син Евх Супр*

ОСНОВАТИ, -ноуѭ, -ноуѥши *сов.* (19) [ѡсън- *Син* (1), осън- *Син* (3), он- (!) *Син* (1)] θεμελιοῦν основать, заложить фундамент založit, položit základ: припаде рѣка храминѣ тоі • і не може подвигнѫти ѥѩ • основана бо бѣ на камене *Л 6, 48 Зогр Мар*; въ начѧтокъ тꙑ г⟨оспод⟩і землѭ осънова *Пс 101, 26 Син; Ен 86 2*; съвъкоупи... обѣтование... основано • на акротомѣ *Евх 93б 16-17.— Зогр Мар Ас Сав Син Евх*

ОСНЪІВАТИ, -аѭ, -аѥши *несов.* (1) θεμελιοῦν основывать zakládat: оснꙑваѩи землѭ на тврьдї своеі *Пс 103, 5 Син*

ОСНѢЖИТИ, -жѫ, -жиши *сов.* (1) χιονοῦν покрыть снегом pokrýt sněhem: егда разнъствитъ н⟨е⟩б⟨е⟩с⟨ь⟩нꙑи ц⟨ѣса⟩ръ на неі • оснѣжѧтъ сѧ вь соломоунѣ *Пс 67, 15 Син*

ОСОБЬ *нареч.* (7) χωρίς отдельно, особо odděleně, zvlášť: сѹдарь иже бѣ на главѣ его • не съ ризами лежѧшть • нъ особь съвитъ на единомь мѣстѣ *И 20, 7 Мар Ас (Ø Зогр)*; особь коѥгождо прѣжде разболѣньꙗ • призꙑваѩ г⟨лаго⟩лааше *Супр 569, 26* ● κατ' ἰδίαν лично soukromě: молѭ особь блаженꙑима вама повѣдати *Супр 286, 10.— Супр 171, 9; 286, 13; 423, 19.— Ср.* ѥдинъ

ОСОЛИТИ, -лѭ, -лиши *сов.* (9) ἁλίζειν, ἀρτύειν посолить osolit: аште же соль обоуѣетъ • чимь осолитъ сѧ *Мт 5, 13 Зогр (Ø Мар)*; *Супр 260, 1.— Мк 9, 49 Мар; Мк 9, 49 Зогр Мар; 9, 50 Зогр Мар; Л 14, 34 Зогр Мар*

особъ *Пс 50, 9 Син см.* ѵсопъ

ОСРАМИТИ, -млѭ, -миши *сов.* (2) καταισχύνειν осрамить zahanbit: не осрами наю отъ лица твоѥго *Супр 183, 13* □ осрамити сѧ постыдиться zastydět sed, být zahanben: даждъ ми оубо тръпѣниѥ • да до коньца осрамитъ сѧ *Супр 231, 28.— Ср.* посрамити, постꙑдѣти сѧ, оустꙑдѣти сѧ

ОСРАМЛІАТИ СѦ, -ꙗѭ сѧ, -ꙗѥши сѧ *несов.* (1) καταισχύνεσθαι стыдиться stydět se: не осрамꙗѭтъ сѧ вьси вѣроуѭштии вь ӥь *Супр 259, 12.— Ср.* посрамлꙗти сѧ, стꙑдѣти сѧ, оусрамлꙗти сѧ

ОСРАМЛЮНИЮ, -иꙗ *с* (1) *греч. нет* посрамление zahanbení, zhanobení: се оубо скврьн'нааго томениѥ ан'тонина • на осрамьюниѥ приведъ *Супр 161, 14-15*

ОСТАВИТИ, -влѭ, -виши *сов.* (>300) **1.** кого, чьто ἀφιέναι, ἐγκαταλείπειν, καταλείπειν, παραλείπειν, ὑπολείπειν, λείπειν, παραλογίζεσθαι, διακόπτειν, ἀπαλείφειν (!) покинуть, оставить opustit: она же абиѥ оставьша мрѣжа • по ӥемь ідосте *Мт 4, 20 Зогр Сав*, оставлъша *Ас*; ѣко не оставиши д⟨оу⟩шѧ моеѩ въ адѣ *Пс 15, 10 Син*; что се сътвористе • оставивъше мѧ доселѣ *Супр 32, 11* **2.** кого, чьто (комоу) καταλείπειν, ἀφιέναι, ἐπιτρέπειν, ἐναπομένειν

(!), παραχωρεῖν, ἐᾶν; (иномоу не оставивъ ἀδιάδοχος) оставить nechat, ponechat: остави даръ твои прѣдъ ол'таремь *Мт 5, 24 Зогр Мар*; оставлꙗтъ тоуждиимъ богатьство свое *Пс 48, 11 Син*; хвалимъ тѧ... ѣкоже тебѣ единомоу животъ бесъмрътенъ естъ... и ц⟨ѣса⟩р⟨ь⟩ство [и] иномоу не оставимо *Евх 58а 14* ● *с инф. или с придат. предл.* ἐᾶν, ἀφιέναι позволить, допустить dovolit, nechat: не остави ити по себѣ *Мк 5, 37 Зогр Мар*; братре • остави да изъмѫ сѫчьць *Л 6, 42 Зогр Мар* ● *без доп.* ἐᾶν прекратить, перестать skončit, přestat: отъвѣщавъ же і⟨соу⟩с⟨ъ⟩ рече • оставите до сего *Л 22, 51 Зогр Мар Ас* **3.** παριέναι, παρεᾶν, καταλείπειν, λαμβάνειν (!); (не оставити ἱστάναι) оставить (*в стороне*) pominout, opomenout, nechat stranou: июдѣи же оубо инꙑ винꙑ оставльше • на крьстъ сѧ оустръмишѧ *Клоц 11а 8*; не оставѧште ни манастꙑра ни мѣста поуста *Супр 519, 22*; клѧсъ сѧ ї не оставихъ • съхранити сѫдъбꙑ правъдꙑ твоеѩ *Пс 118, 106 Син* ● чьто отъ кого, чесо ἀφιστάναι, καταπαύειν, μεθιστάναι отвратить, отнять, лишить *кого-л. чего-л.* odvrátit, odejmout: не остави м⟨и⟩л⟨о⟩сти твоеѩ ѡт⟨ъ⟩ насъ *Ен 33б 2*; придѣте і да і оставимь вьсѩ праздьникꙑ б⟨о⟩ж⟨и⟩ѩ отъ землѩ *Пс 73, 8 Син* **4.** комоу чьто ἀφιέναι, ἀφαιρεῖν, ἄφεσις (!) простить, отпустить (*грехи и т. п.*) odpustit, prominout: остави имъ грѣхъ • которꙑимъ остави • единомъ ли жидовомъ... вьсѣмъ просто *Супр 438, 19 и 20.— Зогр Мар Ас Сав Унд Боян Зогр-пал Ен Син Евх Клоц Супр.— Ср.* остати, отъпоустити, отъставити, дати

ОСТАВЛꙖТИ, -ꙗѭ, -ꙗѥши *несов.* (49) **1.** кого, чьто ἀφιέναι, καταλείπειν, ἐγκαταλείπειν, ἐγκαταλιμπάνειν покидать, оставлять opouštět: се грѧдетъ часъ • и нꙑнꙗ приде • да разидетъ сѧ къждо въ своꙗ • а мене единого оставлѣете *И 16, 32 Сав 140б 11* (оставите *Зогр Мар Ас, Сав 106б 17-18*); видитъ влька грѧдѫшта • і оставлѣетъ овьцѧ і бѣгаетъ *И 10, 12 Зогр Мар Ас Сав* **2.** комоу чьто *или без доп.* ἀφιέναι, καταλείπειν, καταλιμπάνειν оставлять zanechávat, ponechávat: миръ оставлѣѭ вамъ *И 14, 27 Зогр Мар Ас Сав*; се оставлѣетъ сѧ вамъ домъ вашъ поустъ *Мт 23, 38 Мар Ас*; тъгда два бѫдета на селѣ единъ поемлетъ сѧ • а дроугꙑ оставлѣетъ сѧ *Мт 24, 40 Зогр Мар Ас Сав* ● *с инф. или с придат. предл.* ἀφιέναι позволять, допускать nechávat, dovolovat: вꙑ бо не въходи[ди]те • ни въходѧштиихъ оставлѣате вънити *Мт 23, 14 Мар* (*Ø Зогр*) **3.** παριέναι оставлять (*в стороне*) opomíjet, ponechávat stranou: си же подобааше сътворити • і онѣхъ не оставлѣти *Л 11, 42 Зогр Мар* **4.** комоу чьто ἀφιέναι прощать, отпускать odpouštět, promíjet: ибо і сами оставлѣемъ • вьсѣкомоу длъжьникоу нашемоу *Л 11, 4 Зогр Мар Сав*; или чловѣкъ тебѣ оставлꙗѥтъ грѣхꙑ *Супр 358, 27.— Зогр Мар Ас Сав Син Супр.— Ср.* отъдаꙗти, отъпоуштати

ОСТАВЛѤНИѤ, -ниꙗ *с* (15) **1.** ἀπόλειψις оставление opuštění: имиже отълѫчаетъ сѧ отъ братиѩ • и дроуга дроугоу оутѣшати оставлении *Зогр-лл 2а 8* ● ἄφεσις освобождение propuštění: иже плѣн'никомъ оставлѥние даѩ *Супр 431, 26* **2.** ἄφεσις, συγχώρησις отпущение (*грехов и т. п.*), прощение odpuštění: дати разоумъ с⟨ъ⟩п⟨ас⟩енье людемъ его въ оставлѣнье въ отъпоуштенье грѣхъ нашихъ *Л 1, 77 Зогр* (*нет Мар*); подактъ ти оставлѥние грѣхомъ *Супр 359, 6*; грѣховъное приметъ оставление *Хил 1аа 12.— Мт 26, 28 Ас; Мк 1, 4 Ас; Л 3, 3 Ас; Служ 3а 19; Евх 46б 11; 46б 17-18; 60а 24; Клоц 7б 23; Супр 353, 8-9; 419, 19.— Ср.* отъданиѥ, отъпоуштениѥ

ОСТАНЪКЪ, -а *м* (4) ἐγκατάλειμμα, λείψανον остаток zbytek, pozůstatek: останьци же нечьстивꙑихъ потрѣбѧтъ сѧ *Пс 36, 38 Син*; останьци огньнии • вь рѣкѫ вьсꙑпани бꙑшѧ *Супр 94, 13* ● *мн.* мощи, останки (*святых*) ostatky (*svatých*): сиѩ останькꙑ аште сице оставимъ • вьзѧти ѩ имѫтъ крьстиꙗни *Супр 80, 25.— Пс 36, 37 Син.— Ср.* избꙑтъкъ, остатъкъ, отълѣкъ; мощи

ОСТАТИ, останѫ, останеши *сов.* (80) **1.** *без доп.* μένειν, ὑπομένειν, ἀφίεσθαι, καταλείπεσθαι, ὑπολείπεσθαι, περιλείπεσθαι, ἀναστέλλειν, ἰδιάζειν, περισσεύειν, ἡττᾶσθαι остаться zůstat, zbýt: не имать остати сьде камень на камене *Мк 13, 2 Зогр Мар*; си рекъ самъ оста въ галилеи *И 7, 9 Зогр Мар Ас*; ничьтоже бѣ не остало • іхъже не подобаетъ оученикоу показаті *Клоц 5б 6*; ѥдинъ оставъ на мѣстѣ *Супр 38, 3* **2.** кого ἀφιέναι, ἐᾶν оставить (*в покое*), перестать беспокоить *кого-л.* nechat (*na pokoji*), přestat *někoho* znepokojovat: останѣте ѥѩ • по чьто ѭ троуждаете *Мк 14, 6 Зогр Мар*; останѣте дѣти и не браните имъ • прити къ мьнѣ *Мт 19, 14 Мар* ● *с придат. предл.* позволить dovolit: остани да прьвѣе насꙑтѧтъ сѧ чѧда *Мк 7, 27 Зогр Мар* ● *без доп.* перестать přestat: остани чьто естъ намь и тебѣ и⟨соу⟩се назарѣнине *Л 4, 34 Мар* (*Ø Зогр*) **3.** ἀπολείπεσθαι, λείπεσθαι уйти, покинуть odejít, opustit: ник'тоже оубо отъ лика не остани *Супр 63, 24-25* □ о с т а т и с ѧ чесо; отъ чесо ἀρνεῖσθαι, ἀφίσεστασθαι, μεθίστασθαι, παύεσθαι, ἀπαλλάσσεσθαι, ἀπέχεσθαι отказаться, отречься *от* *чего-л.* zříci se *něčeho*, upustit *od něčeho*: оставъ сѧ крьстиꙗньства *Супр 60, 25-26*; остани сѧ бл҃дии тѣхъ *Супр 156, 26*; останѣте сѧ отъ сихъ и наоучѫ васъ кого бꙑ чисти *Супр 28, 3.— Зогр Мар Ас Сав Боян Евх Клоц Супр Рыл.— Ср.* оставити

ОСТАТЪКЪ, *-а м* (2) λείψανον остаток ostatek, zbytek: бꙑвъшиихъ тоу остатъкꙑ възьмѫ *Супр 428, 29.— Супр 79, 5.— Ср.* избꙑтъкъ, останъкъ

ОСТАТЪЧЬНЪ, *-ꙑи прил.* (1) λειπόμενος оставшийся, остальной zbývající: видимꙑ же и остатъчьнѫѭ часть дьни *Супр 435, 28-29*

ОСТАꙖТИ, остаѭ, остаѥши *несов.* (4) μένειν, ἀπομένειν, ἀπανθεῖν (!) оставаться zůstávat, zbývat: онꙑ нивꙑ противѫ не копанꙑ остаѭтъ *Супр 37, 23*; дарꙑ ли даѥши остаѭштаꙗ • славѫ ли остаѭштѫѭ *Супр 87, 20-21 и 21.— Супр 127, 27*

ОСТОꙖНИѤ, *-ꙗ с* (3) [обьстоꙗ- *Син* (1)]: градъ остоꙗниꙗ πόλις περιοχῆς укрепленный город hrazené, opevněné město: къто ведетъ мѧ въ градъ остоѣньѣ *Пс 59, 11 Син.— Пс 30, 22 Син; 107, 11 Син*

ОСТОꙖТИ, остоѭ, остоиши *несов.* (3) [обьсто- *Мар* (1) *Супр* (1), обьс- *Зогр* (1)] περιΐστασθαι обступать, окружать obklopovat, obstupovat: слꙑшавъ же... обьстоѩштаꙗ народꙑ глаголѭшта *Супр 150, 16* ● κυκλοῦν осаждать obléhat: обьстоꙗмъ вои ιи⟨роуса⟩л⟨и⟩мъ *Л 21, 20 Зогр Мар*

ОСТРАСТИТИ, остращѫ, остраститиши *сов.* (1) ταλαιπωρεῖν причинить страдания, заставить мучиться, страдать způsobit utrpení: отъ лица нечьстивꙑхъ остраштьшиихъ мѧ *Пс 16, 9 Син.— Ср.* оскръбити

ОСТРИТИ, оштрѭ, остриши *несов.* (3) ὀξύνειν острить, точить ostřit: сь лѣпотꙑ бꙑсте острили скрьбь (*! вм.* срьпь) ненавистию братьню *Супр 368, 7* ● *перен.* ἐξοπλίζειν: пророкꙑ оубивъшаꙗ рѫкꙑ остриши *Супр 339, 4* □ острити сѧ на чьто παροξύνειν готовиться *к чему-л.* chystat se *na něco*: на рать остраште сѧ *Супр 385, 11*

ОСТРИѤ, *-ꙗ с* (2) στόμα острие ostří: падѫтъ въ остри меча *Л 21, 24 Зогр*, въ острии *Мар.— Ср.* острость

ОСТРОВЪ, *-а м* (5) νῆσος остров ostrov: възьри на крѫгъ вьселенꙑѩ... колико мѣстъ • колико ѩзꙑкъ • колико островъ • колико рѣкъ *Супр 431, 2-3*; привръженъ бꙑстъ въ островъ нарицаѥмꙑи алсосъ *Супр 539, 4*; — [ιзиде съ оученикꙑ своими • на онъ полъ острова кедрьска *И 18, 1 Зогр* πέραν τοῦ χειμάρρου (потока *Мар Ас* (2), отока (!) *Сав* (2)].— *Супр 117, 1; 129, 6.— Ср.* отокъ

ОСТРОГЪ, *-а м* (3) χάραξ; (оградити острогомь περιχαρακοῦν) ограда, частокол palisády: обложѧтъ врази твои • острогъ о тебѣ *Л 19, 43 Зогр Мар*; оградии острогомь *Евх 14а 5*

ОСТРОСТЬ, *-и ж* (1) ἀκμή острие ostří: вь неѭже приѩ острость гвоздиинѫѭ *Супр 499, 26.— Ср.* остриѥ

ОСТРОУНТИ, *-оунѫ, -оуниши сов.* (1) *греч. нет* превратить, отменить zvrátit, zrušit: остроуниша ѥже не оубиѥши • заклаша копьѥмъ *Супр 477, 12.— Ср.* възвратити

ОСТРОУꙖТИ, *-ꙗѭ, -ꙗѥши несов.* (3) ἀνατρέπειν превращать, отменять převracet, vyvracet, rušit: остроуꙗше сьвѣтъ ихъ *Супр 477, 3*; остроуѣете етерꙑмъ вѣрѫ *2 Тим 2, 18 Ен.— Супр 476, 26-27.— Ср.* възвраштати

ОСТРЪ, *-ꙑи прил., сравн. ст.* острѣи (12) 1. ὀξύς, ἠκονημένος острый ostrý: ѩзꙑкъ ιхъ мечь остръ *Пс 56, 5 Син*; гвоздиꙗ острꙑ вънозиша въ оноуштѫ *Супр 17, 19*; повелѣ прострѣти и по острꙋ камению *Супр 113, 6* ● *перен.* τὸ ὀξύρροπον (!) горячий, решительный rázný, pohotový: к'то не възчоудитъ сѧ остроѭ вѣроѭ сеѭ *Супр 55, 14* □ о б о ѭ д оу о с т р ъ *см.* обоѭдоу 2. τραχύς бугристый, неровный drsný, hrbolatý: ι бѫдѫтъ стръпътънаа въ правaѣ • ι остриѣ въ пѫти гладъкꙑ *Л 3, 5 Зогр*, острии (*т. е.* пѫтиѥ) *Мар Ас Сав.— Супр 55, 14; 350, 23; 351, 4; 399, 15*

ОСТРЪГАТИ, остроужѫ, остроужеши *сов.* кого (2) ἀποξεῖν, ἀποξύνειν соскоблить, соскрести seškrabat; *перен.* очистить, удалить očistit, odstranit: остроужи ми доуша грѣховьнꙑꙗ пѣготꙑ • ꙗкоже остроуга вѣрнааго пѣготива прокоудѫ тѣлеси *Супр 392, 14 и 15*

ОСТРѢ *нареч.* (1) ὀξέως быстро, решительно bystře, rázně: и острѣ възаша вѣньца *Супр 54, 26*

ОСТЬНЪ, *-а м* (2) ζιβύνη, κέντρον острие osten: тъгда они акꙑ остънꙑ бодоми зѫбꙑ скрѣжьтаахѫ *Супр 403, 4.— Супр 339, 27.— Ср.* жѧло, стрѣкало

ОСТѢНИТИ, *-нѭ, -ниши сов.* (1) τειχίζειν огородить (стеной) zahradit (stěnou): иже породънꙑꙗ двьри затворивъ • иже копьѥмъ пламѣнꙑимъ остѣнивъ *Супр 438, 7-8.— Ср.* оградити

ОСТѪПАТИ, *-аѭ, -аѥши несов.* (8) [отъстѫ- *Супр* (2)] ὑποχωρεῖν; (не остѫпати ἀναπόστατον εἶναι) отступать odstupovat, ustupovat: како законъ остѫпаетъ *Клоц 13а 37-38; Супр 450, 6*; ꙗкоже оубо ноштъ и дьнь вьслѣдоуѭшта и не отъстѫпаѭшта... видѣ *Супр 292, 29* ● *перен.* ἀφίστασθαι, ἀποστατεῖν отступать, отступаться, избегать odstupovat, odpadat, vyhýbat se: въ врѣмѧ напасти остѫпаѭтъ *Л 8, 13 Зогр Мар Ас*, отъстѫпаѫтъ

Сав; азъ отъ кнѧза вашего... отъстѫпаѭ *Супр 260, 27-28.— Пс 118, 118 Син*

ОСТѪПИТИ[1], -плѭ, -пиши *сов.* (1) πολιορκεῖν обступить, окружить obstoupit, obklopit: зазнаменаі гробъ • воинъı • поставі • остѫпі гробъ *Клоц 12а 20*

ОСТѪПИТИ[2], **ОТЪСТѪПИТИ**, -плѭ, -пиши *сов.* (47) [ос- *Мар* (1) *Син* (2) *Евх* (2) *Клоц* (1) *Супр* (1), отъс- *Зогр* (4) *Мар* (3) *Сав* (2) *Ен* (2) *Син* (5) *Евх* (4) *Супр* (18), ѿтъс- *Ас* (2)] отъ кого *или без доп.* ἀποσπᾶσθαι, ἀφίστασθαι, διΐστασθαι, ἀποπηδᾶν, ἀπεῖναι, ἐπανάγειν, ἀπέχεσθαι отступить, удалиться odstoupit, ustoupit, vzdálit se: отъстѫпите отъ мене вьси дѣлателе неправдѣ *Л 13, 27 Зогр Мар Ас Сав*; молі і отъстѫпити мало *Л 5, 3 Зогр Мар* (възити *Ас*); сего ради да отъстѫпитъ отъ васъ в'се ослоушание *Евх 91б 12* ● *перен.* отъ чесо ἀπέχεσθαι, ἀφίστασθαι отказаться, отступиться *от чего-л.*, оставить *что-л.* upustit *od něčeho*: оправъданъѣ (е)го не отъстѫпишѧ отъ мене *Пс 17, 23 Син*; да отъстѫпитъ отъ неправдъı *2 Тим 2, 19 Ен*; отъстѫпите отъ бѣсованиꙗ *Супр 34, 12-13* ● кого ἀφίστασθαι оставить *кого-л.* opustit *někoho*: ї не остѫпимъ тебе • живіші нъı і ї̈мꙗ твое прізовемъ *Пс 79, 19 Син* ● отъ кого, чесо ἀφίστασθαι, ἀπαλλοτριοῦσθαι; (остѫпити съ συναφίστασθαι) отступить(ся) (*от веры*) odpadnout (*od víry*): отъстѫпити отъ б⟨ог⟩а жива *Евр 3, 12 Ен*; отъстѫпишѧ отъ вѣръı христосовъı (!) *Супр 175,6*; отъстѫпатъ отъ жрътвъ *Супр 263, 14-15.— Зогр Мар Ас Сав Ен Син Евх Клоц Супр.— Ср.* отити, отъврѣщи, отъпасти

ОСТѪПЬНЪ, -ъıи *прил.* (1) τῆς ἀποστασίας отступнический odpadlý, odpadlický: иже еси... ізгънавъ д⟨оу⟩хъı остѫпънꙑѩ *Евх 56а 10*

ОСОУШАТИ, -аѭ, -аѥши *несов.* (1) ξηραίνειν осушать, высушивать vysušovat: отъхода • отъ сѣмени гроздовъ • і осоуша еѭ • і (*вм.* осоушаѩ ѭ) великъı връхъ *Евх 59а 19-20.— Ср.* соушити

о с ъ н о в а н и ѥ *Пс 17, 8 Син см.* основаниѥ

о с ъ н о в а т и *Пс 101, 26 Син; 103, 8 Син; 118, 90 Син; 118, 152 Син см.* основати

ОСЪПЪI, -ъ *ж мн.* (1) λοιμικὴ νόσος оспа neštovice: осъпами нача болѣти страна та *Супр 45, 3*

ОСЪIПАТИ, -плѭ, -плѥши *сов.* (2) βάλλειν обсыпать, obsypat, poházet: остави ѭ і се лѣто • доньдеже ѭ окопаѭ окръстъ • і осъıплѭ ѭ гноемь *Л 13, 8 Зогр Мар*

ОСЪIРѢТИ, -рѣѭ, -рѣѥши *сов.* (1) τυροῦσθαι свернуться, створожиться (*о молоке*) srazit se, zesýřet: ѥгда сѧ сьсаде млѣко и осърѣѥ • заградитъ пѫть сьсоу *Супр 312, 7.— Ср.* съсѣсти сѧ, оусъıрити сѧ

ОСЬЛЪ, -а *м* (9) [осьл- *Зогр* (1) *Мар* (2) *Сав* (1), осел- *Ас* (1); осл- *Сав* (1) *Супр* (1)] ὄνος, ὑποζύγιον осел osel: не отърѣшаетъ ли своего волоу • ли осъла отъ ѣслин *Л 13, 15 Зогр Мар Ас Сав*; аште видиши осла врага твоего *Супр 126, 16.— Л 14, 5 Зогр Мар Ас Сав.— Ср.* осьлѧ

ОСЬЛЬ *прил.* (4) [осъл- *Зогр* (1) *Мар* (1), осл- *Сав* (1)] τῆς ὄνου ослиный oslí: се ц⟨ѣса⟩рь твоі грѧдетъ • сѣдѧ на жрѣбѧте осьли *И 12, 15 Зогр Мар Ас Сав.— Ср.* осьльскъ, осьлѧтинъ

ОСЬЛЬСКЪ, -ъıи *прил.* (1) ὀνικός ослиный oslí: оунѣе емоу естъ да обѣсѧтъ жрьновъ на въıи его осьльскъı *Мт 18, 6 Мар* (∅ *Зогр*).— *Ср.* осьль, осьлѧтинъ

ОСЬЛѦ, -ѧте *с* (22) [осъл- *Сав* (1), осл- *Сав* (2) *Супр* (3)] ὄνος, ὀνάριον, ὑποζύγιον осел, ослик osel, oslík: і абье обрѧштета осьлѧ привѧзано и жрѣбѧ съ нимь *Мт 21, 2 Мар Ас Сав*; ослѧте не имъı • штоужде поѩ осла *Супр 432, 27 и 28.— Зогр Мар Ас Сав Супр.— Ср.* осьлъ

ОСЬЛѦТИНЪ *прил.* (1) τῆς ὄνου ослиный oslí: вьсѣдъ на осьлѧ и жрѣбѧ осьлѧтино *Супр 337, 7.— Ср.* осьль, осьльскъ

ОСѢНИТИ, -нѭ, -ниши *сов.* (10) [обьсѣ- *Супр* (1)] ἐπισκιάζειν осенить, покрыть, как сенью zastínit: бъıстъ облакъ і осѣни ѩ *Л 9, 34 Зогр Мар*; сила въıшьнѣаго осѣнитъ тѧ *Л 1, 35 Зогр Мар Ас Сав*; плештема своіма осѣнітъ тѧ *Пс 90, 4 Син.— Евх 32б 6; Супр 10, 25; 482, 29*

ОСѢНѢАТИ, -ѣаѭ, -ѣаѥши *несов.* (5) ἐπισκιάζειν, κατασκιάζειν, ἐλέγχειν (!), πυκάζειν (!), *вар.* σκιάζειν осенять zastiňovat, stínit: бъıс⟨тъ⟩ же облакъ осѣнѣѩ ѩ *Мк 9, 7 Зогр Мар*; сльньце нь ноштиѭ не осѣнѣаѥтъ сѧ *Супр 509, 3.— Евр 9,5 Ен; Пс 117, 27 Син*

ОСѢСТИ, осѧдѫ, осѧдеши *сов.* (2) συνέχειν, περιέχειν осадить, подвергнуть осаде; обступить, окружить obklíčit: і осѧдѫтъ тѧ въсѫдѫ *Л 19, 43 Мар* (окрочѧтъ *Зогр*).— *Пс 21, 17 Син.— Ср.* окрочити

ОСѢТИ, осѣѭ, осѣѥши *сов.* (1) σπείρειν засеять osít: и въ тѣхъ нивахъ ѥдина бѣаше осѣта сланоут'комъ *Супр 40, 24*

ОСѦГНѪТИ, -нѫ, -неши *сов.* (1) ψηλαφᾶν ощупать ohmatat: обаче блажѫ рѫцѣ твои ѡ ишсифе • послоужъшии • и осѧгъшии *Супр 457, 21.— Ср.* обискати[1], осѧзати, посѧзати

ОСѦЗАТИ, осѧзаѭ, осѧзаѥши *и* осѧжѫ, осѧжеши *несов./сов.* (5) [-за- *Супр* (2)] ψηλαφᾶν прикасаться/прикоснуться, осязать, ощупать hmatat/ohmatat, dotýkat se/dotknout se: како оубо могѫтъ сии бози быти • ни видаште ни осѧзаѭште • ни обѫхаѭште *Супр 163, 22-23*; осѧжате мѧ и видите *Л 24, 39 Мар Ас* (∅ *Зогр*); рѫцѣ їмѫ[мѫ]тъ ї не осѧжѫтъ *Пс 113, 15 Син.— Супр 323, 12.— Ср.* обискати, осѧгнѫти, посѧзати

ОСѪДИТИ, осѫждѫ, осѫдиши *сов.* кого, чьто; кого *с инф.* (85) [отъсѫд- *Супр* (1), от'сѫд- *Супр* (1)] **1.** κρίνειν обсудить posoudit: ѣко да оправьдиши сѧ въ словесе(хъ) твоiхъ • ї прѣпьриши вънегъда осѫдитi сѧ *Пс 50, 6 Син*; не осѫждаите • да не осѫждени бѫдете *Мт 7, 1 Зогр Мар Ас*, да не осѫдите сѧ *Сав* **2.** κατακρίνειν, καταδικάζειν, καταισχήνειν (!), σταυροῦν (!); (осѫдити съ συγκατακρίνειν) осудить odsoudit: онъ бо стенати и трасти сѧ осѫжденъ быстъ *Супр 483, 30* ▭ осѫжденъ, -ын *в знач. прил.* κατάδικος, κατάκριτος, ἄκριτος (!) осужденный odsouzený: дьнесь осѫжденымъ • свободѫ даръствоуетъ *Клоц 13а 30*; осѫдимъ *в знач. прил. греч. нет* подлежащий суду, заслуживающий осуждения odsouzeníhodný: неосѫжденааго... ıако осѫдима прѣдъ пилатомъ • поставиша ıакоже зълодѣıа каиıафѣ *Супр 477, 7-8*; не осѫжденъ *см.* неосѫжденъ.— *Зогр Мар Ас Сав Ен Син Евх Клоц Супр.— Ср.* посѫдити, присѫдити, сѫдити

ОСѪДЬНЪ, -ын *прил.* (1) τῆς καταδίκης несущий осуждение, осуждения *род.* odsouzení *род.*: ı дрѣво осѫдъны съсѫдъ • плодъ створı • осѫжденымъ свободѫ *Клоц 10а 29*

ОСѪЖДАТИ, -аѭ, -аеши *несов.* кого (20) **1.** κρίνειν судить, обсуждать soudit, posuzovat: не осѫждаите • да не осѫждени бѫдете *Мт 7, 1 Зогр Мар Ас Сав*; ты же кто еси о(сѫ)ждаıаи тѹждего раба *Рим 14, 4 Ен* **2.** κατακρίνειν, καταδικάζειν, ἀπαγορεύειν осуждать, порицать odsuzovat: ижe ови съпасаеми сѫтъ • а дроузиї осѫждаеми *Супр 362, 23-24.— Зогр Мар Ас Сав Ен Клоц Супр Рыл.— Ср.* которати, сѫдити

ОСѪЖДЕНИѤ, -ıа *с* (31) κρίμα, καταδίκη, κατάκριμα, ἀπόφασις, ψῆφος осуждение, наказание odsouzení, trest: сıı приимѫтъ лиш'шее осѫжденье *Мк 12, 40 Зогр Мар*; да мы отъ осѫжденьıа свободь бѫдемъ *Супр 484, 3* ♦ без осѫжденига ἀκατακρίτως, ἀκατάκριτος (!) без осуждения, безвинно bez odsouzení, neodsouzeně, bez viny: в⟨о⟩жиихъ таинъ • безъ осѫжденıѣ съподоблѣти сѧ *Евх 23б 24-25*; то безъ осѫжденига бѫдѫ *Супр 286, 26.— Зогр Мар Ас Сав Служ Евх Клоц Супр Рыл.— Ср.* посѫжденик; без осѫжденига *ср.* неосѫжденьно

осѫжденъ, -ын *прич. см.* осѫдити

ОСѪКАТЪ *прил.* (1) ἔχων τὰς ἀκάνθας ἰσχυράς суковатый, с шипами sukovatý, trnitý: мѫчаахѫ и жьзликм' • осѫкатомъ *Супр 260, 12.— Ср.* сѫкатъ

от *см.* отъ

ОТАИ *нареч. и предлог* (2) **I.** *нареч. греч. нет* тайком, тайно potají, tajně: крадѫщиѣ отаи силѫ его *Евх 47б 14* **II.** *предлог с род.* διαλανθάνειν (!) втайне *от кого-л.* bez vědomí *někoho*: ıаже (*т. е.* жена) отаи кго съгрѣшaаше *Супр 169, 8.— Ср.* таи

ОТВОРИТИ, -рѭ, -риши *сов.* (1) *греч. нет* открыть, отворить otevřít: тако стенѫштоү львоү • отвори звѣрокръмьникъ пакы *Супр 166, 27.— Ср.* окрыти, отврѣсти

ОТВРЬЗАТИ, -аѭ, -аеши *несов.* (12) [отвръз- *Зогр* (1) *Мар* (2) *Ас* (1) *Син* (1) *Евх* (2) *Супр* (3) *Клоц* (1)] ἀνοίγειν, ὑπανοίγειν, παρανοιγνύναι раскрывать, разверзать otvírat: врата адова отврьзаѭтъ сѧ *Супр 449, 7*; ѣко нѣмъ не отврьзахъ оустъ своихъ *Евх 76б 10*, не отвръзаѩ *Пс 37, 14 Син*; словомъ божиимъ отвръзаатъ оуста *Супр 277, 15.— Мт 7, 8 Мар; И 10, 3 Зогр Мар Ас; Евх 92б 3; Клоц 13а 3; Супр 399, 5; 528, 29.— Ср.* отворити

отврьнь *см.* отъврьнь

ОТВРЬСТИѤ, -ıа *с* (1) ἄνοιξις открывание, отпирание otevření: раю отврьстиѥ сътворихъ *Супр 469, 19*

ОТВРѢСТИ, отврьзѫ, отврьзеши *сов.* (>100) [отъ- *Мар* (1) *Сав* (2) *Ен* (1) *Син* (2) *Евх* (1) *Супр* (1)] ἀνοίγειν, ἀνοιγνύναι, διανοίγειν, παρανοιγνύναι, ὑπανοίγειν, διαρρηγνύναι, ἀνασπᾶν, βεβαιότερος (!) открыть, раскрыть otevřít: отвръзи намъ *Мт 25, 11 Зогр Ас*, отврьзи *Сав*, отъврьзи *Мар* ● *перен.*: по вѣрѣ ею отврьзе очи обѣма *Евх 33б 16* ▭ отврѣсти сѧ открыться otevřít se: гроби отвръзошѧ сѧ *Мт 27, 52 Зогр*, отврьзошѧ сѧ *Сав*, отврѣсѧ сѧ *Мар Ас* ● *перен.* ἀναβλέπειν (!): ѣко оуста грѣшьничѣ оуста лъстiва на мѧ отврѣсѧ сѧ *Пс 108, 2 Син*; ı отвръзосте сѧ очи ıма *Мт 9, 30 Зогр*, отврѣсте сѧ *Мар Ас*, отврьзоста сѧ *Сав* ▭ отврьстъ *в знач. прил.* ἀνεφγμένος; (не отврьстъ ἀδιάνοικτος) раскрытый, разверстый otevřený: и .обрѣтъ плѣвьницѫ отвръстѫ *Супр 196, 17*; тако не отвръстомъ сѫштемъ • гробънымъ печатомъ • х⟨ристо⟩во порожденье быс⟨тъ⟩ *Клоц 14б 1; Супр 452, 23.— Зогр Мар Ас Сав Охр Ен Син Служ Евх Клоц Супр.— Ср.* окрыти

отвѣщати *см.* отъвѣщати

ОТИ *частица (из греч.)* (1) *греч. нет* что касается, в отношении того, что co se týče toho, vzhledem k tomu, že: ѡт(и) аште лѣп (е)стъ *Зогр-лл 1б 3* о т и м а т и *см.* отьмати

ОТИРАТИ, -аѭ, -аѥши *несов.* (8) ἐκμάσσειν отирать otírat: нозѣ... власы главы своеѩ отираше *Л 7, 38 Зогр Мар Ас; Супр 391, 13.— И 13, 5 Зогр Мар Ас Сав*

ОТИТИ, отидѫ, отидеши *сов.* (>100) ἀναχωρεῖν, ἀπέρχεσθαι, ἀποδημεῖν, ὑποχωρεῖν, οἴχεσθαι, πορεύεσθαι, ἐξέρχεσθαι, ὑπάγειν, ἀποβαίνειν, ἀφίστασθαι, ἀπιέναι, ἀποχωρεῖν, ἀπαναχωρεῖν, ἐξέρχεσθαι, ὑπαναχωρεῖν, ἐκπορεύεσθαι, κατέρχεσθαι, μεταβαίνειν, ἀπάγειν, ἀπολείπειν, ἔρχεσθαι, ἀποστασία (!); (отити съ цѣмь συναποδημεῖν; ошьдъи прьвѣѥ ѥго ὁ πρὸ αὐτοῦ; ошьдъи по нѥмь ὁ μετ'αὐτόν) отойти, уйти odejít: приде врагъ его • і всѣ плѣвелъ • по срѣдѣ пьшеницѧ і отиде *Мт 13, 25 Зогр Мар Ас Унд*; і ошьдъ възвѣси сѧ *Мт 27, 5 Зогр*, ошедъ *Мар Ас* (шъдъ *Сав*); і оставьше и отидошѧ *Мк 12, 12 Зогр*, отидѫ *Мар*; ѿтидѣте въ поустꙑнѩ горꙑ *Евх 59б 11*; отъшъдъшоу же народоу и кнѧзоу *Супр 230, 25-26*; оученици бо его ошьли бѣахѫ въ градъ *И 4, 8 Зогр Мар Ас* ● *перен.* исчезнуть zmizet: і абье проказа отиде отъ нѥго *Л 5, 13 Зогр Мар* ● умереть zemřít: сьмрьть • она • и ошъдъшиїхъ по нѣи осѫждааше • нъ си и ошъдъшиихъ прьвѣѥ ѥѩ • въ истинѫ вьскрѣсила *Супр 489, 24-25 и 25-26.— Зогр Мар Ас Сав Унд Боян Син Евх Супр Рыл.— Ср.* заити

ОТИШАТИ, -аѭ, -аѥши *несов.* (1) *греч. нет* успокаивать utišovat: і отишаетъ горꙑ *Евх 55б 25.— Ср.* оутишати

ОТИШИѤ, -ииа *с* (6) λιμήν, γαλήνη, ἄγκυρα (!) убежище, пристанище tišina, útočiště, přístav: приближаатъ сѧ отишию господьниꙗ въскрьсениꙗ *Супр 424, 22*; се бо въ отишьи прѣстоитъ х⟨ристос⟩ъ *Евх 84б 3.— Супр 67, 18; 143, 28; 251, 21; 492, 18.— Ср.* прибѣжище, пристанище

ОТЛЪСТѢТИ, -ѣѭ, -ѣѥши *сов.* (1) παχύνεσθαι зажиреть, ожиреть ztučnět; *перен.* очерстветь ztvrdnout, zatvrdit se: отлъстѣ бо ср⟨ъ⟩д⟨ь⟩це людеи сихъ *Мт 13, 15 Мар* (оутлъстѣ *Зогр*).— *Ср.* оудебелѣти, оутлъстѣти

ОТОКЪ, -а *м* (5) [оці *Син* (1), отьці (!) *Син* (1)] νῆσος, χείμαρρος (!) остров ostrov: да възвеселѧтъ сѧ о⟨то⟩ци мъноѕи *Пс 96, 1 Син*; на онъ полъ отока (! *вм.* потока) кедрьска *И 18, 1 Сав* (2) (потока *Мар Ас* (2), острова *Зогр*); арменистии отоци (! *вм.* потоци) *Супр 278, 26*; цѣсарі тарьсьсціі отьці (! *вм.* отоці) дарꙑ прінесѫтъ *Пс 71, 10 Син.— Ср.* островъ

ОТОЧЬНЪ, -ъи *прил.* (1): м о р ѥ о т о ч ь н о ѥ ὠκεανός океан oceán: море отоцьноѥ знакъ мѫжа *Супр 509, 9.— Ср.* морѥ

ОТРАВИТИ, -влѭ, -виши *сов.* (1) *греч. нет* отравить otrávit: отравена ли бꙑста повѣдита ми *Супр 212, 22-23*

о т р о б а *Евх 83а 11 см.* ѫтроба

ОТРОВЕНИѤ, -ииа *с* (1) *греч. нет* отравление otrávení: аще к'то отровениѣ ради погоубит⟨ъ⟩ ч⟨ловѣ⟩ка *Евх 102б 16*

ОТРОКОВИЦА, -ѧ *ж* (28) κόρη, ἡ παῖς, παιδίον девочка-подросток dívka: обрѣте отроковицѫ лежаштѫ • на одрѣ *Мк 7, 30 Зогр Мар*; и абье бѣсъ отъ огнꙗ женомъ изиде отъ отроковицѧ *Супр 520, 8.— Зогр Мар Ас Сав Супр.— Ср.* дѣвица

ОТРОКЪ, -а *м* (77) **1.** παῖς, υἱός, νεανίσκος мальчик, дитя, отрок, подросток chlapec, dítě, jinoch: д⟨оу⟩ше нечистꙑ • ізиди отъ отрока *Л 9, 42 Зогр Сав* (Ø *Мар Ас*); мѣ⟨сѧ⟩ца дек⟨ѧбра⟩ ӻ҃ѫ с⟨вѧ⟩тъихъ трии отрокъ • ананиꙗ азариꙗ мисаила *Ас 129б 22* **2.** παῖς, δοῦλος слуга, мальчик-слуга sluha, služebník: нъ тъкмо рци слово • і нцѣлѣѥтъ отрокъ мои *Мт 8, 8 Зогр Мар Ас* (слоуга *Сав*); и приимъ о⟨ть⟩ць ѩ отрокꙑ своѩ *Супр 519, 25.— Зогр Мар Ас Сав Боян Ен Син Евх Клоц Супр.— Ср.* дѣти, дѣтищь, отрочищь, отрочѧ, чѧдо; рабъ, слоуга

ОТРОЧИИ *прил.* (1) τῶν νηπίων отроческий, детский dětský: стрѣлꙑ отрочиѩ имамъ ранꙑ вашѧ *Супр 88, 10.— Ср.* дѣтьскъ

ОТРОЧИНА, -ꙑ *ж* (4): и з о т р о ч и н ꙑ ἐκ παιδιόθεν с отрочества, с детства z dětství: въпроси и⟨соу⟩с⟨ъ⟩ о⟨ть⟩ца его • колико лѣтъ естъ отъ ӻелиже се бꙑс⟨тъ⟩ емоу • онъ же рече емоу • із отрочинꙑ *Мк 9, 21 Зогр Мар Ас Сав.— Ср.* младеньство

ОТРОЧИЩЬ, -а *м* (6) παιδίον, παιδάριον мальчик, дитя, отрок dítě, chlapeček: естъ отрочиштъ сьде единъ *И 6, 9 Зогр Мар Ас*; и абие възъпивъ о⟨ть⟩ць отрочишта • съ слъзами г⟨лаго⟩лааше *Мк 9, 24 Ас* (отрочѧте *Зогр Мар Сав Боян*).— *Л 7, 32 Зогр Мар.— Ср.* отрокъ, отрочѧ

ОТРОЧЬНИКЪ, -а *м* (1) ἐπιφυλλίς незрелая гроздь nezralý hrozen *перен.*: отрочникꙑ закона събираѭшии • а истовоѭ грозновьѭ бъратиі • попоуштаѭши *Супр 334, 30-335, 1*

ОТРОЧѦ, -ѧте *с* (91) παιδίον, ἔγγονον (!) ребенок, дитя dítě: придѫ обрѣзатъ отрочѧте *Л 1, 59 Зогр Мар Ас*; ськазашѧ о г⟨лаго⟩лѣ • г⟨лаго⟩ланѣмь о отрочѧті семъ *Л 2, 17 Ас*, о отрочѧте *Мар Сав* (*нет Зогр Боян*); і вьниде ідеже бѣ отрочѧ лежѧ *Мк 5, 40 Зогр Мар*; забѫдетъ жена отрочѧ свое *Евх 92б 8.— Зогр Мар Ас Сав Боян Евх.— Ср.* дѣти, дѣтищь, отроковица, отрокъ, отрочищь

ОТРЬТИ, отьрѫ, отьреши *сов.* (13) ἐκμάσσειν вытереть, отереть otřít: омочи нозѣ мои • і власы своими отьрѣ *Л 7, 44 Зогр Мар Сав,* отръ *Ас; Супр 394, 30;* отьръши нозѣ его власы своими *И 11, 2 Зогр Мар Ас Сав.— И 12, 3 Зогр Мар Ас Сав*

ОТРѢБИТИ, -блѭ, -биши *сов.* (7) [отътрѣби- *Супр* (1)] καθαίρειν, ἀποσμήχειν очистить, вычистить očistit, vyčistit: і отрѣби оуста его *Евх 28а 22;* і вьсѣкѫ (*т. е.* разгѫ) творѧштѫ плодъ отрѣбитъ ѭ • да плодъ бол(ин) сътворитъ *И 15, 2 Зогр Мар Ас Сав* (2).— *Супр 299, 7-8.— Ср.* истрѣбити, ищистити, очистити, оцѣстити

ОТРѢШАТИ, -аѭ, -аеши *несов.* (15) [отърѣша- *Зогр* (1)] λύειν отвязывать, развязывать odvazovat, rozvazovat: кождо васъ въ сѫботѫ • не отърѣшаетъ ли своего волоу *Л 13, 15 Зогр Ас Сав,* отрѣшаатъ *Мар;* чьто дѣета отрѣшаѭшта жрѣбьць *Мк 11, 5 Зогр Мар* ● *перен.* освобождать osvobozovat: імьже бо бѣ осѫжденъ • тѣмь же сѧ і отрѣшааше *Клоц 10б 6-7.— Мк 11, 4 Зогр Мар; Л 19, 31 Зогр; Л 19, 33 Зогр* (2) *Мар* (2); *Супр 507, 10.— Ср.* раздрѣшати

ОТРѢШЕНИѤ, -ниꙗ *с* (2) λύσις, ἐπίλυσις отвязывание odvázání; *перен.* раскрытие rozřešení: приими възисканааго отрѣшеньѥ *Супр 502, 24.— Супр 315, 23.— Ср.* раздрѣшениѥ

ОТРѢШИТИ, -шѫ, -шиши *сов.* (29) λύειν, ἀνοιγνύναι отвязать, развязать odvázat, rozvázat: азъ нѣсмь достоінъ • да отрѣшѫ ремень сапогоу его *И 1, 27 Зогр Мар,* отрѣшиті *Ас;* отрѣшивъше поıасъ ѥмоу • власы ѥмоу възвѧзаша *Супр 61, 29* ● *перен.* освободить, избавить *кого-л. от чего-л.* zbavit, zprostit *někoho něčeho*: нъ и въ адѣ отрѣшитъ болѣзни оумьръшиим' *Супр 155, 20;* блюди сѧ... да не отрѣшиши ѥго отълѫчениꙗ *Супр 187, 15-16.— Зогр Мар Ас Сав Евх Супр.— Ср.* раздрѣшити

ОТЪ *предлог* (>1000) [от *Зогр Мар Ас Син Супр,* оть *Зогр Ас Син Клоц Супр,* от' *Супр,* оть' *Супр,* ѡтъ *Зогр Ас Ен Син Евх,* ѡть *Син,* ѡт *Ас,* о(т) *Зогр Ас Боян Зогр-пал Евх Супр,* ѡ(т) *Ас Сав Унд Рыл,* ѡ(т҃) *Ас Сав Ен Евх,* о(т)тъ (!) *Ас,* ото *Син,* вот *Охр И 24, 27,* о (!) *Ас Охр,* ѡ (!) *Евх*] *с род.* ἀπό, ἐκ, παρά, ὑπό, πρός (!), διά (!), ἐπί (!), κατά (!), *род. без предлога;* (отъ горы ἐπάνωθεν; отъ нихъже ὅθεν; отъ ѥго ἐπάνω (!); отъ обоихъ, отъ обоѩдоу ἑκατέρωθεν; отъ сего ἐντεῦθεν; отъ того ἐκεῖθεν) **1.** *при обозначении исходного пункта какого-л. движения, действия* от, из od, z: възиде отъ воды *Мт 3, 16 Зогр Ас* (2) *Сав* (Ø *Мар*); ідоша пѣши отъ града *Мт 14, 13 Зогр Мар;* отъ сръдца бо исходѧтъ • помышлениѥ зълаѥ *Мт 15, 19 Зогр Мар;* ни да вьнидетъ възѧтъ чесо отъ домоу своего *Мк 13, 15 Зогр Мар;* ізведоі тѧ отъ земьѩ егоупьтьскы *Пс 80, 11 Син;* и оудалі сѧ отъ него *Пс 108, 17 Син;* ѥстъ же... мѣсто то... вь непрѣходъныихъ горахъ • растоѩ отъ града попришть четырь *Супр 26, 21* ● *при обозначении перехода из одного состояния в другое* из z: тъ въскрьсе отъ мрьтвыхъ *Мт 14, 2 Зогр Мар;* отъ небытиѥ бо въ быт(ие) сътворилъ ны еси *Киев 4а 16-17;* отъ грѣха въсташа *Супр 495, 15* ● *при указании на лицо, предмет, которого кто-л. лишится, у которого что-л. отнимается, от которого кто-л. или что-л. спасается, перед которым кто-л., что-л. прячется и т. п.* от od, před: ѣко оуталъ еси си • отъ прѣмѫдрыхъ *Мт 11, 25 Зогр Мар;* възъмѣте оубо • отъ него талан'тъ *Мт 25, 28 Зогр Мар Ас Сав;* аште въ заимъ даете • отъ нихъже чаете въсприѩти *Л 6, 34 Зогр Мар Ас Сав;* ѡтъ вьсѣхъ гонѧщіхъ мѩ ізбави мѩ *Пс 7, 2 Син;* даждь намъ помощь отъ печалі *Пс 107, 13 Син;* ѡбнажахомъ • ѡт⟨ъ⟩ отъвѣта *Евх 62а 23;* нік'тоже насъ не можетъ отъ любьве хр'стовы отълѫчити *Супр 49, 5* **2.** *при указании на место происхождения, на предка* из, от z: приде ч⟨ловѣ⟩къ богатъ • отъ ариматеѩ • именемь іосифъ *Мт 27, 57 Зогр Мар Ас;* отъ б⟨ог⟩а родишѧ сѧ *И 1, 13 Зогр Ас* (Ø *Мар*); не отъ жены ли роди сѧ *Супр 8, 19;* сѫшти отъ града исаурьскаго *Супр 24, 23* ● *при указании на автора, источник действия (гл. обр. при страдательной форме глагола)* от, *твор. без предлога* od, *твор. без предлога*: азъ трѣбоуѭ отъ тебе крьстити сѧ *Мт 3, 14 Зогр Сав* (тоб⟨о⟩ѭ *Ас,* Ø *Мар*); стражджштеі • отъ д⟨оу⟩хъ нечистъ *Л 6, 18 Зогр Мар Ас* (2) *Сав;* невъзможьнаа отъ ч⟨ловѣ⟩къ • възможьна отъ б⟨ог⟩а сѫтъ *Л 18, 27 Зогр Мар Ас Сав;* наоучите сѧ отъ мене • ѣко кротъкъ есмь *Мт 11, 29 Зогр Мар Ас Сав;* славы ѣже отъ іночѧдаго б⟨о⟩жиѣ не іштете *И 5, 44 Зогр Мар Ас;* отъ того бо с⟨ъ⟩п⟨асе⟩ние мое *Пс 61, 2 Син;* ева⟨нъ⟩ѥ⟨лие⟩ ѡт⟨ъ⟩ мат⟨ѳеѣ⟩ *Евх 106а 8;* колѣбааше сѧ акы овоште зыблемо отъ многа вѣтра *Супр 570, 10* **3.** *при обозначении исходного момента какого-л. действия или состояния* от od: отъкрыѭ съкръвенаѣ • отъ съложениѣ вьсего мира *Мт 13, 35 Зогр Мар;* вьсѣ си съхранихъ отъ юности моеѩ *Мк 10, 20 Зогр Мар;* отъ того часа поѩтъ ѭ оученикъ въ своѣ си *И 19, 27 Зогр Мар Ас* (3) *Сав* (2); бѣ бо желѣѩ отъ многа врѣмене видѣті и *Л 23, 8 Зогр Мар;* многаꙗ тѣлеса •

оумьръшиихъ отъ вѣка с⟨вѧ⟩тыихъ • вьскрьсѫ *Супр 471, 4* **4.** *при обозначении материала, из которого что-л. состоит* из z: съплетъше вѣньць отъ трънии̑ *Мт 27, 29 Зогр Мар Ас* (трьнѣнъ *Сав*); сътворь ѣко бичь отъ врьвиı *И 2, 15 Зогр Мар Ас*; сътвори кмоу женѫ • отъ своихъ кмоу оудовъ *Супр 9, 8* **5.** *при указании на целое, которому принадлежит часть* из z: пси ѣдѧтъ отъ кроупиць • падаѭштихъ отъ трепезы *Мт 15, 27 Зогр Мар Сав*; единъ отъ васъ прѣдастъ мѧ *Мт 26, 21 Зогр Мар Ас Сав*; принесѣте отъ рыбъ ѭже ѭсте нынѣ *И 21, 10 Зогр Мар Ас Сав*; тогда шедъ единъ отъ обою на [де]десѧте *Клоц 4а 15-16*; поите намъ отъ словесъ пѣсньныхъ *Клоц 7а 39* **6.** *при обозначении объектных отношений род. без предлога, дат. без предлога, вин. без предлога*: блюдѣте сѧ • отъ кваса фарисеиска *Мт 16, 6 Зогр Мар*; вси слышавъшеı дивишѧ сѧ • отъ г⟨лаго⟩ланыхъ отъ пастырь къ н̑имъ *Л 2, 18 Зогр* (о *Мар Ас Сав Боян*); не оубоите сѧ отъ оубиваѭштiхъ тѣло *Л 12, 4 Зогр Мар Боян Ас*; въпрашааше же часа отъ н̑ихъ • въ которы соулѣе емоу бысть *И 4, 52 Зогр Мар Ас*; егоже колижьдо • просиши отъ б⟨ог⟩а дастъ ти б⟨ог⟩ъ *И 11, 22 Зогр* (оу *Мар Ас Сав*); отъ тебе чъто въсхотѣхъ на земли *Пс 72, 25 Син*; покаи сѧ отъ зьлоби сеѧ *Супр 363, 11* **7.** *при обозначении предметов или явлений, посредством которых что-л. делается* от, из, по, через z, podle: вьсѣко оубо дрѣво отъ плода своего познаетъ сѧ *Л 6, 44 Зогр Мар*; отъ словесъ бо своiхъ оправьдиши сѧ *Мт 12, 37 Зогр Мар Ас Сав* **8.** *при обозначении причины* из-за, от pro, z: отъ радости его ıдетъ *Мт 13, 44 Зогр Мар*; ıздыхаѭштемъ ч⟨ловѣ⟩комъ отъ страха • ı чаанья *Л 21, 26 Зогр Мар Ас Сав*; съмѧте сѧ отъ ѣростı око мое *Пс 6, 8 Син*; ѣко силенъ шюменъ отъ вiна *Пс 77, 65 Син*; адамоу же отъ ослоушаниꙗ конець прикм'шоу *Супр 9, 23*; оного отъ добрости намѣни юда рьвнивъ *Супр 410, 18* **9.** *при обозначении образа, способа действия творит. без предлога*, из, от z: възлюбиши г⟨оспод⟩а... отъ всѣго срьдьца твоего *Л 10, 27 Зогр Мар Ас* (всѣмь ср⟨ь⟩д⟨ь⟩цемь *Сав*); да оувѣси отъ искоуса сего • ꙗко х⟨ристо⟩сови есмъ воини *Супр 99, 30*; не отъ кого оувѣдѣвъ • нъ отъ себе разоумѣвъ *Супр 404, 14* **10.** *при обозначении ограничения* по отношению к, что касается *кого-л.* vzhledem k, vůči: неповиньнъ есмь • отъ кръве сего правьдьника *Мт 27, 24 Зогр Мар Ас* (недостоинъ есмь крьви *Сав*); когда сътвориши отъ гоньштiихъ мѧ сѫдъ *Пс 118, 84 Син* ● *при указании на предмет, который противопоставляется другому род. без предлога*, чем než: оумьнилъ ı еси маломъ чимъ отъ анг⟨е⟩лъ *Пс 8, 6 Син* ◆ дьнь отъ дьне *см.* дьнь; отъ кѫдоу *см.* отъкѫдоу; отъ нкли же *см.* отъниклиже; отъ нклѣже *см.* отъниклѣже; отъ нѫдоу *см.* отънѫдоу; отъ нѫдоуже *см.* отънѫдоуже; отъ селѣ *см.* отъселѣ; отъ толѣ *см.* отътолѣ; отъ тѫдѣ *см.* отътѫдѣ.— *Зогр Мар Ас Сав Охр Унд Боян Зогр-пал Ен Син Киев Евх Клоц Супр Хил Рыл Зогр-лл*

ОТЪБѢГАТИ, -аѭ, -аеши *несов.* (2) φεύγειν убегать utíkat: не отъбѣгаетъ отъ сѫжденыихъ пръстъ *Супр 506, 22.— Супр 567, 15.— Ср.* бѣгати, бѣжати

ОТЪБѢГНѪТИ, -нѫ, -неши *сов.* кого, чесо; отъ кого, отъ чесо (12) φεύγειν, ἐκφεύγειν, ἀποφεύγειν, φεύγων ἀναχωρεῖν, ἀποτρέχειν убежать utéci, uprchnout: тъгда львъ акы раненъ ıазвьнъ отъбѣже отъ наю *Супр 297, 6*; отъбѣгъшоу цѣсара повелѣниꙗ *Супр 200, 7*; отъниждѣже отъбѣже болѣзнь *Евх 57а 5* ▭ отъбѣгъıи *в знач. сущ.* ὁ λειποτακτήσας беглец zběh: вь мѣсто отъбѣгъшааго • самь сѧ оустроилъ *Супр 93, 19.— Евх 46а 3; 48а 6; Супр 53, 25; 228, 30; 229, 20; 474, 6; 478, 12; 507, 14.— Ср.* отъбѣжати, отътещи, оубѣгнѫти

ОТЪБѢЖАТИ, -жѫ, -жиши *сов.* (12) φεύγειν, ἀποτρέχειν убежать utéci, uprchnout: отъбѣжа омрачивъ землѭ *Супр 485, 1*; отъбѣживѣ владычьнꙗ оубиıствьныѧ рѫкы *Супр 472, 5.— Евх 64б 18; Клоц 1б 28; Супр 228, 14-15; 234, 30; 249, 14; 430, 11; 472, 2; 472, 3; 472, 9; 506, 21.— Ср.* отъбѣгнѫти, отътещи, оубѣгнѫти

ОТЪВАЛИТИ, -лѭ, -лиши *сов.* (20) ἀποκυλίνδειν, ἀποκυλίειν, ἀνακυλίειν, αἴρειν отвалить odvalit: отъвали камень • ѿ двьриı гроба *Мт 28, 2 Зогр Мар Ас Сав*; *Мк 16, 3 Зогр Мар Ас*; отъвалити камыкъ *Супр 316, 17; 316, 21; 316, 24-25; 472, 29.— Зогр Мар Ас Сав Супр*

ОТЪВАЛѤТИ, -ѣѭ, -ѣеши *несов.* (1) ἀποκυλίειν отваливать odvalovat: гробьныи камы отъвалѣеши *Супр 338, 28*

ОТЪВАЛЕНИЕ, -ниꙗ *с* (1) τὸ ἀποκυλῖσαι отваливание odvalení: по отъвалении камыка *Супр 316, 28*

ОТЪВЕСТИ, отъведѫ, отъведеши *сов.* (5) ἀποσπᾶν, μεθιστάναι, ἀναλαμβάνειν expedire отвести, вывести odvést, vyvést: повелѣ чародѣемъ отъвести звѣри *Супр 184, 15-16*; тъ бо ны самъ отъ тьмьныхъ отъведе *Киев 5б 12-13.— Супр 1, 15; 2, 2; 15, 8.— Ср.* извести

ОТЪВЛѢЩИ, отъвлѣкѫ, отъвлѣчеши *сов.*

(1) ἐντείνειν натянуть (тетиву) natáhnout, napnout: лѫкъ свої отъвлѣче и оуготова і *Пс 7, 14 Син.— Ср.* налацши

ОТЪВОДИТИ, отъвождѫ, отъводиши *несов.* (2) ἀπάγειν, ἀλλοτριοῦν отводить odvádět: цѣсареви ли твориши знана • нъ отъ истоваaго ц⟨ѣса⟩ра отъводиши *Супр 87, 23.— Супр 372, 9.— Ср.* водити, изводити

ОТЪВРАТИТИ, отъвращѫ, отъвратиши *сов.* кого, чьто отъ чесо (17) ἀποστρέφειν, ἀνατρέπειν отвернуть, отвратить odvrátit: не отъврати лица своѥго отъ стоуда пльваньꙗ *Супр 481, 4* ● кого отвергнуть odmítnout: хотѧштааго отъ тебе заѩти • не отъврати *Мт 5, 42 Зогр Мар Ас* (възврати *Сав*).— *Зогр Мар Ас Син Евх Супр.— Ср.* отъврѣщи, развратити

ОТЪВРАЩАТИ, -щаѭ, -щаѥши *несов.* кого, чьто отъ кого, чесо (10) ἀποστρέφειν отворачивать, отвращать odvracet: отъвраштаеші лице твоѥ отъ мене *Пс 87, 15 Син*; *12, 2 Син*; *Евх 73б 18* ● *перен.*: ты кто ѥси льстаи многыѩ • и отъвраштаѩ ѩ отъ жрътвъ божъскыихъ *Супр 155, 5* ▭ отъвращати сѧ чесо отказываться, отступаться *от чего-л.* odvracet se *od něčeho*: отъвраштаатъ сѧ събора отъметѫштиихъ сѧ *Супр 510, 3-4.— Пс 43, 25 Син; 88, 47 Син; Супр 392, 4; 514, 24-25; Рыл 56β 19-20.— Ср.* отъмѣтати

отъвръз- *Мт 25, 11 Мар; Ен 30а 13-14; Пс 103, 28 Син; 105, 17 Син; Евх 32а 9; 33а 17; Супр 301, 1 см.* отврѣсти

ОТЪВРЬЖЕНИѤ, -ниꙗ *с* (3) [отъвръже- *Супр* (2)] ἄρνησις отречение, отступничество zapření: и плакавъ сѧ и отъвръжениѥ сльзами омывъ *Супр 362, 26.— Супр 260, 5; 471, 29.— Ср.* отъмѣтаниѥ

отъврьз- *Л 11, 9 и 10 Сав см.* отврѣсти

ОТЪВРЬНЬ *нареч.* (1) ἀντιστρόφως наоборот obráceně: начѧ... божьствъна' писаниꙗ отврьнь кръч'млꙗвати *Супр 188, 4*

ОТЪВРѢЩИ, отъврьгѫ, отъврьжеши *сов.* (>150) **1.** кого, чьто отъ кого, отъ чесо ἀπορρίπτειν, βάλλειν, ἀποβάλλειν, ἀποτίθεσθαι, ἐκδύεσθαι, ἀποδύεσθαι, διαλύειν, καταλύειν отбросить odvrhnout: аште же око твоѥ десное съблажнѣѥтъ тѧ ізъкни е • і отъвръзи отъ себе *Мт 5, 29 Зогр* (връзи *Мар*); онъ же отъвръгъ ризы своѩ • въставъ приде къ іс⟨со⟩ви *Мк 10, 50 Зогр Мар*; давъшоуоумоу вьсѣмъ радость • и скръбь отъ еугы отъвръгшоу *Супр 457, 19-20* ● *перен.*: отвръзѣте дѣла тъмнаѣ *Рим 13, 12 Ен* **2.** ἀποβάλλειν, ἀναβάλλειν, ἀποτίθεσθαι, ἀρνεῖσθαι, ἀπαρνεῖσθαι, ἐκκλίνειν, ἐκκόπτειν, ἀθετεῖν, ἀποκηρύσσειν, καθαιρεῖν, ἐξομνύναι; (отъвръженъ ἐκποδῶν) отвергнуть, отказаться zavrhnout, odmítnout: абиѥ же родъ свои отъвръгѫ *Евх 16 5-6*; не вьсѣми та жде лѣность отъврьжена ѥстъ *Супр 491, 21-22* ▭ отъврѣщи сѧ *с инф.* ἀπαναίνεσθαι, παραιτεῖσθαι отказаться, не смочь odmítnout, odepřít, nemoci: ѡтъвръже сѩ оутѣшиті сѩ д⟨оу⟩ша моѣ *Пс 76, 3 Син*; отъврьженъ *в знач. прил.* **а)** ἐρριμμένος заброшенный opuštěný: бѣахѫ съмѧтени • і отъвръжени ѣкоже овьцѧ не імѫштѧ пастоуха *Мт 9, 36 Зогр Мар* **б)** τῆς ἀνταρσίας сопротивляющийся odbojný: начѧльниче • хоульныи начѧльниче • ѡт⟨ъ⟩връженъı *Евх 51б 26-52а 1* **3.** кого, чесо *или* отъ чесо *греч. нет* лишить *кого-л. чего-л.* zbavit *někoho něčeho:* честънааго ти знамениѣ отъвръгъше мѧ *Евх 78б 1-2* **4.** отъврѣщи сѧ кого, чесо ἀρνεῖσθαι, ἀπαρνεῖσθαι, ἀθετεῖν, ἀποτάσσεσθαι, ἀφίστασθαι, ἀποστρέφειν, ἀποσχίζειν, ἀπολέγειν, ἐξουθενεῖν, δειλανδρίζειν, παραιτεῖσθαι, ὑπάγειν (!), ὁ λειποτάκτης (!) отказаться, отречься *от кого-л., от чего-л.* zřici se *někoho, něčeho*, zapřít *někoho, něco*: не отъвръгѫ сѧ тебе *Мт 26, 35 Зогр Мар Ас Сав*; клѩтъ сѩ г⟨оспод⟩ь да⟨вы⟩доу вь рѣснотѫ • і не отъвръжетъ сѩ его *Пс 131, 11 Син*; и сь маловрѣменьнааго сего житьꙗ соуѥт'нааго отъвръгъ сѧ *Супр 514, 9* ● *без доп.* ἀσυνθετεῖν стать вероломным stát se věrolomným: ї възвратішѩ сѩ і отъвръгѫ сѩ ѣкоже отъці іхъ *Пс 77, 57 Син* **5.** отъврѣщи сѧ (*редко*) ἀποτάσσεσθαι проститься rozloučit se: древлѥ же повели отъврѣшти ми сѧ • іже сѫтъ въ домоу моемь *Л 9, 61 Зогр* (отърешти ми сѧ *Мар*, от⟨ъ⟩вѣштаті ми сѧ *Ас Сав*).— *Зогр Мар Ас Сав Боян Ен Син Евх Клоц Супр Рыл.— Ср.* вывръщи, заврѣщи, изврѣщи, изметати, отъметати, отърещи, отъринѫти, отъложити

ОТЪВЬСѪДОУ *нареч.* (9) [отъвсѫдоу *Супр* (2), отъв'сѫдоу *Супр* (1)] πάντοθεν, πανταχόθεν, ἀπανταχῶσε отовсюду odevšad: отъвсѫдоу събираахѫ сѧ к нѥмоу *Супр 556, 4.— Супр 52, 25-26; 84, 8; 188, 26; 205, 28; 512, 19; 557, 16; 568, 4; 568, 25.— Ср.* отъвьсѫдѣ

ОТЪВЬСѪДѢ *нареч.* (3) [отъ въсѫдѣ *Зогр* (1) *Мар* (1)] πάντοθεν, πανταχόθεν отовсюду odevšad: і прихождаахѫ къ нѥмоу отъ въсѫдѣ *Мк 1, 45 Зогр Мар.— Супр 508, 16.— Ср.* отъвьсѫдоу

ОТЪВѢ *3 ед. аор.*, отъвѣшѧ *3 мн. аор. сов.* (*только формы аориста*) (6) [о(т)вѣ *Ас* (1), ѡтъвѣ *Ас* (1)] ἀποκρίνεσθαι ответить odvětit: отъвѣ і⟨соу⟩с⟨ъ⟩ и рече емоу *И 1, 49 Сав* (отъ[о]вѣшта *Зогр*, отъвѣща *Мар*, ѡтъвѣштавъ *Ас*); ѡтъвѣшѧ июдеи и рѣшѧ емоу *И 8,*

48 Ас (отъвѣшташа *Зогр Мар*).— *И 1, 21 Ас; И 1, 50 Ас; И 10, 25 Ас; И 18, 37 Сав.— Ср.* отъвѣщати, отъвѣтъ (отъвѣтъ дати, сътворити)

ОТЪВѢТЪ, *-а м* (60) [отьвѣт- *Супр* (4), ѡ(т)вѣт- *Ен* (1) *Рыл* (1), отъвѣ(т҃), ѡтъвѣ(т҃) *Евх* (3), о(т)вѣ(т҃), ѡ(т)вѣ(т҃) *Евх* (9)] **1.** ἀπόκρισις ответ odpověď: и слышаште ихъ отъвѣтъ дивьıахѫ сѧ *Супр 134, 17* □ отъвѣтъ дати, сътворити ἀπόκρισιν διδόναι дать ответ, ответить dát odpověď, odpovědět: да отъвѣтъ дамь посълавъшеимъ ньı *И 1, 22 Зогр Ас* (∅ *Мар*); и⟨соу⟩с⟨ъ⟩ • отъвѣта не сътвори емоу *И 19, 9 Зогр Мар Сав* (2), отъвѣта не дастъ *Ас* (2) *Боян* **2.** ἀπόφασις решение, постановление, указание rozhodnutí rozsudek, pokyn: кгда от'вѣта съмрьтьна възд *Супр 66, 14* □ отъвѣтъ сътворити, дати, отъвѣщати ἀποφαίνεσθαι, ἀπόφασιν ἀποφαίνεσθαι, ἀπόφασιν διδόναι, ἀπόφασιν ἐκφέρειν вынести приговор vynést rozsudek: дастъ о нѥю отъвѣтъ повелѣвъ главѣ има отъсѣшти *Супр 14, 4*; достоинъ има отъвѣтъ отъвѣшта *Супр 363, 27*; отъвѣтъ приѩти **а)** ἀπόφασιν λαμβάνειν узнать приговор, быть приговоренным obdržet rozsudek, být odsouzen: приимъше же свѧтии отъвѣтъ • идоша радоуѭште сѧ *Супр 180, 27* **б)** χρηματίζεσθαι получить указание dostat pokyn: отъвѣтъ приемъше въ сьнѣ • не възвратишѧ сѧ кь иродоу *Мт 2, 12 Ас Сав* (∅ *Зогр Мар*) **3.** λόγος отчет počet (*устар.*), vyúčtování: въздаждь • отъвѣтъ о приставлении домовьнѣемь *Л 16, 2 Зогр Мар* **4.** ἀπολογία защита, оправдание omluva, obhajoba, ospravedlnění: кыи отъвѣтъ бѫдетъ вамъ • въ славьньıи и великыи дьнь *Супр 107, 21* □ без отъвѣта ἀναπολόγητος, ἀσύγγνωστος без оправдания, без прощения; не заслуживающий прощения bez ospravedlnění; nehodný obhajoby, ospravedlnění: самъ же себе еси створилъ без отъвѣта • на сѫдънъı день *Клоц 9а 11*; потъщи сѧ избавити люди безъ ѡт⟨ъ⟩вѣта *Ен 36б 8.— Зогр Мар Ас Сав Боян Ен Евх Клоц Супр Рыл.— Ср.* нарѣчиѥ, отъвѣщаниѥ

ОТЪВѢЩАВАТИ, *-ваѭ, -ваѥши несов.* (42) [отъв- *Супр* (1)] **1.** ἀποκρίνεσθαι, φθέγγεσθαι, ἀνακράζειν (!) отвечать odpovívat: не отъвѣштаваеши ли ничьсоже *Мк 14, 60 Зогр Мар*; *Мт 26, 62 Зогр Мар Ас*, отъвѣщаваши *Сав* **2.** ἀντιλέγειν возражать odmlouvat, odporovat: еиже не възмогѫтъ противити сѧ • ни отъвѣщавати *Л 21, 15 Ас* (отъвѣштати *Зогр Мар Сав*) **3.** ἀπολογεῖσθαι защищаться hájit se: ѩкоже бо кгда роуминъ сы лоучитъ сѧ сѫди • не послоушаѥтъ отъвѣштаваѭшта'го иже не оумѣѥтъ тако бесѣдовати *Супр 382, 20-21* **4.** ἀποφαίνεσθαι выносить приговор vynášet rozsudek: каѥфа отъвѣштаваѥтъ • і пилатъ прочитаѥтъ сѧ *Клоц 10б 27-28* **5.** отъвѣщавати сѧ кого, чесо ἀπαγορεύειν отказываться, отрекаться, отступаться zříkat se, odříkat se *někoho*, zapírat *někoho*: кгда же ли отъмѣтааше сѧ крьста и отъвѣштавааше сѧ *Супр 379, 15.— Зогр Мар Ас Сав Клоц Супр.— Ср.* отъмѣтати, отърицати сѧ, отърѣкати сѧ

ОТЪВѢЩАНИѤ, *-ниѩ с* (2) [отьвѣ- *Супр* (1)] ἀπόκρισις ответ odpověď: да отъ моѥго отъвѣштаниѩ • оувѣси моѥго божьства крѣпость *Супр 393, 12.— Супр 242, 6-7.— Ср.* отъвѣтъ

ОТЪВѢЩАТИ, *-ваѭ, -ваѥши сов./несов.* (>500) [отьвѣ- *Зогр* (2) *Ас* (1) *Супр* (1), отвѣ- *Зогр* (1) *Ас* (7) *Сав* (1), ѡ(т)вѣ-, о(т)вѣ- *Ас* (43) *Унд* (1), ѡотъвѣ- (!) *Зогр* (1)] **1.** ἀποκρίνεσθαι, ἀνταποκρίνεσθαι, ὑπολαμβάνειν, λαλεῖν, λέγειν, φάναι, φθέγγεσθαι, ἀποφθέγγεσθαι, ἀναπέμπειν, συντίθεσθαι, ἄρχεσθαι (!) ответить/отвечать odpovědět/odpovídat: ѡтъвѣштаѭ поносѧштиимъ мьнѣ слово *Пс 118, 42 Син*; тъгда отъвѣшташѧ етери • отъ кънижьникъ *Мт 12, 38 Зогр Мар* **2.** ἀντιλέγειν противоречить, возразить/возражать odmluvit/odmlouvat, odporovat: еиже не възмогѫтъ противити сѧ • і отъвѣштати *Л 21, 15 Зогр Мар Сав* (отъвѣщавати *Ас*) **3.** ἀπολογεῖσθαι защититься/защищаться obhájit se/hájit se: да отъвѣштаѥтъ како дрьзнѫ хоулити бога *Супр 188, 24* **4.** *сов.* ἀποφαίνεσθαι, χρηματίζειν, ἐκφέρειν решить, дать указание, вынести приговор rozhodnout, dát pokyn, vynést rozsudek: бѣ емоу отъвѣштано д⟨оу⟩хомь с⟨вѧ⟩тымь *Л 2, 26 Зогр Мар Ас Сав Боян*; не хоштета покрыти отъвѣштаи о нѥю *Супр 14, 1-2* □ отъвѣтъ отъвѣщати *см.* отъвѣтъ **5.** *сов.* ἐξομολογεῖσθαι признаться vyznat se, doznat se: абиѥ отъвѣшта съгрѣшихъ господеви си *Супр 360, 25* **6.** отъвѣщати сѧ *сов.* ἀποτάσσεσθαι проститься rozloučit se: древле же повели ми от⟨ъ⟩вѣштати ми сѧ *Л 9, 61 Ас Сав* (отъврѣшти ми сѧ *Зогр*, отърешти ми сѧ *Мар*).— *Зогр Мар Ас Сав Охр Унд Боян Зогр-пал Син Евх Супр.— Ср.* отърещи, отъвѣ, исповѣдати сѧ, исповѣдѣти сѧ

ОТЪГАНѨТИ, *-ѩѭ, -ѩѥши несов.* (1) ἀποσοβεῖν отгонять odhánět: сими оубо глаголы отъганѩше паула *Супр 170, 10.— Ср.* отъгонити

ОТЪГОНИТИ, *-нѭ, -ниши несов.* (6) ἀπελαύνειν, ἀποδιώκειν, διώκειν, ἀποσοβεῖν отгонять odhánět: ıакоже и моухы отъ нею отъгонити *Супр 15, 1*; ѣко ты еси б⟨ог⟩ъ нашъ • милостивъ • ı отъдаıа грѣхы • ı отъгона недѫгы *Евх 27б 18-19.— Супр 89, 24-25; 476, 11; 509, 5; 510, 1.— Ср.* отъганıати

ОТЪГЪНАТИ, отъженѫ, отъженеши *сов.* (23) [отъгъна- *Супр* (1), отъг'на- *Супр* (1), отъгна- *Супр* (7)] ἀπελαύνειν, διώκειν, ἀποδιώκειν, ἐλαύνειν, ἐξορίζειν, καταργεῖν (!) прогнать, выгнать odehnat, vyhnat: отъженѫ та отъ вьселенꙑѩ *Супр 512, 20*; отъженѣмъ и отъ прѣдѣлъ сихъ *Супр 215, 30*; и пророкы отъгнаша *Супр 406, 19*; да бѫдеши отъгнанъ въ тъмѫ кромѣшьнѭѭ *Супр 554, 24*; и отъгналъ належаштеѥ бездъждиѥ *Супр 529, 28.— Евх Супр.— Ср.* загънати

ОТЪДАЛЕЧЕ *нареч.* (1) *греч. нет* поодаль opodál: и слышаахѫ ѥю народи отъдалече стоıаште *Супр 6, 3.— Ср.* издалече

ОТЪДАНИѤ, -ıа *с* (13) [о(т)да- *Евх* (1), ѡ(т)да- *Ен* (1), ..данью *Клоц* (1)] **1.** τὸ καταπεμφθῆναι даяние, подаяние darování, poskytnutí: ѡ отъданьи богатыѩ м⟨и⟩л⟨о⟩сти • и щедроты б⟨о⟩жиıа • къ в'сѣмъ намъ г⟨оспод⟩ю помоли⟨мъ сѧ⟩ *Евх 60б 13* **2.** ἀμοιβή, ἀντίδοσις воздаяние, награда, отплата odměna, odplata: того ради и радоуѭтъ сѧ... и въс толико прѣбываниѥ • приѥмьѭтъ отъданиѥ *Супр 446, 3-4* **3.** ἄφεσις, συγγνώμη, ἀθέτησις, χαρίζεσθαι (!) прощение, отпущение (*грехов*) odpuštění (*hříchů*): се ѥстъ кръвъ моѣ новааго завѣта • проливаемаа за мъногы въ отъдание грѣхомъ *Мт 26, 28 Мар Сав* (въ отъпоуштение *Зогр*, въ оставление *Ас*); ı приемъшѭ отъдание грѣховъ *Служ 1б 6.— Евр 9, 26 Ен; Евх 22а 9; 24а 17-18; 86б 2; 98б 7; Клоц 4а 1; Супр 393, 26; Супр 441, 20.— Ср.* възданиѥ, възмьздиѥ, възмьздьствиѥ, оставлѥниѥ, отъдаıаниѥ, отъпоущениѥ, оцѣщениѥ

ОТЪДАТИ, отъдамь, отъдаси *сов.* (41) **1.** ἀποδιδόναι, ἐκδιδόναι, κομίζειν отдать odevzdat, vydat: и отврьзи црькви правовѣрьнꙑихъ • и отъраждь ѧ *Супр 194, 15*; благо овьча зъломъ сокачиıамъ отъдано закалаѥтъ сѧ *Супр 437, 3* **2.** ἀποδιδόναι, ἀντιδιδόναι отплатить, воздать vrátit, odplatit: оузьрите вы бѫдѫштаıа вамъ отъ правьдиваго сѫдиıа ı͡с⟨оу⟩х⟨рист⟩а • иже отъдастъ комоужьдо по дѣломъ своимъ *Супр 108, 4* **3.** ἀφιέναι, χαρίζεσθαι, συγχωρεῖν, ἐλευθεροῦν (!) отпустить (*грехи*), простить odpustit (*hříchy*), prominout: отъдадатъ ти сѧ грѣси *Мт 9, 2 Сав* (отъпоуштаѭтъ... сѧ *Зогр Мар Ас*); отъдажди ѥмоу в'се прѣгрѣшение *Евх 73б 11-12.— Зогр Мар Ас Сав Киев Евх Супр Рыл.— Ср.* въздати, оставити, отъплатити, отъпоустити

ОТЪДАıАТИ, -даѭ, -даѥши *несов.* (6) **1.** ἀνταποδιδόναι воздавать, отплачивать vracet, oplácet: то ли господеви отъдаѥте *Супр 431, 24* **2.** ἀφιέναι отпускать (грехи), прощать odpouštět: отъдаѭтъ ти сѧ грѣси *Мт 9, 5 Сав* (отъпоуштаѭтъ... сѧ *Зогр Мар Ас*).— *Мт 9, 6 Сав; Евх 27б 18; 30б 1; 25а 4.— Ср.* въздаıати, оставлıати, отъпоущати

ОТЪДЕСѦТЬСТВОВАТИ, -ствоуѭ, -ствоуѥши *несов.* (1) ἀποδεκατοῦν облагать десятиной (*данью*) ukládat desátky (*daně*): ѣко отъдесатъствоуете мѧтѫ и копръ • ı куминъ *Мт 23, 23 Мар* (Ø *Зогр*)

ОТЪДОѤНОѤ, -ѥго *с прич.-сущ.* (1) ἀπογεγαλακτισμένον отнятый от груди ребёнок odkojené dítě, batole: нъ вьзнѣсъ на д⟨оу⟩шѫ моѭ • ѣко отъдоеное на матерь своѭ *Пс 130, 2 Син*

ОТЪДЪШЕНИѤ, -ıа *с* (1) ἀνάψυξις отдых, восстановление сил oddech, zotavení: ѡ сьмрьти... недѫжьнꙑимъ цѣльба правьдънꙑимъ отъдъшениѥ *Супр 315, 1*

ОТЪДЫХАТИ, -аѭ, -аѥши *несов.* (1) ἀναπνεῖν дышать dýchat, oddechovat: ребра обатриша сѧ • ıакоже ѥдва ѥмоу отъдыхати *Супр 139, 11*

ОТЪДѢЛИТИ СѦ, -лѭ сѧ, -лиши сѧ *сов.* (1) ἀπαλλάσσεσθαι отделиться, устраниться oddělit se, odejít: ѡтълѫчи сѧ ı отъдѣли • оустꙑди сѧ • ѡбраза образованааго • рѫкоѭ б⟨о⟩жиеѭ *Евх 54б 18-19.— Ср.* отълѫчити сѧ

отъемл- *Зогр Мар Син см.* отьмати

отънимати *см.* отьмати

отъкривати *Супр 335, 16*; *338, 7 см.* окрꙑвати

отъкривьше *Супр 327, 5 см.* окрꙑти

отъкръвениѥ *Ас Сав Супр см.* окръвениѥ

отъкрꙑвати *Супр 135, 4; 555, 16 см.* окрꙑвати

отъкрꙑти *см.* окрꙑти

ОТЪКѪДОУ *нареч.* (81) [о(т) кѫдоу *Ас* (7), ѡ(т) кѫдоу *Ас* (1), отъ коудѫ *Мар* (2), отъ кѫдѫ *Зогр* (2) *Мар* (5), о(т) к.. *Зогр-пал* (1)] πόθεν, πῶς (!) откуда odkud: отъ кѫдоу оубо ıматъ плѣвелъ *Мт 13, 27 Зогр Ас*; отъ коудѫ *Мар*; хота видѣти отъкѫдоу ѥстъ свѣтъ *Супр 78, 10.— Зогр Мар Ас Сав Зогр-пал Супр.— Ср.* отъкѫдѣ

ОТЪКѪДОУЖЕ *нареч.* (1) ὅθεν откуда бы ни odkudkoli: мы же вьзлюбьѥнии отъкѫдоуже изидохомъ • наıдѣмъ на слово *Супр 328, 19*

ОТЪКѪДѢ *нареч.* (6) [от кѫдѣ *Ас* (1), о(т) кѫдѣ *Ас* (2)] πόθεν откуда odkud: отъ кѫдѣ семоу естъ прѣмѫдрость си ꙇ сила *Мт 13, 54 Зогр* (отъ кѫдѫ *Мар*).— *Мк 6, 2 Зогр; Мт 15, 33 Мар; Л 13, 27 Ас; И 3, 8 Ас; И 4, 11 Ас.— Ср.* отъкѫдоу

ОТЪЛАГАТИ, -гаѭ, -гаѥши *несов.* (2) ἀποτίθεσθαι отбрасывать, отстранять odkládat: нъ ветъхаго чловѣка отълагаѥмъ *Супр 90, 20-21* ● *с инф.* ὑπερτίθεσθαι отказываться odmítat: ономоу же... на мнозѣ то сътворити отълагаѭштоу *Супр 515, 10-11*

ОТЪЛОЖИТИ, -жѫ, -жиши *сов.* (6) ἀποτίθεσθαι, ἀποβάλλειν отбросить odložit: доброразоумивъ сѫдии отъложи тѧжесть на жидовъскы главы *Супр 433, 7.— Евр 10, 35 Ен; Евх 72б 22; Супр 447, 4; 447, 21; 532, 29.— Ср.* отъврѣщи

ОТЪЛѢКЪ, -а *м* (2) [одълѣкъ *Син* (1)] ἐγκατάλειμμα, τὰ κατάλοιπα остаток zbytek: ї отълѣкъ помышленьѣ оупразниті (! *вм.* -тъ) сьѧ тебѣ *Пс 75, 11 Син*; насытішѧ сѧ с⟨ы⟩нъвъ и оставішѧ одълѣкъ младенъцемъ своимъ *Пс 16, 14 Син.— Ср.* избытъкъ, останъкъ, остатъкъ

ОТЪЛѪЧАТИ, -аѭ, -аѥши *несов.* кого, чьто отъ кого, чесо (4) *греч. нет* отделять, отстранять odlučovat: грѫдынѧ отълѫчаѭщѧѧ отъ б⟨ог⟩а *Евх 89а 18-19* ● отлучать (*от церкви*) vylučovat (*z církve*): аще котораадго цр⟨ъ⟩кы отълѫчаѥтъ въ мало врѣмѧ • вънѣ стоѣти *Евх 69а 6* ▭ **о т ъ л ѫ ч а т и с ѧ** χωρίζεσθαι отделяться odlučovat se: како отълѫчаѥтъ сѧ доуша отъ тѣлесе *Супр 296, 1-2.— Зогр-лл 2а 6.— Ср.* разлѫчати

ОТЪЛѪЧЕНИѤ, -ꙗ *с* (4) χωρισμός отлучение (*от церкви*) vyloučení (*z církve*), exkomunikace: разоумѣвъ же арии ꙗко оста въ отълѫчении *Супр 187, 30.— Супр 187, 16; 186, 26; 425, 10*

ОТЪЛѪЧИТИ, -чѫ, -чиши *сов.* кого, чьто чесо; отъ чесо (35) **1.** χωρίζειν, ἀφορίζειν, μερίζειν; (отълѫченъ съньмища ἀποσυνάγωγος) отделить, отстранить odloučit, vyloučit: отълѫчивъше ꙗ разно • да не слышита къждо ѥю въпрашаниꙗ подроуга си *Супр 258, 17*; да не отълѫченъ бѫдѫ отъ с⟨вѧ⟩тыихъ мѫжь *Супр 15, 27-28*; да аще кто исповѣстъ х⟨рист⟩а • от⟨ъ⟩лѫченъ сьньмища бѫдетъ *И 9, 22 Ас*, отълѫчьнъ (!) *Зогр*, отълѫ(ченъ) *Мар* ● διαιρεῖν отличить odlišit: да не бѫдетъ тожденименикмь ѻнииꙗже (!) блазна отълѫчи сего отъ иного и оного отъ добрости намѣни июда рьвнивъи *Супр 410, 17* ▭ **о т ъ л ѫ ч и т и с ѧ** ἀποχωρίζεσθαι, χωρίζεσθαι, ἀποσχίζεσθαι, διαλύεσθαι; (отълѫчивъ сѧ χωρίς) отделиться, отстраниться odloučit se, oddělit se: аште бо и пльтиѭ отълѫчихъ сѧ отъ тебе *Супр 295, 17-18*; ли о⟨ть⟩ца отълѫчити сѧ *Евх 91а 16* ● *перен.* ἀπολείπεσθαι оставить *что-л.*, перестать *с инф.* zanechat *něčeho*, opomenout *něco*, zapomenout: ꙗвѣ ѥстъ • ꙗко хвалѧштеи доблѧ мѫжа въ тъчьнѣхъ врѣменех' • не отълѫчатъ сѧ подражениꙗ *Супр 82, 8* ▭ **о т ъ л ѫ ч и в ы и с ѧ** *в знач. сущ.* ἀποσχιστός отступник, раскольник rozkolník: донде-же не отъстѫпитъ мѫдрьствованиꙗ отълѫчивъшиихъ сѧ *Супр 298, 28-29* **2.** ἀφορίζειν, ἀπονέμειν, ἀφιεροῦν (!) определить, предназначить vyhradit, určit: а олтарь своѥмоу конꙋ отълѫчи стаꙗти *Супр 215, 2.— Зогр Мар Ас Сав Син Евх Клоц Супр Зогр-лл.— Ср.* отъврѣщи, отъдѣлити, отъложити, отърещи, отъсѣщи, разлѫчити

о т ъ л ѫ ч ь н ъ *И 9, 22 Зогр см.* отълѫчити

ОТЪМЕТАНИѤ, -ꙗ *с* (2) ἄρνησις отказ, отрицание, отречение zavrhování, odmítání, zapírání: отъметании без гонениꙗ *Супр 435, 18*; отъметание петрово *Мар 44а 5.— Ср.* отъмѣтаниѥ

ОТЪМЕТАТИ, -метаѭ, -метаѥши *и* -мещѫ, -мещеши *несов./сов.* (24) [отьме- *Супр* (2)] ἀπορρίπτειν отбрасывать/отбросить, отметать/отмести odhazovat/odhodit: вѣньца възложиша на нꙗ • она же растръзавъша отъметаста *Супр 138, 23-24* ● *перен.* παραιτεσθαι, ἀθετεῖν отвергать/отвергнуть odmítat/odmítnout: ѥже бо непросльзити отънѫдь акы жестость • и нечловѣколюбиѥ отъмешта *Супр 316, 11-12* ▭ **о т ъ м е т а т и с ѧ** кого, чесо *с инф. или без доп.* παραιτεῖσθαι, ἐξαρνεῖσθαι, ἀποτάσσεσθαι, ἀπαναίνεσθαι, ἀθετεῖν, ἀμφιβάλλειν, ἀρνεῖσθαι, οὐ συνιέναι (!) отвергать/отвергнуть, отрекаться/отречься, отказываться/отказаться zavrhovat/zavrhnout, odmítat/odmítnout, zříkat se/zříci se, zapírat/zapřít: приими раба твоего сего • отъметаѭщааго сѧ в'сѣхъ сихъ *Евх 80б 8-9*; въскръсениꙗ не отъмешти сѧ *Супр 317, 29*; миловати прирништѫштиихъ к нимъ не отьмештѫтъ сѧ *Супр 542, 26*; ѥште ли сѧ отъмештеши не хотѧ слышати *Супр 231, 14.— Мар Евх Супр Зогр-лл.— Ср.* отъврѣщи, отърещи, отърицати сѧ

ОТЪМЕТЫИ СѦ, -тѫщааго сѧ *м прич.-сущ.* (1) ὁ ἀθετῶν, *вар.* ἀσεβῶν отступник, безбожник odpadlík, bezbožník: отъвраштаатъ сѧ събора отъметѫштиихъ сѧ *Супр 510, 4*

ОТЪМЕТЬНЪ, -ъи *прил.* (1) ἀπόβλητος предосудительный zavrženíhodný, odsouzeníhodný: наоучи ны... в'се тобоѭ сътворено • чисто быти вѣроуѭщиимъ • ꙇ ничьтоже отъметъно *Евх 19б 23*

о т ъ м и л о *Супр 425, 28 см.* отъмити

ОТЪМЫВАТИ, -аѭ, -аѥши *несов.* чьто отъ кого, чесо (1) *греч. нет* смывать smývat: отъмываемъ же пакы грѣхы отъ себѣ *Евх 67б 9-10*

ОТЪМЫТИ, отъмыѭ, отъмыѥши *сов.* (6) ἐξαλείφειν, ἀπαλείφειν, πλύνειν отмыть, смыть omýt, smýt: хотѣхъ слъзами отъмыти • монхъ грѣхъ... рѫкописание *Евх 83б 16*; да прибъıвъшии грѣхъ чловѣкомъ отъмыѥтъ *Супр 484, 5.— Евх 52б 23*; *78а 13*; *Супр 469, 23*; *560, 17.— Ср.* измыти

о т ъ м ь с т и в ъ *Супр 29, 2 см.* отъмьстиѥ

ОТЪМЬСТИТИ, отъмьщѫ, отъмьстиши *сов.* (1) ἐκδικεῖν отомстить, отмстить pomstít: ꙗко рабъ божии артемонъ • отъмьштенъ бѫдетъ *Супр 233, 21*

ОТЪМЬСТИѤ, -ниꙗ *с* (1) ἐκδίκησις отмщение, возмездие, наказание pomsta, odplata: и попалꙗѩ вь ннхъ вь дьни гнѣвоу • и отъмьстивъ (! *вм.* отъмьстию) *Супр 29, 2.— Ср.* отъмьщениѥ

ОТЪМЬЩАТИ, -аѭ, -аѥши *несов.* (1) ἐκδιδάσκειν (!) мстить, отмщать mstít se: и праздьнъствоу сѫботьноуоумоу отъмьштаѭт’ *Супр 396, 27*

ОТЪМЬЩЕНИѤ, -ниꙗ *с* (2) [отъмь- *Супр* (1)] ἀμοιβή отмщение, возмездие, месть pomsta, odplata: коѥга отъданиꙗ чаѭште отъ нѥго • коѥго отъмьштениꙗ *Супр 441, 21.— Супр 559, 3-4.— Ср.* въздаииѥ, мьсть, мьщениѥ, отъданиѥ, отъмьстиѥ

ОТЪМѢТАНИѤ, -ниꙗ *с* (1) *греч. нет* отказ odmítání: тогда в(идаще ко)ньчь(но)ѥ ѡт⟨ъ⟩м(ѣтаниѥ) и б⟨ог⟩оу и с⟨вѧ⟩тым⟨ъ⟩ *Рыл 56β 36.— Ср.* отъметаниѥ

ОТЪМѢТАТИ, -аѭ, -аѥши *несов.* (29) [ѡ(т)мѣ- *Ас* (1) *Рыл* (1)] **1.** παραιτεῖσθαι, περιΐστασθαι отвергать zavrhovat, odmítat: ι не отъмѣтаетъ сѫда χ⟨ристос⟩ъ *Клоц 10б 29* □ о т ъ м ѣ т а т и с ѧ кого, чесо *или без доп.* ἀθετεῖν, παραιτεῖσθαι, ἀποτάσσειν, ἀρνεῖσθαι отказываться, отвергать, отрекаться odmítat, zavrhovat, zříkat se, zapírat: добрѣ отъмѣтаете сѧ • заповѣди б⟨о⟩жиѩ *Мк 7, 9 Зогр* (отъметаате сѧ *Мар*); онъ же пакы отъмѣтааше сѧ *Мк 14, 70 Зогр* (отъметааше сѧ *Мар*) **2.** о т ъ м ѣ т а т и, о т ъ м ѣ т а т и с ѧ ἀθετεῖν отменять, нарушать rušit, porušovat: г⟨оспод⟩ь разарѣетъ съвѣтъ ꙗзыкъ • ѡтъмѣтаетъ же мыслι людеι • отъмѣтаетъ же съвѣты кънѧзь *Пс 32, 10 Син*; клънъı сѧ искрънюмоу своемоу не отъмѣтаетъ сѧ *Пс 14, 4 Син.— Зогр Мар Ас Сав Ен Син Евх Клоц Супр Рыл.— Ср.* отъметати, отърицати сѧ

о т ъ м ѧ т ъ *Супр 385, 20 см.* отъмити

ОТЪМѦЧИТИ, -чѫ, -чиши *сов.* (1) λύειν смягчить změkčit: проштениѥ же грѣхомъ врага отъмѧчитъ *Супр 407, 17.— Ср.* омѧчити, оумѧчити

ОТЪНЕМОЩИ (СѦ), -могѫ (сѧ), -можеши (сѧ) *сов.* (7) ἀτονεῖν, ἀδυνατεῖν, ἐξατονεῖν, ὀλιγωρεῖν, ἐκλείπειν, ὀλιγοψυχεῖν изнемочь pozbýt síly, zemdlít, ochabnout: да ѥгда отъ-немогѫ то безъ осѫжениꙗ бѫдѫ *Супр 286, 25*; видѣвъ же ѩ отънемогъша молитвѫ сътвори о нихъ *Супр 39, 10-11*; отънемогъшемъ же сѧ слоугамъ *Супр 116, 27.— Супр 103, 26-27; 135, 16; 149, 30; 150, 9.— Ср.* изнемощи

о т ъ н е м ь ѩ и *Супр 297, 4; 331, 25 см.* отъмати

ОТЪНОСИТИ, отъношѫ, отъносиши *несов.* (1) μεταφέρειν относить odnášet: плѣвамъ льгъкамъ сѫштамъ • оудобь вѣтромъ отъносѧтъ сѧ *Супр 127, 26-27*

о т ъ н ь м- *Супр см.* отѧти

ОТЪНЕЛИ *нареч.* (3) [ѡт нелι *Ас* (1)] ἀφ’οὗ, ἀφ’ἧς с тех пор, как od té doby, co: си же отънели вънидъ • не прѣста облобызаѭшти ногоу моею *Л 7, 45 Мар*, ѡт нелι *Ас* (отъ нелиже *Зогр Сав*).— *Л 13, 25 Ас.— Ср.* отънелиже, отънелѣже

ОТЪНЕЛИЖЕ *нареч.* (21) [о(т)нелиже *Ас* (2), одънелиже *Мар* (2), отъ- *Супр* (1)] ἀφ’οὗ, ἀφ’ἧς, ὡς, ἕως, ἐξ οὗ с тех пор, как od té doby, co: нъ ι надъ вьсѣми сими • трети се д’нь ιматъ дьньсь • отъ нелиже си бъıшѧ *Л 24, 21 Зогр Мар Ас*; дьнесь же дъва дьни ѥста отънелиже изидохъ из града епископьꙗ *Супр 233, 15.— Зогр Мар Ас Сав Супр.— Ср.* отънели, отънелѣже

ОТЪНЕЛѢЖЕ *нареч.* (2) ἐξ οὗ, ἀφ’οὗ с тех пор, как od té doby, co: ꙗко богъ мои... отънелѣже роди мѧ о⟨ть⟩ць мои... николиже таковыѩ добръı подастъ ми ношти *Супр 265, 9-10.— Супр 265, 12.— Ср.* отънели, отънелиже

о т ъ н ѧ- *см.* отѧти

ОТЪНѪДОУ *нареч.* (1) ὅθεν откуда odkud: ведевѣ тѧ отънѫдоу тѧ възведоховѣ *Супр 167, 29.— Ср.* отънѫдоуже

ОТЪНѪДОУЖЕ *нареч.* (9) [отънѫдоуже *Супр* (1), отъноудоуже *Зогр* (1), отънѭдоуже *Зогр* (1) *Мар* (1) *Евх* (1)] ὅθεν откуда (и) odkud: възвраштѫ сѧ въ храмъ мои • отъноудоуже ιзидъ *Мт 12, 44 Зогр*, отъ нѭдоуже *Мар.— Л 11, 24 Зогр Мар*; *Евх 54б 15; Супр 167, 18; 203, 7; 203, 25-26; 350, 17-18.— Ср.* отънѫдоу

ОТЪНѪДЬ *нареч.* (18) [отънѫдъ *Мар* (1) *Супр* (1), отънѫдь *Супр* (2) отнѫдь *Супр* (1), ѡ(т)нѫдь *Рыл* (1)] **1.** ὅλως, εἰς τὸ παντελές, ἀπαξαπλῶς, παντελῶς, πάνυ совсем docela, naprosto: отънѫдь мала проса к тебѣ придохъ *Супр 454, 14-15* ● *при отрицании* отнюдь не, ни в коем случае, никак vůbec ne: не клати сѧ отънѫдь • небомь *Мт 5, 34 Зогр*, отънѫдъ *Мар* **2.** κατὰ κράτος крепко, сильно pevně: дръжавоѭ крѣпъкоѭ • отънѫдь дръжитъ • дръжѧштааго мѫчительство *Супр 462, 13* **3.** διὰ παντός постоянно neustále: ї хрібетъ іхъ отънѫдь сълъцї *Пс 68, 24 Син* **4.** ἐντεῦθεν в дальнейшем, наконец nadále, posléze: прѣдъложимъ вамъ • или... саномъ... достоиномь быти • или... отъѧти поıасы и воиньство • и отънѫдь оуже прѣдати мѫкамъ *Супр 73, 28.— Зогр Мар Ас Сав Син Клоц Супр Рыл.— Ср.* бъхъма, бъшиѭ

ОТЪНѪДЬНЪ, -ыи *прил.* (1) ὁ ἐκεῖθεν тамошний tamější: сѫдѣтель • съставлѣемоу • і пакы раздроушаемоу • животоу семоу • житью отънѫдьноумоу • і приставленью лѣтоу числъноумоу • живъıмъ *Евх 64а 14-15*

ОТЪНѪДѢЖЕ, ОТЪНѨДѢЖЕ *нареч.* (5) [отънѧ- *Син* (1) *Евх* (3), отънѫ- *Супр* (1)] πόθεν, ὅθεν, ἔνθα откуда (и) odkud: идеже аще еси • і отънѧдѣже аще идеши *Евх 53б 24.— Пс 120, 1 Син; Евх 57а 4-5; 64б 18; Супр 503, 2.— Ср.* отънѫдоу, отънѫдоуже

ОТЪПАДАТИ, -даѭ, -даѥши *несов.* чесо; отъ чесо (3) ἐκπίπτειν, ἀπολείπειν; (краи отъпадаѭтъ ἀκρωτηριάζεται) отпадать, отделяться odpadat, odlučovat se: потомь краи отъпадаѭт • тѣла *Супр 89, 23* ● *перен.*: ти сами прьвоѥ жизни отъпадаѭтъ свѣта *Супр 401, 28*; тъ ѥдинъ отъпадаѥтъ отъ жрѣбиıа *Супр 509, 19.— Ср.* испадати

ОТЪПАДЕНИѤ, -ниıа *с* (1) ἧσσα поражение, падение porážka, pád: понѣ нъıнѣ исповѣдите отъпадениѥ б⟨ог⟩оу вашемоу *Супр 35, 14*

ОТЪПАСТИ, отъпадѫ, отъпадеши *сов.* (26) **1.** кого, чесо; отъ кого, чесо *или без доп.* ἀπολίπτειν, ἐκπίπτειν, λιποτακτεῖν, πίπτειν, παραρρεῖν отпасть, отделиться odpadnout: абиѥ отъпадоша веригы отъ тѣлесе ѥю *Супр 182, 7-8*; въкоупѣ затвори отъпадоша *Супр 466, 4* ● *перен.*: да никакоже... отъ своѧ (!) вѣръı отъпадѫтъ *Супр 58, 10* ● ἀτονεῖν спасть, отхлынуть (*о воде*) opadnout (*o vodě*): видѣхъ и море мрътво • водѫ прѣмѣненѫ своѥѩ вешти • страхомъ б⟨о⟩жиѥмъ отъпадъшѫ *Супр 128, 24-25* ● ἀπολίπτειν увянуть, опасть (*о растениях*) uvadnout, opadnout: и ѣко зелие злака скоро отъпадѫтъ *Пс 36, 2 Син* **2.** чесо ἐκπίπτειν лишиться pozbýt: да быша ни тоѩ трепезы гонезнѫли • ниже тоѩ да отъпадѫтъ • поужда дьнесь сътворити обѣдъ *Супр 405, 17* ● ἀποτυγχάνειν ошибиться zmýlit se: аште отьца семоу иштеши • не имаши никде обрѣсти • и аште сиротѫ мьниши то и того отъпаде *Супр 241, 10* **3.** *без доп.* ἡσσᾶσθαι пасть, потерять силу, быть побежденным padnout, ztratit moc, být poražen: се бо отъпадосте въı и б⟨о⟩гъ вашъ *Супр 32, 24* ● ἐκπίπτειν пасть, впасть (*в грех*) klesnout, upadnout (*do hříchu*): ѥлико бо великоѥ въздръжаньѥ и житиѥ прѣжде обави • толицѣмь вел'ми и отъпаде *Супр 521, 1.— Ен Син Киев Евх Супр.— Ср.* испасти, пасти, оупасти

ОТЪПЛАТИТИ, отъплащѫ, отъплатиши *сов.* (1) *лат. нет* отплатить odplatit: а намъ молітвамі іхъ достоıноѥ отъплатї *Киев 7б 4.— Ср.* въздати

ОТЪПЛОУТИ, отъпловѫ, отъпловеши *сов.* (2) ἐκπλεῖν отплыть odplout: хотѣвъшоу ѥмоу по двою дьнию отъплоути *Супр 294, 5*; вьсѣдъ въ корабь • и малъı въ пѫчинѫ отъплоувъ *Супр 294, 1-2*

ОТЪПРЬВА *нареч.* (1) παρὰ τὴν ἀρχήν сперва, сначала zpočátku: отъпрьва оубо не вѣроуѭштоу господьню въскрьсенью *Супр 498, 16.— Ср.* искони, испрьва, съпрьва

ОТЪПОУСТИТИ, отъпоущѫ, отъпоустиши *сов.* (>200) **1.** ἀπολύειν, ἀποστέλλειν, ἐκβάλλειν, ἐξαποστέλλειν отпустить, пустить propustit, pustit: отъпоусти народъı • да шьдъше въ ближьнѩѩ градьцѧ • коупѧтъ брашьна себѣ *Мт 14, 15 Зогр Мар Ас Сав*; отъпоуштенъ бъı сь миром' *Супр 555, 30* ● ἀπολύειν, σῴζειν отпустить, освободить propustit, osvobodit: пожьрѣте понѣ нъıнѣ окаании • и отъпоуштѫ въı *Супр 178, 24*; отъпоуштеномъ же имъ бъıвьшемъ • так(о) текѫште бѣгаахѫ *Супр 39, 19-20* ● ἐκβάλλειν отогнать, выгнать odehnat, vyhnat: и запрѣщъ ѥмоу отъпоусти і *Мк 1, 43 Сав* (ізгъна *Зогр Мар Ас*) ● ἀπολύειν отпустить (*жену*), развестись propustit (*ženu*), rozvést se: і женѫ юности твоеѩ • да не оставиши • нъ аште • (в)ъзненавидѣвь отъпоустіші • і покрієтъ нечъстье на тѧ *Клоц 2б 17* **2.** ἀποπέμπειν послать propustit, poslat: тако благодарьствѹѭшта ѩ отъпѹсти въ своıа си *Супр 518, 17-18* **3.** ἀφιέναι оставить nechat, zanechat: отъпоусти ѥмоу і срачицѫ твоѭ *Мт 5, 40 Зогр Мар* **4.** ἀφιέναι, συγχωρεῖν, ἀπολύειν простить, отпустить odpustit, prominout: (ни).. отъпоуститъ вамъ • съгрѣшении вашихъ *Мт 6, 15 Зогр Мар Ас Сав*; сихъ въкоушьшю неволеѭ • отъпоусти грѣхъ *Евх 22а 14-15.— Зогр Мар Ас Сав Охр Боян Син Евх Клоц Супр.— Ср.* испоустити, оставити, отъдати, отърадити, попоустити, простити, свободити

ОТЪПОУЩАТИ, -аѭ, -аѥши *несов.* (82)

1. ἀπολύειν отпускать propouštět: нынꙗ отъпоуштаеши раба твоего *Л 2, 29 Сав*, отъп⟨оу⟩шташи *Боян* (отъпоустиши *Мар Ас*, поустиши *Зогр*) ● освобождать osvobozovat: давъ отъпоуштаѭтъ • повиннааго *Супр 494, 5-6* 2. παραπέμπειν посылать posílat: дроугꙑꙗ же вь темницѫ отъпоуштааше *Супр 58, 3* 3. ἀφιέναι, ἀπολύειν, συγχωρεῖν прощать, отпускать odpouštět, promíjet: отъпоуштати прѣгрѣшениѣ • дроугъ дроугоу *Евх 9б 24*; отъпоуштаѭтъ ти сѧ грѣси *Мк 2, 9 Зогр Мар Ас Сав*, отъпоуштаѭ... сѧ *Боян.— Зогр Мар Ас Сав Боян Евх Супр.— Ср.* испоуштати, оставлꙗти, попоуштати, поустити, поуштати

ОТЪПОУЩЕНИѤ, -нꙗ *с* (28) 1. ἄφεσις, ἀπαλλαγή освобождение propuštění, vysvobození: посъла мѧ... проповѣдѣтъ плѣньникомъ отъпоуштение *Л 4, 19 Мар Ас Сав* (∅ *Зогр*) 2. ἄφεσις, ἄνεσις отпущение, прощение odpuštění: і проповѣдаꙗ крьштение показанию • въ отъпоуштение грѣхомъ *Мк 1, 4 Зогр Мар Сав Боян* (въ оставлени[ни]е *Ас*); давъи отъпоуштение грѣховъ *Евх 75б 8-9.— Зогр Мар Ас Сав Боян Евх Клоц Супр.— Ср.* оставлѥниѥ, отъданиѥ, отърада, простꙑни

ОТЪПѢЛО, -а *с* (7) [о(т)пѣло *Ен* (1), ѡ(т)пѣло *Ен* (1), о(т)пѣ(л҃) *Ен* (1), ѡ(т)пѣ(л҃) *Ен* (1), отъпѣ(л҃) *Ен* (2)] *греч. нет спец. припев к псалмопению psalmodický refrén*: от⟨ъ⟩пѣло • застѫпи мѧ г⟨оспод⟩и *Ен 20б 8*; ..съ отъпѣлꙑ.. *Ен 23а 6.— Ен 20б 18; 21а 12; 26б 18; 31б 8-9; 32а 15*

ОТЪРАДА, -ꙑ *ж* (5) 1. ἄφεσις освобождение osvobození: отъпоуститъ съкроушенꙑꙗ въ отърадѫ *Л 4, 19 Мар Ас Сав* (∅ *Зогр*) 2. συγγνώμη прощение, сострадание odpuštění, slitování: даждь отърадѫ людемъ твоимъ *Евх 62б 21.— Евх 83б 6.— Ср.* отъпоуштениѥ

ОТЪРАДИТИ, отъраждѫ, отърадиши *сов.* комоу (1) ἀνιέναι простить odpustit: намъ • і тѣмъ отъради г⟨оспод⟩і • і отъпоусти *Евх 65б 26.— Ср.* оставити, отъпоустити

отърадьно *или* отърадьнѣ *см.* отърадьнѣѥ

ОТЪРАДЬНѢѤ *нареч. сравн. ст.* (13) ἀνεκτότερον терпимее, легче snesitelněji; lehčeji: отърадьнѣе бѫдетъ на сѫдѣ *Л 10, 14 Зогр Мар.— Л 10, 12 Зогр Мар Ас; Мт 11, 24 Зогр Мар; Мт 11, 22 Зогр Мар; Мт 10, 15 Зогр Мар; Мк 6, 11 Зогр Мар*

ОТЪРАЖДАТИ, -ждаѭ, -ждаѥши *несов.* комоу (1) ἀνέχεσθαι быть терпимым *к кому-л.*, уживаться *с кем-л.* být shovívavý, snášenlivý *k někomu*: съ тръпѣниемь отъраждаѭще дроугъ дроугоу *Евх 105б 16* (*Еф 4, 2*).— *Ср.* прѣтрьпѣти

ОТЪРАСЛЬ, -и *ж* (1) παραφυάς побег, росток odnož, výhonek: простръ розгꙑ его до мѣрѣ (! *вм.* морѣ) • і до рѣкꙑ отърасли его *Пс 79, 12 Син.— Ср.* новорасль

ОТЪРЕЩИ, отърекѫ, отъречеши *сов.* (17) 1. *греч. нет* ответить odpovědět: то же б⟨ог⟩оу і с⟨ъ⟩п⟨а⟩соу нашемоу іс⟨оу⟩х⟨рист⟩оу въпрошеноу бꙑвъшю... і отърекъшю *Клоц 2б 9* 2. отърещи сѧ кого, чесо ἀποτάσσεσθαι отказаться, отречься *от кого-л., от чего-л.* odříci se, zříci se: иже не отъречетъ сѧ вьсего своего имѣниѣ *Л 14, 33 Мар Зогр* ● комоу *или с инф.* ἀθετεῖν, παραιτεῖσθαι отказаться odmítnout: не въсхотѣ отърешти сѧ еі *Мк 6, 26 Зогр Мар Ас*; а х⟨ристос⟩ъ потомь не отърече сѧ • тѫжде кръвь... въдаті самомоу продавъшю ѭ *Клоц 7б 32* (не отъвръже сѧ *Супр 419, 28*) 3. ἀπαγορεύειν запретить zapovědět, zakázat: ѩже въкоушение отърекль еси • вь законѣ с⟨вѧ⟩тѣмь своемь *Евх 22а 12* 4. отъреченъ, отърекъ сѧ *прич. в знач. прил.* παρῃτημένος прощенный omluvený: імѣі мѧ отъречена *Л 14, 18 Зогр*, отърещи сѧ (!) *Сав* (отърочъна *Мар Ас*); імѣі мѧ отърекъша сѧ *Л 14, 19 Зогр Сав* (отърочъна *Мар Ас*) 5. отърещи сѧ комоу ἀποτάσσεσθαι проститься rozloučit se: древле же повели отърещи ми сѧ • іже сѫтъ въ домоу моемь *Л 9, 61 Мар* (отъврѣшти ми сѧ *Зогр*, от⟨ъ⟩вѣштаті ми сѧ *Ас Сав*); отърекъ сѧ имъ иде въ горѫ *Мк 6, 46 Мар Зогр.— Зогр Мар Ас Сав Евх Клоц.— Ср.* заповѣдѣти, отъврѣщи; отъреченъ *ср.* отърочьнъ

ОТЪРЕЧЕНИѤ, -нꙗ *с* (1) ἀπόφασις приговор rozsudek: изиде же отъречениѥ на обою *Супр 482, 17-18.— Ср.* нарѣчиѥ, отъвѣтъ, отъвѣштаниѥ, слово

ОТЪРИВАТИ, -аѭ, -аѥши *несов.* (1) ὠθεῖν отталкивать odstrkávat: и акꙑ на прѣславъно чоудо течаахѫ • колико брьзо народи • ꙗкоже отъривати дроугъ дроуга *Супр 125, 25-26.— Ср.* отърѣꙗти, порѣꙗти

ОТЪРИГАТИ, -аѭ, -аѥши *несов.* (2) ἐρεύγεσθαι извергать vyvrhovat; *перен.* выдыхать vydechovat: акꙑ отърыгаꙗ тихо и без болѣзни издъхнѫ *Супр 141, 21* ● передавать předávat: день дьні отърігаетъ глаголꙑ его *Пс 18, 3 Син*

ОТЪРИГНѪТИ, -нѫ, -неши *сов.* (4) [отърыг- *Ен* (1)] ἐξερεύγεσθαι извергнуть vyvrhnout; *перен.* издать vydat: ѡтъригнѫ ср⟨ъ⟩д⟨ь⟩це мое слово благо *Пс 44, 2 Син*; отърꙑгн(ѫ) *Ен 26а 6*; ѡтъригнете оустьнѣ мої пѣние *Пс 118, 171 Син.— Супр 277, 16*

ОТЪРИНѪТИ, -нѫ, -неши *сов.* (23) ἀπωθεῖν, ἀπωθεῖσθαι, ἀποσκορακίζειν оттолкнуть, отвергнуть, отринуть odstrčit, odmítnout, zavrhnout: не отърінı мене *Пс 26, 9 Син*;

и ті отъ рѫкы твоеѧ отъріновені бышѧ *Пс 87, 6 Син*; непостыдънъı цѣлителю • не отъринѫвъı • ни едниного приведенааго къ тебѣ • оскръблена болѣзниѭ *Евх 28а 4-5*; не отъринѫ господь людии своихъ *Супр 347, 13.— Ас Ен Син Евх Супр.— Ср.* отъврѣщи

ОТЪРИЦАТИ СѦ, -аѭ сѧ, -аеши сѧ *несов.* (5) **1.** чесо *греч. нет* отказываться *от чего-л.* odříkat se *něčeho:* в'сего того • отърицаѭ сѧ *Евх 68б 6-7* **2.** παραιτεῖσθαι извиняться, оправдываться, отговариваться omlouvat se, vymlouvat se: і начѧшѧ въ коупѣ отърицати сѧ в'си *Л 14, 18 Зогр Мар Ас Сав.— Ср.* отъметати, отъмѣтати

ОТЪРОЧЬНЪ, -ыи *прил.* (4) [отро- *Ас* (1)] παρῃτημένος прощенный omluvený: имѣи мѧ отърочъна *Л 14, 18 Мар*, отърочьна *Ас* (отъречена *Зогр*, отърещи сѧ (!) *Сав*); *Л 14, 19 Мар*, отърочна *Ас* (отърекъша сѧ *Зогр Сав*).— *Ср.* отърещи (отъреченъ)

ОТЪРЪВАНИѤ, -ꙗ *с* (1) ὦσμα отторжение odtržení: дръжѧшти же его савини за ризъı • отъръваниꙗ ради отъ народа *Супр 133, 9-10*

ОТЪРЪВАТИ, -вѫ, -веши *сов.* (1) (отъръвенъ ἀποτίτθιος) отторгнуть odtrhnout: тетъка боитъ сѧ да не отърьвена (*вм.* отърьвана?) бѫдетъ *Супр 133, 12.— Ср.* отътръгнѫти

отърыгнѫти *Ен 26а 6 см.* отъригнѫти

ОТЪРѢЗАТИ, отърѣжѫ, отърѣжеши *сов.* (2) ἀφαιρεῖν отрéзать odřezat: і отърѣза емоу оухо десное *Л 22, 50 Зогр Мар.— Ср.* отъсѣщи, оурѣзати

ОТЪРѢЗОВАТИ, -зоуѭ, -зоуеши *несов.* (1) κόπτειν отрезáть odřezávat: отъ пльтии его оудъı отърѣзовати *Супр 231, 18.— Ср.* отъсѣкати, рѣзати

отърѣшати *Л 13, 15 Зогр см.* отрѣшати

ОТЪРѢꙖТИ, -рѣѭ, -рѣеши *несов.* (2) ἀπωθεῖν, ἀπωθεῖσθαι отталкивать, отвергать odstrkovat, odvrhovat: отърѣѭ вльнъı *Супр 428, 25*; въскѫѭ г⟨оспод⟩і отърѣеші д⟨оу⟩шѫ моѭ *Пс 87, 15 Син.— Ср.* отъривати, порѣꙗти

ОТЪСЕЛИ *нареч.* (4) ἀπ' ἄρτι; (отъсели не οὐκέτι, μηκέτι) отныне od nynějška, od této chvíle: от⟨ъ⟩ сели оузьрите н⟨е⟩б⟨е⟩са отвръста *И 1, 52 Ас* (отъ селѣ *Зогр Мар Сав*); азъ отъсели не имамъ въкоусити браш'на *Супр 154, 8.— Супр 16, 28-29; 42, 12.— Ср.* отъселѣ

ОТЪСЕЛѢ *нареч.* (44) [ѡ(т)селѣ *Ас* (2), о(т)селѣ *Ас* (1)] ἀπὸ τοῦ νῦν, ἀπ'ἄρτι, ἀπὸ τοῦ δεῦρο, ἀπὸ τοῦ παρόντος, τοῦ λοιποῦ; (отъселѣ не οὐκέτι οὐ μή) отныне od nynějška, od této chvíle: отъ селѣ не імамь пити отъ плода сего лозънааго *Л 22, 18 Зогр Мар*; і исхождение твое • ѡтъселѣ і до вѣка *Пс 120, 8 Син*; отъселѣ измѣнѧтъ тѧ большаа подвизаниѣ *Евх 91б 4.— Зогр Мар Ас Сав Син Евх Клоц.— Ср.* отъсели

ОТЪСКОЧИТИ, -чѫ, -чиши *сов.* (2) ἀποπηδᾶν, ἐκπηδᾶν отскочить odskočit: она же велми отъскочивъши изиде вь слѣдъ състольника кнѧжа *Супр 233, 30*; да оштоутивъ отъскочихъ *Супр 276, 4-5*

ОТЪСТАВИТИ, -влѭ, -виши *сов.* (2) **1.** ἀφιστάναι отвратить, отставить odvrátit, odvést: пѫть неправъдъı отъстави отъ мене *Пс 118, 29 Син* **2.** μεθιστάναι лишить *кого-л. чего-л.* zbavit *někoho něčeho*: егда отъставленъ бѫдѫ отъ строеньѣ домоу *Л 16, 4 Зогр* (оставленъ *Мар*).— *Ср.* оставити

ОТЪСТОꙖТИ, -оѭ, -оиши *несов.* кого, чесо; отъ кого, чесо (11) ἀπέχειν, ἀφίστασθαι отстоять, находиться на расстоянии stát stranou, být vzdálen: вь вьсь отъстоѩштѭѭ • стадиі шесть десѧтъ отъ і⟨ероуса⟩л⟨и⟩ма *Л 24, 13 Зогр Ас*, отъстоѩштѫ *Мар* (сѫштѫѭ далече *Супр 471, 18*); ср⟨ь⟩д⟨ь⟩цемь • далече отъстоітъ б⟨ог⟩а *Клоц 2б 29.— Мт 15, 8 Зогр Мар; Мк 7, 6 Зогр Мар; Пс 9, 22 Син; 102, 12 Син; Супр 274, 19-20.— Ср.* далече (далече быти)

ОТЪСТРОПИТИ, -плѭ, -пиши *сов.* (1) ἀποστεγάζειν лишить крыши, кровли zbavit střechy, krovu: ꙗже лѣторасль по малоу на въıсотѫ въсходѧшти доиде до стропа • иже и отъстропи *Супр 300, 23*

отъстѫпати *Супр 260, 27-28; 292, 29 см.* остѫпати

отъстѫпити *см.* остѫпити[2]

ОТЪСЫЛАТИ, -аѭ, -аеши *несов.* (3) ἀποπέμπειν отсылать, отпускать odesílat, posílat pryč: ові съвѧзавъше х⟨ристос⟩а • отъсылахѫ *Клоц 13б 17-18*; *Супр 450, 25*; на слоужьбѫ отъсылааше *Супр 476, 23.— Ср.* отъпоуштати, посылати

ОТЪСѢКАТИ, -аѭ, -аеши *несов.* (2) ἐκκόπτειν; (пръсты отъсѣкати δακτυλοκοπεῖν) отрубать, отсекать odsekávat: ꙗко и вьсе распьрьное отъсѣкаѭште *Супр 500, 19*; повелѣшѧ вльсви пръсты емоу отъсѣкати обоѧ *Супр 268, 4.— Ср.* отърѣзовати, отъсѣщи

ОТЪСѢКНѪТИ, -нѫ, -неши *сов.* (1) ἀποτέμνειν отрубить, отсечь odseknout, useknout: а твоѭ шиѭ брадвиѭ отъсѣкнетъ *Супр 237, 3.— Ср.* отърѣзати, отъсѣщи

ОТЪСѢЩИ, -сѣкѫ, -сѣчеши *сов.* (1) ἀποκόπτειν, ἀποτέμνειν, ἐκκόπτειν, τέμνειν, διατέμνειν, ὑποβάλλειν (!); (отъсѣщи главѫ κρούειν) отрубить, отсечь odseknout, useknout: і аште нога твоѣ съблажнѣетъ тѧ •

отъсѣци ѭ *Мк 9, 45 Зогр Мар*; чьстьнѫѭ кго главѫ отъсѣкоша *Супр 64, 8*; да... отъсѣкѫтъ главѣ кю *Супр 114, 16.— Зогр Мар Супр.— Ср.* отърѣзати, отъсѣкнѫти, оусѣщи

ОТЪСѢЧЕНИѤ, -ниꙗ *с* (1): б е з о т ъ с ѣ ч е н и ꙗ ἀλατόμητος неотесанный neosekaný, neotesaný: безъ отъсѣчениꙗ камы *Супр 243, 6*

о т ъ с ѫ д и т и, о т' с ѫ д и т и *Супр 504, 15*; *505, 24-25 см.* осѫдити

ОТЪСѪДОУ, ОТЪСѪДѢ, ОТЪСѪДѪ *нареч.* (39) [отъсѫдѣ *Мар* (1) *Ас* (2) *Сав* (1) *Евх* (1) *Супр* (1); отъсѫдѫ *Мар* (1) *Клоц* (1)] ἐντεῦθεν, ἔνθεν, αὐτόθεν отсюда odsud: прѣиди отъ сѫдоу *И 7, 3 Зогр Мар Ас Сав*; въстанѣте идѣмъ отъ сѫд(оу) *И 14, 31 Зогр Мар*, отсѫдѣ *Ас*, отъсѫдѣ *Сав*; оучимі бываемъ отъсѫдѫ *Клоц 6а 21-22*; въстани поиди отъсѫдоу *Супр 468, 28*; *470, 1.— Зогр Мар Ас Сав Евх Клоц Супр*

ОТЪТЕЩИ, отътекѫ, отътечеши *сов.* (1) δραπετεύειν убежать utéci: оубои сѧ бѣжи • отътьци • ѡтиди *Евх 53б 16.— Ср.* отъбѣгнѫти

о т ъ т в р ъ г н и *Супр 160, 20 см.* отътръгнѫти

ОТЪТОЛИ *нареч.* (14) **1.** ἀπὸ τότε, ἐκ τούτου; (ни отътоли μηκέτι) с того времени, с тех пор od té doby, od té chvíle: и отъ толи искааше подобьна врѣмене *Мт 26, 16 Зогр Мар Ас* (отътолѣ *Сав*) **2.** ἐξ αὐτῆς оттуда odtud: дошедъ оусоровы вьси... отътоли поусти без мѧтежа призъвати с⟨вѧ⟩тааго конона *Супр 46, 11.— Мт 4, 17 Зогр Сав Боян*; *Л 16, 16 Зогр Мар*; *И 19, 12 Ас*; *Пс 75, 8 Син*; *Супр 53, 3-4*; *295, 5*; *550, 4-5.— Ср.* отътолѣ, тъ (отъ того)

ОТЪТОЛѢ *нареч.* (11) [ѡ(т)толѣ *Ас* (1)] **1.** ἀπὸ τότε, ἐκ τούτου, ἐντεῦθεν с того времени, с тех пор od té doby, od té chvíle: отъ толѣ начѧтъ ис⟨оус⟩ъ • съказати оученикомъ своимъ *Мт 16, 21 Мар* (∅ *Зогр*) **2.** ἐντεῦθεν от этого, поэтому proto: отътолѣ оубо въ печаль лютѫ въпадъ правьдивыи *Супр 282, 2.— Мт 4, 17 Ас*; *Мт 26, 16 Сав*; *И 19, 11 Сав*; *Пс 92, 2 Син*; *Евх 34а 19*; *34б 7*; *Клоц 8а 27*; *Супр 288, 6*; *549, 7.— Ср.* отътоли, тъ (отъ того)

ОТЪТРЪГНѪТИ, -нѫ, -неши *сов.* кого, чьто отъ кого, чесо (6) [отътвръг- (!) *Супр* (1)] ἀποσπᾶν, ἀφιστάναι, συναρπάζειν оторвать, отторгнуть odtrhnout: възмогоша отътръгнѫти рѫцѣ кго отъ оузды коньныѩ цѣсарѧ *Супр 193, 8-9.— Супр 2, 11-12*; *52, 26*; *64, 3*; *160, 20*; *193, 3.— Ср.* отъръвати

ОТЪТРЬЅАТИ, -аѭ, -акши *несов.* (1) ἀποσπᾶν отрывать odtrhávat: прибѣгаѭштѧѩ же къ оуставомъ • тоѩ съ ноуждеѭ отътръзаѩ *Супр 281, 28*

о т ъ т р ѣ б и т и *Супр 299, 7-8 см.* отрѣбити

ОТЪТРѦСАТИ, -аѭ, -акши *несов.* (3) ἀπομάσσεσθαι отрясать setřásat: прахъ... отъ града вашего въ ногахъ (н)ашихъ • отътрѧсаемъ вамъ *Л 10, 11 Зогр Мар Ас.— Ср.* сътрѧсати

ОТЪТРѦСТИ, -сѫ, -сеши *сов.* (12) [отрѧсти *Супр* (1)] ἐκτινάσσειν, ἀποτινάσσειν, ἀποσμήχειν отрясти vytřást, setřást: отътрѧсѣте прахъ • иже естъ подъ ногами вашими *Мк 6, 11 Зогр Мар*; *Мт 10, 14 Зогр Мар*; отрѧсе кмоу главѫ и ризы • и вьса испльнѥнаꙗ отъ праха *Супр 555, 22.— Л 9, 5 Зогр Мар Сав*; *Евх 53б 2*; *71а 7-8*; *Супр 3, 9*; *295, 29.— Ср.* истрѧсти, сътрѧсти

ОТЪТѦЅАТИ СѦ, -аѭ сѧ, -акши сѧ *несов.* (1) ἀναβάλλεσθαι оттягиваться odtahovat se; *перен.* колебаться váhat: не отътѧзаимъ сѧ оубо *Супр 383, 18-19*

ОТЪТѪДОУ *нареч.* (41) [о(т)тѫдоу *Ас* (1), отътоудѫ *Мар* (1), отъ тѫдѫ *Мар* (2), отъ тоудоу *Зогр* (1) *Мар* (1), отътътѫдоу (!) *Супр* (1)] ἐκεῖθεν, ἐντεῦθεν, ἐνταῦθα, αὐτόθεν; (и отътѫдоу κἀκεῖθεν) оттуда odtamtud: и прѣходѧ ис⟨оусъ⟩ • отъ тѫдоу • видѣ ч⟨ловѣ⟩ка *Мт 9, 9 Зогр*, отъ тоудѫ *Мар.— Зогр Мар Ас Сав Супр.— Ср.* отътѫдѣ

ОТЪТѪДѢ *нареч.* (29) [о(т)тѫдѣ *Ас* (1), отъ тоудѣ *Мар* (5)] ἐκεῖθεν, ἐντεῦθεν оттуда odtamtud: ї҃с⟨оусъ⟩ отиде отътѫдѣ *Супр 404, 27.— Зогр Мар Ас Супр.— Ср.* отътѫдоу

ОТЪОУМЫТИ, -мыѭ, -мыкши *несов.* (1) ἀμύνεσθαι оказывать сопротивление klást odpor: ꙗкоже оубо ношть и дьнь вьслѣдоуѭшта и не отъстѫпаѭшта • и ратьникомъ отъоумыѭшта льва • видѣ *Супр 292, 30.— Ср.* противити сѧ

о т ъ х о д и т и *см.* оходити

о т ъ х о д ъ *Супр 190, 9 см.* оходъ

о т ъ х о д ь н и к ъ *Супр 289, 13 см.* оходьникъ

о т ъ х о д ь н ъ *Супр 289, 30 см.* оходьнъ

ОТЪЩЕТИТИ, отъщещѫ, отъщетиши *сов.* (9) ζημιοῦν навредить, причинить вред, ущерб poškodit, uškodit: себе погоубитъ • ли отъштетитъ *Л 9, 25 Зогр Мар Ас*; сам же отъштетитъ сѧ не ицѣливъ *Супр 549, 5.— Мк 8, 36 Зогр Мар Ас Сав*; *Мт 16, 26 Мар*

ОТЪЩИЩАТИ (?), -аѭ, -акши *несов.* (1) ζημιοῦν вредить, причинять вред, ущерб poškozovat: иже отъ дѣиства сотонина • начѧ отъштиштати (*вм.* отъштештати ?) *Супр 281, 23*

ОТЪЦВИСТИ, **отъцвьтѫ, отъцвьтеши** *сов.* (1) ἐξανθεῖν отцвести odkvést: **ѣко цвѣтъ тако отъцвьтетъ** *Пс 102, 15 Син*

ОТЪЧАꙖНИѤ, **-ниꙗ** *с* (5) [**отъчан-** *Супр* (1)] ἀθυμία, ἀπόγνωσις, τὸ ἀπογιγνώσκειν безнадежность, отчаяние beznaděj, zoufalství: **въ отъчаании прѣбывъ** *Супр 527, 12.— Супр 276, 12*; *409, 29*; *523, 17*; *523, 18-19.— Ср.* **нечаꙗниѥ**

отъчаꙗнъ *см.* **отъчаꙗти**

ОТЪЧАꙖТИ (СѦ), **-чаѭ (сѧ), -чаѥши (сѧ)** *несов./сов.* (9) **1. отъчаꙗти, отъчаꙗти сѧ кого, чесо; отъ кого** ἀπογιγνώσκειν, εἰς ἀπόγνωσιν φθάνειν отчаиваться/отчаяться vzdávat se/vzdát se naděje *na někoho, na něco*, zoufat *nad někým, nad něčím*: **разоумѣвъ ꙗко отъчаааша ѥго** *Супр 31, 12*; **и отъчаꙗвъ сѧ своѥго сьпасеньꙗ** *Супр 526, 5* **2. отъчаꙗти сѧ** *без доп.* ἀπονοεῖσθαι помешаться zbláznit se: **отъчаꙗвъшааго сѧ оного приведѣте прѣдъ мѧ** *Супр 99, 21-22* ▭ **отъчаꙗнъ** *в знач. прил.* ἀπονενοημένος помешанный šílený: **глаголи отъчаане имѧ своѥ пръвоѥ** *Супр 100, 5.— Супр 152, 13*; *409, 24-25*; *409, 27*; *526, 13*; *559, 11.— См.* **омѫтити сѧ**

ОТЪЧИСТИ, **-чьтѫ, -чьтеши** *сов.* (1) *греч. нет* прочитать, прочесть přečíst: **и ѣко отъчьтет⟨ъ⟩ п⟨о⟩пъ ѥв⟨ан⟩ѣ⟨е⟩лиѥ** *Евх 10а 23*

отъшьльць *Супр 514, 7*; *519, 24-25 см.* **ошьльць**

ОТЪꙖДЪ, **-а** *м* (1) ἀντιφάρμακον противоядие protijed: **помiловавъ прѣльштенꙑꙗ творць • дрѣво отъѣдъ • дрѣвъноумоу родоу даѥтъ** *Клоц 10а 39*

отъꙗти *см.* **отѧти**

отьм- *см. также* **отѧти**

ОТЬМАТИ, ОТИМАТИ, **отемлѭ, отемлѥши** *и* **ОТЪИМАТИ**, **отъѥмлѭ, отъѥмлѥши** *несов.* **кого, чьто комоу, чесомоу** *или* **отъ кого, чесо** (11) [*наст. вр.* **отем-** *Зогр* (1) *Мар* (2), **отъем-** *Зогр* (1) *Мар* (1) *Син* (3), **отънем-** *Супр* (2), **отам-** (!) *Зогр* (1)] αἴρειν, ἀνταναιρεῖν, ἀφαιρεῖν, ἀφαιρεῖσθαι отбирать, отнимать odnímat, brát: **ѣко г⟨оспод⟩ь мои отъемлетъ строенье домоу отъ мене** *Л 16, 3 Зогр Мар*; **отънемьꙗи грѣхъ мироу • агньцъ и с⟨ы⟩нъ божии... придетъ** *Супр 331, 25*; **оузьрѣховѣ старца посрѣдѣ наю • страхъ наю отънемьѭштъ** *Супр 297, 4.— Л 6, 29 Зогр Мар*; *Л 6, 30 Зогр Мар*; *Пс 9, 26 Син*; *45, 10 Син*; *75, 13 Син*

ОТЬМИТИ, **отьмлѭ, отьмиши** *сов.* (2) [**отъм-** *Супр* (2)] σκοτίζειν затмить zatemnit; *перен.* ослепить zaslepit: **отъмило тѧ ѥстъ сьребролюбьства пиꙗньство** *Супр 425, 28.— Супр 385, 20*

отьмьнити *см.* **отьмьнѥнъ**

ОТЬМЬНѢТИ, **-ѣѭ, -ѣѥши** *сов.* (2) [**отъм-** *Супр* (2)] σκοτίζεσθαι затмиться zatemnit se; *перен.* ослепнуть oslepnout, stát se zaslepeným: **и отъмьнѣ въ мꙑслехъ ихъ • неразоумичьноѥ срьдьце** *Супр 334, 17-18.— Супр 525, 25.— Ср.* **отьмьнѥнъ**

ОТЬМЬНѤНЪ, **-ꙑи** *прич.-прил.* (2) [**отъм-** *Супр* (1)] ἐσκοτισμένος затемненный zatemněný; *перен.* ослепленный zaslepený: **правьдьноѥ сльньце въ отъмѣнѥнꙑихъ срьдьцихъ просвѣти** *Супр 348, 24.— Супр 517, 7.— Ср.* **отьмьнѣти**

отьнѧ *Супр 32, 18 см.* **отѧти**

ОТЬЦЬ, **-а** *м* (>1000) [**оц҃-** *Зогр Мар Ас Сав Охр Унд Боян Ен Син Служ Евх Клоц Супр Зогр-лл*; **отц҃-** *Мар Син Служ*] πατήρ, μήτηρ (!); (**без отьца** ἀπάτωρ) отец otec: **повели ми прѣжде іти • і погрети о⟨ть⟩ца моего** *Мт 8, 21 Зогр Мар Ас Сав*; **іже не почьтетъ о⟨ть⟩ца ли м⟨ате⟩ре своеꙗ** *Мт 15, 5 Зогр Мар*; **ѣко от⟨ь⟩ць мои и мати моѣ остависте мѧ а г⟨оспод⟩ь приꙗтъ мѧ** *Пс 26, 10 Син*; **ѥмоуже мѣниши бꙑти безъ отьца • то како дъва отьца нарече** *Супр 239, 12* ● πατήρ, προπάτωρ; (**отьць божии** θεοπάτωρ) предок předek: **о⟨ть⟩ці наши повѣдѣшꙗ намъ** *Пс 43, 2 Син*; **б⟨о⟩же о⟨ть⟩ць нашихъ** *Евх 64а 9* ● *о боге* πατήρ, θεός, βασιλεύς (!), δύναμις (!) Отец Otec: **і прославꙗтъ о⟨ть⟩ца вашего іжь естъ на н⟨е⟩б⟨есь⟩хъ** *Мт 5, 16 Зогр Мар Ас*; **въ славѫ с⟨вѧ⟩тꙑꙗ троицѧ • о⟨ть⟩ца и с⟨ы⟩на и с⟨вѧ⟩тааго д⟨оу⟩ха** *Евх 66 1* ● πατήρ, ἀββᾶς, πρεσβύτης, ἀνήρ (!) отец otec (*почтительное наименование священника, монаха, игумена, учителя церкви*): **с⟨вѧ⟩тааго о⟨ть⟩ца наш⟨его⟩ кѵрила философа** *Ас 142б 12*; **заповѣди с⟨вѧ⟩тꙑхъ ѡ⟨ть⟩ць** *Евх 102а 5*; **по томь же ослабити обѣщанаа... ли о⟨ть⟩ца отълѫчити сѧ • и братриꙗ слоужащꙗꙗ б⟨ог⟩оу** *Евх 91а 15*; **такожде с⟨вѧ⟩ти апо⟨сто⟩лі • і блажені о⟨ть⟩ци съ с⟨вѧ⟩тꙑмь закономь... велью іспꙑтанью • і поштенью се съподобишѧ** *Клоц 2б 18*; **приде въ лаврѫ отьца савꙑ** *Супр 294, 21*; **отьче пауле • иждени бѣсъ сии отъ чловѣка сего** *Супр 171, 28* ◆ **старѣишина отьцемъ** πατριάρχης патриарх patriarcha: **дьнесь и отцемъ старѣишина доухомъ праздъноуѥ їаковъ** *Супр 321, 19-20*; **отьць домовитъ** *см.* **домовитъ**.— *Зогр Мар Ас Сав Охр Унд Боян Ен Син Евх Клоц Супр Рыл Зогр-лл*

отьци *Пс 71, 10 Син см.* **отокъ**

отьчаньѥ *Супр 523, 18-19 см.* **отъчаꙗниѥ**

ОТЬЧИНА, **-ꙑ** *ж* (3) πατρίς отечество, родина otčina, domov: **идꙑ въ своѭ отьчинѫ**

Супр 293, 30.— Супр 139, 2; 139, 3.— Ср. **отьчьствик, отьчьство**

ОТЬЧЬ *прил.* (33) [**отч-** *Супр* (11), **отеч-** *Супр* (1), **оч҃-** *Зогр* (1) *Ас* (2) *Евх* (5)] τοῦ πατρός, τῶν πατέρων, πατρικός, πατρῷος отца *род.*, отцовский, отчий otcův, otcovský: **въ отьчѫ добросҭь бѣ облѣченъ** *Супр 365, 8*; **слыша адама отча домꙋ испадъша** *Супр 429, 22*; **кы отъ обоѭ сътвори волѭ отьчѫ** *Мт 21, 31 Мар* (∅ *Зогр*).— *Зогр Мар Ас Евх Супр.— Ср.* **отьчьскъ**

ОТЬЧЬСТВИѤ, **-ига** *с* (20) [**оч҃ств-** *Зогр* (2) *Ас* (3), **оч҃ств-** *Сав* (3), **отеч҃ств-** *Ас* (1), **отъчъств-** *Мар* (1), **отечъств-** *Мар* (2)] **1.** πατριά род, семья rod, rodina: **за не бѣаше • отъ домоу і от⟨ь⟩ч⟨ь⟩ствиѣ да⟨выдо⟩ва** *Л 2, 4 Зогр Мар Ас Сав* **2.** πατρίς отечество, родина vlast, domov: **нѣстъ пророкъ бешчьсти • тъкъмо въ своемь отьчьствиі** *Мк 6, 4 Зогр Мар.— Зогр Мар Ас Сав.— Ср.* **отьчьство, отьчина**

ОТЬЧЬСТВО, **-а** *с* (16) [**отъч-** *Син* (1) *Супр* (1), **отеч-** *Супр* (5) *Син* (2), **отеч҃ств-** *Евх* (2), **оч҃ств-** *Зогр* (1), **оч҃ство** *Евх* (1)] **1.** πατριά род, поколение, семья rod, pokolení, rodina: **поклонѧтъ сѧ прѣдъ нимъ вьсѣ отъчъства ѩзъчъна** (!) *Пс 21, 28 Син* **2.** πατρίς отечество, родина vlast, domov: **і приде въ о⟨ть⟩ч⟨ь⟩ство свое** *Мк 6, 1 Зогр* (**въ отечьствие** *Мар*).— *Зогр Син Евх Супр.— Ср.* **отьчьствик, отьчина**

ОТѦГОТѢТИ, **-ѣѭ, -ѣкши** *сов.* **на кого, чьто** (3) [**отегот-** *Син* (1), **отѧгът-** *Син* (1)] βαρύνεσθαι обременить, отяготить *кого-л.* těžce spočinout *na někom*, těžce dopadnout *na někoho*, dolehnout *na někoho*: **ѣко брѣмѧ тѧжько отеготѣшѧ на мѧ** *Пс 37, 5 Син*; *Евх 76а 12*; **ѣко день і ношть отѧгътѣ на мѧ рѫка твоѣ** *Пс 31, 4 Син.— Ср.* **отѧгъчити**

ОТѦГЪЧАТИ, **-аѭ, -акши** *сов.* (3) [**отѧгоча-** *Ас* (1)] βαρεῖσθαι отяжелеть ztěžknout, stát se těžkým: **вьнемлѣте же себѣ • еда когда отѧгъчаѭтъ срьдьца ваша • обѣданьемь і пьѣньствомь** *Л 21, 34 Зогр Сав*, **отѧгочаѭтъ** *Ас* (**отѧжаѭтъ** *Мар*).— *Ср.* **отѧжати, отѧжьчати**

ОТѦГЪЧИТИ, **-чѫ, -чиши** *сов.* (2) βαρεῖν обременить, отяготить obtížit *перен.*: **петръ же і сѫштаа съ нимь • бѣахѫ отѧгъчени сънъмь** *Л 9, 32 Зогр Мар.— Ср.* **отѧготѣти**

ОТѦЖАТИ, **-аѭ, -акши** *сов.* (1) βαρεῖσθαι отяжелеть ztěžknout, stát se těžkým: **еда когда отѧжаѭтъ ср⟨ь⟩д⟨ь⟩ца ваша • обѣданимь** *Л 21, 34 Мар* (**отѧгъчаѭтъ** *Зогр Сав*, **отѧгочаѭтъ** *Ас*).— *Ср.* **отѧгъчати, отѧжьчати**

ОТѦЖЬЧАВАТИ СИ, **-ваѭ си, -вакши си** *несов.* (1) βαρύνεσθαι тяжелеть těžknout; *перен.* уставать být unaven: **не понеже множьство** (*вм.* **-омь**) **глаголемꙑихъ въ отѧжьчаваѥте си** *Супр 405, 10*

ОТѦЖЬЧАТИ, **-аѭ, -акши** *сов.* (1) βαρύνεσθαι отяжелеть ztěžknout *перен.*: **отѧжьча слоухъ мои не оуслꙑшати** *Супр 135, 18* ● устать unavit se: **дошъдъ же халкидоньскааго града • и отѧжьчавъ зѣло • не можааше оуже напрѣждъ поспѣшити** *Супр 561, 4-5.— Ср.* **отѧжати**

ОТѦЅАТИ, **отѧжѫ, отѧжеши** *сов.* (1) *греч. нет* спросить otázat se: **не кште твокго цѣсарьствиꙗ словомъ отѧжѫ** *Супр 504, 23.— Ср.* **въпросити, въстѧѕати, истѧѕати**

ОТѦТИ, **отьмѫ, отьмеши** *или* **отъимѫ, отъимеши** *сов.* **кого, чьто комоу, чесомоу** *или* **отъ кого, отъ чесо** (64) [**отъѧ-** *Зогр* (2) *Мар* (2) *Ас* (1) *Евх* (1) *Супр* (2), **отъна-** *Супр* (4); *наст. вр.* **отьм-** *Зогр* (1) *Мар* (1) *Син* (2) *Киев* (1), **отъим-** *Зогр* (6) *Мар* (8) *Ас* (2) *Сав* (2) *Син* (8) *Супр* (1), **отъньм-** *Супр* (3)] αἴρειν, ἀφαιρεῖν, περιαιρεῖν, λαμβάνειν, ἀνταναιρεῖν, ἀναιρεῖν, ἀφιστάναι, λυτροῦσθαι, ἐξαιρεῖν, ἀπαλλάσσειν, ἐκτινάσσειν; (**отѧтъ бꙑти** ἀπορρύειν) removere отнять, отъять, взять odejmout, vzít: **і отъиметъ слово • сѣаное въ срьдьцихъ іхъ** *Мк 4, 15 Зогр Мар*; **ѿтꙑмі отъ мне ранꙑ твоѩ** *Пс 38, 11 Син*; **трѣбиште о(тѧ)то естъ** *Клоц 7а 21-22*; **отъна ти оубожьство • и дастъ ти богатьство** *Супр 348, 5*; **и вьсѫ крѣпость кго отъимъ** *Супр 490, 13.— Зогр Мар Ас Сав Син Киев Евх Клоц Супр.— Ср.* **възѧти, оуѩти**

ОТѦТИѤ, **-ига** *с* (1) ἀναίρεσις отнятие odnětí: **смиреньꙗ начѧтъкъ • борении отѧтьк** *Супр 486, 28*

ООУБОЖАТИ, **-аѭ, -акши** *сов.* (2) [**объоубожати** *Супр* (1)] πτωχεύειν обеднеть, обнищать stát se chudým, zchudnout: **прѣвѣчънꙑ ц⟨ѣса⟩ръ славънꙑ • ооубожавꙑ въ своіхъ неоубожъно насъ раді** *Клоц 1а 40*; **ѡ объоубожавꙑи** *Супр 326, 21.— Ср.* **обнищати**

ООУПЪВАНИѤ (?), **-ига** *с* (1) πεποίθησις доверие, вера důvěra: **не паденьк кок и грѣховьнок оплѣненик • и величаньꙗ о своимъ ооуп'вании** (*или вм.* **о оуп'вании** ?) **• подъѧти възможетъ** *Супр 513, 21-22.— Ср.* **оупъваник**

ОХЛАДАНИѤ, **-ига** *с* (1) ὀλιγωρία небрежность nedbalost: **видиши ли колико зъло лѣность и охладаник** *Супр 410, 10.— Ср.* **небрѣженик**

ОХОДИТИ, **охождѫ, оходиши** *несов.* **отъ кого, чесо; кого, чесо** (37) [**отъхо-** *Зогр* (2) *Мар* (1) *Сав* (2) *Евх* (4) *Супр* (11), **о(т)хо-** *Ас* (1)] ἀφίστασθαι, ἀποχωρεῖν, ὑποχωρεῖν, ἀναχωρεῖν, ὑπάγειν, ἀπιέναι, ἐξέρχεσθαι, παρέρχεσθαι, ἀνέρχεσθαι, ἀπεῖναι, ἀποδημεῖν; (оходѧ ἀπόδημος) уходить odcházet: ѣкоже бо ч⟨ловѣ⟩къ отъходѧ • призъва своѩ рабꙑ *Мт 25, 14 Зогр Мар Сав*, от⟨ъ⟩ходѧ *Ас*; повелѣниемь твоимь • оходитъ в'сь недѫгъ *Евх 26б 17*; отъхождѫ отъ чловѣка *Супр 173, 18*; отъхождаахѫ страсти *Супр 473, 13-14*; мнози отъ чл⟨овѣ⟩къ... съ многоѭ болѣзниѭ житиꙗ сего отъходѧште *Супр 98, 27*.— *Зогр Мар Ас Сав Евх Супр*

ОХОДЪ, -а *м* (1) ἔξοδος уход odchod: пакꙑ свѣтиломъ свѣтѧ • дожи и до отъхода прѣподобьнꙑихъ отьцъ *Супр 190, 9*.— *Ср.* ошьстиѥ

ОХОДЬНИКЪ, -а *м* (1) ἀναχωρητής отшельник poustevník: мелагрии • отъ нихъже кръмѧтъ сѧ иже въ поустꙑни отъходьници *Супр 289, 13*.— *Ср.* ошьльць, поустꙑньникъ

ОХОДЬНЪ, -ꙑи *прил.* (2) [отъход- *Супр* (1)] ἀναχωρητικός отшельнический poustevnický: прѣбꙑ оу него годъ малъ • отъходъноѥ житиѥ сь нимъ живꙑ *Супр 289, 30*.— *Супр 284, 24*

о х о н и ꙗ *Мт 1, 12 Сав см.* нохониꙗ

ОХРЪНѪТИ, -нѫ, -неши *сов.* (1) χωλαίνειν охрометь zchromnout, ochrnout: и охръмѫ отъ стезь своихъ *Пс 17, 46 Син*

ОХОУДИТИ, охоуждѫ, охоудиши *сов.* (1) σμικρύνειν уменьшить zmenšit; *перен.* унизить ponížit: не изиска ѥгоже охоуди *Супр 512, 13*

ОХОУДѢТИ, -ѣѭ, -ѣѥши *сов.* (1) ἐλασσοῦσθαι уменьшиться zmenšit se: не бо ничтоже троица охоудѣѥ *Супр 327, 30*.— *Ср.* оухоудѣти

ОХОУЛИТИ, -лѭ, -лиши *сов.* (2) ἐξυβρίζειν, ἐκπίπτειν (!) опозорить, осрамить pohanět, potupit: и богословьнаего охоулитъ закона • и вꙑшьниѭ ѥго охоулитъ *Супр 338, 12 и 13*.— *Ср.* посрамити, похоулити

ОХѪПИТИ, охѫплѭ, охѫпиши *сов.* (1) περιπλέκειν схватить, обнять uchopit, obejmout: охѫпивъ ѥго и съ слъзами облобꙑзавъ *Супр 527, 20*.— *Ср.* похѫпити

ОЩОУТИТИ, ощоущѫ, ощоутиши *сов.* (15) [оштѫ- *Мар* (1)] ἐπιγιγνώσκειν ощутить, почувствовать pocítit: ι абье и⟨соу⟩съ оштюшть вь себѣ • силѫ ιшьдъшѫ • отъ него *Мк 5, 30 Зогр Мар Сав*, ощоутι *Ас Унд* ● γιγνώσκειν, αἰσθάνεσχαι, οἴεσθαι заменить zpozorovat, poznat: не оштютишѧ • до ιдеже приде вода *Мт 24, 39 Зогр Мар Ас* (2) *Сав*.— *Л 9, 45 Зогр Мар*; *И 11, 57 Зогр Мар*; *Супр 276, 4*.— *Ср.* познати

ОЦЬТЪ, -а *м* (36) [оцет- *Мар* (1) *Ас* (3) *Евх* (1), оцът- *Мар* (2) *Супр* (2)] ὄξος, *вар.* οἶνος; (соль съ оцьтомь ὀξάλμη) уксус, кислое вино ocet, kyselé víno: ι приимъ гѫбѫ • наплънь оцьта *Мт 27, 48 Зогр Мар Ас Сав*; *Мк 15, 36 Зогр Мар*; повелѣ оцьтъ лютъ съ солиѭ растворивъше възливати на хрьбьтꙑ ихъ *Супр 178, 29-30*.— *Зогр Мар Ас Сав Син Евх Супр*

ОЦЬТЬНЪ, -ꙑи *прил.* (3) δριμύς (!) уксусный, кислого вина *род.* octový, kyselého vína *род.*: вькоусихъ оцьта • да разорѫ твоѩ сьмрьти • оцьтьнѫѭ и лютѫѭ чашѫ *Супр 469, 22* ◆ о ц ь т ь н о в и н о ἐσμυρνισμένος οἶνος вино, смешанное с миррой víno smíšené s myrrhou: ι даѣхѫ емоу • пиτι оцьтъно вино *Мк 15, 23 Зогр Мар* (оцьтѣно) *Сав*, озмьрено *Ас*).— *Ср.* озмьрѥнъ, оцьтѣнъ

ОЦЬТѢНЪ, -ꙑи *прил.* (1): о ц ь т ѣ н о в и н о ἐσμυρνισμένος οἶνος вино, смешанное с миррой víno smíšené s myrrhou: даꙗхѫ емоу пити оцьтѣно вино *Мк 15, 23 Сав* (оцьтъно *Зогр Мар*, озмьрено *Ас*).— *Ср.* озмьрѥнъ, оцьтьнъ

ОЦѢЖДАТИ, -аѭ, -аѥши *сов.* (1) διϋλίζειν процеживать, цедить ocezovat, cedit: оцѣждаѭщеи мьшицѫ • а вельбѫдъ поглъштаѭще *Мт 23, 24 Мар* (∅ *Зогр*)

ОЦѢПАТИ, -аѭ, -аѥши *несов.* (1) ἀποστηλοῦσθαι застывать, цепенеть tuhnout, serepět: и инъ ꙗко мрьтвъ оцѣпааше *Супр 466, 14*.— *Ср.* оцѣпѣнѣвати, оцѣпѣнѣти

ОЦѢПѢНѢВАТИ, -ваѭ, ваѥши *несов.* (1) ξηραίνεσθαι застывать, цепенеть tuhnout, serepět: скрьжьштетъ зѫбъи своими и оцѣпѣнѣваетъ *Мк 9, 18 Ас* (оцѣпѣнѣетъ *Зогр Сав*, оцѣпѣнѣатъ *Мар*).— *Ср.* оцѣпати, оцѣпѣнѣти

ОЦѢПѢНѢТИ, -нѣѭ, -нѣѥши *сов./несов.* (5) ναρκᾶν, ξηραίνεσθαι застыть/застывать, оцепенеть/цепенеть ztuhnout/tuhnout, zcepenět/cepenět: како не оцѣпѣнѣ тѣло ѥмꙋ вьсе *Супр 410, 30*; ι скрьжьштетъ зѫбꙑ своими ι оцѣпѣнѣетъ *Мк 9, 18 Зогр Сав*, оцѣпѣнѣатъ *Мар* (оцѣпѣнѣваетъ *Ас*).— *Клоц 4а 22*.— *Ср.* оцѣпѣнѣвати, оцѣпати

ОЦѢСТИТИ, оцѣщѫ, оцѣстиши *сов.* кого, чьто отъ чесо (15) ἱλάσκεσθαι, ἐξιλάσκεσθαι, καθαρίζειν, ἐξαλείφειν, ἀποσμήχειν, στιλβοῦν; (не оцѣщенъ ἀκαθαριστός) очистить očistit: ѥд'на осла ръждѫ желѣзнѫѭ оцѣститъ *Супр 399, 22*; повелѣша принести жьзлиѥ шипьчано не оцѣштено *Супр 258, 16* ● *перен.*: имени твоего ради г⟨оспод⟩ι оцѣсти грѣхъ мои *Евх 75а 7-8*; *Пс 24, 11 Син*; оцѣштѫ сѩ отъ грѣха велика *Пс 18, 14 Син*.— *Пс 7, 13 Син*; *50, 3 Син*; *50, 11 Син*; *64, 4 Син*; *77, 38 Син*; *78, 9 Син*; *108, 14 Син*; *Евх 41а 12*; *Супр 111, 1*; *342, 8*.— *Ср.* истрѣбити, ищистити, отрѣбити, очистити

ОЦѢЩАТИ, -аѭ, -аєши *несов.* (2) εὐιλατεύειν, ἱλασμός (1) очищать očišťovat; *перен.* прощать odpouštět: и оцѣщаѧ безакониѣ • остави грѣхꙑ *Евх 73б 10*; и не забꙑван вьсѣхъ въздаанеі его • оцѣщаѭштаго вьсѣ безаконьньѣ твоѣ *Пс 102, 3 Син.— Ср.* истрѣблꙗти, очищати, чистити

ОЦѢЩЕНИѤ, -ꙗ *с* (8) κάθαρσις, καθαρσμός, ἁγνότης, ἱλασμός, καθαρίζειν (!) очищение očištění: алчъбами же и молитвами • и оцѣштениѥмь тѣлесьнꙑимъ • и чистотѫ срьдьчьнѫѭ помꙑслꙑ присно чиста *Супр 280, 27-28* ● *перен.*: ѣко отъ тебе оцѣштениѥ естъ *Пс 129, 3 Син.— Евр 1, 3 Ен*; *Пс 11, 7 Син*; *Евх 56 18-19*; *41а 4*; *47б 4*; *Супр 457, 10-11.— Ср.* истрѣблѥниѥ, очищениѥ

ОЧЕСЬНЪ, -ꙑи *прил.* (1) *греч. нет* глаз *род. мн.*, глазной očí *род. мн.*, oční: плачь очесьнꙑ *Евх 70а 2*

очи *см.* око

ОЧИВИСТЬ *нареч.* (1) ὀφθαλμοφανῶς видимо, явно viditelně, zjevně: ꙗкоже очивисть вьсѣмъ показати сѧ ѥмоу *Супр 36, 13-14*

ОЧИСТИТИ, очищѫ, очистиши *сов.* кого, чьто отъ чесо (45) καθαρίζειν, καθαίρειν, ἁγνίζειν, ἀποσμήχειν, ἐκκαθαίρειν exuere, purificare, purus (!), emundare очистить očistit: *перен.*: аще хощеши можеши мѧ очистити *Мк 1, 40 Сав* (ιштистити *Зогр Мар*, ищиститі *Ас*); ї отъ грѣха моего очисті мѧ *Пс 50, 4 Син*; да очиститъ (нꙑ о)тъ грѣхъ нашихъ *Киев 3в 19*; да помилованъ бꙑвъ • ι в'сѣкоѩ зълобꙑ очищенъ *Евх 56а 22*; и очистилъ отъ всеѩ скврънꙑ д⟨оу⟩шѫ своѭ *Супр 570, 22.— Зогр Мар Ас Сав Син Киев Евх Клоц Супр.— Ср.* истрѣбити, ищистити, отрѣбити, оцѣстити

ОЧИЩАТИ, -аѭ, -аѥши *несов.* кого, чьто отъ чесо (20) καθαρίζειν, καθαίρειν, ἐκκαθαίρειν, καθαρεύειν, ἀπαρύειν очищать očišťovat: ι прокажении очиштаѭтъ сѧ *Л 7, 22 Зогр Мар* ● *перен.*: и отъ грѣхъ своихъ очищаеши сѧ *Евх 90б 17-18*; очиштаимъ вьсе жтрьнеѥ и вьнѣшьнѥѥ *Супр 430, 27.— Зогр Мар Ас Евх Клоц Супр.— Ср.* истрѣблꙗти, оцѣщати, оучищати, чистити

ОЧИЩЕНИѤ, -ꙗ *с* (27) [очишчениѥ *Киев* (2)] καθαρισμός, κάθαρσις, καθάρσιος (!), καθαίρεσις (!) expiare (!) очищение očištění: на очиштениѥ пльти *Супр 483, 22-23*; ι егда приближишѧ сѧ дьнье очиштеньѣ ею *Л 2, 22 Зогр*, очиштениѣ *Мар*, очищению *Сав Боян*; въ очищение д⟨оу⟩шамъ и тѣломъ *Евх 5а 16-17.— Зогр Мар Ас Сав Охр Боян Син Киев Евх Клоц Супр.— Ср.* оцѣщениѥ, истрѣблѥниѥ

ОЧРЬВЛѤНЪ, -ꙑи *прич.-прил.* (1) κόκκινος окрашенный пурпуром, пурпурный obarvený nachem, purpurově červený: съвлъкъше и • хламидѫ очръвленоѭ одѣшѧ и *Мт 27, 28 Ас* (чръвленоѭ *Зогр Мар*, чрьвеноѭ *Сав*).— *Ср.* чрьвлѥнъ, прапрꙑдьнъ

ОЧРЬНѢТИ, -ѣѭ, -ѣѥши *сов.* (2) [очрън- *Супр* (1)] ἀμαυροῦν (!) почернеть zčernat; *перен.* потемнеть ztemnět: свѣтьла имѫште лица • прѣжде того драхла бꙑвъша отъ страстии и очрънѣвъша *Супр 557, 9*; очрьнѣ (*вм.* очрьни ?) • ѩже създахъ добротѫ *Супр 247, 18*

ОЧРЬЩЕ, -а *с* (1) σκήνωμα шатер, жилище stan, příbytek: ї падѫ посрѣдѣ стана іхъ • ѡкрьстъ оч(р)ьшта *Пс 77, 28 Син.— Ср.* кровъ, скинии

очьшт *Пс 77, 28 Син см.* очрьще

ошъдъи *Супр 128, 12 см.* обити

ошьдꙑи *см.* отити

ошьлъ *И 4, 8 Зогр Мар*; *Супр 366, 15 см.* отити

ОШЬЛЬЦЬ, -а *м* (3) [отъшъльц- *Супр* (2), ѡшелц- *Ен* (1)] ἀναχωρητής отшельник poustevník: бꙑстъ нѣкꙑи отъшьльць • вь веснѣемь градѣ *Супр 514, 7.— Супр 519, 24-25*; *Ен 38а 3.— Ср.* оходьникъ, поустꙑньникъ

ОШЬСТИѤ, -ꙗ *с* (1) ἀποδημία уход odchod: о иного ошьстии *Зогр-лл 2а 4.— Ср.* ишьствиѥ, оходъ

оуктімонъ *Супр 136, 26-27 см.* ѥуктимонъ

П

П *цифра глаг. и кир.* (33) **1.** *глаг.* ἐνενήκοντα 90 **2.** *кир.* ὀγδοήκοντα, π', q' (!) 80.— *Зогр Ас Сав Син.— Ср.* ѻ, ҁ, ч

паведьници *Л 20, 20 Зогр см.* правьдьникъ

павелъ *Евх Клоц см.* павьлъ

пав'лъ, павлъ *Ас Ен Евх Супр см.* павьлъ

павълъ *Евх Клоц Супр см.* павьлъ

ПАВЬЛОВЪ *прил. к* павьлъ (1) τοῦ Παύλου Павлов, Павла *род.* Pavlův: мати павьлова *Супр 84, 15.— Ср.* паулъ

ПАВЬЛЪ, ПАУЛЪ, -а *м имя* (92) [павьл- *Супр* (17), павъл- *Евх* (5) *Клоц* (3) *Супр* (3), пав'л- *Евх* (2), павел- *Евх* (2) *Клоц* (3), павл- *Ас* (7) *Ен* (4) *Супр* (3), паул- *Супр* (44)] Παῦλος, ἀπόστολος (!) Павел Pavel: тако бо с⟨вѧ⟩ты павелъ оучитъ ны *Евх 69а 13*; годъ же се и блаженааго паула на срѣдѫ извести бесѣдꙑ *Супр 356, 6.— Ас Ен Евх Клоц Супр*

ПАГОУБА, -ꙑ *ж* (30) ἀπώλεια, διαφθορά, καταφθορά, ἀναίρεσις, ὄλεθρος; (въ пагоубѣ ἀδιόρθωτος) гибель, пагуба záhuba, zkáza: пространа врата • ı широкъ пѫть • вънодѧи въ пагоубѫ *Мт 7, 13 Зогр Мар Ас*; онъ же хотѧ прѣбꙑвааше въ пагоубѣ *Супр 414, 17* ● λοιμός мор morová rána: бѫдѫтъ глади и пагоубꙑ • ı тѫси по мѣста *Мт 24, 7 Мар Ас* (2) *Сав Зогр-пал* (∅ *Зогр*) ◆ въ пагоубѫ бꙑти εἰς ἀπώλειαν, εἰς ἐξολέθρευσιν γίγνεσθαι погибнуть zahynout, přijít nazmar: бѫдѫ чѧда его вь пагоубѫ *Пс 108, 13 Син.— Зогр Мар Ас Сав Зогр-пал Син Супр.— Ср.* гоубительство, гꙑбѣль

ПАГОУБЬНИКЪ, -а *м* (1) λοιμός губитель zhoubce: бѣ нѣкто презвутеръ... пагоубьникъ образомъ *Супр 186, 19.— Ср.* гоубитель

ПАГОУБЬНЪ, -ꙑи *прил.* (7) ὀλέθριος, λυμεών пагубный zhoubný: освѣтити ѭ • отъ тъмꙑ пагоубънꙑѩ *Евх 32б 1-2* ▭ пагоубьнꙑи *в знач. сущ.* ἁμαρτωλός, *вар.* λοιμός губитель zhoubce: на сѣдалиштı пагоубънꙑихъ не сѣде *Супр 101, 18-19* (грѣшьнꙑихъ *Пс 1, 1 Син*).— *Супр 87, 15; 409, 27; 521, 21; 528, 20-21; 566, 24.— Ср.* гоубитель, гоубительнъ. погꙑбѣльнъ

ПАДАНИѤ, -ниꙗ *с* (6) πτῶμα, πτῶσις, κατάπτωσις падание, падение padání, pád: паданьемь своѥ немоштъ намъ показашѧ *Клоц 5а 20* ● *перен.*: се лежитъ сь • на паданье ı на въстанье многомъ • въ ı⟨здран⟩ли *Л 2, 34 Зогр Ас Сав* (на падение *Мар*) ◆ паданиꙗ исплънити πτώματα πληροῦν наносить поражение *кому-л.* způsobit porážku, porazit *někoho*: сѫдітъ ѩз⟨ꙑ⟩комъ ı исплънітъ паданиѣ *Пс 109, 6 Син.— Пс 105, 29 Син.— Ср.* падение

ПАДАТИ, -аѭ, -аеши *несов.* (22) [п.. *Ен 5б 17*, подаете (!) *Син* (1)] πίπτειν, πρὸς πτῶσιν μεθίστασθαι падать padat: ı желѣѩ насꙑтити сѧ • отъ кроупиць падаѭштиихъ • отъ трепезꙑ богатааго *Л 16, 21 Зогр Мар Ас* ● *перен.*: ı юдѣиска грълꙑні падааше *Клоц 10б 12* ◆ падати на колѣноу γονυπετεῖν падать на колени klekat: приде къ ѥмоу прокаженъ... на колѣноу падаѩ *Мк 1, 40 Зогр Мар Ас Сав*; падати на лици παραρίπτειν ἑαυτὸν ἐπί πρόσωπον падать ниц padat na tvář: въ црькви падаѩ на лици своѥмъ *Супр 168, 9.— Зогр Мар Ас Сав Ен Син Клоц Супр.— Ср.* припадати, покланꙗти (покланꙗти колѣнѣ), прѣгꙑбати, прѣкланꙗти

ПАДЕНИѤ, -ниꙗ *с* (12) πτῶσις, πτῶμα падение padnutí, upadnutí, pád: тꙑ бо еси вьземлѧи • отъ падениѣ молѧщааго сѧ тебѣ *Евх 31б 12.— Л 2, 34 Мар; Супр 341, 30; 351, 10; 425, 11; 513, 20; 513, 30; 518, 29; 520, 27; 521, 2; 522, 21-22; 545, 17.— Ср.* падание

ПАЖИТЬ, -и *ж* (11) [пажитъ *Сав* (1) *Син* (1)] χόρτος, λειμών, νομή пажить, пастбище pažit, pastvina: прогнѣва сѧ ѣрость твоѣ на овьцѧ пажіті твоеѩ *Пс 73, 1 Син*; *Ен 32а 2.— И 10, 9 Зогр Мар Ас* (2) *Сав; Пс 78, 13 Син; 103, 14 Син; Супр 495, 18; 495, 19.— Ср.* паствина, трава

ПАЗНЕГЪТЬ, -и *м* (1) ὁπλή копыто pazneht, kopyto: ı годѣ бѫдетъ б⟨ог⟩оу паче тельца юна • рогꙑ ıздѣѩшта ı пазнегъті *Пс 68, 32 Син*

ПАЗОУХА, -ꙑ *ж* (5) **1.** κόλπος, αἱ ἀγκάλαι пазуха; грудь; охапка hruď; náručí: приемꙑ копие бодѧщее въ пазоухѫ твоѭ *Евх 29а 3*; въдовици коки оубозѣ с⟨ꙑ⟩нъ иночѧдъ ѥд'наче съсꙑ • ѥгоже носѧшти въ пазоусѣ мати ѥмоу *Супр 43, 13* **2.** μασχάλη подмышка podpaží: подъложишѧ (*т. е.* съвалъмꙑ мѣдънꙑ) подъ обѣ пазоусѣ *Супр 263, 30.— Супр 166, 23; 264, 2-3; 327, 10.— Ср.* лоно, ꙗдра

ПАКОСТЬ, -и *ж* (29) τυραννίς, ἀπόνοια, ἐπιθυμία (!); (пакость ѥстъ комоу, чесомоу μαστίζεσθαι; бес пакости ἀβλαβής) вред, обида, несправедливость poškození, škoda, ukřivdění, křivda: и тако вьсѣкоѩ пакости и вьсѣкоѩ бѣдꙑ • вьса вьсѧдоу испльнишѧ сѧ *Супр 210, 4*; мол⟨и⟩твꙑ приносѧщиѩ • бл⟨а⟩г⟨осло⟩ви ı прослави • бес пакости • ı врѣждениѣ в'сего житиѣ • въ храмѣ семь *Евх 14б 22* ◆ пакость, пакости дѣꙗти, творити/сътворити βλάπτειν, ἀδικεῖν, ἐπηρεάζειν, πολεμεῖν, ἐνοχλεῖν, κολαφίζειν причинять/причинить вред, страдание trápit, ubližovat/ublížit: не дѣи емоу пакости • ни рѫкама ни ногама • ни в'семоу тѣлеси *Евх 36б 10*; пакость приꙗти ἀδικεῖσθαι, ἐπηρεάζεσθαι пострадать utrpět křivdu, příkoří: аште пакость примъ помолѫ сѧ за того *Супр 379, 25*; събꙑвактъ сѧ имъ пакости събꙑвати (*вм.* бꙑвати) αὐτοὺς συμβαίνει βλάπτεσθαι это им во зло je jim to ke škodě, ke zlému: отъ възвꙑшениꙗ събꙑваетъ сѧ имъ пакости събꙑвати *Зогр-лл 2б 13-14.— Зогр Мар Ас Сав Евх Клоц Супр Зогр-лл.— Ср.* огавиѥ

ПАКОСТЬНИКЪ, -а *м* (9) τύραννος мучитель trýznitel, mučitel, tyran: съвѧзани же бꙑвъше... идѣахѫ веселѧште сѧ къ пакостьникоу *Супр 58, 30.— Супр 58, 18-19; 63, 30; 68, 6; 69, 25; 73, 16; 76, 3; 512, 26 и 26-27.— Ср.* мѫчитель

ПАКЫ *нареч. и частица или союз* (>400) I. *нареч.* **1.** πάλιν, ἔτι, ἀνα-, μᾶλλον (!) опять, снова, вновь, еще opět, zase, znovu, ještě: пакы поꙗтъ его неприѣзнь *Мт 4, 8 Зогр Ас Сав Боян* (∅ *Мар*); і къде прыꙗти пакы зракъ свои *Евх 34а 20*; пакы радости благовѣштениѥ • пакы свободѣ възвѣштениѥ • пакы възваниѥ пакы възвраштениѥ • пакы веселиѥ • пакы работꙑ избавьѥниѥ *Супр 243, 28-29* ● не... пакы οὐ... ἔτι больше не už ne: не приложітъ въблаговолиті пакы *Пс 76, 8 Син* **2.** πάλιν, ἔτι также, кроме того dále, také, kromě toho: сьвѣдѣтельствоуѥтъ сарра • и сь нею ревека • и пакы анна *Супр 250, 2* **3.** εἶτα, πάλιν, τότε потом potom, pak: пакы же повелѣ кнѧзъ гвоздиꙗ раждегъше жешти ѩ по хрьбьтоу *Супр 178, 26* II. *в знач. частицы или соединительного союза* ἐτί, πάλιν, αὖ πάλιν затем, потом dále, pak, potom: ни отъ таковааго д⟨оу⟩ховьнааго юноша... подобаатъ слоуж'бѫ примати • ни ономоу пакы сътрьпѣти оть него... слоужьбѫ примати *Супр 548, 16* ● пакы... и, и... пакы *в усилительном значении* ἔτι καί даже и dokonce i, nadto i: възвеселітъ сѧ срьдьце мое • и въздрадова сѧ ѩзꙑкь мої • пакы же і плотъ моѣ въселітъ сѧ на оупъванъе *Пс 15, 9 Син* ● *в противительном значении* однако však: бѣаше бо ти лице блѣдо видимо • нꙑнꙗ же пакы свѣтъло акы сльнце *Супр 159, 21-22.— Зогр Мар Ас Сав Охр Боян Ен Син Служ Киев Евх Клоц Супр Хил Рыл*

ПАКЫБЫТИѤ, -ꙗ *с* (2) παλιγγενεσία будущая жизнь znovuzrození, budoucí život: въ пакыбытии • егда сѧдетъ с⟨ы⟩нъ чл⟨о⟩в⟨ѣчь⟩скы • на прѣстолѣ славы своеꙗ • сѧдете и вы *Мт 19, 28 Мар Ас* (пакы бѫдете *Сав*, ∅ *Зогр*)

ПАЛАТИНИ, -ꙗ *м* (1) *греч. нет* сановник, придворный palatýn, dvořan: приде нѣкто палатиї • отъ ц⟨ѣса⟩рьствоуѭштааго сы града *Супр 562, 6.— Ср.* палатинъ

ПАЛАТИНЪ, -а *м* (3) *греч. нет* сановник, придворный palatýn, dvořan: г⟨лаго⟩лааше мъчтоу быти и раздороу • о палатинѣ бывъшоуоумоу чоудоу *Супр 563, 21.— Супр 563, 20; 563, 24-25.— Ср.* палатини

ПАЛЕСТИНЪ, -а *м страна* (1) Παλαιστίνη Палестина Palestina: иде на аравиѭ и на палестинъ *Супр 291, 28*

ПАЛЕСТИНЬСКЪ, -ꙑи *прил. к* палестинъ (1) τῆς Παλαιστίνης палестинский palestinský: дастъ ѥмоу палестинъскꙑѧ страны *Супр 236, 29*

ПАЛИТИ, палѭ, палиши *несов.* (5) **1.** что φλογίζειν палить, сжигать, зажигать pálit, spalovat, zapalovat: ижднни із него... в'сѧ ѩзꙑ... палащѧ грътань его *Евх 29б 23* **2.** *без доп.* φλέγειν, φλέγεσθαι, φλόξ (!) гореть, пылать hořet, planout: творѧ... слоугꙑ своѩ огнь палѧщь *Пс 103, 4 Син*; *Евр 1, 7 Ен.— Супр 39, 7; 232, 17.— Ср.* горѣти, жещи, опалꙗти, полѣти

ПАЛИЦА, -ѧ *ж* (6) [полица (!) *Супр* (1)] ῥάβδος, βακτηρία посох, палка hůl: жезлъ тво-і палица твоѣ та мѧ оутѣшисте *Пс 22, 4 Син* ● *перен.*: оупасеши ѩ палицеѭ желѣзноѭ *Пс 2, 9 Син.— Супр 2, 19; 2, 24; 4, 5; 336, 8.— Ср.* дрьколь, жрьдь, посоха

ПАЛѤНИѤ, -ꙗ *с* (1) φλογισμός жжение, ожог pálení, popálení: плакаахѫ сѧ тѫжаште отъ болѣзни палѣниꙗ *Супр 39, 15*

ПАМФИЛЪ, -а *м имя* (1) Πάμφιλος Панфил Pamphilus: с⟨вѧ⟩тъих⟨ъ⟩ м⟨ѫ⟩ч⟨енн⟩къ • памфила оуалента *Ас 142б 14*

паманѫ *Супр 423, 19 см.* поманѫти

ПАМѦТИВЪ, -ꙑи *прил.* (2) (памѧтивъ зълоу μνησίκακος) памятливый, не забывающий pamětlivý, nezapomínající: аште... памѧтиви ѥсмъ • зълоу *Супр 424, 5* (гнѣвъ же дръжімъ *Клоц 9б 16*)

ПАМѦТИѤ, -ꙗ *с* (1) ὑπόμνησις память památka, vzpomínka: проповѣдимъ сьпасьнааго дьни памѧтиѥ *Супр 479, 13.— Ср.* памѧть, помѧновениѥ

ПАМѦТЬ, -и *ж* (81) [памѧ(т҇) *Ас Сав Ен*, памѩ(т҇) *Ас*, па(м҇) *Ас*, па(т҇) *Ас*, пѣ҇ть, пати (!) *Евх* (1)] **1.** μνήμη память paměť: тꙑи вь своеи памѧти б⟨о⟩ж⟨е⟩с⟨тв⟩ьнѣи съдръжиши в'сѣхъ дѣлеса *Рыл 76β 15* **2.** τὸ μνημόσυνον, μνήμη, μνεία, ὑπόμνησις, ὑπόμνημα, χρεία (!), ποίμνη (!) память, воспоминание památka, paměť, vzpomínka: еже сътвори си • г⟨лаго⟩лано бѫдетъ въ п⟨амѧ⟩ть еꙗ *Мк 14, 9 Зогр Мар*; потрѣбітъ сѧ отъ землѩ памѩтъ іхъ *Пс 108, 15 Син*; си ор'ганы възѧшѧ • егда ꙗ плѣнишѧ да імѫтъ памѧть домашьнѣго житьѣ *Клоц 7а 36*; *Супр 418, 27* ● μνήμη торжество slavnost: нед⟨ѣлѣ⟩ в҃ в нѭж⟨е⟩ бъив⟨а⟩ет⟨ъ⟩ памѧт⟨ь⟩ иосифоу іже ѡт⟨ъ⟩ аріма-ѳеꙗ *Ас 116а 8* ● τὰ ὑπομνήματα житие legenda: съписа же памѧть с⟨вѧ⟩тꙑихъ *Супр 271, 19* □ памѧть творити μνήμην ποιεῖσθαι поминать připomínat, vzpomínat: покои д⟨оу⟩шѧ рабъ твоихъ... ѡ нихъже памѧть творимъ нꙑнѣ *Евх 64а 6*; бес памѧти *греч. нет* без внимания bez povšimnutí: не мози мене оставити бес памѧти въ херсоньстѣ градѣ *Супр 539, 9.— Зогр Мар Ас Сав Ен Син Евх Клоц Супр Рыл.— Ср.* въспоминаниѥ, памѧтиѥ, помѧновениѥ, праздьникъ, праздьньствиѥ, праздьньство

ПАНИЦА, -ѧ *ж* (2) *греч. нет* чан, сосуд nádrž, nádoba: сътвори паницѫ зѣло малѫ •

на приманик дъждьныихъ водъ *Супр 549, 13.— Супр 552, 15-16.— Ср.* паничица, съсѫдъ

ПАНИЧИЦА, -ѧ *ж* (3) *греч. нет* чан, сосуд nádržka, nádoba: отврьзе двьри паничицѧ • и обрѣте ѭ испльнь *Супр 550, 1.— Супр 549, 23; 549, 25.— Ср.* паница, съсѫдъ

ПАНТЕЛЕИМОНЪ, -а *м имя* (1) Παντελεήμων Пантелеймон Pantaleon: мѣ⟨сѧ⟩ца июл⟨ѣ⟩ ҃кз с⟨вѧ⟩таго пантелеимона м⟨ѫ⟩ч⟨ени⟩ка *Ас 151а 2*

п а н ф о т ь *Ен 36б 4 см.* пафнотъ

ПАПА, -ы *м* (1) πάπας папа papež: житик григора папы роумъска'го *Супр 119, 15.— Ср.* папежь

ПАПЕЖЬ, -а *м* (5) πάπας pontifex папа papež: б⟨ог⟩ъ иже нъи... блаженаго климента мѫченика твоего і папежа чьстьѭ веселіші *Киев 1б 4.— Ас 127б 5; 136б 17-18; 141б 7; Ен 4б 17-18.— Ср.* папа

ПАПРЬТЪ, -а *м* (3) [папръ- *Евх* (1)] νάρθηξ притвор (chrámová) předsíň, nartex: поимѫтъ и чрънььци • и постригѫтъ и въ папрътѣ *Евх 96б 13.— Супр 296, 5; 296, 15*

ПАПОУЛЪ, -а *м имя* (1) Παπύλος Папила Papylus: мѣ⟨сѧ⟩ца октов⟨ра⟩ ҃ві с⟨вѧ⟩т⟨ы⟩х⟨ъ⟩ м⟨ѫ⟩ч⟨ени⟩к⟨ъ⟩ • папоула распа (!) анавла (!) *Ас 122б 18*

ПАРАКЛИТЪ, -а *м* (17) παράκλητος защитник, заступник, утешитель ochránce, přímluvce, utěšitel: параклитъ же д⟨оу⟩хъ с⟨вѧ⟩ты *И 14, 26 Зогр Мар Ас* (пакы тъжде (!) *Сав*).— *Зогр Мар Ас Сав.— Ср.* оувѣтьникъ

ПАРАСКЕВЬГИ(И), ПАРАСКЕВЬГИІА, -иѩ *ж* (25) [параскевьѓи- *Зогр* (6) *Мар* (6) *Клоц* (1), параскев'ѓи- *Ас* (7), параскевьги- *Сав* (1), параскевъги- *Боян* (2), паскеоуѓи (!) *Ас* (1), ..скевги (!) *Ен* (1); *им. ед.* -ги *Зогр* (2) *Мар* (2) *Боян* (2) *Ен* (1), -гии *Зогр* (2) *Мар* (2) *Ас* (5), -гиа *Сав* (1)] παρασκευή пятница pátek: дьнь бѣ параскевьѓи • і сѫбота свитааше *Л 23, 54 Зогр,* параскевьѓи *Мар* ◆ в е л и к а ꙗ п а р а с к е в ь г и(и) ἡ μεγάλη παρασκευή страстная пятница Velký pátek: чьтенье • въ великѫѭ параскевьѓиѭ *Клоц 9б 33.— Зогр Мар Ас Сав Боян Ен Клоц.— Ср.* пѧтъкъ

ПАРЕМИІА, ПАРИМИІА, -иѩ *ж* (2) [паре- *Евх* (1), парим.. *Ен* (1)] *греч. нет* паремия (*чтение из Ветхого завета*) paremie (*čtení ze Starého zákona*): по сем⟨ь⟩ чьтет⟨ъ⟩ паремиѭ *Евх 5а 10.— Ен 18а 7*

ПАРЕНЕСИСЪ (?), -а (?) *м* (1) *греч. нет* проповедь, поучение parainese, kázání, poučení: (слов)о •҃б• п(аренесиса) *Рыл 3, 1.— Ср.* казаник, проповѣданик, проповѣдь

п а р и м и ꙗ *Ен 18а 7 см.* паремиꙗ

ПАРИТИ, парѭ, париши *несов.* (1) πέτεσθαι летать, парить létat, letět: по въздоухоу парѧшта силы разгънавъ *Супр 353, 10-11.— Ср.* пьрати

ПАРОПСИДА, -ы *ж* (2) [поро- *Мар* (1)] παροψίς блюдо mísa: очиштаате вънѣщънее стькльници • і паропсидѣ *Мт 23, 25 Мар* (∅ *Зогр*).— *Мт 23, 26 Мар.— Ср.* блюдо, миса, окринъ, солило

ПАРѲЕНЕОНЪ, -а *м местность* (1) Παρθενών Парфенон Parthenon: отидошѧ отъ ригеѡна нарицакмъıи (! *вм.* -ааго) малъıи тръгъ • до глаголемаго парѳенеѡна *Супр 542, 9*

ПАСИНИКЪ, -а *м имя* (1) Πασίνικος Пасиник Pasinik: сълоучи сѧ мѫжоу сестры кго марнѩ • пасиникоу нарицакмоу • строити рамѣньскѫ власть *Супр 281, 21*

п а с к е о ү ѓ и и (!) *И 19, 31 Ас 118б 2 см.* параскевьѓи(и)

ПАСТВА, -ы *ж* (2) ποίμνιον, ποίμνη стадо stádo *перен.*: събраша съборъ... да пастоуха оубивъше паствѫ ражденѫтъ *Супр 385, 16-17.— Супр 355, 28*

ПАСТВИНА, -ы *ж* (4) νομή пастбище pastvina, pastva *перен.*: мы людие паствинъı его *Пс 94, 7 Син* ◆ с т а р ѣ и ш и н а п а с т в и н ѣ ὁ ἀρχιποιμήν главный пастух vrchní pastýř *перен.*: влькомъ • себе си... положивъ старѣишина паствинѣ • ловитвѫ сътворитъ оуловьшиимь *Супр 328, 26-27.— Пс 99, 3 Син; Супр 342, 21-22.— Ср.* пажить

ПАСТВИНЬНЪ *прил.* (1) τῆς χλόης пастьбы *род.*, пригодный для пастьбы pastvy *род.*, vhodný k pastvě: на мѣстѣ паствинънѣ тоу мѧ въселі *Пс 22, 2 Син*

п а с т в ы *Супр 503, 5 см.* съпаства

ПАСТИ[1]**, ПАСТИ СѦ,** падѫ (сѧ), падеши (сѧ) *сов.* на кого; въ чьто; на комь, чемь; въ чемь; при чемь; подъ цѣмь, чимь; прѣдъ цѣмь (>100) [пасти *Зогр Мар Ас Сав Син Евх Клоц Супр,* пасти сѧ *Зогр Мар Ас Сав Син Супр*] πίπτειν, καταπίπτειν, ῥίπτειν ἑαυτόν, καταντᾶν, λείπειν (!); (пасти на комь ἐπιπίπτειν; пасти прѣдъ цѣмь προσπίπτειν, προσέρχεσθαι) упасть, пасть padnout, spadnout, upadnout: і паде сѧ (*т. е.* храмина) • і бѣ раздроушение еѩ велие ѕѣло *Мт 7, 27 Зогр Мар Ас,* паде *Сав* ● пасть на колени pokleknout, padnout na kolena: падъши прѣдъ нимь • за нѥже винѫ прикоснѫ сѧ емь • повѣдѧ *Л 8, 47 Зогр Мар Ас Сав* ● пасть, погибнуть (*в битве*) padnout v bitvě: подраживъ борьцѧ прѣдъпльчьныѩ • ции въ прьвѣѥмь штитѣ падъшаaго • авик напльнѣатъ тръıтъ • да не чело ихъ възмѫтитъ сѧ •

падъшимъ *Супр 93, 28 и 30* ● пасть, упасть klesnout: ты рачи нынѣ призьрѣти на раба твоего сего • падъша грѣхы *Евх 30а 21-22.— Зогр Мар Ас Сав Син Евх Клоц Супр.— Ср.* напасти, отъпасти, съпасти

ПАСТИ[2], пасѫ, пасеши *несов.* кого чьто (52) [п҃сы *Сав* (1), пасъ (!) *Евх* (2), пасстъ (!) *Сав* (1)] βόσκειν, ποιμαίνειν, νέμειν пасти pást: посъла і на села своѣ • пастъ свинии *Л 15, 15 Зогр Мар Ас*, пасстъ (!) *Сав*; бѣ же далече отъ нею • стадо свинии много пасомо *Мт 8, 30 Зогр Мар Ас Сав* ● *перен.*: пасті нѣкова раба своего *Пс 77, 71 Син* ▭ п а с ы и *в знач. сущ.* ὁ βόσκων пастух pastýř: і пасѫштеи свиньѩ бѣжашѧ *Мк 5, 14 Зогр*, пасѫшти *Мар* ▭ п а с т и с ѧ βόσκεσθαι пастись pást se: пасѫштемъ же сѧ вельбѫдомъ тоу *Супр 217, 28.— Зогр Мар Ас Сав Ен Син Евх Супр*

ПАСТОУХОВЪ *прил.* (1) τοῦ ποιμένος пастуха *род.*, пастушеский pastýřův *перен.*: авьлъ пожърены прѣжде... пастоуховъ образъ бывъ' *Супр 460, 14*

ПАСТОУХЪ, -а *м* (33) ποιμήν пастух pastýř: і мили емоу бышѧ • за не бѣахѫ ѣко овьцѧ не імѫштѧ пастоуха *Мк 6, 34 Зогр* (пастырѣ *Мар*) ● *перен.* пастырь pastýř: нъ и большаѩ съподоби сѧ чьсти • пастоухъ бывъ словесънымъ овцамъ владычьнмъ *Супр 526, 29-30.— Зогр Сав Супр.— Ср.* пастырь

ПАСТЫРЬ, -рꙗ *м* (54) ποιμήν пастух pastýř: ѣкоже пастырь разлѫчаетъ • овьцѧ отъ козьлишть *Мт 25, 32 Зогр Ас*, пастыръ *Мар* (пастоухъ *Сав*); азъ есмь пастырь добрыи *И 10, 11 Зогр Мар Ас* (пастоухъ *Сав; Супр 478, 12*) ● *перен.* пастырь pastýř: съвѣдѣтель же добрыи їwанъ нашъ прѣподобьныи пастыръ *Супр 277, 29.— Зогр Мар Ас Боян Евх Клоц Супр.— Ср.* пастоухъ

п а с т ѣ *Ас Охр Унд Супр см.* пасха

ПАСХА, -ы *ж и нескл.* (>100) [па(с҃) *Ас*, п(с҃) *Ас*, пахсхѫ (!) *Клоц* (1)] **1.** πάσχα Пасха, праздник Пасхи velikonoce, velikonoční slavnost: бѣ же пасха і опрѣсньци • по дъвою дьноу *Мк 14, 1 Зогр Мар*; недѣлѣ великыѩ пасха *Ас 1аβ 8* **2.** πάσχα, ἀμνός пасхальная жертва, пасхальный агнец velikonoční oběť, velikonoční beránek: къде хоштеши і оуготоваемъ ти ѣсти пасха *Мт 26, 17 Зогр*, пасхѫ *Мар Ас Сав Клоц* (7) *Супр* (6).— *Зогр Мар Ас Сав Охр Унд Боян Евх Клоц Супр*

п а с ы *Супр 492, 22 вм.* пакы

п а т и *Евх 59а 1 см.* памѧть

ПАТРИАРХОВЪ *прил.* (1) κατὰ τὸν πατριάρχην патриарха *род.*, патриарший patriarchův: хотѣхъ патріарховѫ бесѣдѫ къ вамъ • простърѣті *Клоц 3а 27.— Ср.* патриаршьскъ

ПАТРИАРХЪ, -а *м* (21) [патриаръх- *Служ* (1)] **1.** πατριάρχης праотец, предок, патриарх praotec, předek, patriarcha: о... (бр)атрѣхъ нашихъ • от⟨ь⟩цихъ • патри(ар)ъсѣхъ • пр⟨оро⟩цѣхъ *Служ 3б 1-2* **2.** πατριάρχης, πρόεδρος; (патриархоу быти ἱεραρχεῖν) патриарх patriarcha: и въсходитъ патриархъ на амбонъ *Ен 30б 18.— Ас Ен Служ Супр*

ПАТРИАРШЬСКЪ, -ыи *прил.* (1) τῶν πατριαρχῶν патриархов *род. мн.*, патриаршеский patriarchů *род. мн.*, patriarchální: по обычаю патриар'шъскоу • повелѣ... привести в҃і маломошти • на трепезѫ своѭ *Супр 121, 7—8.— Ср.* патриарховъ

ПАТРИАРШЬСТВО, -а *с* (2) ἱεραρχία, τὸ πατριάρχην γίγνεσθαι патриаршество patriarchát, úřad patriarchy: прѣжде патриаршъства • црьноризьць бѣ *Супр 119, 18.— Супр 288, 20-21*

п а т р и а р ъ х ъ *Служ 3б 1-2 см.* патриархъ

ПАТРИКИИ[1], -иꙗ *м* (1) πατρίκιος патриций patricij: отъ дроужины отътръгъше • лютыѩ и безмілостивыѩ слоугы диꙗволовы • костан'тина патрикиꙗ на земи сѫшта *Супр 64, 5*

ПАТРИКИИ[2], -иꙗ *м имя* (6) [патрикь *Супр* (1)] *греч. нет* Патрикий Patricius: патрикии иже блаженыѩ памѧти еп⟨иског⟩пъ • новыѩ кесариѩ града *Супр 551, 20*; прѣподобьнъи патрикь еп⟨иског⟩пъ *Супр 552, 3.— Супр 552, 13; 561, 11; 561, 14; 561, 21*

п а т р и к ь *Супр 552, 3 см.* патрикии[2]

п а оу ч и н а *Пс 89, 9 Син см.* паѫчина

ПАФНОТЪ, -а *м имя* (2) [панфотъ (!) *Ен* (1)] Παφνούτιος Пафнутий Pafnutij: мѣ⟨сѧ⟩ца сеп⟨тѧ⟩б⟨ра⟩ к҃д • с⟨вѧ⟩таго... м⟨ѫ⟩ч⟨ени⟩ка и чрънца пафнота *Ас 121а 25; Ен 36б 4*

ПАХОМИИ, -иꙗ *м имя* (1) Παχώμιος Пахомий Pachomius: мѣ⟨сѧ⟩ца маѣ г҃і • с⟨вѧ⟩та⟨а⟩г⟨о⟩ пахомиѣ *Ас 146б 4*

п а х с х ѫ *Клоц 6а 29 см.* пасха

ПАЧЕ *нареч.* (>200) **1.** μᾶλλον, πλέον, πλεῖον, πλείω, ἐπὶ πλεῖον, μεῖζον, μειζόνως, περισσότερον, μᾶλλον περισσότερον, ὑπέρ, πάλιν (!), πάνυ (!); (паче почисти προτιμᾶν) больше více: прохождааше же паче слово о немь • і сънимаахѫ сѧ народи мнози *Л 5, 15 Зогр Мар*; ношть съгладавъ вь нейже паче лютость бывактъ *Супр 89, 6*; нынѣ же паче вьпиемъ о братрѣ нашемь *Евх 27б 7* ● *с прил. образует сравн. ст.* более (více): паче похвалено доуши твоеи дрьзновение *Супр 456, 16* ● *с прил. в сравн. ст.* μᾶλλον намного, гораздо mnohem: не вы ли паче лоучьши іхъ есте *Мт*

6, 26 *Зогр Мар Ас* (*Сав нет*) **2.** μᾶλλον, προσέτι даже, сверх того dokonce, navíc: паче же и самого г⟨оспод⟩а мы кємъ съвлькъшен *Супр 90, 29* ● μᾶλλον, μάλιστα скорее spíše: ıдѣте же паче къ овьцамъ погыбъшимъ домоу ı⟨здраи⟩лева *Мт 10, 6 Зогр Мар Ас* (пакы *Сав*); оумрѣти изволѭ паче • а не прѣстѫпити словесе кмоу *Супр 126, 22* ● μάλιστα, ἐξαιρέτως прежде всего, главным образом, в частности především, hlavně, zvláště: ı ничьтоже отъметъно паче б⟨о⟩жиємь словомь • ı молитвоѭ *Евх 19б 23-24* □ паче из лиха, паче ѕѣло μᾶλλον περισσότερον, πολλῷ μᾶλλον еще больше, еще сильнее ještě více: онъ же паче ѕѣло въпиѣше г⟨лаго⟩лѧ *Л 18, 39 Зогр Мар*, паче *Ас*; еликоже ıмъ тъ запрѣштааше • они паче ıз лиха проповѣдаахѫ *Мк 7, 36 Зогр Мар Ас Боян*, паче *Сав* **3.** πλέον, ὑπέρ, παρά, μᾶλλον ἤ, πλείονα, πλείω, χειρόνως (!) более, больше (чем) více než, nad: ıже любитъ о⟨ть⟩ца ли матерь паче мене • нѣстъ мене достоıнъ *Мт 10, 37 Зогр Мар Ас* (2) *Сав* (2); мьните ли ѣко ти длъжьнѣише бѣшѧ • паче всѣхъ ч⟨ловѣ⟩къ *Л 13, 4 Зогр Мар*; ѣко лоучьши милостъ твоѣ паче живота *Пс 62, 4 Син* □ паче неже, паче нежели, паче некъли μᾶλλον ἤ, μᾶλλον ἤπερ более чем více než: радоуєтъ сѧ о неи паче • неже о девати десѧтъ и девати *Мт 18, 13 Мар Сав*, паче • нежели *Ас* (Ø *Зогр*); възлюбишѧ бо паче славѫ ч⟨ловѣчь⟩скѫ • неже славѫ б⟨о⟩жиѭ *И 12, 43 Зогр Мар Ас*; ѡ съборе влъкъ(мъ) паче кръвиѭ питомомъ некли чловѣкомъ богоносьцемъ *Супр 385, 27.— Зогр Мар Ас Сав Унд Боян Зогр-пал Ен Син Евх Клоц Супр Зогр-лл.— Ср.* излиха, лихо, мъного, наипаче

ПАЖЧИНА, ПАѪЧИНА, -ы *ж* (3) [паж- *Син* (1), паѭ- *Супр* (1), паоу- *Син* (1)] ἀράχνη; (паѭчины хоуждъшиѩ слава ἀραχνόδοξος βδέλλα) паутина pavučina: лѣта наша ѣко паоучина поучаахѫ сѧ *Пс 89, 9 Син.— Пс 38, 12 Син; Супр 274, 14-15*

паѭчина *Супр 274, 14-15 см.* пажчина

павлъ *Супр см.* павьлъ

ПАУЛЬ *прил. к* павьлъ (2) τοῦ Παύλου Павлов, Павла *род.* Pavlův: великъ богъ паулѣ и їоулиѩнинъ *Супр 3, 13.— Супр 13, 3.— Ср.* павьловъ

п'ваник *Супр 384, 4 см.* пъваник

пвати *Супр 297, 5 см.* пъвати

ПЕЛЕНА, -ы *ж* (6) σπάργανον пелена, пеленка plena, plínka: пелены въ рождъство приємлетъ • пеленамі • ı сьде повьѣєтъ сѧ *Клоц 14а 11 и 12; Супр 451, 24 и 24-25* ● *перен.*: кр'стъ ı моука и гвоздие • ı съмрьть сı животоу • бесъмрътъноумоу быважтъ пелены *Клоц 10б 22* ◆ отъ самѣхъ пеленъ ἐξ αὐτῶν τῶν σπαργάνων в раннем детстве v útlém věku: даждъ ми сего стран'нааго • бѣжавъшааго от' самѣхъ пеленъ вь єгуптъ *Супр 455, 4*

пентикостинъ *Сав 28а 4; 131а 13-14 см.* пати-

пентикостиѥ *Сав см.* пати-

пеньтикостинъ *Сав 140б 18-19 см.* пати-

пепелъ *Супр 80, 29; 297, 14-15; 297, 25 см.* попелъ

ПЕРГАМИИ, -иѩ *м имя* (1) Περγάμιος Пергамий Pergamius: нъ и братъ кмоу пергамии • обѣма цѣсарема въгодивъ • и старѣишинъства многа градънаѩ прѣдръжавъ *Супр 281, 1*

ПЕРИНИИ, -иѩ *м имя* (4) [перни- *Ен* (1)] Περίνιος Периний Perinius: с⟨вѧ⟩т⟨а⟩го м⟨ѫ⟩ч⟨ени⟩ка корната • еп⟨и⟩скоупа иконъска... при перни кнѧѕ(и) *Ен 29б 15.— Супр 101, 20; 104, 8; 116, 21*

перни *Ен 29б 15 см.* перинии

ПЕРСИ *м мн. жители страны, страна* (1) Περσίς персы, персияне; Персия Peršané; Persie: с⟨вѧ⟩тъıх⟨ъ⟩ м⟨ѫ⟩ч⟨ени⟩къ р҃ї • ıже в персѣх⟨ъ⟩ *Ас 145б 19.— Ср.* персѣнинъ

перскъ *Ен 38а 7-8 см.* персьскъ

ПЕРСЬСКЪ *прил.* (7) [персск- *Супр* (1), перъсъск- *Ен* (1), перскъ *Ен* (1)] περσικός, τῶν Περσῶν персидский perský: обрѣтошѧ сѧ въ персьстѣ земи *Супр 255, 11.— Ен 36б 4; 38а 7-8; Супр 254, 28; 257, 20; 260, 8; 264, 2*

ПЕРСѢНИНЪ,-а *м* (4) Πέρσης перс, персиянин Peršan: страс⟨ть⟩... с⟨вѧ⟩таго м⟨ѫ⟩ч⟨ени⟩ка нѣкова пер'сѣнина *Ас 127б 12*, персѣнина *Унд 2а 13.— Супр 291, 26-27; 566, 24.— Ср.* перси

перъсъскъ *Ен 36б 4 см.* персьскъ

ПЕРЬНАТЪ, -ыи *прил.* (1) πτερωτός пернатый opeřený, pernatý: одъжді на нѩ... ѣко пѣсокъ морескъ пътицѩ перьнатъı *Пс 77, 27 Син*

песьи *Пс 77, 45 Син см.* пьсии

ПЕТАСЪ, -а *м название капища* (1) Πέτασος Петас Petason: бѣаше же храмъ коумир'скъıи искони • нарицакмъıи петасъ *Супр 17, 8*

ПЕТРОВЪ *прил. к* петръ (14) τοῦ Πέτρου Петра *род.*, Петров Petrův: бѣ же филипъ отъ видсаıдьска града • андреова ı петрова *И 1, 45 Зогр Мар Ас Сав*; мѣ⟨сѧ⟩ц⟨а⟩ ѕ҃ї жжа петрова *Сав 149б 19* (цѣлованиє и поклан'ѣние веригам⟨ъ⟩ с⟨вѧ⟩таго ап⟨осто⟩ла петра *Ас 141а 16*)

ПЕТРЪ, -а *м имя* (>200) Πέτρος, πέτρα

Petrus Петр Petr: ты еси петръ • и на семь петрѣ • съзиждѫ цр⟨ъ⟩ковь моѭ *Мт 16, 18 Ас* (петръ • і на семь камене *Зогр Мар*).— *Зогр Мар Ас Сав Боян Ен Служ Киев Евх Клоц Супр*

ПЕЩЕРА, -ы *ж* (29) σπήλαιον, ἄντρον; (подоболичьнъ пещерѣ σπηλαιοειδής; распалиньнаꙗ пещера ὁ πυθμὴν τοῦ καταλύματος) пещера jeskyně, sluj: приде къ гробоу • бѣ же пещера • и камень належаше на нѭ *И 11, 38 Сав* (пешть *Зогр Мар Ас*); блаженыи же сава... отиде тридесѧтъ пьпришть въ дал҄ѧ отъ манастирѣ • и вьлѣзъ въ пештерѫ *Супр 287, 7* ● *перен.* притон, вертеп doupě, pelech: не приемлетъ чьсти блазньничѧ • не вьлазитъ въ оубител҄ьничьскѫ пештерѫ *Супр 510, 3.— Сав Супр.— Ср.* врьтъпъ, ограда, пещь

ПЕЩЕРЬНЪ, -ыи *прил.* (2) τοῦ σπηλαίου пещерный, пещеры *род.* jeskynní, jeskyně *род.*: новѫѭ съставивъ лаврѫ • и на пештерьнѣ гражденик пришьдъ *Супр 293, 6.— Супр 218, 17*

ПЕЩИ, пекѫ, печеши *несов.* (2) (печенъ ὀπτός) печь péci: они же дашѧ емоу рыбы печены чѧсть *Л 24, 42 Мар Ас* (∅ *Зогр*)

ПЕЩИ СѦ, пекѫ сѧ, печеши сѧ *несов.* за кого; о комь, чемь; въ чемь; при чемь; цѣмь, чимь (75) **1.** μεριμνᾶν, μέλειν, ἐπιμελεῖσθαι, φροντίζειν, φρουρεῖν; (прѣжде пещи сѧ προμεριμνᾶν) печься, ухаживать, заботиться, заниматься starat se, pečovat; zabývat se: и не печеши сѧ ни о чесомъ *Мт 22, 16 Сав* (і ни о комьже не родиши *Мар Ас*, ∅ *Зогр*); чьто въ прочиихъ печете сѧ *Л 12, 26 Зогр Мар*; при одежди что сѧ печете *Мт 6, 28 Сав*, о одежди чьто сѧ печете *Зогр Мар Ас*; ꙗкоже и за приключьшаѧ сѧ кмоу пешти *Супр 374, 10-11*; вьсачьскы печааше сѧ имъ *Супр 409, 24* ● μεριμνᾶν, φρονεῖν, ἐπιμέλειαν προσφέρειν стремиться, стараться snažit se, usilovat: како възвращаете сѧ вьспѧть • и пакы печете сѧ творити ꙗз(ы)чьскаѣ в'сѣ *Рыл 2аβ 30* **2.** λυπεῖσθαι, ὀδύρεσθαι, συναλγεῖν сокрушаться, скорбеть rmoutit se, kormoutit se, být smutný: кдинъ отъ васъ прѣдастъ мѧ • и пекѫще сѧ зѣло начѧшѧ г⟨лаго⟩лати емоу *Мт 26, 22 Сав* (скръбѧште *Зогр Мар Ас*).— *Зогр Мар Ас Сав Ен Супр Рыл.— Ср.* небрѣщи, печалити сѧ, печаловати сѧ, радити, скръбѣти

ПЕЩЬ, -и *ж* (26) **1.** κάμινος, κλίβανος, φοῦρνος печь pec: трѣвѫ • дьньсь на селѣ сѫштѫ • і оутрѣ въ пешть въмѣтаемѫ *Л 12, 28 Зогр Мар*; положиши ѩ ѣко пешть (о)гньнѫ въ врѣмѧ лица твоего *Пс 20, 10 Син* **2.** σπήλαιον пещера jeskyně, sluj: бѣ же пешть і камень належааше на нѥи *И 11, 38 Зогр Мар Ас* (пещера *Сав*).— *Зогр Мар Ас Сав Унд Син Евх Супр.— Ср.* врьтъпъ, ограда, пещера, пещьница

ПЕЩЬНИЦА, -ѧ *ж* (3) κάμινος, καπνός (!) печь pec: вьнидоста сь нимъ въ огнь... ставъ же алеѯандръ посрѣдоу пештьница *Супр 164, 10-11.— Супр 5, 23; 173, 1.— Ср.* пещь

ПЕЩЬНЪ, -ыи *прил.* (1) (пещьныи огнь κάμινος πυρός) печной pecní, pecí *род.*: господи ї⟨соу⟩с⟨е⟩ χ⟨ристо⟩се... избавивыи три отрокы отъ пештьнаго огни *Супр 226, 3*

ПЕЧАЛИТИ СѦ, -лѭ сѧ, -лиши сѧ *несов.* (1) δυσφορεῖν расстраиваться, беспокоиться mít starost, obavy: тъгда же и вы разгнѣвасте сѧ... и мы печалихомъ сѧ тъштаник имѣѭште *Супр 312, 18.— Ср.* пещи сѧ, печаловати сѧ, скръбѣти

ПЕЧАЛОВАТИ СѦ *или* **СИ**, -лоуѭ сѧ (си), -лоукши сѧ (си) *несов.* (2) ἀθυμεῖν, ἀνιᾶσθαι печалиться, сокрушаться rmoutit se, truchlit: не печалоуи сѧ зѣло брате *Супр 526, 13*; оученици... печалоуѭште си *Супр 209, 11.— Ср.* пещи сѧ, печалити сѧ, скръбѣти

ПЕЧАЛЬ, -и *ж* (87) [печьль (!) *Син* (1)] **1.** θλῖψις, στενοχωρία, ὀδύνη, ἀδολεσχία, τὸ ἐκθλίβειν, δύναμις (!) мучение, страдание trápení, soužení, utrpení: г⟨оспод⟩ь оуслыша ѩ • и ото вьсѣхъ печален іхъ ізбави ѩ *Пс 33, 18 Син* **2.** λύπη, τὰ δυσχερῆ, κατήφεια, ἀθυμία; (печаль имѣти περίλυπον εἶναι) печаль zármutek, smutek: обрѣте ѩ съпѧштѧ отъ печали *Л 22, 45 Зогр Мар*; великѫ бо печаль имамъ о тебѣ *Супр 225, 18* □ печаль сътворити λυπεῖν опечалить, огорчить zarmoutit: не сътѫжи марии • не сътвори печали кже отъ мариѩ *Супр 242, 29*; въ печали быти λυπεῖσθαι, ἐν ἀθυμίᾳ γίγνεσθαι опечалиться, огорчиться zarmoutit se: копиї же въ печали бывъ о сьвѣтѣ ихъ *Супр 38, 2* **3.** μέριμνα, φροντίς, φρόνημα забота péče, starost: о избытьи прѣгрѣшенеи • і быти емоу вышьшю мирьнꙑхъ печалеи *Евх 98б 9-10* ● μέριμνα, ταραχή, ἀδημονία, πόνος; (печаль кстъ ταράσσεσθαι) беспокойство, опасение obava, znepokojení: вьврьзи на г⟨оспод⟩ѣ печьль (!) твоѭ и тъ тѧ прѣпитѣетъ *Пс 54, 23 Син*; велика бо печаль въ мьнѣ кстъ *Супр 225, 1*; □ бес печали ἀμερίμνως без забот, спокойно bezstarostně, bezpečně, klidně: їwане како бес печали съпиши • а мниси вь велицѣ бѣдѣ прѣбываатъ *Супр 275, 26*; бес печали сътворити кого ἀμέριμνον ποιεῖν τινα избавить *кого-л.* от опасности zbavit *někoho* nebezpečí: і аште се оуслышано бѫдетъ • оу іѥмона • мы оутолимъ і • і вы бес печали сътворимъ *Мт 28, 14 Зогр Мар Сав* (беспечалнъи *Ас*).— *Зогр Мар Ас Сав Зогр-пал Ен Син Киев Евх Супр Рыл Зогр-лл.— Ср.* прилежаник; скръбь; бес печали *ср.* беспечальнъ

ПЕЧАЛЬНЪ, -ын *прил.* (32) περίλυπος, λυπούμενος, λυπηρός, (λυπηρότερος), στυγνος, κατηφής, τῆς ἀθυμίας, κατώδυνος печальный, опечаленный smutný, zarmoucený: слышавъ же юноша слово се • отиде печальнъ *Мт 19, 22 Сав* (скръбѧ *Мар Ас*, Ø *Зогр*) □ печальнаꙗ *с мн. в знач. сущ.* печаль zármutek: нъ прѣставление • ѡ(тъ) печальнъıхъ • въ радостьнаа *Евх 65б 17* ◆ печальнъ бъıти, бъıвати λυπεῖσθαι, λύπην ἔχειν, περίλυπον εἶναι, κατηφὴν γίγνεσθαι, ἀθυμεῖν, θλῖψιν ἔχειν быть печальным, скорбеть být smutný, mít soužení: въскѫѭ печалъна еси д⟨оу⟩ше моѣ *Пс 41, 6 и 12 Син*; печально кстъ комоу λυπεῖσθαι, ἄχθεσθαι не нравится, неприятно *кому*, nelibě nese, špatně snáší: нъ печально имъ кстъ • ꙗко на благодѣаник чловѣком' • и на съпасеник доушамъ приде *Супр 396, 24.— Зогр Мар Ас Сав Син Евх Клоц Супр Зогр-лл.— Ср.* прискръбьнъ, скръбьнъ, скръбѣти (скръбѧ), оунълъ

печати *Супр 444, 4 вм.* печатьлѣти

ПЕЧАТЬ, -и *м* (19) σφραγίς, σήμαντρον печать pečeť: печати налагаѭтъ на грогъ (! *вм.* гробъ) *Клоц 12а 15* ● *перен.*: печатъ моемоу апост⟨о⟩л⟨ь⟩ствоу въı есте о г⟨оспод⟩и *1 Кор 9, 2 Ен* ◆ знаменати печатьмь σφραγίζειν накладывать печать pečetit: ꙗкоже бо знаменаном' печатьмь • дѣвьствьнъıимъ затвореномъ • х⟨ристо⟩с⟨ъ⟩ отъ дѣвъı роди сѧ *Супр 452, 22*, знаменаномъ печатомь *Клоц 14а 39.— Ен Евх Клоц Супр*

ПЕЧАТЬЛѢТИ, -лѣѭ, -лѣкши *сов.* (11) [печати (!) *Супр* (1)] σφραγίζειν запечатать zapečetit: печатлѣвъше гробъ съ стражьми *Супр 440, 25* (*ср.* знаменавъше камень *Мт 27, 66 Зогр Мар*, запечѣтълѣвъше камень *Ас*).— *Супр 45, 11; 243, 7-8; 246, 30; 247, 5; 440, 7-8; 440, 26; 440, 29-30; 441, 1-2; 441, 11; 444, 4.— Ср.* запечатьлѣти, знаменати

печенъ *прич.-прил. см.* пещи

печьль *Пс 54, 23 Син см.* печаль

ПИВО, -а *с* (3) πόσις напиток, питье nápoj: кръвь моѣ ıстинъно естъ пиво *И 6, 55 Зогр Мар.— Евх 16б 20.— Ср.* питик

ПИВЬЦА, -ѧ *м* (1) οἰνοπότης пьяница piják: се ч⟨ловѣ⟩къ ѣдьца ı пивьца *Мт 11, 19 Зогр* (винопиица *Мар*).— *Ср.* винопиица, винопивьца, пиꙗница

ПИГАНЪ, -а *м* (2) πήγανον рута routa: десѧтинѫ даете отъ мѧтъı • ı пиганъ • ı вьсѣкого зельѣ *Л 11, 42 Зогр Мар*

ПИЛА, -ъı *ж* (1) (прѣтирати пилоѭ συμπρίζειν) пила pila: почто не съвѣштавааст͡е сѧ на манасиѭ кгда исаиѭ пилоѭ прѣтирааше *Супр 397, 1*

ПИЛАТОВЪ *прил. к* пилатъ (5) τοῦ Πιλάτου Пилатов, Пилата *род.* Piláta *род.*, Pilátův: слоугъı пилатовъı рѫгаахѫ сѧ емоу *Клоц 13а 31, Супр 450, 1.— Супр 431, 18-19; 432, 20; 438, 26.— Ср.* пилаць

ПИЛАТЪ, -а *м имя* (>200) [питѣтъ (!) *Зогр* (1), питъ (!) *Ас* (1)] Πιλᾶτος, ἡγεμών (!) Пилат Pilát: повѣдаѭште кмоу о галиленхъ • ıхъже кръвь пилатъ съмѣси съ жрътвами ихъ *Л 13, 1 Мар*, питѣтъ (!) *Зогр.— Зогр Мар Ас Сав Боян Евх Клоц Супр*

ПИЛАЦЬ, -ии *прил. к* пилатъ (2) *греч. нет* Пилатов, Пилата *род.* Pilátův: веденъı вон пилаци *Евх 49б 21-22* □ пилацаꙗ *ж в знач. сущ.* жена Пилата Pilátova manželka: помяни пилациѭ оубоѣвъшиѭ сѧ • праведьника и⟨соу⟩са *Евх 49б 2.— Ср.* пилатовъ

ПИНАКИДА, -ъı *ж* (1) πινακίς дощечка для писания psací tabulka, destička: въписаша вь пинакидъı роумъскъı *Супр 140, 22*

пиникъсъ *Пс 91, 13 Син см.* финикъ

ПИОНИИ, ПИОНИ, -ниꙗ *и* **ПИОНЪ,** -а *м имя* (59) [пионии *Супр* (53), пиони *Супр* (3), пионъ *Супр* (3); пиѡ- *Супр* (32), пион'н- *Супр* (1)] Πιόνιος Пионий Pionius: оувѣштан сѧ намь пионие *Супр 131, 22*; глаголааше бо пиѡнъ *Супр 134, 2.— Супр*

ПИОНИИНЪ *прил. к* пионии (1) ὁ περὶ τὸν Πιόνιον Пиония *род.*, Пиониев Pioniův: сѫштемъ оубо имъ въкоупь... ꙗко приносимааго отъ вѣрънъıхъ не възимаѭтъ пиѡниїна чадь *Супр 134, 1.— Ср.* пионовъ

пион'нъ *Супр 124, 7 см.* пионии

ПИОНОВЪ *прил. к* пионъ (1) τοῦ Πιονίου Пиония *род.*, Пиониев Pioniův: азъ пионова сестра кемъ *Супр 139, 3-4.— Ср.* пиониинъ

пионъ *см.* пионии

ПИРА, -ъı *ж* (10) [п'ир- *Зогр* (1)] πήρα сумка mošna, brašna: ничьсоже не възезмѣте (!) на пѫть • ни жьзла • ни пиръı • ни хлѣба • ни съребра *Л 9, 3 Зогр Мар Ас*, ни пиръ *Сав и Мк 6, 8 Зогр Мар.— Л 22, 35 Зогр Мар; Л 22, 36 Зогр Мар.— Ср.* мошьна

ПИРЪ, -а *м* (5) δοχή, ἄριστον пир, пиршество hostina: егда твориши пиръ • зови ништѧѩ *Л 14, 13 Зогр Мар.— Супр 267, 3 и 8; Рыл 5бβ 27.— Ср.* вечерꙗ, обѣдъ

писаник *Мар Ас Евх Супр см.* пьсаник

писати *Зогр Мар Ас Сав Боян Син Клоц Супр см.* пьсати

ПИСИДОНЪ, -а *м имя греческого бога* (1)

Ποσειδῶν Посейдон Poseidon: оубои сѧ... писидона • оубо нѣси ли николиже плавалъ по мороу *Супр 115, 9*

ПИСКАТИ, -аѭ, -аѥши *несов.* (2) αὐλεῖν играть на свирели pískat na píšťalu: пискахомъ вамъ и не плѧсасте *Мт 11, 17 Мар* (свирахомъ *Зогр*); *Л 7, 32 Мар.— Ср.* свирати

ПИСКОУПЛЬ *прил.* (1) ἐπισκόπιος епископский biskupský, biskupův: ѥдина отъ мьнии (*вм.* алънии) сѫштиихъ въ лаодикии • вь пискоупи градѣ *Супр 233, 1-2.— Ср.* епископль

ПИСКОУПЪ, -а *м* (1) ἐπίσκοπος епископ biskup: повелѣ воиномъ своимъ шъдъше въ цръкъве • и решти пискоупоу сисинию ꙗко богъ крьстиꙗнескъ великъ ѥстъ *Супр 222, 13.— Ср.* епископъ

ПИСМЕНЪ, -ыи *прил.* (1): п и с м е н а ꙗ *с мн. в знач. сущ.* τὰ γράμματα буквы, письмена písmena, text: не пиши ц⟨ѣса⟩ръ жидовьскъ • почто не пиши • что въı врѣдъ творѧтъ писменаꙗ *Супр 404, 3.— Ср.* писменьнъ

ПИСМЕНЬНЪ, -ыи *прил.* (2) τοῦ γράμματος писаный písemný, psaný: бѣдно бо разоумѣти • въ повѣсти писменьнѣи лежаи оумъ *Супр 345, 19* ● τῆς γραφῆς Священного писания *род.* Písma *род.*: дѣломъ писменьноѥ слово съврьшаѧ *Супр 530, 26.— Ср.* кънижьнъ, писменъ

ПИСМѦ, -ене *с* (6) **1.** ἰῶτα (!) буква písmeno: писмѧ ѥдино • ли ѥдина чрьта не прѣидеть отъ закона *Мт 5, 18 Зогр Ас* (∅ *Мар*) □ п и с м е н а *мн.* τὰ γράμματα письмо písmo: дадатъ сѧ рече запечатьлѣнꙑѧ кънигꙑ • мѫжоу вѣдѫштоу писмена *Супр 246, 9* **2.** γράμμα, γραφή письмена, текст slova *мн.*, text: начьнъ же отъ мосеа... прьвоуоумоу начрьтавьшоу писмѧ • испрьва сътворилъ б⟨ог⟩ъ небо и земьѭ *Супр 478, 6-7.— Супр 404, 5; 404, 7.— Ср.* пьсаниѥ, слово

ПИСТИКИꙖ, -ыѧ *ж* (6): н а р д а п и с т и к и ѩ, н а р д ь н ъ п и с т и к и ѩ νάρδου πιστικῆς из чистого нарда z pravého nardu: мариѣ же приимъши • ливрѫ хризмꙑ • нарда • пистикиѩ *И 12, 3 Зогр Мар*, мѵра нарда пістікиѩ *Ас Сав*; приде жена • имѫшти алавастрь хризмꙑ • нарьдънꙑ пистикиѩ драгꙑ *Мк 14, 3 Мар*, хризмꙑ • нар'дьнꙑ пистикии *Зогр.— Ср.* нардъ, нардьнъ

п и т а н о ѥ *Супр 386, 10 см.* пꙑтаниѥ

ПИТАТИ, -аѭ, -аѥши *несов.* (7) **1.** τρέφειν, ἐτάζειν (!), ἐρευνᾶν (!) питать, насыщать, кормить sytit, živit, krmit: възьрите на птицѧ... и о⟨ть⟩ць вашъ... питаѥтъ ѩ *Мт 6, 26 Сав* (питѣѥтъ *Зогр Мар Ас*) ● разводить chovat: мьнѣаше бо комис' ꙗко питаѥми сѫтъ и кротьци (*т. е.* звѣриѥ) *Супр 223, 15* ▭ п и т а т и с ѧ питаться, насыщаться sytit se, živit se: д⟨оу⟩ховьнꙑими пѣсньми питааше сѧ иностань *Супр 550, 13* **2.** ἐκτρέφειν воспитывать vychovávat: живѣаше въ чистотѣ • питаѩ дѣти своѩ въ наказании и оучении господьни *Супр 246, 17.— Супр 19, 13; 429, 2; 453, 19.— Ср.* кръмити[2], питѣти

п и т а ѧ и *Супр 305, 4 см.* пꙑтати

ПИТИ, пиѭ, пиѥши *несов./сов.* (184) πίνειν, ἀπογεύεσθαι; (пити съ цѣмь συμπίνειν) пить pít: ѣдѣахѫ і пьѣахѫ • коуповаахѫ і продаахѫ *Л 17, 28 Зогр*, пиѣхѫ *Мар*; слоужи ми • доньдеже ѣмь і пьѭ • і по томь ѣси і пьеши тꙑ *Л 17, 8 Зогр Мар Ас Сав.— Зогр Мар Ас Сав Ен Син Евх Супр*

ПИТИИ, -ꙗꙗ, -ѥѥ *прил.* (1) *греч. нет* питьевой pitný: понеже скѫдо бѣаше водꙑ... наипаче же никакоже бѣаше водꙑ питиѧѧ *Супр 549, 12*

ПИТИѤ, -ꙗ *с* (7) πόμα, ποτόν, νᾶμα; (питиꙗ *род.* πότιμος) питье, напиток pití, nápoj: пітье мое съ плачемъ растварѣахъ *Пс 101, 10 Син*; вь ѣденьи • і вь питьи *Евх 72а 19*; противѫ силѣ питиꙗ оученноу почрьпѣмъ водѫ *Супр 312, 28.— Супр 280, 3; 520, 1; 547, 26; 550, 5.— Ср.* пиво

ПИТОМЪ, -ꙑи *прич.-прил.* (4) σιτευτός упитанный, откормленный dobře živený, vykrmený: закла... телець питомъı *Л 15, 30 Зогр Мар*, пітомъ *Ас* (оупитѣнꙑ (!) *Сав*) ◆ к р ъ в и ѩ п и т о м ъ αἱμοβόρος кровожадный krvežíznivý: ѡ съборе влъкъ паче кръвиѩ питомомъ неѥли чловѣкомъ богоносьцемъ *Супр 385, 27-28.— Ср.* оупитѣти (оупитѣнъ); кръвиѩ питомъ *ср.* кръвопивъ, кръвоꙗдивъ

п и т ъ *И 19, 15 Ас 117б 25 см.* пилатъ

ПИТѢНИѤ, -ꙗ *с* (1) σιτοποιΐα корм, пища potrava, píce: питѣниѣ ихъ оумъножи • стада ихъ многоплодьна сътвори *Евх 156 15.— Ср.* пища

ПИТѢТИ, -ѣѭ, -ѣѥши *несов.* (7) τρέφειν насыщать, питать, кормить sytit, živit: съмотрите вранꙑ • како не сѣѭтъ ни жьнѭтъ... і б⟨ог⟩ъ питѣѥтъ ѩ *Л 12, 24 Зогр*, питѣатъ *Мар*; *Мт 6, 26 Зогр Мар Ас* (питаѥтъ ѩ *Сав*).— *Евх 17а 2; Клоц 14б 30-31.— Ср.* кръмити[2], питати

п и т ѣ т ъ *Л 13, 1 Зогр см.* пилатъ

п и ѡ н ъ *Супр 132, 16 и 134, 2 см.* пиониѥ

ПИЩА, -ѧ *ж* (58) [пиц- *Киев* (1)] **1.** τροφή, διατροφή, ἀποτροφή, ἀπόλαυσις, βρῶσις, ἑστίασις; (пищеѭ кръмлѥниѥ ἀρτοτροφία; небесьскаꙗ пища mysteriorum virtus) пища, еда pokrm, jídlo, potrava: не д⟨оу⟩ша ли больши ѥстъ пиштѧ • і тѣло одеждѧ *Мт 6, 25 Зогр Мар Ас* (*нет Сав*); веселитъ сѧ дѣтиштѹ привлачаштоу мѧкъкѫ пиштѫ млѣка *Супр 312, 5* ● *перен.*: ѣкоже нъи еси небесьскꙑѩ пищѧ насъітилъ *Киев 4б 4* **2.** τρυφή блаженство, наслаждение rozkoš, blaženost: се иже въ одежди славьнѣ и въ пишти мнозѣ сѫште • вь ц⟨ѣса⟩р⟨ь⟩ствиихъ сѫтъ *Л 7, 25 Зогр Мар* □ р а и п и щ а, р а н с к а ꙗ п и щ а, п о р о д ь н а ꙗ п и щ а παράδεισος τῆς τρυφῆς, τρυφὴ τοῦ παραδείσου райские кущи, обитель блаженства rajské luhy, místo blaženosti: въ раи пищѧ въвода ѩ *Евх 65б 7*; идѣте... отъ болѣзни на раискѫѭ пиштѫ *Супр 470, 17*; їзгънана бъіста ис породънъіѩ пиштѧ *Супр 9, 18-19*.— *Зогр Мар Ас Сав Син Киев Евх Клоц Супр*.— *Ср.* брашьно, кръмлꙗ, питѣние, сладость, ꙗдение, ꙗдь

ПИЩЬНЪ, -ъіи *прил.* (1) τῆς τρυφῆς исполненный блаженства, наслаждения blaženosti *род.*: опоустѣ раю жителинъ... двьри мѣста пиштьнаааго затворишѧ сѧ *Супр 247, 23*

п и ц а *Киев 4б 4 см.* пища

п и ѣ - *см.* пиꙗ-

ПИꙖНИЦА, -ѧ *м* (5) [пьѣн- *Зогр* (1)] μεθύων пьяница, пьяный pijan, opilec: начьнетъ... ѣсти же и пити съ пиѣницами *Мт 24, 49 Мар Зогр Ас Сав*.— *Супр 564, 16*.— *Ср.* винопивьца, винопиница, пивьца

ПИꙖНЪ, -ъіи *прил.* (2) μεθύων пьяный opilý, opojený: възмѧсѧ сѧ і вьсколѣбашѧ сѧ ѣко пиѣні *Пс 106, 27 Син*.— *Супр 370, 22-23*

ПИꙖНЬСТВИѤ, -иꙗ *с* (2) μέθη пьянство opilství: ѣко въ днѣ благоѡбразно ход(и)мъ • не козлогласовании • пиѣнъствии • любодѣꙗнии *Рим 13, 13 Ен*.— *Л 21, 34 Ас*.— *Ср.* пиꙗньство

ПИꙖНЬСТВО, -а *с* (10) [пьѣ- *Зогр* (1) *Мар* (1), пьꙗ- *Супр* (1)] μέθη пьянство opilství, opojení: еда когда отѩгъчаѭтъ срьдьца ваша • обѣданьемь і пьѣньствомь *Л 21, 34 Зогр Мар Сав* (пѣньствии *Ас*).— *Евх 54а 19; 68а 18-19; 68а 23; 69а 26-69б 1; 78а 16; Супр 425, 28-29; 493, 7*.— *Ср.* пиꙗньствие

ПЛАВАТИ, -ваѭ, -ваѥши *несов.* (4) πλεῖν, φέρεσθαι, ἐννήχεσθαι плыть, плавать plout, plavit se, plavat: оубо нѣси ли николиже плавалъ по морю *Супр 115, 10* ● *перен.*: сего дѣлꙗ нънꙗчоу въ глѫбинѣ неразоумьꙗ плаваахѫ *Супр 401, 4*.— *Супр 66, 24; 143, 28-29*.— *Ср.* плоути, ꙗхати

ПЛАВЪ, -ъіи *прил.* (3) λευκός золотистый žlutavý, plavý: видите н҃ивъі • ѣко плавъі сѫтъ къ жѧтвѣ *И 4, 35 Зогр Мар Ас*

ПЛАДЬНѤ *нареч.* (1) *греч. нет* в полдень v poledne: мол⟨итва⟩ над⟨ъ⟩ трѧсомом⟨ъ⟩ • пладьне *Евх 50б 3*.— *Ср.* дьнь (полоу дьне)

ПЛАДЬНИѤ, -иꙗ *с* (1) *греч. нет* полдень poledne: с н҃имиже пришъдъ ар҆хиеп⟨искоу⟩пъ въ херсоньскъ градъ • въ пладьние *Супр 539, 30*.— *Ср.* прѣпладьние

ПЛАКАТИ[1], **ПЛАКАТИ СѦ,** плачѫ (сѧ), плачеши (сѧ) *несов.* [плакати *Зогр Мар Син Супр*, плакати сѧ *Зогр Мар Ас Сав Боян Син Евх Клоц Супр Рыл*] (>100) **1.** *без доп.* πενθεῖν, θρηνεῖν, κλαίειν, κλαυθμυρίζειν, κατακλαυθμυρίζειν, ὀλολύζειν, δακρύειν, ὀδύρεσθαι, ταλανίζειν, κόπτεσθαι, ὀδυνᾶσθαι, ὀλοφύρεσθαι, βαρύνεσθαι; (плакати сѧ съ цѣмь συμπενθεῖν) плакать, обливаться слезами plakat, prolévat slzy: плача и сѣтоуѩ *Пс 34, 14 Син*; ѣко идетъ на гробъ і плачетъ сѧ тоу *И 11, 31 Зогр*, да плачетъ сѧ *Мар Ас*, плакатъ сѧ *Сав* **2.** кого, чесо; о комь, чемь; за чьто; по комь πενθεῖν, θρηνεῖν, κλαίειν, κόπτεσθαι, δακρύνειν, ὀλοφύρεσθαι; (нѣстъ трѣбѣ плакати сѧ о комь οὐκ ἐστὶν κλαύσιμος) оплакивать *кого-л., что-л.*, плакать *над кем-л., над чем-л., о ком-л., о чём-л.* plakat *nad někým, něčím*, oplakávat *někoho, něco*: не плачите сѧ о мнѣ • обаче себе плачите сѧ • і чадъ вашихъ *Л 23, 28 Зогр Мар*; много плачемъ сѧ за грѣхъі *Супр 378, 13-14*; положь главѫ своѭ на колѣноу плака по н҃ихъ *Супр 38, 5*.— *Зогр Мар Ас Сав Боян Син Евх Клоц Супр Рыл*.— *Ср.* сльзити

ПЛАКАТИ[2], плачѫ, плачеши *несов.* (3) πλύνειν мыть, полоскать prát, vyplachovat: ръібари же • ошьдъше отъ н҃ею • плакаахѫ мрѣжѧ *Л 5, 2 Зогр Мар Ас*

п л а м е н ъ *Пс 105, 18 Син*, п л а м е н ь *Пс 82, 15 Син см.* пламъі

ПЛАМЕНЬНЪ, -ъіи *прил.*, *сравн. ст.* пламеньнѣи (3) [пламенънънъіѩ (!) *Супр* (1)] φλόγινος огненный ohnivý, plamenný: дрѣво животънои • пламеньнъімь орѫжиемъ хранимо естъ *Супр 247, 21*; і се ѣко вьсѣкого пламене пламен҆нѣе • і ѣдовитоу оуѣденью ѣдовитѣе да отъбѣжимъ *Клоц 1б 27*.— *Супр 164, 15-16*.— *Ср.* ог҃ньнъ, пламѣнъ

ПЛАМЪІ, пламене *м* (19) φλόξ, πῦρ; (пламеньмь раждизати кого на кого ὑφάπτειν τινα κατά τινος) пламя plamen: страждѫ въ пламене семь *Л 16, 24 Зогр*, въ пламени *Мар Ас Сав* ● *перен.*: мльчи оубо госпожде • вѣдѣ тѧ кто тѧ пламъімь (!) раждизаѥ на мѧ *Супр 366, 22*.— *Зогр Мар Ас Сав Ен Син Евх Клоц Супр*.— *Ср.* ог҃нь

ПЛАМѢНЪ, -ъіи *прил.* (2) φλόγινος, πύρινος огненный ohnivý, plamenný: положи бо пламѣно копиѥ блюсти породѫ *Супр 308, 24* (*Быт 3, 24*).— *Супр 438, 7*.— *Ср.* ог҃ньнъ, пламеньнъ

ПЛАТОНЪ, -а *м имя* (2) Πλάτων Платон Platon: мѣ⟨сѧ⟩ца тог⟨о⟩ж⟨де⟩ ѕ҃і с⟨вѧ⟩таг⟨о⟩ м⟨ж⟩ч⟨ени⟩ка платона *Ас 127а 25, Унд 2а 7*

ПЛАТЪ[1], -а *м* (4) ῥάκος ткань, полотно tkanina, plátno: никътоже приставл҃ениѣ плата не бѣл҃ена • не приставл҃ѣетъ ризѣ ветъсѣ *Мк 2, 21 Зогр Мар* ● *спец.* λίνον фитиль knot: плата вънемъша сѧ не оугаситъ *Мт 12, 20 Ас* (прѫта *Зогр Мар*, пръ[с]та *Сав*).— *Мт 9, 16 Мар.— Ср.* плащаница, прѫтъ

ПЛАТЪ[2], -а *м* (1) *греч. нет* половина polovina: на платы εἰς δύο пополам na dvě části: опона цръкъвънаа на платы раздъра сѧ *Супр 475, 15* (на дъвое *Мт 27, 51 Зогр Мар Ас Сав*).— *Ср.* пола, полъ, дъвои (на дъвоѥ)

платъ *Мт 12, 20 Ас см.* прѫтъ

ПЛАЩАНИЦА, -ѧ *ж* (11) [плащѣ- *Ас* (2)] σινδών полотно, полотнище kus plátna: обитъ ѥ (*т. е.* тѣло) плаштаницеѭ • і положи ѥ въ гробѣ исѣченѣ *Л 23, 53 Мар* (понѣвицеѭ *Зогр*).— *Мт 27, 59 Мар Ас; Мк 14, 51 Мар; Мк 14, 52 Мар; Мк 15, 46 Мар* (2) *Ас* (2); *Евх 46б 21; Супр 458, 7.— Ср.* лентии, платъ [1], понꙗва, понꙗвица, прѫтицѧ, оуброусъ

ПЛАЩАНИЧЬНЪ, -ꙑи *прил.* (1): съсѫдъ плащаничьнъ ὀθόνη полотнище, полотно plachta: рекы петроу • въ съсѫдѣ плащаничьнѣмь • нечистоумоу и скврънъноумоу чистоу быти в'семоу *Евх 21б 16*

ПЛАЩЬ, -а *м* (1) χλαμύς верхняя одежда; плащ vrchní oděv; plášť: иматъ же и плаштъ тъ инѫ притъчѫ *Супр 484, 21.— Ср.* риза, хламида

плащѣница *Мт 27, 59 Ас и Мк 15, 46 Ас 116β 7 см.* плащаница

ПЛАЧЕВЬНЪ, -ꙑи *прил.* (1): ѫдоль плачевьнаꙗ κοιλὰς τοῦ κλαυθμῶνος юдоль скорби, юдоль слёз slzavé údolí: въ ѫдоль плачевьнѫѭ въ мѣсто еже положі. *Пс 83, 7 Син*

ПЛАЧЬ, -а *м* (53) κλαυθμός, θρῆνος, πένθος, κοπετός, ὀλολυγμός, ὀδυρμός, κλαυθμυρισμός, οἰμωγή плач pláč: вечеръ въдворітъ сѧ плачь • и заоутра радость *Пс 29, 6 Син.— Зогр Мар Ас Сав Унд Боян Син Евх Супр.— Ср.* кричава

ПЛЕМЕНЬНЪ, -ꙑи *прил.* (1) ὁ τῦφος (!) родовой, племенной rodový, rodinný: не поманѫ... ни роботьнꙑѩ страсти • ни племенъныѩ зависти *Супр 367, 18-19*

ПЛЕМѦ, племене *с* (6) γέννημα, γένος, φυλή племя, род; потомство plémě, rod; potomstwo: племѧ аспидово • како можете добро г⟨лаго⟩лати • лѫкави сѫще *Мт 12, 34 Сав* (іштадиѣ *Зогр Мар Ас*); ꙗко и азъ ѥсмъ вашего племене *Супр 28, 2.— Супр 62, 26; 63, 8; 347, 12; 566, 20.— Ср.* домъ, ищѧдиѥ, родъ

ПЛЕНИЦА, -ѧ *ж* (5) ἅλυσις, σειρά, ἐπιβάτης (!) цепь, цепи řetěz, řetězy: плеництѧ нашихъ грѣховъ раздрѣшивъ *Супр 493, 25* ● πλόκαμος локон, завиток волос kadeř, pletenec vlasů: милоуи пленицѧ ѩже вѣ самъ сътворилъ на лѣпотѫ моеи главѣ *Супр 392, 6.— Супр 364, 23-24; 397, 29-30; 400, 15.— Ср.* верига, съвѧзъ, ѫже

ПЛЕСКАТИ, плещѫ, плещеши *несов.* (1) κροτεῖν рукоплескать tleskat: рѫкама плештѧ ликоуѭ *Супр 332, 23*

ПЛЕСНО, -а *с* (3) ἴχνος (!) ступня chodidlo: пригвождениемь плесноу своею • пригвоздилъ еси ср⟨ьдь⟩це в'сѣкомоу неджгоу *Евх 35б 15.— Пс 17, 37 Син; Супр 556, 22.— Ср.* нога, стопа

ПЛЕСНЬЦЕ, -а *с* (2) σανδάλιον сандалия opánek, sandál: въстѫпаетъ вь плесньци *Евх 97а 14-15.— Евх 99а 13-14.— Ср.* санъдалиꙗ

ПЛЕСТИ, плетѫ, плетеши *несов.* (1): ковы плести ἐπιβουλὰς συρράπτειν строить козни strojit úklady: кови же и сьвѣти зьли на нѧ плетоми бываахѫ *Супр 85, 12*

ПЛЕЩЕ, -а *с* (9) **1.** ὦμος плечо rámě, plece: брѣмена тѧжька... възлагаѭтъ на плешта чл⟨о⟩в⟨ѣчь⟩ска *Мт 23, 4 Мар Ас* (∅ *Зогр*) **2.** плещи *дв.* νῶτος, νῶτον спина záda: плешти свои даꙗше на раны *Супр 481, 3* ● *перен.* μετάφρενα крылья křídla: плештема своима осѣнітъ тѧ *Пс 90, 4 Син* □ плещи въдати νῶτα διδόναι повернуться спиной, показать спину obrátit se zády: не може стати противѫ ратникомъ • нъ плешти вѫдавъ побѣже отъ лица ихъ *Супр 196, 14.— Супр 41, 13; 41, 15; 469, 11; 469, 12.— Ср.* зажда, междоурамиѥ, рамо, хрьбьтъ

ПЛИНОВЕНИѤ, -ꙗ *с* (3) πτύσμα плевок, слюна plivnutí, slina: си рекъ плинѫ на землѭ • і сътвори брьние отъ плиновениѣ *И 9, 6 Зогр Мар Ас.— Ср.* пл҃ьваниѥ, слина

ПЛИНѪТИ, -нѫ, -неши *сов.* (12) πτύειν, ἐμπτύειν плюнуть plivnout: плинѫвъ коснѫ и въ ѩзыкъ *Мк 7, 33 Зогр Мар Ас*, плинѫ *Боян* (плюнѫвъ *Сав*).— *Мт 27, 30 Зогр Мар; Мк 8, 23 Зогр Мар; И 9, 6 Зогр Мар Ас; Евх 33а 3.— Ср.* запл҃ьвати, плюнѫти

ПЛИЩЕВАТИ, -щоуѭ, -щоуѥши *несов.* (1) *греч. нет* беспокоиться, волноваться být neklidný: с⟨вѧ⟩тꙑи же поoучаше ѩ съ оутѣшениимъ • г⟨лаго⟩лѧ • не плиштоуите ни боите сѧ *Супр 570, 14-15.— Ср.* млъвити

ПЛИЩЬ, -а *м* (10) κραυγή крик, гам, шум křik, hluk: мъногоу бывъшоу плиштоу и мѧтежоу *Супр 209, 25* ● θόρυβος, συνδρομή стечение народа, сумятица sběh, shluk lidí, zmatek: бысть же отъ того плиштъ • и сътекоша сѧ м(но)зи *Супр 193, 4.— Супр 131, 2; 305, 1; 305, 6-7; 305, 13; 306, 5; 433, 26-27; 557, 19; 566, 1.— Ср.* въпль, говоръ, кличь, кричь, млъва, ръпътъ

плодада *Мт 7, 19 Мар см.* плодъ

ПЛОДИТИ СѦ, плождѫ сѧ, плодиши сѧ *несов.* (4) καρποφορεῖν приносить плоды přinášet plody: вь себѣ бо землѣ плодитъ сѧ *Мк 4, 28 Зогр Мар.— Мк 4, 20 Зогр Мар.— Ср.* мъножити, плодъ (плодъ творити)

ПЛОДОВИТЪ, -ыи *прил.* (3) κατάκαρπος, καρποφόρος, εὐθηνῶν плодоносный plodný, úrodný: жена твоѣ ѣко лоза плодовита вь странахъ домоу твоего *Пс 127, 3 Син.— Пс 51, 10 Син; 106, 34 Син.— Ср.* плодьнъ

ПЛОДОНОСЬСТВОВАТИ, -ствоуѭ, -ствоуѥши *несов.* (1) καρποφορεῖν плодоносить přinášet plody: плодоносъствовати подобьно зьванию • сьсѫждааше *Супр 280, 4.— Ср.* плодъ (плодъ творити)

ПЛОДОПРИНОШЕНИѤ, -ниꙗ *с* (1) *греч. нет* жертва из даров плодородия oběť plodů z úrody: благоѥ корениѥ новоугоумоу садоу • ѥже къ богоу плодоприношению нашемоу без лъжа надежда *Супр 143, 8*

ПЛОДЪ, -а *м* (>200) [плодось (*вм.* плодъ сь) *Евх* (1); пло.. *Мар* (1), ..дъ *Син* (1), плоплодъ (!) *Мар* (1), плодада (!) *Мар* (1)] καρπός, γένημα, γεώργιον, σπέρμα (!) плод plod, ovoce: троуждаѭщомоу сѧ дѣлателю подобаетъ прѣжде отъ плода въкоусити *2 Тим 2, 6 Ен* ● *перен.*: і плодъ бесъмрътенъ • даровавъ намъ імь *Евх 14а 15* ◆ плодъ, плоды творити/сътворити, приносити/принести, имѣти καρπὸν ποιεῖν, καρπὸν φέρειν, καρπὸν ἐκφύειν, καρπογονεῖν, καρποφορεῖν, καρποῦσθαι, παιδοποιΐα (!); (до врьха, до коньца плодъ творити τελεσφορεῖν) приносить/принести плоды, плодоносить přinášet/přinést plody: вьсѣко дрѣво еже не сътворитъ плода добра • посѣкаѭтъ *Мт 7, 19 Зогр*, не творитъ плода *Ас*, не творитъ плодада (!) *Мар*; силѫ даетъ родоу ч⟨ловѣчь⟩скоу плодъ творіті *Клоц 8а 24-25* (на плодътворениꙗ *Супр 420, 24*); подавлѣѭтъ сѧ • і не до връха • плода творѧтъ *Л 8, 14 Зогр Мар Ас*, не до коньча (!) плода творѧтъ *Сав*; положихъ вы • да вы ідете • і плодъ принесете *И 15, 16 Зогр Мар Ас Сав*; запрѣти недѫгоу семоу • растѫщюмоу вь немь • не имѣти плода *Евх 35а 12-13*; бес плода ἄκαρπος бесплодный neplodný: подавлѣѭтъ слово • і бес плода бываетъ *Мк 4, 19 Зогр Мар*; плодъ чрѣва, чрѣвьнъ καρπὸς τῆς κοιλίας, καρπὸς τῆς γαστρός плод чрева plod života (*o dítěti*): бл⟨а⟩г⟨о⟩с⟨ло⟩венъ плодъ чрѣва твоего *Л 1, 42 Зогр Мар Ас Сав*; — [троуды плодъ своихъ сънѣси τῶν καρπῶν *Пс 127, 2 Син — ошибка переводчика из-за омонимии слова* καρπός].— *Зогр Мар Ас Сав Унд Боян Зогр-пал Ен Син Евх Клоц Супр Рыл.— Ср.* овоще; бес плода *ср.* бесплодьнъ, неплодовитъ, неплодьнъ; плодъ творити *ср.* плодоносьствовати, приплодити

ПЛОДЪТВОРЮНИѤ, -ниꙗ *с* (1) παιδοποιΐα деторождение plození dětí: нъ по вьса лѣта дѣло бываѥтъ • силѫ творѧ ѥстъствоу нашемоу • на плодътворениꙗ *Супр 420, 24* (плодъ творіті *Клоц 8а 24-25*).— *Ср.* прижитиѥ, рожденикѥ

плодь *Мт 12, 33 Зогр см.* плодъ

ПЛОДЬНЪ, -ыи *прил.* (5) εὔκαρπος, εὔφορος, τὸ εἶδος (!), ὁ ὑπ' αὐτόν (!) плодородный plodný: видѣвъ нивѫ добрѫ и плодьнѫ *Супр 40, 26.— Евх 91б 20; Супр 279, 29; 345, 24; 399, 14.— Ср.* плодовитъ

плоплодъ *Мт 7, 20 Мар см.* плодъ

ПЛОСКЪ, -ыи *прил.* (1) πλατύφυλλος плоский plochý: плоскъ ѥстъ листъ смоквинъ и остръ *Супр 350, 22*

ПЛОТЪ, -а *м* (1) φραγμός ограда ohrada, plot: оубьѥте вьси вы • ѣко на стѣнѫ прѣклоненѫ и плотъ вьздріновенъ *Пс 61, 4 Син.— Ср.* ограда, оплотъ, халѫга

плотъ *Пс 15, 9; 55, 5 Син и* плоть, -и *ж Син см.* плъть

ПЛОУТИ, пловѫ, пловеши *несов.* (1) πλεῖν плыть, плавать *на чём-л.* plout, plavit se: плоу исоусъ море *Супр 428, 21.— Ср.* плавати, ꙗхати

плоуща *Супр 165, 10 см.* плюща

плъзати *Супр 567, 14 см.* пльзати

плъзокъ *Пс 34, 6 Син см.* пльзъкъ

ПЛЪКЪ, -а *м* (8) [пль- *Супр* (2)] παρεμβολή, παράταξις, σύστημα, φάλαγξ толпа, войско houf, voj: ѣште оуплъчитъ сѧ на мѧ плъкъ не оубоитъ сѧ срьдьце мое *Пс 26, 3 Син; Супр 17, 28.— Супр 83, 1; 105, 15; 146, 10; 191, 17; 462, 16; 543, 7.— Ср.* леѓеонъ

ПЛЪНИѤ, -ниꙗ *с* (1) νᾶμα течение proud, tok: д⟨ь⟩нес⟨ь⟩ іерьданьскаа плъниѣ • вь ицѣлениѣ ч⟨ловѣ⟩комъ приносѧтъ сѧ *Евх 26б 1.— Ср.* вльниѥ

плънъ *Зогр Мар Ас Сав Син Клоц см.* пльнъ

ПЛЪТОЛЮБИВЪ, -ыи *прил.* (1) φιλόσαρκος сластолюбивый poživačný: тѧжестиѭ пльтолюбиваaго бѣса велми съдръжимъ *Супр 276, 10-11*

ПЛЪТОѤДИВЪ, -ꙑи *прил.* (1) σαρκοφάγος хищный, плотоядный masožravý: кръвопивꙑи змию • плътоѩдивꙑи мечоу • сверѣпѣи звѣрии *Супр 115, 28*

ПЛЪТЬ, -и *ж* (>200) [пльт- *Зогр* (1) *Мар* (1) *Ас* (2) *Сав* (1) *Евх* (5) *Супр* (76), плот- *Син* (6)] σάρξ, αἱ σάρκες, σῶμα, μέλος (!), θάνατος (!), γέμων (!); (тѧжькаꙗ плъть πολυσαρκία) тело tělo: д⟨оу⟩хъ плъти и кости не иматъ *Л 24, 39 Мар Ас* (∅ *Зогр*); тъгда повелѣ комисъ • желѣзнъ одрьць раждешти • и отъ пльтии его оудꙑ отърѣзовати *Супр 231, 18*; егда приближаѭтъ сѧ на мѧ зълобоуѭштеи о сънѣсти плътеі моихъ *Пс 26, 2 Син* ● *перен.* живое существо stvoření: къ тебѣ вьсѣ плоть придетъ *Пс 64, 3 Син* ● *перен.* плотское желание tělesná žádost: мол⟨итва⟩ ѡ избавленьи блѫда • і о оугашеньи плъти *Евх 36б 17* ▭ плътиѭ *в знач. нареч.* κατὰ σάρκα, τῇ σαρκί плотью, телом, физически tělesně: аште бо и пльтиѭ отълѫчихъ сѧ отъ тебе • нъ доухомь съ тобоѭ есмъ *Супр 295, 17*; бес плъти ἀσώματος; (бес плъти сꙑ σώματος ἀπηλλαγμένος) бесплотный netělesný: вьсꙗ небесьнаꙗ доухове сѫтъ бес пльти *Супр 237, 8* ◆ плъть господьнꙗ, господьска, христосова *спец.* σάρξ τοῦ Δεσπότου, σάρξ δεσποτική, σῶμα Χριστοῦ тело Господне, тело Христово tělo Páně: аще к'то г⟨осподь⟩нѧ плъти часть погоубит⟨ъ⟩... да покаетъ с⟨ѧ⟩ *Евх 103а 5*; съподобьени бꙑхомъ • пльти въкѹсити господьскꙑ *Супр 382, 10*; дрѣво кръстъ • хлѣбъ пльть христосова *Супр 353, 6*.— *Зогр Мар Ас Сав Ен Син Киев Евх Клоц Супр Хил*.— *Ср.* тѣло; бес плъти *ср.* бесплътьнъ; плътиѭ *ср.* плътьскъ (по плътьскоуемоу)

ПЛЪТЬНЪ, -ꙑи *прил.* (21) [пльт- *Евх* (3) *Супр* (12)] σωματικός, τοῦ σώματος, τῆς σαρκός, σαρκικός, ἐκ τῆς σαρκός, ὁ κατὰ σάρκα, ἔνσαρκος, αἴσχιστος телесный, плотский, физический tělesný, těla *род.*, fyzický: да бѫдетъ... на отъпоущение в'сеѩ страсти • і недѫга плътъна *Евх 27а 11*; прѣзьрѧ помꙑшлениѥ его • отъ плътънꙑхъ похотеи *Евх 100б 20* ▭ плътьнꙑи *в знач. сущ.* σῶμα человек člověk: пльтьнꙑихъ дѣлма и беспльтьнꙑихъ сꙑнъ вꙑшьнꙗго наречетъ сѧ *Супр 237, 9*.— *Евх Супр Хил*.— *Ср.* плътьскъ, плътѣнъ, тѣлесьнъ

ПЛЪТЬСКЪ, -ꙑи *прил.* (13) [пльт- *Супр* (4)] τῆς σαρκός, τῶν σαρκῶν, σαρκικός, ὁ κατὰ σάρκα, σωματικός, ὁ τῆς ἀσθενείας (!) плотский, телесный, физический tělesný, těla *род.*, fyzický: і ицѣли и отъ в'сего недѫга • плътъскаго и д⟨оу⟩шевънааго *Евх 25б 2*; плътьскꙑѩ похоти отъжени *Евх 38а 6*; покои д⟨оу⟩шѧ рабъ твоихъ... о⟨ть⟩цемъ же и чѧдомъ же • и братромъ нашимъ • и прочюмоу родоу плътъскоумоу *Евх 64а 4*; пекꙑи сѧ плътьскꙑми и глоумли сѧ • не х⟨ристос⟩а ли съвлъклъ сѧ естъ *Рыл 2аβ 32* ◆ по плътьскоуемоу *греч. нет* телом, физически tělesně, fyzicky: того ради оубо строꙗ • роди сѧ х⟨ристо⟩с⟨ъ⟩ пльтиѭ • и еже оуспѣваетъ връстоѭ по пльтьскоуоумоу *Супр 11, 6*.— *И 1, 13 Зогр Ас* (∅ *Мар*); *Евх 74а 19; Клоц 2б 31-32; 13а 21-22; Супр 159, 24; 317, 19; 449, 23*.— *Ср.* плътьнъ, плътѣнъ, тѣлесьнъ; по плътьскоуемоу *ср.* плъть (плътиѭ)

ПЛЪТЬСКꙐ *нареч.* (1) [пль- *Евх* (1)] σωματικῶς физически, материально tělesně, hmotně: нерѫданъ възврати сѧ вьспѧть • видѣвъ огнь б⟨о⟩жествьнꙑ • пльтъскꙑ съходѧщь надь нь *Евх 3а 13*

ПЛЪТѢНЪ, -ꙑи *прил.* (1) [пль- *Супр* (1)] σωματικός телесный, плотский tělesný, těla *род.*: тебе виждѫ пльтѣнꙑима очима *Супр 505, 13*.— *Ср.* плътьнъ, плътьскъ, тѣлесьнъ

ПЛЪЧИТИ СѦ, -чѫ сѧ, -чиши сѧ *несов.* (2) [пль- *Супр* (1)] παρατάσσεσθαι, ἐκπολεμεῖν строиться в ряды řadit se v šik: начѧ на градъ плъчити сѧ *Супр 56, 20-21*.— *Супр 306, 8*.— *Ср.* оплъчати

П͠ЛЬВАНИѤ, -ꙗ *с* (2) ἔμπτυσμα плевание plivání: и не отъврати лица своѥго отъ стоуда пльваньꙗ *Супр 481, 5*.— *Супр 437, 23*.— *Ср.* запльваниѥ, плиновениѥ

П͠ЛЬВАТИ, плюѭ, плюѥши *несов.* (8) ἐμπτύειν плевать plivat: начѧшѧ етери пльвати на нь *Мк 14, 65 Зогр Мар*.— *Мк 15, 19 Зогр Мар Ас Сав; Супр 481, 18; 554, 9*

ПЛЬЗАТИ, плѣжѫ, плѣжеши *несов.* (3) [плъ- *Супр* (1)] ἕρπειν ползать, ползти plazit se: и бѣахѫ звѣриѥ плѣжѫште *Супр 183, 24* ▭ плѣжѫщаꙗ *с мн. в знач. сущ.* τὰ ἑρπετά пресмыкающиеся, тварь plazi, havěť: загради оуста плѣжѫштиїхъ *Супр 1, 8*.— *Супр 567, 14*.— *Ср.* пльзѣти; плѣжѫщаꙗ *ср.* гадъ

пльзити *см.* пльзѣти

ПЛЬЗЪКЪ *прил.* (2) [плъзок- *Син* (1)] ὀλίσθημα (!) скользкий kluzký: бѫди пѫть іхъ тъма і плъзокъ *Пс 34, 6 Син* ● *перен.* εὐόλισθος неуверенный nejistý: пльзъкъ нашъ оумъ • вратка наша мꙑслъ *Супр 410, 4*

ПЛЬЗѢТИ *или* **ПЛЬЗИТИ**, пльжѫ, пльзиши *несов.* (1) σύρεσθαι ползать, ползти plazit se: и иде пльзѧ къ чръмъноуоумоу морю *Супр 173, 25*.— *Ср.* пльзати

плькъ *Супр 462, 16; 543, 7 см.* плъкъ

ПЛЬНЪ, -ꙑи *прил.* (31) [плъ- *Зогр* (3) *Мар*

(5) *Ас* (2) *Сав* (3) *Син* (1) *Клоц* (2)] πλήρης, μεστός, γέμων, πεπληρωμένος, μεμεστωμένος, ἀνάπλεως; (пльнъ бꙑти γέμειν; вьсего зъла пльнъ παμπονηρός; тьмами пльнъ μυριοφόρος; гноꙗ пльнъ πισσοειδής) полный plný: извлѣче мрѣжѫ на землѭ • плънѫ велиꙇхъ рꙑбъ *И 21, 11 Зогр Мар Ас Сав*; вънѫтрьнѥѥ ваша плъна сѫтъ • хꙑштеньꙗ і зълобꙑ *Л 11, 39 Зогр Мар.— Зогр Мар Ас Сав Син Клоц Супр.— Ср.* испльнь[1]

п л ь т - *см.* плът-

ПЛѢВА, -ꙑ *ж* (7) ἄχυρον мякина, полова pleva: съберетъ пьшеницѫ • въ житьницѫ а плѣвꙑ съжежетъ огнемь негасимꙑмь *Мт 3, 12 Зогр* (Ø *Мар*); *Л 3, 17 Зогр Мар Ас Сав*; дѣлатель добрꙑи разлѫчаꙗ доухомъ с⟨ва⟩тꙑимъ плѣвꙑ п'шеница *Супр 143, 20.— Супр 127, 25*

ПЛѢВЕЛЪ, -а *м и* **ПЛѢВЕЛИ**, -лъ *м мн.* (34) ζιζάνιον, τὰ ζιζάνια, αὐτός (!) плевел plevel: приде врагъ его • і всѣ плѣвелъ • по срѣдѣ пьшеница *Мт 13, 25 Зогр Мар Ас Унд*; съкажи намъ притъчѫ плѣвелъ селънꙑхъ *Мт 13, 36 Зогр Мар Ас Унд.— Зогр Мар Ас Унд Хил*

ПЛѢВЬНИЦА, -ѧ *ж* (3) ἀχυρών амбар sýpka, stodola: възъмъше огнь запалиша плѣвьницѫ *Супр 196, 21-22.— Супр 196, 16-17; 196, 20*

ПЛѢВЬНЪ, -ꙑи *прил.* (1) τοῦ ἀχύρου мякинный, мякины *род.* plev *род.*: кꙑи коупъ болиі ѥстъ плѣвънꙑи ли или п'шеничьнꙑи *Супр 127, 23*

п л ѣ ж ѫ, плѣжеши *см.* пльзати

п л ѣ ж ѫ щ а ꙗ *с мн. Супр 1, 8 см.* пльзати

ПЛѢНИТИ, -нѭ, -ниши *сов.* (13) αἰχμαλωτίζειν, αἰχμαλωτεύειν; (плѣненꙑи рабъ αἰχμάλωτος) взять в плен, пленить zajmout, odvést do zajetí: хотѣаше плѣнити неч'стиваего *Супр 473, 2*; падѫтъ въ остри меча • і плѣнени бѫдѫтъ въ ꙗзꙑкꙑ в'сѧ *Л 21, 24 Зогр Мар.— Пс 67, 19 Син; 70, 1 Син; 105, 46 Син; 136, 3 Син; Клоц 7а 27; 7а 35-36; 7а 38-39; Супр 251, 24-25; 418, 18; 418, 28-29*

п л ѣ н н и к *Пс 95, 1 Син см.* плѣненик

ПЛѢНЪ, -а *м* (12) **1.** αἰχμαλωσία плен zajetí: іже въ какои бѣдѣ • ли въ напасти сѫтъ • ли вь плѣнѣ • ли вь темьници • да избавиши ѩ *Евх 79б 14* ● пленные zajatci: възиде на вꙑсотѫ плѣнилъ еси плѣнъ *Пс 67, 19 Син* **2.** λάφυρον, τὰ λάφυρα, τὰ σκῦλα (военная) добыча plen, kořist: не обрати насъ въ плѣнъ народомъ поганьскъимъ *Киев 4б 12*; приносѧ намъ побѣдьнаꙗ • и плѣнъ многъ и различенъ *Супр 56, 11.— Пс 13, 7 Син; 77 61 Син; 84, 2 Син; 125, 1 Син; Евх 23а 22; Супр 329, 6; 334, 5; 512, 6.— Ср.* плѣненик, користь

ПЛѢНЬНИКЪ, -а *м* (14) αἰχμάλωτος, ἀνήρ (!); (плѣньникꙑ поимати ἀνδραποδίζειν) пленник, пленный zajatec: посъла мѧ... проповѣдѣтъ плѣньникомъ отъпоуштение *Л 4, 18 Мар Ас Сав* (Ø *Зогр*).— *Клоц 13а 10; Супр 58, 6; 67, 24; 93, 11-12; 291, 30; 431, 26; 449, 13; 459, 27; 489, 22; 505, 23; 521, 24*

ПЛѢНЬНИЦА, -ѧ *ж* (1) ἡ συναιχμάλωτος пленница zajatkyně: ꙗко плѣнника адама и плѣн'ницѫ еугѫ • от' страстии раздрѣшитъ *Супр 459, 27*

ПЛѢНꙖТИ, -ꙗѭ, -ꙗѥши *несов.* (2) λεηλατεῖν, ληΐζεσθαι разорять, опустошать, грабить pustošit, plenit, rozchvacovat: и събрaвъше плъкꙑ своѩ • прѣплоувъше рѣкѫ рекѫмѫѭ доунавъ • плѣнꙗахѫ ѳракиѭ *Супр 191, 19.— Супр 291, 29*

ПЛѢНѤНИѤ, -ꙗ *с* (8) [плѣнник (!) *Син* (1)] αἰχμαλωσία, ἅλωσις плен, пленение zajetí: възврати г⟨оспод⟩ь плѣнение наше ꙗко потокъ югомь *Пс 125, 4 Син.— Пс 52, 7 Син; 95, 1 Син; Евх 62а 16; Супр 292, 1; 349, 5; 418, 26; 479, 16.— Ср.* плѣнъ

ПЛѢТИ, плѣвѫ, плѣвеши *несов.* (1) αἰχμαλωτίζειν (!) полоть, искоренять plít, vymycovat: да... навꙑкнѫтъ ꙗко плѣвома ѥсть сьмрьть *Супр 424, 30*

ПЛЮНѪТИ, -нѫ, -неши *сов.* (3) πτύειν, ἐμπτύειν плюнуть plivnout: плюнѫвъше на нь • приѩсѧ тръсть • и биѣахѫ и по главѣ *Мт 27, 30 Ас Сав* (плинѫвъше *Зогр Мар*).— *Мк 7, 33 Сав.— Ср.* плинѫти, заплѣвати

ПЛЮСКЪ, -а *м* (1) *греч. нет* звук, шум, треск zvuk, třesk: ꙗкоже отъ плуска того мьнѣти вьсѣмъ ꙗко громъ бꙑстъ *Супр 230, 4*

ПЛЮЩА, -ь *с мн.* (1) *греч. нет* легкие; внутренности plíce; vnitřnosti: да живоу ти сѫштоу звѣрьми плоушта ти извлѣчена бѫдѫтъ *Супр 165, 10*

п л ю ѭ, плюѥши *см.* плъвати

ПЛѦСАНИѤ, -ꙗ *с* (1) *греч. нет* танец, пляска tanec: съгрѣшихъ... въпадаѭ... вь клеветꙑ • въ съвадꙑ • въ плѧсаниѣ • въ игри зълꙑ *Евх 68а 25*

ПЛѦСАТИ, плѧшѫ, плѧшеши *или* плѧсаѭ, плѧсаѥши *несов.* (9) ὀρχεῖσθαι танцевать, плясать tančit: плѧса дъшти ꙇродиѣдина по срѣдѣ *Мт 14, 6 Зогр Мар.— Мт 11, 17 Зогр Мар; Мк 6, 22 Зогр Мар Ас; Л 7, 32 Зогр Мар.— Ср.* играти, ликовати

ПЛѦСЬЦЬ, -а *м* (2) ὀρχηστής, χορός танцор, плясун tanečník: диѣволъ зоветъ гѫсльми и плѧсьци пѣс(нь)ми неприѣзнинами *Рыл 2бβ 25.— Супр 403, 18-19*

пл҃ускъ *Супр 230, 4 см.* плюскъ

ПО *предлог* (>1500) **А.** *с вин.* κατά, εἰς, ἐν, διά, ἐπί, ἀπό (!) **1.** *при указании на места, на поверхности которых или в пределах которых совершается действие* по po *с предл.*: бѫдѫтъ трѫси по мѣста *Мк 13, 8 Зогр Мар*; образы златы поставьѭ ти по вьсѧ грады вьсеѩ вьселенꙑѩ *Супр 1, 24* ● *при указании на объект действия при глаголах, обозначающих прикосновение* за *с вин., род. без предлога* za *с вин., род. без предлога*: съвѧзавъше и по рѫцѣ и по нозѣ *Евх 106б 21* (*ср.* съвѧзавъше емоу рѫцѣ и нозѣ *Мт 22, 13 Мар Ас*) *перен.*: дръжѧ сѧ паче по немьвение *Супр 280, 20*; по большеѥ въздръжаниѥ ѩ сѧ блаженꙑи анина *Супр 548, 4* **2.** *при обозначении времени, за которое протекает действие* в течение po *с вин.*: по в'сѧ д'ни сѣдѣхъ съ вами *Мт 26, 55 Зогр Мар Ас Сав*; си по кои вьлѣзе въ домъ твои • не прѣста лобꙑзаѭшти нозѣ мои *Супр 395, 8* (отъ нелиже *Л 7, 45 Зогр Сав*, отъ нели *Мар Ас*); по вьса лѣта дѣло бꙑваѥтъ *Супр 420, 23*; чистаа бо и безгрѣшьна ѥго доуша • по вса врѣмена проразоумѣвааше таинаа *Супр 569, 9* **3.** *при обозначении цели* (*при глаголе* посълати) за *с твор.* pro: посълавъ по зъванꙑѩ имъ *Супр 267, 4* **4.** *при обозначении обстоятельства действия* по podle, vzhledem k: ισповѣдаѭще сѧ б⟨ог⟩оу • съвѣдѫщюмоу ꙗ (*т. е.* грѣхꙑ) по имена *Евх 67б 14* **5.** *в составе кратных числительных* (редко): и пожѧтъ ѩ по три кратꙑ *Ен 30б 17* **6.** *в составе предложных сочетаний, имеющих значение наречий*: по ниѥже *см.* пониѥже; по чьто *см.* почьто

Б. *с дат.* ἐπί, κατά, διά, ἐν, εἰς, ὑπέρ, πρός, ἀνά, ἐκ **1.** *при указании на место или предмет, на поверхности которого происходит движение* по po *с предл.*: повели ми прити кь тебѣ по водамъ *Мт 14, 28 Зогр Мар Ас Боян* (*нет Сав*); мнози же ризꙑ своѩ постилаахѫ по пѫти *Мк 11, 8 Зогр Мар*; исправи ιмъ пѫть • ли по земи • ли по морю • ли по блатомъ • ли по рѣкамъ • ли инѣмь образомь кꙑмь пѫть творѧщемъ *Евх 18б 5 и 6 и 7* ● *при указании на объект действия* по do, po *с предл.*: биѣхѫ ι по главѣ *Мт 27, 30 Зогр Мар Ас Сав*; колѣнома тъкаахѫ по ребромъ *Супр 137, 19*; и прѣкрьштаѩ ѭ часто по прьсемь не прѣстааше *Супр 516, 16* **2.** *при указании отрезка времени, позже которого совершается действие* (*очень редко*): не по многоу же пристѫпьше • стоꙗштеι рѣшѧ *Мт 26, 73 Зогр Мар*, не по мнозѣ *Ас Сав* (2) **3.** *при обозначении способа действия* по podle, po *с предл.*: дати жрътвѫ по реченоумоу • въ законѣ *Л 2, 24 Зогр Мар Ас Сав Боян*; да по заповѣдемъ твоимъ живъ... съподобитъ сѧ • стоѣниѣ твоего деснааго *Евх 7а 14*; създа чловѣка по образоу своѥмоу *Супр 8, 26*; иже отъдастъ комоуждо по дѣломъ своимъ *Супр 108, 4*; по ноужди бѣахѫ влачими *Супр 131, 18*; та прѣкмлѣта по радоу епископъскꙑи столъ *Супр 187, 22*; вьса по слѣдованию... прѣподобноуоумоу мѫжоу исповѣда *Супр 517, 21*; они же... по силѣ ѥго оутѣшиша *Супр 524, 3* **4.** *при указании на признак, по отношению к которому характеризуется лицо или предмет* по podle, vzhledem k: не мнозі... мѫдри по плъти *1 Кор 1, 26 Ен*; оумираатъ по чловѣчьствоу... бесьмрьтенъ • и присно сꙑ по божьствоу *Супр 11, 15 и 19* **5.** *при обозначении причины действия* из-за, ради pro, kvůli: аште достоитъ чл⟨овѣ⟩коу поустити женѫ своѭ • по вьсѣкои винѣ *Мт 19, 3 Мар Ас* (на всакѫ винѫ *Сав*, Ø *Зогр*); мꙑ же по правьдѣ не сътрьпимъ ли • съмрьти *Супр 91, 16* **6.** *при обозначении* (*чаще всего в сочетании с числительными*) *дистрибуции* по *с дат. и вин.* po *с предл.*: съвѣщавъ же съ дѣлателꙑ • по пѣнѧзоу на день *Мт 20, 2 Мар Ас Сав* (Ø *Зогр*); възлегошѧ на лѣхꙑ • на лѣхꙑ • по сътоу ι пѧти десѧтъ *Мк 6, 40 Зогр*, по сътоу и по пѧти десѧтъ *Мар*; на толицѣ же житиѥ ѥго славьно бꙑстъ • ꙗкоже по двѣма десѧтьма и трьмь десѧтьмь чрьн'цемъ к немоу приходити *Супр 519, 8* **7.** *при указании на лицо или предмет, следующие непосредственно за другими* (*очень редко*) за *с твор.* za *с твор.*: ѡни же начѧшѧ скрьбѣти ι г⟨лаго⟩лати емоу • ѥдинъ по ѥдиномоу *Мк 14, 19 Зогр Мар* **8.** *в составе предложных сочетаний, имеющих значение наречий*: по вьсемоу *см.* вьсь, по малоу *см.* малъ, по мъногоу *см.* мъногъ, по срѣдѣ *см.* посрѣдѣ

В. *с мест.* μετά, διά, ὑπέρ, εἰς, ἐπί **1.** *при указании на место или предмет, на поверхности которого совершается действие* (*редко*) по po *с предл.*: приде въ прѣдѣлꙑ ιюдеιскꙑ • по ономь полоу ιор'дана *Мк 10, 1 Зогр Мар*; походѧштоу ѥмоу ноштиѭ ѥдномоу по срѣдоудворини *Супр 282, 26* **2.** *при указании на лицо или предмет, следующие за другими* за *с твор.* za *с твор.*: она же абие оставьша мрѣжѧ • по немь ιдосте *Мт 4, 20 Зогр Ас Сав* (Ø *Мар*); сьде по прьвѣѥмь вьторꙑи сълазитъ *Супр 496, 18* **3.** *при указании на отрезок времени, позже которого совершается действие* после po *с предл.*: по трьхъ дьнѣхъ въстанѫ *Мт 27, 63 Зогр Мар Ас*; мол⟨итва⟩ по ѡбѣдѣ *Евх 17б 5*; ꙗкоже... и никомоу отътоли съмѣти по слънечьнѣѣмъ заходѣ вънѣ домоу своѥго обрѣсти сѧ *Супр 53, 4* **4.** *при обозначении способа действия* по podle: оуморж и • по соуѥтьнѣѣмъ ѥго прореченини *Супр 195, 24* **5.** *при указании на лицо, в пользу которого совершается действие* за *с вин.* pro, za *с вин.*: ѥже бо нѣстъ на вы • по васъ ѥстъ *Мк 9, 40 Зогр Мар Ас*; благословьѥнъ градыи... ѥдинъ за многы и по мнозѣхъ • избавитъ ништъ родъ чловѣчьскъ *Супр 329, 23* **6.** *при обозначении причины действия* из-за, ради pro, kvůli: жалова бо и тъ по лазарѣ *Супр 382, 30*; плака по нихъ *Супр 38, 5* **7.** *в составе предложных сочетаний, имеющих значение наречий*: по малѣ *см.* малъ; по семь *см.* сь; по томь *см.* потомь.— *Зогр Мар Ас Сав Охр Унд Боян Зогр-пал Ен Син Служ Киев Евх Клоц Супр Хил Рыл Зогр-лл*

ПОБЕСѢДОВАТИ, -доуѭ, -доуѥши *сов.* къ комоу (1) συντυγχάνειν побеседовать, поговорить porozprávět, pohovořit, promluvit: и побесѣдоуѥши къ чрьньцоу їwаноу къ мльчаливоуоумоу *Супр 294, 9*

ПОБИВАТИ, -аѭ, -аѥши *несов.* (6): каменьѥмь побивати λιθάζειν, λιθοβολεῖν забрасывать, забивать камнями kamenovat: въ законѣ намъ моси повелѣ • таковыѩ каменьѥмь побивати *И 8, 5 Зогр Мар.— Мт 23, 37 Мар Ас; Л 13, 34 Мар; Супр 481, 19*

ПОБИТИ, -бьѭ, -бьѥши *и* -биѭ, -биѥши *сов.* (24) κτείνειν, ἀποκτείνειν, ἀπολλύναι, πλήσσειν, πατάσσειν убить, побить ubít, zabít: ли они осмь на десѧте • на нѩже паде стлъпъ силоуамьскъ • і поби ѩ *Л 13, 4 Зогр Мар* ♦ каменьѥмь побити λιθάζειν, καταλιθάζειν, λιθοβολεῖν забросать, забить камнями ukamenovat: по многах мѫжах • каменьѥмъ побиѥн • бъістъ *Ен 38б 9-10.— Зогр Мар Ас Сав Боян Ен Син Супр.— Ср.* избити, погоубити, потрѣбити, оубити

ПОБОЛѢТИ, -лѭ, -лиши *сов.* о комь (1) συμπαθεῖν почувствовать сострадание, посочувствовать pocítit soucit: о братѣ поболѣвъ *Супр 291, 21*

ПОБОРИТИ, -рѭ, -риши *сов./несов.* комоу (1) συμμαχεῖν помочь/помогать в бою, совместно воевать pomoci/pomáhat v boji, společně bojovat: помышлıаѭ побораштааго ми • неиздреченѫѩ силѫ *Супр 490, 11*

ПОБРАНЬСКЪ, -ыи *прил.* (1) τῶν πολέμων военный, бранный válečný: доблѣства побраньскаго *Супр 83, 8.— Ср.* ратьнъ

ПОБЪДѢТИ, -бъждѫ, -бъдиши *сов.* (7) [побь- *Зогр* (2) *Мар* (1) *Ас* (1) *Сав* (1) *Евх* (1)] γρηγορεῖν пободрствовать pobdít: тако ли не възможе • ѥдиного часа побъдѣти съ мноѭ *Мт 26, 40 Зогр Мар Ас Сав; Мк 14, 37 Зогр Мар.— Евх 47а 12-13*

ПОБЫТЬ, -и *ж* (1) τὰ τρόπαια знаки, символы победы, *перен.* память о победе znaky, symboly vítězství, *перен.* památka vítězství: вь вьсѫ земьѭ изиде слава ѥго • и въ коньць • вьселеныѩ побыть ѥго *Супр 509, 2.— Ср.* побѣдьникъ

побьдѣти *Зогр Мар Ас Сав Евх см.* побъдѣти

ПОБѢГАТИ, -аѭ, -аѥши *несов.* (1) φεύγειν убегать utíkat: вьси побѣгаахѫ *Супр 72, 25.— Ср.* бѣгати, отъбѣгати

ПОБѢГНѪТИ, -нѫ, -неши *сов.* (9) φεύγειν, φυγῇ χρῆσθαι убежать, обратиться в бегство utéci, dát se na útěk: чъто ти ѥстъ море да побѣже *Пс 113, 5 Син; Евх 26 4*; побѣгнеши отъ лица ихъ *Супр 195, 12*; побѣгнѣвѣ • да не постижена бѫдевѣ *Супр 472, 10.— Пс 103, 7 Син; 113, 3 Син; Евх 49б 7; Супр 51, 4; 196, 14.— Ср.* отъбѣгнѫти, отъбѣжати

ПОБѢДА, -ы *ж* (27) νίκη, νῖκος, νικητήριον, τρόπαιον победа vítězství: къде ти съмрьти побѣда *Хил 16а 8 (1 Кор 15, 55)* ♦ побѣдѫ сътворити *греч. нет* победить, одержать победу zvítězit: иже... побѣдѫ сътвори по вьсѧ лѣта *Супр 566, 23.— Зогр Мар Ас Сав Клоц Супр Хил.— Ср.* побѣжденик, прѣдолѣник

ПОБѢДИТЕЛЬ, -лıа *м* (6) [..бѣдителю *Ен* (1)] νικηφόρος, νικητής победитель vítěz, přemožitel: побѣдитель ѥстъ на в'сѣкѫ неприѣзнь ноштьнѫѭ • побѣдитель ѥстъ на в'сѣкѫ болѣзнь ноштьнѫѭ • побѣдитель ѥстъ на в'сѧ твоѩ (*т. е.* трѧсавицѧ) *Евх 48б 8 и 10 и 12.— Ен 12б 14; Супр 467, 25-26; 489, 23.— Ср.* побѣдотворьць, побѣдьникъ

ПОБѢДИТИ, -бѣждѫ, -бѣдиши *сов.* (67) [побѣбѣдихъ (!) *Зогр* (1)] **1.** νικᾶν, τροποῦσθαι, τρέπεσθαι, καταγωνίζεσθαι, πολεμεῖν, τροπαιοῦχος (!); (побѣжденъ быти ἡσσᾶσθαι) победить, поразить, пересилить zvítězit *nad někým*, porazit, přemoci *někoho*: нъ дрьзаите азъ побѣдихъ мира *И 16, 33 Мар Ас Сав*, побѣ[бѣ]дихъ (!) *Зогр* □ не побѣжденъ ἀνάλωτος непобедимый nepřemožitelný: ѣко да бѫдетъ ти страшенъ сѫпостатомъ • не побѣжденъ браньми *Евх 99а 16-17* **2.** προτρέπειν побудить, принудить pobídnout, přinutit: да ѥма побѣждени быхомъ • и десноѥ намъ даша отроци причаштениѥ • градѣмъ възлюбьѥнии *Супр 321, 7.— Зогр Мар Ас Сав Ен Син Евх Клоц Супр.— Ср.* оубѣдити, поноудити, приноудити, прѣбрати, прѣдолѣти, прѣмощи, прѣодолѣти, прѣпьрѣти

ПОБѢДОТВОРЬЦЬ, -а *м* (1) τροπαιοφόρος победитель vítěz: **воини побѣдотворци** *Супр 95, 10.— Ср.* **побѣдитеѧь, побѣдьникъ**

ПОБѢДЬЛИВЪ, -ꙑи *прил.* (1) νικοποιός победный, победоносный vítězný: **иже побѣдьнѫѭ пѣснь • и новоѥ съложениѥ мироу • пѣтию • побѣдьливоуоумоу христосовоу наоучиша** *Супр 319, 8.— Ср.* **побѣдьнъ**

ПОБѢДЬНИКЪ, -а *м* (3) **1.** νικητής победитель vítěz, přemožitel: **цѣсарь ѳеwдосии • побѣдникъ** *Супр 199, 20* **2.** τρόπαιον знак, символ победы znamení, symbol vítězství: **коньча сѧ оубо намъ алчьбънꙑи троудъ • коньча же сѧ крьстомъ • кьде бо подоба одолѣнию коньцоу • развѣ на побѣдьницѣ коньчавати сѧ • побѣдникъ бо крьстъ • ѥдноѭ оубо подрѫженъ • присно же бѣсꙑ прогонѧ** *Супр 427, 29-30 и 30.— Ср.* **побꙑть, побѣдитеѧь, побѣдотворьць**

ПОБѢДЬНЪ, -ꙑи *прил.* (6) τῆς νίκης, ἐπινίκιος, νικητικός победы *род.*, победный, победоносный vítězství *род.*, vítězný: **не домꙑшлѣахѫ же сѧ креста • побѣдънꙑѩ** (*т. е.* **чьсти**) *Клоц 11а 14* ▭ **побѣдьнаꙗ** *с мн. в знач. сущ.* τὰ ἐπινίκια знаки, символы победы znamení, symboly vítězství: **приносѧ намъ побѣдьнаꙗ • и плѣнъ многъ и различенъ** *Супр 56, 11.— Ен 12б 13; Супр 319, 6; 332, 25; 468, 12-13.— Ср.* **побѣдьливъ**

ПОБѢЖДАТИ, -аѭ, -аѥши *несов.* (3) **1.** νικᾶν побеждать, поражать, пересиливать vítězit, porážet, přemáhat: **ꙗкоже и диꙗволъ побѣжденъ бꙑстъ • силѫ подаѭштѹ нама х⟨ристо⟩соу • и побѣждаѭштоу твоѩ пронꙑривꙑѩ къзни** *Супр 12, 26* **2.** *греч. нет* побуждать, понуждать pobízet, nutit: **ꙗко по отъкръвению движенъ побѣждааше ѩ на молитвѫ** *Супр 569, 25.— Супр 464, 25.— Ср.* **бѣдити, прѣдолѣвати**

ПОБѢЖДЕНИѤ, -ꙗ *с* (6) **1.** νῖκος, τρόπαιον победа vítězství: **низъпаде съмрьть до побѣждениꙗ** *Супр 352, 2-3* **2.** ἧσσα поражение porážka: **дѣва и дрѣво и сьмрьть • нашего побѣжденьꙗ бꙑшѧ образи** *Супр 489, 8.— Супр 486, 28; 488, 20; 489, 12-13; 544, 12.— Ср.* **побꙑть, побѣда, прѣдолѣниѥ**

ПОВАДИТИ, -важдѫ, -вадиши *сов.* (1) ὑποβάλλειν подстрекнуть, побудить navést, podnítit: **поважденъ же бꙑвъ отъ отьца своѥго диꙗвола • пакостьникъ • повелѣ** *Супр 58, 17.— Ср.* **навадити, наоустити, поoустити**

ПОВАЖДАТИ, -ждаѭ, -ждаѥши *несов.* (3) ἀνασοβεῖν, ὑποτίθεσθαι подстрекать, побуждать navádět, podněcovat: **вѣсте ꙗко си ї инѣхъ поваждаѥт' да не жьрѫтъ** *Супр 138, 21.— Супр 157, 24; 521, 27.— Ср.* **наоущати**

ПОВАПЬНИТИ, -нѭ, -ниши *сов.* (1) κονιᾶν побелить известью obílit vápnem: **ѣко подобите сѧ гробомъ повапьненомъ** *Мт 23, 27 Мар* (∅ *Зогр*)

ПОВЕЛѢВАТИ, -аѭ, -аѥши *несов.* **комоу чесомоу**; *с инф.* (10) κελεύειν, διακελεύεσθαι, προστάσσειν, ἐπιτάσσεσθαι, ἐπιτρέπειν приказывать, велеть, повелевать nařizovat, rozkazovat, poroučet: **того ли прѣдаеші... владѫштаго бѣсꙑ • повелѣваѭштаго мiроу** (*вм.* **мороу**) *Клоц 4б 34* (**мореви запрѣштаѭштааго** *Супр 412, 7*).— *Супр 109, 8; 174, 27; 220, 15; 283, 14-15; 465, 15; 468, 21; 468, 23; 476, 15; 543, 16-17.— Ср.* **велѣти, заповѣдати, запрѣщати**

ПОВЕЛѢНИѤ, -ꙗ *с* (75) δόγμα, πρόσταγμα, πρόσταξις, πρόστασις, διαταγή, διάταξις, κέλευσις, κέλευσμα, κέλευμα, ἐπιστασία, ἐπίταγμα, ἐπιταγή, κρῖμα, νεῦμα, βούλημα, θέλημα, γνώμη, τὸ προσταχθέν, φιλοτιμία (!) приказание, повеление nařízení, rozkaz: **азъ же поставленъ есмь ц⟨ѣса⟩ръ отъ него... възвѣщаѩ повелѣнье г⟨оспод⟩не** *Пс 2, 6 Син*; **тебе трепещѭтъ бѣси • ι повелѣниемь твоимь • оходитъ в'сь недѫгъ** *Евх 26б 16*; **ада видиши господьскомь повелѣниимь • четврьтодьньна издаѭшта** *Супр 339, 1*; **въ имѧ ї⟨ис⟩оу х⟨ристо⟩са б⟨ог⟩а моего сътворѫ то • и б⟨ог⟩ъ по повелѣнию вашемоу сътворитъ то** *Супр 540, 23.— Зогр Мар Сав Ен Син Евх Клоц Супр Зогр-лл.— Ср.* **велѣниѥ, волꙗ, завѣтъ, законъ, заповѣданиѥ, заповѣдь, запрѣщениѥ, зарокъ**

ПОВЕЛѢНЬНЪ, -ꙑи *прил.* (2) διαταχθείς приказанный nařízený, rozkázaný: **еда иматъ хвалѫ рабоу томоу • ꙗко створи повелѣньнаꙗ • не мьнѭ тако • и вꙑ егда створите повелѣньнаꙗ вамъ** *Л 17, 9 и 10 Сав* (**повелѣнаа... повелѣнаа** *Зогр Мар Ас*)

ПОВЕЛѢТИ, -лѭ, -лиши *сов.* **комоу, чесомоу чьто**; *с инф.; с* **да**; *без доп.* (>300) [**повѣ** (!) *Супр* (1)] **1.** προστάσσειν, τάσσειν, διατάσσειν, ἐπιτάσσειν, ὑποτάσσειν, συντάσσειν, προτάσσειν, ἐντέλλεσθαι, παραγγέλλειν, κελεύειν, ἐπινεύειν, παρακαλεῖσθαι, προτρέπεσθαι, ἐπιτρέπειν, ποιεῖν (!), ἀποστέλλειν (!), λέγειν (!), γράφειν (!) [**повелѣти почити** διαναπαύειν] повелеть, приказать ustanovit, nařídit, rozkázat: **г⟨оспод⟩и бꙑс⟨ть⟩ еже повелѣ** *Л 14, 22 Зогр Мар Ас Сав*; **повелѣ боурі и ста въ хладъ** *Пс 106, 29 Син*; **повелѣвъи земи творити плодъ** *Евх 13а 11*; **иждеже има бѣаше повелѣлъ прѣбꙑвати кънѧзъ** *Супр 212, 1*; **отче повели да вьстанетъ лазарь** *Супр 309, 18-19* ▭ **повелѣноѥ** *в знач. сущ.* приказанное, приказ přikázané, příkaz: **повелѣноѥ без лѣности творѣаше** *Супр 275, 14-15* **2.** ἐπιτρέπειν позволить svolit, dovolit:

г⟨оспод⟩и повели ми прѣжде ити • и погрети о⟨ть⟩ца моего *Мт 8, 21 Зогр Мар Ас Сав*; молѣахѫ i • да повелитъ имъ • въ ты вънити *Л 8, 32 Зогр Мар Ас Сав*; ѡ неповелѣнѣмь послѣдовати *Зогр 129б 16; Мар 76б 12.— Зогр Мар Ас Сав Боян Син Евх Супр.— Ср.* заповѣдѣти, запрѣтити

ПОВЕСТИ, -ведѫ, -ведеши *сов./несов.* (5) ἀπάγειν отвести, повести/вести odvést/vést: и ѣко и повѣсѧ емъше симона... задѣшѧ емоу кр⟨ь⟩стъ носити *Л 23, 26 Мар*, поведошѧ *Зогр*; тогда (абие) пов(е)дѫт' сѧ же(го)ми и биеми *Рыл 56а 18.— Пс 124, 5 Син; Супр 37, 2.— Ср.* вести

ПОВИВАТИ, -аѭ, -аеши *несов.* (1) κατατυλίσσειν обвивать, обертывать zavinovat, zahalovat: пеленами и сьде повиваетъ сѧ *Супр 451, 25* (повьѣетъ сѧ *Клоц 14а 12*).— *Ср.* повиꙗти

ПОВИНОВАТИ СѦ, -ноуѭ сѧ, -ноуеши сѧ *несов.* комоу, чесомоу (24) ὑποτάσσεσθαι, πείθεσθαι, πειθαρχεῖν подчиняться, повиноваться, покоряться podrobovat se, podřizovat se: повиноуи сѧ и ты сотоно • живоумоу истин'ноумоу б⟨ог⟩оу *Евх 56а 1*; повелѣ... неповиноуѭштѧѩ же сѧ горькамъ... мѫжамъ прѣдаꙗти *Супр 255, 8.— Зогр Мар Ас Сав Евх Супр.— Ср.* покаꙗти сѧ

ПОВИНЬНЪ, -ъıи *прил.* (23) **1.** τῷ κέντρῳ; (повиньнъ бъıти κατεγγυᾶσθαι) подчиненный, подданный podřízený, podrobený, poddaný: възвеселѣꙗ оупъваниемь • съмръть повинънѫ сѫщѫ • множѣмъ ранамъ *Евх 64а 22*; порѫченаа бо иномоу повинъна естъ *Супр 246, 3* □ п о в и н ь н ъ б ъ ı т и комоу чесомоу ἔνοχος εἶναι подлежать podléhat, propadat: гнѣваѩи сѧ на брата своего спъıти • повиненъ естъ сѫдоу *Мт 5, 22 Зогр* (∅ *Мар*); а иже власвимисаатъ на с⟨вѧ⟩тъı д⟨оу⟩хъ • не иматъ отъпоуштениꙗ въ вѣкъ • нъ повиненъ естъ вѣчъноумоу сѫдоу *Мк 3, 29 Мар*, повиннъ *Зогр* **2.** п о в и н ь н ъ ı и *в знач. сущ.* ὁ ὑπεύθυνος должник dlužník: иже не дльженъ съı могъı же жласти • давъ отъпоуштаетъ • повиннаго *Супр 494, 6* **3.** αἴτιος виноватый, виновный vinen, provinilý: мъı бо есмъ повиньни съблазнивъше сѧ на пѫти *Супр 32, 29* □ п о в и н ь н ъ ı и *в знач. сущ.* ὁ ὑπεύθυνος виновник provinilec: съ оумеръшими животъ • съ повин'нъıми неповин'нъı *Клоц 13а 8; Супр 449, 11.— Зогр Мар Ас Сав Евх Клоц Супр.— Ср.* виньнъ[1], дльжьнъ, прѣмьдивъ

ПОВИНѪТИ, -нѫ, -неши *сов.* (11) ὑποτάσσειν покорить, подчинить podrobit, podřídit: сии же миръ вьсь повине (! *вм.* повинетъ) ратьнъıѩ • подъ ваша ногъı *Супр 502, 13* □ п о в и н ѫ т и с ѧ комоу чесомоу ὑποτάσσεσθαι, πειθαρχεῖν, πείθεσθαι покориться, подчиниться podrobit se, podřídit se: обаче б⟨ог⟩оу повині сѧ д⟨оу⟩ше моѣ *Пс 61, 6 Син.— Пс 36, 7 Син; 61, 2 Син; Супр 100, 24; 103, 4; 104, 18; 106, 6; 162, 1-2; 253, 28; 257, 2-3.— Ср.* покорити

ПОВИТИ, повиѭ, повиеши *сов.* кого (7) σπαργανοῦν запеленать, завернуть, повить zavinout (do plenek), zahalit: роди с⟨ъı⟩нъ свои пръвѣньць • и повитъ i *Л 2, 7 Зогр Мар Сав* (обитъıи *Ас*).— *Л 2, 12 Зогр Мар Ас Сав.— Ср.* обити[2], прѣвити

ПОВИꙖТИ, -ꙗѭ, -ꙗеши *несов.* (1) τυλίσσειν обвивать, обертывать zavinovat, zahalovat: пеленамі • и сьде повьѣетъ сѧ *Клоц 14а 12* (повиваетъ сѧ *Супр 451, 25*).— *Ср.* повивати сѧ

ПОВЛѢЩИ СѦ, повлѣкѫ сѧ, повлѣчеши сѧ *сов.* (1) *греч. нет* затуманиться (*о глазах*) zastřít se, zamžít se: емоуже аще блис'къ изъметъ зракъ • ли повлѣчете сѧ очи *Евх 34а 6*

ПОВОДАТАИ, -аꙗ *м* (1) ὁδηγός вождь vůdce: не вьсхъıтитъ льстьць поводатаꙗ истінъı *Супр 509, 27.— Ср.* вождь, доводитель

ПОВРѢСТИ, повръзѫ, повръзеши *сов.* (4) σφίγγειν, βάλλειν (!) привязать uvázat: повръзъ же и за въıѭ дастъ воиномъ вести *Супр 137, 11.— Супр 261, 8; 264, 26; 537, 19.— Ср.* привѧзати

ПОВРѢЩИ, поврьгѫ, поврьжеши *сов.* (44) [поврѣ- *Зогр* (3) *Мар* (3) *Ас* (3) *Син* (1) *Клоц* (2) *Супр* (17)] βάλλειν, ῥίπτειν, ἀπορρίπτειν, προσρίπτειν, ῥηγνύναι, καταρρηγνύναι бросить, отбросить, повалить pohodit, odhodit, povalit: отѧти хлѣба чѧдомъ • и пьсомъ поврѣшти *Мк 7, 27 Зогр Мар*; повръгъ і бѣсъ по срѣдѣ • изиде из него *Л 4, 35 Зогр Мар Ас*; зане прѣдастъ • и повръже ꙇ̃ съребрьникъ *Клоц 5б 11; Супр 414, 20*; подвигни... коумирѣ сего • и повръзи его и съкроуши *Супр 22, 6-7.— Зогр Мар Ас Сав Син Клоц Супр.— Ср.* отъврѣщи

ПОВЪПРАШАТИ, -аѭ, -аеши *сов.* (1) ἐπερωτᾶν расспросить, спросить (po)vyptat se, dotázat se: тогда повьпрашавь полемонь г⟨лаго⟩ла *Супр 131, 25*

ПОВЪСЛѢДОВАТИ, -доуѭ, -доуеши *сов.* кого, чесо (1) ἀκολουθεῖν последовать *за кем-л., за чем-л.* vydat se *za někým, za něčím*: повьслѣдоуи гласа своего *Супр 512, 23*

ПОВѢДАНИЕ, -ниꙗ *с* (5) **1.** κήρυγμα провозглашение provolání: егда же оуже повѣдано бъıстъ безбожьное оно и нечьстивое повѣдание • не нарицати х⟨ристос⟩а *Супр 85, 6-7* **2.** μαρτυρία показание, свидетельство výpověď, svědectví: видѣвъı повѣда • и истиньно естъ повѣдание его *И 19, 35 Сав* (съвѣдѣтельство *Зогр Мар Ас* (3) *Боян*);

И 21, 24 Сав (2) (съвѣдѣтельство *Зогр Ас* (2), ∅ *Мар*) **3.** *греч. нет* понуждение pobídnutí: съ апост⟨о⟩ла павла • повѣданиемъ б⟨о⟩жнемъ кр⟨ь⟩сти *Ен 38б 6.— Ср.* повѣсть, послоушьство, поѹченик, съвѣдѣтельствик, съвѣдѣтельство, съказаник

ПОВѢДАТИ, -ањ, -акши *несов.* (83) [по.. *Охр* (1), повѣдаш (!) *Син* (1)] **1.** λέγειν, διαλαλεῖν, ἀπαγγέλλειν, ἀναγγέλλειν, ἐπαγγέλλειν, διηγεῖσθαι, ἐκδιηγεῖσθαι, ἐξηγεῖσθαι, δηλοῦν, σημαίνειν, καταμηνύειν, ἀνατίθεσθαι, διδόναι (!), ἐπιδιδόναι (!), θαρσεῖν (!) рассказывать, сообщать povídat, vyprávět, sdělovat: повѣдаı елико ти сътвори б⟨ог⟩ъ *Л 8, 39 Зогр Мар Ас Сав* **2.** κηρύσσειν, παρακαλεῖν, ἀναγγέλλειν, περιαγγέλλειν, διαγγέλλειν, ἡ ἐπαγγελία (!) возвещать, провозглашать hlásat, rozhlašovat: съвъздвигни тѣлеса наша • вь день вь ньже с⟨вѧ⟩то и • неложьно повѣдалъ еси *Евх 65б 11-12* **3.** ὁμολογεῖν, μαρτυρεῖν, καταμαρτυρεῖν показывать, свидетельствовать vypovídat, svědčit: и азъ видѣхъ • и повѣдахъ • ꙗко сь естъ с⟨ы⟩нъ б⟨о⟩жиı *И 1, 34 Сав* (съвѣдѣтельствовахъ *Зогр Мар Ас*).— *Зогр Мар Ас Сав Охр Син Евх Клоц Супр.— Ср.* благовѣстити, благовѣстьствовати, възвѣщати, заповѣдати, исповѣдати, повѣдовати, проповѣдати, проповѣдовати, съвѣстовати, съвѣстьствовати

ПОВѢДОВАТИ, -доуѭ, -доуѥши *несов.* (3) εἰρεῖν, θαρρεῖν рассказывать, сообщать povídat, vyprávět: тебѣ ѥдномоу повѣдоуѭ таиноѥ се *Супр 247, 26-27* ♦ прѣжде повѣдовати προκαταγγέλλειν предсказывать předpovídat: стыдѣник вамъ прѣжде повѣдоуѥ пророкъ *Супр 325, 27* (гл⟨агол⟩етъ *Клоц 1а 18*).— *Супр 437, 11.— Ср.* повѣдати, съказати, съказовати

ПОВѢДЬ, -и *ж* (3) δόγμα учение učení, nauka: не знаѭ твоѧ безаконьıѧ повѣди *Супр 510, 12.— Супр 509, 18; 510, 28.— Ср.* наоученик, оуставъ, оученик

ПОВѢДѢТИ, -вѣмь *и* -вѣдѣ, -вѣси *сов.* (87) [повѣвѣждъ (!) *Ас* (1)] **1.** λέγειν, ἀναγγέλλειν, ἀπαγγέλλειν, διηγεῖσθαι, μηνύειν, πληροφορεῖν рассказать, сообщить povědět, sdělit: блюди никомоуже не повѣждь *Мт 8, 4 Зогр Мар Ас* (не рьци *Сав*); повѣмъ вьсѣ чюдеса твоѣ *Пс 9, 2 Син*; о⟨ть⟩ци наши повѣдѣшѧ намъ *Пс 43, 2 Син и 77, 3 Син*; заклѧ и да повѣстъ ѥмоу о себѣ *Супр 294, 25*; аште истинѫ повѣдѣ не имеши ми вѣры *Супр 241, 14* **2.** κηρύσσειν объявить, возвестить, провозгласить vyhlásit, rozhlásit: а егда повѣст' сѧ постъ или бьдѣнье *Рыл 26β 36* **3.** ὁμολογεῖν, μαρτυρεῖν показать, засвидетельствовать vypovědět, dosvědčit: аще зьлѣ г⟨лаго⟩лахъ повѣждь о зьлѣ *И 18, 23 Сав* (сьвѣдѣтельствоуı *Зогр Ас*, ∅ *Мар*).— *Зогр Мар Ас Сав Боян Ен Син Евх Супр Рыл.— Ср.* благовѣстити, засъвѣдѣтельствовати, исповѣдѣти, проповѣдѣти, рещи, съказати

ПОВѢСИТИ, -вѣшѫ, -вѣсиши *сов.* (11) κρεμαννύναι повесить pověsit: пакы кнѧзъ повелѣ повѣсивъше ѩ стръгати ребра ихъ *Супр 179, 25-26* ♦ повѣсити на крьстѣ, на дрѣвѣ ἐπὶ τοῦ σταυροῦ, ἐπὶ τοῦ ξύλου κρεμαννύναι распять (на кресте) ukřižovat: нъ и на крьстѣ повѣшенъ бывъ *Супр 482, 6*; повѣшенъ бЫстъ на дрѣвѣ *Супр 482, 12.— Супр 107, 11-12; 107, 12; 113, 29; 161, 4; 264, 27; 477, 11; 478, 9; 482, 12.— Ср.* възвѣсити, обѣсити, пропѧти, распѧти

ПОВѢСТЬ, -и *ж* (17) [..вѣсти *Ен* (1), ..ь *Рыл* (1)] **1.** διήγησις, διήγημα, ἱστορία повествование, повесть vypravování, pověst: ихъже бо слово повѣстиѭ и слоухомъ оуказаатъ сѧ *Супр 83, 13* □ повѣсть дѣꙗти διηγεῖσθαι рассказывать vypravovat: постигнетъ бо мѧ (по)вѣсти дѣѭща лѣта ѡ (гедео)нѣ *Евр 11, 32 Ен* **2.** ὑποθήκη изречение, поучение výrok, pokyn: ѣкоже б⟨о⟩жиꙗ повѣсти съказаѭтъ *Евх 92а 10-17.— Зогр Мар Ас Ен Евх Супр Рыл.— Ср.* повѣданик, съказаник

ПОВѢСТЬНЪ, -ыи *прил.* (1) τῆς ἱστορίας относящийся к повествованию, рассказу pověsti *род.*, historie *род.*: ѥгда бо хоштѫ повѣстьнаꙗ съказати дѣлеса *Супр 344, 1*

ПОГАНИНЪ, -а *м* (1) *греч. нет* язычник pohan: прѣжде же сыи сверѣпыи поганинъ • потом же с⟨вѧ⟩тааго кръштенꙗ даромъ оукротѣвъ *Супр 560, 21.— Ср.* поганъ, ꙗзычьникъ

ПОГАНЪ, -ыи *прил.* (20) **1.** *греч. нет* языческий pohanský: обычаи же бѣаше вь велицѣи тои поустыни • розбоиникомъ поганыихъ ходити срацинъ *Супр 559, 17* **2.** *в знач. сущ.* βάρβαρος, ἐθνικός; (погани τὰ ἔθνη, οἱ Ἕλληνες) язычник pohan: аще ли и о цр⟨ъ⟩к⟨ъ⟩ви не брѣжетъ • да бѫдетъ ти ꙗко и поганъ и мытарь *Мт 18, 17 Сав* (ꙗзычьникъ *Мар Ас*, ∅ *Зогр*); аще к'то... идет⟨ъ⟩ на коладѫ... ѣкоже пръвѣе погани творѣахѫ *Евх 103б 4*; всего бо сего погании просѧтъ *Мт 6, 32 Сав* (ꙗзыци *Зогр Мар Ас*); многомъ отъ поганъ покаꙗти сѧ *Супр 6, 5*; отъ васъ поганыихъ *Супр 266, 28-29* ▭ погани *мн.* ἐθνικὴ πλάνη язычество pohanství: мол⟨итва⟩ бываѭщи • аще к'то крыщенѣ своего отъвръгъ сѧ въ поганы *Евх 23а 5-6.— Сав Евх Клоц Супр.— Ср.* варъваръ, елинъ, поганинъ, поганьскъ, ꙗзыкъ (*мн.*), ꙗзычьскъ

ПОГАНЫНИ, -ниꙗ *ж* (2) Ἑλληνίς язычница

pohanka: жена же бѣ поганыи • сүрофүникиссаныи родомь *Мк 7, 26 Зогр Мар.— Ср.* поганинъ, поганъ

ПОГАНЬСКЪ, -ыи *прил.* (12) ἐθνικός, τῶν ἐθνῶν, ὁ ἐξ ἐθνῶν, βάρβαρος, βαρβαρικός alieni (!) языческий pohanský: весь поганъскы • и безбожьны обычаи *Евх 23б 19.— Ен 36б 11-12; Киев 4б 12-13; Евх 19а 8; 22б 16-17; Клоц 2а 14; 2а 15; 13б 7; Супр 104, 1; 450, 15; 535, 6-7; Рыл 2бα 37.— Ср.* елиньскъ, поганъ, ѩзычьскъ

ПОГАНІАТИ, -ніаѭ, -ніакши *несов.* (1) καταδιώκειν погонять, гнать hnát, pohánět: бѫди пѫть іхъ тъма і плъзокъ и анг⟨е⟩лъ г⟨осподь⟩нь поганѣѩ и *Пс 34, 6 Син.— Ср.* гонити, гънати, погънати, сътѫжати

ПОГАСИТИ, -гашѫ, -гасиши *сов.* (1) *греч. нет* погасить uhasit, zhasit: молитвоѭ правьд'нааго пламы огньныи погасивъ *Супр 565, 29.— Ср.* оугасити

ПОГЛАДИТИ, -глаждѫ, -гладиши *сов.* (3) **1.** *греч. нет* погладить pohladit: поглади прѣстомь очи его *Евх 33б 11* **2.** λεαίνειν, ἐξαλείφειν стереть, изгладить, истребить zahladit, vyhladit: истънѫ ѩ ѣко прахъ прѣдъ лицемъ вѣтра • ѣко бренье пѫті поглаждѫ ѩ *Пс 17, 43 Син.— Супр 499, 27.— Ср.* загладити, потрѣбити

ПОГЛОУМИТИ СѦ, -млѭ сѧ, -миши сѧ *сов.* (5) ἀδολεσχεῖν поболтать popovídat si: тъ ишедъ на походѫ... оузьрѣ издалече плъкъ великъ народа градѫштъ • видѣвъ же мѣсто трѣвно и красъно • слѣзе отъ конѩ поглоумити сѧ *Супр 146, 13* ● въ чемь, на чемь ἀδολεσχεῖν ἐν τινί порадоваться *чему-л.* zabavit se *něčím*, nalézt *v něčem* potěšení: въ заповѣдехъ твоіхъ поглоумлѭ сѩ • і разоумѣѭ пѫти твоѩ *Пс 118, 15 Син*; на оучиниіхъ твоіхъ поглоумлѫ сѩ *Пс 76, 13 Син.— Пс 118, 27 Син; 118, 78 Син*

ПОГЛЪТИТИ, -глъщѫ, -глътиши *сов.* (2) [погль- *Евх* (1)] καταπίνειν проглотить, поглотить pohltit, spolknout; *перен.*: вьсколѣбашѩ сѩ ѣко пиѣні • и вьсѣ мѫдрость іхъ поглъштена бысть *Пс 106, 27 Син* ▭ не поглъщенъ *в знач. прил.* ἀνάλωτος не поглощенный nepohlcený: заклинаѭ тѧ... в'се чл⟨овѣ⟩чьство • непоглъщено съмрътиѭ съхраньшимь *Евх 53б 8-9.— Ср.* пожрѣти[2], поіастн

ПОГЛЪЩАТИ, -аѭ, -акши *несов.* (1) καταπίνειν проглатывать, поглощать pohlcovat, polykat: вожди слѣпии • оцѣждаѭщеи мьшицѫ • а вельбѫдъ поглъштаѭще *Мт 23, 24 Мар (∅ Зогр).— Ср.* поіадати

ПОГНЕСТИ, -гнетѫ, -гнетеши *сов.* (1) πιέζειν придавить přimáčknout: камы великъ мѧ хотѣ погнести • почиваѭштоу ми... подьнимъ *Супр 276, 2.— Ср.* подавити, потѣщити

ПОГНѢВАТИ СѦ, -аѭ сѧ, -акши сѧ *сов.* (1) ἀμύνεσθαι разгневаться, рассердиться rozhněvat se: онъ же драхлъ отиде ѥже не пог'нѣва сѧ на крадъшааго *Супр 42, 10.— Ср.* прогнѣвати (сѧ), разгнѣвати сѧ

ПОГОНИТИ, -нѭ, -ниши *несов.* (1) ἐντυγχάνειν прослеживать sledovat: скръбьнъ вамъ исповѣдаѭ сѧ • ветъхыѩ страсти погонѧ *Супр 429, 22.— Ср.* гонити

пограбаѩі *Пс 78, 3 Син см.* погрѣбати

ПОГРЕБЕНИѤ, -ниѩ *с* (24) ἐνταφιασμός, ταφή, τὸ ἐνταφιάσαι, τὸ ἐκκομισθῆναι, κηδεία, ἀναγέννησις (!) погребение, похороны pohřbení, pohřeb: възлиѣвъшиѣ бо си • миро на тѣло мое • на погребение мѧ сътвори *Мт 26, 12 Зогр Мар Ас Сав*; обличаѭтъ тѧ недвижимии печате • господьскааго погребениѩ христосова гроба *Супр 452, 20-21* (порожденью *Клоц 14а 38*) ◆ пѣснь погребению ᾠδὴ ἐπιτάφιος похоронная песнь pohřební píseň: кыѩ въспокши погребению пѣсни *Супр 457, 13-14.— Зогр Мар Ас Сав Клоц Супр.— Ср.* погрѣбаниѥ

ПОГРЕБИТЕЛЬ, -лѩ *м* (1) ἐνταφιαστής могильщик pohřbívač: нѣстъ бо семоу отьца на земи • ни дроуга... ни погребителѩ *Супр 455, 25*

ПОГРЕТИ, -гребѫ, -гребеши *сов.* (39) [поті (!) *Ас* (1)] **1.** θάπτειν, ἐνθάπτειν, ἐνταφιάζειν, προκομίζειν; (погрети съ цѣмь συνθάπτειν) похоронить, погрести pohřbít, pochovat: г⟨оспод⟩и повели ми прѣжде іти • і погрети о⟨ть⟩ца моего *Мт 8, 21 Зогр Мар Ас Сав* **2.** καταχωννύναι закопать, зарыть zahrabat, zakopat: въложивъ вь три десѧти кръчагъ... погребъ вь своѥмъ домоу *Супр 45, 11.— Зогр Мар Ас Сав Супр Хил.— Ср.* положити

ПОГРИБАТИ, -аѭ, -акши *несов.* (3) ἐνταφιάζειν, κηδεύειν хоронить, погребать pohřbívat, pochovávat: сего їосифъ и никодимъ погрибаѥта бе-сѫм'нѣниѩ *Супр 458, 25.— Супр 11, 15-16; 311, 19.— Ср.* погрѣбати

ПОГРѢБАНИѤ, -ниѩ *с* (4) ταφή погребение pohřbívání: коупишѧ імь село скѫдельниково • въ погрѣбание странънымъ *Мт 27, 7 Зогр Мар Ас Сав.— Ср.* погребениѥ

ПОГРѢБАТИ, -аѭ, -акши *несов.* (6) [пограб- *Син* (1)] θάπτειν, καταθάπτειν, ἐνταφιάζειν хоронить, погребать pohřbívat, pochovávat: приѩсте же тѣло іс⟨оусо⟩во • і обисте е ризами • съ ароматы • ѣкоже обычаі естъ іюдѣомъ погрѣбати *И 19, 40 Зогр Мар Ас.— Пс 78, 3 Син; Супр 258, 12-13; 456, 23.— Ср.* погрибати, полагати

ПОГРѢШЕНИѤ, -ниѩ *с* (1) ἀστόχημα заблуждение, прегрешение poblouznění, prohřešení: слышѫ бо о самоприходѧштинимъ • ꙗко посмѣꙗѫште сѧ и порадоуѫште сѧ • игри мните тѣхъ погрѣшениѥ • имʼже не по воли жърѫтъ *Супр 126, 10-11.— Ср.* грѣхъ, прѣгрѣшениѥ, прѣстѫплениѥ

ПОГРѢШИТИ, -шѫ, -шиши *сов.* (6) ἀστοχεῖν; (не погрѣшити ἐπιτυγχάνειν, ἐντὸς γίγνεσθαι) отклониться (*от цели*) chybit, minout se (*cíle*): слово ихъ • ѣко гангрена жиръ обрѧщетъ... ѣже ѡ истинѣ погрѣшисте... и остроуѣ(ете е)терымъ вѣрѫ *2 Тим 2, 18 Ен*; примѣте оуготованоѥ вамъ цѣсаръствиѥ... ꙗкоже бы вьсѣмъ намъ не погрѣшити *Супр 508, 7* ▭ погрѣшити сѧ чесо διαμαρτάνειν не достигнуть (*цели*) minout se, nedosáhnout (*cíle*): небесьныѩ жизни погрѣши сѧ *Супр 93, 13-14.— Супр 66, 17; 156, 9; 454, 5-6*

ПОГРѦЗНѪТИ, -нѫ, -неши *сов.* (4) χοῦσθαι, τῷ βυθῷ καταδικάζεσθαι, βυθίζεσθαι, γεμίζεσθαι (!) потонуть, погрузиться potopit se, pohřížit se, ponořit se: влъны же въливаахѫ сѧ въ ладиѭ • ѣко оуже погрѧзнѫти хотѣаше *Мк 4, 37 Зогр Мар.— Супр 66, 22-23; 270, 8.— Ср.* истонѫти, истопити сѧ, погрѫзити, оутонѫти

ПОГРѪЖАТИ, -аѭ, -аѥши *несов.* (4) *греч. нет* топить, погружать potápět, ponořovat *перен.*: трѣбоуѥтъ непоспѣшънъ жрътвъ • ѩже погрѫжаѭтъ чловѣкы въ погыбѣль *Супр 158, 24* ▭ погрѫжати сѧ βυθίζεσθαι тонуть potápět se: придошѧ ɩ исплънишѧ оба корабл҄ѣ ѣко погрѫжати сѧ ɩма *Л 5, 7 Зогр Мар Ас.— Ср.* потаплꙗти сѧ

ПОГРѪЖЕНИѤ, -ꙗ *с* (1) κατάδυσις погружение ponoření: заклинаѭ тѧ б⟨о⟩гомь • крьщьшинимь сѧ въ неръданѣ • ɩ образъ намъ неистьлѣнннѣ подавъша (*вм.* подавъшемь) • въ водѣ погрѫжениемь *Евх 53а 4-5*

ПОГРѪЗИТИ, -жѫ, -зиши *сов.* (6) βυθίζειν, καταποντίζειν, καταχωννύναι утопить, погрузить potopit, pohřížit: ..и погроузатъ въ пѫчи.. *Мт 18, 6 Зогр-пал* (оунѣе емоу естъ да... потопѧтъ ɩ въ пѫчинѣ морьстѣи *Мар, ∅ Зогр*); заклинаѭ тѧ б⟨о⟩гомь... мѫчителѣ ɩ воѩ на б⟨ог⟩а воюѭщѧ • вь вѣкы влънами погрѫжъшемъ *Евх 52б 14-15* ● *перен.*: радоуи сѧ погрѫжьшиꙗ вь чрѣвѣ сьмрьть матерьнѭ *Супр 251, 13-14* ▭ погрѫзити сѧ καταπίνεσθαι потонуть utonout *перен.*: присъзи къ пльти моеи оумрьтвѣвъшии васъ дѣлꙗ • нь не погрѫзивьше сѧ • отъ сьмрьтнааго тьлѣньꙗ *Супр 503, 30.— Супр 400, 25; 400, 26.— Ср.* истонѫти, истопити сѧ, погрѧзнѫти, потопити, оутонѫти, оутопити

ПОГОУБИТИ, -блѭ, -биши *сов.* (>100) [..гюбитъ *Боян* (1)] **1.** ἀπολλύναι, ὀλλύναι, συναπολλύναι, ἀναιρεῖν, ἀναλίσκειν, ἀποκτείνειν, ἀφανίζειν, διαφθείρειν, καταφθείρειν, ἐξολοθρεύειν, καταποντίζειν, λυμαίνεσθαι; (погоубити съ цѣмь συναπολλύναι) погубить, уничтожить zahubit, zničit: одъжди жюпьлъ • ɩ огнь съ небесе • ɩ погоуби вьсѧ *Л 17, 29 Зогр Мар* ▭ погоублѥнъ *в знач. прил.* ἀπολωλός разбитый rozbitý: забъвенъ быхъ ѣко мрътвъ отъ срьдьца • быхъ ѣко съсѫдъ погоубленъ *Пс 30, 13 Син* **2.** ἀπολλύναι, ἐκχεῖν, προδιδόναι, μειοῦν; (брѣмена погоубити ναυαγεῖν) потерять, лишиться, растратить ztratit, pozbýt, promarnit: ли каѣ жена ɩмѫшти десѧть драгꙑмъ • аште погоубитъ драгꙑмѫ единѫ *Л 15, 8 Зогр Мар* ▭ погоублѥнъ *в знач. прил.* ἀφανής утраченный zaniklý: мѣсто оубо свѧтааго пештеры • погоубьѥно и без вѣсти бꙑстъ • посыпано каменимь *Супр 217, 18* ◆ оумъ погоубити *см.* оумъ.— *Зогр Мар Ас Сав Боян Син Евх Клоц Супр Рыл Зогр-лл.— Ср.* избити, изгоубити, истьлити, оставити, отъпоустити, побити, потрѣбити, прокоудити, оубити, оуморити

погоублѣти *Хил 16а 1-2 см.* погоублꙗти

ПОГОУБЛꙖТИ, -лꙗѭ, -лꙗѥши *несов.* (6) **1.** ἀπολλύναι, καταπολεμεῖν, ἀφανίζειν, λυμαίνεσθαι губить, уничтожать hubit, ničit: съпасаѧ въ рати своѩ • погоубьꙗѧ же врагꙑ *Супр 28, 10* **2.** ἀπολλύναι, ἀπόλλυσις (!) терять, лишаться ztrácet, pozbývat: ѥже оученꙗ ради даръ словесьнꙑ имъ-и не приноса ѥго • и дарʼ погоубꙑатъ (!) • твораи бо спѣшениѥ воли҃ даръ приѥмлѥтъ • ꙗкоже бо онъ ѥже приѩ погоубꙑаѥтъ *Супр 377, 27 и 29.— Супр 269, 18; 370, 24; Хил 16а 1-2.— Ср.* гоубити, избивати, потрѣблꙗти, тьлити, оубиꙗти

ПОГОУБЛѤНИѤ, -ꙗ *с* (2) ἀπώλεια, τὸ ἀναιρεῖν гибель, уничтожение záhuba, utracení, zničení, zmar: кѫѭ винѫ обрѧштемъ на погоубьѥниѥ ѥго *Супр 215, 27-28.— Супр 525, 27-28.— Ср.* гоубительство, гыбѣль, пагоуба, погыбениѥ, погыбѣль, прокоуда

ПОГЪНАТИ, поженѫ, поженеши *сов./несов.* (15) [пог'- *Супр* (1), пожьн.. *Рыл* (1)] **1.** *без доп.* διώκειν, ἐπιδιώκειν погнаться/гнаться, помчаться/мчаться, поспешить/спешить pospíšit/spěchat, hnát se, štvát se: рекѫтъ вамъ • се сьде • се овьде х⟨рнстос⟩ъ • не ɩзидѣте • ни поженѣте *Л 17, 23 Зогр Мар* ● *перен.* кого, чьто διώκειν идти вслед *кому-л., чему-л.*, стремиться к *чему-л.* jít *za někým, něčím*, usilovat *o něco*: възищи мира ɩ пожени ɩ *Пс 33, 15 Син* **2.** καταδιώκειν, ἐπιδιώκειν преследовать stíhat, pronásledovat: погъна чл⟨овѣ⟩ка оубога ɩ ніща *Пс 108, 16 Син*; милостъ твоѣ поженетъ мѧ вьсѧ дьни живота моего *Пс 22, 6 Син.— Пс 7, 6 Син; 17, 38 Син; 68, 27 Син; 70, 11 Син; 82, 16 Син; 118, 86 Син; 118, 161 Син; Супр 51, 6; 195, 12-13; Рыл 5аа 20.— Ср.* гънати, гонити, изгънати, изгонити, погонити, поганꙗти, прогънати, прогонити

ПОГЫБАТИ, -блѭ, -блѥши *несов./сов. и* -баѭ, -баѥши *несов.* (17) ἀπόλλυσθαι погибать/погибнуть, пропадать/пропасть hynout/zahynout, pomíjet/pominout, přicházet/přijít nazmar: ѹчителю · не родиши ли ѣко погыбаемъ *Мк 4, 38 Зогр*, погыблемъ *Мар*; ѣко се ѹдалѣѭштеи сѧ отъ тебе погыбѫтъ *Пс 72, 27 Син*; съберѣте избытъкы ѹкроухъ · да не погыблетъ ничьтоже *И 6, 12 Мар* (да не погыбнетъ *Зогр Ас*) □ погыбаѭи *в знач. прил.* ἀπολλυμένος тленный, преходящий pomíjející, pomíjivý: свѧтыихъ еѵаггелии чоудеса... цръкъве христосовѫ веселѧтъ · не погыбаѭштеѭ пиштеѭ · нъ прѣбываѭштеѭ въ жизнь вѣчьнѫѭ *Супр 318, 22.— Зогр Мар Ас Сав Син Супр.— Ср.* гыбати, гыбнѫти, изгыбати, изгыбнѫти, погыбнѫти

ПОГЫБЕНИѤ, -ниꙗ *с* (2) ἀπώλεια гибель, разрушение záhuba, zničení: х⟨ристо⟩са · прѣвеликоѥ чл⟨овѣ⟩колюбиѥ · вьсѣхъ чл⟨о⟩вѣ⟩къ с⟨ъ⟩п⟨а⟩с⟨е⟩ниѥ паче · нежели погыбению хотѧштии (*вм.* хотѧштааго) *Супр 522, 14* ♦ ѹдобь погыбениѥ τὸ εὐάλωτον непрочность, хрупкость křehkost, porušitelnost: б⟨о⟩же вѣды немощь · и ѹдобь погыбение рода чл⟨овѣ⟩ча *Евх 24а 9.— Ср.* гоубительство, гыбѣль, пагоуба, погоублениѥ, погыбѣль, прокоуда

ПОГЫБНѪТИ, -нѫ, -неши *сов.* (>100) [погъб- *Ен* (1)] **1.** ἀπόλλυσθαι, λυμαίνεσθαι, πίπτειν; (погыбнѫти съ чимь συναπόλλυσθαι) погибнуть, подвергнуться порче, пропасть zahynout, zaniknout, podlehnout zkáze, přijít nazmar: и азъ животъ вѣчьнъı даѭ имъ · и не погыбнѫтъ въ вѣкъ *И 10, 28 Зогр Мар Ас*; погыбе памѧть ихъ съ шюмомъ *Пс 9, 7 Син*; погыбѫ за беззаконение свое *Пс 72, 19 Син*; сь неприꙗзнинномъ показаниимъ погыбоста *Супр 362, 17* **2.** ἀπόλλυσθαι, πλανᾶσθαι потеряться, заблудиться, пропасть ztratit se, zabloudit, zmizet: радоуите сѧ съ мноѭ · ѣко обрѣтъ овьцѫ моѭ погыбъшѫѭ *Л 15, 6 Зогр Мар.— Зогр Мар Ас Сав Боян Ен Син Евх Клоц Супр Рыл.— Ср.* гыбнѫти, изгыбнѫти, ищезнѫти, погыбати

ПОГЫБѢЛЬ, -и *ж* (10) ἀπώλεια, ἡ ὀλέθριος πτῶσις гибель, разрушение záhuba, zhouba: еда повѣстъ къто въ гробѣ милость твоѭ · и рѣснотѫ твоѭ въ погыбѣли *Пс 87, 12 Син*; въ блѫдьнѫѭ погыбѣль въпадохъ *Супр 526, 1.— И 17, 12 Сав 26б 10; Супр 1, 2; 9, 11; 158, 24-25; 160, 5; 264, 8-9; 525, 1; Хил 1ба 1.— Ср.* гоубительство, гыбѣль, пагоуба, погоублениѥ, погыбениѥ, прокоуда

ПОГЫБѢЛЬНЪ, -ыи *прил.* (4) τῆς ἀπωλείας гибели *род.*, погибели *род.* záhuby *род.*, zatracení *род.*: ꙗже далъ еси мънѣ съхранихъ · и никтоже отъ нихъ не погыбе · тъкмо с⟨ы⟩нъ погыбѣлънъı *И 17, 12 Мар Ас Сав 108а 1* (погыбѣли *Сав 26б 10, ∅ Зогр*) ● гибельный, пагубный zhoubný, zkázonosný: ѹпоилъ еси · в'сѧ ненавидѧщиѩ тебѣ · весь же д⟨оу⟩хъ непр⟨иѣзн⟩инъ · и в'сѣкѫ ꙗзѫ квасьнѫѭ · квасомь не исплъненомь · погыбѣльнъımъ *Евх 42б 20.— Ср.* пагоубьнъ

(по)гюбити *Мт 2, 13 Боян см.* погоубити

ПОДАВАТИ, -ваѭ, -ваѥши *несов.* (4) ἐνδιδόναι, ἐπιχορηγεῖν, ἐπαγγέλλειν (!) давать, предоставлять dávat, poskytovat: тѣлесьнаа трѣбованиѣ обило подаваи *Евх 83б 3.— Евх 12б 8-9; Супр 91, 27-28; 92, 22.— Ср.* даꙗти, подаꙗти, полагати, придавати, придаꙗти, придѣꙗти

ПОДАВИТИ, -влѭ, -виши *сов.* (7) ἀποπνίγειν, συμπνίγειν подавить, заглушить udusit: а дроугоѥ (*т. е.* сѣмѧ) паде по срѣдѣ трьньѣ · и въздрасте трьнье и подави ѥ *Л 8, 7 Зогр Мар Ас Сав; Мт 13, 7 Зогр Мар; Мк 4, 7 Мар (∅ Зогр).— Ср.* погнести, потѣщити, ѹдавити

ПОДАВЛꙖТИ, -влꙗѭ, -влꙗѥши *несов.* (7) συμπνίγειν подавлять, заглушать dusit: и льсть богатьствиѣ подавлѣетъ ѥ · слово и бесплода бываетъ *Мт 13, 22 Зогр Мар; Мк 4, 19 Зогр Мар*; ходѧште подавлѣѭтъ сѧ · и не до връха · плода творѧтъ *Л 8, 14 Зогр Мар Ас* (потаплѣѭтъ сѧ *Сав*).— *Ср.* давити

ПОДАДИТЕЛЬ, -лꙗ *м* (1) χορηγός дарующий, податель dárce: сътрьпѣ пострадати пльтьѭ · подадитель нашего живота *Супр 480, 14.— Ср.* давьць, датель, податель

подаете (!) *Пс 81, 7 Син см.* падати

ПОДАЛИѤ, -ниꙗ *с* (2) *греч. нет* расстояние vzdálenost: ꙗкоже на толицѣ кмоу подалии отити · ꙗкоже видѣти новѫѭ кесариѭ *Супр 562, 4.— Супр 562, 2.— Ср.* далꙗ

ПОДАРꙖТИ, -ꙗѭ, -ꙗѥши *несов.* (1): подарꙗти трѣбами комоу θεραπεύειν θυσιάζων приносить жертвы přinášet oběti, obětovat: гоубитель · кмоуже и подараахѫ трѣбами *Супр 35, 26.— Ср.* даровати

ПОДАТЕЛЬ, -лꙗ *м* (2) χορηγός дающий, дарующий, податель dárce: да... бѫдетъ... дльгослоужью податель *Евх 92б 17.— Супр 74, 28.— Ср.* давьць, датель, подадитель

ПОДАТИ, подамь, подаси *сов.* (86) **1.** διδόναι, διαδιδόναι, ἐπιδιδόναι, προστιθέναι, ὀρέγειν, ὑποβάλλειν дать, подать dát, podat: прииатъ же хлѣбы... подастъ оученикомъ *И 6, 11 Зогр Мар* (дастъ *Ас*) **2.** διδόναι, ἐπιδιδόναι, μεταδιδόναι, παρέχειν, παρέχεσθαι, μετέχειν, χαρίζεσθαι, δωρεῖσθαι, βραβεύειν, κληροδοτεῖν praestare, concedere, tribuere дать, даровать, предоставить dát, darovat, poskytnout, udělit: ι подазь намъ съпасение твое *Киев 5б 18*; подажди намъ съ любовьѭ слоужити • самѣмъ себѣ *Евх 11а 16* □ силѫ подати ἐνδυναμοῦν укрепить posílit: мнѣ же силѫ пода[и] и оукрѣпи мѧ *Супр 112, 13.— Зогр Мар Ас Сав Син Киев Евх Супр Хил Рыл.— Ср.* даровати, дати, прострѣти

ПОДАІАНИЮ, -ніа *с* (1) μετάδοσις передача předávání: давъ імъ въ власъ мѣсто • вѣрѫ и словеса по дѣѣнью (*вм.* подаѣнью) *Евх 7а 11*

ПОДАІАТИ, подаѭ, подакши *несов.* (23) **1.** παρέχειν, τιθέναι подавать, давать podávat, dávat: бьѭштюмоу тѧ въ деснѫѭ ланитѫ • подаі дроугѫѭ *Л 6, 29 Зогр Мар* **2.** διδόναι, ἐπιδιδόναι, ἀντιδιδόναι, παρέχειν, καταλαμβάνειν (!) давать, дарить, предоставлять dávat, poskytovat, udělovat: м⟨о⟩л⟨и⟩твами твоими подаѭщи велиѫ м⟨и⟩л⟨о⟩стъ *Ен 34б 10* □ силѫ подаіати ἐνδυναμοῦν укреплять dodávat síly, posilovat: силѫ подаѭштоумоу вьсѣмъ х⟨ристо⟩су *Супр 276, 27.— Зогр Мар Ас Ен Евх Супр Зогр-лл.— Ср.* дарити, даіати, подавати, полагати, придавати, придаіати, придѣіати

ПОДВИГНѪТИ, -нѫ, -нешн *сов.* (23) **1.** σαλεύειν, κινεῖν, κουφίζειν двинуть, поднять, подвинуть pohnout, zvednout: слава единомоу б⟨ог⟩оу... подвигъшюмоу ıаз⟨ы⟩къ мои благодѣтьѭ *Рыл 2аβ 4* ▭ подвигнѫти сѧ σαλεύεσθαι, ἀφυπνίζειν (!) двинуться pohnout se: силы бо н⟨е⟩б⟨есь⟩скыѩ подвигнѫтъ сѧ *Л 21, 26 Мар* (двигнѫтъ сѧ *Зогр Ас Сав*) **2.** κινεῖν, ἀναγκάζειν побудить, склонить *кого-л. к чему-л.* pohnout, podnítit, přimět *někoho k něčemu*: подвиже оученикы • вьлѣсти въ корабь *Мт 14, 22 Сав 40а 1* (оубѣди *Зогр Мар Ас* (2) *Сав 40б 7*) ▭ подвигнѫти сѧ προθυμότερος γίγνεσθαι постараться vynasnažit se: подвиже сѧ паче *Супр 31, 14* **3.** подвигнѫти сѧ σπεύδειν, ταχύνειν поспешить pospíšit si: придѫ подвигъше сѧ *Л 2, 16 Зогр Мар Ас Сав* **4.** подвигнѫти сѧ ἀγωνίζεσθαι вступить в бой dát se do boje: слоугы моѩ ѹбо подвиглы сѧ бышѧ *И 18, 36 Сав* (подвизалы сѧ бышѧ *Зогр Мар Ас*).— *Зогр Мар Ас Сав Евх Супр Рыл.— Ср.* въздвигнѫти, двигнѫти, подвижати, подвизати, поспѣти, поспѣшити, пооустити, троудити сѧ, оубѣдити

ПОДВИГЪ, -а *м* (16) ἀγών, στάδιον борьба zápas: подвигъ бо и брань естъ нынѣшьнеѥ житьѥ *Супр 497, 2* ● подвиг (hrdinský) čin: крѣпѧшта въ благыѩ дѣтѣли подвизѣхъ *Супр 548, 13-14* ● аскетическая жизнь asketický život: оуготови[ти] сѧ... на подвигъ д⟨оу⟩ховънъи *Евх 90а 18-19* ● ἀγωνία агония agonie: быс⟨тъ⟩ въ подвизѣ *Л 22, 44 Зогр Мар Ас Сав.— Зогр Мар Ас Сав Евх Супр.— Ср.* борение, брание, брань, подвизание

ПОДВИЖАТИ, -жѫ, -жиши *сов.* (38) [подвіжітъ (!) *Син* (1)] κινεῖν двинуть, сотрясти pohnout, zatřást: како ıазыкъ подвижа *Клоц 4а 21* (подвигнѫ *Супр 410, 29-30*) ▭ подвижати сѧ σαλεύεσθαι, δονεῖσθαι двинуться, поколебаться, сотрястись pohnout se, zakolísat, zachvět se: подвижа сѧ і трепетьна бысть землѣ *Пс 76, 19 Син.— Зогр Мар Ен Син Евх Клоц Супр.— Ср.* подвигнѫти, подвизати

ПОДВИЖЬНИКЪ, -а *м* (3) ἀγωνιστής, συναγωνιστής борец (*за что-л.*) bojovník (*za něco*): в'сего трѣзвениѣ • подвижъника ави *Евх 100а 17.— Евх 92б 19; Супр 57, 16-17.— Ср.* троудьникъ

ПОДВИЖЬНО *нареч., сравн. ст.* подвижьнѣѥ (1) *греч. нет* усердно horlivě: прилежнѣѥ молѧ и подвижьнѣѥ с⟨вѧ⟩тыи *Супр 564, 4.— Ср.* тъщьно

ПОДВИЖЬНЪ, -ын *прил.* (2) **1.** σπουδαῖος старательный, усердный snažný, horlivý: доиде мѣста того • съ вьсѣмъ клиросомъ и съ подвижьныими облашими *Супр 532, 5* **2.** подвижьныи *в знач. сущ. греч. нет* борец bojovník: показавъ емоу ѕѣло отъ подвижънынхъ емоу • насилиıема отъ д⟨оу⟩ха нечистааго *Супр 564, 10.— Ср.* въстанивъ, тъщивъ

ПОДВИЅАНИЮ, -ніа *с* (4) **1.** σπουδή старание, усердие snaha, námaha, horlivost: подвизании божиѩ скороты • дроуг' дроуга вараѭште въкоупѣ *Супр 463, 28* **2.** ἀγών, ἀγώνισμα борьба zápas: измѣнѧтъ тѧ большаа подвизаниѣ • брани неприѣзньскыѩ *Евх 91б 5* ● подвиг (hrdinský) čin: въ подвизании мѫченичьстѣмъ съконьчашѧ сѧ *Супр 256, 16.— Супр 190, 4-5.— Ср.* борение, брание, брань, подвигъ, троудъ, тъщание

ПОДВИЅАТИ, -движѫ, -движеши *и* -двиѕаѭ, -двиѕакши *несов./сов.* (30) **1.** подвиѕати сѧ σαλεύεσθαι, κινεῖσθαι двигаться/двинуться, подниматься/подняться, сотрясаться/сотрястись, трястись pohybovat se/pohnout se, zvedat se/zvednout se, chvět se/zachvět se: еда къг'да порадоуѭтъ ми сѧ врази мои • вьнег'да подвизасте сѧ ноѕѣ мои *Евх 76б 17-18* (подвіжасте сѧ *Пс 37, 17*

Син) ● *перен.*: ч'то паче на добротворѧштааго подвижеши сѧ *Супр 389, 16* **2.** *несов.* ἀνακινεῖν, ἐπείγειν, σπουδαίως ἐπιμένειν побуждать podněcovat, povzbuzovat: подвизати ѧ лѣпо естъ на исправление *Зогр-лл 2б 21-22* ▭ подвизати сѧ ἀγωνίζεσθαι, ἐπείγεσθαι, σπουδάζειν, διανίστασθαι стремиться, стараться usilovat, snažit se, namáhat se: аште отъ сего мира би было ц⟨ѣса⟩р⟨ь⟩с⟨тв⟩о мое • слоугы оубо моıа подвизалы сѧ бышѧ • да не прѣданъ бимь ıудеомъ *И 18, 36 Зогр*, подвизалы *Мар Ас* (подвиглъı сѧ бышѧ *Сав*) **3.** подвизати сѧ σπουδάζειν спешить spěchat: нѣ к'то идъи • нѣ к'то сѧ подвижѧ *Рыл 2бβ 31-32.— Зогр Мар Ас Сав Евх Супр Рыл Зогр-лл.— Ср.* подвигнѫти, подвижати, спѣшити, троудити сѧ, тъщати

ПОДИВИТИ СѦ, -влѭ сѧ, -виши сѧ *сов.* комоу чесомоу (1) *греч. нет* удивиться podivit se: подиви сѧ възвѣштению *Супр 559, 1.— Ср.* почоудити сѧ

ПОДЛЪГЪ *предлог с вин.* (1) ἐπὶ τὰς ὄχθας вдоль podél: тъ ишедъ на походѫ подлъгъ рѣкѫ *Супр 146, 10*

ПОДОБА, -ы *ж* (14) **1.** (въ свѧтительскѫѭ подобѫ ἱεροπρεπῶς) способ způsob: въ с⟨вѧ⟩тит..ѫ подобѫ облъкъ сѧ *Ен 39б 2* **2.** подоба ıестъ, на подобѫ (*т. е.* ıестъ) δεῖ, χρή, συμφέρει надо, следует, подобает je třeba, sluší se: подоба ти бѣ дати сьребро мое прикоупъ творѧштиимъ *Супр 369, 29* (подобааше ти оубо *Мт 25, 27 Зогр Мар Ас*, подобаше ти ȣво *Сав*); ни разоумѣти ıаже на подобѫ *Супр 340, 2* **3.** на подобѫ быти комоу ἄξιος εἶναι быть достойным být hoden: любѧı о⟨ть⟩ца ли м⟨а⟩т⟨е⟩ре паче мене • нѣсть ми на подобѫ *Мт 10, 37; Сав 37б 9; Клоц 2а 8* (нѣстъ мене достоıнъ *Зогр Мар Ас* (2) *Сав 30б 16-17*) **4.** подоба ıестъ εἰκός ἐστιν кажется, вероятно zdá se, pravděpodobně: въ ношти то бъıстъ • и подоба бѣ нѣкоторъıимъ и оусънѫти *Супр 445, 3.— Супр 106, 15; 205, 13-14; 340, 2; 373, 21; 377, 7; 377, 8-9; 377, 14; 380, 26; 447, 16.— Ср.* достоıнъ, достоıати, образъ, подобати, потрѣба, потрѣбованиıе, потрѣбьнъ, трѣба

ПОДОБАТИ, -аıѫ, -аıеши *несов.* (>100) [п(д)оба- *Ас* (1), побаетъ (!) *Син* (1)] **1.** подобаıетъ δεῖ, χρή, πρέπει, προσήκει, μέλλει, δίκαιόν (ἐστιν); (подобаıетъ ми ὀφείλω) следует, подобает, надо sluší se, je třeba: ѣко подобаетъ с⟨ы⟩ноу ч⟨ловѣчь⟩скоумоу • много пострадати *Мк 8, 31 Зогр Мар Ас Сав*; подобааше ти оубо • въдати съребро мое тръжьникомъ *Мт 25, 27 Зогр Мар Ас Сав* **2.** πρέπειν подобать, соответствовать, приличествовать příslušet: такъ намъ подобааше архиереи *Евр 7, 26 Ен* ▭ подобаıаи в *знач. прил.* πρέπων подходящий, соответствующий, приличествующий vhodný, příslušný: да сътажимъ подобаѭщаа с⟨вѧ⟩тъıмъ *Евх 91б 26.— Зогр Мар Ас Сав Охр Боян Зогр-пал Ен Син Евх Клоц Супр Хил Рыл.— Ср.* достоıати, лѣпъ (лѣпо ıестъ), подоба (подоба ıестъ), подобьнъ (подобьно ıестъ), потрѣбьнъ

ПОДОБИТИ, -блѭ, -биши *несов.* (17) φυσικῶς (!) изображать zpodobovat: тъı притъча подобиша вѣрьнааго роба и неразоумьнааго *Супр 370, 9-10* ▭ подобити сѧ ὁμοιοῦσθαι, ἀφομοιοῦσθαι, ὁμοιάζειν, παρομοιάζειν, ὅμοιος εἶναι, μιμεῖσθαι, ἐοικέναι, ἁμιλλᾶσθαι (!) уподобляться, быть подобным podobat se, být podobný: всакъ кънижъникъ... подобитъ сѧ чл⟨овѣ⟩коу домовитоу *Мт 13, 52 Сав* (подобьнъ естъ *Зогр Мар Ас*).— *Зогр Мар Ас Сав Ен Син Евх Клоц Супр Хил.— Ср.* подражати, оуподобити

ПОДОБИЮ, -ıа *с* (7) ὁμοίωμα, ὁμοιότης подобие, образ podoba, podobnost: приде на землѭ • образъ раба приемъ • въ подобьи чл⟨овѣ⟩чи бъıвъ *Евх 4б 1-2.— Евр 4, 15 Ен; Евх 12б 6-7; Супр 143, 28; 161, 26; 283, 23; Хил 1ба 24-25.— Ср.* образъ, подоблıениıе, подобьствиıе

ПОДОБЛЮНИЮ, -ıа *с* (1) ὁμοίωμα образ, подобие podoba, zpodobení: оувои сѧ въıпьщенааго б⟨ог⟩а • подоблениѣ *Евх 54б 21.— Ср.* образъ, подобиıе, подобьствиıе

ПОДОБОЛИЧЬНЪ, -ъıи *прил.* (1) (подоболичьнъ пещерѣ σπηλαιοειδής) подобный, похожий podobný: обрѣте гробъ ветъхъ подоболичьнъ пештерѣ *Супр 527, 24-25.— Ср.* подобьнъ

ПОДОБОНРАВЬНЪ, -ъıи *прил.* (1) *греч. нет* подобного образа жизни podobných mravů: и братьѧ... подобонравьнъıимъ житиıемъ живѫштиихъ *Супр 549, 16*

ПОДОБЬНО *нареч.* (3) ἀξίως подходящим, надлежащим образом vhodně, náležitě, důstojně: подобъно очиціьше сѧ *Евх 69а 10-11.— Супр 280, 4; Зогр-лл 1б 1.— Ср.* лѣпота, потрѣбьно, потрѣбьнѣ

ПОДОБЬНОСТРАСТЬНЪ *и* **ПОДОБЬНОСТРАСТЬНЬНЪ**, -ъıи *прил.* (2) *греч. нет* страдающий (как и...) podobně trpící: да прѣобиждѫ подобъностраст.на човѣка *Супр 165, 1-2*; да дроугъ бѫдѫ подобьностраст.ньноу човѣкоу *Супр 164, 27-28*

ПОДОБЬНЪ, -ъıи *прил.* (>100) [подъб- (!) *Евх* (1), одоб- (!) *Супр* (1)] **1.** ὅμοιος, παρόμοιος, ἐοικώς, ἐφάμιλλος, ὁ μιμητής; (подобьнъ симъ ὁ τοιοῦτος; подобьнъ огню ὁμόχροος τοῦ πυρός; подобьнъ ıемоу κατ'

αὐτόν; подобьнъ бъıти ὁμοιοῦσθαι) подобный podobný: г⟨оспод⟩і б⟨о⟩же силъ къто подобенъ тебѣ *Пс 88, 9 Син*; подобъно естъ ц⟨ѣса⟩р⟨ь⟩ство н⟨е⟩б⟨е⟩с⟨ь⟩ное • ч⟨ловѣ⟩коу сѣавьшоу доброе сѣмѧ *Мт 13, 24 Ас Унд* (оуподоби сѧ *Зогр Мар*) **2.** ἄξιος, προσήκων, ἐπιτήδειος, εὔθετος; (подобьно врѣмѧ εὐκαιρία; въ подобьно врѣмѧ εὐκαίρως) надлежащий vhodný, příhodný, náležitý: да имѫтъ ѭ (*т. е.* водѫ)... къ в'сѣкои пользи подобънѫ *Евх 5а 20* □ подобьно (ѥстъ) πρέπον ἐστίν, δεῖ, δίκαιόν (ἐστιν) следует, подобает, надо je vhodné, sluší se, je třeba: тако бо подобьно намъ естъ съкончати всѣкѫ правъдѫ *Мт 3, 15 Зогр Ас* (подобаетъ *Сав*, ∅ *Мар*) **3.** ἄξιος достойный hoden: чисто (*вм.* чьсти) бо подобьнъıимъ потекѫтъ *Супр 421, 8.— Зогр Мар Ас Сав Унд Син Евх Клоц Супр.— Ср.* достоинъ, достоıати, лѣпъ (лѣпо ѥстъ), подобати, подоболичьнъ, польѕьнъ, потрѣбьнъ

ПОДОБЬНЪВѢРЪ, -ъıи *прил.* (1) ἀξιόπιστος достоверный věrohodný: кто прьвоѥ подобьнъвѣрь бъıти (имать) *Супр 511, 2.— Ср.* достоиновѣрьнъ

ПОДОБЬСТВИѤ, -иꙗ *с* (1) ὁμοίωσις образ, вид, подобие podoba: сътворен ч⟨ловѣ⟩ка • по образоу твоемоу і по подобествью *Евх 106 4.— Ср.* образъ, подобиѥ, подоблѥниѥ

ПОДРАГЪ, -а *м* (4) κράσπεδον подол, край (*одежды*) lem, okraj šatu: широтоѭ подрагъ мьнѧште сѧ законъ съхранѧште *Супр 339, 23.— Ср.* въскрилиѥ, краи, омета, подъметъ

ПОДРАЖАНИѤ, ПОДРѢЖАНИѤ, -иꙗ *с* (8) [подра- *Супр* (5), подрѣ- *Син* (3)] **1.** μίμησις, προαίρεσις подражание napodobování: по подражанью истинънааго пастоуха *Супр 534, 10* **2.** μυκτηρισμός передразнивание, высмеивание výsměch, pošklebování: подрѣжашѧ мѧ • подрѣжаниемь *Пс 34, 16 Син.— Пс 43, 14 Син; 78, 4 Син; Супр 83, 14-15; 83, 19; 83, 20-21; 563, 19.— Ср.* подражениѥ

ПОДРАЖАТЕЛЬ, -лꙗ *м* (3) μιμητής, ζηλωτής подражатель napodobitel, následovatel: не бѫди мі подражатель *Рыл 2аа 10.— Супр 67, 14-15; 271, 30; 272, 1.— Ср.* подражьникъ

ПОДРАЖАТИ, ПОДРѢЖАТИ, -аѭ, -аѥши *несов.* (21) [подра- *Зогр* (2) *Ас* (1) *Сав* (2) *Супр* (11), подрѣ- *Мар* (2) *Ас* (1) *Син* (2); продрѣ- (!) *Син* (1)] **1.** μιμεῖσθαι, ζηλοῦν, τῷ ζήλῳ κεντροῦσθαι подражать napodobovat: ꙗко и тъ сьтвори дѣла непрѣподобьна • подражаѧ отьца своѥго *Супр 8, 6* **2.** μυκτηρίζειν, ἐκμυκτηρίζειν передразнивать, высмеивать vysmívat se, pošklebovat se, zesměšňovat: подражаахѫ же і кънѧзи *Л 23, 35 Зогр*, подражахѫ *Сав*, подрѣжаахѫ *Мар Ас.— Зогр Мар Ас Сав Син Супр.— Ср.* подобити, поxоулıати, рѫгати сѧ

ПОДРАЖЕНИѤ, -иꙗ *с* (1) μίμησις подражание napodobení: хвалѧштеи добл҃ мѫжа... не отълѫчатъ сѧ подражениꙗ *Супр 82, 8.— Ср.* подражаниѥ

ПОДРАЖИВЪ, -ъıи *прил.* (1) πρὸς τὴν ἀντιτυπίαν подобный napodobující, podobný: мѧкъкоѥ же ѥстъство водьноѥ • камениѥ подраживо прѣтвори сѧ *Супр 90, 11*

ПОДРАЖИТИ, -жѫ, -жиши *сов.* (3) **1.** μιμεῖσθαι подражать (*несов.*) napodobit: х⟨ристос⟩ь не подражилъ • злобѫ хоулънъıихъ жидовъ *Супр 481, 2* **2.** не подражити сѧ ἀναμφιβόλως (!) не обидеться nebýt dotčen, neurazit se: зъванъ на обѣдъ робомъ своимъ • не подраживъ сѧ приде к нѥмоу *Супр 391, 2.— Супр 93, 26-27*

ПОДРАЖЬНИКЪ, -а *м* (1) μιμητής подражатель napodobitel: подражникъ бъıстъ паүлови *Супр 94, 5.— Ср.* подражатель

ПОДРОУГЪ, -а *м* (11) **1.** ἕτερος, σύντροφος; (подроугъ разбоиникъ συλληστής) comes товарищ, сотоварищ druh, společník: ѥже оутьѧже бънті... петроу • въ інокості подроугъ *Киев 16 22* ● σύνδουλος товарищ на работе spoluslužebník: видѣвъше же подроузи его бъıваѭщаꙗ *Мт 18, 31 Сав* (клеврѣти *Мар Ас*, ∅ *Зогр*) **2.** ὁ πλησίον ближний bližní: възлюбиши подроуга своего *Мт 5, 43 Зогр* (искрьнѣго *Мар*, искнѣаго (!) *Ас*, ближънꙗго *Сав*); *Мк 12, 31 Зогр* (искрьнѣго *Мар*, искрънѣаго *Ас*, ∅ *Сав*); *Л 10, 27 Зогр* (искрънѣаго *Мар Ас*, ближьнꙗго *Сав*).— *Мт 18, 28 Сав; Мт 18, 29 Сав; Мт 18, 33 Сав; Супр 233, 9; 258, 19; 426, 26.— Ср.* ближьнии, дроугъ, искрьнь, клеврѣтъ; причѧстьникъ

ПОДРОУЖИѤ, -иꙗ *с* (2) **1.** γαμετή жена, супруга manželka: родивъ сънъı страда подроужиꙗ *Супр 246, 16* **2.** συζυγία супружество manželství: мьнѣ бѫдетъ страдати подроужиꙗ *Супр 237, 1-2.— Ср.* бракъ, жена

ПОДРЬЖАНИѤ, -иꙗ *с* (1) *греч. нет* пользование podržení, užívání: приведе дроугоѥ клюсѧ • и рече ѥмоу се ти даѭ на подръжаниѥ *Супр 552, 5-6.— Ср.* дрьжаниѥ, одрьжаниѥ

ПОДРЬЖАТИ, -жѫ, -жиши *сов.* (1) *греч. нет* держать (*сов.*) podržet: вѣдѣ что подрьжахъ... вѣдѣ кого сьподобихъ сѧ присѧшти *Супр 504, 23*

подрѣжаниѥ *Пс 34, 16 Син; 43, 14 Син; 78, 4 Син см.* подражаниѥ

подрѣжати *Мар Ас Син см.* подражати

ПОДРѪЖИТИ, жѫ, -жиши *сов.* (1) πηγνύναι водрузить postavit, vztyčit: побѣдникъ бо кръстъ • ѥдноѭ оубо подрѫженъ • присно же бѣсꙑ прогонѧ *Супр 428, 1.— Ср.* въдрѫжити

ПОДЪ *предлог* (119) [подо *Син* (1), подь *Ас* (1) *Клоц* (1) *Супр* (2), подѫ (!) *Син* (1)] **А.** *с вин.* ὑπό **1.** *при указании на предмет или место, ниже которого направлено действие* под *с вин.* pod *с вин.*: коль кратꙑ въсхотѣхъ събърати чѧда твоѣ • ѣкоже кокошь гнѣздо свое подъ крилѣ *Л 13, 34 Мар* (*∅ Зогр*); отъ землѧ подъ землѭ • б⟨ог⟩ъ приходитъ *Клоц 13а 2, Супр 449, 6* ● *при указании на положение, состояние, в которое ставят кого-л.* под *с вин.* pod *с вин.*: въсѣ покорилъ еси подъ ноѕѣ его *Пс 8, 7 Син* **2.** *при обозначении приближающегося времени*: подъ вечеръ *греч. нет* под вечер navečer, k večeru: трѧсомꙑ же да въкоуситъ подъ вечеръ • мало кашицѧ *Евх 44а 22*

Б. *с твор.* ὑπό, ὑποκάτω, ἐν *при обозначении предмета, места, ниже которого происходит действие* под *с твор.* pod *с твор.*: творитъ вѣтви велиꙗ • ѣко мошти подъ сѣниѭ его • птицамъ неб⟨е⟩с⟨ьс⟩кꙑмъ витати *Мк 4, 32 Зогр Мар*; сѫшта подъ смоковьницеѭ видѣхъ тѧ *И 1, 49 Зогр Мар Ас Сав* ● *при обозначении предмета или места, ниже которого направлено действие* под *с вин.* pod *с вин.*: никътоже оубо свѣтильника въжегъ... подъ одромь полагаетъ *Л 8, 16 Зогр Ас Сав*, подъ одръ подълагаатъ *Мар* ● *при указании положения, состояния, в котором находится кто-л.* под *с твор.* pod *с твор.*: азъ ч⟨ловѣ⟩къ есмь подъ властелꙑ • оучиненъ *Л 7, 8 Зогр Мар Ас Сав*; людье подъ тобоѭ падѫтъ *Пс 44, 6 Син* ♦ подъ закономь бꙑти *см.* законъ; подъ властиѭ бꙑти *см.* власть.— *Зогр Мар Ас Сав Син Евх Клоц Супр*

подъбънъ *Евх 44б 21 см.* подобьнъ

подъбѣга *Мт 19, 9 Мар Ас см.* потьпѣга

ПОДЪГОРИѤ, -ꙗ *с* (2) ὀρεινή, εὐλογία (!) подгорье podhůří: маринѣ • иде въ подъгориѥ *Л 1, 39 Ас* (въ горѫ *Зогр Мар Сав*).— *Супр 301, 18*

ПОДЪДРЬЖАТИ, -жѫ, -жиши *несов.* (1) *греч. нет* поддерживать podpírat: въздѣвъ рѫцѣ • инѣмъ подъдрьжѧштемъ кго *Супр 142, 30.— Ср.* подъимати

ПОДЪЗАКОНЬНЪ, -ꙑи *прил.* (1) ὁ ὑπὸ νόμον подвластный закону podřízený zákonu: да подъзаконьнꙑѩ искоупитъ *Супр 416, 23-24* (*Гал 4, 5*).— *Ср.* позаконьнъ

ПОДЪЗЕМИѤ, -ꙗ *с* (1) τὸ ἀπόγαιον подземелье podzemí: аще ли еси посъланъ цѣмь • и приматалъ сѧ вьнезаапѫ... или нс подъземиѣ нечиста *Евх 54б 7-8*

ПОДЪИМАТИ, подъемлѭ, подъемлеши *несов.* (10) [*инф.* подъѥмати *Супр* (1)] **1.** ἀντιστηρίζειν поддерживать, поднимать podpírat, zvedat, pozvedat: г⟨оспод⟩ь подъемлетъ и рѫкѫ его *Пс 36, 24 Син* **2.** δέχεσθαι; (подъемлѧи ἀνάδοχος, διάδοχος) принимать přijímat: да радостиѭ радоуетъ сѧ • подъемлѧ има (*т. е.* рѫкама) • прѣс⟨вѧ⟩тое тѣло твое *Евх 31а 13* ● ἐκδέχεσθαι брать, принимать на себя podstupovat, brát na sebe: тꙑ повелѣ... цр⟨ъ⟩квънꙑмъ свѧщ⟨е⟩никомъ • подъимати тѧготꙑ нашѧ *Евх 67б 17.— Евх 7а 18; 7б 22-23; 8б 18; 82а 4; 83а 7; 83а 13; Супр 85, 8.— Ср.* подъдрьжати

ПОДЪИТИ, подъидѫ, подъидеши *сов.* (1) εἰσέρχεσθαι войти, подойти vejít, přijít: нѣсмь достоинъ да подъ стрѣхѫ подъидеши вь нашѫ доушѫ *Супр 507, 3.— Ср.* вънити

ПОДЪКЛОНИТИ, -нѭ, -ниши *сов.* (12) κλίνειν, κατακλίνειν склонить, преклонить sklonit: с⟨ꙑ⟩нъ ч⟨ловѣчь⟩скꙑ не имать къде главꙑ подъклонити *Л 9, 58 Зогр Мар Ас Сав; Мт 8, 20 Зогр Мар Ас Сав; Клоц 6а 24.— Супр 416, 8; 432, 25-26; 454, 29-30*

ПОДЪКОПАВАТИ, -ваѭ, -ваѥши *несов.* (7) διορύσσειν подкапывать podkopávat: съкрꙑванте же себѣ съкровишта н⟨е⟩б⟨е⟩се... идеже татие не подъкопаваѭтъ • ни крадѫтъ *Мт 6, 20 Мар Ас Сав* (подъкопаѭтъ *Зогр*).— *Мт 6, 19 Зогр Мар Ас Сав*

ПОДЪКОПАТИ, -аѭ, -аѥши *сов.* (6) διορύσσειν подкопать podkopat: вѣдѣлъ оубо би • и не далъ подъкопати домоу своего *Л 12, 39 Зогр Мар Сав* (подърꙑти *Ас*).— *Мт 6, 20 Зогр; Евх 102б 5-6; Супр 557, 25.— Ср.* подърꙑти

ПОДЪЛАГАТИ, -гаѭ, -гаѥши *несов.* (2) τιθέναι подкладывать podkládat, klást *pod něco*: никтоже оубоу (*вм.* оубо) свѣтильника... подъ одръ подълагаатъ *Л 8, 16 Мар* (полагаетъ *Зогр Ас*, поставлѣетъ *Сав*).— *Супр 533, 21-22.— Ср.* полагати, поставлꙗти, ставлꙗти

ПОДЪЛОЖИТИ, -жѫ, -жиши *сов.* (3) ὑποτιθέναι; (подъ ноѕѣ подъложити ἐκποδὼν ποιεῖν) подложить, положить *под что-л.* podložit, položit *pod něco*: подъложилъ ѭ еси • подъ ноѕѣ твои *Евх 35б 4.— Супр 263, 30; 367, 22-23.— Ср.* положити

ПОДЪМЕТЪ, -а *м* (2) κράσπεδον подол, край (одежды) lem, okraj šatu: и величаѭтъ подъметꙑ • въскрилиѣ ризъ своихъ *Мт 23, 5 Мар Ас* (*∅ Зогр*).— *Ср.* въскрилиѥ, краи, омета, подрагъ

ПОДЪНЕБЕСЬНЪ, -ꙑи *прил.* (2) [подънѣбс- *Евх* (2)] ὁ ὑπὸ τὸν οὐρανόν поднебесный podnebeský, který je pod nebem: заклинаѭ тѧ... подън⟨е⟩б⟨е⟩сьнꙑѩ глѫбинꙑ • оудрьжавъшинмь *Евх 52б 1.— Евх 93б 26.— Ср.* подънебесьскъ

ПОДЪНЕБЕСЬСКЪ, -ыи *прил.* (5) [подънск- *Зогр* (2), подънебеск- *Мар* (2)] ὁ ὑπὸ τὸν οὐρανόν поднебесный podnebeský, který je pod nebem: подънебесьскаꙗ *ж и с мн.* ἡ ὑπ' οὐρανόν земля země: ꙗко бо млъни блисцаѭшти сѧ • отъ подън⟨ебе⟩с⟨ьс⟩кыѩ • на подън⟨ебе⟩с⟨ьс⟩кѫѭ • свьтитъ сѧ *Л 17, 24 Зогр Мар*; вьса подънебесъскаꙗ • просвѣтиша сѧ • апостольскомъ [про]проповѣданиѥмъ *Супр 185, 30-186, 1.— Ср.* поднебесьнъ

ПОДЪНОЖИѤ, -иꙗ *с* (15) ὑποπόδιον, ὑποκάτω (!) подножие podnoží: кланѣите сѧ подъножию ногоу его *Пс 98, 5 Син; Ен 32б 5.— Мт 5, 35 Зогр Мар; Мт 22, 44 Мар Ас Сав; Мк 12, 36 Зогр Мар Ас; Л 20, 43 Зогр Мар; Евр 1, 13 Ен; Пс 109, 1 Син; Евх 1а 11*

ПОДЪПАДАТИ, -даѭ, -даѥши *несов.* комоу, чесомоу (2) ὑποπίπτειν подчиняться *чему-л.* spadat *pod něco*, podléhat *něčemu*: что ѥ • ѥже подъпада (!) твоимъ прьстом' • что ли не подъпадаѥтъ твоѥи десници *Супр 504, 8 и 9*

ПОДЪПАЛИТИ, -лѭ, -лиши *сов.* (1) τὰς λαμπάδας ὑποτίθεσθαι (!) обжечь, опалить, подпалить popálit, opálit: привѧзати и по четъıри колъı • и подъпалити ѥмоу чрѣво и ребра *Супр 153, 1.— Ср.* опалити, ожещи

подъпѣга *Мт 5, 32 Зогр Мар см.* потъпѣга

ПОДЪРЫТИ, -ръıѭ, -ръıѥши *сов.* (5) [подь- *Ас* (1)] διορύσσειν подрыть, подкопать podrýt, podkopat: вьдѣлъ оубо би • и не бı далъ подьрыті домоу своего *Л 12, 39 Ас* (подъкопати *Зогр Мар Сав*); *Мт 24, 43 Зогр Мар Ас Сав.— Ср.* подъкопати

ПОДЪСТЬЛАТИ, -стелѭ, -стелѥши *сов.* (2) [подъстъ- *Супр* (2)] ὑποστρωννύναι, στρωννύναι подостлать, подложить podestlat, podložit: подъстълавъ подъ ногы ихъ багърѣницѫ цѣсарьскѫ *Супр 7, 1.— Супр 181, 27-28.— Ср.* положити, постьлати

ПОДЪСЫПАТИ, -плѭ, -плѥши *сов.* (1) ὑποστρωννύναι насыпать, подсыпать *под что-л.* nasypat *pod něco*: повелѣвъ брьселиѥ тлъчено подъ хрьбьтъ блаженааго мѫченика подъсыпати *Супр 104, 27*

подъкмати *Супр 85, 8 см.* подъимати

ПОДЪѤТЕЛЬ, -лꙗ *м* (1) ἀντιστήριγμα тот, кто поддерживает, защитник podporovatel, ochránce: бънистъ г⟨оспод⟩ь подъѥтель мои *Пс 17, 19 Син*

ПОДЪѤТИ, подъимѫ, подъимеши *сов.* (13) [подъ.. метъ *Син* (1)] **1.** ὑπολαμβάνειν, φέρειν, ἀντιστηρίζειν (!) подпереть, поддержать, поднять, подъять podepřít, zvednout: вьсь бо корабь морьскъıи • кожѫ единоѧ хобота его подъѧти не можааше *Хил 1аβ 23-24* ● *перен.*: възнесѫ тѧ г⟨оспод⟩ı ꙗко подъѩлъ мѧ еси *Пс 29, 2 Син* **2.** δέχεσθαι принять přijmout: отъ тоѩ же крьви къждо подъимъ *Супр 51, 16* ● ὑπομένειν, ὑφίστασθαι, πάσχειν подвергнуться, принять, взять на себя podstoupit, vzít na sebe: распꙗтиı съмрьть подъемъ волеѭ *Евх 67а 23*; бѣдъı • ѩже подъѩ за правовѣрие *Супр 302, 6.— Пс 36, 24 Син; Евх 83а 8; Супр 90, 28; 176, 10; 259, 1-2; 382, 9; 482, 2; 513, 22*

ПОДЪѤТИѤ, -иꙗ *с* (1) ἀποδοχή прием, принятие přijetí: съсѫдъ... божьствънааго твоѥго мура подобьнъ подъѧтиꙗ *Супр 287, 16.— Ср.* приѩтиѥ

подь *Ас Клоц Супр см.* подъ

ПОДѢЛИѤ, -иꙗ *с* (1) πάρεργον добавление přídavek: подѣлье крьстъное н⟨е⟩бо створь *Клоц 11б 24*

подѫ *Пс 17, 40 Син см.* подъ

ПОЖАГАТИ, -аѭ, -аѥши *несов.* (1) καταϰαίειν сжигать spalovat: пламень пожѣгаѩı горы *Пс 82, 15 Син.— Ср.* жещи

ПОЖАЛИТИ СИ, -лѭ си, -лиши си *сов.* (2) λυπεῖσθαι, ἀφηνιάζειν (!) опечалиться zarmoutit se: то слъıшавъ не разгнѣва сѧ • не пожали си не отъстѫпи *Супр 364, 2.— Супр 16, 3.— Ср.* въпечалити сѧ, опечалити (опечалити сѧ), посѣтовати

ПОЖЕЛАНИѤ, -иꙗ *с* (1) *греч. нет* желание, жажда touha, žádost: да бъı кто... очистилъ отъ всеѩ скврънъı д⟨оу⟩шѫ своѭ... и пожеланьꙗ имѣнию *Супр 570, 24.— Ср.* желѣниѥ, жаданиѥ, похоть, похотѣниѥ

ПОЖЕЩИ, -жегѫ, -жежеши *и* -жьгѫ, -жьжеши *сов.* (7) ἐμπυρίζειν, ϰαίειν, ϰαταφλέγειν, ἀναλίσκειν сжечь, спалить spálit, sežehnout: пожеженъ огнемъ і раскопанъ (*т. е.* виноградъ) *Пс 79, 17 Син;* огнь принесе на храмъ • и бога нашего пожьже *Супр 22, 29.— Пс 59, 2 Син; Супр 22, 12; 23, 2 и 3; 526, 8.— Ср.* иждещи, ожещи, опалити, попалити, съжещи

ПОЖИТИ, -живѫ, -живеши *сов.* (10) [пожии (!) *Супр* (1)] πολιτεύεσθαι, συναναστρέφεσθαι, ζῆν, ἡ ζωή (!) прожить, пожить prožít, žít (*несов.*): въ м⟨о⟩л⟨и⟩твахъ незамѣдно поживъ *Ен 23б 10-11*; не о хлѣбѣ единомь поживетъ ч⟨лове⟩къ *Мт 4, 4 Зогр* (живъ бѫдетъ *Ас Сав, Ø Мар*).— *Пс 88, 49 Син; Евх 4б 16; 81а 8; 99а 4; Супр 258, 12; 358, 16; 478, 26; 564, 27*

пожıшѧ *Пс 53, 5 Син см.* положити

пожрьти *Син Супр см.* пожрьти

ПОЖРЬТИ, ПОЖРѢТИ[1], -жьрѫ, -жьреши

сов. (66) [пожръ- *Син* (3) *Супр* (10)] θύειν, ἐπιθύειν; (пожьренъи прѣжде ὁ πρωτόθυτος (!)) принести в жертву obětovat: пожъри б⟨ог⟩оу жрътвѫ хвалѫ *Пс 49, 14 Син.— Син Евх Клоц Супр*

ПОЖРѢТИ[2], -жьрѫ, -жьреши *сов.* (12) καταπίνειν сожрать, проглотить pozřít, pohltit: обьходитъ бо ꙗко львъ ревы • ищѧ кого пожьретъ *Хил 26а 16-17* (*1 Петр 5, 8*) ● *перен.* поглотить pohltit: ѡтъврьзе сѧ землѣ • и пожрѣтъ датана *Пс 105, 17 Син.— Пс 34, 25 Син; 57, 10 Син; 68, 16 Син; 123, 3 Син; Супр 62, 22; 77, 20; 467, 9-10; 528, 21; Хил 16а 19; Хил 26а 14.— Ср.* поглътити, поꙗсти

ПОЖЬДАТИ, -жидѫ, -жидеши *и* -жьдѫ, -жьдеши *сов. без доп.*; кого, чесо; *с инф.* (12) μένειν, ἐκδέχεσθαι подождать, выждать počkat, vyčkat: пожидѣте сьде і бьдите *Мк 14, 34 Зогр Мар; Мт 26, 38 Зогр Мар Ас Сав*; врѣмене рожденню пожьди *Супр 243, 12*; пожідѣмъ видѣти х⟨ристос⟩а побѣждъша *Клоц 12а 27.— Пс 118, 122 Син; Супр 268, 8; 315, 21; 472, 23-24.— Ср.* дожьдати

п о ж ь р ѫ, пожьреши *см.* пожрьти, пожрѣти

п о ж ѣ г а т и *Пс 82, 15 Син см.* пожагати

ПОЖѦТИ, пожьнѫ, пожьнеши *сов.* (5) θερίζειν убрать (собрать) урожай, пожать, сжать požnout, sežnout, sklidit úrodu: сѣвъшеі сльзами въ радость пожьнѫтъ *Пс 125, 5 Син; Евх 84б 8; Супр 364, 17-18.— Супр 364, 19; 388, 13*

ПОЗАВИДѢТИ, -виждѫ, -видиши *сов.* (1) ζηλοῦν позавидовать pojmout závist: да не подражаимъ жидовьска юродьства • нъ дѣтьскоу позавидимъ благодаренію *Супр 340, 21*

ПОЗАКОНЬНЪ, -ыи *прил.* (1) νόμιμος законный, в соответствии с законом, закона *род.* zákonný, zákona *род.*: ѡ оучителю ч⟨лове⟩комъ • позаконноумоу • і похвальноумоу разбоіствоу *Клоц 11б 26.— Ср.* законьнъ, подъзаконьнъ

ПОЗДЬНЪ, -ыи *прил.* (1) βραδύς медлительный, замедленный, неторопливый pomalý, váhavý: нъ что противѫ томоу трьпѣливыи • тъштивыи на милость • а поздьнъ на гнѣвъ *Супр 330, 27.— Ср.* мѫдьнъ

ПОЗДѢ *нареч., сравн. ст.* поздѣѥ (42) ὀψέ, βραδέως; (поздѣ быти ὀψία γίγνεσθαι; поздѣ ѕѣло ноштиѭ ἑσπέρας βαθείας ἐπιλαβούσης) поздно pozdě: поздѣ вѣровавъ • а скоро ісповѣдѣвъ *Клоц 11б 32;* се бо грѣха не имѫтъ иже скорѣѥ въстати • а иже поздѣѥ зазора бы пльно было *Супр 443, 23-24* ◆ п о з д ѣ с ѫ щ и, п о з д ѣ б ы в ъ ш о у, б ы в ъ ш и οὔσης ὀψίας, ὀψίας γενομένης когда же настал вечер, с наступлением вечера, вечером když nastal večer, když se zešeřilo, večer: сѫшти же поздѣ *И 20, 19 Мар Ас* (3) *Сав Охр* (∅ *Зогр*); поздѣ же бывъшю *Мт 8, 16 Зогр Мар Ас Сав*; поздѣ же бывъши *Мк 1, 32 Зогр Мар.— Зогр Мар Ас Сав Охр Клоц Супр.— Ср.* допоздѣ

ПОЗЛАТИТИ, -злащѫ, -златиши *сов.* (3) περιχρυσοῦν позолотить pozlatit: бѣахѫ же капишта та позлаштена *Супр 176, 24-25* ● (позлащенъ διάχρυσος) шить (ткать) золотом (*о ткани*) protkat zlatem: въ ризахъ позлащенахъ *Пс 44, 10 Син; Ен 26а 11-12*

ПОЗНАВАТИ, -ваѭ, -ваѥши *несов.* (1) γνωρίζειν узнавать, познавать poznávat: ни самоуилъ иже цѣсаремъ отьць масломъ дрѣвѣныимъ познаваѧи недостоина *Супр 238, 21*

ПОЗНАНИѤ, -ꙗ *с* (5) ἀναγνωρισμός, γνώρισμα; (къ богоу познаниѥ θεογνωσία) познание poznání: ѡ... познаньи с⟨вѧ⟩тааго д⟨оу⟩ха *Евх 60б 25*; младеништи проповѣдаѭтъ сихъ къ богоу познаниꙗ младеньство *Супр 321, 30.— Евх 60а 25; Супр 364, 20-21; 426, 2.— Ср.* вѣдѣниѥ, оувѣдѣниѥ, къ богоу познаниѥ *ср.*богопознаниѥ, богоразоумиѥ, разоумъ (разоумъ божии)

ПОЗНАТИ, -аѭ, -аѥши *сов.* (>100) γνωρίζειν, ἀναγνωρίζειν, γιγνώσκειν, ἐπιγιγνώσκειν, εἰδέναι, ἐπισπᾶν (!) узнать, познать poznat: се познахъ ꙗко б⟨ог⟩ъ мои еси ты *Пс 55, 10 Син*; отъ плода бо дрѣво познано бѫдетъ *Мт 12, 33 Зогр Мар Ас* (знаетъ сѧ *Сав*); ꙗвлъши сѧ нынѣ... въ вьсѣхъ ѩзыцахъ • познавъши сѧ *Ен 4б 12* ◆ п о з н а т и м ѫ ж а ἄνδρα γιγνώσκειν быть в интимных отношениях с мужчиной být v intimním poměru s mužem: дѣвоѭ бо бѣ еꙗ • не оубо бѣ мѫжа познала *Супр 489, 9.— Зогр Мар Ас Сав Охр Ен Син Клоц Супр.— Ср.* разоумѣти, оувѣдѣти

ПОЗОБАТИ, -блѭ, -блѥши *или* -баѭ, -баѥши *сов.* (6) κατεσθίειν склевать sezobat: і п'тицѧ неб⟨е⟩с⟨ьс⟩кыѩ позобашѧ ѥ (*т. е.* сѣмѧ) *Л 8, 5 Зогр Мар Ас; Мт 13, 4 Зогр Мар; Мк 4, 4 Мар* (∅ *Зогр*)

ПОЗОРАТАИ, -ꙗ *м* (1) (позоратаи *мн.* θέατρον) зритель divák: да что рекѫ на позоратаѩ слово • прип'немь *Супр 55, 30.— Ср.* позорьникъ

ПОЗОРИЩѤ, -а *с* (5) θέατρον театр, арена divadlo, aréna: антонинъ рече да веденъ бѫдетъ на позориште къ звѣремъ *Супр 166, 9* ● *перен.*: на позориште мирьноѥ • точаахъ играахъ и троуждаахъ сѧ *Супр 63, 9* ● зрелище, всеобщее обозрение podívaná: позориште бывъшѫ (!) мирови *Супр 97, 12* (*1 Кор 4, 9*).*— Супр 131, 2; 179, 11.— Ср.* позоръ

ПОЗОРОВАТИ, -роуѭ, -роукши *несов.* кого, чесо; *без доп.* (4) θεωρεῖν, περιορᾶν; (позороуѩ ἐπὶ τῇ θεωρίᾳ) смотреть, быть зрителем pozorovat, být divákem: нъ и окрѫгъ- ꙗдѫ вьсѧ хлѣвины • испльнь бѣахѫ позороуѭштиихъ бывакмыихъ *Супр 563, 5-6*; да оубо не позороуим' • нъ вьсѣмъ спѣшеннимъ имѣмы сѧ • ꙗкоже наоучити господа подражати своего *Супр 382, 12.— Супр 13, 27-28; 117, 15*

п о з о р о с ь *Л 23, 48 Зогр Ас см.* позоръ

ПОЗОРЪ, -а *м* (9) [позоросъ *вм.* позоръ сь *Зогр* (1) *Ас* (1)] θεωρία зрелище, обозрение podívaná, divadlo: ι вси пришьдъшеι народи • на позоросъ *Л 23, 48 Зогр Ас*, на позоръ сь *Мар* ● θέατρον представление в театре, на арене představení v divadle, v aréně: сътвори же комисъ • вь дьнь игри • и позоры • и ловитвы *Супр 221, 5-6* ● θρίαμβος позор pohanění, hanba: боже мои х⟨ристос⟩е н⟨соу⟩с⟨е⟩ • кгоже ради болѣзнь сиѭ прѣтрьпѣхъ • и позоръ *Супр 150, 21* ● (позоръ съборьныи ἐκκλησία ἐν τῷ θεάτρῳ) собрание, скопление shromáždění: народоу же хотѧштоу позоръ съборьныи творити *Супр 130, 28* ♦ п о з о р оу б ы т и θεατρίζεσθαι служить зрелищем, быть посмешищем být na odiv, na posměch: позороу б.. живѫщимъ тако *Евр 10, 33 Ен*; п о з о р оу с ъ т в о р и т и θριαμβεύειν опозорить, осмеять pohanět, zesměšnit: сь истъ кстъ • обличивъи крьстомъ • и позороу сътворивъ • и ослабль жилы ваша *Супр 467, 4-5.— Супр 226, 8.— Ср.* позорище

ПОЗОРЬНИКЪ, -а *м* (1) θεατής наблюдатель, зритель pozorovatel, divák: позорьникы въскрьсенью его • готоваеши *Клоц 12а 21.— Ср.* позоратаи

ПОЗЪВАНИѤ, -ниꙗ *м* (2) κλῆσις призыв povolání: не бѫди никтоже лихъ позъваниꙗ *Супр 319, 14*; подобьн(ѣ) ходити позъванию имьже позъвасте сѧ *Зогр-лл 16 1-2* (зъваньѭ *Евх 1056 12; Еф 4, 1*).— *Ср.* зъваниѥ, призъваниѥ, призываниѥ

ПОЗЪВАТИ, -зовѫ, -зовеши *сов.* (4) καλεῖν позвать, пригласить pozvat: не бѣхъ ли ти реклъ в҃ї позъвати • то како без моего повелѣниꙗ три на десѧте ѥси позъвалъ *Супр 121, 15-16 и 17* ● призвать povolat: ι на радость позъва чины бесплотьныꙗ *Евх 84а 12-13.— Зогр-лл 16 2.— Ср.* възъвати, пригласити, призъвати

ПОЗЫВАТИ, -аѭ, -аѥши *несов.* (1) ἀποκαλεῖν называть nazývat: рабомъ позываатъ владыко (*вм.* владыкѫ) *Супр 509, 21.— Ср.* зъвати

ПОЗЬРѢТИ, -рѭ, -риши *сов.* (4) [позъ- *Син* (1)] 1. θεωρεῖν посмотреть, обратить внимание *на что-л.* pohlédnout, všimnout si *něčeho*: неправьдѫ аще позърѣахъ въ ср⟨ь⟩д⟨ь⟩ци моемъ *Пс 65, 18 Син* 2. περιορᾶν презреть, пренебречь přehlédnout, pohrdnout: ави же вь немь о⟨ть⟩чѧ ѫтробѫ • и ни въ единоже позьри его *Евх 83а 24.— Клоц 2а 24; Супр 382, 11.— Ср.* прѣзьрѣти, небрѣщи

п о и м - *см. также* поꙗти

ПОИМАТИ, поѥмлѭ, поѥмлѥши *и* поимаѭ, поимаѥши *несов.* (22) 1. παραλαμβάνειν; (поимати плѣньникы ἀνδραποδίζειν) брать brát, jímat: бѫдете дьвѣ въ коупѣ мелѭшти • единѫ поемлѭтъ а дроугѫѭ оставлѣѭтъ *Л 17, 35 Зогр Мар*; поѥмлѧ масло отъ кан'дила • мазааше ѥмоу вьсе тѣло *Супр 567, 11* ● γαμεῖν брать (в жены) brát si (za ženu): иже подъпѣгѫ поемлетъ • прѣлюбы дѣетъ *Мт 5, 32 Зогр Мар* 2. комоу ἐγκαλεῖν, προσέρχεσθαι (!) обвинять, упрекать obviňovat, vytýkat: к'то поѥмьѥтъ врачеви троуждаѭштоу сѧ *Супр 361, 4*; въ оно (*т. е.* врѣмѧ) • поимашѧ ι⟨соу⟩соу фарисеι искѹшаѭще и г⟨лаго⟩лѭще *Мт 19, 3 Сав* (прıстѫпишѧ *Ас Мар*, Ø *Зогр*).— *Зогр Мар Ас Сав Супр.— Ср.* вадити, възимати, оклеветати, поимовати, принимати, полоучати

ПОИМОВАТИ, -моуѭ, -моукши *несов.* (1) ἐγκαλεῖν обвинять, упрекать obviňovat, vytýkat: ч'то мало и велико поимовати имѣѧ прѣдаѥши оучителꙗ *Супр 411, 13.— Ср.* вадити, оклеветати, поимати

ПОИСКАТИ, поискѫ *или* поищѫ, поищеши *сов.* (4) ζητεῖν поискать hledat (*несов.*): и вса съкроушив'ше • и вьсьде поискавъше и ничсоже обрѣтъше *Супр 557, 27*; поиштете мене ι не обрѧштете *И 7, 34 Зогр Мар.— Супр 361, 18.— Ср.* възискати[2], искати

ПОИТИ[1], поидѫ, поидеши *сов.* (41) [поιдотъ (!) *Син* (1)] πορεύεσθαι, προπορεύεσθαι, ἔρχεσθαι, ἀπέρχεσθαι, ἀπιέναι, χωρεῖν, παραγίγνεσθαι, κατατρέχειν, συντρέχειν, ἐπείγεσθαι, ἄγειν, ὑπάγεσθαι, περιπατεῖν; (поидѣте δεῦτε; прѣдъ поити προπορεύεσθαι) пойти, отправиться jít, odebrat se: и въставъ поиде кь о⟨ть⟩цю своемоу *Л 15, 20 Ас* (ιде *Зогр Мар Сав*); и егда поидѫ въ храминѫ • вари петра ι⟨соу⟩с⟨ъ⟩ *Мт 17, 25 Сав* (вьниде *Мар*, вънидѫ *Ас*, Ø *Зогр*); въстанѣте поιдѣмъ • се приближи сѧ прѣдаꙗи мѧ *Мт 26, 46 Зогр* (идѣмъ *Мар Ас Сав*); г⟨оспод⟩ι вь свѣтѣ лица твоего поιдѫтъ (*т. е.* людие) *Пс 88, 16 Син* ♦ п о и т и в ъ с л ѣ д ъ кого ἀκολουθεῖν, δεῦρο ἀκολουθεῖν последовать за *кем-л.* následovat *někoho*: да вьси бывъшιї поидошѧ вьслѣдъ ѥго *Супр 32, 20*; п о и т и р а з н о διασκορπίζεσθαι пойти в разные стороны, разойтись rozejít se:

неремина рече • поражѫ пастꙋха и разно поидѫтъ овьца *Супр 478, 11* (разбѣгнѫтъ сѧ *Мк 14, 27 Зогр Мар*).— *Зогр Ас Сав Син Клоц Супр Рыл.— Ср.* ити; поити разно *ср.* разбѣгнѫти сѧ, разити сѧ; поити въ слѣдъ *ср.* наслѣдовати, послѣдовати, послѣдьствовати

ПОИТИ[2], поѭ, поиши *несов.* (1) *греч. нет* поить napájet: оцьта напоиѭ бѫстъ • и не поилъ въ того мѣсто горесть *Супр 474, 9*

покааниѥ, покаати сѧ *см.* покаꙗниѥ, покаꙗти сѧ

ПОКАДИТИ, -каждѫ, -кадиши *сов.* (4) θυμιᾶν покадить, окурить ладаном okouřit kadidlem: покадит⟨ъ⟩ же ѡлътар⟨ь⟩ *Евх 42а 7.— Л 1, 9 Зогр Мар Ас*

покажѫ *Супр 27, 23 см.* помазати

ПОКАЗАНИѤ, -ниꙗ *с* (7) **1.** ἔνδειξις, ἐπίδειξις, τὸ δεικνύναι выявление; доказательство ukázání; důkaz: дьнесь жрѣба готоваѥмо ѥстъ... на показаниѥ покорению • иже отъ странъ нови людиѥ *Супр 321, 27* ● ὑπόδειγμα назидание příklad, ukázka: вы видѣсте и повѣдаѥте • людинскѫ земл҃ѭ и декапол҃итьскѫ • изгорѣвъшѫ ог҃немъ... на показаниѥ нечьстивыимъ *Супр 129, 5* **2.** *греч. нет* наставление napomenutí: вѣды оубо о чѧдо • ѣко в'се показание въ то врѣмѧ • не мьнитъ радости быти • нъ скръби *Евх 88б 13* ● παραίνεσις наущение, подстрекательство navedení: ананиꙗ и сапфира... сь неприꙗзниномъ показаниимъ погыбоста *Супр 362, 17.— Супр 300, 18; 377, 17; Зогр-лл 1б 5.— Ср.* казаниѥ, наказаниѥ, съказаниѥ, оувѣщаниѥ, оуказаниѥ

ПОКАЗАТИ, покажѫ, покажеши *сов. и* показаѭ, показаѥши *несов.* (>100) [пока.. *Ен* (1)] **1.** комоу, чесомоу кого, чьто δεικνύναι, ἐπιδεικνύναι, ἐνδεικνύναι, ὑποδεικνύναι, ἀποδεικνύναι, μηνύειν, γνωρίζειν, ἐμφαίνειν, ἐμφανίζειν, καθιστάναι, εἰσάγειν (!), γράφειν (!); (показати и сътворити ποιεῖν) показать/показывать ukázat/ukazovat: просишѧ знамениѣ съ н⟨е⟩б⟨е⟩се показати имъ *Мт 16, 1 Зогр Мар*; покажѣте ми пѣнѧзь • чиі имѫтъ образъ *Л 20, 24 Зогр Мар*; се же показаѥтъ и онѣхъ боуѥстъ • и сихъ безьлобьныи и любаштии истинѫ образъ *Супр 440, 16*; ѥгда придѫ сѫдити живыимъ и мрьтвыимъ • покажѫ врагомъ ꙗзвѫ *Супр 504, 15* ● *перен.* проявить/проявлять projevit/projevovat: покажи и о мьнѣ недостоинѣ рабѣ своѥмъ • своѭ благ҃ынѫ *Супр 21, 29* □ приносъ показати πρόσοδον ποιεῖν принести доход vykázat výtěžek: овъ множаи и овъ же хоуждеи приносъ показаста *Супр 376, 9-10* □ показати сѧ δεικνύναι ἑαυτόν, ἀναδείκνυσθαι, φαίνεσθαι, ἐμφαίνεσθαι показаться/показываться ukázat se/ukazovat se: шьдъ покажи сѧ архиереови *Мк 1, 44 Зогр Мар Ас Сав* ● *несов. перен.* показываться, проявляться jevit se, projevovat se: и многашти молимъ • и словесы божии тѣшимъ • горни показааше сѧ *Супр 282, 1* **2.** кого παιδεύειν наказать/наказывать potrestat/trestat: ничьсоже достоина съмрьти обрѣтъ о н҃емь • показавъ оубо отъпоуштѫ *Л 23, 22 Зогр Мар*; показаѭ показа мѧ г⟨оспод⟩ь *Пс 117, 18 Син*; ѥгоже любитъ г⟨оспод⟩ь показаѥтъ *Евх 88б 20* (*Прит 3, 12; Евр 12, 6*).— *Зогр Мар Ас Сав Охр Боян Ен Син Евх Клоц Супр Зогр-лл.— Ср.* авити, казати, наказати, показовати, пооустити, съказати, оувѣщавати, оуказати, оустити, оучити

ПОКАЗОВАТИ, -зоуѭ, -зоуѥши *несов.* (3) δεικνύναι, ἐπιδείκνυσθαι, ἐνδείκνυσθαι показывать ukazovat: по(с)пѣшении(м)ь г⟨осподь⟩нь дѣлес⟨ъ⟩ показовати *Зогр-лл 1а 7.— Супр 206, 6; 489, 24.— Ср.* показати

ПОКАЛꙖТИ СѦ, -ꙗѭ сѧ, -ꙗѥши сѧ *несов.* (1) ἐγκυλίεσθαι пачкаться špinit se: зълыими дѣлы • сами сѧ покалꙗѥте *Супр 507, 28-29*

покарати сѧ *Супр 59, 25-26; 125, 21 см.* покарꙗти сѧ

покарѣти сѧ *Евх Супр см.* покарꙗти сѧ

ПОКАРꙖТИ СѦ, -ꙗѭ сѧ, -ꙗѥши сѧ *несов.* комоу, чесомоу (10) [покара- *Супр* (2), покарѣ- *Евх* (1) *Супр* (7)] πείθεσθαι, πειθαρχεῖν, ὑπείκειν (!); (не покарꙗти сѧ ἀπειθεῖν) подчиняться, покоряться, слушаться podrobovat se, pokořovat se, poslouchat: повиноуите сѧ игоуменомъ вашимъ • і покарѣите *Евх 82б 5* (*Евр 13, 17*); насъ мѫчи[н]те акы и не покарѣѭште (*вм.* -шта) сѧ • и вы не покарѣѥте сѧ *Супр 138, 6-7 и 7.— Супр 59, 4-5; 59, 25-26; 59, 27; 125, 21; 126, 12; 126, 22; 508, 13.— Ср.* повиновати сѧ, послоушати; не покарꙗти сѧ *ср.* противити сѧ

ПОКАꙖЗНЬ, -и *ж* (2) μετάνοια покаяние pokání: ни сътвори ничсоже добры покаꙗзни *Супр 363, 2* ● *спец.* исповедь zpověď: не хоштеши прити на покаꙗзнь *Супр 361, 24.— Ср.* каꙗзнь, каꙗниѥ, покаꙗниѥ

ПОКАꙖЗНЬНЪ, -ын *прил.* (1) μετανοητικός покаянный, покаяния *род.* kajícný, pokání *род.*: ни рачиста вьзискати покаꙗзньныѧ готовы цѣльбы • нъ сь неприꙗзниномъ показаниимъ погыбоста *Супр 362, 15-16.— Ср.* покаꙗньнъ

ПОКАꙖНИѤ, -ниꙗ *с* (92) [покаан- *Зогр* (6) *Мар* (8) *Ас* (8) *Сав* (5) *Боян* (1) *Служ* (1) *Евх* (20) *Супр* (31) *Рыл* (2), покан- *Зогр* (1) *Боян* (1) *Супр* (1)] μετάνοια, κατάνοιξις, τὸ μετανοεῖν, τὸ δικαιῶσαι покаяние pokání: слабъ волеѭ • не имъи покаанье Рыл 2аа 16.— Зогр Мар Ас Сав Боян Служ Евх Супр Рыл.— Ср. каꙗзнь, каꙗние, покаꙗзнь

ПОКАꙖНЬНЪ, -ꙑи *прил.* (1) *греч. нет* покаянный kajícný: покаанънъı постъ... вь вѣкъı радостьнъıꙗ плодъı подаетъ *Евх 69б 7-8.— Ср.* покаꙗзньнъ

ПОКАꙖТИ СѦ, -каѭ сѧ, -каѥши сѧ *сов./несов.* чесо; отъ чесо; о чемь *или без доп.* (>100) [покаа- *Зогр* (5) *Мар* (9) *Евх* (7) *Супр* (7)] μετανοεῖν, μεταγιγνώσκειν, καταγιγνώσκειν, ἀπαλλάσσεσθαι покаяться/каяться učinit/činit pokání, kát se: нъ аште не покаете сѧ • і вси такожде погыбнете *Л 13, 3 Зогр,* покаате сѧ *Мар;* да.. покаетъ сѧ своихъ грѣхъ *Евх 38б 1-2;* о своемъ невѣрьствѣ и непокорении покаавъ сѧ *Супр 291, 18;* покаита сѧ отъ зълоби ваю *Супр 363, 13.— Зогр Мар Ас Сав Боян Евх Супр.— Ср.* каꙗти сѧ, окаꙗти, раскаꙗти сѧ

покаѭтъ *Мт 7, 19 Ас см.* посѣкати

ПОКЛАНИТИ СѦ, -нѭ сѧ, -ниши сѧ *сов.* (4) προσκυνεῖν, γόνυ κάμπτειν поклониться poklonit se: вьса тварь емоу покланитъ сѧ *Супр 332, 7.— Супр 368, 5; 484, 18; 499, 8-9.— Ср.* поклонити, поклѧкнѫти, приклонити, приникнѫти, прѣклонити

покланѣние *Ас Евх Клоц см.* покланꙗние

покланѣти *Зогр Мар Ас Ен Служ Евх Клоц Супр см.* покланꙗти

ПОКЛАНꙖНИѤ, -ꙗ *с* (12) [покланѣ- *Ас* (1) *Евх* (4) *Клоц* (1)] προσκύνησις; (покланꙗние примати προσκυνεῖσθαι) поклонение, почитание klanění, uctívání: і сего ради прими • отъ в᾽сѣхъ покланѣние *Евх 13а 7.— Ас 141а 15; Евх 71а 18; 83б 13; 95б 24; Клоц 10а 18; Супр 124, 3-4; 168, 22; 243, 23; 302, 27; 427, 20; 482, 1.— Ср.* кланꙗние, поклонъ, поклонение

ПОКЛАНꙖТИ, -ꙗѭ, -ꙗеши *несов.* (36) [покланѣ- *Зогр* (1) *Мар* (1) *Ас* (1) *Ен* (4) *Служ* (1) *Евх* (6) *Клоц* (1) *Супр* (3)] **1.** покланꙗти (сѧ) комоу, чесомоу; къ комоу, чесомоу *и без доп.* προσκυνεῖν, γονυπετεῖν, ὑποκλίνεσθαι, ποιεῖν μετάνοιαν (!) поклоняться, почитать klanět se, uctívat: і прѣгыбаѭште колѣна • покланѣахѫ емоу *Мк 15, 19 Зогр,* покланѣахѫ сѧ *Ас,* покланꙗхѫ сѧ *Сав* (кланѣахѫ сѧ *Мар*); сьде азъ покланѣвъ сѧ • лецили хоштѫ *Евх 37б 3;* кр⟨ъ⟩стоу твоемоу покланѣемъ сѧ *Ен 30б 8;* (по)кланѣѭ сѧ къ цр⟨ь⟩кви с⟨вѧ⟩тѣи тв(оеи) *Служ 1а 3-4* □ покланꙗемъ προσκυνητός почитаемый, достойный почтения úctyhodný: чьтомъ же естъ кънѧзи • покланꙗемъ же чистители *Супр 219, 30* **2.** покланꙗти колѣнѣ, колѣна τὰ γόνατα κλίνειν опускаться на колени, преклонять колени klekat: тѣмь же припадаѭ ти • покланѣѭ колѣнѣ ср⟨ъдь⟩ца моего *Евх 79а 9.— Зогр Мар Ас Сав Ен Служ Евх Клоц Супр.— Ср.* кланꙗти сѧ; покланꙗти колѣнѣ *ср.* клѧчати, падати (падати на колѣноу), прѣгыбати (прѣгыбати колѣна), прѣкланꙗти (прѣкланꙗти колѣна)

поклонени (!) *Ас 116бβ 24; Сав 127а 4 см.* поклонение

ПОКЛОНИТИ, -нѭ, -ниши *сов.* (144) [по.. *Евх* (1), по(к) *Евх* (3), покло.. *Ен* (1), покло(н) *Евх* (2), поклони(т) *Евх* (1)] **1.** κλίνειν склонить (в поклоне) sklonit: рачи нꙑнѣ призьрѣти • на раба твоего сего • поклоньшааго тебѣ главѫ своѭ *Евх 28б 14* ♦ поклонити колѣнѣ τιθέναι τὰ γόνατα опуститься на колени, преклонить колени pokleknout: и поклонит⟨ъ⟩ колѣнѣ в приемлѧи образъ *Евх 93а 10* □ поклонити сѧ κύπτειν, κατακύπτειν, προσκυνεῖν поклониться, склониться, согнуться sklonit se, ohnout se: і пакꙑ поклонь сѧ писаше на земли *И 8, 8 Зогр Мар* □ поклонити сѧ на колѣноу комоу γονυπετεῖν, κλίνειν τὰ γόνατα опуститься на колени, преклонить колени *перед кем-л.* pokleknout: притекъ единъ богатъ • і поклони сѧ емоу на колѣноу *Мк 10, 17 Зогр,* поклонь сѧ *Мар* **2.** поклонити сѧ комоу, чесомоу; къ чесомоу *или без доп.* προσκυνεῖν, συντάσσεσθαι, γονυπετεῖν, μετάνοιαν βάλλειν (!) поклониться, оказать почет poklonit se, vzdát úctu: бѣахѫ же еллини • етери отъ въшьдъшихъ • да поклонѧтъ сѧ въ праздьникъ *И 12, 20 Зогр Мар Ас;* поклоні сѧ оубо въскръсъшюмоу *Клоц 12а 11;* поклонѭ сѧ къ цр⟨ь⟩к⟨ъ⟩ви с⟨вѧ⟩тѣі твоеі *Пс 5, 8 Син;* вьсѣ си дамь ти • аште падъ поклониши ми сѧ *Мт 4, 9 Зогр Ас Сав Боян* (∅ *Мар*); притекъ единъ богатъ • і поклони сѧ емоу на колѣноу *Мк 10, 17 Зогр,* поклонь сѧ *Мар.— Зогр Мар Ас Сав Боян Ен Син Евх Клоц Супр.— Ср.* покланити сѧ, прѣклонити, приклонити, приникнѫти; поклонити колѣнѣ *ср.* поклѧкнѫти

ПОКЛОНЪ, -а *м* (1) προσκύνησις поклон klanění, poklona: хвалѫ и поклонъ и чьсть... отъ вьсего дъıханиꙗ примати *Супр 262, 15.— Ср.* покланꙗние, поклонение

ПОКЛОНЬНИКЪ, -а *м* (2) προσκυνητής почитатель ctitel: истиньни поклоньници поклонѧтъ сѧ от⟨ь⟩цю *И 4, 23 Мар Ас* (*нет Зогр*)

ПОКЛОНѤНИѤ, -ꙗ *с* (16) [поклонени (!) *Ас* (1) *Сав* (1), по.. *Ен* (1)] κλίσις поклон, склонение (*в приветствии*) sklonění: бл⟨а⟩г⟨осло⟩ви в᾽сѧ нꙑ • авлѣѭщиꙗ поклонениемь твоихъ вꙑи • образъ работѣ *Евх 6а 14* ●

προσκύνησις поклон poklonění, klanění: приими мол⟨и⟩твѫ • і поклонение раба твоего сего *Евх 33б 20*; мѣ⟨сѧ⟩ца сеп⟨тѧ⟩в⟨рѣ⟩ аі҃ поклонени дрѣвоу чес⟨тъ⟩н⟨оу⟩ *Ас 116бβ 24*, поклонение чьстьнаго кр⟨ъ⟩ста *Сав 127б 2* ◆ **поклонкник колѣнома** γονυκλισία коленопреклонение pokleknutí: мол⟨итва⟩ на поклонение колѣнома *Евх 59б 15.— Ас Сав Ен Евх Супр.— Ср.* покланганик, поклонъ

ПОКЛѦКНѪТИ, -нѫ, -неши *сов.* (1) *греч. нет* опуститься на колени, преклонить колени pokleknout: і аще ключ.. поклонитъ сѧ колѣнома поклѧкъ • прѣдъ с⟨вѧ⟩тымъ кр⟨ъ⟩стомъ *Ен 31а 2-3.— Ср.* поклонити, прѣклонити

ПОКОВАТИ, поковѫ, поковеши *или* покоуѭ, покоукши *сов.* (1): **златомь кованъ** χρυσοκόλλητος окованный золотом zlatem okovaný: се на колесници златомь покованѣ сѣждѫ *Супр 368, 13.— Ср.* оковати

ПОКОИ, -га *м* (36) [поко (!) *Ас* (1), ..око.. *Зогр-лл* (1)] ἀνάπαυσις, ἄνεσις, κατάπαυσις, ἀναψυχή (!) покой, спокойствие, отдых pokoj, klid, odpočinek: нечисты д⟨оу⟩хъ... прѣходитъ сквозѣ бездънаѣ мѣста • іштѧ покоѣ *Мт 12, 43 Зогр Мар*; проидомъ сквозѣ огнъ і водѫ • і изведе нъı вь покоі *Пс 65, 12 Син* (*ср.* на прохлаждение *Супр 94, 19-20*) ● *перен.* κοίμησις кончина zesnutí: покои іс⟨оус⟩у навгиноу *Ен 20а 14.— Зогр Мар Ас Сав Ен Син Евх Супр Зогр-лл.— Ср.* миръ[1]

ПОКОИНЪ, -ын *прил.* (3) τῆς ἀναπαύσεως, ἀναπεπαυμένος спокойный, покойный klidný, pokojný: на водѣ покоінѣ въспітѣ мѧ *Пс 22, 2 Син* ▭ *спец.* **покоина** *с мн. греч. нет* молитвы над покойником, заупокойные молитвы modlitby za zemřelé: се сѫтъ пок⟨о⟩ина отъ сѫдѣ *приписка к Ас 86β 1.— Супр 265, 14.— Ср.* мирьнъ[1]

ПОКОИТИ, покоѭ, покоиши *сов.* (18) ἀναπαύειν, διαναπαύειν дать успокоение, отдых; успокоить, упокоить poskytnout klid, odpočinek; upokojit: покои д⟨оу⟩шѫ раба твоего сего • на мѣстѣ свѣтълѣ *Евх 57а 2* ◆ **покоити закона** ἀναπαύειν τὸν νόμον исполнить закон naplnit zákon: да подъзаконъныѩ искоупитъ • и самого покоитъ закона *Супр 416, 24-25.— Зогр Мар Ас Сав Служ Евх Супр.— Ср.* прѣпокоити, съконьчати

ПОКОНЪ, -а *или* **ПОКОНЬ**, -и *м* (3) [пон' (!) *Клоц* (1), поко.. *Ен* (1)] ἀρχή начало počátek: поконь прѣмѫдрості страхъ г⟨осподь⟩нь *Пс 110, 10 Син*; пон' (!) пѫтоу благоу творити[ті] праведънаа *Клоц 1б 22.— Евр 3, 14 Ен.— Ср.* въчѧло, зачѧло, начѧло, начѧтъкъ

ПОКОРИТИ, -рѭ, -риши *сов.* (30) ὑποτάσσειν подчинить, покорить podrobit, pokořit: покори емоу в'сѧ врагы *Евх 5б 23-24* ▭ **покорити сѧ** πειθαρχεῖν, πείθεσθαι, ὑποτάσσεσθαι, κατανύσσεσθαι; (не покорити сѧ ἀπειθεῖν) подчиниться, покориться, послушаться podrobit se, pokořit se, poslechnout: мнѣ іноплеменьници покоришѧ сѧ *Пс 59, 10 Син*; да ови обѣштаваахѫ сѧ • дроугиї же не покорaахѫ сѧ *Супр 33, 23.— Син Евх Супр.— Ср.* повинѫти, съмѣрити, оукорити

ПОКОРѤНИѤ, -ига *с* (4) ὑποταγή, πειθήνιον покорность, смирение pokora: се сѫтъ дѣла • алъкание... съмѣрение • покорение *Евх 69б 24-25.— Супр 53, 19; 321, 27-28; 495, 4-5.— Ср.* съмѣрение

покровитель *Супр 3, 14-15 см.* покръвитель

ПОКРОВИЩѤ, -а *с* (2) κάλυμμα полотно, покрывало rouška: **покровище стыдъко, покровище стоуда** τὸ τῆς αἰσχύνης κάλυμμα набедренная повязка bederní rouška: отъна ти стоуда покровишта • и дастъ ти... одеждѫ *Супр 348, 7.— Супр 348, 4-5*

ПОКРОВЪ, -а *м* (8) στέγη крыша, кровля střecha: или іс покрова баньскааго *Евх 54б 12-13* ● *перен.* σκέπη покровительство, защита záštita, ochrana: г⟨оспод⟩ь покровъ твоі *Пс 120, 5 Син.— Мк 2, 4 Зогр Мар Ас Сав; Пс 104, 39 Син; Супр 251, 26-27.— Ср.* застѫплкние, застѫпъ, защищение, кровъ, стелга, стрѣха

покроіхъ (!) *Пс 31, 5 Син см.* покрыти

ПОКРОПИТИ, -плѭ, -пиши *сов.* (2) ῥαντίζειν, διαρραίνειν окропить pokropit: чьстьноѭ кго кръвиѭ покропими *Супр 332, 1-2.— Супр 3, 30.— Ср.* окропити

покръвенъ *см.* покрыти

ПОКРЪВИТЕЛЬ, ПОКРОВИТЕЛЬ, -лга *м* (2) σκεπαστής защитник, покровитель ochránce: ты еси моі покръвитель *Пс 70, 6 Син*; покровитель болштиїхъ сѧ кго *Супр 3, 14-15.— Ср.* застѫпьникъ, защититель, защитьникъ

ПОКРЫВАТИ, -аѭ, -акши *несов.* (12) [покрі- *Клоц* (1)] καλύπτειν, στεγάζειν покрывать, закрывать, окутывать pokrývat, zakrývat, zahalovat: никътоже оубо свѣтильника въжегъ • покрываетъ его спѫдомь *Л 8, 16 Зогр Мар Ас Сав*; трѫсъ вели быстъ въ мори • ѣко покрывати сѧ кораблю вльнами *Мт 8, 24 Зогр Мар.— Пс 103, 2 Син; Клоц 1б 16; Супр 348, 2-3; 426, 22; 458, 14; 466, 13.— Ср.* закрывати, прикрывати

ПОКРЫТИ, -крыѭ, -крыкши *сов.* (46) [покрі- *Клоц* (1), покръ (!) *Син* (1), покроіхъ (!) *Син* (1)] καλύπτειν, συγκαλύπτειν, σκεπάζειν, κρύπτειν, ἀποκρύπτειν, κατακρύπτειν, κατακλύζειν, ὀροφοῦν, ἀποσμήχειν (!), θάλλειν (!) покрыть, закрыть, скрыть, окутать pokrýt, zakrýt, ukrýt, zahalit: ничьтоже бо покръвено есть • еже не отъкрыетъ сѧ Л 12, 2 Зогр Мар Ас Боян; безаконенъе мое познахъ • і грѣха моего не покроіхъ (*вм.* покрыхъ) *Пс 31, 5 Син*; покрыи ѩ отъ сѣтеи • неприѣзнинъ *Евх 18б 15-16*; покрывъ сѧ въ гробѣ каменемь • покрылъ еси в'сѧ грѣхы *Евх 27а 20* ● *перен.* защитить ochránit: х⟨ристо⟩с⟨ъ⟩ кстъ • иже посъла аг'гела своего и покры мѧ оубогжѩ *Супр 5, 4-5.— Зогр Мар Ас Боян Син Евх Клоц Супр.— Ср.* прикрыти, съкрыти, оукрыти

ПОКОУСИТИ СѦ, покоушѫ сѧ, покоусиши сѧ *сов.* (2) πειρᾶσθαι попытаться, попробовать pokusit se: оустьнѣ осквръненья сѫшти испльненѣ • двигнѫти покоушѫ сѧ *Супр 528, 6.— Супр 534, 17.— Ср.* искоусити

ПОКОУШАТИ, -аѭ, -акши *несов.* (8) **1.** чьто εὐδοκεῖν задумывать zamýšlet: робъ иже вьсхотѣ то же сьтвори • а ли владыка не може • иже є покоушалъ *Супр 502, 7* **2.** покоушати сѧ *с инф. или* о чемь πειρᾶσθαι, φιλονεικεῖν, δοκιμάζειν, βιάζεσθαι пытаться, стараться, стремиться pokoušet se, snažit se: кште и д⟨оу⟩шами власти покоушаите сѧ *Супр 88, 16*; блаженъ не осѫждами себе • о немже покоушаетъ сѧ *Рим 14, 22 Ен.— Клоц 2б 32; Супр 86, 27; 190, 28-29; 218, 13-14; 435, 3.— Ср.* окоушати

ПОКЫВАНИѤ, -ниꙗ *с* (1) κίνησις кивание, качание (*головой*) pokyvování: положилъ ны еси въ прітъчѫ въ ѩзыцѣхъ • покыванье главы въ людехъ *Пс 43, 15 Син*

ПОКЫВАТИ, -аѭ, -акши *несов.* (11) κινεῖν качать, кивать (*головой*) pokyvovat: въсі... порогашѧ мі сѧ • и г⟨лаго⟩лашѧ оусты своімі покывашѧ главамі *Пс 21, 8 Син; Ен 31б 11-12.— Мт 27, 39 Зогр Мар Ас Сав; Мк 15, 29 Зогр Мар Ас Сав; Пс 108, 25 Син*

ПОКЫНОВЕНИѤ, -ниꙗ *с* (1) νεῦμα указание pokyn: иже покыновениимъ и повелѣниимъ отчемъ • на землѭ съшедъ *Супр 176, 7.— Ср.* намановение

ПОКѪПАТИ СѦ, -плѭ сѧ, -пкши сѧ *сов.* (2) ῥαντίζεσθαι, *вар.* βαπτίζεσθαι искупаться, умыться vykoupat se, umýt se: отъ кѫпѣли аште не покѫпѫтъ сѧ • не ѣдѧтъ *Мк 7, 4 Зогр Мар.— Ср.* оумыти

ПОЛА, -ы *ж* (1) *греч. нет* половина polovice: обѣма рѫкама кго имъша за обѣ полѣ ризьнѣи • и закрывающта обнаженик свок *Супр 187, 7.— Ср.* платъ[2], полъ

ПОЛАГАТИ, -гаѭ, -гакши *несов.* (45) **1.** τιθέναι, βάλλειν; (полагати прѣдъ προτιθέναι) класть, помещать klást, pokládat: полагакт' на земи въ пльти бога нага *Супр 455, 30*; ни полагаіте бисъры ваша прѣдъ свиниꙗми *Мт 7, 6 Сав* (ни помѣтаіте *Зогр Мар Ас*); повелѣвааше... съсѫды мѫчильныꙗ прѣдъ ними полагати *Супр 174, 30* ● παρατιθέναι, τιθέναι; (прѣди полагати προβάλλειν) предлагать, подавать předkládat: вьсѣкъ чл⟨о⟩в⟨ѣ⟩къ прѣжде доброе вино полагаатъ *И 2, 10 Мар* (даетъ *Зогр*, подаетъ *Ас*); полагаѭ ти вьсѧ моѩ сѫды на испыти *Супр 503, 10*; полагаат' сиѭ притчѭ *Супр 371, 18* ● τιθέναι, κατατιθέναι хоронить pohřbívat: марнѣ же магдалыни • і марнѣ іосиова • зьрѣашете къде і полагаахѫ *Мк 15, 47 Зогр Мар Ас* (2) ● ἐπιβάλλειν надевать oblékat: многы ризы на ѫтробѣ полагаѭшти *Супр 239, 30* ● *перен.* возлагать vkládat: полагаті на г⟨оспод⟩ѣ оупъвание мое *Пс 72, 28 Син* ● полагать, отдавать dávat: пастырь добры полагаетъ д⟨оу⟩шѫ своѭ за овьцѧ *И 10, 11 Зогр Мар Сав*, полагаѩ *Ас* ● прилагать (*усилия*) vynakládat (*úsilí*): многъ подвигъ • троудъ же и поспѣшеник полагаѭштоу *Супр 535, 3* ● навлекать, обрушивать uvádět, uvrhovat: на с⟨ы⟩на м⟨ате⟩ре своеѩ полагааше сканъдѣлъ *Пс 49, 20 Син* **2.** τιθέναι устанавливать, назначать, определять ustanovovat, určovat: тѣмже и паулъ тъ полагаꙗ оуставъ вешти *Супр 375, 26* **3.** чьто въ чьто τιθέναι делать *что-л. чем-л.* činit *něco něčím*: полагаѩи облакы въ-исхожденье свое *Пс 103, 3 Син* **4.** ὑποτιθέναι считать *что-л. чем-л.*, принимать *что-л. за что-л.* pokládat, považovat *něco za něco*: полагааше кдинѫ быти отъ великыихъ добротъ иже не мыти сѧ *Супр 280, 23* ◆ оучѧстик полагати *см.* оучѧстик.— *Зогр Мар Ас Сав Син Клоц Супр.— Ср.* възлагати, вълагати, въскладати, дагати, класти, мьнѣти, накладати, налагати, непьщевати, облачити, погрибати, погрѣбати, подавати, подагати, подълагати, поставлꙗти, придавати, придагати, придѣꙗти, прикладати, прилагати, приставлꙗти, причѧштати, прѣдълагати, прѣдъполагати, сканъдалисати, съблажнꙗти, творити

ПОЛАТА, -ы *ж* (4) παλάτιον, βασίλειον дворец, палаты (*мн.*) palác: абие повелѣ привести и съ вьсѣкоѭ чьстиѭ въ полаты цѣсарѧ *Супр 199, 2.— Супр 65, 14; 205, 20; 244, 15*

ПОЛЕМОНЪ, ПОЛЕМЪ, -а *м имя* (24) [полемонь *Супр* (4), полемъ *Супр* (4), пѡлемъ *Супр* (1), пѡлемѡнъ *Супр* (2), полемѡнъ *Супр* (10)] Πολέμων Полемон Polemon: полемонъ и сѫштии сь нимъ *Супр 129, 18*; веде же ѩ полемъ *Супр 125, 22.— Супр*

полемонь *Супр см.* полемонъ

полемъ *Супр см.* полемонъ

ПОЛЕТѢТИ, -лещѫ, -летиши *сов.* (1) πέτεσθαι полететь letět: къто дастъ мнѣ крилѣ ѣко голѫби • и полещѭ и почіѭ *Пс 54, 7 Син.— Ср.* летѣти

ПОЛИВАТИ, -аѭ, -аѥши *несов.* (4) καταβρέχειν, ἄρδειν, ποτίζειν поливать polévat: повелѣ пакы дърати и • и поливаті и оц'томъ съ солиѭ растворивъше *Супр 161, 16.— Супр 116, 19; 301, 21-22; 354, 2-3.— Ср.* кропити, мочити, омакати

ПОЛИЗАТИ, -лижѫ, -лижеши *сов.* (1) λείχειν облизнуть olíznout: враѕі его пръсть поліжѫтъ *Пс 71, 9 Син.— Ср.* лизати, облизати

п о л и ц а *Супр 2, 19 см.* палица

ПОЛИѤТИ, -лѣѭ, -лѣѥши *сов.* (4) ἐπιχεῖν, περιρρεῖν, πληροῦν (!) полить polít: полиꙗ свѧштеноѭ водоѭ тѣло *Супр 537, 6.— Супр 17, 22; 117, 17; 329, 27.— Ср.* намочити, окропити, омочити, покропити, оумочити

ПОЛОЖЕНИѤ, -ниꙗ *с* (2) **1.** κατάθεσις *действие по знач. гл.* положити положение položení, uložení: мѣ⟨сѧ⟩ца июл⟨ѣ⟩ •в̃• положение честънъиѩ и с⟨вѧ⟩тъиѩ ризъи с⟨вѧ⟩тъиѩ б⟨огороди⟩цѧ *Ас 150а 27* **2.** ὑπόθεσις вклад vklad: дьвѣ прида • и иже пѧть такожде • оноуде же понеже отъ тогожде положениꙗ • овъ множаи и овъ же хоуждеи приносъ показаста *Супр 376, 8*

ПОЛОЖИТИ, -жѫ, -жиши *сов.* (>200) [полож.. *Ен* (1), пожішѩ (!) *Син* (1), положититъ (!) *Зогр* (1), пололжітъ (!) *Син* (1), проложішѩ (!) *Син* (1)] **1.** τιθέναι, τίθεσθαι, ἐπιτιθέναι, ἀποτιθέναι, ἐναποτιθέναι, προτιθέναι, βάλλειν, ἀνακλίνειν; (положенъ ἀποκείμενος) положить, поместить položit, umístit: роди с⟨ы⟩нъ свои пръвѣньць • ι повитъ ι • ι положи ι въ ѣслехъ *Л 2, 7 Зогр Мар Ас Сав*; егда приходитъ свѣтильникъ • да подъ спѫдомь положенъ бѫдетъ *Мк 4, 21 Зогр Мар*; нап'са же ι титьлъ пилатъ • ι положи ι на кр⟨ь⟩стѣ *И 19, 19 Зогр Мар Ас Боян* (*нет Сав*); възьемлѭ егоже не положихъ • ι жьн̃ѧ егоже не сѣахъ *Л 19, 22 Зогр Мар*, положь *Ас*; положіль есі на главѣ его вѣнъць *Пс 20, 4 Син*; положь главѫ своѭ на колѣноу плака по н̃ихъ *Супр 38, 4* ● *перен.*: положѫ д⟨оу⟩хъ мои на н̃емь *Мт 12, 18 Зогр Мар Ас Сав*; положілъ есі безаконенгѣ наша прѣдъ собоѭ *Пс 89, 8 Син*; положішѩ на мѩ зъло вьз добро *Пс 108, 5 Син*; положі вь ніхъ словеса знамнеі своіхъ *Пс 104, 27 Син* ● παρατιθέναι, προτιθέναι, βάλλειν предложить, дать, подать předložit, nabídnout: прімъ седмь тѫ хлѣбъ... даѣше оученикомъ своімъ да прѣдьполагаѭтъ • ι положишѧ прѣдъ народомь *Мк 8, 6 Зогр Мар*; подоба ти бѣ положити сьребро мое прѣдъ продаѭштиими *Супр 377, 7* (въдати... тръжьникомъ *Мт 25, 27 Зогр Мар Ас Сав*); доушегоубьнъимъ вълкомъ • себе си акы чловѣка положивъ старѣишина паствинѣ *Супр 328, 26* ● отложить (*в сторону*) odložit: положи ризъı • ι прімъ ле(о)нтиі • прѣпоѣса сѧ *И 13, 4 Зогр Мар Ас Сав*; вьсь гнѣвъ положимъ *Супр 424, 9* (да отъвръжемъ *Клоц 9б 20*) ● τιθέναι, κατατιθέναι, ἀποτιθέναι; (положенъ κείμενος) похоронить pohřbít: вьзѧшѧ тѣлеса ихъ • и положишѧ на нарочитѣ мѣстѣ *Супр 181, 4* ● τιθέναι, καταλύειν спрятать uložit, schovat: възѧсѧ г⟨оспод⟩а отъ гроба • ι не вѣмь къде положишѧ и *И 20, 2 Мар Ас* (*нет Зогр*) ● *перен.* βάλλειν ввести zavést, uvést: не придъ положити мира • нъ мечь *Мт 10, 34 Зогр* (въврѣщѧ *Мар*) ● возложить (*на кого-л.*) vložit: да положѧтъ на б⟨ог⟩а оупъваніе свое *Пс 77, 7 Син* ● положить, отдать položit, dát, nasadit: д⟨оу⟩шѫ ли твоѭ за мѧ положиши *И 13, 38 Зогр Мар Ас Сав* ● *с инф. греч. нет* решить rozhodnout se: положихъ скоростиѭ съконьчати... о[ть]тъ тебе ми възвѣштенаꙗ *Супр 543, 16* □ п р ѣ д и п о л о ж и т и *греч. нет* предпочесть dát přednost: нъ добро вь врѣмѧ алчъбы • покааниꙗ прѣди положити цѣльбъı *Супр 358, 24-25*; с р ь д ь ц а п о л о ж и т и τὰς καρδίας τίθεσθαι обратить все свое внимание, внимать *чему-л.* z (celého) srdce se upřít *k něčemu*: положіте ср⟨ь⟩д⟨ь⟩ца ваша въ силѫ его *Пс 47, 14 Син*; п о л о ж и т и н а с р ь д ь ц и, н а о у м ѣ, в ъ о у м ѣ ἐν τῇ καρδίᾳ τίθεσθαι, προτίθεσθαι, τὸ συνειδὸς ἀναγιγνώσκειν запечатлеть в душе, запомнить uložit do srdce, zapamatovat si: положите оубо на сръдьцихъ вашихъ • не прѣжде пооучати сѧ отъвѣштавати *Л 21, 14 Зогр Мар Ас Сав*; видѣвъ же вьсе то и на оумѣ си положивъ *Супр 426, 26*; иже не волѧ б⟨о⟩жиѧ въ вьсе(м)ь житии въ оумѣ положивъ *Зогр-лл 1а 5*; ч ѧ с т ь п о л о ж и т и τὸ μέρος τιθέναι сделать (со)участником, подвергнуть той же участи učinit účastným, učinit společníkem: чѧсть его съ ѵпокритъı[тъı] положитъ *Мт 24, 51 Зогр Мар Ас Сав*; б р а н ь п о л о ж и т и *см.* брань □ п о л о ж и т и с ѧ в ъ чьто τίθεσθαι отдаться *чему-л.* oddat se *něčemu*: нынѣ (!) воскръснѫ г⟨лаго⟩летъ г⟨оспод⟩ъ • положѫ сѩ во с⟨ъ⟩п⟨асе⟩нье *Пс 11, 6 Син* **2.** τιθέναι, ἐπιτιθέναι, καθιστάναι, πηγνύναι, ἐπικαλεῖν; (законъ положити νομοθετεῖν) установить, постановить, назначить ustanovit, stanovit, určit: азъ ιзбрахъ въı • ι положихъ въı • да въı ιдете • ι плодъ принесете *И 15, 16 Зогр Мар Ас Сав*; ѣко пр⟨оро⟩ка бо въ ѩзъıцѣхъ положихъ тѧ *Евх 82а 23*; иже положи прѣдѣлъı и оустави часъı *Супр 257, 29*; тъı законъ положилъ еси м'нѣ *Пс 118, 102 Син* **3.** кого, чьто чьто; кого, чьто ꙗко чьто τίθεσθαι сделать *кого-л.*, *что-л. чем-л.* učinit *někoho, něco něčím*: доиждеже положѫ врагы твоꙗ • подъножие ногама моима *Пс 109, 1 Син; Мк 12, 36 Зогр Мар Ас; Мт 22, 44 Мар Ас*; положѫ... подъножию *Сав (Ø Зогр)*; *Л 20, 43 Зогр Мар*; вышьнѣго положилъ еси прибѣжиште твое *Пс 90, 9 Син*; проложишѧ (!) троупие [ра]рабъ твоихъ • брашьно пьтицамъ *Пс 78, 2 Син*; положишѧ і⟨ероуса⟩лема ѣко овоштьное хранилиште *Пс 78, 1 Син*; ѣко овьцѧ въ адѣ положенъı сѫтъ *Пс 48, 15 Син* ● чьто въ чьто превратить změnit: положилъ еси поустꙑнѭ въ езера водьнаа *Пс 106, 35 Син.— Зогр Мар Ас Сав Боян Ен Син Евх Клоц Супр Зогр-лл.— Ср.* въдати, възложити, въложити, въскласти, дати, наложити, отъложити, подъложити, поставити, прѣдъложити, прѣдъпоставити, прѣдъставити, сътворити, оуставити

полоудьне, полоудьни *Ен Син Евх см.* дьнь

ПОЛОУДЬН҃Ь, -нии *прил.* (1) μεσημβρινός полуденный polední: не оубоиши сѧ... ото сърѧштѧ і демона полоудьнѣего *Пс 90, 6 Син.— Ср.* полоудьньнъ

ПОЛОУДЬНЬНЪ, -ꙑи *прил.* (1) *греч. нет* полуденный polední: запрѣщаѭ тебѣ трасавице • полоуден'наа • іменемь г⟨осподь⟩немь *Евх 50б 6-7.— Ср.* полоудьн҃ь

полоунощи *Зогр Мар Ас Сав Син Евх Супр см.* нощь

ПОЛОУНОЩЬ, -и *ж* (2) τὸ ἀρκτικὸν μέρος, *вар.* τὸ βόρειον μέρος, μεσημβρία (!) север sever: въздвигшоу кр⟨ъ⟩стъ архиерею • на въстокъ... и пакꙑ на западъ такожде • и на полѹдне толикожде и на полоунощъ такожде *Ен 31а 11.— Супр 208, 27*

ПОЛОУЧАИ, -ꙗ *м* (1) τύχη (счастливая) судьба (šťastný) osud, štěstěna: коментарисии рече • тако ми твои полоучаи владꙑко мои анѳѵпате *Супр 102, 21.— Ср.* полоучение, приключаи, прилоучаи, сълоучаи

ПОЛОУЧАТИ, -аѭ, -аѥши *несов.* (2) τυγχάνειν получать, принимать dostávat, přijímat: и абиѥ г⟨осподь⟩нѭ благодатиѭ цѣльбѫ полоучаахѫ *Супр 531, 22-23.— Супр 556, 27.— Ср.* поимати, приимати

ПОЛОУЧЕНИѤ, -ꙗ *с* (2) **1.** *греч. нет* получение obdržení: и благословешениѥ и полоучениѥ ицѣлению приѩшѧ *Супр 568, 6* **2.** полоучениѥмь *в знач. нареч.* αὐτομάτως по случайности, случайно náhodou: заклинаѭ тѧ... идеже аще еси... ли полоученьемь и еси оутоклъ *Евх 54б 1.— Ср.* полоучаи

ПОЛОУЧИВЪ, -ꙑи *прил.* (1) φερέγγυος, *вар.* φερέγχειρος готовый pohotový: вънинѫ прѣстоꙗти богови • полоучиви етери орѫжьници • такожде и копиници • скори господьстѣи брани *Супр 463, 26*

ПОЛОУЧИТИ, -чѫ, -чиши *сов.* (32) **1.** чьто отъ кого ἐπιτυγχάνειν, τυγχάνειν, ἐγκρατὴς γίγνεσθαι, ἀξιοῦσθαι, καταξιοῦσθαι, εὑρίσκειν, χαρίζεσθαι (!); (не полоучити ἀποτυγχάνειν) получить, принять dostat, obdržet, přijmout: и ѣко петръ покаавъ сѧ милость полоучивъ *Евх 80а 17* **2.** полоучити сѧ комоу οὐκ ἀποτυγχάνειν удаться, получиться podařit se: ѳеѡфилъ... волѧ сътворивъ на скврънавꙑѩ сраценꙑ изиде • и се сътворивъ полоучи сѧ емоу • еже емоу бѣаше любо *Супр 56, 3-4.— Евх Супр Зогр-лл.— Ср.* ключити сѧ, лоучити сѧ, приключити сѧ, приꙗти, събꙑти сѧ, сълоучити сѧ

ПОЛЪ[1], -оу *м* (>100) **1.** ἥμισυ, ἡμίσειον половина polovina, půle: се полъ імѣниѣ моего г⟨оспод⟩и дамь ништимъ *Л 19, 8 Зогр Мар Ас* □ на полꙑ, полъма κατὰ μέσον; (на полꙑ прѣсѣщи, полъма протесати διχοτομεῖν) пополам, надвое napůl: придетъ г⟨оспод⟩ь раба того... і протешетъ і полъма *Мт 24, 51 Зогр Мар Ас Сав*; на полꙑ прѣсѣчетъ *Супр 107, 29*; и потомъ прѣтрълѧ и полъма *Супр 269, 6*; полоу дьне, полоу дьни *см.* дьнь; полоу нощи *см.* нощь **2.** (онъ полъ, сь полъ τὸ πέραν) берег, сторона břeh, strana: повелѣ іти на онъ полъ *Мт 8, 18 Зогр Мар Ас*, на сь полъ *Сав*; оубѣди оученикꙑ... варити і на ономь полоу *Мт 14, 22 Зогр Мар Ас* (2) *Сав 40а 3*, на онъ полъ морѣ *Сав 40б 9*; си въ витании бꙑшѧ • об онъ полъ іордана *И 1, 28 Зогр Мар Ас*; приде въ прѣдѣлꙑ іюдеискꙑ • по ономь полоу іор'дана *Мк 10, 1 Зогр*, по ономоу полоу норъдана *Мар*; і по н҃емь ідошѧ народи мноѕи • отъ галилеѩ... і июдеѩ • і съ оного полоу іордан(а) *Мт 4, 25 Зогр Ас Сав (Ø Мар)* □ об онъ полъ *в знач. предлога* ἀντιπέρα напротив proti: прѣѣдошѧ на землѭ ѥенисаретьскѫ ѣже естъ об онъ полъ галилеѩ *Л 8, 26 Зогр Мар.— Зогр Мар Ас Сав Унд Боян Евх Супр.— Ср.* платъ[2], пола, прѣполовлениѥ, страна

ПОЛЪ[2], -оу (8) (мѫжьскъ полъ, младьньць мѫжьска полоу τὸ ἄρσεν; женьскъ полъ τὸ θῆλυ) пол pohlaví: вьсѣкъ младьньць • мѫжьска полоу... с⟨вѧ⟩то г⟨осподе⟩ви наречетъ сѧ *Л 2, 23 Зогр Мар Ас Сав Боян*; ѣко се мѫжескъ полъ • іли женескъ *Евх 54а 6-7.— Мт 19, 4 Мар Ас*

полъма *Мт 24, 51 Зогр Мар Ас Сав; Супр 269, 6 см.* полъ[1]

ПОЛЬЅА, -ѧ *ж* (38) [польз- *Зогр* (5) *Сав* (3) *Евх* (1) *Клоц* (3) *Супр* (8), по.. *Рыл* (1)] ὠφέλεια, τὸ συμφέρον; (еже на польѕѫ τὸ συμφέρον; польѕа естъ ὠφελεῖ) польза, полезность užitek, užitečnost: да имѫтъ ѩ... къ балованю врѣдомъ • къ с⟨вѧ⟩тꙑни домомъ • къ вьсѣкои пользи подобънѫ *Евх 5а 19-20*; изволите кже на пользѫ вамъ *Супр 70, 7*; на пользѫ обьштѫѭ вьсе творишѧ *Супр 378, 30*; въсѣ ми лѣтъ сѫтъ нѫ не въсѣ на полъѕѫ *1 Кор 6, 12 Ен*; отъ плъти нѣстъ пользꙗ никакоѭже *И 6, 63 Зогр Мар Ас* □ польѕѫ творити ὠφελεῖν, τῆς διορθώσεως προνοεῖσθαι (!) приносить пользу, быть на пользу přinášet užitek, prospívat: ні ѹченье намъ польѕа творітъ • ні казанье *Клоц 5б 20-21* (ѹспѣктъ *Супр 415, 1*); польѕѫ приꙗти, обрѣсти, имѣти ὠφελεῖσθαι получить/получать (извлечь/извлекать) пользу získat, mít užitek: отъ нихже не приꙗшѧ полъѕꙗ хождъшеи *Евр 13, 9 Ен*; ни единоѭ польѕа обрѣтъши *Мк 5, 26 Зогр Сав*, польѕа *Мар Ас Унд*; прıемлѭштеі бо достоіно чьсть пользѫ імѫтъ *Клоц 8а 39* □ польѕа (естъ) комоу *в знач. сказ.* ὠφελεῖ, συμφέρει, ὄφελος полезно je užitečné: каа полъѕа естъ чл⟨о⟩в⟨ѣ⟩коу • аште весь миръ приобрѧщетъ *Мт 16, 26 Мар* (∅ *Зогр*); не бѫдетъ польѕа твоимъ коумиремъ • аште тоу придемъ *Супр 131, 6-7*; кага бо польѕа рьци ми • лихо потрѣбы надꙑмати сѧ *Супр 494, 19*; каа бо польѕѣ еже вѣдѣти • о б⟨о⟩ѕѣ правага ѹчениꙗ добрѣ • а блѫдъ дѣати срамьнѣ *Хил 26β 9.— Зогр Мар Ас Сав Унд Ен Син Евх Клоц Супр Хил Рыл.— Ср.* польѕьнъ (польѕьнок), подоба, потрѣба, ѹспѣхъ; польѕѫ имѣти *ср.* польѕевати

ПОЛЬЅЕВАТИ, -ѕоуѭ, -ѕоукши *несов.* (5) [пользе- *Зогр* (2)] **1.** комоу, чесомоу ὠφελεῖν быть полезным, приносить пользу být užitečný, prospívat: много же ѹбо и вънѣшьнꙑихъ вештии искоушение на прѣдълежѫштии разоумъ польѕевати намъ мошти имати *Зогр-лл 2а 10* **2.** польѕевати чьто, польѕевати сѧ ὠφελεῖσθαι извлекать пользу mít užitek, prospěch: аште речетъ ч⟨лове⟩къ • о⟨ть⟩цю ли м⟨ате⟩ри • кор'ванъ • еже естъ даръ • і еже аште • отъ мене пользевалъ еси *Мк 7, 11 Зогр*, польѕевалъ еси *Мар*; пользевалъ сѧ еси *Мт 15, 5 Зогр*, польѕевалъ сѧ еси *Мар.— Ср.* польѕа (польѕѫ имѣти)

ПОЛЬЅЬНЪ, -ꙑи *прил.* (7) [польѕ- *Супр* (3), полез- *Евх* (1) *Супр* (2)] τὸ ὄφελος (!); (доуши польѕьнъ ψυχωφελής) полезный užitečný, prospěšný: дажди намъ • да полезьнꙑ бѫдѫтъ беседꙑ нашѧ *Евх 18а 1*; д⟨оу⟩ши полезьнꙑихъ добродѣании... доброк сьмѣреньꙗ приобрѣтеньк • ходатаи бꙑваатъ *Супр 513, 16* □ польѕьна, -ага *с мн. в знач. сущ.* τὸ συμφέρον, τὰ συμφέροντα (нечто) полезное užitečná věc: прѣльштакши сѧ не вѣдꙑ польѕьнаа ти *Супр 176, 30*; польѕьнок τὸ συμφέρον польза užitek: на польѕъное • бꙑстъ рать велика отъ поганꙑихъ *Супр 191, 15-16.— Супр 169, 11; 282, 5; Рыл 2аβ 10-11.—* польѕьнок *ср.* польѕа

польз- *см.* польѕ-

ПОЛЬСКЪ, -ꙑи *прил.* (3) **1.** τοῦ πεδίου полевой, дикий polní, planý, divoký: насꙑтꙑтъ сѧ дрѣва польскаа *Пс 103, 16 Син*; еще же и скотꙑ польскꙑѧ • и пътицѧ н⟨е⟩бе⟩с⟨ь⟩нꙑѧ *Пс 8, 9 Син* **2.** ἄγροικος деревенский, сельский venkovský, selský: паулъ нѣк'то польскꙑи ратаи *Супр 169, 4.— Ср.* сельнъ

ПОЛѢТИ, полѭ, полиши *несов.* (2) φλέγεσθαι пылать planout: шедъ на мѣсто иждеже бѣаше огнь раждъженъ • видѣвъ пламень полаштъ *Супр 142, 26.— Супр 250, 18.— Ср.* палити

ПОЛИѤ, -ꙗ *с* (10) πεδίον поле, равнина pole, pláň, rovina: въздрадоуѭтъ сѧ полѣ • і вьсѣ ѥже въ ніхъ сѫтъ *Пс 95, 12 Син* ● κάμπος поле брани válečné pole: бꙑстъ исходаштѹ кмоу на поле • глѧдатъ вои своихъ *Супр 191, 24.— Ен 216 7; Пс 64, 12 Син; 77, 12 Син (2); 77, 43 Син; 103, 8 Син; 131, 6 Син; Супр 90, 5*

ПОЛѴКАРПЪ, -а *м имя* (4) Πολύκαρπος Поликарп Polykarp: мѣ⟨сѧ⟩ца июл⟨ѣ⟩ с⟨вѧ⟩тъıхъ⟨ъ⟩ м⟨ѫ⟩ч⟨ени⟩къ еоустата полѵкарпа *Ас 150б 1.— Ас 142б 18; Супр 124, 23; 124, 29*

ПОМАВАТИ, -ваѭ, -вакши *несов.* комоу (5) διανεύειν, ἐννεύειν подавать знаки kývat, kynout: тъ бѣ помаваꙗ імъ • і прѣбꙑвааше нѣмъ *Л 1, 22 Зогр Мар* (помаꙗ *Ас*).— *Л 1, 62 Зогр Мар Ас.— Ср.* намагати, помагати

ПОМАГАТИ, -гаѭ, -гакши *несов.* комоу (15) βοηθεῖν, συνεργεῖν, συνηγορεῖν помогать pomáhat: помолгахомъ б⟨ог⟩а • то помагааше намъ *Супр 72, 24* □ помагаꙗи *в знач. сущ.* ὁ βοηθῶν помощник pomocník: изнемогѫ и не бѣ помагаꙗи *Пс 106, 12 Син.— Пс 21, 12 Син; 53, 6 Син; 93, 18 Син; Евх 776 9; Супр 80, 1-2; 156, 24; 160, 18; 180, 3; 210, 5-6; 285, 24; 389, 17; 439, 25; 566, 24.— Ср.* застѫпати, поспѣховати, поспѣшати, поспѣшьствовати, поспѣꙗти; помагаꙗи *ср.* помоцьникъ

ПОМАЗАНИѤ, -ниꙗ *с* (1) τὸ χρισθῆναι помазание pomazání: кѕ (*т. е.* псалъмъ) да⟨въідо⟩въ прѣжде помазаньѣ *Пс 26, 1 Син*

ПОМАЗАНЬНИКЪ, -а *м* (1) χριστός помазанник pomazaný: помазаньникъ *глосса писца к слову* х⟨ристос⟩оу *Пс 17, 51 Син*

ПОМАЗАТИ, -жѫ, -жеши *сов. и* -заѭ, -закши *несов.* кого, чьто чимь; комоу чьто (57) [покажѫ (!) *Супр* (1)] χρίειν, ἐπιχρίειν, ἀλείφειν, ἐπαλείφειν, ἀπομάσσων περιαλείφειν, μυρίζειν, λιπαίνειν, τὸ λοῦμα (!) помазать, совершить/совершать помазание pomazat/pomazávat: масломь главы моеѩ не помаза • си же м'уромь помаза ноѕѣ мои *Л 7, 46 Зогр Мар Ас Сав*; сего раді помаза тѧ б⟨ог⟩ъ [б⟨ог⟩ъ] твои • олѣімъ радості паче причѧстъникъ твоіхъ *Пс 44, 8 Син; Евр 1, 9 Ен*; к'то ѥстъ богъ вашъ • да покажѫ (*вм.* помажѫ) ѥго чрьниломъ • да виждѫ може ли измыти себе *Супр 27, 23*; медъ бо каплетъ отъ оустьноу женꙑ блѫдьнꙑ • ѩже вь врѣмѧ помажетъ грьтань твои *Супр 351, 2*; и дроугъ дроуга акы благодѣтьнꙑимъ масломъ • на трьпѣниѥ мѫжькꙑ и на съвршениѥ мѫчениꙗ • помазаѭште оукрѣпьꙗхѫ *Супр 256, 10.— Зогр Мар Ас Сав Ен Син Евх Клоц Супр.— Ср.* замазати, мазати, похризмити

помалоу, помалѣ *см.* малъ

ПОМАНѪТИ, -нѫ, -нешн *сов.* комоу (8) νεύειν, κατανεύειν, κατασείειν подать знак kývnout, pokynout: поманѫшѧ причѧстьникомъ... да пришьдъше помогѫтъ імъ *Л 5, 7 Зогр Мар Ас* ● *перен.* ἀνασείειν побудить podnítit: арх'иереі же поманѫшѧ народоу • да паче вараавѫ отъпоустітъ імъ *Мк 15, 11 Зогр Мар.— И 13, 24 Зогр Мар; Супр 33, 19*

ПОМАꙖНИѤ, -ниꙗ *с* (2) νεῦμα знак, мановение pokynutí, pokyn: сверѣпꙑимъ влънамъ помаꙗниимъ рѫкꙋ твоѥю кротѧи *Супр 77, 9.— Супр 463, 27-28.— Ср.* мановениѥ, намановениѥ

ПОМАꙖТИ, -маѭ, -маѥши *или* -маꙗѭ, -маꙗѥши *несов.* (1) комоу διανεύειν подавать знаки kynout: и тъ бѣ помаѩ (*вм.* помааѩ?) имъ • и прѣбꙑвааше нѣмъ *Л 1, 22 Ас* (помаваѩ *Зогр Мар*).— *Ср.* намаꙗти, помавати, поманѫти

ПОМЕСТИ, -метѫ, -метешн *сов.* (6) σαροῦν замести zamést: не въжизаетъ ли свѣтильника • і помететъ храминꙑ *Л 15, 8 Зогр Мар.— Мт 12, 44 Зогр Мар; Л 11, 25 Зогр Мар*

ПОМЕТАТИ, -метаѭ, -метаѥши *или* -мещѫ, -мещеши *и* **ПОМѢТАТИ**, -мѣтаѭ, -мѣтаѥши *несов.* чьто прѣдъ цѣмь, чимь *или* комоу, чесомоу (10) [поме- *Ас* (1) *Супр* (6), помѣ- *Зогр* (1) *Мар* (1), помѧ- *Супр* (1)] βάλλειν, ῥίπτειν бросать, метать házet: ни помѣтаіте бисеръ вашихъ прѣдъ свинꙶѣми *Мт 7, 6 Зогр Мар*, пометаите *Ас*, помештате *Супр 24, 15* (полагаіте *Сав*) ▭ пометати сѧ прѣдъ цѣмь, чимь бросаться, кидаться наземь *перед кем-л., чем-л.* vrhat se k nohám *někomu*: пометаахѫ сами сѧ прѣд' ꙶимъ *Супр 556, 20*; помета'хѫ сами сѧ прѣдъ ногама ѥго *Супр 568, 29-30.— Супр 39, 8; 137, 15; 268, 5; 553, 4.— Ср.* възмѣтати, метати

ПОМИЅАТИ, -аѭ, -аѥши *несов.* (1) διανεύειν мигать mrkat: помиѕаѭще очима *Пс 34, 19 Син*

ПОМИЛОВАТИ, -лоуѭ, -лоуѥши *сов.* (<100) [помилои (!) *Мар* (1) *Ас* (1), ..омилоуи *Син* (1), пом(л)- *Ас* (5) *Ен* (1), по.. *Евх* (4),номи.. *Евх* (1)] ἐλεεῖν, οἰκτείρειν, συμπαθεῖν, σπλαγχνίζεσθαι, διαλλάσσεσθαι, ἐλευθεροῦν; (иже помилоуѥтъ οἰκτίρμων; помиловати и дати χαρίζεσθαι) misereri смиловаться, проявить милосердие сжалиться smilovat se, slitovat se: б⟨ог⟩ъ іже тварь своѭ вельмі помилова *Киев 2б 11.— Зогр Мар Ас Сав Зогр-пал Ен Син Служ Киев Евх Клоц Супр Рыл.— Ср.* поскрьбѣти, оумилосрьдити сѧ, оущедрити

ПОМИНАТИ, -аѭ, -аѥши *несов.* (21) [попинаѥ (!) *Супр* (1)] **1.** кого, чьто μνημονεύειν, μιμνῄσκεσθαι, μνείαν ποιεῖν; (поминати зъло μνησικακεῖν) вспоминать, поминать, помнить vzpomínat, mít na paměti: поминаіте женѫ лотовѫ *Л 17, 32 Зогр Мар*; слово въ свѧтꙑи четвръткъ • о прѣдани-ї-юдꙑ... и ѥже не поминати зъла *Супр 405, 5-6*; молѣше поминати ѥго вь цѣсарьствѣ господьни *Супр 98, 22* **2.** комоу чьто ὑπομιμνῄσκειν, ἀναμιμνῄσκειν, ἀνθυπομιμνῄσκειν, ἐπιλέγειν напоминать připomínat: присно бо ѥмоу поминааше дьнь *Супр 412, 19.— Зогр Мар Ас Ен Син Евх Супр Рыл.— Ср.* въспоминати, помьнѣти

помлъчати *Ас Супр см.* помльчати

ПОМЛЬЧАТИ, -чѫ, -чиши *сов.* (10) [помлъ- *Ас* (1) *Супр* (3)] σιγᾶν, φιμοῦσθαι, ἡσυχάζειν, ἠρεμεῖν, ἡσυχίαν γενέσθαι (!), παύεσθαι умолкнуть umlknout, zmlknout: помлъчі и изіді из него *Л 4, 35 Ас* (прѣмльчи *Зогр Мар*); пакꙑ рекѫ и бѣдѧ сѧ на добро не помльчѫ *Супр 320, 2*; азъ помльчѫ себе ради *Супр 20, 14.— Супр 116, 20; 129, 19; 130, 21; 139, 9; 290, 13; 380, 24; 516, 4.— Ср.* измлькнѫти, прѣмлькнѫти, прѣмльчати, оумлькнѫти, оумльчати

ПОМОЖЕНИѤ, -ниꙗ *с* (1) *греч. нет* помощь pomoc: с⟨вѧ⟩тааго на поможенье призꙑваѭшти *Супр 559, 25.— Ср.* застѫплѥниѥ, застѫпъ, помощниꙗ, помощь, пособиѥ, поспѣшениѥ

ПОМОЛИТИ, -лѭ, -лиши *сов.* (>100) [помо(л̑)м *Киев* (1), помоли *Евх* (8), помл *Ас* (1) *Киев* (1), помо *Евх* (8), пом *Евх* (2), по *Евх* (9), п *Евх* (1)] **1.** ἐπικαλεῖσθαι попросить *кого-л.* poprosit *někoho*; *спец.* помолиться (Богу) pomodlit se (k Bohu): ѥг'да... помолꙗхомъ б⟨ог⟩а • то помагааше намъ *Супр 72, 23-24* ● выпросить *что-л.* vyprosit si *něco*: вьсьжде сꙑ иждеже тѧ кто помолитъ истинноѥ цѣсарьство *Супр 144, 6* ● кого о чемь ἐρωτᾶν спросить otázat se: и въ тъ дьнь мене не помолите ни о чемь же *И 16, 23 Сав* (не въпросите *Зогр Мар*) ▭ помолити сѧ αἰτεῖν попросить poprosit: въ тъ дьнь въ имѧ мое • помолите сѧ *И 16, 26 Сав 140а 15-16* (въспросите *Зогр Мар Ас Сав 106б 1-2*) ● *спец.* (къ) комоу за кого, о комь *или без доп.* προσεύχεσθαι, εὔχεσθαι, ἐπεύχεσθαι, ὑπερεύχεσθαι, δεῖσθαι, εὐχὴν ποιεῖν, πρεσβεύειν, ἐξιλάσκεσθαι, ἐξευμενίζεσθαι, ἐπικαλεῖσθαι, λιτανεύειν, ἡ εὐχή (!); (да помолитъ сѧ εὐχῆς χάριν) помолиться pomodlit se: вьзиде на горѫ помолитъ сѧ *Мт 14, 23 Зогр Мар Ас Сав*; помоли сѧ оубо за мѧ къ богоу *Супр 222, 15*; **2.** помолити сѧ εὔχεσθαι дать обет, обещать učinit slib, slíbit: помолите сѧ і въздадіте г⟨оспод⟩ю б⟨ог⟩оу нашемоу *Пс 75, 12 Син; Евх 105б 6.— Зогр Мар Ас Сав Ен Син Киев Евх Супр Рыл.— Ср.* въпросити, молитва (молитвѫ сътворити), обѣщати, просити, оумолити

ПОМОРИѤ, -ниѩ *с* (11) παράλιος, αἰγιαλός, παραθαλάσσιος (!) приморье, поморье přímoří, pomoří: вьсели сѧ въ капернаоумъ • на поморие *Мт 4, 13 Зогр*, въ поморие *Ас Сав*, (въ) помории *Боян* (∅ *Мар*).— *Л 6, 17 Зогр Мар Ас* (2) *Сав; Мт 13, 2 Зогр Мар.— Ср.* приморие

ПОМОЩИ, -могѫ, -можеши *сов.* комоу, чесомоу *или без доп.* (52) βοηθεῖν, συναντιλαμβάνεσθαι, συλλαμβάνεσθαι, σῴζειν, ἐξαιρεῖν ἐκ τῶν χειρῶν (!), ἡ βοήθεια (!) помочь pomoci: рьци оубо еі да ми поможетъ *Л 10, 40 Зогр Мар Ас Сав*; азъ же ништъ есмь і оубогъ б⟨о⟩же помоѕі мі *Пс 69, 6 Син.— Зогр Мар Ас Сав Боян Син Евх Супр Рыл.— Ср.* застѫпити, поспѣшити

ПОМОЩИѦ, -ни *с мн.* (2) βοήθεια помощь pomoc: повелѣ же воѥвода призъвати инѣхъ корабь на помоштьѩ ѥмоу *Супр 151, 9.— Супр 151, 11.— Ср.* поможениѥ, помощь, пособиѥ, поспѣшениѥ

ПОМОЩЬ, -и *ж* (54) [помоц- *Киев* (2)] βοήθεια, βοηθός, ῥοπή, τὸ βοηθῆσαι; (бес помощи ἀβοήθητος; помощь ѥстъ комоу βοηθεῖται) auxilium, suffragium помощь pomoc: і бл⟨а⟩годѣтъ обрѧщемъ въ благоврѣменьнѫ помощь *Евр 4, 16 Ен*; на того оупъва срьдьце моѥ і помошть мі бъістъ *Пс 27, 7 Син*; бъіхъ ѣко чловѣкъ бес помошті *Пс 87, 5 Син; Супр 469, 3*; да твоеѭ помощиѭ • съхранивъ исповѣдание чисто *Евх 80а 13.— Ен Син Киев Евх Супр Рыл.— Ср.* застѫплениѥ, застѫпъ, поможениѥ, помощиѩ, пособиѥ

ПОМОЩЬНИКЪ, -а *м* (29) [помоцъ.. *Ен* (1)] βοηθός, ὁ βοηθῶν, συστρατιώτης, βοηθῆσαι (!) помощник pomocník: се ч⟨ло⟩в⟨ѣ⟩къ иже не положі б⟨ог⟩а помощъника себѣ *Пс 51, 9 Син*; ѡ разбоініче петроу помоштъниче *Клоц 11б 10.— Ен Син Евх Клоц Супр.— Ср.* застѫпьникъ, помагати (помагаѩи), поспѣшьникъ, съпоспѣшьникъ

ПОМОЩЬНИЦА, -ѧ *ж* (1) *греч. нет* помощница pomocnice: прибѣжище и сила намъ бъістъ крѣпкаѣ помощъниче мироу въсемоу *Ен 21а 14.— Ср.* добропомощьница, застѫпьница

помоць *Киев 5а 17 и 6б 15 см.* помощь

ПОМПИИ, -ниѩ *м имя* (3) Πόμπιος Помпей Pompeius: маѯимъ же и помпии *Супр 185, 16.— Супр 174, 10; 177, 14*

ПОМРАЧЕНИѤ, -ниѩ *с* (1) ἀβλεψία затемнение, помрачение; ослепление zatemnění; oslepení: нъ да равъно ангеломъ живѫщиѧ помраченима тъмоѭ • и невѣрьства гоубительнъмь обложитъ оустроенинмь *Хил 2аβ 10.— Ср.* невидѣниѥ

ПОМРАЧИТИ, -чѫ, -чиши *сов.* (6) [непрачѧѫщинмь сѧ (!) *Евх* (1)] *греч. нет* затмить, покрыть мраком zatemnit: емоуже сѫщю на распонѣ • слънъце помрачи свѣтъ свои *Евх 50б 16* ▭ помрачити сѧ σκοτίζεσθαι затмиться, померкнуть zatemnit se, zatmít se: слъньце помрачитъ сѧ *Мк 13, 24 Зогр Мар*; не помрачаѩи сѧ *греч. нет* немеркнущий nezatmívající se, nehasnoucí: свѣтомь непомрачаѫщинмь сѧ *Евх 32б 10.— Пс 68, 24 Син; Евх 32а 23.— Ср.* мрькнѫти, омрачити, омрькнѫти, помрькнѫти, помрьцати; непомрачаи сѧ *ср.* немрьчаи, непомрьцаѩи

ПОМРЬЗНѪТИ, -нѫ, -неши *сов.* (2) παγοῦσθαι, τῷ κρυστάλλῳ δεῖσθαι замерзнуть zamrznout: рѣкъі же прісно текѫштѧ сташа помръзъшѧ *Супр 90, 9.— Супр 349, 6-7.— Ср.* съмрьзнѫти сѧ

ПОМРЬКНѪТИ, -нѫ, -неши *сов.* (1) σκοτίζεσθαι померкнуть zatmít se: и помръче слъньце *Л 23, 45 Мар* (слъньцю мръкъшю *Зогр Ас*).— *Ср.* мрькнѫти, омрачити, омрькнѫти, помрачити

ПОМРЬЦАТИ, -аѭ, -аеши *несов.* (2) *греч. нет* меркнуть zatmívat: свѣтомь твоимь • непомръцаѭщинмь *Евх 33б 1.— Евх 32б 24-25.— Ср.* непомрьцаѩи

ПОМОУДИТИ, -моуждѫ, -моудиши *сов.* (1) μετὰ μικρὸν ἔρχεσθαι помедлить, задержаться pomeškat, pozdržet se: пакъі же мало помоудивъ третиѥ въ тъ жде дьнь приде къ блаженоуоумоу григорию глаголѧ *Супр 120, 16.— Ср.* замѫдити, оумоудити

ПОМЫСЛИТИ, -мъішлѭ, -мъіслиши *сов.* кого, чьто; на кого, чьто; *с инф.* (40) **1.** λογίζεσθαι, διαλογίζεσθαι, διανοεῖσθαι, ἐννοεῖν, κατανοεῖν, σκέπτεσθαι, συνορᾶν, ὑπολαμβάνειν, μελετᾶν, ἀπολογεῖσθαι, μνημονεύειν, ἡγεῖσθαι (!); (помыслити въ себѣ λογίζεσθαι ἐν ἑαυτῷ, ἔρχεσθαι εἰς ἑαυτόν) подумать, обдумать, рассудить pomyslit, uvážit: помъісливъ же в себѣ рече *Л 15, 17 Сав* (вь себѣ же пришьдъ *Зогр Мар Ас*); безаконніе свое помъіслі на ложі сво[о]ѥмъ

Пс 35, 5 Син; помысли одѣти сѧ въ мѫжьскыи образъ *Супр 299, 10*; вѣдѣ еже на оумѣ помысли на мѧ *Супр 393, 9* **2.** на кого, чьто ἐπιθυμεῖν, βούλεσθαι замыслить, задумать, захотеть zatoužit: егда... възьрѣвъ на такъ ч⟨ловѣ⟩къ • помыслитъ на блѫдъ *Евх 36б 23.— Зогр Ас Сав Син Евх Супр Рыл.— Ср.* въжделати, въжделѣти, въждадати, въсхотѣти, домыслити, похотѣти, размыслити, съмыслити, оумыслити

ПОМЫСЛЪ, *-а м* (13) **1.** λογισμός, διαλογισμός, διάνοια, ἔννοια мысль, замысел, помысел myšlenka, úmysl: ꙗкоже емоу... зълоумоу помыслоу не наити на срьдьце *Супр 517, 1* **2.** ἐπιθυμία страсть, желание touha, žádost: милости бо достоина бѫдеши • акы помысломъ прѣдолѣна жена *Супр 241, 5.— Супр 66, 13; 278, 2; 280, 29; 321, 6; 430, 1; 501, 17-18; 507, 11-12; 521, 25-26; 523, 17-18; 524, 24-25; 533, 20.— Ср.* волꙗ, желѣние, жаданиe, мысль, помышлениe, похоть, похотѣние, съмыслъ, хотѣние

п о м ы ш л а т и *Мар Син Супр см.* помышлꙗти

п о м ы ш л ѣ т и *Зогр Мар Ас Сав Боян Син Клоц Супр см.* помышлꙗти

ПОМЫШЛꙖНИѤ, *-ниꙗ с* (1) ἐνθύμησις замысел, мысль myšlenka: видѣвъ же і⟨соу⟩с⟨ъ⟩ помышлѣниꙗ ихъ рече имъ *Мт 9, 4 Сав* (помышлѣниѣ *Зогр Мар Ас*).— *Ср.* помышлениe

ПОМЫШЛꙖТИ, *-ꙗѭ, -ꙗеши несов.* чьто; о чемь *или без доп.* (76) [помышлѣ- *Зогр* (14) *Мар* (14) *Ас* (10) *Сав* (8) *Боян* (3) *Син* (3) *Клоц* (3) *Супр* (5), помышла- *Мар* (2) *Син* (1) *Супр* (1)] **1.** διαλογίζεσθαι, λογίζεσθαι, συλλογίζεσθαι, ἀναλογίζεσθαι, διανοεῖσθαι, ἐννοεῖν, ἐνθυμεῖσθαι, νομίζειν, αἰσθάνεσθαι думать, обдумывать, размышлять přemýšlet, uvažovat, pomýšlet: чьто на пѫти вь себѣ помышлѣашете *Мк 9, 33 Зогр Мар*, помышлѣасте *Ас*; разоумѣвъ и⟨соу⟩с⟨ъ⟩ д⟨оу⟩хомь своимь • ѣко тако ти помышлѣѭтъ въ себѣ *Мк 2, 8 Зогр Мар Ас Сав Боян*; се помышлꙗашета о вьсѣхъ приключъшиихъ сѧ сихъ *Супр 474, 13* **2.** чьто на кого λογίζεσθαι, διαλογίζεσθαι умышлять, замышлять *что-л. против кого-л.* vymýšlet si *něco proti někomu*: на мѧ помышлѣахѫ зълаа мнѣ *Пс 40, 8 Син* **3.** ἐπιθυμεῖν задумывать, помышлять, желать pomýšlet *na něco*, toužit *po něčem*: колико естъ въ васъ помышлꙗѭште его образъ видѣти *Супр 383, 16.— Зогр Мар Ас Сав Боян Син Клоц Супр.— Ср.* мыслити, мѫдровати, примышлꙗти

ПОМЫШЛЕНИѤ, *-ниꙗ с* (53) **1.** διαλογισμός, λογισμός, διάνοια, ἐνθύμησις, ἐνθύμημα, ἐνθύμιον, φρόνημα, φρονεῖν (!) мнение, мысль, помышление smýšlení, myšlenka: отъ сръдца бо исходѧтъ • помышлениѣ зълаѣ *Мт 15, 19 Зогр Мар* □ д ъ в ѣ п о м ы ш л е н и и ἀμφιβολία колебание, сомнение váhání, pochybování: почто въ дьвѣ помышлении вьниде *Супр 249, 18-19* **2.** ἐπιθυμία помысел, желание úmysl, přání: помышлениѥ же вьнѧ видѣти *Супр 296, 1.— Зогр Мар Ас Сав Ен Син Евх Супр.— Ср.* желѣние, мысль, помыслъ; дъвѣ помышлении *ср.* дъводоушие, недооумѣние, сѫмьнѣние

п о м ь *И 20, 27 Охр вм.* по томь

ПОМЬНѢТИ, *-мьнѭ, -мьниши несов./сов.* (37) [помън- *Ас* (1) *Син* (1), помн- *Ен* (1) *Клоц* (5) *Супр* (3)] μνημονεύειν, μιμνήσκεσθαι; (не помьнѣти ἐπιλανθάνεσθαι, ἀμνήμων γίγνεσθαι, ἀφιέναι μεμνῆσθαι; не помьнѣти враждъı ἀμνησικακία) помнить/вспоминать vzpomínat si/vzpomenout si, mít na paměti: помните игоуменъı ваша *Евр 13, 7 Ен*; помьните слово еже азъ рѣхъ вамъ *И 15, 20 Зогр Мар Ас Сав* □ п о м ь н ѣ т и с ѧ *сов.* σπουδάζειν (!) опомниться vzpamatovat se: егдаже ли помьнимъ сѧ • и сами о себѣ • можемъ въспрѧнѫти *Клоц 5б 22* (тъштимъ сѧ *Супр 415, 1-2*).— *Зогр Мар Ас Сав Ен Син Евх Клоц Супр.— Ср.* въспомѧнѫти, поминати, помѧнѫти

ПОМѢЖИТИ, *-жѫ, -жиши сов.* (1) καμμύειν смежить (глаза) zamhouřit (oči): и очи си помѣжиша *Супр 334, 24.— Ср.* съмѣжити

п о м ѣ н ѫ т и *Зогр Мар Ас Сав Ен Син Клоц Супр см.* помѧнѫти

п о м ѣ т а т и *Мт 7, 6 Зогр Мар см.* пометати

ПОМѦНОВЕНИѤ, *-ниꙗ с* (1) *греч. нет* воспоминание, поминовение vzpomínka: расмаштраѭ бо • не оставити ми того бес помѧновеньꙗ *Супр 545, 27.— Ср.* въспоминаниe, памѧтиe, памѧть

ПОМѦНѪТИ *и* **ПОМѢНѪТИ**, *-нѫ, -неши сов.* (>100) [помѧ- *Зогр* (3) *Мар* (3) *Ас* (11) *Служ* (2) *Евх* (16) *Супр* (19), помѩ- *Син* (20), помѣ- *Зогр* (12) *Мар* (11) *Ас* (1) *Сав* (3) *Ен* (3) *Син* (23) *Клоц* (5) *Супр* (1), памѧ- *Супр* (1)] **1.** μιμνήσκεσθαι, ἀναμιμνήσκεσθαι, ὑπομιμνήσκειν, μνᾶσθαι, μνημονεύειν, μνῆμα (!), τὸ μνημόσυνον (!) вспомнить, помянуть vzpomenout si, rozpomenout se: чадо • помѣни ѣко вьсприѩлъ еси твоѣ благаа • въ животѣ твоемь *Л 16, 25 Зогр Мар Ас* (въспомѣни *Сав*); помѩнѫ ѣко пръсть есмъ *Пс 102, 14 Син*; не помѩнѩ оумноженьѣ милости твоеѩ *Пс 105, 7 Син*; не помѣнетъ сѩ имѩ і⟨здра⟩илево къ томоу *Пс 82, 5 Син*; ни едноѩ же иноѩ особь памѧнѫ (!) правьдъı *Супр 423, 19*, не помѣнѫ *Клоц 9а 40* □

помаНжти сѧ, помѣнжти сѧ μιμνήσκεσθαι вспомнить, помянуть vzpomenout si, rozpomenout se: помѣнжтъ сѧ і обратѧтъ сѧ къ г⟨оспод⟩ю вьсі конъці землѧ *Пс 21, 28 Син* ● опомниться vzpamatovat se: съберѣта оумъ и поманѣта сѧ *Супр 212, 25* **2.** чьто комоу μνημονεύειν, μιμνήσκειν напомнить, припомнить připomenout, zmínit se: помани емоу слово твое • реченое тобож *Евх 33б 2.— Зогр Мар Ас Сав Ен Син Служ Евх Клоц Супр.— Ср.* въспоманжти, помьнѣти

поматати *Супр 268, 5 см.* пометати

помѧнжти *Син см.* поманжти

помѧшѧ *Пс 105, 7 Син см.* поманжти

пон' *Клоц 1б 22 см.* поконъ

ПОНЕДѢЛЬНИКЪ, -а *м* (21) [поне(к) *Ас* (2), пон(к) *Ас* (2), по(н) *Сав* (5) *Унд* (1) *Евх* (1), по(к) *Ас* (7), п(о) *Охр* (1)] δευτέρα понедельник pondělí: в пон⟨едѣльни⟩к⟨ъ⟩ в нед⟨ѣлѧ⟩ по пас⟨тѣ⟩ *Ас 12б 10-11*; пон⟨едѣльникъ⟩ с⟨вѧ⟩ты великыѧ нед⟨ѣлѧ⟩ *Сав 86а 16*; в поне⟨дѣльни⟩к⟨ъ⟩ свѣт⟨лыѧ⟩ нед⟨ѣлѧ⟩ *Ас 2аа 26-27.— Ас Сав Охр Унд Евх Супр*

поне неже (!) *Мт 18, 32 Ас см.* понеже

ПОНЕСТИ, -сж, -сеши *несов./сов.* (21) βαστάζειν, αἴρειν нести/понести (dále) nést: емоуже нѣсмъ достои(нъ) сапогоу понести *Мт 3, 11 Ас Зогр (∅ Мар)*; и како понесетъ марија огнь божьства твоего *Супр 250, 17* ● *перен.* βαστάζειν, φέρειν брать/взять *что-л.* на себя, выносить/вынести brát/vzít *něco* na sebe, snášet/snést: к⟨ог⟩ъ д⟨оу⟩хомь неиздреченънъıмь • понесы в'сѧ неджгы чл⟨овѣчь⟩ства *Евх 25б 20*; и та ли можетъ понести • оужасьна дѣвица *Супр 250, 19.— Зогр Мар Ас Сав Евх Клоц Супр.— Ср.* нести

ПОНИКНЖТИ, -нж, -нешти *сов.* (1) κύπτειν опустить голову, поникнуть головой svěsit hlavu: отъхождаахж долоу пониk'ше *Супр 374, 24*

ПОНОВИТИ, -влж, -виши *сов.* (2) ἀνακαινίζειν, ἐγκαινίζειν обновить, возобновить obnovit: ни саоулъ пръвыи поновивыи цѣсарьскыи вѣньць *Супр 238, 17.— Супр 505, 27.— Ср.* обновити

ПОНОВЛЕНИЕ, -ниа *с* (2) ἀνανέωσις, τὰ ἐγκαίνια обновление, возобновление obnovení: прьвое сътвореноуоумоу адамоу поновьление *Супр 315, 3.— Супр 239, 6-7.— Ср.* обновление

ПОНОСИТИ, -ношж, -носиши *несов./сов.* комоу, чесомоу; кого, чьто *или без доп.* (28) ὀνειδίζειν, διακωμῳδεῖν поносить tupit/potupit, hanět/pohanět: и поносѧтъ • і пронесжтъ имѧ ваше *Л 6, 22 Мар Сав (нет Зогр Ас)*; пропатаѣ съ нимь • поношаашете емоу *Мк 15, 32 Зогр Мар (∅ Ас Сав)*; въсоуе поносишѧ д⟨оу⟩ши моеи *Пс 34, 7 Син*; помѣні г⟨оспод⟩і поношение рабъ твоіхъ... еже поносишѧ вразѣ (*вм.* вразі) твои *Пс 88, 52 Син.— Зогр Мар Ас Сав Син Евх Супр.— Ср.* подражити, посмиѣати сѧ, поржгати, похоулити, оукорити

ПОНОСЪ, -а *м* (1) ὄνειδος хула, поношение potupa: отъıми отъ мене поносъ і оуничьжение *Пс 118, 22 Син.— Ср.* поношение, поржгание, похоуление, хоула

ПОНОШЕНИЕ, -ниа *с* (29) [поно.. *Ен* (1)] ὄνειδος, ὀνειδισμός порицание, осмеяние, оскорбление, поношение potupa, posměch, urážka: азъ ж-е-смъ чръвъ і не чл⟨овѣ⟩къ • поношенье чл⟨овѣ⟩комъ *Пс 21, 7 Син.— Зогр Мар Ас Ен Син Евх Супр.— Ср.* бещьстие, поносъ, поржгание, похоуление, оукоризна, оукоръ

поношень (!) *Пс 43, 14 Син см.* поношение

ПОНТЬСКЪ, -ыи *прил.* (10) [понт- *Мар* (2) *Ас* (2), поньт- *Сав* (1), пжн'т- *Зогр* (2), пжнт- *Супр* (1), пжт- *Боян* (1) *Евх* (1)]: понтьскъıи пилатъ Πόντιος Πιλᾶτος Понтий Пилат Pontius Pilatus: і прѣдашѧ пжн'тьскоумоу пилатоу • іѣемоноу *Мт 27, 2 Зогр*, понтьскоумоу *Мар Ас*, поньтьскоумоу *Сав.— Л 3, 1 Зогр Мар Ас Боян; Евх 49а 16; Супр 173, 5*

ПОНОУДИТИ, -ноуждж, -ноудиши *сов.* (1) ἀναγκάζειν принудить přinutit: к'то оубо понуди жидовъ жрѣти велфегороу *Супр 127, 5.— Ср.* приноудити, оубѣдити

ПОНОУЖДАТИ, -аѭ, -аеши *несов.* (1) ἀναγκάζειν принуждать nutit: поноуждаемъ есмъ • пилатово глаголати *Супр 432, 20.— Ср.* нждити

ПОНѢ *нареч.* (28) κἄν, γοῦν, τέως (!) по крайней мере, хотя бы alespoň, třebas jen: і молѣахж и • да понѣ вьскрили ризъı его прикоснжтъ сѧ *Мк 6, 56 Зогр Мар*; покажи оубо намъ понѣ едно знамение • и вѣроуемъ емоу и тебѣ *Супр 30, 19* ◆ не коли понѣ, ни понѣ οὐδέ совсем не vůbec ne: і не бѣ імъ коли понѣ ѣсти *Мк 6, 31 Зогр Мар*; ктомоу ти оубо • ни понѣ вьзьрѣти такомоу бъıвъшоу можетъ *Супр 381, 6.— Зогр Мар Ас Супр.— Ср.* любо[1]

понѣва *Евх 38б 20*, понѣвица *Зогр см.* понѣава, понѣавица

ПОНѢАВА, -ы *ж* (1) *греч. нет* полотно, полотнище plátno, rouška: приемъı понѣвж отъ ржкоу члов⟨ѣ⟩чю *Евх 38б 20.— Ср.* лентии, платъ, плащаница, понѣавица, прътиць, оуброусъ

ПОНѢАВИЦА, -ѧ *ж* (6) [понѣ- *Зогр* (5)] σινδών полотно, полотнище plátno, rouška:

ι примъ тѣло ιосифъ • обитъ є понѣвицєѭ чистоѭ *Мт 27, 59 Зогр* (плаштаницєѭ *Мар*, плаштѣницєѭ *Ас*).— *Мк 14, 51 и 52 Зогр; Мк 15, 46 Зогр* (2); *Супр 564, 23.— Ср.* лєнтии, платъ, плаштаница, понгава, прътищь, оуброусъ

ПОНѤ *союз* (6) **1.** *причинный* ἐπειδή, διὰ τό *с инф.* потому что, так как protože, poněvadž: того дѣльма стєни • того плачи • понє и самъ господь нашъ того плака *Супр 406, 2* **2.** *ограничительный* (*встречается редко*) ἐφ' ὅσον поскольку, до какой степени pokud, do jaké míry: понє сътвористє ѥдномоу сихъ малъıихъ братиѩ моѥѩ мьнѣ сътвористє *Супр 341, 14* (по нєжє *Мт 25, 40 Зогр Мар Ас Сав*).— *Супр 239, 17; 351, 19; 400, 11; 416, 27.— Ср.* занѥ, занѥжє, понєжє

ПОНѤЖЕ *союз* (>100) [понє нєжє (!) *Ас* (1)] **1.** *причинный* ἐπεί, ἐπειδή, ἐπειδήπερ, ὅτι, καθότι, διὰ τὸ *с инф.*, ὅταν, ἐπάν, ἀνθ' ὧν (!) потому что, так как protože, poněvadž: нє достоино єстъ въложити єго въ кар'ванѫ • по нєжє цѣна кръвє єстъ *Мт 27, 6 Зогр Мар Ас Сав*; по нєжє оубо • мнози начѧшѧ • чинити повѣсть • о ιзвѣстънъıхъ въ насъ вєштєхъ... ιзволи сѧ ι мьнѣ хождьшю... псати тєбѣ *Л 1, 1 Зогр Мар Ас*; ιсходишта водьнаа ιзвѣстє очи мои • понєжє нє съхраниѩъ закона твоєго *Пс 118, 136 Син*; отъ оупитиѩ нє могѫтъ ити въ домъı своѩ • понєжє много сѧтъ пили *Супр 267, 13* ● *с инф.* (*редко*): нь нѣстъ намъ оубити • нє понєжє сьвѣтовати • нъ понєжє нє мошти *Супр 433, 12-13 и 13* ● понѥжє... того ради, понѥжє... то ἐπειδή... Ø потому что... поэтому protože... proto: понєжє поржчаєши сѧ по д⟨оу⟩шѧ людьскъıѩ • то вь грѣсѣ оного оумьрєши *Евх 82а 20*; нъ обачє понєжє пооуштєниѥ показашѧ • и на пользѫ обьштѫѭ вьсє творишѧ • того ради нєбо приѩшѧ *Супр 378, 29* **2.** *ограничительный* (*редко*) ἐφ' ὅσον поскольку, до какой степени pokud, do jaké míry: понєжє нє сътвористє • єдиномоу отъ сихъ мьньшихъ • ни м'нѣ сътвористє *Мт 25, 45 Зогр Мар Ас Сав* **3.** *следственный* (*единственный случай*) ἐπεί поэтому proto, proč̌ež: понєжє бо и пєтръ ѥгда исповѣда х⟨ристо⟩са блажаашє сѧ *Супр 379, 12* **4.** *временной* (*редко*) ἐπειδή, ἀφ' ἧς когда když, kdy: сє бо трєтиї дєнь ѥстъ понєжє ничьсожє въкоуси *Супр 19, 10-11*; понєжє бо то слъıшавъшє отидошѧ • придє нєвѣстьникъ *Супр 374, 16* (ιдѫштамъ жє ιмъ *Мт 25, 10 Зогр Мар Ас, нет Сав*) ● понѥжє... тогда ἐπειδή... τότε когда... тогда když... tehdy: понєжє бєстоудьнаѥ дръзость съвъıстъ сѧ • ι дѣтѣль съконьча сѧ • тогда ли оувѣдѣ грѣхъ ἐπειδή... τότε *Клоц 5б 17* (ѥлма бо... тъгда *Супр 414, 26*).— *Зогр Мар Ас Сав Боян Ен Син Евх Клоц Супр Хил.— Ср.* занѥ, занѥжє, понѥ

ПОПАЛИТИ, -лѭ, -лиши *сов.* (4) φλογίζειν, καταφλέγειν, τεφροῦν сжечь, обжечь, опалить spálit, popálit: и раждєжє сѧ огнъ вь сонъмѣ ιхъ • пламєнъ попали грѣшьникъı *Пс 105, 18 Син.— Пс 96, 3 Син; Евх 52б 8; Супр 22, 21.— Ср.* иждєщи, пожєщи, съжєщи, оужєщи

попалѣти *Син Евх Супр см.* попалѩти

ПОПАЛѨТИ, -лѩѭ, -лѩѥши *несов.* (5) [попалѣ- *Син* (2) *Евх* (1) *Супр* (1)] διαφλέγειν, καταφλέγειν, καταναλίσκειν сжигать, обжигать spalovat: єгожє словєса ѣко огнь попалѣѥть дѫбравъı *Евх 55б 12.— Пс 82, 15 Син; 104, 32 Син; Супр 28, 28; 29, 1.— Ср.* жєщи, съжизати

ПОПЕЛЪ, ПЕПЕЛЪ, -а *м* (9) [попєл- *Зогр* (2) *Мар* (2) *Син* (1) *Супр* (1), пєпєл- *Супр* (3)] σποδός, τὰ λείψανα (!) пепел popel: дрєвлѥ • оубо въ врѣтишти ι попєлѣ • сѣдѧштє покаали сѧ бишѧ *Л 10, 13 Зогр Мар; Мт 11, 21 Зогр Мар.— Пс 101, 10 Син; Супр 80, 29; 297, 14-15; 297, 25; 483, 21*

ПОПЕЩИ СѦ, -пєкѫ сѧ, -пєчєши сѧ *сов.* о чемь (8) **1.** φροντίζειν позаботиться postarat se: чѧдо попци сѧ о доуши своѥи *Супр 569, 28* **2.** μεριμνᾶν сокрушиться zarmoutit se, trápit se: попєкѫ сѧ о грѣсѣ моємъ *Пс 37, 19 Син; Евх 76б 22-23* ● съ цѣмь συμπαθεῖν, συναλγεῖν почувствовать сострадание pocítit soucit: попєчє сѧ съ матєрьѭ дѣтишта *Супр 44, 11;— Супр 291, 20; 524, 2-3; 531, 27; 546, 26.— Ср.* промъıслити

ПОПЕЧЕНИѤ, -ниѩ *с* (2) **1.** *греч. нет* забота, попечение péče, starost: о ѡбоѥмь бо твораашє попєчєньѥ *Супр 550, 17* **2.** συμπάθεια сострадание soucit: боѩ сѧ • ѥда коли отъ многааго к нєи попєчєньѩ • бєсьмрътьнѫѭ болѣзнь нанєсєтъ *Супр 516, 24.— Ср.* пєчаль

попинати *Супр 330, 30 см.* поминати

ПОПИРАТИ, -ѩѭ, -ѥши *несов.* (8) πατεῖν, καταπατεῖν топтать, попирать šlapat, pošlapávat: ѣко попираахѫ дроугъ дроуга *Л 12, 1 Мар* (прѣпираахѫ *Зогр*) ● *перен.*: дастъ поношєньє попираѭщимъ мѧ *Пс 56, 4 Син.— Мт 5, 13 Зогр; Л 21, 24 Зогр Мар; Евх 85а 11; Супр 556, 15; Супр 556, 26.— Ср.* прѣпирати

ПОПЛЬЗНѪТИ СѦ, -нѫ сѧ, -нєши сѧ *сов.* (1) ὀλισθάνειν поскользнуться, споткнуться sklouznout, klopýtnout: аштє бо и акъı чловѣкъ поплъзъ сѧ падє *Супр 354, 25.— Ср.* потъкнѫти (сѧ)

ПОПЛѢНИТИ, -нѭ, -ниши *сов.* (3) πορθεῖν разорить, опустошить poplenit, zpustošit: поплѣнивъ славънъıѩ градъı бєзбожьнъıхъ срацинъ *Супр 56, 4-5.— Супр 56, 15; 569, 16*

попраньк *Супр 521, 11 см.* попьраник

поприщє *Супр см.* попьрище

ПОПОУСТИТИ, -поущѫ, -поустиши *сов.* комоу, чесомоу *с инф.* (5) συγχωρεῖν допустить, попустить, позволить připustit, dopustit, dovolit: не попоусти вьсемоу градоу и земи погыб'нѫти отъ сотоны *Супр 535, 25* ▭ не попоуститъ сѧ комоу *греч. нет* нельзя будет, невозможно будет nebude možno, nebude dovoleno: не попоуститъ бо ти сѧ быти вь нємъ *Супр 554, 11.— Супр 193, 8; 519, 14-15; 529, 8.— Ср.* изволити

ПОПОУЩАТИ, -аѭ, -аѥши *несов.* чесомоу (2) παραχωρεῖν, ἐνδιδόναι допускать, позволять, попускать připouštět, dovolovat: вьниде пилатъ въ преторни • попоуштаѩ ꙗрости жидовьстѣ *Супр 435, 2.— Супр 335, 2*

ПОПОУЩЕНИѤ, -ниꙗ *с* (2) συγχώρησις допущение, попущение, позволение dovolení, dopuštění: по божию же попоуштению... бысть рать велика *Супр 191, 14.— Супр 560, 2-3*

ПОПЪ, -а *м* (76) [п҃пъ *Служ* (2) *Евх* (25), по(п҃) *Служ* (2) *Евх* (30)] ἱερεύς, πρεσβύτερος, ἀρχιερεύς (!) священник kněz: и въсклан҄ѣꙗ сѧ поп⟨ъ⟩ *Служ 3а 8.— Служ Евх Супр.— Ср.* икрен, клиросьникъ, презвутеръ, свѧтитєль, свѧщеникъ, старьць, чиститєль

попъраник *Супр 388, 29 см.* попьраник

ПОПЫТАТИ, -аѭ, -аѥши *сов.* (1) *греч. нет* спросить, расспросить zeptat se, vyptat se: послѣжде же попытавъ ꙗже о палатинѣ *Супр 563, 24.— Ср.* испытати, истѧꙅати[2], въпросити, въстѧꙅати

ПОПЬРАНИѤ, -ниꙗ *с* (2) [попра- *Супр* (1), попъра- *Супр* (1)] κατάλυσις, βλάστημα (!) попирание pošlapání, potlačení: на попраньк пославшааго тѧ (*т. е.* женѫ) диꙗвола *Супр 521, 11*; ѡ завнсти бѣсомъ оудворьниче • диꙗволе попъраник *Супр 388, 29*

ПОПЬРАТИ, поперѫ, попереши *сов.* (23) καταπατεῖν, πατεῖν, ῥηγνύναι (!) потоптать, попрать, уничтожить pošlapat, potřít: ı егда сѣꙗше • ово (*т. е.* сѣмѧ) паде при пѫти • ı попърано быс⟨тъ⟩ *Л 8, 5 Зогр Мар Ас* ● *перен.*: помилоуı мѧ б⟨о⟩же ꙗко попьра мѧ чл⟨о⟩в⟨ѣ⟩къ *Пс 55, 2 Син.— Зогр Мар Ас Сав Син Евх Клоц Супр.— Ср.* запьрати

ПОПЬРИЩѤ, -а *с* (16) [поприщ- *Супр* (4), пъпьрищ- *Супр* (1), пърищ- *Супр* (2), пъпришт- *Супр* (2), пьприщ- *Супр* (4), пръпьрищ- (!) *Зогр* (1)] μίλιον, στάδιον поприще, стадий míle, stadion (*мера длины*): аще къто пoиметъ тѧ по силѣ • попьрище едино *Мт 5, 41 Мар*, пръпьрище *Зогр.— Зогр Мар Супр.— Ср.* стадии

ПОПЬСТВО, -а *с* (3) **1.** ἱερωσύνη, τὸ ἱερουργεῖν священство kněžství, kněžský úřad: и богъ дастъ кмоу попьство *Супр 359, 3-4* **2.** πρεσβυτέριον духовенство kněžstvo, duchovenstvo: помани... в'сѣ(ко) попъство *Служ 36 21.— Супр 359, 7-8*

ПОРАБОТАТИ, -аѭ, -аѥши *сов.* комоу (4) δουλεύειν послужить posloužit: помꙑслихъ... поработати отцемъ *Супр 286, 24-25* ● стать слугой, рабом stát se služebníkem, otrokem: и сѣмѧ мое поработаєтъ ємоу *Пс 21, 31 Син* ● окончить рабский труд skončit otrockou práci: рѫцѣ его въ коши поработасте *Пс 80, 7 Син.— Пс 71, 11 Син.— Ср.* послоужити

ПОРАБОТИТИ, -бощѫ, -ботиши *сов.* (2) δουλοῦν покорить, поработить ujařmit, podrobit, zotročit: аще не бъ... страсти себе поработилъ *Супр 522, 7* ▭ поработити сѧ покориться, стать рабом stát se služebníkem, otrokem, podrobit se: поработихъ сѧ окааньı • лѫкавънымь огражденнемь *Евх 78а 21*

ПОРАБОЩАТИ СѦ, -аѭ сѧ, -аѥши сѧ *несов.* (1) *греч. нет* покоряться, становиться рабом stávat se otrokem, podrobovat se: тѣмьже не порабощаимъ сѧ • чрѣвънымъ похотемъ *Евх 69а 20*

ПОРАДОВАТИ СѦ, -доуѭ сѧ, -доуѥши сѧ *сов.* комоу, чесомоу; о чемь *или без доп.* (7) ἐπιχαίρειν, χαίρειν обрадоваться *кому, чему* zaradovat se *z něčeho*: да не порадоуѭтъ мı сѧ *Пс 34, 24 Син*; и о добрѣ порадоуѥтъ сѧ *Супр 29, 12.— Пс 34, 19 Син; 37, 17 Син; Евх 766 16-17; Супр 126, 10; 126, 20.— Ср.* възвеселити (възвеселити сѧ), въздрадовати сѧ, обрадовати (обрадовати сѧ), сърадовати сѧ

ПОРАЖДАТИ СѦ, -ждаѭ сѧ, -ждаѥши сѧ *несов.* (3) ἀναγεννᾶσθαι, ἀνίστασθαι возрождаться znovu se rodit: ноштъѭ пакы вь сионѣ • ꙇз мръ(т)выхъ пораждаєтъ сѧ *Клоц 14а 9-10.— Клоц 14а 10-11; Супр 451, 23-24.— Ср.* раждати сѧ

ПОРАЗИТИ, -ражѫ, -разиши *сов.* (18) πατάσσειν поразить, сразить, убить porazit, srazit, zabít: ıже поразı ѩз⟨ы⟩кы многы *Пс 134, 10 Син*; рачи... призьрѣти на раба... поражена болѣзнию *Евх 30а 22.— Зогр Мар Ас Сав Син Евх Супр*

ПОРАЗОУМѢТИ, -ѣѭ, -ѣѥши *сов.* кого, чьто; чесомоу (4) κατανοεῖν, νοεῖν, ὑπονοεῖν понять, уразуметь porozumět, pochopit: доушѭ б⟨ог⟩а поразоумѣахъ *Супр 511, 20-21*; поразоумѣи топлѣ водѣ исходѧштиї отъ земл҃ѧ *Супр 129, 8.— Супр 129, 9; 130, 13*

ПОРАСТИ, -стѫ, -стеши *сов.* (2) ἀναφύεσθαι; (трьник порастъшеѥ мѣста ἡ ἀκανθόβλαστος χώρα) порасти, зарасти porůst, obrůst: пораст҄ быликмъ многомъ и трьниїм' *Супр 217, 20-21.— Супр 357, 12*

поревьновати *Евх 70а 14-15 см.* порьвьновати

ПОРИВАТИ, -аѭ, -аѥши *несов.* (1) ὠθεῖν

толкать postrkovat: дроүзии же съзажда поривааҳѫ а дроүзиі бињахѫ *Супр 44, 21.— Ср.* порѣіати

порогати сѧ *Пс 21, 8 Син см.* порѫгати

ПОРОДА, -ы *ж* (23) παράδεισος рай ráj: дьнесь съ мноѭ бѫдеши въ породѣ *Супр 438, 5* (въ раі *Л 23, 43 Зогр Мар Ас* (2).— *Евх Супр.— Ср.* врьтоградъ, раи

ПОРОДИТИ, -рождѫ, -родиши *сов.* (5) γεννᾶν, τίκτειν, ἀποτίκτειν, κυεῖν родить, породить porodit; *перен.*: ты зависти породи сьмрьт' *Супр 389, 4* □ породити сѧ γεννᾶσθαι родиться narodit se: ꙗкоже породи сѧ отъ женꙑ *Супр 484, 4*; породивъıи ὁ γεννήσας отец otec: того дѣлꙗ ц⟨ѣса⟩рь • ꙗкоже и породивъıи кго *Супр 328, 7.— Супр 411, 21; 496, 2*

ПОРОДЬНЪ, -ыи *прил.* (6) τοῦ παραδείσου райский rajský: чловѣка породьнааго гражданина • безъ земьнааго троүжданиꙗ живѫшта *Супр 429, 23* ◆ породьнаꙗ пища *см.* пища.— *Супр 9, 18; 348, 13; 428, 15; 437, 13; 438, 6.— Ср.* раискъ

ПОРОДЬСТВО, -а *с* (1) ἀναγέννησις возрождение znovuzrození: соугоубѫ пакы силѫ жизни • соугоу[бѫ]бо родьствоү въкоупѣ и породьствоү *Супр 451, 16* (порозьствоү *Клоц 14а 2*).— *Ср.* порожденик, порождьство

ПОРОЖДЕНИЮ, -ниꙗ *с* (8) **1.** τόκος рождение narození, zrození: безъ сѣмене порожденик *Супр 243, 4-5* **2.** ἀναγέννησις, ἀνάστασις возрождение znovuzrození: тако не отвръстомъ сѫштемъ • гробънымъ печатомъ • х⟨ристо⟩во порожденье быс⟨тъ⟩ *Клоц 14б 2; Супр 452, 24.— Клоц 14а 6; 14а 21; 14а 38; Супр 451, 20; 452, 4.— Ср.* породьство, порождьство, родъ, родьство, рожденик, рождьство

ПОРОЖДЬСТВО, -а *с* (1) ἀναγέννησις возрождение znovuzrození: соугоубѫ пакы г⟨лаго⟩лѧ жизнь • соугоубо розьство • въ коупѣ і порозьствоү *Клоц 14а 2* (породьствоү *Супр 451, 16*).— *Ср.* породьство, порожденик

порозьство *Клоц 14а 2 см.* порождьство

порока *Пс 73, 9 Син см.* пророкъ

ПОРОКЪ, -а *м* (6): бес порока ἄμεμπτος, ἀμέμπτως, ἄμωμος, ἀμόλυντος беспорочно bez úhony: ходьı бес порока дѣлаьı правъдѫ *Пс 14, 2 Син.— Л 1, 6 Зогр Мар Ас; Евх 98а 22-23; Супр 243, 2*

поропсида *Мт 23, 26 Мар см.* паропсида

поропътати *Пс 58, 16 и 105, 25 Син см.* поръпътати

ПОРФИЛЪ, -а *м имя* (1) Πορφύριος Порфирий Porphyrius: с⟨вѧ⟩тъих⟨ъ⟩ м⟨ѫ⟩ч⟨ени⟩къ... павла порфила селевка *Ас 142б 15*

ПОРФѴРИОНЪ, -а *м город* (1) Πορφυρίων Порфирион Porphyreum: вь веснѣѣмь градѣ • порфүриѡнъ нарицакмѣ *Супр 514, 7*

ПОРЪПЪТАТИ, -пъщѫ, -пъщеши *сов.* (2) [поропъ- *Син* (2)] γογγύζειν начать роптать zareptat: аще ли же не насытьıатъ сьı і поропъщѭтъ *Пс 58, 16 Син.— Пс 105, 25 Син*

ПОРЪФѴРА, -ы *ж* (4) [поръфѵр- *Сав* (1), порф'ѵр- *Мар* (1), порфир- *Ас* (1), фор'фир- *Зогр* (1)] πορφύρα багряница, пурпур (*богатая одежда пурпурного цвета*) purpur (*bohatý oděv nachové barvy*): ч⟨ловѣ⟩къ етеръ бѣ богатъ • і облачааше сѧ въ фор'фирѫ • і вѵс'сонъ *Л 16, 19 Зогр*, порф'ѵрѫ *Мар*, порфирѫ *Ас*, поръфѵрѫ *Сав.— Ср.* багъръ, багърѣница, прапрѫда

ПОРЬВЬНОВАТИ, -ноүѭ, -ноүкши *сов.* комоү (1) [порев- *Евх* (1)] *греч. нет* ревновать, ревностно последовать horlit, horlivě následovat: мы... поревъноүимъ • древльнюмоү блѫдъноүмоү с⟨ы⟩ноү *Евх 70а 14-15.— Ср.* въздрьвьновати

ПОРѢІАТИ (?), **ПОРИІАТИ** (?), -рѣѭ, -рѣкши *несов.* (1) ὠθεῖν толкать strkat: и дроүгъ дроүга порѣк (! *вм.* порѣкмъ ?) *Супр 431, 10.— Ср.* поривати

ПОРѦДИЮ, -ниꙗ *с* (1) ἀκολουθία очередность pořadí: оүже цръкъвнъıхъ católicos сановъ порѧдик прошъдъша постави епископа *Супр 280, 13.—Ср.* рѧдъ

ПОРѪГАНИЮ, -ниꙗ *с* (6) τὸ ἐμπαῖξαι, κατάγελως, χλευασμός, ἐμπαιγμός, ἔμπαιγμα; (порѫганиꙗ προπετής) поругание posměch: і прѣдадѧтъ і на порѫгание ѩз⟨ы⟩к⟨о⟩мъ • і биение и пропѧтье *Мт 20, 19 Мар* (∅ *Зогр*).— *Пс 37, 8 Син; 43, 14 Син; 78, 4 Син; Евх 76а 17-18; Супр 356, 21.— Ср.* поносъ, поношеник, похоүлкник, оүкоризна, оүкорћник, хоүла

ПОРѪГАТИ, -аѭ, -акши *сов./несов.* (29) [поро- (!) *Син* (1)] ἐμπαίζειν, χλευάζειν осмеять/осмеивать, предать/предавать поруганию zesměšnit/zesměšňovat, potupit/tupit: иродъ відѣвъ ѣко порѫганъ бънс⟨тъ⟩ отъ влъхвъ *Мт 2, 16 Ас Боян*, порѫганъ естъ *Сав* (∅ *Зогр*, ∅ *Мар*) □ порѫгати сѧ комоү ἐμπαίζειν, παίζειν, ἐκμυκτηρίζειν, καταγελᾶν насмеяться/насмехаться vysmát se/vysmívat se: г⟨оспод⟩ъ порѫгаетъ сьı імъ *Пс 2, 4 Син*; нѣ кде сѧ порѫгати свѧтоүоүмоү д⟨оү⟩хоү *Супр 363, 25.— Зогр Мар Ас Сав Боян Ен Син Евх Супр.— Ср.* досадити, досаждати, нарѫгати сѧ, подражити, поносити, посмиꙗти сѧ, похоүлити, рѫгати сѧ

ПОРѪТИТИ СѦ, -рѫщѫ сѧ, -рѫтиши сѧ *сов.* (1) καταράσσεσθαι разбиться, ушибиться rozbít se, potlouci se: егда сьı падетъ не порѫтитъ сѧ *Пс 36, 24 Син.— Ср.* разбити (сѧ)

ПОРѪЧАТИ СѦ, -аѭ сѧ, -аѥши сѧ *несов.* за кого; по чьто (3) ἀντιφωνεῖν ручаться zaručovat se, ručit: понеже порѫчаеши сѧ по д⟨оу⟩шѧ людьскыѩ • то вь грѣсѣ оного оумьреши *Евх 82а 20*; порѫчаѥши ли сѧ за нь *Супр 167, 10-11.— Супр 167, 13-14*

ПОРѪЧИТИ, -чѫ, -чиши *сов.* комоу (7) ἐγχειρίζειν, πιστεύειν поручить, доверить, вверить poručit, odkázat, svěřit: мьнѣ порѫчи б⟨ог⟩ъ соугоубь давидовъ пѫть *Супр 361, 3* ● μνηστεύειν обручить zasnoubit: порѫченаа бо иномоу повинъна ѥстъ *Супр 246, 2.— Супр 245, 21; 245, 22; 246, 1; 285, 22-23; 333, 14.— Ср.* вързѫчити, обрѫчити

ПОРѪЧЬНИКЪ, -а *м* (3) ἀντιφωνητής, ἐγγυητής поручитель ručitel: молимъ сѧ за игоумена • прѣемъшааго братра нашего • і тебѣ порѫчьника ємоу бываѭща *Евх 83б 9.— Супр 167, 15; 505, 28*

ПОСАГАТИ, -аѭ, -аѥши *несов.* (14) γαμίζεσθαι выходить замуж vdávat se: въ въскрѣшение бо ни женѧтъ сѧ ни посагаѭтъ *Мт 22, 30 Мар.— Мт 24, 38 Зогр Мар Ас* (2) *Сав; Мк 12, 25 Зогр Мар; Л 17, 27 Зогр Мар; Л 20, 34 Зогр Мар; Л 20, 35 Зогр Мар*

ПОСАГНѪТИ, -нѫ, -неши *сов.* за кого (3) γαμεῖν выйти замуж vdát se: аште жена поустивъши мѫжа си • і посагнетъ за інъ • прѣлюбы творитъ *Мк 10, 12 Зогр Мар* ▭ не посагъшиꙗ *в знач. прил.* ἡ ἄγαμος незамужняя neprovdaná, svobodná: непосагъшиꙗ бо печетъ сѧ о г⟨оспод⟩и *Супр 375, 26 (1 Кор 7, 34).— Ср.* беспосаган

ПОСАДИТИ, -саждѫ, -садиши *сов.* (14) καθίζειν, τιθέναι, ἀνακλίνειν, κατακλίνειν посадить posadit, usadit: і повелѣ імъ посадити ѩ вьсѧ *Мк 6, 39 Зогр Мар*; отъ плода чрѣва твоего • посаждѫ на прѣстолѣ твоемь *Пс 131, 11 Син.— Л 9, 14 и 15 Зогр Мар; Л 12, 37 Зогр Мар Ас Сав; Пс 112, 8 Син; Супр 8, 29; 555, 24.— Ср.* въсадити

ПОСАЖДАТИ, -ждаѭ, -ждаѥши *несов.* (1) συγκαθῆσθαι сажать, усаживать posazovat, usazovat: ѡчи мои на вѣрьныѩ землі • посаждаті съ собоѭ *Пс 100, 6 Син*

ПОСКРЪБѢТИ, -блѭ, -биши *сов.* (1) (поскръбѣти съ συλλυπεῖσθαι) почувствовать сострадание, пожалеть pocítit soustrast, politovat: жьдахъ иже со мъноѭ поскръбитъ *Пс 68, 21 Син.— Ср.* помиловати

ПОСКРЬЖЬТАТИ, -жьштѫ, -жьштеши *сов.* (2) βρύχειν заскрежетать zaskřípat: поскрежьщетъ на нь зѫбы своими *Пс 36, 12 Син.— Пс 111, 10 Син*

ПОСКѪДОУ *нареч.* (2) λιμώττων (!) мало, скудно poskrovnu, málo: съждѫ сьде • пѧтъıи дьнь не въкоушаѧ брашно • и тоже по скѫдоу *Супр 170, 9* ◆ поскѫдоу бъıти чесо ἐνδεὴς γίγνεσθαι нуждаться в *чем-л.* být potřebný *něčeho*: почто мѣриши моѭ добротѫ • каже тъı по скѫдоу бъıстъ *Супр 394, 12.— Ср.* мало, малъ (по малоу), скѫдо

ПОСЛОУЖЕНИѤ, -иꙗ *с* (1) ὑπηρεσία услуга, служба posloužení, služba: сътвори є... въ послоужение твоимъ рабомъ *Евх 21б 22.— Ср.* слоуженик, слоужьба

ПОСЛОУЖИТИ, -жѫ, -жиши *сов.* (34) [..лоужд.. *Зогр-пал* (1), ..жъ *Ен* (1)] λατρεύειν, διακονεῖν, δουλεύειν, ὑπουργεῖν, ἀνέχεσθαι, *вар.* ἀντέχεσθαι послужить posloužit: ницѩѩ възлоуби • и симъ доволно послоужи *Ен 23б 12*; г⟨оспод⟩и б⟨ог⟩оу твоемоу поклониши сѧ • і томоу ѥдиномоу послоужиши *Л 4, 8 Мар (Ø Зогр).— Зогр Мар Ас Сав Зогр-пал Боян Ен Евх Супр.— Ср.* поработати

послоуите *Супр 496, 23 см.* послоушати

ПОСЛОУХОВАТИ, -хоуѭ, -хоуѥши *несов.* (3) μαρτυρεῖν свидетельствовать svědčit: то само творимоѥ послоухоуѥ • ꙗко богъ ѥстъ сице хвалимъıи *Супр 324, 11.— Супр 324, 14-15; 389, 5.— Ср.* опослоушати, послоушьствовати, съвѣдѣтельствовати, съвѣстовати, съвѣстьствовати

ПОСЛОУХЪ, -а *м* (9) μάρτυς свидетель svědek: да по ѹстомъ двѣма послѹхома ли трьмъ • станетъ вьсакъ г⟨лаго⟩лъ *Мт 18, 16 Сав* (съвѣдѣтель *Мар Ас, Ø Зогр*) ◆ послоухъ сѧ творити, послоухъ бъıти комоу, чесомоу μαρτυρεῖν, μάρτυς γίγνεσθαι τινι свидетельствовать *о ком-л., чем-л.* svědčit, vydávat svědectví *o někom, o něčem*: сама сѧ послоухъ себѣ твориши *Супр 241, 20*; да сами послоуси бѫдѫтъ • мноѭ бъıваѭштиимъ чоудесемь *Супр 316, 26*; лъжи послоухъ *см.* лъжипослоухъ.— *Евх 48а 8-9; 67б 23; 83а 22-23; Супр 153, 22; 241, 23; 500, 27.— Ср.* съвѣдѣтель

ПОСЛОУШАНИѤ, -иꙗ *с* (25) **1.** ἀκρόασις, ἀκοή слушание poslouchání, naslouchání: ѡ послоушаньи намъ • і познаньи с⟨вѧ⟩таего д⟨оу⟩ха *Евх 60б 25* **2.** *собир.* ἀκροατήριον слушатели posluchačstvo: ѡ прѣчисто и хръстолюбьно послоушаниѥ *Супр 54, 15-16* **3.** ὑπακοή, ἐπιείκεια послушание, повиновение poslušnost: по повелѣнию же вѣчна б⟨ог⟩а въ послоушание вѣры • въ въсѣхъ ѩзыцахъ • познавъши сѧ *Рим 14, 25 Ен.— Ас Ен Евх Клоц Супр Рыл.— Ср.* покорение

ПОСЛОУШАТИ, -аѭ, -аѥши *несов./сов.* кого, чесо *или без доп.* (>200) [послоуите (!) *Супр* (1)] **1.** ἀκούειν, διακούειν, προσέχειν, ἀκροᾶσθαι, ἀνέχεσθαι, ἐφιστάναι, τὰς ἀκοὰς προσήκειν; (послоушаıаи ὁ ἀκροατής) слушать/послушать, выслушать poslouchat/poslechnout, naslouchat, vyslechnout: людье бо его вси дръжаахѫ сѧ • послоушаѭште его *Л 19, 48 Зогр Мар*; елико аште не приемлѭтъ васъ • ни послоушаѭтъ васъ *Мк 6, 11 Зогр Мар* ● ἐπακούειν, ἐπήκοος (!) внимать/внять (*молитве, просьбе*) slyšet/vyslyšet (*prosbu, modlitbu*): ı насъ молѧщиихъ сѧ послоушаи *Евх 62а 14* **2.** ὑπακούειν, πείθεσθαι, ἀκολουθεῖν, ὑποκύπτειν, εἴκειν, συγκατατίθεσθαι; (не послоушати παρακούειν) слушаться/послушаться, повиноваться, быть послушным poslouchat/poslechnout, být poslušný, uposlechnout: сь есть с⟨ы⟩нъ мои възлюбленъı • послоушаıте его *Мк 9, 7 Зогр Мар*; тебѣ послоушаетъ свѣтъ *Евх 4а 7*; иже аште послоушавъ васъ • помолитъ сѧ къ б⟨ог⟩оу *Супр 529, 19* **3.** μαρτυρεῖν свидетельствовать svědčit: вси послѹшашѧ его *Л 4, 22 Сав* (съвѣдѣтельствовашѧ *Мар*, сьвѣдѣтельствоваахѫ *Ас*, ∅ *Зогр*) □ лъжѫ послоушати *Мт 19, 18 Сав см.* лъжа.— *Зогр Мар Ас Сав Боян Син Евх Клоц Супр Зогр-лл.— Ср.* повиновати (повиновати сѧ), повинѫти (повинѫти сѧ), покаıати сѧ, покорити сѧ, послоушьствовати, слоушати, слъıшати, оуслъıшати

ПОСЛОУШЬЛИВЪ, -ъıи *прил.* (3) ὑπήκοος послушный, послушливый poslušný: ап⟨остоло⟩у г⟨лаго⟩лѭщю послоушъливомъ • вънимати г⟨лаго⟩лѧ *Евх 82б 11.— Евх 45б 2; Супр 480, 7*

ПОСЛОУШЬНИКЪ, -а *м* (2) ἀκροατής слушатель posluchač: послоушникъ бо ıесмъ чоудесемъ властельскомъ *Супр 501, 27.— Супр 433, 4*

ПОСЛОУШЬСТВО, -а *с* (1) μαρτυρία свидетельство svědectví: твоıе послоушьство нѣстъ истинъно *Супр 241, 21.— Ср.* повѣданиıе, съвѣдѣтельствиıе, съвѣдѣтельство

ПОСЛОУШЬСТВОВАТИ, -ствоуѭ, -ствоуıеши *несов./сов.* чьто; комоу; о комь *или без доп.* (10) μαρτυρεῖν, λέγειν свидетельствовать/засвидетельствовать, подтверждать svědčit, dosvědčovat/dosvědčit: равві... емоуже тъı послоушьствова • сь оубо кр⟨ь⟩щаетъ *И 3, 26 Ас* (съвѣдѣтельствова *Мар*, ∅ *Зогр*); аще бѫдет⟨ъ⟩ правед⟨ь⟩но покаалъ с⟨ѧ⟩... ı да послоушъствоуетъ емоу епис⟨ко⟩пъ *Евх 102а 12-13*; еже вiдѣ и слъıша • се послоушьствоуетъ *И 3, 32 Ас* (съвѣдѣтельствоуѹтъ *Мар*, ∅ *Зогр*); не бѣ ıемоу трѣбѣ да кто послоушъствоуıетъ о чловѣцѣ *Супр 404, 17.— Супр 53, 30; 69, 27-28; 72, 11-12; 128, 14-15; 283, 24; 482, 28.— Ср.* повѣдати, послоухoвати

послѣди *Зогр Мар Ас Сав см.* послѣдь

ПОСЛѢДОВАТИ, -доуѭ, -доуıеши *несов.* комоу, чесомоу; кого *или без доп.* (16) [..д..ашѧ *Унд* (1)] ἀκολουθεῖν, κατακολουθεῖν, ὁ σύνδρομος (!) следовать, идти вслед *за кем-л.*, провожать *кого-л.* následovat *někoho*, jít *za někým*: ı обрашть сѧ послѣдоуѭштюмоу народоу рече *Л 7, 9 Зогр Мар Ас* (по немь ходѧщюмоу *Сав*); възбраниxoмъ емоу • ѣко не послѣдова намъ *Мк 9, 38 Зогр Мар* (*нет Ас*); дажди намъ послѣдоуѭщинимъ • с⟨вѧ⟩тъıѩ ап⟨осто⟩лъı твоѩ • въ имѧ твое въставити сего • раба твоего *Евх 44а 6-7.— Зогр Мар Ас Унд Евх Супр.— Ср.* въслѣдовати, въслѣдьствовати, ити (въ слѣдъ кого ити), наслѣдовати, послѣдьствовати

ПОСЛѢДЪКЪ, -а *м* (2) τὰ ἔσχατα конец konec: на послѣдъкъ д⟨ъ⟩ни сихъ • г⟨лаго⟩ла намъ *Евр 1, 2 Ен* ◆ на послѣдъкъ ἐπ' ἐσχάτων в конце nakonec: заклинаѭ тѧ... въıпльцьшиимь сѧ отъ мариѩ дѣвицѧ • на послѣдокъ *Евх 52б 19-20.— Ср.* коньць, послѣдь, послѣдьн͡ии (послѣдьниıаıа), послѣжде

ПОСЛѢДЬ, ПОСЛѢДИ *нареч.* (38) [-дь *Зогр* (8) *Мар* (11) *Ас* (5) *Сав* (2) *Евх* (3), -ди *Зогр* (1) *Мар* (1) *Ас* (1) *Сав* (5)] ὕστερον, ἔσχατον, μετὰ ταῦτα впоследствии, позже, потом posléze, potom, později: ı поштъ сѧ дьнıı •к҃• ı ноштıı послѣдь възлака *Мт 4, 2 Зогр Сав*, послѣдı *Ас* (∅ *Мар*) ● *в знач. превосх. степени* позже всех nejpozději: послѣдь же в'сѣхъ ı жена оумрѣтъ *Л 20, 32 Зогр* (послѣжде *Мар*); *Мк 12, 22 Мар* (послѣжде *Зогр*) ◆ послѣдь грѧсти ἀκολουθεῖν следовать, идти вслед *за кем-л.*, провожать následovat, jít *za někým*: послѣдь грѧдѫште боѣхѫ сѧ *Мк 10, 32 Зогр Мар.— Зогр Мар Ас Сав Боян Евх.— Ср.* послѣдъкъ (на послѣдъкъ), послѣдьн͡ии (послѣдьниıе), послѣжде; послѣдь грѧсти *ср.* въслѣдовати, въслѣдьствовати, послѣдовати, послѣдьствовати

ПОСЛѢДЬН͡ИИ *прил.* (82) ἔσχατος, τελευταῖος, ὁ εἰς ὕστερον, παντελής (!) последний poslední: ı бѫдетъ послѣдьн͡ѣѣ льсть горьши пръвъıѩ *Мт 27, 64 Зогр Мар Ас, Супр 439, 23* ▭ послѣдьниıаıа *с мн. в знач. сущ.* τὰ ἔσχατα конец konec: ı бѫдѫтъ послѣдьн͡ѣѣ ч⟨лове⟩ка того • горьша пръвъıхъ *Мт 12, 45 Зогр*, послѣдьнѣ (!) *Мар*; послѣдьниıе *в знач. нареч. греч. нет* потом, впоследствии, наконец potom, posléze, nakonec: послѣдьн͡иıе же бѣсъ рече *Супр 554, 21* ◆ послѣдьниıаıа земли τὰ ἔσχατα τῆς γῆς край земли nejzazší končiny země: възносѩ облакъı отъ послѣдьниxъ землѩ *Пс 134, 7 Син.— Зогр Мар Ас Сав Син Евх Супр.— Ср.* коньчьнъ, сетьнъ; послѣдьниıе *ср.* послѣдъкъ (на послѣдъкъ), послѣдь, послѣжде послѣдьнѣ *Мт 12, 45 Мар см.* послѣдьнии

ПОСЛѢДЬСТВОВАТИ, -ствоуѭ, -ствоующи *несов.* (5) ἐπακολουθεῖν, παρακολουθεῖν следовать, идти вслед, провожать následovat, jít *za někým*, provázet: знаменьи же вѣроуѭштиимъ си послѣдъствоуѭтъ *Мк 16, 17 Мар Ас* (∅ *Зогр*); не твоимъ ли благовѣштениимъ дѣло послѣдьствова *Супр 249, 11-12.— Мк 16, 20 Мар Ас.— Ср.* въслѣдовати, въслѣдьствовати, ити (въ слѣдъ кого ити), наслѣдовати, послѣдовати, послѣдь (послѣдь грѧсти)

ПОСЛѢЖДЕ *нареч.* (17) ὕστερον, ἐσχάτως, τελευταίως, τελευταῖον, ἔσχατος (!), ὕστερος (!), τελευταῖος (!), δεύτερος потом, впоследствии, позже, наконец potom, posléze, později, nakonec, naposledy: послѣжде пришедъ • ı прьвѣе сѧ вѣньчавъ *Клоц 11б 33* ● *в знач. превосх. степени* позже всех nejpozději: послѣжде же вьсѣхъ оумрѣтъ ı жена *Мк 12, 22 Зогр* (послѣдь *Мар*); по вьсѣхъ исхождааше послѣжде *Супр 285, 11*; не покажи сѧ послѣжде инѣхъ владыцѣ *Супр 96, 15.— Зогр Мар Ен Клоц Супр.— Ср.* послѣдъкъ (на послѣдъкъ), послѣдьнии (послѣдьнеи), послѣдь

ПОСМИѤАТИ СѦ, -смѣѭ сѧ, -смѣюши сѧ *сов.* комоу, чесомоу *или без доп.* (9) **1.** ἐκγελᾶν, καταγελᾶν насмеяться *над кем-л.*, осмеять *кого-л.* vysmát se *někomu*: нı посмѣѭтъ мı сьѧ вразı моı *Пс 24, 2 Син; Евх 74б 10* **2.** ἐπιγελᾶν засмеяться zasmát se: ѣко посмѣѭште сѧ и порадоуѭште сѧ • игри мните тѣхъ погрѣшение *Супр 126, 9.— Пс 2, 4 Син; 36, 13 Син; 58, 9 Син; Супр 126, 26; 356, 20; 447, 18.— Ср.* въсмиѣати сѧ, поржгати (поржгати сѧ), просмиѣати сѧ

ПОСОБИѤ, -иѣ *с* (2) συμμαχία, σύμμαχος (!) помощь, содействие, союз (*в борьбе*) pomoc, spojenectví (*v boji*): не пособиѣ (*вм.* пособиѣ) въ брани творѧшта • не достоинъ (*вм.* достоино) • оубо се естъ богоу • кого бо и пособиѣ трѣбоуѥтъ х⟨ристо⟩с⟨ъ⟩ *Супр 463, 22 и 23.— Ср.* поможение, помощиѣ, помощь, поспѣшение

ПОСОБОВАТИ, -боуѭ, -боующи *несов.* (1) ἀντέχεσθαι сохранять, держать при себе (*для защиты, охраны от чего-л.*) zaštiťovat se *něčím*, přidržovat se *něčeho*: бесквръны съблюдъ... ризѫ же правьдѣ пособоуѩ • а поѣсъ мрьтвость тѣлоу *Евх 99а 7*

ПОСОХА, -ы *ж* (1) σπεῖρα (!) палка, дубина hůl, klacek: повелѣ... бити и • посохами *Супр 112, 5.— Ср.* дрьколь, жрьдь, палица

ПОСПѢТИ, -ѣѭ, -ѣюши *сов.* (3) [поспѣе... *Син* (1)] **1.** κατευοδοῦν достигнуть успеха, преуспеть uspět: господоу поспѣвъшоу коньчати дѣло *Супр 203, 15-16* ▭ поспѣти сѧ κατευοδοῦσθαι удаться zdařit se: (вьсе ели)ко сътворитъ поспѣе(тъ сѧ) емоу *Пс 1, 3 Син* **2.** въ чьто *греч. нет* дойти *до чего-л.*, прийти *к чему-л.*, попасть *куда-л.* dospět *někam*, *k něčemu*: поспѣлъ еси въ родъство огньное *Супр 158, 26.— Ср.* поспѣшити, оуспѣти

ПОСПѢХОВАТИ, -хоуѭ, -хоующи *несов.* (1) συμπράσσειν содействовать, способствовать, помогать přispívat, pomáhat: заклинаѭ тѧ б⟨о⟩гомь в'седрьжителемь... ап⟨осто⟩лы поспѣховавъшиимь *Евх 53б 13-14.— Ср.* помагати, поспѣшати, поспѣшьствовати, поспѣѣати, съдѣиствовати

ПОСПѢХЪ, -а *м* (1) ἐνέργεια способность, сила schopnost, síla: еже повелѣти тѣлеси поспѣхъ творити дѣтемь *Супр 249, 24*

ПОСПѢШАТИ, -аѭ, -аюши *несов.* (1) ἐνεργεῖν содействовать, способствовать, помогать přispívat, pomáhat: саоулъ даудомъ помагаѧ (*вм.* помагаемъ) • а тобоѭ поспѣшаемъ *Супр 389, 17-18.— Ср.* поспѣховати, поспѣшьствовати, поспѣѣати, съдѣиствовати, оуспѣвати

ПОСПѢШЕНИѤ, -иѣ *с* (5) **1.** προκόψαι успех, удача úspěch, zdar: дажди емоу... поспѣшение въ тѣлеси ıсплънениѣ *Евх 8а 17-18* **2.** συνεργός содействие, помощь přispění, pomoc: прьвое сътвореноуоумоу адамоу поновьение • веселиѥ поспѣшение *Супр 315, 4* **3.** σπουδή усилие, усердие úsilí, horlivost: ѣкоже (и въ) съдравии троудолю(б)ъвьныи по(с)пѣшении(м)ь г⟨осподь⟩нь дѣлес(ъ) показовати *Зогр-лл 1а 6-7.— Супр 370, 13; 535, 2-3.— Ср.* помощь, потъщание, спѣшение, съдѣиство, оуспѣхъ

ПОСПѢШИТИ, -шѫ, -шиши *сов.* (7) **1.** προκόπτειν достигнуть успеха, преуспеть uspět: ал'чъбоѭ и благыими дѣлы • поспѣшивъ • чьстьнъ ави сѧ... б⟨ог⟩оу *Супр 514, 11* **2.** εὐοδοῦν, ἐνεργεῖν помочь, содействовать přispět, pomoci, zdárně dovést (ke konci): ѡ г⟨оспод⟩ı поспѣши же *Пс 117, 25 Син; Клоц 1б 16-17* **3.** *с инф.* σπουδάζειν приложить усилие, постараться vyvinout úsilí, vynasnažit se: поспѣшимъ того подражати ѩзыка *Супр 382, 26* **4.** *греч. нет* поспешить pospíšit: не можааше оуже напрѣждъ поспѣшити *Супр 561, 5-6.— Евх 101а 24; Супр 447, 17.— Ср.* поспѣти, потъщати сѧ

ПОСПѢШЬНИКЪ, -а *м* (1) ἀρχηγός (!) помощник pomocník, spolupracovník: добрыимъ дѣломъ вѣра естъ поспѣшьникъ *Супр 315, 17-18.— Ср.* застѫпьникъ, помощьникъ, съпоспѣшьникъ

ПОСПѢШЬСТВОВАТИ, -ствоуѭ, -ствоующи *несов.* (3) συνεργεῖν способствовать, содействовать, помогать, споспешествовать přispívat, pomáhat: **поспѣшьствоуѭще м⟨о⟩л⟨и⟩м⟨ъ⟩** *2 Кор 6, 1 Ен.— Мк 16, 20 Мар Ас.— Ср.* **помагати, поспѣховати, поспѣшати, поспѣꙗти, съдѣиствовати**

ПОСПѢꙖТИ, -спѣѭ, -спѣѥши *несов.* **комоу** (1) *греч. нет* способствовать, содействовать, помогать přispívat, pomáhat: **могѫ поспѣѭщю ми х⟨рьст⟩оу** *Евх 82а 14.— Ср.* **помагати, поспѣховати, поспѣшати, поспѣшьствовати, съдѣиствовати**

ПОСРАМИТИ, -млѭ, -миши *сов.* (20) [**посра..** *Ен*] καταισχύνειν осрамить, посрамить zahanbit: **не посрами насъ • хвалѧщинхъ сѧ о тебѣ** *Евх 44а 11-12;* **не посрами мене отъ чааниѣ моего** *Пс 118, 116 Син* □ **п о с р а м и т и с ѧ** καταισχύνεσθαι, ἐπαισχύνεσθαι, ἐντρέπεσθαι, αἴδεσθαι постыдиться, устыдиться zastydět se: **да постыдѩтъ сѩ... і посрамѩтъ сѩ і погыбнѫтъ** *Пс 82, 18 Син;* **н е п о с р а м л ѥ н ъ** *в знач. прил.* непосрамленный nezahanbený, bez hany: **і ицѣли и отъ одръжащиѩ болѣзни • да непосрамленъ бѫдетъ** *Евх 27б 14-15.— Ен Син Евх Клоц Супр.— Ср.* **осрамити, постыдѣти сѧ**

ПОСРАМЛꙖТИ СѦ, -ꙗѭ сѧ, -ꙗѥши сѧ *несов.* (8) ἐντρέπεσθαι стыдиться stydět se: **посрамлѣѭтъ сѧ с⟨ы⟩на моего** *Мк 12, 6 Зогр Мар;* **ні посрамлѣѭтъ же сѩ о мьнѣ іскѫштеі тебе** *Пс 68, 7 Син.— Пс 34, 4 Син; 34, 26 Син; 39, 15 Син; 69, 3 Син; Супр 118, 13-14*

п о с р ѣ д о у *Супр см.* **посрѣдѣ**

ПОСРѢДЬНЬ, -ни *прил.* (1) (**посрѣдьнꙗ стѣна** μεσότοιχον) средний střední: **и како посрѣдьнѭ стѣнѫ разори** *Супр 463, 2.— Ср.* **срѣдьнь**

ПОСРѢДѢ, ПОСРѢДОУ *нареч. и предлог* (>100) [**посрѣдоу** *Супр* (15), **прѣсрѣдѣ** (!) *Син* (1)] **I.** *нареч.* **1.** *места* εἰς τὸ μέσον, ἐν μέσῳ в середине uprostřed, doprostřed: **въстани • і стани по срѣдѣ** *Л 6, 8 Зогр Мар Ас* **2.** *времени* μεταξύ между тем mezitím: **кажетъ же не мало врѣмѧ бѫдѫштеѥ пакы • ѥже посрѣдоу** *Супр 372, 8-9* **II.** *предлог с род. и дат.* ἐν μέσῳ, ἀνὰ μέσον, εἰς τὸ μέσον, μεταξύ, μέσος (!) среди, посреди uprostřed, doprostřed: **корабь же бѣ по срѣдѣ морѣ вълаѩ сѧ влънами** *Мт 14, 24 Зогр Мар Ас;* **въсхвалишѧ сѩ... посрѣдѣ праздьника твоего** *Пс 73, 4 Син* ● ἀνὰ μέσον, διὰ μέσου между středem, mezi: **онъ же прошьдъ по срѣдѣ іхъ іднѣаше** *Л 4, 30 Зогр Мар Ас;* **нъ грѣси ваши растоѩтъ посрѣдоу насъ и б⟨ог⟩а** *Супр 135, 20;* **посрѣдѣ настоѩштаѩ жизни и грѧдѫштаѩ** *Супр 451, 11;* **по срѣдѣ настоѩшти жізні** *Клоц 13б 37.— Зогр Мар Ас Сав Охр Унд Ен Син Евх Клоц Супр Рыл.— Ср.* **междоу, срѣда, срѣдѣ**

ПОСТАВИТИ, -влѭ, -виши *сов.* (>100) **1.** ἱστάναι, ἐφιστάναι, ἀνατείνειν, ἱδρύειν (ἡδρυμένος *вм.* ἱδρυμένος), πηγνύναι, ὀρθοῦν, ἐγείρειν, ἄγειν (!), ἀνιστάναι (!) поставить postavit: **і призъвавъ н⟨соу⟩съ отрочѧ • постави ѥ по срѣдѣ ихъ** *Мт 18, 2 Мар Сав,* **поставлъ** *Ас* (∅ *Зогр*) ● τιθέναι поместить umístit: **и абиѥ повелѣ на высоцѣ мѣстѣ прѣстолъ поставити** *Супр 146, 28* ● **прѣдъ цѣмь** παριστάναι τινι рекомендовать, сделать достойным představit, doporučit: **брашно насъ не поставитъ прѣдъ б⟨ого⟩мъ** *1 Кор 8, 8 Ен* **2. комоу чьто; кого кого** καθιστάναι, ἱστάναι, ἐφιστάναι, ἀναδεικνύναι, ποιεῖν, χειροτονεῖν, προχειρίζειν, προβάλλεσθαι, πιστεύειν (**поставлѥнъ быти** γίγνεσθαι) назначить, поставить ustanovit, určit: **човѣче • къто мѧ постави сѫдиѭ ли дѣлателѣ надъ вами** *Л 12, 14 Зогр Мар;* **молꙗаше поставити и попа** *Супр 286, 3;* **они же поставишѧ ѥмоу Л҃ сърѣбрьникъ** *Мт 26, 15 Зогр Мар Ас Сав; Клоц 5б 29-30; Супр 415, 9-10* **3.** (**въ правьдѫ поставити** disponere) устроить uspořádat: **врѣмѩ наше въ правьдѫ постави** *Киев 2б 6-7* ◆ **з а к о н ъ, п о б ѣ д ѫ, п р о с т ъ, т р а п е з ѫ п о с т а в и т и** *см.* **законъ, побѣда, простъ, трапеза.**— *Зогр Мар Ас Сав Боян Ен Син Киев Евх Клоц Супр.— Ср.* **въставити, положити, прѣдъпоставити, оуставити, оустроити**

ПОСТАВЛꙖТИ, -ꙗѭ, -ꙗѥши *несов.* (14) **1.** ἱστάναι, τιθέναι, προχειρίζεσθαι ставить, класть stavět, klást: **никтоже свѣтильника въжегъ покрываетъ съсѫдомъ • ли подъ одромъ поставлѣетъ** *Л 8, 16 Сав* (**полагаетъ** *Зогр, Ас,* **подълагаатъ** *Мар*) **2. кого кого; кого** *с инф.* καθιστάναι, ἀνθιστάναι назначать, устанавливать ustanovovat, určovat: **се поставьꙗѭ тѧ дьнесь и корениѥ ископати** *Супр 357, 13;* **пръвое б⟨ог⟩а поставлѣѭ послоуха** *Евх 67б 23;* **въсѣк(ъ) • бо архиерен... за чл⟨о⟩в⟨ѣ⟩кы поставлѣетъ сѧ ꙗж(е къ) б⟨ог⟩оу да приноситъ дары** *Евр 5, 1 Ен* ◆ **т р а п е з ѫ п о с т а в л ꙗ т и** *см.* **трапеза.**— *Мт 5, 15 Зогр Ас; Евр 7, 28 Ен; Пс 17, 34 Син; Супр 49, 25; 49, 28-29; 158, 27; 190, 18; 357, 20; 491, 18.— Ср.* **подълагати, полагати, ставꙗти**

ПОСТАВЛѤНИѤ, -ꙗ *с* (2) χειροτονία назначение ustanovení: **цѣсарь же о поставьѥнии епископа къснатинꙗ града... глагола** *Супр 202, 9.— Супр 286, 12*

ПОСТЕЛꙖ, -лѩ *ж* (4) στρωμνή, κοιτών постель lůžko, postel: **ли възлѣзѫ на одръ постелѩ моеѩ** *Пс 131, 3 Син* ● *перен.:* **чии сынъ се • иже въ моѩ ѫтробы постелі**

играк *Супр 242, 14-15.— Пс 6, 7 Син; 62, 7 Син.— Ср.* **ложе, одръ**

ПОСТИГНѪТИ, -нѫ, -нєши *сов.* (18) **1. на кого, въ комь** φθάνειν достигнуть dospět: **оубо постиже на васъ ц⟨ѣса⟩р⟨ь⟩с⟨тв⟩ьє б⟨о⟩жьє** *Л 11, 20 Зогр Мар*; **постіже же въ ніхъ гнѣвъ до коньца** (*1 Фес 2, 16*) *Клоц 3б 25-26* ● **чьто** достигнуть, добиться *чего-л.* dosáhnout *něčeho*: **да постигнетъ мѣрѫ съвръшениѣ** *Евх 99б 2* ● **кого** φθάνειν, συμφθάνειν, καταλαμβάνειν настигнуть, догнать dostihnout, dohonit: **да поженетъ оубо врагъ д⟨оу⟩шѫ моѭ • ı постігнетъ • ı поперетъ на земли животъ мoı** *Пс 7, 6 Син* **2. чьто** καταλαμβάνειν постигнуть, охватить postihnout, zasáhnout, zachvátit: **не бо постигнѫ стѣнь • юже вь нѥмь просвьтѣ сѧ немрьчемъıи свѣтъ** *Супр 322, 29-30* **3.** (**не постигнѫти** ἐπιλείπειν) хватить, быть достаточным stačit: **постигнетъ** (*вм.* **не постигнетъ**) **бо мѧ (по)вѣсти дѣжщѧ лѣта ѡ (гедео)нѣ** *Евр 11, 32 Ен.— Зогр Мар Ен Син Евх Клоц Супр.— Ср.* **довьлѣти, доити**[1], **досѧщи**

ПОСТИЖЕНИѤ, -ниꙗ *с* (2) κατάληψις достижение, *перен.* постижение dosažení, *перен.* pochopení: **бѣжимъ къıчениꙗ и славъı • имже истинъı постижениѥ прогонимо ѥстъ** *Супр 340, 13.— Супр 334, 7*

ПОСТИЛАТИ, -аѭ, -аєши *несов.* (11) στρωννύναι, ὑποστρωννύναι стелить, расстилать stlát, prostírat: **постилаахѫ ризъı своѩ по пѫти** *Л 19, 36 Зогр Мар; Мк 11, 8 Зогр (2) Мар (2).— Мт 21, 8 Мар Сав; Клоц 1а 36; Супр 341, 13; Супр 341, 18-19.— Ср.* **стьлати**

ПОСТИТИ СѦ, **пощѫ сѧ, постиши сѧ** *несов.* (65) [**пости..** *Евх* (1)] νηστεύειν, (εἶναι) ἐν νηστείᾳ поститься postit se: **по что мъı и фарисѣи постимъ сѧ мъного • а оученици твои не постѧтъ сѧ** *Мт 9, 14 Мар* (**∅** *Зогр*).— *Зогр Мар Ас Сав Евх Супр*

ПОСТОꙖНИѤ, -ниꙗ *с* (1) ὑπόστασις остановка, *перен.* твердая почва, опора zastavení, *перен.* pevná půda, pevné místo: **оуглебъ въ тімѣнiı глѫбиньı • ı нѣстъ постоꙗньѣ** *Пс 68, 3 Син*

ПОСТОꙖТИ, -стоѭ, -стоиши *сов.* (2) **1.** ἵστασθαι встать, *перен.* подняться postavit se, *перен.* vzchopit se: **съкроушѫ ıѧ ı не ıмѫтъ мощи ті постоѣті** *Пс 17, 39 Син* **2.** ὑφίστασθαι выдержать, устоять obstát: **аште безаконениѣ назьриши г⟨оспод⟩ı • г⟨оспод⟩ı къто постоітъ** *Пс 129, 3 Син*

ПОСТРАДАНИѤ, -ниꙗ *с* (1) *греч. нет* страдание utrpení, strast: **пожни же по ицѣлениі боле ⷽ҇ лѣтъ • ѫже съдравъ сътвори • ни ѥд'ного пострадан ьꙗ приимъ** *Супр 564, 28.— Ср.* **бѣда, мѫка**[2], **нѫжда, страданиѥ, страдьба, страсть**

ПОСТРАДАТИ, -страждѫ, -страждеши *сов.* (58) [**..адавша** *Ен* (1)] πάσχειν, ἀθλεῖν, ταλαιπωρεῖν, ὑφίστασθαι, ἐπίστασθαι (!); (**пострадати съ цѣмь** συμπαθεῖν) претерпеть страдания vytrpět, snést utrpení: **да много постраждетъ • ı оуничьжатъ ı** *Мк 9, 12 Зогр Мар* ◆ **пострадати мѫчениѥ** *см.* **мѫчениѥ**.— *Зогр Мар Ас Сав Охр Унд Ен Син Евх Супр.— Ср.* **потрьпѣти**

ПОСТРАШЕНИѤ, -ниꙗ *с* (1) *греч. нет* угроза hrozba: **боите сѧ прѣтъıканеи • прѣтъıкаемъıхъ вамъ • ı в'сѣхъ пострашенеи чл⟨овѣчь⟩скъ • страшѧщиихъ въı** *Евх 45б 13.— Ср.* **страхъ, оустрашениѥ**

ПОСТРАШИТИ, -шѫ, -шиши *сов.* (1) καταπτοεῖν устрашить, привести в ужас zastrašit, poděsit: **воѥвода же хотѧ ѥго пострашити • повелѣ прѣдь нимь положити мѫкъı** *Супр 48, 3-4.— Ср.* **оустрашити**

ПОСТРИГАТИ, -аѭ, -аєши *несов.* (1) ἀποκείρειν постригать (*об обряде пострижения*) stříhat, postřihovat (*o postřižinách*): **тъı раба твоего сего • постригаѭща къıкъı главъı своѥꙗ • или брадѫ своѭ... в'сѣми даръми твоими • оукраси** *Евх 8б 12-13.— Ср.* **пострицати, стрищи**

ПОСТРИЖЕНИѤ, -ниꙗ *с* (6) κουρά, τὸ κείρειν, τὸ κείρεσθαι, τὸ κουρεύειν; (**постриженниѥ власомъ** τριχοκουρία; **постриженниѥ брадѣ** πωγωνοκουρία) постриг, пострижение postřižiny: **мол⟨итва⟩ ѕ҃ на пострижение власомъ и брадѣ** *Евх 8б 2.— Евх 7а 1; 7а 7-8; 8а 3; 8а 17; 8б 24*

ПОСТРИЅАТИ, -аѭ, -аєши *несов.* (1) ἀποκείρειν постригать (*об обряде пострижения*) stříhat, postřihovat (*o postřižinách*): **главѫ твоѭ пострицаеши • ѣкоже текъла постриже сѧ павъломь** *Евх 86б 11.— Ср.* **постригати, стрищи**

ПОСТРИЩИ, -стригѫ, -стрижеши *сов.* (11) [**пострѣ-** *Евх* (7)] κείρειν, ἀποκείρειν, κουρεύειν; (**постригъıи сѧ** νεοφώτιστος) постричь (*об обряде пострижения*) postřihnout (*o postřižinách*): **б⟨о⟩же... заповѣдавъı аврамоу • пострѣщи главѫ рабоу твоемоу мельхиседекоу** *Евх 7а 4-5*; **приведѫт' постриженааго къ олътарю** *Евх 96б 20*; **приведѫтъ игоумена • и под⟨ъ⟩ємлѭщааг⟨о⟩ влас⟨ъı⟩ • хотѧщааг⟨о⟩ сѧ пострѣщи** *Евх 82а 5.— Евх 7б 21; 9а 17; 82а 2; 82а 8; 86б 11-12; 86б 16-17; 96б 12-13; 99б 23-24*

пострѣбити *Пс 43, 8 Син см.* **потрѣбити**

ПОСТРѢКАТИ, -аѭ, -аєши *несов.* (1) νύσσειν подстрекать, побуждать podněcovat: **нѣкоторими завистиѭ пострѣкаѥми • ѩзъıчьна**

и владьника и нарицаѭ (*вм.* нарицаѫ) *Супр 276, 23-24.— Ср.* поѹщати

пострѣщи *Евх см.* пострищи

ПОСТЪ, -а *м* (60) [по(с̃) *Ас* (11) *Ен* (3)] νηστεία, αἱ νηστεῖαι пост půst: а егда повѣст' сѧ постъ или бьдѣнье *Рыл 26β 36* ◆ свѧтыи постъ αἱ νηστεῖαι великий пост, четыредесятница velký půst, quadragesima: сѫб⟨ота⟩ ӗ с⟨вѧ⟩тааг⟨о⟩ поста *Ас 76б 11-12; Сав 76б 11.— Зогр Мар Ас Сав Ен Син Евх Клоц Супр Рыл.— Ср.* алъканиѥ, алъчьба, пощениѥ

ПОСТЫДѢТИ СѦ, -стыждѫ сѧ, -стыдиши сѧ *сов.* кого, чесо; о комь, чемь *или без доп.* (60) [постъждѫ сѧ (!) *Син* (1)] αἰσχύνεσθαι, ἐπαισχύνεσθαι, καταισχύνεσθαι, αἰδεῖσθαι, ἐντρέπεσθαι устыдиться; быть пристыженным zastydět se; být zahanben: постыдѧтъ сѧ с⟨ы⟩на моего *Мт 21, 37 Сав* (ѹсрамлѣѭтъ сѧ *Мар Ас Боян, ∅ Зогр*); да не постыдѧтъ сѧ о мнѣ трьпѧщеи тѧ г⟨оспод⟩и *Пс 68, 7 Син*; г⟨оспод⟩и да не постъждѫ (!) сѧ ѣко призъвахъ тѧ *Пс 30, 18 Син.— Зогр Мар Ас Сав Син Евх Клоц Супр.— Ср.* посрамити (посрамити сѧ), ѹстыдѣти сѧ

ПОСТЬЛАТИ, -стелѭ, -стелѥши *сов.* (9) στρωννύναι, ὑποστρωννύναι постлать, разостлать, устлать nastlat, prostřít, rozprostřít: мъножѣише же народи • постьлашѧ ризы своѩ по пѫти *Мт 21, 8 Мар Ас Сав* (∅ *Зогр*) ● στρωννύναι накрыть (на) стол, собрать на стол prostřít (na) stůl: і тъ вама покажетъ горьницѫ высокѫ • постьланѫ готовѫ *Мк 14, 15 Зогр Мар; Л 22, 12 Зогр Мар.— Супр 326, 15; 341, 21-22.— Ср.* настьлати, подъстьлати

ПОСТЬНИКЪ, -а *м* (4) νηστευτής, ἐγκρατευτής подвижник, постник postník, asketa: о... (ис)повѣдьницѣхъ • постьницѣхъ • і (в')сѣкомь д⟨ѹ⟩сѣ праведьнѣ *Служ 3б 4.— Ас 113бβ 27-28; 125а 26; Евх 92б 24.— Ср.* сѹхоѩдьць

ПОСТЬНИЦА, -ѧ *ж* (2) ἀσκήτρια подвижница, постница postnice, asketka: памѧтъ... с⟨вѧ⟩т⟨ы⟩хъ м̃ • женъ постьницъ *Ен 20а 14.— Евх 93а 2*

ПОСТЬНЪ, -ын *прил.* (2) τῶν νηστειῶν постный postní: егда ли бѫдетъ постьны д⟨ь⟩нь *Сав 147б 12.— Сав 73б 6*

ПОСЪЛАНИѤ, -нꙗ *с* (10) **1.** ἀποστολή посылание, посылка poslání, vyslání: ѡ посъланиі обѣма на десѧте *Зогр 129б 10; Мар 76б 6* **2.** ἐπιστολή послание, письмо list, dopis: къ евреѡмъ послание *Ен 5а 11.— Ен 7б 5; 14а 7; 27б 3; 36б 15; Евх 30а 15-16; 45б 1-2; Хил 2аа 4-5*

ПОСЪЛАТИ, -сълѭ, -сълѥши *сов.* (>400) [посъланание (!) *Син* (1), посьпосълавъшааго (!) *Ас* (1), пос.. *Зогр-пал* (1)] ἀποστέλλειν, ἐξαποστέλλειν, πέμπειν, καταπέμπειν, ἐπιπέμπειν, παραπέμπειν, προπέμπειν, ἀναπέμπειν, ἀποφέρειν (!), ἐξορίζειν (!), ἡ ἀποστολή (!) promittere (!) послать, ниспослать poslat, vyslat, seslat: се азъ посълѭ а⟨нъ⟩ꙉ⟨е⟩лъ мои прѣдъ лицемь твоімь *Мт 11, 10 Зогр Мар Ас Сав*; и видѣхомъ... ѣко ѡ⟨тъ⟩цъ посла с⟨ы⟩на своего • сп⟨а⟩сителѣ въсемоу мироу *1 Ио 4, 14 Ен*; посъли на нь милость твоѭ *Евх 44а 10*; цѣсарьствоуѭштоу диоклитианоу • заповѣдь посъла сѧ по вьсеи вьселенѣи *Супр 145, 1* ◆ посъланыи *в знач. сущ.* ὁ ἀπεσταλμένος, ὁ πεμφθείς посланец posel: да придетъ посъланыи и пониметъ насъ *Супр 137, 7.— Зогр Мар Ас Сав Охр Унд Боян Зогр-пал Ен Син Служ Киев Евх Клоц Супр.— Ср.* испоустити, поустити, прѣдъпосълати; посъланыи *ср.* анꙉелъ, сълъ

ПОСЪПАТИ, -съпѭ, -съпиши *сов.* (2) κοιμᾶσθαι поспать pospat si: посъпахъ съмѫщенъ *Пс 56, 5 Син.— Пс 67, 14 Син*

ПОСЫЛАТИ, -аѭ, -аѥши *несов.* (16) ἀποστέλλειν, ἐξαποστέλλειν, παραπέμπειν, ἐπιφοιτᾶν, ἐπομβρίζειν, *вар.* ἐπιμυρίζειν посылать, ниспосылать posílat, vysílat, sesílat: се азъ посылаѭ анꙉ⟨е⟩лъ мои *Л 7, 27 Мар* (посълѭ *Зогр*).— *Зогр Мар Ас Син Евх Супр.— Ср.* испоущати, отъпоущати, поущати, сълати

ПОСЫПАТИ, -плѭ, -плѥши *сов.* (2) καλύπτειν посыпать, засыпать posypat, zasypat: прьстиѭ посыпавъшемъ главы своѩ *Супр 108, 24-25.— Супр 217, 19.— Ср.* осыпати, просыпати

посьпосълавъшааго *И 4, 34 Ас 20аβ 18-19 см.* посълати

ПОСЬРЕБРИТИ, -брѭ, -бриши *сов.* (1) περιαργυροῦν посеребрить postříbřit: крилѣ голѫби посьребренѣ *Пс 67, 14 Син*

ПОСѢДѢТИ, -сѣждѫ, -сѣдиши *сов.* (1) καθίζειν (!) посидеть posedět: рекъ ѹченикомъ своимъ • посѣдите сьде *Евх 47а 1* (сѧдѣте *Мт 26, 36 Зогр Ас Сав*, сѣдѣте *Мар*; сѧдѣте *Мк 14, 32 Зогр Мар*).— *Ср.* сѣсти

ПОСѢКАТИ, -аѭ, -аѥши *несов.* (8) [покаѭтъ (!) *Ас* (1)] ἐκκόπτειν вырубать, срубать vysekávat, kácet: вьсѣко ѹбо дрѣво не творѧштее добра плода • посѣкаѭтъ *Л 3, 9 Зогр Мар Ас Сав; Мт 7, 19 Зогр Мар Ас.— Мт 3, 10 Ас.— Ср.* отъсѣкати, съсѣкати

ПОСѢНИТИ, -нѭ, -ниши *сов.* (1) ἐπισκιάζειν затемнить zastínit, zatemnit: плиштемъ хотѧште истинѫ посѣнити *Супр 433, 27.— Ср.* осѣнити

ПОСѢСТИ, -сѧдѫ, -сѧдеши *сов.* (4) προσαναβαίνειν пересесть, подвинуться poposednout: сѧди на послѣдьнимь мѣстѣ • да єгда придетъ зъвавы тѧ • речетъ ти • дроуже посѧди выше *Л 14, 10 Зогр Мар Ас Сав*

ПОСѢТИТИ, -сѣщѫ, -сѣтиши *сов.* кого, чесо (35) ἐπισκέπτεσθαι, διακονεῖν посетить navštívit: ѣко посѣти г⟨оспод⟩ь б⟨ог⟩ъ люди своıхъ *Л 7, 16 Зогр Мар Ас* ● *перен.*: посѣті насъ сп⟨асе⟩ньемъ твоıмъ *Пс 105, 4 Син.— Зогр Мар Ас Сав Син Служ Евх Супр.— Ср.* присѣтити

ПОСѢТОВАТИ, -тоуѭ, -тоуєши *сов.* (1) πενθεῖν оплакать oplakat: юношѧ ıхъ поѣстъ огнь • ı дѣвъ-ı-мъ не посѣтованы бышѧ *Пс 77, 63 Син.— Ср.* пожалити си

ПОСѢЩАТИ, -аѭ, -аєши *несов.* кого, чесо (3) ἐπισκέπτεσθαι посещать navštěvovat: чьто єстъ чл⟨овѣ⟩къ ѣко помьниши и • ли с⟨ы⟩нъ чл⟨овѣ⟩чь ѣко посѣщаеши его *Пс 8, 5 Син.— Пс 26, 4 Син; Евх 17б 18*

ПОСѢЩЕНИЄ, -ниꙗ *с* (6) ἐπισκοπή, ἐπίσκεψις, σκέπη посещение navštívení: ѡ... отъ б⟨ог⟩а посѣщеньи • ı помощи его *Евх 98а 20.— Л 19, 44 Зогр Мар; Клоц 13а 1; Супр 449, 4-5; 464, 9.— Ср.* навѣжденик, присѣщеник

ПОСѢЩИ, -сѣкѫ, -сѣчеши *сов.* (4) ἐκκόπτειν срубить, вырубить porazit (*strom*), pokácet: посѣци ѭ оубо (*т. е.* смоковьницѫ) *Л 13, 7 Зогр Мар.— Л 13, 9 Зогр Мар.— Ср.* исѣщи, отърѣзати, отъсѣкнѫти, отъсѣщи, съсѣщи, оусѣкнѫти, оусѣщи

ПОСѦЅАТИ, -сѧжѫ, -сѧжеши *сов.* (1) ψηλαφᾶν ощупать ohmatat: рѫцѣ имѫтъ и не посѧжѫтъ *Супр 104, 5* (не осѧжѫтъ *Пс 113, 15 Син*).— *Ср.* обискати[1], осѧгнѫти, осѧѕати, присѧгнѫти

ПОСѪДИТИ, -сѫждѫ, -сѫдиши *сов.* (2) ἐπικρίνειν рассудить, решить rozsoudit, rozhodnout: пилатъ же посѫди быти прошенье ıхъ *Л 23, 24 Зогр Мар.— Ср.* осѫдити, присѫдити

ПОСѪЖДЕНИЄ, -ниꙗ *с* (2) ἀνάπλασις (!) решение rozsudek, rozhodnutí: с⟨вѧ⟩ті апо⟨с-то⟩лі... таковое посѫжденье рекъше велью іспытанью • ı поштенью се съподобишѧ *Клоц 2б 20.— Супр 469, 18.— Ср.* осѫжденик

ПОТАИТИ, -таѭ, -таиши *сов.* (13) [потѣпѣ (!) *Зогр-лл* (1)] κρύπτειν, ἀποκρύπτειν скрыть, утаить zatajit, utajit, skrýt: не потаıхъ милості твоеѩ *Пс 39, 11 Син* □ п о т а к н ъ *в знач. прил.* κρυπτός, ἀπόκρυφος скрытый, тайный skrytý, tajný: два потаена оученика • съкріти ı⟨соу⟩са • въ гробѣ • градете *Клоц 14б 38; Супр 453, 26*; в ъ п о т а к н ѣ κατὰ τὸ λανθάνον тайно tajně: въ потѣпѣ (*вм.* потаенѣ) пьрѧ съ ними въздвижѫште *Зогр-лл 2а 14.— Мк 4, 22 Зогр Мар; Евх 68а 5; Клоц 14б 38; 14б 40; Супр 240, 28; 409, 18; 453, 25; 453, 28.— Ср.* съкрыти, оукрыти, оутаити; потакнъ *ср.* таинъ

ПОТАПЛꙖТИ СѦ, -ꙗѭ сѧ, -ꙗєши сѧ *несов.* (2) καταποντίζεσθαι, συμπνίγεσθαι (!) тонуть, утопать tonout: видѧ же вѣтръ лютъ оубоꙗ сѧ • и начѧ потаплѣти сѧ *Мт 14, 30 Сав* (оутапати *Зогр Мар Ас Боян*) ● *перен.*: слышавъшеи отъ печали богатьствомъ и сластьми житиїскыми потаплѣѭтъ сѧ *Л 8, 14 Сав* (подавлѣѭтъ сѧ *Зогр Мар Ас*).— *Ср.* оутапати

ПОТВОРИТИ, -рѭ, -риши *сов.* (1) *греч. нет* претворить přetvořit: ты запрѣти... диꙗвола • ı потвори (*вм.* потворьшааго?) твое созъдание *Евх 56а 14-15.— Ср.* прѣтворити

ПОТЕЩИ, потекѫ, потечеши *сов.* (6) ῥεῖν, πορεύεσθαι, ὠφελεῖν (!) потечь vytéci, začít téci: понеже прорази камень ı потѣшѧ воды *Пс 77, 20 Син*; рѣкы отъ чрѣва его потекѫтъ воды живы *И 7, 38 Ас* (ıстекѫтъ *Зогр Мар Сав*) ● *перен.*: приди юже • провѣи градъ ми • да потекѫтъ добрыѩ вонѩ *Супр 349, 16* (*Песнь 4, 16*).— *Пс 104, 41 Син; Евх 5б 8; Супр 421, 8-9.— Ср.* истещи, тещи

п о т ı *Л 9, 60 Ас см.* погрети

п о т ı *Пс 80, 14 Син см.* пѫть

ПОТИРЬ, -рꙗ *м* (1) *греч. нет* чаша, потир kalich, pohár, číše: п⟨о⟩пъ же въздвигъ потирь речетъ *Евх 11б 2.— Ср.* чаша

ПОТИТИ СѦ, пощѫ сѧ, потиши сѧ *несов.* (1) ἱδροῦν потеть, обливаться потом potit se: дроугъ дроуга порѣк(мъ) • потѧште сѧ *Супр 431, 10*

ПОТОКЪ, -а *м* (14) χείμαρρος **1.** поток proud; *перен.*: потоці безаконеньѣ съмѫтішѧ мѧ *Пс 17, 5 Син* **2.** ручей potok: ıзиде съ оученикы своими • на онъ полъ потока кедръска *И 18, 1 Мар Ас* (2) (острова *Зогр*, отока *Сав* (2).— *Пс 35, 9 Син; 73, 15 Син; 77, 20 Син; 82, 10 Син; 109, 7 Син; 123, 4 Син; 125, 4 Син; Евх 5б 8; Супр 284, 1-2; 301, 20*

ПОТОМЬ, ПОТОМЬЖЕ *нареч.* (>100) [потомь *Зогр* (5) *Мар* (6) *Ас* (5) *Сав* (1) *Син* (2) *Евх* (12) *Клоц* (3) *Супр* (22), потомьже *Зогр* (11) *Мар* (11) *Ас* (6) *Сав* (5) *Ен* (1) *Евх* (3) *Супр* (21), помь (!) *Охр* (1)] **1.** μετὰ τοῦτο, μετὰ ταῦτα, εἶτα, εἶθ' οὕτως, εἶτεν, ἔπειτα, τότε, καὶ τὸ λοιπόν, ἐν τῷ καθεξῆς, τὰ ἑξῆς, μετ' οὐ πολύ, μετὰ πλεῖστον χρόνον, οὕτως потом, затем, позже potom, pak, nato: вь себѣ бо землѣ плодитъ сѧ • прѣжде трѣвѫ по томь же класъ • по томь же пьшеницѫ въ класѣ *Мк 4, 28 Зогр Мар* □ п о т о м ь м а л о μετὰ μικρόν вскоре (после этого) zakrátko: и потомъ мало дошедъше воини • сташа прѣдъ воеводж *Супр 146, 19*; иже потомь ὁ μετέλειτα будущий budoucí: на показаник чѹдомъ (*вм.* чадомъ) • иже потомь какж полоучи благодать рабъ кго *Супр 300, 19*; бѫдѫщаꙗ потомь τὰ μετὰ ταῦτα будущее budoucnost: коупно же и себѣ оут'връждение • бѫдѫштиіхъ по томъ хотѧ притворити *Супр 525, 11* **2.** *в знач. союза* ἔπειτα, εἶτα далее, потом dále, pak: помышлѣѭште • еже є въ б⟨о⟩жі законъ • въписано... по томь же еже є въписано въ с⟨вѧ⟩та ев⟨а⟩нѣ⟨е⟩льѣ *Клоц 2а 6* ● не... потомь, ни... потомь οὐδὲ... ἔτι, οὐ... ἔτι, μή... ἔτι, μετὰ ταῦτα μή уже не, больше не už ne, více ne: не оубоіте сѧ отъ оубиваѭштіихъ тѣло • і не по томь не імѫштемъ • лиха чесо сътворити *Л 12, 4 Зогр*, не... и по томь не могѫштемь *Мар Ас Боян* □ потомь егда μετὰ τό *с инф.* после того как, когда když, až: нъ по томь егда въскръснѫ • варѭ вы въ галилеі *Мк 14, 28 Зогр Мар.— Зогр Мар Ас Сав Охр Боян Ен Син Евх Клоц Супр.— Ср.* прочее, сь (по семь)

ПОТОПИТИ, -плѭ, -пиши *сов.* (10) καταποντίζειν, κατακλύζειν, ἀπολλύναι (!) потопить, утопить potopit, utopit: и многащи і въ огнь въврьже • и въ водѫ да і бы потопилъ *Мк 9, 22 Сав* (би погоубилъ *Зогр Мар Ас*).— *Мт 18, 6 Мар; Пс 54, 10 Син; 68, 3 Син; 68, 16 Син; 123, 4 Син; Евх 5б 2; Евх 52а 26; Супр 77, 19-20; 472, 14.— Ср.* погрѫзити, оутопити

ПОТОПЪ, -а *м* (15) κατακλυσμός, ναυάγιον (!) потоп, наводнение záplava, potopa: и не оціютішѧ • доньдеже приде потопъ • и възѧтъ вьсѧ *Мт 24, 39 Ас* (2) (вода *Зогр Мар Сав*) ● *перен.*: сѫпасъшии жестосръдыѩ вьсѧ ѩзыкы • отъ потопа нечьстию *Супр 460, 18.— Мт 24, 38 Зогр Мар Ас (2) Сав; Л 17, 27 Зогр Мар; Пс 28, 10 Син; 31, 6 Син; Супр 191, 10; 400, 10; 400, 25.— Ср.* наводик

ПОТОПЬНЪ, -ыи *прил.* (1) τοῦ καταποντισμοῦ потопа *род.*; *перен.* пагубный potopy *род.*; *перен.* zhoubný, zkázonosný: възлюбилъ єси вьсѧ г⟨лаго⟩лы потопьнъіѩ *Пс 51, 6 Син*

ПОТОЧЬНЪ, -ыи *прил.* (1) τοῦ χειμάρρου потока, ручья *род.* potoka *род.*: глѫбинѫ же земьѩ обрѣтъше • и подъгорик поточьнок доуждевьнихъ водъ *Супр 301, 18-19*

ПОТРОУДИТИ СѦ, потроуждѫ сѧ, потроудиши сѧ *сов.* (1) ὑπεραγωνίζεσθαι потрудиться, порадеть (*устар.*) vynaložit námahu: еуфимоу архиепископоу къснѧтиниꙗ града • потроудивъшоу сѧ за нь *Супр 282, 7-8*

ПОТРЪГНѪТИ, -нѫ, -неши *сов.* (1): потръгнѫти съмыслъ ἐπισπᾶσθαι λογισμόν задумать pojmout myšlenku: нии (*вм.* инъ) же потръгнѫвъше безоумиꙗ съмыслъ • съвѣтъ на нь творѣахѫ *Супр 331, 21*

ПОТРЬЅАТИ, -аѭ, -аєши *несов.* (1) κόπτειν рвать, вырывать trhat, vytrhávat: видѣвъ же неблюдомѫ сѫштѫ нивѫ • прѣклони сѧ и потрьза не соумьнѧ сѧ *Супр 40, 29-30.— Ср.* въстръгати, въстрьѕати, трьѕати

ПОТРЬПѢТИ, -плѭ, -пиши *сов.* (19) [потръ- *Мар* (2) *Ас* (2) *Сав* (1) *Ен* (1) *Син* (8) *Евх* (1) *Супр* (1)] **1.** *без доп.* ἐπέχειν, ὑπομένειν проявить терпение projevit trpělivost: потръпи оубо чадо • и ѫзъкыи пѫть паче пространааго поч'ти *Супр 290, 25* ● на комь, о комь μακροθυμεῖν проявить терпимость *к кому-л.* projevit trpělivost, poshovět: потръпи на мънѣ *Мт 18, 29 Мар Ас*, потрьпи о мнѣ *Сав* **2.** *с инф. греч. нет* выдержать, стерпеть snést, strpět: потрьпи имѣ а не дѣло имѣти любодѣица *Супр 366, 29* **2.** кого, чьто; въ чьто ὑπομένειν подождать (*с терпением, с надеждой*) vyčkat (*trpělivě, s nadějí*): тръпѧ потръпѣхъ г⟨оспод⟩ѣ *Пс 39, 2 Син; Ен 36а 16*; потръпѣ д⟨оу⟩ша моѣ въ слово твое *Пс 129, 4 Син* ● *перен.*: ті пѧтѫ моѭ съхраньѧтъ • ѣкоже потръпѣшѧ д⟨оу⟩шѫ моѭ *Пс 55, 7 Син.— Мар Ас Сав Ен Син Евх Супр.— Ср.* дожьдати, пожьдати, сътрьпѣти

ПОТРѢБА, -ы *ж* (23) **1.** χρεία потребность, надобность, нужда potřeba, nutnost: по двою же дьнью или по трьхъ • кстьствъныѩ ради тѣлеси потрѣбъ ослабыѩ исхождааше ис пештеры *Супр 289, 8* ● πρᾶγμα надобность, дело záležitost: ꙗкоже ксть лѣпо житїискымъ потрѣбамъ *Супр 447, 19* ● *перен.* принадлежности potřeby: с⟨вѧ⟩ты же еп⟨искоу⟩пъ шъдъ коуп'но • съ потрѣбоѭ с⟨вѧ⟩тительстѣи слоужьбѣ *Супр 536, 29* □ потрѣба (ксть) комоу *с инф.*, на потрѣбѫ (ксть) *с инф. в знач. сказ.* χρεία (ἐστίν), τῆς χρείας, ἀναγκαῖον (ἐστίν); (нѣсть ми потрѣба οὐκ ἔχω) надо, необходимо je potřebí, je třeba, je nutno: потрѣба ксть решти *Супр 8, 23-24*; многа бо ти потрѣба тамо милость *Супр 373, 30*; едино же естъ на потрѣбѫ *Л 10, 42 Зогр Мар Ас* (на пользѫ *Сав*) □ потрѣбѫ имѣти *с инф.* χρείαν ἔχειν, ἀνάγκην ἔχειν долженствовать, быть должным být povinen: потрѣбѫ же імѣаше на вьсѧ праздьникы • отъпоуштати імъ единого *Л 23, 17 Зогр Мар* **2.** на потрѣбѫ быти εὔχρηστος εἶναι быть на пользу být k užitku, k prospěchu: видите пакы въвръжена невода • вьсе лі кже сьберетъ на потрѣбѫ ксть *Супр 127, 29*; на потрѣбѫ сътворити χρήσιμον καθιστάναι сделать полезным učinit užitečným: да ч'то ти быстъ да отиде отъ своего воиньства • а не паче себе оустрои ты •

и на потрѣбѫ сътворити • свѧтъıимъ цѣсаремъ *Супр 147, 15.— Зогр Мар Ас Супр.— Ср.* нѫжда, польза, потрѣбованиѥ, потрѣбьнъ (потрѣбьно ѥстъ), трѣбованиѥ; потрѣба ѥстъ *ср.* достоıати, подобати, лѣпъ (лѣпо ѥстъ), неволıа (неволıа ѥстъ), потрѣбьнъ (потрѣбьно ѥстъ), трѣба (трѣбѣ ѥстъ)

ПОТРѢБИТИ, -блѭ, -биши *сов.* (32) [постре- (!) *Син* (1)] ἐξολεθρεύειν, *вар.* ἐξολοθρεύειν, ἐξαλείφειν, ἐξαίρειν, καταισχύνειν (!) истребить, уничтожить, погубить vyhladit, potřít, zničit: в'сѭ болѣзнь потрѣбилъ еси *Евх 29а 6-7*; останьци же нечьстівъıхъ потрѣбıатъ сѧ *Пс 36, 38 Син* ● διακαθαίρειν, διακαθαρίζειν, φιλοκαλεῖν вычистить, прочистить pročistit, vyčistit: емоуже лопата въ рѫкоу его • ı потрѣбитъ гоумъно свое *Л 3, 17 Зогр Мар Ас Сав*; да идѣте копанте и потрѣбите *Супр 37, 23-24.— Зогр Мар Ас Сав Син Евх Супр.— Ср.* истрѣбити, иштистити, отрѣбити, оцѣстити, очистити, сътрѣбити, сътрьти

ПОТРѢБЛІАТИ, -блıаѭ, -блıаѥши *несов.* (1) ἐξολεθρεύειν, *вар.* ἐξολοθρεύειν истреблять, уничтожать hubit, ničit: егда потрѣблѣѭтъ сѧ грѣшьници оузьриши *Пс 36, 34 Син*

ПОТРѢБОВАНИѤ, -иıа *с* (1) χρεία потребность, необходимость potřeba, nutnost: подаѥтъ богъ • глаголѭштиимъ даръ • не властиѭ глаголѭштиихъ • нъ потрѣбованиıа дѣльма слоушаѭштиїхъ *Супр 312, 25.— Ср.* нѫжда, потрѣба, трѣбованиѥ

ПОТРѢБЬНО *нареч.* (1) χρησίμως как следует, надлежащим образом vhodně, podle potřeby: ı в'сѧ оудъı • потрѣбъно оустрои на немь *Евх 7б 12-13.— Ср.* лѣпота (съ лѣпотъı), подобьно, потрѣбьнѣ

ПОТРѢБЬНЪ, -ъıи *прил., сравн. ст.* потрѣбьнѣи (17) [..бнии *Рыл* (1)] **1.** ἀναγκάζων, τῆς χρείας; (потрѣбьнѣи ἀναγκαῖος καὶ κυριώτατος) нужный, необходимый, настоятельный potřebný, nutný, naléhavý: не вь сласть бо оуже тъ приметъ • прѣминѫвъ потрѣбьнъıѧ оуставъı *Супр 494, 30*; трѣбование естъ очию и ѩзыка и прочьнъıихъ ıаже сѫтъ потрѣбьнѣиша *Зогр-лл 1б 11* ▭ потрѣбьноѥ *с*, потрѣбьнаıа *с мн. в знач. сущ.* τὰ ἀναγκαῖα, τὸ χρειῶδες, τὰ δέοντα необходимое nutné, potřebné věci: комоуждо ихъ потрѣбьноѥ приноса *Супр 98, 20-21*; тъ и насъ • не тъчьѭ потрѣбънъıихъ • нъ изобильнъıихъ накръмитъ *Супр 290, 16-17*; потрѣбьно ѥстъ *с инф.* ἀναγκαῖον надо, следует, необходимо je zapotřebí, je nutno: тѣмь же потрѣбьно естъ въспомѣнѫти и сьде ап⟨осто⟩ла г⟨лаго⟩лавъша *Зогр-лл 1а 14* **2.** εὔκαιρος, χρήσιμος, χρησίμως (!) надлежащий, удобный, подходящий vhodný, příhodný: ı приключьшю сѧ дьни потрѣбьноу *Мк 6, 21 Зогр Мар Ас.— Зогр Мар Ас Евх Супр Рыл Зогр-лл.— Ср.* ключаѥмъ, нѫждьнъ, подоба, подобьнъ, польѕьнъ, строинъ; потрѣбьно ѥстъ *ср* потрѣба (потрѣба ѥстъ), трѣба (трѣбѣ ѥстъ)

ПОТРѢБЬНѢ *нареч.* (1) χρησίμως надлежащим образом vhodně: показание оудьное на много приваждаемо потрѣбьнѣ намъ оуташниıати прѣдълежѫштее *Зогр-лл 1б 6.— Ср.* лѣпота (съ лѣпотъı), подобьно, потрѣбьно

ПОТРѦСАТИ, -аѭ, -аѥши *несов.* (3) ἐκτραχηλίζειν, σαλεύειν, κατασείειν сотрясать, трясти, потрясать otřásat, potřásat: дръжитъ • ı потрѧсаетъ • ı отишаетъ горъı *Евх 55б 25.— Евх 55б 22; Супр 444, 9-10.— Ср.* сътрѧсати, трѧсти

ПОТРѦСТИ, -трѧсѫ, -трѧсеши *сов.* чьто; чимь (12) κατασείειν, δονεῖν сотрясти, потрясти otřást, zatřást: заклинаѭ тѧ... стлъпомь нечьстивъıхъ потрѧсъшемъ *Евх 52б 5* ◆ потрѧсти рѫкоѭ κατασείειν τὴν χεῖρα сделать знак рукой pokynout: потрѧсъ имъ рѫкоѭ ıд'ва ѧ стави глаголѧ *Супр 35, 12* ▭ потрѧсти сѧ σείεσθαι, σαλεύεσθαι сотрястись, содрогнуться otřást se, zatřást se: землѣ потрıасе сѧ *Пс 67, 9 Син.— Мт 21, 10 Мар Сав; Мт 27, 51 Зогр Мар Ас Сав; Пс 45, 7 Син; Евх 50б 25; Супр 454, 11.— Ср.* въстрѧсти сѧ, сътрѧсти

ПОТРѪСЬНЪ, -ъıи *прил.* (2) σεσαλευμένος сотрясенный setřesený: мѣрѫ добрѫ натъканѫ • ı потрѫсънѫ • ı прѣлиѥѭштѫ сѧ • [да]дадѧтъ на лоно ваше *Л 6, 38 Зогр Мар*

ПОТЪ, -а *м* (14) ἱδρώς пот pot: бъıстъ потъ его ѣко ı капли кръве *Л 22, 44 Зогр Мар Ас Сав* ● потъı *мн. перен.* ἱδρῶτες усилие námaha: даждь нъı подобьнѫ мьздѫ потъ нашихъ *Супр 513, 5.— Евх 47а 21; Супр 112, 18; 166, 24; 313, 14; 314, 16; 374, 20; 381, 24; 429, 26; 512, 28.— Ср.* троудъ

ПОТЪКНѪТИ, -нѫ, -неши *сов.* (16) **1.** πηγνύναι воткнуть zarazit, vetknout: тоу лѫштѫ своѭ потъкъ и ножь свои повръгъ *Супр 38, 3-4* **2.** потъкнѫти сѧ προσκόπτειν, προσκρούειν, προσπίπτειν споткнуться klopýtnout: аште къто ходитъ въ дьне • не потъкнетъ сѧ... аште ли... ноштиѭ потъкнетъ сѧ *И 11, 9 и 10 Зогр Мар Ас Сав.— Зогр Мар Ас Сав Клоц Супр.— Ср.* образити сѧ[1], напасти, припасти, приразити сѧ, прѣтъкнѫти

ПОТЪЩАНИѤ, -иıа *с* (3) **1.** σπουδή поспешность spěch: шъдъша же славьнаıа та мѫжа съ потъштаниѥмъ вь тьмницѫ *Супр 199, 3* **2.** προθυμία усердие, тщание horlivost: высокъ бѫдѫ потъштанимъ *Супр 332,*

19.— *Супр 294, 19-20.— Ср.* поспѣшеник, спѣхъ, спѣшеник, тъщаник

ПОТЪЩАТИ СѦ, -щѫ сѧ, -щиши сѧ *сов.* (20) **1.** σπεύδειν, ἐπισπουδάζειν, ἐπιταχύνειν поспешить pospíšit si: і потъштавъ сѧ сълѣзе • і прѩтъ і радоуѩ сѧ *Л 19, 6 Зогр Мар Ас* **2.** σπουδάζειν постараться vynasnažit se, vynaložit úsilí: како ннъи видѧщ(е ѩко) троуждаахѫ сѧ вь т(ъ)щаньи • толи не пот(ъ)щахом' сѧ *Рыл 56β 11-12.— Зогр Мар Ас Ен Син Евх Супр Рыл.— Ср.* подвигнѫти (подвигнѫти сѧ), поспѣти, поспѣшити

ПОТЪЧЕНИѤ, -ꙗ *с* (1) ὑποσκέλισμα спотыкание; падение klopýtnutí, pád: аште падетъ врагъ твои не порадоуи сѧ • и о потъчении кмоу не възноси сѧ *Супр 126, 20*

ПОТЫКАТИ, -аѭ, -акши *несов.* (1) διανύσσειν натыкаться vrážet: лактъı фомѫ потъıкаахѫ и намаꙗахѫ очима *Супр 502, 17.— Ср.* прѣтъıкати

п о т ь *Пс 79, 10 Син см.* пѫть

ПОТЬНЪ, -ъıи *прил.* (1) ἱδρωμένος потный potící se, zpocený: гонаше и къ ногама с⟨ва⟩тааго конона • троуднa и потъна отъ тагости *Супр 41, 17*

ПОТЬПѢГА, -ы *ж* (5) [подъпѣг- *Зогр* (1) *Мар* (1), подъбѣг- *Мар* (1) *Ас* (1)] ἀπολελυμένη отпущенная, разведенная жена propuštěná, zapuzená manželka: женѩи сѧ подъбѣгоѭ • прѣлюбы творитъ *Мт 19, 9 Мар Ас (нет Сав, ∅ Зогр).— Мт 5, 32 Зогр Мар; Клоц 2б 12.— Ср.* поущеница

п о т ѣ п ѣ *Зогр-лл 2а 14 см.* потанти

ПОТѢШИТИ, -щѫ, -шиши *сов.* (1) ὑπονοστεῖν подавить potlačit: да быхомъ обаштреник гнѣва • потѣштили и оуставили *Супр 407, 3.— Ср.* погнести, подавити

ПООУБОЖАТИ СѦ, -аѭ сѧ, -акши сѧ *несов.* (1) *греч. нет* делать себя бедным, нищим; унижаться dělat se ubohým, chudým; ponižovat se: доброродьнъ съı не пооубожаи сѧ самъ *Супр 163, 19.— Ср.* оубожати

ПООУВРЬЗЕНИѤ, -ꙗ *с* (1) κατάνυξις скорбь, сокрушение lítost: толико же кмоу бѣаше пооуврьзеник • ѩкоже сльзити кмоу зѣло *Супр 285, 16.— Ср.* оумиленик

ПООУМИТИ СѦ, -млѭ сѧ, -миши сѧ *сов.* (1) σωφρονεῖν поумнеть zmoudřet: пооумилъ ли сѧ кси ѹбо кодрате • или ни *Супр 117, 24-25*

ПООУСТИТИ, -оущѫ, -оустиши *сов.* (5) [поуст- *Супр* (2)] ἐπεγείρειν, ἀξιοῦν, ὑποβάλλειν, ἐλαύνειν поощрить, побудить, понудить povzbudit, pobídnout, vybídnout: многы пооустиша на мѫжьство обои *Супр 83, 11-12;* да и сего на покаание поустить (!) *Супр 359, 20* ● παραινεῖν наставить, поучить napomenout, poučit: подоба ти бѣ глаголати пооустити сьвѣтъ творити *Супр 377, 9.— Супр 37, 13-14; 188, 30.— Ср.* наоустити, наоучити, повадити

ПООУСТЬНЪ, -ъıи *прил., сравн. ст.* пооустьнѣи (1) πρόθυμος бодрый čilý, pohotový: кстъ зѣло старъ • и свѣтьлъ лицемъ и доушеѭ пооустьнѣи *Супр 302, 21.— Ср.* бъдръ, бъдрьливъ

ПООУЩАНИѤ, -ꙗ *с* (1) προθυμία усердие, готовность ochota, snaha: съ вьсѣмь пооуштаникмь и сьмѣренимъ слоужа *Супр 283, 30.— Ср.* пооущеник, оусрьдик

ПООУЩАТИ, -аѭ, -акши *несов.* (8) ἐγκελεύειν, παρεγγυᾶν; (пооущати на добро προθυμοποιεῖν) поощрять, побуждать, понуждать povzbuzovat, vybízet: си словеса оутѣшьнаꙗ • подаваѭште дроугъ дроугоу • и дроугъ дроуга пооуштаѭште *Супр 91, 29;* обычьнѫѭ молитвѫ съконьчавъше с⟨ва⟩тиї • начаша дроугъ дроуга пооуштати на добро *Супр 62, 20* ● ἰέναι, ἐμποιεῖν подговаривать, подстрекать navádět *(ke zlému):* или на смѣхъ пооущаѩ *Евх 54а 13-14* ● παραινεῖν наставлять, поучать napomínat, poučovat: да и нынꙗ пооуштаѭ та послоушаи мене *Супр 194, 13.— Супр 90, 18-19; 98, 24; 188, 16; 434, 5-6.— Ср.* казати, наоучати, пооучати, оувѣщавати

ПООУЩЕНИѤ, -ꙗ *с* (3) προθυμία усердие, готовность ochota, snaha: нъ обаче понеже пооуштеник показаша *Супр 378, 29.— Супр 374, 7; 441, 19.— Ср.* пооущаник, оусрьдик

ПООУЧАЛИВЪ, -ъıи *прил.* (1) διδακτικός поучающий, способный поучать poučující, schopný poučovat: безгнѣвьнъ • пооучаливъ • въ кротости оуча приходаштаѩ къ правѣи вѣрѣ *Супр 207, 22*

ПООУЧАТИ, -аѭ, -акши *несов.* (22) [поуоучати (!) *Мар* (1)] **1.** кого чимь παραινεῖν, ἀντιπαραινεῖν наставлять, учить nabádat, poučovat: кодратъ... пооучааше каѭштаѩ сѧ глаголꙗ *Супр 109, 10* **2.** п о оу ч а т и с ѧ въ кого, чьто; чесомоу; въ чемь; *с инф.* μελετᾶν; (пооучати сѧ прѣжде προμελετᾶν) рассуждать, размышлять rozjímat, uvažovat: і пооучаахъ сѧ въ заповѣдехъ твоіхъ *Пс 118, 47 Син;* на оутрънѣіхъ пооучаахъ сѧ въ тѧ *Пс 62, 7 Син;* дажди имъ в'сег'да • пооучати сѧ заповѣдемъ твоимъ *Евх 76 24-25;* положите оубо на срьдьцихъ вашихъ • не прѣжде пооучати сѧ отъвѣштавати *Л 21, 14 Зогр Ас Сав,* поуоучати сѧ (!) *Мар.— Зогр Мар Ас Сав Син Евх Супр.— Ср.* казати, наоучати, пооущати, проучати, оувѣщавати

ПООУЧЕНИѤ, -ꙗ *с* (14) **1.** παραίνεσις поучение poučení: прьвое сице бываетъ • пооучение *Евх 66б 2* **2.** μελέτη размышление, рассуждение přemýšlení, rozjímání: заповѣди твоꙗ поѹчение мое сѫтъ *Пс 118, 143 Син.— Пс 18, 15 Син; 38, 4 Син; 48, 4 Син; 118, 24 Син; 118, 77 Син; 118, 92 Син; 118, 97 Син; 118, 99 Син; 118, 174 Син; Евх 92а 2; Супр 495, 5; 548, 30*

поѹчениѥ (!) *Супр 517, 16 см.* поѹчити

ПООУЧИТИ, -чѫ, -чиши *сов.* (20) [поѹчи.. *Ен* (1), поѹ.. іт.. *Пс* (1), поѹчениѥ (!) *вм.* поѹченоѥ *Супр* (1)] **1.** κατηχεῖν научить poučit: поѹчивъ ѩ словесы многы *Супр 208, 6* **2.** поѹчити сѧ чесомоу, въ чемь μελετᾶν обдумать, рассудить uvážit, promyslit: нѫ въ законѣ г⟨оспод⟩ни волѣ его и въ законѣ его поѹчитъ сѧ д⟨ь⟩нъ и нощъ *Пс 1, 2 Ен,* поѹ.. іт.. *Син;* варисте очи мої къ ютрю • поѹчити сѧ словесемъ твоимъ *Пс 118, 148 Син* ▭ поѹченъіи *в знач. прил.* μελετηθείς задуманный zamýšlený: ꙗвивъши емоу лѫкавьнꙑихъ самарѣнъ... поѹчениѥ (! *вм.* поѹченоѥ) на правьднааго [и] въстаниѥ *Супр 517, 16.— Ен Син Евх Клоц Супр Рыл.— Ср.* наказати, наоучити

ПОХВАЛА, -ы *ж* (12) [..хвалоѫ *Ен* (1)] **1.** ἔπαινος, αἴνεσις, εὐφημία хвала, восхваление, похвала chvála, pochvala: ѿтъ тебе похвала моѣ въ црькъви велицѣ исповѣмь ти сѧ *Пс 21, 26 Син* ● *спец.* ἐγκώμιον похвальное слово, похвала chvalořeč, oslavná řeč, pochvala: с⟨вѧ⟩тааго василѣ... похвала о м҃ мѫченицѣхъ *Супр 82, 1* **2.** καύχημα слава, гордость sláva, chlouba, pýcha: ѣко похвала силы ихъ ты еси *Пс 88, 18 Син* **3.** εὐχαριστία благодарность, благодарение děkování, dík, díkůvzdání: (по)хвалоѫ прин(ошениꙗ ваша да) съказаѫтъ (сѧ къ богови) *Фил 4, 6 Ен.— Фил 4, 8 Ен; Пс 32, 1 Син; 70, 8 Син; 70, 14 Син; Супр 63, 12; 83, 24; 83, 26; 534, 13.— Ср.* благодарьствиѥ, благодарениѥ, похвалениѥ, слава, хвала, хвалениѥ

ПОХВАЛИТИ, -лѭ, -лиши *сов.* (26) [похвал.. *Ен* (1)] **1.** ἐπαινεῖν, αἰνεῖν, ἀνύμνειν, ὑμνεῖν похвалить, восхвалить, воздать хвалу pochválit, vzdát chválu: похвалите і вьси людие • ѣк(о) оутвръди сѧ милость его на насъ *Пс 116, 1 Син;* ц⟨ѣса⟩рь же вьзвеселитъ сѧ о б⟨о⟩ꙁѣ похвалитъ сѧ вьсѣкъ клънꙑи сѧ имъ *Пс 62, 12 Син* ▭ похваленъ *в знач. прил.* ἐπαινετός, ἐπαινούμενος похвальный, достойный похвалы chvályhodný: похвальна оубо ѥсть твоꙗ любы • нъ паче похвалено доуши твоѥи дръзновениѥ *Супр 456, 16* **2.** εὐχαριστεῖν поблагодарить poděkovat, vzdát díky: приемъ на вечери хлѣбъ • і похваль б⟨ог⟩а • і прѣломи • і дастъ оученикомъ своимъ *Евх 466 7* ▭ не похвалꙗ *в знач. прил.* ἀγνώμων (!) неблагодарный nevděčný: не бѫдѣмъ оубо не похвалѧште такого благодѣтелꙗ *Супр 494, 14* **3.** похвалити сѧ о комь; чемь καυχᾶσθαι, ἐπαινεῖσθαι, κρατεῖν похвалиться pochlubit se: о г⟨оспод⟩і похвалитъ сѧ д⟨оу⟩ша моѣ *Пс 33, 3 Син;* похвалѧтъ сѧ тобоѭ любѧщи-і-мѧ твое *Пс 5, 12 Син.— Зогр Мар Сав Ен Син Евх Супр.— Ср.* въздати (въздати хвалѫ); похваленъ *ср.* похвальнъ; не похвалѧ *ср.* невъзблагодатьнъ, похвалꙗти (не похвалꙗѩ)

ПОХВАЛЬНЪ, -ын *прил.* (7) [..ѣ *Ен* (1)] **1.** ἐπαινετός, ἐπαινούμενος, ἀξιέπαινος похвальный chvályhodný: похвальна оубо ѥсть твоꙗ любы *Супр 456, 15* **2.** εὐχαριστιος, εὐχαριστήριος благодарственный děkovný: похвальнꙑѩ пѣсни владꙑцѣ х⟨ристо⟩соу въсылаѭште *Супр 531, 9.— Фил 4, 8 Ен; Клоц 11б 26; Супр 65, 5; 454, 2; 530, 29.— Ср.* хвальнъ, благодарьствьнъ, добродарьствьнъ, похвалити (похваленъ)

ПОХВАЛꙖТИ, -ꙗѭ, -ꙗеши *несов.* (2) **1.** προανευφημεῖν хвалить, восхвалять, воздавать хвалу chválit, vychvalovat: ц⟨ѣ⟩с⟨а⟩рѣ і⟨здра⟩л⟨е⟩ва... похвалѣѭшта • д⟨оу⟩ховьнꙑми словесꙑ • і разоумомь *Клоц 1б 12* **2.** не похвалꙗѩ *в знач. прил.* ἀχάριστος неблагодарный nevděčný: въ зьлъ мѣсто добро дароваѩ • не похвалꙗѭштимъ тѣмъ и скврьньнꙑимъ чловѣкомъ *Супр 481, 22-23.— Ср.* хвалити; не похвалꙗѩ *ср.* невъзблагодатьнъ, похвалити (не похвалꙗ)

ПОХВАЛЕНИѤ, -ниꙗ *с* (3) **1.** ἐγκώμιον похвальное слово, хвала chvalořeč, pochvala: то бо ѥсть похвалениѥ мѫчениѥ' *Супр 83, 21* **2.** εὐχαριστία благодарение, благодарность, выражение благодарности děkování, poděkování, díkůvzdání: абьѥ обраштааше сѧ сь многомъ похваленимь *Супр 529, 2-3* **3.** *греч. нет* гордость, хвастовство chlouba, chlubení: не бꙑти вь немь винѣ николиже похваленьꙗ *Супр 570, 4.— Ср.* благодарьствиѥ, благодарениѥ, похвала, слава, хвала, хвалениѥ

ПОХВАТИТИ, похващѫ, похватиши *сов.* (3) δράσσεσθαι, ἐπιλαμβάνειν схватить uchopit, uchvátit: и похвативъши ноꙁѣ его плака сѧ горько *Супр 44, 6.— Супр 44, 20; 234, 20.— Ср.* въсхватити, въсхꙑтити, похꙑтити

ПОХВАЩАТИ, -щаѭ, -щаѥши *несов.* (1) συναρπάζειν захватывать, схватывать zachvacovat, uchvacovat: отъ многъ бо лѣтъ похващаше і (*т. е.* доухъ нечистъ) *Л 8, 29 Сав* (въсхꙑштааше *Зогр Мар,* похꙑтааше *Ас*).— *Ср.* въсхꙑтати, въсхꙑщати, имати, похꙑтати

ПОХОДА, -ы *ж* (1) *греч. нет* прогулка procházka: тъ ишедъ на походѫ подлъгъ рѣкѫ оуꙁърѣ издалече пльнъ великъ народа градѫштъ *Супр 146, 9*

ПОХОДИТИ, похождѫ, походиши *несов.* (6) **1.** ἔρχεσθαι, διέρχεσθαι, περιγυρεύειν; (походити нощиѭ διανυκτερεύειν) ходить, подходить, обходить chodit, přicházet, obcházet: похождаахѫ къ немоу • і г⟨лаго⟩лаахѫ *И 19, 3 Зогр* (прихождаахѫ *Ас Сав, нет Мар*); походѧштоу кмоу ноштиѭ *Супр 282, 25* **2.** πολιτεύεσθαι пребывать, жить pobývat, přebývat, žít: съ нами доухомь да походѧтъ *Супр 55, 27-28.— Супр 24, 5; 31, 28-29; 473, 18.— Ср.* ити, приходити, проходити, ходити

ПОХОТЬ, -и *ж* (38) ἐπιθυμία, ἐπιτήδευμα, θέλημα, ἐπανάστασις, ἔρως, τὸ ἐπιθυμῆσαι; (на похоть неистовъ ἐρωτομανής) cupiditas желание, влечение žádost, touha: блаженъ • іже ісплънитъ похоть своѭ отъ нихъ *Пс 126, 5 Син* ● вожделение, похоть žádostivost, chtíč: или на похоть неистовъ • или звѣздозьрець *Евх 54а 17* ◆ **похоть сътворити** τὸ ἱκανὸν ποιεῖν исполнить *чье-либо* желание, угодить učinit po vůli *někomu*, vyhovět: пилатъ же хотѧ народоу похоть сътворити • поусти імъ вараавѫ *Мк 15, 15 Зогр Мар.— Зогр Мар Ас Ен Син Киев Евх Клоц Супр.— Ср.* волꙗ, желѣник, жѧданик, пожеланик, похотѣник, хотѣник

ПОХОТЬНЪ, -ыи *прил.* (3) **1.** φιλήδονος сладостный, блаженный, наслаждения *род.* slastný, rozkoše *род.*: въ слъзахъ похотьныхъ *Евх 54а 13* **2.** ἐπιθυμητικός похотливый žádostivý, vilný: или въсточивъ • или похотенъ • или идолескъ *Евх 54а 15*; съгрѣшихъ... въпадаѭ... въ похотьнаа вьзьрѣниѣ • на стоужде лице *Евх 68б 2-3*

ПОХОТѢНИѤ, -ꙗ *с* (1) ἐπιθυμία желание, влечение žádost, touha, chtíč: хотѧшти кго оуловити • и на похотѣньк зъло с⟨вѧ⟩тааго привести *Супр 516, 18.— Ср.* волꙗ, желѣник, жѧданик, похоть, хотѣник

ПОХОТѢТИ, похоштѫ, похоштеши *сов.* комоу, чесомоу (1) *греч. нет* пожелать, почувствовать влечение být zachvácen chtíčem: видѧ чловѣчьскы добрыѩ женꙑ и дьштери • тѣмъ похотѧ *Супр 7, 19.— Ср.* въжделати, въжделѣти, въждѧдати, въсхотѣти

ПОХРИЗМИТИ, -млѭ, -миши *сов.* (2) μυρίζειν помазать миром pomazat vonnou mastí: варила естъ похризмити тѣло мое на погребение *Мк 14, 8 Зогр Мар.— Ср.* омазати

ПОХОУЛИТИ, -лѭ, -лиши *сов.* (10) **1.** λοιδορεῖν, προσδυσφημεῖν, ἐξουθενεῖν, ἐνυβρίζειν, ἀθετεῖν предать поношению, опорочить pohanět, potupit, znectít: аште похоуленъ благословьѭ *Супр 379, 25* **2.** μέμφεσθαι, ἐπιμέμφεσθαι осудить; предать проклятию pokárat; zavrhnout, zatratit: болѣзниѭ своеѭ • похоулилъ еси в'сѣкѫ болѣзнь *Евх 35б 21*; похоуливъ же крадъшааго о несытости кго *Супр 42, 10-11.— Евх 35б 24; Супр 39, 28; 165, 8-9; 172, 24; 190, 3; 395, 26; 426, 2.— Ср.* поносити, порѫгати

ПОХОУЛꙖТИ, -лꙗѭ, -лꙗкши *несов.* (1) ἀποδοκιμάζειν поносить, порочить hanět, opovrhovat: изволениемь нѣкоихъ прочьнаа ꙗко похоулꙗти *Зогр-лл 2б 11-12.— Ср.* хоулити, хоуловати

ПОХОУЛЕНИѤ, -ꙗ *с* (1) *греч. нет* порицание pokárání: годѣ же ми зѣло бѫдетъ прошеньк твок • и побѣжденьк и похоуленьк *Супр 544, 12.— Ср.* поносъ, поношеник, оукоризник

ПОХЫТАТИ, -аѭ, -акши *несов.* (1) συναρπάζειν схватывать, захватывать zachvacovat: многꙑ бо лѣтꙑ • похꙑтааше и (*т. е.* доухъ) *Л 8, 29 Ас* (въсхꙑштааше *Зогр Мар,* похваштааше *Сав*).— *Ср.* въсхꙑтати, въсхꙑштати, похваштати, хватати

ПОХЫТИТИ, -хꙑштѫ, -хꙑтиши *сов.* (4) ἁρπάζειν, συναρπάζειν схватить, захватить chytit, uchvátit: еда когъда похꙑтитъ і не бѫдетъ избавлѣѩи *Пс 49, 22 Син*; жър'ци... похꙑштъше и коупно съ воинꙑ • поставиша и прѣдъ анѳупатомъ *Супр 107, 9.— Пс 7, 3 Син; Супр 97, 26—27.— Ср.* въсхꙑтити, въсхватити, похватити

ПОХѪПИТИ, -плѭ, -пиши *сов.* (1) ἐπαγκαλίζεσθαι обнять obejmout: да приметъ и • і похѫпитъ • и защититъ *Евх 92б 13.— Ср.* охѫпити

ПОЩЕНИѤ, -ꙗ *с* (10) ἄσκησις, ἐγκράτεια воздержание, аскетизм zdrženlivost, askeze: елико сила можетъ • пощение тръпѣние • до съмръти *Евх 92а 6.— Евх 87а 9-10; 88а 25; 89а 26; 90а 19; 97б 20; 98а 25; Клоц 2б 21; Супр 497, 8; 497, 11.— Ср.* въздрьжаник, оудрьжаник

ПОЩѦДѢТИ, пощѧждѫ, пощѧдиши *сов.* кого, чесого; кого, чьто (14) [поште- *Син* (1)] φείδεσθαι, φυλάσσειν, φάναι (!) пощадить ušetřit: не поштѧдѧ отъ съмръті д⟨оу⟩шѧ іхъ *Пс 77, 50 Син*; пощѧдитъ сѧ храмъ с⟨вѧ⟩тааго твоего д⟨оу⟩ха *Евх 56а 22*; поштѧди оудовъ своихъ *Супр 269, 13.— Пс 18, 14 Син; 71, 13 Син; Супр 91, 19; 95, 21; 101, 5; 101, 24; 104, 22; 164, 23; 286, 13-14; 337, 22; 437, 5*

ПОЧИВАТИ, -аѭ, -акши *несов.* (19) ἀναπαύεσθαι **1.** ὑπνώσσειν, ἀναπαύλης μεταλαγχάνειν отдыхать, покоиться, почивать odpočívat: імаши мъного добро лежѧште на лѣта многа • почиваі • ѣждь пиі • весели сѧ *Л 12, 19 Зогр Мар Ас* (почиі *Сав*) ▭ **почиваѩи** *в знач. прил.* κεκοιμημένος почивший, покойный zesnulý: многа тѣлеса почиваѭштиихъ с⟨вѧ⟩тꙑхъ въсташѧ *Мт 27, 52 Зогр Мар,* почиваѭщиихъ *Сав* (почівъшихъ *Ас*) **2.** пребывать dlít, spočívat: почиваѩи въ с⟨вѧ⟩тыхъ • хвала и⟨здраи⟩лева *Евх 22а 5.— Зогр Мар Ас Сав Евх Супр*

ПОЧИСТИ[1], почьтѫ, почьтеши *сов.* (5) ἀναγιγνώσκειν, ὑπαναγιγνώσκειν прочесть přečíst: подаꙗше кн҃ижицѫ прѣподобьноуоумоу • онъ же примъ и почьтъ подиви сѧ възвѣштению *Супр 558, 30.— Супр 312, 26-27; 343, 29; 434, 24; 503, 8-9*

ПОЧИСТИ[2], почьтѫ, почьтеши *сов.* (22) [почьтеньемь *вм.* почьтенъıмъ *Клоц* (1)] τιμᾶν, εἶναι (!) почтить poctít, uctít: иже не почьтетъ о⟨ть⟩ца ли м⟨ате⟩ре своеꙗ *Мт 15, 6 Зогр Мар*; б⟨о⟩же нашъ • почетъı ч⟨лов⟩ка • по образоу своемоу *Евх 76 1* ◆ паче почисти προτιμᾶν предпочесть dát přednost: ѫзъкъи пѫть паче пространаего поч'ти *Супр 290, 26.— Зогр Мар Ас Сав Евх Клоц Супр*

ПОЧИТАНИѤ[1], -ниꙗ *с* (1) ἀνάγνωσμα чтение čtení: сего ради цръкъı наказаетъ • сего ради нъıнѣшьнѣꙗ оучительства • сего ради почитаниꙗ *Хил 26а 22.— Ср.* чьтение

ПОЧИТАНИѤ[2], -ниꙗ *с* (1) *греч. нет* почитание, почесть pocta: обыкла бо сѫт' почитаньꙗ • и частаꙗ благъıихъ съповѣданьꙗ *Супр 543, 28.— Ср.* почьтение, чьсть

ПОЧИТАТИ, -аѭ, -аеши *несов.* (6) ἀναγιγνώσκειν, κατατάσσειν (!), ἐντυγχάνειν (!) читать číst: дъва десѧти и осмь лѣтъ сътворихъ почитаѧ христосово еуаггелие *Супр 227, 14-15*; понеже почитаѭтъ сѧ вамъ • кн҃игъı сѫдинскꙑꙗ *Супр 127, 15-16.— Супр 123, 27; 227, 13; 271, 29-30; 274, 28.— Ср.* чисти[1]

ПОЧИТИ, -чинѫ, -чинеши *сов.* (15) **1.** ἀναπαύεσθαι, καταπαύειν, διαναπαύειν, ὑπνοῦν, ἀναψύχειν, ἀποσκιάζειν, ἡ ἀνάπαυσις (!) отдохнуть odpočinout si: въ мирѣ вькоупѣ оусънѫ и почиѫ *Пс 4, 9 Син; Евх 73а 23*; повелѣ на макъцѣемъ семъ одрѣ почити ми *Супр 118, 23* ● ἀναπαύεσθαι, κοιμᾶσθαι; (прѣжде почити προαναπαύεσθαι) почить zesnout: многаа тѣлеса почивъшихъ с⟨вѧ⟩тъихъ въсташѧ *Мт 27, 52 Ас* (почиваѭштихъ *Зогр Мар*, почиваѭщихъ *Сав*); покои... в'сѧ д⟨оу⟩шѧ • прѣжде почивъшѧꙗ *Евх 656 1*; х⟨ристо⟩с⟨ъ⟩ чловѣкъ бѣаше • и почи ꙗко ноуждьноѭ съмрьтью *Супр 136, 10* **2.** ἐπαναπαύεσθαι покоиться spočinout: аште ли бѫдѫтъ • с⟨ы⟩нове мира • почнетъ на немь миръ вашь *Л 10, 6 Зогр Мар.— Мк 6, 31 Зогр Мар; Л 12, 19 Сав; Пс 38, 14 Син; 54, 7 Син; Супр 18, 4; 38, 12.— Ср.* испочити

ПОЧРЬПАЛО, -а *с* (1) ἄντλημα черпак naběrák, čerpák: ни почръпала имаши • и стоуденецъ естъ глѫбокъ *И 4, 11 Мар* (почръпальника *Зогр Ас*).*— Ср.* почрьпальникъ

ПОЧРЬПАЛЬНИКЪ, -а *м* (2) ἄντλημα черпак naběrák, čerpák: ни почръпальника имаши • и кладѧзь естъ глѫбокъ *И 4, 11 Зогр Ас* (почръпала *Мар*).*— Ср.* почрьпало

ПОЧРЬПАТИ, -аѭ, -аеши *несов./сов.* (6) [почръ- *Зогр* (1) *Мар* (1) *Ас* (2) *Евх* (2)] ἀντλεῖν, ἀρύεσθαι черпать/начерпать čerpat/načerpat, nabírat/nabrat: приде жена... почръпатъ водъı *И 4, 7 Ас* (почрѣтъ *Зогр Мар*).*— И 4, 15 Зогр Мар Ас; Евх 5а 14; 66 16.— Ср.* почрѣти, чрьпати

ПОЧРѢТИ, почрьпѫ, почрьпеши *сов.* (11) ἀντλεῖν, ἀρύεσθαι начерпать načerpat, nabrat: почръпѣте нъıнѣ и принесѣте • архитриклинътови *И 2, 8 Зогр Мар Ас.— И 2, 9 Зогр Мар Ас; И 4, 7 Зогр Мар; Супр 312, 29; 550, 2; 551, 4.— Ср.* ищрьпати, начрьпати сѧ, почрьпати

ПОЧОУДИТИ СѦ, -чоуждѫ сѧ, -чоудиши сѧ *сов.* (1) ἐξίστασθαι удивиться, изумиться podivit se, užasnout: видѣхомъ и почоудихомъ сѧ *Супр 62, 14*

ПОЧОУТИ, почоуѭ, почоуеши *сов.* (6) αἰσθάνεσθαι, συναισθάνεσθαι, νοεῖν почувствовать pocítit: не ю ешт̑е почоу мѫжъ *Супр 112, 9* □ не почоуꙗ *в знач. прил.* ἀναίσθητος бесчувственный nevnímavý, netečný: сице бѣшѧ непочоуѭште и невѣгласи *Супр 417, 11.— Супр 43, 22; 192, 11; 245, 29; 336, 7.— Ср.* ощоутити; не почоуꙗ *ср.* бещоувьствьнъ, нечоувьствьнъ

почьтеньемь *Клоц 10а 10 см.* почисти[2]

ПОЧЬТЕНИѤ, -ниꙗ *с* (2) [почьт- *Клоц* (1)] ἡ τῆς τιμῆς ὑπερβολή честь, почесть čest, pocta: прѣспѣ же сьѭ добротѫ ч⟨лов⟩къ почьтеньемь досажденье почьтеньемь (*вм.* почьтенъıимъ) створь *Клоц 10а 9* ● προτίμησις уважение, почтение úcta, vážnost: по⟨чь⟩тение печально *Зогр-лл 26 5.— Ср.* почитание[2]

ПОЧЬТО *нареч.* (>100) διὰ τί, εἰς τί, τί, ἱνατί, τίνος ἕνεκεν, πῶς (!); (почьто есть *с инф.* τίς χρεία) почему, зачем, для чего, почто proč: по чьто съ мъıтари и грѣшьникъı ѣстъ *Мк 2, 16 Зогр* (что ѣко *Мар Ас*, что се ꙗко *Сав*); почто бѣ прослъзити *Супр 316, 5.— Зогр Мар Ас Сав Син Евх Клоц Супр.— Ср.* въскѫѭ, чьто

поѣ- *см.* поꙗ-

ПОꙖДАТИ, -аѭ, -аеши *несов.* (2) [поѣ- *Зогр* (1) *Мар* (1)] κατεσθίειν, *вар.* κατέσθειν (!) объедать vyjídat: поѣдаѭштеи домъı въдовиць • и непьштеваниемь • далече молѧште сѧ *Мк 12, 40 Зогр*, поѣдаѭштихъ *Мар.— Ср.* поглъщати

ПОꙖСАТИ, поꙗшѫ, поꙗшеши *сов. и* поꙗсаѭ, поꙗсаеши *несов.* (9) [поѣ- *Зогр* (2) *Ас* (3) *Син* (1) *Евх* (1)] ζωννύναι опоясать/опоясывать opásat/opásávat: егда же състарѣеши сѧ... инъ тѧ поѣшетъ *И 21, 18 Зогр Ас Сав* □ поꙗсати сѧ ζώννυσθαι опоясаться/опоясываться opásat se/opásávat se: поѣшетъ сѧ • и посадитъ ѩ • и мінѫвъ послоужітъ имъ *Л 12, 37 Ас* (прѣпоѣшетъ сѧ *Зогр Мар Сав*); бѫді емоу... ѣко поѣсъ імъже вынѫ поѣсаетъ сѧ *Пс 108, 19 Син.— И 21, 18 Зогр Ас Сав; Евх 97б 15-16.— Ср.* прѣпоꙗсати

ПОꙖСТИ, поꙗмь, поꙗси *сов.* (10) [поѣ- *Зогр* (2) *Мар* (1) *Син* (7)] κατεσθίειν, κατανέμειν съесть snı́st, sežrat: посъла на нѩ песьꙗ моухы и поѣсѩ ѩ *Пс 77, 45 Син* ● *перен.* κατεσθίειν, ἀναλίσκειν поглотить, погубить pohltit, strávit, zahubit: юношѩ іхъ поѣстъ огнь *Пс 77, 63 Син*; вьсѣкъ бо огнемь поѣстъ сѧ *Мк 9, 49 Зогр* (осолитъ сѧ *Мар*).— *Л 9, 54 Зогр Мар; Пс 20, 10 Син; 78, 7 Син; 79, 14 Син; 104, 35 Син* (2).— *Ср.* изѣсти, поглътити, пожрѣти², потрѣбити, сънѣсти

ПОꙖСЪ, -а *м* (20) [поѣ- *Зогр* (3) *Мар* (3) *Ас* (3) *Син* (1) *Евх* (2)] ζώνη пояс, кушак pás, opasek: і запрѣти імъ • да ничесоже не вьземлѭтъ на пѫть... ни п'иръ ни хлѣба • ни при поѣсѣ мѣди *Мк 6, 8 Зогр Мар* ◆ до поꙗса ἄχρι τῆς ζώνης до пояса do pasu: оученикы до поꙗса обнаживъ *Супр 432, 27.— Зогр Мар Ас Сав Боян Син Евх Супр*

ПОѨТИ, поимѫ, поимеши *сов.* (>100) **1.** παραλαμβάνειν, λαμβάνειν, προσλαμβάνειν, ἀναλαμβάνειν, ἀπολαμβάνεσθαι, κτᾶσθαι; (поѩти по силѣ ἀγγαρεύειν) взять (с собой) vzít (s sebou): отъ того часа поѩтъ ѭ оученикъ въ своѣ си *И 19, 27 Зогр Мар Ас* (3) *Сав* (2) *Боян*; і поемъ петра і оба с⟨ы⟩на зеведеова • начѧтъ скрьбѣти *Мт 26, 37 Зогр Мар Ас*, поимъ *Сав*; отъпоуштьше народъ • поѩшѧ и ѣкоже бѣ въ ладиі *Мк 4, 36 Зогр*, поѩсѧ *Мар*; и поимѫтъ и чрьньци • и постригѫтъ и *Евх 96б 12* ● взять (себе) vzít (si): рече же імъ пилатъ • поимѣте і вы *И 18, 31 Зогр Мар Ас Сав*; богатыи... поѩ телицѫ ништааго *Супр 360, 5* ● схватить, взять в плен chopit se, zajmout: поим'ше ѥдного съвѧзашѧ • веригами двоими *Супр 146, 4* ● отвести, увести odvést, vyvést: поѩтъ мѩ отъ водъ многъ *Пс 17, 17 Син*; ѡтъ доилиць поѩто-і *Пс 77, 71 Син* ● *перен.* καταλαμβάνειν охватить uchvátit, zachvátit: поимъ мѧ бестоудьꙗ бѣсъ *Супр 526, 3* □ поѩти (женѫ) γαμεῖν, ἐπιγαμβρεύειν (τὴν γυναῖκα), (γυναῖκα) λαμβάνειν жениться pojmout, vzít si (*za ženu*): седмь оубо братрьѩ бѣ • і пръвы поимъ женѫ оумрѣтъ *Л 20, 29 Зогр*, поемъ *Мар* **2.** ἐγκαλεῖν обвинить obvinit, obžalovat: приближивъ сѧ къ нимъ • нападе на на покмь ѧ и глаголѧ *Супр 32, 10.— Зогр Мар Ас Сав Боян Син Евх Супр*.— *Ср.* възѧти, отѧти, прнѩти

ПРАВИЛО, -а *с* (2) κανών **1.** правило, установление pravidlo, ustanovení: нъ оустави себѣ законъ и правило • да вь мѣрѫ вьсе творнши *Супр 496, 30* **2.** церковные правила, канон církevní zákon, kánon: ѣкоже и правила с⟨вѧ⟩т⟨ы⟩хъ о⟨ть⟩ць г⟨лаго⟩лѭт⟨ъ⟩ *Рыл 2аβ 21-22.— Ср.* законъ, правлѥниѥ

ПРАВИТЕЛЬ, -лꙗ *м* (1) ὁδηγός тот, кто ведет; предводитель, вождь vůdce, představený: ѡ болѣзни болѧштиим' • врачоу • вѣрѣ правителю *Супр 313, 9.— Ср.* вождь, наставьникъ

ПРАВИТИ, -влѭ, -виши *несов.* (4) ὁδηγεῖν направлять, указывать правильный путь, правильное направление ukazovat směr, správnou cestu: ведомъ бѣаше алеѯандръ правимъ дьвѣма аггелома *Супр 164, 7* ● *перен.* ὀρθοτομεῖν верно преподавать správně vykládat: потъщи сѧ себе искоушена • поставити прѣдъ б⟨ого⟩мъ дѣлателѣ непостыдъна • правѧща слово истинное *2 Тим 2, 15 Ен.— Служ 3б 19-20; Супр 403, 25.— Ср.* направлꙗти, наставлꙗти, оуправлꙗти

ПРАВЛѤНИѤ, -ниꙗ *с* (3) [правен- *Ен* (1)] **1.** κανών правило pravidlo: да хранниши ты мѣры • и данааго ти правьѥниꙗ (не) расказиши *Супр 383, 10-11* ● *спец.* монастырский устав řeholní pravidlo: и сице епискоупьство невольѭ принмъ • правьѥниꙗ чрьноризьскааго житиꙗ не измѣни *Супр 280, 16-17* **2.** εὐθύτης правильность, справедливость správnost, spravedlnost: жезлъ правению • жезлъ ц⟨ѣса⟩рьствиѣ твоего *Евр 1, 8 Ен.— Ср.* правило, правота, правость, правыни, правьда, оуправлѥниѥ

ПРАВО *нареч.* (6) ὀρθῶς правильно správně: оучителю вѣмь ѣко право г⟨лаго⟩леши • і оучиши *Л 20, 21 Мар* (правь *Зогр*).— *Л 7, 43 Сав; Л 10, 28 Ас; Супр 542, 27; 542, 28; Рыл 7бβ 29.— Ср.* правы, правь, правьда (въ правьдѫ, по правьдѣ), правьдьно, правѣ

ПРАВОВѢРИѤ, -ниꙗ *с* (2) ἡ ὀρθόδοξος πίστις истинная вера, правоверие pravá, správná víra: б⟨о⟩же... селѧ вь нихъ в'сѣко правовѣрие *Евх 44б 17.— Супр 302, 6.— Ср.* правъ (праваꙗ вѣра)

ПРАВОВѢРЬНО *нареч.* (2) *греч. нет* правоверно, согласно с истинным вероучением pravověrně, podle pravé, správné víry: покрылъ еси в'сѧ грѣхы... проповѣдаѭщиимъ тѧ правовѣрьно *Евх 27б 1.— Супр 538, 17*

ПРАВОВѢРЬНЪ, -ьнн *прил.* (16) ὀρθόδοξος, ὁ τῆς ὀρθοδόξου πίστεως правоверный pravověrný, pravé, správné víry: помани г⟨оспод⟩і (в)'се еписк⟨оу⟩пъство • правовѣрьное *Служ 3б 19.— Служ Евх Супр Хил*

ПРАВОСЛОВЬЦЬ, -а *м* (1) ὀρθόδοξος правоверный *в знач. сущ.* pravověrec, pravověrný: д⟨оу⟩ховъно праздєнъство • православєць • авлєно и свѣтъло ави сѧ *Евх 26 19*

ПРАВОСТЬ, -и *ж* (5) εὐθύτης правильность, справедливость správnost, spravedlnost: сѫдіті... людемъ правостиѭ *Пс 97, 9 Син.— Пс 44, 7 Син; 66, 5 Син; 110, 8 Син; 118, 7 Син.— Ср.* правлєниѥ, правота, правыни, правьда

ПРАВОТА, -ы *ж* (2): правоты *мн.* εὐθύτητες правильность, справедливость správnost, spravedlnost: храни незълобѫ і виждь правоты *Пс 36, 37 Син* ◆ правоты сѫдити εὐθύτητας κρινεῖν творить правый суд soudit spravedlivě: азъ правоты сѫждѫ *Пс 74, 3 Син.— Ср.* правлєниѥ, правость, правыни, правьда

правратити *Пс 77, 44; 77, 57 Син см.* прѣвратити

ПРАВЪ, -ын *прил.* (69) εὐθύς **1.** (въ правѫѭ (*т. е.* силѫ) ходити κατορθοῦν) прямой, ровный přímý, rovný: оуготоваіте пѫть г⟨осподь⟩нь • правы творите стьзѧ его *Мк 1, 3 Зогр Мар Ас Сав Боян*; і бѫдѫтъ стръпътънаа въ правѣ • і острнѣ въ пѫтн гладъкы *Л 3, 5 Зогр Мар Ас Сав* ● *перен.* прямодушный, искренний upřímný: і похвалѩтъ сѩ вьсі праві ср⟨ь⟩д⟨ь⟩цемъ *Пс 63, 11 Син* **2.** εὐθής, τῆς δικαιοσύνης правильный, справедливый správný, spravedlivý: оправъданъѣ г⟨осподь⟩нѣ права веселѩшта сръдьца *Пс 18, 9 Син* ▭ правага вѣра ἡ ὀρθόδοξος πίστις, ἡ ὀρθότομος πίστις, ἡ ὀρθὸς πίστις правоверие, истинная вера pravověrnost, pravá, správná víra: въ кротости оучѧ приходаштаѧ къ правѣи вѣрѣ *Супр 207, 23*; правага оученига (вѣры), оученига правыѩ вѣры δόγματα (церковные) догматы (církevní) dogmata: каа во польѕѣ еже вѣдѣти • о б⟨о⟩ѕѣ правага оученига добрѣ • а блѫдъ дѣати срамьнѣ *Хил 26β 10-11* ▭ право *с*, права *с мн. в знач. сущ.* δικαιοσύνη, εὐθύτης, τὰ εὐθεῖα справедливость spravedlnost: ѣко правъденъ г⟨оспод⟩ь и правъдѫ възлюбі • права відѣ лице его *Пс 10, 7 Син.— Зогр Мар Ас Сав Боян Ен Син Евх Супр Хил.— Ср.* правовѣрнѥ, правьдьнъ; правага вѣра *ср.* правовѣрнѥ

ПРАВЫ *нареч.* (1) καλῶς правильно správně: правы • блажєны павелъ г⟨лаго⟩лаше *Клоц 4б 24* (сь лѣпоты *Супр 412, 1-2*).— *Ср.* право, правь, правѣ

ПРАВЫНИ, -нѩ *ж* (3) εὐθύτης справедливость spravedlnost: тъи оуготова правынѭ *Пс 98, 4.— Пс 9, 9 Син; 16, 2 Син.— Ср.* правлєниѥ, правость, правота, правьда, правъ (право)

ПРАВЬ *нареч. и частица* (7) **I.** *нареч.* ὀρθῶς правильно správně: правь сѫдилъ єси *Л 7, 43 Зогр Ас* (правѣ *Мар*, право *Сав*) **II.** *частица* ἀμήν истинно, воистину vpravdě, věru: правь глаголѭ вамъ *Супр 358, 3* (аминь *Мт 18, 18 Мар Ас Сав*) ● *греч. нет* а именно totiž: правь въ истинѫ таци бѣшѧ *Супр 472, 15.— Л 10, 28 Сав; Л 20, 21 Зогр; Супр 2, 9.— Ср.* аминь, быти (бѫдетъ), право, правы, правѣ

ПРАВЬДА, -ы *ж* (>100) **1.** δικαιοσύνη, δίκαιον, εὐθύτης iustitia справедливость spravedlnost: іштѣте же прѣжде ц⟨ѣса⟩р⟨ь⟩ствиѣ б⟨о⟩жиѣ • і правъды его *Мт 6, 33 Зогр Мар Ас Сав; Супр 290, 24* ● *перен.*: нога моѣ ста на правъдѣ *Пс 25, 12 Син* ◻ въ правьдѫ, по правьдѣ, правьдоѭ δικαίως, ἐν δικαιοσύνῃ, ὑπὲρ δικαιοσύνης, ἐν εὐθύτητι; (правьдоѭ бесѣдовати δικαιολογεῖν; въ правьдѫ поставити disponere) справедливо, по правде spravedlivě, právem: тъ сѫдітъ въселенѣи въ правьдѫ *Пс 9, 9 Син*; азъ же правъдоѭ авлѭ сѩ [л]ицю твоемоу *Пс 16, 15 Син*; врѣмѩ наше въ правьдѫ поставі *Киев 2б 6-7*; по правьдѣ нарече сѧ артемонъ *Супр 226, 27*; без оума оубо обилиѥмъ бесѣдоукшн ѡ чловѣчине • а не правьдоѭ *Супр 365, 14*; без правьды ἀδίκως несправедливо nespravedlivě, neprávem: постыдѩтъ сѩ грьдиі ѣко бес правъды беззаконьноваша на мѩ *Пс 118, 78 Син* **2.** δικαίωμα, ἐντολή установление, принцип ustanovení, zásada: закона твоего раді съхраніхъ правъды твоѩ *Клоц 2а 6* **3.** ἀλήθεια истина, правда pravda: что оубо речеши о правьдѣ *Супр 250, 26* ◻ въ правьдѫ ὄντως воистину, вправду opravdu, vpravdě, vskutku: въ правдѫ дивъно чоудо таинааго • въ прав'дѫ страшьна таина *Супр 248, 29 и 30.— Зогр Мар Ас Сав Ен Син Киев Евх Клоц Супр Хил Рыл Зогр-лл.— Ср.* истина, оправьданиѥ, правило, правлєниѥ, правость, правота, правъ (право), правыни, рѣснота, оуправлєниѥ, оуставъ; въ правьдѫ *ср.* правь, правы, правѣ, правьдьно

ПРАВЬДИВЪ, -ын *прил.* (29) δίκαιος; (правьдивъıи сѫдии δικαιοκριτής) справедливый spravedlivý: чл⟨овѣ⟩къ сь правьдивъ • и бо⟨го⟩чьстивъ *Л 2, 25 Ас Сав* (правьдьнъ *Зогр Мар*, правъд.. *Боян*) ▭ правьдивыи *в знач. сущ.* ὁ δίκαιος праведник, праведный человек spravedlivý člověk: нич'тоже тебѣ и правьдивоуоумоу томоу *Супр 434, 7* (правьдьникоу *Мт 27, 19 Зогр Мар Ас Сав*).— *Ас Сав Евх Супр.— Ср.* правъ, правьдьнъ

ПРАВЬДЬНИКЪ, -а *м* (84) [праве(д) *Ас* (1), паве- (!) *Зогр* (1), ..ведникъ *Ен* (1), ..ма *Ен* (1), ..равед.. *Ен* (1)] δίκαιος, ἅγιος (!), μάρτυς (!), ὁ τοῦ θεοῦ δοῦλος (!), ἀοίδιμος (!), ὁ τῶν νόμων ὅρος (!); (пръвыи правьдьникъ πρωτοδίκαιος) праведник spravedlivý člověk: неповиннъ есмь • отъ кръве сего правьдьника *Мт 27, 24 Зогр Евх 49б 6* (праведънааго *Мар Ас*, правьдьнаго *Сав*); помяни пилацьжж оубоѣвъшж сѧ • праведьника и⟨соу⟩са *Евх 49б 2-3.— Зогр Мар Ас Сав Ен Син Евх Клоц Супр.— Ср.* правьдивъ, правьдьнъ

ПРАВЬДЬНИЧЬ *прил.* (10) τοῦ δικαίου, τῶν δικαίων праведника *род.* spravedlivého *rod.*: оучини д⟨оу⟩хъ ихъ • в' селѣхъ праведьничихъ *Евх 64б 20-21.— Мт 10, 41 Зогр* (2) *Мар* (2) *Ас* (2) *Сав* (2); *Пс 93, 21 Син*

ПРАВЬДЬНО *нареч.* (3) **1.** δικαίως справедливо spravedlivě, právem: праведъно • и живымъ і мрътвымъ сѫдитель ѣвлѣетъ сѧ *Клоц 11а 1* **2.** *греч. нет* правдиво, искренне opravdově, upřímně: аще бѫдет⟨ъ⟩ правед⟨ь⟩но покаалъ с⟨ѧ⟩ *Евх 102а 11.— Пс 7, 10 Син.— Ср.* право, правы, правѣ

ПРАВЬДЬНЪ, -ыи *прил.* (>100) **1.** δίκαιος, τῆς δικαιοσύνης, ἔνδικος, εὐθύς справедливый, праведный spravedlivý: тако и вы вьнѣѫдоу оубо авлѣате сѧ чл⟨о⟩в⟨ѣ⟩комъ праведьни *Мт 23, 28 Мар* (∅ *Зогр*) □ правьдьныи *м в знач. сущ.* ὁ δίκαιος праведник spravedlivý člověk: не повиненъ есмъ отъ кръве сего праведънааго *Мт 27, 24 Мар Ас*, правьдьнаго *Сав* (правьдьника *Зогр*); правьдьнаꙗ *с мн.* quae recta sunt справедливость spravedlnost: да възможемъ правьдьнаѣ твоѣ наслѣдовати *Киев 5а 7-8* **2.** ἀκριβής (!) истинный, правильный, надлежащий pravý, správný, náležitý: вида себе отъ многы благыѩ дѣтѣли мѫжа и правьднааго житиꙗ на мнозѣ прогонима *Супр 514, 21* □ правьдьнаꙗ вѣра *греч. нет* правоверие, истинная вера pravověrnost, pravá, správná víra; бѫди ми подавъи силѫ... съ праведъноѭ вѣроѭ *Евх 72б 8-9.— Зогр Мар Ас Сав Унд Боян Ен Син Служ Киев Евх Клоц Супр Рыл.— Ср.* истиньнъ, истовъ, правъ, правьдивъ, рѣснотивьнъ

ПРАВѢ *нареч.* (2) ὀρθῶς правильно správně: правѣ отъвѣшта *Л 10, 28 Зогр Мар* (право *Ас*, правъ *Сав*).— *Ср.* право, правы, правь, правьдьно

ПРАГЪ, -а *м* (2) φλιά поперечный (*здесь*: верхний) косяк (*двери*) veřej, ostění: кровьѭ сего овьч(ѧ)те помазахъ прагы двьрии *Клоц 6б 34.— Супр 332, 2*

ПРАДѢДЪ, ПРѢДѢДЪ, -а *м* (3) [прѣ- *Евх* (2)] πρόγονος; (прадѣдъ христосовъ χριστοπάτωρ) прадед, предок praděd, předek: б⟨о⟩же посѣщен аврама • прѣдѣда нашего *Евх 17б 20-21.— Евх 93б 13; Супр 460, 20.— Ср.* дѣдъ, отьць, праотьць

ПРАЗДЬНИКЪ, -а *м* (88) [празник- *Сав* (6), пра(з)ни(к) *Ас* (2)] ἑορτή праздник, празднество svátek, slavnost: и хождаашете родителѣ его • по вьсѣ лѣта въ и⟨ероусали⟩мъ • въ праздьникъ пасцѣ *Л 2, 41 Зогр Мар Ас*, въ празникъ *Сав* ◆ любивыи праздьникомъ *см.* любивъ.— *Зогр Мар Ас Сав Боян Ен Син Евх Клоц Супр Рыл.— Ср.* годъ, праздьниствик, праздьньство, тръжьство

ПРАЗДЬНОВАТИ, -ноуѭ, -ноуеши *несов.* (24) [празъно- *Син* (1)] **1.** σχολάζειν, ἀργεῖν быть свободным, праздным, ничего не делать mít prázdno, být volný, zahálet: праздъноваахѫ • понеже бѣаше великаа сѫбота *Супр 125, 29-30* □ праздьноуѩи *в знач. сущ.* ὁ ἀργῶν бездельник zahaleč, povaleč: нъ не толика тъштета тъчиѭ праздъноуѭштоуоумоу • нъ несътрьпѣтиꙗ мѫжа *Супр 377, 30* **2.** о чемь ἀσχολεῖν посвящать свое время, отдаваться *чему-л.* uvolňovat se, propůjčovat se *k něčemu*, věnovat čas *něčemu*: иже бо о том' праздьновати и радовати сѧ • и прилпѣти ничтоже нѣ того горе *Супр 447, 13* **3.** ἑορτάζειν, συνεορτάζειν, πανηγυρίζειν; (коупьно праздьновати συμπανηγυρίζειν) праздновать slavit, oslavovat: и а⟨н⟩ѣ⟨е⟩ли съ ч⟨ловѣ⟩кы праздъноуѭтъ *Евх 1б 14-15*; дольнии небесънымъ веселиемъ... коупно праздьноуѭште зовѣахѫ *Супр 322, 12.— Ен Син Евх Клоц Супр.— Ср.* праздьнъ (праздьнъ быти), праздьньствовати

ПРАЗДЬНЪ, -ыи *прил.* (23) [празн- *Сав* (3) *Супр* (1)] **1.** σχολάζων пустой, незанятый, праздный prázdný: обрѧштетъ праздьнъ (*т. е.* храмъ) • пометенъ и оукрашенъ *Мт 12, 44 Зогр Мар* ● *перен.* ἀργός праздный, излишний prázdný, zbytečný: вьсѣко слово праздьно • еже аште рекѫтъ ч⟨ловѣ⟩ци *Мт 12, 36 Зогр Мар Ас*, г⟨лаго⟩лъ праздьнъ *Сав*; о праздьнѣ словеси *Рыл 26а 3* ● бессильный bezvládný: празнѫ и соухѫ рѫкѫ вь праздьнъ дьнь на дѣло простьрѣ *Супр 396, 14* **2.** ἀργός, ἐν ἀργίᾳ праздный, ничего не делающий zahálející, nečinný: видѣ иныи на тръжищи стоѩшта праздъны *Мт 20, 3 Мар Ас Боян*, празны *Сав* (∅ *Зогр*) □ праздьнъ дьнь ἡμέρα ἀργίας свободный, нерабочий день volný, nepracovní den: ꙗко вь дьнь сѫботънъи чловѣка ицѣли • и празнѫ и соухѫ рѫкѫ вь праздьнъ дьнь на дѣло простьрѣ *Супр 396, 15*; праздьнъ быти σχολάζειν, ἀργεῖν быть свободным, не быть занятым, иметь (свободное) время mít čas, být volný: нѣсмъ празденъ азъ ино дѣло имамъ *Супр 172, 3* **3.** праздьнъ быти чесо; отъ чесо ἔρημον εἶναι, ἄμοιρον εἶναι нуждаться *в чем-л.*, лишаться *чего-л.*, быть лишенным *чего-л.* postrádat *něco*, být prost, zbaven *něčeho*: видѣхъ... земѭ... всего плода праздъна (*вм.* -нѫ) *Супр 128, 21-22.— Зогр Мар Ас Сав Боян Супр Рыл.— Ср.* праздьновати (праздьноуѩи), тъщь

ПРАЗДЬНЬСТВИѤ, -ниꙗ *с* (2) ἑορτή празднество slavnost: различьна оунъиныꙗ раждаѭтъ сѧ • праздьнъствоуѭштиїмъ • о житиистѣхъ праздьньствиихъ *Супр 492, 22.— Супр 491, 11-12.— Ср.* годъ, памѧть, праздьникъ, праздьньство, тръжьство

ПРАЗДЬНЬСТВО, -а *с* (11) [празн- *Зогр-лл* (1)] **1.** ἀργία, ἀσχολία праздность nečinnost, prázdno: обльгъчити печаль о много ошьстии и о празньствѣ *Зогр-лл 2а 5* **2.** ἑορτή, πανήγυρις праздник svátek: се бо наста врѣмѧ праздѣнъствоу нашемоу *Евх 1б 13.— Евх 2б 18-19; Супр 396, 26-27; 479, 26; 486, 26; 491, 8; 491, 10-11; 493, 4-5; 493, 13-14; 493, 22.— Ср.* годъ, праздьньствиѥ, праздьникъ, тръжьство

ПРАЗДЬНЬСТВОВАТИ, -ствоуѭ, -ствоуѥши *несов.* (6) ἑορτάζειν, συνεορτάζειν, περὶ ἑορτὴν ἀσχολεῖσθαι; (праздьньствоуѭще καθ' ἑκάστην πανήγυριν) праздновать slavit, oslavovat: праздьнъствоуимъ оубо праздьньство се *Супр 493, 21*; блажении мы праздьньствоуѭште зьрѧштии ѥго... и оустъı лобызаѭште • и зѫбъı ꙗдѫште *Супр 506, 14.— Супр 479, 9; 490, 27; 490, 29; 492, 21.— Ср.* праздьновати

празн-, празън- *см.* праздьн-

ПРАОТЬЦЬ, ПРѢОТЬЦЬ, -а *м* (1) [прѣ- *Сав* (1)] προπάτωρ праотец, предок praotec, předek *спец.*: прѣдъ с⟨вѧ⟩тъıми о҆⟨тъ⟩ци памѧт⟨ь⟩ с⟨вѧ⟩тъıмъ прѣо⟨тъ⟩цемъ *Сав 135б 6* (пр⟨о⟩р⟨о⟩к⟨о⟩мъ *Ас 129б 15*).— *Ср.* дѣдъ, отьць, прадѣдъ

ПРАПРѪДА, ПРѢПРѪДА, -ы *ж и* **ПРАПРѪДЪ, ПРѢПРѪДЪ**, -а *м и* **ПРѢПРѪДЬ**, -и *ж* (8) [прапрѫда *Зогр* (1), прѣпрѫда *Сав* (1), прапрѫдъ *Зогр* (1) *Мар* (2), прѣпрѫдъ *Сав* (1), прѣпрѫдь *Ас* (2)] πορφύρα пурпур (*богатая одежда пурпурного цвета*) purpur (*bohatý oděv nachové barvy*): облѣшѧ і въ прапрѫдѫ *Мк 15, 17 Зогр*, въ прапрѫдъ *Мар*, въ прѣпрѫдь *Ас*, вь прѣпрѫдъ *Сав.— Мк 15, 20 Зогр Мар Ас Сав.— Ср.* багъръ, багърѣница, поръфѵра

ПРАПРѪДЬНЪ, ПРѢПРѪДЬНЪ, -ъıи *прил.* (8) [пра- *Зогр* (2) *Мар* (2), прѣ- *Ас* (2) *Сав* (2)] πορφυροῦς багровый, багряный, пурпурный purpurový, šarlatový, nachový: ꙇзиде ис⟨оусъ⟩ вънъ • носѧ тръновъ вѣньц(ь) ꙇ прапрѫдьнѫ ризѫ *И 19, 5 Зогр*, прапрѫдьнѫѭ *Мар*, прѣпрѫдьнѫѭ *Ас Сав.— И 19, 2 Зогр Мар Ас Сав.— Ср.* очрьвлѥнъ, чрьвлѥнъ

ПРАРОДИТЕЛЬНЪ, ПРѢРОДИТЕЛЬНЪ, -ъıи *прил.* (1) προγονικός унаследованный zděděný: свѣтъломъ оубо словесемъ • прѣродительнъıими начьнѫ гласы *Супр 104, 15*

ПРАХНѢНЪ, -ъıи *прил.* (1) σαπρός трухлявый práchnivý: или творитъ дрѣво прахнѣно *Мт 12, 33 Сав* (зъло *Зогр Мар Ас*)

ПРАХЪ, -а *м* (18) κονιορτός, χνοῦς, χοῦς, σποδός пыль prach: отътрѧсѣте • прахъ отъ ногъ вашихъ *Мт 10, 14 Зогр Мар.— Зогр Мар Ас Сав Син Супр.— Ср.* землꙗ, прьсть

ПРАЩАТИ, -щаѭ, -щаѥши *несов.* (7) [пращаѫ.. *Ен* (1)] **1.** ἐλευθεροῦν освобождать, избавлять zprošťovat, osvobozovat: бѣсъ праштаѥми изнѫдрѣваахѫ *Супр 398, 30* **2.** συγχωρεῖν, χαρίζεσθαι прощать odpouštět, promíjet: ѣко тъı еси пращаѩи отъ грѣхъ *Евх 80а 22* **3.** συγχωρεῖν допускать dovolovat, připouštět: ни обрѣмьнаѩ ихъ праштаѩ прѣбъıвати • ни безъ искоушениꙗ *Супр 280, 1.— Кол 3, 13 Ен; Супр 358, 29; 393, 29; 394, 6.— Ср.* даꙗти

ПРАЩЬНИКЪ, -а *м* (1) σφενδονήτης пращник střelec z praku, prakovník: вѣстъ праштьникъ влька *Супр 509, 28-29*

ПРЄЗВѴТЕРЪ, ПРОЗВѴТЕРЪ, -а *м* (13) [презвѵ- *Супр* (11), прозвѵ- *Ас* (1), пресвѵ- *Супр* (1)] πρεσβύτερος, πατήρ священник, пресвитер kněz, starší, presbyter: с⟨вѧ⟩тъıх⟨ъ⟩ м⟨ѫ⟩ч⟨ени⟩къ ананиꙗ прозвѵтера и петра ключарѣ *Ас 141а 28.— Супр 124, 7-8; 124, 25; 124, 27; 133, 25; 139, 23; 141, 9-10; 186, 17; 187, 20; 220, 24; 221, 12-13; 221, 22; 224, 23.— Ср.* ієрен, молитвьникъ, попъ, старьць, старѣишина

ПРЄЗВѴТЕРЬСКЪ, -ъıи *прил.* (1) *греч. нет* священнический kněžský: алеѯандръ глагола • крьстиꙗнъ ѥсмъ и санъ мои презѵтерьскъıи *Супр 155, 9.— Ср.* ієреискъ

ПРЄЗВѴТЕРЬСТВО, -а *с* (1) πρεσβύτερος (!) священство kněžství: три лѣта сътворихъ въ презвѵтеръствѣ *Супр 227, 16.— Ср.* ієреиство

ПРЄПОСИТЪ, -а *м* (3) πραιπόσιτος домоправитель vrchní komoří, majordomus: препоситъ же и прочии... паче съвратишѧ цѣсарѣ *Супр 192, 15.— Супр 196, 18; 198, 20*

пресвѵтеръ *Супр 141, 9-10 см.* презвѵтеръ

ПРЄТОРИИ, -иꙗ *м* (2) πραιτώριον претория, преторский дворец prétorium, prétorský palác: сънидошѧ сѧ вьси въ претории пилатовъ *Супр 438, 26.— Супр 435, 1-2.— Ср.* преторъ, притворъ

ПРЄТОРЪ, ПРѢТОРЪ, ПРИТОРЪ, -а *м* (29) [пре- *Зогр* (2) *Мар* (3) *Ас* (7) *Сав* (8) *Супр* (5), прѣ- *Зогр* (1) *Мар* (1), при- *Зогр* (1) *Боян* (1)]

πραιτώριον претория, преторский дворец prétorium, prétorský palác: воини же ведоша і вънѫтрь на дворъ • еже естъ прѣторъ *Мк 15, 16 Зогр Мар*, преторь *Ас*, преторъ *Сав.— Зогр Мар Ас Сав Боян Супр.— Ср.* претории, притворъ

ПРИ *предлог с местн.* (>100) **1.** *при указании на предмет или лицо, вблизи которого совершается действие* παρά, πρός, ἐπί, εἰς, ἐν (при мори παραθαλάσσιος; при камене ἐχόμενος πέτρας; быти при комь προσκαρτερεῖν τινι; стоꙗти при чемь παρίστασθαί τινι) при, у při, u: лазоръ • іже лежааше • при вратѣхъ его гноінъ *Л 16, 20 Зогр Мар Ас Сав*; азъ та приноуждѫ • при народѣ вьсемъ сем' • исповѣдати *Супр 149, 15*; оустънꙑ нашѧ прі насъ сѫть *Пс 11, 5 Син* **2.** *при обозначении приближающегося времени или времени, в течение которого совершается действие* περί, πρός, ἐπί, διά около, при, во время k, kolem, při, za (*с род.*): обл҃зи съ нама ѣко при вечерѣ естъ *Л 24, 29 Мар Ас Охр, только* при *Зогр*; при декии ц⟨ѣса⟩ри *Ен 38б 18* **3.** *при обозначении объектных отношений или обстоятельств* περί в отношении *чего-л.*, что касается *чего-л.* vzhledem k, co se týká: при одежди что сѧ печете *Мт 6, 28 Сав* (о одежди *Зогр Мар Ас*) □ **при иномь** ἄλλα иначе jinak: иже при иномь оубо въздръжа бѣаше • къ црькъви же вьсѣчьстѣи не приобьштааше сѧ *Супр 298, 1.— Зогр Мар Ас Сав Охр Боян Зогр-пал Ен Син Евх Супр*

ПРИБИТИ, -бьѭ, -бьѥши *и* -биѭ, -биѥши *сов.* (1) ὀρύσσειν прибить přibít: виждъ мои пригвожденѣи и прибьенѣ на дрѣвѣ нозѣ *Супр 469, 16.— Ср.* пригвоздити

ПРИБЛАЖНІАТИ, -ꙗѭ, -ꙗѥши *несов.* (1) *греч. нет* возмущать pohoršovat: и пр'н(бл)ажнѣѭщиѧ мѧ н(е) (ви)димъиѧ врагъи *Рыл 7ба 7-8.— Ср.* блазнити, съблажнꙗти

ПРИБЛИЖАТИ СѦ, -аѭ сѧ, -аѥши сѧ *несов.* (къ) комоу, чесомоу; комь, чемь *или без доп.* (26) ἐγγίζειν, προσεγγίζειν, προσέρχεσθαι, πλησιάζειν, πλησίον ὑπάρχειν, προσκυνεῖν, κατάγεσθαι (!) приближаться přibližovat se: приближаѭтъ сѧ людие сиі *Мт 15, 8 Зогр*, приближаѭтъ сѧ мьнѣ *Мар*; ликъ с⟨вѧ⟩тꙑхъ приближаетъ сѧ насъ *Евх 16 15-16*; к(ъ) ко(им)ъ естъ лѣпо приближати сѧ *Зогр-лл 26 4.— Зогр Мар Ас Сав Син Евх Супр Зогр-лл.— Ср.* пристѫпати

ПРИБЛИЖИТИ СѦ, -жѫ сѧ, -жиши сѧ *сов.* до чесо; (къ) комоу, чесомоу; на кого; прѣдъ кого; въ чьто; комь, чемь *или без доп.* (99) [прі.. *Охр* (1), пр..ꙗт' сѧ *Рыл* (1)] ἐγγίζειν, προσεγγίζειν, πλησίον ἔρχεσθαι, πλησιάζειν, πίμπλασθαι, προσεδρεύειν (!) приблизиться přiblížit se: приближи сѧ на въı ц⟨ѣса⟩р⟨ь⟩с⟨тв⟩ие б⟨о⟩жье *Л 10, 9 Зогр Мар*; егда приближи сѧ въ и⟨ероуса⟩л⟨и⟩мъ *Мк 11, 1 Зогр Мар*; приближьшю же сѧ емоу къ немоу *Л 18, 40 Зогр Мар*; пріближішѧ сѧ до вратъ съмрътьнꙑхъ *Пс 106, 18 Син*; і жівотъ моі адѣ пріближі сѧ *Пс 87, 4 Син*; да пріближитъ сѧ молитва моѣ прѣдъ тѧ *Пс 118, 169 Син*; приближивъ сѧ къ юньцоу *Супр 566, 12.— Зогр Мар Ас Сав Охр Боян Ен Син Евх Супр Рыл.— Ср.* пристѫпити

ПРИБЪІВАТИ, -аѭ, -аѥши *несов.* (2) προσγίγνεσθαι прибывать, увеличиваться, возрастать přibývat, vzrůstat: прибъıваѭштѫѭ болѣзньѭ *Супр 516, 30.— Супр 327, 20*

ПРИБЪІТИ, -бѫдѫ, -бѫдеши *сов.* комь, чемь; комоу, чесомоу; къ комоу, чесомоу (4) προσγίγνεσθαι, συμπροσεῖναι присоединиться, прибавиться přibýt, přidat se: да не прібѫдетъ тебѣ прѣстолъ безаконенгѣ *Пс 93, 20 Син*; къ нимъ' же всѣмъ и дроугои прѣслав'но чоудо • прибъı *Супр 565, 13.— Супр 484, 5; 561, 6*

ПРИБЪІТЪКЪ, -а *м* (2) κέρδος, ὄφελος прибыль, польза zisk, prospěch: ч'то ти прибъıтъка бъıстъ *Супр 66, 18.— Клоц 3б 14.— Ср.* лихва, пригѫжаник, сътѧжаник

ПРИБЬРАТИ, -берѫ, -береши *сов.* (1) ποιεῖν (!) прибавить, дополнить přibrat: обрѣте облаженика савѫ дроужинꙑ прибравъша р҃н чрънориздьць *Супр 283, 8*

ПРИБѢГАНИѤ, -иꙗ *с* (1) *греч. нет* пристанище, убежище útočiště: иде въ малъıи сынъ • иже бѣ тъгда въ манастъıри • на прибѣганье създанъ приходѧштии братии *Супр 553, 28.— Ср.* прибѣжище, оубѣжище

ПРИБѢГАТИ, -аѭ, -аѥши *несов.* къ комоу, чесомоу; на чьто (11) προσφεύγειν, καταφεύγειν, προσπίπτειν, μεταβάλλεσθαι (!) прибегать, обращаться *к кому-л.* (*за помощью*) přibíhat, utíkat se: ч⟨ловѣ⟩к⟨о⟩люб⟨ь⟩че къ тебѣ прибѣгаемъ *Евх 15а 7*; на покаꙗн'ꙗ прибѣгаатъ тишинѫ *Супр 523, 9.— Евх 79б 17-18; Супр 92, 19; 92, 21-22; 95, 19; 110, 2; 281, 27; 401, 16; 402, 7; 479, 23-24.— Ср.* прибистати, притѣкати

ПРИБѢГНѪТИ, -нѫ, -неши *сов.* къ комоу, чесомоу (8) καταφεύγειν, προσφεύγειν, προσέρχεσθαι прибегнуть, обратиться *к кому-л.* (*за помощью*) přiběhnout, utéci se: ѡвьчѧ азъ есмъ • съмъıсльнааго твоего стада • і къ тебѣ прибѣгъ пастырю доброумоу *Евх 85а 6.— Евх 41а 19-20; Супр 76, 23; 78, 5; 78, 15; 94, 2; 507, 13; 560, 15.— Ср.* прибѣжати, притеци

ПРИБѢЖАТИ, -жѫ, -жиши *сов.* къ чесомоу (1) προσφεύγειν найти убежище utéci se: да аште к'то хоштетъ пристѫпити и їзбѣгнѫти • прибѣжитъ къ бании *Супр 76, 19.— Ср.* прибѣгнѫти, притещи

ПРИБѢЖИЩЄ, -а *с* (21) [п.. *Ен* (1), при.. *Ен* (1)] καταφυγή пристанище, прибежище útočiště: вышьнѥго положилъ єси прібѣжиште твоє *Пс 90, 9 Син.— Ен Син Супр.— Ср.* прибѣганиѥ, оубѣжище

ПРИВАЖДАТИ, -аѭ, -аѥши *несов.* (1) ἄγειν приводить přivádět: показанию оудьное на много приваждаемо потрѣбьнѣ намъ оугашнгати (*вм.* оугашнаѥтъ) прѣдълежаштеє *Зогр-лл 1б 5.— Ср.* приводити

ПРИВАЛИТИ, -лѭ, -лиши *сов.* (3) προσκυλίειν привалить přivalit: ι привали камень на двьри гроба *Мк 15, 46 Зогр Мар Ас.— Ср.* възвалити

приведе *Супр 283, 3 см.* прити

ПРИВЕСЛАТИ, -аѭ, -аѥши *сов.* (1) κατέχειν πηδάλια (!) привезти на корабле přivézt na lodi: дьнесь кръмникъ чловѣчьскъ • добраꙗ оуселеныꙗ привесла (*вм.* прнꙗ весла?) *Супр 429, 13.— Ср.* привести[2]

ПРИВЕСТИ[1], -ведѫ, -ведеши *сов.* кого, чьто (къ) комоу, чесомоу; прѣдъ кого, чьто; на кого, чьто; въ чьто *или без доп.* (>200) [прѣсте (!) *Ас* (1)] **1.** ἄγειν, ἀπάγειν, ἐνάγειν, εἰσάγειν, προσάγειν, παράγειν, φέρειν, εἰσφέρειν, ἀποφέρειν, προσφέρειν, χειραγωγεῖν, ἀνακαινίζειν, συναπέρχεσθαι (!), ἐπανέρχεσθαι (!), ἄρχειν τοῦ πείθειν (!); (приведенъ быти ἔρχεσθαι; привести прѣдъ кого παριστάναι τινι) привести, подвести, ввести přivést: ι приведоша къ нѥмоу глоухъ гѫгъниві *Мк 7, 32 Зогр Сав*, привѣсꙙ *Мар Ас Боян*; пріведѫтъ сꙙ въ веселье радості *Пс 44, 16 Син*; отъчаꙗвъшааго сꙙ оного приведѣте прѣдъ мꙙ *Супр 99, 22*; родителꙗ же кмоу... сьвѣтъ о брацѣ твораста • и приведъша оженіста *Супр 25, 19* ● *перен.* ἀπάγειν, καλεῖν призвать, пригласить povolat, pozvat: повелѣ... привести ѥї маломошти • на трепезѫ своѭ *Супр 121, 9* ● ἐπάγειν привести, процитировать uvést, citovat: на благочьстива разбоиника приведѣмъ слово *Супр 426, 18* **2.** προσφέρειν, προσάγειν пожертвовать, принести в жертву obětovat, přinést v oběť: агнець • ιже приведе авелъ во в'сѣсъжагаемаа *Евх 16б 6.— Зогр Мар Ас Сав Охр Боян Ен Син Киев Евх Клоц Супр Рыл.— Ср.* довести, принести, провести

ПРИВЕСТИ[2], -везѫ, -везеши *сов.* (3) φέρειν, εἰσκομίζειν, μετακομίζειν привезти přivézt: повелѣ отъць їwанъ мѡсеоу ити нѣ на коѥ мѣсто • и копавшоу ровъ съвратити водѫ • и привести на напаꙗниѥ зелию *Супр 275, 13.— Супр 80, 12; 208, 15*

ПРИВИДѢНИѤ, -нꙗ *с* (2) φάντασμα; (привидѣниѥмь авлꙗти сꙙ ἀλλοιοῦσθαι) видение, призрак, привидение vidění, přízrak: м(ногы)мъ бънваѭ(щемь при)видѣнь(є)мъ ѡт⟨ъ⟩ (звѣрѣ того) *Рыл 4аа 34-35.— Евх 54а 5-6.— Ср.* мьчьтъ, призракъ

ПРИВИТАТИ, -аѭ, -аѥши *сов.* (1) κατασκηνοῦν поселиться, найти приют usadit se: на ты пьтицꙙ н⟨є⟩б⟨есь⟩ныꙗ прівітаѭтъ *Пс 103, 12 Син.— Ср.* витати, въселити (въселити сꙙ), обитати, прѣвитати

ПРИВЛАЧИТИ, -чѫ, -чиши *несов.* (2) ἀφέλκειν притягивать, привлекать přivlékat, přitahovat: и рока твоего боꙗ сꙙ къ себѣ привлачитъ влъны своꙗ *Евх 1а 23* ● *перен.* ἐφέλκειν сосать (*о младенце*) sát (*o kojenci*): ꙗко се мати чꙙдолюба • подавъши сьсъ младеньцоу • веселитъ сꙙ дѣтиштѹ привлачꙙштоу мꙙкъкѫ пиштѫ млѣка *Супр 312, 5*

ПРИВЛѢЩИ, -влѣкѫ, -влѣчеши *сов.* (27) [прѣвлѣ- (!) *Син* (1)] ἕλκειν, ἑλκύειν, καθέλκειν, κατασύρειν, ἐπισπᾶν, ἐπισυλᾶν, συνέλκειν притянуть, подтащить; потащить, привести (*силой*) přivléci, přitáhnout; přivést (*násilím*): не можаахѫ привлѣшти сꙙ (*т. е.* мрѣжꙙ) • отъ множьства рыбъ *И 21, 6 Зогр Мар Ас Сав*; даждь дѣланье ιзбыти отъ нѥго • да не привлѣчетъ тебе къ сѫдии *Л 12, 58 Зогр Мар*; лаетъ въсхꙑтіті (!) ништаего... да : прѣвлѣчетъ (*вм.* привлѣчетъ) *Пс 9, 30 Син* ● *перен.*: не прівлѣци мене сь грѣшъникы *Пс 27, 3 Син* □ привлѣщи сꙙ ἐπισπᾶσθαι прибавиться připojit se: ѥгда бо хоштѫ повѣстьнаꙗ съказати дѣлеса • тоу абиѥ съ видомъ чоудеса к нїмь привлѣкѫтъ сꙙ *Супр 344, 2-3.— Зогр Мар Ас Сав Боян Син Супр*

ПРИВОДИТИ, -вождѫ, -водиши *несов.* кого (къ) комоу; чьто на чьто (12) ἄγειν, συνάγειν, ἐπανάγειν, φέρειν, προσφέρειν, ἀνίστασθαι (!) приводить přivádět, uvádět: съвѣдѣтелѣ въстанью приводнщі *Клоц 12а 23* ● *перен.*: матерь твоѭ... тѫ ти приводимъ въ молитвѫ вл⟨ады⟩ко • прѣмилостивы *Евх 86а 26-86б 1* ● προάγειν приводить, цитировать uvádět, citovat: ч'со же ради лици дѣвичи чинѫ (*вм.* сиѭ) приводи притьчѫ *Супр 370, 29* ♦ приводити (женѫ) γαμεῖν жениться brát si za ženu: в'сѣкъ поуштаꙗі женѫ своѭ • ι привода інѫ • прѣлюбы дѣетъ *Л 16, 18 Зогр Мар.— Л 4, 40 Зогр Мар; Евх 86б 16; Супр 18, 25; 174, 28; 349, 8; 467, 21.— Ср.* водити, приваждати

ПРИВРѢЩИ, -връгѫ, -връжеши *сов.* кого, чьто къ комоу, чесомоу; въ чьто (8) [привръ- *Зогр* (1) *Мар* (1) *Син* (1) *Евх* (1) *Клоц* (1) *Супр* (2)] προσρήσσειν бросить vrhnout, hodit (*k někomu, k něčemu*): привръженъ бъістъ въ островъ *Супр 539, 4* ● ῥίπτειν, ἐπιρρίπτειν положить položit: привръгѫ ꙗ •

ПРИ

къ ногама ис⟨оусо⟩вама *Мт 15, 30 Зогр Мар* ● *перен.*: къ тебѣ прівръженъ есмъ из ложеснъ (!) *Пс 21, 11 Син; Евх 62а 19 20* ▭ п р и в - р ѣ щ и с ѧ προσρηγνύναι наткнуться narazit: прівръгѫ сѧ въ тврьды камень *Клоц 12б 22*, привръгоша сѧ *Супр 448, 18.— Супр 516, 5.— Ср.* въврѣщи, врѣщи

п р и в ъ *Зогр-лл 2б 7 см.* прьвъ

ПРИВЪПИВАТИ, -аѭ, -аѥши *несов.* (1) ἐπιβοᾶν призывать, взывать přivolávat, vzývat: кога (!) привъпиваѥтъ мѡусии глаголѧ *Супр 435, 22-23.— Ср.* призывати, приглашати

ПРИВѢТЪ, -а *м* (2) πρόθεσις, ἀγάπη (!) намерение, (добрый) замысел předsevzetí, (dobrý) úmysl: вѣдꙑ нашѧ любовь • и привѣтѣ нашемь прилагаѧ твоѭ силѫ *Евх 92б 10.— Евх 92б 6-7.— Ср.* изволениѥ

ПРИВѦЗАНИѤ, -ниꙗ *с* (1) *греч. нет* привязь přivázání: иже (*т. е.* юньць) оурвавъ сѧ отъ привѧзаньꙗ *Супр 565, 18*

ПРИВѦЗАТИ, -вѧзаѭ, -вѧзаѥши *несов. и* -вѧжѫ, -вѧжеши *сов.* кого, чьто чемь; по чьто; на чьто; о чемь; на чемь; къ чесомоу (19) δεῖν, προσδεῖν, συνδεῖν, ἐγκαταδεῖν, δεσμεύειν; (привѧзати на колеси τροχίζειν) привязывать/привязать přivazovat/přivázat, uvazovat/uvázat: вида... привѧзаѭштааго къ виноградоу жрѣбѧ своѥ *Супр 321, 22*; абье обрѧштета осьлѧ привѧзано и жрѣбѧ съ нимь *Мт 21, 2 Мар Ас Сав* (Ø *Зогр*); привѧзаша с⟨вѧ⟩тааго дѫбѣ соусѣ *Супр 18, 9-10*; повелѣ... привѧзати и по четꙑри колꙑ *Супр 152, 30*; ѥсе мꙑ • и на колеси привѧзани бꙑти готови *Супр 88, 24* ● *перен.*: о праздьницѣхъ привѧза даровъ памѧти богъ *Супр 417, 12.— Зогр Мар Ас Сав Супр.— Ср.* навѧзати, обѧзати, поврѣсти

ПРИГВАЖДАТИ, -аѭ, -аѥши *несов.* (3) προσηλοῦν прибивать (*гвоздями*), пригвождать přibíjet (*hřeby*): мльчаниемь своимь пригваждаемъ • на распонѣ *Евх 43а 12*; и потомь пригваждаѥтъ сѧ на дрѣвѣ крьстьнѣѣмь *Супр 11, 11* ▭ п р и г в а ж д а т и с ѧ *греч. нет перен.* присоединяться připojovat se: и къ тѣмъ пригваждаѥши сѧ • оставивъ живааго и їстиньнааго б⟨ог⟩а *Супр 163, 24*

ПРИГВОЖДЕНИѤ, -ниꙗ *с* (2) *греч. нет* прибивание (*гвоздями*) přibití (hřeby): пригвождениемь плесноу своею • пригвоздилъ еси ср⟨ьдь⟩це в'сѣкомоу недѫгоу *Евх 35б 15.— Евх 30б 21*

ПРИГВОЗДИТИ, -гвождѫ, -гвоздиши кого, чьто чемь; на чемь *сов.* (18) προσηλοῦν, καθηλοῦν, ἡλοῦν, ὀρύσσειν; (пригвоздити сѧ πείρειν τοὺς ἥλους) прибить (*гвоздями*), пригвоздить přibít (hřeby): прігвоздішѧ ноѕѣ мои і рѫцѣ мои *Пс 21, 17 Син; Ен 31б 13*; прігвозді страсѣ твоемь плъть моѭ *Пс 118, 120 Син*; пригвоздишѧ и на распонѣ *Евх 50а 17*; прострѣ сѧ самъ на дрѣво • и прѣда сѧ воиноу пригвоздити сѧ *Супр 141, 2-3* ▭ н е п р и г в о ж д е н ъ *в знач. прил. греч. нет* непригвожденный, нераспятый nepřibitý, neukřižovaný: и оумираатъ по чловѣчьствоу • и погрѣбаѥтъ сѧ • сꙑ съвръшенъ присно • и прѣжде сꙑ • и непригвожденъ • и непострадан'нь • и бесьмрьтенъ *Супр 11, 17.— Ен Син Евх Супр.— Ср.* прибити, пропѧти, распѧти

ПРИГКИѰЪ, -а *м* (1) πρίγκιψ начальник, вождь velitel: нъ пригкиѱъ ѥстъ чьстьнѣи • и тꙑ паче иди к нѥмоу *Супр 137, 8.— Ср.* доукъ, начальникъ, приньк҃ѱъ

ПРИГЛАСИТИ, -глашѫ, -гласиши *сов.* (17) φωνεῖν, προσφωνεῖν позвать, призвать, пригласить přivolat, zavolat: ıди пригласи мѫжа своего ı приди сѣмо *И 4, 16 Зогр Ас* (призови *Мар*).— *Зогр Мар Ас.— Ср.* възгласити, призъвати, прогласити

ПРИГЛАШАТИ, -шаѭ, -шаѥши *несов.* (2) προσφωνεῖν звать, приглашать volat: подобьни сѫтъ отрочиштемъ • сѣдѧштемъ на тръжиштихъ • ı приглашаѭще дроугъ дроуга *Л 7, 32 Зогр*, приглашаѭштемъ *Мар.— Ср.* въпити, гласити, зъвати, привъпивати, призꙑвати

ПРИГОНИТИ, -нѭ, -ниши *несов.* (1) *греч. нет* пригонять přihánět: такожде же и о п'тицахъ яже сѫтъ на с⟨вѧ⟩тѣѥмъ гробѣ многомъ сѫштемь • и скотоу иже пригонѧтъ и приносѧтъ отъ лѣта на с⟨вѧ⟩тѫѭ и славьнѫѭ памѧть *Супр 42, 27.— Ср.* гонити

ПРИГОТОВАТИ, -аѭ, -аѥши *сов.* (1) παρασκευάζειν приготовить připravit: приготова ѥго • събрати вьсѧ послоушаѭштѧѩ ѥго *Супр 514, 25.— Ср.* приготовити, оуготовити

ПРИГОТОВИТИ, -влѭ, -виши *сов.* (2) παρασκευάζειν, ἐξαρτύειν приготовить připravit: и приимъ о⟨ть⟩ць ѩ отрокꙑ своѩ • и приготови отроковицѫ сь матерьѭ ѩ въ кръгꙑзѣ *Супр 519, 26.— Супр 245, 30.— Ср.* приготовати, оуготовити

ПРИГОТОВЛꙖТИ, -ꙗѭ, -ꙗѥши *несов.* (1) *греч. нет* приготовлять připravovat: и гладоу пакꙑ хотѧштоу бꙑти • прѣжде врѣмене приготовꙑаше оученикꙑ своѩ на молитвѫ *Супр 569, 21*

ПРИГРАДЪ, -а *м* (1) προαύλιον помещение перед входом в келью místnost před vchodem do cely, předsíň: излѣзъшоу въ приградъ • бꙑти съ отроковицеѭ *Супр 521, 17*

ПРИДАВАТИ, -ваѭ, -ваѥши *несов.* (1) προσφέρειν подавать, прикладывать podávat, přikládat: рѫгаахѫ же сѧ ѥмоу и воини пристѫпаѭще • и оцетъ придаваѭще • ѥмоу *Л 23, 36 Ас* (придѣѭште *Зогр Мар*, придающе *Сав*).— *Ср.* подавати, придаꙗти, придѣꙗти

ПРИДАТИ, -дамь, -даси *сов.* (1) διδόναι прибавить přidat: дьвѣ прида *Супр 376, 7.— Ср.* придѣти, приложити

ПРИДАꙖТИ, -даѭ, -даѥши *несов.* чьто комоу (1) προσφέρειν подавать, прикладывать podávat, přikládat: и рѫгаѭще сѧ емоу • и воини пристѫпаѭще • и оцьтъ емоу придаѭще *Л 23, 36 Сав* (придѣѭште *Зогр Мар*, придаваѭще *Ас*).— *Ср.* подавати, придавати, придѣꙗти

ПРИДРЬЖАТИ СѦ, -жѫ сѧ, -жиши сѧ *несов.* (1) ἔχεσθαι придерживаться; следовать *чему-л.* přidržovat se; být *u něčeho*: непъщоуемъ о васс (!) възлюбени • лючъша придръжаще сѧ с⟨ъ⟩п⟨а⟩сениѥ *Евр 6, 9 Ен.— Ср.* дрьжати

ПРИДѢЛАТИ, -аѭ, -аѥши *сов.* (3) προσεργάζεσθαι прибавить, принести (*доход*) (při)vydělat, vyzískat: г⟨оспод⟩и • мънась твоѣ • ї придѣла мънасъ *Л 19, 16 Зогр Мар Ас.— Ср.* притѧжати

ПРИДѢТИ, -деждѫ, -деждеши *сов.* (3) προσφέρειν приложить přiložit: гѫбѫ же напльньше оцьт(а) на ѵсопъ вьзнезъше • придѣшѧ къ оустомъ его *И 19, 29 Зогр Мар Ас.— Ср.* придати, приложити

ПРИДѢꙖТИ, -дѣѭ, -дѣѥши *несов.* (4) προσφέρειν прикладывать přikládat: рѫгаахѫ же сѧ емоу ι воини пристѫпаѭште • оцьтъ придѣѭште емоу *Л 23, 36 Зогр Мар* (придаваѭще *Ас*, придаѭще *Сав*).— *Супр 512, 2; 516, 26.— Ср.* подавати, придавати, придаꙗти

придѫтъ *Мт 6, 28 Зогр Сав см.* прѧсти

приемати *И 7, 39 Зогр; И 3, 27 Ас; Зогр-лл 1а 13 см.* приимати

ПРИЖАГАТИ, -гаѭ, -гаѥши *несов.* (2) λαμπάδας πυρὸς προσφέρειν прижигать, обжигать připalovat, pálit: повелѣ принести свѣшта горашта • и прижагати лице паулѥ *Супр 13, 2.— Супр 109, 6.— Ср.* опаꙗти, прижизати

ПРИЖИЅАТИ, -аѭ, -аѥши *несов.* (1) *греч. нет* прижигать, обжигать připalovat, pálit: повелѣ... свѣшта горѫшта принести на лице ѥѩ • и потомь по вьсемоу тѣлоу прижизати *Супр 13, 13.— Ср.* опаꙗти, прижагати

ПРИЖИТИ, -живѫ, -живеши *сов.* (1) τεκνοῦσθαι породить, родить porodit: та бо χ⟨ристос⟩а с⟨ъ⟩п⟨а⟩са прижитъ • не съ мѫжемъ бывъши *Супр 482, 27.— Ср.* родити

ПРИЖИТИѤ, -иꙗ *с* (3) (прижитиѥ чѧдъ τεκνογονία) рождение rození: съпасена же бѫдетъ прижитьѥмъ чѧдъ *Супр 482, 25 (1 Тим 2, 15).— Супр 482, 25-26; Супр 482, 26.— Ср.* плодътворениѥ, рождениѥ

ПРИЗИРАТИ, -аѭ, -аѥши *несов.* на кого, чьто (8) ἐπιβλέπειν, ἀποβλέπειν, ἐφορᾶν, ἐπισκοπεῖν смотреть přihlížet, shlížet, dívat se: къто ѣко г⟨оспод⟩ь б⟨ог⟩ъ нашъ живѫı на высокыхъ • ι на съмѣрена прізіраѩ *Пс 112, 6 Син; Евх 22а 4-5.— Пс 10, 4 Син; 65, 7 Син; 103, 32 Син; 137, 6 Син; Евх 55а 5-6; 79а 18.— Ср.* възирати, съмаштрꙗти

призов- *см.* призъвати

ПРИЗРАКЪ, -а *м* (7) [припризракъ (!) *Ас* (1)] φάντασμα призрак přízrak, zjevení, přelud: не пьштеваша призракъ бъти • ι възъваша *Мк 6, 49 Зогр Мар.— Мт 14, 26 Зогр Мар Ас Сав Боян.— Ср.* мьчьтъ, привидѣниѥ

ПРИЗЪВАНИѤ, -иꙗ *с* (2) [приз'- *Супр* (1)] **1.** *греч. нет* взывание vzývání: полиꙗ свѧштеноѭ водоѭ тѣло • сътворивъ призъваниѥ с⟨вѧ⟩тыѩ троицѧ *Супр 537, 6-7* **2.** κλῆσις призвание povolání: г⟨оспод⟩и помѧни мѧ и обличи моѥ приз'вaниѥ *Супр 15, 27.— Ср.* възъваниѥ, зъваниѥ, позъваниѥ, призываниѥ

ПРИЗЪВАТИ, -зовѫ, -зовеши *сов.* (>100) καλεῖν, συγκαλεῖν, συγκαλεῖσθαι, προσκαλεῖσθαι, μετακαλεῖσθαι, φωνεῖν, προσφωνεῖν, μεταπέμπεσθαι, μεταστέλλεσθαι, παριστάναι позвать, призвать zavolat, přivolat: и⟨соу⟩с⟨ъ⟩ же призъвавъ оученикы своѩ рече ιмъ *Мт 15, 32 Зогр Мар Ас*, призъва *Сав;* призоветъ н⟨е⟩б⟨ес⟩а съвыше • ι землѭ расѫдіті люді своѩ *Пс 49, 4 Син;* повелѣ же воѥвода призъвати инѣхъ корабь на помоштьꙗ ѥмоу *Супр 151, 8-9* ● *перен.*: велика оубо естъ тваръ н⟨е⟩бо отъ небытъѣ въ бытье б⟨ого⟩мь прізъвана *Клоц 9б 35* ● ἐπικαλεῖσθαι, μεγαλύνεσθαι (!) воззвать vzývat: хвалѩ прізовѫ г⟨оспод⟩ѣ и отъ врагъ моіхъ с⟨ъ⟩п⟨а⟩сѫ сѩ *Пс 17, 4 Син* ● καλεῖν, προσκαλεῖσθαι, μετακαλεῖν позвать, пригласить pozvat: ι посъла рабы своѩ призъвати зъванъıѩ на бракъ • ι не хотѣахѫ прити *Мт 22, 3 Мар Ас; Евх 106а 13* ● προσκαλεῖσθαι призвать (*к ответу*) předvolat: и отъвѣдъ паула свѧтѥ сѫдиїшта прізъвавъ ноулиганиѭ рече къ ѥеи *Супр 1, 15-16* ● καλεῖν призвать (*следовать чему-л.*) povolat: да сѩ тебе дрьжімъ ι міlості твоеѩ просімъ • прізъвалъ нъи еси г⟨оспод⟩ι *Киев 3б 7-8 — Зогр Мар Ас Сав Син Киев Евх Клоц Супр.— Ср.* възгласити, възъвати, позъвати, пригласити, прогласити, съзъвати

ПРИЗЫВАНИѤ, -иꙗ *с* (3) ἐπίκλησις призыв přivolávání: нъ благодатьное призываниѥ знаменавъ д⟨оу⟩шѫ • не дастъ къ томоу страшьнъıмъ пожрътоу быти змиемь *Хил 1ба 15-16* ● ἐπίκλησις взывание vzývání: нарицание • ι призываниѥ творимъ • на твое запрѣщениѥ диѣволе *Евх 56б 9; Супр 100, 1-2.— Ср.* зъваниѥ

ПРИЗЪІВАТИ, -аѭ, -аѥши *несов.* (23) ἐπικαλεῖν, ἐπικαλεῖσθαι, συγκαλεῖν, προσκαλεῖσθαι звать, призывать volat, přivolávat: вонни... призъіваѭтъ вьсѧ спирѫ *Мк 15, 16 Ас* (призъваша *Зогр Мар Сав*); нача вьпити и с⟨вѧ⟩тааго мѫжа именемь призъівати *Супр 519, 20* ● ἐπικαλεῖσθαι взывать vzývat: ѣко ты г⟨оспод⟩і благъ і кротокъ • і прѣмілостівъ вьсѣмъ прізъіваѭштіимъ тѧ *Пс 85, 5 Син* ● καλεῖν звать, приглашать zvát: слышѫ бо ꙗко и къіѧ отъ васъ жидове призъіваѭтъ въ сьньмѣхъ *Супр 135, 27* ● καλεῖν, συγκαλεῖν призывать (*следовать чему-л.*) povolávat: ч⟨ловѣ⟩к⟨олю⟩б⟨ь⟩цъ же б⟨ог⟩ъ призъіваетъ и г⟨лаго⟩лет⟨ъ⟩ *Рыл 26β 28-29.— Зогр Ас Ен Син Евх Супр Рыл.— Ср.* възъівати, зъвати, глашати, привъпивати, приглашати, съзъівати

ПРИЗЬРѢТИ, -зьрѭ, -зьриши *сов.* чемь; на кого, чьто *или без доп.* (65) [при (!) *Евх* (1), призр- *Син* (2), приз'р- *Супр* (1)] ἐπιβλέπειν, ἐμβλέπειν, ὁρᾶν, ἐφορᾶν, ἐπισκέπτεσθαι respicere, intendere посмотреть, призреть přihlédnout, shlédnout, podívat se: съ небесе прізрѣ г⟨оспод⟩ь *Пс 32, 13 Син; Ас 31бβ 5-6*; (ц)ѣсарьствѣ нашемь г⟨оспод⟩і мілостьѭ твоеѭ прізьрі *Киев 4б 9*; еи вл⟨ады⟩ко призьри на ны • і на с⟨вѧ⟩ты храмъ сь *Евх 63а 3* ● ἐπιβλέπειν увидеть, обратить внимание, соблюсти přihlédnout, dbát: тогда не постыждѫ сѧ • егда прізьрѭ на вьсѧ заповѣди твоѩ *Пс 118, 6 Син* ♦ призьрѣти на помощь, на застѫпленик προσέχειν εἰς τὸ βοηθῆσαι τινι, εἰς τὴν ἀντίλημψίν τινος поспешить на помощь *кому-л.* přispěchat, přispět *někomu* na pomoc: г⟨оспод⟩і на помощь моѭ прізьри *Пс 39, 14 Син.— Зогр Мар Ас Сав Ен Син Служ Киев Евх Супр.— Ср.* възьрѣти, вънѧти

ПРИИЖДИТИ, -иждивѫ, -иждивеши *сов.* (3) προσδαπανᾶν истратить, израсходовать сверх меры navíc vynaložit, utratit: прилежи емь • і еже аште прииждівеши • азъ егда възвраштѫ сѧ въздамь ти *Л 10, 35 Зогр Мар Ас* (иждивеши *Сав*).— *Ср.* иждити, издати

приим- *см. также* приѩти

ПРИИМАНИѤ, -ниꙗ *с* (2) *греч. нет* принятие, прием přijímání: на приимании тоу новоприходаштиихъ из мира *Супр 284, 14-15* ♦ приимание водъ собирание воды zadržení, zachycování vody: сътвори панницѫ зѣло малѫ • на приимание дъждьнъіихъ водъ *Супр 549, 14.— Ср.* имание

ПРИИМАТИ, приемлѭ, приемлеши *несов.* (>200) [приемати *Зогр* (1) *Ас* (1) *Зогр-лл* (1)] **1.** λαμβάνειν, προσλαμβάνειν, ἀναλαμβάνειν, ἐπιλαμβάνειν, μεταλαμβάνειν, δέχεσθαι, προσδέχεσθαι, παραδέχεσθαι, ἀποδέχεσθαι, καταδέχεσθαι, ἀναφέρεσθαι, ἐπισπᾶσθαι, ἐκκαλεῖσθαι (!), ἀνιμᾶσθαι (!) принимать přijímat: иже аште приимetъ отроча се въ імѧ мое • мѧ приемлетъ *Л 9, 48 Зогр Мар*; ѡ приемлѭщиимь мол⟨и⟩твы наша *Евх 61а 17* ● получать dostávat: вьсѣ елико аште молѧште сѧ просите • вѣроуіте ѣко приемлете *Мк 11, 24 Зогр Мар*; егда примахѫ добро отъ него • скоро забъівахѫ *Клоц 66 18* ● брать brát: да в'си почръпаѭщеи (*т. е.* водѫ) • і приемлѭщеи отъ неѩ... да имѫтъ ѭ въ очищение *Евх 5а 14-15* ● взимать vybírat: пристѫпишѧ приемлѭщеи дидрагма • къ петрови *Мт 17, 24 Мар Ас* (вьземлѭщеі *Сав*) ● προσλαμβάνεσθαι, ἀσπάζεσθαι радушно принимать, любить vlídně přijímat, mít rád: съподоби ны • самѣмъ сѧ приимати въ любьвь *Евх 11а 14*; тъи самъ г⟨оспод⟩і присно нъи приемлі • да възможемъ правьдьнаѣ твоѣ наслѣдоваті *Киев 5а 6* ● κληρονομεῖν достигать *чего-л.*, приобретать *что-л.* získávat *něco*, nabývat *něčeho*: гонимии ц⟨ѣса⟩рьствиѥ вьземьѭтъ • а гонѧштіи гнѣвъ приемьѭтъ *Супр 406, 22* ● μεταλαγχάνειν предаваться oddávat se: съна же толико приемьıаше • кликоже тъчьѭ оума не погоубити *Супр 274, 24-25* ● кого *с инф.* προσδέχεσθαι разрешать *кому-л.* dovolovat *někomu:* ꙗко велика сила ѥстъ • и не приемьѥтъ никогоже вьнити безъ ѳьмиꙗна *Супр 228, 17* ● *спец.* μετέχειν, μεταλαμβάνειν sumere, perceptio (!) принимать (*святые дары*) přijímat (*svátost oltářní*): да свѧтъі твоі въсѫдъ приемлѭще достоіні бѫдемъ очішчениѣ твоего *Киев 3а 12* □ приимати ангельскъіи образъ λαμβάνειν τὸ μεγάλον καὶ ἀγγελικὸν σχῆμα; (приемьѭи образъ ὁ κατηχούμενος) постригаться (в монахи) stávat se mnichem: брат⟨ъ⟩ наш⟨ь⟩ сь • приемлетъ • великъі а⟨н⟩ѣ⟨е⟩л⟨ь⟩скъі образъ *Евх 97а 20*; и поклонит⟨ъ⟩ колѣнѣ ѥ приемлѧи образъ *Евх 93а 11*; приимати въ чрѣвѣ ἐν γαστρὶ ἔχειν беременеть být těhotná: се дѣва въ ч(рѣвѣ) приеметъ *Мт 1, 23 Боян* (приимeтъ *Ас Сав*) **2.** ἀνέχεσθαι, ὑπομένειν, πάσχειν переносить, испытывать, терпеть snášet, zakoušet, trpět: виждъ господи • ꙗко имене твоѥго ради се приемьѭ *Супр 231, 27* **3.** *в сочетании с некоторыми сущ. употребляется для выражения страд. залога* λαμβάνειν, δέχεσθαι; (болѣзнь приимати ὀδυνᾶσθαι; мѫкѫ приимати παθεῖν; покланꙗние приимати προσκυνεῖσθαι; пѣснь приимати αἰνεῖσθαι; слоужениѥ приимати ἐξυπηρεῖσθαι; слоужьбѫ приимати ὑπηρεῖσθαι, διακονεῖσθαι; сѫдъ приимати κρίνεσθαι; чьсть приимати δορυφορεῖσθαι; не приемлѧи истьлѣниꙗ ἀνεπίδεκτος φθορᾶς): аште обрѣзание приемлетъ ч⟨ловѣ⟨къ въ сѫботѫ *И 7, 23 Зогр Мар Ас*; рабъ б⟨о⟩жиі сѫдъ прикмлкть *Супр 103, 1-2*; въс толико прѣбываник • прикмлкть отъданик *Супр 446, 3*; немоштьнъ мнимъ бѣ • приемьли чьсть отъ аггелъ *Супр 481, 25*; ни отъ таковааго д⟨оу⟩ховьнааго юноша • окы отъ оученика подобаатъ слоуж'бѫ принимати *Супр 548, 15-16.— Зогр Мар Ас Сав Охр Боян Ен Син Служ Киев Евх Клоц Супр Хил Рыл Зогр-лл.— Ср.* бьрати, възимати, въсприимати, имати, поимати

ПРИМИЧЬНЪ, -ыи *прил.* (1) εὐπρόσδεκτος благоприятный, удобный vhodný, příhodný, příznivý: нынѣ врѣмѧ примичьно *Супр 356, 11-12* (*2 Кор 6, 2*).— *Ср.* благопримичьнъ, благоприꙗтьнъ, приꙗтьнъ

ПРИКАСАТИ СѦ, -саѭ сѧ, -сакши сѧ *несов.* комь, чемь; кого, чесо (27) [прикаꙗ (!) сѧ *Евх* (1)] ἅπτεσθαι, προσψαύειν, περιίπτασθαι (!) прикасаться dotýkat se: і вьсь народъ іскааше прикасати сѧ емь • ѣко сила із него ісхождааше *Л 6, 19 Зогр Мар Ас* (2) *Сав* ● *перен.*: ꙗко крьстиꙗнъ ксмъ • и мѫжы твоѧ не прикасаѭтъ сѧ мене *Супр 164, 1* ● συγχρῆσθαι общаться stýkat se: не прикасаѭтъ бо сѧ юдеи самарѣнехъ *И 4, 9 Зогр Мар Ас.— Зогр Мар Ас Сав Син Евх Супр.— Ср.* касати сѧ

п р и к а ꙗ с ѧ (!) *Евх 44б 13-14 см.* прикасати сѧ

ПРИКЛАДАТИ, -даѭ, -дакши *несов.* (1) μιμεῖσθαι подражать napodobovat: кгда отцемъ и матеремъ • источьницѣхъ водныихъ • прикладакма бѣ'хѫ очеса *Супр 397, 24-25.— Ср.* прилагати

ПРИКЛАДЪ, -а *м* (1) σύμβολον символ symbol: не домышлѣахѫ же сѧ креста • побѣдьныꙗ оусоуждаѭште прікладъ *Клоц 11а 15.— Ср.* образъ

ПРИКЛОНИТИ, -нѭ, -ниши *сов.* чьто къ комоу, чесомоу; въ чьто (16) κλίνειν склонить, приклонить naklonit, přiklonit: слыши дъщи и виждь и пріклони оухо твое *Пс 44, 11 Син; Ен 28а 18*; пріклони ср⟨ьдь⟩це мое во съвѣдѣниѣ твоѣ *Пс 118, 36 Син.— Ен Син Евх.— Ср.* прииникнѫти, прѣклонити

п р и к л о у п ь ꙗ ѭ ш т е *Супр 424, 2 см.* прикоупꙗти

ПРИКЛЮЧАИ, -аꙗ *м* (4): п о п р и к л ю ч а ю κατὰ συγκυρίαν случайно náhodou: по приключаю же • іерѣі етеръ • съхождааше пѫтьмь тѣмь • і видѣвъ і мимо іде *Л 10, 31 Зогр Мар Ас Сав.— Ср.* полоучаи, прилоучаи, сълоучаи

ПРИКЛЮЧИТИ СѦ, -чѫ сѧ, -чиши сѧ *сов.* (17) **1.** συμβαίνειν, ἀποβαίνειν произойти, случиться přihodit se, stát se: приключитъ же сѧ вамъ • въ съвѣдѣтельство *Л 21, 13 Зогр Мар Ас Сав* ● γίγνεσθαι прийти, наступить nastat, nadejít: приключьшю сѧ дьни потрѣбьноу *Мк 6, 21 Зогр Мар Ас* ● παρεῖναι оказаться, появиться vyskytnout se, naskytnout se, objevit se: приключи же сѧ етери въ то врѣмѧ *Л 13, 1 Зогр*, приключишѧ... сѧ *Мар* **2.** συμφωνεῖν подойти hodit se: і ветъсѣи (*т. е.* ризѣ) не приключитъ сѧ приставенье • еже отъ новааго *Л 5, 36 Зогр Мар* **3.** п р и к л ю ч и и с ѧ *в знач. сущ.* ὁ προσήκων родственник příbuzný: ни богатоуоумоу • иже тольма чловѣколюбьцъ бъıстъ • ꙗкоже и за приключьшꙗ сѧ кмоу пешти *Супр 374, 10.— Зогр Мар Ас Сав Супр.— Ср.* ключити сѧ, лоучити сѧ, сълоучити сѧ

ПРИКОСНОВЕНИѤ, -ꙗ *с* (1) προσβολή прикосновение dotknutí: абик же прикосновении топлотъı • пльти кго растаавъши *Супр 93, 14-15.— Ср.* дрьжаник, присѧжение

ПРИКОСНѪТИ СѦ, -нѫ сѧ, -неши сѧ *сов.* комь, чемь; кого, чесо; (къ) комоу, чесомоу (67) [прикснѫти сѧ (!) *Супр* (1)] ἅπτεσθαι, προσεγγίζειν, λυμαίνεσθαι прикоснуться dotknout se: кто прикоснѫ сѧ ризахъ моихъ *Мк 5, 30 Мар Ас Сав Унд*, ризъ моіхъ *Зогр*; риваахѫ дроугъ дроуга • к'то прьвок прикоснетъ сѧ къ немоу *Супр 18, 22* ● *перен.*: да никакоже вамъ... грѣхъ прикоснетъ сѧ *Супр 135, 29.— Зогр Мар Ас Сав Унд Зогр-пал Супр.— Ср.* коснѫти (коснѫти сѧ), присѧгнѫти, присѧщи

ПРИКРЪВЕНИѤ, -ꙗ *с* (1) *греч. нет* прикрытие, покрывало přikrytí, přikrývka: приемъı понѣвѫ отъ рѫкоу чов⟨ѣ⟩чю • прикръвение тѣлоу своемоу *Евх 38б 21*

п р и к р ъ в ъ н ь *Л 9, 45 Мар см.* прикрыти

ПРИКРЫВАТИ, -аѭ, -акши *несов.* (3) περικαλύπτειν, συγκαλύπτειν прикрывать, закрывать přikrývat, zakrývat, zahalovat: і начашѧ етери... прикрывати лице его *Мк 14, 65 Зогр Мар.— Супр 458, 17.— Ср.* закрывати, покрывати

ПРИКРЫТИ, -крыѭ, -крыкши *сов.* (10) παρακαλύπτειν, ἐπικαλύπτειν, συγκαλύπτειν, καλύπτειν, συγκάμπτειν (!) прикрыть, закрыть přikrýt, zakrýt, zahalit: і прікры ны сѣнь съмрътьнаа *Пс 43, 20 Син* ● *перен.*: они же не разоумѣшѧ г⟨лаго⟩ла сего • бѣ бо прикръвенъ отъ нихъ *Л 9, 45 Зогр*, прикръвънь *Мар*; блажені... имъже прікрышꙗ сѧ грѣсі *Пс 31, 1 Син.— Пс 68, 11 Син; Евх 34а 16; 34б 12; 34б 15; 39а 1; 39а 4.— Ср.* закрыти, покрыти

ПРИКОУПЛꙖТИ, -плꙗѭ, -плꙗкши *несов.* (1) συνάπτειν присоединять, присовокуплять připojovat, spojovat: доуша коупьно къ любьвьноуоумоу сьвѧзоу • приклоупьꙗѭште (!) *Супр*

424, 2 (съвъкоуплѣѭштє *Клоц 9б 12*).— *Ср.* съвъкоуплꙗти

ПРИКОУПЪ, *-а м* (2) πραγματεία прибыль, польза zisk, užitek: видиши ли... колико ти бываатъ намъ отъ ништиихъ прикоупъ *Супр 373, 23* ♦ прикоупъ творѧи τραπεζίτης меняла penězoměnec, směnárník: подоба ти бѣ дати сьребро мое прикоупъ творѧштиимъ *Супр 369, 30* (тръжьникомъ *Мт 25, 27 Зогр Мар Ас Сав*).— *Ср.* прибꙑтъкъ, приобрѣтениѥ, приобрѣтѣль, притѧжаниѥ, сътѧжаниѥ; прикоупъ творѧи *ср.* пѣнѧжьникъ, тръжьникъ

ПРИЛАГАТИ, *-аѭ, -аѥши несов.* кого, что къ комоу, чесомоу; чемь *или без. доп.* (11) **1.** ἐπιτιθέναι, παρατιθέναι, προστίθεσθαι, καταφεύγειν (!) прикладывать přikládat: тоу прьвѣѥ врачъ бꙑлиѥ прилагаѥтъ *Супр 251, 4* ● *перен.*: богатъство аще мимотѣкаѥтъ не прилагаите ср⟨ъ⟩д⟨ь⟩ца *Пс 61, 11 Син* **2.** προστιθέναι, ὑποτιθέναι, ἐπιβάλλειν прибавлять, добавлять, прилагать přidávat, dodávat: вѣдꙑ нашѫ любовь • и привѣтѣ нашемь прилагаꙗ твоѭ силѫ • къ съконьчанью заповѣдеи его *Евх 92б 10-11* ▭ прилагати сѧ συντάσσειν ἑαυτόν присоединяться přidružovat se, připojovat se: прилагаѩ сѧ • къ дроугомъ ѳоминомъ *Супр 509, 25* ● *греч. нет* увеличиваться zvětšovat se: и прилагааше сѧ число вѣроуѭштиихъ по вьсѧ дьни *Супр 538, 18-19* **3.** прилагати сѧ συστοιχεῖν сравниваться приравниваться stavět se na roveň, přirovnávat se: агаръ бо естъ синѣ гора • еже въ равни • прилагаетъ сѧ нꙑнѣшнимъ ер⟨оу⟩с⟨а⟩лимѣ *Гал 4, 25 Ен.— Супр 39, 6; 370, 30; 522, 1-2; 526, 3; 564, 24.— Ср.* прикладати

прилагаѭтъ *Супр 373, 15 см.* прибѣгати

ПРИЛЕЖАНИѤ, *-ꙗ с* (4) ἐπιμέλεια забота, усердие, прилежание péče, pečlivost, starostlivost: съ прилежаны(ем же)... обычьник(ъ) бѫдетъ *Рыл 16β 2*; и сътворівъше ѥго цѣла прилежаниѥмъ *Супр 51, 21.— Супр 494, 16-17; 497, 6-7.— Ср.* печаль

прилежанье *Л 22, 44 Зогр см.* прилежьно

ПРИЛЕЖАТИ, *-жѫ, -жиши несов.* комь, чемь; къ комоу, чесомоу; на что; въ чемь (23) [прилож- (!) *Супр* (1)] **1.** ἐπικεῖσθαι, προσκαρτερεῖν находиться около *кого-л., чего-л.*, прилегать ležet při *něčem*, být u *někoho, něčeho*: а прилежѧшта печати цѣлꙑ остави *Супр 502, 4-5* **2.** ἐπιμένειν, προσκαρτερεῖν, διακεῖσθαι отдаваться, предаваться *чему-л.* věnovat se, oddávat se *něčemu*: онъ же три дни... молитвѣ ѥдинои прилежавъ *Супр 518, 22*; приложи (*вм.* прилежи) ѳома добрѣѥ невѣрьствии • подвижѧ прилежи *Супр 500, 11-12* **3.** ἐπιμελεῖσθαι заботиться *о ком-л., о чем-л.* starat se *o někoho, o něco*: приведе же і въ гостинницѫ • і прилежа ємь *Л 10, 34 Зогр Мар Ас*, прилежаше *Сав* **4.** ἐπικεῖσθαι, ἐπιμένειν настаивать naléhat *na někoho*: они же прилежаахѫ гласꙑ велиі • просѧще его на пропѧтье *Л 23, 23 Зогр Мар.— Зогр Мар Ас Сав Супр.— Ср.* належати

ПРИЛЕЖЬНО *нареч., сравн. ст.* прилежьнѣѥ (21) [прилежанье (!) *Зогр* (1)] ἐκτενῶς, ἐπιμελῶς, εὐτόνως, ἐκτενής (!), ἐπίμονος (!) усердно, прилежно vytrvale, horlivě: егоже м⟨о⟩ли б⟨о⟩гослове прилежно • облакъ поганскъ разорити *Ен 36б 11*; і бꙑвъ въ подвизѣ • прилежьнѣе молѣаше сѧ *Л 22, 44 Мар Ас*, прилежъно *Сав*, прилежанье (!) *Зогр.— Зогр Мар Ас Сав Ен Евх Супр Рыл.— Ср.* прилежьнѣ

ПРИЛЕЖЬНЪ, *-ꙑи прил.* (4) ἐκτενής, ἀκλινής, εἰλικρινής усердный, прилежный vytrvalý, horlivý: съ прилеж'ноѭ молитвоѭ моли сѧ ѥмоу *Супр 531, 28-29.— Супр 111, 8; 522, 23; 524, 5.— Ср.* благоприлежьнъ, иностаньнъ, рьвьнивъ

ПРИЛЕЖЬНѢ *нареч.* (2) ἐπιμελῶς усердно, прилежно vytrvale, horlivě: азъ... расмаштрѣхъ прилежьнѣ • како оукорени сѧ (*т. е.* дѫбъ) *Супр 301, 3-4* ● νουνεχῶς внимательно pozorně: оні же приближивъше сѧ прилежьнѣ зърѣ'хѫ къ немоу *Супр 34, 19.— Ср.* прилежьно

прилежьнѣѥ *сравн. ст. Л 22, 44 Мар Ас см.* прилежьно

ПРИЛОГЪ, *-а м* (2) **1.** προσθήκη прибавка, прибавление, добавление přídavek, přidání: ꙗко жилъ ѥси на сво(ѥ)и земи • такожде съ прилогомъ и оу мене живеши *Супр 61, 2-3* **2.** прилози *мн.* козни, происки nástrahy, úklady: ѡкрили и отъ в'сѣхъ прилогъ неприѣзниинъ *Евх 80а 12.— Ср.* ковъ, къзнь, льсть, приложениѥ

ПРИЛОЖЕНИѤ, *-ꙗ с* (2) προσθήκη присоединение, примыкание připojení, přidružení: ликъ готовъ приложениѥ велико • славѧштіихъ отъ вѣка г⟨оспод⟩а • не по ѥдномоу събьранꙑ • нъ напрасно прѣложьше сѧ *Супр 84, 23.— Супр 93, 26.— Ср.* прилогъ, присвоѥниѥ

приложи *Супр 500, 11 см.* прилежати

приложи сѧ *Супр 408, 14 см.* прѣложити

ПРИЛОЖИТИ, *-жѫ, -жиши сов.* кого, что комь, чемь; къ комоу, чесомоу; на кого, что (64) **1.** προστιθέναι, ὑποτιθέναι, προβάλλεσθαι, ἐπάγειν приложить, положить přiložit, položit, dát: тебе ради рѫцѣ мои сии къ гвоздиѥмъ приложихъ *Супр 503, 4* ▭ приложити сѧ προστιθέναι, ἑνοῦσθαι, προσπελάζειν приложиться přiložit se, položit se: блажѫ оуста твоꙗ... приложьша сѧ къ исоусовомъ оустомъ

Супр 457, 26-27 **2.** προστιθέναι, ἀφορμὴν παρέχειν, προβάλλεσθαι прибавить, добавить přidat, dodat: къто же отъ васъ пекы сѧ можетъ • приложити тѣлесе своемь лакъть единъ *Л 12, 25 Зогр Мар*; а се на конци приложі *Ас 87а 13*; обаче іштате ц⟨ѣса⟩р⟨ь⟩-с⟨тв⟩ьѣ б⟨о⟩жиѣ • і си всѣ приложатъ сѧ вамъ *Л 12, 31 Зогр Мар*, и то приложитъ сѧ вамъ *Супр 290, 24-25* ▭ приложити сѧ προστιθέσθαι, συντίθεσθαι, συγκατατίθεσθαι, κολλᾶσθαι, προσκολλᾶσθαι присоединиться přidružit se, připojit se: ѣко оубо і своѣ чѧда творѧште тако і приложите сѧ свѧтыни ихъ *Клоц 1а 23* **3.** τιθέναι (ἐν παραβολῇ), παρεικάζειν приравнять, сравнить postavit na roveň, přirovnat, srovnat: чесомоу оуподобимъ ц⟨ѣса⟩р⟨ь⟩с⟨тв⟩не б⟨о⟩-жиѥ • ли коеі притъчи • приложимъ е *Мк 4, 30 Зогр Мар* ▭ приложити сѧ παρασυμβάλλεσθαι уподобиться připodobnit se: чл⟨о⟩в⟨ѣ⟩къ... приложі сѧ скотѣхъ несъмыслъныхъ *Пс 48, 21 Син* **4.** *с инф.* προστιθέναι продолжать делать *что-л.* dále *něco* dělat: і приложишѧ пакы съгрѣшиті емоу *Пс 77, 17 Син.— Зогр Мар Ас Сав Син Евх Клоц Супр.— Ср.* положити, придати, придѣти, приподобити, приставити, присъвъкоупити, причисти

ПРИЛОМИТИ, -млѭ, -миши *сов.* (1) κατα γνύναι надломить nalomit: трьсти съкроушенъ не приломитъ *Мт 12, 20 Зогр* (не прѣломитъ *Мар Сав, нет Ас*).— *Ср.* прѣломити, съкроушити

ПРИЛОУЧАИ, -аꙗ *м* (3) **1.** по прилоучаю κατὰ συντυχίαν случайно náhodou: по прилоучаю єдна отъ нихъ шьдши • близъ вьси вьлѣзе въ нивѫ ꙗсти хотѧшти *Супр 217, 29* **2.** τύχη звание; положение stav; postavení: глаголи... имѧ своє... и прилоучаи *Супр 100, 5-6.— Супр 100, 8.— Ср.* полоучаи, приключаи, сълоучаи

ПРИЛЬНѪТИ, -льнѫ, -льнеши *сов.* комь, чемь; по комь, чемь (9) κολλᾶσθαι прилипнуть, пристать, прильнуть přilnout, přilepit se: і прахъ прильпъшиі насъ... отътрѧсаемъ вамъ *Л 10, 11 Зогр*, прилепъшен *Мар*, прилепьши *Ас* ● *перен.*: прильпе д⟨оу⟩ша моѣ по тебѣ *Пс 62, 9 Син.— Пс 21, 16 Син; 43, 26 Син; 100, 4 Син; 101, 6 Син; 118, 25 Син.— Ср.* прильпати, прильпѣти, прилѣпити

ПРИЛЬПАТИ, -плѭ, -плѥши *сов.* комь, чемь (1) κολλᾶσθαι прилипнуть, пристать přilnout, přilepit se: прильпі ѩз⟨ы⟩къ моі грътани моемь *Пс 136, 6 Син.— Ср.* прильнѫти, прильпѣти, прилѣпити

ПРИЛЬПѢТИ, -плѭ, -пиши *сов.* (1) προσηλοῦσθαι прилипнуть, прильнуть, пристать přilnout, přilepit se: о томʼ праздьновати и радовати сѧ • и прилпѣти ничтоже нѣ того горе *Супр 447, 13.— Ср.* прильнѫти, прильпати, прилѣпити

ПРИЛѢПИТИ, -плѭ, -пиши *сов.* комь, чемь; къ комоу, чесомоу; комоу, чесомоу (?); (10) προσπλάσσειν прилепить, прибавить přilepit, přpojit: и се рекъ прилѣпи къ сѣдаѭштоуоумоу сѧ камени смокъве *Супр 300, 13-14* ▭ прилѣпити сѧ κολλᾶσθαι, προσκολλᾶσθαι прилепиться, пристать, присоединиться připojit se, přidružit se: сего ради оставитъ чл⟨овѣ⟩къ от⟨ь⟩ца своего и матерь своѭ • і прилѣпитъ сѧ женѣ своеи *Мт 19, 5 Мар Ас* (приложитъ сѧ *Сав, ∅ Зогр*), *Мк 10, 7 Зогр Мар.— Л 15,15 Зогр Мар Ас Сав; Пс 118, 31 Син.— Ср.* приложити (приложити сѧ), прильнѫти, прильпати, прильпѣти

ПРИЛѢПЛꙖТИ СѦ, -плꙗѭ сѧ, -плꙗѥши сѧ *несов.* комь, чемь; комоу, чесомоу (?) (6) [прилѣплѣ- *Ен* (2) *Син* (1) *Евх* (1) *Клоц* (1), приплѣхѫ сѧ (!) *Син* (1)] κολλᾶσθαι, προσκολλᾶσθαι прилепляться, присоединяться přimykat se, připojovat se, přidružovat se: мьнѣ же прилѣплѣті сѧ б⟨о⟩ꙃѣ благо естъ *Пс 72, 28 Син*; ли не вѣсте ѣко прилѣплѣѩи сѧ любодѣици • едино тѣло естъ *1 Кор 6, 16 Ен.— 1 Кор 6, 17 Ен; Пс 24, 21 Син; Евх 75б 4-5; Клоц 2б 11-12.— Ср.* прилагати, примѣшати сѧ

ПРИЛѢПЬНЪ, -ꙑи *прил.* (1) συνημμένος совокупленный spojený: посъланъ бъıстъ аггелъ гавриилъ къ дѣвици • обрѫченѣ мѫжоу а не прилѣпʼнѣ *Супр 245, 21*

ПРИЛЮБЛꙖТИ, -ꙗѭ, -ꙗѥши *несов.* (1) *греч. нет* любить oblibovat si: а иже ѩ гонꙗаше то тъıѩ прилюбьꙗше и крълмьꙗше *Супр 214, 17.— Ср.* любити

ПРИЛЮБЛѤНИѤ, -ниꙗ *с* (1) *греч. нет* любовь obliba, láska: ништиихъ прилюбьѥниꙗ свѣтьлость *Супр 356, 10.— Ср.* любъı

ПРИМИКИРИИ, -риꙗ *м* (4) *греч. нет* примикирий (*стоящий во главе*) primicerius: мѣсто старца примикирии поставьѥнии • приходитъ *Супр 555, 1.— Супр 552, 19; 553, 10; 555, 12*

ПРИМИРИТИ, -рѭ, -риши *сов.* кого, чьто къ комоу, чесомоу (3) καταλλάσσειν примирить smířit, usmířit: приді (*вм.* приде) с⟨ы⟩нъ ч⟨ловѣчь⟩скъı • да прімирітъ родъ нашъ къ б⟨ог⟩оу *Клоц 9а 29* (да състроитъ наше ѥстьство съ богомь *Супр 423, 8*) ▭ примирити сѧ съ цѣмь, чимь καταλλάσσειν ἑαυτόν, ἑνοῦν примириться smířit se, usmířit se: и примири сѧ съ правовѣрънъıими *Супр 200, 6.— Супр 109, 22-23.— Ср.* съмирити, състроити

ПРИМОРИѤ, -риꙗ *с* (2) παραθαλάσσιον

μέρος, αἰγιαλός приморье přímoří: колико островъ • колико рѣкъ колико приморига • колико родовъ... ти вьси крьста ради ал'чѫтъ *Супр 431, 3.— Супр 204, 10*

ПРИМРАКЪ, -а *м* (1) γνόφος сумрак, мрак temnota, přítmí: і прѣклоні н⟨е⟩б⟨е⟩са и сьніде • и примракъ подъ ногама его *Пс 17, 10 Син.— Ср.* мракъ, тьма

ПРИМЪІСЛИТИ, -мъішлѭ, -мъіслиши *сов.* (7) ἐπινοεῖν, ἐπίνοιαν ποιεῖν, ἐπιτηδεύειν, ἐπαρᾶσθαι (!) придумать, изобрести vymyslit, vynalézt: на крѣстѣ сѧ оустрѣмішѧ • страшънъі и оукорізнъі • прімъішлѣше съсѧдъ *Клоц 11а 9-10.— Супр 35, 21; 59, 8; 85, 13-14; 92, 20; 92, 23; 492, 30*

ПРИМЪІШЛІАИ, -іаіа *м* (1) κακότεχνος πλάνη вымысел, выдумка výmysl, nápad: да побѣждѫ нечистааго • и хрѣстоненавидьна'го (*т. е.* комиса) примъішлѣѩ • и бѫдѫ съпричастьникъ христосоу *Супр 225, 24.— Ср.* примъішленик, оумъішліаи

ПРИМЪІШЛІАТИ, -іаѭ, -іакши *несов.* (5) [примъішлѣ- *Супр* (2)] ἐπινοεῖν придумывать, измышлять vymýšlet, vynalézat: не примъішліаи ми съмрьти вѣчьнъіѩ *Супр 1, 29.— Супр 12, 22; 165, 22-23; 181, 17; 210, 19-20.— Ср.* помъішліати, съмъішліати

ПРИМЪІШЛІЕНИІЕ, -иіа *с* (2) ἐπίνοια, μηχανή вымысел, выдумка výmysl, nápad: съматра'ше кок би примъішленик изобрѣсти *Супр 88, 29-30.— Супр 87, 7.— Ср.* примъішліаи, оумъішліаи, оумъішленик

ПРИМѢНИТИ, -нѭ, -ниши *сов.* (1) προσλογίζεσθαι причислить přičíst, připočítat: прімѣненъ бъіхъ съ нізъходѧштимі въ ровъ *Пс 87, 5 Син.— Ср.* вънѣнити

ПРИМѢСИТИ СѦ, -мѣшѫ сѧ, -мѣсиши сѧ *сов.* (къ) комоу, чесомоу (5) ἐγκαταμειγνύναι ἑαυτόν, συνενοῦσθαι, συναριθμεῖσθαι, οἰκειοῦσθαι присоединиться, соединиться připojit se, spojit se: і съподоби и пакъі житью людьи твоихъ • примѣсити сѧ *Евх 23б 2*; и съвръгъ ризъі къ нагъимъ сѧ примѣси *Супр 93, 21.— Евх 66б 8; Супр 110, 6-7; 355, 28.— Ср.* съмѣсити, съчетати

ПРИМѢТАТИ СѦ, -аѭ сѧ, -акши сѧ *несов.* (2) παραρριπτεῖσθαι находиться на последнем месте, в пренебрежении být poslední, opovržený: ізволихъ прімѣтаті сѧ въ домъ б⟨ог⟩а моего паче • неже жіті въ селѣхъ грѣшьнічіхъ *Пс 83, 11 Син; Супр 147, 19* (преметати сѧ *Евх 84а 7*, прїпадати *Супр 101, 11-12*).— *Ср.* припадати, прѣметати сѧ

ПРИМѢШАТИ СѦ, -аѭ сѧ, -акши сѧ *несов.* комь, чемь (1) ἡ ἐπισκήνωσις (!) присоединяться připojovat se: примѣшаѩ сѧ с⟨вѧ⟩тѣмь твоемь д⟨оу⟩сѣ • наслѣдьникъ бѫдетъ • ц⟨ѣса⟩рства н⟨е⟩б⟨е⟩с⟨ь⟩нааго *Евх 74б 2.— Ср.* прилагати (прилагати сѧ), прилѣпліати сѧ

ПРИМѦТАТИ СѦ, -аѭ сѧ, -акши сѧ *несов.* (*или сов. ?*) (1) προσπελάζειν появляться/появиться (?) naskýtat se, namanout se (?): аще ли еси посъланъ цѣмь • и примѧталъ (*вм.* примѣталъ *или* приметалъ ?) сѧ вънезапѫ *Евх 54б 2-3*

ПРИНЕСЕНИІЕ, -иіа *с* (1) τὰ προσκομισθέντα приношение, дар, жертва přinesený dar, oběť: приими і се принесение *Евх 13б 11.— Ср.* възношеник, оплатъ, приносъ, приношеник

ПРИНЕСТИ, -сѫ, -сеши *сов.* кого, чьто (къ) комоу *или без доп.* (>100) [прінемсе (!) *Син* (1)] **1.** φέρειν, προσφέρειν, εἰσφέρειν, ἄγειν, προσάγειν, ἀπάγειν, κομίζειν, προσκομίζειν, εἰσκομίζειν, λαμβάνειν, καταβάλλειν принести přinést: они же принѣсѧ емоу пѣнѧзъ *Мт 22, 19 Мар Ас*, принесошѧ *Сав* (Ø *Зогр*); гакоже бо въ прѣношеник събьранъіихъ • принесенок отъ когождо обьште принесъшиимъ бъіваат' *Супр 84, 5* ● φέρειν приложить přiložit: принеси прьстъ твоі сѣмо *И 20, 27 Зогр Мар Ас Охр; Супр 502, 30* ● *перен.* φέρειν, προσφέρειν conferre дать, предоставить dát, poskytnout: принесе съпасеньк страсть х⟨ристосо⟩ва *Супр 482, 21*; похоті іхъ прінемсе (*вм.* принесе) імъ *Пс 77, 29 Син*; то(г)о раді есі намъ вѣчь(н)ое обѣцѣние принеслъ *Киев 4б 22-23* ● προσφέρειν, κερδαίνειν принести (*плоды, прибыль*) přinést (*plody*), vynést: да въі ідете • і плодъ принесете *И 15, 16 Зогр Мар Ас Сав*; разно бъішѧ присноси (!) отъ кдноѧ мнась • овь пѧть овъ десѧть принесоста *Супр 376, 4* ● φέρειν, προσφέρειν воздать (*хвалу*) vzdát (*chválu*): прінесѣте г⟨оспод⟩ю славѫ и честъ *Пс 28, 1 Син*; дівъ бо тварі прінесъ прѣспѣѭштъ • мѣрѫ тварі *Клоц 10а 11* **2.** чьто о чемь; за кого, чьто φέρειν, προσφέρειν, προσάγειν, προσκομίζειν offerre принести жертву, в жертву přinést oběť, obětovat: нъ шьдъ покажи сѧ іерѣови • і принеси о очиштении своемь • ѣкоже повелѣ моси *Л 5, 14 Зогр Мар*; принеси за очиштение *Мк 1, 44 Зогр Мар Ас Сав*; рованиѩ г⟨оспод⟩і принесенъіѩ свѧті *Киев 1б 10* **3.** чьто на чьто εἰσφέρειν, χρῆσθαι употребить, использовать použít, vynaložit: то оубо вѣдѫште • принесѣмъ вьсе на оуспѣхъ ближьнимъ *Супр 378, 19.— Зогр Мар Ас Сав Охр Боян Син Киев Евх Клоц Супр.— Ср.* донести, пожрьти, привести, приставити

ПРИНИКНѪТИ, -нѫ, -неши *сов.* на кого; въ чьто *или без доп.* (12) παρακύπτειν, διακύπτειν, ἐκκύπτειν склониться *над чем-л.* (*всматриваясь*) sklonit se, naklonit se, přiklonit se (*a pohlédnout*): приниче въ гробъ • і видѣ дъва анѣ⟨е⟩ла *И 20, 11 Мар Ас* (∅ *Зогр*); г⟨оспод⟩ь съ н⟨е⟩б⟨е⟩сі приніче на с⟨ы⟩нъі чл⟨овѣ⟩чьа *Пс 13, 2 Син; Пс 52, 3 Син.— Л 24, 12 Зогр Мар Ас* (2); *И 20, 5 Мар Ас; Пс 84, 12 Син; 101, 20 Син.— Ср.* приклонити, прѣклонити

ПРИНКИПЪ, -а *м* (2) *греч. нет* начальник, вождь velitel: принкипъ кназъ рече *Супр 162, 12.— Супр 162, 24.— Ср.* началькникъ, пригкипъ

ПРИНОСИТИ, -ношѫ, -носиши *несов.* (89) **1.** φέρειν, προσφέρειν, περιφέρειν, δωροφορεῖν, κομίζειν; (дары приносити δωροφορεῖν, приносити плоды καρποφορεῖν) приносить přinášet: приношаахѫ къ немоу вса недѫжьнъіьа *Мк 1, 32 Зогр Мар*; и приноситъ є҃ свѣщи *Евх 19б 11*; оувѣдѣша стрѣгѫштии тъмницѫ • ꙗко приносимаего отъ вѣрънъіхъ не възимаѭтъ *Супр 133, 30* ● *перен.* слыши ꙗко еже зъло сътворити мѫжѫ приноситъ и страсть *Супр 406, 17*; си смокы образъ приношааше • широкааго и пространааго пѫти *Супр 350, 20*; і приноситъ плоды *Мт 13, 23 Зогр Мар* ● προσφέρειν, προσάγειν предоставлять, оказывать poskytovat, prokazovat: вьсѣкъ іже оубиетъ въі • мьнитъ си слоужьбѫ приносити б⟨ого⟩ви *И 16, 2 Зогр Мар Ас* (9) *Сав* (2); ицѣльба отъ врача приноситъ са *Супр 308, 7* ● ἄγειν, προσάγειν, προσφέρειν, προσέχειν; (хвалѫ приносити δωροφορεῖν) воздавать (*хвалу*) vzdávat (*chválu*): дльжьна бъістъ в'сѣ тварь • хвалѫ тебѣ приносити *Евх 1а 8*; приносити тебѣ пѣние *Евх 95а 17*; дѣти хвалѫ приносатъ *Супр 338, 15* ● προσάγειν, προσφέρειν, ἀναφέρειν, *вар.* ἀναπέμπειν возносить (*молитву*), высказывать (*просьбу*) přednášet, vznášet (*prosbu, modlitbu*): мол⟨и⟩твы приносащиꙗ • бл⟨а⟩г⟨осло⟩ви *Евх 14б 21*; прилежно молитвѫ богови приношааше *Супр 515, 16* □ **рѣчь приносити** κατηγορίαν φέρειν обвинять vést žalobu, vinit: кѫѭ рѣчь приносите на ч⟨ловѣ⟩ка сего *И 18, 29 Зогр Мар Ас Сав*; **нарокъ приносити** ψῆφον φέρειν выносить решение, решать vynášet rozsudek, rozhodovat: вьси съ пилатомъ глаголѭтъ • правьдънъіи приносаште нарокъ *Супр 433, 24-25* **2.** чьто о комь, чемь φέρειν, προσφέρειν, ἀναφέρειν, προσάγειν приносить жертву, в жертву *что-л.*, жертвовать přinášet oběť, obětovat: і въ любъвь даръ сь тебѣ приносимъ *Киев 2б 24*; въ вторѫѭ же единоѭ лѣта • единъ архиереи не бес кръве • ѭже приноситъ о себѣ и ѡ людьскыхъ невѣждъствихъ *Евр 9, 7 Ен*; тъ бо даръ ꙗкоже въ истинѫ благъ • богови приноситъ са отъ свободьнъіꙗ д⟨оу⟩ша *Супр 545, 8-9* **3.** χρῆσθαι употреблять, расходовать užívat, vynakládat: ч'то же се естъ еже оученика ради даръ словесьнъі имъ-и не приноса его • и дар' погоубьꙗтъ (*вм.* -ꙗетъ) *Супр 377, 26* **4.** προφέρειν; (въспать приносити ἀνθυποφέρειν) приводить, произносить pronášet, uvádět: никтоже отъ рѣчи повѣди приноситъ *Супр 510, 28-29*; вьспать приноса глаголѭ *Супр 313, 5.— Зогр Мар Ас Сав Ен Служ Киев Евх Клоц Супр.— Ср.* жрьти, носити

ПРИНОСЪ, -а *м* (6) [присно- (!) *Супр* (1)] **1.** προσφορά hostia, sacrificium приношение, дар, жертва přinesený dar, oběť: приносъ принесенъі тебѣ г⟨оспод⟩і просимъ тьа приимі *Киев 3б 1* **2.** πρόσοδος прибыль, доход příjem, výtěžek: овъ множаи и овъ же хоуждеи приносъ показаста *Супр 376, 9.— Киев 4а 8-9; 6б 11; Супр 376, 3; 421, 30.— Ср.* възвить, възношение, лихва, оплатъ, принесение, приношение

ПРИНОШЕНИЄ, -ниꙗ *с* (10) [прин.. *Ен* (1)] **1.** *греч. нет* принесение, приношение přinášení: не самомоу страдати троуда приношеньꙗ водѣ *Супр 551, 26* **2.** προσφορά, τὰ προσφέροντα, αἴτημα (!); (приношение бъіти προτίθεσθαι) приношение, дар, жертва přinesený dar, oběť: і въкоушаѭщиихъ отъ нихъ с⟨вѧ⟩ти • ѣко вь честь с⟨вѧ⟩тъіхъ твоихъ • си приношениѣ сѫтъ *Евх 13а 20.— Фил 4, 6 Ен; Пс 39, 7 Син; Евх 13б 2-3; 13б 9; 14б 8; 66б 20-21; Клоц 8б 24; Супр 91, 25.— Ср.* принесение, приносъ

ПРИНОУДИТИ, -ноуждѫ, -ноудиши *сов.* (16) ἀναγκάζειν, βιάζειν, καταβιάζεσθαι, παραβιάζεσθαι принудить přinutit: и неволеѭ та приноуждѫ исповѣдати *Супр 149, 11*; приноужденоумоу бо бъіти доброу не добро *Супр 413, 6* ● πείθειν убедить *кого-л.* přemluvit: како ли приноудити можа'хѫ *Супр 441, 17.— Супр.— Ср.* оубѣдити, поноудити

ПРИНОУЖДАТИ, -аѭ, -аеши *несов.* (2) ἀναγκάζειν принуждать přinucovat, nutit: приноуждаемъ бѣаше правьдивъіи тъ мѫжь • инѫ слоужьбѫ творити *Супр 284, 25-26.— Супр 521, 20.— Ср.* нѫдити

ПРИОБРѢСТИ, -рашѫ, -рашеши *сов.* (44) **1.** κερδαίνειν, ἀνακτᾶσθαι, κτᾶσθαι, τὸ κέρδος κομίζεσθαι приобрести, получить získat, nabýt: г⟨оспод⟩и • д҃ талан'тъ ми еси прѣдалъ • се дроугъіѩ д҃ талан'тъ • приобрѣтъхъ іми *Мт 25, 20 Зогр*, приобрѣтохъ *Ас*, приобрѣтъ *Мар Сав* **2.** чьто комоу προξενίζειν, προξενεῖν, κτᾶσθαι, δρέπεσθαι, τίκτειν причинить přivodit, způsobit: и приобраштеши намъ залазъ не х҃удъ *Супр 102, 24.— Зогр Мар Ас Сав Клоц Супр.— Ср.* притворити, сътѧжати

ПРИОБРѢТАТИ, -аѭ, -аеши *несов.* (1) πραγματεύεσθαι приобретать, получать získávat: двоѥ себѣ приобрѣтаѩ с⟨вѧ⟩тꙑи *Супр 525, 9.— Ср.* обрѣтати

ПРИОБРѢТЕЛЬНИКЪ, -а *м* (1) *греч. нет* виновник, зачинщик strůjce: отъ[т]връгни мѧ отъ... вьсѣкоѩ зъли приобрѣтельника ан'тонина *Супр 160, 24.— Ср.* начѧльникъ, обрѣтатель, обрѣтельникъ

ПРИОБРѢТЕНИѤ, -ꙗ *с* (2) κτῆσις приобретение získávání, získání: доброѥ сьмѣрениꙗ приобрѣтениѥ *Супр 513, 18-19* ● κέρδος прибыль, польза zisk, prospěch: азъ тебе о приобрѣтении въпрашах' *Супр 447, 11.— Ср.* прибꙑтъкъ, прикоупъ, приобрѣтѣль, притѧжаниѥ, сътѧжаниѥ

ПРИОБРѢТѢЛЬ, -и *ж* (1) *греч. нет* прибыль, польза zisk, prospěch: мнѣ бо ѥже жити х⟨ристо⟩с⟨ъ⟩ • и ѥже оумрѣти приобрѣтѣль *Супр 166, 8 (Фил 1, 21).— Ср.* прибꙑтъкъ, прикоупъ, приобрѣтениѥ, притѧжаниѥ, сътѧжаниѥ

ПРИОБЬЩАВАТИ СѦ, -ваѭ сѧ, -ваѥши сѧ *несов.* къ комоу (1) *греч. нет* общаться obcovat, stýkat se: съвѧзати же вьсѧ приобьштаваѭштаѩ сѧ к' нимъ *Супр 210, 17-18.— Ср.* обьщевати, обьщити, приобьщати сѧ

ПРИОБЬЩАТИ СѦ, -аѭ сѧ, -аѥши сѧ *несов.* къ комоу, чесомоу; кого, чесо (2) κοινωνεῖν приобщаться účastnit se, připojovat se: и тоѩ пльти господьнѧ приобьштаѭштоу сѧ *Супр 381, 4-5*; къ црькъви же вьсѣчьстѣи не приобьштааше сѧ *Супр 298, 2.— Ср.* обьщевати, обьщити, приобьщавати сѧ, причѧщати (причѧщати сѧ)

ПРИОБЬЩИТИ, -щѫ, -щиши *сов.* кого, чьто къ комоу, чесомоу; комь, чемь (9) συγκοινωνεῖν приобщить učinit účastným, připojit: и приобьщи мѧ пакꙑ стадѣ твоѥмь с⟨вѧ⟩тꙑхъ *Евх 78б 12*; съподобитъ сѧ приобьштити къ вьсѣчьстѣи црькви *Супр 298, 17* □ приобьщити сѧ κοινωνεῖν, συγκοινωνεῖν приобщиться stát se účastným, zúčastnit se, připojit se: ꙗкоже похвалити мѫжа прѣславьнꙑ • и за нꙑ пострадавъшааго волеѭ приобьштивъша сѧ страстьми *Супр 533, 28.— Евх 78б 7-8; 78б 21-22; Клоц 1б 8; Супр 298, 30; 299, 4; 321, 4.— Ср.* причѧстити

ПРИПАДАТИ, -даѭ, -даѥши *несов.* къ комоу, чесомоу; комоу, чесомоу (22) [припа.. *Рыл* 1] **1.** προσπίπτειν, προπίπτειν; (припадати (и) кланꙗти сѧ γονυπετεῖν) падать *перед кем-л.* (*на колени*), бросаться в ноги *кому-л.*, припадать к ногам *кого-л.* padat *před někým* (*na kolena*), vrhat se k nohám: приѥметъ бо тѧ припадаѭща *Ен 36б 9*; сърѣтоста и сестрѣ лазаровѣ • припадаѥта къ ногама господьнꙗма *Супр 315, 6*; и ꙗкоже на мнозѣ кажд • молѧ припадаѩ • кланꙗѩ сѧ • оувѣштати ѥго не възможе *Супр 527, 14* ● *перен.*: ıли к'то плачѧ сѧ ı припадаѩ • къ врачеви семоу *Евх 84а 2* ● παραρριπτεῖσθαι находиться на последнем месте, в пренебрежении být poslední, opovržený: азъ бърахъ прıпадати въ домъ бога моѥго паче • неже ли жити въ жилиштихъ грѣшьнꙑихъ *Супр 101, 11-12* (прıмѣтатı сѧ *Пс 83, 11 Син, Супр 147, 19,* преметати сѧ *Евх 84а 7*) **2.** προσέρχεσθαι подступать, подходить přistupovat, přicházet: своѥѭ ли волеѭ припадаѥши къ х⟨рист⟩оу *Евх 87а 6-7.— Зогр Мар Ен Евх Супр Рыл.— Ср.* падати

ПРИПАСТИ, -падѫ, -падеши *сов.* комоу, чесомоу; къ комоу, чесомоу; прѣдъ кого, чьто; прѣдъ цѣмь, чимь (40) **1.** προσπίπτειν, προπίπτειν, ἅπτεσθαι пасть *перед кем-л.* (на колени), броситься в ноги *кому-л.*, припасть к ногам *кого-л.* padnout *před někým* (na kolena), vrhnout se k nohám *někoho*: видѣвъ же симонъ петръ • припаде къ колѣнома ı⟨со⟩вама гл⟨агол⟩ѧ *Л 5, 8 Зогр Мар Ас* ● *перен.*: къ томоу припадѣмъ • слъзами себе очистѧще *Евх 86а 3-4* **2.** προσρηγνύναι обрушиться, напасть napadnout, přivalit se: припаде рѣка храминѣ тоı *Л 6, 48 Зогр Мар* **3.** προσέρχεσθαι, ἔρχεσθαι подойти, подступить přistoupit, přijít: пришъдъшю же ѥмоу въ храминѫ • припадоста слѣпьца *Мт 9, 28 Сав* (пристѫписте *Зогр Мар Ас*).— *Зогр Мар Ас Сав Унд Син Евх Супр.— Ср.* напасти, потъкнѫти (потъкнѫти сѧ), приразити сѧ, пристѫпити, прѣтъкнѫти

ПРИПЛЕСТИ, -плетѫ, -плетеши *сов.* (1) συμπλέκειν сплести splést: широкꙑ и пространъи пѫть • дивии приплетенъ ѥстъ *Супр 350, 17.— Ср.* съплести

ПРИПЛОДИТИ, -плождѫ, -плодиши *сов.* (1) φέρειν принести плоды přinést plody: ı приплоди ово три десѧти *Мк 4, 8 Мар* (∅ *Зогр*).— *Ср.* плодъ (плодъ сътворити), плодоносьствовати, принести

прıплѣхѫ сѧ (!) *Пс 24, 21 Син см.* прилѣплꙗти сѧ

ПРИПОДОБИТИ СѦ, -блѭ сѧ, -биши сѧ *сов.* комь, чемь (2) ἐοικέναι уподобиться stát se podobným, připodobnit se: приподобихомъ же и мꙑ сѧ матери оубозѣи *Супр 384, 16.— Супр 384, 13.— Ср.* приложити, оуподобити

припризракъ *Мт 14, 26 Ас см.* призракъ

ПРИПРѦЩИ, -прѧгѫ, -прѧжеши *или* **ПРИПРѦГНѪТИ**, -нѫ, -неши *сов.* кого, чьто къ комоу, чесомоу; комь, чемь (2) συζευγνύναι присоединить, соединить připojit, spojit: ѥдинъ ѥдноѩ припрѧглъ ѥстъ богъ *Супр 366, 20*; ѥже волеѭ присно • къ прьстьноуоумоу тѣлеси своѥмоу припрѧглъ бѣаше *Супр 569, 12-13.— Ср.* присъвъкоупити, съвъкоупити, съкоупити

ПРИПѢВАТИ, -аѭ, -аѥши *несов.* (1) *греч.*

нет исполнять припев zpívat refrén: и тако пѣти весь пс⟨а⟩лъмъ сеи по стихоу до конца • припѣвающе стих⟨ъ⟩ сеи *Евх 116 18*

ПРИПѦТИ, -пьнѫ, -пьнеши *сов.* (1) ἐπιτείνειν направить zaměřit: да что рекѫ на позоратаꙗ слово • прип'немь *Супр 56, 1*

ПРИПѪТЬНЪ, -ꙑи *прил.* (1) παρόδιος придорожный (*ležící*) u cesty: ꙗвлѣ сѧ патриархови въ припѫтьнѣи сѣни *Супр 250, 15*

ПРИРАЗИТИ СѦ, -ражѫ сѧ, -разиши сѧ *сов.* комь, чемь (2) προσρηγνύναι обрушиться narazit, přihnat se: храминѫ... еиже прирази сѧ рѣка • і абье разори сѧ *Л 6, 49 Зогр Мар.— Ср.* напасти, потъкнѫти (потъкнѫти сѧ), припасти, прѣтъкнѫти, оутъкнѫти

ПРИРИСТАТИ, -рищѫ, -рищеши *несов.* къ комоу, чесомоу (8) προστρέχειν прибегать přibíhat: вьсь народъ • видѣвъше и оужасѫ сѧ • і пририщ'тѫште цѣловаахѫ і *Мк 9, 15 Зогр Мар* ● *перен.*: и льг(ъ)ко се творѧ (съ) др(ъ)з(н)овленьемь (при)рищѫ • къ м(и)л(о)сти *Рыл 76а 23.— Евх 836 24; 84а 9-10; Супр 541, 18-19; 542, 25-26; 542, 29.— Ср.* прибѣгати, притѣкати

ПРИРОКЪ, -а *м* (1) ἐπίκλην (!) прозвище přízvisko, příjmení: отьца їѡана игоумена... ѥмоуже прирокъ сходастик' *Супр 272, 6*

ПРИСВОИСТВИТИ, -ствлѭ (*или* -цвлѭ), -ствиши *сов.* (1) οἰκειοῦσθαι присвоить přisvojit si, přivlastnit si: врагомъ же намъ сѫштемъ • прѣлихꙑимь чловѣколюбиимь присвоиствивъ нꙑ *Супр 109, 24-25*

ПРИСВОѤНИѤ, -ꙗ *с* (2) *греч. нет* присоединение připojení: и по съмрьти съмрьть оумрьтвивъше присвоѥниимъ ѥже къ б⟨ог⟩оу *Супр 542, 23-24*; право исповѣдовати прѣдавъши • присвоѥниимъ ѥже к н҃имь пририщтѫштии • небеснꙑꙗ гражданꙑ творѧтъ *Супр 542, 28-29.— Ср.* прилогъ, приложениѥ

ПРИСВѦНѪТИ, -нѫ, -неши *сов.* (3) καυματίζεσθαι увянуть zvadnout: слъньцю въсиѣвъшю присвѧдѫ *Мт 13, 6 Зогр Мар.— Мк 4, 6 Мар.— Ср.* оувѧнѫти

ПРИСЕЛИТИ СѦ, -лѭ сѧ, -лиши сѧ *сов.* (1) παροικεῖν поселиться, вселиться přistěhovat se, usídlit se: ꙗко б⟨ог⟩ъ не хотѧ беззаконьꙗ тꙑ еси • не прiселитъ сѧ къ тебѣ лѫ(ка)вꙑ *Пс 5, 5 Син.— Ср.* въселити (въселити сѧ), привитати, прѣвитати

ПРИСКОЧИТИ, -чѫ, -чиши *сов.* (1) προσπηδᾶν подскакать, подскочить přiskočit: онъ же слꙑшавъ • и прошьдъ сквозѣ народъ самъ прискочи *Супр 99, 25*

ПРИСКРЪБЬНЪ, -ꙑи *прил.* (22) [прискрь- *Сав* (3)] περίλυπος, κατώδυνος скорбный, опечаленный, исполненный печали, скорби zarmoucený, zkrušený, sklíčený, smutný: въскѫѭ прiскръбьна еси д⟨оу⟩ше моꙗ *Пс 42, 5 Син.— Зогр Мар Ас Сав Син Евх Супр.— Ср.* печальнъ, скръбьнъ

ПРИСКЪ, -а *м имя* (3) [пр.. *Ен* (1)] Πρίσκος Приск Priscus: с⟨вѧ⟩тꙑмъ мѫченикомъ прискоу • и мартиноу • и николаоу *Ен 356 14.— Ен 20а 15; Супр 69, 14*

ПРИСК҃УЛА, -ꙑ *ж имя* (1) Πρίσκιλλα Присцилла Priscilla: бѣ и ак҃ула иприск҃ула • и мнози инии *Супр 347, 4*

ПРИСМЪ, -а *м* (1) ἐμπρησμός пожар požár: мѣс⟨ѧца⟩ септѧб⟨рѣ⟩... великоумоу присмоу *Ас 1126β 20*

ПРИСНО *нареч., сравн. ст.* приснѣѥ (>100) [пр *Евх* (1), при *Евх* (2), прiс *Клоц* (1), приспѣѥ (!) *Супр* (1)] **1.** ἀεί, εἰς ἀεί, διὰ παντός, πάντοτε, παντί, ἀδιαλείπτως, δι' ὅλου, εἰς τὸ διηνεκές, καθ' ἑκάστην, ἀσιγήτως, διηνεκής (!) 'αειθαλής (!); (присно сꙑ προαιώνιος) semper, continuus (!) всегда, постоянно, присно vždy, stále: зълоба нашѣ не въпрѣсні сѧ въ насъ • нъ издрѣшение вѣчьное прiсно намъ бѫдi *Киев 56 10* **2.** приснѣѥ имѣти о комь οἰκείως ἔχειν πρός τινα благоволить, доброжелательно относиться *к кому-л.* mít dobrý vztah *k někomu*: да навꙑкнеши како приспѣѥ (*вм.* приснѣѥ) о дѣвицах' иматъ х⟨ристо⟩с⟨ъ⟩ *Супр 375, 23.— Мар Син Киев Евх Клоц Супр.— Ср.* вꙑинѫ, вьсегда, непоглоумьно, непрѣстаньно

ПРИСНОДѢВА, -ꙑ *ж* (7) [присно дѣва *Супр* (1)] ἀειπάρθενος semper virgo приснодева, вечная девственница vždy panna: рождьство б⟨огороди⟩цѧ и приснодѣвꙑ мариѧ *Ен 256 12-13.— Служ 36 9; Киев 7а 4-5; 76 16-17; Супр 52, 7; 279, 12-13; 288, 12.— Ср.* приснодѣваꙗ

ПРИСНОДѢВАꙖ, -вꙑѩ *ж* (2) ἀειπάρθενος приснодева, вечная девственница vždy panna: вьпльцьшааго сѧ (*т. е.* исоусхриста) отъ с⟨вѧ⟩таго д⟨оу⟩ха • із мариѩ славънꙑѩ • и приснодѣвꙑѩ б⟨ого⟩р⟨оди⟩цѧ *Евх 616 21.— Евх 936 5.— Ср.* приснодѣва

ПРИСНОСТЬ, -и *ж* (1) ἀϊδιότης вечность věčnost: не бо ничтоже троица оходѣѥ • или оустѫпитъ коли • и присности • или обьштъства и цѣсарьства *Супр 328, 1.— Ср.* вѣкъ

присноси (!) *Супр 376, 3 см.* приносъ

ПРИСНОСЪ, -ꙑи *прич.-прил.* (9) ἀΐδιος, συναΐδιος, προαιώνιος вечный věčný: присносꙑ свѣтъ • ѿтъ приснось ѫщааго свѣта *Евх 636 23-24 и 24-25.— Евх 21а 20; 63а 18; 646 3; Супр 11, 18-19; 327, 16; 480, 16; 505, 9.— Ср.* вѣчьнъ

ПРИСНОТЕКЪ, -ꙑи *прич.-прил.* (5) ἀέναος, ἀέναα ῥέων всегда, постоянно текущий, неиссякающий stále tekoucí: рѣкꙑ же прiсно текѫшта сташа помрьзъша *Супр 90, 8-9* ● *перен.*: г⟨оспод⟩і славꙑ присnотекѫщиꙗ *Евх 63б 22.— Евх 1а 24; 63а 16; Супр 277, 1*

ПРИСНЪ, -ꙑи *прил., сравн. ст.* присnѣи (8) **1.** *греч. нет* постоянный, присный stálý: абиѥ же... вьстаꙗхѫ оукрѣпьꙗѥмꙑ • истъıнимъ и присnъıимъ съдравиїмъ *Супр 557, 7* **2.** ὁμομήτριος, οἰκεῖος, γνήσιος, εὔκαιρος (!) родной, близкий vlastní, rodný, blízký: покои д⟨оу⟩шꙗ... в'сѣмъ вѣроѭ • присnъıмъ *Евх 64а 5*; подвигнѣмъ сѧ на подражаниѥ доблиишиїхъ • и присnѣишиїхъ подражанимъ *Супр 83, 20.— Супр 65, 24; 367, 21; 367, 25; 517, 30; 557, 7*

ПРИСПѢТИ, -ѣѭ, -ѣѥши *сов.* (4) ἀπέχειν (!) augere (!) прийти; настать přispěchat, přijít; nastat: приспѣ коньчина • приде часъ *Мк 14, 41 Зогр Мар*; ı моліттвамі ıхъ ı заповѣдьмі твоімі прıспѣı намъ помоць твоѣ *Киев 6б 15.— Супр 549, 21.— Ср.* настати, пристати, прити

приспѣѥ *Супр 375, 23 см.* присно

ПРИСТАВИТИ, -влѭ, -виши *сов.* кого, чьто комоу, чесомоу (?) *или* комь, чемь (?); къ комоу, чесомоу (12) **1.** παριστάναι, ἐφιστάναι, περιστάναι приставить; прибавить přistavit; přidat: прıстави водꙑ ѣко въ мѣсѣ *Пс 77, 13 Син* **2.** παρακαθιστάναι, καθιστάναι поставить, назначить ustanovit, určit: и възвѣштено бꙑстъ аурилиꙗноу отъ приставьѥнꙑихъ воинъ вьсе то бꙑвъшеѥ *Супр 15, 4*; бѣахѫ бо воини приставиѥни (!) на мѣстѣ томь блюсти *Супр 14, 26-27* **3.** παριστάναι предоставить, дать poskytnout, dát: приставитъ м'нѣ • вѧште • ли дъва на десѧте леѥеона а⟨н⟩ѣ⟨е⟩лъ *Мт 26, 53 Зогр Мар Ас Сав Боян.— Супр 76, 15-16; 129, 24; 317, 13; 377, 13.— Ср.* дати, положити, поставити, приложити, принести

ПРИСТАВЛꙖТИ, -влꙗѭ, -влꙗѥши *несов.* кого, чьто комь, чемь (?) *или* комоу, чесомоу (?); на чьто (5) ἐπιρράπτειν, ἐπιβάλλειν приставлять, ставить, прикладывать, прибавлять přistavovat, přikládat, přidávat: никътоже приставлениѣ плата не бѣлена • не приставлѣѥтъ ризѣ ветъсѣ *Мк 2, 21 Зогр*, не приставлѣатъ *Мар; Мт 9, 16 Мар* (∅ *Зогр*); *Л 5, 36 Зогр Мар.— Ср.* полагати, поставлꙗти, прилагати

ПРИСТАВЛЄНИѤ, -ниꙗ *с* (10) **1.** ἐπίβλημα прикладывание, *перен.* заплата přiložení, *перен.* záplata: никтоже бо не приставлѣатъ • приставлениѣ • плата не бѣлена ризѣ ветъсѣ *Мт 9, 16 Мар* (∅ *Зогр*); *Мк 2, 21 Зогр Мар; Л 5, 36 Зогр Мар* **2.** ἐπιστασία назначение ustanovení, určení: на пѫть етеръ • волеѭ наставьшемь • ı а⟨н⟩ѣ⟨е⟩лꙑ приставлениемь съхраньшемъ *Евх 52а 25* □ приставлѥниѥ домовьноѥ οἰκονομία управление домом, хозяйством hospodaření, správa, správcovství: чьто се слꙑшѫ о тебѣ въздаждь • отъвѣтъ о приставлени домовьнѣемь *Л 16, 2 Зогр Мар.— Л 5, 36 Зогр Мар.— Ср.* строѥниѥ, строительство, съмотрѥниѥ

приставленью (!) *Евх 64а 15 см.* прѣставлѥниѥ

ПРИСТАВЬНИКЪ, -а *м* (13) οἰκονόμος, ἐπίτροπος, δήμιος, (приставьникъ домоу οἰκονόμος) управляющий správce: къто оубо естъ вѣрънꙑ приставьникъ... егоже поставитъ г⟨осподи⟩нъ надъ домомь своімь *Л 12, 42 Зогр Мар*; вечероу же бꙑ(въ)шю • г⟨лаго⟩ла г⟨осподи⟩нъ винограда • къ приставъникоу своемоу *Мт 20, 8 Мар Ас Сав* (∅ *Зогр*).— *Л 8, 3 Мар; Л 16, 1 Зогр Мар; Л 16, 3 Зогр Мар; Зогр 130б 3; Мар 77а 6; Супр 310, 20.— Ср.* икономъ, строитель

ПРИСТАНИЩЄ, -а *с* (7) λιμήν гавань, пристань přístav, přístaviště: вѣстъ пристаниште боурѫ *Супр 509, 29-30* ● *перен.* пристанище přístav: и наставі ѩ вь прістаніще хотѣньѣ своего *Пс 106, 30 Син.— Евх 18б 17; 84а 1; Супр 251, 22; 492, 17; 567, 9-10*

ПРИСТАТИ, -станѫ, -станеши *сов.* (10) |прис.. *Ен* (1), ..ашꙗ *Син* (1)| **1.** ἐφίστασθαι, παρίστασθαι подойти, приступить, прийти přistoupit, přijít: ı та въ тъ часъ • приставъши ıсповѣдааше сѧ г⟨осподе⟩ви *Л 2, 38 Зогр Мар Ас Сав* **2.** προσορμίζεσθαι пристать (*к берегу*) přistát (*u břehu*): ı прѣѣхавъше придошѧ въ землѭ ѣенисаретьскѫ • ı присташѧ *Мк 6, 53 Зогр Мар* **3.** чемь συγκατατίθεσθαι согласиться *на что-л.* přistoupit *na něco*, dát souhlas *k něčemu:* сь не бѣ присталъ съвѣтѣ • ı дѣлѣ ıхъ *Л 23, 51 Зогр Мар.— Пс 2, 2 Ен Син.— Ср.* пристѫпити, прити

ПРИСТРАШЬНЪ, -ꙑи *прил.* (11) [пристрашен- *Супр* (2)] **1.** ἔκφοβος, ἔμφοβος, εὐκατάπληκτος испуганный vystrašený, ustrašený: оубоѣвъше же сѧ и пристрашъни бꙑвъше • мьнѣахѫ д⟨оу⟩хъ видѧште *Л 24, 37 Мар Ас*; слꙑшавъ и пристрашенъ бꙑвъ... рече *Супр 121, 18* **2.** κατώδυνος страшный, ужасный strašný, hrozný: страхъ пристрашънъ нападаѥтъ • на непобѣдимааго владꙑкꙑ врата (*вм.* врагꙑ) *Супр 464, 27.— Мк 9, 6 Зогр Мар; Л 24, 5 Зогр Мар Ас; Супр 88, 22-23; 162, 24-25.— Ср.* притранъ, страшивъ, страшьнъ, трепетьнъ

ПРИСТРОИТИ, -оѭ, -оиши *сов.* къ комоу, чесомоу (1) ἑνοῦν присоединить připojit: диꙗкониса оубо много творѣаше спѣшениѥ • того вѣрѫ прѣложити • и пристроити къ вьсѣчьстѣи цръкъви *Супр 298, 5.— Ср.* присъвъкоупити

ПРИСТѪПАТИ, -аѭ, -аѥши *несов.* къ комоу,

чесомоу (13) προσέρχεσθαι, ὁρμᾶν, προσβάλλειν подходить, приступать přistupovat: да пристѫпаемъ оубо съ дръзновениемъ къ прѣстолоу благодѣти *Евр 4, 16 Ен.— Л 23, 36 Зогр Мар Ас Сав; Евх 96а 22-23; Клоц 8б 15; 8б 23; Супр 381, 11; 424, 10-11; 484, 12-13; 492, 8; 492, 19.— Ср.* притѣкати, приходити

ПРИСТѪПИТИ, -плѭ, -пиши *сов.* къ комоу, чесомоу; комь, чемь *или без доп.* (>200) **1.** προσέρχεσθαι, προέρχεσθαι, ἐγγίζειν, προσεγγίζειν, ἐφίστασθαι, ἐνίστασθαι, παραβαίνειν, ἐπιτίθεσθαι, προσεῖναι, προσφέρειν (!); (пристѫпити съ цѣмь συνέρχεσθαι τινι) подойти, приблизиться, приступить přistoupit, přijít: тогда пристѫпьше • възложишѧ рѫцѣ на и⟨соу⟩са *Мт 26, 50 Зогр Мар Сав*, пристѫпъше *Боян*, прістѫпльше *Ас*; ι рана не прістѫпітъ тѣлесі твоемь *Пс 90, 10 Син* ● *перен.* συναρμόζεσθαι, συναπάγεσθαι перейти, присоединиться, примкнуть přejít (*na něčí stranu*), přidat se, připojit se: блюдѣте сѧ • къ комоу пристѫпистє *Евх 97б 7*; къ соуѥтьнѣи крьстиꙗньстѣ вѣрѣ пристѫпи *Супр 101, 10* **2.** на чьто ἐφίστασθαι ἐν τινι взойти *на что-л.* vystoupit *na něco:* и пристѫпивъ на распали(н'н)жѭ тѫ пештерѫ *Супр 36, 11.— Зогр Мар Ас Сав Унд Боян Зогр-пал Син Евх Клоц Супр.— Ср.* прити

ПРИСТѪПЛѤНИѤ, -ниꙗ *с* (2) ἐπιστασία, προσεδρία (!) подход, приход přistoupení, příchod: а м'ы дивна пристѫпьѥньꙗ ѥго оужасъше сѧ... имже новъ такъ вълазъ сътвори *Супр 499, 23.— Супр 390, 22.— Ср.* приходъ

ПРИСЪВЪКОУПИТИ, -плѭ, -пиши *сов.* кого, чьто къ комоу, чесомоу (1) ὁμονοεῖν (!) присоединить, присовокупить připojit: и вьсѣчьскы сѧ дѣашѧ присъвъкоупити ѧ хотѧште • къ правѣи и коуп'носѫштьнѣи вѣрѣ *Супр 201, 25-26.— Ср.* приложити, припрѧщи, припѧти, пристроити, причинити, причистити, съвъкоупити, съкоупити

ПРИСѢДѢТИ, -сѣждѫ, -сѣдиши *несов.* оу кого, чесо; комь, чемь; кого, чьто (!) (9) παρακαθῆσθαι, προσεδρεύειν, προσμένειν сидеть рядом *с кем-л., чем-л.* sedět *u někoho, něčeho*: милъ ми естъ народъ сь • ѣко оуже три дьни присѣдѧтъ мнѣ • ι не ιмѫтъ чесо ѣсти *Мк 8, 2 Зогр Мар*; присѣдѧтъ м'нѣ *Мт 15, 32 Зогр Мар Ас*, присѣдѧтъ мѧ (!) *Сав*; влъкъ нощтиѭ присѣдѣаше оу тѣла *Супр 537, 28*; воини присѣдѣахѫ *Супр 444, 5.— Супр 444, 18.— Ср.* прѣбывати

ПРИСѢТИТИ, -сѣщѫ, -сѣтиши *сов.* кого, чесо (1) ἐπισκέπτεσθαι посетить navštívit: болѣхъ и присѣтистє мене *Супр 123, 22* (посѣтистє *Мт 25, 36 Зогр Мар Ас Сав*).— *Ср.* посѣтити

ПРИСѢЩЕНИѤ, -ниꙗ *с* (5) *греч. нет* посещение návštěva: приходитъ на присѣштеньѥ ѥго *Супр 555, 2* ● *перен.* ἐπισκοπή нисхождение, появление navštívení: въдворихъ сѧ въ поустꙑнѭ • чаѭ божиꙗ присѣштениꙗ *Супр 286, 22.— Супр 68, 3; 289, 21-22; 291, 10.— Ср.* навѣждениѥ, посѣщениѥ

ПРИСѦГА, -ы *ж* (3) ὅρκος клятва, присяга přísaha: ні поганъскъ етеръ оꙁычаі съдѣати • ні поганъскꙑѩ прісѧгꙑ *Клоц 2а 15.— Евх 24а 15; 68б 4.— Ср.* клѧтва

ПРИСѦГНѪТИ, -нѫ, -неши *сов.* (1) ἅπτεσθαι коснуться, прикоснуться dotknout se: ꙗкоже не сьмѣти никомоуже начѧти красти • или бъшиѭ без бѣдꙑ присѧгнѫти *Супр 43, 5.— Ср.* коснѫти сѧ, прикоснѫти сѧ, присѧщи

присѧгохъ сѧ *Супр 508, 13-14; 511, 16 см.* присѧщи

ПРИСѦЖЕНИѤ, -ниꙗ *с* (1) ἁφή прикосновение dotknutí: прідохъ пакꙑ съказатъ ѳомѫ • отъпрьва оубо не вѣроуѭштоу господьню вьскрьсенью • послѣжде же по видѣнии и по присѧжении • вѣроуѭштоу х⟨рист⟩а и б⟨ог⟩а ѥго намѣнѧшта *Супр 498, 18.— Ср.* дрьжаниѥ, прикосновениѥ

ПРИСѦЅАТИ, -сѧжѫ, -сѧжеши *несов.* (1) ὀμνύειν присягать, клясться přísahat: мол⟨итва⟩ над⟨ъ⟩ присѧжѭщиимь дръзостиѭ *Евх 24а 6.— Ср.* клѧти (клѧти сѧ), ротити сѧ

ПРИСѦЩИ, -сѧгѫ, -сѧжеши *сов.* (къ) комоу, чесомоу; комь, чемь *сов.* (8) ἅπτεσθαι коснуться, прикоснуться dotknout se: присѧзи образѣ аште вѣроуѥши и досѧжеши *Супр 511, 11* □ присѧщи сѧ ἅπτεσθαι коснуться, прикоснуться dotknout se: присѧгохъ сѧ къ пльти *Супр 511, 16.— Супр 503, 26-27; 503, 28; 503, 29; 504, 1; 504, 24; 508, 13-14.— Ср.* коснѫти (коснѫти сѧ), прикоснѫти сѧ, присѧгнѫти

ПРИСѪДИТИ, -сѫждѫ, -сѫдиши *сов.* (1) καταδικάζειν осудить odsoudit: тъгда оубо прісѫждени бꙑшѧ на ꙗснѣ вьсѫ ношть стоꙗти *Супр 89, 30—90, 1.— Ср.* осѫдити, посѫдити

ПРИТВАРꙖТИ, -ꙗѭ, -ꙗѥши *несов.* (4) [притварѣ- *Супр* (3), притвара- *Супр* (1)] **1.** προστρίβεσθαι придавать, прибавлять přidělávat, přidávat: силѫ притварѣти ѥште наипаче *Супр 543, 29* **2.** παρασκευάζειν готовить připravovat: притварѣѥтъ ѥго • ꙗкоже мнѣаше оуже своѥго плѣньника • боле прьвааго приложити безаконьѥ *Супр 521, 23* □ притварꙗти сѧ ὁπλίζεσθαι готовиться připravovat se, chystat se: на оубииство притварѣахѫ сѧ *Супр 386, 5.—*

Супр 492, 14.— Ср. **готовати, готовити, прикоупꙗати**

ПРИТВОРИТИ, -**рѭ,** -**риши** *сов.* (2) **1.** *греч. нет* придать, прибавить přidělat, přidat: **сынъı притворивъ обоꙗдоу несѣкомааго камъıка** *Супр 543, 4* **2.** περιποιεῖσθαι приобрести, добыть vytvořit (si), opatřit (si): **коупно же и себѣ оут'врьжденик • бѫдѫштиїхъ... хотѧ притворити** *Супр 525, 11-12.— Ср.* **приобрѣсти**

ПРИТВОРЪ, -**а** *м* (8) **1.** στοά притвор, аркада podloubí: **і хождаше и⟨соу⟩с⟨ъ⟩ • въ цръкъве • въ притворѣ соломоунꙗ** *И 10, 23 Зогр Мар Ас* **2.** πραιτώριον претория, преторский дворец prétorium, prétorský palác: **ти не вънидѫ въ притворъ** *И 18, 28 Зогр* (**въ преторъ** *Ас* (2) *Сав* (2), *∅ Мар*).— *И 5, 2 Зогр Мар Ас; Супр 416, 7.— Ср.* **преторни, преторъ**

ПРИТЕЩИ, -**текѫ,** -**течеши** *сов.* **къ комоу, чесомоу** *или без доп.* (11) προστρέχειν, κατατρέχειν, συντρέχειν, τρέχειν, δρομαίως κατασπεύδειν, συνθεῖν прибежать přiběhnout: **і пѣши отъ вьсѣхъ градъ притѣшѧ тамо • и варишѧ ꙗ** *Мк 6, 33 Мар* (**тѣшѧ** *Зогр*) ● *перен.* прибегнуть *к кому-л.* (*за помощью и т. п.*) utéci se *k někomu*: **призьри на раба твоего сего • притекъшааго къ тебѣ** *Евх 32б 4-5.— Мк 10, 17 Зогр; Супр 166, 22; 218, 20; 272, 27-28; 276, 13; 385, 1-2; 390, 24; 404, 26-27; 446, 8-9.— Ср.* **прибѣгнѫти, прибѣжати**

ПРИТИ, **придѫ, придеши** *сов. без доп. или* **до кого; въ чьто; (къ) комоу, чесомоу; на кого, чьто; надъ кого** (>1700) [**приведе** ! *Супр* (1), **прѣдъ** (!) *Л 12, 49 Зогр*, **прише** (!) *И 4, 54 Ас*, **придедетъ** (!) *Мт 24, 42 Мар;* **пришедъшедъшее** (!) *Мк 9, 1 Мар*, **пришъдъжен** *вм.* -**шен** *Мт 20, 9 Сав*, **придѫшѧ** *Мк 5, 15 Зогр*, **приде(т)** *Мт 8, 9 Ас*, **при..** *Евх 100а 6, Евр 9, 11 Ен*, **..дѫ** *Л 24, 23 Охр*, **..тъ** *Ен 21б 1* (*Пс 64, 3*), **..рідѣта** *И 1, 39 Охр*, **..иди** *Мт 14, 29 Боян*, **.. идѫ** *И 8, 22 Мар*, **при..и** *Рыл 4аа 13*, **при.ти** *Рыл 7бβ 27-28*, **прѣидѫ** (!) *Ас* (1), **приведе** (!) *Супр* (1)] ἔρχεσθαι, ἀνέρχεσθαι, διέρχεσθαι, εἰσέρχεσθαι, ἐξέρχεσθαι, ἐπέρχεσθαι, ἐπεισέρχεσθαι, κατέρχεσθαι, παρέρχεσθαι, προσέρχεσθαι, συνέρχεσθαι, πορεύεσθαι, συμπορεύεσθαι, ἰέναι, προσιέναι, ἥκειν, ἐπιδημεῖν, γίγνεσθαι, παραγίγνεσθαι, συμπαραγίγνεσθαι, ἀνίστασθαι, ἐφίστασθαι, παρίστασθαι, φθάνειν, ἐπιφθάνειν, παροικεῖν, φέρεσθαι, ἀπαντᾶν, συναντᾶν, περιπολεύειν, προστρέχειν, ὑποτρέχειν, καταλαμβάνειν, ἐγείρεσθαι (!), ὑπάγειν (!) ἐγγίζειν (!), προκαθίζειν (!), εἶναι (!) ἄγεσθαι, ταλαιπωρεῖν (!); (**приди, придѣте, придѣта** δεῦρο, δεῦτε; **прити съ цѣмь** συνέρχεσθαι τινι; **прѣжде прити** προοδοποιεῖν; **прити въ слѣдъ** ἀκολουθεῖν) прийти, дойти, прибыть přijít, dojít: **не мните ѣко придъ разоритъ закона ли пророкъ** *Мт 5, 17 Зогр Ас* (*∅ Мар*); **дроузии бо отъ ніхъ іздалече сѫтъ пришьли** *Мк 8, 3 Зогр Мар*; **въ то врѣмѧ приде и⟨соу⟩с⟨ъ⟩ • въ сѫботѫ • сквозѣ сѣаниѣ** *Мт 12, 1 Зогр Мар*; **і придѫ** (*т. е.* **пастꙑри**) **подвигъше сѧ • і обрѣтѫ мариѭ** *Л 2, 16 Зогр Мар Сав*, **прѣидѫ** (!) *Ас*; **приди въ слѣдъ мене** *Мт 19, 21 Мар Ас* (**поиди вь слѣдъ мене** *Сав, ∅ Зогр*); **г⟨оспод⟩і оуслꙑши молитвѫ моѭ • и въпль мои къ тебѣ да прідетъ** *Пс 101, 2 Син*; **мьнѣ ли естъ пришъдъше къ семоу попоу ти исповѣдати грѣхꙑ своѧ** *Супр 358, 19*; **и въскричавъше иже бѣахѫ въ кораби призъваша корабꙗ на помоштиꙗ имъ прити** *Супр 151, 11-12* ● *перен.* **въ чьто, на чьто** ἔρχεσθαι εἴς τι, ἐλαύνειν дойти *до чего-л.*; впасть *во что-л.* dospět *k něčemu*; upadnout *do něčeho*: **многомилостивꙑи же б⟨ог⟩ъ вьсѧ чловѣкꙑ хотѧи съпасти • и на оувѣдѣние истинꙑ прити** *Супр 535, 25*; **ꙗкоже оубо вь великѫ старость приде** *Супр 300, 30* ● наступить nastat: **дьни оуже пришъдъшоу • повелѣ вьсѧ вести ѧ вь темницѫ** *Супр 104, 24* ● *только в форме прошедшего времени* παρεῖναι, συμπαρεῖναι, παραγίγνεσθαι присутствовать být přítomen: **дъвоі людье... въ врѣмѧ х⟨рьсто⟩вьнѣи мѫцѣ придѫ** *Клоц 13б 6*, **придоша** *Супр 450, 14* ▭ **пришьдъıи** *в знач. прил.* ὁ πρός τινα присутствующий přítomný: **никакоже нѣстъ бывъшее се чоудо нъ възглашение пришъдъшиимъ** *Супр 309, 26* ◆ **въ авление прити** *см.* **авление;** **на любъвь прити** *см.* **любы;** **на образъ прити** *см.* **образъ; въ себѣ, въ сѧ прити** *см.* **сѧ; въ свои оумъ прити** *см.* **оумъ.**— *Зогр Мар Ас Сав Охр Унд Боян Зогр-пал Ен Син Евх Клоц Супр Рыл.— Ср.* **възити**

прити *Мт 15, 29 Зогр Мар см.* **прѣити**

притокъ *Супр 318, 15 см.* **притъкъ**[1]

приторъ *И 19, 9 Зогр и И 19, 17 Боян см.* **преторъ**

ПРИТРАНЪ, -**ъıи** *прил.* (1) τρανής отчетливый, явственный, сильный jasný, mocný: **и глас⟨ъ⟩ оуслꙑшитъ притранъ глаголѭштъ к нѥмоу** *Супр 530, 11*

ПРИТЪКЪ[1], -**а** *м* (1) κρικίον звено (*цепи*) článek (*řetězu*): **ꙗкоже бо вь веригахъ златахъ • притокꙑ дроугъ дроузѣ съплетенъ** *Супр 318, 15*

ПРИТЪКЪ[2], -**ъıи** *прил., сравн. ст.* **притъчаи** (1) δριμύς острый ostrý, drsný: **нѣстъ бо тъчьна похоть пльтьнаꙗ имѣн'нѣи • нъ пльтьнаꙗ притьчаиши паче и мѫчьнѣиши** *Супр 371, 27-28.— Ср.* **бридъкъ**

ПРИТЪЧА, -ѧ *ж* (>100) [прит(ч)- *Ас* (1)] παραβολή, παροιμία притча podobenství, parabola: съкажи намъ притъчѫ плѣвелъ селънъіхъ *Мт 13, 36 Зогр Мар Ас Унд* ● παραβολή поговорка úsloví: ι положіхъ одѣньє моє въ врѣ(ти)ште • ι бъіхъ імъ въ прітъчѫ *Пс 68, 12 Син* ● παράδειγμα пример, образец příklad, vzor: имаши обою притьчоу • како оученикъ мьнѧ стоꙗти паде *Супр 410, 2* ● αἴνιγμα иносказание, намек jinotaj, náznak: иматъ же и плаштъ тъ инѫ притьчѫ • не тъкма бо цѣсарьство образовааше • нъ и кръвоꙗденьє и оубиїство жидовъ ꙗвьꙗше *Супр 484, 22* ♦ притъчѧ *мн.* Παροιμίαι Притчи Соломоновы (*книга Ветхого завета*) Přísloví (*kniha Starého zákona*): ҃є • ѡт⟨ъ⟩ притчъ *Ен 30а 10.— Зогр Мар Ас Сав Унд Ен Син Евх Супр*

ПРИТѢКАТИ, -аѭ, -аѥши *несов.* къ комоу, чесомоу (4) προστρέχειν, ἀποτρέχειν прибегать *к кому-л.* přibíhat, utíkat se *k někomu*: ѡ в'семь сѫщааго печальна • притѣкаѭщааго къ тебѣ • оутѣшаеши *Евх 32а 18-19.— Клоц 13б 16-17; Супр 95, 19 20; 450, 24.— Ср.* прибѣгати, прирістати

ПРИТѦЖАНИѤ, -нꙗ *с* (3) κέρδος, κτῆμα прибыль, польза zisk, prospěch: велико оубо естъ притѧжание правовѣрънънхъ • оучение навъіченьє *Хил 26β 18* ● κτῆμα имущество majetek: коѥго въі имѣниꙗ или притѧжаниꙗ лихоуѥтъ истиньноѥ писмѧ *Супр 404, 4.— Супр 425, 12.— Ср.* възвить, лихва, прибытъкъ, прикоупъ, приобрѣтениѥ, приобрѣтѣль, сътѧжаниѥ

ПРИТѦЖАТИ, -жѫ, -жиши *сов.* (6) κτᾶσθαι приобрести, выручить, добыть získat, vytěžit, opatřit si: десѧтинѫ даѭ • всего ѥлико притѧжѫ *Л 18, 12 Зогр Мар Ас Сав.— Супр 364, 1; 411, 4.— Ср.* придѣлати, сътѧжати

ПРИТѪЖАТИ, -аѭ, -аѥши *несов.* комоу, чесомоу (1) *греч. нет* отягчать, мучить týrat, trápit: притѫжаѭщи д⟨оу⟩ши его • въ болѣзни сеи *Евх 45а 3.— Ср.* сътѫжати

ПРИХАЖДАТИ, -ждаѭ, -ждаѥши *несов.* (2) προσέρχεσθαι, ἔρχεσθαι приходить přicházet: прихаждаахѫ же звѣриѥ и пьси • и пътица небесьнъіѧ *Супр 14, 28.— Супр 507, 6-7.— Ср.* приходити

ПРИХОДИТИ, -хождѫ, -ходиши *несов.* къ комоу, чесомоу; въ чьто; на чьто (>100) [прихо.. ште *Зогр-лл* (1), ..ходитъ *Зогр-пал* (1)] προσέρχεσθαι, προέρχεσθαι, ἐπέρχεσθαι, διέρχεσθαι, ἔρχεσθαι, παραγίγνεσθαι, διατρέχειν, προσιέναι, ἐπιέναι, περιήκειν, ἐνδημεῖν, φθάνειν, ἐγείρεσθαι, καταλαμβάνεσθαι, προσέχειν (!), καταπλεῖν (!), ἀντιδιατίθεσθαι; (из оутра, рано приходити ὀρθρίζειν) приходить, подходить přicházet, přistupovat: бѣахѫ бо приходѧштеі • ι оходѧштеи мнози *Мк 6, 31 Зогр*, приходѧштии *Мар*; не дѣіте дѣтиі • приходити къ м'нѣ *Л 18, 16 Зогр Мар*; и вьси людиѥ из оутра прихождаахѫ къ немоу въ цр⟨ь⟩к⟨ъ⟩въ послоушатъ его *Л 21, 38 Мар*, приходѧште *Зогр*; рано пріхождахѫ къ б⟨ог⟩оу *Пс 77, 34 Син.— Зогр Мар Ас Сав Зогр-пал Син Евх Клоц Супр Рыл Зогр-лл.— Ср.* прихаждати

ПРИХОДЪ, -а *м* (3) *греч. нет* приход příchod: приходъ ѥго въ нареченъіи градъ *Супр 539, 2.— Супр 143, 25; 144, 15.— Ср.* нашьствиѥ, пришьствиѥ, пришьстиѥ

ПРИХОЖДЕНИѤ, -нꙗ *с* (1) ἐπιδρομή вторжение, нашествие, набег nepřátelský vpád, napadení, nájezd: се съхранилъ тѧ ѥстъ богъ отъ ратьничьска прихождениꙗ *Супр 293, 11.— Ср.* нашьствиѥ, приходъ, пришьствиѥ, пришьстиѥ

ПРИЧАꙖТИ, -чаѭ, -чаѥши *несов.* кого, чесо (1) προσδοκεῖν ждать, ожидать čekat, očekávat: поношениѣ пріча҄ѣ д⟨оу⟩ша моѣ ι страсті *Пс 68, 21 Син.— Ср.* жьдати, ожидати, потрьпѣти, чаꙗти

причаꙗ *Евх 26б 6 см.* причетати

ПРИЧЕТАТИ, -аѭ, -аѥши *сов./несов.* кого, чьто къ комоу, чесомоу; комь, чемь (3) [причаꙗ (!) *Евх* (1)] συνάπτειν присоединить/присоединять, причислить/причислять připojit/připojovat, připočíst/připočítávat: къ тѣмъ причетанъ бывъ • и присно съ тѣми прѣбывааѧ *Супр 272, 24*; ιзбави ꙗ отъ в'сеꙗ болѣзни... наставлѣꙗ въ с⟨вѧ⟩тъі молитвьнъі твои храмъ • причаꙗ (*вм.* причетаꙗ) с⟨вѧ⟩тѣмь ι мысльнѣмь твоемь стадѣ • о х⟨рьст⟩ѣ и⟨соу⟩сѣ *Евх 26б 6* □ причетати сѧ *сов.* присоединиться, причислиться připojit se, připočíst se: земьнѣ естъствѣ • стран'но сѧ причета • ι на радость позъва чинъі бесплотънъіꙗ *Евх 84а 12.— Ср.* приложити, присъвъкоупити, причинити, причисти, причитати, съвъкоупити, съкоупити, съложити

ПРИЧИНИТИ, -нѭ, -ниши *сов.* кого, чьто комоу чесомоу; комь чемь (1) *греч. нет* присоединить, причислить připojit: и братрьи причините мѧ *Евх 92а 25.— Ср.* приложити, присъвъкоупити, причисти, съвъкоупити, съкоупити, съложити

ПРИЧИСТИ, -чьтѫ, -чьтеши *сов.* кого, чьто къ комоу, чесомоу; комь, чемь; съ цѣмь, чимь; въ чьто (15) συναριθμεῖν, συγκαταριθμεῖν, λογίζεσθαι, συνάπτειν; (причьтенъ быти συναρίθμιος γίγνεσθαι) причислить, присоединить přičíst, připočíst, připojit: ι причьти и съ в'сѣми с⟨вѧ⟩тъіми твоими

Евх 58б 6; да... причьтетъ сѧ с⟨вѧ⟩тѣмь твоемь стадѣ *Евх 99б 6*; не прич'тенъ бѫдетъ к ни҄мъ *Супр 78, 15-16*; она же и нанесенꙑѩ има ранꙑ добьѥ сътрьпѣвъша • и съ пострадавъшиими причьтъша сѧ *Супр 213, 17-18.— Мк 15, 28 Зогр Мар Ас Сав; Евх 73б 14; 94а 12; 100а 13; 100б 18; Супр 94, 3; 103, 9; 160, 25.— Ср.* вьмѣнити, вьчисти

ПРИЧИТАТИ, -аѭ, -аѥши *несов.* кого (къ) комоу, чесомоу (4) λογίζεσθαι, κοινωνὸς γίγνεσθαι (!) причислять, присоединять přičítat, připojovat: нъ і разбоінікꙑ нѫдатъ • причітаѭште съмрьти его *Клоц 11а 16-17*; како же къ мрътвꙑимъ причитаѥтъ сѧ • свободьи въ мрътвꙑихъ *Супр 459, 16* ● кого кого (*двойной вин.*) считать *кого-л. кем-л.* považovat *někoho za někoho*: (та)ко и вꙑ причита(ите себе бꙑти мрътвъ) *Рим 6, 11 Ен* ▭ причитати сѧ τὴν ψῆφον διαδέχεσθαι (!) присоединяться připojovat se: кагѣфа отъвѣштаваетъ • і пілатъ прічітаетъ сѧ *Клоц 10б 28.— Ср.* причетати

ПРИЧЬТЬНИКЪ, -а *м* (8) [причетьни(к҃) *Евх* (4)] *греч. нет* причетник, клирик duchovní, klerik: аще которꙑи п⟨о⟩пъ • ли причетьникъ оубпиет' (*вм.* оупиет') сѧ • і҃ денъ да пок⟨а⟩етъ с⟨ѧ⟩ *Евх 104а 21.— Евх 57б 13; 102а 20; 102а 23; 102б 9; 102б 22; 104а 16; 105а 13.— Ср.* клирикъ, клиросьникъ

ПРИЧѦСТИТИ, -чѧщѫ, -чѧстиши *сов.* кого, чьто комоу, чесомоу; чемь; въ чьто; съ цѣмь (17) κοινωνεῖν сделать соучастником učinit účastným: нозѣ ѥмоу съ инѣми оумꙑ • трепезѣ и причѧсти *Супр 414, 15* ▭ причѧстити сѧ μετέχειν, κοινωνεῖν, μεταλαμβάνειν, κατατάσσεσθαι, συμπράσσειν, ἑνοῦσθαι, τελεῖσθαι τινι ἢ μετάληψις (!) стать (со)участником, стать (со)причастником *к чему-л.*, присоединиться *к кому-л.* stát se účastným *něčeho*, zúčastnit se *něčeho*, připojit se *k někomu*: се азъ вьсь животѣ причѧстихъ ти сѧ *Супр 470, 4*; и тъ прича(сти сѧ) тѣхъжде *Хил 1аа 22* ● причаститься (*св. таин*) přijmout (*svátost oltářní*): да... достоиии бѫдемъ • причѧстити сѧ • тѣлѣ и кръви г⟨осподь⟩ні *Евх 69а 12* ♦ причѧстити сѧ къ мѫжоу συντυγχάνειν ἀνδρί вступить в интимные сношения mít styk (pohlavní): а ѥже дѣвици родити • не причѧштъши сѧ къ мѫжоу *Супр 250, 5-6.— Син Евх Клоц Супр Хил.— Ср.* приобьщити

ПРИЧѦСТИѤ, -иꙗ *с* (7) **1.** κοινωνία, μετοχή сопричастность, соучастие vzájemný vztah, spoluúčast: ни едино бо пріч҄ѧстье • свѣтоу къ тьмѣ *Клоц 2а 16-17*; сьде тебѣ • нѣстъ мѣста • ни причѧстиѣ *Евх 37б 1*; да и тѣмь пакꙑ мꙑ причѧстие приимемъ с⟨ъ⟩п⟨а⟩сеньимь с⟨вѧ⟩тое *Хил 1аβ 5* ● κοινωνία участие *кого-л.* účast, účastenství: въ причѧстие с⟨вѧ⟩тааго твоего д⟨оу⟩ха *Служ 3а 20* **2.** κλῆρος участь, судьба úděl, osud: богоу • не оставꙑаѭштоуоумоу жъзла грѣшънꙑихъ • на причѧстиѥ правьдивꙑих' *Супр 293, 3.— Пс 121, 3 Син; Евх 47б 4.— Ср.* жрѣбии, обьщениѥ, причѧщениѥ, рѧдъ

ПРИЧѦСТЬНИКЪ, -а *м* (21) μέτοχος, κοινωνός; (причѧстьника сътворити κληρονομεῖν, μετέχειν (!)) соучастник, сопричастник společník, druh: і поманѫшѧ причѧстьникомъ • іже бѣахѫ въ дроугѣмь корабл҄и *Л 5, 7 Зогр Мар Ас* ● участник účastník: братиѥ • с⟨вѧ⟩таѥ званию н⟨е⟩бесномоу причѧстьници *Евр 3, 1 Ен*; тако і с⟨вѧ⟩тѣі трапезѣ • прічѧстьника і створі *Клоц 7б 39* ♦ причѧстьникъ бꙑти, бꙑвати μετέχειν принимать участие účastnit se: тоу бо бѣ ѩда • і прічѧстьнікъ бꙑваше с⟨вѧ⟩тѣі трѣпезѣ *Клоц 7б 35-36* (приде бо ниде причѧстити сѧ *Супр 419, 30-420, 1*); да некъли и азъ възмогѫ причѧстьникъ бꙑти вь вѣкꙑ вѣкъ *Супр 160, 14.— Зогр Мар Ас Ен Син Евх Клоц Супр Хил.— Ср.* съпримьникъ, съпричѧстьникъ; причѧстьникъ бꙑти *ср.* причѧщати

ПРИЧѦСТЪНО, -а *с* (4) [при(ч)- *Ен* (3)] κοινωνικόν *спец.* причастен, киноник (*вид тропаря, церковного пения*) tropar k přijímání: причѧстъно • чашѫ с⟨ъ⟩п⟨а⟩сениѣ *Ен 25б 9.— Ен 24б 15; 25а 9; 33а 10*

ПРИЧѦСТЬНЪ, -ꙑи *прил.* (1) *лат. нет* причастный účastný: сътворі нъи г⟨оспод⟩і б⟨о⟩же причьѧстьнъи свѧтѣі б⟨огороди⟩ці і приснодѣвѣ маріі *Киев 7б 15-16.— Ср.* обьщьнъ

ПРИЧѦЩАНИѤ, -иꙗ *с* (1) *греч. нет* причастие, причащение přijímání (*svátosti oltářní*): и веселѣахѫ сѧ вьсѣмь домомъ • прилежѧште молитвѣ и причѧштании с⟨вѧ⟩таго тѣла • и кръви г⟨оспод⟩а нашего *Супр 541, 17.— Ср.* въсѧдъ, комъканиѥ, обьщениѥ, причѧщениѥ

ПРИЧѦЩАТИ, -аѭ, -аѥши *несов.* комоу, чесомоу; комь, чемь (4) προσκληροῦν делать (со)причастным, участником připojovat, činit účastným: сꙑнови слово причѧштаѥмо ѥстъ *Супр 327, 19-20* ▭ причѧщати сѧ μετέχειν принимать участие *в чем-л.*, присоединяться *к кому-л., чему-л.*, приобщаться *к чему-л.* účastnit se *něčeho*, podílet se *na něčem*, připojovat se *k někomu, k něčemu*: без оума сѧ прічѧштаеши жрътвѣ *Клоц 9а 25; Супр 423, 3* ● *спец.* причащаться přijímat (*svátost oltářní*): кл'ма и єдноі пльти причаштаємъ сѧ *Супр 423, 29.— Ср.* обьщевати, обьщити, приобьщати сѧ, приобьщавати сѧ

ПРИЧѦЩЕНИѤ, -ия *с* (4) κοινωνία участие, сопричастие, соучастие spoluúčast: нъ і разбоінікъі нѫдатъ • причітаѭште съмрьти его • да бі съмрътъное прічаштенье • нечъстъ бъіла коньчінъі его *Клоц 11а 18* ● τὸ μεταλαβεῖν принятие přijímání: ономоу же отъ сьвѣсти бьемоу • и на причаштениѥ никакоже не обораштоу сѧ *Супр 524, 13* ● *спец.* κοινωνία причащение přijímání (*svátosti oltářní*): виждѫ бо многъі вѣрьнъіихъ • идѫшта къ грѧдѫимъ таинамъ причаштению *Супр 405, 15-16.— Супр 321, 8.— Ср.* въсѧдъ, комъканиѥ, обьщениѥ, причастиѥ, причѧщаниѥ

п р и ш е д ъ *см.* прити

п р и ш ь д ъ *см.* прити

ПРИШЬЛЬСТВИѤ, -ия *с* (1) παροικία странствования по чужой земле, пребывание на чужбине, изгнание putování v cizině, pobývání v cizině, vyhnanství: вьзидѫ вь люди пришьльствия моего *Супр 350, 11* (*Авв 3, 16*).— *Ср.* инокость, пришьльство

ПРИШЬЛЬСТВО, -а *с* (2) παροικία странствования по чужой земле, пребывание на чужбине, изгнание putování v cizině, pobývání v cizině: пѣта бѣахѫ мьнѣ оправъданиѣ твоѣ • на мѣстѣ пришьльства моего *Пс 118, 54 Син.— Пс 119, 5 Син.— Ср.* инокость, пришьльствиѥ

ПРИШЬЛЬСТВОВАТИ, -ствоуѭ, -ствоуєши *несов.* (2) [пришел- *Син* (1), пришъл- *Супр* (1)] παροικεῖν странствовать по чужой земле, жить на чужбине putovat v cizině, pobývat v cizině: жена нѣкаꙗ... пришълъствоуѭшти вь нѣкъіихъ дальнихъ мѣстѣхъ поустъіни *Супр 559, 9.— Пс 119, 6 Син*

ПРИШЬЛЬЦЬ, -а *м* (8) [пришьле- *Син* (2), пришъле- *Мар* (1), пришель- *Син* (2), пришелъ- *Мар* (1), пришеле- *Ас* (1)] πάροικος, παρεπίδημος; (пришьльць бъіти παροικεῖν) переселенец, пришелец, чужестранец přistěhovalec, příchozí, cizinec: тъі ли єдинъ пришьльць єси въ і⟨ероуса⟩л⟨и⟩мъ *Л 24, 18 Зогр Мар Ас*; зане бѣшѧ мало чісломъ • немнозі пришельці вь неі *Пс 104, 12 Син* ● *спец.* προσήλυτος новообращённый, прозелит proselyta: горе вамъ кънигъчиѩ и фарисѣи ѵпокрити • ѣко прѣходите море и соушѫ сътворити єдиного пришелъца *Мт 23, 15 Мар* (∅ *Зогр*).— *Пс 38, 13 Син; 93, 6 Син; 118, 19 Син.— Ср.* прѣсельникъ

ПРИШЬСТВИѤ, -ия *с* (46) [пришъст- *Сав* (3) *Супр* (6); пришест- *Мар* (3) *Ас* (5) *Евх* (6) *Клоц* (1) *Супр* (3)] παρουσία **1.** ἐπιφοίτησις, ἐπιδημία приход, прибытие, пришествие příchod: і что єстъ знамениѥ твоего пришествиѣ *Мт 24, 3 Мар Ас* (2), пришъствия *Сав* (∅ *Зогр*) **2.** присутствие, пребывание přítomnost, pobyt: а идеже м҃ кто оуже притъ • ѣко нѣстъ б⟨о⟩жиѥ тоу пришествиѥ *Супр 95, 17.— Зогр Мар Ас Сав Ен Евх Клоц Супр.— Ср.* нашьствиѥ, приходъ, пришьстиѥ

ПРИШЬСТИѤ, -ия *с* (4) [пришест- *Клоц* (1) *Хил* (1)] παρουσία, ἔφοδος приход, пришествие příchod: тако бѫдетъ і въ пришьстие с⟨ы⟩на ч⟨ловѣчь⟩скаго *Мт 24, 39 Зогр* (пришествиє *Мар Ас Сав*); вь врѣмѧ пришьстия ихъ • ѭда стоꙗше близъ ихъ *Супр 413, 13.— Клоц 12б 37; Хил 1аα 24.— Ср.* нашьствиѥ, приходъ, прихождениѥ, пришьствиѥ

п р и ѣ з н ь *Евх 18а 3-4; Рыл 56β 25 см.* приꙗзнь

п р и ѣ т е л ь *см.* приꙗтель

п р и ѣ х а в ъ ш е *Мк 6, 53 Зогр см.* прѣꙗхати

ПРИꙖЗНИВЪ, -ъіи *прил.* (1) εὐγνώμων дружеский, приязненный příznivý, přátelský: словесъі бо прѣпиранѧ сѧ не приꙗзнивъ робъ • нъ ꙗвѣ сѫпьрникъ *Супр 328, 15-16*

ПРИꙖЗНЬ, -и *ж* (6) [приѣ- *Евх* (1) *Рыл* (1)] **1.** εὔνοια, πίστις приязнь, дружба, преданность přízeň, přátelství, oddanost: оутвръди въ насъ любьвь твоѭ • і приѣзнь нашѫ оутвръди *Евх 18а 3-4* **2.** *греч. нет* друг přítel: изведе си ни єдного же имѣѩ сьвѣтника • и приꙗзни *Супр 409, 1.— Супр 82, 5; 91, 12; 91, 13; Рыл 56β 25.— Ср.* дроугъ, дроужьба, приꙗтель

ПРИꙖТЕЛЬ, -ꙗ *м* (4) [приѣ- *Евх* (2) *Рыл* (2)] φίλος друг přítel: оставльшаѧ в'сѣ житиискаа • і родъ и приѣтелѧ • і вьслѣдь тебе грѧдѫщѧ *Евх 80б 6-7.— Евх 65а 24-25; Рыл 56а 8; 56а 9.— Ср.* дроугъ, приꙗзнь

ПРИꙖТИ, -ꙗѭ, -ꙗєши *несов.* комоу (2) [приѣ- *Син* (1)] φροντίζειν проявлять участие *к кому*, благоприятствовать *кому* přát *někomu*, být nakloněn: азъ же ништь єсмъ і оубогъ • г⟨оспод⟩ъ приѣетъ ми *Пс 39, 18 Син.— Супр 212, 17*

п р и ѥ м а т и *см.* приимати

п р и ѥ м л ꙗ т и *см.* приимати

ПРИѤТИ, приимѫ, приимеши *сов.* (>700) [приѩ- *Боян* (2), прим- *Зогр Мар Син Киев Клоц*, приме(т) *Евх* (1), при(ѩ)ти *Евх* (1), прием- (*прич. прошед. вр.*) *Зогр Мар Ас Охр Служ Евх Клоц*] **1.** λαμβάνειν, ἀναλαμβάνειν, ἀντιλαμβάνειν, ἀπολαμβάνειν, ἐπιλαμβάνειν, καταλαμβάνειν, μεταλαμβάνειν, παραλαμβάνειν, προσλαμβάνειν, συναντιλαμβάνειν, ὑπολαμβάνειν, δέχεσθαι, ἀναδέχεσθαι, ἀποδέχεσθαι, εἰσδέχεσθαι, καταδέχεσθαι, παραδέχεσθαι, προσδέχεσθαι, ὑποδέχεσθαι, κομίζεσθαι, δράσσεσθαι, φέρειν, εἴκειν, ἀμείβεσθαι, ἀσπάζεσθαι, οἰκειοῦσθαι, ἐπιτελεῖν (!), ἔρχεσθαι (!), προσάγειν (!), ἡ διανομή (!); (зъваниѥ приꙗти τὴν κλῆσιν ἔχειν; вѣсть, отъвѣтъ приꙗти χρηματίζεσθαι) suscipere, percipere принять přijmout: иже колижьдо не приметъ васъ... ісходѧште із домоу • ли із града того • отътрѧсѣте • прахъ отъ ногъ вашихъ *Мт 10, 14 Зогр*, приметъ *Мар*; сы пріносъ прінесены тебѣ г⟨оспод⟩і просімъ тѧ пріимі *Киев 3б 2* ● получить dostat: чѧдо въспомѣни ꙗко приꙗлъ еси благаꙗ въ животѣ своемь *Л 16, 25 Сав* (вьсприꙗлъ еси *Зогр Мар Ас*); да власть принимемъ настѫпати връхоу змии и скор'пии *Хил 1аβ 16-17* ● λαμβάνειν, προσλαμβάνεσθαι, ἐπιλαμβάνεσθαι, κατέχειν, αἴρειν взять vzít, uchopit: боуѩ бо приемъшѧ свѣтильникы своѩ • не вьзѧшѧ бо съ собоѭ і олѣѣ *Мт 25, 3 Зогр Мар Ас*, прімъшѧ *Сав* ● ἀσπάζεσθαι полюбить oblíbit si: образы сътвори покаанию • да покаaниѥ приметъ *Супр 359, 21* ● τυγχάνειν, μεταλαγχάνειν, κομίζεσθαι, ἀπολαμβάνειν, ἐπισπᾶν, κληρονομεῖν, ἔχειν, μανθάνειν, ἀπονίνασθαι, καρποῦσθαι, χρῆσθαι, ἀπολαύειν (!); (въ сласть приꙗти ἀπολαύεσθαι) достигнуть *чего-л.*, приобрести, нажить *что-л.* dosáhnout, nabýt, *něčeho*, získat *něco*: трьпѣнию бо имате трѣбѣ да волеѭ б⟨о⟩жиеѭ сътворше примете обѣтованиѥ *Евр 10, 36 Ен*; понеже... на пользѫ обьштѫѭ вьсе творишѧ • того ради небо приѩшѧ *Супр 379, 1* ● *спец.* μεταλαμβάνειν причащаться přijímat (*svátost oltářní*): сподоби и неосѫжден'но приꙗти • страшьнъıхъ твоихъ і бесъмрътьнъıхъ таинъ • честънааго тѣла и кръве х⟨рист⟩а твоего *Евх 22а 16* □ отъвѣтъ приꙗти *см.* отъвѣтъ; польѕѫ приꙗти *см.* польѕа; въ чрѣвѣ приꙗти *см.* чрѣво **2.** ἀντιλαμβάνεσθαι, ἐπιλαμβάνεσθαι, προσλαμβάνεσθαι, συναντιλαμβάνεσθαι вступиться *за кого-л.*, взять под защиту *кого-л.* ujmout se, vzít v ochranu *někoho*: да приметъ и • і похѫпитъ • и защититъ *Евх 92б 12-13* **3.** λαμβάνειν, ἐπιλαμβάνεσθαι, κατέχειν охватить *кого-л.*, овладеть *кем-л.* zachvátit, zmocnit se, ovládnout *někoho*: съмѧсѧ сѧ подвижашѧ сѧ трепетъ приꙗтъ ѩ *Пс 47, 7 Син* **4.** πάσχειν, ὑποφέρειν, ὑπομένειν, ὑφίστασθαι, ἀνέχεσθαι, κομίζεσθαι, δεῖσθαι, ἔχειν (!) перенести, претерпеть, вытерпеть snést, zakusit, vytrpět, podstoupit: тебе раді приꙗсъ поношение *Пс 68, 8 Син*; довьлѣѥтъ ти ꙗже приѩ досажденꙗ *Супр 253, 3* **5.** *в сочетании с некоторыми существительными употребляется для обозначения страдательного залога* λαμβάνειν, ὑπομένειν; (благо приꙗти εὐεργετεῖσθαι; ничьсоже приѥмъ врѣда ἀπαθής; досаждениѥ приꙗти ὑβρίζεσθαι; мѫкѫ приꙗти πάσχειν; мѫчениѥ приꙗти μαρτυρεῖν; обидѫ приꙗти ἀδικεῖσθαι; пакости приꙗти ἀδικεῖσθαι, ἐπηρεάζεσθαι; раны приꙗти μαστιγοῦσθαι; съмрьть приꙗти ὑφίστασθαι, τῇ ψήφῳ τοῦ θανάτου ὑπάγεσθαι; сѫдъ приꙗти κρίνεσθαι; ꙗзвѫ приꙗти τραυματίζεσθαι) (*переводится с помощью страдательного залога полнозначного глагола*): пакы іюдѣі • да не пріметъ клеветьнъıѩ віны *Клоц 12а 6*; не давъ им' пакости приѩти *Супр 179, 7*; о мрьтвѣ молѭ • отъ вьсѣхъ обидѫ приим'шѹ *Супр 455, 14*; оста ничьсоже приѥмъ врѣда *Супр 23, 4*; не оубо бѣ мѫжа познала ѥгда прѣльсть приѩтъ *Супр 489, 10* **6.** приꙗти сѧ ῥιζοῦσθαι, κρατεῖν приняться, укорениться ujmout se, zakořenit se: ѥдва о лѣто възмогошѧ сѧ приꙗти садове многыѩ ради хоухоты (*! вм.* соухоты)... и зноѥвъ великыихъ *Супр 301, 23* ● *перен.*: да твръдо бѫдетъ оученꙗ слово • часто оученикмъ примъ сѧ *Супр 407, 1*.— *Зогр Мар Ас Сав Охр Боян Зогр-пал Ен Син Служ Киев Евх Клоц Супр Хил Зогр-лл.*— *Ср.* въꙗти, въкоренити (въкоренити сѧ), вьрѣснити сѧ, въсприꙗти, полоучити, пострадати, потрьпѣти, приꙗтъ, прѣꙗти, оукоренити сѧ

ПРИꙖТИѤ, -ꙗ *с* (9) ὑποδοχή, παραδοχή, ἀπόλαυσις, ἀντίλημψις, τὸ δέξασθαι; (приꙗтиѥ сѫда τὸ δοῦναι δίκας) прием, принятие přijetí: о приꙗтьи обѣда силънааго *Евх 36а 11*; вь приꙗтьꙗ мѣсто за блѫд сѫда *Супр 523, 4-5*.— *Пс 21, 1 Син; Евх 22б 24; 36б 18-19; Супр 252, 7; 319, 18; 346, 11-12; 525, 15*.— *Ср.* подъꙗтиѥ

ПРИꙖТЪ, -ꙑи *прич.-прил.* (3) **1.** ληφθείς принятый přijatý: прободенъ же бысть и копьѥмъ вь ребра • за приꙗтѫѭ отъ ребръ адамовъ женѫ *Супр 482, 15* **2.** δεκτός приятный, желанный příjemný, vítaný: г⟨лаго⟩лѭ вамъ • ꙗко никъıже про⟨ро⟩к⟨ъ⟩ приꙗтъ естъ въ о⟨ть⟩чьствии своемь *Л 4, 24 Сав* (приꙗтенъ *Мар Ас*, *∅ Зогр*) ◆ лѣто приꙗто год оставления, прощения milostivé léto, svatý rok (*через каждые семь семилетий — год отпущения рабов на свободу и т. п.*); посъла мѧ... проповѣдѣти лѣто г⟨оспод⟩ьне приꙗто *Л 4, 19 Мар* (приꙗтьно *Ас Сав*, *∅ Зогр*).— *Ср.* приꙗтьнъ, приꙗти

ПРИꙖТЬНЪ, -ꙑи *прил.* (7) δεκτός, εὐπρόσδεκτος приятный, желанный příjemný, vítaný: да ни оученꙗ правъıѩ вѣръı • без дѣлъ благъ приꙗтъна б⟨ог⟩оу *Хил 26β 5* ◆ приꙗтьнъ быти προσδέχεσθαι нравиться líbit se: ни дѣла творимаꙗ без благочестьнъихъ оучении приꙗтъна сѫтъ отъ б⟨ог⟩а *Хил 26β 8*; лѣто приꙗтьно год оставления, прощения milostivé léto, svatý rok (*через каждые семь семилетий — год отпущения рабов на свободу и т. п.*).— *Л 4, 19 Ас Сав; Л 4, 24 Мар Ас; Евх 95а 10-11.— Ср.* приꙗтъ

приѩтъ *Л 2, 28 и 15, 27 Боян см.* приꙗти

ПРОБАВИТИ, -влѭ, -виши *сов.* (1) παρατείνειν продлить prodloužit; *перен.*: пробаві мілостъ твоѭ вѣдѫщиімъ тѧ • и правъдѫ твоѭ правъимъ срьдъцемъ *Пс 35, 11 Син.— Ср.* продльжити, продьлити, задльжити, оудалити

пробасѧ *см.* пробости

ПРОБИТИ, -биѭ, -биеши *сов.* (4) ῥηγνύναι; (пробити главѫ κεφαλαιοῦν) пробить, рассечь prorazit, probít, rozrazit: пробі *глосса к* разврьзе *в Пс 77, 15 Син*; разврьзе камень въ поустыні и напоі ѩ; і пакы посъла къ ньимъ дроугы рабъ • і того каменнемь бивъше пробишѧ главѫ емоу *Мк 12, 4 Зогр Мар.— Евх 52б 10.— Ср.* проразити

ПРОБЛѪДИТИ СѦ, -блѫждѫ сѧ, -блѫдиши сѧ *сов.* (1) πορνεύειν совершить прелюбодеяние, *перен.* нарушить верность zcizoložit, *перен.* stát se nevěrným: како ли благъіни юго надѣѭ сѧ приꙗти ч'то • иже д⟨оу⟩шеѭ и тѣломъ проблѫдивъ сѧ отъ нього • и прѣлюбодѣиствомъ себе осквръньивъіи • и оубоюмъ *Супр 523, 29.— Ср.* блѫдъ (блѫдъ сътворити), любъі (любъі сътворити), съблѫдити

ПРОБОСТИ, -бодѫ, -бодеши *сов.* (26) ἐκκεντεῖν, νύσσειν, πλήσσειν, τιτρώσκειν, διατιτρᾶν проколоть, пронзить probodnout: нъ единъ отъ воинъ • копиемь емоу ребра прободе *И 19, 34 Зогр Мар Ас* (3) *Сав Боян*; възьрѧтъ на нього иже пробасѧ *И 19, 37 Зогр Мар Ас* (2).— *Зогр Мар Ас Сав Боян Евх Супр.— Ср.* пронисти, събости

ПРОБРѢЗГЪ, -а *м* (2) (оутро пробрѣзгоу ѕѣло πρωῒ ἔννυχα λίαν) рассвет, заря svítání, rozbřesk: і ютро пробрѣзгоу ѕѣло • въставъ ізиде • і иде въ поусто мѣсто *Мк 1, 35 Зогр Мар.— Ср.* зорꙗ, рано, оутро

ПРОБѢГНѪТИ, -нѫ, -неши *сов.* (1) φυγῇ φυγαδεύεσθαι убежать, спастись бегством utéci, prchnout: изиди і-сѫжда сего... пробѣгни именемь живааго б⟨ог⟩а *Евх 55б 1.— Ср.* оубѣжати

ПРОВАЖДАТИ, -аѭ, -аѥши *несов.* (3) **1.** συνέρχεσθαι сопровождать, провожать doprovázet, vyprovázet: проваждаѩ же юго до пѫти на десѧте поприштъ *Супр 527, 18* ● προπέμπειν провожать в последний путь, хоронить doprovázet ke hrobu (*v průvodu*): несошѧ и проваждаѭште дожи и до погребениꙗ *Супр 208, 23* **2.** παραπέμπειν проводить (*время*) trávit (*čas*): ношть проваждаахѫ • тръпѧште страсть • добл҃но *Супр 91, 30.— Ср.* проводити, прѣпроваждати

ПРОВЕСТИ, -ведѫ, -ведеши *сов.* (4) διάγειν, ὁδηγεῖν, περᾶν провести *кого-л. через что-л.* provést *někoho někudy*, převést: развръже море і проведе ѩ *Пс 77, 13 Син.— Пс 105, 9 Син; 135, 14 Син; Евх 52б 12.— Ср.* прѣвести[1]

провітъи (!) *Ас 92ба 4-5 см.* прославити

ПРОВОДИТИ, -вождѫ, -водиши *сов./несов.* (3) προπέμπειν проводить/провожать, сопроводить/сопровождать; довести/доводить doprovodit/doprovázet, vyprovodit/vyprovázet, provázet, dovést: воѥвода... хотѣаше прѣити къ антинопол҃и • иждe с⟨вѧ⟩тъіи савинъ провожденъ бѣаше *Супр 150, 14-15.— Супр 460, 1; 463, 20.— Ср.* проваждати, прѣпроводити

провомѫченицѧ (!) *Ен 36а 1 см.* прьвомѫченица

ПРОВРѢТИ, -връѫ, -връеши *сов.* (1) διαβάλλειν просунуть, продеть prostrčit: повелѣшѧ съвѧзати и... и проврѣшѧ жъзлъ междоу рѫкама и стегноу юго *Супр 260, 9.— Ср.* въврѣти

ПРОВЪ, -а *м имя* (6) Πρόβος Пров Probus: приведенъ оубо бъість свѧтыи иринеи къ кнѧзоу провоу *Супр 252, 18.— Супр 253, 1; 253, 6; 253, 22; 253, 27; 254, 22*

ПРОВЪСТРѪБИТИ, -блѭ, -биши *сов.* (1) *греч. нет* возвестить звуками трубы ohlásit zatroubením; *перен.*: д⟨авы⟩дъ иже о въсхождении въ прав'дѫ [правдѫ] провьстрѫби • възиде б⟨ог⟩ъ въсклицаньимъ • г⟨оспод⟩ь въ гласѣ трѫбьнѣ *Супр 478, 28.— Ср.* въстрѫбити

провьтетъ (!) *Пс 91, 13 Син см.* процвисти

ПРОВѢШТАТИ, -аѭ, -аѥши *несов./сов.* (4) φθέγγεσθαι говорить/проговорить, произносить/произнести; упомянуть mluvit, promlouvat/promluvit, pronést; zmínit se: прѣбъі стоѩ на мѣстѣ томь... ничсоже глаголѧ или провѣштаѩ *Супр 567, 27*; провѣштаетъ ѩз⟨ы⟩къ мои словеса твоѣ *Пс 118, 172 Син*; провѣштаѭ гананꙗѣ ісправьа *Пс 77, 2 Син.— Пс 93, 4 Син.— Ср.* възвѣстити, възглаголати, вѣщати, проглаголати

ПРОВѢꙖТИ, -вѣѭ, -вѣѥши *сов.* (1) διαπνεῖν овеять, обдуть provát, provanout: въстани сѣвере и приди юже • провѣи градъ ми • да потекѫтъ добрыѩ воньѩ *Супр 349, 15* (*Песнь 4, 16*)

ПРОГАНІАТИ, -ніаѭ, -ніакши *несов.* (3) ἀπελαύνειν, ἐλαύνειν прогонять, изгонять vyhánět, vymítat: хромыꙗ цѣлıааше • бѣсы проганіааше *Супр 480, 22.— Супр 473, 13; 481, 17.— Ср.* выгонити, изганıати, изгонити, прогонити

ПРОГЛАГОЛАТИ, -глаголѭ, -глаголѥши *сов. без доп.* (10) [прогл҃а- *Зогр* (2) *Мар* (2) *Ас* (2) *Сав* (1), прог҃л- *Син* (1)] λαλεῖν заговорить promluvit, začít mluvit: быс⟨ть⟩ же бѣсоу ізгънаноу • прогл⟨агол⟩а нѣмы *Л 11, 14 Зогр Мар; Мт 9, 33 Зогр Мар Ас Сав.— Л 1, 20 Мар Ас; Пс 134, 16 Син; Супр 553, 2.— Ср.* възглаголати, пригласити

ПРОГЛАСИТИ, -глашѫ, -гласиши *сов.* (3) προαναφωνεῖν **1.** (прѣжде прогласити προαναφωνεῖν) предсказать předpovědět: добрѣ оубо сего ради прогласі • о васъ ісаі(ѣ) пророкъ г⟨лаго⟩лꙗ *Клоц 1а 8* (прѣжде сьвѣшта *Супр 325, 14-15*); се бо пророкъ прѣжде издалече прогласи *Супр 246, 29* **2.** запеть předzpívat: і ти намъ зачънѫтъ і ти прогласѧтъ новоѭ (! *вм.* новѫѭ) пѣснь *Клоц 1а 29.— Ср.* въспоустити, прорешти

прог'на *Супр 45, 6 и* прог'нахомъ *Супр 72, 29 см.* прогънати

ПРОГНѢВАНИЮ, -ниꙗ *с* (2) παραπικρασμός ожесточение, раздражение, огорчение rozhněvání, popuzení, roztrpčení: не ожестіте сръдець вашіхъ • ѣко въ прогнѣвани *Пс 94, 8 Син; Супр 357, 24.— Ср.* гнѣваниѥ, гнѣвъ, ıарость

ПРОГНѢВАТИ, -аѭ, -аѥши *сов./несов.* (32) **1.** кого, чьто παροργίζειν, παραπικραίνειν, παροξύνειν разгневать, раздражить/раздражать, прогневить/гневить rozhněvat/hněvat, popudit/popouzet, rozjitřit/jitřit: чесо ради прогнѣва нечьстівоі б⟨ог⟩а *Пс 9, 34 Син* ▭ прогнѣвати сѧ на кого, чьто *или без доп.* ὀργίζεσθαι разгневаться, прогневаться rozhněvat se: въскѫѭ б⟨о⟩же отърінѫ до коньца • прогнѣва сꙗ ѣрость твоѣ на овьцꙗ пажіті твоеꙗ *Пс 73, 1 Син; Ен 31б 18-19* **2.** чьто *или без доп.* παραπικραίνειν не покоряться *чему-л.*, возмущаться, бунтовать neposlouchat, bouřit se: родъ ст(р)опьтівъ и прогнѣваꙗі *Пс 77, 8 Син*; прогнѣвашѫщеи да (не) възнесꙗтъ сꙗ въ себѣ *Пс 65, 7 Син*; прогнѣвашꙗ словеса б⟨о⟩жьѣ • и съвѣтъ вышьнѣго раздражишꙗ *Пс 106, 11 Син.— Мар Ас Сав Ен Син Евх Супр Рыл.— Ср.* гнѣвати, разгнѣвати сѧ, разгнѣвити, раздражати, раздражити

ПРОГОНИТИ, -нѭ, -ниши *несов.* (8) φυγαδεύειν, διώκειν, ἀποσοβεῖν, τρέπειν прогонять, изгонять vyhánět, zahánět: крьстъ... присно же бѣсы прогона *Супр 428, 1-2.— Супр 313, 13-14; 340, 13; 476, 12; 479, 21; 514, 21-22; 531, 24; 566, 28.— Ср.* проганıати

ПРОГОНІЕНИЮ, -ниꙗ *с* (1) ἀπελασία изгнание vyhánění, vymítání: слышаша... бѣсовъ прогоненик • болѧштихъ исцѣленик *Супр 323, 22.— Ср.* гонѥниѥ

ПРОГЪНАТИ, проженѫ, проженеши *сов.* (14) διώκειν, ἐκδιώκειν, ἀπελαύνειν, φυγαδεύειν, ἐξορίζειν, σκυλεύειν (!) прогнать, изгнать, разогнать vyhnat, zahnat, rozehnat: врачю... прогънавы в'сѧ недѫгы • словомь твоимь *Евх 25б 22*; ѡ како кнѧзь дрьзость прогна • апостольскааго лика *Супр 471, 24*; прогънавы ада • печати лі сѧ боитъ *Клоц 12а 18*; въ поустыни прог'налъ словомъ множьство бѣсъ *Супр 473, 11.— Евх 53а 16-17; Супр 45, 6; 72, 29; 197, 9; 329, 19-20; 482, 12; 514, 21-22; 514, 28; 518, 10; 554, 27.— Ср.* выгънати, изгънати

ПРОДАНИЮ, -ниꙗ *с* (1) πραιτώριον (!) продажа prodání: да... с⟨ы⟩нъ божии • волеѭ на сьпасьнѫѭ страсть съ вами придетъ • и на продании станетъ *Супр 331, 27*

ПРОДАТИ, -дамь, -даси *сов.* (46) πιπράσκειν, πωλεῖν, ἀποδιδόναι; (продати съ цѣмь συμπιπράσκειν) продать prodat: іди продаждь имѣние твое *Мт 19, 21 Мар Ас Сав* (∅ *Зогр*); повелѣ емоу г⟨оспод⟩ь продати сѧ *Мт 18, 25 Сав*, да продадѧтъ і *Мар Ас* (∅ *Зогр*); продастъ люді своꙗ бес цѣны *Пс 43, 13 Син*; си ѥстъ крьвь ѡ июдо • ѭже прода на трехъ десѧтехъ динарии *Супр 419, 21* (прѣдалъ ѥсі *Клоц 7б 25*).— *Зогр Мар Ас Сав Син Клоц Супр.— Ср.* прѣдати

ПРОДАІАТИ, -даѭ, -даѥши *несов.* (36) πωλεῖν, πιπράσκειν продавать prodávat: такожде ѣкоже быс⟨ть⟩ • въ дьни лот'овы • ѣдѣахѫ і пьѣахѫ • коуповаахѫ і продаахѫ *Л 17, 28 Зогр*, продаѣахѫ *Мар* ▭ продаꙗи *в знач. сущ.* ὁ πωλῶν продавец prodavač: і изгъна вьсꙗ продаѭштꙗꙗ • і коупоуѭштꙗꙗ въ цр⟨ъ⟩к⟨ъ⟩ве *Мт 21, 12 Мар Зогр-пал* ● κολλυβιστής, τραπεζίτης меняла penězoměnec: продаѭщимъ расыпа сьребро и дъскы испровръже *И 2, 15 Ас* (тръжьникомъ *Зогр Мар*).— *Зогр Мар Ас Сав Зогр-пал Супр.— Ср.* вѣнити

продлъ- *см.* продль-

ПРОДЛЬЖАТИ, -аѭ, -аѥши *несов.* (3) [продлъ- *Супр* (3)] ἐκτείνειν, παραπέμπειν удлинять, продолжать prodlužovat: до гроба зъль продлъжаѭтъ *Супр 443, 20-21* ▭ продльжати сѧ ἐπεκτείνεσθαι удлиняться, продолжаться prodlužovat se: сънъ бо не чоуѭштихъ себе • врѣждаѥтъ продлъжаꙗ сѧ *Супр 314, 14-15.— Супр 318, 18*

ПРОДЛЪЖЕНИѤ, -ниꙗ *с* (1) πλάτος продолжительность, длительность délka: въ продлъжении пришъдъ рѣчи *Супр 294, 24*.— *Ср.* дльгота

ПРОДЛЬЖИТИ, -жѫ, -жиши *сов.* (5) [продлъ- *Супр* (4)] ἐπιτείνειν продолжить, удлинить prodloužit: брашьно... егда въ ѫтробѫ слоузь имѣѭштоу зьль въпадетъ • паче продлъжитъ недѫгъ *Супр 421, 15* ◆ продльжити рѣчь, слово προτείνειν, λόγον παρεκτείνειν, κατατείνειν много, долго говорить pronést (dlouhou) řeč, dlouho mluvit: много емоу о покаании продлъживъ слово *Супр 527, 20* ▭ продльжити сѧ προβαίνεσθαι продлиться protáhnout se: многоуоумоу троудоу продлъжити сѧ попоусти *Супр 529, 8*.— *Супр 423, 22; 440, 7*.— *Ср.* задльжити, пробавити, продьлити; продльжити рѣчь *ср.* прострѣти

продрѣжашѧ *Пс 79, 7 Син см.* подражати

ПРОДЬЛИТИ, -лѭ, -лиши *сов.* (1): продьлити слово μηκύνειν τὸν λόγον долго говорить protáhnout řeč, dlouho mluvit: да не продьлѭ слова • да придемъ вь самѫ главѫ вештиї *Супр 481, 26*.— *Ср.* задльжити, продльжити

проѕи *Пс 104, 34 Син; 108, 23 Син см.* прѫгъ

проѕѧбнѫти *Ас Унд Ен см.* прозѧбнѫти

прозвѵтеръ *Ас 141а 28 см.* презвѵтеръ

ПРОЗИРАТИ, -аѭ, -аеши *несов.* (6) ἀναβλέπειν прозревать, становиться зрячим prohlédat, nabývat zraku: слѣпии прозираѭтъ *Мт 11, 5 Зогр Мар*, прозираѭ *Ас*; *Л 7, 22 Зогр Мар*.— *Супр 323, 3*

ПРОЗОРЬЛИВЪ, -ꙑи *прил.* (1) προορατικός прозорливый prozíravý, prozřetelný: аште бо и прозорьливо (! *вм.* прозорьливоу)... и въ съвръшенѣ срьдьци идѫштоу (! *вм.* искѫщоу *или* ищѫщоу) правьды б⟨о⟩жиѩ старѣишоуоумоу братиѧ иштетъ благоиспытание *Зогр-лл 1б 13-14*.— *Ср.* прозорьнъ

ПРОЗОРЬНЪ, -ꙑи *прил.* (1) διορατικός прозорливый prozíravý, jasnozřivý: то слꙑшавъ онъ вьсчоуди сѧ • о старчи прозорьнѣѣмь дароу *Супр 299, 1*.— *Ср.* прозорьливъ

ПРОЗЪВАТИ, -зовѫ, -зовеши *сов.* (2) ὀνομάζειν, προσαγορεύειν назвать, прозвать nazvat: како и оубо прозовѫ *Супр 509, 2*.— *Супр 410, 22*.— *Ср.* възъвати, нарещи

ПРОЗЬРѢНИѤ, -ниꙗ *с* (5) ἀνάβλεψις, τὸ βλέπειν прозрение prohlédnutí: многомъ слѣпомъ дарова прозьрѣнье *Л 7, 21 Зогр Мар*.— *Л 4, 19 Мар Ас Сав*.— *Ср.* видѣние

ПРОЗЬРѢТИ, -зьрѭ, -зьриши *сов./несов.* (38) **1.** *сов.* ἀναβλέπειν, διαβλέπειν, ὀμματοῦσθαι прозреть, стать зрячим prohlédnout, nabýt zraku: слѣпьць же г⟨лаго⟩ла емоу • рав'ви • да прозьрѭ *Мк 10, 51 Зогр Мар* **2.** *сов.* διακύπτειν проникнуть взором prohlédnout *někoho, něco*, proniknout zrakem: не дастъ • оумъноуоумоу очеси сквозѣ пролиꙗвъшии сѧ на нѥмь тьмѣ прозьрѣти *Супр 339, 18* **3.** *сов./несов.* προβλέπειν, (βλέμματι) προπείθεσθαι предвидеть, прозревать будущее předvídat, předzvědět: зане прозьритъ • ѣко придетъ день емоу *Пс 36, 13 Син*.— *Зогр Мар Ас Син Клоц Супр*.— *Ср.* прооувѣдѣти

ПРОЗѦБАТИ, -аѭ, -аеши *несов.* (3) **1.** *без доп.* βλαστάνειν прорастать, всходить rašit, klíčit: сѣмѧ прозѧбаетъ • ı растетъ *Мк 4, 27 Зогр Мар* **2.** чьто ἐξανατέλλειν растить, выращивать dávat klíčit, plodit, vydávat: прозѩбаѩи пажитъ скотомъ ı травѫ на слоужьбѫ чл⟨овѣ⟩к⟨о⟩мъ *Пс 103, 14 Син*.— *Ср.* прошибати сѧ, растити

ПРОЗѦБЕНИѤ, -ниꙗ *с* (1) βλάστη росток klíček, výhonek: испрьва бо земьꙗ не своимъ ѥстъствомъ прозѧбенье въздрасти бꙑлии *Супр 495, 21*

ПРОЗѦБНѪТИ, -нѫ, -неши *сов.* (24) [проѕѧ- *Ас* (2) *Унд* (1) *Ен* (1)] **1.** *без доп.* βλαστάνειν, ἐκφύειν, φύεσθαι, ἐξανατέλλειν, ἀνατέλλειν; (прозѧбꙑи ἀνθηρός) прорасти, взойти vyklíčit, vzejít, vyrašit: а дроугое (*т. е.* сѣмѧ) паде на земл҃и добрѣ • ı прозѧбъ сътвори плодъ • съторицеѭ *Л 8, 8 Зогр Мар Ас*, прозѧбе *Сав*; егда оуже вѣѣ еѩ бѫдетъ млада ı листвие прозѧбнетъ *Мт 24, 32 Зогр Мар Ас Сав; Мк 13, 28 Зогр Мар*; егда прозѩбнѫшѩ грѣшьници • ѣко трѣва *Пс 91, 8 Син*; жезлъ аронъ • проѕѧбъше *Евр 9, 4 Ен* **2.** чьто βλαστάνειν вырастить, взрастить dát vyklíčit, zplodit, vydat: прозѧбоста плода благовѣрънааго • и нарекошѧ имѧ емоу кононъ *Супр 24, 25*.— *Зогр Мар Ас Сав Унд Ен Син Супр*.— *Ср.* въздрастити, издрастити, прорастити

ПРОИТИ, -идѫ, -идеши *сов.* (39) **1.** διέρχεσθαι, παρέρχεσθαι, διαβαίνειν; (проити сквозѣ чьто διαστέλλειν) пройти *сквозь, через что-л.* projít *něčím, skrz něco*: посрѣдѣ горъ проидѫтъ водꙑ *Пс 103, 10 Син* ● *перен.*: посълахъ ѭ на блѫдъ • да проидѫтъ ѭ вьси хотѧштеи *Супр 4, 17* ● *перен.* διέρχεσθαι пронзить, проколоть probodnout: тебѣ же самоı д⟨оу⟩шѫ проıдетъ орѫжье *Л 2, 35 Зогр Мар Ас Сав* **2.** περιέρχεσθαι, περιάγειν, διέρχεσθαι пройти, исходить projít (*křížem krážem*): проидѣше ı⟨соу⟩с⟨ъ⟩ градꙑ вьсѧ *Мт 9, 35 Сав* (прохождааше *Зогр Мар Ас*) ● *перен.*: оуже цръкъвънꙑхъ сановъ порѧдиѥ прошьдъша постави епископа *Супр 280, 13-14* **3.** ἔρχεσθαι проникнуть, распространиться proniknout, rozšířit se: доідеже проіде слово его *Пс 104, 19 Син* **4.** διέρχεσθαι пройти (*мимо*) projít, přejít (*okolo, sem a tam*): ѡтъ блісцѣньѣ его прѣдъ німъ облацѣ (! *вм.* облаци) проідѫ *Пс 17, 13 Син.— Зогр Мар Ас Сав Син Клоц Супр.— Ср.* мимонти, минѫти, прѣити

ПРОКАЖЕНИЮ, -ꙗ *с* (3) λέπρα проказа malomocenství: се мѫжь іспльнь прокаженьѣ *Л 5, 12 Зогр Мар.— Евх 41б 14-15.— Ср.* проказа, пѣгота

ПРОКАЖЕНЪ, -ын *прил.* (37) λεπρός прокаженный malomocný: сърѣте і і҃ • прокаженъ мѫжь *Л 17, 12 Зогр Мар Ас Сав*; болѧштаꙗ іцѣлите • мрътвыꙗ въскрѣшаите • прокаженыꙗ очиштаите *Мт 10, 8 Зогр Мар Ас* (*нет Сав*).— *Зогр Мар Ас Сав Клоц Супр.— Ср.* пѣготивъ, строупивъ

ПРОКАЗА, -ы *ж* (11) λέπρα проказа malomocenství: абие іштисти сѧ отъ проказы *Мт 8, 3 Зогр Мар Ас*, истрѣби сѧ емоу проказа *Сав.— Мк 1, 42 Зогр Мар Ас Сав; Л 5, 13 Зогр Мар; Супр 476, 14.— Ср.* прокажение, пѣготы

ПРОКАЗИВЪ, -ын *прил.* (1) κολακευτικός лукавый, коварный lstivý, prohnaný: бѣаше бо мѫжь тъ не простъ • и грѫбъ • нъ проказивъ *Супр 214, 25.— Ср.* льстивъ, льстьнъ, лѫкавъ, лѫкавьнъ

ПРОКАЗИТИ, -кажѫ, -казиши *сов.* (1): проказити отрочѧ *греч. нет* изгнать плод vyhnat plod: аще котораа жена блѫдъ сътворьши • толи проказитъ отрочѧ в' себѣ *Евх 104а 9-10.— Ср.* изврѣщи (изврѣщи отрочѧ)

ПРОКАЗЬЛѢТИ, -лѣѭ, -лѣкши *несов.* (1) μηχανᾶσθαι строить козни, злоумышлять strojit úklady, kout pikle: събравъше же сѧ вьси въ жилиште жьрьца своего • и много мысливъше и проказьлѣвъше • коньчьнѣе єдинъ ѫшѫ сьвѣтъ *Супр 514, 30.— Ср.* ковати, лѫкавьновати

ПРОКАЗЬСТВО, -а *с* (5) κακουργία, τέχνη, ἐπιθεσία коварство, козни, происки lest, podvod, úklady: коупно же и проказьства лѫкаваго вѣдꙑ и бож сѧ *Супр 516, 22.— Супр 111, 25; 440, 5; 440, 8; 440, 9.— Ср.* ковъ, късзнь, кызнь, льсть, льщение, примышлꙗи, примъышлкние, прѣльсть, прѣльщение, оумъышлкние, хꙑтрость

ПРОКИМЕНЪ, -а *м* (33) [про(к҃)- *Ас* (5) *Ен* (19) *Евх* (3)] τὸ προκείμενον прокимен prokimen (*стих из псалтыри, который поется перед чтением апостола, паримии в соответствии с отмечаемым праздником*): по прокимен'ѣ • слоуг⟨а⟩ • речет⟨ъ⟩ *Евх 59б 17-18*; прок⟨именъ⟩ • глас⟨ъ⟩ •г҃• *Ен 27а 16.— Ас Ен Евх.— Ср.* прологосъ

ПРОКЛИНАТИ, -аѭ, -акши *несов.* (2) **1.** кого, чьто *греч. нет* проклинать proklínat: проклинааше смокьвьницѫ и ї҆съхнѣаше *Супр 476, 23* **2.** проклинати сѧ *греч. нет* приносить лжеприсягу, ложно клясться křivě přísahat: аще к'то проклинаетъ с⟨ѧ⟩ • ӂ҃ лѣт⟨ъ⟩ да пок⟨а⟩ет' сѧ *Евх 102б 2.— Ср.* клѧти

ПРОКЛЪ, -а *м имя* (1) Πρόκλος Прокл Proclus: максимина прокла • анатоилѣ и ѥенада *Ас 127а 27*

ПРОКЛѦТИ, -кльнѫ, -кльнеши *сов.* (24) καταρᾶσθαι, ἐπικαταρᾶσθαι, ἐπαρᾶσθαι, καταργεῖν проклясть proklít: аще к'то братра своего въ гнѣвъ проклънетъ *Евх 104б 16*; проклꙗти оукланѣѭштеі сѩ отъ заповѣдеі твоіхъ *Пс 118, 21 Син* ▭ проклѧтъ *в знач. сущ.* ὁ κατηραμένοϑ, ὁ κεκατηραμένος проклятый proklatec: ідѣте отъ мене проклѧти • въ огнь вѣчьнꙑ *Мт 25, 41 Зогр*, проклѧтии *Мар Ас Сав.— Зогр Мар Ас Сав Син Евх Клоц Супр Рыл*

ПРОКОПАТИ, -аѭ, -акши *сов.* (5) ἐξορύσσειν, ὀρύσσειν прокопать, проделать отверстие prokopat, udělat otvor: отъкрꙑшѧ покровъ ідеже бѣ • і прокопавъше съвѣсишѧ одръ • на немьже ослабленъ сь лежааше *Мк 2, 4 Зогр Мар Ас Сав.— Глосса к Пс 21, 18 Син.— Ср.* издрꙑти, ископати, раскопати

ПРОКОПИИ, -ꙗ *м имя* (1) Προκόπιος Прокопий Prokopius: с⟨вѧ⟩таго м⟨ѫ⟩ч⟨ени⟩ка прокопиа *Ас 150б 3*

прокою *нареч. см.* прокꙑи

ПРОКОУДА, -ы *ж* (2) **1.** φθόρος гибель, разорение záhuba, zkáza: бѣжимъ зависти • аште и ничьсоже дѣлѣ • нъ творѧштоуоумоу прокоуда бывакт' *Супр 340, 10* **2.** κηλίς осквернение poskvrnění: ꙗкоже строуга вѣрнааго пѣготива прокоудѫ тѣлеси *Супр 392, 16.— Ср.* гоубительство, гꙑбѣль, истьлѣние, осквьрьнение, пагоуба, погꙑбѣль, скврьна, тьлѣние, тьлꙗ

ПРОКОУДИТИ, -коуждѫ, -коудиши *сов.* (6) **1.** διαφθείρειν, ἀφανίζειν, συλᾶν, λυμαίνεσθαι испортить, повредить zničit, poškodit: си бо кгда въ оумъ въпадѫтъ злоби пльнъ • паче того прокоудатъ и погоубатъ *Супр 421, 19* (погоубітъ • і истьлітъ *Клоц 8б 10*) **2.** ἐνυβρίζειν опозорить, осквернить potupit, pohanět, zneuctít: поч'то прокоуди чинъ свои *Супр 101, 7.— Супр 134, 28; 340, 1; 366, 19; 399, 17-18.— Ср.* бещьствовати, врѣдити, погоубити, прѣврѣдити, оуничьжити

ПРОКОУДЬНИКЪ, -а *м* (1) λυμεών губитель zhoubce, ničitel, škůdce: благословькнъ градꙑи въ имѧ господьне • истовꙑи на льжааго съпасъ • на прокоудьника *Супр 329, 9.— Ср.* гоубитель, прокоуждати (прокоуждаѩи)

ПРОКОУДЬНЪ, -ꙑи *прил.* (1) (доуши прокоудьнъ ψυχοφθόρος) губительный, вредный škodlivý: мꙑ же оубѣжимъ възлюбьнии • доуши прокоудьнꙑихъ страстии сихъ *Супр 340, 6.— Ср.* врѣдьнъ

ПРОКОУЖДАТИ, -аѭ, -аѥши *несов.* (1): прокоуждаѩи *в знач. сущ.* ὁ ὀλοθρεύων губитель zhoubce, škůdce: да иже чьстьноѭ ѥго кръвиѭ покропими... оубѣжатъ прокоуждаѭштааго орѫжиꙗ *Супр 332, 3-4.— Ср.* прокоудьникъ

ПРОКЪ, -а *м* (1) οἱ λοιποί остаток ostatek, zbytek: прокъ же ихъ ѥдначе не покорашѧ сѧ • по диꙗволовѣ силѣ *Супр 35, 18.— Ср.* избꙑтъкъ, останъкъ, остатъкъ, отълѣкъ

ПРОКꙐИ *прил.* (8) λοιπός, ὁ ἄλλος прочий, остальной ostatní: работаѫ имъ въ камении • и въ прокꙑихъ слоужьбахъ зъданиꙗ *Супр 284, 3-4* ▭ прокоѥ *в знач. нареч.* τοῦ λοιποῦ впредь nadále: изиде вънъ града съ людьми своими • и тоу съборꙑ творааше прокоѥ *Супр 200, 24.— Супр 57, 1; 96, 1; 114, 27; 283, 30; 371, 18; 562, 12.— Ср.* прочь, прочьнь

ПРОЛИВАТИ, -аѭ, -аѥши *несов.* (15) προχεῖσθαι проливать, разливать rozlévat, vylévat: врачоу пришъдъшоу... и рѣкꙑ имъ цѣлениꙗ проливаѭштоу *Супр 333, 25* ● ἐκχύνειν, ἐκχεῖν, προχεῖν проливать prolévat: вьсѣка кръвъ праведъна • проливаема на землѭ *Мт 23, 35 Мар Ас* (∅ *Зогр*); не проливаи слъзъ *Супр 102, 9.— Мт 26, 28 Зогр Мар Ас Сав; Мк 14, 24 Зогр Мар; Л 11, 50 Зогр Мар; Евх 46б 16-17; 54а 20; Супр 419, 19.— Ср.* изливати

ПРОЛИТИ, -лиѭ, -лиѥши *сов.* (8) ἐκχεῖν вылить, излить vylít; *перен.*: пролꙑ на ниѩ гнѣвъ твои *Пс 68, 25 Син* ♦ пролити кръвь αἷμα ἐκχεῖν пролить кровь prolít krev: пролишѧ кръвъ неповиннѫѭ *Пс 105, 38 Син*; прїде... пролїтъ кръве своѥѩ • за въсѧ вьселенѫѭ *Клоц 5б 33* (пролиꙗти *Супр 415, 14*) ▭ пролити сѧ *перен.* ἐκχεῖσθαι пошатнуться zakolísat: мала не пролишѧ сѧ стопꙑ моѩ *Пс 72, 2 Син.— Пс 78, 3 Син; 78, 10 Син; Клоц 9а 4; 9а 5.— Ср.* излити, пролиꙗти

пролиѣти *Евх 20б 2 см.* пролиꙗти

ПРОЛИꙖНИѤ, -иꙗ *с* (2): кръви, кръвьмь пролиꙗниѥ αἱμοχυσία, αἱματοχυσία пролитие крови, кровопролитие prolévání krve, krveprolití: кръвьмь пролиꙗниѥ сътворитъ крьстиꙗномъ *Супр 221, 19-20.— Супр 396, 23*

ПРОЛИꙖТИ, -лѣѭ, -лѣѥши *сов.* (26) [пролиѣ- *Евх* (1)] ἐκχεῖν, περιχεῖν пролить, вылить, разлить vylít, rozlít: аще к'то пролѣѥтъ отъ с⟨вѧ⟩тꙑѩ чаш⟨ѧ⟩ *Евх 105а 2* ● *перен.*: егда... прѣдъ г⟨осподь⟩мь пролѣѥтъ молитвѫ своѭ *Пс 101, 1 Син*; пролѣи гнѣвъ твои на ѩзꙑкꙑ *Пс 78, 6 Син* ♦ кръвь пролиꙗти αἷμα ἐκχύννειν, ἐκχεῖν пролить кровь prolít krev: се кръвь ѥстъ пролиꙗнаꙗ за нашѧ доушѧ *Супр 236, 12* ▭ пролиꙗти сѧ κενοῦν вылиться, разлиться vylít se, rozlít se: вино пролѣѥтъ сѧ *Мк 2, 22 Зогр Мар* ● ἐκχεῖσθαι, ἐκχύννεσθαι пролиться (*о крови*) prolít se (*o krvi*): си чаша новꙑ завѣтъ моеѭ кръвиѭ • ѣже за вꙑ пролѣѥтъ сѧ *Л 22, 20 Зогр*, пролѣатъ сѧ *Мар.— Зогр Мар Син Евх Супр.— Ср.* излити, пролити

ПРОЛОГОСЪ, -а *м* (1) *греч. нет* прокимен prokimen: начинаѥтъ пакꙑ поп⟨ъ⟩ прологос⟨ъ⟩ вельми *Евх 5а 13.— Ср.* прокименъ

проложїшѩ (!) *Пс 78, 2 Син см.* положити

ПРОМЪКНѪТИ СѦ, -нѫ сѧ, -неши сѧ *сов.* (5) [промь- *Зогр* (1) *Мар* (1) *Ас* (1) *Сав* (2)] διαφημίζεσθαι, ἐξέρχεσθαι распространиться, разгласиться rozšířit se, rozhlásit se: промьче сѧ вѣстъ си *Мт 9, 26 Сав* (изиде *Зогр Мар Ас*).— *Мт 28, 15 Зогр Мар Ас Сав.— Ср.* проити

ПРОМꙐСЛИТИ, -мꙑшлѭ, -мꙑслиши *сов.* за кого, чьто (1) προνοεῖσθαι позаботиться postarat se: ї⟨соу⟩с⟨ъ⟩ же чловѣколюбьць сꙑ • хотѧ промꙑслити за своѥго сътвореньꙗ • вьсе пострада насъ дѣлꙗма *Супр 484, 2.— Ср.* попещи сѧ

ПРОМꙐСЛЪ, -а *м* (4) **1.** *греч. нет* провидение, промысел záměr, prozřetelnost: лежаштоу же ѥмоу на многꙑ д'ни • промꙑсломъ б⟨о⟩жиѥмъ • не оставꙑѭштиимъ и по съмрьти с⟨вѧ⟩тааго ѥго тѣла *Супр 537, 26* **2.** πρόνοια забота, попечение péče, starost: благодарьстви бога • творѧштааго промꙑслꙑ многꙑ • о рабѣхъ своихъ *Супр 194, 3.— Супр 169, 10-11; 539, 30.— Ср.* промꙑшлꙗи, промꙑшлѥниѥ, съмотрѥниѥ

ПРОМꙐСЛЬНИКЪ, -а *м* (1) πρύτανις защитник, наставник, попечитель ředitel, pečovatel: вьсѣхъ бо вѣкъ видимꙑх' • и невидимꙑихъ промꙑсльникъ богъ *Супр 190, 1.— Ср.* наставьникъ

ПРОМꙐШЛꙖИ, -ꙗꙗ *м* (1) (промꙑшлꙗи и строи φροντίς) забота, попечение péče: строѩштиимъ обо (*вм.* оубо) ѭ (*т. е.* цьркъвь) не дадꙑ лѣпааго творити промꙑшлꙗꙗ • и строꙗ црькъвнꙑхъ потрѣбъ *Супр 281, 26.— Ср.* промꙑслъ

ПРОМꙐШЛѤНИѤ, -иꙗ *с* (3) πρόνοια провидение, промысел záměr, prozřetelnost: б⟨о⟩же нашъ... неиздреченꙑ благостиѭ • ι богатꙑмь промꙑшлениѥмь • строѩ чл⟨овѣ⟩чь животъ *Евх 20б 12-13.— Евх 3б 24; Супр 159, 27.— Ср.* промъıслъ

ПРОНЕСТИ, -сѫ, -сеши *сов.* (4) ἐκβάλλειν отвергнуть odvrhnout, zavrhnout: егда... пронесѫтъ ıмѧ ваше • ѣко зъло с⟨ы⟩на ч⟨ловѣчь⟩скаго ради *Л 6, 22 Зогр Мар Ас Сав.— Ср.* отъврѣщи

ПРОНЕТЪ, -а *м город* (1) Πραίνεστος Пренест Praeneste: автонома • еп⟨и⟩скоупа • б(ы)въша въ пронетѣ • италиѧ *Ен 29б 10*

ПРОНИСТИ, -ньзѫ, -ньзеши *или* **ПРОНЬЗНѪТИ**, -ньзнѫ, -ньзнеши *сов.* (1) διατιτρᾶν пронзить proklát, probodnout: копьемъ пронъзъшоуоумоу б⟨о⟩жиıа ребра *Супр 462, 21-22.— Ср.* пробости, събости

ПРОНОСИТИ, -ношѫ, -носиши *несов.* (2) διαφημίζειν распространять, разглашать roznášet, rozšiřovat: начѧтъ проповѣдати много • ı проносити слово *Мк 1, 45 Зогр Мар*

ПРОНЪІРИВЪ, -ъıи *прил.* (7) πονηρός, πονηρότατος, τῆς πονηρίας злой, мерзкий, коварный zlý, ničemný, lstivý: пронъıривъı робе и лѣнивъıи *Супр 369, 26* (зълъı *Мт 25, 26 Зогр Мар Ас Сав*).— *Евх 78б 14-15; Супр 12, 27; 102, 12; 214, 20; 381, 1-2; 428, 24-25.— Ср.* зълъ, лѫкавъ, лѫкавьнъ

ПРОНЪІРИТИ, -рѭ, -риши *сов.* (1) διεκδικεῖν достичь обманом, лукавством lstí získat: мните бо оубо пронъıрьствомъ въздръжаниıа • пронъıрити славѫ божиѭ *Супр 331, 13*

ПРОНЪІРИЕ, -ıа *с* (1) πανουργία лукавство, подлость, вероломство, коварство podvod, klam, lest: младеништъ бо естьство • не вѣстъ пронъıриıа ни проскоупьства имѣти *Супр 337, 24.— Ср.* зъло, зълоба, зъль, коварьство, льсть, лѫка, лѫкавьствие, лѫкавьство, пронъıръ, пронъıрьство, прѣльсть

ПРОНЪІРЪ, -а *м* (1) τὸ πονηρόν *или* ὁ πονηρός подлость, вероломство, коварство špatnost, zlo; *перен.* дьявол ďábel: еже лише того • то отъ пронъıра естъ *Супр 205, 11* (отъ неприѣзни *Мт 5, 37 Зогр Мар*).— *Ср.* зъло, зълоба, зъль, коварьство, льсть, лѫка, лѫкавъ (лѫкавъıи), лѫкавьствие, лѫкавьство, неприıазнь, пронъıрие, пронъıрьство, прѣльсть

ПРОНЪІРЬСТВО, -а *с* (2) πονηρία, πρόσχημα подлость, зло, вероломство, лукавство klam, lest, zlo: тъчьѭ зьрѣахѫ на свое пронъıрьство *Супр 444, 7*; мните бо оубо пронъıрьствомъ въздръжаниıа • пронъıрити славѫ божиѭ *Супр 331, 12.— Ср.* зъло, зълоба, зъль, коварьство, льсть, лѫка, лѫкавьствие, лѫкавьство, пронъıрие, пронъıръ, прѣльсть

п р о н ь з н ѫ т и *см.* пронисти

ПРООБРАЖАТИ, -аѭ, -аеши *несов.* (1) *греч. нет* показывать, представлять ukazovat, představovat: їѡна три дни въ китѣ поживъ • тридневъное въскрьсение его проображааше *Супр 478, 27*

ПРООБРАЖЕНИЕ, -ıа *с* (1) μυστήριον (!) изображение, образ zobrazení, obraz: показавъı намъ проображенıе • с⟨вѧ⟩тѣи единосѫщьнѣи троици *Евх 64б 2*

ПРООБРАЗИТИ, -образѭ, -образиши *сов.* (1) *греч. нет* показать, представить ukázat, představit: дажди емоу в'сѣ повелѣниѣ твоѣ • цѣловънаа • ѣже прообразилъ еси на земи *Евх 41б 18*

ПРООБРАЗОВАНИЕ, -ıа *с* (2) **1.** προοίμιον вступление, начало úvod, začátek: лѣпо же бѣаше ıакоже и въ прообразовании рѣхомъ *Супр 520, 17* **2.** *греч. нет* пример příklad, vzor: красна оубо и прѣдобра прообразованьıа • любаштааго троудъ с⟨вѧ⟩тааго сего *Супр 545, 22.— Ср.* начѧло, начѧтъкъ, образъ

ПРОПАДЬ, -и *ж* (1) χάσμα пропасть, бездна propast: междю нами и вами • пропадь велиѣ оутвръди сѧ *Л 16, 26 Мар* (пропасть *Зогр Ас Сав*).— *Ср.* бездъна, бездъние, пропасть

ПРОПАСТЬ, -и *ж* (5) χάσμα пропасть, бездна propast: междю нами ı вами • пропасть вельѣ оутврьди сѧ *Л 16, 26 Зогр Ас Сав* (пропадь *Мар*); *Супр 373, 16-17* ● βόθρος яма jáma: огнь готовъ мечь изъоштренъ • распѧтие поставьено • пропасть • коло *Супр 85, 16.— Ср.* бездъна, бездъние, пропадь

ПРОПИНАТИ, -аѭ, -аеши *несов.* (4) ἐκτείνειν растягивать roztahovat, napínat: пропинаıаи неба ѣко и кожѫ *Пс 103, 2 Син* ● σταυροῦν распинать přibíjet na kříž, křižovat: б⟨ог⟩ъ бѣ пропинаемъıи *Супр 485, 6*; разоумѣи же крѣпъко • отъ настоıаштааго д'не • пропинати ти сѧ и оумрътвити в'семоу мироу *Евх 89б 22.— Супр 484, 26.— Ср.* распинати

ПРОПЛАКАТИ СѦ, -плачѫ сѧ, -плачеши сѧ *сов.* (2) δακρύειν, προθρηνεῖν расплакаться, разрыдаться rozplakat se, zaplakat: и то глагол҃ анѳоупатъ проплака сѧ съ стенанием' великомъ *Супр 102, 6.— Супр 503, 21.— Ср.* въсплакати сѧ, въздръıдати, просльзити

ПРОПОВѢДАНИЕ, -ıа *с* (5) [пропроповѣ-(!) *Супр* (1)] κήρυγμα, κῆρυξ (!) проповедование, провозглашение hlásání, zvěstování: могѫщомоу же оукрѣпити въı • по еванг⟨е⟩лию моемоу • и проповѣданию ис⟨оу⟩х⟨ристо⟩воу *Рим 16, 25 (14, 24) Ен*; ıако не имѫтъ приıати проповѣданиıа • по реченоуоумоу отъ г⟨оспод⟩а *Супр 24, 13-14.— Супр 29, 26-27; 186, 2; 385, 1.— Ср.* проповѣдь, паренесисъ

ПРОПОВѢДАТЕЛЬ, -лıа *м* (2) κῆρυξ проповедник, провозвестник hlasatel, zvěstovatel: съвѣдѣтелѣ въстанью приводиши • проповѣдателѣ моимъ чюдесемъ • твоıа слоугъı готоваеши *Клоц 12а 23.— Клоц 11а 21-22.— Ср.* проповѣдьникъ

ПРОПОВѢДАТИ, -аѭ, -аѥши *несов.* (>100) [пропроповѣдаемъ (!) *Клоц* (1)] **1.** κηρύσσειν, ἀνακηρύσσειν, προκηρύσσειν, προσκηρύσσειν, καταγγέλλειν, διαγγέλλειν, ἀγγέλλειν, εὐαγγελίζειν, καταμηνύειν, μαρτύρεσθαι, ᾄδειν проповедовать, провозглашать, возвещать hlásat, zvěstovat, kázat: посылаетъ ѩ проповѣдати *Мк 3, 14 Зогр Мар*; приде и⟨соу⟩с⟨ъ⟩ въ галилеѭ • проповѣдаѩ ева⟨н⟩ѣ⟨е⟩лие • ц⟨ѣса⟩р⟨ь⟩с⟨тв⟩иѣ б⟨о⟩жиѣ *Мк 1, 14 Зогр Мар*; проповѣдати сѧ въ имѧ его • покаание въ отъпоуштенье грѣхомъ *Л 24, 47 Зогр Мар Ас*; по срѣдѣ закона ı пророкъ • въ коупѣ пропроповѣдаемъ (!) *Клоц 13б 33-34*, проповѣдаемъ *Супр 451, 8* **2.** κηρύσσειν; (прѣжде проповѣдати προανακηρύσσειν) предсказывать, предвещать, провозвещать předpovídat: проповѣдаѭшта • тридневное г⟨осподь⟩не вьскрьсение *Супр 471, 4.— Зогр Мар Ас Сав Боян Евх Клоц Супр.— Ср.* възвѣщати, исповѣдати, повѣдати, проповѣдовати, прорицати

ПРОПОВѢДОВАТИ, -доуѭ, -доуѥши *несов.* (1) κηρύσσειν проповедовать, возвещать hlásat, zvěstovat: ı начѧтъ проповѣдовати • въ декаполи • елико сътвори емоу и⟨соу⟩с⟨ъ⟩ *Мк 5, 20 Зогр* (проповѣдати *Мар*).— *Ср.* възвѣщати, исповѣдати, повѣдати, проповѣдати

ПРОПОВѢДЬ, -и *ж* (7) κήρυγμα проповедование kázání: покаашѧ сѧ проповѣдиѭ ıониноѭ *Мт 12, 41 Зогр Мар; Л 11, 32 Зогр Мар.— Клоц 13а 17; Супр 246, 19; 449, 19.— Ср.* проповѣдание

ПРОПОВѢДЬНИКЪ, -а *м* (5) κῆρυξ провозвестник, проповедник hlasatel, zvěstovatel: о... пропов⟨ѣдь⟩ницѣхъ • ев⟨ан⟩ѣ⟨ели⟩стѣхъ • м⟨ѫ⟩ч⟨е⟩ницѣхъ *Служ 3б 2-3.— Супр 13, 3; 24, 4-5; 401, 15-16; 461, 11.— Ср.* проповѣдатель

ПРОПОВѢДѢТИ, -вѣмь *и* -вѣдѣ, -вѣси *сов.* (31) κηρύσσειν, προκηρύσσειν провозгласить, *сов. к* проповедовать, проповедать vyhlásit, rozhlásit, *сов. к* hlásat, kázat: ıдѣмъ въ ближьнѧѩ вси ı грады • да ı тоу проповѣмъ *Мк 1, 38 Зогр Мар*, проповѣдѣ *Ас Сав*; да проповѣстъ дѣлы благы м⟨и⟩л⟨осрь⟩дие твое *Евх 26а 10*; ı проповѣстъ сѧ ев⟨а⟩нѣ⟨е⟩лие ц⟨ѣ⟩с⟨а⟩р⟨ь⟩ствиѣ по вьсеи вьселенѣи *Мт 24, 14 Мар Ас Сав Зогр-пал* (∅ *Зогр*); слыши и проповѣждь • б⟨о⟩жıѣ вельѣ чюдеса *Клоц 13а 36; Супр 450, 5.— Зогр Мар Ас Сав Зогр-пал Евх Клоц Супр.— Ср.* възвѣстити, исповѣдѣти, повѣдѣти

п р о п р о п о в ѣ д а е м ъ (!) *Клоц 13б 33-34 см.* проповѣдати

ПРОПѦТИ, пропьнѫ, пропьнеши *сов.* (65) ἐξαπλοῦν, καταρχεῖν (!) растянуть, простереть napnout, roztáhnout: благословьнѣ гадъи рѫцѣ на крьстѣ пропѧти *Супр 341, 27*; ста дрѣво крѣстьное • на нѥмъже пропѧ шѧ (! *вм.* пропѧ сѧ) истиньныи виноградъ *Супр 353, 16* ● σταυροῦν; (пропѧти съ цѣмь συσταυροῦν) распять ukřižovat: воини же егда пропѧшѧ ı⟨соу⟩са • приѩшѧ ризы его *И 19, 23 Зогр*, пропѧсѧ *Мар*; г⟨лаго⟩лашѧ емоу вьси • да пропѧтъ бѫдетъ *Мт 27, 22 Мар* (распѧтъ *Зогр Ас Сав*); тъгда пропѧшѧ съ нимь дъва разбоиника *Мт 27, 38 Мар* (распѧшѧ *Зогр Ас Сав*).— *Зогр Мар Боян Евх Супр.— Ср.* повѣсити, простерѣти, распѧти

ПРОПѦТИѤ, -иꙗ *с* (5) τὸ σταυρῶσαι, τὸ σταυρωθῆναι распятие ukřižování: с⟨ы⟩нъ чл⟨о⟩в⟨ѣ⟩ч⟨ь⟩скы прѣданъ бѫдетъ на пропѧтие *Мт 26, 2 Мар* (на распѧтие *Зогр Ас* (2) *Сав*).— *Мт 20, 19 Мар; Мт 27, 31 Мар; Л 23, 23 Зогр Мар.— Ср.* распѧтие

ПРОРАЗИТИ, -ражѫ, -разиши *сов.* (1) πατάσσειν пробить, прорвать prorazit, proděravit: понеже проразı камень ı потѣшѧ воды *Пс 77, 20 Син.— Ср.* пробити

ПРОРАЗОУМѢВАТИ, -аѭ, -аѥши *несов.* (2) *греч. нет* познавать, постигать rozumět, chápat: ѥго доуша • по вса врѣмена проразоумѣвааше таинаа *Супр 569, 10.— Супр 560, 17.— Ср.* разоумѣти

ПРОРАСТИТИ, -раштѫ, -растиши *сов.* (1) βλαστάνειν вырастить, взрастить dát vyrůst: вѣштаı како ис кореника оусъхыи съборъ • сладъкааго павла прорасти *Супр 347, 3.— Ср.* въздрастити, издрастити, прозѧбнѫти

ПРОРЕЩИ, -рекѫ, -речеши *сов.* комоу о комь (19) προφητεύειν предсказать, пророчь předpovědět, vydat proroctví, prorokovat: ѣко добрѣ прорече исаıѣ о васъ *Мк 7, 6 Мар* (рече *Зогр*); вси бо про⟨ро⟩ц⟨и⟩ и закони до иwан⟨а⟩ прорѣшѧ сѧ (!) *Мт 11, 13 Сав*, прорѣшѧ *Зогр Мар Ас.— Зогр Мар Ас Сав Супр*

ПРОРЕЧЕНИѤ, -иꙗ *с* (6) προφητεία предсказание, пророчество, прорицание předpověď, proroctví: соломwнъ • прореченье отъ б⟨ог⟩а приимь • въ прит'чахъ рече *Супр 534, 1.— Супр 195, 24-25; 196, 23-24; 321, 21; 324, 29; 564, 17.— Ср.* прорицание, пророчьство

ПРОРИЦАНИѤ, -иꙗ *с* (2) προφητεία пророчество, прорицание prorokování, proroctví: разоумѣвъша ıако пророкъ ѥстъ • имже събыша сѧ ѥмоу вьса прорицаниꙗ *Супр 199, 8.— Супр 198, 25-26.— Ср.* проречение, пророчьство

ПРОРИЦАТИ, -ричѫ, -ричеши *и* -рицаѭ, -рицаѥши *несов.* (5) [проріч- *Супр* (2), прорица- *Супр* (2)] προφητεύειν прорицать, пророчествовать prorokovat: пророкъ дауидъ пророча глаголааше *Супр 305, 27*; ч'то са пророкы величакши • а прорицакмааго кориши *Супр 334, 28*; того ради болии кстъ • иже сице глаголетъ и проричетъ *Супр 381, 23*; нѣси ли иже прорицакмо слышалъ *Супр 337, 9.— Супр 383, 22.— Ср.* проповѣдати, пророчьствовати

ПРОРОКЪ, -а *м* (>300) [пркъ *Мар Син Служ Евх Рыл*, пркъ *Ас Сав Боян Ен*, пркъ *Сав Ен*, прок *Ас Сав Унд Ен*, пръкъ *Мар*, проркъ *Мар*, про(ро)ци *Зогр*, порокъ (!) *Син*] προφήτης, προφητεύσας, παράδεισος (!), ψόγος (!); (лъжь, лъжии порокъ ψευδοπροφήτης; пророкы оубивъıи προφητοκτόνος) пророк, прорицатель prorok: знамение іонъı пророка *Мт 12, 39 Зогр Мар*; вънемлѣте отъ лъжниҳъ пророкъ *Мт 7, 15 Зогр Мар Ас*; тоже тъı... пророкъı оубивъша ржкы остриши *Супр 339, 3* ● *спец.* пророци *мн.* Προφῆται книги пророков в Ветхом Завете prorocké knihy ve Starém zákoně: вь сею обою заповѣдию • весь законъ и пророци висать *Мт 22, 40 Мар Ас Сав* (∅ *Зогр*).— *Зогр Мар Ас Сав Унд Боян Ен Син Служ Евх Клоц Супр Рыл.— Ср.* профитъ

пророкъ *Супр 245, 30 см.* порокъ

ПРОРОЧИЦА, -а *ж* (6) [пррчц- *Ас* (1), прчц- *Сав* (1)] προφῆτις пророчица, прорицательница prorokyně: ѡ аннѣ пророчици *Зогр 129а 5; Мар 76а 9.— Л 2, 36 Зогр Мар Ас Сав*

ПРОРОЧЬ *прил.* (8) [пррч- *Ас* (2), проч- *Сав* (1), п(роч)- *Сав* (1)] τοῦ προφήτου пророка *род.*, пророческий prorokův, prorocký: приемлѧи пророка • въ има пророче • мъздж пророчж приметъ *Мт 10, 41 Зогр Мар Ас Сав.— Ср.* пророчьскъ

ПРОРОЧЬСКЪ, -ыи *прил.* (17) [пррчск- *Ен* (2), пррчьск- *Ас* (1), про(ч)ск- *Сав* (1)] τῶν προφητῶν, προφητικός, τῆς προφητείας пророков *род.*, пророческий proroků *род.*, prorocký: горе вамъ кънижьници... ѣко зиждете гробы пророчьскыꙗ *Мт 23, 29 Мар* (∅ *Зогр*) ♦ *спец.* кънигы пророчьскыꙗ αἱ γραφαὶ τῶν προφητῶν книги Пророков в Ветхом завете prorocké knihy ve Starém zákoně: да събждժтъ са кънигы пророчьскыꙗ *Мт 26, 56 Зогр Мар Ас Сав*; по пророчьскоумоу κατὰ τὸν προφήτην как сказал пророк jak praví prorok: нъ и плешти свои дагаше на раны • по пророчьскоумоу *Супр 481, 3-4.— Зогр Мар Ас Сав Ен Супр.— Ср.* пророчь

ПРОРОЧЬСКЫ *нареч.* (1) προφητικῶς пророчески prorocky: дьнесь цѣсарь славы на земи пророчьскы славимъ кстъ *Супр 322, 2*

ПРОРОЧЬСТВО, -а *с* (3) [пророчъсто (!) *Мар* (1)] προφητεία пророчество, прорицание proroctví: о прѣдании пророчъство *Мар 44а 4.— Мт 13, 14 Зогр Мар.— Ср.* прореченик, прорицаник

ПРОРОЧЬСТВОВАТИ, -ствоуж, -ствоукши *несов.* о комь (8) [прч- *Мар* (1), прчь- *Евх* (1), пррчь- *Ас* (1)] προφητεύειν пророчествовать, прорицать prorokovat: лицемѣри • добрѣ пророчьствова о васъ ісаіѣ г⟨лаго⟩лѧ *Мт 15, 7 Зогр Мар.— Мт 7, 22 Зогр Мар; Л 1, 67 Зогр Мар Ас; Евх 62а 13.— Ср.* проповѣдати, прорицати

ПРОСАДИТИ, -саждж, -садиши *несов.* (4) ῥηγνύναι разорвать, прорвать roztrhnout, protrhnout: просадитъ вино новое мѣхы • і то пролѣетъ са *Л 5, 37 Зогр Мар; Мк 2, 22 Зогр Мар*

ПРОСВОРА, -ы *ж* (2) εὐλογία просфора prosfora, svátostný chléb, hostie: посла ма игоуменьꙗ донести просворж вь сьж вьсь *Супр 515, 27.— Супр 517, 19*

ПРОСВЬТѢТИ, -свьщж, -свьтиши *сов.* (14) **1.** ἐπιφαίνειν прояснить rozjasnit: просвьти лице твое на раба твоего *Пс 30, 17 Син* ▭ просвьтѣти са λάμπειν, ἐκλάμπειν, ἀναλάμπειν, ἐπιλάμπειν просветлеть, проясниться rozzářit se: і просвьтѣ са лице его ѣко слънъце *Мт 17, 2 Мар Ас* (∅ *Зогр*) **2.** просвьтѣти са ἐπιφαίνεσθαι явиться zjevit se: б⟨ог⟩ъ г⟨оспод⟩ь і просвьтѣ сѧ намъ *Пс 117, 27 Син; Клоц 16 18.— Мт 13, 43 Зогр Мар Ас Унд; Евх 46 14; Супр 68, 3-4; 81, 7; 182, 2; 322, 30.— Ср.* авити, освѣтити, просвѣтити

ПРОСВѢТИТИ, -свѣщж, -свѣтиши *сов.* (36) [просвѣтититъ (!) *Зогр* (1)] **1.** φωτίζειν, φωταγωγεῖν, ἐπιφαίνειν, καταλάμπειν, κατευθύνειν illustrare осветить, озарить ozářit, prozářit, osvítit: кыꙗ же оубо и свѣшта въжъжеши истинъноуоумоу свѣтоу • просвѣштъшоумоу вьсѣкого чловѣка *Супр 457, 12-13* ● *перен.*: да ты ми просвѣтиши оумъ *Евх 79а 21-22*; прістжпите кь немоу і просвѣтите сѧ *Пс 33, 6 Син; Евх 106а 6*; вьса подънебесьскаꙗ • просвѣтиша са • апостольскомъ про[про]повѣданикмъ *Супр 186, 1* ● λαμπρύνειν, φωτίζειν очистить očistit: просвѣти и отъ в'сеꙗ скврънъı *Евх 74а 19-20*; ѡ просвѣтити са д⟨оу⟩ши его • въ трѣзвеньи • і поштеньи *Евх 98а 24* ▭ просвѣщеныи *в знач. прил.* πεφωτισμένος просветлённый osvícený: сего просвѣштенааго старца оученика • ѳеѡдоръ и ïѡаннъ *Супр 296, 18* **2.** αὐγάζειν, ἐλλάμπεσθαι, φωτίζειν зажечь rozsvítit: χ⟨ристо⟩с⟨ъ⟩ въскрьсениꙗ свѣтъ просвѣти мирови *Супр 348, 18*; златыꙗ зара • правьдьнок сльнце въ отьмненыихъ срьдьцихъ просвѣти *Супр 348, 24* ● ἐπιφαίνειν прояснить rozjasnit: просвѣті лице твое на ны *Пс 66, 2 Син* ● φωτίζειν, ἀναβλέπειν, ἐναρμόζειν вернуть зрение vrátit zrak: **заклинаѭ тѧ... з҄ѣницѭ очью ичрѣва ослѣпленѣ • брънох слѣпоумоу просвѣщьшемь** *Евх 53а 20*; **просвѣті очі моі** *Пс 12, 4 Син; Евх 73б 24* □ **просвѣтити сѧ** λάμπειν засиять zazářit: **тако да просвѣтититъ (!) сѧ свѣтъ вашь прѣдъ ч⟨ловѣ⟩кы** *Мт 5, 16 Зогр*, **просвѣтітъ сѧ** *Ас* (∅ *Мар*) **3.** ἐπιφαίνειν, ἀνθεῖν выявить, открыть přivést na světlo, vyjevit, zjevit: **сѫштимъ въ адѣ • просвѣтилъ естъ проповѣдь** *Клоц 13а 17; Супр 449, 18-19*; **кгоже дѣвица без-д-рала и бе-сѣмене просвѣти** *Супр 396, 2.— Зогр Мар Ас Син Киев Евх Клоц Супр.— Ср.* **освѣтити, просвьтѣти**

ПРОСВѢЩАТИ, **-аѭ, -аkши** *несов.* (18) **1.** φωτίζειν освещать, озарять osvěcovat, ozařovat, prozařovat: **ѣко се егда свѣтильникъ блисцаниемь просвѣштаатъ тѧ** *Л 11, 36 Мар*, **просвѣштаетъ сѧ** *Зогр* ● *перен.*: **просвѣштаеши ты дівьно отъ горъ вѣченъ** *Пс 75, 5 Син* **3.** φωτίζειν, ἀγλαΐζειν, ἀγάλλειν зажигать rozsvěcowat: **тъи просвѣштаеши свѣтільнікъ моі** *Пс 17, 29 Син* ● φωτίζειν (ὀφθαλμούς) возвращать зрение vracet zrak: **просвѣштати очи твораштіімъ прѣвелико безаконьк** *Супр 485, 2* **3. просвѣщати сѧ** ἐπιφαίνεσθαι, ἐκλάμπειν обнаруживаться, открываться projevovat se: **д⟨оу⟩ха с⟨вѧ⟩тааго печать боле просвѣщаетъ сѧ въ ср⟨ьдь⟩ци его** *Евх 23б 10* **4.** *спец.* φωτίζειν крестить křtít: **оученне д҃ • просвѣщаемъимъ** *Хил 2аа 1-2.— Зогр Мар Ас Син Евх Супр Хил.— Ср.* **крьщати, освѣщавати, освѣщати**

ПРОСВѢЩЕНИѤ, **-ниꙗ** *с* (15) [**просвѣ(щ)ни-** *Ас* (2)] **1.** φωτισμός освещение, свет osvětlení, světlo: **і въведе ꙗ облакомь въ дьне • і вьсѭ ношть въ просвѣштеніе огню** *Пс 77, 14 Син* ● *перен.* просветление osvícení: **създати д⟨оу⟩ши просвѣщенье и ср⟨ьдь⟩цю и оумъ польѕьнъ** *Рыл 2аβ 9-10* **2.** ἐπιφάνεια явление zjevení: **і ерьданьскыꙗ воды св⟨ѧ⟩-щь • прѣчистыимь твоимь просвѣщениемь** *Евх 6б 13* ● *спец.* τὰ Θεοφάνεια, τὰ Φῶτα Богоявление (*церковный праздник*) Zjevení Páně (*církevní svátek*): **аще бѫдетъ а҃ соб⟨ота⟩ и нед⟨ѣлѣ⟩ междоу родствомъ и просвѣщениемъ** *Ас 136б 20-21.— Ас 136б 22; 137б 10; 137б 12; 140а 14; 140б 20; Пс 26, 1 Син; 43, 4 Син; 89, 8 Син; Евх 6б 4; Супр 539, 16; 543, 14.— Ср.* **авление, богоавление, епифаниꙗ**

ПРОСИТЕЛЬ, **-лꙗ** *м* (2) προσαίτης нищий žebrák: **сѫсѣди же • і иже бѣахѫ видѣли прѣжде • ѣко проситель бѣ • г⟨лаго⟩лахѫ** *И 9, 8 Зогр Ас* (**слѣпъ** *Мар*)

ПРОСИТИ, **прошѫ, просиши** *несов./сов.* **кого; оу кого чесо; отъ кого чесо; чьто** *или без доп.* (>200) αἰτεῖν, αἰτεῖσθαι, ἀπαιτεῖν, ἐξαιτεῖν, ἐξαιτεῖσθαι, παραιτεῖσθαι, ζητεῖν, ἐπιζητεῖν, ἐρωτᾶν, ἐπερωτᾶν, ἱκετεύειν, ἀξιοῦν, προσέρχεσθαι (!) deprecari, quaerere, supplex (!) просить prosit: **хоштевѣ да егоже аште просивѣ • сътвориши нама** *Мк 10, 35 Зогр Мар Ас Сав*; **проси и⟨соу⟩са оу пилата иосифъ** *И 19, 38 Ас* (**моли** *Зогр Мар*); **вьсѣкъ бо просѧи приемлетъ** *Мт 7, 8 Зогр Мар Ас Сав*; **просѧ намъ мира и велиѧ м⟨и⟩л⟨о⟩сти** *Ен 36б 12* ● стремиться, жаждать, желать žádat si, přát si, chtít, toužit: **просите же прѣжде ц⟨ѣса⟩р⟨ь⟩ствиꙗ к⟨о⟩жиꙗ • и правъды его • и се все прѣдастъ сѧ вамъ** *Мт 6, 33 Сав* (**іштѣте** *Зогр Мар Ас*) ● требовать, добиваться požadovat, vyžadovat: **они же прилежаахѫ гласы велиі • просѧште его на пропатье** *Л 23, 23 Зогр Мар* ● ἐπαιτεῖν, προσαιτεῖν, κομίζεσθαι, προσδεῖσθαι, καθῆσθαι πρός τινα (!) просить милостыню žebrat: **егда приближи сѧ въ ерихѫ • слѣпьць етеръ сѣдѣаше при пѫти просѧ** *Л 18, 35 Зогр Мар Ас.— Зогр Мар Ас Сав Ен Син Служ Киев Евх Клоц Супр.— Ср.* **молити, просвьтѣти**

ПРОСИꙖТИ (СѦ), **-ꙗѭ (сѧ), -ꙗкши (сѧ)** *сов.* (2) ἐξαστράπτειν засиять, просиять zazářit, zaskvít se: **ѡ б(ог)олюб'че • просиꙗвшиихъ подвигомъ • положихъ скоростиѭ съконьчати** *Супр 543, 15*; **жживьство просвѣштааше сѧ • и божьство просиꙗше сѧ** *Супр 511, 26.— Ср.* **въсиꙗти**

ПРОСКОУПЬСТВО, **-а** *с* (1) πανουργία (!) продажность prodejnost: **младеништъ бо кстьство • не вѣстъ проньрика ни проскоупьства имѣти** *Супр 337, 24*

ПРОСЛАВИТИ, **-влѭ, -виши** *сов.* (>100) [**провітъи** (!) *Ас* (1)] δοξάζειν, συνδοξάζειν, ἐπευφημεῖν, προμνημονεύειν прославить oslavit, proslavit, učinit slavným: **видѣвъше же народи чюдишѧ сѧ • і прославишѧ б⟨ог⟩а** *Мт 9, 8 Зогр Мар Ас Сав*; **да о семь прославитъ сѧ прѣс⟨вѧ⟩тое имѧ твое** *Евх 21а 10 и 27а 13* ● διαφημίζειν разгласить, прославить rozhlásit: **она же шедъша прослависте и по всеи земи тои** *Мт 9, 31 Зогр Мар Ас*, **прослависта** *Сав.— Зогр Мар Ас Сав Боян Ен Син Евх Клоц Супр.— Ср.* **въславити**

ПРОСЛАВЛꙖТИ, **-влꙗѭ, -влꙗкши** *несов.* (20) ἐνδοξάζειν, γεραίρειν прославлять oslavovat: **прослави прославлѣѭщѧꙗ тѧ** *Евх 39б 21*; **б⟨ог⟩ъ прославлѣꙗи сꙗ въ с⟨вѧ⟩тыхъ своіхъ** *Пс 88, 8 Син; Ас 26 1-2.— Ас Син Евх*

ПРОСЛОУТИѤ, **-ꙗ** *с* (2) φήμη известность, слава proslulost, pověst: **прослоутие бо мѫчениꙗ кго оуже по вьсеи асии... обьтекло бѣаше** *Супр 117, 6.— Супр 280, 9.— Ср.* **вѣсть**

прослъи(ш) *Ас 92аβ 21 см.* **простъ**

ПРОСЛЫШАТИ, -слышѫ, -слышиши *сов.* (1) *греч. нет* обрести слух, начать слышать nabýt sluchu: тꙑѩ (*т. е.* прьстꙑ) въложи въ оуши стражджшта'го • и абиѥ сътвори прослꙑшати глоухоумоу *Супр 552, 29*

ПРОСЛЬЗИТИ (СѦ), -сльжѫ (сѧ), -сльзиши (сѧ) *сов.* (17) [прослъ- *Ас* (1) *Супр* (1)] δακρύειν; (ѥже непрослъзити τὸ ἀδάκρυτον) заплакать, прослезиться zaplakat, zaslzet, rozplakat se: вѣдѣ г⟨оспод⟩ı връховьнѣаго ап⟨осто⟩ла твоѥго петра прослъзивъша сѧ горъцѣ *Служ 16 12-13*; прослъзи ï⟨соу⟩с⟨ъ⟩ • а не въсплака *Супр 316, 9*; ѥже бо непрослъзити отънѫдь акꙑ жестость • и нечловѣколюбиѥ отъмешта *Супр 316, 10.— Зогр Мар Ас Сав Служ Клоц Супр.— Ср.* въздрꙑдати, въсплакати (сѧ)

ПРОСМИѦТИ СѦ, -смѣѭ сѧ, -смѣѥши сѧ *сов.* (1) γελᾶν засмеяться, рассмеяться zasmát se, rozesmát se: видѣвъ ѩ паулъ испльни сѧ радости и просмиꙗ сѧ *Супр 4, 30.— Ср.* въсмиꙗти сѧ

ПРОСМРАЖДАТИ, -ждаѭ, -ждаѥши *несов.* (4) ἀφανίζειν омрачать zachmuřovat: ѥгда постите сѧ • не бѫдѣте ѣко ѵпокрити • сѣтоуѭште • просмраждаѭште бо лица своѣ *Мт 6, 16 Зогр Сав*, просмраждаѭтъ *Мар Ас*

ПРОСПАѲЕРЪ, ПРОСПАѲЪ, -а *м* (2) πρωτοσπαθάριος начальник мечников velitel ozbrojenců (*см.* спаѳаръ): приведоша же... ѳеодѡра непобѣдимааго • славъ[нꙑ]на проспаѳера *Супр 60, 18-19*; потомь же ѳеѡфила проспаѳа • и по нѥмь калиста спаѳара *Супр 64, 9.— Ср.* спаѳаръ, спекоулаторъ

ПРОСТИТИ, прощѫ, простиши *сов.* (17) **1.** кого, чьто отъ чесо; ис чесо *или без доп.* ἐλευθεροῦν освободить zprostit, osvobodit: прости мѧ отъ в'сѣхъ зълъ *Евх 79а 2-3*; свѣтоу бо • владꙑка христосъ • ис тъмꙑ тьмничьнꙑѩ прости ѥго *Супр 365, 12* **2.** кого; комоу чьто συγχωρεῖν, οἰκτείρειν, χαρίζεσθαι, ἀφιέναι отпустить, простить (*грехи и т. п.*) prominout, odpustit: моѥ блѫждениѥ прости *Супр 391, 30*; простивъши нꙑ... помоли сѧ х⟨ристо⟩соу *Супр 3, 20* **3.** *с инф.* συγχωρεῖν разрешить, позволить dovolit: прости мѧ брате • каꙗти себе *Супр 524, 26-27.— Ен Евх Супр.— Ср.* избавити, отъпоустити, свободити

ПРОСТО *нареч.* (16) (*сравн. ст.* простѣѥ *см.* простѣ) ἁπλῶς просто, однородно, без добавлений prostě, jednoduše: си же ми не просто нꙑнꙗчоу речено *Супр 406, 22* ● только pouze, toliko, jenom: наоучити хоштѫ чловѣкꙑ • не просто словесъ послоушати *Супр 305, 18* ● н е п р о с т о... нъ и οὐχ ἁπλῶς... ἀλλά... не только... но и netoliko... nýbrž i: тоже не просто словесꙑ кꙑими • нъ и дѣлесемь виннꙑ сътвори своѩ оученикꙑ *Супр 358, 5* ♦ п р о с т о р е ш и ἁπλῶς εἰπεῖν, ἁπαξαπλῶς одним словом stručně, zkrátka a dobře: и все просто решти ѥже о бозѣ прохода съвръшениѥ *Супр 548, 8.— Клоц Супр.— Ср.* простъ (въ простѫ), простѣ, прѣпрость, прѣпростѣ, съпроста

ПРОСТОВЛАСЪ, -ꙑи *прил.* (1) λυσίκομος непричёсанный, с распущенными волосами (*в знак траура*) neučesaný, s rozpuštěnými vlasy (*na znamení smutku*): и от'цемь и матеремь простовласомъ сѫштемъ • и зѣло жалаштемъ *Супр 397, 13*

ПРОСТОСТЬ, -и *ж* (1) ἁπλότης чистосердечие prostota: онъ же по сѫштии вь нѥмь простости • творѣ'ше ѥи ѩже на врач'бѫ *Супр 516, 21.— Ср.* пространьство

ПРОСТРАНИТИ, -нѭ, -ниши *сов.* (2) πλατύνειν дать простор, рассеять dát prostor, rozšířit *перен.*: въ скръби пространилъ мѧ еси *Пс 4, 2 Син; Евх 73а 5*

ПРОСТРАНИѤ, -иꙗ *с* (1) ἄδεια (!) простор prostor; *перен.*: пространиѥ бо имамъ и бесѣдовати и б⟨ог⟩а молити *Супр 134, 13*

ПРОСТРАНО *нареч.* (3) μετὰ παρρησίας искренне, чистосердечно, открыто upřímně, otevřeně: иждеже съ богомь пространо бесѣдоуꙗше адамъ *Супр 304, 18.— Супр 314, 18; 424, 3.— Ср.* обиновати сѧ (не обиноуѩ сѧ)

ПРОСТРАНЪ, -ꙑи *прил.* (13) πλατύς, εὐρύς, εὐρύχωρος, κοῦφος (!) широкий, просторный široký, prostranný: ѣко пространа врата • ι широкъ пѫть • въводѧи въ пагоубѫ *Мт 7, 13 Зогр Мар*, пространаа *Ас*; сврабьно ѥстъ грѣхъ широкꙑимъ и пространꙑимъ моремь • въвода въ пагоубѫ *Супр 350, 24*; иже свѣтълꙑѩ домꙑ дѣлаѭтъ • и пространꙑѩ притворꙑ • и дльгꙑѩ дворꙑ *Супр 416, 6-7* ▭ п р о с т р а н о *в знач. сущ.* τὸ εὐρύχωρον простор, ширь (širý) prostor: поставилъ ѥси на пространѣ ногѣ мои *Пс 30, 9 Син.— Пс 103, 25 Син; Супр 248, 5; 251, 18; 290, 26; 350, 16; 350, 20-21; 351, 15-16.— Ср.* широкъ

ПРОСТРАНЬСТВО, -а *с* (3) **1.** πλατυσμός пространство šíře, prostor: ѿтъ печали призъвахъ г⟨оспод⟩ѣ • ι оуслꙑша мѧ въ пространьство *Пс 117, 5 Син* **2.** παρρησία искренность, чистосердечие, откровенность upřímnost, otevřenost: ти не толикѫ имѣахѫ чьсть • ни толико пространьство *Супр 409, 8.— Супр 341, 23-24.— Ср.* простость

ПРОСТРѢТИ, ПРОСТЬРѢТИ, -стьрѫ, -стьреши *сов.* (85) [*инф.* простре- *Евх* (1) *Супр* (1), простьрѣ- *Евх* (1) *Клоц* (1) *Супр* (1), простърѣ- *Клоц* (1); *аор.* прострѣ- *Ас* (2) *Сав* (1) *Син* (3) *Супр* (2), простьрѣ- *Зогр* (5) *Мар* (5) *Ас* (1) *Сав* (1) *Супр* (4), простърѣ- *Ас* (1)] **1.** ἀποτείνειν, διατείνειν, ἁπλοῦν, ἐκπεταννύναι простереть, распространить rozestřít, rozšířit: простеръі на распонѣ • в'сѧ оуды своѩ *Евх 35б 1*; море простръто відѧ *Клоц 10а 6*; заоутра • егда топлъі зарѧ божьства простръ *Супр 348, 25-26* ● *перен.*: ли простьреши гнѣвъ твои отъ рода въ родъ *Пс 84, 6 Син*; на идоумѣѭ • простърѭ сапогъ мои *Пс 59, 10 Син* **2.** ἐκτείνειν, παρατείνειν протянуть natáhnout: простръ розгъі его до мѣрѣ (! *вм.* морѣ) *Пс 79, 12 Син* ● выпрямить narovnat: соухѫ рѫкѫ вь праздьнъ дьнь на дѣло простьрѣ *Супр 396, 15-16* □ простръти рѫкѫ *без доп.*: на кого, чьто τὴν χεῖρα, τὰς χεῖρας ἐκτείνειν, ἁπλοῦν, διδόναι, ὑποβάλλειν простереть руку vztáhnout ruku: абие же и⟨соу⟩с⟨ъ⟩ простьръ рѫкѫ ѩтъ і *Мт 14, 31 Зогр Мар Ас Сав Боян*; на гнѣвъ врагъ моихъ простръте рѫкѫ твоѭ *Пс 137, 7 Син*; простьри емоу рѫкѫ ч⟨лове⟩к⟨о⟩любиѣ *Евх 26а 3-4* ● *перен.* ἐκτείνειν, ἀνατείνειν τὰς χεῖρας ἐπί τινα поднять руку *на кого-л.* zvednout ruku *na někoho*: по всѧ дьни сѫштю съ вами въ црькъве • не простьрѣсте рѫкъ на мѧ *Л 22, 53 Зогр Мар* ● простръти мъісль, оумъ, слоухъі διάνοιαν ἀνατείνειν, γνώμην τείνειν сосредоточить внимание upnout pozornost: къ тѣмъ мъісль си простьретъ *Супр 343, 10*; присно оума имъі своего простръта къ богоу *Супр 141, 28*; подобаатъ паче простьрѣти слоухъі вашѧ *Супр 532, 28-29* ● простръти бесѣдѫ, гласъ, слово къ комоу *или без доп.* λόγους, ῥῆμα ἐκτείνειν, λόγον παρατείνειν, φωνὴν ἀποτείνειν, ὑποθέσεως ἅπτεσθαι обратить речь *к кому-л.*, произнести речь promluvit, pronést řeč: хотѣхъ патріарховѫ бесѣдѫ къ вамъ • простърѣті *Клоц 3а 28*; хотѣхъ большъмі простьрѣті слово се *Клоц 9б 1-2* (продльжити *Супр 423, 22*); да не гласа... въ мрътвъіих' простръвъ *Супр 311, 6* □ простръти сѧ ἀνορθοῦσθαι выпрямиться narovnat se, napřímit se: і абье простьрѣ сѧ • і славлѣаше б⟨ог⟩а *Л 13, 13 Зогр Мар Сав*, простръте сѧ *Ас* ● *перен.* τὸ οὖς ἐπιτείνειν сосредоточить внимание napnout pozornost: да простьремъ сѧ • благодѣти вьземьѭште отъ н҃іхъ *Супр 54, 9-10.— Зогр Мар Ас Сав Боян Син Евх Клоц Супр.— Ср.* възложити, наложити, направити, подати, положити, пропѧти, протѧгнѫти; простръти бесѣдѫ *ср.* продльжити

ПРОСТЪ, -ъіи *прил.* (37) [прослъи(ш҃) (!) *Ас* (1)] **1.** ἁπλοῦς, λιτός простой, несложный, односоставный prostý, jednoduchý: простъі мѧ котъігъі лишисте *Супр 368, 10* ● ψιλός, ἁπλῶς (!) один, только, простой pouhý: ни да глаголѭтъ ѩко проста чл⟨овѣ⟩ка пропѧхомъ *Супр 482, 10*; нъ да навъікнеши ѩко не простъи его оученикъ прѣда • нъ отъ избранааго рѧдоу єдинъ *Супр 409, 12* ● *перен.* ἁπλοῦς, φωτεινός (!); (не простъ πανοῦργος; просто срьдьце ἁπλότης καρδίας) искренний, прямодушный, чистосердечный upřímný, otevřený: егда оубо око твое просто бѫдетъ • і вьсе тѣло твое просто бѫдетъ *Л 11, 34 Зогр* (просто... свѣтъло *Мар*); бѣаше бо мѫжь тъ не простъ • и грѫбъ *Супр 214, 25* ● *греч. нет* простой, обыкновенный prostý, obyčejný: аще которъі простъ людинъ • вражъдѫ имъі *Евх 103а 24* ● ἰδιώτης (!) необразованный neučený, nevzdělaný: кротъкъ бо и бе зълобъі бѣаше и рѣчиѭ простѫ *Супр 46, 30* □ въ простѫ ἁπλῶς просто, несложно prostě: да николиже въ простѫ оуврьзъ ѩзъікъ дьврии изидетъ *Супр 497, 19* **2.** ἐλεύθερος свободный svobodný: да въ адъ поустѧтъ еже (! *вм.* иже) въ мрьтвъіихъ простъ *Супр 424, 29* □ простъ бъіти отъ чесо; чесомоу συγχωρεῖσθαι, ἀφίεσθαι быть свободным, освобождённым *от чего-л.* být zbaven, zproštěn *něčeho*: проста бѫди отъ в'сего недѫга *Евх 40а 4-5* (отъпоуштена еси *Л 13, 12 Зогр Мар Ас Сав*); прости р҃ динарии • да простъ бѫдеши тьмѣ талантъ *Супр 407, 21* **3.** ὀρθός прямой, выпрямленный, стоящий přímý, vzpřímený, stojící: прѣмѫдрос⟨ть⟩ прос⟨ти⟩ слъішимъ *Евх 10а 18*, прослъиш⟨имъ⟩ (*вм.* прости слъішимъ) *Ас 92аβ 21* □ простъ поставити кого ἀνορθοῦν, ἐγείρειν выпрямить, поставить на ноги narovnat, napřímit, postavit na nohy: и абие поставитъ і простъ *Евх 95б 1-2*; простъ бъіти, стати ἀνορθοῦσθαι, ὀρθὸς ἵστασθαι выпрямиться, встать narovnat se, napřímit se, postavit se: мъі же въстахъмъ і прості бъіхомъ *Пс 19, 9 Син*; искочивъ с⟨вѧ⟩тъіи ста простъ *Супр 112, 8.— Зогр Мар Ас Сав Син Евх Супр.— Ср.* прѣпростъ, прѣпростъ[2], свободь; въ простѫ *ср.* просто, простѣ, прѣпростъ[1], прѣпростѣ, съпроста; простъ бъіти *ср.* простити; простъ поставити *ср.* въставити

ПРОСТЪІНИ, -нѩ *ж* (4) **1.** ἐλευθερία освобождение, свобода osvobození, svoboda: благословьенъ градъіи • мѫчению дръжавѫ сътрътъ • а простъінѫ не сетънои пришъдъї пода *Супр 342, 2* **2.** συγγνώμη; (бес простъінѩ ἀσύγγνωστος) оправдание, прощение zproštění, odpuštění: и съгрѣшьшии г⟨оспод⟩оу просимъ простъінѫ вами възати *Супр 67, 26.— Супр 371, 30; 390, 12-13.— Ср.* оставлениє, отъданиє, отъпоущениє, отърада

простьрѣти *Зогр Мар Ас Сав Евх Клоц Супр см.* простръти

ПРОСТѢ *нареч., сравн. ст.* простѣє (2) ἁπλῶς просто prostě: а тѣмь ли хотѣахѫ простѣ бесѣдоуѭштемъ вѣровати о вьстании

Супр 443, 5; нъ простѣк твори кже хоштеши о насъ *Супр 176, 19-20.— Ср.* просто, простъ (въ простѫ), прѣпрость[1], прѣпростѣ, съпроста

ПРОСЫПАТИ, -плѭ, -плѥши *сов.* (2) ἐκχεῖν рассыпать, просыпать rozsypat; *перен.*: въ ризъ мѣсто срьдьца своѥго просыплѣмъ прѣдъ нимъ *Супр 319, 25* ▭ просыпати сѧ на кого ἐκχεῖσθαι пасть padnout: тъма же и мракъ • на анѳупата и на поганыѩ просыпа сѧ *Супр 110, 19.— Ср.* осыпати, посыпати

ПРОСѢКАТИ, -аѭ, -аѥши *несов.* (1) διακόπτειν прорубать prosekávat, protínat; *перен.*: гласъ г⟨осподь⟩нъ просѣкаѭшта пламенъ огна *Пс 28, 7 Син*

ПРОСѢСТИ СѦ, -сѧдѫ сѧ, -сѧдеши сѧ *сов.* (1) ῥήγνυσθαι разорваться, лопнуть roztrhnout se, prasknout: просѧдѫтъ сѧ мѣси • ι вино пролѣѥтъ сѧ *Мт 9, 17 Мар* (∅ *Зогр*).— *Ср.* протръгнѫти сѧ

ПРОСѢѦТИ, -сѣѭ, -сѣѥши *сов.* (1) σινιάζειν просеять prosít: или испросилъ ѥстъ васъ сотона • просѣати акы п'шеницѫ *Супр 135, 15* (да би сѣалъ *Л 22, 31 Зогр*, да би сѣлъ *Мар*)

ПРОТВАРѦТИ, -рѩѭ, -рѩѥши *несов.* (1): протварѩти пѫть προοδολοιεῖν прокладывать путь razit cestu, připravovat cestu: тъ богазнь изгонитъ • протварѣѩ пѫть вѣрѣ *Супр 446, 12*

ПРОТЕСАТИ, -тешѫ, -тешеши *сов.* (6) διχοτομεῖν; (протесати полъма διχοτομεῖν) рассечь, разрубить rozetnout, rozseknout: придетъ г⟨осподи⟩нъ раба того... ι протешетъ ι *Л 12, 46 Зогр Мар*; протешетъ ι полъма *Мт 24, 51 Зогр Мар Ас Сав.— Ср.* прѣрѣзати, прѣсѣщи

ПРОТИВИТИ СѦ, -влѭ сѧ, -виши сѧ *несов./сов.* комоу, чесомоу; противѫ (комоу) чесомоу *или без доп.* (28) ἀνθίστασθαι, ἀντικεῖσθαι, ἀντιλίπτειν, ἀντιλέγειν, ἀντιτάσσεσθαι, ἀντιτιθέναι, ἀντιστρατεύεσθαι, καταλαλεῖν adversitas (!) оказывать/оказать сопротивление, становиться/стать противником, сопротивляться, воспротивиться/противиться stavět se/postavit se na odpor, stávat se/stát se odpůrcem, klást odpor, odporovat, protivit se: отъ вьсѣхъ противѩщихъ сѧ намъ съпаси нꙑи *Киев 6б 1*; не могѫште противити сѧ • противѫ одръжаштии ѥго силѣ *Супр 566, 29*; не хотѣлъ еси • нъ противилъ сѧ еси *Клоц 7а 28-29* ● ἀπειθεῖν, μὴ πειθαρχεῖν не повиноваться *кому-л.*, не слушаться *кого-л.* být neposlušný, neposlouchat *někoho*: приѩтъ даанъѣ въ чл⟨о⟩в⟨ѣ⟩цѣхъ • ибо противѩщиѩ сѧ вьсе(лити) *Пс 67, 19 Син.— Зогр Мар Ас Сав Син Киев Евх Клоц Супр.— Ср.* глаголати (противѫ глаголати), стати (противѫ стати), сѫпротивити сѧ

ПРОТИВЛѦТИ СѦ, -влѩѭ сѧ, -влѩѥши сѧ *несов.* комоу, чесомоу (13) [противлѣ- *Зогр* (2) *Мар* (2) *Ас* (1) *Сав* (2) *Син* (3), противьѩ- *Супр* (1), противлѣщии сѧ (!) *Ас* (1), проти(вл)ѣѭщиѩ *Рыл* (1)] ἀντιστρατεύεσθαι, ἀμύνεσθαι, ἀντικεῖσθαι оказывать сопротивление, сопротивляться, противиться stavět se na odpor, odporovat, protivit se: именемь г⟨осподь⟩немь противлѣахъ сѧ имъ *Пс 117, 10 и 11 и 12 Син*; прѣмѫдрость • еиже не възмогѫтъ противити сѧ • ι отъвѣштати • в'си противлѣѭштеи сѧ вамъ *Л 21, 15 Зогр Мар Ас Сав.— Л 13, 17 Зогр Мар Ас Сав; Супр 516, 29; Рыл 7ба 6-7.— Ср.* противити сѧ; противлѩѩи сѧ *ср.* противьникъ

ПРОТИВЛѤНИѤ, -ниѩ *с* (1) ἀπείθεια непослушание neposlušnost: слышиши ли пророка... како испръва г⟨лаго⟩летъ противленье ваше *Клоц 1а 18-19.— Ср.* ослоушаниѥ

ПРОТИВО *предлог с дат.* (6) *греч. нет* **1.** против proti, na: да подаси ми заповѣдь • противо зъломъ моимъ *Евх 68б 26* **2.** в соответствии с, по vzhledem k, podle: ѥг'да въздаеши комоужьдо • противо дѣломъ ѥго *Евх 17а 21; 67б 3; 71а 16; 89а 2-3;* (по дѣломъ своимъ *Мт 16, 27 Мар*, ∅ *Зогр*).— *Евх 11б 20.— Ср.* противѫ

противоу *Мт 25, 1 Мар см.* противѫ

ПРОТИВЪ *нареч.* (1): противъ стати ἀντιπαλαίειν воспротивиться postavit se na odpor: доуша отъ земл҄ѣ исподьнихъ истръжена бꙑстъ • ни диѩволоу противѫ глаголѭштоу • ни сьмрьти противъ ставъши *Супр 317, 25.— Ср.* противѫ, сѫпротивь

ПРОТИВЬНИКЪ, -а *м* (1) ἀλάστωρ противник, враг protivník, odpůrce, nepřítel: ѭже оумѫчи обидьливꙑ и непобѣдимꙑи мѫчитель... ѩко противникъ оукрадъ *Супр 460, 9.— Ср.* врагъ, противити сѧ (противѧи сѧ), противлѩти сѧ (противлѩѩи сѧ), сѫпостатъ, сѫпротивьникъ, сѫпьрьникъ

ПРОТИВЬНИЧЬ *прил.* (1) *греч. нет* противника *род.*, врага *род.*, вражеский protivníkův, odpůrcův, nepřítelův: изъми ѥ из вьсѣкоѩ напасти диѥвола • ι в'сѣка прѣстоѣниѣ • противьнича *Евх 56а 17.— Ср.* вражии

ПРОТИВЬНЪ, -ꙑи *прил.* (29) **1.** ἐναντίος противящийся, враждебный protivící se, nepřátelský: оутопилъ еси в'сѧ противьнꙑѩ силꙑ *Евх 29б 14* ● τῆς ἀπειθείας непослушный neposlušný: градетъ гнѣвъ б⟨о⟩жи • на с⟨ꙑ⟩нꙑ противънꙑѩ *Клоц 2а 39* ▭ противьнъ *в знач. сущ.*: ὁ ὑπεναντίος, ὁ ἀντίπαλος, ὁ πολέμιος, ὁ πόλεμος (!) противник, враг protivník, odpůrce, nepřítel:

раздражаетъ протівьнъı імѧ твое до коньца *Пс 73, 10 Син* ● ὁ ἀπειθής непослушный, непокорный neposlušník: обратити... противънъıѩ • въ мѫдрость правьдънъıхъ *Л 1, 17 Зогр Мар Ас* **2.** ὑπεναντίος противный, противоположный opačný, protikladný: противьна же толика *Зогр-лл 26 18* □ противьнъ вѣтръ ἄνεμος ἐναντίος встречный ветер protivítr: корабь же бѣ по срѣдѣ морѣ вълаѩ сѧ вльнами • бѣ бо противьнъ вѣтръ *Мт 14, 24 Зогр Мар Ас*, противенъ вѣтроу *Боян*; противьно слово ἀντιλογία прекословие odpor: да отъстѫпитъ отъ васъ в'се ослоушание • противьно слово *Евх 916 13.— Зогр Мар Ас Боян Син Евх Клоц Супр Зогр-лл.— Ср.* противьникъ, сѫпротивьникъ, сѫпротивьнъ; противьнъ вѣтръ *ср.* сѫпротивовѣтрие; противьно слово *ср.* прѣкословесие, прѣрѣкание

ПРОТИВЬСТВО, -а *с* (5): противьство диꙗволово, диꙗволие, неприꙗзнино ἡ τοῦ διαβόλου τυραννίς власть дьявола vláda ďáblova: дьньсь разори сѧ диꙗволово противьство... адоваꙗ побѣда из'чезе *Супр 487, 2; Супр 488, 29;* чловѣчьско естъство • отъ диꙗволиꙗ противъства свободивъ • на прьвое добробродие възведе *Супр 490, 6;* неприꙗзнина противъства отѧтъ *Супр 479, 30— 480, 1* ● *перен. о смерти*: прѣдолѣвъı бо противъствоу сьмрьти *Супр 490, 12*

ПРОТИВѪ *нареч. и предлог* (58) [противоу *Мар* (1), прѫтивѫ (!) *Супр* (1)] I. *нареч.* ἀπέναντι напротив, навстречу proti, naproti, vstříc: онъı нивъı противѫ не копанъı остаѭтъ *Супр 37, 22* II. *предлог с дат.* **1.** εἰς ὑπάντησιν, ἀντικρύ, ἄντικρυς, κατ' ἐνώπιον, κατέναντι, πρός *с вин.*, πρὸς ἐντροπήν *при указании на лицо или предмет, прямо перед которым совершается действие* напротив proti, naproti: противѫ манастъıроу... създа цръкъве свѧта'го • прьвомѫченика стефана *Супр 208, 25-26* ● *при обозначении сопротивления* против proti: прѣдъборникъ бъıвъ дроужинѣ своеи • противѫ отьцоу твоемоу диꙗволоу *Супр 99, 28-29* **2.** *при указании на обстоятельства действия* κατά *с вин.*, πρός *с вин.*, εἰς принимая во внимание, по vzhledem k, podle: і овомоу дастъ д҃ талан'тъ • овомоу же в҃ • овомоу же а҃ • кождо противѫ силѣ своеи *Мт 25, 15 Зогр Мар Ас Сав* ♦ противѫ глаголати, изити, крѣпити сѧ, пльчити сѧ, поставити, стати *см.* глаголати, изити, крѣпити сѧ, пльчити сѧ, поставити, стати.— *Зогр Мар Ас Сав Син Супр Хил*

ПРОТЛЪКОВАТИ, -коуѭ, -коуеши *сов.* (3) ἑρμηνεύειν, παρερμηνεύειν объяснить, истолковать, изложить vyložit, vysvětlit: повѣдаѭ таиньнѫ • а не протлъкоуѭ непротлъкованааго *Супр 501, 24* ● перевести přeložit: азъ же... прѣписахъ протлъковавъ отъ роумъска ѩзъıка... на грьческъ *Супр 144, 25.— Супр 512, 14-15.— Ср.* съказати

ПРОТРЪГНѪТИ СѦ, -нѫ сѧ, -неши сѧ *сов.* (4) σχίζεσθαι прорваться, разорваться protrhnout se, roztrhnout se: толикоу сѫщю не протръже сѧ мрѣжа *И 21, 11 Зогр Мар Ас Сав.— Ср.* просѣсти сѧ, прѣтръгнѫти

ПРОТРЬЅАТИ СѦ,-аѭ сѧ, -аеши сѧ *несов.* (3) διαρρήσσεσθαι рваться, прорываться trhat se, protrhávat se: се сътворьше • обѩшѧ множьство ръıбъ много • протрьзаахѫ же сѧ мрѣжѧ іхъ *Л 5, 6 Зогр*, протрьѕаахѫ... сѧ *Ас*, протрьзааше... сѧ *Мар.— Ср.* прѣтрьѕати

ПРОТѦГНѪТИ, -нѫ, -неши *сов.* (11) **1.** προτείνειν, τείνειν протянуть, вытянуть vztáhnout, natáhnout: видѣвша и... стоѩшта и протѧгъша рѫцѣ на небо *Супр 215, 20* ● *перен.*: протѧже въıѭ своѭ *Супр 14, 17* **2.** ἁπλοῦν, ἐκτείνειν растянуть, вытянуть roztáhnout, protáhnout: протѧгъше по дрѣвесемъ привѧжате и твръдо • да протѧжемъ дрѣвесъı съкроушитъ сѧ *Супр 158, 30 и 159, 1.— Супр 14, 22; 100, 30; 119, 10; 159, 6; 159, 9; 180, 30; 381, 12.— Ср.* пропѧти, простръти

ПРОТѦЖЬНО *нареч.* (1) εὐτόνως с оттяжкой, сильно silně: биите и протѧжьно *Супр 113, 13*

ПРООУВѢДѢТИ, -вѣмь *и* -вѣдѣ, -вѣси *сов.* (1) προγιγνώσκειν предугадать, провидеть předzvědět, předem poznat: прооувѣдѣвъ прѣжде трии дьнии • съконьчание свое *Супр 168, 17.— Ср.* прозьрѣти

ПРООУЧАТИ, -аѭ, -аеши *несов.* (1) *греч. нет* учить, наставлять učit, vyučovat: длъженъ естъ вьсѣкъ кнѧзъ не обиноуѩ вьсѣхъ • іже подъ властьѭ емоу б⟨о⟩жи с⟨вѧ⟩тъı х⟨ристос⟩оу законъ • і пророкомъ і апо⟨сто⟩ло⟩мъ • і блаженъıмъ о⟨ть⟩цемь прооучати *Клоц 2а 12.— Ср.* поуцати, поучати, оучити

ПРОФИТЪ, -а *м* (1) *греч. нет* пророк prorok: фропітоу (! *вм.* профитоу) же малахеоу съıзвѣстоуѭщтю б⟨ого⟩ві *Клоц 26 14.— Ср.* пророкъ

ПРОХЛАДИТИ, -хлаждѫ, -хладиши *сов.* (1) *греч. нет* охладить ochladit: палаціѭ грътань его • прохлади хладомь твоимь *Евх 29б 23-24.— Ср.* оустоудити

ПРОХЛАЖДЕНИѤ, -иꙗ *с* (1) ἀναψυχή освежение osvěžení, občerstvení: тѣхъ естъ гласъ • проидохомъ сквозѣ огн҃ь и водѫ • и ізведе насъ на прохлаждение *Супр 94, 19-20*

ПРОХОДИТИ, -хождѫ, -ходиши *несов.* (23) **1.** διέρχεσθαι проходить *сквозь, через что-л.*

procházet *něčím, skrz něco*: быс⟨ть⟩ ιдѫштю емоу въ ι⟨ероуса⟩л⟨и⟩мъ • ι тъ прохождааше междю самариеѭ • галилѣѩ *Л 17, 11 Зогр Мар* **2.** περιάγειν, διέρχεσθαι, διαπορεύεσθαι, διοδεύειν исходить (*вдоль и поперек*), обходить (*все, кругом*) procházet (*křížem krážem*): прохождааше и⟨соу⟩с⟨ъ⟩ • градꙑ вьсѧ ι вси *Мт 9, 35 Зогр Мар Ас* (проидѣше *Сав*) ● *перен.* разбирать *что-л.*, вникать *во что-л.* probírat *něco*, zabývat se *něčím*: все просто решти єже о бозѣ прохода съвръшенье *Супр 548, 9* **3.** διέρχεσθαι расходиться, распространяться šířit se: прохождааше же паче слово о нємь *Л 5, 15 Зогр Мар.— Зогр Мар Ас Сав Супр.— Ср.* прѣминовати, прѣхаждати, прѣходити

ПРОХОЖДЕНИѤ, -ꙗ *с* (1) προλαμβάνειν (!) проход, прохождение procházení: прохождениѣ • д⟨оу⟩шь нашихъ • дажди свободънаа • ι нꙑ прѣстоꙗщаꙗ бл⟨а⟩г⟨осло⟩ви *Евх 66а 6*

ПРОЩЕНИѤ, -ꙗ *с* (13) συγχώρησις, συγγνώμη, ἄφεσις прощение, освобождение (*от чего-л.*) odpuštění, prominutí: мол⟨итва⟩... ѡ прощеньи *Евх 36а 11* ◆ прощениѥ сътворити τὴν ἄφεσιν ποιεῖν простить, отпустить (*грехи*) odpustit: абье толикꙑимъ грѣхомъ проштенье ємоу сътвори *Супр 523, 8.— Супр 211, 24; 291, 19; 379, 19; 382, 7-8; 391, 29; 407, 17; 526, 22-23; 526, 28; 528, 7; 528, 15; 529, 10.— Ср.* оставлєниѥ, отъданиѥ, отъпоущениѥ; прощениѥ сътворити *ср.* оставити, отъдати, отъпоустити, простити

ПРОЦВИСТИ, -цвьтѫ, -цвьтеши *сов.* (9) [провьтетъ (!) *Син* (1)] ἀνθεῖν, ἐπανθεῖν, ἐξανθεῖν, ἀναθάλλειν расцвести rozkvést, vykvést: ѣко трѣва мимоидѫтъ • ютро процвьтѫ и прѣидетъ на вечеръ *Пс 89, 6 Син* ● *перен.*: како древьнѣа прѣидѫ • како новаа процвисѧ *Клоц 13б 4*, процвътоша *Супр 450, 12-13.— Пс 27, 7 Син; 71, 16 Син; 91, 13 Син; 91, 14 Син; 131, 18 Син; Супр 300, 16*

ПРОЦВИТАТИ, -аѭ, -аѥши *несов.* (2) ἐπανθεῖν процветать vzkvétat: како законъ остѫпаетъ • како благодѣть процвитает(ъ) *Клоц 13а 38; Супр 450, 7.— Ср.* цвисти

ПРОЧЕѤ *нареч.* (8) λοιπόν, τὸ λοιπόν далее, в дальнейшем dále, nadále: тъгда приде къ оученикомъ • ι г⟨лаго⟩ла ιмъ съпите • ι прочее почиваите *Мт 26, 45 Зогр Мар Ас Сав; Мк 14, 41 Зогр Мар*; отъ винꙑ же тоѩ ноудимъ бѣаше прочеѥ жити въ ма(на)стꙑри своѥмъ *Супр 549, 1.— Супр 559, 28.— Ср.* потомь, потомьже, сь (по семь)

ПРОЧЬ, -ии *прил.* (66) λοιπός, ὁ σὺν αὐτοῖς остальной, прочий ostatní: памѧть • с⟨вѧ⟩тꙑима моиси и аронꙋ и прочимъ пр⟨о⟩р⟨о⟩комъ *Ен 7а 14* ● ἐπίλοιπος, ὑπόλοιπος оставшийся, остальной zbývající: съподоби ѣ миромь д⟨оу⟩ховьнꙑимь • прочее житие ею • съконьчати *Евх 86 20* ● ὁ ἑξῆς следующий další, následující: ι бꙑстъ въ прочии (*т. е.* дьнь) • ιдѣаше въ градъ нарицаемꙑ наинъ *Л 7, 11 Зогр Мар* ● λοιπός, λοιπὸς ἄλλος другой, прочий jiný, druhý: єѵфии ефесъскꙑи • и маръ • халкидоньскъ и прочии *Супр 201, 19* ▭ прочеѥ *в знач. сущ.* τὰ ἐπίλοιπα, τὸ ὑπόλοιπον остаток zbytek: въземъ прѣдъ ними ѣстъ • прочее дастъ имъ *Л 24, 43 Мар Зогр Ас*; хотѣхъ... прочее живота моего • покааниемь оуслоужити тебѣ *Евх 83б 18* ◆ и прочеѥ καὶ τὰ ἑξῆς и так далее a tak dále: блюдѣте еда къто вꙑ естъ крадоводѧи прѣмѫдростиѭ и тъщеѭ лестиѭ • по прѣданию чл⟨овѣ⟩чю • по стухиемъ миръньимъ • и прочеѥ *Хил 2аа 10*; тьма прочаꙗ τὸ ἐξώτερον σκότος тьма кромешная (*об аде*) tma vnější (*o pekle*): ч'то хотѧтъ дати безоумьлю ϊюдо • оудавьѥнию жже • прочжѭ тъмѫ неоугасимꙑи огнь *Супр 425, 8.— Зогр Мар Ас Сав Ен Евх Клоц Супр Хил.— Ср.* дроугъ, кромѣщьнии, прокꙑи, прочьнь

ПРОЧЬНЬ, -ни *и* **ПРОЧЬНЪ**, -ꙑи *прил.* (2) [прочьнь *Зогр-лл* (1), прочьнъ *Зогр-лл* (1)] λοιπός прочий, остальной ostatní: трѣбованиѥ естъ очию и ѩзыка и прочьнꙑихъ ꙗже сѫтъ потрѣбьнѣиша *Зогр-лл 16 11*; изволениемь нѣконхъ прочьнаа ꙗко похоулꙗти *Зогр-лл 26 11.— Ср.* прокꙑи, прочь

ПРОШЕНИѤ, -ꙗ *с* (28) **1.** αἴτημα, αἴτησις, τὸ αἰτῆσαι, ἀξίωμα прошение, просьба prošení, prosba: вѣстъ бо о⟨ть⟩ць вашь ιхъже трѣбоуете • прѣжде прошениѣ вашего *Мт 6, 8 Зогр Мар Ас Сав* **2.** αἴτημα, αἴτησις просимое vyprošované, to, oč se prosí: даꙗи в'сѣмъ прошениѣ • прѣжде даже не просѧтъ *Евх 61б 14.— Зогр Мар Ас Сав Син Евх Супр*

ПРОШИБАТИ СѦ, -аѭ сѧ, -аѥши сѧ *несов.* (2) προβάλλειν распускаться, пускать ростки pučet, rašit: видите смоковьницѫ • ι в'сѣ дрѣва • егда прошибаѭтъ сѧ • оуже видѧще о себѣ вѣсте • ѣко близъ жѧтва естъ *Л 21, 30 Зогр Мар.— Ср.* прозѧбати, растити

прошьд-, прошьл- *см.* проити

прѫпьрище *Мт 5, 41 Зогр см.* попьрище

ПРЪТИЩЬ, -а *м* (1) (въ прътищихъ ῥακκοδυτῶν) рубище hadr: онъ же видѣвъ и... въ прътиштихъ старца *Супр 192, 2-3*

ПРЪТЪ, -а *м* (3) [пръст- (!) *Сав* (1)] λίνον фитиль knot: пръта не вънемъша сѧ не оугаситъ *Мт 12, 20 Зогр Мар*, пръста (!) *Сав* (плата *Ас*).— *Ср.* плать [1]

ПРЬВОВЪЗЛЕЖЕНИѤ, -ꙗ *с* (2) πρωτοκλισία возлежание на почётном месте (*за столом*) ležení na předním místě (*u stolu*):

блюдѣте сѧ отъ кънижьникъ • хотѧштиихъ... прьвовьзлеженьѣ на вечерѣхъ *Мк 12, 39 Зогр Мар.— Ср.* прьвовъзлѣганиѥ, прѣдъстолиѥ, прѣдьнь (прѣдьниѥ мѣсто), прѣдъсѣданиѥ, прѣждевъзлѣганиѥ

ПРЬВОВЪЗЛѢГАНИѤ, -ниꙗ *с* (2) [пръво- *Мар* (1), въпрьвьзлѣгании (!) *Зогр* (1)] πρωτοκλισία возлежание на почётном месте (*за столом*) ležení na předním místě (*u stolu*): о не любити пръвовъзлѣгании *Мар 77а 1* (въпрьвьзлѣгании ! *вм.* пръвовьзлѣгании) *Зогр 130а 16.— Ср.* прьвовъзлеженiе, прѣдъстолиѥ, прѣдьнь (прѣдьниѥ мѣсто), прѣдъсѣданиѥ, прѣждевъзлѣганиѥ

ПРЬВОЗЬДАНЪ, -ъıи *прил.* (1) πρωτόπλαστος первозданный prvostvořený: въ истинѫ пръвозъданааго • овчѧте погыбъшааго възискатъ грѧдетъ оубо *Супр 459, 23.— Ср.* прьвосътворенъ

ПРЬВОМѪЧЕНИКЪ, -а *м* (4) [пръвом(ч)к- *Ас* (1), прьвом(ч)к- *Сав* (1)] πρωτομάρτυς первомученик prvomučedník: с⟨вѧ⟩таго пръвом⟨ѫ⟩ч⟨ени⟩ка архидиѣкона стеф⟨а⟩на *Ас 135б 7; Сав 144а 4.— Супр 208, 28; 209, 8-9*

ПРЬВОМѪЧЕНИЦА, -ѧ *ж* (4) [пръвом(ч)ц- *Ас* (1), провом(ч)ниц- (!) *Ен* (1)] ἡ πρωτομάρτυς первомученица prvomučednice: б⟨о⟩гозванаѣ пръвомѫченица ѣви сѧ • и пръвомѫченица въ женахъ *Ен 36а 6 и 7.— Ас 121а 19; Ен 36а 1*

ПРЬВОРОДЬЦЬ, -а *м* (1) πρωτότοκος первородный сын, первенец prvorozený syn, prvorozenec: бывшоу прьвородьцоу въ мрьтвыихъ *Супр 498, 24.— Ср.* прьвѣньць

ПРЬВОСЪТВОРѤНЪ, -ъıи *прил.* (1) πρόγονος первозданный prvostvořený: ѡ разбоиниче... пръвостворенааго отврьзы (! *вм.* твръждии) *Клоц 11б 14.— Ср.* прьвозьданъ

ПРЬВОѤ *нареч.* (26) [пръв- *Ас* (1) *Евх* (3) *Клоц* (1) *Супр* (8)] πρῶτον, τὸ πρῶτον, πρότερον, τὸ πρότερον, πρῶτος (!) во-первых, прежде всего, в начале, сначала, сперва nejprve, nejdříve, napřed, zpočátku: вськъ чл⟨овѣ⟩къ доброе вино пръвое подаетъ *И 2, 10 Ас* (прѣжде *Зогр Мар*) ◆ **прьвоѥ сътворѥныи** πρωτόπλαστος первозданный prvostvořený: прьвоѥ сътвореноуоумоу адамоу поновьѥниѥ *Супр 315, 2.— Ас Евх Клоц Супр.— Ср.* запрьва, искони, испрьва, прьвъ (въ прьвоѥ), прьвѣѥ, прѣжде

ПРЬВЪ, -ъıи *числит. и прил., сравн. ст.* прьвѣи [пръв- *Зогр Мар Ас Сав Боян Син Евх Клоц Супр*, привъ (!) *Зогр-лл* (1)] (>100) I. *числит. порядковое* πρῶτος, ὁ πρῶτος, ὁ ὕστερος (!), ἐπικάλυμμα (!), ἤδη (!); (прьвыи правьдьникъ πρωτοδίκαιος) первый první: скинии же съвръши сѧ пръваѣ • въ неиже свѣтилникъ и трапеза *Евр 9, 2 Ен*; авьлъ... пръвыи правьдникъ • пастоухъ христосовъ *Супр 460, 13* □ **прьваꙗ сѫбота, прьваꙗ сѫботѣ, прьваꙗ сѫботъ** μία σαββάτου, μία σαββάτων первый день недели (*т. е.* воскресенье) první den týdne (*tj.* neděle): свитаѭшти въ пръвѫѭ сѫботѫ *Мт 28, 1 Зогр Мар*, въ пръвѫ сѫботѫ *Сав*, въ пръвѫѭ сѫботъ *Ас*; пс⟨а⟩ломъ въ пръвѫ сѫботѣ *Пс 23, 1 Син*; **прьвыи зълъ** ὁ ἀρχέκακος первопричина, виновник зла původce zla: ни тѣмь довьлѣнь бы • осквръненимъ врагъ • и прьвыи зълъ сотона *Супр 522, 1*; **прьвыи съвѣтьникъ** πρωτοσύμβουλος первый советник první rádce: амемоур'мниѭ же нарицаѭтъ кнѧза сьвѣтъ ихъ • тъ бо и прьвъи сьвѣтьникъ нарицаѥтъ сѧ *Супр 56, 9*; **въ прьвоѥ, въ прьвѫѭ мѣрѫ** ἐν προοιμίῳ во-первых, прежде всего nejprve, především: онъ же въпрьвоѥ вьземъ въжьженѫ свѣштѫ *Супр 25, 19-20*; в(ъ п)ръвѫѭ м(ѣрѫ) *Рыл 4аа 7* II. *прил.* **1.** πρότερος, προτεραῖος, ὁ πρίν, ὁ ἔμποσθεν первоначальный, первичный, предшествующий prvotní, dřívější, předchozí: исправьѭ въ прьвыи образъ *Супр 469, 10*; югъ • топлѣ вьзвѣꙗвъ помрьзъшаѧ воды • на прьвоѥ ѥстьство водьноѥ приводитъ *Супр 349, 7* ● ἀρχαῖος, παλαιός, ὁ ἐξ ἀρχῆς древний starý, dávný: дѣло велико... пръвыими с⟨вѧ⟩тыими мѫжи онѣми оуправило сѧ *Супр 371, 8* □ **дьнь прьвыи сѫботѣ** προσάββατον день перед субботой den před sobotou: въ дьни пръвыѩ соботѣ *Пс 92, 1 Син*; **прьвѣи кого быти** πρῶτος τινὸς εἶναι предшествовать *кому-л.* být dříve *než někdo jiný*: грѧдꙑ по мнѣ прѣдъ мъноѭ бꙑстъ • ѣко пръвѣи мене бѣ *И 1, 15 Зогр Ас* (∅ *Мар*) **2.** πρῶτος первый, главный, важнейший první, přední, nejvýznamnější: савинъ... вь то врѣмѧ сы • поуста града пръвыи блага рода сы *Супр 145, 9*; каѣ естъ заповѣдь пръвѣиши вьсѣхъ *Мк 12, 28 Ас*, прьваѣ *Зогр*, пръва *Мар.— Зогр Мар Ас Сав Боян Ен Син Евх Клоц Супр Рыл Зогр-лл.— Ср.* ветъхъ, древьнь, прѣдьнь, прѣждьнь, старъ

ПРЬВѢНЬЦЬ, -а *м* (17) [пръв- *Зогр* (1) *Мар* (1) *Ас* (2) *Боян* (1) *Ен* (1) *Син* (5) *Евх* (1) *Клоц* (1)] πρωτότοκος, πρωτότοκον первенец prvorozenec: егда же пакы въводитъ пръвѣньца въ въселенѫѭ • г⟨лаго⟩летъ *Евр 1, 6 Ен.— Зогр Мар Ас Сав Боян Ен Син Евх Клоц Супр.— Ср.* прьвородьць

ПРЬВѢѤ *нареч.* (49) [пръв- *Зогр* (8) *Мар* (10) *Ас* (3) *Син* (2) *Евх* (4) *Клоц* (2)] **1.** πρῶτον, τὸ πρῶτον, τὸ πρότερον раньше, прежде, сначала dříve, napřed, předtím: остани да прьвѣе насытѧтъ сѧ чѧда *Мк 7,*

27 *Зогр Мар* ● *с род. в знач. предлога* πρό, πρῶτός τινος перед před: **ѡ оукрѣпльшиимь ны • прьвѣе съконьчаниѣ • оугодити прѣдъ г⟨оспо⟩демь** *Евх 61а 13* □ **прьвѣѥ вьчерашьнıаѥго** πρὸ τῆς χθές позавчера předevčírem: **прьвѣѥ вьчерашьнıааго владыка на крьстѣ бѣаше... такожде и сии прьвѣѥ вьчерашьнıааго • подъ грѣхомъ дръжими бѣахѫ** *Супр 495, 10 и 12* **2.** πρῶτον, πρῶτος (!) прежде всего, раньше всего nejprve, nejdříve: **въ ньже домъ вьнидете колижьдо • прьвѣе г⟨лаго⟩лите • миръ домоу семоу** *Л 10, 5 Зогр Мар* □ **прьвѣѥ оучинити** προανατάσσεσθαι поставить на первое место, оказать предпочтение, предпочесть postavit na první místo, dát přednost: **ѣште не прьвѣе оучиненимь** (! *вм.* **оучинѭ**) **і[н]⟨ероуса⟩л⟨и⟩ма • ѣко въ начѧло веселиѣ моего** *Пс 136, 6 Син* **3.** πρῶτον впервые poprvé: **прьвѣе на жрѣбьци • отъ відъфагиѩ • въторицеѭ на облацѣхъ въ н⟨е⟩б⟨е⟩се** *Клоц 16 3* (**прѣжде** *Супр 326, 25*) ◆ **прьвѣѥ даже не** *см.* **даже**.— *Зогр Мар Ас Сав Син Евх Клоц Супр*.— *Ср.* **прьвок, прьвъ, въ прьвок, прѣдъ, прѣжде**

ПРЬСИ, -**ии** *ж мн.* (23) [**пръс-** *Зогр* (4) *Мар* (3) *Ас* (3) *Ен* (1)] τὸ στῆθος, τὰ στήθη, στέρνον грудь, перси prsa, hrud': **приѥметъ бо тѧ припадаѭщіа • приемы тѧ на пръси възлегша** *Ен 36б 10*.— *Зогр Мар Ас Сав Ен Супр*

прьста *Мт 12, 20 Сав см.* **прътъ**

ПРЬСТЕНЬ, -**е** (?) *м* (4) [**пръс-** *Зогр* (1) *Мар* (1) *Ас* (1)] δακτύλιος кольцо, перстень prsten: **дадите пръстень на рѫкѫ его** *Л 15, 22 Зогр Мар Ас Сав*

ПРЬСТЪ, -**а** *м* (49) [**пръс-** *Зогр* (3) *Мар* (8) *Ас* (5) *Охр* (2) *Боян* (1) *Син* (1) *Евх* (5) *Супр* (7)] δάκτυλος; (**прьсты отъсѣкати** δακτυλοκοπεῖν) палец, перст prst: **аште не... вълож(ж) пръста моего въ ѣзвѫ гвоздиинѫѭ** *И 20, 25 Мар Ас*, **пръстъ** *Охр*, **прь стъ** (!) *Супр 500, 9* (∅ *Зогр*); **повелѣша вльсви пръсты кмоу отъсѣкати обоѩ** *Супр 268, 3-4*.— *Зогр Мар Ас Сав Охр Боян Син Евх Супр*

ПРЬСТЬ, -**и** *ж* (10) [**пръс-** *Син* (7)] χοῦς, γῆ, κόνις земля, пыль, прах, персть prsť, hlína, prach: **ѣко съмѣри сѧ въ пръсть д⟨оу⟩ша наша** *Пс 43, 26 Син* ● *перен.*: **прими града молѧшта сѧ твоки прьсти** *Супр 512, 30*.— *Пс 7, 6 Син; 21, 16 Син; 29, 10 Син; 71, 9 Син; 101, 15 Син; 102, 14 Син; 103, 29 Син; Супр 108, 24*.— *Ср.* **землıа, прахъ**

ПРЬСТЬНЪ, -**ыи** *прил.* (1) *греч. нет* из земли, из праха hliněný, z hlíny, z prachu, z prsti, *перен.* земной, тленный pozemský: **къ прьстьноуоумоу тѣлеси своѥмоу припрѧглъ бѣаше** *Супр 569, 12*

ПРѢ *предлог с твор.* (1) πρό перед, пред před: **милость і рѣснота прѣдьидете прѣ лицемь твоимь** *Пс 88, 15 Син*.— *Ср.* **прѣдъ**

ПРѢБИВАТИ, -**аѭ**, -**аѥши** *несов.* (2) καταγνύναι, κατακλάνειν ломать, переламывать přelamovat, přerážet: **кгда же имъ прѣбиваахѫ голѣни • прѣдаахѫ д⟨оу⟩шѧ своѩ** *Супр 80, 2*.— *Супр 79, 24*

ПРѢБИТИ, -**биѭ**, -**биѥши** *сов.* (21) καταγνύναι сломать, переломать přelomit, přerazit: **не прѣбишѧ ѥмоу голѣнию** *И 19, 33 Зогр Мар Ас* (3) *Сав Боян*.— *И 19, 31 Зогр Мар Ас* (3) *Сав Боян; И 19, 32 Зогр Мар Ас* (3) *Сав Боян*

ПРѢБЛАГЪ, -**ыи** *прил.* (1) πανάγαθος очень добрый předobrý: **вл⟨ады⟩ко прѣблагы** *Евх 13а 16*.— *Ср.* **прѣдобръ**

ПРѢБЛАЖЕНЪ, -**ыи** *прил.* (1) ἀνδρειότατος, *вар.* γενναῖος блаженный, преблагой nejblahoslavenější: **прѣблаженыи... мѫченикъ** *Супр 100, 17*.— *Ср.* **блаженъ, блажьнъ**

ПРѢБРАТИ, -**борѭ**, -**бориши** *сов.* (3) καταγωνίζεσθαι, καταπαλαίειν одолеть, осилить, побороть přemoci: **дрѣвомъ прѣбра адам(а) диıаволъ** *Супр 489, 18*.— *Супр 489, 5; 489, 7*.— *Ср.* **побѣдити, прѣдолѣти, прѣмощи, прѣодолѣти**

ПРѢБЫВАНИѤ, -**иıа** *с* (2) **1.** *греч. нет* пребывание, нахождение, существование přebývání, život, žití: **по мнозѣхъ же лѣтѣхъ прѣбываньıа има въкоупѣ** *Супр 548, 4* **2.** παραμονή настойчивость vytrvalost: **того ради и радоуѭтъ сѧ и чоудѧтъ сѧ • и вьс толико прѣбываник • приѥмьѭтъ отъданик** *Супр 446, 3*.— *Ср.* **житик, прѣтрьпѣник, сътрьпѣник, трьпѣник**

ПРѢБЫВАТИ, -**аѭ**, -**аѥши** *несов.* (>100) [**прѣбъваетъ** (!) *Ас* (1)] μένειν, παραμένειν **1.** αὐλίζεσθαι, παρατυγχάνειν, γίγνεσθαι (!), ἡσυχάζειν (!) находиться *где-л.*, пребывать, оставаться, жить přebývat, být, žít, bydlit: **въ томьже домоу прѣбываите** *Л 10, 7 Зогр Мар* **2.** προσμένειν, ἐπιμένειν, ἐμμένειν, διαμένειν, προσκαρτερεῖν, προσκαρτερῶν εἶναι, διάγειν, διατελεῖν, περιεῖναι, εἶναι, ἐπιμαίνεσθαι (!); (**прѣбывати съ цѣмь** συμπαραμένειν) оставаться, пребывать (*в течение какого-то времени*) zůstávat, trvat, setrvávat: **б⟨ог⟩ъ любы естъ • ижъ прѣбываетъ въ любъви • въ б⟨о⟩зѣ прѣбываетъ • и б⟨ог⟩ъ в немъ прѣбываетъ** *1 И 4, 16 Ен* ● *с прич. наст. вр.* быть, пребывать постоянно (*о состоянии, деяниях*) stále dělat *něco*, stále být *nějakým*: **тако мѫчиши • и прѣбывааши биѩ** *Супр 50, 6*; **онъ же прѣбываше зълѫ волѫ імы** *Клоц 8а 2*, **прѣбывааше въ зьлѣ оумѣ** *Супр 420, 6* ▭ **прѣбываѩи** *в знач. прил.* μένων постоянный trvalý: **не имамъ бо сьде прѣбываѭща града** *Евр 13, 14 Ен*.— *Зогр*

Мар Ас Сав Боян Ен Син Евх Клоц Супр.— Ср. витати, жити

ПРѢБЫТИ, -бѫдѫ, -бѫдеши *сов.* (>100) [прѣбы(с) *Зогр* (1) *Ас* (4), прѣбѫде(т) *Ас* (1) *Евх* (1)] **1.** μένειν, διαμένειν; (прѣбыти съ чимь συμπαραμένειν) остаться, пробыть *где-л.* žít, být (*nějakou dobu*), pobýt: молѣахѫ i да би прѣбылъ оу ни҇хъ • ι прѣбыстъ тоу дъва дьни *И 4, 40 Зогр Мар Ас* ● чьто διάγειν пробыть, провести strávit, přečkat: и како прѣбы ноштъ онѫ възѫ стоꙗвъ врьхоу леда *Супр 265, 5* **2.** μένειν, ἐμμένειν, ἐπιμένειν, διαμένειν, προσμένειν, καταμένειν, διατελεῖν, καρτερεῖν, παραγίγνεσθαι, ποιεῖν (!), φυλάσσειν (!), *вар.* τηρεῖσθαι (!) остаться, пробыть (*в течение какого-л. времени*) zůstat: за ѩе аште въ содомѣхъ • бишѧ силы былы • бывъшѧѩ въ тебѣ • прѣбылы бышѧ • до дьнесън҇ѣаго д҄не *Мт 11, 23 Зогр*, прѣбылъ бѫ *Мар*; вы же есте прѣбывъшеи съ мноѭ • въ напастехъ моихъ *Л 22, 28 Зогр Мар* ● *с прич. наст. вр.* быть, пребывать постоянно (*о состоянии, деяниях*) stále dělat *něco*, stále být *nějaký*: прѣбѫдѣмы оубо бѫдѫште • не сьпѧште *Супр 439, 8* **3.** διαγίγνεσθαι пройти uplynout: многоу же часоу прѣбывъшоу *Супр 118, 27.— Зогр Мар Ас Сав Ен Син Евх Супр*

ПРѢВЕЛИКЪ, -ꙑи *прил.* (9) ὑπερβάλλων, μέγιστος, ἀνυπέρθετος очень большой, громадный, огромный převeliký, velmi veliký: звѣрь прѣвеликъ *Супр 558, 25*; съ прѣвеликомь веселиимъ *Супр 446, 8* ● ὑπὲρ δύναμιν очень сильный silný, mocný: онъ же прѣвеликомъ гласомъ въз҄пивъ рече *Супр 117, 26* ▭ прѣвеликоѥ *в знач. сущ. греч. нет* величие, могущество velikost, mohutnost: вида прѣвеликоѥ дѣла *Супр 560, 13.— Супр 427, 13; 485, 2-3; 520, 29; 522, 13; 563, 12-13.— Ср.* болии, вѧщии

ПРѢВЕСТИ[1], -ведѫ, -ведеши *сов.* (2) μεθέλκεσθαι перевести převést; *перен.*: отъ небытиꙗ въ бытиѥ прѣведꙑи вьсѣчьскаꙗ *Супр 535, 15.— Супр 335, 14.— Ср.* провести

ПРѢВЕСТИ[2], -везѫ, -везеши *сов.* (1) φέρειν перевезти převézt: и въскладъше тѣлеса свѧтꙑихъ прѣвезошѧ ѩ на брѣгъ рѣкꙑ *Супр 80, 13*

ПРѢВИТАТИ, -аѭ, -аѥши *сов.* (1) μεταναστεύεσθαι переселиться, перенестись přestěhovat se: прѣвитаі по горамъ ѣко птица *Пс 10, 1 Син.— Ср.* въселити (въселити сѧ), обитати, привитати

ПРѢВИТИ, -виѭ, -виѥши *сов.* (1) *греч. нет* спеленать, завернуть zahalit, ovinout: прѣвивъ сѧ плащаницеѭ *Евх 46б 20* (приемъ лентии *И 13, 4 Мар Зогр Ас Сав*).— *Ср.* обити[2], повити

прѣвлѣщи *Пс 9, 30 Син см.* привлѣщи

ПРѢВРАТИТИ, -вращѫ, -вратиши *сов.* (7) [правра- *Син* (2)] **1.** μεταστρέφειν, μεταπείθειν, ἐξιστάναι (καὶ ποιεῖν) превратить *что-л. во что-л.* obrátit *něco v něco* (*jiného*), změnit: прѣврати водꙑ ихъ вь кровъ • ι избі рꙑбꙑ іхъ *Пс 104, 29 Син; Пс 77, 44 Син* ● μεταβάλλειν употребить použít (*k jinému účelu*): хꙑтро отъ насъ (! *вм.* хꙑтрость на) съпасъ прѣвративъ *Супр 437, 14* **2.** прѣвратити сѧ μεταστρέφεσθαι повернуться (*в другую сторону*) obrátit se (*na jinou stranu, jiným směrem*): правратишѧ сѧ въ лѫкъ (! *вм.* лѫкъ) развраштенъ *Пс 77, 57 Син.— Пс 104, 25 Син; Супр 7, 21; 111, 10.— Ср.* възвратити, обратити, положити, прѣложити, прѣтворити, съвратити, сътворити

ПРѢВРАЩАТИ, -щаѭ, -щаѥши *несов.* (3) **1.** μεταστρέφειν поворачивать (*в другую сторону, в другом направлении*) obracet (*na jinou stranu, jiným směrem*): око оубо... тѣмь видѣниимъ тамо сѧ влѣчетъ • и срьдьчьнꙑи оумъ • и прѣвраштаатъ тамо *Супр 343, 7* ▭ прѣвращати сѧ μετατίθεσθαι опрокидываться, низвергаться převracet se, obracet se (*vzhůru nohama*): егда съмѫщаетъ сѧ землѣ • прѣвращаѭтъ сѧ горꙑ въ ср⟨ъ⟩д⟨ь⟩ца морьскаѣ *Ен 26б 7-8* (прѣлагаѭтъ сѧ *Пс 45, 3 Син*) **2.** прѣвращати сѧ συντρέπεσθαι превращаться měnit se: в҄сѣкъ демонъ нечистꙑ... съ врѣменемь етеромь • прѣвращаѩ сѧ *Евх 54а 24.— Ср.* обращати, прѣлагати, прѣмѣнꙗти сѧ, прѣобразовати сѧ, прѣтварꙗти сѧ

ПРѢВРѢДИТИ, -врѣждѫ, -врѣдиши *сов.* въ чемь (2) ἀδικεῖν преступить, нарушить (*закон, правило*), провиниться *перед чем-л.* prohřešit se *proti něčemu*, přestoupit (*zákon, příkaz*): ι не прѣврѣдіхомъ въ завѣтѣ твоемъ *Пс 43, 18 Син*; ні прѣврѣждѫ въ рѣснотѣ моеі *Пс 88, 34 Син.— Ср.* прѣгрѣшити

ПРѢВЪЗВЬРѢТИ, -възвьрѭ, -възвьриши *сов.* (1) ὑπερζεῖν вскипеть překypět, převřít: *перен.*: прѣвъзвьрѣвъ ꙗростиѭ *Супр 88, 28.— Ср.* въжещи (въжещи сѧ чимь)

ПРѢВЪЗИТИ, -идѫ, -идеши *сов./несов.* (3) ὑπεραίρειν, ὑπερβαίνειν превысить/превышать překročit/překračovat; *перен.*: ѣко беззаконьѣ моѣ прѣвьзидѫ главѫ моѭ *Пс 37, 5 Син; Евх 76а 10*; каꙗ бо польза рьци ми • лихо потрѣбꙑ надꙑмати сѧ • и довльствꙋ прѣвьзидѫштоу *Супр 494, 20-21.— Ср.* прѣити, прѣминѫти

ПРѢВЪЗНЕСТИ СѦ, -несѫ сѧ, -несеши сѧ *сов.* (2) [прѣвьзнетъ сѧ (!) *Син* (1)] ὑπεραίρεσθαι, ὑπερυψοῦσθαι возвыситься, превознестись vyvýšit se, povznést se: тꙑ г⟨оспод⟩ь... ѕѣло прѣвьзнесе сѧ надо вьсѣмі б⟨о⟩гы *Пс 96, 9 Син.— Пс 71, 16 Син.— Ср.* **възнести (възнести сѧ)**

ПРѢВЪЗНОСИТИ СѦ, -ношѫ сѧ, -носиши сѧ *несов.* (1) ὑπερυψοῦσθαι кичиться, превозноситься, возвышаться vypínat se, povyšovat se, pyšnit se: **видѣхъ нечьстиваего прѣвьзносьѩща сѧ и высьѩща сѧ ꙗко кедры ливаньскыѩ** *Пс 36, 35 Син.— Ср.* **възносити (възносити сѧ), высити (высити сѧ)**

прѣвъспрънь *Пс 103, 13 Син см.* **прѣвыспрьнь**

ПРѢВЪСХОДИТИ, -хождѫ, -ходиши *несов.* (1) *греч. нет* превосходить předčit, překonávat, převyšovat: **по большек въздръжаникѫ сѧ блаженыи анина • прѣвъсходѧштек своего оучителꙗ** *Супр 548, 5-6*

ПРѢВЫСПРЬНЬ, -нии *прил.* (2) [**прѣвъспрь-** (!) *Син* (1)]: **прѣвыспрьнꙗ(ꙗ)** τὰ ὑπερῷα поднебесье, небесная высота nebeské výšiny: **пропинаѩи неба ꙗко кожѫ • покрываѩ водамі прѣвыспрънѣ его** *Пс 103, 2 Син.— Пс 103, 13 Син.— Ср.* **выспрьнь, вышьнь, прѣвышии, прѣвышьнь**

ПРѢВЫШЕ *нареч. и предлог* (3) I. *нареч.* ὑπεράνω выше всего, на самом верху, превыше nejvýše, nahoře: **положішѧ знаменіѣ своѣ знаменіѣ і не познашѧ • ꙗко въ ісходъ прѣвыше** *Пс 73, 5 Син* II. *предлог с род.* ὑπεράνω над, выше nad: **прѣвыше же еѩ херовимъ славѣ** *Евр 9, 5 Ен.— Пс 8, 2 Син.— Ср.* **выше**

ПРѢВЫШИИ *прил.* (1) ὁ ὑπεράνω превосходящий převyšující: **тебе ради сы прѣвышьи небесъ • придохъ на земьѭ и подъ землеѭ** *Супр 469, 1.— Ср.* **выспрьнь, вышьнь, прѣвыспрьнь, прѣвышьнь**

ПРѢВЫШЬНЬ, -нии *прил.* (5) *греч. нет* всевышний (*о боге*) nejvyšší: **і доведи мѧ о⟨ть⟩ца твоего прѣвышънѣаго** *Евх 36б 3-4* ● ὁ ὑπεράνω превосходящий převyšující: **съ прѣісподьними • прѣвышънии н⟨е⟩б⟨е⟩съ** *Клоц 13а 11; Супр 449, 14.— Евх 43б 3-4; Супр 112, 23-24.— Ср.* **выспрьнь, вышьнь, прѣвыспрьнь, прѣвышии**

прѣвьзнетъ сѧ (!) *Пс 71, 16 Син см.* **прѣвъзнести сѧ**

ПРѢВѢСА, -ы *ж* (1) καταπέτασμα завеса opona: **виждѫ... прѣвѣсѫ раздиракмѫ** *Супр 437, 27.— Ср.* **катапетазма, опона**

ПРѢВѢЧЬНЪ, -ын *прил.* (3) προαιώνιος, πρὸ αἰώνων предвечный předvěký: **і на р(ѫ)коу приѩтъ прѣвѣчънаго б⟨ог⟩а** *Клоц 1а 32* (**вѣкомь творьца** *Супр 326, 10*).— *Клоц 1а 40; Супр 461, 3-4*

ПРѢГРАДИТИ, -граждѫ, -градиши *сов.* (1) περικλείειν огородить ohradit: **оуиторъ (!) же бѣаше прѣградилъ много мѣсто • многамъ хлѣвинамъ • и великамъ** *Супр 204, 26-27.— Ср.* **оградити, остѣнити**

ПРѢГРѢШЕНИѤ, -нꙗ *с* (16) παράπτωμα, πλημμέλεια, πλημμέλημα, πταῖσμα, ἁμάρτημα, κακία, ἀδικία вина, проступок, грех, прегрешение provinění, poklesek, hřích: **аште ли вы не отъпоустите • ни о⟨ть⟩ць вашь нсп⟨с⟩с⟨ьс⟩кы • отъпоуститъ прѣгрѣшены вашихъ** *Мк 11, 26 Зогр*, **прѣгрѣшении** *Мар*; **отъпоуштати прѣгрѣшениѣ • дроугъ дроугоу** *Евх 96 24-25.— Зогр Мар Ас Сав Син Евх.— Ср.* **безаконик, вина, грѣхъ, законопрѣстѫплкник, прѣстѫплкник, съгрѣшеник**

ПРѢГРѢШИТИ, -шѫ, -шиши *сов.* (3) πλημμελεῖν провиниться, согрешить provinit se, prohřešit se: **і ненавидѧщии праведьнаего прѣгрѣшѧтъ** *Пс 33, 22 Син.— Пс 33, 23 Син; 118, 67 Син.— Ср.* **виновьнъ (виновьнъ быти), грѣхъ (грѣхъ сътворити), прѣврѣдити, съгрѣшити**

ПРѢГЫБАТИ, -аѭ, -акши *несов.* (3): прѣгыбати колѣнѣ τιθέναι τὰ γόνατα становиться на колени, преклонять колени klekat: **і прѣгыбаѭште колѣна • поклаꙗахѫ емоу** *Мк 15, 19 Зогр Мар Ас* (*нет Сав*).— *Ср.* **падати (падати на колѣноу), покланꙗти (покланꙗти колѣнѣ), прѣкланꙗти (прѣкланꙗти колѣнѣ)**

ПРѢГЫНИ *или* **ПРѢГЫНꙖ** (?), -ѩ *ж* (1) ἄγριον (ὄρος) дикий горный край divoká horská krajina: **кстъ же въ прѣгынѣхъ мѣсто то • и вь непрѣходънынхъ горахъ** *Супр 26, 19*

ПРѢГѪДЬНИЦА, -ѧ *ж* (1) ψαλτήριον псалтырь (*музыкальный инструмент*) psalterium: **съкоупи і.. прѣгѫдьницѫ красънѫ** *Евх 94а 19.— Ср.* **гѫсли, псалътырь**

ПРѢДАВЬНИКЪ, -а *м* (2) προδότης предатель zrádce: **июда прѣдавникъ** *Супр 410, 20; 410, 22-23.— Ср.* **прѣданьникъ, прѣдатель, прѣдати (прѣдавъи, прѣдадъи), прѣдаꙗти (прѣдаѩи)**

ПРѢДАДИТЕЛЮВЪ *прил.* (2) τοῦ προδότου предательский, предателя *род.* zrádcův: **да навыкнемь разньствье • прѣдадітелево** *Клоц 5б 38-39.— Клоц 3а 30*

ПРѢДАНИѤ, -нꙗ *с* (21) 1. παράδοσις учение, традиция podání, tradice: **добрѣ отъметаате сѧ заповѣди б⟨о⟩жиѩ • да прѣдание ваше съблюдете** *Мк 7, 9 Мар* (**прѣдаание** *Зогр*); **блюдѣте еда къто вы естъ крадоводѧи прѣмѫдростиѭ и тъщеѭ лестиѭ • по прѣданию чл⟨овѣ⟩чю** *Хил 2аа 8* (*Кол 2, 8*) 2. παράδοσις, πρᾶσις, προδοσία предательство zaprodání: **вѣдѣ г⟨оспод⟩і връховьнѣаго ап⟨осто⟩ла твоего петра прослъзивъша сѧ горьцѣ • на прѣ(да)нии твоемь** *Служ 1б 13-14* ● τὸ παραδοθῆναι предательство (*о том, кого предали*) vydání: **по прѣданиі же іоановѣ • приде н⟨соу⟩с⟨ъ⟩**

въ галилеѭ *Мк 1, 14 Зогр Мар* **3.** ἱερουργία жертвование obětování: прѣдавъи сѧ насъ ради • ı животъ вѣчьнъı • даѩ намъ • прѣданиемь своимь *Евх 63б 6-7.— Зогр Мар Служ Евх Клоц Супр Хил.— Ср.* прѣдаꙗние

ПРѢДАНЬНИКЪ, -*а м* (1) προδότης предатель zrádce: ꙗко прѣданника разбоиника тати • толикоу доброу съподоби *Супр 409, 21.— Ср.* прѣдавьникъ, прѣдатель, прѣдати (прѣдавъıи, прѣдадъıи), прѣдаꙗти (прѣдаꙗи)

ПРѢДАТЕЛЬ, -*лꙗ м* (2) προδότης предатель zrádce: ı июдѫ ıскариотьскааго • ıже быс⟨тъ⟩ ı прѣдатель *Л 6, 16 Зогр Мар.— Ср.* прѣдавьникъ, прѣданьникъ, прѣдати (прѣдавъıи, прѣдадъıи), прѣдаꙗти (прѣдаꙗи)

ПРѢДАТИ, -*дамь, -даси сов.* (>300) [(п)рѣдастъ *Боян* (1), прѣд(а)шѧ *Зогр* (1), прѣда.. *Ен* (1), п.. бѫ.. *Син* (1), прѣ(дадет) *Рыл* (1)] **1.** чьто комоу; въ чьто παραδιδόναι, ἐκδιδόναι, διδόναι отдать, передать odevzdat, dát, předat: чашѫ... прѣда оученикомъ своимъ *Евх 46б 13* (дастъ *Мт 26, 27 Зогр Мар Ас Сав; Мк 14, 23 Зогр Мар*); ı прѣдастъ ѥмоу слав(ѫ) ѥдиного б⟨о⟩ж⟨ь⟩ства *Служ 1б 16* ● προστιθέναι прибавить, добавить dodat, přidat: просите же прѣжде ц⟨ѣса⟩р⟨ь⟩ствиꙗ б⟨о⟩жиꙗ • и правьдъı ѥго • и се все прѣдастъ сѧ вамъ *Мт 6, 33 Сав* (приложѧтъ *Зогр*, приложѧтъ сѧ *Мар Ас*) ● παρατίθεσθαι, παρακατατίθεσθαι, παραδιδόναι, πιστεύειν доверить, вверить svěřit, poručit: г⟨оспод⟩и • д҃ талан'тъ ми ѥси прѣдалъ *Мт 25, 20 Зогр Мар Сав* (ѥси далъ *Ас*); пооучивъ ѧ словесъı многъı... прѣдастъ • прѣштедроуоумоу богоу *Супр 208, 8*; съчинити и писанью прѣдати • ꙗже отъ чловѣка б⟨о⟩жиꙗ аннина *Супр 543, 20* ● παραδιδόναι установить, ввести zavést, ustanovit: приде пасха доуховьнаꙗ ѭже прѣда тъгда *Супр 419, 13* (прѣдаѣше *Клоц 7б 17*) **2.** кого, чьто комоу, чесомоу; въ чьто; на чьто παραδιδόναι, προδιδόναι, διδόναι, ἀξιοῦν, ἀναιρεῖν (!) отдать, передать, предать vydat, dát (*do něčí moci*): да не прѣдастъ тебе сѫпьрь сѫдиı *Мт 5, 25 Зогр Мар*; ı прѣдадѧтъ ı на порѫганиѥ ꙗз⟨ъı⟩к⟨о⟩мъ *Мт 20, 19 Мар* (Ø *Зогр*); с⟨ъı⟩нъ бо ч⟨ловѣчь⟩скъı ıматъ прѣдати сѧ • въ рѫцѣ ч⟨ловѣчь⟩сцѣ *Л 9, 44 Зогр Мар*; не прѣдажди ѥго г⟨оспод⟩ı поношенью безоумьнъıмъ *Евх 27б 9* ● кого комоу παραδιδόναι, προδιδόναι предать, выдать zradit: отъ толи ıскааше подобьна врѣмене • да ı прѣдастъ *Мт 26, 16 Зогр Мар Ас Сав*; горе же чл⟨о⟩в⟨ѣ⟩коу томоу ıмьже с⟨ъı⟩нъ ч⟨ловѣчь⟩скъ прѣдастъ сѧ *Мт 26, 24 Мар Сав*, прѣданъ бѫдетъ *Зогр Ас* □ прѣдати доушѫ, доухъ διδόναι τὸ πνεῦμα, παραδιδόναι τὸ πνεῦμα, τὴν ψυχὴν ἀποδιδόναι, ἐναποδιδόναι, παραπέμπειν, ἀπορρηγνύναι, ἐκδημεῖν испустить дух, умереть vypustit duši, zemřít: ı прѣклонь главѫ прѣдастъ д⟨оу⟩хъ *И 19, 30 Зогр Мар Ас* (2) *Сав Боян*; и тъ мѫчимъ тоу прѣдастъ доушѫ *Супр 196, 23*; прѣдати животъ προΐεσθαι τὴν ζωήν пожертвовать жизнью, отдать жизнь *за кого-л., за что-л.* obětovat se, vydat všanc svůj život, duši *za někoho, něco*: мъı же за приꙗзнь истоваааго ц⟨ѣса⟩рѣ • живота сего не прѣдамъ ли *Супр 91, 14* □ прѣдавъıи, прѣдадъıи *в знач. сущ.* προδότης, ὁ παραδούς, ὁ προδούς, ὁ προδιδούς предатель zrádce: нъ паче прольсꙁи сѧ • і въздъхни • не прѣданаѥго ради • нъ прѣдавъшаго ради *Клоц 3б 1-2; Супр 405, 26*; ꙗко не гонезнетъ прѣдадъıи *Супр 412, 21* □ прѣдати сѧ комоу, чесомоу ἐκδιδόναι ἑαυτόν, προδιδόναι ἑαυτόν предаться *чему-л.*, перейти (*на чью-л. сторону*) oddat se *něčemu*: отъвръгосте сѧ вл⟨а⟩д⟨ъı⟩къı х⟨рист⟩а • и сами сѧ диꙗволоу прѣдасте *Супр 107, 17*; и како таковѣи прѣльсти... прѣдасте сѧ *Супр 175, 26* ● камо πηγνύναι отправиться *куда-л.* vydat se *někam*: а тъı листвиимъ закръıвъ очи си • вьсь сѧ тамо прѣда *Супр 335, 12* **2.** πωλεῖν, πιπράσκειν продать prodat: се естъ кръвь моѣ • ѡ ıюдо ѭже прѣдалъ еси на ѣ҃хъ • сърѣбрьницѣхъ *Клоц 7б 25.— Зогр Мар Ас Сав Боян Зогр-пал Ен Син Служ Евх Клоц Супр Рыл.— Ср.* въдати, дати, положити, продати; прѣдавъıи *ср.* прѣдавьникъ, прѣданьникъ, прѣдатель, прѣдаꙗти (прѣдаꙗи)

ПРѢДАꙖНИѤ, -*ниꙗ с* (15) [прѣдаа- *Зогр* (7) *Мар* (4) *Супр* (4)] **1.** παράδοσις предание, традиция podání, tradice: ı разористе законъ б⟨о⟩жиı • за прѣдааниѥ ваше *Мт 15, 6 Зогр* (прѣданиѥ *Мар*) **2.** προδοσία предательство, измена zrada: почто ли лобьзаниıмъ прѣдааниѥ твориши *Супр 426, 3.— Мт 15, 2 Зогр Мар; Мк 7, 3 Зогр Мар; Мк 7, 5 Зогр Мар; Мк 7, 8 Зогр; Мк 7, 9 Зогр; Мк 7, 13 Зогр Мар; Супр 414, 27; 415, 18-19; 426, 16.— Ср.* прѣданиѥ

ПРѢДАꙖТИ, -*даѭ, -даѥши несов.* (76) **1.** чьто комоу; въ чьто παραδιδόναι отдавать, передавать odevzdávat, dávat, předávat: самъ бо тъ владъıка х⟨ристо⟩с⟨ъ⟩ • въ инѣхъ словесехъ • своимъ оученикомъ прѣдаѩ глагола'ше *Супр 358, 2* ● παρατίθεσθαι отдавать, доверять, вверять svěřovat: вь твоѭ мил⟨о⟩сть прѣдаѭ азъ мое ср⟨ъдь⟩це *Евх 72б 19* ● παραδιδόναι устанавливать zavádět, ustanovovat: бѣ пасха иоудѣиска иногда • нъ разорена бъıстъ • наиде бо д⟨оу⟩ховьнаѣ • ѭже прѣдаѣше і⟨соу⟩с⟨ъ⟩ *Клоц 7б 17* (прѣда *Супр 419, 13*) **2.** кого чесомоу; въ чьто; на чьто παραδιδόναι, ὑποβάλλειν отдавать, передавать vydávat, dávat (*do něčí moci*):

егда же прѣдадѧтъ вы • не пцѣте сѧ како ли что възглаголете *Мт 10, 19 Мар* (прѣдадѧтъ *Зогр*, ведоми бѫдете *Ас*); възложѧтъ на вы рѫкы своѩ • і жденѫтъ прѣдаѭще на сънъмишта • і въ тьмьницѧ *Л 21, 12 Зогр Мар Ас Сав*; с⟨ы⟩нъ ч⟨ловѣчь⟩скы прѣдаетъ сѧ на распѧтие *Мт 26, 2 Зогр* (прѣданъ бѫдетъ *Мар Ас* (2) *Сав*); повелѣ... неповинноуѭштаѧ же сѧ горькамъ и различьнамъ мѫкамъ прѣдаіати *Супр 255, 9* ● παραδιδόναι, προδιδόναι, προδοσίαν ἐπιχειρεῖν предавать, выдавать zrazovat: вѣдѣаше же іюда іже і прѣдаше мѣсто *И 18, 2 Зогр*, прѣдааше *Мар Сав* (*нет Ас*); горе же ч⟨ловѣ⟩коу томоу • імьже с⟨ы⟩нъ ч⟨ловѣчь⟩скы прѣдаетъ сѧ *Мк 14, 21 Зогр*, прѣдаатъ сѧ *Мар* □ прѣдаіати дѹшѫ ἀποδιδόναι τὴν ψυχήν испускать дух, умирать vypouštět duši, umírat: егда же имъ прѣбиваахѫ голѣни • прѣдаахѫ д⟨оу⟩шѧ своѧ *Супр 80, 3* □ прѣдаіаи *в знач. сущ.* προδότης, ὁ παραδιδούς предатель zrádce: ωбаче се рѫка прѣдаѭштааго мѧ • съ мноѭ есть на трепезѣ *Л 22, 21 Зогр Мар* □ прѣдаіати сѧ ἑαυτὸν παραδιδόναι жертвовать собой, отдавать жизнь *за кого-л.* obětovat se, obětovat život *za někoho*: се самъ сѧ прѣдаѭ *Клоц 5а 29-30; Супр 413, 25.— Зогр Мар Ас Сав Боян Евх Клоц Супр Рыл.*— прѣдаіаи *Ср.* прѣдавьникъ, прѣданьникъ, прѣдатеꙗь, прѣдати (прѣдавъıи)

прѣделѣвати *Супр 399, 2 см.* прѣдолѣвати

ПРѢДИ *нареч.* (23) [прѣд *Ас* (1)] *греч. нет* спереди vpředu: нщ⟨и⟩ в пѧ⟨тъ⟩к⟨ъ⟩ велік⟨ъ⟩ прѣди *Ас 104ва 14*, прѣд *Ас 103ба 18* ● ἔμπροσθεν, εἰς τὸ ἔμπροσθεν вперед kupředu: і се рекъ ідѣаше прѣди *Л 19, 28 Зогр Мар* ◆ прѣди быти *см.* быти; прѣди вести *см.* вести; прѣди видѣти *см.* видѣти; прѣди зьрѣти *см.* зьрѣти; прѣди ити *см.* ити; прѣди лежати *см.* лежати; прѣди малъ *см.* малъ; прѣди полагати *см.* полагати; прѣди положити *см.* положити; прѣди поставити *см.* поставити; прѣди принести *см.* принести; прѣди стоіати *см.* стоіати; прѣди тещи *см.* тещи.— *Зогр Мар Ас Син Супр*

прѣдо *Син см.* прѣдъ

ПРѢДОБРО *нареч.* (1) ὑπερκάλως отлично, превосходно předobře, velmi dobře: іспл'ънеи в'се съмотрение • прѣдобро *Евх 63а 20.— Ср.* добро

ПРѢДОБРЪ, -ъıи *прил.* (2) καλλίνικος превосходный, доблестный předobrý, vynikající: прѣдобрии мѫченици *Супр 57, 19-20.— Супр 545, 22.— Ср.* добръ, прѣблагъ

ПРѢДОЛѢВАТИ, ПРѢДЕЛѢВАТИ, -ваѭ, -ваѥши чесомоу (2) [прѣдо- *Супр* (1), прѣде- *Супр* (1)] νικᾶν, μαίνεσθαι (!) преодолевать, побеждать zdolávat, přemáhat, vítězit: ѥлико бо прѣдолѣваатъ оумоу *Супр 338, 17-18.— Супр 399, 2.— Ср.* побѣждати, съделѣвати

ПРѢДОЛѢНИѤ, -ніа *с* (1) *греч. нет* преодоление, победа zdolání, přemožení, vítězství: нъ они обаче срамыѭтъ сѧ глаголати • нъ мы срамомъ тѣхъ самѣхъ ихъ прѣдолѣние обличим' *Супр 402, 25.— Ср.* одолѣние, побытъ, побѣда, побѣждение

ПРѢДОЛѢТИ, -ѣѭ, -ѣѥши *сов.* комоу, чесомоу (7) νικᾶν, περιγίγνεσθαι, καινοποιεῖν (!), κινεῖν (!) преодолеть, победить zdolat, přemoci, zvítězit: ї иже на нь мѫчилъ томоу прѣдолѣ *Супр 328, 4.— Супр 241, 6; 332, 20; 336, 19-20; 399, 1-2; 490, 12; 525, 26.— Ср.* одолѣти, побѣдити, прѣбрати, прѣмощи, прѣодолѣти, прѣпьрѣти, съдолѣти

ПРѢДРАГЪ, -ъıи *прил.* (1) pretiosus дорогой, драгоценный předrahý, drahocenný: тѣлесе свѧтаго і прѣдрагъıѩ кръве напльнені вълитиѣ *Киев 2а 5-6.— Ср.* бецѣньнъ, мъногоцѣньнъ

прѣдрадахъ *Супр 475, 29 см.* прѣстрадати

ПРѢДРЬЖАТИ, -жѫ, -жиши *несов.* (3) [прѣдръ- *Супр* (3)] ἀναιρεῖσθαι владеть, держать (*власть*) в своих руках držet, mít v moci: прѣдръжаштоуоумоу власть вьсеꙗенъıѩ *Супр 492, 1* ◆ прѣдрьжати санъ, старѣишиньство τάξιν ἐπέχειν, ἀρχὰς διανύειν занимать должность zastávat úřad: имѫшти съ собоѭ братоу-чада самьчиѩ санъ прѣдръжашта *Супр 297, 30*; и старѣишинъства многа градънаіа прѣдръжавъ *Супр 281, 3.— Ср.* дрьжати, одрьжати

ПРѢДЪ *предлог* (>500) [прѣдь *Зогр* (6) *Мар* (1) *Ас* (15) *Син* (4) *Супр* (11), прѣд' *Супр* (1), прѣд *Мар* (1) *Ас* (5) *Ен* (1) *Син* (1) *Супр* (2), прѣдо *Син* (6), прдъ *Мар* (1), прѣ(д) *Ас* (1) *Ен* (1) *Евх* (8)] **А.** *с вин.* ἔμπροσθεν, ἐνώπιον, πρό, ἐπί, εἰς **1.** *при указании объекта, к лицевой стороне которого направлено действие, движение* перед, пред před *с вин.*: ишьдъшю же емоу прѣдъ врата *Мт 26, 71 Сав 112б 2-3* (въ врата *Зогр Мар Ас, Сав 98а 16*); кадило приносимъ прѣдъ тѧ г⟨оспод⟩і *Евх 42а 8* **2.** *при указании отрезка времени, раньше которого совершается действие (очень редко)* перед před *с твор.*: нед⟨ѣліа⟩ прѣдъ въздвигъ кр⟨ъ⟩ста *Ен 30а 2-3* (прѣжде въздвиг⟨а⟩ *Ас 117а 3*)

Б. *с тв.* πρό, ἔμπροσθεν, ἐνώπιον, κατενώπιον, ἔναντι, ἀπέναντι, κατέναντι, ἐναντίον, κατεναντίον, ἐξ ἐναντίας, ἐπί, παρά, κατά, κατὰ πρόσωπον, πρός, ὑπό, ἐν, εἰς, παρουσίᾳ, παρόντος; in conspectu

1. *при указании объекта, по лицевую сторону которого происходит действие* перед, пред před *с тв.*: петръ же стоꙗ прѣдъ вратꙑ вънѣ *И 18, 16 Сав* (при дьверехъ *Зогр Мар Ас*); прѣдъ нимь течааше (погыбѣль) *Хил 1аβ 25* ● *при указании объекта, к лицевой стороне которого направлено движение, действие* перед, пред před *с вин.*: поставꙗтъ ѣ прѣдъ олътаремь *Евх 9а 21*; подоба ти бѣ положити сьребро мое прѣдъ продаꙗштнимн *Супр 377, 8* (въдати... тръжьникомъ *Мт 25, 27 Зогр Мар Ас Сав*) **2.** *при указании лица, по отношению к которому совершается действие* перед, у před *с тв.*, u: трьплѭ имꙗ твое ѣко благо прѣдъ прѣ(по)д⟨обь⟩нꙑми твоими *Пс 51, 11 Син*; иже отъвръжетъ сѧ мене прѣдъ ч⟨ловѣ⟩кꙑ • отъвръгѫ сѧ и азъ его прѣдъ о⟨ть⟩цемь моимь *Мт 10, 33 Зогр Мар Ас Сав* **3.** *при указании отрезка времени, раньше которого совершается действие* перед, до před *с тв.*: въ сѫб⟨отѫ⟩ прѣдъ въздвигомь кр⟨ь⟩ста *Сав 127а 5* ♦ ити прѣдъ *см.* ити; пасти прѣдъ *см.* пасти; привести прѣдъ *см.* привести; стати прѣдъ *см.* стати; ходити прѣдъ *см.* ходити; прѣдъ вѣкꙑ *см.* вѣкъ; прѣдъ лица *и* лицемь *см.* лице; прѣдъ симь малъ *см.* малъ; прѣдъ народомь *см.* народъ.— *Зогр Мар Ас Сав Охр Боян Ен Син Киев Евх Клоц Супр Хил*

прѣдъ *Л 12, 49 Зогр см.* прити

ПРѢДЪБОРЬНИКЪ, -а *м* (1) πρόμαχος борец на переднем крае bojovník v přední řadě: самъ придохъ антоупате прѣдъ тѧ • прѣдъборникъ бꙑвъ дроужинѣ своеи *Супр 99, 27-28*

ПРѢДЪВАРИТИ, -рѭ, -риши *сов.* (1) προφθάνειν опередить, обогнать předejít, předběhnout: текъ инѣмь пѫтьмь прѣдъвари цѣсара *Супр 194, 5-6*.— *Ср.* варити[1], прѣдъити

ПРѢДЪВАРꙖТИ, -ꙗѭ, -ꙗеши *несов.* прѣдъ чимь (1) προηγεῖσθαι предшествовать, опережать, обгонять předcházet, předbíhat: ꙗкоже цвѣтьцъ прѣдъварꙗѭтъ прѣдъ овоштемъ *Супр 284, 22*.— *Ср.* варꙗти

ПРѢДЪВЕСТИ, -ведѫ, -ведеши *сов.* (1) προάγειν привести předvést, přivést: и на оутрꙑꙗ повелѣ анѳоупатъ с⟨вѧ⟩тааго прѣдъвести къ елиспонтъскоуоумоу островоу *Супр 116, 30*.— *Ср.* привести, прѣдъставити

ПРѢДЪДВОРИѤ, -ꙗ *с* (2) προαύλιον передний двор předdvoří: и изиде вънъ на прѣдъдворие *Мк 14, 68 Зогр Мар*.— *Ср.* приградъ

ПРѢДЪЗЪВАНИѤ, -ꙗ *с* (1) πρωτοκλισία (!) почетное, заблаговременное приглашение přednostní pozvání: вънемлѣте ѡтъ кънижьникъ... любѧщиихъ... прѣдъзъванѣ на вечерѣхъ *Л 20, 46 Ас* (прѣждезъваньѣ *Зогр Мар Сав*).— *Ср.* прѣждезъвание

ПРѢДЪЗЬРѢТИ, -рѭ, -риши *несов.* (4) [прѣдъзър- *Ен* (2), прѣдъзр- *Ен* (2)] προορᾶσθαι видеть пред собой vidět před sebou: прѣдъзърѣхъ г⟨оспод⟩ѣ *Ен 35а 5; 76 4; 28б 12; 35б 6* (прѣдизърѣхъ *Пс 15, 8 Син*).— *Ср.* зьрѣти (прѣди зьрѣти)

ПРѢДЪИЗВОДИТИ, -вождѫ, -водиши *несов.* (1): прѣдъизводити съвѣдѣтельство μαρτυρίαν προφέρειν свидетельствовать vydávat svědectví: прѣдьизводитъ съвѣдѣтельства творѧштимъ *Супр 330, 30*.— *Ср.* въздаꙗти (въздаꙗти слово), съвѣдѣтельствовати

ПРѢДЪИТИ, -идѫ, -идеши *сов./несов.* прѣдъ цѣмь, чимь (12) [прѣдь- *Зогр* (2) *Мар* (1) *Син* (1)] προπορεύεσθαι, προέρχεσθαι пойти *перед кем-л.* předejít *před někým*: и тъ прѣдьидетъ прѣдь нимь *Л 1, 17 Зогр*, прѣдьидетъ *Мар Ас* ● *несов.* προάγειν идти впереди, предшествовать jít, kráčet napřed, vpředu: и прѣдь идѫштеи • прѣштаахѫ емоу *Л 18, 39 Зогр Мар*, прѣдъ идѫщии *Ас*.— *Л 1, 76 Зогр Мар Ас; Пс 88, 15 Син; Супр 111, 14; 117, 9*.— *Ср.* прѣдъварити, ити (прѣди ити), прѣдъходити

прѣдъкнѫти *Евх 85а 12 см.* прѣтъкнѫти

ПРѢДЪЛАГАТИ, -гаѭ, -гаеши *несов.* чьто комоу; прѣдъ чимь (6) [прѣдь- *Син* (1)] παρατιθέναι, παρατίθεσθαι ставить, класть *что-л. перед кем-л.*, предлагать *что-л. кому-л.* předkládat, přinášet, dávat: и даꙗше оученикомъ своимъ да прѣдълагаѭтъ • и положишѧ (*т. е.* хлѣбъ) прѣдъ народомъ *Мк 8, 6 Мар* (прѣдьполагаѭтъ *Зогр*) ● *перен.*: не прѣдьлагахъ прѣдъ очима моима • вешти законопрѣстѫпьнꙑ *Пс 100, 3 Син* ● προβάλλεσθαι приписывать podkládat, přičítat: не прѣдълагаи ми змиинъ оумꙑшлꙗи *Супр 102, 8*.— *Л 10, 8 Зогр Мар; Супр 87, 15-16*.— *Ср.* полагати, прѣдъполагати

ПРѢДЪЛЕЖАТИ, -лежѫ, -лежиши *несов.* прѣдъ цѣмь; комоу, чесомоу (18) [прѣдь- *Служ* (1) *Супр* (1)] **1**. προκεῖσθαι находиться *перед кем-л., чем-л.* ležet, být *před někým, něčím*: посъли д⟨оу⟩хъ твои с⟨вѧ⟩тꙑ на нꙑ • (и) на прѣдьлежѧщѧѩ дарꙑ сиѩ *Служ 3а 7* **2.** προκεῖσθαι быть предназначенным, предопределённым být předem určen: (ѧти с)ѧ за прѣдъл(ежѧщее оупъван)ие *Евр 6, 18 Ен*; кд'но отъ двою прѣдълежитъ вамъ *Супр 70, 2* ▭ прѣдълежѧи *в знач. прил.* ὁ προκείμενος соответствующий, этот příslušný, tento: много же оубо и вънѣшьнихъ вештии искоушение на прѣдълежѧштии разоумъ польꙃевати намъ мошти имати *Зогр-лл 2а 9-10*;

п р ѣ д ъ л е ж ѧ щ е к *в знач. сущ.* τὸ προκείμενον это (дело) (tato) věc: потрѣбьнѣ намъ оуташнꙗти прѣдълежѧштее *Зогр-лл 1б 7.— Ен Служ Клоц Супр Зогр-лл.— Ср.* прѣстоꙗти (прѣстоѧщеѥ), лежати (прѣди лежати)

ПРѢДЪЛОЖЕНИѤ, -нꙗ *с* (11) [прѣдлож- *Ен* (1) *Служ* (1), прѣдьлож- *Рыл* (1)] **1.** πρόθεσις приношение předložení (*о жертвоприношении хлебом*): како вьниде въ храмъ б⟨о⟩жии... ι хлѣбы прѣдъложениѣ сънѣстъ *Мк 2, 26 Зогр Мар Ас* (хлѣбы прѣдъложеныѧ *Сав*); *Мт 12, 4 Зогр Мар; Л 6, 4 Зогр Мар Ас*; скинии же съвръши сѧ пръваѣ • въ ненже свѣтилникъ и трапеза • и прѣдложение хлѣбомъ *Евр 9, 2 Ен*; мол⟨итва⟩ с⟨вѧ⟩таг⟨о⟩ васил⟨иѣ⟩ прѣдложенью хлѣб⟨а⟩ *Служ 2б 1* **2.** πρόθεσις намерение, побуждение, усилие předsevzetí, úsilí: оунылъ прѣдьложеньемь • слабъ волеѭ *Рыл 2аа 13-14*

ПРѢДЪЛОЖИТИ, -жѫ, -жиши *сов.* кого, чьто комоу; прѣдъ цѣмь (18) [прѣдь- *Супр* (1), прѣд'- *Супр* (1), прѣлож- (!) *Евх* (1)] παρατιθέναι, προτιθέναι поставить, положить *что-л. перед кем-л.* položit *před někoho*, předložit: хлѣбъ прѣд'ложивше молꙗахѫ и въкоусити *Супр 523, 23* ● *перен.*: инѫ притъчѫ прѣдъложи имъ *Мт 13, 31 Зогр Мар* ● προκεῖσθαι (!) предложить на выбор navrhnout, dát na vybranou: кд'но отъ двоꙗго прѣдъложимъ вамъ *Супр 73, 24* ● *греч. нет* поставить на первое место, предпочесть postavit na první místo, dát přednost: обаче тѣхъ молитвы • въ многаго мѣсто мирьскааго оученꙗ прѣдъложивъ *Супр 534, 16-17* ● προτίθεσθαι видеть перед собой mít *někoho* na zřeteli: не прѣд⟨ъ⟩ложишѧ б⟨ог⟩а прѣд⟨ъ⟩ собоѭ *Евх 77б 8* (по⟨ло⟩жишѧ *Пс 53, 5 Син*) ▭ п р ѣ д ъ л о ж е н ы и *в знач. прил.* τῆς προθέσεως предназначенный (*в жертву*) určený (*k oběti*): хлѣбы прѣдъложеныѧ ꙗстъ *Мк 2, 26 Сав* (прѣдъложениѣ *Зогр Мар Ас*) ▭ п р ѣ д ъ л о ж и т и с ѧ προτιθέναι ἑαυτόν пожертвовать собой obětovat se: г⟨оспод⟩ι б⟨о⟩же нашъ • прѣдъложен сѧ самъ • агнець непороченъ • за животъ в'сего мира *Служ 2б 3.— Зогр Мар Сав Син Служ Евх Супр.— Ср.* положити

ПРѢДЪПЛЪЧЬНЪ, -ыи *прил.* (1) ὁ ἐπὶ παρατάξεως (!) сражающийся на переднем крае bojující vpředu, v přední řadě: подражививъ борьца прѣдъпльчьныѧ • ции въ прьвѣѥмь штитѣ падъшаго • абиѥ напльнѣатъ тръкъ *Супр 93, 27*

ПРѢДЪПОКАЗАТИ, -кажѫ, -кажеши *сов.* (1) προδεικνύναι заранее указать předem ukázat: памѧть... състроимъ • прѣдъпоказавъше вьсѣмъ • ꙗкоже начрьтании мѫжь сихъ мѫжьства *Супр 83, 5-6*

ПРѢДЪПОЛАГАТИ, -аѭ, -аиши *несов.* (1) παρατιθέναι предлагать *что-л. кому-л.* předkládat: ι даѣше оученикомъ своимъ да прѣдьполагаѭтъ (*т. е.* хлѣбъ) *Мк 8, 6 Зогр* (да прѣдълагаѭтъ *Мар*).— *Ср.* полагати, прѣдълагати

ПРѢДЪПОСТАВИТИ, -влѭ, -виши *сов.* (1) προσφέρειν подать, предложить (*о еде*) předložit (*k jídlu*): коуп'но же и кльнъı сѧ • не вьстати прѣжде отъ земьѧ • аште прѣжде не обѣштаатъ сѧ • прѣдъпоставькнѣыихъ въкоусити *Супр 524, 16-17.— Ср.* положити, поставити, прѣдъложити, прѣдъставити

ПРѢДЪПОСЪЛАТИ, -лѭ, -лиши *сов.* (1) προπέμπειν послать вперёд poslat napřed: акы нѣкого съла и застѫпьника • къ вышънюоумоу цѣсароу оучителꙗ своѥго • прѣдьпосълавъ *Супр 273, 22-23.— Ср.* посълати (прѣди посълати)

ПРѢДЪПЬСАНИѤ, -нꙗ *с* (1) ὑπογραμμός пример, образец příklad, vzor: си оубо кротъко подъѩтъ же и пострада • намъ прѣдъѱаньѥ подаѩ *Супр 482, 3.— Ср.* образъ

ПРѢДЪРЕЧЕНЪ, -ыи *прич.-прил.* (1) προαγορευθείς (выше)упомянутый dříve řečený: въ дьни бо прѣдъреченааго крьстиꙗнааго цѣсара костантина *Супр 186, 15-16.— Ср.* прѣжденареченъ, прѣждереченъ

ПРѢДЪСТАВИТИ, -влѭ, -виши *сов.* кого, чьто комоу (5) παριστάναι поставить *кого-л. перед кем-л.*, привести *кого-л. к кому-л.* postavit *někoho před někoho*, předvést, přivést: повелѣ блаженааго кодрата прѣдъставити кмоу *Супр 112, 28* ● παρατιθέναι дать, подать, предложить předložit: прѣдъставивъ ки водѫ и хлѣбъ *Супр 516, 1-2.— Супр 105, 10; 111, 6-7; 524, 9-10.— Ср.* положити, поставити, прѣдъвести, прѣдъложити, прѣдъпоставити

ПРѢДЪСТАТИ, -станѫ, -станеши *сов.* прѣдъ цѣмь, чимь (5) παρίστασθαι предстать, встать *перед кем-л., чем-л.* postavit se *před někoho, něco*, předstoupit: прѣдъста ц⟨ѣса⟩р⟨и⟩ца о десноѭ тебе *Пс 44, 10 Син; Ен 26а 10*; аг'гелъ г⟨осподь⟩нь прѣдъста прѣдъ нѥѭ *Супр 3, 3.— Супр 102, 28; 117, 23.— Ср.* прѣстати, стати (прѣди стати)

ПРѢДЪСТОЛИѤ, -нꙗ *с* (1) προεδρία почётное место за столом přední místo u stolu: и дроугъ дроуга порѥк • поташте сѧ троуждаѭште сѧ • прѣдъ сѫдиꙗми многаш'ди • прѣдъстолиꙗ съподобиꙗкми *Супр 431, 12.— Ср.* прьвовъзлежениѥ, прьвовъзлѣганиѥ, прѣдьнѣ (прѣдьнѥѥ мѣсто), прѣдъсѣданиѥ, прѣждевъзлѣганиѥ

ПРѢДЪСТОꙖТИ, -стоѭ, -стоиши *несов.* комоу, чесомоу (11) [прѣдь- *Зогр* (1) *Супр* (1)] παρίστασθαι стоять *перед кем-л., чем-л.*, присутствовать stát *před někým, něčím*, být přítomen: се бо х⟨ристо⟩с⟨ъ⟩ прѣдъстоитъ помагаѩ тебѣ *Супр 80, 1* ● προκεῖσθαι ждать *кого-л., чего-л.*, предстоять *кому-л.* očekávat *někoho, něco*: богатоу и оубогоуоумоу та жде трепеза прѣдъстоитъ *Супр 491, 29-30* □ прѣдъстоѩ, -ѩи *в знач. прил.* παρεστώς, περιεστώς, ὁ σὺν αὐτῷ ὤν присутствующий přítomný: і прѣдьстоѩштимъ рече *Л 19, 24 Зогр*, прѣдъстоѩштиимъ *Мар* (прѣстоѩщиимъ *Ас*) ● παρεστώς превосходный, отличающийся vynikající: роуфинъ кто прѣдъстоѩ • въ риторьстѣи хытрости *Супр 138, 9* ● προκείμενος предстоящий, приготовленный nadcházející, připravený: тако възможемъ съ дръзновеньемь • насладіти сѧ • прѣдъстоѩштѩѩ трапезы *Клоц 96, 14.— Супр 8, 22-23; 13, 27; 108, 26; 114, 3-4; 492, 3.— Ср.* прѣстоѩти, стоѩти (прѣди стоѩти)

ПРѢДЪСѢДАНИѤ, -ниꙗ *с* (9) [прѣдь- *Зогр* (1)] πρωτοκλισία, πρωτοκαθεδρία почётное место, сидение на почётном месте přední místo, sezení na předním místě: любѧште цѣлованьѣ на тръжиштихъ • і прѣдьсѣданиѣ на сънъмиштихъ *Л 20, 46 Зогр*, прѣдъсѣданиѣ *Мар Ас* (*нет Сав*).— *Л 11, 43 Зогр Мар; Л 14, 7 Зогр Мар Ас Сав.— Ср.* прьвовъзлежениѥ, прьвовъзлѣганиѥ, прѣдъстолиѥ, прѣдьнь (прѣдьнѥѥ мѣсто), прѣждевъзлѣганиѥ

ПРѢДЪСѢСТИ, -сѧдѫ, -сѧдеши *сов.* (3) [прѣдь- *Супр* (1)] προκαθίζειν занять первое место zaujmout přední místo: бывъшоу же таковоуоумоу дьни • вь ньже прѣдъсѣдъ анѳупатъ въ народѣ *Супр 99, 3-4.— Супр 46, 17; 258, 20*

ПРѢДЪТЕЩИ, -текѫ, -течеши *сов.* (3) [прѣдь- *Супр* (1), прѣд- *Ас* (1)] προτρέχειν, προστρέχειν опередить, обогнать, побежать впереди předběhnout, rozběhnout se kupředu: и прѣдтекъ възлѣзе на соукомариѭ *Л 19, 4 Ас* (прѣди текъ *Зогр Мар*).— *Супр 467, 25; Хил 1ба 3.— Ср.* тещи (прѣди тещи)

ПРѢДЪТЕЧА, -ѧ *м* (7) [прѣ(д̄)теч- *Евх* (1), прѣ(д̄)ч- *Служ* (1), пр(д̄)ч- *Ас* (4)] πρόδρομος предтеча (*о Иоанне Крестителе*) předchůdce (*o Janu Křtiteli*): (о) с⟨вѧ⟩тѣмь иоанѣ прѣд⟨ъте⟩чи *Служ 3б 11.— Ас 114бβ 29; 142б 21; 147б 6; 152а 28; Евх 3а 1; Супр 461, 10-11*

ПРѢДЪХОДИТИ, -хождѫ, -ходиши *несов.* (2) [прѣдь- *Зогр* (1)] προάγειν идти впереди, предшествовать předcházet, jít napřed: і прѣдьходѧштеі • і въ слѣдъ ходѧштеі *Мк 11, 9 Зогр*, прѣдъ ходѧште *Мар.— Ср.* прѣдъити

прѣдь *предлог Зогр Мар Ас Син Супр см.* прѣдъ

прѣдь- *см.* прѣдъ-

ПРѢДЬНЬ, -ни *прил.* (10) [прѣд нима (!) *Супр* (1)] πρῶτος, ὁ ἔμπροσθεν передний, первый přední, první: і се сѫтъ послѣдьнии иже бѫдѫтъ прѣдьнии • и сѫтъ прѣдьнии • іже бѫдѫтъ послѣдьнии *Л 13, 30 Мар* (∅ *Зогр*); нъ не възираи въспѧть • нъ въ прѣдьнѣа подвигни сѧ *Евх 84б 6*; и изломи ногѫ прѣдьнѭѭ *Супр 218, 4* ◆ прѣдьнѥѥ мѣсто πρωτοκλισία почётное место přední místo: не сѧди на прѣдьниимь мѣстѣ *Л 14, 8 Зогр Мар*, прѣдьниим *Ас Сав.— Мт 20, 27 Мар; Супр 558, 28.— Ср.* прьвъ; прѣдьнѥѥ мѣсто *ср.* прьвовъзлежениѥ, прьвовъзлѣганиѥ, прѣдъстолиѥ, прѣдъсѣданиѥ, прѣждевъзлѣганиѥ

ПРѢДЬРАТИ, -дерѫ, -дереши *сов.* (2) σχίζειν разорвать přetrhnout, roztrhnout: не прѣдерѣмъ его • нъ метѣмъ жрѣбиꙗ о нь *И 19, 24 Зогр Мар.— Ср.* протръгнѫти, прѣтръгнѫти, раздьрати

прѣдѣдъ *Евх 17б 20-21; 93б 13 см.* прадѣдъ

ПРѢДѢЛЪ, -а *м* (48) **1.** ὅριον, διορία, ὅρος граница, предел hranice, mez: прѣдѣлъ положи егоже не прѣідѫтъ *Пс 103, 9 Син* **2.** τὰ ὅρια, περίχωρος территория, край, предел (*устар.*) území, končina, kraj: приде въ море галилеіское • междю прѣдѣлы • декапельскы *Мк 7, 31 Зогр Мар Ас Сав Боян*; отъ прѣдѣла сракиньска *Супр 566, 22* ● κλῆρος огороженное место vymezený prostor: аще посъпите мюждю (! *вм.* междю) прѣдѣлы *Пс 67, 14 Син.— Зогр Мар Ас Сав Боян Син Клоц Супр.— Ср.* коньць, краи, область, страна, оуставъ

прѣдѣти *см.* прѣдѣꙗти

ПРѢДѢꙖТИ, -дѣѭ, -дѣѥши *несов.* комоу (1) ὑποσκελίζειν мешать *кому-л.* zabraňovat, překážet: въскръсні г⟨оспод⟩і варі ꙗ прѣдѣ-і-мъ *Пс 16, 13 Син.— Ср.* възбраниꙗти

ПРѢЖАСАТИ, -саѭ, -саѥши *несов.* (1) ἐκπλήσσειν ошеломлять uvádět v úžas: прѣжасаѥтъ мѧ дѣло • дѣлитъ ми сѧ оумъ *Супр 343, 29.— Ср.* дивъ (дивъ творити)

ПРѢЖДЕ *нареч. и предлог* (>300) **I.** *нареч. времени* πρῶτον, τὸ πρῶτον, πρότερον, τὸ πρότερον, πρώην, πάλαι, τὸ πρίν, πρὸ τοῦ *с инф.*, προ-, πρῶτος (!); (и прѣжде ἤδη; пожьреныи прѣжде ὁ πρωτόθυτος; създаныи прѣжде πρωτόπλαστος) прежде, сначала; давно dříve, napřed, dávno: вь себѣ бо землꙗ плодитъ сѧ • прѣжде трѣвѫ по томь же класъ *Мк 4, 28 Зогр Мар*; іштѣте же прѣжде ц⟨ѣса⟩р⟨ь⟩ствиѣ б⟨о⟩жиѣ • і правъды его *Мт 6, 33 Зогр Ас Сав* (паче *Мар*) □ аще прѣжде не *см.* аще; прѣжде да не *см.* да; прѣжде даже, прѣжде даже не *см.* даже; прѣжде доньдеже *см.* доньдеже; прѣжде малы *см.* малы; прѣжде быти *см.* быти, прѣждебывыи, прѣждесыи; прѣжде варити *см.* варити;

прѣжде въпиꙗти *см.* въпиꙗти; прѣжде въспѣти *см.* въспѣти; прѣжде вѣдѣти *см.* вѣдѣти; прѣжде казати *см.* казати; прѣжде минѫти *см.* минѫти; прѣжде нарещи (прѣжде нареченъ) *см.* прѣжденареченъ; прѣжде пещи сѧ *см.* пещи сѧ; прѣжде повѣдовати *см.* повѣдовати; прѣжде поѹчати сѧ *см.* поѹчати сѧ; прѣжде почити *см.* почити; прѣжде прити *см.* прити; прѣжде прогласити *см.* прогласити; прѣжде проповѣдати *см.* проповѣдати; прѣжде прѧтати *см.* прѧтати; прѣжде пьсати *см.* пьсати; прѣжде рещи *см.* рещи, прѣждереченъ; прѣжде свѧщенъ *см.* прѣждесвѧщенъ; прѣжде съвѣщати *см.* съвѣщати; прѣжде ѹсънѫти *см.* ѹсънѫти II. *предлог с род.; при указании факта или отрезка времени, раньше которого совершается действие* πρό, πρῶτον, πρίν; (ѹмьръıи прѣжде вьсѣхъ πρωτογέννητος (!) πάντων) перед *с твор.*, прежде, до před *с твор.*: б⟨ог⟩ъ же цѣсарь нашь прѣжде вѣка *Пс 73, 12 Син*, прѣжде вѣкъ *Ен 32а 8 и 33а 6*; сѫб⟨ота⟩ прѣжде въздвига • кр⟨ь⟩стоѹ *Ас 116бβ 20.— Зогр Мар Ас Сав Охр Унд Боян Ен Син Евх Клоц Супр Хил.— Ср.* древлѥ, иногда, прьвоѥ, прьвѣѥ, прѣди, прѣдъ

ПРѢЖДЕБЫВЪ, -ыи *прич.-прил.* (2) *греч. нет* предшествующий, минувший, прежний předešlý, dřívější: они же отъвѣштавъше ѥмоѹ рѣшѧ • подобьна прѣжде бывъшихъ аѳинеи *Супр 540, 14-15.— Супр 564, 29.— Ср.* древл҃ьнь, прѣждьн҃ь

ПРѢЖДЕВЪЗЛѢГАНИѤ, -ꙗ *с* (1) πρωτοκλισία возлежание на почётном месте (*за столом*) ležení na předním místě (*u stolu*): люблѧтъ же прѣждевъзлѣганиѣ на вечерѣхъ *Мт 23, 6 Мар* (възлѣганиѣ *Ас*, Ø *Зогр*).— *Ср.* прьвовъзлежениѥ, прьвовъзлѣганиѥ, прѣдъстолиѥ, прѣдъсѣданиѥ, прѣдьн҃ь (прѣдьниѥ мѣсто)

ПРѢЖДЕЗЪВАНИѤ, -ꙗ *с* (4) πρωτοκλισία (!) почётное, заблаговременное приглашение přednostní pozvání: люблѧште... прѣждезъваньѣ на обѣдѣхъ *Л 20, 46 Зогр Мар Сав* (прѣдьзьваниѣ *Ас*).— *Супр 339, 20-21.— Ср.* прѣдъзъваниѥ

ПРѢЖДЕНАРЕЧЕНЪ, -ыи *прич.-прил.* (5) προειρημένος, προρρηθείς, προλεχθείς вышеназванный, вышеупомянутый dříve, výše řečený, shora zmíněný: иже абиѥ пришедъ • въ прѣжденареченыи градъ срѣмъ *Супр 196, 28-29.— Супр 514, 22-23; 518, 1; 554, 29; 565, 3.— Ср.* нарещи (нареченъ), прѣдъреченъ, прѣждереченъ

ПРѢЖДЕРЕЧЕНЪ, -ыи *прич.-прил.* (5) 1. προειρημένος, προρρηθείς вышеназванный, вышеупомянутый dříve, výše řečený, shora zmíněný: обѣщавающимъ сѧ хранити • в'сѣ прѣжде реченаа *Евх 91а 13* 2. προειρημένος предсказанный, пророческий předpověděný, prorokovaný: ребра прободена бываѭтъ христова • да и прѣжде реченаа станѫтъ *Супр 483, 1.— Супр 196, 1; 209, 5; 209, 13.— Ср.* нарещи (нареченъ), прѣдъреченъ, прѣжденареченъ, рещи (реченъ)

ПРѢЖДЕСВѦЩЕНЪ, -ыи *прич.-прил.* (2) [прѣждесвѧ(щ)н- *Евх* (2)] *греч. нет спец.* преждеосвящённый předposvěcený: ѡ дарѣ прѣждесвѧщ⟨е⟩нѣмь • честънааго тѣла • и кръве г⟨оспод⟩а нашего *Евх 9б 10.— Евх 11б 3*

ПРѢЖДЕСЫ, -ыи *прич.-прил.* (2) *греч. нет* существовавший прежде (*изначально*) jsoucí dříve (*od počátku*): ї⟨со⟩съ х⟨ристос⟩а • сѫштааго и прѣждесѫштааго прѣжде вѣкъ *Супр 163, 27.— Супр 165, 4-5*

ПРѢЖДЕСѢДАНИѤ, -ꙗ *с* (4) πρωτοκαθεδρία почётное место přední místo: люблѧтъ же прѣждевъзлѣганиѣ на вечерѣхъ • і прѣждесѣданиѣ на сонъмиштихъ *Мт 23, 6 Мар Ас* (Ø *Зогр*).— *Мк 12, 39 Зогр Мар.— Ср.* прѣдъсѣданиѥ, прѣдьн҃ь (прѣдьниѥ мѣсто)

ПРѢЖДЬНИКЪ, -а *м* (2) πρῳρεύς помощник рулевого pomocník kormidelníka: твои старѣишина ѥстъ диꙗволъ • кръмникъ змиꙗ • а каинъ прѣждъникъ *Супр 400, 8.— Супр 400, 11*

ПРѢЖДЬН҃Ь, -н҃ии *прил.* (2) ὁ πάλαι прежний, предшествующий, более старый, древний dřívější, předchozí, starší, někdejší: въздвигни мѧ г⟨оспод⟩і из глѫбины зълъ моихъ • ѣко древльнѣаго блѫдьна • і ѣко прѣждьнѣаго разбоиника *Евх 79а 2.— Супр 438, 11-12.— Ср.* древл҃ьнь, прьвъ, прѣждебывъ

ПРѢЗОРЬНО *нареч.* (1) ὑπερηφάνως высокомерно, надменно, гордо přezíravě, zpupně, pyšně: не жродьно и прѣзорьно отъвѣштаваи *Супр 1, 13.— Ср.* гръдѣ

ПРѢЗОРЬСТВО, -а *с* (3) ὑπερηφανία, θράσος, περπερεία высокомерие, надменность, гордость přezíravost, zpupnost, pýcha: хоуленние • клевета • прѣзоръство • дръзновение *Евх 91б 16.— Супр 1, 9; 189, 11.— Ср.* гръдость, гръдын҃и, гръждениѥ, непрѣзорьство

прѣзьрьрѣнье (!) *Клоц 2б 36-37 см.* прѣзьрѣниѥ

ПРѢЗЬРѢНИѤ, -ꙗ *с* (1) [прѣзьрьрѣнье (!) *Клоц* (1)] *греч. нет* недосмотр, упущение přehlédnutí, opomenutí: крѣпъко помышлѣѩ • бывъше(е) пръвоумоу ц⟨ѣса⟩реви і⟨здраи⟩л⟨е⟩воу • саоулоу • і не за велье прѣзьрьрѣнье (!) •

отъ пророка саоула (! *вм.* самоуила) *Клоц 2б 36-37.— Ср.* небрѣжениѥ

ПРѢЗЬРѢТИ, -зьрѭ, -зьриши *сов./несов.* (29) **1.** *сов.* ἐφορᾶν τινα посмотреть *на кого-л.* podívat se *na někoho*: ті же смотришѧ · і прѣзърѣшѧ мѧ *Пс 21, 18 Син* **2.** *сов./несов.* ὑπερορᾶν, παρορᾶν, καθαίρειν (!) оставить/оставлять без внимания, презреть/презирать přehlédnout/přehlížet, opomenout/opomíjet, pohrdnout/pohrdat: г⟨оспод⟩і... дѣлъ рѫкоу твоею не прѣзьри *Пс 137, 8 Син*; не бо прѣзьритъ г⟨оспод⟩ь любѧштиїхъ ѥго въ истинѫ *Супр 66, 28* ● παρορᾶν, ἐπιμετρεῖν (!) прощать promíjet: прѣзьрѧ грѣхꙑ нашѧ *Евх 85б 20.— Син Евх Клоц Супр.— Ср.* небрѣщи

п р ѣ и д ѫ *Л 2, 16 Ас см.* прити

ПРѢИЗЛИХА *нареч.* (4) ὑπερπερισσῶς чрезмерно, излишне, слишком přespříliš, nadmíru: прѣизлиха · дивл҄ѣахѫ сѧ *Мк 7, 37 Зогр Мар Ас Боян* (лихо *Сав*).— *Ср.* излиха

ПРѢИЗНОУРИТИ, -рѭ, -риши *сов.* (1) πλεονεκτεῖν (!) причинить вред ošidit, způsobit škodu: пакость бо ми рече сътвори великѫ · и зѣло мѧ прѣизноури *Супр 422, 12-13* (тъштетѫ мі сътворі *Клоц 8б 40*).— *Ср.* обидѣти

ПРѢИМАТИ, прѣѥмлѭ, прѣѥмлѥши *несов.* (4) λαμβάνειν, παραλαμβάνειν, ἐμπιστεύεσθαι (!) перенимать, принимать přejímat, přijímat: силꙑ бо н⟨е⟩б⟨е⟩сьнꙑѩ невидимо прѣстоꙗтъ намъ · прѣемлѭще обѣтованиѥ твоѥ *Евх 87б 14.— Супр 187, 22; 246, 27-28; 296, 8.— Ср.* принимати

ПРѢИМЬНИКЪ, -а *м* (1) διάδοχος преемник nástupce: и бꙑти ти прѣимьникоу · и намѣстьникоу връховьнаго апостола петра *Супр 122, 17-18.— Ср.* намѣстьникъ, прѣмѣньникъ

ПРѢИСПОДЬН҄Ь, -н҄ии *прил.* (20) κατώτατος, κατώτερος, ὁ κατωτάτω, καταχθόνιος, βύθιος подземный, преисподний podzemní, podsvětní: ізбавилъ ѥ д⟨оу⟩шѫ моѭ отъ ада прѣисподьнѣго *Пс 85, 13 Син; Супр 461, 28; 487, 22-23* ◆ п р ѣ и с п о д ь н ꙗ ꙗ *с мн. в знач. сущ.* τὰ καταχθόνια, τάρταρος, τὰ κατώτατα ад, преисподняя podsvětí: ѫзами · вѣчьнами · вь прѣисподьнихъ · і въ огни негасимѣмь... затворь · неиздреченънoѭ силоѭ *Евх 63б 13-14.— Син Евх Клоц Супр.— Ср.* исподьн҄ь; прѣисподьнꙗꙗ *ср.* адъ

ПРѢИТИ, -идѫ, -идеши *сов.* от кого, чесо къ комоу, чесомоу; до чесо; въ чьто; на кого, чьто (>100) [пришьдъ (!) *Зогр* (1) *Мар* (1); прѣидетъ (!) *Ас* (1)] **1.** ἔρχεσθαι, διέρχεσθαι, ἀπέρχεσθαι, ἐπανέρχεσθαι, ὑπέρχεσθαι, παρέρχεσθαι, διαβαίνειν, μεταβαίνειν, προβαίνειν, ἀνάγεσθαι, διαπερᾶν, μετιέναι, μεταβάλλεσθαι перейти, отправиться, переправиться přejít, odebrat se, přepravit se: прѣиди отъ сѫдоу · і иди въ юдеѭ *И 7, 3 Зогр Мар Ас*; прѣидѣмъ на онъ полъ езера *Л 8, 22 Зогр Ас* (прѣѣдѣмъ *Мар*); пришьдъ (! *вм.* прѣшьдъ) отъ тѫдѣ і⟨соу⟩с⟨ъ⟩ · іде при мори галилѣистѣмь *Мт 15, 29 Зогр Мар* ● *перен.*: нъ прѣидетъ отъ съмръти въ животъ *И 5, 24 Зогр Мар Ас* ● ἔρχεσθαι пройти (*путь*) ujít (*cestu*): прѣидосте дьни пѫть *Л 2, 44 Ас* (придете *Зогр Мар*, придоста *Сав*, п.. *Боян*) ● παρέρχεσθαι, διέρχεσθαι, διαβαίνειν, περᾶν, προπερᾶν перейти, перешагнуть *через что-л.* přejít, přestoupit, překročit: оубо прѣиде д⟨оу⟩ша наша водѫ непостоинѫ *Пс 123, 5 Син*; прѣити х⟨рьст⟩олюб'че · бесъблазна море житиское *Евх 84б 1* ● *перен.* διέρχεσθαι пройти přehnat se, převalit se: по мьнѣ прѣидѫ гнѣві твоі *Пс 87, 17 Син* ● ὑπερβαίνειν обойти, миновать přejít, vynechat: отъ дѣвꙑ изиде ї⟨соу⟩с⟨ъ⟩ · велико чоудо бракъ прѣити *Супр 428, 13* ● διάγεσθαι, διατρέχειν, διέρχεσθαι, προβαίνειν пройти, миновать (*о времени*) minout (*o čase*): лѣтоу прѣшедъшоу мирьнꙑи врагъ велиꙗ поставьꙗетъ съсѫдъ свои... цѣсара оуала *Супр 190, 17* ● παρέρχεσθαι пройти, миновать, исчезнуть přejít, pominout, zaniknout: и на сѣнь крилоу твоею надѣѭ сѧ доиже прѣидетъ безаконенье *Пс 56, 2 Син*; н⟨е⟩бо і земл҄ѣ мимо ідетъ · а словеса моѣ не імѫтъ прѣіти *Л 21, 33 Зогр* (не мимо идѫтъ *Мар Ас*, не имѫтъ мимоити *Сав*) **2.** διέρχεσθαι пройти (*сквозь, через что-л.*) projít *něčím*: положилъ еси тьмѫ і бꙑстъ ноштъ · въ неже прѣидѫтъ вьси звѣрьѥ лѫжьнии *Пс 103, 20 Син* **3.** μεταβαίνειν, μεταίρειν уйти odejít: і бꙑс⟨тъ⟩ егда сконьча і⟨соу⟩с⟨ъ⟩ притъчѧ сиѩ · прѣиде отъ тѫдѣ *Мт 13, 53 Зогр Мар Ас Сав* ● προέρχεσθαι μικρόν, προβαίνειν ὀλίγον, προβαίνειν отойти (*на некоторое расстояние*) poodejít: і прѣш'дъ мало отъ тѫдоу · оузьрѣ іѥкова зеведеова *Мк 1, 19 Зогр Мар*; прѣшьдъ тѫдѣ *Мт 4, 21 Зогр Ас Сав* (∅ *Мар*).— *Зогр Мар Ас Сав Син Евх Клоц Супр.— Ср.* варити, минѫти, отити, прити, прѣлѣсти, прѣминѫти, прѣстѫпити, прѣꙗхати

п р ѣ к а н і ѣ *Пс 79, 7 Син см.* прѣрѣканиѥ

ПРѢКЛАДА, -ꙑ *ж* (1) παρασχαρίτης (!) перекладина (?) příčný trám (?): твоꙗ пленицѧ сѫтъ зависти · и корабьчиꙗ бѣси · весла льсти · реть · лицемѣрьство · прѣкладꙑ завистьливии *Супр 400, 16*

ПРѢКЛАНꙖТИ, -ꙗѭ, -ꙗѥши *несов.* (4) [прѣклан҄ѣ- *Зогр* (1) *Мар* (1) *Евх* (1) *Супр* (1)] κλίνειν преклонять, склонять sklánět: вꙑѩ и колѣна прѣклан҄ѣти *Евх 62а 2* ▭ п р ѣ к л а н ꙗ т и с ѧ κλίνειν, συντάσσεσθαι склоняться sklánět se: къждо прѣклан҄ѣѧ сѧ ·

цѣлова'ше колѣнѣ правед'ноуоумоу *Супр 51, 22* ● *перен.*: дьнь же начатъ прѣклањѣти сѧ *Л 9, 12 Зогр Мар.— Ср.* клањати сѧ, клячати, поклањати, прѣгъібати (прѣгъібати колѣнѣ)

ПРѢКЛОНИТИ, -ніѫ, -ниши *сов.* (36) κλίνειν склонить, наклонить, преклонить sklonit, naklonit: прѣклонь главѫ прѣдастъ д⟨оу⟩хъ *И 19, 30 Зогр Мар Ас* (2) *Сав Боян*; ѡ благоволити г⟨оспод⟩ю б⟨ог⟩оу на нъі • ı на прѣклоньшаꙗ колѣна своѣ *Евх 61а 12*; колѣнѣ прѣклонивъ исповѣдааше сѧ богови *Супр 527, 30* ● *перен.*: прѣклонилъ еси себѣ в'сѣ видимаа • съкроушилъ еси главъі ихъ *Евх 28б 5* □ п р ѣ к л о н и т и с ѧ κύπτειν, ἐπικύπτειν, παρακύπτειν, ἐπινεύειν, ἀνατρέπεσθαι, κάμπτειν; (ни прѣклонити сѧ ἀκαμπὴς διαμένειν) склониться, преклониться sklonit se, shýbnout se, naklonit se: прѣклонітъ сѧ ı падетъ *Пс 9, 31 Син*; к томоу прѣклонитъ сѧ ѥмоу вьсѣко колѣно *Супр 332, 7-8* ● *перен.*: прѣклони сѧ ч⟨ловѣ⟩к⟨о⟩любиемь на щедротъі твоꙗ *Евх 77б 21*; ѥлма не послоуша мене ни прѣклони сѧ *Супр 195, 6* ● κλίνειν приблизиться к концу přiblížit se ke konci: прѣклонилъ сѧ ѥстъ юже день *Л 24, 29 Мар Ас* (∅ *Зогр*) ● κλίνεσθαι подвинуться pohnout se: осньіваꙗи землѭ на твръди своеı • не прѣклонитъ сѧ въ вѣкъ вѣкоу *Пс 103, 5 Син* ● δυσωπεῖσθαι растрогаться být pohnut: севастинискъі митрополитъ • отъ прослоутиꙗ оубо ѥже о немь прѣклонивъ сѧ *Супр 280, 10.— Зогр Мар Ас Сав Боян Син Евх Супр.— Ср.* покланити сѧ, поклонити, поклѧкнѫти, приклонити, приникнѫти

п р ѣ к л о н ь н ъ *Евх Супр см.* непрѣклоньнъ

ПРѢКЛОНѤНИѤ, -ниꙗ *с* (1) *греч. нет* склонение, преклонение sklonění, shrbení: въсклони и отъ прѣклоненіѣ неприѣзнина • и прослави прославлѣѭщаꙗ тѧ *Евх 40а 20*

ПРѢКОСЛОВѢСИѤ (?), -ниꙗ *с* (1) ἀντιλογία противоречие, прекословие odmlouvání, odpor: (прѣкослове?) сию • конъ(чина) *Евр 6, 16 Ен.— Ср.* протьвьнъ (противьноѥ слово), прѣрѣканиѥ, пьрга

ПРѢКРАТИТИ, -кращѫ, -кратиши *сов.* (13) κολοβοῦν укоротить, сократить, ограничить zkrátit, omezit: ı аште не би г⟨оспод⟩ь прѣкратилъ дьни • не би бъіла с⟨ъ⟩п⟨ас⟩ена всѣка плъть • нъ ızбъранъіхъ ради ѩже ızбъра • прѣкратитъ дьни *Мк 13, 20 Зогр Мар.— Мт 24, 22 Зогр* (2) *Мар* (2) *Ас* (2) *Сав* (2) *Боян.— Ср.* съкратити

ПРѢКРЪМИТИ, -млѭ, -миши *сов.* (3) διατρέφειν накормить, насытить nakrmit, nasytit: възьмъ пѧть хлѣбъ прѣкръми множьство *Супр 476, 19-20.— Супр 290, 15; 345, 2.— Ср.* накръмити, напитати, напитѣти, насъітити, натроути, прѣпитѣти

ПРѢКРЬСТИТИ, -крьщѫ, -крьстиши *сов.* (12) σφραγίζειν, κατασφραγίζειν перекрестить, осенить крестным знамением pokřižovat, udělat kříž: и потом⟨ь⟩ прѣкрьстит⟨ъ⟩ поп⟨ъ⟩ водѫ • в҃ • прьстомъ *Евх 5а 11*; и прѣкрьстивъ с⟨вѧ⟩тъіи еп⟨искоу⟩пъ и въздъхнѫвъ • рѫкѫ положи на мрьтвьци *Супр 537, 2* □ п р ѣ к р ь с т и т и с ѧ κατασφραγίζεσθαι перекреститься pokřižovat se: прѣкрьсти сѧ и въздвиже очи свои *Супр 166, 11.— Супр 5, 18; 14, 15-16; 14, 21-22; 99, 26; 162, 29-30; 166, 11; 515, 14; 516, 11; 540, 29*

ПРѢКРЬЩАТИ, -аѭ, -аѥши *несов.* (2) κατασφραγίζειν, τὸ σημεῖον τοῦ σταυροῦ ποιεῖν крестить, осенять крестным знамением znamenat křížem: и прѣкрьщаѭ ѭ часто по прьсемь не прѣстааше *Супр 516, 16.— Супр 206, 11-12.— Ср.* знаменати, крьстити

ПРѢКОУТИТИ, -коущѫ, -коутиши *сов.* (2) ποικίλλειν нарядить, украсить vyšňořit, pestře ozdobit: прѣдъста ц⟨ѣса⟩р⟨и⟩ца о десноѭ тебе въ ризахъ позлащенахъ одѣна прѣкоущена *Пс 44, 10 Син* (прѣоукрашена *Ен 26а 12-13*).— *Пс 44, 14 Син.— Ср.* прѣоукрасити, оукрасити

ПРѢЛАГАТИ, -гаѭ, -гаѥши *несов.* (4) **1.** чьто на чьто μεταβάλλειν, προσάπτειν превращать, претворять měnit: вода на вино прѣлагаѥма бѣаше *Супр 398, 25* **2.** п р ѣ л а г а т и с ѧ μετατίθεσθαι опрокидываться převracet se: егда сѫмѫщаетъ сѧ землѣ • ı прѣлагаѭтъ сѧ горъі въ ср⟨ъ⟩д⟨ь⟩ца моръскаа *Пс 45, 3 Син* (прѣвращаѭтъ сѧ *Ен 26б 7-8*) **3.** п р ѣ л а г а т и с ѧ παραφέρεσθαι отклоняться odchylovat se: въ ина оученинѣ (! *вм.* оученіѣ) страньна различнаꙗ • не прѣлагаите сѧ *Евр 13, 9 Ен.— Клоц 11а 11-12.— Ср.* прѣвращати (прѣвращати сѧ), прѣмѣнꙗти сѧ, прѣобразовати сѧ, прѣтвараꙗти сѧ

ПРѢЛАЗИТИ, -лажѫ, -лазиши *несов.* (3) ἀναβαίνειν перелезать přelézat: не въходѧı дврьми въ дворъ овьчиı • нъ прѣлазѧı ıноудоу • тъ тать ѥстъ *И 10, 1 Зогр*, прѣлазѧ *Мар Ас*

ПРѢЛАМАТИ, -маѭ, -маѥши *несов.* (1) κλᾶν переламывать, разламывать, преломлять (*устар.*) přelamovat, lámat: се ѥстъ плъть моꙗ за въі прѣламаѥма *Супр 419, 16* (..мѧщее.. *1 Кор 11, 24 Ен*).— *Ср.* ломити, съламлꙗти

п р ѣ л е с т ь *Супр 104, 13 см.* прѣльсть

ПРѢЛИВАТИ, -аѭ, -аѥши *несов.* (1) μεταβάλλειν переливать přelévat (*do nádoby*): по амин⟨ъ⟩ възлѣет⟨ъ⟩ връхоу прѣливаемааго вина • отъ с⟨вѧ⟩тъіхъ б⟨о⟩гоавленеи *Евх 20а 20-21.— Ср.* прѣлиꙗти

ПРѢЛИХЪ, -ъıи *прил.* (1) ὑπερβολή (!) огромный, чрезмерный přílišný, převeliký:

врагомъ же намъ сѫштемъ • прѣлихꙑимъ чловѣколюбимъ присвоиствивъ нꙑ *Супр 109, 24.— Ср.* лихъ

ПРѢЛИЩАТИ, -аѭ, -аеши *несов.* (8) πλανᾶν, ἀπατᾶν, κομπάζειν обманывать, вводить в заблуждение klamat, uvádět v omyl: не прѣлиштаи себе ïѡна *Супр 266, 25*; иже въкоушаѥтъ скръбии господьнѣ • то не прѣлиштаѥтъ сѧ николиже *Супр 267, 2.— Супр 166, 2-3; 230, 24; 262, 27; 266, 27-28; 266, 29; 443, 11.— Ср.* крадоводити, льстити, прѣльщати

ПРѢЛИꙖТИ[1], -лѣѭ, -лѣѥши *сов.* (1) μεταβάλλειν перелить *куда-л.* přelít (*do nádoby*): потомь прѣлѣѥтъ вино • ли масло *Евх 19б 8-9.— Ср.* прѣливати

ПРѢЛИꙖТИ[2] **СѦ**, -ıаѭ сѧ, -ıаѥши сѧ (2) *несов.* [прѣлиѥ- *Зогр* (1) *Мар* (1)] ὑπερεκχύννεσθαι переливаться через край přetékat: мѣрѫ добрѫ натъканѫ • ı потрѧсънѫ • ı прѣлиѣѭштѫ сѧ • (да) дадѧтъ на лоно ваше *Л 6, 38 Зогр Мар*

ПРѢЛОГЪ, -а *м* (1): в о д ь н и и п р ѣ л о ꙃ и *греч. нет* дизентерия úplavice: мол⟨итва⟩ над⟨ъ⟩ трѫдовитомь [и] водънꙑми прѣлогꙑ *Евх 31а 18*

ПРѢЛОЖЕНИѤ, -ıа *с* (2) μεταβολή, μετάθεσις превращение, изменение přeměna, proměna, změna: напраснѥмь прѣложениıа • чоудо сътворилъ зърѧштиимъ *Супр 93, 23.— Супр 84, 26.— Ср.* измѣнениѥ, прѣмѣна

ПРѢЛОЖИТИ, -жѫ, -жиши *сов.* (23) [прилож- (!) *Супр* (1)] **1.** что къ комоу, чесомоу μετατιθέναι переложить, перенести, переместить přeložit, přenést: оу пештерꙑ прѣложи чьстьноѥ ѥго тѣло *Супр 532, 10* ● *перен.*: любовь в'сѭ • своѭ • да прѣложимъ къ н⟨е⟩б⟨е⟩сънꙑмъ *Евх 91а 1* **2.** кого, что въ кого, что; на что μεταβάλλειν, μετατιθέναι, μεταποιεῖν, μεταχλευάζειν, διαλάσσεσθαι превратить, изменить přeměnit, proměnit, změnit: б⟨о⟩же нашъ • прѣложеи при мосѣи • водѫ горькѫѭ • людемъ твоимъ • въ сладъкѫѭ *Евх 6б 6* ▭ п р ѣ л о ж и т и с ѧ в ъ ч ь т о μετατίθεσθαι, μεταβάλλεσθαι превратиться *во что-л.*, измениться změnit se, proměnit se *v něco*: и абиѥ изиде бѣсъ • и прѣложи сѧ въ змии великъ *Супр 173, 23.— Служ Евх Клоц Супр.— Ср.* измѣнити, обратити, положити, потворити, прѣвратити, прѣмѣнити, прѣнести, прѣоблѣщи сѧ, прѣобразити, прѣставити, прѣтворити, оупразнити

ПРѢЛОМИТИ, -млѭ, -миши *сов.* (31) [..л.. *Ен* (1)] καταγνύναι, κλᾶν, κατακλᾶν переломить, сломать, разломить, преломить (*устар.*) přelomit, zlomit, rozlomit: трьсти сѫкроушенꙑ не прѣломитъ *Мт 12, 20 Мар Сав* (приломитъ *Зогр, нет Ас*).— *Зогр Мар Ас Сав Охр Ен Евх Клоц Супр.— Ср.* изломити, приломити, разломити

ПРѢЛОМЛѤНИѤ, -ıа *с* (5) κλάσις разламывание, преломление (*устар.*) lámání, přelomení: ѣко сѧ позна има въ прѣломлении хлѣба *Л 24, 35 Мар Ас 155а 23*, ..рѣломлениı *Охр*, въ прѣломлениѥ *Ас 4аа 4* (Ø *Зогр*).— *Супр 474, 23-24*

п р ѣ л о у б о д ѣ и с т в ь н ъ *Супр 365, 18-19 см.* прѣлюбодѣиствьнъ

ПРѢЛЬСТИТИ, -льщѫ, -льстиши *сов.* (54) πλανᾶν, ἀποπλανᾶν, ἀπατᾶν, συναρπάζειν, δελεάζειν обмануть, ввести в заблуждение, обольстить, соблазнить oklamat, uvést v omyl, přelstít, svést: ı мънозı лъжии пр⟨оро⟩ци въстанѫтъ • ı прѣльстѧтъ мъногꙑ *Мт 24, 11 Мар Ас* (2) *Сав* (2) *Зогр-пал* (Ø *Зогр*).— *Зогр Мар Ас Сав Зогр-пал Син Евх Клоц Супр Хил Рыл*

ПРѢЛЬСТЬ, -и *ж* (27) [прѣлес- *Супр* (1)] πλάνη **1.** ἀπάτη, κακία коварство, обман klam, lest, podvod: ïжде бо зависть • тоу живѫтъ • враждꙑ и свари и прѣльсти • и пьрѧ *Супр 400, 20-21* ◆ п р ѣ л ь с т ь п р и ꙗ т и τὴν ἀπάτην ὑπομένειν быть обманутым dát se oklamat, přelstít: дѣвоѭ бо бѣ еуа • не оубо бѣ мѫжа познала ѥгда прѣльсть приѧтъ *Супр 489, 10* **2.** ἀπιστία; (оу прѣльсти бꙑти πλανᾶσθαι) заблуждение blud: да некъли и тебе самого видимъ покаѭшта сѧ отъ прѣльстı коумиръскꙑѧ *Супр 157, 6*; нъ от'ци ваши акꙑ бесловесьнаıа животъна оу прѣльсти бѣахѫ • не сѫште въ разоумѣ истин'нааго бога *Супр 27, 16-17.— Супр.— Ср.* блѧдь, заблѫждениѥ, ковъ, кꙑзнь, льсть, льщениѥ, проказьство, пронꙑриѥ, пронꙑръ, пронꙑрьство, прѣльщениѥ

ПРѢЛЬСТЬНИКЪ, -а *м* (1) πλανός обманщик, соблазнитель podvodník: вашь же б⟨ог⟩ъ камѣнъ сꙑ окамени ваша срьдьца • и прѣльстьникъ сꙑ • и диıаволъ прѣльстити хоштетъ васъ *Супр 34, 8-9.— Ср.* льстьць

ПРѢЛЬЩАТИ, -аѭ, -аеши *несов.* (7) ἀπατᾶν обманывать, обольщать klamat, podvádět: съгрѣшихъ... врагомь зълѣ прѣльщаемъ *Евх 68а 20* ▭ п р ѣ л ь щ а т и с ѧ συναπάγεσθαι, πλανᾶσθαι заблуждаться, обольщаться dávat se klamat, mýlit se: не прѣл҃штаи сѧ боукстиѭ павьла брата своѥго *Супр 1, 18-19.— Супр 34, 17; 101, 20-21; 176, 29-30; 214, 27-28; Хил 2аβ 22-23.— Ср.* крадоводити, льстити, прѣлищати

ПРѢЛЬЩЕНИѤ, -ıа *с* (7) ἀπάτη, τὸ πλανᾶσθαι, πτέρνα (!) обман, обольщение klam, lest: оукрашени златомъ на прѣльштениѥ чловѣкомъ *Супр 177, 3.— И 13, 18 Мар; Супр 11, 14; 329, 17-18; 339, 15; 392, 5; 478, 14.— Ср.* льщениѥ, прѣльсть

ПРѢЛѢПЪ, -ꙑи *прил. в знач. сущ.* (1) *греч.*

нет благородный (*о патриархе*) vznešený (*o patriarchovi*): **сълоучи сѧ прѣлѣпоуоумоу въ с⟨ва⟩тѣи црьк'ви иероусалимьскыихъ свѣтилъ** *Супр 534, 27*

ПРѢЛѢСТИ, -лѣзѫ, -лѣзеши *сов.* (2) ὑπερβαίνειν, παραγίγνεσθαι перелезть, перейти přelézt, překročit, přejít: **і б⟨о⟩ѕѣ моемъ прѣлѣзѫ стѣнѫ** *Пс 17, 30 Син.— Супр 254, 12-13.— Ср.* **прѣити**

ПРѢЛЮБОДѢИ *прил.* (10) μοιχαλίς прелюбодейный cizoložný: **въ родѣ семь прѣ҃любодѣимь • і грѣшьнѣмь** *Мк 8, 38 Зогр Мар Ас* (**прѣлюбодѣимѣмь** (!) *Сав*) *в знач. сущ.* μοιχός прелюбодей cizoložník: **ѣко нѣсмь ѣко і прочии ч⟨лов⟩ѣци • хыштьници... прѣ҃любодѣі** *Л 18, 11 Зогр Мар Ас Сав.— Мт 16, 4 Зогр Мар; Пс 49, 18 Син.— Ср.* **любодѣи, любодѣинъ, прѣлюбодѣинъ, прѣлюбодѣиствьнъ**

ПРѢЛЮБОДѢИНЪ, -ыи *прил.* (3) [**прѣлюбодѣим-** (!) *Сав* (1)] τῆς πορνείας, μοιχαλίς прелюбодейный, прелюбодеяния *род.* cizoložný, cizoložství *род.*: **иже аще поустітъ женѫ своѭ • развѣ словесе прѣлюбодѣина** *Мт 19, 9 Мар Ас* (**не любы дѣꙗвъшѫ** *Сав, ∅ Зогр*).— *Мк 8, 38 Сав.— Ср.* **любодѣи, любодѣинъ, прѣлюбодѣи, прѣлюбодѣиствьнъ**

ПРѢЛЮБОДѢИСТВО, -а *с* (2) φονομοιχεία, τῆς ἀσωτίας ἀσέλγεια прелюбодеяние, прелюбодейство cizoložství: **прѣлюбодѣиствомъ себе оскврьнивъıи • и оубоѥмъ** *Супр 523, 29.— Супр 355, 4-5.— Ср.* **блѫдъ, блѫжденѥ, любодѣиство, прѣлюбодѣꙗниѥ, прѣлюбы, съблѫжденѥ**

ПРѢЛЮБОДѢИСТВЬНЪ, -ыи *прил.* (1) τῆς μοιχείας прелюбодейный, прелюбодейственный cizoložný: **сице бѣ їѡсифъ боголюбьць... и бѣгааше • прѣлоубодѣиствьнааго дѣлесе** *Супр 365, 18-19.— Ср.* **любодѣи, любодѣинъ, прѣлюбодѣи, прѣлюбодѣинъ**

ПРѢЛЮБОДѢꙖНИѤ, -ꙗ *с* (9) [**прѣлюбодѣа-** *Зогр* (4) *Мар* (4) *Евх* (1)] μοιχεία; (**въ прѣлюбодѣꙗнии** μοιχευόμενος) прелюбодеяние cizoložství: **отъ срьдца бо ісходѧтъ • помышлениѣ зълаѣ • оубиства прѣ҃любодѣаниѣ • татьбы** *Мт 15, 19 Зогр Мар; Мк 7, 21 Зогр Мар*; **си жена ꙗта естъ нынѣ въ прѣ҃любодѣании** *И 8, 4 Зогр Мар.— И 8, 3 Зогр Мар; Евх 68а 21-22.— Ср.* **блѫдъ, блѫжденѥ, любодѣиство, прѣлюбодѣиство, прѣлюбы, съблѫжденѥ**

ПРѢЛЮБОДѢꙖТИ, -дѣѭ, -дѣѥши *несов.* (1) μοιχεύειν прелюбодействовать cizoložit: **законъ бѣ данъ • велѧи не прѣлюбодѣати ни оубити** *Супр 365, 20.— Ср.* **прѣлюбы (прѣлюбы дѣꙗти, творити)**

ПРѢЛЮБЫ, -бъве *ж* (30): **прѣлюбы дѣꙗти, творити, сътворити** μοιχεύειν, μοιχεύεσθαι, μοιχᾶσθαι прелюбодействовать, совершáть/совершить прелюбодеяние cizoložit/zcizoložit, smilnit/zesmilnit: **женѧи сѧ подъбѣгоѭ • прѣлюбы творитъ** *Мт 19, 9 Мар Ас*, **прѣлюбы дѣетъ** *Сав* (*∅ Зогр*); **заповѣди вѣси • не оубии • не прѣ҃любы сътвори • не оукради** *Л 18, 20 Зогр Ас Сав*, **прѣлюбъ** (!) *Мар.— Зогр Мар Ас Сав Клоц.— Ср.* **блѫдити, блѫдъ (блѫдъ дѣꙗти, творити, сътворити), любы (любы сътворити), прѣлюбодѣꙗти**

ПРѢЛЮБЬНЪ (?), -ыи *прил.* (1) προσφιλής любимый oblíbený: **..(прѣлю)бна** *Фил 4, 8 Ен*

ПРѢЛѪКАВЪ, -ыи *прил.* (1) παγκάκιστος в высшей степени коварный, лукавый velmi lstivý, velmi ničemný: **прѣлѫкавыи бо и нечистыи врагъ б⟨о⟩жиемъ рабомъ** *Супр 521, 3*

ПРѢМЕТАТИ СѦ, -аѭ сѧ, -аѥши сѧ *или* -мещѫ сѧ, -мещеши сѧ *или* -метѫ сѧ, -метеши сѧ *несов.* (1) παραρριπτεῖσθαι находиться на последнем месте, в пренебрежении být poslední, opovržený: **стих⟨ъ⟩ • изволихъ преметати сѧ въ дом** *Евх 84а 7* (**прімѣтаті сѩ** *Пс 83, 11 Син, Супр 147, 19,* **прıпадати** *Супр 101, 11-12*).— *Ср.* **примѣтати сѧ, припадати**

ПРѢМИЛОСТИВЪ, -ыи *прил.* (8) [**прѣм(л҃)стив-** *Евх* (1)] πολυέλεος, ἐλεήμων, πανεύσπλαγχνος καὶ πανελεήμων, οἰκτίρμων в высшей степени милосердный přemilosrdný, přelaskavý: **і ты г⟨оспод⟩і б⟨о⟩же мої штедръ і прѣмілостівъ • тръпѣлівъ і прѣмілостівъ і рѣснотівънъ** *Пс 85, 15 Син.— Пс 85, 5 Син; 102, 8 Син; Евх 24б 15; 86б 1-2; Супр 123, 8; 526, 16.— Ср.* **милосрьдъ, милосрьдьнъ, милостивъ, мъногомилостивъ**

ПРѢМИНОВАТИ, -ноуѭ, -ноуѥши *несов.* (1) ὑπερβαίνειν переступать, переходить překračovat, přecházet: **да не мѣрѫ прѣминоуѭште • погоубимъ доушевьна'го съдравиꙗ** *Супр 494, 28.— Ср.* **мимоходити, миновати, проходити, прѣходити, прѣхаждати**

ПРѢМИНѪТИ, -нѫ, -неши *сов.* (3) ὑπερβαίνειν переступить, пройти překročit, přejít: **не вь сласть бо оуже тъ приметъ • прѣминѫвъ потрѣбьныꙗ оуставы** *Супр 494, 30.— Супр 278, 28; 552, 30.— Ср.* **прѣити, прѣтещи**

ПРѢМЛЬКНѪТИ, -нѫ, -неши *сов.* (1) παύεσθαι умолкнуть, замолчать umlknout: **прѣмлькоша отъ пьрѣниꙗ • затвореномъ бывъшемъ оустомъ ихъ истиноѭ** *Супр 331, 19.— Ср.* **омльчати, помльчати, прѣмльчати, оумлькнѫти**

ПРѢМЛЬЧАТИ, -мльчѫ, -мльчиши *сов.* (10) [**прѣмлъ-** *Мар* (1) *Супр* (7)] παρασιωπᾶν **1.** *без доп.* φιμοῦσθαι, σιγᾶν умолкнуть zmlknout, umlknout: **прѣмльчи ізиди іж него** *Л 4, 35 Зогр Мар* (**помлъчі** *Ас*) **2.** *что* обойти молчанием pominout mlčením: слезъ моихъ не прѣмлъчи *Пс 38, 13 Син* ● отъ кого не выслушать *кого-л.*, не внять *кому-л.* pеrорřát sluchu *někomu*, nevyslyšet *někoho*: б⟨о⟩же мои не прѣмлъчи отъ мене • еда когда прѣмлъчиши отъ мене • и оуподоблѫ сѧ съ низъходѧштими въ ровъ *Пс 27, 1 Син.— Пс 34, 22 Син; 49, 3 Син; 82, 2 Син; 108, 1 Син; Супр 412, 23.— Ср.* омльчати, помльчати, оумльчати

ПРѢМО *предлог с дат.* (18) κατέναντι, ἀπέναντι, ἐξ ἐναντίας, πρός (*с вин.*) *при указании на лицо или предмет, прямо перед которым совершается действие* напротив, перед naproti, před (*с твор.*): и сѣдѧштю емоу на горѣ елеонсцѣ • прѣмо цр⟨ъ⟩к⟨ъ⟩ви *Мк 13, 3 Зогр Мар*; что рекѫтъ прѣмо семоу *Супр 358, 13* ◆ прѣмо лицоу εἰς πρόσωπον прямо в лицо před tváří: прѣмо лицоу жидомъ рече *Супр 353, 3.— Зогр Мар Ас Сав Син Евх Супр.— Ср.* противо, противѫ, прѣ, прѣдъ

ПРѢМОЩИ, -могѫ, -можеши *сов.* (5) ὑπερδυναμοῦν, δύνασθαι, καταισχύνειν (!) превозмочь, преодолеть, пересилить přemoci, překonat: брашьѧ сѧ со мьноѭ отъ юности моеѩ • ибо не прѣмогѫ мене *Пс 128, 2 Син* ◆ не прѣмощи ὀλιγοψυχεῖν изнемочь, пасть духом klesnout na mysli: не прѣможе д⟨оу⟩хъ мои *Пс 76, 4 Син.— Пс 64, 4 Син; Супр 113, 9-10; 185, 5-6.— Ср.* възмощи, побѣдити, прѣбрати, прѣдолѣти, прѣодолѣти, съдолѣти; не прѣмощи *ср.* прѣнемощи

ПРѢМРАЧЬНЪ, -ыи *прил.* (2) πανέσπερος очень темный, исполненный мрака zcela temný, tmavý: заиде б⟨ог⟩ъ слънъце подъ землѭ • и тъмѫ прѣмрачьнѫѭ июдеомъ сътвори *Клоц 12б 31-32*, прѣмрачьнѫ *Супр 448, 27.— Ср.* мрачьнъ, тьмьнъ

ПРѢМОУДИТИ, -моужДѫ, -моудиши *сов.* (2) ὑπερτιθέναι; (мало прѣмоудивъ μετ' ὀλίγον) подождать, промедлить počkat, prodlít: и прѣмоудивъше оутрѣ третии дьнь пришедъше *Супр 154, 21-22*; пакы оубо мало прѣмоудивъ въ тъ жде день • приде *Супр 120, 8.— Ср.* замѫдити

ПРѢМЪНОГЪ, -ыи *прил.* (2) [прѣмно- *Супр* (2)] μυρίος многий, многочисленный přemnohý: тѣмь прѣмногаꙗ благаꙗ вьнесена быша *Супр 488, 21.— Супр 495, 1.— Ср.* мъногъ

ПРѢМЬ *нареч.* (1) ὀρθῶς правильно správně: рече к нѥмоу съпасъ • прѣмь сѫдилъ еси *Супр 393, 27* (право *Л 7, 43 Сав*, правь *Зогр Ас*, правѣ *Мар*).— *Ср.* право, правѣ, правы, правь

ПРѢМЬДИВЪ, -ыи *прил.* (1): прѣмьдивъ быти δίκαιος εἶναι быть обязанным, должным být povinen: цѣлованиꙗ ми не да • аще прѣмьдивъ сы *Супр 395, 5.— Ср.* дльжьнъ, повиньнъ

ПРѢМЬНЬ, -нии *прил.* (2) ὁ κατέναντι противоположный naproti ležící: идѣта въ прѣмьнѭѭ вьсь *Л 19, 30 Зогр Мар*

ПРѢМѢНА, -ы *ж* (2) **1.** бес прѣмѣны ἀμετάβολος неизменный neproměnný: благословимъ тѧ господи... благословешенааго прѣжде вѣкъ... съ свѧтъıимъ • и бес прѣмѣны • и безъ разлѫкы сѫштнимъ выпльченимъ (! *вм.* выпльштенимъ) *Супр 330, 7* **2.** καταλλαγή обмен výměna: нъ да подвигнемъ сѧ • богоу прѣмѣны къ чловѣкомъ видѧште *Супр 460, 2.— Ср.* измѣна, измѣнение, мѣна, мѣнение, прѣложение, прѣмѣнение

ПРѢМѢНИТИ, -нѭ, -ниши *сов.* (13) **1.** ἀμείβειν, ὑπαλλάσσειν, ἀνταλλάσσεσθαι переменить, изменить přeměnit, změnit: нъ прѣмѣнилъ еси вешти • прѣдѣлъ положъ *Клоц 10б 18-19* ● *перен.* μεταβάλλειν переубедить přivést na svoje mínění: и едва възмогохъ сими словесы прѣмѣнити старца *Супр 297, 26-27* ◆ ни прѣмѣнимъ *в знач. прил.* καὶ ἀδιάδοχος неизменный neproměnný: едно трьми сьставьнии божьство • без начала • бе сътворениꙗ • несъгонимо • ни прѣмѣнимо *Супр 327, 28* ▭ прѣмѣнити сѧ μεταβάλλεσθαι, μεταβάλλειν ἑαυτόν, διαστρέφεσθαι перемениться, измениться přeměnit se, změnit se: диꙗволъ прѣмѣни сѧ въ мѫжескъ образъ *Супр 78, 24-25* **2.** прѣмѣнити сѧ отъ кого, чесо μεταβάλλεσθαι, μιμεῖσθαι (!) отвернуться, отвратиться odvrátit se, obrátit se: и не прѣмѣни сѧ оть б⟨о⟩жиѩ надеждѧ *Супр 105, 5.— Клоц 11б 37; Супр 128, 23; 212, 22; 397, 19; 415, 6; 430, 9-10; 447, 6; 474, 21-22.— Ср.* измѣнити, обратити, положити, прѣвратити, прѣложити, прѣоблѣщи сѧ, прѣобразити, прѣнести

ПРѢМѢНОВАТИ, -ноуѭ, -ноуши *несов.* (1) ἀνταλλάσσειν заменять, давать взамен vyměňovat, dávat výměnou: то ли прѣмѣноукши ми противѫ б⟨о⟩жиемъ даром' *Супр 50, 10-11.— Ср.* измѣновати, мѣнити[2], прѣлагати

ПРѢМѢНЬНИКЪ, -а *м* (1) διάδοχος преемник nástupce: приде прѣмѣньникъ въ ас'клипиѡда мѣсто *Супр 15, 20.— Ср.* намѣстьникъ, прѣимьникъ

ПРѢМѢНѤТИ СѦ, -ѭѫ сѧ, -ѥкши сѧ *несов.* (2) [прѣмѣнѣ- *Евх* (1)] μεταβάλλεσθαι, συναλλοιοῦσθαι меняться, изменяться měnit se, přeměňovat se: съ лоуноѭ прѣмѣнѣѩ сѧ *Евх 54а 22-23.— Супр 437, 17.— Ср.* прѣлагати, прѣвращати, прѣобразовати сѧ, прѣтварѣти сѧ

ПРѢМѢНѤНИЕ, -ниꙗ *с* (1) μεταβολή изменение, перемена přeměna, změna: отъкѫдоу оубо прѣмѣнени (! *вм.* -ик) отъ вола *Супр 415, 28* (различъе *Клоц 6а 15*).— *Ср.* прѣмѣна

ПРѢМѢРИТИ, -рѭ, -рише *сов.* (1) ζυγοστατεῖν измерить, взвесить změřit, zvážit: гаурїилъ • възвѣштаѩ цѣсарьско таинок... не прѣмѣримо *Супр 245, 2*

ПРѢМѪДРО *нареч.* (1) πανσόφως премудро moudře: въшьдъ прѣмѫдро отъньдь начатъ • да възлюбьнъꙑ мꙑсли не погрѣшитъ *Супр 454, 4*

ПРѢМѪДРОСТЬ, -и *ж* (48) [прмѫ(д)р- *Ас* (1), прѣмѫдро(с)- *Евх* (1), прѣмѫдростьти (!) *Евх* (1)] σοφία мудрость, премудрость moudrost: поконь прѣмѫдрості страхъ г⟨ос⟩подь⟩нь *Пс 110, 10 Син* ● φιλοσοφία философия filosofie: блюдѣте еда къто въı естъ крадоводѧи прѣмѫдростиѭ и тъщеѭ лестиѭ по прѣданию чл⟨овѣ⟩чю *Хил 2аа 7* ◆ в ѣ р а п р ѣ м ѫ д р о с т и ὀρθόδοξος πίστις правильная, истинная вера pravá, správná víra: понеже благодѣти и вѣрѫ прѣмѫдрости • посрѣдѣ пакостьникъ • добриї мѫченици проповѣдасте *Супр 68, 5-6*.— *Зогр Мар Ас Сав Ен Син Евх Клоц Супр Хил*.— *Ср.* мѫдрость, мѫдрьство

ПРѢМѪДРОСТЬНЪ, -ꙑи *прил.* (2) τῆς φιλοσοφίας премудрости (*род.*), учёности (*род.*) moudrosti (*род.*), učenosti (*род.*): отъгъна прѣмѫдростьно величаник *Супр 273, 18-19*.— *Супр 533, 25*

ПРѢМѪДРЪ, -ꙑи *прил.* (23) [прѣмѫдрої *Син* (1), прѣпрѣмѫдръ (!) *Син* (1), прѣм.. *Ен* (2), ..мѫдри *Ен* (1)] σοφός, σοφώτατος мудрый, премудрый moudrý, prozíravý, rozvážný: единѣмъ прѣмѫдромъ к⟨ого⟩мъ ис⟨оу⟩х⟨ристо⟩мъ *Рим 14, 26 (16, 27) Ен* ▭ п р ѣ м ѫ д р ꙑ и *в знач. сущ.* σοφός мудрец mudrc: сего ради се азъ съли̑ѫ къ вамъ пр⟨оро⟩кꙑ и прѣмѫдрꙑ • і кънижъникꙑ *Мт 23, 34 Мар Ас* (∅ *Зогр*).— *Зогр Мар Ас Сав Ен Син Евх Супр*.— *Ср.* мѫдръ, разоумьнъ

ПРѢМѪЖДРІАТИ СѦ, -ѩѭ сѧ, -ꙗкши сѧ *несов.* (1) φιλοσοφεῖν обсуждать, рассуждать rozumovat: не бо кси призъванъ прѣмѫждрати сѧ *Супр 21, 24*

ПРѢНЕМАГАНИѤ, -ниꙗ *с* (2) ὀλιγοψυχία изнеможение (*духовное*) malomyslnost: чаахъ б⟨ог⟩а с⟨ъ⟩па⟨са⟩ѭщаго мѧ • ѡтъ прѣнемаганьѣ д⟨оу⟩ха и боурѧ *Пс 54, 9 Син*; прѣстави и отъ немоци въ моць • ѡтъ прѣнемаганиѣ въ оутѣшение *Евх 25а 12*

ПРѢНЕМАГАТИ, -гаѭ, -гакши *несов.* (3) **1.** *греч. нет* изнемогать (*духовно*) klesat na mysli: не прѣнемагаи • о тѣхъ ѩже имаши сърѣтати скръби *Евх 88б 17* **2.** ὀλιγωρεῖν быть небрежным být nedbalý: с⟨ꙑ⟩не не прѣнемагаи *Ен 30а 11* (*Прит 3, 11*).— *Рыл 4аа 25*

ПРѢНЕМОЩИ, -могѫ, -можеши *сов.* (1) ἰλιγγιᾶν (!) изнемочь, упасть духом klesnout na mysli: ини же близъ бꙑвъше лютꙑихъ прѣнемогоша *Супр 85, 21*.— *Ср.* прѣмощи (не прѣмощи)

ПРѢНЕСТИ, -сѫ, -сеши *сов.* (4) **1.** μεταίρειν, ἀποφέρειν перенести přenést: тꙑ и⟨здраи⟩лѣ отъ еѥюп'та прѣнесе *Евх 13б 25* **2.** чьто на чьто μεταφέρειν превратить změnit: да не оубо любьве мокѫ на ненависть прѣнесете *Супр 71, 14*.— *Пс 79, 9 Син; Супр 289, 26-27*.— *Ср.* прѣвратити, прѣложити, прѣмѣнити, прѣставити, прѣтворити

ПРѢНОШЕНИѤ, -ниꙗ *с* (3) αἱ συνεισφοραί (!) перенесение přenášení: ꙗкоже бо въ прѣношеник (*вм.* при- ?) събьранъıихъ • принесенок отъ когождо обьште принесъшиимъ бꙑваат' *Супр 84, 3* ● *спец. греч. нет* перенесение (*даров*) přenášení ⟨*obětních darů*⟩: аще к'то пролѣетъ отъ с⟨вѧ⟩тꙑѧ чаш⟨ѧ⟩ • вь врѣмѧ прѣношенью... аще ли по прѣношеньи • пролѣетъ *Евх 105а 3 и 4*

ПРѢОБИДѢТИ, -обиждѫ, -обидиши *сов./несов.* кого, чьто, чесо (30) **1.** (*сов.*) ἀδικεῖν обидеть *кого-л.*, обойтись несправедливо *с кем-л.* ukřivdit *někomu*, ublížit *někomu*: рьцѣмъ къıѧ прѣобидѣхомъ • къıѧ отъгънахомъ • къıѧ оубихомъ *Супр 126, 29* **2.** καταφρονεῖν, περιφρονεῖν, παραλογίζεσθαι; (прѣобидѧще καταφρονητικῶς) пренебречь/пренебрегать *кем-л.*, *чем-л.* přehlédnout/přehlížet *někoho*, *něco*, pohrdnout/pohrdat *někým*: нъ вьсе прѣобидѣвъше вѣчьнок съпасеник възаша *Супр 54, 24*; инѣхъ большъ хоштемъ • а сихъ прѣобидимъ *Супр 130, 5*; не тоу же авьк иждє и примъше • не прѣобидаште кго приходимъ *Супр 506, 29-30*.— *Супр*.— *Ср.* обидѣти

ПРѢОБЛѢЩИ СѦ, -облѣкѫ сѧ, -облѣчеши сѧ *сов.* (1) *греч. нет* переодеться převléci se; *перен.* превратиться proměnit se: дьнь вь ноштъ сѧ прѣоблѣче *Супр 475, 16*.— *Ср.* облѣщи, прѣложити, прѣмѣнити (прѣмѣнити сѧ), прѣобразити, прѣставити, прѣтворити

ПРѢОБРАЖЕНИѤ, -ниꙗ *с* (3) μεταμόρφωσις изменение, преображение proměnění: о прѣображении х⟨ристосо⟩вѣ *Мар 43б 17* ◆ *спец.* п р ѣ о б р а ж е н и к г о с п о д а μεταμόρφωσις τοῦ κυρίου Преображение Господне (*церк. праздник*) Proměnění Páně (*církev. svátek*): мѣ⟨сѧ⟩ца авгос⟨та⟩ ѕ҃ в с⟨вѧ⟩тое прѣображение • г⟨оспод⟩а наш⟨е⟩го и⟨с⟩ѵ х⟨ристос⟩а *Ас 151б 7*.— *Зогр 129б 13*

ПРѢОБРАЗИТИ, -образѫ, -образиши *сов.* (5) μετασχηματίζειν превратить, преобразить přeměnit, proměnit: прѣстарѣвъшѫ сѧ трьсть • прѣобразити на младъ онъ образъ *Супр 249, 27-28* ▭ п р ѣ о б р а з и т и с ѧ μεταμορφοῦσθαι преобразиться proměnit se: прѣобрази сѧ прѣдь ними *Мк 9, 2 Зогр Мар;*

Мт 17, 2 Мар Ас (∅ *Зогр*).— *Ср.* измѣнити, обратити, положити, прѣвратити, прѣложити, прѣмѣнити, прѣоблѣщи сѧ, прѣставити, прѣтворити

ПРѢОБРАЗОВАТИ СѦ, -зоуѭ сѧ, -зоуѥши сѧ *несов.* въ чьто (1) μετασχηματίζεσθαι превращаться, преображаться přeměňovat se, proměňovat se: и диꙗволъ же прѣобразоуетъ сѧ въ ангела свѣтъла *Хил 2аа 22 (2 Кор 11, 14)*

ПРѢОДОЛѢТИ, -лѣѭ, -лѣѥши *сов.* комоу, чесомоу (4) κυριεύειν, ὑπερνικᾶν преодолеть, победить *кого-л.*, овладеть *кем-л.* přemoci, ovládnout *někoho*, zvítězit *nad někým*: не прѣодолѣѥта тѣмь • ниже их' побѣдита *Супр 210, 28.— Супр 1, 2; 113, 17; 263, 26-27.— Ср.* въꙁмощи, побѣдити, прѣдолѣти, прѣмощи, съдолѣти

ПРѢОДРЬЖАТИ, -жѫ, -жиши *несов.* (1): прѣодрьжимое слово ὑπεροχῇ λόγου мощь, величие слова moc, vznešenost slova: не по пр..иномоу (! *вм.* пр(ѣодръж)имомоу) сло(воу).. и (прѣмѫд)рости *1 Кор 2, 1 Ен.— Ср.* дрьжати, прѣдрьжати

прѣотьць *Сав 135б 6 см.* праотьць

прѣпии *Пс 34, 10 Син см.* крѣпъкъ

ПРѢПИРАТИ, -аѭ, -аѥши *несов.* (3) **1.** καταπατεῖν топтать, попирать pošlapávat: о нихъже сънъмъшемъ сѧ тъмамъ народа • ѣко прѣпираахѫ дроугъ дроуга *Л 12, 1 Зогр* (попираахѫ *Мар*) **2.** πείθειν убеждать přesvědčovat: прѣподобьнъи же мѫжь акы отьць чѧдолюбивъ • прѣпирааше и глаголꙗ *Супр 205, 7* □ прѣпираѩи сѧ словесы λογομάχος спорщик, препирающийся hašteřivý, hádavý: словесы бо прѣпираѩи сѧ не приꙗзнивъ робъ • нъ ꙗвѣ сѫпьрникъ *Супр 328, 15.— Ср.* наоуцати, попирати

ПРѢПИСАТИ, -пишѫ, -пишеши *сов.* (1) *греч. нет* переписать přepsat, opsat: въ то врѣмѧ оупразнивъ сѧ отъ дѣла ц⟨ѣса⟩ра • прѣписахъ протлъковавъ отъ роумъска ѩзыка [ѩзыка] на гръческъ *Супр 144, 24*

ПРѢПИТѢТИ, -тѣѭ, -тѣѥши *сов.* (4) διατρέφειν насытить, накормить nasytit, nakrmit: безмѣрьно множьство отъ малъ хлѣбъ прѣпитѣлъ *Супр 473, 11* ● *перен.*: въврьзи на г⟨оспод⟩ѣ печаль твоѭ и тъ тѧ прѣпитѣетъ *Пс 54, 23 Син.— Пс 30, 4 Син; 32, 19 Син.— Ср.* накръмити, напитати, напитѣти, насытити, натроути, прѣкръмити

ПРѢПЛАВАТИ, -ваѭ, -ваѥши *несов.* (1) διαπορεύεσθαι проплывать proplouvat: тоу корабли прѣплаваѭтъ *Пс 103, 26 Син*

ПРѢПЛАДЬНИѤ, -ниꙗ *с* (3) σταθερὰ μεσημβρία, αἱ τῆς ἡμέρας ὧραι самый полдень pravé poledne: зною же въ прѣпладьнии бывъшоу • възлеже мѡусии подъ камыкомъ великомъ *Супр 275, 16.— Супр 172, 28; 276, 2-3.— Ср.* пладьниѥ, полоудьне

ПРѢПЛОУТИ, -пловѫ, -пловеши *сов.* (4) περᾶν, διαπερᾶν, διατρέχειν, διαπορθμεύειν переплыть, переправиться přeplout, přeplavit se (*na lodi*): и прѣплѹвъше • придѫ въ землѭ генисарєѳь *Мт 14, 34 Сав* (прѣѣвъше *Зогр Мар*, прѣѣхавъше *Ас*).— *Супр 191, 17-18; 296, 23; 498, 6.— Ср.* прѣити, прѣꙗхати

ПРѢПОДОБИѤ, -ниꙗ *с* (4) ὁσιότης святость, праведность, преподобие svatost, spravedlivost: слоужити емоу прѣподобьемь • ı правъдоѭ прѣдь нимь вьсѧ дьни живота нашего *Л 1, 75 Зогр*, прѣподобиемь *Мар.— Евх 94а 26-94б 1; 95а 21*

ПРѢПОДОБЬНЪ, -ыи *прил.* (99) [прѣпо(д)бън- *Евх* (1), прѣ(п)добн- *Ен* (1), прѣ(д)бън- *Евх* (1), прѣ(д)бн- *Син* (1) *Евх* (1), прѣ(д)н- *Ас* (1) *Син* (4) *Евх* (2), прѣ *Ен* (2), прп(д)бън- *Евх* (1), прпдбн- *Ен* (1), пр(д)бън- *Евх* (1), пр(пд)н- *Син* (1), пр(п)н- *Син* (1), пръ(д)н- *Ас* (1), пр(д)н *Ас* (12) *Син* (1), прд(б)н- *Ас* (1), пр(д)- *Ас* (1), прѣподобъноı *Син* (2), прѣподобıнıı (!) *Син* (1)] ὅσιος, ὁσιώτατος, θεῖος, ἅγιος преподобный svatý, spravedlivý: такъ намъ подобааше архиереи • прѣподобнъ • безлобнъ *Евр 7, 26 Ен*; пришъдъ же потомь малъ прѣподобьнъи патрикъ кп⟨нско⟩пъ *Супр 552, 2* ● *спец.*: б⟨ог⟩ъ ıже нъı молıтвъı радı блаженъıѩ б⟨огороди⟩цѩ ı прıснодѣвъı марıѩ... ı прѣподобьнъıхъ • ı чıстъıхъ дѣвъ • ı въсѣхъ свѩтъıхъ твоıхъ молıтвамı • прıсно нъı възвеселıлъ есı *Киев 7а 9* □ прѣподобьнъи *в знач. сущ.* ὁ ὅσιος преподобный, святой *м* světec: ѣко не оставıшı д⟨оу⟩шѩ моеѩ въ адѣ • нı дасı прѣподобъноумоу своемоу вıдѣтı ıстълѣньнѣ (! *вм.* ıстълѣньѣ) *Пс 15, 10 Син.— Ас Ен Син Киев Евх Супр.— Ср.* правьдьнъ, прѣсвѧтъ, свѧтъ

ПРѢПОДОБЬНѢ *нареч.* (1) ὁσίως свято, праведно svatě, spravedlivě: тако добрѣ и прѣподобьнѣ иже х⟨ристос⟩а ради съповѣданиѥ съконьча с⟨вѧ⟩тъıи нисıї *Супр 47, 11-12*

ПРѢПОКОИТИ, -покоѭ, -покоиши *сов.* кого чимь (1) *греч. нет* успокоить uklidnit: скръбѧштѧ прѣпокоити прилежа • чашеѭ стоуденъı водъı *Супр 550, 18.— Ср.* покоити

ПРѢПОЛОВИТИ, -влѭ, -виши *сов./несов.* (2) ἡμισεύειν достичь/достигать (*половины чего-л.*) dosáhnout/dosahovat poloviny: мѫжи кръвъı (! *вм.* кръвии) ı лъстıвı не прѣполовѩтъ дны своıхъ *Пс 54, 24 Син* □ прѣполовити сѧ τὸν μέσον δρόμον διανύειν, *вар.* καταλαμβάνειν пройти, миновать половину (*пути*) být v polovici (*cesty, dráhy*): многоу же часоу минѫвъшоу • и ношти оуже прѣполовѧшти сѧ *Супр 515, 18*

ПРѢПОЛОВЛѤНИѤ, -ниꙗ *с* (6) [прѣпо(л)-

Ас (1)] τὸ ἥμισυ; (въ прѣполовлєниѥ праздьника τῆς ἑορτῆς μεσούσης) половина, преполовение polovina: не възведі мнє вь прѣполовлєньє дънеі моιхъ *Пс 101, 25 Син* ● *спец.* прѣполовлєниѥ праздьника μεσοπεντηκοστή Преполовение 25. den po velikonocích: в срѣд⟨ж⟩ г҃ нед⟨ѣлѩ⟩ прѣпол⟨о⟩вление праз⟨дь⟩ник⟨а⟩ *Ас 16аβ 17-18.— И 7, 14 Зогр Мар Ас; Супр 550, 25.— Ср.* платъ[2], пола, полъ

ПРѢПОЯСАТИ, -поѩшѫ, -поѩшеши *сов. и* -поѩсаѭ, -поѩсаѥши *несов.* кого, чьто чимь (35) περιζωννύναι, διαζωννύναι препоясать/препоясывать opásat/opásávat: бѫдѫ чрѣсла ваша прѣпоѩсана *Л 12, 35 Зогр Мар Ас Сав* ● *перен.*: прѣпоѩсалъ мѧ єси силоѭ на бранъ *Пс 17, 40 Син*; б⟨ог⟩ъ прѣпоѩсаѩі мѧ силоѭ *Пс 17, 33 Син* ▭ прѣпоѩсати сѧ чимь περιζώννυσθαι, διαζώννυσθαι, διαζωννύναι ἑαυτόν препоясаться/препоясываться opásat se/opásávat se: ѣко прѣпоѣшетъ сѧ • і посадитъ ѩ *Л 12, 37 Зогр Мар Сав* (поѣшетъ сѧ *Ас*) ● *перен.*: сь прѣпоѣсаетъ сѧ • силоѭ истины *Евх 97а 11.— Зогр Мар Ас Сав Син Евх.— Ср.* поѩсати

ПРѢПРОВАЖДАТИ, -ждаѭ, -ждаѥши *несов.* (1) διατελεῖν проводить (*время*) trávit (*čas*): •л҃• лѣтъ жи тоу • молитвами и пѣсньми вьсѧ дьни и нощти прѣпроваждаѩ *Супр 519, 3.— Ср.* проваждати, проводити

ПРѢПРОВОДИТИ, -вождѫ, -водиши *сов.* (1) διατελεῖν провести (*время*), прожить strávit (čas), prožít: съ многомь оумилениимъ • вьсе врѣмѧ прѣпроводивъ *Супр 528, 28.— Супр 542, 17-18; 550, 19-20.— Ср.* проводити

ПРѢПРОСТЪ, -ын (7) ἁπλοῦς, *вар.* ἁπλούστατος прямодушный, чистосердечный (*о святом*) prostý, upřímný (*o světci*): житиѥ прѣподобьнааго отьца нашего • павъла прѣпростааго *Супр 168, 29-30.— Супр 171, 11; 171, 25; 173, 12-13; 173, 20-21; 174, 2; 174, 4.— Ср.* простъ

ПРѢПРОСТЬ[1] *нареч.* (4) ἁπλῶς; (прѣпрость въ гражданехъ ἐπιπολαίως) просто (*без исключения*) prostě (*všeobecně*): вьсѧ ли прѣпрость с⟨ъ⟩п⟨а⟩саетъ • ѣвль сѧ въ адѣ б⟨ог⟩ъ *Клоц 13а 18; Супр 449, 20*; ѥстъ бо каѩниѥ отъ вьсеѩ доуша износимо • и ѥстъ покаaниѥ прѣпрость въ гражданехъ вьзискаѥмо *Супр 362, 22.— Рыл 5аа 9.— Ср.* просто, простѣ, прѣпростѣ

ПРѢПРОСТЬ[2] *прил. нескл.* (?) (1) ἐν ἐπιτομῇ простой, краткий jednoduchý, stručný: житиѥ прѣпрость • отьца їѡана игоумена *Супр 272, 5.— Ср.* простъ

ПРѢПРОСТѢ *нареч.* (1) σύντομος (!) просто, без околичностей prostě, bez okolků: аште ли не хоштеши • прѣпростѣ съмрьти прѣдамъ тѧ *Супр 23, 8.— Ср.* просто, простѣ, прѣпрость[1]

прѣпрѫда, прѣпрѫдъ, прѣпрѫдь, прѣпрѫдьнъ *Ас Сав см.* пра-

ПРѢПЬРѢНИѤ, -ниѩ *с* (1) πεῖσαι уговаривание, убеждение přemlouvání, přesvědčování: полагаатъ сиѭ притчѫ довьлънѫ на прѣпьрѣниѥ *Супр 371, 19.— Ср.* пьрѣниѥ, пьрѩ

ПРѢПЬРѢТИ, -пьрѭ, -пьриши *сов.* (4) πείθειν, συμβουλεύειν уговорить, убедить přemluvit, přesvědčit: не прѣпьриши насъ капиштемъ нечистомъ поклонити сѧ *Супр 177, 28* ● νικᾶν победить (в споре) zvítězit (ve při): ѣко да... прѣпьриши вънегъда осѫдити сѩ *Пс 50, 6 Син.— Супр 180, 4-5; 404, 9*

ПРѢПѢТИ, -поѭ, -поѥши *несов.* (2) ᾄσειν петь песню prozpěvovat, jásat: о благодѣти поѭще и прѣпоѭще • въ ср⟨ъ⟩дцихъ вашихъ г⟨осподе⟩ви *Кол 3, 16 Ен* ▭ прѣпѣтъ, -ын *в знач. прил. греч. нет* прославленный, преславный přeslavný, převelebný: с⟨вѧ⟩тѣиши хероувима • и вышьшиѣ н⟨е⟩бесъ • прѣпѣтаѣ б⟨огороди⟩це *Ен 28б 5.— Ср.* въспѣвати

ПРѢРЕЩИ, -рекѫ, -речеши *сов.* (4) ἐρίζειν поссориться, вступить в спор, в пререкания pohádat se, dát se do sporu, pustit se do sporu: не прѣречетъ ни възъпиетъ *Мт 12, 19 Зогр Мар Ас Сав*

ПРѢРОВЪ, -а *м* (1) τάφος ров, яма průrva, jáma: изгонима же въпаде сѧ въ пѣровъ (!) • и изломи ногѫ прѣдьнѭѭ *Супр 218, 3.— Ср.* ровъ, ровьникъ, ѩма

прѣродительнъ *Супр 104, 15 см.* прародительнъ

ПРѢРОЧЬНЪ, -ын *прил.* (4): знамениѥ прѣрочьно σημεῖον ἀντιλεγόμενον знамение, которое станет предметом пререканий znamení, kterému se bude odporovat: се лежитъ сь • на паданье і на въстанье многомъ • въ і⟨здраи⟩ли • і въ знаменье прѣрочьно *Л 2, 34 Зогр Мар Ас Сав*

ПРѢРѢЗАТИ, -рѣжѫ, -рѣжеши *сов.* (1) τέμνειν разрезать, разделить přeřezat, rozdělit: не прѣрѣжѫ тебе не дѣленаaго *Супр 505, 18.— Ср.* раздѣлити, протесати, прѣсѣщи

ПРѢРѢКАНИѤ, -ниѩ *с* (6) [пр..рѣканъѣ *Син* (1), прѣканьѣ (!) *Син* (1), прѣрѣньѣ (!) *Син* (1)] ἀντιλογία спор, ссора, пререкания spor, hádka, odpor: ѣко видѣхъ безаконенье і прѣрѣканъе въ градѣ *Пс 54, 10 Син* ◆ вода прѣрѣканиѩ *местность* ὕδωρ ἀντιλογίας Вода пререкания (*мятежа*) Voda vzpoury: іскоусихъ тѧ на водѣ прѣрѣньѣ (! *вм.* прѣрѣканьѣ) *Пс 80, 8 Син.— Пс 17, 44 Син; 30, 21 Син; 79, 7 Син; Супр 474, 18.— Ср.* прѣкословесиѥ, пьрѩ; вода прѣрѣканиѩ *ср.* прѣрѣканьнъ

ПРѢРѢКАНЬНЪ, -ыи *прил.* (1): вода прѣрѣканьнаꙗ *местность* ὕδωρ ἀντιλογίας Вода пререкания (*мятежа*) Voda vzpoury: и прогнѣвашѧ и на водѣ прѣрѣканьнѣі *Пс 105, 32 Син.— Ср.* прѣрѣканиѥ (вода прѣрѣканиꙗ)

ПРѢРѢКАТИ, -каѭ, -какши *несов.* (6) **1.** комоу ἐπιτιμᾶν уговаривать, убеждать *кого-л.* přemlouvat, přesvědčovat *někoho*: і поемъ і петръ начѧтъ прѣрѣкати ѥмоу *Мт 16, 22 Мар* (∅ *Зогр*) ● чесомоу; чьто къ комоу; междоу цѣмь ἀντιβάλλειν разговаривать, беседовать *о чём-л. с кем-л.* rozmlouvat, diskutovat *o něčem s někým*: каꙗ сѫтъ словеса си • ꙗже прѣрѣкаета къ себѣ *Супр 474, 24-25; 474, 27*; прѣрѣкаꙗта междоу собоѭ *Супр 475, 1* (о нихъже сътѧзаета сѧ *Л 24, 17 Зогр Мар Ас*); бѫдѫ и азъ обьштьникъ вашимъ словесемъ • имъже прѣрѣкаꙗта *Супр 474, 30* **2.** *без доп.* ἀντιλέγειν противоречить, прекословить odmlouvat, odporovat: ꙗкоже агнѧ прѣдъ стригѫштиїмъ ѥго безъ гласа • не противѧ сѧ • не прѣрѣкаѩ *Супр 481, 8* (*Ис 53, 7*).— *Ср.* глаголати (противѫ глаголати), противити сѧ, пьрѣти сѧ, съвъпрашати сѧ, сътѧзати сѧ

прѣрѣньѣ *Пс 80, 8 Син см.* прѣрѣканиѥ

ПРѢСВѢТЬЛЪ, -ыи *прил.* (1) *греч. нет* очень яркий, светлый, блестящий přejasný, skvoucí: прѣсвѣтьлыимь свѣтомь твоимь • ізємъ зракъ его *Евх 34а 14-15.— Ср.* свѣтьлъ, ꙗснъ

ПРѢСВѦТЪ, -ыи *прил.* (45) [прѣст҇- *Служ* (1) *Евх* (36) *Супр* (2), прѣст҇- *Ас* (2), пр..ст҇ *Рыл* (1), пр *Евх* (1)] πανάγιος, ὑπεράγιος, πολυύμνητος (!) · святейший, пресвятой přesvatý, nejsvětější: вьложениѥ • поѣса чес⟨ть⟩нааго пр⟨ѣ⟩с⟨вѧ⟩тꙑѩ б⟨огороди⟩цѧ *Ас 1536 9.— Ас Служ Евх Супр Рыл.— Ср.* прѣподобьнъ, свѧтъ

ПРѢСЕЛИТИ, -лѭ, -лиши *сов.* (3) μεταναστεύειν переселить, выселить, изгнать přestěhovat, vystěhovat, vyhnat: въстръгнетъ тѧ и прѣселітъ тѧ отъ села твоего *Пс 51, 7 Син* ▭ прѣселити сѧ μετανίστασθαι стать изгнанником, странником stát se vyhnancem, cizincem: да прѣселѧтъ сѧ с⟨ы⟩н⟨о⟩ве его и въсхлѧпаѭтъ *Пс 108, 10 Син* ● μεταναστεύειν двинуться, отдалиться, удалиться pohnout se, vzdálit se: ибо тъ б⟨ог⟩ъ мои с⟨ъ⟩п⟨асите⟩лъ мои • застѫпьнікъ мои не прѣселѭ сѧ *Пс 61, 7 Син*

ПРѢСЕЛЬНИКЪ, -а *м* (1) πάροικος переселенец, странник přesídlenec, cizinec: ѣко прѣсельнікъ есмъ а(зъ) оу тебе *Пс 38, 13 Син.— Ср.* пришьльць

ПРѢСЕЛЕНИѤ, -ниꙗ *с* (9) μετοικεσία, παροικία переселение, выселение přestěhování, vysídlení: до прѣселениѣ вавилонъскааго *Мт 1, 17 Ас Сав* (∅ *Зогр Мар*).— *Мт 1, 11 Ас Сав; Мт 1, 12 Ас Сав; Мт 1, 17 Ас Сав; Пс 64, 1 Син*

ПРѢСКВРЬНЬНЪ, -ыи *прил.* (2) παμμίαρος прескверный, скверный (velmi) nečistý: отъ зълокозньныихъ сѣтии прѣскврьньнааго врага *Супр 520, 22-23.— Супр 519, 16.— Ср.* нечистъ, скврьньнъ

ПРѢСКОЧИТИ, -чѫ, -чиши *сов.* (1) ὑπεράλλεσθαι перескочить, перепрыгнуть přeskočit: никтоже того (*т. е.* ада) прѣскочи сѣтии *Супр 238, 15*

ПРѢСКРЪБЬНЪ, -ыи *прил.* (1) πανώδυνος горестный, прискорбный přesmutný, nejsmutnější, bolestný: бога отътѫдоу молꙗахѫ • изъбавьꙗниꙗ просѧште • прѣскрьбьнааго того оумиленааго обладаниꙗ вражиꙗ *Супр 461, 17.— Ср.* скръбьнъ

ПРѢСЛАВЬНЪ, -ыи *прил.* (24) ὑπερένδοξος, ἔνδοξος, πανεύφημος славный, прославленный, преславный přeslavný, nejslavnější: о с⟨вѧ⟩тыхъ прѣславьныхъ ап⟨осто⟩лѣхъ *Служ 3б 12* ● παράδοξος необыкновенный, удивительный podivuhodný: кричѧште о прѣславьнѣѣмь чоудеси *Супр 35, 11* ▭ прѣславьно, -оѥ, прѣславьна *с мн. в знач. сущ.* τὸ παράδοξον, τὰ δεδοξασμένα чудо div: она же прѣславноѥ то видѣвъши *Супр 517, 2*; прѣславно г⟨лаго⟩ла сѧ о тебѣ граде б⟨о⟩жы *Пс 86, 3 Син*; прѣславьна *Супр 247, 30*; прѣслав.. *Ен 27а 1.— Ен Син Служ Евх Супр.— Ср.* дивьнъ, славьнъ, чоудьнъ

ПРѢСЛАВЬНѢ *нареч.* (3) παραδόξως необыкновенно, удивительно podivuhodně: дивіти сѧ • прѣславнѣ бываѭштиїмъ чоудесемъ *Супр 565, 11.— Супр 190, 14-15; 569, 1-2*

ПРѢСЛОУШАНИѤ, -ниꙗ *с* (3) παρακοή ослушание, неповиновение neposlušnost, vzpurnost: бѣаста оба въ прѣслоушаниї б⟨о⟩жии бывъша *Супр 9, 17.— Супр 291, 15; 400, 13.— Ср.* ослоушаниѥ

ПРѢСЛОУШАТИ, -аѭ, -аѥши *сов.* (1) παρακούειν ослушаться, не подчиниться neuposlechnout: аште бога прѣслоушаѭ • обоꙗко вь мѫцѣ ѥсмь *Супр 367, 1-2.— Ср.* ослоушати

прѣслѣ (!) *Пс 9, 5 Син см.* прѣстолъ

ПРѢСПѢВАТИ, -аѭ, -аѥши *несов.* кого, чьто въ чьто (2) ὑπερβάλλειν, ὑπερέχειν превосходить překonávat, předčit, převyšovat: дроугъ же дроуга прѣспѣваѭ въ божиѭ любьве *Супр 453, 29-30.— Фил 4, 7 Ен.— Ср.* прѣспѣꙗти, прѣходити

ПРѢСПѢТИ, -спѣѭ, -спѣѥши *сов.* (2) **1.** кого, чьто чимь αἰσχύνειν (!) превзойти překonat, převýšit: прѣспѣ же сьѭ добротѫ • ч⟨лове⟩къ почьтеньемь *Клоц 10а 8* **2.** на чьто προκόπτειν ἐπί τι направиться, устремиться *к чему-л.* zamířit, začít směřovat *k něčemu*: чародѣица • на горьшеѥ прѣспѣѭтъ *Супр 214, 21-22* (*2 Тим 3, 13*)

ПРѢСПѢꙖТИ, -спѣѭ, -спѣѥши *несов.* (1) ὑπερβαίνειν превосходить překonávat, předčit, převyšovat: дивъ бо твари прінесъ прѣспѣѭштъ • мѣрѫ твари *Клоц 10а 11*.— *Ср.* прѣспѣвати, прѣходити

прѣсрѣдѣ *Пс 81, 1 Син вм.* посрѣдѣ

ПРѢСТАВИТИ, -влѭ, -виши *сов.* (7) **1.** μεθιστάναι перенести, переставить přenést, přestavit *перен.*: прѣстави и отъ немощи въ мощь *Евх 25а 10-11* **2.** μεθιστάναι устранить odstranit: искорените прѣставите (*т. е.* врата) • не затвараꙗти сѧ имъ к' томоу *Супр 465, 7* ● παύειν, *вар.* κατηγορεῖν отменить, упразднить zrušit: да не кто речетъ • ѣко сего ради прѣставі и (*т. е.* законъ) • сего раді испразні и • зане не може его съврьшіті *Клоц 6б 8* (оупразни *Супр 416, 26*) **3.** чьто на чьто μεθιστάναι изменить, переменить změnit: ты вьсе на оуньшиїнѫ прѣстави *Супр 506, 1* **4.** καταβάλλειν установить, назначить ustanovit, určit: цѣнѫ прѣставиша крьви цѣны не имѫшта *Супр 415, 11* (съвѣшташѧ *Клоц 5б 31*).— *Клоц 6б 7; Супр 384, 30*.— *Ср.* прѣложити, прѣнести, прѣобразити, прѣтворити, оупразнити

ПРѢСТАВЛꙖТИ, -влꙗѭ, -влꙗѥши *несов.* (1) μεθιστάναι переставлять, переносить přestavovat, přenášet; *перен.* заставлять умереть nechávat zemřít: никтоже вь цѣсарихъ бысть бе съмрьти... вьсѧ прѣставьꙗтъ (*вм.* прѣставьꙗѥтъ) владыка бесъмрьтьныи *Супр 238, 12*

ПРѢСТАВЛѤНИѤ, -ниꙗ *с* (9) [при- (!) *Евх* (1)] **1.** μετάστασις перемещение, перенесение přemístění, přestěhování *перен.*: нъ прѣставление • ѡ печальныхъ • въ радостьнаа *Евх 65б 16* ● μετάστασις mortalitas кончина, смерть (*как перемещение на тот свет*) skon, úmrtí: мѣ⟨сѧ⟩ца сеп⟨тѧ⟩б⟨ра⟩ прѣставление с⟨вѧ⟩тааго иоана б⟨о⟩гословца ев⟨ан⟩ѣ⟨е⟩л⟨и⟩ста *Ас 121б 15; Сав 131а 12; Ен 36б 5*; цѣркъве ради твоеѩ • і живота і прѣставлениѣ нашего ради *Киев 6а 5-6* **2.** μετάστασις устранение odstranění: нъ владычьскы вамъ ꙗко оубогомъ хлапом' • велаштоу възати сѧ вѣчьныимъ вратомъ • и прѣставьѥниѥ и съкроушениѥ *Супр 465, 13*.— *Евх 64а 15; Супр 487, 24-25; 487, 29*.— *Ср.* оумрьтиѥ, оусъпениѥ

прѣстань *см.* беспрѣстани

ПРѢСТАРѢТИ, -ѣѭ, -ѣѥши *сов.* (2): прѣстарѣвыи *в знач. прил.* ὑπερόριος престарелый, дряхлый přestárlý: иже раздрѣшити неплодьство • прѣстарѣвъшиихъ оудъ *Супр 249, 26* ▭ прѣстарѣти сѧ γηράσκειν состариться přestárnout, sejít věkem: ѥже прѣстарѣвъшѫ сѧ трьсть • прѣобразити на младъ онъ образъ *Супр 249, 27*.— *Ср.* заматорѣти, обетъшати, състарѣти сѧ

ПРѢСТАТИ, -станѫ, -станеши *сов.* (29) **1.** отъ чесо *или без доп.* παύεσθαι, κοπάζειν, διολείπειν, καθικνεῖσθαί τινος (!) перестать přestat, ustat *od něčeho*: і бысть... молѧштоу сѧ • і ѣко прѣста • рече етеръ отъ оученикъ его къ н҄емоу *Л 11, 1 Зогр Мар*; прѣстани отъ гнѣва *Пс 36, 8 Син* □ не прѣстати *с прич. наст. вр.* οὐ διαλείπειν, οὐκ ἀπέχεσθαι постоянно делать *что-л.*, не переставать делать *что-л.* bez přestání *něco* dělat, neustávat dělat *něco*: си же отъ н҄елиже вьнидъ • не прѣста облобызаѭшти ногоу моеѭ *Л 7, 45 Зогр Мар Ас Сав; Супр 395, 9* **2.** *без доп.* (*о времени*) *греч. нет* настать, наступить nastat: ꙗроу тоу грѣховьнѣи зълоби прѣсталъ коньцъ *Супр 386, 8* **3.** кого, чьто *греч. нет* остановить *кого-л.* zastavit *někoho*: блаженыи же прѣставъ и на пѫти прістѫпи къ н҄емоу *Супр 192, 26*.— *Зогр Мар Ас Сав Син Клоц Супр*.— *Ср.* настати, прѣдъстати, съконьчати

ПРѢСТАꙖТИ, -стаѭ, -стаѥши *несов.* (15) **1.** *без доп.* παύεσθαι, καταπαύεσθαι переставать přestávat, ustávat: елма же ꙗви сѧ правьдьноѥ сльньце • стѣнь прѣстааше оуже *Супр 417, 27* □ не прѣстаꙗти *с прич. наст. вр. или с инф.* οὐ παύεσθαι, οὐ διαλείπειν непрестанно делать *что-л.*, не переставать делать *что-л.* neustále *něco* dělat, neustávat *od něčeho*: тѣмже не прѣстаи за ны м⟨о⟩лѧщи *Ен 28б 8-9*; молити насъ ради не прѣстанте *Супр 68, 16*; не прѣстаѭштоу испоуштати еп⟨искоу⟩пы вь вьсѧ страны *Супр 535, 5* ▭ не прѣстаѩ, -ѩи *в знач. прил.* ἄληκτος, ἀκατάσχετος, ἀκαταπαύστως (!) непрестанный neustálý, ustavičný: не прѣстаѭщиѩ воды рѣчьныѩ *Евх 1б 2-3*; молитвами непрѣстаѭштами • бога отътждоу молꙗахѫ *Супр 461, 15-16*; егда вѣтръ лютъ сѣверъ вѣꙗше не прѣстаѩ *Супр 90, 3* **2.** кого ἀποστοματίζειν (!) бросаться *на кого-л.* vrhat se *na někoho*: начашѧ кънижьници і фарисѣи • і лютѣ ѣко гнѣвати сѧ • і прѣстаати і • о мъножаішиихъ *Л 11, 53 Зогр Мар*.— *Клоц 13б 10; Супр 196, 5; 319, 28-29; 450, 17; 516, 16; 527, 19*.— *Ср.* прѣбывати

прѣсте *И 7, 45 Ас см.* привести[1]

ПРѢСТОЛЪ, -а *м* (56) θρόνος, κόλπος (!) престол, трон prestol, trůn: егда сѧдетъ с⟨ы⟩нъ чл⟨о⟩в⟨ѣчь⟩скы • на прѣстолѣ славы своеѩ • сѧдете и вы на дъвою на десѧте прѣстолоу *Мт 19, 28 Мар Ас Сав* (∅ *Зогр*); прѣстолъ твои б⟨о⟩же • въ вѣкы вѣка *Евр 1, 8 Ен* ● *спец.* прѣстоли θρόνοι Престолы (*один из ангельских чинов*) Trůny (*jeden z* *kůrů andělských*): егоже трепещѫтъ • видимаа и невидимаа • а⟨н⟩ѣ⟨е⟩ли ι арх⟨ан⟩ѣ⟨е⟩ли • прѣстоли ι г⟨оспо⟩дествиѣ *Евх 45б 20.— Зогр Мар Ас Сав Ен Син Евх Клоц Супр*

ПРѢСТОꙗНИѤ, -ниꙗ *с* (2) **1.** *греч. нет* присутствие, наличие přítomnost: ι изъми е из вьсѣкоꙗ напасти диѣволѧ • ι в'сѣка прѣстоѣниѣ • противьнича *Евх 56а 17* **2.** παράστασις служение služba: ѣко д'несь тѧ избъра • ι разлѫчи тѧ г⟨оспод⟩ь отъ миръннааго житиѣ • ѣко на лици емоу въ прѣстоѣние • мьнишьскааго чина *Евх 90б 7.— Ср.* пришьствиѥ, слоужениѥ, слоужьба

ПРѢСТОꙗТИ, -стоѭ, -стоиши *несов.* комоу; на кого; прѣдъ цѣмь; въ чемь *или без доп.* (28) **1.** παρίστασθαι, παρεῖναι, περιΐστασθαι, περιεῖναι, παρέλεσθαι, ἐξίστασθαι (!); (прѣстоꙗти тоу περιΐστασθαι) стоять *перед кем-л., чем-л.*, присутствовать, предстоять stát *před někým, něčím*, být (přítomen): азъ есмь гаврилъ • прѣстоꙗı прѣдъ б⟨ого⟩мь *Л 1, 19 Зогр Мар Ас*; се бо въ отишьи прѣстоитъ х⟨ристос⟩ъ *Евх 84б 3*; силъı а⟨нъ⟩ѣ⟨е⟩лъскъıꙗ • прѣстоꙗтъ на съдѣꙗщꙗꙗ сѧ • дьнесь *Евх 86б 7-8* ▭ п р ѣ с т о ꙗ и *в знач. прил.* παρών, περιών, παρεστώς, περιεστώς присутствующий přítomný: призьри... г⟨оспод⟩ι на людие твоꙗ • сиꙗ прѣстоꙗщꙗꙗ *Евх 62б 13-14*; многъ плачъ отъ прѣстоѧштиихъ бъıстъ єго ради *Супр 48, 2* **2.** παρίστασθαι служить, помогать sloužit, pomáhat: емоуже прѣстоꙗтъ тъıсѧщꙗ • тъıсѧщами • ι тъмъı тъмами • с⟨вѧ⟩тъıхъ а⟨н⟩ѣ⟨е⟩лъ воинъства *Евх 93а 23.— Зогр Мар Ас Сав Евх Клоц Супр.— Ср.* прѣдълежати, прѣдъстоꙗти, слоужити, стоꙗти (прѣди стоꙗти)

ПРѢСТРАДАТИ, -страждѫ, -страждеши *сов.* (4) [прѣдрадахъ (!) *Супр* (1)] ὑπομένειν перенести, вытерпеть, перестрадать přetrpět, vytrpět: кое • єже васъ ради прѣстрадахъ • єже васъ ради прѣдрадахъ (! *вм.* прѣстрадахъ) • и сътрьпѣхъ *Супр 475, 28 и 29.— Супр 480, 11; 535, 28.— Ср.* пострадати, потрьпѣти, страдати

ПРѢСТРАНꙗТИ СѦ, -ꙗѭ сѧ, -ꙗєши сѧ *несов.* (1) *греч. нет* наклоняться naklánět se: зъıбьѭштоу сѧ съпръва и прѣстранꙗѭштоу на обѣ странѣ *Супр 563, 8.— Ср.* клонити сѧ, колѣбати, прѣкланꙗти (прѣкланꙗти сѧ)

ПРѢСТѪПАТИ, -аѭ, -аєши *несов.* (11) **1.** къ комоу; въ чьто μεταβαίνειν переступать, переходить přestupovat, přecházet: огнь бо и къ вьжагаѭштоуоумоу прѣстѫпаєтъ *Супр 95, 4* **2.** παρανομεῖν, ὑπερβαίνειν, παραβαίνειν, ἀκυροῦν преступать, нарушать (*закон, правило*) přestupovat, překračovat (*zákon, příkaz*): по чьто въı прѣстѫпаєте заповѣдь б⟨о⟩жиѭ • за прѣданиє ваше *Мт 15, 3 Зогр Мар.— Мт 15, 2 Зогр Мар; Мк 7, 13 Зогр Мар; Пс 74, 5 Син; 118, 51 Син; Супр 360, 14; 567, 17-18.— Ср.* походити, проходити, прѣминовати, прѣхаждати, прѣходити

ПРѢСТѪПИТИ, -плѭ, -пиши *сов.* (19) **1.** *без доп.* μεταβαίνειν перейти, переступить přestoupit, přejít: речете горѣ сеи прѣстѫпи отъ сѫдоу тамо и прѣстѫпитъ *Мт 17, 20 Сав* (прѣ(и)ди... прѣидетъ *Мар Ас, ∅ Зогр*) **2.** *перен.* παραβαίνειν, παρέρχεσθαι преступить, нарушить (*закон, правило*) přestoupit, překročit (*zákon, příkaz*): николиже заповѣди твоєꙗ не прѣстѫпихъ *Л 15, 29 Зогр Мар Ас Сав* ● *без доп.* παραβαίνειν согрешить zhřešit: еуга же прѣстѫпити адама сътворила *Супр 482, 16-17* ● ὑπερβαίνειν обойти pominout: хотѣхъ оубо прѣстѫпити повѣсть *Супр 437, 10.— Зогр Мар Ас Сав Евх Супр.— Ср.* прѣити

ПРѢСТѪПЛѤНИѤ, -ниꙗ *с* (7) παράβασις нарушение, проступок přestoupení, přestupek: о прѣстѫплении заповѣди б⟨о⟩жиꙗ *Мар 43б 10.— прип. к Зогр 36б; Евр 2, 2 Ен; Евх 52б 25; 66б 9; Супр 396, 19; 402, 9.— Ср.* безакониѥ, грѣхъ, законопрѣстѫплениѥ, погрѣшениѥ, прѣгрѣшениѥ

ПРѢСТѪПОКЛѦТИѤ, -ниꙗ *с* (1) *греч. нет* клятвопреступление, лжеприсяга křivopřísežnictví, křivá přísaha: присно въпадаѭ... въ прѣстѫпоклѧтиѣ *Евх 68а 26.— Ср.* лихоклѧтва

ПРѢСТѪПЬНИКЪ, -а *м* (2) **1.** παραβαίνων нарушитель přestupník, provinilec: прѣстѫпьникъı непъштевахъ вьсѧ грѣшьнъıꙗ землı *Пс 118, 119 Син* **2.** παραβάτης отступник odpadlík, apostata: довьлѣєтъ бо ємоу (*т. е.* ıоулианоу) безаконникомъ и прѣстѫпьникомъ зъвати и *Супр 214, 4-5.— Ср.* законопрѣстѫпьникъ

ПРѢСТѪПЬНЪ, -ъıи *прил.* (1) παράβασις (!) противозаконный, преступный protizákonný, zločinný: пѫть обрѣтъши на сънѣдь прѣстѫпьнѫѭ *Клоц 10а 35*

ПРѢСѢДѢТИ, -сѣждѫ, -сѣдиши *несов.* (1): п р ѣ с ѣ д ѣ т и въ л а ꙗ т е л и х ъ ἐγκαθέζεσθαι ἐνέδρᾳ сидеть в засаде vysedávat na číhané: прѣсѣдıтъ въ лателıхъ (! *вм.* лаꙗтелıхъ) *Пс 9, 29 Син*

ПРѢСѢЩИ, -сѣкѫ, -сѣчеши *сов.* (3); (на полъı прѣсѣщи διχοτομεῖν) перерубить, разрубить, рассечь přeseknout: єгда хотѣаше вьчьтенъıи сь мрьтвьци • прѣсѣшти гробьнъıꙗ печати *Супр 472, 27*; єгоже господинъ пришедъ на полъı прѣсѣчетъ *Супр 107, 29-30.— Супр 477, 10-11.— Ср.* протесати, прѣрѣзати, расѣщи

ПРѢСѦЅАТИ, -сѧжѫ, -сѧжеши *несов.* (1) *греч. нет* перехватывать přesahovat, sahat jinam: д⟨оу⟩хъ... пакъı отътѫдѣ прѣсѧжѫштама рѫкама с⟨вѧ⟩тааго • абиѥ въ дроугꙑи оудъ прѣстѫпааше *Супр 567, 16-17*

ПРѢСѪЧИТИ, -чѫ, -чиши *сов.* (3) *греч. нет* высушить vysušit: прѣсѫчи ѥи ıсточьникъ • отъ негоже исходитъ *Евх 45а 9-10.— Евх 29а 21-22; 29б 2.— Ср.* исоушити, исѫчити, оусоушити

ПРѢТВАРꙖТИ СѦ, -ꙗѭ сѧ, -ꙗѥши сѧ *несов.* (1) μεταβάλλεσθαι превращаться, претворяться měnit se: своѭ вльхвовънѫѭ хꙑтростиѭ измѣнꙗѧ сѧ • иже прѣтварѣше сѧ овогда тоуромъ бꙑвъ *Супр 7, 23.— Ср.* прѣвраштати (прѣвраштати сѧ), прѣлагати, прѣмѣновати, прѣмѣнꙗти сѧ, прѣобразовати сѧ

ПРѢТВОРИТИ, -рѭ, -риши *сов.* чьто; чьто на чьто (4) **1.** μεταποιεῖν, μετατρέπειν превратить, претворить přetvořit, změnit: тъ же възалка • иже оумꙑшлѥнимъ ѥдинѣмъ водѫ на вино прѣтвори *Супр 344, 21* ▭ прѣтворити сѧ μεταποιεῖσθαι превратиться, претвориться přetvořit se, změnit se: мѧкъкоѥ же ѥстьство водьноѥ • камениѥ подраживо прѣтвори сѧ *Супр 90, 11* **2.** συγχρῆσθαι приложить, использовать vynaložit, použít: тако же и съпас' вьсѧ зълꙑѧ винꙑ на благоѥ прѣтвори *Супр 430, 18.— Супр 90, 6.— Ср.* положити, потворити, прѣвратити, прѣложити, прѣмѣнити, прѣнести, прѣоблѣщи сѧ, прѣобразити, прѣставити

ПРѢТЕЩИ, -текѫ, -течеши *сов.* (4) **1.** περιτρέχειν, ἐπιδρομή (!) обежать, пробежать přeběhnout, proběhnout: прѣтѣкъшѧ вьсѫ странѫ тѫ *Мк 6, 55 Зогр Мар* **2.** παρατρέχειν пройти, миновать přejít, pominout: ч'то оубо сътвори сѧ дьнесь • да не просто бо насъ прѣтекѫтъ • дьни сего чоудеса *Супр 431, 16.— Евх 54а 9.— Ср.* прѣити, прѣминѫти

прѣти сѧ *Супр 95, 16; 511, 12 см.* пьрѣти сѧ

ПРѢТИРАТИ, -аѭ, -аѥши *несов.* (1): прѣтирати пилоѭ συμπρίζειν перепиливать, пилить přeřezávat pilou: или почто не съвѣштаваасте сѧ на манасиѭ ѥгда исаиѭ пилоѭ прѣтирааше *Супр 397, 1*

ПРѢТИТИ, прѣштѫ, прѣтиши *несов.* комоу, чесомоу чимь; на кого, чьто; *с инф. или без доп.* (33) **1.** ἀπειλεῖν, ἐπανατείνεσθαι, ἐντυγχάνειν, ἡ ἀπειλή (!) грозить, угрожать vyhrožovat: страшьнꙑими сими мѫками прѣтите *Супр 88, 20*; горьцѣ прѣтѧаштоу цѣсароу на божиѩ рабꙑ *Супр 209, 27*; тꙑ различьнꙑими мѫками прѣштааше оуморити мѧ *Супр 254, 1* ● ἐπιτιμᾶν укорять, уговаривать, увещевать kárat, domlouvat: народъ же прѣштааше има да оумлъчита *Мт 20, 31 Ас*, народи же прѣщахѫ *Сав* (народи же запрѣтишѧ *Мар, Ø Зогр*) ▭ прѣтимаꙗ *с мн. в знач. сущ.* τὰ ἀπειλούμενα угрозы hrozby, výhrůžky: свободьномъ гласомь дрьзо мѫжьскꙑ • никакоже оустрашивъше сѧ о прѣтимꙑих' *Супр 86, 3* **2.** ἐπιτιμᾶν, διαστέλλειν, παραγγέλλειν приказывать poroučet, důtklivě přikazovat: прѣштааше бо д⟨оу⟩х⟨о⟩ви нечистоумоу • ıзиди отъ ч⟨ловѣ⟩ка *Л 8, 29 Зогр Мар Ас Сав* **3.** ἐμβριμᾶσθαι огорчаться, быть взволнованным, тронутым rozhorlovat se, být pohnut, být dojat: ı⟨соу⟩с⟨ъ⟩ же пакꙑ прѣтѧ вь себѣ • приде къ гробоу *И 11, 38 Зогр Мар Ас Сав.— Зогр Мар Ас Сав Супр.— Ср.* велѣти, въспрѣщати, заповѣдати, запрѣщати

прѣторъ *Мк 15, 16 Зогр Мар см.* преторъ

ПРѢТРЪГНѪТИ, -нѫ, -неши *сов.* (5) διαρρηγνύναι, ἐπιτέμνειν, διασπᾶν, λύειν перервать, разорвать, расторгнуть přetrhnout, přervat: ѫзꙑ ıхъ прѣтръже *Пс 106, 14 Син* ● *перен.*: се оубо да прѣтръгъше слово на мѫченикꙑ прѣидемъ *Супр 55, 18*; вьсѣкоѧ трѣбꙑ жрьтва прѣтръже сѧ *Супр 418, 15-16.— Супр 54, 23; 338, 11-12.— Ср.* протръгнѫти сѧ

ПРѢТРЪЅАТИ СѦ, -аѭ сѧ, -аѥши сѧ *несов.* (2) διασπᾶσθαι перерываться, разрываться přetrhávat se, roztrhávat se: за н҃е ѥмоу много кратꙑ • пѫтꙑ ı ѫжи желѣзнꙑ • съвѧзаноу сѫштю прѣтрьзаахѫ сѧ отъ н҃его ѫжа желѣзнаа *Мк 5, 4 Зогр Мар.— Ср.* протръзати сѧ, растръзати

ПРѢТРЬПѢНИѤ, -ꙗ *с* (3) καρτερία перенесение snášení, trpění: прѣтръпѣние обидꙑ *Евх 69б 25.— Супр 62, 7-8; 62, 12-13.— Ср.* трьпѣниѥ

ПРѢТРЬПѢТИ, -плѭ, -пиши *сов.* (19) **1.** чьто ὑποφέρειν, ὑφίστασθαι, ὑπομένειν перенести, претерпеть, вынести, вытерпеть vytrpět, přetrpět, snést: ѣко аще мı би врагъ поносилъ прѣтръпѣлъ оубо бимъ *Пс 54, 12 Син* **2.** *без доп.* ὑπομένειν выдержать, устоять vydržet, vytrvat: прѣтръпѣвꙑ же до коньца тъ с⟨ъ⟩п⟨а⟩с⟨е⟩т⟨ъ⟩ сѧ *Мт 24, 13 Мар Ас* (2) *Сав* (2) *Зогр-пал* (*Ø Зогр*) **3.** въ чемь, о чемь ἐπιμένειν, προσκαρτερεῖν оставаться *при чем-л.*, предаваться *чему-л.* setrvat *v něčem*, oddat se *něčemu*: прѣтръпѣвъшиı̈мъ въ ал'чьбах' и молитвахъ *Супр 53, 23.— Зогр Мар Ас Сав Зогр-пал Син Супр Рыл.— Ср.* потрьпѣти, сътрьпѣти

ПРѢТРЬТИ, -тьрѫ, -трешИ *сов.* (2) πρίειν распилить, перепилить rozřezat: потомъ прѣтрътъша и полъма • прѣтъренꙋ же ѥмоу бꙑвъшоу • повелѣша *Супр 269, 6 и 6-7*

ПРѢТРѢБИВЪ, -ꙑи *прил.* (1) περίεργος беспокойный, мятущийся neklidný, uspěchaný: дѣти дарꙑ приносѧтъ • да вьси дѣлесемъ навꙑкнѫтъ • ꙗко не иже прѣтрѣбивъ оумъ имѣѭтъ • ти любиви сѫтъ пьрѣмь *Супр 338, 1*

ПРѢТЪКНѪТИ, -нѫ, -неши *сов.* (7) [прѣдъ- *Евх* (1)] προσκόπτειν задеть, наткнуться *на что-л.*, споткнуться *обо что-л.* narazit *na něco*: і на рѫкахъ възъмѫтъ тѧ • да не о камень прѣтъкнеши ногꙑ твоеѩ *Л 4, 11 Мар* (Ø *Зогр*); *Мт 4, 6 Зогр Ас Сав Боян* (Ø *Мар*); *Пс 90, 12 Син.— Евх 85а 12.— Ср.* образити сѧ, потъкнѫти (сѧ), припасти, приразити сѧ

ПРѢТꙐКАНИѤ, -ꙗ *с* (4) *греч. нет* препятствие překážka: не тꙑ ли сама • і в'сѧ твоꙗ • боите сѧ прѣтꙑканеи • прѣтꙑкаемꙑхъ вамъ *Евх 45б 11* ● *перен.* πρόσκομμα возмущение pohoršení: блюдѣте же еда како властъ си ваша • прѣтꙑканию бѫдетъ немощънꙑмъ *1 Кор 8, 9 Ен* **2.** σκῶμμα оскорбление urážka, pohana: жидовъскаа прѣтꙑканиꙗ *Супр 437, 24.— Рим 14, 20 Ен*

ПРѢТꙐКАТИ, -аѭ, -аѥши *несов.* комоу (3) *греч. нет* препятствовать, создавать препятствия překážet, klást překážky: не тꙑ ли сама • і в'сѧ твоꙗ • боите сѧ прѣтꙑканеи • прѣтꙑкаемꙑхъ вамъ *Евх 45б 12* ▭ прѣтꙑкати сѧ комь συμποδίζεσθαι задевать *что-л.*, спотыкаться *обо что-л.* narážet *na něco*, klopýtat: дроугъ дроуга рѣѭ • и дроугъ дроузѣ прѣтꙑкаѭ сѧ *Супр 466, 7* ● *перен.* о чемь προσκόπτειν оскорбляться, возмущаться urážet se, pohoršovat se: добро не ѣсти мѧс⟨ъ⟩ • ни пити вина ни ѡ немже прѣтꙑкаетъ сѧ • братъ твои *Рим 14, 21 Ен.— Ср.* потꙑкати

ПРѢТЬМЬНЪ, -ꙑи *прил.* (1) πανέσπερος претемный, темнейший, очень темный nadmíru temný: из'вавьлениꙗ просꙗште... мрьчениꙗ прѣтьмнааго мрака *Супр 461, 19.— Ср.* тьмьнъ

ПРѢТѢКАТИ, -аѭ, -аѥши *несов.* (1) συντρέχειν (!) обгонять, опережать předbíhat, předstihovat: не тоу ли сънꙗша сѧ • и вьси божии аггелъ народи • и вараѭтъ херовимъ • и прѣтѣкаѭтъ серафимъ *Супр 458, 13.— Ср.* варꙗти

ПРѢОУКРАСИТИ, -крашѫ, -красиши *сов.* (1) ποικίλλειν украсить, разукрасить vyšňořit, ozdobit: въ ризахъ позлащенахъ • ѡдѣна и прѣоукрашена *Пс 44, 10 Ен 26а 12-13* (прѣкоуцена *Син*).*— Ср.* прѣкоутити

ПРѢФАЦИꙖ, -ѩ *ж* (7) [прѣф *Киев* (2)] *лат. нет спец.* префация preface (*одна из молитв в мессе*): прѣфациѣ • до вѣчьнꙑ б⟨о⟩же *Киев 1б 16.— Киев 3а 1; 3б 5; 4а 14; 5а 1; 5б 6-7; 6а 9*

ПРѢХАЖДАТИ, -ждаѭ, -ждаѥши *несов.* (1) μετέρχεσθαι переходить, проходить přecházet, procházet: такоѭ жизниѭ прѣхаждаѭте *Супр 507, 22-23.— Ср.* походити, проходити, прѣходити

ПРѢХВАЛИТИ, -лѭ, -лиши *несов.* (1) *греч. нет* восхвалять, воспевать velebit: прѣхвалимъ же обьщение • еже еси далъ намъ • імѣти съ ними *Евх 65а 15.— Ср.* хвалити

ПРѢХВАЛЬНЪ, -ꙑи *прил.* (4) πανεύφημος, πανύμνητος, ἔνδοξος достойный похвалы, славный, достохвальный, досточтимый velebený, přeslavný: възградивъ въ томъ градѣ цръкъве прѣхвальнѣи богородици *Супр 279, 12*; м⟨о⟩ли прѣхвалнаѣ х⟨ристос⟩а б⟨ог⟩а • с⟨ъ⟩п⟨а⟩сти д⟨оу⟩шѧ наша *Ен 36а 11-12.— Супр 3, 29-30; 189, 2-3*

ПРѢХОДИМЪ, -ꙑи *прич.-прил.* (1) βάσιμος проходимый, доступный překročitelný, schůdný, přístupný: непрѣходима естъства • прѣходима авишѧ сѧ *Евх 1б 7.— Ср.* прѣходьнъ

ПРѢХОДИТИ, -хождѫ, -ходиши *несов.* (38) **1.** чьто ἀποπεραίνειν (!); (не прѣходити ἀδιάβατον εἶναι !) переходить přecházet, překračovat: многꙑ бо оудавиша • дроугꙑѩ же прѣити хотѧшта възбранꙗахѫ имъ • ꙗкоже не прѣходити моста *Супр 53, 8* ● *перен.*: и прѣходитъ видимаго житиꙗ коньчинѫ • въ наставении издраилитъскꙑихъ чрьнориꙁьцъ *Супр 277, 17-18* ● παρέρχεσθαι проходить, миновать, переставать существовать přecházet, pomíjet, zanikat: прѣходитъ бо и николи прѣбꙑваатъ *Супр 259, 7-8* **2.** παράγειν, διαπορεύεσθαι, παραπορεύεσθαι миновать, проходить jít mimo, přecházet: і прѣходѧштю ис⟨оусо⟩ви • по немь идете в҃ слѣпца *Мт 9, 27 Зогр Ас*, прѣходѧщю тѫдѣ *Мар* (мимонде *Сав*) **3.** отъ кѫдоу; отъ чесо; из чесо въ чьто; на чьто μεταβαίνειν, διαβαίνειν, μετέρχεσθαι, παράγειν, διαπερᾶν переходить přecházet (*odněkud někam*): не прѣходите же із домоу въ домъ *Л 10, 7 Зогр Мар* **4.** сквозѣ чьто; чьто διέρχεσθαι, περιάγειν проходить *через что-л.* procházet *něčím*, chodit *po něčem*: ѣко прѣходите море и соушѫ *Мт 23, 15 Мар* (Ø *Зогр*) ● *перен.* διαπορεύεσθαι проходить procházet (životem), chodit: прѣхождаахъ въ незълобѣ срьдьца моего *Пс 100, 2 Син* **5.** *перен.* ὑπερβαίνειν превышать, превосходить přesahovat, převyšovat: і оупвании б⟨о⟩жиі надѣѩ сѧ • прѣходѧштиимъ его силѫ *Супр 552, 15.— Зогр Мар Ас Сав Син Евх Клоц Супр.— Ср.* мимоити, мимоходити, миновати, походити, проходити, прѣминовати, прѣспѣвати, прѣспѣꙗти, прѣстѫпати, прѣхаждати

ПРѢХОДЬНЪ, -ꙑи *прил.* (1) *греч. нет* проходимый průchodný, schůdný: отъметаетъ бо ти пѫти прѣходьнꙑѩ *Евх 48б 24.— Ср.* прѣходимъ

ПРѢЩЕДРЪ, -ꙑи *прил.* (2) πανοικτίρμων

в высшей степени милосердный, премилостивый přemilostivý, nejmilostivější: прѣщедры б⟨о⟩же *Евх 92б 2.— Супр 208, 9.— Ср.* щедръ

ПРѢЩЕНИѤ, -ига *с* (10) **1.** ἀπειλή угроза hrozba, vyhrůžka: оубоıавъше сѧ прѣштениıа • послоушаша кназа *Супр 175, 5* **2.** ἄμυνα возмездие odplata, trest: трътоpъ • ι зѫбы скрьжьтание • прѣщение ослоушаниѣ • жидетъ тебе *Евх 54б 25.— Супр 34, 22; 85, 19-20; 86, 26; 367, 23; 442, 26; 471, 22; 472, 10; 482, 5.— Ср.* запрѣщениѥ; прѣтити (прѣтимаıа)

ПРѢЧИСТЪ, -ыи *прил.* (26) [прѣчс҇т- *Служ* (1), прч҇т- *Рыл* (1)] καθαρός, ἄχραντος, ἁγνός, σεπτός чистейший, пречистый nejčistší, přečistý: прѣчистꙑхъ пр⟨о⟩р⟨о⟩къ праздникъ *Ен 7а 15-16.— Ен Син Служ Евх Супр Рыл.— Ср.* чистъ

ПРѢЧОУДИТИ СѦ, -чоуждѫ сѧ, -чоудиши сѧ *сов.* (1) ὑπερθαυμάζειν изумиться, поразиться velice se podivit, užasnout: то оувѣдѣвъ єѳерии • и прѣчоудивъ сѧ рече *Супр 294, 29.— Ср.* въчоудити сѧ, оужаснѫти сѧ

ПРѢЧЬСТЬ, -и *ж* (1) φιλοτιμία милость, милосердие, щедрость (?) milost, milosrdenství, štědrost (?): разоумѣвъше нашего владꙑкꙑ прѣч'сть *Супр 493, 8-9*

ПРѢЧЬСТЬНЪ, -ыи *прил.* (10) [прѣчест- *Евх* (2), прѣ(ч҇)- *Евх* (1)] πάντιμος очень почитаемый, почтенный, пречестный veledůstojný, nejctihodnější: ѣко бл⟨а⟩г⟨осло⟩ви сѧ ι прослави • прѣчестьное и вельлѣпое ıмѧ твое *Евх 23а 2.— Евх 7а 23; 13б 1; 13б 17; 16б 24; 24а 20; 78б 19; 81а 14; 99а 24; Супр 534, 14.— Ср.* чьстьнъ

ПРѢꙖХАТИ, -ıадѫ, -ıадеши *сов.* (14) [прѣѣх- (!) *Зогр* (1)] καταπλεῖν, ἀνάγεσθαι, διέρχεσθαι, διαπερᾶν переехать, переплыть, переправиться přejet, přeplout, přepravit se: прѣѣвъше придошѧ на землѭ ѓенисаретьскѫ *Мт 14, 34 Зогр Мар*, прѣѣхавъше *Ас* (прѣплꙋвъше *Сав*).*— Мт 9, 1 Зогр Мар Сав; Мк 5, 21 Зогр Мар; Мк 6, 53 Зогр Мар; Л 8, 22 Зогр; Л 8, 22 Мар; Л 8, 26 Зогр Мар.— Ср.* възıахати, въıахати, прѣити, прѣплоути

ПРѢꙖТИ, прѣимѫ, прѣимеши *сов.* (20) **1.** παραλαμβάνειν, λαμβάνειν взять vzít: слоугꙑ биѭште за ланитѫ прѣѩсѧ и *Мк 14, 65 Мар* (приѩшѧ *Зогр*) ● *перен.* παραλαμβάνειν понять pochopit: а ꙗкоже не прѣимъ то и глаголати не сьмѣѭ *Супр 501, 21* ● ἐγχειρίζεσθαι взять в свои руки ujmout se, chopit se: вьсеѩ населеныѩ цѣсар'ства • дрьжавѫ прѣимъ *Супр 186, 6* **2.** ἀντιλαμβάνειν принять převzít: прѣѩша црьк'ви правовѣрьнии *Супр 200, 29* **3.** λαμβάνειν, παραλαμβάνειν получить přijmout, dostat, získat: молимъ сѧ за игоумена • прѣемъшааго братра нашего *Евх 83б 8*; бѫдѫ дьне его мали • и епи⟨скоу⟩пъство его прѣимı инъ *Пс 108, 8 Син* **4.** λαμβάνειν, παραλαμβάνειν, προφθεῖν захватить, овладеть uchvátit, zmocnit se: овогда же борѧ сѧ овогда же лестьми льстѧ градъ прѣѩ *Супр 56, 23* ● *перен.*: да не прѣѩти бѫдемъ тѫжькомь сьномь *Евх 38а 10.— Зогр Мар Ас Сав Син Евх Клоц Супр.— Ср.* приѩти

ПРѦСТИ, прѧдѫ, прѧдеши *несов.* (6) [придѫтъ (!) *Зогр* (1) *Сав* (1), прѧхѫтъ (!) *Зогр* (1)] νήθειν прясть příst: съмотрите кринь како растѫтъ • не троуждаѭтъ сѧ ни прѧдѫтъ *Л 12, 27 Мар*, прѧхѫтъ (!) *Зогр; Мт 6, 28 Зогр Мар Ас Сав*

ПРѦТАТИ, -аѭ, -аюши *несов.* (1) комоу чьто; (прѣжде прѧтати προαναστέλλειν) подавлять, препятствовать potlačovat, zabraňovat: не того ли дѣльма глаголааше не притѫжите злата • ни сьребра... съ горы прѣжде прѧт(а)ѫ тебѣ • сьребролюбьствиıа съказание *Супр 411, 6* (бранѧ *Клоц 4а 30*).*— Ср.* бранити

п р ѧ х ѫ т ъ *Л 12, 27 Зогр см.* прѧсти

ПРѪГЪ, -а *м* (7) [про- *Син* (2)] ἀκρίς кузнечик kobylka: ѣдь же его бѣ прѫзи и медъ дивиı *Мт 3, 4 Сав* (акрıдı *Ас*, Ø *Зогр Мар*).*— Мк 1, 6 Сав; Пс 77, 46 Син; 104, 34 Син; 108, 23 Син; Евх 59а 15 и 16.— Ср.* акридъ, връхосъ

ПРѪЖАТИ СѦ, -аѭ сѧ, -аюши сѧ *несов.* (9) σπαράσσειν (!) метаться, дергаться zmítat se, trhat sebou: призьри на с⟨ы⟩нъ моı... ι се д⟨оу⟩хъ емлетъ ı • ι вьнезапѫ възпиетъ • ι прѫжаатъ сѧ съ пѣнами *Л 9, 39 Зогр Мар Ас Сав.— Мк 9, 26 Зогр Мар Ас Сав Боян.— Ср.* трьзати

п р ѫ т и в ѫ *Супр 442, 26 см.* противѫ

ПРѪТИѤ, -иıа *с собир.* (1) βέργαι прутья, розги pruty, proutí, metla: сътекоша сѧ м(но)зи • и различьно къждо биıахѫ и • ови прѫтиѥмъ ови бичи *Супр 193, 6*

п с а л о м ъ *Син см.* псалъмъ

п с а л о м ъ с к ъ *Л 20, 42 Мар см.* псалъмьскъ

ПСАЛЪМОСЪ, -а *м* (2) [ѱал'мосъ *Супр* (2)] ψαλμός псалом žalm: и нꙑниıа того рьцѣмъ ѱал'моса • и оуслꙑшитъ насъ *Супр 73, 14.— Супр 73, 10.— Ср.* псалъмъ

ПСАЛЪМЪ, -а *м* (>100) [псал'м- *Зогр* (1), псалм- *Ас* (1) *Ен* (2) *Син* (24) *Евх* (4) *Клоц* (1), псалом- *Син* (5), пслом- *Син* (6), пслом *Син* (1), пломъ *Син* (1), пслъм- *Мар* (1) *Евх* (1), пслм- *Син* (2), псам- *Син* (4), пса҇л *Син* (3) *Евх* (3), псаслмъ (!) *Син* (1), пс҇ *Син* (1), плмъ *Син* (1), пъсалом- *Син* (16), пъсалъм- *Син* (1), пъслом- *Син* (1), пъса҇м- *Син* (1), пъс҇м- *Син* (6), пъмл- *Син* (1), п'са- *Евх* (2), пьсалом- *Син* (1), пьсалм- *Син* (1), ѱал'м- *Супр* (3), ѱалм- *Супр* (5)] ψαλμός, ἡ ᾠδὴ (ψαλμοῦ), στηλογραφία (!) псалом žalm: вь концѣ псалмъ да⟨вы⟩довъ *Пс 108, 1 Син.— Зогр Мар Ас Ен Син Евх Клоц Супр.— Ср.* псалъмосъ, пѣснь (пѣснь псалъмъ, псалъмъ пѣсни *или* пѣснии)

ПСАЛЪМЬСКЪ, -ыи *прил.* (4) [псаломъ- *Мар* (1), пъсаломь- *Син* (2), с'палъмьск- (!) *Зогр* (1)] **1.** τῶν ψαλμῶν псаломный, псалмов *род.* žalmový, žalmů *род.*: самъ дав⟨ы⟩дъ гл⟨агол⟩етъ въ кънигахъ псаломъскыхъ *Л 20, 42 Мар*, с'палъмьскыхъ (!) *Зогр* **2.** τοῦ ψαλμοῦ псалтырный, псалтыри *род.* psalteria *род.*, žaltáře *род.* (*о музыкальном инструменте*): поите б⟨ог⟩оу нашемоу въ г[л]жслехъ... і въ гласѣ пъсаломьстѣ *Пс 97, 5 Син.— Пс 70, 22 Син*

ПСАЛЪТЫРЬ, -ꙗ *м и* **ПСАЛЪТЫРЬ**, -и *ж* (9) [псалт- *Клоц* (1) *Рыл* (1), пъсалът- *Син* (1), пъсалт- *Син* (1), пьсалът- *Син* (2), пьсальт- *Син* (1)] **1.** ψαλτήριον псалтырь psalterion, žaltář (*музыкальный инструмент*): ісповѣдате (! *вм.* ісповѣдаите) сѧ г⟨оспод⟩ю въ гослехъ (! *вм.* гѫслехъ) во псалътꙑри десѧтьстроунѣ поіте емоу *Пс 32, 2 Син* **2.** *греч. нет* псалтырь žaltář (*книга Ветхого завета*): ѣкоже слъншимъ брат⟨и⟩ѣ блаженааго д⟨авы⟩да вь псал(тири) *Рыл 2ба 18.— Син в заглавии книги; Пс 48, 5 Син; 56, 9 Син; 80, 3 Син; 91, 4 Син; 107, 3 Син; Клоц 7а 33.— Ср.* прѣгѫдьница

псаник *Л 4, 21 Сав; Клоц 1б 15; 11а 33 см.* пьсаник

псати *Зогр Мар Сав Охр Боян Клоц см.* пьсати

псъ *Зогр Мар Ас Сав Супр см.* пьсъ

птица *Мт 6, 26 Ас*; п'тица *Супр 80, 4 см.* пътица

ПОУЛХЕРИꙖ, -ниѧ *ж имя* (1) Πουλχερία Пульхерия Pulcheria: нед⟨ѣлѣ⟩ • сыропос⟨тъна⟩ • в нѭже бываетъ памѧтъ... благовѣрнꙑма ц⟨ѣса⟩рема маркиѣноу • и поулхерен *Ен 5а 2*

ПОУСТИТИ, поущѫ, поустиши *сов.* (84) **1.** ἀπολύειν, ἐξαποστέλλειν пустить, отпустить propustit, pustit: нꙑнѣ поустиши раба твоего владꙑко • по г⟨лаго⟩лоу твоемоу съ миромь *Л 2, 29 Зогр* (отъпоустиши *Мар Ас*, отъпоущаеши *Сав*, (отъп)оущаши *Боян*) □ поустити женѫ, мѫжа ἀπολύειν τὴν γυναῖκα, τὸν ἄνδρα оставить жену, мужа; развестись opustit ženu, muže; rozvést se: ѣко мосии по жестосрьдию вашемоу повелѣ вамъ поустіті женꙑ вашѧ *Мт 19, 8 Ас Сав* (отъпоустити *Мар*, ∅ *Зогр*); і аште жена поустивъши мѫжа си • і посагнетъ за інъ *Мк 10, 12 Зогр*, поуштъши *Мар* **2.** ἀφιέναι испустить, издать vypustit, vydat (*ze sebe*): поущен потъ свои на землѭ • акꙑ кръвь *Евх 47а 21* □ поустити законъ, заповѣдь καταπέμπειν издать закон, приказ vydat zákon, příkaz: дръзнѫ ли досадити... законꙑ иже сѫтъ поуштени намъ *Супр 148, 8* **3.** кого, чьто (къ) комоу, чесомоу; въ чьто; на кого ἀποστέλλειν, πέμπειν, παραπέμπειν, εἰσπέμπειν, τρέχειν (!) послать, отправить poslat, vyslat: окрьсть стомштаго сего дѣльма народа рѣхъ • да разоумѣѭтъ ꙗко тꙑ мѧ поусти *Супр 309, 17 и 24-25 и 30 и 310, 1* (посъла *И 11, 42 Зогр Мар Ас Сав*); благодаривъша же родителꙗ кѧ бога • и тъгда пѹстишѧ емоу три съта златицъ *Супр 518, 11-12*; поусті ст(р)ѣлꙑ и разгъна ѩ *Пс 17, 15 Син*; поустишѧ сѧ (! *вм.* ѧ) на с⟨вѧ⟩тꙑѩ *Супр 62, 21-22* **4.** βάλλειν опустить, спустить spustit: аште с⟨ꙑ⟩нъ еси б⟨о⟩жин • поусти себе долоу *Мт 4, 6 Зогр* (връѕи сѧ *Ас Сав*, ∅ *Мар*) ● *перен.* πέμπειν; (богомь поущенъ θεήλατος) ниспослать seslat: оузьрѣшѧ силѫ кѫѭ сь небесе поуштенѫ къ нимъ *Супр 64, 21*; избꙑвъше отъ нашьдъшаѧ имъ богомь поуштенꙑѩ ꙗзвꙑ *Супр 531, 5.— Зогр Мар Ас Сав Боян Син Евх Супр.— Ср.* дати (дати заповѣдь), испоустити, отъпоустити, положити (положити законъ), посълати, съпоустити

поустити *Супр 37, 13-14; 359, 20 см.* пооустити

ПОУСТОТА, -ꙑ *ж* (1) ἐρήμωσις пустота prázdnota: опона цръкъвьнаа раздъра сѧ • да поустота кго ꙗвитъ сѧ *Супр 485, 21-22*

ПОУСТОШЬ[1], -и *ж* (1) *греч. нет* пустословие zbytečné mluvení: съгрѣшихъ... въ помꙑшлеңьи неправедьнѣ • поустоши і блади *Евх 72а 16-17*

ПОУСТОШЬ[2] *нареч.* (3) μάτην напрасно marně, nadarmo: да оубо поустошь не троши сѫштинхъ на кръмьѧ и тъштеславьꙗ *Супр 373, 28-29* ♦ въ поустошь ματαίως, εἰκῇ напрасно marně, nadarmo: молишѧ дѣвица и придошѧ и тлъкнѫшѧ • и вьсе въ поустошь и без оума *Супр 378, 18.— Супр 335, 3.— Ср.* ашоуть, въсоуѥ, спꙑти, тъщь (въ тъще), оумъ (без оума)

ПОУСТОШЬНЪ, -ꙑи *прил.* (8) **1.** μάταιος, μεματαιωμένος пустой, суетный marný, prázdný, nicotný: ѡ сьвѣте зълꙑи... ѡле поустошьнꙑи сьмꙑслъ *Супр 402, 14* **2.** λάγνος распутный prostopášný: ѣко се мѫжескъ полъ... или поустошенъ • или въсточивъ • или похотенъ *Евх 54а 14.— Супр 329, 20-21; 332, 20; 358, 18; 428, 2-3; 433, 30; Рыл 56β 8.— Ср.* тъщетьнъ

ПОУСТЪ, -ꙑи *прил.* (42) **1.** ἔρημος, ἠρημωμένος, ἄγριος пустой, пустынный, безлюдный pustý, neobydlený, opuštěný: бѫді дворъ ихъ поустъ *Пс 68, 26 Син* □ поусто мѣсто ἡ ἐρημία пустынное место; пустыня pustina; poušť: отъ кѫдоу възъмемъ на поустѣ мѣстѣ хлѣбы • насытити толико народа *Мт 15, 33 Зогр Мар Ас Сав*; поустъ градъ, поустыи градъ *город* Ἑρμούπολις, Ἑρμουπολιτῶν πόλις Гермополис Hermopolis: савинъ кто... поуста града прѣвыи блага рода сы *Супр 145, 9* **2.** ἔρημος покинутый, одинокий, оставленный opuštěný, osamělý: ѣко многа чѧда поустѣи паче нежели имѫщиѩ мѫжа *Гал 4, 27 Ен.— Зогр Мар Ас Сав Ен Син Евх Супр.— Ср.* поустъıнь, поустъıньскъ, тъщь; поусто мѣсто *ср.* поустъıни

ПОУСТЪІНИ, -нѩ *ж* (>100) **1.** ἡ ἔρημος, ἐρημία, ἡ πανέρημος пустынное место; пустыня pustina; poušť: положилъ єси рѣкы въ поустынѭ *Пс 106, 33 Син* **2.** μονή пустынь poustevna: иде вь поустынѭ къ блаженоуоумоу антонию *Супр 169, 18-19* ◆ красьнаѩ поустъıнѩ *см.* красьнъ.— *Зогр Мар Ас Сав Боян Син Евх Супр.— Ср.* поустъ (поусто мѣсто)

поустынъ *Пс 101, 7 Син см.* поустъıньнъ

ПОУСТЪІНЬНИКЪ, -а *м* (3) νηστευτής (!) отшельник, пустынник poustevník: памѧть с⟨вѧ⟩т⟨а⟩го о⟨тъ⟩ца нашего иоана поустынъника *Ен 23б 6* (иоаноу постьникоу *Ас 113б*β *27-28*).— *Ас 141а 18; 146б 19.— Ср.* поустъıньнъ

ПОУСТЪІНЬНЪ, -ыи *прил.* (3) [поустынъ *Син* (1)] **1.** ἐρημικός пустынный, пустыни *род.* pustinný, pouštní, pouště *род.*: оуподобихъ сѧ неѩсыті поустънѣі *Пс 101, 7 Син* □ жглие поустъıньное οἱ ἄνθρακες ἐρημικοί дроковые угли kručinkové, jalovcové uhlí: стрѣлы сильнааго изоштренъı • съ горѧштими жглми поустъıннъıими *Пс 119, 4 Син* **2.** поустъıньнъıи *в знач. сущ. греч. нет* отшельник, пустынник poustevník: хотѧ же ходити многовлънънъıимъ пѫтьмь поустъıньнъıихъ *Супр 547, 12.— Ср.* поустъ, поустъıньскъ; поустъıньникъ

ПОУСТЪІНЬСКЪ, -ыи *прил.* (1) τῆς ἐρήμου пустынный, степной, пустыни *род.* pustinný, pouštní, stepní, pouště *род.*: не можеши бо ты сътръпѣти скрьбии поустъıньскъıх' *Супр 169, 28.— Ср.* поустъ, поустъıньнъ

поуоучати сѧ (!) *Л 21, 14 Мар см.* поучати

ПОУЩАТИ, -аѭ, -аеши *несов.* (16) **1.** ἀπολύειν, περισῴζεσθαι (!) пускать, отпускать pouštět, propouštět: ѡ дівънаѣ чюдеса • приемлетъ осѫжденье самъ • і абье • варвара поуштаѭтъ *Клоц 10б 32* □ поущати кръвь αἱμορροεῖν проливать кровь prolévat krev: блажѧ рѫцѣ твои ѡ иѡсифе • послоужъшии • и осѧгъшии • юже и кръвь поуштаѭшти божиѩ тѣла *Супр 457, 21-22*; поущати женѫ ἀπολύειν τὴν γυναῖκα отпускать жену, разводиться propouštět ženu, rozvádět se: ѣко вьсѣкъ поуштаѩи женѫ своѭ • развѣ словесе любодѣинааго • творитъ ѭ прѣлюбы дѣати *Мт 5, 32 Зогр Мар; Клоц 2б 9*; поущати гласъ ἀφιέναι φωνήν кричать volat: изѧтри же выпиѧ поуштааше гласы молитвънъıѩ *Супр 36, 15*; поущати зарѧ ἀστράπτειν излучать сияние, свет vydávat zář: свѣтълааго благочьстиѩ срѣдѣ земьѩ на крьстѣ вѣрьнъıѩ зарѧ поуштаѭшта видѧште *Супр 401, 14* **2.** παραπέμπειν посылать, отправлять posílat, vysílat: мѫченици... лишени страждѫште • и вь темницѫ поуштаеми *Супр 58, 5* □ поущати законъ νόμον πέμπειν издавать закон vydávat zákon: ѡ законе беззаконнъ • отъ диѩвола поуштаемъ *Супр 398, 5*; поущати очи на кого, чьто περιπέμπειν τοὺς ὀφθαλμούς бросать взгляды *на кого-л., что-л.* vrhat pohledy *na někoho, něco*: тъ же ѳома стоѩше поуштаѧ си очи на вьсѧ сѫдъı сьпасоу *Супр 502, 24.— Зогр Мар Клоц Супр.— Ср.* издаѩти, испоущати, отъпоущати, посылати, раздрѣшати, сълати

ПОУЩЕНИЦА, -ѧ *ж* (1) ἀπολελυμένη разведенная (жена) propuštěná (žena): в'сѣкъ... женѧ сѧ поуштеницеѭ отъ мѫжа • прѣлюбы дѣетъ *Л 16, 18 Зогр* (поуштеноѭ *Мар*).— *Ср.* потъпѣга

пѡлемѡнъ, пѡлемъ *Супр см.* полемонъ

пшеница *Мар Ас Супр см.* пьшеница

пшеничинъ *И 12, 24 Ас* (2) *см.* пьшеничьнъ

ПЪВАНИЮ, -иѩ *с* (5) [пьва- *Супр* (2), п'ва- *Супр* (1)] παρρησία, θάρσος, τὸ θαρρεῖν надежда, упование, доверие; дерзновение doufání, důvěra; smělost: пьвание бо стоѩштоуоумоу творитъ пасти сѧ *Супр 409, 28.— Супр 175, 10-11; 211, 14; 382, 16; 384, 4.— Ср.* дрьзновение, дрьзость, надежда, трьпѣние, оупьвание

ПЪВАТИ, -аѭ, -аеши *несов.* цѣмь, чимь *или без доп.* (9) [пьвати *Супр* (1), пвати *Супр* (1)] θαρρεῖν, πείθεσθαι надеяться, уповать, доверять doufat, důvěřovat, spoléhat se, být dobré mysli: пъваите братие ѩко милосрьдъ естъ г⟨оспод⟩ь нашъ ї҆соух⟨ристос⟩ъ *Супр 108, 17*; чим бо пъваѭште • хытростиѭ ли словесънѫѭ *Супр 442, 8.— Супр 105, 12; 112, 19-20; 269, 29; 297, 5; 409, 26; 409, 27; 444, 12.— Ср.* дрьзати, дрьзовати, надѣѩти сѧ, съмѣти, оупъвати

пъприще *Супр 221, 26 см.* попьрище

пъпьрище *Супр 185, 13; 221, 24 см.* попьрище

пърꙗ *Пс 34, 23 Син* *см.* пьрꙗ

пъсаломъ *Син* *см.* псалъмъ

пъсаломьскъ *Пс 70, 22 Син; 97, 5 Син* *см.* псалъмьскъ

пъсалтырь *Пс 80, 3 Син* *см.* псалътырь

пъсалъмъ *Пс 94, 2 Син* *см.* псалъмъ

пъсалътырь *Пс 91, 4 Син* *см.* псалътырь

пъсии *Пс 77, 45 Син; 104, 31 Син* *см.* пьсии

пъсъ *Сав Евх Син* *см.* пьсъ

ПЪТЕНЬЦЬ, -а *м* (7) [пьтѣ- *Зогр* (1), пьте- *Сав* (1) *Син* (1), пте- *Мар* (2) *Ас* (2)] νοσσός, νεοσσός, νοσσίον птенец ptáče, ptačí mládě:: дати жрътвѫ... дъва кагрьличишта • дъва пьтѣньца голѫбина *Л 2, 24 Зогр*, пьтеньца *Сав*, птенъца *Мар*, птенца *Ас.*— *Мт 23, 37 Мар Ас; Пс 83, 4 Син*

ПЪТИЦЬ, -а *м* (1) στρουθίον воробей vrabec: младеньци ꙗко и птишти вьзираѭтъ к тебѣ *Супр 513, 2-3.*— *Ср.* врабии, пътица

ПЪТИЦА, -ѧ *ж* (64) [пьти- *Зогр* (3) *Мар* (1) *Ас* (1) *Сав* (1) *Син* (8) *Евх* (2) *Супр* (1), п'ти- *Зогр* (3) *Евх* (1) *Супр* (3), пти- *Зогр* (7) *Мар* (12) *Ас* (8) *Сав* (3) *Боян* (1) *Син* (2) *Супр* (5)] πετεινόν, ὄρνεον; (крилата пътица πετεινόν) птица pták: скоты польскыѩ • и пьтицѩ н⟨ебе⟩с⟨ь⟩ныѩ • и рыбы морьскыѩ *Пс 8, 9 Син* ● στρουθίον воробей vrabec: не дьвѣ ли птици пѣназоу вѣните сѧ *Мт 10, 29 Зогр Ас*, пьтици *Мар.*— *Зогр Мар Ас Сав Боян Син Евх Супр.*— *Ср.* врабии, пътеньць, пътиць, стрькъ

пъшеница *Сав Унд Син* *см.* пьшеница

пъшеничьнъ *Пс 80, 17 Син* *см.* пьшеничьнъ

ПЫТАНИѤ, -иꙗ *с* (2) [питаноѥ (!) *Супр* (1)] ἔρευνα исследование zkoumání: ѥже бо выше пытаниꙗ ѥстъ • ти к'то хоштетъ о томь пытати ноуда сѧ... гор'ко прѣтръгнетъ *Супр 338, 7-8*; ѡ гнѫсьноѥ питаноѥ (! *вм.* пытаниѥ) оустроѥние (! *вм.* оустроѥниꙗ) *Супр 386, 10.*— *Ср.* исканиѥ, испытаниѥ

ПЫТАТИ, -аѭ, -аѥши *несов.* кого, чьто; чьто отъ кого; о чемь (13) [пита- (!) *Супр* (1)] πυνθάνεσθαι, ἐξετάζειν, σχολάζειν расспрашивать, выяснять, выпытывать vyptávat se, zjišťovat: пытааше отъ нѥго аште хоштетъ пожрьти *Супр 112, 28-29* ● ἐρευνᾶν, ἐτάζειν, ἐξετάζειν, περιεργάζειν исследовать zkoumat, pátrat: пытаите писаниꙗ • ꙗкоже слышасте • отъ владыкы *Супр 324, 13* (ıспытаıте *И 5, 39 Зогр Мар Ас*) □ пытаѥмыи *в знач. прил.* περιεργαζόμενος желаемый žádoucí: тъ же рече • к нимъ • чѧда издраднѥ и пытаѥмоѥ се ѥстъ *Супр 570, 21.*— *Супр 112, 15; 113, 28-29; 197, 18; 305, 4; 323, 26; 338, 9; 338, 13-14; 407, 30; 502, 26; 566, 2.*— *Ср.* искати, испытати

пьваниѥ *Супр 382, 16; 409, 28* *см.* пъваниѥ

пьвати *Супр 409, 27* *см.* пъвати

пьприще *Супр 273, 26; 284, 29; 287, 5-6; 289, 27* *см.* попьрище

пьпьрище *Супр 37, 3; 548, 1* *см.* попьрище

ПЬРАТИ, перѫ, переши *несов.* (1) ἀναπέτεσθαι парить, возноситься letět, vznášet se: наша доуша • тѫжьѭ пльть • акы велико брѣмѧ съвръгъша • оудобь перѫтъ къ творьцоу *Супр 390, 10.*— *Ср.* парити

ПЬРѢНИѤ, -иꙗ *с* (2) ἀντιλογία, ὁμολογία (!) сопротивление, отказ odpor, odmítání: обличении... прѣмлькоша отъ пьрѣниꙗ • затвореномъ бывъшемъ оустомъ ихъ истиноѭ *Супр 331, 19.*— *Супр 177, 23.*— *Ср.* прѣкословесиѥ, прѣпьрѣниѥ, прѣрѣканиѥ, пьрꙗ, противьнъ (противьно слово)

ПЬРѢТИ, пьрѭ, пьриши *несов.* (11) [п'р- *Супр* (1), пр- *Супр* (2)] **1.** ἀμφιβάλλειν противоречить, отрицать popírat: нъ ꙗко послоушати имате нашего оученьꙗ • не пьрѭ • вѣдѣ бо ваше покорениѥ *Супр 495, 4* **2.** пьрѣти сѧ междоу собоѭ, съ цѣмь μάχεσθαι, ἀντιλέγειν, φιλονεικεῖν спорить, диспутировать přít se, disputovat: пьрѣахѫ же сѧ июдеи • междю собоѭ г⟨лаго⟩лѭште *И 6, 52 Зогр Мар Ас* ● δικαιολογεῖν, δικάζεσθαι вести спор, вести судебное разбирательство přít se, vést při: а ты кде моудиши не вѣдѣ • приди ти за мѧ пьри сѧ *Супр 242, 17-18.*— *Супр 95, 16; 239, 14; 346, 30; 433, 26; 511, 7-8; 511, 12.*— *Ср.* противити сѧ, прѣрѣкати, сътѧзати сѧ, сѫпротивити сѧ

ПЬРꙖ, пьрѩ *ж* (13) [пър- *Син* (1), пр- *Супр* (1)] ἀντιλογία, φιλονεικία; (любивъ пьрꙗмъ бꙑти φιλοπραγμονεῖν) спор, распря pře, rozepře, spor: быс⟨тъ⟩ же ı пьрѣ вь н҃ихъ • которꙑ мьнитъ ти сѧ ıхъ бꙑти боли *Л 22, 24 Зогр Мар*; ти любиви сѫтъ пьрѣмь *Супр 338, 2-3* ● δίκη суд, судебное разбирательство, судебный процесс soud, soudní přelíčení: въскръши б⟨о⟩же сѫди пьрѫ твоѭ *Пс 73, 22 Син* ◆ бес пьрѩ ἀναντιρρήτως, ἀναντίρρητος несомненно, бесспорно beze sporu, nesporně: да аште не бꙑ никд'ногоже проказьства • то оуже въста авѣ и бес пьрꙗ *Супр 440, 10.*— *Пс 9, 5 Син; 34, 23 Син; 42, 1 Син; Супр 303, 7; 304, 5; 400, 21; 440, 6; Зогр-лл 2а 14.*— *Ср.* противьнъ (противьно слово), пьрѣниѥ, прѣкословесиѥ, прѣпьрѣниѥ, прѣрѣканиѥ, распьрѣниѥ, распьрꙗ, рѣчь, сѫдъ

пьсалмь *Пс 68, 1 Син* *см.* псалъмъ

пьсаломъ *Пс 12, 1 Син* *см.* псалъмъ

пьсалътыръ *Пс 48, 5; 56, 9 Син см.* псалътырь

пьсальтырь *Пс 107, 3 Син см.* псалътырь

ПЬСАНИѤ *и* **ПИСАНИѤ**, -ита *с* (33) [пса- *Сав* (1) *Клоц* (2), ѱа- *Супр* (3), писа- *Мар* (1) *Ас* (2) *Евх* (1) *Супр* (23)] **1.** γραφή написание napsání: сє отъ многааго мало събравъ • писанию прѣдахъ *Супр 301, 26* **2.** τὸ γεγραμμένον, γράμμα написанное, запись, текст zapsané, zápis, text: пророчъско коньчавааше са писаник *Супр 403, 9* ● γραφή сочинение, произведение spis: молитва с⟨вѧ⟩таага пѣснига • иже сѧ обрѣте въ ино писаник *Супр 142, 19-20* ● ἐπιγραφή надпись nápis: познахъ отъ псаньѣ винѫ *Клоц 11а 33* □ писаник, писаниꙗ *мн.* γραφή, αἱ γραφαί, ὁ γράψας (!) Священное писание Písmo svaté: пакъи дроугое пісание гл⟨аголе⟩тъ *И 19, 37 Ас 110ба 29* (дроугыꙗ кънигы *Зогр Мар Ас 106аβ 18-19*); пытаите писаниꙗ *Супр 324, 13* (кън̄игы *И 5, 39 Зогр Мар Ас*).— *Мар Ас Сав Евх Клоц Супр.— Ср.* кън̄игы, напьсаник, титъль

ПЬСАТИ *и* **ПИСАТИ**, пишѫ, пишеши *несов./сов.* (>150) [п'са- *Зогр* (14), пса- *Зогр* (18) *Мар* (1) *Сав* (11) *Охр* (2) *Боян* (2) *Клоц* (1), пса(н)- *Сав* (50), псно *Мар* (1), ѱа- *Супр* (3), писа- *Зогр* (8) *Мар* (38) *Ас* (36) *Сав* (4) *Боян* (2) *Син* (1) *Клоц* (1) *Супр* (28), с'па- (!) *Зогр* (3), спа- (!) *Зогр* (1)] **1.** γράφειν, καταγράφειν, καλλιγράφειν, παραγράφειν, ἐγγράφειν, ποιεῖν (γράμματα) писать/написать psát/napsat: ізволи сѧ і мьнѣ... псати тебѣ • славънꙑ т'еофиле *Л 1, 3 Зогр,* писати *Мар Ас*; въ съвитъцѣ кънінѣемъ (! *вм.* кънiжьнѣемъ) пишетъ • о мнѣ *Пс 39, 8 Син*; пишетъ бо сѧ не чътꙑи с⟨ы⟩на не чьтетъ отьца *Супр 328, 16-17*; да съблюдетъ сѧ слово • п'саное въ законѣ іхъ *И 15, 25 Зогр,* псаное *Сав,* писаное *Мар Ас* ▭ пьсанок или писанок *в знач. сущ.* τὸ γεγραμμένον, ἡ γραφή священное писание Písmo svaté: і съвꙑстъ сѧ п'саное еже г⟨лаго⟩летъ *Мк 15, 28 Зогр,* псаное *Сав,* писаное *Мар Ас* **2.** γράφειν рисовать/нарисовать, писать/написать malovat/namalovat: шаръчиꙗ на ѥдноı дьсте • и образꙑ чрътаѭтъ и истинѫ пишѫтъ шаромъ *Супр 418, 2* ● *перен. несов.* ἐμφαίνειν выявлять, сообщать zjevovat, oznamovat: и господь нашь пиша иеремии пророкоу • ѡ трьнимъ порастьшимъ (! *вм.* ѡ трьнии порастьшии) жидовьска мѣста глаголааше к н̄емоу *Супр 357, 11* □ стѣнь пьсати σκιογραφεῖν выявлять zjevovat: аште ли же тъ огн̄ь • стѣнь ѱавꙑи • съ небесе пришъствиѥ божиꙗ огн̄и • напои же кѫпинѫ • не опали *Супр 250, 24.— Зогр Мар Ас Сав Охр Боян Зогр-пал Син Клоц Супр Рыл.— Ср.* напьсати, съпьсати

ПЬСИИ *прил.* (3) [пъ- *Син* (2)] τοῦ κυνός собачий, песий psí: избави отъ орѫжъѣ д⟨оу⟩шѫ моѭ • из-д-рѫкꙑ пъсъıа іночѧдѫѭ моѭ *Пс 21, 21 Син* ♦ пьсиꙗ моухꙑ *см.* моуха.— *Пс 77, 45; 104, 31 Син*

ПЬСЪ, -а *м* (33) [п'с- *Зогр* (1) *Евх* (1) *Супр* (3), пс- *Зогр* (3) *Мар* (6) *Ас* (2) *Сав* (1) *Супр* (1), пъс- *Сав* (1) *Евх* (2) *Син* (2)] κύων, κυνάριον пес, собака pes: ıбо ı пси ѣдатъ отъ кроупиць • падаѭштиіхъ отъ трепезꙑ г⟨оспод⟩ии своіхъ *Мт 15, 27 Зогр Мар Сав* ● *перен.*: да не бѫдетъ мьнѣ п'се неоукроштенꙑи • отъврѣшти сѧ х⟨ристос⟩а *Супр 61, 6.— Зогр Мар Ас Сав Син Евх Супр*

ПЬСЬСКЪІ *нареч.* (1) *греч. нет* по-песьи, по-собачьи jako pes: пьсьскꙑ же • лаѭ • и пѣнꙑ из оустъ тѣшта *Супр 560, 7*

пьтеньць *Л 2, 24 Сав; Пс 83, 4 Син см.* пътеньць

пьтица *Зогр Мар Ас Сав Син Евх Супр см.* пътица

пьтѣньць *Л 2, 24 Зогр см.* пътеньць

ПЬЦЬЛЪ, -а *м* (5) πίσσα смола smůla, pryskyřice: принесоша пьцьлъ горѧштъ *Супр 270, 18.— Супр 118, 10; 234, 6; 268, 16; 268, 27*

ПЬЦЬЛЬНЪ, -ꙑи *прил.* (2) τῆς πίσσης; (коновъ пьцьльнꙑи ἡ πίσσα) полный смолы, со смолой plný smůly, pryskyřice, se smůlou, smolný: въвръгоша и самого того с⟨вѧ⟩тааго въ коновъ пьцьлънꙑи *Супр 268, 25.— Супр 268, 23*

ПЬШЕНИЦА, -ѧ *ж* (35) [п'ш- *Супр* (2), пш- *Мар* (4) *Ас* (4) *Супр* (5), пъш- *Сав* (1) *Унд* (3) *Син* (1)] σῖτος, πλήρης σῖτος пшеница, хлеб pšenice, obilí: вь себѣ бо земл̄ѣ плодитъ сѧ • прѣжде трѣвѫ по томь же класъ • по томь же пьшеницѫ въ класѣ *Мк 4, 28 Зогр Мар.— Зогр Мар Ас Сав Унд Син Евх Супр Хил.— Ср.* жито

ПЬШЕНИЧЬНЪ, -ꙑи *прил.* (5) [п'ш- *Супр* (1), пш- *Мар* (1) *Ас* (2), пъш- *Син* (1)] τοῦ σίτου, τοῦ πυροῦ пшеничный, хлебный pšeničný, obilný; і натроу ıа отъ тоука пъшенiчьна *Пс 80, 17 Син.— И 12, 24 Мар Ас* (2), *Супр 127, 23.— Ср.* пьшеньнъ

ПЬШЕНЬНЪ *прил.* (1) τοῦ σίτου пшеничный, хлебный pšeničný, obilný: аште зрьно пьшеньно не оумьретъ падъ въ земл̄и *И 12, 24 Зогр* (пшеничьно *Мар,* пшеничьн⟨о⟩ *Ас 127б 18,* пшеничное *Ас 256β 8*).— *Ср.* пьшеничьнъ

пьѣница *Мт 24, 49 Зогр см.* пиꙗница

пьѣньство *Л 21, 34 Зогр Мар см.* пиꙗньство

ПѢВЬЦЬ, -а *м* (6) [пѣве(ц̑) *Евх* (1)] *греч. нет* певчий zpěvák: ї по кѡнъчинѣ тръс⟨вѧ⟩таго • въходѧтъ пѣвъци • на амбонъ *Ен 30б 12-13.— Ен 18б 16; 31а 12; 31а 15; Евх 58б 14; 101а 8*

ПѢГОТИВЪ, -ꙑи *прил.* (2) λεπρός прокаженный malomocný: пѣготивꙑмъ пѣготꙑ акꙑ лопатоѭ словесемь сьбръса *Супр 387, 21-22*; ꙗкоже остроуга вѣрнааго пѣготива прокоуджѫ тѣлеси *Супр 392, 16.— Ср.* прокаженъ, строупивъ

ПѢГОТЫ, -ъ *ж мн.* (2) λέπρα, τὰ χαλαζώματα проказа, нарывы (*у прокаженного*) malomocenství, vředy *перен.*: остроугꙑ ми доуша грѣховънꙑѩ пѣготꙑ *Супр 392, 15.— Супр 387, 22.— Ср.* прокаженик, проказа

ПѢНИТИ, -ниѭ, -ниши *несов.* (1) ἀφρίζειν испускать пену pěnit, vypouštět pěnu *перен.*: а онѣхъ срьдьце вльнънꙑимъ оубоичьнꙑихъ оустъ пѣнꙗаше *Супр 399, 10.— Ср.* пѣнꙑ (пѣнꙑ тѣщити)

ПѢНИѤ, -ниꙗ *с* (45) [пѣ(н̑)є *Ен* (2), пѣ(н̑) *Ас* (1) *Ен* (9), пѣн.. *Рыл* (1), ..ѣ(н̑) *Ен* (1)] **1.** συμφωνία, ὕμνος пение, песнопение (*под музыку*) zpěv, zpívání (*s hudebním doprovodem*): ι ѣко грѧдꙑ приближι сѧ къ домоу • ι слꙑша пѣниѣ ι ликꙑ *Л 15, 25 Зогр Мар Ас Сав*; въ конець вь пѣниѩхъ о осмѣι псалмъ да⟨вꙑ⟩д⟨о⟩въ *Пс 6, 1 Син* **2.** ὕμνος, ὕμνησις, ᾠδή, αἴνεσις хвалебная песнь, славословие chvalozpěv, hymnus: въ псалмѣхъ и пѣниихъ • и пѣснехъ д⟨оу⟩ховнꙑихъ • о благодѣти поюще и прѣпоюще • въ ср⟨ъ⟩д⟨ъ⟩цихъ вашихъ г⟨осподе⟩ви *Кол 3, 16 Ен* ● *спец.* τροπάριον тропарь tropar: єг'даже приведѫтъ постригъшааго сѧ на трапезѫ • поѭтъ пѣниє сє глас⟨ъ⟩ г҃ *Евх 99б 25* □ **пѣниѥ хвальноѥ, хвала пѣниꙗ** αἶνος ᾠδῆς, ᾠδὴ ψαλμοῦ хвалебная песнь, славословие (*в заглавиях псалмов*) píseň chvály, chvalozpěv: да⟨вꙑдо⟩ва пѣниѥ хвалънаѣ въ дьни пръвꙑѩ соботѣ *Пс 92, 1 Син*; слав⟨а⟩ хвала пѣниѥ да⟨вꙑдо⟩ва *Пс 94, 1 Син*; **пѣниѥ съвитъчьноѥ** κοντάκιον кондак kondak: памѧт⟨ь⟩ • пр⟨ѣпо⟩д⟨обь⟩нааго романа • сътворшааго пѣн⟨иꙗ⟩ сьвит⟨ъ⟩ч⟨ь⟩наа *Ас 122а 2.— Зогр Мар Ас Сав Ен Син Евх Рыл.— Ср.* пѣснь, пѣтиѥ, хвала

ПѢНЫ, -ъ *ж мн.* (17) ἀφρός пена pěna: прѣвръгѫ сѧ въ твръдꙑ камень • нъ въ пѣнꙑ вльнꙑ ихъ разидѫ сѧ *Клоц 12б 23; Супр 448, 19* ● пена у рта pěna u úst: ι вьнезапѫ въпиєтъ • ι прѫжаатъ сѧ съ пѣнами *Л 9, 39 Зогр Мар Ас Сав* ♦ **пѣнꙑ тѣщити** ἀφρίζειν испускать пену vypouštět pěnu: пѣнꙑ тѣштитъ • ι скрьжьштетъ зѫбꙑ своιми *Мк 9, 18 Зогр Мар Ас Сав.— Зогр Мар Ас Сав Клоц Супр.— Ср.* пѣнити

ПѢНЬНЪ, -ꙑи *прил.* (1) ἀφροφόρος пенистый, пенящийся pěnivý, rozpěněný: мѫташтаѧ жизни сеѩ сласти сланоѥ море • и пѣнънꙑѩ страстии вльнꙑ *Супр 352, 17*

ПѢНѦЖЬНИКЪ, -а *м* (6) κερματιστής, ἐπὶ τράπεζαν (!) меняла penězoměnec: ι по чьто не въдастъ моего съребра пѣнѧжьникомъ • ι азъ пришьдъ съ лихвоѭ • ιстѧзалъ є бимь *Л 19, 23 Зогр Мар Ас.— И 2, 14 Зогр Мар Ас.— Ср.* прикоупь (прикоупъ творѧи), тръжьникъ

ПѢНѦЅЬ, -а *м* (45) [пѣнѧз- *Зогр* (11) *Мар* (2) *Сав* (6); пѣнѫ- *Боян* (1)] δηνάριον, ἀσσάριον, κέρμα, λεπτόν монета, динарий peníz, mince, denár: не дьвѣ ли птици пѣнѧзоу вѣните сѧ *Мт 10, 29 Зогр* (на ссарии *Мар*, на асрии (!) *Ас*).*— Зогр Мар Ас Сав Боян.— Ср.* ассарии, динарь, сьребро, сьребрьникъ, цѧта

пѣровъ *Супр 218, 3 см.* прѣровъ

ПѢСНЬ, -и *ж* (97) [пѣ(с) *Ас* (1) *Сав* (1) *Ен* (3) *Син* (1) *Евх* (2) *Рыл* (1), пѣ *Син* (1)] **1.** ᾠδή, ὕμνος, ᾆσμα, ψαλμός, μελῳδία, μέλος песня, пение píseň, zpěv: въсхвалѭ имѧ б⟨ог⟩а моего съ пѣсниѭ *Пс 68, 31 Син*; тѣмь д⟨оу⟩ховьнꙑими пѣсньми питааше сѧ иностань *Супр 550, 13*; благодарьствьнꙑѩ пѣсни въсꙑлааше богоу *Супр 293, 1*; кꙑѩ въспокши погребению пѣсни *Супр 457, 14*; диѥволъ зоветъ гѫсльми и плѧсьци пѣс⟨нь⟩ми неприѣзнинами • тоже м'ноѕи събиραѭт' сѧ на то *Рыл 26β 25* ● κῶμος (!) шумное праздничное веселье (*языческое*) (*pohanská*) slavnost se zpěvy: къ капиштемъ слоуженню • и на пѣсни • и на блѫжденꙗ женомъ *Супр 352, 13* ● ἐπῳδή заклинание zaklínání: ιже словомь маломь • неб⟨е⟩са отврьзе • ι дιвънοѭ пѣсньѭ • дιвъно съкровиште обрѣтъ *Клоц 11б 23* □ *спец.* **пѣснь псалъмъ, псалъмъ пѣсни** *или* **пѣснии** ᾠδὴ ψαλμοῦ, ψαλμὸς ᾠδῆς музыкальный тон при пении псалмов tónina žalmu: пѣснь пъсаломъ асафовъ *Пс 82, 1 Син*; псалмъ пѣсни с⟨ꙑ⟩новъ корѣовъ *Пс 47, 1 Син*; **пѣснь степеньнаꙗ** ᾠδὴ τῶν ἀναβαθμῶν песнь восхождения píseň stupňů (*заглавие некоторых псалмов*): слава пѣ (!) степеннаа *Пс 119, 1 Син*; **старѣи въ пѣсньхъ бꙑти** προηγεῖσθαι быть запевалой, запевать předzpěvovat, být kantorem: бѣаше же старѣи имъ вь пѣснехъ с⟨вѧ⟩тꙑи кѵриѡнъ • а въ отьвѣтѣхъ с⟨вѧ⟩тꙑи каньдидъ • и доменъ *Супр 70, 27* **2.** αἶνος, ὕμνος, ἀνάρρησις; (пѣснь и хвала ψαλμῳδία; приимꙑ пѣснь αἰνούμενος) хвалебная песнь, песнопение chvalozpěv, hymnus; *перен.* хвала chvála: слъзами себе очистаѩще • ι поѭще емоу пѣснь *Евх 86а 5*; из оустъ младенииштъ и съсѫштиихъ съвръшилъ неси пѣснь *Супр 325,*

4 и 326, 3 (хвалѫ *Пс 8, 3 Син, Клоц 1а 22; Супр 335, 28*) ● *спец.* στιχηρόν песнопение hymnus: и лобызаѭтъ и братрїѣ в'сѣ • поѭщїє пѣс⟨нь⟩ сиѭ глас⟨ъ⟩ тажекъ *Евх 97а 25* □ пѣснь побѣдьнаꙗ *спец.* ἐπινίκιος ὕμνος победная песнь vítězná píseň: побѣдъньѭѭ пѣснь сь ѩими оутвр'ждаѧ владꙑцѣ • ѡсанна въ вышьнїихъ *Супр 332, 25.— Ас Сав Ен Син Евх Клоц Супр Рыл.— Ср.* псалъмъ, пѣниѥ, пѣтиѥ, стихера, хвала

ПѢСНЬНЪ, -ꙑи *прил.* (1) *греч. нет* песней *род.*, песенный, песнопений *род.* písní *род.*, chvalozpěvů *род.*, hymnů *род.*: въпросишѧ насъ • плѣньшеи ны • поите намъ отъ словесъ пѣсньнꙑихъ *Клоц 7а 39-40* (отъ пѣснеи сионескъ *Пс 136, 3 Син*)

ПѢСТОУНЪ, -а *м* (1) *греч. нет* воспитатель, наставник, пестун vychovatel, pěstoun: с⟨вѧ⟩т⟨ы⟩хъ м⟨ѫ⟩ч⟨ени⟩къ вита и модеста пѣстоуна его *Ас 147б 3-4.— Ср.* казатель, наставьникъ, оучитель

ПѢСЪКЪ, -а *м* (11) ἄμμος, ψάμμος песок písek: оуподобитъ сѧ мѫжю боую • ꙗже съзъда храминѫ своѭ на пѣсъцѣ *Мт 7, 26 Зогр Мар*, пѣсьцѣ *Ас*, пѣсцѣ *Сав.— Пс 77, 27 Син; Евх 1а 21; 4а 12; Клоц 10а 6; Супр 22, 13-14; 179, 19; 214, 27*

ПѢТИ, поѭ, поѥши *несов.* (100) **1.** чьто комоу ψάλλειν, συμψάλλειν, ᾄδειν, μελῳδεῖν, ἐμμελῳδεῖν, ἀναμέλπειν, κελαδεῖν, ποιεῖν (!), χρῆσθαι (!); (пѣти съ цѣмь συμμουσουργεῖν) петь (*играя на музыкальном инструменте*) zpívat (*s doprovodem hudebního nástroje*): на врьбии... обѣсїхомъ органꙑ нашѧ • сїрѣчь псалтꙑрь • ı гѫслı • сїмı бо псалъмı поѣхѫ • въ ветъсѣмь законѣ *Клоц 7а 34*, и сими пѣсни поꙗхѫ *Супр 418, 25*; и по конъчани оутрънице • поет сѧ • въ трьс⟨вѧ⟩таго *Ен 30б 7* ● *перен.*: оуне бо ѥстъ паче юнꙑимь въ словесехъ богоносьнꙑихъ оучитель • присно поѭштемъ • чистъ имѣти оумъ • негли бѣсънꙑихъ оученꙗ хвалѧште • на блѫждение възбѣсовати сѧ *Супр 403, 29* ● петь псалом zpívat žalm: нꙑнѣ поетъ пр⟨оро⟩къ д⟨авꙑ⟩дъ вьпиѭ и г⟨лаго⟩лѧ *Евх 87б 21* ● *спец.* петь часы, службу zpívat hodinku, officium: поѭште третиѥ часъ ꙗкоже бѣаше им обꙑчаи *Супр 64, 18* ▭ пѣтъ *в знач. прил.* ψαλτός выражаемый пением, в песнях k zpívání vhodný: пѣта бѣахѫ мьнѣ оправъданиѣ твоѣ *Пс 118, 54 Син* **2.** кого, чьто; комоу, чесомоу; о комь, чемь ᾄδειν, ψάλλειν, αἰνεῖν, ὑμνεῖν, ἀνυμνεῖν, τιμᾶν, εὐφημεῖν воспевать, прославлять, хвалить opěvovat, oslavovat, chválit: хвалите г⟨оспод⟩ѣ... поıте ıмени его ѣко добро *Пс 134, 3 Син*; поѭште ı благословѧште б⟨ог⟩а *Л 24, 53 Зогр* (хвалѧште *Мар Ас*); твое бо поетъ сѧ • ı величитъ... прѣс⟨вѧ⟩тое имѧ твое *Евх 51б 21-22.— Зогр Ен Син Служ Евх Клоц Супр Рыл.— Ср.* въспѣвати, хвалити

ПѢТИѤ, -ꙗ *с* (7) [пѣти • и (!) *Супр* (1)] **1.** τὸ ᾄδειν пение zpěv, zpívání: иже по бѣдьнѫѭ пѣснь • и новоѥ съложениѥ мироу • пѣтию • побѣдьливоуоумоу христосовоу наоучиша *Супр 319, 7* **2.** ψαλμῳδία, ὑμνῳδία славословие, песнопение chvalozpěv, hymnus: алчьбѣ и многоу пѣтию непрѣстан'ноуоумоу • въдавъ себе *Супр 548, 7* □ пѣтиꙗ пѣтии *мн.* τὰ Ἄισματα τῶν ᾀσμάτων Песнь Песней Píseň písní, Velepíseň: невѣста цръкꙑ вь пѣтиїхъ пѣти • и (! *вм.* пѣтии) призꙑваатъ *Супр 349, 13-14 и 14.— Супр 19, 21; 285, 13; 487, 1.— Ср.* пѣниѥ, пѣснь

ПѢШЬ, -ии *прил.* (5) πεζός, πεζῇ (!), πεζεύειν (!) пеший pěší: ı слꙑшавъше народи по ѩемь ıдоша пѣши отъ града *Мт 14, 13 Зогр Мар; Мк 6, 33 Зогр Мар.— Супр 90, 7*

ПѦДЬ, -и *ж* (2) [пѧ- *Син* (1)] σπιθαμή, παλαιστή пядь píď: иже естъ измѣрилъ водѫ морьскѫѭ грьстиѭ • и пѧдиѭ н⟨е⟩бо *Евх 55б 20-21.— Пс 38, 6 Син*

пандікостиꙗ *Ен 3а 8 см.* пѧтикостиꙗ

ПѦТА, -ꙑ *ж* (4) [пѧ- *Син* (2)] πτέρνα пятка, пята pata: врачь хꙑтрꙑи • нача мазати ѥго • отъ пѧтоу начьнъ *Супр 563, 1* ● *перен.*: ѣдꙑ съ мноѭ хлѣбъ • въздвигнетъ на мѧ пѧтѫ своѭ *И 13, 18 Зогр* (прѣльщение *Мар*).— *Пс 48, 6 Син; 55, 7 Син*

ПѦТИДЕСѦТЪ, -ꙑи *числит. порядк.* (1) πεντηκοστός пятидесятый padesátý: никтоже оубо пѧтидесѧтъ ѱалма (! *вм.* ѱалмъ) изъвꙑкнѫти можетъ *Супр 355, 15-16.— Ср.* ҃н, ҃н

ПѦТИКОСТИНЪ, -ꙑи *прил.* (5) [пентикостин- *Сав* (2); пеньтикостин- *Сав* (1)] τῆς Πεντηκοστῆς Пятидесятницы, Троицы, Троицына дня *род.* letnic *род.*, svatodušní: послоушаи насъ • вь ньже день призовемъ тѧ • паче же в' сь день пѧтикостинꙑ *Евх 62а 6.— Сав 28а 4; 131а 13-14; 140б 18-19; Евх 64б 1.— Ср.* ҃н, ҃н, пѧтьдесѧтьнъ

ПѦТИКОСТИꙖ, -ꙗ *ж* (7) [панді- *Ен* (1), пенти- *Сав* (6)] Πεντηκοστή Пятидесятница, Троица, Троицын день letnice, svatodušní svátky: сѫб⟨ота⟩ мѧс⟨о⟩постънаѣ • къ корент ıции сѫб.. ѕї по пандїкости *Ен 3а 8.— Сав 29а 5; 30а 4; 30б 8; 31а 19; 32а 2; 131а 11-12.— Ср.* ҃н, ҃н, пѧтьдесѧтьница

ПѦТЪ, -ꙑи *числит. порядк.* (5) [пѧ- *Ас* (1)] πέντε (!) пятый pátý: азъ бо ѥдинъ сѣждѫ сьде • пѧтꙑи дьнь не въкоушаѧ брашно *Супр 170, 8* ◆ пѧтꙑи на десѧте πεντεκαιδέκατος пятнадцатый patnáctý: въ пѧтое же на десѧте лѣто • владꙑчьства • тиверьѣ кесарѣ *Л 3, 1 Зогр Мар Ас Боян* (въ вьтороѥ на десѧтє *Сав*).— *Ср.* ҃д, ҃е

ПѦТЬКЪ, -а *м* (25) [пѧ(҃к) *Ас* (5) *Сав* (3)

Ен (1), пꙗ(к҃) Ас (8), пꙗть (!) Син (1)] παρασκευή пятница pátek: юдеі же понеже пѧтъкъ бѣ · да не останѫтъ на кр⟨ъ⟩стѣ тѣлеса въ сѫботѫ... молишѧ же пилата И 19, 31 Сав (параскевьћи Зогр Мар Ас (2) Боян) ◆ великъıи пѧтъкъ, свѧтъıи пѧтъкъ Ἁγία καὶ Μεγάλη Παρασκευή Страстная пятница Velký pátek: чин ношти с⟨вѧ⟩таго пꙗтка Ас 92аβ 15; нщї · въ великъı · пѧ⟨тъ⟩к⟨ъ⟩ Ен 33а 4.— Ас Сав Ен Син Супр.— Ср. параскевьѓи(н)

ПѦТЬ *числит. колич.* (>100) [пꙗ- Ас (16)] πέντε, πέμπτος (!), ὁδός (!); (пѧть десѧтъ ти пѧть πεντήκοστος ἕκτος (!) пять pět: о пѧти хлѣбъ *Мар 43б 8* ◆ въ длъготѫ два десѧти ти пѧти лакътъ *Супр 230, 13*; пѧть на десѧте δεκαπέντε пятнадцать patnáct: бѣ же витаниѣ близъ и⟨ероусали⟩ма · ѣко пѧть на десѧте стадии *И 11, 18 Мар Ас* (ді҃ *Зогр*, еі҃ *Сав*); пѧть десѧтъ πεντήκοντα пятьдесят padesát: посадите ѩ на сподъı · по пѧти десѧтъ *Л 9, 14 Зогр Мар*; пѧть сътъ πεντακόσιοι пятьсот pět set: дъва длъжьника бѣашете заимодавьцю етероу · единъ бѣ длъжьнъ · пѧтьѭ сътъ динарь · а дроугъı пѧтьѭ десѧтъ *Л 7, 41 Зогр Мар Ас*; пѧть тъıсѧщь πεντακισχίλιοι пять тысяч pět tisíc: ѣдъшиихъ же бѣаше мѫжь · пѧть тъıсѧшть · развѣ женъ і дѣтиі *Мт 14, 21 Зогр Мар Ас* (е҃ тъıсѧщь *Сав*); пѧть кратъı πεντάκις пять раз pětkrát: бижѫштиїмъ же измѣнив'шемъ сѧ пѧть кратъı *Супр 103, 26.— Зогр Мар Ас Супр.— Ср.* д҃, е҃

ПѦТЬДЕСѦТЬНИЦА, -ѧ *ж* (1) Πεντηκοστή Пятидесятница, Троица, Троицын день letnice, svatodušní svátky: мол⟨итва⟩ на поклонение колѣнома · бъıваѭщи · въ с⟨вѧ⟩тѫѭ пѧтьдесѧтьницѫ · на есперинѣ *Евх 59б 16-17.— Ср.* л҃, н҃, пѧтикостиꙗ

ПѦТЬДЕСѦТЬНЪ, -ъıи *числит. порядк.* (1) πεντηκοστός пятидесятый padesátý: вь пѧтьдесѧтънок своѥѩ връстъı лѣто *Супр 288, 28.— Ср.* л҃, н҃, пѧтидесѧтъ

пѫн'тьскъ *Мт 27, 2 Зогр; Л 3, 1 Зогр,* пѫнитьскъ *Супр 173, 5 см.* понтьскъ

ПѪТА, -ъ *с мн.* (8) πέδαι оковы, узы, путы pouta, okovy: за ѩ҃е емоу много кратъı · пѫтъı і ѫжи желѣзнъı · съвѧзаноу сѫштю прѣтрьзаахѫ сѧ отъ ѩ҃его ѫжа желѣзнаа · і пѫта съкроушаахѫ сѧ *Мк 5, 4 Зогр Мар.— Л 8, 29 Зогр Мар Ас Сав.— Ср.* окови, ѫзы, ѫже

пѫт'никъ *Супр 40, 25 см.* пѫтьникъ

пѫтъскъ *Л 3, 1 Боян; Евх 49а 16 см.* понтьскъ

ПѪТЬ, -и *м* (>300) **1.** ὁδός, πλατεῖα, λεωφόρος дорога, улица cesta, ulice: і бѫдѫтъ стръпътънаа въ праваѣ · і остриѣ въ пѫти гладъкъı *Л 3, 5 Зогр Мар Ас*, остри пѫтие гладъци *Сав*; ідѣте оубо на исходишта пѫтии *Мт 22, 9 Мар Ас* (∅ *Зогр*); *Евх 106б 6-7* □ пѫть сътворити ὁδοποιεῖν проложить путь upravit cestu: пѫть створите вьшедъшюмоу на западъ *Пс 67, 5 Син; Супр 465, 22* **2.** ὁδός, πορεία, περιοδεία; (вьслѣдьствовати пѫтьмь συνοδεύειν) путь, направление cesta, směr: възъмъ водоносъ · начѧ ити пѫтьмь на рѣкѫ *Супр 550, 24*; мѫжи боголюбиви и хрьстолюбиви · вьслѣдъствовавъше ихъ пѫтьмь · възаша... мошти кю *Супр 114, 19* ● *перен.*: на пѫть ѩзъıкомъ не ідѣте *Мт 10, 5 Зогр Мар Ас Сав*; изиде же паче ꙗкоже правъıи пѫть велитъ еуаггелиѥ *Супр 547, 4* ● ὀχετός, πηγή проход průchod: приподобихомъ же и мъı сѧ матери оубозѣи · не имѫшти гладомь млѣка · нъ въспѧтавъшѫ млѣчънъıимъ пѫти *Супр 384, 18*; отъметаетъ бо ти пѫти прѣходъньıѩ *Евх 48б 23* □ пѫть протвараꙗти чесомоу, пѫть сътворити чьто προοδοποιεῖν, ὁδοποιεῖν расчищать/расчистить дорогу, давать/дать выход uvolňovat/uvolnit cestu, dávat/dát průchod: пакъı и тъ боꙗзнь изгонитъ · протварѣѩ пѫть вѣрѣ *Супр 446, 12-13*; пѫть сътворі стьѕѫ гнѣвоу своемоу *Пс 77, 50 Син* **3.** ὁδός, ὁδοιπορία, στρωτή путь, путешествие cesta, pochod, putování: мьнѣвъша же і въ дроужинѣ сѫшть · придете пѫтъ.. дьниї *Л 2, 44 Зогр*, дьни пѫть *Ас* (пѧть дьне(н) *Мар*, придоста дниі е҃ *Сав*, п.. дънъ *Боян*); повелѣ же нѣкомоу... пришед'шиимъ отъ пѫти жад'номъ сѫштемъ водѫ принести *Супр 549, 24* □ пѫть творити, пѫтьмь ити, въ пѫть ходити ὁδοιποιεῖν, ὁδοποιεῖν, τῆς ὁδοῦ ἔχεσθαι совершать путь, путешествовать, идти konat cestu, putovat, jít: начѧшѧ оученици его пѫть творити *Мк 2, 23 Зогр Мар Ас Сав*; идѫштоу же ѥмоу пѫтемь сърѣте и вратъ нѣкъıи *Супр 524, 6*; ни въ пѫтъ ход.. ни коупа дѣꙗти *Ен 20а 7*; пѫти сѧ ѩти, на пѫть оходити τῆς ὁδοῦ λαμβάνεσθαι, ἀποδημεῖν отправиться/отправляться в путь dát se/dávat se na cestu: їаковъ же имъ сѧ пѫти ведѫштааго въ миръ *Супр 527, 22*; мол⟨итва⟩ на ѡходѧщаѩ на пѫть *Евх 18а 10*; минѫти пѫтьмь ὁδῷ προβαίνειν продвинуться вперед postoupit dále: и пѫтемь миноуѧ и спѣша ꙗкоже к подова *Супр 380, 25*; оуспѣти пѫти διέρχεσθαι μέρος τι τῆς ὁδοῦ пройти часть пути ujít kus cesty: и оуспѣвъ пѫти и мало съвративъ сѧ *Супр 527, 23*; толикъ пѫть възѧти περιοδεύειν усердно заботиться, ухаживать usilovně pečovat: к'то покмыктъ врачеви троуждаѭштоу сѧ · и толикъ пѫть вьземьѭштоу *Супр 361, 6.— Зогр Мар Ас Сав Охр Боян Зогр-пал*

Ен Син Евх Клоц Супр Рыл.— Ср. пѫтьоутросиꙗ, пѫтьшьствиѥ, стьѕа, шьствиѥ

ПѪТЬНИКЪ, -а *м* (2) [пѫт'- *Супр* (1)] ὁδοιπόρος путник, прохожий, странник poutník, pocestný: пѫтиѥ ихъ цѣльбы пѫтьникомь проповѣдаахѫ *Супр 323, 24.— Супр 40, 25*

ПѪТЬНЪ, -ыи *прил.* (1): шьствиѥ пѫтьноѥ ὁδός путешествие putování, cesta: добрѣ оубо сътвори • троудьна мѧ сѫтъ (! *вм.* сѫшта) отъ шъствиꙗ пѫтьнааго • повелѣ на мѧкъцѣѣмъ семъ одрѣ почити ми *Супр 118, 22.— Ср.* пѫтьоутросиꙗ, пѫтьшьствиѥ

ПѪТЬОУТРОСИꙖ, -иѩ *ж* (1) ὁδοστρωσία путешествие cesta: изиди готови сѧ на пѫтьоутросиѭ къ цѣсарю • тоу бо приходитъ *Супр 216, 18.— Ср.* пѫть, пѫтьшьствиѥ, шьствиѥ

ПѪТЬШЬСТВИѤ, -иꙗ *с* (1) πορεία путешествие cesta: по въздоухоу парѧшта силы разгънавъ • без блазны намъ на небеса пѫтьшъствиѥ оуготови *Супр 353, 12.— Ср.* пѫть, пѫтьоутросиꙗ, шьствиѥ

ПѪЧИНА, -ы *ж* (8) **1.** πέλαγος; (пѫчина морьскаꙗ πέλαγος) (открытое) море (širé) moře: вьсѣдъ въ корабь • и малы въ пѫчинѫ отъплоувъ *Супр 294, 1*; оунѣѥ емоу естъ да... потопѧтъ і въ пѫчинѣ морьстѣи *Мт 18, 6 Мар Зогр-пал* (∅ *Зогр*) ● *перен.*: нъ понеже не ислѣдима ѥстъ прѣмѫдростьнаꙗ пѫчина *Супр 533, 25* **2.** βόρβορος пропасть, бездна propast: въвръженоу же бывъшꙋ... исаакоу • въ съмрьтъноѭ пѫчинѫ • прѣбыстъ цѣлъ *Супр 193, 23.— Супр 85, 26; 250, 14; 492, 12.— Ср.* бездъна, глѫбина, море

пꙙдь *Пс 38, 6 Син см.* пѧдь

пꙙта *Пс 48, 6 Син; 55, 7 Син см.* пѧта

пꙙтъ *Л 3, 1 Ас см.* пѧтъ

пꙙть *Пс 80, 1 Син см.* пѧтъкъ

пꙙть *Ас см.* пѧть

ПѴРОНИИ *или* **ПѴРОНИꙖ**, -иѩ *ж имя* (1) Πυρώνη Пирония Pyrone: тоу бо обрѧштеши алеѯандра • и ѥго матере пурониѭ • посълана бо ѥста и та тамо *Супр 235, 30*

Ч҃

Ч҃ *цифра кир.* (4) ϙ′, ν′ (!) 90.— *Сав.— Ср.* п҃, ч҃

Р

р҃ *цифра глаг. и кир.* (>100) ἑκατόν 100: р҃мь • мѣръ олѣа *Л 16, 6 Зогр* (сътомь *Мар*).— *Зогр Мар Ас Сав Унд Боян Син Супр*

РААВЬ *ж нескл. имя* (1) Ῥαάβ Раавь Rahab: одолѣ имъ раавь блѫдница *Супр 434, 18*

РАБА, -ы *ж* (29) δούλη, παιδίσκη, παρθένος (!) рабыня, невольница; служанка otrokyně, nevolnice; služebná: г⟨лаго⟩ла же раба двьрьница петрови *И 18, 17 Зогр Сав* (∅ *Мар*); аще к'то съ рабоѭ блѫдъ сътворит⟨ъ⟩ • толи родит⟨ъ⟩ дѣтищь • да свободит⟨ъ⟩ • рабѫ тѫ *Евх 104б 6 и 8*; аврамъ два с⟨ы⟩ны имѣ • единъ отъ рабы • а дроугы отъ свободныѩ *Ен 27б 5* ● *перен.*: иоулиꙗниѥ рабо б⟨ог⟩а вышьнꙗго • съгрѣшихомъ прѣдъ тобоѭ жродьскы *Супр 3, 18*; посъланъ бystъ рабъ беспльтьнь • къ рабѣ непорочьнѣ • посъланъ быстъ свободь отъ грѣха • къ не прикмьѭштии истьлѣниꙗ *Супр 244, 19.— Зогр Мар Ас Сав Ен Син Евх Супр.— Ср.* рабꙑни

рабби *Зогр Мар Боян см.* равви

разбоискъ *Клоц 11б 30 см.* разбоискъ

РАБИИ *прил.* (6) [робии *Супр* (1)] (τοῦ) δούλου рабий; рабский otrokův, otrocký: ѥгньць і ѥгньць • нъ овъ бѣ несъмысленъ • овъ съмысльнъ • овьча і овьча • нъ овъ бѣ рабье • се же г⟨осподь⟩не • стѣнь і истина... *Клоц 7а 7*; того послоушаите • невидимааго видима • зиждителѣ въ рабьи образѣ *Евх 363*; възалка богъ нъ • възалка робиѥмъ образомъ *Супр 345, 2.— Евх 3а 15-16; Супр 480, 8; 533, 6.— Ср.* рабьскъ, робиискъ

РАБОТА, -ы *ж* (13) δουλεία [робота *Супр* (1)] рабство, неволя otroctví, nevolnictví: въ работѫ проданъ бystъ їосифъ *Пс 104, 17 Син*; отъ неприѣзнинны работы ізбавилъ еси *Служ 1б 26;* д⟨ь⟩нес⟨ь⟩ непрѣклоньны своемоу рабоу покланѣѥтъ сѧ • да ны отъ работы свободитъ *Евх 2а 13-14.— Евх 5б 4; 6а 15; Супр 244, 1; 262, 11; 342, 11; 447, 15; 470, 15; 480, 12; Ен 27б 12-13*

РАБОТАНИѤ, -ꙗ *с* (1) τὸ δουλεῦσαι служба, служение služba: по работании ми непорочьнѣ б⟨ого⟩ви лѣтъ •и҃• *Супр 525, 14*

РАБОТАТИ, -аѭ, -аѥши *несов.* (40) δουλεύειν, ὑπουργεῖν, λατρεύειν **1.** находиться в рабстве, в неволе, быть рабом být otrokem: і никомоуже не работахомъ николиже • како ты гл⟨агол⟩еши • ѣко свободь бѫдете *И 8, 33 Зогр Мар Ас*; никы же рабъ не можетъ двѣма г⟨осподино⟩ма работати *Мт 6, 24 Зогр Мар Ас Сав*; работаѥтъ бо (*т. е.* агаръ) съ чѧды своими • а вышни ер⟨оу⟩с⟨а⟩л⟨и⟩мъ свободъ естъ *Гал 4, 25 Ен* **2.** служить sloužit: се колико лѣтъ работаѭ тебѣ • і николиже заповѣди твоеѩ не прѣстѫпихъ *Л 15, 29 Зогр Мар Ас*; работаите г⟨осподе⟩ви съ страхомъ *Пс 2, 11 Син*; тебе работаѭтъ источници *Евх 4а 9*; ѥдинъ блаже и милосрьде • послоушаѭи вьсѣхъ въ истинѫ работаѭштїихъ тебѣ *Супр 21, 28-29*; грѫстокааго неплодьства • работавъша страсти • и оть тебе свободѫ примъша *Супр 250, 3-4* **3.** трудиться, (тяжело) работать (*на кого-либо*) (těžce) pracovat: водѫ отъ потока възноса • вара дѣлаѭштиимъ • и работаѧ имъ въ камении *Супр 284, 3.— Зогр Мар Ас Сав Боян Ен Син Служ Евх Супр.— Ср.* слоужити

р а б о т ъ *Л 12, 43 Зогр; Мт 18, 26 и 28 Мар см.* рабъ *и* тъ

РАБОТЬНИКЪ, -а *м* (1) *греч. нет* служитель, слуга služebník: давъı своемоу работьникоу мосею *Евх 21б 2.— Ср.* рабъ

РАБОТЬНЪ, -ъıи *прил.* (4) δοῦλος, τῆς δουλείας [робот- (1) *Супр*] **1.** рабский, невольничий otrocký, otrokův: да ѥлма же оубо отъвръгосте сѧ своѥго цѣсара • прѣбѫдѣте оубо нецѣсароуѥми • работьнъıи ıаръмъ вѣчьнъıи влачаште *Супр 435, 26*; не помѧнѫ... ни роботьнъıѧ страсти • ни племенънъıѧ зависти *Супр 367, 18* **2.** *перен.* подвластный, служащий *кому-чему-либо* sloužící, poddaný: оучинениемь твоїмъ прѣбъıваетъ день • ѣко вьсѣ работьна тебѣ *Пс 118, 91 Син*; в'сѣ работънаа томоу самомоу работаѭтъ *Евх 55а 13*

РАБЪ, -а *м* (>500) [роб- *Зогр* (1) *Супр* (28); рараб- ! *Син* (1)] δοῦλος **1.** οἰκέτης; (плѣнѥнъıи рабъ αἰχμάλωτος) раб, невольник otrok: ıже аще хощетъ вѧштии бъıти въ васъ • да бѫдетъ вашъ слоуга • ı иже аще хощетъ въ васъ бъıти прѣдьнии • да бѫдетъ вашъ рабъ *Мт 20, 27 Мар* (*∅ Зогр*); *ср. Мк 10, 44 Зогр Мар Ас Сав*; никотеръı же рабъ • не можетъ дьвама г⟨осподи⟩нома работати *Л 16, 13 Зогр Мар Ас Сав*; юже не г⟨лаго⟩лѭ вамъ робъ • рабъ бо н⟨е⟩ вѣстъ чьто творитъ г⟨спод⟩ь его *И 15, 15 Зогр*, рабъ... рабъ *Мар Сав*; рабъ... рабь *Ас*; къгда ѥси видѣлъ господина робомъ продаѥма *Супр 425, 29*; плѣн҃енъıимъ рабомъ избавитель • приде *Супр 251, 25* **2.** οἰκέτης, θεράπων, παῖς слуга, работник, прислужник sluha, služebník: призъвавъ единого отъ рабъ • въпрашааше ı *Л 15, 26 Зогр Мар* (раба *Сав*; отрокъ *Ас*); събрати вьсѧ послоушаѭштѧѧ ѥго • дроугъı и срьдоболѫ и рабъı • на лаıаниѥ с⟨вѧ⟩тааго мѫжа *Супр 514, 27* ● *перен.* δοῦλος (τοῦ θεοῦ), θεράπων, παῖς, οἰκέτης, ἄνθρωπος (!), υἱός (!) раб божий sluha boží: нъın҃ѣ поустиши раба твоего владъıко *Л 2, 29 Зогр Мар Ас Сав*; рабъ ѥси богъıн҃ѧ артемидъı *Супр 226, 28-29*; тебѣ истинъноумоу ч⟨ловѣ⟩к⟨о⟩любьцю б⟨о⟩г⟩оу • мъı грѣшънии • ı недостоинии раби твои *Евх 17б 8* □ р а б ъ б о ж и и духовное лицо, священник duchovní, kněz: повръже себе прѣдъ ногама рабъ б⟨о⟩жии *Супр 524, 14.— Зогр Мар Ас Сав Унд Боян Ен Син Клоц Евх Служ Супр.— Ср.* клеврѣтъ, отрокъ, робичищь, слоуга

РАБЪIН҃И, -ѩ *ж* (12) παιδίσκη рабыня, невольница, служанка otrokyně, služka: приде една отъ рабъıн҃ь ар'хиереовъ *Мк 14, 66 Зогр, Мар*; се ѣко очи рабъ въ рѫкоу г⟨оспо⟩деї своїхъ • ѣко очи рабъıнѩ въ рѫкоу г⟨оспо⟩ждѩ своеѩ *Пс 122, 2 Син*, рабъıн҃ь *Супр 75, 19.— Мт 26, 69 Зогр Мар Ас Сав; Мк 14, 69 Зогр Мар; Л 12, 45 Зогр Мар.— Ср.* раба

РАБЪIН҃ИНЪ *прил.* (2) τῆς παιδίσκης принадлежащий рабыне otrokyně *род.*: не иматъ бо (на)слѣдовати с⟨ъı⟩нъ рабъıнинъ (съ) с⟨ъı⟩номъ свободъноѩ • тѣ(мъ) же братие нѣсмъ рабъın(и)на чѧда • нѫ свободнъı(ѧ) *Гал 4, 31 Ен*

РАБЬСКЪ, -ъıи *прил.* (1) δουλικός рабский otrocký: аште бо дѣло чъстьно бъıло • то славьнѣ оубо бъı отъ чловѣкъ слоужениѥ прималъ • и не бъı слоужилъ намъ рабъскомъ чиномъ *Супр 262, 4.— Ср.* рабии, робинскъ

РАБЬСКЪI *нареч.* (1) δουλοπρεπῶς рабски, как раб otrocky: повелѣхъ херовимомъ рабъскъı стрѣшти тѧ *Супр 470, 5*

РАВВИ, РАВ'ВИ *нескл. м* (42) (*др.-евр.*) [рабби *Зогр* (2) *Мар* (1) *Боян* (1); равви *Зогр* (5) *Мар* (2) *Ас* (6) *Охр* (1); равьви *Мар* (8); равъви *Мар* (1); рав'ви *Зогр* (6) *Мар* (1) *Ас* (1); равьвии (!) *Мар* (1)] ῥαββί, ῥαββουνί учитель, наставник učitel: радоуи сѧ равьви *Мт 26, 49 Мар Ас* равъви *Боян* (оучителю *Сав, нет Зогр*); гла⟨гола⟩шѧ емоу оученици равви нъıн҃ѣ ıскахѫ тебе камениемь побити ıюдеı *И 11, 8 Зогр*; рав'ви *Ас* (оучителю *Мар*); она же рѣсте емоу • равви • еже г⟨лаго⟩летъ сѧ съказаемо оучител҃ю *И 1, 39 Зогр Мар Ас Охр.— Зогр Мар Ас Охр Боян.— Ср.* казател҃ь, наставьникъ, пѣстоунъ, раввоуни, оучител҃ь

РАВВОУНИ *нескл. м* (2) (*др.-евр.*) ῥαββουνί учитель, наставник učitel: слѣпецъ же г⟨лаго⟩ла емоу • раввоуни да прозьрѭ *Мк 10, 51 Мар* (рав'ви *Зогр*); она г⟨лаго⟩ла емоу • еврескъı раввоуни • еже наречетъ сѧ оучителю *И 20, 16 Мар* (равви *Ас*, *∅ Зогр*)

РАВЪ *нескл. ж имя* (1) Ῥαάβ Раавь Rahab (*перен. о Египте*): помѣнѫ равъ ı ваволна • съвѣдѫштаа мѩ *Пс 86, 4 Син*

р а в ъ в и *Мт 23, 8 Мар; Мт 26, 49 Боян см.* равви

р а в ь в и *Мар см.* равви

р а в ь в и и *И 3, 2 Мар см.* равви

РАВЬНО *нареч.* (7) ὁμοίως, τὰ ἴσα; (равьно аг҃геломъ ἰσάγγελος) равным образом, в равной мере, одинаково stejně: ıбо ı грѣшьници грѣшьникомъ въ заıмъ даѭтъ • да въсприимѫтъ равъно *Л 6, 34 Зогр Мар Ас*, равьно *Сав*;

съ нимь же коупъно равъно славимъ тѧ *Евх 34б 22*; и богатыꙗ равно почьте • и рабы и свободы *Супр 493, 9*; нъ да р(а)въно ангеломъ живѫщаꙗ помраченига тъмоѭ • и невѣрьства гоубитеꙇнъмь обложитъ оустроениимь *Хил 2аβ 8-9*

РАВЬНОДОУШЬНЪ, -ын *прил.* (1) ἰσόψυχος единомышленный, согласный *с кем-либо* во взглядах, мыслях stejně smýšlející: ты же ч⟨ло⟩в⟨ѣ⟩че равьнод⟨оу⟩шьне *Пс 54, 14 Син.— Ср.* иномысльнъ, едьнодоушьнъ

РАВЬНОЧЬСТЬНЪ, -ын *прил.* (1) ὁμότιμος достойный такого же почета stejně čestný: тѣмже и равьночьстьноу вѣньцоу славы съподобиша сѧ *Супр 82, 23*

РАВЬНОЮСТЬСТВЬНЪ, -ын *прил.* (1) ὁμοούσιος единосущный soupodstatný, stejné podstaty: и чловѣкъ гавлꙗше сѧ • съобразьнъ и равнокстьствьнь о⟨ть⟩цоу *Супр 480, 11.— Ср.* коупьносѫщини, коупьносѫщьнъıи, едьнокстьствьнъ

РАВЬНЪ, -ын *прил.* (26) **1.** ἴσος, ὅμοιος равный, подобный, одинаковый stejný: равьни бо сѫтъ а⟨н⟩ѣ⟨е⟩ломъ *Л 20, 36 Зогр Мар*; вьси тъчни дроугъ дроугоу равьни • волеѭ равьни и страстиѭ *Супр 82, 22* **2.** πεδινός ровный, равнинный rovný, rovinatý: ꙇ съшьдъ съ ними ста на мѣстѣ равьнѣ *Л 6, 17 Зогр Мар Ас Сав.— Зогр Мар Ас Сав Ен Клоц Супр*

РАГАВОВЪ *прил. к мужскому имени Рагав* (2) τοῦ Ῥαγαῦ Рагавов Ragavův: с⟨ы⟩нъ сы ѣко мьнимъ бѣ... сероуховъ • рагавовъ *Л 3, 35 Зогр Мар*

РАДИ *послелог с род.* (>500) **1.** *при обозначении причины* ἕνεκα, ἕνεκεν, διά *с вин.*, χάριν, ἐπί *с род. и дат. и вин.*, ἀπό, εἰς, πρός; (обьщакго ради оуспѣха κοινωφελῶς) per из-за, ради, для kvůli; pro: съвръшилъ еси хвалѫ • врагъ твоıхъ радı *Пс 8, 3 Син*; не погоуби мене бестоудънꙑих' моихъ ради дѣлъ *Супр 528, 10*; иже оубо трепезы ради страждѫтъ *Супр 492, 26* ● *при обозначении цели* для, ради pro, kvůli: нѣстъ бо нич'тоже тако б⟨ог⟩оу любо • ıакоже иже обьшта'го ради оуспѣха жити *Супр 379, 3*; обьхождааше поустꙑнѭ • събираниꙗ ради саморастѫштиихъ мелагрии *Супр 289, 10* ● *при обозначении лица, в пользу которого что-л. делается* ὑπέρ, διά *с вин.* за *с вин.* za *s вин.* молити насъ ради не прѣстанте *Супр 68, 16*; прѣдавъıи сѧ насъ ради *Евх 63б 5* **2.** *при обозначении лица или предмета, при помощи которого делается или возникает что-л.* διά *с род.* через, посредством skrze: блажени ал'чѫштиı ꙇ жаждѫштиı правъды ради *Мт 5, 6 Зогр* (Ø *Мар, нет Ас Сав*); аще к'то отровениѣ ради погоубит⟨ъ⟩ ч⟨ловѣ⟩ка *Евх 102б 16*; потомь же и от'ца своıего ар'хаг'гелоvы ради благодѣти • обративъ *Супр 26, 4* **3.** *при обозначении лица или предмета, по отношению к которому делается что-л.* ἕνεκεν по отношению к vzhledem k: та оубо притъча милости ради речена ıестъ *Супр 375, 16* ♦ за ради *см.* за; сего ради *см.* сь; того ради *см.* тъ; чесо ради *см.* чьто.— *Зогр Мар Ас Сав Боян Ен Син Служ Киев Евх Клоц Супр Хил Рыл.— Ср.* дѣлꙗ, дѣльма, за, радьма

РАДИТИ, раждѫ, радиши (1) *несов.* φροντεῖν заботиться, беспокоиться starat se: они же мал(о) радивъше о томь *Супр 201, 28.— Ср.* небрѣщи, нерадити, неродити; пещи сѧ, печалити сѧ, печаловати сѧ

радити *см.* нерадити, неродити

РАДОВАНИЮ, -ıꙗ *с* (3) ἀγαλλίαμα, ἀγαλλίασις радость, ликование radování, radost: въ гласѣ радованьѣ *Пс 41, 5 Син.— Пс 118, 111 Син; Пс 47, 3 Син* (радованꙑмъ !).— *Ср.* веселик, радость

РАДОВАТИ СѦ, радоуѭ сѧ, радоуıеши сѧ *несов.* (>100) χαίρειν, ἀγάλλεσθαι, ἀγαλλιᾶσθαι, συγχαίρειν, ἐπιχαίρειν веселиться, радоваться radovat se, veselit se: сѫдитъ людемъ въ правъдѫ да веселꙗтъ сꙗ н⟨е⟩б⟨е⟩са ı радоуетъ сꙗ землѣ *Пс 95, 11 Син*; радоуите сѧ ꙇ веселите сѧ • ѣко мъзда ваша многа естъ на небесехъ *Мт 5, 12 Зогр Ас Сав*; радоуıте сѧ съ мноѭ • ѣко обрѣтъ драгъмѫ ѭже погоубихъ *Л 15, 9 Зогр Мар*; *Евх 85б 11* ● радоуи сѧ, радоуите сѧ χαῖρε, χαίρετε здравствуй, здравствуйте buď zdráv, buďte zdrávi: радоуи сѧ равьви *Мт 26, 49 Мар Ас Сав* (Ø *Зогр*); ꙇ се н⟨соу⟩с⟨ъ⟩ • сърѣте ı г⟨лаго⟩лꙗ • радоуıта сѧ • онѣ же... поклонисте сѧ емоу *Мт 28, 9 Зогр Мар Ас.— Зогр Мар Ас Сав Боян Ен Син Евх Клоц Супр Рыл.— Ср.* веселити сѧ, въздрадовати сѧ, сърадовати сѧ

РАДОСТЬ, -и *ж* (>100) χαρά, ἀγαλλίασις; (въ радости περιχαρής) радость, веселье radost, veselí: егда же родитъ отрочѧ • къ томоу не помьнитъ скръби за радость • ѣко роди сѧ ч⟨ловѣ⟩къ въ миръ *И 16, 21 Зогр Мар Сав*; в'семоу мироу радость раздѣлисте • ꙇ в'сь миръ веселиѣ наплъни сѧ *Евх 3а 3-4*; олѣимъ радостı *Пс 44, 8 Син; Евр 1, 9 Ен.— Зогр Мар Ас Сав Ен Син Евх Клоц Супр Зогр-лл.— Ср.* веселик

РАДОСТЬНО *нареч.* (1) *греч. нет* радостно, с радостью radostně: в'си бо сѣвъшеи слъзами • радостьно жизнь пожьнѭтъ *Евх 84б 8* (въ радость *Пс 125, 5 Син*).— *Ср.* весело

РАДОСТЬНЪ, -ын *прил.* (5) περιχαρής, φαιδρός, τῆς ἀγαλλιάσεως радостный, весёлый radostný: ıакоже видѣхъ сь вами печальнаа • видѣти хоштѫ и радостьнаꙗ *Супр 500, 6*; сътворі нъи радостьнъи • въ вѣчьнѣмь живот(ѣ) *Киев 2а 21-22.— Евх 65б 17; 69б 10; Супр 295, 28.— Ср.* веселъ, радъ

РАДОЩА, -ѧ *ж*: радоштами *тв. мн. в знач. нареч.* (7) ἐν ἀγαλλιάσει радостно, весело radostně: възигра сѧ младѣништь радоштами вь чрѣвѣ моемь *Л 1, 44 Зогр Мар Ас Сав.— Л 1, 41 Зогр Ас Сав (∅ Мар).— Ср.* веселиѥ, радость

РАДЪ *прил.* (12) περιχαρής; (радъ быти ἀγάλλεσθαι, χαίρειν, περιχαρὴς γίνεσθαι) рад rád: авраамъ о⟨ть⟩ць вашь • радъ би былъ да би видѣлъ дьнь мои • і видѣ і въздрадова сѧ *И 8, 56 Зогр Мар Ас*; въздажди радоуѭщиимъ сѧ своимъ радꙑ • съдравомъ съдравꙑ *Евх 18б 19*; отьцъ же сава... не оубоꙗ сѧ • нъ радъ бывъ *Супр 287, 26*; они же оуслꙑшавъше и ради бꙑвъше дашѧ кмоу два златика *Супр 145, 24.— Л 23, 8 Зогр Мар; Супр 20, 28; 26, 2; 62, 28; 215, 14.— Ср.* въздрадовати сѧ, радовати сѧ, радостьнъ

РАДЬМА *послелог с род.* (11) διά, χάριν для, ради, из-за pro, kvůli: сѫбота чл⟨овѣ⟩ка радьма бꙑс⟨тъ⟩ • а не чл⟨овѣ⟩къ сѫботꙑ раді *Мк 2, 27 Ас* (ради *Зогр Мар*, дѣлѣ *Сав*); сътвори пацицѫ... на приманиѥ дъждьнꙑихъ водъ • себе рад'ма и ништиихъ *Супр 549, 14*; въпрашаѥм' же чьсо рад'ма то глаголетъ *Супр 569, 29-30*; и того рад'ма дѣла • дастъ клюсѧ *Супр 551, 24.— Супр 536, 6; 542, 6; 545, 18; 550, 12; 551, 15; 556, 15; 565, 10.— Ср.* дѣльма, дѣлꙗ, за, ради

раетъ сѧ *Пс 38, 4 Син см.* раждещи сѧ

РАЖДАНИѤ, -ꙗ *с* (1) αἱ ὠδῖνες роды zrození, porod: не болѣзньнааго ражданиꙗ кѫпѣли не отъмештате сѧ с⟨вѧ⟩тꙑꙗ *Супр 507, 24.— Ср.* родъ[1], родьство[1], рожденик, рождьство

РАЖДАТИ, -аѭ, -аѥши *несов.* (15) τίκτειν, ὠδίνειν, γεννᾶν рожать, рождать rodit: жена егда раждаетъ • печаль імать *И 16, 21 Зогр Мар Сав*; зане и раждаѥмоѥ отъ тебе с⟨вѧ⟩то • наречетъ сѧ с⟨ꙑ⟩нъ б⟨о⟩жиї *Супр 10, 26 (Л 1, 35)* ▭ раждати сѧ: къде х⟨ристос⟩ъ раждаетъ сѧ *Мт 2, 4 Ас Сав* (∅ *Зогр Мар*); б⟨ог⟩ъ с⟨ꙑ⟩на своего посъла раждаема отъ женꙑ *Клоц 6б 5*; ноштиѭ х⟨ристо⟩с⟨ъ⟩ въ виѳлеѥми раждаѥтъ сѧ *Супр 451, 21-22*; единъ бо... въ работѫ раждает сѧ *Гал 4, 24 Ен.— Пс 47, 7 Син; Клоц 13б 31; 14а 8; Супр 10, 27; 134, 30; 451, 5-6.— Ср.* родити

РАЖДЕЖЕНИѤ, -ꙗ *с* (2) πύρωσις разгорание, огонь, пламя vzplanutí, oheň *перен.*: даромь о⟨ть⟩ца твоего • съхранеи ап⟨осто⟩лꙑ своѩ отъ блѫда • і отъ раждеженіѣ блѫдъна *Евх 37а 9-10.— Евх 38а 5.— Ср.* раждиѕаниѥ

РАЖДЕЩИ, -дегѫ *и* -дьгѫ, -дежеши *сов.* (31) [раетъ сѧ ! *Син* (1); ражедежена (!) *Син* (1)] πυροῦν, ἀνάπτειν, κατεκπυροῦν **1.** разжечь, воспламенить roznítit, zažehnout: крадѫ раждъзи *Супр 138, 19*; на мѣсто иждеже бѣаше огнь раждъженъ *Супр 142, 25* **2.** раскалить; разогреть rozpálit, rozhořet: възгнѣштеноу же бꙑвъшоу огноу • раждегошѧ сковрадѫ *Супр 157, 17*; въскраи же бѣаше ѥзера банѣ • раждежена *Супр 76, 17-18* ● *перен.* возбудить, воспламенить, разгорячить rozpálit; rozhořčit: раздежено слово твоѥ ѕѣло *Пс 118, 140 Син*; не раждежетъ вьсего гнѣва своего *Пс 77, 38 Син* ▭ раждещи сѧ: се же слꙑшавъ... раждегъ сѧ гнѣвомъ *Супр 59, 29*; раждежетъ сѧ ѣко огнь ръвениѥ твоѥ *Пс 78, 5 Син.— Син Евх Супр.— Ср.* въжещи (сѧ), зажещи (сѧ), ижденщи, разгорѣти сѧ

РАЖДИЅАТИ, -аѭ, -аѥши *несов.* (4) ὑφάπτειν, πυροῦν, ἀνάπτειν, ῥάπτειν [раждиза- *Супр* (3)] разжигать, раздувать, воспламенять rozněcovat, zapalovat: на съпаса раждизаѥмо зълоѥ литаниѥ *Супр 396, 8-9*; вѣдѣ тѧ кто тѧ пламꙑмь раждизаѥ на мѧ *Супр 366, 22-23* ▭ раждиѕати сѧ: поразоумѣи топлѣ водѣ исходѧштиї отъ землѧ • и поразоумѣите отъкѫдоу раждизаѥтъ сѧ • или отъкѫдоу съгрѣваѥтъ сѧ *Супр 129, 10.— Пс 65, 10 Син.— Ср.* въжагати, въжиѕати, зажиѕати

РАЖДИЗАНИѤ, -ꙗ *с* (1) πύρωσις *перен.* жар, горение rozněcování, zápal: силѫ бо вьсѫ и доухъ раждизаниꙗ • въ въздрастѣ юнѣ побѣдивша *Супр 522, 9-10.— Ср.* раждежениѥ

РАЖДИѤ, -ꙗ *с собир.* (4) [рождиѥ *Ас* (1); *Сав* (1)] τὰ κλήματα побеги, ветви ratolesti, větve: азъ (е)смь лоза • вꙑ раждиѥ *И 15, 5 Зогр Мар* (рождиѥ *Ас Сав*).— Ср. вѣѩ, лѣторасль, розга

РАЗАРѢАТИ, -ꙗѭ, -ꙗѥши *несов.* (20) **1.** καταλύειν, καθαιρεῖν разрушать, ломать bořit: разарѣѩи цръковь • і трьми дьньми съзидаѩ ѭ *Мт 27, 40 и Мк 15, 29 Зогр Мар Ас Сав* **2.** λύειν, παραλύειν, διασκεδάζειν уничтожать, нарушать ničit, rušit: г⟨оспод⟩ь разарѣетъ съвѣтъ ѩзꙑкъ *Пс 32, 10 Син*; и оуставомъ оутврьжденоѥ разараѩ *Супр 281, 29*; не брашна ради разарѣите дѣла б⟨о⟩жиѣ *Рим 14, 20 Ен* ▭ разарꙗти сѧ λύεσθαι погибать zanikat: обновитъ сѧ свѣтомь онѣмь своимъ • иже не прѣходитъ ни разарѣѥтъ сѧ николиже *Супр 266, 19.— Зогр Мар Ас Сав Ен Син Супр Хил.— Ср.* раздроушати, роушити

РАЗБИВАТИ, -ваѭ, -ваѥши *несов.* (3) **1.** κρούειν разбивать, раздроблять rozbíjet:

коньца в'сеꙗ вселенꙑꙗ покрꙑти тъщитъ сѧ ꙇ на пѣсъцѣ разбиваꙗ кротитъ сѧ *Евх 1а 21* **2.** *безл.* ῥήσσειν колотить, бить (*о землю*) tlouci (*o zem*): ꙇже аште колижьдо ꙇметъ ꙇ • разбиваатъ ꙇ ꙇ пѣнꙑ тѣштитъ *Мк 9, 18 Зогр Мар* (разбиетъ *Сав*).— *Ср.* съкроушати

РАЗБИТИ, -биѫ, -биѥши *сов.* (9) [розбити *Супр* (1)] **1.** κλᾶν, διαῤῥηγνύναι разбить, раздробить rozbít: разбивъше ѥдинъ (съсѫдъ) отъ нихъ *Супр 52, 19*; тꙑ еси б⟨ог⟩ъ нашъ • разбивꙑ камень въ поустꙑни *Евх 56 6-7* **2.** *безл.* ῥήσσειν повергнуть, разбить (*о землю*) potlouci (*o zem*): аще колижьдо иметъ ꙇ • разбиетъ ꙇ • и пѣнꙑ тѣщитъ *Мк 9, 18 Сав* (разбиваатъ *Зогр Мар*) **3.** ἐδαφίζειν, ληστεύειν (!) разбить, разгромить; уничтожить pobít, zahubit: ꙇ обложѧтъ врази твоі... ꙇ разбьѭтъ тѧ *Л 19, 44 Зогр Мар*; о камꙑ того розбити сьвѣсть *Супр 522, 8-9* **4.** ἐφαπλοῦν разбить (*сад*) rozestřít: нъ да истинънꙑи виноград' на дѫбоу крьста разбивъше • себѣ си лозѫ погоубꙑ сътворѧтъ *Супр 385, 23.— Пс 136, 9 Син, Супр 438, 10.— Ср.* съкроушити

РАЗБОГАТѢТИ, -ѣѭ, -ѣѥши *сов.* (1) πλουτεῖν разбогатеть zbohatnout, stát se bohatým: не бои сѧ егда разбогатѣетъ ч⟨ло⟩в⟨ѣ⟩къ • ли егда оумъножітъ сѧ съ німъ слава домоу его *Пс 48, 17 Син*

РАЗБОИ, -ꙗ *м* (6) φόνος разбой, убийство (*с целью грабежа*) zločin, loupežná vražda: аще к'то разбои сътворит⟨ъ⟩ *Евх 102а 7; 102а 17*; вараавъѫ бо въ разбои имъше дръжаша *Супр 398, 9*; въпадъ въ разбоꙗ д⟨оу⟩шегоубънꙑꙗ *Евх 78а 20; — Евх 68а 22; 102а 6.— Ср.* разбоиство

РАЗБОИНИКЪ, -а *м* (97) [(раз)боини(комъ) *Зогр-пал* (1); розбоин- *Супр* (2)] λῃστής разбойник, убийца (*с целью грабежа*) zločinec, (loupežný) vrah, lupič: чл⟨овѣ⟩къ единъ... въ разбоинꙑкꙑ въпаде • иже и съвлъкъше и • и ѩзвꙑ възложъше отидѫ *Л 10, 30 Мар Зогр Ас Сав*; писано есть храмъ мои храмъ молитвѣ наречетъ сѧ • вꙑ же сътвористе и вратъпъ разбоиникомъ *Мт 21, 13 Мар* (Ø *Зогр*); вь тѣхъ же мѣстѣхъ разбоиници нѣции тамъште сѫ *Супр 557, 24.— Зогр Мар Ас Сав Зогр-пал Боян Евх Служ Клоц Супр*

РАЗБОИСКЪ, -ꙑи *прил.* (1) τῆς λῃστείας разбойничий lupičský: ѡ разбоиніче • желѣемѫѭ татьбѫ • крадомоумоу ꙇсповѣдаꙗ • ꙇ великꙑ мъздꙑ рабзвоіскꙑꙗ (!) • съпсавъ • ꙇ великꙑ плодъ показаꙗ • ꙇсповѣданьѣ *Клоц 11б 30*

РАЗБОИСТВО, -а *с* (1) λῃστεία разбой loupež, zločin: ѡ оучителю ч⟨ловѣ⟩комъ • позаконноумоу • ꙇ похвальноумоу разбоіствоу *Клоц 11б 26-27.— Ср.* разбои

РАЗБОЛѢНИѤ, -ꙗ *с* (1) *греч. нет* заболевание, болезнь onemocnění: многаш'ди же и нѣкꙑꙗ отъ братиꙗ хотѧштѧ оумрѣти • особь коеговждо прѣжде разболѣньꙗ • призꙑваꙗ г⟨лаго⟩лааше *Супр 569, 27*

РАЗБОЛѢТИ СѦ, болѭ сѧ, -болиши сѧ *сов.* (3) ἀρρωστίᾳ περιπίπτειν разболеться, расхвораться onemocnět: дошъдъ же солоуна града въ ѩзѫ въпаде и разболѣ сѧ *Супр 197, 16.— Супр 539, 5-6; 551, 1-2*

РАЗБОТѢТИ, -ѣѭ, -ѣѥши *сов.* (1) πιαίνεσθαι пышно разрастись, стать плодородным zúrodnit se, stát se úrodným: разботѣѭтъ красънаа поустꙑнꙗ *Пс 64, 13 Син*

РАЗБѢГНѪТИ СѦ, -нѫ сѧ, -неши сѧ *сов.* (4) διασκορπίζεσθαι, διασπείρειν, φεύγειν разбежаться, рассеяться rozběhnout se, rozprchnout se: поражѫ пастꙑрѣ • ꙇ овьцѧ разбѣгнѫтъ сѧ *Мк 14, 27 Зогр Мар*; вьси оубо оученици разбѣгоша сѧ за страха июдеиска *Супр 483, 11.— Супр 442, 22*

РАЗВАРИТИ, -рѭ, -риши *сов.* (1) κοχλάζειν расплавить, растопить, разварить rozvařit, roztavit: повелѣ сътворити коновъ • и в'ложити вь нь пьцелъ и разварити ї *Супр 234, 6.— Ср.* възварити

РАЗВЛАЧИТИ, -чѫ, -чиши *несов.* (1) διασκορπίζειν разгонять, рассеивать rozhánět, rozptylovat: ѡ пастꙑри • развлачѧщии • ꙇ гоубѧщии ов'цѧ *Евх 82б 8.— Ср.* растачати

РАЗВОДИТИ СѦ, -вождѫ сѧ, -водиши сѧ *несов.* (4) σχίζεσθαι, ἀνοίγνυσθαι раскрываться, разверзаться rozvírat se, otvírat se: ꙇ видѣ разводѧшта сѧ н⟨е⟩б⟨е⟩са • ꙇ д⟨оу⟩хъ ѣко голѫбь сьходѧшть на нь *Мк 1, 10 Зогр Мар Сав*; видѣ разводѧща сѧ н⟨е⟩б⟨е⟩са *Мт 3, 16 Ас 158а 21-22* (отвръзоша сѧ *Зогр Сав*, отврѣсѧ сѧ *Ас 139б 13*, Ø *Мар*).— *Ср.* отврьзати (сѧ), разврьзати

РАЗВРАТИТИ, -вращѫ, -вратиши *сов.* (13) διαστρέφειν, καταστρέφειν, στρέφειν; (развращенъ στρεβλός) отклонить (*от прямого направления*) odchýlit (*od přímého směru*): правратішѧ (*вм.* прѣ-) сѧ въ локъ (! *вм.* лѫкъ) развраштенъ *Пс 77, 57 Син* ● *перен.*: ѡ роде невѣр'нъ • ꙇ развраштенъ *Л 9, 41 Зогр Мар Ас Сав; Мк 9, 19 Боян-пал* (*нет Зогр Мар Ас Сав*); и съ ꙇзбъраномъ ꙇзбъранъ бѫдеші • и съ строптътівомъ развратіши сѧ *Пс 17, 27 Син* ● *перен.* расшатать, разрушить rozházet, rozbořit: иже бѣаше възградилъ развратисѧ *Супр 52, 27.— Мт 17, 17 Мар Ас Сав* (Ø *Зогр*); *Супр 79, 2; 469, 9.— Ср.* съвратити

РАЗВРАЩАТИ, -щаѭ, -щаѥши *несов.* (5)

διαστρέφειν, ἀνασείειν, ἀποστρέφειν отводить, уводить (*от прямого направления*) odchylovat, odklánět (*od přímého směru*): **сего обрѣтохомъ развраштаѭшта ѩзыкъ нашь** *Л 23, 2 Зогр Мар*; **развраштаетъ л҃юди оучѧ • по всеі июдеі** *Л 23, 5 Зогр Мар* ● *перен.*: **въскочи вь н҃ѫ и съ препоситомъ • иже развраштааше доушѫ кго** *Супр 196, 18.— Ср.* **съвраштати сѧ, оукланꙗти сѧ**

РАЗВРАЩЕНИѤ, -**нꙗ** *с* (1) στραγγαλιά отклонение (*от прямого пути*) odchýlení (*od přímé cesty*): **оукланѣѭштѧѩ же сѩ въ развраштениѣ поведетъ г⟨оспод⟩ь • съ творѩштиими безаконние** *Пс 124, 5 Син*

РАЗВРЬЗАТИ, -**аѭ**, -**аеши** *несов.* (5) [-връз- *Зогр* (1) *Мар* (1) *Ас* (1) *Боян* (1)] διανοίγειν раскрывать, разверзать otvírat, rozvírat: **ѣко всѣкъ младьныць • мѫжьска полоу • развръзаѩ ложесна • с⟨вѧ⟩то г⟨осподе⟩ви наречетъ сѧ** *Л 2, 23 Зогр Мар Ас Боян Сав.— Ср.* **отврьзати, разводити**

РАЗВРЬЗЕНИѤ, -**нꙗ** *с* (1) *греч. нет перен.* просветление, откровение odhalení: **просльзивъ же еп⟨иско⟩пъ и въ разврьзении великоє пришъдъ • облобыза правьднааго главѫ и десницѫ** *Супр 553, 22*

РАЗВРѢСТИ, -**врьзѫ**, -**врьзеши** *сов.* (16) [**развръз-** *Зогр* (2) *Мар* (2) *Ас* (2) *Син* (2) *Евх* (1) *Супр* (2); **разврьз-** *Сав* (1) *Супр* (1)] κατανοιγνύναι, ἀνοίγειν, ἀνοιγνύναι, διανοίγειν, διανοιγνύναι, διαῤῥηγνύναι, ἀναπεταννύναι раскрыть, разверзнуть rozevřít, otevřít: **развръзе каменъ и истѣшѧ воды** *Пс 104, 41 Син*; **двьри н⟨е⟩б⟨е⟩сънааго ц⟨ѣса⟩р⟨ь⟩ства • развръзъ** *Евх 87б 24-25*; **разврьзѣте очи оума вашего** *Супр 107, 23* ▭ **р а з в р ѣ с т и с ѧ**: **г⟨лаго⟩ла емоу еф҄фата • еже естъ развръзи сѧ • ι абье развръзосте сѧ слоуха его** *Мк 7, 34-35 Зогр Ас*, **разврьзи сѧ... разврьзоста сѧ** *Сав*, **развръзи сѧ... развръсте сѧ** *Мар Боян.— Зогр Мар Ас Сав Боян Син Евх Супр.— Ср.* **отврѣсти, развръшти, растворити**[2]

РАЗВРѢШТИ, -**врьгѫ**, -**врьжеши** *сов.* (6) [**връг-** *Син* (1) *Евх* (1) *Супр* (2) *Рыл* (1); -**врьг-** *Супр* (1)] διαρρηγνύναι, ἀναπεταννύναι, διαλύειν, παραλύειν разорвать; разверзнуть rozevřít, otevřít: **развръже море ї проведе ѩ** *Пс 77, 13 Син*; **врата адова развръже** *Супр 311, 15-16*; **развръгы ѫзы съмрътънꙑѩ** *Евх 63а 22*; **и съмрьтънꙑѩ разврьже законꙑ** *Супр 310, 29*; **блаженъ ч⟨лове⟩къ иже р⟨а⟩звръжетъ брѣмѧ грѣ⟨ховъ⟩** *Рыл 6аа 2-3.— Супр 501, 13-14.— Ср.* **отврѣсти, развръсти, растворити**[2]

РАЗВѢ *предлог и союз* (46) [**розвѣ** *Супр* (4)] **I.** *предлог с род.* πλήν, χωρίς, ἐκτός без, помимо, кроме kromě: **ѣдъшиихъ же бѣаше мѫжь • пѧть тꙑсѧшть • развѣ женъ ι дѣтиі** *Мт 14, 21 Зогр Мар Ас Сав*; **ничсоже обрѣтъ носѧштѫ • розвѣ брашьньца** *Супр 559, 22*; **не имате ли цѣсара розвѣ к҃есара** *Супр 435, 21* **II.** *союз* ἤ, εἰ μή, παρεκτός если не..., разве только, только лишь pouze, jedině: **не можеши бо никогоже отътръгнѫти • развѣ лъжеѭ** *Супр 2, 12*; **не довьлѣахѫ водꙑ развѣ на мало дни** *Супр 549, 20*; **николиже сеи ѫзи извраѧоуемѣ бꙑвати • розвѣ въ врѣмена с⟨вѧ⟩тꙑихъ апо⟨сто⟩лъ** *Супр 556, 29.— Зогр Мар Ас Сав Ен Син Клоц Супр.— Ср.* **аще, без, вънѣ, кромѣ, свѣнѥ**

р а з г а *И 15, 2 Зогр Мар см.* **розга**

РАЗГАРАТИ СѦ, -**раѭ сѧ**, -**раеши сѧ** *несов.* (1) πυρπολεῖσθαι разораться, гореть, пылать rozpalovat se, rozhořívat se: **божьствънꙑмъ огнемъ разгараѩ сѧ присно** *Супр 274, 1.— Ср.* **възгарати сѧ**

РАЗГНѢВАТИ СѦ, -**аѭ сѧ**, -**аеши сѧ** *сов.* (52) ἀναζωπυρεῖσθαι, ἀγανακτεῖν, σκελίζεσθαι, ἐμβριμᾶσθαι, θυμοῦσθαι, ὀργίζεσθαι, παροξύνεσθαι, πίμπλασθαι θυμοῦ, φρυάσσειν, χολοῦν, ὑπερζεῖν τῷ θυμῷ рассердиться, разгневаться rozhněvat se: **ι слꙑшавъ ц⟨ѣ⟩с⟨а⟩р⟨ь⟩ тъ разгнѣва сѧ и посъла воѩ своѩ • погоуби оубицѧ тꙑ • ι градꙑ ихъ зажьже** *Мт 22, 7 Мар Ас*; **ι слꙑшавъ ц⟨ѣса⟩ръ тъ разгнѣва сѧ** *Евх 106а 25*; **разгнѣвавъ же сѧ кнѧзъ о съкроушениї богъ своихъ** *Супр 180, 23-24.— Зогр Мар Ас Сав Боян Син Евх Супр.— Ср.* **прогнѣвати, разгнѣвити**

РАЗГНѢВИТИ, -**влѭ**, -**виши** *сов.* (1) *греч. нет* рассердить, разгневать rozhněvat: **отъ н҃его прѣльштенъıмъ жидовомъ стрѣлѫ въложи • ꙗкоже разгнѣвити елинꙑ** *Супр 537, 16-17*

РАЗГОРѢТИ СѦ, -**рѭ сѧ**, -**риши сѧ** *сов.* (5) [**разоритъ сѧ** (!) *Евх* (1)] ἀναζωπυρίζεσθαι, ἐκκαίεσθαι *перен.* разгореться; воспылать rozhořet se, vzplanout: **разгорітъ сѩ ѣко огнь гнѣвъ твоі** *Пс 88, 47 Син*; **разгорѣ сѩ срьдьце мое** *Пс 72, 21 Син*; **ли разоритъ** (! *вм.* **разгоритъ**) **сѧ емоу пльтьнаа пльть** *Евх 36б 21*; **разгорѣвъ сѧ с⟨вѧ⟩тꙑимъ доухомъ** *Супр 191, 25.— Пс 117, 12 Син.— Ср.* **възгорѣти сѧ, въспланѫти сѧ**

РАЗГРАБИТИ, -**блѭ**, -**биши** *сов.* (1) διαρπάζειν разграбить, расхитить rozchvátit, rozkrást: **благословьенъ градъ въ имѧ господьн҃е • цѣсарь на сѫпротивника... мьнимꙑимъ кръста боуиствомъ • вь зълоби сѫштѧ змиѩ • плѣнъ разграбитъ** *Супр 329, 6-7.— Ср.* **плѣнити, расхꙑтити, въсхꙑтити**

РАЗГРАБЛѤНИѤ, -**нꙗ** *с* (2) ἁρπαγή разграбление, разорение, опустошение rozchvácení, rozkradení: **домоу его въ разграбьение бꙑти** *Супр 539, 20.— Евр 10, 34 Ен.— Ср.* **въсхꙑщение, грабление, хꙑщение**

РАЗГРЪДѢТИ, -ѣѭ, -ѣеши *сов.* (2) [разгъдѣти (!) *Син* (1)] ἐπαίρεσθαι, τραχηλιάζειν возгордиться zpyšnět: ıже еси разгръдѣвъшии • ıног'да ар'хистратигъ • ı съ своеѭ его слоужъбоѭ • ослоушаниемь отъвръгъшъ сѧ • съвръгы на землѭ *Евх 51а 19*; нızъложılъ ıѧ ecı вънегда разгъд'ѣшıѧ (! *ом.* разгръдѣшıѧ) *Пс 72, 18 Син*

разгъдѣти *Пс 72, 18 Син см.* разгръдѣти

РАЗГЪНАТИ, ражденѫ, ражденеши *сов.* (6) διαλύειν, διασκορπίζειν, ἐξελαύνειν, καταστέλλειν, σκορπίζειν разогнать, рассеять rozehnat, rozprášit: ï мышьцеѭ силы твоеıѧ разгъна врагы твоıѧ *Пс 88, 11 Син*; разгънати печаль... *Супр 297, 21-22.— Пс 17, 15; 58, 12 Син; Супр 353, 11; 385, 17.— Ср.* распѫдити

РАЗГЪНѪТИ, -нѫ, -неши *сов.* (4) ἀναπτύσσειν, ἀνοιγνύναι раскрыть, развернуть rozevřít, otevřít: ı разгънѫвъ кънигы • обрѣте мѣсто идеже бѣ написано... *Л 4, 17 Мар Ас Сав*; разгънѫ бо (*вм.* во) пьсалътыри гананъе мое *Пс 48, 5 Син.— Ср.* разврѣсти, разврѣщи

РАЗДАВАТИ, -ваѭ, -ваеши *несов.* (1) διανέμειν раздавать, распределять rozdávat, rozdělovat, udělovat: дары велиѩ онмомъ раздаваѭште • вьсѣмъ же дары даıаxѫ *Супр 93, 5*

раздавати *Супр 375, 24 см.* раздавати (?) *и* раздѣвати (?)

РАЗДАВЬНИКЪ, -а *м* (1) *греч. нет* тот, кто раздает, раздаривает (*свое имущество*) rozdělovatel: бѫди... въ хѫщьника мѣсто • раздавьникъ имѣниѣ своего *Евх 70б 10*

РАЗДАІАТИ, -даѭ, -даеши *сов./несов.* (7) διαδιδόναι, διανέμειν, διασκορπίζειν раздать/раздавать, раздарить/раздаривать rozdat/rozdávat: в'сѣ елико ıмаши продаждь • ı раздаı ништимъ *Л 18, 22 Зогр Мар Ас* (даждь *Сав*); многа имѣниıа раздаıавъ оубогымъ же и манастырьмъ *Супр 293, 28.— Л 11, 22 Зогр Мар; Л 19, 22 Зогр.— Ср.* раздавати

РАЗДИРАТИ, -аѭ, -аеши *несов.* (1) ῥηγνύναι разрывать, раздирать roztrhávat, trhat: виждѫ сльньце бѣжаште • прѣвѣсѫ раздираемѫ *Супр 437, 27-28.— Ср.* растрьѕати

РАЗДОРЪ, -а *м* (1) *греч. нет* раздор, распря rozepře, rozvrat: г⟨лаго⟩лааше мѫчтоу быти и раздороу *Супр 563, 20-21*

РАЗДРАЖАТИ, -жаѭ, -жаеши *несов.* (2) παροξύνειν возбуждать против *кого-л., чего-л.*, поносить, ругать dráždit, popouzet; urážet: доколѣ г⟨оспод⟩ı поноситъ врагъ • раздражаетъ протıвьнъı ⟨ı⟩мıа твое до коньца *Пс 73, 10 Син* ▭ раздражати сѧ возмущаться rozhořčovat se: раз(д)ражаше с(ѧ)... в(ъ) немъ *Деян 17, 16 Ен.— Ср.* поносити

РАЗДРАЖИТИ, -жѫ, -жиши *сов.* (8) παροξύνειν, παραζηλοῦν, παροργίζειν, εἰς ὀργὴν ἐξάπτειν возбудить против *кого-л., чего-л.*, предать поношению rozdráždit, popudit; urazit: людıе безоумьнı раздражıшıа ıмıа твое *Пс 73, 18 Син*; тѣмже не начинаетъ великыими рѣчьми нѣкыими къ пилатоу • да не вь сего раздражь отъпадетъ прошениıа *Супр 454, 8*; въ ıстоуканьнъıхъ своıхъ раздражıшıа ı *Пс 77, 58 Син* ▭ раздражити сѧ: сего радı слъıша г⟨оспод⟩ь ı раздражı сıа • ї огнь възгорѣ сıа въ ıѣковѣ *Пс 77, 21 Син.— Пс 9, 25; 77, 40; 105, 29; 106, 11 Син*

РАЗДРАЗИТИ, -дражѫ, -дразиши *сов.* (1) καταρρηγνύναι разбить, поразить rozrazit, porazit: егда въ горѣ пристѫпаѭшта его раздрази и протѫже рѣчь *Супр 381, 11-12*

РАЗДРОБИТИ, -блѭ, -биши *сов.* (1) ῥηγνύναι раздробить rozdrobit: даждь ми тѣло ïсо(у)сово • омрачьшааго сльнце прѣжде мала врѣмене • и камение раз'дробьша • и земьѭ потрѧсъша *Супр 454, 10-11.— Ср.* съдробити

РАЗДРОУШАТИ, -аѭ, -аеши *несов.* (3) λύειν разрушать, сокрушать, уничтожать rušit, bořit, ničit: в'сѣкомоу сѫщьствоу • съдѣтель • съставлѣемоу • ı пакы раздроушаемоу • животоу семоу *Евх 64а 13*; и раздроушаетъ сѧ ноштъ мнозѣмъ • и не раздроушаатъ сѧ алчьбънъıи троудъ *Супр 431, 6 и 7.— Ср.* разарıати, роушити

РАЗДРОУШЕНИѤ, -ниıа *с* (8) λύσις, κατάλυσις, πτῶσις, ῥῆγμα разрушение, уничтожение, гибель rozklad, rozpad, zničení: ı быстъ раздроушенье храминъı тоıа велье *Л 6, 49 Зогр Мар; Мт 7, 27 Зогр Мар Ас*; твоѣ естъ въ истинѫ великаа таина • нънѣшьнее раздроушение • твоихъ тварен • ı грѧдѫщеи вѣчьнъı покои *Евх 65а 7-8.— Клоц 10б 18; 11б 40-12а 1.— Ср.* разорение, гыбѣль

РАЗДРОУШИТИ, -шѫ, -шиши *сов.* (20) λύειν, καταβάλλειν, καταλύειν, καθαιρεῖν, φθείρειν, καταργεῖν разрушить; уничтожить rozrušit, rozbořit, zničit: кто сь естъ раздроушивъıи нашѫ непобѣдимѫѭ дръжавѫ и мѫжьство *Супр 466, 25*; нъ раздроушъ вѣчьнъıѩ ѫзъı *Супр 448, 24*; б⟨о⟩же моı... раздроушилъ нъı есı *Пс 59, 3 Син; Ас 32с 29*; ваша бо дръжава оуже раздроуши сѧ *Супр 467, 10.— Ас Син Евх Супр.— Ср.* разорити, сънорити

РАЗДРѢШАТИ, -аѭ, -аеши *несов.* (3) λύειν, ἀπολύειν развязывать, разъединять; освобождать rozvazovat; uvolňovat: низъводѧ въ адъ • ı възводѧ • ı съвѧзаѩи слабо • и раздрѣшаѩи сильно *Евх 64а 18* ● *перен.*:

раздрѣшаѩи болѣзні сьмрьтьнъіѩ • печати лі не раздрѣшітъ *Клоц 12а 16.— Клоц 16 38-39*

РАЗДРѢШЕНИѤ, -ниꙗ *с* (6) λύσις, διάλυσις развязывание, разъединение; освобождение rozvázání, odpoutání: твоѣ свѧтаѣ... на раздрѣшение • ι на очишчение намъ бѫдѫ *Киев 5а 15*; ѡ раздрѣшеньи • в'сеѩ ѫзъі неправедъньіѩ *Евх 60б 16*; раздрѣшенъѥ д⟨оу⟩шѧ отъ тѣлесе *Супр 487, 17-18* ● *перен.* отпущение (*грехов*) odpuštění (*hříchů*): грѣховъ раздрѣшение *Евх 5а 4-5.— Евх 79б 22; Супр 303, 4-5.— Ср.* отъпоущениѥ

РАЗДРѢШИТИ, -шѫ, -шиши *сов.* (50) λύειν, διαλύειν, καταλύειν развязать, разъединить; освободить rozvázat: елико аще съвѧжете на земи • бѫдетъ съвѧзано на небесехъ • ι елико аште раздрѣшиши на земи • бѫдетъ раздрѣшено на н⟨е⟩б⟨е⟩с⟨е⟩хъ *Мт 18, 18 Мар*, раздрѣшите... раздрѣшено *Ас*, раздрѣшите... раздрѣшени *Сав* (Ø *Зогр*); оуслъішаті въздъіхание окованъіхъ • раздрѣшіті с⟨ы⟩нъі оумръщвенъіхъ *Пс 101, 21 Син*; раздрѣши къзни вражиѩ *Евх 62б 24*; раздрѣшити неплодьство *Супр 249, 25*; от' страстии раздрѣшитъ *Супр 459, 28*; которѫ тоу абиѥ раздрѣши *Супр 511, 6* ● *перен.* отпустить (*грехи*) odpustit (*hříchy*): да раздрѣшиши отъ грѣхъ раба твоего сего *Евх 80а 9* ▭ раздрѣшити сѧ: раздрѣши сѧ ѫза ѩзъіка его • ι г⟨лаго⟩лааше чисто *Мк 7, 35 Зогр Мар Ас Сав.— Зогр Мар Ас Сав Боян Син Евх Клоц Супр.— Ср.* отъпоустити, отрѣшити

РАЗДЬРАТИ, -дерѫ, -дереши *сов.* (23) σχίζειν, διαρρηγύναι, περιαιρεῖν разорвать roztrhnout: ѣко никътоже приставленьѣ ризъі новъі • не приставлѣетъ на ризѫ ветъхѫ • аште ли же ни • ι новѫѩ раздеретъ *Л 5, 36 Зогр Мар*; отъ тъкании же риза нераздьранаа *Супр 438, 15-16*; кто ти ѥстъ раздъралъ котъıгѫ *Супр 187, 11-12* ▭ раздьрати сѧ: ι се катапетазма црковънаѣ • раздъра сѧ • съ вышьнѥго краѣ • до нижьнѥаго • на дъвое *Мт 27, 51 Зогр Мар Ас Сав; ср. Супр 475, 16.— Зогр Мар Ас Сав Евх Супр*

РАЗДѢВАТИ, -ваѭ, -ваѥши *несов.* (1) ἀποδύεσθαι снимать (?) svlékat (?): о дѣвицах'... ѭже сѫштаꙗ раздаваѭтъ (!) то ѥстъ и дѣвьство *Супр 375, 24*

РАЗДѢЛИТИ, -лѭ, -лиши *сов.* (64) **1.** διαιρεῖν, καταδιαιρεῖν, διανέμειν, διαμερίζειν, μερίζειν разделить, поделить rozdělit: раздѣльше ризъі его меташа жрѣбьѩ о нѧ *Мк 15, 24 Зогр Мар Ас Сав; ср. Супр 91, 1*; раздѣліті корістъ *Пс 67, 13 Син*; по жрѣбию раздѣли имъ земѭ *Пс 77, 55 Син*; оучителю рьци братоу моемоу • да раздѣлитъ съ мъноѭ достоѣние *Л 12, 13 Зогр Мар*; в'семоу мироу радость раздѣлисте *Евх 3а 4*; ι аште ц⟨ѣса⟩р⟨ь⟩с⟨тв⟩о на сѧ раздѣлитъ сѧ • не можетъ стати ц⟨ѣса⟩рьство то • ι аште домъ на сѧ раздѣлитъ сѧ • не можетъ стати домъ тъ *Мк 3, 24 и 25 Зогр Мар* **2.** διαιρεῖν разъединить, раскрыть, растворить rozevřít: пристѫпи бо вьнезаапъ • сьпаситель хлѣвинѣ двьрии не раздѣливъ *Супр 499, 22* **3.** раздѣлити сѧ διαμερίζεσθαι *перен.* пойти *против кого-л.*, стать враждебным *кому-л.* postavit se *proti nekomu*: раздѣлѧтъ сѧ • о⟨ть⟩ць на с⟨ы⟩на • ι с⟨ы⟩нъ на о⟨ть⟩ца *Л 12, 53 Зогр Мар.— Зогр Мар Ас Сав Син Евх Клоц Супр.— Ср.* расцѣпити

РАЗДѢЛꙖТИ, -ꙗѭ, -ꙗѥши *несов.* (9) διαιρεῖν, διαμερίζειν, μερίζειν **1.** распределять, делить rozdělovat: раздѣлѣѭште ризъі его метаахѫ жрѣбьѩ *Л 23, 34 Зогр Мар Ас Сав*; таци бо сѫтъ дарове доуховьнии • не по саномъ раз'дѣлꙗѭтъ обьштениѥ *Супр 492, 4-5* ▭ раздѣлꙗти сѧ: вьсѣко ц⟨ѣса⟩р⟨ь⟩с⟨тв⟩ие • раздѣлѣѩ сѧ само вь себѣ запоустѣетъ *Л 11, 17 Зогр* (раздѣль сѧ *Мар*) **2.** ῥηγνύναι разъединять rozevírat: и нъіна тъі ѥси г⟨оспод⟩и иже оуслъішавъ моѵсиѭ и даѭшта знамениꙗ и чоудеса въ египтѣ • въ фараонѣ и въ людехъ ѥго • раздѣлѣѩ море... *Супр 77, 13* ▭ раздѣлꙗти сѧ βραβεύεσθαι *перен.* вселяться, воцаряться rozhošťovat se, usídlovat, vládnout: и миръ б⟨о⟩жи да (раз)дѣлѣетъ сѧ въ ср⟨ъ⟩д⟨ъ⟩цихъ вашихъ • в неже и звани (бъі)сте въ едино тѣло *Кол 3, 15 Ен.— Зогр-лл 2б 3.— Ср.* нераздѣлꙗѥмъ

РАЗДѢЛѤНИѤ, -ниꙗ *с* (3) **1.** διαίρεσις разделение, разъединение, rozdělení: раздѣльшюмоу чръмъное море въ раздѣление *Пс 135, 13 Син* **2.** διαμερισμός раздор, раскол rozkol: мьните ли ѣко мира придъ дати на земьѭ • ни • г⟨лаго⟩лѭ вамъ • нъ раздѣленьѣ *Л 12, 51 Зогр*, раздѣлениѣ *Мар*

РАЗИТИ СѦ, -идѫ сѧ, -идеши сѧ *сов.* (16) διαλύεσθαι, διασκορπίζεσθαι, διασπείρεσθαι, σκορπίζεσθαι разойтись, разбежаться, распасться; рассеяться rozejít se, rozprchnout se: писано бо естъ поражѫ пастъірѣ • ι разидѫтъ сѧ овьцѧ стада *Мт 26, 31 Зогр Мар Ас Сав* (разно поидѫтъ *Супр 478, 10-11*); прівръгѫ сѧ въ твръдъ камень • нъ въ пѣнъі влънъі ихъ разідѫ сѧ *Клоц 12б 23*; разидоша сѧ *Супр 448, 19-20*; множьствоу оубо ратьничьскоу рашьдъшоу сѧ по поустъіни сеи *Супр 292, 2-3* ● рассеяться, исчезнуть rozprchnout se, zmizet: въскръснетъ б⟨ог⟩ъ и разидѫтъ сѧ врази его *Пс 67, 2 Син; Супр 22, 18.— Зогр Мар Ас Сав Син Клоц Супр*

РАЗЛИЧЕНИѤ, -ниꙗ *с* (1) *греч. нет*: въ различениѥ в отличие rozličně: нъ і позьращтаꙗ ихъ кънѧзѧ таковьсаꙗ бештіница • і не ѣко подобаетъ показаѭштіхъ • съ достоѣноу емоу постоу • въ различенье прокленьше въ вѣчьны огнь • отъвръгѫ сѧ *Клоц 2а 26-27.— Ср.* различик

РАЗЛИЧИѤ, -иꙗ *с* (3) **1.** διαφορά, μεταβολή различие, разница rozdíl: а сіи на слоужъбѫ готовлѣахѫ сѧ тѣхъжде вештіи насладішѧ сѧ і сіи • і сь... кѫдоу же лі различъе бъістъ *Клоц 6а 15*; и не бѣаше различиꙗ посрѣдоу правед'наего и грѣшнааго *Супр 9, 28* **2.** πολυτέλεια разнообразие různost, rozmanitost: вь нихъже много величанье и вънѣш'-нимъ одѣаниімъ • и многомъ различиімъ трепезы *Супр 491, 14.— Ср.* прѣмѣненик, различеник, разьньствик, разьньство

РАЗЛИЧЬ[1] *прил. нескл.* (3) διάφορος различный, разный rozličný, různý: стада различь воловъ • кобылъ *Супр 42, 29*; дьнесь отъ мрътвыихъ въстаꙗ лазарь • многоу и различъ гнѣвоу раздрѣшеник намъ дакть *Супр 303, 4.— Супр 425, 22.— Ср.* различьнъ

РАЗЛИЧЬ[2] *нареч.* (1) διαφόρως различно, отлично, иначе rozličně, různě: четворы бо сѫтъ вьсꙗ • о томь различь намъ съказаѭштꙗ *Супр 370, 12.— Ср.* различьно, различьнѣ

РАЗЛИЧЬНО *нареч.* (2) διαφόρως различно, отлично rozličně, různě: и различьно къждо бигахѫ и • ови прѫтикмъ ови бичи • а дроугии жьзликмъ *Супр 193, 5.— Евх 86 9.— Ср.* различь[2], различьнѣ

РАЗЛИЧЬНЪ, -ыи *прил.* (36) [розличьнъ *Супр* (3)] διάφορος, ἐπάλληλος, ποικίλος различный, разный; разнообразный rozličný, různý: ицѣли мъногы недѫжьныꙗ • імѫштꙗ различьны ꙗзꙗ *Мк 1, 34 Зогр Мар*; ты вл⟨ады⟩ко прѣблагы... различьныꙗ плоды бл⟨а⟩го⟨сло⟩ви *Евх 13а 17*; зѣло мꙗ съдръжꙗтъ розличьнии помысли *Супр 524, 24*; различьни образи мѫкъ примышлѣни бываахѫ *Супр 85, 13*; въ ина оученининѣ (! *вм.* оученинѣ) странъна различнаꙗ • не прѣлагаите сѧ *Евр 13, 9 Ен.— Зогр Мар Ен Евх Рыл Супр.— Ср.* различь[1]

РАЗЛИЧЬНѢ *нареч.* (1) (различьнѣ измѣнꙗти ἀλλοιοῦσθαι) различно, отлично rozličně, různě: си слышавъ аvрилиꙗнъ лице свое измѣнѣаше различьнѣ отъ ꙗрости *Супр 12, 6-7.— Ср.* различь[2], различьно

РАЗЛИꙖТИ СѦ, -лѣѭ сѧ, -лѣкши сѧ *сов.* (1) ἐκχεῖσθαι разлиться, пролиться rozlít se: иже бо отълѫчивъ сꙗ отъ насъ акы вода разлиꙗ сꙗ *Супр 77, 1*

РАЗЛОМИТИ, -млѭ, -миши *сов.* (1) κλᾶν разломить rozlomit: приимъ блаженыи хлѣбъ и разломивъ... дастъ имъ *Супр 236, 9.— Ср.* прѣломити

РАЗЛѢНИТИ СѦ, -нѭ сѧ, -ниши сѧ *сов.* (1) ἀμελεῖν пренебречь, оставить без внимания, заботы nepostarat se: да не къждо се оуправивъ • акы вьсе оуправив' о процѣѣмь разлѣнитъ сꙗ *Супр 371, 18.— Ср.* небрѣщи

разлючати сѧ *Клоц 2б 13 см.* разлѫчати

РАЗЛѪКА, -ы *ж* (1). безъ разлѫкы ἀμέριστος без разъединения, без разделения bez rozdělení, nerozdílně: мы благословимъ тꙗ господи • съ отцемъ и съ свꙗтъıимъ доухомь... благословешенааго прѣжде вѣкъ • и досели бесплътьно • нꙑнꙗ же и вь вѣкы • съ свꙗтыимъ • и бес прѣмѣны • и безъ разлѫкы сѫштнимъ вьплъченнимъ *Супр 330, 7-8.— Ср.* нераздѣльно, разлѫченик

РАЗЛѪЧАТИ, -чаѭ, -чакши *несов.* (14) [разлюч- *Клоц* (1)] ἀφορίζειν, χωρίζειν разлучать, разъединять; отлучать (*уст.*) odlučovat, oddělovat: ѣкоже пастырь разлѫчаетъ • овьцꙗ отъ козьлишть *Мт 25, 32 Зогр Мар Ас Сав* ● *о браке* разводить rozvádět, rozlučovat: еже оубо б⟨ог⟩ъ съчеталъ естъ • ч⟨лове⟩къ да не разлѫчаетъ *Мк 10, 9 Зогр Мар; Мт 19, 6 Мар Ас* (∅ *Зогр*); ѣже бо б⟨ог⟩ъ съвелъ естъ ч⟨ловѣ⟩ка • да не разлючаете сѧ *Клоц 2б 13* ▭ разлѫчати сѧ διαχωρίζεσθαι разлучаться, расставаться, расходиться rozcházet se, loučit se: і бъıстъ егда разлѫчаашете сѧ отъ него • рече петръ *Л 9, 33 Зогр Мар*; (и) пр(иближ)ѫт' сѧ къ мѣс(тоу) томоу грѫстокоумоу • идеже п(а)к(ы) разлѫчаѭт' сѧ • вь в'сѣкѫ мѫкѫ *Рыл 5ба 33*; противьна же толика • еже разлѫчати сꙗ самѣмъ отъ себе *Зогр-лл 2б 19.— Супр 143, 20.— Ср.* лѫчити, отълѫчати

РАЗЛѪЧЕНИѤ, -иꙗ *с* (4) **1.** διαίρεσις разделение, отделение; отлучение (*устар.*) oddělení, odloučení: нѫде же оубо ниединоже сꙗ исповѣдаетъ благое въ разлѫчении жилишть братиꙗ *Зогр-лл 2б 17*; разлѫчение въпагаетъ ти • ѡтъ добродѣꙗны дроужины *Евх 88а 26* **2.** *греч. нет* разница, различие rozdíl, rozlišení: не бѣаше же оу него разлѫченꙑꙗ богатоуоумоу и оубогоуоумоу *Супр 557, 11.— Рыл 5аβ 17-18.— Ср.* разлѫка

РАЗЛѪЧЕНЪ, -ыи *прил.* (1) ποικίλος *перен.* коварный, лукавый vrtkavý, úskočný: воле же чьто сътворилъ тъгда владыка тъ • лютъ бо бѣаше и разлѫченъ *Супр 86, 24*

РАЗЛѪЧИТИ, -чѫ, -чиши *сов.* (22) [разлючити *Клоц 3а 11*] διαχωρίζειν, διχάζειν, ἀφορίζειν, χωρίζειν, ἀπαλλάσσειν разъединить, разделить; разлучить; отлучить (*уст.*) rozdělit, oddělit, odloučit: придъ бо разлѫчитъ чл⟨о⟩в⟨ѣ⟩ка • на от⟨ь⟩ца своего • і дъштерь на матерь своѭ • невѣстѫ на свекровь своѭ *Мт 10, 35 Мар* (∅ *Зогр*); і съберѫтъ сѧ прѣдъ нимь вси ꙗзыци • і разлѫчитъ ꙗ дроугъ отъ дроуга *Мт 25, 32 Зогр Мар Ас Сав*; ѣко д'несь тѧ избъра • і разлѫчи тѧ г⟨оспод⟩ь отъ миръскааго житиѣ *Евх 90б 5* ● *о браке* развести rozvést, rozloučit: ꙗже оубо б⟨ог⟩ъ съведе • чл⟨овѣ⟩къ да не разлѫчитъ женꙑ сеѧ *Мт 19, 6 Сав* (да не разлѫчаатъ *Мар Ас, Ø Зогр*) ▭ разлѫчити сѧ разлучиться, разойтись, расстаться odloučit se, rozloučit se, rozejít se: х⟨ристос⟩ъ по к҃ • дьнъ • възиде въ высприрьни і⟨ероусали⟩мъ • ꙗдоуже не разлѫчи сѧ • въ істиннаѣ с⟨вѧ⟩та свѧтꙑмъ *Клоц 14а 29-30; Супр 452, 13*; съвькоуплѣахѫ сѧ главꙑ имъ къ своимъ тѣлесемъ • не хотѧште сѧ отъ нихъ разлѫчити *Супр 66, 28.— Зогр Мар Ас Сав Евх Клоц Супр Рыл.— Ср.* отълѫчити

РАЗМЕТАТИ, -таѭ, -такши *сов.* (2) ἀναιρεῖν, σκορπίζειν разбросать; раскидать; разметать rozvalit: црькꙑ раскопана • трѣбишта разметана *Супр 418, 14*; да разметаѭ твоихъ грѣхъ брѣмѧ *Супр 469, 11-12*

РАЗМЪІСЛИТИ, -мꙑшлѭ, -мꙑслиши о чемь *сов.* (3) [розмꙑсли- *Супр* (1)] μεταβουλεύεσθαι обдумать, поразмыслить pomyslit, uvážit: размꙑсливъ о своѥмъ невѣрьствѣ начѧ плакати *Супр 563, 29* ▭ размꙑслити си: оугодно же си розмꙑсливъ о житии с⟨вѧ⟩тааго • и о иночьствѣ • молитвѫ к немоу сътвори *Супр 547, 18-19.— Супр 96, 5*

РАЗМЪІШЛІАТИ, -ꙗѭ, -ꙗкши *несов.* (2) διαλογίζεσθαι обдумывать, размышлять uvažovat, rozmýšlet: мариꙗ вь себѣ си размꙑшлꙗаше • повѣдѣ ли се їѡсифоу • или паче съкрꙑѭ таинок се *Супр 239, 23.— Супр 563, 17-18*

РАЗМЪІШЛІЕНИѤ, -ꙗ *с* (1) διάκρισις размышление, раздумье, сомнение přemýšlení, uvažování: помꙑсливъ же правьдънꙑи • и вѣдꙑ вь мѣстѣхъ тѣхъ звѣрии множьство • въ размꙑшлѥньꙗ въпадъ • отвръзъ двьри *Супр 515, 23*

РАЗМѢРИТИ, -рѭ, -риши *сов.* (2) διαμετρεῖν размерить, измерить rozměřit, změřit: раздѣлѭ сікимѫ • ї ѭдоль селомъ размѣрѭ *Пс 59, 8* и *107, 8 Син.— Ср.* възмѣрити, измѣрити

РАЗМѢСИТИ, -мѣшѫ, -сиши чьто съ чимь *сов.* (5) μειγνύναι смешать, размешать smísit: дашѧ емоу пити оцьть съ зльчиѭ размѣшьнъ *Мт 27, 34 Зогр Ас* (съмѣшънъ *Мар*, съмѣшенъ *Сав*), размѣшъше *Евх 50а 14*; славно ѥстъ • не по ѥд'номоу раздѣлени бꙑв'ше приѥмлꙑштиимъ • нъ размѣшени бꙑвъше въкоупѣ ликоуѭтъ *Супр 94, 27* ▭ размѣсити сѧ: дьнесь анѣгели съ чловѣкꙑ размѣсишѧ сѧ *Супр 486, 29-30.— Ср.* съмѣсити

разн- *см.* разьн-

РАЗОРИТИ, -рѭ, -риши *сов.* (77) καταλύειν, λύειν, διαλύειν, παραλύειν, καθαιρεῖν, διασκεδαννύναι, κατασκάπτειν, καταστρέφειν, καταργεῖν, καταβάλλειν, ἀκυροῦν, συντελεῖν καὶ συντρίβειν разрушить, уничтожить rozbořit, rozbít, zničit: могѫ разорити цр'ковь б⟨о⟩жиѭ • і трьми д'ньми създати ѭ *Мт 26, 61 Зогр Мар Ас Сав; ср. Мк 14, 58; Евх 48а 9*; разорилъ еси вьсѧ оплотꙑ его *Пс 88, 41 Син*; цр⟨ъ⟩кꙑ разорена естъ *Клоц 7а 21*; разори безбожьнок бѣсованиѥ • и съврьзи капишта ихъ *Супр 180, 12*; разорилъ еси завѣтъ раба твоего *Пс 88, 40 Син*; видиши ли великаѣ си зъданиѣ • не імать остати сьде камень на камене • іже не імать разорити сѧ *Мк 13, 2 Зогр Мар*; тѣм' прѣльсть демонъскаꙗ разори сѧ *Супр 488, 22*; да не разоритъ сѧ законъ мосѣовъ *И 7, 23 Зогр Мар Ас* ▭ разорити сѧ συμπίπτειν: бѣ пасха жидовъска инъгда • нъ разори сѧ нꙑнꙗ • и приде пасха доуховънаꙗ *Супр 419, 12.— Зогр Мар Ас Сав Син Евх Клоц Супр.— Ср.* раздроушити, сънорити

разоритъ сѧ *Евх 36б 21 см.* разгорѣти

РАЗОРѤНИѤ, -ꙗ *с* (3) **1.** πτῶσις, κατάλυσις уничтожение, разрушение zničení, rozbití: възвѣꙗшѧ вѣтри • и потъкѫ сѧ храминѣ тоі і паде • и бѣ разорение еі велие зѣло *Мт 7, 27 Сав* (раздроушениѥ *Зогр Мар Ас*); ѡ сьмрьти... диꙗволоу разорениѥ *Супр 315, 1* **2.** καταστροφή смятение zmatek, zmatení: си въспоминаи... (по)слоушаѧ прѣдъ б⟨ого⟩мъ не словопрѣпирати сѧ в ничтоже ключимо • на разорение слꙑшѧщимъ *2 Тим 2, 14 Ен.— Ср.* раздроушениѥ

разоумивъ, -ꙑи *см.* неразоумивъ

РАЗОУМИЧЬНО *нареч.* (1) ἀκριβῶς внимательно s pochopením: нъ послоушаи разоумичьно • не рѫгаѥмъ ѥстъ с⟨вѧ⟩тааго даръ *Супр 363, 14-15*

РАЗОУМЪ, -а *м* (67) **1.** σύνεσις, σκοπός; (даꙗти разоумъ συνετίζειν; бєз-д-разоума ἀσύνετος) разум, ум, интеллект rozum: еже любити і вьсѣмь срьдьцемь • і всѣмь разоумомь • і вьсеѭ д⟨оу⟩шеѭ *Мк 12, 33 Зогр Мар Ас*; сътворьшюмоу н⟨е⟩б⟨е⟩са разоу⟨мо⟩мь *Пс 135, 5 Син*; съказание словесъ твоїхъ просвѣштаетъ • і разоумъ даетъ младенцемъ *Пс 118, 130 Син*; ● мудрость, ум moudrost, rozumnost: оужасаахѫ же сѧ вси • послоушаѭште его о разоумѣ • і о отъвѣтѣхъ его *Л 2, 47 Зогр Мар Ас Сав*; благостї ї наказа[за]нию ї разоумоу наоучи мѧ *Пс 118, 66 Син*; оуста моѣ възг⟨лаго⟩лѭтъ прѣмѫдрость • ї поучение ср⟨ь⟩д⟨ь⟩ца моего разоумъ *Пс 48, 4 Син*; разоумоу ѥго нѣстъ числа *Супр 331, 24* (*Пс 146, 5*) **2.** γνώμη, γνῶσις, ἐπίγνωσις; (божии разоумъ θεογνωσία) понимание, постижение, осознание chápání: дати разоумъ с⟨ъ⟩п⟨ас⟩сньѣ людемъ его *Л 1, 77 Зогр Мар*; едъначе ли вы бездразоума есте *Мт 15, 16 Зогр Мар*; разоума б⟨о⟩жиѣ • ч⟨ловѣ⟩къ естъ съсждъ • твари вьсеѩ силнѣи *Клоц 10а 14-15*; хотѧи вьсѧ чловѣкы сьпасти и въ разоумъ истинꙑ прити *Супр 502, 29; Евх 100а 22; 96б 4*; дастъ бо ти г⟨оспод⟩ъ разѹмъ о въсемъ *2 Тим 2, 7 Ен* **3.** διάνοια, γνῶσις, νόημα мысль, мышление, образ мыслей myšlení, smýšlení: вьсхꙑти сѧ разоумомъ въ с⟨вѧ⟩тѫѭ виѳлеемъ *Супр 296, 4*; съ красьноѭ женоѭ съпрѧже сѧ • зълонравънѫ разоума *Супр 169, 7* **4.** νοῦς, θεώρημα смысл, мысль smysl: давидъ пророкъ подъ писаниѥмъ съкрꙑ разоумъ *Супр 327, 4.— Зогр Мар Ас Сав Боян Ен Син Евх Клоц Супр Зогр-лл Рыл.— Ср.* вѣдь, познаниѥ, разоумѣниѥ, оумъ

разоумьливъ, -ꙑи *см.* неразоумьливъ

РАЗОУМЬНО *нареч.* (4) συνετῶς разумно, рассудительно rozumně: нъ слоушаи разоумьно сице глаголѭи • обилиѥмъ бесѣдоукꙑши *Супр 365, 5*; въздавъ слово... разоумъно и достоино *Евх 31а 22.— Пс 46, 8 Син; Супр 543, 18*

РАЗОУМЬНЪ, -ꙑи *прил.* (20) **1.** συνετός, τῆς συνέσεως, νοητός, εὐγνώμων обладающий разумом, разумный rozumný: оуталъ еси си отъ прѣмѫдръ • і разоумьнъ • і отъкрꙑ си младьньцемъ *Л 10, 21 Зогр Мар Ас* (2) *Сав* (2); *Мт 11, 25 Зогр Мар* ● νοερός, νοούμενος умственный rozumový: шесть на десѧте лѣтъ оубо сѫштоу блаженоуоумоу връстоѭ • тꙑсѧштъноу же разоумънѫѩ хꙑтростиѭ *Супр 272, 30-273, 1* **2.** ἐμφανής познающий, знающий poznávající, znalý: видимъ • бꙑваетъ • да нꙑ разоумьнꙑ себѣ сътворитъ *Евх 2а 10-11* **3.** γνωστός, ἐννοεῖν (!) понятный, явный poznatelný, zjevný, známý: ѥже вѣдѣти разоумно добра и зъла *Супр 489, 15* □ **разоумьнъ бꙑти** γιγνώσκεσθαι быть известным být znám: да ра.. (мно б)ѫде(тъ) въсѣ(мъ) чл⟨о⟩в⟨ѣ⟩ко(м)ъ *Фил 4, 5 Ен.— Зогр Мар Ас Сав Ен Син Евх Клоц Супр.— Ср.* доброразоумивъ, мꙑсльнъ, съмꙑсльнъ

РАЗОУМѢВАТИ, -аѭ, -аѥши *несов.* (21) γιγνώσκειν, ἐπιγιγνώσκειν, λαμβάνειν, νοεῖν, συνιέναι, συνίειν; (не разоумѣвати ἀσυνετεῖν) понимать, постигать; вникать rozumět, chápat: а сѣаное на добрѣ земи • сь есть слꙑшаі слово • і разоумѣваѩ е • і приноситъ плодꙑ ѣко подобаетъ *Мт 13, 23 Зогр Мар*; да тꙑ ми просвѣтиши оумъ • і ср⟨ь⟩д⟨ь⟩чьнѣи очи • твоѣ разоумѣвати • твои страхъ и трепетъ присно вьнимати *Евх 79а 23* ● **разоумѣвати** кого, на кого κατανοεῖν обращать внимание на кого-нибудь, заботиться *о ком-л.* všímat si někoho, dbát *o někoho*: блаженъ разоумѣваѩ на ніща і на оубога *Пс 40, 2 Син* □ **разоумѣваѩ**, -ѩи *прич.-прил.* разумный, обладающий разумом rozumný: г⟨оспод⟩ь съ н⟨е⟩б⟨е⟩сі пріниче на с⟨ꙑ⟩нꙑ чл⟨овѣ⟩чьѩ • відѣті ѣште естъ разоумѣваѩі лі възискаѩі б⟨ог⟩а *Пс 13, 2 Син.— Зогр Мар Ас Сав Евх Супр.— Ср.* разоумѣти, оумѣти

РАЗОУМѢНИѤ, -ия *с* (3) **1.** γνῶσις понимание chápání: горе вамъ законьникомъ • ѣко вьзѧсте ключь разоумѣнью *Л 11, 52 Зогр Мар* **2.** νόημα мысль, мышление mysl, myšlení: да оутвр.. ... ваша и раз.. *Фил 4, 7 Ен.— Ср.* разоумъ

РАЗОУМѢТИ, -ѣѭ, -ѣеши *сов./несов.* (<300) **1.** συνιέναι, συνίειν, γιγνώσκειν, νοεῖν, ἐννοεῖν, κατανοεῖν, ὑπονοεῖν, χωρεῖν (!), δεικνύναι (!); (не разоумѣти ἀγνοεῖν; разоумѣти ѥстъ δοκεῖ, λόγον ἔχει) понять/понимать, постигнуть/постигать porozumět/rozumět, pochopit/chápat: они же не разоумѣшѧ г⟨лаго⟩ла сего *Л 9, 45 Зогр Мар*; не вси разоумѣете словоу • нъ имъже естъ дано *Мт 19, 11 Сав* (не вьси вьмѣстѧтъ словесе *Мар Ас*); ничьтоже бо покръвено естъ • еже не отъкръıетъ сѧ • і таіно еже не разоумѣетъ сѧ *Л 12, 2 Зогр Мар Ас Боян*; тако ми ѥстъ разоумѣти ꙗко крьстиꙗнъ ѥси *Супр 223, 19* ● стать/быть мудрым zmoudžet/být moudrý: паче старець разоумѣхъ *Пс 118, 100 Син* □ **разоумѣѥмъ, разоумѣнъ** νοούμενος воспринимаемый умом, понятный rozumem pochopitelný: бѣ же вьсьжде • ѥже на нѥмъ разоумѣѥмоѥ божьство *Супр 345, 6*; обѣма разоумѣньма (!) дѣанима бѣаше кланꙗѭштоу сѧ лицоу *Супр 511, 28*; **не разоумѣѩ сѧ** ἀπερινόητος непонятный, непостижимый nepochopitelný: мои богъ неиздреченꙿнъ ѥстъ и не вьнѧтъ • и не разоумѣѩ сѧ *Супр 21, 10* **2.** ἐπιγιγνώσκειν, γιγνώσκειν, αἰσθάνεσθαι, μανθάνειν, ἐν πείρᾳ γίγνεσθαι; (не разоумѣти ἀπογιγνώσκειν) узнать/узнавать, познать/познавать poznat/poznávat: разоумѣвъ н⟨оу⟩с⟨ъ⟩ д⟨оу⟩хомь своімь • ѣко тако ти помꙑшлѣѭтъ въ себѣ *Мк 2, 8 Зогр Мар Ас*; братрьѩ своеѩ не познахъ • і с⟨ꙑ⟩нꙑ своѩ не разоумѣхъ *Клоц 2а 5* ● узнать/узнавать dovědět se/dovídat se: жена въ градѣ ꙗже бѣ грѣшьница • разоумѣвъши ꙗко вьзлѣжитъ въ домоу фарисеѡвѣ *Супр 391, 8* (оувѣдѣвъши *Л 7, 37 Зогр Мар*, видѣвъши и *Ас*) ● почувствовать/чувствовать, осознать/осознавать pocítit/cítit, zpozorovat/pozorovat: абье ісѧкнѫ істочьникъ кръве еѩ • і разоумѣ тѣломь ѣко ıцѣлѣетъ отъ ранꙑ *Мк 5, 29 Зогр Мар*

Ас Сав Унд ● καταμανθάνειν обратить/обращать внимание všimnout si/všímat si: разѹмѣимъ цвѣты сельныꙗ • како растѫтъ *Мт 6, 28 Сав* (смотритє *Зогр Мар Ас*).— *Зогр Мар Ас Сав Ен Син Евх Клоц Супр Зогр-лл.— Ср.* вѣдѣти, знати, разоумѣвати, оумѣти

РАЗЬНО *нареч.* (4) [разно *Супр* (4)] ἀπ' ἀλλήλων, διάφορος (!); (разьно стоꙗи διεστώς) раздельно, в разные стороны různě, odděleně: разно стоꙗштаꙗ оуды • въ ѥдино събъравъши *Супр 317, 10* ◆ разьно поити διασκορπίζεσθαι разойтись rozejít se: поражѫ пастѹха и разно поидѫтъ овьцѧ *Супр 478, 11* (разидѫтъ сѧ *Мт 26, 31 Зогр Мар Ас Сав*, разбѣгнѫтъ сѧ *Мк 14, 27 Зогр Мар*).— *Супр 258, 17; 376, 2.— Ср.* различь[2], различьно, различьнѣ

РАЗЬНЬСТВИТИ, разьньцвлѭ, разьньствиши *сов.* (1) διαστέλλειν рассеять, расчленить, разделить, направить в разные стороны rozdělit, rozptýlit: ѥгда разнъствітъ н⟨е⟩б⟨е⟩с⟨ь⟩нꙑи ц⟨ѣса⟩ръ (*вм.* -рѧ) на неі *Пс 67, 15 Син*

РАЗЬНЬСТВИѤ, -ниꙗ *с* (1) διαφορά различие, отличие, разница různost: нъ да навъкнемь разньствье • прѣдадітелево *Клоц 5б 38.— Ср.* различиѥ, разьньство

РАЗЬНЬСТВО, -а *с* (1) διαφορά различие, отличие, разница rozlišování, různost: ни ништетꙑ ради оумалитъ ти сѧ радость доуховьнаꙗ... и не вѣстъ разньства лиць *Супр 491, 28.— Ср.* различиѥ, разьньствиѥ

РАЗЬНЬСТВОВАТИ, -ствоуѭ, -ствоуѥши *несов.* (1) διαστέλλειν различать, отличать rozlišovat; *перен.* высказываться иначе, неуместно mluvit odlišně, nevhodně: и озълобленъ бꙑстъ мосі ихъ ради • ѣко прогнѣвашѧ д⟨оу⟩хъ его • и разнъствова оустънама своима *Пс 105, 33 Син*

РАИ, раꙗ *м* (20) παράδεισος рай ráj: дьньсь съ мноѭ бѫдеши въ раі *Л 23, 43 Зогр Мар Ас* (2); тꙑ же на кръстѣ простеръ рѫцѣ въ врѣмѧ • погꙑбъши обрѣте раі *Клоц 11б 18*; иди къ словесьноуоумоу моѥмоу раю *Супр 248, 1.— Зогр Мар Ас Евх Служ Клоц Супр.— Ср.* врътоградъ, порода

РАИСКЪ, -ꙑи *прил.* (3) τοῦ παραδείσου райский rajský: отвръзоша врата раискаꙗ *Супр 97, 4*; отъ ѫзꙑ къ богоу • отъ болѣзни на раискѫѭ пиштѫ *Супр 470, 17.— Супр 470, 1.— Ср.* породьнъ

РАКА, -ꙑ *ж* (2) **1.** μνημεῖον могила, гробница hrob, náhrobek: горе вамъ кънижъници и фа(ри)сѣи ι ѵпокрити • ѣко зиждете гробꙑ пророчьскꙑꙗ ι красите ракꙑ праведьнꙑхъ *Мт 23, 29 Мар* (∅ *Зогр*) **2.** *греч. нет* рака rakev: и тако събъравъше кости с⟨вѧ⟩тꙑих' • мѫченикъ • положишѧ ѩ въ ракахъ *Супр 81, 11.— Ср.* гробъ, ковьчегъ

РАК'КА *нескл.* (1) ῥακά (*др.-евр.*) рака́, пустой, глупый человек, дурак (*бранное слово*) rácha, hlupák (*nadávka*): ıжь бо речетъ братоу своемоу • рак'ка • повиннъ естъ сънъмиштю *Мт 5, 22 Зогр* (∅ *Мар*)

РАЛО, -а *с* (6) ἄροτρον плуг pluh: никътоже възложь рѫкꙑ своеꙗ на рало • ι зьрѧ вьспѧть • оуправл҄енъ естъ въ ц⟨ѣса⟩р⟨ь⟩с⟨тви⟩и б⟨о⟩жии *Л 9, 62 Зогр Мар Сав* (на орало *Ас*); *Евх 91а 8; Супр 546, 28.— Супр 396, 1* (без-д-рала).— *Ср.* орало

РАМА, -ꙑ *и нескл. ж город* (3) [оурама *Боян* (1)] Ῥαμά Рама Rama: глас⟨ъ⟩ въ рамѣ слъшанъ бꙑс⟨тъ⟩ • плачь и рꙑдание и въпль многъ *Мт 2, 18 Ас*, оу рама *Сав* (въ оурама ! *Боян*)

РАМО, -а *с* (12) ὦμος плечо rameno: ι обрѣтъ ѭ възлагаетъ на рамѣ своі *Л 15, 5 Зогр Мар*; водонось... оуготови... ношааше водѫ отъ рѣкꙑ ефрата • на рамоу своѥю *Супр 550, 8.— Евх 97а 9; Супр 80, 19; 96, 6; 532, 22; 458, 1 и 9; 550, 14; 551, 6; 552, 25.— Ср.* плеще, хрьбьтъ, хрибьтъ

РАМѢНЪ, -а *м* (1) ῥάμνος палиур (*крушиновидный терн*) rhamnus (*trnitý keř*): прѣжде даже не разоумѣѭтъ тръньѣ вашего рамѣна • ѣко живꙑ ї ѣко въ гнѣвъ пожъретъ вꙑ *Пс 57, 10 Син*

РАМѢНЬСКЪ, -ꙑи *прил.* (1) τῶν Ἀρμενίων армянский arménský: сълоучи сѧ мѫжоу сестрꙑ ѥго марии • пасиникоу нарицаѥмоу • строити рамѣньскѫ власть *Супр 281, 22.— Ср.* арменьскъ

РАНА, -ꙑ *ж* (53) μάστιξ, πληγή **1.** μώλωψ, στίγμα рана rána, poranění: съгнишꙙ ранꙑ моꙗ *Пс 37, 6 Син; Евх 76а 13*; повелѣ соль съ оцътомъ съмѣсивъше поливати ранꙑ ѥго • и соукномъ въстирати *Супр 116, 19* ● болезнь nemoc: разоумѣ тѣломь ѣко ıцѣлѣетъ отъ ранꙑ *Мк 5, 29 Зогр Мар Ас Сав Унд* **2.** βάσανος, αἰκισμός, φραγέλλωσις; (приꙗти ранꙑ μαστιγοῦσθαι) удар rána, úder: въ троудѣхъ чловѣчихъ не сѫтъ • ι съ чл⟨овѣ⟩кꙑ не приѥмлѭтъ ранъ *Пс 72, 5 Син*; тъгда львъ акꙑ раноѭ ꙗзвьнъ отъбѣже отъ наю *Супр 297, 6*; онъ же биѥнъ и прѣбꙑвъ многꙑ часꙑ вь тѣхъ ранахъ безъ гласа прѣда доушѫ *Супр 47, 10* ● *перен.* беда, бедствие, удары (судьбы) rána, utrpení, pohroma: многꙑ ранꙑ грѣшьноумоу оупъваѭштаго же на г⟨оспод⟩ѣ мілость обідетъ *Пс 31, 10 Син.— Зогр Мар Ас Сав Унд Син Евх Супр.— Ср.* ꙗзва

РАНО *нареч.* (12) ὄρθρου, ὀρθρινός; (за оутра рано ὄρθρου; рано въ зорꙗ ὀρθρίζων; рано приходити ὀρθρίζειν) утром, рано (*на заре, на рассвете*) ráno, brzy ráno: ι женꙑ етеръı отъ насъ оужасише нъı • бъıвъшѧѩ рано оу гроба *Л 24, 22 Зогр Мар Ас Охр*; рано прıходждахѫ къ б⟨ог⟩оу *Пс 77, 34 Син*; и въставъ заоутра рано кнѧзъ • сѣдъ на сѫдишти повелѣ чародѣѥмъ отъвести звѣри *Супр 184, 14.— Л 24, 1 Зогр Мар Ас; Пс 56, 10; 107, 3 Син; Супр 205, 21.— Ср.* заоутра, оутро²

рарабъ *Пс 78, 2 Син см.* рабъ

РАСКАЗИТИ, -кажѫ, -казиши *сов.* (1) διαφθείρειν повредить, испортить, разрушить zkazit: да храниши тъı мѣръı • и данааго ти правьѥниꙗ (не) расказиши *Супр 383, 11*

РАСКАꙖТИ СѦ, -каѭ сѧ, -каѥши сѧ *сов.* (12) μεταμέλεσθαι, καταγιγνώσκειν раскаяться učinit pokání: тъгда видѣ ıюда • прѣдавъı его • ѣко осѫдишѧ и • раскаѣвъ сѧ възврати • ѣ҃ сърѣбрьникъ • архиереомъ ı старцемъ *Мт 27, 3 Зогр Мар Ас* (2) *Сав; Супр 415, 6-7.— Мт 21, 29 и 32 Мар; Пс 104, 45; 109, 4 Син; Ас 158а 10; Супр 111, 7*

РАСКВРѢТИ, -вьрѫ, -вьреши *сов.* (1) διαλύειν растопить, расплавить roztavit: и своима рѫкама ѥмоу нераздрѣшьнаꙗ ѫжа желѣзнаꙗ • ꙗко воскъ расквьръ *Супр 462, 21*

РАСКОЛЬНЪ, -ъıи *прил.* (2) διχόνοια (!) несогласный, сомневающийся pochybovačný, rozkolný: любьѭ ти раскольнааго оума мъıслии твоихъ • ꙗко и вьсего раскольна оума отъсѣкѫште *Супр 500, 15 и 16*

РАСКОПАВАТИ, -ваѭ, -ваѥши *несов.* (3) 1. ἀνορύσσειν раскапывать, выкапывать vykopávat: съкровиште раскопаваѥмъ ѣко обрѣтаетъ сѧ *Клоц 1б 18-19* **3.** κατασκάπτειν раскапывать, срывать (*до основания*), разрушать rozkopávat, rozbíjet, bořit: ови тьмница отъ самѣхъ основании раскопаваахѫ *Супр 467, 16*; ѣко пр⟨оро⟩ка бо въ ѩзъıцѣхъ положихъ тѧ • ıскоренити • и насадити • раскопавати • ı съзидати *Евх 82а 24*

РАСКОПАТИ, -аѭ, -ѥши *сов.* (8) **1.** ὀρύσσειν раскопать, выкопать vykopat: шьдъ раскопа землѭ • ı съкръı сърѣбро г⟨оспод⟩а своего *Мт 25, 18 Зогр Мар Ас Сав* **2.** ἀνασκάπτειν, κατασκάπτειν, κατακαίειν срыть (*до основания*), разрушить rozkopat, zbořit: црькъı раскопана *Супр 418, 13*; пожеженъ огнемъ ı раскопанъ *Пс 79, 17 Син*; раскопавъıи огнемъ градъ содомескъ • и опоустивъıи *Супр 180, 10.— Супр 462, 29.— Ср.* ıскопати, прокопати, разметати

РАСКРИВИТИ, -влѭ, -виши *сов.* (1) *греч. нет* искривить zkřivit: пришъдъ же и оумрьштено имъı тѣло вьсе • и лице раскривьѥно *Супр 561, 27*

РАСКРЬСТИТИ, -крьщѫ, -крьстиши *сов.* (1) σταυροῦν распять (на кресте) ukřižovat: видѣсте раскрьштена ѥго *Супр 500, 4.— Ср.* пропѧти, распѧти

раслабити *см.* раслабленъ

РАСЛАБЛЕНЪ, -ъıи *прич.-прил.* (3) **1.** *греч. нет* ослабевший, слабый (*от болезни*) oslabený, slabý, ochablý: прѣбъı напрасно глоухъ и нѣмъ и вьсѣмъ тѣломъ раслабьѥнъ *Супр 552, 23* **2.** παραλυτικός, παράλυτος парализованный, паралитичный chromý: онъ же три дни ал'кавъ и молитвѣ ѥдинои прилежавъ • цѣла раслабьѥнааго сътворивъ • и благословивъı и • повелѣ своима ногама въ домъ ѥго ити *Супр 518, 22-23.— Супр 387, 30*

РАСЛАБѢТИ, -ѣѭ, -ѣѥши *сов.* (4) **1.** ἐκλύεσθαι ослабеть, обессилеть oslabit se, ochabnout: възврати сѧ третии дьнь гладъмъ мъръı • и раслабѣвъ *Супр 291, 14*; рѫкъı мѫчаштиихъ слоугъ раслабѣшѧ *Супр 110, 16* **2.** παραλύεσθαι быть парализованным zchromnout: юноша нѣкъıи отъ бѣса насиленъ обѣма ногама раслабѣ *Супр 518, 19.— Супр 563, 22-23*

РАСПАДАТИ СѦ, -даѭ сѧ, -даѥши сѧ *несов.* (3) σχίζεσθαι, διαρρήγνυσθαι распадаться, раскалываться rozpadat se: землѣ потрѧсе сѧ • и камение распадааше сѧ *Мт 27, 51 Ас*, распаде сѧ *Зогр Мар Сав*; въ часъ же прьвъıи ношти • съклѣштаахѫ сѧ отъ стоудени с⟨вѧ⟩тии • и тѣло имъ распадааше сѧ *Супр 76, 22.— Супр 485, 15*

распали *Супр 36, 7-8 см.* распалина

РАСПАЛИНА, -ъı *ж* (2) ῥαγάς, χάσμα щель, трещина štěrbina, rozsedlina: иматъ распалинѫ камъı *Супр 301, 4-5*; въ камѣнѫѭ тѫ распали(н)ѫ *Супр 36, 7-8*

РАСПАЛИНЬНЪ, -ъıи *прил.* (1) τοῦ καταλύματος относящийся к расщелине, ущелью rozsedliny: пристѫпивъ на распалин'нѫѭ тѫ пештерѫ *Супр 36, 11-12*

РАСПАЛЕНИѤ, -ꙗ *с* (2) οἶστρος страсть, похоть zápal, vášeň: въ распаленьѥ въпасти и страхъ б⟨о⟩жии забъıти *Супр 521, 12*; изидохъ к нѥи • и прѣдолѣвъшоу ми распалению блѫдноуоумоу... въ блѫдьнѫѭ погъıбѣль въпадохъ *Супр 525, 26*

РАСПАСТИ СѦ, -падѫ сѧ, -падеши сѧ *сов.* (6) σχίζεσθαι распасться, расколоться rozpadnout se: камение распаде сѧ *Мт 27, 51 Зогр Мар Сав* (распадааше сѧ *Ас*); *Евх 51а 1; Супр 485, 19*; каменьѥ на оукроухъı распаде сѧ *Супр 475, 17*

РАСПИНАТИ, -наѭ, -наѥши *несов.* (5) σταυροῦν распинать (на кресте) křižovat: елı бо распınаемъ цѣсарюетъ • како бѫдетъ вѣнъчаемъ *Клоц 11а 37*; не домъıшлѣахѫ же сѧ разбоıникъ съ х⟨ристо⟩мь распınаѭште *Клоц 11а 20-21*; распинаꙗ сѧ в'семоу мироу

Евх 84а 21-22.— Клоц 11а 39; 11б 1.— Ср. пропинати

РАСПОНЪ, -а *м* (11) крест (*как орудие казни*) kříž: простеръı на распонѣ • в҆сѧ оудъı своѩ х⟨рист⟩е б⟨о⟩же нашъ *Евх 35б 1.— Евх 35б 11; 42б 14; 43а 13; 43б 2; 50а 17 и 25; 50б 10 и 15-16; 50б 17-18 и 23-24.— Ср.* крьстъ

РАСПРАШИТИ, -шѫ, -шиши *сов.* (2) διασπείρειν развеять, рассеять rozprášit: вънидоста сь нимъ въ огнь • и распрашиста пламъı *Супр 164, 9*; не бѣаше ихъ боле кдного на десѧте • и ти же распрашени *Супр 442, 16*

РАСПРОСТРѢТИ, -стьрѫ, -стьреши *сов.* (5) διαπεταννύναι, ἐξαπλοῦν распростереть, распространить rozprostřít: распрострѣ облакъı вь покровъ імъ *Пс 104, 39 Син*; вьлѣзе же ѵподьıакъ • рѫцѣ имъı распростьрьтѣ и вьздѣнѣ на небо *Супр 555, 14-15*; ● *перен.* συντείνειν устремить, направить napnout, zaměřit: распрострѣте оубо молѭ въı сѧ ваша оумъı • и сь тихостиѭ примѣте хоудаа мога словеса *Супр 498, 19-20.— Супр 511, 17 и 560, 8.— Ср.* прострѣти

РАСПРѦЩИ, -прѧгѫ, -прѧжеши *сов.* (1) διαζευγνύναι разъединить, высвободить; *перен.* избавить, освободить *от чего-л.* rozvázat, vypřáhnout; *перен.* zbavit *něčeho*: видѣша многъı годъı сьвѧзана ѩзи ослабьıнааго • повелѣниѥ(мь) распрѧжена отъ зълоби *Супр 323, 17-18*

РАСПОУСТИТИ, -поущѫ, -поустиши *сов.* (1) ἀπολύειν испустить, издать vypustit: лазаре излѣзи вънъ • то почто нарокомъ • да не гласа распоуштена въ мрьтвъıихъ простръвъ • вьсѧ иже въ жоупиштихъ въставитъ *Супр 311, 5*

РАСПОУСТЬНЪ, -ъıи *прил.* (7): кънигъı распоустьнъı(ѩ) βιβλίον ἀποστασίου, ἀποστάσιον бракоразводное письмо rozvodový list: іже аште поуститъ женѫ своѭ • дастъ еи кънигъı распоустънъıѩ *Мт 5, 31 Зогр Мар.— Мт 19, 7 Мар Ас Сав (∅ Зогр); Мк 10, 4 Зогр Мар*

РАСПЪ (!), -а *м имя* (1) Κάρπος Карп Carpus: мѣ⟨сѧ⟩ца октов⟨рѣ⟩ ві҃ с⟨вѧ⟩т⟨ъı⟩х⟨ъ⟩ м⟨ѫ⟩ч⟨ени⟩к⟨ъ⟩ • папоула распа *Ас 122б 18*

РАСПЬРАТИ, -перѫ, -переши *сов.* (1) πατεῖν растоптать rozšlapat: нъıнѣ видиши... како же змиѭ распьра *Супр 462, 30*

РАСПЬРЬНЪ, -ъıи *прил.* (3) φιλόνεικος, ἀμφίβολος; (распьрьноѥ φιλονεικία) вызывающий ссоры, споры, сомнения rozporný, rozkolný: любъıѭ ти раскольнааго оума мъıслии твоихъ • ꙗко и вьсего раскольна оума отъсѣкѫште • похвалѭ ти распьрьнѫѭ и хрьстолюбьвьнѫѭ вѣдь • ꙗко и вьсе распьрьноѥ отъсѣкаѭште *Супр 500, 17 и 18.— Супр 511, 15*

РАСПЬРѢНИѤ, -ꙗ *с* (1) φιλονεικία распря, ссора, разногласие rozepře, spor: да отъстѫпитъ отъ васъ... распьрѣние • репътание... *Евх 91б 17-18.— Ср.* пьрꙗ, распьрꙗ

РАСПЬРѢТИ СѦ, -рѭ сѧ, -риши сѧ *сов.* (2) ἀμφιβάλλειν, ἀμφισβητεῖν усомниться, разойтись *с кем-л.* во мнениях zakolísat, zapochybovat: аште бо бъı постигълъ не бъı распьрѣлъ сѧ • аште не бъı распьрѣлъ сѧ не бъı обискалъ *Супр 499, 2 и 3*

РАСПЬРꙖ, -ѩ *ж* (10) σχίσμα распря, спор, ссора rozepře, svár: распьрѣ же бъıс⟨ть⟩ въ народѣ его ради *И 7, 43 Зогр Мар Ас Сав.— И 9, 16 Зогр Мар Ас; И 10, 19 Зогр Мар Ас.— Ср.* пьрꙗ, распьрѣниѥ, реть

РАСПѦТИ, -пьнѫ, -пьнеши *сов.* (>100) [рос- *Супр* (1)] ἐκτείνειν распростереть, растянуть roztáhnout, napnout: повелѣ свѣшта въжегъше принести • и страстьника распѧти ѫжи четъıрьми • и привѧзати и по четъıри колъı *Супр 152, 29*; мнозиї же отъ народа... обрѣтоша с⟨вѧ⟩тааго на земи кд҆ного лежѧшта распѧта *Супр 51, 12*; тъı распѧтъ н⟨е⟩бо ꙗко и кожѫ *Евх 4а 10 (ср. Пс 103, 2 Син)* ● σταυροῦν, συσταυροῦν распять (*на кресте*) ukřižovat: идеже и распѧсѧ • и сь нимъ ина дъва *И 19, 18 Ас Боян*, (распѧша *Сав*, пропѧсѧ *Зогр Мар*); распенъı сѧ на распонѣ въ третьи часъ *Евх 50а 24*; і⟨соу⟩са же (пилатъ) бивъ • прѣдастъ і да і распьнѫтъ *Мт 27, 26 Зогр Ас Сав* (пропьнѫтъ *Мар*) ● *перен.:* им҆же миръ распѧтъ кстъ *Супр 83, 27;* □ распѧтъ, -ъıи *прич.-сущ.* (*о Христе*): кгоже благодатьѭ божьѭ и силоѭ роспѧтааго ицѣли *Супр 564, 25.— Зогр Мар Ас Сав Охр Боян Ен Евх Клоц Супр.— Ср.* пропѧти, раскрьстити, распѧтиѥ (прѣдати на распѧтиѥ)

РАСПѦТИѤ, -ꙗ *с* (19) **1.** τὸ σταυρῶσαι, τὸ σταυρωθῆναι, σταυρός (!) распятие на кресте ukřižování: съвлѣкъше съ него хламѵдѫ • і облѣкоша і въ ризъı своѩ • і ведоша и на распѧтиѥ *Мт 27, 31 Зогр Ас Сав* (пропѧтиѥ *Мар*); а ісоуса кже диаволомъ избиѥнъıѩ оживи • прѣдаша на распѧтиѥ *Супр 398, 12* **2.** σταυρός крест kříž: мечь изъоштренъ • распѧтиѥ поставьѥно *Супр 85, 15-16.— Зогр Мар Ас Сав Евх Супр.— Ср.* крьстъ, пропѧтиѥ, распонъ

РАСПѪДИТИ, -пѫждѫ, -пѫдиши *сов.* (3) σκορπίζειν разогнать rozehnat: а наимьникъ... видитъ вълка грѧдѫшта • і оставлѣѥтъ овьцѧ і бѣгаетъ • і вълкъ расхъıтитъ ѩ • і распѫдитъ овьцѧ *И 10, 12 Зогр Мар Ас (нет Сав).— Ср.* разгънати

РАСПѫТИѤ, -ꙗ *с* (24) πλατεῖα, γωνία τῶν πλατειῶν, ἀγορά, ὁδός, ἄμφοδον перекресток (*дорог, улиц*); площадь rozcestí, křižovatka, náměstí: и ишедъше раби ті на распѫтіѣ пѫти *Мт 22, 10 Ас* (на пѫти *Мар*; Ø *Зогр*); ι ѥможе колижьдо • въхождааше въ вьси • ли въ грады • ли вь села • на распѫтиіхъ • полагаахѫ неджжьныꙗ *Мк 6, 56 Зогр*, распѫтихъ *Мар*; на распѫтиіхъ ι тръжиштихъ оучилъ еси *Л 13, 26 Зогр Мар Ас Сав*; обрѣтосте жрѣбьць привѧзанъ • при двьрехъ • вьнѣ на распѫтиі *Мк 11, 4 Зогр Мар.— Зогр Мар Ас Сав.— Ср.* стьгна

РАСТАЧАТИ, -чаѭ, -чаѥши *несов.* (8) σκορπίζειν, διασκορπίζειν растрачивать, расточать rozptylovat, rozhazovat: ч⟨ловѣ⟩къ етеръ бѣ богатъ • ιже ιмѣаше приставьникъ • ι тъ оклеветанъ бъістъ къ нѥмоу • ѣко растачаѭ ιмѣньѣ его *Л 16, 1 Зогр Мар*; ιже нѣстъ съ мноѭ на мѧ естъ • ι иже не събираетъ съ мноѭ растачаетъ *Мт 12, 30 Зогр Мар Ас Сав*; растачаѭтъ *Л 11, 23 Зогр Мар.— Ср.* развлачити

РАСТАꙖТИ СѦ, -таѭ сѧ, -таѥши сѧ *сов.* (7) [лаетъ ! *Син* (1)] τήκεσθαι, διαλύεσθαι, λύεσθαι, τελευτᾶν (!) растаять, растопиться roztavit se, roztát: горы ѣко воскъ растаашѧ сѧ отъ лица г⟨осподь⟩нѣ *Пс 96, 5 Син*; и растаавъ сѧ ледъ бъістъ вода топла *Супр 78,1*; пльти кго растаавъши • любъви же жизнь съпаде сѧ *Супр 93, 15-16* ● *перен.* ослабеть, обессилеть ochabnout: грѣшьникъ... ѕѫбы своїми поскрежьштетъ ї лаетъ (! *вм.* растаєтъ) *Пс 111, 10 Син.— Пс 74, 4 Син; Супр 76, 24-25; 78, 7*

РАСТВАРꙖТИ, -ꙗѭ, -ѥши *несов.* (2) καταμειγνύναι, κιρνᾶν размешивать, смешивать, растворять promíchávat, rozdělávat: иде попелъ ѣко хлѣбъ ѣсъ • и пітье мое съ плачемъ растварѣахъ *Пс 101, 10 Син*; ꙗко многа лѣта сътвори срьбаник тъкмо приємьѧ • и се сь ѳѵмиꙗтосьнимъ пепеломъ растварѣѣше ти тако ꙗдѣѣше *Супр 297, 15*

РАСТВОРИТИ[1], -рѭ, -риши *сов.* (5) ῥαίνειν, σκευάζειν размешать, смешать, растворить promíchat, rozdělat: ѣко чѣша въ рѫцѣ г⟨осподь⟩ни • віна нерастворена *Пс 74, 9 Син*; повелѣ оцьтъ лютъ съ солиѭ растворивъше вьзливати на хрьбьты ихъ *Супр 178, 30*; нс тѣхъ иземьѭште цѣльбьнаꙗ былиꙗ • растворьше винами ꙗзвьныими врѣдъ цѣлѧште *Супр 430, 16* ● μεταποιεῖν претворить přeměnit: давы намъ ι земьнаа благаа • раствореи при мосѣи горькѫѭ водѫ • въ сладъкѫѭ *Евх 20б 15.— Супр 161, 17*

РАСТВОРИТИ[2], -рѭ, -риши *сов.* (1) *греч. нет* раскрыть, растворить rozevřít, otevřít: и абиѥ ишьдъ на много растворивъ двьрьцѧ • прогнанъ бъістъ силоѭ крьстьноѭ *Супр 554, 26-27.— Ср.* отврѣсти, разврѣсти, разврѣщи

РАСТВОРЕНИѤ, -ꙗ *с* (1) κέρασμα смесь (*напиток*), раствор smíšený nápoj: ѣко чѣша въ рѫцѣ г⟨осподь⟩ни • віна нерастворена ї сплъньь раствореніѣ *Пс 74, 9 Син*

РАСТЕЩИ СѦ, -текѫ сѧ, -течеши сѧ *сов.* (1) ἀπορρεῖν растечься roztéci se, rozplynout se: подъпалити кмоу чрѣво и ребра • доньжде пльть кмоу акы воскъ съжежена бывъши растечетъ сѧ *Супр 153, 3*

РАСТИ, растѫ, растеши *несов.* (34) αὐξάνειν, ἐπαύξειν, μηκύνεσθαι, φύεσθαι; (коупьно расти συναυξάνεσθαι) расти růst: съмотрите цвѣтъ сельнъіхъ • како растѫтъ *Л 12, 27 Зогр Мар*; сѣмѧ прозѧбаетъ • ι растетъ *Мк 4, 27 Зогр Мар*; оставите коупьно расти обое до жѧтвы *Мт 13, 30 Зогр Мар Ас Унд* ● *перен.* увеличиваться, крепнуть, развиваться, расти zvětšovat se, zesilovat, mohutnět: ономоу подобаатъ расти а мьнѣ мьнити сѧ *И 3, 30 Мар Ас* (Ø *Зогр*); запрѣти неджгоу семоу • растѫщюмоу вь немь • не имѣти плода • ни растити сѧ вь вѣкъ *Евх 35а 11-12*; паче же кште растѣѣше страхъ на нечьстивъінхъ доусѣхъ *Супр 40, 19-20*; та вса вида оучитель • и оувѣдѣвъ ꙗкоже вьсь д⟨оу⟩ховьнъ кстъ • и... на высотѫ растетъ *Супр 548, 11.— Зогр Мар Ас Сав Унд Боян Евх Клоц Супр.— Ср.* растити, ницати; саморасты

РАСТИТИ, ращѫ, растиши *несов.* (4) ἐκδιδόναι родить (*о земле*), плодоносить plodit, vydávat plod: земьꙗ оубо вь се врѣмѧ весньнок • шипъкъ и їа и инъ цвѣтъ раститъ *Супр 495, 17* □ растити сѧ αὐξάνεσθαι расти růst: растіте сѧ ι множіте сѧ *Клоц 8а 21*; растите *Супр 420, 21* (*ср. Быт 1, 22 и 28*); запрѣти неджгоу семоу • растѫщюмоу вь немь • не имѣти плода • ни растити сѧ вь вѣкъ *Евх 35а 13.— Ср.* въздращати

РАСТОПИТИ, -плѭ, -пиши *сов.* (2) λύειν, ἐκθερμαίνειν растопить, расплавить roztavit: повелѣша принести олово и растопивъше възлиꙗти на очи *Супр 264, 21* ● *перен.*: и омрьтвѣвъша диꙗволомъ доуша растопи *Супр 348, 27*

РАСТОЧИТИ, -чѫ, -чиши *сов.* (19) διασκορπίζειν, σκορπίζειν **1.** разбросать, рассыпать, рассеять rozházet, rozsypat: жьнѫ ιдеже не сѣѣхъ • ι събираѭ ѭдоуже не расточихъ *Мт 25, 26 Зогр Мар Ас Сав* ● *перен.* рассеять, рассредоточить rozptýlit: да чада б⟨о⟩жиѣ съберетъ расточенаа въ едино *И 11, 52 Зогр Мар Ас*; низъложіті сѣмѧ іхъ въ ѩзыцѣхъ • и расточіті ѩ въ страны *Пс 105, 27 Син* **2.** *перен.* растратить, промотать rozplýtvat, promrhat: ι тоу расточи ιмѣнье

РАС

своѥ живꙑ блѫдьно *Л 15, 13 Зогр Мар Ас Сав.— Зогр Мар Ас Сав Син.— Ср.* расꙑпати, иждити, растрошити

РАСТОꙖТИ, растоѭ, растоиши *несов.* (3) **1.** ἀπέχειν, ἀφίστασθαι отстоять být vzdálen: ѥстъ же въ прѣгꙑн҃ѣхъ мѣсто то • и вь непрѣходьнꙑихъ горахъ • растоѧ отъ града поприштъ четꙑрь *Супр 26, 21* **2.** διίστασθαι разделять, находиться между кем-чем-либо stát mezi něčím: нъ грѣси ваши растоꙗтъ посрѣдоу насъ и б⟨ог⟩а *Супр 135, 19-20.— Супр 46, 4*

РАСТРОШИТИ, -шѫ, -шиши *сов.* (1) κατεσθίειν растратить, промотать rozplýtvat, promrhat: тꙑ притъчѧ подобиша вѣрьнааго роба и неразоумьнааго • и господьн҄е растрошивъшааго *Супр 370, 11.— Ср.* расточити

РАСТРЪГАТИ, -аѭ, -аѥши *сов./несов.* (4) [-трьг- *Сав* (1)] διαρρήσσειν разорвать/разрывать roztrhnout/roztrhávat: растрьга врѣтиште моѥ *Пс 29, 12 Син*; растрьга ѫꙁꙑ моꙗ *Пс 115, 7 Син.— Л 8, 29 Ас Сав.— Ср.* растрьгнѫти

РАСТРЪГНѪТИ, -нѫ, -неши *сов.* (10) [-трьг- *Супр* (3)] διαρρηγνύναι, ῥηγνύναι **1.** разорвать, разъединить roztrhnout: растрьгнѣмъ ѫꙁꙑ ıхъ *Пс 2, 3 Син; Ен 21а 5* **2.** растерзать rozsápat: ни помѣтаıте бисеръ вашихъ прѣдъ свин҄ьѣми • да не попержѫтъ ıхъ ногами своıми • ı враштьшѧ сѧ растръгнѫтъ вꙑ *Мт 7, 6 Зогр Мар Ас* (попержѫтъ васъ *Сав*) **3.** разрыть, сокрушить protrhnout: тꙑ растрьже ıсточьникꙑ и потокꙑ *Пс 73, 15 Син.— Гал 4, 27 Ен; Супр 472, 13; 493, 24; 498, 23.— Ср.* прѣтрьгнѫти, раздьрати, растрьгати, растрьꙃати

РАСТРЬꙂАНИѤ, -ꙗ *с* (1) διασπαραγμός разрывание rozervání: не помꙑнѫ котꙑгꙑ растрьꙃаниꙗ • ни ꙗмьнꙑꙗ глѫбинꙑ • ни роботьнꙑꙗ страсти *Супр 367, 17*

РАСТРЬꙂАТИ, -ꙃаѭ, -ꙃаѥши *сов./несов.* (16) [-тръз- *Зогр* (2) *Мар* (1) *Евх* (1) *Супр* (4); -тръꙃ- *Мар* (2) *Ас* (1); -трьз- *Сав* (2) *Супр* (3)] διαρρηγνύναι, διαρρήσσειν, διασπᾶν, σπᾶν **1.** разорвать/разрывать, порвать/рвать, разъединить/разъединять roztrhnout/roztrhávat: тъгда архиереı растрьза ризꙑ своꙗ *Мт 26, 65 Зогр*, растрьꙃа *Мар Ас*, растрьза *Сав* (2); ı растрьзааше ѫꙁꙑ *Л 8, 29 Зогр*, растрьꙃавъ *Мар* (растрьгаꙗ *Ас*; растрьгавъ *Сав*); да оуже оубо • вѣньца възложиша на нꙗ • она же растрьзавъша отъмета'ста *Супр 138, 23* ● *перен.*: и ѫꙁꙑ грѣховьнꙑихъ растрьзаахѫ сѧ *Супр 387, 16-17* **2.** *перен.* уничтожать/уничтожить, сокрушать/сокрушить zničit/ničit: тꙑ рачи нꙑнѣ • пригвоздити рѫкꙑ ръватвамъ симъ... растрьзаꙗ силꙑ ихъ *Евх 31а 8* ● *сов.* ῥακοῦν искалечить, изувечить ztrhat, zničit: ономоу же въспрѣтивъшоу ѥмоу • съ многомь страхомь излѣзъ отъ сквожьн҄ѧ кожѧ идѣаше • валѧ сѧ • и аби сѧ вьсѣмъ акꙑ старица растрьꙃана тѣломь *Супр 36, 21.— Зогр Мар Ас Сав Евх Супр.— Ср.* прѣтрьгнѫти, раздирати, раздьрати, растрьгнѫти, растрьꙃовати

РАСТРЬꙂОВАТИ, -ваѭ, -ваѥши *несов.* (1) καταρρηγνύναι терзать, рвать; *перен.* уничтожать, сокрушать rozsápávat, ztrhávat, ničit: сладъка ѥстъ сласть водаштиꙗ вь грѣхъ • приближаѭштиихъ сѧ к н҄еи • растрьꙃоваѥтъ • бѣжи кѫ въкоуса *Супр 350, 28.— Ср.* раздирати, растрьꙃати

РАСТЪ, -а *м* (1) ἡλικία рост růst, vzrůst: виждѫ вꙑ мѫжи растомъ добрꙑ • и красьнꙑ и словомъ оумѫдренꙑ *Супр 175, 23.— Ср.* въздрастъ

РАСТЬЛѢТИ, -ѣѭ, -ѣѥши *сов.* (2) διαφθείρεσθαι развратиться, совратиться propadnout zkáze: растьлѣшꙙ ı омразишꙙ сꙙ въ беꙁаконенꙑ(хъ) н҄ѣстъ творꙙи добра *Пс 52, 2 Син.— Пс 13, 1 Син*

РАСТѪПИТИ СѦ, -плѭ сѧ, -пиши сѧ *сов.* (1) σχίζεσθαι расступиться rozestoupit se: ѥгда изидоша изъ егѵпта • видѣвъше море растѫпивъше сѧ • и пакꙑ състѫпивъше *Супр 417, 6*

РАСХОДИТИ СѦ, -хождѫ сѧ, -ходиши сѧ *несов.* (2) λύεσθαι расходиться rozcházet se, rozptylovat se: часома же дъвѣма минѫвъшема • расхождааше сѧ по малоу тьма *Супр 110, 26* ● распространяться rozšiřovat se, šířit se: благодати свьтѧшти сѧ ꙗже на н҄емь • и вьсѫдоу расходѧшти сѧ *Супр 280, 8*

РАСХЫТИТИ, -хꙑштѫ, -хꙑтиши *сов.* (13) [рахꙑт- *Син* (1)] διαρπάζειν, ἁρπάζειν, διασπαράσσειν расхитить, растащить rozchvátit, rozkrást: ли како можетъ кто • вьнити въ домъ крѣпъкааго • ı съсѫдꙑ его расхꙑтити • аште не прьвѣе съвѧжетъ крѣпъкааго • ı тъгда домъ его расхꙑтитъ *Мт 12, 29 Зогр Мар; Мк 3, 27 Зогр Мар*; наıмьникъ... оставл҄ѣетъ овьцѧ ı бѣгаетъ • ı влькъ расхꙑтитъ ꙗ • ı распѫдитъ овьцѧ *И 10, 12 Зогр Мар Ас*; и ра(с)хꙑтꙗтъ тоуждиı троудъ его *Пс 108, 11 Син.— Супр 108, 10.— Ср.* въсхꙑтити, разграбити

РАСХЫШТАТИ, -штаѭ, -штаѥши *несов.* (4) διαρπάζειν расхищать, растаскивать rozchvacovat: избавитъ ништъ родъ чловѣчьскъ • отъ рѫкꙑ крѣпьшиихъ ѥго • и оубога и ништа отъ расхꙑштаѭштиихъ ѥго *Супр 329, 25*; расхꙑштахѫ ı вьсı мимоходѧштı пѫтемь *Пс 88, 42 Син.— Пс 43, 11; 34, 10 Син*

РАСЦѢПИТИ, -плѭ, -пиши *сов.* (1) σχίζειν,

расщепить, разделить rozdělit: повелѣша принести трьстик • и расцѣпивъше на дьвок обложити по пльти кмоу *Супр 270, 5-6*

РАСЪМАТРІАТИ, -іаѭ, -іаеши *несов.* (1) διακρίνειν разглядывать, распознавать rozeznávat, poznávat, zkoumat: аще к'то приемлеть тѣло б⟨о⟩жие • і кръвь недостоенъ сы • то грѣхъ себѣ приемлеть • не расматрѣіаи тѣла г⟨осподь⟩нѣ *Евх 69а 17 (1 Кор 11, 29).— Ср.* расъмаціріати

РАСЪМАЦІРІАТИ, -іаѭ, -іакши *несов.* (2) κατανοεῖν рассматривать, разглядывать, подмечать rozeznávat, zpytovat, zkoumat: и страшьнок джба чоудо видѣвъ • расмаштрѣхъ прилежьнѣ • како оукорени са *Супр 301, 3;* по тѣлоу же хоудъ бѣаше въздрастомъ • паче многыихъ • расмаштраѭ бо • не оставити ми того бес помановеньіа *Супр 545, 26.— Ср.* расъматріати

РАСЪМОТРИТИ, -трѭ *или* -моцірѭ, -триши *сов.* (2) οἰκονομεῖν рассмотреть, *перен.* рассудить, обдумать prozkoumat, rozvážit: благъ мѫжь милоуьа-ї даьа • расмотрітъ словеса своѣ на сѫдѣ *Пс 111, 5 Син.— Супр 556, 7*

РАСЪМОТРЬЛИВЪ, -ыи *прил.* (1) διακριτικός (!) внимательный pozorný: плѣвелъ... образъмь оубо къ п'шеници оуподоблѣа са отъ въкоушеніга же расмотрьливъими изъобличаемъ *Хил 2аа 19-20*

РАСЫПАТИ, -паѭ, -пакши *и* -плѭ, -плкши *сов./несов.* (10) διασκορπίζειν, διασπείρειν, ἐκχεῖν рассыпа́ть/рассы́пать, рассеять/рассеивать, разбросать/разбрасывать rozsypat/rozsypávat, rozházet/rozhazovat: тръжьникомъ расыпа пѣназа *И 2, 15 Зогр Мар Ас;* и сьбираа идеже нѣси расыпалъ *Супр 369, 23-24; 377, 5;* истин'нааго ради словесе • не на въздоухъ расыпакмааго *Супр 533, 3.— Пс 52, 6 Син; Супр 22, 7; 268, 7; 369, 28-29.— Ср.* расточити, расѣіати

РАСѢДАТИ СА, -даѭ са, -дакши са *несов.* (3) διαρρήγνυσθαι, ῥήγνυσθαι, διαπίμπρασθαι лопаться, раскалываться, трескаться rozpadat se, pukat: слышавъ же комисъ гласъ звѣрни • оубоіа са... въздоунѫ же на нꙗ праведникъ • и падъше прѣдъ ногама кго расѣдаша са *Супр 230, 3-4;* видѣ... камение расѣдакмо са *Супр 426, 25* ● *перен.:* анѳупатъ... расѣдаа са іаростиѭ съпадааше съ прѣстола *Супр 109, 6-7.— Ср.* распадати са

РАСѢЩИ, -сѣкѫ, -сѣчеши *сов.* чьто чимь (1) ἐκκόπτειν разрубить, рассечь rozseknout: секырамі расѣшѧ двьри его *Пс 73, 6 Син.— Ср.* протесати

РАСѢІАНИЮ, -ніа *с* (1) διασπορά рассеяние, диаспора rozptýlení, diaspora: въ расѣание елинъско хоштеть ити *И 7, 35 Мар (нет Зогр)*

РАСѢІАТИ, -сѣѭ, -сѣкши *сов.* (1) διασπείρειν рассеять, распространить rozptýlit: далъ ны есі ѣко овъцьа сънѣди • и въ іазыцѣхъ расѣалъ ны есі *Пс 43, 12 Син*

РАСѪДИТИ, -сѫждѫ, -сѫдиши *сов.* (5) διακρίνειν **1.** обсудить, обдумать posoudit: тъгда оубо ѳеѳерии въставъ отъ съна • и видѣник расѫдивъ съ вьсѣцѣмь потъштаникмь възпрашаа приде въ лаврѫ отьца савы *Супр 294, 19* **2.** рассудить, решить, разобрать rozsoudit: сѫді мі б⟨о⟩же и расѫді пьрѭ моѭ *Пс 42, 1 Син.— Пс 49, 4; 81, 1 Син; Супр 544, 16.— Ср.* посѫдити

РАСѪЖДАТИ, -ждаѭ, -ждакши *несов.* (3) διακρίνειν обсуждать posuzovat: лице оубо н⟨е⟩б⟨е⟩си оумѣете расѫждати *Мт 16, 3 Мар,* расѫжда... (!) *Зогр.— 1 Кор 11, 31 Ен.— Ср.* сѫдити

РАСѪЖДЕНИЮ, -ніа *с* (1) *греч. нет* суждение, мнение, решение posouzení, soud, mínění: іавивъшек бо са твокмоу расѫжденью доброк • дѣло можеть быти • добро твора въ истинѫ *Супр 543, 23*

РАТАИ, -іа *м* (1) γεωργός пахарь oráč: павлъ нѣк'то польскыи ратаи *Супр 169, 4*

РАТЬ, -и *ж* (29) **1.** πόλεμος, ἐπανάστασις, μάχη война; сражение, битва válka; bitva: ц⟨ѣса⟩рь кстъ крѣпькъ и силенъ • и съпасаа въ рати своа • погоубьіаа же врагы *Супр 28, 10;* колико отъ нашихъ оимъ • на рати падоша *Супр 91, 11;* съставиша рать на поганы *Супр 197, 6* ● *перен.:* рать творатъ на б⟨ог⟩а *Супр 419, 8* (брань *Клоц 7б 9*) **2.** *мн.* οἱ πολέμιοι неприятельское войско vojsko; nepřátelé: и одолѣкши рати на ꙗже идеши • и възвратиши са мирьнѣ *Супр 194, 16;* кгда рати бѣша ноуждѫ творашток • ни пѣсни можаахѫ сьпѣти на земи штоуждеи *Супр 419, 5* (бранi *Клоц 7б 5*).— Супр.— Ср. брань, вои

РАТЬНИКЪ, -а *м* (11) πολέμιος, ὑπεναντίος, βάρβαρος (!), ἀλλόφυλος (!) воин; неприятель, противник voják; protivník: вьниде же и с⟨ва⟩тъін кодратъ • іако нѣкоторыи добии воинъ пъваа свокѭ силоѭ • на сьнитик ратьникъ *Супр 105, 12-13;* страшенъ к'то м'на са рат'никъ имъ сы и гоубитель *Супр 35, 25;* стати противѫ ратникомъ *Супр 196, 13-14.— Супр 105, 13; 196, 12; 198, 15; 292, 5 и 29; 422, 6; 438, 23; 509, 30.— Ср.* воинъ, врагъ, ратьнъ

РАТЬНИЧЬСКЪ, -ыи *прил.* (3) τῶν βαρβάρων (!), τῶν ἐχθρῶν вражеский, неприятельский nepřátelský: оустрашакть ратьничьскъ пльхъ *Супр 105, 15* ● *перен.* дьявольский d'ábelský: се съхранилъ та кстъ богъ отъ ратьничьска прихождениꙗ *Супр 293, 11.— Супр 292, 2*

РАТЬНЪ, -ыи *прил. в знач. сущ.* (4) πολέμιος, ἐναντίος неприятель, враг nepřítel: сии сѫтъ обьмъшии нашѫ странѫ • ꙗкоже се сынове части • възбранѣѭште нашествиꙗ ратьныихъ *Супр 94, 22*; противѫ болѣзни не сътрьпѣвъ • къ ратьныимъ оубѣже *Супр 93, 9.— Супр 502, 13; 543, 5.— Ср.* побраньскъ, ратьникъ, сѫпротивьнъ

РАФАИЛЪ, -а *м имя* (2) Ῥαφαήλ Рафаил Rafael: силоѭ христосовоѭ • и рафаила архаггела звѣри сиѩ изморихъ *Супр 231, 7.— Евх 59б 6*

РАХАВА, -ы *ж имя* (2) [харава *Сав* (1)] Ῥαχάβ Рахава Rahab: салмонъ же роді вооза от⟨ъ⟩ рахавы *Мт 1, 5 Ас*, харавы *Сав*

р а х и и л ь *Супр 386, 13 см.* рахиль

РАХИЛЬ, -и (?) *ж имя* (3) [рахииль *Супр* (1)] Ῥαχήλ Рахиль Ráchel: глас⟨ъ⟩ въ рамѣ слъишанъ быс⟨тъ⟩... рахиль плачѫщи сѧ чѩдъ своихъ *Мт 2, 18 Ас Сав*; рахиль *Супр 386, 13*

р а х ъ т ѣ т ъ (!) *Пс 108, 11 Син см.* расхъ-тити

РАЩЕНИѤ, -ꙗ *с* (2) ἡλικία, βιώσιμον расцвет (*жизни*) rozkvět (*života*): мѫжи вь самомъ цвѣтѣ юности... самого житиꙗ раштениѥ носѫште • прѣзьрѣша врѣменьнъѩ жизнь *Супр 97, 9-10.— Супр 84, 27-28*

РАЩИСТИ, раштѫ, раштеши *сов.* (2) ψηφίζειν высчитать, рассчитать, вычислить, сосчитать rozpočítat, vypočítat: къто отъ васъ хотѧ стлъпъ създати • не прѣжде ли сѣдъ • раштьтетъ доволъ • аште ıматъ еже естъ на съвръшенье *Л 14, 28 Зогр Мар*

РАЧИТИ, рачѫ, рачиши *несов.* (35) βούλεσθαι, ἀνέχεσθαι, διακρούεσθαι, ἐθέλειν, καταδέχεσθαι, θέλειν, μέλλειν желать, хотеть chtít, ráčit: ты вл⟨адъ⟩ко рачи нынѣ призьрѣти • на раба твоего сего *Евх 43а 18*; ты вл⟨адъ⟩ко рачи нынѣ • заложити в'сѧ пѫти недѫгоу семоу *Евх 42а 17*; да аште не рачи приѩти быліꙗ на помоштъ *Супр 414, 4*; ...ꙗко бо и он' своѥмоу оумоу господинъ бѣ • и волеѭ не рачи послоушати *Супр 413, 8*; ı дльженъ естъ вьсѣкъ крестьѣнь • съ говѣньемь ı страхомь • рачьшѭѭ імѣти по б⟨о⟩жию законоу с⟨вѧ⟩тоумоу сьѭ сѫдити • съ вьсѣкоѭ обрѣтаѭштѧ сѧ тажю *Клоц 2б 23.— Евх Клоц Супр.— Ср.* хотѣти

РАШИРИТИ, -рѭ, -риши *сов.* (4) [рошири-ти *Супр* (1)] πλατύνειν распространить, расширить rozšířit: ꙗко да богомъ прѣданоѥ крьстиꙗньскъıѩ непорочьнъıѩ вѣры роширити слово *Супр 535, 4* ● *перен.* растянуть, распахнуть, раскрыть roztáhnout, rozevřít: раширишѧ на мѧ оуста своѣ *Пс 34, 21 Син*; егда рашири ср⟨ъдь⟩це мое *Пс 118, 32 Син*; рашірі оуста твоѣ ісплънѫ ѣ *Пс 80, 11 Син.— Ср.* оуширити

РАШИРꙖТИ, -ꙗѭ, -ꙗкши *несов.* (2) πλατύνειν распространять, расширять rozšiřovat: раширѣѭтъ же хранилишта своѣ *Мт 23, 5 Мар Ас* (∅ *Зогр*)

РЕБРО, -а *с* (55) **1.** πλευρά ребро žebro: приїмъ ѥд'но отъ ребр' ѥго • сътвори ѥмоу женѫ *Супр 9, 7*; и ѥгдѫ отъ ребра изведъша *Супр 469, 27*; **2.** *мн.* κοιλία, πλευραί; (божиꙗ ребра θεόπλευρος) бок bok: нъ ѥдинъ отъ воинъ • копиемь ѥмоу ребра прободе • ı изиде абиѥ кръвь ı вода *И 19, 34 Зогр Мар Ас* (3) *Сав Боян; Мт 27, 49 Зогр Мар Ас Сав*; ı вложѫ рѫкы моеѩ въ ребра его *И 20, 25 Мар Ас Охр*; ∅ *Зогр*; рѣкы отъ ребръ его истекѫтъ водѣ живѣ *И 7, 38 Сав* (отъ чрѣва *Зогр Мар Ас*) ● *перен.* πλευρά сторона strana: горы сионьскы ребра сѣверова • градъ ц⟨ѣса⟩рѣ великааго *Пс 47, 3 Син.— Зогр Мар Ас Сав Охр Боян Син Евх Супр.— Ср.* страна

РЕВЕКА, -ы *ж имя* (1) Ῥεβέκκα Ревекка Rebeka: сьвѣдѣтельствоуѥтъ сарра • и сь неѭ ревека *Супр 250, 2*

р е к ъ *см.* рещи

РЕМЕНЬ, ремене *м* (11) [реме *Ас* (1)] ἱμάς ремешок, завязка řemínek: ѥмоуже нѣсмь достоинъ поклонь сѧ раздрѣшити • ремене сапогоу его *Мк 1, 7 Зогр Мар Ас Сав; Л 3, 16 Зогр Мар Ас Сав; И 1, 27 Зогр Мар* (реме *Ас*)

РЕМЬСТВО, -а *с* (1) τέχνη искусность, умение dovednost, umění: да вьсе заскопиѥ • тъште слово покажетъ неприꙗзни • ꙗма бо ремьствомъ нѣкыимъ • и оугожденимъ сеѩ жизни *Супр 337, 19.— Ср.* хытрость, хѫдожьствиѥ, хѫдожьство

РЕТИТИ СѦ, рещѫ сѧ, ретиши сѧ *несов.* (1) *греч. нет* состязаться, соревноваться závodit, předhánět se: бѣаста ретѧшта сѧ оба • къто ꙗко варивъ • сѫжиждетъ ѥмоу клѣть *Супр 204, 6*

РЕТЪКО, -а *м имя* (1) *греч. нет* (*имя писца*): г⟨оспод⟩и помілоуї ретъка амин *Супр 207* (*запись на полях*)

РЕТЬ, -и *ж* (3) **1.** ἐριθεία, αὐχήν (!) раздор, распря, спор svár: въ рети испадаѭтъ *Зогр-лл 2а 22*; твоꙗ пленицѧ сѫтъ зависти-[ви]и • и корабьчиꙗ бѣси • весла льсти • реть • лицемѣрьство *Супр 400, 16* **2.** ἅμιλλα состязание, соревнование soupeření: вѣштанте ѡ отроци • отъкѫдоу вамъ добраꙗ си и веселаꙗ реть и пѣснь *Супр 321, 1.— Ср.* пьрꙗ, распьрꙗ, рьвьниѥ, рьвьность

РЕЩИ, рекѫ, речеши *сов.*, *реже несов.* (>1000) [ререщи *Сав* (1)] **1.** *без доп. или* комоу (къ комоу) чьто, о чемь λέγειν, λαλεῖν, φάναι, καλεῖν, ἀποκρίνεσθαι, βοᾶν, ἀποφαίνεσθαι, διαμαρτύρεσθαι, ἀναγγέλλειν; (прѣжде рещи προφάναι, προλέγειν) сказать/говорить, сообщить/сообщать říci, promluvit: помьните слово еже азъ рѣхъ вамъ *И 15, 20 Зогр Мар Ас Сав*; фарисѣи же рѣшѧ къ себѣ *И 12, 19 Зогр Мар Ас*; і⟨сѹ⟩с⟨ъ⟩ же рече о съмрьти его *И 11, 13 Зогр Мар Сав* (вѣшта *Ас*); се прѣжде рѣхъ вамъ *Мт 24, 25 Зогр Мар Ас Сав; Мк 13, 23 Зогр Мар*; рече бо прѣжде ки пиюнии *Супр 132, 9*; рьцѣте б⟨ог⟩ѹ колъ страшьна дѣла твоѣ *Пс 65, 3 Син*; рече безѹменъ въ ср⟨ъ⟩д⟨ь⟩ци своемъ нѣстъ б⟨ог⟩а *Пс 52, 2 Син*; рьцѣте зъванымъ се обѣдъ мои ѹготовахъ *Мт 22, 4 Мар*; Ø *Зогр; Евх 106а 16*; мнози бо ми рекѫтъ рече • именемь твоимъ прорицахомъ • и рекѫ имъ не вѣдѣ васъ *Супр 383, 21 и 22*; помѧни емоѵ слово твое • реченое тобоѭ • градъı въслѣдь мне *Евх 336 2* (*ср. Мт 16, 24*) ● указать/указывать; приказать/приказывать přikázat/přikazovat; rozhodnout/rozhodovat: рекъ • шьдъша ѹготоваета намъ пасха • да ѣмъ *Л 22, 8 Зогр Мар*; рече и приде прози (! *вм.* прѫзи) • ї гѫсѣницѧ імъже не бѣ числа *Пс 104, 34 Син*; и повелѣ аѵрилиꙗнъ принести дрѣво велико... и рече • привѧжате павла на нѥмь *Супр 12, 29* □ имѧ рекъ *см.* имѧ; (прѣжде) реченыи, рекомыи λεχθείς, ὡρισμένος указанный, вышеупомянутый, вышесказанный zmíněný, (výše) uvedený, řečený: сътвориша же шьствие с⟨вѧ⟩тии • отъ реченааго мѣста до рѣкы *Супр 60, 4*; възвратишѧ сѧ въ манастырь • недалече сѫштоѵ отъ прѣжде реченыѧ цръкъве *Супр 209, 13*; посълана же бꙑста • трофимъ и еѵкарпиѡнъ • мѫжитъ рекомыѧ рабы божиѧ *Супр 210, 16*; обѣщаваѭщиимъ сѧ хранити • в'сѣ прѣжде реченаа *Евх 91а 13* ▭ реченое τὸ ῥηθέν, τὸ εἰρημένον, τὸ λεχθέν, ῥῆμα высказывание výrok: да сбѫдетъ сѧ реченое пророкомь ісаиемь *Мт 8, 17 Зогр Мар Ас Сав*; егда прѣдь симъ малы искааше ты съказаниꙗ реченꙋмоѵ *Супр 317, 2-3*; коемоѵ вѣрѫ имѫ • прьвоѹꙋмоѵ ли или вътороѹоумоѵ реченоѹоумꙋ *Супр 238, 6*; рекъше *в знач. пояснит. союза* τουτέστιν, ἤτοι, καί то есть totiž, to jest: молитвъныи домъ рек'ше цр'кве *Супр 532, 9*; въ разлѫчении жилишть братиѧ • рекъше лѣгальниць *Зогр-лл 26 18*; и третиї дьнь въставъ из мрътвыихъ • ꙗв⟨и сѧ⟩ своимъ ѹченикомъ • рек'ше с⟨вѧ⟩тыимъ апо⟨сто⟩ломъ *Супр 11, 21*; нъ ѹстави ѹстрьмлениѥ то • да не възмьздꙑꙗ троуднааго • рек'ше ц⟨ѣса⟩рьствиꙗ вѣчьнааго лишиши сѧ *Супр 558, 12* **2.** προφητεύειν предсказать/предсказывать předpovědět: въ правъдѫ добрѣ рече ісаиѣ о васъ лицемѣри *Мк 7, 6 Зогр* (прорече *Мар*); егда же ѹзьрите мрьзость запоѹстѣниꙗ • реченѫѭ даниломъ пр⟨оро⟩к⟨о⟩мь *Мт 24, 15 Мар* (Ø *Зогр*) *Ас Сав* **3.** λέγειν назвать/называть nazvat/nazývat: вы же рѣхъ дроѹгы *И 15, 15 Зогр Мар Ас Сав*; еже сѧ прѣс⟨вѧ⟩таа троица речетъ • о⟨ть⟩ць и с⟨ы⟩нъ і с⟨вѧ⟩ты д⟨ѹ⟩хъ *Евх 67а 13* ▭ рекомъ, -ыи λεγόμενος, καλούμενος, ἐπικαλούμενος, ἐπονομαζόμενος, ἐπικληθείς **а)** именуемый, называемый zvaný, řečený: вѣмь ѣко месиѣ придетъ • рекомꙑ х⟨ристос⟩ъ *И 4, 25 Зогр Мар* (г⟨лаго⟩лемꙑ *Ас*); м⟨ѣсѧ⟩цъ октѧбръ рекомꙑ листопадъ *Ен 38а 15*; прѣплоѵвъше рѣкѫ рекѫмѧѭ (!) доѵнавъ • плѣнꙗахѫ ѳракиѭ *Супр 191, 18;* **б)** так называемый tak zvaný: богати сѧ паче бога... паче сихъ рекомыихъ богъ • иже соѹктьнї сѫтъ *Супр 149, 7* **4.** къ комоѵ на кого κατηγορεῖν, καταλαλεῖν обвинить/обвинять; оговорить/оговаривать *кого-л.* promluvit *proti někomu*, obžalovat *někoho*: не мьните ѣко на вы рекѫ азъ къ о⟨ть⟩цю • естъ иже на вы речетъ мѡси *И 5, 45 Зогр* (рекѫ... г⟨лаго⟩л⟨е⟩тъ *Мар*; рекѫ... г⟨лаго⟩ле *Ас*) ♦ власвимиѭ рещи βλασφημεῖν богохульствовать rouhat se: тъгда архиереі растрьза ризы своꙗ г⟨лаго⟩лѧ • ѣко власвимиѭ рече *Мт 26, 65 Зогр Мар Ас Сав* (2); ꙗко же рещи *греч. нет* как говорится tak říkajíc: въложи въ своѭ д⟨ѹ⟩шѫ • вьсѫ ꙗкоже решти кротость *Супр 545, 2.— Зогр Мар Ас Сав Охр Унд Боян Зогр-пал Ен Син Евх Клоц Служ Супр Хил Зогр-лл Рыл.— Ср.* възглаголати, вѣщати, глаголати, издрѣщи, нарицати, повѣдѣти, прорещи, прорицати, сирѣчь, съказати

риба *Мт 14, 17 Сав; Супр 495, 30 см.* рыба

рибица *Мт 15, 34 Сав см.* рыбица

РИВАТИ, -аѭ, -аѥши *несов.* (1) συνθλίβειν толкать, подталкивать strkat, tlačit: видѣвъ же народъ чоудеса господьнꙗ • риваахѫ дроугъ дроуга • к'то прьвоѥ прикоснетъ сѧ къ нѥмоу *Супр 18, 21.— Ср.* рѣꙗти, оугнѣтати

РИГЕѠНЪ, -а *м* (1) ῥεγεών район (*города*) čtvrť (*městská*): сътворивъше же съборъ вьси коупно отидошѧ • отъ ригеѡна нарицаѥмыи малыи тръгъ *Супр 542, 9*

РИЗА, -ы *ж чаще мн.* (>100) **1.** ἱμάτιον, χιτών, ἐσθής, ἔνδυμα одежда (*верхняя*) šat, oděv: ідѫштю же ѥмоу • постилаахѫ ризы своꙗ по пѫти *Л 19, 36 Зогр Мар*; отрѣсе ѥмоу главѫ и ризы *Супр 555, 23*; прѣдъста ц⟨ѣса⟩р⟨и⟩ца о деснѫѭ тебе въ ризахъ позлаштенахъ одѣна прѣкоушена *Пс 44, 10 Син*; съвлѣкъшѧ съ нѥго хламѵдѫ • і облѣкъшѧ і въ ризы своꙗ *Мт 27, 31 Зогр Мар Ас Сав* (ризѫ *Евх 50а 10*); облькл сѧ ѥси въ срамьнѫѭ кожьнѫѭ ризѫ *Супр 470, 9-10* ● *перен.* братръ нашъ... ѡблачитъ сѧ вь ризѫ правьдѣ • и радости *Евх 96б 23*; ветъхыѩ грѣховънъıѩ ризы • ѡтъвръгъше • въ новыѩ и неистьлѣнънъıѩ облѣхомъ сѧ *Евх 2а 7* **2.** ὀθόνιον полотняная ткань, полотнище, плащаница kus plátna, prostěradlo: приѩсте же тѣло ιс⟨оусо⟩во • ι обисте є ризами • съ ароматы • ѣкоже обычаι естъ ιюдѣомъ погрѣбати *И 19, 40 Зогр Мар Ас.— Зогр Мар Ас Сав Унд Боян Ен Син Евх Супр Рыл.— Ср.* котъıга, матизмъ, одежда, одѣник, плаштаница, понıава, понıавица, ризьно, срачица, хитонъ

РИЗЬНИЦА, -ѧ *ж* (1) βεστιάριον сокровищница, ризница pokladnice: нѣстъ остала ни ıедина златица въ ризьници *Супр 120, 25*

РИЗЬНО, -а *с* (1) ἱμάτιον верхняя одежда plášť, šat, oděv: не имаши ли иного никакогоже съсѧда • ни ли ризъна да даси ıемоу *Супр 120, 27.— Ср.* матизмъ, одежда, одѣник, риза, хитонъ

РИЗЬНЪ, -ын *прил.* (2) τῶν ἱματίων, τοῦ κολοβίου относящийся к верхней одежде, к одежде šatový, šatu (*род.*): обѣма рѫкама ıего имъша за обѣ полѣ ризьнѣи • и закръıваѭшта обнаженик свок *Супр 187, 7.— Супр 387, 29*

РИКАТИ, -аѭ, -акши *несов.* (6) ὠρύεσθαι, βρύχειν реветь, рычать, выть řvát: отврьзоша оградѫ звѣринъноѭ • и изиде рикаѩ левъ *Супр 166, 20*; рикаахъ ото въздыханиѣ с⟨рьдь⟩ца моего *Пс 37, 9 Син; Евх 76а 20.— Пс 21, 14; 103, 21 Син; Супр 61, 24-25.— Ср.* роути, рюти

РИМЛѢНИНЪ, -а *м* (6) [римьıан- *Супр* (1), римѣн- *Ас* (1) *Ен* (1), рим.. *Ен* (1)] Ῥωμαῖος римлянин Říman: придѫтъ римлѣне *И 11, 48 Зогр Мар*, римѣне *Ас*; поставишѧ римьıане ц⟨ѣса⟩рѣ именемь костантина *Супр 539, 14-15.— Ен 4а 6; 19а 14.— Ср.* роуминъ

РИМПСИѤ, -ıѩ *ж имя* (1) Ῥιψιμία Рипсимия Rhipsimia: ҃л стр⟨а⟩стъ с⟨вѧ⟩таго глигорѣ (!) архиепискупа • великъıѩ арменнѩ • и римпсиѩ (!) • и дроужинъı еѩ *Ен 38а 6*

РИМЪ, -а *м город* (2) Ῥώμη Рим Řím: гратиıанъ цѣсаръ иде въ римъ *Супр 197, 13.— Супр 202, 27*

РИМЬСКЪ, -ын *прил.* (18) [роумьскъ *Ас* (1) *Супр* (4)] **1.** τῶν Ῥωμαίων, τῆς Ῥώμης римский římský: ıегда же и поставишѧ патриарха с⟨вѧ⟩тѣи цръкви римьстѣи *Супр 121, 7*; паматъ... папежоу римъскоу *Ен 46 18* ◆ римьскъ градъ Ῥώμη Рим Řím: римъска града епискоупъ *Супр 202, 26* **2.** ῥωμαϊκός латинский latinský: бѣ же ι напсанье нап'сано • надъ ньимь • кънигами елинъсками • ι римьскамн • ι еврѣıскамн *Л 23, 38 Зогр Мар Сав* (роумъскамн *Ас*); прѣписахъ протлъковавъ отъ роумъска ѩзыка [ѩзыка] на гръческъ *Супр 144, 25.— Ас Супр.— Ср.* латиньскъ

римьскъı *см.* роумьскъı

римьıанинъ *Супр 539, 14-15*, римѣнинъ *И 11, 48 Ас; Ен 4а 6 см.* римлѣнинъ

ринѫ *Пс 77, 60 Син см.* отъринѫти

РИНѪТИ СѦ, ринѫ сѧ, ринеши сѧ на кого, чьто *сов.* (1) *греч. нет* броситься, устремиться, ринуться vyřítit se, vrhnout se: града того мѫжи • ринѫшѧ сѧ на оукоризнъı и бьеньıа *Супр 535, 19*

РИСИЮВЪ *прил. к мужскому имени Реса* (2) [рѵсиевъ *Зогр* (1)] τοῦ Ῥησά Рисаев Resův: с⟨ы⟩нъ съı... иоанаевъ • рисиевъ *Л 3, 27 Мар* (рѵсиевъ *Зогр*)

РИСТАТИ, риштѫ, риштеши *несов.* (3) περιτρέχειν бежать běhat, pobíhat: что сѧ боите и риштете *Супр 443, 12*; ноудимъ бѣаше прочеıе жити въ ма⟨на⟩стъıри своıемъ • а к томоу не ристати въ поустъıнѫ *Супр 549, 2.— Супр 565, 1.— Ср.* бѣгати

РИТОРЬСКЪ, -ын *прил.* (1): риторьскаıа хытрость ῥητορική риторика, искусство красноречия rétorika, řečnictví: роуфинъ кто прѣдъстоѩ • въ риторьстѣи хытрости *Супр 138, 9-10*

РИТОРЬСТВО, -а *с* (1) ῥητορεία красноречие výmluvnost, výřečnost: то ли ти сѫ (!) риторъства • то ли сѫтъ твоѩ кннгъı *Супр 138, 12*

робии *Супр 345, 2 см.* рабии

РОБИИСКЪ, -ын *прил.* (1) *греч. нет* рабский, относящийся к слугам, рабам otrocký, služebný: донде же манастира чловѣка б⟨о⟩жьıа • съ женоѭ своѥѭ и с⟨ы⟩нъми и дьштерми • и съ прокоѭ робииском слоужьбоѭ *Супр 562, 12.— Ср.* рабии, рабьскъ

РОБИЧИЩЬ, -а *м* (1) παῖς слуга sluha: и бѫдѫ ıемоу истинънын робичиштъ *Супр 235, 12.— Ср.* рабъ, отрокъ, слоуга

робота *Супр 58, 1 см.* работа

роботьныи *Супр 367, 18 см.* работьнъ

робъ *Супр см.* рабъ

РОВАНИИ, -ии *м мн. или* **РОВАНИѤ**, -ии *ж мн.* (1) munera дары dary: рованиѩ г⟨оспод⟩ι прінесенънѩ свѧті *Киев 16 10.— Ср.* дарованиıе, даръ

РОВОАМЪ, -а *м имя* [ровоомъ *Сав* (2)] Ῥοβοάμ Ровоам Roboam: соломонъ же роді • ровоама • ровоамъ же роди авиада *Мт 1, 7 Ас*, ровоома, ровоомъ *Сав*

ровоомъ *Мт 1, 7 Сав см.* ровоамъ

РОВЪ, -а *м* (19) λάκκος, ὄρυγμα, βόθρος, βάραθρον яма, ров jáma, prohlubeň: повелѣ... ископати ровъ въ земи девѧти лакътъ

Супр 5, 9; **ровъ ιздры и ископа ι • ї въпаде сѧ вь ѩмѫ ѭже створи** *Пс 7, 16 Син* ● *перен.* пропасть, бездна propast, hlubina: **въ ровъ любодѣиства и оубиства въпадъ** *Супр 526, 21*; **ї възведе мѧ отъ рова стр⟨ас⟩ти** *Пс 39, 3 Син* ● *перен.* λάκκος могила hrob, rov: **оуподоблѫ сѧ съ нізъходѧштімі въ ровъ** *Пс 27, 1 Син; ср. Пс 29, 4 Син; Пс 87, 5 Син.— Син Супр.— Ср.* **прѣровъ, ровьникъ, ꙗма**

РОВЬНИКЪ, -а *м* (1) φρέαρ пропасть, бездна propast, hlubina: **да не потопитъ мене боурѣ водьнаѣ... ні съведетъ о мьнѣ ровьникъ оустъ своіхъ** *Пс 68, 16 Син.— Ср.* **бездъна, ровъ, ꙗма**

РОГОЗИНА, -ы *ж* (1) *греч. нет* циновка, рогожа rohož: **ни бо ни дъскы бѣаше под ꙩимъ ни рогозины • ни ино ѥже что бываатъ вь хлѣвинѣ нь земьꙗ ѥдина** *Супр 555, 5*

РОГЪ, -а *м* (18) [гога (!) *Син* (1)] κέρας рог roh: **ι телець мѫкокъ • ι овенъ дрьжимъ за рогъ** *Евх 15б 8* ● *перен.*: **о тебѣ врагы нашѧ изводемъ рогы** *Пс 43, 6 Син* ● *перен.* сила, могущество síla, moc: **ї вьсѧ рогы грѣшьникъ съломлѭ • ι възнесетъ сѧ рогъ праведьнаего** *Пс 74, 10 Син*; **ни давидъ рогомъ ꙗвьнꙑи достоинъ цѣсарьствию нареченъ** *Супр 238, 19* ♦ **рогъ съпасениꙗ** κέρας σωτηρίας могучий оплот mocná záštita: **заштітъникъ мои рогъ с⟨ъ⟩п⟨асе⟩нъѣ моего** *Пс 17, 3 Син*; **ι въздвиже • рогъ с⟨ъ⟩п⟨ас⟩еньѣ нашего** *Л 1, 69 Зогр Мар*; **рогъ олътарьвънъ** *см.* **олътарьвънъ**.*— Зогр Мар Син Евх Супр*

родаего *Пс 88, 11 Син см.* **грѧдъ**

РОДИТЕЛЬ, -ꙗ *м* (77) **1.** *дв. или мн.* γονεῖς родители rodiče: **въстанѫтъ чѧда на родителѧ** *Мт 10, 21 Зогр Мар Ас*; **родителѣ ѥмоу съвѣштаста сѧ женити ї дѣвицеѭ именемь ан'на** *Супр 24, 28*; **бывъ • ѕ҃і • лѣтъ • сиротоѭ отъ родитель оставьѥнъ бысть** *Супр 546, 21* **2.** γεννήτωρ, γεννήσας творец, первопричина tvůrce, původce: **ѥрости • ѡмрачаѭшти... очи • лихоимани**ѣ **• родителѣ неприꙗзнинъ дѣлесъ • слоуженью** *Евх 89а 16-17*; **ѡ зависти • оубииствоу родителю** *Супр 388, 23*; **мы же оубо оубѣжавъше сьмрьти родителꙗ зависти** *Супр 389, 27-28.— Зогр Мар Ас Сав Боян Евх Супр Рыл*

РОДИТЕЛЬНИЦА, -ѧ *ж* (1) νυμφοτόκος (!) роженица, мать rodička: **радоуи сѧ обрадованаꙗ невѣсто • и родительнице чиста** *Супр 251, 12*

РОДИТЕЛЬСКЪ, -ыи *прил.* (2) τοῦ γένους, γονικός родительский rodičovský: **и раздѣленоу бывъшоу родительскоу имѣнию... отъвръже сѧ потрѣбъ миръскыихъ** *Супр 279, 8-9.— Супр 278, 20.— Ср.* **родителѥвъ**

РОДИТЕЛЬСТВО, -а *с* (1) φύσις природные свойства, природа, естество přirozenost: **родительства нашего • роды свободилъ еси** *Евх 46 9.— Ср.* **родъ**

РОДИТЕЛѤВЪ *прил.* (1) προγονικός прародительский rodičovský, rodičův, praroditů (*род.*): **родітелевъ жрѣбі погыбъшѧ • беседоѭ приобрѣте** *Клоц 11б 18*

РОДИТИ[1], **рождѫ, родиши** *сов.* (>200) γεννᾶν, ἐκγεννᾶν, τίκτειν родить; породить zplodit; porodit: **ι жена твоѣ елисавьть • родитъ с⟨ы⟩нъ тебѣ** *Л 1, 13 Зогр Мар Ас*; **роди сѧ ч⟨лове⟩къ въ миръ** *И 16, 21 Зогр Мар Сав*; **с⟨ы⟩нъ мои еси ты азъ днесъ родіхъ тѧ** *Пс 2, 7 Син; Ен 6б-5-6*; **въ грѣсѣхъ роді мѧ маті моѣ** *Пс 50, 7 Син* ● *перен.* **зачѧтъ болѣзнъ ι роді безаконньѥ** *Пс 7, 15 Син*; **дома роди зълѫ льсть и оумъ** *Супр 408, 29* ● плодоносить, пускать ростки vydat, vyhnat (*ratolesti atp.*): **сесь три смокви роди** *Супр 300, 24* □ **родити сѧ, рожденъ быти** γεννᾶσθαι, τίκτεσθαι: **ч⟨лове⟩къ на животъ сѧ роди** *Клоц 10б 23*; **слѣпоумоу рождьшю сѧ... отвръзъ очи его** *Евх 33а 5*; **мы отъ любодѣꙗниѣ нѣсмъ рождени** *И 8, 41 Зогр Мар Ас*; **отъ мене хотѧи сѧ ꙗкоже глаголеши родити** *Супр 237, 13.— Зогр Мар Ас Сав Боян Ен Син Евх Клоц Супр Рыл.— Ср.* **породити, прижити**

родити[2] *см.* **нерадити, неродити, радити**

родиꙗнинъ *Мт 22, 16 Сав см.* **иродиꙗне**

родось *см.* **родъ**

РОДОТВОРЬЦЬ, -а *м* (1) γενεσιουργός творец tvůrce: **отъ величъства и добротꙑ зъданиі • по вьражденню видѣти • по ꙩемоуже образоу родотворьцоу ихъ съз'дати ѧ** *Супр 534, 4*

РОДЪ[1], -а *и* -оу *м* (>100) **1.** γενετή рождение narození: **вѣдѣшѧ слѣпаего отъ рода** *Супр 323, 14*; **како ли раздрѣши ѭзѫ отъ рода хромоуоумоу** *Супр 358, 11* **2.** γένος, αἷμα род, происхождение rod, původ: **и сице приноужденъ повѣда и родъ • и отьчьство и чиститеꙇство** *Супр 294, 27*; **и нарекошѧ нек'тариꙗ нѣгого (!)... отъ болѣрьска рода сѫшта** *Супр 202, 14-15* ● **родомь** родом (*из какой-либо страны, местности*) původem (*z národa, země*): **жена же бѣ поганꙑꙗ • сѵрофиникиссаныꙗ родомь** *Мк 7, 26 Зогр Мар*; **назарѣнинъ родомъ** *Супр 476, 7*; **жена нѣкто кападокиса родомъ...** *Супр 297, 27-28* □ **(чловѣкъ) добра рода, блага рода, славьна рода** εὐγενής человек благородного происхождения (člověk) vznešeného rodu, urození: **ч⟨лове⟩къ етеръ добра рода • иде на странѫ далече** *Л 19, 12 Зогр Мар Ас*; **единъ же отъ ꙩихъ блага рода отъ дѣдъ славенъ же племенемъ** *Супр 62, 25*; **пръвыи блага рода сы** *Супр 145, 9-10*; **и**

обрѣтъ... женѫ слав'на рода *Супр 563, 26* **3.** συγγένεια, συγγενεῖς родственники, родня příbuzenstvo: прѣдани же бѫдете родителы ι братрьѭ • ι родомь • ι дроугы *Л 21, 16 Зогр Мар Ас Сав*; оставльшаꙗ в'сѣ житиискаа • ι родъ и приѣтелѧ *Евх 80б 6*; даждъ ми сего стран'нааго... иже... ни обитѣли ни рода иматъ • въ стоуждеи странѣ *Супр 455, 5* **4.** род, ряд поколений rod, pokolení: ι милость его въ роды ι родъ боꙗштимъ сѧ его *Л 1, 50 Зогр Мар*; ai простьреши гнѣвъ твоі отъ рода въ родъ *Пс 84, 6 Син*; помьнѫтъ іміа твое во вьсѣкомъ родѣ и родѣ *Пс 44, 18 Син; Ен 26а 15* **5.** γένος, ἔθνος народ; племя kmen, národ: р⟨о⟩дъ твоі • ι архиереі прѣд⟨а⟩шѧ тѧ мнѣ *И 18, 35 Зогр Мар Ас Сав*; родъ невѣрѣискъ *Евх 56 5-6* ● *перен.* с ѿнимже пришъдъ ар'хиеп⟨искоу⟩пъ... промъısломъ б⟨о⟩жиемъ • хотѧштиимъ чловѣчьскъıи родъ сьпасти *Супр 540, 1*; родъ лѫкавъ • ι лѫбодѣи • знамениѣ ιштетъ *Мт 12, 39 Зогр Мар*; ѡ з'лочьстьнок бѣшении рода крьстиꙗньска *Супр 15, 6* **6.** θῆλυ пол (*мужской, женский*) rod, pohlaví: посьланъ бъıстъ гаурилъ къ дѣвици • да нечьсть женьска родоу • вь чьсть обратитъ *Супр 244, 10* **7.** γένος род, вид, сорт druh, rod: рекы да изнесетъ землѣ трѣвѫ сѣнѫ • сѣѭщю сѣмѧ на родъ • ι на подобие *Евх 12б 6* **8.** φύσις суть, сущность, естество přirozenost: д⟨ь⟩нес⟨ь⟩ избавитель на нерѫданъ пришелъ естъ • да водьнъı родъ ос⟨вѧ⟩титъ *Евх 2б 25*; сего ради пріді с⟨ы⟩нъ ч⟨ловѣчь⟩скы • да прімирітъ родъ нашъ къ б⟨ог⟩оу *Клоц 9а 29-30.— Зогр Мар Ас Сав Боян Ен Син Евх Клоц Супр Рыл.— Ср.* племѧ, колѣно, народъ, родьство, рождьство, срьдоболи, сѫщиик, сѫщьность, кстьствиe, кстьство, ѫжичьство, ѩзыкъ, υпостась

РОДЪ[2], -а *м* (2): родъ огньныи γέεννα геенна огненная, ад peklo: отъ рода огньнааго и мѫж' исхътитъ чловѣка *Супр 514, 3.— Супр 523, 2.— Ср.* родьство[2]

РОДЬСТВО[1], -а *с* (22) **1.** γέννησις, γενετή рождение narození: мнози о родьствѣ его въздрадоуѭтъ сѧ *Л 1, 14 Ас* (о рождьствѣ *Зогр Мар*); видѣ ч⟨ловѣ⟩ка слѣпа отъ р⟨одь⟩с⟨тв⟩а *И 9, 1 Зогр*, род'ства *Ас* (рождъства *Мар*); не дастъ ли кмоу родьствоу ïwановоу благовѣштениꙗ *Супр 249, 6* **2.** φύσις родство příbuzenství: братръı бъıти • не ѫзоѭ родьства • нъ вѣроѭ • ι любовиѭ • д⟨оу⟩ховънoѭ *Евх 10б 9-10* **3.** γένεσις родословие genealogie: кънигы род⟨ь⟩ства и⟨с⟩ѵ χ⟨ристо⟩ва *Мт 1, 1 Ас* (рождьства *Сав*).— *Ас Евх Супр.— Ср.* ражденик, родъ[1], рождьство, розьство

РОДЬСТВО[2], -а *с* (10) γέεννα, ἄβυσσος геена огненная, ад peklo: хоштетъ бѣдъı и родьства *Супр 374, 13* ◆ родьство огньнок γέεννα τοῦ πυρός геенна огненная, ад peklo: оучитель съı поспѣлъ кси въ родъство огньнок *Супр 158, 26.— Супр 6, 20; 12, 3; 175, 19; 248, 9; 249, 6; 375, 2 и 3-4; 383, 30.— Ср.* геенна, родъ[2]

РОЖАНЪ, -ъıи *прил.* (1): трѫба рожана σάλπιγξ κερατίνη рожок (*музыкальный инструмент*) roh (*hudební nástroj*): гласомь трѫбъı рожѣнъı *Пс 97, 6 Син.— Ср.* трѫба

РОЖДЕНИЮ, -иꙗ *с* (24) **1.** τόκος, κύησις разрешение от бремени, роды porod: врѣмене рожденію пожьди *Супр 243, 11* **2.** *собир.* οἱ συγγενεῖς, συγγένεια, οἱ ὁμογενεῖς, γένος родня, родственники příbuzenstvo: ι слъıшашѧ окрѫстъ живѫштеі • ι рожденье еꙗ *Л 1, 58 Зогр Мар Ас Сав*; родителѣ его... искаашете его въ рождении • ι въ знании *Л 2, 44 Зогр Мар Ас Сав Боян*; ѣко нѣстъ пророкъ бештъсти • тъкъмо въ своемь отъчьствиі • ι въ рождениі • ι въ домоу своемоу (!) *Мк 6, 4 Зогр Мар*; ι покои в'сѧ о⟨ть⟩цѧ нашѧ и матери • комоужъдо насъ • ι братриѩ и сестръı • ι чѧда • ι рождение • ι приѣтелѧ *Евх 65а 24.— Зогр Мар Ас Сав Боян Евх Супр Рыл.— Ср.* родъ[1], родьство[1], рождьство

рождик *И 15, 5 Ас Сав см.* раждик

РОЖДЬСТВО, -а *с* (36) [рожъство *Клоц* (1); розьство *Мар* (1) *Клоц* (2)] **1.** τόκος, τοκετός разрешение от бремени, роды porod: матерь твоѭ χ⟨рист⟩е рождьшѫѭ тѧ... ι по рождьствѣ прѣбъıвъшѫ прѣчистѫ *Евх 86а 25* **2.** γέννησις, γένεσις, γενετή, γενέθλιον рождение, появление на свет narození: ι мнози о рождьствѣ его въздрадоуѭтъ сѧ *Л 1, 14 Зогр Мар* (о родьствѣ *Ас*); видѣ ч⟨ловѣ⟩ка слѣпа отъ р⟨ождь⟩с⟨тв⟩а *И 9, 1 Зогр Мар* (род'ства *Ас*); рождъство твое б⟨огороди⟩це д⟨ѣ⟩во радостъ възвѣсти въсеи въселенѣи *Ен 25б 15* **3.** τὰ γενέσια, γενέθλιον день рождения (*праздник*) narozeniny: ιродъ рождьствоу своемоу вечерѫ творѣаше *Мк 6, 21 Зогр Мар Ас* **4.** γέννησις τοῦ Χριστοῦ, Χριστοῦ γέννα Рождество Христово (*церковный праздник*) Narození Páně, vánoce: въ вечеръ Х⟨рьсто⟩ва рождьства *Мар 81а 15*; **Ѩ** γέννησις народ národ: рождьство кго вьсемоу словоу оделѣ *Супр 501, 16.— Зогр Мар Ас Сав Ен Евх Клоц Супр.— Ср.* ражданик, родъ[1], родьство[1], рожденик

РОЖДЬСТВЬНЪ, -ъıи *прил.* (1) τῆς φύσεως родственный, кровный příbuzenský, rodový: бл⟨а⟩г⟨осло⟩ви ι раба твоѣ сиѣ • сего и сего • не озоѭ (! *вм.* ѫзоѭ) рождественоѭ • нъ вѣроѭ • и любовиѭ *Евх 10б 15*

рожъство *Клоц 14а 5 см.* рождьство

РОЖЬЦЬ, -а *м* (4) κεράτιον стручок, плод

рожкового дерева lusk, plod svatojánského chleba: і желааше насытити сѧ • отъ рожьць ꙗже ѣдѣахѫ свиниꙗ *Л 15, 16 Зогр Мар Ас Сав*

р о з - *см.* раз-

р о з б и т и *Супр 522, 8-9 см.* разбити

р о з ь о и н и к ъ *Супр 558, 9; 559, 17 см.* разбоиникъ

РОЗВЬНЪ, -*а м* (1) ἅλυσις цепь řetěz: въземъ розвънꙑ извитꙑ три на вꙑѭ своѭ възложи *Супр 125, 3.— Ср.* верига

РОЗГА, -*ы ж* (16) [разга *Зогр* (1); *Мар* (1)] κλῆμα побег, ветвь ratolest: розга не можетъ плода творити о себѣ • аште не бѫдетъ на лозѣ *И 15, 4 Зогр Мар Ас Сав* (2); прострѣ розгꙑ его до мѣрѣ (! *вм.* морѣ) • і до рѣкꙑ отърасли его *Пс 79, 12 Син.— Зогр Мар Ас Сав Син.— Ср.* вѣниѥ, вѣтвиѥ, вѣꙗ, лѣторасль, раждиѥ, разга

р о з л и ч ь н ъ, -*ьн Супр 524, 24; 556, 3 и 17 см.* различьнъ

РОЗМЪІШЛІАИ, -ꙗꙗ *м* (1) *греч. нет* разум rozum: пришъдъ любьзнѣ • къ просвѣштению твоѥго розмꙑшлꙗꙗ *Супр 543, 14-15*

р о з ь с т в о *Мт 14, 6 Мар; Клоц 14а 1 и 3 см.* рождьство

РОКЪ, -*а м* (3) ὅρος срок, установленное время lhůta, doba: в'сѣмъ бо ч⟨лові⟩комъ обьщинѫ оучинилъ єси • рокоу житиѣ съконьчавъшю сѧ *Евх 58а 17.— Евх 1а 22; Супр 367, 9*

РОМАНЪ, -*а м имя* (7) [ршманъ *Ен* (1)] Ῥωμανός Роман Roman: мѣ⟨сѧ⟩ца сеп⟨тѧ⟩б⟨рѣ⟩ ӣд҃ • с⟨вѧ⟩таго м⟨ѫ⟩ч⟨ени⟩ка роман⟨а⟩ *Ас 121а 24; Сав 131а 11; Ен 36б 2.— Ас 122а 2; Сав 126б 11; Унд 2а 7; Ен 24б 10*

р о с - *см. также* рас-

РОСА, -*ы ж* (5) **1.** δρόσος роса rosa: д'нєсь • н⟨є⟩во просвѣщаємо • посꙑлаєтъ на землѭ росѫ *Евх 16 20* **2.** ὄμβρος дождь déšť: въшедъшоу же ѥмоу въ сковрадѫ • приде съ небесе роса *Супр 158, 2* ● *перен.*: възвѣсти ѥи моѥго пришьствиꙗ росѫ *Супр 248, 6.— Пс 132, 3 Син; Евх 9а 12.— Ср.* влага

РОСИТИ, рошѫ, росиши *несов.* (1) δροσίζειν увлажнять, орошать rosit, zavlažovat: ѡ болѣзни огн҃и доуше прогонѧшти • и потꙑ кръштениꙗ росѧшти *Супр 313, 14*

р о с п ѧ т ы и *Супр 564, 25 см.* распѧти

р о с т в о р и т и *Супр 554, 26-27 см.* растворити[2]

р о т а *Мт 1, 5 Ас см.* роуть

РОТИТИ СѦ, рощѫ сѧ, ротиши сѧ *несов.* (7) ἀναθεματίζειν, καταθεματίζειν клясться, давать клятву (*произнося определенные слова*) zaklínat se, zapřísahat se: тъгда начѧтъ ротити сѧ і клѧти сѧ • ѣко не знаѭ ч⟨лові⟩ка *Мт 26, 74 Зогр Мар Ас Сав* (2).— *Мк 14, 71 Зогр Мар.— Ср.* клѧти (сѧ), присѧзати

р о ш и р и т и *Супр 535, 4 см.* раширити

РОУВА, -*ы ж пустыня* (3) [лѵврѣ *Супр* (1)] Ῥουβάς Рува Ruba: братъ нѣкто пришъдъ въ роувѫ *Супр 289, 29*; възвѣстиша... не ходити въ лѵврѣ (!) нъ въ лаврѫ прити *Супр 292, 8.— Супр 293, 9*

РОУВИН҃Ь *прил. к* роува (1) τοῦ Ῥουβᾶ: чьстьнꙑи ї̈ѡанъ... отиде въ поустꙑн҃ѫ роувин҃ѫ *Супр 288, 27-28*

РОУДА, -*ы ж* (2) μέταλλον руда ruda: сим же сице имѫштемъ... отъ роудъ же и желѣзнии (*вм.* желѣза) • лѫшта же и гвоздии *Супр 438, 17* ● *перен*:. въ кн҃ижьнꙑихъ роудахъ *Супр 335, 3*

РОУМИНЪ, -*а м* (2) Ῥωμαῖος римлянин Říman: ꙗкоже бо ѥгда роуминъ сꙑ лоучитъ сѧ сѫди *Супр 382, 19*; оуже бо бѣахѫ такоѧ власти • роумꙑ отънѧти разаракъ сѧ оубо *Супр 433, 14.— Ср.* римлꙗнинъ

р оу м ь с к ъ, -*ьи Л 23, 38 Ас; Супр* (4) *см.* римьскъ

РОУМЬСКЪІ *нареч.* (3) ῥωμαϊστί по-латыни latinsky: бѣ напсано • евреискꙑ • и грьчьскꙑ и роумъскꙑ *И 19, 20 Сав* (латиньскꙑ *Зогр Мар Ас*); вь сихъ кн҃игахъ чте сѧ роумъскꙑ *Супр 142, 21.— Супр 140, 22.— Ср.* латиньскꙑ, римьскꙑ

РОУМѢНЪ, -*ьи прил.* (1) πυρρός румяный ruměný: како присно блѣдъ сꙑ нꙑн҃ꙗ роумѣно лице ѥмоу ѥстъ *Супр 133, 8*

РОУНО, -*а с* (1) πόκος руно, шерсть runo: сънідетъ ѣко дождь на роуно *Пс 71, 6 Син*

РОУСАЛИꙖ, -*ии ж мн.* (3) *греч. нет* Троица, Пятидесятница (*церковный праздник*) svatodušní svátky: е҃ • нед⟨ѣлꙗ⟩ по роусалиꙗхъ *Сав 134а 18.— Сав 134а 12, 135б 7.— Ср.* пѧтикостиꙗ, пѧтьдесѧтьница

РОУСАЛЬНЪ, -*ьи прил.* (2) τῆς πεντηκοστῆς относящийся к Троицыну дню svatodušní: въ с⟨ѫ⟩б⟨от⟩ѫ роусальнѫ *Сав 149б 19.— Сав 164б 12*

РОУТИ, ровѫ, ровеши *несов.* (1) *греч. нет* реветь řvát: юньць... ї̈зъ оградꙑ излѣзъ • ровꙑ и гнѣваѧ сѧ бе чиноу *Супр 565, 19.— Ср.* рикати, рюти

РОУТЬ, -*и ж имя* (2) [рота *Ас* (1)] Ῥούθ Руфь Rut: воозъ же роди • овида отъ роути *Мт 1, 5 Сав* (ротꙑ *Ас*; Ø *Зогр Мар*)

РОУФИНЪ, -*а м имя* (2) Ῥουφῖνος Руфин Rufin: роуфинъ ѥто прѣдъстоѧ • въ риторьстѣи хꙑтрости *Супр 138, 9.— Супр 113, 28*

РОУФОВЪ *прил. к мужскому имени Руф* (4) [рѵф- *Мар* (1)] τοῦ Ῥούφου Руфов Rufův: о⟨ть⟩цю алек'сан'дровоу • і р⟨оу⟩фовоу *Мк 15, 21 Зогр Ас Сав,* рѵфовоу *Мар*

РОУШИТИ, -*шѫ, -шиши несов.* (1) καταλύειν разрушать, уничтожать rušit, ničit: благословьнкнъ градын... роушитъ прѣльсть *Супр 329, 15-16.— Ср.* раздроушати, разарıати

РЪВАТВА, -ы *ж* (2) *греч. нет* ломота, боль trhání, loupání: ты рачи нынѣ • пригвоздити ржкы ръватвамъ симъ *Евх 31а 6.— Евх 30б 19*

РЪВЕНИКЪ, -а *м* (1) φρέαρ колодец studna: и приматалъ сѧ вьнезаапж... или ꙇз брѣгъ • или ꙇздръвеника *Евх 54б 5.— Ср.* источьникъ, кладѧзь, стоуденьць

РЪЖДА, -ѧ *ж* (1) ἰός ржавчина rez: кд'на осла ръждж желѣзнжѭ оцѣститъ *Супр 399, 21-22*

РЪЗАТИ, ръжж, ръжеши *несов.* (1) χρεμετίζειν ржать ržát: ıако коñи ръжжште *Супр 2, 30*

ръмоунъ *Пс 88, 13 Син см.* ерьмоунъ

РЪПЪТАНИѤ, -ниа *с* (1) γογγυσμός ропот reptání: да отъстжпитъ отъ васъ в'се ослоушание • противьно слово... репътание *Евх 91б 18.— Ср.* говоръ, млъва, плищь, ръпътъ

РЪПЪТАТИ, ръпъщж, ръпъщеши *несов. без доп. или* на кого, чьто о комь, чемь (23) [ропт- *Мар* (1); рьпът- *Зогр* (1); ръпьшт- *Мар* (2)] γογγύζειν, διαγογγύζειν выражать недовольство, роптать reptat: вѣды же н⟨соу⟩с⟨ъ⟩ вь себѣ • ѣко ръпъштжтъ о семь оученици его *И 6, 61 Зогр Мар Ас*; приемъше же ръпътаахж на г⟨осподи⟩нъ *Мт 20, 11 Мар Ас* (*∅ Зогр*); ꙇ рьпътаахж кънижьñици ꙇ фарисѣи • къ оученикомъ его г⟨лаго⟩лѭште *Л 5, 30 Зогр Мар Ас*; ръпъштжштеı наоучатъ сѧ послоушати *Клоц 1а 14* (гнѣваѭштиꙇ сѧ *Супр 325, 22*); ръпътати на б⟨ог⟩а *Супр 127, 9* ● говорить, толковать hovořit: слышашѧ же фарисѣи • народъ ръпъштжшть о ñемь се *И 7, 32 Зогр Мар.— Зогр Мар Ас Клоц Супр.— Ср.* коуıати, млъвити

РЪПЪТЪ, -а *м* (3) [ръптъ *Мар* (1), рьпьтъ *Ас* (1)] γογγυσμός ропот, толки reptání: ꙇ ръпътъ мъногъ бѣ о ñемь въ народѣхъ • ови гла⟨гола⟩хж ѣко благъ естъ • ꙇни же гла⟨гола⟩хж ни • нъ льститъ народы *И 7, 12 Зогр*, ръптъ *Мар*, рьпьтъ *Ас.— Ср.* говоръ, млъва, плищь, ръпътание

РЫБА, -ы *ж* (86) [рибa *Сав* (1) *Супр* (1)] ἰχθύς, ὀψάριον (рыбы ловити ἁλιεύειν; рыбамъ ловьць ἁλιεύς) рыба ryba: вьсѣ покорилъ еси подъ ноѕѣ его... и пьтицѧ н⟨ебе⟩с⟨ь⟩ныѩ • и рыбы морьскыѩ *Пс 8, 9 Син*; тъгда и рибы бесловесьныѩ изнесошѧ водъ нынıа же рыбы словесьныѩ и доуховьныѩ нам' породишѧ • апостолъми оуловьнкны *Супр 495, 30 и 496, 1*; ꙇдж рыбъ ловитъ *И 21, 3 Зогр Мар Ас*; видѣ ⷠ҇ брата... вьмѣтаѭщѧ мрѣжѧ въ море • бѣста бо рыбамъ ловьца *Мт 4, 18 Сав* (рыбарѣ *Зогр*; ловца *Ас*; *∅ Мар*); принесѣте отъ рыбъ ѩже ѩсте нынѣ *И 21, 10 Зогр Мар Ас Сав.— Зогр Мар Ас Сав Син Супр.— Ср.* рыбица

РЫБАРЬ, -ріа *м* (4) ἁλιεύς рыбак, рыболов rybář: видѣ симона • ꙇ аньдрѣа брата того симона • вьметжшта мрѣжа въ море • бѣашете бо рыбарѣ *Мк 1, 16 Зогр Мар.— Мт 4, 18 Зогр; Л 5, 2 Зогр.— Ср.* рыбитвъ, ловьць

РЫБИТВЪ, -а *м* (2) [рыбытвы *Мар* (1)] ἁλιεύς рыбак rybář: ꙇ видѣвъ дъва корабица стоıашта при езерѣ • рыбытвы же ошедъше отъ неѭ плакаахж мрѣжѧ *Л 5, 2 Мар*, рыбітві *Ас* (рыбари *Зогр*).— *Ср.* рыбарь, ловьць

РЫБИЦА, -ѧ *ж* (6) [рибица *Сав* (1)] ἰχθύδιον рыба, рыбка rybka: ꙇ г⟨лаго⟩ла ꙇмъ н⟨соу⟩с⟨ъ⟩ • колико хлѣбъ ꙇмате • они же рѣшѧ ⷥ҇ • ꙇ мало рыбиць *Мт 15, 34 Зогр Мар Ас*, рибиць *Сав.— Мк 8, 7 Зогр Мар.— Ср.* рыба

рыбытвы *Л 5, 2 Мар см.* рыбитвъ

РЫДАНИѤ, -ниа *с* (5) ὀδυρμός, κλαυθμός рыдание, плач kvílení, pláč: глас⟨ъ⟩ въ рамѣ слъншанъ быс⟨тъ⟩ • плачь и рыдание и въпль многъ *Мт 2, 18 Ас Сав Боян* (*∅ Зогр Мар*).— *Евх 70а 1; Супр 528, 1-2.— Ср.* плачь

РЫДАТИ, -аѭ, -кши *несов. без доп. или* о комь, чемь (14) κόπτεσθαι, πενθεῖν, κλαίειν, θρηνεῖν рыдать lkát, kvílet: рыдахомъ вамъ и не плакасте сѧ *Л 7, 32 Мар* (плакахомъ сѧ *Зогр*); ч'со радма плачете и рыдаете о съмрьти моки *Супр 536, 7*; оубогъ же нѣкы тъгда пришъдъ въ манастырь • плача и рыдаѩ глаголааше... *Супр 551, 27-28*; она же... възвѣсти... плачжштемъ сѧ ꙇ рыдаѭштемъ *Мк 16, 10 Зогр Мар Ас.— Мт 11, 17 Зогр Мар; Л 8, 52 Зогр Мар Ас Сав; Клоц 3б 27; Рыл 5бβ 3-4.— Ср.* плакати, стенати

РЫЛО, -а *с* (2) δίκελλα, σκαλίδιον лопата, кирка rýč: они же мотыкы и рыла вьземъше копашѧ *Супр 219, 7.— Супр 429, 26.— Ср.* мотыка

РЫТИ, рыѭ, рыкши *несов.* (2) *греч. нет* рвать, терзать rvát, hlodat: ты рачи нынѣ • пригвоздити ржкы ръватвамъ симъ... рыѭщинхъ жилы ржкоу сею *Евх 31а 9.— Евх 35б 19-20*

РЬВЬНИВЪ, -ын *прил.* (4) **1.** ζηλωτής ревностный, усердный horlivý: кдинъ кстъ б⟨ог⟩ъ • ревьнивъ сы • и огнь попалѣѩ врагы своѧ • иже коумирѧ чьтжтъ акы б⟨о⟩гы *Супр 28, 28*; оного отъ доброcти намѣни июда рьвнивъ *Супр 410, 18* **2.** φιλόνεικος сварливый řevnivý, svárlivý: ѿтиди... демонъ... бестоуденъ • ръвьнивъ • неоустроенъ *Евх 54а 21.— Супр 410, 15.— Ср.* любопьривъ

РЬВЬНИТЄЛЬ, -лꙗ *м* (2) [ревн- *Ен* (1)] ζηλωτής ревнитель, поборник, ревностный защитник horlitel: ѡ быти намъ ревьнителемъ • добрꙑмъ дѣлесемъ *Евх 60а 17*; ревнителе прав(ѣн вѣ)рѣ быст⟨е⟩ *Ен 5а 4-5*

РЬВЬНИЮ, -на *с* (4) βασκανία, ζῆλος, ἔρις соперничество, враждебность, злобность řevnivost; svárlivost: ръвениѣ родителе зъломъ *Евх 89а 13*; гръдость • зависть • ръвение • ѣрость *Евх 91б 14-15*; жидове же завистиѭ и рьвьньѥмь обьꙗти • овогда камениѥмъ биꙗхѫ г⟨оспод⟩а *Супр 480, 28-29*; раждежетъ сѧ ѣко огнь ръвеніе твое *Пс 78, 5 Син.— Ср.* жалость, зависть, завида, реть, рьвьность

РЬВЬНОВАТИ, -ноуѭ, -ноукши *несов. без доп. или* на чьто комоу; чесомоу (7) **1.** ἐρίζειν, διαμιλλᾶσθαι стараться, стремиться; соперничать horliti *pro něco*: и м'нози отъ стоѩштааго тоу народа • бѣахѫ текѫште • и рьвьноуѭште кꙋпьно • к'то прьвоѥ вьнидетъ къ ѩеи *Супр 2, 28*; начьн(ъ)ше бо рьвьновати на доброѥ *Зогр-лл 2а 16-17* **2.** ἐρίζειν, ζηλοτύπως ἔχειν, παραζηλοῦν, ζηλοῦν завидовать řevnit, závidět: не ревьноуіте лѫкавьноуѭщимъ *Пс 36, 1 Син*; аште ръвъноуѥте женамъ • прѣмѣните оутварь ѥѭже обложени ѥсте *Супр 447, 7.— Пс 36, 7 и 8 Син; Зогр-лл 2а 12.— Ср.* завидѣти

РЬВЬНОСТЬ, -и *ж* (5) ζῆλος **1.** рвение, усердие horlivost: ръвьностиѭ же спасьнааго крьштеньꙗ • крьстиꙗни принесъше погребошѧ с⟨вѧ⟩таа тѣлеса ихъ *Супр 538, 27*; на рьвъность доуховьнѫѭ вьстависта *Супр 205, 26* **2.** βασκανία зависть řevnivost: они рьвьностиѭ задъхнѫти сѧ хотѣахѫ *Супр 398, 29*; (ѡ)блѣцамъ же сѧ въ орѫжие (с)вѣта • ѣко въ дне благоѡбразно хо-д(и)мъ... не ревностиѭ *Рим 13, 13 Ен.— Супр 399, 12.— Ср.* зависть, завида, реть, рьвьниѥ

РѢДЪКЪ, -ꙑи *прил.* (1) φανερός (!) редкий, немногий nemnohý: потом же градьць малъ на брѣзѣ сьтворивъ • и тъ вь рѣдъкꙑѩ часꙑ дьни дѣлаѩ *Супр 519, 6.— Ср.* малъ

РѢЗАТИ, рѣжѫ, рѣжеши *несов.* (4) κόπτειν пилить, рубить řezat, sekat: а дроузии вѣѥ рѣзаахѫ отъ дрѣвъ • і постилаахѫ по пѫти *Мк 11, 8 Зогр Мар; Мт 21, 8 Мар Сав* (∅ *Зогр*)

РѢКА, -ꙑ *ж* (91) ποταμός река řeka: тꙑ растръже істочьникꙑ и потокꙑ • тꙑ исѫчі рѣкꙑ наводьненꙑѩ *Пс 73, 15 Син*; крьштахѫ сѧ вси въ іорданьсцѣі рѣцѣ *Мк 1, 5 Зогр Мар Ас Сав Боян*; на рѣцѣ авилоньстѣ • тоу сѣдомъ *Пс 136, 1 Син; Клоц 7а 30; Супр 418, 20*; въ странахъ рѣкꙑ дьнапра *Супр 539, 5* ● *перен.* ποταμός, ὀχετός, ῥύσις поток, течение, струя proud: сънидѫ дъжди і придѫ рѣкꙑ *Мт 7, 25 Зогр Мар Ас Сав; Мт 7, 27 Зогр Мар Ас Сав*; рѣкꙑ отъ чрѣва его істекѫтъ водꙑ живꙑ *И 7, 38 Зогр Мар Ас Сав*; исоуши моихъ безаконии источьникъ • ꙗкоже исоуши подрагомъ крьвоточѧштии рѣкꙑ *Супр 392, 18* □ р ѣ к а м и *в знач. нареч.* ποταμηδόν ручьём proudem: кръвь течааше рѣками и съ пльтиѭ • отъ блаженаагo мѫченика *Супр 103, 27.— Зогр Мар Ас Сав Боян Син Евх Клоц Супр*

р ѣ л а *Пс 90, 5 Син см.* стрѣла

РѢПИЮ, -иꙗ *с собир.* (2) τρίβολος репейник bodlák, bodláčí: еда обьемлѭтъ отъ трънѣ гроздꙑ • ли отъ рѣпьѣ смоквьи *Мт 7, 16 Зогр Мар* (трівола *Ас*).— *Ср.* влъчьць, триволъ

РѢСНОТА, -ꙑ *ж* (36) ἀλήθεια истина, то, что существует в действительности pravda; skutečnost: пѫть неправъдꙑ отъстави отъ мене... пѫть рѣснотꙑ изволихъ *Пс 118, 30 Син* ◆ в ъ р ѣ с н о т ѫ ἀληθῶς истинно, действительно vpravdě, opravdu: вь рѣснотѫ оубо право г⟨лаго⟩л⟨е⟩те право сѫдіте с⟨ꙑ⟩нові чл⟨о⟩в⟨ѣ⟩чі *Пс 57, 2 Син.— Син.— Ср.* истина

РѢСНОТИВЬНЪ, -ꙑи *прил.* (2) ἀληθινός, certus истинный, достоверный skutečný, pravý, pravdivý: ї тꙑ... тръпѣливъ ї прѣмілостівъ и рѣснотівънъ *Пс 85, 15 Син*; рѣснотівьнаѣ издрѣшениѣ обьмемъ *Киев 2а 9.— Ср.* истиньнъ, истъ

РѢЧИВЪ, -ꙑи *прил.* (1) λόγιος красноречивый výmluvný: виждѫ же тѧ и доброличьна • и рѣчива зѣло *Супр 100, 13*

РѢЧЬ, -и *ж* (29) **1.** φωνή, λόγος, ῥῆμα, λαλιά, συντυχία, φήμη (!) речь, слово, беседа, řeč, mluvení: ни сѫтъ рѣчі ні словеса іхъже не (не) слꙑшьѩтъ сѧ гласі ихъ *Пс 18, 4 Син*; нисиї... кротъкъ бо и бе зълобꙑ бѣаше и рѣчиѭ простѫ *Супр 46, 30*; что мѧ съмѫштаѥши • что ми словеса дѣаниїмъ дариши • что ми велиши отъ рѣчи вѣровати *Супр 510, 25* □ л и ш е р ѣ ч и ἀπόρρητος неизреченный nevyslovitelný: къ оученикомъ вълазъ лише рѣчи ѥстъ • и безъ исповѣданьꙗ *Супр 501, 18* **2.** κατηγορία обвинение obvinění, žaloba: кѫѭ рѣчь приносите на ч⟨лове⟩ка сего *И 18, 29 Зогр Мар Ас Сав*; да и бес пьрѧ оубо оуказаниѥ вьскрѣсьноѥ • о ѩем'же вꙑ продлъжисте рѣчь *Супр 440, 7.— Зогр Мар Ас Сав Син Клоц Супр.— Ср.* бесѣда, слово; въспрѣщениѥ, клевета, оглаголаниѥ

р ѣ ч ь : с и р ѣ ч ь *см.* сирѣчь

РѢЧЬНОВАТИ, -ноуѭ, -ноукши *несов.* (1) ἀπαιτεῖν требовать požadovat: почто много ѹ инѣхъ рѣчноукши *Супр 394, 9.— Ср.* трѣбовати

РѢЧЬНЪ, -ꙑи *прил.* (5) τοῦ ποταμοῦ речной říční: обрѣтъ пештерѫ великѫ вь брѣзѣ рѣчьнѣѣмъ камѣнѫ *Супр 519, 1*; рѣчьнꙑимъ водамъ *Супр 522, 3*; рѣчъна оустръмленьѣ веселѩтъ града б⟨о⟩жіѣ *Пс 45, 5 Син; Ен 26б 10.— Евх 1б 3*

РѢШИТИ, рѣшѫ, рѣшиши *несв.* (6) λύειν развязывать, освобождать rozvazovat, uvolňovat: сьвѧзанъ бꙑстъ • вѧжди въ облацѣхъ водъ • и рѣшди сьпѧтꙑѩ мѫжьствомъ *Супр 431, 25* ● *перен.*: зане ли недѫгꙑ сътвори ти рѣшити *Супр 411, 15*; наста доушевьнꙑи крьмьчи • рѣшити прѣрѣканьꙗ кю *Супр 474, 17-18.— Супр 338, 26 и 27; 358, 6-7.— Ср.* отрѣшати, раздрѣшати

РѢꙖТИ, рѣѭ, рѣѥши (на) кого, чьто *несов.* (2) ἐπείγειν, συνωθεῖν толкать, теснить, гнать strkat, tlačit, hnát: въкоупѣ противънꙑѩ силꙑ бѣствоу сѧ ѩшѧ • дроугъ дроуга рѣѩ • и дроугъ дроузѣ прѣтꙑкаѩ сѧ *Супр 466, 7*; сѣверъ же лютъ вѣѩ вьсе вь ньмъже д⟨оу⟩ша бѣ на съмр'ть рѣаше *Супр 90, 13*

РЮТИ, ревѫ, ревеши *несов.* (1) ὠρύεσθαι реветь, рычать řvát: обьходитъ бо ꙗко львъ ревꙑ • ищѧ кого пожьретъ *Хил 2бa 16.— Ср.* рикати, роути

РѦДЪ, -оу *м* (23) **1.** τάξις ряд, разряд; место (*в строю, по должности*) řád, pořádek; oddíl: не простꙑи ѥго оученикъ прѣда • нъ отъ избранааго рѧдоу ѥдинъ *Супр 409, 13* □ по рѧдоу **а)** καθεξῆς по порядку, последовательно po pořádku, postupně: ізволи сѧ і мьнѣ хождьшю • іс пръва по всѣхъ • въ істинѫ по рѧдоу • псати тебѣ • славънꙑ т'еофиле *Л 1, 3 Зогр Мар Ас*; **б)** ἐκ διαδοχῆς по установленному порядку, очередности podle posloupnosti: призови же ахилѫ и алеѯандра... та прѣѥмлета по рѧдоу епискоупьскꙑи столъ *Супр 187, 22*; не въ рѧдъ (рѧдоу) сътворити *см.* невръдъ **2.** κλῆρος; (въ рѧдоу стоꙗти χοροστασία) удел, судьба, жребий úděl, podíl: да достоино живъ... съподобитъ сѧ рѧдоу с⟨вѧ⟩тꙑхъ твоихъ *Евх 81б 23-24.— Зогр Мар Ас Сав Евх Супр.— Ср.* върѧжденик, жрѣбии

РѪГАТИ СѦ, -аѭ сѧ, -аѥши сѧ *несов. без доп или* комоу, чесомоу (43) ἐμπαίζειν, παίζειν, καταγελᾶν, μυκτηρίζειν, χλευάζειν глумиться, насмехаться *над кем-л.* vysmívat se, posmívat se *někomu*: рѫгаахѫ сѧ емоу • вѣдѫште ꙗко оумрѣтъ *Л 8, 53 Зогр Мар Ас Сав*; архиереи рѫгаѭште сѧ • съ кънижьникꙑ... *Мт 37, 41 Зогр Мар Ас*; змьи сь їже съзъда рѫгаті сѩ емоу *Пс 103, 26 Син*; не рѫгаѥмъ ѥстъ с⟨вѧ⟩тааго даръ *Супр 363, 15*; нꙑнꙗ оубо рѫгаѭште сѧ покланꙗѭтъ сѧ *Супр 484, 16.— Зогр Мар Ас Сав Син Евх Клоц Супр.— Ср.* досаждати, подражати, хоулити

РѪГЪ, -а *м* (3) κατάγελως осмеяние, насмешка posměch, výsměch, potupa: побѣжденъ бꙑхъ мѫжи сими свѧтꙑими • и бꙑхъ вьсѣмъ въ рѫгъ *Супр 78, 29* ♦ рѫгъ творити κωμῳδεῖν издеваться, насмехаться vysmívat se: печали рѫгъ творѣахѫ *Супр 397, 28;* оупоити до рѫга напоить до потери сознания opít do němoty: аще к'то дроуга своего оупоитъ до рѫга • да поститє сѧ оба ӝ • дьнеи *Евх 104a 25*

РѪЖЕНИѤ, -иꙗ *с* (1) ψόγος порицание, злословие posměch, hanění: ꙗко слꙑшахъ рѫженъе много жівѫштихъ окрьстъ его *Пс 30, 14 Син*

РѪЖЬНЪ, -ꙑи *прил.* (2) καταγέλαστος, προπετῶς (!) издевательский, злобный (*о смехе*) výsměšný, hanlivý: о рѫжьнѣѣмъ смѣсѣ • послоушаи соломона въ мѫдростехъ глаголѭшта *Супр 356, 23*; съмотри же ми зълодѣиствоо ихъ рѫжьноѥ *Супр 443, 8*

РѪКА, -ꙑ *ж* (>100) [рок- *Син* (1), рѫмі *Син* (1)] χείρ, ἀγκάλη, δράξ; (без-д-рѫкоу ἄχειρ; божиꙗма рѫкама χειρόθεος) рука, кисть (*руки*) ruka: приимъ водѫ оумꙑ рѫцѣ прѣдъ народомь *Мт 27, 24 Зогр Мар Ас Сав* (*ср. Пс 25, 6 Син*); кнѧзъ повелѣ... веригꙑ наложіти има на вꙑѭ • и на рѫцѣ и на нозѣ *Супр 181, 23*; ї дѣла рѫкъ нашіхъ іправі на насъ *Пс 89, 17 Син*; ї въ дѣлѣхъ рѫкѫ (! *вм.* рѫкоу) твоеѭ (!) въздрадоуѭ сѩ *Пс 91, 5 Син* ● *дв. или мн.* ἀγκάλαι, χεῖρες объятия náruč: тъ приѩтъ е на рѫкоу своею *Л 2, 28 Зогр Мар Ас Сав*; на рѫкахъ возъмѫтъ тѩ • еда когда прѣтъкнеши о камень ногѫ твоѭ *Пс 90, 12 Син* ● *перен.*: і простьри емоу рѫкѫ ч⟨ловѣ⟩к⟨о⟩любиѣ *Евх 26a 4*; рѣкꙑ въсплештѫтъ рокамі (!) въкоупѣ *Пс 97, 8 Син* ● *перен.* власть; сила, мощь vláda, moc: прѣданъ иматъ бꙑти с⟨ꙑ⟩нъ чл⟨о⟩в⟨ѣ⟩ч⟨ь⟩скꙑ въ рѫцѣ чл⟨о⟩в⟨ѣ⟩комъ *Мт 17, 22 Мар Ас Сав* (*∅ Зогр*); и прѣдастъ ѩ вь рѫцѣ врагомъ *Пс 105, 41 Син*; ї3баві ѩ із-д-рѫкꙑ сътѫжаѭштаго *Пс 77, 42 Син* ♦ прѣдати въ рѫцѣ отдать, передать vydat, svěřit: и все имѣниѥ своѥ мьнѣ ѥстъ прѣдалъ въ рѫцѣ *Супр 366, 18*; рѫцѣ възложити/възлагати τιθέναι, ἐπιτιθέναι τὰς χεῖρας благословить/благословлять (*возложением рук*) požehnat (*kládáním rukou*): и помоливъшоу сѧ с⟨вѧ⟩тоумоу и рѫцѣ възложьшѫ на нѭ • абьѥ... бѣса прог'на *Супр 518, 9*; въздѣти/въздѣꙗти рѫцѣ, рѫкꙑ *см.* въздѣти, въздѣꙗти; въздвигнѫти/въздвиѕати рѫцѣ, рѫкꙑ *см.* въздвигнѫти, въздвиѕати; рѫками ѩти, за рѫкѫ ѩти *см.* ѩти.— *Зогр Мар Ас Сав Охр Боян Зогр-пал Ен Син Евх Клоц Супр*

РѪКОВѢѨТЬ, -и *ж* (4) [рѫкоѧть *Супр* (1)] δράγμα **1.** охапка (*колосьев*), сноп hrst (obilí), snop: еѩже не їсплъни рѫкꙑ своеѩ жьнѩи • ни лона своего събираѩ рѫковѩтїї *Пс 128, 7 Син*; юже неплодовитѫ земьѭ • рѫковатьми абие ꙗвити матерь • дѣло твоѥ силꙑ ѥстъ • обꙑчаѥмъ съврьшаѥмо *Супр 249, 29* ● *перен.*: льжа би бꙑла мои сънь • а бꙑ не проста стала моꙗ рѫкоѧть *Супр 368, 6.— Пс 125, 6 Син*

РѪКОПИСАНИѤ, -ниꙗ *с* (4) [рѫкоѱаньѥ *Супр* (2)] χειρόγραφον запись (*долговое обязательство*) dlužní úpis: и приѩхъ гѫбѫ • да отъмꙑѭ рѫкописаньѥ твоѥго грѣха *Супр 469, 23*; истече бо кръвь и вода из-д-ребръ хрьстовъ • да и рѫкоѱаньѥ грѣхъ нашихъ загладитъ *Супр 483, 4-5.— Евх 83б 17; Супр 480, 2*

РѪКОТВОРѤНЪ, -ꙑи *прил.* (2) χειροποίητος рукотворный udělaný rukama: азъ разорѭ цръковь сиѭ рѫкотворенѫѭ *Мк 14, 58 Зогр Мар*

р ѫ к о ѩ т ь *Супр 368, 6 см.* рѫковѩтъ

р ѫ к о ѱ а н ь ѥ *Супр 480, 2; 483, 4-5 см.* рѫкописаниѥ

р ѫ м ї *Пс 105, 42 Син см.* рѫка

р ѫ т р о б а *Пс 21, 11 Син см.* ѫтроба

РѪЧЬНЪ, -ꙑи *прил.* (3) τῆς χειρός относящийся к руке, ручной ruční, rukou, ruky *род.*: повелѣша вльсви пръстꙑ ѥмоу отъсѣкати обоѩ • рѫчьнꙑѩ и ножьнꙑѩ *Супр 268, 4*; оудове рѫчьнꙑихъ пръстъ *Супр 516, 27.— Евх 30б 19*

ѴѴНДАКЪ, -а *м* (*река*) Ῥύνδαξ Рюндак Rhyndax: прѣшедъшоу антоупатоу рѵндакь рѣкѫ • изидоша противѫ ѥмоу кнѧзъ *Супр 117, 1-2*

р ѵ с н е в ъ *Л 3, 27 Зогр см.* рисиѥвъ

р ѵ ф о в ъ *Мк 15, 21 Мар см.* роуфовъ

С

С̄ *цифра глаг. и кир.* (70) διακόσιοι σʹ 200: не бѣша бо далече отъ земьѩ • нъ ꙗко с̄ лакътъ *И 21, 8 Сав* (дьвѣ сътѣ *Зогр Мар Ас*).— *Ас Сав Охр.— Ср.* дъва (дъвѣ сътѣ)

с а *Супр 399, 23 см.* саоулъ

САВА[1], -ꙑ *м имя* (32) Σάβ(β)ας Савва Sáva: с⟨вѧ⟩таго о⟨ть⟩ца наш⟨е⟩го пр⟨ѣпо⟩д⟨об⟩наго поустꙑни наставника б⟨ог⟩онос'ца савꙑ *Ас 128б 2; Сав 135а 7.— Ас Сав Евх Супр*

САВА[2], -ꙑ *ж страна* (1) Σαβά Cava Sába: цѣ⟨са⟩рї аравьстїї саво дарꙑ прїнесѫтъ *Пс 71, 10 Син*

с а в а о т ъ *Евх 52а 8 см.* саваѳъ

САВАѲЪ, -а *м* (4) σαβαώθ [саваотъ *Евх* (1)]: г о с п о д ь с а в а ѳ ъ, б о г ъ с а в а ѳ ъ Κύριος Σαβαώθ Бог Саваоф, Господь сил Bůh Sabaoth, Pán zástupů: заклинаѭ тѧ д⟨оу⟩ше зълꙑ • б⟨о⟩гомь саваотомь *Евх 52а 8*; отецъ нарицаатъ сѧ... и г⟨оспод⟩ь саваѳъ • и съпасъ *Супр 21, 19.— Супр 231, 30; 322, 9*

САВАТИИ, -ꙗ *м имя* (1) Σαββάτιος Sabbatius Савватий: памѧт⟨ь⟩... с⟨вѧ⟩томоу м⟨ѫ⟩ч⟨ени⟩коу трофимоу... и саватию *Ен 35а 14*

САВАХТАНИ (6) [завахътани *Зогр* (1), завах'тани *Зогр* (1), завахтании *Ас* (1), савахъѳани *Сав* (1)] σαβαχθανί, *вар.* σαβακτανί *из арам.* ты меня покинул! opustil jsi mě: елѡі елѡі лема савахтани • еж-е-стъ б⟨о⟩же мои б⟨о⟩же мои • въскѫѭ мѧ еси оставилъ *Мт 27, 46 Мар*, завах'тани *Зогр*, завахтании *Ас*, савахъѳани *Сав.— Мк 15, 34 Зогр Мар*

САВЕКОВЪ *прил.* (1): г р ъ м ъ с а в е к о в ъ φυτὸν σαβέκ *название кустарника* *název křoví*: бл⟨а⟩г⟨осло⟩венъ еси г⟨оспод⟩ї б⟨о⟩же • бл⟨а⟩г⟨осло⟩вивꙑи жрътвѫ аврамлѭ... ї телець макоѥ • ї овенъ дръжимъ за рогъ • въ грьмоу савековѣ *Евх 15б 8-9*

САВИНА, -ꙑ *ж имя* (4) Σαβῖνα Савина Sabina: хотѧшти обратити савинѫ отъ вѣрꙑ *Супр 132, 14.— Супр 132, 9, 21-22 и 23.— Ср.* савини

САВИНИ, -нѩ *и* **САВИНИИ**[1], -ниѩ *ж имя* (8) Σαβῖνα Савина Sabina: осклабивьши же сѧ савини... рѣшѧ • смѣеши ли сѧ *Супр 131, 13*; къ савинии к'то глаголааше *Супр 139, 1.— Супр 124, 25 и 30; 125, 4 и 20; 133, 9; 137, 13.— Ср* савина

САВИНИИ[2], -ниꙗ *м имя* (2) Σαβῖνος Савиний Sabín: повелѣ привести с⟨вѧ⟩таaго савиниꙗ *Супр 152, 21.— Супр 152, 5.— Ср.* савинъ

САВИНОВЪ *прил. к* савинъ (2) τοῦ Σαβίνου Савиниев Sabínův: х⟨ристос⟩ъ ї⟨соу⟩с⟨ъ⟩ б⟨ог⟩ъ савиновъ *Супр 149, 17-18.— Супр 152, 15*

САВИНЪ, -а *м имя* (31) Σαβῖνος Савин Sabín: вѣдꙑ мѣсто к'де живетъ свѧтꙑи савинъ *Супр 145, 21.— Супр.— Ср.* савинии[2]

САВОРИИ, -риꙗ *и* **САВОРЬ**, -рꙗ *м имя* (6) Σαβώριος Саворий Saborius: повелѣ... савории... свѧтꙑѩ цръкви хрьстиꙗньскꙑ огнемь зажизати *Супр 255, 1*; при савори ц⟨ѣса⟩ри • перьсьстѣ *Ен 36б 3-4.— Супр 254, 28-29; 257, 11; 264, 2; 269, 28*

с а в р а *Супр 40, 11 см.* исаѵриꙗ

САВРАИТЬСКЪ, -ꙑи *прил. к названию*

города Савра (1) *греч. нет* саврский saurský: слышали ксте • сергга • савраитъскоуоум (!) племени кназа поставькна... иже... побѣдж сътвори *Супр 566, 19*

савъловъ *Пс 17, 1 Син см.* саоуловъ

САДИТИ, саждж, садиши *сов./несов.* (7) φυτεύειν; (несажденъ ἀφύτευτος) посадить/сажать (*растения*) zasadit/zasazovat, sázet: вьсѣкъ садъ егоже не сади от⟨ь⟩цъ мои неб⟨есь⟩скы • ıскоренитъ сѧ *Мт 15, 13 Мар* (насади! *Зогр*); мол⟨итва⟩ ег'да хотѧще виноградъ садити *Евх 13б 20*; и бѫдетъ акы дрѣво сажденок при исходиштиихъ водъ *Супр 352, 25*; несѣта нива • несаждена лоза *Супр 243, 8.— Л 17, 28 Зогр Мар; Супр 301, 20.— Ср.* въсадити, въсаждати, насадити, саждати

садити *Мк 6, 38 Зогр вм.* видѣти (?)

САДОКЪ, -а *м имя* (4) Σαδώκ Садок Sadok: азарь же роді садока • садокъ же роди ахіна *Мт 1, 14 Ас Сав* (∅ *Зогр Мар*)

САДОУКЕИ, -ега *м* (12) [садукеи *Мар* (1)] Σαδδουκαῖος саддукей saducej: ı пристѫпьше фарисѣи • ı садоукеі • ıскоушаѭште и • просишѧ знаменьѣ съ н⟨е⟩б⟨е⟩се показати імъ *Мт 16, 1 Зогр*, садукеі *Мар.— Мт 3, 7 Ас; Мт 22, 23 Мар; Мт 22, 34 Мар; Мк 12, 18 Зогр Мар; Л 20, 27 Зогр Мар; Зогр 130б 17; Мар 43б 30 и 77а 21*

САДОУКЕИСКЪ, -ыи *прил.* (6) [садукеискъ *Мар* (3)] τῶν Σαδδουκαίων саддукейский saducejský: храните сѧ • не от кваса хлѣбънааго • нъ отъ оученьѣ фарисеиска ı садоукеіска *Мт 16, 12 Зогр*, садукеиска *Мар.— Мт 16, 6 Зогр Мар; Мт 16, 11 Зогр Мар*

САДЪ, -оу *и* -а *м* (9) φυτόν, φυτεία растение rostlina: вьсѣкъ садъ егоже не сади от⟨ь⟩цъ мои неб⟨есь⟩скы • ıскоренитъ сѧ *Мт 15, 13 Мар Зогр*; благок коренік новоуоумоу садоу *Супр 143, 7*; τὰ φυτά сад, насаждения rostlinstvo: ...имъ и нивы дѣлати и пешти сѧ вьсѣмь садомь и нивънымъ сѣтикмъ *Супр 40, 22* ● *перен.*: обратити хоштѫ слово • доброуоумоу садоу цръкъвьноуоумоу цвѣтоу дꙋховьноуоумоу *Супр 495, 8.— Супр 301, 23; 438, 14; Рыл 2аа 2-3 и 4*

садукеи *Мт 16, 1 Мар см.* садоукеи

садукеискъ *Мт 16, 6, 11 и 12 Мар см.* садоукеискъ

САЖДАТИ, -аѭ, -акши *несов.* (2) φυτεύειν сажать (*растения*) sázet: такожде ѣкоже быс⟨тъ⟩ • въ дьни лот'овы • ѣдѣахѫ ı пьѣахѫ • коуповаахѫ ı продаахѫ • саждаахѫ зъдаахѫ *Л 17, 28 Зогр Мар.— Ср.* въсаждати, садити

САКЕЛАРИИ, -ига *м* (1) σακελλάριος хранитель церковной казны správce peněz, pokladník: сакеларии же сътвори ıакоже повелѣ кмꙋ патриархъ • и призъва в҃і мѫжь ништь *Супр 121, 11.— Ср.* сакеларъ

САКЕЛАРЪ, -а *м* (2) *и* **САКЕЛАРЬ**, -ıа *м* (1) σακελλάριος хранитель церковной казны správce peněz, pokladník: повелѣ сакелароу свокмоу въ кдинъ дьнь • кдноѭ привести в҃і маломошти • на трапезѫ своѭ сь нимъ *Супр 121, 8*; сакеларь... рече *Супр 121, 17.— Супр 121, 14-15.— Ср.* сакеларии

САКЕРДОНЪ, -а *м имя* (1) Σακέρδων Сакердон Sacerdon: бѣахѫ же воини кападокиискыѩ страны... а се имъ имена... домнъ • сакердон • куринонъ *Супр 69, 9*

САЛАНЬ *прил. к мужскому имени Сала* (1) τοῦ Σαλά Саланов Saleův: и⟨соу⟩с⟨ъ⟩... с⟨ы⟩нъ сы ѣко мьнимъ бѣ • ıосифовъ... фалековъ • еверовъ • саланъ *Л 3, 35 Зогр Мар*

САЛАТИИЛЬ, САЛАТИЛЬ, -лıа *м имя* (4) [салатиль *Ас* (2)] Σαλαθιήλ Салафиель Salatiel: по прѣселении же вавилоньстѣ • иохониѣ роди салатилѣ • салатиль же роди зоровавелѣ *Мт 1, 12 Ас*, салатиилѣ • салатииль *Сав*

САЛАТИЛЮВЪ *прил. к* салатииль (2) τοῦ Σαλαθιήλ Салафиелев Salatielův: с⟨ы⟩нъ сы ѣко мьнимъ бѣ • ıосифовъ • ıлеıевъ... салатилевъ *Л 3, 27 Зогр Мар*

САЛИМЪ, -а *м местность* (2) Σαλίμ Салим Salím: бѣ же иоанъ кръстѧ вь еннонѣ • близъ салимови *И 3, 23 Мар*, близь салима *Ас* (∅ *Зогр*)

САЛМОНОВЪ *прил. к* сальмонъ (2) τοῦ Σαλά, *вар.* τοῦ Σαλμών Салмонов Salmonův: с⟨ы⟩нъ сы ѣко мьнимъ бѣ • ıосифовъ • ıлеıевъ... воозовъ • салмоновъ • наасоновъ *Л 3, 32 Зогр Мар*

САЛОМИ *ж нескл. имя* (5) [салъми *Зогр* (1)] Σαλώμη Саломея Salome: мариѣ магдалъıни • ı мариѣ ıѣковлѣ • ı салъми • коупишѧ ароматы • да пришьдъшѧ помажѫтъ ı *Мк 16, 1 Зогр*, саломи *Мар Ас.— Мк 15, 40 Зогр Мар*

САЛОУСТИИ, -иıа *м имя* (1) Σαλούστιος Салюстий Salustius: салоустиоу въ то года патриархоу сѫштоу въ иероусалимѣ *Супр 283, 4-5*

САЛЪМАНА, -ы *м имя* (1) Σαλμανά Салман Salmana: положи кънѧѕ(ѕѧ) іхъ ѣко ı орова ı зива ı зевеа ı салъманоу *Пс 82, 12 Син*

салъми *Мк 16, 1 Зогр см.* саломи

САЛЬМОНЪ, -а *м имя* (2) [салмонъ *Ас* (1)] Σαλμών Салмон Salmon: нас'сонъ же роді сальмона • салмонъ же роді вооза *Мт 1, 4 и 5 Ас* (∅ *Зогр Мар*)

самаранинъ *Супр см.* самарѣнинъ

самаренскъ, -ыи *прил. к* самарига (1) τῆς Σαμαρείας самарийский samařský: вънидє и⟨соу⟩съ въ градъ самаренскъ • нарицаемъи соухарь *И 4, 5 Ас* (самарьскъ *Зогр Мар*).— *Ср.* самарьскъ, самарѣньскъ

самарига, -ыѧ *ж область* (7) Σαμάρεια Самария Samaří, Samařsko: достоѣше ємоу проити сквозѣ самаригѧ *И 4, 4 Зогр Мар.— Л 17, 11 Зогр Мар; И 4, 7 Зогр Мар Ас*

самарьскъ, -ыи *прил. к* самарига (2) τῆς Σαμαρείας самарийский samařský: придє же въ градъ самарьскъ • нарицаемы соухарь *И 4, 5 Зогр Мар* (самаренскь *Ас*).— *Ср.* самаренскъ, самарѣньскъ

самарѣнинъ, -а *м* (30) [самаранинъ *Супр* (4)] Σαμαρίτης самаритянин Samaritán, Samařan: на пѫть ѩзыкомъ не ідѣте • і въ градъ самарѣнъ не вънидѣте *Мт 10, 5 Зогр Мар Ас Сав*; придѫ къ нѥмоу самарѣне *И 4, 40 Зогр Мар Ас*; их'же м'ножаишии • безаконьнъıихъ самарань бѣахѫ вѣръı *Супр 514, 15.— Зогр Мар Ас Сав Супр*

самарѣнъıни, -ыѧ *ж* (7) Σαμαρῖτις самаритянка, жительница Самарии Samaritánka: г⟨лаго⟩ла же ємоу жена самарѣнъıни • како тъı іюдеи съı отъ мене пити просиши • женъı самарѣнъıнѧ сѫштѧ *И 4, 9 Зогр Мар Ас.— Мар 133а 5*

самарѣньскъ, -ыи *прил.* (2) τῶν Σαμαριτῶν самарийский, самаритянский samaritánský, samařský: вънидѫ въ вьсь самарѣньскѫ *Л 9, 52 Зогр Мар.— Ср.* самаренскъ, самарьскъ

самовидьнѣ *нареч.* (1) *греч. нет* ясно, очевидно viditelně, očividně: начѧ самовидьнѣ (*вм.* самовольнѣ?) • рѫцѣ опакы съвѧзоуѧ си • и на обличенье начѧтию нечьстига своѥго съвраштати сѧ *Супр 560, 5*

самовидьць, -а *м* (4) αὐτόπτης очевидец očitý svědek: мнози начѧшѧ • чинити повѣсть • о ізвѣстънъıхъ въ насъ вештехъ • ѣкоже прѣдашѧ намъ • бъıвъшеі ісконı самовидьци • і слоугъı словеси *Л 1, 2 Зогр Мар Ас*; да... самовидьци бѫдѫтъ • мноѩ бъıваѭштиимъ чоудесемь *Супр 314, 6.— Ср.* видьць

самовластьнъ, -ыи *прил.* (1) αὐτεξούσιος имеющий самостоятельную силу, значение, самодовлеющий mající v sobě vlastní moc: дьнесь крьмникъ чловѣчьскъ • добрага оуселенъıѧ привесла... дьнесь заповѣди приѩ самовластьнъıѧ *Супр 429, 15*

самовластьць, -а *м* (1) αὐτοκράτωρ самодержец samovládce: с⟨вѧ⟩тии мѫченици... прѣдашѧ же своѧ доуша господеви... при ликинии самовластьци *Супр 81, 23.— Ср.* кесарь, самодрьжитель, самодрьжьць

самодрьжитель, -лга *м* (1) αὐτοκράτωρ самодержец samovládce: оувѣси гако сѫтъ истиньнии бози • им'же самодръжителе намъ жрьти велѧтъ *Супр 150, 7.— Ср.* кесарь, самовластьць, самодрьжьць

самодрьжьць, -а *м* (5) [-дръж- *Супр* (5)] αὐτοκράτωρ, τροπαιοῦχος (!) самодержец samovládce: въз'пишѧ глаголѭште • самодръжьче цѣсарю аурилигане • неправедьнѣ сѫдиши *Супр 13, 29.— Супр 147, 22-23; 152, 23-24; 157, 2-3; 199, 20-21.— Ср.* кесарь, самовластьць, самодрьжитель

самодѣльникъ, -а *м* (1) αὐτουργός устроитель, виновник strůjce: заклинаѭ тѧ • зълы началениче... отвръженъı • і самодѣльниче лѫкавъı *Евх 52а 1*

самоизвольнъ, -ыи *прил.* (1) ἐθελόθυτος добровольный, действующий, поступающий по собственному желанию dobrovolný: приведе сѧ самъ гако нѣкака чиста самоизвольна жрътва къ великоуоумоу чистителю *Супр 273, 2.— Ср.* вольнъ, несамовольнъ, своѥвольствьнъ

самоиль, -лга *м имя* (6) [самоуилъ *Ен* (1) *Супр* (2)] Σαμουήλ Самуил Samuil: самоуиль иже цѣсаремъ отьць *Супр 238, 19-20.— Ас 152а 17; Евр 11, 32 Ен; Пс 98, 6 Син; Евх 8а 13; Супр 546, 11*

самона, -ы *м имя* (2) Σαμωνᾶς Самон Samona: мѣ⟨сѧ⟩ца ноѩб⟨ра⟩ ді҃... гоурига самонъı и авива *Ас 127а 17; Унд 2а 3-4*

самоприходѧи, -дѧштаѥго *прич.-сущ.* (1) αὐτομολῶν перебежчик přeběhlík: слъıшѫ бо о самоприходѧштиимъ • гако посмѣѩѫште сѧ и порадоуѩѫште сѧ • игри мните тѣхъ погрѣшениѥ *Супр 126, 8-9*

саморастъı, -ыи *прич.-прил.* (1) αὐτομάτως φυόμενος дикорастущий, несеяный divoký, divoce rostoucí: объхождааше поустъıнѭ • събираниꙗ ради саморастѫштиихъ мелагрии *Супр 289, 11*

самотворьнъ, -ыи *прил.* (1) ἰδιόκτητος (!) (*вм.* ἰδιόκτιστος) создаваемый по своей воле vytvářený, tvořený z vlastní vůle: родивъıи ѥго обьште бо цѣсарьствиѥ • а нєвьнѣ тожде чьсти съıнови слово причѧштаѥмо ѥстъ • не бо ни начьномо ни прибъıваѭште • или оухоудѣѭште... нъ ѥстъствьно и самотворьно по истинѣ • ѥдно бо цѣсарьство отьцоу и съıноу и с⟨вѧ⟩тоуоумоу д⟨оу⟩хоу *Супр 327, 22*

самохоть, -и *ж* (1): с а м о х о т и ѭ ἑαυτὸν τεθεικώς добровольно, по своей воле, по своему желанию z vlastní vůle, dobrovolně: и тако стрьмь оумрьтвивъ сѧ самохотьѭ • гако бесловесьнѫ нѣкакѫ и несамовольнѫ доушѫ имъı *Супр 273, 12.— Ср.* самохотьнѣ

САМОХОТЬНѢ *нареч.* (1) ἑκών добровольно, по своей воле, по своему желанию dobrovolně, z vlastní vůle: нъ да оувѣдатъ ꙗко и живъ самохотьнѣ пострада • иже пострада *Супр 444, 13.— Ср.* самохоть (самохотиѭ)

САМПСОНЪ, -а *м имя* (4) [саѱѡн- *Супр* (1), с..псс- *Клоц* (1), сам'псон- *Евх* (1), сам..н- *Ен* (1)] Σαμψών Самсон Samson: съвѧзашѧ великааго с..псса (!) • слъньца х⟨ристос⟩а *Клоц 12б 27*, саѱѡна *Супр 448, 23.— Ен 7б 18; Евх 21б 5*

самоуиль *см.* самоилъ

САМЪ, сама, само *мест.* (>200) [самъıи *Супр* (2)] αὐτός **1.** *определительное* ἑαυτόν, ἀλλήλους ipse сам sám: і⟨со⟩у⟨съ⟩ • самъ не крьштааше нъ оученици его *И 4, 2 Зогр Мар*; онъ же хотѧ оправьдити сѧ самъ • рече... *Л 10, 29 Зогр Мар Ас Сав*; самъ нерѫданъ вонѣетъ мастиѭ • благоѫханьноѭ *Евх 3б 7*; тъı самъ вѣси вл⟨адъı⟩ко *Служ 16 1*; вь мѣсто отъбѣгъшааго • самь сѧ оустроилъ *Супр 93, 19*; само имѧ сьмрьти • страшно бѣ *Супр 487, 11*; приспѣшѧ нѣции вь самъ знои *Супр 549, 21*; тъ бо нъи самъ отъ тьмьнъıихъ отъведе *Киев 5б 11-12*; (съблаз)нѧтъ сѧ мнози • и сами сѧ прѣдадѧтъ *Мт 24, 10 Сав 47а 1* (дроугъ дроуга *Мар Ас* (2) *Сав 87а 1-2*); дроугъ дроуга ꙗдѫште сами сѧ оуморихомъ *Супр 135, 23*; ● αὐτόμολος, ἑκών, αὐτόματος сам, своими силами, по своей воле sám, ze své vůle, ze svých sil: с⟨ъ⟩п⟨а⟩си сѧ • и самъ сънизи съ кр⟨ь⟩ста *Мк 15, 30 Сав*, съп⟨а⟩си сѧ самъ *Зогр Мар Ас*; како нъıнꙗ сам' не можеши отъвалити камъıка *Супр 316, 20*; азъ самъ своеѭ волеѭ... хощѫ приꙗти образъ сь *Евх 96а 14*; сама своима рѫкама вьзем'ши на рамо • възложи на кола *Супр 96, 5*; егда тъштимъ сѧ • и сами о себѣ подвижемъ сѧ на добро *Супр 415, 2*; самъ сѧ съвлѣче *Супр 140, 27*; азъ самъ о себѣ възлѣзѫ на сковрадѫ *Супр 118, 6* ● *при указании на пространственный или временной предел* самый samý: показаѭ ч⟨ловѣ⟩колюбьѣ своего • великотѫ до самого прѣ⟨дан⟩ьѣ *Клоц 3б 33*; болѣзнь... до самѣхъ оудовъ доходѧшти *Супр 89, 21*; даждъ ми сего стран'нааго • бѣжавъшааго от' самѣхъ пеленъ вь егуптъ *Супр 455, 4*; мѣсѧч'но оубо бѣаше • и само то къ оутроу *Супр 431, 17* **2.** *в значении мест. личного или указательного* ἐκεῖνος **а)** я, ты, он... já, ty, on...: і остави намъ грѣхъı нашѧ • ібо і сами оставлꙗемъ • вьсѣкомоу длъжьникоу нашемоу *Л 11, 4 Зогр Мар Сав*; нѣсте ли чьли • чьто твори да⟨ви⟩дъ • егда възлака самъ • і сѫштеи съ нимь *Мт 12, 3 Зогр Мар*; накладаете на ч⟨лове⟩къı брѣмена • не оудобь носима • а сами ниединѣмьже прьстомь вашимь • прикасаете сѧ брѣменехъ *Л 11, 46 Зогр Мар*; **б)** этот, тот ten(to), onen: къ с⟨вѧ⟩тѣı бо страшьнѣı жрьтвѣ • прıстѫпаеши • посрамı сѧ образа • самого прıношеньѣ *Клоц 8б 24* (оубои сѧ съказаниꙗ того приноса *Супр 421, 30*); покоушѫ сѧ... не лъжьнѫ поставити памѧть • нъ на хвалѫ и славѫ самѣхъ с⟨вѧ⟩тъıихъ о⟨ть⟩цъ *Супр 534, 20-21* □ самъ третии *греч. нет* сам-третей, втроем, один с двумя tři, jeden se dvěma: радоуѧ же сѧ алеѯандръ въскочи въ сковрадѫ • ѥдінъ же вьниде • а бъıстъ видѣти въ сковрадѣ самого третиꙗ *Супр 158, 1* **3.** самъ, тъ самъ, тъжде самъ ὁ αὐτός, αὐτὸς ἐκεῖνος тот же, одинаковый, тот самый tentýž, stejný: аште ли есте тіжде самі *Клоц 1а 6* (аште ли ти жде ѥсте *Супр 325, 10*); то само орѫжиѥ вьзѧтъ • и тѣмь ѥго прѣбра *Супр 489, 6* **4.** самъ, самъ ѥдинъ один, единственный sám, jediný: тъı есı самъ... б⟨ог⟩ъ моı *Пс 43, 5 Син*; вьлѣзе... затворенъıими двьрьми • вьлѣзе ꙗкоже ѥдинъ вѣдъı самъ *Супр 501, 8.— Зогр Мар Ас Сав Боян Ен Син Служ Киев Клоц Супр Зогр-лл.— Ср.* онъ, сь, тъ, тъжде

САМЪЧИИ, -ꙗ *м* (1) μειζότερος начальник prefekt: жена нѣкто... приде въ иероусалимъ • имѫшти съ собоѭ братоу-чѧда самьчиѧ санъ прѣдръжѧшта *Супр 297, 30*

сандалиꙗ *Мк 6, 9 Зогр Мар см.* санъдалиꙗ

САНОВИТЪ, -ъıи *прил.* (5) ἀξιωματικός высокопоставленный, сановный mající hodnost, vysoce postavený, vznešený: о вьсѣкомь бо крьстиꙗнѣ • казнь цѣсарьска лежитъ • любо оубогъ ѥстъ любо богатъ • любо сановитъ любо смръдъ *Супр 101, 23*; поусти же мѫжа жоупанъı и сановитъı къ с⟨вѧ⟩тоумоу *Супр 561, 7.— Супр 561, 15 и 25; 562, 26*

САНЪ, -оу *и* -а *м* (25) ἀξία, ἀξίωμα, προκοπή, τάξις, ἀρχή, βαθμός, ὑπεροχή; (санъ великъ τόπος ἀρχόντων; въ санъ цръкъвьнъıи поставити χειροτονεῖν) сан, чин, ранг úřad, hodnost, postavení: да повѣдаѥтъ къждо васъ своѥ имѧ • и санъ и отъчьство *Супр 99, 8*; аще ли естъ еп⟨и⟩с⟨коу⟩пъ • то да извръжетъ с⟨ѧ⟩ сана *Евх 102б 15*; крьстиꙗнъ ѥсмъ и санъ мои презвутерьскъıи • имже саномъ кнѧзоу вѣроѭ оупвахъ *Супр 155, 9 и 10*; и вьзвѣштѫ о тебѣ къ цѣсароу • и старѣишинъскоумоу саноу бѫдѫ ти ходатаи *Супр 100, 16* ● νούμερος военный отряд vojenský oddíl: бѣахѫ же воини кападокиискъıѧ странъı • въ саноу ѥдиномъ *Супр 69, 4* ● *перен.* достоинство důstojnost: чловѣка въ прьвъıи постави владъıчьскъı санъ *Супр 463, 7.— Евх Супр.— Ср.* чинъ, достоиньство

САНЪДАЛИꙖ, -ниꙗ *ж* (2) [санд- *Зогр* (1) *Мар* (1)] σανδάλιον сандалия sandál: запрѣти імъ • да ничесоже не въземлѭтъ на пѫть... н(ъ) обоувени въ сандалиꙗ *Мк 6, 9 Зогр Мар.— Ср.* плесньце

САПОГЪ, -а *м* (25) ὑπόδημα сапог, башмак bota, střevíc: грѧдетъ крѣплеі мене... емоуже нѣсмь достоінъ поклоньсѧ раздрѣшити • ремене сапогоу его *Мк 1, 7 Зогр Ас Сав* (чрѣвиемъ *Мар*) ● *перен.*: на идоумѣѭ простърѫ сапогъ мои *Пс 59, 10 Син.— Зогр Мар Ас Сав Син.— Ср.* оноуща, плесньце, чрѣвии

САПФИРА, -ы *ж имя* (5) Σάπφειρα Сапфира Sapfira: почто блаженыи петръ ананиѭ и сапфирѫ тоу абие оумори *Супр 362, 9-10.— Супр 358, 10; 362, 14; 363, 12 и 16*

САРЕФТА, -ы *ж город* (3) [саревт- *Ас* (1), саревьфьт- *Сав* (1)] Σάρεπτα Сарепта Sarepta: посъланъ бъістъ илиѣ • тъкмо въ сарефтѫ сидонъскѫѭ • къ женѣ въдовици *Л 4, 26 Мар Ас Сав (∅ Зогр)*

САРРА, -ы *ж имя* (1) Σάρρα Сарра Sára: сьвѣдѣтельствоуѥтъ сарра • и сь неѭ ревека *Супр 250, 2*

саторникъ *Супр 195, 19; 198, 11 см.* саторнинъ

САТОРНИНЪ, -а *м имя* (8) [саторник- *Супр* (2)] Σατορνῖνος Саторнин Saturnin: славънаꙗ мѫжа • саторнинъ и оуктор(ъ) *Супр 203, 11.— Супр 113, 28; 195, 19; 198, 11; 204, 7-8 и 12; 204, 29—205, 1; 207, 1*

САТЪ, -а *м* (5) σάτον *др.-евр.* сат (*мера сыпучих тел*) měřice (*míra obilí*): подобьно естъ (*т. е.* цѣсарьствие божие) квасоу • его же приемъши жена съкры въ мѫцѣ трии сатъ • доідеже въкысе всѣ *Л 13, 21 Зогр Мар Ас.— Мт 13, 33 Зогр Мар.— Ср.* коръ, корьць

САОУЛОВЪ *прил. к* саоулъ (2) [савълов- *Син* (1)] τοῦ Σαούλ Саулов Saulův: егда бѣжа отъ лица саоулова въ врътопъ *Пс 56, 1 Син.— Пс 17, 1 Син*

САОУЛЪ, -а *м имя* (8) Σαούλ Саул, Савл Saul: акы саоулъ давдомъ помагаꙗ *Супр 389, 17.— Пс 51, 2; 53, 2; 58, 1 Син; Клоц 26 36 и 37; Супр 238, 16; 399, 23*

сафонъ *Супр 448, 23 см.* сампсонъ

СВАРЪ, -а *м* (3) μάχη распря, раздоры, ссора svár, spor: їдеже бо зависть • тоу живѫтъ • враждъі и свари *Супр 400, 20*; въпадаѭ... въ съвадъі... въ игри зълъі • въ сваръі *Евх 68а 26.— Супр 385, 10.— Ср.* пьрꙗ

СВАРЬНИКЪ, -а *м* (1) *греч. нет* сварливый человек svárlivec: бѫди... въ сварьника мѣсто • кротолюбець *Евх 70б 8.— Ср.* съвадьникъ

СВАТЬБА, -ы *ж* (1) *греч. нет* свадьба svatba: ни брака творити • ни въ пѫтъ ход.. ни коупа дѣати • ни сватъбы ни иного ниц.. не творити *Ен 20а 8.— Ср.* бракъ

СВЕКРЫ, свекръве *ж* (6) πενθερά свекровь tchyně: раздѣлѧтъ сѧ... і свекръве на невѣстѫ своѭ • і невѣстѫ на свекръве своѭ *Л 12, 53 Зогр*, свекръ... на свекровь *Мар.— Мт 10, 35 Зогр Мар*

СВЕРѢПОВАТИ, -поуѭ, -поуѥши *несов.* (1) ἄγριος (!) приходить в ярость, бешенство, свирепеть sveřepě jednat, zuřit: не ты оубо сверѣпоуи (*вм.* сверѣпе?) отъ б⟨ог⟩а ненавидимъ не изволи любити насъ *Супр 71, 22*

СВЕРѢПЪ, -ыи *прил., сравн. ст.* сверѣпѣи (10) ἄγριος, ἀγριαινόμενος, ὠμότατος, ἀνήμερος, βάρβαρος дикий, неприрученный; свирепый, лютый divoký, nezkrocený; sveřepý: сверѣпѣи звѣрии *Супр 115, 28*; ѥгоже кониꙗ люта сѫшта и сверѣпа... имъ своима рѫкама с⟨вѧ⟩тъи б⟨о⟩жии... въпрѧже въ жрънъви *Супр 565, 6* ● *перен.* ἀγριαινόμενος бурный, неистовый, необузданный bouřlivý, nespoutaný: и сверѣпыимъ влънамъ помаганиимъ рѫкѹ твоѥю кротѧи *Супр 77, 8-9* ● *перен.* варварский, дикий barbarský, divoký: оуклонивѣ сѧ отъ сего пѫти • да не сьрѣтена бѫдевѣ сверѣпыими ѩзыкы *Супр 472, 12*; сверѣпыи поганинъ *Супр 560, 21* ● *перен.* неприбранный, неаккуратный neupravený: дьвѣма кыима лѫкавома... страш'номъ възоромъ • и сверѣпа (*вм.* сверѣпы) власы имѫшта (*вм.* имѫштема) *Супр 40, 12-13.— Супр 68, 29; 71, 18; 88, 27; 172, 24-25.— Ср.* дивии, лютъ

СВЕРѢПЬСТВО, -а *с* (1) *греч. нет* необузданность, неистовство zuřivost, sveřepost: ѡ како сверѣпьство владыкъ • възмѫти оумъ оученикъ *Супр 471, 24*

СВИНИꙖ, -ниꙗ *ж* (39) χοῖρος, ἡ ὗς свинья vepř, prase, svině: ни помѣтаіте бисеръ вашихъ прѣдъ свиниѥми *Мт 7, 6 Зогр Мар Ас Сав*; свиниꙗмъ *Супр 24, 15*; бѣ же тоу стадо свинии много пасомо въ горѣ *Л 8, 32 Зогр Мар Ас*, свиное *Сав*; и тлъпы бѣсъ вь свиниꙗ посылааше *Супр 476, 21.— Зогр Мар Ас Сав Евх Супр*

СВИНЪ, -ыи *прил.* (9) τῶν χοίρων свиной vepřový, vepřů *род. мн.*, prasat *род. мн.*: іти въ стадо свиное *Мт 8, 31 Зогр Мар Ас Сав*; бѣ же тоу стадо свино *Мк 5, 11 Зогр Мар.— Л 8, 32 (2) и 33 Сав*

СВИРАТИ, -аѭ, -аѥши *несов.* (2) αὐλεῖν играть на свирели hrát na píšťalu: свирахомъ вамъ • і не плѧсасте *Мт 11, 17 Зогр* (пискахомъ *Мар*); *Л 7, 32 Зогр* (пискахомъ *Мар*).— *Ср.* пискати, сопи

СВИРЬЦЬ, *-а м* (1) αὐλητής тот, кто играет на свирели pištec: ι пришедъ ис⟨оусъ⟩ въ домъ кънажь • ι видѣвъ свир'цѧ *Мт 9, 23 Зогр* (сопьцѧ *Мар Ас*, съпѫщѫ *Сав*).— *Ср.* сопьць

СВИРѢЛЬ, *-и ж* (1) κιθάρα свирель píšt'ala: на врьбиї посрѣдѣ ѥѩ обѣсихомъ сьсѧдъі своѩ • си рѣчъ гѫсли свирѣли • цѣвница • и прочаꙗ *Супр 418, 24*

СВИСТАНИѤ, *-ниꙗ с* (1) συρισμός свист pískání: свистаниꙗ и матежа • твораахѫ въ црькъвишти *Супр 228, 10*

СВИТАТИ, *-аѭ, -акши несов.* (7) **1.** ἐπιφώσκειν светать, рассветать svítat, rozednívat se: въ вечеръ же сѫботънъі • свитаѭшти въ прьвѫѭ сѫботѫ • приде мариѣ магъдалъіни *Мт 28, 1 Зогр Мар Ас Сав*; ι сѫбота свитааше *Л 23, 54 Зогр Мар* **2.** свитати сѧ καταυγάζειν светиться, сиять svítit, zářit: вьнезаапъ оузьрѣша силѫ кыѭ сь небесе поуштенѫ къ ниимъ • свѣтити • троинѫ свитаѭште (*вм.* -штѫ) сѧ *Супр 64, 22-23.*— *Ср.* освитати, свьтѣти сѧ

СВОБАЖДАТИ, *-аѭ, -акши несов.* (1) *греч. нет* освобождать osvobozovat: д⟨ь⟩нес⟨ь⟩ • адамъ обнавлѣетъ сѧ • ι евъга свобаждаетъ сѧ *Евх 2а 5-6.*— *Ср.* избавлꙗти

СВОБОДА[1], *-ы ж* (12) [свобота (!) *Супр* (1)] ἐλευθερία свобода svoboda: вьчера осѫжденъ бъіваше • дьнесь осѫжденъімъ • свободѫ даръствоуетъ *Клоц 13а 30; Супр 449, 30*; приꙗхъ и трьсть • да напишѫ свободѫ родоу чловѣчьскоуѹмоу *Супр 469, 24.— Гал 5, 1 Ен; Клоц 10а 30; 10б 34 и 39; Супр 243, 29; 250, 4; 328, 13; 365, 26; 470, 15*

СВОБОДА[2], *-ы м* (2) ἐλεύθερος свободный человек (*не раб*) svobodný člověk: и богатъіѩ равно почьте • и рабы и свободы *Супр 493, 9-10*; ѥдина же трепеза и богатоу и оубогоумоу • и рабоу и свободѣ *Супр 491, 23.— Ср.* свободь

СВОБОДИТЕЛЬ, *-лꙗ м* (2) ἐλευθερωτής освободитель osvoboditel: съ сѫштиими въ тьмѣ не мрьчаи свѣтъ • съ плѣньникы свободитель *Супр 449, 13; Клоц 13а 10.— Ср.* избавитель, избавьникъ

СВОБОДИТИ, свобождѫ, свободиши *сов.* кого, чьто (отъ) кого, чесо (26) ἐλευθεροῦν **1.** освободить, дать свободу osvobodit, dát svobodu: аште оубо с⟨ы⟩нъ въі свободитъ • въ ιстинѫ свободь бѫдете *И 8, 36 Зогр Мар Ас*; аще к'то съ рабоѭ блѫдъ сътворит⟨ъ⟩ • толи родит⟨ъ⟩ дѣтиць • да свободит⟨ъ⟩ рабѫ тѫ *Евх 104б 7*; ιміже пръвы адамъ свободі сѧ *Клоц 10б 24*; свободоѫ бо х⟨ристос⟩ъ ны свободи *Гал 5, 1 Ен* **2.** ἀπαλλάσσειν освободить, избавить zbavit, osvobodit: дажди рабоу твоемоу семоу • съдравие • отъ недѫга сего • свободити и *Евх 26б 24*; молити ѥго • да свободитъ и отъ страсти *Супр 564, 12-13*; д⟨ь⟩нес⟨ь⟩ • отъ тъмы свобождени бъіваемъ • ι свѣтомь б⟨ла⟩горазоумнѣ • в'сь миръ озарѣетъ сѧ *Евх 26 7-8*; молиша ѥго прѣбъіти отроковици оу него ē дьни • донелиже до коньца свободитъ сѧ отъ бѣса *Супр 520, 15.— Зогр Мар Ас Ен Евх Клоц Супр.— Ср.* избавити, отъпоустити, простити

СВОБОДЬ *прил. нескл.* (21) [свободъ *Ас* (1), свободьи *Супр* (2)] ἐλεύθερος **1.** свободный, вольный svobodný: свободъ сѫтъ с⟨ы⟩н⟨о⟩ве *Мт 17, 26 Ас* (свободьни *Мар*, Ø *Зогр Сав*); како ты г⟨лаго⟩леши • ѣко свободь бѫдете *И 8, 33 Зогр Мар Ас* ▭ *в знач. сущ.*: воѥвода рече робъ ли ѥси или свободь • савинъ глагола • свободь ѥсмъ *Супр 147, 10 и 11* **2.** отъ чесо ἀπηλλαγμένος; (свободь бъіти ἐλευθεροῦσθαι) свободный, избавленный *от чего-л.* osvobozený, zbavený, prostý *něčeho*: оубогъіи же отъ всего сего свободь ѥстъ *Супр 492, 15*; посъланъ бъістъ свободь отъ грѣха *Супр 244, 20.— Зогр Мар Ас Ен Син Клоц Супр.— Ср.* свобода[2], свободьнъ

СВОБОДЬНЪ, *-ъіи прил.* (11) ἐλεύθερος свободный, вольный svobodný: свободьни сѫтъ с⟨ы⟩н⟨о⟩ве *Мт 17, 26 Мар* (Ø *Зогр*); свободьнааго акъі роба продаша *Супр 389, 21*; аврамъ два с⟨ы⟩нъі имѣ • единъ отъ рабы • а дроугъі отъ свободнъіѩ *Гал 4, 22 Ен* ● *перен.*: свободьномъ гласомь *Супр 86, 1-2*; тъ бо даръ... богови приноситъ сѧ отъ свободьнъіѩ д⟨оу⟩шѧ *Супр 545, 9.— Евх 66а 7; Супр 57, 25; 84, 15; Гал 4, 23; Гал 4, 30 и 31 Ен.— Ср.* свобода[2], свободь

СВОБОЖДЕНИѤ, *-ниꙗ с* (2) τὸ ἐλεύθερον освобождение osvobození: въ свои оумъ пришъдъ отъ свобождениꙗ бѣсовьска *Супр 560, 12.— Супр 334, 6.— Ср.* избавлѥниѥ

свобота *Супр 470, 15 см.* свобода[1]

СВОИ, своꙗ, своѥ *мест.* (>1000) **1.** *мест.-прил.* ἴδιος, οἰκεῖος; (своꙗ земліа πατρίς) свой, собственный svůj, vlastní: наимьникъ... емоуже не сѫтъ овьцѧ своѩ *И 10, 12 Зогр Мар Ас Сав*; погоубихомъ много имѣниѥ • и своѥ и стоуждє *Супр 120, 2*; да имѣѭтъ памѧть житиꙗ • своеѩ земьѩ *Супр 418, 27* (домашънѥго жітьѣ *Клоц 7а 36-37*) ● αὐτοῦ надлежащий, соответствующий příslušný, náležitý: давъ рабомъ своимъ власть • ι комоуждо дѣло свое *Мк 13, 34 Зогр Мар*; възврати ножь свои въ свое мѣсто *Мт 26, 52 Зогр Мар Ас Сав* ☐ свои ми, свои си, свои ѥго, свои ѥмоу ἴδιος αὐτοῦ, αὐτοῦ свой (его, мой *и т. д.*), собственный svůj (jeho, můj *atd.*), vlastní: добрѣ ізвѣдѫштеι • обрѣтаѭштихъ сѧ • въ своѩ імъ люді • тажє (! *вм.* тажа)

Клоц 16 37; съповѣданиѥ съконьча с⟨вѧ⟩тыи нисиї • оусоровѣ своѥи ѥмоу вьси *Супр 47, 13*; сътвори ѥмоу женѫ • отъ своихъ ѥмоу оудовъ *Супр 9, 8*; почто своѥмоу си завидиши съпасению *Супр 336, 16*; ▭ с в о ѥ *с*, с в о ꙗ *с мн. в знач. сущ.* τὸ οἰκεῖον, τὰ ἴδια, τὸ παρ' αὐτῆς, τὸ παρ' ἑαυτοῦ своё (*имущество, собственность*) své (*vlastnictví, majetek, věci*): иждивъши вьсе своѥ *Мк 5, 26 Зогр Мар Ас Сав Унд*; ѥгда г⟨лаго⟩летъ лъжѫ • отъ своихъ г⟨лаго⟩летъ • ꙗко лъжь ѥсть і о⟨ть⟩ць ѥго *И 8, 44 Зогр Мар Ас Сав*; с в о и (мн, си, ѥго, ѥмоу *и т. д.*) *м мн. в знач. сущ.* οἱ ἴδιοι, οἱ αὐτοῦ, οἱ ἐμοί, οἱ διαφέροντες свои, родственники, друзья, земляки druhové, družina, příbuzní, soukmenovci: въ своꙗ приде • і свои ѥго не п⟨риꙗ⟩шꙙ *И 1, 11 Зогр Мар*; ооубожавъ въ своіхъ неоубожьно насъ ради *Клоц 16 1*, своихъ си *Супр 326, 21*; доньдеже придѫтъ свои имъ *Супр 267, 15*; іли нѣстъ ми лѣть сътворити въ своихъ ми еже хоштѫ *Мт 20, 15 Мар Ас* (∅ *Зогр*); в ъ с в о ꙗ (с и) εἰς τὰ ἴδια к себе, домой, восвояси k sobě, domů: да разидетъ сꙙ кождо въ своѣ *И 16, 32 Зогр Мар*, въ своѣ сі *Ас*; и тако благодарьствꙙшта ꙗ отъпоусти въ своꙗ си *Супр 518, 18* **2.** *мест. притяж.* αὐτοῦ, ἑαυτοῦ, μου, σου, ἡμῶν, ὑμῶν, ἐμός, σός, ἡμέτερος, ὑμέτερος, ἐμαυτοῦ, σεαυτοῦ; (тъчьнъ свои ὁ καθ' ἑαυτόν) **а)** *указывает на принадлежность субъекту действия* свой svůj: созъда своѭ храминѫ на пѣсъцѣ *Мт 7, 26 Мар Сав*, храминѫ своѭ *Зогр Ас*; г⟨лаго⟩лѭ же вамъ дроугомъ своимъ *Л 12, 4 Мар* (моимъ *Зогр Ас*); видѣ іна дъва братра... завꙙзаѭшта мрѣжꙙ своꙗ *Мт 4, 21 Зогр Ас* (има *Сав*, ∅ *Мар*); на врьбиї... обѣсихомъ сьсꙙдъı своꙗ *Супр 418, 23* (нашꙗ *Пс 136, 12 Син; Клоц 7а 32*); **б)** *указывает на принадлежность объекту действия* мой, твой, его *и т. д.* můj, tvůj, jeho *atd.*: довьлѣетъ дьни зълоба своѣ *Мт 6, 34 Зогр Мар Сав*; съключишꙙ бо насъ грѣси свои *Супр 108, 11* ● ὁ κατ' αὐτόν, ὁ ἐφ' ἑαυτῷ, οἰκεῖος его, касающийся *чего-л.*, относящийся *к чему-л.* týkající se *něčeho*, vztahující se *k něčemu*: безоумье прѣдадителево на своѭ бесѣдѫ ꙗзыкъ нашъ влѣчетъ *Клоц 3а 30*; не... величанꙑꙗ о своѥмъ [о]оуп'вании • подъꙙти възможетъ *Супр 513, 21* ◆ с а м ъ с в о и м ь л и ц е м ь *см.* лице; с в о ѥ ѭ в о л ѥ ѭ *см.* волꙗ; в ъ с в о ѥ м ъ о у м ѣ б ы т и *см.* оумъ.— *Зогр Мар Ас Сав Охр Унд Боян Зогр-пал Ен Син Киев Евх Клоц Супр Хил Рыл Зогр-лл.*— *Ср.* мои, твои, нашь, вашь, и[2], сꙙ

СВОИСТВЬНѢ *нареч.* (1) ἰδικῶς особенно, в особенности zvláště: иже о ближьнимь творити подобаа о дѣвицахъ же о милости своиствьнѣ • ѥже имѣниемъ глаголетъ *Супр 370, 20*

СВОѤВОЛЬСТВЬНЪ, -ыи *прил.* (1) ἑκούσιος добровольный, по собственной воле dobrovolný: своѥвольствъньимъ оубожьствъмъ • и въздръжаниим' въздръжавъшоу сꙙ самомоу *Супр 294, 15-16*.— *Ср.* вольнъ, самоизвольнъ

СВОѤПЛЕМЕНЬНИКЪ, -а *м* (1) *греч. нет* соплеменник, соотечественник soukmenovec, krajan: рѫкоѭ копиѥ хотѣаше истръгнѫти • и обратити сꙙ на бѣжаниѥ къ своѥплемен'никомъ *Супр 560, 1*.— *Ср.* съплеменьникъ

СВРАБЬНЪ, -ыи *прил.* (1) κνησμώδης вызывающий зуд, зудящий, свербящий svědivý, dráždivý; *перен.*: срабьно (*вм.* свраб ьнъ) ѥстъ грѣхъ... въвода въ пагоубѫ... сладъка ѥстъ сласть водꙙштиꙗ вь грѣхъ *Супр 350, 23*

СВЬТѢНИѤ, -иꙗ *с* (3) φῶς свечение, сияние svícení, záření: онъ бѣ свѣтильникъ горꙙ • і свьтꙙ • въı же хотѣсте възрадовати сꙙ • въ часъ свьтѣниѣ ѥго *И 5, 35 Зогр Мар Ас*.— *Ср.* сиꙗниѥ

СВЬТѢТИ (СꙘ), свьцѫ (сꙙ), свьтиши (сꙙ) *несов.* (16) φαίνειν, λάμπειν, διαλάμπειν, ἀστράπτειν, ἀπαστράπτειν, κοσμεῖσθαι, περιλάμπεσθαι светить, давать свет svítit: онъ бѣ свѣтильникъ горꙙ • і свьтꙙ *И 5, 35 Зогр Мар* (свѣтꙙ *Ас*) ● светиться, сиять svítit, zářit: ꙗко бо мльнии... свьтитъ сꙙ *Л 17, 24 Зогр Мар*; і свѣтъ въ тъмѣ свьтитъ сꙙ • і тъма ѥго не обьꙗтъ *И 1, 5 Зогр Ас* (∅ *Мар*) ● *перен.*: відѣхъ оукоризнъньимь вѣньцемь • благодѣть свьтꙙштѫ сꙙ *Клоц 11а 37*.— *Зогр Мар Ас Евх Клоц Супр.*— *Ср.* свитати сꙙ, свѣтити, сиꙗти

СВѢНѤ *предлог с род.* (1) ἀπό из mimo, ven z, od: отъведъ павла свѣнѣ сѫдиїшта *Супр 1, 15*.— *Ср.* кромѣ, развѣ

СВѢТИЛО, -а *с* (14) λαμπάς, λύχνος, λυχνία, φανός светильник svítilna: приде тамо съ свѣтилъı і свѣщами *И 18, 3 Зогр Мар* (свѣтильникъı *Ас*); оугасаѭтъ бо рѣшꙙ свѣтила наша *Супр 373, 7* ● *перен.* φωστήρ свет světlo: гласъ отъ нѥꙗ страстоносьца васоꙗ • свѣтило ѥсмъ *Супр 64, 24* ● φῶς светило (*небесное тело*) nebeské těleso: сътворьшюмоу свѣтила велиѣ *Пс 135, 7 Син*; в'сь даръ съвръшенъ • съвъıше сходитъ отъ о⟨ть⟩ца ти свѣтиломь *Евх 79б 3* (*Иак 1, 17*).— *Супр 10, 3; 190, 8; 207, 6; 244, 22; 277, 8; 372, 23; 402, 16; 534, 28*.— *Ср.* канъдило, свѣтильникъ, свѣтъ[1], свѣщило

с в ѣ т и л о (!) *Пс 82, 13; 95, 6 Син см.* сватило

СВѢТИЛЬНА, -ы *ж* (?) *или* **СВѢТИЛЬНО**, -а *с* (?) (1) *греч. нет спец.* светилен (*песнопе-*

ние, поющееся после канона на утрени) exaposteilarion, photagogicon, světilna (*hymnus, zpívaný po kánonu na jitřní*): с⟨вѣ⟩ти⟨ль-на?⟩ *Охр 2а 1*

СВѢТИЛЬНИКЪ, -а *м* (61) **1.** λύχνος, λαμπάς, φωστήρ, φανός светильник, свеча, лампа svítilna, svíce, lampa: дадите намъ отъ олѣѣ вашего • ѣко свѣтильници наши оугасаѭтъ *Мт 25, 8 Зогр Мар Ас Сав*; нъ слъньцю пришедъшю • да не съѣѥтъ свѣтільникъ *Клоц 7а 14*; и се просвьтѣша сѧ кости с⟨вѧ⟩тыихъ вь водѣ • акы и свѣтильници *Супр 81, 8* ● *перен.*: свѣтильникъ тѣлоу естъ око *Мт 6, 22 Зогр Мар Ас Сав; Л 11, 34 Зогр Мар Ас*; свѣтильникъ ногама моїма законъ твоі *Пс 118, 105 Син* **2.** λυχνία подсвечник svícen: скиниі же съвръши сѧ прьваѣ • въ неиже свѣтилникъ и трапеза *Евр 9, 2 Ен.— Зогр Мар Ас Сав Ен Син Клоц Супр.— Ср.* свѣтило, свѣтъ¹, свѣщило, канъдило; свѣщьникъ

СВѢТИТЕЛЬ, -лга *м* (1) φωτισμός (!) несущий свет osvěcovatel: господь свѣтитель мои и съпасъ мои • кого оубоѭ сѧ *Супр 235, 22-23* (просвѣштенье мое *Пс 26, 1 Син*)

СВѢТИТИ, свѣщѫ, свѣтиши *несов.* (6) φαίνειν, λάμπειν, διαφαίνειν, ἅπτειν светить, давать свет svítit: онъ бѣ свѣтільникъ • горѧ и свѣтѧ *И 5, 35 Ас* (свьтѧ *Зогр Мар*); ни въжагаѭтъ свѣтильника... і свѣтитъ вьсѣмъ *Мт 5, 15 Зогр Ас* (∅ *Мар*); повелѣ комисъ свѣштѧ принести • и свѣтити по вьсемоу претороу *Супр 222, 2.— Супр 64, 22; 190, 8.— Ср.* свьтѣти

свѣтити *Супр 438, 13 см.* свѧтити

СВѢТОВЬНЪ, -ъıи *прил.* (1) τοῦ φωτός света *род.*, светоносный světelný, světla *род.*: да хвалимъ бѫдетъ дьнь с' • свѣтовьнъıи родитель *Супр 429, 6*

СВѢТЪ¹, -а *м* (>200) [(с)вѣт- *Ен* (1)] **1.** φῶς, φωτισμός, φέγγος свет, сияние světlo, záře, jas: лоуна не дастъ свѣта своего *Мк 13, 24 Зогр Мар*; възьрѣвъ на небо • хотѧ видѣти отъкѫдоу естъ свѣтъ *Супр 78, 10*; д⟨ь⟩нес⟨ь⟩ • слъньце не заходѧщее • свѣтомь в'сь миръ озари *Евх 1б 24*; знамена сѧ на насъ свѣтъ лица твоего г⟨оспод⟩і *Пс 4, 8 Син; Евх 73а 19* ● *перен.* ὄρθρος, ἡμέρα, αὔριον, πρωΐ утро, дневной свет; рассвет, заря ráno, denní světlo, rozbřesk, svítání: сътвориша же шьствик... отъ часа девѧтааго до свѣта *Супр 60, 5*; свѣтоу же бывъшоу... възѧша тѣлесѣ с⟨вѧ⟩тоую *Супр 15, 9*; бывъше въ страсѣ ве съна прѣбыша до свѣта *Супр 71, 4* ● огонь oheň: оузьрѣвъши же і раба една сѣдѧшть при свѣтѣ *Л 22, 56 Зогр Мар* ● *перен.* свет (*истины, добродетели, правды, веры*) světlo (*pravdy, ctnosti, víry*): егоже словеса свѣтъ сѫтъ *Евх 55б 10-11*; д⟨ь⟩нес⟨ь⟩ • отъ тъмы свобождени бываемъ • і свѣтомь б⟨ла⟩горазоумиѣ • в'сь миръ озарѣетъ сѧ *Евх 2б 8-9*; свѣтъ восиѣ праведьникоу *Пс 96, 11 Син*; посъли свѣтъ твоі і рѣснотѫ твоѭ *Пс 42, 3 Син*; да бѫдеши чѧдо свѣтоу и дьни *Евх 89б 7*; вьсѣкъ бо дѣлаѩи зъла • ненавидитъ свѣта • і не приходитъ къ свѣтоу *И 3, 20 Мар Ас* (∅ *Зогр*); (о)блѣцамъ же сѧ въ орѫжие свѣта *Рим 13, 12 Ен*; свѣтъ істинъны *Евх 10а 15* **2.** λύχνος светильник, лампа svítilna, lampa: нъ сльньцоу пришъдъшоу свѣта да не сиꙗетъ *Супр 418, 7.— Зогр Мар Ас Боян Сав Ен Син Служ Евх Клоц Супр Рыл.— Ср.* свѣтило, сиꙗник, свѣща, свѣтильникъ

СВѢТЪ², -а *м* (5): с ь с в ѣ т ъ ὁ αἰών (οὗτος), ὁ κόσμος (οὗτος) (этот) мир, свет (tento) svět: печаль свѣта сего... подавлѣетъ... слово *Мт 13, 22 Зогр Мар*; і да и азъ еще на семь свѣтѣ • моихъ грѣхъ покаѭ сѧ *Евх 72б 1*; ты единъ на съ свѣтъ приде грѣшъникъ ізбавитъ *Евх 72б 10-11.— Клоц 2б 34.— Ср.* миръ²

СВѢТЬЛО *нареч.* (12) **1.** φῶς (!) светло světle, jasně: свѣштѧ имѣахѫ и свѣтъло бѣаше и не видѣахѫ его *Супр 412, 18* **2.** τηλαυγῶς ясно, отчетливо jasně, zřetelně: пакы възложи рѫцѣ на очи его • і сътвори і прозьрѣти • і оутвори сѧ • і оузьрѣ всѧ свѣтъло *Мк 8, 25 Зогр Мар*; свѣтло же еже нынѣ видѣ *Супр 159, 25* **3.** *перен.* λαμπρῶς, φαιδρῶς блистательно, великолепно; торжественно skvostně, skvěle, velkolepě; slavně: чл⟨о⟩в⟨ѣ⟩къ же единъ бѣ богатъ... веселѧ сѧ на вьсѣкъ день свѣтъло *Л 16, 19 Мар Ас Сав* (свѣтьлъ *Зогр*); възвеселита сѧ свѣтъло • н⟨е⟩бо и землѣ *Евх 85б 8*; ѩзыци свѣтло миръ проповѣдаѭтъ *Супр 337, 14.— Евх 87б 19; Супр 335, 7-8; 471, 5.— Ср.* весело, ꙗсно

СВѢТЬЛООБРАЗЬНЪ, -ъıи *прил.* (1) φωτοειδής светящийся, светлый zářivý, jasný: д⟨ь⟩нес⟨ь⟩ • свѣтълообразънꙑѩ звѣздꙑ • в'селенѫѭ освѣщаѭтъ *Евх 2а 2-3*

СВѢТЬЛОСТЬ, -и *ж* (7) λαμπρότης, φωτοφορία, φωτισμός, φαιδρότης свет, блеск, сияние jas, záře, svit: просвьтѣсте сѧ паче сльнечьнꙑѩ свѣтьлости *Супр 68, 4* ● *перен.*: цѣломѫдриѣ свѣтълость *Евх 81а 10*; прилюбьꙗниꙗ свѣтьлость *Супр 356, 10* ● блеск, великолепие skvělost, sláva: пакы грѧдѫшта... сь свѣтьлостьѭ небесьскоѭ *Супр 486, 11*; заклинаѭ тѧ съвръженꙑ • отъ вышьнꙗѩ свѣтълости *Евх 52а 3.— Пс 89, 17 Син; Евх 51б 11-12.— Ср.* свѣтъ¹, свѣтьлота, свѣтьльство

СВѢТЬЛОТА, -ы *ж* (1) λαμπρότης блеск, великолепие skvělost, sláva: съ тобоѭ владꙑчьство вь день печалі твоѩ • вь свѣтьлотахъ св⟨ѩ⟩тꙑнхъ твоїхъ *Пс 109, 3 Син.— Ср.* свѣтьлость[1]

СВѢТЬЛЪ, -ꙑи *прил.* (78) φωτεινός, λαμπρός, τοῦ φωτός, φαεινός, λαμπροφόρος, φωστήρ (!), λαμπρότης (!), αἰγληφόρος, φωτοφόρος, φωτιστικός, φεγγίτης, φαιδρός, οὐ μυλλός (!), κατάκομος (!), ἐπιλάμπειν светлый, сверкающий; белый světlý, jasný: се облакъ свѣтелъ осић ѩ *Мт 17, 5 Мар* (∅ *Зогр*); д⟨ь⟩нес⟨ь⟩ • лоуна свѣтълами лоучами • в⟨ь⟩сь миръ освѣщаетъ *Евх 16б 25-2а 1* ● великолепный, блестящий skvostný, skvělý: овъ свѣтло одѣние носитъ *Супр 491, 17* ● ясный, чистый jasný, čistý: приснотекꙑ • і не истѣкаѭи • живѫи • і свѣтелъ істочьникъ • сѫщии *Евх 63а 17*; аште оубо бѫдетъ око твое просто • все тѣло твое бѫдетъ свѣтъло *Мт 6, 22 Зогр Мар Ас* (просто *Сав*) ● чистый, безгрешный, непорочный čistý, neposkvrněný: и лѣтꙑ и житиемъ свѣтъломъ • инѣхъ вьсѣхъ старѣиша сѫшта *Супр 278, 14*; диꙗволъ же прѣобразоуетъ сѧ въ ангела свѣтъла *Хил 2аа 23*; ● ἱλαρός; (свѣтьлъ бꙑти λευχειμονεῖν) светлый, радостный radostný: и естъ зѣло старъ • и свѣтьлъ лицемъ *Супр 302, 21-22*; свѣтъло пришъствие его постиже *Супр 464, 9* ● ὑπέρλαμπρος знатный, славный slavný, vznešený: молѭ сѧ вашеи свѣтьлѣи власти *Супр 228, 24-25* ◆ свѣтьлаꙗ недѣлꙗ *см.* недѣлꙗ; свѣтьлꙑи камꙑ *см.* камꙑ.— *Зогр Мар Ас Евх Служ Супр Хил.— Ср.* ꙗснъ

СВѢТЬЛЬСТВО, -а *с* (2) φαιδρότης светлость jas; *перен.*: цѣсарь же видѣвъ блаженааго и свѣтьльство лица его... не може отъвѣштати емѹ словесе *Супр 194, 19.— Супр 102, 2.— Ср.* свѣтъ[1], свѣтьлость, свѣтьлота

СВѢЩА, -ѧ *ж* (35) **1.** λαμπάς, λύχνος, κηρός, φανός, κανδήλη, λαμπαδοῦχος светильник, факел, свеча, svítilna, pochodeň, svíce: повелѣ комисъ свѣштѧ принести • и свѣтити по вьсемоу претороу *Супр 222, 1-2*; приідѫ на нь • съ орѫжі и дрѣкольмі • свѣштѧ і свѣтильникꙑ имѫште *Клоц 5а 1; И 18, 3 Зогр Мар Ас Сав*; приноситъ ё̃ • свѣщи *Евх 19б 12* ● лампада lampa: примѣмъ масло вь свѣштѧ *Супр 313, 17* ● *перен.*: вѣрѣ свѣште чиста *Супр 372, 3*; свѣштѧ божъства емоу оугасити не могѫтъ *Супр 402, 17* **2.** φῶς огонь oheň: і бѣ сѣдѧ съ слоугами • і грѣѩ сѧ при свѣшти *Мк 14, 54 Зогр Мар.— Зогр Мар Ас Сав Евх Клоц Супр.— Ср.* свѣтильникъ, свѣтило, свѣщило, свѣтъ[1]

СВѢЩИЛО, -а *с* (2) **1.** λυχνία подсвечник svícen: на старѣишинъство братиѩ възведоша • на началъно свѣштило свѣштѫ *Супр 277, 8* **2.** λύχνος светильник svítilna: гнильное свѣштило тѣлесе емоу разоратъ • нъ свѣштѧ божъства емоу оугасити не могѫтъ *Супр 402, 16.— Ср.* свѣтильникъ, свѣщьникъ, свѣща

СВѢЩЬНИКЪ, -а *м* (10) λυχνία подсвечник svícen: никътоже оубо свѣтильника въжегъ • покрꙑваетъ его спѫдомь... нъ на свѣштьникъ възлагаетъ *Л 8, 16 Зогр Мар Ас Сав.— Мт 5, 15 Зогр Ас; Мк 4, 21 Зогр Мар; Л 11, 33 Зогр Мар.— Ср.* свѣщило

СВѦТИЛИЩЕ, -а *с* (1) ἁγίασμα святилище svatyně: кротъко ꙗви сѧ къ свѧтилиштоу *Супр 248, 13.— Ср.* свѧтило

СВѦТИЛО, -а *с* (4) [свѣтил- (!) *Син* (2)] ἁγιαστήριον, ἁγίασμα святилище svatyně: доіде же вънідѫ въ свѧтило б⟨о⟩ж⟨і⟩е *Пс 72, 17 Син.— Пс 73, 7; 82, 13; 95, 6 Син.— Ср.* свѧтилище

СВѦТИТЕЛЬ, -лꙗ *м* (8) [ст҃ител- *Супр* (1), ст҃л- *Ас* (5)] ἱερεύς, ἀρχιεπίσκοπος священнослужитель, священник; святитель kněz; biskup: възвративъ же сѧ пакꙑ въскорѣ • съ в'сѣмъ клиросомъ и людьми прѣподобьнꙑи б(о)жиі с⟨вѧ⟩титель... *Супр 530, 17.— Ас 114аβ 27; 132б 5; 135б 20; 146б 5; 151а 3; Супр 246, 12; 532, 9.— Ср.* жьрьць, иереи, попъ, свѧщеникъ, чиститель

СВѦТИТЕЛЬСКЪ, -ꙑи *прил.* (4) [ст҃ит- *Ен* (1) *Супр* (1)] ἱερατικός, ἱεροπρεπής; (въ свѧтительскѫѭ подобѫ ἱεροπρεπῶς) священнический; святительский kněžský; biskupský: отълѫченъ бꙑс⟨тъ⟩ отъ свѧтительскꙑѩ слоужъбꙑ *Супр 186, 25*; видѣ нѣкогда въ свѧтительствѣ лѣпотѣ възбоуждаѭшта и *Супр 275, 23*; въ с⟨вѧ⟩тит..ѫ подобѫ облъкъ сѧ *Ен 39б 1-2.— Супр 536, 29.— Ср.* иереискъ

СВѦТИТИ, свѧщѫ, свѧтиши *сов./несов.* (52) [ст҃и- *Зогр* (3) *Мар* (3) *Ас* (3) *Сав* (4) *Ен* (1) *Син* (1) *Евх* (11) *Супр* (2) *Хил* (1), св҃- *Мар* (1) *Клоц* (1), свщ҃- *Мар* (1) *Ас* (1) *Евх* (3), с(щ)вѧ- *Евх* (3), сщ҃- *Мар* (1) *Сав* (3)] ἁγιάζειν **1.** μεταρρυθμίζειν (!), ἅγιος (!) освятить/освящать, сделать/делать святым posvětit/posvěcovat: егоже о⟨ть⟩ць с⟨вѧ⟩ти • і посъла въ миръ *И 10, 36 Зогр Мар Ас*; да с⟨вѧ⟩титъ сѧ імѧ твое *Мт 6, 9 Зогр Мар Ас Сав; Л 11, 2 Зогр Мар*; ізволивꙑ въ ерданѣ кр'стити сѧ • і свѧщ⟨ь⟩ водꙑ сиѩ *Евх 6а 12*; о⟨ть⟩че • с⟨вѧ⟩ти (*вм.* свѧтꙑи?) и съблюди ихъ *И 17, 11 Сав* (с⟨вѧ⟩тꙑ *Мар Ас,* ∅ *Зогр*); тꙑ еси бл⟨а⟩г⟨осло⟩вии і с⟨вѧ⟩тѧи в'сѣ *Евх 21б 24*; попелъ юница кропимъ • осквръненꙑихъ с⟨вѧ⟩титъ *Супр 483, 22* ▭ свѧщенъ *в знач. прил.* ἱερός освященный posvátný: ѡле сьнемъ свѧштенъ *Супр 96, 27* **2.** *сов.* εὐλογεῖν благословить požehnat:

примъ ҄є хлѣбъ • и обѣ рыбѣ и възьрѣвъ на н⟨е⟩бо с⟨вѧ⟩ти *Мт 14, 19 Сав* (бл⟨а⟩г⟨осло⟩ви *Зогр Мар Ас*) □ свѧщенъ *в знач. прил.* εὔχρηστος благословенный, благословленный požehnaný: сътвори е бл⟨а⟩г⟨осло⟩вено и св⟨ѧ⟩щено • въ послоуженик твоимъ рабомъ *Евх 21б 22*; істочьниче благодѣтьны • іже сам'псоноу • і свѧщѭ (*вм.* свѧщ⟨енѫ⟩ѭ?) источи *Евх 21б 5* **3.** *сов.* ἱερεῖον (!) посвятить, принести в жертву zasvětit, obětovat: приведъı себѣ • с⟨вѧ⟩ти тѣло (*вм.* свѧтило?) непорочьно • за в'сѧ ч⟨ловѣ⟩къı *Евх 63б 2* □ свѧтити сѧ *несов.* посвящать себя, приносить себя в жертву zasvěcovat se, obětovat se: за нѩ азъ св⟨ѧ⟩штѫ сѧ самъ • да бѫдѫтъ и ти с⟨вѧ⟩штени въı-истинѫ *И 17, 19 Мар Сав* (св⟨ѧ⟩щаѩ *Ас*, ∅ *Зогр*) **4.** свѧщенъıи *в знач. сущ.* ἀρχιερεύς священник kněz: придѫ же слоугъı къ с⟨вѧ⟩щенъıмъ *И 7, 45 Сав* (архиереомъ *Зогр Мар Ас*); г⟨лаго⟩летъ же св⟨ѧ⟩щенъı къ немоу *Евх 68а 3* □ свѧщенъıи чинъ ἱερατικὸν τάγμα духовенство, священство duchovenstvo, kněžstvo: помѧни... в'сѣкъ св⟨ѧ⟩щенъı чинъ *Служ 3б 22.— Зогр Мар Ас Сав Ен Син Служ Киев Евх Клоц Супр Хил.— Ср.* благословити, освѧтити, освѧщати, свѧщати

СВѦТО *нареч.* (1) ἅγιος (!) свято, как святой svatě: съвъздвигни тѣлеса наша • вь день вь ньже с⟨вѧ⟩то и • неложьно повѣдалъ еси *Евх 65б 11*

СВѦТОСТЬ, -и *ж* (9) **1.** θεωρία (!), υἱοθεσία (!) святость svatost: благословештеньк отъ свѧтости кго желаѭште полоучити *Супр 568, 27*; тебѣ подобаатъ хвала • слава великолѣпотик • свѧтость *Супр 144, 17-18* **2.** божиꙗ свѧтость δωρεά евхаристия (*так наз. дары: хлеб и вино, даваемые при причащении*) eucharistie, nejsvětější svátost: доньжде (!) кстъ попъ • и богъ дастъ кмоу попьство • не отъмешти сѧ • възьмати оть нꙗего божиѭ свѧтость *Супр 359, 5* **3.** ἁγίασμα святилище svatyně: иди къ готованꙗи мьнѣ с⟨вѧ⟩тости • иди къ изволꙗению моего чьстънааго храма *Супр 248, 7.— Супр 143, 29-30; 338, 14; 341, 11; 534, 18; 544, 5.— Ср.* свѧтило, свѧтꙑни, свѧтьба

СВѦТЪ, -ъıи *прил., сравн. ст.* свѧтѣи (>1000) [ст҃-, свт҃-] ἅγιος, ἱερός, θεῖος, πανάγιος, ἁγιώτατος, ὁ ἐν ἁγίοις, τίμιος, δίκαιος (!) ἁγνός (!), σεβαστός (!), μακάριος sanctus святой svatý: іже речетъ на д⟨оу⟩хъ с⟨вѧ⟩тъı • не отъпоустить сѧ емоу *Мт 12, 32 Зогр Мар Ас Сав*; пѣти с⟨вѧ⟩тъıѩ троицѧ • единоестествьнъıѩ *Евх 61а 5*; с⟨вѧ⟩тѣишиѣ херꙋвима • и вышъшиѣ н⟨е⟩бесъ • прѣпѣтаѣ б⟨огороди⟩це *Ен 28б 3-4*; с⟨вѧ⟩таа же иоулиꙗни милосрьдовавъши вьзѧ водъı мало *Супр 3, 22*; ꙇродъ бо боѣше сѧ ꙇоана • вѣдъı мѫжа правьдъна і с⟨вѧ⟩та *Мк 6, 20 Зогр Мар Ас* ● *о местности, предмете, явлении и т. п.* святой, священный svatý, posvátný: ѡснованиѣ іхъ на горахъ св⟨ѧ⟩тъıхъ *Пс 86, 1 Син*; отъ дрѣва свѧтааго *Супр 265, 16*; о десныѭ свѧтъıѩ трепезъı *Супр 209, 9-10*; не дадите с⟨вѧ⟩таго псомъ *Мт 7, 6 Зогр Мар Ас; Евх 69а 19* (с⟨вѧ⟩щениꙗ *Сав*) □ свѧтъıи *м в знач. сущ.* святой svatý, světec: лѫкавънова врагъ о св⟨ѧ⟩тѣемь твоемь *Пс 73, 3 Син*; оубоите сѧ г⟨оспод⟩ѣ вьси с⟨вѩ⟩тии его *Пс 33, 10 Син*; и тако свѧтъıи прѣдастъ доушѫ господоу *Супр 216, 30*; идеже бѣахѫ мошти свѧтъıхъ *Супр 218, 18*; свѧтаꙗ *с мн. в знач. сущ.* **а)** евхаристия eucharistie: с⟨вѧ⟩таа с⟨вѧ⟩тъıмъ *Евх 11б 3*; твоѣ свѧтаѣ... на очищеник намъ бѫдѫ *Киев 5а 13* **б)** святилище svatyně: нхже бо вносїтъ сѧ животъньıхъ кръвъ • въ с⟨вѧ⟩таѣ ѡ грѣсѣхъ архиерешмъ *Евр 13, 11 Ен* ◆ свѧтаꙗ свѧтъıимъ, свѧтаꙗ свѧтъıихъ τὰ ἅγια τῶν ἁγίων святая святых (*самая священная часть иерусалимского храма*) velesvatyně (*nejposvátnější část jeruzalémského chrámu*): (ре)комаѣ с⟨вѧ⟩таѣ с⟨вѧ⟩тъıмъ *Евр 9, 3 Ен*; с⟨вѧ⟩таа с⟨вѧ⟩тъıхъ попьрана сѫтъ *Клоц 7а 22; Супр 418, 14*; свѧток комъканик възѧти *см.* комъканик; свѧтаꙗ недѣлꙗ *см.* недѣлꙗ.— *Зогр Мар Ас Сав Охр Унд Боян Ен Син Служ Евх Киев Клоц Супр Хил Рыл.— Ср.* блаженъ, великъ, прѣсвѧтъ, свѧтити (свѧщенъ), свѧтьць, свѧтилище, свѧтꙑни

СВѦТꙐНИ, -ньѩ *ж* (24) [с҃ты- *Син* (5), с҃вьтн- *Син* (1), с҃ты- *Син* (4) *Евх* (10)] **1.** ἁγιοσύνη, ἁγιότης, ἁγίασμα, ἁγιασμός, ὁσιότης, ἅγιος (!) святость svatost: поштади житиꙗ моего молѭ сѧ твоки свѧтꙑни *Супр 286, 14-15*; процвьтетъ св⟨ѧ⟩тъıни моѣ *Пс 131, 18 Син*; **2.** ἁγιασμός; (свѧтъıнѭ приѩти ἁγιάζεσθαι) освящение posvěcení: да имѫтъ ѭ въ очищение д⟨оу⟩шамъ и тѣломъ • къ баловаңью врѣдомъ • къ с⟨вѧ⟩тъıни домомъ *Евх 5а 18-19*; пришедъша въ с⟨вѧ⟩тѫѭ твоѭ цр⟨ъ⟩к⟨ъ⟩вь • с⟨вѧ⟩тъıнѭ и бл⟨а⟩г⟨осло⟩вение твое хотѧща приѩти *Евх 10а 5* **3.** ἁγίασμα святилище svatyně: осквръни на земли св⟨ѧ⟩тъıнѫ его *Пс 88, 40 Син.— Ен Син Евх Клоц Супр.— Ср.* свѧтость, свѧтьба, свѧтило, свѧтилище

СВѦТЪІНЬНЪ, -ъıи *прил.* (1) τῆς ἁγιοσύνης святой, священный svatý, posvátný: свѣшта же сьде рече дѣвествънъıи даръ чистота свѧтꙑньнаꙗ *Супр 372, 4-5*

СВѦТЬБА, -ъı *ж* (3) [ст҃ъб- *Ен* (1) *Евх* (2)] ἁγιασμός освящение posvěcení: тъı бо еси с⟨вѧ⟩тъба наша *Евх 6а 20*; призываѩи праведьникы на с⟨вѧ⟩тъбѫ • ı грѣшъникы на покаанıе *Евх 74а 12.— 1 Кор 1, 30 Ен.— Ср.* свѧтость, свѧтꙑнꙗ

СВѦТЬЦЬ, -ца *м* (1) *греч. нет* святой (*в знач. сущ.*) světec: и абиѥ къ тихоуоумоу пристаништоу с⟨вѧ⟩тьцоу б⟨о⟩жью оустрьми сѧ *Супр 567, 10.— Ср.* свѧтъ

СВѦШТАТИ, -аѭ, -аѥши *несов.* (3) ⟨свщ- *Мар* (2) *Ас* (1)] ἁγιάζειν **1.** святить, освящать posvěcovat: кто болеи естъ • злато ли ли цр⟨ъ⟩кы • св⟨ѧ⟩щаѭщиѥ злато *Мт 23, 17 Мар* (∅ *Зогр*) **2.** свѧщати сѧ посвящать себя, приносить себя в жертву zasvěcovat se, obětovat se: и за нѥ азь св⟨ѧ⟩щаѭ сѧ самъ *И 17, 19 Ас* (св⟨ѧ⟩штѫ *Мар Сав*, ∅ *Зогр*).— *Мт 23, 19 Мар.— Ср.* освѧщати, свѧтити

СВѦЩЕНИКЪ, -а *м* (5) [свѧ(щ)ник- *Евх* (3); св(щ)к- *Ас* (2)] ἱερεύς священник kněz: аще которъ свѧщ⟨е⟩никъ • съ гнѣвомь съвѧжетъ ч⟨ловѣ⟩ка • ли кръвь пролѣетъ • да проситъ врача *Евх 103б 15.— Ас 157б 11 и 17; Евх 57б 12; 67б 16-17.— Ср.* жьрьць, иереи, клирикъ, клиросьникъ, попъ, свѧтитель, чиститель, свѧтити (свѧщенъ)

СВѦЩЕНИѤ, -иꙗ *с* (17) [свщен- *Ас* (1), свѧщн- *Зогр* (1), свѧ(щ)н- *Евх* (1), св(щ)н- *Ас* (3), сщен- *Сав* (4), свьѧце (?!) *Син* (1), ..ние *Ен* (1)] **1.** ἁγιασμός освящение, дарование святости posvěcení: бл⟨а⟩г⟨осло⟩ви вино се • своеѭ благостиѭ... кропленıемь • ı свѧщение водꙑ именемь твоимь *Евх 20а 5*; сътвори ѭ бꙑти... свѧщение неджгомъ *Евх 6б 20* **2.** ἐγκαινισμός, τὰ ἐγκαίνια освящение (*храма*) zasvěcení, posvěcení (*chrámu*): пѣсни о свьѧце⟨нии⟩ (?! *вм.* освѧщении) *Пс 29, 1 Син*; бꙑша же тогда свѧш⟨те⟩ниѥ въ ı⟨ероуса⟩л⟨и⟩мѣхъ *И 10, 22 Зогр Ас* (2) (енѥниѥ *Мар*); вь дьнь свѧштениꙗ • бꙑвъшааго въ манастꙑри чьстьнѣи црькъви *Супр 288, 10* **3.** τὸ ἅγιον святыня, нечто освященное svatá, posvátná věc: не дадите с⟨вѧ⟩щениꙗ пъсомъ *Мт 7, 6 Сав* (с⟨вѧ⟩тааго *Зогр Мар Ас*).— *Зогр Мар Ас Сав Ен Син Евх Супр.— Ср.* еѹкениꙗ, освѧщеник, свѧтило, свѧтилище, свѧтъ

СВѦЩЕНОМѪЧЕНИКЪ, -а *м* (8) [св(щ)ном(ч)к- *Ас* (6); сщнм(ч)к- *Ас* (1); свѧщенномѫ(ч)к- *Ен* (1)] ἱερόμαρτυς священномученик mučedník (kněz *nebo* biskup): с⟨вѧ⟩таго с⟨вѧ⟩щ⟨е⟩н⟨о⟩м⟨ѫ⟩ч⟨ени⟩ка маркела *Ас 152а 9.— Ас 121б 20; 141б 4; 142б 11 и 18; 146а 2; 153б 7; Ен 35а 2-3*

свѧщенъ *см.* свѧтити

свьѧце(ник) *Пс 29, 1 Син см.* свѧщениѥ

СЕ *частица* (>500) **1.** *усилительная* ἰδού, ἴδε, φέρε, ἤδη (!), οὗτος (!) вот hle: се изиде сѣѩи сѣатъ *Мк 4, 3 Мар* (∅ *Зогр*); се бо наста врѣмѧ празденъствоу нашемоу *Евх 16 12*; се цѣсарь твои градетъ ти *Супр 337, 5* **2.** *присоединительная* **а)** се, и се καί и, а, же a, pak: ı се ei бѣ сестра • ıменемь марıѣ *Л 10, 39 Зогр Ас Сав* (∅ *Мар*); **б)** ꙗко се, ꙗкоже се *в сравнит. предложении* ὡς, ὥσπερ, οἱονεί, οἷον, οἱόν τι подобно тому как; как будто jakožto; jako by: ѣко се егда свѣтильникъ • блисцаньемь просвѣштаетъ сѧ *Л 11, 36 Зогр Мар*; ꙗкоже се страждѫ на рати творѧште *Супр 91, 29*; **в)** не се ли *в вопросит. предложении* οὐκ ἰδού разве не co(ž) pak ne: не се ли да⟨въ⟩дъ крꙑетъ сꙗ вь насъ *Пс 53, 2 Син* **3.** *в знач. союза* ἰδού, ἴδε **а)** *противит.* се, обаче се, нъ се, се бо но вот, но все-таки a hle, ale, avšak, a přesto: ѡбаче се рѫка прѣдаѭштааго мѧ • съ мноѭ естъ на трепезѣ *Л 22, 21 Зогр Мар*; се бо б⟨ог⟩ъ помагаетъ мı *Пс 53, 6 Син*; простꙑ мѧ котꙑгꙑ лишисте • се въ багърѣницѫ облѣченъ сѣждѫ *Супр 368, 11*; **б)** *причины* се, ꙗко се, се бо ибо, ведь neboť, vždyť: въстанѣте ıдѣмъ • се прѣдаѩı мѧ приближи сѧ *Мк 14, 42 Зогр Мар*; ѣко се грѣшъници налѧцаша лѫкь *Пс 10, 2 Син*; **в)** *со знач. следствия* итак, так что, и поэтому a tak, takže, a proto: много молихъ сѧ богоу за ва • и се сътвори милость съ вама *Супр 297, 10* **4.** *в знач. нареч.* ἰδού, ἴδε **а)** *места* (се ѥстъ πάρεστιν) здесь, тут zde, tu, tady: съкрꙑхъ талан'тъ твоı въ земи • се ıмаши твое *Мт 25, 25 Зогр Мар Ас Сав*; и се *Супр 377, 6*; оучитель се естъ *И 11, 28 Ас Зогр Мар Сав*; **б)** *времени* тогда tehdy, tu: ı се принесоша емоу ослаблѥнъ жилами *Мт 9, 2 Зогр Мар Ас* (и абиѥ *Сав*).— *Зогр Мар Ас Сав Охр Унд Ен Син Киев Евх Клоц Супр.— Ср.* волѥ, есе

се *см.* сь

се *Супр 148, 30* (*вм.* себѣ) *см.* сѧ

себе, себѣ *см.* сѧ

СЕВАСТИИСКЪ, -ꙑи *прил. к* севастиꙗ (1) τῆς Σεβαστίας себастийский sebastský: севастиискꙑи митрополитъ *Супр 280, 8*

СЕВАСТИꙖ, -иѩ *ж город* (3) Σεβάστεια Себастия Sebastia: ѥстъ бо вь севастиї езеро имꙑ водѫ многѫ *Супр 76, 9-10.— Супр 68, 23; 72, 19*

северъ *Пс 88, 13 Син см.* сѣверъ

СЕВРИАНЪ, -а *м имя* (2) [сеѵриꙗнъ *Супр* (1)] Σευηριανός Севериан Severianus: с⟨вѧ⟩таго мѫч⟨ени⟩ка севриана *Ен 29б 3.— Супр 69, 10*

СЕВЫРОВЪ *прил. к мужскому имени Север* τοῦ Σευήρου Северов Severův: севꙑрово зъловѣрьство приимъ *Супр 298, 3*

СЕДМЕРИЦЕѬ *нареч.* (2) ἑπταπλασίως семь раз, семикратно, всемеро sedmkrát: въздаждь сѫсѣдомъ нашимъ • седмерицеѭ въ нѣдра ихъ *Пс 78, 12 Син.— Пс 11, 7 Син.— Ср.* седмицеѭ, седмькратицеѭ, седморицеѭ, кратъ (седмь кратъ)

седмини *Мк 8, 20 Зогр см.* седмь

СЕДМИЦЕѬ *нареч.* (6) ἑπτάκις, ἑπτά семь раз sedmkrát: не г⟨лаго⟩лѭ тебѣ до седмь кратъ • нъ до седмь десѧтъ кратъ седмицеѭ *Мт 18, 22 Мар* (∅ *Зогр*) ◆ седморо седмицеѭ ἑπταπλάσιον *см.* седморо.— *Л 17, 4 Ас Сав* (2); *Евх 75б 19; Супр 360, 13.— Ср.* седмерицеѭ, седмькратицеѭ, седмь (седмь кратъ)

СЕДМОРИЦЕѬ *нареч.* (5) ἑπτάκις, τετραπλοῦν (!) семь раз; семикратно sedmkrát, sedminásobně: і аште седморицеѭ съгрѣшитъ въ тѧ • і седморицеѭ обратитъ сѧ къ тебѣ... *Л 17, 4 Зогр Мар* (седмькратицеѭ... седмицеѭ *Ас*, седмицеѭ *Сав* (2); аще есмъ кого чимъ оуобідѣлъ • възвраштѫ седморіцеѭ *Л 19, 8 Ас* (четворицеѭ *Зогр Мар*).— *Ср.* седмерицеѭ, седмицеѭ, кратъ (седмь кратъ), седмькратицеѭ

СЕДМОРО *нареч.* (1): седморо седмицеѭ ἑπταπλάσιον семикратно sedminásobně, sedmeronásobně: достоинъ естъ съмрьти таковыи • и телицѫ да жлѣдетъ седморо седмицеѭ *Супр 360, 13*

СЕДМЪ, -ыи *числит. порядк.* (4) ἕβδομος, ἑπτά (!) седьмой sedmý: въчера въ годинѫ седмѫѭ остави и огнь *И 4, 52 Мар Ас*, въ часъ седмы *Зогр*; пръвы ожень сѧ оумьрѣтъ... такожде и въторы • и трети до седмааго *Мт 22, 26 Мар* (∅ *Зогр*).—*Ср.* ж҃, з҃

СЕДМЬ *числит. колич.* (45) [седмии *прил. Зогр* (1)] ἑπτά, οἱ ἑπτά; (седмь десѧтъ ἑβδομήκοντα, ἑβδομηκοστός (!); седмь кратъ, кратъ ἑπτάκις; седмь десѧтъ кратъ ἑβδομηκοντάκις) семь sedm: седмь оубо братрьѩ бѣ *Л 20, 29 Зогр Мар*; в'сѣ седмь оумрѣ *Л 20, 31 Зогр Мар*; примъ седмь тѫ хлѣбъ *Мк 8, 6 Зогр Мар*; егда седминѩ (*т. е.* хлѣбъ) въ четыри тысѫштѧ • колико кошьниць іспълънеьѣ оукроухъ възѧсте *Мк 8, 20 Зогр*, седмь *Мар*; възвратишѧ же сѧ седмь десѧтиі *Л 10, 17 Зогр Мар*; седмь десѧтъ *Ас* ◆ седмь кратъ *см.* кратъ.— *Зогр Мар Ас Син Евх Супр.— Ср.* ж҃, з҃

СЕДМЬДЕСѦТЬНЪ, -ыи *числит. порядк.* (1) ἑβδομηκοστός семидесятый sedmdesátý: въ седмьдесѧтьнои и девѧтои лѣто връсты сего їѡанна *Супр 295, 6—7.— Ср.* о҃ (*глаг.*), ѻ҃ (*кир.*)

СЕДМЬКРАТИЦЕѬ *нареч.* (1) ἑπτάκις семикратно sedmkrát: аште седмькратицеѭ дьнемъ • съгрѣшитъ кь тебѣ... *Л 17, 4 Ас* (седморицеѭ *Зогр Мар*, седмицеѭ *Сав*).— *Ср.* седмерицеѭ, седмицеѭ, седморицеѭ, кратъ (седмь кратъ)

СЕИЦИ *нареч.* (1) ἐξαυτῆς тотчас, немедленно, сейчас же ihned: хощѫ да ми дасі сеици на блюдѣ главѫ иоана кр⟨ь⟩ст⟨ите⟩лѣ *Мк 6, 25 Ас* (*нет Зогр Мар*).— *Ср.* абие

СЕКОУНДО, -а *м прозвище* (1) *греч. нет* Секунд Secundus: нѣкы именем' сергиі • секоундо *Супр 552, 19-20*

СЕКЫРА, -ы *ж* (6) ἀξίνη топор sekyra: секыра при корене дрѣва лежитъ *Л 3, 9 Зогр Мар Ас Сав.— Мт 3, 10 Ас; Пс 73, 5 Син.— Ср.* брады, сѣчиво

СЕЛЕВЬКЪ, -а *м имя* (1) Σέλευκος Селевк Seleucus: с⟨вѧ⟩тънихъ м⟨ѫ⟩ч⟨ени⟩къ... селев'ка • ноулана и инѣхъ *Ас 142б 15*

сели *см.* доселѣ, отъселѣ

СЕЛИВЕСТРЪ, -а *м имя* (1) Σίλβεστρος Сильвестр Silvestr: мѣ⟨сѧ⟩ца еноу⟨а⟩ра в҃ с⟨вѧ⟩тааг⟨о⟩ селивестра папежа рим'ска *Ас 136б 17*

СЕЛИКЪ, -ка, -ко *мест.* (6) τοσοῦτος, τοιοῦτος такой (*по количеству*); столь многий, столь многочисленный takový, tak veliký, tak četný: естъ отрочишть сьде единъ • иже іматъ пѧть хлѣбъ ıѧчьнѣнъ • і дьвѣ рыбѣ • нъ си чьто сѫтъ вь селико *И 6, 9 Зогр Мар*, чьто сѫтъ селикоу *Ас*; ныне же о селицѣ добрѣ не радоуѭтъ сѧ • но плачѫтъ сѧ • и толика добра виньника погоубити мыслѧтъ *Супр 386, 22.— Супр 150, 21; 424, 19.— Ср.* толикъ

СЕЛИТИ, -лѭ, -лиши *несов.* (1) *греч. нет* вселять, внедрять usídlovat, umísťovat; *перен.*: ізгонѧ в'сѣко безвѣрие із людеи своихъ • селѧ вь нихъ в'сѣко правовѣрие *Евх 44б 16.— Ср.* въселıати, насѣлıати

СЕЛИЩЕ, -а *с* (1) ταμιεῖον место поселения, пребывания sídlo, příbytek: благословьненъ градъıи адова селишта испразнитъ • а небесьна жилишта... испльнитъ *Супр 342, 4.— Ср.* жилище, село

СЕЛО, -а *с* (>100) **1.** ἀγρός, χωρίον, τόπος, προάστειον место поселения, пребывания; местность (osídlené) místo, země, území: любитъ г⟨оспод⟩ь врата сионѣ • паче всѣхъ селъ иѣковль *Пс 86, 2 Син* ● двор, имение, усадьба dvůr, dvorec, usedlost: въ окрѫстънихъ селѣхъ і вьсехъ • коупѧтъ себѣ хлѣбы *Мк 6, 36 Зогр Мар*; госпожда же селоу томоу елинъıни бѣаше *Супр 18, 5* **2.** σχήνωμα, σκηνή, κατοικητήριον, ἐργαστήριον (!) жилище příbytek, obydlí: въселѭ сѧ вь селѣ твоемъ въ вѣкы *Пс 60, 5 Син*; вьнидѫ вь село домоу моего *Пс 131, 3 Син*;

бѫди дворъ ӥхъ поустъ • ӥ вь селѣхъ ӥхъ не бѫди иже живетъ *Пс 68, 26 Син* **3.** ἀγρός пашня, поле pole: г⟨оспод⟩и не добро ли сѣмѧ сѣлъ еси на селѣ твоемь • отъ кѫдоу оубо ꙇматъ плѣвелъ *Мт 13, 27 Зогр Мар Ас*; коупишѧ ꙇмь село скѫдельниково *Мт 27, 7 Зогр Мар* ● пастбище pastvina: ꙇ посъла ꙇ на села своѣ • пастъ свинии *Л 15, 15 Зогр Мар Ас Сав* ● *перен.*: село естъ вьсь миръ *Мт 13, 38 Зогр Мар Ас Унд.— Зогр Мар Ас Сав Унд Боян Ен Син Евх Клоц Супр.— Ср.* вьсь, градьць, н҃ива, страна

село (!) *Пс 89, 10 Син см.* сила

СЕЛОМЬСКЪ, -ын *прил. к названию города Силом* (1) Σηλώμ силомский šilonský: отърінѫ скінѩ селомьскѫ *Пс 77, 60 Син*

СЕЛЬНЪ, -ын *прил.* (13) τοῦ ἀγροῦ полевой, луговой polní, luční: съмотрите цвѣтъ селънъіхъ како растѫтъ *Мт 6, 28 Зогр Мар Ас Сав; Л 12, 27 Зогр* (*нет Мар*); оумножи жита земи • ꙇ дрѣва сельнаа *Евх 12б 15.— Мт 6, 30 Мар Сав; Мт 13, 36 Зогр Мар Ас Унд; Пс 49, 11 Син*

селѣ *см.* доселѣ, отъселѣ

СЕМЕИНОВЪ *прил. к мужскому имени Семей* (2) [семеон- *Мар* (1)] τοῦ Σεμεΐν Семеев Semejův: н⟨соу⟩с⟨ъ⟩... с⟨ы⟩нъ сы ѣко мьнимъ бѣ • ꙇосифовъ • ꙇлеꙇевъ... семеꙇновъ *Л 3, 26 Зогр*, семеоновъ *Мар*

СЕМЕЛИИ, -ниѩ *ж имя* (1) Σεμέλη Семела Semele: дионѵсь • нарочитъıи вашь богъ... бывъ отъ семелиѩ кад'мовы *Супр 8, 9*

семеоновъ *Л 3, 26 Мар см.* семеиновъ

семеоновъ *Л 3, 30 Зогр см.* ѵмеоновъ

семеонъ *Ен* (5), *Евх 7а 20-21 см.* ѵмеонъ

семьонъ *Л 2, 25, 28 и 34 Зогр; Клоц 14а 34 см.* ѵмеонъ

СЕПТѦБРЬ, -рѩ *и* **СЕПТѦБРЪ**, -ра *м* (77) [-бръ *Сав* (10), -брь *Унд* (4) *Ен* (1), сеп҃тѧ(б) *Ас* (28), сеп҃(б) *Ас* (29), сеп҃т(б)- *Ас* (2)] Σεπτέμβριος сентябрь září: пса҃н⟨о⟩ г҃ септѧбра *Сав 144а 7*; м҃ѣс⟨ѧца⟩ септѧб-⟨ра⟩ • въ а҃ ден⟨ь⟩ • начѧток⟨ъ⟩ инд⟨и⟩ктоу и нов⟨оумоу⟩ лѣт⟨оу⟩ *Ас 112бβ 12*; ниц⟨и⟩ • в҃ • септѧбрѣ *Унд 2а 1*; ниции прочаѧ слоужбы • е҃г септѧбрѣ *Ен 24б 7-8.— Ас Сав Унд Ен*

СЕРАФИМЪ[1], -а *м*, **СЕРАФИМИ**, -ъ *м мн. и* **СЕРАФИМЬ, СЕРАФИМЪ** *мн. нескл.* (6) [серафимъ *Супр* (1), серафими *мн. Супр* (2), серафимь *нескл. Евх* (1), серафимъ *нескл. Евх* (1) *Супр* (1)] Σεραφίμ, Σεραφείμ серафимы serafové (*употребляется в собир. знач.*): пригвожденъ бъıстъ на дрѣвѣ • славимъıи херовимомъ и серафимомъ *Супр 481, 30*; мъногоочитии херовими • и шестокрилатаа серафимь *Евх 4а 18*; и варяѭтъ херовимъ • и прѣтѣкаѭтъ серафимъ *Супр 458, 13*; присѧзи къ пльти моки грѧдоуоумоу херовимомъ • и чьстъно серафимомъ • и страшьно бесплътънымъ силам' *Супр 504, 2-3.— Евх 93а 22; Супр 248, 20-21*

СЕРАФИМЪ[2], -а *м* (1) Σεραπίων Серапей (*храм Сераписа*) Serapion: бѣаше же храмъ коумир'скъıи исконн • нарицаѥм'ъıи петасъ • и дроугъıи серафимъ *Супр 17, 9*

СЕРГИИ, -иꙗ *и* **СЕРГЪ**, -га *м имя* (6) [сергии *Супр* (2), серьѣии *Евх* (1), серг҃ь *Супр* (2), серѣь *Ас* (1)] Σέργιος Сергий Sergius: с⟨вѧ⟩тоую м⟨ѫ⟩ч⟨ени⟩коу серѣѣ и вак'ха *Ас 122б 10*; и сътворивъ тѹ ицѣленъи • именемь сы сергиї *Супр 555, 27.— Евх 10б 12; Супр 552, 19; 566, 19; 567, 19*

серѣь *Ас 122б 10 см.* серг҃ии

сероховъ *Л 3, 35 Зогр см.* сероуховъ

СЕРОУКОМИНЪ, -а *м селение* (1) Σερούκωμη Серукоми Serukomi: къ прѣди сѫштии вьси глаголемѣи • сероукоминъ *Супр 117, 11*

СЕРОУХОВЪ *прил. к мужскому имени Серух* (2) [серох- *Зогр* (1)] τοῦ Σερούχ Серухов Seruchův: и⟨соу⟩съ... с⟨ы⟩нъ сы ѣко мьнимъ бѣ • ꙇосифовъ... сероуховъ • рагавовъ *Л 3, 35 Мар*, сероховъ *Зогр*

серьѣии *Евх 10б 12 см.* серг҃ии

СЕСТРА, -ы *ж* (66) ἀδελφή сестра sestra: ꙇ се еі бѣ сестра • ꙇменемь марнѣ *Л 10, 39 Зогр Мар Ас Сав*; она же рече кто ѥстъ отьчина моꙗ • азъ пионова сестра ѥсмъ *Супр 139, 4.— Зогр Мар Ас Сав Боян Ен Евх Супр*

СЕСЬ? *межд.* (1) ἰδού вот hle: и просто решти на лѣто • сесь (*вм.* се съ?) три смокви роди *Супр 300, 24*

СЕТЬНО *нареч., сравн. ст.* сетьнѣѥ (1) *греч. нет* наконец, в конце концов posléze, nakonec: не оуспѣ ничьсоже... сетьнѣѥ же побѣжденъ бывъ отъвѣтъ дастъ о н҃ею *Супр 213, 13.— Ср.* послѣдь, послѣди

СЕТЬНЪ, -ын *прил.* (6) ἔσχατος крайний, высший krajní, nejvyšší: нъ иже добра не творитъ мѫчитъ сѧ сетъноѭ мѫкоѭ *Супр 378, 7*; обрѣтаѥмъ... падениѥ сетноѥ отъ лѣности *Супр 513, 30*; сетънаꙗ ожидаѭтъ дръзнѫвъшиихъ ѥже дръзнѫша сътворити • аште сѧ не покаѭтъ *Супр 445, 7*; тѣмь да оделѣѭтъ • ѥже сетънааго безоумьꙗ ѥстъ *Супр 444, 8.— Супр 442, 5* □ **на сетьноѥ** *в знач. нареч.* εἰς ἔσχατον полностью, в высшей степени úplně, zcela: благословьѥнъ градъıи • мѫченню дръжавѫ сътрътъ • а простъıнѫ на сетъноѥ пришъдъї пода *Супр 342, 2*

сеѵрианъ *Супр 69, 10 см.* севрианъ

СИ *частица* (3) τά, ἄν же -pak: къде си нынꙗ кси *Супр 242, 9*; что си ки бѫдетъ *Супр 516, 9*; то о дѣлѣхъ оубо ѡ како си бѫдѫтъ *Рыл 2ба 9*.— *Ср.* се

си *дат. см.* сѧ

си *Мт 6, 9 Мар см.* быти

сии *см.* сь

сиавна *Супр 122, 12 см.* силвиꙗ

СИДОНЪ, -а *м город* (10) Σιδών Сидон Sidon: ѣко аште въ т’ѵрѣ ι сидонѣ • бишѧ силы былы • бывъшѧѩ въ васъ *Мт 11, 21 Зогр Мар; Л 10, 13 и 14 Зогр Мар.— Мт 11, 22 Зогр Мар; Мк 3, 8 Зогр Мар*

СИДОНЬСКЪ, -ын *прил. к* сидонъ (18) [сѵдон- *Мар* (2)] τῆς Σιδῶνος сидонский sidonský: отиде въ странѫ тоурьскѫ • ι сидоньскѫ *Мт 15, 21 Зогр Сав*; сѵдонъскѫ *Мар.— Мк 7, 24 Зогр Мар; Мк 7, 31 Зогр Мар Ас Сав Боян; Л 4, 26 Мар Ас Сав; Л 6, 17 Зогр Мар Ас* (2) *Сав*

сии *см.* сь

СИКЕРА *нескл. или* **СИКЕРЪ**, -а *м* (2) σίκερα хмельной напиток, сикер kvašený nápoj: бѫдетъ бо велеи прѣдъ г⟨осподь⟩мь • и вина и сикера не иматъ пити *Л 1, 15 Мар Ас* (творена кваса *Зогр*).— *Ср.* вино, квасъ

СИКИЛИꙖ, -ниѩ *ж остров* (1) Σικελία Сицилия Sicilie: видѣсте... етни вь сикилии островъ • исхода отъ него огнь *Супр 129, 6*

СИКИМА, -ы *ж город* (2) Σίκιμα Сихем Sichem: въздрадоуѭ сѧ и раздѣлѭ сикимѫ *Пс 107, 8 Син.— Пс 59, 8 Син*

СИКИОТЪ, -а *м* (1) Σικεώτης житель города Сикеона Sykeota: мѣ⟨сѧ⟩ца април⟨ѣ⟩ кв пр⟨ѣпо⟩д⟨обь⟩на ѳеод⟨о⟩ра сик⟨и⟩от⟨а⟩ *Ас 145в 25*

сикъ *см.* сиць

СИЛА[1], -ы *ж* (>400) **1.** δύναμις, δυναστεία, ἰσχύς, ἐνέργεια, ἐξουσία, δόξα (!), παρουσία (!), ἐπίκλησις (!) virtus сила, мощь síla, moc: сила ιз него ιсхождаааше • ι ицѣлѣаше вьсѧ *Л 6, 19 Зогр Мар Ас* (2) *Сав*; г⟨лаго⟩ломъ силы своеѩ *Евр 1, 3 Ен*; съказалъ еси въ людехъ силѫ твоѭ *Пс 76, 15 Син*; прѣпоѣши чрѣсла его силоѭ истины *Евх 94а 1* ● *перен.* (*о боге*): оузьрите с⟨ы⟩на ч⟨ловѣчь⟩скааго сѣдѧшта о деснѫѭ силы *Мт 26, 64 Зогр Мар Ас Сав 112а 4* (о деснѫѭ о⟨ть⟩ца *Сав 97б 18*); *Мк 14, 62 Зогр Мар; Евх 48а 17* □ поѩти по силѣ ἀγγαρεύειν заставить *кого-л.* идти *за кем-л.* přinutit *někoho* doprovázet *někoho*: ι аште къто поиметъ тѧ по силѣ • прѣпьрище едино ιди съ нимь двѣ *Мт 5, 41 Зогр Мар* **2.** δύναμις, δυναστεία, ἰσχύς, ῥώμη, φύσις, θύελλα, οἱ ἰχῶρες (!); (силѫ даꙗти, подаꙗти, творити ἐνδυναμοῦν) сила (*воли, ума*), способность síla, schopnost: силѫ даетъ родоу ч⟨ловѣ⟩ч⟨ь⟩скоу плодъ творити *Клоц 8а 24*, силѫ творѧ *Супр 420, 23*; иже оумрьштвеник оудъник къ животнѣи въззвати силѣ *Супр 249, 23-24* ● могущество mohutnost: тѫжци вѣтри великѫ дыханиꙗ силѫ на кротость тишаахѫ *Супр 399, 11* □ по силѣ, противѫ силѣ κατὰ δύναμιν, κατ’ ἐνέργειαν, εἰς δύναμιν по силам, что есть силы podle sil, ze všech sil: они же въ мнозѣ печали бывше • и попекше сѧ о различьныихъ его напастехъ • по силѣ его оутѣшиша *Супр 524, 3*; се и ты сътвориши противѫ силѣ своеи *Супр 423, 15* (елика сила ч⟨ловѣ⟩ч⟨ь⟩ска естъ *Клоц 9а 36*); на питие стран’ныимъ • водонось противѫ своеи силѣ оуготови *Супр 550, 6* **3.** *мн.* αἱ δυνάμεις, αἱ φύσεις, στρατιά virtutes силы небесные nebeské mocnosti: с⟨ы⟩нъ бо... ч⟨ловѣчь⟩скы... вьсѣмь • вышьнімь сıламъ творць *Клоц 6а 27*; творець бесплътьныхъ силъ • хѫдожьникъ н⟨е⟩б⟨е⟩сьныхъ *Евх 51а 14*; видѣ видѣние дивьно • силы нѣкыѩ съ небесъ съходѧшта *Супр 93, 3*; мьшѣ о вьсѣхъ небесьскыхъ • силахъ *Киев 7а 2* ● *спец.* силы (*один из ангельских чинов*) síly: его же трепещѭтъ... а⟨нъ⟩ѣ⟨е⟩ли ι арх⟨анъ⟩ѣ⟨е⟩ли • прѣстоли ι г⟨оспо⟩дествиѣ • властели ι дрьжавы • ι силы *Евх 45б 22* ● демоны, дьяволы démoni, ďáblové: на семь дрѣвѣ крьстьнѣѣмь рѫцѣ простьръ • по въздоуховоу парашта силы разгънавъ *Супр 353, 11*; ови же противьныѩ силы гоняахѫ *Супр 467, 17* □ силы небесьскыѩ, небесьныѩ небесные тела, звезды nebeská tělesa, hvězdy: ѕвѣзды ιспадѫтъ съ неб⟨е⟩се • ι силы неб⟨е⟩с⟨ьс⟩кыѩ двигнѫтъ сѧ *Мт 24, 29 Зогр Мар*, силы н⟨е⟩б⟨е⟩с⟨ь⟩ныѩ *Сав Ас* **4.** δύναμις, εὐεργεσία (!) чудо, чудесное явление zázrak, div: аште въ т’ѵрѣ ι сидонѣ • бишѧ силы былы • бывъшѧѩ въ васъ... покаали сѧ бишѧ *Л 10, 13 Зогр Мар*; начѧтъ вьсе мьножьство оученикъ хвалити б⟨ог⟩а... о вьсѣхъ силахъ иже видѣшѧ *Супр 322, 19* **5.** *чаще мн.* δύναμις, στράτευμα войско, рать vojenská moc, vojsko: благ⟨ослови⟩те г⟨оспод⟩ѣ вьсѩ силы его • слоугы его творѧщє волѭ его *Пс 102, 21 Син*; не с⟨ъ⟩п⟨ас⟩етъ сѩ ц⟨ѣса⟩рь многѫ силѫ (!) *Пс 32, 16 Син.— Зогр Мар Ас Сав Унд Ен Син Киев Евх Клоц Супр Хил Рыл.— Ср.* власть, моць

СИЛА[2], -ы *м имя* (1) Σίλας Сила Silas: ..живѫщоу павлоу и сил⟨ѣ⟩ *Деян 17, 4 Ен*

силаамль *И 9, 11 Зогр см.* силоуамль

СИЛВИꙖ, -ниѩ *ж имя* (2) [сиавна (!) *Супр* (1)] Σιλβία Сильвия Silvie: блюдъ иже ти бѣ посълала... блаженаꙗ снавна (!) мати твоꙗ *Супр 122, 12.— Супр 119, 23-24*

СИЛИВЕСТРЪ, *-а м имя* Σίλβεστρος Сильвестр Silvester: с⟨вѧ⟩тааг⟨о⟩ селивестра *Ас 136б 17*

СИЛО, *а с* (1) ἀγχόνη силок osidlo, oprátka: ни сътвори ничсоже добры покаꙗзни • нъ тъчиѭ сило исплетъ диꙗволоу • извѣстъ сѧ сътвори *Супр 363, 2-3.— Ср.* осило, жже

СИЛОУАМЛ҃Ь *прил. к* силоуамъ (4) [силаамл҃ь *Зогр* (1), силѵамль *Ас* (2)] τοῦ Σιλωάμ силоамский siloamský, silojský: иди въ кѫпѣль силаамл҃ѫ • и оумы сѧ *И 9, 11 Зогр*, силоуамлѭ *Мар*, силѵамлѭ *Ас.— И 9, 7 Ас.— Ср.* силоуамьскъ

СИЛОУАМЪ, *-а м водоем и селение* Σιλωάμ Силоам Siloe: ѡ галилѣихъ иже бѣахѫ въ силоуамѣ *Зогр 130а 14; Мар 76б 26*

СИЛОУАМЬСКЪ, *-ын прил.* (4) τοῦ Σιλωάμ, ἐν τῷ Σιλωάμ силоамский siloamský, silojský: иди оумы сѧ • въ кѫпѣли силоуамьсцѣ *И 9, 7 Зогр Мар.— Л 13, 4 Зогр Мар.— Ср.* силоуамл҃ь

СИЛЬНО *нареч.* (2) ἐν δυναστείᾳ сильно, мощно silně: и съвѧзаѥи слабо • и раздрѣшаѥи силъно *Евх 64а 18-19*; око оубо вида... источникъ силно текѫштъ *Супр 343, 5.— Ср.* крѣпѣ, крѣпъко

СИЛЬНЪ, *-ын прил., сравн. ст.* сильнѣи (51) [сленъ *Син* (1)] **1.** δυνατός могущественный, мощный, сильный silný, mocný: низъложи силънꙑѩ съ прѣстолъ • и вьзнесе съмѣренꙑѩ *Л 1, 52 Зогр Мар*; избавітъ мѧ отъ врагъ моіхъ • сілънꙑхъ *Пс 17, 18 Син*; ч⟨ловѣ⟩къ естъ съсѫдъ • тварї вьсеѩ силнѣи *Клоц 10а 16*; иже бꙑс⟨тъ⟩ мѫжь пророкъ • сильнъ дѣломь и словомь *Л 24, 19 Зогр Мар Ас* **2.** δυνατός, δυνάστης, ἐρρωμένος; (сильнъ *с инф.* δυνατεῖν, δύνασθαι) сильный, крепкий silný: сілъно на земли бѫдетъ сѣмѧ его *Пс 111, 2 Син* ● способный schopný: да оувѣси • ѣко сілънъ сꙑ *Клоц 5б 8* (моштьнъ *Супр 414, 18*).— *Зогр Мар Ас Ен Син Евх Клоц Супр Рыл.— Ср.* добл҃ь, крѣпъкъ

силѵамл҃ь *И 9, 11 Ас см.* силоуамл҃ь

СИМВЕИѲИСЪ, *-а м имя* (2) [симвоиѳис- *Супр* (1)] Σιμβεηθής Симвейфис Sembeethes: свѧтꙑимъ же мѫченикомъ... имена сѫтъ си • заниѳас... симвоиѳис *Супр 256, 14.— Супр 271, 8*

СИМОВЪ *прил. к мужскому имени Сим* (2) τοῦ Σήμ Симов Semův: н⟨соу⟩съ... с⟨ꙑ⟩нъ сꙑ ѣко мьнимъ бѣ... симовъ *Л 3, 36 Мар*, симоновъ (!) *Зогр.— Ср.* симоновъ

СИМОНОВЪ *прил. к* симонъ (12) τοῦ Σίμωνος Симонов Šimonův: придѫ въ домъ симоновъ *Мк 1, 29 Зогр Мар.— Мк 1, 30 Зогр Мар; Л 4, 38 Мар; Л 5, 3 Зогр Мар Ас; И 6, 71 Зогр Мар; И 13, 2 Зогр Мар.— Ср.* симон҃ь

симоновъ (!) *Л 3, 36 Зогр см.* симовъ

СИМОНЪ, *-а м имя* (>100) Σίμων Симон Šimon: нарече имѧ симоноу петръ *Мк 3, 16 Зогр Мар.— Зогр Мар Ас Охр Сав Супр*

СИМОН҃Ь *прил. к* симонъ (5) τοῦ Σίμωνος Симонов Šimonův: вьниде въ домъ симон҃ь • тъшта же симон҃ѣ бѣ • одръжима огн҃емь вельемь *Л 4, 38 Зогр* (симоновъ... симонѣ *Мар*).— *И 12, 4 и 13, 26 Мар*

СИНА, *-ꙑ ж гора* (2) [синѣ *Ен* (1)] Σινά Синай Sinaj: тꙑсѫщѧ гобьзоуѭщихъ • г⟨оспод⟩ь въ ніхъ вь сінѣ *Пс 67, 18 Син.— Гал 4, 25 Ен*

СИНАИНЪ *прил. к* сина (1) τοῦ Σινά синайский sinajský: землѣ потрꙑсе сѧ... отъ лица б⟨ог⟩а сіналина *Пс 67, 9 Син.— Ср.* синаискъ

СИНАИСКЪ, *-ын прил. к* сина (5) [синеискъ *Супр* (3)] τοῦ Σινά, Σιναῖος синайский sinajský: тѣло оубо свое на синеискѫѭ горѫ принесъ *Супр 273, 4.— Ас 141а 14; Гал 4, 24 Ен; Супр 272, 6; 278, 1-2.— Ср.* синаинъ

синеискъ *Супр 272, 6; 273, 4; 278, 1-2 см.* синаискъ

син҃ѣ *Гал 4, 25 Ен см.* сина

сиогъ *Пс 134, 11 Син см.* сионъ[2]

СИОНОВЪ *прил. к* сионъ[1] (10) τῆς Σιών сионский sionský: не бои сѧ дъшти сионова *И 12, 15 Зогр Мар Ас Сав.— Мт 21, 5 Мар Ас Сав; Пс 9, 15 Син; Клоц 13б 24; Супр 450, 29.— Ср.* сион҃ь, сионьскъ

СИОНЪ[1], *-а м гора* (43) Σιών Сион Sion: надѣѭштеі сѧ на г⟨оспод⟩ѣ ѣко гора сионъ *Пс 124, 1 Син* ● *перен.*: да бл⟨агослове⟩ствітъ тѧ г⟨оспод⟩ь отъ сиона *Пс 127, 5 Син.— Ас Ен Син Евх Клоц Супр*

СИОНЪ[2], *-а м имя* (2) [сіог- *Син* (1)] Σηών Сигон Sehon: сиона ц⟨ѣса⟩рѣ аморѣиска *Пс 135, 19 Син.— Пс 134, 11 Син*

СИОН҃Ь *прил. к* сионъ[1] (9) τῆς Σιών сионский sionský: се оубо коль добро і коль красьно • еже жити братиі въкоупѣ... ѣко роса ерьмоунѣ съходѧштѣ на горꙑ сионѧ *Пс 132, 3 Син; Евх 9а 14* ● *перен.*: любітъ г⟨оспод⟩ь врата сіонѣ • паче вьсѣхъ селъ іѣковль *Пс 86, 2 Син; Ен 26б 16.— Пс 72, 28; 125, 1; Супр 324, 18; 324, 23-24; 337, 4.— Ср.* сионовъ, сионьскъ

СИОНЬСКЪ, *-ꙑи прил. к* сионъ[1] (3) [сионескъ *Син* (1)] τῆς Σιών сионский sionský: горꙑ сионъскꙑ ребра сѣверова • градъ ц⟨ѣса⟩рѣ великааго *Пс 47, 3 Син* ● *перен.*: съпоите намъ отъ пѣснеі сионескъ *Пс 136, 3 Син.— Пс 47, 12 Син.— Ср.* сионовъ, сионь

сираѳъ *Супр 256, 26-27 см.* сироѳъ

сириіа *Л 2, 2 Сав см.* сүриіа

СИРОТА, -ы *м и ж* (5) ὀρφανός сирота sirotek: не бѫді емоу застѫпьника • ні бѫді їже помилоуетъ сиротъı его *Пс 108, 12 Син*; и бывъ • єї • лѣтъ • сиротоѭ отъ родитель оставьѥнъ бъıстъ *Супр 546, 21.— Супр 237, 16*; *Супр 241, 9-10 и 12*

СИРОТЬСТВО, -а *с* (1) ὀρφανία сиротство siroba: отьца на земи не ишти • ни на небеси матери • вьсего бо сиротъства ѥстъство избъı • ѥдинъ бо отъ ѥдного • ѥдноѭ прѣжде вѣка роди сѧ *Супр 242, 25*

СИРОѲЪ, -а *м имя* (2) [сираѳъ *Супр* (1)] Σηρώθ Сероф Seroth: обадишѧ свѧтаіа... къ трьмь старѣишинамъ влъшъскъıимъ • масдраѳоу • сираѳоу • маарнисиоу *Супр 256, 26-27.— Супр 258, 21*

СИРЪ, -ъıи *прил.* (14) ὀρφανός осиротевший sirý, osiřelý: изиде блаженъıи из домоу о⟨ть⟩ца своѥго • по остатии ѥмоу сироу *Супр 547, 2* ● *перен.* покинутый, одинокий opuštěný, osamělý: не оставлѭ васъ сиръ *И 14, 18 Зогр Мар Ас* (2) *Сав* (2); сѫді сіроумоу и смѣреноумоу *Пс 9, 39 Син* ● *перен.* пустой, опустошенный prázdný, pustý: по истинѣ събравъшъ (*вм.* съборъ вашь) • без мѫжьства • и въ сирѣхъ словесехъ без оума ѥдинъ *Супр 335, 22.— Пс 9, 35; 67, 6; 81, 3; 93, 6; 108, 9 Син*

СИРѢЧЬ *част.* (10) **1.** τοῦτ᾽ ἔστιν, ἀντὶ τοῦ то есть to jest, to znamená: фарисѣи... видѣшѧ етериі отъ оученикъ его • нечистама рѫкама • сирѣчь не омъвенама • ѣдѫштѧ хлѣбъı *Мк 7, 2 Зогр Мар*; на врьби по срѣдѣ еіа обѣсіхомъ органъı нашѧ • сірѣчъ псалтъıръ • і гѫслі *Клоц 7а 32-33*; прѣжде четъıрь калан᾽дъ мар᾽та • сирѣчь въ кє февроара *Супр 81, 20* **2.** *в знач. сказ.* δῆλον явно je zřejmé: іакоже тако хотѣахѫ съльгати въскръсению не бъıвъшоу • си рѣчь отъ того *Супр 441, 26.— Евр 13, 15 Ен; Син 117а 9-10* (*глосса*); *Супр 247, 1; 357, 24-25; 403, 16.— Ср.* рещи (рекъше)

СИСАРА, -ы *м имя* (1) Σισαρά Сисара Sisara: сътворі имъ ѣко і мадіѣмоу ї сисарѣ *Пс 82, 10 Син*

СИСИКЪ, -а *м имя* (1) Σικίκης Сисик Sicices: аламоундарь сисикъ • цѣсаръскъıи санъ възьмъ • иже персомъ дань даіахѫ • иде на аравиѭ и на палестинъ *Супр 291, 25*

СИСИНИИ, -иіа *м имя* (9) [ссинъ *Ас* (1)] Σισίνιος Сисиний Sisinius: єпископъ же сисинии оучааше глагол҃а къ христовомъ рабомъ *Супр 220, 30.— Ас 122б 14; Супр 69, 12; 220, 23; 221, 11 и 21; 222, 13-14; 223, 9 и 10*

СИТОВЪ *прил. к мужскому имени Сиф* (2) [сифовъ *Зогр* (1)] τοῦ Σήθ Сифов Setův: с⟨ы⟩нъ... бѣ... еносовъ • ситовъ • адамовъ *Л 3, 38 Мар*, сифовъ *Зогр*

сифовъ *Л 3, 38 Зогр см.* ситовъ

СИЦЕ *нареч.* (94) οὕτως, οὕτω, ὡσαύτως, ταῦτα, τοιαῦτα, τάδε; (сице ѥстъ τοῦνον ἔχει τὸν τρόπον) так, таким образом tak, takto: сице же молите сѧ *Мт 6, 9 Ас* (тако *Зогр Мар Сав*); сице подобааше пострадати х⟨ри-сто⟩соу *Супр 478, 1 и 4* (тако *Л 24, 26 Зогр Мар Ас*); онъ же тако въскръмьѥнъ бъıвъ • сице посланъ бъıстъ отъ благовѣрнъıѩ матере *Супр 96, 20*; сиѩ останькъı аште сице оставимъ • възѧти ѩ имѫтъ крьстиіани *Супр 80, 25.— Зогр Мар Ас Сав Евх Супр.— Ср.* тако, такожде

СИЦЕВЪ, -ъıи *мест.-прил.* (8) τοιοῦτος, οὗτος такой, таковой takový: сътворьша • сицево знамение *И 12, 18 Ас* (се *Мар Сав, нет Зогр*); бъıстъ чоудо сицево *Супр 536, 1*; сицеваіа глагол҃а *Супр 551, 13*; да аще о словесехъ сѫтъ сицеваѣ неославьна • то о дѣлѣхъ оубо ѡ како си бѫдѫтъ *Рыл 2ба 7.— Супр 339, 19 и 27; 425, 13; Рыл 1ба 2.— Ср.* сиць, таковъ, такъ

СИЦЬ, сица, сице *мест.-прил.* (53) τοιοῦτος, οὗτος, ὅδε, τοιόσδε такой, этот, тот tento, takovýto: како можетъ чл⟨овѣ⟩къ грѣшенъ • сица знамениѣ творити *И 9, 16 Мар Ас* (сице *Зогр*); къто ти дастъ область сиѭ • да сице твориши *Мк 11, 28 Зогр* (си *Мар*); пръвое сице бъıваетъ • поучение *Евх 66б 2*; на сицѫ смокве възлѣзе зак᾽хеи видѣтъ господа *Супр 350, 13*; къıи сицъ законъ оубоица поуштати *Супр 398, 7*; сими и сицѣми словесъı глаголавъшоу о⟨ть⟩цоу *Супр 290, 30*; оустрои богъ • іавити съкровьноѥ богатъство їоанново • образомъ сицѣмъ *Супр 293, 21-22*; како естъ моштьно въ тоиждe вьси мноѕѣхъ сицихъ полоучити *Зогр-лл 1б 20.— Зогр Мар Ас Сав Клоц Евх Супр Зогр-лл.— Ср.* сицевъ, сь, таковъ

СИІАНИѤ, -иіа *с* (4) [сьіан- *Супр* (1)] στιλβότης, ἀπαύγασμα сияние, блеск, свечение záření, lesk: иже съı сиѣние славѣ его • и образъ лица его *Евр 1, 3 Ен*; вь велицѣ глѫбинѣ имѣѩ • съкръвен᾽(на) таинааго сьіаниіа *Супр 345, 21.— Супр 362, 27-28; 548, 4.— Ср.* освѣщаниѥ, свьтѣниѥ

СИІАТИ, сиіаѭ, сиіаѥши *несов.* (14) [съѣ- *Мар* (1) *Клоц* (2)] λάμπειν, φαίνεσθαι, ἀνατέλλειν, ἀστράπτειν, ἐπισκοπεῖν **1.** *без*

доп. светиться, сиять zářit, svítit: нъ слъньцю пришедъшю • да не сьѣетъ свѣтильникъ *Клоц 7а 14*; звѣздѣ свѣтьлѣ сиꙗѭшти на мѣстѣ томъ идеже лежааше *Супр 537, 29* ● *перен.*: идеже сиѣетъ свѣтъ лица тво(е)го *Служ 3б 17* □ сиꙗти сѧ (акы снѣгъ сиꙗѩ сѧ χιονόφεγγος) блестеть zářit: да не акы снѣгъ сиꙗѭштааго сѧ бисъра приимѫтъ *Супр 385, 18* **2.** чьто велеть *чему-л.* светить dávat *něčemu* svítit: ѣко слъньце свое сиѣетъ • на зълы и благы *Мт 5, 45 Зогр Мар Ас Сав.— Клоц 11а 40; Супр 81, 12-13; 324, 21; 352, 19; 418, 7; 508, 26.— Ср.* свьтѣти, свѣтити

СКАКАТИ, скачѫ, скачеши *несов.* (2) σκιρτᾶν, ἀγάλλεσθαι прыгать, скакать skákat: и съмѣшаѩ сѧ скачѫ сь дѣтьми *Супр 332, 24*; дѣтиштъ мѧ обавьѩк въ ѫтробѣ скачѧ *Супр 242, 5.— Ср.* играти

СКАНЪДАЛИСАТИ, -аѭ, -аеши *несов./сов.* (3) [сканд- *Мар* (1)] σκανδαλίζειν соблазнять/соблазнить, совращать/совратить pohoršovat/pohoršit: оунѣе емоу би было • аште би камень жрьновьны възложенъ на выѭ его • и ввърженъ въ море • неже да сканъдалисаатъ малыихъ (сихъ) единого *Л 17, 2 Мар* (да съблажнѣетъ *Зогр*); *Мт 18, 6 Мар Зогр-пал.— Ср.* съблажнꙗти, съблазнити

СКАНЪДАЛЪ, -а *м* (9) [сканьдал- *Мар* (2), сканъдѣл- *Мар* (1) *Син* (1), сканьдѣл- *Мар* (1)] σκάνδαλον соблазн, искушение pohoršení: посълетъ с⟨ы⟩нъ чл⟨о⟩вѣч⟨ь⟩скы анѣ⟨е⟩лы своѩ • и съберѫтъ отъ ц⟨ѣ⟩с⟨а⟩р⟨ь⟩ствиѣ его вьсѧ сканьдѣлы *Мт 13, 41 Мар* (съблазны *Зогр Ас*); сѣдѩ на братра своего клеветааше • и на с⟨ы⟩на м⟨ате⟩ре своеѩ полагааше сканъдѣлъ *Пс 49, 20 Син.— Мт 18, 7 Мар* (3) *Зогр-пал* (3); *Л 17, 1 Мар.— Ср.* блазнъ, съблазнъ

сканъдѣлъ, сканьдѣлъ *см.* сканъдалъ

скариотъскъ *Евх 47б 22 и 49а 18 см.* искариотьскъ

СКВАРА, -ы *ж* (2) *греч. нет* чад, дым (*от сжигаемой жертвы*) dým, pach (*spalované oběti*): бѣсъ николиже не мѫчитъ сѧ тацѣми мѫками • нъ жрътвъ и скваръ трѣбоуѭтъ непоспѣшънъ жрътвъ *Супр 158, 22* ● *перен.*: отъ[т]връгни мѧ отъ сквары гноусныѩ *Супр 160, 20.—Ср.* дымъ

СКВОЖЬНꙖ, -ньѩ *ж* (1) ὀπή расселина, ущелье rozsedlina, otvor: съ многомъ страхомь излѣзъ отъ сквожьнѧ коѩ идѣаше *Супр 36, 19.— Ср.* доупина

СКВОЗѢ *предлог и нареч.* (73) [скозѣ *Ас Сав Боян Евх*, сквѣзѣ *Зогр* (1)] **I.** *предлог с вин.* διά, εἰς, ἐν, κατά, ἐπί сквозь, через skrze, přes: подвизаите сѧ вьнити сквозѣ тѣснаа врата *Л 13, 24 Зогр Мар*, скозѣ *Ас*; прохождааше сквозѣ грады и веси *Л 13, 22 Зогр Мар*, скозѣ *Ас Сав*; проидомъ сквозѣ огнь и водѫ *Пс 65, 12 Син; Супр 94, 19*; и прошъдъ сквозѣ народъ самъ прискочи *Супр 99, 24* **II.** *нареч.* διά- сквозь, насквозь skrze, naskrz: не дастъ • оумъноуоумоу очеси сквозѣ проливавъшии сѧ на нѥмь тьмѣ прозьрѣти *Супр 339, 17.— Зогр Мар Ас Сав Боян Син Евх Супр*

скврънънъ *Евх 26б 4 см.* скръбьнъ

СКВРЬНА, -ы *ж* (17) [скврън- *Евх* (9) *Супр* (3)] μολυσμός, κηλίς, ῥύπος, μύσος, σπίλος, βόρβορος, σπιλάς (!); (бес скврьны ἄσπιλος, ἄπλαστος, ἀκηλίδωτος) нечистоты, грязь nečistota: ѡчисти водѫ сиѭ • отъ скврънъі в'сеѩ *Евх 21а 5*; бе скврънъі хлѣвина *Супр 243, 3* ● *перен.* мерзость, скверна poskvrnění, hanba: скврънѫ отъ съвѣсти ихъ очисти *Евх 22б 20*; бескврънъі • съкоупление иматъ *Евх 95а 22*; мьнога вѣсть трѣбѣ с⟨вѧ⟩та • а ꙗже въ чистѣхъ срьдьцихъ бе скврънъі • витактъ *Супр 338, 20-21.— Евх Супр.— Ср.* скврьность, гньсь, нечистота

СКВРЬНАВЪ, -ыи *прил.* (14) [скврън- *Супр* (7)] μιαρός, ῥυπαρός, ἀκάθαρτος, αἰσχρός, ἄθεος (!) грязный, нечистый nečistý, špinavý: ѡ скврьнавыима ногама како не оутрьпоста ти *Супр 66, 1*; скврьнавы ризы имы *Супр 378, 14* ● *перен.* нечистый, мерзкий nečistý, hanebný, ohavný: никомоуже отъ чловѣкъ да не творите пакости ни на коѭже зъло дѣло и скврънаво поустити *Супр 37, 13*; не обличитъ скврьнавааго ѥмоу образа *Супр 36, 16-17*; ѳеѡфилъ ѥже о насъ цѣсарьствоуѥ • воѩ сътворивъ на скврънавыѩ срацины изиде *Супр 56, 2.— Супр 22, 8; 50, 10; 56, 19; 57, 13-14 и 30; 63, 1; 506, 19; 507, 21-22; Рыл 4б 27.— Ср.* гнѫсьнъ, нечистъ, скврьнъ, скврьньнъ

СКВРЬНИТИ, -нѭ, -ниши *несов.* (21) [скврън- *Зогр* (9) *Мар* (8) *Евх* (2), скврн- *Мар* (1)] κοινοῦν, μιαίνειν, βεβηλοῦν пачкать, грязнить; осквернять poskvrňovat: не въходѧштее въ оуста скврънитъ ч⟨ловѣ⟩ка • нъ исходѧштее из оустъ скврънитъ ч⟨ловѣ⟩ка *Мт 15, 11 Зогр Мар*; любодѣание • имьже с⟨вѧ⟩тыни тѣлесънаа с'кврънитъ сѧ *Евх 89а 10-11.— Зогр Мар Евх Супр*

СКВРЬНОСТЬ, -и *ж* (1) macula скверна, осквернение poskvrna; *перен.*: симь нъи отъ грѣхъ скврьности нашихъ очисти *Киев 1б 14.— Ср.* нечистота, скврьна, скврьнение

СКВРЬНЪ, -ыи *прил.* (1) παμμίαρος нечистый, мерзкий nečistý, ohavný: нечистъи бѣсъ и скврьнъіи *Супр 523, 16.— Ср.* нечистъ, скврьнавъ, скврьньнъ

СКВРЬНЬНИКЪ, -а *м* (2) μιαρώτατος скверный, мерзкий человек hanebník: скврьньниче и неподобьниче • сыне диꙗволь *Супр 233, 8.— Супр 166, 4*

СКВРЬНЬНОЛЮБИѤ, -ниꙗ *с* (1) *греч. нет* тяготение к пороку, греху, мерзости záliba v nečistotě, v ohavnosti: бѫди... въ скврън'нолюбиѣ ι въ влъхволюбиѣ мѣсто • б⟨о⟩голюбець *Евх 70б 16*

СКВРЬНЬНОꙖДЕНИѤ, -ниꙗ *с* (1) μιαροφαγία *спец.* нечистая пища nečisté jídlo: посъла... вьсѧ нарицаѭштѧ имѧ хрис⟨ос⟩тово • привлѣшти на скврънноꙗденик *Супр 174, 17-18*

СКВРЬНЬНЪ, -ьн *прил.* (17) [скврън- *Евх* (8) *Клоц* (1) *Супр* (1)] μιαρός, κοινός, ῥυπαρός, βέβηλος, δυσώδης (!), ἐναγής (!) нечистый, оскверненный nečistý, poskvrněný: аще ключит⟨ъ⟩ сѧ • скврънъноу • ли нечистоу • въпасти вь вино... подобаетъ... изѧти абиѥ *Евх 19а 22-23* ● *перен.*: да чисто съблюдеши ср⟨ъдь⟩це отъ скврънenъ помъішленеи *Евх 92а 4-5*; како слово нѣкоѥ скврьньно • отъ грѣшьною оустьноу кѧ излѣзъ *Супр 391, 16* ● *спец.* (скврьньна маса ꙗсти μιαροφαγεῖν): мол⟨итва⟩ над⟨ъ⟩ ѣдъшиімь скврънъна маса *Евх 22а 1.— Ен Евх Клоц Супр Рыл.— Ср.* нечистъ, скврьнавъ, скврьнъ

СКВРЬНѤНИѤ, -ниꙗ *с* (1) *греч. нет* грязь, нечистота nečistota; *перен.* осквернение poskvrnění: храни сѧ... любодѣание • имьже с⟨вѧ⟩тыни тѣлесънаа с'кврънитъ сѧ • нечистоты • ѥѭже скврънение тѣлоу множит⟨ъ⟩ сѧ *Евх 89а 12.— Ср.* нечистота, оскврьнѥниѥ, скврьна

с к в ѣ з ѣ *Мк 2, 23 Зогр см.* сквозѣ

СКИМА, -ы *ж* (1) *греч. нет* монашеская риза mnišský oděv; *перен.* монашество mnišský stav: п о с т р и щ и   в ъ   с к и м ѫ постричь в монахи provést obřad přijetí mnišství: пострѣщи хотѧще чрънца вь скимѫ *Евх 82а 3.— Ср.* образъ

СКИНИИ, -ниꙗ *ж* (9) σκηνή шатер, жилище obydlí, stan: отъринѫ скініѭ селомьскѫ • село въ немьже въсели сѧ въ чл⟨о⟩вѣцѣхъ *Пс 77, 60 Син* ● *спец.* святилище svatyně: сътворимъ три скиниꙗ *Мк 9, 5 Мар* (кровы *Зогр*); *Л 9, 33 Зогр Мар*; имѣаше прьваѣ скинии • оправдание слѹжъбѣ • с⟨вѧ⟩тое же людьское • скиниї же съвръши сѧ прьваѣ • въ ненже свѣтилникъ и трапеза *Евр 9, 1-2 Ен.— Евр 8, 2; 9, 6; 13, 10 Ен.— Ср.* кѫща, сѣнь[2], хлѣвина, хызина, хызъ

СКИНОПИГИꙖ, -ниꙗ *ж* (3) [скинопиѥна *Ас* (1)] σκηνοπηγία скинопигия (*еврейский религиозный праздник кущей*) slavnost stánků (*židovský svátek*): бѣ же близъ праздьникъ іюдеіскъ • скинопигиѣ *И 7, 2 Зогр Мар*, скинопиѥиа *Ас*

с к и н о п и ѥ н а *И 7, 2 Ас см.* скинопигиꙗ

СКЛАБИТИ СѦ, -блѭ сѧ, -биши сѧ (1) *несов.* μειδιᾶν улыбаться usmívat se: тихо и свѣтъло показааше лице свок • и склабѧ сѧ ведомъ бѣаше слоугами *Супр 117, 19-20*

с к л ѧ з ъ *Мт 22, 19 Мар см.* скълѧзь

СКОВРАДА, -ы *ж* (18) ἐσχάρα, τήγανον орудие пытки rožeň (*mučicí nástroj*): повелѣ анѳупатъ възложити с⟨вѧ⟩таaго на сковрадѫ *Супр 118, 5*; азъ самъ о себѣ възлѣзѫ на сковрадѫ... възметаахѫ же слоугы диꙗвола на сковрадѫ • пьцьлъ • и масло и трьстик *Супр 118, 7 и 10.— Супр.— Ср.* одрьць

с к о з ѣ *Ас Сав Боян Евх см.* сквозѣ

СКОПИТИ СѦ, -плѭ сѧ, -пиши сѧ *сов.* (1) εὐνουχίζειν подвергнуться кастрации vyklestit se, vykastrovat se: сѫтъ скопьци иже скопишѧ сѧ сами цѣсарьствиꙗ ради небесьнааго *Супр 371, 2* (исказишѧ сѧ *Мт 19, 12 Мар*, исказішѧ *Ас*, Ø *Зогр*).— Ср. исказити, цѣстити

СКОПЬЦЬ, -а *м* (3) εὐνοῦχος скопец, кастрат kleštěnec, eunuch: тъи бо скопець кси и не печеши сѧ ни о женѣ ни о дѣтехъ • нъ чистъ кси *Супр 60, 30.— Супр 60, 19; 371, 2.— Ср.* каженикъ

СКОРО *нареч., сравн. ст.* скорѣк (49) ταχύ, ταχέως **1.** τὸ τάχος, τάχιον, προθύμως, σπουδαίως, ἐν τάχει, δρομαῖος (!), σπεύσας (!); (скоро възѧти ταχύνειν) скоро, быстро (*о движении*) rychle: отьшъдъши скоро отъ гроба *Мт 28, 8 Зогр Сав* (ꙗдро *Мар Ас*); течаашете же оба въкоупѣ • ι дроугы оученикъ тече скорѣе петра • ι приде прѣжде къ гробоу *И 20, 4 Мар Ас* (Ø *Зогр*) **2.** εὐθέως вскоре, скоро, быстро (*о времени*) brzy: зане ѣко трѣва ꙗдро ізсъшѫтъ • и ѣко зелиѥ злака скоро отъпадѫтъ *Пс 36, 2 Син*; ι егда примахѫ добро отъ него • скоро забываахѫ *Клоц 6б 19* (тоу абиѥ *Супр 417, 3*).— *Зогр Мар Ас Сав Син Клоц Супр.— Ср.* бръзо, скорость (скоростиѭ), скоръ (въ скорѣ), ꙗдро; наискорѣк

СКОРОСТЬ, -И *ж* (1): с к о р о с т и ѭ *в знач. нареч. греч. нет* быстро rychle: положихъ скоростиѭ съконьчати... о[тъ]тъ тебе ми възвѣштенаꙗ *Супр 543, 16.— Ср.* скоро

СКОРОТА, -ы *ж* (1) τάχος скорость, быстрота rychlost: подвизании божиѧ скороты • дроуг' друга варaѭште *Супр 463, 28.— Ср.* скорость

СКОРЪ, -ын *прил.* (34) [скрор- (!) *Евх* (1)] ὀξύς скорый, быстрый rychlý: моуденъ сы въ гнѣвѣ • а скоръ на помощь *Евх 78а 2*; скорѫ помошть прибѣгаѭштиимъ подаваѭшти *Супр 92, 21* ▭ въ скорѣ *в знач. нареч.* ταχύ, τάχιον, τάχιστα, ἐν τάχει, διὰ τάχους, συντόμως, μετὰ τάχους, εὐθύς, εὐθέως, μετὰ σπουδῆς, ὀξέως, παρευθύ, ἴσως (!) скоро, быстро, вскоре rychle, brzy: вьсі враѕи мої... оустыдьѩтъ сѧ ѕѣло вьскорѣ *Пс 6, 11 Син*; въզможетъ въ скорѣ зълословити мѧ *Мк 9, 39 Зогр Мар Ас* (2); да не въскорѣ разоумѣѥтъ льстьць таинъı *Супр 245, 23.— Зогр Мар Ас Сав Син Евх Супр.— Ср.* быстръ, напраснъ, ѩдръ

СКОРЪПИИ, -иꙗ *м или* -иѩ *ж* (*или м?*) (14) [скорьп- *Мар* (1), скоръф- *Евх* (1); скорьф- *Сав* (4); скор'п- *Хил* (1)] σκορπίος скорпион štír, škorpión: се даҳъ вамъ власть • настѫпати на змьѩ • і скоръпиѩ • і на всѫ силѫ вражиѭ *Л 10, 19 Зогр Мар Ас* (2), скорьфиѩ *Сав* (2), скоръфиѩ *Евх 51б 19-20*; ходити по змиꙗмъ и скорпиꙗмъ *Супр 556, 14.— Л 11, 12 Зогр Мар Ас Сав* (2); *Хил 1аβ 18-19*

скоръфии *Евх 51в 19-20*, скорьфии *Л 10, 19 и 11, 12 Сав см.* скоръпии

СКОТИИ *прил.* (1) τῶν κτηνῶν относящийся к скоту dobytčí, skotu *род.*: аще к'то... кръвь скотиѭ... ѣстъ... ӗі недѣли да постит' сѧ *Евх 104б 20.— Ср.* скотьнъ

СКОТЪ, -а *м* (25) **1.** κτῆνος, θρέμμα, ζῷον, ποίμνιον, βουκόλιον; (ꙗко скотъ κτηνώδης) скотина, домашнее животное dobytče: въсаждь же і на своі скотъ • приведе же і въ гостиницѫ *Л 10, 34 Зогр Мар Ас Сав*; мої сѫтъ вьсі звѣрі дѫбравьнии • скоті въ гораҳъ *Пс 49, 10 Син* ● животное, зверь zvíře: ї чл⟨о⟩в⟨ѣ⟩къ во-чьсті сы не разоумѣ • приложі сѧ скотѣҳъ несъмысльнъıҳъ ї оуподоби сѧ імъ *Пс 48, 21 Син* **2.** *собир.* κτήνη скот, скотина dobytek, skot: прѣдастъ градоу скотъ іҳъ • і имѣние іҳъ огню *Пс 77, 48 Син.— Зогр Мар Ас Син Евх Супр.— Ср.* въспитаник

СКОТЬНЪ, -ъıи *прил.* (1) κτηνώδης относящийся к скоту, к животным dobytčí, zvířecí:ові скотьнъıѩ жрътвѫ • ові же б⟨о⟩жию тѣлоу жрътвѫ приношаҳѫ *Клоц 13б 19.— Ср.* скотии

СКОЧИТИ, -чѫ, -чиши *сов.* (1) *греч. нет* прыгнуть skočit: львъ скочи на праведьника *Супр 166, 22*

СКРИЖАЛЬ, -и *ж* (2) πλάξ скрижаль (*доска с написанным на ней священным текстом*) deska, tabule (*se zákony*): показа намъ и тъ • богомъ написанъı ѥго скрижали *Супр 278, 3-4.— Евр 9, 4 Ен.— Ср.* дъска

скрина *Евр 9, 4 Ен см.* скриниꙗ

СКРИНИЦА, -ѧ *ж* (3) γλωσσόκομον ларец, ящичек (*для денег*) schránka, skřínka: тать бѣ • і скриницѫ имъı • і вьмѣтаема ношааше *И 12, 6 Мар Сав* (ковьчежьць *Зогр*).*— И 13, 29 Мар.— Ср.* ковьчежьць

СКРИНИꙖ, -ѩ *ж* (2) [скрина *Ен* (1)] κιβωτός ковчег archa: не прѣстаѭщиѩ водъı рѣчьнъıѩ • скриниѭ видѣвъше б⟨ог⟩а носѧщиѭ • сѣмо и овамо текошѧ *Евх 16 3* ◆ скриниꙗ завѣта κιβωτὸς τῆς διαθήκης ковчег завета archa úmluvy: златѫ имѧщи кандилницѫ • и скриниѫ завѣта *Евр 9, 4 Ен.— Ср.* кивотъ, ковьчегъ, крабии, скрижаль

скрорѣ (!) *Евх 71а 7 см.* скоръ

скръбеҳъ *Пс 76, 4 Син см.* въскръбѣти

СКРЪБИТИ, -блѭ, -биши кого, чьто *несов.* (2) θλίβειν мучить trápit, soužit: съпасе насъ скръбѧштиихъ насъ *Супр 185, 4.— Супр 14, 10-11.— Ср.* оскрьблꙗти

СКРЪБЬ, -и *ж* (70) [скр'б- *Супр* (1), скъб-! *Син* (1)] θλῖψις, λύπη, τὸ θλίβεσθαι, λύπημα, ἀνάγκη (!) скорбь, печаль, тревога zármutek, žal: скръбь ісплъни срьдьца ваша *И 16, 6, Зогр Мар Ас*, скрьби испльнь *Сав*; авілъ еси мьнѣ скрьбі мъногъı • зълъı *Пс 70, 20 Син*; отъньѫдѣ же отъбѣже болѣзнь • скръбь и въздъıхание *Евх 57а 5*; не мьнитъ радости бъıти • нъ скръби *Евх 88б 15* ● *чаще мн.* πένθος, ὀδύνη, ἀθυμία, λύπη страдания, мучения soužení, trápení: нъ въ тъı дьни по скрьби тоі • слъньце помрачитъ сѧ • і лоуна не дастъ свѣта своего *Мк 13, 24 Зогр Мар*; тъгда прѣдадѧтъ въı въ скръбь • і оубьѭтъ въı *Мт 24, 9 Мар Ас* (2) *Сав* (∅ *Зогр*); не можеши бо тъı сътрьпѣти скрьбии поустъıнь-скъıхъ' *Супр 169, 28*; сии оубо мѫчени бъıшѧ тъгда скръби примъше многъı *Супр 256, 15.— Зогр Мар Ас Сав Боян Ен Син Евх Супр Рыл.— Ср.* печаль, скръбѣние

СКРЪБЬНЪ, -ъıи *прил.* (12) σκυθρωπῶς (!); (скръбьнъ бъıти λυπεῖσθαι) печальный, скорбящий, скорбный zarmoucený, smutný: прѣданъ иматъ бъıти с⟨ъı⟩нъ чл⟨о⟩в⟨ѣ⟩ч⟨ь⟩скъı въ рѫцѣ чл⟨о⟩в⟨ѣ⟩комъ • і оубиѭтъ і и трети день въстанетъ • і скръбьни бъıшѧ ѕѣло *Мт 17, 23 Мар* (∅ *Зогр*); скръбьнъ вамъ исповѣдаѭ сѧ *Супр 429, 21* ● λυπηρός, θλιβερός, τεθλιμμένος, θλῖψις (!) причиняющий страдания, мучительный strastný, strastiplný: бѫдѫтъ бо дьньє ти скръбьни • ꙗко не бъıстъ тако отъ начѧла зъданию *Мк 13, 19 Зогр Мар*; оуготовити сѧ... на в'сѣ скръбьнаа *Евх 90а 22*; ѫзъка бо врата и скръбенъ пѫть *Евх 89б 8* ◆ скръбьнъ бъıти θλῖψιν ἔχειν affligi страдать trpět:

въ всемь мирѣ скръбьни бѫдете • нъ дръзаите *И 16, 33 Зогр Мар Ас*; есмъ скръбьні грѣхъи нашимі *Киев 4а 3.— Евх 26б 4; 69б 21.— Ср.* печальнъ, прискръбьнъ, оунылъ

СКРЪБѢНИѤ, -ниꙗ *с* (1) φρόντισμα забота (?), уход (?) péče (?), starost (?): мнозѣмъ паче оуне естъ обьштевати самѣмъ съ собоѭ и по скрьбѣнии семь (*вм.* о поскрьбѣнии симъ?) *Зогр-лл 2а 3.— Ср.* печаль

СКРЪБѢТИ, -блѭ, -бииши *несов. без доп.*: о комь, чемь (30) [скрьб- *Сав* (2) *Супр* (2)] λυπεῖσθαι, ὀδυνᾶσθαι, συλλυπεῖσθαι; (съмѣрениемъ скръбѣти μετριοπαθεῖν) горевать, тужить, печалиться být zarmoucen, smuten: оба с⟨ы⟩на заведеова • начатъ скръбѣти • і тѫжити *Мт 26, 37 Зогр Мар Ас* (пещи сꙙ *Сав*); възърѣвъ на нѧ съ гнѣвомь • скръбѧ о окаменѣнии срьдьца іхъ *Мк 3, 5 Зогр Мар Ас Сав*; оутѣшение скръбѧщиимъ *Евх 57а 25*; не велѭ вам' не вѣдѣти о оусъпьшиїхъ да не скрьбите *Супр 488, 10* ● θλίβεσθαι страдать, мучиться soužit se, trpět: помилоуі мѧ г⟨оспод⟩і ѣко скръблѭ *Пс 30, 10 Син.— Зогр Мар Ас Сав Боян Ен Син Евх Супр.— Ср.* печалити сꙙ, печаловати сꙙ, пещи сꙙ, тѫжити

скрыдати сꙙ (!) *Пс 74, 9 Син см.* съкыдати сꙙ

скрьбь *Супр 368, 7 см.* срьпъ

скрьгътати *Мк 9, 18 Сав см.* скрьжьтати

СКРЪЖЬТАНИѤ, -ниꙗ *с* (1) βρυγμός скрежетание, скрежет (*зубов*) skřípání, skřípot (*zubů*): ибо жезлъ желѣзнъ и тръторъ • і зѫбъы скръжътание... жидетъ тебе *Евх 54б 24-25.— Ср.* скрьжьтъ

СКРЬЖЬТАТИ, -жьщѭ, -жьщеши *и* **СКРЬГЪТАТИ**, -гъщѭ, -гъщеши *несов. без доп.*; на кого, чьто (11) [скръж- *Супр* (3), скреж- *Евх* (1), скрьг- *Сав* (1)] βρύχειν, τρίζειν скрежетать (*зубами*) skřípat (*zuby*): скрьжьштетъ зѫбы своими і оцѣпѣнѣетъ *Мк 9, 18 Зогр Мар Ас*, скрьгъщꙙ *Сав*; скрьжъташꙙ на мѧ зѫбы своімі *Пс 34, 16 Син*; тъгда они акы остънъы бодоми зѫбы скръжьтаахѫ *Супр 403, 4.— Евх 88а 10-11; Супр 12, 7; 22, 23-24; 216, 23-24; Рыл 56а 21*

СКРЬЖЬТЪ, -а *м* (28) [скръж- *Ас* (4) *Сав* (1) *Унд* (1) *Евх* (1) *Супр* (2)] βρυγμός скрежет (*зубов*) skřípot, skřípání (*zubů*): тоу бѫдетъ плачь і скрьжьтъ зѫбомъ *Мт 13, 42 Зогр Мар Ас Унд; Мт 8, 12 Зогр Мар Ас Сав; Мт 13, 50 Зогр Мар Сав; Мт 22, 13 Мар Ас; Мт 24, 51 Зогр Мар Ас Сав; Мт 25, 30 Зогр Мар Ас Сав; Л 13, 28 Мар Сав Ас; Евх 106б 24; Супр 370, 9; 378, 4; 554, 25-26.— Ср.* скрьжьтание

скоуменъ *Пс 16, 12 Син; 56, 5 Син; 103, 21 Син см.* скүмьнъ

скъб- *Пс 24, 22 см.* скръбь

СКЪЛѦЅЬ, -а *м* (2) νόμισμα монета peníz: покажите ми склѧзъ кинъсънъі • они же принѣсѧ емоу пѣнѧзъ *Мт 22, 19 Мар*, скьлѧзь *Сав* (образь *Ас*, Ø *Зогр*).— *Ср.* драгъма, златикъ, златица, мѣдьница, пѣнѧѕь, цата

СКѪДО *нареч.* (1) *греч. нет* скудно, мало poskrovnu, málo: скѫдо бѣаше водъі • идеже живѣаше *Супр 549, 10.— Ср.* поскѫдоу, хоуждe

скѫдоль *Л 5, 19 Зогр см.* скѫдьль

СКѪДОСТЬ, -и *ж* (2) (скѫдость имѣꙗ ἐνδεής) скудность, недостаток nedostatek, nouze: не акъі ништъ • или скѫдость имѣѧ брашьна • нъ акъі богатъ съі милостьми *Супр 394, 3.— Супр 547, 27.— Ср.* жладьба, лишение, недостатъкъ

скѫдъ: по скѫдоу *см.* поскѫдоу

СКѪДЬЛЪ, СКѪДЪЛЪ, -а *м или* **СКѪДЪЛЬ, СКѪДЬЛЬ**, -и *ж* (5) **1.** ὄστρακον глиняный черепок hliněný střep: исъше ѣко скѫделъ крѣпость моѣ *Пс 21, 16 Син* **2.** *собир.* οἱ κέραμοι черепица, черепичная кровля tašky (střešní), střecha krytá taškami: възлѣзъше на храмъ • сквозѣ скѫдоль низъвѣсишꙙ і *Л 5, 19 Зогр*, скѫдель *Мар*, скѫдълъи *Ас*, скѫдьль *Сав.— Ср.* кровъ, стелꙗ

СКѪДЬЛЬНИКОВЪ *прил.* (2) τοῦ κεραμέως принадлежащий гончару hrnčířův: коупишꙙ імь село скѫдельниково • въ погрѣбание странънымъ *Мт 27, 7 Зогр Мар* (скѫдельниче *Ас*, скѫдьльнице! *Сав*).— *Ср.* скѫдьльничь

СКѪДЬЛЬНИКЪ[1], -а *м* (1) κεραμεύς гончар hrnčíř: ѣко съсѫды скѫдельника съкроуши *Пс 2, 9 Син.— Ср.* гръньчарь

СКѪДЬЛЬНИКЪ[2] *или* **СКѪДЪЛЬНИКЪ**, -а *м* (4) κεράμιον глиняный сосуд, кувшин, горшок hliněná nádoba, džbán: сърѧштетъ въі ч⟨лове⟩къ • въ скѫдольницѣ водѫ несꙙ *Л 22, 10 Зогр*, скѫдьльницѣ *Мар; Мк 14, 13 Зогр Мар.— Ср.* кръчагъ, чъванъ, кръчажьнъ (съсѫдъ кръчажьнъи)

СКѪДЬЛЬНИЧЬ *прил.* (6) [скѫдел- *Зогр* (1) *Мар* (1) *Ас* (2) *Сав* (1), скѫдьльниц- ! *Сав* (1)] τοῦ κεραμέως принадлежащий гончару hrnčířův: коупишꙙ им • село скѫдельниче • въ погрѣбаніе странънимъ *Мт 27, 7 Ас*, скѫдельнице (!) *Сав* (скѫдельниково *Зогр Мар*).— *Мт 27, 10 Зогр Мар Ас Сав.— Ср.* скѫдьльниковъ

СКѪДѢТИ, -ѣѭ, -ѣѥши *несов.* (3): не скѫдѣѥмъ, не скѫдѣѩи *прич.-прил.* ἀνέκλειπτος нескудеющий nezmenšující se, nevyčerpatelný: сътворите влагалиште не ветъшаѭште • съкровиште не скѫдѣемо •

на н⟨ебе⟩с⟨ь⟩хъ *Л 12, 33 Зогр Мар*, не скѫдѣѭщее *Сав* (не оскѫдѣѭщее *Ас*).— Ср. неоскѫдѣньнъ, нескѫдьнъ

СКѪПОСТЬ, -и *ж* (1) *греч. нет* скупость lakota, lakotnost, skoupost: аще которы бѣлоризець • скѫпости ради клънетъ с⟨ѧ⟩ *Евх 104а 12-13*

СКѴМЬНЪ, -а *м* (4) [скоумен- *Син* (3)] σκύμνος львенок, молодой лев lvíče, lví mládě: ѡбьѩсѧ мѩ ѣко левъ готовъ на ловъ • и ѣко скоуменъ обитаѩ во съкровиштихъ *Пс 16, 12 Син*; съпавъ ѩко львъ • и въста ѩкоже скѵмьнъ *Супр 478, 25-26.— Пс 56, 5 Син; 103, 21 Син*

СКѴѲОПОЛЬ, -и *ж город* (1) Νικόπολις (!) Скифополь Skythopol: сава • пришьдъ отъ скѵѳополи *Супр 293, 5*

СКѴѲОПОЛЬСКЪ, -ын *прил. к* скѵѳополь (1) τῆς Σκυθοπόλεως скифопольский skythopolský: савѣ... отъшьдъшоу на страны скѵѳопол҄ьскыѩ *Супр 288, 24*

СКѴѲЪ, -а *м* (1) Σκύθης скиф Skyta: нѣстъ богатъ и ништь • ни варваръ • ни скѵѳъ *Супр 101, 27*

СЛАБО *нареч.* (1) ἐν ἀσθενείᾳ слабо, не туго slabě: съвѧзаѩи слабо • и раздрѣшаѩи сильно *Евх 64а 18*

СЛАБОСТЬ, -и *ж* (1) *греч. нет* слабость slabost: и боѭ сѧ сѫда бѫдѫщааго • и ѡт⟨ъ⟩вѣта не имъи о грѣсѣхъ моеѩ слабости *Рыл 2аа 22.— Ср.* мьдлость, немощь, хоудость

СЛАБЪ, -ын *прил., сравн. ст.* слабѣи (6) **1.** ἀσθενής слабый (*физически*) slabý (*fyzicky*): слабо (! *вм.* слаба) жена не вѣдѫшти • ѩко и не пришьдъ х⟨ристо⟩с⟨ъ⟩ тоу бѣ *Супр 306, 20*; трѧсавице послѣдьнѣѣ ѩзе • оукорена сѫщи • слабѣишиѣ в'сѣхъ ѩзь *Евх 45а 19-20* **2.** χαῦνος, ῥάθυμος, ἄνανδρος, ἀγενής (!) малодушный, слабый slabý, slabošský: ѥже любо плакати • то акы слабо и не мѫжьствьно исправьѩ *Супр 316, 12*; нѣсмъ бо тольма слаби • да оставим' жизнодавьца *Супр 176, 17*; не бѫди мі подражатель слабоу и грѣш'ноу • г⟨лаго⟩л⟨ѭ⟩щю в'сегда и не творѧщю никогда же... слабъ волеѭ *Рыл 2аа 10-11 и 2аа 14-15.— Ср.* хоудосильнъ, хоудосилъ

СЛАВА, -ы *ж* (>400) [сла(в) *Ас* (1)] δόξα **1.** αἴνεσις, δοξοκοπία, ἀξία, ὄνομα; (коупьно въ славѣ ὁμοδόξως; паѫчины хоуждьшаѩ слава ἀραχνόδοξος βδέλλα!) слава, известность (*почетная*); честь sláva, čest, pocta: си болѣзнь нѣстъ къ съмрьти • нъ къ славѣ б⟨о⟩жи⟨и⟩ *И 11, 4 Зогр*, о славѣ *Мар Ас Сав*; дадите славѫ • и хвалѫ емоу *Пс 65, 2 Син*; тебѣ славѫ и честь въсылаемъ *Евх 79б 18*; бѣжимъ кыченииѩ и славы *Супр 340, 12*; къ цѣсарю съ многоѭ славоѭ посьл҄ѫ та *Супр 164, 24*; великѫ славѫ отъ многыихъ имѣаше *Супр 371, 16*; какоѩ оубо славы съподобатъ сѧ прѣбываѭштии въ заповѣдехъ его • и дѣлаѭште правдѫ *Супр 123, 10* ● хвала, благодарность chvála, dík: слава тебѣ б⟨о⟩же... ѩко и мене... съподобилъ еси... се вьсе пострадати *Супр 103, 6* ● *спец.* (*церковное пение*): слав⟨а⟩ • и б⟨о⟩городичьно *Евх 11б 21* **2.** περιφάνεια, χάρις великолепие, блеск, совершенство; сияние (*славы*) velkolepost, dokonalost, nádhera; zář (*slávy*): показа емоу вьсѣ ц⟨ѣса⟩р⟨ь⟩ствиѣ мира і славѫ его *Мт 4, 8 Зогр Ас Сав*; напльнітъ сѩ славы его вьсѣ землѣ *Пс 71, 19 Син*; не сътрьпѧште звѣрие тии силы мѫченика • и славы сѫштѧ на н҄емь *Супр 228, 9-10* **3.** мнение mínění: вѣстъ и многыѩ отъ чловѣкъ великѫ о н҄ихъ • славѫ имѫштѧ *Супр 371, 6.— Зогр Мар Ас Сав Ен Син Киев Евх Служ Клоц Супр Рыл.— Ср.* слоутие, хвала, чьсть

СЛАВИТИ, -влѭ, -виши *несов.* (>100) δοξάζειν, δοξολογεῖν, συνδοξάζειν, δορυφορεῖν (!), ἐπεύχεσθαι, εὐχαριστεῖν восхвалять, славить, прославлять (*обычно бога*); slavit, oslavovat, velebit, chválit: і оужасъ приѩ вьсѧ • і слав҄ѣахѫ б⟨ог⟩а *Л 5, 26 Зогр Ас* (*нет Мар*); дьнесь цѣсарь славы на земи пророчьскы славимъ естъ *Супр 322, 2*; дѣлы добры • і словесы благы • славѧща съ в'сѣми людьми твоими *Евх 25б 12-13*; аште азъ слав҄лѭ сѧ самъ • слава моѣ ничьтоже естъ • естъ о⟨ть⟩ць мои славѧи мѧ *И 8, 54 Зогр Мар*; страхомь славитъ сѧ прѣс⟨вѧ⟩тое имѧ твое *Евх 51б 23.— Зогр Мар Ас Сав Боян Ен Син Киев Евх Супр.— Ср.* пѣти, славословити, хвалити

СЛАВЛЕНИѤ, -иѩ *с* (1) δοξολογία прославление, восхваление oslava, chvála: жродивыѩ бесѣды филистионовы писати не ставьяте • а славьениѩ божиѩ не писати *Супр 403, 24.— Ср.* славословесие, словословествие, славословие, хваление

СЛАВОСЛОВЕСИѤ, -иѩ *с* (1) δοξολογία славословие chvalozpěv: съподоби и... приносити тебѣ пѣние • і словословесиѣ (!) • і м⟨о⟩л⟨и⟩твы *Евх 95а 18.— Ср.* славлениѥ, славословие, славословествие, хваление

СЛАВОСЛОВЕСТВИѤ, -иѩ *с* (1) δοξολογία славословие chvalozpěv: в'сенощьное намъ славословествие твое дароуи *Евх 38а 13.— Ср.* славление, славословие, славословесие, хваление

СЛАВОСЛОВИТИ, -влѭ, -виши *сов./несов.* кого, чьто (4) δοξολογεῖν, δοξάζειν прославить/прославлять, славословить oslavit/slavit, chválit: ꙗкоже и їѡна поклони сѧ кмоуже поклони сѧ • то и азъ паче поклонѭ сѧ и славословьѭ и възношѭ и *Супр 261, 25*; агг̅ельскъ гласъ слышанъ бысть • поѭштемъ и славословѧштемъ б⟨ог⟩а *Супр 110, 25.— Евх 86а 16-17; Супр 95, 10-11.— Ср.* славити, хвалити

СЛАВОСЛОВИѤ, -ꙗ *с* (2) δοξολογία прославление; славословие oslava, chvála; chvalozpěv: дажди емоу вѣдѣти • благодѣати вь пѣние • ι славословие • ι с⟨ъ⟩п⟨асе⟩ние *Евх 95а 8-9*; много съ славословиимъ и съ слъзами • благодаривъ б⟨ог⟩а огласи ѩ *Супр 517, 18.— Ср.* славлкник, славословесик, славословествик, хвалкник

с л а в ъ н ъ (!) *Евх 90а 18 см.* сластьнъ

с л а в ъ н ы н - (!) *Супр 60, 18 см.* славьнъ

СЛАВЬНО *нареч., сравн. ст.* славьнѣк (2) λαμπρῶς торжественно, со славою slavně, slavnostně: слав'но памѧть кмоу творѧште *Супр 538, 5*; тѣло бо бикши • кже аште дрьзѣ сътрьпитъ • славьнѣк вѣньчактъ сѧ *Супр 88, 12.— Ср.* славьнѣ

СЛАВЬНЪ, -ын *прил., сравн. ст.* славьнѣи (51) [славънын- ! *Супр* (1)] **1.** ἔνδοξος, (τῆς) δόξης, πανεύφημος, περιφανής, λαμπρός, ἀοίδιμος, ἐπίδοξος, παράδοξος, κράτιστος, περιβόητος, κλέος (!) достойный славы, почитаемый; знаменитый slavný, proslulý: ιзволи сѧ ι мьнѣ... псати тебѣ • славьны т'еофиле *Л 1, 3 Зогр Мар Ас*; славенъ сы племенемь *Супр 63, 8*; славенъ же именемь крьстиꙗнъ сы *Супр 145, 10*; толико бо бѣаше възлюбькнын и славънын градъ *Супр 56, 17*; выпльцьшааго сѧ отъ с⟨вѧ⟩тааго д⟨оу⟩ха • ιз марнꙗ славъныꙗ *Евх 61б 20-21*; тако кмоу житик богъ почьте • ꙗкоже и по съмрьти кго славьнѣиша сътвори *Супр 43, 10* □ с л а в ь н а ꙗ *с мн. в знач. сущ.* достойные, славные деяния slavné skutky: вси л̅юдье радовахѫ сѧ о всѣхъ славънꙑхъ • бываѭштихъ отъ н̅его *Л 13, 17 Зогр Мар Ас Сав* **2.** πάνδημος славный, торжественный, праздничный slavnostní, sváteční: въ славънꙑи и великꙑи дьнь пришьствиꙗ с⟨ъ⟩п⟨а⟩са нашего ιс⟨оуса⟩ х⟨ри⟩с⟨т⟩а *Супр 107, 22*; дьнь славьнъ творити • ꙗко мрьтвии въскрьсошѧ • ꙗко жизнь ꙗви сѧ *Супр 386, 16* **3.** ἔνδοξος великолепный, роскошный, блистательный nádherný, okázalý: се ιже въ одежди славьнѣ ι въ пишти мнозѣ сѫште • вь ц⟨ѣса⟩р⟨ь⟩ствиꙗхъ сѫтъ *Л 7, 25 Зогр Мар.— Зогр Мар Ас Сав Евх Клоц Супр.— Ср.* великименьнъ, издрѧдьнъ, именитъ

СЛАВЬНѢ *нареч.* (1) ἐνδόξως со славой, торжественно slavně, slavnostně: аште бо дѣло чъстьно было • то славьнѣ оубо бъ отъ чловѣкъ слоужение принималъ *Супр 262, 2.— Ср.* славьно

с л а в ь н ѣ к *сравн. ст. Супр 88, 12 см.* славьно

СЛАДИТИ, слаждѫ, сладиши *несов.* (1) γλυκαίνειν услаждать oslazovat, *перен.* těšit: сѣдѧ (! *вм.* сладѧ) и веселѧ ср⟨ъдь⟩це твое • оутѣхоѭ с⟨вѧ⟩тааго д⟨оу⟩ха *Евх 92б 20*

СЛАДОСТЬ, -и *ж* (3) γλύκασμα, ἡδονή сладость sladkost; *перен.* наслаждение, удовольствие, блаженство slast, příjemnost; líbeznost: рьци кмꙋ да мы сьмрьтоносьнъ ꙗдъ змиинъ изблюкмъ • та бо зльчъ сладость бысть намъ и исцѣленьк *Супр 484, 11*; сладость бо имамъ къ вештьствоу • не бо ми кстъ оупвати кднѣмъ рѣчемъ *Супр 501, 3*; нъ и тѣмь сладость бываатъ • сего ради не стыдѧтъ сѧ сь нами праздьновати *Супр 490, 24.— Ср.* наслаждение, пишта, сласть

СЛАДЪКО *нареч.* (5) ἡδέως, γλυκύς (!) сладко sladce; *перен.* приятно, с удовольствием příjemně: бѣгаи блѫдьница сласти • сладъко сь н̅еѭ бесѣдоуѭште • а горькꙑихъ тѧ строупъ насꙑштаѭштѫ *Супр 351, 11*; покте и гласитъ сладъко *Супр 320, 19.— Супр 30, 5; 351, 5; 403, 12-13*

СЛАДЪКЪ, -ын *прил., сравн. ст.* слаждии (23) γλυκύς **1.** ἡδύς, μελισταγής, γλυκύτης (!) сладкий sladký: сладъкъ кстъ плодъ смокве и сьлзъкъ *Супр 350, 25*; да не отъ винограда сладъкок обькмьѭтъ грозновик *Супр 385, 21*; жърьци кдноѭ лѣта сладъка брашна подаꙗхѫ имъ *Супр 227, 30* **2.** пресный (*о воде*) sladký (*o vodě*): д⟨ь⟩нес⟨ь⟩ • морьскꙑꙗ сланꙑꙗ водꙑ • сладькꙑ бываѭтъ *Евх 26 5* **3.** ἡδύς *перен.* сладкий, приятный, милый příjemný, líbezný, milý: коль сладъка грътани моемоу словеса твоѣ *Пс 118, 103 Син*; ч'то кстъ слажде свѣтъ ли или тъма *Супр 25, 23*; ни мозѣте измѣнити безъврѣменьноѭ съмрьтиѭ • сладъкꙑѧ сеѧ жизни *Супр 87, 1*; чѧдо мок сладъкок • ките мало прѣтрьпи да съвръшенъ бѫдеши *Супр 79, 29.— Син Евх Супр.— Ср.* приꙗтьнъ

СЛАДЬЦѢ *нареч.* (4) ἡδέως, ἀσμένως сладко sladce; *перен.* приятно, с наслаждением, с удовольствием příjemně, s potěšením: и сѣдъше на трепезѣ въкꙋсивъше вина • да аште добро бѫдетъ • то сладьцѣ пиѭтъ отъ н̅его и възвеселѧтъ сѧ *Супр 267, 11*; прѣдъ їсоусом же сладьцѣ стоꙗште *Супр 431, 13*; кнѧзь... не оуспѣ ничьсоже • видѣаше же ꙗ сладьцѣ трьпѧшта *Супр 213, 12-13.— Супр 215, 11.— Ср.* сладъко

с л а ж д е *Супр 25, 23 см.* сладъкъ

СЛАНА, -ы *ж* (3) πάχνη изморозь, иней jinovatka: їзбі градомь віна їхъ • і чрънıцьѧ їхъ сланоѭ *Пс 77, 47 Син* ● *греч. нет, вид вредного насекомого druh škodlivého hmyzu*: зачьнѫ нынѣ г⟨лаго⟩лати • имена гадомъ • прѫгъ • сланѫ • чрьвены прѫгъ *Евх 59а 15.— Пс 118, 83 Син*

СЛАНОУТЪКЪ, -а *м* (3) ἐρέβινθος нут, турецкий (*или* бараний) горох cizrna (cicer arientinum): въ тѣхъ н҃ивахъ кдина бѣаше осѣта сланоут'комъ *Супр 40, 24.— Супр 41, 19 и 24*

СЛАНЪ, -ы *прил.* (2) ἁλμυρός, ἁλμυροφόρος соленый (*о морской воде*) slaný (*o mořské vodě*): д⟨ь⟩нес⟨ь⟩ • моръскъıѩ сланъıѩ воды • сладькы бываѭтъ *Евх 2б 4-5*; съпрата сѫпротивънъıихъ чловѣкъ скврънъı • мѫташтаѧ жизни сеѧ сласти (!) сланок море *Супр 352, 16.— Ср.* сольнъ, несланъ

СЛАСТОТРЬПИЮ, -ıа *с* (1) ἡδυπάθεια сладострастие, чувственность vášeň: і избави ны отъ в'сего темьна и нощьнааго страстотрьпинѣ (! *вм.* сласто-) *Евх 38а 3*

СЛАСТЬ, -и *ж* (28) *греч. нет* вкусная, сладкая пища sladké jídlo, sladkost: трѧсомъı же да въкоуситъ подъ вечеръ • мало кашицѧ... да не ѣстъ же сии • сласти *Евх 44б 1*; ● ἡδονή, γλυκύτης, ἀπόλαυσις, πάθος (!); (сласть прıѩти ἡδονῆς ἀπολαύεσθαι) наслаждение, удовольствие, сладость slast, rozkoš, požitek: отъ печалıі • і богатьства • і сластьми житııскъıми • ходѧште подавл҃ѣѭтъ сѧ *Л 8, 14 Зогр Мар Ас Сав*; грѣх(а) сластъ *Евр 11, 25 Ен*; в'сѣхъ печалеи миръскъıхъ • імѣнıѣ • тъщıѩ соуетънъıѩ сласти же и славы • отвръзи же сѧ не тъкъмо реченъıхъ прѣжде *Евх 90а 4*; тъгда ли имѣниıа ради и чловѣчьскъı похвалы • маловрѣменьнъıѩ сласти подвизаахъ сѧ *Супр 63, 13*; сладъка кстъ сласть водаштиıа вь грѣхъ *Супр 350, 26*; блѫдьница кстъ сласть • сладъко ти бесѣдоуктъ съпрьва • таи въпоуштаѭшти • бесѣдоѭ горесть съмрьтънѫѭ *Супр 351, 4-5* ◆ в ъ с л а с т ь ἡδέως с наслаждением, с радостью, с удовольствием s potěšením, s radostí: послоушаахѫ его въ сласть *Мк 12, 37 Зогр Мар Ас*; праздьнъствоуимъ оубо вь сласть и цѣломѫдрьствьно *Супр 479, 10.— Зогр Мар Ас Сав Ен Евх Супр.— Ср.* пища, сладость

с л а с т ь *Супр 352, 16 см.* страсть

СЛАСТЬНЪ, -ыи *прил.* (3) [славън- (!) *Евх* (1)] ἡδύς приятный, сладостный sladký, příjemný: оуготовити сѧ отъселѣ • не на покои... ни на ино етеро земънъıхъ красотъ • славънъıхъ (! *вм.* сластьнъıхъ) *Евх 90а 18*; въспоминаетъ бо ти... похоть брашенъ многъıхъ • сластьнъıѩ похоти *Евх 88б 5-6*; люта кстъ зима нъ сладъка порода • болѣзньно съмрьзеник • нь сластьнъ покои *Супр 91, 4.— Ср.* сладъкъ, прıѩтьнъ

СЛАТИНА, -ы *ж* (1) ἅλμη солончак slaná půda, slatina: положилъ єсı... землѭ плодовитѫ въ слатинѫ *Пс 106, 34 Син*

с л е н ъ *Пс 23, 8 Син см.* сильнъ

СЛИНА, -ы *ж* (2) πτύσμα слюна slína: плинѫвъı на землѭ • замазавъı слинами і бренıемь • слѣпоумоу рождьшю сѧ *Евх 33а 4.— Евх 28а 21.— Ср.* плиновеник

с л и ш а т и *Л 20, 45 Мар см.* слышати

с л о б в о (!) *Пс 44, 2 Син см.* слово

с л о в е н ъ (!) *Пс 44, 9 Син см.* слоновьнъ

СЛОВЕСЬНЪ, -ыи *прил.* (20) **1.** τῶν λόγων, τοῦ λόγου; (словесьнъıи строи τῆς οἰκονομίας λόγος; вина словесьнаıа προφάσεως λόγος) относящийся к слову, словам, словесный slovní, slova *род.*, slov, řeči *род.*: ч'то же естъ кже оученıѩ ради даръ словесьнъı имъ-и не приносѧ кго • и дар' погоубьıатъ *Супр 377, 26*; чим бо пъваѭште • хътростиѭ ли словесънѫѭ *Супр 442, 9* **2.** τῶν λόγων относящийся к проповедям (*гомилиям*) řečí, kázání *род.*: ѣкоже естъ пісано въ кьнигахъ словесънъıихъ • исаиѩ пр⟨о⟩р⟨о⟩ка *Л 3, 4 Ас* (словесъ *Зогр Мар*, слово *Сав*) **3.** λογικός обладающий разумом, разумный rozumový, obdařený rozumem, rozumný: заклинаѭ тѧ... създавъшимь ч⟨ловѣ⟩ка по образоу своемоу • і словесънъıми • і животънъıми • ненаселенѫѭ оукрашьшемъ *Евх 52а 19-20*; причьти и въ словесъное твое стадо *Евх 100б 18*; пастоуше словесънъıхъ овецъ *Супр 225, 8-9*; пакы приносимъ тебѣ • сл(о)весънѫѭ сиѭ • і бескв(ъ)нънѫѭ слоужъбѫ *Служ 3а 1-2*; и чаѭште словесънааго без льсти млѣка словеси *Супр 384, 26-27.— Ас Евх Служ Супр.— Ср.* съмысльнъ

СЛОВО, словесе, *редко* словеси *и* слова *с* (>500) [словв- ! *Син* (1), снов- ! *Син* (1)] λόγος **1.** λόγιον, τὸ λεγόμενον, τὸ ῥηθέν, λέξις, φωνή, φθόγγος; (словесъı прѣпираѭи сѧ λογομάχος; оглаголаниıа слово κακολογία) слово, речь slovo, řec: тък'мо рци слово • і ицѣлѣетъ отрокъ мои *Мт 8, 8 Зогр Мар Сав*, словомъ *Ас*; словомь *Л 7, 7 Зогр Мар Ас Сав*; і посълашѧ къ н҃емоу • етеръı отъ фарисеи • і иродиѣнъ • да і бѫ обльстили словомь *Мк 12, 13 Зогр Мар*; слово праздьно *Мт 12, 36 Зогр Мар Ас* (г⟨лаго⟩л⟨ъ⟩ праздьнъ *Сав*); мѫжь... расмотрітъ словеса своѣ на сѫдѣ *Пс 111, 5 Син*; ѣко тъ ізбавітъ мѩ... отъ словеси мѩтежьна *Пс 90, 3 Син*, отъ словесе *Супр 70, 24*; не отъвѣшта кмоу ни кдного словесе *Супр 192, 4*; словесы бо прѣпирами сѧ не приꙗзнивъ робъ • нъ ꙗвѣ сѫпьрникъ *Супр 328, 15* ● дар речи dar řeči: слово ны ѥстъ богъ далъ и рѫцѣ и нозѣ *Супр 379, 3* ● звук речи, голос zvuk řeči, hlas: слышасте ли оубо отъ ѥго гласъ • ли дасте ѥмоу слово *Супр 27, 13* □ слово извѣсто πληροφορία подтверждение ujištění: примиши извѣсто слово бесѣды моѩ храни *Супр 239, 19* ● *о Христе*: искони • бѣаше слово • и слово бѣаше отъ б⟨ог⟩а • и б⟨ог⟩ъ бѣаше слово *И 1, 1 Зогр Ас* (∅ *Мар*); *Супр 10, 14-15; Супр 344, 30-345, 1*; о⟨тъ⟩цю слава • и единочѧдоумоу с⟨ы⟩ноу • и словеси прѣс⟨вѧ⟩тоумоу • и живоутворѧщюмоу (!) д⟨оу⟩хоу *Евх 56а 4* **2.** ῥῆμα, ῥῆσις беседа, рассказ řeč, vyprávění: и да не продьлѫ слова • да не придемъ вь самѫ главѫ вештиї *Супр 481, 26* ● молва, весть, известие zvěst, pověst, zpráva: и изиде слово се по всеи юдеи о ѥемь *Л 7, 17 Зогр Мар* ● ὁμιλία проповедь, слово, гомилия kázání, homílie: свѧтааго їѡанна златоустааго • слово о алкании *Супр 354, 16* ● λόγιον, ῥῆμα изречение výrok: изгъна словомь доухы *Мт 8, 16 Зогр Мар Ас Сав*; живи мѧ по словеси твоемоу *Пс 118, 25 Син* □ слово противьно ἀντιλογία спор, ссора svár: да отъстѫпитъ отъ васъ в'се ослоушание • противьно слово • грѫдость • зависть *Евх 91б 13-14*; слово разоумьно σύνεσις поучение poučení: слово разоумьно еманоу ї⟨здра⟩илитѣниноу *Пс 87, 1 Син* ● Священное писание Písmo svaté (*о цитатах из Библии*): ѣко слово рече • не помолите сѧ *Евх 91а 23-24*; послоухоуѥтъ ми мѫдрости слово глаголетъ ꙗко богъ съмрьти не сътвори *Супр 389, 5*; свѧтыхъ словесъ да послоушаемъ *Клоц 14б 5, Супр 452, 26* **3.** λόγιον, ἐπίκλησις заповедь, указание, поучение příkaz, přikázání, naučení: аште вы прѣбѫдете въ словеси моемь • въ истинѫ оученици мои бѫдете *И 8, 31 Зогр Мар Ас*; и тацѣми притъчами многами • г⟨лаго⟩лааше имъ слово *Мк 4, 33 Зогр Мар*; мати моѣ и братрьѣ моѣ • сиі сѫтъ • слышаштеі слово б⟨о⟩жье • и творѧште е *Л 8, 21 Зогр Мар Ас Сав*; варисте очи мои къ ютрю • поучити сѧ словесемъ твоимъ *Пс 118, 148 Син*; словесъ твоихъ не съхранишѧ *Пс 118, 158 Син* **4.** разум rozum: ельма же оубо слово показа ꙗко хотѧштоуоумоу тѣлеси добрѣ и по чиноу на вьсе дѣиство съставлꙗти сѧ *Зогр-лл 1б 7*; аште бо и прозорьливо и въ словеси довьльное имѫште и бѫдрьливое и милосрьдьное и въ съвршенѣ срьдьци идѫштоу (! *вм.* искѫштоу?) правьды б⟨о⟩жиꙗ старѣишоуоумоу братиꙗ иштетъ благоиспытание *Зогр-лл 1б 14* **5.** событие, предмет рассказа (řečená) věc, událost: оудръжаша слово вь себѣ *Мт 9, 10 Зогр Мар* ◆ слово любодѣиноѥ, слово любодѣꙗньноѥ, слово прѣлюбодѣиноѥ λόγος πορνείας прелюбодеяние (*как основание для развода*) (důvod) cizoložství (*jako důvod k rozvodu*): вьсѣкъ поуштаꙗи женѫ своѭ • развѣ словесе любодѣинааго • творитъ ѭ прѣлюбы дѣати *Мк 5, 32 Зогр Мар*; словесе любодѣаннаго *Клоц 2б 10*; словесе прѣлюбодѣина *Мт 19, 9 Мар Ас*; слово въздати, слово въздаꙗти, слово възданию сътворити, слово съвѣщати, слово сърицати, сътѧзати о словесе λόγον ἀποδιδόναι, συναίρειν ответить/отвечать, дать/давать отчет, держать ответ účtovat/zúčtovat, zodpovídat se/zodpovědět se, vydat/vydávat počet: въсхотѣ сътѧзати сѧ о словеси • съ рабы своими *Мт 18, 23 Мар*, о словесе *Ас*, съвѣщати слово *Сав*; наченъшю же емоу сътѧзати сѧ о словеси *Мт 18, 24 Мар Ас*, сърицати слово *Сав*; всѣко слово праздьно • еже аште рекѫтъ ч⟨ловѣ⟩ци • въздадѧтъ о ѥемь • слово • въ дьнь сѫдьны *Мт 12, 36 Зогр Мар Ас*; слово възданью сътворити имаши • вь день страшьнааго сѫда *Евх 82б 15.— Зогр Мар Ас Сав Зогр-пал Боян Ен Син Евх Служ Клоц Супр Рыл Зогр-лл.— Ср.* бесѣда, глаголъ, рѣчь, съказаниѥ

СЛОВОЛЮБЬЦЬ, *-а м* (1) *греч. нет* тот, кто любит слово, письменность, книжник milovník písemnictví, literatury, vzdělanec: вѣсте сами зѣло сѫште словолюбьць (! *вм.* словолюбьци) • съказаниѥ облаженааго давида *Супр 359, 13-14*

СЛОВОПИСАТЕЛЬ, *-лꙗ м* (1) λογογράφος писатель, летописец spisovatel, kronikář: мѫжь сихъ мѫжьства • ꙗко и добльства побраньскаꙗ • многаш'ди бо словописателе • и шарописателе начрьтаѭт' ови словомъ оукрашаѭште • а сии на дъскы чрътаѭште *Супр 83, 8-9*

СЛОВОПРѢПИРАТИ СѦ, *-аѭ сѧ, -аѥши сѧ несов.* (1) λογομαχεῖν вступать в словопрения, спорить přít se o slova, vést spory: (по)слоушаѩ прѣдъ б⟨ого⟩мъ не словопрѣпирати сѧ *2 Тим 2, 14 Ен*

словословесиѥ *Евх 95а 18 см.* славословесиѥ

словы, словѫшта *прич. см.* слоути

СЛОНОВЬНЪ, *-ыи прил.* (1) ἐλεφάντινος слоновый, из слоновой кости slonovinový, ze slonové kosti: отъ варьи словенъхъ (!) из нихъже възвеселишѧ тѧ *Пс 44, 9 Син*

слоуга, -ꙑ *м* (>100) **1.** λειτουργός, διάκονος, ὑπηρέτης, ὑπουργός, θεράπων, βεστιάριος слуга, служитель sluha, služebník: г⟨лаго⟩ла м⟨а⟩ти его слоугамъ • еже аште г⟨лаго⟩летъ вамъ сътворите *И 2, 5 Зогр Мар Ас*; толико рьци слово и ицѣлѣетъ • слоуга мої *Мт 8, 8 Сав* (отрокъ *Зогр Мар Ас*); стоѣхѫ же раби • і слоугꙑ огнь сътворьше • ѣко зима бѣ *И 18, 18 Зогр Ас Сав* (∅ *Мар*); въчера слоугꙑ пілатовꙑ рѫгаахѫ сѧ емоу *Клоц 13а 31; Супр 450, 1* ● *перен.*: благ⟨слови⟩те г⟨оспод⟩ѣ вьсѩ сілꙑ его • слоугꙑ его творѩще волѭ его *Пс 102, 21 Син*; избъранꙑѩ слоугꙑ добриї мѫченици благовѣрию *Супр 67, 13*; слоугꙑ диꙗволовꙑ *Супр 64, 4* ● διάκονος дьякон jáhen: по прокимен'ѣ • слоуг⟨а⟩ • речет⟨ъ⟩ *Евх 59б 18* ● слоугꙑ *мн.* οἱ ὑπηρέται, τάξις дружинники družina: воѥводинꙑ слоугꙑ вѣроваша къ г⟨оспод⟩оу *Супр 18, 28*; рече къ слоугамъ • отъчаꙗвъшааго сѧ оного приведѣте прѣдъ мѧ *Супр 99, 21* **2.** πράκτωρ, δήμιος исполнитель судебных приговоров biřic, pacholek: і сѫди тѧ прѣдастъ слоузѣ • і слоуга тѧ въсадитъ въ тьмьницѫ *Л 12, 58 Зогр Мар*; напрасно свѣштѧ оугасошѧ • и рѫкꙑ мѫчѧштиихъ слоугъ раслабѣшѧ *Супр 110, 16.— Зогр Мар Ас Сав Охр Ен Син Евх Клоц Супр.— Ср.* диꙗконъ, диꙗкъ, отрокъ, рабъ, слоужитель, слоуговати (слоугоуѩи), слоужити (слоужѧи)

слоуговати, -гоуѭ, -гоуѥши *несов.* комоу, чесомоу (9) λατρεύειν, ὑπηρετεῖν, ὑπουργεῖν; (слоугоуѩи воинъ ὑπουργός) исполнять *чью-л.* волю, служить *кому-л., чему-л.* sloužit: с⟨вѧ⟩тꙑи же анина... призъва ѥдного обыч'нѣ • слоугоуѭштааго ѥмоу льва *Супр 558, 5*; въздроувъ же воѥвода на слоугоуѭштѧѩ воинꙑ рече... *Супр 74, 6-7* ● *перен.* поклоняться *кому-л.* klanět *se někomu*, uctívat *někoho*: богомъ вашимъ не слоугоуѥмъ *Супр 129, 15 и 22*; азъ же жьрѫ богоу моѥмоу... и томоу ѥдномоу слꙋгоуѭ *Супр 148, 4-5* ▭ слоугоуѩи *в знач. сущ.* слуга sluha: обрѣтъ ѥго славьна сѫшта • и многꙑ слоугоуѭштѧѩ имѫшта *Супр 563, 25-26* ◆ коумиромъ слоугоуѩи εἰδωλοθύτης идолопоклонник modloslužebník: ц⟨ѣса⟩рь ѥстъ крѣпькъ и силенъ... и коумиромъ слоугоуѭштиїмъ... врагъ ѥстъ дрѫзъ *Супр 28, 11-12.— Супр 49, 3-4; 548, 19.— Ср.* слоужити; слоугоуѩи *ср.* слоуга

слоужениѥ, -ниꙗ *с* (9) **1.** θεραπεία, τὸ διακονεῖν; (слоужениѥ принимати ἐξυπηρετεῖσθαι) услужение, служба, помощь sloužení, služba: ꙗкоже оубо вь великѫ старость приде (*т. е.* старьць) отъвръзошѧ (*т. е.* хлѣвинѫ) оученици на слоужениѥ ѥмꙋ *Супр 301, 1*; аште бо дѣло чъстьно было • то славьнѣ оубо бꙑ отъ човѣкъ слоужениѥ прималъ *Супр 262, 2-3* **2.** λατρεία; (слоужениѥ капищемъ εἰδωλολατρεία) богослужение, церковная служба uctívání, kult, bohoslužba: ѡ благовъгодьнѣ трѣбѣ бꙑти • словесъноумоу семоу слоуженью нашемоу *Евх 60а 15*; многꙑ недѫгꙑ чловѣчьскꙑи зъıбааше сѧ родъ • къ капиштемъ слоуженню • и на пѣсни • и на блѫжденꙗ женомъ *Супр 352, 12* ◆ чинъ слоужению ἀκολουθία церковная служба, обряд богослужения bohoslužebný obřad: чин⟨ъ⟩ слоуженью • великоумоу ѡбразоу пострѣщи хотѧще чрьнца вь скимѫ *Евх 82а 1.— Евх 81а 15; 89а 18; 89б 1; Супр 329, 21.— Ср.* литоургиꙗ, слоужьба; коумирослоужениѥ, послоужениѥ

слоужитель, -лꙗ *м* (2) λειτουργός, συλλειτουργός служитель služebník: такъ имамъ архиереи • еже сѣде о деснѫѭ прѣстола • и величъства на небесехъ • с⟨вѧ⟩тꙑмъ слоужителъ (и) (ск)инии исти(н)ънѣи *Евр 8, 2 Ен.— Евх 58а 20.— Ср.* слоуга

слоужительница, -ѧ *ж* (1) ὑπηρέτις служительница služebnice: простивъши нꙑ ꙗко блага бога слоужительница • помоли сѧ х⟨ристо⟩соу *Супр 3, 20-21.— Ср.* диꙗконисa

слоужити, -жѫ, -жиши *несов.* комоу, чесомоу (86) **1.** διακονεῖν, λατρεύειν, ὑπηρετεῖν, ὑπουργεῖν, δουλεύειν, λειτουργεῖν, ταῖς ὑπουργείαις θεραπεύειν, τὴν ἐπιμέλειαν ποιεῖσθαι, συνασκεῖσθαι (!) служить, прислуживать, обслуживать sloužit, posluhovat, obsluhovat: сътворишѧ же емоу вечерѭ тоу • і мар'та слоужааше *И 12, 2 Зогр Мар Ас Сав*; а⟨н⟩ѣ⟨е⟩ли пристѫпишѧ і слоужаахѫ емоу *Мт 4, 11 Зогр Ас Сав Боян* (∅ *Мар*) ● быть в подчинении, служить, быть служителем, быть слугой sloužit, být služebníkem, být sluhou: не можетъ бо б⟨ог⟩оу слоужити и мамонѣ *Мт 6, 24 Сав* (работати *Зогр Мар Ас*); ходѩı по пѫтı непорочьноу сь мı слоужаше *Пс 100, 6 Син*; ѣко да тѣло слоужитъ мꙑсльнѣи д⟨оу⟩ши *Евх 7б 5*; да бꙑ сѧ поклонилъ тои твари • ꙗже слоужитъ чловѣкомъ *Супр 261, 30*; съ вьсѣмь пооуштаниѥмь и сьмѣрениимъ слоужѧ • водѫ отъ потока възносѧ • варѧ дѣлаѭштиимъ • и работаѩ имъ въ камении *Супр 284, 1* ● исполнять *что-л.*, совершать *что-л.* konat *něco*: отроци благочьстьно слоужѧтъ хвалѫ • а нечистии жьрьци зълѣ гнѣваѭтъ сѧ *Супр 324, 6-7* ▭ слоужѧ(и) *в знач. сущ.* служитель, слуга služebník, sluha: болꙑ васъ • да бѫдетъ ѣко і мьнии • і старѣı ѣко слоужѧ *Л 22, 26 Зогр Мар*; и пристѫпи к немоу отъ слоужѧштиихъ прѣдъ кнѧземъ *Супр 159, 18* **2.**

λειτουργεῖν, λατρεύειν, ἱερατεύειν, ἱερουργεῖν, διακονεῖν служить, поклоняться (*богу*), славить (*бога*) sloužit (*bohu*), uctívat, slavit (*boha*): слоужити емоу прѣподобьемь • ı правъдоѭ прѣдъ нимь вса дьни живота нашего *Л 1, 74 Зогр Мар*; въдова... ѣже не отъхождааше отъ цръкъве • постомь ı молитвами • слоужашти дьнь ı ношть *Л 2, 37 Зогр Мар Сав* (работаѭщи г⟨осподе⟩ви *Ас*) ● совершать богослужение konat bohoslužbu: бъıстъ же слоужаштю моу • въ чиноу чрѣдъı своеѩ прѣдъ б⟨ого⟩мь *Л 1, 8 Зогр Мар Ас* ● быть церковнослужителем být duchovním, knězem: слоужаще скинї *Евр 13, 10 Ен*; сл(ѹж)аи (до)брѣ *1 Тим 3, 13 Ен.— Зогр Мар Ас Сав Боян Ен Син Евх Супр Рыл.— Ср.* работати, слоуговати; слоужа *ср.* слоуга

слоужьба, -ы *ж* (65) **1.** λατρεία, διακονία, ὑπηρεσία, δουλεία, ὑπουργία; (слоужьбѫ примати διακονεῖσθαι, ὑπηρετεῖσθαι) обслуживание *кого-л.*, услужение, помощь *кому-л.* služba, obsluhování, posluhování: мар'та млъвлѣаше • о мнозѣ слоужьбѣ *Л 10, 40 Зогр Мар Ас Сав*; безъ осѫждениꙗ бѫдѫ • отъ инѣхъ слоужьбѫ приемьѩ *Супр 286, 26-27* ● служба, служение služba, sloužení: бѫди ми подавъı силѫ... на твоѭ слоужъбѫ *Евх 72б 9-10*; ции слоужьбѫ тѣлесънѫ прѣимъше • ѥште и д⟨оу⟩шами власти покоушаѥте сѧ *Супр 88, 14-15*; приимъ же слоужъбѫ тѫ съ оусрьдиѥмъ *Супр 284, 8-9* ● дело, работа konání, práce: работаѩ имъ въ камении • и въ прокыихъ слоужьбахъ зъданиꙗ *Супр 284, 4*; приноуждаѥмъ бѣаше правьдивъıи тъ мѫжъ • инѫ слоужъбѫ творити... лѣтоу же коньчавъшоу о такои слоужьбѣ... да ѥмѹ отьць нашъ сава клѣть на мльчаниѥ *Супр 284, 27 и 285, 1* ● польза, užitek: прозѩбаѩи пажить скотомъ ї травѫ на слоужьбѫ чл⟨овѣ⟩к⟨о⟩мъ *Пс 103, 14 Син* **2.** *собир. греч. нет* слуги, прислуга služebnictvo: донде же манастира чловѣка б⟨о⟩жиꙗ • съ женоѭ своеѭ и с⟨ы⟩нъми и дъштерми • и съ прокоѭ робинскоѭ слоужьбоѭ *Супр 562, 12* **3.** θεραπεία, λατρεία, λειτουργία, ἱερουργία votum поклонение, культ uctívání, kult: а ѥже нынѣ акъı безоумьни ѥсте • на слоужьбѫ блазнѧштоу васъ диꙗволоу • нъ оставивъше и отъстѫпити отъ него *Супр 29, 20* ● сан священника, священство kněžská služba, kněžský úřad: ıзбъравъı ны грѣшъныѩ... въ слоужъбѫ иерѣискѫѭ *Евх 9а 4*; отълѫченъ быс⟨тъ⟩ отъ свѧтительскыѩ слоужъбы *Супр 186, 25* ● богослужение bohoslužba: въ прьвѫѭ скиниѭ • вънѫ въхождахѫ иереи • слоужбы съдѣваѭще *Евр 9, 6 Ен* ● votum жертва oběť: на слоужьбъи люди твоıхъ милостиѭ прıзьрı *Киев 2а 18* □ идольскаꙗ слоужьба *см.* идольскъ.— *Зогр Мар Ас Сав Ен Син Служ Киев Евх Клоц Супр.— Ср.* литоургиꙗ; послоужениѥ, работа, работаниѥ, слоужениѥ, коумирослоужениѥ

слоужьбьнъ, -ьıи *прил.* (1) λειτουργικός относящийся к служению, службе služebný: не (вси ли сѫтъ) слоуж(е)бниї д⟨оу⟩си *Евр 1, 14 Ен*

слоузъ, -а *м* (1) χυμός сок (*желудочный*) šťáva (*žaludeční*): ꙗко брашьно пльтьноѥ егда въ жтробѫ слоузь имѣѭштоу зъль въпадетъ • паче продлъжитъ недѫгъ *Супр 421, 14*

слоути, словѫ, словеши *несов.* (4) *греч. нет* слыть slout: толико бо бѣаше възлюбленъıи и славънъıи градъ • ꙗкоже въторъıи словѣѣше отъ цѣсарѣ града *Супр 56, 17-18* □ словъıи *в знач. прил.* περίφημος известный (*о качестве кого-л., чего-л.*) známý, slavný, proslulý: ты ли ѥси васискъ (!) словъıи *Супр 20, 22*; трофимъ и евкар'пионъ словѫштаꙗ при лоутости и при дръзости *Супр 212, 13.— Супр 302, 9.— Ср.* нарещи; словъıи *ср.* славьнъ

слоутиѥ, -иꙗ *с* (1) περιφάνεια известность, репутация proslulost, sláva: отьць нашъ їоаннъ... родителю бывъ • егкратиꙗ • и еуфимиꙗ • тако нарицаѥмома • богатьствомъ же и слоутиѥмъ родительскъıимъ кыпѧштьмъ *Супр 278, 20.— Ср.* слава

слоухъ, -а *м* (49) ἀκοή **1.** слух, способность слышать sluch: вьсаждьшиимь глоухъıмъ слоухъ • ı не г⟨лаго⟩лѭщиимъ г⟨лаго⟩лати *Евх 53а 23* **2.** *чаще дв. и мн.* οὖς уши, слух uši: ı абье развръзосте сѧ слоуха его *Мк 7, 35 Зогр Мар Ас Сав Боян*; не можетъ... рѫка моꙗ отѧти васъ • или отѧжьча слоухъ мои не оуслышати *Супр 135, 18*; дивьнаꙗ бо нѣкаꙗ въносиши въ слоухъı наша *Супр 540, 17*; подобаатъ паче простьрѣти слоухъı ваша *Супр 532, 29* **3.** слух, молва zvěst, zpráva, pověst: ı изиде слоухъ его въ вьсеи с'vрıи *Мт 4, 24 Зогр* (∅ *Мар*); отъ слоуха зъла не оубоїтъ сѧ *Пс 111, 7 Син*; ı слоухъ быс⟨тъ⟩ ѣко въ домоу естъ *Мк 2, 1 Зогр Мар Ас Сав*; о немь бѣаше слоух' *Супр 45, 14.— Зогр Мар Ас Сав Боян Син Евх Клоц Супр.— Ср.* слышаниѥ, оухо; вѣсть

слоушати, -аѭ, -аѥши *несов.* кого, чесого (39) ἀκούειν, προσέχειν слушать, внимать slyšet, poslouchat, naslouchat: многъ народъ • слоушааше его въ сласть *Мк 12, 37 Ас* (послоушаахѫ *Зогр Мар*); слоушаѩи васъ • мене слоушаетъ *Л 10, 16 Зогр Мар*

Ас Сав; вѣдѣ ꙗко присно мене слꙋшаѥши *Супр 309, 13-14.— Зогр Мар Ас Сав Супр.— Ср.* послоушати, слышати

с л ъ з а *см.* сльза

с л ъ з о т о ч ь н и к ъ *Евх 70б 3 см.* сльзоточьникъ

СЛЪНЬЦЕ, -*а с* (100) [сль- *Ас* (1) *Сав* (1) *Супр* (35), ньца *Син* (1)] ἥλιος солнце slunce: въ ты дьни по скръби тоі • слъньце помрачитъ сѧ • і лоуна не дастъ свѣта своего *Мк 13, 24 Зогр Мар*; въ слънъці положі село его *Пс 18, 5 Син;* слънъце позна западъ своі *Пс 103, 19 Син*; ї прѣстолъ его ѣко слъньце прѣдо мъноѭ *Пс 88, 38 Син*; слънъце помрачи свѣтъ свои *Евх 50б 16*; нынѧ же пакы свѣтъло акы сльнце *Супр 159, 22*; вьсемоу (! *вм.* вьсемъ) подъ сльньцоу (! *вм.* сльньцемь) живѫштиїм' *Супр 189, 17* ● *перен.*: съвѧзаша великааго с⟨а⟩(м)пс⟨о⟩са • слъньца х⟨ристос⟩а *Клоц 12б 27-28; Супр 448, 23-24*; въсиѣ слънъце праведное х⟨ристос⟩ъ б⟨ог⟩ъ нашъ *Ен 25б 17*; слън'це праведъное *Евх 63б 25; Супр 251, 20.— Зогр Мар Ас Сав Унд Ен Син Евх Клоц Супр*

СЛЪНЬЧЬНЪ, -*ыи прил.* (3) [сль- *Супр* (2)] τοῦ ἡλίου солнечный sluneční: лоучѧ сльнечьныѧ *Супр 66, 25*; по слънечьнѣѣмъ заходѣ *Супр 53, 4.— Супр 68, 4*

с л ъ ш а т и *Мар Клоц см.* слышати

СЛЪШАНИѤ, -*ниѣ с* (8) **1.** ἀκοή слушание poslouchání: доушѫ слъшанимъ освѣштаѫ *Супр 281, 10* **2.** τὸ ἀκουσθέν известие, слух, молва zpráva, zvěst: оуслъшати (!) же имате брани • і слъшаниѣ брании видите *Мт 24, 6 Мар Ас* (2) (оуслъшаниꙗ *Сав*, Ø *Зогр*).— *Евр 2, 1 Ен; Супр 239, 5-6; 281, 9 и 10; 510, 27-28.— Ср.* вѣсть, слоухъ

СЛЫШАТЕЛЬ, -*лꙗ м* (1) *греч. нет* слушатель, тот, кто слышит posluchač: в'семоу слъи..тель... тъи еси *Рыл 76а 26-27.— Ср.* слышати (слышѧ)

СЛЫШАТИ, -*шѫ*, -*шиши несов./сов.* (>1000) [слиш- *Мар* (1) *Клоц* (1), слъш- *Мар* (7) *Клоц* (1)] ἀκούειν **1.** *несов. без доп.* τὴν φωνὴν φέρειν (!) слышать, обладать слухом slyšet: імѣѧи оуши слышати *несов.* • да слышитъ *сов. Мт 11, 15 Зогр Мар Ас Сав Унд*; азъ же ѣко глоухъ не слышахъ *Пс 37, 14 Син; Евх 76б 9*; слыши чѧдо і разоумѣи добрѣ *Евх 67а 2* **2.** *несов./сов.* кого, чьто; кого, чесого; комоу, чесомоу ἐπακούειν, εἰσακούειν, συνιέναι, παρακούειν слышать/услышать slyšet/uslyšet: слышѧ же народъ мимо ходѧшть • въпрашааше *Л 18, 36 Зогр*, слышавъ *Мар Ас*; слышиши ли что сии г⟨лаго⟩лѭтъ *Мт 21, 16 Мар Сав Зогр-пал* (Ø *Зогр*); *Супр 330, 19; 403, 7*; быс⟨тъ⟩ же належѧштю емь народоу • да бѫ слышали слово б⟨о⟩жие *Л 5, 1 Зогр Мар*; нынѣ мы сънѧсомъ сѧ в'си въ коупѣ... моусикинскыхъ д⟨авыдо⟩въ • слышати гѫслеи *Евх 88а 4*; с⟨вѧ⟩тыихъ словесъ да слышимъ *Супр 452, 27* (послоушаемъ *Клоц 14б 5*); разгнѣвавъ же сѧ комисъ • ꙗко дивнимъ животомъ слышитъ *Супр 233, 28*; гласа же ѥмоу не бѣаше слышати *Супр 116, 26-27*; мльчанию же многоу бывъшоу • аггельскъ гласъ слышанъ бысть *Супр 110, 24*; не слышꙗтъ сѧ гласі іхъ *Пс 18, 4 Син*; тѧтьнъ же гласа [слыша] слышааше сѧ о деснѫѭ и о лѣвѫѭ глаголѧ *Супр 162, 18* ▭ с л ы ш ѧ(и), с л ы ш а в ы и *в знач. сущ.* ἀκροατής, ὁ ἀκούων, ὁ ἀκούσας слушатель posluchač: и положишѧ вьсі слышѧштии на ср⟨ъ⟩д⟨ь⟩цихъ своихъ *Л 1, 66 Ас*, слышавъшеі *Зогр Мар*; въпроси слышавъшѧѩ • чьто г⟨лаго⟩лахъ імъ *И 18, 21 Зогр Мар Ас Сав*; да дастъ благодѣть слышѧштиїмъ *Супр 497, 22*; не бо заповѣда сего • нъ изволенимъ слышѧштиимъ повелѣ *Супр 371, 11-12* ● слушать/услышать, внимать/внять vyslýchat/vyslyšet: слыша г⟨оспод⟩ь • і помілова мѧ *Пс 29, 11 Син*; благодарѭ ти о⟨ть⟩че ꙗко слыша мене *Супр 309, 7 и 12* (оуслыша *И 11, 41 Зогр Мар Ас Сав*) ● кого, отъ кого *несов.* διακούειν допрашивать vyslýchat: еда законъ нашь сѫдитъ ч⟨ловѣ⟩коу • аште не слышитъ отъ нѥго прѣжде *И 7, 51 Зогр Мар Ас Сав* **3.** *несов./сов.* кого, чьто; о комь, чемь; кого, чесо μανθάνειν, δηλοῦσθαι слышать/услышать, узнать slyšet/dovědět se: слышахъ бо тебе опасно глаголѭшта *Супр 356, 3*; слышимъ сѫшта нѣкого въ горнїїхъ странахъ именемь конона *Супр 45, 26-27*; къто же естъ сь • о нѥмьже азъ слышѫ таковаѣ *Л 9, 9 Зогр Мар*; іоанъ же слышавъ • въ ѫзилишти дѣла х⟨ристосо⟩ва *Мт 11, 2 Зогр Мар Ас*; нѣси оубо достоин'нъ слышати таинъ б⟨о⟩жиї *Супр 8, 21*; ▭ с л ы ш а н ъ *в знач. прил.* известный známý: отъ вѣка нѣстъ слышано • ѣко къто отврьзе очи слѣпоу рожденоу *И 9, 32 Зогр Мар Ас*; слышанъ сътворите гласъ хвалы его *Пс 65, 8 Син* **4.** с л ы ш ѧ(и) сѧ ὁ λεγόμενος называемый zvaný: иоуда слышѧи сѧ искариотинъ *Супр 410, 13*; вънѣ вратъ слышѧштиихъ сѧ • нера *Супр 537, 24.— Зогр Мар Ас Сав Охр Унд Боян Зогр-пал Ен Син Евх Клоц Супр Рыл Хил.— Ср.* вънoушити, слоушати

СЛЬЗА, -*ы ж* (74) [слъз- *Мар* (3) *Ас* (3) *Сав* (1) *Боян* (1) *Син* (3) *Служ* (1) *Евх* (6) *Супр* (26) *Рыл* (3), слез- *Син* (4) *Евх* (1)] δάκρυ, δάκρυον, θρῆνος (!); (сльзы оупоуштати δακρυρροεῖν) слеза slza: о⟨ть⟩ць отрочѧте • съ сльзами г⟨лаго⟩лааше *Мк 9, 24 Зогр Мар Ас Сав*; сѣвъшеі сльзами въ радость пожьнѫтъ *Пс 125, 5 Син*; бышѧ слъзы моѩ мнѣ хлѣбъ денъ і нощь *Пс 41, 4 Син*; подажди грѣшънꙑма ми очима • істочьникъ слезъ *Евх 78а 12*; воле оубо слъзы оупоуштакши ѩко надъ мрътвъмъ *Супр 457, 15-16.— Зогр Мар Ас Сав Боян Син Служ Евх Супр Рыл*

СЛЬЗИТИ, сльжѫ, сльзиши *несов.* (2) δακρύειν проливать слезы, плакать slzet, plakat: толико же кмоу бѣаше пооуврьзеник • ѩкоже сльзити кмоу зѣло въ годъ безскрьбънꙑѩ жрътвы *Супр 285, 17.— Служ 1б 4-5.— Ср.* плакати (сѧ)

СЛЬЗОТОЧЬНИКЪ, -а *м* (1) *греч. нет* тот, кто проливает слезы ten, kdo roní slzy: тѣмьже и ты чадо • бѫди... въ смѣха мѣсто • слъзоточьникъ *Евх 70б 3*

СЛЬЗЪКЪ, -ꙑи *прил.* (1) γλίσχρος липкий; *перен.* сочный lepkavý; *перен.* šťavnatý: сладъкъ кстъ плодъ смокве и сльзъкъ *Супр 350, 26*

СЛЬЗЬНЪ, -ꙑи *прил.* (3) [слез- *Син* (1)] τῶν δακρύων слезный slzavý, slz *род.*: како ли съповѣдѣ же при насъ вѣньца исплете себѣ сльзънꙑимъ точеникмъ *Супр 274, 17*; ● *перен.*: натровеши нꙑ хлѣба слезьна • ї напоиши нꙑ слезъ въ мѣрѫ *Пс 79, 6 Син.— Супр 285, 20*

СЛѢДИТИ, слѣждѫ, слѣдиши *несов.* (1) ἀναζητεῖν идти следом, следить *за кем-л., чем-л., выслеживать* sledovat, prohledávat: тъшташтаѩ сѧ и вьсѣ мѣста слѣдаштемъ • ѩкоже побити доброчьстиѩ дѣлателѩ *Супр 217, 12*

СЛѢДОВАНИК, -ѩ *с* (1): по слѣдованию τῶν παρηκολουθηκότων (!) по порядку, по очереди po pořádku, po řadě: дошъдъши же црькви • вьса по слѣдованию б⟨ого⟩ви прѣжде • потом' же и прѣподобноуоумоу мѫжоу исповѣда *Супр 517, 21.— Ср.* слѣдъ

СЛѢДЪ, -а *м* (>100) **1.** ἴχνος след stopa: кдина отъ мьнии (*вм.* альнии)... ислѣдивъши [въ] слѣдъ кго приде въ кесариѭ *Супр 233, 2*; не бо бѣ тъгда тоу ни слѣда чрьноризъчьска *Супр 192, 5* ● *перен.*: се чьстьнаа братьк слѣдъ и оуиштеньк сьпасеньꙗ *Супр 542, 13* **2.**: въ слѣдъ, съ слѣда *нареч.* ὀπίσω, ὄπισθεν следом, сзади, позади zezadu: си пристѫпьши съ слѣда • коснѫ сѧ въскрилиі ризѣ его *Л 8, 44, Зогр Мар Сав* (съ задї *Ас*); они же женѣахѫ вьслѣдъ *Супр 196, 15-16* **3.**: въ слѣдъ, въ слѣдꙑ *предлог с род., реже с дат.* ὀπίσω, ὄπισθεν, κατόπισθεν, ἐπί, ἀκολουθῶν, ἐπιδιώκων за za: отъпоусти ѭ • ѣко въпиетъ въ слѣдъ насъ *Мт 15, 23 Зогр Мар Сав*; ведѫтъ сѧ ц⟨ѣса⟩ревꙑ дѣвꙑ вь слѣдь еѩ *Евх 87б 23* (по неі *Пс 44, 15 Син*); дажди емоу шьствовати вьслѣдь тебе *Евх 34а 2*; се мꙑ оставихомъ вьсѣ и вь слѣдъ тебе идомъ *Мт 19, 27 Мар Ас* (по тебѣ идохомъ *Сав, Ø Зогр*); вьси бывъшиї поидоша вьслѣдъ кго *Супр 32, 20*; мьнѫ сѧ нꙑнѣ вь слѣдꙑ идꙑ владꙑкꙑ исоуса *Супр 343, 19*; вьслѣдьствоваста же вьслѣдъ кго дъва елени *Супр 223, 7* ● ἀκόλουθος по podle: заклинаѭ тѧ • і в'сѭ съпадъшѭѭ твоѭ силѫ • вь слѣдь твоеѩ волѩ *Евх 52а 6-7.— Зогр Мар Ас Сав Боян Зогр-пал Евх Клоц Супр*

СЛѢПОТА, -ꙑ *ж* (1) *греч. нет* слепота slepota: дажди емоу зракъ... ізведи и отъ слѣпотꙑ *Евх 33а 23*

СЛѢПЪ, -ꙑи *прил., часто в знач. сущ.* (>100) τυφλός слепой, незрячий slepý: многомъ слѣпомъ дарова прозьрѣнье *Л 7, 21 Зогр Мар*; пристѫпишѧ къ немоу хроми и слѣпии въ цр⟨ь⟩к⟨ъ⟩ве и исцѣли ѩ *Мт 21, 14 Мар Зогр-пал (Ø Зогр)*; *Супр 330, 11*; приемꙑ зъвание слѣпоую *Евх 33б 13*; слѣпъıѩ твориши прозьрѣти *Клоц 4б 2-3*; слѣпꙑ родивъша сѧ тѣмь прозьрѣвъша видѣхомъ *Супр 387, 23* ● *перен.*: горе вамъ вожди слѣпии *Мт 23, 16 Мар (Ø Зогр).— Зогр Мар Ас Сав Зогр-пал Евх Клоц Супр.— Ср.* слѣпьць

СЛѢПЬЦЬ, -ца *м* (32) τυφλός слепец, слепой slepec: слѣпъ же слѣпьца аште водитъ • оба въ ѣмѫ въпадета сѧ *Мт 15, 14 Зогр*, слѣпецъ же слѣпъца *Мар*; і се дъва слѣпъца сѣдѧшта при пѫти *Мт 20, 30 Мар Ас Сав (Ø Зогр)*; онъ же слѣпьца ихъ цѣлѣаше *Супр 481, 18.— Зогр Мар Ас Сав Супр.— Ср.* слѣпъ

слѫкъ *см.* сълѫкъ

смикати сѧ *Супр 496, 18 см.* смыкати сѧ

СМИѦТИ СѦ, смѣѭ сѧ, смѣкши сѧ *несов.* комоу, чесомоу (10) γελᾶν смеяться smát se: горе вамъ смѣѭштимъ сѧ нꙑнѣ • ѣко въздꙑхаете і въсплачете сѧ *Л 6, 25 Зогр*, смѣѭштеи сѧ *Мар*; врѣмѧ смиѩти сѧ съпасению • смиѩти сѧ а не посмиѩти сѧ *Супр 356, 19 и 20*; нъ с⟨вѧ⟩тъ⟨ıѩ⟩ к'нигъıи слъıшѧще смьѣхом' сѧ *Рыл 56β 14.— Супр 131, 14-15 и 17; 356, 14; 357, 1; 392, 2*

смоков- *см.* смокъв-

СМОКЪВА, -ꙑ *ж* (3) **1.** σῦκον плод смоковницы, винная ягода fík: оубо бѣ врѣмѧ смокъвамъ *Мк 11, 13 Зогр Мар* **2.** συκῆ фиговое дерево, смоковница fíkovník, smokvoň: оузрѣ смоквѫ единѫ при пѫти *Мт 21, 19 Зогр-пал* (смоковьницѫ *Мар*, Ø

Зогр).— Ср. смокы, смокъвьница, смокъвиние, смокъвьнга

смокъвиние, -нга с собир. (1) αἱ συκαῖ смоковницы fíkoví: избі виноградъі іхъ • і смокъвинье ихъ Пс 104, 33 Син.— Ср. смокъва, смокъвьница, смокъвьнга, смокы, сукомаргга

смокъвинъ прил. (2) τῆς συκῆς смоковный, фиговый fíkový: плоскъ естъ листъ смоквинъ и остръ Супр 350, 22; листвие смоквино въземъ • свои стоудъ покрывааше Супр 348, 2.— Ср. смокъвьнъ, смокъвьниньнъ

смокъвьница, -ѧ ж (30) [смоков- Зогр (10) Мар (14) Ас (3)] συκῆ смоковница, фиговое дерево fíkovník, smokvoň: видѣшѧ смоковьницѫ оусохъшѫ іс корене... виждь смоковьница юже проклатъ оусъше Мк 11, 20 и 21 Зогр Мар; отъ смоковьницѧ же навыкнѣте притъчи Мк 13, 28 Зогр Мар; проклинааше смокьвницѫ и їсъхнѣаше Супр 476, 24.— Зогр Мар Ас Зогр-пал Супр.— Ср. смокъва, смокъвьнга, смокъвиние, смокы, сукомаргга

смокъвьничьнъ, -ъи прил. (1) τῆς συκῆς смоковничный, fíkovníkový, smokvoňový: аще имате вѣрѫ и не оусѫмьните сѧ • не тъкмо смоковьничьное сътворите • нъ аште и горѣ сеи речете двигни сѧ... бѫдетъ Мт 21, 21 Мар (∅ Зогр).— Ср. смокъвьнъ, смокъвинъ

смокъвьнъ, -ъи прил. (1) ὁ κατὰ τὴν συκῆν смоковничный fíkovníkový: нъ велми трѣбѣ искати възлюбьении • вида смоковьнааго отъ многыихъ съказано (! вм. съказана) Супр 345, 13.— Ср. смокъвьничьнъ, смокъвинъ

смокъвьнга, -ѩ ж (1) συκῆ смоковница, фиговое дерево smokvoň, fíkovník: отъ смоковьнѩ (! вм. смокъвьнѩ) же наоучите сѧ • притъчи Мт 24, 32 Сав (ѡтъ смоковьницѧ Зогр Мар Ас).— Ср. смокъвьница, смокы, сукомаргга

смокы, смокъве и смокъви ж (44) [им. ед. смокъви Супр (2)] **1.** σῦκον, σχάδα, σχάδιον плод смоковницы, винная ягода fík: еда обемлѭтъ отъ трънѣ гроздъі • ли отъ рѣпьѣ смокъви Мт 7, 16 Зогр Мар, смокьві Ас; сѣмѧ смок’ве Супр 300, 7; сесь три смокви роди Супр 300, 24 **2.** συκῆ, συκομορέα фиговое дерево, смоковница fíkovník, smokvoň: сѫща подъ смоковиѭ видѣхъ тѧ И 1, 49 Сав, Супр 350, 8 (подъ смоковьницеѭ Зогр Мар Ас); слово • о смокви Супр 343, 2; видѣвъ смокве приде к нєи... а бы бо минѫлъ смокве имѣла бы смокви змиа гнѣздо свое бе съмрьти • нъ приде къ смокви и оусоуши ѭ Супр 350, 2, 3, 4 и 5; чии образъ принесе смокви Супр 346, 5.— Ср. смокъва, смокъвьница, смокъвиние, смокъвьнга, сукомаргга

с..п с с а Клоц 12б 27 см. самъпсонъ

смрадъ, -а м (2) δυσωδία; (зълыи смрадъ τὸ δυσῶδες) смрад, зловоние zápach: смрадъ бо съжеженга кю кште въ ноздрехъ моихъ естъ Супр 198, 20 ● перен.: не зълааго смрада твоего лобызанга оувраштаѫ сѧ Супр 426, 10

смрадьнъ, -ныи прил. (2) τῆς δυσωδίας зловонный, смрадный smrdutý, zapáchající; перен.: на смрадьнѣ мѣстѣ съконьчати житие Супр 190, 13; въвръгъ себе въ смрадьнѫѭ тинѫ блѫдьнѫѭ Супр 525, 4.— Ср. смрьдѣти (смрьдѫ)

смрьдъ, -а м (1) τῆς οἰκτρᾶς τύχης простой, низкий (по происхождению) prostý, nízkého původu: о вьсѣкомъ бо крьстианѣ • казнь цѣсарьска лежитъ • любо оубогъ естъ любо богатъ • любо сановитъ любо смръдъ • то ни того поштадитъ сѫдъ Супр 101, 24

смрьдѣти, смрьждѫ, смрьдиши несов. (7) ὄζειν смердеть, испускать смрад, зловоние zapáchat: г⟨лаго⟩ла емоу сестра оумьръшаего • мар’та • г⟨оспод⟩и юже смрьдитъ • четврѣдьневьнъ бо естъ И 11, 39 Зогр Мар Ас ▭ с м р ь д ѧ в знач. прил. σαπρός, δυσώδης: зловонный smrdutý видѣ мѣсто нѣкако... тинъі смрьдаштѫ пльнѫ Супр 193, 13; ако тинавъ калъ смрьдашть чрънъ Супр 167, 22 ● перен.: в’сѣко слово смрьдѧ • із оустъ вашихъ да не ісходітъ Клоц 4а 6.— Супр 522, 16-17.— Ср. смрадьнъ

смыкати сѧ, -аѭ сѧ, -акши сѧ несов. (1) σύρεσθαι ползать plazit se; перен.: жидомъ бо данъ бываше даръ • немоштьнъимъ • смикаѭштиим сѧ по земи Супр 496, 18

смѣхъ, -а м (9) γέλως смех smích: вы веселите сѧ смѣхомъ • азъ же пѣтиемъ Супр 19, 20; бештинънъи же смѣхъ Супр 497, 24; бѫди... въ смѣха мѣсто • слъзоточьникъ Евх 70б 2; смѣхъ порѫганга Супр 356, 20-21; о рѫжьнѣѣмъ смѣсѣ Супр 356, 24.— Евх 54а 13; Супр 356, 25, 26 и 30

снопъ, -а м (5) δέσμη, δράγμα; (снопы вѧзати δραγματίζειν) сноп snop: съберѣте прьвѣе • плѣвелъ • і съвѧжате ѩ въ снопы Мт 13, 30 Зогр Мар Ас Унд; начѧ снопы вѧзати Супр 41, 1

снѣгъ, -а м (15) χιών, χειμών (!), φῶς (!); (акы снѣгъ сиѩи сѧ χιονόφεγγος) снег sníh: бѣ же зракъ его • ѣко мльни • і одѣние его бѣло ѣко снѣгъ Мт 28, 3 Зогр Мар Ас Сав; Супр 444, 25; Мк 9, 3 Зогр Мар;

Мт 17, 2 Ас (свѣтъ *Мар, Ø Зогр*); въходы и исходы его • ізбави отъ снѣга • і отъ мраза *Евх 14а 6*; омыеши мꙗ паче снѣга оубѣлѭ сꙗ *Пс 50, 9 Син*; дастъ ти акы снѣгъ • одеждѫ водоѭ и доухомь истъканѫ *Супр 348, 8.— Супр 77, 6; 352, 8; 355, 1; 385, 18*

со, со- *см.* съ, съ-

СОБИТИ СѦ, -блѭ сѧ, -биши сѧ *несов.* (1) μονάζειν быть одиноким být osamělý: забьдѣхъ і быхъ ѣко пьтица собыщиѣ сꙗ на зьдѣ *Пс 101, 8 Син*

собота, соботьнъ *Мар Ас Син см.* сѫбота, сѫботьнъ

СОВАЛ҃Ь *прил.* (1) τῆς Σωβάλ собский sobský (*к названию государства Соба*): вънегда понеже месопотамиѭ (!) соуріискѫѭ и соуриѭ совалѭ *Пс 59, 2 Син*

СОВАТИ, -аѭ, -акши *несов.* (1) ῥιπ(τ)ίζειν бить, хлестать, переливаться (*через край*) překypovat, přelívat se: клокоштетъ конобъ и вънъ соваатъ *Супр 234, 12*

содитъ *И 3, 17 Мар см.* сѫдити

СОДОМА, содомъ *с мн. или* **СОДОМИ**[1], -ъ *м мн. город* (3) τὰ Σόδομα Содом Sodoma: аште въ содомѣхъ • бишѧ силы былы *Мт 11, 23 Зогр Мар.— Л 10, 12 Ас*

СОДОМИ[2], содомъ *м мн.* (2) τὰ Σόδομα содомляне Sodomané: отърадьнѣе бѫдетъ • содомомъ • ли гоморѣнемь • вь дьнь сѫдьны *Мк 6, 11 Зогр Мар.— Ср.* содомлꙗнинъ

СОДОМЛꙖНИНЪ, -а *м,* содомлꙗне, -ъ (5) Σοδομίτης, τὰ Σόδομα (!) житель Содома Sodoman, obyvatel Sodomy: содомлѣнемъ въ тъ дьнь • отрадьнѣе бѫдетъ • неже градоу томоу *Л 10, 12 Зогр Мар* (содомомъ *Ас*); ни сице оскврьниша ꙗ неправ'досътворенимъ содомыꙗне *Супр 485, 11.— Л 17, 29 Зогр Мар.— Ср.* содоми[2]

СОДОМЬСКЪ, -ыи *прил. к* содома (10) τῶν Σοδόμων, Σοδομιτικός, τῶν Σοδομιτῶν содомский sodomský: ѣко земли содомьсцѣ • отърадьнѣе бѫдетъ въ днь сѫдьны • неже вамъ *Мт 11, 24 Зогр Мар*; раскопавъи огнемъ градъ содомескъ *Супр 180, 11*; не бѫдѣте коупно сь ними кнѧзи содомьстиї • и людиѥ гоморьстии *Супр 136, 3* ● *перен.*: рече б⟨ог⟩ъ къ авраамоу крати вьплъ содомъскъ и гоморьскъ *Супр 304, 29-30* ♦ содомьскыи блѫдъ мужеложство, содомский грех sodomský hřích: аще которы причетьник⟨ъ⟩ • содомъскы блѫдъ сътворит⟨ъ⟩ • ї лѣт⟨ъ⟩ да покаетъ с⟨ѧ⟩ *Евх 102а 20-21.— Мт 10, 15 Зогр Мар; Евх 52б 6; Супр 435, 14*

СОЗОНЪ, -а *м имя* (1) Σώζων Созон Sozon: стр⟨а⟩стъ с⟨вѧ⟩таго созона *Ен 25б 10*

СОКАЧИИ, -ꙗ *м* (3) μάγειρος **1.** мясник řezník: благо овьча зъломъ сокачиꙗмъ отъдано закалаꙗтъ сѧ *Супр 437, 3* **2.** повар kuchař: потом же постави и блаженъи сава • сокачиѭ • варити и слоужити братии вьсеи *Супр 284, 7.— Супр 116, 2*

СОКРАТЪ, -а *м имя* (2) Σωκράτης Сократ Sókratés: то ли ти сѫ риторъства • то ли сѫтъ твоѧ кнїгы • тѣхъ сократъ отъ аѳинеи не пострада *Супр 138, 13.— Супр 138, 14*

СОКЪ, -а *м* (1) χυλός сок šťáva: дьвѣ бо птици въвръжете тѧ въ клокоштѫштъ конобъ • и пльти твоѧ вьсѧ съвьрѧтъ и сокомъ сѧ сътворѧтъ *Супр 233, 24*

СОЛИЛО, -а *с* (5) τρύβλιον блюдо mísa: омочи съ мноѭ въ солило рѫкѫ • тъ мѧ прѣдастъ *Мт 26, 23 Зогр Мар*, въ солилѣ *Ас.— Мк 14, 20 Зогр Мар.— Ср.* блюдо, миса, паропсида

СОЛИЩЬСКЪ, -ыи *прил.* (1): дьбрь солищьскаꙗ *местность* φάραγξ τῶν ἁλῶν Соляная долина Solné údolí: ї обрати сꙗ юавъ і изби дьбрь солишьскѫѭ (!) *Пс 59, 2 Син.— Ср.* сольнъ

СОЛОМОНЪ, -а *м имя* (20) [соломѡнъ *Зогр* (1), соломоунъ *Зогр* (2) *Син* (1)] Σολομών Соломон Šalomoun: пъсаломъ да⟨выдо⟩въ въ соломоунѣ *Пс 71, 1 Син*; д⟨авы⟩дъ же ц⟨ѣса⟩рь роди соломона ѡт⟨ъ⟩ оуриѩꙗ *Мт 1, 6 Ас Сав* (*Ø Зогр Мар*).— *Зогр Мар Ас Сав Син Супр*

СОЛОМОН҃Ь *прил. к* соломонъ (6) [соломоун҃ь *Зогр* (2)] τοῦ Σολομῶν(τ)ος Соломонов Šalomounův: ц⟨ѣса⟩рица южьскаа... приде отъ концъ земл҃ѧ • слышатъ прѣмѫдрости соломон҃ѧ *Мт 12, 42 Зогр*; соломоун҃ѧ *Л 11, 31 Зогр*, соломонѧ *Мар.— И 10, 23 Зогр Мар Ас*

СОЛОМОУНЪ, -а *м гора* (1) Σελμών Селмон Selmon: егда разнъствітъ н⟨е⟩б⟨е⟩с⟨ь⟩ныи ц⟨ѣса⟩ръ на неі • оснѣжꙗтъ сꙗ вь соломоунѣ *Пс 67, 15 Син*

соломоунъ *Л 11, 31 и 12, 27 Зогр; Пс 71, 1 Син см.* соломонъ

соломоун҃ь *Л 11, 31 и И 10, 23 Зогр см.* соломон҃ь

соломѡнъ *Мт 6, 29 Зогр см.* соломонъ

СОЛОУНЪ, -а *м город* (5) Θεσσαλονίκη Солунь Soluň: дошьдъ же солоуна града *Супр 197, 15.— Ас 124б 7 и 12; Супр 197, 28; 201, 14*

СОЛОУНЬСКЪ, -ыи *прил. к* солоунъ (1): солоуньскъ градъ Θεσσαλονίκη Солунь Soluň: призъвавъ же епискꙋпа солоунъска града *Супр 197, 17.— Ср.* солоунъ

СОЛОУНꙖНИНЪ, -а *м* (1) Θεσσαλονικεύς уроженец, житель Солуня, солунянин

Soluňan: блаженъıи павьлъ • пиша солоунıанемъ *Супр 488, 9*

СОЛОУНІАНЪІНИ, -нıа *ж* (1) ἡ ἐν Θεσσαλονίκῃ уроженка, жительница Солуня, солунянка Soluňanka: с⟨ва⟩тѣ ѳеодорѣ солоунѣнъıнı *Ас 1526 2*

СОЛЬ, -и *ж* (22) ἅλς, ἅλας соль sůl: разгнѣвавъ сѧ анѳvпатъ • повелѣ соль съ оцьтомъ съмѣсивъше поливати ранъı его *Супр 116, 18*; добро естъ соль • аште ли же соль неслана бѫдетъ • о чемь ѭ осолите • імѣсте соль вь себѣ • і миръ імѣите междю собоѭ *Мк 9, 50 Зогр Мар* ● *перен.*: въı есте соль земи *Мт 5, 13 Зогр* (∅ *Мар*); *Супр 259, 29* ● *перен.*: и слово незазорьно съмѣшено съ солиѭ божьствъıѭ *Супр 279, 28.— Зогр Мар Евх Супр*

СОЛЬНЪ, -ъıи *прил.* (1) τοῦ ἁλός соляной, состоящий из соли solný: да не бѫдемъ ѣко тѣло сольно • ѣко жена лотова *Евх 91а 4.— Ср.* солицьскъ

СОМАНИТѢНЪІНИ, -нıа *ж* (1) Σουνανῖτις, *вар.* Σουμανῖτις уроженка, жительница Сонама, сонамитянка Sunamitka: и послоушьствоуктъ ми словоу клисеи пророкъ глаголѧ о соманитѣнъıни • ıако болѣзньна доуша ка кстъ • и господь съкръı отъ мене *Супр 283, 25-26*

СОПЬЦЬ, -ца *м* (2) αὐλητής тот, кто играет на свирели pištec: и пришедъ и⟨соу⟩съ въ домъ кънѧжь • і видѣвъ сопьцѧ и народъ млъвѧщь г⟨лаго⟩ла имъ *Мт 9, 23 Мар Ас* (свир'цѧ *Зогр*, съпѧцѫ (!) *Сав*).— *Ср.* свирьць

СОТИ *или* **СОПСТИ**, сопѫ, сопеши *несов.* (1) (сопъıи αὐλητής) играть на свирели pískat: видѣ съпѧцѫ (! *вм.* сопѧцѧ) *Мт 9, 23 Сав* (свир'цѧ *Зогр*, сопьцѧ *Мар Ас*).— *Ср.* пискати, свирати

СОТОНА, -ъı *м* (51) Σατανᾶς, διάβολος сатана, дьявол satan, ďábel: отиди сотоно *Мт 4, 10 Ас Сав* (диѣволе *Зогр*, ∅ *Мар*); видѣхъ сотонѫ *Л 10, 18 Зогр Мар Ас Сав*; ѭже съвѧза сотона *Л 13, 16 Зогр Мар Ас* (неприıазнь *Сав*); не попоусти вьсемоу градоу и земи погъıб'нѫти отъ сотонъı *Супр 535, 26.— Ср.* бѣсъ, врагъ, диıаволъ, зълодѣи, искоуситель, лѫкавъ, неприıазнь

СОТОНИНЪ *прил.* (9) σατανικός, τοῦ σατανᾶ, τοῦ διαβόλου, τῶν ἀποστάτων (!) сатанинский, дьявольский satanův, ďábelský: тъı бл⟨а⟩г⟨осло⟩ви и се оскврьньшее сѧ • отъ сотонина дѣла *Евх 216 20-21*; чловѣкъ бѣ оученикъ сотонинъ *Супр 7, 15*; иже сѫтъ аггели сотонини *Супр 260, 27*; ва оба слоузѣ сотонинѣ *Супр 75, 1*; иже отъ дѣиства сотонина • нача отъштиштати и съмѫштати семоу вьрѫченѫѭ црькъве *Супр 281, 23.— Супр 115, 26; 264, 7; 517, 16; 525, 8.— Ср.* вражии, диıаволовъ, диıаволь, неприıазнинъ, сотониньскъ

СОТОНИНЬСКЪ, -ъıи *прил.* (1) διαβολικός сатанинский, дьявольский satanský, ďábelský: то же сотониньскъıимъ къзнемъ противьıаѧ сѧ творѣаше *Супр 516, 28.— Ср.* вражии, диıаволовъ, диıаволь, неприıазнинъ, сотонинъ

с'палъмьскъıи *Л 20, 42 Зогр см.* псалъмьскъ

с'пати *Л 7, 27 Зогр; И 5, 46 Зогр см.* пьсати

СПАѲАРЪ, -а *м* (1) σπαθάριος оруженосец, вооруженный обоюдоострым мечом voják, ozbrojený dvousečným mečem: растрьзавъше же ризъı кмоу • чьстънѫѭ кго главѫ отъсѣкоша • потомь же ѳеѡфила проспаѳа • и по нѥмъ калиста спаѳара *Супр 64, 10.— Ср.* проспаѳеръ, проспаѳъ

СПЕКОУЛАТОРЪ, -а *м* (2) [спекvл- *Ас* (1)] σπεκουλάτωρ палач (*цесаря*) kat: и абие посълавъ ц⟨ѣса⟩ръ спекvлатора • повелѣ принестı главѫ его *Мк 6, 27 Ас* (воıна *Зогр Мар*); воевода же повелѣ тѣло кмоу вьврѣшти вь рѣкѫ • нъ възлашѧ к крьстиıани отъ спекоулатора *Супр 23, 19.— Ср.* сѣчьца, сѣчьць

спекvлаторъ *Мк 6, 27 Ас см.* спекоулаторъ

СПИРА, -ъı *ж* (16) σπεῖρα военный отряд vojenský oddíl, kohorta: воıни же ведошѧ і вънѫтрь на дворъ • еже естъ прѣторъ • і призъвашѧ вьсѫ спирѫ *Мк 15, 16 Зогр Мар Ас Сав*; спира же і тъıсѫштьникъ • і слоугъı іюдѣискъı • ıашѧ и⟨соу⟩са *И 18, 12 Зогр Мар Ас Сав.— Мт 27, 27 Зогр Мар Ас Сав; И 18, 3 Зогр Мар Ас Сав.— Ср.* воинъ (*мн.*), плъкъ

СПИРИДОНЪ, -а *м имя* (1) Σπυρίδων Спиридон Spiridion: мѣ⟨сѧ⟩ца дек⟨ѧбра⟩ ВІ с⟨вѧ⟩таго о⟨ть⟩ца наш⟨его⟩ спiридона еп⟨искоу⟩па *Ас 1286 24-25*

СПОДЪ, -а *м* (5): на сподъı κλισίας, συμπόσια группами po skupinách: посадите ıѧ на сподъı • по пѧти десѧтъ *Л 9, 14 Зогр Мар*; і повелѣ імъ посадити ıѧ вьсѧ • на сподъı • на сподъı • на трѣвѣ зеленѣ *Мк 6, 39 Зогр*, на сподъı *Мар*

сполинъ *Пс 32, 16 Син; Евх 526 2-3; Супр 485, 10 см.* исполинъ

СПЪІТИ *нареч.* (9) εἰκῇ, δωρεάν напрасно, без основания, без причины bezdůvodně, zbytečně: гнѣваıаı сѧ на брата своего спъıти • повиненъ естъ сѫдоу *Мт 5, 22 Зогр* (∅ *Мар*); възненавидѣшѧ мѧ спъıти *И 15, 25 Зогр Мар Ас Сав; Пс 68, 5 Син*; брашѧ сѧ со мноıѫ спъıтı *Пс 108, 3; 119, 7 Син.— Пс*

118, 161 Син.— Ср. ашоуть, соуи (въ соуѥ), насоуѥ, тоунѥ, оумъ (безъ оума)

СПѢТИ, спѣѭ, спѣѥши *несов.* чимь *или без доп.* (8) προκόπτειν, κατευοδοῦσθαι делать успехи, преуспевать dělat pokroky, prospívat: и⟨соу⟩с⟨ъ⟩ же спѣаше прѣмѫдростиѭ і тѣломь • і благодѣтьѭ отъ б⟨ог⟩а і ч⟨ловѣ⟩къ *Л 2, 52 Зогр Мар Ас Сав*; налѧці и спѣі ц⟨ѣса⟩р⟨ь⟩ствоуи *Пс 44, 5 Син; Ас 5аа 3*; не ревьноуі спѣѭщюем(оу п)ѫтемь своімь *Пс 36, 7 Син* □ спѣти сѧ συνεργεῖν содействовать, быть полезным, благотворным prospívat, stávat se prospěšným: любѧштиим' бога вьсе спѣѥтъ сѧ на добро *Супр 368, 19*

СПѢХЪ, -а *м* (3) **1.** σπουδή усердие, старание horlivost, úsilí, snaha: вьсѣми образы творꙗѣше (!) спѣхъ въгодити богоу *Супр 280, 26* □ съ спѣхомь μετὰ σπουδῆς spěšně, rychle: тъгда повелѣ свѧтыи артемонъ • еленьма и дивиимъ козам' • ити... они же съ спѣхомь шьдъше сташа близъ града *Супр 223, 29* **2.** *греч. нет* польза, стремление (к успеху) přispění: съхрани і мѧ... въ годинѫ с⟨вѧ⟩тыни твоеи • на спѣхъ с⟨ъ⟩п⟨ас⟩енью д⟨оу⟩ши і тѣлеси моемоу *Евх 37а 15-16.— Ср.* польꙃа, поспѣхъ, поспѣшениѥ, спѣшениѥ, оуспѣхъ, оуспѣшениѥ

СПѢШЕНИѤ, -ꙗ *с* (8) σπουδή усердие, старание; стремление (*к успеху*) horlivost, úsilí, snaha: по вьса же лѣта юности своѥꙗ • много полагааше спѣшениѥ *Супр 279, 18*; вьсѣмъ спѣшениимъ имѣмы сѧ • ꙗкоже наоучити господа подражати своѥго *Супр 382, 13*; вьсе спѣшениѥ творѧ отъ славы въ славѫ • оуспѣвати большиихъ желаниим' *Супр 289, 5.— Супр 281, 5; 288, 15; 298, 4; 377, 27; 443, 12.— Ср.* поспѣхъ, поспѣшениѥ, спѣхъ, спѣшениѥ, оуспѣхъ, оуспѣшениѥ

СПѢШИТИ, -шѫ, -шиши *несов.* (2) σπουδάζειν стараться, стремиться (*к успеху*), проявлять усердие, рвение usilovat, snažit se: видиши ли кол'ми ти спѣшѧтъ о истинѣ *Супр 441, 9* ● спешить, стремиться (*вперед*) spěchat, rychle, chvatně se pohybovat: пѫтемь миноуѧ и спѣшѧ ꙗкоже и подоба • и на то придеши *Супр 380, 25-26*

СПѢШЬНО *нареч., сравн. ст.* спѣшьнѣѥ (2) προθύμως усердно, упорно, ревностно usilovně, snažně: отврѣсѧ сѧ двьри покааньѭ • тъщѣмъ спѣшъно *Евх 98а 6.— Евх 85б 16*

СПѢШЬНЪ, -ыи *прил., сравн. ст.* спѣшьнѣи (1) σπουδαστέος заслуживающий усилий hodný námahy: по того оумрьтви(і) спѣшьнѣѥ бѫдетъ съꙗти • троуды *Супр 302, 4*

СПѪДЪ, -а *м* (8) μόδιος, σκεῦος сосуд vědro: ни въжагаѭтъ свѣтильника • і поставлѣѭтъ его подъ спѫдомь • нъ на свѣштьницѣ *Мт 5, 15 Зогр Ас* (∅ *Мар*); *Мк 4, 21 Зогр Мар; Л 11, 33 Зогр Мар*; никътоже оубо свѣтильника въжегъ • покрываетъ его спѫдомь *Л 8, 16 Зогр* (съсѫдомъ *Мар Ас Сав*).— *Супр 25, 21.— Ср.* съсѫдъ

сраꙁиньскъ *Супр 566, 22 см.* сраціньскъ

срамати сѧ *Л 18, 2 и 4 Сав см.* срамлꙗти сѧ

СРАМИТИ, -млѭ, -миши *сов.* (5) **1.** φιμοῦν, καταισχύνειν посрамить, пристыдить zahanbit: фарисеи же слышавъше ѣко срами садоукеꙗ • събраша сѧ въ коупѣ *Мт 22, 34 Мар* (∅ *Зогр*) **2.** срамити сѧ ἐντρέπεσθαι устыдиться zastydět se: егда постыдѧтъ сѧ і срамѧтъ сѧ іскѫштеі зъла мьнѣ *Пс 70, 24 Син.— Пс 73, 21 Син; Евх 101б 18; Супр 304, 12-13.— Ср.* постыдѣти (сѧ)

СРАМЛꙖТИ СѦ, -ꙗѭ сѧ, -ꙗѥши сѧ *несов.* (17) [срама- *Сав* (2)] αἰσχύνεσθαι, αἰδεῖσθαι, ἐντρέπεσθαι, ἐπαισχύνεσθαι, αἰσθάνεσθαι (!) стыдиться, стесняться stydět se, ostýchat se: сѫди бѣ етеръ... б⟨ог⟩а не боѩ сѧ ни ч⟨ловѣ⟩ка • не срамлѣѩ сѧ *Л 18, 2 Зогр Мар Ас Сав*; да срамлꙗѭтъ сѧ иновѣрьници *Супр 310, 29*; не срамлꙗѥши ли сѧ ѡ мѫчителю о сътворенꙑихъ тобоѭ зълии *Супр 161, 21.— Зогр Мар Ас Сав Евх Супр.— Ср.* осрамлꙗти сѧ, посрамлꙗти (сѧ), стꙑдѣти сѧ

СРАМОТА, -ы *ж* (2) ἐντροπή позор, срам hanba, pohanění: ты бо съвѣсі поношение мое ї стоудъ мої ї срамотѫ моѭ *Пс 68, 20 Син*; покры срамота лице мое *Пс 68, 8 Син.— Ср.* срамъ, стоудъ, стыдѣниѥ

СРАМЪ, -а *м* (9) [страм- *Син* (1); бесрама *Евх* (1)] αἰσχύνη, ἐντροπή позор, срам hanba, pohanění, zahanbení: ї облѣкѫтъ сѧ облꙑгаѭште мѧ въ срамъ *Пс 108, 29 Син*; естъ бо дрѫзъ • и бесрама *Евх 88а 14*; отъшъдъшоу же народоу и кнѧзоу • не трьпѧштоу срама • повелѣ свѧтааго вести на сѫдиште *Супр 230, 27*; мы срамомъ тѣхъ самѣхъ ихъ прѣдолѣниѥ обличим' *Супр 402, 24.— Пс 34, 26; 43, 16; 70, 13 Син; Супр 240, 15-16; Рыл 26β 10.— Ср.* срамота, стоудъ, стыдѣниѥ

СРАМЬНЪ, -ꙑи *прил.* (1) τῆς αἰσχύνης *перен.* прикрывающий срам zakrývající hanbu: облькъ сѧ ѥси въ срамьнѫѭ кожьнѫѭ ризѫ *Супр 470, 8* (*ср. Быт 3, 21*)

СРАМЬНѢ *нареч.* (1) αἰσχρῶς позорно, постыдно hanebně: каа бо польꙃѣ еже вѣдѣти • о б⟨о⟩ꙃѣ правага оученꙗ добрѣ • а блѫдъ дѣꙗти срамьнѣ *Хил 26β 12-13*

СРАЦИНИ, -ъ *м мн.* (7) Ἀγαρηνοί сарацины Saracéni: ѳеѡфилъ... воꙗ сътворивъ на скврънавꙑꙗ срацинꙑ изиде *Супр 56, 3.— Супр 56, 6; 553, 29; 559, 18; 566, 25; 567, 23; 569, 15-16*

СРАЦИНЬСКЪ, -ꙑи *прил.* (4) [сракин- *Супр* (1)] τῶν Ἀγαρηνῶν сарацинский saracénský: болѣре срациньсти рѣша къ цѣсароу *Супр 66, 6*; повелѣша поустити къ странѣ срациньстѣ *Супр 57, 22.— Супр 55, 21; 566, 22*

СРАЧИЦА, -ѧ *ж* (5) χιτών, ἱμάτιον рубашка (*нательная*), нижняя одежда košile, spodní oděv: отемлѭштюмоу тебѣ ризѫ • ι срачицѧ не възбрани *Л 6, 29 Зогр Мар*; отъвръгъ къждо и послѣдьнѭѭ срачицѫ къ съмрьти мразьнѣи идѣахѫ *Супр 90, 16.— Мт 5, 40 Зогр Мар.— Ср.* котъіга, одежда, хитонъ

СРЬБАНИѤ, -ꙗ *с* (1) ῥοφή похлебка polévka, šlichta: ꙗко многа лѣта сътвори срьбаниѥ тъкмо приѥмьѭ • и се сь ѳѵмиꙗтосьнимъ пепеломъ растварѣѥше ти тако ꙗдѣѥше *Супр 297, 13*

СРЬДОБОЛꙖ, -лꙗ *ж собир.* (2) οἱ συγγενεῖς родня, родственники příbuzenstvo: приготова ѥго • събрати вьсѧ послоушаѭштаꙗ ѥго • дроугꙑ и срьдоболѭ и рабꙑ • на лаꙗниѥ с⟨вѧ⟩таago мѫжа *Супр 514, 26-27*; вълѣзоста вь градъ • и сьповѣдаста срьдоболи своѥи • ꙗже видѣста въ ношти *Супр 536, 18.— Ср.* родъ, ѫжика, ѫжичьство

СРЬДЬЦЕ, -а *с* (>400) [сръд- *Зогр* (46) *Мар* (10) *Син* (59) *Клоц* (2) *Супр* (2) *Хил* (1), срдь-, ср’дь- *Зогр* (5), ср͠дц- *Зогр* (1) *Мар* (46) *Ас* (31) *Сав* (28) *Боян* (1) *Ен* (5) *Син* (44) *Клоц* (1), ср͠ц- *Ас* (1) *Боян* (2) *Син* (24) *Служ* (1) *Евх* (31) *Рыл* (2), ср͠д- *Ас* (5) *Служ* (2), с͠дц- *Мар* (1), с͠ц- *Син* (7)] καρδία, σπλάγχνον cor **1.** сердце srdce: молѭ ти сѧ мажи ми срьдьце на дльзѣ • да ми прѣстанетъ одръжаштиꙗ мѧ болѣзнь *Супр 516, 19*; оръжие ї҆хъ вьнидетъ вь с⟨рьдь⟩ца ї҆хъ *Пс 36, 15 Син* ● *перен.*: ослѣпи очи ιхъ • ι окаменилъ естъ сръдьца ιхъ *И 12, 40 Зогр Мар Ас* **2.** *перен.* ψυχή, διάνοια, γνώμη; (отъ вьсего срьдьца γνησίως; вьсѣмь срьдьцемь προθύμως) сердце (*как средоточие чувств, переживаний, настроений*) srdce (*jako orgán, centrum duševního života, citů a snah*): ι еже любити ι вьсѣмь сръдьцемь • ι всѣмь разоумомь • ι вьсеѭ д⟨оу⟩шеѭ *Мк 12, 33 Зогр Мар Ас*; ι не оусѫмьнитъ сѧ въ сръдьци своемь нъ вѣрѫ емлетъ *Мк 11, 23 Зогр Мар*; сръдьцемь разоумѣѭтъ *Мт 13, 15 Зогр Мар*; сего раді възвеселітъ сꙗ сръдьце мое *Пс 15, 9 Син*; въздвигні срьдьца нашѣ къ тебѣ отъ землꙗскънхъ похот⟨ні⟩ *Киев 5а 21*; добро бо благодѣтиѭ извѣстовати ср⟨ъ⟩д⟨ъ⟩ца *Ен 33б 16*; вь твоѭ мил⟨о⟩сть прѣдаѭ азъ мое ср⟨ъдь⟩це • ι моѭ мꙑсль • ι моѭ любовь • ι мои животъ *Евх 72б 20*; обрѣтохъ мѫжа по срьдьцоу моѥмоу *Супр 546, 17*; отъ вьсего срьдьца покаѥтъ сѧ къ богоу *Супр 167, 11*; кто бо ѥстъ изходѧи на рать • и не въдаѩ сѧ вьсѣмь срьдьцемъ на сьмрьть *Супр 264, 16* **3.** *перен.* центр, сердцевина, внутренность *чего-л.* střed, vnitřek (*nějaké věci*): тако бѫдетъ с⟨ы⟩нъ ч⟨ловѣчь⟩скꙑ въ ср⟨ь⟩д⟨ь⟩ци землꙗ • три дни ι три ношти *Мт 12, 40 Зогр Мар*; егда... прѣлагаѭтъ сꙗ горꙑ въ ср⟨ь⟩д⟨ь⟩ца морьскаа *Пс 45, 3 Син*; ꙗкоже бо чрьвь срьдьце дѫбоу ꙗдꙑ оуваждаѥтъ • сице и зависть срьдьце имѣѭштааго ѭ • съ странꙑ ꙗдѫшти оуваждаѥтъ *Супр 399, 26.— Зогр Мар Ас Охр Сав Боян Ен Син Служ Киев Евх Клоц Супр Хил Рыл Зогр-лл*

СРЬДЬЦЕВѢДЬЦЬ, -а *м* (1) καρδιογνώστης знаток (*человеческого*) сердца, души znalec (lidského) srdce, duše: не отъ кого оувѣдѣвъ • нъ отъ себе разоумѣвъ срьдьцевѣдьць бо сꙑ вѣстъ ѥже въ чловѣцѣ *Супр 404, 15*

СРЬДЬЧЬНЪ, -ꙑи *прил.* (13) [ср͠д- *Евх* (2), ср͠ч- *Евх* (1)] τῆς καρδίας **1.** καρδιακός сердечный, относящийся к сердцу srdeční: приз’ри на мѧ... ꙗко срьд’чьноѭ болѣзньѭ одръжима ѥсмъ *Супр 516, 11* **2.** *перен.* ἐγκάρδιος сердечный, душевный, сердца *род.* srdce *род.*, duše *род.*, duševní: вьсѣми образꙑ творꙗше спѣхъ въгодити богоу... и оцѣштениѥмъ тѣлесънꙑимъ • и чистотѫ срьдьчьнꙑѧ помꙑслꙑ присно чистѧ *Супр 280, 28-29*; кто бо бꙑ възмоглъ ослѣпити оумъ срьдечьнꙑи ѥго *Супр 261, 28-29*; блага съкровишта срьдьчьнааго *Супр 277, 17*; да тꙑ ми просвѣтиши оумъ • ι ср⟨ь⟩д⟨ь⟩чьнѣи очи *Евх 79а 22* ▭ срьдьчьнаꙗ *с мн. в знач. сущ.*: мольбѫ приношааше ѥд’номоу срьдьчьнаꙗ вѣдѫштоуоумоу владꙑцѣ *Супр 391, 21.— Евх 60б 20; 70а 1; 89а 16; Супр 347, 7; 391, 21; 397, 7; 401, 23*

СРЬПЪ, -а *м* (3) δρέπανον [скрьвь ! *Супр* (1)] серп srp: егда же съзьрѣетъ плодъ • посълетъ сръпъ • настоітъ жѧтва *Мк 4, 29 Зогр Мар*; а бꙑ не проста стала моꙗ рѫкоꙗть • сь лѣпотꙑ бꙑсте острили скрьвь (!) ненавистию братьнꙗ *Супр 368, 7*

СРѢДА, -ꙑ *ж* (38) **1.** μέσον середина, центр; сердцевина střed, prostředek: на тꙑ пътицꙗ н⟨е⟩б⟨есь⟩нꙑꙗ прівітаѭтъ • отъ срѣдꙑ каменьѣ дадꙗтъ гласъ *Пс 103, 12 Син*; отъ срѣдꙑ ѣдръ твоіхъ *Пс 73, 11 Син*; воини хрьстови... вь срѣдѫ вълѣзъше крьстиꙗни сами сѧ нарекоша *Супр 86, 4*; приведоша нхъ на срѣдѫ *Супр 129, 23* ● *перен.*: дроузии же... не могѫште до коньчинꙑ болѣзни сътрьпѣти • вь срѣдѫ страданиꙗ отъвръгоша сѧ *Супр 85, 24* **2.** μέσον среда, общество prostředí, společenství: ꙇзидѫтъ а⟨н⟩ѣ⟨е⟩ли • ꙇ отълѫчѧтъ зълꙑꙗ • отъ срѣдꙑ праведънꙑхъ *Мт 13, 49 Зогр Мар Сав* □ на срѣдѫ извести εἰς μέσον ἀγαγεῖν, λέγειν обнародовать, провозгласить zveřejnit, oznámit, uvést: хощеши ѣко на срѣдѫ извести и вьсѣ съповѣдати *Рыл 26β 10*; годъ же се и блаженааго павла на срѣдѫ извести бесѣдꙑ *Супр 356, 6* **3.** τετάρτη среда (*день недели*) středa: в срѣд⟨ѫ⟩ д҃ нед⟨ѣлѧ⟩ по пас⟨цѣ⟩ *Ас 216β 24*; їоанна архиепископа златооустааго слово о блѫд'ници • вь великѫѭ срѣдѫ къ пастѣ *Супр 390, 2* ◆ по срѣдѣ *см.* посрѣдѣ; по срѣдоу *см.* посрѣдѣ, посрѣдоу; срѣдѣ *см.* срѣдѣ *нареч.*— *Зогр Мар Ас Сав Унд Боян Син Супр Рыл*

СРѢДОУДВОРИѤ, -ꙗ *с* (1) μέσαυλον внутренний двор nádvoří: походѧштоу ѥмоу ноштиѭ ѥдномоу по срѣдоудворни • и на небо възьрѣвъ • оузьрѣ напрасно звѣздѫ *Супр 282, 26*

СРѢДЬНЬ, -ни *прил.* (1): срѣдьнꙗꙗ стѣна μεσότοιχον средостение, преграда přehrada: х⟨ристо⟩с⟨ъ⟩ бо ѥстъ миръ нашъ • ѥже срѣдьнѭѭ стѣнѫ враждꙑ разори *Супр 336, 28.*— *Ср.* посрѣдьнь

СРѢДѢ *нареч.* (1) ἐν μέσῳ посреди, внутри, в середине uprostřed: нꙑнꙗ же очеса срьдьць съмѣживъше • ни свѣтълааго благочьстиꙗ срѣдѣ землѧ на крьстѣ вѣрьнꙑѩ зарѧ поуштаѭшта видѧште къ нѥмоу текѫтъ *Супр 401, 13.*— *Ср.* срѣда, посрѣдоу, посрѣдѣ

СРѢМЪ, -а *м город* (3) Σίρμιον Сирмий, Срем Sirmium, Srěm: придоша вь срѣмъ градъ *Супр 196, 25.*— *Супр 196, 29; 254, 21-22*

СРѢМЬСКЪ, -ꙑи *прил. к* срѣмъ (1) τοῦ Σιρμίου сирмийский, сремский sirmijský, srěmský: о блаженѣмъ иринеи епископѣ еремнискааго (*вм.* срѣмьскааго *или* срѣмнискааго) града *Супр 252, 12*

ссарии *Мт 10, 29 Мар см.* ассарии

ссъ *Пс 27, 3 Син см.* съ

СТАВИЛО, -а *с* (1) ζυγόν весы váhy: възърѣниемь своимь землѭ потрѧсаетъ • ꙇже естъ поставилъ горꙑ въ мѣрѫ • ꙇ странꙑ въ ставила *Евх 55б 24.*— *Ср.* мѣрило

СТАВИТИ, -влѭ, -виши *сов./несов.* (22) **1.** *сов.* κωλύειν, ἐπέχειν, ἱστάναι, παύειν, ἀνακόπτειν, ἀνατρέπειν, καταπαύειν, στέλλειν остановить, задержать; воспрепятствовать zastavit, zadržet, zabránit: да ставиши безаконнааго воѥводѫ посрѣдоу рѣкꙑ *Супр 150, 26*; понеже ї⟨соу⟩с⟨ъ⟩ стоꙗ насъ ради • да ставитъ зълоу течениꙗ *Супр 431, 14*; аштѣ вьсѣхъ иже по адамѣ • ставилъ бѣ богъ отъ того вълаза *Супр 308, 23*; таже ѥгда забꙑтиꙗ облакъ • пришьдъ на оумъ слово стави *Супр 312, 15*; ѥд'ва же ставиша мѧтежь *Супр 30, 7*; видѣша крьвь точѧштѫѭ ставьѥнꙑ крьвьнꙑѩ рѣкꙑ *Супр 398, 28* □ ставити сѧ остановиться zastavit se, stanout: стави сѧ корабь посрѣдоу рѣкꙑ • и бѣаше клатимъ зѣло *Супр 151, 2* **2.** *несов.*: ликꙑ ставити χοροστατεῖν устраивать пляски с пением pořádat tance se zpěvem: егда ли пакꙑ вѣнѥ носѧшта и сьрѣтаѭшта христоса • и ликꙑ ставѧшта • и... съмоштрѫ *Супр 332, 29.*— *Супр.*— *Ср.* възбранити, прѣградити

СТАВЛꙖТИ, -ꙗѭ, -ꙗѥши *несов.* (16) **1.** ἐπέχειν, ἀνθίστασθαι, κωλύειν, ἐντρέπεσθαι, διακωλύειν, ἀνθέλκειν останавливать, задерживать; препятствовать, противодействовать zastavovat, zabraňovat, zadržovat: блаженꙑи же... на пѫти прістѫпи къ нѥмоу • и имъ за оуздѫ конѣ ѥго ставꙗаше и *Супр 192, 28*; ови же ставꙗахѫ ѩ възбраниѭште имъ *Супр 30, 4*; почто мрьтвꙑимъ ожити ставꙗѥте завистиѭ женоми *Супр 388, 16-17*; хоштетъ вѣдро видѣти • бльштаниꙗ дѣлма • ставꙗѥтъ сѧ пакꙑ • о жрьнимъ камени *Супр 344, 7* ● прекращать *что-л.* přerušovat *něco*, ustávat *v něčem*: и како же (*вм.* никакоже) отъ нѥго прѣданꙑих' ѥмоу • б⟨ог⟩олюбивꙑихъ дѣлъ ставꙗа *Супр 548, 22* **2.** πείθειν, ἐλέγχειν наставлять, поучать napomínat, kárat, poučovat: онъ же ꙗко отьць доуховьнъ • став(ь)ꙗаше ꙗ *Супр 203, 14-15*; акꙑ мрьтва сьповѣдѣ • нъ дѣлесꙑ ставꙗѭ сѧ *Супр 508, 20.*— *Супр.*— *Ср.* бранити, възбранꙗти, поучати, оукарꙗти

СТАВЛѤНИѤ, -ꙗ *с* (1) *греч. нет* прекращение, останавливание zastavení, přerušení: о ставьѥнии крьстиꙗн'стѣ гонении *Супр 539, 21*

СТАДИИ, -ꙗ *м* (13) [статии *Сав* (1)] στάδιος, στάδιον **1.** стадий (*мера длины = 185-210 м*) stadium (*délková míra = 185-210 m*): бѣ же витаниѣ близъ ꙇ⟨ероуса⟩л⟨и⟩ма • ѣко д҃ї стади *И 11, 18 Зогр Мар Ас*, статиі (!) *Сав*; гребъше же ѣко дъва десѧти ꙇ пѧть стадиі *И 6, 19 Зогр Мар Ас* **2.** ристалище, стадион, место состязаний stadión, závodiště: подвигъ бо и брань ѥстъ нꙑнꙗшьнѥѥ житьѥ • и вьшедъшиихъ вь семъ стадии • добрꙑѩ дѣтѣли ѥдноѭ • достоитъ вьсего оудръжати сѧ *Супр 497, 4.*— *Л 24, 13 Зогр Мар Ас; Супр 471, 19; 497, 27.*— *Ср.* попьрище

СТАДО, -а *с* (64) ἀγέλη, ποίμνη, ποίμνιον; (стадо свиноѥ οἱ χοῖροι) стадо stádo: бѣ же тоу стадо свинии много пасомо въ горѣ *Л 8, 32 Зогр Мар Ас Сав*; ї движе ѣко овьцѧ люди своѩ • ї възведе ѩ ѣко стадо въ поустынѭ *Пс 77, 52 Син*; стада различь воловъ *Супр 42, 29* ● *перен.*: бѫдетъ едино стадо • і единъ пастырь *И 10, 16 Зогр Мар Ас Сав*; м⟨о⟩л⟨и⟩твѫ твоеѫ с⟨ъ⟩п⟨а⟩си стадо свое *Ен 21а 16*; причьти и въ словесьное твое стадо *Евх 100б 19*; доуховьноѥ ѥго стадо *Супр 208, 5-6.— Зогр Мар Ас Сав Ен Син Евх Супр*

СТАКТЪ, -а *м* (1) στακτή ароматическая древесная смола, разновидность смирны; стакти (*устар.*) stakté: змръна і стактъ і касиѣ • отъ ризъ твоихъ *Пс 44, 9 Син*

СТАМНА, -ы *ж* (1) στάμνος сосуд, кувшин nádoba, džbán: въ неиже стамна злата • имѫщи маннѫ *Евр 9, 4 Ен.— Ср.* водоносъ, водонось, вѣдро, криница, кръчагъ, кръчажьнъ (съсѫдъ кръчажьнъ), чьванъ

с т а л -, с т а н - *см.* стати

СТАНИѤ, -иꙗ *с* (1) τοῖχος стена, ограда stěna, zeď: брѣгъ иматъ на западъ • и высокъ зѣло • въ станиї мѣста сы • вь ѩемьже стелꙗ хлѣвины ѥго оутврьждена ѥстъ *Супр 300, 2.— Ср.* ограда, стѣна

СТАНЪ, -а *м* (4) παρεμβολή лагерь, стан ležení, tábor: падѫ посрѣдѣ стана іхъ *Пс 77, 28 Син*; и прогнѣвашѧ мосѣа въ станоу *Пс 105, 16 Син*; сихъ тѣлеса съжагаѭтъ внѣ стана *Евр 13, 11 Ен.— Евр 13, 13 Ен*

СТАРИЦА, -ѧ *ж* (1) γραῖς старая женщина, старуха stará žena, stařena: ави сѧ вьсѣмъ акы старица растрьзана тѣломь *Супр 36, 20*

СТАРОСТЬ, -и *ж* (23) γῆρας; (бе-старости ἀγήρατος) старость stáří: жѫжика твоѣ • і та зачьнетъ въ старость своѭ *Л 1, 36 Зогр Мар Ас*, въ старости *Сав*; не отъврьꙁи мене въ врѣмѧ старості *Пс 70, 9 Син*; дажди емоу... сѣдины старости *Евх 8а 19*; ѥмоуже листвиѥ бе старости • и цвѣтьць неоувѧдаѩ *Супр 352, 22.— Зогр Мар Ас Сав Син Евх Супр*

СТАРЪ, -ыи *прил., сравн. ст.* старѣи (39) **1.** γέρων, πρεσβύτης, πρεσβύτερος старый (*по возрасту*) starý: азъ бо есмь старъ • і жена моѣ заматорѣвъши въ дьньхъ своіхъ *Л 1, 18 Зогр Мар Ас*; стари и юнии *Супр 513, 1*; азъ тебе стара сѫшта и тацѣми сѣдинами оукрашена сѫшта мьнѭ и мѫдрость имаши зѣло *Супр 48, 6*; бѣ же с⟨ы⟩нъ его старѣі на селѣ *Л 15, 25 Зогр Мар Ас Сав*; и по комъканьи • иметъ п⟨о⟩пъ за рѫкѫ старѣишааго *Евх 11б 6-7* **2.** с т а р ѣ и πρῶτος, προεστώς, ἀρχηγός, ἡγούμενος; (старѣи быти προέχειν, προτερεύειν, προηγεῖσθαι; старѣи мытаремъ ἀρχιτελώνης) старший, главный, первый starší, přední, představený: іже аште хоштетъ быти въ васъ старѣи • да бѫдетъ вьсѣмъ рабъ *Мк 10, 44 Зогр Мар Ас Сав*; сь бѣ старѣі мытаремъ *Л 19, 2 Зогр Мар Ас*; старѣишоуоумоу братиѩ иштетъ благоиспытание *Зогр-лл 16 17*; многѣхъ старѣи бѫдеши *Супр 16, 4* ◆ с т а р ы и з ъ л о д ѣ и *см.* зълодѣи.— *Зогр Мар Ас Сав Зогр-пал Ен Евх Клоц Супр Зогр-лл.— Ср.* ветъхъ, древлѣнь, древьнь, старьць

СТАРЬЦЬ, -а *м* (>100) πρεσβύτερος **1.** γέρων, γηραλέος, πρεσβύτης; (зълыи старьць φαγόγηρος, *вар.* κακόγηρος) старик, старый человек stařec, starý člověk: и старьцѧ его оумодрітъ (!) *Пс 104, 22 Син*; юношѧ и дѣвы и старъци • съ юнотами *Евх 88а 5*; не изидѫ зълыи старче лѫкавыи *Супр 172, 12* **2.** старейшина, старший, первый, главный по положению starší, předák: і абье на оутрьѣ • съвѣтъ створишѧ арх'иереі • съ стар'ци і кънижьникы *Мк 15, 1 Зогр*, старьци *Мар*; о немьже за оутра съвѣтъ дѣашѧ • старѣишины и попове жидовисци • і старьци іюдѣисции *Евх 49а 12* ● γέρων старец (*почетное наименование монаха*) starec (*titul mnicha*): ставъ оубо на камени свѧтыи старьцъ на знои *Супр 173, 2*; оутаи сѧ отъ старца чьстънаего савы съкровиште *Супр 283, 18* **3.** предок předek: по чьто оученици твои прѣстѫпаѭтъ • прѣдаание старьць (!) *Мт 15, 2 Зогр Мар.— Зогр Мар Ас Сав Боян Зогр-пал Син Евх Клоц Супр.— Ср.* старъ, старѣишина

СТАРЬЧЬ *прил.* (4) τοῦ γέροντος **1.** старческий, свойственный взрослому, зрелому человеку starcův, staršího člověka *род.*: старчъ оумъ имѣѭштъ *Супр 337, 16* **2.** старческий (*о монахах*) starcův (*mnichův*): пришъдъшоу оученикоу старчоу *Супр 299, 27.— Супр 299, 1; 300, 28*

с т а р ѣ и(ш-) *сравн. ст. см.* старъ

СТАРѢИШИНА, -ы *м* (49) πρῶτος, προεστώς, ἀρχηγός, ἄρχων, ἀφηγούμενος, ὁ φυλαρχεῖν τεταγμένος, ὁ κρατῶν, ναύκληρος (!); (старѣишина быти ἄρχειν, ἡγεμονεύειν) начальник, старейшина, вождь, глава starší, představený, vůdce: іродъ рождьствоу своемоу вечерѭ творѣаше • кънѧземъ своимъ • і тысѫштьникомъ • і старѣішинамъ • галилѣіскамъ *Мк 6, 21 Зогр Мар Ас*; архиереі же і кънижьници • іскаахѫ его погоубити • і старѣішины людьмъ *Л 19, 47 Зогр Мар*; съхранѣеши ли до съмръти • послоушание старѣишинꙑ · і в'сеꙗ братриꙗ *Евх 87а 17*; възвѣсти же и къ старѣишинѣ имъ · иже бѣ въ то врѣмѧ старѣишина арианомъ *Супр 200, 1-2 и 3* ◆ **старѣишина влъшьскъ** *см.* влъшьскъ; **старѣишина жьрьцемъ** *см.* жьрьць; **старѣишина жьрьчьскъ** *см.* жьрьчьскъ; **старѣишина корабл҃ьникомъ** *см.* корабл҃ьникъ; **старѣишина мироу** *см.* миръ[1]; **старѣишина молитвьникомъ** *см.* молитвьникъ; **старѣишина отьцемъ** *см.* отьць; **старѣишина паствинѣ** *см.* паствина.— *Зогр Мар Ас Зогр-пал Ен Евх Супр Зогр-лл.— Ср.* старъ (старѣи), старьць

СТАРѢИШИНЬСКЪ, -ꙑи *прил.* (1) ἡγεμονικός относящийся к вождю, главе, старейшине vůdcovský, vladařský: старѣишинъскꙋмоу саноу бѫдѫ ти ходатаи *Супр 100, 15-16*

СТАРѢИШИНЬСТВО, -а *с* (5) τὰ πρεσβεῖα, ἀρχή положение, чин, сан funkce, úřad, hodnost: оуставъ оуставиша да и кѷснѧтинѣ града епископъ · то жде старѣишинъство да иматъ и тѫ жде чьсть · ꙗже и римъска града епископъ *Супр 202, 24-25*; братъ ѥмоу пергамии · обѣма цѣсарема въгодивъ · и старѣишинъства многа градънаꙗ прѣдръжавъ *Супр 281, 2-3*; воѥвода же магнъ нич'соже ради пот'шта сѧ на сиѥ старѣишинъство прити *Супр 47, 15* ● ἡγεμονία руководство, управление funkce představeného: таче чоудивъше сѧ вьси · вьсѣмъ оуправьѥнимъ ѥго · ꙗко новоꙗвивъша сѧ нѣкого моѷсеа · на старѣишинъство братиꙗ възведоша *Супр 277, 6-7.— Супр 278, 21-22.— Ср.* санъ, чинъ

СТАРѢИШИНЬСТВОВАТИ, -ствоуѭ, -ствоуѥши *несов.* (4) ἡγεμονεύειν управлять, обладать властью stát v čele, vládnout: се же сѧ сътвори въ срѣмѣ · старѣишинъствоуѭштоу провоу *Супр 254, 22*; по лѣтѣхъ же принесенъ бꙑ въ манастꙑрь ѥго · арьнѣи въ калиопиї старѣишинъствоуꙗ *Супр 564, 21*; тебѣ бѫди скврьньниче · тацѣхъ дѣлъ исплънивъшоу сѧ старѣишинъствовати · съ от'цемъ твоимъ диꙗволомъ *Супр 166, 5-6.— Супр 429, 13*

стасѣ *Пс 5, 8 Син см.* страхъ

СТАТИ, станѫ, станеши *сов.* (>100) ἵστασθαι **1.** ἐφίστασθαι, παρίστασθαι, φυτεύεσθαι (!), γνωρίζεσθαι (!); (стати прѣдъ παρίστασθαι; въ рѧдоу стати χοροστασία) стать, встать stanout, postavit se: ставъ надъ нѥѭ запрѣти огн҃ю *Л 4, 39 Зогр Мар*; къто възідетъ на горѫ г⟨оспод⟩нѭ · лі къто станетъ на мѣстѣ св⟨ѧ⟩тѣмъ его *Пс 23, 3 Син*; дьѣволъ да станетъ о деснѫѭ его *Пс 108, 6 Син*; сталъ въ съкроушениі прѣдъ німь *Пс 105, 23*; г⟨лагола⟩ли бꙑсте горѣ сеі · вьзьми сѧ и стани вь мори *Л 17, 6 Сав* (въсади сѧ *Зогр Мар Ас*); не бꙑша достоини своѥѭ зълобоѭ · ни съ своими оученикꙑ въ рѧдоу стати *Супр 333, 16*; став'ши же ѥи на мѣстѣ на нѥм'же повелѣ аврилиꙗнъ *Супр 3, 1*; тъгда повелѣ свѧтꙑи артемонъ · еленьма и дивиимъ козам' · ити къ епископоу къ вратпоградоу · они же съ спѣхомъ шьдъше сташа близъ града *Супр 223, 29-30* ● *перен.*: да въ оустѣхъ дъвою ли трии съвѣдѣтель станетъ вьсѣкъ г⟨лаго⟩лъ *Мт 18, 16 Мар Ас Сав*; нога моѣ ста на правъдѣ *Пс 25, 12 Син* ● ἀνίστασθαι встать, подняться vstát, vztyčit se: ставъ ар'хиереи по срѣдѣ · въпроси і⟨соу⟩са *Мк 14, 60 Зогр* (въставъ *Мар*) ● *перен.* продолжать делать *что-л.*, продолжительно совершать *что-л.* setrvávat *v něčem*: на молитвѣ станевѣ рече ѡ дроуже *Супр 276, 16* ● съ цѣмь *перен.* συμπαρίστασθαι заступиться *за кого-л.* zastat se *někoho*: къто со мъноѭ станетъ на творѧштꙑꙗ безаконеніе *Пс 93, 16 Син* **2.** остановиться zastavit se: і пристѫпль коснѫ въ одръ · носѧштеі же сташѧ *Л 7, 14 Зогр Мар Ас* ● *перен.*: стани оубо о чѧдо · разоумѣи же крѣпъко *Евх 89б 19-20* ● παύειν, γίγνεσθαι (!) перестать, прекратиться ustat, přestat: і абье ста · теченье кръве еѩ *Л 8, 44 Зогр Мар Ас* (оуста *Сав*); на горахъ станѫтъ въдꙑ (! *вм.* водꙑ) *Пс 103, 6 Син*; рѣкꙑ же прісно текѫшта сташа помръзъша *Супр 90, 9* ● перестать, прекратить *что-л. делать* ustat, přestat, skončit: сии рече стани пиѡниѥ не величаи сѧ *Супр 138, 10*; нъ въ потрѣбѣ и довольствѣ станемъ · да съ доушеѭ и тѣломъ достоиное съконьчаимъ *Супр 494, 23* **3.** παύειν; (стати противѫ ἀντιπαλαίειν, ὑφίστασθαι, ἀνθίστασθαι) устоять; противостоять obstát, vytrvat; odolat: аште же і сотона самъ вь себѣ раздѣли сѧ · како станетъ ц⟨ѣса⟩р⟨ь⟩с⟨тв⟩ье его *Л 11, 18 Зогр Мар*; вьсѣкъ градъ · ли домъ · раздѣл҃ь сѧ на сѧ не станетъ *Мт 12, 25 Зогр Мар; Мк 3, 25 Зогр Мар*; шюмоу влънъ его · къто противѫ станетъ *Пс 64, 8 Син*; како можааху противѫ цѣсаремъ и кнѧземъ и народомъ стати *Супр 442, 28*; не възможеши стати противѫ врагомъ своимъ *Супр 195, 11* **4.** въ чьто стать, сделаться *чем-л.* stát se *něčím*, změnit se *v něco*: повелѣ боурі и ста въ хладъ *Пс 106, 29 Син* **5.** *без доп.* οἰκονομεῖσθαι настать nastat, stát se: рече и ста д⟨оу⟩хъ боуренъ *Пс 106, 25 Син* ◆ **простъ стати** *см.* простъ.— *Зогр Мар Ас Сав Охр Зогр-пал Ен Син Евх Супр.— Ср.* въстати, противити сѧ, прѣдъстати, оустати статии *И 11, 18 Сав см.* стадии

СТАТИРЪ, -а *м* (3) στατήρ статер (*серебряная или золотая монета*) statér (*stříbrný nebo zlatý peníz*): ѩже имеши прѣжде рыбѫ вьзьми и отврьзъ оуста ен • ι обрѩштеши статиръ *Мт 17, 27 Мар Ас Сав* (Ø *Зогр*)

СТАІАТИ, стаѭ, стаѥши *несов.* (1) εἰς φάτνην (!) стоять stát, být ustájen: олтарь своѥмоу коньоу отълѫчи стаіати *Супр 215, 2-3*

СТЕГНО, -а *с* (1) σκέλος бедро stehno: проврѣша жъзлъ междоу рѫкама и стегноу ѥго *Супр 260, 9-10*

СТЕЖЕРЪ, -а *м* (1) ἑδραίωμα опора, столб opora, sloup *перен.*: приведоша же честънааго съсѫда и стежера мѫченикомъ *Супр 60, 16*

створити *см.* сътворити

стеза *см.* стьѕа

СТЕЛІА, -лѩ *ж* (1) στέγη крыша, кровля střecha: вь ньмьже стеліа хлѣвинъı ѥго оутврьждена ѥстъ *Супр 300, 2.— Ср.* кровъ, покровъ, стропъ, скѫдьль

СТЕНАНИѤ, -иꙗ *с* (4) στεναγμός стенание, стоны sténání, nářek: и то глаголѫ анѳvпатъ проплака сѧ съ стенаниим' великомъ *Супр 102, 6*; съ стенаниїмъ и съ слъзами глаголѫ *Супр 168, 10.— Супр 10, 7-8; 368, 10-11*

СТЕНАТИ, -нѭ, -ниши *несов.* (6) στενάζειν, στένειν стенать, стонать sténat, naříkat: онъ бо стенати и трѫсти сѧ осѫжденъ бъıстъ *Супр 483, 30*; тако стенѭштоу львоу отвори *Супр 166, 27.— Супр 388, 11; 392, 3; 406, 1; 504, 17.— Ср.* рыдати

СТЕПЕНЬ, -не *м* (1) βαθμίς ступень stupeň, schod; *перен.*: разоумьнъıими възводимъ степеньми *Супр 277, 13*

СТЕПЕНЬНЪ, -ъıи *прил.* (15): пѣснь степеньнаꙗ ᾠδὴ τῶν ἀναβαθμῶν песнь степенная *или* степеней (*название псалмов 119-133, которые первоначально пелись левитами на ступенях иерусалимского храма при входе в него*) píseň stupňů (*název žalmů 119-133, vzniklý snad proto, že je zpívali levité při vstupu do chrámu*): слава пѣ⟨снь⟩ степеннаа *Пс 119, 1; 120, 1; 132, 1 Син.— Син*

СТЕФАНЪ, -а *м имя* (6) Στέφανος Стефан Štěpán: с⟨вѧ⟩тааго прьвомѫченика стефана *Супр 209, 9.— Ас 118б 21; 135б 8; Сав 144а 4-5; Клоц 7б 10; Супр 208, 28*

СТИХЕРА, -ы *ж* (1) στιχηρά стихира (*церковное песнопение из нескольких стихов*) stichera (*liturgický hymnos o několika verších*): въ глас⟨ъ⟩ г҃ стихера прьваа *Евх 83б 15*

СТИХЪ, -а *м* (63) [сти(х) *Сав* (1) *Ен* (3) *Евх* (21), с(х) *Ас* (7) *Ен* (19) *Евх* (10)] στίχος стих (*в частности стих псалма*) verš (*spec. verš žalmu*): тако пѣти весь п⟨ъ⟩с⟨а⟩лъмъ сеи по стихоу до конца *Евх 11б 18* ● *спец. стих из текстов Библии, обычно стих псалма, который поется или читается перед чтением Библии, перед молитвой, пением и т. п. verš biblický, zpívaný nebo recitovaný před biblickým čtením, modlitbou, zpěvem apod.*: с⟨ти⟩х⟨ъ⟩ • вспоите г⟨осподе⟩ви *Ас 158а 4.— Мар Ас Сав Ен Евх*

СТЛЪПОТВОРІЕНИѤ, -иꙗ *с* (1) πυργοποιΐα строительство столпа (башни) stavba sloupu (věže): ни сице оуtѫжилъ землѧ стлъпотворение споловъ *Супр 485, 10*

СТЛЪПОУСТѢНА, -ы *ж* (1) πυργοβάρις крепость, зáмок (*с башнями*) tvrz, pevnost: бѫди же миръ въ силѣ твоеї • ι обилие въ стлъпоустѣнахъ твоїхъ *Пс 121, 7 Син*

СТЛЪПЪ, -а *м* (23) [слъпъ (!) *Ен* (1)] **1.** πύργος башня věž: на нѩже паде стлъпъ силоуамьскъ • ι поби ѩ *Л 13, 4 Зогр Мар* ● *перен.*: въ стлъпѣ облачьнѣ г⟨лаго⟩лаше къ нїмъ *Пс 98, 7 Син* ● сторожевая башенка (*на винограднике и т. п.*) strážní věž (*na vinici*): чл⟨овѣ⟩къ бѣ домовитъ • ıже насади виноградъ... ι созъда въ немъ стлъпъ *Мт 21, 33 Мар Ас Боян* (Ø *Зогр*) **2.** στῦλος столп (*полая башня — место затворничества столпника*) sloup (*na němž žili asketi zvaní stylité*): вь ньмже бѣ мѫжь нѣкъıи... подобьноѥ нравомъ житиѥ • прѣмѫдрааго сvмеѡна пріобрѣтъ • на стлъпѣ бо бѣаше стоѧ *Супр 557, 23* **3.** στῦλος *перен.* твердыня, оплот opora: стлъпъ крѣпості отъ лица вражьѣ *Пс 60, 4 Син*; растаѣ сѧ землѣ ι вьсі жившѫштеі на неі • азъ оутвръдіхъ стлъпы еѩ *Пс 74, 4 Син*; тръпѣнию слъпъ (!) быс⟨тъ⟩ • оуподоблъ сѧ о⟨тъ⟩цемъ прѣподобне *Ен 23а 8* **4.** *греч. нет* памятник в виде колонны sloup, stéla: оу гроба ѥго вѣр'нии стлъпъ поставиша великъ *Супр 539, 11.— Зогр Мар Ас Боян Ен Син Евх Супр.— Ср.* сынъ[2]

СТЛЪПЬНИКЪ, -а *м* (3) στυλίτης столпник (*подвижник, живущий на столпе*) stylita, sloupovník (*asketa, žijící na sloupu*): памѩт⟨ь⟩ прѣ⟨по⟩д⟨обь⟩наг⟨о⟩ сvмеона стлъп⟨ь⟩н⟨и⟩к⟨а⟩ *Ас 112бβ 18*; о⟨ть⟩ца данила стлъпьника *Ас 128б 25-26.— Ен 20а 12-13*

СТОЛЪ, -а *м* (4) **1.** θρόνος престол, трон stolec, trůn; *перен.* владения vláda: дастъ ѥмоу г⟨оспод⟩ь богъ столъ давида отьца ѥго • и цѣсарьствѹ ѥго не бѫдетъ коньца *Супр 238, 8* (прѣстолъ *Л 1, 32 Зогр Мар Ас Сав*)

2. θρόνος кафедра епископа biskupský stolec: та прѣкмлета по радоу епископьскыи столъ *Супр 187, 23* 3. σκάμνιον скамья lavice: обѣдоуѭштемъ же имъ • видѣаше патриархъ третиꙗго на десѧте сѣдѧшта на краи стола *Супр 121, 24.— Супр 237, 24.— Ср.* прѣстолъ

СТОПА, -ы *ж, чаще дв. и мн.* (12) διάβημα, ἴχνος стопа (стопы) stopa: стопы твоꙗ не запьнѫтъ сѧ *Пс 76, 20 Син*; стопы моꙗ направи по словеси твоемоу *Пс 118, 133 Син*; стопамъ послѣдовати *Евх 99а 25-26.— Пс 16, 5* (2) *Син; 17, 37 Син; 36, 23 и 31 Син; 39, 3 Син; 72, 2 Син; 84, 14 Син; Евх 186 12*

с т о п ь т и в ъ *Пс 77, 8 Син см.* стръпътивъ

СТОꙖНИѤ, -ꙗ *с* (5) στάσις, παράστασις стояние, присутствие stání, přítomnost: съподоби и стоѣнью с⟨вѧ⟩тааго твоего олътарѣ *Евх 74а 23*; въдавъ себе и обноштъноуоумоу стоꙗнью *Супр 548, 8.— Евх 7а 17; 996 8; Рыл 7аа 36*

СТОꙖТИ, стоѭ, стоиши *несов.* (>100) [стро- (!) *Супр* (2)] 1. ἵστασθαι, στήκειν, παρίστασθαι, εἶναι (!) стоять, быть на ногах stát (*na nohou*): ꙇдеже стоѣсте ноꙁѣ его *Пс 131, 7 Син*; бысть по обычаю молѧштоу сѧ кмоу въ полоуношти видѣти юношѫ красьна стоѩшта прѣдь нимь *Супр 187, 3*; и чловѣци оубо сѣдѣахѫ сѧдаште • б⟨о⟩гъ же стоꙗше и стоѧ млъчааше прѣдъ двьрьми чловѣчъскыими стоѧ *Супр 432, 13 и 14*; видѣшѧ и стоѩшть съ дьвѣма оученикома кго *Супр 216, 10* ● *перен.*: како оученикъ мьнѧ стоꙗти паде • како блѫдница лежашти въста *Супр 410, 2-3* ● стоять на месте, не двигаться stát, nehýbat se: почто то бѣгакте • не боите сѧ стоите *Супр 229, 22* 2. ἵστασθαι, στήκειν, παρίστασθαι, κεῖσθαι, καθῆσθαι, παρεῖναι; (стоꙗти окрьсть περιΐστασθαι; стоꙗти при παρίστασθαι; стоꙗти прѣди προΐστασθαι; стоꙗти съ συνίστασθαι; стоꙗти тоу παρίστασθαι, περιΐστασθαι) быть, находиться být (přítomen), nacházet se: видѣвъ дъва корабица стоꙗшта при езерѣ *Л 5, 2 Зогр Мар Ас*; народа ради • стоꙗштаего окръстъ • рѣхъ *И 11, 42 Зогр Мар Ас Сав*; видиши дивиꙗ сиꙗ козы и клени • стоѩшта близъ града *Супр 224, 18*; стоꙗше капиште аполоново *Супр 220, 21* ● *перен.*: иже бо не жьрѫтъ жены вь блѫдницьствѣ стоꙗт' *Супр 131, 20* □ р а з ь н о с т о ꙗ т и διΐστασθαι быть разделенным, разобщенным být rozdělen, rozházen: ѡ гласа сило • разно стоѩштаѧ оудъі • въ кдино съберавъши *Супр 317, 10*; в ь с ѭ н о щ ь с т о ꙗ т и διανυκτερεύειν молиться в течение всей ночи, стоять всенощную; всенощное бдение zůstávat celou noc na modlitbách: стоѣвъ в'сѭ нощь *Евх 486 4-5*; с т о ꙗ т и з а к о г о держать *чью-л.* сторону stát při *někom*, zastávat se *někoho*: кыимъ ли поюштеникмъ • стоꙗти хотѣахѫ за мрьтвьца *Супр 441, 19*; с т о ꙗ т и п р о т и в ѫ оказывать сопротивление stavět se na odpor *někomu*: непобѣдни сѫште о къзнехъ • воина твоего сотоны • стоимъ противѫ крѣпѧште сѧ *Супр 100, 3-4* 3. καθίστασθαι проявлять стойкость, не поддаваться, устаивать zůstávat, vytrvávat: онъ ч⟨лов*ѣ*⟩коубица бѣ ꙇскони • ꙇ въ ꙇстинѣ не стоꙇтъ *И 8, 44 Зогр Мар Ас*; нѣстъ ꙗкоже стоꙗти кмоу • нъ издъхнѫти и оумрѣти *Супр 149, 27*; да никтоже васъ отълѫчитъ отъ любьве христосовы • тврърдѣ стоите *Супр 236, 15.— Зогр Мар Ас Сав Боян Ен Син Евх Клоц Супр Рыл.— Ср.* въстаꙗти

СТРАДАНИѤ, -ꙗ *с* (6) 1. μόχθος, ἀλλοτρίωσις (!), τὰ δεινά (!) страдание, мучение strádání, utrpení: мнози бо мѫжи богатии ножьноѭ болѣзниѭ болѧште • не могѫште сътръпѣти • страданьꙗ и болѣзни врачевьнааго ꙇцѣленьꙗ *Супр 556, 25* 2. ἄθλησις страдания, подвиг (*мученика*), мученичество hrdinství, hrdinský čin (*mučedníka*): иже прѣбывъ по страдании с⟨вѧ⟩тыих' *Супр 271, 24.— Супр 85, 24-25; 92, 30; 367, 22; 529, 7.— Ср.* мѫка, мѫченик, страсть

СТРАДАТИ, -ждѫ, -ждеши *несов.* (62) 1. βασανίζεσθαι трудиться, работать (*тяжело, до изнеможения*) namáhat se: ꙇ видѣвъ ꙗ стражджѫштꙗ въ гребении *Мк 6, 48 Зогр Мар*; а не самомоу страдати троуда приношеньꙗ водѣ *Супр 551, 26* 2. ὀδυνᾶσθαι, πάσχειν, ἐνοχλεῖσθαι, κάμνειν, κακουχεῖσθαι, καταπονεῖσθαι, βασανίζεσθαι, συνέχεσθαι, διαθλεῖν, ἀποθνήσκειν (!); (страдати съ συγκακουχεῖσθαι; зълѣ страдати κακῶς ἔχειν; страдавыи ἄθλιος) страдать, мучиться trpět: стражджѫштеꙇ • отъ д⟨оу⟩хъ нечистъ *Л 6, 18 Зогр Мар Ас Сав*; на новы м⟨ѣ⟩с⟨ѧ⟩ца бѣсъноетъ сѧ ꙇ зьлѣ страждетъ *Мт 17, 15 Мар Ас Сав* (∅ *Зогр*); отрокъ мои лежитъ въ домоу ославленъ • лютѣ ѣко страждѧ *Мт 8, 6 Зогр Мар Ас* (мѫчѧ сѧ *Сав*); стражджѫщиимь отъ недѫга *Евх 25а 8*; къ тебѣ вѣроуѧ г⟨оспод⟩и ї⟨соу⟩соу хрьсте • се вьсе стражджѫ *Супр 254, 20* 3. кого, чесого ἀποβάλλεσθαι, στερεῖσθαι быть лишенным *кого-л., чего-л.*, страдать из-за отсутствия *кого-л., чего-л.* postrádat *někoho, něco*, být zbaven *někoho, něčeho*: и мьнѣ бѫдетъ страдати подроужиꙗ и волѧ своꙗ *Супр 237, 1.— Зогр Мар*

Ас Сав Ен Евх Клоц Супр Рыл.— Ср. мѫчити сѧ, троудити сѧ

СТРАДЬБА, -ы *ж* (1) κακοπάθεια страдание, мучение strádání, utrpení: сѫштиꙗ же сьде страдьба • благꙑнꙑхъ готовитъ насꙑштаниѥ *Супр 290, 28.— Ср.* страданиѥ, страсть

СТРАЖА, -ѧ *ж* (25) **1.** κουστωδία, φυλακή стража, караул, охрана stráž, hlídka: стрѣгѫште стражѫ ноштьнѫѭ • о стадѣ своемь *Л 2, 8 Зогр Мар Ас Сав*; блюди мрьтвьца да не оубѣжи • имате ли рече стражѫ *Супр 439, 1* **2.** φυλακή время между сменами караула (*как мера времени*) doba mezi výměnou stráží: ꙗко въ вьторѫѭ • ꙗко въ третиѭ стражѫ придетъ *Л 12, 38 Зогр Мар Ас Сав*; отъ стражѧ оутрьнѧ до ношті *Пс 129, 6 Син.— Зогр Мар Ас Сав Боян Син Супр.— Ср.* коустодиꙗ, стражьба, стражьда

с т р а ж д а *Супр 91, 29 см.* стражьда

с т р а ж и н ѣ (!) *Л 2, 8 Зогр см.* страна

СТРАЖЬ, -а *и* -и *м* (17) φύλαξ, ὁ φυλάσσων, δεσμοφύλαξ, σκοπός, δήμιος, ὁ ἐπάνω τῆς φυλακῆς, φυλακτήριον (!); (стражиѥ κουστωδία) страж, караульный, сторож strážce, stráž: стража дахъ тѧ с⟨ꙑ⟩не чл⟨овѣ⟩чь • домоу и⟨здра⟩илевоу *Евх 82а 17*; приде и искоупи оу стражъ тѣлесѣ с⟨вѧ⟩тоую • пѧть сътъ и три сьребрьникꙑ давъ *Супр 270, 25*; въведоша ѧ въ тьмницѫ • прѣдавъше стражемъ *Супр 133, 24*; стража крѣпꙑ на вьсѧ сѫпротивьнꙑѧ и мꙑтьꙑѧ • нъ и бѣсовьскꙑѧ плькꙑ • х⟨ръсто⟩с⟨ов⟩омъ дѣнствомъ врѣждаѭтъ *Супр 543, 5*; печатлѣвъше гробъ съ стражьми *Супр 440, 25-26* ◆ т ь м ь н и ч ь н ꙑ и с т р а ж ь δεσμοφύλαξ, δεσμώτης тюремщик, тюремный надзиратель žalářník: и припадъша къ тьмничьноуоумоу стражоу молиаста и *Супр 255, 23-24*; разгнѣваша же сѧ тьмничьнии стражиѥ *Супр 134, 5.— Евх Супр.— Ср.* капикларии

СТРАЖЬБА, -ы *ж* (1) φυλακή стража stráž: варісте стражьбꙑ очі моі *Пс 76, 5 Син.— Ср.* стража, стражьда

СТРАЖЬДА, -ы *ж* (1) προφυλακή стража, передовой пост, караул stráž, hlídka: дроугъ дроуга поуѹштаѭште • ꙗкоже се страждѫ на рати творѧште *Супр 91, 29.— Ср.* стража, стражьба

с т р а м ъ *Пс 70, 13 Син см.* срамъ

СТРАНА, -ы *ж* (>100) [стрѣн- *Зогр* (1)] **1.** μέρος, κλίτος; (странѫ сѣвера ἐπὶ τῷ βορρᾷ) сторона, бок, край strana, bok, okraj: въврьзѣте о деснѫѭ странѫ мрѣжѧ і обрѧштете *И 21, 6 Зогр Мар Ас Сав*; падетъ отъ странꙑ твоеѧ тꙑсѫшті *Пс 90, 7 Син*; то же сътворивъ по обѣма странама тѣла *Супр 563, 2*; странѫ сѣвера отъ града обрѧштете тѣла моего извръжена на соуꙋхо *Супр 154, 23* ● стена stěna: жена твоѣ ꙗко лоза плодовита вь странахъ домоу твоего *Пс 127, 3 Син* □ о н а с т р а н а τὸ πέραν, ὅρμος другая, противоположная сторона (*реки и т. п.*), другой берег druhá strana, druhý břeh: корабь оустрьми сѧ на онѫ странѫ *Супр 152, 19* **2.** χώρα, περίχωρος, μέρος, τόπος, γωνία, κώμη (!), ἡ ὀρεινή (!), νάπη (!); (отъ иноѩ странꙑ ἀλλαχόθεν; егупьтьска страна Αἴγυπτος) край, область, местность; земля, страна kraj, krajina; země: ıде отъ тѫдоу • въ странѫ близъ въ поустꙑни • въ ефреомъ • нарицаемъ градъ *И 11, 54 Зогр Мар Ас*; придѫ на онъ полъ морѣ • въ странѫ гадаринскѫ *Мк 5, 1 Зогр Мар*; бꙑстъ гладь крѣпъкъ на странѣ тоі *Л 15, 14 Зогр Мар Ас Сав*; оугождѫ прѣдъ г⟨оспод⟩мъ въ странѣ живѫщихъ *Пс 55, 14 Син*; доиде и къ странамъ исаврьскꙑмъ *Супр 24, 6*; мънѣ же с⟨вѧ⟩тааго еп⟨искоу⟩па • странꙑ поганьскꙑѧ *Супр 535, 6*; бꙑстъ же на странахъ тѣхъ праздьникъ великъ *Супр 219, 18*; егѵптьстѣ странѣ ѕѣло мѧтѫшти сѧ *Супр 145, 7*; не бѣ бо кд'но отечьство с⟨вѧ⟩тꙑимъ • дроугꙑи бо отъ иноѩ странꙑ бѣ *Супр 84, 1* ● *перен.* κλίμα область, сфера oblast, stránka (věci): сего ради на вьторꙑѩ странꙑ • вꙑшьниихъ вещіи • прѣходимъ *Евх 1а 9* **3.** *чаще мн.* τὰ ἔθνη, αἱ φύλαι, τόκος (!) народ, страна (*народонаселение*) národ, kmen: окрѫгъ бо сѫштаѧ его странꙑ любьꙗхѫ его вѣрѫ истиньноѭ *Супр 568, 7*; вьсѧ странꙑ дьньсь праздьноуѭтъ *Супр 509, 9* ● чужие племена, язычники cizí národy, pohané: дѣла безбожьнꙑхъ странъ *Рыл 26β 8*; дьнесь жрѣбѧ готоваѥмо ѥстъ • бесловесьнꙑихъ странъ *Супр 321, 26*; обаче оубо и вь темницѫ мнози отъ странꙑ прихождаахѫ *Супр 134, 15.— Зогр Мар Ас Сав Боян Син Евх Супр Рыл.— Ср.* земліа, мѣсто, область, прѣдѣлъ; полъ, народъ, ѩзꙑкъ

СТРАНЬНИКЪ, -а *м* (5) (страньникꙑ оубивати ξενοκτονεῖν) чужеземец, иноземец cizinec: да сего не разоумѣѥши • еда странникъ ѥси сихъ мѣстъ *Супр 475, 20* ● путник, странник poutník: конь же тъ приведе въ манастꙑрь • мьлѣть • на крьмьѭ приходаштиихъ тоу странникъ *Супр 565, 5.— Супр 128, 17; 476, 3; 477, 28.— Ср.* иностраньникъ, иноплеменьникъ, тоуждеплеменьникъ

СТРАНЬНО *нареч.* (1) *греч. нет* странно, удивительно neobyčejně, podivuhodně: приими вл⟨адꙑ⟩ко • ꙗко щедръ • заблѫждьшее ти овьчѧ къ тебѣ пририцѫще • егоже искы погыбъша • земьнѣ естъствѣ • стран'но сѧ причета *Евх 84а 11*

СТРАНЬНОЛЮБИѤ, -иꙗ *с* (2) φιλοξενία гостеприимство pohostinnost: ницѥлюбиѥ • страньнолюбиѥ *Евх 69б 26*; им'же странолюбию имѣаше пѫчинѫ *Супр 250, 13.— Ср.* въведениѥ (щоуждиихъ въведениѥ), любостраньниѥ

СТРАНЬНОПРИИМЬЦЬ, -а *м* (1) *греч. нет* гостеприимный человек pohostinný člověk: бѫди... въ обидьливъства мѣсто • ницелюбець • въ татъбы мѣсто стран'ноприимець *Евх 70б 14.— Ср.* любостраньнъ

СТРАНЬНЪ, -ꙑи (57) ξένος 1. (страньнъ бꙑти съ συγξενιτεύειν) чужой cizí: странѥнъ бывъ съ рабомь своимь иосифомь *Евх 18а 12-13*; тоуждь бꙑхъ братрї моеї • ї странѥнъ с⟨ꙑ⟩номъ матерї моеꙗ *Пс 68, 9 Син* □ *в знач. сущ.* чужеземец, чужестранец; путник, странник cizinec; poutník: страннъ бѣхъ ї въведосте мѧ *Мт 25, 35 Зогр*, странѥнъ *Мар*, страньнъ *Сав*; вь днехъ же тѣхъ начаша страннїї приходити къ обитѣли ѥго *Супр 548, 24*; даждь ми сего страннааго • не имѫштаaго сьде к'де главꙑ подъклонити... ꙗко странна бесхрамника *Супр 454, 28-29; 455, 1*; врачевати приходаштаа к' н҃емоу • братиѭ и странънꙑꙗ *Супр 549, 3* 2. отъ чесо отчужденный, отлученный vzdálený, odloučený: да не нагꙑ сътворитъ вꙑ • ѣко адама • ї странънꙑ отъ ц⟨ѣса⟩р⟨ь⟩ства *Евх 97б 11* 3. странный, необычный, удивительный neobyčejný, podivuhodný: владꙑка ново и странно житиѥ • вь жизнь нашѫ вьнеслъ *Супр 487, 27.— Зогр Мар Ас Сав Ен Син Евх Супр.— Ср.* страньникъ, щоуждь

СТРАСТОНОСЬЦЬ, -а *м* (3) ἀθλοφόρος страдалец, мученик trpitel, mučedník: ако сѧ приближиша обои близь рѣкꙑ • сии же страстоносьци съвазани • а сии льстивꙑи и неоукроштенꙑи пьсъ *Супр 60, 7.— Супр 61, 5; 64, 23.— Ср.* мѫченикъ, страстотрьпьць, страстьникъ

страстотръпик *Евх 38а 3 см.* сластотрьпик

СТРАСТОТРЬПЬЦЬ, -а *м* (5) ἀθλοφόρος, ἀθλητής страдалец, мученик trpitel, mučedník: блаженꙑи же кодратъ • ꙗко по истинѣ доби страстотръпецъ • доброчьстиꙗ *Супр 105, 3*; сии ѥдин на десате страстотръпьци • и добропобѣдьнии мѫченици • троудиша сѧ дожи и до коньца *Супр 271, 9.— Супр 117, 6; 256, 3; 560, 20.— Ср.* мѫченикъ, страстоносьць, страстьникъ

СТРАСТЬ, -и *ж* (97) [сласть *Супр* (1)] 1. ταλαιπωρία, τιμωρία, πάθος, τὸ ὄνειδος страдания, лишения strádání, bída, trápení: страстї радї ништиихъ • и въздъиханьѣ оубогыхъ • нънѣ (!) воскръснѫ *Пс 11, 6 Син*; не поманѫ... ни роботънꙑꙗ страсти • ни племенънꙑꙗ зависти *Супр 367, 18* 2. βάσανος, πάθος, πάθημα, ὀδύνη, τὸ παθεῖν, τὰ παρόντα (!); (страстиѭ παθητός; бе-страсти ἀπαθής, ἀπαθῶς) болезнь, физические страдания, муки bolest, utrpení, muka, strast: ї привѣсѧ емоу вьсѧ болаштаꙗ различьнꙑми недѫгꙑ • ї страстьми одръжимꙑ *Мт 4, 24 Зогр* (∅ *Мар*); да бѫдетъ на ицѣление • помазаѭщимъ сѧ имь • ї на отъпоущение в'сеꙗ страсти *Евх 27а 10*; вьсѧ страсти и вьсѧ ꙗзвꙑ тѣлесьнꙑꙗ отъ сотонꙑ сълоучаѭтъ сѧ *Супр 556, 9*; прѣжде вѣкъ бе страсти родивъшааго • отьца назнаменахъ *Супр 239, 15* 3. ἄθλησις, ἆθλον, ἔπαθλον подвиг мученичества, мученическая смерть muka, mučení, umučení: к'то не въсчоудитъ сѧ строѭ вѣроѭ сеѭ • како съ радостиѭ къ страстемъ дрьзнѫша • како бе сѫмьнѣниꙗ къ мѫчению пристѫпиша *Супр 55, 15-16*; акꙑ весели къ вѣньцоу страсти поидоша *Супр 62, 24*; стр⟨а⟩стъ с⟨вѧ⟩т⟨а⟩го мѫченика ѳеѡдора *Ен 6а 3*; житиѥ и страсть с⟨вѧ⟩тꙑихъ от⟨ь⟩ць... мѫченꙑихъ вь хер'сони *Супр 532, 20*; не тъкма мѫжемъ • принесе съпасеньѥ страсть х⟨ристосо⟩ва • нъ и женамъ *Супр 482, 21* 4. πάθος, πάθημα, ἡδονή (!) страсть vášeň: мꙑ же оубѣжимъ вьзлюбьѥнии • доуши прокоудьнꙑихъ страстии сихъ *Супр 340, 6*; ни работаѥтъ страсти льсти *Супр 337, 25;* того радма попирааше страсти гадънꙑꙗ и ꙗдовитꙑꙗ *Супр 556, 15;* твоѥѭ же волеѭ въздръжанимъ їѡсифъ пльтънꙑꙗ побѣдї страсти *Супр 232, 22.— Зогр Ас Син Ен Евх Клоц Супр.— Ср.* болѣзнь, мѫка[2], мѫчениѥ, недѫгъ, похотъ, страданиѥ, страдьба

СТРАСТЬНИКЪ, -а *м* (5) ἀθλητής мученик, подвижник trpitel, mučedník: и повелѣ свѣшта вьжегъше принестї • и страстьника распати жжи четꙑрьми *Супр 152, 29*; отъвѣшта страстьникъ христовъ *Супр 153, 17-18.— Супр 61, 15; 142, 6; 154, 27-28.— Ср.* мѫченикъ, страстоносьць, страстотрьпьць

СТРАСТЬНИЧЬСКЪ, -ꙑи *прил.* (1) ἀθλητικός мученический mučednický: и острѣ възаша вѣньца • страстьничьскꙑꙗ троудъи *Супр 54, 27.— Ср.* мѫченичь, мѫченичьскъ

СТРАСТЬНЪ, -ꙑи *прил.* (3) 1. παθητός несущий страдания, боль, мучительный strastný, mučivý: женꙑ... болашта и оудръжены отъ дльгааго врѣмене страстьнааго • падаахѫ прѣдъ ногама с⟨вѧ⟩тааго *Супр 557, 3* 2. τῆς ἀθλήσεως мученический mučednický, trpitelský: и страстьнꙑимъ и не тьлѣѭштимъ • ни оувадаѭштимъ вѣньцемъ оувазоша сѧ *Супр 256, 18.— Супр 504, 5-6*

СТРАТИГЪ, -а *м* (4) στρατηγός **1.** военачальник velitel, stratég: ции отъ стратига пришедъше *Супр 130, 30* **2.** начальник церковной стражи velitel chrámové stráže: рече же і⟨соу⟩с⟨ъ⟩ къ пришьдъшимъ къ иѥмоу архиереомъ • і стратигомъ цръковънымъ • і старьцемъ *Л 22, 52 Зогр Мар.— Супр 565, 2.— Ср.* воєвода, игемонъ

СТРАХОВАНИѤ, -ия *с* (2) φόβητρον явление, внушающее страх, ужас hrůzný jev: тржси же велици по мѣста • і глади і въ мори бѫдѫтъ страхованьѣ • і знаменьѣ съ неб⟨е⟩се *Л 21, 11 Зогр Мар.— Ср.* страхъ, страшьнъ (страшьноѥ)

страхонитьскъ *Л 3, 1 Зогр Ас см.* трахонитьскъ

страхотъскъ *Л 3, 1 Сав см.* трахонитьскъ

СТРАХЪ, -а *м* (>100) [ста- *Син* (1)] φόβος **1.** τρόμος, δειλία; (без страха ἄφοβος, ἀφόβως, ἀδεῶς; въ страсѣ ἔμφοβος, περιφοβηθείς) страх, ужас strach, hrůza: отъ страха възъпиша *Мт 14, 26 Зогр Мар Ас Сав Боян*; и страхъ съмрътьныи нападе на мьѧ *Пс 54, 5 Син*; страхомъ рѣста оубѣживъ звѣри • боıазньѭ отъбѣживѣ *Супр 472, 1*; да не мнѧ сѧ гонезнѫти невѣстиѭ • бе страха начьнетъ прѣдаıати *Супр 412, 24*; бывъше въ страсѣ бе съна прѣбыша до свѣта *Супр 71, 3* ● угроза zastrašování: мьнѣлъ ли ѥси страхы оубоıати сѧ намъ *Супр 176, 16* ● явление, внушающее страх, ужас hrůzný jev: не оубоиши сѧ отъ страха ноштьнаего *Пс 90, 5 Син* ▭ страхъ ѥстъ *в знач. сказ.* страшно je strašné, je hrozné: не оубои сѧ то слыша страхъ бо ѥстъ ѥже вь нь не быти *Супр 381, 19*; страхы *в знач. нареч.* от страха, со страху strachy, ze strachu: оукланıаѭ сѧ страхы *Супр 508, 15-16* **2.** благоговейный страх, трепет (posvátná) úcta, bázeň: страхоу г⟨осподь⟩ню наоучѫ вы *Пс 33, 12 Син*; работаите г⟨осподе⟩ви съ страхомъ *Пс 2, 11 Син; Супр 285, 14*; ѡкрѫсть стоıаща • і летаща • страхомь непристѫпьныѩ славы твоеѩ • закрываѭтъ сѧ *Евх 4а 19-20*; нъ и досели ныниа прѣбываатъ страхъ с⟨вѧ⟩тааго конона въ вьсеи тои странѣ *Супр 40, 5.— Зогр Мар Ас Сав Охр Боян Син Евх Клоц Супр Рыл.— Ср.* боıазнь, гроза, страхованиѥ, страшьнъ (страшьноѥ), трепетъ, оужасъ

СТРАШИВЪ, -ыи *прил.* (7) δειλός, δειλότερος испуганный, боящийся ustrašený, bázlivý: чьто тако страшиви есте • како не імате вѣры *Мк 4, 40 Зогр Мар*; а страшивыѩ дрѫзы творѣше *Супр 98, 23.— Мт 8, 26 Зогр Мар; Супр 88, 21; 441, 16*

СТРАШИТИ, -шѫ, -шиши *несов.* (4) φοβεῖν пугать, страшить děsit, zastrašovat: боите сѧ... в'сѣхъ пострашенеи чл⟨овѣчь⟩скъ • страшаѩщиихъ вы *Евх 45б 13-14*; не страша глаголѧ *Супр 421, 10-11* ▭ страшити сѧ кого, чесо φρίττειν страшиться, пугаться, бояться děsit se, bát se: оуже не страшѫ сѧ противнааго *Супр 490, 9.— Евх 51а 9.— Ср.* боıати (сѧ)

СТРАШЬНЪ, -ыи *прил.* (54) φοβερός, φρικώδης **1.** τῆς τιμωρίας, τῶν παθῶν (!) страшный, внушающий страх, ужас strašný, hrozný: великъ же день творѧште аполлноу • вь пештерѣ ѥеи страшьнѣ и темьнѣ *Супр 26, 15*; не дастъ къ томоу страшьнъимъ пожрътоу быти змиемь *Хил 16а 18-19* ▭ страшьноѥ *с в знач. сущ.* τὸ φόβητρον явление, внушающее страх, ужас hrůzný jev: ни слъ..лъ страш'ныхъ тѣх(ъ).. бываѭщиихъ на в'сѣх(ъ) мѣстѣхъ *Рыл 4аа 16* **2.** φρικτός внушающий трепет, благоговение vzbuzující bázeň, úctu: рьцѣте б⟨ог⟩оу колъ страшьна дѣла твоѣ *Пс 65, 3 Син*; б⟨ог⟩ъ... страшенъ естъ надо вьсѣмі окрѫстъніми его *Пс 88, 8 Син*; да ісповѣдıатъ сѧ імені твоемоу великоумоу • ѣко страшенъ і с⟨вѧ⟩тъ естъ *Пс 98, 3 Син*; страшно *Ен 32б 3*; съподоби и... приѩти • страшьныхъ твоихъ і бесъмрътьныхъ таинъ *Евх 22а 16-17*; и съ страхомъ и трепетомъ... къ грѫдоуоумоу и страшьноуоумꙋ пристѫпите комьканию *Супр 405, 22.— Ен Син Евх Клоц Супр Хил Рыл.— Ср.* грозьнъ, трепетьнъ, оужасьнъ

СТРИЩИ, стригѫ, стрижеши *несов.* (8) **1.** κείρειν стричь stříhat: ѡ жидове овьцѧ не стризѣте • аште ли стрижете • поштѧдите овьцѧ • благъ плодъ приносѧштоу *Супр 437, 4 и 5* **2.** κουρεύειν постригать (*в монахи*) postřihovat: братръ нашъ сь имѧ р⟨екъ⟩ • стрижетъ власы главы своеѩ *Евх 96б 8*; и гл⟨агол⟩ет⟨ъ⟩ поп⟨ъ⟩ къ стригѫщиюмоу сѧ оучѧ и • сице *Евх 87а 23.— Евх 96а 13; 96б 6-7; Супр 434, 26; 481, 7.— Ср.* постригати, постризати

СТРОИ, -ıа *м* (11) οἰκονομία **1.** (словесьныи строи ὁ τῆς οἰκονομίας λόγος) порядок, устройство; благоустройство řád, pořádek: въпаде бо и тъ въ страхъ тебе ради по словесьноуоумоу строю *Супр 383, 3*; раждаѥтъ сѧ... мирьска'го ради строıа и съпасениıа *Супр 10, 30* **2.** (промышлıаи и строи φροντίς) управление správa: строѧштиимъ обо ѭ не дады лѣпааго творити промышлıаıа • и строıа цръкъвьныхъ потрѣбъ *Супр 281, 26* **3.** предначертание, предопределение; провидение, промысел předurčení, úradek: видиши ли божиꙗ строꙗ таинок *Супр 390, 29*; и того радма въ врѣмѧ строꙗ г⟨оспод⟩ь нашъ вьсѫ обави кротость *Супр 545, 19.— Супр 10, 10; 11, 4; 72, 7; 166, 26; 391, 6; 499, 1.— Ср.* приставлкник, строкник, съмотркник, оустроккник, оусъмощреник

СТРОИНЪ, -ьıи *прил.* (2) **1.** ἐπιτήδειος надлежащий, благоприятный vhodný: и молꙗше бога съ слъзами • довести сѧ въ мѣсто добровъгодьно и мльчально • и на съпасеник строино *Супр 282, 22* **2.** οἰκονομία (!) соответствующий (предопределению) odpovídající *něčítu* záměru, vhodný: не бои сѧ їѡсифе • приѩ женѫ си • не бракоу обьштънѫ • нъ божиихъ таинъ строинѫ *Супр 242, 22.— Ср.* съмотрьливьнъ

СТРОИТЕЛЬ, -ꙗ *м* (4) **1.** κηδεμών устроитель, создатель ten, kdo dává řád, správce, ředitel: строитель вьсеи твари • дръжаи кръмѫ небесьнѫѭ *Супр 143, 16* ● попечитель opatrovník: како прѣобидѣвъше вьсѣхъ • къ б⟨ог⟩оу и владыцѣ и строителю *Супр 54, 20* **2.** οἰκονόμος управляющий, настоятель (*монастыря*) hospodář (*kláštera*): блаженикъ оубо сава того примъ • прѣда и строителю манастырьскоуоумоу *Супр 283, 12-13.— Супр 283, 29.— Ср.* икономъ, приставьникъ

СТРОИТЕЛЬСТВО, -а *с* (2) οἰκονομία, διακονία (!) управление; обязанности настоятеля (*монастыря*) správa; funkce klášterního hospodáře: порѫчено кмоу бысть манастырьскок строительство • и помагааше кмоу богъ вь семъ • и благослови сѧ манастырь • и оумножиша сѧ дроужина при строительствѣ кго *Супр 285, 23 и 26*

СТРОИТИ, строѭ, строиши *несов.* (16) **1.** οἰκονομεῖν, κυβερνᾶν, διέπειν, διοικεῖν; (домъ строити οἰκονομεῖν) управлять, направлять, руководить řídit, spravovat, vést: твоимь промышленикмь • строиши весь миръ *Евх 3б 24-25*; сълоучи сѧ мѫжоу сестры кго мариѩ... строити рамѣньскѫ власть *Супр 281, 22*; въздаждь • отъвѣтъ о приставлени домовьнѣемь • не възможеши бо къ томоу домоу строити *Л 16, 2 Зогр Мар*; б⟨о⟩же сильнъıи • і милостивъı • строıаи в'сѣ на сп⟨ас⟩еник родоу нашемоу *Евх 25а 21* **2.** ὁπλίζειν, παρασκευάζειν, προσδέχεσθαι, διοικεῖν, καθοπλίζειν устраивать, обеспечивать, приготавливать strojit, připravovat: настоıащаа потрѣбьномь • съматрѣıа • і бѫдѫщаа оудобь строıа *Евх 64а 21*; приходаштиихъ покааник строѩ *Супр 394, 5*; тъ ны строитъ и крѣпитъ въ рати *Супр 27, 8-9* ● καταρτίζειν чинить opravovat: видѣ ина в҃ брата... строѩща мрѣжѧ има *Мт 4, 21 Сав* (завѧзаѭшта *Зогр Ас*, Ø *Мар*).— *Зогр Мар Сав Евх Супр.— Ср.* кръмити[1], готовити

с т р о и т и *Супр 351, 16; 420, 17 см.* стоꙗти

СТРОПЪ, -а *м* (1) στέγη потолок, крыша strop, střecha: лѣторасль по малоу на высотѫ въсходаштии доиде до стропа *Супр 300, 23.— Ср.* кровъ, покровъ, стелꙗ, стрѣха

СТРОѤНИѤ, -ꙗ *с* (4) (строкник домоу οἰκονομία) управление správa: егда отъставленъ бѫдѫ отъ строеньѣ домоу • примѫтъ мѧ въ домы своѩ *Л 16, 4 Зогр Мар.— Л 16, 3 Зогр Мар.— Ср.* приставлкник, строи, съмотркник

СТРОУГА, -ы *ж* (1) ἐπίτριψις течение, струя tok, proud: въземѫтъ рѣкы строугы своѩ отъ гласа водъ мъногъ *Пс 92, 3 Син.— Ср.* строуꙗ, стрьмлкник, оустрьмлкник

с т р оу ж - *см.* стръгати

СТРОУМИЦА, -а *ж город* (1) *греч. нет* Струмица Strumica: въ тжде ден⟨ь⟩ па⟨мѧ⟩т⟨ь⟩ с⟨вѧ⟩т⟨ы⟩мъ іже на строумици *Ас 152а 29*

СТРОУПИВЪ, -ыи *прил.* (1) *греч. нет* прокаженный malomocný: заклинаѭ тѧ... отъ трѧсъшнимь крастъı отъ строупивъıхъ *Евх 53б 3.— Ср.* прокаженъ, пѣготивъ

СТРОУПЪ, -а *м* (12) τραῦμα рана, язва rána, poranění: і пристѫплъ обꙗза строупы его • възливаꙗ масло і вино *Л 10, 34 Зогр Мар Ас* (ꙗзвы *Сав*); не срамьꙗѭ сѧ плътьнъıими своими строупы • аже кесмь приѩлъ вашихъ дѣлꙗ строупъ *Супр 503, 13 и 14.— Евх 41б 5 и 13; Супр 351, 12; 398, 19 и 20; 407, 16; 522, 17.— Ср.* врѣдъ[1], ꙗзва

СТРОУꙖ, -ѩ *ж* (2) (златы строуѩ οἱ χρυσορρόαι) поток proud: доидоша и новосвѣтьлыѩ благовѣрию подвижьникы • иже доухомь господьнѣемь златы строуѩ • добрыѩ цвѣтьца крьстиꙗномъ *Супр 57, 18*; сильнъ словомъ • и дѣльмь • водьнааго тѫжда строуѩ изьлиꙗ *Супр 476, 28.— Ср.* строуга, стрьмлкник, оустрьмлкник

с т р ъ *Пс 104, 33 Син см.* сътрѣти

СТРЪГАТИ, строужѫ, строужеши *несов.* (9) ξεῖν строгать, скоблить (*истязать*), терзать dřít, odírat: повелѣ же и доблѣго алеѯандра • повѣсивъше стръгати • строужемоу же емоу възпи *Супр 161, 4 и 5*; толико же стръганъ бысть с⟨вѧ⟩тъıи б⟨о⟩жии мѫченикъ *Супр 149, 20.— Супр 107, 12; 109, 5; 149, 19; 161, 7; 179, 26; 183, 8.— Ср.* дьрати

с т р ъ п ъ т а н и ꙗ *Л 3, 5 Сав см.* стръпътьнъ

СТРЪПЪТИВЪ, -ыи *прил.* (2) [стропъ- *Син* (1), стопьт- (!) *Син* (1)] στρεβλός, σκολιός кривой, искривленный; *перен.* извращенный; лукавый pokřivený; zvrácený: родъ стопьтівъ (!) и прогнѣвавы Пс 77, 8 Син; и съ строптівомъ развратіши сѧ Пс 17, 27 Син.— Ср. лѫкавъ, стръпътьнъ

СТРЪПЪТЬНЪ, -ьи прил. (4) [стръпътаниꙗ (!) Сав (1)] σκολιός кривой, искривленный křivý: і бѫдѫтъ стръпътънаа въ праваѣ • і остриѣ въ пѫти гладъкы Л 3, 5 Зогр Мар Ас, стръпътаниꙗ (!) Сав.— Ср. стръпътивъ

СТРЬКЪ, -а м (1) κύκνος лебедь labuť: овогда же крилатамъ п'тицамъ подоба сѧ • орълоу и стръкоу Супр 7, 25-26

СТРЬМЛЮНИЮ, -ниꙗ с (1) ὅρμημα течение, поток proud, tok: рѣчна стрьмениѣ веселѧтъ градъ б⟨о⟩жи⟨и⟩ Ен 26б 10 (оустрьмлeньѣ Пс 45, 5 Син).— Ср. строуга, строуꙗ, оустрьмлениѥ

СТРЬМОГЛАВЬ нареч. (2) [стрьмо- Супр (1)] κατὰ κεφαλῆς вниз головой střemhlav, hlavou dolů: и съвѧзавъше с⟨вѧ⟩тааго артемона стрьмоглавь • въврѣшти и вь нь (т. е. въ конобъ) Супр 234, 7-8; шесть воинъ пꙗниꙗ ношаахѫ стрьмоглавь Супр 137, 17-18

СТРЬМЬ нареч. (1) κυρίως вполне, полностью, совершенно zcela, úplně, dokonale: и тако стрьмь оумрьтвивъ сѧ самохотьѩ Супр 273, 12

с т р ѣ г -, с т р ѣ ж -, с т р ѣ ѕ - см. стрѣщи

СТРѢКАЛО, -а с (3) κέντρον острие, жало osten, žihadlo: къде ти аде стрѣкало • разарѣетъ же сѧ съмрътъное стрѣкало кръщениемь Хил 1б а 9 и 11; сьмрьтьное стрѣкало на ꙗ҃ѫ сьвративъ Супр 430, 20-21.— Ср. жало, остьнъ

СТРѢКАТИ, стрѣчѫ, стрѣчеши несов. (3) 1. греч. нет колоть, жалить píchat, bodat: мол⟨итва⟩ на вьсѭ болѣзнь ножьнѫѭ стрѣчѭщѭѭ • і бодѫщѭѭ Евх 35б 9 2. перен. κεντεῖν подстрекать, побуждать popichovat, podněcovat: тъгда они на тѣлеси строупъ не имѣѭште завистиѩ стрѣчеми срьд'ци болѣахѫ Супр 398, 21.— Евх 28б 23-24.— Ср. пострѣкати, пооущати

СТРѢЛА, -ы ж (18) [рѣл- (!) Син (1), стѣл- Син (1)] βέλος, βολίς стрела střela, šíp: поусті стрѣлы и разгъна ѩ Пс 17, 15 Син ● перен.: стрѣлы младьнець бышѧ ѣзвы ихъ Пс 63, 8 Син; Супр 112, 11; оумѫдри и вьзѧти щитъ вѣры • вь немьже възможетъ в'сѧ стрѣлы неприѣзнины... оугасити Евх 94а 7.— Син Евх Супр

СТРѢЛꙖТИ, -ꙗѭ, -ꙗѥши несов. (1) βάλλειν стрелять střílet: с⟨ы⟩нові ефꙋмови (!) налѧцаѭштеі і стрѣлѣѭште лѫкы Пс 77, 9 Син.— Ср. състрѣлꙗти

с т р ѣ н ѣ Л 1, 65 Зогр см. страна

СТРѢХА, -ы ж (1) στέγη крыша, кровля střecha: нѣсмь достоини да подъ стрѣхѫ подъидеши вь наша доуша Супр 507, 3.— Ср. кровъ, покровъ, скѫдьль, стеꙗ, стропъ

СТРѢЩИ, стрѣгѫ, стрѣжеши несов. (39) τηρεῖν, φυλάσσειν, ἀγραυλεῖν, φρουρεῖν, παρακαθῆσθαι (!), φυλακή (!); (стрѣгыи ὁ ἐπὶ τῆς φυλακῆς) стеречь, сторожить hlídat, střežit: сѣдъше стрѣжахѫ і тоу Мт 27, 36 Зогр Мар Ас Сав ● нести караул, быть на страже držet hlídku, být na stráži: і бѣахѫ пастъıри въ тоіжде странинѣ бьдѧште • і стрѣгѫште стражѫ ноштьнѫѭ • о стадѣ своемь Л 2, 8 Зогр Мар Ас Сав; стрѣзѣте аште да не бысте хранили Супр 439, 3; къде же свѣтъ бъıстъ въставъ молꙗ'ше стрѣгѫштаа воинъı Супр 16, 12; оувѣдѣша стрѣгѫштии тъмницѫ Супр 133, 29 □ с т р ѣ г ы и в знач. сущ. сторож strážný: аште не г⟨оспод⟩ь стрѣжетъ града • вьсоуе бьдѣ стрѣгꙑи Пс 126, 2 Син ● охранять кого-л. dávat pozor na někoho, sledovat někoho: въздавы слово • стрѣгѫщиимъ тѧ • разоумъно и достоино Евх 31а 21-22.— Зогр Мар Ас Сав Син Евх Супр.— Ср. блюсти, назирати, съглѧдати, хранити

СТОУДЕНЪ, -ъıи прил. (10) ψυχρός, χειμέριος холодный chladný, studený: иже колижьдо напоітъ • единого отъ малыхъ сихъ • чашѫ стоуденъı водъı Мт 10, 42 Зогр Мар Ас Сав; въпрашаемы в'сѭ ноць стоуденѫѭ • на дворѣ канафинѣ Евх 48а 23 ● перен.: стоуденъıимъ бо грѣхомъ диꙗволъ чловѣчьска срьдьца оумр'тви Супр 348, 28; огнь сии твои стоуденъ ѥстъ Супр 118, 19.— Евх 31б 11; Супр 76, 14; 550, 18.— Ср. зимьнъ, мразьнъ, хладьнъ

СТОУДЕНЬ, -и ж (11) ψῦχος, κρύος, κρυμός, ἀήρ (!); (стоудень велика ѥстъ въ нки κρυμώδης) холод, мороз, стужа zima, chlad, mráz: бѣаше стоудень велика Супр 76, 12; прѣбы ноштъ онѫ въсѫ стоꙗвъ връхоу леда • и на лютѣи стоудени Супр 265, 6-7 ● перен.: стоудениѭ бо нечьстиꙗ • вьсе чловѣчьство оувѧзано бѣаше Супр 349, 1-2.— Супр 76, 21; 89, 4 и 14; 91, 24 и 26; 94, 16; 96, 1; 341, 21.— Ср. зима

СТОУДЕНЬЦЬ, -а м (11) φρέαρ 1. πηγή водоем, колодец studna, studnice: бѣ же тоу стоуденецъ иѣковль И 4, 6 Мар Ас (кладѧзь Зогр); чин⟨ъ⟩ над⟨ъ⟩ оскврьньшиимь сѧ • стоуденьцемь Евх 20б 5 2. пропасть, яма propast, jáma: ты же б⟨о⟩же ніздъведеши ѩ въ стоуденецъ истьлѣнѣ Пс 54, 24 Син.— Л 14, 5 Мар Ас Сав (кладѧзь Зогр); И 4, 11 и 12 Мар Ас (кладѧзь Зогр).— Ср.

источьникъ, кладѧꙁь, ръвеникъ; ровьникъ, прѣровъ, ровъ, ꙗма

СТОѴДОВЬНЪ, -ыи *прил.* (1) τῆς αἰσχύνης постыдный, позорный, мерзкий hanebný, mrzký: ѹсрамьıанте сѧ чѧда стоудовънаꙗ *Супр 116, 15.— Ср.* бестоудьнъ, мрьзъкъ, стоудьнъ

СТОѴДОДѢꙖНИѤ, -ꙗ *с* (3) ἀσέλγεια распутство, разврат nestoudnost, prostopášnost: лѫкавьства • льсть • стоудодѣанье • око лѫкаво • хоулѥние • грьдыни *Мк 7, 22 Зогр Мар.— Рим 13, 13 Ен.— Ср.* бестоудиѥ, стоудъ, стыдость

СТОѴДЪ, -а *м* (24) **1.** αἰσχύνη; (без стоуда ἀναιδής, ἀναιδῶς; стоуда не имѣти ἀναισχυντεῖν) стыд stud: бестоуда вънидеши въ породѫ *Евх 70б 21*; припаде къ старьцоу съ стоудомъ *Супр 291, 19*; нъ обаче зълъ любопьрива бываѥтъ и бе стоуда *Супр 443, 16* ● даждь семоу мѣсто • і тъгда начьнеши съ стоудомь • послѣдьнѣе мѣсто дръжати *Л 14, 9 Зогр Мар Ас Сав* ● позор, стыд, бесчестье hanba: одеждѫтъ же сѧ стоудомь і страмомь їскѫштеі зъла мьнѣ *Пс 70, 13 Син* ● *перен.* срам ohanbí: листвие смоквино възьмъ • свои стоудъ покрываааше *Супр 348, 2* **2.** ἀναισχυντία, ἀναίδεια бесстыдство nestoudnost, hanebnost: не прѣста ꙇюда • отъ того стоуда • ні июдѣі отъ того безоумьѣ *Клоц 5а 24*; она же своимъ стоудомъ трьпѧшти • и хотѧшти ѥго оуловити • и на похотѣнье зъло с⟨вѧ⟩таго привести *Супр 516, 17.— Зогр Мар Ас Сав Син Евх Клоц Супр.— Ср.* бестоудиѥ, срамота, срамъ, стыдость

СТОѴДЬНЪ, -ыи *прил.* (5) **1.** *греч. нет* постыдный, омерзительный odporný: честънааго ти знамениѣ отъвръгъше мꙗ • стоудъна і мрьзъка • неб⟨е⟩сънымь і земьнымъ сътворишꙗ мꙗ *Евх 78б 2* **2.** ἀναίσχυντος бесстыдный, непристойный hanebný, nestoudný: стоудьноѭ волеѭ • опрѣснъкы ѣдѧтъ *Клоц 7а 18*; паче вьсѣхъ стоудьныихъ дѣлъ • величаньꙗ гноушаатъ сѧ б⟨о⟩гъ *Супр 545, 11.— Служ 1а 10; Супр 559, 23.— Ср.* бестоудьнъ, мрьзъкъ, стоудовьнъ

с т о у ж д ь *Евх 68б 3-4; Супр см.* щоуждь

с т о у х и ꙗ *Евх 4а 1 см.* стѹхиꙗ

с т ъ г н а *см.* стьгна

с т ъ к а т и *Супр 146, 20-21 см.* сътъкати

СТЫДОСТЬ, -и *ж* (2) ἄγος, ἀναισχυντία бесстыдство hanebnost, nestoudnost: ѥлма же и сице не останѣахѫ сѧ стыдости *Супр 413, 19* (отъ того стоуда *Клоц 5а 24*); освѧтити миръ • прогънати скврьнѫ • и стыдость *Супр 329, 20.— Ср.* скврьна, стоудъ

СТЫДЪКЪ, -ыи *прил.* (3) ἀναιδής, ἀναίσχυντος бесстыдный, непристойный hanebný, nestoudný, mrzký: оумомъ стыдькомъ • опрѣснькы прѣди полагаѭтъ *Супр 418, 10*; стыдъкыꙗ сьвѣты оны твораше *Супр 419, 23* ♦ п о к р о в и щ е с т ы д ъ к о *см.* покровище.— *Ср.* бестоудьнъ, мрьзъкъ, срамьнъ, стоудовьнъ, стоудьнъ

СТЫДѢНИѤ, -ꙗ *с* (1) αἰσχύνη позор hanba, pohanění: стыдѣниѥ вамъ прѣжде повѣдоѭ пророкъ *Супр 325, 26* (противленье *Клоц 1а 18-19*).— *Ср.* позоръ, срамота, срамъ, стоудъ

СТЫДѢТИ СѦ, стыждѫ сѧ, стыдиши сѧ *несов.* кого, чесого *или без доп.; с инф.* (26) αἰσχύνεσθαι, ἐπαισχύνεσθαι, καταισχύνεσθαι, αἰδεῖσθαι, εὐλαβεῖσθαι (!); (не стыдѣти сѧ ἀναισχυντεῖν) стыдиться; совеститься, стесняться *кого-л., чего-л.* stydět se: і се ѥмоу г⟨лаго⟩лѭштю стыдѣахѫ сѧ • вси противлѣѭштеі сѧ ѥмоу *Л 13, 17 Зогр Мар Ас Сав*; хлѫпати стыждѫ сѧ *Л 16, 3 Зогр Мар*; ї г⟨лаго⟩лаахъ о съвѣдѣниїхъ твоїхъ прѣдъ ц⟨ѣса⟩рı • не стыдѣахъ сꙗ *Пс 118, 46 Син*; да обрѧщемъ сѧ прѣдъ тобоѭ • оугождьше • і не стыдѧще сѧ *Евх 17а 19-20*; стыждѫ бо сѧ х⟨ристо⟩са моѥго с⟨ы⟩на *Супр 13, 19-20*; жена сѫшти стыди сѧ ꙗкоже подобаатъ женамъ *Супр 13, 15* ● цѣмь, чимь стыдиться *кого-л., чего-л.* stydět se *za někoho, za něco*: не стыждѫ сѧ тѣлесьныими своими ꙗзвами *Супр 503, 11.— Зогр Мар Ас Сав Син Евх Клоц Супр.— Ср.* посрамлꙗти сѧ, срамлꙗти сѧ

СТЬБЛИѤ, -ꙗ *с собир.* (1) καλάμη солома, стебли sláma, stébla: ѣко стеблиѥ прѣдъ лицемь вѣтроу *Пс 82, 14 Син*

с т ь г д а *Супр 397, 12 см.* стьгна

СТЬГНА, -ы *ж* (14) [стьгд- *Супр* (1)] ῥύμη, πλατεῖα; (въ стьгнахъ на распѫтиихъ ἐν ταῖς γωνίαις τῶν πλατειῶν) улица ulice: ізиди на распѫтьѣ і стьгны града *Л 14, 21 Зогр Мар Ас Сав* ● с т ь г н ы *мн.* ἀγορά площадь náměstí: кричава и трьзаниꙗ мѫжь и женъ • въ градьныихъ стьгдахъ (!) и междахъ *Супр 397, 12*; идѣаше же вьслѣдъ народъ многъ • ꙗкоже пльномъ быти вьсѣмъ стьгнам' *Супр 133, 6.— Мт 6, 2 Зогр Мар Сав; Мт 6, 5 Зогр Мар Ас Сав; Супр 137, 13.— Ср.* гостиньць, междa, пѫть, распѫтиѥ, тръжище

СТЬꙀА, -ѧ *ж* (25) [стьз- *Зогр* (2) *Мар* (1) *Сав* (3) *Евх* (2), стъѕ- *Мар* (1) *Син* (2), стез- *Евх* (2)] τρίβος дорога, тропа, стезя cesta, stezka: оуготоваіте пѫть г⟨осподь⟩нь • правы творите стьѕѧ ѥго *Мк 1, 3 Зогр Мар Ас Сав; Л 3, 4 Зогр Мар Ас Сав; Мт 3, 3 Ас Сав* (Ø *Зогр Мар*); оуклонилъ ѥси стьѕꙗ нашꙗ отъ пѫті твоѥго *Пс 43, 19 Син*; пѫті (т)воꙗ г⟨оспод⟩і съкажі мі • и стъѕѣмъ твоімъ наоучі мꙗ *Пс 24, 4 Син; Евх 74б 14.— Зогр Мар Ас Сав Син Евх.— Ср.* пѫть с т ь к л ь н и ц а *Мар* (5) *см.* стьклѣница

СТЬКЛѢНИЦА, СТЬКЛЬНИЦА, -ѧ *ж* (11) [стькльница *Мар* (5)] ποτήριον, ἀλάβαστρον стеклянная чаша, сосуд skleněná nádoba, pohár, číše: дръжите прѣдаанїѣ ч⟨ловѣчь⟩ска • крьштенїѣ кръчагомъ • і стьклѣницамъ • і ина подобьна таковаѣ творите *Мк 7, 8 Зогр*, стькльницамъ *Мар*; жена... принесъши стьклѣницѫ благовоньнъı масти... мазааше мѵромь *Супр 391, 9-10* (алавастръ *Л 7, 37 Зогр Мар Ас*).— *Мт 23, 25 и 26 Мар; Мк 7, 4 Зогр Мар; Л 11, 39 Зогр Мар; Супр 243, 4; 408, 11.— Ср.* алавастръ

СТЬЛАТИ, стелѭ, стелкши *несов.* (2) στρωννύναι, ὑποστρωννύναι стлать, стелить stlát, prostírat: стелѫштѧ ризъı съмоштрѫ *Супр 332, 30*; сърѧштамъ кго стелѫште котъıгъı *Супр 341, 12.— Ср.* постилати

с т ѣ л а *Пс 17, 15 Син см.* стрѣла

СТѢНА, -ъı *ж* (15) **1.** τεῖχος крепостная стена, вал zeď, hradba: съзиждѫтъ сѧ стѣнъı • ї⟨ерусал⟩имъскъı *Пс 50, 20 Син*; погребошѧ ноштиѭ с⟨вѧ⟩ток кго тѣло • вънѣ стѣнъ на западъ града *Супр 538, 4*; оужѧшѧ градънъıѧ стѣнъı *Супр 540, 5* **2.** τοῖχος, τειχίον стена, ограда stěna, přehrada, ohrada: доколѣ належите на чл⟨о⟩в⟨ѣ⟩ка оубьѥте въсі въı • ѣко на стѣнѫ прѣклоненѫ и плотъ въздріновенъ *Пс 61, 4 Син*; подъкопав'ше стѣнѫ ноштьѭ • вьлѣзошѧ въ манастъıрь *Супр 557, 25* ● *перен.*: и бѫдетъ ти стѣна крѣпъка • отъ лица вражиѣ *Евх 92б 14* **3.** κρημνός; (съ стѣнъ сърингти κατακρημνίζειν) скала, круча skalní stěna, sráz: походѧште и ломѧште сѧ бѣахѫ въ горахъ върѫштаѭште сѧ вь стѣнахъ вьсь дьнъ тъ и тѫ ношть *Супр 32, 1*; окоушаахѫ сѧ съ стѣнъ сърингти *Супр 480, 30* ♦ п о с р ѣ д ь н и ꙗ, с р ѣ д ь н а ꙗ с т ѣ н а *см.* посрѣдьнь, срѣдьнь.— *Пс 17, 30; 50, 20; 54, 11 Син; Супр 336, 28; 463, 2; 497, 16; 538, 4.— Ср.* градъ[1], зьдъ

СТѢНЬ, -и *м* (14) σκιά тень stín: сльньцоу въсходѧштоу съкрꙑıктъ сѧ стѣнь *Супр 417, 29*; ѣви сѧ слънъце праведъное • сего ради стѣнь прѣста • слънъцю бо сѫштю • стѣнь таитъ сѧ *Клоц 7, 8 и 9; Супр 417, 27 и 29*; приношаахѫ бо на одрѣхъ недѫживъıѧ • да понѣ стѣнь петровъ наидетъ на кокго нхъ • и абик въстаꙗхѫ *Супр 307, 16* ● *перен.*: истинѣ пришъдъши праздьнъ кстъ стѣнь *Супр 418, 8* ♦ с т ѣ н ь п ь с а т и σκιογραφεῖν намечать, обозначать nastiňovat, naznačovat: аште ли же тъ огнь • стѣнь ѱавъıи • съ небесе пришъствик божиꙗ огни *Супр 250, 24.— Клоц 7а 7 и 15-16; Супр 307, 13 и 17; 322, 30; 417, 26.— Ср.* сѣнь

СТѪПАНИѤ, -ꙗ *с* (1) *греч. нет* шаг, поступь krok, chůze: ѣко м'нож'ство зълъ ч⟨ловѣ⟩къ попираетъ мѧ • іже хотѧтъ посрамити • і прѣдъкнѫти стѫпанїѣ моѣ *Евх 85а 13.— Ср.* шьствик

с т ѫ п а (!) *Супр 508, 14 см.* стѫпати

СТѪПАТИ, -аѭ, -акши *несов.* (2) περιπατεῖν, βῆμα (!) шагать kráčet; *перен.* поступать postupovat: достоино оубо зъваньѭ стѫпаи *Евх 90б 22-23*; законоу оубо црькъвноуоумоу • покарѣѧ сѧ присѧгохъ • ꙗкоже моштьно стѫпати (*вм.* стѫпа *род. ед. м* ?) *Супр 508, 14.— Ср.* ходити

СТѪПИТИ, стѫплѭ, стѫпиши *сов.* (1) πατεῖν ступить, шагнуть udělat krok, šlápnout: стѫпи • и вънидє кмоу нога въ доупинѫ пештеръıѭ *Супр 218, 15-16.— Ср.* настѫпити

с т ѫ п ъ (?) *Супр 508, 14 см.* стѫпати

СТѴХИꙖ, -иѧ *ж и* **СТѴХИѤ**, -иꙗ *с* (3) [стѵхиꙗ *Супр* (1), стѵхик *Хил* (1), стоухиꙗ (?), -ик (?) *Евх* (1)] στοιχεῖον стихия (*как один из основных элементов природы*) živel: тъı отъ четъıръ стоухии тварь съставль *Евх 4а 1*; ни ли стѵхиѧ наоучиша тѧ измѣнєнъı бъıвшѧ *Супр 475, 12*; по стѵ̈хиемъ мирънъıимъ *Хил 2аа 9.— Ср.* вещь, съставъ

с оу г о б і т и *Клоц 1а 1 см.* соугоубити

с оу г о б ъ *Клоц 12б 38 и 40 см.* соугоубъ

с оу г о б ь *Евх 67а 20 см.* соугубь

СОУГОУБИТИ, -блѭ, -биши *сов.* (2) [соугоб- *Клоц* (1)] διπλασιάζειν удвоить zdvojit, zdvojnásobit: благовѣрьнъıимъ желаник соугоубишѧ *Супр 97, 16*; соугобіте благодѣть *Клоц 1а 1* (оусоугоубите *Супр 325, 4*).— *Ср.* оусоугоубити

СОУГОУБОРОДЬСТВО, СОУГОУБОРОЖДЬСТВО, -а *с* (2) [-розь- *Клоц* (1)] διττὸς τόκος двойное рождение dvojí zrození: и слъıша (! *вм.* слъıши) въ рѣчи • соугоубородьствоу вешти... аггелъ марии матери христосовѣ • родьство кго благовѣствова аггелъ • марии магдалъıни • порожденик кго иже отъ гроба благовѣстьствова *Супр 451, 16-17*, соугоуборозьствоу *Клоц 14а 3.— Ср.* родьство[1], рождьство

СОУГОУБЪ, -ъıи *прил., сравн. ст.* соугоубѣи (15) [соугоб- *Клоц* (2)] διττός, διπλοῦς двойной, двоякий, удвоенный dvojnásobný: соугоубѫ пакъı г⟨лаго⟩лѧ жизнь • соугоубо розьство • въ коупѣ і порозьствоу *Клоц 13б 40 и 14а 1; Супр 451, 14 и 15*; соугоубо съмотренье • соугобо чл⟨о⟩в⟨ѣ⟩колюбьствіе соугоубо сънітьее въ коупѣ же і съмѣренье • соугобо • къ ч⟨ловѣ⟩комъ посѣштенье *Клоц 12б 37-38, 38, 39, 40* (соугоубь... соугоубь... соугоубь... соугоубо *Супр 449, 2* (2), *3, 4*); творите и с⟨ъı⟩на ѥеоньнѣ соугоубѣнша васъ *Мт 23, 15 Мар* (∅ *Зогр*).— *Клоц 14б 23; Супр 333, 20;*

449, 4; 453, 13.— *Ср.* соугоубь[1], соугоубьнъ

СОУГОУБЬ[1] *прил. нескл.* (7) διττός, διπλοῦς, τέλειος (!) удвоенный, двойной, двоякий dvojí; dvojnásobný: мьнѣ порѫчи б⟨ог⟩ъ • соугоубь давидовъ пѫть *Супр 361, 3-4*; просиша благодѣти отъ него сь небесе • и соугоубь за кд'но въздаша *Супр 55, 3.— Супр 55, 10; 449, 1, 2* (2) *и 3.— Ср.* соугоубъ, соугоубьнъ

СОУГОУБЬ[2] *нареч.* (2) [соугобь *Евх* (1)] τὰ διπλάσια вдвое dvojnásob: таче дьвѣма принесъшема соугоубь *Супр 369, 20* ● вместе zároveň: і бꙑстъ соугобь б⟨ог⟩ъ въ коупѣ и ч⟨ловѣ⟩къ *Евх 67а 20*

СОУГОУБЬНЪ, -ꙑи *прил.* (1) διττός двойной dvojnásobný: соугоубьнꙑи прѣдътеча *Супр 461, 10.— Ср.* соугоубъ, соугоубь[1]

соударь *см.* сѵдарь

СОУИ *прил.* (1): соуѥ *с в знач. сущ.* ματαιότης суета, тщетность marnost: не прізьрѣ вь соуѣа • і неистовленьѣ ложьнаа *Пс 39, 5 Син.— Ср.* соуѥтьнъ; соуѥта, тъщета, въсоуѥ

соукомаринꙗ *Л 19, 4 Ас см.* сѵкомаринꙗ

СОУКЪНО, -а *с* (4) τὰ τρίχινα, *вар.* τρίχινον ῥάκος, τὸ ὕφασμα τρίχινον толстая шерстяная ткань, сукно sukno: кнѧзъ повелѣ... соукномъ въстирати ранꙑ ѥго *Супр 161, 17-18.— Супр 116, 19; 179, 1-2; 213, 11*

СОУЛѢИ *прил. сравн. ст.* (5) (соулѣи бꙑти διαφέρειν) лучше lepší: мноꙁѣхъ птиць • соулѣиши ѥсте вꙑ *Мт 10, 31 Ас* (лоучьше *Зогр Мар*).— *Л 12, 7 Зогр Мар Ас Боян.— Ср.* добръ (добрѣи), лоучии, оунии

СОУЛѢѤ *нареч. сравн. ст.* (4) κομψότερον лучше lépe: въпрашааше же часа отъ нихъ • въ которꙑ соулѣе ѥмоу бꙑстъ *И 4, 52 Зогр Мар Ас* ◆ соулѣѥ имѣти кого комоу, чесомоу *греч. нет* предпочитать *кого-л. кому-л., чему-л.* dávat přednost *někomu před někým, něčím*: дльжьни сѫтъ ні ѥдиного ч⟨ловѣ⟩ка подь німі сѫштаго соулѣе імѣти б⟨о⟩жию законоу *Клоц 16 40.— Ср.* добрѣ (добрѣѥ), лоуче, оуниѥ

СОУЛИѤ *нареч. сравн. ст.* (1): соулиѥ ѥстъ *в знач. сказ.* συμφέρει удобно je vhodné: ѭже (*т. е.* истинѫ) аште ти покажѫ нꙑнꙗ • не соуле ти ѥстъ *Супр 394, 11.— Ср.* польꙁа (на польꙁѫ)

соумьнѣниѥ *Супр 98, 19 см.* сѫмьнѣниѥ

соумьнѣти сѧ *Супр 41, 1; 239, 27; 410, 25 см.* сѫмьнѣти сѧ

соунагогъ *Л 8, 49 Сав см.* сѵнагогъ

соунагогь *Л 13, 14 Ас см.* сѵнагогъ

соуріискъ *Пс 59, 2 Син см.* сѵрискъ

соуріꙗ *Л 2, 2 Ас; Пс 59, 2 Син; Супр 59, 12 см.* сѵриꙗ

СОУРОВЪ, -ꙑи *прил.* (3) *греч. нет* дикий, жестокий surový, krutý: се слꙑшавъша лютаꙗ та • и соуроваꙗ и нечловѣка *Супр 211, 1* ◆ жила соурова βούνευρον сыромятная плеть (*из воловьих жил*) býkovec: съвлъкъше и соуровами жилами биꙗте и по чрѣвоу *Супр 156, 16-17; Супр 100, 30.— Ср.* лютъ

СОУРОВѢ *нареч.* (3) ὠμῶς жестоко surově, krutě: ч'то зъло сътворьша мѧ соуровѣ и непрѣподобьнѣ мѫчиши *Супр 4, 9-10.— Супр 233, 10 и 26.— Ср.* лютѣ

соурьскъ *Л 4, 27 Мар см.* сѵрьскъ

СОУСАНА, -ꙑ *ж имя* (3) Σουσάννα, Σωσάννα Сусанна Zuzana: и соусана и инꙑ мъногꙑ • ꙗже слоужааахѫ ѥмоу *Л 8, 3 Мар* (∅ *Зогр*); нꙑнꙗ соусана оудѣвена бꙑстъ • отъ беꙁаконьноу старцоу *Супр 135, 2.— Супр 191, 26*

СОУСИИНЪ *прил. к мужскому имени Хусий* τοῦ Χουσί Хусиев Kúšův: о словесехъ соусиінѣхъ *Пс 7, 1 Син*

соухарь *И 4, 5 Зогр Ас см.* сѵхарь

СОУХО, -а *с* (6) γῆ, αἰγιαλός, ἔδαφος суша souš, suchá země, sucho: іꙁвеꙁъше корабь на соухо *Л 5, 11 Зогр Мар* (на землѭ *Ас*); иꙁвлъкъше и на соухо *Мт 13, 48 Ас* (на краи *Зогр Мар Сав*); ходи по мороу акꙑ по соухоу *Супр 77, 8.— Супр 154, 24; 473, 18.— Ср.* землꙗ, соуша

СОУХОНОГЪ, -ꙑи *прил.* (1) *греч. нет* не владеющий ногой, сухоногий, хромой mající suchou (ochrnutou) nohu, chromý: мол⟨итва⟩ надъ соухорѫкомь (!) (*вм.* соухоногомь) *Евх 43б 17*

СОУХОРѪКЪ, -ꙑи *прил.* (3) [сѫхо- *Мар* (1)] ξηρὰν ἔχων τὴν χεῖρα сухорукий, не владеющий рукой mající suchou (ochrnutou) ruku: ж҃ о сѫхорѫцѣмъ *Мар 43а 32*; повелѣвꙑи соухорѫкоумоу • въстати по срѣдѣ събора *Евх 40б 3*; мол⟨итва⟩ над⟨ъ⟩ соухорѫком⟨ь⟩ члов⟨ѣ⟩комь *Евх 40б 1.— Ср.* соухъ (соухѫ рѫкѫ имꙑ); *ср.* соухоногъ

СОУХОТА, -ꙑ *ж* (2) [хоухот- *Супр* (1)] ξηρότης сухость suchost, vyprahlost: въ градѣ ни смокꙑ бѫдетъ • ни дѫбъ никакъже многꙑꙗ ради топлотꙑ и соухотꙑ • въꙁдоуха лаврьскааго *Супр 301, 13.— Супр 301, 23-24*

СОУХОѢДЬЦЬ, -а *м* (1) *греч. нет* тот, кто, соблюдая строгий пост, питается всухомятку postník, který se živí pouze suchou stravou: бѫди въ добро брашьно ѣдениѣ мѣсто • соухоѣдець *Евх 70а 25.— Ср.* постьникъ

СОУХЪ, -ꙑи *прил.* (29) [сѫх- *Мар* (1)] ξηρός **1.** сухой, лишенный влаги suchý: брѣжьнꙑи же камꙑ • толма соухъ ꙁѣло ѥстъ и беꙁъ влагꙑ *Супр 300, 4* **2.** κατάξηρος сухой, засохший (*о растениях*) uschlý, zvadlý, odumřelý: привѧзаша с⟨вѧ⟩тааго д҄жбѣ соусѣ аворовѣ *Супр 18, 10*; вьси дивл҄ѣхѫ сѧ видѧште д҄жба облистввьнѣвъша • ти бо вѣдѣѣхѫ и • издавъна соухъ *Супр 18, 18* ● ἐξηραμμένος высохший, омертвевший (*о частях тела*) uschlý, odumřelý (*o částech těla*): вь тѣхъ же лежааше мъножьство болѧштіхъ • слѣпъ • хромъ • соухъ • чаѭштеіхъ движеньѣ водѣ *И 5, 3 Зогр Мар Ас*; і бѣ тоу ч⟨ловѣ⟩къ соухѫ рѫкѫ імы *Мк 3, 1 Зогр Мар Ас Сав.— Зогр Мар Ас Сав Супр.— Ср.* безводьнъ

СОУША, -ѧ *ж* (3) ξηρά суша souše: прѣходите море и соушѫ *Мт 23, 15 Мар* (∅ *Зогр*); обраштаѩи море вь соушѫ *Пс 65, 6 Син.— Пс 94, 5 Син.— Ср.* соухо, землѩ

СОУШИЛО, -а *с* (1) φρύγιον хворост roští, chrastí: кості моѩ ѣко соушило сосъхѫ сѩ *Пс 101, 4 Син*

СОУШИТИ, соушѫ, соушиши *несов.* (3) *греч. нет* **1.** сушить sušit, vysoušet: иждени із него в'сь д⟨оу⟩хъ творѧщиеи жѧждѭ • і в'сѭ ѩзѭ... соушѧщѭ оустъны его *Евх 29б 22* **2.** *перен.* affligere (!) иссушать, изнурять, мучить stravovat, trápit: вънѫтрьнѣѣ нашѣ очісті • ѣже нъи соушьѧтъ грѣхъи нашімі • да мілостиѭ твоеѭ ізбаві нъи *Киев 3а 21;* алчьбоѭ многоѭ себе соушаста *Супр 547, 23*

соуѣа *Пс 39, 5 Син см.* соуи

СОУѤ *нареч.* (2) μάτην тщетно, напрасно, бесполезно marně, zbytečně: соуѥ же чьтѫтъ мѧ • оучѧште оученилѣ • заповѣди ч⟨ловѣ⟩ч⟨ь⟩скы *Мт 15, 9 Зогр* (въ соуѥ *Мар*); соуѥ г⟨лаго⟩лаше *Пс 40, 7 Син.— Ср.* ашоуть, въсоуѥ, тъщь (въ тъще), насоуѥ, спыти, тоунѥ

СОУѤТА, -ы *ж* (6) ματαιότης тщета, суетность, суета marnost, nicota: скончашѧ сѩ въ соуетѣ дьни ихъ *Пс 77, 33 Син; Евх 62а 22-23*; штъврати очи мої да не видите соуетъı *Пс 118, 37 Син.— Пс 38, 6 Син; 51, 9 Син; 61, 10 Син.— Ср.* соуѥтьнъ (соуѥтьно), тъщета

СОУѤТЬНЪ, -ьн *прил.* (32) μάταιος, κενός, ἀναίδειος καὶ ἄκαιρος, τῆς ματαιότητος мелкий, ничтожный, суетный prázdný, marný, pošetilý: ср⟨ъ⟩д⟨ь⟩це іхъ соуетъно естъ *Пс 5, 10 Син*; обаче соуетъні с⟨ы⟩н⟨о⟩ве чл⟨о⟩в⟨ѣ⟩чи *Пс 61, 10 Син*; в'сѣхъ печалеи миръскыхъ • імѣниѣ • тьщѩѩ соуетънъıѩ сласти же и славъı *Евх 90а 3-4*; ѩко моштенъ ѥстъ отъ мѫкъ твоихъ соуѥтъныихъ избавити мене *Супр 153, 14* ● мелкий, незначительный, несущественный nezávažný, bezvýznamný: слоухъ бо соуетьнъ сѫтъ • не прімеші *Клоц 1б 30-31*; жьрѫ богомъ твоимъ • соуѥтномъ глоухомъ слѣпомъ *Супр 163, 14-15* □ соуѥтьно, соуѥтьноѥ *с*; соуѥтьнаѩ *с мн. в знач. сущ.* ματαιότης, τὰ μάταια суета, тщета, суетность marnost, pošetilost: вьскѫѭ любите соуетьнаа ї іщете лъжьѩ *Пс 4, 3 Син; Евх 73а 9*; въ істинѫ людье поучишѧ сѧ тъштетънымъ • і соуетънымъ *Клоц 12б 19-20* (безоумънымъ *Супр 448, 16*).— *Син Евх Клоц Супр.— Ср.* тъщь

СХОЛАСТИКЪ, -а *м* (1) σχολαστκός Схоластик (*именование святого*) Scholastik (*přídomek světce*): житиѥ прѣпрость • отьца їwана... ѥмоуже прирокъ схоластик' *Супр 272, 6*

схотѣ *И 1, 44 Ас см.* въсхотѣти

СЪ *предлог* (>1000) **А.** *с род.* ἀπό, ἐκ, διά (!), κατά (!) **1.** *при указании направления движения, действия* с, из, от z, s, od: съшедъшемъ імъ съ горы • сърѣте і народъ многъ *Л 9, 37 Зогр Мар Ас Сав*; пси ѣдѧтъ отъ кроупицъ падаѭштихъ съ трапезъı господеи своихъ *Мт 15, 27 Мар Сав* (отъ *Зогр*); і се катапетазма црковънаѣ • раздъра сѧ • съ въıшьн҄его краѣ • до нижьн҄ѣаго • на двоѥ *Мт 27, 51 Зогр Мар Ас Сав*; съ н⟨е⟩б⟨е⟩се посълавъ с⟨вѧ⟩таго твоего д⟨оу⟩ха *Евх 4б 17*; дроугонци же окоушаахѫ сѧ съ стѣнъ съринѫти *Супр 480, 30*; съпадъшоу сѧ ѥмоу съ конѩ *Супр 221, 28*; съ оного полоу іордан.. *Мт 4, 25 Зогр Ас Сав* (∅ *Мар*); съ странъı ходѧштимъ покажѫ силѫ *Супр 311, 9* □ съ горъı ἄνωθεν заранее předem: съ горъı прѣжде прат⟨а⟩ѭ тебѣ • сърееролюбьствиѩ съказаниѥ *Супр 411, 6* **2.** *при указании временно́го начала действия* с od: съ вечера иджште вь съборънѫѭ ѥмоу црькъве *Супр 35, 8* □ съ прьва *см.* съпрьва **3.** *при указании происхождения или пребывания кого-л., чего-л.* с, из z, s: крьштенье іоан'ново • съ н⟨ебе⟩се ли бѣ • іли отъ ч⟨ловѣ⟩къ *Л 20, 4 Зогр Мар*; о⟨ть⟩ць вашь • съ неб⟨е⟩се дастъ д⟨оу⟩хъ благъ *Л 11, 13 Зогр Мар* □ съ лѣпотъı *см.* лѣпота; съ проста *см.* съпроста **Б.** *с твор.* μετά, σύν, πρός, περί, παρά, ἐν, κατά, ἅμα, εἰς, ὑπέρ, πρό (!), καί (!) **1.** *при указании совместного участия в действии или совместного состояния* с s: ты бѣ съ і⟨соу⟩сомь галилѣискъıмь *Мт 26, 69 Зогр Мар Ас Сав*; ѣдѫшть съ мытари і грѣшьникы *Мк 2, 16 Зогр Мар Ас Сав*; сѣдѣхъ съ вами *Мт 26, 55 Зогр* (при васъ *Мар Ас Сав*); съвѣщавъ же съ дѣлателы • по пѣнязоу на день • посъла ѩ въ виногр⟨а⟩дъ свои *Мт 20, 2 Мар Ас* (съвѣщавъ же цѣнѫ по сребрьникоу *Сав,* ∅ *Зогр*); не погоуби съ нечъстівъними д⟨оу⟩шѩ моеѩ • и съ мѫжі кръвъı живота моего *Пс 25, 9 Син*; съ прѣ⟨по⟩добънъмь прѣподобенъ бѫдеши • и съ можемъ (!) неповиньномь неповинъ бѫдеши *Пс 17, 26 Син*; идѫштоу же комисоу и съ народомъ многомъ *Супр 228, 5* ● *о предметах*: ꙗко на разбоиника ли ізидосте • съ орѫжиемь і дрьколʼми *Мт 26, 55 Зогр Мар Ас Сав*; въстръгнете коупьно съ нимь і пьшеницѫ *Мт 13, 29 Зогр Мар Ас Унд*; вьнидѫ въ домъ твоі • съ вьсесъжагаемъıми *Пс 65, 13 Син*; изведе ѩ съ съребромъ • и златомъ *Пс 104, 37 Син*; придоша на нь • съ дрѣвесы и съ свѣштами *Супр 412, 12* ● *при выражении объединения, соединения*: повелѣ соль съ оцьтомь съмѣсивъше поливати ранъı кго *Супр 116, 18* **2.** *при обозначении противопоставления, противоборства* с, против s, proti: хотѧштюмоу сѫдъ приѩти съ тобоѭ *Мт 5, 40 Зогр Мар*; аште тако естъ вина чл⟨овѣ⟩коу съ женоѭ *Мт 19, 10 Мар Ас Сав* (*Ø Зогр*); брашѩ сѩ со мноѭ спыті *Пс 108, 3 Син* **3.** *при обозначении сопутствующих обстоятельств* с s: і ошьдъши скоро отъ гроба • съ страхомь і радостиѭ велиѥѭ • тѣсте възвѣститъ оученикомъ *Мт 28, 8 Зогр Мар Ас Сав*; іди съ миромь *Мк 5, 34 Зогр Мар Сав* (в мир⟨ъ⟩ *Ас*); възърѣвъ на нѧ съ гнѣвомь... г⟨лаго⟩ла *Мк 3, 5 Зогр Мар Сав* (възьрѣвъ на нѧ гнѣвомъ *Ас*); і подаждь намъ... съвръшити законъ х⟨ристос⟩а твоего • съ вʼсѣмь дрьзновениемь *Евх 11а 19*; и съ слъзами и въздъıханиі бигаше вь прьси своѩ глаголѧ *Супр 524, 25*; они же съ спѣхомъ шьдъше сташа близъ града *Супр 223, 29* **4.** *при выражении действия, отношения в чью-л. пользу; переводится на русск. и чешск. дат. без предлога*: сътворити милость съ о⟨ть⟩ци нашими *Л 1, 72 Зогр Мар*; благо сътворилъ еси съ рабомь твоімъ г⟨оспод⟩і *Пс 118, 65 Син*; ꙗкоже ти любо • сътвори съ мноѭ рабомь твоимь *Евх 72б 14* **5.** *при указании на предмет, при посредстве которого совершается действие; переводится на русск. и чешск. твор. без предлога*: въсхвалѭ імѧ б⟨ог⟩а моего съ пѣсниѭ *Пс 68, 31 Син*; съ оустънама своіма • ісповѣдаѩ себе вѣрна *Клоц 2б 27*; съ прилежʼноѭ молитвоѭ моли сѧ кмоу *Супр 531, 28* **6.** *при выражении одновременного действия* (коупьно съ σύνδρομος, σύγχρονος) с s: ниже сънидетъ съ німъ слава домоу его *Пс 48, 18 Син*; коупно съ словесы дѣло пришъло *Супр 337, 11* **7.** *в сравнении* как, сравнительно jako: ръвьнивъ • неоустроенъ • съ лоуноѭ прѣмѣнѣѩ сѧ • и съ врѣменемь етеромь • прѣвращаѩ сѧ *Евх 54а 22*; тъчьнъ бъıстъ (*т. е.* лазаръ) съ не оумьръшими *Супр 317, 21*; нозѣ кмоу съ инѣми оумъı *Супр 414, 15.— Зогр Мар Ас Сав Унд Боян Ен Син Киев Евх Клоц Супр Рыл Зогр-лл*

с ъ *Супр 452, 10 см.* нъ

СЪБЕЗНАЧѦЛЬНЪ, -ъıи *прил.* (1) συνάναρχος столь же имеющий начала, вечный stejně existující bez počátku: самъ сы начѧло вʼсемоу • имѣѩ вʼ себѣ слово събезначѧльно *Евх 67а 7-8*

с ъ б е р - *см.* събьрати

СЪБИРАНИѤ, -ꙗ *с* (2) **1.** συλλογή сбор, собирание sbírání: объхождааше поустъıнѭ • събираниꙗ ради самораслѫштиихъ мелагрии *Супр 289, 10* **2.** τὰ δράματα (!) сочинение (*драматическое*) divadelní kus (?): оуне бъı сице гнѣвати сѧ на тѣхъ • иже плѧсцемъ събиранию пишѫтъ *Супр 403, 19*

СЪБИРАТИ, -аѭ, -аѥши *несов.* (68) **1.** συνάγειν, ἐπισυνάγειν, συλλέγειν, θησαυρίζειν, χρηματίζεσθαι, ῥογολογεῖν, δεσμεύειν (!), ἐρεύγεσθαι (!) собирать, сосредоточивать, скапливать sbírat, shromažďovat: і иже не събираетъ съ мъноѭ растачаѥтъ *Л 11, 23 Зогр Мар*; събираѭтъ же брѣмена тѧжъка... і възлагаѭтъ на плешта чл⟨о⟩в⟨ѣчь⟩ска *Мт 23, 4 Мар Ас*; събіраѩ ꙗко вь мѣхъ водъı морьск..ъıѩ *Пс 32, 7 Син*; сьбирааше братиѭ и страньнъıѩ *Супр 569, 17* ● собирать, убирать (*урожай*) sklízet (*úrodu*): възьрите на птицѧ н⟨е⟩б⟨е⟩с⟨ь⟩скъıѩ • како не сѣѭтъ ни жьнѭтъ • ни събираѭтъ въ житьницѧ *Мт 6, 26 Зогр Мар Ас Сав* ● *перен.*: оубоиство вь срьдʼцихъ сьбирааху *Супр 398, 18*; отрочникъı закона събираѥши *Супр 335, 1* **2.** с ъ б и р а т и с ѧ συνάγεσθαι, συνέρχεσθαι, ἐπαθροίζεσθαι, συντρέχειν собираться (вместе), скапливаться, сосредоточиваться scházet se, shromažďovat se: азъ вьсегда оучахъ на сънѣмищихъ • и вь цр⟨ь⟩к⟨ъ⟩ви идеже вьси июдеі събирахѫ сѧ *И 18, 20 Сав* (сънемлѭтъ сѧ *Зогр Ас, Ø Мар*); народомъ же събираѭштемъ сѧ • начѧтъ г⟨лаго⟩лати *Л 11, 29 Зогр Мар*; отъ дьнешьнꙗаго дьне повелѣно нъı естъ вьнѣ града сьбирати сѧ *Супр 200, 21-22*; отъвсѭдоу събираахѫ сѧ к немоу *Супр 556, 4* ● на кого, чьто ἐπισυνάγεσθαι готовиться к нападению *на кого-л., что-л.*, собираться воевать *с кем-л., чем-л.* chystat se *proti někomu*: ꙗко слъıшахъ рѫженъе много живѫштиихъ окрьстъ его ⟨да⟩ събіраахѫ сѩ коупьно на мѩ *Пс 30, 14 Син.— Зогр Мар Ас Сав Унд Син Супр Рыл.— Ср.* сънимати, бьрати

СЪБИТИ, събиѭ, събиѥши *сов.* (1) συγκόπτειν избить zbít: рабъ же б⟨о⟩жии видѣвъ человѣка съдръжима и събиена • отъ сълоучивъшиіхъ кмꙋ зълъ помилова кго *Супр 42, 6*

СЪБЛАЖНꙖТИ, -ꙗѭ, -ꙗѥши *несов.* (23) σκανδαλίζειν соблазнять, вводить в грех, в соблазн pohoršovat, uvádět do pokušení, svádět ke hříchu: аште око твое съблажнаатъ тѧ • ізьми е и връзи отъ себе *Мт 18, 9 Мар Зогр-пал* (*Ø Зогр*); добрѣ-е-моу би было • аште би камень жрьновьны • възложенъ на выѭ его • і вражєнъ въ море • неже да съблажнѣетъ • малъіхъ сихъ единого *Л 17, 2 Зогр* (да скандалисаатъ *Мар*); аще брашно съблажнѣетъ брата моего • не имамъ мѧсъ ѣсти въ вѣкы • да не съблажнаѫ брата моего *1 Кор 8, 13 Ен* ▭ съблажнꙗти сѧ подвергаться искушению, соблазну pohoršovat se, podléhat pokušení: бывъши же печали і. гоненню • словесе ради • абье съблажнѣетъ сѧ *Мт 13, 21 Зогр Мар.— Зогр Мар Ас Зогр-пал Ен.— Ср.* блазнити, скандалисати

СЪБЛАЗНИТИ, -блажнѭ, -блазнишн *сов.* (47) **1.** πλανᾶν, συνδεῖν, περικλήειν сбить с пути, запутать, одурманить, заманить omámit, svést s cesty: соблазні ѩ по непрѣходънѣ а не по пѫті *Пс 106, 40 Син*; оукрѣпи мѧ • и съблазні вьсе множьство се… и абиѥ приде с⟨вѧ⟩тыи михаилъ… доведе бес троуда на мѣсто • а сиѧ съблазні невидимѣ… бѣахѫ въ горахъ вържштаѭште сѧ вь стѣнахъ вьсь дьнъ тъ и тѫ ношть *Супр 31, 17 и 27* ▭ съблазнити сѧ πλανᾶσθαι, πίπτειν сбиться с дороги, заблудиться zabloudit; *перен.* запутаться, ошибиться zmýlit se: мы бо ѥсмъ повиньни съблазнивъше сѧ на пѫти *Супр 32, 29-33, 1* **2.** σκανδαλίζειν соблазнить, ввести в заблуждение, в искушение, совратить (с пути истинного) pohoršit, uvést do pohoršení, do hříchu: і иже аште съблазнитъ единого отъ малыхъ сихъ • вѣроуѭштихъ въ мѧ *Мк 9, 42 Зогр Мар* ▭ съблазнити сѧ о комь, чемь σκανδαλίζεσθαι впасть в заблуждение относительно *кого-л., чего-л.* pohoršit se *nad někým, něčím*: вси вы съблазните сѧ о мнѣ въ сиѭ ношть… штъвѣштавъ же петръ рече емоу • аште і вси съблазнатъ сѧ о тебѣ • азъ николиже не съблажнѫ сѧ о тебѣ *Мт 26, 31 и 33 Зогр Мар Ас Сав* ● съблазнити сѧ въ чемь σκανδαλίζεσθαι впасть в грех, в соблазн prohřešit se: мол⟨итва⟩ над⟨ъ⟩ съблажньшимь сѧ въ брашьнѣ *Евх 22б 4.— Зогр Мар Ас Сав Зогр-пал Син Евх Супр Рыл.— Ср.* заблѫдити, облазнити сѧ, скандалисати

СЪБЛАЗНЪ, -а *м* (18) **1.** σφάλμα; (бе-съблазна ἀνεμποδίστως) недостаток, ущерб; препятствие nedostatek, škoda; překážka: иже исцѣлити ѥстьствьныѩ съблазны… дѣло твоѥѩ силы ѥсть *Супр 249, 21*; прѣити… бесъблазна море житиское *Евх 84б 1*; інѣмъ прѣжде жьдѫштиїмъ • проповѣдати слово бе съблазна *Супр 24, 18-19* **2.** σκάνδαλον; (бе-съблазна ἀσκανδάλιστος, ἀκατακρίτως, ἀπλανῶς) соблазн, искушение pohoršení: ɩди за мъноѭ сотоно съблазнъ ми еси *Мт 16, 23 Мар* (*Ø Зогр*); невъзможьно естъ да не придѫтъ съблазни *Л 17, 1 Зогр* (скандали *Мар*); ї быстъ імъ во съблазнъ *Пс 105, 36 Син* ● заблуждение omyl: ѡ съконьчати емоу • съмыслъ единачьнааго образа • бес порока и бесъблазна *Евх 98а 23*; бе съблазна хоштетъ да сѧ познаѥтъ отъ приходѧштиїхъ к нѥмоу *Супр 28, 14-15.— Зогр Мар Ас Сав Унд Син Евх Супр Рыл.— Ср.* блазна, блазнъ, заблѫждениѥ, скандалъ

СЪБЛЮДАТИ, -аѭ, -аѥши *несов.* (25) τηρεῖν, διατηρεῖν, συντηρεῖν сохранять, сберегать *что-л.* chránit, uchovávat: м⟨а⟩ти его съблюдааше вьсѧ глаголы сьѩ • въ срьдьци своемь *Л 2, 51 Зогр Мар Ас Сав* ● оберегать, охранять *кого-л., что-л. от кого-л., чего-л.* chránit, ochraňovat *někoho, něco před někým, něčím*: егда бѣхъ съ ними въ мирѣ • азъ съблюдахъ ѩ въ імѧ твое *И 17, 12 Мар Ас* (съблюдохъ *Сав, Ø Зогр*); христосовомъ знаменіѥмь съблюдаѥмъ *Супр 166, 17* ● соблюдать *что-л.*, исполнять zachovávat, dodržovat: імѣѩі заповѣди моѩ • і съблюдаѩи ѩ • тъ естъ любѧі мѧ *И 14, 21 Зогр Мар Ас* (2) *Сав 101а 16-17* (хранѧ *Сав 25б 10*); вьсѣ оубо елико аште рекѫтъ вамъ блюсти • съблюдаите и творите *Мт 23, 3 Мар* (*Ø Зогр*).— *Зогр Мар Ас Сав Боян Супр.— Ср.* блюсти, хранити

СЪБЛЮДЕНИѤ, -ꙗ *с* (1) *греч. нет* охрана, охранение střežení, ochraňování: влъкъ ноштиѭ присѣдѣаше оу тѣла на съблюдениѥ ѥмꙋ *Супр 537, 28*

СЪБЛЮСТИ, съблюдѫ, съблюдеши *сов.* (66) τηρεῖν, διατηρεῖν, συντηρεῖν, τήρησις (!) сохранить, сберечь uchránit, uchovat: ты же съблюде доброе вино до селѣ *И 2, 10 Зогр Мар Ас*; съблюсти братръство независтьно *Евх 9б 13*; не опалимъ ѧ съблюде • въ пламени огньнѣмь *Супр 565, 28* ● отъ кого, чесо *или без доп.* φρουρεῖν оберечь, уберечь *от кого-л., чего-л.* ochránit *před někým, něčím*: от⟨ь⟩че с⟨вѧ⟩ты съблюди ѩ въ імѧ твое *И 17, 11 Мар Ас Сав* (2) (*Ø Зогр*); нъ да съблюдеши ѩ отъ непріѣзни *И 17, 15 Мар Ас Сав* (*Ø Зогр*); съблюдеши ны отъ рода сего въ вѣкъ *Пс 11, 8 Син;* доколѣ… ицѣлѣвъ сѧ самъ отъ вьсѣкоѩ раны съблюдеши *Супр 163, 18* ● соблюсти, исполнить zachovat, dodržet: азъ • заповѣди о⟨тъ⟩ца моего съблюдохъ • і прѣбываѭ вь нѥго любъве *И 15, 10 Зогр Сав*, съблюсъ *Мар Ас*; аште ли хоштеши въ животъ вьнити • съблюди заповѣди *Мт 19, 17 Мар Ас* (съхрани *Сав, Ø Зогр*) ▭ съблюс-

ти сѧ συντηρεῖσθαι сохранить uchovat se, vydržet: вино ново въ мѣхꙑ новꙑ въливаѭтъ • ι обое съблюдетъ сѧ *Мт 9, 17 Мар* (*∅ Зогр*); *Л 5, 38 Зогр Мар.— Зогр Мар Ас Сав Ен Син Евх Супр.— Ср.* съхранити

СЪБЛѦДИТИ, съблѫждѫ, съблѧдиши *сов.* (1) πορνεύειν предаться разврату sesmilnit: аште не бꙑ покаанья бꙑло • како съблѧдив'шаего въ коринѳѣнехъ приѩти павьлъ повелѣ *Супр 527, 3-4.— Ср.* блѧдъ (блѧдъ сътворити)

СЪБЛѦЖДЕНИѤ, -ниѩ *с* (2) μοιχεία, φθορά разврат, прелюбодеяние sesmilnění, zcizoložení: и по съблѧждении ми оубивъ ѩ въвръгохъ вь рѣкѫ *Супр 526, 4.— Супр 523, 3.— Ср.* блѧдъ, блѧждениѥ, любодѣиство, любодѣꙗниѥ, прѣлюбодѣиство, прѣлюбодѣꙗниѥ

СЪБОРЪ, -а *м* (53) [събравъшъ (!) *Супр* (1)] **1.** συνέδριον, συναγωγή, σύλλογος, σύστημα, σύνοδος, πανήγυρις, ὁμήγυρις, διαγωγή, ἐκκλησία, ἀγορά, χορός, δῆμος; (отъ събора ἀγοραῖος; съборѹ бꙑти συγκροτεῖσθαι) собрание shromáždění: да поидемъ оубо вьси на мѣсто вашемоу съборѹ *Супр 30, 27*; изиде вънъ града съ людьми своими • и тоу съборꙑ твораaше *Супр 200, 23*; по истинѣ събравъшъ (! *вм.* съборъ вашъ) без мѫжьства *Супр 335, 21* ● общество, компания společnost, společenství: чьстьнꙑи ѡанъ бѣжа бесчинънааго събора отиде въ поустꙑнѭ *Супр 288, 27*; азъ же вашего събора молѭ ѡ мѫченици *Супр 67, 11*; приставиша имъ кꙑѩ отъ събора *Супр 129, 24* □ **съборъ братиѩ** ἀδελφότης братство bratrstvo: аште лѣп(о) естъ въ тоижде вьси или въ градѣ многоу бꙑти съборѹ братиѩ *Зогр-лл 1б 4* **2.** σύνοδος синод (*епископов*); вселенский собор (*biskupský*) synod; ekumenický koncil: повелѣ же цѣсарь ѳеѡдосии • прити на съборъ и старѣишинамъ еретичьскамъ *Супр 201, 8*; вѣроуи вь никеискаааго събора заповѣди *Супр 200, 5*; съборъ епискоупъскꙑи *Супр 202, 29*; па⟨мѧ⟩ть с⟨вѧ⟩т⟨ꙑ⟩мъ о⟨ть⟩ц⟨е⟩мъ • събравъшимъ сѧ въ с⟨вѧ⟩тѣмъ и вьселенстѣмъ съборѣ *Ас 118б 23* **3.** συνέδριον синедрион (*иудейское верховное судилище*) (židovská) velerada: архиереи же и старьци съборъ вьсь • искахѫ лъжа съвѣдѣтелѣ *Мт 26, 59 Сав 97а 18* (сънъмъ *Зогр Мар Ас Сав 111б 8*); събрашѧ же архиереи • ι фарисѣи съборъ *И 11, 47 Зогр* (сънемъ *Мар*) **4.** συναγωγή синагога synagoga: повелѣвъи соухорѫкоумоу • въстати по срѣдѣ събора *Евх 40б 4*; сеи смокви мнози съказателе рѣша о жидовьстѣ съборѣ приложенѣ бꙑти *Супр 346, 14.— Зогр Ас Сав Ен Евх Супр Рыл Зогр-лл.— Ср.* вѣще, сънымъ, съвѣтъ

СЪБОРЬНИКЪ, -а *м* (3) Ἐκκλησιαστής Проповедник, Экклезиаст (*книга Ветхого завета*) Kazatel (*kniha Starého zákona*): добрѣ оубо глагола съборьникъ • врѣмѧ плакати сѧ и врѣмѧ кланꙗти сѧ *Супр 364, 11.— Супр 356, 13 и 30*

СЪБОРЬНЪ, -ꙑи *прил.* (9) ἐκκλησία (!) совместный, всеобщий hromadný, obecný: народоу же хотѧштоу • позоръ съборънꙑи творити *Супр 130, 29* ♦ **съборьнаꙗ цръкꙑ а)** ἐκκλησία καθολική вселенская (католическая) церковь všeobecná (katolická) církev: полемѡнъ рече коѩ цръкъве • отъвѣшта съборьнѣи не бо ѥстъ ина отъ хръста *Супр 132, 8* **б)** ὁ εὐκτήριος οἶκος собор hlavní chrám: съ вечера идѫште въ съборънѫѭ ѥмоу цръкъве *Супр 35, 9.— Супр 124, 27; 132, 22 и 29; 133, 25; 136, 19; 139, 23.— Ср.* католикии, обьщь

СЪБОСТИ, съводѫ, съводеши *сов.* (1) *греч. нет* заколоть, забодать (*рогами*) probodnout: ꙗкоже приноуждѣномъ имъ бꙑти богазнꙑѫ юньца... ї҆зволити паче въ огни съгорѣти • нежели отъ того съводеномъ бꙑти *Супр 565, 26.— Ср.* пробости, пронисти

събравъшъ *Супр 335, 21 см.* съборъ

СЪБРЪСАТИ, -аѭ, -аѥши *сов.* (1) ἀποξεῖν соскоблить, счистить sedřít, očistit: пѣготивꙑмъ пѣготꙑ акꙑ лопатоѭ словесемь събръса *Супр 387, 22-23.— Ср.* отрѣбити, стръгати, сътрѣбити

събꙑвати *Зогр-лл 2б 13-14 см.* бꙑвати

СЪБꙐВАТИ СѦ, -аѭ сѧ, -аѥши сѧ *несов.* (6) **1.** συμβαίνειν случаться, происходить stávat se, vznikat, nastávat: видѣв же... рабъ б⟨о⟩жии... събꙑваѭштеѥ сѧ многꙑимъ падениѥ • отиде отъ мѣста того *Супр 518, 28-29*; събꙑваѥтъ сѧ имъ пакости [съ]бꙑвати *Зогр-лл 2б 13* **2.** ἀναπληροῦσθαι сбываться, исполняться uskutečňovat se, naplňovat se: ι събꙑваѥтъ сѧ имъ • пророчьство ιса[ιса]иино *Мт 13, 14 Зогр Мар.— Зогр-лл 2а 16; 2б 1-2.— Ср.* лоучати сѧ, сълоучати сѧ

събꙑвъшаꙗ *Супр 540, 6 см.* бꙑти

събꙑстъ *Л 20, 17 Зогр см.* бꙑти, съ

СЪБꙐТИ СѦ, сбѫдѫ сѧ, събѫдеши сѧ *сов.* (95) [сѫбѫд- *Сав* (1)] **1.** συμβαίνειν, ἐκβαίνειν, ἀποβαίνειν, παρακολουθεῖν случиться, произойти stát se, vzniknout, nastat: и отътѧдѣ събꙑвъшеѥ сѧ ѥмоу великоѥ падениѥ съповѣдати *Супр 520, 26*; събѫдѫштеѥ сѧ видѣ видѣниѥ дивьно *Супр 93, 2*; аште ли сѧ и събѫде (!) когда до двою или трии тацѣхъ полоучити *Зогр-лл 1б 20-21* ▭ **събꙑвъшеѥ сѧ** *в знач. сущ.* τὰ τοῦ πράγματος событие, случай událost: исповѣда имъ вьсе събꙑвъшеѥ сѧ *Супр 524, 1-2* **2.** πληροῦσθαι, τελειοῦσθαι, ἡ ἔκβασις (!) сбыться, исполниться uskutečnit se, splnit se: ι събыстъ сѧ п'саное еже г⟨лаго⟩летъ *Мк 15, 28 Зогр Мар Ас Сав*; да съб҄ѫдетъ сѧ реченое пророкомь *Мт 8, 17 Зогр Мар Ас* (сѫконьчаетъ сѧ *Сав*); иміже събыша сѧ ѥмоу вьса прорицаниꙗ *Супр 199, 8.— Зогр Мар Ас Сав Боян Ен Клоц Супр Зогр-лл.— Ср.* испльнити, ключити сѧ, съконьчати, сълоучити сѧ

СЪБЬРАНИѤ, -ниꙗ *с* (2) συλλογή, συνάγειν собирание, сбор shromáždění: слово въ великъıи въторникъ • и о събрании съборъ на г⟨оспод⟩а *Супр 384, 11.— Супр 373, 28*

СЪБЬРАТИ, съберѫ, сѣберешн *сов.* (>100) **1.** συλλέγειν, ἀναλέγεσθαι, συνάγειν, ἐπισυνάγειν, θησαυρίζειν, συναθροίζειν, συναγείρειν, σωρεύειν (!); (събьранокъ ὁ ἔρανος) собрать (*в одном месте*) sebrat, shromáždit: ι съберетъ пьшеницѫ • вь житьницѫ своѭ *Л 3, 17 Зогр Мар Ас Сав*; съберѣте прьвѣе • плѣвелъ *Мт 13, 30 Зогр Мар* (изберѣте *Ас Унд*); и отъ странъ събьра ꙗ • отъ въстокъ ї западъ ї сѣвера и морѣ *Пс 106, 3 Син*; пакы подобьно естъ ц⟨ѣса⟩р⟨ь⟩ствие б⟨о⟩жие неводоу въвръженоу въ море • ι отъ всѣкого рода събъравъшю *Мт 13, 47 Зогр* (избъравъшю *Мар*) *Ас Сав*; да съберетъ класы на пиштѫ себѣ *Супр 43, 15*; събравъ кости положи вь ѥд'номь ѫгьлѣ *Супр 527, 27*; разно стоѩштаꙗ оудъı • въ ѥдино събъравъши *Супр 317, 11*; ιдеже бѣахѫ оученици его събърани *И 20, 19 Мар Ас Охр* (Ø *Зогр*) ● *перен.*: ср⟨ъ⟩д⟨ь⟩це его собьра безаконенье себѣ *Пс 40, 7 Син*; да не събранокъ постомъ • напрасно вьсе погоубимъ *Супр 494, 24* ● взять vzít: ι не по мнозѣхъ дьнехъ • събъравъ • все мьни с⟨ы⟩нъ • отиде на странѫ далече *Л 15, 13 Зогр Мар Ас Сав* ● побудить podnítit: съберѣта оумъ и помѧнѣта сѧ *Супр 212, 24*; събери же незамоудъно • помьнѣти благаа *Евх 100б 22* ▭ събьраныи *в знач. прил.-сущ.* собравшийся shromážděný: то бо ѥстъ похвалениѥ мѫчениѥ' • оутѣшениѥ събъраныихъ *Супр 83, 22* **2.** събьрати сѧ συνάγεσθαι, συνέρχεσθαι, συντρέχειν, ἐπισυνάγεσθαι собраться, скопиться (*в одном месте, вместе*) shromáždit se, sejít se: ιѫдеже бо аште бѫдетъ троупъ тоу • съберѫтъ сѧ орли *Мт 24, 28 Зогр Мар Ас Сав*; ι събъраша сѧ къ н҃емоу народи мнози *Мт 13, 2 Зогр Мар*: ι ѣко быс⟨тъ⟩ дьнь • събъраша сѧ старьци л҃юдьсциі • ι архиереи ι кънижьн҃ици *Л 22, 66 Зогр Мар*; веденъı вои пилаци • въ мрѣкориѭ • ѡ немьже събъраша сѧ въ мрѣкории *Евх 49б 23*; събраша же сѧ мѣсѧца мана *Супр 201, 22* ● на кого, о комь συνάγεσθαι объединиться *против кого-л., чего-л.,* собраться для нападения *на кого-л., что-л.* spolčit se, spiknout se *proti někomu*: собьрашѧ сѧ вь⟨коупѣ⟩ на г⟨оспод⟩ѣ *Пс 2, 2 Син; Ен 21а 3*; и о мнѣ възвеселишѧ сѧ [сѧ] ї собърашѧ сѧ • събьрашѧ сѧ на мѧ ранъı ї не чюхъ *Пс 34, 15 Син*; въ оно в⟨рѣмѧ⟩ сьбьрашѧ сѧ архиереи и фарисеи сь ними на и⟨соу⟩са *И 11, 47 Ас* (2), събъраша... съборъ *Зогр*, събъраша... сънемъ *Мар.— Зогр Мар Ас Охр Сав Унд Ен Син Евх Супр Рыл.— Ср.* възбьрати, избьрати, съвъкоупити, сънѧти

СЪВАДА, -ы *ж* (1) *греч. нет* ссора, распря svár, rozepře: въпадаѭ... въ пиѣнъство • вь клеветъı • въ съвадъı *Евх 68а 24.— Ср.* котора, сваръ

СЪВАДЬНИКЪ, -а *м* (1) *греч. нет* сварливый, вздорный человек svárlivec: бѫди... въ съвадьника мѣсто • миротворець *Евх 70б 6-7.— Ср.* сварьникъ, которичь, клеветьникъ

СЪВАЖДАТИ, -аѭ, -аѥши *несов.* (1) *греч. нет* ссорить, подстрекать (к ссоре) popouzet (ke sváru): (иже брата сь брато)мь съваждаетъ *Рыл 1аβ 1.— Ср.* вадити

СЪВАЛЪМЪ, -а *м* (4) βῶλος слиток, металлический шарик (*как орудие пытки*) kulička (*mučicí nástroj*): и разгнѣвавъ сѧ аvриліанъ повелѣ съвалъмы оловѣнъı биті ꙗ по челюстьма *Супр 1, 11*; ни ѥдного отъ свалмъ поврѣшти на земи *Супр 264, 11.— Супр 263, 29; 264, 3*

СЪВЕСТИ, съведѫ, съведеши *сов.* (9) **1.** κατάγειν, κατασπᾶν, καταφέρειν свести, спустить (*вниз*) svést (*dolů*), stáhnout: како може аггелъ амбакоума сьвести на ровъ львии • и пакы вьзвести *Супр 502, 3-4* ● *перен.*: и въ пръстъ съмрті съведе мѧ *Пс 21, 16 Син* ▭ съвести сѧ καταβιβάζεσθαι упасть; быть сброшенным, низвергнутым spadnout, být svržen: ι ты каферънаоумъ • до н⟨ебе⟩се вьзнесъ сѧ • до ада съведеши сѧ *Л 10, 15 Зогр* (низъведеши сѧ *Мар*) **2.** συζευγνύναι, συνέχειν свести (*вместе*), соединить, связать svést (*dohromady*), spojit: ꙗже оубо б⟨ог⟩ъ съведе • чл⟨овѣ⟩къ да не разлѫчитъ *Мт 19, 6 Сав* (съчета *Мар Ас*, Ø *Зогр*), съвелъ естъ *Клоц 2б 13.— Пс 68, 16 Син; Супр 9, 26-27; 25, 12; 400, 10.— Ср.* низъвести; съвъкоупити, съчетати

СЪВИВАТИ, -аѭ, -аѥши *несов.* (2) ἐκτείνειν (!) свивать, свертывать svíjet: сьвиваѩи небо акъı кожѫ *Супр 179, 17* (пропинаѩи *Пс 103, 2 Син*) ▭ съвивати сѧ ἑλίσσεσθαι *перен.* извиваться, корчиться (*от боли, от горя*) svíjet se, stahovat se: и матеремъ срьдьца болѣзниѭ сьвиваахѫ сѧ *Супр 397, 20.— Ср.* сълѧцати сѧ

СЪВИТИ, съвиѭ, съвиѥши *сов.* (6) ἐντυλίσσειν, ἑλίσσειν свернуть, скатать svinout: ι сѹдарь иже бѣ на главѣ его • не съ ризами лежаштъ • нъ особь съвитъ на единомь мѣстѣ *И 20, 7 Мар Ас* (∅ *Зогр*); и ѣко одѣало съвьеши ѣ *Пс 101, 28 Син; Евр 1, 12 Ен* (2) □ съвити сѧ свернуться svinout se: не дѣи емоу пакости... нъ въ едино(мь) мѣстѣ лѧзи съвивъши сѧ *Евх 36б 12-13*

СЪВИТЪКЪ, -а *м* (1) κεφαλίς свиток (*книжный*) svitek (*kniha*): въ съвитъцѣ къні(жь)нѣемъ пишетъ *Пс 39, 9 Син*

СЪВИТЪЧЬНЪ, -ыи *прил.* (1): пѣникъ съвитъчьное κοντάκιον кондак (*вид церковного песнопения*) kondak: памѧт • пр⟨ѣпо⟩д⟨обь⟩нааго романа • сътворшааго пѣн⟨иѣ⟩ сьвит⟨ъ⟩ч⟨ь⟩наа *Ас 122а 2*

СЪВЛАСТИ, съвладѫ, съвладеши *несов.* цѣмь, чимь (1) κατεξουσιάζειν властвовать, господствовать *над кем-л., чем-л.* совместно (*с кем-л.*) spolu (*s někým*) vládnout, panovat *nad někým, něčím*: видите к'то вами съвладетъ *Супр 36, 28-29.— Ср.* власти

СЪВЛАЧИТИ, -чѫ, -чиши *несов.* чьто съ кого (6) ἀποδύεσθαι, συναποδύεσθαι, ἀπογυμνοῦν, συναποβάλλειν снимать (*одежду*) svlékat: сьвлачаште же ризы бѣлыѩ не съвлачите бѣлости доушьныѩ *Супр 507, 29 и 29-30* ● *перен.*: хвалимъ тѧ г⟨оспод⟩и съ сеѭ ризоѭ • и грѣхъ съ себе съвлачаште *Супр 90, 23* □ съвлачити сѧ съ чесо снимать (с себя) *что-л.*, раздеваться svlékat se: ѥда съ ризъ съвлачимъ сѧ *Супр 90, 20*; мол⟨итва⟩ съвлачаѱе сѧ *Служ 2а 1.— Супр 456, 19*

СЪВЛѢЦИ, съвлѣкѫ, съвлѣчеши *сов.* чьто съ кого; кого отъ чесо (43) ἐκδύειν, ἀποδύειν, ἀπεκδύειν, ἀποτιθέναι, κατασπᾶν снять *что-л. с кого-л.*, обнажить, раздеть *кого-л.* svléci: ι егда поржгашѧ сѧ емоу • съвлѣшѧ съ него хламидѫ • ι облѣшѧ ι въ ризы своѩ *Мт 27, 31 Зогр Мар Ас Сав*; котыгѫ сьвлѣкъ съ себе дадѣаше ништоуоумоу *Супр 207, 14*; егоже июдѣи съвлѣшѧ • ι пригвоздишѧ и на распонѣ *Евх 50а 17-18*; и аште и съвлѣче мѧ отъ одежда • нъ оубо х⟨рист⟩а вь негоже ѥсмъ облъченъ • не имаши мошти сьвлѣшти *Супр 50, 13 и 15*; сь проказы съвлѣче ѩкоже сь ризы *Супр 476, 15* □ съвлѣши сѧ чесо снять (с себя) *что-л.*, раздеться svléci se: самъ сѧ съвлѣче *Супр 140, 27*; ѡ съвлѣщи сѧ емоу ветъхааго ч⟨ловѣ⟩ка *Евх 98б 11*; съвлѣцѣм' сѧ ветьхааго ч⟨ловѣ⟩ка *Рыл 28а 32-33.— Зогр Мар Ас Сав Евх Супр Рыл*

СЪВОИНЪ, -а *м* (2) συστρατιώτης соратник spolubojovník: приими владыко и нынѣ съвоины моѩ *Супр 109, 30.— Супр 91, 18*

СЪВРАТИТИ, съвраштѫ, съвратиши *сов.* (9) **1.** περιστρέφειν повернуть, направить obrátit: сьмрьтьное стрѣкало на нѧ сьвративъ *Супр 430, 21* **2.** διαστρέφειν отвести; повернуть, направить (*в сторону*) odvést, odklonit, vychýlit: копавшоу ровъ съвратити водѫ • и привести на напаѩние зелию *Супр 275, 12* □ съвратити сѧ ἐκκλίνειν, ἀνακάμπτειν, ἐκτρέπειν свернуть, повернуться, возвратиться odbočit, vrátit se: не обрѣтъ кѫдоу съвратити сѧ къ пештерѣ *Супр 289, 18-19*; їаковъ же имъ сѧ пѫти веджштааго въ миръ • шъствиѩ дръжааше сѧ • и оуспѣвъ пѫти и мало съвративъ сѧ • обрѣте гробъ ветъхъ *Супр 527, 24* **3.** *перен.* διαστρέφειν, παρατρέπειν совратить, склонить (*к предосудительным поступкам*) zvrátit, převrátit: прочии • иже бѣахѫ отъ ариевы зълыѩ вѣры • паче съвратишѧ цѣсарѣ *Супр 192, 16-17*; блюди да ти не съвратитъ оустъ печальное мѫчение *Супр 382, 28* □ съвратити сѧ чесого; на чьто ἐκτρέπεσθαι отклониться, свернуть, сбиться (*с пути истинного*) odchýlit se, zvrtnout se: на стоуднѫ съврати сѧ мысль *Супр 559, 23*; нъ волеѭ и чоувьства и оумъ свои • коупьно зьлѣ ослѣпивъше • своѥго цѣлениѩ съвратишѧ сѧ *Супр 333, 30.— Супр 86, 25-26.— Ср.* възвратити, прѣвратити, развратити, оуклонити (сѧ)

СЪВРАШТАТИ СѦ, -аѭ сѧ, -аѥши сѧ *несов.* на чьто (1) *греч. нет* направляться, устремляться obracet se: нача самовиднѣ... на обличеньѥ начѧтию нечьстиѩ своѥго съвраштати сѧ *Супр 560, 7.— Ср.* развраштати, оукланѣти (сѧ)

съвръг-, съвръж-, съврьг-, съврьж- *см.* съврѣщи

СЪВРЬШАТИ, -аѭ, -аѥши *несов.* (13) [-връ- *Ас* (1) *Ен* (2) *Син* (2) *Супр* (7)] **1.** τελεῖν, τελειοῦν, τέλειος (!) совершать, осуществлять, исполнять vykonávat, uskutečňovat: азь же имамъ сьвѣдѣтелство боле иоанова • дѣла съвръшаѭ *И 5, 36 Ас* (да съвръшѫ *Зогр Мар*); заклинание мое • ѡ страшънѣмь имени твоемь съвръшаемоу (! *вм.* -о) *Евх 51б 7-8*; не ставыѩ пѣсни • нъ присно ѭ съвръшаѩ • по всемоу пѫти *Супр 550, 10* **2.** πληροῦν завершать dokončovat, splňovat: дѣломъ писменьное слово съврьшаѩ *Супр 530, 26* **3.** καταρτίζειν совершенствовать zdokonalovat: съвръшаѩ нозѣ мои ѣко елені *Пс 17, 34 Син* □ съврьшати сѧ τελειοῦσθαι совершенствоваться dosahovat dokonalosti: ѡ семь съвръшаетъ сѧ любы в⟨ъ⟩ насъ • да дръзновение имамъ въ д⟨ь⟩нь сѫдны *1 Ио 4, 17 Ен.— 1 Ио 4, 18 Ен; Пс 28, 9 Син;*

Супр 179, 11-12; 250, 1; 550, 15 и 20; 556, 18.— Ср. испльнꙗти, съзидати, творити

СЪВРЬШЕНИѤ, -ниꙗ *с* (22) [-връ- *Зогр* (2) *Мар* (2) *Ас* (1) *Ен* (1) *Служ* (1) *Евх* (4) *Супр* (4)] **1.** τὸ τέλειον, τελειότης, τελείωσις, οἱ τετελειωμένοι (!), πλήρωμα, ἀπαρτισμός свершение, исполнение; завершение uskutečnění, dokončení; dovršení: къто отъ васъ хотѧ стлъпъ съзъдати • не прѣжде ли сѣдъ • раштьтетъ доволъ • аште ꙇматъ еже естъ на съвръшенье *Л 14, 28 Зогр Мар*; д⟨оу⟩ховънъıхъ твоихъ • даровъ съвръшение *Евх 100а 19*; въ съвръшение ц⟨ѣса⟩р⟨ь⟩ства *Служ 3а 21* ● поступок skutek: съподоби мѧ мѫченичьскъıимъ съвръшениимъ въгодити тебѣ *Супр 260, 22-23* **2.** τελειότης законченность, совершенство dokonalost: любве ѣже естъ съвѫзъ съвръшению *Кол 3, 14 Ен*; да постигнетъ мѣрѫ съвръшениѣ *Евх 99б 3.— Зогр Мар Ас Сав Ен Евх Служ Супр*

СЪВРЬШЕНЪ, -ъıи *прич.-прил.* (38) [-връ- *Зогр* (5) *Мар* (5) *Ас* (5) *Ен* (3) *Син* (1) *Евх* (5) *Клоц* (1) *Супр* (8)] τέλειος, κατεσκευασμένος, ἐναρμόνιος, ἀπηρτισμένος совершенный dokonalý: аште хощеши съвръшенъ бъıти • ꙇди продаждъ имѣние твое • ꙇ даждъ ништиимъ *Мт 19, 21 Мар Ас* (∅ *Зогр*); съкоупи ꙇ оръганъ съвръшенъ • прѣгѫдьницѫ красънѫ *Евх 94а 18*; свѧтѫѭ жрътвѫ съвръшенѫ творітъ *Клоц 8а 29; Супр 420, 27-28*; вь любьвь съвръшенѫ • ꙇ житие неразлѫчьно *Евх 96 5*; любъı его съвръшена естъ *Ен 37а 1*; добра и съвръшена чрьнца сѫшта *Супр 285, 29*; ꙗко съвръшена ѥстъ зѣло доуша ѥго *Супр 171, 3* ● целый celý: въ съвръшенѣ срьдьци *Зогр-лл 1б 16* ● совершенный, полный úplný: доньлиже съвръшеноѥ принимет' ꙇцѣлѥньѥ старьцъ *Супр 555, 7*; по сьврьшенѣѥмь ѥго покаании *Супр 520, 28* ● κατηρτισμένος устойчивый, прочный pevný: ꙇ прѣстолъ его ѣко слъньце прѣдо мъноѭ • ꙇ ѣко лоуна съвръшена (*вм.* -нъ) въ вѣкъ *Пс 88, 38 Син* ♦ въздрастомь съврьшенъ бъıти ἐν ἡλικίᾳ τελείᾳ γίγνεσθαι быть зрелым, взрослым být dospělý: семоу же въздрастомъ съвръшеноу бъıвъшоу • родителѣ ѥмоу съвѣштаста сѧ женити ї дѣвицеѭ именемь ан'на *Супр 24, 27.— Зогр Мар Ас Ен Син Евх Клоц Супр Зогр-лл.— Ср.* испльнити (испльнѥнъ), съврьшити

СЪВРЬШЕНѢ *нареч., сравн. ст.* съврьшенѣѥ (7) [-връ- *Супр* (5)] τελείως, παντελῶς полностью, вполне, совершенно úplně, dokonale: они же сьврьшенѣѥ ѭ хотѧаште исцѣлити *Супр 525, 23*; съвръшенѣ възможе бѣсъ изгънати из ѥго *Супр 567, 20*; сътвори ѥмоу • съвръшенѣѥ и ꙗснѣѥ изглаголати *Супр 562, 22-23.— Супр 265, 24; 522, 26; 563, 9 и 18*

СЪВРЬШИТЕЛЬ, -лꙗ *м* (1) φυτουργός *или* τελειωτής свершитель, создатель dovršitel, tvůrce: тъı любьви съвръшитель • ꙇ мироу наставьникъ *Евх 11а 6-7*

СЪВРЬШИТИ, -шѫ, -шиши *сов.* (71) [-връ- *Зогр* (7) *Мар* (10) *Ас* (7) *Боян* (1) *Зогр-пал* (1) *Ен* (3) *Син* (8) *Евх* (6) *Клоц* (3) *Супр* (18)] **1.** τελεῖν, ἐκτελεῖν, τελειοῦν, πληροῦν, ἀναπληροῦν, ἀπαρτίζειν завершить, закончить; исполнить dokonat, dokončit; splnit: азъ прославихъ тѧ на земли • дѣло съвръшихъ • еже далъ еси мьнѣ да сътворѭ *И 17, 4 Зогр Мар Ас* (съконьчахъ *Сав*); ꙇ бъıстъ егда съвръши и⟨соу⟩съ • заповѣдаѩ обѣма на десѧте оученикома своима • прѣиде отъ тѫдоу оучитъ • ꙇ проповѣдатъ въ градѣхъ ихъ *Мт 11, 1 Мар Ас* (съконьча *Зогр*); течениѥ ѥго въ мироу съвръшитъ *Супр 302, 25-26*; дроугаѣ вьса законнаѣ съвръши *Клоц 6а 33* (испльнити *Супр 416, 27*) ● τελειοῦν сделать совершенным, усовершенствовать učinit dokonalým, zdokonalit: съвръши мѧ о твоѥмъ имени *Супр 103, 21* ● καταρτίζειν, ἐξεργάζεσθαι укрепить, утвердить upevnit, utvrdit: съвръшилъ еси стопъı моѩ во стьѕѣхъ моихъ *Пс 16, 5 Син*; съвръшилъ еси оупъваѭштѧѩ на тѧ *Пс 30, 20 Син* ▭ съврьшити сѧ τελεῖσθαι, ἀπαρτίζεσθαι произойти, совершиться, завершиться, закончиться naplnit se, skončit: в'сѣ юже съвръшишѧ сѧ *И 19, 28 Зогр Мар Ас* (2) *Сав*; грѣхъ съвръши сѧ *Супр 414, 28* (съконьча сѧ *Клоц 5б 18*); акъı съсѫдъı глиннъı • тьлѣнии оума съврьш'шѧѧ сѧ сътъретъ τῇ σαθρότητι τῶν λογισμῶν ἐπερειδομένους *Супр 336, 10* (*ошибка переводчика или писца*) **2.** κατασκευάζειν, καταρτίζειν, πληροῦν, ἐπιτελεῖν, τελεσφορεῖν, ἐπερείδειν осуществить, создать uskutečnit, učinit, udělat: тъı съвръши зорѩ ꙇ слъньце • тъı сътворі вьсѧ прѣдѣлъı земли *Пс 73, 16 Син*; съвръшеи в'сѣ словомь твоимь г⟨оспод⟩ꙇ *Евх 13а 10*; съвръши же ж҃ивотъ и съхрани прѣподобьнааго ѥга *Супр 232, 11*; сим же тако съвръшеномъ • въ пръвѫѭ скиниѭ • вынѫ въхождахѫ иереи *Евр 9, 6 Ен*; скиниї же съвръши сѧ пръваѣ *Евр 9, 2 Ен* ● κατασκευάζειν, ἀπαρτᾶν снабдить, оснастить, оборудовать vybavit: почетъı ч⟨ловѣ⟩ка • по образоу своемоу • и д⟨оу⟩шеѭ съмъısльноѭ • ꙇ тѣломъ благообразъномь • съвръши *Евх 7б 4*; сътвори ѥмоу клѣть дъвопомоститѫ • и вьсѣчьскъı съвръшивъ ѭ • приде къ блаженѹмоу *Супр 204, 19* ▭ съврьшити сѧ πληροῦσθαι осуществиться uskutečnit se: да съвръшитъ сѧ реченоѥ *Супр 135, 12-13.—*

Зогр Мар Ас Сав Боян Зогр-пал Ен Син Евх Клоц Супр.— Ср. испльнити, съзьдати, съконьчати, сътворити; съврьшенъ

СЪВРѢЩИ, съврьгѫ, съврьжеши *сов.* (9) ῥίπτειν, ἀποβάλλειν, ἀποτίθεσθαι, καταστρέφειν, ἐκκρίνειν (!) сбросить, скинуть, низвергнуть (*с высоты*) shodit, srazit, odhodit: и съврѫгъ ризы къ нагыимъ сѧ примѣси *Супр 93, 20*; акы велико брѣмѧ съврѫгъша *Супр 390, 10* ● *перен.*: иже съврьгошѧ ıарьмъ братьства сь себе *Супр 364, 29*; ıже еси разгрѫдѣвъшии • ıног'да ар'хистратигъ... съврѫгы на землѭ *Евх 51б 1-2*; заклинаѭ тѧ съврѫженꙑ • отъ вышьнꙗѩ свѣтълости *Евх 52а 2* ● λεπτύνειν καὶ ἀφανίζειν разрушить (*до основания*) rozvrátit: разори безбожьноѥ бѣсованиѥ • и съврьзи капишта ихъ *Супр 180, 13.— Супр 78, 17; 79, 19; 229, 10.— Ср.* вържщи, низъвржщи, низъложити

СЪВЪЗДВИГНѪТИ, -нѫ, -неши *сов.* (1) συνεγείρειν воскресить (*вместе с другими*) (*spolu*) vzkřísit: съвъздвигни тѣлеса наша • вь день вь ньже с⟨вѧ⟩то и • неложьно повѣдалъ еси *Евх 65б 9-10.— Ср.* въздвигнѫти, въскрѣсити, съвъставити

СЪВЪЗДРЬЖЬНИКЪ, -а *м* (1) συνασκούμενος сподвижник, тот, кто вместе с кем-либо ведет жизнь аскета spoluasketa: въ въздрастении числа съ(въ)здрьжьникы (! *вм.* съвъздрьжьникъ) *Зогр-лл 2а 20.— Ср.* постьникъ

СЪВЪКОУПИТИ, -плѭ, -пиши *сов.* (9) **1.** ἀθροίζειν, συναθροίζειν, ἐπισυνάγειν объединить, соединить, собрать (*вместе, воедино*) sjednotit, shromáždit: съвъкоупи нꙑ на благовѣрие • ı хвалѫ твоѭ • сѫзомь мирънымь • ѡ единомь д⟨оу⟩сѣ *Евх 18а 4-5*; кто оумѫдривꙑи вы • кто съвъкоупивꙑи *Супр 321, 3*; и странꙑ къ себѣ си съвъкоупи *Супр 341, 27-28* ▭ съвъкоупити сѧ собраться (*вместе*) shromáždit se, sejít se: ı обрѣте[с]та съвъкоуплъшѧ единого на десѧте *Л 24, 33 Мар Ас* (*Ø Зогр*) **2.** кого, чьто; комь, чемь συνάπτειν соединить, связать *кого-л., что-л. с кем-л., чем-л.* spojit *někoho, něco s někým, něčím*: да г⟨осподь⟩ б⟨огъ⟩ наш⟨ь⟩ съвъкоупитъ ѥ *Евх 9б 4*; ıакоже бо вь веригахъ златахъ • притокꙑ дроуг дроузѣ сьплетенъ... съвъкоуплено же коѥждо коѥмьждо • и продльжаѥмо ѥстъ *Супр 318, 17.— Евх 9а 25, 93б 11-12.— Ср.* присъвъкоупити, съвьрати, съвести, съкоупити, сънѧти сѧ, съчетати

СЪВЪКОУПЛꙖТИ, -ıаѭ, -ıаѥши *несов.* (3) **1.** кого, чьто къ комоу, чесомоу συνάπτειν соединять, объединять sjednocovat: да бѫдемъ въ ıстинѫ тѣло едино • не тѣлеса къ себѣ съмѣшаѭште • нъ д⟨оу⟩шѫ къ себѣ • съвѫзомь любовънымь совъкоуплѣѭште *Клоц 9б 12* ▭ съвъкоуплꙗти сѧ μείγνυσθαι соединяться, присоединяться připojovat se: съвькоуп̄лѣахѫ сѧ главы имъ къ своимъ тѣлесемъ • не хотѧште сѧ отъ н̄ихъ разлѫчити *Супр 66, 27* **2.** съвъкоуплꙗти сѧ съ цѣмь συμμείγνυσθαι совокупляться pohlavně se stýkat: видѧ чловѣчьскꙑ добрꙑѩ женꙑ и дьштери • тѣмъ похота и вь лице бесѣдоуѩ имъ • и съвъкоуп̄лѣѩ сѧ сь н̄ими *Супр 7, 20-21.— Ср.* съмѣшати

СЪВЪКОУПЛѤНИѤ, -ıа *с* (7) ὁμόνοια, ἕνωσις, ἀδελφότης (!), πορεία (!) соединение, единство spojení, jednota: пѣн(и)е... о съвъкоупени въсѣмъ *Ен 21б 14*; с⟨вѧ⟩тааго д⟨оу⟩ха сѫшествие • троичьское съвъкоупление съвѣстъствова *Евх 53а 13-14*; мира и съвъкоупьѥнꙗ бѣгаѥши *Супр 200, 10-11*; нъ отъ въсын̄енꙗ доуховьнааго • въ съвькоуп̄лениѥ ѥже любьвьѭ сами сѧ съчетавъше *Супр 84, 21.— Евх 9б 2-3; Супр 54, 13-14; 200, 8.— Ср.* съчетаниѥ, ѥдинениѥ

СЪВЪПЛЪЧЕНИѤ, -ıа *с* (1) πρόταξις боевое построение, ряды sešikování: на ч'то образъ сьвьпльчению оустрьмили сѧ ѥсте • ѥда кага рать васъ ноуждьна зоветъ *Супр 27, 1.— Ср.* въплъчениѥ

СЪВЪПРАШАТИ СѦ, -аѭ сѧ, -аѥши сѧ *несов.* (2) ζητεῖν обсуждать, рассуждать (между собой), спрашивать (друг друга) dotazovat se, vyptávat se (vzájemně): о семь ли съвъпрашаете сѧ междю собоѭ *И 16, 19 Сав* (сътѧзаете сѧ *Зогр Мар Ас*); и бꙑстъ бесѣдоуѭштема има • и съвъпрашаѭштема сѧ • что бывьшеѥ • и чьто бѫдѫштеѥ *Супр 474, 15.— Ср.* въпрашати, сътѧѕати сѧ

СЪВЪСКРЬСНѪТИ, -нѫ, -неши *сов.* (1) *греч. нет* воскреснуть (одновременно с кем-л.) vstát z mrtvých (spolu s někým): пострадав'ша б⟨ог⟩а и слово пльтиѭ • и акы б⟨ог⟩а пакы съвъскрьсъша пльтиѭ *Супр 533, 10-11.— Ср.* въскрьснѫти

СЪВЪСТАВИТИ, -влѭ, -виши *сов.* (1) συνανιστάναι поднять, восстановить (одновременно *с кем-л., чем-л.*) (zároveň) postavit, zvednout: праздьнъствоуимъ оубо праздьньство се • вь н̄еже въста г⟨оспод⟩ь • въсталъ бо и вьсел̄енѫѭ съвьставилъ *Супр 493, 23.— Ср.* въставити, съвъздвигнѫти

СЪВЪСХꙐТИТИ, -хꙑщѫ, -хꙑтиши *сов.* (1) συναρπάζειν схватить, похитить (одновременно *с кем-л., чем-л.*) uchopit, uchvátit (zároveň *s někým, něčím*): и съвъсхꙑштени бꙑхомъ ıако бесловесьнии животи *Супр 108, 8.— Ср.* въсхꙑтити, похꙑтити

СЪВЫШЄ *нареч.* (34) [съше ! *Син* (1)] ἄνωθεν, ἀπ' ἄνωθεν, ἐξ ὕψους, ἀπὸ ὕψους, ὑπεράνωθεν сверху shora, svrchu: і опона цр⟨ъ⟩къвънаа раздъра сѧ на дъвоє • съ выше до нижє *Мк 15, 38 Зогр Мар*; вънезаапѫ бꙑстъ съвꙑше • блистанию мракъ *Супр 464, 30* ● *перен.* свыше, с небес (*от Бога*) shůry, s nebes (*ot Boha*): отъпоущениє грѣхомъ съвъшиє испрошъше *Евх 57а 16*; съвыше съходитъ отъ о⟨ть⟩ца ти свѣтиломь *Евх 79б 2*; не імаши области на мьнѣ никоꙗже • аште не би ти дано съ выше *И 19, 11 Зогр Мар Ас* (2) *Сав* (2) *Боян*; аште къто не родитъ сѧ съ выше • не можетъ видѣти ц⟨ѣса⟩р⟨ь⟩с⟨тв⟩иѣ б⟨о⟩жиѣ *И 3, 3 Зогр Мар Ас.— Зогр Мар Ас Сав Ен Син Евх Клоц Супр.— Ср.* врьхъ (съ врьхоу)

СЪВЫШЬНЬ, -нии *прил.* (2) ὁ ἄνωθεν вышний, приходящий свыше (*от Бога*) přicházející shůry (*od Boha*): и многѫ приимемъ съвъшнѩѩ помошть *Супр 498, 4*; да съвъншьнімі (*или* съ вънишьнімі ?) твоімі • достоінъи сътворіші нъи *Киев 3а 3-4.— Ср.* вꙑшьнъ

СЪВЬРѢТИ, -рѭ, -риши *сов.* (2) χωνεύειν свариться uvařit se, rozvařit se: възвръгоста и въ коновъ • и велми съвьрѣ ꙗкоже ни кости єго обрѣсти сѧ *Супр 234, 22*; и пльти твоѩ вьсѧ съвьрѧтъ и сокомъ сѧ сътворѧтъ *Супр 233, 23-24*

съвѣдꙑ *см.* съвѣдѣти

СЪВѢДЬ, -и *ж* (1) συνειδός совесть svědomí: ꙗкоже крьстиꙗномъ оутврьдити сѧ паче вѣроѭ • невѣрьнии же възбоꙗвъше сѧ • и сьвѣдиѭ имѫште въ страсѣ отити *Супр 142, 12.— Ср.* съвѣсть

СЪВѢДѢНИЄ, -ниꙗ *с* (46) [съвѣдѣдєніѣ (!) *Син* (1)] μαρτύριον свидетельство, подтверждение svědectví: блюди никомоуже не повѣждь • нъ шьдъ покажи сѧ ар'хиереови і неси даръ • іже повелѣ моси • въ съвѣдѣниє імъ *Мт 8, 4 Зогр Мар Ас Сав; Мк 1, 44 Мар* (вь съвѣдѣтельство *Зогр Ас Сав*); ● откровение zjevení: съвѣдѣниѣ твоѣ поучениє моє сѫтъ *Пс 118, 99 Син*; г⟨лаго⟩лаахъ о съвѣдѣниіхъ твоіхъ прѣдъ ц⟨ѣса⟩рі *Пс 118, 46 Син*; взіскаѭштемъ завѣта его и съвѣдѣнен єго *Пс 24, 10 Син; Евх 75а 6-7.— Зогр Мар Ас Сав Син Евх.— Ср.* послоушьство, съвѣдѣтельствиє, съвѣдѣтельство, съвѣсть

СЪВѢДѢТЕЛЬ, -ꙗ *м* (43) **1.** μάρτυς; (лъжь съвѣдѣтель ψευδομάρτυς; лъжь, лъжи съвѣдѣтель бꙑти ψευδομαρτυρεῖν) свидетель, очевидец svědek: чьто еште трѣбоуємъ съвѣдѣтелъ *Мт 26, 65 Зогр Мар Ас Сав* (2); *Мк 14, 63 Мар* (съвѣдѣтельства *Зогр*); да въ оустѣхъ дъвою ли трии съвѣдѣтель станетъ вьсѣкъ г⟨лаго⟩лъ *Мт 18, 16 Мар Ас* (послоухома *Сав*, ∅ *Зогр*); ар'хиереи же і старци • і сънъмъ вьсь • іскаахѫ лъжа съвѣдѣтелѣ на і⟨соу⟩са *Мт 26, 59 Зогр Мар Сав* (2) (лъжа сьвѣдѣтельства *Ас*); въставъше на мѧ сьвѣдѣтеле неправедьниі *Пс 34, 11 Син*; позорьникъı въскрьсенью его • готоваєши • съвѣдѣтелѣ въстанью приводиши *Клоц 12а 22* **2.** παιδαγωγός (!), ἔφορος (!) знаток znalec: да отъ моихъ словесъ разоумѣкши ꙗко творьцъ кємъ доушам' и срьдьцемъ сьвѣдѣтель *Супр 393, 15*; кде книгꙑ кде сьвѣдѣтеле *Супр 321, 3-4.— Зогр Мар Ас Сав Син Евх Клоц Супр.— Ср.* лъжесъвѣдѣтель, послоухъ

СЪВѢДѢТЕЛЬСТВИЄ, -ниꙗ *с* (2) μαρτυρία свидетельство svědectví: мнози бо лъжисъвѣдѣтельствоваахѫ на нь • і не бѣахѫ равьна съвѣдѣтельствьѣ *Мк 14, 56 Зогр* (съвѣдѣтельства *Мар*); съвѣдѣтельствиѣ его никтоже не приемлетъ *И 3, 32 Мар* (съвѣдѣтельства *Ас*, ∅ *Зогр*).— *Ср.* послоушьство, съвѣдѣниє, съвѣдѣтельство

СЪВѢДѢТЕЛЬСТВО, -а *с* (69) μαρτυρία, μαρτύριον свидетельство svědectví: аште азъ съвѣдѣтельствоуѭ о мьнѣ • съвѣдѣтельство моє нѣстъ істинъно *И 5, 31 Зогр Мар Ас*; арх'иереи же растрьзавъ ризꙑ своꙗ г⟨лаго⟩ла • чьто еште трѣбоуємъ съвѣдѣтельства *Мк 14, 63 Зогр* (съвѣдѣтель *Мар*); истинно єстъ съвѣдѣтельство его *И 19, 35 Зогр Мар Ас; Ен 33а 9*; (повѣдание *Сав*); прѣдьизводитъ съвѣдѣтельства творѧштинмъ *Супр 330, 30-331, 1*; по сьвѣдѣтельствѣ владꙑчьнии • въ ровъ любодѣиства и оубоиства въпадъ *Супр 526, 20.— Зогр Мар Ас Сав Охр Боян Ен Супр.— Ср.* послоушьство, съвѣдѣниє, съвѣдѣтельствиє

СЪВѢДѢТЕЛЬСТВОВАТИ, -ствоуѭ, -ствоуєши *несов./(редко) сов.* комоу, чесомоу; на кого, чьто; о комь, чемь (>100) μαρτυρεῖν, διαμαρτύρεσθαι, καταμαρτυρεῖν, κατηγορεῖν (!), μάρτυς εἶναι; (сѫпротивъ съвѣдѣтельствовати ἀντιμαρτυρεῖν; лъжи, лъжѫ съвѣдѣтельствовати ψευδομαρτυρεῖν) свидетельствовать *о чем-л., против кого-л./*засвидетельствовать *что-л.*, подтверждать/подтвердить *что-л.* svědčit/dosvědčit *o někom, něčem, proti někomu*, protvrzovat/potvrdit *něco*: азъ на се родихъ сѧ • і на се придъ • въ вьсь миръ • да съвѣдѣтелствоуѭ о істинѣ *И 18, 37 Зогр Мар Ас* (повѣдаѭ истинѫ *Сав*); емоу же тꙑ съвѣдѣтельствова *И 3, 26 Мар* (послоушьствова *Ас*, ∅ *Зогр*); виждь колико на тѧ съвѣдѣтельствоуѭтъ *Мк 15, 4 Зогр Мар*; съвѣдѣтелъствоуѭ тебѣ *Пс 49, 7 Син*; слꙑшавъ гласъ съвѣдѣтельствоуѭщь • і г⟨лаго⟩лѫщь *Евх 3а 23-24*; съвѣдѣтелъствоуемъ • ѣко ѡ⟨тъ⟩ць посла с⟨ы⟩на своего *1 И 4, 14 Ен*; се дѫбъ выпиѥтъ добротѣ старчи сьвѣдѣтельствꙋѭ *Супр 300, 28*; писаниѥ сьвѣдѣтельствоуѥтъ глагол̑ѧ *Супр 240, 24.— Зогр Мар Ас Сав Охр Боян Ен Син Евх Клоц Супр.— Ср.* засъвѣдѣтельствовати, опослоушати, послоуховати, послоушьствовати, съвѣстовати

СЪВѢДѢТИ, съвѣмь *и* съвѣдѣ, съвѣси *несов.* (27) [..дѣвъше *Евх* (1)] γιγνώσκειν, ἐπίστασθαι, εἰδέναι, ἀθρεῖν (!), συγγνώμη (!); (не съвѣдѣти ἀγνοεῖν) знать, понимать znát, chápat: онъ же отъврьже сѧ г⟨лаго⟩лѧ не оумѣѭ ни съвѣмь • чьто ты г⟨лаго⟩леши *Мк 14, 68 Зогр Мар*; си же естъ жизнь вѣч⟨ънаꙗ⟩ • да съвѣдѧтъ тебе истиньна б⟨ог⟩а *И 17, 3 Сав 26а 3* (да знаѭтъ *Зогр Мар Ас Сав 107а 12*); ѣко сьвѣстъ г⟨оспод⟩ъ пѫть праведънъıихъ *Пс 1, 6 Син; Ен 20б 12*; ты бо единъ съвѣси таинъı ср⟨ьдь⟩ць нашихъ *Евх 24а 16*; кмоуже странъı не сьвѣмъ стран'нии *Супр 454, 24-25* □ с ъ в ѣ д ы *в знач. нареч.* сознательно vědomě: азъ съвѣды съгрѣшихъ • любо не съвѣды *Евх 72а 12 и 13.— Зогр Мар Сав Ен Син Евх Супр Рыл.— Ср.* вѣдѣти, знати, извѣдѣти

с ъ в ѣ з а в ъ ш е (!) *Мт 27, 2 Мар см.* съвѧзати

СЪВѢСИТИ, -вѣшѫ, -вѣсиши *сов.* (4) χαλᾶν спустить, опустить spustit (dolů): ι прокопавъше съвѣсишѧ одръ • на н̑емьже ослабл̑енъı сь лежааше *Мк 2, 4 Зогр Мар Ас Сав.— Ср.* низъвѣсити

СЪВѢСТОВАТИ, -стоуѭ, -стоуѥши *несов.* (1) testificari свидетельствовать svědčit, dosvědčovat: съвѣстоуемъ нъı • ѣко бальство естъ то живота вѣчьнаго *Киев 6а 6-7.— Ср.* опослоушати, послоуховати, послоушьствовати, съвѣдѣтельствовати

СЪВѢСТЬ, -и *ж* (17) **1.** διάνοια, συνειδός сознание, мысль mysl, vědomí: тако и бесѣды благы • оустраꙗѭтъ сьвѣсти послоушаѭштиихъ *Супр 544, 3*; да тоѭ сьвѣстиѭ • заповѣдемъ господьнꙗмъ самъ сѧ въдавъ *Супр 546, 30* **2.** διάνοια, συνείδησις, συνειδός совесть svědomí: аще бо кто видитъ тѧ им(ѫ)шта разоумъ въ трѣ(б)иш(и) възлежашта • не съв(ѣс)тъ ли емоу немоштноу сѫштоу • съз(и)ждетъ сѧ ѣсти идоложрътвънаѣ *1 Кор 8, 10 Ен*; скврънѫ отъ съвѣсти ихъ очисти *Евх 22б 20*; се праз'дьньство и тръжьство не имѣньꙗ трѣбоуѥт • не брашна • нъ волѫ кдинѫ • и сьвѣсть чистѫ *Супр 493, 15* **3.** μάρτυς свидетельство, подтверждение svědectví, potvrzení: его же съвѣстиѭ дъıмъ не оугасаѭ коурить сѧ *Евх 52б 8-9.— Ен Евх Супр.— Ср.* съвѣдь, съвѣдѣниѥ

СЪВѢСТЬНЪ, -ъıи *прил.* (1) *греч. нет* сознательный, осознанный vědomý: не могѫ оутаити • ѣже отъкръıти ıматъ • съвѣстьнаа моѣ и несъвѣстьнаа *Евх 68б 15.— Ср.* вѣдомъ

СЪВѢСТЬСТВОВАТИ, -ствоуѭ, -ствоуѥши *несов.* (1) μαρτυρεῖν свидетельствовать, удостоверять, подтверждать dosvědčovat, potvrzovat: с⟨вѧ⟩тааго д⟨оу⟩ха съшествие • троичьское съвъкоупление съвѣстьствова *Евх 53а 14.— Ср.* опослоушати, послоуховати, послоушьствовати, съвѣдѣтельствовати, съвѣстовати

СЪВѢТОВАТИ, -тоуѭ, -тоуѥши *несов.* (4) **1.** чьто *или с инф.* ὑποτίθεσθαι, βούλεσθαι советовать, давать советы radit, dávat radu: понмъ мѧ бестоудьꙑ бѣсъ • сьвѣтова ми оубои ѥи сътворити *Супр 526, 3-4*; боговъгодьнъ съвѣтоуѥтъ съвѣтъ въ свѧтъıи градъ отити *Супр 282, 8* **2.** съ цѣмь ἀνακοινοῦσθαι советоваться radit se: съвѣтоваше съ сьвѣтникъı своими • да отврьзѫтъ цръкъви *Супр 192, 13.— Супр 433, 13.— Ср.* съвѣштавати, съвѣштати

СЪВѢТЪ, -а *м* (97) **1.** βουλή; (съвѣтъı дати, съвѣтъ творити συμβουλεύειν) совет rada: бѣ же каіафа • давъı съвѣтъ июдѣомъ • ѣко добрѣе естъ единомоу ч⟨ловѣ⟩коу оумьрѣти за л̑юди *И 18, 14 Зогр Ас Сав* (∅ *Мар*); подоба ти бѣ глаголати поустити • сьвѣтъ творити *Супр 377, 9* **2.** βουλή, γνώμη, διαβούλιον, συμβουλία, ἐπιβουλή (!) решение, воля; намерение, замысел rozhodnutí, usnesení, záměr, vůle: сь не бѣ присталъ съвѣтѣ • ι дѣлѣ ıхъ *Л 23, 51 Зогр Мар*; фарисѣı же ι законьници • съвѣтъ б⟨о⟩жии отъврьгѫ въ себѣ *Л 7, 30 Зогр Мар*; съвѣтъ же г⟨оспод⟩нь вь вѣкъ прѣбъıваетъ *Пс 32, 11 Син*; съ сьвѣтомъ же обою цѣсароу • съставишѧ рать на поганъı *Супр 197, 5*; велика сьвѣта аггелъ *Супр 452, 6*; и ї̈злѣзъше рече фарисеи сьвѣтъ сътворишѧ на ї̈соуса да и погоубѧтъ *Супр 398, 13* □ з ъ л ъ с ъ в ѣ т ъ δόλος, διαβούλιον, ἐπιβούλιον козни, злой умысел úklad, zlý úradek: и многа ꙗрость звѣрінъска движааше сѧ • отъ неправедънъıихъ на благовѣрьнъıѧ • кови же и сьвѣти зьли на н̑ѧ плетоми бъıваахѫ *Супр 85, 11-12*; ѡ сьвѣте зълъıи завистиѭ сѣѥмъ *Супр 402, 12* **3.** βουλή, γνώμη, συμβούλιον, συμβόλαιον, συνθήκη, τὸ σύμφωνον; (съвѣтъ творити βουλεύεσθαι, συμβούλιον ποιεῖν; съвѣтъ сътворити βουλεύεσθαι, συμβουλεύεσθαι, σκέπτεσθαι, συμβούλιον λαμβάνειν) совещание; решение (*в результате совещания*), соглашение, договор porada; rozhodnutí, dohoda, smlouva: фарисѣи же ишьдъше • съвѣтъ створишѧ на нь *Мт 12, 14 Зогр Мар; Супр 395, 24; 396, 11; 398, 13; 401, 17 и 29*; съвѣтъ въздашѧ *Супр 402, 1 и 11*; и събърашѧ сѧ старци • съвѣтъ же сътворьше • сърєбро много дашѧ воиномъ *Мт 28, 12 Зогр Мар Ас Сав*; приемъ ѫзы въ заоутрьнимь съвѣтѣ *Евх 49б 9*; се естъ кръвь моѣ о неиже прѣжде сего • бѣстоудьны съвѣтъ творѣаше • съ безоумнъми фарисѣи *Клоц 7б 28*; съвѣты *Супр 419, 23*; пакы съвѣтъ творѧтъ тьмнии дѣлателе *Супр 424, 26*; и много мысливъше и проказьлѣвъше • коньчьнѣе единъ ѫшѧ съвѣтъ *Супр 515, 1*; съвѣтъ же сътворьша мѫчителѣ рекоста *Супр 80, 24* **4.** βουλή, βουλευτήριον совет, собрание (*совещательный орган*) poradní shromáždění, poradní sbor: исповѣмь сѧ тебѣ... во съвѣтѣ правыихъ • и сонъмѣ *Пс 110, 1 Син* ● *перен.*: ѡ съборе диꙗволомъ на христоса събъраныи • ѡ съвѣте зълоби испльненъ *Супр 385, 26* □ **б о л ꙗ р ь с к ъ с ъ в ѣ т ъ** *см.* болꙗрьскъ.— *Зогр Мар Ас Сав Боян Ен Син Евх Клоц Супр.— Ср.* вѣтъ, вѣще, волꙗ, завѣтъ

СЪВѢТЬНИКЪ, -а *м* (12) **1.** σύμβουλος, ὁ ἔγγιστα советчик rádce: съвѣтьникъ же ихъ диꙗволъ *Супр 402, 5*; съвѣтовааше съ съвѣтникы своими *Супр 192, 13* **2.** βουλευτής, ὁ πρωτεύων τοῦ βουλευτηρίου; (прьвыи съвѣтьникъ πρωτοσύμβουλος) советник, член совета rádce, člen rady: и се мѫжь именемь иосифъ • съвѣтьникъ сы • мѫжь благъ и правьдьнъ *Л 23, 50 Зогр Мар*; дъшти нѣкоѥго съвѣтника *Супр 518, 4*; тъ бо и прьвыи съвѣтьникъ нарицаѥтъ сѧ *Супр 56, 9.— Мк 15, 43 Зогр Мар Ас; Супр 62, 11; 110, 21; 408, 30-409, 1.— Ср.* вѣтитель

СЪВѢЩАВАТИ, -ваѭ, -ваѥши *несов.* (7) **1.** συμβουλεύειν советовать radit: провъ рече съвѣштаваѭ ти юноше пожрѣти *Супр 253, 22* **2.** βουλεύεσθαι обдумывать uvažovat: кы ц⟨ѣса⟩рь • идъ къ иномоу ц⟨ѣса⟩рю • сънити на брань • не сѣдъ ли прѣжде съвѣштаваѥтъ • аште сильнъ естъ *Л 14, 31 Зогр Мар* **3.** на кого ἐπιβουλεύειν, μελετᾶν сговариваться, замышлять (*дурное*); строить козни činit úklady: б⟨ог⟩ъ же единъ призираѥтъ • съвѧзаѭи в'сѧ оурицаѭщѧѩ своего образа • и съвѣщаваѭщѧѩ на нь *Евх 55а 7*; почто не съвѣштаваасте сѧ на манасиѭ *Супр 396, 30* **4. с ъ в ѣ щ а в а т и с ѧ** σύμφωνα ποιεῖν договариваться, уславливаться domlouvat se, dohadovat se: ч'то възѥмлеши ⷧ҃ сьребрьникъ ѡ июдо • тоуже приде х⟨ристо⟩с⟨ъ⟩ • за вьсь миръ пролиꙗти кръвь своѭ • о нѭже ты съвѣштаваѥши сѧ и мѣнѫ твориши бестоудьче *Супр 415, 14-15* (съвѣтъ твориши *Клоц 5б 35*).— *Евх 54а 10.— Ср.* съвѣтовати, съвѣтъ (съвѣтъ творити)

СЪВѢЩАТИ, -аѭ, -аѥши *сов./несов.* (39) [съсъвѣшта- *Син* (1)] **1.** *несов.* συμβουλεύειν советовать radit: лѣпо же бы вамъ елиномъ покарѣти сѧ оучителю вашемоу омироу • иже съвѣштаѥт' • неподобно ѥстъ о оумираѭштиихъ хвалити сѧ *Супр 126, 13* □ **с ъ в ѣ щ а т и с ѧ** *сов.* ἀνακοινοῦσθαι посоветоваться poradit se: съгладавъ воѩ своѩ и съвѣштавъ сѧ съ нимн • нарече дьнь вь ньже сънидетъ сѧ съ ратьникы *Супр 196, 10-11* ● *греч. нет* решить rozhodnout se: родителѣ ѥмоу съвѣштаста сѧ женити ї дѣвицеѭ именемь ан'на *Супр 24, 28* **2. с ъ в ѣ щ а т и (с ѧ)** *сов.* βουλεύεσθαι, συμβουλεύειν, συμφωνεῖν решить, принять решение; сговориться (*против кого-л.*) rozhodnout (se); uradit se (*proti někomu*): съвѣшташѧ же архиереи • да и лазарѣ оубиѭтъ *И 12, 10 Зогр Мар Ас Сав*; съвѣшташѧ на св⟨ѧ⟩тыѩ твоѩ *Пс 82, 4 Син*; събiраахѫ сѧ коупьно на мѧ • прiѧтi д⟨оу⟩шѫ моѭ съвѣшташѧ *Пс 30, 14 Син*; и съвѣшта сѧ с нимн на дрѣвѣ распѧти ї⟨соу⟩са *Супр 402, 7* **3.** *сов.* λέγειν; (прѣжде съвѣщати προαναφωνεῖν) сказать, сообщить oznámit, sdělit: имамъ ти нѣчто съвѣштати *Супр 359, 25*; се вамъ съвѣштахъ да не оклевештѫ нѣции христоса *Супр 413, 26*; прѣжде съвѣшта о васъ пророкъ исаиꙗ *Супр 325, 14-15* (прогласи *Клоц 1а 8*); мала ноужда дьнесь къ вашеи любьви съвѣштати *Супр 405, 8*; хотѣхъ продльжити слово • нъ гонѥѭтъ и съвѣштанаꙗ *Супр 423, 22-23* (реченое *Клоц 9б 2*) **4.** *сов.* συμφωνεῖν, συντίθεσθαι, καταβάλλειν договориться, условиться *о чем-л.* domluvit se, dohodnout se *o něčem*, smluvit *něco*: не по пѣнѧѕоу ли съвѣштахъ съ тобоѭ *Мт 20, 13 Мар Ас* (*Ø Зогр*); обаче цѣнѫ моѭ съвѣщашѧ отърiнѫтi *Пс 61, 5 Син*; съвѣшташѧ дати ѥмоу сърєбро *Л 22, 5 Зогр Мар*; цѣнѫ съвѣшташѧ кръвi *Клоц 5б 31* (прѣставиша *Супр 415, 11*) □ **с ъ в ѣ щ а т и с л о в о** συναίρειν λόγον свести счеты, рассчитаться *с кем-л.* zúčtovat *s někým*: изволи съвѣщати слово съ рабы своими *Мт 18, 23 Сав* (сътѧзати сѧ о словеси *Мар Ас*, *Ø Зогр*) **5. с ъ в ѣ щ а т и с ѧ** *несов.* къ комоу, чесомоу; комоу, чесомоу; съ цѣмь, чимь συμφωνεῖν соглашаться, сходиться во мнениях shodovat se: не приѥмлѭ ти хвалы безаконьныѩ • не съвѣштаѭ сѧ къ соуѥтнѣи твоѥи вѣрѣ *Супр 510, 11*; аште сѧ не съвѣштааши сь мноѭ • како ми обьштоуѥши гробоу *Супр 510, 17.— Зогр Мар Ас Сав Син Клоц Супр.— Ср.* вѣщати, вѣщавати, рещи, съвѣтъ (съвѣтъ творити, сътворити, дати, даꙗти), съвѣщавати, сътѧзати сѧ

СЪВѦЗАТИ, съвѫжѫ, съвѫжеши *и* съвѧзаѭ, съвѧзаѥши *сов./несов.* (>100) [съвѣза- ! *Мар* (1)] δεῖν, δεσμεῖν, δεσμεύειν, καταδεσμεῖν, καταδεῖν, συνδεῖν, σφίγγειν, κατέχειν, πνίγειν, πεδᾶν, ταῖς σειραῖς ἀποτιθέναι; (съвѧзанъ δέσμιος, σύζυγος; съвѧзанꙑи прѣжде πρωτόπλαστος!, πρωτόκτιστος!) связать/связывать svázat/vázat, zavázat/zavazovat: съберѣте прьвѣе • плѣвелъ • і съвѧжате ꙗ въ снопꙑ ѣко жешти ꙗ • а пьшеницѫ съберѣте въ житьницѫ моѭ *Мт 13, 30 Зогр Мар Ас*, съвѧжѣте *Унд*; і съвѧзаѩи слабо • и раздрѣшаѩи сильно *Евх 64а 18-19*; и веденъ бꙑстъ съвѧзанъ рѫкама *Супр 431, 8*; воѥвода... повелѣ ѥго съвлѣшти и съвѧзавъше бити и *Супр 50, 21*; дьнесь нераздрѣшенꙑми ѫзамі съвѧзаетъ гоубітелꙗ *Клоц 13а 28; Супр 449, 28-29*; въложивъ вь три десѧти кръчагъ • и оутврьдивъ и съвѧза и печатьлѣ оловомъ *Супр 45, 10* ● *перен.*: да съвѧжѫ мльчаниимъ оустьнѣ *Супр 242, 7* ● *сов.* заключить в оковы, посадить в тюрьму zavřít, uvrhnout do vězení: тъ бо іродъ • посълавъ ꙗтъ іоана • і съвѧза і • въ тьмьници *Мк 6, 17 Зогр Мар Ас*; бѣ же нарицаемꙑ вараава • съ своими ковьникꙑ съвѧзанъ *Мк 15, 7 Зогр Мар* □ съвѧзанъ, -ꙑи *прич.-сущ.* δέσμιος, κατάδικος узник vězeň: сии же страстоносьци съвѧзани *Супр 60, 7*; молѭ вы азъ съвѧзаныи о г⟨оспод⟩и подобьн(ѣ) ходити позъванию имьже позъвасте сѧ *Зогр-лл 16 1 (Еф 4, 1)* ◆ опакꙑ съвѧзати *см.* опакꙑ.—*Зогр Мар Ас Сав Унд Ен Евх Клоц Супр Хил Зогр-лл.— Ср.* вѧзати, съвѧзовати; съвѧзанъ *см.* съвѧзьнь, ѫжьникъ, ѫзьникъ

СЪВѦЗОВАТИ, -зоуѭ, -зоуѥши *несов.* (1) *греч. нет* связывать svazovat: нача самовидьнѣ • рѫцѣ опакꙑ съвѧзоуѩ си *Супр 560, 5-6.— Ср.* вѧзати, съвѧзати

СЪВѦЗЬНЬ, -нꙗ *м* (20) δέσμιος, δεσμώτης, κατάδικος, συγκατάδικος, ὁ ἐν δεσμοῖς узник, заключенный vězeň: на вьсѣкъ же д⟨ь⟩нь великъ • обꙑчаі бѣ іѥмоноу • отъпоуштати народоу • съвѧзънѣ егоже хотѣахѫ *Мт 27, 15 Зогр Мар Ас Сав*; по области повелѣваѩ съвѧзьнемь • изидѣте *Супр 468, 21*; тоу ї҆осифъ съвѧзанъ бꙑвъıи въ еѵгуптѣ въ тем'ници • въ образъ х⟨ристо⟩совъ съвѧзьню г⟨осподь⟩ню *Супр 460, 27*; како же съвѧзьнꙗ изведе *Супр 462, 29-30.— Зогр Мар Ас Сав Супр.— Ср.* съвѧзати (съвѧзанꙑи), ѫжьникъ, ѫзьникъ

СЪВѪЗЪ, *-а м* (5) **1.** σύνδεσμος союз, связь, соединение spojení, svazek: да бѫдемъ въ істинѫ тѣло ѥдино • не тѣлеса къ себѣ съмѣшаѭште • нъ д⟨оу⟩шѫ къ себѣ • съвѫзомь любовьнꙑмь совькоуплѣѭште *Клоц 9б 11-12*; сьвѫзоу *Супр 424, 2*; [лю]бве ѣже естъ съвѫзъ съвръшению *Кол 3, 14 Ен* **2.** δεσμός оковы, путы okovy, pouta: отрѣшаѥши беззаконии сьвѫзꙑ *Супр 507, 10.— Супр 251, 24*

СЪГАРАТИ, -раѭ, -раѥши *несов.* (3) καίεσθαι сгорать spalovat se, hořet: аще кто въ мьнѣ не прѣбѫдетъ • ізвръжетъ сѧ вонъ ѣкоже розга и ісъшетъ • і събираѭтъ ѭ и въ огнь вълагаѭтъ и съгараатъ *И 15, 6 Мар Ас Сав 27б 10* (съгоритъ *Сав 102б 17, нет Зогр*).— *Ср.* изгарати

СЪГЛАГОЛАТИ, -лѭ, -лѥши *сов.* (1) διαλέγεσθαι высказать (*свое мнение, суждение*) vypovědět: велико о дѣвьствѣ съглагола • рекꙑ *Супр 371, 1.— Ср.* издрещи

СЪГЛАСЬНО *нареч.* (1) σύμφωνος (!) единодушно, в один голос, единогласно souhlasně, svorně: м҃ сѫтъ съглас'но молитвѫ въсꙑлаѭште *Супр 95, 13.— Ср.* инодоушьно, ѥдиномѫдрьно

СЪГЛАСЬНЪ, -ꙑи *прил.* (2) *греч. нет* единодушный, согласный souhlasný, shodný: съгласна же симъ • и сьсѫдъ изборьнꙑи • ѩзꙑкомъ вьсѣмъ оучитель рече *Супр 534, 6*; възъбънѫста и съповѣдаста дроугъ дроугоу сьна того видѣниѥ • съгласноѥ рѣчи кождо ѥю *Супр 536, 17.— Ср.* равьнодоушьнъ, ѥдинодоушьнъ, ѥдиноѹмьнъ

СЪГЛѦДАТИ, -аѭ, -аѥши *сов.* (8) **1.** περιβλέπεσθαι, ἐπισκέπτεσθαι посмотреть, оглядеть, осмотреть pohlédnout, přehlédnout: і съглѧдавъ стоꙗштаꙗ окрьсть его г⟨лаго⟩ла *Мк 3, 34 Мар* (Ø *Зогр*); съглѧдавъ воѩ своѩ... нарече дьнь вь ньже сьнидетъ сѧ сь ратьникꙑ *Супр 196, 10*; иже възьрѣвъ на нь и съглѧдавꙑ и рече къ попоу *Супр 564, 15* **2.** παρατηρεῖν, ἐπιτηρεῖν высмотреть vyhlédnout si: і съглѧдавъше посълашѧ дѣлателѩ *Л 20, 20 Зогр Мар*; ноштъ съглѧдавъ вь неиже паче лютость бꙑваѥтъ *Супр 89, 5-6.— Мк 11, 11 Зогр Мар.— Ср.* назьрѣти

СЪГНИТИ, -гниѭ, -гниѥши *сов.* (3) **1.** συσσήπειν сгнить shnít: аще ключитъ сѧ • да бѫдетъ съгнило въпадъшеѥ *Евх 20а 25-20б 1* **2.** σήπειν нагноиться zanítit se: вьсмръдѣшѧ сѧ ї съгнішѧ ранꙑ моѩ *Пс 37, 6 Син; Евх 76а 13.— Ср.* изгнилъ

СЪГНѢВАТИ, -аѭ, -аѥши *сов.* (1) παραλυπεῖν рассердить, разгневать pohněvat: твораштоуоумоу прокоуда бꙑваѥт' • аште и малꙑ сьгнѣваатъ ѥмоуже завидитъ *Супр 340, 11.— Ср.* прогнѣвати

СЪГОРѢТИ, -рѭ, -риши *сов.* (3) καίεσθαι, κατακαίεσθαι сгореть shořet: и ꙗко розга исъшетъ • и събираѭтъ ѭ и въ огнь вълагаѭтъ и съгоритъ *И 15, 6 Сав 102б 17*

(съгараатъ *Мар*, съгараетъ *Ас Мар Сав 276 10, нет Зогр*); въбѣгнеши въ храминѫ • и тоу живъ огнемъ съгориши *Супр 195, 14.— Супр 565, 25.— Ср.* изгорѣти

СЪГОТОВАТИ, -аѭ, -аѥши *сов.* (2) ἑτοιμάζειν приготовить připravit: кде хоштеши съготоваѥмъ ти ꙗсти пасхѫ *Супр 415, 30* (оуготоваемъ *Мт 26, 17 Зогр Мар Ас Сав*); ꙗко недостоинѣе приемати съмѣетъ достоинымъ съготованыихъ *Зогр-лл 1а 14.— Ср.* съготовити, оуготовати

СЪГОТОВИТИ, -влѭ, -виши *сов.* (1) ἑτοιμάζειν приготовить připravit: кде хоштеши да съготовимъ ти ꙗсти пасхѫ *Супр 418, 5* (оуготоваемъ *Мт 26, 17 Зогр Мар Ас Сав).— Ср.* приготовати, приготовити, съготовати, оуготовати, оуготовити

СЪГРЪЖДАТИ СѦ, -аѭ сѧ, -аѥши сѧ *несов.* (1) σπᾶσθαι сводить судорогой, стягиваться stahovat se: потомъ възмѫштаѥтъ сѧ • и въскыпитъ • зѫбомъ зыбьѭштемъ сѧ • жиламъ съгръждаѭштемъ сѧ *Супр 89, 18*

СЪГРѢВАТИ, -аѭ, -аѥши *несов.* (2) περιθάλπειν согревать zahřívat: мене съгрѣваѥши *Супр 341, 20* □ съгрѣвати сѧ πυροῦσθαι нагреваться zahřívat se: поразоумѣи топлѣ водѣ исходѧштиї отъ землѧ • и поразоумѣите отъкѫдоу раждизаѥтъ сѧ • или отъкѫдоу съгрѣваѥтъ сѧ *Супр 129, 10-11.— Ср.* грѣꙗти

СЪГРѢЗИТИ, -грѣжѫ, -грѣзиши *сов.* (1) *греч. нет* упасть, распростереться upadnout, skácet se, zhroutit se: да не видатъ тако стар'ца лежашта бе чьсти • и съгрѣжена на земи *Супр 555, 4.— Ср.* пасти

СЪГРѢТИ СѦ, съгрѣѭ сѧ, съгрѣѥши сѧ *сов.* (1) θερμαίνεσθαι разгореться, разгорячиться rozehřát se: съгрѣ сѧ ср⟨ъ⟩д⟨ь⟩це мое въ мнѣ *Пс 38, 4 Син.— Ср.* разгорѣти сѧ

СЪГРѢШАТИ, -аѭ, -аѥши *несов.* (22) ἁμαρτάνειν, πταίειν; (съгрѣшаѩи ὁ ἁμαρτωλός, πεπληγμένος!) грешить hřešit: се цѣлъ еси • къ томоу не съгрѣшаі да не горе чьто ти бѫдетъ *И 5, 14 Зогр Мар Ас*; гнѣваите сѧ а не съгрѣшаите ѣже гл⟨аголе⟩те вь ср⟨ьдь⟩ціхъ вашіхъ *Пс 4, 5 Син; Евх 73а 13*; сего раді законъ дасть съгрѣшаѭштеімъ пѫть *Пс 24, 8 Син*; павлъ... съ красьноѭ женоѭ съпраже сѧ... ꙗже отаи ѥго съгрѣшааше *Супр 169, 8*; горе съгрѣшаѭштиимъ *Супр 168, 11-12.— Зогр Мар Ас Ен Син Киев Евх Супр Рыл*

СЪГРѢШЕНИѤ, -ниꙗ *с* (27) ἁμάρτημα, ἁμαρτία, παράπτωμα, πταῖσμα, πτῶμα, ἔγκλημα, πλημμέλημα прегрешение, грех prohřešení, hřích: аште бо отъпоуштаете ч⟨ловѣ⟩комъ съгрѣшениѣ ихъ • отъпоустить и вамъ о⟨тъ⟩ць вашь н⟨е⟩б⟨е⟩с⟨ьс⟩кы *Мт 6, 14 Зогр Мар Ас Сав*; от⟨ь⟩цъ вашъ н⟨е⟩б⟨е⟩с⟨ьс⟩кы отъпоустить вамъ съгрѣшениѣ ваша *Мк 11, 25 Мар* (прѣгрѣшениѣ *Зогр*); избави и отъ в'сего плътьскааго съгрѣшениѣ *Евх 74а 19*; съгрѣшениимъ простънѧ просѧтъ *Супр 390, 12*; въ сьгрѣшеньѥ попоуштенъ бысть въпасти • и въ сьгрѣшеньѥ вьсѣхъ горшеѥ *Супр 519, 14 и 15* ● ошибка, проступок, вина chyba, provinění, vina: не врачево то съгрѣшениѥ *Супр 414, 5-6* (бали неповінънь *Клоц 5б 1).— Зогр Мар Ас Сав Евх Супр.— Ср.* грѣхъ, прѣгрѣшениѥ

СЪГРѢШИТИ, -шѫ, -шиши *сов.* комоу; къ комоу; въ кого; надъ цѣмь; на кого; прѣдъ цѣмь (80) ἁμαρτάνειν, πταίειν, σφάλλεσθαι, πλημμελεῖν, τὸ πλημμέλημα (!), ὁρᾶν (!), ἐπέρχεσθαι (!) согрешить *против кого-л.* zhřešit *proti někomu*: съгрѣшихъ прѣдавъ крьвь неповиньнѫ *Мт 27, 4 Зогр Мар Ас Сав; Клоц 5б 12 и 5б 14; Супр 362, 30; 414, 21 и 24*; коль кратъı съгрѣшитъ братръ мои въ мѧ • и отъпоуштѫ емоу *Мт 18, 21 Мар* (Ø *Зогр*); исцѣли д⟨оу⟩шѫ моѭ ѣко съгрѣшихъ тебѣ *Пс 40, 5 Син*; надо вьсѣмі сімі съгрѣшишѧ пакы емоу *Пс 77, 32 Син*; иже съгрѣшишѧ къ тебѣ • милостивъ бѫди имъ *Евх 65б 18*; аще к'то помыслитъ на женѫ • тоуждѫ • толи не можетъ съ неѭ съгрѣшити • лѣт⟨о⟩ да покаетъ сѧ *Евх 103а 8*; съгрѣшихомъ прѣдъ тобоѭ жродъскы *Супр 3, 18-19*; съгрѣшитъ чловѣкъ къ чловѣкоу и молитъ сѧ за нь • аште ли къ богоу съгрѣшитъ кто молитъ сѧ за нь *Супр 407, 13* ● чьто; чимь; о чемь провиниться *в чем-л.* prohřešit se *něčím*: и еже съгрѣши отъдажди *Евх 74а 17*; оставиши врагоу грѣхы • и простъ бѫдеши иже къ владыцѣ съгрѣши *Супр 407, 9-10*; ни ѥдинъ отъ васъ да не съгрѣшитъ • великыимъ грѣхомъ *Супр 135, 30*; отъвѣтъ творѧштема • о нихъже съгрѣшиховѣ *Супр 211, 19.— Зогр Мар Ас Сав Син Евх Клоц Супр.— Ср.* прѣгрѣшити; грѣхъ (грѣхъ сътворити)

СЪГЪБАТИ, -блѭ, -блѥши *сов.* (1) *греч. нет* согнуть ohnout: простеръı на распонѣ • в'сѧ оуды своѧ х⟨рист⟩е б⟨о⟩же нашъ • съгъбалъ еси в'сѧ негъблѧ • и в'сѣкѫ неприѣзнь *Евх 35б 2.— Ср.* сълѧцати

СЪГЪНѪТИ, -нѫ, -неши *сов.* (3) πτύσσειν согнуть, свернуть, сложить svinout, složit: и съгънѫвъ кънигы въдавъ слоугѣ сѣде *Л 4, 20 Мар Ас Сав* (Ø *Зогр*).— *Ср.* съвити

СЪДЕЛѢВАТИ, -аѭ, -аѥши *несов.* (1) ἐκνικᾶν преодолевать, одолевать, побеждать přemáhat, překonávat: законоу оубо црькъвноумоу • покарѣѩ сѧ присагохъ • ꙗкоже моштьно стѫпа ти • величьствиѥм' же оуказаньꙗ • сьделѣва(ѥмъ) *Супр 508, 15.— Ср.* одолѣвати

СЪДЕЛѢТИ, -ѣѭ, -ѣѥши *сов.* комоу, чесомоу (1) νικᾶν преодолеть, одолеть, победить přemoci, překonat: и вьсѫдѣ акы сльньце сиꙗѥтъ • сьделѣша земи мошти правьдиваго *Супр 508, 26-27.— Ср.* оделѣти, одолѣти, съдолѣти, оуделѣти, оудолѣти

СЪДОЛѢТИ, -ѣѭ, -ѣѥши *сов.* (1) τολμᾶν преодолеть, одолеть, победить přemoci, překonat: дроузии же искоушаѭште ꙗкоже не иматъ съдолѣти *Супр 36, 2.— Ср.* оделѣти, одолѣти, съделѣти, оуделѣти, оудолѣти

СЪДОСТОꙖНЪ, -ꙑи *прил.* (1) *греч. нет* надлежащий, соответствующий náležitý, příslušný: вьсе бо се... обьшти сънъмі прокламі сѫтъ • нъ і позьрѫштаѩ ихъ кънѧзѧ тако вь самѩ бештініцѧ • і не подобаетъ показаѭштіхъ • съдостоѣноу емоу постоу • въ разліченье проклеНьше въ вѣчънꙑ огнь отъвръгѫ сѧ *Клоц 2а 26*

СЪДРАВИѤ, -иꙗ *с* (34) ὑγιεία, ὑγεία, ὁλοκληρία, εὐρωστία salus здоровье zdraví: съдравіе намъ дазь *Киев 4а 11*; дажди емоу съдравие *Евх 43а 3-4*; дажди емоу на съдравие чистъ гласъ *Евх 43а 22*; в'сели съдравие вь тѣло его *Евх 30а 2*; ѣко тꙑ еси глава наша • і глава твоѣ съдравие наше *Евх 28б 21*; да въ съдравьи прѣбꙑваѩ • прославлѣетъ тѧ *Евх 29а 15*; абиѥ же ичазаахѫ таинꙑѩ ихъ страсти • и вьстаꙗхѫ оукрѣпьꙗѥмꙑ • истъıимъ и приснъıимъ съдравиїмъ *Супр 557, 7*; погоубимъ доушевьна'го съдравиꙗ *Супр 494, 29.— Евх Киев Супр Зогр-лл*

СЪДРАВЪ, -ꙑи *прил.* (38) ὑγιής, ὑγιαίνων, ἰσχύων, ἐν ἀνέσει; (съдравъ бꙑти ὑγιαίνειν, καλῶς ἔχειν) здоровый zdravý, zdráv: не трѣбоуѭтъ съдравиі врачевъ • нъ болѧштеі *Мк 2, 17 Зогр Мар Ас Сав*; и оутвръди сѧ рѫка его • съдрава • ѣко и дроугаѣ *Мк 3, 5 Ас* (цѣла *Зогр Мар Сав*); на недѫжьнꙑѩ рѫкъи възложатъ и съдрави бѫдѫтъ *Мк 16, 18 Ас Мар* (∅ *Зогр*); посъли слово твое съдравое • ицѣлѣѭщее *Евх 40б 14*; їмъ ѭ за рѫкѫ и въставивъ • прѣдастъ ѭ родителема съдравѫ *Супр 520, 11.— Зогр Мар Ас Сав Евх Супр.— Ср.* цѣлъ

СЪДРОБИТИ, -блѭ, -биши *сов.* (1) καινοτομεῖν (!) раздробить, разломить (?), сломать (?) rozdrobit, zlomit (?): велико чоудо бракъ прѣити • и ѥстьство съдробити *Супр 428, 14.— Ср.* раздробити

СЪДРОУЖИТИ, -жѫ, -жиши *сов.* кого съ цѣмь (1) φίλον ποιεῖν сдружить, подружить spřátelit: да и съ аггелꙑ и съ аггельскомь владꙑкоѭ • да тѧ съдроужитъ врага сѫшта и ратьника *Супр 422, 5* (хотѧшта [г]дроуга сътворіти *Клоц 8б 31*)

СЪДРЬЖАТИ, -жѫ, -жиши *несов./сов.* (?) (11) [-дръ- *Ен* (1) *Супр* (8) *Рыл* (2)] **1.** κατέχειν держать držet: въздвиженъ бꙑваатъ дланьми • съдръжди земьѭ рѫкоѭ *Супр 456, 9* **2.** *перен.* κατέχειν, συνέχειν, κρατεῖν, πιέζειν, ἔπειν (!) владеть *кем-л., чем-л.*, держать в своей власти ovládat *někoho, něco*, vládnout *nad někým, něčím*: ꙗко зѣло мѧ съдръжатъ розличьнии помꙑсли *Супр 524, 24*; тѧжестиѭ пльтолюбиваего бѣса велми съдръжимъ *Супр 276, 11*; вьси же стрѣгѫштиї сьномь съдръжими бѣахѫ *Супр 78, 2*; прѣдаѥши рьци ми вьса съдръжѧштааго • бѣсꙑ владѫштааго *Супр 412, 6* (иже вьсѣчъскаа одръжітъ *Клоц 4б 33*) **3.** *греч. нет* блюсти, сохранять, удерживать, хранить uchovávat, schovávat: тъи вь своеи памѧти б⟨о⟩ж⟨ь⟩с⟨тв⟩ьнѣи съдръжиши в'сѣхъ дѣлеса • и словеса *Рыл 7бβ 15-16* **4.** *сов.* (?) *перен.* συγκροτεῖν сдержать, удержать zachovat, uchovat: (ю)нот'нѣ д⟨оу⟩ши ѥст⟨ъ⟩ могѫщи съдръжати свое г⟨лаго⟩лѭ житье посрѣдѣ съблазнъ *Рыл 4аα 22* **5.** συνέχειν *перен.* угнетать, удручать, мучить sužovat, trápit: рабъ же б⟨о⟩жии видѣвъ чловѣка съдръжима и събиѥна • отъ сълоучивъшиїхъ ѥмꙋ зълъ *Супр 42, 5-6* ▭ **съдрьжати сѧ** мучиться trápit se: оукланꙗѭ сѧ страхꙑ • и отъвьсѫдѣ съдръжѫ сѧ • како сьрѧштѫ се дѣꙗниѥ *Супр 508, 16.— Супр 54, 17-18; 2 Кор 6, 1 Ен.— Ср.* дрьжати, одрьжати, оудрьжати

СЪДЫХАНИѤ, -иꙗ *с* (1) σύμπνοια единодушие, единомыслие jednomyslnost, shoda: м҃ сѫтъ мѫжь • ꙗкоже ѥдинѫ д⟨оу⟩шѫ имѫште • въ раздѣлена тѣлеса • а въ ѥдномъ съдꙑхании • и ѥдин҃ении вѣрꙑ *Супр 82, 18.— Ср.* иномꙑшлѥниѥ

СЪДѢВАТИ, -аѭ, -аѥши *несов.* (2) μετέρχεσθαι, ἐπιτελεῖν совершать, делать, исполнять konat, vykonávat: ѣко да бѫдетъ... въ вꙑшънее послоушание наказаѩ сѧ • трѣзвение съдѣваѩ *Евх 99а 20*; въ пръвѫѭ скиниѭ • вънѫ въхождахѫ иереи • слоужбꙑ съдѣваѭще *Евр 9, 6 Ен.— Ср.* дѣꙗти, съврьшати, творити

СЪДѢИСТВО, -а *с* (1) σύναρσις содействие, помощь spolupůsobení, pomoc: съдѣиствомъ господа нашего... ово ихъ избиша ово же прогнаша *Супр 197, 7.— Ср.* помощь, поспѣшениѥ

СЪДѢИСТВОВАТИ, -ствоуѭ, -ствоуѥши *несов.* (2) συνεργεῖν содействовать, помогать spolupracovat, pomáhat: христовоѭ благодѣтиѭ • сьдѣиствоуѭштоу ѥмоу и блаженоуоумоу антонию • сътвори ѥмоу хꙑзинѫ *Супр 171, 6-7*; съдѣиствоуѭще же молимъ не въ тъште приѩти благодѣти б⟨о⟩жиѩ вамъ *Зогр-лл 1а 16* (*2 Кор 6, 1*).*— Ср.* помагати, поспѣшати, поспѣшьствовати, поспѣꙗти

СЪДѢИСТВЬНИКЪ, -а *м* (1) σύνεργος помощник, сподвижник, соратник spolupracovník, pomocník: **да съпоборетъ за истинънѫѭ и правѫѭ вѣрѫ • иже прѣхвальнии отьци • съдѣиствьникы** (! *вм.* -**къ**) **имѫште с⟨вѧ⟩тыи доухъ** *Супр 189, 3.— Ср.* **помоцьникъ, поспѣшьникъ, съпоспѣшьникъ**

СЪДѢЛАТИ, -**аѭ**, -**аѥши** *сов.* (17) ἐργάζεσθαι **1.** *без доп.* сделать, произвести, исполнить (*работу, какое-л. дело*) vykonat (*práci*): **на ѥдинь часъ наѧтъ бъıстъ нъ добрѣ сьдѣла** *Супр 427, 6* **2.** **чьто** πραγματεύεσθαι сделать, совершить vykonat, učinit: **дѣло бо добро съдѣла о мнѣ** *Мт 26, 10 Зогр*, **съдѣла въ мьнѣ** *Ас Сав* (**сътвори вь мьнѣ** *Мар*); *Мк 14, 6 Зогр Мар*; **дѣло еже съдѣла бо дьни іхъ • во дьни пръвыѩ рѫка твоѣ ѩзыкы потрѣби** *Пс 43, 2 Син*; **блѫдъ сътворихъ • оубои сьдѣлахъ** *Супр 528, 11*; **да быша та жде и нама сьдѣлалъı** *Супр 213, 4-5* **3.** причинить, доставить způsobit: **б⟨ог⟩ъ же цѣсарь нашь прѣжде вѣка • съдѣла с⟨ъ⟩п⟨асе⟩ніе посрѣдѣ землѩ** *Пс 73, 12 Син; Ен 32а 9.— Зогр Мар Ас Сав Ен Син Евх Супр.— Ср.* **издѣлати, издѣꙗти, съдѣꙗти, сътворити**

СЪДѢТЕЛЬ, -**ꙗ** *м* (6) δημιουργός создатель, творец tvůrce, stvořitel: **съдѣтелю в'семъ • і бали недѫжънымъ г⟨оспод⟩і** *Евх 84а 4*; **і в'сѣкомоу сѫщьствоу • съдѣтель** *Евх 64а 12*; **не забѫдѫтъ • добрааго съдѣтелѣ** *Клоц 6б 30*; **не имѣ ї⟨соу⟩с⟨ъ⟩ водъı • нъ и на крьстѣ висимъ сьдѣтель водѣ быстъ** *Супр 483, 13.— Супр 84, 14; 471, 26.— Ср.* **зиждитель, съзьдатель, творьць**

СЪДѢТЕЛЬНЪ, -**ыи** *прил.* (1) δημιουργικός творческий, созидательный tvůrčí: **присносы съ о⟨ть⟩цемь • съдѣтельнаа сила** *Евх 63а 19*

съдѣти *см.* **съдѣꙗти**

СЪДѢꙖНИѤ, -**ꙗ** *с* (1) *греч. нет* поступок, действие skutek, jednání: **пръвое б⟨ог⟩а поставлѣѭ послоуха • съдѣанием монмъ** *Евх 67б 23-24.— Ср.* **дѣло, дѣтѣль, дѣꙗниѥ**

СЪДѢꙖТИ, -**ѣѭ**, -**ѣѥши** *сов. и несов.* (8) **1.** *сов.* ἐργάζεσθαι, πράσσειν сделать, совершить vykonat, učinit: **ні поганъскъ етеръ обычаі съдѣати** *Клоц 2а 15*; **нашего бо ради сьпасеньꙗ • вьсе сьдѣалъ** *Супр 489, 4-5* **2.** **съдѣꙗти сѧ** *несов.* τελεῖσθαι происходить dít se: **силы а⟨нъ⟩ѣ⟨е⟩лъскыꙗ • прѣстоꙗтъ на съдѣѭщиꙗ сѧ • дьнесь въ обѣщаніе твое** *Евх 86б 8.— Евх 51б 16; 66а 5; Клоц 9а 1; Супр 495, 27; 502, 8.— Ср.* **дѣꙗти, съдѣлати, сътворити**

СЪЖАГАТИ, -**гаѭ**, -**гаѥши** *несов.* (2) κατακαίειν сжигать spalovat: **сихъ тѣлеса съжагаѭтъ внѣ стана** *Евр 13, 11 Ен*; **плѣвелі събіраѭтъ сѧ • и огнемъ съжагаѭтъ сѧ** *Мт 13, 40 Ас* (**съжизаѭтъ** *Зогр*, **съжиѕаѭтъ** *Мар*, **съжиѕаѭтъ сѧ** *Унд*).— *Ср.* **зажиѕати, съжиѕати, жещи**

СЪЖАЛИТИ СИ, -**лѭ си**, -**лиши си** *сов.* (4) λυπεῖσθαι, οἰκειοῦσθαι опечалиться, огорчиться zarmoutit se: **видѣвъше же оубо клеврѣти... бывъша съжалишѧ си ѕѣло** *Мт 18, 31 Мар Ас Сав* (∅ *Зогр*); **онъ же слышавъ и съжаливъ си • о напасти свѧтынхъ црькъвъ** *Супр 199, 15-16.— Ср.* **въпечалити сѧ, оскрьбѣти, опечалити (сѧ), пожалити си**

СЪЖЕЖЕНИѤ, -**ꙗ** *с* (1) καῦσις сожжение spálení: **смрадъ бо съжежениꙗ ѥю ѥште въ ноздрехъ моихъ ѥстъ** *Супр 198, 20-21*

СЪЖЕЩИ, **съжегѫ**, **съжежеши** *сов.* (19) **1.** κατακαίειν, καίειν; (**огнемь съжещи** ἐν πυρὶ παραδιδόναι) сжечь spálit: **съберетъ пьшеницѫ • вь житьницѫ своѭ • а плѣвы съжежетъ огнемь не гашѫштимь** *Л 3, 17 Зогр Мар Ас Сав; Мт 3, 12 Зогр* (∅ *Мар*); **съжегоша тѣлеса с⟨вѧ⟩тыихъ** *Супр 80, 23*; **вьса капишта съкроуши • и огнемъ съжеже** *Супр 220, 27* ● предать сожжению upálit: **съжешти коумиромъ сыны и дьштери** *Супр 127, 8*; **живъ да сѧ съжежетъ** *Супр 142, 23* **2.** *греч. нет* зажечь, поставить свечу (*перед иконой*) zapálit, postavit svíci (*před ikonou*): **да съжежетъ в҃ свѣщѧ въ црък'ве** *Евх 44б 2.— Зогр Мар Ас Сав Унд Син Евх Супр.— Ср.* **пожещи**

съжиждетъ (!) *Супр 204, 7 см.* **съзьдати**

СЪЖИЅАТИ, -**аѭ**, -**аѥши** *несов.* (4) κατακαίειν сжигать spalovat: **ѣко оудобь събираѭтъ плѣвелы • ѣко огнемь съжизаѭтъ** *Мт 13, 40 Зогр*, **съжиѕаѭтъ** *Мар*, **съжиѕаѭтъ сѧ** *Унд* (**съжагаѭтъ сѧ** *Ас*) ● τῷ πυρὶ παραδιδόναι сжигать, предавать сожжению upalovat: **повелѣ вести ѩ въ своѭ • земьѭ... и тоу живы ѩ съжизати** *Супр 111, 12.— Ср.* **жещи, зажиѕати, съжагати**

СЪЖИМАТИ, -**аѭ**, -**аѥши** *несов.* (1) πηγνύειν укреплять, делать крепким upevňovat, posilovat: **ты ослабѣвъшаа тѣлеса съжимаѩ • і сьмрьти ізгонѩ** *Евх 26б 19*

СЪЖѦТИ, **съжьмѫ**, **съжьмеши** *сов.* (1) περισφίγγειν сжать, сдавить, подавить zmáčknout, potlačit; *перен.*: **хотѣх' мльчанимъ ѩзыка си съсѫдъ съжѧти** *Супр 396, 7-8*

съзади *см.* **зади**

СЪЗАЖДА *нареч.* (1) ἐκ τῶν ὀπίσω сзади zezadu: **за оуши влѣчаахѫ и • дроугии же съзажда пориваахѫ а дроузиї биꙗхѫ** *Супр 44, 21.— Ср.* **зади (съ зади)**

СЪЗИДАТИ, -**аѭ**, -**аѥши** *несов.* (9) **1.** οἰκοδομεῖν строить, возводить, созидать stavět, budovat: **разарѣѩ цръковь • і трьми дьньми**

съзидаꙗ *Мт 27, 40 Зогр Мар Ас Сав*; пр⟨оро⟩ка бо въ ꙗзыцѣхъ положихъ тѧ • ꙇскоренити • и насадити • раскопавати • ꙇ съзидати *Евх 82б 1* **2.** πλάσσειν совершать, делать konat, dělat: да не прѣждетъ тебѣ прѣстолъ безаконенїѣ • съзідаꙗ троудъ на повелѣние *Пс 93, 20 Син.— Мк 15, 29 Зогр Мар Сав.— Ср.* зьдати

с ъ з и ж д - *см.* съзьдати

СЪЗИРАТИ СѦ, -аѭ сѧ, -аѥши сѧ *несов.* (2) βλέπειν смотреть друг на друга, переглядываться pohližet (*vzájemně na sebe*): съзираахѫ же сѧ междю собоѭ оученици • не домышлѣаште о комь г⟨лаго⟩летъ *И 13, 22 Зогр Мар*

СЪЗОРИТИ, -рѭ, -риши (1) ὡριμάζειν довести до зрелости, сделать зрелым učinit zralým: не ѥгоже жрънви съмлѣшѧ • и рѫцѣ оумѣсиста и огнь съвръши • нъ ѥгоже дѣвица без-д-рала и бе сѣмене просвѣти • и крьстъ съзори • и отьць съвръши *Супр 396, 2*

с ъ з р ь н о *Супр 397, 6 см.* зрьно

СЪЗЪВАТИ, съзовѫ, съзовеши *сов.* (9) [сьзьва- *Ас* (1), созъва- *Мар* (1)] συγκαλεῖν созвать, пригласить svolat, sezvat: пилатъ же съзъвавъ архиереꙗ • ꙇ кънѧзѧ • ꙇ люди • рече къ нимъ *Л 23, 13 Зогр Мар*; съзъва старѣишинꙑ града *Супр 17, 6*; вьсѣхъ на насыштение съзъвашѧ *Супр 327, 7-8.— Л 9, 1 Зогр Мар Ас 150б 16; Супр 208, 4; 320, 5.— Ср.* призъвати

СЪЗЫВАТИ, -аѭ, -аѥши *несов.* (6) συγκαλεῖν созывать, приглашать svolávat, zvát: ꙇ пришьдъ въ домъ свої • съзываетъ дроугꙑ • ꙇ сѫсѣдꙑ *Л 15, 6 Зогр Мар; Л 15, 9 Зогр Мар*; радостьѭ бо творець • силꙑ н⟨е⟩б⟨е⟩сънꙑꙗ • съзываетъ *Евх 85б 11.— Евх 74а 14.— Ср.* възывати, призывати

СЪЗЬДАНИѤ, -ниꙗ *с* (11) [съзъда- *Зогр* (1) *Мар* (1) *Евх* (1) *Супр* (2), созъда- *Евх* (3) *Син* (1), създа- *Ен* (1)] **1.** κτίσις, διάπλασις создание, сотворение vytvoření, stvoření: а отъ начала създанию • мѫжа ꙇ женѫ сътворилъ ѥ естъ б⟨ог⟩ъ *Мк 10, 6 Зогр Мар* **2.** *перен.* οἰκοδομή назидание, наставление zdokonalení: мирна гонимъ • ѣже въ създание себѣ *Рим 14, 19 Ен* **3.** πλάσμα, κτίσμα создание, творение; существо stvoření, tvor, bytost: възъвавꙑи създание твое • зъванием с⟨вѧ⟩тымь *Евх 98б 23*; посъланъ бꙑстъ гаврилъ • обрѫчити създание • създавъшоуоумоу ѥ *Супр 244, 13-14*; въскрьсни създание мое *Супр 468, 26* ● *перен.* сущность podstata: тъ позна созъданье наше *Пс 102, 14 Син.— Евх 2а 15; 53а 21; 56а 15; Супр 188, 8.— Ср.* зьданиѥ, съплесканиѥ, сътворение, тварь

СЪЗЬДАТЕЛЬ, -лꙗ *м* (1) πλάστης создатель, творец, зиждитель tvůrce, stvořitel: не ч'ти мене бечьствоуѧ създателꙗ *Супр 510, 13.— Ср.* зиждитель, строитель, съдѣтель, творьць

СЪЗЬДАТИ, съзиждѫ, съзиждеши *сов.* (96) [съзъда- *Зогр* (11) *Мар* (5) *Сав* (1) *Син* (1) *Евх* (3) *Супр* (23) *Рыл* (1), созъда- *Мар* (7) *Син* (10) *Евх* (1), сьзьда- *Ас* (2), созьда- *Ас* (1), соз'да- *Супр* (1), създа- *Сав* (2) *Супр* (1), съжиждетъ (!) *Супр* (1)] **1.** οἰκοδομεῖν, κτίζειν, ἀνοικοδομεῖν, ἐγείρειν (!); (съзьданъ бꙑти γίγνεσθαι) построить, воздвигнуть vystavět, vybudovat: чл⟨овѣ⟩къ бѣ домовитъ • иже насади виноградъ... ꙇ ископа вь немь точило • ꙇ созъда въ немъ стлъпъ *Мт 21, 33 Мар Ас Боян* (∅ *Зогр*); *Мк 12, 1 Зогр Мар*; разорѭ житьницѧ моѭ • ꙇ большѧ съзиждѫ *Л 12, 18 Зогр Мар Ас Сав*; и прѣбꙑвъ въ гостиньници ꙗже... създана бꙑстъ отъ блаженꙑꙗ евдокиꙗ *Супр 282, 16*; ї да съзіждѫтъ сѧ стѣнꙑ *Пс 50, 20 Син*; къто ѥю варивъ • съжиждетъ (!) ѥмоу клѣть *Супр 204, 7* **2.** οἰκοδομεῖν, οἰκοδομή (!), μεγαλύνειν (!) укрепить, утвердить upevnit: събраша съборъ да не вѣрѫ съзиждѫтъ *Супр 385, 13* ▭ с ъ з ь д а т и с ѧ *перен.* утвердиться (*в намерении*) ujistit se: аще бо кто видитъ тѧ им(ѫ)шта разоумъ въ трѣ(б)ниш(н) възлежашта • не съв(ѣс)тъ ли емоу немощноу сѫщоу • съз(и)ждетъ сѧ ѣсти идоложрътвьнаѥ *1 Кор 8, 10 Ен* **3.** πλάσσειν, κτίζειν, πλαστουργεῖν создать, сотворить stvořit, učinit, vytvořit: бѫдѫтъ бо дьнье ти скръбьни • ѣко не бꙑстъ тако отъ начѧла зъданию • еже създа б⟨ог⟩ъ до нꙑнѣ *Мк 13, 19 Зогр Мар*; рѫцѣ твої сътвористе мѧ ї создасте мѧ *Пс 118, 73 Син*; тꙑ своеѭ прѣмѫдростиѭ • созъдалъ еси ч⟨ловѣ⟩ка *Евх 57б 19*; северъ ї море тꙑ созъда *Пс 88, 13 Син*; ср⟨ъ⟩д⟨ь⟩це чисто съзіжді въ мнѣ б⟨о⟩же *Пс 50, 12 Син*; адамъ създанъ бꙑстъ въ шестꙑи дьнь *Супр 429, 8-9*; тварь рѫкоу моѥю измьжда очрьнѣ • ѭже създахъ добротѫ *Супр 247, 18-19*; създати д⟨оу⟩ши просвѣщенье *Рыл 2аβ 8-9* ▭ с ъ з ь д а т и с ѧ быть созданным, возникнуть být stvořen, vzniknout: тъ повелѣ ꙇ созъдаше сѧ *Пс 32, 9 Син*; с ъ з ь д а н ꙑ и п р ѣ ж д е *в знач. прил.* πρωτόπλαστος первозданный prvostvořený: адамъ създанꙑи прѣжде *Супр 468, 14*; с ъ з ь д а н а ꙗ *ж в знач. сущ.* κτίσις творение stvoření: вь все врѣмѧ освѣштаетъ създанѫѭ • вьсѫ тьмѫ отъгони отъ вьселеныꙗ *Супр 509, 5.— Зогр Мар Ас Сав Боян Ен Син Евх Супр Рыл.— Ср.* възградити, сътворити;

съзьданꙑи прѣжде *ср.* прьвозьданъ, прьвосътворенъ; съзьданиꙗ *ср.* тварь

СЪЗЬРѢТИ, -ѣѭ, -ѣеши *сов.* (4) [созърѣ- *Мар* (1)] ἀκμάζειν, παραδιδόναι созреть, поспеть dozrát, uzrát: егда же съзьрѣетъ плодъ • посълетъ сръпъ • настоитъ жѧтва *Мк 4, 29 Зогр*, созърѣатъ *Мар*; видѣвъ нивѫ добрѫ и плодънѫ и съзьрѣвъшѫ *Супр 40, 27*.— *Супр 41, 25*

СЪКАЗАНИѤ, -ниꙗ *с* (12) **1.** ἑρμηνεία λύσις, παράδοσις объяснение, истолкование, разъяснение výklad, vysvětlení: нъ азъ съказанию семоу тъштѫ сѧ • вънрѣкꙑ глаголати *Супр 346, 21*; слово... о съказании свѧтꙑихъ таинъ *Супр 405, 5* **2.** δήλωσις сообщение, известие sdělení, oznámení: съказание словесъ твоїхъ просвѣштаетъ *Пс 118, 130 Син* **3.** ἱστορία рассказ, повествование, сказание vyprávění, příběh: вьзидѣмь оубо къ еваггелискомоу съказанию *Супр 390, 20*; вѣсте сами съказание облаженааго давида *Супр 359, 14* **4.** ἀπόδειξις, ὑπόδειγμα свидетельство, доказательство dosvědčení, důkaz: се съказание кротости твьрдааго їѡсифа *Супр 367, 5*; вьзьмъ же и маломь съказаниемъ' • на ꙗвьление глаголемꙑимъ *Супр 361, 9* **5.** ὑπόθεσις условие, основание, повод podmínka, podstata: къ жрьтвѣ приходиши грьдѣ и с⟨вѧ⟩тѣ • оубои сѧ съказаниꙗ того приноса *Супр 421, 30*.— *Супр 317, 2; 345, 16-17; 411, 7; 439, 16*.— *Ср.* казание, повѣдание, оуказание

СЪКАЗАТЕЛЬ, -лꙗ *м* (1) ἑρμηνεύς истолкователь vykladač: сеи смокви мнози съказатеꙉе рѣшѧ о жидовьстѣ съборѣ приложенѣ бꙑти *Супр 346, 13*

СЪКАЗАТИ, съкажѫ, съкажеши *сов.* и съказаѭ, съказаеши *несов.* (>100) **1.** *сов./несов.* διασαφεῖν, ἐξηγεῖσθαι, ἑρμηνεύειν, διερμηνεύειν, φράζειν, διηγεῖσθαι, ἐπιλύειν, διανοίγειν, παραμένειν разъяснить/разъяснять; объяснить/объяснять, истолковать/истолковывать vyložit/vykládat, vysvětlit/vysvětlovat: съказааше ꙇма отъ вьсѣхъ кънигъ ꙗже бѣахѫ о немь *Л 24, 27 Зогр Мар Ас Охр; Супр 478, 3*; съкажи намъ притъчѫ плѣвелъ селънꙑхъ *Мт 13, 36 Зогр Мар Ас Унд*; съказаѭ же вамъ • кого сѧ оубоите *Л 12, 5 Зогр Мар Боян*, съкажѫ *Ас*; да съкажетъ емоу кто естъ *Супр 294, 26* **2.** *несов.*: съказаемо естъ, съказаетъ сѧ μεθερμηνεύεται, съказаетъ сѧ ἑρμηνεύεται означает, значит znamená: имъ за рѫкѫ отроковицѫ • г⟨лаго⟩ла еі • талитакоумъ • еже естъ съказаемо • дѣвице тебѣ г⟨лаго⟩лѭ въстани *Мк 5, 41 Зогр Мар*; и нарекѫтъ имѧ емоу еммаѹилъ • еже естъ съказаемо сь нами б⟨ог⟩ъ *Мт 1, 23 Ас Сав Боян* (∅ *Зогр Мар*); кифа • еже съказаетъ сѧ петръ *И 1, 43 Зогр Мар Ас* (2) **3.** *сов./несов.* διασαφεῖν, διαγορεύειν, ἐξηγεῖσθαι, αἰνίσσεσθαι, λέγειν, ἐκλέγειν, καταλέγειν, παραινεῖν сказать/говорить, сообщить/сообщать, сделать/делать *что-л.* известным říci/říkat, sdělit/sdělovat, oznámit/oznamovat, vyprávět: ι пришедъше съказашѧ г⟨осподи⟩ноу своемоу вьсѣ бꙑвъшаа *Мт 18, 31 Мар Ас Сав* (∅ *Зогр*); се бо съказаꙗ еванѣлистъ рече *Клоц 5а 7* (заштицаѧ *Супр 412, 17*); да відімъ съ страхомь • чъто семоу істълѣнье • б⟨о⟩жі законъ съказаетъ *Клоц 1б 26*; пръвое и послѣдьнее исповѣдание • таинꙑ ср⟨ъдь⟩цю • ѣкоже б⟨о⟩жиꙗ повѣсти съказаѭтъ *Евх 92а 11*; ꙗкоже великꙑѧ и истинънꙑѧ благꙑѧ нравъ мѫжа • съказахомъ *Супр 520, 25* **4.** *сов./несов.* ἀπαγγέλλειν, γνωρίζειν возвестить/возвещать, провозгласить/провозглашать ohlásit/ohlašovat, zvěstovat: в⟨ь⟩се ѣже слꙑшахъ отъ о⟨ть⟩ца моего • съказахъ вамъ *И 15, 15 Зогр Мар Ас Сав*; нъ придетъ година • егда оуже въ притьчахъ не г⟨лаго⟩лѭ вамъ • нъ съ дръзновениемь • о о⟨ть⟩ци съкажѫ вамъ *И 16, 25 Сав 140а 14* (възвѣштѫ *Зогр Мар*, възвѣштаѭ *Ас*, повѣдѣ *Сав 106а 19*); брат⟨ие⟩ сказаѭ вамъ ев⟨а⟩нг⟨е⟩лие *1 Кор 15, 1 Ен*; съкажи ми г⟨оспод⟩і конъчинѫ моѭ *Пс 38, 5 Син* **5.** *сов./несов.* δεικνύναι, ἀποδεικνύναι, ὑποδεικνύναι, μηνύειν, σημαίνειν, γνωρίζειν, δῆλον ποιεῖν, ὑποτίθεσθαι открыть/открывать, указать/указывать ukázat/ukazovat: къто съказа вамъ бѣжати отъ грѧдѫштааго гнѣва *Л 3, 7 Зогр Мар Ас Сав*; пѫті твоѩ г⟨оспод⟩і съкажі мі *Пс 24, 4 Син*; да съкатъ (*вм.* съкажетъ) імъ силѫ своѭ *Пс 105, 8 Син*; г⟨оспод⟩і б⟨о⟩же в'седръжителю • съказавъ ковьчегомь образъ цр⟨ь⟩к⟨ъ⟩вьнꙑ *Евх 16а 1-2*; прідохъ пакꙑ съказатъ ѳомѫ *Супр 498, 16*; посъланъ бꙑстъ гаврилъ съказати сѫштааго на прѣстолѣ • и въ врьтьпѣ *Супр 244, 28* ● *сов.* συντάσσειν приказать přikázat: дашѧ на селѣ скѫдельничи • ѣко же съказа мнѣ г⟨оспод⟩ь *Мт 27, 10 Зогр Мар Ас Сав*.— *Зогр Мар Ас Сав Охр Унд Боян Ен Син Евх Клоц Супр*.— *Ср.* глаголати, заповѣдати, заповѣдѣти, повѣдати, повѣдѣти, рещи, съповѣдати, оуказати

СЪКАЗОВАТИ, -зоуѭ, -зоуеши *несов.* (1) διέρχεσθαι говорить, повествовать, рассказывать říkat, vypravovat, vykládat: многа же и о сѫдьнѣѣмь дьни съказова словеса *Супр 412, 27*.— *Ср.* глаголати, повѣдовати, съповѣдовати

съкатъ *Пс 105, 8 Син см.* съказати

СЪКЛѢСТИТИ, съклѣщѫ, съклѣстиши

сов. (1) σφίγγειν сдавить, стиснуть umačkat: **къдьва отъ народа съклѣштеномъ сѫштемъ • въведоша ѩ въ тьмницѫ** *Супр 133, 22*

СЪКЛѢЩАТИ, **-аѭ, -аѥши** *несов.* (1) σφίγγειν сжимать, давить svírat, tísnit; *перен.*: **въ часъ же прьвыи ношти • съклѣштаахѫ сѧ отъ стоудени с⟨вѧ⟩тии • и тѣло имъ распадааше сѧ** *Супр 76, 20-21*

СЪКЛЮЧИТИ, **-чѫ, -чиши** *сов.* (1) συγκλείειν связать, опутать spoutat: **съключиша бо насъ грѣси свои** *Супр 108, 10-11.— Ср.* **заключити**

СЪКОНЬЧАВАТИ, **-ваѭ, -ваѥши** *несов.* (14) **1.** πληροῦν, ἄγειν, ἔναυλον ἔχειν исполнять, завершать plnit, uskutečňovat: **господьнѭ заповѣдь съконьчаваѩ** *Супр 253, 9*; **старьца наю заповѣдь съконьчаваѥвѣ** *Супр 296, 29-30*; **вьсе съконьчавааше послоушаниѥ** *Супр 283, 28-29*; **дьньѭ же орьлоу то жде съконьчаваѭштоу дѣло** *Супр 537, 30* ▭ **съконьчавати сѧ** συντελεῖσθαι вести себя, поступать *как-л.* chovat se: **аште по плиштоу ихъ приходаштоуоумоу къ мьнѣ съконьчаваѭтъ сѧ** *Супр 305, 2-3; 305, 8; 306, 6* (*Быт 18, 21*) **2.** **съконьчавати сѧ** συμπληροῦσθαι, διαπεραίνειν, συντελεῖσθαι заканчиваться, прекращаться končit: **быс⟨тъ⟩ же егда съконьчаваахѫ сѧ дьньѥ • въсхожденью его** *Л 9, 51 Зогр Мар*; **молитвьнаа словеса съконьчаваахѫ сѧ** *Супр 276, 17-18* ● ἐκλείπειν погибать, кончаться, умирать hynout, umírat: **желаѥтъ ї сконьчаваѥтъ сѧ д⟨оу⟩ша моѣ** *Пс 83, 3 Син.— Супр 297, 24; 463, 29-30; 476, 8.— Ср.* **исконьчавати, коньчати, мрѣти, оумирати**

СЪКОНЬЧАНИѤ, **-ниꙗ** *с* (27) **1.** συντέλεια, τέλος, ἔκβασις, τὸ πληρῶσαι, τὸ τελέσαι окончание, завершение, конец skončení, konec: **тако бѫдетъ въ съконьчаниѥ вѣка сего** *Мт 13, 40 Зогр Мар Ас Унд; Мт 13, 49 Зогр Мар Сав и 28, 20 Зогр Мар Ас Сав*; **добрыи начѧтъкъ оутврьди съконьчаньѥмъ** *Супр 512, 24*; **сѣдоста оба ꙗсти хлѣбъ • по вкоушениї же има и по съконьчании благодарьствиꙗ • пакы сѣдоста** *Супр 524, 20* ● θάνατος, τελείωσις, τελευτή, τὸ τελειωθῆναι кончина, смерть smrt, skon: **ихже възиражще на сконъчаниѥ животоу • подобити сѧ вѣрѫ** *Евр 13, 7 Ен*; **дьвѣма лѣтома по съконьчании свѧтааго** *Супр 217, 24-25*; **очищаѩ емоу д⟨оу⟩шѫ и тѣло • съхрани и до съконьчаниѣ** *Евх 81б 2-3*; **проувѣдѣвъ прѣжде трии дьнии • съконьчаниѥ своѥ** *Супр 168, 18*; **приде на съконьчаниѥ с⟨вѧ⟩тааго отца** *Супр 295, 12* **2.** ἐκπλήρωσις свершение, исполнение vykonávání, uskutečňování: **прилагаѩ твоѭ силѫ • къ съконьчанью заповѣди его** *Евх 92б 11-12.— Зогр Мар Ас Сав Унд Ен Евх Супр.— Ср.* **въсконьчаниѥ, коньчина, коньчаниѥ, коньць, съмрьть**

СЪКОНЬЧАТИ, **-аѭ, -аѥши** *сов.* (>100) **1.** τελεῖν, συντελεῖν, εἰς τέλος ἄγειν, πληροῦν, ἐκπληροῦν, καταστρέφειν окончить, закончить, кончить skončit, dokončit, ukončit: **егда же съконьча вьсѧ г⟨лаго⟩лꙑ сьѩ • въ слоухꙑ ꙇюдьмъ • вьниде въ каперънаоумъ** *Л 7, 1 Зогр Мар*; **ι бꙑстъ егда съконьча и⟨соу⟩с⟨ъ⟩ • заповѣдаѩ обѣма на десѧте оученикома своима** *Мт 11, 1 Зогр* (**съвръши** *Мар Ас*); **съподоби ѣ миромь д⟨оу⟩ховьнꙑмь • прочее житиѥ ѥю • съконьчати** *Евх 86 20* ● συντελεῖν уничтожить, убить, истребить zničit, zahubit: **мала не съконьчашѩ мене на земли** *Пс 118, 87 Син*; **и молитвѫ сътворите о мнѣ к г⟨оспод⟩оу • да съконъчанъ бѫдѫ въ исповѣданиї семъ** *Супр 16, 27* ● *греч. нет* умереть zemřít: **съпримьникъ бѫди... съмрьти алеѯан'дровѣ • и съконьчаи въ исповѣдании мѫчениꙗ** *Супр 161, 2* ▭ **съконьчати сѧ** ἐκλείπειν, προχωρεῖν окончиться, закончиться, прекратиться skončit (se), ukončit (se), přestat: **доньдеже съконьчаѭтъ сѧ • врѣмена ꙗзꙑкъ** *Л 21, 24 Зогр*, **съко[о]ньчаѭтъ сѧ** *Мар*; **напоконъ глаголааше • есе ськоньча сѧ** *Супр 478, 21* (**съвръши сѧ** *И 19, 30 Зогр Мар*, **съвръшишѧ сѧ** *Ас, нет Сав*) ● τελειοῦσθαι; (**съконьчати сѧ мечемь** ἀποκεφαλίζεσθαι) умереть, скончаться zemřít, skonat: **видѣвъ же свѧтꙑи павлъ сестрѫ своѭ съконьчавъшѫ сѧ о господи** *Супр 14, 19-20*; **протѧгъше вꙑѩ своѩ • съконьчаша сѧ мечемъ** *Супр 181, 1* **2.** τελεῖν, συντελεῖν, πληροῦν, ἀποπληροῦν, διατελεῖν, διανύειν совершить, осуществить, сделать provést, uskutečnit, vykonat: **г⟨лаго⟩лаашете исходъ его • ıже хотѣаше съконьчати въ и⟨ероуса⟩л⟨и⟩мѣ** *Л 9, 31 Мар Зогр*; **сь образъ отроци еврѣисции съконьчашѧ** *Евх 16а 8*; **да сътворимъ и съконьчаѥмъ • вьсꙗ ѥлико заповѣда намъ с⟨вѧ⟩тꙑи твои доухъ** *Супр 260, 20* ● выполнить (*обязательство и т. п.*) splnit (*slib atp.*): **съконьча г⟨лаго⟩лъ отъ рода въ родъ** *Пс 76, 9 Син*; **насильѥ сътворишѧ ѥмоу • не съконьчати ѥже обѣшташа сѧ** *Супр 33, 2* ● провести (*время*) strávit: **въ хꙑзинѣ затворенъ • вь ненже и доселѣ мльчитъ • съконьча о бозѣ лѣтъ • м҃з** *Супр 302, 18* ▭ **съконьчати сѧ** совершиться, осуществиться, сбыться uskutečnit se, stát se: **ѣко съконьчашѧ сѧ в'сѣ по законоу г⟨осподь⟩ню** *Л 2, 39 Зогр Мар Ас Сав*; **да съконьчаатъ сѧ • реченоѥ ıсаıемь пророкомь** *Мт 4, 14 Зогр* (**събѫдетъ сѧ** *Ас Сав*, ∅ *Мар*).*— Зогр Мар Ас Сав Ен Син Евх Клоц Супр.— Ср.* **ис-**

коньчати, исправити, коньчати, събыти сѧ, съврьшити, сътворити, оумрѣти

СЪКРАТИТИ, съкраціѫ, съкратиши *сов.* (1) ἐπιτέμνειν сократить, укоротить zkrátit: нъ да съкративъ слово рекѫ *Супр 315, 4.— Ср.* прѣкратити

съкрити *Клоц 14б 39 см.* съкрыти

СЪКРОВИЩЕ, -а *с* (67) **1.** ταμεῖον, τὸ ἀπόκρυφον, κατάδυσις потаенное место; тайник; тайное убежище skryté místo, skrýš, úkryt: аще же рекѫтъ вамъ • се въ поустыни естъ • не изидѣте • се въ съкровиштихъ не имѣте вѣры *Мт 24, 26 Мар* (въ кровѣхъ *Ас*, въ съкровѣхъ *Зогр Сав*); обыса мѧ ѣко левъ готовъ на ловъ • и ѣко скоуменъ обітаѧ во съкровіштіхъ *Пс 16, 12 Син*; ови же противънꙑѩ силꙑ гонѩахѫ • отъ вьнѣштьнйихъ съкровиштъ • вь вьнѫтрьнйихъ бѣжаште *Супр 467, 18* **2.** ταμιεῖον, ταμεῖον, θησαυρός хранилище; кладовая, амбар zásobárna, spižírna, skladiště, sýpka: съмотрите вранъ • како не сѣѭтъ ни жьнѭтъ • імъже нѣстъ съкровишта • ни хранилишта • і б⟨ог⟩ъ питѣетъ ѩ *Л 12, 24 Зогр Мар*; събіраѩ ѣко вь мѣхъ водꙑ морьскыѩ • полагаѩ во съкровіштихъ без⟨д⟩ьнꙑ *Пс 32, 7 Син* **3.** θησαυρός сокровищница (*для хранения казны, драгоценностей, реликвий*) pokladnice, pokladna: іже ізноситъ отъ съкровишта своего новаѣ і ветъхаѣ *Мт 13, 52 Зогр Мар Ас Сав*; и отврьзъше съкровіща своѣ • прінѣсѧ емоу дарꙑ • злато и ливанъ и змѵрнѫ *Мт 2, 11 Ас Сав* (∅ *Зогр Мар*); прими і се принесение • отъ раба твоего сего • вь вѣчьнꙑхъ твоихъ съкровищихъ • съподоби положити *Евх 13б 13* **4.** θησαυρός сокровище, клад poklad: не съкрываите себѣ съкровишта на земи *Мт 6, 19 Зогр Мар*, съкровиштъ *Ас*, съкровищъ *Сав*; пакꙑ подобьно естъ ц⟨ѣса⟩р⟨ь⟩ствие неб⟨есь⟩ское • съкровиштю съкръвеноу на селѣ *Мт 13, 44 Зогр Мар*; онъ псанымь съкровиште покріваше г⟨лаго⟩лѧ... б⟨ог⟩ъ... просвьтѣ сѧ намъ • ні (! *вм.* нꙑ) съкровіште раскопаваемъ ѣко обрѣтаетъ сѧ *Клоц 1б 15-16 и 18*; большее богатъство непъщевавъ • ег..пътъскꙑхъ (съ)кровищъ • поношеніе х⟨ристо⟩во *Евр 11, 26 Ен.— Зогр Мар Ас Сав Ен Син Евх Клоц Супр.— Ср.* житьница, имѣние, кровъ, обьдо, съкровъ, таилище, хранилище

СЪКРОВЪ, -а *м* (4) ταμεῖον, κρυπτή, ἄδυτος (!) потаенное место; тайник; убежище skryté místo, skrýš: никтоже оубо свѣтильника въжегъ въ съкровѣ полагаатъ • ни подъ спѫдомь • нъ на свѣштьницѣ да въходѧштеи видѧтъ свѣтъ *Л 11, 33 Мар* (въ кровѣ *Зогр*); аште же рекѫтъ вамъ • се въ поустꙑни естъ • не ідѣте • се въ съкровѣхъ • не імѣте вѣры *Мт 24, 26 Зогр Сав* (въ съкровиштихъ *Мар*, въ кровѣхъ *Ас*); дроугоѥ ч'то примꙑслиша • лѫкава коѥго бѣса приложити силѫ на прѣподобьнааго • иже имъ бѣаше въ съкровѣ вь пештерѣ *Супр 35, 24.— Ср.* кровъ, съкровище, таилище, хранилище

СЪКРОВЬНЪ, -ꙑи *прил.* (2) κεκρυμμένος потайной, тайный, скрытый skrytý, tajný: оустрои богъ • ѩвити съкровьноѥ богатъство їоанново • образомь сицѣмь *Супр 293, 20*; тѣмже с⟨вѧ⟩тꙑи еп⟨искоу⟩пъ въ съкровьнѣ мѣстѣ сѣдѧ вь пештерѣ прѣбꙑвааше *Супр 535, 21.— Ср.* таинъ, съкрꙑти (съкръвенꙑи)

СЪКРОУШАТИ, -аѭ, -аѥши *несов.* (12) συντρίβειν **1.** καταθλᾶν ломать, разбивать, сокрушать drtit, lámat: гласъ г⟨оспод⟩нь съкроушаѭштааго кедрꙑ • и съкроушітъ г⟨оспод⟩ь кедрꙑ ливаньскꙑѩ *Пс 28, 5 Син* ▭ съкроушати сѧ ломаться, разбиваться lámat se: за не емоу много кратꙑ • пѫтꙑ і ѫжи желѣзнꙑ • съвѧзаноу сѫштю прѣтрьзаахѫ сѧ отъ него ѫжа желѣзнаа • і пѫта съкроушаахѫ сѧ *Мк 5, 4 Зогр Мар* **2.** терзать, мучить drásat, mučit: і се д⟨оу⟩хъ емлетъ і • і вьнезапѫ въпиетъ • і прѫжаатъ сѧ съ пѣнами • і едъва оходитъ отъ него съкроушаѩ і *Л 9, 39 Зогр Мар Ас Сав*; тако без милости отъ сѫпротивнааго бѣса мѫчимъ и съкроушаѥмъ • страждѧ вьсѣмъ тѣломъ *Супр 553, 17.— Пс 41, 11 Син; Супр 159, 9-10; 553, 3 и 11.— Ср.* разбивати

СЪКРОУШЕНИѤ, -ѩ *с* (6) σύντριμμα **1.** συντριβή, κατάκλασις сокрушение, уничтожение, разбивание, ломание rozdrcení, rozbití, zničení: разгнѣвавъ же сѧ кнѧзъ о съкроушениі богъ своихъ *Супр 180, 24*; тѧжько си сътворивъше о съкроушениі коумира своѥго *Супр 35, 20* **2.** *перен.* страдание, болезнь, ранение utrpení, bolest, útrapa: ицѣлѣѩи съкроушениѣ д⟨оу⟩шъ і тѣлесъ нашихъ *Евх 27а 5* **3.** θραῦσις расщелина, щель, трещина trhlina, průrva, rozsedlina: сътрѧсе землѭ і съмѧте ѭ • ї исцѣли съкроушенъѣ еѩ *Пс 59, 4 Син.— Пс 105, 23 Син; Супр 465, 13.— Ср.* раздроушениѥ

СЪКРОУШИТИ, -шѫ, -шиши *сов.* (74) [съкоуш ! *Син* (1)] συντρίβειν **1.** κατακλᾶν, συνθλᾶν, ἐκθλίβειν, θραύειν, πυρὶ κατακαίειν (!) сломать, разбить, разорвать, сокрушить; уничтожить rozdrtit, rozbít, zničit: приде жена • імѫшти алавѣстръ хризмꙑ... і съкроушьши алавѣстръ • вьзлѣ емоу на главѫ *Мк 14, 3 Зогр Мар*; д⟨оу⟩х⟨о⟩мъ боурьномъ съкроушітъ кораблѩ тарьсисьскꙑѩ *Пс 47, 8 Син*; і верѣѩ вѣчьнꙑѩ съкроушь *Евх 63б 8*; съкроуши *Супр 462, 19*; дадите ми м'латъ желѣзнъ и съкроушѫ ѥго *Супр 27, 25*; съкроушиша коумира *Супр 35, 17*; сѣть съкроуши сѧ ї мы избавлени быхомъ *Пс 123, 8 Син*; съхранѣєтъ г⟨оспод⟩ь вьсѧ кости ꙇхъ • ни єдина отъ нихъ не съкроушітъ сѧ *Пс 33, 21 Син*; сами съкроушиша сѧ *Клоц 12б 21* ● *перен.*: съкроушилъ єси главѫ в'сеѩ ѩзѧ *Евх 28б 7-8*; видѣхомъ ємоу рѫцѣ имаже съкроуши сьмрьть *Супр 499, 25* **2.** *перен.* θραύειν, συγκλᾶν замучить, измучить; истерзать zkrušit, sklíčit, zdeptat: благовѣститъ ништимъ посъла мѧ • ꙇсцѣлитъ съкроушенъıѩ ср⟨ъ⟩д⟨ь⟩цемь *Л 4, 18 Мар Ас Сав* (∅ *Зогр*); близъ есть г⟨оспод⟩ь съкроушенъıхъ с⟨рьдь⟩цемь *Пс 33, 19 Син*; отъшьдъıи же братъ пѫтьмъ заблѫдивъ и зѣло сѧ съкроушивъ *Супр 291, 13.— Зогр Мар Ас Сав Син Евх Клоц Супр Хил.— Ср.* изломити, разбити, съломити, сътлѣщи, сътрьти

съкрън- *см.* съкрыти

СЪКРЫВАТИ, -аѭ, -аѥши *несов.* (11) θησαυρίζειν, ἀποκρύπτειν, κρύπτειν скрывать, прятать; утаивать skrývat, tajit: не съкрываите себѣ съкровишта на земи *Мт 6, 19 Зогр Мар Ас Сав*; съкрываєтъ ꙇ не вѣстъ комоу събираєтъ *Пс 38, 7 Син*; не съкрываѭ своѥѩ славы *Супр 503, 14.— Мт 6, 20 Зогр Мар Ас Сав; Супр 440, 14.— Ср.* крыти, таити

СЪК[Р]ЫДАТИ (!), -аѭ, -аѥши *сов.* (1) ἐκκενοῦν устранить, изъять vyhodit, odstranit: ѡбаче дрождьѩ его не ск[р]ыдашѧ сѧ • ꙇспиѭтъ вьсі грѣшьні земи *Пс 74, 9 Син.— Ср.* искыдати

СЪКРЫТИ, съкрыѭ, съкрыѥши *сов.* (64) κρύπτειν, ἐγκρύπτειν, ἀποκρύπτειν, κατακρύπτειν, καλύπτειν; (съкръвенъ κρυπτός) скрыть, спрятать; утаить skrýt, zakrýt, ukrýt: раскопа земл҄ѭ • ꙇ съкры сьребро г⟨оспод⟩а своєго *Мт 25, 18 Зогр Мар Ас Сав*; комоу оуподобл҄ѫ ц⟨ѣса⟩р⟨ь⟩с⟨тв⟩ьє б⟨о⟩жиє • подобьно естъ квасоу • его же приемъши жена съкры въ мѫцѣ • трі сатъ • доідеже въкысе вьсѣ *Л 13, 21 Зогр Мар Ас Сав; Мт 13, 33 Зогр Мар*; въ ср⟨ъдь⟩ці моємь съкрыхъ словеса твоѣ *Пс 118, 11 Син*; съкріти ꙇ⟨соу⟩са • въ гробѣ грѧдете *Клоц 14б 39*, съкрытъ *Супр 453, 26*; и мариꙗ вь себѣ си размышлꙗаше • побѣдѣ ли се їѡсифоу • или паче съкрыѭ таинок се *Супр 239, 24*; таина съкръвенаꙗ отъ вѣкъ *Супр 143, 13-14* ▭ съкръвенаꙗ *с мн. в знач. сущ.* τὰ κεκρυμμένα тайна tajemství: и сокръвенъıхъ твоіхъ испл҄ъні сѧ ѫтроба ꙇхъ *Пс 16, 14 Син*; съкрыти сѧ спрятаться ukrýt se: адаме къде єси • кде сѧ съкры... ꙗко нагъ єсмъ и съкрыхъ сѧ *Супр 304, 16 и 21*; сльньцоу въсходѧштоу съкрыѥтъ сѧ стѣнь *Супр 417, 28*; ꙇ⟨соу⟩с⟨ъ⟩ же съкры сѧ • ꙇ изиде ꙇцръкъве *И 8, 59 Зогр Мар Ас. — Зогр Мар Ас Сав Син* Клоц Супр.— Ср. покрыти, потаити, оукрыти, оутаити

СЪКОУПИТИ, -пл҄ѭ, -пиши *сов.* (4) κατασκευάζειν, πορίζεσθαι, μυρεψεῖν (!); (съкоупл҄енъ σύμμικτος) составить, соединить, собрать sestavit, složit; shromáždit: съкоупи ꙇ оръганъ съвръшенъ • прѣгѫдьницѭ красънѫ *Евх 94а 18*; да мvромъ єже єстъ разлічь воніами оустроєно • и хѫтростиѭ съкоупьѥно *Супр 425, 23* ● *перен.*: пилатъ ни глаголати ни слышати можааше • съкоупьѥнааго ради мѧтежа *Супр 434, 3.— Супр 54, 14.— Ср.* събьрати, съвъкоупити

СЪКОУПЛЮНИЮ, -нꙗ *с* (1) ἕνωσις соединение, воссоединение spojení, sjednocení: съвръши ємоу животъ • въ прѣподобиє и правъдѫ • ѣко да вънѫ бескврънъı • съкоупл҄ениє иматъ оу тебе • ꙇ да сѫподобитъ сѧ н⟨є⟩б⟨є⟩сьноумоу ц⟨ѣса⟩р⟨ь⟩ствоу *Евх 95а 22-23.— Ср.* съвъкоупл҄єниѥ, єдинениѥ

съкоушіти *Пс 9, 36 Син см.* съкроушити

СЪКѪТАТИ, -аѭ, -аѥши *сов.* (1) καταστέλλειν сдержать, смирить, унять potlačit, utišit, zkrotit: симъ бывъшімъ • прѣтръпѣвъшімъ въ ал'чьбах' и молитвахъ • на дл҄ъгы дьни ѥд'ва съкѫташа отъбѣгъшіма бѣсованиѥ *Супр 53, 25.— Ср.* съпрѧтати

СЪЛАГАТИ, -гаѭ, -гаѥши *несов.* (5) **1.** περιστέλλειν складывать (*вместе*), соединять skládat, spojovat: мрьтвоу ї соусови затвараѥши очи... оуста сътискаѥши... рѫцѣ сълагаѥши *Супр 456, 28-29* **2.** συμβάλλειν складывать, хранить skládat, ukládat; *перен.*: мариѣ же съблюдааше вьсѧ г⟨лаго⟩лъı сьѩ • сълагаѭшти въ срьдьци своѥмь *Л 2, 19 Зогр Мар Сав Боян* (*нет Ас*).— *Ср.* полагати

СЪЛАЗИТИ, сълажѫ, сълазиши *несов.* (7) καταβαίνειν, κατέρχεσθαι спускаться, сходить, слезать sestupovat, slézat: иже на кровѣ да не сълазитъ възѧти еже ес҄гъ въ храмѣ его *Мт 24, 17 Мар Сав Боян* (не съходітъ *Ас*, ∅ *Зогр*); сьде по прьвѣѥмъ въторъıи сълазитъ *Супр 496, 19.— Мк 13, 15 Зогр Мар; Л 17, 31 Мар.— Ср.* низъходити, съходити

СЪЛАЗЪ, -а *м* (2) οἰκονομία (!) сошествие, спуск sestoupení: понеже оубо сълазоу коньчина бъıстъ • вьскрѣшениѥ наста *Супр 487, 25*; прьвѣѥ бо пришьствиꙗ х⟨ристосо⟩ва • и сьлаза спасова • и само има сьмрьти • страшно бѣ *Супр 487, 10.— Ср.* сънитиѥ, съходъ, съхождениѥ

СЪЛАМЛІАТИ, -ꙗѭ, -ꙗѥши *несов.* (1) *греч. нет* ломать lámat: прѣбы же бѣсъ ничим'же хоуждe съкроушаѩ старьца • и часто на земьѭ помешта и оскръбыꙗ • иностань кости ємоу сѫламыꙗ *Супр 553, 5.— Ср.* ломити, прѣламати, съкроушати

СЪЛАТИ, сълѭ, сълѥши *несов.* (12) ἀποστέλλειν, πέμπειν, παραπέμπειν слать, посылать posílat: се азъ сълѭ вы • ꙗко ов'цѧ по срѣдѣ вл҄къ *Мт 10, 16 Зогр Мар Ас*; дьньсь г⟨оспод⟩ъ х⟨ристос⟩ъ водѧтъ • ι отъ сѫда на сѫдъ ι сълѭтъ *Клоц 10б 27*; оно оубо дрѣво въ адъ сълааше *Супр 489, 20.— Мт 23, 34 Мар Ас (∅ Зогр); Мк 6, 7 Зогр Мар; И 20, 21 Мар Ас (∅ Зогр); Евр 1, 14 Ен.— Ср.* посылати, поущати

СЪЛЕЖАТИ, -жѫ, -жиши *несов.* (5) κατακεῖσθαι лежать ležet: отъкрꙑшѧ покровъ ιдеже бѣ • ι прокопавъше съвѣсишѧ одръ • на н҄емьже ослаб҄лены сьлежааше *Мк 2, 4 Зогр Мар Ас* (лежаше *Сав*) ● *перен.* κεῖσθαι покоиться (*о мертвом*) spát (*o mrtvém*): ты... съмрьти ιзгонѧ • ι вьскрѣшаѩ абие • сълежѧщаа тѣлеса • отъ вѣка *Евх 26б 20-21* ▭ с ъ л е ж ѧ и *в знач. прил.-сущ.* лежачий больной ležící nemocný: мол⟨итва⟩ над⟨ъ⟩ сълежѧщиιмь на многа лѣта *Евх 26б 12.— Ср.* лежати

СЪЛИКЪСТВОВАТИ, -ствоуѭ, -ствоуѥши *несов.* комоу, чесомоу (1) συγχαίρειν радоваться вместе *с кем-л.* разделять *чью-л.* радость radovat se *s někým*: вьса вꙑшьн҄аа силы • съ нами праздьноуѭтъ • съликъствоуѭтъ бо благыимъ нашимъ *Супр 490, 22.— Ср.* ликовати, ликъствовати

СЪЛИЧИѤ, -ия *с* (1) ὑπόστασις сущность, существо, ипостась, лицо podstata, hypostaze, bytost, osoba: причѧст(ни)ци бо х⟨ристос⟩оу быхомъ • аще ꙋбо (п)око(нъ) сличн(ѣ) его до коньца извѣст(е)н(ъ) оудръжимъ *Евр 3, 14 Ен.— Ср.* съставъ, съставлѥниѥ, сѫщьство, ѵпостась

СЪЛИЧЬНО *нареч.* (1) *греч. нет* равно, равносущно, единосущно soupodstatně: о⟨ть⟩ць и с⟨ы⟩нъ ι с⟨вѧ⟩ты д⟨оу⟩хъ • три състави съличьно въ єдиномь б⟨о⟩жьствѣ *Евх 67а 14*

СЪЛИѢТИ СѦ, сълѣѭ сѧ, сълѣѥши сѧ *сов.* (1) κεραννύναι слиться, соединиться slít se, spojit se: вьси оубо сьлѣимъ сѧ вь тѣло ѥд'но *Супр 423, 29* (да бѫдемъ въ ιстинѫ тѣло єдино *Клоц 9б 9-10*)

СЪЛОГЪ, -а *м* (1): с ъ л о ѕ и *мн.* αἱ συλλαβαί дар речи, слова řeč, slova: тъ не отврьзетъ оустъ своихъ • отъ безаконии людии моихъ • веденъ бꙑстъ на сьмрьть • сиѩ обрѣтаѭ потрѣбьнꙑ тѣмъ сьлогы • иньжде же никдеже • исоуса въ правьдѫ оубиваѥма *Супр 434, 30.— Ср.* слово

СЪЛОЖЕНИѤ, -ия *с* (19) 1. καταβολή сотворение, создание založení, stvoření: наслѣдите оуготованое вамъ ц⟨ѣса⟩р⟨ь⟩с⟨тв⟩не • отъ съложениѣ всего мира *Мт 25, 34 Зогр Мар Ас Сав; Евх 99б 11-12; Супр 508, 6* 2. *греч. нет* совокупление, половой акт soulož, pohlavní styk: ег'да же ч⟨ловѣ⟩коу обратитъ сѧ на блѫдъ оудъ... ли вьзьрѣвъ на такъ ч⟨ловѣ⟩къ • помꙑслитъ на блѫдъ • ли оумꙑслитъ съложение *Евх 37а 1* 3. σύνθημα договор smlouva: побѣдьнѫѭ пѣснь • и новоѥ съложениѥ мироу • пѣтию • поб'ѣдьнѣвоуоумоу христосовоу наоучиша *Супр 319, 7.— Зогр Мар Ас Сав Ен Евх Супр.— Ср.* съзьданиѥ, сътворѥниѥ

СЪЛОЖИТИ[1], -жѫ, -жиши *сов.* (3) 1. чьто съ чесо ἀποφορτίζειν сложить, снять, сгрузить složit, sejmout: имѣше же врѣмѧ хлѣбꙑ чистꙑ и топлꙑ... и съложивъ отиде *Супр 291, 9*; съложи ранѫ сиѭ съ тѣлеси его *Евх 30б 3* 2. ἐξομοιοῦν внести (*деньги*), возместить (*долг*) složit (*peníze*), vyrovnat (*dluh*): ти тако въ мнозѣ молитвѣ исповѣданиѥмъ тъчно краденоуоумоу съложивъ златомь или сьребромъ принести • ти тъгда мѫжꙑ да изб҄ѫдетъ чловѣкъ тъ *Супр 42, 23.— Ср.* отъдати, отълoжити, положити

СЪЛОЖИТИ[2] **(СѦ)**, -жѫ (сѧ), -жиши (сѧ) *сов.* (6) συντιθέναι 1. с ъ л о ж и т и с ѧ сговориться, договориться, согласиться dohodnout se, shodnout se: юже бо сѧ бѣахѫ съложили ιюдеι • да аште къто ιсповѣстъ х⟨рист⟩а • отълѫчьнъ сънъмишта бѫдетъ *И 9, 22 Зогр Мар Ас*; не въздръжитъ истинꙑ • не съложитъ сѧ съ ѳомѫ *Супр 509, 23* 2. с ъ л о ж е н ꙑ и соединенный, составленный spojený, složený: въ ιстинѫ богатъ • ꙗко вьсе съложеное • тѣло г⟨осподь⟩не примъ *Клоц 14б 21; Супр 453, 11*

с ъ л о ж и т и *Супр 302, 16 см.* слоужити

СЪЛОМИТИ, -млѭ, -миши *сов.* (12) κατακλᾶν, συγκλᾶν, συντρίβειν, συνθλᾶν сломать, разломить, переломить zlomit, přelomit, rozlomit: примъ же пѧть хлѣбъ... ι съломи • ι даѣше оученикомъ своιмъ *Л 9, 16 Зогр Мар*; верѣѩ желѣзнꙑ съломι *Пс 106, 16 Син*; вьсѩ рогꙑ грѣшьникъ съломлѭ *Пс 74, 10 Син*; съломиша вьсѧ кости ѥмоу *Супр 270, 16*; дьнесь мѣднаꙗ врата съломи владꙑка нашъ х⟨ристос⟩ъ *Супр 487, 6*; съломиша сѧ кости ѥго вьсѧ *Супр 269, 5.— Пс 45, 10 Син; Супр 317, 9; 462, 18 и 19; 554, 15.— Ср.* прѣломити, разломити, съкроушити

СЪЛОУЧАИ, -аꙗ *м* (1) συντυχία случайность, случай náhoda: въскрьсшоу ѥмоу мьнѣти начьнѫт' • ꙗко сълоучаѥмъ нѣкꙑимъ ожи лазаръ *Супр 314, 4.— Ср.* приключаи, прилоучаи

СЪЛОУЧАТИ СѦ, -аѭ сѧ, -аѥши сѧ *несов.* (6) 1. συμβαίνειν, γίγνεσθαι происходить, совершаться, случаться stávat se, přiházet se: аште ли да сълоучааше сѧ нѣ оу кого оумоудити кмоу *Супр 206, 7*; вѣровааше бо • ꙗко вьсѧ страсти и вса ꙗзвы тѣлесьныꙗ • отъ сотоны сълоучаѭтъ сѧ *Супр 556, 10-11* **2.** *греч. нет* встречаться, случайно сталкиваться (*в пути*) vyskytovat se, ocítat se: сълоучаѭштии же сѧ на пѫти • видѧште издалеча • съ великъıимъ оустрьмьнимъ теченьꙗ приходѧштъ *Супр 558, 17*; тол'ма гнѣвомъ движе сѧ • ꙗкоже ни пастоуха знати ни їного никогоже миловати • нъ вьсѧ сълоучаѭштаꙗ сѧ гоубити *Супр 565, 17-18.— Супр 207, 8 и 12-13.— Ср.* бывати, лоучати сѧ, събывати сѧ

СЪЛОУЧИТИ (СѦ), -чѫ (сѧ), -чиши (сѧ) *сов.* (18) **1.** συμβαίνειν произойти, совершиться, случиться přihodit se, stát se: что се бъıстъ не потаи мене кже ти сѧ сълоучи *Супр 240, 29*; сълоучи сѧ коупьцоу нѣкоторогоумоу • гънавъшоу вельбѫды своꙗ и пасти ѧ на мѣстѣ томь *Супр 217, 25*; сълоучи сѧ градити манастъıръ отъ лавръı на сѣверъ *Супр 284, 13*; видѣвъ чловѣка... събикна отъ сълоучивъшиїхъ (! без сѧ) кмѹ зълъ помилова кго *Супр 42, 6* **2.** γίγνεσθαι встретиться, оказаться (*случайно*) vyskytnout se, octnout se (*náhodou*): копаѭште кореник при еп⟨искоу⟩пѣ иже тъгда сълоучи сѧ тоу • доидоша копаѭште до съсѫдъ кръчажьныихъ *Супр 52, 10.— Супр.— Ср.* испльнити, ключити сѧ, лоучити сѧ, приключити сѧ, събыти сѧ

СЪЛЪ, -а *м* (6) [сьл- *Ас* (1)] ἀπόστολος, ἄγγελος, πρέσβυς, πρεσβεία (!) посланец, посол, вестник posel, vyslanec: нѣстъ рабь болеи г⟨оспод⟩а своего • ни сьлъ болеи посълавъшааго и *И 13, 16 Ас* (апо⟨сто⟩лъ *Зогр Мар Сав*); посълаша к нѥмоу сълы *Супр 539, 24*; не ходатаи ни сълъ нъ самъ господь сьпасе ѧ *Супр 330, 1.— Супр 196, 26; 273, 20; 561, 20.— Ср.* ангелъ, апостолъ, вѣстьникъ

СЪЛЪГАТИ, сълъжѫ, сълъжеши *сов.* (17) комоу, чесомоу ψεύδεσθαι, πλάσσειν солгать *кому-л.*, обмануть *кого-л.* selhat, zalhat *někomu*: сълъжѭтъ тебѣ вразı твоı *Пс 65, 3 Син*; їосиф' рече • и сълъгати мариꙗ не можааше *Супр 241, 11*; ꙗкоже тако хотѣахѫ сълъгати въскръсению не бывъшоу *Супр 441, 25* **2.** διαψεύδεσθαι обмануть, не оправдать (*чьи-л. надежды, ожидания*) obelhat, oklamat *někoho*: единоѭ кльасъ сьа св⟨ѧ⟩т⟨ыи⟩мъ моимъ • аште да⟨вы⟩доу солъжѫ • сѣмѩ его въ вѣкы прѣбѫдетъ *Пс 88, 36 Син* **3.** διαψεύδειν (!) *здесь* отказать, лишить (*кого-л. чего-л.*) připravit (*o něco*), odepřít: кдинѣмъ тъчьѭ не подобьнъ бывъ мѡсеѡви • иже (въ) вышьнии икроусалимъ въходъ • ꙗкоже онъ вь нижьнии • нѣкако сълъганъ бъıстъ *Супр 277, 23.— Син Супр*

съ л ѣ и м ъ с ѧ *Супр 423, 9 см.* сълиꙗти сѧ

СЪЛѢСТИ, сълѣзѫ, сълѣзеши *сов.* (28) καταβαίνειν, κατέρχεσθαι, ἐκδύεσθαι спуститься, сойти, слезть sestoupit, sejít, slézt: аште с⟨ы⟩нъ б⟨о⟩жии еси • сълѣзи съ кр⟨ь⟩ста *Мт 27, 40 Зогр Мар Сав*; сълѣзъшю же емоу съ горы • по немь идѫ народи мнози *Мт 8, 1 Сав* (съшедъшю *Зогр Мар Ас*); правьдънын же съ стлъпа хотѣаше сьлѣсти *Супр 558, 3*; обраштетъ филоѳеа... и инъı сълѣзъша съ коңь *Супр 555, 12-13*; сълѣзе отъ коңꙗ поглоумити сѧ *Супр 146, 12.— Зогр Мар Ас Сав Евх Супр Хил.— Ср.* сънити

СЪЛѦЦИ, сълакѫ, сълачеши *сов.* (4) κατακάμπτειν, συγκάμπτειν согнуть, скорчить ohnout: ї хрьбетъ іхъ отънѫдь сълѧци *Пс 68, 24 Син* ● *перен.* удручить sklíčit: сѣть оуго⟨то⟩ваша ногама моима • и сълѧшѧ д⟨оу⟩шѫ моѭ *Пс 56, 7 Син* ▭ с ъ л ѧ ц и с ѧ *перен.* опечалиться, сникнуть být sklíčený: сълѧхъ сѧ до коньца *Пс 37, 7 Син; Евх 76а 15.— Ср.* съгъбати

СЪЛѦЦАТИ СѦ, -аѭ сѧ, -акши сѧ (1) συνέλκεσθαι сгибаться, корчиться, извиваться ohýbat se, krčit se, choulit se, svíjet se: тѣло бо вь стоудень въпадъ... зѫбомъ зыбѭштемъ сѧ • жиламъ съгръждаѭштемъ сѧ • и вьсемоу тѣлоу неволеѭ сълѧцаѭштоу сѧ *Супр 89, 19.— Ср.* съвивати

СЪЛѪКЪ, -ыи *прил.* (6) [слѫк- *Зогр* (1) *Мар* (1) *Ас* (1) *Сав* (1)] συγκύπτων сгорбленный, согбенный; искривленный křivý, hrbatý: бѣ слѫка • ı не могѫшти въсклонити сѧ отънѫдь *Л 13, 11 Зогр Мар Ас Сав*; мол⟨итва⟩ над⟨ъ⟩ сълѫк⟨о⟩м⟨ь⟩ члов⟨ѣ⟩комь *Евх 39б 24.— Евх 40а 3*

СЪМАТРІАТИ, -ꙗѭ, -ꙗкши *несов.* (2) σκοπεῖν, οἰκονομεῖν смотреть, наблюдать; заботиться *о чем-л.* hledět si *něčeho*, starat se *o něco*: настоѩщаа потрѣбъномь • съматрѣꙗ • ı бѫдѫщаа оудобь строꙗ *Евх 64а 20*; съматра'ше кок би примышленик изобрѣсти • да би дльгѫ и лютѫ им' • сътворилъ сьмрьть *Супр 88, 29.— Ср.* съмотрити, съмотрꙗти

с ѵ м е о н ъ *Л 2, 34 Сав см.* сѵмеонъ

СЪМЕСТИ, съметѫ, съметеши *сов.* (1) *вар.* κοσμεῖν (!) сгрести, собрать (*в одно место*) smést, nahromadit: и събъравъше кости с⟨вѧ⟩тыихъ и пепелъ съметъше въсыпаша вь рѣкѫ *Супр 80, 29*

СЪМИЛИТИ СѦ, съмилѭ сѧ, съмилиши сѧ *сов.* (2) **1.** на кого *греч. нет* смиловаться, смилостивиться, сжалиться *над кем-л.* smilovat se, slitovat se *nad někým*: тѣмьже молѭ тѧ м'ногомилостиве • съмили сѧ нꙑнѣ на мѧ *Евх 78б 10* **2.** *без доп.* ἐλεεῖσθαι вызвать милосердие, жалость, умилостивить dojít smilování, vzbudit soucit: аште бо и бозн (! *вм.* божии) врази бъіша жидове насъ дѣльма бъіша • да мъі тѣхъ ослоушаниѥмъ съмилимъ сѧ *Супр 347, 20.— Ср.* помиловати, оумилити

СЪМИРИТИ, -рѭ, -риши *сов.* (8) καταλλάσσειν, εἰρηνοποιεῖν, διαλλάσσειν примирить, помирить smířit, usmířit: да съмиритъ небесьнаꙗ • да и аггеломъ тѧ сътворитъ дроуга • и сь вьсѣмь богоу съмиритъ х⟨ристо⟩съ *Супр 422, 2 и 4* (съмірітъ... пріведетъ къ б⟨ог⟩оу *Клоц 8б 26 и 28*) □ съмирити сѧ съ цѣмь примириться, помириться smířit se: остави даръ твои прѣдъ ол'таремь • і шедъ прѣжде съмири сѧ съ бротомь (!) твоімь • і тъгда пришьдъ принеси даръ свои *Мт 5, 24 Зогр Мар; Клоц 9а 19-20* (оустрои сѧ *Супр 422, 30*); вѣдѣ г⟨оспод⟩і мъітоимьца • съмиривъша сѧ • і оправъдана *Служ 1б 7.— Супр 336, 30-337, 1.— Ср.* примирити, състроити, оумирити

СЪМИРІАѬИ, -ꙗѭщаѥго *прич.-сущ.* (7) εἰρηνοποιός миротворец smiřovatel, tvůrce pokoje: блажени съмирѣѭштиі • ѣко ти с⟨ы⟩нове б⟨о⟩жии нарекѫтъ сѧ *Мт 5, 9 Зогр Ас Сав* (∅ *Мар*); *Евх 85б 14; Клоц 9а 33; Супр 423, 12*; сего дѣлма тѧ и съіна нарицаѭтъ божиꙗ сьмираѭшта *Супр 423, 17-18* (міротворьца *Клоц 9а 38-39*).— *Ср.* миротворьць

СЪМИРѤНИѤ, -ниꙗ *с* (4) εἰρήνη, καταλλαγή примирение, мир smíření: нъ съміреньѥ братрьнѥ показаѩ ѣко боле вьсего ѥстъ *Клоц 9а 40* (съ вьсѣмь миръ імѣти *Супр 423, 20*); сьмиреньꙗ начѧтъкъ *Супр 486, 27.— Супр 200, 8-9; 423, 1-2.— Ср.* миръ

СЪМЛѢТИ, -мелѭ, -мелѥши *сов.* (1) λεπτύνειν смолоть semlít: хлѣбъ сѣѭшти на себѣ • не ѥгоже жрънви съмлѣша • и рѫцѣ оумѣсиста и огнь съвръши *Супр 395, 30*

СЪМОТРИТИ, съмоштрѭ, съмотриши *сов./несов.* кого, чьто; кого, чесого *или без доп.* (29) **1.** κατανοεῖν, σκοπεῖν, θεωρεῖν, προσέχειν посмотреть/смотреть, поглядеть/глядеть; увидеть/видеть, заметить/замечать pohlédnout/hledět, podívat se/dívat se, zpozorovat/pozorovat: съмотрите цвѣтъ сельнъіхъ како растѫтъ • ни троуждаѭтъ сѧ ни приджтъ (! *вм.* прѧдѫтъ) *Мт 6, 28 Зогр Мар Ас* (разоумѣімъ *Сав*); *Л 12, 27 Зогр Мар*; обаче очима своима съмотриші • ї въздание грѣшьникомъ оузьриші *Пс 90, 8 Син*; възлѣзоша на храминѫ тьмничьнѫѭ • и двьрьцами съмоштраахѫ долоу • и видѣша свѧтаꙗ сѣдѧшта *Супр 184, 8*; нѣстъ вьсевидѧштиꙗ сила божиꙗ • съмотрѧшти вьсе *Супр 366, 13-14* **2.** σκοπεῖν, ὁρᾶν, καταμανθάνειν принять/принимать во внимание, обратить/обращать внимание všimnout si/všímat si, přihlédnout/přihlížet, mít na zřeteli: съмотри же ми зълодѣиство ихъ рѫжьноѥ *Супр 443, 7*; съмотри колико сътвори да бъі ѥго обратилъ *Супр 414, 6* (хоштеши лі оувѣдѣті *Клоц 5б 1-2*) ● *несов.* комоу заботиться pečovat: се бо ѥстъ благааго ѥже ближьн̑оуоумоу съмотрити *Супр 376, 28* **3.** κρίνειν, ἐπιμετρεῖσθαι рассмотреть/рассматривать usoudit/usuzovat, rozsoudit/rozsuzovat: слабо жена не вѣдѫшти • ꙗко и не пришъдъ х⟨ристо⟩с⟨ъ⟩ тоу бѣ... пльтьнъимъ пришьствиімъ съмотрѧшти • оучителю силѫ *Супр 306, 23* **4.** περισκέπτεσθαι узнать/узнавать, осознать/осознавать poznat/poznávat: съмотривъ бо ѥстъство тоѩ земьѩ • ꙗко стоудень велика ѥстъ вь н̑еи *Супр 89, 3.— Зогр Мар Ас Син Евх Супр.— Ср.* блюсти, глѧдати, зьрѣти

СЪМОТРЬЛИВЪ, -ъіи *прил.* (1): съмотрьливоѥ *с в знач. сущ.* τὸ ἐπιεικές кротость shovívavost: ..тръливое.. мъ да ра..мно бѫдетъ въсѣмъ чл⟨о⟩в⟨ѣ⟩комъ *Фил 4, 5 Ен*

СЪМОТРЬЛИВЬНЪ, -ъіи *прил.* (2) ὁ τῆς οἰκονομίας прислуживающий, обслуживающий služebný: вьчера же • съмотрьливънаа творѧ • а дьнесь владъічьнѣа *Клоц 13а 20; Супр 449, 21-22.— Ср.* строинъ

СЪМОТРІАТИ, -ꙗѭ, -ꙗѥши *несов.* (кого), чьто; на кого, чьто (5) **1.** κατανοεῖν, ἀποσκοπεῖν, σταθμίζειν смотреть, следить (*глазами*), наблюдать hledět, pozorovat: смотрѣетъ грѣшьникъ на праведьнаего *Пс 36, 32 Син* **2.** οἰκονομεῖν заботиться, печься *о чем-л.* pečovat, dbát *o něco*: не о себѣ бо бъіс⟨тъ⟩ с⟨ъ⟩п⟨а⟩сенаѣ мѫжа • нъ съмотрѣѭштимъ с⟨ъ⟩п⟨а⟩сьнѫѭ мѫжоу *Клоц 10б 16.— Пс 9, 35 Син; Супр 92, 17; 240, 4-5.— Ср.* глѧдати, съматрꙗти, съмотрити

СЪМОТРѤНИѤ, -ниꙗ *с* (8) **1.** οἰκονομία, οἰκονόμος (!) попечение, забота péče, starost: соугоубо дьнесь пришестіе г⟨осподь⟩не • соугоубо съмотренье *Клоц 12б 38; Супр 449, 2*; ісп'лънеи в'се съмотрение • прѣдобро *Евх 63а 20* ● *перен.* промысл, провидение záměr, úradek, prozřetelnost: ізбъравъі нъі грѣшънъіѩ • твоимь съмотрениемь *Евх 9а 3* **2.** ἐπιείκεια кротость, снисходительность, терпимость mírnost, laskavost: да сътѧжимъ подобаѭщаа с⟨вѧ⟩тъімъ • братролюбие • безмлъвие • съмотрение • говѣние *Евх 92а 1-2*; б⟨ож⟩е... творѧ[н]... [съ на]ми по твоемоу съмотрению • не остави м⟨и⟩л⟨о⟩сти твоеѧ от⟨ъ⟩ насъ *Ен 33б 1-2.— Евх 80б 24-81а 1; Супр 313, 13.— Ср.* промъіслъ, промъішлѥниѥ, оусъмоштрѥниѥ

съмоштраахѫ *Супр 184, 8 см.* съмотрити

СЪМРЬЗЕНИѤ, -ниꙗ *с* (1) πῆξις замерзание, окоченение zmrznutí: люта кстъ зима нъ сладъка порода • болѣзньно съмрьзеник • нь сластьнъ покои *Супр 91, 4*

СЪМРЬЗНѪТИ СѦ, -нѫ сѧ, -нешн сѧ *сов.* (2) πήγνυσθαι, ἠπειροῦσθαι τῷ κρύει покрыться льдом, замерзнуть zmrznout: ꙗкоже се поле сътворено бѣ • конемъ тешти • то прѣтворьшоу мразꙋ кго (*т. е.* кзеро) и съмръзъше сѧ велми • пѣши и сѫноузни по немоу хождаахѫ *Супр 90, 7.— Супр 89, 9-10.— Ср.* помрьзнѫти

СЪМРЬТОНОСЬНЪ, -ын *прил.* (2) θανατηφόρος смертоносный smrtonosný: рьци кмꙋ да мы сьмрьтоносьнъ ꙗдъ змиинъ извлюкмъ *Супр 484, 10*; на рамѣ възъмъшоуоумоу • сьмрьтоносьныи и сьмрьтьныи крьстъ *Супр 533, 22-23.— Ср.* съмрьтьнъ

СЪМРЬТЬ, -и *ж* (>200) [съсъмрътн *Син* (1)] θάνατος, ἀποβίωσις, μόρος, νέκρωσις, κοίμησις, τὸ ἀπελθεῖν смерть smrt: прѣдастъ же братъ брата на съмръть *Мт 10, 21 Зогр Мар Ас*; съмрътиѭ да оумьретъ *Мт 15, 4 Зогр Мар*; въ пръстъ съмрті съведе мѧ *Пс 21, 16 Син*; ї съмръти не прѣдастъ мене *Пс 117, 18 Син*; грѣховънаа съмрьть *Евх 89а 9*; зълии морьскоѭ съмрьтиѭ вь невѣрьствѣ погыбнѫтꙿ *Супр 401, 7*; сьмрьти жало *Супр 487, 5* ◆ б е с с ъ м р ь т и ἀθάνατος, ἀνώλεθρος бессмертный nesmrtelný: вѣдѣ се братиꙗ ꙗко никъıиже чловѣкъ бе съмрьти • да аште съмрьть прѣдьлежитъ • съмрьти да оубѣжимъ вѣчьныѩ *Супр 63, 19-20.— Зогр Мар Ас Сав Боян Ен Син Евх Клоц Супр Хил Рыл.— Ср.* коньчина, прѣставлкник, съконьчаник, оумрьтик; бес съмрьти *см.* бесъмрьтьнъ, несъмрьтьнъ

СЪМРЬТЬНЪ, -ын *прил.* (74) **1.** τοῦ θανάτου, τῆς τελευτῆς, ὁ κατὰ τοῦ θανάτου, ὁ ἐν ᾅδῃ относящийся к смерти, смертный smrti *род.*, smrtelný: страхъ съмрътьны нападе на мѧ *Пс 54, 5 Син*; сѣдѧштнимъ въ тъмѣ ι въ сѣни съмрътьнѣ • свѣтъ въсиѣетъ на насъ *Мт 4, 16 Зогр Сав Боян* (*∅ Мар, нет Ас*); *Л 1, 79 Зогр Мар*; избави отъ рѫкы съмрьтьны жизнь нашѫ *Супр 112, 22*; дьньсь ѫзы сьмрьтьныѩ раздрѣшены быша *Супр 487, 2-3* **2.** τοῦ θανάτου, θανάσιμος, θανατικός, θανατηφόρος; (съмрьтьнъ плодъ сътворити θάνατον καρποφορεῖν) смертельный, смертоносный smrtonosný, smrtící: аще и съмрътьно что испиѭтъ ничьтоже ихъ не врѣдитъ *Мк 16, 18 Мар Ас* (*∅ Зогр*); избави ны и се • отъ насильѣ иноплеменьникъ • ι отъ вꙿсего часа • съмрътънаа-го *Евх 15а 17*; ѡбыдꙑ мѧ болѣзни съмрътьныѩ *Пс 114, 3 Син*; сьмрьтьныи крьстъ *Супр 533, 23* **3.** θνητός смертный, подверженный смерти smrtelný: родоу вꙿсѣкомоу • съмрътьноу • и несъмрътьноу • ι вꙿсѣкомоу сѫщьствоу • сѫдѣтель *Евх 64а 10-11*; за съмрьтънааго ц⟨ѣса⟩ра борѫште сѧ *Супр 69, 25-26* **4.** θανατωθείς; (ноуждеѭ съмрьтьнъ βιοθανής) умирающий; мертвый umírající, mrtvý: прѣжде съмрьти съмрьтьнъ бꙑстъ • иже вѣрѫ погоубивъ и съмрьти не погрѣши *Супр 66, 15-16.— Зогр Мар Ас Сав Боян Син Евх Клоц Супр Хил.— Ср.* съмрьтоносьнъ

СЪМЫСЛИТИ, съмꙑшлѭ, съмꙑслиши *сов./несов.* (12) **1.** ἐνθυμεῖσθαι, σωφρονεῖν, συνιέναι подумать/думать pomyslet/myslet: сице же емоу съмꙑшльшю • се агг⟨е⟩лъ г⟨оспод⟩нь въ сънѣ ꙗви сѧ емоу *Мт 1, 20 Сав Боян* (оумꙑшльшоу *Ас, ∅ Зогр Мар*); противиста сѧ кмоу бесадамъ (! *вм.* бесѣдамъ) мнѧшта оутаити сѧ кго • а не съмꙑслѧшта ꙗко нѣ кде сѧ порѫгати скѫтоуоумоу д⟨оу⟩хоу *Супр 363, 23* **2.** *несов.* σωφρονεῖν, εὐγνωμονεῖν быть в здравом уме, поступать, рассуждать разумно rozumně uvažovat, mít zdravý rozum: обрѣтѫ сѣдѧшта ч⟨ловѣ⟩ка • ιѫ негоже бѣси ιзидѫ • облъчена ι съмꙑслѧшта *Л 8, 35 Зогр Мар Ас Сав; Мк 5, 15 Зогр Мар*; и инии мнози жрѫша • и живи сѫтъ и съмꙑслѧтъ *Супр 140, 15.— Супр 149, 9; 333, 5.— Ср.* мꙑслити, съмꙑшлꙗти, помꙑслити, помꙑшлꙗти, оумꙑслити

СЪМЫСЛЪ, -а *м* (13) **1.** σύνεσις, διάνοια, ἔννοια, εὐλάβεια (!), φρήν, φρόνημα, καρδία (!) разум, рассудок, ум; образ мыслей, способ мышления rozum, uvažování, myšlení: ны кстъ богъ далъ и рѫцѣ и нозѣ • и тѣлесьнѫѭ моштъ • и оумъ и съмꙑслъ *Супр 379, 5*; нѣсмъ оума изгоубилъ • ни отъньмогохъ съмꙑсломъ *Супр 149, 30*; нъ да очистимъ свои съмꙑслъ • къ чистѣ бо • жрътвѣ прістѫпаемъ *Клоц 8б 14* (срьдьце *Супр 421, 23*) ● мудрость moudrost: о съмꙑслѣ и чистотѣ житиꙗ... чоудимъ кстъ *Супр 281, 15* **2.** βουλή, λογισμός замысел, намерение, помысел úmysl, záměr: ѡле поустошьныи съмꙑслъ • не вѣдѧтъ бо ꙗко богъ не погыбнетъ *Супр 402, 14* □ с ъ м ꙑ с л ъ п о т р ъ г н ѫ т и *см.* потръгнѫти **3.** σκοπός цель, значение, смысл cíl, smysl: ѡ съконьчати емоу • съмꙑслъ единачьнааго образа • бес порока и бе-съблазна *Евх 98а 21.— Клоц 4б 13-14, 9б 7; Супр 64, 1; 257, 27-28; 360, 17-18; 393, 5.— Ср.* мѫдрость, мꙑсль, помꙑслъ, разоумъ, съвѣсть, оумъ

СЪМЫСЛЬНО *нареч.* (4) νουνεχῶς разумно, рассудительно; благоразумно rozumně; moudře: ι⟨соу⟩с⟨ъ⟩ же видѣвъ ι • ѣко съмꙑслъно отъвѣшта • рече емоу *Мк 12, 34 Зогр Мар Ас* ● νοητῶς духовно duchovně: да... искра с⟨вѧ⟩тааго кръщениѣ... възгоритъ сѧ вь немь • съмꙑслъно пламень (! *вм.* въ пламень) д⟨оу⟩ховенъ *Евх 23б 8.— Ср.* разоумично, разоумьно

СЪМЫСЛЬНЪ, -ыи *прил.* (7) **1.** νοερός, λογικός наделенный разумом, разумный obdařený rozumem: почетъı чл⟨овѣ⟩ка... д⟨оу⟩шеѫ съмысльноѫ *Евх 7б 2-3* **2.** λογικός, νοητός духовный duchovní: ѡвьчѧ азъ есмъ • съмыслънаего твоего стада *Евх 85а 4-5;* възъмѣмъ орѫжие съмыслъно *Евх 98а 8.— Евх 8б 8; 18а 8; 23а 20; Клоц 7а 6.— Ср.* мысльнъ, разоумьнъ, разоумивъ

съмышлѣти *см.* съмышлıати

СЪМЫШЛıАТИ, -ıаѭ, -ıаѥши *несов.* (1) *греч. нет* думать, рассуждать, размышлять přemýšlet, uvažovat: длъженъ естъ... ı о своеı женѣ довълѣти сѧ • нічъже іно дальнее съмышлѣті *Клоц 2б 2.— Ср.* съмыслити

СЪМѢЖАТИ, -аѭ, -аѥши *несов.* (1) μύειν смежать, смыкать, закрывать, жмурить (*глаза, веки*) mhouřit, zavírat (*oči*): не сьмѣжаите очию си противѫ истинѣ *Супр 325, 9* (не съмѣжıте *Клоц 1а 4*)

СЪМѢЖИТИ, -жѫ, -жиши *сов.* (4) καμμύειν смежить, сомкнуть, закрыть, зажмурить (*веки, глаза*) zamhouřit, zavřít (*oči*): очи своı съмѣжишѧ *Мт 13, 15 Зогр Мар;* нынıа же очеса срьдьць съмѣживъше *Супр 401, 12.— Клоц 1а 4*

СЪМѢРИТИ, -рѭ, -риши *сов.* (43) ταπεινοῦν понизить, сделать ниже, площе snížit: оуготоваıте пѫть г⟨осподь⟩нь • правы творити стьзѧ его... вьсѣка гора ı хлъми съмѣритъ сѧ *Л 3, 5 Зогр Мар Ас Сав* ● *перен.* смирить; покорить; смирить гордыню; унизить pokořit, ponížit: съмѣрилъ нъı еси на мѣстѣ озълобленьѣ *Пс 43, 20 Син;* сьмѣрѣахъ постомь д⟨оу⟩шѫ моѭ *Пс 34, 13 Син* ▭ съмѣрити сѧ покориться pokořit se: ıже бо сѧ съмѣритъ ѣко отрочѧ се • тъ естъ болеи въ ц⟨ѣ⟩с⟨а⟩р⟨ь⟩ствии н⟨е⟩б⟨е⟩с⟨ьс⟩цѣемъ *Мт 18, 4 Мар Ас Сав* (∅ *Зогр*); озълобленъ быхъ ı съмѣрихъ сѧ ѕѣло *Пс 37, 9 Син; Евх 76а 20;* отъкрыти тѣло бога сьмѣрьшааго сѧ волеѭ *Супр 456, 21.— Зогр Мар Ас Син Евх Супр.— Ср.* вънмѣрити, оукротити

СЪМѢРЬНО *нареч.* (1) supplex (!) смиренно, униженно pokorně: съмѣрьно тѧ молимъ *Киев 2б 2*

СЪМѢРıАТИ, -ıаѭ, -ıаѥши *несов.* (15) ταπεινοῦν, ταπεινοφρονεῖν *перен.* смирять, покорять; унижать pokořovat, ponižovat: сьмѣрѣахъ постомь д⟨оу⟩шѫ моѭ *Пс 34, 13 Син* ▭ съмѣрıати сѧ смиряться, покоряться; смирять свою гордыню; унижаться pokořovat se, ponižovat se: вьсѣкъ... съмѣрѣѩı сѧ вьзнесетъ сѧ *Л 18, 14 Зогр Мар Ас,* съмѣрѣетъ сѧ • а съмѣрѣѩı сѧ *Сав; Л14, 11 Зогр Мар Ас Сав* (2); *Мт 23, 12 Мар* (∅ *Зогр*); вь величиѣ мѣсто • съмѣрѣѩ сѧ *Евх 70б 4.— Пс 34, 14; 130, 2 Син*

СЪМѢРѤНИѤ, -ніа *с* (45) **1.** ταπείνωσις, ταπεινοφροσύνη, συγκατάβασις (!), μετριάζειν (!) смирение, смиренность, покорность; унижение pokora; ponížení: призьрѣ на съмѣреньѥ рабы своеѩ *Л 1, 48 Зогр Мар Ас Сав; Ен 27а 17;* виждъ съмѣренъе мое *Пс 24, 18 Син;* съмѣрение ı любовь • ı кротость подаждь емоу *Евх 81б 6;* бл⟨агослове⟩нъ пришедъı въ съмѣрении *Клоц 1б 2;* вь сьмѣрениѥ *Супр 326, 24;* веселитъ сѧ пакы о чистости житиıа • и о сьмѣрениї *Супр 29, 10-11;* да побѣдит' и осѫдитъ сьмѣренимъ своимъ вьзнесеньѥ *Супр 545, 20* **2.**: съмѣрѥниѥмь скръбѣти μετριοπαθεῖν сочувствовать soucítit: съмѣре..мъ скръб..ти могы *Евр 5, 2 Ен.— Зогр Мар Ас Сав Ен Син Евх Клоц Супр*

СЪМѢРѤНЪ, -ыи *прил., сравн. ст.* съмѣрѥнѣи (42) [сьмѣрьн- *Супр* (2), сьмѣрен- *Супр* (10)] ταπεινός низкий, низко расположенный nízký, dolní: ѣко высокъ г⟨осподь⟩ ї на съмѣрена призираетъ *Пс 137, 6 Син;* б⟨о⟩же нашъ • живы на высокыхъ • ı на съмѣренаа призираѩ *Евх 22а 4* ● *перен.* τεταπεινωμένος, ταπεινόφρων, ταπεινόνους, εὐτελής, ταπεινῶς (!) смиренный, покорный; униженный, угнетенный pokorný, ponížený: съмѣренъ срьд'цемь *Мт 11, 29 Зогр Мар Ас Сав;* низъложи силънъıѩ съ прѣстолъ • ı вьзнесе съмѣренъıѩ *Л 1, 52 Зогр Мар;* ѣко ты люди съмѣренъıѩ с⟨ъ⟩п⟨ас⟩еши г⟨оспод⟩ı *Пс 17, 28 Син;* да не възвратітъ сѧ съмѣренъ ı срамленъ *Пс 73, 21 Син; Евх 101б 17;* ты оубо послоушаи насъ • съмѣреныхъ твоихъ молитвьникъ *Евх 64б 13;* сьмѣренъ образомъ *Супр 529, 18;* си сѫтъ чоудеса сьмѣрена'го и прѣпростааго павла *Супр 174, 1-2;* оуто ıако оумыти нозѣ сьмѣренѣѥ • неже молити сѧ *Супр 303, 28* ◆ съмѣрѥнаıа мѫдрость ταπεινοφροσύνη смирение, смиренность pokora: облѣцѣте сѧ... въ... благостъ • и съмѣренѫ мѫдростъ ı кротостъ и трьпѣни(е) *Кол 3, 12 Ен.— Зогр Мар Ас Сав Ен Син Евх Супр*

СЪМѢСИТИ, съмѣшѫ, съмѣсиши *сов.* чьто съ чимь (9) μειγνύναι, συζευγνύναι, ἑνοῦν, ἀρτύειν смешать, размешать; соединить, связать, сочетать smísit, spojit: дашѧ емоу оцьтъ пити • съ зълчиѭ съмѣшенъ *Мт 27, 34 Сав,* съмѣшънъ (!) *Мар* (размѣшьнъ *Зогр,* размѣшенъ *Ас*) ● *перен.*: слово незазорьно съмѣшено съ солиѭ божьствьнѫѭ *Супр 279, 28;* ıхъ же кръвь питѣтъ (! *вм.* пилатъ) • съмѣсı съ жрътвами ıхъ *Л 13, 1 Зогр Мар;* вьсе то подъ нозѣ подъложивъ прѣштеник съ възвитнимъ сьмѣсивъ • вины искааше *Супр 367, 23* □ съмѣсити сѧ смешаться, соединиться smísit se: и съмѣсишѧ сѧ съ ѩзыкы • и навыкѫ дѣла іхъ *Пс 105, 35 Син.— Супр 11, 26-27; 116, 19.— Ср.* размѣсити, съвъкоупити

СЪМѢТИ, -ѣѭ, -ѣєши *несов.* (25) [съмѣахо ! *Мар* (1)] τολμᾶν сметь, осмеливаться, отваживаться odvažovat se: къ томоу же не съмѣахѫ его въпрашати ничьсоже *Л 20, 40 Зогр,* съмѣахо (!) *Мар;* ник'тоже не съмѣаше отъ оученикъ • ıстѧзати *И 21, 12 Зогр Мар Ас Сав;* помѧни кънижъникы • не съмѣвъшѧѩ възѧти • сърeбра *Евх 49а 21;* никомоу отъ толи сьмѣти по слънечьнѣѣмь заходѣ вьнѣ домоу своєго обрѣсти сѧ *Супр 53, 4.— Зогр Мар Ас Сав Евх Клоц Супр Зогр-лл*

съмѣти *Супр 424, 1 см.* съмѣшати

СЪМѢШАТИ, -аѭ, -аєши *несов.* (5) [съмѣѩште ! *Супр* (1)] μειγνύναι, συναγελάζειν, ἀναφύρειν смешивать, соединять, сочетать směšovat, spojovat: бѫдемъ въ істинѫ тѣло єдіно • не тѣлеса къ себѣ съмѣшаѭште • нъ д⟨оу⟩шѧ къ себѣ • съвѫзомь любовънымь совъкоуплѣѭште *Клоц 9б 11* (сьмѣѩште ! *Супр 424, 1*); сьмѣшаєтъ чловѣчьска словеса сь божии *Супр 315, 28* □ съмѣшати сѧ соединяться, смешиваться mísit se: съмѣшаѩ сѧ скачѫ сь дѣтьми *Супр 332, 24* ● *о браке:* кѫмотрами своімі... не съмѣшати сѧ *Клоц 2а 21-22.— Ср.* съвъкоуплѩти

СЪМѢШЕНИѤ, -ия *с* (3) μῖγμα смесь směs: несы съмѣшение змърно і ольгоуіно *И 19, 39 Зогр Мар Ас.— Ср.* мѣшеник

съмѣшънъ *Мт 27, 34 Мар см.* съмѣсити

СЪМѦСТИ, съматѫ, сьматеши *сов.* (53) ταράσσειν **1.** συνταράσσειν привести в движение, всколебать, взволновать uvést v pohyb, zatřást: сътрѧсе землѭ і съмѧте ѭ *Пс 59, 4 Син* □ съмѧсти сѧ заколебаться, зашататься zatřást se, zachvět se: съмѧсѧ сѧ горы крѣпостъѭ его *Пс 45, 4 Син;* осънованьнѣ горъ съмѧсѧ сѧ *Пс 17, 8 Син* **2.** διαταράσσειν привести в замешательство, смятение, испугать uvést ve zmatek, znepokojit, poděsit: г⟨оспод⟩ь гнѣвомъ своімъ съмѧтетъ ѩ *Пс 20, 10 Син;* нъ не говори ни съмати доуша дѣвици *Супр 248, 12* □ съмѧсти сѧ прийти в замешательство, смятение, испугаться znepokojit se, poděsit se: слышавъ же иродъ ц⟨ѣса⟩рь сьмѧте сѧ *Мт 2, 3 Ас Сав* (Ø *Зогр Мар*); видѣвъше и оученици ходѧшть по морю • съмѧтошѧ сѧ *Мт 14, 26 Зогр Боян,* съмѧшѧ сѧ *Мар Ас* (оубоѩшѧ сѧ *Сав*); ѡна же слышавъши съмѧте сѧ о словеси его *Л 1, 29 Зогр Мар Ас;* да постыдѧтъ сѧ и съмѧтѫтъ сѧ вьсі вразі моі *Пс 6, 11 Син* ● опечалиться zarmoutit se: милоуѩ оубо оученика съмате сѧ *Клоц 3б 5-6;* □ съмѧтенъ *в знач. прил.* ἐσκυλμένος изнуренный, утомленный zmořený, unavený: видѣвъ же народы и⟨соу⟩с⟨ъ⟩ • милосрьдова о н҃ихъ • ѣко бѣахѫ съмѧтени *Мт 9, 36 Зогр Мар.— Зогр Мар Ас Сав Боян Син Клоц Супр Рыл.— Ср.* възмѧсти, съмѫтити

СЪМѦТЕНИѤ, -ия *с* (3) **1.** σάλος колебание, дрожание chvění, *перен.* zakolísání: положьшаего д⟨оу⟩шѫ моѭ вь животъ • и не давьшаго во съмѧтенье ногоу моєю *Пс 65, 9 Син* **2.** *греч. нет* смятение, волнение zmatek: пытааже (! *вм.* пытааше) кыи извѣтъ сьмѧтеньѩ того *Супр 566, 2.— Пс 120, 3 Син.— Ср.* възмѫщеник, мльва, съмѫщаник, шатаник

СЪМѪТИТИ, съмѫщѫ, съмѫтиши *сов.* (12) ταράσσειν **1.** съмѫтити сѧ прийти в движение, всколебаться zatřást se, zachvět se: съмѫтішѧ сѧ бездьны *Пс 76, 17 Син;* въшюмѣшѧ и съмѫтішѧ сѧ водъи іхъ *Пс 45, 4 Син* **2.** *перен.* ἐκταράσσειν привести в замешательство, в волнение, в смятение, испугать uvést ve zmatek, znepokojit, poděsit: потоці безаконеньѣ съмѫтішѧ мѧ *Пс 17, 5 Син* □ съмѫтити сѧ опечалиться zarmoutit se, zkormoutit se, zasmušit se: съмѫти сѧ самъ не ѣкоже мы оужастиѭ • или печалиѭ съмѫтимъ сѧ • нъ самъ себе съмѫти *Супр 315, 23 и 25 и 25-26;* съмѫщенъ *в знач. прил.* испуганный, подавленный znepokojený, poděšený: чъто съмѫштени єсте *Л 24, 38 Мар Ас* (Ø *Зогр*); ѡтъвратилъ же єси лице твое... и быхъ съмѫщтенъ (!) *Пс 29, 8 Син.— Пс 56, 5 Син; Супр 315, 20; 406, 3.— Ср.* възмѫтити, съмѧсти

СЪМѪЩАНИѤ, -ия *с* (1) τάραχος смятение zmatek: въкоупѣ же и съмѫштаник и страхъ пристрашънъ нападаєтъ *Супр 464, 26.— Ср.* възмѫщеник, мльва, съмѧтеник, съмѫщеник, шатаник

СЪМѪЩАТИ, -аѭ, -аєши *несов.* (21) ταράσσειν, συνταράσσειν **1.** приводить в движение, колебать; сотрясать uvádět do pohybu, otřásat: съмѫщаѭ глѫбинѫ морьскѫѭ *Пс 64, 8 Син* □ съмѫщати сѧ приходить в движение, колебаться, сотрясаться třást se, chvět se: сего ради не оубоімъ сѧ егда съмѫщаєтъ сѧ землѣ *Пс 45, 3 Син; Ен 26б 7* **2.** *перен.* приводить в замешательство, в волнение, в смятение uvádět ve zmatek, znepokojovat, děsit: въскѫѭ печальна єси д⟨оу⟩ше моѣ • и въскѫѭ съмѫщаєши мѧ *Пс 41, 6 Син;* нача отъштиштати и съмѫштати семоу вържченѫѭ црькъве *Супр 281, 23-24* □ съмѫщати сѧ волноваться, беспокоиться znepokojovat se: да не съмѫштаєтъ сѧ ваше срѣдьце *И 14, 1 Зогр Мар Ас* (2) *Сав* ● огорчаться, печалиться, беспокоиться rmoutit se, tesknit: ч⟨лов҄ѣ⟩колюбець г⟨оспод⟩ъ зьрѧ дрьзости оученичѧ съмѫштааше сѧ *Клоц 3б 31.— Зогр Мар Ас Сав Ен Син Клоц Супр.— Ср.* възмѫщати

СЪМѪЩЕНИѤ, -ниꙗ *с* (1): без съмѫщениꙗ ἀπερισπάστως не отклоняясь, не отвлекаясь, сосредоточенно bez rozptylování, soustředěně: непосагъшиꙗ бо печетъ сѧ о г⟨осподьн⟩и⟨хъ⟩ рече иже на доброобразьное • и благоприлежьноѥ къ г⟨оспод⟩и бе съмѫштениꙗ *Супр 375, 28-29.— Ср.* възмѫщениѥ

СЪНАБЪДѢТИ, -бъждѫ, -бъдиши *сов.* (6) σῴζειν, διασῴζειν, περιποιεῖσθαι сохранить, сберечь, спасти ochránit, zachránit: по величью мышьцѧ твоеѩ • сънабьди с⟨ы⟩ны оумрътвенꙑхъ *Пс 78, 11 Син*; пригваждаѩ сѧ на дрѣвѣ... сьнабьдѣти миръ погыбъшь *Супр 11, 13*; г⟨оспод⟩и боже... сънабьдѣвꙑи мѡѵсиѩ отъ рѫкꙑ фарашнꙗ • съпасꙑи ѳеклѫ отъ огнѣ *Супр 179, 8-9* ● φυλάσσειν сохранить zachovat: видѣсте многъкратꙑ • и не сьнабьдѣсте • отврьстѣ оуши и не слꙑшасте *Супр 323, 6-7.— Супр 222, 9-10; 253, 21.— Ср.* избавити, раздрѣшити, съблюсти, съхранити

сънемл- *см.* сънимати сѧ

СЪНЕСТИ, сънесѫ, сънесеши *сов.* (3) κατάγειν снести (*сверху вниз*), спустить snést (*shora dolů*), spustit: и коуп'но съ словомъ облачьцъ малъ ꙗви сѧ надъ народомъ • и дъждь великъ сънесе *Супр 568, 17* ● *перен.*: сьнесете старость моѭ сь печалиѭ въ адъ *Супр 487, 19*; егда хоштеши мои оумъ на небеса вьзнесеши • и егда хоштеши на землѭ сьнесеши *Супр 238, 5.— Ср.* съпоустити

сънид- *см.* сънити

сънiи *Клоц 12а 34-35 см.* сънитиѥ

СЪНИМАТИ СѦ, сънемлѭ сѧ, сънемлеши сѧ *несов.* (6) συνέρχεσθαι, συνάγεσθαι собираться shromažďovat se: идеже тѣло • тоу i орли сънемлѭтъ сѧ *Л 17, 37 Зогр Мар*; азъ вьсегда оучихъ на сънъмишти • i въ црькъв⟨е⟩ идеже вьси июдѣи сънемлѫтъ сѧ *И 18, 20 Зогр Ас* (събирахѫ сѧ *Сав*, ∅ *Мар*).— *Л 5, 15 Зогр Мар.— Ср.* събирати сѧ

сънимь *Евх 18б 9-10 см.* сънъмъ

СЪНИСКАТИ, -аѭ, -аѥши *несов.* (1) κτᾶσθαι приобретать získávat: добраа бо дѣѣниѣ троудомь сънискаѭтъ сѧ *Евх 87а 4-5.— Ср.* сътѧжати

СЪНИТИ, -идѫ, -идеши *сов.* (>100) **1.** καταβαίνειν, κατέρχεσθαι, συγκαταβαίνειν, ἐπιφοιτᾶν (!), κατενάγεσθαι, συγκατέρχεσθαι, καταδύειν (!) сойти (*вниз*), спуститься sejít, sestoupit: не сь ли естъ с⟨ы⟩нъ iосифовъ... ѣко съ н⟨ебе⟩се сънидъ *И 6, 42 Зогр Мар Ас*; огнь съшьдъ съ неб⟨е⟩се *Л 9, 54 Зогр Мар*; да придетъ съмрьть на нѩ сънидѫтъ въ адъ живи *Пс 54, 16 Син*; дъва мѫжа въ бѣлахъ ризахъ сьнидоста къ водѣ *Супр 235, 16* ● пойти (*о дожде и т. п.*) přijít (*o dešti, bouři atp.*): i сънидѫ дъжди i придѫ рѣкꙑ *Мт 7, 25 Зогр*, сънide дождъ *Мар Ас Сав; Мт 7, 27 Зогр Мар Сав*, сьни-де-ждь *Ас*; сънide боурѣ вѣтрьна въ езеръ *Л 8, 23 Зогр Мар Ас* ● *перен.*: тако да сънидетъ бл⟨а⟩г⟨осло⟩вение твое • на главѫ раба твоего сего *Евх 9а 14-15*; ни оученици же разоумѣшѧ вѣштаанааго • дондеже сънide вь немошти ихъ *Супр 488, 7* ● *перен.* впасть, упасть, попасть upadnout: каѣ польѕѣ во кръви моеи егода (!) сънiдѫ вꙑ истълѣнъе *Пс 29, 10 Син*; акꙑ дѣтиштъ отъ дꙗвола запѧтъ въ послѣдьнѣѩ погыбѣль сьнидохъ *Супр 525, 1* **2.** καταβαίνειν, κατέρχεσθαι, ἐξέρχεσθαι уйти, выйти odejít, odebrat se: молѣаше i • да сънидетъ i цѣлитъ с⟨ы⟩на его *И 4, 47 Зогр Мар Ас*; сънидѫ оученици его на море *И 6, 16 Зогр Мар Ас*; тъ по обꙑчаю • съ небесе божии гласъ слꙑшавъ • велѧште сьнити изъ поустꙑнѧ • и прiти въ градъ коньстатинь *Супр 191, 6.— Зогр Мар Ас Сав Син Евх Клоц Супр.—* низъити, сълѣсти

СЪНИТИ СѦ, -идѫ сѧ, -идеши сѧ *сов.* (17) **1.** συνέρχεσθαι, ἔρχεσθαι сойтись, собраться shromáždit se, sejít se: сънидѫ сѧ къ нѥмоу вси архиереи • i старьци • i кънижьници *Мк 14, 53 Зогр Мар*; ц⟨ѣса⟩рi земнii собьрашѧ сѧ • сънiдѫ сѧ вькоупѣ *Пс 47, 5 Син*; сънидошѧ сѧ раби твои жѧтъ *Евх 126 25* **2.** συμβάλλειν, συνάπτειν сойтись (*на поле боя*), сразиться utkat se: къꙑ ц⟨ѣсар⟩ь • идꙑ къ iномоу ц⟨ѣса⟩рю • сънити сѧ на брань *Л 14, 31 Зогр Мар*; идеши бо на рать и сьнидеши сѧ • и не възможеши стати противѫ врагомъ своимъ *Супр 195, 10.— Зогр Мар Син Евх Супр.— Ср.* събьрати сѧ, сънѧти сѧ, състати сѧ

СЪНИТИѤ, -ниꙗ *с* (6) [сънiи ! *Клоц* (1)] **1.** κατάβασις сошествие, схождение sestoupení: соугоубо дьнесь пришестiе г⟨осподь⟩не... соугоубо сънiтье *Клоц 12б 39; Супр 449, 3*; о сьнитии г⟨оспод⟩и нашего • гробьнѣꙗмь *Супр 447, 30*; о сънiи (!) *Клоц 12а 34-35* **2.** ἀντιπαράταξις схождение, столкновение (*в бою противников*) střetnutí (*v boji*): с⟨вѧ⟩тꙑи кодратъ • ꙗко нѣкоторꙑи добли воинъ пъваѩ своѥѭ силоѭ • на сьнитиѥ ратьникъ • прѣди идꙑи *Супр 105, 12.— Супр 459, 21.— Ср.* низъхождениѥ, съшьствиѥ

СЪНИѤ, -ниꙗ *с* (1) ἐνύπνιον сновидение, сон sen: како бꙑшѧ въ запоустѣнiе вънезаапѫ • iсконьчашѧ сѧ погꙑбѫ за безаконенiе своє • ѣко сонъє въстаѭштаго *Пс 72, 20 Син.— Ср.* сънъ

съноварі *Пс 8, 4 Син см.* основати

СЪНОРИТИ, -рѭ, -риши *сов.* (1) ἀποῤῥίπτειν сбросить, своротить, ниспровергнуть vyvrátit: събъраша съборъ да не вѣрѫ съзиждѫтъ • нъ да ѫгълънꙑи камень сънорѧтъ *Супр 385, 14.— Ср.* оборити, разорити, раздроушити

СЪНОУЗЬНЪ, -ꙑи *прил.* (1) *греч. нет* конный jízdní: пѣши и сноузни по н҃емоу хождаахѫ *Супр 90, 7-8*

СЪНЪ, -а *м* (68) **1.** ὕπνος; (бе-съна ἄϋπνος) сон (*состояние*) spánek: петръ же і сѫштаа съ н҃имь • бѣахѫ отѧгъчени сънъмь *Л 9, 32 Зогр*, сънoмь *Мар*; дажди намъ вл⟨адꙑ⟩ко на сонъ грѧдѫще • покои тѣлеси *Евх 37б 18*; бе съна прѣбꙑша до свѣта *Супр 71, 3*; въставъ отъ съна *Супр 294, 18*; по истинѣ бо чловѣчьска сьмрьть • сънъ оу господи мьнитъ сѧ *Супр 313, 28*; ѥже бо сьмрьть не сьмрьть глаголетъ сѧ • нъ оус'пеньѥ и сьнъ *Супр 487, 10* **2.** ἐνύπνιον, ὄνειρος, ὄναρ сновидение, сон sen: вѣсть же прıемъ въ сънѣ отіде въ странѫ галилеискѫ *Мт 2, 22 Ас Сав Боян* (∅ *Зогр Мар*); анѣ⟨ге⟩лъ г⟨осподь⟩нь вь сьнѣ ѣви сѧ емоу *Мт 1, 20 Ас Сав Боян* (∅ *Зогр Мар*); *Супр 294, 5*; вь сьнѣхъ истинѫ видѧшти *Супр 434, 14-15.— Зогр Мар Ас Сав Боян Син Евх Клоц Супр.— Ср.* видѣниѥ, съпаниѥ, оусъпениѥ, сьниѥ

сънь м- *см. также* сънати

СЪНЬМИЩЕ, -а *м* (100) [сънъм- *Зогр* (32) *Мар* (4) *Сав* (3) *Син* (1), сонъм- *Мар* (3), соньм- *Мар* (9) *Ас* (1), сьньм- *Ас* (20) *Сав* (2), сьнъм- *Ас* (2), сьнм- *Мар* (1)] **1.** συναγωγή место собраний; собрание (*молитвенное*), синагога shromáždiště, synagoga: прѣждесѣданиѣ на сънъмиштихъ *Мк 12, 39 Зогр Мар*; въставъ же ι сънъмишта • вьниде въ домъ симон҃ь *Л 4, 38 Зогр Мар*; въ сънъмишти бѣ ч⟨лове⟩къ • ιмꙑ д⟨оу⟩хъ бѣсъ нечистъ *Л 4, 33 Зогр Мар Ас*; прохождааше н⟨соу⟩с⟨ъ⟩ • градꙑ всѧ ι вси • оучѧ на сънъмиштихъ ιхъ *Мт 9, 35 Зогр Мар Ас Сав*; азъ вьсегда оучихъ на сънъмишти • ι въ цръкъв(е) ιдеже вьси ιюдѣи сънемлѭтъ сѧ *И 18, 20 Зогр Ас Сав* (∅ *Мар*) **2.** συνέδριον синедрион (*высший совещательный орган у древних евреев*) židovská velerada: ѣко гнѣваѩи сѧ на брата своего спꙑти • повиненъ естъ сѫдоу • ιжь бо речетъ братоу своемоу • рак'ка • повиннъ естъ сънъмиштю *Мт 5, 22 Зогр* (∅ *Мар*); прѣжде же сихъ в'сѣхъ • възложѧтъ на вꙑ рѫкꙑ своѩ • ι ижденѫтъ прѣдаѭште на сънъмишта • ι въ тьмьницѧ *Л 21, 12 Зогр Мар Ас Сав.— Зогр Мар Ас Сав Син.— Ср.* съборъ, сънъмъ

СЪНЬМЪ, -а *м* (39) [сънъм- *Зогр* (2) *Ен* (2) *Клоц* (1), сънем- *Мар* (2) *Ас* (1) *Син* (6), сънм- *Мар* (1), сонъм- *Мар* (1) *Син* (6), сьньм- *Супр* (1), сьнем- *Мар* (3) *Ас* (4) *Супр* (1), сьн'м- *Ас* (3), сн҃м- *Ас* (1), сънимъ ! *Евх* (1)] **1.** συναγωγή, συστροφή, σύνταγμα сборище, толпа, собрание (*народа*) shromáždění, shluk, dav: надѣите сѧ нъ вьсъ сънемъ людꙑ *Пс 61, 9 Син*; покрꙑи мѧ отъ сонъма зълобивꙑхъ *Пс 63, 3 Син* **2.** συνέδριον синедрион (*высший совещательный орган у древних евреев*) židovská velerada: прѣдадѧтъ бо вꙑ на сънъмꙑ *Мт 10, 17 Зогр Мар*; събъраша сѧ старьци людьсции • ι архиереи и кънижьници • ι вѣсѧ и на сънимь свои *Л 22, 66 Мар* (съборъ *Зогр*) ● члены синедриона členové velerady: арх'иереι же ι вьсь сънъмъ • ιскаахѫ на ι⟨соу⟩са *Мк 14, 55 Зогр Мар; Мт 26, 59 Зогр Мар Ас Сав* ● συναγωγή синагога synagoga: слꙑшѫ бо ꙗко и кꙑѩ отъ васъ жидове призꙑваѭтъ въ сьньмѣхъ *Супр 135, 27* **3.** σύνοδος синод, церковный собор církevní sněm, koncil: с⟨вѧ⟩т⟨ꙑ⟩хъ о⟨тъ⟩ць наш⟨ихъ⟩ т҃мѫ • ѥ҃го же с⟨ꙑ⟩н⟨ь⟩ма • бъившааго вь никеи *Ас 122б 15*; вьсе бо се с⟨вѧ⟩ті вьсемоу мироу обьшти сънъмі прокльлі сѫтъ *Клоц 2а 23* **4.** σύναξις праздник svátek, oslava: сънемъ с⟨вѧ⟩тъıѩ б⟨огороди⟩цѧ *Ас 134б 13*; сьнемъ арханѣ⟨ге⟩ла михаил⟨а⟩ *Ас 126а 7.— Зогр Мар Ас Сав Ен Син Евх Клоц Супр.— Ср.* вѣще, съборъ, съвѣтъ

СЪНѢДАТИ, -аѭ, -аѥши *несов.* (9) κατεσθίειν, ἐσθίειν, κατανέμεσθαι съедать, пожирать pojídat, požírat: влькъ моѥ вьспитаниѥ сьнѣдаѥтъ *Супр 247, 20* ● *перен.* истреблять, разорять, уничтожать pohlcovat: ιже сънѣдаѭтъ домꙑ вьдовиць *Л 20, 47 Зогр Мар Ас Сав; Мт 23, 13 Мар* (∅ *Зогр*); ни ли разоумѣѭтъ вьсі дѣлаѭштеі безаконньѣ • сънѣдаѭщеі люді моѩ *Пс 52, 5 Син.— Пс 13, 4 Син; Супр 116, 8.— Ср.* поглъщати, погадати, травити, ꙗсти

СЪНѢДЕНИѤ, -ꙗ *с* (2) βορά, μετάληψις пища, корм, еда snědení, pokrm: страдавъшеѥ то тѣло • водамъ и звѣрьмъ и птицамъ прѣдахъ на сьнѣденьѥ *Супр 528, 13-14*; сокачиѩ… въ дворѣхъ закалаѭтъ чистѣ на сьнѣдениѥ чловѣкомъ • а не бѣсомъ *Супр 116, 4.— Ср.* изѣдениѥ, сънѣдь, сънѣдьнъ (сънѣдьно), ꙗдь

СЪНѢДЬ, -и *ж* (6) βρῶσις, κατάβρωμα пища, корм, еда jídlo, pokrm: далъ нꙑ еси ѣко овьцѧ сънѣди *Пс 43, 12 Син*; подаваꙗи сѣмѧ сѣѭщюмоу • ι хлѣбъ въ сънѣдь *Евх 12б 10* (*2 Кор 9, 10*) ● *перен.*: оу горе мьнѣ ꙗко сьнѣдь ѥсмъ огнꙗ вѣчнааго *Супр 517, 8.— Клоц 10а 35; Супр 469, 20; 523, 2.— Ср.* сънѣдениѥ, сънѣдьнъ, ꙗдь

СЪНѢДЬНЪ, -ыи *прил.* (8): сънѣдьно *в знач. сущ.* προσφάγιον, βρώσιμον пища, съестное jídlo, pokrm: еда чьто сънѣдьно имате *И 21, 5 Зогр Мар Ас Сав*; аще к'то бѣдоѫ оукрадетъ • сънѣдьно чьто • к҃ денъ да покаетъ сѧ *Евх 103б 1; 104а 26.— Л 24, 41 Мар Ас.— Ср.* сънѣденик, сънѣдь, ꙗдь

СЪНѢСТИ, сънѣмь, сънѣси *сов.* (28) ἐσθίειν съесть snist: хлѣбы прѣдъложениѣ сънѣстъ *Мт 12, 4 Зогр Мар; Мк 2, 26 Зогр Мар Ас* (ꙗстъ *Сав*) ● *перен.* κατεσθίειν поглотить, овладеть pohltit, schvátit: жалость домоу твоего сънѣстъ мѧ *Пс 68, 10 Син; И 2, 17 Зогр Мар Ас.— Зогр Мар Ас Ен Син.— Ср.* изобати, изѣсти, поꙗсти, оуꙗсти

СЪНѦТИ, сънымѫ, сънымеши *сов.* (19) **1.** кого, чьто καθαιρεῖν, καταφέρειν, αἴρειν, κατάγειν снять, спустить вниз sejmout, sundat: да видимъ • аште придетъ илиѣ • сънѧтъ его *Мк 15, 36 Зогр Мар*; сънемъше съ дрѣва блаженааго кодрата *Супр 111, 3*; сънемъше и отъ сковрады *Супр 118, 29*; обрѣте сѧ водонось испльнена водъı • абьк же сьньмъ ѭ и поставивъ на земи… моли сѧ *Супр 550, 26* **2.** чьто καταφέρειν, ἀποδύεσθαι снять (*одежду*) svléci: мол⟨итва⟩ ег'да сънѧти коукоуль *Евх 100а 8* ● *перен.* ἀποδύεσθαι: очистихъ доушѫ отъ невѣрьствиꙗ • сьнѧхъ си распрьнѭѭ вѣдь *Супр 511, 15.— Зогр Мар Евх Супр.— Ср.* съвлѣщи

сънѧти *Евх 100а 25 см.* сънѧтик[1]

СЪНѦТИ СѦ, сънымѫ сѧ, сънымеши сѧ *сов.* (9) **1.** συνάγεσθαι, ἐπισυνάγεσθαι, συντρέχειν сойтись, собраться shromáždit se: о нихъже сънъмъшемъ сѧ тъмамъ народа • ѣко прѣпираахѫ дроугъ дроуга *Л 12, 1 Зогр Мар*; егда сънъмѫтъ сѧ людье вькоупѣ *Пс 101, 23 Син* **2.** συνέρχεσθαι совершить половой акт uskutečnit pohlavní styk: прѣжде даже не сънѧсте сѧ • обрѣте сѧ имѫщи въ чрѣвѣ *Мт 1, 18 Ас*, сънѧсте сѧ *Сав Боян* (∅ *Зогр Мар*) **3.** συλλαμβάνεσθαι схватиться, сойтись (*в бою*) utkat se (*v boji*): хоштѫ сьнѧти сѧ съ борѫштимъ *Супр 247, 24.— Евх 87б 26; Супр 458, 12.— Ср.* съберати сѧ, съвъкоупити, сънити сѧ

СЪНѦТИѤ[1], -иꙗ *с* (1) *греч. нет* снятие, снимание snímání, svlékání: се женамъ коукоулю сънѧти(е) *Евх 100а 25*

СЪНѦТИѤ[2], -иꙗ *с* (4) **1.** πανήγυρις собрание shromáždění: се же д⟨оу⟩ховьно сънѧтие • видѧще *Евх 95б 3* **2.** συνέδριον синедрион velerada: блюдѣте же вы сѧ сами • прѣдадѧтъ бо вы въ сънѧтиѣ • и на сънъмиштихъ биени бѫдете *Мк 13, 9 Зогр Мар.— Евх 101а 24.— Ср.* съборъ, събьраник, сънъмище, сънъмъ

СЪОБЛѢЩИ, съоблѣкѫ, съоблѣчеши *сов.* (1) ἐνδύειν одеть obléci: аще бо есте съоблъчени • вамъ напасть не оудоблѣетъ *Евх 97б 4-5.— Ср.* облѣщи

СЪОБРАЗЬНЪ, -ыи *прил.* (2) σύμμορφος, σύμφυτος похожий, подобный podobný: чловѣкъ ꙗвьıаше сѧ • съобразьнъ и равнокстьствьнъ о⟨ть⟩цоу *Супр 480, 10-11*; съобразенъ бъıстъ подобию съмръти самого с⟨ъ⟩п⟨а⟩са *Хил 16а 23-24* (*Рим 6, 5*)

съпад- *см. также* съпасти[2]

СЪПАДАТИ, съпадаѭ, съпадакши *несов.* (1) ῥίπτειν спадать, сваливаться padat: расѣдаѧ сѧ ꙗростиѭ съпадааше съ прѣстола *Супр 109, 7.— Ср.* низъпадати, падати

СЪПАНИѤ, -иꙗ *с* (2) *греч. нет* сон (*состояние*), спанье spaní, spánek: ѣкоже азъ колижьдо сътворихъ • и в'сѣ из лиха • вь ѣдении • и вь питьи • и въ неправедьнѣмь съпании *Евх 72а 20; 78а 17.— Ср.* сънъ

СЪПАСАТИ, -асаѭ, -асакши *несов.* (33) [спа- *Зогр* (2) *Сав* (1) *Син* (5) *Евх* (6), спса- *Мар* (2) *Ас* (1) *Клоц* (2), спаса- *Супр* (2)] σῴζειν, διασῴζειν спасать, избавлять zachraňovat, dávat spásu: ц⟨ѣса⟩рь кстъ крѣпькъ и силенъ • и съпасаѧ въ рати своѧ *Супр 28, 10*; б⟨о⟩же имѣꙗи власть • грѣхы отъдаѣти • и д⟨оу⟩шѧ с⟨ъ⟩па⟨са⟩ти *Евх 25а 4*; мало естъ с⟨ъ⟩па⟨са⟩ѭштиихъ сѧ *Л 13, 23 Зогр Мар Ас Сав*; вьсѧ ли прѣпрость с⟨ъ⟩п⟨а⟩саетъ • ѣвль сѧ въ адѣ б⟨ог⟩ъ *Клоц 13а 18, Супр 449, 20*; вѣроуѭ писаноуоумоу и спасаѭ сѧ *Супр 501, 27*; вьсѣкъ бо сътрьпѣвъıи съпасактъ сѧ вь вѣкы *Супр 159, 28* ▭ съпасаꙗи *в знач. сущ.* спаситель spasitel: возъвашѧ и не бѣ с⟨ъ⟩па⟨са⟩ꙗи *Пс 17, 42 Син.— Зогр Мар Ас Сав Син Евх Клоц Супр.— Ср.* гонажати, избавлꙗти; съпасаꙗи *ср.* съпасъ[1], съпаситель

СЪПАСЕНИѤ, -иꙗ *с* (>200) [спсен- *Зогр* (5) *Сав* (2) *Син* (15) *Евх* (12), спсен- *Ас* (4) *Ен* (9) *Клоц* (4) *Супр* (3), спсн- *Мар* (5) *Ас* (1) *Клоц* (4) *Супр* (2), спн- *Зогр* (1) *Син* (43) *Служ* (1) *Евх* (17) *Рыл* (1), сп- *Син* (3), съпн- *Син* (1), съпасен- *Супр* (11), спасен- *Супр* (1)] σωτηρία, τὸ σωτήριον, τὸ σωθῆναι, ἄγραπτος (!), μετάνοια (!) salus спасение, избавление spása, záchrana: с⟨ъ⟩п⟨ас⟩енье отъ врагъ нашихъ *Л 1, 71 Зогр Мар*; б⟨ог⟩ъ мои застѫпьникъ с⟨ъ⟩п⟨асе⟩ниѣ моего *Пс 88, 27 Син*; изволи въплътити сѧ съпасениѣ ради чловѣчьска *Киев 2б, 13;* вьсемоу мироу… съп⟨а⟩сенье сътѧжавъ *Клоц 14б 29* (съпасъıнок *Супр 453, 18*); съпасеньк крьстиꙗньско *Супр 479, 16*; ныѣ врѣмѧ съпасению *Супр 356, 12*; съпасеник доуши и тѣлоу *Супр 212, 5-6* ♦ рогъ съпасениꙗ *см.* рогъ.— *Зогр Мар Ас Сав Ен Син Киев Евх Служ Клоц Супр Хил Рыл.— Ср.* избавлкник, съпаства, съпасъ[2], съпасьнъ (съпасьнок)

СЪПАСИТЕЛЬ, -лга *м* (13) [сп҃ител- *Син* (1), сп҃л- *Син* (5), сп҃тел- *Евх* (1), сп҃сител- *Ен* (1) *Клоц* (1), сьпа- *Супр* (1)] σωτήρ спаситель, избавитель spasitel, záchrance: тъ б⟨о⟩гъ мої с⟨ъ⟩п⟨аситє⟩лъ мої *Пс 61, 7 Син*; ѡ⟨тъ⟩цъ посла с⟨ы⟩на своего • с⟨ъ⟩п⟨а⟩сителѣ въсемоу мироу *1 Ио 4, 14 Ен*; дьнесь... отроці сърѣтѫ с⟨ъ⟩п⟨а⟩сітєлѣ *Клоц 1а 35* (съпаса *Супр 326, 13*); ꙗвивъ сѧ имъ съпаситель рече *Супр 70, 29-30.— Пс 26, 1 и 9; 61, 3; 64, 6; 78, 9 Син; Евх 14б 10; Супр 498, 22-23; 499, 21.— Ср.* избавитель, съпасати (съпасаꙗи), съпасъ[1]

СЪПАСИТЕЛЮВЪ *прил.* (2) [сп҃сит- *Зогр* (1), сп҃ст- *Мар* (1)] τοῦ σωτῆρος спасителев, относящийся к спасителю spasitelův: ѡ іскоушении с⟨ъ⟩п⟨а⟩сителевѣ *Зогр 129а 8; Мар 76а 12.— Ср.* съпасовъ

СЪПАСОВЪ *прил.* (3) [спа- *Супр* (1)] τοῦ σωτῆρος, τοῦ σταυροῦ (!) спасителев, относящийся к спасителю spasitelův: ти вамъ сѫдиѩ бѫдѫтъ по съпасовоу словеси *Супр 325, 13*; (г⟨оспод⟩ьноу *Клоц 1а 7*); по заповѣдемь съпасовомъ жити начинаѭштимъ *Супр 513, 17.— Супр 487, 11.— Ср.* съпасителевъ

СЪПАСТВА, -ы *ж* (1) σωτηρία спасение, избавление spása, záchrana: да ти доведѫ дьне-сь-паствы безбѣдьныѩ *Супр 503, 5.— Ср.* съпасение, съпасъ[2], спасьнъ (съпасьное)

СЪПАСТИ[1], съпасѫ, съпасеши *сов.* (>300) [сп҃с- *Зогр Мар Ас Сав Ен Син Клоц Супр Хил Рыл*, сп҃- *Зогр Мар Сав Син Евх Рыл*, съп҃с- *Зогр Мар*, сп҃ас-, спас- *Ас Сав Син Евх Супр*, сьпас- *Ас Супр*] σῴζειν, διασῴζειν conservare, custodire **1.** спасти, избавить zachránit, spasit: г⟨оспод⟩и с⟨ъ⟩п⟨ас⟩и мѧ *Мт 14, 30 Зогр Мар Ас Сав*; приде бо с⟨ы⟩нъ ч⟨ловѣчь⟩скы... с⟨ъ⟩п⟨ас⟩тъ погыбъшааго *Л 19, 10 Зогр Мар Ас; Супр 346, 28*; мілостьѭ своеѭ зашчітітъ нъи і съпасетъ *Киев 6а 14*; отъ вьсѣхъ противьѩцихъ сѩ намъ съпасі нъи *Киев 6б 2*; вьселенѫѭ вьсѫ съпаслъ естъ *Клоц 3б 40*; елико сѧ прикоснѫшѧ емь с⟨ъ⟩п⟨а⟩сени бышѧ *Мт 14, 36 Зогр Мар*; съпасыи ѳеклѫ отъ огн҃ѣ • и от' позориштa *Супр 179, 10* ▭ съпасти сѧ спастись zachránit se: с⟨ъ⟩п⟨а⟩си сѧ аще с⟨ы⟩нъ еси б⟨о⟩жıи • сълѣзи съ кр⟨ь⟩ста *Мт 27, 40 Ас Сав*, с⟨ъ⟩п⟨ас⟩и себе *Зогр Мар* **2.** исцелить, вылечить uzdravit: молѧ і да с⟨ъ⟩п⟨а⟩сетъ рабъ его *Л 7, 3 Зогр Мар Ас Сав*; како съпасе сѧ бѣсъновавы *Л 8, 36 Зогр Мар Сав.— Зогр Мар Ас Сав Унд Боян Ен Син Киев Евх Клоц Супр Хил Рыл.— Ср.* гонезнѫти, избавити, съхранити, оуспасти[2]

СЪПАСТИ[2], съпадѫ, съпадеши *сов.* (12) πίπτειν **1.** ἐκπίπτειν, καταπίπτειν; (съпасти съ συνεκπίπτειν) упасть spadnout: и лоуна не дастъ свѣта своего • і звѣзды съпадѫтъ с н⟨е⟩б⟨е⟩се *Мт 24, 29 Мар Ас Сав* (іспадѫтъ *Зогр*); видѣхъ сотонѫ ꙗко млъниѭ съ н⟨е⟩б⟨ес⟩е съпадъша *Л 10, 18 Сав*, съпадъшѫ *Ас* (падъша *Зогр Мар*); в'сѣмъ хранителемъ его • съпадъшимъ съ нимь • съ вышьнаꙗ свѣтълости *Евх 51б 10*; сьпаде коумирь съ мѣста своего *Супр 33, 15* ● *перен.* пасть padnout: съпадъшиихъ въздвигоша • сѫмнаштиихъ сѧ оутврьдиша *Супр 97, 13-14* **2.** съпасти сѧ пасть, погибнуть padnout, zahynout: люби же жизнь съпаде сѧ • беза-кон'новавъ вътъште *Супр 93, 16.— Евх 52а 6; Супр 221, 28; 340, 7-8.— Ср.* испасти, низъпасти, пасти, отъпасти, оупасти[1]

СЪПАСЪ[1], -а *м* (72) [сп҃с- *Мар* (3) *Ас* (3) *Сав* (1) *Ен* (2) *Евх* (2) *Клоц* (1) *Супр* (10) *Хил* (1), сп҃- *Зогр* (3) *Син* (3) *Служ* (1) *Супр* (2) *Евх* (7), сп҃ас- *Евх* (5), спас- *Супр* (2), сьпас- *Супр* (2), с'п҃ас- *Супр* (2)] σωτήρ, ἐπίσκοπος (!), κύριος (!), Ἰησοῦς (!) спаситель spasitel: вѣмъ ѣко сь естъ въ істинѫ с⟨ъ⟩п⟨ас⟩ъ мира х⟨рисτос⟩ъ *И 4, 42 Зогр Мар Ас*; ты бо еси пастырь • и с⟨ъ⟩пасъ д⟨оу⟩шамъ нашимъ *Евх 101а 3*; съпасъ мира вьсего *Супр 155, 13.— Зогр Мар Ас Сав Ен Син Евх Служ Клоц Супр Хил.— Ср.* избавитель, съпаситель

СЪПАСЪ[2], -а *м* (6) σωτηρία спасение, избавление záchrana, spása: оуслыши мѧ въ рѣснотѣ с⟨ъ⟩п⟨ас⟩а твоего *Пс 68, 14 Син*; твоего сьпаса ради *Супр 502, 22*; дрѣвѣнъıи врѣдъ на съпасъ прѣложивъ *Супр 430, 22.— Супр 373, 24; 437, 14; 499, 29-30.— Ср.* съпасение, съпаства, съпасьнъ (съпасьное)

СЪПАСЬНЪ, -ыи *прил.* (21) [сп҃с- *Евх* (15) *Клоц* (2) *Супр* (1), сьпас- *Супр* (3), с'пас- *Супр* (1), спас- *Супр* (1), сп҃ѣн- (!) *Евх* (1), съпасъпасьн- (!) *Супр* (1)] σωτήριος, ὁ πρὸς σωτηρίαν, σωτηριώδης спасительный, спасающий spasitelný, spásný: сего вьзискавъ • і с⟨ъ⟩п⟨а⟩сънымь въчл⟨о⟩в⟨ѣ⟩чениемь • единочѧдааго с⟨ы⟩на твоего *Евх 23а 15*; на съпасъное прѣити проповѣдание *Супр 29, 26*; вьвести богопознание съпасьно *Супр 329, 19*; о сьнитии г⟨оспод⟩и нашего • гробьнѣꙗмь • по съпасъпасьнѣи (!) мѫцѣ дивьно бывъшоу *Супр 448, 1*, съпаснѣи *Клоц 12а 35* ▭ съпасьное *с в знач. сущ.* σωτηρία спасение spása: како бо не богатъ вьсемоу мироу жизнь • съпасьное сътѧжавъ *Супр 453, 18* (съп⟨а⟩сенье *Клоц 14б 29*).— *Ср.* съпасение, съпаства, съпасъ[2].— *Евх Клоц Супр*

СЪПАТИ, съплю, съпиши *несов.* (89) [сьп- *Ас* (7) *Супр* (4)] καθεύδειν, ὑπνοῦν, κοιμᾶσθαι, παρακοιμᾶσθαι; (не съпати ἀγρυπνοῦν) спать spát: отидѣте • не оумрѣтъ бо дѣвица нъ съпитъ *Мт 9, 24 Зогр Мар Ас Сав*; да не пришьдъ въ незаѣпѫ обрѧштетъ вы съпѧшта *Мк 13, 36 Зогр Мар*; азъ же оусънѫхъ ї съпахъ *Пс 3, 6 Син*; съгрѣшихъ... съпѧ • ли бѫдѫ *Евх 68а 18*; оузьрѣвъ льва съпѧшта *Супр 292, 26*; ● *перен.* (*о мертвых*): съпѧштаꙗ... въскрѣсі *Клоц 12б 8; Супр 448, 7.— Зогр Мар Ас Сав Унд Ен Син Евх Клоц Супр*

СЪПИСАНИѤ, -ніа *с* (1) *греч. нет* сочинение, писание, повествование sepsání, spis: само то не стоуждемоу сѫштоу • съписании д⟨оу⟩ховънꙑими движемоу решти • образа въздрастъ *Супр 546, 2.— Ср.* напьсаниѥ, пьсаниѥ

СЪПИСАТИ, съпишѫ, съпишеши *сов.* и съписаѭ, съписаѥши *несов.* (4) γράφειν, συγγράφειν описать/описывать, записать/записывать, написать/писать napsat/psát, sepsat/sepisovat: о мнѣ бо тъ сьпіса *И 5, 46 Ас* (с'па ! *Зогр*, писа *Мар*); съписа же памѧть с⟨вѧ⟩тꙑихъ *Супр 271, 19*; иже... потъшта сѧ съ вьсѣкоѭ твьрдостиѭ съписати *Супр 271, 28* □ с ъ п и с а ꙗ и *в знач. сущ.* συγγραφεύς писатель spisovatel: нъ сего инѣмь съписаѭштимъ • оставьѭ съповѣдати *Супр 302, 2.— Ср.* напьсати, съпьсати; съписаꙗи *ср.* кънижьникъ

СЪПЛЕМЕНЬНИКЪ, -а *м* (1) συμφυλέτης соплеменник soukmenovec: тажде приꙗсте і вы отъ своихъ съплемен'нікъ *Клоц 3б 20-21.— Ср.* своѥплеменьникъ

СЪПЛЕСКАНИѤ, -ніа *с* (1) πλάσμα создание výtvor: съплеска богъ испрьва чловѣка • обою бꙑстъ съплесканиѥ *Супр 308, 18.— Ср.* зьданиѥ, съзьданиѥ, тварь

СЪПЛЕСКАТИ, съплещѫ, съплещеши *сов.* (4) [сьпле ! *Супр* (1)] πλάσσειν, ἀναπλάσσειν, πλαστουργεῖν изваять, слепить, создать uhníst, zformovat, vytvořit: съплеска богъ испрьва чловѣка *Супр 308, 16-17*; твоѥ бо то г⟨оспод⟩и сътворьшааго • и отъ не сѫштиихъ насъ сьставьша • и съплескавъша • и падъша пакꙑ... въставити и съплескати *Супр 342, 14-15 и 16-17* ● *перен.* выдумать, сочинить vymyslet: тѫженьѥ вьсе отъложьше • мѫжьскꙑ глаголемаа разоумѣите • [не бо сьпле] (!) не бо съплескано ѥсть • или бл[ѧ]дьно вашимъ слоухомъ вьнати молѫ *Супр 532, 30-533, 1.— Ср.* съзьдати, сътворити

СЪПЛЕСТИ, съплетѫ, съплетеши *сов.* (15) πλέκειν, συμβάλλειν сплести splést, uplést: воини съплетъше отъ трьниѣ вѣньць • възложишѧ на главѫ емоу *И 19, 2 Зогр Мар Ас Сав; Мт 27, 29 Зогр Мар Ас Сав; Мк 15, 17 Зогр Мар Ас Сав*; ꙗкоже бо вь веригахъ златахъ • притокꙑ дроугъ дроугѣ сьплетенъ • ѥдно ѥдного дръжитъ сѧ сьплетенꙑихъ коѥждо *Супр 318, 15-16 и 16-17* ● *перен.*: ꙗко надеждѧ ѥго бѣсꙑ съплетенꙑ сѫтъ *Супр 158, 15.— Ср.* исплести

СЪПЛЕТЪКЪ, -а *м* (1): с ъ п л е т ъ к ъ р е ч е м ъ λόγων καλλιλεξία плетение словес (*как особый стиль речи*) umělost v řeči: кротъкъ бо и бе зълобꙑ бѣаше и рѣчниѭ простѫѭ • не бо бѣѣше отъ него съплетъка рѣчемъ *Супр 47, 1*

СЪПЛИТАТИ, -аѭ, -аѥши *несов.* (1) *греч. нет* сплетать splétat: вѣнець славѣ от⟨ь⟩цоу... съплитаѥмъ *Супр 143, 12.— Ср.* съплѣтати

СЪПЛѢТАТИ, -аѭ, -аѥши *несов.* (4) συμπλέκειν, περιπλέκειν сплетать, соединять splétat, spojovat; *перен.*: неправьдѫ рѫкꙑ вашꙗ съплѣтаѭтъ *Пс 57, 3 Син*; сице бо съплѣтаетъ • съмꙑслꙑ нашѧ *Клоц 9б 6*, съплѣтаѥ *Супр 423, 26*; ꙗзꙑкъ твоі съплѣтааше лъщеньѣ *Пс 49, 19 Син.— Ср.* съплитати

СЪПОБРАТИ, -борѭ, -борѥши *сов.* за кого, чьто (1) συμμαχεῖν помочь в борьбе pomoci v boji: да съпоборетъ за истинънѫѭ и правѫѭ вѣрѫ *Супр 189, 1.— Ср.* побороти

СЪПОВѢДАНИѤ, -ніа *с* (7) [сь- *Супр* (3)] **1.** διήγημα, τὸ διηγεῖσθαι рассказ, повествование vyprávění, vylíčení: с⟨вѧ⟩тꙑи тъ еп⟨иско⟩пъ вьсемоу клиросоу своѥмоу повелѣ събьрати сѧ на сьповѣданиѥ ꙗвьеньꙗ того *Супр 529, 22*; бꙑвъшоуоумоу виновъноу въ началѣ • сьповѣданию оубо ѥже о блаженѣмь анинѣ *Супр 544, 21* **2.** ὁμολογία исповедание (*веры*) vyznání (*víry*): тако добрѣ и прѣподобьнѣ ѥже х⟨ристос⟩а ради съповѣданиѥ съконьча с⟨вѧ⟩тꙑи нисиї *Супр 47, 12.— Супр 513, 27; 543, 26 и 28; 546, 1.— Ср.* исповѣданиѥ, повѣсть, съказаниѥ

СЪПОВѢДАТИ, -аѭ, -аѥши *сов.* (25) [сь- *Супр* (2)] διηγεῖσθαι, ὑφηγεῖσθαι, γνωρίζειν, ἀπαγγέλλειν, ἀναγγέλλειν, ἀνατίθεσθαι рассказать, поведать, сообщить povědět, vylíčit: о бѫдѫштиихъ съповѣдаѧ имъ *Супр 130, 25*; сьповѣда имъ вьсѧ бꙑвъшаꙗ *Супр 538, 11*; съповѣдаста дроугъ дроугоу сьна того видѣниѥ *Супр 536, 16.— Супр Рыл.— Ср.* исповѣдѣти, повѣдѣти, съказати, съповѣдѣти

СЪПОВѢДОВАТИ, -доуѭ, -доуѥши *несов.* (2) [сь- *Супр* (1)] διηγεῖσθαι рассказывать, сообщать vypravovat, líčit: съповѣдовати начьнъ • ꙗкоже бѣаше по истинѣ • исповѣда имъ вьсе събꙑвъшеѥ сѧ *Супр 523, 30.— Супр 520, 20.— Ср.* исповѣдати, исповѣдовати, повѣдати, повѣдовати

СЪПОВѢДѢТИ, -вѣдѣ *и* -вѣмь, -вѣси *сов.* (4) [сь- *Супр* (1)] διηγεῖσθαι, τιθέναι, ἀκούειν (!) рассказать, поведать, сообщить pověděť, vylíčit: како ли съповѣдѣ ѩже при насъ вѣньца исплете себѣ сльзънꙑимъ точеникмъ *Супр 274, 16*; мрьтва сьповѣдѣ *Супр 508, 19*; съповѣмъ блаженааго сего • благоизволениꙗ *Супр 274, 5*; всѣ съповѣдѣ • безакон'наѣ дѣла *Рыл 26а 13-14.— Ср.* исповѣдѣти, повѣдѣти, съповѣдати

СЪПОГРЕТИ, -гребѫ, -гребеши *сов.* (1) συνθάπτειν похоронить (*вместе с кем-л.*) pohřbít (*zároveň s někým*): съпогребох.. *Рим 6, 4 Ен.— Ср.* погрети

СЪПОДОБИТИ, -блѭ, -биши *сов.* кого, чьто комоу, чесомоу *или* кого, чесо *или с инф.* (81) [сьпо- *Ас* (1) *Супр* (2), спо- *Супр* (1)] **1.** ἀξιοῦν, καταξιοῦν, ἄξιον ποιεῖν, χαρίζεσθαι удостоить, счесть, признать достойным, сподобить učinit hodným, uznat za hodna: съподоби и жити достоино *Евх 81а 22-23*; рабѫ твоѭ... нашествиѣ с⟨вѧ⟩таего д⟨оу⟩ха • съподоби оудръжание • и в'сѭ чистотѫ дароуи еи *Евх 81а 6*; да і ч⟨ловѣ⟩колюбець б⟨ог⟩ъ... сімъ благꙑимъ нꙑ съподобитъ *Клоц 9б 26-27*; б⟨о⟩же мои недостоина мѧ сѫшта съподоби поставити еп⟨иско⟩па *Супр 539, 8* ▭ **съподобити сѧ** *с инф. или* чесо κατισχύειν, γίγνεσθαι удостоиться, сподобиться stát se hodným, zasloužit se: да съподобите сѧ оубѣжати • въсѣхъ сихъ хотѧштихъ бꙑти *Л 21, 36 Мар Зогр Ас Сав*; коуп'но съ с⟨вѧ⟩тꙑими мѫченикꙑ • съподобиста сѧ приѩти небесьскок цѣсарьство *Супр 213, 20*; по покаании съподоби сѧ даровъ *Супр 522, 18-19* **2.** καταξιοῦν соблаговолить, позволить ráčit: б⟨о⟩же... съподоблеи подъ кровъ закьхеовъ вьнити *Евх 14б 12.— Зогр Мар Ас Сав Евх Клоц Супр Хил Рыл.— Ср.* рачити, оуподобити

СЪПОДОБЛꙖТИ, -ꙗѭ, -ꙗкши *несов.* кого, чьто чесо (2) ἀξιοῦν удостаивать, считать, признавать достойным činit hodným, uznávat za hodna: прѣдъ сѫдиꙗми многаш'ди • прѣдъстоꙗниꙗ съподобꙗкми *Супр 431, 12* ▭ **съподоблꙗти сѧ** удостаиваться, сподобляться stávat se hodným: б⟨о⟩жихъ таинъ • безъ осѫждениѣ съподоблѣти сѧ *Евх 23б 25*

СЪПОДОБЛѤНИѤ, -ꙗ *с* (2) *греч. нет* удостоение uznání za hodna: ѡ съподобленьи намъ... ц⟨ѣса⟩р⟨ь⟩ствоу н⟨е⟩б⟨е⟩съ⟨ноу⟩моу • г⟨оспод⟩ю помо⟨лимъ сѧ⟩ *Евх 60б 22*; величаѭште б⟨ог⟩а крьстиꙗньска • просѧште отъ нѥго сьподобькнꙗ • с⟨вѧ⟩тꙑѩ вѣрꙑ крьстиꙗньскꙑ *Супр 541, 6*

съпоите, съпокмъ *см.* съпѣти

СЪПОЖИТИ, -живѫ, -живеши *сов.* съ цѣмь (1) *греч. нет* пожить (*совместно с кем-л.*) pobýt (*s někým*): ꙗв(и сѧ) своимъ оученикомъ... сьпоживъ сь нѥими • ꙗдꙑ же и пиѩ съ ап⟨осто⟩лꙑ до четꙑрь десѧтъ дьниі *Супр 11, 23.— Ср.* пожити

СЪПОМАГАТИ, -гаѭ, -гакши *несов.* комоу, чесомоу (1) συμπνεῖν (!) помогать, способствовать pomáhat: прѣзоръствоу безоумъноуоумоу съпомагаѭштоу кмоу • исповѣда скврънъ'нѫѭ своѭ хоулѫ *Супр 189, 11-12.— Ср.* помагати

СЪПОСПѢШЬНИКЪ, -а *м* (2) [съспоспѣшникъ ! *Супр* (1)] συνεργός помощник, сотрудник pomocník, spolupracovník: съпоспѣшници мольбꙑ • звѣздꙑ вьсеꙗенꙑѩ *Супр 96, 30*; хотѧ съспоспѣшникъ (! *вм.* съпоспѣшникъ) своихъ оугасити бѣшенькѥ *Супр 557, 29.— Ср.* помощьникъ, поспѣшьникъ

СЪПРАЗДЬНЬСТВОВАТИ, -ствоуѭ, -ствоукши *несов.* (1) συνεορτάζειν праздновать совместно *с кем-л.* zároveň slavit: аште оубо пасхѫ въждеꙗѣлъ ꙗсти • ꙗвѣ кстъ ꙗко и сьпразд'ньствовати *Супр 491, 2-3.— Ср.* праздьновати

съприва *Зогр-лл 2б 7 см.* съпрьва

СЪПРИИМЬНИКЪ, -а *м* (2) συμμέτοχος соучастник spoluúčastník: вѣчьнꙑихъ благꙑнь... да нꙑ съпримникꙑ сътворитъ х⟨ристо⟩с⟨ъ⟩ б⟨о⟩гъ *Супр 123, 30-124, 1*; съприимьникъ бѫди надълежаштии съмрьти алеѯан'дровѣ *Супр 160, 30.— Ср.* причѧстьникъ, съпричѧстьникъ

СЪПРИСНОСѪЩЬНЪ, -ꙑи *прил.* (1) *греч. нет* вечно сосуществующий, (равно) вечный stejně věčný: съприсносѫщьноумоу • безврѣменъно • бесконечьно... о⟨ть⟩цю и д⟨оу⟩хоу прѣс⟨вѧ⟩тоумоу *Евх 67а 8-9.— Ср.* присносꙑ

СЪПРИСНОТЕКꙐ, -ꙑи *прич.-прил.* (1) *греч. нет* текущий вечно, постоянно stále tekoucí: кръвиѩ мастъ истачаеши • прѣславнаѣ • даръ имаци съприснотекѫцъ *Ен 34б 8-9.— Ср.* приснотекꙑ

СЪПРИЧѦСТЬНИКЪ, -а *м* (4) [сь- *Супр* (2)] συγκληρονόμος, συγκοινωνός соучастник, сообщник; товарищ spoluúčastník; druh: бѫдѫ съпричѧстьникъ христосоу *Супр 225, 24-25*; сьпричѧстьникъ кси от'цоу твоkмоу диꙗволоу *Супр 12, 4.— Супр 235, 26; 543, 9.— Ср.* причѧстьникъ, съпримьникъ

СЪПРОСТА *нареч.* (6) **1.** τὸ σύνολον, καθόλου, παράπαν, παντελῶς вполне, совсем, полностью, целиком zcela, úplně: пѧть вь недѣꙗи дьнии не ꙗвьꙗѧ сѧ чловѣкоу съпроста *Супр 285, 8*; обѣшта сѧ богоу словесемь • никомоуже съпроста того повѣдати *Супр 288, 5*; ни къ комоу же съпроста глагола *Супр 288, 8*;

приде чловѣкъ нѣкто незнакмъ съпроста къ старьцоу *Супр 291, 4*; тоже гави сѧ не имы съпроста *Супр 443, 15* **2.** σχεδόν почти téměř, skoro: та кдина о нѥмъ съповѣдаа • гаже въсѣмъ съпроста гавькник навѣдѫштимъ того *Супр 278, 29.— Ср.* бъхъма, бъшиѭ, отъ-нѫдь

СЪПРЬВА *нареч.* (5) [съ прива ! *Зогр-лл* (1)] ἐξ ἀρχῆς, ἀπὸ τῆς πρώτης, ἐκ προοιμίων, τὰς ἀρχάς сперва, сначала z počátku, zpočátku: блѫдьница кстъ сласть • сладъко ти бесѣдоуктъ съпрьва *Супр 351, 6*; зыбьѭштоу сѧ съпръва... дастъ кмоу свои жъзлъ *Супр 563, 8;* тоу же абе съ прьва отъ възвышениꙗ събываетъ сѧ имъ пакости събывати *Зогр-лл 26 12;* съ прива (!) же приходѧштимъ на житие многѫ же подаѭште печаль *Зогр-лл 26 7.— Супр 278, 27.— Ср.* запрьва, искони, испрьва, прьвок, прьвѣк

СЪПРѢБЫВАТИ, -аѭ, -акши *несов.* съ цѣмь (1) συναναστρέφεσθαι быть, оставаться (*вместе с кем-л.*) přebývat, zůstávat (*s někým*): и съпрѣбываатъ съ чл⟨овѣ⟩кы акы чловѣкъ *Супр 11, 7.— Ср.* прѣбывати, съпожити

СЪПРѢСТОЛЬНЪ, -ыи *прил.* (1) *греч. нет* соцарствующий, совладычествующий *с кем-л.*, разделяющий *с кем-л.* престол spolu *s někým* vládnoucí: имѣꙗ в' себѣ слово събезначѧльно... съпрѣстольно • о⟨ть⟩цоу и д⟨оу⟩хоу прѣс⟨вѧ⟩тоумоу *Евх 67а 11*

СЪПРѦГНѪТИ СѦ, -гнѫ сѧ, -гнеши сѧ *или* **СЪПРѦЩИ СѦ**, съпрѧгѫ сѧ, съпрѧжеши сѧ *сов.* съ цѣмь (1) συζεύγνυσθαι пожениться oženit se: паулъ нѣк'то польскыи ратаи... съ красьноѭ женоѭ съпрѧже сѧ *Супр 169, 6-7.— Ср.* оженити сѧ, съчетати (сѧ)

СЪПРѦТАТИ, -аѭ, -акши (6) [сь- *Супр* (1)] **1.** *сов./несов.* καταστέλλειν, ἀναστέλλειν подавить/подавлять, остановить/останавливать, удалить/удалять zarazit/zarážet, potlačit/potlačovat: хотѣх' вашѫ сьпрѧтати зьлобь *Супр 413, 23*; быстъ намъ лоза богоносьнаа • знои грѣховънꙑи нашъ • съпрѧтаѭшти гако сѣнь покоꙗ намъ даѭшти *Супр 353, 21*; море своѩ вльнꙑ съпрѧтаꙗ *Супр 399, 7* **2.** *сов.* κηδεύειν обвить (*труп*) погребальными пеленами zavinout, připravit (*mrtvého*) k pohřbu: мѫжи же крьстиꙗни пришедъше възѧша тѣлесѣ с⟨вѧ⟩тоую • и добрѣ съпрѧтавъше положиша на мѣстѣ • нарочитѣ *Супр 185, 11.— Супр 352, 14; 412, 8.— Ср.* въспрѧтати, прѧтати, сътрѣбити, сѫкѫтати

съпрѧщи сѧ *см.* съпрѧгнѫти сѧ

СЪПОУСТИТИ, съпоущѫ, съпоустиши *сов.* (2) καταπέμπειν спустить, направить (*сверху вниз*), ниспослать spustit, seslat: милосрьдыи б⟨ог⟩ъ... дъждь съпѹсти многъ на землѭ *Супр 530, 27-28*; божьствомъ своимъ съпоустивъıи оубогоуоумоу алеѯандроу • помоштъ сь небесе *Супр 164, 12.— Ср.* посълати

СЪПОУЩЕНИѤ, -ꙗ *с* (1) *греч. нет* ниспослание seslání: ѡ съпоущеньи съ н⟨е⟩б⟨е⟩си • а⟨н⟩ѣ⟨е⟩ла свѣтъла *Евх 60б 10*

СЪПЬРѢТИ СѦ, съпьрѫ сѧ, съпьриши сѧ *сов.* (1) δικάζεσθαι вступить в спор, в пререкание vstoupit do sporu, do disputace: да съвѧжѫ мльчаниимъ оустьнѣ • ти съ аггеломъ невидимо съпьрѫ сѧ *Супр 242, 8-9.— Ср.* пьрѣти сѧ, сътѧзати сѧ

СЪПЬСАТИ, съпишѫ, съпишеши *сов.* (4) [съпса- *Клоц* (1) *Супр* (1), съѱа- *Супр* (2)] γράφειν, ἀναγράφειν, συγγράφειν написать, записать, описать sepsat, popsat, vylíčit: великꙑ мъздꙑ рабзбоискꙑꙗ (!) • съпсавъ *Клоц 11б 31*; мнѣ же... оупраж'ненꙗ мѫченꙗ съѱати *Супр 54, 16* □ съпьсанок *в знач. сущ.* σύγγραμμα написанное, сочинение spis: апостольскꙑи мѫжь... съпсанок се остави на наказаник намъ *Супр 124, 18.— Супр 302, 4-5.— Ср.* съписати, пьсати; съпьсанок *ср.* пьсаник

СЪПѢТИ, съпоѭ, съпокши *сов.* (4) [сь- *Супр* (1)] ᾄδειν, λέγειν спеть zazpívat: съпоїте намъ отъ пѣснеї сионескъ *Пс 136, 3 Син, Супр 418, 19* (поіте *Клоц 7а 39*); како съпоемъ пѣснь г⟨осподь⟩нѭ на землі тоуждеї *Пс 136, 4 Син*; ни пѣсни можаахѫ сьпѣти на земи штоуждеи *Супр 419, 6* (решті *Клоц 7б 6-7*).— *Ср.* въспѣти, испѣти

СЪПѦТИ, съпьнѫ, съпьнеши *сов.* кого, чьто чимь (3) [сь- *Супр* (1)] πεδᾶν, συμποδίζειν связать; стреножить svázat, spoutat: съпꙗлъ еси въсꙗ въстаѭщꙗ на мꙗ і подѫ (! *вм.* подъ) мноѭ *Пс 17, 40 Син*; рѣшаи сьпѧтꙑꙗ мѫжьствомъ *Супр 431, 25* (окованꙑꙗ *Пс 67, 7 Син*).— *Пс 19, 9 Син.— Ср.* запѧти, оковати, съвѧзати

съпѧ, съпѧщ- *см.* съпѧти

съпѧщѫ *Мт 9, 23 Сав см.* соти

СЪРАДОВАТИ СѦ, -доуѭ сѧ, -доукши сѧ *несов.* комоу (1) συγχαίρειν радоваться вместе *с кем-л.* radovat se *s někým*: сърадоуите ми сѧ • ѣко обрѣтъ пакꙑ драгъмѫ погыбъшѫѭ ми *Евх 84а 13-14* (радоуіте сѧ съ мноѭ *Л 15, 9 Зогр Мар*).— *Ср.* въздрадовати сѧ, радовати сѧ

СЪРАЗОУМѢНИѤ, -ꙗ *с* (1) *греч. нет* понимание, разумение pochopení, poznání: на съразоумѣник прѣславьнѣ събыв'шиихъ сѧ о нѥю • придоша тѣхъ видци *Супр 569, 1.— Ср.* разоумъ

СЪРИНѪТИ, -нѫ, -неши *сов.* (1) (съ стѣнъ съринѫти κατακρημνίζειν) сбросить, столкнуть svrhnout, shodit: дроугоици же оксушаахѫ сѧ съ стѣнъ съринѫти *Супр 480, 30.— Ср.* низъринѫти, низъврѣщи, низъложити, съврѣщи

СЪРИСТАТИ СѦ, сърищѫ сѧ, сърищеши сѧ *несов.* (5) ἐπισυντρέχειν сбегаться, собираться sbíhat se: видѣвъ же и⟨соу⟩съ ѣко съриштетъ сѧ народъ *Мк 9, 25 Мар Зогр Ас Сав Боян.— Ср.* събирати (сѧ)

СЪРИЦАТИ, -аѭ, -аѥши *несов.* (1) (сърицати слово συναίρειν λόγον) рассчитываться, расплачиваться *с кем-л.* účtovat, vydávat počet: зачьнъшю же емоу сърицати слово • приведе сѧ емоу единъ дльжьникъ тьмѣ таланьтъ *Мт 18, 24 Сав* (сътѧзати сѧ *Мар Ас*, ∅ *Зогр*).— *Ср.* съвѣщати, сътѧѕати сѧ

СЪРѢСТИ, сърѧщѫ, сърѧщеши *сов.* (61) [сь- *Ас* (6) *Супр* (14)] ὑπαντᾶν, ἀπαντᾶν, συναντᾶν встретить, выйти навстречу potkat, vyjít naproti; vyjít vstříc: сьшедъшемъ імъ съ горы • сърѣте і народъ многъ *Л 9, 37 Зогр Мар Ас Сав*; ідѣта въ градъ • і сърѧштетъ вы ч⟨ловѣ⟩къ • въ скѫдольницѣ водѫ несѧ *Мк 14, 13 Зогр Мар*; се раби его сърѣтѫ і *И 4, 51 Зогр Мар*, сьрѣтошѧ *Ас*; сърѣте и сестра лазарова *Супр 306, 18*; отроци сърѣтѫ с⟨ъ⟩п⟨а⟩сітелѣ *Клоц 1а 35*; да на вьскрѣшеньи свѣтьли сърѧщемъ и *Евх 71а 10* ● *перен.*: како сьрѧштѫ се дѣꙗниꙗ *Супр 508, 16* □ с ъ р ѣ с т и с ѧ встретиться potkat se: міlость и рѣснота сърѣтете сѧ *Пс 84, 11 Син.— Зогр Мар Ас Сав Син Евх Клоц Супр*

СЪРѢТАНИѤ, -ꙗ *с* (1) κατάντημα движение, направление směřování: ѡтъ начѧтъка н⟨е⟩б⟨е⟩сі исходъ его • и сърѣтаньѣ-го до коньца н⟨е⟩б⟨е⟩сі *Пс 18, 7 Син*

СЪРѢТАТИ, -аѭ, -аѥши *несов.* (4) ὑπαντᾶν, ἀπαντᾶν встречать, идти, выходить навстречу potkávat, jít naproti, jít vstříc: не прѣнемаган • о тѣхъ ꙗже имаши сърѣтати скрьби *Евх 88б 18*; їзъ оградъ излѣзъ... нападаѧ на сьрѣтаѭштаѧ его *Супр 565, 20*; прѣдъ нимь течааше (погыбѣль по)гоублѣ(юшти сърѣ)таѭщаѧ *Хил 16а 2.— Супр 332, 28-29*

СЪРѢТЕНИѤ, -ꙗ *с* (15) **1.** ὑπάντησις, προήγησις встреча, шествие (*навстречу кому-л., чему-л.*) setkání, příchod: никтоже да не невѣстъ сьрѣтениꙗ цѣсара *Супр 319, 16* □ в ъ с ъ р ѣ т е н и ѥ, н а с ъ р ѣ т е н и ѥ комоу; кого εἰς ἀπάντησιν, εἰς ὑπάντησιν навстречу vstříc: ісходите въ сърѣтение его *Мт 25, 6 Зогр Мар Ас Сав*; на сьрѣтениѥ ѥмоу *Супр 369, 4*; и абие вьсь градъ изиде вь сърѣтение і⟨соу⟩соу *Мт 8, 34 Сав* (противѫ *Зогр Мар Ас*) **2.** *греч. нет* нашествие, нападение napadení: вьздвигни и отъ сърѣтеньи недѫжьныхъ *Евх 26а 5* **3.** Ὑπαπαντή Сретение Господне (*церковный праздник*) Obětování Páně: сьрѣтениѥ г⟨осподь⟩не *Ас 158а 26.— Ас 141б 13; Пс 58, 5 Син; Евх 81а 12; Супр 368, 27-28; 551, 3, 566, 6-7.— Ср.* сърѧща; въ сърѣтениѥ *ср.* противѫ с ъ р ѧ щ- *см. также* сърѣсти

СЪРѦЩА, -ѧ *ж* (3) [сь- *Супр* (1)] **1.** σύμπτωμα нападение napadení: не оубоиши сѧ... отъ вешті во тъмѣ прѣходѧштѧ • ото сърѧштѧ і демона полоудьнѣего *Пс 90, 6 Син*; присно въпадаѭ... въ сѫмьнѣниѣ сърѧщѧ *Евх 68б 2* **2.**: н а с ъ р ѧ ш т ѫ комоу εἰς συνάντησιν навстречу vstříc: се львъ идѣаше на сьрѧштѫ нама *Супр 297, 1.— Ср.* сърѣтениѥ

СЪСАТИ, съсѫ, съсеши *несов.* (20) [сь- *Ас* (1), сѫштемъ ! *Супр* (1)] θηλάζειν, ἐφέλκειν, ὑφέλκειν сосать sát: блажено чрѣво ношьшее тѧ • і съсьца ѣже си съсалъ *Л 11, 27 Зогр Мар Ас Сав*; иже млѣко... отъ матера съса съсѫтъ *Супр 384, 15*; веселꙗахомъ сѧ • вамъ сѫштемъ (! *вм.* съсѫштемъ) млѣка словъмъ *Супр 312, 13-14* □ с ъ с ы *в знач. сущ.* θηλάζων грудной младенец kojenec: їз оустъ младьнечь съсѫщіихъ съвръшилъ еси хвалѫ *Пс 8, 3 Син; Мт 21, 16 Мар Сав Зогр-пал* (∅ *Зогр*); *Клоц 1а 21-22; Супр 325, 3; 326, 2; 331, 6; 336, 12; 403, 10.— Зогр Мар Ас Сав Зогр-пал Син Клоц Супр*

с ъ с п о с п ѣ ш н и к ъ *Супр 557, 29 см.* съпоспѣшьникъ

СЪСТАВИТИ, -влѭ, -виши *сов.* (13) συνιστάναι, ἱστάναι, ὑφιστάναι, συγκεῖσθαι, συναρμόζειν, συγκροτεῖν образовать, устроить, составить uspořádat, zřídit, zbudovat: съставишѧ градъ обітѣльнꙑѧ *Пс 106, 36 Син*; съставите праздьникъ *Пс 117, 27 Син*; ты отъ четыръ стоухии тварь съставль *Евх 4а 1*; присѧзи къ пльти ми сьставьꙗнѣ безъ чловѣчьскааго сѣмене *Супр 503, 27*; отьць нашъ сава... новѫѭ съставивъ лаврѫ *Супр 293, 5-6*; сии же миръ съставитъ по вьсемоу мироу • побѣдѫ *Супр 502, 14*; съставишѧ рать на поганы *Супр 197, 5-6* □ с ъ с т а в и т и с ѧ συνίστασθαι возникнуть vzniknout: дьньсь мала оутварь въ оутвари състави сѧ *Супр 429, 11.— Пс 20, 12 Син; Евх 32а 11-12; 56б 19; Супр 342, 14; 380, 18.— Ср.* сътворити, съчинити

СЪСТАВЛꙖТИ, -ꙗѭ, -ꙗѥши *несов.* (2) συνιστάναι, συναρμόζειν образовывать, устраивать, созидать vytvářet, tvořit: съставлѣемоу • і пакы раздроушаемоу • животоу семоу *Евх 64а 12-13*; ельма же оубо слово показа ꙗко хоташтоуоумоу тѣлеси добрѣ и по чиноу на вьсе дѣиство съставлꙗти сѧ *Зогр-лл 1б 9-10*

СЪСТАВЛЮНИЮ, -нꙗ *с* (1): **т р ь м и с ъ с т а в л ѥ н и и** τρισυπόστατος триединый, в трех ипостасях, лицах ve třech hypostázích, osobách: **тѣмь и ѥдинѣмъ поклоненимъ слоужимъ • ѥдно трьми съставьѥнии божьство** *Супр 327, 26.— Ср.* **съставъ, ѵпостась**

СЪСТАВЪ, -а *м* (5) **1.** φύσις существо, естество, организм přirozenost, bytost: **в'сѧ оудъı тѣлеси моего • ι в'сь животъ състава моего** *Евх 37б 11*; **да покръıѭ покръıвьшааго моѥго състава наготѫ** *Супр 455, 10* **2.** ὑπόστασις ипостась, лицо hypostáze, osoba: **еже сѧ прѣс⟨вѧ⟩таа троица речетъ • о⟨ть⟩ць и с⟨ъı⟩нъ ι с⟨вѧ⟩тъı д⟨оу⟩хъ • три състави сълнчьно въ единомь б⟨о⟩жьствѣ** *Евх 67а 14* **3.** τὸ στοιχεῖον элемент, первоначало živel, element: **видѣ... вьсь миръ трѧсѫштъ сѧ страхомь... и съставоу** (! *вм.* **съставъı**) **чиноу своѥго отьмештѫть сѧ • каменнѥ расѣдаѥмо сѧ** *Супр 426, 23.— Супр 327, 30.— Ср.* **стѵхиꙗ, стѵхиѥ, съставлѥниѥ, сѫщьство, ѥстьство, ѵпостась**

СЪСТАВЬНИКЪ, -а *м* (1) συνήγορος заступник, защитник zastánce, zástupce: **ѡ разбоиніче петроу помоштъніче • ιюдѣомъ обліч‍ітелю • съставьніче правъдѣ** *Клоц 11б 11*

СЪСТАРѢТИ СѦ, -ѣѭ сѧ, -ѣѥши сѧ *сов.* (6) γηράσκειν, τρέφεσθαι (!) состариться zestárnout: **егда же състарѣеши сѧ • въздеждеши рѫцѣ твоı** *И 21, 18 Зогр Ас Сав* (Ø *Мар*); **юнъ бъїхъ їбо състарѣхъ сѩ** *Пс 36, 25 Син*; **състарѣвъ же сѧ оубо въ добрѣ старости доиде коньца житию** *Супр 208, 2-3.— Супр 281, 8.— Ср.* **заматорѣти, обетъшати (сѧ)**

СЪСТАТИ СѦ, **състанѫ сѧ, състанеши сѧ** *сов.* (2) ἐφίστασθαι сойтись, собраться sejít se, shromáždit se: **сътсташѧ сѧ ар'хиерeı • ι кънижьници • съ старци** *Л 20, 1 Зогр Мар.— Ср.* **съБьрати сѧ, сънити сѧ**

с ъ с т в о р и т и *Пс 118, 124 Син см.* **сътворити**

СЪСТОЛЬНИКЪ, -а *м* (2) **1.** σύνεδρος участник (*совета, собрания*) účastník (*sněmu*): **повѣдавъшии коньстатиноу цѣсароу • такожде вѣровати • акъı състольникоу сѫштоу оуставьѥнию правъıѧ вѣръı** *Супр 189, 20-21* **2.** συγκάθεδρος помощник přísedící, pomocník: **она же... изиде вь слѣдъ състольника кнѧжа** *Супр 234, 1*

СЪСТОꙗНИЮ, -нꙗ *с* (1) ἔνστασις устойчивость, настойчивость vytrvání, setrvání, stálost: **ѥдно же и трьпѣниѥ ѥже противѫ лютъıимъ • и състоꙗни-ѥ-же за истинѫ показашѧ** *Супр 82, 20.— Ср.* **трьпѣниѥ**

СЪСТОꙖТИ СѦ, **състоѭ сѧ, състоиши сѧ** *несов.* (2) συνίστασθαι **1.** существовать, держаться existovat, udržovat se: **тѣмъ доброчьстънъıимъ исповѣданиимъ • съпасениѥ чловѣчьско състоитъ сѧ** *Супр 208, 1* **2.** состоять, составляться sestávat: **бо⟨го⟩чьстиꙗ же образъ отъ дъвоего сего състоитъ сѧ** *Хил 26а 24-25*

СЪСТРОИТИ, **състроѭ, състроиши** *сов.* (3) **1.** καταλλάσσειν примирить smířit: **благословьѥнъ градъıи жрътвѫ собоѭ за нъı принесетъ • и вьсѧ оцѣстити грѣхъı • и сь отьцьмь съı** (! *вм.* **нъı**) **състроити** *Супр 342, 9* **2.** καθίστασθαι приготовить připravit: **[на] обьштѫ ползѫ • отъ ӣихъ прѣстоѩштиїхъ състроимъ • прѣдъпоказавъше вьсѣмъ • ꙗкоже начрьтании мѫжь сихъ мѫжьства** *Супр 83, 5.— Супр 423, 8.— Ср.* **примирити, съмирити, оумирити, оустроити**

СЪСТРѢЛꙖТИ, -ꙗѭ, -ꙗѥши *несов.* (5) κατατοξεύειν, καταβάλλειν стрелять, убивать (*из лука*) sestřelovat: **нальꙗшѩ лѫкъ своï • състрѣлѣти нищаего ï оубогаего** *Пс 36, 14 Син* ● *перен.*: **не иматъ бо силъı авѣ пакости творити • ток'мо помъıшленьи състрѣлѣти** *Евх 88б 11-12.— Пс 10, 2; 63, 5* (2) *Син.— Ср.* **стрѣлꙗти**

СЪСТѪПИТИ СѦ, -плѭ сѧ, -пиши сѧ *сов.* (1) συνιέναι сойтись, сомкнуться sestoupit se, sevřít se: **ѥгда изидошѧ изъ егѵпта • видѣвъше море растѫпивъше сѧ • и пакъı състѫпивъше** *Супр 417, 6*

СЪСЪ, -а *м* (6) [**сь-** *Супр* (1)] θηλή, μαζός грудь (*материнская*) prs: **приподобѧтъ сѧ цръквьнии кръмьѥници • дѣтехъ иже млѣко по вьсѧ дьни • пишти себѣ отъ матери съса съсѫтъ** *Супр 384, 15*; **ꙗко се мати чѧдолюба • подавъши съсъ младеньцоу** *Супр 312, 3* ● *перен.*: **съсъ оума своѥго даѥмъ** *Супр 384, 27.— Супр 312, 8 и 12; 384, 21.— Ср.* **съсьць**

с ъ с ъ в ѣ щ а т и *Пс 82, 4 Син см.* **съвѣщати**

с ъ с ъ м р ъ т ь *Пс 114, 7 Син см.* **съмрьть**

СЪСЪХНѪТИ СѦ, -нѫ сѧ, -неши сѧ *сов.* (1) συμφρύγεσθαι иссохнуть, высохнуть seschnout: **кості моѩ ѣко соушило сосъхѫ сѩ** *Пс 101, 4 Син*

СЪСЬЦЬ, -а *м* (7) [**сь-** *Мар* (1), **со-** *Ас* (1) *Син* (1)] μαστός грудь, сосок prs: **блажено чрѣво ношьшее тѧ • ι съсьца ѣже-си съсалъ** *Л 11, 27 Зогр Мар Ас Сав*; **оупъванъе мое отъ сосьцю матері моеѩ** *Пс 21, 10 Син.— Л 23, 29 Зогр Мар.— Ср.* **прьси, съсъ**

СЪСѢДАТИ СѦ, -аѭ сѧ, -аѥши сѧ *несов.* (1) πήγνυσθαι свертываться, запекаться (*о крови*) srážet se (*o krvi*): **тѣло бо вь стоудень въпадъ • запрьва оубо вьсе осинꙗѥтъ • съсѣдаѭшти сѧ крьви** *Супр 89, 15*

СЪСѢКАТИ, -аѭ, -аѥши *несов.* (1) *греч. нет* рубить, отсекать (*мечом*) sekat, zabíjet:

диѥволъ... ѡбьходитъ... сътрѧсаıа и съсѣкаıа • напастьми ı бѣдами облагаıа *Евх 88а 18.— Ср.* отъсѣкати, сѣщи

СЪСѢСТИ СѦ, съсѧдѫ сѧ, съсѧдеши сѧ *сов.* (1) θρόμβος (!) свернуться (*о молоке*) sednout se, srazit se (*o mléce*): таже кгда сѧ сьсаде млѣко и осырѣк • заградитъ пѫть сьсоу *Супр 312, 6.— Ср.* осырити сѧ, осырѣти

СЪСѢЩИ, -сѣкѫ, -сѣчеши *сов.* (3) [сь- *Супр* (1)] διακόπτειν, συγκόπτειν отрубить, отсечь (*мечом*) useknout, setnout: г⟨оспод⟩ь правьденъ съсѣче вѫıѧ грѣшьникъ *Пс 128, 4 Син*; тоу бо тъгда сьсѣче х⟨ристо⟩с⟨ъ⟩ • въ оужасѣ главы сильнꙑихъ *Супр 466, 17*; съсѣкѫ отъ лица его врагы его *Пс 88, 24 Син.— Ср.* исѣщи, отъсѣщи, оусѣкнѫти, оусѣщи

СЪСѪДЪ, -а *м* (66) [сьс- *Ас* (1) *Супр* (5), с'с-, сс- *Ас* (2)] σκεῦος **1.** ἄγγος, ἀγγεῖον сосуд nádoba: съсѫдъ же стоѣше плънъ оцьта *И 19, 29 Зогр Мар Ас*; никтоже оубоу свѣтильника въжегъ • покрꙑваатъ его съсѫдомь *Л 8, 16 Мар Ас Сав* (спѫдомь *Зогр*); изиде ıсъсѫда сего *Евх 55а 23*; съсѫдꙑ глинꙑ *Супр 336, 9* ● θησαυρός, τὰ κειμήλια тайник, сокровищница; сокровище skrýš, pokladnice; poklad: благꙑ чл⟨овѣ⟩къ • отъ блага съсѫда износитъ благаꙗ *Мт 12, 35 Сав* (съкровишта *Зогр Мар Ас*); оукрꙑти хотѣаше акꙑ продавъшоуоумоу дѣвъства съсѫдъ *Супр 240, 8* ● *перен.*: приведошѧ же честънааго съсѫда и стежера мѫченикомъ... ѳеодѡра непобѣдимааго *Супр 60, 16*; како покаавъ сѧ павьлъ отъ гонителѣ сьсѫдъ избъранꙑи бꙑстъ *Супр 527, 2*; сьсѫдъ изборьнꙑи • ѩзꙑкомъ вьсѣмъ оучителѣ рече *Супр 534, 6* **2.** ὄργανον, μάγγανον (!) орудие, инструмент nástroj: лѫкъ своı отъвлѣче и оуготова ı • и въ немъ оуготова съсѫдꙑ съмрътънꙑıа *Пс 7, 14 Син*; оукоризнꙑ • прıмꙑшлѣше съсѫдъ *Клоц 11а 10* ● музыкальный инструмент hudební nástroj: на врьбиı посрѣдѣ ѥѩ обѣсихомъ сьсѫдꙑ своѩ *Супр 418, 23* (органꙑ *Клоц 7а 33; Пс 136, 2 Син*) □ мѫчильнꙑи съсѫдъ κολαστήριον, βασανιστήριον орудие пытки mučicí nástroj: мнози же отъ народа видѣвъше мѫчилънꙑıа съсѫдꙑ *Супр 175, 4-5* **3.** съсѫди *мн.* τὰ σκεύη, τὰ ἀναθήματα (!) инструменты, приборы, утварь; предметы náčiní, nářadí; předměty: како можетъ кто • вьнити въ домъ крѣпъкааго • ı съсѫдꙑ его расхꙑтити *Мт 12, 29 Зогр Мар*; етеромъ г⟨лаго⟩лѭштемъ о цръкъви • ѣко каменьемь добромь • ı съсѫдꙑ оукрашена естъ *Л 21, 5 Зогр Мар* ♦ съсѫдъ плащаничьнꙑи *см.* плащаничьнъ.— *Зогр Мар Ас Сав Ен Син Евх Клоц Супр.— Ср.* оръганъ, спѫдъ, съкровище, сѫдъ[2]

СЪСѪЖДАТИ, -аѭ, -аѥши *несов.* (1) παρασκευάζειν обеспечивать, подготавливать připravovat: по малоу ведꙑ ѩ • и божьствънꙑими напаıаѩ питии • плодоносъствовати подобьно зьванию • сьсѫждааше *Супр 280, 5.— Ср.* готовати, готовити

СЪСѪМЬНѢТИ СѦ, -нѭ сѧ, -ниши сѧ *несов.* (1) παρατηρεῖσθαι наблюдать, следить, подстерегать obezřele pozorovat, sledovat: онъ же... възрѣвъ видѣ кꙑнихъ бѣсъ сьсѫмнѧште сѧ кго *Супр 37, 5-6.— Ср.* назирати, съглядати, сѫмьнѣти сѧ

СЪСѪЩЬНЪ, -ꙑи *прил.* (1) ἐνυπόστατος единосущный soupodstatný: съ живꙑмь твоимь • ı съсѫщьнꙑмь с⟨ꙑ⟩номь • ı исходѧщиимь отъ тебе д⟨оу⟩хомь • ıстинънꙑмь *Евх 93а 16.— Ср.* кдинокстьствьнъ, кдиносѫщьнъ, кдьносѫщьнъ

СЪТВАРѦТИ, -рıаѭ, -рıаѥши *несов.* (2) ποιεῖν делать, совершать dělat, konat: много мъножьство • слꙑшавъше елико сътварѣаше придошѧ къ нѥмоу *Мк 3, 8 Зогр* (творѣше *Мар*).— *Мк 3, 6 Зогр.— Ср.* творити

СЪТВОРИТИ, -рѭ, -риши *сов.* (>1000) [сьт- *Ас Син Супр*, с'т- *Рыл*, ст- *Зогр Ас Сав Син Клоц Зогр-лл*, съствор- (!) *Син* (1)] **1.** чьто комоу, чьто съ цѣмь, чьто о комь, чьто въ комь ποιεῖν, ἐργάζεσθαι, πράσσειν, διαπράσσειν, ἐμποιεῖν, ἐπιτελεῖν, διανύειν, ἄγειν, ἀνιστάναι, χρῆσθαι, ἐπιδεικνύναι (!), καινοτομεῖν (!), γεννᾶν (!), τολμᾶν (!) efficere сделать, совершить; причинить udělat, učinit, vykonat: что хощета да сътворѭ вама *Мт 20, 32 Мар Ас Сав* (∅ *Зогр*); дѣло бо добро сътвори вь мьнѣ *Мт 26, 10 Мар* (сдѣла *Зогр Ас Сав*); чьто сътворѭ • да животъ вѣчьнꙑ наслѣдоуѭ *Мк 10, 17 Зогр Мар*; оуклони сıа отъ зъла ı сътвори добро *Пс 36, 27 Син*; сътворı со мъноѭ знамениѥ въ благо *Пс 85, 17 Син*; сътворишѧ о немь въсѣ елико въсхотѣшѧ *Мт 17, 12 Мар* (∅ *Зогр*); аще вѣдꙑ се сътворилъ естъ • да алъчетъ *Евх 104а 3*; сътворивъ христосово знамение на челѣ своkмъ *Супр 229, 4*; како сьтворьи множьство чоудесъ • изволилъ ѩтъ бꙑти *Супр 473, 8* ● на чьто χρῆσθαι использовать využít: не бо на хвалѫ намъ слово... тъчьѭ трѣбѣ • нъ и на оученик... аште на то сътворимъ владꙑкꙑ подражали бѫдемъ *Супр 379, 10* ● ποιεῖν, φέρειν; (плодъ сътворити καρποφορεῖν, καρποῦσθαι) принести (*плоды*) přinést (*plod*): вьсѣко дрѣво еже не сътворитъ плода добра • посѣкаѥтъ *Мт 7, 19 Зогр* (не творитъ *Мар Ас*) ● ποιεῖν приобрести, принести získat, vynést: мънась твоѣ г⟨оспод⟩и сътвори • д҃ • мънасъ *Л 19, 18 Зогр Мар Ас* ● *без доп.* ποιεῖν подействовать začít jednat: врѣмѩ сътворити г⟨оспод⟩ю *Пс 118, 126 Син*; оупъваі на нь і тъ сътворитъ *Пс 36, 5 Син* **2.** ποιεῖν, πλάσσειν, κτίζειν, ἀναπλάσσειν, οἰκοδομεῖν, ἐποικοδομεῖν, τεκταίνεσθαι, κατοικίζειν, συνιστάναι, φιλοκαλεῖν (!), ὑφαίνειν (!) сделать, изготовить, построить zhotovit, zbudovat, vystavět: сътворимъ скиниѩ три *Л 9, 33 Зогр Мар*; оуподоблѭ его мѫжеви мѫдроу • иже створи храмъ свої на камене *Мт 7, 24 Сав* (създа *Зогр Мар Ас*); сътворите вълагалиште не ветъшаѭште *Л 12, 33 Зогр Мар Ас* (творите *Сав*); въпаде сѧ вь ѣмѫ ѭже створи *Пс 7, 16 Син*; сътвори кмоу клѣть дъвопомоститтѫ *Супр 204, 17* ● ποιεῖν, κτίζειν, πλάσσειν, δημιουργεῖν, παράγειν; (сътворин εὐεργέτης (!); сътворкнъ γενόμενος; прьвок сътворкнъı πρωτόπλαστος) создать, сотворить stvořit: г⟨оспод⟩і б⟨о⟩же в'седръжителю • сътворен ч⟨ловѣ⟩ка • по образоу твоемоу *Евх 106б 2-3*; да насыштаатъ сѧ тобоѭ сътворенъıими зъданиі *Супр 109, 27-28*; прьвок сътвореноуоумоу адамоу поновькнік *Супр 315, 2-3* ● πλάσσειν выдумать vymyslit: сътворенок слово о въскрьсении *Супр 442, 24* **3.** ποιεῖν исполнить, осуществить naplnit, vyplnit, uskutečnit: къı отъ обоѭ сътвори волѭ отьчѫ *Мт 21, 31 Мар* (∅ *Зогр*); по оуставоу вашемоу сътворите обѣтъ вашъ *Супр 32, 23* **4.** ποιεῖν, κατασκευάζειν, ἐπιτελεῖν, ἑτοιμάζειν приготовить, подготовить, устроить připravit, uspořádat: сътвори бракъ с⟨ы⟩ноу своемоу *Мт 22, 2 Мар Ас* (∅ *Зогр*); *Евх 106а 11*; ноужда дьнесь сътворити обѣдъ *Супр 405, 18*; игоумени сътвориша праздьникъ великъ *Супр 219, 21*; сего раді и пасхѫ іюдѣіскѫ створі *Клоц 6б 13*; *Супр 416, 30* ● (сътворкнъ конкмъ теци ἱππήλατος) определить, установить, учредить určit, ustanovit: сътвори • ві • да бѫдѫтъ съ нимь *Мк 3, 14 Зогр Мар*; поле сътворено бѣ • конемъ тешти *Супр 90, 6* **5.** кого, чьто кого, чьто; (цѣмь), чимь; кого, чьто въ кого, чьто *или с нареч.* ποιεῖν, ἐργάζεσθαι, καθιστάναι, ἀποκαθιστάναι, παρίστασθαι, κατασκευάζειν, ἀναδεικνύναι, κτᾶσθαι (!); (себѣ сътворити ἡγεῖσθαι) сделать *кого-л., что-л. кем-л., чем-л., каким-л.*, превратить *что-л. во что-л.* učinit *někoho, něco někým, něčím, nějakým*; změnit *něco v něco*: храмъ мої храмъ молитвѣ наречетъ сѧ... въı же сътвористе и • врътъпъ разбоиникомъ *Мк 11, 17 Зогр Мар*; не можеши власа единого бѣла • ли чрьна сътворити *Мт 5, 36 Зогр Мар*; хотѧшта (! *вм.* хотѧ тѧ) [г]дроуга сътворіти *Клоц 8б 31*; сътвори є бл⟨а⟩г⟨осло⟩вено и св⟨ѧ⟩щено *Евх 21б 21*; старѣишинъı жърцемъ и кнїжьникомъ • безоумьнѣиша младеньцемь сьтвори *Супр 340, 19*; да не авѣ его сътворѧтъ *Мт 12, 16 Зогр Мар Сав* (творѧтъ *Ас*); пльти твоѩ вьсѧ съвьрѧтъ и сокомъ сѧ сътворѧтъ *Супр 233, 24* ● считать *кого-л., что-л. кем-л., чем-л., каким-л.* považovat *někoho, něco za někoho, nějakého, něco*: к'то иматъ б⟨ог⟩а винна • сътворити *Супр 432, 19*; ноуждѫ себѣ сътворивъ... проповѣдати слово *Супр 24, 17* ● кого чесомоу: невѣдоу сътворити *см.* невѣдъ; позороу сътворити *см.* позоръ □ бес чѧдъ сътворити *см.* чѧдо; виньнъ сътворити *см.* виньнъ; възможьнъ сътворити *см.* възможьнъ; грѣхъ сътворити *см.* прѣгрѣшити; далече сътворити *см.* далече, достоинъ сътворити *см.* достоинъ; извѣстъ сѧ сътворити *см.* извѣстъ; кромѣ сътворити *см.* кромѣ; лоучьшь сътворити *см.* лоучии; нагъ сътворити *см.* нагъ; новъ сътворити *см.* новъ; причѧстьникъ сътворити *см.* причѧстьникъ; слъıшанъ сътворити *см.* слышати **6.** *с инф., с* да+ *придат. предложение* ποιεῖν, παρασκευάζειν, διδάσκειν, προσφέρειν сделать, чтобы..., причинить, вызвать, заставить učinit, aby..., způsobit, přimět: еда можете с⟨ы⟩нъı брачьнъıѩ... сътворити постити сѧ *Л 5, 34 Зогр Мар*; сътворѫ херовимъ покланıати ти сѧ *Супр 470, 5*; не можааше ли сь отврьзъıи очи слѣпооумоу • сътворити • да і сь не оумьретъ *И 11, 37 Зогр Мар Ас Сав* □ забъıти сътворити *см.* забыти; искочити сътворити *см.* искочити; оуванѫти сътворити *см.* оуванѫти **7.** ποιεῖν, ὑπάρχειν, διαπεραίνειν, διατελεῖν, ἐπιτελεῖν провести, пробыть, прожить strávit, prožít: три лѣта сътворихъ въ пресвѵтеръствѣ *Супр 227, 15*; девѧть лѣтъ въ епископии сътворивъшоу *Супр 281, 20* **8.** сътворити сѧ πράσσεσθαι, συναντᾶν, γίγνεσθαι сделаться, совершиться, произойти stát se: ч'то оубо сътвори сѧ дьнесь *Супр 431, 14*; се же сѧ сътвори въ срѣмѣ *Супр 254, 21* ◆ безаконик сътворити *см.* беззаконик; бесрамик сътворити *см.* бесрамик; бечьстик сътворити *см.* бечьстик; благо сътворити *см.* благъ; блѫдъ сътворити *см.* блѫдъ; бракъ сътворити *см.* бракъ; воıа сътворити *см.* вои; възданию слово сътворити *см.* възданик; вѧще сътворити *см.* вѧще; добро сътворити *см.* добросътворити; жрьтвѫ сътворити *см.* жрьтва; зъло сътворити *см.* злосътворити; извѣсто сътворити *см.* извѣстъ; искоусъ сътворити *см.* искоусъ; искоушеник сътворити *см.* искоушеник; казнь сътворити *см.* казнь; коуплѭ сътворити *см.* коупла; льсть сътворити *см.* льсть; любы сътворити *см.* любы; молитвѫ сътворити *см.* молитва; напасть сътворити *см.* напасть; насилиѥ сътворити *см.* насилиѥ; обидѫ сътворити *см.* обида; отъвѣтъ сътворити *см.* отъвѣтъ; пакость сътворити *см.* пакость; печаль сътворити *см.* печаль; прѣлюбы сътворити *см.* прѣлюбы; пѫть сътворити *см.* пѫть; съвѣтъ сътворити *см.* съвѣтъ; тъщетѫ сътворити *см.* тъщета; тѧжько си сътворити *см.* тѧжькъ; чоудо сътворити *см.* чоудо.— *Зогр Мар Ас Сав Охр Унд Боян Зогр-пал Ен Син Евх Служ Киев Клоц Супр Зогр-лл Рыл.— Ср.* съврьшити, сѫдѣлати, съзьдати, съконьчати

СЪТВОРѤНИѤ, -ниꙗ *с* (7) **1.** τὸ ἐπιτελεσθῆναι, τὸ τελέσαι совершение, осуществление uskutečnění, vykonání: по сътворении отъ мене скврьн’нааго великъіихъ чоудесъ *Супр 525, 16* ● *греч. нет* поступок skutek: тебѣ бѫдѫ азъ исповѣденъ • в’сѣхъ монхъ грѣхъ • ι моего лиха сътворениѣ сего *Евх 72а 7* **2.** δημιουργία; (без сътворениꙗ ἄκτιστος) сотворение, создание stvoření: ѥдно трьми сьставьѥнии божьство • без начала • бе сътворениꙗ • несъгонимо *Супр 327, 27* □ мирьскоѥ сътворѥниѥ κοσμοποιΐα сотворение, создание мира stvoření světa: пристави възлюбьѥниче оумъ си къ гласоу • и обраштеши само то слово • ѥже ѥстъ вь мирьстѣѣмь сътворении *Супр 317, 15-16* **3.** ποίημα создание, творение, произведение stvoření, stvořená věc, tvor: ї⟨соу⟩с⟨ъ⟩ же чловѣколюбьць сы • хота промыслити за своѥго сътвореньꙗ • вьсе пострада насъ дѣлма *Супр 484, 2.— Евх 1а 4; Супр 226, 7-8.— Ср.* съзьданиѥ, съложениѥ

СЪТВРЬДИТИ, сътврьждѫ, сътврьдиши *сов.* (1) ἐνηλοῦν связать, скрепить zajistit, spoutat: прьсти ѫзами сътврьждени бѣахѫ *Супр 431, 20-21.— Ср.* оутврьдити

СЪТЕЩИ СѦ, сътекѫ сѧ, сътечеши сѧ *сов.* (6) [сь- *Супр* (1)] συντρέχειν, καταφεύγειν, συνδρομή (!) сбежаться, собраться, сойтись seběhnout se, shromáždit se, sejít se: слышавъше же сѫштии въ градѣ крьстиꙗни сътекоша сѧ въ цркъве божиѭ *Супр 220, 29*; и се оувѣдѣвъше сътекоша сѧ *Супр 52, 1-2*; вьнезаапъ бѣсомъ многомъ сътекъшемъ сѧ • придоша *Супр 38, 27.— Супр 193, 4; 219, 12; 501, 15.— Ср.* съб ьрати сѧ, сънити сѧ

СЪТИСКАТИ, -аѭ, -аѥши *несов.* (1) περικλείειν стискивать, смыкать stiskat, zavírat: оуста сътискакши • отврьзъшоуоумоу оуста гжгъниво оумоу *Супр 456, 27*

СЪТЛѢЩИ, сътлъкѫ, сътлъчеши *сов.* (1) συνθλᾶν раздробить, разбить rozdrtit, rozbít: ты сътлъче главѫ змьевѫ *Пс 73, 14 Син.— Ср.* съкроушити

СЪТО *числит. колич.* (44) ἑκατόν; (дъвѣ сътѣ διακόσιοι; три съта τριακόσιοι; пѧть сътъ πεντακόσιοι; шесть сътъ ἑξακόσιοι; девѧть сътъ ἐννακόσιοι) [сь- *Ас* (4) *Супр* (2), сотъ *Мар* (2)] сто sto: кы ч⟨ловѣ⟩къ отъ васъ • имы съто овьць *Л 15, 4 Зогр Мар*; възлегошѧ на лѣхы • на лѣхы • по сътоу ι пѧти десѧтъ *Мк 6, 40 Зогр Мар*; числомъ пѧть сьтъ *Супр 539, 29*; тъгда поустиша ѥмоу три сьта златицъ *Супр 518, 12*; иже въ поустыни шесть сътъ тысѫштъ прѣкръмивъіи *Супр 290, 14*; жиста девѧть сътъ • и л҃ лѣтъ *Супр 9, 21.— Зогр Мар Ас Сав Супр.— Ср.* р҃

сътожати *Пс 80, 15; 105, 11 Син см.* сътѫжати

СЪТОКРАТИЦЕѬ *нареч.* (2) ἑκατονταπλασίων во сто раз, стократно stokrát: ι прозѧбъ сътвори плодъ сътократицеѭ *Л 8, 8 Мар* (сътори цеѭ *Зогр Ас*, р҃ краты *Сав*).— *Мт 19, 29 Сав.— Ср.* сътори цеѭ

СЪТОРИЦЕѬ *нареч.* (6) ἑκατονταπλασίων во сто раз, стократно stokrát: аште не имать приѩти сътори цеѭ *Мк 10, 30 Зогр Мар.— Мт 19, 29 Мар Ас; Л 8, 8 Зогр Ас.— Ср.* сътократицеѭ

СЪТРЬПѢНИѤ, -ниꙗ *с* (1) καρτερία терпеливость, стойкость, выносливость vytrvalost, odolnost: мати ѥд’ного блаженыихъ • тѣхъ видѣвъши... стоуденнѭ оумеръша • а своѥго иначе дыхаѭшта • за силоѭ и за сътрьпѣниѥ лютыихъ *Супр 96, 3.— Ср.* трьпѣниѥ

СЪТРЬПѢТИ, -плѭ, -пиши *сов.* чьто *или с инф.* (31) [сътръ- *Супр* (8), сьтръ- *Супр* (1)] φέρειν, ὑπομένειν, ὑποφέρειν, ἀνέχεσθαι, διαρκεῖν, ἐγκαρτερεῖν, ἀντέχειν, ἵστασθαι, εὐτονεῖν; (не сътрьпѣти ὑποδύνειν, ἀπαγορεύειν) вытерпеть, вынести, выдержать vytrvat, vydržet, snést: иже сътрьпитъ до коньца • тъ съпасетъ сѧ *Супр 71, 1*; сътрьпѣ ѫтъ быти хоудыими рѫками *Супр 473, 7*; се слышавъша лютаꙗ та • и соуроваꙗ и нечловѣка • падоста на земи не сътръпѣвъша ни вида того ни гласа *Супр 211, 1*; не имате мошти сътрьпѣти ꙗрости гнѣва ѥмоу *Супр 29, 17*; оувѣси бо ꙗко силоѭ христосовоѭ добьѥ вьсе сътръпьѭ *Супр 253, 27*; вьсѣкъ бо сътрьпѣвъіи съпасаѥтъ сѧ вь вѣкы *Супр 159, 28.— Супр.— Ср.* прѣтрьпѣти

СЪТРЬТИ *или* **СЪТРѢТИ**, сътьрѫ, сътьреши *сов.* (18) [сътръ- *Супр* (3), сътър- *Мар* (2)

Евх (2) *Супр* (4)] συντρίβειν **1.** λικμᾶν, κατακλᾶν стереть, искрошить, раздробить, разрушить rozdrtit, rozlámat, rozbít: **падꙑ на камене семъ съкроушитъ сѧ • а на немъже падетъ сътъретъ ı** *Мт 21, 44 Мар* (∅ *Зогр*); *Л 20, 18 Зогр Мар*; **сътьре бо и х⟨ристо⟩с⟨ъ⟩ подъ ногама чловѣчьскама** *Супр 11, 29* **2.** *перен.* ἐκτρίβειν, ὀλλύναι, τρέπειν уничтожить zničit: **сътърим҄ъ противънꙑꙗ силꙑ** *Евх 98а 9*; **сътьрѣмъ его отъ земьѧ живꙑихъ** *Супр 353, 5*; **врата мѣдьна сътъръши** *Супр 317, 8*; **егда ꙗвь сѧ немоштьнъ сътрълъ сьмрьтьнꙑѩ за(т)ворꙑ** *Супр 473, 1*; **сами сътърени бꙑшѧ** *Супр 448, 21*; **аще к҄то не съхранитъ брашен҄ца • толи мꙑшъ его въкоуситъ • или сътъретъ сѧ • к҃-ти денъ да поститъ сѧ** *Евх 104б 26*; **въздоунѫша на капишта • и тоу абие сътръша сѧ • и бꙑшѧ акꙑ прахъ** *Супр 180, 17.— Зогр Мар Син Евх Клоц Супр.— Ср.* **истрьти, потрѣбити**

СЪТРѢБИТИ, **-блѭ, -биши** *сов.* (1) *греч. нет* счистить, устранить očistit, odstranit: **вьсплюнѫвъ на ꙗзꙑкъ его • сътрѣбилъ еси нѣмость отъ ꙗзꙑка его** *Евх 28а 11-12.— Ср.* **истрѣбити**

с ъ т р ѣ т и *см.* **сътрьти**

СЪТРѦСАТИ, **-аѭ, -аеши** *несов.* (4) **1.** συσσείειν сотрясать, трясти otřásat, třást: **гласъ г⟨осподь⟩нъ сътрѧсаѭштаго поустꙑнѭ** *Пс 28, 8 Син*; **ни ıнѣми етерꙑ добродѣаньи • оумоленъ бꙑваѩ • сътрѧсаѩ и сѣсѣкаѩ • напастьми ı бѣдами облагаѩ** *Евх 88а 18* **2.** *перен.* ἀποσείεσθαι отбрасывать прочь střásat, odhánět: **почто радость отъ себе сътрѧсаете** *Супр 324, 21.— Супр 554, 12.— Ср.* **зꙑбати, колѣбати, потрѧсати, трѧсти**

СЪТРѦСТИ, сътрѧсѫ, сътрѧсеши *сов.* (16) **1.** σπαράσσειν, συσσείειν, συσπαράσσειν потрясти, сотрясти otřást, zatřást: **ı сътрѧсъ ı д⟨оу⟩хъ нечистꙑ... ı изиде ıжнего** *Мк 1, 26 Зогр Мар*; **сътрѧсе землѭ ı съмѧте ѭ** *Пс 59, 4 Син* □ **с ъ т р ѧ с т и с ѧ** σείεσθαι задрожать, затрястись zatřást se, zachvět se: **ѡтъ страха же его сътрѧсошѧ сѧ стрѣгѫштеı** *Мт 28, 4 Зогр Сав*, **сътрѧсѧ сѧ** *Мар*, **сътрѧсѫ сѧ** *Ас* **2.** *перен.* ἐκτινάσσειν уничтожить zničit: **и сътрѧсъ сѧ ѣко проѕı** *Пс 108, 23 Син.— Зогр Мар Ас Сав Син Супр.— Ср.* **вътрѧсти сѧ, истрѧсти, потрѧсти**

СЪТЪ, **-а** *м* (4) [**сътъ** *Ас* (1), **сотъ** *Син* (1)] κηρίον пчелиные соты plástev (medu): **дашѧ емоу... отъ бъчелъ сътъ** *Л 24, 42 Мар Ас* (∅ *Зогр*); **слаждьша паче меда ı сѫта** *Пс 18, 11 Син.— Пс 117, 12 Син*

СЪТЪКАТИ *или* **СТЪКАТИ**, **сътъкѫ** *или* **сътъчѫ, сът(ъ)чеши** *сов.* (1) ἀπαγγέλλειν возвестить, сообщить, передать sdělit, vzkázat: **потомъ мало дошедъше воини • сташѧ прѣдъ воеводѫ • и стъкашѧ коментарисиемъ** *Супр 146, 20-21.— Ср.* **възвѣстити**

СЪТЬНИКЪ, **-а** *м* (39) [**сътъ-** *Мар* (2), **сът-** *Ен* (1), **сотъ-** *Мар* (4) *Евх* (1), **сьтъ-** *Ас* (9) ἑκατόνταρχος, ἑκατοντάρχης центурион, сотник setník: **въшедъшю же емоу въ каф҄ерънаоумъ • пристѫпи къ немоу сътьникъ** *Мт 8, 5 Зогр Мар Ас Сав*; **ѡ сътьницѣ** *Зогр 129б 1*; *Мар 76а 23*; **его же сотьникъ оужасе сѧ** *Евх 51а 4.— Зогр Мар Ас Сав Ен Евх.— Ср.* **кентоурионъ**

СЪТЬНЪ, **-ꙑи** *прил.* (1) ἑκατοστός сотый stý: **и се доиде сътънааго четврьтааго своеѩ връстꙑ лѣта** *Супр 302, 19*

СЪТѦГНѪТИ, **-нѫ, -нeши** *сов.* (2) κατασφίγγειν, περισφίγγειν стянуть, связать stáhnout, utáhnout, svázat: **повелѣшѧ... връвиѭ обѧзавъше сътѧгнѫти • доньдеже погрѧзнетъ трьстие въ пльти его** *Супр 270, 7-8.— Супр 269, 3*

СЪТѦЖАНИѤ, **-ꙗ** *с* (6) **1.** κτῆσις, κτῆμα имущество, достояние, добро, собственность majetek, jmění: **отиде скрьбѧ • бѣ бо имѣѩ сътѧжанѣ мънога** *Мт 19, 22 Мар Ас* (**богатьство** *Сав*, ∅ *Зогр*); *Мк 10, 22 Зогр Мар*; **постави ı г⟨оспод⟩а • домоу своемоу • и кънѧѕѣ вьсемоу сътѧжанью своемоу** *Пс 104, 21 Син* **2.** ἐπίκτησις приобретение získání: **да отъстѫпитъ отъ васъ ... сътѧжание • навласти малѣ вѣщи** *Евх 91б 19.— Ср.* **богатьство, имѣние, приобрѣтение, притѧжание**

СЪТѦЖАТИ, **-жѫ, -жиши** *сов.* (22) [**(сътѧ)жавъ** *Хил* (1)] κτᾶσθαι **1.** приобрести, получить získat: **помѣни сънемъ твоı їже сътѧжа їспръва** *Пс 73, 2 Син; Ас 16аβ 20; Ен 32а 4-5*; **сътѧжимъ добродѣание** *Евх 98а 8* **2.** удержать, сохранить (*у себя, при себе*) podržet, udržet, zachovat: **не сътѧжите злата ни съребра • ни мѣди при поѣсѣхъ вашихъ** *Мт 10, 9 Зогр Мар* (**притѧжите** *Супр 411, 4*) ● *перен.*: **въ тръпѣнии вашемь • сътѧжите д⟨оу⟩шѧ вашѧ** *Л 21, 19 Зогр Мар Ас Сав*; **бескврънъно тѣло сътѧжавъши • кръвиѭ мастъ истачаеши** *Ен 34б 6.— Зогр Мар Ас Сав Ен Син Евх Клоц Супр Хил Рыл.— Ср.* **приобрѣсти, притѧжати**

СЪТѦЅАНИѤ, **-ꙗ** *с* (2) ζήτησις спор, диспут, расспросы spor, disputace: **бꙑстъ же сътѧѕание отъ оучени[ни]къ иоановъ • съ июдеи • о очиштении** *И 3, 25 Мар Ас* (∅ *Зогр*)

СЪТѦЅАТИ СѦ, **-аѭ сѧ, -аеши сѧ** *несов.* **с цѣмь о чемь** (38) [**...тѧѕааше сѧ** *Ен* (1)] συζητεῖν, ζητεῖν, διαλέγεσθαι, συλλαλεῖν, ἀντιβάλλειν, φιλονεικεῖν, διαπορεῖν спорить, дискутировать disputovat, přít se, dohadovat se: **изидѫ фарисѣи и начасѧ сътѧзати сѧ съ**

нимь *Мк 8, 11 Мар Зогр*; быстъ оужасъ на вьсѣхъ • і сътазаахѫ сѧ • дроугъ къ дроугоу г⟨лаго⟩лѭште • чьто естъ слово се *Л 4, 36 Зогр Мар Ас* ◆ сътѧѕати сѧ о словеси συναίρειν λόγον расплачиваться, считаться, рассчитываться (*согласно договоренности*) účtovat: по мьнозѣхъ же врѣменехъ приде г⟨оспод⟩ь рабъ тѣхъ • і сътаза сѧ съ ними о словеси *Мт 25, 19 Мар Зогр Ас Сав*.— *Зогр Мар Ас Сав Ен Супр*.— *Ср.* истѧѕати[1], пьрѣти (сѧ), тѧѕати, съвѣщати, съвъпрашати сѧ, сърицати

СЪТѪЖАНИѤ, -ија *с* (2) θλῖψις, ὄχλησις притеснение, угнетение obtíž, tíseň: въскръбѣхъ... отъ сътѫжаньѣ грѣшьнича *Пс 54, 4 Син*; мирьскоѥ сътѫжаниѥ видѣвъ *Супр 282, 19*

СЪТѪЖАТИ, -аѭ, -аѥши *несов.* (23) [сътожа- *Син* (2)] 1. комоу θλίβειν теснить, сжимать, сдавливать tísnit, utlačovat, potlačovat: да естъ при нѥмь ладица народа ради • да не сътѫжаѭтъ ѥмоу *Мк 3, 9 Зогр Мар* ● *перен.* ἐκθλίβειν притеснять, мучить utiskovat, týrat, soužit: сътѫжаѭштеи мі враѕі мої ті изнемогѫ і падѫ *Пс 26, 2 Син*; покры вода сътожаѭщиꙗ (! *вм.* сътѫжаѭщиꙗ) имъ • ни единъ отъ ніхъ не ізбыстъ *Пс 105, 11 Син*; с⟨ъ⟩паслъ бо ны еси отъ сътѫжаѭщиихъ намъ *Пс 43, 8 Син*; сътѫжаетъ ми врагъ *Пс 42, 2 Син* ● *перен.* ἐνοχλεῖν, διενοχλεῖν мешать *кому-л.*, *чему-л.*, затруднять *что-л.* rušit *někoho, něco*: ꙗкоже не страхоу сътѫжати вѣрѣ *Супр 445, 24* 2. сътѫжати сѧ или си ἐγκακεῖν слабеть, падать духом, унывать umdlévat, klesat na mysli: подобаа в'сегда молити сѧ • і не сътѫжати сѧ *Л 18, 1 Зогр*, не сътѫжати си *Мар*.— *Зогр Мар Син Евх Супр*.— *Ср.* гнести, оугнѣтати, оутискати, оутѣщати, огавиѥ (огавиѥ творити)

СЪТѪЖЕНИѤ, -ија *с* (1): без сътѫжениꙗ ἀνολιγώρως неутомимо neúnavně, vytrvale: четыри десѧти же лѣтъ сътвори тоу сѣдѧ • безъ сътѫжениꙗ *Супр 273, 29*.— *Ср.* сътѫжаниѥ

СЪТѪЖИТИ, -жѫ, -жиши *сов.* (10) 1. комоу θλίβειν, παρενοχλεῖν потеснить, подавить stísnit, způsobit tíseň: и сътѫжишꙗ імъ враѕі іхъ *Пс 105, 42 Син*; весь день борꙗ сътѫжи мі *Пс 55, 2 Син*; не дастъ огню сътѫжити има *Супр 5, 24* ● *перен.* ὀλιγοψυχεῖν огорчить, опечалить, истомить, измучить způsobit trápení: не сътѫжи мариі *Супр 242, 29* 2. сътѫжити си ὀκλάζειν, λειποτακτεῖν, στενοχωρεῖσθαι, βαρύνεσθαι ослабеть, упасть духом, впасть в уныние ochabnout, umdlít, klesnout na mysli: не сътѫжи си вѣроѭ *Супр 427, 6*; иже сътѫживъ си отъ насилаѭштаего томоу бѣса *Супр 567, 8*; сътѫживъ си с⟨вѧ⟩тыи *Супр 527, 15* 3. βαρύνεσθαι потерпеть ущерб utrpět škodu: кто отъ васъ приимъ господа сътѫжи си *Супр 388, 14*.— *Евх 71а 1; Супр 107, 15-16*.— *Ср.* оудрѫчити, оуныти, пакость (пакости сътворити)

СЪХНѪТИ, -нѫ, -неши *несов.* (1) ξηραίνεσθαι сохнуть, schnout: и тоу абиѥ смокы съхнѣаше *Супр 345, 11*

СЪХОДИТИ, съхождѫ, съходиши *несов.* (55) [сь- *Зогр* (1)] καταβαίνειν 1. κατέρχεσθαι, κατιέναι, παραγίγνεσθαι (!), сходить, спускаться, приходить (*сверху вниз*) sestupovat, scházet, jít dolů: съходѧштемъ же імъ съ горы • запрѣти імъ да никомоуже не повѣдѧтъ *Мк 9, 9 Зогр Мар*; ч⟨ловѣ⟩къ етеръ съхождааше • отъ і⟨ероуса⟩л⟨и⟩ма въ ерихѫ *Л 10, 30 Зогр Мар Ас Сав* ● отправляться (*в путь*), уходить odcházet, chystat se na cestu: съходѧщеі вь море вь кораблıхъ *Пс 106, 23 Син* ● *перен.*: прѣдъ німъ пріпадѫтъ въсі съходѧстеи въ землѫ *Пс 21, 30 Син* 2. стекать, проливаться, ниспадать (*о дожде, потоке и т. п.*) stékat, splývat: ꙗко хрізъма на главѣ • съходѧштеї (*вм.* -шти) на брадѫ ароновѫ • съходѧштиї на ометы ризы его • ꙗко роса ерьмоунѣ съходѧштїѣ на горы сионꙗ *Пс 132, 2 и 3 Син; Евх 9а 13*.— *Зогр Мар Ас Сав Боян Син Евх Супр*.— *Ср.* низъходити, слазити

СЪХОДЪ, -а *м* (1) συγκατάβασις сошествие, спуск sestoupení: ты своимъ съходомъ моѭ д⟨оу⟩шѫ вьзнесе *Супр 505, 21*.— *Ср.* слазъ, сънитиѥ, сышьствиѥ

СЪХОЖДЕНИѤ, -ија *с* (2) συλλογή, συγκατάβασις собрание, сбор, стечение (*народа*) shromáždění: изъшьдъ на съхождениѥ • и заблѫдивъ въ безпѫтьныꙗ брѣгы заиде *Супр 289, 16*; съхождениꙗ си бѣ и пришьдъшиихъ дѣлꙗ немошти молитва *Супр 303, 17*.— *Ср.* събраниѥ

СЪХРАНИТИ, -нѭ, -ниши *сов.* кого, чьто отъ кого, чесо *или* прѣдъ чѣмь (>100) 1. φυλάσσειν, διαφυλάσσειν, κατασκευάζειν (!) сохранить, сберечь, спасти, уберечь ochránit, uchránit, zachránit: ѩже далъ еси мънѣ съхранихъ • і никтоже отъ нихъ не погыбе *И 17, 12 Мар Ас Сав 107б 19* (съблюдохъ *Сав 26б 8*, Ø *Зогр*); ты же г⟨оспод⟩і съхраниши ны *Пс 11, 8 Син*; съхрані мꙗ г⟨оспод⟩і ꙗко зѣницѫ ока *Пс 16, 8 Син*; съхрани ны отъ мрачьныꙗ тьмы грѣховьныꙗ *Евх 37б 19*; се съхранилъ тѧ ѥстъ богъ отъ ратьничьска прихождениꙗ *Супр 293, 10* ● спрятать uschovat: аще к'то не съхранитъ брашен'ца • толи мышь его въкоусітъ *Евх 104б 24-25*; г⟨оспо⟩дь любитъ сѫдъ • ї не оставитъ пра⟨вь⟩-

д⟨ь⟩ныхъ своихъ • вь вѣкъ съхраньатъ сьа *Пс 36, 28 Син*; съхранити сѧ • прѣдъ тобоѭ *Евх 20а 15*; юнын съхранитъ сѧ бе запѧтниа *Супр 548, 20-21* **2.** φυλάσσειν, τηρεῖν, παραφυλάσσειν, ὑπομένειν; (законъ съхранити νομοφυλακεῖν) соблюсти, исполнить (*свято*), сохранить zachovat, dodržet: слово твое съхраниша *И 17, 6 Зогр Мар Ас Сав*; съхраниѫ заповѣди твоьа *Пс 118, 134 Син*; съхрани заповѣди *Мт 19, 17 Сав* (съблюди *Мар Ас, Ø Зогр*); съхранити сѫдъбы правъды твоеьа *Пс 118, 106 Син* **3.** съхранити сѧ отъ чесого φυλάσσεσθαι, διαφεύγειν воздержаться, уберечься, спастись *от чего-л.* uchránit se; zdržet se *něčeho*: съхранѧ сьа отъ безаконеньѣ моего *Пс 17, 24 Син*; отъ масти же вьсѣкоѧ добьх съхрани сѧ *Супр 274, 10.— Зогр Мар Ас Сав Син Евх Клоц Супр Рыл.— Ср.* съблюсти

СЪХРАНЬНО *нареч.* (2) ἀσφαλῶς надежно, безопасно bezpečně, pevně: ведѣте і съхраньно *Мк 14, 44 Зогр Мар*

СЪХРАНІАТИ, -іаѭ, -іаѥши *несов.* (7) σῴζειν **1.** φυλάσσειν сохранять, оберегать chránit, ochraňovat: съхранѣетъ г⟨оспод⟩ь вьсьа кости іхъ *Пс 33, 21 Син*; врата гроба и печатии невръжденъı съхраньаа *Супр 459, 15* **2.** соблюдать, исполнять (*свято*), хранить zachovávat: съхранѣеши ли до съмръти • послоушание старѣишинъı • і в'сеьа братриьа *Евх 87а 15-16.— Евх 18б 12 и 14; 87а 18; Супр 560, 25.— Ср.* блюсти, стрѣщи, хранити

СЪХРАНІЕНИІЕ, -ніа *с* (4) **1.** *греч. нет* охранение *от чего-л., перед чем-л.* ochránění *před něčím:* мол⟨итва⟩ ѡ избавленьи блѫда • і о оугашеньи плъти • і о съхраненьи в'сего блѫдъна *Евх 36б 17-18* **2.** φυλακή соблюдение, сохранение uchránění, péče: достоино величьства • даровъ съхраненьѥ покажите *Супр 496, 25* **3.** *греч. нет* постоянство, устойчивость stálost, vytrvalost: ѡ съхраненьи намъ • бес колѣбаниѣ • вь вѣрѣ *Евх 60а 9.— Супр 497, 1.— Ср.* съблюдение

СЪЦѢНИТИ, -ніѫ, -ниши *сов.* кого, чьто чесомоу (2) [сь- *Супр* (2)] διατιμᾶν, συμφωνεῖν оценить, договориться о цене ocenit, stanovit cenu: мνромъ... трьмь сътомъ сьцѣни динаремъ *Супр 425, 24*; искоупоуѭштааго животворьноѭ кръвьѭ • своеѭ миръ • сьцѣнатъ трьмъ десѧтемь мѣдьницъ *Супр 331, 29*

СЪЧЕТАНИІЕ, -ніа *с* (1) *греч. нет* соединение, связь spojení, svazek: въспоминаетъ бо ти любьвь родителю • братрьнѭ любьвь • дроугъ съчетание *Евх 88б 4.— Ср.* съвѧзъ

СЪЧЕТАТИ, -аѭ, -аѥши *сов./несов.* кого, чьто (съ) цѣмь, чимь (7) **1.** *сов.* συζευγνύναι связать, соединить, сочетать spojit: еже оубо б⟨ог⟩ъ съчеталъ естъ • ч⟨ловѣ⟩къ да не разлѫчаетъ *Мк 10, 9 Зогр Мар; Мт 19, 6 Мар Ас* (съведе *Сав, Ø Зогр*) □ съчетати сѧ συναρμόζεσθαι соединиться, сблизиться spojit se: въ съвькоупленик кже любьвьѭ сами сѧ съчетавъше *Супр 84, 22* **2.** *несов.* συναριθμεῖν, συνάπτειν присоединять, причислять připočítávat: не съчетаи м'не съ проклѧтъıими *Евх 84б 19.— Супр 86, 19.— Ср.* припрѧщи, причетати, съвести, съпрѧгнѫти сѧ

СЪЧИНИТИ, -ніѫ, -ниши *сов.* (1) *греч. нет* сочинить, составить složit, sestavit: съчинити и писанью прѣдати *Супр 543, 20.— Ср.* съставити

СЪЧИНІЕНИІЕ, -ніа *с* (1) *греч. нет* сочинение skladba: не облѣнихъ сѧ начати • нареченааго съчиненьа *Супр 543, 22*

съше *Пс 77, 23 Син см.* съвъıше

СЪШИТИ, -иѭ, -иѥши *сов.* (1) συρράπτειν сшить sešít: кокго дѫба листвик вьзьмъ • и съшивъ себѣ си одеждѫ сътвори *Супр 347, 29*

съшьд- *см.* сънити

СЪШЬСТВИІЕ, -ніа *с* (6) [съшест- *Евх* (3) *Супр* (2)] κατάβασις, συγκατάβασις сошествие, схождение; приход sestoupení: въ грозъное правьдивое съшествие • с⟨вѧ⟩тааго емоу д⟨оу⟩ха *Евх 60б 2*; видиши ли съшествиа оужасть *Супр 390, 28.— Евх 53а 12; 60б 5; Супр 391, 3-4; 394, 6-7.— Ср.* сълазъ, сънитиѥ, съходъ, съхождение

съѱати *Супр 54, 16; 302, 4 см.* съпьсати

съı *прич. см.* бъıти

СЫЗВѢСТОВАТИ, -стоуѭ, -стоуѥши *несов.* комоу, чесомоу (1) *греч. нет* свидетельствовать вместе *с кем-л.* spolu vydávat svědectví: фропітоу же малахеоу съıзвѣстоуѭштю б⟨ого⟩ві *Клоц 2б 14.— Ср.* извѣстовати

СЫНОБОЖЬСТВИІЕ, -ніа *с* (1) υἱοθεσία божественное усыновление přijetí za syna božího: благословьѥнъ градъи съмрьти проклѧтъ • а въскрьсениа намъ обновитъ • работъı избавитъ • а сънобожьствиа податъ *Супр 342, 12.— Ср.* въсыновлениѥ

СЫНОВЬСТВО, -а *с* (1) *греч. нет* состояние, положение сына synovství: хоштеши... с⟨ъı⟩новьствѣ его примѣсити сѧ • егоже отъѫпилъ бѣ прѣстѫплениемь *Евх 66б 7*

СЫНЪ[1], -а *и* -оу *м* (>1000) υἱός **1.** сын syn: се дѣва въ чрѣвѣ приметъ • и родитъ с⟨ъı⟩на *Мт 1, 23 Ас Сав* (*Ø Зогр Мар*); тъı еси х⟨ристос⟩ъ с⟨ъı⟩нъ б⟨ог⟩а живаго *Мт 16, 16 Зогр Мар Ас*; страненъ с⟨ъı⟩номъ матері моеьа *Пс 68, 9 Син*; аврамъ два с⟨ъı⟩нъı имѣ *Гал 4, 22 Ен* ● λόγος, παῖς; (божии сынъ θεόπαις) *наименование второго лица свя-*

той Троицы jméno druhé osoby božské Trojice: вѣроуѭ азъ въ отца и сына и с⟨вѧ⟩таага доуха *Супр 261, 3* ● *перен.*: блажени съмирѣѭштии • ѣко ти с⟨ы⟩нове б⟨о⟩жии нарекѫтъ сѧ *Мт 5, 9 Зогр Ас Сав* (∅ *Мар*); *Клоц 9а 34; Супр 423, 12-13*; аште ли бѫдѫтъ • с⟨ы⟩нове мира • почиетъ на ѩемь миръ вашь *Л 10, 6 Зогр Мар*; еда могѫтъ с⟨ы⟩н⟨о⟩ве брачьнии плакати сѧ • доньдеже съ ними естъ женихъ *Мт 9, 15 Мар* (∅ *Зогр*); оумалишѧ сѧ истіны отъ с⟨ы⟩нъ чл⟨овѣ⟩чь *Пс 11, 2 Син*; с⟨ы⟩номъ свѣтоу кръстьѣномъ • і поганомъ с⟨вѧ⟩тое кръстенье въ чъсть вельѭ имѣті *Клоц 2а 17*; творите и с⟨ы⟩на ѥеоньнѣ соугоубѣнша васъ *Мт 23, 15 Мар* (∅ *Зогр*); с⟨ы⟩нъ безаконенїѣ *Пс 88, 23 Син*; сыны чловѣчъскы *Супр 266, 16* **2.** *чаще мн.* потомок potomek: кънигы род⟨ь⟩ства и⟨со⟩ух⟨рис⟩то⟩ва • с⟨ы⟩на д⟨авы⟩д⟨о⟩ва *Мт 1, 1 Ас Сав* (∅ *Зогр Мар*); о таинъıхъ с⟨ы⟩ноу да⟨вы⟩довъ *Пс 9, 1 Син*; с⟨ы⟩новъ кореововъ ѯп пъсаломъ *Пс 86, 1 Син* ● член рода, племени člen rodu, kmene: его же цѣнишѧ отъ с⟨ы⟩новъ і⟨здраи⟩левъ *Мт 27, 9 Зогр Ас Сав*, с⟨ы⟩нъ *Мар* ● *перен.*: с⟨ы⟩нові ефиамові нальцаѭштеі і стрѣлѣѭште лѫкы *Пс 77, 9 Син*; аште да ѥсте сынове сиѡни • ликоуите съ чѧды своими *Супр 324, 23.— Зогр Мар Ас Сав Охр Унд Боян Зогр-пал Ен Син Киев Евх Клоц Супр Хил Рыл.— Ср.* дѣти, сѣмѧ, чѧдо

СЫНЪ[2], -а *и* -оу *м* (9) πύργος башня věž: сии сѫтъ обьмъшии нашѫ странѫ • ѩкоже се сынове части • възбранѣѭште нашествиѩ ратънꙑихъ *Супр 94, 21*; брат'ıа же сѫштаа на сыноу ꙁ҃ • в спланштевавъше съматоша сѧ • и бѣжаште излѣзоша и сына *Супр 570, 11 и 12*; иде въ малꙑи сынъ *Супр 553, 27.— Супр 512, 18; 543, 3; 570, 8, 9 и 17.— Ср.* стлъпъ

СЫНЬНЪ, -ꙑи *прил.* (1) *греч. нет* башенный věžní, věže *род.*: стомштоу с⟨вѧ⟩тоуоумоу на въсходѣ сыньнѣмь *Супр 570, 6*

СЫРОПОУСТЬНЪ, -ꙑи *прил.* (6) [сън(р҃)-поу(с҃)- *Ас* (2), сыр(о҃)поу- *Ен* (1), сыропо҃(с)- *Ен* (1)]: неделѩ сыропоустьнаѩ κυριακὴ τῆς τυροφάγου сыропустная неделя (*воскресенье перед Великим постом*) sýropostní neděle (*neděle před velkým postem*): нед⟨ѣлѣ⟩ сънр⟨о⟩поус⟨ть⟩наа *Ас 73б β 22-23; Сав 72б 14*; сѫбота сыропоустьнаѩ σάββατον τῆς τυροφάγου сыропустная суббота (*перед Великим постом*) sýropostní sobota (*sobota před sýropostní nedělí*): сѫб⟨ота⟩ сънр⟨о⟩поус⟨ть⟩наа *Ас 73а 1-2; Ен 4а 4.— Сав 71б 4; Ен 4б 15*

СЫРЪ[1], -ꙑи *прил.* (2) ὑγρός влажный; полный соками (*о растениях*) vlhký; svěží, zelený (*o rostlinách*): аште въ сырѣ дрѣвѣ си творѧтъ • въ соусѣ чьто бѫдетъ *Л 23, 31 Зогр Мар*

СЫРЪ[2], -а *м* (2) τυρίον сыр sýr: мол⟨итва⟩ над⟨ъ⟩ сыромь въ великꙑ сѫботъ • вечеръ *Евх 16а 18*; имѣше же врѣмѧ хлѣбꙑ чистꙑ и топлꙑ • вино и масло дрѣвѣнок • и младꙑ сырꙑ и аица *Супр 291, 8*

СЫТОСТЬ, -и *ж* (6) κόρος, πλησμονή; (без сытости ἀπλήστως) сытость, насыщение sytost, nasycení: до сытости кръмими бѣахѫ *Супр 398, 23*; чрѣвьнаа сытость • ни бьдѣти вѣстъ • ни цѣломѫдрьствовати *Супр 279, 20-21*; блажѫ оуста твоѩ • бе сытости насыштьша сѧ *Супр 457, 26* ● *перен.*: посъла сытостъ въ д⟨оу⟩шѧ іхъ *Пс 105, 15 Син*; како сытость бѫдетъ любаштиїмъ мѫченикꙑ *Супр 82, 2.— Супр 290, 1.— Ср.* насꙑщеник, сыть

СЫТЪ, -ꙑи *прил.* (1) ἀρκούμενος сытый sytý: гладиваѩ сиѩ • ненасꙑштенаѩ • ѩже николиже своимъ нѣста сыта *Супр 172, 19*

СЫТЬ, -и *ж* (1) κόρος сытость sytost: отъ пѧти хлѣбъ пѧтъ тысѫштъ до сыти накрьми *Супр 344, 19.— Ср.* насыщеник, сытость

с ь - (*приставка*) *см.* съ-

СЬ, си, се *мест. указ.* (>1000) [*с предшествующим сущ. часто в форме* глаголось, образось, позорось *и т. д.*] οὗτος, ὅδε, ὁ δέ, ὁ δεῖνα, αὐτός, ἐκεῖνος этот tento, ten **а)** *с определяемым словом*: сь естъ с⟨ы⟩нъ мои • възлюбленꙑ • о немь же благоволихъ *Мт 3, 17 Зогр Ас 139б 16*, се *Сав* (тъи *Ас 158а 23*, ∅ *Мар*); не мимо ідетъ родось *Мт 24, 34 Зогр Мар Ас 49с 21*, родь сь *Ас 84с 8 Сав* (2); можааше бо се мѵро • продано бꙑти на мнозѣ *Мт 26, 9 Зогр Мар Ас Сав*; повелѣ прѣити на сь полъ *Мт 8, 18 Сав* (на онъ полъ *Зогр Мар Ас*); прими г⟨оспод⟩і... приносъ сь *Киев 4а 9*; бл⟨а⟩г⟨осло⟩ви і се младѧтьце *Евх 8а 13*; ѩко сѫтъ съхранены кости наша семь мѣстѣ *Супр 81, 3*; вьнидохомъ въ подвигъ сь *Супр 92, 4*; измори звѣри сиѩ *Супр 230, 18* □ дьнь сь, сь дьнь ἡ σήμερον (ἡμέρα) сегодня, сегодняшний день dnešek, dnešní den: промьче сѧ слово се • въ іюдеіхъ до сего дне *Мт 28, 15 Зогр Мар Ас Сав*; сь вѣкъ, сь миръ, сь свѣтъ κόσμος (οὗτος) этот мир (*земная жизнь*) tento svět (*pozemský život*): вꙑ отъ сего мира есте *И 8, 23 Мар Ас* (отъ вьсего мира *Зогр*); хвалимъ тѧ г⟨оспод⟩і ізбавльшааго... раба твоего сего • ѡтъ соуетънааго житиѣ сего мира *Евх 81а 21*; си жизнь, се житиѥ (αὐτὴ) ἡ ζωή, (οὗτος) ὁ βίος, ὁ παρὼν βίος, πρόσκαιρος στρατεία эта (земная) жизнь, земное существование tento (pozemský) život: памѧть вь житии семь оставиша *Супр 81, 16*; дроужина бꙑхомъ • въ маловрѣменьнааго сего житиꙗ (!) *Супр 72, 8* **б)** *без определяемого слова в знач. сущ.*: ꙇдѫтъ си въ мѫкѫ вѣчьнѫѭ *Мт 25, 46 Зогр Ас* (ти *Мар Сав*); тѣхъжде вештии насладишѧ сѧ ꙇ сии • ꙇ сь *Клоц 6а 13* (и сии ї они *Супр 415, 26*); вѣдѧ си вьса прѣжде бытиꙗ имъ *Супр 305, 3*; не дѣите сего ити *И 11, 44 Ас* (его *Зогр Мар Сав*); си же о себѣ повѣдавши • ключаимꙑи отъвѣтъ приѩ *Супр 299, 24* □ сего ради, сего дѣлꙗ, сего дѣльма, за сего ради διὰ τοῦτο, τούτου χάριν, εἰς τοῦτο, ἕνεκεν τούτου ради этого, поэтому proto: сего ради г⟨лаго⟩лѭ вамъ *Мт 12, 31 Зогр Мар Ас* (тѣмьже *Сав*); сего дѣлма и пасхѫ сътвори *Супр 416, 30*; сего ради оубо праздьноуимь *Супр 486, 5*; за сего раді дльженъ естъ вьсѣкъ кнѧзъ... прооучати *Клоц 2а 8-9*; сего дѣлꙗ • горьнии • земьное съпасение проповѣдаѭште погꙑбѫ *Супр 322, 7*; на се εἰς τοῦτο, ἐπὶ τοῦτο поэтому, для этого proto: ꙇдѣмъ въ ближьнѣѩ вси ꙇ градꙑ • да ꙇ тоу проповѣмъ • на се бо ꙇзидохъ *Мк 1, 38 Зогр Мар Ас Сав*; ꙇ дроугꙑимъ градомъ • подобаетъ ми благовѣстити ц⟨ѣса⟩р⟨ь⟩ствие б⟨о⟩жие • ѣко на се посъланъ есмь *Л 4, 43 Зогр Мар*; по семь, по сихъ μετὰ τοῦτο, μετὰ ταῦτα, εἶτα потом, после того potom: по семь вѣдꙑ и⟨соу⟩с⟨ъ⟩ • ѣко в'сѣ юже съврьшишѧ сѧ *И 19, 28 Зогр Мар Ас* (2) *Сав*; по сихъ же ꙇде и⟨соу⟩с⟨ъ⟩ • на онъ полъ морѣ тивериадьска *И 6, 1 Зогр Мар Ас*; отъ сего ἐντεῦθεν из этого, оттуда odtud, z toho: ч'то оубо отъ сего навꙑцаемъ *Супр 373, 11*; нъ едно бꙑваетъ тъчью • еже обличеноу бꙑти гробоу • и вьвѣреноу бꙑти отъ сего въстанию *Супр 444, 16-17*; не къ семоу μηκέτι больше не, уже не více ne, již ne: не бѫди к' семоу плодъ отъ тебе вь вѣкꙑ *Супр 343, 27*.— *Зогр Мар Ас Сав Охр Унд Боян Зогр-пал Ен Син Служ Киев Евх Клоц Супр Рыл Зогр-лл*.— *Ср.* тъ, и (*мест.*), сицевъ, сиць; дьнь сь *ср.* дьньсь

СЬДЕ *нареч.* (>100) [съде *Мар* (20) *Ас* (2) *Сав* (5) *Ен* (1), с'де *Супр* (1), сде *Супр* (1), сидв (!) *Супр* (1)] ὧδε, ἐνθάδε, ἐνταῦθα, ἐν τούτῳ, ἐντεῦθεν (!); (сьде бꙑти παρεῖναι; сьде близь сꙑи ὅδε) **1.** здесь, тут zde: не ꙇматъ остати сьде камень на камене *Мк 13, 2 Зогр Мар*; сѧдѣте сьде • доньдеже шьдъ помолѭ сѧ *Мк 14, 32 Зогр Мар*; се х⟨ристос⟩ъ сьде стоитъ *Евх 96а 8*; таланти бо сьде сѫтъ *Супр 378, 20*; сьде же и троудъ твои и потъ *Супр 381, 24* **2.** сюда sem: никтоже бо от' сьде пришедъшиихъ исходитъ *Супр 167, 5*; с'де жена вѣрна за чѧдъ молѧшти приходитъ *Супр 95, 21* □ до сьде ἕως ὧδε досюда až sem: оучѧ • по всеі ꙇюдеі • начьнъ отъ галилеѩ до сьде *Л 23, 5 Зогр Мар*.— *Зогр Мар Ас Сав Ен Син Евх Клоц Супр Рыл Зогр-лл*.— *Ср.* сѣмо, сѧдоу, сѧдѣ

СЬЖДЕ, сижде, сежде *и* **СЬЖЕ**, сиже, сеже *мест.* (9) [сьжде *Сав* (1) *Клоц* (1) *Супр* (1), сьже *Супр* (1), се(г҃)жде *Ас* (1), сего(ж҃) *Ас* (2) *Сав* (2)] ὁ αὐτός, οὗτος (!) тот же týž, tentýž: ꙇ пакꙑ • чашѫ с⟨ѧ⟩тъ даѣше імъ г⟨лаго⟩лѧ • сежде імъ г⟨лаго⟩лѧ *Клоц 7б 21*; се же самъ съборникъ пишѧ глаго҃летъ *Супр 356, 13*; псан⟨о⟩ а҃ сегожде *Сав 126а 13*.— *Ас 135б 16; 142б 10; 146а 3; Сав 131а 7 и 15; Супр 363, 12-13*

сьмеонъ *Л 2, 25 и 28 Сав см.* сѵмеонъ

сьніи *Клоц 12а 34-35 см.* сънитие

СЬРЕБРО, -а *м* (59) [сър- *Зогр* (10) *Мар* (10) *Ас* (1) *Син* (5) *Евх* (2) *Клоц* (1) *Супр* (2), ср- *Ас* (2) *Сав* (7)] **1.** ἄργυρος, ἀργύριον; (акꙑ сьребро ἀργυρόχροος) серебро stříbro: сърєбро раждежено *Пс 11, 7 Син*; акꙑ сьребро слъзꙑ вьрѧштѧ капаахѫ по ланитама на земьѭ *Супр 397, 25* **2.** ἀργύριον, τὰ ἀργύρια серебро, серебряные монеты stříbrné peníze, stříbrňáky: не сътѧжите злата ни сърєбра • ни мѣди при поѣсѣхъ вашихъ *Мт 10, 9 Зогр Мар; Клоц 4а 29; Супр 411, 5*; благо мьнѣ законъ оустъ твоихъ паче тꙑсѧщи злата ꙇ сърєбра *Пс 118, 72 Син*; продаѭщиимъ расꙑпа сьребро *И 2, 15 Ас* (пѣнѧзѧ *Зогр*, пѣнѧзꙑ *Мар*).— *Зогр Мар Ас Сав Син Евх Клоц Супр*

СЬРЕБРОЛЮБЛЕНИѤ, -ниꙗ *с* (1) φιλαργυρία сребролюбие, корыстолюбие ziskuchtivost, touha po penězích: корень вьсѣмъ зъломъ (е)стъ сърєбролюбленье *Клоц 4б 27* (сьребролюбьствие *Супр 412, 3*).— *Ср.* сьребролюбьствие, сьребролюбьство

СЬРЕБРОЛЮБЬСТВИѤ, -ниꙗ *с* (6) [сър- *Клоц* (2)] φιλαργυρία сребролюбие, корыстолюбие ziskuchtivost, touha po penězích: вьсе то сърєбролюбьствье сътворило естъ забꙑти *Клоц 4б 23; Супр 412, 1*; прѣт(а)ѧ тебѣ • сьребролюбьствиꙗ съказание *Супр 411, 6-7*.— *Клоц 4б 8; Супр 412, 3; 413, 8*.— *Ср.* сьребролюблѥние, сьребролюбьство

СЬРЕБРОЛЮБЬСТВО, -а *с* (3) φιλαργυρία сребролюбие, корыстолюбие ziskuchtivost, touha po penězích: ѡ кольми сьребролюбьство зьло *Супр 426, 12-13*.— *Супр 411, 21; 425, 28*.— *Ср.* сьребролюблѥние, сьребролюбьствие

СЬРЕБРОЛЮБЬЦЬ, -а *м* (4) [сър- *Зогр* (1) *Мар* (1), ср- *Сав* (1)] φιλάργυρος сребролюбец, корыстолюбец ziskuchtivec, lakomec: слꙑшаахѫ же си вси • ꙇ фарисеі сърєбролю҃бьци сѫште *Л 16, 14 Зогр Мар Ас Сав*

СЪРЕБРЬНИКЪ, -а *м* (28) [сър- *Зогр* (4) *Мар* (4) *Евх* (1) *Клоц* (6), ср- *Ас* (1) *Сав* (4)] ἀργύριον, δηνάριον, μιλιαρίσιον сребреник (*мелкая серебряная монета*) stříbrňák, stříbrný peníz: обѣшташа сѧ емоу съребрьникъı дати • ι искааше како ι въ подобьно врѣмѧ прѣдастъ *Мк 14, 11 Зогр Мар*; съвѣщавъ же цѣнѫ по сребрьникоу *Мт 20, 2 Сав* (по пѣнѧзоу *Мар Ас*, Ø *Зогр*); на немьже възѧ оученикъ его • ѣ съребрьникъ *Евх 47б 20-21.— Зогр Мар Ас Сав Евх Клоц Супр.— Ср.* динарь, мѣдьница, пѣнѧзь, сьребро

СЪРЕБРЬНЪ, -ъıи *прил.* (6) [сър- *Син* (2) *Супр* (2)] ἀργυροῦς, ἀργύριον (!) серебряный stříbrný: їдоли ѩз⟨ъı⟩къ съребрьни ї злати *Пс 113, 12; 134, 15 Син*; иного състѧда... не имамъ • развѣ сьребрънаго блюда *Супр 120, 29.— Супр 6, 28-29; 121, 5; 122, 10-11*

с ь ꙗ н и к *Супр 345, 21 см.* сиꙗник

с ь ꙗ т и *Мт 5, 45 Мар; Клоц 7а 14 и 11а 40 см.* сиꙗти

СѢ *межд.* (4) δεῦρο, φέρε ну, вот, ну-ка hle, nuže: сѣ оубо и мъı възлюбьении... слъıшимъ что глаголетъ намъ господь *Супр 318, 24.— Супр 217, 13; 312, 22; Рыл 56а 14.— Ср.* се

СѢВЕРОВЪ *прил.* (1) τοῦ βορρᾶ северный severní, půlnoční: горъı сионьскъı ребра сѣверова *Пс 47, 3 Син*

СѢВЕРЪ, -а *м* (11) [северъ *Син* (1)] βορέας, βορρᾶς **1.** север sever: придѫтъ отъ въстокъ и западъ и сѣвера и юга *Л 13, 29 Мар Ас Сав* (Ø *Зогр*); сълоучи сѧ градити манастъıръ отъ лавръı на сѣверъ *Супр 284, 14* **2.** северный ветер, борей severní vítr, severák: егда вѣтръ лютъ сѣверъ вѣꙗше не прѣстаѩ *Супр 90, 2; 90, 11.— Пс 88, 13; 106, 3 Син; Супр 89, 7; 154, 23; 349, 15*

с ѣ в ъı и *прич. см.* сѣти

с ѣ д - *см.* сѣсти

СѢДАЛИЩЕ, -а *м* (7) καθέδρα **1.** сиденье, стул, место для сиденья sedadlo: дъскъı тръжьникъ испровръже • ι сѣдалишта продаѭштихъ голѫби *Мт 21, 12 Мар Зогр-пал* (Ø *Зогр*); *Мк 11, 15 Мар* (сѣдала *Зогр*) **2.** судейское кресло; *перен.* суд soudní stolice; *перен.* soud: на мосѣовѣ сѣдалищи сѣдѫ кънижъници и фарисеи *Мт 23, 2 Мар Ас* (Ø *Зогр*); блаженъ естъ мѫжъ иже не идетъ на пѫтъ нечьстивъıихъ • и на сѣдалишти пагоубънъıихъ не сѣде *Супр 101, 18*; на сѣдалищи старець въсхвалѧтъ ι *Пс 106, 32 Син.— Ср.* сѣдало

СѢДАЛО, -а *с* (1) καθέδρα стул sedadlo: сѣдала продаѭштихъ голѫби • ιспровръже *Мк 11, 15 Зогр* (сѣдалишта *Мар*).— *Ср.* сѣдалище

СѢДАТИ СѦ, -аѭ сѧ, -аеши сѧ *несов.* (2) (не сѣдаѥи сѧ ἄρρηκτος (!)) лопаться, рассеться sesedat se, lámat se: тъ же и не сѣдаѭштоуоумоу сѧ и соухоуоумоу камъıкоу въздрастити повелѣ на показаниѥ чоудомъ *Супр 300, 17.— Супр 300, 14*

СѢДЕНИѤ, -ꙗ *с* (2) *греч. нет* сидение, восседание posazení, sednutí: въшествиѣ твоего ради н⟨е⟩б⟨е⟩сънааго • ι сѣдениѣ о деснѫѭ о⟨ть⟩ца *Евх 30б 8.— Евх 99б 17.— Ср.* сѣдѣниѥ

СѢДИЛЬНА, -ъı *ж и* **СѢДИЛЬНО,** -а *с* (16) [сѣдлна *Син* (1), сѣ(д)лна *Син* (1), сѣ(д)на *Син* (1), сѣ(дн)ла *Син* (1), сѣна *Син* (1), ди(ѣ)на (!) *Син* (1), сѣдıльно *Син* (1), сѣ(д)но *Син* (1), сѣ(л)но *Син* (1), сѣл(н)о *Син* (1), сѣ(д) *Син* (5), сѣ(н) *Син* (1)] κάθισμα кафисма (*название каждого из 20 разделов, на которые делится Псалтырь в православном богослужении*) kathisma (*název jedné z 20 částí, na něž se dělí žaltář v pravoslavné bohoslužbě*): слава сѣ⟨диль⟩на да⟨выдо⟩въ пъса⟨лъ⟩мъ *Син 85б 21*; сѣдıльно *Син 99а 10.— Син 7б 17; 17б 2; 28б 11; 39а 2; 49а 8; 60б 1; 69а 8; 77а 16; 114б 1; 121б 3; 137б 13; 146б 1; 154а 21; 174а 21*

СѢДИНАВЪ, -ъıи *прил.* (1) πολιός седой šedivý: приведенъ бѫдетъ сѣдинавъıи старьць *Супр 234, 15.— Ср.* сѣдъ

СѢДИНЪI, -ъ *ж мн.* (7) πολιά седины, седые волосы šediny: видѣахѫ бо ѥмоу сѣдинъı бѣлъı акъı вльнѫ *Супр 47, 28*; сѣдинъı старости *Евх 8а 18-19.— Супр 48, 7, 9 и 20; 227, 9; 524, 30*

СѢДЪ, -ъıи *прил.* (1) πολιός седой šedivý: се лице ѥго образъı измѣнꙗше • овогда оубо видѣти и бѣаше сѣда • овогда же отрока *Супр 121, 26.— Ср.* сѣдинавъ

СѢДѢНИѤ, -ꙗ *с* (1) τὸ καθῆσθαι сидение sezení: въстанѣте по сѣдѣниї *Пс 126, 2 Син.— Ср.* сѣдениѥ

СѢДѢТИ, сѣждѫ, сѣдиши *несов.* (>100) καθῆσθαι **1.** παρακαθῆσθαι, ἐποχεῖσθαι; (сѣдѣти съ συνανακεῖσθαι) сидеть sedět: се дъва слѣпьца сѣдѧшта при пѫти *Мт 20, 30 Мар Ас Зогр-пал*, сѣдѣста *Сав* (Ø *Зогр*); се ц⟨ѣса⟩рь твоі грѧдетъ • сѣдѧ на жрѣбѧте осьли *И 12, 15 Зогр Мар Ас Сав*; видѣаше патриархъ третиꙗго на десѧте сѣдѧшта на краи стола *Супр 121, 24*; обрѣтосте ι въ цръкъве сѣдѧшть • по срѣдѣ оучитель *Л 2, 46 Зогр Мар Ас*, сѣдѧща *Сав* **2.** *перен.* править, сидеть (на престоле) sedět (na trůně), trůnit, vládnout: сѣдитъ г⟨оспод⟩ь ц⟨ѣса⟩ръ вь вѣкъ *Пс 28, 10 Син* **3.** εἶναι, ἡσυχάζειν, διαπεραίνειν; (облѣченъ сѣдѣти περιβάλλεσθαι) находиться, пребывать, жить zůstávat, být, žít: дьнь тъ... акъı сѣть бо придетъ • на вьсѧ сѣдѧштѧꙗ на лици в'сеꙗ землꙗ *Л 21, 35 Зогр*

Мар Ас Сав; просвѣтити сѣдѫштыѩ въ тъмѣ *Л 1, 79 Зогр Мар*; тъ же блажены григории • кг'да сѣдѣаше въ хызинѣ своки *Супр 119, 27*; рабъ божии артемонъ вь тьмници сѣдитъ *Супр 225, 29.— Зогр Мар Ас Сав Боян Зогр-пал Ен Син Евх Клоц Супр*

сѣдѫ *Евх 92б 20 см.* сладити

сѣкы *прич. см.* сѣщи

СѢМО *нареч.* (50) ὧδε, ἐνθάδε, ἐνταῦθα сюда sem: приведи с⟨ы⟩нъ твоі сѣмо *Л 9, 41 Зогр Мар Ас*; г⟨оспод⟩и • даждь ми сиѭ водѫ • да ни жаждѫ • ни прихождѫ • сѣмо почръпатъ *И 4, 15 Зогр Мар Ас*; обратьатъ сѧ людие моі сѣмо *Пс 72, 10 Син* ◆ сѣмо и овамо *см.* овамо; сѣмо и онамо *см.* онамо.— *Зогр Мар Ас Сав Охр Син Евх Супр.— Ср.* сьде

СѢМѦ, сѣмене *и* сѣмени *с* (98) σπέρμα **1.** σπόρος, σπορά, σπόριμον; (иже не творитъ сѣмене ἄκαρπος; без сѣмене ἄσπορος) семя semeno: ізиде сѣѩи сѣатъ сѣмене своего *Л 8, 5 Зогр Мар Ас*; отиди... вь дрѣво еже не творитъ сѣмени *Евх 59б 1-2*; въземъ с⟨вѧ⟩тыи старць сѣмѧ смок'ве кдноѩ *Супр 300, 7* ● сперма sperma: безъ сѣмене порожденик *Супр 243, 4*; како бе сѣмене дѣтиштоу обадитель бѫдѫ *Супр 240, 17* **2.** *перен.* потомство, род, племя potomstvo, rod, plemeno: сѣмѧ авраамл҃е есмъ *И 8, 33 Зогр Мар Ас*; сильно на земли бѫдетъ сѣмѧ его *Пс 111, 2 Син*; вьсе сѣмѧ иѣковле прославіте *Пс 21, 24 Син.— Зогр Мар Ас Сав Унд Ен Син Евх Супр.— Ср.* племѧ

сѣниѣ *Мк 2, 23 Мар см.* сѣꙗник

СѢНО, -а *с* (10) χόρτος **1.** трава tráva: аште же сѣно дьньсь сѫштее • а оутрѣ въ огнь вьмѣтаемо • б⟨ог⟩ъ тако одѣетъ *Мт 6, 30 Зогр Мар Ас* (трѣвѫ сельнѫѭ *Сав*); повьенъ быхъ ѣко сѣно *Пс 101, 5 Син* **2.** сено seno: азъ ѣко сѣно исохъ *Пс 101, 12 Син* ● *перен.*: прошаааше... сѣно отъ сѣна приꙗти нев⟨е⟩с⟨ь⟩скы огнь *Клоц 14б 11; Супр 453, 2.— Пс 105, 20 Син.— Ср.* трѣва

СѢНЪ, -ыи *прил.* (1): трава сѣна βοτάνη χόρτων трава, дающая семя tráva, která se rozmnožuje semeny: да изнесетъ землѣ трѣвѫ сѣнѫ • сѣѭцию сѣмѧ на родъ *Евх 12б 5 (Быт 1, 11)*

СѢНЬ[1], -и *ж* (32) σκιά тень, сень stín: творитъ вѣтви вельѩ • ѣко мошти подъ сѣниѭ его • птицамъ нев⟨ес⟩скымъ витати *Мк 4, 32 Зогр Мар*; покры горы сѣнь его *Пс 79, 11 Син* ● *перен.*: быстъ намъ лоза богоносьнаꙗ • знои грѣховънꙑи нашъ • съпрѫтаѭшти ꙗко сѣнь покоꙗ намъ даѭшти *Супр 353, 21*; ови вь сѣнь вьзирахѫ • ові же къ слънцю • і къ б⟨ог⟩оу прітѣкаахѫ *Клоц 13б 15*; сѣдѧштимъ въ тъмѣ і въ сѣни съмрътьнѣ • свѣтъ въсиѣетъ на насъ *Мт 4, 16 Зогр Сав* (*нет Ас*, *Ø Мар*).— *Зогр Мар Сав Син Евх Клоц Супр.— Ср.* стѣнь

СѢНЬ[2], -и, *ж* (2) σκηνή шатер, скиния stan: то како мѧ вьмѣсти сѣнь авра'мьꙗ *Супр 250, 12.— Супр 250, 16.— Ср.* кровъ, скиниі

СѢНЬНИЦА, -ѧ *ж* (1) χορτοβολών сенной сарай stodola, seník: повелѣ вьсѧ свѧтыѩ божиѩ цръкви правовѣрънꙑихъ затворити... и овы ихъ • сѣньницѧ сътвори *Супр 190, 27*

СѢСТИ, сѧдѫ, сѧдеши *сов.* (>100) καθίζειν, καθέζεσθαι, καθῆσθαι, ἀνακαθίζειν, παρακαθέζεσθαι, κατακλίνεσθαι, ἀναπίπτειν; (въ коупѣ сѣсти συγκαθίζειν) сесть sednout (si), posadit se: шьдъ сѧди на послѣдьнимь мѣстѣ *Л 14, 10 Зогр Мар Ас Сав*; сѣде на вечери съ обѣма на десѧте оученикома своима *Евх 46б 4*; сѣдъ на высоцѣ рече *Супр 146, 28*; сѣде о деснѫѭ от'ца *Супр 11, 26* ● *также без доп. перен.* взойти на престол usednout na trůn, ujmout se vlády: с⟨ы⟩нове ї҆хъ до вѣка сьдѫтъ на прѣстолѣ твоемъ *Пс 131, 12 Син*; егда сѧдетъ с⟨ы⟩нъ чл⟨о⟩в⟨ѣчь⟩скы • на прѣстолѣ славы своеѩ • сѧдете и вы на дъвою на десѧте прѣстолоу *Мт 19, 28 Мар Ас Сав* (*Ø Зогр*); сѣдѫ кънѧѕи і на мѧ г⟨лаго⟩лаахѫ *Пс 118, 23 Син* ● καθίζειν, οἰκεῖν, κατοικεῖν, κατασκηνοῦν осесть, поселиться usídlit se, zůstat: вы же сѧдете въ градѣ е⟨роуса⟩л⟨и⟩м⟨ь⟩сцѣ *Л 24, 49 Зогр* (сѣдѣте *Мар*); на нѥмъже оубо мѣстѣ господь съподобилъ мѧ кстъ сѣсти • то на томъ подоба ми кстъ сѣдѣти *Супр 205, 13.— Зогр Мар Ас Боян Сав Ен Син Евх Супр*

СѢТИ *и* **СѢꙖТИ**, сѣѭ, сѣкши *несов.* (>100) [*основа инф.* сѣ- *Зогр* (3) *Мар* (9) *Сав* (2) *Син* (1) *Евх* (1), сѣꙗ- *Зогр* (12) *Мар* (8) *Ас* (7) *Унд* (2) *Супр* (6), саное (!) *Зогр* (1)] **1.** σπείρειν; (несѣтъ ἄσπορος) сеять sít: г⟨оспод⟩и не добро ли сѣмѧ сѣлъ еси на селѣ твоемь *Мт 13, 27 Зогр Мар*, сѣалъ есі *Ас*; сѣвъшеї сльзами въ радость пожьнѫтъ *Пс 125, 5 Син*, сѣѭштии *Супр 364, 17*; безъ сѣмене порожденик... несѣта нива • несаждена лоза *Супр 243, 8* □ сѣѩі, сѣвꙑи *в знач. сущ.* сеятель rozsévač: изиде сѣѩі да сѣетъ *Мт 13, 3 Зогр Мар*; сѣꙗнок *с в знач. сущ.* τὸ ἐσπαρμένον посев, посеянное setba: приходитъ нѥприѣзнь • і въсхыштаетъ сѣаное въ срьдьци его *Мт 13, 19 Зогр*, сѣное *Мар* **2.** σινιάζειν просеивать, сеять prosívat: симоне се сотона проситъ васъ да би сѣлъ ѣко пшеницѫ *Л 22, 31 Мар*, би сѣалъ *Зогр.— Зогр Мар Ас Сав Син Евх.— Ср.* въсѣꙗти

СѢТИѤ, -иꙗ *с* (1) τὰ σπόριμα посев setba: нивы дѣлати и пешти сѧ вьсѣмь садомь и ꙗвьнꙑимъ сѣтиѥмъ *Супр 40, 22-23.— Ср.* сѣꙗниѥ, сѣти (сѣꙗнок)

СѢТОВАНИѤ, -ꙗ *с* (1) πένθος печаль, скорбь žalost, zármutek: ѥдинъ же отъ чисмене... сѣтованиѥ безмѣрно с⟨вѧ⟩тꙑимъ • оставилъ *Супр 92, 13-14.— Ср.* дрѧхльство, печаль, скрьбь

СѢТОВАТИ, сѣтоуѭ, сѣтоуѥши *несов.* (8) σκυθρωπάζειν, πενθεῖν; (сѣтоуѩи σκυθρωπός) скорбеть, сетовать naříkat, bědovat, truchlit: егда постите сѧ • не бѫдѣте ѣко ѵпокрити • сѣтоуѭште *Мт 6, 16 Зогр Ас* (жалоуѭще *Сав, нет Мар*); плача (!) и сѣтоуѩ *Пс 34, 14 Син*; весь день сѣтоуѩ хождаахъ *Пс 37, 7 Син; Евх 76а 16*; вьскрѣшеньѥмь бо христовомъ... диꙗволъ сѣтоуѥтъ *Супр 479, 20.— Пс 41, 10; 42, 2 Син.— Ср.* дрѧселовати, жалити, жаловати, пещи сѧ, печаловати сѧ, скрьбѣти

СѢТЬ, -и *ж* (37) παγίς, δικτύον сеть, ловушка síť: дьнь тъ • акꙑ сѣть бо придетъ • на вьсѧ сѣдѧштаѩ на лици в'сеѩ землѧ *Л 21, 35 Зогр Мар Ас Сав*; ізбавітъ мѩ отъ сѣті ловьчѩ *Пс 90, 3 Син*; д⟨оу⟩ша наша ꙗко п'тица избави сѧ отъ сѣти ловаштиихъ *Супр 80, 5* ● *перен.* ἔνεδρον ловушка, западня nástraha, osidlo: вь сѣтехъ диꙗволѣхъ *Супр 110, 1.— Зогр Мар Ас Сав Син Евх Супр.— Ср.* мрѣжа, осило

СѢТЬНЪ, -ꙑи *прил.* (2) σκυθρωπός скорбный, печальный smutný, zarmoucený: каꙗ сѫтъ словеса си • ꙗже прѣрѣкаета къ себѣ ходѧшта • и ѥста сѣтьна *Супр 474, 25; 475, 1-2* (дрѧсела *Л 24, 17 Зогр Ас*, дрѧхла *Мар*).— *Ср.* дрѧселъ, дрѧхлъ, печальнъ, прискрьбьнъ, оунꙑлъ

СѢЩИ, сѣкѫ, сѣчеши *несов.* (2) **1.** κατακόπτειν рубить, рассекать, сечь sekat, rozsekávat: ѣко оск'рѫдъ сѣкꙑ камение *Евх 55б 13* **2.** τέμνειν отсекать голову, обезглавливать stínat: без оума нꙑ сѣчете *Супр 134, 24.— Ср.* отъсѣкати, съсѣкати

СѢЧИВО, -а *с* (1) πέλεκυς топор, секира sekyra: ѣко въ добровѣ дрѣвьнѣ секꙑрамі расѣшѩ двьрі его • въкоупѣ сѣчівомь і оскрѫдомь раздроушишѩ і *Пс 73, 6 Син.— Ср.* брадꙑ, секꙑра

СѢЧЬ, -а *м или* -и *ж* (1) θραῦσις сеча, бой boj, seč: и оумъножи сѩ вь ніхъ паданье • и ста финісь и оугоді • и прѣста сѣчь *Пс 105, 30 Син.— Ср.* брань, рать

СѢЧЬЦА, -ѧ *м* (3) σπεκουλάτωρ, δήμιος палач kat: сѣчьца отъсѣче главѫ ѥи *Супр 14, 17-18.— Супр 14, 13-14; 114, 14-15.— Ср.* слоуга (мѫчаи слоуга), спекоулаторъ, сѣчьць

СѢЧЬЦЬ, -а *м* (2) δήμιος, διωγμίτης (!) палач kat: мнози же отъ сѣчецъ мѫчаштиїхъ с⟨вѧ⟩таꙗ *Супр 6, 9*; давъше злато много сѣчьцемъ *Супр 114, 21.— Ср.* слоуга (мѫчаи слоуга), спекоулаторъ, сѣчьца

СѢꙖНИѤ *и* **СѢНИѤ**, -ꙗ *с* (9) [сѣниѣ *Мар* (1)]: сѣꙗниꙗ *мн.* τὰ σπόριμα засеянное поле obilné pole, osení: бꙑстъ же въ сѫботѫ • въторопрьвꙑ • ітти емоу сквозѣ сѣаньѣ *Л 6, 1 Зогр*, сѣаниѣ *Мар*, сѣанна *Ас.— Мт 12, 1 Зогр Мар; Мк 2, 23 Зогр Мар Ас Сав.— Ср.* сѣтиѥ, сѣти (сѣꙗнок)

сѣꙗти *см.* сѣти

СѦ *мест., род.* (*вин.*) себе, *дат.* себѣ, си, *твор.* собоѭ, *местн.* себѣ (>5000) **1.** *возвр.* αὐτόν, ἐγώ, σύ, ὑμεῖς, ἑαυτὸν, ἐμαυτόν, σεαυτόν: (въ себѣ ἔνδον, κατ ἰδίαν) себя sebe, se: аще къто хощетъ по мьнѣ ити да отъврьжетъ сѧ себе *Мт 16, 24 Мар* (∅ *Зогр*); аште око твое съблажнаатъ тѧ • ізьми е и врьзи отъ себе *Мт 18, 9 Мар* (∅ *Зогр*); котꙑгѫ сьвлѣкъ съ себе *Супр 207, 14*; тако събираѩи себѣ • а не въ б⟨ог⟩ъ богатѣѩ *Л 12, 21 Зогр Мар*; ср⟨ъ⟩д⟨ь⟩це его собьра беззаконенье себѣ *Пс 40, 7 Син*; большѫ мѫжѫ себѣ прıемлѭтъ *Клоц 8б 1*; інꙑ естъ с⟨ъ⟩п⟨а⟩слъ • да с⟨ъ⟩п⟨ас⟩етъ і сѧ *Л 23, 35 Зогр Мар Ас Сав*; каѣ польза ч⟨ловѣ⟩коу • аште приобрѧштетъ вьсь миръ • а себе погоубитъ *Л 9, 25 Зогр Мар Ас*; повелѣ привести прѣдъ сѧ с⟨вѧ⟩тꙑѩ мѫченикꙑ *Супр 111, 19*; оутрьнии бо д⟨ь⟩нь собоѭ печетъ сѧ *Мт 6, 34 Зогр Мар Сав*; егда оубо твориши милостꙑнѭ • не въструбі прѣдъ собоѭ *Мт 6, 2 Зогр Мар Ас Сав*; іди обличи и междю собоѭ и тѣмь единѣмь *Мт 18, 15 Мар Ас*; поими пакꙑ съ собоѭ единого ли два *Мт 18, 16 Мар Ас Сав* (∅ *Зогр*); азъ ч⟨ловѣ⟩къ есмь подъ властелꙑ • оучиненъ • імѣѩ подъ собоѭ воѩ *Л 7, 8 Зогр Мар Ас Сав*; възведи нꙑ съ собоѭ *Евх 65а 19-20*; колико растоѩтъ междоу собоѭ *Супр 46, 4*; вел'ми оубо напсанѫ нашѫ хоулѫ • собоѭ оставимъ *Супр 91, 2*; диꙗконисa сѫшти приде... имѫшти съ собоѭ братоу-чада *Супр 297, 29*; благословесенъ градꙑи въ имѧ господьнѣ • съпастъ насъ собоѭ *Супр 329, 30*; собоѭноситъ с⟨вѧ⟩тꙑи отъ ефрата рѣкꙑ ноштиѭ водѫ *Супр 551, 22* ● он, я, ты *и т. д.* on, já, ty *atd.*: видѣвъ ѣ по себѣ идѫшта *И 1, 38 Зогр Мар Ас Сав*; відѣ же н⟨соу⟩с⟨ъ⟩ натанаілѣ • грѧдѫшта къ себѣ *И 1, 48 Зогр Мар Ас* ● ἀλλήλους, ἑαυτούς друг друга sebe vzájemně, jeden druhého: сътѧзаахѫ сѧ къ себѣ *Мк 1, 27 Зогр Мар*; г⟨лаго⟩лахѫ же оученици къ себѣ *И 4, 33 Зогр Мар Ас*; о семь ли сътѧзаете сѧ • междю собоѭ *И 16, 19 Зогр Мар Ас Сав* □ си *в знач. притяж. мест.* αὐτοῦ, αὐτῆς, μου, σου, ὑμῶν, ἴδιος свой svůj: възлюбиши ближьнꙗго си *Мт 5, 43 Сав* (своего *Зогр Мар Ас*); ни сътворітъ іскрьнюмоу сі зьла *Пс 14, 3 Син*; по комъканьи • иметъ п⟨о⟩пъ за рѫкѫ старѣишааго • а тъ пакы братра си за рѫкѫ *Евх 116 7* □ себе си ἑαυτόν, ἐμαυτόν самого себя sám sebe: себе си акы чловѣка положивъ старѣишина паствинѣ *Супр 328, 25*; носаште на себѣ си таина написана *Супр 344, 5*; въ себѣ, о себѣ αὐτόματος сам по себе, сам собой sám od sebe: вь себѣ бо земл̑ѣ плодитъ сѧ *Мк 4, 28 Зогр*, о себѣ *Мар*; аште ли отъ чловѣкъ никтоже ничсоже сихъ наоучи • нъ о себѣ хвалѫ поѭтъ *Супр 325, 1*; оста же о себѣ ѥдинъ растъ *Супр 26, 9*; въ себѣ быти, въ сѧ прити, въ себѣ прити ἐν ἑαυτῷ γίγνεσθαι, εἰς ἑαυτὸν ἔρχεσθαι прийти в себя přijít k sobě, vzpamatovat se: ѥд'ва же вь себѣ бывъ анѳупатъ • повелѣ ѩ вести вь темницѫ *Супр 111, 2*; вь себѣ же бывъ прѣклонивъ колѣнѣ благодарьстві бога *Супр 194, 1*; вь себѣ же пришьдъ рече • коликоу наімьникъ о⟨ть⟩ца моего ізбываѭтъ хлѣби *Л 15, 17 Зогр Мар Ас* (помысливъ же в себѣ *Сав*); она же нѣколи пришед'ши в' сѧ *Супр 517, 13*; самъ сѧ *см.* самъ; свои си *см.* свои; себѣ оугаждати *см.* оугаждати; не чоуꙗи себе *см.* чоути **2.** *возвр., образующее страд. или возвр. форму глагола (см. при конкретных глаголах).— Зогр Мар Ас Сав Охр Унд Боян Зогр-пал Ен Син Евх Клоц Супр Хил Рыл Зогр-лл.— Ср.* и (*мест.*); си *см.* свои; себе си *см.* самъ (самъ сѧ); въ себѣ быти *см.* оумъ (въ свои оумъ прити)

сѧд- *см.* сѣсти

сѧи *прич. действ. наст. см.* быти

сѧті *мн. Клоц 6б 1 см.* сѧтъ

СѦТЪ *3. ед. наст.=аор. несов.* (30) [сѧті *мн. Клоц* (1)] φησί, φησίν **1.** *в знач. вводного слова* говорит, говорят (tak) praví, prý: къ(д)е хо(штеш)і сѧті оуготоваемъ ті ѣсті пасхѫ *Клоц 6б 1*; не рече сѧтъ • мы надѣѥмъ сѧ • нъ мы же надѣахомъ сѧ *Супр 477, 19* **2.** *редко в знач. сказуемого* говорит praví, říká: сьѧтъ законопрѣстѫпьнѣкъ да съгрѣшаѭтъ въ себѣ *Пс 35, 2 Син*; послоушаі чъто сѧтъ еван⟨ъ⟩ѣ⟨е⟩лістъ *Клоц 5а 17.— Син Клоц Супр.— Ср.* глаголати, рещи

СѪБОТА, -ы *ж и* **СѪБОТЪ,** -а *м* (>300) [собота *Мар* (49) *Ас* (1) *Син* (3), сѫ(б) *Ас* (78) *Сав* (59) *Унд* (1) *Ен* (9), со(б) *Ас* (8), сѫ̑б *Ен* (2)] σάββατον **1.** сѫбота, сѫботы *мн.* суббота sobota: аще достоитъ въ сѫботъ ицѣліті и *Л 14, 3 Ас*, въ сѫботы *Зогр Сав*, въ соботы *Мар*; бѣ же оуча на ѥдиномь отъ сънъмишть въ сѫботы *Л 13, 10 Зогр Ас*, въ соботы *Мар*, въ сѫботѫ *Сав*; въ сѫботѫ же и вь недѣлѫ прьвѣѥ вьсѣхъ въхождааше вь цръкъве *Супр 285, 9* □ къ сѫботѣ, дьнь прьвыи сѫботѣ προσάββατον день перед субботой (пятница) den před sobotou (pátek): бѣ параскевьѥ̑ні • еже естъ къ сѫботѣ *Мк 15, 42 Зогр Мар*; въ дьні прѣвыꙗ соботѣ *Пс 92, 1 Син*; великаꙗ сѫбота, великыи сѫботъ Великая суббота (*последний день Великого поста*) sobota svatého týdne, Bílá sobota: мол⟨итва⟩ над⟨ъ⟩ сыромь вь великы сѫботъ • вечеръ *Евх 16а 19* **2.** неделя týden: поштѫ сѧ дъва краты въ сѫботѫ *Л 18, 12 Зогр Сав*, соботѫ *Мар*, сѫботъ *Ас* □ ѥдинъ (отъ) сѫботъ, ѥдинъ сѫботъ, прьваꙗ сѫбота, прьваꙗ (отъ) сѫботъ первый день недели první den týdne: въ ѥдинѫ же сѫботъ ѕѣло рано • придошѧ на гробъ *Л 24, 1 Зогр Мар Ас*; въ ѥдинъ отъ сѫботъ • приде мариꙗ магдалꙑ̑ни *Супр 444, 19*; свитаѭшти въ прѣвѫѭ сѫботѫ *Мт 28, 1 Зогр Мар Сав*, въ прѣвѫѭ сѫботъ *Ас.— Зогр Мар Ас Охр Сав Боян Унд Ен Син Супр*

сѫботъ *Ас Евх см.* сѫбота

СѪБОТЬНЪ, -ын *прил.* (21) [соботьнъ *Мар* (5)] τῶν σαββάτων субботний sobotní: шесть дьнъ естъ • въ ꙗ̑же достоітъ дѣлати • въ ты оубо приходаште цѣлите сѧ • а не въ дьнь сѫботьнъ *Л 13, 14 Зогр Ас Сав*, соботьны *Мар*; праздьнъствоу сѫботьноуоумоу отъмьштаѭт' *Супр 396, 27.— Зогр Мар Ас Сав Супр*

сѫбоѭ *Пс 85, 14 Син вм.* собоѭ *см.* сѧ

сѫбѫдѫтъ сѧ *И 17, 12 Сав см.* събыти сѧ

СѪГЛАСИѤ, -ꙗ *с* (3) ἀντιφωνία *спец.* антифон (*попеременное исполнение хором стиха псалма на одном и на другом клиросе*) antifona (*zpěv téhož žalmového verše střídavě jedním i druhým sborem*): м⟨о⟩л⟨и⟩тва... на литоурги бываѭтъ... сѫгласнѣ *Ен 31б 4.— Ен 26а 4-5; 31б 4-5*

СѪДИИ, -ꙗ *м* (58) κριτής, δικαστής, ἄρχων; (правьдивыи сѫдии δικαιοκρίτης) судья soudce: бѫди оувѣштаꙗ сѧ съ сѫпьрьмь своімь скоро • доідеже еси на пѫти съ ꙗ̑имь • да не прѣдастъ тебе сѫпьрь сѫдиі • і сѫдиі тѧ прѣдастъ слоуѕѣ і въ темьницѫ въвръжетъ тѧ *Мт 5, 25 Зогр Мар*; къто мѧ постави сѫдиѭ ли дѣлател̑ѣ надъ вами *Л 12, 14 Зогр Мар*; прошениѥ нѣкоѥ мало ѡ сѫди... просѧ к тебѣ приходъ *Супр 454, 14*; вы послоушаите акы кнази • и сѫдиꙗ цѣсара персьска *Супр 257, 20*; не бесправедьниꙗ дѣлаѥте • ныниꙗ оубо вы славьныꙗ сѫдиꙗ *Супр 257, 25*; избьрани ѥмоу ѥсте • и правьдиви сѫдиꙗ *Супр 257, 21*; б⟨ог⟩ъ сѫді естъ *Пс 74, 8 Син*; съмѧтѫтъ сѧ отъ лица его • о⟨ть⟩ца сірыхъ • и сѫдьꙗ вьдовиць *Пс 67, 6 Син.— Зогр Мар*

Ас Сав Ен Син Клоц Супр Зогр-лл.— Ср. сѫдитєль, сѫдити (сѫдьи)

СѪДИИСКЪ, -ꙑи *прил.* (1): кънигꙑ сѫдиискꙑѩ ἡ βίβλος τῶν κριτῶν Книга судей (*книга Ветхого завета*) kniha Soudců: понеже почитаѭтъ сѧ вамъ • кънигꙑ сѫдиискꙑѩ *Супр 127, 16*

СѪДИИЩЕ, -а *с* (6) βῆμα **1.** судейское кресло, место судьи soudní stolice: пилатъ... сѣде на сѫдишти • на мѣстѣ нарицаемѣмь литостротѣ • еврѣискꙑ же гаввата *И 19, 13 Мар* (на сѫдишти *Зогр Сав* (2) *Ас* (2); зови павла и ѵлиганиѭ • и постави ꙗ прѣдъ сѫдиништемъ *Супр 7, 4* **2.** место, помещение, зал суда, судебная палата soudní místo, soudní dvůr: отъведъ павла свѣне сѫдиишта *Супр 1, 15*; повелѣ къ сѫдиништоу привести *Супр 177, 20-21.— Супр 4, 28; 7, 4.— Ср.* преторъ, сѫдилище, сѫдище, сѫдъ

СѪДИЛИЩЕ, -а *с* (4) βῆμα судейское кресло, место судьи soudní stolice: вълѣзъ же воѥвода въ градъ • и сѣдъ на сѫдилишти *Супр 152, 20*; аште ли велиши се станетъ прѣдъ твоимъ сѫдилиштемъ *Супр 147, 5.— Супр 140, 25; 147, 1-2.— Ср.* сѫдиище, сѫдище

СѪДИТЕЛЬ, -лꙗ *м* (2) κριτής судья soudce: б⟨ог⟩ъ сѫдителъ правьденъ и крѣпокъ і тръпѣливъ *Пс 7, 12 Син*; і живꙑмъ і мрътвꙑмъ сѫдітель ѥвлѥетъ сѧ *Клоц 11а 2.— Ср.* сѫдии, сѫдити (сѫдьи)

СѪДИТИ, сѫждѫ, сѫдиши *несов./сов.* комоу, чесомоу; кого, чьто (>100) [соди- ! *Мар* (1)] κρίνειν, διακρίνειν, δικάζειν, κατάκριτος (!) судить/обсудить soudit/posoudit: не сѫдите • да не сѫдѧтъ вамъ • і не осѫждаіте да не осѫдѧтъ васъ *Л 6, 37 Зогр Мар*; сѧдете и вꙑ на дъвою на десѧте прѣстолоу • сѫдѧште обѣма на десѧте колѣнома издраил⟨е⟩в⟨о⟩ма *Мт 19, 28 Мар Ас* (*Ø Зогр*); азъ правотꙑ сѫждѫ *Пс 74, 3 Син*; сѫдѧтъ сѧ ꙗзꙑці прѣдь тобоѭ *Пс 9, 20 Син*; вь ньже хоштетъ сѫдіти б⟨ог⟩ъ вьсеі земі правьдоѭ *Клоц 11а 4* ● осуждать/осудить odsuzovat/odsoudit: отъ словесъ бо своихъ • оправьдиши сѧ • і словесꙑ своими сѫдиши си *Мт 12, 37 Мар* (осѫдиши сѧ *Зогр Ас Сав*); отъ оустъ твоихъ сѫждѫ ти зълꙑ рабе *Л 19, 22 Мар Ас* (осѫждѫ *Зогр*) ● вступаться/вступиться *за кого-л.* zastávat se/zastat se *někoho*: сѫді мі б⟨о⟩же и расѫді пьрѭ моѭ *Пс 42, 1 Син* ● решать/решить rozhodovat/rozhodnout: азъ же не іштѫ славꙑ моеѩ • естъ іштаи і сѫдѧ *И 8, 50 Зогр Мар*, сѫдѧи *Ас* ● заключать/заключить, прийти к заключению, к выводу usuzovat/usoudit: симонъ рече • не пъштюѭ ѣко емоуже вѧште отъда • онъ же рече емоу • правь сѫдилъ еси *Л 7, 43 Зогр Мар Ас Сав; Супр 393, 27* □ сѫдѧи *в знач. сущ.* ὁ κρίνων судья, обвинитель soudce: накажѣте сѧ вьсі сѫдѧщеі землѩ *Пс 2, 10 Син.— Зогр Мар Ас Сав Ен Син Евх Клоц Супр.— Ср.* осѫдити, осѫждати, пьрѣти сѧ, расѫждати; сѫдьи *ср.* сѫдии, сѫдитель

СѪДИЩЕ, -а *с* (37) **1.** βῆμα судейское кресло, место судьи soudní stolice: пилатъ... сѣде на сѫдишти • на мѣстѣ нарицаемѣмь литостратѫ • еврѣіскꙑ же гаваата *И 19, 13 Зогр Ас* (2) *Сав* (2) *Боян* (на сѫдиишти *Мар*); и по сед'ми дьниї изиде аѵрилианъ и сѣде на сѫдишти *Супр 6, 27* **2.** βῆμα, κριτήριον, πραιτώριον, δικαστήριον, παρουσία (!) зал суда; суд, судилище soudní místo, soudní dvůr; soud: тъгда воіни ѥемонови • приімъше і⟨соу⟩са на сѫдишти • събъраша на нь вьсѫ спирѫ *Мт 27, 27 Зогр Мар Ас Сав*; она же абиѥ пришьдъша къ претороу ѥже ѥстъ сѫдиште • иждеже има бѣаше повелѣлъ прѣбꙑвати кънѧзъ *Супр 211, 30*; ѡ великодоушьнꙑи оуме • ꙗко на сѫдишти пакостьника не подвиже сѧ твои съмꙑслъ • нъ паче крѣпѣи бꙑстъ *Супр 63, 30* **3.** κριτήριον суждение, заключение, вывод soud, úsudek: самъ себѣ законъ бꙑвъ • и ѥстьствьнꙑимъ сѫдиштемъ наоученъ • нагъ избѣже *Супр 365, 23.— Зогр Мар Ас Сав Боян Евх Супр Рыл.— Ср.* преторъ, сѫдиище, сѫдилище, сѫдъ; литострата

СѪДОУ *нареч.* (5): сѫдоу и овѫдоу, сѫдоу и онѫдоу ἐντεῦθεν καὶ ἐντεῦθεν с обеих сторон s obou stran: іде і пропѧсѧ • і съ нимь іна дъва • сѫдоу і овѫдоу • по срѣдѣ же і⟨соу⟩са *И 19, 18 Зогр Мар Ас Боян*, сѫдоу и онѫдоу *Сав.— Ср.* сьде

сѫдоу *см. также* отъсѫдоу

СѪДЪ[1], -а *м* (>100) **1.** κρίσις, κρῖμα, κριτήριον, δίκη; (сѫдъ приꙗти/приѩти κρίνεσθαι; приꙗтиѥ сѫда τὸ δοῦναι δίκας) суд, судебное разбирательство, судебный процесс soud, soudní proces: іжь бо оубиетъ • повиненъ естъ сѫдоу *Мт 5, 21 Зогр* (*Ø Мар*); мѫжи невьнитьсці • въстанѫтъ на сѫдъ • съ родомь симь і осѫдѧтъ і *Мт 12, 41 Зогр Мар*; область дастъ емоу і сѫдꙑ творити *И 5, 27 Зогр*, сѫдъ *Мар Ас*; оуготова на сѫдъ прѣстолъ свои *Пс 9, 8 Син*; ожидааше оубо сѫда *Супр 432, 10* ● приговор, решение (*суда*) rozsudek: с н⟨е⟩б⟨ес⟩і оуслꙑшанъ створилъ естъ сѫдъ *Пс 75, 9 Син* ● справедливость, справедливое решение, суждение spravedlnost, právo: дон'деже въведетъ на побѣдѫ сѫдъ *Мт 12, 20 Зогр Мар Ас Сав*; г⟨оспод⟩ь любитъ сѫдъ *Пс 36, 28 Син*; ꙗз⟨ꙑ⟩къ его вьзг⟨лаго⟩летъ сѫдъ *Пс 36, 30 Син*; милостъ и сѫдъ пож тебѣ г⟨оспод⟩и *Ен 346 17* □

страшьнꙑи сѫдъ, бѫдѫщии сѫдъ Страшный суд poslední soud: вь день страшънааго сѫда *Евх 82б 17*; боѭ сѧ сѫда бѫдѫщаáго *Рыл 2аа 19* **2.** δικαστήριον, κριτής (!) суд (*учреждение*); трибунал soud, soudní dvůr; tribunál: отъ сѫда на сѫдъ і сълѫтъ *Клоц 10б 26*; любо сановитъ любо смръдъ • то ни того пощадитъ сѫдъ *Супр 101, 24* **3.** κρῖμα суждение soud, úsudek: імьже бо сѫдомь сѫдите • сѫдѧтъ вамъ *Мт 7, 2 Зогр Мар Ас*; не испытани сѫдове его • и не иследени пѫтиѥ его *Супр 301, 8 (Рим 11, 33).— Зогр Мар Ас Сав Ен Син Служ Евх Клоц Супр Рыл.— Ср.* пьрꙗ, сѫдище, сѫдьба, тѧжа

СѪДЪ², -а *м* (6) **1.** σκεῦος сосуд nádoba: сѫдъ кръвьнꙑи кровеносный сосуд céva, žíla: въ кои (*т. е.* рѫцѣ) исѫчи крьвьнꙑѩ сѫдꙑ *Супр 512, 8* **2.** σκεῦος инструмент nástroj: въ сѫдѣхъ пъсаломьскꙑхъ рѣснотѫ твоѭ б⟨о⟩же въспоѭ *Пс 70, 22 Син* **3.** μέλος член (*тела*) úd: полагаѭ ти вьсѧ моѩ сѫдꙑ на испꙑти • не стꙑждѫ сѧ тѣлесьнꙑими своими ꙗзвами *Супр 503, 10.— Супр 502, 25; 506, 26-27 и 27.— Ср.* съсѫдъ

сѫдъбъбꙑ *Пс 104, 5 Син см.* сѫдьба

СѪДЬБА, -ꙑ *ж* (29) [сѫдъбъбꙑ (!) *Син* (1), сѫдѫдовъ (!) *Син* (1)] κρῖμα суждение, решение úsudek, rozhodnutí: начѧло словесъ твоїхъ їстіна • ї вь вѣкъ вьсѩ сѫдъбꙑ правъдꙑ твоеѩ *Пс 118, 160 Син* ● справедливость, справедливое суждение, решение spravedlnost, právo: правъда і сѫдъба оуготованіе прѣстолоу твоемоу *Пс 88, 15 Син* ● судебное разбирательство; приговор, решение (суда) soudní nález; rozsudek: дівеса его и сѫдъбъбꙑ (! *вм.* сѫдъбꙑ) оустъ его *Пс 104, 5 Син* ● приказ přikázání: ѿтъ сѫдѫдовъ (! *вм.* сѫдовъ) твоіхъ не оуклонихъ сѩ *Пс 118, 102 Син.— Син.— Ср.* сѫдъ[1]

СѪДЬНЪ, -ꙑи *прил.* (20) τῆς κρίσεως относящийся к суду, судебный soudní: възгласити г⟨лаго⟩лъи сѫдьнъиѩ *Рыл 2аβ 7* ◆ дьнь сѫдьнꙑи ἡμέρα κρίσεως, μέλλουσα ἡμέρα, γέεννα (!) Судный день, день Страшного суда soudný den, den posledního soudu: въздадѧтъ о немь • слово • вь дьнь сѫдънꙑ *Мт 12, 36 Зогр Мар Ас Сав*; самъ же себе есі створілъ без отъвѣта • на сѫдънꙑ день *Клоц 9а 11*; вь сѫдънъи дьнь *Супр 422, 22.— Зогр Мар Ас Сав Клоц Супр Рыл*

сѫдѣ *см.* отъсѫдѣ

сѫдѫ *И 7, 3 Мар; Клоц 6а 21-22 см.* отъсѫдоу

сѫдѫдовъ *Пс 118, 102 Син см.* сѫдьба

СѪКАТЪ *прил.* (2) ἄγριος с сучками, сучковатый sukovitý, ostnatý: повелѣ бити ѩ • сѫкатомъ жезлиѥмъ *Супр 178, 6.— Супр 178, 18.— Ср.* осѫкатъ

СѪКЪ, -а *м* (2) κάρφος сучок tříska: остани да възъмѫ сѫкъ • въ очесе твоемь *Мт 7, 4 Сав* (сѫчець *Зогр Мар Ас*).— *Мт 7, 5 Сав.— Ср.* сѫчьць

СѪМЬНѢНИѤ, -иꙗ *с* (9) [соумьнѣниѥ *Супр* (1)] **1.** δισταγμός, διάκρισις, εὐλάβεια (!); (без сѫмьнѣниꙗ ἀδεῶς, ἀδίστακτος, μετ' ἀδείας) сомнение, колебание pochybování, váhání: съгрѣшихъ... въпадаѭ... въ сѫмьнѣниѣ *Евх 68б 2*; како бе сѫмьнѣниꙗ къ мѫчению пристѫпиша *Супр 55, 15-16*; безъ соумьнѣниꙗ затворенѣи тоу братии слоужааше *Супр 98, 19* **2.** съ сѫмьнѣниѥмь μετὰ παρατηρήσεως заметным, видимым образом viditelně, zřetelně: не придетъ ц⟨ѣса⟩р⟨ь⟩с⟨тв⟩ье б⟨о⟩жие съ сѫмьнѣниемь *Л 17, 20 Зогр Мар.— Ен 5б 8-9; Евх 20а 6-7; Супр 354, 22; 458, 25-26*

СѪМЬНѢНЬНЪ, -ꙑи *прил.* (1) ἀπερίσκεπτος неопределенный, неясный nezřetelný, neurčitý: отъниѫдоуже вѣмъ и не вѣмъ • ѿтъ знаемꙑхъ • і незнаемꙑхъ • ѿтъ сѫмьнѣн'на мѣста *Евх 54б 17*

СѪМЬНѢТИ СѦ, -ѭ сѧ, -ниши сѧ *несов.* (8) [соумьн- *Супр* (2), сѫмн- *Сав* (1) *Ен* (1) *Супр* (3), сѵмьн- *Супр* (1)] *без доп.* διακρίνεσθαι, διστάζειν, ὑφορᾶσθαι; (сѫмьнѧи сѧ ἀμφίβολος; не сѫмьнѧ сѧ ἀνυπόπτως) колебаться, сомневаться, испытывать нерешительность váhat, být na pochybách: маловѣре • почто сѧ сѫмнѣ *Мт 14, 31 Сав* (оусѫмнѣ *Зогр Ас*, оусоумьнѣ *Мар*); онъ же видѣвъ ѩ тако сѫмнѧщѧ сѧ • вьскрича глаголѧ не боите сѧ *Супр 36, 9* ● кого, чесо σκέπτεσθαι размышлять, думать *о чем-л.* rozvažovat, uvažovat *o něčem*: ꙗкоже сего сѵмьнѣаше сѧ • ѫтроба дьмѣ'ше сѧ *Супр 239, 27* ● кого, чесо φείδεσθαι остерегаться, опасаться stranit se, vyhýbat se: да тѧ накажетъ чьсть (! *вм.* чистъ) имѣти оклеветаниꙗ ѩзыкъ • и прѣдавъшааго самого соумьнитъ сѧ *Супр 410, 25* ▭ сѫмьнѧи сѧ *в знач. сущ.* сомневающийся pochybovač: а сѫмнѧи сѧ • аще бо ѣстъ осѫждаетъ сѧ *Рим 14, 23 Ен.— Супр 36, 8; 41, 1; 97, 14*

СѪПОСТАТЪ, -а *м* (8) ἀντίπαλος, πολέμιος, ὑπεναντίος неприятель, противник, враг nepřítel, protivník: покори емоу в'сѧ врагꙑ • і сѫпостатꙑ *Евх 56б 24-6а 1*; изити на сѫпостатꙑ *Супр 191, 23*; съмрьти сѫпостате • диꙗволоу сѫпрьниче *Супр 313, 9-10*; мироу сѫпостатъ *Супр 388, 27* ● σύμμαχος *неодобр.* приверженец přívrženec: от'пади съ своими сѫпостатъми *Супр 512, 17.— Евх 99а 16; Супр*

251, 2; 464, 22.— Ср. **врагъ, сѫпротивьникъ, сѫпьрьникъ, сѫпьрь**

СѪПОСТАТЬНЪ, -ыи *прил.* (1) ἀντικείμενος вражеский, неприятельский nepřátelský: **(да кгда) благодѣт(и съподобиши сѧ) т(ъгда ти вла)сть (дасть проти)вѫ сѫп(остатьныи)мъ силамъ (брати сѧ)** *Хил 1бβ 18-19*

СѪПРОТИВИТИ СѦ, -влѭ сѧ, -виши сѧ *несов.* **комоу, чесомоу** (5) μάχεσθαι, ἀντιλέγειν противиться, сопротивляться odporovat: **страстьмь сѫпротивитъ сѧ** *Супр 508, 22-23*; **ч'то сѧ сѫпротивиши петроу** *Супр 511, 7.— Супр 174, 19; 433, 25-26; 510, 21-22.— Ср.* **глаголати (противѫ глаголати), противити сѧ**

СѪПРОТИВИѤ, -ия *с* (1) ἀντίθεσις сопротивление odpor: **сѫпротиви** (! *вм.* **-виѥ**) **имъ срамити [сѧ] хота** *Супр 304, 12*

СѪПРОТИВОВѢТРИѤ, -ия *с* (1) ἀντανεμία встречный ветер protivítr: **вьсѣдъ въ корабь • и малъ въ пѫчинѫ отъплоувъ • нѣ отъ коѥго сѫпротивовѣтрия възврати сѧ** *Супр 294, 2.— Ср.* **противьнъ (противьнъ вѣтръ)**

СѪПРОТИВЬ *нареч.* (4) [**-противъ** *Супр* (1), **-против'** *Супр* (1)] (**сѫпротивь съвѣдѣтельствовати** ἀντιμαρτυρεῖν; **сѫпротивь богоу** ἀντίθεος; **сѫпротивь бывати** ἀντιπράσσεσθαι; **сѫпротивь проповѣдати** ἀνακηρύσσειν) напротив, против proti, naopak: **нъ гробь сѫпротив' проповѣдает' • сьмрьть** *Супр 508, 18*; **да покажетъ яко нѣстъ сѫпротивь богоу** *Супр 308, 15.— Супр 334, 4; 434, 16.— Ср.* **противъ, противѫ**

СѪПРОТИВЬНИКЪ, -а *м* (7) ἀνταγωνιστής, ἀντικείμενος, ἀντίπαλος, πολεμήτωρ, τύραννος (!) противник, враг, неприятель protivník, nepřítel: **благословьѥнъградъи въ имѧ господьн҄е • цѣсарь на сѫпротивника** *Супр 329, 3-4.— Супр 178, 11-12; 329, 10; 361, 12; 362, 6; 363, 4; 371, 29.— Ср.* **врагъ, противьникъ, сѫпьрь, сѫпьрьникъ**

СѪПРОТИВЬНЪ, -ыи *прил.* (7) *греч. нет* противный, противоположный opačný: **сѫпротивномъ вѣтромъ ѧтъ** *Супр 539, 3* ● ἐναντίος вражеский nepřátelský: **без милости отъ сѫпротивнаего бѣса мѫчимъ** *Супр 553, 16* ▭ **с ѫ п р о т и в ь н о (ѥ)** *с в знач. сущ.* τὸ ἐναντίον противоположность opak: **аште на то сътворимъ владыкы подражали бѫдемъ • аште ли на сѫпротивьноѥ то диявола** *Супр 379, 11-12* ● сопротивление odpor, protivenství: **нич'соже сѫпротивна приходашта к' намъ не възбоимъ сѧ** *Супр 68, 12* ▭ **с ѫ п р о т и в ь н ы и** *м в знач. сущ. греч. нет* противник protivník: **стражѧ крѣпы на вьсѧ сѫпротивьныѩ и мытыѩ** *Супр 543, 6* ◆ **с ѫ п р о т и в ь н о   б ы л и ѥ** ἀντιφάρμακον противоядие protilék: **сѫпротивьно ѩзи былиѥ** *Супр 436, 29.— Супр 352, 14-15.— Ср.* **противьнъ, прѣмо; сѫпротивьникъ; сѫпротивьно** *ср.* **сѫпротивиѥ; сѫпротивьно былиѥ** *ср.* **отъядъ**

СѪПРѦЖГЪ, -а *м* (4) ζεῦγος парная упряжка spřežení, pár: **сѫпрѧжгъ воловъныхъ • коупихъ пѧть** *Л 14, 19 Зогр Мар Ас Сав*

СѪПЬРЬ, -ря *м* (9) ἀντίδικος противник odpůrce, protivník: **мьсти мене отъ сѫпьрѣ моего** *Л 18, 3 Зогр Мар Ас Сав*; **да не прѣдастъ тебе сѫпьрь сѫдии** *Мт 5, 25 Зогр (нет Мар).— Мт 5, 25 Зогр Мар; Л 12, 58 Зогр Мар.— Ср.* **противьникъ, сѫпьрьникъ, сѫпротивьникъ**

СѪПЬРЬНИКЪ, -а *м* (2) [**сѫпр-** *Супр* (1)] ἀντίδικος, δυσμενής противник odpůrce, protivník: **дияволоу сѫпрьниче** *Супр 313, 10*; **словесы бо прѣпирами сѧ не приязнивъ робъ • нъ явѣ сѫпьрьникъ** *Супр 328, 16.— Ср.* **врагъ, противьникъ, сѫпостатъ, сѫпротивьникъ, сѫпьрь**

СѪСѢДЪ, -а *м* (13) γείτων сосед soused: **пришьдъ въ домъ свои • съзываетъ дроугы • і сѫсѣды** *Л 15, 6 Зогр Мар*; **быстъ поношению сѫсѣдомъ своімъ** *Пс 88, 42 Син; Пс 30, 12; 78, 4 Син.— Л 14, 12 Зогр Мар; И 9, 8 Зогр Мар Ас; Пс 43, 14 Син; 78, 12 Син; 79, 7 Син*

СѪСѢДЫНИ, -ныѩ *ж* (2) ἡ γείτων соседка sousedka: **обрѣтъши съзываетъ дроугы і сѫсѣдынѩ** *Л 15, 9 Зогр Мар*

с ѫ х - *Мар 76а 15 см.* **соухъ**

с ѫ х о р ѫ ж к ъ *Мар 43а 32 см.* **соухорѫжкъ**

с ѫ щ а я, с ѫ щ е ѥ, с ѫ щ и и *см.* **быти**

СѪЩИѤ, -ия *с* (1) οὐσία сущность, существо podstata: **штоуждоу быти сѫштия отьча** *Супр 188, 7.— Ср.* **сѫщьство, оусия, ѥстьствиѥ, ѥстьство**

СѪЩЬНЪ, -ыи *прил.* (1): **к о у п ь н ѣ   с ѫ щ ь н ы и** ὁμοούσιος единосущный, единый soupodstatný: **арии... начѧ о коупьнѣ сѫштьнѣи • и с⟨вѧ⟩тѣи троици • въсѫдоу въ алеѯан'дрии хоулньы оусты износити** *Супр 188, 1.— Ср.* **коупьносыи, коупьносѫщьнъ, коупьнѣ**

СѪЩЬСТВО, -а *с* (2) **1.** φύσις существо, создание (*живое*) bytost, stvoření: **родоу в'сѣкомоу • съмрътъноу • и несъмрътъноу • і в'сѣкомоу сѫщьствоу • съдѣтель** *Евх 64а 12* **2.** οὐσία существо, сущность podstata: **г⟨оспод⟩ь... безначѧльнъ • і невидимъ сѫщьствомь** *Евх 56б 13.— Ср.* **сѫщиѥ, тѣло, оусия, ѥстьствиѥ, ѥстьство, ѵпостась**

СѪЧЬЦЬ, -ца *м* (17) κάρφος **1.** сучок, заноза, щепочка tříska: **чьто же видиши сѫчьць іжь естъ въ оцѣ братра твоего • а брьвьна... въ оцѣ твоемь не чюеши** *Мт 7, 3 Зогр Мар Ас Сав* **2.** веточка větévka: **пришествие с⟨вѧ⟩таго твоего д⟨оу⟩ха • възвѣщь емоу голѫ-**

бемь • сѫчець маслинънъі • приносѧщю *Евх 16а 6.— Мт 7, 4 Зогр Мар Ас; Мт 7, 5 Зогр Мар Ас; Л 6, 41 Зогр Мар; Л 6, 42* (2) *Зогр Мар.— Ср.* сѫкъ

СѴДАРЬ, -рꙗ *м* (2) σουδάριον головной платок rouška (na hlavu): сѵдарь иже бѣ на главѣ его *И 20, 7 Мар Ас* (∅ *Зогр*).— *Ср.* лентии, оуброусъ

сѵдоньскъ *Мт 15, 21; Мк 7, 31 Мар см.* сидоньскъ

СѴКАМИНА, -ы *ж* (3) [сѵкамѣна *Зогр* (1)] συκάμινος шелковица moruše: аште бисте імѣли вѣрѫ • ѣко зрънo горюшьно • г⟨лаго⟩лали бисте оубо сѵкамѣнѣ сеі • въздери сѧ і въсади сѧ въ море • і послоушала би васъ *Л 17, 6 Зогр*, сѵкаминѣ *Мар Ас*

сѵкамѣна *Л 17, 6 Зогр см.* сѵкамина

СѴКОМАРИꙖ, -ниѧ *ж* (3) [сѵкомор- *Мар* (1), соукомар- *Ас* (1)] συκομορέα смоковница fíkovník: възлѣзе на с҆ѵкомарииѫ • да видитъ і⟨соу⟩са *Л 19, 4 Зогр Мар Ас.— Ср.* смокъва, смокъвьница, смокъвьнꙗ, смокы

сѵкомориꙗ *Л 19, 4 Мар см.* сѵкомариꙗ

сѵменъ *Мар 76а 8 см.* сѵмеонъ

СѴМЕОНОВЪ *прил. к* сѵмеонъ (2) [семе- *Зогр* (1)] τοῦ Συμεών Симеонов Symeonův: с⟨ы⟩нъ сы ѣко мьнимъ бѣ... сѵмеоновъ *Л 3, 30 Мар*, семеоновъ *Зогр*

СѴМЕОНЪ, -а *м имя* (32) [семеонъ *Евх* (1) *Ен* (5), семьонъ *Зогр* (3) *Клоц* (1), съмеонъ *Сав* (1), сьмеонъ *Сав* (2), сѵменъ *Мар* (1), сѵмьонъ *Зогр* (1)] Συμεών Симеон Symeon: мѣс⟨ѧца⟩ септѧб⟨рѣ⟩ въ а҃ ден⟨ь⟩... памѧт⟨ь⟩ прѣ⟨по⟩д⟨обь⟩нааг⟨о⟩ сѵмеона стлъп⟨ь⟩н⟨и⟩к⟨а⟩ *Ас 112d 18.— Зогр Мар Ас Сав Боян Ен Евх Клоц Супр*

сѵмьнѣаше сѧ *Супр 239, 27 см.* сѫмьнѣти сѧ

сѵмьонъ *Зогр 129а 4 см.* сѵмеонъ

СѴНАГОГОВЪ *прил.* (3) τοῦ ἀρχισυναγώγου принадлежащий, относящийся к архисинагогу archisynagogův: ѡ дъштери сѵнагоговѣ *Зогр 129б 8; Мар 43б 4 и 76б 4.— Ср.* архисѵнагоговъ

СѴНАГОГЪ, -а *м* (3) [соунагог- *Ас* (1) *Сав* (1)] ἀρχισυνάγωγος лицо, возглавляющее синагогу, архисинагог archisynagog, představený synagogy: приде етеръ от⟨ъ⟩ сѵнагога *Л 8, 49 Ас Сав* (отъ ар҆хисѵнагога *Зогр Мар*).— *Л 13, 14 Ас.— Ср.* архисѵнагогъ

СѴНОИКЪ, -а *м имя* Σὐνόϊκος (!) Синоик Synoik: а се имъ имена... кѵрионъ • сѵноикъ *Супр 69, 10*

СѴРИИСКЪ, -ыи *прил. к* сѵриꙗ (1) (τῆς) Συρίας сирийский syrský: вънегда пожеже месопотамиѭ соуриискѫѭ *Пс 59, 2 Син.— Ср.* сѵрьскъ

СѴРИНЪ, -а *м* (1) Σύρος сириец Syřan: ни единъ же отъ нихъ очисти сѧ • тъкмо неоманъ сѵринъ *Л 4, 27 Сав* (соурьскы *Мар*, асѵрскъıи *Ас*, ∅ *Зогр*).— *Ср.* сѵриискъ, сѵрьскъ, сѵрѣнинъ

СѴРИꙖ, -ниѧ *ж страна* (7) [соури- *Ас* (1) *Син* (1) *Супр* (1), сири- *Сав* (1)] Συρία Сирия Syrie: изиде слоухъ его въ вьсеи с҆ѵрии *Мт 4, 24 Зогр* (∅ *Мар*).— *Л 2, 2 Зогр Мар Ас Сав; Пс 59, 2 Син; Супр 59, 12*

сѵровъ *Л 2, 36 Зогр см.* асѵровъ

сѵрофоникиссанъıни *Мк 7, 26 Мар см.* сѵрофѵникиссанъıни

СѴРОФѴНИКИССАНЪІНИ, -ниѧ *ж* (2) [сѵрофоникиссанъıни *Мар* (1)] Συροφοινίκισσα финикиянка из Сирии, сирофfinикиянка Syrofeničanka: жена же бѣ поганъıни • сѵрофѵникиссанъıни родомь *Мк 7, 26 Зогр*, сѵрофоникиссанъıни *Мар*

СѴРЬСКЪ, -ыи (3) *прил. к* сириꙗ [соур- *Мар* (1), асѵр- (!) *Ас* (1)] τῆς Συρίας сирийский syrský: і ни единъ же отъ нихъ очисти сѧ • токмо неемань соурьскы *Л 4, 27 Мар*, асѵрскъıи (!) *Ас* (сѵринъ *Сав*, ∅ *Зогр*); идѣахѫ же добрии мѫченици • вь сѵрьскѫ земьѭ *Супр 58, 4.— Ср.* сѵриискъ

СѴРѢНИНЪ, -а *м* (1) Σύρος житель Сирии, сириец Syřan: мѣ⟨сѧ⟩ца еноу⟨а⟩р⟨ѣ⟩ ки҃ с⟨вѧ⟩тааг⟨о⟩ о⟨ть⟩ца наш⟨его⟩ ефрема сѵрѣнина *Ас 141б 2.— Ср.* сѵринъ

СѴХАРЬ, -рꙗ (?) *м* (?) *город* (3) [соу- *Зогр* (1) *Ас* (1)] Σύχαρ Сихарь Sichar: приде же въ градъ самарьскъ • нарицаемы соухарь *И 4, 5 Зогр Ас*, сѵхарь *Мар*

Т

Т҃ *цифра глаг. и кир.* (18) τ', τριακόσιοι 300: чесо ради мѵро се не продано бъıстъ • на т҃ пѣнѧзъ *И 12,5 Мар* (на трьхъ сътѣхъ *Зогр Ас*); цѣсарь събъравъ... епископы • въ никеискы градъ • числомъ • т҃і҃и *Супр 188, 28.— Мар Ас Сав Супр.— Ср.* трие *и* съто

ТА *союз соединит.* (1) *греч. нет* и а: отъ бога быти вѣръноуоумоу прѣданию • и чисти и приимати • повелѣникмъ же цѣсарем вьсѧдоу по вьсеи земи • та дръжати коуп҆носѫштѫѭ вѣрѫ • отьца и сына и свѧта҆го доуха • заповѣда *Супр 189, 26.— Ср.* да, и, таже, ти[1]

та *мест. указ. ж см.* тъ

ТАВЕРЪ, -а *м гора* (1) Θαβώρ Фавор Tábor: таверъ ї ръмоунъ імені твоемоу въздрадовасте сѧ *Пс 88, 13 Син*

таверьѣдьскъ *И 6, 1 Мар см.* тиверьꙗдьскъ

ТАВИѲА, -ы *ж имя* (2) Ταβιθά Тавифа Tabitha: петръ тавиѳѫ не словомь ли въстави *Супр 307, 10-11.— Супр 379, 23*

таворьѣдьскъ *И 21, 1 Мар см.* тиверьꙗдьскъ

ТАВРЬСКЪ, -ыи *прил.* (1): таврьскаꙗ землꙗ *греч. нет* Таврика, Таврия taurská země: мѣн҃ж же с⟨вѧ⟩тааго еп⟨искоу⟩па • страны поганъскыѩ • и сѣмо ѥже ѥстъ херсоньскыи градъ • отъ таврьскыѩ земьѩ именемь васнлеа *Супр 535, 7-8.— Ср.* херсон҃ьскъ, херсон҃ь

ТАДЕИ, -ꙗ *м имя* (6) Θαδδαῖος Фаддей Tadeáš: нарече... тадеа *Мк 3, 18 Зогр Мар.— Мт 10, 3 Зогр Мар; Ас 147б 5 и 152а 16*

тажде *Евх 10а 24 см.* тъжде

ТАЖЕ *союз соединит.* (8) καί, καὶ οὕτως, εἶτα, δέ, ταῦτα καὶ τὰ τοιαῦτα потом, затем, и затем, итак a pak, a poté, (a) posléze: принесоша дръва и ог҃нь • и їждегоша въ ровѣ • таже повелѣ вьврѣшти павла и улиганиѭ въ ог҃нь *Супр 5, 14*; веселꙗахомъ сѧ • вамъ сѫштемъ млѣка словъмъ • таже ѥгда забытиꙗ облакъ • пришъдъ... и вы разгнѣвасте сѧ *Супр 312, 14*; ции же отъ исавръ пог҃наша вьслѣдъ воѥводѫ ѩти ѥго и оубити • таже не постигъше обратиша сѧ *Супр 51, 7.— Супр 312, 6; 360, 17; 404, 10; 407, 22-23; 501, 5.— Ср.* да, та, ти

ТАИ *нареч.* (35) λάθρα, ἐν κρυπτῷ, ἐν τῷ ἀποκρύφῳ, λαθραίως, ἐν τοῖς ἀφανέσι тайно, тайком, втайне; скрытно, украдкой tajně, potají, skrytě, kradí: вьзиде • не ꙗвѣ нъ ако таі *И 7, 10 Зогр Мар Ас*; въсхотѣ таи поустіті ѭ *Мт 1, 19 Ас Сав Боян*; оклеветаѭштааго таи ближнꙗго своѥго • сего изгонꙗахъ *Супр 305, 28* ● *спец.* μυστικῶς молча, тихо, про себя pro sebe, tiše: г⟨лаго⟩летъ мол⟨итвѫ⟩ сиѭ прѣд⟨ъ⟩ с⟨вѧ⟩тым⟨ъ⟩ ѡлътарем⟨ь⟩ таи *Евх 73б 1.— Зогр Мар Ас Сав Боян Син Служ Евх Супр.— Ср.* отаи, таина (въ таинѣ, въ таинѫ)

ТАИБЬНА, -ы *ж* (1) μυστήριον тайна tajemství: повѣдаѭ таибьнѫ • а не протлъкоуѭ непротлъкованааго *Супр 501, 24.— Ср.* таибьно, таина, таинъ (таинаꙗ, таино, таиноѥ)

ТАИБЬНИКЪ, -а *м* (1) μύστης лицо, посвященное в таинство, жрец, священник člověk zasvěcený do tajemství; kněz: цѣсарь ѳеѡдосии... къ вьсѣмъ арианъскомъ таибьникомъ • вѣдомо да бѫдетъ вамъ *Супр 199, 21-22*

ТАИБЬНО, -а *с* (3) μυστήριον тайна tajemství: бѣ бо оубо б⟨о⟩жию строю таибьно • не прити оученикꙋ *Супр 499, 1*; ѡ таибьно дивьноѥ и грьдоѥ *Супр 506, 16*; отъврьгѫ сѧ таибьно (!) крьстиꙗнъскы вѣры ихꙿ *Супр 65, 29.— Ср.* таибьна, таина, таинъ (таинаꙗ, таино, таиноѥ)

ТАИЛИЩЕ, -а *с* (4) ταμεῖον тайник, укрытие skryté místo, skrýš: еже къ оухоу г⟨лаго⟩ласте • въ таілиштихъ • проповѣстъ сѧ на кровѣхъ *Л 12, 3 Зогр Мар Ас Боян.— Ср.* кровъ, съкровище, съкровъ

таимъ *И 19, 38 Ас см.* таити

ТАИНА, -ы *ж* (87) [тѣсн- (!) *Супр* (1)] **1.** μυστήριον, κρύφιον, κρυπτόν тайна tajemství: вамъ дано ѥстъ разоумѣти таины ц⟨ѣса⟩р⟨ь⟩с⟨тв⟩ьѣ б⟨о⟩жьѣ *Л 8, 10 Зогр Мар Ас Сав*; ты бо ѥдинъ съвѣси таины ср⟨ьдь⟩ць нашихъ *Евх 24а 16* ● *чаще мн., спец.* μυστήριον таинство; святые тайны, евхаристия svátost, eucharistie: съподоби и неосѫжден'но приꙗти • страшънꙑхъ твоихъ і бесъмрътънꙑхъ таинъ *Евх 22а 18*; слово... о съказании свѧтꙑихъ таинъ *Супр 405, 5*; носивъ пречистꙑѩ таинꙑ • въ олтари прѣстоꙗлъ слоужѧ *Супр 214, 10* **2.** въ таинѣ, въ таинѫ *в знач. нареч.* [въ(т҃)инѫ *Евх* (3) *Служ* (1); въ(т҃) *Евх* (1)] ἐν (τῷ) κρυπτῷ, ἐν τῷ κρυφαίῳ тайно, скрыто tajně, skrytě: затворь двьри твоѩ • помоли сѧ о⟨ть⟩цю твоемоу въ таінѣ • і о⟨ть⟩ць твои видѧи въ таінѣ • въздастъ тебѣ авѣ *Мт 6, 6 Зогр Мар Ас Сав* ● *спец.* тихо, про себя tiše, pro sebe: творитъ п⟨о⟩пъ молитвѫ сиѭ въ таинѫ *Евх 11а 5* **3.** ἀπόκρυφον тайник, укрытие úkryt, skrýš: въ день зъла моего покры мѧ въ таінѣ крова своего *Пс 26, 5 Син.— Зогр Мар Ас Сав Ен Син Служ Евх Клои Супр Рыл.— Ср.* таибьна, таибьно, таинъ (таинаꙗ, таиноѥ); въ таинѣ *ср.* отаи, таи, таино, таинѣ

таино, таиноѥ *см.* таинъ

ТАИНЪ, -ыи *прил.* (>100) κρυπτός, κρυπτόμενος, κεκρυμμένος, ἀπόκρυφος, ἀπόρρητος тайный, сокровенный tajný, skrytý: ничьтоже бо покръвено ѥстъ • еже не отъкрыѥтъ сѧ • і таіно еже не разоумѣѥтъ сѧ *Л 12, 2 Зогр Мар Боян*; іосифъ... сы оученикъ іс⟨оусо⟩въ • таінъ же за страхъ іюдеіскъ *И 19, 38 Зогр Мар*, (таимъ *Ас*) ● *спец.* τοῦ μυστηρίου, ἀπόρρητος исполненный таинства, относящийся к таинству tajemný, mystický; svátostný: страхъ твои затвори въ м'нѣ • і таинѣи трапезѣ приобьщи *Евх 78б 21*; лѣпо бѣ ѥмоу прѣжде поставити дрѣво таиноѥ крьста *Супр 404, 25* ▭ таинаꙗ *ж и с мн.*, таино(ѥ) *с в знач. сущ.* μυστήριον, κρύφιον, ἀπόρρητον, μύρον (!) тайна tajemství: наше бо житие на н⟨е⟩б⟨е⟩сехъ ѥстъ • ѡле новое зъвание • ѡле дарование таинꙑѩ *Евх 90б 15*; навыкнѣте таина божиа *Супр 324, 10*; доуховьноѥ таино ми подаждъ *Супр 392, 11*; можетъ ли чрѣво въмѣстити невьмѣстимааго • въ правдѫ дивъно чоудо таинааго *Супр 248, 29*; вамъ естъ дано вѣдѣти таинаа ц⟨ѣ⟩с⟨а⟩р⟨ь⟩ствиѣ б⟨о⟩жиѣ *Мк 4, 11 Мар* (*нет Зогр*) ● κρύφιον нечто скрытое, сокрытое, тайное něco skrytého, tajného: ѡтъ таинъıхъ моихъ очисті мѧ *Пс 18, 13 Син; Евх 62а 26-27* ● ἀπόκρυφον тайник skrýš, úkryt: прѣсѣдітъ въ лателіхъ съ богатъїімі • въ таінъıхъ оубіті неповінънаго *Пс 9, 29 Син* ◆ о таинъıихъ *в знач. нареч.* κατὰ τὸ ἀπόρρητον тайно tajně, potají: онъ же о таинъıхъ мольбѫ творѧ *Супр 141, 16-17.— Зогр Мар Ас Сав Боян Син Евх Клоц Супр.— Ср.* таина, съкровище, съкровъ

ТАИНѢ *нареч.* (1) κρυφίαις βοαῖς тайно tajně: таинѣ же благааго бога похвали *Супр 276, 7.— Ср.* отаи, таи, таина (въ таинѣ, въ таинѫ), таинъ

ТАИТИ, таѭ, таиши *несов.* (15) κρύπτειν, περικρύπτειν, διαλανθάνειν прятать, скрывать, таить skrývat, tajit: ıсповѣдаемъ благодѣть • проповѣдаемъ м⟨и⟩л⟨о⟩сть • не таимъ благодѣаниѣ *Евх 4б 8*; никътоже бо таѩ врѣдъ свои • а не показаѩ его врачю • ти ıцѣлѣетъ *Евх 68а 8* ▭ таити сѧ: зачѧтъ елисаветь... ı таѣше сѧ є҃ м⟨ѣ⟩с⟨ѧ⟩цъ *Л 1, 24 Мар Ас* (2), таѣше (*без* сѧ) *Зогр*; слъньцю бо сѫштю • стѣнь таітъ сѧ *Клоц 7а 9-10*; оби же на селѣхъ сѫште таıахѫ сѧ *Супр 98, 9*; ѫтробы зьриши • а таѩштааго сѧ вь нѥи не видиши *Супр 241, 15.— И 19, 38 Ас; Евх 68б 12 и 18; Супр 109, 2; 145, 13; 557, 24.— Ср.* крыти, съкрывати

ТАКАНИѤ, -ıа *с* (1) *греч. нет* состязание в беге, езде závod v běhu, jízdě: конь приведе • кръмимъıи и риштѫштъ въ колесничьнѣѣмъ таканиı *Супр 565, 2.— Ср.* течениѥ

такжде *И 21, 13 Мар см.* такожде

ТАКО *нареч., союз и частица* (>300) [тѣко *Син* (1)] I. *нареч.* **1.** οὕτω, πῶς (!), οὕτως, ὁμοίως, ὡσαύτως, οὗτος (!), τοιοῦτον, τοιοῦτος (!), ὅδε (!), ὁ αὐτός (!) так, именно так, таким образом; также tak, takto, podobně, stejně: ѣко не бъıстъ тако отъ начѧла зъданию *Мк 13, 19 Зогр* (такова *Мар*); бъıшѧ ризъı его льштѧштѧ сѧ • бѣлъı ѕѣло ѣко ı снѣгъ • ѣцѣхъже не можетъ • гнафеı на земл҃ѣ тако бѣлити *Мк 9, 3 Зогр Мар*; тако прилежьно троуди сѧ о немь *Евх 82б 18*; аште не бъı обискалъ не бъı тако вѣровалъ *Супр 499, 4*; шедъ же приемъı • є҃ таланътъ дѣла о нихъ • ı приобрѣте дроугѫѩ є҃ талантъ • тако и иже дъва • приобрѣте дроугаѣ дъва *Мт 25, 17 Мар* (такожде *Зогр*, такожде и *Ас*, такожде же *Сав*); не и мъıтаре ли тако творѧтъ *Мт 5, 47 Мар* (тожде *Зогр*, такожде *Ас Сав*) ● ıако (же)... тако (и), елико... тако, имьже образомь... тако ὥσ(περ)... οὕτω(ς), καθὼς... οὕτως, καθάπερ... οὕτως, ὥσεὶ... οὕτως, ὅ... καί, ὃν τρόπον... οὕτως как... так, также и jak(o)... tak (i): ѣкоже бо въ дьни ноевъı • тако бѫдетъ ı въ дьни с⟨ъı⟩на ч⟨ловѣчь⟩скаго *Мт 24, 37 Зогр Мар Ас* (2) *Сав* (2); ѣкоже слъıшахомъ тако ı видѣхо(мъ) *Пс 47, 9 Син*; ıмьже образомъ жьıадаетъ еленъ на источьникъı водьнъıѩ • тако желаетъ д⟨оу⟩ша моѣ къ тебѣ б⟨о⟩же *Пс 41, 2 Син* ● тако... ıако (же) (и) тако... акъı οὕτω(ς)... ὡς; οὕτως... καθώς так... как tak... jako: обрѣтѫ тако ѣкоже ı женъı рѣшѧ *Л 24, 24 Зогр Мар Ас*, так.. *Охр*; николиже тако естъ • г⟨лагола⟩лъ ч⟨ловѣ⟩къ • ѣко сь ч⟨ловѣ⟩къ *И 7, 46 Зогр Мар Ас Сав*; так(о) текѫште бѣгаахѫ акъı огнемъ пакъı гоними *Супр 39, 20*; въспытаи и тъı тако глаголати пакъı ıакоже и тъ *Супр 383, 1* ● тако... да οὕτως... ὅπως так... чтобы tak... aby: тако да просвѣти[ти] сѧ свѣтъ вашь прѣдъ ч⟨ловѣ⟩къı • да оузьрѧтъ дѣла ваша добраѣ *Мт 5, 16 Зогр Ас* (∅ *Мар*) □ николиже тако οὐδέποτε οὕτως никогда, ничего подобного nic takového: ı въста абие • ı възьмъ одръ ıзиде прѣдъ вьсѣми • ѣко дивл҃ѣахѫ сѧ вси... ѣко николиже тако видѣхомъ *Мк 2, 12 Зогр Мар Сав* (сице *Ас*); дивишѧ сѧ народи г⟨лаго⟩лѭште • николиже аби сѧ тако въ ı(здраи)ли *Мт 9, 33 Зогр Мар Ас* (николиже... таковъı *Сав*); да тако рекѫ ἵν' οὕτως εἴπω так сказать tak říkajíc, abych tak řekl: еже оубо которъıи естъ родивъıи • добъıаго сего... да тако рекѫ чоудьнъıи градъ земьнъıи естъ *Супр 272, 9*; тако ми (*употр. в клятвенных выражениях*) *с вин. или с им.* μά клянусь *кем, чем* přísahám *při někom, něčem*: тако ми богъı азъ ва имамъ мѫчити *Супр 2, 17*; тако ми бози • вльшьство нѣкоѥ бъıстъ *Супр 74, 21* **2.** тако... ıако (же) οὕτως... ὥς(τε), τοιοῦτος... ὥστε, ἐπί τοσοῦτον... ὥστε так (столько, настолько, до такой степени)... что tak (velice), tolik, natolik... že (až): тако бо б⟨ог⟩ъ възлюби мира • ѣко с⟨ъı⟩на своего иночѧдааго дастъ *И 3, 16 Мар Ас* (2) *Сав* (∅ *Зогр*); възлюблен тако дѣвьство • ѣко матере съмотрениѣ твоего написати *Евх 80б 23*; тако емоу житиѥ богъ почьте • ıакоже и по съмрьти его славьнѣиша сътвори *Супр 43, 9*; тако кротъкъ бѣаше и сьмѣренъ срьд'цемъ • ıакоже дивити сѧ вьсѣмъ *Супр 544, 29* **3.** οὕτως (и) потом (а) pak: изидошѧ коуп'но вьси звѣриѥ • и изморишѧ вьсѧ чловѣкъı... и тако идошѧ въ поуста мѣста

Супр 184, 25; идѣмъ да видимъ дѣло • и тако да приведенъ бѫдетъ сѣдинавыи старьцъ *Супр 234, 14*; срьбание тъкмо прикмьѧ • и се сь ѳумиатосьнимъ пепеломъ растварѣѣше ти тако ıадѣѣше *Супр 297, 15*; излѣзи и стави ѧ въ малѣ • донелиже съвръшенок принимет' ицѣленье старьцъ • и тако вьлѣзѫтъ к немоу *Супр 555, 8* **II.** *союз* **1.** *соединительный* ὁμοίως, καί (как) и (jakož): їзводьѩ окованъıѩ мѫжьствомъ • тако прогнѣвающѧѩ живѫщѧѩ въ гробѣхъ *Пс 67, 7 Син* **2.** *противительный* οὕτω, οὕτως и все-таки, несмотря на это (на то) přece, přesto: свѣштѧ ношахѫ • ι тако его не обрѣтаахѫ *Клоц 5а 9*; отъда оубо кмꙋже бѣ врѫчено кдно таланто • нъ и тако осѫжденъ быстъ *Супр 378, 16* **3.** *результативный* οὕτω, οὕτως, γάρ оттого, потому итак a tak, proto, tedy: нападъ же тако на пръси ι⟨су⟩съ • г⟨лаго⟩ла емоу *И 13, 25 Зогр Мар*; тако вьспоѭ імені твоемоу въ вѣкы *Пс 60, 9 Син* **III.** *частица* **1.** *присоединительная* οὕτως, καί *не переводится*: ι⟨сѹ⟩с⟨ъ⟩ же троуждь сѧ отъ пѫти • сѣдѣаше тако на кладѧзи *И 4, 6 Зогр Мар Ас*; ти відѣвъше тако дивишѧ сѧ *Пс 47, 6 Син*; дроузиї жегоми • дроузиї же давими • тако господьнѫ сьмрьть вьзаша *Супр 57, 3* **2.** *усилительная* т а к о л и, т а к о л и н е *вопросительно* οὕτως (οὐ) так ли, неужели, возможно ли což, což (ne): тако ли вы неразоумьливи есте *Мк 7, 18 Зогр Мар*; тако ли не възможе • единого часа побъдѣти съ мноѭ *Мт 26, 40 Зогр Мар Ас Сав* (како *Евх 47а 11*); тако ли наказаша ва мѫкы *Супр 182, 27*; не тако ли подобааше пострадати х⟨ристосо⟩у *Л 24, 26 Зогр Мар Ас* (сице *Супр 478, 1 и 4*) □ ч ь т о т а к о τί οὕτως что так, почему же pročpak, copak: чьто тако страшиви есте • како не ıмате вѣры *Мк 4, 40 Зогр Мар.— Зогр Мар Ас Охр Сав Унд Боян Ен Син Служ Евх Клоц Супр Хил Зогр-лл.— Ср.* также, такоже, сице

ТАКОВЪ, -ыи *мест.-прил.* (73) τοιοῦτος, τηλικοῦτος, τοσοῦτος, οὕτως (!) такой, таковой takový: ıже аште едино таковыхъ отрочатъ • приметъ въ ıмѧ мое • мѧ приемлетъ *Мк 9, 37 Зогр Мар*, таковъıнхъ *Ас*; таковое посѫжденье рекъше велью ιспытанью • ι поштенью сѧ съподобишѧ *Клоц 2б 20*; како оубо възможемъ пристѫпити къ таковоуоумоу мѫчителю *Супр 215, 26* ▭ т а к о в а ıа *с мн. в знач. сущ.*: о немьже азъ слышѫ таковаѣ *Л 9, 9 Зогр Мар*; ιхъже ради градетъ гнѣвъ б⟨о⟩жеи • на творѧщѧѩ таковаа *Евх 91б 22-23*; кто сьде кстъ цѣсарь славѣ • кто сь кстъ таковъи • таковаıа съ толицѣми сьде твора чоудеса *Супр 466, 21.— Зогр Мар Ас Сав Евх Клоц Супр Зогр-лл.— Ср.* сицевъ, сиць, такъ

т а к о в ь с ь *Клоц 2а 24 см.* тако *и* сь

т а к о д ѣ т ъ *Мт 6, 30 Ас 36б*β *12 см.* тако *и* одѣти

ТАКОЖДЕ *нареч. и союз* (>100) [также *Мар* (1), такоѕе *Киев* (2)] **I.** *нареч.* οὕτω, οὕτως, ὡσαύτως, ὁμοίως, ἐφάμιλλος (!), τὸν αὐτὸν τρόπον, τὸ (δ' αὐτό), τοὐναντίον (!), ὅμοιος (!) также, тоже, подобно taktéž, podobně: шьдъ же приемы д҃ талан'тъ • дѣла о нихъ • ι приобрѣте дроугыѫ д҃ талан'тъ • такожде ιже дъва • приобрѣте ι дроугаѣ в҃ *Мт 25, 17 Зогр Ас Сав* (тако и *Мар*); такожде и морьскаа страна • како вьинѫ хвали тѧ *Евх 1а 15* ● ıа к о(ж е)... т а к о ж д е καθὼς... ὁμοίως, ὡς(περ)... οὕτω(ς) как... так (же) и jako... tak tak (též) (i): ѣкоже хоштете да творѧтъ вамъ ч⟨лове⟩ци • ι вы творите ιмъ такожде *Л 6, 31 Зогр Мар Ас Сав*; да ѣкоже нъи еси небесьскънѩ пищѧ насътилъ • такоѕе же ι животъ нашь силоѭ твоеѭ оутврьдi *Киев 4б 4*; и да ıако жилъ кси на свои земи • такожде съ прилогомъ и оу мене живеши *Супр 61, 2* ● т а к о ж д е... ıа к о ж е ὁμοίως... καθὼς так же... как (stejně) tak... jako: такожде ѣкоже быс⟨тъ⟩ • въ дьни лот'овы *Л 17, 28 Зогр Мар*; пришъдъшоу же дроугоуоумоу оубогоу • такожде плачѫштоу ıакоже и прьвоуоумоу дльжникоу сѫштоу *Супр 552, 9* **2.** εἶτα (и) потом (a)pak: потом же и силы рѣша... такожде владычьствиıа съ областиѭ *Супр 464, 19* **II.** *союз* **1.** т а к о ж д е и *соединительный* καί (как) и (jakož) i: вьинѫ прѣстоıатн богови • полоучиви етери орѫжьници • такожде и копиинници *Супр 463, 26* **2.** *результативный* οὕτως потому, итак a tak, a proto, tedy: ты еси х⟨ристос⟩е виноградъ истинънын... такожде и нынѣ • призьри на виноградъ сь *Евх 14а 1-2.— Зогр Мар Ас Сав Боян Ен Киев Евх Клоц Супр.— Ср.* тако, такоже, сице

ТАКОЖЕ *нареч.* (18) οὕτω, οὕτως, ὁμοίως, ὡσαύτως так, также, тоже, подобно tak(též), podobně: г⟨оспод⟩ь его • прѣдастъ ι мѫчительмъ • доньдеже въздастъ вьсь длъгъ свои • такоже и о⟨ть⟩ць мои н⟨е⟩б⟨есь⟩скы • створитъ вамъ *Мт 18, 35 Сав* (тако *Мар Ас*) □ т а к о ж е н е οὐδὲ οὕτως все-таки не přesto ne: тако же не бѣ равъно съвѣдѣтельство ιхъ *Мк 14, 59 Зогр* (ι тако же не *Мар*); ıа к о(ж е)... т а к о ж е ὡς... οὕτω(ς), ὥσπερ... οὕτω(ς) как... так (и), также jako... tak (i): ıакоже цвѣтьцъ прѣдъваракътъ прѣдъ овоштемъ • такоже и манастырьскок житик • отъходънааго варѣктъ *Супр 284, 23*; ıако цѣсар оубо одръжимоу печалми имѣньıа •

и многами тѫгами обьѩтоу • ꙗкоже въ пѫчинѣ сы • такоже вьсѣми различнами вльнами оукрѣплꙗѥтъ сѧ *Супр 492, 12.— Мт 27, 41 Сав; Л 20, 31 Зогр; Супр 72, 11; 127, 29; 207, 15; 269, 9; 312, 12; 382, 21-22; 384, 22; 441, 4-5; 492, 12; 501, 10 и 12; 502, 8.— Ср.* тако, такожде, тожде, сице

т а к о ꙃ е *Киев 4б 4; 6а 8 см.* такожде

ТАКЪ, -ꙑи *мест.-прил.* (78) τοιοῦτος, οὗτος, ἐκεῖνος, οὕτως (!) такой takový: силꙑ такꙑ рѫкама его бꙑваѭтъ *Мк 6, 2 Зогр* (таковꙑ *Мар*); сѫтъ бо каженици иже ис чрѣва м⟨а⟩терѣ бꙑшѧ таци *Мт 19, 12 Сав* (тако *Мар Ас, Ø Зогр*); о⟨ть⟩ць тацѣхъ иштетъ клан҃ѣѭштихъ сѧ емоу *И 4, 23 Зогр Мар Ас*; такъ бо оуставъ естъ *Евх 69а 8*; тацѣми словесꙑ оубѣжати имаши мьсти *Супр 49, 16*; не имате мошти сътрьпѣти ꙗрости гнѣва ѥмоу • на такꙑѩ бо напрасно ꙗритъ сѧ *Супр 29, 18* ● т а к ъ... ꙗ к ъ ж е, ꙗ к о ж е (и), и ж е τοιοῦτος... οἷος, τοιοῦτος... ὅς такой... какой (который) takový... jaký (který): сътвориши оуста така ꙗка же рѣхомъ *Супр 380, 27*; такъ имамъ архиереи • еже сѣде о деснѫѭ прѣстола *Евр 8, 1 Ен*; и бѫдеши въ того такъ • ꙗкоже и онъ *Супр 381, 21.— Зогр Мар Ас Сав Ен Евх Клоц Супр Зогр-лл.— Ср.* таковъ, сицевъ

ТАКЪЖДЕ, такажде, такожде *мест.* (6) ὁ αὐτός, ἴσος, ὅμοιος, τοιοῦτος, κατ' ἐκείνας (!) такой же, подобный takový, tentýž: того ради же и вѣньць такъ жде *Супр 376, 6*; кто васъ бꙑ хотѣлъ такъжде бꙑти *Супр 446, 19*; (и па)кꙑ двиꙃаетъ кр⟨ъ⟩стъ... такожде г⟨лаго⟩лаще пѣние *Ен 31а 17-18.—Супр 378, 23; 381, 2; 522, 17-18.— Ср.* такъ, такъже, тъжде

ТАКЪЖЕ, такаже, такоже *мест.* (1) *лат. нет* такой же, подобный takový, tentýž: ѣкъиже сѫтъ твоꙗ сі • слоужьбъи въжлюбленъиꙗ • такъиже мънсльмі своімі нън творімъ *Киев 5а 4.— Ср.* такъ, такъжде, тъжде

ТАЛАНТО, -а *с* (2) τάλαντον талант (*денежная единица*) talent, hřivna (*peněžní jednotka*): никтоже да не глаголетъ ꙗко кд҃но таланто имамъ *Супр 378, 24.— Супр 378, 16.— Ср.* талантъ

ТАЛАНТЪ, -а *м* (67) [таланьт- *Сав* (2), талан'т *Зогр* (13) *Супр* (2), таланътъ *Мар* (11)] τάλαντον талант (*денежная единица*) talent, hřivna (*peněžní jednotka*): призъва своꙗ рабꙑ... і овомоу дастъ д҃ талан'тъ • овомоу же в҃ • овомоу же а҃ *Мт 25, 15 Зогр*, талантъ *Ас Сав*, таланътъ... талантъ *Мар*; талантъ *Супр 369, 17*; възъмѣте оубо • отъ н҃его талан'тъ • і дадите імѫштюмоу • і҃ талан'тъ *Мт 25, 28 и 29 Зогр Мар Ас Сав; Супр 370, 2 и 3.— Зогр Мар Ас Сав Супр.— Ср.* таланто

т а л а н' т ъ *Зогр Супр см.* талантъ

т а л а н ъ т ъ *Мар см.* талантъ

ТАЛАНТЬНЪ, -ꙑи *прил.* (1) τῶν ταλάντων талантный, талантов *род.* talentů *род.*, týkající se talentů: въ лоуцѣ же инако лежитъ талантънаꙗ притъча *Супр 375, 30*

т а л и т а к о у м ъ *Мк 5, 41 Зогр Мар см.* талиѳакоумъ

т а л и ѳ а *Супр 307, 6-7 см.* талиѳакоумъ

ТАЛИѲАКОУМЪ *нескл.* (3) [талитакоумъ *Зогр* (1) *Мар* (1), талиѳа коумꙑ *Супр* (1)] ταλιθὰ κοῦμ, ταλιθὰ κοῦμι (*др.-евр.*) талитакуми (*т. е. девочка, девушка, встань*) talitha kum (*tj. dívko, vstaň*): талитакоумъ • еже естъ съказаемо • дѣвице тебѣ г⟨лаго⟩л҃ѭ въстани *Мк 5, 41 Зогр Мар*; слово рече надъ дѣвицѫ • талиѳа коумꙑ *Супр 307, 6-7*

ТАМАРА, -ꙑ *ж* (2) *имя* Θάμαρ Фамарь, Тамара Tamara: иꙋда же роді фареса и зара • отъ тамаръи *Мт 1, 3 Ас Сав (Ø Зогр Мар)*

ТАМО *нареч.* (40) ἐκεῖ, ἐκεῖσε, οὗπερ, πρὸς ὑμᾶς (!), ἐνταῦθα (!) **1.** там, на том месте tam, na tom místě: и⟨соу⟩с⟨ъ⟩... г⟨лаго⟩ла оученикомъ • сѧдѣте тоу • дон'деже шьдъ помол҃ѭ сѧ тамо *Мт 26, 36 Зогр Мар Ас Сав*; ти отиди въ горꙑ поустꙑѩ... тамо вꙑ естъ далъ г⟨оспод⟩ь • денънѩѩ пищѩ *Евх 59б 2* ● *перен.* там, на том свете na onom světě: ни нꙑнꙗшьнѩ жизни съподобишѧ сѧ • ни тамо покоꙗ полоучишѧ *Супр 98, 28* **2.** туда tam, na to místo: оубоꙗ сѧ тамо ити *Мт 2, 22 Ас Сав Боян (Ø Зогр Мар)*; равви нꙑн҃ѣ іскаахѫ тебе камениемь побити іюдеі • і пакꙑ ли ідеши тамо *И 11, 8 Зогр Мар Ас Сав*; въ кꙑихъ мѣстѣхъ живеши повѣждь • да тамо придѫ *Супр 242, 11.—Зогр Мар Ас Сав Боян Син Евх Супр Рыл*

ТАНЕОСЪ, -а *м местность* (2) Τάνις Танис, Цоан Tanis, Sóan: сътворі чюдеса • въ землі егоупетьстѣ на поли танеосѣ *Пс 77, 12 Син.— Пс 77, 43 Син.— Ср.* заносъ

ТАРАН҃Ь *прил. к мужскому имени Фар(р)а* (2) τοῦ Θάρα Фарин Farešův: с⟨ꙑ⟩нъ сꙑ ѣко мьнимъ бѣ... авраамовъ • таран҃ь *Л 3, 34 Зогр Мар*

ТАРЪСИСЬСКЪ, -ꙑи *прил. к названию города Фарсис* (2) [тарьсьсиції ! *Син* (1)] τῆς Θαρσίς фарсийский taršíský: цѣсарі тарьсьсиції отьці дарꙑ прінесѫтъ *Пс 71, 10 Син*; съкроушітъ кораблѩ тарьсисъскꙑѩ *Пс 47, 8 Син*

ТАТЬ, -и *м* (36) κλέπτης вор, грабитель zloděj, lupič: не съкрꙑваите себѣ съкровишта на земи • ідеже чрьвь і тьлѧ тьлитъ • ідеже татие подъкопаваѭтъ ι краджтъ *Мт 6, 19 Зогр Мар Ас Сав*; відѣаше татъ течеаше съ нимъ *Пс 49, 18 Син*; краджщиѣ отаи силж его • тъмоѭ задѣжщи сѧ • ѣко и тать *Евх 476 16.— Зогр Мар Ас Сав Син Евх Супр*

ТАТЬБА, -ы *ж* (7) κλοπή кража, воровство, грабеж krádež, loupež: отъ срьдца бо ιсходѧтъ • помышлениѣ зълаѣ • оубиства... татьбы *Мт 15, 19 Зогр Мар; Мк 7, 22 Зогр Мар*; въпадаѭ въ блжды... въ разбоѩ... въ татьбы *Евх 68а 23*; желѣемжѭ татьбж • крадомоумоу ιсповѣдаѩ *Клоц 11б 29.— Евх 70б 13.— Ср.* татьбина

ТАТЬБИНА, -ы *ж* (1) κλοπή кража, воровство, грабеж krádež, loupež: похоуливъ же крадъшааго о несытости кго • и наказавъ кго не начинати отъсели тацѣхъ татьбинъ *Супр 42, 13.— Ср.* татьба

ТАФАТИ *нескл.* (*из греч.*) (1) τὰ πάθη страсти господни pašije: еванѣ⟨е⟩лие от ио⟨а⟩н⟨а⟩ • и тафати *Мар 166а 30*

ТАЧАИ *прил. сравн. ст.* (3) ἐλάσσων худший horší: вcase ч⟨ловѣ⟩къ прѣжде доброе вино даетъ • ι егда оупьѭтъ сѧ тачаее *И 2, 10 Зогр*, тачѣе *Мар*, тачае *Ас.— Ср.* горни

ТАЧЕ *нареч.* (20) εἶτα, καὶ λοιπόν, μετὰ ταῦτα, ἵνα μή потом, затем, далее potom, poté, pak: таче глагола притъчж дроугжѭ *Супр 369, 15*; таче моудаштоу невѣстьникоу въздрѣмаша сѧ вьсѧ и съпаахж *Супр 369, 1.— Супр Зогр-лл.*

ТАІАТИ, таѭ, такши *несов.* (3) τήκεσθαι таять tát: ѣко таетъ воскъ отъ лицѣ огнѣ *Пс 67, 3 Син* ● *перен.*: цѣмь д⟨оу⟩шѩ ιхъ зъломъ таашѩ *Пс 106, 26 Син.— Пс 21, 15 Син*

т а ѩ(и) *см.* таити

т в а р а т и *Супр 381, 25 см.* тварıати

ТВАРЬ, -и *ж, чаще собир.* (58) **1.** ποίημα, ποίησις, δημιούργημα создание, творение, порождение (*действие*) tvoření, stvoření: псалмъ да⟨вы⟩довъ о твари вьсего мира *Пс 103, 1 Син* **2.** κτίσις, κτίσμα, φύσις, ποίημα, τὰ ποιήματα, πλάσμα, δημιούργημα, κτῆσις (!) создание, творение (*результат действия*) to, co je stvořené, stvoření, tvorstvo: проповѣдите еванѣ⟨е⟩лие вьсеи твари *Мк 16, 15 Мар Ас* (Ø *Зогр*); исплънı сѧ землѣ тварı твоеѩ *Пс 103, 24 Син*; иже арикмъ прѣдъ чловѣкы похоуленъıи • и сь тварьми вьчьтенъıи *Супр 190, 3*; нынѣшьнее раздроушение • твоихъ твареи *Евх 65а 8*; ч⟨ловѣ⟩къ естъ съсждъ • тварı вьсеѩ силнѣи *Клоц 10а 15*; ты отъ четыръ стоухии тварь съставль *Евх 4а 1*; строитель вьсеи твари *Супр 143, 16.— Мар Ас Ен Син Киев Евх Клоц Супр.— Ср.* лице, създаник, сътворкник, творъ, оутварь

ТВАРІАТИ, -ıаѭ, -ıакши *несов.* (1) διαπλάσσειν образовывать, создавать utvářet, vytvářet: наоучи джшж (!) тварати ти оуста оустомъ христосовамъ подобашта сѧ *Супр 381, 25*

ТВОИ, твоıа, твок *мест.* (>2000) σοῦ, σός, ὁ παρά σου, ὑμέτερος, αὐτοῦ (!), ἴδιος твой tvůj: речеши братроу твоемоу *Мт 7, 4 Мар Ас* (своемоу *Зогр Сав*); вьнидж въ домъ твоı *Пс 65, 13 Син*; оукрѣпи и въ брань невидимааго врага крѣпъкоѭ твоеѭ силоѭ *Евх 95а 5*; сърєбро твок съ тобоѭ бжди въ пагоубж *Супр 363, 29*; ι моѣ вьсѣ твоѣ сжтъ • ι твоѣ моѣ *И 17, 10 Зогр Мар Ас Сав*; се ιмаши твое *Мт 25, 25 Зогр Мар Сав* (свое *Ас*); избѣгни ιз него • съ в'сѣми твоими *Евх 48б 20* ● ὁ εἰς σέ относящийся к тебе, свойственный тебе vztahující se k tobě: на акротомѣ • ι д⟨оу⟩ховьнѣ камени твоıѩ вѣры *Евх 93б 18*; вѣра твоѣ въ нась да въздрастетъ *Киев 3а 14*; благословькнъ кси г⟨оспод⟩и б⟨ож⟩е отецъ нашихъ • иже раба свокго алеѯандра... на твок оувѣдѣник... приведъ *Супр 161, 13.— Зогр Мар Ас Сав Охр Унд Боян Зогр-пал Ен Син Служ Киев Евх Клоц Супр Рыл.— Ср.* свои, ты

ТВОРИТИ, -рѭ, -риши *несов.* (>700) [творітиті (!) *Клоц* (1); творить-є *Клоц* (1)] **1.** ποιεῖν, φέρειν, πράσσειν, διαπράσσειν, ἐπιτελεῖν, ἄγειν, ἐκτελεῖν, τελεῖν, ἐργάζεσθαι, πείθεσθαι (!), ἀνέχεσθαι (!) делать, совершать, производить dělat, konat, činit: чьто творите • егоже не достоıтъ творити въ сжботж *Л 6, 2 Зогр Мар Ас*; да не чюетъ шюица твоѣ • чьто творитъ десница твоѣ *Мт 6, 3 Зогр Мар Ас Сав*; чоудо творнши *Супр 140, 19*; нѣстъ творѧı добра *Пс 52, 4 Син*; что достоитъ въ соботы добро ли творити или зъло творити *Л 6, 9 Мар Сав* (добро творити... зъло сътворити *Зогр Ас* (2) ● *пейоративно* чьто комоу, на кого делать, совершать *что-л. против кого-л., во вред кому-л.*, допускать, причинять činit *něco* (*proti*) *někomu*, páchat, dopouštět se: и даждъ кмоу побѣдити вьсѧ оумышлениıа • ıаже творитъ на нь *Супр 226, 7*; рать творѧтъ на б⟨ог⟩а *Супр 419, 8*; повѣждь зьль • и не твори лжкъ послоушникомъ *Супр 433, 4*; иже творѣше воквода мжкы крьстиıаномъ *Супр 19, 29*; молите • за творѧштаѩ вамъ напасти *Мт 5, 44 Зогр Мар Ас* (о напастьствоужщихъ вамъ *Сав*); болѣзни беспрѣстани кмоу творѧ *Супр 567, 8* **2.** ποιεῖν, διαπεραίνειν, τελεῖν, ἀνύειν исполнять, претворять, осуществлять plnit, naplňovat, uskutečňovat: творитъ волѭ о⟨тъ⟩ца моего *Мт 12, 50 Зогр Мар*; крѣпостьѭ творѧще слово его *Пс 103, 20*

Син; ѡбꙑчаи ıхъ творѣаше *Евх 23а 25*; твоѣ повелѣниѣ творити *Евх 81б 5*; ı никътоже отъ васъ творитъ закона *И 7, 19 Зогр Мар* (*нет Ас*) **3.** ποιεῖν, ἐργάζεσθαι, ἐμποιεῖν, τίκτειν, ἐπιτελεῖν, παρέχειν, ἐμποιεῖν вызывать, порождать působit, vyvolávat, budit: иждени трѧсавицѫ... творѧщѫ клъчетъ зѫбꙑ его *Евх 45а 2*; брѣжънꙑи же камꙑ • толма соухъ зѣло естъ и безъ влагꙑ • ꙗкоже никакоже влагꙑ творити вь хлѣвинѣ *Супр 300, 5*; иждени ıз него в'сь д⟨оу⟩хъ творѧщеи жаждѫ *Евх 29б 20*; послоужь о⟨ть⟩цю своемоу н⟨е⟩б⟨е⟩сьноумоу • б⟨ог⟩оу в'семогѫщюмоу • творѧщюмоу силѫ *Евх 48б 7-8* ● ποιεῖν *с союзом* да *или инфинитивом* заставлять, принуждать, подстрекать *кого-л.*, вводить (*во искушение, в грех и т. п.*) *кого-л.* uvádět *někoho do něčeho*, mít *někoho k něčemu*, působit (že), činit (že): вьсѣкъ поуштаѩи женѫ своѭ • развѣ словесе любодѣıнааго • творитъ ѭ прѣлюбꙑ дѣати *Мт 5, 32 Зогр Мар*; глоухꙑѩ творитъ слꙑшати • ı нѣмꙑѩ г⟨лаго⟩лати *Мк 7, 37 Зогр Мар*; възвеселıтъ сѩ г⟨оспод⟩ъ о дѣлѣхъ своıхъ • прıзıраѩ на землѭ творѩ ѭ трꙑсті сѩ *Пс 103, 32 Син*; творітъ вьсѧ нꙑ • да бѫдемъ тѣло едıно *Клоц 9б 7* **4.** ποιεῖν, δημιουργεῖν, πλάσσειν творить, созидать, делать, производить tvořit, dělat, zhotovovat: творите себѣ вълагалища не ветъшаѭщаꙗ • съкровище не скѫдѣѭщее на н⟨е⟩б⟨е⟩с⟨ь⟩хъ *Л 12, 33 Сав* (сътворите *Зогр Мар Ас*); сѫтъ дѣла рѫкоу чловѣчьскоу • отъ камени и отъ дрѣва творени *Супр 49, 27*; творѧшта словомь • ı повелѣньмь вьсе *Клоц 4б 35* **5.** творити (си) ποιεῖν, φέρειν agere образовывать, производить; получать, приобретать, извлекать vytvářet (si), dělat (si): егда вьсѣно бѫдетъ възрастетъ • ı бѫдетъ болѥ всѣхъ зелıı • ı творитъ вѣтви вельѩ *Мк 4, 32 Зогр Мар*; н⟨оу⟩с⟨ъ⟩ множаша оученикꙑ творитъ *И 4, 1 Зогр Мар*; повелѣти тѣлеси поспѣхъ творити дѣтемь *Супр 249, 24*; подоба ти бѣ дати сьребро мое прикоупъ творѧштинмъ *Супр 369, 30* ● *перен.*: не тако тѧжько си твори *Супр 205, 8* ● φαντάζεσθαι выдумывать, представлять себе myslet (si), představovat (si): сьде есмъ дѣлесемь а оумом' себе си тамо сѫшта творѫ *Супр 343, 18*; инѣмь лицемь еже на нь таи творѧшта *Супр 359, 23* ● давать, приносить (*плоды, урожай; пользу*) dávat, přinášet (*plody, úrodu; užitek*): не может дрѣво добро плода зъла творити • ни дрѣво зъло добра плода творити *Мт 7, 18 Зогр Мар Ас*; ти отиди въ горꙑ поустꙑнѩ • вь дрѣво еже не творитъ сѣмени *Евх 59б 1*; не отъбѣжа ли лѣность естьства • не нꙑнꙗ ли естъ класъ творѧшти *Супр 249, 15* **6.** комоу, къ комоу, о комь ποιεῖν, τίθεσθαι, χρῆσθαι прилагать, стараться, использовать vynakládat: строѩштинмъ обо (! *вм.* оубо) ѭ не дадꙑ лѣпааго творити промꙑшлꙗꙗ *Супр 281, 25-26*; вьсѣми образꙑ творꙗѣше спѣхъ въгодити богоу *Супр 280, 25-26*; творѧи бо спѣшение божиı даръ приемлетъ *Супр 377, 27*; не видиши ли вь назѣ'мъ подвизѣ • како много творѧтъ свое прилежан'е *Супр 497, 6* ● поступать, проводить (*время*) trávit (*čas*): тако же твораааше вьса лѣта житиꙗ своего *Супр 207, 15-16* **7.** кого, чьто кого, чьто ποιεῖν делать *кого-что-л. кем-чем-л.*, превращать *кого-что-л. в кого, во что-л.* činit *někoho někým,* měnit *někoho v někoho*: не творите домоу о⟨ть⟩ца моего • домоу коупльнаего *И 2, 16 Зогр Мар Ас*; творѩ ан⟨ге⟩лꙑ своѩ д⟨оу⟩хꙑ • и слоугꙑ своѩ огнь пальѩщь *Пс 103, 4 Син; Евр 1, 7 Ен*; ѡ чловѣче • еже сѧ твориши покаанию сѫпротивьникъ *Супр 361, 11*; сама сѧ послоухъ себѣ твориши *Супр 241, 20-21* ● кого кꙑи делать *кого-что-л. каким-л.* činit *někoho nějakým*: оуготоваıте пѫть г⟨осподь⟩нь • правꙑ творите стьзѧ его *Мк 1, 3 Зогр Мар Ас Сав*; бесѣда твоѣ авѣ тѧ творитъ *Мт 26, 73 Зогр Мар Ас Сав*; достоина творѧ тѧ • ı оучастью с⟨вѧ⟩тꙑхъ • ı прѣ⟨по⟩д⟨о⟩бьнꙑхъ о⟨ть⟩ць нашихъ *Евх 92б 22*; живаꙗ сила и живъ твора вьса *Супр 143, 6*; цѣсареви ли твориши знана *Супр 87, 22* ● νομίζειν считать *кого-л. кем-л.*, принимать *кого-л. за кого-л.* pokládat, mít, považovat *někoho za někoho*: равьнъ сѧ творѧ б⟨огов⟩ı *И 5, 18 Зогр Мар Ас*; аште мѧ достоина творита бꙑти • то приимѫ поставьение *Супр 286, 11* ▭ творити сѧ къто προσποιεῖσθαι, ὑποκρίνεσθαι, λέγεσθαι делать вид, притворяться *кем-л.*; выдавать себя *за кого-л.* stavět se, vydávat se, dělat se, říkat si: вьсѣкъ ıже сѧ творитъ ц⟨ѣса⟩рь • противитъ сѧ кесареви *И 19, 12 Зогр Мар* (*нет Сав, Ø Ас*); тъ творѣаше сѧ далече ıти *Л 24, 28 Зогр Мар Ас*; посълаша дѣлателѧ • творѧште сѧ праведьници сѫште *Л 20, 20 Зогр Мар*; о добрѣ дѣлѣ не мештемъ камениѣ на тѧ • нъ о власвимıı • ѣко тꙑ ч⟨лове⟩къ сꙑ твориши сѧ самъ б⟨ог⟩ъ *И 10, 33 Зогр Мар Ас; Супр 330, 25*; что рекѫтъ прѣмо семоу творѧштии сѧ чисти • чистѣишиихъ себе *Супр 358, 13*; иже сѧ таѩште творѣахѫ *Супр 109, 2* **8.** ποιεῖν, ἐπιτελεῖν, διατελεῖν, ἄγειν, περιστρέφειν, ὁπλίζεσθαι (!) подготавливать, готовить připravovat (si), chystat: на господа жидове творѧтъ лаание *Супр 385, 3* ▭ творити сѧ на кого собираться, готовиться выступать *против кого-л.* chystat se *na někoho*: отроци съмꙑслѧтъ а отьци сѧ на оубои творѧтъ • и младеньци богословѧтъ • а отьци на бога сѧ творѧтъ *Супр 333, 7*; они лѫжами на оубиѥниѥ на н҃ь творахѫ сѧ *Супр 387, 18* ● устраивать, проводить, организовывать pořádat, strojit, organizovat: ѥгда твориши пиръ · зови ништѧꙗ · маломошти · хромꙑ · слѣпꙑ *Л 14, 13 Зогр Мар*; вь пештерѣ... иꙁде по обꙑчаю имъ бѣаше творити съборъ исаѵрьскоуоумоу градоу *Супр 26, 16*; пакꙑ на владꙑкѫ вѣште творѧтъ рабі *Супр 424, 25*; како... страшноуоумоу твориши погребениѥ *Супр 456, 14*; азъ чловѣкоу жрътвꙑ не творѭ · крьстиꙗнъ бо ѥсмъ *Супр 132, 4* ● праздновать slavit, držet svátek: льстѧште сѧ мнѧтъ пасхѫ творіти *Клоц 7а 17; Супр 418, 10*; в'сѧ праздьникꙑ творити *Евх 31а 24*; ѡ нихъже памѧть творимъ нꙑнѣ *Евх 64а 6*; великъ же день творѧште аполѡноу *Супр 26, 13-14*; томоу бꙑвъшоу обноштьницѫ творишѧ въ намѣнени цръкъви *Супр 208, 18-19* **9.** ποιεῖν, πράσσειν поступать, вести себя, действовать каким-л. образом jednat, počínat si: по дѣлом же ихъ не творіте *Мт 23, 3 Ас*; вьлѣзъ же безбожьнꙑи жтрь въ градъ · акꙑ безбожьнꙑи творѣше *Супр 56, 24* ● о комь, съ цѣмь поступать, обращаться *с кем-л.*, относиться *к кому-л.* nakládat, jednat *s někým*: б⟨о⟩же о)... нашихъ творѧ(н).. (съ на)ми по твоемоу съмотрению *Ен 33а 18*; нꙑнꙗ оубо то слꙑшавъше повелѣниѥ ѥже повелѣно вꙑ ѥстъ о мьнѣ творити · то скорѣѥ творите *Супр 259, 24* **10.** *возвр. или страдат. без доп. или* о комь, чемь γίγνεσθαι, πράσσεσθαι, τελεῖσθαι, ἐπιτελεῖσθαι случаться, происходить stávat se, dít se: на н҃емже мѣстѣ до дьн҃ешьнꙗаго дьне цѣл'бꙑ многꙑ творѧтъ сѧ *Супр 532, 12*; посълахъ бо і къ н҃емоу · і се ничьто же достоіно съмръти · творено ѥстъ о н҃емь *Л 23, 15 Зогр* (сътворено *Мар*); да не мьнѧтъ мьчьтоу бꙑти творимоуоумоу *Супр 316, 23*; творимоѥ же бꙑвааше на оукоръ *Супр 435, 7* ◆ творѥнъ квасъ *см.* квасъ; благодѣть творити *см.* благодѣть; безакониѥ творити *см.* безакониѥ; бѣдѫ творити *см.* бѣда; виновьна творити *см.* виновьнъ; врѣдъ творити *см.* врѣдъ; въздꙑханиѥ творити *см.* въздꙑханиѥ; грьдꙑнѭ творити *см.* грьдꙑн҃и; добро творити *см.* добро; до врьха, до коньца плодъ творити *см.* плодъ; дрьзъ творити *см.* дрьзъ; дѣланиѥ творити *см.* дѣланиѥ; жрьтвѫ творити *см.* жрьтва; зависть творити *см.* зависть; изоуньшнинѫ творити *см.* изоуньшнина; имѧ творити *см.* имѧ; исповѣданиѥ творити *см.* исповѣданиѥ; исправлениѥ творити *см.* исправлениѥ; ицѣлениѥ творити *см.* ицѣлениѥ; класъ творити *см.* класъ; крьстъ творити *см.* крьстъ; коуплѭ творити *см.* коуплꙗ; лѣчьбѫ творити *см.* лѣчьба; любꙑ творити *см.* любꙑ; лѫкъ творити *см.* лѫкъ; милость творити *см.* милость; милостꙑн҃ѭ творити *см.* милостꙑн҃и; молитвѫ творити *см.* молитва; мольбѫ творити *см.* мольба; напасть творити *см.* напасть; нарицаниѥ творити *см.* нарицаниѥ; нѫждѫ творити *см.* нѫжда; обидѫ творити *см.* обида; огавиѥ творити *см.* огавиѥ; окоусѫ творити *см.* окоуса; пакость творити *см.* пакость; памѧть творити *см.* памѧть; плачь творити *см.* плачь; плодꙑ творити *см.* плодъ; польꙁѫ творити *см.* польꙁа; попечениѥ творити *см.* попечениѥ; послоухъ сѧ творити *см.* послоухъ; пособиѥ творити *см.* пособиѥ; пощениѥ творити *см.* пощениѥ; прикоупъ творити *см.* прикоупъ; прѣданиѥ творити *см.* прѣданиѥ; прѣлюбꙑ творити *см.* прѣлюбꙑ; пѣснь творити *см.* пѣснь; пѫть творити *см.* пѫть; радость творити *см.* радость; свистаниѥ творити *см.* свистаниѥ; силѫ творити *см.* сила; слоужьбѫ творити *см.* слоужьба; страждѫ творити *см.* стражда; съвѣтъ творити *см.* съвѣтъ; съпасениѥ творити *см.* съпасениѥ; сѫдъ творити *см.* сѫдъ[1]; тельць творити *см.* тельць; троудъ творити *см.* троудъ; трѣбꙑ творити *см.* трѣба; оукоризнѣ творити *см.* оукоризна; хоулѫ творити *см.* хоула; чоудеса творити *см.* чоудо; шьствиѥ творити *см.* шьствиѥ.— *Зогр Мар Ас Сав Унд Зогр-пал Боян Ен Син Киев Евх Клоц Супр Хил Рыл.— Ср.* дѣлати, дѣꙗти

творитити *Клоц 1б 23 см.* творити

ТВОРЪ, -а *м* (2) **1.** ποίησις создание, творение dílo, výtvor: н⟨е⟩б⟨е⟩са ісповѣдаѭтъ славѫ б⟨о⟩жьѭ · творъ же рѫкоу его възвѣштаетъ твръдь *Пс 18, 2 Син* **2.** *греч. нет* нарыв vřed, nádor: посъли въ мѧ с⟨вѧ⟩тꙑ д⟨оу⟩хъ твои · ицѣлѣѭщааго в'сего ч⟨лове⟩ка · отъ в'сего твора · і отъ в'сего врѣда *Евх 41б 12.— Ср.* тварь, врѣдъ, гнои

ТВОРЬЦЬ, -а *м* (30) ποιητής, δημιουργός, κτίστης, πλάστης, ἀρχιτέκτων, δεσπότης, θεός (!), πηγή (!), ὅρος (!), творец, создатель tvůrce, stvořitel: вл⟨адꙑ⟩ко г⟨оспод⟩і б⟨о⟩же нашъ · творьче в'семоу *Евх 65а 5*; творць (!) · дрѣво отъѣдъ · дрѣвъноумоу родоу даетъ *Клоц 10а 39*; беззаконникъ праведьника · і творьца закономъ • обѣштаваетъ сѧ даръствовати *Клоц 14б 16; Супр 453, 7*; и трьпѣѣше влѣкомъ творьць отъ твари • зъдатель отъ зъданиꙗ • творьць отъ сътворенааго *Супр 432, 1 и 2.— Евх Клоц Супр.— Ср.* зиждитель, зьдатель, сьдѣтель, съзьдатель

ТВОРЬЧЬ *прил.* (1) τοῦ δημιουργοῦ относящийся к творцу, создателю tvůrců, stvořitelův: нъ вьсѣ оубо добра сѫтъ • і зѣло дбра (!) • і творьчѧ мѫдрості хѫдожъствіѣ *Клоц 10а 7-8*

т в о р ѧ *Супр 399, 14 см.* корень

т в о р ѧ ш т и и х ъ *Клоц 3б 9 см.* трьпѣти

ТВОРѤНИѤ, -ниꙗ *с* (1) *греч. нет* изготовление, приготовление dělání, připravování: имамы двѣ пешти • на твореньѥ вароу *Супр 540, 18.— Ср.* зьданиѥ

т в р ъ д- *см.* тврьд-

ТВРЬДО *нареч.* (2) [твръдо *Евх* (1) *Супр* (1)] *греч. нет* **1.** крепко, надежно pevně: въкопавъше четъıри дрѣвеса • и протѧгъше по дрѣвесемъ привѧжате и твръдо *Супр 159, 1* **2.** твердо, неотступно pevně, důsledně: аще к'то твръдо въздръжитъ сѧ етъ (!) в'сего • то въ скорѣ приниметъ ослабѫ *Евх 69б 2.— Ср.* тврьдѣ

ТВРЬДОСТЪ, -и *ж* (2) [твр'д *Супр* (1)]: с ъ т в ь р д о с т и ѭ μετ' ἀσφαλείας, ἀσφαλῶς надежно, бдительно přísně, bedlivě: кнѧзъ... повелѣ... съ вьсѣкоѭ твр'достиѭ блюсти ѧ *Супр 177, 15-16*; потъшта сѧ съ вьсѣкоѭ тврьдостиѭ съписати *Супр 271, 27*

ТВРЬДЪ, -ыи *прил.* (17) [твръд- *Ен* (2) *Син* (1) *Клоц* (1) *Супр* (4)] **1.** στερεός твердый tvrdý: прівръгѫ сѧ въ твръдъı камень *Клоц 12б 22*; тврьдъıи *Супр 448, 18-19*; ● *перен.* ἑδραῖος, βέβαιος, μόνιμος, ἑδραίως (!), σώφρων (!); (не тврьдъ ἄστατος) твердый, мужественный, непоколебимый pevný, důsledný: да (обрѧ)щем' сѧ тв(ръди въ то)і напасти *Рыл 4аа 32*; к'то тврьда оума не иматъ *Супр 63, 5*; се съказаниѥ кротости тврьдааго їѡсифа *Супр 367, 5-6* **2.** ὀχυρός, στερεός неприступный, укрепленный, надежный pevný: бѫді мнѣ въ б⟨ог⟩а заштітітелѣ • ї вь мѣсто твръдо съпасті мѧ *Пс 70, 3 Син*; твръдое (ос)нованїе б⟨о⟩жие • стоитъ *2 Тим 2, 19 Ен.— Ен Син Клоц Супр Рыл.— Ср.* крѣпъкъ

ТВРЬДЬ, -и *ж* (6) [тврдъ *Син* (1), твръдь *Син* (2) *Евх* (1)] **1.** ἀσφάλεια твердость, прочность, основательность tvrdost, pevnost: оснъıваѧи землѭ на твръді своеі *Пс 103, 5 Син* ● *перен.*: съ многоѭ тврьдьѭ • съвѧзанъ *Супр 468, 2* ● *перен.* непоколебимость, твердость síla: прѣпоѣши сѧ твръдиѭ *Евх 84а 23-24* **2.** ὀχύρωμα крепость, цитадель pevnost, hrad: ⟨т⟩воѣ циркънаѣ тврьдь за(ш)чіті нъı г⟨оспод⟩і *Киев 4б 17* **3.** στερέωμα небосвод nebeská klenba: творъ же рѫкоу его възвѣштаетъ тврдъ *Пс 18, 2 Син.— Пс 88, 41 Син.— Ср.* тврьдѣль

ТВРЬДѢ *нареч.* (3) [твръдѣ *Супр* (3)] ἀσφαλῶς надежно, крепко tvrdě: повелѣшѧ вьсеви троупъ кго въврѣшти въ ꙗмѫ глѫбокѫ • и стрѣшти кго твръдѣ *Супр 269, 9* ● *перен.* твердо, непоколебимо pevně: да никтоже васъ отълѫчитъ отъ любьве христосовъı • твръдѣ стоите *Супр 236, 14-15.— Супр 72, 3.— Ср.* твьрдо

ТВРЬДѢЛЬ, -и *ж* (1): т в р ь д ѣ л ь н е б е с ь н а ꙗ στερέωμα τοῦ οὐρανοῦ небосвод nebeská klenba: да бѫдѫтъ звѣздъı по тврьдѣли небесьнѣи *Супр 317, 17-18* (*Быт 1, 3*).— Ср. тврьдь

т е б е, т е б ѣ *см.* ты

т е к- *см.* тещи

ТЕКТОНОВЪ *прил.* (2) τοῦ τέκτονος плотников tesařův: не сь ли естъ тектоновъ с⟨ы⟩нъ *Мт 13, 55 Зогр Мар*

ТЕКТОНЪ, -а *м* (2) [тек'тонъ *Зогр* (1)] τέκτων плотник tesař: не сь ли естъ тек'тонъ • с⟨ы⟩нъ маринъ *Мк 6, 3 Зогр*, тектонъ *Мар.— Ср.* дрѣводѣлꙗ

т е к ъ л а *Евх 86б 11 см.* ѳекла

т е к' т о н ъ *Мк 6, 3 Зогр см.* тектонъ

ТЕЛИЦА, -ѧ *ж* (3) ἀμνάς овечка, ягненок ovečka, jehně: чловѣкъ... имѣѧ телицѫ кдинѫ • ꙗже... на лонѣ кмоу съпааше *Супр 359, 29*; богатъıи бо штадѧ своѧ чрѣдъı • поустивъ поѧ телицѫ ништааго • и закла ѥѫ штоуждемоу *Супр 360, 5-6.— Супр 360, 13.— Ср.* агнѧ, овьчѧ

ТЕЛЬЦЬ, -а *м* (22) μόσχος теленок, телец tele: приведъше тельць оупитѣнъı • заколѣте *Л 15, 23 Зогр Сав*, телецъ *Мар*, телець *Ас*; ї годѣ бѫдетъ б⟨ог⟩оу паче тельца юна • рогъı їздѣѭшта і пазнегъті *Пс 68, 32 Син* ♦ т е л ь ц ь т в о р и т и μοσχοποιεῖν поклоняться золотому тельцу klanět se zlatému teleti: сътвори намъ богъı и телецъ творити *Супр 127, 14.— Зогр Мар Ас Сав Син Евх Супр*

ТЕЛЬЧЬ, -ии *прил.* (1) τῶν μόσχων телячий telecí, telat *род.*: (кръвъѭ козълеѭ) и телъч..ѫ *Евр 9, 12 Ен*

т е м ь ѣ н ъ *Л 1, 10 Мар см.* тьмиꙗнъ

т е о д о р а *Ас 114ва 7; Ен 24б 10-11*; теѡдора *Ен 35а 10 см.* ѳеодора

т е о д о р ъ *Ас 152б 1 см.* ѳеодоръ

ТЕОДОТИИ, -ниꙗ *м имя* (1) Θεόδοτος Феодотий Theodotus: мѣ⟨сѧ⟩ца сеп⟨тѧ⟩б⟨ра⟩ ѕ҃ с⟨вѧ⟩тааг⟨о⟩ м⟨ѫ⟩ч⟨ени⟩ка... филипа и теодотиѧ (!) *Ас 113бв 25*

ТЕОПИСТИꙖ, -ниꙗ *ж имя* (2) [теѡпист- *Ен* (1)] Θεοπίστη Феопистия Theopisté: мѣ⟨сѧ⟩ца сеп⟨тѧ⟩б⟨ра⟩ ӣ • с⟨вѧ⟩тъıхъ м⟨ѫ⟩ч⟨ени⟩къ евстатıа и женъı его... теопистиꙗ *Ас 120б 17.— Ен 35а 16*

ТЕОПИСТЪ, -а *м имя* (2) [ѳеѡ- *Ен* (1)] Θεόπιστος Феопист Theopist: мѣ⟨сѧ⟩ца сеп⟨тѧ⟩б⟨ра⟩ ӣ • с⟨вѧ⟩тъıхъ м⟨ѫ⟩ч⟨ени⟩къ... теопистиꙗ • и теописта *Ас 120б 17; Ен 35а 17*

т е о ф и л ъ *Л 1, 3 Зогр Мар Ас; Ас 147б 16-17 см.* ѳеофилъ

т е п - *см.* тети

ТЕПЛОСТЬ, -и *ж* (1) θερμότης теплота, тепло teplo: грѣаше ѥ теплостиѭ рѫкъı своѥꙗ *Супр 516, 15.— Ср.* топлота

ТЕРЕНТИИ, -ниꙗ *м имя* (9) Τερέντιος Терентий Terentius: мѫжа свѧтъıихъ • терентиꙗ • африкана • и помпиꙗ *Супр 174, 9-10.— Супр 138, 20; 175, 30; 176, 15 и 29; 177, 13; 181, 7; 182, 30; 185, 15*

ТЕСАТИ, тешѫ, тешеши *несов.* (1) *греч. нет* тесать, рубить (*топором*) tesat: ѥгоже бо прѣдı малъı видѣаше млатъı ковома • и брадъвиѭ тешема *Супр 161, 30*

ТЕТИ, тепѫ, тепеши *несов.* (8) μαστιγοῦν, φραγελλοῦν бичевать, бить bičovat, bít: пилатъ... прѣдастъ и⟨су⟩са тепъ • да ı распънѫтъ *Мк 15, 15 Зогр* (бивъ *Мар*); тепъше оубиѭтъ ı *Л 18, 33 Зогр* (бивъше *Мар*); бъıхъ тепенъ вьсь дьнь *Пс 72, 14 Син* ● *перен.*: тако оубо съгрѣшаѭщиеи въ бра(тиꙗ) и тепѫщимъ съвѣсти • немощноу сѫщоу • въ х(ри-ст)а съгрѣшаѥт(е) *1 Кор 8, 12 Ен*; недѫгъı тепъı *Евх 88а 20-21.— Мт 23, 34 Ас; И 19, 1 Мар Ас.— Ср.* бити

т е т р а а р х ъ *Мт 14, 1 Зогр см.* тетрархъ

ТЕТРАРХЪ, -а *м* (2) [тетраархъ *Зогр* (1)] τετραάρχης тетрарх tetrarcha: въ оно врѣмѧ • слъıшавъ ıродъ тетраархъ • слоухъ х⟨рис-то⟩въ *Мт 14, 1 Зогр*, тетрархъ *Мар.— Ср.* четврьтовластьникъ, четврьтовластьць

ТЕТЪКА, -ъı *ж* (1) *греч. нет* тетка teta: тетъка боитъ сѧ да не отърьвена бѫдетъ *Супр 133, 11*

ТЕЩИ, текѫ, течеши *несов.* (79) [тищи *Евх* (1)] τρέχειν **1.** ῥεῖν, ἐπιρρεῖν; (сильно текъı ὑδροτόκος; присно текъı ἀένναος; медомь текъıи μελίρρυτος; кръви тещи αἱμορροεῖν) течь, струиться téci: водъı рѣчьнъıꙗ... сѣмо и овамо текошѧ *Евх 1б 5*; текѫштъ *Супр 343, 5*; рѣкъı же прıсно текѫшта сташа помръзъша *Супр 90, 9*; кръвь течааше рѣками *Супр 103, 27* ● *перен.*: вѣчнъıꙗ капл҃а медомъ текѫштааго источника разорити хоштете *Супр 388, 18* **2.** συντρέχειν, προτρέχειν, προστρέχειν, κατατρέχειν, ἀποτρέχειν, ἐπιτρέχειν, προσέρχεσθαι, καταφεύγειν; (текъı δρομαῖος, δρόμοις, δρομαίως) бежать běžet: течаашете же оба въ коупѣ • ı дроугъıı оученикъ тече скорѣе петра *И 20, 4 Мар Ас* (Ø *Зогр*); пѣши отъ вьсѣхъ градъ тѣшѧ тамо *Мк 6, 33 Зогр* (притѣшѧ *Мар*); ови течаахѫ вь слѣдъ вълка *Супр 43, 25*; текъ ѥдинъ отъ братиꙗ на сърѣтеньѥ ѥго *Супр 551, 3* ● *перен.*: пѫть заповѣдеї твоїхъ тѣхъ *Пс 118, 32 Син*; прѣдъ нимь течааше (погыбѣль) *Хил 1аβ 25*; дажди емоу не въ тъще тищи (! *вм.* тещи) • нъ въ истинѫ бѣгати *Евх 81б 15* ◆ с ъ т в о р ѥ н ъ к о н ѥ м ъ т е щ и ἱππήλατος *см.* конь.— *Зогр Мар Ас Сав Син Евх Супр Хил.— Ср.* бѣжати

т е ч - *см. также* тещи

ТЕЧЕНИѤ, -ниꙗ *с* (21) **1.** ῥεῦμα течение, поток; истечение tok, proud: ї⟨су⟩с⟨ъ⟩ стоꙗ насъ ради • да ставитъ зълоу теченıꙗ *Супр 431, 14* □ т е ч е н и ѥ к р ъ в е, к р ъ в и ῥύσις τοῦ αἵματος кровотечение krvotok: коснѫ сѧ въскрилиі ризѣ его • ı абье ста • теченье кръве еѩ *Л 8, 44 Зогр Ас*, крьви течение *Сав*, течение кръви *Евх 53б 1* (токъ кръве *Мар*) **2.** δρόμος, τὸ τρέχειν движение, бег pohyb, běh: слънъце... неб⟨е⟩с⟨ьс⟩кое теченье гонѧ *Клоц 10а 2-3*; х⟨ристос⟩ъ же хромцемъ ихъ теченьѥ даровааше *Супр 481, 20* ● *перен.*: вьсь д⟨оу⟩ховьнъ ѥстъ • и дьнь ꙗче дьнь • на въıсотѫ растетъ чꙗстъıимъ теченьѥмъ оправьданиꙗ *Супр 548, 11* ● *перен.* μόχθος труд námaha: слъıша... чловѣка... безъ дъжда кръмашта сѧ • никакоже потовъ или ръıла • или троудовъ • или теченıꙗ • на житиѥ трѣбоуѭшта *Супр 429, 27* ● *перен.* δρόμος, βραβεῖον (!) жизненный путь běh života: да течение съконьчаетъ • ı вѣрѫ съблюдетъ *Евх 99б 3*; теченье же ѥго молитва непрѣстанна *Супр 274, 30.— Зогр Мар Ас Сав Ен Евх Клоц Супр.— Ср.* таканиѥ, токъ[2], точениѥ

т е ч е н и ѥ *Супр 310, 12 см.* оученикъ

ТИ *союз и частица* (67) **I.** *союз* **1.** *соединительный* καί, δέ, εἶτα, οὖν и a: в'сѣкъı гадъı • ѡтидѣте отъ лозиѣ • ѡтъ нивъ • ѡтъ врътоградъ • ти отиди въ горъı поустъıꙗ *Евх 59а 23*; ѥгда приносиши даръ си на тр'ѣбиште • ти тоу помѧнеши... ꙗко братъ твои иматъ на тѧ нѣчто • остави даръ свои *Супр 422, 27* (ı *Мт 5, 23 Зогр Мар, Клоц 9а 17*) ● *в сложных числительных*: сѫштемъ имъ числомъ четъıри десѧти • ти шесть • повелѣ къ сѫдиништоу привести *Супр 177, 20* **2.** *противительный* δέ но ale, však: аште бо и тъмамъ (*вм.* тъмѫ имамъ) правьдъı ти памѧтиви ѥсмъ зълоу • вьсе то без оума *Супр 424, 5* (гнѣвъ же дръжимъ *Клоц 9б 16*) **II.** *частица усилит.*: к а к о т и πῶς как (вот) jak (pak): сьмотри како ти и тъ • тѣми оученикомъ благовѣститъ *Супр 446, 15*; како ти и кымьждо хѫдожьством(ь) (з)апинает(ъ) *Рыл 26β 16.— Евх Супр Рыл.— Ср.* да, та, таже, тачe

ти *мест. см.* ты

тивериадьскъ *И 6, 1 Зогр; И 21, 1 Ас см.* тивериꙗдьскъ

ТИВЕРИИ, -ꙗ *и* **ТИВЕРЪ**, -а *м имя* (5) [тивери- *Зогр* (1) *Мар* (1) *Ас* (1) *Боян* (1); тивер- *Сав* (1)] Τιβέριος Тиверий Tiberius: въ пѧтое же на десѧте лѣто • владычьства • тиверьѣ кесарѣ *Л 3, 1 Зогр*, тиверииѣ *Мар Ас Боян*, тивера *Сав.— Ср.* тиверъ

ТИВЕРИꙖ, -ѩ *и* **ТИВЕРИꙖДА**, -ы *ж город* (3) [тивери- *Ас* (1); тивериѣд- *Зогр* (1) *Мар* (1)] Τιβέριας Тивериада Tiberias: і ини придѫ корабли отъ тивериѣды *И 6, 23 Зогр Мар*, от тивериѩ *Ас*

ТИВЕРИꙖДЬСКЪ, -ыи *прил. к* тивериꙗ (6) [таверьѣдъск- *Мар* (1); таворьѣдьск- *Мар* (1); тивериадьск- *Зогр* (1) *Ас* (1); тиверьѣдьск- *Зогр* (1)] τῆς Τιβεριάδος: море тивериꙗдьское ἡ θάλασσα τῆς Τιβεριάδος Тивериадское озеро, Галилейское озеро jezero Tiberiadské, jezero Galilejské: по семь ѣви сѧ пакы и⟨соу⟩с⟨ъ⟩ • оученикомъ своимъ • на мори тиверьѣдьсцѣмь *И 21, 1 Зогр*, таворьѣдьсцѣмь *Мар*, тивериадьстѣмь *Ас.— И 6, 1 Зогр Мар Ас.— Ср.* галилеискъ

тиверъ *Л 3, 1 Сав см.* тивериИ

ТИГРЬСКЪ, -ыи *прил.* (1): рѣка тигрьска ποταμὸς Τίγρις река Тигр řeka Tigris: повелѣ на оутриꙗ на рѣцѣ тигрьстѣ да сѧ обраштѫтъ *Супр 59, 30-60, 1*

ТИКЪ, -а *м* (1) ἔσοπτρον зеркало zrcadlo: бѫди ти тикъ лазаръ • и въ томъ самъ сѧ видѣвъ въстанию вѣроуи *Супр 317, 30.— Ср.* зрьцало

ТИЛИЩЕ (?), -а *с* (1) πρόσωπον лицо osoba: и ты бо о мьнѣ и азъ о тебѣ • кд'но и нераздѣлимо ксвѣ тилиште (*вм.* лице *или* свѣтилиште?) • тебе ради богъ твои • быхъ сынъ твои *Супр 468, 29*

ТИМЕОВЪ *прил. к мужскому имени Тимей* (2) τοῦ Τιμαίου Тимеев Timaiův: с⟨ы⟩нъ т'имеовъ • вартимеи • слѣпъ сѣдѣаше при пѫти хлѫпаѩ *Мк 10, 46 Зогр*, тимеовъ *Мар*

тимианъ *Л 1, 10 Ас 148а 10-11 см.* тьмиꙗнъ

тимотеи *Ас 152б 1 см.* тимоѳеи

ТИМОѲЕИ, -ꙗ *м имя* (7) [тимотеи *Ас* (1); ѳимоѳе- *Ен* (1)] Τιμόθεος Тимофей Timotej: въ тжде ден⟨ь⟩ па⟨мѧ⟩т⟨ь⟩ с⟨вѧ⟩т⟨ы⟩мъ іже на строумици • тімотеоу теодороу евсевию и дроужинѣ их *Ас 152б 1*; събраша же сѧ коупносѫштаѩ вѣры • отъ алеѯандриѩ тимоѳеи • отъ иероусалима же кvрилъ *Супр 201, 10-11.— Ас 141а 23; Ен 16 1 и 3; 23а 15; 36а 15*

ТИМѢНИЕ, -ꙗ *с* (2) ἰλύς, ὕλη ил, тина, грязь bahno, bažina: оуглебъ въ тімѣнии глѫбіны • ї нѣстъ постоѣньѣ *Пс 68, 3 Син*; аще ли еси посъланъ цѣмь • и приматалъ сѧ вънезаапѫ • или із морѣ... или із блата • или іс тростиѣ • или іс тимѣниѣ *Евх 54б 7.— Ср.* брьна, брьник, калъ, тимѣно, тина

ТИМѢНО, -а *с* (1) ἰλύς ил, тина, грязь bahno, bažina: ї възведе мѩ отъ рова стр⟨ас⟩ті • ї отъ брънье тімѣна *Пс 39, 3 Син.— Ср.* брьна, брьник, калъ, тимѣник, тина

ТИНА, -ы *ж* (7) βόρβορος грязь, тина, ил bahno, bláto: тъгда цѣсаръ оуалъ възбѣсивъ сѧ... видѣ мѣсто нѣкако • акы вапѫ сѫштѫ исѧк'шѫ • и тины смрьдаштѫ пльнѫ *Супр 193, 13* ● *перен.*: безаконьꙗ себе оскврьнити тиноѭ *Супр 521, 18*; въврьгъ себе въ смрадънѫѭ тинѫ блѫдънѫѭ *Супр 525, 5.— Супр 107, 20; 193, 27; 194, 9; 507, 28.— Ср.* брьна, брьник, калъ, тимѣник, тимѣно

ТИНАВЪ, -ыи *прил.* (1) βόρβορος грязный, илистый bahenní: и видѣхъ свок кстъство акы бисеръ бльшташтъ сѧ • мрътвок же тѣлесьнок видѣник • акы тинавъ калъ смрьдаштъ чрънъ *Супр 167, 21.— Ср.* тиньнъ

ТИНЬ, -и *ж* (1) λῶρος ремень; кнут řemen; knuta: бикмомъ же с⟨вѧ⟩тыимъ • коньчаша сѧ тини и жьзлик *Супр 178, 16*

ТИНЬНЪ, -ыи *прил.* (1) τοῦ βορβόρου грязный, илистый bahenní: тоу икремиꙗ ꙗко въ ꙗмѣ тиньнѣи въ адьстѣамь гробѣ *Супр 461, 1.— Ср.* тинавъ

ТИСА, -ы *ж* (1) κέδρος кедр cedr: тіса *Пс 91, 13 Син* (*глосса к:* кедрі ліванъскыѩ).— *Ср.* кедръ

ТИТЪ, -а *м имя* (1) Τίτος Тит Titus: мѣ⟨сѧ⟩ца авгос⟨та⟩ ҃кд • с⟨вѧ⟩та⟨а⟩го ап⟨остo⟩ла тіта еп⟨искоу⟩па *Ас 152а 21*

ТИТЬЛЪ, -а *м* (9) [титьл- *Зогр* (1) *Клоц* (1); тител- *Ас* (1); титл- *Мар* (2) *Сав* (1); титъл- *Зогр* (1) *Ас* (1) *Боян* (1)] τίτλος надпись, заглавие nápis, nadpis: нап'са же і титьлъ пилатъ *И 19, 19 Зогр*, тітелъ *Ас*, титла *Мар* (*нет Сав*); сего же титъла • мнози чиша отъ іюдѣі *И 19, 20 Зогр Ас Боян*, титла *Мар Сав*; тітьлъ въпьетъ *Клоц 11б 6-7.— Ср.* дъска

ТИХО *нареч.* (6) ἠρέμα, ἡσύχως, γαληνώτατα тихо tiše: онъ же г⟨лаго⟩ла кмоу съ кротостиѫ • и тихо *Супр 554, 10*; акы отъригаѩ тихо и без болѣзни издъхнѫ *Супр 141, 22* ● *перен.* кротко mírně: цѣсарь чловѣколюбивъ кстъ и свои вѣрѣ цръкъвъ п росить • тихо възвѣстивъ намъ *Супр*

200, 16.— *Супр 383, 5; 549, 29; 553, 20.— Ср.* тихость (съ тихостиѭ)

ТИХОСТЬ, -и *ж* (7) ἐπιείκεια, πρᾳότης тихость; *перен.* кротость, мягкость tichost; *перен.* mírnost: да вѣштаѥмъ словеса ꙗже сѫтъ пльна тихости • и кротости *Супр 380, 4*; въ кростости и въ безмлъвии • въ съмѣрении же и тихости нрава *Супр 544, 25* ◆ съ тихостиѭ μετὰ γαληνότητος, μετὰ γαλήνης тихо, кротко tiše, mírně: отврьзѣте очи вашихъ срьдецъ • и съ тихостиѭ приимѣте *Супр 55, 25.— Супр 381, 10; 498, 20; 553, 24; 568, 14.— Ср.* тихота, кротость

ТИХОТА, -ы *ж* (1) ἐπιείκεια тихость tichost; *перен.* кротость, мягкость mírnost: съ кротостиѭ и тихотоѭ вьсеѭ • пристѫпаимъ къ трепезѣ христосовѣ *Супр 424, 10.— Ср.* тихость, кротость

ТИХЪ, -ыи *прил.* (6) πρᾷος, ἱλαρός тихий, мирный, спокойный tichý, mírný, klidný: без' лѣности сь тихомъ лицемъ • ношааше водѫ отъ рѣкы ефрата • на рамоу своѥю *Супр 550, 7*; тихоѥ отишиѥ плаваѭштиїмъ *Супр 143, 28*; абиѥ къ тихоуоумоу пристаништоу с⟨вѧ⟩тьцоу б⟨о⟩жью оустрьми сѧ *Супр 567, 9.— Супр 117, 18; 383, 20 и 24.— Ср.* кротъкъ

тиши *Евх 81б 15 см.* тещи

ТИШИНА, -ы *ж* (8) γαλήνη тишина ticho; *перен.* штиль, спокойное море klidné moře: ѡнъ же въставъ запрѣти вѣтроу • ι влънѐнью морьскоумоу • ι оулеже • ι бысть тишина *Л 8, 24 Зогр Мар Ас; Мт 8, 26 Зогр Мар; Мк 4, 39 Зогр Мар* ● *перен.* λιμήν тихая пристань, убежище přístav: на покаꙗн'ꙗ прибѣгаатъ тишинѫ *Супр 523, 9*

ТИШИТИ, тишѫ, тишиши *несов.* (1) γαληνιάζειν умерять, успокаивать, ослаблять tišit, uklidňovat: тѧжци вѣтри великѫ дыханиꙗ силѫ на кротость тишаахѫ *Супр 399, 11*

ткъмо *И 17, 12 Мар см.* тъкъмо

тлък- *см. также* тлѣщи

ТЛЪКНѪТИ, тлъкнѫ, тлъкнеши *сов.* (8) κρούειν постучать, стукнуть zatlouci, zabušit: да пришьдъшю ι тлъкнѫвъшю • абье отврьзѫтъ емоу *Л 12, 36 Зогр Мар Ас Сав*; молишѧ дѣвицѧ и придошѧ и тлъкнѫшѧ *Супр 378, 17-18*; и ни тлъкнѫвъша оуспѣшѧ *Супр 374, 29.— Супр 169, 20; 515, 8-9.— Ср.* оударити

ТЛЪКОВАНИѤ, -ꙗ *с* (1) ἑρμηνεία толкование, объяснение výklad: тогожде їѡанна златооустааго слово • отъ тлъкованиꙗ еваггелиꙗ *Супр 368, 22*

ТЛЪКЪ, -а *м* (4) ἑρμηνεύς переводчик (*устной речи*) tlumočník: разгнѣвавъ же сѧ и тлъкъ • и отъ цѣсара своѥго въпрошенъ бывъ • ч'то ѥмоу из'дрече • отъвѣшта... *Супр 61, 20*; отъвѣштавъ же страстоносецъ тлъкомъ рече *Супр 61, 5.— Супр 60, 24; 61, 10*

ТЛЪПА, -ы *ж* (1) *греч. нет* толпа tlupa: сильнъ дѣлы • слово слова разорилъ • и тлъпы бѣсъ вь свиниꙗ посылааше *Супр 476, 21.— Ср.* мъножьство

тлъц-, тлъч- *см.* тлѣщи

ТЛѢЩИ, тлъкѫ, тлъчеши *несов.* (27) **1.** κρούειν толкать, ударять, стучать tlouci, bušit: тлъцѣте ι отврьзетъ сѧ вамъ *Мт 7, 7 Зогр Мар Ас Сав; Л 11, 9 Зогр Мар Ас Сав* (2) ● κατακόπτειν бить, колотить tlouci, bít: ι вынѫ дьнь ι ношть въ гробѣхъ • ι въ горахъ бѣ • въпиꙗ ι тлъкы сѧ камениемь *Мк 5, 5 Зогр Мар* **2.** κόπτειν толочь, дробить roztloukat, rozbíjet: повелѣ вьсѧ вести ѩ вь темницѫ • повелѣвъ брьселиѥ тлъчено подъ хрьбьтъ блаженааго мѫченика подъсыпати *Супр 104, 26.— Зогр Мар Ас Сав Супр.— Ср.* бити, оударꙗти

ТО *союз и частица* (>100) **I.** *союз* **1.** *присоединительный* καί, δέ, οὖν, τοιγαροῦν и а: рѣшѧ же июдеи • четырми десѧтъ и шестиѭ лѣт⟨ъ⟩ създа сѧ цр⟨ъ⟩кы сι • то ты ли трьмі деньмі сьзиждеши ѭ *И 2, 20 Ас* (ι *Зогр Мар*); аггелъ г⟨оспод⟩а вьседръжителꙗ ѥсмъ азъ • то того ради вѣдѣ *Супр 122, 23* ● *с оттенком следствия:* не послоушаѥте ли мене молѧштоу ми сѧ вамъ • то ноудите мѧ повелѣноѥ отъ цѣсара сътворити *Супр 178, 3*; то почто оубо анании (н) сапфирѣ • не рече сихъ жде словесъ *Супр 363, 12*; то имѣниꙗ ли въсхотѣ небрѣгъіи имѣниꙗ *Супр 432, 23* ● *с противительным оттенком* но, однако ale, však: възъпьѭ ли зовы то боѭ сѧ *Супр 240, 16*; б⟨ог⟩ъ призъіваетъ... то нѣк'то идън • нѣ кто сѧ подвижа *Рыл 26β 30* ● *с оттенком следствия* (*часто в вопросительных предложениях*) итак, тогда, следовательно a tak, tedy: рѣшѧ же слышавъшеі • то къто можетъ с⟨ъ⟩п⟨ась⟩нъ быти *Л 18, 26 Зогр Мар* (*нет Ас Сав*); четыре десѧте ихъ ѥстъ • то како кд'номꙋ нѣстъ вѣньца *Супр 78, 13*; азъ же рече вѣдѣ ꙗко присно мене слꙋшаѥши • то почто о ни҇хъже вѣси тѫжиши *Супр 309, 14* **2.** *начинает главное предложение, следующее после придаточного*: аще... то, иже... то, егда... то, понеже... то, кльма (же)... то, идеже... то *греч. нет* ...то, ...тогда ...to, ...tehdy: аще оубо свѣтъ иже въ тебѣ тьма естъ • то тьма кольми *Мт 6, 23 Ас Сав* (тѣ *Зогр Мар*); аще ли хощеши вь жизнь вьнити • то съхрани заповѣди *Мт 19, 17 Сав* (*нет Мар Ас, Ø Зогр*), идеже ѥста дъва или триѥ събрани въ моѥ имѧ • то тоу ѥсмъ посрѣдоу ихъ *Супр 206, 18* (идеже бо... тоу *Мт 18, 20 Мар Ас Сав, ∅ Зогр*); иже сѫтъ въведени въ темьницѫ • то лѣпо имъ естъ дождати анѳупата *Супр 137, 1*; аште бо своеѩ вѣръı не съхрани • то ни нашеѩ иматъ съхранити *Супр 66, 9*; егда бо въ ратехъ обрѣтахомъ сѧ • и помолихомъ б⟨ог⟩а • то помагааше намъ *Супр 72, 24*; понеже порѫчаеши сѧ по д⟨оу⟩шѧ людьскъıѩ • то въ грѣсѣ оного оумьреши *Евх 82а 21*; ижде бо хотѣние сѫпротивь бъıвае • то и дрьжѧштаѩ страсти оумъ плѣноу бъıваетъ *Супр 334, 5* **II.** *частица усилительная греч. нет* же pak, -ž: почто то бѣгаете *Супр 229, 21*; молите стран'нааго того чловѣка егоже то биете и оукарѣете *Супр 536, 12*; аште ли то тебе послоушаѭ • то не тъчьѭ блѫдь есмъ нъ и жродъ *Супр 155, 30*.— *Зогр Мар Ас Сав Евх Клоц Супр Рыл*.— *Ср.* тѣ

т о *с мест. см.* тъ

т о г д а, т о г д а ж д е *см.* тъгда, тъгдажде

т о д г а *Мт 13, 43 Унд см.* тъгда

ТОЖДЕ *нареч.* (7) ὡσαύτως, τὸ αὐτό, ὁ αὐτός (!) также, таким же образом, одинаково taktéž, stejně: тожде же і разбоиника пропатаѣ съ нимь • поношаашете емоу *Мт 27, 44 Зогр Мар* (такожде *Сав*); въсхошти оубо и тъı тожде мѫдровати *Супр 2, 7*.— *Мк 10, 43 Зогр; Мт 21, 36 Мар Ас; Супр 438, 1*.— *Ср.* тако, такожде, сице

ТОЖДЕИМЕНИТЪ, -ъıи *прил.* (1) προσωνυμία (!) одноименный stejnojmenný: по правьдѣ нарече сѧ артемонъ • ıако же бо мьнѭ то рабъ еси богъıнѧ артемидъı • и за неже тожде-именитъ еси • то тѣмъ ти естъ дала животъ *Супр 226, 30*

ТОЖДЕИМЕНИЕ, -иıа *с* (1) ὁμωνυμία одноименность, одинаковое *с кем-либо* имя stejnojmennost, stejné jméno: бѣ июда дроугъıи оученикъ • рьвьнивъıи нарицаемъ • да да не бѫдетъ тождениемениемь ıнилаже (!) блазна отълѫчи сего отъ иного • и оного отъ добрости намѣни июда рьвьнивъıи *Супр 410, 16-17*

ТОЖДЕПЛЕМЕНЬНИКЪ, -а *м* (1) ὁμόφυλος единоплеменник soukmenovec: покои в'сѧ о⟨ть⟩цѧ наша и матери... і приѣтелѧ • і тоуждеплеменьникъı (!) *Евх 65а 25*

ТОЖДЕРОЖДЕНИЕ, -а *с* (1) ὁμογενής (!) одинаковое, общее *с кем-либо* происхождение stejný původ: прѣдолѣвъıи бо противъствоу сьмрьти • и вьсѫ крѣпость его отъимъ • что оуже не иматъ сътворити о тоуждерождении (!) *Супр 490, 14*

ТОЖЕ *союз присоединительный* (13) [т..же *Рыл* (1)] καί, δέ; (и тоже καίτοιγε) и а: тоже не просто словесъı къıими • нъ и дѣлесемь вининъı сътвори своѩ оученикъı • рѣшити и вѧзати *Супр 358, 5* ● *с противительным оттенком* но, однако ale, však: въпрашати хотѣаше • тоже мльчати емоу ноужда бѣаше • и оукрътити хотѣаше акъı продавъшоуоумоу дѣвъства съсѫдъ • тоже пръвааıа жизнь ставьıаше *Супр 240, 5 и 8* ● *с уступительным оттенком* и все-таки a přece, a přesto: молитва бъıстъ тоже не испоустиши мрьтвааго *Супр 310, 18*; вьса июдеа испльни сѧ благодѣании • тоже нъıниıа пътаıѫтъ кто сии естъ *Супр 323, 26*; х⟨ристос⟩оу зовѫштю пр⟨оро⟩къи і (ап⟨осто⟩лъи и еv⟨ан⟩ѣ⟨ели⟩)стъи • т..же из' м'нога мало чади приходитъ • а диѣволъ зоветъ гѫсльми и плѧсьци... тоже м'нози събираѭт' сѧ на то *Рыл 26β 21-22 и 26*.— *Супр 309, 10; 310, 18; 339, 2; 398, 28; 412, 2; 412, 21; 443, 14*.— *Ср.* то, и, нъ

т о и *Супр 138, 13 см.* то *и* и

ТОИЖДЕ *нареч.* (1) ἔνθα здесь tu: да еи тоижде невѣстиѩ речено естъ толико вьспрѣштение егда хотѧште съгрѣшаемъ *Супр 379, 17*

т о к м о *см.* тъкъмо

ТОКРАТЪ *нареч.* (2) πρὸ βραχέος, πρὸ μικροῦ только что, недавно, незадолго krátce předtím, nedávno: си естъ кръвь ѥже дѣлма тократь стъıдъкъıѩ сьвѣтъı онъı твоoрааше *Супр 419, 23*; свои оустьнѣ тебѣ бъıста обличение • тократь глагола *Супр 237, 30*

ТОКЪ[1], -а *м* (2) ἅλων ток, гумно mlat: мните сѫштѧѩ жизнь токоу подобьноу бъıти *Супр 127, 21-22*; егда бо придетъ дѣлатель съ лопатоѭ потрѣбити тока *Супр 127, 25*.— *Ср.* гоумьно

ТОКЪ[2], -а *м* (1): т о к ъ к р ъ в е ῥύσις τοῦ αἵματος кровотечение krvotok: пристѫпльши съ слѣда коснѫ сѧ вьскрилии ризъı его • і абие ста токъ кръве еıѩ *Л 8, 44 Мар* (теченье кръве *Зогр Ас*, крьви течение *Сав*).— *Ср.* кръвоточение, течение, точение

т о к ъ м о, т о к ь м о *см.* тъкъмо

ТОЛИ *союз* (11) **1.** *присоединительный* καί и потом, после (этого) a potom, a pak: аще к'то въ цр⟨ъ⟩к⟨ъ⟩ве съпа • толи емоу врагъ блазнъ принесетъ въ сънѣ • ж̃ денъ да поститъ сѧ *Евх 105а 6* **2.** *противительный с оттенком следствия греч. нет* но, однако, тем не менее avšak, přece však: аще к'то помъıслитъ на женѫ • тоуж'дѭ • толи не можетъ съ неѭ съгрѣшити • л̃ѣт⟨о⟩ да покаетъ сѧ *Евх 103а 7*; како инъıи видѧщ(е) (ıако) троуждаахѫ сѧ въ т(ъ)щаньи • толи не пот(ъ)щахом' сѧ *Рыл 56β 11*; что глаголеши чоудеса въ рѫкоу дръжа едначе • толи ли забъı благодѣтелıа б⟨ог⟩а *Супр 417, 10* (і абье ли *Клоц 6б 25*).— *Евх 102а 9; 102б 19; 104а 9; 104б 4 и 7 и 25; 105а 18*.— *Ср.* и, же, нъ

т о л и *нареч. см.* отътоли

ТОЛИКО *нареч.* (27) **1.** τοσαῦτα, τοσοῦτον столько, столь tolik, tak velice, tak mnoho: толико пострадавъ прѣбы бестрастьнъ *Супр 436, 18* ● *с род. сущ. в знач. числит. неопр.* τοσοῦτος столько tolik: отъ кѫдоу възъмемъ на поустѣ мѣстѣ хлѣбы • насытити толико народа *Мт 15, 33 Зогр Мар Ас* (народъ коликъ *Сав*); съвѧзаша рѫцѣ кго • сътворьшоу толико чоудесъ *Супр 477, 10* ● кликоже... толико, толико... кликоже τοσοῦτον... ὅσον сколько... столько, столько... сколько kolik... tolik, tolik... kolik: єликоже денъ гнѣвъ дръжитъ • толико да поститъ сѧ *Евх 104б 14*; что можеши толико дати • кликo тъштиши сѧ отѧти *Супр 87, 17* ● кликоже... толико, толико... кликоже ὅσον... τοσοῦτον, τοσούτῳ... ὅσῳ чем больше... тем больше, тем (больше)... чем (больше): кликоже ли она течааше къ нѥмоу • толико онъ оукланꙗаше сѧ кѩ *Супр 365, 29*; толико лоуче бывъ анг⟨е⟩лъ • єлико различнѣє ихъ наслѣдова имѧ *Евр 1, 4 Ен* ● толико... ꙗко(же), толико... кликоже, толико... доньдеже, дондеже, на толико... ꙗкоже, въ толико... ꙗкоже τοσοῦτον... ὥσ(τε), ἐπὶ τοσοῦτον... ὥστε, ἐπὶ τοσοῦτον... ἕως так, до такой степени... что tolik, tak, do té míry... že, až: толико же... чьстьнъ ави сѧ и оугодьнъ б⟨ог⟩оу • ꙗкоже кмоу и даръ на бѣсы полоучити *Супр 514, 10*; толико же стръганъ бысть... дондеже маса кмоу падоша вьса на земи *Супр 149, 20*; на толико же прѣжденареченаа жена • отъ покаанꙗ къ х⟨ристо⟩соу сѧ приведе • ꙗкоже чьстьнѣ ꙗвивъши сѧ ен • и дара на бѣсы съподобити сѧ *Супр 518, 1*; въ толико изнемогъ • ꙗкоже ни жизни надеждѧ от' чловѣкъ имѣти *Супр 553, 18* **2.** μόνον только toliko, jenom: толико рьци слово и ицѣлѣетъ • слоуга моі *Мт 8, 8 Сав* (тък'мо *Зогр Мар Ас*).— *Зогр Мар Ас Сав Ен Евх Супр*.— *Ср.* тако, толь, тольма, тъкъмо, тъчиѭ

ТОЛИКОЖДЄ *нареч.* (1) *греч. нет* столько (же) раз stejně tolikrát: въздвигшоу кр⟨ъ⟩стъ архиерею • на въстокъ... и пакы на западъ такожде • и на полѹдне толикожде и на полоунощъ такожде *Ен 31а 10*.— *Ср.* такожде

ТОЛИКЪ, -ыи *мест.-прил.* (83) τοσοῦτος, τηλικοῦτος **1.** τοιοῦτος, μέχρι τούτου (!) такой (столь) большой, значительный takový, tak veliký: ни въ і⟨здраи⟩ли толикоѩ вѣры не обрѣтъ *Л 7, 9 Зогр Мар*, толикы *Ас Сав*; ни аште и м ѩзыци довьлѣли быша толикѫ добрѫ дѣтѣль мѫжь въспѣти • а аште и кдинъ би былъ чоудимыи • довьлѣаше нашеи силѣ одолѣти • а не нъ толико множьство *Супр 82, 26-27 и 30*; ни погоубькнꙗ толикааго въздръжанꙗ и троуда • помысливъ *Супр 525, 28* ● толикъ... да, толикъ... ꙗкоже τοσοῦτος, οὗτος... ὥσ(τε) такой (большой)... что tak (veliký)... že, až: толикѫ силѫ дастъ ті да неджѫжънꙑѩ оубалоуеши *Клоц 4а 40*; толикъ трепетъ бысть прѣдъстоѩштимъ • ꙗкоже не тъчьѭ крьстиꙗномъ кдинѣмъ плакати сѧ *Супр 108, 25* □ на толицѣ... ꙗкоже ἐπὶ τοσοῦτον... ὥστε настолько, до такой степени... что natolik... že, až: на толицѣ же житик кго славьно бысть • ꙗкоже... чрьн'цемъ к нѥмоу приходити *Супр 519, 7*; кликo... толицѣмь, ꙗкоже... толицѣмь ὅσῳ(περ)... τοσοῦτον чем... тем čím... tím: кликo бо великок въздръжанік и житик прѣжде обави • толицѣмь вел'ми и отъпаде *Супр 521, 1*; ꙗкоже велико паденьк • толицѣмъ вѧште потомь кго бысть исправьнꙗк *Супр 521, 2* **2.** так (столь) много; столько; столь многий, столький tak mnohý, tolikerý: вълѣзе же симонъ петръ • і извлѣче мрѣжѫ на землѭ • плънѫ велиіхъ рыбъ • съто і пѧть десѧтъ і три • толикоу сѫштю не протръже сѧ мрѣжа *И 21, 11 Зогр Мар Ас*; чюдеса відѣлъ еси толика • і таковаа *Клоц 6б 25* ● *с род. сущ. в знач. числит. неопр.*: не дрѣво просто толикоу чюдесъ бѣ віна *Клоц 10б 13-14*.— *Зогр Мар Ас Сав Клоц Супр Зогр-лл*.— *Ср.* толико, толь

ТОЛИКЪЖДЄ *мест.* (1) τοσοῦτος столько же (*по количеству*) tolik: дашѧ ен два десѧти златицъ • и ино толикожде обѣштаваѭште дати ен *Супр 515, 3*

толиц- *см.* толикъ

толма, толми *см.* тольма, тольми

ТОЛЬ *нареч.* (3) οὕτω; (толь скоро τὸ τάχος; толь великъıи τοσοῦτος) столь, до такой степени tak, tak velice, tak mnoho: како оубо сьмѣахѫ иже толь страшиви пристѫпити *Супр 441, 16*; что пострадав'ше толь скоро сътѫживъше си отвръгосте сѧ вл⟨а⟩д⟨ы⟩кы х⟨ри⟩с⟨т⟩а *Супр 107, 15*.— *Зогр-лл 1а 20*.— *Ср.* толико, тольма, тольми

ТОЛЬМА *нареч.* (11) [толма *Супр* (4); тол'ма *Супр* (1)] οὕτω, οὕτως, τοσοῦτον, ἐπὶ τοσοῦτον так, столь, столько tak (velice), tolik: паче же не толма врѣдивъ • кмиже исцѣливъ • скрьбьнъ вамъ исповѣдаѭ сѧ *Супр 429, 20*; оуштрашѫ послоушаѭштааго • не толма о тѣхъ ꙗкоже о крьстѣ крашѫ сѧ *Супр 428, 11*.— *Супр 176, 17; 216, 26; 287, 9; 300, 4; 374, 9; 380, 19; 383, 19; 475, 19; 565, 15*.— *Ср.* толико, толь, тольми

ТОЛЬМАЖЕ *нареч.* (1) τοσούτῳ μᾶλλον тем более tím více, tím spíše: кма же оубо немоштьнѣи сѫпротивьникъ • толма же и бес простꙑнѧ побѣжденꙑꙗ *Супр 371, 29*

ТОЛЬМИ *нареч.* (6) [толми *Супр* (2); тол'ми *Супр* (3)] τοσοῦτον, οὕτως так, столь (*много*) tak (velice), tolik: почто тол'ми зълъ ѥси • приꙗти благодѣти *Супр 336, 17*; не тол'ми богочьстъно отъвѣшташа • ѥлми врачьбно *Супр 314, 12.— Клоц 5а 3; Супр 41, 21; 412, 14; 558, 1.— Ср.* толь, тольма

т о л ѣ *см.* отътолѣ

т о м а *см.* ѳома

т о м е н и ѥ *Супр 161, 14 см.* томлѥниѥ

ТОМИТЕЛЬ[1], -лꙗ *м* (8) τύραννος мучитель, тиран mučitel, tyran: избави и и раба своѥго артемона отъ томителꙗ комиса *Супр 226, 5*; при ц⟨ѣса⟩роу и томителю • декиа • и оуалериа *Супр 185, 17.— Супр 1, 27; 156, 22; 165, 23; 166, 14-15; 215, 10-11 и 14-15.— Ср.* мѫчитель

ТОМИТЕЛЬ[2] *прил.* (1) τοῦ τυράννου мучительский mučitelův, tyranův: како нꙑ остави ѥдинꙑ • и въпалъ ѥси въ рѫцѣ томители *Супр 225, 10*

ТОМИТИ, томлѭ, томиши *несов.* (1) βασανίζειν мучить mučit: да оуже своѭ доушѫ печалиѭ томꙑаше *Супр 240, 10*

ТОМЛѤНИѤ, -ниꙗ *с* (2) [томениѥ *Супр* (1)] τυραννίς мучение mučení: се оубо скврьн'наего томениѥ ан'тонина • на осрамьѥниѥ приведъ *Супр 161, 14.— Супр 1, 5-6.— Ср.* мѫчениѥ

ТОПАНЬЅИѤ, -ниꙗ *с* (1) τοπάζιον топаз topas: сего ради възлюбихъ заповѣди твоꙗ • паче злата ї топаньѕиѣ *Пс 118, 127 Син*

ТОПЛО *нареч.* (1) θερμός (!) тепло teple: слъньце о н҃ихъ въсиꙗ топло ꙗко въ жатвѫ *Супр 77, 30.— Ср.* топлѣ

ТОПЛОТА, -ꙑ *ж* (7) **1.** θέρμη, θερμόν тепло, теплота teplo: ѥдинъ же отъ числа м҃ отъпадъ прибѣже къ бан҃и • прикоснѫвъ сѧ къ топлотѣ • абиѥ растаа сѧ *Супр 76, 24* ● *перен.*: ѥгда топлꙑ зарѧ божьства прострѣ • и омрьтвѣвъша диꙗволомъ доушѧ растопи • нѣстъ иже оукрꙑѥтъ топлотꙑ ѥго • стоуденꙑимъ бо грѣхомъ диꙗволъ чловѣчьска срьдьца оумр'тви *Супр 348, 27-28* **2.** θερμότης жара, зной horko, žár: въ градѣ ни смокꙑ бѫдетъ • ни дѫбъ никакъже многꙑꙗ ради топлотꙑ и соухотꙑ • въздѹха лаврьскааго *Супр 301, 13.— Пс 18, 7 Син; Супр 78, 7; 89, 25; 93, 15.— Ср.* теплость

ТОПЛЪ, -ꙑи *прил.* (8) θερμός теплый teplý: растаавъ сѧ ледъ бꙑстъ вода топла *Супр 78, 1*; имѣше же брѣмѧ хлѣбꙑ чистꙑ и топлꙑ *Супр 291, 6* ● *перен.*: топлꙑ зарѧ божьства прострѣ *Супр 348, 25*; в'семоу приближаѭщюмоу сѧ любовиѭ • и привѣтомь топломь *Евх 92б 7*; съ родитель топлами сльзами мѣсимъ бѣаше *Супр 397, 17.— Супр 129, 8; 349, 12; 404, 25-26*

ТОПЛѢ *нареч.* (1) θερμός (!) тепло teple: ꙗкоже югъ • топлѣ възвѣꙗвъ помрьзъшѫѧ водꙑ *Супр 349, 6.— Ср.* топло

ТОПРЬВО *нареч.* (1) *греч. нет* в первый раз, только что teprve, právě: брада же ѥмоу акꙑ топрьво брадѣѭштѹ свьтѣаше сѧ *Супр 142, 8*

ТОЧЕНИѤ, -ниꙗ *с* (9) πηγή истечение, излияние prolévání: вѣньцѧ исплете себѣ сльзънꙑимъ точениѥмъ *Супр 274, 17* □ т о ч е н и ѥ к р ъ в е, к р ъ в и ῥύσις τοῦ αἵματος кровотечение krvotok: ι се жена етера сѫшти • въ точениι кръве • лѣт в҃ ι҃ • *Мк 5, 25 Зогр Мар Ас Сав*, въ точение кръви *Унд*; въ точении кръви *Л 8, 43 Зогр*; кръве *Мар Ас* (въ кръвоточениι *Сав*).— *Ср.* кръвоточениѥ, течениѥ, токъ[2]

ТОЧИЛО, -а *с* (9) ὑπολήνιον, ληνός точило (*пресс для выжимания винограда*) lis (vinařský): виноградъ ч⟨ловѣ⟩къ насади • ι огради ι оплотомь • ι ископа точило *Мк 12, 1 Зогр Мар; Мт 21, 33 Мар Ас Сав Боян*; пъсаломъ о точилѣхъ *Пс 80, 1; 8, 1; 83, 1 Син*

ТОЧИТИ, точѫ, точиши *несов.* (5) **1.** чьто (кръвь точити αἱμορροεῖν) точить, источать (*по капле*) nechávat téci, vylévat: ι дажди ми г⟨оспод⟩ι • очима моима слъзꙑ точити *Служ 1а 9*; видѣша крьвь точаштѫѧ ставьѥнꙑ крьвьнꙑꙗ рѣкꙑ *Супр 398, 27-28* **2.** σταδιαρχεῖν, ἐλαύνειν бегать, бежать, стремиться běžet, běhat, spěchat, spět: на позориште мирьное • точаахъ играахъ и троужьдаахъ сѧ *Супр 63, 10*; на се лι точѧ приде *Супр 49, 3* ● *перен. греч. нет* извергать smítat se: гла⟨гола⟩ вꙑ изъ облака мосѣеви • пр⟨оро⟩коу твоемоу • точащи боури • сѫщи вићлици • людемъ тръпащемъ зимѫ великѫ *Евх 44б 8.— Ср.* бѣжати, истачати

т р а в а *Пс 102, 15; 103, 14; 104, 35 Син см.* трѣва

ТРАВИТИ, травлѭ, травиши *несов.* (1) σιτεσθαι поглощать, пожирать pohlcovat, štravovat: пастоухъ... положитъ доушѫ своѭ за овьцѧ своꙗ • да ꙗкоже овьцѧ травѧштима (! *вм.* травѧштимъ) вълкомь • ов'цеѭ лачѫтъ ловьци *Супр 328, 23.— Ср.* сънѣдати

ТРАГИꙖНЪ, -а *м имя* (1) *греч. нет* Трагиан Tragianus: бѣаше же съ трикон'домъ • трагиꙗнъ зѣло славьнꙑихъ • воѥвода сꙑ исавръскѹмоу ѩзꙑкоу *Супр 564, 8*

ТРАПЕЗА, ТРАПѢЗА, ТРѢПѢЗА, ТРЕПЕЗА, -ꙑ *ж* (70) [трапез- *Мар* (5), *Ас* (1) *Сав* (1) *Ен* (1) *Син* (1) *Евх* (6) *Клоц* (6); трапѣз- *Клоц* (3), трѣпѣз- *Клоц* (1), трепез- *Зогр* (5) *Син* (3) *Супр* (36), трьпез- *Син* (1)]

τράπεζα, νυμφών (!) **1.** стол (*обеденный*) stůl: пси ѣдѧтъ отъ кроупицъ падаѭштихъ съ трапезы господеи своихъ *Мт 15, 27 Мар Сав*, трепезы *Зогр* **2.** *перен.* стол (*с кушаньями*), угощение hostina: благ⟨о⟩словение трапезѣ *Евх 17а 23*; да ѣсте ı пьете • на трепезѣ моеı *Л 22, 30 Зогр*, на трапезѣ *Мар*; оуготовіті трепезѫ людемъ своімъ *Пс 77, 20 Син*; колико вънесе • отъ д⟨оу⟩шѧ подов.ı бесѣдѫ обычаı • обьштенье еже на трапѣзахъ *Клоц 4б 22*, на трепезѣ *Супр 411, 29*; бѣаше прѣдь нима трепеза оуготована *Супр 182, 9*; кѫѭ прѣди поставьѭ словеси трепезѫ *Супр 424, 18-19* □ (**с в ѧ т а ꙗ, т а и н а ꙗ**) **т р а п е з а** *перен.* причастие (*святых тайн*) přijímání (*eucharistie*): таинѣи трапезѣ приобьщи *Евх 78б 21; да* прѣімеші исцѣленье отъ трапезы *Клоц 8б 22*; приде бо июда причастити сѧ сватѣи трепезѣ *Супр 420, 1* **3.** *церк.* престол (*в алтаре*) oltář: скиниї же съвръши сѧ прьваѣ • въ неиже свѣтилникъ и трапеза *Евр 9, 2 Ен*; ег'да же приведѫтъ постригъшааго сѧ на трапезѫ • поѭтъ пѣние *Евх 99б 24;* на вьсѣкѫ трапезѫ • въ вьсѣхъ црък⟨ъ⟩вахъ *Клоц 8а 26.— Зогр Мар Ас Сав Ен Син Евх Клоц Супр.— Ср.* въсѫдъ, дъска; пиръ

ТРАТАТИ, траціѫ, трацеши *несов.* (1) *греч. нет* преследовать pronásledovat: и скрьжьтааше зѫбы на нь • ꙗко левъ въ драздѣ трашта звѣрь *Супр 12, 8.— Ср.* гонити

ТРАХОНИТЬСКЪ, -ыи *прил. к названию местности Трахонитида* (4) [страхонитьск- *Зогр* (1) *Ас* (1), страхотъск- *Сав* (1)] τῆς Τραχωνίτιδος трахонитский trachonitský: въ пѧтое на десѧте лѣто • владычъства тиверинѣ кесарѣ... филипоу... четврътовластъствоуѭштоу итоурнеѩ и трахонитъскоѭ ст(р)аноѭ... бꙑстъ г⟨лаго⟩лъ б⟨о⟩жии *Л 3, 1 Мар*, страхонитьскоѭ *Зогр Ас*, страхотьскоѭ *Сав*

ТРАꙖНЪ, -а *м* (1) Τραϊανός Троян Trajan: при нанѣ (! *вм.* траꙗнѣ) ц⟨ѣса⟩ри *Супр 142, 15*

т р е и ц е ѭ *см.* третицеѭ

т р е п е з а *см.* трапеза

ТРЕПЕТАТИ, трепещѫ, трепещеши *несов.* кого, чесого (31) [трещѭтъ (!) *Евх* (1)] τρέμειν, φρίττειν дрожать, трепетать třást se: виждѫ... земьѭ трепештѫштѫ • мрътвьца оуже бѣжати поучаѭштемъ сѧ *Супр 437, 28*; жена же оубоѣвъши сѧ • ı трепештѫшти... припаде къ немоу *Мк 5, 33 Зогр Мар Ас Сав* ● *перен.* испытывать страх, трепет, трепетать chvět se: не отъмештѫ сѧ сватааго доуха • нъ трепештѫ кго крѣпости *Супр 115, 18*; присѧгохъ сѧ къ пльти радоуѧ сѧ и трепештѧ *Супр 511, 17*; на кого призьрѭ нъ на кротъкааго и млъчаливааго и трепештѫштааго моихъ словесъ *Супр 545, 7* ● бояться bát se: тебе трепещѭтъ бѣси *Евх 26б 15-16.— Зогр Мар Ас Сав Унд Евх Клоц Супр Рыл.— Ср.* боꙗти сѧ, трѧсти сѧ

ТРЕПЕТЪ, -а *м* (15) τρόμος, φρίκη дрожь, трепет chvění; *перен.* страх, боязнь strach, bázeň: імѣаше же ıѧ трепетъ ı оужасъ *Мк 16, 8 Зогр Мар Ас*; боѣзнъ ı трепетъ пріде на мѧ *Пс 54, 6 Син*; работаите г⟨осподе⟩ві съ страхомъ • и радоуіте сѧ емоу съ трепетомъ *Пс 2, 11 Син; Супр 275, 15.— Пс 47, 6 Син; Евх 3б 16; 79а 24; Клоц 2а 30; Супр 108, 25; 405, 21; 458, 20; 464, 26; 559, 27.— Ср.* боꙗзнь, гроза, страхъ

ТРЕПЕТЬНЪ, -ыи *прил.* (6) **1.** ἔντρομος трясущийся, дрожащий třesoucí se, roztřesený, rozechvělý: ї подвижа сѧ ı трепетъна бꙑстъ землѣ *Пс 17, 8 Син; Пс 76, 19 Син* **2.** φοβερός вызывающий дрожь, трепет; страшный, ужасающий vzbuzující chvění, strach: въ страшьнѣмь и трепетьнѣмь сѫдищи *Евх 66а 11*; лоуча пламенънънꙑ(!) • ѩже въшествиꙗ твоихъ воинъ не сътрьпѣвъша • страшнааго и трепетънааго повелѣниꙗ твоего • оувѧнѫша о мьнѣ *Супр 164, 18.— Евх 56б 7-8;88б 25.— Ср.* грозьнъ, страшьнъ, оужасьнъ

ТРЕТИИ *числит. порядк.* (79) [трьт- *Зогр* (1)] τρίτος, τρεῖς (!); (третии дьнь τριήμερος) третий třetí: бѣ же въ насъ седмь братриѩ • ı прьвꙑ ожень сѧ оумрьѣтъ • ı не имꙑ сѣмене... такожде и вторꙑ • и трети до седмааго *Мт 22, 26 Мар* (∅ *Зогр*); повели оубо оутвръдити гробъ • до третиѣго дьне *Мт 27, 64 Зогр*, третиѣаго *Мар Ас*, третиꙗго *Супр 439, 20-21*; любо въ въторѫѭ • любо въ третиѭ стражѫ придетъ *Л 12, 38 Зогр Мар Ас*, третиѭѭ *Сав*; бѣ же година трьтьѣ *Мк 15, 25 Зогр*, третиѣа *Мар Ас*; въставъ третии дьнь *Супр 332, 5* □ **т р е т и и н а д е с ѧ т е** τρισκαιδέκατος тринадцатый třináctý: видѣаше патриархъ третиꙗго на десѧте сѣдѧшта на краи стола *Супр 121, 23-24.— Зогр Мар Ас Охр Сав Унд Киев Евх Супр.— Ср.* г҃

т р е т и(ц)ц а *см.* третицеѭ, третици

ТРЕТИЦЕѬ *нареч.* (10) [третицеѭ *Зогр* (1) *Мар* (1); третъицеѭ *Евх* (1); треицеѭ (!) *Сав* (1)] ἐκ τρίτου, (τὸ) τρίτον в третий раз, в-третьих potřetí: помоли сѧ • третицеѭ тожде слово рекъ *Мт 26, 44 Зогр Мар*, третицеѭ *Ас*, трещеѭ *Сав*; помолеи сѧ третьицеѭ *Евх 47а 20*; и пакꙑ въторицеѭ и третицеѭ сътвори кмоу • съвръшенѣѥ и ꙗснѣѥ изглаголати *Супр 562, 22.— Мк 14, 41 Зогр; Л 23, 22 Зогр Мар; И 21, 17 Ас.— Ср.* третици, третиѥ

ТРЕТИЦИ *нареч.* (8) [третици *Зогр* (3)]

(τὸ) τρίτον в третий раз potřetí: г⟨лаго⟩ла емоу третици *И 21, 17 Зогр*, третиници *Мар* (третиницеѭ *Ас*, третиее *Сав*).— *И 21, 14 Зогр Мар Ас Сав; И 21, 17 Зогр Ас*.— *Ср.* третиницеѭ, третиѥ

т р е т и ц е ѭ *Мт 26, 44 Зогр Мар см.* третиницеѭ

ТРЕТИѤ, ТРЕТИѤѤ *нареч.* (3) τὸ τρίτον, ἐκ τρίτου в третий раз potřetí: ꙗко рече емоу третиее *И 21, 17 Сав* (третици *Зогр*, третіці *Ас*); пакы же мало помоудивъ третиѥ въ тъ жде дьнь приде къ блаженоуоумоу григорию *Супр 120, 16-17*.— *И 21, 17 Сав*.— *Ср.* третиницеѭ, третици

т р е т ь и ц е ѭ *Евх 47а 20 см.* третиницеѭ

т р и *см.* триѥ

ТРИВОЛЪ, -а *м* (1) τρίβολος репейник, волчец bodlák: ѿтъ плода ихъ познаите ꙗ • еда обьемлетъ къто ѿт⟨ъ⟩ тръньѣ гроздъı • ли от⟨ъ⟩ трівола смокъвı *Мт 7, 16 Ас* (отъ рѣпьѣ *Зогр*, отъ рѣпиѣ *Мар*).— Ср. вльчьць, рѣпиѥ

ТРИДЕСѦТЬ, -и *числит. колич.* (1) τριάκοντα тридцать třicet: адамоу же... конець прикм'шоу по девѧти сътъ и тридесѧти лѣтѣхъ *Супр 9, 25*.— *Ср.* триѥ (триѥ десѧте)

ТРИДЬНЕВЬНЪ, -ьıи *прил.* (4) τριήμερος трехдневный třídenní: тъı тридневнааго гроба на земи остави *Супр 505, 27* ● совершившийся, произошедший на третий день nastalý po třech dnech: слово на трид'невноѥ въскрѣшеньѥ г⟨оспод⟩и нашего • въ понедѣльникъ *Супр 486, 20-21*.— *Супр 471, 5; 478, 26-27*

ТРИЗНА, -ы *ж* (1) ἔπαθλον награда odměna: овъ множаи и овъ же хоуждеи приносъ показаста • да вь лѣпотѫ и на тризнахъ не тъчьно примета *Супр 376, 10*

ТРИИМЕНЬНЪ, -ьıи *прил.* (2) τρισώνυμος, τῆς τριάδος названный, поименованный тремя именами, триименный nazývaný třemi jmény, tříjmenný: си оубо тріїменьнаꙗ ѥд'но сѫтъ б⟨о⟩жьство • ѥдинъ ѥстъ б⟨ог⟩ъ *Супр 28, 26*; и прізъвавъ с⟨вѧ⟩тоѥ трименьноѥ имѧ *Супр 44, 14*.— *Ср.* троичьнъ, троичьскъ

т р и к о н д ъ *Супр 564, 7 см.* трокондъ

т р и к о н ъ *Супр 563, 14 см.* трокондъ

т р и с а в и ц а *Евх 49б 14 см.* трѧсавица

ТРИФОНЪ, -а *м имя* (2) [трофон- *Евх* (1)] Τρύφων Трифон Trifon: мѣ⟨сѧ⟩ца феврар⟨ѣ⟩ а҃ страс⟨ть⟩ с⟨вѧ⟩та⟨а⟩го м⟨ѫ⟩ч⟨ени⟩ка трифона *Ас 141б 10-11*; мол⟨итва⟩ с⟨вѧ⟩тааг⟨о⟩ трофона *Евх 59а 5*

ТРИШЬДИ *нареч.* (3) [трищи *Евх* (2)] τρίτον трижды třikrát: і шедъ на горѫ елеонъскѫѭ • помоли сѧ вечеръ трищи *Евх 46б 25*; егоже петръ видѣ мѫчима... тои нощи до коуриѣ въспѣтиѣ • трищи отвръже сѧ *Евх 48б 1-2*; владъıкъı х⟨ристо⟩са • не ѥд'ноѭ и д'вашди • нъ и триш'ди ѥго отъвръгъ сѧ *Супр 526, 26-27*.— *Ср.* кратъ (три кратъı)

т р и щ и *Евх 46б 25; 48б 1-2 см.* тришьди

ТРИѤ, три *числ. колич.* (>100) τρεῖς; (трьми съставлѥнии τρισυπόστατος; триѥ дьниѥ, трии дьнь τριήμερος) три tři: бѫдетъ бо отъ селѣ • пѧть въ ѥдиномь домоу раздѣленъ • триѥ на д'ва • і два на три *Л 12, 52 Зогр Мар*; три състави сълично вь ѥдиномь б⟨о⟩жьствѣ *Евх 67а 13*; разарѣѩи цръковь • і трьми дьньми съзидаѩ ѭ *Мт 27, 40 Зогр Мар Ас Сав*; і быс⟨тъ⟩ по трьхъ дьнехъ • обрѣтосте і въ цръкъве сѣдѧшть *Л 2, 46 Зогр Сав*, по трехъ *Мар Ас Боян*; трьми сьставьѥнии божьство *Супр 327, 26*; тъı мрьтвъ триї дьнь *Супр 505, 8* ◆ т р и ѥ н а д е с ѧ т е δεκατρεῖς тринадцать třináct: како без моѥго повелѣниꙗ три на десѧте ѥси позъвалъ *Супр 121, 17*; бѣаше же ихъ до триї на десѧте *Супр 18, 8*; т р и ѥ д е с ѧ т е, т р и д е с ѧ т и τριάκοντα тридцать třicet: і тъ бѣ ис⟨оусъ⟩ • ѣко трьми десѧтъı лѣт • начинаѩ *Л 3, 23 Зогр*, тремъ десѧтемъ лѣтъ *Мар*; адамоу же отъ ослоушаниꙗ конець прикм'шоу по девѧти сътъ и тридесѧти лѣтѣхъ *Супр 9, 25*; отиде тридесѧтъ пьпришть въ далѧ отъ манастирѣ *Супр 287, 5*; т р и с ъ т а τριάκόσιοι триста tři sta: чесо ради хризма си не продана бъıстъ • на трьхъ сътѣхъ пѣнѧзь *И 12, 5 Зогр Сав*, на трехъ сьтѣхъ *Ас, Супр 425, 21* (на т҃ *Мар*); можааше бо си хризма продана бъıти • вѧште три сътъ пѣнѧзь *Мк 14, 5 Зогр*, три *Мар*; т р и к р а т ъ ı *см.* кратъ.— *Зогр Мар Ас Охр Сав Унд Боян Ен Син Служ Евх Супр Зогр-лл*.— *Ср.* в҃, г҃; триѥ десѧте *ср.* тридесѧть

т р о ж д- (!) *Л 5, 5 Мар см.* троудити сѧ

ТРОИ *числ. дистрибут.* (1) τρεῖς три, трое trojí: нъıнꙗ оубо трои сѫтъ пакости дѣѭште намъ • сотона и доуꙁъ и воѥвода *Супр 73, 1*.— *Ср.* триѥ

ТРОИНЪ, -ьıи *прил.* (1) τρισσῶς (!) тройной, троякий trojí, trojitý: вьнезаапъ оузьрѣша силѫ кѫѭ сь небесе поуштенѫ къ нимъ • свѣтити • троинѫ (*вм.* троинѣ?) свитаѭште сѧ *Супр 64, 22*

ТРОИЦА, -ѧ *ж* (20) τριάς, τρισαὴ ὀνομασία *спец.* Троица Trojice (božská): не вѣроуетъ въскрѣшенью • ни въ с⟨вѧ⟩тѫѭ троицѫ *Евх 66б 18*; покланꙗѥмъ сѧ троици ѥд'носѫштьнѣ и неразлѫчьнѣ *Супр 59, 23*.— *Сав Евх Супр Рыл*

т р о н ц и *Клоц 1б 7 см.* отрокъ

ТРОИЧЬНЪ, -ьıи *прил.* (1) τῆς τριάδος *спец.* троицын, относящийся к Троице Trojice *род.*, trojiční: истинънѫѭ и нераздѣлꙗемѫѭ вѣрѫ • єдиносѫштиꙗ троичънаго *Супр 189, 16.— Ср.* троичьскъ

ТРОИЧЬСКЪ, -ꙑи *прил.* (1) τῆς τριάδος *спец.* троицын, относящийся к Троице Trojice *род.*, trojiční: с⟨вѧ⟩тааго д⟨оу⟩ха съшествиѥ • троичьское съвъкоупление съвѣстьствова *Евх 53а 13.— Ср.* троичьнъ

т р о к о н д и и *Супр 562, 25-26 см.* трокондъ

ТРОКОНДЪ, -а *и* **ТРОКОНДИИ**, -иꙗ (5) *м имя* [трокондъ *Супр* (2); трикондъ *Супр* (1); триконъ *Супр* (1); трокон'дии *Супр* (1)] *греч. нет* Троконд Trokond: врѣмени же нѣкоѥмоу миноувъшоу • и їсправьѥнимъ • даромь с⟨вѧ⟩тааго доуха дѣиствоуѥмомъ • отъ раба б⟨о⟩жиꙗ анина • бывъши воѥвода трокондъ • въ оумрьштвениѥ въпадъ *Супр 560, 30*; тѣм' же бываѭштемъ • тоу бѣахѫ вьси • иже съ болгариномь трокон'диѥмъ сановитиї и жоупани • и видѣахѫ вса бываѭштаꙗ *Супр 562, 25-26*; отъ того трокон'да *Супр 561, 21*; съ трикон'домъ *Супр 564, 7*; триконъ... г⟨лаго⟩лааше *Супр 563, 14*

ТРОПАРЬ, -рꙗ *м* (4) [тр(п̃) *Ен* (1); тр.. *Ен* (1)] τροπάριον тропарь troparъ: тропаръ *Ен 27а 6.— Ен 27а 3, 9 и 13*

ТРОФИМЪ, -а *м имя* (7) Τρόφιμος Трофим Trofim: памат⟨ь⟩... с⟨вѧ⟩томꙋ м⟨ѫ⟩ч⟨ени⟩коу трофимоу *Ен 35а 13.— Ен 38а 1; Супр 209, 23; 210, 8, 15 и 26; 212, 12-13*

т р о ф о н ъ *Евх 59а 5 см.* трифонъ

ТРОШИТИ, трошѫ, трошиши *несов.* (3) δαπανᾶν, ἀναλίσκειν, σκορπίζειν рассеивать; *перен.* расточать, растрачивать rozptylovat, drobit; rozhazovat: не троши сѫштиихъ на кръмьѧ *Супр 373, 29;* оньде бо биѭштааго и пиꙗнааго и господьско трошѧштааго и погоубьꙗѭштааго мѫчитъ *Супр 370, 23*; видиши ли старче • како пльти твоꙗ нꙑнѣ трошѧтъ сѧ огнемъ *Супр 231, 21.— Ср.* растачати

ТРОІАНИ, -ньꙗ *ж имя* (1) Τροϊανή Трояна Troiana: госпожда же селоу томоу елинꙑни бѣаше • имѧ ѥи троꙗни *Супр 18, 6*

ТРОУДИТИ, троуждѫ, троудиши *сов./несов.* (34) [трожд- (!) *Мар* (1)] **1.** *сов./несов.* συγκόπτειν затруднить/затруднять, побеспокоить/беспокоить; утруждать způsobit obtíže/obtěžovat: на се лі точѫ приде скоро троудивъ себе • и слоугоуѭштаѧ тебѣ *Супр 49, 3*; не троуді с⟨вѧ⟩тааго • ни ноуди излѣсти отъ своѥго манастꙑра *Супр 561, 21* **2.** *сов.* καταγωνίζειν одолеть, осилить přemoci: побѣждъшааго троуди • і пакꙑ свободь быс⟨тъ⟩ ч⟨ловѣ⟩къ *Клоц 10б 3* **3.** т р о у д и т и с ѧ *сов./несов.* κοπιᾶν, κάμνειν, πονεῖσθαι, πόνος (!) поработать/работать, потрудиться/трудиться, приложить/прилагать усилия namáhat se, pracovat: азъ же посълахъ вꙑ жѧтъ • ідеже вꙑ не троудисте сѧ • іни троудишѧ сѧ *И 4, 38 Зогр Мар Ас*; ѣкоже троудиши сѧ • тако і мъздѫ примеши *Евх 89а 5-6* ● *несов.* ἀσκεῖν, ἀγωνίζεσθαι вести аскетический образ жизни, претерпевать (*мученический подвиг*) vést asketiský život, hrdinsky si vést (*na mučení*): троудиста сѧ извѣсто въ в'сеи чистотѣ съхранивъша свои тѣлесѣ *Супр 25, 28*; тако тъ оубо въ юнѣ врьстѣ троуждааше сѧ *Супр 279, 26* ● о комь, чемь; въ кого, чьто ἀτονεῖν (!), πονεῖσθαι заботиться/позаботиться *о ком-чем-либо* starat se/postarat se, pečovat *o někoho, něco*: троуді сѧ въ с⟨ъ⟩п⟨а⟩с⟨е⟩ние ч⟨ловѣ⟩комъ тварь *Клоц 10а 30-31*; тако прилежьно троуди сѧ о немь *Евх 82б 18* **4.** т р о у д и т и с ѧ *сов.* κοπιᾶν устать, изнемочь unavit se: і⟨соу⟩с⟨ъ⟩ же троуждь сѧ отъ пѫти • сѣдѣаше тако на кладѧзи *И 4, 6 Зогр Мар Ас.— Зогр Мар Ас Син Евх Клоц Супр Рыл.— Ср.* троудъ (троудъ дꙗати, творити), троуждати

т р о у д о л ю (б) ъ в ь н ꙑ и *Зогр-лл 1а 6 см.* любъвьнъ

ТРОУДЪ, -а *м* (70) [троудьн- (!) *Супр* (1); троухъ *Син* (1)] **1.** κόπος, πόνος, κάματος, ἱδρώς; (бес троуда ἀκόπως, ἀπόνως) усилие; труд námaha, úsilí; práce: виждъ съмѣренъѥ моѥ и троудъ мої *Пс 24, 18 Син*; добраа бо дѣѣниѣ троудомь сънискаѭтъ сѧ *Евх 87а 4*; отъ своѥго троуда готовити водѫ • на питиѥ стран'нꙑимъ *Супр 550, 5*; абиѥ приде с⟨вѧ⟩тꙑи михаилъ • и с⟨вѧ⟩тааго оукрѣпивъ доведе бес троуда на мѣсто *Супр 31, 27* ● плоды, результаты труда, усилий plody, výsledky práce: ї дастъ імъ странънꙑ ѩзꙑкꙑ • и троудъ людеі наслѣдоваша *Пс 104, 44 Син* ● ἀγών, ἀγωνία, ἄσκησις, σκάμμα аскетическая жизнь, (мученический) подвиг askeze, asketický život, skutek: по сихъ же троудѣхъ • и х⟨рист⟩а ради ѥже пріѧ мѫкꙑ • показавъ своѭ вѣрѫ... житию конецъ съконьча *Супр 51, 25*; коньча сѧ оубо намъ алчьбънꙑи троудъ *Супр 427, 27*; оста же о себѣ ѥдинъ растꙑ • вь вьсемъ трьпѣниї и троудѣ *Супр 26, 10-11*; си сѫтъ прѣподобьнааго троудьни (! *вм.* троуді) *Супр 219, 26* □ в ъ т р о у д ъ (т р о у д ꙑ) в ъ н и т и воспользоваться плодами *чьего-л.* труда využít plody *něčí* práce: іни троудишѧ сѧ • і вꙑ въ троудъ іхъ вьнидете *И 4, 38 Зогр*, въ троудꙑ *Мар Ас* **2.** κόπος, ἐπιβουλή, ἀγωνία затруднение, трудность obtíž: избави и отъ напасти • і в'сего троуда *Евх 18а 17*; богъ...

не вьсоуе ни вътъште толикааго страданьꙗ • и многоуоумоу троудоу продлъжити сѧ попоусти *Супр 529, 8* □ троудъ даꙗти, творити κόπους παρέχειν затруднять obtěžovat: не твори ми троуда • юже двьри затворены сѫтъ *Л 11, 7 Зогр Ас Сав*, троудъ *Мар*; чьто троудъı даете женѣ *Мт 26, 10 Ас* (чьто троуждаете женѫ *Зогр Мар Сав*).— *Зогр Мар Ас Сав Син Евх Супр Рыл Зогр-лл.— Ср.* подвигъ, подвиѕаниѥ, троужданиѥ; троудъ даꙗти, творити *см.* троудити, троуждати

троудьни *Супр 219, 26 см.* троудъ

ТРОУДЬНИКЪ, -а *м* (1) ἀγωνιστής подвижник bojovník (Kristův): да ꙗко доидоша на троудьника хрьстова васоꙗ • видѣвъ ꙗко ризы растръзаѭтъ самъ сѧ съвлькъ *Супр 64, 10-11.— Ср.* подвижьникъ

ТРОУДЬНЪ, -ъıи *прил.* (6) **1.** μοχθηρός, ἐπίπονος трудный, тяжелый namáhavý, obtížný: по въздръжании ми въздръжаньѥмъ истъıимъ • и троудномъ ѕѣло *Супр 525, 14*; троудноѥ житиѥ *Супр 9, 20* **2.** *греч. нет* получаемый за работу, за труд, заработанный získávaný za práci, za námahu: да не възмьздьꙗ троуднааго • рек'ше ц⟨ѣса⟩рьствиꙗ вѣчьнааго лишиши сѧ *Супр 558, 12* **3.** κεκοπωμένος, συμπεπαρμένος усталый, утомленный; изнуренный unavený: троудъна мѧ сѫтъ (*вм.* сѫшта) отъ шъствиꙗ пѫтьнааго • повелѣ на мѧкъцѣѣмъ семъ одрѣ почити ми *Супр 118, 21-22*; и гонаше и... троудна и потъна отъ тѧгости *Супр 41, 17.— Супр 32, 14*

ТРОУЖДАНИѤ, -иꙗ *с* (1): земьноѥ троужданиѥ γεωπονία труд на земле, земледелие obdělávání půdy: слъıша адама отча домоу испадъша • чловѣка породьнааго гражданина • безъ земьнааго троужданиꙗ живѫшта • безъ дъжда кръмѧшта сѧ *Супр 429, 24*

ТРОУЖДАТИ, -аѭ, -ѥши *несов.* (26) **1.** κόπους παρέχειν затруднять, беспокоить, докучать obtěžovat: чьто троуждаете женѫ • дѣло бо добро съдѣла о мнѣ *Мт 26, 10 Зогр Мар Сав* (троудъı даете *Ас*); *Мк 14, 6 Зогр Мар* **2.** троуждати сѧ κοπιᾶν, πονεῖν, χειμάζεσθαι, σκύλλειν, περιοδεύειν (!) трудиться, работать namáhat se, pracovat: съмотрите цвѣтъ селънъıхъ како растѫтъ • ни троуждаѭтъ сѧ ни придѫтъ (! *вм.* прѧдѫтъ) *Мт 6, 28 Зогр Мар Ас Сав; Л 12, 27 Зогр Мар*; троуждаѭщомоу сѧ дѣлат⟨е⟩лю подобаетъ прѣжде отъ плода вкоусити *2 Тим 2, 6 Ен*; виждъ како и не хотѧште троуждаѭтъ сѧ • о оучиставьѥнии истиньнѣѣмь *Супр 440, 10-11*; придѣте къ мнѣ вси троуждаѭштеі сѧ • і обрѣменении • і азъ покоѭ въı *Мт 11, 28 Зогр Мар Ас Сав; Евх 89б 12* ● ἀγωνίζεσθαι вести подвижническую (аскетическую) жизнь vést asketický život: оутврьждениѥ крѣпѧштимъ сѧ вѣръı ради • и троуждаѭштиимъ *Супр 295, 26.— Зогр Мар Ас Сав Евх Супр Рыл.— Ср.* троудити сѧ, троудъ (троудъ даꙗти, творити)

ТРОУПИѤ, -иꙗ *с собир.* (1) τὰ θνησιμαῖα трупы mrtvoly: п[р]оложишѧ троупиѥ [ра]рабъ твоіхъ • брашьно пътицамъ неб⟨е⟩с⟨ь⟩нъıмъ *Пс 78, 2 Син.— Ср.* троупъ, тѣло

ТРОУПЪ, -а *м* (7) πτῶμα труп mrtvola: ꙗдеже бо аште бѫдетъ троупъ тоу съберѫтъ сѧ орли *Мт 24, 28 Зогр Мар Ас Сав*; повелѣша вльсви троупъ ѥго връѣшти въ ꙗмѫ глѫбокѫ *Супр 269, 7-8.— Мк 6, 29 Зогр Мар.— Ср.* троупиѥ, тѣло

троухъ *Пс 77, 46 Син см.* троудъ

тръ- *см. также* трь-

ТРЪГЪ, -а *м* (2) ἀγορά рыночная, торговая площадь, рынок tržiště, trh: вьси коупно отидоша • отъ ригеѡна нарицаѥмъıи малъıи тръгъ *Супр 542, 9.— Деян 17, 17 Ен.— Ср.* тръжище

ТРЪЖИЩЕ, -а *с* (17) ἀγορά площадь (*обычно торговая*) tržiště: на распѫтиіхъ і тръжиштихъ оучилъ еси *Л 13, 26 Зогр* (*нет Мар Ас Сав*); любите прѣдъсѣданье • на сънъмиштихъ • і цѣлованьѣ на тръжиштихъ *Л 11, 43 Зогр Мар.— Зогр Мар Ас Сав.— Ср.* тръгъ

ТРЪЖЬНИКЪ, -а *м* (10) κολλυβιστής, τραπεζίτης меняла penězoměnec, směnárník: подобааше ти оубо • въдати съребро мое тръжьникомъ *Мт 25, 27 Зогр Мар Ас Сав*; дъскъı тръжьникъ испровръже *Мт 21, 12 Мар Зогр-пал* (*Ø Зогр*).— *Мк 11, 15 Зогр Мар; И 2, 15 Зогр Мар*

ТРЪЖЬСТВО, -а *с* (2) πανήγυρις торжество slavnost: се праз'дьньство и тръжьство не имѣньꙗ трѣбоуѥт • не брашна • нъ волѭ ѥдинѫ • и съвѣсть чистѫ *Супр 493, 14.— Супр 479, 26*

тръст- *см.* трьст-

ТРЪТОРЪ, -а *м* (2) [тръгър- *Евх* (1)] τάρταρος ад, преисподняя, тартар peklo, podzemí: ибо жезлъ желѣзнъ • и пещь огнъна • и тръторъ • і зѫбъı скръжътание • прѣщение ослоушаниѣ • жидетъ тебе *Евх 54б 24*; ѥже сѫтъ на н⟨е⟩б⟨е⟩сехъ • і ѥже сѫтъ на земи • і ѥже въ водѣ • і тръгърѣхъ *Евх 55б 19.— Ср.* адъ, геона, прѣисподьнь

ТРЪТОРЬСКЪ, -ъıи *прил.* (3) ταρτάριος, τῷ ταρτάρῳ, ταρταροψευδής адский, относящийся к аду, преисподней, тартару pekelný: въ глѫбинъı тръторъскъıѧ прѣданъ *Евх 51б 5*; имѫщиомоу власть • на в'сѣкомь влад⟨ы⟩чьствѣ • и на в'сѣкомь нарицаемѣмь •

нан⟨е⟩б⟨е⟩сънꙑхъ и наземьнꙑхъ • и тръторъскꙑхъ *Евх 55а 21-22.— Евх 55б 19.— Ср.* адьскъ

т р ъ т ъ р ъ *Евх 55б 19 см.* тръторъ

ТРЪХЪТЬ, -и *м* (2) [трьхоть *Зогр* (1); трьхьть *Мар* (1)] λεπτόν мелкая монета drobná mince, peníz: не ꙇмаши ꙇзити отъ тѫдѣ • дондеже ꙇ послѣдьнѣи трьхоть въздаси *Л 12, 59 Зогр Мар.— Ср.* ассарии, лепта, мѣдь, мѣдьница, пѣнѧѕь, скълѧѕь

ТРЬБЛАЖЕНЪ, -ꙑи *прил.* (1) τρισμακάριος блаженный, треблаженный třikrát blahoslavený, přeblažený: въ врѣмѧ же изношениꙗ тръблаженааго исаакиꙗ • постави помошть на пѫти прѣдъ манастꙑремь *Супр 208, 29.— Ср.* блаженъ, блажьнъ, прѣблаженъ

ТРЬВЕЛИЧЬСТВЬНЪ, -ꙑи *прил.* (1) τρισμέγιστος в высшей степени (трижды) величественный, могущественный třikrát veliký, převeliký: ѹбои сѧ величьства богъ и великааго аполона добꙑꙗго... и диꙗ • тръвеличьствънааго •ареа • писидона *Супр 115, 8-9.— Ср.* велии, великъ, прѣвеликъ

ТРЬГОУБИТИ, -блѭ, -биши *сов.* (2) *греч. нет* утроить, умножить на три, трижды повторить ztrojnásobit: аще к'то обѣдъ сѧ блюетъ • да тръгоубитъ к҃ *Евх 103а 10.— Евх 104б 5*

ТРЬЅАНИѤ, -ꙗ *с* (1) κοπετός терзание (*одежды, волос и т. п. как внешнее проявление горя*) trhání (*oděvu, vlasů ap. na znamení smutku*): кричава и трьзаниꙗ мѫжь и женъ *Супр 397, 11*

ТРЬЅАТИ, трѣжѫ, трѣжеши *и* трьзаѭ, трьзаѥши *несов.* (4) [тръза- *Супр* (2)] τίλλειν, ὑποτίλλειν дергать, рвать, терзать trhat: нача пакꙑ тръзати хота врѣмѧ накласти скотоу своѥмоу *Супр 41, 5*; мимоидꙑ сиі лакомꙑи... несꙑтомъ срьд'цемь трьза много *Супр 41, 28* ● *перен.* σπαράσσειν терзать drásat: се бо два десѧти ѥстъ днии • нѣ въкоусила ни ꙗта ни питиꙗ • нъ въпьѭшти трѣжетъ себе *Супр 520, 2.— Супр 41, 9*

т р ь з- *см. также* трьѕ-

ТРЬЗѪБЬЦЬ, -а *м* (1) τρίβολος вилы с тремя зубьями, трезубец trojzubec: пове⟨лѣ⟩ же и тръзѫбьцѧ желѣзнꙑ подъстълати има *Супр 181, 27*

ТРЬНИѤ, -ꙗ *с собир.* (48) [трън- *Зогр* (7) *Мар* (13) *Ас* (6) *Син* (2) *Евх* (1)] αἱ ἄκανθαι, ἀκανθώδης (!); (трьниѥ порастъшеѥ ἀκανθόβλαστος) сорное растение с колючками, с шипами, терние (*устар.*) trní, trnité křoví: воини съплетъше отъ трънніѣ вѣньць • възложишѧ на главѫ ѥмоу *И 19, 2 Зогр Мар Ас* (вѣньць трьнѣнъ *Сав*); *Мт 27, 29 Зогр Мар Ас; Евх 50а 1* (вѣнѣць трьнѣнъ *Сав*); дроугаѣ падошѧ въ трънни • ꙇ вьзиде трънние ꙇ подави ѥ *Мт 13, 7 Зогр Мар*; цѣсаръ оуалъ... видѣ мѣсто нѣкако • акꙑ вапѫ сѫштѫ исѫк'шѫ • и тинꙑ смрьдѧштѫ пльнѫ • и лѣсъ частъ вь нѥи • и трьниѥ зѣло люто и кѫпиниѥ *Супр 193, 14*; господь нашь пишѧ иѥремии пророкоу • ѡ трьниимъ (!) порастьшиимъ жидовьска мѣста *Супр 357, 11.— Зогр Мар Ас Сав Син Евх Супр*

ТРЬНОВЪ, -ꙑи *прил.* (6) [трънов- *Мар* (2) *Ас* (2)] ἀκάνθινος терновый trnový: възложишѧ на нь • съплетъше • трьновъ вѣньць *Мк 15, 17 Зогр Мар Ас* (трьнѣнъ *Сав*).— *И 19, 5 Зогр Мар Ас.— Ср.* трьнѣнъ

ТРЬНЪ, -а *м* (1) ἄκανθα шип, колючка терние trn: възвратіхъ сѧ на страстъ егда вонѥзе мі трънъ *Пс 31, 4 Син*

ТРЬНѢНЪ, -ꙑи *прил.* (4) ἀκάνθινος, ἐξ ἀκανθῶν терновый trnový: изиде же ꙇ⟨соу⟩с⟨ъ⟩ вънъ носѧ трьнѣнъ вѣньць *И 19, 5 Сав* (трънновъ *Зогр Мар*, трьновъи *Ас*).— *Мт 27, 29 Сав; Мк 15, 17 Сав; И 19, 2 Сав.— Ср.* трьновъ

т р ь п е з а *Пс 77, 19 Син см.* трапеза

ТРЬПѢЛИВЪ, -ꙑи *прил.* (6) [тръпѣлив- *Син* (3)] μακρόθυμος, καρτερικός, μακροθύμως (!) терпеливый trpělivý: б⟨ог⟩ъ сѫдителъ правьденъ и крѣпокъ ꙇ тръпѣливъ *Пс 7, 12 Син*; не тъ бо ѥстъ трьпѣливъ иже трѣбовании недоиматъ • нъ имѣѩи обилиѥ • ти въ страдании трьпѧ *Супр 92, 28.— Пс 85, 15; 102, 8 Син; Супр 330, 26; 426, 9-10.— Ср.* дльготрьпѣливъ, дльготрьпѧ

т р ь п ѣ л ь с в о *Клоц 1б 37-38 см.* трьпѣльство

ТРЬПѢЛЬСТВО, -а *с* (1) *греч. нет* стойкость, терпение, терпеливость trpělivost: таже съ тръпѣльсвомь (!) ...раздрѣшаѭште *Клоц 1б 37-38.— Ср.* дльготрьпѣлиѥ, дльготрьпѣниѥ, трьпѣниѥ

ТРЬПѢНИѤ, -ꙗ *с* (47) [тръпѣн- *Зогр* (2) *Мар* (2) *Ас* (2) *Ен* (5) *Син* (4) *Евх* (4) *Супр* (6) *Рыл* (1); трпѣн- *Сав* (1) *Супр* (1)] ὑπομονή, μακροθυμία, καρτερία, φιλοσοφία (!), ἀνεξικακία, ἐγκράτεια, ἔνστασις; (съ трьпѣниѥмь μακροθύμως; крѣпъкъ трьпѣниѥмь καρτερώτατος) стойкость, терпение trpělivost, vytrvalost: ꙇ плодъ творѧтъ въ тръпѣнні *Л 8, 15 Зогр Мар Ас Сав*; даждъ намъ тръпѣниѥ *Супр 260, 19*; и философиѭ и прав'дѫ • и тръпѣниѥ любꙑѧхѫ *Супр 138, 16*; в(ъ б)о(лѣ)зни вьсе трьпѣние и мльчание съ радостиѭ казати *Зогр-лл 1а 8* ● чесо; чѣмоу выдержка snášení, trpění: благодѣтъ исповѣдаѭ богоу моѥмоу • даръствовавъшоуоумоу ми различьнꙑимъ мѫкамъ тръпѣнию вѣньць *Супр 254, 12*; и дроугъ дроуга... на трьпѣниѥ мѫкꙑ и на съвръшение мѫчения • помазаѭште оукрѣпьахѫ *Супр 256, 9* ● терпимость snášenlivost: братрие • молѭ вы... съ вьсѣкоѭ съмѣрениѥмь мѫдростиѭ • и кротостиѭ • съ тръпѣниемь отъраждаѭще дроугъ дроугоу *Евх 105б 15-16* ● надежда, упование spoléhání, nadčje: ты еси тръпѣние мое г⟨оспод⟩и *Пс 70, 5 Син.— Зогр Мар Ас Сав Ен Син Евх Супр Рыл.— Ср.* дльготрьпѣлик, дльготрьпѣние, трьпѣльство, сътрьпѣние, оупъвание

ТРЬПѢТИ, -плѭ, -пиши *несов.* (64) [тръп- *Зогр* (3) *Мар* (4) *Ас* (4) *Сав* (1) *Боян* (1) *Ен* (3) *Син* (6) *Евх* (7) *Супр* (10) *Рыл* (1); творѧщ- (!) *Клоц* (1)] **1.** *без доп.* ἐγκαρτερεῖν, καρτερεῖν, ὑπομένειν быть терпеливым, проявлять терпение, терпеть projevovat trpělivost, vytrvávat: троуждѫ сѧ • тръплѭ до кон'ца *Рыл 76а 3*; да оубо не троуждаи сѧ нъ паче трьпи *Супр 299, 17*; не тъ бо ѥстъ трьпѣливъ иже трѣбовании недоиматъ • нъ имѣѩи обилие • ти въ страдании трьпѧ *Супр 92, 30*; четврътыи дьнь иматъ тръпѧ без брашъна *Супр 170, 27* ● на комь; по комь μακροθυμεῖν проявлять снисходительность, терпимость *к кому-л.* mit trpělivost *s někým*: а б⟨ог⟩ъ не иматъ ли сътворити • мьсти избъранꙑхъ своихъ... и тръпитъ на нихъ *Л 18, 7 Зогр Мар Ас*, трьпитъ по нихъ *Сав* ● комоу ἀνέχεσθαι, διαβαστάζειν быть снисходительным, терпеливым být trpělivý *k někomu*: до послѣдьнѧ'го вечера трьпѧ ѥмоу прѣбы *Супр 409, 23*; пристѫпи лобьжи • трьпитъ ти владꙑка трьпѣливꙑи *Супр 426, 9* **2.** кого, чьто *или с инф.* ἀνέχεσθαι, ὑπομένειν, φέρειν, ὑποφέρειν терпеть, сносить, выносить trpět, snášet: людемъ тръпѧщемъ зимѫ *Евх 44б 10*; въсе тръплѭ избранꙑхъ ради *2 Тим 2, 10 Ен*; величание мльчати не трьпитъ *Супр 279, 23*; нꙑ оучѧ тѣхъ паче плакати сѧ творѧштихъ зъло • а не творѧшти (! *вм.* трьпѧштихъ) зъло *Клоц 36 9-10* ● чимь φέρεσθαι (!) страдать *чем-л., от чего-л.* trpět *něčím*: она же своимъ стоудомъ трьпѧшти • и хотѧшти ѥго оуловити... г⟨лаго⟩ла ѥмоу *Супр 516, 17*; зълꙑими бо имиже вь жизни моѥи трьпѣвъ • побѣдихъ • тѣми въ старости моѥи зъло сътворивъ въпадохъ *Супр 525, 2* **3.** кого, чьто ὑπομένειν ожидать (*терпеливо*), уповать očekávat (trpělivě), doufat: ибо вьси тръпѧштеи тебе (!) не постꙑдѧтъ сѧ *Пс 24, 3 Син*; исповѣмъ ти сѧ въ вѣкъ... и тръплѭ имѧ твое *Пс 51, 11 Син.— Зогр Мар Ас Сав Боян Ен Син Евх Клоц Супр Рыл.— Ср.* дльготрьпѣти, потрьпѣти, сътрьпѣти

т р ь с в ѧ т о ѥ *см.* трьсвѧтъ

ТРЬСВѦТЪ, -ꙑи *прил.* (9) [тръс̆т- *Ен* (4) *Евх* (5)] τρισάγιος трижды святой třikrát svatý: тръс⟨вѧ⟩тꙑмь гласомь • отъ серафимъ • поемъ *Евх 93а 21* □ т р ь с в ѧ т о ѥ *в знач. сущ.* τρισάγιον тресвятое (*название молитвы*) trisagion, sanctus (*název modlitby*): а п⟨о⟩пъ въходитъ къ олътарю • и реч⟨етъ⟩ диѣ⟨къ⟩ • диѣкон'ства • ѣже прѣд⟨ъ⟩ тръс⟨вѧ⟩тꙑмь • и поѭтъ тръс⟨вѧ⟩тое • и по тръс⟨вѧ⟩тѣмь не речет⟨ъ⟩ диѣ⟨къ⟩ *Евх 96б 17, 17-18 и 18*; по коньчинѣ тръс⟨вѧ⟩таго • въходѧтъ пѣвъци • на амбонъ *Ен 30б 12.— Ен 22а 8; 30б 7; 32б 15; Евх 63а 14.— Ср.* прѣсвѧтъ, свѧтъ

ТРЬСТИѤ, -иѩ *с собир.* (6) [трес- *Евх* (1)] **1.** οἱ κάλαμοι, καλαμῶν тростник rákosí: повелѣша принести трьстиѥ • и расцѣпивъше на дьвоѥ обложити по пльти ѥмоу *Супр 270, 5* **2.** στιπῦον (!) солома (*из тростника*) (rákosová) sláma: възметаахѫ же слоугꙑ диѩвола на сковрадѫ • пьцьлъ • и масло и трьстиѥ *Супр 118, 10-11.— Евх 54б 6; Супр 270, 8 и 10 и 13.— Ср.* стьблиѥ, трьсть

ТРЬСТЬ, -и *ж* (34) [тръс- *Мар* (2) *Ас* (3) *Син* (1), трес- *Евх* (1)] κάλαμος **1.** καλάμη тростник rákos, třtina: чесо изидосте въ поустꙑнѭ видѣтъ • трьсти ли вѣтромь движемꙑ *Л 7, 24 Зогр Мар* **2.** палка (тростниковая) rákosová hůl, rákoska: бьѣахѫ трьстьѭ по главѣ *Мк 15, 19 Зогр Мар Ас Сав* **3.** тростниковая палочка для письма rákosová tyčka (jako psací náčiní): ѩзꙑкъ мои тръстъ кънижъника ѩдропишьца *Пс 44, 2 Син.— Зогр Мар Ас Сав Син Евх Супр.— Ср.* стьблиѥ, трьстиѥ

ТРЬТИ, търѫ, търеши *несов.* (2) [тър- *Мар* (1)] (търѫще πυγμῇ, *вар.* πυκνά) тереть třít: фарисѣи бо • и вси иѹдѣи • аште не оумꙑваѭтъ рѫкоу търѫште • не ѣдѧтъ *Мк 7, 3 Зогр Мар.— Ср.* въстирати

т р ь т и и *Мк 15, 25 Зогр см.* третии

т р ь х о т ь, т р ь х ъ т ь *Л 12, 59 Зогр Мар см.* тръхъть

т р ь к *см.* триѥ

т р ѣ (!) *Супр 372, 28 см.* трѣба[2]

ТРѢБА[1], -ꙑ *ж, чаще мн.* (9) θυσία, ἑορτή, ἐπιθύειν (!); (трѣбꙑ творити σπένδειν, θσιάζειν; трѣбꙑ испльнь κατείδωλος) жертва oběti: аще к'то оудавлениѭ • ли кръвь скотиѭ *14* ● (*языческое*) жертвоприношение (*pohanská*) oběť: вьзискати и влачити крьстиѩнꙑ • на трѣбꙑ и на осквръниние *Супр 125, 13*; ѩко и дроузии идѫтъ осквръните сѧ въ трѣбахъ *Супр 125, 8*; раз⟨д⟩ражаше с⟨ѧ⟩... вїдѧщ(ю) (непри)ѣзнинѣ тѣла и трѣбꙑ испльнь *Деян 17, 16 Ен*; жръти и трѣбꙑ творити милостивꙑимъ богомъ *Супр 147, 25*; трѣбѫ богоу аполоноу творимъ *Супр 27, 4* ◆ с в ѧ т ꙑ ѩ т р ѣ б ы ἡ ἱερὰ θυσία святые дары, евхаристия eucharistie: сице и с⟨ва⟩тыѩ пода кмꙋ трѣбы *Супр 420, 4.— Супр 30, 1; 35, 26.— Ср.* жрьтва, сватьба; сватыня трѣбы *ср.* даръ, рованик

ТРѢБА[2], -ы *ж* (14) [трѣ (!) *Супр* (1)]: т р ѣ б ѣ (кстъ) *в знач. сказ.* χρεία, εὔθετος, χρήσιμος; (трѣбѣ быти χρείαν ἔχειν, δεῖν, χρήζειν; трѣбѣ имѣти χρείαν ἔχειν) нужно, требуется zapotřebi, třeba: аще же соль обоуѣетъ • о чемь оубо осолитъ сѧ • ни въ земи ни въ гноі • трѣбѣ естъ *Л 14, 35 Зогр Мар*; аште се трѣбѣ г⟨оспод⟩і олокавътомата і дары *Клоц 2б 40 (2 Цар 11, 18)*; о мьнѣ бо нѣстъ трѣбѣ плакати сѧ • ни миловати *Супр 102, 15*; тръпѣнию бо имате трѣбѣ *Евр 10, 36 Ен; И 16, 30 Сав 140б 5; Супр 338, 19; 345, 12; 372, 28; 379, 9; 404, 17; Рыл 4аа 30; Хил 2ба 1-2; 2бβ 21.— Ср.* потрѣба; трѣбѣ быти, имѣти *ср.* трѣбовати

ТРѢБИЩЕ, -а *с* (6) **1.** εἰδωλεῖον, σέβασμα языческий храм, капище pohanský chrám: аще бо кто видитъ тѧ им(ж)ща разоумъ въ трѣ(б)ищ(и) възлежѧща *1 Кор 8, 10 Ен*; ис корене ископати елинъска трѣбишта *Супр 357, 18* **2.** βωμός, θυσιαστήριον алтарь, жертвенник oltář, obětiště: трѣбиште о(тъ)то естъ *Клоц 7а 21*; трѣбишта разметана *Супр 418, 14*; ти тоу помьнеши горѣ стоѩ оу трѣбишта *Супр 422, 28* (прѣдъ ол'таремь *Мт 5, 24 Зогр Мар*).— *Супр 422, 27.— Ср.* капище, капищьница, коумирьница, олътарь, трѣбьникъ, црькъвище

ТРѢБОВАНИЕ, -ия *с* (4) **1.** χρεία, ἀναγκαῖον, ἔργον потребность, нужда, надобность potřeba, nutnost, požadavek: прием(ш)е дѣла безбожьныхъ странъ июди и трѣбованьѣ и словеса *Рыл 2бβ 9*; трѣбование естъ очию и ѩзыка *Зогр-лл 1б 10* **2.** τὸ ἀναγκαῖον нужный предмет, нужная вещь potřebná věc: і тѣлесьнаа трѣбованиѣ обило подаваи *Евх 83б 3*; не тъ бо кстъ трьпѣливъ иже трѣбовании недоиматъ *Супр 92, 28-29*

ТРѢБОВАТИ, -боуѭ, -боукши *несов.* кого, чесо (95) **1.** χρείαν ἔχειν, χρήζειν, δεῖσθαι, ἐπιδεῖσθαι нуждаться *в ком-л., чем-л.*, испытывать потребность, нужду *в чем-л.* potřebovat: дастъ емоу • елико трѣбоуетъ *Л 11, 8 Зогр Мар Ас Сав*; не трѣбоуѭтъ съдравиі врачевъ • нъ болѧштеі *Л 5, 31 Зогр Мар Ас*; ѣко благыхъ моихъ не трѣбоуеши *Пс 15, 2 Син*; а ли оучитель молитвы трѣбоуаше *Супр 307, 19*; не бо молитвы трѣбоваше богъ *Супр 306, 28-29* ● *с инф.* должно, следует muset: азъ трѣбоуѭ отъ тебе крьстити сѧ *Мт 3, 14 Зогр Ас* (хощѫ *Ас*, ∅ *Мар*); не трѣбоуѭтъ отити • дадите імъ вы ѣсти *Мт 14, 16 Зогр Мар Ас* □ т р ѣ б оу ѭ и, -ѭщакго *прич. в знач. сущ.* δεόμενος, ὁ χρείαν ἔχων нуждающийся, бедный potřebný, chudý: ѩко въ годъ съмрьтьнъи оставьѭ трѣбоуѭштимъ *Супр 375, 11* **2.** χρήζειν требовать vyžadovat: се же трѣбоуктъ отъ насъ да вѣмъ имѧ господа нашего *Супр 262, 24.— Зогр Мар Ас Сав Син Евх Супр.— Ср.* рѣчьновати

т р ѣ б ъ *см.* наитрѣбѣи

ТРѢБЬНИКЪ, -а *м* (1) *греч. нет* жертвенник oltář: имамы двѣ пешти • на твореньк вароу горѧшти присно на зъданьк трѣбьникоу нашемоу *Супр 540, 18-19.— Ср.* олътарь, трѣбище

ТРѢБЬНЪ, -ыи *прил.* (1) *греч. нет* жертвенный, принесенный в жертву (*о языческой жертве*) obětní, pocházející z pohanské oběti: аще к'то оудавленинѫ • ли кръвь скотиѫ • не вѣдꙑ ѣко... трѣбъно ч'то без бѣды ѣстъ *Евх 104б 21*

т р ѣ б ѣ *см.* трѣба[2]

ТРѢВА, ТРАВА, -ы *ж* (30) [трѣв- *Зогр* (6) *Мар* (6) *Ас* (3) *Сав* (2) *Унд* (1) *Син* (5) *Евх* (1) *Супр* (3); трав- *Син* (3)] **1.** χόρτος трава tráva: і повелѣвъ народомъ възлешти на трѣвѣ *Мт 14, 19 Зогр Мар Ас*, по трѣвѣ *Сав*; на трѣвѣ зеленѣ *Мк 6, 39 Зогр Мар*; аще трѣвѫ сельнѫѭ дьньсь сѫщѫ • а оутро вь пещь вълагаѭщѫ сѧ • б⟨ог⟩ъ тако одѣетъ *Мт 6, 30 Сав* (сѣно *Зогр Ас*, сѣно селъное *Мар*); чл⟨овѣ⟩къ ѣко трава днь-е-го *Пс 102, 15 Син* **2.** χόρτος молодая зелень (*еще незрелая*), злак zelený, travnatý porost: вь себѣ бо землѣ плодитъ сѧ • прѣжде трѣвѫ по томь же класъ *Мк 4, 28 Зогр Мар* **3.** χλόη, βοτάνη, αἱ βοτάναι ростки, зелень, растения byliny, rostliny: прозѧбаѩи пажитъ скотомъ і травѫ на слоужбѫ чл⟨овѣ⟩к⟨о⟩мъ *Пс 103, 14 Син*; да изнесетъ землѣ трѣвѫ сѣнѫ *Евх 12б 5 (Быт 1, 11)*; пиштѫ же на многа врѣмена отъ трѣвы имѣаше *Супр 519, 4.— Зогр Мар Ас Сав Унд Син Евх Супр.— Ср.* былик, злакъ, пажить, сѣно

ТРѢВЬНЪ, -ыи *прил.* (1) χλοηφόρος покрытый травой, зеленый travnatý: видѣвъ же мѣсто трѣвно и красьно • сълѣзе отъ коня поглоумити сѧ *Супр 146, 12*

т р ѣ ж е т ъ *Супр 520, 2 см.* трьзати

ТРѢЗВЕНИЕ, -ия *с* (4) ἐγκράτεια трезвость, воздержание střízlivost, zdrženlivost: ѡ просвѣтити сѧ д⟨оу⟩ши его • въ трѣзвеньи • і поштеньи • і въ съврьшенѣ страсѣ *Евх 98а 24-25*; в'сего трѣзвениѣ • подвижьника ави *Евх 100а 16.— Евх 89б 2; 99а 20*

ТРѢЗВИТИ СѦ, -влѭ сѧ, -виши сѧ *несов.* (1) νήφειν быть трезвым, воздержанным být střízlivý, zdrženlivý: плътьскыѩ похоти отъжени • ι дажди намъ не бѫдѫщеѩ мыслиѩ • ι трѣзвѫщемь сѧ помышлениемь • да не прѣꙑти бѫдемъ тѧжъкомь сънomь *Евх 38а 8-9*

ТРѢЗВЪ, -ꙑи *прил.* (3) νήφων, νηφάλιος трезвый, воздержанный střízlivý, zdrženlivý: въздадимъ благодѣтелеви... доушѫ трѣзвѫ и въстанивѫ *Супр 493, 13*; трѣзва д⟨оу⟩ша *Хил 26β 21*; оумъ трѣзвь *Хил 26α 4*

трѣпѣза *Клоц 7б 36 см.* трапеза

ТРѢСНЪ, -а *м* (1) κροσσωτόν бахрома třásen, třepení: трѣснꙑ златꙑ одѣна прѣкоу-цена *Пс 44, 14 Син*

ТРѦСАВИЦА, -ѧ *ж* (13) [трисав- *Евх* (1)] *греч. нет* лихорадка zimnice, třesavka: посъли нꙑнѣ г⟨лаго⟩лъ твои • ι иждени трѧсавицѫ сиѭ *Евх 44б 19-20.— Евх 44а 19-20; 45а 16 и 18; 45б 16; 46а 21; 47б 14; 48б 14; 49а 5; 49б 14; 50б 6 и 11; 51а 7*

ТРѦСТИ, трѧсѫ, трѧсеши *несов.* (20) συσπαράσσειν трясти třást, otřásat: иждени трѧсавицѫ... трѧсѫщиѭ в'сѣми оудьми его *Евх 45а 1*; еще же г⟨лаго⟩лѭщю емоу поврьже ї бѣсъ трѧсꙑ *Л 9, 42 Сав* (ι сътрѧсе *Зогр Мар Ас*) □ трѧсти сѧ τρέμειν, σείεσθαι, κραδαίνεσθαι, κλονεῖσθαι трястись, дрожать třást se, chvět se: прізираѩ на землѭ творѩ ѭ трꙑ-сті сѧ *Пс 103, 32 Син*; мол⟨итва⟩ над⟨ъ⟩... трѧсѫщимь сѧ трѧсавицеѭ *Евх 44а 19* ● *перен.*: видѣ... вьсь мирь трѧсѫштъ сѧ страхомь *Супр 426, 21.— Сав Син Евх Клоц Супр.— Ср.* трепетати

ТРѪБА, -ꙑ *ж* (7) σάλπιγξ труба (*музыкальный инструмент*) trouba, polnice: въстрѫбіте на новъ мѣсѧць трѫбоѭ *Пс 80, 4 Син* ◆ трѫба рожана *см.* рожанъ.— *Пс 97, 6 (2) Син; Супр 206, 23; 319, 2; 372, 21; 486, 12*

ТРѪБИТИ, -блѭ, -биши *несов.* (1) ἠχεῖν трубить troubit: ꙗкоже бо вельгласънаꙗ трѫба трѫбѧшти въставꙑѭтъ многꙑ • на въплъчениѥ рати *Супр 206, 23*

ТРѪБЛЕНИѤ, -иꙗ *с* (1) σάλπιγξ звуки трубы troubení: въ послѣднимь трѫбь'ѥнии • сънидетъ сь небесе *Супр 372, 19-20*

ТРѪБЬНЪ, -ꙑи *прил.* (7) τῆς σάλπιγγος трубный trouby, polnice *род.*: ι посълетъ а⟨н⟩г⟨е⟩лꙑ своѩ • съ гласомь велиімь трѫбьнꙑмь ι съберѫтъ ізбъранꙑѩ его *Мт 24, 31 Зогр Мар Ас Сав*; възіде б⟨ог⟩ъ во въсклик-новенꙑ • г⟨оспод⟩ъ въ гласѣ трѫбьнѣ *Пс 46, 6 Син; Ас 28аа 6; Супр 478, 29-30*

ТРѪДОВИТЪ, -ꙑи *прил.* (1) *греч. нет* больной nemocný: мол⟨итва⟩ над⟨ъ⟩ трѫдовитомь [и] водънꙑми прѣлогꙑ *Евх 31а 17.— Ср.* больнъ, болѣти (болѣти)

ТРѪДЪ, -а *м* (7) *греч. нет* болезнь nemoc: приими раба твоего сего • сѫща несъдрава • трѫдомь • ι ицѣли и отъ одръжѧщаѩ тѣлесънꙑѩ болѣзни • ι отъ трѫда сего изъми и *Евх 31б 7 и 9-10* ◆ водьнꙑи трѫдъ (водьнꙑи трѫдъ имꙑ ὑδρωπικός) водянка vodnatelnost: ι се чл⟨о⟩в⟨ѣ⟩къ единъ имꙑ водънꙑи трѫдъ • бѣ прѣдъ нимь *Л 14, 2 Мар Ас Сав* (∅ *Зогр*); водьнаꙗго трѫда строуꙗ изьлиꙗ *Супр 476, 27.— Евх 31б 1-2.— Ср.* болѣзнь

ТРѪСЪ, -а *м* (25) σεισμός землетрясение zemětřesení: землѣ зыблѭшті сѧ мѧтетъ • ι обѣшаетъ трѫсомь *Клоц 11б 4*; на в'сѣх⟨ъ⟩ мѣстѣхъ трѫсъ и гладъ и с'мрьти различьнꙑ по земли *Рыл 4аа 18*; и абиѥ бꙑстъ трѫсъ и звонъ *Супр 18, 13* ● волнение, буря (*на море*) bouře (*na moři*): се трѫсъ вели бꙑстъ въ мори • ꙗко покрꙑвати сѧ кораблю вльнами *Мт 8, 24 Зогр Мар.— Зогр Мар Ас Сав Зогр-пал Евх Клоц Супр Рыл*

ТРѪТЪ, -а *м* (6) φάλαγξ, συνασπισμός строй, войско (*в походе*) šik: а аште и ѥдинъ би бꙑлъ чоудимꙑи • довьлѣаше нашеи силѣ одолѣти • а не нъ толико множьство • трѫтъ онимъскꙑи • плъкъ не прѣборемꙑи *Супр 82, 30* ● *перен.*: ѡ како прѣштеньѥ архиереиско • въз'мѫти апостольскꙑ трѫтꙑ *Супр 471, 23* ● κουστωδία стража stráž: къде людье ι шатаньѣ • ι трѫтъ неправедьнꙑи *Клоц 12б 17; Супр 448, 14.— Супр 93, 29; 96, 28.— Ср.* коустодиꙗ, стража

ТОУ *нареч. и частица* (>300) I. *нареч.* 1. ἐκεῖ, ἐκεῖσε, αὐτόθι, ἐνταῦθα, ἐν αὐτῷ там, в том месте, на том месте tam, na tom místě: ідеже бо аште бѫдетъ троупъ тоу съберѫтъ сѧ орли *Мт 24, 28 Зогр Мар Ас Сав*; на рѣцѣ авилоньстѣ • тоу сѣдомъ ї плакахомъ сѧ *Пс 136, 1 Син*; ι въврьгѫтъ ꙗ въ пештъ огньнѫѭ • тоу бѫдетъ плачь ι скрьжьтъ зѫбомъ *Мт 13, 42 Зогр Мар Ас Унд; Мт 8, 12 Зогр Ас Сав* (∅ *Мар*); *Евх 106б 24; Супр 370, 8; 554, 26-27*; егда бо придетъ дѣлатель съ лопатоѭ потрѣбити тока • плѣвамъ льгъкамъ сѫштамъ • оудовь вѣтромъ отъносѧтъ сѧ • а пшеница тоу остаѥтъ *Супр 127, 27* ● там, туда, в то место tam, na to místo: разорѭ житьницѫ моѩ • ι большѫ съзиждѫ • ι съберѫ тоу жита моѣ *Л 12, 18 Зогр Мар Ас Сав* 2. αὐτοῦ, ἐν τῷ αὐτῷ, αὐτόθι, ἔτι (!), τοίνυν (!) здесь, на этом месте, тут tu, zde, na tomto místě: сѧдѣте тоу • дон'деже шьдъ помолѭ сѧ тамо *Мт 26, 36 Зогр Мар Ас Сав*; не бѫди никтоже июдоѩ тоу *Супр 420, 10* (сьде *Клоц 8а 8*) 3. εὐθέως тогда, в то время tehdy, tu: вьсѣкъ чл⟨овѣ⟩къ доброе віно пръвоѥ подаетъ • и егда оупиѭтъ сѧ • тоу тачаѥ *И 2, 10 Ас* (тогда *Мар*, *нет Зогр*); тъгда бо кже и вьза хлѣбъ июда • тоу въскочи вь нь диꙗволъ *Супр 421, 2* (тогда • егда приꙗтъ тѣло юда • въскочі въ нь дьѣволъ *Клоц 8а 33*) **II.** *частица*: т о у а б и к е αὖϑις, παραυτά, παραυτίκα, παραχρῆμα, εὐϑύς, εὐϑέως, εὐϑύ, προϑύμως тотчас, сейчас же a hned: тоу абиѥ владꙑка х⟨ристо⟩с⟨ъ⟩ отъвѣшта рѣкꙑ *Супр 427, 15*; тоу абиѥ арию отъ алеѯандриꙗ • въ костантинь градъ прити скоро повелѣ *Супр 188, 21*; онъ же оувѣштавъ сѧ • и тоу абиѥ срьдьце въдавъ прошааше кръштениꙗ *Супр 25, 5*; ч ь т о т о у τί τοῦτο что же copak: пакость бо ми рече сьтвори великѫ • и зѣло мѧ прѣизноури • да что тоу *Супр 422, 13*; и т о у καὶ ἰδού и вот a tu: и тоу напрасно на вѣтрѣ бывъ... обрѣте сѧ въ своѥи пештерѣ *Супр 289, 20*; ꙗ р о у т о у *см.* ꙗроу ◆ т о у б ы т и παρεῖναι, т о у с т о ꙗ т и, т о у п р ѣ с т о ꙗ т и παρίστασϑαι, περιίστασϑαι; (не бꙑти тоу ἀπεῖναι) находиться, присутствовать (*при чем-л.*) být přitomen: и в'сѣмъ тоу сѫштиимъ плачѫштемъ сѧ с нꙑми • вьздвигъ гласъ свои блаженыи кодратъ *Супр 109, 18*; приведи кто слыша кто ли тоу стоꙗ *Супр 241, 22*; ꙗко и не пришъдъ х⟨ристо⟩с⟨ъ⟩ тоу бѣ *Супр 306, 21*; ꙗко и не видѣаше тоу сѫшта ѥгоже хотѣаше прѣдати *Супр 412, 15.— Зогр Мар Ас Сав Охр Унд Зогр-пал Боян Ен Син Евх Клоц Супр Зогр-лл.— Ср.* сьде, тамо, тоуниждe, тъгда

т о у *Л 4, 15 Мар; Л 11, 14 Зогр см.* тъ

т о у д о у *см.* тѫдоу

т о у д ѣ *см.* тѫдѣ

т о у ж д е п л е м е н ь н и к ъ *Евх 65а 25 см.* тождеплеменьникъ

т о у ж д ь *см.* штоуждь

т о у ж е р о ж д е н и к *Супр 490, 14 см.* тождерожденик

т о у з ь *Киев 4б 10-11 см.* штоуждь

ТОУИЖДЕ *нареч.* (2) ἐκεῖσε там же tamtéž: иш⟨и⟩ тоу ижде *Ас 30с 14*; повелѣ... ижде и прьвѣѥ бѣша • тоуижде сѫдоу бꙑти прѣдъ лицемь льстиваагo *Супр 60, 2*

ТОУКЪ, -а *м* (6) **1.** στέαρ жир tuk: ѣко тоука и масті испльні сѧ д⟨оу⟩ша моѣ *Пс 62, 6 Син* ● *перен.*: тоукъ своі затворішѧ *Пс 16, 10 Син* **2.** πιότης плодородность, сочность žírnost, hojnost: полѣ твоѣ насытѧтъ сѧ тоука *Пс 64, 12 Син; Ен 21б 8*; ї натроу ѧ отъ тоука пъшенічьна *Пс 80, 17.— Пс 72, 7 Син.— Ср.* масть

ТОУЛЪ, -а *м* (1) φαρέτρα колчан toul, toulec: оуготовашѧ стрѣлы въ тоулѣ *Пс 10, 2 Син*

ТОУМЬПАНЪ, -а *м* (1) τύμπανον тимпан (*ударный музыкальный инструмент*) tympán: прііміте пъсаломъ ї дадите тоумьпанъ *Пс 80, 3 Син*

ТОУНѤ *нареч.* (12) δωρεάν даром, бесплатно zdarma: тоуне приꙗсте • тоуне же дадите *Мт 10, 8 Зогр Мар Ас Сав*; тоуне пріде х⟨ристос⟩е • пролітъ кръве своеѩ *Клоц 5б 33; Супр 415, 13*; тоуне цѣсарьство небесьскоѥ дастъ ми богъ *Супр 300, 12.— Рыл 7бβ 7.— Ср.* ашоуть, въсоуѥ, насоуѥ, спыти, соуѥ, тъць (въ тъцѥ)

т о у р и ꙗ *Л 3, 1 Боян см.* итоуриꙗ

ТОУРЪ, -а *м* (1) ταῦρος дикий бык, тур býk, tur: своѥѭ вльхвовънѫѭ хытростиѭ измѣнꙗѧ сѧ • иже прѣтварѣше сѧ овогда тоуромъ бывъ • овогда же крилатамъ п'тицамъ подобѧ сѧ *Супр 7, 24*

т о у р ъ *Зогр Мар Ен Син см.* тvръ

т о у р ь с к ъ *Мт 15, 21 Зогр Мар Сав; Мк 7, 24 Зогр; Мк 7, 31 Сав; Л 6, 17 Мар см.* тvрьскъ

ТОУЧЬНЪ, -ыи *прил.* (6) **1.** παχύς, πίων; (тоучьнъ бꙑти πιαίνειν) жирный, тучный tučný: волꙑ ихъ тоучьнꙑ сътвори *Евх 15б 14* **2.** πίων тучный, плодородный žírný, úrodný: гора б⟨о⟩жьѣ гора тоучьна *Пс 67, 16 Син* ● *перен.*: поклонішѧ сѧ въсі тоучъні земьѩ *Пс 21, 30 Син*; вьсесъжагама (!) твоѣ тоучъна бѫди *Пс 19, 4 Син.— Пс 21, 13; 67, 16 Син*

ТЪ, та, то *мест.* (>2000) **1.** ἐκεῖνος, αὐτός, οὗτος, ὁ, ὅδε, τοιοῦτος, ὁ ἐκεῖϑεν, ὁ ἐκεῖσε, ὅστις (!); (въ тъ дьнь ἐφήμερος; того мѣста ἐκεῖσε) тот ten, onen: никомоуже не възвѣстишѧ въ тꙑ дни ничьсоже о тѣхъ ѣже видѣшѧ *Л 9, 36 Зогр Мар Ас*; ıерѣı етеръ • съхождааше пѫтьмь тѣмь *Л 10, 31 Зогр Мар Ас Сав*; кнѧзъ иже бѣ того мѣста *Супр 117, 3*; възгласишѧ родителѣ • того прозьрѣвъшаего *И 9, 18 Зогр Мар Ас Сав*; оу нѥго прѣбꙑсте дьнь тъ *И 1, 40 Зогр Мар*, денет *Ас Охр*; рѣшѧ ıмъ ти *И 7, 45 Зогр Мар Ас* (они *Сав*); вѣмь ѣко месиѣ придетъ • рекомꙑ х⟨ристос⟩ъ • егда тъ придетъ възвѣститъ намъ вьсѣ *И 4, 25 Зогр Мар Ас*; азъ оубо крьстихъ вꙑ водоѭ • а тъ крьститъ вꙑ д⟨оу⟩хомь с⟨вѧ⟩тꙑмь *Мк 1, 8 Зогр Мар Ас Сав*; о⟨ть⟩ць же прѣбꙑваѩи въ мьнѣ • тъ творитъ дѣ⟨ло⟩ *И 14, 10 Зогр Мар Ас Сав*; жезлъ тво-і палица твоѣ та мѩ оутѣшисте *Пс 22, 4 Син* ● *передает греч. артикль*: дѣлателе же ти... рѣшѧ въ себѣ *Мт 21, 38 Ас* (*нет Мар Сав, ∅ Зогр*); бѣ же имѧ рабѹ томоу мельхъ *И 18, 10 Сав* (*нет Зогр Мар Ас*); оучаше ı • остатı зълаго начѧтка того *Клоц 5б 24-25*; исповѣдаѩ сѧ до десѧти лѣт' • въ пештерѣ тоı *Супр 528, 24* ● *вводит главное предложение после* (*или перед*) *придаточного относит., дополнит. и т. п.*: ıже аште [хоштетъ] погоубитъ д⟨оу⟩шѫ своѭ • мене ради • тъ с⟨ъ⟩п⟨ас⟩етъ ѭ *Л 9, 24 Зогр Ас* (*нет Мар*); повели ми прѣжде отъвѣщати сѧ тѣхъ ,• иже сѫтъ въ домоу моемь *Л 9, 61 Сав* (*нет Зогр Мар Ас*); то вѣвѣ ѣко сь естъ с⟨ы⟩нъ наю *И 9, 20 Зогр* (*нет Ас Мар*); мало же естъ тѣхъ іже и обрѣтаѭтъ *Евх 69б 19; 89б 9-10* (мало іхъ естъ *Мт 7, 14 Зогр Мар Ас*) ● *в противопоставлении* сь... тъ: си же подобааше сътворити • і тѣхъ не оставити *Мт 23, 23 Мар* (*Ø Зогр*); оукраше і тогда тѫ трапезѫ тъ і сьѭ нынѣ краситъ *Клоц 8а 13* □ и тъ, тъ бо καὶ οὗτος, ὅς, ὅσπερ и тот; который a ten; který: дъшти іночѧда бѣ емоу... і та оумирааше *Л 8, 42 Зогр Мар Ас* (ѩже *Сав*); единъ же отъ ѝихъ... паде ниць на ногоу его • хвалѧ емоу въздаѩ • і тъ бѣ самарѣнинъ *Л 17, 16 Зогр Мар Ас* (иже *Сав*); г⟨оспод⟩і нашего ради • тъ бо нъи самъ отъ тьмьнъихъ отъведе *Киев 5б 11* **2.** οὗτος этот tento: тъ естъ кр⟨ь⟩стѧи д⟨оу⟩х⟨о⟩мъ с⟨вѧ⟩т⟨ъи⟩мъ *И 1, 33 Ас* (сь *Зогр Мар Сав*); і идѫтъ ти въ мѫкѫ вѣчънѫѭ • а праведьници въ животъ вѣчънъі *Мт 25, 46 Мар Сав* (си *Зогр Ас*); не вьсі въмѣстѧт словесе того *Мт 19, 11 Ас* (сего *Зогр Мар*); да с⟨ъ⟩п⟨а⟩сетъ и сѧ • аште тъ естъ х⟨ристос⟩ъ *Л 23, 35 Ас* (сь *Зогр Мар Сав*); тъ родъ не імать ничимьже ізити • тъкъмо молитвоѭ і постомь *Мк 9, 29 Зогр Мар Ас Сав* **3.** *в знач. личн. мест. 3 л.* αὐτόν, αὐτός он on: і се трѧсъ вели бъістъ въ мори... а тъ съпааше *Мт 8, 24 Зогр Мар*; тъ въскрьсе отъ мрътвъіхъ • і сего ради силъі дѣѭтъ сѧ о ѝемь *Мт 14, 2 Зогр Мар*; прѣдъ нимъ припадѫтъ въсі съходѧштеи (!) въ землѭ • и д⟨оу⟩ша моѣ томоу живетъ *Пс 21, 30 Син*; вьса тѣмъ бъіша • и бес того не бъістъ ни ѥдино • ѥже бъіс⟨тъ⟩ *Супр 10, 17* (безнѥго *И 1, 3 Зогр Ас, Ø Мар*); оумоли с⟨вѧ⟩тъіи кодратъ слоугъі • да того прьвѣѥ слоугъі въведѫтъ *Супр 105, 27*; такоже ї х⟨ристо⟩с⟨ъ⟩ • аште да не по того образоу глаголеши • не послоушаѥтъ тебе *Супр 382, 22*; възми възми распьни того *Супр 435, 16* (пропьни і *И 19, 15 Зогр Мар*, распьни і *Ас Сав*) **4.** αὐτός сам sám: тъ бо да⟨въі⟩дъ рече • д⟨оу⟩хомь с⟨вѧ⟩тъімь *Мк 12, 36 Зогр Мар Ас*; тъ бо любитъ васъ *И 16, 27 Сав 140а 17* (самъ бо о⟨ть⟩ць *Зогр Мар Ас Сав 104б 2*); аште ли же ни • за та дѣла вѣрѫ емлѣте ми *И 14, 11 Зогр Мар Ас* (2); еда тъі болеи еси отьца нашего ѩкова • іже дастъ намъ стоуденецъ сь • і тъ из него питъ и с⟨ы⟩н⟨о⟩ве его и скоти его *И 4, 12 Мар Зогр Ас*; отиде пакъі въ горѫ тъ единъ *И 6, 15 Мар* (*нет Зогр Ас*) □ и тъ καὶ αὐτός сам sám: іосифъ • іже и тъ оучи сѧ оу і⟨соу⟩са *Мт 27, 57 Ас* (*нет Зогр Мар*); приде іосифъ отъ аримат'ѣѩ • благообразьнъ съвѣтьникъ • іже і тъ бѣ чаѩ ц⟨ѣса⟩р⟨ь⟩с⟨тв⟩иѣ б⟨о⟩жьѣ *Мк 15, 43 Зогр Мар*, ѣко и тъ *Ас*; самъ тъ, тъ самъ αὐτός, αὐτὸς ἐκεῖνος он сам; тот самый sám, on sám: велиѣ слава его • і в'сѣ работънаа томоу самомоу работаѭтъ *Евх 55а 13*; обраштеши само то слово *Супр 317, 15*; отъ того самого мѣста... оуспѣхъ приобрѣсти помъісливъ *Супр 273, 6*; се же азъ отъ тоѩ самоѩ слъішахъ диѩконисъі василинъі *Супр 299, 28*; нъ обаче и тѫ и самѫ кръвь ѭже пролиѩша • на сьпасение пролиѩвъшимъ дастъ *Супр 422, 15* (своѭ кръвь самъ *Клоц 9а 3*); то само творимое послоухоуѥ • ѩко богъ ѥстъ сице хвалимъіи *Супр 324, 10* **5.** тъ, тъ же ὁ αὐτός тот же týž, tentýž: мѣ⟨сѧ⟩ца тог⟨о⟩ ѕ҃ род⟨ь⟩ство с⟨вѧ⟩тъіѩ г⟨оспо⟩ждѧ б⟨огоро⟩ди⟩цѧ *Ас 116б 10*; імьже і бѣ съвѧзала съмрьть тѣмь же бесъмрьтье обрѣте *Клоц 10б 5*; слъішимъ сѫшта нѣкого... именемь конона • тоѩ вѣръі *Супр 45, 29*; сь тѣм же дрьзновениїмъ и чьстъіѭ • и цѣсарь и оубогъ • и наслаждениѥ и обьштениѥ • сихъ божии таинъ пристѫпаѭтъ *Супр 492, 6* ◆ того ради, того дѣлꙗ, того дѣльма, того радьма διὰ τοῦτο, διό поэтому proto: того дѣлѣ • и противѫ изиде народъ *И 12, 18 Сав* (сего ради *Зогр Мар Ас*); того ради оубо сьде подобаѥ • събрати масло *Супр 373, 25*; того радма въ врѣмѧ строѩ г⟨оспод⟩ь нашъ вьсѫ обави кротость *Супр 545, 18*; того бо дѣл'ма и зѫби и оустьнѣ на оутврьжден'ѥ ѩзъıка сътворенъі сѫтъ *Супр 497, 16-17*; отъ того ἐκ τούτου с того времени, с того момента od té doby, od té chvíle: отъ того пилатъ искааше поустити и *И 19, 12 Мар*, овъ (!) того *Зогр* (ѡтъ толі *Ас*, отъ толѣ *Сав*); отъ того, тѣмь ἐντεῦθεν, ἐκεῖθεν оттуда odtud, z toho: ничʼтоже отъ того приобраштемъ *Супр 374, 5*; се паче въ истинѫ сьвѣдатъ • искоушьшеи • и прѣмногъі образъі • недѫгъ тѣмь приобрѣтъше *Супр 495, 2*; къ томоу λοιπόν, τοῦ λοιποῦ, ὅτι (!) πρός, ἐπὶ τούτοις (!) в дальнейшем, в будущем, впредь nadále: да къ томоу съмрьть обрьтитъ сѧ *Хил 16а 4*; а к томоу прѣклонитъ сѧ ѥмоу вьсѣко колѣно *Супр 332, 7*; да сѧ останетъ оуже к томоу • отъ таковъіѩ богоборьнъіѩ хоулъі *Супр 188, 18*; (оуже) к томоу не (ни) οὐκέτι, μηκέτι уже не, больше не; ни в коем случае již ne, více ne, naprosto ne: еште мало и миръ к томоу не [не] видитъ мене *И 14, 19 Мар* (юже *Сав 25б 2, нет Зогр; Сав 101а 11*); ни съмѣ къто отъ дьне того въпросити его къ томоу *Мт 22, 46 Мар Ас* (*Ø Зогр*, никогдаже *Сав*); к томоу въ притъчахъ не г⟨лаго⟩лѭ вамъ *И 16, 25 Зогр Мар Ас Сав 106а 17-18* (оуже... не *Сав 140а 12-13*); азъ оуже к томоу не виждѫ ѥѩ *Супр 169, 15*; не дастъ къ томоу страшьнъимъ пожрътоу быти змиемь *Хил 16α 17-18*; **в ъ т о г о д а** *см.* годъ; **т ѣ м ь, т ѣ м ь ж е** *см.* тѣмь, тѣмьже.— *Зогр Мар Ас Сав Охр Унд Боян Зогр-пал Ен Син Служ Киев Евх Клоц Супр Хил Рыл Зогр-лл.— Ср.* и, истъ, онъ, самъ, сь, тъжде

ТЪГДА, ТОГДА *нареч. и союз* (>500) [тогда *Зогр Мар Ас Сав Унд Зогр-пал* (3) *Боян* (1) *Ен* (1) *Син* (1) *Евх Клоц Супр Рыл*; тъгда *Зогр Мар Ас* (2) *Син* (3) *Супр Хил*; тьгда *Ас* (2) *Супр* (1); тогъда (!) *Син* (1); тодга (!) *Унд* (1)] **I.** *нареч.* τότε, ποὺ (!), ποτέ, τενικαῦτα тогда, в то время, в тот момент tehdy, v té době, v tu dobu, v tu chvíli: бышѧ же тогда свѧщ⟨те⟩ниѣ въ і⟨ероуса⟩л⟨и⟩мѣхъ *И 10, 22 Зогр Ас*, тъгда *Мар*; оубогъ же нѣкъı тъгда пришъдъ въ манастъıрь *Супр 551, 27*; тогда придошѧ оученици • тъгда къгда • кгда се бъıстъ *Супр 415, 17* ● тогда, когда-то, ранее tenkrát, kdysi; dříve: тъгда ли имѣнии ради и чловѣчьскъı похвалъı • и маловрѣменьнъıѩ сласти подвизаахъ сѧ • а нъıнѣ колико паче небесьнааго ради цѣсара *Супр 63, 11*; ѣкоже тогда рождеи сѧ по плъти • гонѣнѣше (!) д⟨оу⟩ховнаѣ • тако и нънѣ *Гал 4, 29 Ен* ● οὕτως тогда, после, потом tehdy, potom, poté: аште не пръвѣе съвѧжетъ крѣпъкааго • і тъгда домъ его расхътити *Мт 12, 29 Зогр Мар*; шедъ прѣжде съмири сѧ съ бротомь (!) твоімь • і тъгда пришьдъ принеси даръ свои *Мт 5, 24 Зогр Мар; Клоц 9а 20*; прьвое въıкни ти тъгда пьри сѧ *Супр 239, 13* ● *в составе союза* **к г д а ж е... т ъ г д а, т о г д а ж е, к л ь м а... т ъ г д а** δέ, οὖν... τότε, ὅτε... τότε, ὡς (δὲ)... τότε (καὶ), ἐπειδὰν... τότε, ἐπειδὴ... τότε когда... тогда když... tehdy, tu: егда же оуслъıша ѣко болитъ тогда же прѣбъıстъ *И 11, 6 Зогр*, тъгда *Мар Сав* (*нет Ас*); егда оубиваше ѩ • тогда възіскаахѫ его *Пс 77, 34 Син*; егда же вьзидѫ братриѣ его въ праздьникъ • тогда і самъ вьзиде *И 7, 10 Зогр Мар Ас*; егда відѣ чюдотворьца • тогда не рече *Клоц 5б 14*; таже кгда сѧ сьсаде млѣко и осърѣк... тъгда и дѣтишть плачетъ и мати болитъ *Супр 312, 8*; **а щ е... т ъ г д а, т о г д а** ἐὰν... τότε, εἰ... τότε если... то, тогда jestliže... tehdy, pak: ѣште мі не оудоблѣѭ-тъ-гда (!) непорочень бѫдѫ *Пс 18, 14 Син* **II.** *союз присоединит.* τότε, καί, καὶ πάλιν, οὖν тогда, тут, и tehdy, tu, pak, i: тъгда рече рабомъ своімъ • възьмѣте оубо • отъ него талан'тъ *Мт 25, 28 Зогр* (*нет Мар Ас Сав*); тъгда отъвѣштавъ и⟨соу⟩с⟨ъ⟩ • рече еи *Мт 15, 28 Зогр Мар*; тъгда оуподоби сѧ ц⟨ѣса⟩р⟨ь⟩с⟨тв⟩ие • н⟨ебе⟩с⟨ьс⟩кое • ī дѣвъ *Мт 25, 1 Зогр Мар*, тогда *Ас Сав*; тогда рекѫтъ въ ѩз⟨ъı⟩цѣхъ • възвеличилъ естъ г⟨оспод⟩ь сътворити съ нами *Пс 125, 1 Син*; **и т ъ г д а, и т о г д а** καὶ τότε и потом, и тогда a potom, a pak: і тъгда начьнеши съ стоудомь • послѣдьнее мѣсто дръжати *Л 14, 9 Зогр Мар Ас Сав*; і тогда насладіші сѧ еѩ добрѣ *Клоц 9а 28; Супр 423, 6-7.— Зогр Мар Ас Сав Унд Зогр-пал Боян Ен Син Евх Клоц Супр Рыл*

ТЪГДАЖДЕ, ТОГДАЖДЕ *нареч.* (3) [то- *Зогр* (1), тъ- *Мар* (1) *Супр* (1)] ἐπὶ τούτῳ тогда же v tu chvíli: і тогдажде придѫ оученици его *И 4, 27 Зогр*, тъгдажде *Мар* (тогда же *Ас*); касааше сѧ соусѣ рѫцѣ • и тъгда жде на слоужьбѫ отъсъılааше *Супр 476, 22.— Ср.* тъгда

ТЪЖДЕ, тажде, тожде *мест.* (>100) [тъзе *Киев* (2)] **1.** ὁ αὐτός, εἷς, ὅμοιος, ὡσαύτως тот же, тот же самый, такой же tentýž: помоли сѧ • третицеѭ тожде слово рекъ *Мт 26, 44 Зогр Мар Ас Сав; Евх 47а 20-21*; не і мъздоімьци ли тожде творѧтъ *Мт 5, 47 Зогр* (тако *Мар*, такожде *Ас Сав*); аште ли есте тіжде самі • і ашютъ есте лоучьше младѣнецъ *Клоц 1а 5-6*, тижде *Супр 325, 10*; і⟨соу⟩с⟨ъ⟩ х⟨ристос⟩ъ вчера и дън⟨ъ⟩съ • тъжде и въ вѣкъı *Евр 13, 8 Ен*; въ тъзе дьнь фелиц⟨і⟩тъı *Киев 2а 11*; и ништоуоумоу просѧштоуоумоу милостънѩ • та жде трепеза прѣдъстоитъ *Супр 492, 3* **2.** οὗτος, ἐκεῖνος, αὐτός, ὁ δέ ipse тот ten, onen: въ тъжде д⟨ь⟩нь ішьдъ и⟨соу⟩с⟨ъ⟩ із домоу сѣдѣаше при мори *Мт 13, 1 Зогр* (тъ же *Мар*); такожде и левгітъ • бъıвъ на томьжде мѣстѣ *Л 10, 32 Ас* (томь *Зогр Мар*); подазь намъ... блаженъıѩ раді мѫченицѧ твоеѩ фелицітъı въкоупьнѫѭ молитвѫ • і тоѩзе раді зашчіті нъı *Киев 2а 16* ● *вводит главное предложение после придаточного относительного*: кже оубо трепезъı ради страждѫтъ • тожде и ризъ дѣл'ма прикмьѭтъ *Супр 492, 27.— Зогр Мар Ас Сав Унд Боян Ен Евх Киев Клоц Супр Хил Рыл Зогр-лл.— Ср.* тъ, сь

т ъ ж е *см.* тъ

т ъ з е *Киев 2а 11 и 16 см.* тъжде

т ъ з ь н ъ *Ен 30б 5 см.* тъзьнънъ

ТЪКАНИѤ, -ниѣ *с* (1) ὕφασμα ткань tkanina: отъ тъкании же риза нераздьранаа *Супр 438, 15*

ТЪКАТИ, тъкѫ, тъчеши *несов.* (3) **1.** διανύσσειν, λακτίζειν (при)касаться, толкать, стукать dotýkat se, strkat, vrážet, tlouci: къждо же тъкаше дроугъ дроуга въпрашаѩ кок кстъ мѣсто иждеже имѣник лежитъ *Супр 38, 13*; колѣнома тъкаахѫ по ребромъ *Супр 137, 19* **2.** ἐξυφαίνειν ткать tkát: ѡ болѣзни...

свѣтьли одежда д⟨оу⟩ша тъкѫшти *Супр 313, 15.— Ср.* истъкати

ТЪКНѪТИ, тъкнѫ, тъкнеши *сов.* (3) νύσσειν, τρώειν (при)коснуться, толкнуть, стукнуть dotknout se, strčit, vrazit, udeřit: пристрашенъ бывъ • тъкнѫ алеѯандра глаголѧ • что естъ гласъ сии *Супр 162, 25* ● *перен.*: прѣльстивъ же сии тъчьнъ (!) бывъ въ срьдьци *Супр 65, 17.— Супр 240, 3.— Ср.* тлъкнѫти

ТЪКЪМА *нареч.* (4) [тъкма *Супр* (4)]: не тъкъма... нъ и οὐ μόνον... ἀλλὰ καί не только... но и nejen... ale i: оузьриши не тъкма ангелы • нъ и ар'хаггелы *Супр 491, 3*; не тъкма же сльньце бѣжа • нъ и земьꙗ трасѣаше сѧ *Супр 485, 3.— Супр 482, 20; 484, 22.— Ср.* толико, тъкъмо, тъчиѭ

ТЪКЪМО *нареч. и союз* (>100) [тъкъмо *Зогр Мар Ас* (2) *Евх*; тъкмо *Зогр Мар Ас Сав Клоц Супр*; тъкьмо *Ас* (16); тък'мо *Зогр* (3); токмо *Зогр Мар Боян Зогр-пал*; токъмо *Мар* (2) *Евх* (1); токьмо *Ас* (1); ток'мо *Зогр* (1) *Евх* (3); тькмо *Ас* (5); тькмо *Мар* (2) *Ас* (7); т'кмо *Клоц* (1); ткъмо *Мар* (2); ткмо *Мар* (6); тъкъмоу *Зогр* (2)] **I.** *нареч.* μόνον, μόνος, τις (!) только jen, jenom: нъ тък'мо рци слово • і ицѣлѣетъ отрокъ мои *Мт 8, 8 Зогр Мар Ас* (толико *Сав*); многа лѣта сътвори срьбаниѥ тъкмо приимьꙗ *Супр 297, 13* ● хотя бы, хоть byt' jen, alespoň: і иже колижьдо напоітъ • единого отъ малыхъ сихъ • чашѫ стоудены воды • токмо *Мт 10, 42 Зогр,* тъкмо *Мар Ас* (толико *Сав*); аще к'то отъ манастъиръскыꙗ цр⟨ъ⟩к⟨ъ⟩ве • токъмо чьто оукрадет⟨ъ⟩ • ӂ лѣт⟨ъ⟩ да пок⟨а⟩етъ с⟨ѧ⟩ *Евх 103б 13* □ тъкъмо не μονονουχί чуть ли не, почти bezmála, téměř: намагаахѫ очима • да тькмо не вѣштаахѫ врьвьми к нѥмоу *Супр 502, 18* **II.** *союз* **1.** *разделительный* εἰ μή, εἰ μὴ μόνος кроме leč, kromě: ничьсоже не обрѣте на нѥи • тъкъмо листвье *Мк 11, 13 Зогр,* тъкмо *Мар*; і знаменье не дастъ сѧ емоу • тъкмо знаменье іоны пророка *Л 11, 29 Зогр, тъкъмо Мар;* не імамъ ц⟨ѣса⟩рѣ • тък'мо кесарѣ *И 19, 15 Зогр Мар Ас* (2) *Сав 129а 2* (тъчиѭ *Сав 115а 17*) **2.** *в составе противительного союза* не тъкъмо... нъ (и) οὐ μόνον, μὴ μόνον, οὐχὶ μόνον... ἀλλὰ (καί) не только... но и nejen... ale i: приидѫ не и⟨соу⟩са ради тъкъмо • нъ да і лазарѣ видѧтъ *И 12, 9 Зогр Мар Ас Сав*; сего раді не самъ тъкмо приде • нъ і ины творѧшта таковаа *Клоц 9а 31*; не тъкмо легеоны • нъ тъмы тъмами и тысѫшта тысѫштами • имы аггелъ и арханꙉелъ *Супр 463, 15.— Зогр Мар Ас Сав Зогр-пал Боян Евх Клоц Супр.— Ср.* кромѣ, развѣ, толико, тъкъмоу, тъчиѭ

тъкъмоу *Мк 5, 37 и Мк 9, 9 Зогр см.* тъкъмо

ТЪЩАНИѤ, -ниꙗ *с* (18) [тъщан- *Ас* (1) *Рыл* (1) *Супр* (2)] **1.** σπουδή поспешность, торопливость spěch: мариѣ... іде въ горѫ съ тъштаньемь *Л 1, 39 Зогр,* тъштаниемь *Мар,* тъштаниемъ *Ас,* тъщаниемь *Сав* **2.** *перен.* σπουδή, προθυμία, κενός (!) усердие, рвение, старание úsilí, horlivost: ожидати и цѣлити приходаштаа к нѥмоу • всѣмъ тъштаниїмъ и страхомъ б⟨о⟩жиимъ *Супр 549, 9*; прѣзьрѧ помышлениѣ его • отъ плътьныхъ похотеи • тъщаньи (*вм.* тъщаньꙗ?) • і льсти житиискыꙗ *Евх 100б 21.— Зогр Мар Ас Сав Ен Син Супр Рыл.— Ср.* поспѣшение, рьвьние, оусрьдие

ТЪЩАТИ СѦ, тъщѫ сѧ, тъщиши сѧ *несов.* (19) о чемь, на чьто; *с инф. или без доп.* [тьшт- *Супр* (1)] σπεύδειν **1.** κατασπεύδειν спешить, торопиться spěchat: ч'то сѧ тъштиши на съмрьть • пионії рече • не тъштѫ сѧ на съмрьть нъ на жизнь *Супр 140, 16-17 и 17-18* **2.** σπουδάζειν, ἀσχολεῖσθαι, πειρᾶσθαι (!) стремиться, стараться, усердствовать snažit se, usilovat: любовиѭ тъщаще сѧ блюсти • единение д⟨оу⟩ха • въ съѫзъ мира *Евх 105б 18*; можеши толико дати • елико тъштиши сѧ отати *Супр 87, 17*; тъшта сѧ на небесьское цѣсарьство *Супр 119, 2*; онъ о прѣданы • тъштааше сѧ • а си о слоужьбѣ *Клоц 6а 9* (онъ прѣдаѭтъ владыкѫ • а сии о слоужьбѣ пекѫтъ сѧ *Супр 415, 23-24*); егда тъштимъ сѧ • и сами о себѣ подвижемъ сѧ на добро *Супр 415, 1* (помьнимъ сѧ *Клоц 5б 22*).— *Евх Клоц Супр.— Ср.* пещи сѧ, подвизати (сѧ)

тъще *см.* тъщь

ТЪЩЕГЛАШЕНИѤ, -ниꙗ *с* (1) κενοφωνία пустословие zbytečné mluvení, tlachání: (скврь)ньнаѣ тъщеглашениѣ отъ(мѣ)таи *2 Тим 2, 16 Ен*

ТЪЩЕСЛАВИѤ, -ниꙗ *с* (1) κενοδοξία тщеславие prázdná sláva, slavomam: не троши сѫштиихъ на крьмьѧ и тъштеславьꙗ *Супр 373, 29-30.— Ср.* величаниѥ, кыченик

ТЪЩЕТА, -ы *ж* (5) ζημία; (без тъщеты ἀζήμιος; тъщетѫ сътворити ἀδικεῖν) ущерб, вред, урон škoda, ztráta: ненавиждѫ такого дара тъштетѫ имѫшта *Супр 87, 18-19*; тъштетѫ мі сътворі *Клоц 8б 39* (зѣло мѧ прѣизноури *Супр 422, 12-13*); везъ тъштеты во благодѣть *Супр 429, 5.— Супр 377, 29; 513, 22-23.— Ср.* жладьба, лишениѥ

ТЪЩЕТЬНЪ, -ьни *прил.* (6) [тьщт- *Супр* (1)] κενός пустой, тщетный, суетный marný, zbytečný: въскѫѭ шьꙗташьꙗ сьꙗ езыці (!) • ї людье поѹчишьꙗ сьꙗ тъщет • нымъ *Пс 2, 1 Син; Ен 20б 18; Клоц 12б 19; Супр 102,*

27-28; 243, 18.— Супр 448, 15-16.— Ср. поустошьнъ, соуєтьнъ, тъщь

ТЪЩИВЪ, -ыи *прил.* (1) πολύς скорый, быстрый rychlý: тъштивыи на милость • а поздьнъ на гнѣвъ *Супр 330, 27.— Ср.* въстанивъ, подвижьнъ

ТЪЩЬ, -ии *прил.* (21) [тьщ- *Мар* (1); *Син* (1); *Евх* (1)] κενός **1.** γυμνός пустой, порожний prázdný: добрѣ єстъ гробъ тъштъ *Клоц 12а 3*; въ врѣмѧ посъла къ дѣлателемъ рабъ • да отъ плода виноградънааго дадѧтъ ємоу • дѣлателе же бивъше і поустишѧ тъштъ *Л 20, 10 Зогр Мар*; насытилъ єстъ д⟨оу⟩шѫ тьщѫ *Пс 106, 9 Син* **2.** *перен.* σαθρός пустой, ничтожный, суетный marný, zbytečný: і нікътоже васъ да не слышітъ тъштіми словесы *Клоц 2а 35*; отъметаєши... сѧ... тьщимыѧ соуєтъныѩ сласти *Евх 90а 3*; да вьсе заскопик • тъште слово покажетъ неприѩзни *Супр 337, 18* □ **въ тъщє, за тъщєк** εἰς κενόν, διὰ κενῆς, μάτην напрасно, впустую, вотще marně, zbytečně: молимъ не въ тъште приѩти благодѣти б⟨о⟩жиѧ вамъ *Зогр-лл 1а 17*; вьсе то без оума и вътъште *Супр 424, 6* (въсоуе і ашютъ *Клоц 9б 17*); вьзненавідѣ храньшѧштѧ соуєтьна за тъштее *Пс 30, 7 Син.— Зогр Мар Син Евх Клоц Супр Хил Зогр-лл.— Ср.* праздьнъ, поустъ, соуєтьнъ, тъщетьнъ; въ тъщє *ср.* ашоуть, въсоуе, насоуе, спыти

ТЪЩЬНО *нареч., сравн. ст.* тъщьнѣє (5) σπουδαίως усердно, убедительно, ревностно snažně, usilovně: они же пришьдъше къ іс⟨оусо⟩ви • молѣахѫ і тъштьно *Л 7, 4 Зогр Мар Ас Сав* ● προθύμως жадно, с нетерпением dychtivě, ochotně, horlivě: вьси съ радостиѭ коупьно тьщѣмъ • вьси тъштьно приимѣмъ *Супр 319, 23*

ТЪЧИѬ *нареч., союз и частица* (>100) [тьч- *Супр* (4), т'ч- *Супр* (1)] **I.** *нареч.* μόνον, μόνος, εὐθέως (!) только jen, jenom: дроузии же искоушениѩ тъчьѭ прѣштении оубоıашѧ сѧ *Супр 85, 19*; и тъчьѭ слово рече • и разбоиника въ породѫ въведе *Супр 308, 20-21* ● хотя бы, хоть byť jen, alespoň: се бо имѣаше льстивъи на оумѣ • да тъчьѭ въкоусатъ отъ брашьна ємоу *Супр 58, 11* □ **тъчиѭ не** μονονουχί чуть (ли) не, почти málem ne, téměř: поусти бо к нємоу жена єго... тъчьѭ не глаголѭшти давидова словесе *Супр 434, 9* **II.** *союз* **1.** *разделительный* **тъчиѭ, нъ тъчиѭ, развѣ тъчиѭ** εἰ μὴ (μόνον), ἤ (μόνον), πλήν кроме leč, kromě: никтоже отъ нихъ • не погыбе тъчиѭ с⟨ы⟩нъ • погыбѣльны *И 17, 12 Сав 108а 1* (тъкьмо *Ас*, ткъмо *Мар*; тъкьмо *Сав 26б 10*); іного ємоу отъвѣта не дастъ • нъ тъчьѭ кръстиıанъ ксмъ *Супр 47, 4*; ничсоже обрѣте на неи развѣ листвик тьчьѭ *Супр 343, 26* (тъкмо листвье *Мт 21, 19 Мар, ∅ Зогр*) **2.** *условный с ограничительным оттенком* **аще тъчиѭ, тъчьѭ аще, тъчиѭ а бы** εἰ, μόνον, εἰ μόνον, εἴγε если (бы) только jen když, jen kdyby: аште бо се тъчьѭ оузьрятъ зълодѣи... абик познавъше блюдѫтъ сѧ *Супр 43, 5-6*; вьзвѣштѫ о тебѣ къ цѣсароу... тъчьѭ аште б⟨о⟩гы благодарьствиши *Супр 100, 16*; а х⟨ристо⟩с⟨ъ⟩ и по семь не отъвръже сѧ • сиѭ кръвь проданѫѭ въ отъпоуштеник грѣхомъ дати • тъчьѭ а бы хотѣлъ *Супр 419, 30* (аште бі *Клоц 7б 35*) **3.** *цели с ограничительным оттенком* **тъчиѭ да, да тъчиѭ** μόνον чтобы только jen aby: вѣроуѭ тъчьѭ да избѫдѫ сего *Супр 222, 27*; не поиштетъ ли самъ ходатаıа себѣ... да бы тъчьѭ кыимъ избыти ємоу зъла *Супр 361, 20* **4.** *времени* **тъчиѭ, ıако тъчиѭ** μόνον, ὡς μόνον только что jakmile: ако тъчьѭ вьниде... прѣкръсти сѧ *Супр 166, 10*; тъчьѭ же оузьрѣвъ братиѭ... абик въ радости вьсплака *Супр 367, 25* **5.** *в составе противительного союза* **не тъчиѭ... нъ (и)** οὐ μόνον, οὐ μόνος, μὴ μόνον... ἀλλὰ (καί) не только... но (и) nejen... ale (i): не о сихъ же молѭ сѧ тъчиѭ • нъ о вѣроуѭщиихъ словесемь ихъ *И 17, 20 Сав* (тькмо *Мар Ас*); не тъчиѭ самъ приде • нъ и насъ... своимоу имени обьштѧ нарєчениıа *Супр 423, 9* (тъкмо *Клоц 9а 30*) **6.** *противительный с ограничительным оттенком* **тъчиѭ, нъ тъчиѭ** μόνον, πλήν но только ale jen: не пьцѣте сѧ... тъчьѭ просите цѣсарьства божиıа *Супр 290, 23* (обаче *Л 12, 31 Зогр Мар*); кже оубо можеши творити то твори • тъчьѭ скорѣк *Супр 112, 16-17* **III.** *частица* **1.** *побудительная* (*при повелительном наклонении*) μόνον вот, только jen, nuže: тъчьѭ пожьри богомъ *Супр 115, 4*; тъчьѭ мьнѣ кдиномоу повѣждь *Супр 241, 2* **2.** *обобщающая (при отрицании) греч. нет* совсем (не) vůbec (ne): аште ли кже о страсти тъчьѭ не вѣси • томоу тѧ наоучѫ *Супр 476, 4-5.— Сав Супр.— Ср.* толико, тъкъма, тъкъмо, кдино

ТЪЧЬНИКЪ, -а *м* (2) ἡλικιώτης сверстник, ровесник vrstevník: съ тъчникы своими и съ дроугы своими • не отълѫчи сѧ лика *Супр 96, 13.— Супр 95, 26.— Ср.* тъчьнъ

ТЪЧЬНО *нареч.* (6) [тчно *Супр* (1)] ὁμοίως, πρὸς ὁμοιότητα, ὁμότιμος (!) равно, одинаково, в равной (одинаковой) степени stejně: ста посрѣдѣ да в'сѣмъ тъчно ıавитъ сѧ *Супр 502, 11*; да вь лѣпотѫ и на тризнахъ не тъчьно приимета *Супр 376, 10-11.— Супр 42, 22; 63, 25; 557, 13-14; Зогр-лл 2а 12*

ТЪЧЬНЪ, -ын *прил.* (17) ὅμοιος, ἴσος, ἀντάξιος, παραπλήσιος, ὁμοιοπαθής; (тъчьнъ быти ἐξισοῦσθαι) равный, одинаковый, (точно) такой же stejný, rovný: не тъчьнъ сынъ отьцоу *Супр 303, 10*; тъчьнъ моливъши сѧ примъшоуоумоу молитвѫ *Супр 303, 13*; не сѫтъ намъ тъчьна видимаꙗ желаѥмꙑꙗ надежда *Супр 87, 25-26*; ничтоже отъ вьсего того тъчьно ѥстъ *Супр 87, 30* □ тъчьнъ *в знач. сущ.* ὁ καθ' ἑαυτούς сверстник, ровесник vrstevník: сиї величьствомъ тѣла • и юностиѭ раштениꙗ • и силоѭ тъченъ вьсѣхъ своихъ • оуншe *Супр 84, 28*.— *Супр Рыл*.— *Ср.* равьнъ, такъжде, тъжде; тъчьникъ

ТЫ *мест., род.* тебе, *дат.* тебѣ, ти, *вин.* тѧ, *редко* тебе, *твор.* тобоѭ, *местн.* тебѣ (>2000) σύ ты ty: да знаѭтъ тебе ѥдиного ıстиньнаго б⟨ог⟩а *И 17, 3 Зогр Мар Сав*, тѧ *Ас*; да не прѣдастъ тебе сѫпьрь сѫдиі • ı сѫдиі тѧ прѣдастъ слоугѣ ı въ темьницѫ въвръжетъ тѧ *Мт 5, 25 Зогр Мар*; с⟨ы⟩нъ ти живъ естъ *И 4, 51 Мар Ас* (твои *Зогр*); тѧ славитъ лоуна • тебѣ молѧтъ сѧ звѣздꙑ... тꙑ оутвръди землѭ на водахъ *Евх 4а 5, 6 и 10*; прьсти твои опослоушаѭтъ ли ти *Супр 512, 4*.— *Зогр Мар Ас Охр Сав Унд Зогр-пал Боян Ен Син Служ Киев Евх Клоц Супр Хил Рыл*

ты (!) *Л 24, 25 Зогр; Клоц 3б 21 см.* тъ

ТЫСѦЩИ, ТЫСѦЩА *и* **ТЫСѪЩИ, ТЫСѪЩА,** -ѧ *ж* (51) [тысѧ- *Зогр* (6) *Сав* (2) *Син* (3) *Евх* (1) *Супр* (1); тысѫ- *Зогр* (7) *Мар* (13) *Ас* (3) *Син* (4) *Ен* (2) *Супр* (9)] χίλιοι, χιλιάς, -χίλιοι; (десѧть тысѫщь μύριοι) тысяча tisíc: лоуче дьнь ѥдинъ въ дворѣхъ твоıхъ паче тысѩштъ *Пс 83, 11 Син*; благо мьнѣ законъ оустъ твоıхъ паче тысѫщи злата ı сърѣбра *Пс 118, 72 Син*; помьнѣ въ вѣкъ завѣтъ своı • слово еже заповѣдѣ въ тысѫщи рода *Пс 104, 8 Син*; егда пѧть хлѣбъ прѣломихъ • вь пѧть тысѫшть *Мк 8, 19 Зогр Мар*; аште и десѧть тысѫшть речеши *Супр 496, 20*; аште силънъ естъ • съ десѧтиѭ тысѫштъ сърѣсти грѧдѫштааго • съ дъвѣма десѧтьма [тъ]тысѫштама на нь *Л 14, 31 Мар*, съ десѧтиѭ тысѧштѫ *Зогр*; ѣдъшиıхъ бѣаше четꙑри тысѧшта мѫжь *Мт 15, 38 Зогр Сав*, тысѫшта *Мар Ас*; бѣ же ıхъ ѣко дьвѣ тысѧшти *Мк 5, 13 Зогр*, тысѫшти *Мар*; напитани бꙑша пѧть тысѫштъ *Супр 428, 26* □ тысѧщами, тысѫщами *в знач. нареч.* μυριάκις тысячами, тысячи раз tisíckrát: ємоу же прѣстоıатъ тысѫщѧ • тысѫщами • ı тъмꙑ тъмами • с⟨вѧ⟩тыхъ а⟨н⟩ѣ⟨е⟩лъ *Евх 93а 24*; мꙑ же готови ѥсмъ за христосово исповѣданиѥ • не тъчьѭ ѥдноѭ оумрѣти • нъ и тысѫштами *Супр 106, 25*; не тъкмо легеонꙑ • нъ тъмꙑ тъмами и тысѫшта тысѫштами *Супр 463, 16*.— *Зогр Мар Ас Сав Ен Син Евх Супр*.— *Ср.* тьма[2]

ТЫСѦЩЬНИКЪ, ТЫСѪЩЬНИКЪ, -а *м* (7) [тысѧ- *Сав* (1); тысѫ- *Зогр* (2) *Мар* (2) *Ас* (2)] χιλίαρχος хилиарх, начальник отряда в тысячу воинов tisícník (*velitel 1000 vojáků*): спира же тысѧщьникъ • и слоугꙑ июденскꙑ ѩшѧ ı⟨исоу⟩са *И 18, 12 Сав*, тысѫштьникъ *Зогр Мар Ас*; ıродъ рождьствоу своемоу вечерѫ творѣаше • кънаѕемъ своıмъ • ı тысѫштьникомъ • ı старѣишинамъ • галилѣıскамъ *Мк 6, 21 Зогр Мар Ас*

ТЫСѦЩЬНЪ, -ын *прил.* (1) χιλιονταετής тысячный; тысячелетний tisící; tisíciletý: шесть на десѧте лѣтъ оубо сѫштоу блаженоуоумоу връстоѭ • тысѧштьноу же разоумънѣѭ хꙑтростиѭ • приведе сѧ самъ... къ великоуоумоу чистителю *Супр 272, 30*

ТЪЗЬНЬНЪ, -ын *прил.* (1) ἐπώνυμος так же названный, одноименный stejnojmenný: възнесъı сѧ на кр⟨ъ⟩стъ волеѫ • тъзнънѡмоу *Ен 30б 5*

тькмо, тькъмо *см.* тъкъмо

ТЬЛИТЕЛЬ, -лꙗ *м* (1) φθορεύς совратитель, растлитель zhoubce: оукоренити сѧ вь нихъ начинаетъ • тьлитель д⟨оу⟩шъ *Евх 91б 24*

ТЬЛИТИ, тьлѭ, тьлиши *несов.* (13) ἀφανίζειν, διαφθείρειν подвергать тлению, разрушать, губить kazit, ničit, hubit: съкрывате себѣ съкровишта на н⟨е⟩б⟨е⟩се • ıдеже ни чрьвь ни тьлѧ тьлитъ *Мт 6, 20 Зогр Мар Ас Сав* □ тьлѧи *в знач. сущ.* φθοροποιός губитель zhoubce: образъмь безълобивꙑꙗ прѣльщаѭще • тьлѧштимъ нечестьꙗ *Хил 2аβ 23-24*.— *Мт 6, 19 Зогр Мар Ас Сав; Л 12, 33 Зогр Мар Ас Сав*.— *Ср.* гоубити

ТЬЛО, -а *с* (1): на тьлѣхъ χαμαί на земле, на твердой почве na zemi: паче же почто иштемъ градъ стоѩштиихъ • на тьлѣхъ • оставльше нꙑнѣшьниı градъ ихъ • иже ѥстъ разоумєнъ *Супр 84, 10*

ТЬЛѢНИѤ, -иꙗ *с* (4) φθορά, σαθρότης тление, тлен, гниение tlení, zkáza: ты бестьлѣниѥмь тьлѣньѥ отъгъна *Супр 505, 26*; присази къ пѫти моеи оумрьтвѣвъшиı вась дѣлꙗ • нъ не погрѫзивьше сѧ • отъ сьмрьтнааго тьлѣниꙗ *Супр 504, 1* ● *перен.*: акꙑ съсѫдꙑ глиньнꙑ • тьлѣнии оума съвръш'шаꙗ сѧ сътърѣтъ *Супр 336, 9*.— *Супр 164, 30*.— *Ср.* тьлꙗ

ТЬЛѢНЬНЪ, -ын *прил.* (4) φθαρτός тленный, смертный tlející, smrtelný: не вѣроуѥмъ къ човѣкоу тьлѣньноу • не можевѣ оубо вѣровати въ чловѣка • иже мало поживъ оумираѥтъ *Супр 258, 10-11*; въсприѩша паче тьлѣнъныхъ нетьлѣньнаꙗ *Супр 55, 6*; ц⟨ѣса⟩рꙋ тьлѣньноуоумоу приꙗзнь хранѧште *Супр 91, 12.— Супр 476, 18-19*

ТЬЛѢТИ, тьлѣѭ, тьлѣѥши *несов.* (5) φθείρεσθαι, παλαιοῦσθαι; (не тьлѣѭи ἄφθαρτος) разрушаться tlít, kazit se: сътворіте себѣ • влагалища не тьлѣѭща *Л 12, 33 Ас* (не ветъшаѭште *Зогр*, не ветъшаѭшта *Мар*, не ветъшаѭщаꙗ *Сав*) ● *перен.*: ветъхаго чловѣка отълагаѭмъ • тьлѣѭмааго похотьми прѣльсти *Супр 90, 21.— Евх 60а 4-5; 94а 22; Супр 256, 18-19.— Ср.* ветъшати

ТЬЛꙖ, -ѩ *ж* (12) βρῶσις, σής (!) тление, гниение, разрушение; ржа tlení, hniloba; rez: не съкрываите себѣ съкровишта на земи • идеже чрьвь и тьл҃ѣ тьлитъ *Мт 6, 19 Зогр Мар Ас Сав*; идеже тать не приближаетъ сѧ • ни тьл҃ѣ тьлитъ • ни чрьвь *Л 12, 33 Зогр Мар Ас Сав.— Мт 6, 20 Зогр Мар Ас Сав.— Ср.* тьлѣник

ТЬМА[1], -ы *ж* (>100) [тъма *Зогр Мар Ас Сав Син Евх Клоц Супр*] σκότος, σκοτία, ἀχλύς, ζόφος, νύξ мрак, тьма, темнота tma, temnota: приде за оутра • еще сѫщи тъмѣ *И 20, 1 Зогр Мар Ас*; отъ шестъіѩ же годинꙑ • тъма бꙑс⟨тъ⟩ по всеи земл҃и • до девѧтъіѩ годинꙑ *Мт 27, 45 Зогр Мар Ас Сав*; и свѣтъ въ тъмѣ свьтитъ сѧ • и тъма его не обьѩтъ *И 1, 5 Зогр Мар Ас*; положилъ еси тьмѫ ї бꙑстъ нощь *Пс 103, 20 Син*; въ тъмѣ ходѧтъ *Пс 81, 5 Син* ● *перен.*: азъ свѣтъ въ вьсь миръ придъ • да вьсѣкъ вѣроуѩи въ мѧ • въ тьмѣ не прѣбѫдетъ *И 12, 46 Зогр Мар Ас*; восиѣ во тьмѣ свѣтъ правъіімъ *Пс 111, 4 Син*; отъ вꙑшьнѩѩ свѣтълости • и въ тъмѫ глѫбинꙑ низъве⟨де⟩нъ за гръдость *Евх 52а 4*; днес⟨ъ⟩ • отъ тъмꙑ свобождени бꙑваемъ • и свѣтомь б⟨ла⟩горазоумнѣ *Евх 26б 7*; сѣдѧщıѩ[щıѩ]ѩ вь тьмѣ і сѣні съмрътьнѣ *Пс 106, 10 Син; Л 1, 79 Зогр Мар; Евх 39б 8; Клоц 13а 5; Супр 449, 8; 459, 25; 462, 5*; съхрани нꙑ отъ мрачьнꙑѩ тъмꙑ грѣховънꙑѩ *Евх 37б 20* ◆ тьма кромѣщьнаꙗ *см.* кромѣщьнь; тьма прочаꙗ *см.* прочии.— *Зогр Мар Ас Сав Боян Син Евх Клоц Супр Хил.— Ср.* мракъ

ТЬМА[2], -ы *ж* (26) [тъм- *Зогр* (1) *Мар* (2) *Ас* (1) *Син* (2) *Евх* (3) *Клоц* (1) *Супр* (11)] μυρίοι, μυριάς; (тьмами пльнъ μυριοφόρος) **1.** бесчисленное, несметное множество veliké, nesčetné množství: о нихъже сънъмъшемъ сѧ тъмамъ народа • ѣко прѣпираахѫ дроугъ дроуга *Л 12, 1 Зогр Мар*; тъмѫ имамъ добрꙑхъ дѣлъ *Клоц 9б 15*; вь пештерѣ... идеже многꙑ тъмꙑ мѫжь и женъ • отъ исаврнѩ събираахѫ сѧ *Супр 26, 17-18* **2.** десять тысяч deset tisíc: прости ҃р динарии • да простъ бѫдеши тьмѣ талантъ *Супр 407, 21*; бл⟨а⟩г⟨осло⟩ви стадо се • и оумъножи е • на тꙑсѧщѧ и на тъмꙑ *Евх 15а 14* □ тьмами μυριάδες; (тьмами тьмꙑ μυριοπλάσιος) десять тысяч раз, по десять тысяч desetitisíckrát, po deseti tisících: колесница б⟨о⟩жьѣ тъмами тьмꙑ • тꙑсѧщѧ гобьзоуѭщихъ *Пс 67, 18 Син*; тъмꙑ тъмами и тꙑсѧшта тꙑсѧштами • имꙑ аггелъ и арханꙉелъ *Супр 463, 16.— Зогр Мар Ас Сав Син Евх Клоц Супр.— Ср.* несъвѣда, тꙑсѧщи (десѧть тꙑсѧщь)

ТЬМИꙖНЪ, -а *м* (7) [темьѣн- *Мар* (1); тіміан- *Ас* (1); тьмиѣн- *Зогр* (1); ѳъмьꙗн- *Супр* (1); ѳьмьꙗн- *Супр* (2)] θυμίαμα **1.** ароматическая смола для курения, каждения; ладан kadidlo: не могѫ отврѣсти бесъ ѳьмьꙗна и жрьтвꙑ... тъгда принимъ жьрьцъ тьмиꙗнъ принесе • и отвръзъ цръкъве *Супр 228, 26 и 28* **2.** каждение okuřování kadidlem: и вьсе множьство л҃юди бѣ • молитвѫ дѣѭ • вьнѣ въ годъ тьмиѣна *Л 1, 10 Зогр*, темьѣна *Мар*, тіміана *Ас.— Супр 228, 4 и 18.— Ср.* кадило, ливанъ[1], тьмиꙗньнъ (тьмиꙗньнок кажденик)

ТЬМИꙖНЬНЪ, -ꙑи *прил.* (1): тьмиꙗньнок кажденик θυμίαμα каждение okuřování kadidlem: аште не приметъ тьмьꙗньнааго кажденꙗ ни жрътвъ • то не можеши вьнити въ цръкъве *Супр 227, 26.— Ср.* тьмиꙗнъ

ТЬМЬНИЦА, -ѧ *ж* (>100) [тем- *Зогр* (1) *Мар* (17) *Ас* (9) *Евх* (1) *Супр* (42); тъм- *Супр* (3)] φυλακή, φρουρά, καταδίκη, δεσμωτήριον, εἱρκτή, πραιτώριον тюрьма, темница žalář, vězení: съ тобоѭ готовъ есмь и въ тьмьницѫ и въ съмрьть ити *Л 22, 33 Зогр Мар*; слꙑшавъ же то кнѧзъ повелѣ въсадити ꙗ въ темницѫ *Супр 181, 23.— Зогр Мар Ас Сав Евх Супр.— Ср.* затворъ

ТЬМЬНИЧЬНИКЪ, -а *м* (1) δεσμώτης узник (*в темнице*) vězeň: повелѣ привести ї и инꙑ темничьникꙑ • къ градоу команьскоу *Супр 17, 12*

ТЬМЬНИЧЬНЪ, -ꙑи *прил.* (8) [тъмнич- *Супр* (1)] τῆς φυλακῆς тюремный žalářní: пришъдъше же посълании къ двьремъ тъмничьнꙑимъ послоушаꙗ *Супр 184, 3*; ис тъмꙑ тьмничьнꙑѩ прости ѥго *Супр 365, 11-12* ◆ тьмьничьнꙑи стражь δεσμοφύλαξ тюремщик, тюремный сторож žalářník: и припадъша къ тьмничьноуоумоу стражоу молꙗаста и *Супр 255, 23.— Супр 98, 17-18; 134, 4-5; 182, 16-17; 184, 7 и 27*

ТЬМЬНЪ, -ꙑи *прил., сравн. ст.* тьмьнѣи (38) [тем- *Ас* (1) *Син* (3) *Евх* (2) *Супр* (3); тъм- *Зогр* (1) *Мар* (1) *Супр* (4)] **1.** σκοτεινός, τοῦ σκότους, σκοτώδης, σκοτεινόμορφος, σκοτοδινιῶν, αὐχμηρός, ἐσκοτισμένος, ὁ ἐν σκότει noxius (!) темный, неосвещенный, лишенный света temný, tmavý, neosvětlený: се естъ ваша година • ι область тьмънаѣ *Л 22, 53 Зогр Мар*; аште ли око твое лѫкаво бѫдетъ • все тѣло твое тьмъно бѫдетъ *Мт 6, 23 Зогр Мар Ас Сав; Л 11, 34 Зогр Мар*; ꙗко свѣтило вь тьмнѣ мѣстѣ свьтѧ сѧ *Супр 207, 7*; призьри на раба твоего сего... ѡсѣнена мракомь темьнъıмь *Евх 32б 7* ▭ **тьмьнаꙗ** *с мн. в знач. сущ.* τὰ σκοτεινά *перен.* преисподняя, ад podzemí, peklo: положишѧ мѧ въ ровѣ прѣисподьнимь • въ темьнъıхъ въ сѣни съмрътьнѣ *Пс 87, 7 Син; Супр 478, 23*; тоу мѹсии въ тъмнъıихъ низъ • ꙗкоже бѣ въ крабии • вь тьмнъıихъ низъ *Супр 460, 28 и 29* **2.** σκοτεινός, σκοτεινόχροος, ζοφερός, ἀμαυρός, Κηδάς (!), σκοτεινόμορφος темный (*по цвету*); черный tmavý (*barvou*), černý: тьмнаего врана диꙗвола • из ѩѥѩ изгънавъша *Супр 460, 19* ● *перен.* плохой, дурной špatný, zlý: пакъı сьвѣтъ творѧтъ тьмнии дѣлателѥ *Супр 424, 26*; тьмномъ словомъ хоулиши *Супр 104, 9*; ничтоже бо тьмнѣѥ дѣвъста (*вм.* -ства) • масла не имѫштоу *Супр 374, 24*; ѡтвръгъше дѣла тьм'наа *Рыл 26а 28*; заоутра егда тьмьнаа сьмрьть • свѣтомъ славъı христосовъı изгыбе *Супр 348, 21* ● *перен.* темный, непонятный nejasný, nepochopitelný: словесемъ тьмнъıимъ добрѣ рече • тъмьна бо ти истина сѧ мнитъ *Супр 104, 12 и 12-13*; въходнши и освѣштаеши тьмнъıѧ наша помъıслъı *Супр 507, 11* ▭ **тьмьнаꙗ** *с мн. в знач. сущ.* noxiae voluptates грешные, нечистые помыслы, деяния špatnost: тъ бо нъи самъ отъ тьмьнъıхъ отъведе *Киев 5б 12.— Зогр Мар Ас Сав Ен Син Киев Евх Супр Рыл*

тьмьѣнъ *Л 1, 10 Мар см.* тьмьꙗнъ

тьмьꙗньнъ *Супр 227, 26 см.* тьмиꙗньнъ

ТЬНЪКЪ, -ъıи *прил., сравн. ст.* тьнъчаи (1) *греч. нет* тонкий, мелкий jemný, drobný: речетъ кто любо тънъчаи вида • абьѥ томоу извѣштаноу быти *Супр 546, 4.— Ср.* дробьнъ

ТЬСТЬ, -и *м* (4) [тест- *Ас* (1)] πενθερός тесть tchán (*otec manželky*): ι ведошѧ ι къ аннѣ прьвѣе • бѣ бо тьсть каіафѣ *И 18, 13 Зогр Мар Ас Сав*

тьц- *см.* тещи

тьрѫште *Мк 7, 3 Зогр Мар см.* трьти

ТЬЩА, -ѧ *ж* (11) [тъщ- *Зогр* (3) *Мар* (5) *Ас* (1) *Сав* (1)] πενθερά теща tchyně (*matka manželky*): пришедъ и⟨соу⟩с⟨ъ⟩ • въ домъ петровъ • видѣ тъштѫ его лежѫштѫ огнемь жегомѫ *Мт 8, 14 Зогр Мар Ас Сав.— Мк 1, 30 Зогр Мар; Л 4, 38 Зогр Мар; Мар 43а 21; 76а 14; Зогр 129а 10*

тьщаник *см.* тъщаник

ТѢ *союз* (2) *греч. нет* то tak, tedy: аште оубо свѣтъ іже въ тебѣ • тъма естъ • тѣ тъма кольми *Мт 6, 23 Зогр Мар* (то *Ас Сав*).— *Ср.* то

тѣко (!) *Пс 62, 3 Син см.* тако

ТѢЛЕСЬНЪ, -ъıи *прил.* (31) **1.** σωματικός, τοῦ σώματος, τῶν σωμάτων телесный, тела *род.* tělesný, těla *род.*: ι съниде д⟨оу⟩хъ с⟨вѧ⟩тъı • тѣлесънъıмь зракомь • ѣко голѫбь на ѥь *Л 3, 22 Зогр Мар*; ιзбави ѩ отъ... недѫга д⟨оу⟩шевъна и тѣлесъна *Евх 26б 3*; доньдеже ѥсмъ въ крѣпости тѣлесьнѣи *Супр 286, 24*; не стъıждѫ сѧ тѣлесьнъıими своими ꙗзвами *Супр 503, 11*; тѣлесънаѣ пишта *Клоц 8б 3-4*; силѫ оум'нѫѭ и тѣле(сн)ѫѭ *Рыл 7б а 2-3*; оугаси тѣлесъное раждежение *Евх 38а 5*; въ чистотѣ тѣлесънѣи *Служ 3б 26* **2.** τῆς φύσεως физический, вещественный, материальный, земной (*в противоположность духовному*) fyzický, přirozený: іже дѣвици родити • не причаштъши сѧ къ мѫжоу • въıше того ѥстъ закона тѣлесънаего *Супр 250, 7*; зълъı тъ корень... творітъ вьсѧ • не вѣдѣті и себе ιскрънихъ ι тѣлесьнаго обычаѣ *Клоц 4б 13.— Зогр Мар Евх Служ Клоц Супр Рыл.— Ср.* плътьнъ, плътьскъ, плътѣнъ

ТѢЛО, тѣлесе *и* тѣла *с* (>200) [дѣло (!) *Супр* (1)] **1.** σῶμα, σκήνωμα, οἴκημα, ὄγκος, μέλος (!); (божиꙗ тѣла, божию тѣлеси θεόσωμος) corpus тело tělo: ι разоумѣ тѣломь ѣко щѣлѣетъ отъ ранъı *Мк 5, 29 Зогр Мар*; не оубоіте сѧ оубиваѭштиихъ тѣло... оубоите сѧ паче могѫштааго • ι д⟨оу⟩шѫ ι тѣло погоубити въ ѥеонѣ *Мт 10, 28 Зогр Мар Ас*, тѣлеса... тѣло *Супр 175, 16 и 19*; посьли въ мѧ с⟨вѧ⟩тъıи твои д⟨оу⟩хъ... хранѧщѧ д⟨оу⟩шѫ моѭ и тѣло • ι в'сѧ оудъı тѣлеси моего *Евх 37б 10*; ї рана не прістѫпітъ тѣлесі твоемь *Пс 90, 10 Син*; доушѧ ис тѣлесъ изводитъ *Супр 344, 25* ● σῶμα, πτῶμα, λείψανον труп, (мертвое) тело mrtvola, (mrtvé) tělo: ιосифъ... проси тѣла ιс⟨оусо⟩ва • пилатъ же повелѣ тѣло ιс⟨оусо⟩во дати *Мт 27, 58 Зогр Мар Ас Сав; Супр 455, 28*; сихъ тѣлеса съжагаѭтъ внѣ стана *Евр 13, 11 Ен* ● φύσις природа человека lidská přirozenost: іже повелѣти тѣлеси поспѣхъ творити дѣтемь *Супр 249, 24* ● *спец.* σῶμα corpus тело Господне, евхаристия tělo Páně, eucharistie: примѣте ѣдите • се естъ тѣло мое *Мт 26, 26 Зогр Мар Ас Сав; Мк 14, 22 Зогр Мар; Л 22, 19 Зогр Мар; Евх 46б 10; Клоц 7б 19 и 8а 19*; тѣлесе свѧтаго ι прѣдрагъıѩ кръве напльнені вълитнѣ *Киев 2а 5*; достоини бѫдемъ •

причѧстити сѧ • тѣлѣ и кръви г⟨осподь⟩нї *Евх 69а 12* **2.** ἡλικία рост, величина (*тело человека*) vzrůst, výška: к'то же отъ васъ пекы сѧ • можетъ приложити тѣлеси своемь лакъть единъ *Мт 6, 27 Зогр Мар Ас Сав*; искааше видѣти ї⟨соу⟩са • къто естъ • ι не можааше видѣти народомь • ѣко тѣломь малъ бѣ *Л 19, 3 Зогр Ас*, тѣло[в]мъ *Мар*; сиї величствомъ тѣла • и юностнѩ раштениꙗ • и силоѭ тъченъ вьсѣхъ своихъ • оуньше *Супр 84, 27*; по тѣлоу же хоудъ бѣаше въздрастомъ *Супр 545, 25* **3.** ἡλικία возраст, летá, годá věk: и⟨соу⟩с⟨ъ⟩ же спѣаше прѣмѫдростиѭ ι тѣломь • ι благодѣтьѭ отъ б⟨ог⟩а ι ч⟨ловѣ⟩къ *Л 2, 52 Зогр Мар Ас* ● *перен. ед. собир. или мн.*: люди всех поколений, всех возрастов lidé všeho věku: вьсѣчьско тѣло • и власть коупьно съзъва на господьнѭ хвалѫ *Супр 320, 5*; вьса тѣлеса поустиша ти молитвѫ стари и юнии *Супр 512, 30* **4.** εἰκών образ, вид obraz, podoba: да би к' томоу • ничесоже врѣдьна • на тѣлесехъ сихъ • знаменаваемыхъ сдѣалъ *Евх 51б 15* ● στήλη изваяние socha: да не бѫдемъ ѣко тѣло сольно • ѣко жена лотова *Евх 91а 4* **5.** ὑπόστασις ипостась hypostase: въ істинѫ богатъ • ѣко вьсе съложеное • тѣло г⟨осподь⟩не примъ *Клоц 14б 22; Супр 453, 11*; [на отъпоущеник... в'семоу тѣлоу (*вм.* зълоу ?) παντὸς κακοῦ *Евх 27а 12-13*].— *Зогр Мар Ас Сав Унд Боян Ен Син Киев Евх Служ Клоц Супр Рыл Зогр-лл.— Ср.* плъть, троупъ, сѫщьство, ѵпостась

тѣло *Супр 61, 27*, тѣломь *Супр 57, 12 см.* дѣло

ТѢЛОПЬСАНИѤ, -ниꙗ *с* (6) [тѣло.. *Син* (1)] στηλογραφία рельефное изображение или надпись на мемориальном столпе (стеле) reliéf nebo nápis na pamětním sloupu: да⟨вы⟩дови вь тѣлопьсаньѣ *Пс 55, 1 Син.— Пс 15, 1; 56, 1; 57, 1; 58, 1; 59, 1 Син*

ТѢМЬ *союз и нареч.* (26) **I.** *союз* διό, διὰ τοῦτο, ὅθεν, δῆθεν, ἀμέλει (!) итак, потому proto, tedy: тѣмъ оубо оудъ х⟨ристосо⟩въ • сътворѫ оуды любодѣниц(н) *1 Кор 6, 15 Ен*; тѣмь противѫ єдинамъ покажи и разоума *Супр 48, 8*; тѣмь оубо пришедъ на проповѣдь павлъ апостолъ... пишетъ *Супр 246, 18*; тѣмъ и кдинѣмъ поклонениимъ слоужимъ *Супр 327, 25* ● имьже... то тѣмь, за иже... то тѣмь, поне... тѣмь *греч. нет* поскольку... поэтому protože... proto: иже милостива кстъ • то тѣмь ти кстъ дала животъ *Супр 226, 20*; за неже тожденменитъ кси • то тѣмъ ти кстъ дала животъ *Супр 226, 30*; поне ты кси отъ отьца давидова тѣмь глаголахъ *Супр 239, 18* **II.** *нареч.* ἐντεῦθεν так, таким образом z toho, tak, takovým způsobem: тѣмь разоумѣемъ ѣко егда оучныемъ • ні оученье намъ польза творітъ • ні казанье *Клоц 5б 19* (отъ сего *Супр 414, 29*).— *Ен Клоц Супр.— Ср.* тѣмьже

ТѢМЬЖЕ *союз и нареч.* (>100) **I.** *союз* διὰ τοῦτο, διό, διόπερ, ὅθεν, ἄρα, ὥστε, οὖν, οὐκοῦν, λοιπόν, τοίνυν поэтому, потому, итак proto, tedy, (a) tak: не събираѭ съ мноѭ растачаетъ • тѣмьже г⟨лаго⟩лѭ вамъ... д⟨оу⟩ховьное хоуление не отъдастъ сѧ чл⟨овѣ⟩комъ *Мт 12, 31 Сав* (сего ради *Зогр Мар Ас*); сѫбота ч⟨ловѣ⟩ка ради бысть • а не ч⟨ловѣ⟩къ сѫботы ради тѣмьже г⟨оспод⟩ь естъ с⟨ы⟩нъ ч⟨ловѣчь⟩скы сѫботѣ *Мк 2, 27 Зогр Мар Ас Сав*; тѣмже оубо да исходимъ к немоу внѣ стана *Евр 13, 13 Ен*; вѣровахъ тѣмьже възглаголахъ *Пс 115, 1 Син*; тѣмьже примі вл⟨ад⟩ко наша молениѣ *Евх 65а 20*; видѧ тѧ бесплотъныхъ а⟨н⟩ѣ⟨е⟩лъ житие приемлѭща • тѣмьже и скрежьщетъ на тѧ зѫбы *Евх 88а 10*; отъ обьштаго с⟨ъ⟩п⟨а⟩са • къждо себе нарицааше... тѣм'же бысть вьсѣмъ кд'но има *Супр 86, 19-20* ● тѣмьже... да διὰ τοῦτο... ἵνα для того... чтобы proto... aby: тѣмже тъштѫ сѧ да абие вьстанѫ *Супр 141, 6* **II.** *нареч.* тѣмьже оубо μενοῦν, *вар.* μενοῦνγε также и právě tak i: блажено чрѣво ношьшее тѧ... тѣмь же оубо блажени • слышаштеі слово б⟨о⟩жье *Л 11, 28 Зогр Мар Ас Сав.— Зогр Мар Ас Сав Ен Син Киев Евх Клоц Супр Хил Рыл Зогр-лл.— Ср.* сь (сего ради), тъ (того ради), тѣмь

тѣсна (!) *Супр 453, 27 см.* таина

ТѢСНЪ, -ын *прил.* (10) στενός, τεθλιμμένος тесный; узкий těsný; úzký: коль ѫзъка врата ι тѣснъ пѫть • въводаі въ животъ *Мт 7, 14 Зогр Мар*, тѣсенъ *Ас*; тѣсныхъ же тѣхъ вратъ • ι скрьбънааго пѫти • се сѫтъ дѣла *Евх 69б 20*; проиде тѣсныимі двьрьми • на широкъ и великъ свѣтъ *Супр 142, 2.— Л 13, 24 Зогр Мар Ас Сав; Евх 69б 17-18.— Ср.* скръбьнъ, ѫзъкъ

тѣх-, тѣш- *см.* теци

ТѢЩИТИ, тѣщѫ, тѣщиши *несов.* (10): пѣны тѣщити ἀφρίζειν извергать пену (*об эпилептиках*) vypouštět pěnu z úst: падъ на земл҄и валѣаше сѧ пѣны тѣштѧ *Мк 9, 20 Зогр Мар Ас Сав*; пьсьскы же • лаѧ • и пѣны из оустъ тѣштѧ *Супр 560, 8.— Мк 9, 18 Зогр Мар Ас Сав; Супр 553, 11.— Ср.* пѣнити

ТѢШИТИ, тѣшѫ, тѣшиши *несов.* (2) ὑπέρχεσθαι, νουθετεῖν утешать, успокаивать, уговаривать těšit, utěšovat: ово ласканик' тѣшааше *Супр 86, 25*; и многашти молимъ • и словесы божии тѣшимъ *Супр 281, 30*

ТѦГОСТЬ, -и *ж* (3) **1.** βάρος тяжесть, бремя tíže, břemeno: и гонаше и къ ногама с⟨вѧ⟩тааго конона • троудна и потъна отъ тѧгости • и отъ ран' *Супр 41, 17* ● *перен.*: облегъчи тѧгости наша *Супр 77, 25* **2.** δυσκολία тягость obtíž: (т)аче прихо(дѧ)ште(н) брати(н мн)ого невѣр(ь)ство съ(быв)аетъ сѧ б(ы)вати (и) т(ѧ)гост(ь) въ (п)око(ꙗ мѣсто) *Зогр лл 26 2.— Ср.* тѧгота, тѧжесть

ТѦГОТА, -ы *ж* (5) βάρος тяжесть tíže, břemeno; *перен.* тягость obtíž: ı равънꙑ намъ сътворилъ ꙗ еси • понесъшенмъ тѧготѫ дьне и варъ *Мт 20, 12 Мар Ас* (*Ø Зогр*); придѣте къ мнѣ рекъ • в'си обрѣменении тѧготоѭ *Евх 85б 16 (ср. Мт 11, 28).— Евх 67б 17; Клоц 11а 13.— Ср.* тѧгость, тѧжесть

ТѦГОТЬНЪ, -ын *прил.* (5) καταβαρυνόμενος, βεβαρημένος отяжелевший obtížený; *перен.* утомленный unavený: обрѣте ꙗ пакꙑ съпаштѧ • бѣашете бо ıмъ очи тѧготьнѣ *Мк 14, 40 Зогр Мар.— Мт 26, 43 Зогр Ас Сав.— Ср.* тѧжькъ

ТѦЖА, -ѧ *ж* (2) *греч. нет* спор, распря pře, spor: пріемлѭ прѣжде елико отъ б⟨ог⟩а власть пріемъше... таже (! *вм.* тѧжѧ) съ тръпѣльс⟨т⟩вомъ • ıспꙑтаньемь на вьсѣкъ день раздрѣшаѭште *Клоц 1б 37.— Клоц 2б 25.— Ср.* пьрꙗ

ТѦЖАТЕЛЬ, -лꙗ *м* (8) γεωργός работник pracovník, dělník: виноградъ ч⟨ловѣ⟩къ насади... ı въдастъ ı тѧжателемъ ı отиде • ı посъла къ тѧжателемъ рабъ въ врѣмѧ • да отъ тѧжатель приметь • отъ плодъ винограда *Мк 12, 1 и 2 Зогр Мар.— Мк 12, 7 и 9 Зогр Мар.— Ср.* дѣлатель

т а ж е (!) *Клоц 1б 37 см.* тѧжа

ТѦЖЕСТЬ, -и *ж* (2) βάρος бремя, тяжесть břemeno, obtíž; *перен.*: нѣкъгда нѣкто исаакии именемь • тѧжестиѭ пьтолюбиваато бѣса велми съдръжимъ... *Супр 276, 10*; добро разоумивъ сѫдии отъложи тѧжесть на жидовьскꙑ главꙑ *Супр 433, 7.— Ср.* тѧгота, тѧгость

т а ж ы *Клоц 11б 36 см.* тѧжькъ

ТѦЖЬКО *нареч.* (5) βαρέως; (тѧжько бꙑти βαρύνεσθαι) трудно, тяжело, тяжко těžce, obtížně: оушима тѧжько оуслꙑшашѧ *Мт 13, 15 Зогр Мар* ● *перен.* неприятно zatěžko: нѣ ли ти • тѧжъко славимоу • нѣ ли ти • печально слꙑшаште отъ безълобьнъ дѣтии *Супр 330, 20* ♦ т ѧ ж ь к о с и т в о р и т и, с ъ т в о р и т и о чемь βαρέως φέρειν, ἄχθεσθαι тяжело переносить, переживать *что-л.* těžce nést *něco*: ни чѧдо • не тако тѧжько си твори *Супр 205, 8*; тѧжько си сътворивъше о съкроушенії коумира своего *Супр 35, 19-20.— Ср.* тѧжьцѣ

ТѦЖЬКОСРЬДЪ, -ын *прил.* (2) βαρυκάρδιος жестокосердный, бессердечный tvrdého srdce: с⟨ы⟩н⟨о⟩ве чл⟨овѣ⟩чі доколѣ тѧжькоср⟨ь⟩ді *Пс 4, 3 Син; Евх 73а 7.— Ср.* жестосрьдивъ, жестосрьдъ

ТѦЖЬКЪ, -ын *прил.*, *сравн. ст.* тѧжии (29) [тѧ(ж)к- *Евх* (2), тѧ(ж҃) *Ен* (1), т(ж҃) *Ен* (1), т(ж҃)ъ *Ен* (1); тѧжꙑ *Клоц* (1)] **1.** βαρύς тяжелый, грузный těžký: събираѭтъ же брѣмена тѧжъка и не оудобь носима *Мт 23, 4 Мар Ас* (*Ø Зогр*); и козьлъ тѧжькъ възложивъше емоу приведоша его къ воеводѣ *Супр 146, 5* ● важный, существенный důležitý: остависте тѧжьшаа закона сѫдъ и милость и вѣрѫ *Мт 23, 23 Мар* (*Ø Зогр*) ● *перен.* βεβαρημένος отяжелевший obtížený; *перен.* утомленный unavený: и пришедъ пакꙑ обрѣте ꙗ съпащѧ • бѣсте бо очи имъ тѧжьцѣ *Мт 26, 43 Мар* (тѧготьнѣ *Зогр Ас Сав*) ● *перен.* многочисленный, бессчетный nesčíslný: вь людехъ тѧжьцѣхъ въсхвалѭ тѧ *Пс 34, 18 Син* □ г л а с ъ т ѧ ж ь к ъ *спец.* ἦχος βαρύς глас седьмой (*в церковном пении*) 7. tónina (*v církevním zpěvu*): прок⟨именъ⟩ • глас⟨ъ⟩ • т..жк.. *Ен 39б 7* **2.** ἀφόρητος, φορτικὸς καὶ ἐλαχθής; (тѧжька плъть πολυσαρκία) тяжелый, тяжкий, трудный obtížný: нъ да никтоже не глаголетъ ꙗко сего дѣлма законъ оупразни • сего дѣлма и оустави • понеиспльнити его не можааше • акꙑ тѧжька сѫшта *Супр 416, 28*; по троудѣхъ великꙑихъ по несьвѣдьнꙑихъ • потѣхъ и тѧжьцѣи рати... отъхождаахѫ *Супр 374, 20* □ в ъ т ѧ ж ь к о б ꙑ т и *греч. нет* быть трудным být zatěžko: не бѫди же вь тѧжъко... хотѧщинмъ покаати сѧ *Евх 69а 4* **3.** βαρύς тяжелый (*о болезни*) těžký (*o nemoci*): аще бѫдет⟨ъ⟩ болѣзнь... тѧж⟨ь⟩ка • то в҃ д'ни *Евх 38а 20*; ѧзи лютѣиши емоу прибꙑвьши и тѧж'ши *Супр 561, 6-7* **4.** βαρύς яростный, свирепый, грозный prudký, zuřivý: тѧжци вѣтри великѫ дꙑханиꙗ силѫ на кротость тишаахѫ *Супр 399, 10*; ѡ безбожьне • и вьсѣкого звѣрѣ тѧжии *Супр 49, 23.— Мар Ас Ен Син Евх Клоц Супр.— Ср.* лютъ, тѧготьнъ

ТѦЖЬЦѢ *нареч.* (2) βαρέως тяжело, с трудом těžce, obtížně: оудебелѣ бо срьдьце людии сихъ • и оушима тѧжьцѣ слꙑшашѧ *Супр 334, 23* ● ἐλαχθῶς сильно, ужасно silně, hrozně: тѧжьцѣ бо скръжътааше зѫбꙑ на нь *Супр 22, 23.— Ср.* тѧжько

ТѦЅАТИ, тѧжѫ, тѧжеши (2) *несов.* πειρᾶν выпытывать, выспрашивать zkoumat: искоусі мѧ г⟨оспод⟩і і тꙑ тѧжі мѧ *Пс 25, 2 Син*; вѣдѣ что подрьжахъ и не тѧжѫ *Супр 504, 23-24.— Ср.* истѧѕати, сътѧѕати

ТѦТИВА, -ы *ж* (1) νευρά тетива tětiva: тоу съкроуши дръжавѫ лѫкомъ его • егда кръстъ ꙗко лѫкъ б⟨о⟩жиꙗма рѫкама • ѫзами ꙗко тѧтивоѭ налаче *Супр 462, 25*

ТѪГА, -ы *ж* (10) **1.** συνοχή, στενοχωρία, περίστασις; [бес тѫгы ἀνεπηρέαστος] смятение, страх; тоска úzkost, tíseň: і бѫдѫтъ знаменьѣ въ слъньци • і мѣсяци • і ѕвѣздахъ • і на земл͠и тѫга ꙗзыкомъ • отъ нечааньѣ • шюма морьскааго • і възмѫштеньѣ *Л 21, 25 Зогр Мар Ас Сав*; ꙗко цѣсар оүбо одръжимоу печалми имѣнꙗ • и многами тѫгами обьѧтоу • ꙗкоже въ пѫчинѣ сы • такоже вьсѣми различнами влънами оукрѣплꙗктъ сѧ *Супр 492, 11-12*; **2.** θλῖψις, ἀγών трудности obtíž: тръпиши в'сѭ тѫгѫ • і печаль мьнишьскааго житиѣ *Евх 87а 20*; онъ же молитвѫ сътворивъ • без болѣзни сътворівъ и бес тѫгы отъпоусти ѩ *Супр 39, 19* ● страдания, муки trápení, soužení: въ тѫзѣ велицѣ бывшемъ имъ • с⟨вѧ⟩тыи опечали сѧ доушеѭ *Супр 568, 11*; поидоша вь печали мнозѣ и въ тѫзѣ *Супр 57, 29.— Супр 51, 19.— Ср.* печаль, тѫжениѥ

ТѪДОУ, ТѪДѢ *нареч.* (6) [тѫдѣ *Зогр* (2) *Мар* (2) *Ас* (1); тѫдоу *Супр* (1)] **1.** ἐκείνης здесь, тут, этой дорогой tudy: і прѣди текъ вьзлѣзе на с'ѵкомариѭ • да видитъ і⟨соу⟩са • ѣко тѫдѣ хотѣаше минѫти *Л 19, 4 Зогр Мар Ас* **2.** ἐκεῖθεν оттуда odtud: і прѣшьдъ тѫдѣ видѣ іна дъва братра *Мт 4, 21 Зогр* (отъ тѫдѣ *Ас*, отъ тѫдоу *Сав*; ∅ *Мар*); прѣходѧщю тѫдѣ и⟨соу⟩с⟨о⟩ви • по немь идете дьва слѣпьца *Мт 9, 27 Мар* (*нет Зогр*) □ ѭ д оу ж е… т ѫ д оу ὅθεν… ἐκεῖθεν откуда… оттуда odkud… odtud: ѭдоуже начѧтъка исходъ сьмрьть имѣ • тѫдоу же живот' въходъ животънꙑи сътвори *Супр 251, 5.— Ср.* отътѫдоу, отътѫдѣ

ТѪЖЕНИѤ, -ꙗ *с* (1) *греч. нет* страх, тоска úzkost, tíseň: подобаатъ паче простьрѣти слоухꙑ ваша • тѫженьѥ вьсе отъложьше *Супр 532, 29.— Ср.* тѫга

ТѪЖИТИ, тѫжѫ, тѫжиши *несов.* (17) ἀδημονεῖν, θλίβεσθαι, ἀνιᾶσθαι, κατεπείγεσθαι, ἀγωνιᾶν, παρενοχλεῖν печалиться, тужить být v úzkostech, být stísněn: поемъ… оба с⟨ы⟩на зеведеова • начѧтъ скръбѣти • і тѫжити *Мт 26, 37 Зогр Мар Ас Сав; Мк 14, 33 Зогр Мар* ● о чемь сожалеть, огорчаться, печалиться naříkat, litovat: сиꙗ же плакааста сѧ и тѫжааста о томь юже сътвориста зъло много *Супр 211, 21-22* ● ὀδυνᾶσθαι страдать, мучиться trpět: припадоша каѭште сѧ о дръзости • и плакаахѫ сѧ тѫжаште отъ болѣзни паленꙗ *Супр 39, 14.— Зогр Мар Ас Сав Син Супр.— Ср.* печалити сѧ, печаловати сѧ, скръбѣти

ТѪТЬНЪ, -а *м* (1) *греч. нет* звук, шум zvuk, šum: тѫтьнъ же гласа слꙑша *Супр 162, 17.— Ср.* гласъ

ТѪЧА, -ѧ *ж* (3) ὄμβρος дождь, ливень déšť, liják: егда оузьрите облакъ • въсходѧштъ отъ западъ • абье г⟨лаго⟩лете ѣко тѫча грѧдетъ *Л 12, 54 Зогр Мар* ● νιφετός снег, снегопад sněžení: дъждоу же и тѫчамъ и громоу • и мльниꙗмъ находѧштемъ *Супр 266, 3.— Ср.* дъждь, роса, снѣгъ

ТѪЧЬНЪ, -ꙑи *прил.* (1): т ѫ ч ь н а ꙗ *ж в знач. сущ.* ὄμβρημα дождевая вода dešťová voda: і правратi (! *вм.* прѣвратi) въ кровъ рѣкꙑ іхъ • і тѫчьнꙑѩ іхъ *Пс 77, 44 Син.— Ср.* дъждевьнъ, потокъ

т ѵ р и ꙗ *Л 3, 1 Зогр Ас см.* итоурꙗ

ТѴРОВЪ *прил. к* тѵръ (1) τῆς Τύρου тирский tyrský: и поклониши сѧ емоу • ї дъщі тѵрова съ дарꙑ *Пс 44, 13 Син.— Ср.* тѵрьскъ

ТѴРСЪ, -а *м имя* (1) Θύρσος Фирс Thyrsus: мѣ⟨сѧ⟩ца дек⟨абрѣ⟩ ΓΙ с⟨вѧ⟩тааг⟨о⟩ тѵрса левка *Ас 129б 20*

ТѴРЪ, -а *м город* (13) [ітор- *Син* (1); тоур- *Зогр* (1) *Мар* (2) *Ен* (1) *Син* (1)] Τύρος Тир, Tyrus: сѫштеі отъ тоурѣ і сидона *Мк 3, 8 Зогр*, тѵрѣ *Мар*; се іноплеменьніці и тоуръ *Пс 86, 4 Син; Ен 27а 4.— Мт 11, 21 и 22 Зогр Мар; Л 10, 13 и 14 Зогр Мар; Пс 82, 8 Син*

ТѴРЬСКЪ, -ꙑи (14) *прил. к* тѵръ [тоурьск- *Зогр* (2) *Мар* (2) *Сав* (2)] τῆς Τύρου тирский tyrský: ішьдъ и⟨соу⟩с⟨ъ⟩ • отъ прѣдѣлъ т'ѵр'скъ • і сидоньскъ *Мк 7, 31 Зогр Мар*, тѵрескъ *Ас*, тоурьскъ *Сав.— Мт 15, 21 Зогр Мар Сав; Мк 7, 24 Зогр Мар; Л 6, 17 Зогр Мар Ас* (2) *Сав.— Ср.* тѵровъ

ОУ

ОУ[1] *предлог* (>100) **А.** *с род.* **1.** *при обозначении близости нахождения, положения кого-чего-л.* πρός, παρά, ἐπί у u: і видѣ дъва анѣ⟨ге⟩ла въ бѣлахъ сѣдѧшта • единого оу главꙑ • і единого оу ногоу • ідеже бѣ лежало тѣло ис⟨оусо⟩во *И 20, 12 Мар Ас* (∅ *Зогр*); оу чрътога сѣдиши *Супр 335, 18*; оу потока садити *Супр 301, 20*; помѧнеши горѣ стоѧ оу трѣбишта *Супр 422, 28* (*Ср. Мт 5, 23*) **2.** *при обозначении лица, от которого зависит то или иное действие* ἀπό, παρά; (оу тѣхъ ἐκεῖθεν) у, от od, u: аште чесо просите оу о⟨ть⟩ца въ імѧ мое дастъ вамъ *И 16, 23 Зогр Ас 87 аβ 15, Сав 106а 12* (отъ от⟨ь⟩ца *Мар, Ас 30ба 11, Сав 140а 7*); живота проси оу тебе і далъ емоу еси • дльготѫ дъни вь вѣкъ вѣкоу *Пс 20, 5 Син*; искоупи оу стражъ тѣлесѣ с⟨вѧ⟩тоую *Супр 270, 26*; надѣаша сѧ вьзѧти оу тѣхъ *Супр 373, 1* **3.** *при обозначении лица, совершающего действие* (*преимущественно в страдательных оборотах*) ἐπί, παρά у, от u, od, *твор. без предлога*: іже і оучи сѧ оу і⟨соу⟩са *Мт 27, 57 Зогр Мар Ас*; аште се оуслышано бѫдетъ • оу ігемона *Мт 28, 14 Зогр Мар Ас Сав*; аште ли да сълоучааше сѧ нѣ оу кого оумоудити кмоу *Супр 206, 7*; словомъ наочьши (!) сѧ • оу павла б⟨о⟩гоневѣст⟨о⟩ • и вѣрѫ оутвръждъши оу петр⟨а⟩ *Ен 36а 4 и 5* **4.** *при обозначении лици, у которого имеется, находится что-л.* παρά, ἐν *у кого-л. (есть, имеется)* u (má): ѣдѫште і пьѭште • ѣже сѫтъ оу нихъ *Л 10, 7 Зогр Мар*; азъ ѣже видѣхъ оу о⟨ть⟩ца моего г⟨лаго⟩лѭ • і вы оубо ѣже видѣсте оу о⟨ть⟩ца вашего творите *И 8, 38 Зогр Мар Ас*; оу тебе естъ дръжава *Евх 64а 7*; воды же оу нею бъх'ма не бѣаше *Супр 547, 29* **5.** *при обозначении лица (лиц), в присутствии которого (которых) совершается действие* παρά, εἰς, ἐπί, πρός; (быти оу *с род.* προσεῖναι) у, с; среди u, s; mezi: молѣаше і фарисѣі етеръ • да объдоуетъ оу него *Л 11, 37 Зогр Мар*; быхъ ѣко чловѣкъ бес помошті оу мрътвыхъ свободь *Пс 87, 5 Син* **6.** *при обозначении лица, по отношению к которому что-л. определяется, квалифицируется* παρά у, перед u, před (*с творит.*): ѣко скотъ быхъ оу тебе *Пс 72, 22 Син*; мѫдрость бо чловѣчъска • жродьство оу бога кстъ (*1 Кор 1, 25*) *Супр 183, 4*; чловѣчьска сьмрьть • сънъ оу господи мьнитъ сѧ *Супр 313, 28* **7.** *при обозначении места или предмета, в пределах которого совершается действие* ἐν, (*род. без предлога*) в (*с местн.*) v (*с местн.*): оста ничьсоже приемъ врѣда • жтрь сы оу ог'нга *Супр 23, 4* ● *перен.* (оу прѣльсти быти πλανᾶσθαι): от'ци ваши акы бесловесънага животъна оу прѣльсти бѣахѫ *Супр 27, 16* **Б.** *с местн. (фонетич. вариант* въ*) при обозначении места действия* ἐν в (*с местн.*) v (*с местн.*): гл(ас)ъ оу рама слышанъ бысть *Мт 2, 18 Сав* (въ рамѣ *Ас*, ∅ *Зогр Мар*).— *Зогр Мар Ас Сав Охр Ен Син Евх Клоц Супр*

ОУ[2] *нареч.* (59) [ю *Зогр* (6) *Мар* (1) *Сав* (4) *Супр* (1)] **1.** *греч. нет* уже již: тѣлоу • оу не божьствоу разлѫченѣ сѫшти *Супр 462, 10*; і оукорітъ тѧ г⟨осподь⟩ъ оу не быті въ владыкѫ *Клоц 3а 3*; ты и на земи животъ его оу прославилъ еси *Евх 58б 3* **2.** не оу οὔπω, οὐδέπω, οὐ εὐθέως, ἀλλ'οὐ, πρίν (!) еще не, до сих пор не ještě ne, dosud ne: і тъма абие быс⟨тъ⟩ • і не оу бѣ пришьлъ къ нимъ і⟨соу⟩с⟨ъ⟩ *И 6, 17 Зогр Мар Ас*; не ю приде година моѣ *И 2, 4 Зогр*, не оу *Мар Ас Охр*; не оу ли разоумѣете *Мк 8, 21 Зогр* (како не разоумѣсте *Мар*); и клико аште вьзвѣштакмъ възлюбьнении о зависти • не ю начахомъ глаголати о зависти *Супр 399, 30*.— *Зогр Мар Ас Сав Охр Евх Клоц Супр Хил*.— *Ср.* оуже

ОУ[3] *межд.* (5) [ю *Супр* (1)] (оу горе мьнѣ οἴμοι) о!, увы!, ах! o!, ach!: оу горе мьнѣ окаанѣи • и отъмщенѣи • оу горе мьнѣ ѣко сьнѣдь кемъ огнга вѣчнааго • оу горе мнѣ ѣко жиште кемъ диꙗволе *Супр 517, 6, 7 и 8*.— *Супр 523, 25; 568, 12*.— *Ср.* оува, оувы

оу- *см. также* въ-

ОУАЛЕНТЪ, -а *м* (1) *имя* Οὐάλης Валент Valent: мѣ⟨сѧ⟩ца тог⟨оже⟩ еі • с⟨вѧ⟩тъıх⟨ъ⟩ м⟨ѫ⟩ч⟨ени⟩къ • памфила оуалента павла порфила селевка *Ас 142б 14*.— *Ср.* оуалъ

ОУАЛЕРИИ, -ига *м имя* (2) **1.** Οὐαλέριος Валерий Valerius: а се имъ имена • дометигнъ... оуалерии • клавдии *Супр 69, 13* **2.** *греч. нет* Валерьян Valerián: при ц⟨ѣса⟩рю и томителю • декиа • и оуалериа *Супр 185, 17*.— *Ср.* оуалериганъ

ОУАЛЕРИГАНЪ, -а *м имя* (2) [валериганъ *Супр* (1)] Οὐαλλεριανός Валерьян, Valerián: а се имъ имена • дометиганъ... ѳеѡфил • валериганъ *Супр 69, 17*; отъ многъ и различенъ градъ • похыштеномъ бывъшемъ крьстигамомъ • вь врѣмена декига ц⟨ѣса⟩ра и оуалеригана *Супр 97, 28*.— *Ср.* оуалерии

ОУАЛЪ, -а *м имя* (9) [ноуал' *Супр* (1)] Οὐάλης Валент Valent: а се имъ имена • дометиганъ... горконии • оуалъ • ноулиган *Супр 69, 12*; зълодѣи бо ноуал' • приꙗ сѫдъ подобьнъ *Супр 198, 18*.— *Супр 190, 20; 191, 21; 193, 10; 195, 1; 197, 7; 198, 27; 199, 15*.— *Ср.* оуалентъ

ОУАРЪ, -а *м имя* (1) Οὔαρος Уар Varus: и павла исповѣдьника... и м⟨ѫ⟩ч⟨ени⟩ка оуара *Ас 124б 7*

ОУБАЛОВАТИ, -лоуѭ, -лоукши *сов.* (2) θεραπεύειν вылечить, исцелить vyléčit: толикѫ силѫ дастъ ті да недѫжънъıꙗ оубалоуеши *Клоц 4б 1-2* (недѫгы... рѣшити *Супр 411, 15*); или к'то плача сѧ і припадаꙗ къ врачеви семоу • не оубалоуетъ сѧ *Евх 84а 3-4*.— *Ср.* извpачевати, ицѣлити, оустрабити

ОУБИВАНИЮ, -ига *с* (2) φόνος убивание zabíjení, ubíjení: видаште безбожьнии безаконьнок оубиваник *Супр 57, 15* ◆ животьнага оубиванига ζῴων οἱ φόνοι приношение в жертву животных přinášení zvířecích obětí: где бо капишта • и животънага поустошьнага оубиванига *Супр 428, 3*.— *Ср.* оубинство, оубитик, оубиеник, оубои, оубоиство, разбои

ОУБИВАТИ, -ваѭ, -вакши *несов.* (16) ἀποκτείνειν, φονεύειν, ἀναιρεῖν, σφάζειν; (страньникы оубивати ξενοκτονεῖν) убивать, умерщвлять zabíjet: і не оубоите сѧ оубиваѭштихъ тѣло • а д⟨оу⟩шѧ не могѫштъ оубити *Мт 10, 28 Зогр Мар* (биваѭщиихъ *Ас*); *Супр 175, 16; Л 12, 4 Зогр Мар Ас Боян*; егда оубивааше ꙗ • тогда възіскаахѫ его *Пс 77, 34 Син*; іс⟨оусъ⟩же рече емоу не оубиваі *Мт 19, 18 Сав* (еже не оубьеши *Мар Ас*, ∅ *Зогр*); ѩже хотѣаше скврьнавъıи сиї • аменоурѣмнии • оубиваавше • дроугъıѩ же въ роботѫ даѩше своимъ болѣромъ *Супр 57, 30-58, 1.— Зогр Мар Ас Сав Боян Син Супр.— Ср.* бивати, оубиѩти

ОУБИИСТВО, -а *м* (14) φόνος, φονῶδες (!) убийство vražda: ѥже бѣ за етерѫ крамолѫ бъıвъшѭѩ въ градѣ • ı оубиıство • въвръженъ въ тъмьницѫ *Л 23, 19 Зогр Мар*; паче отъ зависти на оубииство притварѣахѫ сѧ *Супр 386, 5*; како давидъ въ оубииство и любодѣиство въпадъ *Супр 359, 17*; кръвопролитьѥ и оубиıство жидовъ ѩвьѩше *Супр 484, 23.— Мт 15, 19 Зогр Мар; Мк 7, 21 Зогр Мар; Мк 15, 7 Зогр Мар; Л 23, 25 Зогр Мар; Супр 400, 4.— Ср.* разбои, оубиваниѥ, оубитиѥ, оубиѥниѥ, оубои, оубоиство

ОУБИИСТВЬНЪ, -ъıи *прил.* (1) *греч. нет* несущий смерть, смертоносный vražedný: отъбѣживѣ владъıчьнѣ оубиıствьнъıѩ рѫкъı *Супр 472, 5-6.— Ср.* оубоичьнъ, съмрьтоносьнъ

ОУБИИЦА, -ѧ *м* (5) [оубиц- *Мар* (1) *Клоц* (1)] φονεύς, μιαιφόνος убийца vrah: ı слъıшавъ ц⟨ѣ⟩с⟨а⟩р⟨ь⟩ тъ разгнѣва сѧ и посъла воıѩ своıѩ • погоуби оубица тъı *Мт 22, 7 Мар*, оубиицѧ *Ас* (∅ *Зогр*); *Евх 106б 2*; не възьрı же на жидовъскѫѩ зълобѫ • нı ѣко благодѣтелѣ осѫждаѭште • ıзбавлѣѭтъ оубıцѫ *Клоц 10б 37*; вь ньже господьнѣ оубиица запечатьлѣша гробъ *Супр 472, 22.— Ср.* оубоица

оу б и п и т ѣ н ъ *Л 15, 30 Сав см.* оупитѣнъ

ОУБИТЕЛЬНИЧЬСКЪ, -ъıи *прил.* (1) τῶν φονέων относящийся к убийце (убийцам) vrahův, vrahů *род.*: не вьлазитъ въ оубительничьскѫ пештерѫ *Супр 510, 2-3*

ОУБИТИ, оубьѭ, оубьѥши *и* оубиѭ, оубиѥши *сов.* (>100) [(оу)биѭтъ *Зогр-пал* (1)] ἀποκτείνειν, ἀναιρεῖν, θανατοῦν, φονεύειν, θύειν, πατάσσειν, σφάττειν, φονοκτονεῖν, μαστιγοῦν (!); (брата оубити ἀδελφοκτονεῖν; пророкы оубивъıи προφητοκτόνος) убить, умертвить zabít: придѣте оубиѣмъ ı *Мк 12, 7 Зогр Мар*; слъıшасте ѣко речено бъıстъ древьнимъ • не оубиеши • ıжь бо оубиетъ • повиненъ естъ сѫдоу *Мт 5, 22 Зогр* (∅ *Мар*); лъстиѭ оубиенъ бъıстъ *Ен 38а 10*; безвиньна и правьдива не оубии *Супр 398, 3*; нъ да пастоуха оубивъше паствѫ раждενѫтъ *Супр 385, 16*; брата оубивъ каинъ оскврьни землѭ *Супр 485, 8-9*; тъı на оубиѥниѥ и въскрѣсивьшааго • пророкъı оубивъшаѩ рѫкъı остриши *Супр 339, 3-4.— Зогр Мар Ас Сав Зогр-пал Боян Ен Син Евх Клоц Супр.— Ср.* избити, побити, оутети

оу б и т и *Супр 397, 30 см.* оупитиѥ

ОУБИТИѤ, -ѩ *с* (1) (исоухристосово оубитиѥ χριστοκτονία) убийство, убиение vražda: по тебѣ пасомии • ïсоухристосово оубитиѥ мъıслѧтъ *Супр 388, 30.— Ср.* разбои, оубиваниѥ, оубиистьво, оубиѥниѥ, оубои, оубоиство

оу б и ц а *Мт 22,7 Мар; Клоц 10б 37 см.* оубиица

ОУБИѤАТИ, -ѩѭ, -ѩѥши *несов.* (3) ἀποκτείνειν, φονεύειν убивать, умерщвлять zabíjet, ubíjet: доколѣ належите на чл⟨о⟩в⟨ѣ⟩ка оубьѣете въсı въı *Пс 61, 4 Син.— Мк 12, 5 Зогр Мар.— Ср.* бивати, оубивати

ОУБИѤНИѤ, -ниѩ *с* (11) [оубьен- *Зогр* (1) *Мар* (1)] τὸ ἀποκτεῖναι, τὸ ἀναιρεθῆναι, φόνος; (лѫкавьствиѩ оубиѥниѥ, лѫками оубиѥниѥ δολοφονία; христоса оубиѥниѥ χριστοκτονία) убийство, умерщвление zabití: оубоıте сѧ ıмѫштааго власть • по оубьени вьврѣшти въ ѥеонѫ *Л 12, 5 Зогр Мар*, оубиенı *Ас*, оубиени *Боян*; стр⟨а⟩стъ с⟨вѧ⟩таго м⟨ѫ⟩ч⟨е⟩ни⟩ка зарила • и веѥни сестрѣ его • и оубиение захариѩ пр⟨о⟩р⟨о⟩ка *Ен 24б 17*; ѩже бѣаше посълалъ цѣсарь диоклитиѩнъ на оубиѥниѥ ѥго *Супр 186, 29-30*; то бо... книжници жидовьсти • на христоса оубиѥниѥ възбѣсиша *Супр 340, 17*; тъı... лѫкавьствиѩ оубиѥнию ножъ наостри *Супр 389, 10.— Супр 339, 2; 387, 17; 399, 6.— Ср.* разбои, оубиваниѥ, оубиистьво, оубитиѥ, оубои, оубоиство

ОУБЛАЖИТИ, -жѫ, -жиши кого; кого чимь; комоу *сов.* (7) **1.** ἀγαθύνειν, χαριτοῦν сделать добро učinit dobro: г⟨оспод⟩ь... оублажıтъ ı на землı *Пс 40, 3 Син*; оублажи г⟨оспод⟩ı благъıимъ • ï правъıимъ ср⟨ьдь⟩ц⟨е⟩мь *Пс 124, 4 Син*; оублажи и вьдѡца *Евх 94б 10*; крѣпькааго же трьпѣниимъ оублажилъ ѥси ïωва *Супр 232, 19* **2.** μακαρίζειν восславить oslavit: вьсı ѩзъıцı оублажѧтъ ı *Пс 71, 17 Син.— Пс 35, 4; 50, 20 Син.— Ср.* благосътворити

ОУБО *союз и частица* (>1000) [оубоу *Мар* (1) *Син* (1), обо (!) *Супр* (1)] **I.** *союз, часто употребляется в сочетании с другими союзами; во многих контекстах трудно отличить союз от частицы и уточнить его отдельные значения* οὖν, τοίνυν, μέντοι, γοῦν, γάρ, δέ, ἄρα, ἄραγε, μέν, μὲν γάρ, μὲν οὖν, λοιπόν, καί, δή, τοίγαρ, τοιγαροῦν, ἄν, ἄν οὖν **1.** *следственный* итак, потому, поэтому tedy, proto, tudíž: бракъ... готовъ естъ • а зъвании не бѣшѧ достоини • ıдѣте оубо на исходишта пѫтии • ı елико аште обрѧштете призовѣте на бракъ *Мт 22, 9 Мар Ас* (∅ *Зогр*); ничьтоже достоıно съмрьти • творено естъ о немь • показавъ оубо отъпоуштѫ ı *Л 23, 16 Зогр Мар*; дльженъ естъ вьсѣкъ кръштенъı • самъ себе чиста хранити... ıже оубо отъ селѣ кръштенъ съı • творѧ обрѣтаетъ сѧ по б⟨о⟩жию законоу • да осѫдıтъ сѧ *Клоц 2б 4*; тъмьна бо ти истина сѧ мнитъ • прѣлесть же свѣтъла • свѣтълом҄ъ оубо словесемъ • прѣродителҍнъıими начьнѫ гласъı *Супр 104, 14* ● *в вопр. предложениях семантически близко к частице*: г⟨оспод⟩и не добро ли сѣмѧ сѣлъ еси на селѣ твоемь • отъ кѫдѹ оубо імать плѣвелъ *Мт 13, 27 Зогр Мар Ас Унд*; *еже*... б⟨ог⟩ъ съчета чл⟨о⟩в⟨ѣ⟩къ да не разлѫчаатъ • г⟨лаго⟩лашѧ емоу что оубо моси заповѣдѣ • дати кънигъı распоустънъıѩ *Мт 19, 7 Мар Ас Сав* (∅ *Зогр*); къто оубо естъ вѣрънъı рабъ *Мт 24, 45 Зогр Мар Ас Сав*; дѣвица рече отъкѫдѹ ѹбо иматъ отьца имѣти • отъ мене хотѧи сѧ... родити *Супр 237, 11*; ходатаи ти и господинъ кстъ попъ къ богоу • почто оубо осѫждаѥши • кгоже богъ не осѫждаѥтъ *Супр 359, 1* **2.** *пояснительный или причинный* ибо, ведь, так как totiž, vždyt', nebot', přece: покаіте сѧ приближи сѧ • ц⟨ѣса⟩р⟨ь⟩ствие н⟨е⟩б⟨есь⟩ское • съ оубо естъ реченъı исаіемь про⟨роко⟩мъ *Мт 3, 3 Сав* (во *Ас*, ∅ *Зогр Мар*); ѣко бо оубо събираѭтъ плѣвелъı... тако бѫдетъ вь скончание вѣка сего *Мт 13, 40 Мар*, ѣкоже оубо *Ас Унд* (ѣко оудобь *Зогр*); грѧдетъ крѣплеі мене • въ слѣдъ мене... азъ оубо крьстихъ въı водоѭ • а тъ крьститъ въı д⟨оу⟩хомь с⟨вѧ⟩тъıмь *Мк 1, 8 Зогр Мар Ас Сав*; ничьсоже не обрѣте на нѥи (*т. е.* смоковьници) • тъкъмо листвье • не оубо бѣ врѣмѧ смокъвамъ *Мк 11, 13 Зогр* (не бѣ бо *Мар*); мѫченикъ рече • не жърѫ рѣхъ ти оубо ıако х⟨ристо⟩совъ робъ ксмъ *Супр 106, 5*; павьлъ... ишедъ изъ хъıзинъı своѥѩ въ прѣпладьнѥ • егуп'тьстии знокве оубо • ничимъже сѫтъ хоуждъши • вавулоньскъıѩ оноѩ пештьница... молѣаше сѧ *Супр 172, 29*; кже ксте въı • иже... мене въ законѣ... проповѣдаѥмааго ослоушасте сѧ • мните бо оубо пронъıрьствомъ въздръжанига • пронъıрити славѫ божиѭ *Супр 331, 12*; не сьѭ пасхѫ нъ жидовьскѫ • обаче тѫ оубо оуготоваша оученици *Супр 416, 11-12* (тѫ бо *Клоц 6а 37*) **3.** *противительный с оттенком следствия* а, но však, avšak, ale: вѣсте ѣко кънѧзи ıаз⟨ъı⟩къ оустоıатъ имъ • и велицин обладаѭтъ малъıими • не тако оубо бѫдетъ въ васъ *Мт 20, 26 Мар* (∅ *Зогр*); ови г⟨лаго⟩лахѫ ѣко благъ естъ • іни же г⟨лаго⟩лахѫ ни... никотеръı же оубо ѣвѣ г⟨лаго⟩лаше о нѥмь *И 7, 13 Зогр Мар* (и никоторъı же *Ас*); покори ми сѧ... или зьлѣ оумьреши... аште ли оубо покориши ми сѧ бѫдеши чьстенъ въ полатѣ моки *Супр 65, 13* ● оубо... же, оубо... а, оубо... нъ μὲν... δέ, μέντοι... δέ, μὲν οὖν... ἀλλά, μὲν... οὐ μήν (хотя)... но sice... ale: жѧтва оубо многа • а дѣлатель мало *Мт 9, 37 Зогр Мар; Л 10, 2 Зогр Мар Ас*; бракъ оубо готовъ естъ • а зъванни не бѣшѧ достоини *Мт 22, 8 Мар Ас* (∅ *Зогр*); подобите сѧ гробомъ повапьненомъ • іже вънѣѭдѫ оубо сѫтъ красьни • вънѫтрьѭдѫ же пльни сѫтъ кости мрътвъıихъ • і вьсѣкоıѩ нечистотъı *Мт 23, 27 Мар* (∅ *Зогр*); шесть на десѧте лѣтъ оубо сѫштоу блаженоуоумоу връстоѭ • тъıсѫштъноу же разоумънѫѭ хъıтростиѭ • приведе сѧ самъ... къ великоуоумоу чистителю *Супр 272, 29*; тебе оубо благословьѭ • а тъ без благословьѥниıа кстъ *Супр 298, 24*; мънози вльци обьходѧтъ въ одеждахъ овьчахъ • овьчѧ оубо одеждѧ имѫще нъ не и зѫбъı и ногъти *Хил 2аβ 17* **4.** *присоединительный с пояснительным оттенком* же, и, и так pak, a, tedy: повелѣ г⟨оспод⟩ъ его да продадѧтъ і и женѫ его и чѧда... падъ оубо работъ • кланѣше сѧ емоу *Мт 18, 26 Мар*, же оубо *Ас* (же *Сав*, ∅ *Зогр*); прііѧтъ же оубо хлѣбъ ис⟨оус⟩ъ • и хвалѫ въздавъ • дастъ оученикомъ *И 6, 11 Ас* (*только* же *Зогр Мар*); рѣшѧ же къ себѣ • не прѣдерѣмъ его • нъ метѣмъ жрѣбиѩ о нѥмь... воіни же оубо си сътворишѧ *И 19, 24 Зогр Мар*; насильѥ сътворишѧ кмоу • не съконьчати кже обѣшташа сѧ • пакъı оубо рече имъ *Супр 33, 3*; възьмъ же диıакъ благословьѥние отъ епископа • и помоливъ сѧ идѣаше пѫтьмь • шьдъ оубо въ кесариѭ • иска'ше раба господьниа артемона *Супр 225, 4*; отъвѣштавъ оубо господинъ кго рече • пронъıривъı робе и лѣнивъıи *Супр 369, 25* (же *Мт 25, 26 Зогр Мар Ас Сав*) **5.** *вводит главное предложение после придаточного условного*: аще (ли)... (то) оубо, аще оубо... оубо εἰ... (τότε) ἄν, εἰ... ἄρα (ἄν), εἰ ἄρα... ἄρα, ἄν..., ἐάν..., если (бы)... то jestliže, kdyby... tedy, tak, pak: аште въ т'урѣ і сидонѣ • бишѧ силъı бъıлъı • бывъшаıѩ въ васъ • древле оубо въ врѣтишти • і попелѣ покаали сѧ бишѧ *Мт 11, 21 Зогр Мар; Л 10, 13 Зогр Мар*; аште ли о д⟨оу⟩сѣ б⟨о⟩жии • азъ ізгоньѭ бѣсъı • оубо постиже на васъ ц⟨ѣса⟩р⟨ь⟩с⟨тв⟩ие б⟨о⟩жие *Мт 12, 28 Зогр Мар; Л 11, 20 Мар Зогр*; сь аште би бъıлъ пророкъ • вѣдѣлъ би оубо • і какова жена прикасаетъ сѧ емь *Л 7, 39 Зогр Мар Ас*; аште мѧ бисте знали • і о⟨тъ⟩ца моего знали бисте оубо *И 14, 7 Зогр Мар Ас Сав*; ѣко аще бі вьсхотѣлъ жрътвѣ далъ бімъ оубо *Пс 50, 18 Син*; да аще о словесехъ сѫтъ сицевѣ неослабьна • то о дѣлѣхъ оубо ѡ како си бѫдѫтъ *Рыл 26а 8* ● аще и... нъ оубо (*единственный случай*) ἀλλ' οὖν γε... οὐ μή если и... все-таки i když... přece: аште и съвлѣче мѧ отъ одеждѧ • нъ оубо х⟨ристос⟩а вь нѥгоже ксмь облъченъ • не имаши мошти съвлѣшти *Супр 50, 14* **II.** *частица* μέν, τε, ἄρα, ἄν, οὖν, οὐκοῦν, δή, δὴ οὖν, γε, μέντοι, ὄντως, τοιγαροῦν, τοίνυν, λοιπόν, πάντως, ἴδε (!) quoque **1.** *усилительная* же; как раз, именно; конечно právě; zajisté, ovšem; -pak:

чъто оубо г⟨лаго⟩лѭтъ кънижъници • ѣко илии подобаатъ прити прѣжде • ι⟨соу⟩с⟨ъ⟩ же отъвѣщавъ рече имъ • илиѣ оубо придетъ прѣжде и оустроитъ вьсѣ *Мт 17, 11 Мар* (∅ *Зогр*); пилатъ же г⟨лаго⟩ла имъ • чьто оубо створи зъло *Мк 15, 14 Зогр* (во *Мар*); равві • иже бѣ съ тобоѭ на ономъ полоу иердана... сь оубо кр⟨ъ⟩щаетъ *И 3, 26 Ас* (се сь *Мар*, ∅ *Зогр*); сь ли естъ с⟨ы⟩нъ ваю • его же вы г⟨лаго⟩лета • ѣко слѣпъ роди сѧ • како оубо нынѣ видитъ *И 9, 19 Зогр Мар Ас*; велика оубо естъ тваръ н⟨е⟩бо *Клоц 9б 34*; с⟨вѧ⟩тыи же паулъ отъвѣштавъ рече • нѣси оубо достоинъ слышати таинъ б⟨о⟩жиї • да не владьми своими прѣльстиши отъ прѣдьстоѩштиїхъ сихъ *Супр 8, 20*; великъ же день творѧште аполѡноу... въ тъ оубо день сьбираѭштоу сѧ народоу... с⟨вѧ⟩тыи кононъ • показа сѧ имъ *Супр 26, 22*; нынѣ отъкрываѭтъ младѫ и добрѫ... и въ лъжѫ навадѧтъ на нѫ нынѣ оубо *Супр 135, 6*; по истинѣ свѧтааго дометиѣ мѣсто се естъ • и оубо сьде обраштемъ и с⟨вѧ⟩тыѩ мошти его *Супр 219, 4* ● **оубо... же... (же)** *подчеркивает первый член пары или ряда однородных членов предложения или целых предложений, находящихся в сопоставительном, противительном или разделительном отношении*: сѣѭштюмоу ова оубо падошѧ при пѫти... дроугаѣ же падошѧ на каменихъ... а дроугаѣ падошѧ въ тръниі... дроугаа же падошѧ на земли добрѣ *Мт 13, 4 Зогр Мар*; ови оубо бѣжаахѫ въ горы • ови же на селѣхъ сѫште таахѫ сѧ *Супр 98, 8*; овогда оубо видѣти и бѣаше сѣда • овогда же отрока *Супр 121, 25*; сим же сице имѫштемъ... отъ въздоуха оубо сльньце • отъ садовъ же дрѣво • отъ жидовъ же злъчь • отъ тъкании же риза нераздьранаа • отъ морѣ же багъръ *Супр 438, 14*; двоѥ себѣ приобрѣтаа с⟨вѧ⟩тыи • прьвоѥ оубо исповѣданиѥмъ оуп'ваѩ привести его • коупно же и себѣ оут'връждениѥ • бѫдѫштиїхъ по томъ хотѧ притворити *Супр 525, 9* ● (*только в Киев*) также, и také, i: подазь міlостівы • да егоже чьсть чьстімъ • сілоѭ оубо мѫчениѣ его наслѣдоуемъ *Киев 1б 8* ● *по значению близка наречию* λοιπόν уже, как раз již, právě: нъ врѣмѧ оубо пристѫпити къ грѧдѣи сеи трепезѣ *Супр 420, 7* (юже *Клоц 8а 3*); коньча сѧ оубо намъ алчьбьныи троудъ *Супр 427, 27*; мѣсѧч'но оубо бѣаше • и само то къ оутроу *Супр 431, 17* **2.** *побудительная* (*преимущественно в повелительных и желательных предложениях*) вот, же, итак nuže, tedy: бѫдите оубо *Мт 24, 42 Зогр Мар Ас Сав*; шьдъше оубо наоучите вьсѩ ѩзыкы *Мт 28, 19 Зогр Мар Ас Сав*; пастыри • рѣшѧ дроугъ къ дроугоу • прѣидѣмъ оубо до витлѣема *Л 2, 15 Зогр Мар Ас Сав*; въстанѣте идѣмъ отъ сѫдѣ ѹбо *И 14, 31 Сав 102а 16* (*нет Зогр Мар Ас Сав 27а 11*); молѭ тѧ оубо о⟨ть⟩че • да і посълеши въ домъ о⟨ть⟩ца моего *Л 16, 27 Зогр Мар Ас*; блюди сѧ оубо • ѣко отъ олътарѣ г⟨оспод⟩нѣ приемлеши *Евх 83а 20*; придѣте оубо братьѣ • відимъ болѣзні гробънына *Клоц 12а 25*; покажи оубо намъ понѣ едно знамениѥ *Супр 30, 19*; да оубо послоушаи мене дроуже *Супр 100, 14* **3.** *при обозначении чего-л. неопределённого, приблизительного, сомнительного* может быть snad, asi: остави ѭ (*т. е.* смоковьницѫ) і се лѣто... і аште оубо сътворитъ плодъ *Л 13, 9 Зогр Мар*; не імамъ сьде • ваште пѧти хлѣбъ • і рыбоу дъвою • аште оубо не мы шьдъше въ вьсѩ люди сьѩ коупимъ брашьна *Л 9, 13 Зогр Мар*; с⟨вѧ⟩тыи кодратъ рече... к'де же сѫтъ пожъръшеи • не виждѫ ихъ оубо *Супр 107, 1* ● *преимущественно в определительных предложениях*: сътѧзаахѫ сѧ къ себѣ г⟨лаго⟩лѭште • чьто оубо естъ се *Мк 1, 27 Зогр Мар*; положишѧ вси слышавъшеі на ср'дьцихъ своіхъ • г⟨лаго⟩лѭште • чьто оубо отрочѧ се бѫдетъ *Л 1, 66 Зогр Мар Ас*; ти начасѧ іскати вь себѣ • которы оубо бѫдетъ отъ нихъ • хотѧі сътворити се *Л 22, 23 Зогр Мар*; оубо нѣси ли николиже плавалъ по морю • да бы оувѣдѣлъ страхъ его *Супр 115, 9*.— *Зогр Мар Ас Сав Унд Ен Син Служ Киев Евх Клоц Супр Хил Рыл Зогр-лл*

оубобы *Супр 492, 9 см.* оубогъ

ОУБОГЪ, -ыи *прил.* (80) [оубов- (!) *Супр* (1)] πτωχός, πένης, πενιχρός, εὐτελής; (ѣко оубогомъ хлапомъ δραπετοδούλως) очень бедный, нищий, убогий velmi chudý, nuzný, ubohý: въдовица си оубогаѣ • множае вьсѣхъ въвръже *Мк 12, 43 Зогр Мар*; любо оубогъ естъ любо богатъ • любо сановитъ любо смрьдъ • то ни того поштадитъ сѫдъ *Супр 101, 24*; владычьскы вамъ ѣко оубогомъ хлапом' • велѧштоу *Супр 465, 11* ● *перен.* ταπεινός, ἄπορος ничтожный, низкий, недостойный nicotný, nepatrný, ubohý: мѫжь бо есмъ оубогъ и грѣшьнъ *Супр 551, 14*; моѣ доброта и оукрашениѥ и лѣпота х⟨ристо⟩с⟨ъ⟩ естъ • иже посъла аг'гела своего и покры мѧ оубогѫѭ ѣко оуп'вахъ на нь *Супр 5,5* ▭ оубогъ, -ыи *в знач. сущ.* бедняк, нищий ubožák, chudák: ништь і оубогъ въсхвалитъ імѧ твое *Пс 73, 21 Син*; блаженъ разоумѣваѩ на ниша і на оубога *Пс 40, 2 Син*; ты бо еси давець • оубогымъ *Евх 8б 21*.— *Зогр Мар Ас Сав Син Евх Супр*.— *Ср.* нищь

ОУБОЖЬСТВО, -а *с* (6) **1.** πτωχία, πενία, ὑστέρημα (!); (безъ оубожьства ἀπτωχεύτως) нищета, крайняя бедность, нужда chudoba, bída: вьси бо си отъ избытъка въврьгошѧ дары б⟨ого⟩ви • а си отъ ꙋбожьства своего • все имѣние свое въврьже *Л 21, 4 Сав* (отъ лишеньѣ *Зогр Мар Ас*); отъна ти оубожьство • и дастъ ти богатьство *Супр 348, 6*; ц⟨ѣса⟩рь славы • ѡ объоубожавыи своихъ си • безъ оубожьства сы насъ дѣльма *Супр 326, 21-22* (неоубожъно *Клоц 1б 1*) ● *перен.* ταπείνωσις ничтожность, незначительность, недостойность nicotnost, nepatrnost, ubohost: б⟨ож⟩е... иже помѧнѫ оубожьство наше *Супр 5, 28-29* **2.** ἀκτημοσύνη недостаток (*необходимых средств*) nedostatek: вьсего мирьскааго прѣобидѣвъша • и своѥвольствънъимъ оубожьствъмъ • и въздръжаниимʼ въздръжавъшоу сѧ самомоу *Супр 294, 16.— Супр 283, 9.— Ср.* лишениѥ

ОУБОИ, -ꙗ *м* (10) φόνος убийство, убиение vražda: блѫдъ сътворихъ • оубои сьдѣлахъ *Супр 528, 11*; оубои бесправьдьныи творѧтъ *Супр 432, 6.— Супр 333, 6; 521, 28; 522, 1 и 2; 523, 5 и 30; 526, 4; 537, 17.— Ср.* разбои, оубиваниѥ, оубиство, оубитиѥ, оубиѥниѥ, оубоиство

ОУБОИСТВО, -а *с* (5) φόνος, αἱ φονοκτόνοι βουλαί; (прѣлюбодѣиство оубоиства φονομοιχεία) убийство vražda: въ ровъ любодѣиства и оубоиства въпадъ *Супр 526, 21*; ѡ зависти • оубоиствоу родителю *Супр 388, 22-23*; аште бо сѧ тебѣ не исповѣдѣ • льстьць диꙗволъ оубоиства прѣлюбодѣиство • рѫгаѧ сѧ не останетъ сѧ мене *Супр 355, 4*; оубоиство вь срьд'цихъ сьбираахѫ *Супр 398, 18.— Супр 400, 12.— Ср.* разбои, оубиваниѥ, оубиство, оубитиѥ, оубиѥниѥ, оубои

ОУБОИЦА, -ѧ *м* (3) φονεύς, ὁ φονεύων убийца vrah: кыи сицъ законъ оубоицѧ поуштати *Супр 398, 7*; не оубоицъ неприꙗзньствоу • нъ младъıихъ безълобию *Супр 340, 25.— Супр 397, 30.— Ср.* оубиица

ОУБОИЧЬНЪ, -ъıи *прил.* (1) θανατηφόρος смертоносный vražedný: море своѧ вльны съпрѧтаѧ на шъствиѥ владыцѣ готовыаше сѧ • а онѣхъ срьдьце вльньнъıимъ оубоичьнъıихъ оустъı пѣнꙗаше *Супр 399, 9.— Ср.* оубиистьвьнъ, съмрьтоносьнъ

ОУБОꙖТИ СѦ, оубоѭ сѧ, оубоиши сѧ *сов. без доп. или* кого, чесо; отъ кого, отъ чесо (>100) φοβεῖσθαι, πτοεῖσθαι, αἰδεῖσθαι, δείδειν, δειλιᾶν, καταπλήσσεσθαι, ταράσσεσθαι испугаться, почувствовать страх uleknout se, pocítit strach: съказаѭ же вамъ • кого сѧ оубоите • оубоите сѧ имѫштааго власть *Л 12, 5 Зогр Мар Ас*; видѣвъше і оученици его по морю ходѧща • оубоꙗшѧ сѧ *Мт 14, 26 Сав* (съмѧтошѧ сѧ *Мт 14, 26 Зогр Боян*; съмѧшѧ сѧ *Мар Ас*); не оубоите сѧ отъ оубивающтиихъ тѣло *Л 12, 4 Зогр Мар Ас*; і оубоѣшѧ сѧ страхомь вельемь *Л 2, 9 Зогр Мар Ас Сав*; не оубоѭ сѧ отъ тьмъı людеи • нападаѭщихъ на мѧ окрьстъ *Пс 3, 7 Син*; не оубоитъ сѧ срьдьце мое *Пс 26, 3 Син; Супр 17, 28-29*; оубои сѧ имени г⟨осподь⟩нѣ *Евх 45б 16-17*; землѣ оубоѣ сѧ *Клоц 12б 5*; мьнѣлъ ли ѥси страхъı оубоꙗти сѧ намъ *Супр 176, 16.— Зогр Мар Ас Сав Унд Боян Ен Син Евх Клоц Супр.— Ср.* възбоꙗти сѧ, съмѧсти сѧ, оустрашити сѧ

оубпиет' сѧ *Евх 104а 21 см.* оупити сѧ

ОУБРОУСЪ, -а *м* (7) σουδάριον плат, платок, покрывало (*головное*) šátek, rouška: лице его обѧзано оуброусомь *И 11, 44 Зогр Мар Ас Сав*; се мнась твоѣ ѭже імѣхъ • положенѫ въ оуброусѣ *Л 19, 20 Зогр Мар Ас.— Ср.* сударь

оубоу *Л 8, 16 Мар; Пс 80, 15 Син см.* оубо

ОУБОУДИТИ, оубоуждѫ, оубоудиши *сов.* (3) ἐξυπνίζειν разбудить vzbudit: лазарь дроугъ нашъ оусьпе нъ идѫ оубоудитъ ѥго *Супр 314, 10* (да възбоуждѫ *И 11, 11 Зогр Мар Ас Сав*) ▭ оубоудити сѧ διαγρηγορεῖν проснуться, пробудиться probudit se: петръ же і сѫштаа съ нимь • бѣахѫ отѧгъчени сънъмь • оубоуждьше же сѧ видѣшѧ славѫ его *Л 9, 32 Зогр Мар.— Ср.* възбоудити

ОУБѢГНѪТИ, -нѫ, -неши *сов.* (1) ἀπαυτομολεῖν убежать utéci: иже абиѥ противѫ болѣзни не сътрьпѣвъ • къ ратънъıимъ оубѣже *Супр 93, 10.— Ср.* избѣгнѫти, избѣжати, отъбѣгнѫти, отъбѣжати, оубѣжати, отътещи

ОУБѢДИТИ, оубѣждѫ, оубѣдиши *сов.* (14) ἀναγκάζειν, καλεῖν (!) заставить, принудить přimět, přinutit: і абие оубѣди оученикъı вълѣсти въ корабь *Мт 14, 22 Зогр Мар Ас* (2) *Сав 40б 1* (подвиже *Сав 40а 1*); ѡ фарисѣі оубѣждьшимъ и⟨соу⟩са *130а 6 Зогр; 76б 21 Мар*; нъı ѥси оубѣдилъ обычаи сътворити *Евх 82а 7.— Мк 6, 45 Зогр Мар; Л 14, 23 Зогр Мар Ас Сав.— Ср.* побѣдити, подвигнѫти, поноудити, приноудити

ОУБѢЖАНИѤ, -ꙗ *с* (1) τὸ διαφυγεῖν *перен.* избежание únik: ꙗко аште и чловѣколюбьци бѫдемъ по съмрьти • ничʼтоже отъ того приобраштемъ на оубѣжаниѥ *Супр 374, 5-6*

ОУБѢЖАТИ, оубѣжѫ, оубѣжиши *сов.* кого, чесо; отъ кого, отъ чесо (19) ἐκφεύγειν, διαφεύγειν, φεύγειν убежать utéci: и се д'ва бѣста от' нихъ идѫшта • страхомъ рѣста оубѣжива звѣри *Супр 472, 2* ● *перен.* избежать uniknout: бѫдите оубо на вьсѣко врѣмѧ • молѧште сѧ • да съподобите сѧ оубѣжати вьсѣхъ сихъ хотѧштихъ быти • і стати прѣдъ с⟨ы⟩номь ч⟨ловѣчь⟩скомь *Л 21, 36 Зогр Мар Ас Сав*; далъ єсі... знаменье • оубѣжаті отъ лица лѫка *Пс 59, 6 Син*; тацѣми словесы оубѣжати имаши мьсти *Супр 49, 17*; никтоже обьштааго коньца оубѣжа *Супр 238, 11.— Зогр Мар Ас Сав Ен Син Супр.— Ср.* избѣгнѫти, избѣжати, отъбѣгнѫти, отъбѣжати, пробѣгнѫти, оубѣгнѫти

ОУБѢЖИЩЕ, -а *с* (1) καταφυγή убежище, прибежище útočiště: и сице вышьнꙗаго положивъ себѣ оубѣжиште • прѣбы безъ оужасти *Супр 292, 16-17.— Ср.* прибѣжище

ОУБѢЖЬНЪ, -ьн *прил.* (1) τῆς φυγῆς служащий убежищем, прибежищем sloužící za útočiště: вѣстъ бо то и земьꙗ того бо ради проси мѣста оубѣжьнааго *Супр 503, 17*

ОУБѢЛИТИ, -лѭ, -лиши *сов.* (3) λευκαίνειν побелить, выбелить zbělit, vybílit: і бышѧ ризы его льштѧшта сѧ бѣлы ѕѣло ѣко снѣгъ • ѣцѣхъ не може гнафеи на земи тако оубѣлити *Мк 9, 3 Мар* (бѣлити *Зогр*) ▭ оубѣлити сѧ λευκαίνεσθαι стать белым zbělet: омыеши мѧ паче снѣга оубѣлѭ сѧ *Пс 50, 9 Син* ● *перен.*: аште бо сѧ тебѣ не исповѣмъ акы снѣгъ не оубѣлѫ сѧ *Супр 355, 1-2*

ОУВА *межд.* (8) [оув'ва *Зогр* (2)] οὐά э! (*выражает насмешку, недоверие*) ha!: оув'ва • разарѣꙗи цръковь • і трьми дьньми съзидаꙗи ѭ • с⟨ъ⟩п⟨ас⟩и себе *Мт 27, 40 Зогр*, оува *Мар Ас Сав.— Мк 15, 29 Зогр Мар Ас Сав.— Ср.* оу³, оувы

оув'ва *Мт 27, 40 Зогр; Мк 15, 29 Зогр см.* оува

ОУВРАЩАТИ СѦ, -щаѭ сѧ, -щаѥши сѧ *несов.* чесо (1) ἀποστρέφεσθαι отворачиваться odvracet se: трьпитъ ти владыка трьпѣливыи • не зълааго смрада твоѥго лобызаниꙗ оувраштаꙗ сѧ *Супр 426, 11.— Ср.* отъвраштати

ОУВРѢСТИ, оуврьзѫ, оуврьзеши *сов.* (2) ἀναπετάννυναι, παρανοιγνύναι приоткрыть pootevřít: и малы оуврьзъ и видѣвъ ѭ мнѣаше мьчьтоу быти *Супр 515, 13*; да николиже въ простѫ оуврьзъ ѩзыкъ двьрии изидетъ *Супр 497, 19.— Ср.* отъврѣсти

ОУВЫ *межд.* (3) (оувы мьнѣ οἴμοι, οὐαί μοι) о горе! увы! běda!: оувы [мь]мьнѣ-ко пришельство мое оудали сѧ *Пс 119, 5 Син*; оувы мьнѣ оувы мьнѣ • побѣжденъ быхъ мѫжи сими свѧтыими *Супр 78, 27.— Ср.* горе, лютѣ, оу³

ОУВѢДѢНИѤ, -ниꙗ *с* (4) ἐπίγνωσις познание poznání: да неели обратѧтъ сѧ и приимѫтъ оувѣдѣниѥ истинꙑ *Супр 106, 12-13.— Супр 161, 13; 535, 24; 569, 4.— Ср.* познаниѥ, разоумъ

ОУВѢДѢТИ, оувѣмь *и* оувѣдѣ, оувѣси *сов.* (>100) γιγνώσκειν, ἐπιγιγνώσκειν, εἰδέναι, μανθάνειν, καταμανθάνειν, γνωρίζειν, ἐπίστασθαι, θεᾶσθαι, ὁρᾶν (!) узнать; познать dovědět se; poznat: да оувѣстъ какѫ коупл҃ѫ сѫтъ сътворили *Л 19, 15 Зогр Мар Ас*; аште мѧ бисте знали и отъца моего знали бисте оубо • и отъ селѣ познаате и и оувѣдѣсте и *И 14, 7 Мар*, оувѣсте *Ас 29аβ 13-14* (в⟨и⟩дѣсте *Зогр Сав*, вѣсте *Ас 93аβ 1*); ї оувѣдите ѣко оудиви г⟨оспод⟩ь прѣ⟨по⟩д⟨об⟩наго своего *Пс 4, 4 Син; Евх 73а 9-10*; тогда лі оувѣдѣ грѣхъ *Клоц 5б 18-19*; оувѣдѣвъши же ꙗко не възможьно ѥстъ въходити женѣ въ манастырь *Супр 298, 10*; тебе разоумѣѭ вѣрьнꙑима очима • оувѣдѣ въ тѧ отца ти божьство... тебе ѥдного навыкохъ • не ѥд'ного ти иного оувѣдѣ *Супр 505, 14 и 16-17*; не бо хотѣх' дабы кто оувѣдѣлъ таинꙑ сеѩ *Супр 288, 2*; отътоли оувѣдѣнъ бꙑстъ родъ їѡанновъ и епискоупьство *Супр 295, 5.— Зогр Мар Ас Сав Боян Син Евх Клоц Супр Рыл.— Ср.* познати

оувѣдѣста *Л 2, 27 Сав см.* въвести

ОУВѢРИТИ, -рѭ, -риши *сов.* (8) 1. кого πείθειν, πιστοῦσθαι убедить, заставить поверить přesvědčit: обычаи отецъ нашихъ оувѣри насъ *Супр 27, 14-15*; ѥште ли не оувѣритъ ваю прьвꙑи начѧтъкъ мѫжамъ • начнѣта и въторое *Супр 75, 1-2*; (да в' тврьдь) оувѣрнши нъи како се невѣрнии тіи разлоучетъ вь моук(оу) *Рыл 5аα 28* ▭ оувѣрити сѧ πιστοῦσθαι увериться, убедиться; удостовериться přesvědčit se: обискахъ рѫкѫ и истинѫ обрѣтохъ • и своими прьстꙑ оувѣрихъ сѧ *Супр 510, 19-20* 2. комоу ποιεῖν (!) уверить, заверить ověřit, osvědčit: хотѧ самомоу ѥмоу оувѣрити прѣподобьноуоумоу мѫжоу • и вьсѣмь авити покаанꙗ силѫ *Супр 529, 11* ▭ оувѣрити сѧ πιστοῦσθαι подтвердиться ověřit se, osvědčit se: съвѣдѣниѥ твоѣ оувѣришѧ сѧ ѕѣло *Пс 92, 5 Син.— Супр 30, 10; 33, 9.— Ср.* въвѣрити

ОУВѢРОВАТИ, -роуѭ, -роуѥши *сов.* (1) ἐμπιστεύεσθαι вверить, доверить svěřit: тебѣ своѭ пльть оувѣроуѥтъ *Супр 512, 11.— Ср.* въвѣрити

ОУВѢТЪ, -а *м* (2) παράκλησις, παραμυθία утешение útěcha: г⟨оспод⟩ї б⟨о⟩же нашъ • оутѣшение скрьбѧщиимъ • і плачѭщиимъ сѧ оувѣтъ *Евх 57б 1*; хоштетъ богъ да ѥси въ пльти на оувѣтъ • и оутврьждениѥ крѣпѧштиимъ сѧ вѣрꙑ ради *Супр 295, 24.— Ср.* оутѣшениѥ

ОУВѢТЬНИКЪ, -а *м* (1) παράκλητος утешитель utěšitel: азъ оумолѭ о⟨ть⟩ца • и иного оувѣтьника дастъ вамъ • да съ вами естъ вь вѣкъ *И 14, 16 Сав 25а 16-17* (параклита *Зогр Мар Ас* (2) *Сав 101а 2*).— *Ср.* параклитъ

ОУВѢЩАВАТИ, -ваѭ, -ваѥши *несов.* (5) 1. πείθειν, νουθετεῖν, παραμυθεῖσθαι убеждать, уговаривать, увещевать, наставлять přesvědčovat, přemlouvat, nabádat: гла⟨гола⟩

имъ оувѣштаваꙗ • не дагати дара б⟨о⟩жига на коупл҃и *Супр 518, 14* **2.** κατηγορεῖν обличать, уличать usvědčovat: своими грѣхꙑ сами сѧ оувѣштаваѭтъ *Супр 390, 12* **3.** θεραπεύειν поддерживать podporovat: аште владꙑкѫ кориши мене раба како оувѣштавакши *Супр 510, 15.— Супр 255, 28; 290, 12.— Ср.* възвѣщати

ОУВѢЩАНИѤ, -ига *с* (3) παραίνεσις убеждение, увещание, наставление přesvědčování, nabádání: они же мал(о) радивъше о томь • и оувѣштанига т(а) ни въ кѫѭ же намѣнивъше рѣшѧ *Супр 201, 28*; не послоушаѭштоу же с⟨ва⟩тоуоумоу алеѯандроу • оувѣштанига кнѧжа *Супр 162, 11.— Супр 411, 30.— Ср.* показаниѥ

ОУВѢЩАТИ, -аѭ, -акши *сов.* (21) **1.** πείθειν убедить, уговорить přesvědčit, přemluvit: и аще се оуслꙑшано бѫдетъ оу гемона • мꙑ оувѣщаемъ і • и вꙑ бес печали створимъ *Мт 28, 14 Сав* (оутолимъ і *Зогр Мар Ас*); оувѣштати кго не вьзможе *Супр 527, 14-15*; да оувѣштаѭ отъврѣшти сѧ христосова имене *Супр 46, 19*; повелѣно ти есть или оувѣштати или мѫчити *Супр 131, 23-24* □ оувѣщати сѧ *без доп. или* комоу πείθεσθαι, κατανύσσεσθαι дать себя уговорить, послушаться dát se přesvědčit, přemluvit; poslechnout: оувѣщаи сѧ • прѣчистꙑꙗ ти матери ради *Евх 79а 11-12*; онъ же оувѣштавъ сѧ • и тоу абиѥ срьдьце въдавъ прошааше кръштенига *Супр 25, 5*; оувѣштаи сѧ намъ пиониѥ *Супр 129, 26* **2.** εὐνοεῖν договориться, прийти к согласию, соглашению, помириться dohodnout se, smířit se: бѫди оувѣштаꙗ сѧ съ сѫпьрьмь своімь скоро • доідеже еси на пѫти съ н҃имь *Мт 5, 25 Зогр Мар.— Зогр Мар Сав Евх Супр.— Ср.* съвѣщати

оувадати *см.* неоувѧдаꙗ, неоуваждаѩ

ОУВѦЖДАТИ, -аѭ, -акши *несов.* (3) μαραίνειν, ξηραίνειν засушивать, высушивать, заставлять вянуть nechat vadnout: ꙗкоже зависть добрѣ цвьтѫштиї цвѣтъ • любьве оувѧждаѥтъ... ꙗкоже бо чрьвь срьдьце дѫбоу гадꙑ оувѧждаѥтъ • сице и зависть срьдце имѣѭштааго ѭ • съ странꙑ гадѫшти оувѧждаѥтъ *Супр 399, 19, 26 и 28*

ОУВѦЗАТИ[1], оувѧжѫ, оувѧжеши *сов.* (2) δεῖν связать, обвязать svázat, ovázat: излѣзе мрьтвꙑи оувѧзанъ оукрои *Супр 311, 13* (обѧзанъ *И 11, 44 Мар Ас Сав, ∅ Зогр*); стоудениѭ бо нечьстига • вьсе чловѣчьство оувѧзано бѣаше *Супр 349, 2-3.— Ср.* извѧзати, обѧзати, съвѧзати

ОУВѦЗАТИ[2], -аѭ, -акши *несов.* (1) συλλαμβάνεσθαι увязать, запутываться váznout, zaplétat se: въ гръдості нечьстиваго възгараетъ сѧ ніщеі • оувѧзаѭтъ въ сьвѣтѣхъ ꙗже помꙑшлѣѭтъ *Пс 9, 23 Син*

ОУВѦЗНѪТИ, -нѫ, -неши *сов.* (4) [увѧз- *Син* (1)] συλλαμβάνεσθαι, ἁλίσκεσθαι, παγιδεύεσθαι увязнуть, запутаться uváznout, zaplést se: вь сѣті сеі ꙗже съкрꙑшѧ увѧзе нога іхъ *Пс 9, 16 Син*; примни... съвоинꙑ моѩ • оувѧзъша оубо вь сѣтехъ диꙗволѣхъ *Супр 110, 1.— Пс 9, 17 Син; Супр 411, 24*

ОУВѦНѪТИ, -нѫ, -неши *сов.* (2) (оувѧнѫти сътворити ἀπομαραίνειν) увянуть zvadnout: новорожденꙑꙗ жидовьскꙑ дѣти акꙑ трѣвѣ оувѧнѫти сътворити (!) *Супр 389, 14* ● *перен. греч. нет* угаснуть zhasnout: лоуча пламенънънꙑꙗ • ꙗже (! *вм.* иже)... оувѧнѫша о мьнѣ *Супр 164, 19*

ОУВѦСТИ, оувѧзѫ, оувѧзеши *сов.* (3) καταστέφειν, στεφανοῦν, ἀναδεῖν обвязать, повязать ovázat; *перен.* увенчать ověnčit: нъ ини по законънꙑимъ цвѣтиломъ • съ любьвиѭ цвѣтъ обьмавъше • свѣтьли свѣтъло оувѧсти *Супр 335, 8*; ꙗже вьсѧдоу господьнѧ црькъви възвеселишѧ и оувѧзошѧ *Супр 319, 4*; страстьнꙑимъ и не тьлѣѭштиимъ • ни оувѧдаѭштиимъ вѣньцемъ оувѧзошѧ сѧ *Супр 256, 20*

ОУГАЖДАТИ, -ждаѭ, -ждакши *несов.* комоу (7) [оугожд- *Евх* (1)] εὐαρεστεῖν; (оугаждати себѣ αὐταρεσκία) угождать, делать *что-л.* в соответствии с желаниями *кого-л.* líbit se, zavděčovat se, uspokojovat *něčí* požadavky, přání: ꙗко братоу нашемоу тако оугаждаахъ *Пс 34, 14 Син*; тацѣми бо жрът(вам)и оугаждаите б⟨ог⟩оу *Евр 13, 16 Ен*; съблюди раба твоего сего • і причьти и съ оугаждаѭщиими тебѣ *Евх 100а 14*; оугаждати богоу *Супр 570, 1*; бьждреѭ д(оу)шеѭ ношть и дьнь • и любьвиѭ • странънꙑмъ оугаждаꙗ *Супр 550, 22.— Евх 94б 8; Супр 545, 23.— Ср.* въгаждати, оугодиѥ (оугодиѥ творити)

ОУГАСАТИ, -саѭ, -сакши *несов.* (12) σβέννυσθαι гаснуть, угасать hasnout: дадите намъ отъ олѣѣ вашего • ꙗко свѣтильници наши оугасаѭтъ *Мт 25, 8 Зогр Мар Ас Сав; Супр 373, 6-7* □ не оугасаѩи *в знач. прил.* ἀκοίμητος негаснущий nehasnoucí: заклинаѭ тѧ... огнемь б⟨о⟩жествьнꙑмь попальшемь • егоже съвѣстиѭ дꙑмъ не оугасаѩ коуритъ сѧ *Евх 52б 9.— Мт 9, 44 Зогр Мар; Мк 9, 46 и 48 Зогр Мар.— Ср.* неоугасаѥмъ

ОУГАСИТИ, оугашѫ, оугасиши *сов.* (12) σβεννύναι погасить, потушить uhasit: пръта не въънемъша сѧ не оугаситъ *Мт 12, 20 Зогр Мар Ас Сав*; огн҃ь вода оугаситъ *Супр 399, 20* ● *перен.*: вьзати щитъ вѣрꙑ • вь немьже възможетъ в'сѧ стрѣлꙑ неприѣзнинꙑ • раждеженꙑꙗ оугасити *Евх 94а 8*; кдинъ же нѣкꙑи отъ н҃ихъ • хотѧ съпоспѣшникъ своихъ оугасити бѣшеньѥ *Супр 557, 30.— Евх 38а 5; 78а 23; Супр 6, 1; 402, 17; 435, 2-3.— Ср.* погасити

ОУГАСНѪТИ, -нѫ, -неши *сов.* (4) σβέννυσθαι погаснуть; *перен.* угаснуть zhasnout: напрасно свѣшта оугасоша *Супр 110, 15*; вьскрѣшеньѥмъ бо христовомъ оугаснетъ геѥнна огньна *Супр 479, 18.— Супр 374, 23; 428, 4*

ОУГАШЕНИѤ, -ниꙗ *с* (1) *греч. нет* гашение, погашение; *перен.* подавление uhašení; *перен.* potlačení: мол⟨итва⟩ ѡ избавлении блѫда • ι о оугашении плъти *Евх 36б 17*

ОУГЛЬБНѪТИ *или* **ОУГЛЬНѪТИ**, -нѫ, -неши *сов.* (2) [ѵгльб- *Син* (1)] ἐμπήγνυσθαι погрузиться; *перен.* погрязнуть pohroužit se, zapadnout: оуглебъ въ тімѣнꙇ глѫбинꙑ • ї нѣстъ постоꙗньꙗ *Пс 68, 3 Син*; ѵгльбѫ (!) ꙗзꙑцꙇ въ пагоубѣ • ꙗже створішꙗ • вь сѣті сеі... ѵвꙗзе нога іхъ *Пс 9, 16 Син.— Ср.* оугльбѣти

ОУГЛЬБѢТИ, -блѭ, -биши *сов.* (1) ἐμπήγνυσθαι увязнуть, погрузиться; *перен.* погрязнуть pohroužit se, zapadnout: с⟨ъ⟩п⟨ас⟩ι мꙗ отъ бренꙗ да не оуглъбѭ *Пс 68, 15 Син.— Ср.* оувꙗзнѫти, оугльбнѫти

ОУГЛѪБИТИ, -блѭ, -биши *сов.* (4) βαθύνειν выкопать, углубить vyhloubit: подобьнъ естъ ч⟨лов̑ѣ⟩коу зиждѫштю храминѫ • ιже ιскопа ι оуглѫби • ι положи основанье *Л 6, 48 Зогр Мар* ● *перен.* углубить prohloubit: призьри на виноградъ съ • ι насади и • ι оукорени и • ι оуглѫби м⟨и⟩л⟨о⟩сть твоѭ на нь *Евх 14 а 4* □ оуглѫбити сѧ βαθύνεσθαι стать глубже, углубиться stát se hlubokým; *перен.*: ꙗко възвеличішꙗ сꙗ дѣла твоꙗ г⟨оспод⟩ι • ѕѣло оуглѫбішꙗ сꙗ помꙑшленꙗ твоꙗ *Пс 91, 6 Син.— Ср.* въглѫбити

ОУГНѢЗДИТИ СѦ, оугнѣждѫ сѧ, оугнѣздиши сѧ *сов.* (1) ἐννοσσεύειν угнездиться, свить гнездо uhnízdit se, uvít hnízdo: кедрꙑ лιванъскꙑ-ꙗ-же еси насадилъ • тоу пьтіцꙗ оугнѣздꙗтъ сꙗ *Пс 103, 17 Син.— Ср.* въгнѣздити сѧ

ОУГНѢТАТИ, -аѭ, -аѥши *несов.* (14) συνθλίβειν, συμπνίγειν теснить, давить, толкать tísnit, tlačit: егда же ιдѣаше народи оугнѣтаахѫ ι *Л 8, 42 Зогр Мар Ас Сав; Мк 5, 24 Зогр Мар Ас Сав Унд*; видѧ народъ оугнѣтаѭшть тѧ ι г⟨лаго⟩леши • къто сѧ прикоснѫ мнꙗ *Мк 5, 31 Зогр Мар Ас Сав Унд.— Ср.* гнести, оуривати, оутискати, оутѣштати

ОУГОБЬЅИТИ СѦ, оугобьжѫ сѧ, оугобьѕиши сѧ *сов.* (6) [огобьѕ- *Мар* (1); оугобьз- *Зогр* (2) *Сав* (1)] εὐφορεῖν дать хороший урожай přinést dobrou úrodu: ч⟨лов̑ѣ⟩коу етероу богатоу • оугобьзи сѧ нива *Л 12, 16 Зогр Сав*, огобьѕи сѧ *Мар*, оугобьѕі сѧ *Ас.— Зогр 130а 11-12; Мар 76б 25*

ОУГОДИТИ, оугождѫ, оугодиши *сов.* (20) **1.** комоу ἀρέσκειν, εὐαρεστεῖν, ἐξιλάσκεσθαι, ἀντέχεσθαι угодить, сделать *что-л.* в соответствии с желаниями *кого-л.* zalíbit se, zavděčit se, uspokojit *něčí* požadavky, přání: плѧса дъшти ιродиꙗдина по срѣдѣ • ι оугоди ιродоу *Мт 14, 6 Зогр Мар*; богоу оугодити д⟨оу⟩ховьнꙑѧ пѣсниѧ *Супр 550, 19* **2.** прѣдъ цѣмь, въ чемь εὐαρεστεῖν увлечься *чем-л.*, привязаться, стать преданным *кому-л.* najít zalíbení *v někom, něčem*; přilnout *k někomu*: ꙗко мілостъ твоꙗ прѣдъ очима моима естъ • и оугодіхъ въ-истинѣ твоеι *Пс 25, 3 Син*; оугождѫ прѣдъ г⟨оспод⟩мъ въ странѣ живѫщихъ *Пс 55, 14 Син* **3.** ἐξιλάσκεσθαι успокоить; примирить upokojit, usmířit: и ста финеѕь и оугоді • и прѣста сѣчъ *Пс 105, 30 Син.— Зогр Мар Ас Сав Син Евх Служ Супр.— Ср.* въгодити, оугодиѥ (оугодиѥ сътворити)

ОУГОДИѤ, -ниꙗ *с* (2): оугодиѥ творити, сътворити συγκατατίθεσθαι τῷ σπουδαζομένῳ, πρόνοιαν ποιεῖσθαι угождать/угодить, исполнять/исполнить *чьи-л.* желания zavděčovat se/zavděčit se, uspokojovat/uspokojit *něčí* požadavky, přání: не молꙗаше ли госпожда своꙗ зѣло... а бꙑ кѧ послоушалъ • ти оугодиѥ ѥи сътворилъ *Супр 365, 27*; и плъти оуго(диꙗ не твор)ите • въ похоти *Рим 13, 14 Ен.— Ср.* въгаждати, въгодити, оугаждати, оугодити

ОУГОДЬНИКЪ, -а *м* (2) (благъ оугодьникъ εὐάρεστος) тот, кто угоден богу, угодник (божий) služebník (boží): от'ца своѥго... обративъ блага оугодьника показа б⟨ог⟩оу *Супр 26, 5*; прибꙑ вѣрьнꙑимъ х⟨ристо⟩совомъ оугодьникомъ *Супр 565, 13-14.— Ср.* въгодьникъ, чловѣкооугодьникъ

ОУГОДЬНО *нареч.* (3) εὐαρέστως, εὐάρεστος (!) как следует, как подобает vhodně, náležitě: поживъши оугодъно тебѣ *Евх 81а 8*; да... ιзбꙑтъчьствоуемъ • во в'сѣкомь дѣлѣ блазѣ • ι тебѣ оугодъно *Евх 15б 22*; оугодно же си розмꙑсливъ *Супр 547, 18.— Ср.* благо, годѣ, любо[2]

ОУГОДЬНЪ, -ꙑи *прил.* (13) **1.** εὐάρεστος, ἀρέσκων угодный; приятный (*кому-л.*) vhodný, milý (*někomu*): ѡ жити емоу во в'семь говѣньи • ι бескврънънѣ • ι оугодьнѣ житьи *Евх 98б 2*; чьстьнъ ави сѧ и оугодьнъ б⟨ог⟩оу *Супр 514, 11* □ оугодьнъ бꙑти ἀρέσκειν нравиться líbit se: аште оубо оугодьна тебѣ сѫтъ словеса моꙗ *Супр 48, 23-24*; оугодьно *в знач. сказ. греч. нет* нравится, любо líbí se: паче вьсего благааго житиꙗ • оугодно б⟨ого⟩ви кротость *Супр 545, 13*; оугодьна, -аꙗ *с мн. в знач. сущ.* τὰ ἀρεστά, τὰ εὐάρεστα, θέλημα то, что нравится, желаемое to, co se líbí: азъ оугодьна творѭ емоу вьсегда *И 8, 29 Зогр Мар Ас*; дажди имъ... оугодънаа твоѣ дѣѣти *Евх 8а 1* **2.** оугодьно быти *греч. нет* случиться, осуществиться uskutečnit se, stát se: пишнии... живъ да сѧ съжежетъ и оугодъно бѫстъ *Супр 142, 23-24.— Евх 7а 15-16; 41а 9; Супр 493, 12-13; Рыл 5а 27. Ср.* благовъгодьнъ, въгодьнъ, добровъгодьнъ, любъ

ОУГОЖДЕНИѤ, -ниꙗ *с* (3) τὸ εὐάρεστον, ἀρέσκεια, χάρις (!) желаемое *кем-л.* libost, co se *někomu* líbí: живи и по твоемоу оугожденью *Евх 24б 9-10*; оуобрази вь немь добродѣаниѣ • істин'но творити • а не оугождениѣ ч⟨ловѣ⟩комъ • ли себѣ оугаждати *Евх 94б 7*; дѣти хвалѫ приносѧтъ • да вьсе заскопиѥ • тъште слово покажетъ непригазни • ѥлма бо ремьствомъ нѣкъıимъ • и оугождениимъ сеѧ жизни *Супр 337, 20.— Ср.* въгаждание

ОУГОТОВАНИѤ, -ниꙗ *с* (3) ἑτοιμασία приготовление připravování: оуготова пищѭ імъ • ѣко тако естъ оуготованье твое *Пс 64, 10 Син*; ● готовность připravenost: оуготованъе сръдьцю їхъ вънꙑмтъ оухо твое *Пс 9, 38 Син* ● основа základ: правъда і сѫдъба оуготованіе прѣстолоу твоемоу *Пс 88, 15 Син.— Ср.* исправлениѥ

ОУГОТОВАТИ, -аѭ, -аѥши *сов./несов.* (>100) [оготов- *Мар* (1)] ἑτοιμάζειν, προετοιμάζειν, παρασκευάζειν, κατασκευάζειν, εὐτρεπίζειν, ἐξαρτίζειν; (оуготованъ ἡτοιμασμένος, ἕτοιμος, τῆς ἑτοιμασίας !) приготовить/приготовлять, подготовить/подготовлять připravit/připravovat: женꙑ... оуготоваша ароматꙑ • і м'νро *Л 23, 56 Зогр Мар*; глас⟨ъ⟩ въпиѭщааго въ поустꙑни • оуготоваите пѫть г⟨осподь⟩нь *Мт 3, 3 Ас Сав* (*Ø Зогр Мар*); і посъла вѣстьникꙑ прѣдь лицемь своимь • і шьдъше вънидѫ вь весь самарѣнъскѫ • да оуготоваѭтъ емоу *Л 9, 52 Мар* (оуготоватъ *Зогр*); ідѣте отъ мене проклѧти • въ огнь вѣчьнꙑ • оуготованꙑ диѣволоу і а⟨н⟩ѥ⟨е⟩ломъ его *Мт 25, 41 Зогр Мар Ас Сав; і*же естъ оуготованъ *Евх 55б 6; Супр 4, 13-14*; наслѣдите оуготованое вамъ ц⟨ѣса⟩р⟨ь⟩с⟨тв⟩ие *Мт 25, 34 Зогр Мар Ас Сав; Супр 19, 26; 123, 18-19; 446, 29-30; 508, 5*; оуготоваша стрѣлꙑ въ тоулѣ *Пс 10, 2 Син*; и коньа оседъланꙑ оуготова *Супр 51, 3*; трепеза оуготова сѧ *Супр 470, 25-26* ▭ оуготовати сѧ *сов.* ἑτοιμάζεσθαι приготовиться, подготовиться připravit se: оуготовахъ сꙙ ї не съмꙙсъ сꙙ • съхранити заповѣди твоꙗ *Пс 118, 60 Син.— Зогр Мар Ас Сав Боян Син Евх Клоц Супр.— Ср.* готовати, готовити, приготовати, приготовити, съготовати, съсѫждати

ОУГОТОВИТИ, -влѭ, -виши *сов.* (29) ἑτοιμάζειν, κατασκευάζειν, εὐτρεπίζειν, ποιεῖν (!) приготовить, подготовить připravit: се азъ посълѭ а⟨н⟩ѥ⟨е⟩лъ мoi • прѣдь лицемь моімь • іже оуготовитъ пѫть твоі • прѣдъ тобоѭ *Мк 1, 2 Зогр Мар Ас Сав*; егда хлѣбъ можетъ даті • ли оуготовіті трепезѫ людемъ своімъ *Пс 77, 20 Син*; тъ бо ѥстъ кръмлаі вьсѫ насеѥленѫѭ • и вьса мѫдростиѭ своѥѭ оуготови *Супр 262, 24*; оуже оуготовьѥно отъдати комоуждо чловѣкоу по дѣломъ ѥго *Супр 259, 21* ▭ оуготовити сѧ ἑτοιμάζεσθαι, ἑτοίμως ἔχειν τὴν ὁρμήν приготовиться, подготовиться připravit se: оуготовити сѧ отъселѣ • не на покои • ни на пищѭ • ни на ино етеро земънꙑхъ красотъ • славънꙑхъ *Евх 90а 15*; и видѣвъ ѧ въоржѫьша сѧ и оуготовьша сѧ • на прѣдьлежѧштаꙗ нечьстиꙗ *Супр 26, 26.— Зогр Мар Ас Сав Боян Син Евх Супр.— Ср.* приготовити, съготовати, оуготовати

ОУДАВИТИ, -влѭ, -виши *сов.* (9) ἀποπνίγειν, πνίγειν задушить, удавить zardousit, uškrtit: аще которaa жена отрочѧ оудавит⟨ъ⟩ в̄ лѣта да пок⟨а⟩ет' сѧ *Евх 103а 17*; повръзъ же и за вꙑѭ дастъ воиномъ вести • ꙗкоже мала ѥго не оудавити *Супр 137, 12* ▭ оудавити сѧ ἀπάγχεσθαι повеситься, удавиться oběsit se: и ошедъ (*т. е.* июда) оудаві сѧ *Мт 27, 5 Ас Сав* (възвѣси сѧ *Зогр Мар*); *Супр 389, 26 и 401, 1.— Супр 53, 6; 564, 17 и 19.— Ср.* възвѣсити

ОУДАВЛѤНИНА, -ꙑ *ж* (1) *греч. нет* мясо удавленного животного zardoušený živočich: аще к'то оудавлениныѫ • ли кръвь скотиѭ • не вѣдꙑ ѣко оумрьло естъ... ѣстъ • в̄і недѣли да постит⟨ъ⟩ сѧ *Евх 104б 19*

ОУДАВЛѤНИѤ, -ниꙗ *с* (2) ἀγχόνη, πνιγμός повешение oběšení: тѣмь бо оученикъ апостольска истѫвъ (! *вм.* истѧпивъ) радоу • оудавьѥнию жже приꙙ *Супр 426, 14.— Супр 425, 8*

ОУДАЛИТИ, -лѭ, -лиши *сов.* кого, чьто отъ кого, отъ чесо (13) μακρύνειν **1.** отдалить, удалить oddálit, vzdálit: оудалилъ єси отъ мене дроуга ї скрънѣго • ї знанїѣ моѣ отъ страсті *Пс 87, 19 Син* ▭ оудалити сѧ удалиться vzdálit se: се оудалихъ сꙙ бѣгаꙗ • ї въдворихъ сꙙ въ поустꙑні *Пс 54, 8 Син; Супр 276, 20*; б⟨о⟩же моі не оудалі сꙙ отъ мене *Пс 70, 12 Син* **2.** продолжить prodloužit: на хрьбьтѣ моѥмь коваахѫ грѣшници • оудалиша безакониѥ ихъ *Супр 113, 11* (задлъжишꙙ *Пс 128, 3 Син*).— *Пс 21, 20; 39, 12; 55, 1; 87, 9; 102, 12; 108, 17; 118, 150.— Ср.* задльжити, пробавити, продльжити, продьлити

ОУДАЛѤАТИ СѦ, -ꙗѭ сѧ, -ꙗѥши сѧ *несов.* (1) μακρύνειν ἑαυτόν отдаляться, удаляться vzdalovat se: ѣко се оудалѣѭштеі сѧ отъ тебе погъыбѭтъ *Пс 72, 27 Син*

ОУДАРИТИ, -риѫ, -риши *сов.* (46) παίειν, κρούειν, κροτεῖν, πατάσσειν, ῥαπίζειν; (оударити за оухо, за ланитѫ, въ ланитѫ ῥαπίζειν, ῥάπισμα διδόναι) ударить udeřit: симонъ же петръ • імъı ножь ізвлѣче і • і оудари архиереова раба *И 18, 10 Зогр Мар Сав*, оударь *Ас*; аште къто тѧ оударитъ • въ деснѫѭ ланитѫ • обрати [сѧ] емоу дроугѫѭ *Мт 5, 39 Зогр Мар; Клоц 4а 34*; оударишѧ и за ланитѫ *Евх 48а 4*; въчера за оухо оударенъ бывааше *Клоц 13а 24; Супр 449, 25*; мечемъ оударенъ бывъ *Супр 62, 2*; оударивъ въ двьри по обычаю • и старцоу хотѧштоу отврѣсти поклониста сѧ дроугъ дроугоу *Супр 298, 19.— Зогр Мар Ас Сав Боян Евх Клоц Супр.— Ср.* възбити, тлъкнѫти; за оухо оударити *ср.* заоушити

ОУДАРѤНИѤ, -нѣа *с* (1) ῥάπισμα удар, пощечина úder, políček: виждь ми ланитама оударанья • ѩже приѩхъ • да тебѣ развраштенъıи зракъ • исправьѭ въ прьвъıи образъ *Супр 469, 8.— Ср.* заоушание

ОУДАРѢТИ, -ѩѭ, -ѩеши *несов.* (1) (оударѣти за ланитѫ ῥαπίζειν) ударять, бить tlouci, bít: ови же за ланитѫ і оударѣхѫ *Мт 26, 67 Сав* (оударишѧ *Зогр Мар Ас*).— *Ср.* бити, тлѣщи; оударѣти за ланитѫ *ср.* заоушати

ОУДВАРѢТИ СѦ, -ѩѭ сѧ, -ѩеши сѧ *несов.* (1) αὐλίζεσθαι пребывать, находиться přebývat, pobývat: бѣ же въ дьне оучѧ въ цркъве • а ноштиѭ оудварѣаше сѧ ісходѧ въ горѣ • нарицаемѣі елеонъ *Л 21, 37 Зогр* (въдварѣаше сѧ *Мар*).— *Ср.* витати, въдварѣти сѧ, жити, обитати

ОУДВОРЬНИКЪ, -а *м (1)* σύνοικος тот, кто живет вместе, рядом *с кем-л.; перен.* спутник společník: ѡ зависти бѣсомъ оудворьниче • диꙗволе попърание • тъмьнъıи цвѣте *Супр 388, 28*

ОУДЕБЕЛѢТИ, -ѣѭ, -ѣеши *сов.* (1) παχύνεσθαι заплыть жиром, огрубеть, очерстветь (*о сердце*) ztloustnout, ztučnět: слоухомь слъıшѧт' и не разоумѣѭтъ • и видѧште не видѧтъ • оудебелѣ бо срьдьце людии сихъ • и оушима тѧжьцѣ слъıшашѧ... ни оушима слъıшѧтъ • ни срьдьцемъ разꙋмѣѭтъ *Супр 334, 22* (оутлъстѣ *Мт 13, 15 Зогр*, отлъстѣ *Мар*).— *Ср.* отлъстѣти, оутлъстѣти

ОУДЕЛѢТИ, -ѣѭ, -ѣеши *сов.* комоу, чесомоу (3) κατισχύειν, κατακυριεύειν, κυριεύειν одолеть, осилить přemoci; překonat: і на семь камене • съзиждѫ цръковь моѭ • і врата адова не оуделѣѭтъ еи *Мт 16, 18 Зогр* (не оудолѣѭтъ *Мар*, не оудоблѣѭтъ *Ас*); вьсѣмъ врагомъ своимъ оудолѣетъ • въсѣмъ врагомъ своимъ оуделѣетъ *Пс 9, 26 Син.— Рим 6, 9 Ен.— Ср.* одолѣти, съдолѣти, оудоблѣти, оудолѣти

ОУДИВИТИ, -влѭ, -виши *сов.* (5) θαυμαστοῦν сделать дивным, чудесным učinit podivuhodným: ї оувѣдіте ѣко оудіви г⟨оспод⟩ь прѣ⟨по⟩д⟨обь⟩наго своего *Пс 4, 4 Син; Евх 73а 10* ● совершить посредством чуда podivuhodně učinit, uskutečnit: благословественъ г⟨оспод⟩і ѣко оудівилъ естъ міꙃость своѭ въ градѣ остоѣнѣ *Пс 30, 22 Син.— Пс 15, 3; 16, 7 Син*

ОУДОБЛѢТИ, -ѩѭ, -ѩеши *сов.* комоу, чесомоу (8) κατισχύειν, κατακυριεύειν, κυριεύειν одолеть, осилить přemoci, překonat: и на семъ петрѣ • съзиждѫ цр⟨ъ⟩ковь моѭ • и врата адова не оудоблѣѭтъ еи *Мт 16, 18 Ас* (не оуделѣѭтъ *Зогр*, не оудолѣѭтъ *Мар*); аще бо есте съоблъчени • вамъ напасть не оудоблѣетъ *Евх 97б 5-6*; і оудоблѣѭтъ імъ правіі *Пс 48, 15 Син*; прѣклонітъ сѧ і падетъ • егда оудоблѣлъ бѫдетъ оубогъıимъ *Пс 9, 31 Син.— Пс 18, 14; 109, 2; 118, 133 Син; Супр 251, 2.— Ср.* съдолѣти, оуделѣти, оудолѣти

ОУДОБЪ, -ъıи *прил., сравн. ст.* оудобѣи (25) εὔκολος, ἥμερος легкий, нетрудный snadný: нъ и тако не полоучишѧ • ни человѣколюбьство бо оу тѣхъ оу нихъже прошаахѫ • ни оудобое прошение ни еже ноуждьное и потрѣбьное сътвори-мъ полоучити *Супр 373, 9* ▭ оудобѣе естъ *в знач. сказ.* εὐκοπώτερόν ἐστιν легче je snadnější: чьто бо естъ оудобѣе решти • отъпоуштаѭтъ ти сѧ грѣси твои • ли решти въставъ ходи *Мт 9, 5 Зогр Мар Ас Сав; Мк 2, 9 Зогр Мар Боян Сав* (оудобьнѣе *Ас*); *Л 5, 23 Зогр Мар Ас Сав*; тебѣ естъ было оудобѣе показати и сътворити *Супр 377, 18.— Зогр Мар Ас Сав Боян Супр.— Ср.* оудобь[1], оудобьнъ

ОУДОБЬ[1] *прил. нескл.* (2) τὸ εὐάλωτον (!) легкий, нетрудный snadný: б⟨о⟩же вѣдъı немощь • і оудобь погъıбение рода чл⟨овѣ⟩ча *Евх 24а 8* ▭ оудобь естъ *в знач. сказ.* εὔκολον легко je snadné: ꙗкоже бо намъ оудобь естъ възбоудити и въставити • тако жде и обьштꙋмоу нашемоу владъıцѣ • оумьръшаꙗ гласомъ въставити *Супр 488, 2.— Ср.* оудобъ, оудобьнъ

ОУДОБЬ[2] *нареч.* (11) **1.** ῥαδίως, ῥάδιον, εὐκόλως, μετ' εὐκολίας легко, нетрудно snadno: плѣвамъ льгъкамъ сѫштамъ • оудобь вѣтромъ отъносѧтъ сѧ • а пшеница тоу остаетъ *Супр 127, 26*; обило и оудобь подаѫ *Супр 530, 25*; аште оубо въ такъ обычаи запрьва себѣ оустроимъ • пѫтемь ходѧште • оудобь оуже вьсѫ добрѫ дѣтѣль коньчаем' *Супр 498, 2* **2.** λυσιτελῶς, οὖν (!) удобно vhodně: настоѩщаа потрѣбьномь • сьматрѣѩ • і бѫдѫщаа оудобь строꙗ *Евх 64а 20*; ѣко оудобь (*вм.* оубо?) събираѭтъ плѣвелꙑ • ѣко огнемь съжизаѭтъ *Мт 13, 40 Зогр* (оубо *Ас Унд*, бо оубо *Мар*).— *Супр 160, 3 и 9; 333, 25; 390, 10; 407, 16; 533, 19.— Ср.* льгъко

ОУДОБЬНЪ, -ꙑи *прил., сравн. ст.* оудобьнѣи (2): оудобьнѣк кстъ *в знач. сказ.* εὐκοπώτερον ἐστιν легче je snadnější: чьто естъ оудобьнѣе рещи ослабленоумоу *Мк 2, 9 Ас* (оудобѣе *Зогр Мар Сав*); оудобьнѣ (!) бо естъ вельбѫдоу скозѣ игьлинѣ оуши проити • неже богатоу въ ц⟨ѣса⟩р⟨ь⟩ство б⟨о⟩жіе вънитi *Л 18, 25 Ас* (оудобѣе *Зогр Мар Сав*).— *Ср.* оудобъ, оудобь[1]

оудобьнѣ *Л 18, 25 Ас см.* оудобьнъ

оудобѣк *прил., сравн. ст. см.* оудобъ

ОУДОВЬЛѢТИ, -ѣѭ, -ѣкши *сов.* (1) ἐξαρκεῖν стать достаточным, довлеть (*несов. устар.*) postačit: и нн единоже слово оудолѣетъ (!) • къ хваленью чоудесъ твоихъ *Евх 3б 19.— Ср.* довьлѣти

ОУДОЛѢТИ, -ѣѭ, -ѣкши *сов.* комоу, чесомоу (7) κατισχύειν, κατακυριεύειν, περιγίγνεσθαι, καταπαλαίειν, κυριεύειν, νικᾶν одолеть, осилить přemoci, překonat: і на семь камене съзиждѫ цр⟨ь⟩к⟨ъ⟩въ моѭ і врата адова не оудолѣѭтъ еи *Мт 16, 18 Мар* (не оуделѣѭтъ *Зогр*, не оудоблѣѭтъ *Ас*); и прѣдастъ ꙗ вь рѫцѣ врагомъ и оудолѣшꙙ імъ ненавидꙙщи іхъ *Пс 105, 41 Син*; сице оудолѣвъшъ сьмрьти оуже не боѭ сꙙ • оуже не страшѫ сꙙ протiвнааго *Супр 490, 8.— Пс 9, 26 Син; Супр 73, 5; 489, 5 и 19.— Ср.* одолѣти, съдолѣти, оуделѣти, оудоблꙗти

оудолѣти *Евх 3б 19 см.* оудовьлѣти

ОУДРЬЖАНИѤ, -ꙗ *с* (8) [оудръ- *Евх* (4) *Супр* (3)] **1.** ἐγκράτεια воздержание, самообладание zdrženlivost, sebeovládání: прѣпоѣшимъ братрие • оудръжаниемь крѣп'ко чрѣсла наша *Евх 85б 23-24* (*ср. Л 12, 35*); в'сего того • отърицаѭ сꙙ • іхъже не помьнѭ… ѣже сътворихъ волеѭ • ли не волеѭ • похотиѭ одръжимъ • вь гнѣвѣ ли въ оудръжаньи *Евх 68б 11-12*; оудръжание… дароуи еи *Евх 81а 7*; не видиши ли… съ колицѣмъ оудръжанинимъ • поштеньк тѣлеснок творꙙтъ *Супр 497, 8* **2.** (безъ оудрьжаниꙗ ἀδιαφόρως) устройство, установленный порядок řád: ѡ оудръжаньи людьсцѣмь • и чааньи благодѣти с⟨вꙙ⟩тааго д⟨оу⟩ха *Евх 61а 7*; не лѣть ти кстъ оуже възлюбькне • безъ оудръжаньꙗ жити *Супр 496, 29* **3.** οἴησις (!) мнение (?) smýšlení (?): сице бо обоихъ безоумик • сице ихъ гръжденик оудръжаниꙗ *Супр 339, 14.— Супр 497, 11-12.— Ср.* въздрьжаник, пощеник

оудрьжаньнъ *Супр 497, 2 см.* неоудрьжаньнъ

ОУДРЬЖАТИ, -жѫ, -жиши *сов./несов.* (27) [оудръ- *Зогр* (2) *Мар* (3) *Ас* (1) *Боян* (1) *Ен* (1) *Син* (6) *Евх* (1) *Супр* (10)] **1.** κατέχειν, κρατεῖν, ὑπέχειν, ἔχειν удержать/удерживать, сохранить/сохранять (*у себя*) udržet, podržet/držet (*u sebe*), uchovat: сь естъ наслѣдъникъ • придѣте оубимъ і • і оудръжимъ достоѣние его *Мт 21, 38 Мар Ас Сав*, ..дръжимъ *Боян* (Ø *Зогр*); въ вѣкъ оудръжашꙙ богатьство *Пс 72, 12 Син* ● *перен.*: і оудръжашꙙ слово вь себѣ *Мк 9, 10 Зогр Мар*; помѣни г⟨оспод⟩і поношение рабъ твоіхъ • еже оудръжахъ въ нѣдрѣхъ моіхъ *Пс 88, 51 Син* ▭ оудрьжати сꙙ *перен.* συνέχεσθαι волноваться, томиться, быть в тревоге mít úzkost: крьштеньемь імамь крьстити сꙙ • і како оудръжѫ сꙙ • дондеже коньчаетъ сꙙ *Л 12, 50 Зогр Мар* **2.** παύειν, συνέχειν, ἀναστομοῦν (!) задержать/задерживать, сдержать/сдерживать zadržet/zadržovat, zdržet/zdržovat: заклинаѭ тꙙ… потопльшиимь водоѭ съ выше • і подън⟨е⟩б⟨е⟩сънꙑꙗ глѫбинꙑ • оудръжавъшиимь *Евх 52б 2*; їѡаннъ отиде бѣжавъ • ѳома невѣрнемъ оудръжан' бꙑстъ *Супр 471, 30-472, 1* ● *перен.*: оудръжи ꙗз⟨ꙑ⟩къ своі отъ зла *Пс 33, 14 Син* ▭ оудръжати сꙙ ἐγκρατεύεσθαι сдержаться/сдерживаться zdržet se/zdržovat se: и вьшедъшиихъ вь семъ стадии • добрꙑꙗ дѣтѣли кдноѭ • достоитъ вьсего оудръжати сꙙ *Супр 497, 5* **3.** κρατεῖν овладеть/овладевать, обладать držet v moci, ovládnout/ovládat: кгоже съмрьть не может' оудръжати *Супр 459, 20.— Зогр Мар Ас Сав Боян Ен Син Евх Супр.— Ср.* въздрьжати, дрьжати, одрьжати

ОУДРѪЧЕНИѤ, -ꙗ *с* (1) *греч. нет* умерщвление (плоти) umrtvování (těla): многашди же вьсѫ алчьбѫ м҃ днии • любьзно безъ ꙗди и питиꙗ прѣбꙑвааста • и въ толицѣ оудрѫчении тѣла и скѫдости издрꙙдънꙑихъ… прѣбꙑвааста *Супр 547, 27.— Ср.* дрѫченик

ОУДРѪЧИТИ, -чѫ, -чиши *сов.* (1) *греч. нет* измучить utrápit, usoužit: прихождааху же и женꙑ к ѩемоу… болꙙшта и оудрѫченꙑ отъ дльгааго врѣмене страстьнааго *Супр 557, 2-3*

ОУДЪ, -а *и* -оу *м* (34) [ѫд- *Евх* (2)] μέλος, ἁρμονία (!), κοτύλη (!), σπλάγχνον (!), μυελός (!) член, орган (*часть тела*) úd, část těla: добрѣе бо ти естъ да погꙑблетъ единъ оудъ твоіхъ • а не все тѣло твое въврьжено бѫдетъ въ ѥеонѫ *Мт 5, 29 Зогр Мар*; не дажди емоу врѣдити плъти • ни оуда ни жилъ *Евх 42б 4*; иждени трꙙсавицѫ… мразꙙщиѭ плъть его • трꙙсѫщиѭ в'сѣми оудъми его *Евх 45а 1*; заклинаѭ тꙙ д⟨оу⟩ше нечистꙑ… отълѫчи сꙙ отъ ѫдовъ его • і не оукрꙑи сꙙ ни въ единомь же ѫдѣ тѣлеси его *Евх 55а 25 и 26*;

тако без милости лѣвѫѭ рѫкѫ къ огню придѣлꙗ трьпѣаше • донеликже оудове рѫчьнꙑихъ пръстъ изгорѣвъше отъпадоша *Супр 516, 27*; повелѣ дрѣвесꙑ сѫкатꙑ бити ѩ • ꙗкоже оуже и вънѫтрьнꙗꙗ оудꙑ видѣти *Супр 178, 19* ● *перен.*: не вѣсте ли ѣко тѣлеса ваша оуди х⟨ристо⟩ви сѫтъ *1 Кор 6, 15 Ен.*— *Зогр Мар Ен Евх Супр.*— *Ср.* сѫдъ[2]

ОУДЬНЪ, -ꙑи *прил.* (2) τῶν μελῶν относящийся к органам, частям тела údů, částí těla *род.*: иже оумрьштвеник оудънок къ животьнѣи възъвати силѣ *Супр 249, 23*; показание оудьное на много привааждаемо потрѣбьнѣ намъ оучашнꙗти прѣдълежаштее *Зогр-лл 16 5*

ОУДѢБНѪТИ, -бнѫ, -бнеши *или* **ОУДѢНѪТИ,** -нѫ, -неши *сов.* (1) ἐνεδρεύειν подстеречь, подкараулить vyčíhat, vypátrat: нꙑнꙗ соусана оудѣвена бꙑстъ • отъ беззаконъноу старцоу *Супр 135, 2-3*

оу ж - *см. также* жж-

ОУЖАСАТИ, -саѭ, -саеши *несов.* (35) ἐκπλήσσειν изумлять, поражать; приводить в трепет, пугать uvádět v úžas, v bázeň; lekat: велика чоудеса... ꙗже вьсѣхъ насъ оужасаѭтъ *Супр 46, 1-2* ▭ **оужасати сѧ** *без доп.*; кого, чесо; о чемь ἐξίστασθαι, θαμβεῖσθαι, ἐκθαμβεῖσθαι, ἐκπλήσσεσθαι, καταπλήσσεσθαι, θροεῖσθαι, θαυμάζειν, πτοεῖσθαι, φρίσσειν, πλανᾶσθαι (!) изумляться, поражаться; трепетать, пугаться žasnout; lekat se: оужасаахѫ же сѧ вси • послоушаѭште его о разоумѣ • і о отъвѣтѣхъ его *Л 2, 47 Зогр Мар Ас Боян*, оужахѫ сѧ (!) *Сав*; оуслъшати же имате брани • і слꙑшаниѣ брании видите • не оужасаите сѧ *Мт 24, 6 Мар Ас* (2) *Сав Зогр-пал* (∅ *Зогр*); блюдѣте • не оужасаите сѧ • мноꙃи бо придѫтъ въ имѧ мое *Л 21, 8 Ас* (блюдѣте сѧ да не прѣльштени бѫдете *Зогр Мар Сав*); мѫжи же и женꙑ и вьсе кстъство • и тварь чловѣчьска • стражь иматъ кгоже бѣси оужасаѭтъ сѧ *Супр 354, 8*; г⟨лаго⟩лѧ • не плиштоуите ни боите сѧ чѧда ни оужасаите *Супр 570, 15.*— *Зогр Мар Ас Сав Боян Зогр-пал Супр Рыл.*— *Ср.* дивити сѧ, творити (дивъ творити); оужасати сѧ *ср.* чоудити сѧ

ОУЖАСЕНИѤ, -ниꙗ *с* (1) *греч. нет* ужас, испуг, страх úlek: прочии же вьси отъ оужасеньꙗ юньча на хлѣвинꙑ горѣ вьзлѣзоша *Супр 565, 30.*— *Ср.* оужасть, оужасъ

ОУЖАСИТИ, оужашѫ, оужасиши *сов.* (4) ἐξιστάναι изумить, поразить vylekat: і женꙑ етерꙑ отъ насъ оужасише (!) нꙑ • бꙑвъшѧѩ рано оу гроба *Л 24, 22 Зогр*, оужасишѧ *Мар Ас*, оуж.. *Охр*

ОУЖАСНѪТИ СѦ, оужаснѫ сѧ, оужаснеши сѧ *сов. без доп.*; кого, чесо; отъ кого, чесо (29) ἐξίστασθαι, θαμβεῖσθαι, ἐκθαμβεῖσθαι, καταπλήσσεσθαι, ἐκπλήσσεσθαι, φρίσσειν изумиться, поразиться; испытать трепет, испугаться užasnout; uleknout se: онъ... имъ ѭ за рѫкѫ • възгласи г⟨лаго⟩лѧ • отроковице въстани • і възврати сѧ д⟨оу⟩хъ еѩ... і оужаснѫста сѧ родителѣ еѩ *Л 8, 56 Зогр Сав*, оужасете сѧ *Мар*, оужасоста сѧ *Ас*; і абье вьсь народъ • видѣвъше и оужасѧ сѧ *Мк 9, 15 Зогр Мар*; пръвомѫченица въ женахъ • възиде бо на ѡгнь • не ꙋжаснѣвши сѧ пламене • и ѕвѣрие лютиї оужасѧ сѧ *Ен 36а 10*; како не оужасе сѧ оумъ его *Клоц 4а 22* (како не погоуби оума си *Супр 411, 1*); обрѣте ѭ (*т. е.* паничицѫ) испльнь • и вьздивь сѧ и оужасъ *Супр 550, 2*; оужаснѫшѧ же сѧ вьси отъ страха *Супр 33, 17.*— *Зогр Мар Ас Сав Ен Евх Клоц Супр.*— *Ср.* въздивити сѧ, оудивити, оужасити

ОУЖАСТЬ, -и *ж* (10) **1.** ἔκστασις; (без оужасти ἀκατάπληκτος) изумление; трепет, испуг úžas; úlek: оужасть объдрьжитъ мѧ о чловѣчьстѣ гласѣ клене *Супр 224, 26*; сице вꙑшьнꙗаго положивъ себѣ оубѣжиште • прѣбꙑ безъ оужасти *Супр 292, 17* ● δειλία боязнь, ужас bázeň, strach: вьсѣавъ бо помꙑслъ оужасти кго • оубити... отроковицѫ повааждаатъ *Супр 521, 26* ● ἔκστασις обморок, беспамятство bezvědomí: наведе г⟨оспод⟩ь оужасть сьна (на) адама *Супр 9, 6* ▭ **въ оужасти** ἔκθαμβος γίγνεσθαι удивиться, поразиться, испытать потрясение užasnout, být ohromen: онъ же видѣвъ и и въ оужасти бꙑв' • хвалѣше и славьꙗше господа *Супр 218, 23*; въ оужасти бꙑвъше велицѣ *Супр 541, 4* **2.** *греч. нет* чудо div: видиши ли сѫществьнꙗ оужасть *Супр 390, 28.*— *Супр 315, 24; 424, 16; 556, 28.*— *Ср.* дивъ, забъвеник, оужасъ, чоудо

ОУЖАСТЬНЪ, -ꙑи *прил.* (2) [оучастьн- (!) *Супр* (1)] **1.** ἐνεός потрясенный, пораженный užaslý: с⟨вѧ⟩тꙑи же оужастьнъ противѫ томоу бꙑвъ • рече к неи • въстани жено *Супр 517, 9* **2.** ἔκπληκτος ужасающий, пугающий budící úlek: и їзидоста из гроба съ страхомъ и радостиѭ • почто • оучастьно (!) орѫдик видѣша и прѣславьно *Супр 445, 25-26.*— *Ср.* дивьнъ, оужасьнъ, чоудесьнъ, чоудьнъ

ОУЖАСЪ, -а *м* (19) [оужѣс- *Син* (1)] θάμβος, ἔκπληξις, ἔκστασις, τρόλος (!) потрясение, трепет, страх úžas, údiv; úlek, bázeň: і абье въста дѣвица і хождааше... і оужаснѫшѧ сѧ оужасомь вельемь *Мк 5, 42 Зогр Мар*; видѧште їсоуса въ пльти... и дивѧтъ сѧ оужасаѭште сѧ къ себѣ и сътѧзаѭште сѧ глаголѭтъ • что се страшнок слово и боꙗзнь • и трепетъ и оужасъ *Супр 458, 20-21*; і повръгъ і бѣсъ по срѣдѣ • ізиде із него • никакоже не врѣждь его • і бысть оужасъ на вьсѣхъ *Л 4, 36 Зогр Мар*; азъ же рѣхъ въ оужасѣ моемь весь ч⟨ловѣ⟩къ ложь *Пс 115, 2 Син*; и оужасомъ възбивь прьси • вьзпи къ вьсѣмъ • сьпаштиимъ отъ вѣка *Супр 468, 14.— Зогр Мар Ас Син Супр.— Ср.* боязнь, забъвение, страхъ, оужасение, оужасть, трепетъ

ОУЖАСЬНЪ, -ыи *прил.* (7) ἔκθαμβος, ἀκαταπλήκτως (!), φιλόζωος (!) потрясенный, пораженный; охваченный трепетом, страхом, ужасом užaslý; polekaný, ustrašený: и тѧ ли можетъ понести • оужасьна дѣвица *Супр 250, 19-20*; събравъше сѧ оужас'ни же бывъше • и дививъше сѧ бывъшоуоумоу славьяхѫ б⟨ог⟩а *Супр 551, 7*; не страшивомъ прѣтите • ни оужасънымъ • ни пристрашьнымъ *Супр 88, 22*; оужасьнъ же бывъ комисъ яко безъ жъзла и безъ оржжия измори ѩ *Супр 230, 9.— Супр 162, 8; 215, 23-24; 224, 10-11.— Ср.* грозьнъ, страшьнъ, трепетьнъ, оужастьнъ

ОУЖЕ *нареч.* (>100) [юже *Зогр* (22) *Мар* (36) *Ас* (30) *Сав* (12) *Охр* (1) *Ен* (1) *Боян* (4) *Рыл* (1) *Клоц* (5) *Супр* (3)] ἤδη, λοιπόν, τὸ λοιπόν, τοῦ λοιποῦ, ἄρτι, ἀπ' ἄρτι, τοίνυν, πάλαι, δή, οὖν, σχεδόν; (оуже не οὐκέτι, μηκέτι) уже již: грѧдѣте • ѣко оуже готова сѫтъ вьсѣ *Л 14, 17 Зогр Мар Ас Сав*; оуже не имамь пити отъ плода лозънааго *Мк 14, 25 Зогр*, юже *Мар*; старъ оуже сы *Супр 169, 24*; не можааше оуже напрѣждь поспѣшити *Супр 561, 5.— Зогр Мар Ас Сав Боян Ен Клоц Супр Рыл Хил.— Ср.* оу[2]

ОУЖЕСТОЧЕНИЄ, -ия *с* (1) πώρωσις ожесточение zatvrzelost: ѡ веле великое нецѣлимое оужесточение *Супр 339, 6.— Ср.* ожесточание, окаменение

ОУЖЕЩИ, оужегѫ, оужежеши *сов.* (1) καίειν сжечь upálit: съставиша рать на поганы • оужегъшѧ оуала цѣсара *Супр 197, 6.— Ср.* пожещи, съжещи

оужѣсъ *Пс 30, 23 Син см.* оужасъ

ОУЗДА, -ы *ж* (5) χαλινός, κημός узда uzda: бръздами и оуздоѭ челюсти ихъ въстьгнеши *Пс 31, 9 Син*; имъ за оуздѫ коня цѣсара *Супр 194, 6* ● *перен.*: тоу развръзоша оуздꙑ своѩ глаголѭште • кто есть цѣсарь славѣ *Супр 466, 19.— Супр 192, 27; 193, 9.— Ср.* бръзда

ОУЗЪЛОБИТИ, -блѭ, -биши *сов.* (1) κακοῦν причинить зло uškodit, poškodit: рѫка твоѣ ѩзыкы потрѣби • и насади ѩ еси • оузълоби люди вьигнна (!) ѩ *Пс 43, 3 Син.— Ср.* озълобити

ОУЗЬРѢТИ, -рѭ, -риши *сов.* (>100) [оузър- *Мар* (2) *Ас* (1) *Сав* (6) *Боян* (1) *Син* (5); оузрѣ- *Боян* (1) *Зогр-пал* (1) *Супр* (2)] ὁρᾶν, βλέπειν, ἐμβλέπειν, θεωρεῖν, θεᾶσθαι, καθορᾶν увидеть, узреть uvidět, spatřit, uzřít: оузьрѣвъ смоковьницѫ единѫ при пѫти • приде къ неи *Мт 21, 19 Мар*, оузрѣ *Зогр-пал* (∅ *Зогр*); въздание грѣшьникомъ оузьриши *Пс 90, 8 Син*; звѣздѫ оузьрѣвъ *Евх 46а 20*; оузьрѣ издалече плъкъ великъ народа грѧдѫштъ *Супр 146, 10*; очи имѫтъ и не оузьрѧтъ *Супр 104, 3* (не видѧтъ *Пс 113, 13 Син*); въскорѣ оузьрѣховѣ старца посрѣдѣ наю *Супр 297, 3* ● διαβλέπειν, ἐφορᾶν постараться, позаботиться vynasnažit se, postarat se: изъми прьвѣе бръвъно из очесе твоего и тъгда оузьриши изѧти и сѫчьць • из очесе брата твоего *Мт 7, 5 Зогр Мар Ас Сав.— Зогр Мар Ас Сав Боян Зогр-пал Син Евх Клоц*

ОУИКТОРЪ, -а *м имя* (5) [оуиторъ *Супр* (1), оукторъ *Супр* (1)] Οὐΐκτωρ Виктор Viktor: призъва д'ва болярина • има ед'номоу саторникъ • а дроугоуоумоу оуиктор' *Супр 195, 19.— Супр 198, 11; 203, 11; 204, 9 и 26.— Ср.* викторъ

ОУИСТАВЛЄНИЄ, -ия *с* (1) ἀπόδειξις подтверждение, доказательство důkaz: виждь како и не хотѧште троуждаѭтъ сѧ • о оуиставлении истиньнѣѣмь *Супр 440, 11.— Ср.* оуказание, оуказъ

ОУИСТИТИ, оуищѫ, оуистиши *сов.* (2) πληροφορεῖν убедить, удостоверить ujistit, přesvědčit: истиньное въ слово да оуиститъ *Супр 534, 12*; многыими молитвами оумоленъ • и оуиштенъ бывъ • отъ прѣподобьнааго мѫжа *Супр 530, 19-20*

оуиторъ *Супр 204, 26 см.* оуикторъ

ОУИЩАТИ, -аѭ, -аеши *несов.* (1) *греч. нет* убеждать, удостоверять ujišťovat, přesvědčovat: и то само оуиштааше братъ *Супр 549, 26*

ОУИЩЕНИЄ, -ия *с* (1) *греч. нет* уверение, удостоверение ujištění, potvrzení: се чьстьнаа братие слѣдъ и оуиштение сьпасения *Супр 542, 13*

ОУКАЗАНИЄ, -ия *с* (6) **1.** ἀπόδειξις доказательство; свидетельство důkaz, doklad: вьзьми и дроугое оуказание отъ свѧтааго ѱания *Супр 304, 28*; чьсть и оуказание естъ приязни • къ обьштоуоумоу владꙑцѣ *Супр 82, 4-5* **2.** ὑπόθεσις изложение výklad: величьствием' же оуказания • сьделѣваемъ *Супр 508, 15.— Супр 356, 23; 440, 6; 445, 18.— Ср.* казание, показание, съказание, оуиставление, оуказъ

ОУКАЗАТИ, оукажѫ, оукажеши *и* оуказаѭ, оуказаеши *сов./несов.* (7) ἀποδεικνύναι, ἐνδεικνύναι, παριστάναι, ἐπιμένειν указать/указывать, показать/показывать, представить/представлять; проявить/проявлять ukázat/ukazovat, představit/představovat: аще хоштеши... не нарочитоу (*т. е.* слоужьбѫ)

творити • сьде нщи оукажем *Ас 157б 14*; оукажита ми • аште что ново ави са *Супр 476, 1*; ихъже бо слово повѣстиѭ и слоухомъ оуказаатъ са *Супр 83, 13.— Супр 89, 13; 310, 30; 361, 6; 372, 15.— Ср.* казати, наказати, показати, съказати

ОУКАЗЪ, -а *м* (3) **1.** ἀπόδειξις свидетельство, доказательство důkaz: градѣте видите мѣсто • иждe лежа • того ради възa камы • ıакоже и отъ сего тѣма вьзати оуказъ *Супр 445, 20*; ашти сь не былъ злодѣи • то не быхомъ ти кго прѣдали • великъ дѣлъ оуказъ • безъ оустава отъвѣтъ *Супр 433, 2* **2.** ὑπόδειγμα образец, пример příklad, vzor: вьса ти оуказы дастъ • да храниши ты мѣры • и данааго ти правьıенииа расказиши *Супр 383, 9.— Ср.* казаник, показаник, съказаник, оустављеник, оуказаник

ОУКАРІАТИ, -ıаѭ, -ıакши *несов.* (10) [оукара- *Супр* (6)] ὑβρίζειν, ἐξυβρίζειν, ὕβρεις προσάγειν порочить, поносить tupit, hanět: како не имѫтъ вѣры • ѣко ц⟨ѣса⟩рь естъ оукарѣемы *Клоц 11б 6*; поч'то санъ свои и родъ оукарѣкши *Супр 115, 2-3*; жроде и непрѣподобьне • доколѣ оукаракши и хꙋлиши богы *Супр 12, 12*; повръже кго на земи • и нача ноздрьми и оустъı г⟨лаго⟩лати хоулы • и оукарати беззаконнѣ и неподоб'нѣ правьд'нааго *Супр 554, 2.— Ср.* власвимисати, досаждати, корити, ржгати, сканъдалисати, хоулити

ОУКЛАНІАТИ СА, -ıаѭ са, -ıакши са *несов.* (5) **1.** (отъ) кого, чесо; въ чьто ἐκκλίνειν уклоняться, отклоняться odklánět se, odchylovat se: проклѧти оуклан'ѣѭштеї сѧ отъ заповѣдеї твоіхъ *Пс 118, 21 Син* ● κάμπτειν избегать, сторониться, отдаляться vyhýbat se, vzdalovat se: клико же ли она течааше къ немоу • толико онъ оукланıааше са ка *Супр 365, 29* **2.** *без доп.* ἰλιγγιᾶν клониться, шататься sklánět se; kymácet se: оукланıаѭ са страхы • и отъвьсѫдѣ съдръжѫ са *Супр 508, 15.— Пс 100, 4 Син; 124, 5 Син.— Ср.* клонити са, развраштати, съвраштати

ОУКЛОНИТИ, -ниѭ, -ниши *сов.* (29) **1.** ἐκκλίνειν отклонить odklonit: оуклонилъ еси стъзѧ нашѧ отъ пѫті твоего *Пс 43, 19 Син* ▭ оуклонити са *без доп.*; (отъ) кого, чесо; на чьто ἐκκλίνειν, ἀποκλίνειν, ἀφίστασθαι отклониться, отойти odklonit se, odchýlit se: оуклони сѧ отъ зъла і сътвори добро *Пс 36, 27 Син*; вьсі оуклонишѧ сѧ въкоупѣ неключимі бышѧ *Пс 13, 3 Син*; ıакоже и многомъ отъ поганъ... оуклонити са отъ коумирослꙋжениıа *Супр 6, 7*; на сьребролюбьствие оуклони са *Супр 413, 9* ● ἐκκλίνειν, ἐκνεύειν посторониться, отдалиться vyhnout se, vzdálit se: н⟨соу⟩с⟨ъ⟩ бо оуклони са народоу сѫштю на мѣстѣ *И 5, 13 Зогр Мар Ас*; оуклоните сѧ отъ мене зълобивиї *Пс 118, 115 Син*; родивъшиихъ ıѫ оуклонити са хота *Супр 521, 28-29* **2.** ἐκκλίνειν, κλίνειν наклонить, склонить sklonit: ѣко чѣша въ рѫцѣ г⟨осподь⟩ні... ї оуклоні отъ сеѩ въ онѫ *Пс 74, 9 Син*; очі своі възложишѧ оуклонишѧ на земѭ *Пс 16, 11 Син* ● *перен.*: оуклонишѧ на мѧ безаконнѣ *Пс 54, 4 Син* ▭ оуклонити са κλίνεσθαι склониться, подойти к концу sklonit se, nachýlit se: дьньє моі ѣко сѣнь оуклонишѧ сѧ *Пс 101, 12 Син* ● *перен.* κλίνειν зашататься zbortit se, rozbít se: оуклонишѧ сѧ ц⟨ѣса⟩р⟨ь⟩ствиѣ *Пс 45, 7 Син.— Зогр Мар Ас Сав Син Евх Супр.— Ср.* развратити, съвратити (са)

оукоренити *Евх 14а 3; 91б 23; Супр 301, 4 см.* въкоренити

ОУКОРИЗНА, -ы *ж* (2) *греч. нет* оскорбление, поношение potupa, pohana: града того мѫжи • ринѫша са на оукоризны и бьеныа *Супр 535, 19* ◆ оукоризнѣ творити чьто *греч. нет* делать посмешищем vydávat posměchu; opovrhovat: с⟨вѧ⟩тое крьстенье въ чьсть вельѭ имѣті • а не оукорізнѣ творіть-е (*вм.* творити е) *Клоц 2а 19.— Ср.* поносъ, поношеник, поржганик, оукоръ, оукорник, хоула

оукоризнъ *Клоц 11а 9 см.* оукоризньнъ

ОУКОРИЗНЬНЪ, -ъıи *прил.* (2) [оукоризнъı *Клоц* (1)] τῆς ἀτιμίας, ἐν τῇ κατηγορίᾳ (!) оскорбительный, позорный potupný, pokořující: відѣхъ оукорізнънымь вѣньцемь • благодѣть свьташтиѩ сѧ *Клоц 11а 35*; людьі... на крьстъ сѧ оустрьмишѧ • страшьны и оукорізны • прімышлѧше съсѫдъ *Клоц 11а 9*

ОУКОРИТИ, -рѭ, -риши *сов.* (14) [оукрыти (!) *Супр* (1)] **1.** ὑβρίζειν, ἐνυβρίζειν, ἐξυβρίζειν, λοιδορεῖν оскорбить, опозорить, унизить potupit, pohanět: они же оукоришѧ і і рѣшѧ • ты оученикъ еси того *И 9, 28 Зогр Мар Ас*; оукрыти (!) хотѣаше акы продавъшоуоумоу дѣвьства съсѫдъ *Супр 240, 6* ▭ оукоренъ, -ъıи *в знач. прил.* ἐπονείδιστος опозоренный, униженный, осмеянный potupený, bezectný: оукоренаıа слава *Супр 428, 7* **2.** ἐξουδενεῖν, ἐξουθενεῖν, καθυβρίζειν отвернуться, отшатнуться *от кого-л.* с презрением, отвращением, презреть *кого-л.* pohrdnout, s opovržením se odvrátit: оукорь же і іродъ съ вої своими... възврати і къ пилатови *Л 23, 11 Зогр Мар*; оукорітъ тѧ г⟨оспод⟩ъ оунебытівъ владыкѫ *Клоц 3а 2* ▭ оукоренъ, -ъıи *в знач. прил.* ἐξουδενώμενος презренный opovrženíhodný: тъ ма избавьıатъ... отъ рѫкоу цѣсара вашего оукоренааго *Супр 269, 22*; побѣдитель естъ на в'са твоıа и та самѫ... трасавице • оукоренаа ıазе *Евх 48б 15.— Евх*

45а 19; Супр 214, 30; 387, 20; Зогр-лл 1а 18.— Ср. оклеветати, похоулити

ОУКОРЪ, -а м (4) 1. ὕβρις оскорбление, поношение, унижение potupa, pohana: изиде бо (т. е. пилатъ) имъı исоуса вѣньчана... творимоѥ же бъıвааше на оукоръ Супр 435, 8; не могъı тлъкъ извѣштати лѫжавоу҆моу амемоурмниноу • досажденига и оукора Супр 61, 12 2. оукоръ сътворити кого ἐξουθένημα ποιεῖν отвергнуть с презрением, презреть opovrhnout: того богъ ꙗко недостоина оукорь сътвори Супр 214, 13.— Супр 364, 3.— Ср. досажденьѥ, оукоризна, оукорѥниѥ, хоула

ОУКОРЬНЪ, -ъıи прил. (4) ἐπονείδιστος позорный, постыдный, презренный; бесчестный potupný; bezectný: ничсоже не потаѫтъ • ни мѣнѫштинимъ бъıти семоу оукорьноу • само бо се мнимоѥ оукорьно съı Супр 409, 19 и 19-20 ▭ оукорьна с мн. в знач. сущ. подлость hanebnost: нич'сože съкръıваѭтъ • аште и оукорьна глагол̑ѭтъ Супр 440, 14.— Супр 436, 17-18.— Ср. оукоризньнъ

ОУКОРѤНИѤ, -ига с (2) ὄνειδος, λοιδορία оскорбление, поношение potupa, pohana: не възьрѣ на хоулъı ни ꙗзвъı • жидовьска оукорениꙗ небрѣже Супр 427, 7.— Супр 400, 21-22.— Ср. досажденьѥ, оукоризна, оукоръ, хоула, хоулѥниѥ

ОУКРАПЛꙖТИ, -плꙗѭ, -плꙗѥши несов. (1) περιρραντίζειν окроплять, обрызгивать zkrápět: ꙗко цѣсар оубо... многами тѫгами обьѩтоу • ꙗкоже въ пѫчинѣ съı • такоже вьсѣми различнами влънами оукрѣпьꙗѥтъ сѧ (!) • и многъı притвараѥтъ грѣхъı Супр 492, 13.— Ср. кропити

ОУКРАСИТИ, оукрашѫ, оукрасиши сов. (28) 1. κοσμεῖν, κατακοσμεῖν, διακοσμεῖν, στολίζειν украсить okrášlit, ozdobit, vyzdobit: г⟨лаго⟩лѭштемъ о црькъви • ѣко каменьемь добромь • і съсѫдъı оукрашена естъ Л 21, 5 Зогр Мар; б⟨о⟩же... ч⟨ловѣ⟩ка не тъкъмо своимь образомь • съмъıсльнъıмь • і словесьнъıмь • различьно оукрашъ Евх 86 10; азъ тебе стара сѫшта и тацѣми сѣдинами оукрашена сѫшта мьн̑ѭ Супр 48, 7; херсоньскъıи градъ бъıстъ • въ багъра мѣсто и чрьвьѥни • с⟨ва⟩тъıихъ о⟨ть⟩цъ и ар'хиеп⟨искоу⟩пъ кръвьѭ оукрасивъ сѧ Супр 543, 3 2. κοσμεῖν, ἡμεροῦν, γραμμίζειν, καταπέμπειν (!) благоустроить, устроить, приготовить, привести в порядок uspořádat; dát do pořádku, upravit: тъгда въсташѧ вьсѧ дѣвъı тъı • і оукрасишѧ светильникъı своѩ Мт 25, 7 Зогр Мар Ас Сав; оукрасишѧ мѣсто то • иждеже бѣ мѫченикъ пострадалъ Супр 236, 23-24 ● перен. чьто въ чьто ἐνδύειν одеть, облечь obléci, ustrojit: иже... божьство въ чловѣчьско ѥстъство оукрасивъ Супр 176, 10 3. τέρπειν обрадовать, доставить радость potěšit, naplnit radostí: исходъ оутроу и вечероу оукрасиши Пс 64, 9 Син ◆ трапезѫ оукрасити τὴν τράπεζαν διακοσμεῖν устроить пир vystrojit hostinu: х⟨ристос⟩ъ... оукрашеі тогда тѫ трапезѫ тъ і сьѭ нынѣ красітъ Клоц 8а 12-13 (ѥже... оутвори Супр 420, 13-14).— Зогр Мар Ас Сав Син Евх Клоц Супр.— Ср. прѣкоутити, прѣоукрасити, оутворити

ОУКРАСТИ, оукрадѫ, оукрадеши сов. (38) [оукрашен- (!) Супр (1)] κλέπτειν, συλᾶν, ἀποσυλᾶν украсть ukrást: заповѣди вѣси • не прѣлюбъı дѣі • не оубиі • не оукради Мк 10, 19 Зогр Мар; Л 18, 20 Зогр Мар Ас; не оукрадеши Мт 19, 18 Мар Ас (не кради Сав, ∅ Зогр); ни оукрасти Супр 365, 21; аще к'то бѣдоѭ оукрадетъ • сънѣдъно чьто • к҃ денъ да покаетъ сѧ Евх 103б 1; дьнесь радостиѭ радоуѥтъ сѧ блаженъıи давидъ • оукрашенами (! вм. оукраденами) гѫсльми младеништи Супр 320, 15-16 ● перен.: не оукрадетъ зълоба добродѣанья Супр 509, 26.— Зогр Мар Ас Сав Евх Клоц Супр.— Ср. искрасти

ОУКРАШАТИ, -шаѭ, -шаѥши несов. (2) διακοσμεῖν, κατακοσμεῖν украшать krášlit, zdobit: добл̑ьства побраньскаꙗ • многаш'ди бо словописател̑е • и шарописател̑е начрьтаѭт' ови словомъ оукрашаѭште Супр 83, 10; шл̑ѣмъ с⟨ъ⟩п⟨асе⟩нью положь • аналавъ кр⟨ь⟩стомь • и вѣроѭ оукрашаѩ сѧ • а маньтиницѫ одѣние неистъл̑ѣнью одѣѩ сѧ Евх 99а 11-12.— Ср. красити, оутварꙗти

ОУКРАШЕНИѤ, -ига с (2) κόσμησις, καλλωπισμός украшение okrasa, ozdoba: моꙗ доброта и оукрашениѥ и л̑ѣпота х⟨ристо⟩с⟨ъ⟩ ѥстъ Супр 5, 3.— Супр 356, 9

оукрашенъ (!) Супр 320, 15-16 см. оукрасти

ОУКРОИ, -ꙗ и -и м (88) κειρία погребальная пелена plátno k zavinutí mrtvoly: і абие ізиде оумьръı • обѧзанъ ногама і рѫкама • оукроемь • і лице его обѧзано оуброусомь И 11, 44 Зогр Мар Сав, оукроими Ас; оувѧзанъ оукрои Супр 311, 13 и 317, 7; доушѫ отъ ѫзъ съмрьтънъıихъ прости • не можааше ли и оукрои отрѣшити Супр 311, 18; оукроѩ мрьтвааго рѣшиши • а своѥго невѣрьства не рѣшиши Супр 338, 26

ОУКРОПЪ, -а м (1) εὐκράτιον горячая похлёбка polévka, úkrop: хотѣвъ азъ дати ѥмоу оукропъ • коснѫхъ сѧ двьрехъ и отвръзошѧ сѧ • и обрѣтохъ и ѻьмьꙗньницѫ въ чашѫ исъıпаѭшта Супр 297, 18

ОУКРОТИТИ, оукроштѫ, оукротиши сов. (6) καταπραΰνειν, πραΰνειν, καταπαύειν успокоить, унять; укротить uklidnit, zkrotit: заклинаѭ тѧ... запрѣщьшиимь вѣтромь • і влънение морьское оукрощьшемъ *Евх 53а 16*; оукротилъ еси вьсь гнѣвъ твои *Пс 84, 4 Син* □ оукротити сѧ *греч. нет* успокоиться umírnit se: оумилосрьди сѧ на мѧ окаанааго • оукроти сѧ *Евх 79а 11*; не оукрощенъ *в знач. прил.* ἀνήμερος дикий divoký: п'сє неоукроштенъıи *Супр 61, 6.— Пс 82, 2; 88, 10; 93, 13 Син; Супр 60, 8; 61, 28.— Ср.* въмѣрити, съмѣрити, оукротѣти

ОУКРОТѢТИ, -ѣѭ, -ѣѥши *сов.* (1) *греч. нет* успокоиться, смириться, стать кротким umírnit se, zkrotnout: прѣжде же сыи сверѣпъıи поганинъ • потом же с⟨вѧ⟩тааго крьштеньꙗ даромъ оукротѣвъ • оста оу нѥго тъгда иночьскоѥ житиѥ възлюбивъ *Супр 560, 22.— Ср.* оукротити (оукротити сѧ)

ОУКРОУХЪ, -а *м* (25) κλάσμα кусок (*остаток, обломок*); крошка kousek, úlomek; drobet: ѣшѧ вси і насытишѧ сѧ • і възѧшѧ ізбыткъı оукроухъ • ӡ҃ кошьниць ісплънь *Мт 15, 37 Зогр Мар Ас Сав; Мк 6, 43; 8, 8 Зогр Мар*; дьнь вь ноштъ сѧ прѣоблѣче • каменьѥ на оукроухы распаде сѧ *Супр 475, 17.— Зогр Мар Ас Сав Супр.— Ср.* кроупица

ОУКРЫТИ, оукрыѭ, оукрыѥши *сов.* (9) κρύπτειν, ἀποκρύπτειν укрыть, скрыть, спрятать ukrýt, skrýt: нъ не мoжа'ше града оукрыти връхоу горы стоѩшта *Супр 240, 2* (*ср. Мт 5, 14*) □ оукрыти сѧ κρύπτεσθαι, ἀποκρύπτεσθαι укрыться, скрыться, спрятаться skrýt se: нынѣ же оукры сѧ • отъ очью твоею *Л 19, 42 Зогр Мар*; не можетъ градъ оукрыти сѧ вр⟨ъ⟩хоу горы стоѩ *Мт 5, 14 Зогр Ас* (*Ø Мар*); нѣстъ іже оукрыетъ сѧ топлоты его *Пс 18, 7 Син*, оукрыѥтъ (*без* сѧ) *Супр 348, 27.— Пс 54, 13 Син; Евх 55а 25.— Ср.* потаити, съкрыти, оутаити

оукрыти *Супр 240, 6 см.* оукорити

ОУКРѢПИТИ, -плѭ, -пиши *сов.* (23) ἐνισχύειν, κατισχύειν, ἐνδυναμοῦν, κραταιοῦν, κρατύνειν, στηρίζειν, κρατεῖν, ἰσχύειν укрепить, упрочить; сделать стойким, сильным upevnit, posílit: могѫщомоу же оукрѣпити вы • по еванг⟨е⟩лию моемоу *Рим 14, 23 Ен*; мышьца моѣ оукрѣпитъ і *Пс 88, 22 Син*; очисти и • і оукрѣпи и на дѣло твоихъ заповѣдеи *Евх 74а 21*; оукрѣпи и въ дръжавѣ твоеѩ силы *Евх 93б 18-19*; мнѣ же силѫ подаи и оукрѣпи мѧ *Супр 112, 14* □ оукрѣпити сѧ на кого ἰσχύειν одолеть, осилить *кого-л.* přemoci *někoho*: еда когдаречетъ врагъ мои (о)укрѣпихъ сѧ на нъ *Пс 12, 5 Син*; оукрѣпихъ сѧ *Евх 74а 2.— Син Ен Евх Супр.— Ср.* възмощи

ОУКРѢПЛѦТИ, -плꙗѭ, -плꙗѥши *несов.* (8) ἐνισχύειν, ἐπιστηρίζειν укреплять, упрочивать; делать стойким, сильным posilovat: ѣви же сѧ емоу а⟨н⟩ѣ⟨е⟩лъ съ н⟨е⟩б⟨е⟩се • оукрѣпл҃ѣꙗ и *Л 22, 43 Зогр Мар Ас Сав; Евх 47а 24*; на трьпѣниѥ мѫжы и на съврьшениѥ мѫчениꙗ • помазаѭште оукрѣпꙗахѫ *Супр 256, 10*; абиѥ же ичазаахѫ таиныꙗ ихъ страсти • и въставахѫ оукрѣплꙗѥмы • истъıимъ и приснымъ съдравиѥмъ *Супр 557, 6.— Супр 517, 30.— Ср.* крѣпити

оукрѣпꙗѥтъ сѧ *Супр 492, 13 см.* оукраплꙗти

ОУКРѢПѢТИ, -ѣѭ, -ѣѥши *сов.* (1) *греч. нет* окрепнуть zesílit: и оукрѣпѣв'шоу ѥмоу зѣло • и цѣлоу бъıв'шоу *Супр 567, 20-21.— Ср.* оукрѣпити (оукрѣпити сѧ)

оуктимонъ *Супр 136, 26-27 см.* ѥуктимонъ

оукторъ *Супр 203, 11 см.* оуикторъ

ОУЛАВЛѦТИ, -лꙗѭ, -лꙗѥши *несов.* (3) θηρεύειν ловить lovit: дивиѩ животы оулавыѩ словомъ х⟨ристо⟩совомъ *Супр 223, 5* □ оулавлꙗѥмо *с*, оулавлꙗѥмии *м мн. в знач. сущ.* τὰ ἁλιευόμενα, οἱ ἁλιευόμενοι добыча kořist: ловьштии бо присно отъ водъ износѧтъ рибы • и оумараѭтъ • оулавыꙗѥмо • мы въдагаѥмъ • и живи бываѭтъ оулавыꙗѥмии *Супр 496, 6 и 7.— Ср.* ловити

ОУЛЕЩИ, оулѧгѫ, оулѧжеши *сов.* (8) κοπάζειν, παύεσθαι улечься, успокоиться, утихнуть ulehnout, uklidnit se, ustat: онъ же въставъ запрѣти вѣтроу • і влънѥню морьскоумоу • і оулеже • і бъıстъ тишина *Л 8, 24 Зогр Мар Ас; Мк 4, 39 Зогр Мар*; вьлѣзъшю емоу въ корабь оулеже вѣтръ *Мт 14, 32 Сав* (прѣста *Зогр Мар Ас*); *Мк 6, 51 Зогр Мар.— Ср.* прѣстати

оулигани(н) *Супр 12, 16-17 см.* иоулигани

оулиѣни(н) *Унд 2а 18 см.* иоулигани

ОУЛОВИТИ, -влѭ, -виши *сов.* (12) θηρεύειν, ἀγκιστρεύειν, ἁλιεύειν, ἀγρεύειν, παγιδεύειν изловить, поймать (*на охоте*) ulovit: стараaго зълодѣа • і глѫбинънааго змиѣ • б⟨о⟩гомѫдрымь хѫдожьствомь • оуловль *Евх 63б 12*; како звѣри сиꙗ оулови *Супр 223, 14* ● *перен.*: начѧшѧ кънижьници і фарисѣи... гнѣвати сѧ... лаѭште его • оуловити нѣчьто отъ оустъ его *Л 11, 54 Зогр Мар*; она же... хотѧшти ѥго оуловити • и на похотѣниѥ зъло с⟨вѧ⟩тааго привести *Супр 516, 18* ● на кого, чьто *перен.* θηρεύειν подстеречь, подловить, поймать uspořádat hon; vrhnout se: оуловѧтъ на д⟨оу⟩шѫ праведьничѫ *Пс 93, 21 Син.— Пс 58, 4 Син; Супр 223, 17; 328, 27 и 28; 496, 2; 514, 27.— Ср.* ѩти

ОУЛОВЛѤНИѤ, -ниꙗ *с* (1) θήρα добыча kořist: благословьѥнъ г⟨оспод⟩ь • иже не дастъ насъ на оуловениѥ зѫбомъ ихъ *Супр 119, 4-5.— Ср.* плѣнъ, оулавлꙗти (оулавлꙗѥма)

ОУЛОУЧИТИ, -чѫ, -чиши *сов.* (10) τυγχάνειν, ἐπιτυγχάνειν, ἀφιεροῦν, διδάσκειν (!) получить, достигнуть dosáhnout, dosíci: съподобьшеі сѧ • вѣкъ тъ оулоучатъ (!) • і въскрѣшенье еже отъ мрътвыхъ • ни женѧтъ сѧ • ни посагаѭтъ *Л 20, 35 Зогр*, оулоучити *Мар*; да и ти с⟨ъ⟩п⟨а⟩сение оулоучатъ сѫщее о х⟨рист⟩ѣ ї⟨соу⟩сѣ *2 Тим 2, 10 Ен*; н⟨е⟩б⟨е⟩сьное оулоучити ц⟨ѣса⟩р⟨ь⟩ство *Евх 100б 10*; кто сь градꙑи въ имѧ господьнѥ • не моѥ рече оученикъ дьнесь • младенищтемь бо ѥстъ оулоучено *Супр 320, 24.— Евх 67б 26; 68б 23; 99б 7; Клоц 10а 28; Супр 428, 7.— Ср.* обрѣсти, полоучити

ОУЛЬСТИТИ, оульщѫ, оульстиши *сов.* (1) δολοῦν оболгать, оклеветать obelstít: іже не оулъстітъ ѩзыкомъ своімъ *Пс 14, 3 Син.— Ср.* въльстити

ОУЛѪЧИТИ, -чѫ, -чиши *сов.* кого на чьто (1) τάσσειν определить, предназначить určit: по истинѣ сии людиѥ юродиви а не мѫдри • испръва бо оулѫчении на законъ • ни въ послѣдн҃имь мѣстѣ написани бꙑша богопознаниꙗ *Супр 335, 24-25.— Ср.* отълѫчити

ОУМАЛИТИ, -лѭ, -лиши *сов.* (10) σμικρύνειν уменьшить zmenšit: скотъ іхъ не оумалі *Пс 106, 38 Син* ▭ оумалити сѧ ὀλιγοῦσθαι, ἐλασσοῦσθαι уменьшиться (*в количестве*) zmenšit se: оумалішѧ сѧ і озълобишѧ сѧ *Пс 106, 39 Син*; ни ништетꙑ ради оумалитъ ти сѧ радость доуховьнаꙗ *Супр 491, 26* ▭ оумалѥнъ, -ыи *в знач. прил.* ἐλάχιστος униженный ponížený; *перен.* смиренный pokorný: тѣмьже и азъ оумаленꙑ • недостоинꙑ рабъ • съ страхомь и трепетомь • вельми вꙑпиѭ и г⟨лаго⟩лѭ *Евх 3б 14*; г⟨оспод⟩і б⟨о⟩же нашъ • приими оумаленѫѭ нашѫ слоужъбѫ *Служ 2а 2*; примі оумаленое се мое моление *Евх 79б 4.— Пс 88, 46; 11, 12 Син; Евх 77б 19; Супр 496, 22.— Ср.* оумьнити; оумалѥнъ *ср.* съмѣрѥнъ

ОУМАЛꙖТИ, -лꙗѭ, -лꙗѥши *несов.* (1) *греч. нет перен.* унижать, умалять ponižovat, pokořovat: досаждаѥмъ трьпѣаше • и оумалꙗѥмъ мльчааше *Супр 474, 3.— Ср.* мьнити

ОУМАЛѤНИѤ, -ниꙗ *с* (1) ὀλιγότης уменьшение, сокращение zmenšení, zkrácení: оумаленье днеі моіхъ звѣсті (! *вм.* възвѣсті) мнѣ *Пс 101, 24 Син*

оумарати *Супр 100, 12; 496, 5 см.* оумарꙗти

ОУМАРꙖТИ, -ꙗѭ, -ꙗѥши *несов.* (2) [оумара- *Супр* (2)] θανατοῦν, νεκροῦν умерщвлять, убивать usmrcovat, zabíjet: повелѣниѥ непобѣдимꙑихъ ц⟨ѣса⟩ръ • оумараѥтъ тѧ *Супр 100, 12*; ловѧштии бо присно отъ водъ износѧтъ рибꙑ • и оумараѭтъ оулавьꙗѥмо *Супр 496, 5.— Ср.* оумрьщвлꙗти

ОУМАСТИТИ, оумащѫ, оумастиши *сов.* (2) λιπαίνειν, ἱλαρῦναι умастить potřít tukem, pomazat: оумастіті лице олѣимъ *Пс 103, 15 Син*; оумастілъ еси олѣемъ главѫ моѭ *Пс 22, 5 Син.— Ср.* помазати

оумер- *см.* оумрѣти

ОУМИЛИТИ СѦ, -лѭ сѧ, -лиши сѧ *сов.* (9) [оумоли- (!) *Син* (2)] **1.** κατανύσσεσθαι сокрушиться zarmoutit se, pocítit lítost: да въспоетъ тебѣ слава моѣ и не оумолі (!) сѧ *Пс 29, 13 Син*; ѣже г⟨лаго⟩лете въ ср⟨ьдь⟩цихъ вашихъ • і на ложихъ вашихъ оумилите сѧ *Евх 73а 15* **2.** κατανύσσεσθαι умилиться, растрогаться dojmout se, být dojat: оумиливъ сѧ отъ благодѣти нападе на вꙑѭ ѥго *Супр 526, 11* **3.** оумилѥнъ, -ыи *в знач. прил.* κατανενυγμένος печальный, грустный smutný, sklíčený: зане не помꙑнѫ сътворіті мілості • и погъна чл⟨овѣ⟩ка оубога і ништа • і оумілена ср⟨ъ⟩д⟨ь⟩ц⟨е⟩мъ оумрътвіті *Пс 108, 16 Син* ● κατηφής печальный žalostný: бога отътъждоу молꙗахѫ • из'бавьѥниꙗ просѧште • прѣскръбьнааго того оумил҃енааго обладаниꙗ вражиꙗ *Супр 461, 18*; прѣтръпитъ сиѭ оум⟨иленѫ повѣст⟩ь *Рыл 5аβ 7.— Пс 4, 6; 34, 16 Син; Рыл 5аβ 17.— Ср.* оунꙑти; оумилѥнъ *ср.* дрѧселъ, дрѧхлъ, печальнъ, прискръбьнъ

ОУМИЛОСРЬДИТИ СѦ, -срьждѫ сѧ, -срьдиши сѧ *сов. без доп. или* на кого (3) [оумилосръд- *Евх* (1)] σπλαγχνίζεσθαι проявить милосердие, сжалиться projevit milosrdenství, smilovat se: оумилосръди сѧ на мѧ окаанааго *Евх 79а 10*; тъгда же оуже оумилосрьдивъ сѧ въведе ѭ • и прѣдъставивъ ѥи водѫ и хлѣбъ • вълѣзъ самъ въ ѫтрьн҃ѭѭ клѣтъкѫ заключи сѧ *Супр 516, 1.— Супр 551, 29.— Ср.* помиловати, съмилити, оущедрити

ОУМИЛѤНИѤ, -ниꙗ *с* (5) κατάνυξις, νῆψις (!) печаль, скорбь zármutek: аві людемъ своімъ жестокаа • напоілъ нꙑ еси вина оумиленьѣ *Пс 59, 5 Син*; аще к'то иматъ оумиленье • и слъзꙑ вь м(олитва)хъ • да помолит' сѧ г⟨осподе⟩в(н) *Рыл 4аа 8-9* ● смирение, смиренное раскаяние pokora, lítost: вьсі оубо да прістѫпімъ • съ очиштеньемь • і съ цѣломѫдрьствіемь подобномь • і съ многомь оумiленьемь *Клоц 8а 7* (съ... чистотѫ *Супр 420, 9-10*); сь горькꙑими сльзами... и съ многомъ оумил҃ениимъ • вьсе врѣмѧ прѣпроводивъ *Супр 528, 28.— Супр 513, 15.— Ср.* пооувръзениѥ, съмѣрѥниѥ, съкроушениѥ

ОУМИРАТИ, -аѭ, -аѥши *несов.* (32) ἀποθνῄσκειν, τελευτᾶν, τελειοῦσθαι умирать umírat: сътьникоу же етероу рабъ бола зълѣ оумирааше *Л 7, 2 Зогр Мар Ас Сав*; бѣ же седмь братрьꙗ • і прьвы поꙗ женѫ • і оумираꙗ не остави сѣмене *Мк 12, 20 Зогр Мар*; иꙁде оуміраꙗі не оставітъ лі въсего *Пс 48, 18 Син*; зълодѣискоѭ съмрьтиѭ оумирати *Супр 87, 4* ▭ не оумираѩи *в знач. прил.* ἀθάνατος бессмертный nesmrtelný: не оумираѭштиимъ о нѥмъ (! *вм.* онѥмь) • плькомъ чинъı • без-д-рѫкоу вѫжетъ *Супр 462, 15.— Зогр Мар Ас Сав Син Супр.— Ср.* издъıхати, исконьчавати, мрѣти, съконьчавати; не оумираѩи *ср.* бесъмрьтьнъ, несъмрьтьнъ

ОУМИРИТИ, -рѭ, -риши *сов.* (1) ἐν εἰρήνῃ κυβερνᾶν умиротворить, успокоить obdařit mírem: м⟨о⟩л⟨и⟩твами їхъ χ⟨рист⟩е б⟨ож⟩е жизнъ нашѫ оумири *Ен 76 2*

оумлък-, оумлъч- *см.* оумльк-, оумльч-

оумлъчаник *Рим 14, 24 Ен см.* оумльчати

ОУМЛЬКНѪТИ, -нѫ, -нешι *сов.* (7) [оумлъ- *Зогр-пал* (1) *Син* (2) *Супр* (1)] **1.** σιγᾶν, σιωπᾶν умолкнуть, смолкнуть, замолчать zmlknout: да оумлъкнета *Мт 20, 31 Зогр-пал* (оумлъчите *Мар*, оумлъчита *Ас Сав*, ∅ *Зогр*); г⟨ла⟩съ оумльче *Супр 570, 18* **2.** σιγᾶν, ἡσυχάζειν утихнуть, перестать, успокоиться ztichnout, uklidnit se; přestat: и повелѣ боурі и ста въ хладъ • и оумлъкѫ влънъı его *Пс 106, 29 Син*; въспрѣтиши бездьнѣ огньнѣи • и речеши оумлькни обрати са *Супр 384, 3*; и ино же много поучаꙗ • не прѣста ни оумлъкнѫ отъ добра *Супр 208, 2.— Пс 106, 30 Син; Супр 155, 27-28.— Ср.* измлькнѫти, прѣмлъкнѫти, оумльчати

ОУМЛЬЧАТИ, -чѫ, -чиши *сов./несов.* (34) [оумлъч- *Мар* (10) *Ас* (4) *Сав* (2) *Ен* (1) *Син* (3) *Евх* (2) *Клоц* (1) *Супр* (1)] **1.** *сов. без доп.* σιγᾶν, σιωπᾶν, φιμοῦσθαι умолкнуть, смолкнуть, замолчать umlknout, zmlknout: народи же запрѣтиша има да оумлъчите *Мт 20, 31 Мар*, оумлъчита *Ас Сав* (оумлъкнета *Зогр-пал*; ∅ *Зогр*) **2.** *сов.* σιγᾶν, φιμοῦσθαι, ἡσυχάζειν промолчать (*не зная, что ответить*) zmlknout (*nevědět, co říci*): і дивьше са о отъвѣтѣ его оумльчаша *Л 20, 26 Зогр Мар*; онѣмѣхъ и съмѣрихъ сꙙ і оумлъчахъ отъ благъ *Пс 38, 3 Син*; г⟨лаго⟩ла емоу дроуже како вьниде сѣмо • не имъı одѣаниѣ брачъна • онъ же оумлъча *Мт 22, 12 Мар Ас* (∅ *Зогр*); *Евх 106б 18-19* **3.** *сов.* ἡσυχάζειν стихнуть, остановиться; успокоиться utichnout, uklidnit se; přestat: землѣ оубоѣ сꙙ и оумлъча *Пс 75, 9 Син; Клоц 12б 5; Супр 448, 5*; славивъше же б⟨ог⟩а оумльчаша *Супр 134, 8* ● остаться в покое (*ничего не делать*) dodržet klid: въ сѫботѫ • оумльчаша по заповѣди *Л 23, 56 Зогр Мар* **4.** *сов. без доп. или* кого, что σιγᾶν промолчать; умолчать *о ком-л., чем-л.* pomlčet *o něčem*: і ти оумльчаша • і никомоуже не възвѣстиша въ тъı дни ничьсоже о тѣхъ ѥже видѣша *Л 9, 36 Зогр Мар*; по ѡкръвению таинъı • лѣтъı вѣчнъı • оумлъчаниѣ (! *вм.* оумлъчанъıꙗ) *Рим 14, 24 Ен*; с⟨вѧ⟩тъıи... мола ꙗ не прославьно то сътворити • нъ оумлъчати бъıвъшеѥ *Супр 551, 12* **5.** *несов.* кого, что **(?)**, чесо **(?)** *греч. нет* заставлять молчать umlčovat: χ⟨ристос⟩е б⟨о⟩же нашъ • побѣдилъ еси... в'сѣкѫ ꙗзъıкъ нѣмѫ • оумлъчащиѩ гл⟨агол⟩а *Евх 43а 16-17.— Зогр Мар Ас Сав Ен Син Евх Клоц Супр.— Ср.* омльчати, прѣмлькнѫти, прѣмльчати

ОУМНЕИ, -ꙗ *м имя* (1) Ὑμέναιος Гименей Hymenaeus: и слово ихъ • ѣко ганъгрена жиръ обрѧщетъ • отъ нихъже естъ • оумнеи филитъ *2 Тим 2, 17 Ен*

оумодрити *Пс 104, 22 Син см.* оумѫдрити

ОУМОЛИТИ, -лѭ, -лиши *сов.* кого, что о комь, о чемь (33) **1.** παρακαλεῖν, ἐρωτᾶν, ἀξιοῦν, λιπαρεῖν, δυσωπεῖν, ἐπικάμπτειν, ἱκετεύειν, παραβάλλειν (!); (оумоленъ бъıти εἴκειν) попросить poprosit: ли м'нитъ ти са • ѣко не могѫ нъıнѣ • оумолити о⟨ть⟩ца моего *Мт 26, 53 Зогр Мар Ас Сав Боян*; азъ оумолѭ о⟨ть⟩ца о васъ *И 16, 26 Зогр Мар Ас Сав* (2); повини сꙙ г⟨оспод⟩ю ї оумоли ї *Пс 36, 7 Син* ● умолить, упросить uprosit: многъıими молитвами оумоленъ • и оуиштенъ бъıвъ • отъ прѣподобьнааго мѫжа *Супр 530, 19-20* **2.** оумолити са, оумоленъ бъıти παρακαλεῖσθαι сжалиться, смилостивиться smilovat se, slitovat se: ѣко сѫдитъ г⟨оспод⟩ь людемъ своїмь • ї о рабѣхъ своїхъ оумолит⟨ъ⟩ сꙙ *Пс 134, 14 Син*; оумоленъ бѫді на рабъı своꙗ *Пс 89, 13 Син.— Зогр Мар Ас Сав Боян Син Евх Супр.— Ср.* помолити, оумилосрьдити са

оумолити *Пс 4, 6; 29, 13 Син см.* оумилити са

ОУМОРИТИ, -рѭ, -риши *сов.* (18) ἀποκτείνειν, ἀναλίσκειν, θανατοῦν, τιμωρεῖσθαι (!) умертвить, убить, погубить usmrtit, zahubit, umořit: вѫдовицѫ і сіра оумориша • і пришельца оубиша *Пс 93, 6 Син*; твоеѭ силоѭ • и твоимъ божьствомъ звѣри сиꙗ оумори *Супр 229, 13*; тъı различьнъıими мѫками прѣштааше оуморити мꙙ *Супр 254, 1*; азъ оуморѭ и оживлѭ • и никтоже ѥстъ иже оубѣжитъ рѫкоу моєю *Супр 263, 6-7* ▭ оуморити са: и дроугъ дроуга ꙗдѫште сами са оуморихомъ *Супр 135, 23-24.— Син Супр.— Ср.* оумрьтвити, оумрьтити

ОУМОЧИТИ, -чѫ, -чиши *сов.* (2) βρέχειν смочить, увлажнить smočit: слъзамі моими постелѭ моѭ оумочѭ *Пс 6, 7 Син*; течение кръвъноѥ отъ с⟨вѧ⟩тъıихъ тѣлесъ ихъ исхождааше • ꙗкоже отъ множьства кръвънааго оумочити сѧ ризамъ слоугамъ *Супр 180, 1.— Ср.* намочити, омочити

оумрь-, оумръ- *см. также* оумрѣти

ОУМРЬТВИТИ, оумрьщвлѭ, оумрьтвиши *сов.* (29) [оумръ- *Зогр* (1) *Мар* (1) *Ас* (1) *Син* (5) *Евх* (7) *Клоц* (1) *Хил* (1); оумрт- *Супр* (1)] **1.** θανατοῦν, νεκροῦν, ἀποκτείνειν; (оумрьщвенъ τεθνηκώς; исполоу оумрьтвити ἡμιθανῆ ποιεῖν) убить, умертвить usmrtit, zabít: прѣдани же бѫдете родителъı і братрьѭ • і родомь • і дроугъı • оумрътвѩтъ отъ васъ *Л 21, 16 Зогр Мар Ас Сав*; г⟨оспод⟩ъ... прiзьрѣ... раздрѣшiтi с⟨ы⟩нъı оумръщвенъıхъ *Пс 101, 21 Син*; хотѣаше оумрьтвити коустодиѭ *Супр 472, 30*; їсполоу оумрьтвiвъше пометаахѫ на земи *Супр 39, 7-8* ● *перен.* уничтожить, подавить zničit, potřít: раздроушилъ еси съмрътъ • і в'сѭ болѣзнь оумрътвилъ еси *Евх 30а 9-10*; просити милости оу тебе • оумръщвьшааго съмрътъ *Евх 39б 5* **2.** оумрьтвити сѩ *спец.* νεκροῦσθαι, ἑαυτὸν τιθέναι (!) подавить мирские желания, умертвить плоть umrtvit se: разоумѣи же крѣпъко • отъ настоѩщааго д'не • пропинати ти сѩ и оумрътвити (*без* сѩ) в'семоу мироу *Евх 89б 22-23*; тако стрьмь оумрьтвивъ сѧ самохотьѭ • ꙗко бесловесьнѫ нѣкакѫ и несамовольнѫ доушѫ имъı *Супр 273, 12.— Зогр Мар Ас Сав Син Евх Клоц Супр Хил.— Ср.* оуморити, оумрьтити

ОУМРЬТВИѤ, -ꙇꙗ *с* (3) [оумрът- *Ас* (1) *Супр* (1)] τελευτή, ἀποβίωσις смерть, кончина smrt, úmrtí: отiде въ єѵѵпетъ • и бѣ тоу до оумрътвиѣ иродова *Мт 2, 15 Ас* (до ѹмрьтиꙗ *Сав*, оумрътиѣ *Боян*); и по оумрътвии ли хотѣахѫ за нь дръзовати • аште да не бъı въсталъ *Супр 441, 22-23*; по того оумрьтви(ı) • спѣшьнѣѥ бѫдетъ съѱати • троудъı же и гонениꙗ и бѣдъı • ѩже подъѩ за правовѣриѥ *Супр 302, 4.— Ср.* съмрьть, оумрьтиѥ

ОУМРЬТВѢТИ, -ѣѭ, -ѣѥши *сов.* (1) νεκροῦσθαι умереть, погибнуть zemřít: присѧзи къ пльти моеи оумрьтвѣвъшии васъ дѣлꙗ *Супр 503, 29-30.— Ср.* оумрѣти

ОУМРЬТИТИ, оумрьщѫ, оумрьтиши *сов.* (4) [оумръ- *Супр* (1)] νεκροῦν умертвить usmrtit: гъıбнѫшта съпаслъ • оумрьштенъı оживилъ *Супр 479, 30* ▭ оумрьщенъ *в знач. прил.* омертвевший, парализованный ochrnulý: пришъдъ же и оумръштено имъı тѣло вьсе *Супр 561, 26-27.— Супр 349, 9; 456, 6.— Ср.* оумрьтвити, оуморити

ОУМРЬТИѤ, -ꙇꙗ *с* (3) [оумръ- *Боян* (1)] τελευτή, κοίμησις смерть, кончина smrt, úmrtí: и отиде въ єѵоупетъ • и бѣ тоу до оумрътиѣ иродова *Мт 2, 15 Боян Сав* (до оумрътвиѣ *Ас*, ∅ *Зогр Мар*); моли сѧ ѥмоу • по оумрьтии ѥго • погрети и вь нѥмъ *Супр 531, 29.— Ср.* съмрьть, оумрьтвиѥ

ОУМРЬЩВЕНИѤ, -ꙇꙗ *с* (4) [оумръ- *Супр* (1)] νέκρωσις **1.** умерщвление; *перен.* уничтожение usmrcení; *перен.* zničení: проповѣдимъ оумрьштвеньѥ диꙗволово *Супр 479, 15* **2.** омертвение; паралич odumření; ochrnutí: раслабѣ ѥмоу абьѥ тѣло • и прѣдано бъı прьвоуоумоу оумръштвению *Супр 563, 23-24*; ѥже оумрьштвениѥ оудъноѥ къ животьнѣи възъвати силѣ *Супр 249, 22-23.— Супр 561, 1.— Ср.* мрьтвость, оумрьтиѥ, оумрьтвиѥ

ОУМРЬЩВЛꙖТИ, -ꙗѭ, -ꙗѥши *несов.* (5) [оумръщвлѣ- *Син* (1), оумръщвѣ- *Евх* (3), оумрьштвꙗ- *Супр* (1)] θανατοῦν, ἀποκτείνειν, νεκροῦν умерщвлять, убивать zabíjet, usmrcovat: б⟨о⟩же нашъ... оумръщвѣѩ и живѩ • и низъводѩ въ адъ и възводѩ *Евх 57б 16-17*; биетъ тѩ • і оумръщвѣетъ тѩ *Евх 50а 23-24* ● *перен.* уничтожать, подавлять ničit, hubit: диꙗволъ сѣтоуѥтъ • грѣхъ оумрьштвꙗѥтъ сѧ *Супр 479, 20.— Пс 43, 23 Син; Евх 25а 14*

ОУМРѢТИ, оумьрѫ, оумьреши [*основа наст. вр. также* оумър-, оумр-, оумер-, *основа инф. также* оумьрѣ-] *сов.* (>200) τελευτᾶν, τελειοῦσθαι, ἀποθνήσκειν, ἀναπαύεσθαι, κοιμᾶσθαι, ἀπαγορεύειν (!), μεταλλάσσειν τὸν βίον; (оумрѣти съ цѣмь συναποθνήσκειν; нѫждеѭ оумьръ βιοθανής) умереть; погибнуть zemřít; zahynout: не плачите сѩ нѣстъ оумръла дѣвица • нъ съпитъ *Л 8, 52 Зогр Мар Ас Сав; Мт 9, 24 Зогр Мар Ас Сав*; иже зълословитъ о⟨ть⟩ца ли м⟨ате⟩рь • съмрътнѭ да оумьретъ *Мт 15, 4 Зогр Мар; Мк 7, 10 Зогр Мар*; добрѣе естъ единомоу ч⟨ловѣ⟩коу оумьрѣти за людi *И 18, 14 Зогр Ас*, оумрѣти *Сав* (∅ *Мар*); і абие оустръми сѩ стадо все по брѣгоу въ море • і оумрѣшѩ *Мт 8, 32 Зогр* (*нет Мар Ас Сав*); аще с нимъ оумрѣхомъ • с нимъ оживемъ *2 Тим 2, 11 Ен*; не оумьрѫ нъ живъ бѫдѫ *Пс 117, 17 Син*; б⟨ог⟩ъ плътьѭ оумрѣтъ *Клоц 12б 6* (оусьпе *Супр 448, 6*); послоушаи мене и пожьри богомъ • да не ꙗко зълодѣи зьлѣ оумьреши *Супр 101, 15-16*; оумеръши же с⟨вѧ⟩тааго конона женѣ чистѣи • и съ материѭ ѥго • въ ѥдномь гробѣ положи ї *Супр 26, 7*; коѥмоу ноуждеѭ оумьръшоу чловѣкоу • именемь толико лѣтъ бѣси изгонѧтъ сѧ *Супр 136, 16-17*; господь остави съгрѣшениѥ твоѥ не имаши оумрѣти *Супр 360, 27-28* ▭ оумьръıи *в знач. прил. и сущ.* умерший, мертвый zemřelý, mrtvý: ѡдръжимыꙗ нынѣ скръбиѫ • оумеръшааго ради • твоимь м⟨и⟩л⟨осръ⟩диемь оутѣши *Евх 57б 4*; приносимъ тебѣ • словесънѫѭ сиѭ слоужъбѫ • о оумеръшиихъ въ вѣрѣ (бр)атрѣхъ нашихъ *Служ 3а 25*; да виждѫ ч'то ѥмоу оуспѣѥтъ распѧтыи и оумърыи *Супр 157, 28.— Зогр Мар Ас Сав Боян Ен Син Евх Служ Клоц Супр Хил.— Ср.* издъхнѫти, измрѣти, погыбнѫти, оусънѫти

ОУМОУДИТИ, оумоужѫ, оумоудиши *сов.* (1) χρονίζειν задержаться, замешкаться zdržet se, zpozdit se: аште ли да сълоучааше сѧ нѣ оу кого оумоудити ѥмоу *Супр 206, 7-8.— Ср.* замоудити, замѫдити

ОУМЪ, -а *м* (>100) **1.** διάνοια, συνειδός, γνώμη, νοῦς, ψυχή, φρήν, φρόνημα, βούλημα (!), σκοπός (!); (вьсѣмь оумомь προθύμως) мысль, помыслы mysl: възлюбиши г⟨оспод⟩ѣ б⟨ог⟩а своего • всѣмь сръд'цемь твоимь • і вьсеѭ д⟨оу⟩шеѭ своеѭ • і всѣмь оумомь твоимь *Мк 12, 30 Зогр* (мысльѭ *Мар*); просвѣти оумъ его • ⟨свѧ⟩тымь д⟨оу⟩хомь твоимь *Евх 23б 3*; ѡ оуме правыꙗ вѣры испльненъ *Супр 63, 27*; се бо имѣаше льстивъи на оумѣ *Супр 58, 11*; распрострѣте оубо молѫ вы сѧ ваша оумы *Супр 498, 20*; се бо съплѣтаѥ оумы наша • и творитъ тѣлеси ѥд'номоу быти вьсѣмъ *Супр 423, 27* (съмыслы *Клоц 9б 7*); въ нѭже заповѣдь възираꙗ блаженыи • на небо имѣаше оумъ *Супр 253, 13*; арханг'гелъ же разоумѣвъ конона... вьсѣмъ оумомъ приимъшь слово *Супр 25, 10* **2.** νοῦς, λογισμός, ἔννοια, γνώμη; (сила и оумъ αἱ προαιρέσεις) разум, рассудок rozum, chápání: тогда отвръзе імъ оумъ • да разоумѣѭтъ кънигы *Л 24, 45 Зогр Мар Ас*; дивно дѣло прѣходитъ оумъ *Супр 248, 19*; противѫ силѣ и оумоу чловѣкомъ • ицѣльба отъ врача приноситъ сѧ *Супр 308, 6* **3.** γνώμη, λογισμός, τρόπος мысль, замысел myšlenka, úmysl: не мози оубо никтоже зъла оума имѣти вь себѣ *Супр 421, 22* (зълы мысли *Клоц 8б 13-14*); нъ онъ ѥдначе прѣбываше въ зьлѣ оумѣ *Супр 420, 7* (зълѫ волѫ імы *Клоц 8а 2*) ● образ мыслей smýšlení: обрати оумъ отроковици *Супр 25, 27*; оузьрѣвъ... брата веньꙗмина... брата и ѥстьствомь и оумомъ *Супр 367, 29*; оумачи си хоулолюбивъіи оумъ *Супр 395, 11* ● *собир.* οἱ λογισμοί, οἱ διαλογισμοί мысли myšlenky: б⟨о⟩же вѣды... мыслеи нашихъ оумъ *Евх 24а 10*; акы съсѫды глинны • тьлѣнии оума съвръш'шаꙗ сѧ сътъретъ *Супр 336, 10* **4.** νοῦς смысл, значение smysl, význam: бѣдно бо разоумѣти • въ повѣсти писменьнѣи лежащи оумъ *Супр 345, 19* ♦ без оума **а)** ἁπλῶς, ἀκαίρως, ἀφρόνως безрассудно, неблагоразумно nerozumně, nesmyslně: да не без оума наскачетъ на вьсе ѥже видитъ *Супр 497, 15*; да и ты възлюбиши ѥже възненавидѣ без оума *Супр 395, 13* **б)** εἰκῇ, μάτην зря, напрасно marně, zbytečně: аште бо и тъмамъ правьдъ ти памѧтиви ѥсмь зълоу • вьсе то без оума и въ тъште *Супр 424, 6* (въ соуе *Клоц 9б 16-17*); без оума гнѣваѥте сѧ на младеништа *Супр 325, 12* (ашютъ *Клоц 1а 6*) **в)** ἀδίκως несправедливо, без основания neprávem, bezdůvodně: без оума ѭ прокла *Супр 346, 2-3*; ѥдинѣмь оумомь ὁμοφρόνως, μιᾷ γνώμῃ единодушно jednomyslně: ꙗкоже жихомъ ѥд'ноѭ д⟨оу⟩шеѭ • и ѥдинѣмь оумомь *Супр 72, 11*; оумъ погоубити, изгоубити ἐξίστασθαι, ἐξίστασθαι τῶν φρενῶν; (оума не погоубити ἡ τοῦ νοὸς οὐσία; не погоуби оума οὐκ ἐξέστη ἡ διάνοια) лишиться разума, потерять рассудок být bez sebe; zešílet: ꙗкоже отъ страха оум' погоубити ан'тоупатоу *Супр 110, 19-20*; съна же толико приѥмьꙗше • ѥликоже тъчьѭ оума не погоубити • бессьнием *Супр 274, 25*; нѣсмь оума изгоубилъ *Супр 149, 29;* въ свои оумъ прити, на оумъ наити, въ оумѣ быти, оумъ събьрати ἐν ἑαυτῷ γίγνεσθαι придти в себя, опомниться vzpamatovat se, přijít k sobě: въ свои оумъ пришъдъ отъ свобожденьꙗ бѣсовьска *Супр 560, 12*; ѣко съмѣритъ сѧ емоу тѣло • і на оумъ наидетъ *Евх 38а 24*; бывъше же въ оумѣ своѥмъ • въставъше припадоша каѭште сѧ *Супр 39, 12*; съберѣта оумъ и помѧнѣта сѧ *Супр 212, 25*; на оумъ възѧти, на оумѣ си положити ἐν νῷ λαμβάνειν, τὸ συνειδός ἀναγιγνώσκειν обдумать, обратить внимание pomyslet, vzít na vědomí: ни бывъшааго ѥмоу отъ болѣзни ицѣленьꙗ на оумъ възьмъ *Супр 563, 17*; видѣвъ же вьсе то и на оумѣ си положивъ *Супр 426, 25-26*; раздѣлꙗти, дѣлити оумъ μερίζεσθαι τὸν λογισμόν колебаться, сомневаться váhat: (раз)дѣлꙗѭштемъ оумъ свои к(ъ) ко(им)ъ естъ лѣпо приближати сѧ *Зогр-лл 26 3*; прѣжасаѥтъ мѧ дѣло • дѣлитъ ми сѧ оумъ *Супр 343, 30*; раскольныи оумъ *см.* раскольнъ.— *Зогр Мар Ас Евх Клоц Супр Рыл Хил Зогр-лл.— Ср.* доуша, мысль, мышлѥниѥ, разоумъ, съмыслъ; без оума *ср.* ашоуть, въ соуѥ, спыти, тоунѥ; безоумаи

ОУМЪВЕНИѤ, -ꙗ *с* (2) [-мьв- *Сав* (2)] *греч. нет* омовение, умывание umytí: (на ѹмьвеніе ногѹ • ева⟨н⟩г⟨елие⟩ • ѿт⟨ъ⟩ иѡ⟨а⟩на *Сав 98б 17.— Сав 99а 9.— Ср.* омъвениѥ, оумываниѥ

оумъвенъ *см.* оумыти

ОУМЪНОЖАТИ, -аѭ, -аѥши *несов.* (2) **1.** *без. доп.* πληθύνεσθαι размножаться, множиться množit se: растите и оумножаите и испльните землѭ *Супр 420, 21* (*Быт 1, 28*) **2.** кого, чьто πολυωρεῖν переоценивать, слишком ценить vysoko cenit, přeceňovat: ты бисръ адъскы... зьлѣ оумножаюши *Супр 335, 15-16.— Ср.* мъножити

ОУМЪНОЖЕНИѤ, -ига *с* (10) [оумнож- *Сав* (2) *Ас* (2) *Зогр-пал* (1) *Син* (1)] τὸ πληθυνθῆναι, πλῆθος умножение, увеличение rozmnožení, rozhojnění: за оумъноженьѥ безаконьѣ • исакнетъ любы мъногыхъ *Мт 24, 12 Мар Зогр-пал Ас* (2) *Сав* (2) (∅ *Зогр*); не помьнаша оумноженьѣ милости твоеꙗ *Пс 105, 7 Син*; еже ти бѣхомъ длъжьни сътворити... за оумъноженье грѣхъ нашихъ *Служ 2а 6.— Пс 93, 19 Син; Пс 105, 45 Син*

ОУМЪНОЖИТИ, -жѫ, -жиши *сов.* (39) [-множ- *Син Евх* (2) *Супр* (4); -мьнож- *Син*] πληθύνειν, πλεονάζειν, πολυωρεῖν умножить, увеличить, преумножить rozmnožit: оумъножїлъ есї мїлости своеꙗ б⟨о⟩же *Пс 35, 8 Син*; потѣнѥ ихъ оумъножи *Евх 15б 15-16* ▭ оумъножити сѧ πληθύνεσθαι, αὐξάνειν умножиться rozmnožit se: скрьбі срьдьца моего [є] оумножишꙗ сꙗ *Пс 24, 17 Син*; г⟨оспод⟩і чьто сꙗ оумьножишꙗ сътѫжаѭще мі *Пс 3, 2 Син; Евх 75а 20*; благослови сѧ манастырь • и оумножиша сѧ дроужина при строительствѣ его *Супр 285, 25-26.— Син Евх Супр*

ОУМЫВАЛЬНИЦА, -ѧ *ж* (4) νιπτήρ сосуд для омовения, умывания umyvadlo: по томь же волиѣ водѫ въ оумывальницѫ • і начатъ оумывати нозѣ оученикомъ *И 13, 5 Зогр Мар Ас Сав*

ОУМЫВАНИѤ, -ига *с* (1) *греч. нет* омовение umývání: о оумываниі *Мар 133а 17.— Ср.* крьщеник, омъвеник, оумъвеник

ОУМЫВАТИ, -аѭ, -аѥши *несов.* (11) νίπτειν омывать, умывать mýt, umývat: вы длъжьни есте дроугъ дроугоу • оумывати нозѣ *И 13, 14 Зогр Мар Ас Сав*; рьци ми кто болии • оумываѧ ли нозѣ • или онъ ѥмоуже оумываатъ нозѣ *Супр 303, 19 и 20.— Мк 7, 3 Зогр; И 13, 5 Зогр Мар Ас Сав.— Ср.* мыти, омывати

ОУМЫСЛИТИ, оумышлѭ, оумыслиши *сов.* (5) **1.** ἐνθυμεῖσθαι, λογίζεσθαι, ἐννοεῖν замыслить, задумать usmyslit si, pojmout úmysl: се же емоу оумышльшоу • се ан⟨ь⟩ѣ⟨е⟩лъ г⟨осподь⟩нь вь сьнѣ ѣви сѧ ѥмоу *Мт 1, 20 Ас* (съмышльшю *Сав Боян*, ∅ *Зогр Мар*); неправьдѫ оумысли ꙗзыкъ твоі *Пс 51, 4 Син*; како оубо оумыслили быша • на коньца вьселеныѧ тешти *Супр 442, 23* **2.** λογίζεσθαι понять, осознать pomyslet, pochopit: саторнинъ же много мѫдръство въсприимъ • оумысли въ правьдѫ ꙗко мѫжь тъ • мльчаливѫ жизнь ѥстъ обыклъ *Супр 204, 13-14.— Евх 37а 1.— Ср.* възнепьщевати, помыслити, размыслити, съмыслити

ОУМЫТИ, оумыѭ, оумыѥши *сов.* (67) νίπτειν, νίπτεσθαι, ἀπονίπτεσθαι умыть, омыть, вымыть, помыть umýt: г⟨лаго⟩ла емоу петръ • не оумыеши моею ногоу въ вѣкъ • отъвѣшта емоу и⟨соу⟩с⟨ъ⟩ • аште не оумыѭ тебе • не імаши части съ мноѭ *И 13, 8 Зогр Мар Сав* (омыеши... оумыѭ *Ас*); възвеселітъ сꙗ праведьнікъ егда видітъ местъ • рѫцѣ своі оумыетъ во кръві грѣшьника *Пс 57, 11 Син*; они же оумывше ѥмоу нозѣ • и хлѣбъ прѣд'ложивше молꙗахѫ и въкоусити *Супр 523, 22-23* ● оумыти рѫцѣ (*обряд как свидетельство невиновности своей или другого*): приимъ водѫ оумы рѫцѣ прѣдъ народомь • г⟨лаго⟩лꙗ неповиннъ ѥсмь • отъ кръве сего правьдьника *Мт 27, 24 Зогр Мар Ас Сав*; ї рѣхъ оубо въсоуе оправьдихъ срьдьце мое • ї оумыхъ въ неповінънꙑхъ рѫцѣ моі *Пс 72, 13 Син* ▭ оумыти сѧ νίπτεσθαι омыться umýt se: іди оумы сѧ • въ кѫпѣли силоуамьсцѣ *И 9, 7 Зогр Ас*, оумыи сѧ *Мар*; замазавъ слинами і брениемь (*т. е.* очи) • слѣпоумоу рождьшю сѧ • і посълавъ и оумытъ сѧ *Евх 33а 6* ▭ неоумъвенъ ἄνιπτος неумытый, немытый nemytý: не оумъвенама рѫкама ѣдѧтъ хлѣбъ *Мк 7, 5 Зогр Мар.— Зогр Мар Ас Сав Син Евх Клоц Супр.— Ср.* измыти, омыти, покѫпати

ОУМЫШЛꙖИ, -ꙗꙗ *м* (2) ἐπίνοια, πανούργευμα помысел; умысел záměr, úmysl; obmysl: не прѣдълагаи ми змиїнъ оумышлꙗи • и диꙗволь *Супр 102, 9*; вѣроуѭ богоу... їзбавьꙗѭшта (*вм.* -штоу) мѧ отъ вьсѣхъ зълыихъ твоихъ оумышлꙗи *Супр 4, 21-22.— Ср.* примышлѥник, промыслъ, промышлꙗи, промышлѥник, оумышлѥник, къзнь

ОУМЫШЛѤНИѤ, -ига *с* (5) **1.** ἔννοια мысль, помышление pomyšlení, myšlenka: иже оумышлениимъ ѥднѣмъ водѫ на вино прѣтвори *Супр 344, 20* **2.** ἐπίνοια, μηχανή помысел, умысел, замысел záměr, obmysl, nápad: ѥдномоу тъчьѭ образоу остати имъ • на оумышленьѥ с⟨ъ⟩п⟨а⟩сенью • оувѣдѣшѧ рода своего • влъшьбнѫѭ хытрость *Супр 567, 2-3*; даждь ѥмоу побѣдити вьса оумышлениꙗ • ꙗже творитъ на нь *Супр 226, 7.— Супр 87, 9; 89, 1-2.— Ср.* примышлѥник, промыслъ, промышлꙗи, промышлѥник, оумышлꙗи, къзнь

ОУМЬНИТИ, оумьнѭ, оумьниши *сов.* (1) ἐλασσοῦν уменьшить učinit menším: оумьнилъ і єсі маломъ чімъ отъ анг⟨е⟩лъ • славоѭ и честьѭ вѣньчалъ и єсі *Пс 8, 6 Син*

ОУМЬНЪ, -ЪИ *прил.* (3) τῆς διανοίας умственный, ума *род.* mysli *род.*, rozumový: елико ми подаси силѫ оум'нѫѭ и тѣле(сн)ѫѭ *Рыл 76а 2*; оумьнъи зракъ • длъгыимъ трьпѣниѥмъ очиштаа *Супр 289, 2*; оупоивъ не дастъ • оумъноуоумоу очеси сквозѣ пролиꙗвъшии сѧ на нѥмь тъмѣ прозьрѣти *Супр 339, 16-17.— Ср.* мысльнъ

оумьр- *см.* оумрѣти

ОУМѢСИТИ, оумѣшѫ, оумѣсиши *сов.* (1) μαλάσσειν смесить (*тесто*) smísit (*těsto*): ѥдинъ хлѣбъ сѣѭшти на себѣ • не ѥгоже жрънви съмлѣша • и рѫцѣ оумѣсиста и огнь съвръши *Супр 395, 30*

ОУМѢТИ, оумѣѭ, оумѣѥши *несов.* (25) **1.** εἰδέναι, γιγνώσκειν; (тъчьно имъ оумѣѭи хꙑтрьць ἀντίτεχνος) уметь, мочь, быть в состоянии umět, být s to: аште оубо вы зьли сѫште • оумѣѥте • дааньѣ благаа даати чѧдомъ вашимъ *Л 11, 13 Зогр Мар Ас Сав; Мт 7, 11 Зогр Мар*; вьнѣшьнии (!) хꙑтрьци рьвьноуѭтъ тъчьно имъ оумѣѭштинимъ хꙑтрьцемъ *Зогр-лл 2а 13* **2.** εἰδέναι, γιγνώσκειν знать vědět, znát: обрѣте ѩ пакы съпѧшта • бѣашете бо імъ очи тѧготьнѣ • і не оумѣахѫ чьто биша отъвѣштали ѥмоу *Мк 14, 40 Зогр Мар*; не оумѣѭ ни съвѣмь • чьто ты г⟨лаго⟩леши *Мк 14, 68 Зогр Мар* □ оумѣти кънигы *см.* кънигы.— *Зогр Мар Ас Сав Евх Супр Зогр-лл.— Ср.* вѣдѣти, разоумѣти

ОУМѦКНѪТИ, -нѫ, -неши *сов.* (1) ἀπαλύνεσθαι обмякнуть, стать мягким změknout; *перен.*: оумѩкнѫшѧ словеса іхъ паче олѣа • и та сѫтъ стрѣлы *Пс 54, 22 Син*

ОУМѦЧИТИ, -чѫ, -чиши *сов.* (2) λύειν смягчить, умягчить změkčit: чловѣкъ... аште ли къ богоу съгрѣшитъ кто молитъ сѧ за нь • да онъ строупъ ни молитва оудобь оумѧчит' *Супр 407, 16* ● *перен.* κολάζειν смягчить obměkčit: виждъ ѥѩ несытѫѭ любьве • ти оумачи си хоулолюбивъи оумъ *Супр 395, 10-11.— Ср.* омачити, отъмачити

ОУМѪДРИТИ, оумѫдрѭ *или* оумѫждрѭ, оумѫдриши *сов.* (8) [оумодри- *Син* (1)] σοφίζειν, σωφρονίζειν умудрить, сделать разумным, мудрым učinit moudrým, dát moudrost: постави і г⟨оспод⟩а • домоу своѥмоу... да наоучитъ кънѧѕѩ ѥго ѣко самъ сѩ • и старьцѩ ѥго оумодрітъ (!) *Пс 104, 22 Син*; оумѫдри и вьзѧти щитъ вѣры *Евх 94а 5*; оумѫдри мѧ мѫдростиѭ твоѥѭ *Супр 103, 14-15*; кто оумѫдривъи вы *Супр 321, 2* □ оумѫдрити сѧ φρονεῖν стать мудрым zmoudřet: разоумѣіте безоумьніі въ людехъ • ї боуіі когда оумѫдріте сѩ *Пс 93, 8 Син.— Пс 118, 98 Син; Евх 95а 1; Супр 175, 24*

ОУМѪДРѢАТИ, -ѣаѭ, -ѣаѥши *несов.* (1) σοφίζειν умудрять, делать разумным, мудрым činit moudrým: съвѣдѣнъе г⟨оспод⟩не вѣръно оумѫдрѣѩ младенъцѩ *Пс 18, 8 Син*

ОУМѪЧИТИ, -чѫ, -чиши *сов.* (6) [оучі (!) *Син* (1)] **1.** ὑποτάσσειν, δαμάζειν укротить, покорить podmanit, zkrotit: никтоже не можааше ѥго съвѧзати... і никтоже ѥго не можааше оумѫчити *Мк 5, 4 Зогр Мар*; б⟨ог⟩ъ даѩ мъсті мънѣ • и оучі (! *вм.* оумѫчи) люді моѩ подъ мѩ *Пс 17, 48 Син* **2.** τυραννεῖν, τιμωρεῖν, καταπίνειν замучить, уморить zmučit, umučit: шьдъше на онѫ странѫ възиштате прѣдъ градомъ • ѥѥго савина именемъ • крьстиꙗна сѫшта • оумѫчена мѫками *Супр 151, 22.— Супр 460, 7 и 8-9*

оун- *см. также* юн-

оунебытивъ *Клоц 3а 3 см.* оу[2] *и* быти

ОУНИИ *и* **ОУНѢИ** *прил. сравн. ст.* (23) [*с* оуние *Мар* (1) *Ас* (1) *Сав* (2) *Супр* (5) *Зогр-лл* (1); оунѣѥ *Мар* (4) *Ас* (3) *Сав* (1) *Клоц* (1)] βελτίων, κρείσσων, διενεγκών; (оуние διαφέρει) лучший lepší: ни сице рачи оуніи быти *Супр 414, 1* (лоучии *Клоц 5а 36*); сиі... силоѭ тъченъ вьсѣхъ своихъ • оуньше *Супр 84, 29*; і до послоушаньѣ оунѣе дара благо *Клоц 3а 1* □ оуние, оунѣѥ ѥстъ *в знач. сказ.* συμφέρει, λυσιτελεῖ лучше je lépe: оунѣе естъ єдиномоу чл⟨овѣ⟩коу оумьрѣти за люді *И 18, 14 Ас Сав* (добрѣе естъ *Зогр Мар*); оуне бо ѥстъ паче юнымъ въ словесехъ богоносьнꙑихъ оучитель • присно поѭштемъ • чистъ имѣти оумъ *Супр 403, 27.— Мар Ас Сав Клоц Супр Зогр-лл.— Ср.* добрѣ (добрѣи), лоучии, соуліи

оунисти *см.* оуньзнѫти

ОУНИТИ, оуниѭ, оуниши *несов.* (1) θέλειν предпочитать dávat přednost: вьжизаѭтъ сѧ • своимъ жегоми огнемъ • оунѧтъ бо да быша огнемъ изгорѣли *Супр 435, 12-13*

ОУНИЧИЖИТИ, -жѫ, -жиши *сов.* (2) *греч. нет* уничтожить, свести на нет zničit: съкроушилъ еси главѫ в'сеѩ ѩзѧ • и оуничижилъ еси силѫ еѩ *Евх 28б 9.— Евх 28б 17.— Ср.* оуничьжити

оуничити *Пс 107, 14 Син см.* оуничьжити

ОУНИЧЬЖАТИ, -аѭ, -аѥши *несов.* (2) ἐξουθενεῖν унижать pohrdat: рече же і къ етеромъ • надѣѭште імъ сѧ на сѧ • ѣко сѫтъ правьдьници • і оуничьжаѭштемъ • прочаѩ притъчѫ сьѭ *Л 18, 9 Зогр*, оуничъжаѭщемъ *Мар.— Ср.* небрѣщи

ОУНИЧЬЖЕНИѤ, -ниꙗ *с* (8) **1.** ἐξουδένωσις уничижение, унижение opovržení, potupa: о оуничьжении иродовѣ *Мар 77а 27* (*нет Зогр*); изльѣ сѩ оунічьженье на кънѧѕѩ іхъ *Пс 106, 40 Син* **2.** ἐξουδένωμα, ἐξουδένημα το, что презирают, чем пренебрегают to, čím se opovrhuje, bezcenná věc: **азъ ж-е-смъ чрьвь і не чл⟨овѣ⟩къ • поношенье чл⟨овѣ⟩комъ • і оуничъженъе людемъ** *Пс 21, 7 Син* ● то, что будет уничтожено to, co má být zničeno: **оуничьженіѣ бѫдѫтъ лѣта іхъ • ютро ѣко трѣва мимоідѫтъ** *Пс 89, 5 Син.— Пс 30, 19; 118, 22; 123, 3 и 4 Син*

ОУНИЧЬЖИТИ, **-жѫ, -жиши** *сов.* (21) [**оуничьчьж-** (!) *Син* (1); **оуничи-** (!) *Син* (1); **оучич-** (!) *Син* (1); **оучьж-** (!) *Син* (1)] ἐξουδενοῦν, ἐξουδενεῖν унизить, уничижить *уст.* opovrhnout, pohrdnout: **како єстъ псано о с⟨ы⟩нѣ ч⟨ловѣчь⟩сцѣмь • да много постраждетъ • і оуничьжатъ і** *Мк 9, 12 Зогр Мар*; **не вьнимаи добротѣ • ни высотѣ въздраста кго • ıако оуничꙿжихъ кго** *Супр 546, 12-13* ● уничтожить, свести на нет zničit: **о имені твоемъ оуничъжимъ въстаѭщиꙗ на ны** *Пс 43, 6 Син*; **ї тъ оуничьжітъ сътѫжаѭщиꙗ намъ** *Пс 59, 14 Син* ▭ **оуничьженъ** *в знач. прил.* ἐξουδενωμένος презренный, заслуживающий презрения, унижения opovrženíhodný: **юноша азъ есмь ї оуничьженъ** *Пс 118, 141 Син;* **оуничъженъ єстъ прѣдъ німъ лѫкавои** *Пс 14, 4 Син.— Зогр Мар Син Супр.— Ср.* **погоубити, прокоудити**

оуничьчьжити *Пс 57, 8 Син см.* **оуничьжити**

ОУНЫВАѬ, **-ѭи** *прич.-прил.* (1) ὁ ἐν ὀλιγοψυχίᾳ унылый; удрученный, подавленный malomyslný, sklíčený; ochablý: **г⟨оспод⟩і б⟨о⟩же нашъ... вꙿсѣмъ оунываѭщинимъ застѫпление сы • ѡдръжимꙑꙗ нꙑнѣ скръбиѭ • оумеръшааго ради** *Евх 57б 2.— Ср.* **оунылъ**

ОУНЫЛЪ, **-ꙑи** *прил.* (3) ῥάθυμος, ῥαθυμότερος малодушный; слабовольный, вялый, равнодушный malomyslný, sklíčený; ochablý: **оунылъ прѣдьложеньемь • слабъ волеѭ** *Рыл 2аа 13*; **ни понеже постъ мимошьлъ • оунылꙑ бꙑша** *Супр 494, 15* ● *перен.* ταλαίπωρος жалкий, презренный ubohý: **страстьникъ христовъ рече • окаıане и оуныле • и безаконию дѣлателю** *Супр 61, 16.— Ср.* **оунываꙗ**

ОУНЫНИѤ, **-иꙗ** *с* (5) ἀκηδία, ἀθυμία подавленность, тоска sklíčenost, ochablost: **въздрѣма д⟨оу⟩ша моѣ отъ оунꙑниѣ** *Пс 118, 28 Син*; **пакꙑ налагаетъ ти оунꙑние • много прилежьно** *Евх 88а 23*; **вꙿсегда оубо тамо оубогꙑи въ оунꙑни-и драхльствѣ бꙑваатъ** *Супр 491, 15.— Супр 492, 20; 493, 1.— Ср.* **печаль, тѫга, оунꙑниѥниѥ**

ОУНЫНѤНИѤ, **-иꙗ** *с* (1) ἀκηδία подавленность, тоска skleslost, ochablost: **наивꙑште же прѣдъ сънъмь молитвꙑ творıаше • и кънигꙑ почитааше • то бо кмоу бѣаше тъчьѭ оунꙑнѣнию въсхлаштению** (! *вм.* **въсхлаштениѥ**) *Супр 274, 29.— Ср.* **печаль, тѫга, оунꙑниѥ**

ОУНЫТИ, **оунꙑѭ, оунꙑѥши** *сов.* (3) ἀκηδιᾶν, ῥαθυμεῖν пасть духом, впасть в уныние ochabnout; zmalomyslnět: **егда оунꙑ ср⟨ь⟩д⟨ь⟩це мое на каменъ възнесе мѧ** *Пс 60, 3 Син*; **молитва ніщаго егда оунꙑетъ прѣдъ г⟨осподе⟩мъ** *Пс 101, 1 Син*; **егда оунꙑемъ • ні оученье намъ пользѫ творітъ • ні казанье** *Клоц 5б 20* (**кгда лѣнимъ сѧ** *Супр 414, 30*)

ОУНЬЗНѪТИ, **оуньзнѫ, оуньзнеши** *или* **ОУНИСТИ**, **оуньзѫ, оуньзеши** *сов.* (2) ἐμπήγνυσθαι вонзиться, пронзить proniknout: **ѣко стрѣлꙑ твоꙗ оуньзѫ мнѣ** *Пс 37, 3 Син;* **оунъзѫ въ мнѣ** *Евх 76а 4.— Ср.* **вънисти, вънозити**

оуньше *см.* **оуӥни**

ОУӤЬШИИНА, **-ꙑ** *ж* (1) τὸ κρεῖσσον лучшее lepší věc, lepší stránka: **тꙑ чловѣкꙑ небесьнꙑꙗ показа • тꙑ земьѭ небесе свѣтꙿлѣнишѫ сьтвори • тꙑ вьсе на оуӤьшиїнѫ прѣстави** *Супр 506, 1.— Ср.* **изоуӤьшина, лоучии** (**лоучьшаıа** *с мн.*)

оуне *см.* **оуӥни**

ОУОБИДѢТИ, **оуобиждѫ, оуобидиши** *сов.* (1) συκοφαντεῖν нанести ущерб (*материальный*) ošidit: **и аще есмь кого чимь оуобидѣлъ • възвраштѫ седморицеѭ** *Л 19, 8 Ас* (**обидѣлъ** *Зогр Мар*).— *Ср.* **обидѣти, прѣобидѣти**

ОУОБРАЗИТИ, **-ажѫ, -азиши** *сов.* (1) μορφοῦν образовать, создать vytvořit: **оуобрази вь немь добродѣаниѣ • істинꙿно творити • а не оугождениѣ ч⟨ловѣ⟩комъ** *Евх 94б 6.— Ср.* **въобразити**

ОУОРѪЖИТИ, **оуорѫжѫ, оуорѫжиши** *сов.* (2) ἀνθοπλίζειν вооружить ozbrojit: **на дрьжѫштаго съмрьть • оуорѫжі сьмрьть • побѣждъшааго троуди** *Клоц 10б 2* ▭ **оурѫжити сѧ** καθοπλίζεσθαι вооружиться ozbrojit se: **егда крѣпъкꙑ оуорѫжь сѧ хранитъ свои дворъ • вь мирѣ сѫтъ имѣниѣ его** *Л 11, 21 Мар* (**въорѫжь сѧ** *Зогр*).— *Ср.* **въорѫжити**

ОУПАСТИ[1], **оупадѫ, оупадеши** *сов.* (2) ἀπορρεῖσθαι, *вар.* ἀποπίπτειν опасть, упасть spadnout: **лист(ъ) его не оупадетъ** *Пс 1, 3 Син; Супр 352, 27-28.— Ср.* **отъпасти, пасти**[1], **съпасти**[2]

ОУПАСТИ[2], **оупасѫ, оупасеши** *сов.* (10) ποιμαίνειν **1.** уберечь, сохранить, соблюсти uchránit, ohlídat: **нс тебе бо изидетъ вождъ • іже оупасетъ люди своꙗ н⟨здран⟩лѣ** *Мт 2, 6 Ас Сав* (∅ *Зогр Мар*); **оупасі ѩ въ незълоба** (! *вм.* **незълобѣ**) **сръдьца своего** *Пс 77, 72 Син* ● σῴζειν спасти spasit: **вьнегда воскрьснетъ на сѫдъ б⟨ог⟩ъ • да оупасетъ вьсꙗ кротъкꙑꙗ землі** *Пс 75, 10 Син* **2.** прокормить (*на пастбище; сов. к* **пасти**[2]) napást, nasytit: **ѣко овьцꙗ въ адѣ положенꙑ сѫтъ • съмрътъ оупасетъ ѩ** *Пс 48, 15 Син* ▭ **оупасти сѧ**

ποιμαίνεσθαι прокормиться (*на пастбище; сов. к* пасти[2] сѧ) nasytit se: насели землѭ ї оупасеши сѩ въ богатьствѣ еѩ *Пс 36, 3 Син* **3.** подчинить, овладеть; управить *уст.* podrobit si, ovládnout: оупасеші ѩ палицеѭ желѣзноѭ *Пс 2, 9 Син.— Пс 27, 9; 47, 15 Син; Рыл 5аа 24.— Ср.* съпасти[1]

ОУПАꙖТИ, -ꙗѭ, -ꙗѥши *несов.* (1) μεθύσκειν поить napájet: оумастілъ есі олѣемъ главѫ моѭ • и чѣша твоѣ оупаѣѭшті мѩ коль дръжавьна естъ *Пс 22, 5 Син.— Ср.* напаꙗти

оупва- *см.* оупъва-

ОУПЕПЕЛИТИ, -лѭ, -лиши *сов.* (1) τεφροῦν испепелить obrátit v popel: видѣхъ дꙑма иж н҃ѥѧ до нꙑн҃ѣшьнꙗго въсходѧшта • и землѭ огн҃емъ оупепел҃енѫ *Супр 128, 21*

ОУПИВАТИ СѦ, -аѭ сѧ, -аѥши сѧ *несов.* (2) μεθύσκεσθαι напиваться (*допьяна*) opíjet se: начьнетъ бити рабꙑ • ı рабꙑн҃ѧ • ѣсти же ı пити • ı оупивати сѧ *Л 12, 45 Зогр Мар*

ОУПИТИ СѦ, оупиѭ сѧ, оупиѥши сѧ *и* оупьѭ сѧ, оупьѥши сѧ *сов.* (8) [оубпиет' (!) *Евх* (1)] μεθύσκεσθαι, μεθύεσθαι, πίνειν напиться (*допьяна*) opít se: вьсѣкъ ч⟨ловѣ⟩къ прѣжде доброе вино даетъ • ı егда оупьѭтъ сѧ тачаее *И 2, 10 Зогр Мар*, оупиѭтъ сѧ *Ас*; оупиѭтъ сѩ отъ обилꙗѣ домоу твоего *Пс 35, 9 Син*; аще к'то заклинаетъ кого с⟨вѧ⟩тꙑми • толи оупив' сѧ облюетъ • ѣти денъ да постит' сѧ о хлѣб⟨ѣ⟩ о водѣ *Евх 105а 18*; аще которꙑи п⟨о⟩пъ • ли причетьникъ оубпиет' (!) сѧ *Евх 104а 21* ● *перен.*: ѥгда идѫтъ и оупиѭтъ сѧ отъ мѫжъ *Супр 267, 22*; они вина не въкоусивъше • завистиѭ оупивъше сѧ зꙑбаахѫ *Супр 398, 26-27.— Евх 104а 21*

ОУПИТИѤ, -ꙗ *с* (2) [оубити (!) *Супр* (1)] μέθη опьянение opilost: отъ оупитиꙗ не могѫтъ ити въ домꙑ своѩ • понеже много сѫтъ пили въсладивъше си виномъ *Супр 267, 12*; тѣми оубити (! *вм.* тѣмъ оупитиѥмь) оубоицъ и достоинꙑѩ сьмрьти не оубиваѥте *Супр 397, 30.— Ср.* пиꙗньствиѥ, пиꙗньство

ОУПИТѢНЪ, -ꙑи *прич.-прил.* (13) [оубипитѣнъ (!) *Сав* (1)] σιτευτός откормленный (*о скоте*) vykrmený: закла о⟨ть⟩ць твоı • тельць оупитѣнꙑ *Л 15, 27 Зогр Мар Ас Сав*; закла емоу тельць оубипитѣнꙑ (!) *Л 15, 30 Сав* (питомꙑ *Зогр Мар Ас*) ▭ оупитѣнаꙗ *с мн. в знач. сущ.* τὰ σιτιστά скот, откормленный на убой krmný dobytek: се обѣдъ мои оуготовахъ • юньци мои и оупитѣнаа исколена и вьсѣ готова *Мт 22, 4 Мар Ас* (∅ *Зогр*); *Евх 106а 18-19.— Л 15, 23 Зогр Мар Ас Сав; Евх 90б 21.— Ср.* питомъ

оуплъчити сѧ *Пс 26, 3 Син см.* въплъчити

ОУПОДОБИТИ, -блѭ, -биши *сов.* (46) **1.** ὁμοιοῦν уподобить, приравнять, сравнить připodobnit, přirovnat: комоу оуподобл҃ѭ ч⟨ловѣ⟩кꙑ рода сего • ı комоу сѫтъ подобьни *Л 7, 31 Зогр Мар* ▭ оуподобити сѧ ὁμοιοῦσθαι, ἐνδύεσθαι уподобиться, стать подобным stát se podobným: тъгда оуподоби сѧ ц⟨ѣса⟩р⟨ь⟩с⟨тв⟩ие н⟨ебесь⟩ское • ї дѣвъ *Мт 25, 1 Зогр, Ас 121аа 21, Сав* (2), *Ен 36а 18*, оуподобитъ сѧ *Мар Ас 85ба 6-7, Супр 368, 25*; оуподобихъ сѩ неѩсꙑті поустꙑнѣı *Пс 101, 7 Син*; оуподобивъ сѧ змиї прѣльсти ѭ *Супр 9, 15* ▭ оуподобленъ *в знач. прил.* ἐοικώς подобный podobný: дръзо ѥстъ диꙗвол҃емъ оустомъ оуподобьѥна имѣти вѣса *Супр 381, 1* **2.** καθωραΐζειν украсить, убрать upravit; ozdobit, okrášlit: ч⟨ловѣ⟩ка не тъкъмо своимь образомь • съмꙑслънꙑмь • ı словесънꙑмь • различьно оукрашъ • нъ и власъ многоразличьѣ • оуподобль *Евх 86 11*; (т)воѣ цирканаѣ трьдь за(ш)читі нꙑи г⟨осподи⟩ı • ѭже есі образъмь своимь оуподобілъ *Киев 4б 18-19* **3.** ἀξιοῦν удостоить učinit hodným: моштенъ ѥстъ отъ мѫкъ твоихъ соуѥтънꙑихъ избавити мене • и вѣчьноуоумоу цѣсарьствоу оуподобити мѧ *Супр 153, 16.— Зогр Мар Ас Сав Ен Син Киев Евх Супр Хил.— Ср.* съподобити, оуравьнити сѧ; оуподобленъ *ср.* подобьнъ

ОУПОДОБЛꙖТИ СѦ, -ꙗѭ сѧ, -ꙗѥши сѧ *несов.* (1) ἐξομοιοῦσθαι уподобляться, становиться подобным stávat se podobným: образъмь оубо къ п'шеници оуподобл҃ѣѧ сѧ *Хил 2аа 17-18*

ОУПОИТИ, оупоѭ, оупоиши *сов.* (4) **1.** μεθύσκειν напоить, оросить napojit: посѣтілъ есі землѩ и оупоı ѭ оумножілъ есі обогатіті ѭ *Пс 64, 10 Син* **2.** ἐκμεθύσκειν напоить, опоить opít: аще к'то дроуга своего оупоитъ до рѫга *Евх 104а 24*; оупоилъ еси • в'сѧ ненавидѧщиѩ тебѣ *Евх 42б 15-16* ● *перен.*: оумꙑ бо ихъ прѣльштениꙗ • мечь тъштанию (! *вм.* мьчьтанию) • оупоивъ *Супр 339, 16.— Ср.* напоити

оупокритъ *Мт 6, 16 Ас см.* ѵпокритъ

оупостась *Евх 86а 19 см.* ѵпостась

ОУПРАВИТИ, -влѭ, -виши *сов.* (15) **1.** εὐοδοῦν, δικαιοῦν выровнять, подготовить (*путь*); *перен.* провести, направить (*по прямому пути, по пути справедливости, праведности* upravit, srovnat (cestu); *перен.* uvést (*na správnou cestu, správným směrem*): оуправитъ ти господь пѫть твои прѣдь тобоѭ *Супр 191, 30*; тꙑ бо освѧти образъ отрока своѥго заклана бе зълобꙑ авел҃а • и оуправи на вꙑсотѫ *Супр 232, 9* ▭ оуправленъ *в знач. прил.* εὔθετος подготовленный, годный způsobilý: никътоже възложь ржкы своеѩ на рало • і зьрѧ вьспать • оуправл҃енъ естъ въ ц⟨ѣса⟩р⟨ь⟩с⟨тви⟩и б⟨о⟩жии *Л 9, 62 Зогр Мар Ас Сав, Евх 91а 9-10*; оуправьнъ бѫдетъ *Супр 546, 29* **2.** *перен.* κατορθοῦν (*правильно*) сделать (*správně*) učinit: въздръжаник же без'... сьмѣрениꙗ оуправити сѧ не можетъ *Супр 279, 24-25* ● (не оуправивъ ἀδιόρθωτος) исправить, выправить napravit: ꙗко разоумѣ такожде прѣбывати кмоу не оуправивъшоу зьли тоѫ *Супр 188, 21.— Супр 171, 14; 380, 25; 371, 9 и 17 (2).— Ср.* исправити, направити

ОУПРАВЛꙖТИ, -ꙗѭ, -ꙗкши *сов.* (2) **1.** ὁδηγεῖν *перен.* направлять по прямому пути, по пути справедливости, праведности vést (po správné cestě, správným směrem): павлъ... напрасно въшедъ въ домъ свои • обрѣте ꙗ зъло творѧшта • промъıслоу на польѕьнок оуправьꙗѭштоу павла... вьзьпи к н҃има *Супр 169, 11* **2.** оуправлꙗти сѧ *перен.* διορθοῦσθαι исправляться napravovat se: слъıшатъ словеса си • и да оуправьꙗѭтъ сѧ *Супр 375, 12.— Ср.* исправлꙗти, направлꙗти

ОУПРАВЛЄНИЄ, -ниꙗ *с* (7) **1.** ποδηγία *перен.* направление (*по правильному, праведному пути*) uvedení (na správnou cestu); řízení: отъ того самого мѣста • велико нъ (! *вм.* къ) невидимоуоумоу • оуправьенин и оуспѣхъ приобрѣсти помъıсливъ... отъсѣче отъ себе вьсѧ своѧ волѧ *Супр 273, 7* **2.** *перен.* διόρθωσις исправление napravení: аште и тъı тако глаголеши • аште оуправьенин въскраин҃ꙗаго глаголеши • приобраштеши ѩзыкъ подобаштъ сѧ томоу *Супр 380, 9* **3.** κατόρθωμα, εὐθύτης правильность, праведность; (*правильный, праведный*) поступок, действие spravedlnost, správnost; (*správný*) skutek: таче чоудивъше сѧ вьси • вьсѣмъ оуправьениимъ кго *Супр 277, 5*; присно съ тѣми прѣбъıваѩ • ихъже ногы стоѩтъ оубо въ оуправьении *Супр 272, 26* **4.** κανών правило pravidlo: манастъıръскок оуправьенин • искропытьнѣ наоучивъшемъ сѧ *Супр 284, 18-19.— Супр 278, 25; 283, 19.— Ср.* исправлєниє, наставлєниє, правило, оустрои

ОУПРАЖНЄНИЄ, -ниꙗ *с* (1) σχολή занятие zaměstnání: мнѣ же ѡ прѣчисто и хрьстолюбьно послоушанин • оупраж'н҃ениꙗ мѫчениꙗ съѱати *Супр 54, 16*

ОУПРАЗНИТИ, оупражнѭ, оупразниши *сов.* (10) **1.** кого отъ чесо σχολάζειν опорожнить uprázdnit; *перен.* освободить *от кого-л., чего-л.* uvolnit *z něčeho*: аште оубо хоштеши насъ отъ сихъ оупразнити *Супр 37, 18* ● перестать přestat, ustat: оупразните сѧ и разоумѣите • ѣко азъ есмъ б⟨ог⟩ъ *Пс 45, 11 Син* ▭ оупразнити сѧ *греч. нет* освободиться uvolnit se: оупразнивъше сѧ отъ потрѣбъ мира сего мльчати *Супр 282, 9-10* **2.** чьто καταργεῖν упразднить, устранить odstranit, zrušit: никтоже не глаголетъ ꙗко сего дѣлма законъ оупразни *Супр 416, 26* (испразні *Клоц 6б 9*); оупразнитъ капиштемъ прѣльштение *Супр 329, 17* ● уничтожить zničit: в⟨ог⟩ъ и се и сї да (о)упразнитъ *1 Кор 6, 13 Ен* **3.** оупразнити сѧ комоу ἑορτάζειν отпраздновать, прославить oslavit: отълѣкъ помышленьѣ оупразниті (! *вм.* оупразнітъ) сѧ тебѣ *Пс 75, 11 Син.— 1 Кор 1, 28 Ен; Супр 144, 23; 550, 16.— Ср.* испразнити, праздьнъ (праздьнъ быти), прѣставити

ОУПОУСТИТИ, оупоущѫ, оупоустиши *сов.* (1) ἐξεᾶν выпустить, упустить upustit: дроузии же на разбоиникъı оустрьмивъша сѧ оустрашиша • ꙗкоже омрьтвѣти имъ и мечѧ оупѹстити *Супр 39, 4*

ОУПОУЩАТИ, -аѭ, -акши *несов.* (1): сльзъı оупоущати δακρυρροεῖν проливать слезы, плакать prolévat slzy, plakat: воле оубо слъзъı оупоуштакши ꙗко надъ мрьтвъмъ *Супр 457, 16.— Ср.* испоущати

ОУПЪВАНИЄ, -ниꙗ *с* (41) [оупьв- *Син* (5), оуп'в- *Супр* (5), оупв- *Супр* (5), опъв- (!) *Евх* (1)] ἐλπίς, παρρησία; (съ оупъванием ευθαρσής; оупъваник дати ἐπελπίζειν); fiducia упование, твердая надежда naděje, důvěra: въ мирѣ вькоупѣ оусънѫ и почиѭ ѣкъ тъı г⟨оспод⟩і единого на оупьванье вьселилъ мѧ еси *Пс 4, 9 Син*; дажди емоу... съ вѣроѭ і любовьѭ • і оупъваниемь • приꙗти вѣчьнъı животъ *Евх 81б 18*; оуп'ваник кдно на исправьеник д⟨оу⟩ши наставника имъı *Супр 523, 9*; доблꙗиинимъ оупваньк вѣчнъıѩ жизни остави *Супр 533, 16*; г⟨оспод⟩і... молитвѫ нашѫ оуслъıши • да оупьвание (въ)ньмемъ дѣлъ своіхъ *Киев 2б 21* ● *перен.* опора, надежда, упование (*о том, на кого или на что можно положиться*) opora, naděje (*ten, v němž se doufá*): г⟨оспод⟩ь оупьвание емоу естъ *Пс 13, 6 Син.— Син Евх Киев Супр.— Ср.* надежда, пъваник, чаꙗник

ОУПЪВАТИ, -аѭ, -акши *несов.* на кого, чьто; цѣмь, чимь; (къ) комоу, чесомоу; *с инф. или без доп.* (>100) [оупьв- *Син*; оупв- *Супр*; оуп'в- *Супр*] ἐλπίζειν, πείθεσθαι, πιστεύειν, ἐπελπίζειν, θαρρεῖν, παρρησιάζεσθαι; (оупъваѩ πεπαρρησιασμένως) уповать, твердо надеяться, возлагать большие надежды *на кого-л., что-л.* doufat, důvěřovat: не мьните ѣко на въı рекѫ азъ къ о⟨ть⟩цю • естъ іже на въı речетъ мѡси • на негоже въı оупъваете *И 5, 45 Зогр*, оупъвасте *Мар*, оупьвасте *Ас*; защітъникъ естъ въсѣмъ оупъваѭшиімъ (! *вм.* -щимъ) на нъ *Пс 17,*

31 Син; добро єстъ оупъвати на г⟨оспод⟩ѣ • неже оупъвати на кънѧѕѧ *Пс 117, 9 Син*; г⟨оспод⟩ѣ оупъваѩ не изнемогѫ *Пс 25, 1 Син*; г⟨оспод⟩ь и⟨соу⟩с⟨ъ⟩ х⟨ристос⟩ъ • ꙇмьже в'си оупъваемъ м⟨и⟩л⟨о⟩сть обрѣсти • ꙇ отъпоущение грѣхомъ *Евх 65б 24*; антонинъ рече • рѣхъ ти алеѯандре ꙗко бѣсъ имаши • и тѣмъ оуп'ваѫ не стыдиши сѧ *Супр 158, 19*; прьвоѥ оубо исповѣданьѥмъ оуп'ваѫ привести ѥго *Супр 525, 10*; оуп'ваѭште коньскъıимъ ходомъ • и голѣньми своими *Супр 31, 5-6*; не бо ми ѥстъ оупвати ѥдиѣмъ рѣчемъ *Супр 501, 4*; к' тебѣ оупвахомъ и не постыдѣхомъ сѧ *Супр 77, 28.— Зогр Мар Ас Сав Син Евх Клоц Супр.— Ср.* дрьзати, надѣꙗти сѧ, чаꙗти

ОУРАВЬНИТИ СѦ, -нѭ сѧ, -ниши сѧ *сов.* комоу, чесомоу (1) ἰσοῦσθαι сравниться vyrovnat se: къто въ облацѣхъ оуравьнитъ сѧ г⟨оспод⟩ю *Пс 88, 7 Син.— Ср.* оуподобити

оу р а м а! *Мт 2, 18 Боян см.* рама

ОУРАРЬ, -рꙗ *м* (1) *греч. нет* орарь (*часть дьяконского облачения*) orár, orarion: поп⟨ъ⟩ възложь оурарь • и фелонь *Евх 38б 5*

ОУРЕЩИ, оурекѫ, оуречеши *сов.* (2) κελεύειν, ὁρίζειν определить, назначить, обусловить ustanovit, určit: се поставьꙗѫ тѧ дьньсь • не въ оуреченъи дьнь разоумѣваи • нъ вънѫ и присно *Супр 357, 20*; законъ четворо четворицеѭ оурече *Супр 360, 15*

ОУРИВАТИ, -аѭ, -аѥши *несов.* (1) ἀποθλίβειν окружать, теснить, напирать tlačit, tísnit, strkat: народи оуриваѭтъ тѧ и гнетѫтъ *Л 8, 45 Сав* (оутѣштаѭтъ *Зогр Мар*, оутискаѭтъ *Ас*).— *Ср.* гнести, оугнѣтати, оутискати, оутѣщати

ОУРИИНЪ, -ꙑи *прил. к* оуриꙗ (2) [оуриин- *Сав* (1)] τοῦ Οὐρίου Урииин Uriášův: оу р и и н а ꙗ *ж в знач. сущ.* жена Урии žena Uriášova: д⟨авы⟩дъ же ц⟨ѣса⟩рь роди соломона ѡт⟨ъ⟩ оуриинꙑѩ *Мт 1, 6 Ас*, оуринꙑѩ *Сав* (Ø *Зогр Мар*).— *Ср.* виръсавеꙗ

ОУРИЛЪ, -а *м имя ангела* (1) Οὐρουήλ Уриил Uriel: заклинаѭ васъ... а⟨н⟩ѣ⟨е⟩ли г⟨оспо⟩дьсции • михаилъ гавьрилъ • оурилъ *Евх 59б 5-6*

оу р и н ъ *Мт 1, 6 Сав см.* оуриинъ

ОУРИЦАТИ, -аѭ, -аѥши *несов.* (2) **1.** *греч. нет* назначать, объявлять určovat: сице и покаание тебѣ оурицаѩ... съпасение тебѣ творитъ *Супр 362, 4* **2.** βασκαίνειν поносить, чернить hanobit: б⟨ог⟩ъ же ѥдинъ призираѥтъ • съвѧзаѭи в'сѧ оурицаѭщиѩ своѥго образа *Евх 55а 6.— Ср.* нарицати, поносити

ОУРИꙖ, -иѩ *м имя* (1) Οὐρίας Урия Uriáš: богата давида нарича а ништа оуриѭ *Супр 360, 3*

оу р о д - *см.* ѫрод-

ОУРОЧЬНЪ, -ꙑи *прил.* (1) ὡρισμένος определенный, назначенный určitý: не имамъ хлѣвинꙑ оурочьнꙑ • не имамъ кѫшта ни домоу *Супр 416, 4.— Ср.* нарочитъ, нарочьнъ

ОУРСАЛА, -ꙑ *ж местность* (1) Σούρσαλον χωρίον Сурсалон Sursalon: с⟨вѧ⟩т⟨аа⟩го м⟨ѫ⟩ч⟨ени⟩ка корната • еп⟨и⟩скоупа • иконьска • старѣиша въ... рекомꙑѩ • оурсала *Ен 29б 14*

ОУРЪВАТИ СѦ, оуръвѫ сѧ, оуръвеши сѧ *сов.* (1) *греч. нет* вырваться, оторваться, сорваться utrhnout se, urvat se: юньць... иже оурвавъ сѧ отъ привѧзаниꙗ • и їзъ оградꙑ излѣзъ *Супр 565, 18*

ОУРѢЗАТИ, оурѣжѫ, оурѣжеши *сов.* (16) ἀφαιρεῖν, ἀποκόπτειν; (ѩзꙑкъ оурѣзати γλωσσοτομεῖν) отрезать, отрубить uříznout, useknout: оудари раба ар'хиереова • ꙇ оурѣза ѥмоу оухо *Мт 26, 51 Зогр Мар Ас Сав Боян; И 18, 10 Зогр Мар Ас Сав*; аще к'то хотѧ своеѩ плъти оурѣжетъ • є҃ лѣт⟨ъ⟩ да покаетъс⟨ѧ⟩ о хлѣб⟨ѣ⟩ о вод⟨ѣ⟩ *Евх 103а 19-20*; повелѣша слоугамъ... ѧзꙑкъ ѥмоу оурѣзати *Супр 268, 20.— Зогр Мар Ас Сав Боян Евх Супр*

ОУРѢШИТИ, оурѣшѫ, оурѣшиши *сов.* кого чесо (1) λύειν развязать, освободить zbavit: мене съгрѣвакши • ѥгда сихъ горькꙑѩ стоудени и болѣзни оурѣшиши *Супр 341, 21.— Ср.* раздрѣшити

ОУСЕЛЕНАꙖ, -нꙑѩ *ж* (4) οἰκουμένη населенная часть земли, вселенная (obydlená) země, svět: ї създа сѧ землѣ ꙇ оуселенаѣ *Пс 89, 2 Син* ● население obyvatelstvo: ꙇзиде повелѣние отъ кесарѣ авъгоуста • написати вьсѫ оуселенѫѭ *Л 2, 1 Мар* (вьселенѫѭ *Зогр*, вьселенѫѭ *Ас Сав*) ● ἀνθρωπίνη человечество; природа человека lidstvo; lidství: дьнесь кръмникъ чловѣчьскъ • добраꙗ оуселенꙑѩ привесла (! *вм.* приѩ весла) *Супр 429, 12.— Пс 32, 8 Син.— Ср.* въселѥнаꙗ, миръ (вьсь миръ, миръ сь), свѣтъ[2]

ОУСИꙖ, -иѩ *ж* (3) οὐσία [оси- (!) *Супр* (1)] существо, сущность podstata: а⟨н⟩ѣ⟨е⟩ли... дивиша сѧ • въпльщьша сѧ б⟨ог⟩а видѧще съмѣрениемь • б⟨о⟩жиѭ оусиѭ нашеѭ плътиѭ покрꙑвъшѫ сѧ *Евх 53а 8*; въ ꙇстинѫ богатъ • ѣко соугоубѫѭ оусиѭ х⟨ристо⟩вѫ отъ пилата • приꙗтъ *Клоц 14б 23*, осиѭ (!) *Супр 453, 13.— Ср.* сѫщиѥ, сѫщьство

ОУСЛАЖДАТИ, -ждаѭ, -ждаѥши *несов.* кого о чемь (1) συνήδειν радовать působit radost, těšit: дьньсь аггели играѭтъ • и вьсѧ небесьскꙑѩ силꙑ веселѧтъ сѧ • оуслаждаѥмꙑ о съпасении обьштааго рода чловѣчьскаго *Супр 490, 2.— Ср.* наслаждати

ОУСЛОУЖИТИ, -жѫ, -жиши *сов.* комоу чимь (1) εὐαρεστεῖν услужить, послужить poslouzit: хотѣхъ... покаанием̑ь оуслоужити тебѣ • нъ врагъ льститъ мѧ • і блазнитъ д⟨оу⟩шѭ моѭ г⟨оспод⟩і *Евх 83б 19.— Ср.* послоужити

оуслытъ *Пс 54, 20; 91, 12 Син см.* оуслышати

ОУСЛЫШАНИЕ, -ниꙗ *с* (2) **1.** *греч. нет* услышание uslyšení, vyslyšení: ѡ оуслышаньи г⟨оспод⟩ю гласъ молитвы нашеѩ *Евх 60а 20* **2.** *мн.* ἀκοαί молва, слухи, разговоры pověsti, řeči: оуслышите брани • и оуслышаниꙗ брани видите • не оужасаіте сѧ *Мт 24, 6 Сав* (слышаниѣ *Мар Ас, Ø Зогр*).— *Ср.* слоухъ, слышание

ОУСЛЫШАТИ, оуслышѫ, оуслышиши *сов.* (>200) [оуслъш- *Син* (11) *Мар* (2); оуслытъ! *Син* (2)] **1.** ἀκούειν, μανθάνειν, γιγνώσκειν услышать, воспринять на слух uslyšet, zaslechnout: слоухъмь оуслышите • і не імате разоумѣти *Мт 13, 14 Зогр Мар*; да оуслышѫ гласъ хвалы твоеѩ *Пс 25, 7 Син*; онъ же оуслышавъ гласа плачоу въскочи къ двьремъ по обычаю *Супр 44, 4*; воевода се оуслышавъ рече *Супр 148, 13*; нъ паче оуслышимъ ихъ ноштиѭ *Супр 263, 15-16* ● узнать dovědět se: егда же оуслыша г⟨оспод⟩ь • ѣко оуслышашѧ фарисеі *И 4, 1 Зогр* (оувѣдѣ... оуслышашѧ *Мар*) ▭ оуслышанъ сътворити ἀκουστὸν ποιεῖν сделать известным učinit známým, rozhlásit: кто възглаголетъ силы г⟨оспод⟩нѧ оуслышаны сътворитъ вьсѧ хвалы его *Супр 489, 27*, оуслышанъ (!) *Пс 105, 2 Син* **2.** εἰσακούειν, ἐπακούειν exaudire услышать, внять; исполнить vyslyšet: о⟨ть⟩че хвалѫ тебѣ въздаѭ • ѣко оуслыша мѧ *И 11, 41 Зогр Мар Ас Сав;* молитвѫ нашѫ оуслыши *Киев 26 21;* оуслыши м⟨о⟩л⟨и⟩твѫ моѫ *Ен 21а 18*; азъ къ б⟨ог⟩оу возьвахъ і г⟨оспод⟩ъ оуслъша (!) мѧ *Пс 54, 17 Син*; пріклоні ко мънѣ оухо твое и оуслыші г⟨лаго⟩лы моѩ *Пс 16, 6 Син*; оуслыши мене дьнесь и простьри рѫкѫ своѭ крѣпкѫѭ *Супр 150, 22.— Зогр Мар Ас Сав Боян Ен Син Евх Клоц Киев Супр Рыл.— Ср.* въноушити, оувѣдѣти

ОУСМИꙖТИ СѦ, оусмѣѭ сѧ, оусмѣеши сѧ *сов.* комоу, чесомоу (1) ἐκμυκτηρίζειν надсмеяться vysmát se: и нарѫгавъше сѧ емоу и оусмиꙗвъше сѧ словесемъ его • шибаахѫ и хръзаны *Супр 192, 18.— Ср.* въсмиꙗти сѧ, посмиꙗти сѧ

ОУСМѢНЪ, -ꙑи *прил.* (1) δερμάτινος кожаный kožený: бѣ же іоанъ облъченъ власы вельбѫжди • і поѣсъ оусъмѣнъ о чрѣслѣхъ его *Мк 1, 6 Зогр* (оуснѣнъ *Мар Ас Сав*, оусънѣнъ *Боян*).— *Ср.* кожьнъ, оусниꙗнъ

ОУСНИꙖНЪ, -ꙑи *прил.* (6) δερμάτινος [оусънѣнъ (!) *Боян* (1)] кожаный kožený: самъ⟨ъ⟩ же иоанъ имѣаше ризѫ своѭ • ѡт⟨ъ⟩ власъ вельбѫждъ • и поѣсъ оуснѣнъ о чрѣслѣхъ своихъ *Мт 3, 4 Ас Сав* (*Ø Зогр Мар*); *Мк 1, 6 Мар Ас Сав*, оусънѣнъ *Боян. Ср.* кожьнъ, оусмѣнъ

оусонъ *Л 16, 19 Сав см.* вуссонъ

оусоп- *см.* оусъпѫти

ОУСОРОВЪ *прил. к названию местности* (4): оусорова вьсь ἡ Σόροβος (κώμη) Соров Sorobus: дошедъ оусоровы вьси *Супр 46, 9-10*; прѣбыстъ оусоровѣ вьси *Супр 47, 18.— Супр 46, 7; 47, 13*

оусох- *см.* оусъхнѫти

оуспение *Унд 1б 18 см.* оусъпение

ОУСПѢВАТИ, -аѭ, -аеши *несов.* чимь (2) προκόπτειν, γαλακτοτροφεῖσθαι успевать *в чем-л.* преуспевать, продвигаться вперед, расти prospívat, jít kupředu, růst: того ради оубо строꙗ • роди сѧ х⟨ристо⟩с⟨ъ⟩ пльтиѭ • и иже оуспѣваетъ връстоѭ по пльтьскоуоумоу *Супр 11, 5-6*; вьсе спѣшение твора отъ славы въ славѫ • оуспѣвати большиихъ желанииѡ' *Супр 289, 6.— Ср.* поспѣшати

ОУСПѢТИ, -ѣѭ, -ѣеши *сов.* (17) **1.** ὠφελεῖν, ἀνύειν, ὀνινάναι успеть *в чем-л.* продвинуться, достичь *чего-л.* uspět, mít úspěch, dosáhnout *něčeho*: видѣвъ же пилатъ • ѣко ничьсоже оуспѣетъ *Мт 27, 24 Зогр Мар Ас Сав*; ничесоже оуспѣетъ врагъ на нь *Пс 88, 23 Син*; еже естъ к'то ч'то насъ оуспѣлъ вь в'се житье свое и с'творилъ *Рыл 7бβ 19;* комисе почто приведе въ градъ сии • правьдиваго сего мѫжа да ны погоубитъ • и ты не оуспѣеши ничсоже *Супр 229, 27-28* **2.** комоу, чесомоу ὠφελεῖν помочь, принести пользу, успех pomoci, prospět: ч'то емоу оуспѣетъ распѧтыи и оумъръи *Супр 157, 27-28*; егда лѣнимъ сѧ • ничъсоже намъ казание оуспѣетъ *Супр 415, 1* (пользѫ творітъ *Клоц 5б 20-21*) **3.** προκόπτειν, διέρχεσθαι продвинуться вперед, пройти pohnout se kupředu, projít: нощь оуспѣ • а дьнъ приближи сѧ *Рим 13, 12 Ен*; ꙇакоже... оуспѣвъ пѫти и мало съвративъ сѧ • обрѣте гробъ ветъхъ *Супр 527, 23.— Зогр Мар Ас Сав Ен Син Супр Рыл.— Ср.* поспѣти

ОУСПѢХЪ, -а *м* (23) ὠφέλεια, ὄφελος, κέρδος, ὄνησις; (обьщаго ради оуспѣха κοινωφελῶς) польза; удача užitek, prospěch: котеръи же пакы оуспѣхъ цѣломѫдровати добрѣ хоуловати же нечестьнѣ *Хил 2бβ 14*; обьштаго ради оуспѣха жити *Супр 379, 3* ◆ безоуспѣха ἀνόητος бесполезный neužitečný: нъ безъ оуспѣха тебѣ да бѫдетъ обѣтъ твои *Супр 50, 12*; на оуспѣхъ (сꙑн) ὠφελῶν, ἐπωφελής полезный užitečný: ино бо смѣхъ порѫганиꙗ • инъ же на оуспѣхъ *Супр 356, 21*; сьде же и не на оуспѣхъ сѫштаꙗ... истьштаѭштоу *Супр 370, 25*; **на оуспѣхъ быти** ὠφελεῖν, πρὸς οἰκοδομὴν συντείνειν быть на пользу, содействовать, помогать prospívat, pomáhat: то да вѣштаѥтъ ѥже на оуспѣхъ ѥстъ слышаштиимъ *Супр 497, 23*; на оуспѣхъ ближьнюоумоу быти хотѧтъ *Супр 375, 19-20.— Ср.* польѕа, поспѣхъ, поспѣшениѥ, спѣхъ, оуспѣшениѥ; на оуспѣхъ *ср.* польѕьнъ, оуспѣшьнъ; без оуспѣха *ср.* непольѕьнъ, непоспѣшьнъ; на оуспѣхъ быти *ср.* оуспѣти

ОУСПѢШЕНИѤ, -ниꙗ *с* (1) ὠφέλεια польза užitek, prospěch: съ тихостиѭ приимѣте хоудаа моꙗ словеса • да мало что отъ нихъ оуспѣшеньꙗ приимете *Супр 498, 22.— Ср.* польѕа, поспѣхъ, поспѣшениѥ, спѣхъ, оуспѣхъ

ОУСПѢШЬНЪ, -ꙑи *прил.* (5) ὠφέλιμος, λυσιτελής, σύμφωνος, ἐπωφελῶς (!) полезный užitečný, prospěšný: житию оуспѣшьнѫѭ памѧть оставиша *Супр 542, 19-20*; не бо на хвалѫ намъ слово... нъ и на оучениѥ оуспѣшено (!) *Супр 379, 9*; ѥже оуспѣшьно вамъ въ ратехъ показасте *Супр 69, 19-20.— Супр 356, 26-27; 346, 19.— Ср.* польѕьнъ

ОУСРАМЛꙖТИ СѦ, -ꙗѭ сѧ, -ꙗѥши сѧ *несов. и сов.* (?) кого, чесого (8) ἐντρέπεσθαι, αἴδεσθαι, αἰσχύνεσθαι, καταισχύνεσθαι стыдиться stydět se: послѣдь же посъла къ нимъ с⟨ꙑ⟩нъ свои г⟨лаго⟩лѧ • оусрамлѣѭтъ сѧ с⟨ꙑ⟩на моего *Мт 21, 37 Мар Ас*, оусрам.. тъ сѧ *Боян* (постꙑдѧтъ сѧ *Сав*, ∅ *Зогр*); почти си старость и оусрамьꙗи сѧ сѣдинъ своихъ *Супр 227, 8-9.— Л 20, 13 Зогр Мар; Супр 116, 14; 118, 15.— Ср.* стꙑдѣти сѧ

ОУСРЬДИѤ, -ниꙗ *с* (5) προθυμία, πρόθεσις; (съ оусрьдиѥмь προθύμως) готовность, горячее желание (*сделать что-л.*) horlivost, ochota: приимъ же слоужъбѫ тѫ съ оусрьдиѥмъ и съ радостиѭ *Супр 284, 9*; съ оусрьдиѥмъ на пиръ приходѧтъ *Супр 267, 7-8*; имъже съ оусрьдиѥмъ приꙗти с⟨вѧ⟩тоуоумоу васнлеоу мѫченьꙗ вѣньць *Супр 538, 13.— Супр 204, 26; 122, 25.— Ср.* поспѣшениѥ, поощраниѥ, поощрениѥ

ОУСРЬДЬНЪ, -ꙑи *прил., сравн. ст.* оусрьдьнѣи (1) πρόθυμος исполненный желания, готовый (*сделать что-л.*), усердный (*устар.*) horlivý, ochotný: ти мѫченици видѣвъше свѧтаꙗ ꙇѡнѫ и варахисиѡна • и оусрьдьнѣиши бꙑвъше о пришьствии ѥі *Супр 256, 5-6.— Ср.* рьвьнивъ

ОУСТА, оустъ *с мн.* (>100) στόμα, τὰ χείλη, χεῖλος, λάρυγξ; (оуста затворити φιμοῦν) рот; губы ústa: отъ оустъ твоихъ осѫждѫ тѧ • зълꙑ рабе *Л 19, 22 Зогр Мар Ас*; отвръзоша же сѧ оуста его абьѥ • ꙇ ѩзꙑкъ его • ꙇ г⟨лаго⟩лааше *Л 1, 64 Зогр Мар Ас*; онѣмѣхъ ꙇ не отврѣсъ оустъ моихъ *Пс 38, 10 Син*; ꙇз оустъ младьнечь съсѫщихъ съвръшилъ еси хвалѫ *Пс 8, 3 Син; Мт 21, 16 Мар Сав Зогр-пал* (∅ *Зогр*); *Клоц 1а 21; Супр 326, 2; 403, 9*; призьри на... дръжѧщааго врѣдъ болѣзньнꙑ въ оустѣхъ *Евх 28а 19*; въ оуста лежѧштааго прьстꙑ въложивъ своѩ • и ѩзꙑкъ и прочаѩ части оустъ помазавъ *Супр 562, 16 и 17*; ● *перен.*: прѣмлькоша отъ пьрѣниꙗ • затвореномъ бꙑвъшемъ оустомъ ихъ истиноѭ *Супр 331, 20*; зинѫ адъ оустꙑ своими *Супр 487, 21*; не тольма приѥмлѥтъ оуста пророчьска *Супр 383, 20* ● зев, пасть tlama: ѥдинъ отъ ѥлению отвръзъ оуста своꙗ *Супр 224, 4*; с⟨ъ⟩п⟨ас⟩ꙇ мѧ отъ оустъ львовъ *Пс 21, 22 Син; Супр 18, 2*; постигоша и (*т. е.* вълкъ) далече ѕѣло • ѥште младеништь въ оустѣхъ носѧштъ *Супр 44, 19* ◆ **оустꙑ къ оустомъ** στόμα πρὸς στόμα лицом к лицу, лично tváří v tvář, osobně: и оустꙑ къ оустомъ глаголааше • ꙗкоже дроугъ къ своѥмоу дроугоу *Супр 383, 27 и 28.— Зогр Мар Ас Сав Зогр-пал Син Евх Клоц Супр Рыл Хил.— Ср.* оустьна

ОУСТАВИТИ, -влѭ, -виши *сов.* (17) **1.** ἀλλάσσειν, ἐκφέρειν, κρίνειν, ὁρίζειν, τιθέναι установить, постановить ustanovit, zřídit: тъгда оубо оуставъ оуставиша да и кѡнстантинѣ града епископъ • то жде старѣишинъство да иматъ и тѫ жде чьсть • ѭже и римъска града епископъ *Супр 202, 24-25*; положи прѣдѣлꙑ и оустави часꙑ *Супр 257, 30* ● кого на чьто τάσσειν определить, назначить, поставить určit: воини же на то оуставьѥнии • възьмъше мечь отъсѣкоша главѣ свѧтоую *Супр 185, 6* **2.** παύειν, καταπαύειν, ἀφιέναι, ἱστάναι, καταστέλλεσθαι, κατασιγᾶν (!) остановить, прекратить, удержать; успокоить zastavit, zadržet: оустави оустрьмлениѣ страсти • оугаси тѣлесьное раждежение *Евх 38а 4*; оустави оустрьмьѥнье то • да не възмьздьꙗ троуднааго... лишиши сѧ *Супр 558, 11*; кто видитъ матере чѧдолюбѫ... да не надои дѣтишта • нъ да отъ плача оуставитъ *Супр 384, 22* ▭ **оуставити сѧ** *греч. нет* успокоиться uklidnit se: и ꙗко оуставивъша сѧ въстаста съ пъваниимъ *Супр 211, 13* **3.** καταργεῖν отменить zrušit: сего дѣлма и (*т. е.* законъ) оустави • понѥ испльнити ѥго не можааше *Супр 416, 27* (испразнꙇ *Клоц 66 9*).— *Евх Супр.— Ср.* поставити, прѣставити, оудрьжати

ОУСТАВЛꙖТИ, -ꙗѭ, -ꙗѥши *несов.* (1) ἐρίζειν (!) устанавливать ustanovovat: виждъ сѫштии съборъ и прѣстани къ нам⟨ъ⟩ оуставьꙗѩ *Супр 430, 26* (*переводчик читал* ὁρίζων *вм.* ἐρίζων)

оуставлѥниѥ, -ниꙗ *с* (1) ὅρος установление ustanovení: акы състольникоу сѫштоу оуставьѥнию правъıꙗ вѣрꙑ *Супр 189, 21.— Ср.* оуставъ

оуставъ, -а *м* (17) **1.** ὅρος; (безъ оустава ἀόριστος) то, что установлено, определено; предел, граница stanovená mez, hranice: оучѧ лихо мѣрꙑ не бꙑти... не вь сласть бо оуже тъ приметъ • прѣминѫвъ потрѣбьнꙑꙗ оуставꙑ *Супр 494, 30*; да иматъ оубо и око оуставъ и мѣрѫ *Супр 497, 14*; безъ оустава отьвѣтъ *Супр 433, 3* ● определение vymezení: тѣмже и павлъ тъ полагаꙗ оуставъ вешти *Супр 375, 26* □ по оуставоу συνήθως по обычаю, по обыкновению, обычным способом obvyklým způsobem: ѥгоже и мꙑ по оуставоу славимъ *Супр 532, 16* **2.** δόγμα, ὅρος, πρότασις; (оуставомь στοιχεῖν!) правило, закон, установление ustanovení, nařízení, pravidlo: аще которааго цр⟨ь⟩кꙑ отълѫчаѥтъ въ мало врѣмꙗ • вьнѣ стоѣти • такъ бо оуставъ ѥстъ • отъ б⟨ог⟩а прѣданъ ѥи • ι отъ с⟨вѧ⟩тꙑихъ ап⟨осто⟩лъ • и отъ прѣ⟨по⟩д⟨о⟩б⟨ъ⟩нꙑихъ о⟨ть⟩ць *Евх 69а 8*; гонѥниꙗ ꙗже приꙗ • по благовѣштению за апостольскꙑꙗ оуставꙑ *Супр 302, 1*; тъгда оубо оуставъ оуставиша да и късндтинѣ града ѥпискоупъ • тожде старѣишинъство да иматъ и тѫжде чьсть • ѩже и римъска града ѥпискоупъ *Супр 202, 22* □ *спец.* оуставъ вѣрꙑ τὰ συνῳδὰ περὶ τῆς πίστεως (!) символ веры symbol víry, vyznání víry: оутврьдивъше же никѥнскѫѩ с⟨вѧ⟩тꙑѩ правѫѩ вѣрѫ коуп'но • и ти оуставиша оустав' вѣрꙑ *Супр 202, 8.— Евх Супр.— Ср.* вѣдь, заповѣдь, зарокъ, правило, прѣдѣлъ; по оуставоу *ср.* оуставьнъ

оуставьнъ, -ꙑи *прил.* (1): по оуставьноу ѥмоу *греч. нет* по обычаю, обычным способом obvyklým způsobem, jako obvykle: мнѣахѫ ѥмоу разболѣти сѧ • и не мошти по оустав'ноуоумоу ѥго доити до ѥфрата *Супр 551, 2.— Ср.* оуставъ (по оуставоу)

оустати, оустанѫ, оустанеши *сов.* (3) φιμοῦσθαι, ἵστασθαι перестать, прекратиться, остановиться ustat, přestat: ι въставъ запрѣти вѣтроу • ι рече морю • мльчи • ι оустани • ι оулеже вѣтръ *Мк 4, 39 Зогр Мар*; прикоснѫ сѧ краи ризѣ ѥго • и абиѥ оуста крьви течениѥ *Л 8, 44 Сав* (ста *Зогр Мар Ас*).— *Ср.* стати

оусташити (!) *Пс 77, 53 Син см.* оустрашити

оустити, оуштѫ, оустиши *несов.* (2) παραινεῖν, μελετᾶν подстрекать, наущать, подговаривать podněcovat, přemlouvat: почто на безъратии мир' оустите рати *Супр 324, 22*; окаıане и оунꙑле • и безаконию дѣлателю • аште цѣсароу твоѥмоу оусташтоу мене не покорихъ сѧ *Супр 61, 17-18.— Ср.* пооуцꙗти

оустоıати, оустоѭ, оустоиши *несов.* (9) **1.** комоу, чесомоу κυριεύειν, κατακυριεύειν царствовать, господствовать *над кем-л., чем-л.*, управлять *кем-л., чем-л.* panovat, vládnout *nad někým, nad něčím*: вѣсте ѣко кънѧзи ıаз⟨ꙑ⟩къ оустоıатъ имъ *Мт 20, 25 Мар* (∅ *Зогр*); вѣсте ѣко мьнѧштеı сѧ власти ıазꙑкꙑ • оустоıатъ ıмъ *Мк 10, 42 Зогр Мар Ас Сав* **2.** *без доп.* κατισχύειν превозмогать, пересиливать nabývat vrchu, převládat: они же прилежаахѫ гласꙑ велиı... ı оустоѣхѫ гласи ıхъ *Л 23, 23 Зогр*, оустоѣахѫ *Мар.— Л 22, 25 Зогр Мар.— Ср.* власти, цѣсарьствовати

оустрабити, -блѭ, -биши *сов.* (2) ἐξεγείρειν поднять zvednout; *перен.* исцелить vyléčit: ıцѣли раба твоѥго сего • ı оустраби и отъ ложа болѣзни *Евх 24б 17-18* ▭ оустрабити сѧ ἀναρρώνυσθαι выздороветь, поправиться (*от болезни*) uzdravit se, zotavit se: оустрабивъ же сѧ... въ костантинѣ градъ приде *Супр 197, 29.— Ср.* възвести, изврачевати, ицѣлити, оубаловати

оустрашати, -аѭ, -аѥши *несов.* (9) καταπλήσσειν устрашать, внушать ужас nahánět strach, děsit: оустрашаѥтъ ратьничьскъ плъкъ *Супр 105, 14-15* ▭ оустрашати сѧ *без доп. или* кого, чесо δειλιᾶν, φοβερὸν εἶναι страшиться, ужасаться strachovat se, bát se: да не съмѫштаѥтъ сѧ срьдьце ваше • ни оустрашаѥтъ *И 14, 27 Зогр*, оустрашаатъ *Мар Ас* (2) *Сав* (2); *И 14, 1 Ас* (*нет Зогр Мар Сав*); мѫкꙑ сѧ боѭ геоньскꙑꙗ • оустрашаѭ сѧ оного огнѣ *Супр 88, 6.— Ср.* боıати сѧ, страшити

оустрашениѥ, -ниꙗ *с* (1) φοβερισμός угроза, устрашение zastrašování: по мьнѣ прѣидѫ гнѣви твоı • оустрашениѣ твоѣ възмѫтıшѩ мѩ *Пс 87, 17 Син.— Ср.* пострашениѥ

оустрашити, -шѫ, -шиши *сов.* (15) [оусташи- ! *Син* (1)] φοβεῖν, καταπλήσσειν, πτοεῖν устрашить, ужаснуть, запугать nahnat strach, vyděsit: сı г⟨лаго⟩лѫ не хотѧ оустрашıтı • нъ оутврьдıтı *Клоц 8б 2*; ни мѫкꙑ твоѧ оустрашатъ мене *Супр 162, 3*; оустраши бѫдѫштинимъ огньмъ *Супр 414, 11* ▭ оустрашити сѧ ἀποδειλιᾶν, δειλιᾶν, καταπλήσσεσθαι *без доп. или* отъ кого, чесо испугаться, устрашиться uleknout se, zaleknout se: отъ кого сѩ оустрашѫ *Пс 26, 1 Син* (кого оубоѭ сѧ *Супр 235, 23-24*); отъ гласа грома твоѥго оустрашѩтъ сѩ *Пс 103, 7 Син*; тоу оустрашıшѩ сѩ боѣзнѩ ıже не бѣ боѣзнı *Пс 13, 5 Син*; ї наставı ꙗ на оупъванıе ı не оусташıшꙗ (!) сꙗ *Пс 77, 53 Син* ● φρίσσειν подняться (*от страха — о волосах*) vstát hrůzou (*o vlasech*): како не оустрашиша сѧ кмѹ власи *Супр 66, 2.— Пс 118, 161 Син; Супр 39, 3; 86, 3; 148, 27; 389 22; 428, 10; 466, 8.— Ср.* възбоıати сѧ, пострашити, съмѧсти, оубоıати сѧ

ОУСТРАІАТИ, -іаѭ, -іакши *несов.* (4) ἀποκαθιστᾶν, μεταρρυθμίζειν устраивать uspořádávat, připravovat: ты еси оустраѣꙑı достоѣнье мо(е) мънѣ *Пс 15, 5 Син*; тако и бесѣдꙑ благꙑ • оустраıаѭтъ сьвѣсти послоушаѭштихъ *Супр 544, 3*; оустраıаѭ тѧ оуже въ раи *Супр 470, 2.— Супр 420, 20.— Ср.* приготовати

ОУСТРОИ, -ıа *м* (3) **1.** κατάστασις установление, правило ustanovení, pravidlo: поставити въ къснѧтинѣ градѣ епископа • и дати оустрои свѧтꙑимъ црькъвамъ вьсѣмъ людемь *Супр 201, 5* **2.** διόρθωσις устроение, упорядочивание, устройство správnost, správné chování, náprava: съгрѣшьшии г⟨ос-под⟩оу просимъ простꙑнѭ вами вьзѧти • прочиихъ лѣтъ въ оустрои *Супр 67, 27.— Супр 288, 19.— Ср.* исправлѥниѥ, правило, оуправлѥниѥ, оустроѥниѥ

ОУСТРОИТИ, оустроѭ, оустроиши *сов.* (31) **1.** κατασκευάζειν, σκευάζειν, παρασκευάζειν, ἀποκαθιστάναι, καθιστάναι, ἀντικαθιστάναι, εὐτρεπίζειν, διατιθέναι, οἰκονομεῖν, καθοπλίζειν, ἐμφυτεύειν, ἐπισκήπτειν (!) устроить, упорядочить; наладить, уладить; подготовить uspořádat, zařídit; upravit; připravit: ılиѣ оубо пришьдъ прѣжде оустроıтъ вьсѣ *Мк 9, 12 Зогр Мар; Мт 17, 11 Мар (Ø Зогр)*; аште сице оустроимъ доушѧ своѭ • можемъ и молити за нѧ *Супр 406, 27*; в'сѧ оудꙑ • потрѣбьно оустрои на немь *Евх 76 13*; многомъ же лѣтомъ минѫвъшемъ • оустрои богъ • іавити съкровьнок богатъство їоанново *Супр 293, 20*; обаче тѫ (*т. е.* пасхѫ) оубо оуготоваша оученици • а снѭ нашѫ самъ оустрои *Супр 416, 13* (оуготова *Клоц 6а 38*); мνромъ иже ѥстъ различь вонıами оустроѥно *Супр 425, 23* ● кого, чьто въ чьто, въ чемь ἀποκαθιστάναι, καθιστάναι направить, привести, ввести zaměřit, uvést: вь миръ съдравие оустрои и *Евх 18а 18*; оустрои ıа въ пристаници с⟨ъ⟩п⟨ас⟩ѥнѣмь *Евх 18б 17*; аште оубо въ такъ обꙑчаи запрьва себѣ (! *вм.* себе) оустроимъ *Супр 498, 1* ● чьто отъ чесо ἀποκαθιστάναι сохранить *от кого-л., чего-л.* zachránit *od něčeho, před něčím*: оустрои д⟨оу⟩шѫ моѭ отъ зълобъ-ı-хъ *Пс 34, 17 Син* ▭ о у с т р о ѥ н ъ *в знач. прил.* κατεστεμμένος, κατεσταλμένος, ἠμφιεσμένος украшенный vystrojený, okrášlený: побѣдоѭ • оустроѥни *Супр 464, 1*; ѡ мѫченици • славьниї и чьстьнии... оустроѥни дѣлателе *Супр 67, 14* **2.** καθιστάναι назначить, поставить ustanovit: въ цр⟨ь⟩к⟨ъ⟩ви твоеи • слоугѫ оустроилъ и бѣ *Евх 58а 25* **3.** о у с т р о и т и с ѧ διαλλάσσεσθαι примириться, смириться smířit se: шьдъ оустрои сѧ съ братомъ *Супр 422, 30* (съмири сѧ *Мт 5, 24 Зогр Мар*, съмиріть сѧ *Клоц 9а 19-20*) **4.** о у с т р о и т и с ѧ, о у с т р о и т и кого συντάσσεσθαι проститься, распрощаться rozloučit se: шедъ оустрои сѧ съ жѫиками своими *Супр 16, 5*; да шедъ оустроѭ жѫикꙑ своѩ *Супр 16, 14.— Зогр Мар Ен Син Евх Супр.— Ср.* одѣти, поставити, оуправити; оустроити сѧ *ср.* съмирити сѧ, състроити

ОУСТРОѤНИѤ, -ниѩ *с* (6) κατάστασις устройство; установленный порядок uspořádání, řád: (о) оустроени въселенъстѣмъ *Ен 21б 12*; блаженꙑи исаѥии радоуѩ сѧ о оустроѥнии црькъвьнѣѣмъ *Супр 203, 3* ● *перен.*: вьсѣмъ отьцьмъ възградивъшемъ сѧ о того оустроѥнии • и чистотѣ и доуховьнѣмъ разоумѣ *Супр 285, 2*; образъ ѥстъ етеръ доушевьна'го оустроѥньıа *Супр 497, 30.— Супр 285, 2; 386, 10; Хил 2аβ 13-14.— Ср.* приставлѥниѥ, строи, строѥниѥ, оуставлѥниѥ, оуставъ, оустрои

ОУСТРЬМИТИ, -млѭ, -миши *сов.* (24) [оустръм- *Зогр* (3) *Мар* (3) *Ас* (2) *Клоц* (1) *Супр* (6)] **1.** (оуставити и оустрьмити κρίνειν) решить, приказать, постановить nařídit, přikázat: тако оуставихомъ и оустръмихомъ *Супр 130, 23-24* **2.** о у с т р ь м и т и с ѧ ὁρμᾶν, κατάγεσθαι устремиться, броситься (rychle) zamířit, vrhnout se, obořit se, vyřítit se: оустръми сѧ стадо по брѣгоу въ море *Мк 5, 13 Зогр Мар; Мт 8, 32 Зогр Мар Ас Сав; Л 8, 33 Зогр Мар Ас Сав*; и абиѥ къ тихоуоумоу пристаништоу с⟨вѧ⟩тьцоу б⟨о⟩жью оустрьми сѧ *Супр 567, 10*; оустрьмиша сѧ на мѣсто *Супр 38, 1*; дроузии же на разбоиникꙑ оустръмивъша сѧ оустрашиша *Супр 39, 2-3* ● решиться rozhodnout se, zaměřit se: людѥ же оубо інꙑ винꙑ оставльше • на крьстъ сѧ оустръмишѧ *Клоц 11а 8-9*; ови оустрьмиша сѧ оубити ї *Супр 30, 3* ● направиться zamířit: корабь оустрьми сѧ на онѫ странѫ *Супр 152, 18.— Зогр Мар Ас Сав Клоц Супр*

ОУСТРЬМЛІАТИ СѦ, -іаѭ сѧ, -іакши сѧ *несов.* (1) *греч. нет* устремляться (rychle) mířit, vrhat se, řítit se: звѣр' же оустрьмꙑаше сѧ къ манастꙑроу *Супр 558, 16*

ОУСТРЬМЛѤНИѤ, -ниѩ *с* (7) [оустръ- *Син* (1) *Евх* (1) *Супр* (3)] ὁρμή, ὅρμημα быстрое целенаправленное движение (prudký) pohyb, útok: видѧште ѥго оустръмьѥниѥ къ юньцоу *Супр 566, 8* ● поток proud, příval: рѣчьна оустръмленьѣ веселꙗтъ града б⟨о⟩жиѣ *Пс 45, 5 Син* (стръмениѣ *Ен 26б 10*) ● *перен.* напор nápor: оуставі оустръмлениѣ страсти *Евх 38а 4* ● стремительность prudkost: видаште издалеча • съ великыимъ оустрьмьѥниимъ теченьꙗ приходаштъ *Супр 558, 18* ● волнение, возмущение rozhořčení: ли вь рѣкахъ ꙗрость твоꙗ • или въ мори оустръмьѥниѥ твоѥ *Супр 76, 29-30.— Супр 557, 28; 558, 11.— Ср.* стрьмлѥниѥ

ОУСТРѢЛИТИ, -лѭ, -лиши *сов.* (4) πλήσσειν, σαγηνεύειν застрелить, подстрелить zasáhnout (střelou); *перен.* сразить, поразить porazit: тъгда же оустрѣленъ бысть връховьнии апостолъ отъвръженіїм' *Супр 471, 28-29*; оустрѣленъ бысть печальѭ *Супр 492, 29*; аште кръви нашеѧ не пролѣѭтъ • словесы ны оустрѣлатъ *Супр 472, 8.— Супр 381, 13*

ОУСТОУДИТИ, оустоуждѫ, оустоудиши *сов.* (4) καταψύχειν охладить, остудить ochladit: посъли лазора да омочитъ • коньць пръста своего въ водѣ • і оустоудитъ ꙗзыкъ мои • ѣко страждѫ въ пламене семь *Л 16, 24 Зогр Мар Ас Сав*

ОУСТЫДѢТИ СѦ, оустыждѫ сѧ, оустыдиши сѧ *сов. без доп.*; оу кого, чесо (4) καταισχύνεσθαι, αἰσχύνεσθαι, αἰδεῖσθαι устыдиться, смутиться zastydět se: възвратѧтъ сѧ и оустыдꙗтъ сѧ ѕѣло вьскорѣ *Пс 6, 11 Син*; оустыди сѧ • ѡбраза образоваанааго • рѫкоѭ б⟨о⟩жиеѭ *Евх 54б 19*; ничьсоже сѧ отъ тѣхъ оустыдѣша жидове *Супр 443, 3.— Евх 68а 4.— Ср.* постыдѣти сѧ

оу с т⟨ы⟩н і *И 1, 23 Ас см.* поустыни

ОУСТЬНА, -ы *ж, чаще дв. или мн.* (36) χεῖλος губа, рот ret: людие сиі оустъ своіми • і оустънами чьтѫтъ мѧ *Мт 15, 8 Зогр Мар; Мк 7, 6 Зогр Мар*; нѣмы да бѫдѫтъ оустънъи лъстівыꙗ *Пс 30, 19 Син*; да съвѧжѫ мльчаниимъ оустьнѣ *Супр 242, 7-8*; отъ грѣшьно⟨у⟩ю оустьноу ѥѧ изьлѣзъ *Супр 391, 16-17*; твоꙗ оуста тебе оглаголаша • свои оустьнѣ тебѣ быста обличениѥ *Супр 237, 29.— Зогр Мар Ен Син Евх Клоц Супр.— Ср.* оуста

ОУСТѪПАТИ, -аѭ, -аѥши *несов.* (1) *греч. нет* уступать; отступать ustupovat; ustávat: сильнъ дѣлы • повелѣвааше вѣтромъ • и оустѫпаахѫ *Супр 476, 16.— Ср.* остѫпати, прѣстаꙗти

ОУСТѪПИТИ, -плѭ, -пиши *сов.* (3) ἀναχωρεῖν, ἀφίστασθαι, παύεσθαι уступить, отступить ustoupit, odstoupit: тебе ради пакы пристѫпихъ • отьнѭдѣже не оустѫпихъ бъшьѭ божьствомъ *Супр 503, 2*; вѣстъ бо то и сльнце • того бо ради и оустѫпи да ноштъ въ дни сътвори *Супр 503, 16.— Супр 328, 1.— Ср.* остѫпити

ОУСОУГОУБИТИ, -блѭ, -биши *сов.* (1) διπλασιάζειν удвоить zdvojnásobit: оусоугоубите оубо радость *Супр 325, 4* (соугобіте (!) *Клоц 1а 1*)

оу с оу ж д а т и *Клоц 11а 14 см.* оусѫждати

оу с оу м ь н ѣ т и *Мт 14, 31 Мар см.* оусѫмьнѣти

ОУСОУШИТИ, -шѫ, -шиши *сов.* (9) ξηραίνειν иссушить, засушить (*лишить жизненных соков*) vysušit, učinit suchým: оусоуши листвиѥ смок'ви *Супр 348, 9*; оусоуши ѭ словомь акы богъ *Супр 345, 7-8.— Супр 346, 2, 19 и 26; 348, 1 и 5; 350, 5; 352, 17-18.— Ср.* исоушити

ОУСЪМОШТРЕНИѤ, -ꙗ *с* (1) οἰκονομία провидение, промысел úradek, záměr: вь врѣменехъ с⟨вѧ⟩тъіихъ апостолъ • ѥгда словоу божьства и въплъштениꙗ оус'моштрениѥ чловѣкомъ пропов'ѣда'ше сѧ тъгда *Супр 24, 2-3.— Ср.* съмотрѥниѥ, промысль, промышлѥниѥ

оу с ъ м ѣ н ъ *Мк 1, 6 Зогр см.* оусмѣнъ

оу с ъ н ѣ н ъ *Мк 1, 6 Боян см.* оусниѧнъ

ОУСЪНѪТИ, -нѫ, -неши *сов.* (49) κοιμᾶσθαι, ὑπνοῦν, εἰς ὕπνον καταφέρεσθαι, ὑπνώσσειν, ἀποθνήσκειν, ἀποκαθεύδειν, ἀφυπνοῦν; (прѣжде оусънѫти προκοιμᾶσθαι) уснуть usnout: ѣдѫштемъ же імъ • оусъпе н⟨оу⟩с⟨ъ⟩ *Л 8, 23 Зогр Мар Ас*; въ мирѣ вькоупѣ оусънѫ и почиѭ *Пс 4, 9 Син; Евх 73а 23*; лазарь дроугъ нашь оусъпе • нъ ідѫ да възбоуждѫ і • рѣшѧ же оученици его • г⟨оспод⟩и • аште оусъпе • съпасенъ бѫдетъ • і⟨соу⟩с⟨ъ⟩ же рече о съмръти его *И 11, 11 и 12 Зогр Мар Сав*, оусьпе *Ас (2)*; *Супр 306, 13; 313, 26; 314, 9*; просвѣті очі мои еда когда оусънѫ во съмръті *Пс 12, 4 Син; Евх 74а 1*; въздрѣма сѧ и оусънѫ малы *Супр 275, 22* ● *перен.* почить, умереть zesnout, zemřít: богъ пльтнѭ и оусьпе *Супр 448, 6* (оумрѣтъ *Клоц 12б 6*); многа же тѣлеса оусъпшиїхъ с⟨вѧ⟩тъихъ въсташа съ хрьстомъ *Супр 485, 28.— Зогр Мар Ас Сав Син Евх Клоц Супр.— Ср.* въздрѣмати, почити, оумрѣти

оу с ъ п - *см. также* оусьнѫти

ОУСЪПАТИ, оусъплѭ, оусъпиши *сов.* (1) *греч. нет* усыпить uspat: оусъпи и повелѣниемь твоимь • на ложи его *Евх 42б 5*

ОУСЪПЕНИѤ, -ꙗ *с* (14) [оусьп- *Ас* (5) *Супр* (4), оус'п- *Супр* (1), оусп- *Унд* (1)] κοίμησις сон spánek: і⟨соу⟩с⟨ъ⟩ же рече о съмръти его • они же мьнѣшѧ • ѣко о оусъпениі [сни і] съна г⟨лаго⟩летъ *И 11, 13 Зогр Мар Ас Сав; Супр 487, 9-10 и 28* ● *перен.* смерть, успение (*устар.*) zesnutí, smrt: оуспение с⟨вѧ⟩таго їѡ⟨а⟩на златооустаго *Унд*

1б 18; па⟨мѧ⟩т⟨ь⟩ оусьпениѥ... меѳодиꙗ • арх⟨иепископ⟩па вышнꙑѩ моравъи *Ас 145б 21* ♦ оусъпениѥ богородицѧ Успение Богородицы (*церковный праздник*) Nanebevzetí Panny Marie (*církevní svátek*): навечерие оусьпению с⟨вѧ⟩тъıѩ б⟨огороди⟩цѧ *Ас 152а 10.— Ас 150б 29; 152а 12; Супр 296, 21; 314, 17; 488, 17.— Ср.* прѣставлѥниѥ, сънъ

ОУСЪХНѪТИ, -нѫ, -нешı *сов.* (15) ξηραίνεσθαι засохнуть, иссохнуть uschnout: како абьѥ оусъше смоковьница *Мт 21, 20 Мар Зогр-пал* (Ø *Зогр*); видѣшѧ смоковьницѫ оусохъшѫ ıс корене *Мк 11, 20 Зогр Мар*; рѫка деснаꙗ адамова рѫка прикоснѫ сѧ древѣ • и прѣстѫпьнѥнимъ оусъхнѫ *Супр 396, 19.— Мк 4, 6 Мар* (Ø *Зогр*); *Мк 11, 21 Зогр Мар; Л 8, 6 Зогр Мар Ас; Мар 43б 25; Супр 343, 28; 347, 2; 352, 1.— Ср.* исъхнѫти, съсъхнѫти

ОУСЫНЇЄНИѤ, -ıꙗ *с* (1) υἱοθεσία усыновление přijetí za syna: съвъкоупи давъшен сѧ емоу даръ • от⟨ъ⟩ прѣдѣдъ оусынению *Евх 93б 13.— Ср.* въсынѥниѥ

оусыпаѩи *см.* неоусыпаѩи

ОУСЫРИТИ СѦ, -рѭ сѧ, -риши сѧ *сов.* (3) τυροῦσθαι створожиться, свернуться (*о молоке*) zesýřet, srazit se v sýr: оусы[ы]ри сѧ ѣко млѣко ср⟨ъдь⟩це ıхъ *Пс 118, 70 Син* ♦ гора оусырѥна *название горы* ὄρος τετυρωμένον гора Васанская hora Bášan: гора б⟨о⟩жьѣ гора тоучьна • гора оусырена *Пс 67, 16 Син; Пс 67, 17 Син.— Ср.* осырѣти, съсѣсти сѧ

ОУСѢКНОВЕНИѤ, -ıꙗ *с* (1) ἀποτομή отсечение головы, обезглавливание stětí: мѣ⟨сѧ⟩ца авгоу⟨с⟩т⟨а⟩ ӣ҃ оусѣкновение с⟨вѧ⟩тааго иоана пр⟨ѣ⟩д⟨те⟩чѧ и кр⟨ь⟩ст⟨ите⟩лѣ *Ас 152а 27*

ОУСѢКНѪТИ, -нѫ, -нешı *сов.* (17) ἀποκεφαλίζειν, ἀποτέμνειν, ἀναλίσκειν, κρούειν, πλήσσειν обезглавить, казнить (*отсечением головы*) stít: оусѣкнѫ ıона (!) въ тьмьници • ı принесошѧ главѫ его на блюдѣ *Мт 14, 10 Зогр Мар; Мк 6, 27 Зогр Мар Ас*; воѥвода повелѣ ѥго оусѣк'нѫти • ведошѧ же и из града и оусѣк'нѫшѧ и *Супр 23, 15 и 16.— Зогр Мар Ас Супр.— Ср.* исѣщи, отъсѣщи, оусѣщи

ОУСѢЩИ, оусѣкѫ, оусѣчеши *сов.* (6) **1.** ἐκκόπτειν отсечь, отрубить useknout: аще деснаѣ твоѣ рѫка съблажнаетъ тѧ • оусѣце (! *вм.* оусѣци) ѭ *Мт 5, 30 Зогр*, оусѣци *Мар*; хощѫ да ми даси оусѣченѫ на блюдѣ главѫ • ıоана крьстителѣ *Мк 6, 25 Зогр* (*нет Мар*) **2.** ἀποτέμνειν, κρούειν; (оусѣченъ быти τελειοῦσθαι) обезглавить, казнить (*отрубив голову*) stít: павлъ... протѧгнѫ вꙑѭ своѭ • и оусѣченъ бꙑстъ *Супр 14, 22-23.— Супр 62, 3; 119, 11.— Ср.* исѣщи, отъсѣщи, оусѣкнѫти

ОУСѪДИТИ, оусѫждѫ, оусѫдиши *сов.* (1) ὁπλίζειν оснастить vyzbrojit: ногꙑ мꙑслънꙑѩ • оусѫдите болѣзньми • и пощениемь *Евх 97б 19*

ОУСѪЖДАТИ, -аѭ, -аѥши *несов.* (1) κατασκευάζειν создавать, образовывать vytvářet: не домꙑшлѣахѫ же сѧ крста • побѣдънꙑѩ оусоуждаѭще (!) прıкладъ *Клоц 11а 14*

ОУСѪМЬНѢТИ СѦ, -нѭ сѧ, -ниши сѧ *сов. без доп.*; кого, чесо (11) [оусѫмн- *Зогр* (1) *Ас* (1) *Ен* (1); оусѫмън- *Ас* (1); оусоумьн- *Мар* (1)] διστάζειν, διακρίνεσθαι усомниться, поколебаться zapochybovat, zaváhat *před něčím*: по чьто сѧ оусѫмнѣ *Мт 14, 31 Зогр Ас*, оусоумьнѣ *Мар*, (сѫмнѣ *Сав*); аще имате вѣрѫ и не оусѫмьните сѧ *Мт 21, 21 Мар* (Ø *Зогр*); пръвомѫченица въ женахъ • въздиде бо на ѡгнь • не ѹсѫмнѣвши сѧ пламене *Ен 36а 9.— Мт 28, 17 Зогр Мар Ас Сав; Мк 11, 23 Зогр Мар*

ОУТАИТИ, оутаѭ, оутаиши *сов. без доп.*; кого, чьто отъ кого, чесо (31) κρύπτειν, ἀποκρύπτειν, λανθάνειν, ἐγκρύπτειν утаить, скрыть, спрятать utajit, skrýt: оутаилъ еси си • отъ прѣмѫдрꙑхъ ı разоумънꙑхъ *Мт 11, 25 Зогр Мар; Л 10, 21 Зогр Мар Ас* (2) *Сав* (2) ▭ оутаити сѧ *без доп.*; (отъ) кого, чесо скрыться; спрятаться utajit se, skrýt se: ı видѣвъши жена • ѣко не оутаı сѧ • трепещѫщи приде *Л 8, 47 Зогр Мар Ас*; и въздꙑхание мое отъ тебе не оутаї сѧ *Пс 37, 10 Син*; оутаити сѧ хощѫ силъ небесьскꙑихъ *Супр 247, 25* ▭ оутаѥнъ *в знач. прил.* ἀπόκρυφος скрытый skrytý: нѣстъ бо таıно • еже не авитъ сѧ • ни оутаено еже не бѫдетъ познано *Л 8, 17 Зогр Мар.— Ср.* потаити, съкрꙑти, оукрꙑти; оутаѥнъ *ср.* таинъ

ОУТАПАТИ, -паѭ, -паѥши *несов.* (6) καταποντίζεσθαι, πνίγεσθαι утопать, тонуть topit se, tonout: видѧ же вѣтрꙑ крѣпъкꙑ оубоѣ сѧ • ı начьнъ оутапати *Мт 14, 30 Зогр Мар Ас*, оу.. *Боян* (потаплѣти сѧ *Сав*); оустръми сѧ стадо по брѣгоу въ море... ı оутапаахѫ въ мори *Мк 5, 13 Зогр Мар.— Ср.* потапꙗти сѧ

ОУТВАРЬ, -и *ж* (6) κόσμος **1.** украшение ozdoba, okrasa: прѣмѣните оутварь ѥжже обложени ѥсте *Супр 447, 6* **2.** мироздание, мир svět: дьньсь мала оутварь въ оутвари състави сѧ • дьнесь кръмникъ чловѣчьскъ • добраꙗ оусе̄ленꙑѩ привесла *Супр 429, 11* (2).— *Супр 105, 19; 380, 20; 433, 20-21.— Ср.* краса, миръ (вьсь миръ, миръ сь), свѣтъ, тварь

ОУТВАРІАТИ, -ıаѭ, -ıаѥши *несов.* (3) **1.** κατακοσμεῖν, καλλωπίζειν украшать krášlit, zdobit: азъ ѩ (*т. е.* плѣнницѧ) на пагоубѫ своѥи доуши оутварѣ'хъ *Супр 392, 8* **2.** διακοσμεῖν устраивать pořádat: ѥже трепезѫ онѫ оутвори • сии и нꙑнꙗ сиѭ оутвараѥ *Супр 420, 14* (красітъ *Клоц 8а 14*).— *Супр 392, 4.*— *Ср.* красити, оукрашати

ОУТВОРИТИ, -рѭ, -риши *сов.* (4) **1.** διακοσμεῖν устроить uspořádat: ѥже (*вм.* иже) трепезѫ онѫ оутвори *Супр 420, 13-14* (оукрашеı *Клоц 8а 12-13*) **2.** оутворити сѧ ἀποκαθίστασθαι восстановиться (*о здоровье, силах*), исцелиться, поправиться zotavit se, uzdravit se: оутвори сѧ • ı оузьрѣ вьсѧ свѣтъло *Мк 8, 25 Зогр Мар*; жена нѣкаꙗ по б⟨ог⟩очьстью оутворивъши сѧ... молитвѫ сътвори къ б⟨ог⟩ви *Супр 559, 8-9.*— *Ср.* оукрасити, оустрабити, оутврьдити

оутвръдити *Пс 48, 10 Син см.* оутроудити

ОУТВРЬДИТИ, оутврьждѫ, оутврьдиши *сов.* (>100) [оутвръ- *Зогр* (8) *Мар* (9) *Ас* (7) *Син* (21) *Евх* (12) *Клоц* (2) *Супр* (5)] **1.** στηρίζειν, ἐπιστηρίζειν, ὑποστηρίζειν, στερεοῦν, βεβαιοῦν, κρατύνειν, καθιδρύειν, ἀσφαλίζεσθαι, χαρίζεσθαι (!) firmare укрепить, усилить, упрочить, утвердить upevnit, posílit, utvrdit: растаѣ сѧ землѣ... азъ оутвръдіхъ стлъпы ѥѩ *Пс 74, 4 Син* ● *перен.*: да не оскѫдѣетъ вѣра твоѣ • ı ты... оутвръди братриѭ твоѭ *Л 22, 32 Зогр Мар*; главѫ на вышънимь мѣстѣ положи • ı на неи множѣиши чювьствиѣ оутвръждь *Евх 7б 8*; сı г⟨лаго⟩лѫ не хотѧ оустрашітı • нъ оутвръдітı *Клоц 8б 2* (паче оутврьждаѧ *Супр 421, 11*) ● исцелить vyléčit, uzdravit: како ли раздрѣши азѫ отъ рода хромоуоумоу • томь часѣ нозѣ ѥмоу оутврьдивъ *Супр 358, 12* ● κραταιοῦν sublimare сделать высоким, великим; возвысить učinit vysokým, velikým; povýšit: ѣко по высотѣ н⟨е⟩б⟨есь⟩нѣи отъ землѩ • утвръділъ (!) ѥстъ г⟨оспод⟩ь милостъ своѭ на боıащиıхъ сѧ его *Пс 102, 11 Син*; ѣкоже ѩ (*т. е.* мѫченикы) ѥсі славоѭ твоеѭ небесьскоѭ оутврьділъ *Киев 6б 8* ▭ оутврьдити сѧ στηρίζεσθαι, στερεοῦσθαι, κραταιοῦσθαι стать сильным, окрепнуть, укрепиться upevnit se, posílit se, stát se silným: да оутвръдитъ сѧ рѫка твоѣ *Пс 88, 14 Син*; тѣмь же молѫ сѧ вельми да оутвръдимъ сѧ въ словесехъ *Клоц 4а 4-5* ● ἀποκαθίστασθαι, στηρίζεσθαι окрепнуть, выздороветь, исцелиться vyléčit se, uzdravit se: оутвръди сѧ рѫка его цѣла ѣкы дроугаѣ *Мк 3, 5 Зогр Мар Ас Сав; Мт 12, 13 Зогр Мар; Л 6, 10 Зогр Мар*; абиѥ оутврьди сѧ нога вельбѫдоу и бꙑстъ съдрава *Супр 218, 18* ▭ оутврьжденъ *в знач. прил.* ἐστηριγμένος прочный, крепкий, надежный pevný, spolehlivý: вѣрънъ вьсѩ заповѣди его • оутвръжденъ въ вѣкъ вѣкоу *Пс 110, 8 Син* **2.** κυροῦν, βεβαιοῦν; (оутврьжденоѥ ἡ ἀσυλία) подтвердить potvrdit: не ты ли издрече а азъ оутврьдихъ *Супр 249, 10*; оуставомъ оутврьжденоѥ разарая *Супр 281, 29* **3.** кого, чьто на кого, чьто; на комь, чемь στηρίζειν, ἐπιστηρίζειν поставить, положить (*прочно, твердо*), опереть opřít, upřít, (*pevně*) postavit, položit: разломеныѩ ногы • не могѫштоу оутврьдити *Супр 218, 15*; оутвръждѫ на тѧ очі моі *Пс 31, 8 Син*; оутвръдилъ ѥси на мьнѣ рѫкѫ твоѭ *Пс 37, 3 Син; Евх 76а 5* ▭ лице оутврьдити τὸ πρόσωπον στηρίζειν принять решение, решить, решиться rozhodnout se: оутвръди лице своѥ ıти въ ı⟨ероуса⟩л⟨и⟩мъ *Л 9, 51 Зогр Мар* ▭ оутврьдити сѧ ἐπιστηρίζεσθαι опереться, положиться opřít se, spolehnout se: на тѧ оутвръдіхъ сѧ отъ ѫтробы ї чрѣва матері моеѩ *Пс 70, 6 Син* ● отяготить dolehnout: на мѧ оутвръди сѧ ѣростъ твоѣ *Пс 87, 8 Син* **4.** στερεοῦν, κραταιοῦν сделать, сотворить utvořit, učinit: ты оутвръдı силоѭ твоеѭ море *Пс 73, 13 Син* ▭ оутврьдити сѧ στηρίζεσθαι возникнуть vzniknout: междю нами ı вами • пропасть вельѣ оутврьди сѧ *Л 16, 26 Зогр Мар Ас Сав* **5.** ἀσφαλίζεσθαι, τηρεῖν, φρουρεῖν сохранить, охранить, сберечь; запереть zajistit, zabezpečit; zavřít: они же шьдъше оутвръдишѧ гробъ *Мт 27, 66 Зогр Мар Ас*; въврьгошѧ и вь темницѫ и оутврьдишѧ *Супр 111, 5* ● *перен.*: сего дѣльма вьсѫдоу самѣмъ сѧ вьсѫдоу оутврьдити и оградити лѣпо *Супр 410, 6* **6.** κοσμεῖν исправить, поправить, починить upravit, napravit: кл'ма же оубо оутврьдишѧ свѣтила своꙗ • глаголашѧ юродивыѩ мѫдрыимъ *Супр 372, 22-23.*— *Зогр Мар Ас Сав Ен Син Евх Киев Клоц Супр.*— *Ср.* ицѣлити, сътворити, оукрасити, оукрѣпити, оутворити; оутврьдити сѧ *ср.* възмощи

ОУТВРЪЖДАТИ, -аѭ, -аѥши *несов.* (20) [оутвръжд- *Мар* (1) *Ас* (1) *Син* (1) *Евх* (3) *Супр* (1); оутвр'жд- *Супр* (1); оутроуждь- ! *Супр* (1)] **1.** βεβαιοῦν, ἀσφαλίζειν, στηρίζειν, ὑποστηρίζειν, ἐπιστηρίζειν, ὀχυροῦν укреплять, усиливать, упрочивать (*кого-л. в чем-л.*) upevňovat, posilovat, utvrzovat (*někoho v něčem*): ѣко мышьцѩ грѣшьникъ съкроушѧтъ сѧ • оутвръждаетъ же праведьныѩ г⟨оспод⟩ь *Пс 36, 17 Син*; твоѣ повелѣниѥ оутвръждаѩ вь нихъ • цр⟨ь⟩к⟨ъ⟩вь сътворь нескврън'нѫ *Евх 22б 21-22*; падаѭштѧ ны от' лѣности оутврьждаѥтъ *Супр 522, 28*; събираѩ и оутврьждаѩ народъ оученнимъ своимъ *Супр 198, 5;* нѣхъ оутроуждаѥтъ (!) • больша хотѧште подражати *Супр 124, 12*; вьсь родъ того гласа ради • оутврьждает' сѧ *Супр 509, 15-16* **2.** βεβαιοῦν подкреплять, подтверждать potvrzovat: они же ишедъше проповѣдѣша въсѫдѣ • г⟨оспод⟩ю поспѣшьствоуѭштоу • і слово оутвръждаѭштю • послѣдъствоуѭштиими знамении *Мк 16, 20 Мар Ас* (∅ *Зогр*) **3.** καταρτίζειν, συγκαταρτίζειν создавать, устраивать; сочинять tvořit, činit, skládat: оутвръждаѭи громъ *Евх 566 20*; побѣдънѫѭ пѣснь сь ними оутвр'ждаѩ владъıцѣ *Супр 332, 25-26* **4.** ἀσφαλίζεσθαι сохранять, охранять, стеречь; запирать zajišťovat, zabezpečovat: zavírat: зѣло ли помниши ꙗко въстанетъ • оутврьждаѥтъ гробъ • мнѣ бо оутврьждаѥши • блюди мрьтвьца да не оубѣжи *Супр 438, 29-30 и 30.— Мар Ас Син Евх Супр.— Ср.* блюсти, стрѣщи

ОУТВРЬЖДЕНИѤ, -ꙗ *с* (23) [оутвръжд- *Зогр* (1) *Мар* (1) *Ас* (1) *Син* (6) *Евх* (2) *Клоц* (1) *Супр* (2)] **1.** ἀσφάλεια, ὀχύρωμα, στηριγμός, στερέωμα укрепление, восстановление; выздоровление upevnění, posilnění, posila; uzdravení: въ рѫкоу несы ꙗко орѫжиѥ на оутврьждениѥ себѣ игоумена молитвы *Супр 273, 24-25*; нѣстъ болѣзнь нъ оутврьждениѥ *Супр 313, 7-8* **2.** κραταίωμα, στήριγμα, στερέωμα опора opora: г⟨оспод⟩ь оутвръжденье мое і прибѣжище мое *Пс 17, 3 Син* **3.** ἀσφάλεια обеспечение zajištění: видѣвъше ѩ (*т. е.* съсѫдъı) съ многомъ оутврьждениїмъ сьвѧзанъı печати оловѣнъи имѫшта *Супр 52, 12-13* ● уверенность, достоверность jistota, spolehlivost: о нихъже наоучилъ сѧ еси словесехъ • оутвръжденье *Л 1, 4 Зогр Мар Ас.— Зогр Мар Ас Син Евх Клоц Супр.— Ср.* ицѣлениѥ, крѣпость

ОУТЕТИ, оутепѫ, оутепеши *сов.* (3) μαστιγοῦν избить nabít *někoho*: і порѫгаѭтъ сѧ емоу • і оутепѫтъ і • і оплюѭтъ і • і оубьѭтъ і *Мк 10, 34 Зогр Ас* (*нет Мар*); на съньмищихъ вашихъ оутепѫтъ вън *Мт 10, 17 Ас* (оубьѭтъ въı *Зогр Мар*).— *Ср.* избити, побити, оубити

ОУТИСКАТИ, -аѭ, -аеши *несов.* (1) συνέχειν теснить tísnit, tlačit: наставьниче • народі оутіскаѭтъ тѧ и гнетѫтъ *Л 8, 45 Ас* (оутѣштаѭтъ *Зогр Мар*, оуриваѭтъ *Сав*).— *Ср.* оугнѣтати, оуривати, оутѣщати

ОУТИШАТИ СѦ, -аѭ сѧ, -аеши сѧ *несов.* (1) *греч. нет* успокаиваться, утихать, стихать utišovat se: морю прѣштааше и оутишааше сѧ *Супр 476, 13-14.— Ср.* отишати

ОУТИШИТИ СѦ, -шѫ сѧ, -шиши сѧ *сов.* (1) γαλήνην γίγνεσθαι успокоиться, утихнуть, стихнуть utišit se: абиѥ оутиши сѧ • и корабь оустрьми сѧ на онѫ странѫ *Супр 152, 18*

ОУТЛЪСТѢТИ, -ѣѭ, -ѣеши *сов.* (1) παχύνεσθαι ожиреть ztučnět; *перен.* очерстветь ztvrdnout: оутлъстѣ бо ср⟨ь⟩дьце • людиі сихъ *Мт 13, 15 Зогр* (отлъстѣ *Мар*).— *Ср.* отлъстѣти, оудебелѣти

ОУТО *нареч.* (6) πάντως несомненно, безусловно zajisté; ovšem: глаголати же оуто иматъ миръ на людехъ своихъ *Супр 318, 29*; оуто жъдааше сьмрьти лазаровы *Супр 313, 22*; оуто ꙗко оумъıти нозѣ сьмѣренѣѥ • неже молити сѧ *Супр 303, 27.— Супр 241, 29; 303, 20; 352, 6-7*

ОУТОЛИТИ, -лѭ, -лиши *сов.* (6) πείθειν, ἀναστέλλειν, καταστέλλειν убедить, уговорить, успокоить, смягчить (*словом*) přemluvit, uchlácholit, zmírnit: аште се оуслышано бѫдетъ • оу іѥмона • мъı оутолимъ і • і въı бес печали сътворимъ *Мт 28, 14 Зогр Ас*, оутолимъı-и *Мар* (оувѣщаемъ *Сав*); хотѣхъ гнѣвъ іхъ оутолиті *Клоц 5а 28* (сьпрѧтати *Супр 413, 23*); боурѫ вѣтрьнѫ оутолилъ словомъ *Супр 473, 19.— Клоц 4б 37.— Ср.* съпрѧтати, оувѣщати

ОУТОМИТИ, -млѭ, -миши *сов.* (1) καταπονεῖν изнурить; измучить schvátit; zmučit, ztýrat: обьхода градъı и вьси • благодарьства вьсѧ оутомьѥнъıѩ диꙗволомь *Супр 11, 10.— Ср.* измѫчити, оумѫчити

ОУТОНѪТИ, -нѫ, -неши *сов.* (3) ἀποθνήσκειν утонуть utonout: і абье оустръми сѧ стадо вьсе по брѣгоу въ море • і оутопѫ въ водахъ *Мт 8, 32 Мар Ас*, оумрѣшѧ і оутопошѧ *Зогр* (истопѫ *Сав*).— *Ср.* истонѫти

оу т о п- *см. также* оутонѫти

ОУТОПИТИ, -плѭ, -пиши *сов.* (1) *греч. нет* утопить utopit; *перен.* победить, уничтожить přemoci; zničit: х⟨рист⟩е б⟨о⟩же нашъ • оутопилъ еси в'сѧ противьнъıѩ силъı *Евх 29б 13-14*

ОУТРИꙖ, -ниѩ *ж* (1) ὄρθρος рассвет jitro, ráno: оутриꙗ бо х⟨ристо⟩с⟨ъ⟩ ꙗко же рече пророкъ *Супр 348, 18.— Ср.* оутриѥ, оутро

ОУТРИѤ, -ꙗ *с* (24) **1.** ὄρθρος рассвет jitro, ráno: оутриꙗ бо х⟨ристо⟩с⟨ъ⟩ ꙗко же рече пророкъ • акъı оутриѥ готово обраштемъ ѥго *Супр 348, 19* ◆ н а о у т р и ꙗ πρωΐ, (τῇ) ἕωθεν, εἰς τὰς πρωΐας утром ráno: абье на оутрьѣ • съвѣтъ створишѧ арх'иереі *Мк 15, 1 Зогр* (на оутрѣи *Мар*); на оутрьѣ ізбиваахъ вьсѧ грѣшьнъıѩ землі *Пс 100, 8 Син* **2.** н а о у т р и ꙗ ἐπὶ τὴν αὔριον, εἰς τὴν αὔριον, (τῇ) ἐπαύριον, τῇ ἑξῆς на следующий день, завтра nazítří, následujícího dne: на оутриꙗ ѥстъ по пѧтьцѣ *Супр 439, 17* (въ оутрьни же д⟨ь⟩нь *Мт 27, 62 Зогр Мар*);

повелѣ на оутрнıа на рѣцѣ тигрьстѣ да сѧ обрꙋштѫтъ *Супр 59, 30.— Зогр Ас Сав Син Супр.— Ср.* оутрнıа, оутро

ОУТРО[1], -а *с* (31) [ютр- *Зогр* (1) *Мар* (1) *Сав* (1) *Син* (1)] πρωΐα, ὄρθρος утро; рассвет jitro, ráno; rozbřesk: ютроу же бывъшю • съвѣтъ сътворишѧ • вси ар҄хиереи *Мт 27, 1 Зогр Мар Сав*, оутроу *Ас*; посъланъ бысть оутро идꙑ прѣдъ свѣтомъ дьньнꙑим *Супр 244, 24* ◆ из оутра (из оутра приходити ὀρθρίζειν) с утра od rána: вси людье ıз оутра приходѣште къ немоу въ цръковь послоушатъ его *Л 21, 38 Зогр Мар*; къ оутроу πρὸς ὄρθρον под утро k ránu: мѣсѧч҄но оубо бѣаше • и само то къ оутроу *Супр 431, 17*; за оутра *см.* заоутра.— *Зогр Мар Ас Сав Син Евх Супр.— Ср.* заоутра; из оутра *ср.* оутро[2], оутрие

ОУТРО[2] *нареч.* (26) [ютро *Зогр* (3) *Мар* (6) *Син* (9); ѵтро *Мар* (1)] **1.** (τὸ) πρωΐ утром ráno: оутро же възвраць сѧ в градъ възалъка *Мт 21, 18 Зогр-пал*, ютро *Мар* (∅ *Зогр*); ютро молитва моѣ варітъ тѧ *Пс 87, 14 Син* ▭ коупьно оутро ἅμα πρωΐ рано утром časně zrána: іже (*т. е.* человѣкъ домовитъ) изиде коупьно ѵтро (!) • наıатъ дѣлателъ виноградоу своемоу *Мт 20, 1 Мар*, оутро *Ас* (за ѹтра *Сав*, ∅ *Зогр*) **2.** αὔριον завтра, на следующий день zítra, druhého dne: аще трѣвѫ сельнѫѭ дньсь сѫщѫ • а оутро вь пещь въпагаемѫ сѧ • б⟨ог⟩ъ тако одѣетъ *Мт 6, 30 Сав* (оутрѣ *Зогр Мар*); оутро въ тъ дьнь ѩти имѫтъ бꙑти *Супр 125, 2.— Зогр Мар Ас Сав Зогр-пал Син Супр.— Ср.* заоутра, оутро[1] (из оутра), оутрѣ

ОУТРОСЪ, -а *м* (6) [..осъ *Сав* (1)] ὄρθρος *церк.* утреня, заутреня jitřní, ranní hodinky: ева⟨нъ⟩г⟨елие⟩ ѡт⟨ъ⟩ лоук⟨ꙑ⟩ на ѹтросъ *Сав 126а 11-12.— Ас 111аа 18-19; Сав 83б 18; 128а 15; 139а 12; 147б 14.— Ср.* оутрьница, оутрьнь (оутрьнıаıа)

ОУТРОУДИТИ СѦ, оутроуждѫ сѧ, оутроудиши сѧ *сов.* (3) [оутвръди (!) *Син* (1)] κοπάζειν, κοπιᾶν изнемочь, устать, утомиться unavit se, vysílit se: оутроуд(н)хъ сѧ вопиѧ ıзмлъче грътань мои *Пс 68, 4 Син*; оутроудіхъ сѧ въздꙑханье-м-оимъ (-ньемь моимъ) *Пс 6, 7 Син*; ї оутвръді (! *вм.* оутроуди) сѧ въ вѣкъ живъ бѫдетъ до коньца *Пс 48, 10 Син*

оутроуждати *Супр 124, 12 см.* оутвръждати

ОУТРЬНИЦА, -ѧ *ж* (7) ὄρθρος *церк.* утреня, заутреня jitřní, ranní hodinky: начѧтокь оутрьници се есть *Ас 131а 18-19*; по конъчани оутръници поет(ъ) сѧ *Ен 30б 6.— Ас 27аа, 306β, 112аβ, 158а 1; Ен 30а 16.— Ср.* оутросъ

ОУТРЬНЬ, -ѣнии *прил.* (18) [оутръньи- *Син* (1); ютр- *Евх* (1)] **1.** τῆς πρωΐας, ἑωθινός утренний ranní: оупъва д⟨оу⟩ша моѣ на г⟨оспод⟩ѣ • отъ стражьѧ оутрьнѧ до ноштı *Пс 129, 6 Син*; изгонитъ тѧ г⟨оспод⟩ь трѧсавице ютрънѣѣ *Евх 49а 6* □ на оутрьнѭѭ, на оутрьнихъ ἐν τοῖς ὄρθροις, ὀρθρινός (!) утром ráno: на оутрънѣіхъ (!) поучаахъ сѧ въ тѧ *Пс 62, 7 Син*; или на оутрънѭѭ • или на полоуд҄не *Евх 54а 24* ▭ оутрьнıаıа *ж в знач. сущ.* ὄρθρος *церк.* утреня, заутреня jitřní (hodinky): чьтениıа ѡт⟨ъ⟩ еваг⟨гелиıа⟩ ві • на ѹтрьнии • с⟨вѧ⟩таго пѧтъка *Сав 99а 13* **2.** оутрьнии (дьнь) ἡ ἐπιοῦσα ἡμέρα, ἡ αὔριον, ἡ ἐπαύριον завтрашний, следующий день zítřek, druhý den: въ оутрьни же д⟨ь⟩нь по параскевьѣні • събърашѧ сѧ ар҄хиереи ı фарисеı • къ пилатоу *Мт 27, 62 Зогр Мар* (на оутрнıа *Супр 439, 17*); повелѣ на оутрьнии дьнь привести раба божиıа артемона *Супр 226, 9*; въ оутрьниı • ı ишьдъшемъ ıмъ отъ витаниѧ • възлака *Мк 11, 12 Зогр Мар*; на оутрьни ишедъ *Л 10, 35 Мар* (на оутрьѣ *Зогр*).— *Зогр Мар Ас Сав Син Евх Супр.— Ср.* заоутра, заоутрьнь, оутрѣшьнь, оутрие (на оутрнıа), оутрѣи

ОУТРЬНЮВАТИ, -нюѭ, -нюеши *несов.* (2) [ютрън- *Син* (1)] ὀρθρίζειν рано вставать časně vstávat: вьсоує вамъ естъ ютръневати *Пс 126, 2 Син.— Пс 62, 2 Син*

ОУТРЬНѪТИ, -нѫ, -нєши *сов.* (1) ναρκᾶν застыть на месте ztrnout, ztuhnout: ѡ скврьнавꙑима ногама како не оутрьпоста ти *Супр 66, 1*

оутрьп- *см.* оутрьнѫти

ОУТРѢ *нареч.* (10) [ютрѣ *Мар* (1)] αὔριον завтра, на следующий день zítra, druhý den: аште же сѣно дьньсь сѫштее • а оутрѣ въ огнь вьмѣтаемо *Мт 6, 30 Зогр Мар Ас* (оутро *Сав*); *Л 12, 28 Зогр Мар*; обаче подобаатъ ми дьнесь и ютрѣ • и въ онъ день ити *Л 13, 33 Мар* (∅ *Зогр*); отъ чл⟨овѣ⟩къ иже дьнесь сѫтъ • а оутрѣ не бѫдѫтъ *Супр 102, 3.— Супр 154, 22; 165, 3; 561, 19.— Ср.* заоутра, оутро[2]

ОУТРѢИ *прил.* (21) **1.** на оутрѣи πρωΐ утром, с утра ráno, zrána: на оутрѣи съвѣтъ сътворьше архиереи и старьци *Мк 15, 1 Мар* (на оутрьѣ *Зогр*) **2.** оутрѣи (дьнь) ἡ αὔριον, ἡ ἐπαύριον завтрашний день zítřek, druhý den: оутрѣı бо печетъ сѧ собоѭ *Мт 6, 34 Сав* (оутрьнии бо д⟨ь⟩нь *Зогр Мар*); въ оутрѣı же дьнь въсхотѣ ı⟨соу⟩с⟨ъ⟩ ıзити въ галилеѭ *И 1, 44 Зогр Мар.— Зогр Мар Ас Сав Ен.— Ср.* оутрьнь, оутрѣшьнь; оутрие (на оутрнıа)

ОУТРѢШЬНЬ, -ѣнии *прил. в знач. сущ.* (1) ἡ αὔριον завтрашний день zítřek: слꙑшалъ бо бѣаше реченок отъ г⟨оспод⟩а • не п'цѣте сѧ оутрѣшьнимъ *Супр 547, 9* (на оутрѣи *Мт 6, 34 Зогр Мар*, на оутрия *Сав*).— *Ср.* оутрик (на оутрия), оутрьнь, оутрѣи

ОУТОУЖДИТИ, -ждѫ, -ждиши *сов.* (1) ἀπαλλοτριοῦν отторгнуть, отнять odcizit, vzdálit, odvrhnout: оутоуждени бышѧ грѣшьнии отъ ложеснъ • заблѫдишѧ отъ чрѣва гла⟨гола⟩шѧ лъжѧ *Пс 57, 4 Син*

ОУТЪКНѪТИ, -нѫ, -неши *сов.* (2) συναντᾶν наткнуться *на кого-л.*, (случайно) встретить narazit *na někoho*, potkat: или без годинꙑ етерꙑ • ли за оутра • или полоученьемь и еси оутоклъ *Евх 54б 1* □ оутъкнѫти сѧ комь, чемь προσπίπτειν наткнуться *на что-л.*, столкнуться, встретиться *с чем-л.* (случайно) narazit *na něco*, potkat se: ч⟨ловѣ⟩къ слѣпъ • прѣхождааше тварь • емьже сѧ оутъкнѣаше • кланѣаше сѧ емоу б⟨ог⟩а не могꙑ обрѣсті *Клоц 10а 22.*— *Ср.* потъкнѫти

ОУТѢХА, -ꙑ *ж* (9) παράκλησις утешение; облегчение, подкрепление útěcha; posílení, občerstvení: ѡбаче горе вамъ богатꙑмъ • ѣко въсприѩсте оутѣхѫ вашѫ *Л 6, 24 Зогр Мар*; на оутѣхѫ довьлѣѭштага стран'нꙑимъ *Супр 565, 22.*— *Л 2, 25 Зогр Мар Ас Сав Боян; Евх 92б 21.*— *Ср.* оувѣтъ, оутѣшеник

ОУТѢЩАТИ, -аѭ, -акши *несов.* (2) συνέχειν теснить, напирать tísnit, tlačit: народи оутѣштаѭтъ тѧ • і гнетѫтъ *Л 8, 45 Зогр Мар* (оутіскаѭтъ тѧ *Ас*, оуриваѭтъ тѧ *Сав*).— *Ср.* гнести, оугнѣтати, оуривати, оутискати

ОУТѢШАТИ, -аѭ, -акши *несов.* (15) παρακαλεῖν παραμυθεῖσθαι, εἰς παραμυθίαν εἶναι, νουθετεῖν утешать; ободрять utěšovat, těšit; posilovat: ѡ в'семь сѫщаагo печальна • притѣкаѭщааго къ тебѣ • оутѣшаеши *Евх 32а 19-20*; жьдахъ иже со мъноѭ поскръбитъ і не бѣ • ї оутѣшаѭшта і не обрѣтъ *Пс 68, 21 Син* ● поучать, наставлять poučovat: мънога же и ина оутѣшаѩ благовѣстъствоваше къ людемь *Л 3, 18 Мар Ас* (г⟨лаго⟩лѧ *Зогр*, повѣдаѩ *Сав*); нѫ оутѣшаите себе на въсѣкъ (дънъ) *Евр 3, 13 Ен* □ оутѣшати сѧ радоваться těšit se, radovat se: въсприѩлъ еси твоѣ благаа • въ животѣ твоемь • і лазарь такожде своѣ зълаѣ • нꙑнѣ же сьде оутѣшаетъ сѧ • а тꙑ страждеши *Л 16, 25 Зогр Ас Сав.*— *И 11, 31 Зогр Мар Ас Сав; Супр 291, 22; Зогр-лл 1а 7*

ОУТѢШЕНИК, -ия *с* (12) παράκλησις, παραμυθία, γαλήνη (!) утешение; ободрение útěcha; posila: оутѣшениѣ твоѣ възвеселишѧ мѩ *Пс 93, 19 Син*; г⟨лаго⟩лати благаа... о в'сѣхъ людехъ • да оутѣшение (*вм.* оутишеник? въ тѣшеник?) ихъ • вь безмлъвьно житие • еже живемъ • во в'сѣко благовѣрие • і чистотѣ *Евх 19а 15-16* ● παραίνεσις поучение, наставление poučení: то бо кстъ похваленик мѫченик' • оутѣшеник събранꙑихъ *Супр 83, 22.*— *Пс 76, 3 Син* (*глосса 97б 1*); *Евх 25а 12; 32б 8; 57а 25; 92б 16; Супр 92, 25; 379, 9; 407, 11; 570, 14.*— *Ср.* оувѣтъ, оутѣха

оутѣшимꙑи *Супр 190, 30 см.* неоутѣшимъ

ОУТѢШИТИ, -шѫ, -шиши *сов.* (27) παρακαλεῖν, παραμυθεῖσθαι, ἀπαλλάσσειν утешить; ободрить utěšit; posílit: жезлъ тво-і (!) палица твоѣ та мѩ оутѣшисте *Пс 22, 4 Син*; егда възврати г⟨оспод⟩ь плѣнъ сионь • бъїхомъ ѣко оутѣшени *Пс 125, 1 Син*; они же... по силѣ кго оутѣшишѧ *Супр 524, 4* □ оутѣшити сѧ παρακαλεῖσθαι утешиться utěšit se: рахиль плачѫщи сѧ чѩдъ своихъ • и не хотѣаше оутѣшіті сѧ ѣко не сѫтъ *Мт 2, 18 Ас Сав Боян*; днес⟨ь⟩ • ѡтъ ветъхааго плача оутѣшихомъ сѧ *Евх 2б 11* ● *греч. нет* убедиться, увериться poučit se, přesvědčit se: не мене ради благодать б⟨о⟩жиꙗ сътвори се чоудо • мѫжь бо кемъ оубогъ и грѣшьнъ • нъ васъ рад'ма страньнꙑихъ да въі оутѣшите сѧ *Супр 551, 15-16.*— *Зогр Мар Ас Сав Боян Син Евх Супр*

ОУТѢШЬНЪ, -ꙑи *прил.* (1) παρακλητικός утешающий, утешительный útěšný: си словеса оутѣшьнага • подаваѭште дроугъ дроугоу *Супр 91, 27*

ОУТѦГНѪТИ, -нѫ, -неши *сов.* (1) merere удостоиться, сподобиться zasloužit si; stát se hodným: чьстьнаго климента законьника і мѫченика чьсті чьстьѩце • іже оутѩже бъіті блаженоумоу апостолоу твоемоу петроу • въ інокості подроугъ *Киев 1б 19.*— *Ср.* съподобити сѧ, достоинъ (достоинъ бъіти)

ОУТѦЖИТИ, -жѫ, -жиши *сов.* (1) βαρεῖν обременить, отяготить zatížit, obtížit: ни сице оутѧжилъ (! *вм.* -ло) землѭ стлъпотворение споловъ *Супр 485, 9.*— *Ср.* отѧгъчити, оутѧжьчити

ОУТѦЖЬЧИТИ, -чѫ, -чиши *сов.* (1) βαρεῖν обременить, отягчить zatížit, obtížit: ни сице оутѧжъчила ѭ кръвь захарина *Супр 485, 12-13.*— *Ср.* отѧгъчити, оутѧжити

ОУХО, оуха *и* оушесе *с* (>100) [въ ноушию *Мар* (1); вън-оуши *Син* (1)] οὖς, ὠτίον, ὠτάριον; (за оухо оударити ῥαπίζειν) ухо ucho: въ слоухъ оухоу оуслꙑшаше мѩ *Пс 17, 45 Син*; іже імать оуши слꙑшати да слꙑшитъ *Мк 4, 23 Зогр Мар*; се бо ѣко бꙑстъ гласъ • цѣлованьѣ твоего • въ оушью моею възигра сѧ младѣништь радоштами вь чрѣвѣ моемь *Л 1, 44 Зогр*, въ оушию *Ас Сав*, въ ноушию *Мар*; да ови похватнвъше за оуши влѣчаахѫ и

Супр 44, 20; **вьчера за оухо оударенъ бываашє** *Клоц 13а 24; Супр 449, 25*; **ні обрѣзані срьдьці • ні оушесы своімі** *Клоц 7а 19*; **оуши кмоу свѣтьлѣ быста** *Супр 142, 7* ● τρῆμα, τρυμαλιά ушко ouško: **оудобѣє бо єсть вельбѫдоу • сквозѣ ігълинѣ оуши проіти** *Л 18, 25 Зогр Мар Ас Сав* ◆ **къ оухоу, въ оухо** εἰς τὸ οὖς, πρὸς τὸ οὖς на ухо, тайком tajně: **єже къ оухоу г⟨лаго⟩ласте • въ таілиштихъ • проповѣстъ сѧ на кровѣхъ** *Л 12, 3 Зогр Мар Боян*, **въ оухо** *Ас.— Зогр Мар Ас Сав Унд Боян Ен Син Евх Клоц Супр.— Ср.* **слоухъ**

ОУХОДЪ, -**а** *м* (1) φυγάς беглец uprchlík: **видѣшѧ лазара оухода сьмрьти бивъша** (!) *Супр 323, 18.— Ср.* **оушьдь**

ОУХОУДѢТИ, -**ѣѭ**, -**ѣкши** *несов.* (1) μειοῦσθαι уменьшаться zmenšovat se: **не вьнѣ тоѩ ждє чьсти сынови слово причѧштакмо кстъ • не бо ни начьномо ни прибываѭште • или оухоудѣѭште** *Супр 327, 21.— Ср.* **охоудѣти**

ОУШЕДРИТИ, **оушедрѭ** *или* **оушеждрѭ** (?), **оушедриши** *сов.* (5) οἰκτίρειν, οἰκτειρεῖν смилостивиться, сжалиться, проявить сострадание, милосердие slitovat se, smilovat se: **б⟨о⟩же оушедрі ны** *Пс 66, 2 Син*; **написание зълы жизни • ѩже помиловавъ очисти • и оуштедривъ омы** *Супр 390, 18-19.— Пс 101, 15; 122, 2 Син; Супр 75, 21.— Ср.* **помиловати, съмилити сѧ, оумилосрьдити сѧ**

ОУЦѢСАРИТИ СѦ, -**рѭ сѧ**, -**риши сѧ** *сов.* (1) βασιλεύειν воцариться zavládnout: **и оуцѣсари сѧ сьмрьть отъ адама до мосеа** *Супр 482, 18.— Ср.* **въцѣсарити сѧ**

оучєкъ *Супр 498, 26 см.* **оученикъ**

ОУЧЕНИКЪ, -**а** *м* (>800) [**оуче(к̑)**- *Ас* (9), **оуч(к̑)**- *Ас* (2), **оучк**- *Ас* (1), **оуче(н)**- *Ас* (1), **оуче(н̑)к** *Ас* (1), **оучекъ** (!) *Супр* (1); **оучеци** (!) *Сав* (1); **оученикотъ** *Ас* (1)] μαθητής, νήπιος (!), παῖς, υἱός (!), φοιτητής (!), ἄγγελος (!) discipulus ученик, последователь (*учения*) žák, učedník: **съ нимь ідѣахѫ оученици єго • і народъ многъ** *Л 7, 11 Зогр Мар Ас*; **посъла дъва отъ оученикъ своіхъ** *Мк 11, 1 Зогр Мар*; **нѣстъ оученикъ надъ оучителемь своімь** *Л 6, 40 Зогр Мар*; **нічътоже бѣ не остало • іхъже** (*т. е.* **чоудесъ**) **не подобаєтъ оученикоу показаті** *Клоц 5б 7*; **сватъıи прѣдастъ доушѫ господоу • съ дьвѣма оученикома своима** *Супр 217, 1-2*; **чловѣкъ бѣ оученикъ сотонинъ** *Супр 7, 15.— Зогр Мар Ас Сав Охр Унд Зогр-пал Боян Киев Евх Клоц Супр*

ОУЧЕНИЦА, -**ѧ** *ж* (1) *греч. нет* ученица, последовательница (*учения*) žákyně, učednice: **нед⟨ѣлѣ⟩ в̑ в⟨ъ⟩ нѫж⟨е⟩ бъив⟨а⟩ет⟨ъ⟩ памѧт⟨ь⟩... прочим⟨ъ⟩ оученик⟨о⟩мъ и оученицам⟨ъ⟩ г⟨осподь⟩нѣм⟨ъ⟩** *Ас 116а 11*

ОУЧЕНИЧЬ *прил.* (3) τοῦ μαθητοῦ ученика *род.* učedníkův: **въ імѧ оучениче** *Мт 10, 42 Зогр* (**оученика** *Мар Ас*, **оученикоу** *Сав*); **съмате сѧ оубо зьрѧ безоумьѣ оученіча** *Клоц 3б 8.— Клоц 3б 30-31*

ОУЧЕНИЄ, -**ніа** *с* (76) [**течении** (!) *Супр 310, 12*] **1.** διδαχή, δίδαγμα, διδασκαλία, ἀνάγνωσμα (!) учение, доктрина učení, nauka: **г⟨лаго⟩лаашє імъ въ оученіі своємь** *Мк 12, 38 Зогр Мар; Мк 4, 2 Мар* (∅ *Зогр*); **вьсь народъ дивл̑ѣахѫ сѧ о оученіі єго** *Мк 11, 18 Зогр Мар; Мк 1, 22 Зогр Мар*; **въ соує же чьтѫтъ мѧ • оучѧште оучениѣ заповѣдиі ч⟨ловѣ⟩ч⟨ь⟩скъ** *Мк 7, 7 Зогр Мар*; **храните сѧ... отъ оучениѣ фарисеиска** *Мт 16, 12 Зогр Мар*; **въ многаего мѣсто мирьскааго оученьıа прѣдъложивъ • покоушѫ сѧ... прѣдъложити доушеоуспѣшьнаıа** *Супр 534, 16* □ **оучениıа** *мн.* τὰ δόγματα догматы dogmata: **ни оучениıа правъıѧ вѣръı • без дѣлъ благъ приѩтъна б⟨ог⟩оу** *Хил 26β 3*; **показа доблаıа мати • ıако оучениими благъıм вѣръı вьскрьмила и** *Супр 96, 17-18* **2.** παραίνεσις, διδασκαλία, διδασκαλεῖον, διδαχή, μάθησις, κατήχησις, νουθεσία учение, поучение, наставление učení, vyučování, poučování, poučení: **єгда оунъıємъ • ні оученье намъ пользѫ творітъ • ні казанье** *Клоц 5б 20*; **таланти бо сьде сѫтъ • коєгождо сила... или въ оучении • или въ коки любо потрѣбѣ** *Супр 378, 22.— Зогр Мар Ас Сав Ен Син Клоц Супр Хил Зогр-лл.— Ср.* **въглашениє, казаниє, наказаниє, наоучениє, оглашениє, пооучениє, оучительство**

оучи *Пс 17, 48 Син см.* **оумѫчити**

ОУЧИНАНИЄ, -**ніа** *с* (1) ἐπιτήδευμα начинание, деяние počínání, skutek: **ї пооучѫ сѧ во вьсѣхъ дѣлѣхъ твоіхъ • ї на оучінаниіхъ твоїхъ поглоумлѭ сѧ** *Пс 76, 13 Син.— Ср.* **дѣло, начинаниє, начѧтъкъ**

ОУЧИНИТИ, -**нѭ**, -**ниши** *сов.* (11) [**оучиненимь!** *Син* (1)] τάσσειν, παρατάσσεσθαι устроить, организовать, упорядочить uspořádat, zařídit: **в'сѣмъ бо ч⟨ловѣ⟩комъ обьщинѫ оучинилъ єси** *Евх 58а 16-17*; **оучинивъ цѣсарь воѩ своѩ • исхождааше на рать** *Супр 192, 24* ● κατατάσσειν; (**прьвѣє оучинити** προανατάσσεσθαι) поместить umístit: **оучини д⟨оу⟩хъ іхъ • в' селѣхъ праведьничихъ** *Евх 64б 19-20*; **ѣште не прьвѣє оучиненіїмь** (! *вм.* **оучинѭ**) **ї⟨ероуса⟩л⟨и⟩ма • ѣко въ начѧло веселиѣ моєго** *Пс 136, 6 Син* ● τάσσειν подчинить podřídit: **азъ ч⟨ловѣ⟩къ єсмь подъ властелы • оучинєнъ** *Л 7, 8 Зогр Мар Ас Сав* □ **оучинити сѧ** ῥυθμίζεσθαι вести себя соответственно chovat se přiměřeně: **и вьсѣми отьнѫдь оучинити сѧ подобаатъ • наѳанаaго вь стадии добрыѩ • дѣтели** *Супр*

497, 27.— Евх 59а 1-2; 65б 2-3.— Ср. въчинити, оустроити

ОУЧИНІЄНИЄ, -нꙗ *с* (3) **1.** διάταξις устройство, определение zařízení, řízení: оучинениемь твоїмь прѣбываеть день • ѣко вьсѣ работьна тебѣ *Пс 118, 91 Син* **2.** εὐταξία порядок, распорядок řád: да ли о пльтьнѣѣмь оучинениѥ *Супр 361, 22*; оучинениѥ бо вьнѣш'ниихъ оудовъ • образъ ѥсть етеръ доушевьна'го оустроѥньꙗ *Супр 497, 28.— Ср.* оустроѥниѥ

оучинѥниѥ *Пс 136, 6 Син см.* оучинити

ОУЧИТЕЛЬ, -лꙗ *м* (>100) διδάσκαλος, ῥαββί, παιδοτρίβης, παιδευτής учитель, наставник učitel: нѣстъ оученикъ надъ оучителемь *Мт 10, 24 Зогр Мар Ас*; она же рѣсте емоу • равви • еже г⟨лаго⟩летъ сѧ съказаемо оучителю • къде живеши *И 1, 39 Зогр Мар Ас*; г⟨лаго⟩лашѧ емоу оученици его • оучителю • нынѣ искаахѫ тебе камениемь побити июдеи *И 11, 8 Мар* (равви *Зогр Ас*); оученици и дрꙋзии с нимъ толици • за имѧ оучителꙗ своѥго оумрѣшѧ *Супр 136, 15*; боуѥсти оучитель ѥси *Супр 139, 26.— Зогр Мар Ас Сав Охр Боян Евх Клоц Супр.— Ср.* казатель, наставьникъ, пѣстоунъ, равви, раввоуни

ОУЧИТЕЛЬНЪ, -ꙑи *прил.* (1) *греч. нет* поучающий, поучительный poučný: что бо въ словесехъ оучительнꙑихъ оставишѧ *Супр 542, 15-16.— Ср.* поучаливъ

ОУЧИТЕЛЬСТВО, -а *с* (1) διδασκαλεῖον поучение, наставление učení, poučování: сего ради цръкꙑ наказаетъ • сего ради нꙑнѣшьнѣа оучительства *Хил 2ба 20-21.— Ср.* оученииѥ

ОУЧИТЕЛЮВЪ *прил.* (2) τοῦ διδασκάλου учителев, учительский učitelův: видѣ ли испытанье оучителево *Клоц 4а 10-11*; нъ обѣштании ли оучителевꙑ нѣкоторꙑими *Супр 442, 16-17*

ОУЧИТИ, оучѫ, оучиши *несов. без доп.*; кого чесомоу; кого чьто; о чемь; *с инф.* (>100) διδάσκειν, παραινεῖν, νουθετεῖν, τὸν λόγον ποιεῖν, κρατύνειν (!), δεικνύναι (!), τὴν λύσιν τῆς ἁμαρτίας μεταδιδόναι (!) учить, наставлять; поучать učit, vyučovat; poučovat: вьзиде и⟨соу⟩с⟨ъ⟩ въ цръкъве і оучааше *И 7, 14 Зогр Мар Ас*; пристѫпишѧ къ немоу оучѧцю • архиереи и старьци людьстии *Мт 21, 23 Мар Зогр-пал* (∅ *Зогр*); въ соуе же чьтѫтъ мѧ • оучѧште оученїѣ заповѣдиі ч⟨ловѣ⟩ч⟨ь⟩скъ *Мк 7, 7 Зогр Мар*; і егда не бѣ нікътоже оучѧ его • тогда лоучꙑ бꙑвааше *Клоц 5б 26* (никогоже бѣ кажѫшта *Супр 415, 4*); бꙑстъ мѫжъ пророкъ... о бѫдѫштинимъ оучѧ *Супр 476, 9*; оучааше и вьсеи мѫдрости *Супр 414, 8*; не бранѭ сего • нъ оучѫ лихо мѣрꙑ не бꙑти *Супр 494, 26* ● подкреплять, побуждать povzbuzovat: ведомомъ же имъ • оучааше ѧ с⟨вѧ⟩тꙑи кѵриѡнъ • глаголѧ • братиꙗ не възбоимъ сѧ *Супр 72, 21* ● чьто διδάσκειν показывать ukazovat: дъва потаѥна оученика • съкрꙑтъ їсоуса въ гробѣ градета • съкръвенѫѭ въ адѣ тѣснѫ (! *вм.* таинѫ)... оучѧшта *Супр 453, 29*; землꙗ трѧсѣаше сѧ... показаѭшти ж(е) (и) (о)учѧшти ꙗко б⟨ог⟩ъ бѣ пропинаѥмꙑи *Супр 485, 5* ▭ оучити сѧ μανθάνειν, μαθητεύεσθαι учиться; быть учеником učit se; být žákem: како сь кънигꙑ оумѣетъ не оучь сѧ *И 7, 15 Зогр Мар Ас*; приде... іосифъ • іже і оучи сѧ оу і⟨соу⟩са *Мт 27, 57 Зогр Мар Ас*; оученици ѥмоу бꙑваахѫ • ѥгда хотѣахѫ что от него оучити сѧ *Супр 477, 2* ▭ оучѧ(и) *в знач. сущ.* διδάσκων, διδάσκαλος учитель učitel: паче вьсѣхъ оучѧштихъ сѧ (! *вм.* мѧ) разоумѣхъ *Пс 118, 99 Син*; добрѣ нарицаемꙑи стран'никъ • оучѧштиїхъ оучитъ • добрѣ хотѧ оувѣдѣти • оучѧштиихъ онѣмьꙗѥтъ *Супр 477, 28 и 29.— Зогр Мар Ас Сав Зогр-пал Боян Ен Син Евх Клоц Супр.— Ср.* казати, наоучати, показати, пооучати; оучити сѧ *ср.* навꙑцати

оучити *Пс 17, 48 Син см.* оумѫчити

ОУЧИЩАТИ, -аѭ, -аѥши *несов.* (1) *греч. нет* очищать očišťovat; *перен.*: і нашѫ д⟨оу⟩шѫ ѥако оучиштаетъ • отъ вьсѣкого гнѣва і ѣрости *Клоц 4а 12-13.— Ср.* очищати, оцѣщати

оучічьжітъ (!) *Пс 68, 34 Син см.* оуничьжити

ОУЧОУТИ, оучоуѭ, оучоуѥши *сов.* (1) *греч. нет* ощутить, почувствовать, услышать pocítit zaslechnout: правъднꙑи же оучоувъ плиштъ бѣгаѭштиихъ • пꙑтааже кꙑи извѣтъ смꙑтеньꙗ того *Супр 566, 1*

оучъжітъ *Пс 50, 19 Син см.* оуничьжити

ОУЧѦСТИѤ, -ꙗ *с* (5) μερίς доля, участие podíl, účast: ї съ прѣлюбодѣи оучѧстъе свое полагааше *Пс 49, 18 Син*; і прими и • въ оучѧстие • ізбъранꙑхъ твоихъ *Евх 101б 9*; имаши бо часть оучѧстиꙗ родьства огньнааго • и сьпричѧстьникъ ѥси от'цоу твоѥмоу диꙗволоу *Супр 12, 3.— Евх 92б 22; Супр 279, 10.— Ср.* чѧсть

оучѧстьнъ *Супр 445, 25-26 см.* оужастьнъ

ОУЧѦСТЬНѢ *нареч.* (1) μερικῶς в частности, особенно zvláště: ѥстъ оубо отъ многꙑих' дроугꙑихъ • оузрѣти знамении • оучѧстьнѣ же и отъ хотѧштааго • отъ насъ прѣдьложенааго бꙑти сьповѣданьꙗ *Супр 513, 25*

ОУЧѦТИ, оучьнѫ, оучьнеши *сов.* (1) ἄρχεσθαι начать začít: оучѧтъ в'се множьство оученикъ • радоуѭште сѧ хвалите (! *вм.* -ти) б⟨ог⟩а • гласомь велиемь *Л 19, 37 Зогр* (начатъ *Мар*).— *Ср.* въчати, начати

ОУШИДЬ, -и *м* (1) φυγάς беглец uprchlík: воинъ оушидь храбръıи • плѣньникъ *Супр 93, 11.— Ср.* оуходъ

ОУШИРИТИ, -рѭ, -риши *сов.* (1) πλατύνειν расширить rozšířit: оуширилъ естъ (! *вм.* еси) стопы моꙗ подо мъноѭ *Пс 17, 37 Син.— Ср.* раширити

ОУѢДЕНИѤ, -ниꙗ *с* (1) *греч. нет* укус kousnutí: ι се ѣко вьсѣкого пламене пламен'нѣе • ι ѣдовитоу оуѣденью ѣдовитѣе да отъбѣжιмъ *Клоц 16 28*

ОУѢЗВИТИ, оуꙗзвлѭ *или* оуꙗжвлѭ (?), оуꙗзвиши *сов.* (4) τραυματίζειν ранить, поранить zranit, poranit: они же ι сего оуѣзвивъше • ιзгънаша *Л 20, 12 Зогр*, оуѣзвьше *Мар*; диꙗволъ же сь бѣсы оуꙗзвенъ быстъ *Супр 86, 9.— Супр 339, 28-29*

ОУѢСТИ, оуꙗмь, оуꙗси *сов.* (1) θηρεύειν съесть, сожрать sníst, seřzat: (да)... ни влъка овьцѧ мьнѣвъше оуꙗдени бѫдемъ *Хил 2а 10-11.— Ср.* изобати, изѣсти, поꙗсти, сънѣсти

ОУѢШНѢТИ, -ниꙗѭ, -ниꙗеши *несов.* (1) διαρθροῦν разъяснить, объяснять objasňovat: показание оудьное на много привваждаемо потрѣбьнѣ намъ оуꙗшниꙗти прѣдълежаштее *Зогр-лл 1б 6*

ОУѢДРИТИ (СѦ), оуꙗдрѭ *или* оуꙗждрѭ (?) (сѧ), оуꙗдриши (сѧ) *сов.* (3) ταχύνειν поспешить, поторопиться pospíšit si: приклонι ко мънѣ оухо твое оуꙗдрι изꙗтι мꙗ *Пс 30, 3 Син*; оуꙗдришꙗ забꙑшꙗ дѣ[лѣ]ла его *Пс 105, 13 Син*; оумножишꙗ сꙗ немоштι ιхъ по сιхъ оуꙗдришꙗ сꙗ *Пс 15, 4 Син*

ОУѦТИ, оуимѫ, оуимеши *сов.* что кого (4) **1.** (оуѧти сѧ ἀδυνατεῖν) отнять, взять *у кого-л.* odejmout, vzít *někomu*: ничьто же оуиметъ сѧ васъ *Мт 17, 20 Сав* (не възможьно бѫдетъ вамъ *Мар Ас*, ∅ *Зогр*) ● *греч. нет* устранить, убрать, разобрать odstranit: оуѧшѧ градънꙑꙗ стѣнꙑ *Супр 540, 4* **2.** *греч. нет* взять vzít: приѧшѧ его крьстиꙗни съ многоѭ радостиѭ • оуимъше коуп'но с нимъ и съ сѫштиними емоу *Супр 540, 3-4* ● *перен.* охватить zachvátit: боꙗзньѭ многоѭ оуѧтъ *Супр 543, 21.— Ср.* възѧти, поѧти

Ф

Ф *цифра кир.* (1) φ' 500: памѧтъ с⟨вѧ⟩тꙑхъ мѫченикъ калистрата и дроужинꙑ его • числомъ • ф҃ч • *Ен 37б 13*

ФАЛЕКОВЪ *прил. к мужскому имени Фалек* (2) τοῦ Φάλεκ Фалеков Fálekův: с⟨ꙑ⟩нъ сꙑ ѣко мьнимъ бѣ • ιосифовъ... рагавовъ... фалековъ • еверовъ *Л 3, 35 Зогр Мар*

ф а н а и л е в ъ *Л 2, 36 Сав см.* фаноуилевъ

ФАНОУИЛЕВЪ *прил. к мужскому имени Фануил* (4) [фанаилев- *Сав* (1)] τοῦ Φανουήλ Фануилов Fanuelův: бѣ анна пророчица • дъшти фаноуιлева • отъ колѣна сꙋрова *Л 2, 36 Зогр Мар Ас*, фанаилева *Сав*

ф а о с а (!) *Пс 134, 9 Син см.* фараось

ФАРАОНОВЪ *прил.* (1) τοῦ φαραώ фараонов faraónův: отъвръже сѧ нари(цати сꙑнъ) дъщер(е) фараоновъ(ι) *Евр 11, 24 Ен.— Ср.* фараонь, фараоушь

ФАРАОНЪ, -а *м* (1) φαραώ фараон faraón: даѭшта знамениꙗ и чоудеса въ егѵптѣ • въ фараонѣ и въ людехъ его *Супр 77, 12-13.— Ср.* фараось

ФАРАОНЬ *прил.* (1) τοῦ φαραώ фараонов faraónův: сънабьдѣвꙑи моѵсиѭ отъ рѫкꙑ фараонꙗ *Супр 179, 9-10.— Ср.* фараоновъ, фараоушь

ФАРАОСЪ, -а *м* (3) [фаос- ! *Син* (1)] φαραώ фараон faraón: посъла знаменιѣ ї чюдеса... на фаоса (!) ї на вьсꙗ рабꙑ его *Пс 134, 9 Син*; тꙑ фараосоу въ срьдци витавъ • новорожденꙑꙗ жидовьскꙑ дѣти акꙑ трѣвѣ оувѧнѫти сътвори *Супр 389, 12.— Пс 135, 15 Син.— Ср.* фараонъ

ФАРАОУШЬ *прил.* (1) τοῦ φαραώ фараонов faraónův: тꙑ еси б⟨ог⟩ъ нашъ • свобождеи отъ работꙑ фараоушꙗ *Евх 5б 5.— Ср.* фараоновъ, фараонь

ФАРЕСОВЪ *прил. к* фаресъ (2) τοῦ Φάρες Фаресов Fáresův: с⟨ꙑ⟩нъ сꙑ ѣко мьнимъ бѣ... есромовъ • фаресовъ • ιюдовъ *Л 3, 33 Зогр Мар*

ФАРЕСЪ, -а *м имя* (4) Φάρες Фарес Fáres: июда же роди фареса и зара • отъ тамаръι • фаресъ же роди есрома *Мт 1, 3 Ас* (2) *Сав* (2) (∅ *Зогр Мар*)

ФАРИСЕИ, ФАРИСѢИ, -ꙗ *м* (>100) [фарисе- *Зогр Мар Ас Сав Супр*, фарисѣ- *Зогр Мар*, фаръсѣ- *Клоц* (1)] φαρισαῖος фарисей farizej, farizeus: събъраша сѧ ар'хиереи ι фарисеι • къ пилатоу *Мт 27, 62 Зогр Мар Ас*; се естъ кръвь моѣ о неιже прѣжде сего • бестоудънꙑ свѣтъ творѣаше • съ безоумнꙑмι фаръсѣι *Клоц 7б 29*; съ... фарисеи *Супр 419, 24-25*; моли нѣк'то фарисеи г⟨оспод⟩а да ꙗстъ сь нимъ и вълѣзъ въ домъ фарисеовъ възлеже *Супр 390, 26.— Зогр Мар Ас Сав Клоц Супр*

ФАРИСЕИНЪ *прил.* (1) τοῦ φαρισαίου принадлежащий фарисею farizejův: въ фарисеинѫ хлѣвинѫ приде акꙑ чловѣкъ *Супр 391, 4.— Ср.* фарисеискъ, фарисеовъ

ФАРИСЕИСКЪ, ФАРИСѢИСКЪ, -ꙑи *прил.* (20) [фарисе- *Зогр* (3) *Мар* (4) *Ас* (1) *Сав* (1), фарисѣ- *Зогр* (5) *Мар* (5) *Евх* (1)] τῶν φαρισαίων фарисейский, принадлежащий фарисеям farizejský, farizejů *род.*: **вьниде н⟨соу⟩съ въ домъ єдиного кънѧѕа фарисѣиска въ соботѫ хлѣба ѣстъ** *Л 14, 1 Мар; Евх 31а 20*, **фарісенска** *Ас Сав* (Ø *Зогр*); **ѡ квасѣ фарисѣісцѣ** *130а 8 Зогр*, **фарисенсцѣ** *76б 22 Мар.— Зогр Мар Ас Сав Евх.— Ср.* **фарисеинъ, фарисеовъ**

ФАРИСЕОВЪ, ФАРИСѢОВЪ *прил.* (9) [**фарисе-** *Ас* (2) *Супр* (3), **фарисѣ-** *Зогр* (2) *Мар* (2)] τοῦ φαρισαίου фарисеев, фарисейский farizeův: **въшьдъ въ домъ фарисѣовъ възлеже** *Л 7, 36 Зогр Мар*, **фарісеов'** *Ас; Супр 390, 27*; **нечловѣчьскъ бъшьѫ и слѣпъ фарисеѡвъ съмысль** *Супр 393, 4.— Л 7, 37 Зогр Мар Ас; Супр 391, 9.— Ср.* **фарисеинъ, фарисенскъ**

ф а р и с ѣ - *см.* **фарисе-**

ФЕВРОНИꙖ, -ниꙗ *ж имя* (1) Φεβρωνία Феврония Febronie: **прѣ⟨по⟩д⟨обь⟩ныхъ постьницахъ х⟨ристосо⟩вахъ... февронии • оломьпии** *Евх 93а 3*

ф е з д а *И 5, 2 Зогр см.* **витезда**

ФЕЛИЦИТА, -ы *ж имя* (2) [**фелицт-** (!) *Киев* (1)] Felicitas Фелицита Felicitas: **въ тъзе дьнь фелицтъи** *Киев 2а 11*; **блаженъньꙗ раді мѫченицьꙗ твоеꙗ феліцітъи** *Киев 2а 15*

ФЕЛОНЬ, -нꙗ *м или* **ФЕЛОНЬ, -и** *ж* (1) φελόνιον *спец.* фелонь felon: **поп⟨ъ⟩ възложь оурарь • и фелонь • поставь болацаг⟨о⟩ прѣд⟨ъ⟩ олътаремь... молитъ сѧ б⟨ог⟩оу** *Евх 38б 5*

ФЕРВАРЬ, -рꙗ *м* (8) [**фервар-** *Ас* (1), **феѵроар-** *Супр* (1), **феѵвар** *Ас* (1), **фервар** *Ас* (1), **ферр** *Ас* (2), **фвр** *Ас* (2)] φεβρουάριος февраль únor: **мѣ⟨сѧ⟩ца фервар⟨ѣ⟩ в҃ срѣтенне г⟨оспод⟩а наш⟨его⟩ нс⟨оу⟩х⟨рист⟩а** *Ас 141б 13.— Ас 141б 10; 142б 9, 17, 18 и 20; 150б 2; Супр 81, 21*

ф е ѵ р о а р ь *Супр 81, 21 см.* **ферварь**

ФИЛЕИ, -ꙗ *м имя* (4) [*зв.* **филеа** *Супр* (3)] Φιλέας Филей Fileas: **повелѣ вратароу призъвати диꙗкона филеа** *Супр 224, 14-15.— Супр 224, 17 и 21; 225, 20*

ФИЛИКТИМОНЪ, -а *м имя* (1) Φιλοκτήμων Филоктимон Filoktemon: **а се имъ имена • дометиꙗнъ • исѵхии... сисиниї • филиктимон • кѵріл** *Супр 69, 12-13*

ФИЛИМОНЪ, -а *м имя* (1) Φιλήμων Филимон Filemon: **мѣ⟨сѧ⟩ца дек⟨ѧбра⟩ г҃і с⟨вѧ⟩таag⟨о⟩ тѵрса левка калиника • и с⟨вѧ⟩тоую м⟨ѫ⟩ч⟨ени⟩коу филимона и аполона** *Ас 129б 21*

ФИЛИПОВЪ *прил. к* **филипъ** (8) τοῦ Φιλίππου Филиппов Filipův: **ізиде же н⟨соу⟩с⟨ъ⟩ • і оученици его • въ вьсь кесариꙗ филиповы** *Мк 8, 27 Зогр Мар Ас Сав.— Мт 16, 13 Зогр Мар Ас; Супр 350, 7*

ФИЛИПЪ, -а *м имя* (69) Φίλιππος Филипп Filip: **сиі же пристѫпишѧ къ филипоу • іже бѣ отъ видъсаідъ** *И 12, 21 Зогр Мар Ас*; **съвѧза і • въ тъмьници • іродиѣдъ ради • жены филипа братра своего** *Мк 6, 17 Зогр Мар Ас.— Зогр Мар Ас Сав Унд Боян Евх Супр*

ФИЛИСТИОНОВЪ *прил. к мужскому имени Филистион* (1) τοῦ Φιλιστίωνος Филистионов Filistionův: **жродивыꙗ бесѣды филистионовы писати не ставыате** *Супр 403, 23*

ФИЛИТЪ, -а *м имя* (1) Φίλητος Филит Filetos: **отъ нихъже естъ • оумнеи филитъ** *2 Тим 2, 17 Ен*

ФИЛОНДЪ, -а *м имя* (1) Φιλωνίδης Филонид Filonides: **мѣ⟨сѧ⟩ца авгос⟨та⟩ з҃ с⟨вѧ⟩таг⟨о⟩ св⟨ѧ⟩щ⟨е⟩ном⟨ѫ⟩ч⟨ени⟩ка филонда** *Ас 153б 7*

ФИЛОСОФИꙖ, -ниꙗ *ж* (3) φιλοσοφία **1.** стремление, любовь к глубоким знаниям, мудрости touha po poznání, láska k vědění: **да трѣбѣ естъ трѣзва д⟨оу⟩ша • имьже мънози сѫтъ крадоводѧщеи философиеѭ и тъщеѭ лестиѭ** *Хил 2бβ 23-24* (*ср. Кол 2, 8*); **то ли сѫтъ твоꙗ кн҃игы • тѣхъ сократъ отъ аѳинеи не пострада • тои ли сократъ и аристидъ • и анаѯархъ • и прочии величааху сѧ • имже философиѭ и прав'дѫ • и тръпѣние любыахѫ** *Супр 138, 15* **2.** умудренность, премудрость moudrost: **да бі лоучі былъ • вьсеі философии • вештъми • і г⟨лаго⟩лы наоучи і** *Клоц 5б 3* (**мѫдрости** *Супр 414, 9*).— *Ср.* **мѫдрость, прѣмѫдрость, хытрость**

ФИЛОСОФЪ, -а *м* (3) φιλόσοφος мудрец, философ mudrc, filosof: **ꙗкоже чоудити сѧ елинъскыимъ философомъ • крьстьꙗньстѣи мѫдрости и трьпѣнию** *Супр 105, 21* ● *именование Константина-Кирилла*: **мѣ⟨сѧ⟩ца тог⟨о⟩ г҃і с⟨вѧ⟩таго о⟨ть⟩ца наш⟨его⟩ кѵрила философа** *Ас 142б 12.— Ас 145б 23.— Ср.* **хытрьць**

ФИЛОСЪ, -а *м* (1) ψύλλος (?), *вар.* ψιλίτης (?), *вар.* ψαλίτης (?) *вид вредного насекомого druh škodlivého hmyzu*: **зачьнѫ нынѣ г⟨лаго⟩лати • имена гадомъ • прѫгъ • сланѫ • чръвены прѫгъ • катааросъ • филосъ • ілосъ** *Евх 59а 17*

ФИЛОѲЕИ, -ꙗ *м имя* (1) *греч. нет* Филофей Filotheos: **въ въторѣѣмъ же** (*т. е.* **дворѣ**) **бывъ обраштетъ филоѳеа • то бо бѣаше имѧ бывъшоуоумоу примикирию въ старца мѣсто** *Супр 555, 11*

ФИНИКИСИꙖ, -ниꙗ *ж* (1) Φοινίκισσα финикиянка, жительница Финикии Féničanka: **з҃і о финикисии** *Мар 43б 11*

ФИНИКЪ, -а *м* (6) [**пінікъсъ** *Син* (1)] φοῖνιξ пальма palma: **приѩшѧ ваі отъ финикъ • і изидѫ противѫ емоу** *И 12, 13 Зогр Мар Ас*

Сав; праведьнікъ ѣко пінікъсъ (!) про(ц)вьтетъ *Пс 91, 13 Син*; финн(к..) *Ен 7а 11*

ФИНИСЪ, -а *м имя* (1) Φινεές Финеес Fines: и ста финісь и оугоді • и прѣста сѣчъ *Пс 105, 30 Син*

ФЛАVИИ, -ниа *м имя* (1) Φλάβιος Флавий Flávius: а се имъ имена • дометнаигъ... сvтvхии • флавии • леwнтии *Супр 69, 14*

ФЛОРЪ, -а *м имя* (1) Φλῶρος Флор Florus: мѣ⟨сѧ⟩ца авг⟨оу⟩с⟨та⟩ ӗі с⟨вѧ⟩тоую м⟨ѫ⟩ч⟨ени⟩коу флора и лавра *Ас 152а 14*

ФОКА, -ы *м имя* (1) Φωκᾶς Фока Fokas: мѣ⟨сѧ⟩ца сеп⟨тѧ⟩в⟨рѣ⟩ кӗ • с⟨вѧ⟩тънх⟨ъ⟩ м⟨ѫ⟩ч⟨ени⟩къ фокъи и дроужінъи є⟨го⟩ *Ас 121а 15*

ф о р ' ф и р а *Л 16, 19 Зогр см.* поръфvра

ФОТИИ, -ниа *м имя* (1) Φώτιος Фотий Fótios: фотиа (!) патриарха коньстантинна града слово на врьбницѫ и о лазарѣ *Супр 332, 12*

ф р и к а н ъ *Супр 181, 7 см.* африканъ

ф р о п и т ъ *Клоц 2б 14 см.* профитъ

ФРѴГИИСКЪ, -ыи *прил. к названию страны Фригия* (1) τῶν Φρυγῶν фригийский fryžský: обрѣтошѧ затворена презвѵтера съборънъıѧ цръкъве • именемь лимна... и кдного отъ вѣры фрѵгинскъıѧ *Супр 133, 27*

ФОѴРТОѴНАТИИАНЪ, -а *м имя* (3) [фѵртоунатиан- *Супр* (2)] Φουρτουνᾶτος, *вар.* Φουρτουνάτιος Фортунатиан Fortunatianus: посъла же... къ кнѧзоу фѵртоунатииаиоу африкьскоуоумоу *Супр 174, 22-23.— Супр 175, 21-22; 176, 12*

ф ѵ р т о у н а т и и а н ъ *Супр 174, 22-23; 175, 21-22 см.* фоуртоунатиианъ

Х

Х̄ *цифра глаг.* (1) χʹ 600: с⟨вѧ⟩тънхъ о⟨ть⟩ць іже въ халкидонѣ • х̄ѣ *Ас 150б 27*

ХАЖДАТИ, хаждаѭ, хаждакши *несов.* (1) πορεύεσθαι ходить chodit: мнози же молѩахѫ и прити кмоу въ домы нхъ • да помолитъ сѧ богоу за нѩ • онъ же видѧ вѣрѫ нхъ и непрѣзорьство показоуѩ хаждааше *Супр 206, 6.— Ср.* ити, ходити

ХАЛКИДОНЪ, -а *м город* (1) Χαλκηδών Халкидон Chalkedon: мѣ⟨сѧ⟩ца нюл⟨ѣ⟩ єі сьнмъ с⟨вѧ⟩тънхъ о⟨ть⟩ць іже въ халкидонѣ *Ас 150б 27*

ХАЛКИДОНЬСКЪ, -ыи *прил. к* халкидонъ (3) τῆς Χαλκηδῶνος халкидонский chalkedonský: отъ ариевы же и македонѧ страны... и маръ • халкидоньскъ *Супр 201, 18*; дошьдъ же халкидоньскаaго града *Супр 561, 4.— Супр 561, 8-9*

ХАЛКОПРАТИѤ, -ии *с мн. название площади в Константинополе* (1) τὰ Χαλκοπρατεῖα Халкопратея Chalkopratea: поѣса чес⟨ть⟩наaго пр⟨ѣ⟩с⟨вѧ⟩тънѩ б⟨огороди⟩цѧ лежѩщааго въ с⟨вѧ⟩тѣ крабии • въ халкопратінхъ *Ас 153б 10*

ХАЛѪГА, -ы *ж* (4) φραγμός ограда, забор, изгородь plot, ohrada: ізиди на пѫти • і халѫгы • і оубѣди вьнити • да наплънитъ сѧ домъ мои *Л 14, 23 Зогр Мар Ас Сав.— Ср.* ограда, оплотъ, плотъ

ХАМОВЪ *прил. к мужскому имени Хам* (4) τοῦ Χάμ Хамов Chamův: чюдеса въ земі хамовѣ *Пс 105, 22 Син.— Пс 77, 51; 104, 23 и 27 Син*

ХАНААНОВЪ *прил. к* хананъ (1): з е м л ѩ х а н а а н о в а ἡ γῆ Χαναάν Ханаан Kanaán: тебѣ дамъ землѭ хананановѫ *Пс 104, 11 Син.— Ср.* ханааньскъ, хананенскъ

ХАНААНЪ, -а *м имя* (1) Χαναάν Ханаан Kanaán: w боунхъ старьць • w сѣмѧ ханаана бесрамька *Супр 323, 29-30*

ХАНААНЪІНИ, -нѩ *ж* (1) Χαναναία хананеянка Kananejka: одолѣ имъ раавь блѫдница... одолѣ ханаанъıни *Супр 434, 19.— Ср.* хананеиа

ХАНААНЬСКЪ, -ыи *прил.* (2) τῆς Χαναάν ханаанский kananejský: вьсѣ ц⟨ѣ⟩с⟨а⟩р⟨ьст⟩ва ханааньска *Пс 134, 11 Син.— Пс 105, 38 Син.— Ср.* ханаановъ, хананенскъ

ХАНАНЕИСКЪ, ХАНАНѢИСКЪ, -ыи *прил.* (4) [хананенск- *Мар* (1) *Супр* (1), хананѣиск- *Зогр* (1) *Сав* (1)] τῆς Χαναάν, Χαναναῖος ханаанский kananejský: и се жена хананѣіска... възъпи *Мт 15, 22 Зогр Сав*, хананенска *Мар*; дѣѣши ли инъ кстъ на хананенстѣ земи богъ • а инъ вь егvптѣ *Супр 366, 11.— Ср.* ханаановъ, ханааньскъ

ХАНАНЕИА, -еѩ *ж* (1) Χαναναία хананеянка Kananejka: ѩкоже помилова онѫ хананеѭ *Супр 392, 20.— Ср.* ханаанъıни

ХАПАТИ, хаплѭ, хаплкши *несов.* (1) δάκνειν кусать kousat: дроугъ дроуга хапьѭште • и дроугъ дроуга ѩдѫште *Супр 135, 22-23*

х а р а в а *Мт 1, 5 Сав см.* рахава

ХАРАЛАМПИИ, -ниа *м имя* (2) [..раламбиЕн (1)] Χαραλάμπης Харалампий Charalampios: мѣ⟨сѧ⟩ц⟨а⟩ ѕ̄і м⟨ѫ⟩ч⟨ени⟩ка (харал..) *Сав 130б 2.— 35а 1-2 Ен*

ХАРИТОНИИ *или* **ХАРИТОНИѤ**, -нѩ *ж имя* (1) Χαριτίνη Харитония Charitonia: стр⟨а⟩стъ с⟨вѧ⟩таго созона • и с⟨вѧ⟩тѣи харитонии мѫченици *Ен 25б 10-11*

ХАРИТОНЪ, -а *м имя* (2) Χαρίτων Харитон Charitón: достоина творѩ тѧ • і оучастью с⟨вѧ⟩тыхъ • і прѣ⟨по⟩д⟨о⟩бьнъıхъ о⟨ть⟩ць нашихъ • і постьницѣхъ... савѣ • харитоноу •

ι иже съ ними *Евх 92б 25-26.— Ас 115с 3*

ХАРТИꙖ *или* **ХАРТИИ**, -иꙗ *ж* (2) χάρτη лист (*папируса, бумаги и т. п.*) list (*papyru, papíru apod.*): и ї҆спросивъ хартиѭ написа тако *Супр 152, 14.— Супр 558, 7*

ХВАЛА, -ы *ж* (>100) **1.** αἶνος, αἴνεσις, ἔπαινος honor хвала, похвала, восхваление chvála, pochvala, oslavování: вънѭ хвала его въ оустѣхъ моихъ *Пс 33, 2 Син*; о х⟨рис-тос⟩ѣ и⟨соу⟩сѣ г⟨оспод⟩ι нашимь • съ нимьже тебѣ слава • ι хвала *Евх 26б 9* ● αἶνος, ὕμνος, ὑμνῳδία, ψαλμός; (пѣснь и хвала ψαλμῳδία; хвала пѣниꙗ αἶνος ᾠδῆς) хвалебная песнь, гимн chvalozpěv, hymnus: ιзъ оустъ младьнечь съсѫщихъ съвръшилъ еси хвалѫ *Пс 8, 3 Син; Мт 21, 16 Мар Сав* (∅ *Зогр*); *Клоц 1а 22; Супр 331, 7; 335, 30; 336, 12-13; 403, 11* (пѣснь *Супр 325, 4; 326, 3*); срьдьца своꙗ просыплѣмъ прѣдъ ні҆мъ • пѣсньми и хвалами *Супр 319, 26*; оузьрѣ... д⟨оу⟩шѫ его отъ аггелъ прѣемьемѫ • и съ божьствънѧѩ нѣкоторѫѩ хвалоѭ... на небеса възносимѫ *Супр 296, 9*; хвала пѣниꙗ да⟨выдо⟩ва *Пс 90, 1 Син* **2.** ἔπαινος, αἴνεσις honor sláva слава: възвѣщѫ вьсꙗ хвалы твоꙗ • въ вратѣхъ дъщери сіоновы *Пс 9, 15 Син*; даръ сь... бѫді тебѣ въ хвалѫ *Киев 7б 2* ● гордость chlouba: вл⟨адъ⟩ко г⟨оспод⟩ι б⟨о⟩же нашъ... хвала и⟨здраи⟩лева *Евх 22а 6* **3.** αἶνος, αἴνεσις, εὐχαριστία благодарность, благодарение dík: тѣмже оубо възносимъ жрътвѫ хвалѣ *Евр 13, 15 Ен*; пожьри б⟨ог⟩оу жрътвѫ хвалѫ (! *вм.* хвалѣ) *Пс 49, 14 Син* □ хвалѫ (хвалы) въздати/въздаꙗти, приносити, въсылати, имѣти εὐχαριστεῖν, τὴν εὐχαριστίαν προσέχειν, χάριν ἔχειν поблагодарить/благодарить poděkovat/děkovat: паде ниць на ногоу его • хвалѫ емоу въздаꙗ *Л 17, 16 Зогр Мар*; примъ чашѫ • хвалѫ въздавъ рече *Л 22, 17 Зогр Мар*; съподоби сътажавъшаго е... хвалѫ тебѣ приносити *Евх 15а 21*; наоучи мꙗ тебѣ хвалы въсылати *Евх 37б 15*; еда ιматъ хвалѫ рабоу томоу • ѣко сътвори повелѣнаа *Л 17, 9 Зогр Мар Ас Сав*; не имѣти хвалы ἀγνώμων εἶναι быть неблагодарным být nevděčný: не ιмѣахѫ хвалы б⟨ог⟩оу люді • ι егда примахѫ добро отъ него • скоро забывахѫ *Клоц 6б 17-18* **4.** χάρις заслуга zásluha: аще въ заимъ даете • отъ ні҆хъже чаете въсприꙗти • каѣ вамъ хвала естъ *Л 6, 34 Зогр Мар Ас Сав; Л 6, 32 и 33 Зогр Мар Ас Сав.— Зогр Мар Ас Сав Ен Син Киев Евх Клоц Супр.— Ср.* похвала, похваление, пѣснь, слава, хваление

ХВАЛИТИ, -лѭ, -лиши *несов.* (89) αἰνεῖν, ἐπαινεῖν, δοξάζειν, εὐφημεῖν, ἀνευφημεῖν, ἐνασχολεῖσθαι, ἀποδέχεσθαι (!) хвалить, восхвалять, славить, прославлять chválit, slavit: хвалаще ι славаще б⟨ог⟩а • о вьсѣхъ ѣже слышашꙗ *Л 2, 20 Зогр Мар Ас* (2); ι бѣахѫ въ інѫ въ цр⟨ь⟩к⟨ъ⟩ве • хвалаще и бл⟨а⟩-гословаще б⟨ог⟩а *Л 24, 53 Мар Ас* (поѭще *Зогр*); хвалите г⟨оспод⟩ѣ ꙗко благ(ъ) *Ен 22а 10; За 18* (*Пс 146, 1*) ● ὑμνεῖν, ὑμνολογεῖν, ἀναφωνεῖν, ἀνυμνεῖν воспевать opěvat: хвалити вельлѣпое имꙗ твое *Евх 38а 14*; сице сии чоудодѣание хвалатъ *Супр 337, 29*; егоже хвалитъ вьса тварь *Супр 77, 5* □ хвалимъ *в знач. прил.* ἐπαινετός достойный похвалы chvályhodný: хвалимъ оубо ꙗко словомъ оусоуши • зазорьнъ же ꙗко без оума ѥ прокла *Супр 346, 1* **2.** εὐχαριστεῖν благодарить děkovat: хвалимъ тꙗ г⟨оспод⟩ι ιзбавльшааго • по м'нозѣи милости твоеи • раба твоего сего • отъ соуетънааго житиѣ сего мира *Евх 81а 18*; и въвръгоша ꙗ въ огнь • и бѣаста въ огни поѭща и хвалꙗща бога *Супр 5, 21* **3.** хвалити сꙗ, хвалимъ быти чимь; о комь, чемь; въ кого, чьто; въ чемь καυχᾶσθαι, ἐγκαυχᾶσθαι, κατακαυχᾶσθαι, ἐπαινεῖσθαι гордиться, хвастаться; кичиться honosit se; pyšnit se, chlubit se: хваліте сꙗ въ імꙗ с⟨вꙗ⟩тое его *Пс 104, 3 Син*; ї множьствомъ богатьства своего хвалꙗще сꙗ *Пс 48, 7 Син*; да постыдꙗтъ сꙗ вьсі кланѣѭщеі сꙗ ιстоуканымъ • хвалꙗщеі сꙗ о ιдолѣхъ своіхъ *Пс 96, 7 Син*; хвалімъ естъ грѣшьнои вь похотехъ д⟨оу⟩шꙗ своеꙗ *Пс 9, 24 Син*; да непосрамленъ бѫдетъ... хвалꙗ сꙗ о тебѣ *Евх 27б 16*; да не хвалитъ сꙗ сильнъıи въ крѣпости своеи *Супр 546, 14.— Зогр Мар Ас Сав Боян Ен Син Евх Клоц Супр.— Ср.* пѣти, славити; хвалимъ *ср.* хвальнъ

ХВАЛЬНЪ, -ъıи *прил.* (6) [хвален- *Син* (2)] **1.** αἰνετός восхваляемый, прославляемый, достойный хвалы, похвалы hodný chvály, chvályhodný: велꙑ г⟨оспод⟩ъ и хваленъ ѕѣло *Пс 47, 2 Син*; ото въстокъ (слъ)ньца до западъ • хвально ї҆мꙗ г⟨оспод⟩ьне *Пс 112, 3 Син* **2.** (τῆς) αἰνέσεως благодарный, благодарственный děkovný: жрътва хвальнаа прославітъ мꙗ *Пс 49, 23 Син*; тебѣ пожьрѭ жрътвѫ хвальнѫ *Пс 115, 8 Син* □ пѣние хвальное αἶνος ᾠδῆς хвалебная песнь, гимн chvalozpěv, hymnus: да⟨вы⟩да пѣниѣ хвалънаѣ въ дьни пръвыꙗ соботѣ *Пс 92, 1 Син.— Ср.* похвальнъ, славьнъ, хвалити (хвалимъ)

ХВАЛЕНИѤ, -ниꙗ *с* (4) **1.** αἴνεσις, ὕμνος хвала, восхваление chvála, pochvala, oslavování: въсхвалѫ імꙗ б⟨ог⟩а моего съ пѣснıѭ • възвелічѫ ι въ хвалены *Пс 68, 31 Син*; нıединоже слово оудолѣетъ • къ хваленью чюдесъ твоихъ *Евх 3б 19-20*; жрътвѫ хваленье ι въсклікновенъе поѭ ι въспоѭ г⟨оспод⟩ю *Пс 26,*

6 Син 2. καύχησις гордость, слава hrdost: одолѣкши рати на н҃жже идеши • и възвратиши сѧ мирьнѣ • и бѫдеть на хвалѫ хвал҃сниꙗ Супр 194, 18.— Ср. похвала, похвалкник, пѣснь, слава, хвала

ХВАТАТИ, хватаѭ, хватакши (?) или хващѭ, хващеши (?) несов. (1) греч. нет хватать chápat se, chytat: и начинаѧ рѫкама своима хватати кго Супр 554, 10

херови (!) Евх 100а 5 см. херовимъ[1]

ХЕРОВИМЪ[1], -а или нескл. м (26) [херouви ! Евх (1), хероувим- Ен (1) Син (1), хіровім- Син (1), хіроувім- ! Син (1)] χερουβίμ херувимы; херувим cherubínové; cherubín: сѣдьи на хіровімѣ (!) Пс 98, 1 Син; (на) херовимѣ Ен 32а 13; и вьзіде на хероувімъ і летѣ Пс 17, 11 Син; прѣвъше же еѧ херовимъ славѣ Евр 9, 5 Ен; егоже трепещѫтъ... многоразличьнии херовими Евх 45б 23; кгоже трепештѫтъ херовимъ Супр 456, 18.— Ен Син Евх Супр

ХЕРОВИМЪ[2] прил. (1), сравн. ст. херовимѣи χερουβίμ херувимский cherubínský: блажѫ їѡсифа и никодима • бъсте бо прѣжде херовимъ херовимѣиша бога вь себѣ носашта Супр 458, 5.— Ср. херовимьскъ

ХЕРОВИМЬСКЪ, -ын прил. (2) [хероувим- Клоц (1)] χερουβικός херувимский cherubínský: херовимъскын прѣстолъ оуготовилъ сѧ кстъ Супр 470, 24.— Клоц 1а 37-38.— Ср. херовимъ[2]

ХЕРСОН҃Ь, -ниꙗ город м (2) греч. нет Херсон Cherson: не лъжьнѫ поставити памѧть • нъ на хвалѫ и славѫ самѣхъ с⟨ва⟩тъıихъ о⟨ть⟩ць • и мѫченикъ въ градѣ хер'сон҃и Супр 534, 21.— Супр 532, 21

ХЕРСОНЬСКЪ, -ын прил. к херсон҃ь (9) греч. нет херсонский chersonský: да прѣславьнъ нынꙗ херсоньскъıи градъ бъıстъ Супр 543, 1.— Супр 535, 7 и 30; 538, 17; 539, 9 и 30; 541, 24 и 29-30; 542, 2

ХЕРСОНІАНИНЪ, -на м (3) греч. нет житель Херсона obyvatel Chersonu: потом же оувѣдѣвъше херсон҃ѣне бъıвъшаꙗ [събъıвьшаꙗ] събъраша сѧ Супр 540, 5-6.— Супр 539, 22-23; 542, 6

хероувимъ Пс 17, 11 Син; Ен 28б 4 см. херовимъ[1]

хероувимьскъ Клоц 1а 37-38 см. херовимьскъ

хіровімъ Пс 98, 1 Син см. херовимъ[1]

хіроувімъ Пс 79, 2 Син см. херовимъ[1]

ХИТОНЪ, -а м (4) χιτών хитон (нижняя одежда) tunika, spodní šat: воини... приꙗша ризъı его і сътворишѧ четъıри части • комоуждо воиноу часть • і хитонъ • бѣ же хитонъ нешьвенъ И 19, 23 Зогр Мар.— Ср. котъıга, матизмъ

ХЛАДЪ, -а м (3) αὔρα легкий, прохладный ветер chladný vánek: и повелѣ боурі и ста въ хладъ Пс 106, 29 Син ● αἱ αὖραι прохлада, свежесть chlad, osvěžení: прохлади хладомь твоимь Евх 29б 24; ѣко да... хладомь твоеꙗ благости • въıгорить сѧ вь немь • съмъıсльно пламень д⟨оу⟩ховенъ Евх 23б 6

ХЛАДЬНЪ, -ын прил. (3) τῆς ἀναψύξεως прохладный; освежающий, бодрящий chladný, osvěžující: покои д⟨оу⟩шѫ раба твоего сего • на мѣстѣ свѣтълѣ • на мѣстѣ хладьнѣ Евх 57а 4; 64б 17 ● греч. нет бодрый svěží: касааше сѧ жъгомъıимъ огн҃емъ • и хладнии бъıваахѫ Супр 476, 17

ХЛАМИДА, -ы ж (10) [хламѵда Зогр (2)] χλαμύς хламида (короткий плащ) chlamida (svrchní šat, plášť): съвлѣшѧ съ н҃его хламѵдѫ Мт 27, 31 Зогр, хламидѫ Мар Ас Сав; Евх 50а 9.— Мт 27, 28 Зогр Мар Ас Сав; Евх 49б 25.— Ср. плащь

хламѵда Мт 27, 28 и 31 Зогр см. хламида

ХЛАПЪ, -а м (1) (ꙗко оубогомъ хлапомъ δραπετοδούλως) слуга, раб služebník, otrok: нъ владъıчьскъı вамъ ꙗко оубогомъ хлапом' • велѧштоу вьзѧти сѧ вѣчьнъıимь вратомъ Супр 465, 11.— Ср. рабъ, работьникъ

ХЛЪМЪ, -а м (13) [хльм- Зогр (1), ѡлъм- ! Син (1)] βουνός холм, пригорок chlum, pahorek: тогда начьнѫтъ глаголати горамъ падѣте на нъı • і хльмомъ покръıѣте нъı Л 23, 30 Зогр Мар; да прімѫтъ горъı міръ людеі • ї ѡлъмі (!) правьдѫ Пс 71, 3 Син; мало вьнѣ вьси на хлъмъ възведъше • мечемъ главѫ кмоу отъсѣшти Супр 118, 30.— Л 3, 5 Зогр Мар Ас Сав; Пс 64, 13; 77, 58, 113, 4 и 6 Син; Евх 3б 10

ХЛѢБЪ, -а м (>200) [хлѣб҃ Евх (14), х҃бѣ Евх (1)] ἄρτος, προσφορά (!), αἱ τροφαί (!) хлеб chléb: аште въспроситъ с⟨ъı⟩нъ твои хлѣба • еда камень подастъ емоу Мт 7, 9 Зогр Мар; аще к'то братра своего въ гнѣвъ проклънетъ • і пакъı вьзлюбитъ • ӕ҃ день да покаетъ сѧ о хлѣбѣ о водѣ Евх 104б 18; чловѣкъ тако живѣаше • ꙗдѣ'ше хлѣбъ • и жадааше Супр 473, 29 ● хлеб (печеный), буханка bochník, bochníček: не імамъ сьде • тъкмо д҃ • хлѣбъ • і в҃ ръıбѣ Мт 14, 17 Зогр Мар Ас Сав; имѣше же врѣмѧ хлѣбъı чистъı и топлъı Супр 291, 6 ● ψωμίον кусок хлеба chléb, kousek chleba: тъ естъ емоуже азъ омочь хлѣбъ подамь • і омочь хлѣбъ приꙗтъ • і дастъ іюдѣ симоноу • іскариотьскоумоу И 13, 26 Зогр Мар ● перен. хлеб, пища jídlo: нѣстъ бо добро отѧти хлѣба чѧдомъ • і пьсомъ повръшти Мк 7, 27 Зогр Мар ● перен. (о Христе): сего хлѣба мариꙗ роди • а црькъı приѧ • и по вьсѧ дьни нами гадомъ кстъ *Супр 396, 3*; хлѣбъ небесьскыи • оутврьждаѫ срьдьца *Супр 143, 21* ● ἄρτος, προσφορά просфора prosfora (*obětní chléb*): тъгда бо кже и вьзѧ хлѣбъ июда • тоу въскочи вь нь диꙗволъ *Супр 421, 2* (тѣло *Клоц 8а* 32-33); призьри на ны • ι на (х)лѣбъ сь • ι на чашѫ сиѭ *Служ 2б 6* ♦ хлѣбъ дьневьнъ, надьневьнъ, настоꙗи, насѫщьнъ *см.* дьневьнъ, надьневьнъ, настоꙗти, насѫщьнъ; хлѣбы прѣдъложениꙗ, прѣдъложении *см.* прѣдъложеник, прѣдъложити.— *Зогр Мар Ас Сав Охр Ен Син Служ Евх Клоц Супр*

ХЛѢБЬНЪ, -ыи *прил.* (5) [хлабьн- ! *Супр* (1)] **1.** τοῦ ἄρτου хлебный chlebový, chleba *род.*; jídla *род.*: и прізъва гладъ на землѭ • вьсе оутвръжденье хлѣбьное сътрь *Пс 104, 16 Син*; гладъ не хлабьнъıи ни жѧжда водьнаꙗ *Супр 135, 6* **2.** τῶν ἄρτων хлебный, для хлеба, для печения хлеба chlebový (*k pečení chleba*): храните сѧ • не от кваса хлѣбънаего • нъ отъ оучениꙗ фарисеиска *Мт 16, 12 Зогр Мар*; приноужденомъ имъ быти богазньѭ юньца • самѣмъ сѧ въврѣшти въ пештъ хлѣбьнѫѭ *Супр 565, 24-25*

ХЛѢВИНА, -ы *ж* (14) **1.** οἴκημα, κτίσμα дом, здание, постройка dům, budova: не бо домъ молитвьнъıи тъчьѭ бѣаше испльнѥнъ кдинъ... нъ и окрѫгънаѧ вьсѧ хлѣвины • испльнь бѣахѫ позороуѭштихъ бывакмъıихъ *Супр 563, 5*; мнозиї же отъ народа вьлѣзъше въ хлѣвинѫ иже мѫчааше воквода роба христосова *Супр 51, 9*; оуиторъ же бѣаше прѣградилъ много мѣсто • многамъ хлѣвинамъ • и великамъ *Супр 204, 28* **2.** δωμάτιον жилье příbytek, obydlí: въ фарисеинѫ хлѣвинѫ приде акы человѣкъ *Супр 391, 4* ● *перен.* καταγώγιον пристанище, приют útulek: не имамъ хлѣвинъı оурочьнъı • не имамъ кѫштѧ ни домоу *Супр 416, 4* **3.** κελλίον каморка, келья (*монашеская*) chatrč, cela (mnišská): мѣсто вь немъже затворилъ сѧ кстъ с⟨вѧ⟩тъıи стар⟨ь⟩цъ • брѣгъ иматъ на западъ • и высокъ зѣло • въ станиі мѣста сы • вь немьже стелꙗ хлѣвинъı кго оутврьждена кстъ *Супр 300, 2* **4.** κειμήλιον ковчежец, сокровищница schránka, pokladnice: да не кладеши (!) кже вь немъ • бес порока съсѫдъ • бе скврънъı хлѣвина *Супр 243, 3.— Супр 204, 17; 300, 6; 499, 22; 524, 22; 555, 6; 565, 30; 566, 7.— Ср.* домъ, клѣть, клѣтька, кѫща, скинии, храмина, храмъ, хызина, хызъ

ХЛѢВЪ, -а *м* (2) *греч. нет* хлев chlév: приближивъ сѧ къ юньцоу... рѫкоѭ понмъ • вьведе въ свои хлѣвъ къ гаслемъ *Супр 566, 14.— Супр 566, 3*

ХЛѦБЬ, -и *ж* (1) καταρράκτης водопад vodopád: бездъна бездънѫ прізываетъ въ гласъ хлꙗбеі твоіхъ *Пс 41, 8 Син*

хлабьнъ *Супр 135, 6 см.* хлѣбьнъ

хлѫбати *Мк 10, 46 Мар см.* хлѫпати

ХЛѪПАТИ, -аѭ, -акши *несов.* (4) [хлѫбa- *Мар* (1)] ἐπαιτεῖν, προσαιτεῖν нищенствовать, побираться, просить милостыню žebrat: копати не могѫ • хлѫпати стыждѫ сѧ *Л 16, 3 Зогр Мар*; слѣпъ сѣдѣаше при пѫти хлѫпаꙗ *Мк 10, 46 Зогр*, хлѫбаꙗ *Мар.— Ср.* просити

ХОБОТЪ, -а *м* (1) οὐρά хвост ocas: вьсь бо корабь морьскъıи • кожѧ единоѧ хобота его подъ'ати не можааше *Хил 1аβ 23.— Ср.* опашь

ХОДАТАИ, -аꙗ *м* (13) μεσίτης, πρόξενος, πρέσβυς (!) заступник, защитник; посредник, ходатай přímluvce; prostředník: да бѫдеши міроу ходатаі *Клоц 9а 37* (исходатаі *Супр 423, 15-16*); ходатаю нашъ • ι доводителю • къ о⟨ть⟩цю твоемоу н⟨е⟩б⟨е⟩съноумоу • молимъ тѧ о в'сѣхъ насъ *Евх 27б 2*; вьзвѣштѫ о тебѣ къ цѣсароу • и старѣишинъскоумоу саноу бѫдѫ ти ходатаи *Супр 100, 16.— Супр 48, 22; 99, 2; 141, 29; 251, 24; 330, 1; 358, 30; 359, 12; 361, 19; 364, 10; 513, 19.— Ср.* защитьникъ, защититель, застѫпьникъ, исходатаи, исходатаиникъ

ХОДА'ТАИСТВО, -а *с* (2) **1.** *греч. нет* заступничество; посредничество, ходатайство prostřednictví; přímluva: се десницеѭ емоу даеши цѣломѫдрие • дѣвъства твоего • непорочьнааго житиꙗ... ходатаиствомь нашимь грѣшънымь *Евх 87б 11* **2.** πρᾶξις претворение, исполнение uskutečňování, provádění: дажди емоу вѣдѣти • благодѣати вь пѣнии... въ съвѣтъ правьденъ • ср⟨ьдь⟩це съмѣрено • въ ходатаиство жизни • ι кротости • ι истинѣ *Евх 95а 12-13*

ХОДАТАИТИ, -таѭ, -таиши (1) *несов.* intercedere ходатайствовать, посредничать přimlouvat se, být prostředníkem: ходатаꙗцю блаженоумоу климентоу мѫченикоу твоемоу • симь нъи отъ грѣхъ скврьности нашіхъ очисті *Киев 1б 11*

ХОДИТИ, хождѫ, ходиши *несов.* (>200) **1.** περιπατεῖν; (ходити *инф.* ὁ περίπατος) ходить, двигаться (*быть в состоянии передвигаться*) chodit, pohybovat se (*mít schopnost pohybu*): ι абье цѣлъ быс⟨тъ⟩ ч⟨ловѣ⟩къ... ι хождаше *И 5, 9 Зогр Мар Ас*; заклинаѭ тѧ... давъшиимь хромъıмъ ходити *Евх 53а 25-26* **2.** περιπατεῖν, πορεύεσθαι, παραπορεύεσθαι, διαπορεύεσθαι, παράγειν, βαδίζειν, περιέρχεσθαι, διατρίβειν, ἀπέρχεσθαι, ἔρχεσθαι, μέλλειν (!); (ходити съ συνοδεύειν) ходить chodit: есте ако ι гроби невѣдоми • ι ч⟨ловѣ⟩ци ходѧштеі врьхоу не видѧтъ

Л 11, 44 Зогр Мар; блюдѣте сѧ отъ кънижьникъ • хотѧштихъ въ одеждахъ ходити *Мк 12, 38 Зогр Мар*; егда бѣ юнъ • поѣсаше сѧ самъ • і хождѣаше ѥможе хотѣаше *И 21, 18 Зогр Ас Сав (∅ Мар)*; б⟨о⟩же нашъ • хожден съ слоугоѭ своимь иѥковомь *Евх 18а 11* ● шагать, наступать kráčet: іде къ нимъ и⟨соу⟩с⟨ъ⟩ • ходѧ по морю *Мт 14, 25 Зогр Мар Ас Сав*; подаіати власть своимъ кго • ходити по змиѩмъ *Супр 556, 14* ● идти jít: оузьрѣ і⟨соу⟩са ходѧшта • і г⟨лаго⟩ла • се агньць б⟨о⟩жи *И 1, 36 Зогр Ас* (грѧдѫшта *Мар*); каꙗ сѫтъ словеса си • ꙗже прѣрѣкаета къ себѣ ходѧшта • и кста сѣтьна *Супр 474, 25* (ідѫшта *Л 24, 17 Зогр Мар Ас*); г⟨лаго⟩ла емоу г⟨осход⟩и • ходи и виждъ *И 11, 34 Сав* (грѧди *Зогр Мар Ас*) ● проходить, идти мимо procházet, jít kolem: въ оно в⟨рѣмѧ⟩ хождааше и⟨соу⟩съ въ сѫботъ • скозѣ сѣанѣ *Мк 2, 23 Ас Сав*, мимо ходѧштоу ѥмоу *Зогр Мар*; сквозѣ породѫ ходѧ акы ншта *Супр 304, 15* ● хаживать, ходить (*многократно*) chodívat: хождаашете родителѣ его • по вьсѣ лѣта въ і⟨ероусали⟩мъ • въ праздьникъ пасцѣ *Л 2, 41 Зогр Мар Ас*, хождаста *Сав*; обычаи же бѣаше вь велицѣи тои поустыни • розбоиникомъ поганыихъ ходити срацинъ *Супр 559, 17-18* ● путешествовать cestovat, konat cesty: ходивъшии же и видѣвъшии достоиновѣрьнии отьци • ти съповѣдаша намъ *Супр 168, 18* □ ходити въ слѣдъ кого, по комь ἀκολουθεῖν, παρακολουθεῖν идти следом *за кем-л.*, следовать jít *za někým*, následovat *někoho*: і прѣдьходѧштеі • і въ слѣдъ ходѧштеі • въпьѣхѫ *Мк 11, 9 Зогр Мар*; ізволи сѧ і мьнѣ хождьшю • іс пръва по вьсѣхъ • въ істинѫ по рѧдоу • псати тебѣ *Л 1, 3 Зогр Мар Ас* ● *перен.*: видѣхомъ етера • о імени твоемь ізгонѧшта бѣсы • іже не ходитъ по насъ *Мк 9, 38 Зогр Мар Ас*; ходити прѣдъ цѣмь προάγειν идти *перед кем-л.*, идти *впереди кого-л.*, предшествовать jít *před někým*: народи же ходѧштеи прѣдъ нимъ • і вь слѣдъ • зъваахѫ *Мт 21, 9 Мар Сав (∅ Зогр)*; мимо ходити *см.* мимоходити **3.** *перен.* περιπατεῖν, πορεύεσθαι, ποιεῖν, διάγειν, ἕπεσθαι, διατρίβειν; (въ правѫѭ ходити ὁ κατορθῶν; не ходити ἀφίστασθαι) поступать, жить jednat, žít: по дѣломъ же ихъ не ходите *Мт 23, 3 Мар* (не творіте *Ас*, ∅ *Зогр*); ѣко въ дне благоωбразно ходимъ *Рим 13, 13 Ен*; г⟨оспод⟩ь не лишітъ добра • ходьѧштіхъ незълобоѭ *Пс 83, 12 Син*; въ мнозѣ оубо пльтьнѣѣмъ оубожьствѣ ходѧштемъ *Супр 283, 9-10*; аште ли облѣнимъ сѧ и праздьни ходимъ сьде *Супр 378, 12*; и кже чьстьномъ быти въ правѫѭ ходивъшим' *Супр 412, 30* □ ходити (въ законѣ *и т. п.*) πορεύεσθαι соблюдать (закон *и т. п.*) zachovávat (zákon *apod.*): бѣашете же оба правьдъна прѣдъ б⟨ого⟩мь • ходѧшта въ заповѣдьхъ вьсѣхъ *Л 1, 6 Зогр Мар Ас*; въ законѣ его не ізволишѧ ходіті *Пс 77, 10 Син.— Зогр Мар Ас Сав Охр Боян Ен Син Евх Клоц Супр Хил Рыл Зогр лл.* — *Ср.* грѧсти, ити, стѫпати, хаждати

ХОДЪ, -а *м* (4) βάδισμα, δρόμος, κίνησις, κατάστασις (!) ход, поступь, движение; бег, аллюр chůze, pohyb, běh: и бештинънъıи же смѣхъ бъхъмъ отъврѣшти подобаатъ • и ходъ вьловьнъ имѣти *Супр 497, 25*; они же видѣвъше старость кмоу порѫгаша сѧ и обѣшташа сѧ • оуп'ваѭште коньскъıимъ ходомъ • и голѣньми своими *Супр 31, 6*; что сътворѫ азъ • лице дѣвиче • ходъ дѣвичъ... а ѫтроба не дѣвича *Супр 240, 11.— Супр 49, 28.— Ср.* хожденик

ходъ *Супр 170, 13 см.* заходъ

ХОЖДЕНИѤ, -ниꙗ *с* (7) **1.** περίπατος, τὸ βαδίζειν ход, движение chůze, pohyb: ѯ҃ї о морьсцѣмь хождении *Мар 436 9 и 1836 10*; слъıшашѧ по мороу хожденик *Супр 323, 20*; давъшоуоумоу хожденик недвижимъıима ногама *Супр 457, 1* **2.** διαγωγή образ жизни způsob života: въ начѧтъкъ того божествънааго хожденика *Супр 289, 14-15.— Зогр 356 1; Супр 562, 3.— Ср.* ходъ

ХОРАЗИНЪ, -а *или нескл.* (?) *м город* (4) Χοραζίν Хоразин Chorazin: горе тебѣ хоразинъ • горе тебѣ вит'ъсаіда *Мт 11, 21 Зогр Мар; Л 10, 13 Зогр Мар*

ХОРИВЪ, -а *м гора* (1) Χωρήβ Хорив Choreb, Oreb: сторішѧ телецъ въ хорівѣ • и поклонишѧ сѧ истоуканънмоу *Пс 105, 19 Син*

ХОРѪГЫ, -гъве *ж* (1) σκῆπτρον скипетр žezlo: съвръшаѩи • и хорѫгви дарьствоуѩ любимъıимъ тобоѭ... оуслъıши насъ *Супр 179, 12*

ХОТЬ, -и *м* (1) ὁ συνήθης любовник milenec: и видѣвъ ѩ съ обычьнѫѭ кѧ хотиѭ • вьсмиѣвь сѧ възъпи к нима *Супр 169, 13*

ХОТѢНИѤ, -ниꙗ *с* (8) **1.** θέλησις, θέλημα желание, пожелание přání: желанье срьдьца твоего даль емоу еси • і хотѣнъѣ оустъ его нѣси его лишилъ *Пс 20, 3 Син*; обрати сѧ на хотѣние рабъ твоихъ • і ицѣли болѧщааго *Евх 26а 2*; и наставі ѩ вь прістаніще хотѣньѣ своего *Пс 106, 30 Син* ● βουλή, βούλησις намерение, воля vůle, záměr: прѣкрьми же пѧть тъıсѧшть • ꙗкоже вь нѥмь властельско хотѣник *Супр 345, 4* □ хотѣникмь *тв. ед. в знач. нареч.* τῇ προαιρέσει намеренно záměrně: нікътоже бо нѫждеѭ лоучи бъıваетъ • аште волеѭ • і хотѣнимь *Клоц 5а 37-38* **2.** ἐπιθυμία страстное желание touha: вьсхотѣшѧ хотѣнъю въ поустыни *Пс 105, 14 Син.— Пс 102, 7 Син; Супр 334, 4.— Ср.* **волга, желаник, изволкник, похоть**

ХОТѢТИ, **хоштж, хощеши** *несов.* **комоу, чесомоу; кого, чьто;** *с инф.* (>500) [**хът-** *Супр* (2), **хъшт-** *Супр* (3)] **1.** θέλειν, ἐθέλειν, βούλεσθαι, ἀναβούλεσθαι, ζητεῖν, μέλλειν, αἱρεῖσθαι, σπουδάζειν, φιλονεικεῖν, ἀνέχεσθαι, ἐπείγεσθαι, κατεπείγεσθαι, δοκεῖν, πτοεῖσθαι, ἐπιχειρεῖν, καταδέχεσθαι, ἡγεῖσθαι (!), ἄρχεσθαι (!), πειρᾶσθαι (!); (**не хотѣти** μισεῖν, ἀναβάλλεσθαι) хотеть, желать chtít, přát si: **рече ц⟨ѣса⟩рь дѣвици • емоуже аште хоштеши дамь ти** *Мк 6, 22 Зогр Мар*, **хоще** (!) *Ас*; **і иже аще хощетъ въ васъ быти прѣдьнии • да бѫдетъ вашъ рабъ** *Мт 20, 27 Мар Зогр-пал* (*Ø Зогр*); **оуганити сѧ хоштѫ силъ небесьскыихъ** *Супр 247, 25*; **жити же съ вами не хоштѫ** *Супр 252, 21*; ● пытаться, намереваться, собираться hodlat, zamýšlet: **приде къ нимъ по морю ходѧ • і хотѣ минѫти ıѧ** *Мк 6, 48 Зогр Мар*; **пилатъ же хотѧ народоу похоть сътворити • поусти імъ вараавѫ** *Мк 15, 15 Зогр Мар*; **двоє себѣ приобрѣтаѩ с⟨вѧ⟩тыи • прьвое... коупно же и себѣ оут'врьжденик • бѫдѫштиіхъ по томъ хотѧ притворити** *Супр 525, 11* ● **комоу; кого** относиться доброжелательно, быть расположенным *к кому-л.*, желать добра *кому-л.* přát *někomu*, být *někomu* nakloněn, mít *v někom* zalíbení: **оупъва на г⟨оспод⟩ѣ да ізбавіто-і • и с⟨ъ⟩п⟨ас⟩ето-і ѣште хоштетъ емоу** *Пс 21, 9 Син; Мт 27, 43 Зогр Мар Ас Сав*; **граждане емоу не хотѣахѫ его** *Л 19, 14 Ас* (**ненавидѣахѫ его** *Зогр Мар*) □ **хотѧ** *в знач. нареч.* ἑκών по собственной воле, добровольно, сознательно z vlastní vůle, dobrovolně, vědomě: **онъ же хотѧ прѣбываааше въ пагоубѣ** *Супр 414, 17*; **хотѧште зъло творıаахѫ** *Супр 440, 23*; **аще к'то хотѧ своеıѫ пѫти оурѣжетъ • ѣ л⟨ѣ⟩тѣ да покаетъ с⟨ѧ⟩** *Евх 103а 19*; **не хотѧ** ἄκων не по своей воле ne z vlastní vůle, nedobrovolně, nevědomky: **марнıа въ инѫ мысль приде • ти и не хотѧшти рече** *Супр 242, 2*; **виждъ како и не хотѧште троуждаıѫтъ сѧ** *Супр 440, 10* **2.** *с инф. в знач. модального и вспомогательного гл.* μέλλειν быть должным, надлежать mít: **чьто естъ знаменье • егда хотѧтъ си быти** *Л 21, 7 Зогр Мар*; **вѣдѣаше бо іскони і⟨соу⟩с⟨ъ⟩ • къто сѫтъ не вѣроуѫштеі • і къто естъ хотѧі прѣдати і** *И 6, 64 Зогр Мар Ас*; **начѧтъ імъ • г⟨лаго⟩лати • еже хотѣаше быти емоу** *Мк 10, 32 Зогр Мар Ас Сав*; **ч'то же хъштѫ глаголати** *Супр 534, 11* ● *в функции вспомогательного гл. при образовании будущего времени* μέλλειν, ἔρχεσθαι (!) *греч. буд. вр. на русск. и чешск. переводится будущим вр. полнозначного гл.*: **кгда ваште трѣбоваахомъ • никомоуже бъхомъ • и нынıа како хоштемъ вьзати** *Супр 134, 4*; **кгда величик силъı б⟨о⟩жиѩ авѣ хоштетъ быти** *Супр 546, 6* □ **хотѧщаıа быти** *с мн. в знач. сущ.* τὰ μέλλοντα будущее budoucnost: **акы оуже сѫшта • хотѧштаıа быти проповѣдааше** *Супр 323, 10-11* **3.** *с инф. или без доп. в знач. модального гл.* δύνασθαι, ἐθέλειν, ἔχειν мочь moci: **рахиль плачѫщи сѧ чѧдъ своихъ • и не хотѣаше оутѣшити сѧ ѣко не сѫтъ** *Мт 2, 18 Ас Сав, Ø Зогр Мар*; **аще хощеши помози ми** *Мк 9, 22 Сав* (**можеши** *Зогр Мар Ас*) ● *при обозначении действия, которое началось, но не совершилось до конца*: **они рьвностиѭ задъхнѫти сѧ хотѣахѫ** *Супр 398, 29*; **влънъı же въливаахѫ сѧ въ ладиѭ • ѣко оуже погрѧзнѫти хотѣаше** *Мк 4, 37 Зогр Мар* □ **хощетъ быти** θέλει εἶναι может быть asi je: **рьци ми что се хъште быти ıако никакоже ничсоже чоукши** *Супр 153, 7-8* **4.** *с инф. в знач. модального гл.* χρείαν ἔχειν нужно je třeba: **азъ хощѫ отъ тебе крьстити сѧ** *Мт 3, 14 Сав* (**трѣбоуѭ** *Зогр Ас, Ø Мар*) ● *также* **кого, чесо** (*в виде исключения*): **чьто еще хощемъ • съвѣдѣтель** *Мт 26, 65 Сав 112а 8* (**трѣбоуемъ** *Зогр Мар Сав 98а 3*, **трѣбоуете** *Ас*) **5. хотѧ** *с инф. в знач. союза цели* ἵνα, ὥστε чтобы aby: **нападаахѫ емь • хотѧште прикоснѫти сѧ емь** *Мк 3, 10 Зогр Мар*; **нъ хотѧ оучиті • і безоумье-го оутоліти • волеѭ своеѭ прѣданъ быс⟨тъ⟩** *Клоц 4б 36* (**да кмоу съпрѧтаатъ безоумик и наоучитъ** *Супр 412, 8*); **близъ вьси вьлѣзе въ нивѫ ıасти хотѧшти** *Супр 218, 1*; **ıако воквода вьлѣзе вь корабь • прити хотѧштоу вь сии градъ** *Супр 150, 17.— Зогр Мар Ас Сав Охр Унд Боян Зогр-пал Ен Син Киев Евх Служ Клоц Супр Зогр-лл Рыл.— Ср.* **желѣти, имѣти, искати, трѣбовати**

хоще *Мк 6, 22 Ас см.* **хотѣти**

хошти *Супр 65, 21 см.* **хотѣти**

ХРАБРЪ, **-ыи** *прил.* (5) [**храбър-** *Супр* (3); **храбьр-** *Супр* (2)] ἀριστεύς, πολεμικώτατος, πολεμιστής, φοβερός (!) храбрый, отважный, доблестный, мужественный chrabrý, statečný: **воинъ оушидь храбърыи** *Супр 93, 11*; **клико сѫтъ воини подъ ц⟨ѣса⟩ремъ • ни сѫтъ акы вьи • ни храбьри** *Супр 71, 12*; **и храбъръ бывъ неже ин' кто** *Супр 566, 23.— Супр 197, 4; 464, 24*

ХРАБРЬСКЫ *нареч.* (1) πολεμικῶς храбро, отважно, доблестно, мужественно chrabře, statečně: **дьнесь же боголѣпьно • въкоупѣ же и храбръскы и владыч'скы • съходитъ на ада и на сьмрьть** *Супр 463, 11*

ХРАМИНА, **-ы** *ж* (55) οἰκία, οἰκίσκος,

δῶμα (!); (господинъ храмины οἰκοδεσπότης) дом, здание dům, budova: оуподоблѭ и мѫжю мѫдроу • іже съзъда храминѫ своѭ на камене *Мт 7, 24 Зогр Мар Ас*; храмина же іспльни сѧ • отъ вонѣ хризмьныꙗ *И 12, 3 Зогр Мар*; ізъ основаниѣ храмины *Евх 54б 12* ● дом, домочадцы dům, domácnost: се же вѣдите • ѣко аште би вѣдѣлъ г⟨осподи⟩нъ • храмины • въ кы часъ тать придетъ • бьдѣлъ оубо би • і не далъ подъкопати домоу своего *Л 12, 39 Зогр Мар Ас Сав* ● жилье obydlí: іво пьтица обрѣте себѣ храминѫ *Пс 83, 4 Син* ◆ в ъ х р а м и н ѣ ἐν τῇ οἰκίᾳ дома doma: г⟨оспод⟩и отрокъ ми лежитъ въ храминѣ • ослабленъ жилами *Мт 8, 6 Сав* (въ домоу *Зогр Мар Ас*).— *Зогр Мар Ас Сав Син Евх Супр*.— *Ср.* домъ, зьданиє, храмъ

ХРАМЪ, -а *м* (60) οἰκία, οἶκος, δῶμα (!), στέγη (!); (господинъ храма οἰκοδεσπότης) дом, здание dům, budova: сърѣте і мѫжь етеръ... іже... въ храмѣ не живѣаше • нъ въ гробѣхъ *Л 8, 27 Зогр Мар Ас* (въ храминѣ *Сав*); і гробі іхъ і храмі іхъ въ вѣкъ *Пс 48, 12 Син*; на храмѣхъ (*глосса писца к стиху* да бѫдѫтъ ѣко трѣва на зъданихъ) *Пс 128, 6 Син*; бл⟨а⟩г⟨осло⟩ви і прослави • бес пакости • і врѣждениѣ в'сего житиѣ • въ храмѣ семь *Евх 14б 23* ● жилье obydlí: ѡ быти намъ храмоу • и жилицю • прѣс⟨вѧ⟩тааго ємоу д⟨оу⟩ха *Евх 60а 7*; иди къ изволению моего чьстънааго храма • иди къ чистѣи невѣстѣ *Супр 248, 8* ● *спец.* οἶκος, οἰκία, ναός храм, святилище, церковь chrám, svatyně, kostel: писано єстъ храмъ мои храмъ молитвѣ наречетъ сѧ *Мт 21, 13 Мар Зогр-пал* (Ø *Зогр*); *Мк 11, 17 Зогр Мар*; како вьниде въ храмъ б⟨о⟩жии *Мк 2, 26 Зогр Мар Сав* (въ домъ *Ас*); г⟨оспод⟩і вьнидѫ въ (х)рамъ твои *Служ 1а 3*; повелѣ же воєвода вьвести єго въ храмъ аполоновъ *Супр 20, 4* ● дом, домочадцы dům, domácnost: аште би вѣдѣлъ г⟨осподин⟩ъ храма • въ кѫѭ стражѫ тать придетъ *Мт 24, 43 Зогр Мар Ас* (храминѣ *Сав*).— *Зогр Мар Ас Сав Зогр-пал Ен Син Евх Служ Супр*.— *Ср.* домъ, зьданиє, клѣть, клѣтька, кѫща, скинии, хлѣвъ, хлѣвина, храмина, хызина, хызъ, цръкы

ХРАНИЛИЩЕ, -а *с* (6) **1.** κατάδυσις, ἀποθήκη; (овощьноє хранилище ὀπωροφυλάκιον) убежище, приют úkryt, útulek, skrýš: съмотрите вранъ • како не сѣѭтъ ни жьнѭтъ • імъже нѣстъ съкровишта • ни хранилишта *Л 12, 24 Зогр Мар*; ѩзыці... оскврънишѧ црьковь с⟨вѧ⟩тѫѭ твоѭ • положишѧ і⟨ероу⟩са⟩лема ѣко овоштьное хранилиште *Пс 78, 1 Син*; и ини прѣисподьнѩѩ хранилишта и ныришта • и пешти искаахѫ и течаахѫ *Супр 467, 19* **2.** φυλακτήριον филактерий fylaktérion (*др.-евр. талисман с изречениями из Пятикнижия*): раширѣѭтъ же хранилишта своѣ • і величаѭтъ подъметы • вьскрилиѣ ризъ своихъ *Мт 23, 5 Мар Ас* (Ø *Зогр*).— *Ср.* съкровище

ХРАНИЛО, -а *с* (1) φυλακή намордник náhubek: положихъ оусто(мъ) моимъ хранило *Пс 38, 2 Син*

ХРАНИТЕЛЬ, -лꙗ *м* (5) φύλαξ, ὁ φυλάσσειν τεταγμένος, φάλαγξ (!) хранитель, блюститель, защитник ochránce, strážce: огради животъ нашъ • хранителемъ ап⟨осто⟩ломъ вѣръномъ *Евх 62б 18*; і в'сѣмъ хранителемъ его • съпадъшимъ съ нимь • съ вышънꙗꙗ свѣтълости *Евх 51б 9-10*; ѡ разбоініче • коупьче ц⟨ѣ⟩с⟨а⟩р⟨ь⟩ствию • хранітелю раю *Клоц 11б 13*.— *Супр 96, 29; 292, 4*.— *Ср.* защититель, застѫпьникъ

ХРАНИТИ, -нѭ, -ниши *несов.* кого, чьто отъ кого, чесо (66) **1.** φυλάσσειν, διαφυλάσσειν, τηρεῖν, συντηρεῖν, κατέχειν охранять, оберегать chránit, ochraňovat: іродъ бо боѣше сѧ іоана • вѣды мѫжа правьдьна і с⟨вѧ⟩та • і хранѣаше і • і послоушаꙗ его мъного творѣаше *Мк 6, 20 Зогр Мар Ас*; тъ ма избавьꙗтъ и хранит • непорочьна отъ рѫкъ вашихъ *Супр 269, 20* ● охранять, защищать hlídat: егда крѣпъкы въорѫжь сѧ хранитъ • своі дворъ *Л 11, 21 Зогр Мар*; дрѣво животьное • пламеньнꙑимъ орѫжиємъ хранимо єстъ *Супр 247, 22* ● сохранять uchovávat: еже... слышатъ слово и хранатъ е • и плодъ творатъ вь трьпѣнии *Л 8, 15 Сав* (дрьжатъ *Зогр Мар Ас*); къ дѣвици... порѫченѣ їѡсифоу • а хранимѣ їсоусоу *Супр 245, 21-22* ● скрывать, утаивать tajit, skrývat: обаче тъгда да не познакта єго • хранꙗаше бо себе • да авитъ сѧ има на прѣломлєнии хлѣба *Супр 474, 23* □ х р а н и т и с ѧ отъ кого, чесо; *с инф.* φυλάσσεσθαι, ἀσφαλίζεσθαι, προσέχειν остерегаться, беречься chránit se, střežit se: храните же сѧ • отъ кваса фарисеиска і садоукеіска *Мт 16, 11 Зогр Мар*; блюдѣте сѧ • і храните сѧ • отъ всѣкого лихоимиѣ *Л 12, 15 Зогр Мар*; старѣишинамъ же хранителемъ тоѧ поустꙑнѧ възвѣстивъшемъ о ратьницѣхъ хранити сѧ • по манастꙑрѧ великꙑꙗ лаврꙑ *Супр 292, 5-6*; отътолѣ оубо хранꙗаше сѧ не оставꙑати манастꙑрѣ *Супр 549, 7* □ х р а н ѧ и *в знач. сущ.* ὁ φυλάσσων сторож, страж, хранитель strážce: ни да въздрѣмлетъ хранѧі тѧ *Пс 120, 4 Син* **2.** *перен.* φυλάσσειν, διαφυλάσσειν, τηρεῖν, διατηρεῖν, ποιεῖν соблюдать, блюсти, исполнять zachovávat, dodržovat: нѣстъ сь отъ б⟨ог⟩а ч⟨ловѣ⟩къ • ѣко сѫботы не хранитъ *И 9, 16 Зогр Мар Ас*; тѣмь же оубо блажении • слышаштеı слово б⟨о⟩жье • ı хранѧште є *Л 11, 28 Зогр Мар Сав*, хранѧштии *Ас*; храньѩштıхъ заповѣдı твоıѩ *Пс 118, 63 Син*; да б⟨о⟩жи хранıтъ законъ *Клоц 2б 38.— Зогр Мар Ас Сав Син Евх Клоц Супр.— Ср.* блюсти, съблюдати, щадѣти

ХРАНЬНО *нареч.* (1) μετὰ ἀσφαλείας безопасно, в сохранности bezpečně: сице бо вьзмошти имамъ • и вльнъı нъıнıашнıааго житиıа хран'но прѣплоути *Супр 498, 6*

хрибьтъ *Син см.* хрьбьтъ

ХРИЗМА, -ъı (11) μύρον миро vonná mast, vonný olej: чесо ради хризма си не продана бъıстъ *И 12, 5 Зогр* (мѵро *Мар Ас Сав*); ѣко хрıзъма на главѣ • съходѧштеı на брадѫ ароновѫ *Пс 132, 2 Син*; воле же и хризмѫ възливакши на цѣсара • и хризмѣ пролиıавъшии сѧ • и вьсь миръ исцѣльши *Супр 457, 4 и 5.— Мк 14, 3 Зогр Мар; Мк 14, 5 Зогр Мар; И 12, 3 Зогр Мар; 76а 21 Мар.— Ср.* мѵро, мастъ, масло, помазаник

ХРИЗМЬНЪ, -ъıи *прил.* (4) состоящий из благовоний, благовонный vonné masti, vonného oleje *род.*: вь чемь гыбѣль си хризмънаѣ быс⟨тъ⟩ • можааше бо си хризма продана бъıти • вѧште трıı сътъ пѣнѧзь *Мк 14, 4 Зогр Мар*; храмина же ıсплъни сѧ • отъ вонѩ хризмьнъıѩ *И 12, 3 Зогр Мар* (от⟨ъ⟩ вонѩ мѵрнъıѩ *Ас Сав*).— *Ср.* мѵрьнъ

хрисостовъ *Супр см.* христосовъ

христ- *см. также* хрьст-

христианъ *Супр 486, 3 см.* крьстиıанъ

ХРИСТО(СО)БОРЬЦЬ *или* **ХРЬСТО(СО)БОРЬЦЬ**, -а *м* (2) [х҃обор- *Супр* (2)] χριστομάχος христособорец, противник Христа nepřítel Krista: се оубо х⟨рист⟩о⟨со⟩бор'ци творѣахѫ • не разоумѣѭште пропинаıема *Супр 484, 25.— Супр 541, 27-28*

ХРИСТ(ОС)ОВЪ *или* **ХРЬСТ(ОС)ОВЪ** *прил. к* христ(ос)ъ (>100) [христосов- *Супр* (52), христов- *Супр* (18), хрьстов- *Супр* (3) *Рыл* (1), хрътов- *Мар* (1) *Супр* (4), хр'стов- *Супр* (1), хрътосов- *Супр* (1), хрисостов- (!) *Супр* (6), х҃в- *Зогр* (2) *Мар* (3) *Ас* (19) *Сав* (7) *Ен* (6) *Евх* (10) *Клоц* (9) *Супр* (8), х҃сов- *Супр* (25)] τοῦ Χριστοῦ, ὁ ἐν Χριστῷ, τοῦ Ἰησοῦ, τοῦ κυρίου, τοῦ Θεοῦ (!); (христо(со)во рождьство τὰ Χριστούγεννα; въ христо(со)въ образъ χριστότυπος) Христов, Христа *род.* Kristův: ı⟨сѹ⟩с⟨ъ⟩ же рече... ıже бо аште напоитъ въı чашѫ водъı • въ имѧ ѣко хрътови есте *Мк 9, 41 Мар*, х⟨ристо⟩ви *Ас* (крьстиѣни *Зогр*) ● τοῦ Χριστοῦ, ὁ εἰς Χριστόν, ὁ κατὰ Χριστόν Христа *род.*, (в) Христа, против Христа Krista *род.*, (v) Krista, proti Kristovi: мъı же готови ıесмъ за христосово исповѣданиıе • не тъчьѭ ıадноѭ оумрѣти *Супр 106, 23*; подобааше бо осмрадивъшоуоумоу христосовами хоулами • на смрадьнѣ мѣстѣ съконьчати житиıе *Супр 190, 12*; отъстѫпиша отъ вѣръı хрисостовъı (!) *Супр 175, 7.— Зогр Мар Ас Сав Ен Евх Клоц Супр.— Ср.* христо(со)вьнъ

ХРИСТО(СО)ВЬНЪ *или* **ХРЬСТО(СО)ВЬНЪ**, -ъıи *прил.* (7) [христов- *Супр* (2), хрътов- *Супр* (2), х҃вън- *Клоц* (1), х҃вьн- *Клоц* (1), х҃вн- *Клоц* (1)] τοῦ Χριστοῦ Христов, Христа *род.* Kristův, Krista *род.*: обратити хоштѫ слово... къ новъıимъ воиномъ хрътовънъıимъ *Супр 495, 9-10*; нъ оубо слъıши х⟨ристо(со)⟩вьни мѫцѣ • въıшънеє слово *Клоц 13а 34*; христовьнѣи *Супр 450, 3.— Клоц 13б 5 и 10; Супр 450, 13 и 18.— Ср.* христ(ос)овъ

ХРИСТО(СО)ЛЮБИВЪ *или* **ХРЬСТО(СО)ЛЮБИВЪ**, -ъıи *прил.* (6) [х҃любив- *Евх* (1) *Супр* (1), хрьстолюбив- *Супр* (2), хрътолюбив- *Супр* (2)] φιλόχριστος христолюбивый milující Krista: с⟨ъ⟩п⟨ас⟩и г⟨оспод⟩ı... х⟨ристо(со)⟩любиваго отъ б⟨ог⟩а ц⟨ѣса⟩ра нашего *Евх 5б 21*; постави имъ... мѫжа вѣрьна и хрътолюбива • и правовѣрьна *Супр 197, 2.— Супр 114, 18; 202, 19; 209, 16; 517, 28.— Ср.* хрьстолюбъвьнъ, хрьстолюбьнъ

ХРИСТО(СО)ЛЮБЬЦЬ *или* **ХРЬСТО(СО)ЛЮБЬЦЬ**, -а *м* (4) [х҃олюб- *Евх* (2), хрьстолюб- *Супр* (1), х҃⟨рист(ос)⟩олюпц- (!) *Ен* (1)] φιλόχριστος христолюбец (*устар.*) člověk milující Krista: тѣмьже х҃люб'че • съ любовиѭ приıми образъ н⟨е⟩б⟨е⟩снааго житиıѣ *Евх 86б 13-14*; циı же отъ хрьстолюбьць вьземъше тѣлеса имъ *Супр 67, 8.— Ен 21б 16; Евх 84б 1*

ХРИСТО(СО)ОУБИИСТВО *или* **ХРЬСТО(СО)ОУБИИСТВО**, -а *с* (1) χριστοκτονία убийство Христа zabití Krista: опоустѣ бо вьсе чьстьноıе жидовьскоıе • за х⟨рист(ос)⟩оубииство (*или* х⟨рьст(ос)⟩оубииство) *Супр 485, 25-26*

ХРИСТ(ОС)Ъ *или* **ХРЬСТ(ОС)Ъ**, -а *м* (>500) [христос- *Супр* (43), хрьстос- *Супр* (1), хрътос- *Супр* (1), христ- *Супр* (1), хрьст- *Зогр* (1) *Супр* (10), хрът- *Мар* (2) *Син* (1) *Супр* (7), х҃- *Зогр Мар Ас Сав Боян Ен Син Служ Евх Клоц Супр Рыл*, х҃с- *Сав Супр*, х҃ст- *Ас* (1), х҃рс- *Евх*] **1.** χριστός помазанник pomazaný: не прıкасаите сѧ хрътѣхъ моıхъ *Пс 104, 15 Син*; ı творѧ мıлостı х⟨рист(ос)⟩оу своемоу *Пс 17, 51 Син* ● мессия mesiáš: не видѣти съмрьти • прѣжде даже видитъ х⟨рист(ос)⟩а г⟨осподь⟩нѣ *Л 2, 26 Зогр Мар Ас Сав* **2.** Χριστός, Ἰησοῦς, Θεός, σωτήρ, δεσπότης; (христ(ос)а носѧи χριστοφόρος; лъжии христ⟨ос⟩ъ ψευδόχριστος) Christus (Иисус) Христос (Ježíš) Kristus: роди сѧ вамъ • дьньсь с⟨ъ⟩п⟨ас⟩ъ • ıже естъ х⟨рист(ос)⟩ъ г⟨оспод⟩ь *Л 2, 11 Зогр Мар Ас Сав*; ıелико ихъ могѫтъ христоса носѧштааго корабьꙗ дрьжати сѧ *Супр 401, 5*; въстанѫтъ бо лъжи хрьсти • і лъжи про(ро)ци *Мк 13, 22 Зогр*, хрьсти *Мар; Мт 24, 24 Зогр Сав*, лъжи хрьсти *Мар*, лъжии х⟨ри⟨сь⟩т⟨(ос)и *Ас.— Зогр Мар Ас Сав Боян Ен Син Евх Служ Клоц Супр Киев Рыл*

ХРИСТОФОРЪ *или* **ХРЬСТОФОРЪ**, -а *м имя* (1) Χριστοφόρος Христофор Christoforos, Kryštof: мѣ⟨сѧ⟩ца маѣ ꙁ҃... м⟨ж⟩ч⟨ени⟩ка хр⟨и⟩стофора (*или* хр⟨ь⟩стофора) *Ас 146а 26-27*

ХРОМЪ, -ыи *прил.* (32) χωλός, κυλλός хромой, с больными ногами chromý, kulhavý, ochrnutý: і пристѫпишѧ къ немоу хроми и слѣпии въ цр⟨ъ⟩к⟨ъ⟩ве и исцѣли ѩ *Мт 21, 14 Мар*, хромии *Зогр-пал* (Ø *Зогр*); давъшиимь хромъимъ ходити *Евх 53а 26*; како ли раздрѣши ѫꙁѫ отъ рода хромоуоумоу • томь часѣ ноꙁѣ кмоу оутврьдивъ *Супр 358, 11.— Зогр Мар Ас Сав Зогр-пал Евх Супр*

ХРОМЬЦЬ, -а *м* (1) χωλός хромой, человек с больными ногами chromec: х⟨ристос⟩ъ же хромцемъ ихъ теченьк даровааше *Супр 481, 20*

ХРОѴСОПОЛЬ, -лꙗ *м или* **ХРОѴСОПОЛЬ**, -и *ж город* (1) Χρυσόπολις Хрисополь Chrysopolis: с⟨вѧ⟩тѣи б⟨огороди⟩ци • въ хрѵсополи *Ен 35б 13*

хрьбьтъ *см.* хрьбьтъ

ХРЪЗАНЪ, -а *м* (1) φραγέλλη бич bič: шибаахѫ и хрьзаны *Супр 192, 19.— Ср.* бичь, вощага

ХРЪСОСТОМЪ, -а *м* (1) *греч. нет* (Иоанн) Златоуст (Jan) Zlatoústý: іоана хрьсостома архіепіскоупа • констѧтінѣ града *Клоц 3а 24.— Ср.* златооустъ

хрьстиꙗньскъ *Супр 255, 2-3 см.* крьстиꙗньскъ

хрьст(ос)- *см.* христ(ос)-

ХРЬБЬТЪ, -а *м* (11) [хриб- *Син* (5), хрьб- *Супр* (4)] νῶτος спина záda: на хрібьтѣ моемь коваахѫ грѣшьници *Пс 128, 3 Син*; на хрьбьтѣ *Супр 113, 10*; отъꙗтъ отъ брѣменъ хрібетъ іхъ *Пс 80, 7 Син*; биꙗше и по хрьбьтоу *Супр 172, 14.— Пс 17, 41; 20, 13; 65, 11; 68, 24; Супр 104, 26; 178, 28; 179, 1.— Ср.* зажда

хрьст- *см. также* христ-

ХРЬСТОЛЮБЪВЬНЪ, -ыи (1) φιλόχριστος христолюбивый milující Krista: похвалѫ ти распьрьнѫѭ и хрьстолюбьвьнѫѭ вѣдь *Супр 500, 17-18.— Ср.* христо(со)любивъ, хрьстолюбьнъ

ХРЬСТОЛЮБЬНЪ, -ыи *прил.* (1) φιλόχριστος христолюбивый milující Krista: ѡ прѣчисто и хрьстолюбьно послоушаник *Супр 54, 15.— Ср.* христо(со)любивъ, хрьстолюбъвьнъ

ХРЬСТОНЕНАВИДЬНЪ, -ыи *прил.* (1) κακότεχνος (!) ненавидящий Христа nenávidící Krista: да побѣждѫ нечистааго • и хрьстоненавидьна҆го примъıшлѣѩ *Супр 225, 23-24*

ХОѴДИОНЪ, -а *м имя* (1) Χουδαίων Худион Chudaion: а се имъ имена • дометиꙗнъ... хоудион • илиадиї *Супр 69, 15-16*

ХОѴДОВѢРЬНЪ, -ыи *прил.* (1) *греч. нет* мало, недостаточно глубоко верующий málo věřící: иꙁгонитъ тѧ г⟨оспод⟩ь трѧсавице ютрънѣѣ • послѣдьнѣѣ ѩꙁе... хоудооумънъıѩ и хоудовѣрънъıѩ трѧсѫщи *Евх 49а 8-9.— Ср.* маловѣръ

ХОѴДОСИЛЪ, -ыи *прил.* (1) *греч. нет* слабосильный slabý: иꙁгонитъ тѧ г⟨оспод⟩ь трѧсавице ютрънѣѣ... хоудооумънаа • і хоудосилаа *Евх 49а 7-8.— Ср.* слабъ, хоудосильнъ

ХОѴДОСИЛЬНЪ, -ыи (1) *греч. нет* слабосильный slabý: ємлетъ же непослоушъливъıѩ • хоудооумъıѩ • і хоудосилънъıѩ • тѣмъ пакости творите • на врѣмена мѣсѧчьнаа *Евх 45б 5-6.— Ср.* слабъ, хоудосилъ

ХОѴДОСТЬ, -и *ж* (1) βραχύτης немощь, слабость slabost: кл҆ма ꙗко раба христова любьве имата покоити моѭ хоудость *Супр 203, 28.— Ср.* немощь, слабость

ХОѴДООѴМЪ, -ыи *прил.* (1) *греч. нет* неразумный nerozumný, pošetilý: ємлетъ же непослоушъливъıѩ • хоудооумъıѩ... тѣмъ пакости творите • на врѣмена мѣсѧчьнаа *Евх 45б 4-5.— Ср.* нераꙁоумивъ, нераꙁоумичьнъ, нераꙁоумьнъ, хоудооумьнъ

ХОѴДООѴМЬНЪ, -ыи *прил.* (3) *греч. нет* неразумный nerozumný, pošetilý: ꙁапрѣщаетъ ти г⟨оспод⟩ь трѧсавице • въшедъшнѣ в' сего • хоудооумъннаго • і непослоушъливааго *Евх 46а 22-23.— Евх 49а 7 и 8.— Ср.* нераꙁоумивъ, нераꙁоумичьнъ, нераꙁоумьнъ, хоудооумъ

ХОѴДЪ, -ыи *прил., сравн. ст.* хоуждии (21) **1.** τυχών; (χούждьши ἐλάσσων) маленький, небольшой malý: по тѣлоу же хоудъ бѣаше въꙁдрастомъ *Супр 545, 25*; не хоудъ бѣаше ꙁвѣрь нъ страшьнъ *Хил 1аβ 19*; овъ множаи и овъ не хоужден приносъ покаꙁаста *Супр 376, 9* **2.** εὐτελής, ἐλάχιστος, μικρός, βραχύς (!) малый, ничтожный, слабый nepatrný, bezvýznamný: кльма оубо сътвористе ѥдномоу отъ братиꙗ сеѩ моѩ хѵдыꙗ • то мьнѣ сътвористе *Супр 123, 25-26* (малъıхъ *Мт 25, 40 Зогр Мар Ас Сав*); сь тихостиѭ примѣте хоудаа моꙗ словеса *Супр 498, 21*; **3.** μέτριος бедный, скудный chudý, chudobný, nuzný: сии вамъ хлѣбъ на хоудѣи своки трепеꙁѣ положив' *Супр 396, 6*; по малоу бо пиꙗста противѫ хоудѣи пишти своки *Супр 548, 3.— Супр Хил.— Ср.* малъ

ХОУЖДЕ *нареч., сравн. ст.* (3) *греч. нет* **1.** меньше méně: прѣбы же бѣсъ ничим'же хоуждe съкроушаꙗ старьца *Супр 553, 2* **2.** хуже hůře: хоуждe лѣпааго троудивъшаꙗ сѧ примъ *Супр 550, 22.— Супр 550, 11.— Ср.* скѫдо

ХОУЗАНЬ *прил. к мужскому имени Хуза* (1) τοῦ Χουζᾶ Хузов Chuzův: і женꙑ єдінꙑ ꙗже бѣахѫ исцѣленꙑ • отъ д⟨оу⟩хъ зъль и болѣзнии... і иоанна жена хоузанѣ приставъника иродова *Л 8, 3 Мар* (хоузѣанина *Зогр*).— *Ср.* хоузѣанинъ

ХОУЗѢАНИНЪ *прил. к мужскому имени Хуза* (1) τοῦ Χουζᾶ Хузов Chuzův: і женꙑ єтерꙑ • ꙗже бѣахѫ іцѣленꙑ отъ недѫгъ • і ранъ... і оан'на (!) жена хоузѣанина • і инꙑ многꙑ *Л 8, 3 Зогр* (хоузанѣ *Мар*).— *Ср.* хоузань

ХОУЛА, -ꙑ *ж* (31) **1.** βλασφημία, δυσφημία, ὕβρις поношение, оскорбление, ругань pohana, potupa; pomluva: їжде бо зависть • тоу живѫтъ • враждꙑ и свари... хоулꙑ и оукорениꙗ *Супр 400, 21* ● богохульство rouhání: вьсѣкъ грѣхъ и хоула отъпоустітъ сѧ чловѣкомъ • а ѣже на д⟨оу⟩хъ хоула не отъпоустітъ сѧ чл⟨овѣ⟩к⟨о⟩мъ *Мт 12, 31 Мар* (2) *Ас* (2) (власвимиѣ *Зогр* (2), хоуление *Сав* (2)) ● ересь hereze, kacířství: нѣстъ дошьла западънꙑихъ странъ ариꙗнъскаꙗ хоула *Супр 197, 20-21* □ хоулꙑ глаголати, вѣщати, хоулꙑ творити, извѣщати βλασφημεῖν, λοιδορεῖν, ὀνειδίζειν поносить, ругать, злословить tupit, hanět, vysmívat se: бѣсъ же хоулꙑ вѣштааше на антониꙗ и на павьла *Супр 172, 15*; ни глагола кто сии ѥстъ • иже дрьзнѫ прѣдъ всѣми хоулѫ мьнѣ толикѫ извѣштати *Супр 360, 20-21* ● богохульствовать rouhat se: хоулѫ творѧтъ къ своѥмоу господоу и благодѣтелю *Супр 148, 2* **2.** κατηγορία, ἐπίσκηψις обвинение obžaloba, obvinění: вел'ми оубо напсанѫ нашѫ хоулѫ • собоѭ оставимъ *Супр 91, 2*; нъ оукорꙑ и хоулꙑ • акꙑ добрꙑѩ цѣльбꙑ примъ... глаголааше *Супр 364, 3.— Мар Ас Боян Сав Евх Клоц Супр.— Ср.* власвимиꙗ, оглаголаниѥ, оклеветаниѥ, рѣчь, оукоръ, оукорениѥ, хоулениѥ; хоулꙑ глаголати *ср.* власвимисати, власвимлꙗти, оукорити, хоулити, хоуловати

ХОУЛИТИ, -лѭ, -лиши *несов.* (30) **1.** βλασφημεῖν, ὑβρίζειν, ἀθετεῖν поносить, оскорблять, ругать, злословить tupit, hanět, pomlouvat, vysmívat se: єдинъ же отъ обѣшеноую злодѣю хоулѣаше і *Л 23, 39 Зогр Мар Ас*, хоулѣше *Сав*; тьмномъ словомъ хоулиши *Супр 104, 9*; нъ господь ї⟨соу⟩с⟨ъ⟩ х⟨ристо⟩с⟨ъ⟩ хоулимꙑи тобоѭ оживи мѧ *Супр 194, 10* ● богохульствовать rouhat se: съсѫштии богословѧтъ • а старьци хоулѧтъ *Супр 324, 6* **2.** κατηγορεῖν обвинять obviňovat: приведъ ѥго къ с⟨вѧ⟩тоуоумоу кононоу съвѧзавъ съ краденꙑимъ сланоут'ком' хоулѣаше глаголѧ *Супр 41, 20.— Зогр Мар Ас Сав Супр.— Ср.* вадити, власвимисати, власвимлꙗти, глаголати, коудити, хоуловати, хоула (хоулꙑ глаголати)

ХОУЛОВАТИ, хоулоуѭ, хоулоуѥши *несов.* (1) βλασφημεῖν богохульствовать rouhat se: котеръи же пакꙑ оуспѣхъ цѣломѫдровати добрѣ хоуловати же нечестьнѣ • велико оубо ѥстъ притѧжание правовѣрънꙑихъ *Хил 26β 15-16.— Ср.* вадити, власвимисати, власвимлꙗти, глаголати, коудити, хоулити, хоула (хоулꙑ глаголати)

ХОУЛОЛЮБИВЪ, -ꙑи *прил.* (1) φιλολοίδορος любящий, склонный все порицать, бранить, поносить mající zálibu v tupení, pomlouvání: оумачи си хоулолюбивꙑи оумъ *Супр 395, 11*

ХОУЛЬНИКЪ, -а *м* (3) βλάσφημος, αἱρετικός богохульник; еретик rouhač; heretik, kacíř: не бѫди досадитель владꙑкамъ вьсеѩ вьселенꙑѩ • и хоульникъ о бозѣхъ *Супр 13, 5-6*; не хоули христосова цѣсарьства хоульниче *Супр 328, 9.— Супр 404, 8-9*

ХОУЛЬНЪ, -ꙑи *прил.* (4) βλάσφημος, τῆς βλασφημίας оскорбительно-бранный, поносный (*устар.*), богохульный, богохульствующий hanlivý, potupný; rouhavý: заклинаѭ тѧ • зълꙑ начѧльниче • хоульнꙑи начѧльниче *Евх 51б 26*; хоульнꙑ коваааше на нь мꙑсли • и съпаса чловѣколюбьствиѥ • акꙑ невѣсть зълотворѣаше *Супр 392, 28.— Супр 188, 2-3; 481, 2.— Ср.* блазньнъ

ХОУЛЕНИѤ, -ниꙗ *с* (4) βλασφημία поношение, оскорбление tupení, hanění; pomluva: із жтрьждоу бо • отъ срьдьца ч⟨ловѣ⟩ч⟨ь⟩ска • помꙑшленіѣ зълаѣ іcходѧтъ... око лѫкаво • хоуление • грьдꙑни... *Мк 7, 22 Зогр* (власфимиѣ *Мар*); да отъстѫпитъ отъ васъ... ѣрость • кличь • хоуление • клевета *Евх 91б 15* ● богохульство rouhání: всакъ грѣхъ и хоуление • отъдастъ сѧ чл⟨овѣ⟩комъ • а д⟨оу⟩ховьное хоуление не отдастъ сѧ чл⟨овѣ⟩комъ *Мт 12, 31 Сав* (2) (власвимиѣ *Зогр* (2), хоула *Мар* (2) *Ас* (2)).— *Ср.* власвимиꙗ, хоула

ХОУМИꙖНЬСКЪ, -ꙑи *прил.* (1): вьсь хоумиꙗньска τὸ χωρίον Χουμιαλῶν деревня Хумиалис vesnice Cumialis: дадите ми волѫ мало дьниї • да шедъ оустроѭ ѫжикꙑ своѩ • въ вьси хоумиꙗньсцѣ *Супр 16, 15*

хоухота *Супр 301, 23-24 см.* соухота

хътѣти *Супр см.* хотѣти

ХЫЗИНА, -ꙑ *ж* (15) κέλλα, κελλίον, ξενία (!) хижина, келья, каморка chýška, cela, komůrka: сътвори ѥмоу хꙑзинѫ особь да искоусъ приметъ бѣсовьскъ *Супр 171, 8-9*; въ пештерѣ ꙗже маломъ отъстоꙗше отъ хꙑзинъı кго... съ сльзами плакааше сѧ *Супр 274, 20*; сѫштоу бо великоуоумоу отъцоу въ хызинѣ... въздрѣма сѧ *Супр 275, 21.— Супр 119, 27; 122, 9; 172, 6 и 27; 204, 1; 287, 26; 288, 6; 292, 10; 295, 12; 296, 18; 293, 16; 302, 16.— Ср.* клѣть, клѣтька, кѫща, скинии, хлѣвина, хызъ

ХЫЗЪ, -а *м* (1) δωμάτιον домик, хижина domek, chýše: въ хызѣ малѣ'мъ и съ инѣми крьстиꙗнъı таꙗше сѧ *Супр 145, 12.— Ср.* клѣть, клѣтька, кѫща, скинии, хлѣвина, хызина

хытро *Супр 437, 14 см.* хытрость

ХЫТРОСТЬ, -и *ж* (12) [хытро отъ насъ ! *Супр* (1)] **1.** τέχνη, δεινότης, ἐμπειρία; (риторьскаꙗ хытрость ῥητορική) искусность, мастерство, умение umění, dovednost: и за браньскѫѭ хытрость • и за мѫжьство д⟨оу⟩шѧ • того дѣлма велиѧ чьсти имѣахѫ отъ цѣсара *Супр 84, 30—85, 1*; чим бо пъваѭште • хытростиѭ словесьнѫѭ *Супр 442, 8-9*; чловѣкъ бѣ оученикъ сотонинъ • навыкъ зѣло хытрость вльшебьнѫѭ *Супр 7, 16*; не бо нъ и породънъıѧ двьри приноуди • хытро отъ насъ (! *вм.* хытрость на) съпасъ прѣвративъ *Супр 437, 14* □ хытростиѭ *в знач. нареч.* ἐν τέχνῃ τινί искусно, умело dovedně, důmyslně: мүромъ кже кстъ различь вониꙗми оустрокно • и хытростиѭ съкоупькно *Супр 425, 23* **2.** ἀγχίνοια премудрость, мудрость; остроумие moudrost, rozumnost, bystrost: шесть на десѧте лѣтъ оубо сѫштоу блаженоуоумоу връстоѭ • тысѧштъноу же разоумънѫѭ хытростиѭ *Супр 273, 1* **3.** *греч. нет* выдумка, замысел výmysl, lstivý úmysl: алеѯандръ мѫчимъ глагола • нич'тоже сѫтъ хытрости твоѩ *Супр 159, 4-5.— Супр 7, 22; 138, 10; 161, 24; 381, 27; 567, 3.— Ср.* мѫдрость, прѣмѫдрость, хѫдожьство

ХЫТРОСТЬНЪ, -ъıи *прил.* (1) τῆς τέχνης искусный, умелый důmyslný: не кон'чати своkго хытростьнааго дѣла *Супр 431, 23.— Ср.* хытръ

ХЫТРЪ, -ъıи *прил.* (1) *греч. нет* искусный, умелый dovedný: акъı врачъ хытрыи • начѧ мазати кго *Супр 562, 30.— Ср.* хытростьнъ

ХЫТРЬЦЬ, -а *м* (7) **1.** τεχνίτης, ἔμπειρος; (тъчьно оумѣꙗи хытрьць ἀντίτεχνος) знаток, искусный мастер znalec řemesla, mistr: видѣаше сѧ то стражда отъ прѣподобьнааго еп⟨искоу⟩па • и отъ творѧштиихъ ӷистер'нѫ хытрьцъ • и дѣлатель *Супр 553, 7*; ꙗко и вънѣшьнии хытрьци рьвьноуѭтъ тъчьно имъ оумѣѭштимъ хытрьцемъ • въ потѣпѣ пьрѧ съ нъıми въздвижѫште *Зогр-лл 2а 12 и 13* ● творец, создатель tvůrce: градъ б⟨о⟩жии • кгоже хытрецъ и сьдѣтель б⟨ог⟩ъ *Супр 84, 13* **2.** φιλόσοφος философ, мудрец filosof, mudřec: и ѩзыци вѣтии • и словеса хытрьцъ • и бесѣдъı оучитель • извѣштати не могѫ зълобъı кѩ *Супр 400, 1.— Ср.* кызньникъ, творьць, философъ, хѫдожьникъ

ХЫЩЕНИКЕ, -ꙗ *с* (3) ἁρπαγή грабеж, разбой loupež: очиштаате вьнѣщьнее стькльници • і паропсидѣ • ѫтрьждѫ же сѫтъ • плъни хыштениѣ • і нечистотъı *Мт 23, 25 Мар* (∅ *Зогр*); вънѫтрьнѣѣ ваша плъна сѫтъ • хыштеньѣ і зълобъı *Л 11, 39 Зогр Мар.— Ср.* въсхыщеникк, грабликнкк

ХЫЩЬНИКЪ, -а *м* (9) ἅρπαξ **1.** грабитель, разбойник lupič: нѣсмь ѣко и прочии ч⟨ловѣ⟩ци • хыштьници • неправьдьници • прѣлюбодѣи *Л 18, 11 Зогр Мар Ас Сав*; бѫди... въ хыщьника мѣсто • раздавьникъ имѣниѣ своего *Евх 70б 9-10*; горе тѣ(мь иж)е сѫтъ хъıщь(ници) *Рыл 5аа 7* **2.** хищный зверь, хищник dravec: вънемлѣте отъ лъжиихъ пророкъ • іже приходѧтъ къ вамъ въ одеждахъ овьчахъ • вънѫтрьꙗдоу же сѫтъ вльци • хыштьници *Мт 7, 15 Зогр Мар Ас.— Ср.* въсхыщьникъ

ХѪДОЖЬНИКЪ, -а *м* (2) τεχνίτης создатель, творец tvůrce: да в'сѣми въсхвалитъ тѧ • благааго хѫдожьника *Евх 7б 15*; б⟨ог⟩ъ б⟨о⟩гомъ... огньнъıхъ д⟨оу⟩хъ • творець бесплътънъıхъ силъ • хѫдожьникъ *Евх 51а 14-15.— Ср.* кызньникъ, творьць, хытрьць

ХѪДОЖЬСТВИКЕ, -ꙗ *с* (1) τέχνασμα произведение мастера mistrovský výtvor: нъ вьсѣ оубо добра сѫтъ • і зѣло д(о)бра • і творьчѧ мѫдрості хѫдожъствіѣ *Клоц 10а 8*

ХѪДОЖЬСТВО, -а *с* (3) **1.** ἐπιστήμη мудрость moudrost: тъı съподоби и въ кротость • въ любьвь • въ съвръшение • въ хѫдожъство *Евх 95а 17* **2.** τέχνη, δελέασμα хитрость, коварство chytrost, lstivost: въсхождение показавъ • старааго зълодѣа • і глѫбинънаего змиѣ • б⟨о⟩гомѫдрымь хѫдожьствомь • оуловль *Евх 63б 12*; ѡ... ненависть ч⟨ловѣ⟩ча • шт⟨ъ⟩ нечистааго д⟨оу⟩ха како ти и кымьждо хѫдожьствомъ(ь з)апинает *Рыл 26β 17-18.— Ср.* хытрость

Ѡ

Ѡ *межд.* (>100) [о *Евх* (3) *Супр* (4) *Рыл* (5)] ὦ, ὤ о! ó!: ѡ жено велиѣ естъ вѣра твоѣ *Мт 15, 28 Зогр Мар*; ѡ г⟨оспод⟩і їзбави д⟨оу⟩шѫ моѭ *Пс 114, 4 Син*; ѡ неистовъство великое паче же ѡ сърeбролюбьствье *Клоц 4б 7 и 8*; ѡ корабь тьмами зъла плънъ *Супр 400, 17*; ѡ сьвѣте зълъıи завистиѭ сѣкмъ *Супр 402, 12*; ѡ чловѣколюбьствьнааго и свѧтааго гласа *Супр 341, 17.— Зогр Мар Ас Сав Син Евх Клоц Супр Рыл* ѡ- *см.* о-

ѡлъмъ *Пс 71, 3 Син см.* хлъмъ

ѿ *см.* отъ

ѡсана, ѡсанна *см.* осана

ѡт- *см.* от-

Щ

щедрата *Евх 100б 11-12 см.* щедрота

ЩЕДРОТА, -ы *ж, чаще мн.* **ЩЕДРОТЫ**, -ъ (39) [щедрата ! *Евх* (1)] οἰκτιρμός, ἔλεος милосердие, сострадание; милость milosrdenství, slitování; milost: да придѫтъ мнѣ штедроты твоѩ ї живъ бѫдѫ *Пс 118, 77 Син*; облѣцѣте сѧ ѣко избрани б⟨ог⟩оу.. въ ѫтробѫ щедротъ • и благость *Кол 3, 12 Ен*; ѡ отъданьи богатыѩ м⟨и⟩л⟨о⟩сти • и щедроты б⟨о⟩жиѩ... г⟨оспод⟩ю помоли⟨мъ⟩ ⟨сѧ⟩ *Евх 60б 13-14*; прѣзьри безакониѣ наша • щедротами твоими *Евх 62б 11*; б⟨ог⟩ъ милостивъ щедратамъ (!) • и ч⟨ловѣ⟩к⟨о⟩любью еси *Евх 100б 11-12*; толико множьство штедротъ показа о мьнѣ прѣмилостивыи г⟨оспод⟩ь *Супр 23, 7*; да варатъ ны штедроты твоѩ г⟨оспод⟩и *Супр 461, 26* (мілості *Пс 78, 8 Син*).— *Ен Син Евх Супр Рыл.— Ср.* милость, милостыни

ЩЕДРЪ, -ыи *прил.* (9) **1.** οἰκτίρμων (щедръ и прѣмилостивъ μεγαλόψυχος) милосердный, милостивый, сострадательный milosrdný, slitovný: милостівъ ї штедръ г⟨оспод⟩ь *Пс 110, 4 Син* **2.** μεγαλόψυχος щедрый, великодушный štědrý, velkodušný: никодимъ бо въ змѵрънѫ и ал⟨г⟩оуи штедръ *Супр 454, 1.— Пс 111, 4 Син; Евх 84а 8; 101б 16; Супр 21, 20; 526, 16.— Ср.* прѣщедръ, милосрьдъ, милосрьдьнъ, милостивъ

щітотомъ (!) *Пс 5, 13 Син см.* щитъ

ЩИТЪ, -а *м* (7) θυρεός, ὅπλον щит štít: приими орѫжие і щитъ *Пс 34, 2 Син* ● *перен.*: ѣко щіто[то]мъ (!) благоволеньѣ вѣнъчалъ ны еси *Пс 5, 13 Син*; оумѫдри и вьзѧти щитъ вѣры *Евх 94а 5-6* ● ἀσπίς ряд řada, sled: подраживъ борьца прѣдъпльчьныѩ • щии въ прьвѣѣмь штитѣ падъшаасо • абиѥ напльнѣатъ трѫтъ *Супр 93, 28.— Пс 45, 10; 75, 4; 90, 4 Син*

ЩОУДЬ, -и *ж* (2) σχῆμα, τρόπος обычай, нрав zvyk, obyčej: безбожьныхъ странъ щюди и трѣбованьѣ *Рыл 26β 9.— Евр 13, 5 Ен.— Ср.* нравъ

ЩОУЖДЕКРЪМЬНИЦА, -ѧ *ж* (2) ξενοδοχεῖον, γηροκόμειον гостиница, трапезная для странников (*в монастыре*) hospitál, útulek: вънегда манастырьскаꙗ штоуждекръмьница зъдааше сѧ *Супр 284, 5-6*; и тако ѥмоу прѣбываѭштоу въ штоуждекръмьници *Супр 282, 23-24.— Ср.* господа, гостинница, гостиньница, ꙗтъхоульница

ЩОУЖДЬ, ТОУЖДЬ, СТОУЖДЬ, -ии *прил.* (65) [стоужд- *Евх* (1) *Супр* (8), тоужд- *Зогр* (2) *Мар* (6) *Ас* (5) *Сав* (3) *Ен* (1) *Син* (11) *Евх* (8) *Клоц* (4), тоуз- *Киев* (1), щоужд- *Зогр* (1) *Супр* (14) *Зогр-лл* (1)] ἀλλότριος, ξένος чужой cizí: овьцѧ... по тоуждемь же не ідѫтъ • нъ бѣжатъ отъ него • ѣко не знаѭтъ штюждего гласа *И 10, 5 Зогр*, по тоуждемь... тоуждиихъ *Мар*, по тоуждемъ... тоуждиихъ *Ас*; въ въсхыщениѣ тоуждего имѣниѣ *Евх 68б 5-6*; на стоужде лице *Евх 68б 3-4*; погоубихомъ много имѣниѥ • и своѥ и стоужде *Супр 120, 2*; поклонимъ сѧ богомъ стоуждиимъ *Супр 176, 19*; како съпоемъ пѣснь г⟨осподь⟩нѭ на землі тоуждеї *Пс 136, 4 Син, Клоц 7б 1*, штоуждеи *Супр 419, 6* ● отъ кого, чесо не имеющий ничего общего *с кем-л., чем-л.* nemající nic společného *s někým, s něčím*: штоуждъ ѥсмъ отъ нихъ • и не поклонѭ сѧ имъ бъхма *Супр 261, 1* ● кого, чесо; комоу, чесомоу чуждый cizí, vzdálený: ѣкоже быти намъ • тоуждемъ грѣха *Евх 60б 7-8*; не стыдиши (л)и сѧ прѣисподьнии темьныи диꙗволе • и штѫждь истинѣ *Супр 74, 27-28* ▭ щоуждии *в знач. сущ.* чужестранец cizinec: богатыи... поѩ телицѫ ништааго • и закла ѭ штоуждемоу *Супр 360, 6-7* ◆ щоуждиихъ въведениѥ ξενοδοχία гостеприимство pohostinnost: начьн(ъ)ше бо рьвьновати на доброе... въ штоуждиихъ въведении *Зогр-лл 2а 19.— Зогр Мар Ас Сав Ен Син Евх Клоц Супр Зогр-лл.— Ср.* страньнъ

ЩАДѢТИ, щаждѫ, щадиши *несов.* (4) ἀντέχειν, φείδεσθαι, κήδεσθαι беречь, охранять, щадить, бережно относиться šetřit: богатыи бо штада своѩ чрѣды *Супр 360, 5*; не мозѣмъ ризъ штадѣти за породѫ ѭже погоубихомъ *Супр 90, 25* ▭ щадѣти сѧ ἡ ἄνεσις (!) сдерживаться, удерживаться omezovat se *v něčem*, zdržovat se *něčeho*: потрьпи оубо чѧдо... не штадаште бо сѧ ѥже жити сьде вѣчьнѫѭ мѫкѫ творитъ *Супр 290, 26-27.— Супр 292, 18.— Ср.* блюсти, съблюдати, хранити

Ц

цалованиѥ *31б 2 Ен см.* цѣлованиѥ

цана *1 Кор 6, 20 Ен см.* цѣна

цасарь *Супр 192, 8 см.* цѣсарь

ЦВИСТИ, цвьтѫ, цвьтеши *несов.* (4) ἀνθεῖν, ἀναθάλλειν; (добрѣ цвьтыи καλλίπνοος) цвести; *перен.* процветать kvést: вьсади крьстъ вѣроѭ цвьтѫштъ *Супр 352, 18-19*; зависть добрѣ цвьтѫштиі цвѣтъ • любьве оувраждаѥтъ *Супр 399, 18.— Супр 352, 7; 354, 4*

ЦВѢТИЛО, -а *с* (1) λειμών луг louka; *перен.*: нъ ини по законьнꙑимъ цвѣтиломъ • съ любьвиѭ цвѣтъ обꙑмавъше • свѣтьли свѣтъло оувꙑсти • въ црькъвьнѣѣмъ ликоуѭштъ чрьтозѣ *Супр 335, 6.— Ср.* пажить

ЦВѢТЪ, -а *м* (15) ἄνθος, κρίνον, βαΐον (!) цветок, цветущее растение květ, květina; kvetoucí rostlina: ѣко цвѣтъ тако отъцвьтетъ *Пс 102, 15 Син*; земьꙗ оубо вь се врѣмѧ веснънок • шипъкъ и їа и инъ цвѣтъ раститъ *Супр 495, 17*; мол⟨итва⟩ на цвѣтꙑ • на врьбьници *Евх 15б 24*; съмотрите цвѣтъ селънꙑхъ како растѫтъ *Мт 6, 28 Зогр*, цвѣтꙑ *Сав* (кринъ *Мар Ас*); *Л 12, 27 Зогр* (кринъ *Мар*) ● *перен.* цвет, лучшая, отборная часть výkvět, nejlepší část: обратити хоштѫ слово • доброуоумоу садоу црькъвьноуоумоу цвѣтоу дѹховьноуоумоу *Супр 495, 8* ● ἄνθος, ἀνθέριξ цветение, расцвет rozkvět: мѫжи вь самомъ цвѣтѣ юности *Супр 97, 7*; кдинѣмъ желѣзомъ исѣченꙑ лежашта... ни цвѣта класьнааго (! *вм.* власьнааго) измѣнивъше *Супр 397, 7.— Супр 97, 1; 335, 7; 388, 29; 399, 19; 429, 29 (2).— Ср.* кринъ, цвѣтьць

ЦВѢТЬНЪ, -ꙑи *прил.* (5) [цвѣ⟨т҃⟩- *Ас* (2), цвь(т҃)- *Сав* (1)] **1.** τῶν ἀνθῶν цветущий, покрытый цветами kvetoucí, pokrytý květy: аште отъ водъ пажити цвѣтьнии ꙗвиша сѧ *Супр 495, 19* **2.**: неделꙗ цвѣтьнаꙗ κυριακὴ τῶν βαΐων Вербное воскресенье, Цветная неделя Květná neděle: нед⟨ѣлѣ⟩ цвѣт⟨ьнаѣ⟩ *Ас 81б*β *1*; нед⟨ѣлꙗ⟩ цв⟨ѣ⟩ть⟨наꙗ⟩ *Сав 85а 1*; сѫбота цвѣтьнаꙗ τὸ σάββατον τοῦ ἁγίου καὶ δικαίου Λαζάρου суббота перед Вербным воскресеньем, Лазарева суббота sobota před Květnou nedělí: сѫб⟨ота⟩ цвѣтьнаꙗ *Сав 81а 7.— Ас 158б 4.— Ср.* цвѣтьчанъ

ЦВѢТЬЦЬ, -а *м* (4) ἄνθος цветок květ, květina: цвѣтьцъ прѣдъвараѥтъ прѣдъ овоштемъ *Супр 284, 22* ● *перен.*: кмоуже листвиѥ бе старости • и цвѣтьць неоувꙑжда *Супр 352, 23* ● цвет, лучшая, отборная часть výkvět, nejlepší část: доидоша... добрꙑѩ цвѣтьцꙗ крьстиꙗномъ *Супр 57, 18.— Супр 335, 13.— Ср.* цвѣтъ

ЦВѢТЬЧАНЪ, -ꙑи *прил.* (1) ἀνθοφόρος цветущий, покрытый цветами kvetoucí, pokrytý květy: око оубо вида или дѫбъ цвѣтьчанъ *Супр 343, 4.— Ср.* цвѣтьнъ

ц и и *см.* кꙑи

ЦИРКЪНЪ, -ꙑи *прил.* (1) *лат. нет* церковный, церкви *род.* církve *род.*, církevní: твоѣ циркъна҄ѣ тврьдь зашчіті нъи г⟨оспод⟩і *Киев 4б 17.— Ср.* црькъвьнъ

ЦИРКꙐ, -къве *ж* (2) [циркъ- *Син* (1) *Киев* (1)] **1.** ναός храм chrám: ѡсквръниша ціръковь с⟨вѧ⟩тѫѭ твоѭ *Пс 78, 1 Син* **2.** *лат. нет* церковь církev: сꙑ даръ іже тъи есі далъ і сътворілъ • ціръкъве раді твоеѩ *Киев 6а 4.— Ср.* црькꙑ

ц и р ъ к - *см.* циркꙑ

ц р ъ к - *см.* црьк-

ц р ъ н о р и з ъ ц ъ *Супр 119, 19 см.* чрьноризьць

ЦРЬКЪВИЩЕ, -а *с* (12) [цръкъ- *Супр* (10)] ναός языческий храм pohanský chrám, svatyně: въшьдъ нечьстивꙑи анѳѵпатъ • въ цръквиште аполоново *Супр 114, 26*; повелѣ раздърати ризꙑ ихъ • и вести ѩ въ цръкъвиште коумиръскок *Супр 176, 23*; цръкъвиште капиштьнок разори сѧ *Супр 180, 22-23.— Супр 105, 8; 107, 7; 220, 25; 221, 7-8; 227, 22 и 28; 228, 8, 11 и 12.— Ср.* капищьница, коумирьница, трѣбище

ЦРЬКЪВИЩЬНЪ, -ꙑи *прил.* (1) τῶν ναῶν языческих храмов *род.* chrámový: вьшьдъ въ градъ вьзискааше мѣстъ црькъвиштънꙑихъ *Супр 220, 20-21.— Ср.* црькъвьнъ

ЦРЬКЪВИЦА, -ѧ *ж* (3) [цръкв- *Супр* (1)] *греч. нет* церковка, часовня kostelík, kaplička: знаменьк начръта крьстьнок • и црьк҄вицѫ създа *Супр 567, 30.— Супр 553, 29; 555, 24*

ЦРЬКЪВЬНЪ, -ꙑи *прил.* (46) [црък- *Зогр* (3) *Супр* (8); цр҃к- *Зогр* (1) *Мар* (6) *Ас* (4) *Сав* (2) *Евх* (6)] **1.** τοῦ ναοῦ, τοῦ ἱεροῦ, ὁ ἐν τῷ ναῷ, τῆς ἐκκλησίας церковный (*о здании церкви*) chrámový: катапетазма црковънаѣ • раздъра сѧ *Мт 27, 51 Зогр Мар Ас Сав; Л 23, 45 Зогр Мар Ас; Евх 51а 1; Супр 454, 12; 485, 21*; вьзисковаашe капиштъ црькъвънꙑихъ *Супр 221, 9*; въ црькъвьнѣѣмъ ликоуѭштъ чрьтозѣ *Супр 335, 8* □ с т р а т и г ъ ц р ь к ъ в ь н ꙑ и *см.* стратигъ **2.** τῆς ἐκκλησίας, τῶν ἐκκλησιῶν, ἐκκλησιαστικός церковный, относящийся к христианской церкви církevní, příslušející k církvi, církve *род.*: и мꙑ • видаште... цръквънꙑѩ дѣти окрьсть стоѩшта *Супр 384, 25*; обратити хоштѫ слово • доброуоумоу садоу црькъвьноуоумоу цвѣтоу дѹховьноуоумоу *Супр 495, 8*; законоу оубо црькъвноуоумоу • покарѣѩ сѧ присѧгохъ *Супр 508, 13.— Зогр Мар Ас Сав Боян Евх Супр.— Ср.* циркънъ, црькъвищьнъ

ЦРЬКꙐ, -къве *ж* (>200) [црък- *Зогр Мар* (2) *Син Евх Клоц Супр Хил* (1), цр҃к- *Зогр Мар Ас Сав Боян* (2) *Зогр-пал* (1) *Ен Син Служ Евх Клоц Супр*, цър҃к- *Мар* (1), ц(р҃)к- *Син* (1)] **1.** ναός, τὸ ἱερόν, ἐκκλησία, εὐκτήριον, μαρτύριον, οἶκος, μοναστήριον (!), πόλις (!) храм chrám: посрѣдѣ цркъви въспоѭ тѩ *Пс 21, 23 Син*; рѣшѧ же людѣи • четырьми десѧты • ı шестиѭ лѣтъ • създана быс⟨тъ⟩ цр⟨ь⟩кы си *И 2, 20 Зогр Мар Ас Сав*; излѣзоша же звѣрик вънъ црькъве повелѣниимъ правьдника *Супр 229, 15* **2.** ἐκκλησία сборище, собрание народа shromáždění: възненавідѣхъ цр⟨ь⟩ковъ лѫкавънъıхъ *Пс 25, 5 Син*; ѿтъ тебе похвала моѣ въ црькъви велицѣ ıсповѣмь ті сѩ *Пс 21, 26 Син*; нога моѣ ста на правъдѣ • въ цр⟨ь⟩къвахъ благословесъстоуѭ тѩ *Пс 25, 12 Син* **3.** ἐκκλησία церковь, христианская община církev, křesťanské společenství: полемѡнъ рече кокѧ црькъве • отъвѣшта съборьнѣи не бо кстъ ина отъ хръста *Супр 132, 7*; кгда же и поставиша патриарха с⟨вѧ⟩тѣи црькви римьстѣи *Супр 121, 6-7*; повелѣ вьсѧ свѧтыѩ божиѩ църкви правовѣрънъıихъ затворити *Супр 190, 24*; създа цръкъве свѧта'го • прьвомѫченика стефана *Супр 208, 27.— Зогр Мар Ас Сав Боян Зогр-пал Ен Син Евх Служ Клоц Супр Хил.— Ср.* домъ, храмъ, циркы

ЦѢ *союз уступительный* (4) καίτοιγε, καίτοι, καί хотя (и) ačkoliv: нъ понеже надѣашѧ сѧ вьзѧти оу тѣхъ • и не въ годъ просишѧ • цѣ и ничтоже онѣхъ дѣвицъ чловѣколюбивѣк *Супр 373, 2*; ıако и не видѣаше тоу сѫшта кгоже хотѣаше прѣдати • цѣ свѣштамъ сѫштамъ и свѣтоу толикоу *Супр 412, 16* (ıбо *Клоц 5а 6*).— *Супр 441, 13; 444, 11.— Ср.* аце

ЦѢВЬНИЦА, -ѧ *ж* (1) λύρα лира lyra, strunný nástroj: на врьбиї посрѣдѣ кѩ обѣсихомъ сьсѫды своѩ • си рѣчъ гѫсли свирѣли • цѣвница (! *вм.* -ѧ) • и прочаıа *Супр 418, 24* (*нет Клоц*)

ЦѢЛИТЕЛЬ, -ıа *м* (6) ἰητήρ, θεραπευτής исцелитель, врач lékař: б⟨о⟩же нашъ • сѫи цѣлитель недѫжънымъ *Евх 40а 1*; цѣлителю болѩщиимъ *Евх 40б 22*; цѣлитель врѣдомъ невидимъıимъ *Супр 276, 8.— Евх 28а 4; 68а 10; Супр 431, 21-22.— Ср.* балии, врачь, ицѣлитель

ЦѢЛИТЕЛЬНЪ, -ыи *прил.* (1) *греч. нет* целительный, исцеляющий, врачующий léčebný: покоуси сѧ кже вь мнѣ болѣзньнок • цѣлительнѫѭ ихъ свѧтостиѭ • прѣдъложити доушеоуспѣшьнаıа *Супр 534, 17-18.— Ср.* врачьбьнъ, цѣлъвьнъ, цѣльбьнъ

ЦѢЛИТИ, цѣлѭ, цѣлиши *несов.* (58) θεραπεύειν, ἰᾶσθαι, ἀναστέλλειν, πολεμεῖν (!), θεραπεία (!) лечить, исцелять léčit, uzdravovat: цѣлѧ вьсѣкъ нѣдѫгъ ı вьсѣкѫ ıазѫ вь людъхъ (!) *Мт 9, 35 Мар Ас Сав* (ицѣлѣѩ *Зогр*); посъла ıа... цѣлити болѩщиѩ *Л 9, 2 Мар Ас Сав* (ицѣлити *Зогр*); в'сѧ недѫгы • цѣлити недѫжънымъ *Евх 43б 23*; врачевьстии отроци змиинъıѩ ıазвы цѣлѧтъ *Супр 430, 15.— Зогр Мар Ас Сав Евх Супр.— Ср.* врачевати, ицѣлıати

ЦѢЛОВАНИѤ, -ıа *с* (27) [цалов- *Ен* (1)] φίλημα, ἀσπασμός поцелуй, лобзание políbení, polibek: цѣлованиıа ми не да *Супр 395, 4-5* (лобьзаньѣ *Л 7, 45 Зогр Мар Ас Сав*); и по цалова(нї) м⟨о⟩л⟨и⟩тва *Ен 31б 2* ● приветствие, приветствование pozdravení, pozdrav: ѣко быстъ гласъ • цѣлованьѣ твоего • въ оушью моею *Л 1, 44 Зогр Мар Ас Сав*; приспѣша нѣции вь самъ знои • пришедъше на молитвѫ и цѣлованьк и видѣньк с⟨вѧ⟩тааго *Супр 549, 22* ● поцелуй в знак мира, примирения polibek na znamení míru, smíření: с⟨вѧ⟩таѣ лобъзаньѣ • страшънаѣ цѣлованьѣ • ѣже между собоѭ ıмамъ *Клоц 9б 5.— Зогр Мар Ас Сав Ен Клоц Супр.— Ср.* лобызаник, лобъзаник

ЦѢЛОВАТИ, цѣлоуѭ, цѣлоукши *несов./сов.* (31) ἀσπάζεσθαι, ἀσπασμοῦ μεταδιδόναι, φιλεῖν, περιπτύσσειν целовать/поцеловать líbat/políbit: мол⟨итва⟩ цѣлоуѭште кр⟨ь⟩стъ *Служ 16 22*; и абие цѣлоуетъ п⟨о⟩пъ оба братра • ı сама сѧ цѣлоуете *Евх 11а 2 и 3*; цѣлова'ше колѣнѣ правед'ноуоумоу *Супр 51, 22-23*; ● приветствовать zdravit/pozdravit: никого же на пѫти не цѣлоуите *Л 10, 4 Зогр Мар*; вьсь народъ... пририиштѫште цѣловаахѫ ı *Мк 9, 15 Зогр Мар*; иде къ правьдникоу артемоноу цѣловатъ кго *Супр 236, 22* ● поздравлять/поздравить blahopřát/poblahopřát: и въ радости бывъ • въставъ цѣлова ихъ о прѣславьнѣѣмь чоудеси *Супр 39, 26.— Зогр Мар Ас Сав Евх Служ Супр.— Ср.* лобызати, лобъзати, облобызати, облобъзати, цѣлывати

ЦѢЛОМѪДРИѤ, -ıа *с* (7) σωφροσύνη, σοφία здравомыслие; сдержанность uvážlivost; zdrženlivost: рабъ же б⟨о⟩жии въ кротости и цѣломѫдрии тихо г⟨лаго⟩ла къ еп⟨иско⟩поу *Супр 553, 19-20*; ѡблъкъше сѧ въ образъ неистьлѣн'на • и вѣрьна жениха • съхраните сѧ въ кротости • и цѣломѫдрьи *Евх 97б 3-4*; и в'сѭ чистотѫ дароуи еи • да поживъши оугодъно тебѣ • ѣко свѣщѫ да ти приноситъ • цѣломѫдриѣ свѣтълость *Евх 81а 9-10*; поѣшите сѧ поѣсомь цѣломѫдриѣ *Евх 97б 16*; храниши ли сѧ вь дѣвьствѣ • и цѣломѫдрьи *Евх 87а 13-14.— Евх 87б 7-8; 88а 15.— Ср.* въздрьжаник, цѣломѫдрость, цѣломѫдрьствик, цѣломѫдрованик, чистота, чистость

ЦѢЛОМѪДРОВАНИѤ, -ıа *с* (1) τὸ σωφρονῆσαι здравомыслие; uvážlivost; zdrženlivost: не добрѣ мѫдровати на цѣломѫдрованик къ богоу *Супр 1, 4.— Ср.* въздрьжаник, цѣломѫдрик, цѣломѫдрьствик, цѣломѫдрость

ЦѢЛОМѪДРОВАТИ, -дроуѭ, -дроукши *несов.* (1) σωφρονεῖν быть сдержанным být zdrženlivý: котерꙑи же пакꙑ оуспѣхъ цѣломѫдровати добрѣ хоуловати же нечестьнѣ *Хил 26β 14-15.— Ср.* цѣломѫдрьствовати

ЦѢЛОМѪДРОСТЬ, -и *ж* (1) *греч. нет* сдержанность zdrženlivost: ѣко дати ıма цѣломѫдрость • ı любь нелицемѣрънѫ *Евх 9б 7-8.— Ср.* въздрьжаниѥ, цѣломѫдриѥ, цѣломѫдрованиѥ, цѣломѫдрьствиѥ

ЦѢЛОМѪДРЬНЪ, -ꙑи *прил.* (2) **1.** σωφρονῶν здравомыслящий, благоразумный zdravého rozumu: вꙑ бо бѣсьни сѫште нꙑ цѣломѫдрънꙑѩ бѣшенꙑ мьните *Супр 116, 16* **2.** σώφρων целомудренный, воздержанный zdrženlivý, čistý: ꙗко цѣломѫдрънꙋ ιѡсифови обрѫчиша мариѭ *Супр 246, 24.— Ср.* цѣлоумьнъ

ЦѢЛОМѪДРЬСТВИѤ, -ıꙗ *с* (1) σωφροσύνη сдержанность, благоразумие zdrženlivost: къ с⟨вѧ⟩тѣı • ı страшънѣı трапезѣ прıстѫпıтı • вьсı оубо да прıстѫпıмъ • съ очıштеньемь • ı съ цѣломѫдръствıемъ подобномь *Клоц 8а 6* (сь... въздръжанıимъ *Супр 420, 9*).*— Ср.* въздрьжаниѥ, цѣломѫдриѥ, цѣломѫдрость

ЦѢЛОМѪДРЬСТВОВАТИ, -ствоуѭ, -ствоукши *несов.* (2) σωφρονεῖν **1.** обладать здравым умом, благоразумием být zdravého rozumu: рече к нѥмоу • поумилъ ли сѧ кси ꙋбо кодрате • или ни • онъ... рече • измладь ногътии цѣломѫдрьствоуѭ *Супр 117, 27* **2.** быть сдержанным být zdrženlivý: вѣдꙑ ꙗкоже чрѣвьнаа сꙑтость • ни бѫдѣти вѣстъ • ни цѣломѫдрьствовати *Супр 279, 21-22.— Ср.* цѣломѫдровати

ЦѢЛОМѪДРЬСТВЬНО *нареч.* (1) σώφρων (!) здравомысляще, благоразумно střízlivě, zdrženlivě, čistě: праздьнъствоуимъ оубо вь сласть и цѣломѫдрьствьно *Супр 479, 10*

ЦѢЛООУМЬНЪ, -ꙑи *прил.* (1) σώφρων сдержанный, целомудренный, чистый zdrženlivý: житьѥмъ цѣлооумномъ сами сѧ оградимъ *Супр 507, 20.— Ср.* цѣломѫдрьнъ

ЦѢЛЪ, -ꙑи *прил.* (39) **1.** σῶος, ὁλόκληρος целый, нетронутый, непочатый; невредимый celý, úplný; neporušený: противѫ цѣлѣ странѣ о нѥмъ борѭште сѧ *Супр 442, 1*; прилежашта печати цѣлꙑ остави *Супр 502, 5* ● *перен.* ἀκέραιος непорочный, чистый čistý: бѫдѣте же мѫдри акꙑ змиꙗ • ı цѣли ѣко ı голѫбие *Мт 10, 16 Зогр Мар Ас Сав* **2.** ὑγιής, ὑγιαίνων; (цѣлъ бꙑти ἰᾶσθαι) здоровый, исцеленный, излеченный zdravý, uzdravený: бѫди цѣла отъ ранꙑ твоеꙗ *Мк 5, 34 Зогр Мар*; оутвръди сѧ рѫка его цѣла ѣкꙑ дроугаѣ *Мк 3, 5 Зогр Мар Ас Сав; Мт 12, 13 Зогр Мар*; разоумѣ тѣломь • ѣко цѣла естъ от⟨ъ⟩ ранꙑ *Мк 5, 29 Ас* (ıцѣлѣетъ *Зогр*, цѣлѣатъ *Мар*, цѣетъ ! *Сав*); повелѣвъ смоу • простръти рѫкѫ своѭ • ı оутвръждь ѭ ѣко и цѣлѫѭ *Евх 40б 7-8*; цѣла раслабьѥнаго сътворивъ *Супр 518, 22*; сътворıвъше кго цѣла прилежаниѥмъ *Супр 51, 21.* *Зогр Мар Ас Сав Евх Супр.— Ср.* съдравъ; цѣлъ бꙑти *ср.* ицѣлѣти

ЦѢЛЪВЬНЪ, -ꙑи *прил.* (1) *греч. нет* исцеляющий, лечащий hojivý, léčivý: дажди емоу в'сѣ повелѣниѣ твоѣ • цѣловънаа • ѣже прообразилъ еси на земи *Евх 41б 17-18.— Ср.* врачьбьнъ, цѣлительнъ, цѣльбьнъ

ЦѢЛꙐ, цѣлъве *ж* (7) *греч. нет* исцеление, излечение vyléčení, uzdravení: призьри на раба твоего сего... просѧща цѣльве отъ тебе • съдравиѣ же и живота *Евх 41а 22; Евх 39а 10*; дажди емоу ѣко прѣмѫдрость цѣловь *Евх 33б 7; 36а 6-7*; дажди емоу г⟨оспод⟩ı цѣлъвь по вѣрѣ его *Евх 39а 11.— Евх 33а 25; 47б 3.— Ср.* баловаѥиѥ, бальство, врачьба, ицѣльба, ицѣлениѥ, цѣльба, цѣлениѥ

ЦѢЛꙐВАТИ, -аѭ, -акши *несов.* (2) **1.** ἀσπάζεσθαι приветствовать zdravit, pozdravovat: начаша цѣлъивати ı *Мк 15, 18 Ас* (цѣловати *Зогр Мар Сав*) **2.** *без доп. греч. нет* быть здоровым být zdráv, *перен.* достигать спасения docházet spásy: небесноѥ любѧтъ вѣчноѥ житиѥ • и цѣлꙑваѭтъ • не тъчьѭ въ житии своѥмъ • нъ и по съмрьти *Супр 542, 22.— Ср.* лобꙑзати, лобъзати, цѣловати

ЦѢЛЬБА, -ꙑ *ж* (16) **1.** θεραπεία, ἴασις, ῥῶσις излечение, исцеление uzdravení, vyléčení: ѣко тꙑ еси цѣльба наша • ı волѣ твоѣ съдравие наше *Евх 41а 24*; ѡ сьмрьти сьмрьти избавителю... болѧштиимъ покои • недѫжьнꙑимъ цѣльба *Супр 314, 30* □ бес цѣльбꙑ ἀνίατος неисцелимый, непоправимый nevyléčitelný, nenapravitelný: они бес цѣльбꙑ сѫтъ и без милости *Супр 407, 10* **2.** φάρμακον, ἔμπλαστρος, αἰτία (!) лекарство lék: ни рачиста вьзискати покаꙗзньнꙑѩ готовꙑ цѣльбꙑ *Супр 362, 16.— Евх Супр.— Ср.* балованиѥ, бальство, врачьба, ицѣльба, ицѣлениѥ, лѣчьба, цѣлꙑ, цѣлениѥ

ЦѢЛЬБЬНЪ, -ꙑи *прил.* (4) ἀλεξίκακος, ἰατικός целебный, целительный léčebný, léčivý: ни отъпоущь ни единого же приведенааго къ тебѣ • без дара цѣлебънааго *Евх 28а 8-9*; рѫ-цѣ-и слѣпꙑихъ цѣльбьнѣи • хромъıихъ врачъбьнѣи *Супр 431, 19*; нс тѣхъ иземьѭште цѣльбьнаꙗ бꙑлиꙗ *Супр 430, 15-16*; цѣльбьнѫѭ и житию оуспѣшьнѫѭ память оставиша *Супр 542, 19.— Ср.* врачьбьнъ, цѣлительнъ, цѣлъвьнъ

ЦѢЛѢТИ, цѣлѣѭ, цѣлѣеши *несов.* (3) ἰᾶσθαι исцеляться, выздоравливать uzdravovat se: разоумѣ тѣломъ ѣко цѣлѣатъ отъ раны *Мк 5, 29 Мар*, цѣетъ (!) *Сав* (ицѣлѣетъ *Зогр*, цѣла естъ *Ас*); никыже бо врѣдъ тѣлесъны • не цѣлѣетъ присно въ пиѣньствѣ сѫщю *Евх 69а 26.— Ср.* ицѣлѣвати

ЦѢЛІЕНИЮ, -ніа *с* (6) ἴαμα, θεραπεία лечение, врачевание léčení, uzdravování: дамн намъ има твое цѣленью • отъ в'сего недѫга *Евх 41а 2; 39а 15*; да проситъ врача • да даст⟨ъ⟩ емоу цѣленью постъ • б҃ денъ о хлѣб⟨ѣ⟩ о вод⟨ѣ⟩ *Евх 103б 18*; цѣленија въ житии своіемъ сътвори *Супр 53, 27.— Супр 333, 25 и 29-30.— Ср.* балованиіе, бальство, врачьба, ицѣльба, ицѣлиениіе, цѣлы, цѣльба

ц ѣ м ь *см.* къто

ЦѢНА, -ы *ж* (20) [цан- *Ен* (1)] τιμή цена, стоимость cena, hodnota: не дастъ б⟨ог⟩оу ізмѣны за сѧ • ї цѣны ізбавленъѣ д⟨оу⟩шѧ своеѩ *Пс 48, 9 Син*; не достоіно естъ въложити его въ кар'ванѫ • по неже цѣна кръве естъ *Мт 27, 6 Зогр Мар Ас Сав*; і поставишѧ емоу даті • л҃ • сърεбрьникъ • цѣнѫ съвѣшташѧ кръві *Клоц 5б 30; Супр 415, 11*; не съмѣвъшѩ възѧти • сърεбра цѣны его *Евх 49а 22* ● δίκαιον; (цѣнѫ съвѣщати συμφωνεῖν) (справедливая) плата (spravedlivá) mzda: идѣте и вы въ виноградъ мої • и еже бѫдетъ цѣна приметε *Мт 20, 7 Сав* (правъда *Мар Ас*, ∅ *Зогр*); съвѣщавъ же цѣнѫ по сребрьникоу • на виноградъ посъла ѩ *Мт 20, 2 Сав* (*нет Мар Ас*, ∅ *Зогр*) □ ц ѣ н о ѭ *в знач. нареч.* дорого draze: коуплени бо есте цаноѭ *1 Кор 6, 20 Ен* ◆ н е и м ы ц ѣ н ы τιμὴν οὐκ ἔχων бесценный nedocenitelný, drahocenný: цѣнѫ съвѣшташѧ кръві • не імѫштии цѣны *Клоц 5б 31; Супр 415, 11*; б е с ц ѣ н ы ἄνευ τιμῆς за бесценок, дешево levně: продастъ люді своѩ бес цѣны *Пс 43, 13 Син.— Зогр Мар Ас Сав Ен Син Евх Клоц Супр.— Ср.* възмьздиіе, мьзда; бес цѣны *ср.* беацѣньнъ, мъноrоцѣньнъ

ЦѢНИТИ, цѣнѭ, цѣниши *несов.* (8) τιμᾶν оценивать, назначать цену oceňovat, hodnotit: і приѩшѧ л҃ сърεбрьникъ • цѣнѫ цѣненаего • егоже цѣнишѧ отъ с⟨ы⟩новъ і⟨здраи⟩левъ *Мт 27, 9 Зогр Мар Ас Сав.— Ср.* вѣнити, продаіати

ЦѢСАРИТИ, -рѭ, -риши *несов.* (1) regnare господствовать, владычествовать, царствовать vládnout, panovat; kralovat: іже цѣсарітъ съ отьцемь *Киев 4б 14.— Ср.* власти, цѣсарьствовати, цѣсаріевати

ЦѢСАРИЦА, -ѧ *ж* (5) [цѣрц- *Мар* (1), црица- *Зогр* (1) *Ен* (1), црц- *Син* (1)] βασίλισσα владычица, царица královna: ц⟨ѣса⟩рица южьскаа въстанетъ на сѫдъ съ родомь симь *Мт 12, 42 Зогр* (∅ *Мар*); *Л 11, 31 Зогр Мар*; прѣдъста ц⟨ѣса⟩р⟨и⟩ца о десноѭ (! *вм.* -нѫѭ) тебе *Пс 44, 10 Син; Ен 26а 10*

ц ѣ с а р оу ѩ и *Супр 158, 5 и 435, 23 см.* цѣсаріевати

ЦѢСАРЬ, -рѩ *м* (>500) [цасар- *Супр* (1); цр- *Зогр Мар Ас Сав Боян Ен Син Евх Клоц Супр Рыл*, ц(с)р- *Мар Син Клоц*, цѣср- *Син* (1), цѣр- *Син* (3)] **1.** βασιλεύς, ἄρχων, κύριος; (вьсѣмъ цѣсарь παμβασιλεύς; цѣсарь быти βασιλεύειν; акы цѣсарь βασιλικῶς) властелин, владыка, царь vládce, vladař, král: г⟨лаго⟩ла імъ пилатъ • ц⟨ѣса⟩рѣ ли вашего пропьнѫ • отъвѣшташѧ архиереі не імамъ ц⟨ѣса⟩рѣ • тък'мо кесарѣ *И 19, 15 Зогр Мар Ас Сав Боян*; цѣсарѣ *Супр 435, 17*; б⟨о⟩гъ же цѣсарь нашь прѣжде вѣка • сътвори с⟨ъ⟩п⟨асе⟩ніе посрѣдѣ землѩ *Пс 73, 12 Син; Ен 32а 8; 33а 5*; дъва ц⟨ѣ⟩с⟨а⟩рѣ • пілатъ • і иродъ *Клоц 13б 7; Супр 450, 15*; постави имъ цѣсарѩ именемь ѳеωдосиѩ *Супр 197, 1* **2.** καῖσαρ, βασιλεύς, αὐτοκράτωρ, δεσπότης, σεβαστός, τύραννος кесарь, цезарь, император (*Рима*) císař (římský): въздадите оубо ц⟨ѣса⟩рева ц⟨ѣса⟩реви • и б⟨о⟩жиѩ б⟨ого⟩ви *Мт 22, 21 Сав* (кесерева кесареви *Мар Ас*, ∅ *Зогр*); самодръжьче цѣсарю аурилиане • неправедьнѣ сѫдиши *Супр 13, 29.— Зогр Мар Ас Сав Боян Ен Син Евх Клоц Супр Рыл.— Ср.* кесарь

ЦѢСАРЬ *прил.* (44) [цр- *Зогр Ас Син Супр*, цѣр- *Мар*, цѣр- *Син* (1)] **1.** τῶν βασιλέων, τοῦ βασιλέως, βασιλικός, παρὰ τοῦ βασιλέως; (цѣсарѩ власть, цѣсарѩ полаты τὰ βασίλεια) принадлежащий владыке, властелину, царю královský, vladařský: нъ чьсо ізидосте видѣтъ • ч⟨ловѣ⟩ка ли въ мѧкъкы ризы облъчена • се іже мѧкка носѧтъ • въ домохъ ц⟨ѣса⟩рихъ сѫтъ *Мт 11, 8 Зогр*, ц⟨ѣ⟩с⟨а⟩рихъ *Мар*, ц⟨ѣ⟩с⟨а⟩рииихъ *Ас*; въ ср⟨ь⟩д⟨ь⟩ці врагъ ц⟨ѣса⟩ръ *Пс 44, 6 Син*; вьсѣ слава дъщери ц⟨ѣса⟩ри вънѫтръждоу *Пс 44, 14 Син*; повелѣ привести и съ вьсѣкоѭ чьстиѭ въ полаты цѣсарѧ *Супр 199, 2* □ ц ѣ с а р ь м ѫ ж ь βασιλικός царедворец, придворный, приближенный властелина královský úředník: г⟨лаго⟩ла къ немоу ц⟨ѣса⟩рь мѫжь *И 4, 49 Зогр Мар Ас; И 4, 47 Зогр Мар Ас* **2.** τοῦ βασιλέως императорский císařský: покорите сѧ вьсоупѣ ц⟨ѣса⟩роу законоу *Супр 69, 23* ◆ ц ѣ с а р ь г р а д ъ Κωνσταντινούπολις, ἡ βασιλεύουσα Царьград (*Константинополь*) Cařihrad (*Konstantinopol, Istanbul*): с⟨вѧ⟩таго о⟨ть⟩ца наш⟨е⟩го мітрофана арх⟨иепиской⟩па ц⟨ѣса⟩рѣ града *Ас 146б 14.— Зогр Мар Ас Син Супр.— Ср.* кесаріевъ, цѣсарьскъ, цѣсаркѵъ; цѣсарь градъ *ср.* константинь (градъ)

ЦѢСАРЬСКЪ, -ыи *прил.* (18) [цр- *Супр* (3)] **1.** βασιλικός, τοῦ βασιλέως, βασίλειος, τῆς βασιλείας, τῶν βασιλέων, προφητικός (!) принадлежащий властелину, относящийся к властелину, царский královský, vladařský: ни саоулъ пръвыи поновивыи цѣсарьскыи вѣньць *Супр 238, 17*; постави ѩ по чиноу • подъстълавъ подъ ногы ихъ багърѣницѫ цѣсарьскѫ *Супр 7, 2*; повелѣ воиномъ своимъ осѣдълати ѥмоу конь цѣсарьскъ *Супр 221, 18*; благовѣсти сѧ... дѣвѣ с⟨вѧ⟩тѣ и прѣчистѣ отъ рода цѣсарьска сѫшти *Супр 10, 22* **2.** τῶν βασιλέων, βασιλικός цесарский, императорский císařský: зане молѭ тѧ казнь ц⟨ѣса⟩рьскѫ • и болѣрьскѫ въскорѣ съконьчаи о мьнѣ *Супр 101, 29*.— *Супр*.— *Ср.* кесаркѵъ, цѣсарь, цѣсаркѵъ

ЦѢСАРЬСКЫ *нареч.* (1) βασιλικός (!) по-царски královsky: оубоите сѧ мѫчителѥ законопрѣстѫп'нии • и ꙗко се при ц⟨ѣса⟩ри храбьрѣ • цѣсарьскы оплъчаѭшти сѧ • и побѣждаѭшти *Супр 464, 24*

ЦѢСАРЬСТВИѤ, -ниꙗ *с* (>300) [црстви- *Зогр Мар Ас Сав Унд Ен Син Евх*, црьстви- *Сав Супр*, цръстви- *Ен*, црестви- *Ас Син Евх*, црси- *Зогр*, црви- *Сав*, церстви- *Мар Боян Клоц*, царестви- *Мар*, цѣрестви- *Мар*, царестви- *Мар*, цѣртви- *Мар*, цѣтви- *Мар*, цѣсрстви- *Клоц Рыл*] βασιλεία **1.** царствование, царская власть kralování, vláda: ни саоулъ пръвыи поновивыи цѣсарьскыи вѣньць • ни давидъ рогомъ ꙗвьѥныи достоинъ цѣсарьствию нареченъ *Супр 238, 19* **2.** царство království: вьсѣко ц⟨ѣса⟩р⟨ь⟩с⟨тв⟩ие • раздѣлѣвъ сѧ само вь себѣ запоустѣѥтъ *Л 11, 17 Зогр*, ц⟨ѣ⟩с⟨а⟩р⟨ь⟩ствиѥ *Мар*; ты ѥси богъ ѥдинъ надъ вьсѣми цѣсарьствиими населеныꙗ *Супр 232, 2*; съмѧсѧ сѧ ꙗзыци ї оуклонишѧ сѧ ц⟨ѣса⟩р⟨ь⟩ствиѣ *Пс 45, 7 Син* ● τὸ βασίλειον царский дворец královský palác: се иже въ одеждахъ славънѣ ї въ пишти мнозѣ сѫште • вь ц⟨ѣса⟩р⟨ь⟩ствиихъ сѫтъ *Л 7, 25 Зогр Мар* □ цѣсарьствиѥ небесьскоѥ, небесьноѥ, божиѥ, вѣчьноѥ царство (царствие) небесное, божие království nebeské, království boží: приближи бо сѧ ц⟨ѣса⟩р⟨ь⟩ствие н⟨е⟩б⟨е⟩с⟨ьс⟩кое *Мт 4, 17 Зогр*, ц⟨ѣса⟩р⟨ь⟩ствие *Сав*, ц⟨ѣса⟩р⟨ь⟩ство *Ас*, ∅ *Мар*; тъгда оуподоби сѧ ц⟨ѣса⟩р⟨ь⟩с⟨тв⟩ие • н⟨ебе⟩с⟨ьс⟩кое • ї дѣвъ *Мт 25, 1 Зогр Мар Сав, Супр 368, 25* (ц⟨ѣса⟩р⟨ь⟩ство *Ас, Ен 36а 18*); никътоже възложь рѫкы своеꙗ на рало • ї зьрѧ вьспѧть • оуправленъ естъ въ ц⟨ѣса⟩р⟨ь⟩с⟨тви⟩и б⟨о⟩жии *Л 9, 62 Зогр*, въ цѣс⟨а⟩р⟨ь⟩ствиѥ *Мар* (ц⟨ѣса⟩р⟨ь⟩ство *Ас Сав*; цѣсарьство *Супр 546, 29-30*; ц⟨ѣса⟩р⟨ь⟩ство *Евх 91а 9-10*).— *Зогр Мар Ас Сав Унд Боян Ен Син Евх Клоц Супр Рыл*.— *Ср.* цѣсарьство

ЦѢСАРЬСТВО, -а *с* (>100) [црств- *Зогр Ас Сав Унд Ен Служ Евх*, црьств- *Зогр Ас Сав Супр*, цръств- *Зогр Ас Син*, црс- *Зогр Евх*, церств- *Мар*, цѣтв- *Мар*, церв- *Син*, црств- *Мар*, цѣръств- (!) *Син*] βασιλεία **1.** царствование, царская власть kralovství, kralování, vláda: семоу... дастъ г⟨оспод⟩ь богъ столъ давыда от⟨ь⟩ца ѥго • и цѣсарьствоу ѥго не бѫдетъ коньца *Супр 237, 25; 238, 8*; въ шестоѥ на десѧте лѣто диоклитиꙗна цѣсарьства *Супр 535, 2* **2.** царство království, říše: и быти ми женѣ ми и госпожди цѣсарьствоу моѥмоу *Супр 2, 6*; въстанетъ бо ꙗз⟨ы⟩къ на ꙗз⟨ы⟩къ • ї ц⟨ѣсарь⟩ство на ц⟨ѣсарь⟩ство *Мт 24, 7 Мар Ас Сав Зогр-пал* (∅ *Зогр*); *Мк 13, 18 Зогр Мар; Л 21, 10 Зогр Мар* □ цѣсарьство небесьскоѥ, небесьноѥ, божиѥ, вѣчьноѥ βασιλεία, τῶν οὐρανῶν, τοῦ θεοῦ, οὐσία (!) царство (царствие) небесное, божие království nebeské, boží: блажени ништии д⟨оу⟩хомь • ѣко тѣхъ естъ ц⟨ѣса⟩р⟨ь⟩с⟨тв⟩о н⟨е⟩б⟨е⟩с⟨ьс⟩кое *Мт 5, 3 Зогр Ас*, ц⟨ѣса⟩рствиѥ *Сав* (∅ *Мар*); *Мт 5, 10 Зогр Ас*, ц⟨ѣса⟩р⟨ь⟩ствиѥ *Сав* (∅ *Мар*); оуподоби сѧ ц⟨ѣса⟩р⟨ъ⟩ство н⟨е⟩б⟨е⟩сное • ї д⟨ѣ⟩въ *Ен 36а 18*; небе⟨бе⟩с⟨ь⟩нааго цѣсарьства сьпричастьници имъ быти *Супр 543, 8-9*.— *Зогр Мар Ас Сав Унд Зогр-пал Ен Син Евх Служ Киев Супр*.— *Ср.* цѣсарьствиѥ

ЦѢСАРЬСТВОВАТИ, -ствоуѭ, -ствоуѥши *несов. без доп. или* надъ цѣмь, чимь; на комь, чемь; на кого, чьто; чесомоу (24) [црствоу- *Ас* (2) *Боян* (1) *Син* (1) *Евх* (1), црсоу- *Зогр* (1), црьствоу- *Сав* (1), цръствоу- *Супр* (1), церствоу- *Мар* (1)] βασιλεύειν, βασιλεία (!) владеть, владычествовать, господствовать, царствовать kralovat, vládnout, panovat: архилаи ц⟨ѣса⟩р⟨ь⟩ствоуетъ въ июдеи • въ ирода мѣсто о⟨ть⟩ца своего *Мт 2, 22 Ас Сав Боян* (∅ *Зогр Мар*); не хоштемъ семоу • да ц⟨ѣса⟩р⟨ь⟩с⟨тв⟩оуетъ надъ нами *Л 19, 14 Зогр Мар Ас*; нальцї и спѣї ц⟨ѣса⟩р⟨ь⟩ствоуи • рѣснотꙑ ради и кротостї и правъдъ *Пс 44, 5 Син*; ты дръжиши • и ц⟨ѣса⟩р⟨ь⟩ствоуеши на насъ *Евх 56б 1*; въ то врѣмѧ цѣсарьствовавъшоу maѯимиꙗноу • приде прѣмѣньникъ въ ас'клипиѡда мѣсто *Супр 15, 19*; цѣсарьствоуѭштоу декию • римьстѣи власти *Супр 174, 11*.— *Зогр Мар Ас Сав Боян Син Евх Супр*.— *Ср.* цѣсаркѵвати

ЦѢСАРѤВАТИ, -рюѭ, -рюѥши *несов.* (3) [цѣсароу- *Супр* (2)] βασιλεύειν владычествовать, господствовать, царствовать kralovat, vládnout, panovat: г⟨оспод⟩ь цѣсароуѭи вь вѣкы и на вѣкы и еще *Супр 435, 23; Супр 158, 5*; ели бо распинаемъ цѣсарюетъ • како бѫдетъ вѣнъчаемъ *Клоц 11а 37.— Ср.* цѣсарити, цѣсарьствовати

ЦѢСАРЮВЪ *прил.* (5) [цр҃ев- *Сав* (2) *Евх* (1), рцрв- (!) *Син* (1)] **1.** τοῦ βασιλέως, βασιλεύς (!) владыки *род.*, властелина *род.*, царский králův: възвеличаѩ с⟨ъ⟩п⟨асе⟩нье [р]ц⟨ѣса⟩р⟨е⟩ва *Пс 17, 51 Син*; ведѫтъ сѧ ц⟨ѣса⟩ревы (*вм.* цѣсареви ?) дѣвы вь слѣдъ еѩ *Евх 87б 22* (ц⟨ѣса⟩рю *Пс 44, 15 Син*) **2.** τοῦ καίσαρος цесарев, императорский císařův: въздадите оубо ц⟨ѣса⟩рева ц⟨ѣса⟩реви • и б⟨о⟩жиꙗ б⟨ого⟩ви *Мт 22, 21 Сав* (кесарева *Мар Ас, Ø Зогр*).— *Супр 85, 30.— Ср.* кесаревъ, цѣсарь, цѣсарьскъ

ЦѢСТИТИ, цѣщѫ, цѣстиши *несов.* (1) εὐνουχίζειν кастрировать vyklešťovat: по господьню словеси самъ сѧ цѣстивъ • не можемь нъ вѣрои҄ѫ *Супр 365, 30.— Ср.* казити, скопити сѧ

ЦѦТА, -ы *ж* (2) *греч. нет* мелкая монета drobný peníz: аще ли не оумѣетъ • да дастъ цѧтѫ • аще ли не иматъ цѧты • то да от⟨ъ⟩ брашьна еже иматъ • да дастъ *Евх 103б 24 и 25.— Ср.* пѣнѧѕь

ЦѦТОИМЬСТВО, -а *с* (1) *греч. нет* публичный дом nevěstinec: іоулиꙗнимъ повелѣ поставити на блѫдилишти • рекъше на цѧтоимьствѣ *Супр 2, 26.— Ср.* блѫдилище

Ч

Ч҃ *цифра кир.* (10) ἐνενήκοντα 90: аще бѫдетъ единомоу чл⟨овѣ⟩коу р҃ овьць и погыбнетъ едина отъ нихъ • не оставитъ ли ч҃ и ѳ҃ти на горахъ *Мт 18, 12 Сав* (девѧти десѧтъ и девѧти *Мар*, девѧті десѧт и девѧтъ *Ас*).— *Ен 37б 13; Пс 91, 1; 92, 1; 93, 1; 94, 1; 95, 1; 96, 1; 98, 1; 99, 1 Син.— Ср.* девѧть (девѧть десѧтъ)

ЧАРИ, чаръ *мн.* (2) ἐνοικομαντίαι; (чары любꙗ φαρμακόφιλος, *вар.* φαρμάκουφίλος) колдовство, магия, чары magie, kouzelnictví, čáry: или идолескъ • или чары любꙗ • или на похоть неистовъ • или звѣздозьрецъ • или чаромъ обрѣтатель *Евх 54а 16 и 18.— Ср.* чародѣꙗние

ЧАРОДѢИ, -ѣꙗ *м* (4) ἐπαοιδός, ἐπαοιδία (!) заклинатель, колдун, чародей zaklinač, kouzelník, čaroděj: и призъвавъ вьсѧ чародѣꙗ звѣриньіѩ • повелѣ привести елико имѫтъ звѣрии • лютъ и зълъ • аспиды и ехид'ны • и керастьі *Супр 183, 19*; чародѣи (*вм.* чародѣании?) своими призъıваѭште ѩ • не послоушаахѫ ихъ *Супр 184, 19-20.— Супр 184, 15 и 17.— Ср.* влъхвъ, обавьникъ

ЧАРОДѢИЦА, -ѧ *м* (1) γόης колдун; шарлатан, обманщик kouzelník; podvodník: проныривии же чловѣци и чародѣицѧ • на горьшее прѣспѣѭтъ льстѧштеи льстьми *Супр 214, 21* (*2 Тим 3, 13*)

ЧАРОДѢꙖНИЮ, -ниꙗ *с* (1) *греч. нет* колдовство kouzelnictví: съгрѣшихъ... присно въпадаѭ... въ прѣстѫпокла тиѣ • въ чародѣꙗниѣ • въ враженнѣ *Евх 68б 1.— Ср.* чари

ЧАСЪ, -а *м* (>100) [чѣс- *Зогр* (1) *Мар* (1)] ὥρα **1.** καιρός время, час, пора doba, čas: приде часъ • да прославитъ сѧ с⟨ы⟩нъ ч⟨ловѣчь⟩скы *И 12, 23 Зогр* (година *Мар Ас*); си корене не имѫтъ • иже въ часѣ вѣроуѭтъ *Л 8, 13 Сав* (въ врѣмѧ *Зогр Мар Ас*); многоу же часоу прѣбывъшоу • и огню никакоже прикоснѫвъшоу сѧ кмъ *Супр 118, 27*; многъ плачъ творѧште по вьсѧ часы *Супр 134, 20* □ на мъногъ часъ, (на) мъногы часы ἐπὶ πολλὰς (τὰς) ὥρας, ἐν πολλαῖς ὥραις долгое время, долго dlouho: гласъ испоуштенъ бы изъ облака • окы громъньи • на многъ часъ гръмѧ *Супр 570, 9*; прѣбывъ многы часы вь тѣхъ ранахъ *Супр 47, 10*; та же на земи пад'ши на многы часы • без гласа лежааше *Супр 520, 9* **2.** στιγμή, ῥοπή мгновение, краткий промежуток времени chvíle, okamžik: показа емоу вьсѣка ц⟨ѣ⟩с⟨а⟩р⟨ь⟩ствиѣ въселеньıѩ вь чѣсѣ врѣменьнѣ *Л 4, 5 Мар* (*Ø Зогр*) □ въ тъ часъ, томь часѣ ἐν τῇ ὥρᾳ ἐκείνῃ, (ἐν) αὐτῇ τῇ ὥρᾳ, κατὰ τὴν ὥραν ἐκείνην, ἀπὸ τῆς ὥρας ἐκείνης, ἀθρόον в тот же миг, в то же мгновение, тотчас; тогда v tu chvíli, ihned; tehdy: і ицѣлѣ отрокъ его въ тъ часъ *Мт 8, 13 Зогр Мар Ас Сав*; томь часѣ *Мт 17, 18 Мар Ас*, отъ того часа *Сав* (*Ø Зогр*); та въ тъ часъ • приставъши ісповѣдааше сѧ г⟨осподе⟩ви *Л 2, 38 Зогр Мар Ас*, вь часъ (*без* тъ) *Сав*; въ сь часъ ἐν τῇ ὥρᾳ ταύτῃ сейчас, сию минуту, теперь nyní: обличи о мьнѣ силѫ божьства твоего вь сь часъ *Супр 22, 10*; по малѣ часѣ, часъ малъ μετὰ μικρόν, ὡς μετὰ ὥρας δύο (!) незадолго до того zanedlouho: таче по малѣ часѣ глагола цѣсарь къ блаженоуоумоу *Супр 194, 22*; бысть же часъ малъ възьрѣвъ очима своима • и оузьрѣ с⟨вѧ⟩таего савина *Супр 146, 13*; въ малъ часъ πρὸς ὀλίγον некоторое время, недолго chvíli, na krátko: она же ꙗд'ши помльча въ малъ часъ *Супр 516, 4-5* **3.** час (*часть суток*) hodina: часъ бѣ ѣко шесты *И 4, 6 Зогр* (година *Мар Ас*); а о дьни томь і о часѣ • никътоже не вѣстъ *Мк 13, 32 Зогр Мар*; како сьѩ послѣдьнѧѩ • единъ часъ сътворьшѧ • ι равъны намъ сътворилъ ѩ еси *Мт 20, 12 Мар* (∅ *Зогр*); сътвориша же шьствик... отъ часа девѧтааго до свѣта *Супр 60, 5*; иже положи прѣдѣлы и оустави часы *Супр 257, 30* ● *спец.* молитва определенного часа modlitba na určitou hodinu: поѭште третии часъ ꙗкоже бѣаше им' обычаи *Супр 61, 19* **4.** погода počasí: бѣаше же и въздоухъ стоуденъ • и часъ бридъкъ • къ вечероу бо бѣаше дьни *Супр 76, 14.— Зогр Мар Ас Сав Боян Ен Евх Супр Рыл.— Ср.* врѣмѧ, година, годъ

ЧАСЬНЪ, -ыи *прил.* (1) *греч. нет* часовой hodinový: биетъ тѧ трисавице г⟨оспод⟩ь • часънаа *Евх 49б 14-15*

ЧАША, -ѧ *ж* (68) [чѣш- *Син* (4) *Евх* (1)] ποτήριον, καυχίον чаша, чара číše, kalich: ιже бо аште напоιтъ вы • чашѫ воды... не погоубитъ мьзды своеѩ *Мк 9, 41 Зогр Мар Ас; Мт 10, 42 Зогр Мар Ас Сав*; чловѣкъ же... имѣѩ телицѫ кдинѫ • ꙗже... чашѫ кдинѫ сь нимь пиꙗше *Супр 360, 1*; обрѣтохъ и ѳьмьꙗньницѫ въ чашѫ исыпаѭшта *Супр 297, 20* ● *спец.* (*ритуальная*) чаша (mešní) kalich: призьри на ны • ι на (х)лѣбъ сь • ι на чашѫ сиѭ *Служ 2б 6*; аще к'то пролѣетъ отъ с⟨вѧ⟩тыѩ чаш⟨ѧ⟩ • вь врѣмѧ прѣношенью • ӕ҃ денъ да пости⟨тъсѧ⟩ *Евх 105а 2* ● *перен.* судьба, доля, участь osud, úděl: г⟨оспод⟩ь чѧстъ достоѣньѣ моего ι чѣшѩ моеѩ *Пс 15, 5 Син*; огнъ ι зюпелъ ї д⟨оу⟩хъ боуренъ чѧстъ чѣшѩ (ι)хъ *Пс 10, 6 Син*; о⟨ть⟩че мои • аште възможьно естъ • да мимо ιдетъ отъ мене чаша си *Мт 26, 39 Зогр Мар Ас Сав; Евх 47а 7*; чашѫ ѭже дастъ мьнѣ о⟨ть⟩ць • не ιмамь ли пити еѩ *И 18, 11 Зогр Мар Ас Сав*; въкоусихъ оцьта • да разорѫ твоѥѧ сьмрьти • оцьтьнѫѭ и лютѫѭ чашѫ *Супр 469, 22.— Зогр Мар Ас Сав Ен Син Евх Служ Клоц Супр.— Ср.* потирь

ЧАꙖНИѤ, -иꙗ *с* (6) προσδοκία, ἀπεκδεχόμενος (!) ожидание očekávání: ιздыхаѭштемъ ч⟨лове⟩комъ отъ страха • ι чааньѣ • грѧдѫштиихъ на вьселенѫѭ *Л 21, 26 Зогр Мар Ас Сав*; ѡ... чааньи благодѣти с⟨вѧ⟩таго д⟨оу⟩ха *Евх 61а 7-8;* ● надежда naděje: не посрами мене отъ чаанѣ моего *Пс 118, 116 Син.— Ср.* надежда, оупъваник

ЧАꙖТИ, чаѭ, чаѥши *несов.* кого, чесо; чьто отъ кого (62) [чѣ- *Ас* (1)] προσδοκᾶν, προσδέχεσθαι, ἐκδέχεσθαι, ἀπεκδέχεσθαι, ἐπιθυμεῖν, ὑπομένειν, ἀπελπίζειν, ἐλπίζειν ждать, ожидать čekat, očekávat: вь тѣхъ же лежааше мъножьство болѧштихъ... чаѭштеιхъ движеньѣ водѣ *И 5, 3 Зогр Мар Ас*; чаахъ с⟨ъ⟩п⟨ас⟩еньѣ твоего *Пс 118, 166 Син*; придетъ г⟨осподи⟩нъ раба того въ ньже дьнь не чаетъ *Л 12, 46 Зогр*, чаатъ *Мар; Мт 24, 50 Зогр Мар Ас Сав*; ты ли еси • грѧдыи • ιли ιного чаемъ *Мт 11, 3 Зогр Мар Ас; Л 7, 19 и 20 Зогр Мар*; цръкъвьнꙑѩ дѣти... чаѭште словесьнааго бе-льсти млѣка словеси *Супр 384, 26*; оть него мьштениꙗ чаѭште *Супр 387, 11*; призьри... на... людие твоѩ • сиѩ... чаѭщиꙗ отъ тебѣ богатыѩ м⟨и⟩л⟨о⟩сти *Евх 62б 14* ● жаждать toužit: д⟨оу⟩ша же наша чаетъ г⟨оспод⟩ѣ *Пс 32, 20 Син*; ꙗже дакши иштемъ • ꙗже хоштеши видѣти чаѥмъ *Супр 513, 8* ● надеяться doufat: аште въ заιмъ даете • отъ нихъ же чаете восприѩти *Л 6, 34 Зогр Ас Сав*, чаате *Мар; Л 6, 35 Зогр Мар Ас.— Зогр Мар Ас Сав Син Евх Супр Рыл.— Ср.* жьдати, жѧдати, ожидати, надѣꙗти сѧ, оупъвати

ЧАѤМЬНЪ, -ыи *прил.* (1) *греч. нет* ожидания *род.*, ожидаемый vyčkávání *род.*: възбранѣетъ ти врѣмени • въстанънаарго • ι чаемънаарго *Евх 49б 19*

ЧЕЛО, -а *с* (3) μέτωπον лоб čelo: образъ крѣстънꙑи сътворивъ • отъ чела начѧ *Супр 162, 29* ● *перен.* συνασπισμός передовой, головной отряд čelo (zástupu): подраживъ борьцѧ прѣдъпльчьнꙑѩ • цин въ прьвѣѥмь штитѣ падъшааго • абиѥ напльнѣатъ тръжтъ • да не чело ихъ възмѫтитъ сѧ • падъшинмъ *Супр 93, 29.— Супр 229, 5*

ЧЕЛЮСТЬ, -и *ж* (2) σιαγών челюсть čelist: бръздамι и оуздоѭ челюстι ιхъ въсътѩгнеши *Пс 31, 9 Син*; повелѣ съвалъмы оловѣны битι ꙗ по челюстьма *Супр 1, 12*

ЧЕЛꙖДЬ, -и *ж* (1) θεραπεία челядь čeleď: егоже поставитъ г⟨оспод⟩ъ надъ челѣдиѭ своеѭ *Л 12, 42 Мар* (домомь *Зогр*).— *Ср.* домъ

ЧЕСАТИ, чешѫ, чешеши *несов.* (2) συλλέγειν рвать, собирать, снимать (*плоды*) česat (*ovoce*): не отъ трьнѣ бо чешѫтъ смокъви *Л 6, 44 Зогр Мар.— Ср.* обимати

ч е с о *см.* чьто

ч е с т - *см.* чьст-

ЧЕТВОРИЦА, -ѧ *ж*: ч е т в о р и ц е ѭ *тв. ед.* (3) τετραπλοῦν вчетверо, в четыре раза, четырежды čtyřnásobně: ι аште есмь кого чимъ обидѣлъ • възвраштѫ четворицеѭ *Л 19, 8 Зогр Мар* (седморицеѭ *Ас*) ◆ ч е т в о р о ч е т в о р и ц е ѭ τετραπλασίονα четырехкратно čtyřnásobně: законъ четворо четворицеѭ оуречe *Супр 360, 15*

ч е т в о р о *Супр 360, 14-15 см.* четворъ

ЧЕТВОРЪ *числ.* (2) τέσσαρες четыре čtverý: четворы бо сѫтъ вьсѧ • о томь различь намъ съказаѭшта *Супр 370, 11-12* ◆ ч е т в о р о ч е т в о р и ц е ѭ *см.* четворица.— *Супр 360, 15*

ЧЕТВРЬТОВЛАСТЬНИКЪ, -а *м* (2) [четврът- *Зогр* (1) *Мар* (1)] τετραάρχης тетрарх tetrarcha: ꙇродъ же четврътовластьникъ • обличаемъ ꙇмь *Л 3, 19 Зогр Мар.— Ср.* тетрархъ (тетраархъ), четврьтовластьць

ЧЕТВРЬТОВЛАСТЬСТВОВАТИ, -стьствоуѭ, -стьствоуѩши *несов.* (15) [четвръто- *Зогр* (3) *Мар* (3) *Ас* (3) *Боян* (2), четверъ- *Боян* (1), четврьтогласьств- ! *Сав* (3)] τετρααρχεῖν быть тетрархом být tetrarchou: въ пѧтоѥ же на десѧте лѣто • владычьства • тиверьѣ кесарѣ... и четврътовластьствоуѭштю • галилеѩ ꙇродоу • филипоу же... четврътовластьс[с]твоуѭштю • ꙇтѵрнеѩ... ꙇ л҃ѵнію (!) • четврътовластьствоуѭштю • авилинеѩ *Л 3, 1 Зогр Мар Ас Боян*, четврьтогласьствоуѭщію (!) *Сав* (3)

ЧЕТВРЬТОВЛАСТЬЦЬ, -а *м* (2) [четвръто- *Зогр* (1) *Мар* (1)] τετραάρχης тетрарх tetrarcha: слыша же ꙇродъ четврътовластьць • бываѭштаа отъ н҃его в'сѣ *Л 9, 7 Зогр*, четвръ-товластецъ *Мар.— Ср.* тетрархъ (тетраархъ), четврьтовластьникъ

четврьтогласьствовати (!) *Л 3, 1 Сав см.* четврьтовластьствовати

ЧЕТВРЬТОДЬНЬНЪ, -ыи *прил.* (4) τετραήμερος четырехдневный (*о мертвом*) čtyři dny mrtvý: лазара четврьтодьньна из мрьтвыихъ въставилъ *Супр 480, 23*; слово о четврьтодьньнѣѣмь лазари *Супр 312, 1-2*; четврьтодьнъныи ожи мрьтвъ бывъ *Супр 387, 15.— Супр 339, 1-2.— Ср.* четврѣдьневьнъ

ЧЕТВРЬТЪ, -ыи *числит. порядк.* (15) [четврът- *Зогр* (2) *Мар* (2) *Ас* (1) *Боян* (1) *Супр* (5)] τέταρτος четвертый čtvrtý: въ четврътѫѭ же стражѫ ношти • ꙇде къ н҃имъ и⟨соу⟩с⟨ъ⟩ *Мт 14, 25 Зогр Мар Ас Боян* (въ д҃ѭ же годинѫ *Сав*); въ четвръток лѣто маркиана цѣсарьства *Супр 279, 2*; нъ сьде по прьвѣѣмъ вътoрыи сълазитъ • по вьторѣѣмь третии и четврътыи *Супр 496, 20*; вь лѣто двoдесѧтъноѥ и четврьток • цѣсара диѡклитиана • мѧтежь бысть великъ *Супр 220, 10*; и се донде сътънааго четврьтааго своѥѧ връсты лѣта *Супр 302, 19.— Мк 6, 48 Зогр Мар; Супр 14, 8; 170, 15 и 26; 183, 29; 406, 28, 496, 20*

ЧЕТВРЬТЪКЪ, -а *м* (23) [четврът- *Ас* (1) *Син* (1) *Клоц* (1) *Супр* (2), **четвр(к҃)** *Ас* (2), **че(к)** *Ас* (8), **че(т)** *Сав* (7), **ч..** *Ен* (1)] **1.** ἡ πέμπτη четверг čtvrtek: в че⟨твръть⟩к⟨ъ⟩ ж҃ нед⟨ѣлѧ⟩ *Ас 30с 15*, чет⟨врьтъкъ⟩ *Сав 140а 5* □ великыи четврьтъкъ ἡ ἁγία καὶ μεγάλη πέμπτη четверг Страстной недели Zelený čtvrtek: їѡанна златооустааго слово вь великы четвръть к' *Супр 424, 15; 405, 4; Клоц 3а 25-26* **2.** четврьтъкъ соботѣ τετρὰς σαββάτων среда středa: пъс⟨а⟩лмъ да⟨выдо⟩въ въ четвръток ъ соботѣ *Пс 93, 1 Син.— Ас Сав Ен Син Клоц Супр*

ЧЕТВРѢДЬНЕВЬНЪ, -ыи *прил.* (4) τεταρταῖος, τετραήμερος четырехдневный (*о мертвом*) čtyři dny mrtvý: г⟨оспод⟩и юже смръдитъ • четврѣдьневьнъ бо естъ *И 11, 39 Зогр Мар Ас*; слово о четврѣдьневьнѣѣмь лазарѣ *Супр 303, 1-2.— Ср.* четврьтодьньнъ

ЧЕТВРѢНОГЪ, -ыи *прил.* (1): четврѣногоѥ *с греч. нет* четвероногое (*о животном*) čtvernožec: аще котор⟨ы⟩ причетьник⟨ъ⟩ • съ четврѣногомь блѫдъ сътворитъ *Евх 104а 16-17*

ЧЕТЫРЕ *числит. колич.* (60) τέσσαρες; (четыре десѧте, четыри десѧти τεσσαράκοντα, τετάρτη δεκάς; четыри тысѫщѧ τετρακισχίλιοι; четыре мѣсѧци τετράμηνος; черыри лѣта τετραετής χρόνος) четыре čtyři: ꙇ съберѫтъ ꙇзбъранꙑѩ его • отъ четырь вѣтръ *Мт 24, 31 Зогр Мар Ас Сав; Мк 13, 27 Зогр Мар*; ты отъ четырь стоухии тварь съставль • четыръми врѣмены • крѫгъ лѣтоу вѣньчалъ еси *Евх 3б 25-26 и 4а 2*; ѡтиди сотоно • отъ сихъ двьреи • ꙇ отъ сихъ четырь ѫголъ *Евх 37а 23*; ѥстъ же въ прѣгын҃ѣхъ мѣсто то... растоѧ отъ града поприштъ четырь *Супр 26, 21*; ѧти же быша... прѣжде четырь калан'дъ мар'та • сирѣчь въ к҃s феврoара *Супр 81, 20*; четыремъ же лѣтомъ коньчавъшемъ сѧ *Супр 288, 21*; четыри десѧти лѣтъ негодовахъ рода того *Пс 94, 10 Син*; лишениѥ четырь десѧтъ напльнилъ ѥси *Супр 79, 9*; четыре десѧте ихъ ѥстъ *Супр 78, 13*; иже въ поустын҃и шесть сътъ тысѫштъ прѣкръмивъıи • вь четырехъ десѧтех' лѣтѣхъ *Супр 290, 15*; обѣшташа же сѧ нѣкотории отъ н҃ихъ числом' четыри десѧти • добыѥ съходивъше съконьчати сѧ *Супр 175, 9*; четыръми десѧты и шестиѭ лѣтъ създана быс⟨тъ⟩ цр⟨ъ⟩кы си *И 2, 20 Мар Ас* (∅ *Зогр*); ни ж҃ • хлѣбъ • четыремъ тысѧштамъ • ꙇ колико кошьниць вьзѧсте *Мт 16, 10 Зогр Мар.— Зогр Мар Ас Сав Син Евх Клоц Супр.— Ср.* г҃, д҃, к҃, м҃

ЧЕШЮꙖ, -ѩ *ж* (1) *греч. нет* чешуя šupina: ѣкоже чешюѩ отъвръглъ еси • отъ очью его *Евх 34б 2-3*

ЧИИ, чиꙗ, чиѥ *мест.* (12) τίνος чей čí: онъ же г⟨лаго⟩ла имъ чи естъ образось и написание *Мт 22, 20 Мар*, чии *Ас* (что е дѣло се *Сав*, ∅ *Зогр*); чиі ꙇматъ образъ ꙇ нап'санье *Л 20, 24 Зогр Мар*; чии образъ принесе *Супр 346, 4; 347, 26.— Мт 22, 42 Мар Ас Сав; Мк 12, 16 Зогр Мар; Супр 242, 14*

чиѭ *Супр 370, 29 см.* сь

ЧИНИТИ, чинѭ, чиниши *несов.* (4) ἀνατάσσεσθαι составлять, устраивать, сочинять uspořádávat, skládat: по ѩеже оубо • мнози начѧшѧ • чинити повѣсть • о ꙇзвѣстънꙑхъ въ насъ вештехъ *Л 1, 1 Зогр Мар Ас* ● μεταρρυθμίζειν устраивать, приготовлять, готовить připravovat, upravovat: и слово незазорьно съмѣшено съ солиѭ божьствънѭѭ • иже плодънꙑимъ (! *вм.* иже подъ ѩимь) словомъ и дѣломъ • на житиѥ въздръжан'ноѥ чинꙗаше *Супр 279, 30*

ЧИНЪ, -оу *и* -а *м* (39) τάξις **1.** порядок, очередность pořadí, řada: бꙑстъ же слоужаштюмоу • въ чиноу чрѣдꙑ своеѩ прѣдъ б⟨о⟩гомь *Л 1, 8 Зогр Мар Ас*; принесошѧ ѥликоже бѣаше оу ѩего коумирь... и постави ѩ по чиноу *Супр 7, 1* ● военный строй, воинский отряд vojenský oddíl: к'то ѥстъ ѥгоже ведѫтъ нашего чина воини *Супр 146, 17* ● *спец.* τάγμα чин, хор, лик (*ангельский*) sbor, kůr (*andělů*): отъпаде • чина небеснꙑихъ силъ *Супр 545, 15*; чиновъ невидимꙑихъ *Супр 463, 14*; нꙑнѣ невидимо прѣстоꙗтъ • чини бесплотьнии твои *Евх 84а 19* □ въ чинъ εὐτάκτως по порядку po řadě: богонаоученѫѭ въспоустимъ въ чинъ пѣснь *Супр 321, 17* **2.** *вар.* ἀξία общественное положение, сословие, звание postavení, stav, hodnost: поч'то прокоуди чинъ свои *Супр 101, 7*; аште бо дѣло чъстьно бꙑло • то славьнѣ оубо бꙑ отъ чловѣкъ слоужениѥ прималъ • и не бꙑ слоужилъ намъ рабъскомъ чиномъ *Супр 262, 4* □ свѧщенꙑи чинъ ἱερατικὸν τάγμα духовенство duchovenstvo: помани... в'сѣкъ св⟨ѧ⟩щенꙑ чинъ *Служ 3б 22* **3.** κατάστασις способ způsob: тꙑ еси їерѣї вь вѣкъ по чиноу мелъхіседековоу *Пс 109, 4 Син* **4.** λόγος правила, установления, норма řád, pořádek: ѥже бо и видѣ... дьньнꙑи же свѣтъ бѣжаштъ • и съставоу (! *вм.* съставъ) чиноу своѥго отъмештѫтъ (! *вм.* отъмештѫштъ) сѧ *Супр 426, 23*; хотѧштоуоумоу тѣлеси добрѣ и по чиноу на вьсе дѣиство съставлꙗти сѧ *Зогр-лл 1б 9* ● обряд obřad: чин⟨ъ⟩ ношти с⟨вѧ⟩таго пѧтка *Ас 92б 13-14*; чин⟨ъ⟩ слоуженью • ѡбраза чрънечьска *Евх 81а 15*; чин⟨ъ⟩ над⟨ъ⟩ ѡсквръньшимь сѧ • стоуденьцемь *Евх 20б 4* □ не по чиноу, без чиноу ἀτάκτως неправильно, не по правилам, необычно neobvykle, nepravidelně: доухъ тѫжааше болѣзниѭ • пригвожденъ • ноздрьми не по чинꙋ исхождааше *Супр 397, 22*; бе чиноу • нападаѩ на сърѣтаѭштаѩ ѥго *Супр 565, 19*.— *Зогр Мар Ас Син Служ Евх Клоц Супр Зогр-лл*.— *Ср.* законъ, достоиньство, обꙑчаи, санъ

чинъ: бес чина ѥ *Супр 322, 25-26 см.* бецинаи

ЧИСЛО, -а *с* (24) ἀριθμός число počet: бѣ же трѣба многа на мѣстѣ • възлеже оубо мѫжь числомь • ѣко пѧть тꙑсѫштъ *И 6, 10 Зогр Мар Ас*; или въ штоуждиихъ въведении • или въ въздрастении числа съ(въ)здрьжьникꙑ *Зогр-лл 2а 20*; тебѣ дамъ землѭ ханаановѫ • ѭже достоѣньѣ вашего • зане бѣшѧ мало числомъ *Пс 104, 12 Син*; съкажи ми г⟨оспод⟩ı кончинѫ моѭ и число дьнеı моихъ кое естъ *Пс 38, 5 Син*; ѥдинъ же отъ числа ӎ отъпадъ прибѣже къ баѩи *Супр 76, 23*; паматъ с⟨вѧ⟩тꙑхъ мѫченикъ... числомъ • ф҃ч҃ *Ен 37б 13*; ◆ без числа, (ѥмоуже) нѣстъ числа ἄπειρος, οὗ οὐκ ἔστιν ἀριθμός бесчисленный, многочисленный nesčíslný: сь ѩими же и безъ числа множьство крьстиꙗнъ *Супр 57, 24*; одрьжаштѧ мѧ зълаа ımъже нѣстъ числа *Пс 39, 13 Син*.— *Зогр Мар Ас Ен Син Супр Зогр-лл*.— *Ср.* числѧ; без числа *ср.* бецисльнъ

ЧИСЛЬНЪ, -ꙑи *прил.* (1) μετρεῖν (!) отпущенный, определенный (*о времени*) vyměřený, určený: съдѣтель... лѣтоу числънооумоу • живꙑмъ *Евх 64а 16*

ЧИСМѦ, числене *с* (8) ἀριθμός число počet: да не останетъ ни ѥдинъ же отъ числене • чьстьно ѥстъ числѧ ѥже почелъ ѥси *Супр 92, 6 и 7*; не о ѥдиномъ мѫченицѣ чоудити сѧ ни о дъвою • ни о десѧти числѧ ѥстъ блажимꙑихъ ӎ сѫтъ мѫжь *Супр 82, 15*.— *Супр 92, 12; 93, 24; 94, 29; 95, 1; 409, 6*.— *Ср.* число

ЧИСТИ, чьтѫ, чьтеши *несов.* (>100) [чъ(т)- *Мар* (10) *Ас* (1) *Сав* (4) *Клоц* (2) *Супр* (9), ч'т- *Супр* (6), ч(т)- *Мар* (4) *Боян* (2) *Зогр-пал* (1) *Супр* (8)] **1.** ἀναγιγνώσκειν читать číst: нѣсте ли чьли николиже • ѣко из оустъ младьнечь и съсѫштихъ съвръшилъ еси хвалѫ *Мт 21, 16 Мар Зогр-пал* (∅ *Зогр*); сего же титъла • мнози чишѧ отъ ıюдѣı *И 19, 20 Зогр*, числѧ *Мар Ас*, чътошѧ *Сав*; и по сем⟨ь⟩ чьтет⟨ъ⟩ паремиѭ *Евх 5а 10; 58б 14 и 18*; вь сихъ кѩигахъ чте сѧ роумъскꙑ *Супр 142, 21*; и речетъ не могѫ чисти ихъ... кѩигꙑ бо сѫтъ печатьлѣнꙑ *Супр 247, 3* **2.** τιμᾶν, σέβειν, σέβεσθαι, πολυπραγμονεῖν; (не чисти ἀτιμάζειν; чьтѫщии *дат. ж прич.* τῆς φιλοτιμίας) чтить, почитать ctít, uctívat: чьти от⟨ь⟩ца и матерь *Мт 19, 19 Мар Ас Сав* (∅ *Зогр*); ни дѣвъства срамлѣѩ сѧ • ни цѣломѫдриѣ чьтꙑ *Евх 88а 15*; наоучѫ васъ кого бꙑ чисти *Супр 28, 4*; ѥго бога чьтеши *Супр 132, 23* ● соблюдать zachovávat: тъгда бо истовоѥ пока'ниѥ • ѥгда бо не рѣчиѥ ч'томо ѥстъ *Супр 362, 19*.— *Зогр Мар Ас Сав Зогр-пал Боян Евх Клоц Супр Рыл*.— *Ср.* почитати, чьстити

чисти *И 4, 44 Зогр см.* чьсть

ЧИСТИНА, -ы *ж* (1) ἀκρίβεια (!) чистота čistota: почто много ꙋ инѣхъ рѣчноукꙑи • оу мене чистинꙑ • ѭже аште ти покажѫ нꙑнѣ • не соуле ти ѥстъ *Супр 394, 10.— Ср.* чистость, чистота

ЧИСТИТЕЛЬ, -лꙗ *м* (4) ἱερεύς, πρεσβύτερος священнослужитель kněz: приведе сꙙ самъ ꙗко нѣкака чиста самоизволна жрътва къ великоꙋоумоу чистителю *Супр 273, 3.— Супр 219, 30; 220, 8-9; 232, 13.— Ср.* жьрьць, иереи, попъ, свѧтитель, свѧщеникъ

ЧИСТИТЕЛЬСТВО, -а *с* (2) ἱερωσύνη священство, сан священнослужителя kněžství: и сице приноуждenъ повѣда и родъ • и отьчьство и чистительство *Супр 294, 28*; ꙗкоже мѧ прѣльстити • и мьнѣти достоинна сѫшта чистительства їѡана *Супр 287, 11.— Ср.* иерейство, попьство

ЧИСТИТИ, чищѫ, чистиши *несов.* (2) καθαίρειν чистить, очищать očišťovat: зане ли прокаженꙑѧ чистити *Супр 411, 16*; и чистотѫ срьдьчьнѫѭ помꙑслꙑ присно чистѧ *Супр 280, 29*

ЧИСТО *нареч.* (6) ὀρθῶς, καθαρῶς чисто, ясно čistě, jasně: ι раздрѣши сѧ ѫза ѩзꙑка его • ι г⟨лаго⟩лааше чисто *Мк 7, 35 Зогр Мар Ас Сав Боян*; ни чисто глѧдати дааже видимꙑихъ *Супр 340, 3.— Ср.* право, чистѣ

ч и с т о *Супр 372, 11-12 см.* чѧсто

ч и с т о *Супр 421, 8 см.* чьсть

ЧИСТОЛЮБЬЦЬ, -а *м* (1) *греч. нет* сторонник целомудрия, непорочности, чистоты milovník čistoty, zdrženlivosti: бѫди... въ блѫдолюбиѣ мѣсто • чистолюбецъ... ι въ влъхволюбиѣ мѣсто • б⟨о⟩голюбецъ *Евх 70б 15-16*

ЧИСТОСТЬ, -и *ж* (1) ἁγνεία непорочность, чистота bezúhonnost, čistota: веселитъ сѧ пакꙑ о чистости житиꙗ *Супр 29, 10.— Ср.* бѣлость, чистина, чистота

ЧИСТОТА, -ы *ж* (19) καθαριότης, καθαρότης, τὸ καθαρόν, σεμνότης, ἁγνεία, εἰλικρίνεια, σωφροσύνη, νῆψις чистота, *перен.* непорочность čistota, *перен.* bezúhonnost, zdrženlivost: по чистотѣ рѫкоу моеѭ въздастъ мι *Пс 17, 21 Син; Пс 17, 25 Син*; въ чистотѣ тѣлесьнѣи *Служ 3б 26*; в'сѭ чистотѫ дароуи еи *Евх 81а 7-8*; сего ради оубо праздьноуимь... опрѣснъкꙑ чистотꙑ и їстинꙑ *Супр 486, 7*; вьси оубо идѣмъ • сь лѣпꙑимь въздръжаниимь и чистотѫ *Супр 420, 9-10.— Ср.* чистина, чистость

ЧИСТЪ, -ыи *прил., сравн. ст.* чистѣи (97) [чьст- ! *Син* (1), чьст- ! *Супр* (1)] καθαρός, καινός, πλυθείς, ἀκίβδηλος, καλός (!), λευκός (!), *вар.* καταπλυθείς чистый čistý: ιзмъвенꙑ не трѣбоуетъ • тъкъмо нозѣ оумꙑти • естъ бо вьсь чистъ • ι вꙑ чисти есте нъ не вьси *И 13, 10 Зогр Мар Ас Сав*; ι приимъ тѣло ιосифъ • обитъ е понѣвицеѭ чистоѭ *Мт 27, 59 Зогр Мар Ас*; подобаетъ же въпадъшее нечистое • изѧти абие • ι изврѣшти е вонъ • ι инъ съсѫдъ чистъ омꙑти *Евх 19б 4; перен.*: наоучи нꙑ... в'се тобоѭ сътворено • чисто бꙑти вѣроуѭщиимъ *Евх 19б 22*; ● *о белом хлебе о bílém chlebu*: имѣше же врѣмѧ хлѣбꙑ чистꙑ и топлꙑ *Супр 291, 6* ● (чистъ бꙑти καθαρίζεσθαι) здоровый, выздоровевший, поправившийся zdravý, uzdravený: абие отиде проказа отъ него • ι чистъ бꙑстъ *Мк 1, 42 Зогр Мар Ас Сав*; ι дажди емоу на съдравие чистъ гласъ *Евх 43а 22* ● (отъ) чесо καθαρός, καθαρεύων незапятнанный, невиновный *в чем* nevinný *čím*, prost *čeho*: чистъ азъ отъ кръве сего праведьника *Евх 49б 5* (неповиненъ есмь *Мт 27, 24 Зогр*, не повиненъ *Мар Ас*, недостоинъ *Сав*); да чистъ бѫдет' гнѣва *Супр 407, 3*; да тѧ накажетъ чьсть (! *вм.* чистъ) имѣти оклеветаниꙗ ѩзꙑкъ *Супр 410, 23* ● καθαρός, σεμνός, ἄμεμπτος, ἄπλαστος, ἄριστος, ἱερός безгрешный; чистый, неоскверненный čistý, bez hříchu, bezúhonný: блажени чисти срьд⟨ь⟩цемь • ѣко ти б⟨ог⟩а оузьрѧтъ *Мт 5, 8 Зогр Сав*, чисти *Ас* (∅ *Мар*); нъ да очистимъ свои съмꙑслъ • къ чистѣ бо • жрътвѣ пристѫпаемъ *Клоц 8б 15*; самъ себе чиста хранити... ι о своеι женѣ довьлѣти сѧ *Клоц 2а 40*; что рекѫтъ прѣмо семоу творѧштии сѧ чисти • чистѣишиихъ себе • а сами сѫште вьсѣхъ нечистѣише *Супр 358, 13* ● καθαρός, ἄχραντος, ἀμίαντος, ἄφθορος, ἀμόλυντος, ἡ παρθένος, ἁγνῶς (!); (чистаꙗ дѣва virgo) непорочный, девственный neposkvrněný, panenský: сътвориι нꙑи г⟨ос⟩под⟩ι... достоинъи... прѣподобьнъихъ (ι ч)истъихъ дѣвъ *Киев 7б 21*; обрати оумъ отроковици • и чиста прѣбꙑвъша • троудиста сѧ извѣсто въ в'сеи чистотѣ съхранивъша свои тѣлесѣ *Супр 25, 27*; иди къ чистѣи невѣстѣ *Супр 248, 9.— Зогр Мар Ас Сав Ен Син Киев Евх Служ Клоц Супр Рыл.— Ср.* прѣчистъ, простъ, цѣлъ

ч и с т ь *И 4, 44 Зогр см.* чьсть

ЧИСТѢ *нареч.* (4) καθαρῶς, ἄσπιλος (!), σεμνῶς чисто, безгрешно čistě, bezúhonně: чистѣ и крѣпѣ своѭ вѣрѫ блюдѫште *Супр 58, 16*; придѣм' же ꙋбо вьси чистѣ къ чистоу *Супр 506, 28* ● правильно správně: во дворѣхъ закалаѭтъ чистѣ *Супр 116, 4* ● ясно jasně: онъ же рече оубо • нь не чистѣ ни ꙗснѣ *Супр 562, 19.— Ср.* чисто, ꙗснѣ

ч и с ѧ *аор. 3 л. мн. И 19, 20 Мар Ас см.* чисти

чинѭ *Супр 370, 29 см.* сь

ЧЛОВѢКОЛЮБИВЪ, -ын *прил., сравн. ст.* человѣколюбивѣи (17) [чл҃колюб- *Супр* (2), чл҃колюб- *Супр* (4)] φιλάνθρωπος человеколюбивый, отличающийся человеколюбием milující lidi: тѣм' же человѣколюбивыи богъ • не хотаи съмрьти грѣшънъιимъ *Супр 529, 5*; цѣсарь человѣколюбивъ естъ *Супр 200, 15*; въпраша пилатъ • васнь жидовъ человѣколюбивѣи *Супр 432, 16.— Супр.— Ср.* человѣколюбьствьнъ

ЧЛОВѢКОЛЮБИЄ, -иꙗ *с* (29) [чл҃клюб- *Евх* (8), чл҃клюб- *Евх* (1), чл҃колюб- *Евх* (3) *Клоц* (1) *Супр* (1), чл҃колюб- *Супр* (2)] φιλανθρωπία человеколюбие láska k lidem: слава твоѣ непостижьна естъ • і ч⟨лов҃ѣ⟩к⟨о⟩любие неиздреченъно *Евх 63а 1*; примі и обычаинъıмь твоимь ч⟨ловѣ⟩к⟨о⟩любиемь *Евх 75б 15*; показаꙗ ч⟨ловѣ⟩колюбьѣ своего • великотѫ *Клоц 3б 32-33*; побѣдити своимъ ч⟨ловѣ⟩колюбимъ зълобѫ мѫжа *Супр 564, 5.— Евх Клоц Супр.— Ср.* человѣколюбьствие, человѣколюбьство

ЧЛОВѢКОЛЮБЬНѢ *нареч.* (1) φιλανθρώπως человеколюбиво, с любовью к человеку s láskou k lidem: и тогда бо господь мѧ бѣ посълалъ к тебѣ • искоусити оусрьдие твое • аште оубо человѣколюбьнѣ • а не человѣкомъ твориши видѣти милость своѭ *Супр 122, 26*

ЧЛОВѢКОЛЮБЬСТВИЄ, -иꙗ *с* (11) [чл҃клюб- *Клоц* (1), чл҃колюб- *Клоц* (2), чл҃вколюб- *Клоц* (1)] φιλανθρωπία, τὸ φιλάνθρωπον человеколюбие, любовь к людям láska k lidem: да и божии строи и человѣколюбьствие покажетъ *Супр 391, 6*; зьрі оуже ч⟨ловѣ⟩к⟨о⟩любьствьѣ г⟨осподь⟩нѣ *Клоц 5а 22-23*; ѡ человѣколюбьствиꙗ многа высота *Супр 394, 14.— Клоц 7б 29; 9б 28; 12б 38-39; Супр 316, 7; 341, 7; 342, 17-18; 392, 29-30; 394, 7-8.— Ср.* человѣколюбие, человѣколюбьство

ЧЛОВѢКОЛЮБЬСТВО, -а *с* (4) φιλανθρωπία человеколюбие, любовь к людям láska k lidem: въходиши человѣколюбьствомъ ꙗкоже бѣ • въходиши отрѣшакши безаконии сьвѧзы *Супр 507, 9*; да и христосово человѣколюбьство видимъ *Супр 390, 21.— Супр 373, 8; 390, 30.— Ср.* человѣколюбие, человѣколюбьствие

ЧЛОВѢКОЛЮБЬСТВЬНЪ, -ын *прил.* (1) φιλάνθρωπος человеколюбивый, отличающийся человеколюбием milující lidi: ѡ человѣколюбьствьнаего и свꙗтааго гласа • мьнѣ рече котъıгы постилакши егда ништаꙗ одѣвакши *Супр 341, 17.— Ср.* человѣколюбивъ

ЧЛОВѢКОЛЮБЬЦЬ, -а *м* (34) [чл҃колюб- *Клоц* (2), чл҃клюб- *Евх* (16), чл҃клюц- *Евх* (2), чл҃бц- *Рыл* (1)] φιλάνθρωπος тот, кто любит людей, отличается человеколюбием milující lidi, přítel lidí: ѣко благы ч⟨ловѣ⟩к⟨о⟩любець б⟨ог⟩ъ еси *Евх 63а 12*; сего ради и ч⟨ловѣ⟩колюбець г⟨оспод⟩ъ зьрѧ дръзости оученичѧ съмѫштааше сѧ *Клоц 3б 30*; и съгрѣшеннимъ простъıнѧ просатъ • отъ человѣколюбьца сѫдиѧ *Супр 390, 13.— Евх Клоц Супр Рыл*

ЧЛОВѢКООУБИИЦА, -ѧ *м* (2) [чл҃ко- *Зогр* (1) *Ас* (1)] ἀνθρωποκτόνος человекоубийца vrah lidí: онъ ч⟨ловѣ⟩кооубица бѣ іскони *И 8, 44 Зогр Ас* (ч⟨ловѣ⟩кооубиицъ *Мар*).— *Ср.* оубиица, оубоица, человѣкооубиицъ, человѣкооубоица

ЧЛОВѢКООУБИИЦЬ, -а *м* (1) ἀνθρωποκτόνος человекоубийца vrah lidí: онъ ч⟨ловѣ⟩кооубиицъ бѣ искони *И 8, 44 Мар* (ч⟨ловѣ⟩кооубиица *Зогр Ас*).— *Ср.* оубиица, оубоица, человѣкооубиица, человѣкооубоица

ЧЛОВѢКООУБОИЦА, -ѧ *м* (1) ἀνθρωποκτόνος человекоубийца vrah lidí: ꙗвѣ ꙗко и прьвааго • человѣкооубоица диꙗвола • да его изгоубатъ *Супр 402, 2.— Ср.* оубиица, оубоица, человѣкооубиица, человѣкооубиицъ

ЧЛОВѢКОУОУГОДЬНИКЪ, -а *м* (1) ἀνθρωπάρεσκος тот, кто угождает людям (*не богу!*), потворствует их слабостям ten, kdo se snaží zalíbit lidem: ѣко б⟨ог⟩ъ расъıпа (к)ості чл⟨овѣ⟩коугодъникоу *Пс 52, 6 Син.— Ср.* оугодьникъ

ЧЛОВѢКЪ, -а *м* (>1000) [чл҃к- *Зогр Мар Ас Сав Боян Зогр-пал Син Евх Супр*, чл҃к- *Зогр Мар Ас Син Евх Клоц Супр Рыл*, чл҃вк- *Мар Унд Ен Син Хил*, чл҃вк- *Мар Син*, чл҃лок- *Евх*, чл҃вѣк- *Мар Син*] ἄνθρωπος, βροτός, ἀνθρωπάριον, πνεῦμα (!); (ненавистьникъ человѣкомъ, ненавидѧи человѣка μισάνθρωπος) человек člověk: вьсѣ оубо елико хоштете да творѧтъ вамъ ч⟨ловѣ⟩ци • тако і вы творите імъ *Мт 7, 12 Зогр Мар Ас*; прѣданъ иматъ быти с⟨ы⟩нъ чл⟨о⟩в⟨ѣ⟩ч⟨ь⟩скы въ рѫцѣ чл⟨о⟩в⟨ѣ⟩комъ *Мт 17, 22 Мар Ас* (грѣшъникъ *Сав, Ø Зогр*); аште не би родилъ сѧ ч⟨ловѣ⟩къ тъ *Мк 14, 21 Зогр*, чл⟨о⟩вѣкотъ *Мар*; іже отъвръжетъ сѧ мене прѣдъ ч⟨ловѣ⟩кы • отъвръгѫ сѧ і азъ его *Мт 10, 33 Зогр Мар Ас Сав*, при человѣцѣхъ *Супр 259, 15-16*; самъ бо вѣдѣаше чьто бѣ въ ч⟨ловѣ⟩цѣ *И 2, 25 Зогр Мар*; вьсѣкъ бо грѣхъ • еже аще сътв⟨о⟩ритъ чл⟨о⟩в⟨ѣ⟩къ • кромѣ тѣлесе естъ *1 Кор 6, 18 Ен*; ч⟨ловѣ⟩къ етеръ добра рода • іде на странѫ далече *Л 19, 12 Зогр Мар Ас*; богъ... послѣжде же вьсѣхъ създа человѣка по образоу своемоу *Супр 8, 26*; азъ человѣкоу жрътвы не творѫ • кръстиꙗнъ бо есмъ *Супр 132, 4*; доколѣ наше бестрастие льстиши ѡ человѣче *Супр 436, 30* ● мужчина muž: аште достоитъ чл⟨овѣ⟩коу поустити женѫ своѭ *Мт 19, 3 Мар Ас* (нет *Сав, Ø Зогр*) ●

δοῦλος служитель, слуга, подданный služěbník, poddaný: і въ подобьни ч⟨ловѣ⟩комъ • чаѭштемъ г⟨оспод⟩а своѥго *Л 12, 36 Зогр Мар Ас Сав.— Зогр Мар Ас Сав Унд Зогр-пал Боян Ен Син Евх Клоц Супр Хил Рыл.— Ср.* чловѣчинъ

ЧЛОВѢЧИНЪ, -а *м уничижит.* (2) ἄνθρωπος человек člověk: да без оума оубо обилиѥмъ бесѣдоуѥши ѡ чловѣчинѣ *Супр 365, 13.— Супр 358, 25-26.— Ср.* чловѣкъ

ЧЛОВѢЧЬ *прил.* (94) [чл҃ч- *Ас Син Евх Хил*, члв҃ч- *Ас Боян Син*, ч҃ч- *Ас Рыл*, чловч҃- *Евх*, чл҃вѣч- *Ас*, чл҃- *Ас*] ἀνθρώπινος, τοῦ ἀνθρώπου, τῶν ἀνθρώπων человеческий lidský: възлюбишѧ бо паче славѫ чл⟨овѣ⟩чѭ неже славѫ б⟨о⟩жиѭ *И 12, 43 Ас* (ч⟨ловѣчь⟩скѫ *Зогр Мар*); ѣко оузьрѭ н⟨ебе⟩са дѣла прьстъ твоихъ... чьто ѥстъ чл⟨овѣ⟩къ ѣко помьниши и • ли с⟨ы⟩нъ чл⟨овѣ⟩чь ѣко посѣщаеши его *Пс 8, 5 Син*; днес⟨ъ⟩ • идолъ невидимы крыѥтъ сѧ • і чл⟨овѣ⟩чь родъ ꙗвлѣѥтъ сѧ *Евх 26 14*; по прѣданию чл⟨овѣ⟩чю *Хил 2аα 9* ◆ с ы н ъ ч л о в ѣ ч ь υἱὸς τοῦ ἀνθρώπου (*о Христе*): и оузьрѧтъ с⟨ы⟩на чл⟨овѣ⟩ча *Мт 24, 30 Ас* (ч⟨ловѣчь⟩скаго *Зогр Мар*); възнести сѧ подобаѥтъ с⟨ы⟩ноу чл⟨о⟩в⟨ѣ⟩чю • кто сь ѥстъ с⟨ы⟩нъ чл⟨о⟩в⟨ѣ⟩чъ *И 12, 34 Боян* (ч⟨ловѣчь⟩скоуѥмоу... ч⟨ловѣчь⟩скы *Зогр*, чл⟨о⟩в⟨ѣ⟩ч⟨ь⟩скоумоу... чл⟨о⟩в⟨ѣ⟩ч⟨ь⟩скъ *Мар*; чл⟨овѣ⟩чьскоумоу... чл⟨овѣ⟩чьскъи *Ас*, чл⟨овѣчь⟩скоумоу... чл⟨овѣчь⟩скы *Сав*).— *Ас Боян Син Евх Супр Рыл Хил.— Ср.* чловѣчьнъ, чловѣчьскъ

ЧЛОВѢЧЬНЪ, -ꙑи *прил.* (1) χολώδης (!) человеческий lidský: тако же и съпас' вьсѧ зьлꙑѩ винꙑ на благоѥ прѣтвори • горкоѥ сладько сътворивъ чловѣчьноѥ (*вм.* злъчьноѥ ?) • на цѣлбѫ прѣложивъ *Супр 430, 19.— Ср.* чловѣчь, чловѣчьскъ

ЧЛОВѢЧЬСКЪ, -ꙑи *прил.* (>200) [чл҃ск- *Мар Сав Боян Син Евх*, чл҃ч(ь)ск- *Мар Ас Сав Син Супр*, чл҃вч(ъ)ск- *Мар Унд Ен Син*, чл҃вчк- *Мар*, чл҃вск- *Мар*, чл҃к- *Сав*, чл҃вѣч- *Мар*, ч҃ск- *Зогр Мар Клоц*, ч҃чск- *Зогр*, чв҃ск- *Син*, ч҃к- *Мар*] ἀνθρώπινος, τοῦ ἀνθρώπου, τῶν ἀνθρώπων, ἀνθρώπειος, τῆς ἀνθρωπότητος, ὁ ἄνθρωπος (!), τῶν νεκρῶν (!), τῶν χριστιανῶν (!) humanus человеческий, относящийся к человеку lidský, lidí *род. мн.*, člověka *род.*: с⟨ъ⟩п⟨асе⟩ниѣ ради чл⟨овѣчь⟩ска *Евх 63а 21*; с⟨ы⟩н⟨о⟩ві же ч⟨ло⟩в⟨ѣчь⟩стіи на кровъ крилоу твоѥю надѣѭтъ сѧ *Пс 35, 8 Син*; а дьнесь господьскаꙗ дѣѩ • вьчера чловѣчьскаꙗ *Супр 449, 24; Клоц 13а 23*; и-сцѣл҃ѣѩ чловѣчьскꙑѩ страсти *Супр 480, 18*; грѧдѣте рече вьслѣдъ мене и сътворѭ вꙑ ловьца чловѣчьскꙑѩ *Супр 496, 3* (ч⟨ловѣ⟩комъ ловьца *Мт 4, 19 Зогр Ас Сав*, ∅ *Мар*); оужасенъ же бꙑвъ ѥпискоупъ • о чловѣчьствѣ гласѣ ѥлени *Супр 224, 11-12* ◆ с ы н ъ ч л о в ѣ ч ь с к ы и υἱὸς τοῦ ἀνθρώπου, υἱὸς τοῦ Θεοῦ (!) (*о Христе*): с⟨ы⟩нъ ч⟨ловѣчь⟩скꙑ не імать кде главꙑ подъклонити *Мт 8, 20 Зогр Мар Сав, Клоц 6а 23* (чл⟨овѣ⟩чъ *Ас*); власть імать с⟨ы⟩нъ ч⟨ловѣчь⟩скꙑ на зем҃и *Мт 9, 6 Зогр Мар*, чл⟨овѣчь⟩скꙑ *Сав* (чл⟨овѣ⟩чъ *Ас*); како ѥстъ псано о с⟨ы⟩нѣ ч⟨ловѣчь⟩сцѣмь *Мк 9, 12 Зогр Мар.— Зогр Мар Ас Сав Унд Боян Ен Син Клоц Евх Киев Супр.— Ср.* чловѣчь, чловѣчьнъ

ЧЛОВѢЧЬСТВО, -а *с собир.* (6) [чл҃чьст- *Евх* (1), чл҃ст- *Евх* (1)] ἀνθρωπότης человечество lidstvo: б⟨ог⟩ъ... понесꙑ в'сѧ недѫгꙑ чл⟨овѣчь⟩ства *Евх 25б 21*; стоудениѭ бо нечьстиꙗ • вьсе чловѣчьство оувѧзано бѣаше *Супр 349, 2*; ꙗко бѣсовъ множьство пропѧто бꙑстъ • ꙗко чловѣчьство проштено бꙑстъ *Супр 386, 19* ◆ п о ч л о в ѣ ч ь с т в оу σαρκί как человек, по-человечески lidsky, jako člověk: и оумираатъ по чловѣчьствоу *Супр 11, 15.— Евх 53б 8; Супр 352, 9*

ч р ъ - *см.* чрь-

ч р ь в е н ъ *Мт 27, 28 Сав; Евх 59а 16 см.* чрьвлѥнъ

ЧРЬВЛѤНЪ, -ꙑи *прил.* (5) [чръвлен- *Зогр* (1) *Мар* (1) *Евх* (1), чрьвен- *Сав* (1), чръвен- *Евх* (1)] κόκκινος красный, пурпурный červený, šarlatový: і съвлькъше и • хламѵдоѭ чръвленоѭ одѣшѧ *Мт 27, 28 Зогр Мар, Евх 49б 25*, чрьвеноѭ *Сав* (очръвлѥноѭ *Ас*) ◆ ч р ь в л ѥ н ꙑ и п р ѫ г ъ *греч. неясно вид саранчи druh kobylky*: зачьнѫ нꙑнѣ г⟨лаго⟩лати • имена гадомъ • прѫгъ • сланѫ • чръвенꙑ (*или вм.* чръвьнꙑ ?) прѫгъ *Евх 59а 16.— Ср.* очрьвлѥнъ, прапрѫдьнъ

ЧРЬВЛѤНЬ, -и *ж* (1) *греч. нет* ткань багряного цвета červená tkanina: херсоньскꙑи градъ... въ багъра мѣсто и чрьвьѥни • с⟨вѧ⟩тꙑихъ о⟨ть⟩ць и ар'хиеп⟨искоу⟩пъ кръвьѭ оукрасивъ сѧ *Супр 543, 2.— Ср.* багъръ, багърѣница, вѵссонъ

ЧРЬВЬ, -и *м* (21) [чръв- *Зогр* (5) *Мар* (5) *Ас* (2) *Син* (1) *Супр* (2)] **1.** σκώληξ червь červ: ідеже чръвь іхъ не оумираѥтъ *Мк 9, 48 Зогр Мар; Мк 9, 44 и 46 Зогр Мар*; вьсѣхъ измрьмьрѫтъ чръвьѥ *Супр 238, 13*; ꙗкоже бо чръвь срьдьце дѫбоу ꙗдꙑ оувѧждаѥтъ *Супр 399, 25* ● *перен.*: азъ ж-ѥсмъ чръвъ і не чл⟨овѣ⟩къ *Пс 21, 7 Син* **2.** σής моль mol: не съкрꙑваите себѣ съкровишта на земи • іде же чръвь і тьл҃ѣ тьлитъ *Мт 6, 19 Зогр Мар Ас Сав; Мт 6, 20 Зогр Мар Ас Сав.— Зогр Мар Ас Сав Син Супр.— Ср.* тьлꙗ

ЧРЬМЬНОВАТИ СѦ, -ноуѭ сѧ, -ноуєши сѧ *несов.* (2) [чръм- *Зогр* (1) *Мар* (1)] πυρράζειν краснеть červenat se: вечеръ сѫштю г⟨лаго⟩лете • ведро чръмъноуєтъ сѧ н⟨є⟩бо *Мт 16, 2 Зогр Мар*

ЧРЬМЬНЪ, -ꙑи *прил.* (7) [чръм- *Син* (5) *Клоц* (1) *Супр* (1)]: чрьмьноє морє θάλασσα ἐρυθρά Красное море Rudé moře: о⟨ть⟩ци наши въ єгvптѣ не разоумѣшѧ чюдесъ твоіхъ... и прогнѣвашѧ въходѧще въ чръмьное море *Пс 105, 7 Син*; проідѫ і чръмное море *Клоц 6б 21.— Пс 105, 9 и 22; 135, 13 и 15 Син; Супр 173, 25-26*

ЧРЬНИЛО, -а *с* (2) ἀσβόλη черная краска, сажа černidlo, saze: и к'то єстъ богъ вашъ • да покажѫ (! *вм.* помажѫ) єго чрьниломъ *Супр 27, 23* ● μέλαν чернила inkoust: закон оуже чрьниломъ лежа *Супр 433, 15-16*

ЧРЬНИЦА[1], -ѧ *ж* (2) [чръниц- *Син* (2)] συκάμινος шелковица, тутовое дерево moruše: їзбі градомь віна їхъ • і чрьніцѧ їхъ сланоѭ *Пс 77, 47 Син.— Пс 77, 49 Син* (*запись на полях*).— *Ср.* сvкамина

ЧРЬНИЦА[2], -ѧ *ж* (2) [чрьниц- *Евх* (2)] *греч. нет* монахиня řeholnice: аще к'то чрьницѫ окрадетъ • ѕ҃ лѣта да постит' сѧ *Евх 105а 9.— Евх 103а 1*

ЧРЬНОРИЗЬСКЪ, -ꙑи *прил.* (1) μοναχικός монашеский mnišský: и сице єпископьство неволеѭ примъ • правьнила чрьноризьскааго житиꙗ не измѣни *Супр 280, 17.— Ср.* иночьскъ, мънишьскъ, чрьноризьчьскъ, чрьньчьскъ

ЧРЬНОРИЗЬСТВО, -а *с* (1) ἡ ἀθλητική (!) монашество mnišský stav: еже оубо которꙑи єстъ родивꙑи • добꙑаго сего и въскрьмивꙑи • прѣжде чрьноризьства *Супр 272, 8-9.— Ср.* иночьство

ЧРЬНОРИЗЬЦЬ, -а *м* (9) [чрън- *Супр* (6), црън- (!) *Супр* (1)] μοναχός, ἀναχωρητής монах mnich: житиє їакwва чрьноризьца *Супр 513, 15*; азъ бо идѫ и бѫдѫ чрьноризецъ *Супр 169, 17*; црьноризьцъ бѣ въ манастꙑри *Супр 119, 19.— Супр 169, 22; 206, 29; 219, 20-21; 277, 20; 283, 8; 548, 25.— Ср.* мънихъ, чрьньць

ЧРЬНОРИЗЬЧЬСКЪ, -ꙑи *прил.* (2) [чръно- *Супр* (2)] μοναχικός, τοῦ μοναχοῦ монашеский mnišský: на приманиє тоу новоприходаштиихъ из мира • чрьноризьчьскѫѭ истинѫ • пръвоє въ томъ наоучати сѧ *Супр 284, 16.— Супр 195, 5-6.— Ср.* иночьскъ, мънишьскъ, чрьноризьскъ, чрьньчьскъ

ЧРЬНЪ, -ꙑи *прил.* (3) [чрън- *Зогр* (1) *Мар* (1) *Супр* (1)] μέλας, ζοφερός черный černý: ѣко не можеши власа єдиного бѣла • ли чръна сътворити *Мт 5, 36 Зогр Мар*; видѣхъ... мрътвоє же тѣлесьноє видѣниє • акꙑ тинавъ калъ смрьдашть чрънъ *Супр 167, 22*

ЧРЬНЬЦЬ, -а *м* (15) [чрън- *Ас* (1) *Евх* (6)] μοναχός, ὁ τὸν μονήρη βίον μετιών, ἀββᾶς, ἀδελφός (!); (чрьньць бꙑти μονάζειν) монах mnich: пострѣщи хотѧще чрьнца вь скимѫ *Евх 82а 2*; аште хоштеши чрьнецъ бꙑти • вьлѣзи вь обьштии манастꙑрь *Супр 170, 3*; шесть десѧтъ лѣтъ сꙑ • и старъ оуже сꙑ • сьде чрьнецъ не можеши бꙑти *Супр 169, 25.— Ас 121а 25; Евх 36а 14; 38б 11; 80б 3; 96б 12; 102б 12; Супр 170, 2; 194, 9; 275, 5; 285, 30; 294, 10; 519, 9.— Ср.* мънихъ, чрьноризьць

ЧРЬНЬЧЬСКЪ, -ꙑи *прил.* (1) τῶν μοναχῶν монашеский mnišský: чин⟨ъ⟩ слоуженью • wбраза чрънечьс'ка *Евх 81а 15-16.— Ср.* иночьскъ, мънишьскъ, чрьноризьчьскъ, чрьноризьскъ

ЧРЬПАТИ, чрѣплѭ, чрѣплєши *несов.* (1) ἀντλεῖν, *вар.* ἀνασύρειν черпать čerpat: сии же и чрѣпьѭште благодѣтъ • оубоиство вь срьд'цихъ сьбираахѫ *Супр 398, 17*

ЧРЬТА, -ꙑ *ж* (4) [чрът- *Зогр* (2) *Мар* (1) *Ас* (1)] κεραία черта, черточка čárka: оудобѣе же естъ н⟨є⟩боу ι землі прѣіти • неже отъ закона єдиноі чрътѣ погыбнѫти *Л 16, 17 Зогр Мар.— Мт 5, 18 Зогр Ас* (*∅ Мар*)

чрьтаниє *Супр 83, 6-7 см.* начрьтаниє

ЧРЬТАТИ, -аѭ, -аєши *несов.* (2) [чръта- *Супр* (1)] ἐγχαράσσειν, περιάγειν писать (красками), рисовать, чертить kreslit, črtat: многаш'ди бо словописателе • и шарописателе начрьтаѭт' оби словомъ оукрашаѭште • а сии на дъскꙑ чрътаѭште *Супр 83, 11*; ѣкоже бо шаръчиꙗ на єднои дьстѣ • и образꙑ чрътаѭтъ и истинѫ пишѫтъ шаромъ *Супр 418, 2.— Ср.* пьсати

ЧРЬТОГЪ, -а *м* (9) [чрътог- *Син* (1) *Евх* (2) *Супр* (4)] θάλαμος внутреннее помещение, покои komnata: се бо отвръзъ вл⟨адꙑ⟩ка • чрътога своєго двьри • зоветъ нꙑ *Евх 85б 25*; въ црькъвнѣѣмъ ликоуѭтъ чрьтозѣ *Супр 335, 9* ● νυμφών, παστάς, παστός; (без чрьтога ἀθαλάμευτος) брачный покой; брачное ложе svatební komnata; svatební lože: і ть ѣко женіхъ исходѧ отъ чрътога своєго *Пс 18, 6 Син*; посъланъ бꙑстъ гаvрилъ • подобьнь оуготовати чистоуоумоу женихоу чрътогъ *Супр 244, 12*; без невѣстьства дѣвица • безъ чрътога чистаꙗ *Супр 243, 6.— Евх 85а 18; Супр 319, 17; 335, 18; 404, 24.— Ср.* ложе

ЧРѢВИИ, -иꙗ *м* (1) ὑπόδημα обувь, башмак střevíc, sandál: грѧдетъ крѣплеи мене въ слѣдъ мене • ємоуже нѣсмь достоинъ поклонь сѧ раздрѣшити • ремене чрѣвиемъ его *Мк 1, 7 Мар* (сапогоу *Зогр Ас Сав*).— *Ср.* оноуща, плесньце, санъдалиꙗ, сапогъ

ЧРѢВО, -а *с* (73) [ı-штрѣва *Син* (1)] **1.** κοιλία, γαστήρ живот, брюшная полость, чрево (*устар.*) břicho, útroba: вьсѣко еже въходитъ въ оуста • въ чрѣво вымѣщаетъ сѧ *Мт 15, 17 Зогр Мар*; бѣ іона вь чрѣвѣ китовѣ *Мт 12, 40 Зогр Мар*; бѣстъ срьдьце мое ѣко воскъ таѩ посрѣдѣ чрѣва моего *Пс 21, 15 Син*; ѣкоже ı тѣлесьнаѣ пишта • егда въ чрѣво вънидетъ • ımѫштее зълѫ болѣзнь • боли неджгъ творітъ • не своеѭ • силоѭ • нъ неджгомь • сѫштімь въ чрѣвѣ *Клоц 8б 4 и 7*; повелѣ… подъпалити кмоу чрѣво и ребра *Супр 153, 1* ● *перен.*: рѣкы отъ чрѣва его ıстекѫтъ водъı живы *И 7, 38 Зогр Мар* (отъ ребръ *Сав*); и-чрѣва адова выпль мои *Супр 461, 20* ● κοιλία, γαστήρ, μήτρα материнская утроба, чрево mateřské lůno: на тѧ оутвръдıхъ сѧ отъ ѫтробы ї чрѣва матері моеѩ *Пс 70, 6 Син*; бл⟨а⟩г⟨о⟩с⟨ло⟩венъ плодъ чрѣва твоего *Л 1, 42 Зогр Ас Сав* (ѫтробы *Мар*); вьзигра сѧ младѣништь радоштами вь чрѣвѣ моемь *Л 1, 44 Зогр Ас* (ѫтробѣ *Мар Сав*); нагъ изидохъ и чрѣва матере моѩ *Супр 64, 13* ◆ **и с ч р ѣ в а, о т ъ ч р ѣ в а (м а т е р е)** ἀπὸ μήτρας, ἐκ γαστρός, ἀπὸ γαστρός, ἐκ κοιλίας μητρός от рождения od narození: ѣко т-ы‐ стрьгоі мѧ ıштрѣва *Пс 21, 10 Син*; заклинаѭ тѧ… зѣницѫ очью и чрѣва ослѣпленѣ • бръноѭ слѣпоумоу просвѣщьшемь *Евх 53а 19*; въстави хромааго… сѫща хрома отъ чрѣва матери своеѩ *Евх 44а 3*; **в ъ ч р ѣ в ѣ и м а т и, п р и‐ ѩ т и, з а ч ѧ т и** ἐν γαστρὶ ἔχειν, ἐν γαστρὶ συλλαμβάνειν быть беременной, зачинать/зачать být těhotná; počínat/počít: прѣжде даже не сьнясте сѧ • обрѣте сѧ имѫщи въ чрѣвѣ ѡт⟨ъ⟩ д⟨оу⟩ха с⟨вѧ⟩та *Мт 1, 18 Ас Сав Боян* (∅ *Зогр Мар*); се дѣва въ чрѣвѣ приметъ • и родітъ с⟨ы⟩на *Мт 1, 23 Ас Сав Боян* (∅ *Зогр Мар*), вь чрѣвѣ зачьнетъ *Супр 245, 26-27*; се зачьнеши вь чрѣвѣ • ı родиши с⟨ы⟩нъ *Л 1, 31 Зогр Мар Ас* **2. ч р ѣ в а** *мн.* ἔγκατα внутренности vnitřnosti: повелѣ дърати • желѣзны ногътъı дондеже чрѣва начьнѫтъ хътѣти извалити сѧ на землѭ *Супр 114, 1.— Зогр Мар Ас Сав Боян Ен Син Евх Клоц Супр.— Ср.* ложесна, ѫтроба

ЧРѢВЬНЪ, -ыи *прил.* (3) τῆς γαστρός живота *род.* břicha *род.; перен.* плотский tělesný: се достоѣние г⟨осподь⟩не с⟨ы⟩н⟨о⟩ве • мъзда плода чрѣвьнаго *Пс 126, 3 Син*; тѣмьже не порабощаимъ сѧ • чрѣвьнымъ похотемъ *Евх 69а 20-21*; чрѣвьнаа сытость *Супр 279, 20*

ЧРѢДА, -ы *ж* (6) **1.** *спец.* ἐφημερία череда, очередность (*в совершении богослужения у еврейских первосвященников*), (иерейская) череда (kněžská) třída: ıереı етеръ ımенемь захарıѣ • отъ дьневьнъıѩ чрѣдъı авиаѩ *Л 1, 5 Зогр* (ефимериѩ *Мар Ас*); бъıстъ же слоужѫштю моу • въ чиноу чрѣдъı своеѩ прѣдъ б⟨ого⟩мь *Л 1, 8 Зогр Мар Ас* **2.** ποίμνιον, τὰ πρόβατα стадо stádo: чловѣкъ нѣкто бѣ богатъ • имѣѩ скотъı и чрѣдъı многъı *Супр 359, 28*; богатыи бо штада своѩ чрѣдъı *Супр 360, 5.— Ср.* ефимериꙗ; стадо

ЧРѢЖДЕНИЄ, -иꙗ *с* (3) δοχή угощение, пир pohoštění, hostina: сътвори чрѣжденье велико *Л 5, 29 Зогр Мар Ас.— Ср.* пиръ

ЧРѢНОВЬНЪ, -ыи *прил. в знач. сущ.* (1) μύλη коренной зуб třenový zub, stolička: б⟨ог⟩ъ съкроушитъ зѫбы ıхъ • въ оустѣхъ ıхъ • чрѣновьныѩ львовы съкроушилъ естъ г⟨оспод⟩ъ *Пс 57, 7 Син*

ч р ѣ п ь ѭ ш т е *Супр 398, 17 см.* чрьпати

ЧРѢСЛА, чрѣслъ *с мн.* (12) ὀσφύς поясница, чресла (*устар.*) bedra: поѣсъ оусъмѣнъ о чрѣслѣхъ его *Мк 1, 6 Зогр Мар Ас Сав; Мк 3, 4 Ас Сав*; бѫдѫ чрѣсла ваша прѣпоѣсана • ı свѣтильници горѧште *Л 12, 35 Зогр Мар Ас Сав* ● *перен.*: прѣпоѣши чрѣсла его силоѭ истинъı *Евх 93б 26-94а 1.— Евх 85б 24*

ЧОУВЬСТВИЄ, -иꙗ *с* (1) αἴσθησις чувство; орган чувств smysl; čidlo: г⟨оспод⟩ı… главѫ на вышьнимь мѣстѣ положи • ı на неи множѣишиѣ чювьствиѣ оутвръждь *Евх 7б 8.— Ср.* чоувьство, чоуиство

ЧОУВЬСТВО, -а *с* (3) αἴσθησις чувство; орган чувств poznání (smyslové); smysl; čidlo: волеѭ и чоувъства и оумъ свои • коупьно зьлѣ ослѣпивъше *Супр 333, 28*; чоувъства • ꙗже сѫтъ наитрѣбьши пѫти оучению • зѣло лютѣ прокоуди *Супр 339, 30* ● понимание, осознание, ощущение pocit, vnímání: не помьнѭ кште отъпелѣже коумъ (*! вм.* кемь) въ чловѣцѣхъ • и оувѣдѣхъ ч'то к чювъство *Супр 265, 13-14.— Ср.* чоувьствик, чоуиство

ЧОУВЬСТВОВАТИ, -ствоуѭ, -ствоукши *несов.* (1) *греч. нет* ощущать, сознавать poznávat (*smysly*), chápat: ты же не чоувъствоуѫ и подобик ихъ имы… слѣпы надежда имаши *Супр 161, 26.— Ср.* чоути

ЧОУВЬСТВЬНЪ, -ыи *прил.* (1) αἰσθητός воспринимаемый органами чувств, ощущаемый vnímatelný, postižitelný smysly: тварь… видѣвъ чоувьствьнок сльньце • х⟨ристос⟩а правьднааго сльньца • досаждакма безакон'никы • …отъбѣжа омрачивъ землѭ *Супр 484, 29*

ЧОУДЕСЬНЪ, -ыи *прил.* (2) θαυμαστός; (чоудесьнок дѣло θαυματούργημα) чудесный, удивительный podivný, podivuhodný: вънѣѩдѣ обраштаахъ чоудесно • а ѫтрьждѣ страшно *Супр 511, 21*; сихъ чоудесьныихъ дѣлесъ възлюбьниче *Супр 317, 27.— Ср.* дивьнъ, оужастьнъ, оужасьнъ, чоудьнъ

чоудимъ, -ыи *прич.-прил.* (3) θαυμαζόμενος; (чоудимъ быти θαυμάζεσθαι) вызывающий восхищение, уважение obdivovaný, obdivuhodný: иже ѳеодѡръ... о съмыслѣ и чистотѣ житиꙗ • и правѣ вѣрѣ и милости чоудимъ ѥстъ *Супр 281, 16*; ты бо ѥси сътворилъ господи небо и землѭ • и вьсе чоудимоѥ подъ небесемь *Супр 232, 4.— Супр 82, 28*

чоудити сѧ, чоуждѫ сѧ, чоудиши сѧ *несов. без доп.*; комоу, чесомоу; о комь, чемь (54) [чюд- *Зогр* (12) *Мар* (11) *Ас* (9) *Сав* (4)] θαυμάζειν, ἄγασθαι, ἐκπλήσσεσθαι удивляться, поражаться, дивиться divit se: ч⟨лове⟩ци же чюдишѧ сѧ г⟨лаго⟩лѭште • къто сь естъ ѣко вѣтри • ι море послоушаѭтъ его *Мт 8, 27 Зогр Мар*; оученици его чюждахѫ сѧ г⟨лаго⟩лѫще • кто можетъ с⟨ъ⟩пасти сѧ *Мт 19, 25 Сав* (дивлѣахѫ сѧ *Мар Ас*; Ø *Зогр*); ꙗкоже чоудити сѧ • елинъскыимъ философомъ *Супр 105, 20*; онѣмѣшѧ на много врѣмѧ словесемъ ѥго чюдаште сѧ *Супр 266, 23* ● восхищаться *кем-л., чем-л.* obdivovat *někoho, něco*: нам' же прѣдълежитъ не о ѥдиномъ мѫченицѣ чоудити сѧ ни о дъвою • ни о десѧти *Супр 82, 14.— Зогр Мар Ас Сав Боян Супр.— Ср.* дивити сѧ, оужасати сѧ

чоудо, чоудесе *и* чоуда *с* (>100) [чюд- *Зогр Мар Ас Сав Ен* (1) *Син Евх Клоц*] **1.** θαῦμα, θαυμάσιον, τέρας, θαυματούργημα, θαυματουργία, δύναμις, σημεῖον, θέαμα, πρᾶγμα (!), τὸ μέγα (!); (чоудеси бывати θαυματουργεῖσθαι; чоудеса творити θαυματουργεῖν; прѣславьно чоудо παράδοξον) чудо div, zázrak: въстанѫтъ бо лъжи х⟨рьст⟩и • ι лъжи пророци • ι дадѧтъ знамениѣ велиѣ ι чюдеса ѣко прѣльстити • аште естъ възможьно ιзбъраныѩ *Мт 24, 24 Зогр Мар Ас Сав; Мк 13, 22 Зогр Мар*; аште знамени ι чюдесъ не видите • не ιмате вѣры ꙗти *И 4, 49 Зогр Мар Ас*; ϊсповѣдѧтъ неб⟨е⟩са чюдеса твоѣ *Пс 88, 6 Син; Ен 37б 9*; и нѥединоже слово оудолѣетъ • къ хваленью чюдесъ твоихъ *Евх 36 20*; г⟨оспод⟩ι... авлеи чюдо • оученикомъ своимъ *Евх 35а 1*; ѣко чюдоу быхъ многымъ *Пс 70, 7 Син*; и бѣаста славѧшта бога • о чоудесехъ ꙗже сътвори о нею *Супр 6, 25*; отъ чоудесъ къ чоудесемь господьнемъ ходимъ братиꙗ *Супр 318, 12 (2)*; что бытъ ѥгда чоудеса творѧшта видѣ *Супр 414, 23* (чюдотворьца *Клоц 5б 13-14*); на прѣславъно чоудо течаахѫ *Супр 125, 24*; г⟨лаго⟩лааше мъчтоу быти и раздороу • о палатинѣ бывъшоуоумоу чоудоу *Супр 563, 21*; онъ вьсчоуди сѧ • о старчи прозорьнѣѣмь дароу • и чоудесьмь измѣнивъ сѧ *Супр 299, 2* **2.** *греч. нет* изумление, восторг, восхищение údiv, podiv: алеѯан'дръ рече • чоудо велико обьдръжитъ мѧ кнѧже • да некъли и тебе самого видимъ покаѩшта сѧ *Супр 157, 4* □ ч о у д о с ъ т в о р и т и ἐκπλήσσειν изумить, потрясти, восхитить udivit, překvapit: и съвръгъ ризы къ нагыимъ сѧ примѣси... и напраснѣмъ прѣложениꙗ • чоудо сътворилъ зърѧштиимъ *Супр 93, 23.— Зогр Мар Ас Сав Ен Син Евх Клоц Супр.— Ср.* диво, дивъ, знамениѥ, чоудодѣниѥ, чоудодѣꙗниѥ, чоудотвориѥ, чоудотворѥниѥ

ч о у д о *Супр 300, 18 см.* чѧдо

ч о у д о *Супр 323, 30 см.* июда

чоудодѣниѥ, -ниꙗ *с* (1) θαυματούργημα чудо zázrak: чоудодѣ'ниꙗ ми да покажетъ *Супр 315, 29-30.— Ср.* диво, дивъ, чоудо, чоудотвориѥ

чоудодѣꙗниѥ, -ниꙗ *с* (2) θαυματουργία сотворение чудес konání zázraků: чоудодѣанию съпаса не разоумѣѭтъ *Супр 396, 28*; сице сии чоудодѣаниѥ хвалѧтъ *Супр 337, 29.— Ср.* чоудотворѥниѥ

чоудотвориѥ, -ниꙗ *с* (2) *греч. нет* чудо zázrak: вьзвѣсти же с⟨вѧ⟩тыи еп⟨иско⟩пъ... отъ б⟨ог⟩а бывъшеѥ чоудотвориѥ *Супр 541, 23*; повѣдавъше ѥмоу вьсѧ ꙗже о с⟨вѧ⟩тыихъ о⟨ть⟩цихъ • бывъшѧ' чоудотвориꙗ *Супр 539, 26.— Ср.* диво, дивъ, чоудо, чоудодѣниѥ

чоудотворьць, -а *м* (9) [чюд- *Ас* (3) *Сав* (1) *Унд* (1) *Клоц* (1), чюдтв- *Ас* (2)] θαυματουργός, θαυματουργῶν чудотворец, тот, кто сотворил чудо divotvůrce: егда видѣ чюдотворьца *Клоц 5б 13-14* (чоудеса творѧшта *Супр 414, 23*); видѣшѧ бо безаконници и осѧзашѧ чоудесы чоудотворьца бога *Супр 323, 13*; мѣ⟨сѧ⟩ца ноѥб⟨рѣ⟩ ꙁ҃ї • с⟨вѧ⟩тааго глигориа чюдотворьца *Ас 127а 23-24; Сав 134а 13; Унд 2а 6.— Ас 125б 1-2; 127а 28; 128б 18-19; 141б 8*

чоудотворѥниѥ, -ниꙗ *с* (1) θαυματουργία сотворение чуда, чудо konání zázraků, zázrak: мѣсѧца марта вь ꙅ҃ дьнь чоудотворениꙗ с⟨вѧ⟩тааго конона иже въ исаврии *Супр 23, 28.— Ср.* диво, дивъ, чоудо, чоудодѣниѥ, чоудодѣꙗниѥ, чоудотвориѥ

чоудьнъ, -ыи *прил., сравн. ст.* чоудьнѣи (22) [чюд- *Син* (2) *Евх* (1)] θαυμαστός, πανθαύμαστος, παράδοξος, ἀξιάκουστος, ξένος чудесный, дивный; удивительный podivný; podivuhodný: чюдьно имѧ твоѥ *Пс 8, 2 и 10 Син*; велеи еси г⟨оспод⟩ι • ι чюдъна дѣла твоѣ *Евх 36 18*; чоудъныи градъ земъныи ѥстъ *Супр 272, 9*; оузьрѣ... мѫжа чоудъна свѧта *Супр 296, 6*; и навыкни чоудьнѣѥ • стеф҃нъ апостолъ мрътвыѩ въстави

Супр 307, 13 □ чоудьно *в знач. сущ.* θαῦμα, τὸ παράδοξον чудо zázrak: гавьгакмо сѧ велико и дръжимо чоудно *Супр 511, 23*; и се чоудьно аште слоушакте вьзлюбьннии • ста дрѣво крьстъное *Супр 353, 14*; вьса гаже на нѥи чюдьна *Супр 87, 29.— Син Евх Супр.— Ср.* дивьнъ, чоудесьнъ; чоудьно *ср.* чоудо

ЧОУИСТВО, -а *с* (1) αἴσθησις чувство, ощущение pocit: болѣзнь... до самѣхъ оудовъ доходѧшти • болѣзньно творитъ • мразимъимъ чоуиство *Супр 89, 23.— Ср.* чоувьствиѥ, чоувьство

ЧОУТИ, чоуѭ, чоукши *несов.* (36) [чю- *Зогр* (8) *Мар* (8) *Ас* (5) *Сав* (3) *Син* (1) *Клоц* (2)] γιγνώσκειν, κατανοεῖν, νοεῖν, αἰσθάνεσθαι, ἐπαισθάνεσθαι; (не чоути ἀγνοεῖν, ἀναισθητεῖν; не чоуѩ себе ληθαργικός) осознавать, замечать uvědomovat si, pozorovat: брьвьна еже естъ въ очесе твоемь не чюеши *Л 6, 41 Зогр Мар; Мт 7, 3 Зогр Мар Ас* (не видиши *Сав*); да не чюетъ шюица твоѣ • чьто творитъ десница твоѣ *Мт 6, 3 Зогр Мар Ас Сав*; азъ бо чюхъ силѫ ішьдъшѫ із мене *Л 8, 46 Зогр Мар Ас Сав*; ѡста отрокъ и⟨соу⟩с⟨ъ⟩ • въ і⟨ероуса⟩л⟨и⟩мѣ • і не чюста родителѣ его *Л 2, 43 Зогр Сав*, чюсте *Ас Боян*, не чю иосифъ и мати его *Мар* ● чувствовать, ощущать cítit, pocit'ovat: не чоуіаста свѧтаіа болѣзнии *Супр 183, 15-16*; сънъ бо не чоуѭштиихъ себе • врѣждаѥтъ продлъжаѩ сѩ *Супр 314, 13-14* ● воспринимать, постигать, понимать chápat, rozumět: не оу ли чюете ни разоумѣете • окаменѥно ли імате срьдьце ваше *Мк 8, 17 Зогр Мар*; въ какъ брѣгъ себе въвръгъ не чюѣше *Клоц 3б 5.— Зогр Мар Ас Сав Боян Син Клоц Супр*

ч ъ с т ъ *Пс 23, 3 Син см.* чистъ

ЧЬВАНЪ, -а *м* (3) [чъв- *Мар* (2)] ξέστης сосуд, кружка nádoba, džbán: прияшѩ дръжати • крьштениѣ стьклѣницамъ • і чьваномъ • і котъломъ • і одромъ *Мк 7, 4 Зогр Мар; Мк 7, 8 Мар* (кръчагомъ *Зогр*).— *Ср.* кръчагъ, кръчажьнъ (съсѫдъ кръчажьнъ)

ч ь л - *см.* чисти

ЧЬСТИВЪ, -ыи *прил.* (4) [чъст- *Боян* (1), чьт- ! *Зогр* (1)] εὐλαβής благочестивый, набожный ctnostný, zbožný: ч⟨ловѣ⟩къ сь правъденъ и чьстивъ *Л 2, 25 Мар Сав Боян*, чьтивъ (!) *Зогр* (б⟨ог⟩очьстивъ *Ас*).— *Ср.* благочьстивъ, богочьстивъ, говѣинъ, доброчьстивъ, чьстьнъ

ЧЬСТИТИ, чьщѭ, чьстиши *несов.* (2) colere, recurrere почитать, чтить, уважать ctít, uctívat: егоже чьсть чьстімъ *Киев 1б 7*; чьстьнаго климента законьніка і мѫченіка чьсти чьстѧще *Киев 1б 19.— Ср.* чисти

ЧЬСТЬ, -и *ж* (87) [чест- *Ас* (1) *Син* (3) *Евх* (10) *Клоц* (2) *Супр* (4), чист- ! *Зогр* (1) *Супр* (1), чъст- *Син* (1), *Клоц* (2), чѩст- ! *Супр* (1) *Зогр-лл* (1), чьѩст- ! *Син* (1), бештьсти *Зогр* (1)] **1.** τιμή, τὸ ἐπίσημον; (коупьно въ чьсти ὁμοτίμως; чьсть примати δορυφορεῖσθαι) честь, почет, уважение, почтение čest, pocta, úcta: пророкъ въ своемь отьчьстви • не іматъ чисти (!) *И 4, 44 Зогр*, чьсти *Мар*; і чл⟨о⟩в⟨ѣ⟩къ во-чьсті сы не разоумѣ • пріложі сьѩ скотѣхъ несъмысльнъіхъ *Пс 48, 21 и 13 Син*; дъщери ц⟨ѣса⟩ръ въ чъсті твоеі *Пс 44, 10 Син*; чьсти съподобльше сѩ *Евх 1а 11*; оставъ сѧ крьстиіаньства съ нами ед'нако бѫди • да и честь великѫ отъ мене възьмеши *Супр 60, 27*; повелѣ привести и съ всѣкоѭ чьстиѭ въ полатъі цѣсарѧ *Супр 199, 1*; прикмьѩи чьсть отъ аггелъ *Супр 481, 25* ● εὐσέβεια благочестие, набожность zbožná úcta, zbožnost: съ честьѭ і отрокъі намъ д⟨ад⟩іте і мы съ німи въспоемъ... пѣснъ еванѣ⟨е⟩л⟨ь⟩скѫѭ *Клоц 1а 25* (съ благочьстиимъ *Супр 326, 5*) ● φιλοτιμία; (любивъіи чьстемь φιλότιμος) щедроты, милости přízeň, milost: аште и вьсѫ вьселенѫѭ въврьжеши • въ водахъ не оумалитъ сѧ чьсть *Супр 496, 22*; что противѫ томоу мъздамъ вьздатель • любивъіи чьстемь добро дѣѭштиимъ х⟨ристо⟩с⟨ъ⟩ *Супр 427, 11* ◆ п о д л ъ г о у и п о ч ь с т и ὀφείλων как следует, честь честью jak se sluší: по дльгоу и по чьсти • съ любьвиѭ присно своимоу г⟨оспод⟩и • вънѫ прѣстоіати богови *Супр 463, 24*; б е з ч ь с т и ἄτιμος, ἀγέραστος обесславленный, опозоренный zneuctěný: нѣстъ пророкъ бештьсти • тъкъмо въ своемь отьчьствиі *Мк 6, 4 Зогр*, бечьсти *Мар*; в ъ ч ь с т ь, в ъ ч ь с т и и м ѣ т и кого ἐν τιμῇ ἔχειν почитать ctít: і поганомъ с⟨вѧ⟩тое кръстенье въ чъсть вельѭ имѣті *Клоц 2а 19*; вьзлюбивъ кго доуховьнъіи • разоумъ... вь чьсти имѣаше вьса лѣта *Супр 288, 20*; ч ь с т ь с ъ т в о р и т и τὰ τῆς φιλοφροσύνης ἐπιδείκνυσθαι оказать, выразить почтение prokázat úctu: прѣжде излѣсти ти цѣловати мѧ • и чьсть вь вьсѣхъ сътворити *Супр 395, 7* **2.** τιμή, ἀξίωμα honor чин, звание, должность, достоинство hodnost, úřad: іже оутьѩже бъіті блаженоумоу апостолоу твоемоу петроу • въ інокості подроугъ • въ исповѣді оученікъ • въ чьсті намѣстьнікъ *Киев 2а 1*; не възвелича сѧ ц⟨ѣса⟩ръскоѭ чьстиѭ *Супр 360, 19* **3.** σέβασμα предмет поклонения, почитания, святыня předmět úcty: виждь чьсти вашѧ • кде крѣпость ихъ *Супр 180, 19* **4.** solemnia (*с мн.*), solemnitas, natalitia, officium празднество, торжество oslava: ѥже нъи... блаженаго климента мѫченика твоего ї папежа чьстьѭ веселиши *Киев 1б 5.— Зогр Мар Син Евх Киев Клоц Супр Зогр-лл.— Ср.* достоиньство, почитаниѥ[2], почьтениѥ; без чьсти *ср.* бещьствьнъ, бещьстии, бещьстьнъ; чьсть сътворити *ср.* почисти[2]

ч ь с т ь *Супр 410, 23 см.* чистъ

ЧЬСТЬНО *нареч.* (2) [честно *Евх* (1)] ἐντίμως с уважением, почтительно, благоговейно uctivě, důstojně: покрꙑлъ єси в'сѧ грѣхꙑ • чьтѫщиимъ честъно с⟨вѧ⟩тꙑнѭ цр⟨ь⟩к⟨ъ⟩вънѫѭ *Евх 27а 22*; принесъше же ꙗ въ своѧ градꙑ положишѧ чьстьно *Супр 114, 22.— Ср.* достоино, достоинѣ

ЧЬСТЬНЪ, -ꙑи *прил., сравн. ст.* чьстьнѣи (93) [чест- *Ас* (1) *Ен* (1) *Син* (1) *Евх* (7) *Супр* (4), чъст- *Мар* (1) *Сав* (1) *Ен* (2) *Супр* (14), че(с)н- *Ас* (8)] **1.** τίμιος, ἔντιμος, τιμώμενος, πρότιμος, σεπτός, σεμνός, σεβαστός, σεβόμενος, σεβάσμιος, ἀοίδιμος, ἀξιόλογος почтенный, достойный ctihodný, úctyhodný: егда възъванъ бѫдеши на бракъ • не сѧди на прѣдьн҃имь мѣстѣ • еда къто чьстьнѣи тебе бѫдетъ • зъванꙑхъ *Л 14, 8 Зогр Мар Ас Сав*; съвлъкъше со мнѣ честънѫѭ твоѭ одеждѭ • еѭже мѧ бѣ оукрасилъ • ї честънааго ти знамениѣ отъвръгъше мѧ • стоудъна ї мръзъка... сътворишѧ мѧ *Евх 78а 25 и 78б 1*; мечемъ повелѣ честьнѫѭ ѥго главѫ отъсѣшти *Супр 61, 25-26; 64, 7 и 16* ● *в почтительных обращениях и наименованиях*: иного съсѫда чьстьн҃ыи отьче не имамъ *Супр 120, 28*; вѣроуи ми чьстънъи владꙑко *Супр 121, 19*; чъстънꙑи же отьцъ нашъ ꙇѡаннъ • о пристѣштении божии възвесели сѧ доухомъ *Супр 291, 9* **2.** εὐσεβής благочестивый, набожный zbožný: симъ... въ слоуха въшедъшемъ • м҃ненааго чьстьнааго костантина цѣсара *Супр 188, 13-14* **3.** τιμώμενος, σεβόμενος; (чьстьнъ бꙑти τιμᾶσθαι) чтимый, почитаемый, уважаемый ctěný, vážený: въсхотѣшѧ вѣчьно чьстьни бꙑти *Супр 55, 8*; како можеши оувѣрити насъ ꙗко ѥстъ богъ • вѧшти нашего бога • нами чьстьноу сѫштоу *Супр 30, 12* **4.** τίμιος, σεβάσμιος, ἅγιος; (чьстьнаꙗ црькꙑ σέβασμα) священный posvátný: поклонение чьстьнаго дрѣва *Сав 127а 1*; и по тѡмъ въходитъ патриархъ • съ чъстънꙑми моштъми • кр⟨ъ⟩ста г⟨осподъ⟩нѣ *Ен 30б 10*; въздвижение с⟨вѧ⟩таго и честънаго • и животворѧщаго кр⟨ъ⟩ста х⟨ристосо⟩ва *Ен 30а 5-6*; такова же и таковаꙗ зъла чьстьнѣи божии цръкви показа *Супр 215, 3-4* **5.** τίμιος, ἔντιμος (высоко) ценимый, ценный, дорогой; драгоценный (vysoce) oceňovaný, cenný, drahý, milý; drahocenný: сътьникоу же етероу рабъ болѧ зьлѣ оумирааше • ѥже бѣ ѥмоу чьстьнъ *Л 7, 2 Зогр Мар Ас Сав*; чьстьна прѣдъ г⟨осподо⟩мь • съмрътъ прѣ⟨по⟩д⟨о⟩бнꙑихъ его *Пс 115, 6 Син*; кꙑи оуспѣхъ повѣждъ ми чьстьнааго камениꙗ сего *Супр 447, 8* **6.** τίμιος честный, искренний, чистосердечный čestný, upřímný, poctivý: обновити сѧ хоцеши • честънꙑмь покаанием *Евх 66б 5*; изводи бо чьстъное отъ недостоинъства *Супр 380, 12.— Зогр Мар Ас Сав Ен Син Киев Евх Супр.— Ср.* благородьнъ, добродьнъ, драгъ, мъногоцѣньнъ, прѣсвѧтъ, прѣславьнъ, прѣчьстьнъ, свѧтъ, славьнъ

ч ь т - *см.* чисти

ЧЬТЕНИѤ, -иꙗ *с* (7) [чът- *Сав* (1), чт҃ *Клоц* (1)] **1.** ἀνάγνωσμα чтение, читаемый текст čtení, text: иши тожде ѡт⟨ъ⟩ полꙋ • чътениꙗ ѡт⟨ъ⟩ еваг⟨гелиꙗ⟩ в҃ї • на ꙋтрьнии • с⟨вѧ⟩таго пѧтъка *Сав 99а 12-13*; не вѣдѣ бо како чьтениѥ се иновѣрьникомъ да врѣдъ *Супр 303, 5-6*; чьтение отъ къ коласаискааго посъланиꙗ *Хил 2аа 3* • въ навечерие • бꙑваѭтъ • чтениѣ *Ен 30а 8* **2.** λόγος, слово, гомилия homilie: свѧтаго о⟨ть⟩ца нашего • ю⟨а⟩на • чьтенье • въ великѫѭ параскевьѣиѫ *Клоц 9б 32.— Ен 36б 16; Клоц 3а 25.— Ср.* бесѣда, съказаниѥ

ч ь т и в ъ *Л 2, 25 Зогр см.* чьстивъ

ЧЬТО, чесо (чьсо) *и* чесого *мест.* (>900) [ч'то *Ас Супр*, что *Зогр Мар Ас Сав Боян Ен Евх Супр*, чъто *Мар Ас Сав Син Клоц*] **1.** *вопр.* τί, τίς (!), ὁ (!); (чимь πόθεν, ποίῳ τρόπῳ) что co: чьсо ізидосте видѣтъ *Мт 11, 8 Зогр*, чесо *Мар Ас*; аште ли же соль неслана бѫдетъ • о чемь ѭ осолите *Мк 9, 50 Зогр*, чимь *Мар*, чимъ *Супр 259, 30*; чесомоу хоштеши да сътворѭ тебѣ *Мк 10, 51 Зогр Мар*; ч'то ти прибꙑтъка бꙑстъ *Супр 66, 18*; к'то тꙑ ѥси • и что ѥстъ имѧ твоѥ *Супр 122, 3*; чемоу хоштеши навꙑкнѫти *Супр 408, 6*; чсо истъштивъше сѧ плачете сѧ *Супр 388, 14*; что ѥст' прѣславъное се *Супр 218, 25* □ ч ь т о ѥ с т ъ м ь н ѣ (тебѣ *и т. д.*) τί ἐμοί, τί πρὸς что мне до того, какое мне дело до... co mám (máš) společného *s někým, s něčím*: чьто ѥстъ мьнѣ • ї тебѣ ї⟨соу⟩се *Л 8, 28 Зогр Мар Ас Сав*; г⟨лаго⟩ла м⟨а⟩ти ıс⟨оусо⟩ва къ н҃емоу • вина не ıмѫтъ г⟨лаго⟩ла еı н⟨соу⟩с⟨ъ⟩ • чьто ѥстъ мнѣ ї тебѣ жено *И 2, 4 Зогр Мар Ас Охр*; съгрѣшихъ прѣдавъ кръвь неповиньнѫ • они же рѣшѧ чьто ѥстъ намъ • тꙑ оузьриши *Мт 27, 4 Зогр Мар Ас Сав*; къждо своѭ имать волѭ • ч'то оубо тебѣ *Супр 133, 20*

2. *относит.* τί, ὅς что co: не отъвѣштаваеши ли ничьсоже • чьто сии на тѧ съвѣдѣтельствоуѭтъ *Мк 14, 60 Зогр Мар*; не оумѣѭ ни съвѣмь • чьто ты г⟨лаго⟩леши *Мк 14, 68 Зогр Мар*; не чюеши лі чъто страждеши *Клоц 11а 28* **3.** *неопр.* τι что-нибудь, нечто, что-то něco: отъ назарета • можетъ ли чьто добро быти *И 1, 47 Зогр Мар Ас Сав*; оуготоваі чьто вечерѣѭ *Л 17, 8 Зогр Мар Ас* (нѣчто вечери *Сав*); никътоже бо оукрадъ чьто господа своего • і таꙗ милостꙑнѭ приметъ *Евх 68б 17*; аште імаши чъто на врага • іждені гнѣвъ *Клоц 8б 19; Супр 421, 26* **4.** *в знач. нареч.* чьто, по чьто, чесо ради (радьма, дѣльма), къ чесомоу, въ чемь τί, εἰς τί, πρὸς τί, τίνος ἕνεκεν, διὰ τί, τίνι τρόπῳ (!) почему, зачем proč: чъто мѧ окоушаате ѵпокрити *Мт 22, 18 Мар Ас Сав* (∅ *Зогр*); о одежди чьто сѧ печете *Мт 6, 28 Зогр Мар Ас Сав*; чьто приде братре припадаꙗ къ с⟨вѧ⟩тоумоу ол҄тарю *Евх 86б 19*; ч'то брата моего зьлѣ мѫчиши *Супр 13, 9*; чесо ради хризма си не продана бꙑстъ *И 12, 5 Зогр Мар Ас Сав*; сего же никътоже не разоумѣ • възлежаштихъ • чесо ради рече емоу *И 13, 28 Зогр*, къ чесомоу *Мар*; како и ч'сого ради мѫчихъ сего неподобънааго *Супр 153, 23*; чьсо рад'ма то глаголетъ *Супр 569, 29-30*; ч'со радма плачете *Супр 536, 6*; сь не съгрѣшилъ и оумрѣтъ • чсо дѣлма и почто *Супр 493, 29*; вь чемь гыбѣль си хризмънаѥ быс⟨тъ⟩ *Мк 14, 4 Зогр Мар* □ чьто (ли) ꙗко, чьто же τί, ὅτι, τί δεῖ, τί δὲ ἔτι (!) почему же, как же jak to že, proč: чьто ѣко съ мꙑтарі и грѣшъникꙑ ѣстъ и пиетъ *Мк 2, 16 Ас Мар*, что се ꙗко *Сав*, почьто *Зогр*; чьто же видиши сѫчьць іжь естъ въ оцѣ братра твоего *Мт 7, 3 Зогр Мар Ас Сав*; ч'то ли ꙗко зимѣ глаголет' еѵаггелистъ • быти въ то врѣмѧ *Супр 352, 4* **5.** аще чьто *в знач. обобщающей частицы* εἴ τι, ὅτι ἄν если (что), если jestliže, kdykoli: отъпоуштаіте • аште чьто імате на кого *Мк 11, 25 Зогр Мар*; аште что можеши помози н(а)мъ *Мк 9, 22 Мар Ас* (аште *Зогр Сав*) ● иже чьто, тъкъмо чьто *греч. нет* что-либо cokoliv: ни бо ни дъскꙑ бѣаше под ним҄ъ ни рогозинꙑ • ни ино иже что бꙑваатъ вь хлѣвинѣ *Супр 555, 6*; аще к'то отъ манастꙑръскꙑꙗ цр⟨ъ⟩к⟨ъ⟩ве • токъмо что оукрадет⟨ъ⟩ • ж҃ • лѣт⟨ъ⟩ да пок⟨а⟩етъ с⟨ѧ⟩ *Евх 103б 13* **6.** *в знач. вопросит. частицы* τί разве, ли což, zdaž: власвимиѭ рече • чьто еште трѣбоуѥмъ съвѣдѣтел҄ь *Мт 26, 65 Зогр Мар Ас Сав* (2).— *Зогр Мар Ас Сав Охр Боян Ен Син Евх Клоц Супр Рыл*

чьт- *см. также* чисти

ЧЬТЬЦЬ, -а *м* (3) [чът- *Ен* (1)] ἀναγνώστης чтец (*в церкви*) lektor (*příslušník nižšího kléru*): и чьтет⟨ъ⟩ чьт⟨ь⟩ць • апо⟨сто⟩л⟨ъ⟩ *Евх 58б 14 и 99б 20.— Ен 25а 3*

чѣсъ *Мк 14, 35 Зогр; Л 4, 5 Мар см.* часъ

чѣша *Син* (4); *Евх 47а 7 см.* чаша

чѣꙗти *Мт 24, 50 Ас см.* чаꙗти

чюд- *см.* чоуд-

чюти *см.* чоути

ЧѦДО, -а *с* (>100) [чоуд- ! *Супр* (1) бе-штад- *Зогр* (1) *Мар* (1)] τέκνον, τεκνίον; (без чѧда, чѧдъ ἄτεκνος; без чѧдъ сътворити ἀτεκνεῖν; прижитие чѧда, чѧдъ τεκνογονία) дитя, ребенок dítě: и тъ бештадъ оумьретъ *Л 20, 28 Мар* (бештадьнъ *Зогр*); остани да прьвѣе насꙑтꙗтъ сѧ чѧда • нѣстъ бо добро отѧти хлѣба чѧдомъ • і пьсомъ поврѣшти *Мк 7, 27 Зогр Мар; Мт 15, 26 Зогр Мар*; прѣдастъ же братъ брата на съмрьть • і о⟨ть⟩ць чѧдо • і въстанѫтъ чѧда на родителѧ *Мт 10, 21 Зогр Мар Ас* ● сын syn: ч⟨лове⟩къ етеръ имѣ дьвѣ чѧдѣ • і пришедъ къ прьвоумоу рече • чѧдо иди дьнесь дѣлаи вь виноградѣ моемъ *Мт 21, 28 Мар* (∅ *Зогр*); рече къ немоу мати его • чѧдо чьто твори нама тако *Л 2, 48 Зогр Мар Ас Сав* ● потомок potomek: аште чѧда авраамлѣ бꙑсте бꙑли • дѣла авраамлѣ творили бꙑсте *И 8, 39 Зогр Мар Ас*; бѫдѫ чѩда его вь пагоубѫ *Пс 108, 13 Син*; работаетъ бо съ чѧдꙑ своими *Гал 4, 25 Ен* ● *в обращении к взрослым людям*: г⟨лаго⟩ла ослабленоуемоу • чѧдо отъпоуштаѭтъ сѧ тебѣ грѣси твои *Мк 2, 5 Зогр Мар Ас Сав; Мт 9, 2 Зогр Мар Ас Сав*; г⟨лаго⟩ла же имъ і⟨соу⟩с⟨ъ⟩ • чѧда • имате ли что сънѣдьно *И 21, 5 Сав* (дѣти *Зогр Мар Ас*); придѣте чѩда послоушаите мене *Пс 33, 12 Син* ● *о духовных детях, божьих детях и т. п.*: блаженъ еси ѣко д⟨оу⟩ховьноу чѧдоу о⟨ть⟩ць достоинъ бꙑстъ *Евх 83а 19*; глаголааше имъ • чѧда молите сѧ богоу • да избавитъ прѣдѣлꙑ сиѩ отъ находѧштиихъ бѣдъ *Супр 569, 18*; дастъ імъ власть чѧдомь б⟨о⟩жиемъ бꙑти *И 1, 12 Зогр Ас* (∅ *Мар*); да чѧда б⟨о⟩жиѣ съберетъ расточенаа въ едино *И 11, 52 Зогр Мар Ас*; бѫдеши чѧдо свѣтоу и дьни *Евх 70б 19.— Зогр Мар Ас Сав Боян Ен Син Евх Клоц Супр Рыл.— Ср.* дѣти, сꙑнъ, чѧдьце

ЧѦДОЛЮБИВЪ, -ꙑи *прил.* (1) φιλότεκνος чадолюбивый, любящий детей milující děti: прѣподобънꙑи же мѫжь акꙑ отьць чѧдолюбивъ • прѣпираааше и *Супр 205, 6-7.— Ср.* чѧдолюбъ

ЧѦДОЛЮБЪ, -ꙑи *прил.* (2) φιλότεκνος чадолюбивый, любящий детей milující děti: ꙗко се мати чѧдолюба • подавъши съсъ младеньцоу • веселитъ сѧ *Супр 312, 3.— Супр 384, 19.— Ср.* чѧдолюбивъ

ЧѦДЬ, -и *ж собир.* (2) **1.** (мало чѧди ὀλίγοι) люди, группа людей lidé, skupina lidí: из' м'нога мало чѧди приходитъ *Рыл 26β 22-23* **2.** οἱ περί *с вин.* друзья, близкие přátelé, družina: приносимааго отъ вѣрънꙑхъ не възимаѭтъ пішнниїна чѧдь *Супр 134, 1.— Ср.* людиѥ, народъ, чѧдо

ЧѦДЬЦЕ, -а *с* (5) τεκνίον дитя; сын, сынок dítě; syn, synek ● *перен.*: чѧдьца еште мало съ вами есмь *И 13, 33 Зогр Мар Ас Сав*; чѧдьца моꙗ • еда кто васъ отълѫчи сѧ отъ любьве христосовꙑ *Супр 221, 1.— Ср.* дѣти, дѣтищь, отрокъ, отрочѧ, сꙑнъ, чѧдо

ЧѦСТО *нареч.* (16) [чисто ! *Супр* (1)] πυκνά, συνεχῶς, διηνεκῶς, τῇ συνεχείᾳ часто často: по чьто оученици іоанови постѧтъ сѧ чѧсто *Л 5, 33 Зогр Мар*; того ради и чисто (*! вм.* чѧсто) ѧ въздражаѥтъ *Супр 372, 11-12*; видиши ли коль чѧсто се поминаѥтъ *Супр 375, 6*; да твръдо бѫдетъ оучениꙗ слово • чѧсто оучениѥмъ примъ сѧ • сего дѣла чѧсто мꙑѥмъ словесꙑ *Супр 406, 30 и 407, 1.— Супр 412, 25; 414, 13; 421, 7; 441, 27; 516, 16; 553, 3; 556, 1 и 23; 569, 28; Рыл 56α 22.— Ср.* присно

ЧѦСТЪ, -ꙑи *прил.* (5) **1.** συνεχής частый, часто повторяющийся častý, hojný: тако лі скоро забꙑ • чѧстое оученье *Клоц 4а 27*; дьнь ꙗче дьнь • на вꙑсотѫ растетъ чѧстꙑимъ течениѥмъ оправьданиꙗ *Супр 548, 11* **2.** δασύς, συνεχής густой, частый hustý: цѣсаръ оуалъ... видѣ мѣсто нѣкако... лѣсъ чѧстъ вь нѥи • и трьниѥ зѣло люто и кѫпиниѥ *Супр 193, 14.— Супр 94, 21; 543, 28.— Ср.* непрѣстаньнъ, непрѣстаѩи

ЧѦСТЬ, -и *ж* (45) **1.** μέρος; (на чѧсти μερικός) часть, доля část, díl: они же дашѧ ѥмоу рꙑбꙑ печенꙑ чѧсть *Л 24, 42 Мар Ас* (∅ *Зогр*); приѩшѧ ризꙑ его і сътворишѧ четꙑри чѧсти • комоуждо воіноу чѧсть *И 19, 23 Зогр Мар*; о⟨ть⟩че даждь ми • достоінѫѭ чѧсть • імѣньѣ *Л 15, 12 Зогр Мар Ас Сав*; видимꙑ же и остатъчьнѫѭ чѧсть дьни *Супр 435, 29* ● часть тела část těla: аште оубо тѣло твое свѣтъло бѫдетъ • не імꙑ чѧсти етерꙑ тьмънꙑ • бѫдетъ свѣтъло в'се *Л 11, 36 Зогр Мар* □ по чѧсти **а)** κατὰ μέρος подробно podrobně: ѡ нихъже нѣстъ н⟨ꙑ⟩нѣ г⟨лаго⟩латї по чѧсти *Евр 9, 5 Ен* **б)** *греч. нет* по частям, постепенно postupně: нача мазати ѥго • отъ пѧтоу начьнъ • по чѧсти • дожи ї до главꙑ *Супр 563, 1* **2.** μερίς, μέρος, κλῆρος судьба, участь, доля, удел účast, úděl, osud: чѧсть его съ ѵпокритꙑ [тꙑ] положитъ *Мт 24, 51 Зогр Мар Ас Сав*; аште не оумꙑѭ тебе • не імаши чѧсти съ мноѭ *И 13, 8 Зогр Мар Ас Сав*; чѩсть моѣ еси г⟨оспод⟩і *Пс 118, 57 Син.— Зогр Мар Ас Сав Ен Син Евх Супр Рыл Зогр-лл.— Ср.* жрѣбии, оудъ

ч ѧ с т ь *Пс 95, 7 Син; Супр 94, 21; Зогр-лл 1а 20 см.* чьсть

ЧѦСТЬНЪ, -ꙑи *прил.* (1) μερικός неполный, несовершенный neúplný; nedokonalý: да отъстѫпитъ отъ васъ... прѣзоръство • дрьзновение • любꙑ чѧстьнаа *Евх 91б 17*

Ш

ШАРОПИСАТЕЛЬ, -лꙗ *м* (1) ζωγράφος тот, кто пишет красками, живописец malíř: ꙗко и добльства побраньскаꙗ • многаш'ди бо словописателе • и шарописателе начрьтаѭт' ови словомъ оукрашаѭште • а сии на дъскꙑ чрътаѭште *Супр 83, 9.— Ср.* шаръчии

ШАРЪ, -а *м* (2) χρῶμα краска barva: ꙗкоже бо шаръчиѩ на ѥднои дьстѣ • и образꙑ чрътаѭтъ и истинѫ пишѫтъ шаромъ *Супр 418, 2*; и како зиждѫтъ сѧ • така оуста... кꙑими шарꙑ коѥѭ вештиѭ *Супр 381, 30*

ШАРЪЧИИ, -иѩ *м* (1) ζωγράφος тот, кто пишет красками, живописец malíř: ꙗкоже бо шаръчиѩ на ѥднои дьстѣ • и образꙑ чрътаѭтъ и истинѫ пишѫтъ шаромъ *Супр 418, 1.— Ср.* шарописатель

ш е п ъ т а н и е *Евх 91б 18 см.* шьпътаниѥ

ш е с т в и ѥ *Л 13, 22 Ас; Евх 18а 24 см.* шьствиѥ

ШЕСТОКРИЛАТЪ, -ꙑи *прил.* (1) ἑξαπτέρυγος шестикрылый (*о серафимах*) šestikřídlý (*o serafínech*): мъногоочитии херовими • и шестокрилатаа серафимь *Евх 4а 17-18.— Ср.* шестокрильнъ

ШЕСТОКРИЛАТЬЦЬ, -а *м* (1) ἑξαπτέρυγος тот, кто имеет шесть крыльев (*о серафимах*) šestikřídlý (*o serafínech*): тꙑсѫшта тꙑсѫштами • имꙑ аггелъ и архангелъ • властии владꙑчьствии • господьствии силъ и прѣстолъ • шестокрилатьць многоочитꙑихъ • небесъскꙑхъ чиновъ проводѧштаѧ *Супр 463, 18-19*

ШЕСТОКРИЛЬНЪ, -ꙑи *прил. в знач. сущ.* (2) ἑξαπτέρυγος шестикрылый (*о серафимах*) šestikřídlý (*o serafínech*): бꙑсте прѣжде шестокрильнꙑихъ богоу слоузѣ *Супр 458, 6.— Супр 458, 15.— Ср.* шестокрилатъ, шестокрилатьць

ШЕСТЪ, -ын *числит. порядк.* (38) ἕκτος шестой šestý: ѡтъ шестъıѩ же годинъı • тъма быс⟨тъ⟩ по всеи земл҃и • до девѧтъıѩ годинъı *Мт 27, 45 Зогр Мар Ас* (ѕ҃ѩ *Сав*); въ шестъıи мѣсѧць посъланъ бъıстъ гаврилъ къ дѣвици *Супр 245, 4.— Зогр Мар Ас Супр.— Ср.* ѕ҃

ШЕСТЬ, -и *числит. колич.* (34) ἕξ, ς'; (шесть на десѧте ἑκκαίδεκα, шесть десѧтъ ἑξήκοντα, шесть сътъ ἑξακόσιοι) шесть šest: шесть дьнъ естъ • въ нꙗже достоıтъ дѣлати *Л 13, 14 Зогр Мар,* шесть дьнии *Ас* (ѕ҃ ! дьнıı *Сав*); шесть воинъ пѣшнига ношаахѫ стрьмоглавь *Супр 137, 16-17;* обрѣтоша с⟨ва⟩тааго савина съ инѣми шестиѭ братиѩ *Супр 145, 30-146, 1;* се дъва... ıдѫшта... въ вьсь отъстоѩштѫѭ • стадıı шесть десѧтъ отъ ı⟨ероуса⟩л⟨и⟩ма *Л 24, 13 Зогр Мар Ас;* шесть на десѧте лѣтъ сътворихъ въ анагностьствѣ *Супр 227, 11;* иже въ поустъıн҃и шесть сътъ тъıсѫштъ прѣкръмивъıи *Супр 290, 14.— Зогр Мар Ас Сав Супр.— Ср.* ѕ҃, ѕ҃

ШИБАТИ, -аѭ, -аєши *несов.* (1) μαστίζειν бить, бичевать, хлестать bičovat, mrskat: и наржгавъше сѧ ѥмоу и оусмиꙗвъше сѧ словесемъ єго • шибаахѫ и хръзанъı *Супр 192, 19.— Ср.* бити, тети

ШИПЪКЪ, -а *м* (1) ῥόδον роза růže: земьꙗ оубо вь се врѣмѧ веснънок • шипъкъ и їа и инъ цвѣтъ раститъ *Супр 495, 16*

ШИПЪЧАНЪ *прил.* (1) τῶν ῥοῶν (!) с колючками, с шипами trnitý: повелѣша принести жьзлие шипьчано не оцѣштено • на мѫченик с⟨ва⟩тоую їѡнъı и варахисиа *Супр 258, 15-16*

ШИРОКЪ, -ъıи *прил., сравн. ст.* шир҃ии (11) πλατύς, εὐρύχωρος широкий, просторный široký, šiný: вьнидѣте ѫзъкыми вратъı • ѣко пространа врата • ı широкъ пѫть • въводѧи въ пагоубѫ *Мт 7, 13 Зогр Мар Ас;* проиде тѣснъıимı двьрьми • на широкъ и великъ свѣтъ *Супр 142, 3* ● *перен.*: вьсѧдѣ акъı сльньце сиꙗѧтъ • сьделѣша земи мошти правьдиваадо • ширии ꙗви сѧ вьсеѧ твари *Супр 508, 27;* широка заповѣдь твоѣ ѕѣло *Пс 118, 96 Син.— Супр 350, 16, 20 и 23; 351, 16; Рыл 6аβ 2*

ШИРОТА, -ъı *ж* (4) πλάτος протяженность в ширину, ширина šíře: бѣахѫ (*т. е.* змиꙗве) бо въ широтѫ пѧти лакътъ • а въ длъготѫ два десѧти ти пѧти лакътъ *Супр 230, 11;* широтоѭ подрагъ мьнаште сѧ законъ съхранаште *Супр 339, 22-23* ● πλατυσμός ширь, простор prostor, prostranství: и бъıстъ г⟨оспод⟩ь подъıатель мои • и възведе мѧ на широтѫ *Пс 17, 20 Син;* ı хождаахъ въ широтѣ • ѣко заповѣдеї твоїхъ вьзıскахъ *Пс 118, 45 Син*

ш и т и *см.* шьвенъ

ШИꙖ, шиѩ *ж* (1) τράχηλος шея šíje, krk: а твоѭ шиѭ брадвиѭ отъсѣкнетъ *Супр 237, 2.— Ср.* въıꙗ

ШЛѢМЪ, -а *м* (3) *греч. нет* шлем přílba: ı шлѣмъ с⟨ъ⟩п⟨асе⟩нью приѩти • ı мечь д⟨оу⟩ховънъı *Евх 94а 9* (*Еф 6, 17*); *Евх 97а 5; 99а 10*

ш т - *см.* щ

ШОУИ *прил.* (22) [шоу- *Ас* (2), шѫ- *Мар* (3), шю- *Зогр* (3) *Мар* (6) *Ас* (5) *Сав* (2) *Евх* (1)]: о ш оу ѭ, о ш оу ѭ ѭ *в знач. нареч.* ἐξ εὐωνύμων, ἐξ ἀριστερῶν слева, по левую сторону po levici, na levé straně: тъгда распѧша съ н҃имь два разбоıника • единого о деснѫѭ • ı единого о шюѭѭ *Мт 27, 38 Зогр,* о шѫѭѫ *Мар* (о лѣвѫѭ *Сав*); *Мк 15, 27 Зогр Мар Ас* (о лѣвѫѭ *Сав*); о шюѭѭ *Л 23, 33 Мар,* о шюѭ *Ас* (о лѣвѫѭ *Зогр*); о шѫѭѫ *Евх 50а 23;* а еже сѣсти о деснѫѭ мене и о шюѭѫ • нѣстъ мьнѣ дати • нъ имъже естъ оуготовано *Мк 10, 40 Мар,* о шюѭ *Ас* (о лѣвѫѭ *Зогр Сав*).— *Зогр Мар Ас Сав Евх.— Ср.* лѣвъ

ШОУИЦА, -ѧ *ж* (4) ἡ ἀριστερά левая рука levice, levá ruka: тебѣ же творѧштю милостъıн҃ѭ • да не чюетъ шюца твоѣ • чьто творитъ десница твоѣ *Мт 6, 3 Зогр Мар Ас Сав*

ШОУМЪ, -а *м* (12) [шоум- *Супр* (2), шю- *Зогр* (2) *Мар* (2) *Ас* (1) *Сав* (1) *Син* (4)] ἦχος шум šumění: тѫга ѩзъıкомъ • отъ нечааньѣ • шюма морьскааго • ı възмѫштеньѣ *Л 21, 25 Зогр Мар Ас Сав;* въ гласѣ радованьѣ... шюма празъноуѭщаго *Пс 41, 5 Син;* съмѫтıшѧ сѧ бездънъı мъножъство шюма водъ *Пс 76, 18 Син;* и се напрасно шоумъ и громъ сь небесе *Супр 6, 15* ● *перен.* молва, слухи zvěst, pověst: ı исхождааше шюмъ о н҃емь • въ вьсѣко мѣсто странъı *Л 4, 37 Зогр Мар.— Пс 9, 8; 64, 8 Син; Супр 210, 24.— Ср.* говоръ, млъва

ШОУМЬНЪ, -ъıи *прил.* (1) κεκραιπαληκώς шумный hlučný, *перен.* хмельной, пьяный podnapilý: ї въста ѣко съпъıı г⟨оспод⟩ь • ı ѣко сıленъ шюменъ отъ віна *Пс 77, 65 Син*

ш ъ с т в и к *Л 13, 22 Сав; Супр 118, 22; 399, 8 см.* шьствиѥ

ш ъ с т и к *Супр 527, 23 см.* шьстиѥ

ШЬВЕНЪ, -ъıи *прич.-прил.* (3) **1.** (не шьвенъ ἄρραφος) шитый šitý: воıни же егда пропѧшѧ ı⟨соу⟩са • приѩшѧ ризъı его... ı хитонъ • бѣ же хитонъ нешьвенъ • ı съ връхоу ıстъканъ вьсь *И 19, 23 Зогр Мар* **2.** (златомь шьвенъ χρυσόπαστος) вышитый vyšívaný: къıи оуспѣхъ повѣждъ ми чьстьнааго каменига сего • и златомъ шьвенъıихъ ризъ *Супр 447, 9*

ш ь д-, ш ь л- *см.* ити

ШЬПЪТАНИѤ, -ига *с* (1) ψιθυρισμός шепот šepot; *перен.* нашептывание, клевета, оговор pomlouvání: репътание • шепътание • сътѫжание... ι дроугаа в'сѣ плодънаа зълобѣ *Евх 91б 18.— Ср.* ръпътаниѥ, ръпътъ

ШЬПЪТАТИ, шьпъщѫ, шьпъщеши *или* -пътаѭ, -пътаѥши *несов.* на кого (1) ψιθυρίζειν шептать šeptat; *перен.* нашептывать, клеветать, оговаривать pomlouvat: въкоупѣ на мѧ шьпътаахѫ вси вразі мои *Пс 40, 8 Син.— Ср.* ръпътати

ШЬСТВИѤ, -ига *с* (10) [шест- *Ас* (1) *Евх* (1), шъст- *Сав* (1) *Супр* (2)] πορεία, ἐπίβασις; (шьствиѥ пѫтьноѥ ὁδός) путешествие, странствование cesta, putování: мол⟨итва⟩ на ѡходѧщимъ на пѫть... мол⟨итва⟩ ҁ҃ томоужде шествью *Евх 18а 24*; шьствие творѧ въ ι⟨ероуса⟩л⟨и⟩мъ *Л 13, 22 Зогр Ас Сав* (шьстье *Мар*); троудъна мѧ сѫтъ (! *вм.* сѫшта) отъ шъствига пѫтьнааго *Супр 118, 22*; море своѩ вльнъı съпратаѩ на шъствиѥ владъıцѣ готовъıаше сѧ *Супр 399, 8* ● *перен.*: на мѫченикъı прѣидемъ • добрѣ исповѣдаѭште шьствиѥ нрава *Супр 55, 20.— Супр 60, 3-4; 326, 28; 527, 23.— Ср.* пѫть, пѫтьшьствиѥ, пѫтьоутросига, стѫпаниѥ, шьстиѥ

ШЬСТВОВАТИ, -воуѭ, -воуѥши *несов.* (2) *греч. нет* идти, следовать jít, následovat: дажди емоу шьствовати вьслѣдь тебе *Евх 34а 2*; отврьзе очи обѣма • ι подавъ ιма пѫть шьствовати вьслѣдь тебе *Евх 33б 17*

ШЬСТИѤ, -ига *с* (2) [шъст- *Супр* (1)] πορεία путь, путешествие cesta, putování: шьстье творѧ въ ероусалимъ *Л 13, 22 Мар* (шьствие *Зогр Ас Сав*).— *Супр 527, 23.— Ср.* пѫть, пѫтьшьствиѥ, пѫтьоутросига, стѫпаниѥ, шьствиѥ

ш ю- *см.* шоу-

ШѪТАНИѤ, -ига *с* (2) φρύαγμα *перен.* возмущение, беснование zuřivost, běsnění: къде людье ι шѫтаньѣ • ι тръжтъ неправедьнъıи *Клоц 12б 16* (гнѣванига *Супр 448, 13-14*); ваше шѫтаньѥ лютѣ гако раздроуши сѧ *Супр 467, 11.— Ср.* възмѫщениѥ, говоръ, млъва, ръпътъ, съмѧтениѥ

ШѪТАТИ СѦ, -таѭ сѧ, -таѥши сѧ *несов.* (2) φρυάσσειν шуметь, бушевать, возмущаться, беcноваться zuřit, běsnit; bouřit se: въскѫѭ шьташѧ сѧ ѩзъıци (!) *Пс 2, 1 Син*, шѫташ(ѧ с)ѧ *Ен 20б 16-17* (разгнѣвашѧ сѧ *Супр 243, 17*; величашѧ сѧ *Супр 102, 26-27*).— *Ср.* говорити, млъвити, ръпътати

ш ѫ и *Мт 20, 23 Мар; Мт 25, 41 Мар; Мт 27, 38 Мар см.* шоуи

Ѣ

ѣ (*в начале слова встречается преимущественно в глаголических рукописях*) *см.* га

ѣ в и[в и]ѥ *Л 5, 13 Мар см.* авиѥ

ѣ в- *см.* ав-

ѣ в и а в и а ф а р ъ (!) *Мк 2, 26 Зогр см.* авиатаръ

ѣ г н ь ц ь *Клоц 7а 4 и 5 см.* агньць

ѣ з ъ *Мк 11, 29 Мар см.* азъ

ѣ к о в ъ *Зогр см.* иаковъ

ѣ к ъı *Зогр см.* акъı

ѣ с о у р ъ *Пс 82, 9 Син см.* асоуръ

ѣ щ е *Мар Син см.* аще

Ю

ю (не ю) *Зогр Мар Сав Супр см.* оу[2]

ю *Супр 523, 25 см.* оу[3]

ЮГОВЪ *прил.* (1) τοῦ νότου южного ветра *род.* jižního větru *род.*: то топлоѥ възвѣганиѥ югово *Супр 349, 13.— Ср.* южьскъ

ЮГЪ, -а *м* (11) νότος **1.** юг jih: и придѫтъ отъ въстокъ и западъ и сѣвера и юга *Л 13, 29 Мар Ас Сав* (∅ *Зогр*) **2.** южный ветер jižní vítr: ι егда югъ доушетъ • г⟨лаго⟩лете варъ бѫдетъ • ι бъıваетъ *Л 12, 55 Зогр Мар*; възврати г⟨оспод⟩ь плѣнение наше ѣко потокъ югомь *Пс 125, 4 Син*; акъı водотѣчѧ вь югъ *Супр 349, 5*; въстани сѣвере и приди юже • провѣи градъ ми *Супр 349, 15.— Пс 77, 26 Син; Супр 349, 6 и 10*

ю д а (*часто после* и: и-юда) *Зогр Мар Супр см.* июда

ю д е-, ю д ѣ- *см.* июде-

ю ж е *см.* оуже

ЮЖЬСКЪ, -ъıи *прил.* (3) τοῦ νότου южный jižní, jihu *род.*: ц⟨ѣса⟩рица южьскаа въстанетъ на сѫдъ съ родомь симь *Мт 12, 42 Зогр* (∅ *Мар*).— *Л 11, 31 Зогр Мар.— Ср.* юговъ

ЮНИЦА, -ѧ *ж* (2) δάμαλις молодая корова, телка jalovice, mladá kráva: аште бо крьвь юньча и козьлга • и попелъ юница кропимъ *Супр 483, 21*, юнц.. (!) *Евр 9, 13 Ен*

ЮНОСТЬ, -и *ж* (26) νεότης, ἀκμή юность, молодость mladost, mládí: вьсѣ си съхранихъ отъ юности моеѩ *Мт 19, 20 Мар Ас Сав* (∅ *Зогр*); *Мк 10, 20 Зогр Мар; Л 18, 21 Зогр Мар Ас Сав*; грѣхъ юності моеѩ ι невѣзества моего не помѣни *Пс 24, 7 Син; Евх 74б 20-21 и 62а 25-26*; женѫ юності твоеѩ • да не оставиши *Клоц 2б 15* (*Мал*

2, 15); мѫжи вь самомъ цвѣтѣ юности *Супр 97, 7.— Зогр Мар Ас Сав Син Евх Клоц Супр*

ЮНОТА, -ы *м* (2) νεώτερος, ὁ ἐν ἀκμῇ νεότητος юноша mladík: юношѧ и дѣвы и старъци • съ юнотами • да хвалѧтъ ıмѧ г⟨осподь⟩не *Евх 88а 6* (*Пс 148, 12*); нѣ ли юнотъ въ васъ и благоголѣненъ... да поидемъ... вы же варіте азъ же акы старъ вьслѣдоуѭ *Супр 30, 24.— Ср.* юноша

ЮНОТЬНЪ, -ын *прил.* (1) νεανικός юношеский mladý, mladistvý: на в'сѣх(ъ) мѣстѣхъ тѫсъ и гладъ и с'мръти различьны по земли • (ю)нот'нѣ д⟨оу⟩ши ест(ъ) могѫщи съдръжати свое г⟨лаго⟩лѭ житье посрѣдѣ съблазнъ *Рыл 4аа 20-21*

ЮНОША, -ѧ *м* (32) νεανίσκος, νεανίας, νεώτερος юноша mladík, jinoch: единъ етеръ юноша по нѥмь ıде *Мк 14, 51 Зогр Мар*; юноша азъ есмь ї оуничьженъ *Пс 118, 141 Син*; юношѧ ıхъ поѣстъ огнь • ı дѣвъ-ı-мъ не посѣтованы бышѧ *Пс 77, 63 Син*; оучитель... помъısливъ ꙗко ни отъ таковааго д⟨оу⟩ховьнааго юношѧ • окы отъ оученика подобаатъ слоуж'бѫ примати *Супр 548, 14-15*; съвѣштаваѭ ти юноше пожръти *Супр 253, 22-23.— Зогр Мар Ас Сав Син Евх Супр.— Ср.* юнота

ЮНЪ, юнын *прил., сравн. ст.* юнѣи (18) νέος, νεώτερος, νεάζων, ἀκμάζων юный mladý: егда бѣ юнъ • поѣсаше сѧ самъ *И 21, 18 Зогр Ас Сав* (∅ *Мар*); рече юнѣи ею от⟨ь⟩цю *Л 15, 12 Мар* (мьнıı *Зогр*); ї годѣ бѫдетъ б⟨ог⟩оу паче тельца юна *Пс 68, 32 Син*; юнъ бъıхъ їбо състарѣхъ сѧ *Пс 36, 25 Син*; о чемь їсправитъ юноı пѫть своı *Пс 118, 9 Син*; старн и юнии • припадаемъ ти гробоу *Супр 513, 1*; веселие юности не движе сѧ вь нѥмъ николиже • и мѧтеж' грѣховънънхъ страстии • дѣиствоуѭштиꙗ присно въ юнънхъ *Супр 544, 29.— Зогр Мар Ас Сав Син Супр*

ЮНЬЦЬ, -а *м* (10) ταῦρος молодой бык mladý býk: юньци мои и оупитѣнаа исколена и вьсѣ готова • придѣте на бракъ *Мт 22, 4 Мар Ас, Евх 106а 18* (∅ *Зогр*); ѡбидѫ мѧ тельци мноѕı • юнъци тоучъні одръжашѧ мѧ *Пс 21, 13 Син*; юньць гнѣва испльнь бывъ и їс хлѣва искочивъ *Супр 566, 2-3.— Супр 565, 14 и 24; 566, 7, 8 и 12*

ЮНЬЧЬ *прил.* (4) τῶν ταύρων молодого быка *род.*, бычий býčí: ѣмь мѧса юнъча *Пс 49, 13 Син*; аште бо крьвь юньча и козьлꙗ • и попелъ юница кропимъ *Супр 483, 21* (*Евр 9, 13*); прочии же вьси отъ оужасеньꙗ юньча на хлѣвинъı горѣ вьзлѣзошѧ *Супр 565, 30.— Супр 566, 10*

ю т р о[1] *с Мт 27, 1 Зогр Мар Сав; Пс 118, 148 Син см.* оутро[1]

ю т р о[2] *нареч. Зогр* (3) *Мар* (6) *Син* (9) *см.* оутро[2]

ю т р ь н ь *Евх 49а 6 см.* оутрьнь

ю т р ъ н к в а т и *Пс 126, 2 Син см.* оутрьнкватн

ю т р ѣ *Л 13, 33 Мар см.* оутрѣ

Ꙗ

ꙗ в- *см.* ав-

ꙗ д ѫ *см.* ꙗхати

ꙖДЕНИѤ, -ꙗ *с* (2) *греч. нет* еда jídlo: ѣкоже азъ количъдо сътворихъ • ı в'сѣ из лиха • вь ѣденьи • ı вь питьи *Евх 72а 18-19*; бѫди въ добро брашъно ѣдениѣ мѣсто • соухоѣдець *Евх 70а 25.— Ср.* сънѣдение, сънѣдь, ꙗдь, ꙗто

ꙖДОВИТЪ, -ын *прил., сравн. ст.* ꙗдовитѣи (3) [ѣдов- *Клоц* (2)] *греч. нет* ядовитый jedovatý: ı се ѣко вьсѣкого пламене пламеннѣе • ı ѣдовитоу оуѣденью ѣдовитѣе да отъбѣжімъ *Клоц 16 27 и 28*; того радма попираааше страсти гадъньıѧ и ꙗдовитыѧ *Супр 556, 16*

ꙖДРА, -ъ *с мн.* (7) [въ нѣдр- *Син* (3) *Супр* (1)] κόλπος, οἱ κόλποι **1.** объятия náručí: егоже ı приꙗтъ... ѣко въ рѫцѣ своı • въ своѣ ѣдра *Клоц 14а 35*, ꙗдра *Супр 452, 18* ● пазуха záňadří: въскѫѭ възвраштаеші рѫкѫ твоѭ • ı десницѫ твоѭ отъ срѣдъı ѣдръ твоıхъ до коньца *Пс 73, 11 Син* **2.** лоно lůno: посъланъ бъıстъ гаврилъ • вьзвѣштаѧ сѫштааго вь нѣдрѣхъ отъчихъ *Супр 244, 26* ● *перен.* нутро nitro: и молитва моѣ вь нѣдра моѣ възвратитъ сѧ *Пс 34, 13 Син.— Пс 78, 12; 88, 51 Син.— Ср.* лоно

ꙖДРО, -а *с* (2) ἱστίον, ἱστός мачта stěžeň, stožár: твое ꙗдро естъ испрьва • въ породѣ о дрѣвѣси прѣслоушаниꙗ *Супр 400, 12*; имѣ сии корабь ꙗдро *Супр 400, 29*

ꙖДЪ, -а *м* (5) ἰός яд jed: аште ти речетъ почто злъчъ и оцьтъ испилъ • рьци емоу да мы сьмрьтоносьнъ ꙗдъ змиинъ изблюемъ *Супр 484, 10* ● *перен.*: не бѫді... нікътоже ѣда ıмы • вь срьдьци съкрьвена *Клоц 8а 9*, ꙗдъ *Супр 420, 11-12.— Супр 420, 30; 421, 12*

ꙖДЬ, -и *ж* (14) τροφή, βρῶμα, ἔσθων (!); (на едьнои ꙗди ὁμοδίαιτος) еда, пища jídlo, pokrm: бѣ же ıоанъ обльченъ власы вельбѫжди... ı ѣдь • акриди ı медъ диви *Мк 1, 6 Зогр Мар Сав* (ѣдъи *Ас*); *Мт 3, 4 Ас Сав* (∅ *Зогр Мар*); ї дашѧ въ ѣдъ моѭ злъчь *Пс 68, 22 Син; Супр 478, 19*; съгрѣшихъ... лихоѭ ѣдиѭ *Евх 68а 18*; многы дьни безъ ꙗди прѣбываста *Супр 547, 24*; и подъ кдинѣмь кровомь быхъ • и на кд'нои ꙗди *Супр 394, 2.— Супр 154, 6; 478, 19; 537, 25; 547, 26; 558, 6.— Ср.* брашьно, кръма[2], кръмлꙗ, кръмлкник, пища, сънѣденик, сънѣдь, ꙗденик, ꙗто

ꙗдьца, -ѧ *м* (4) φάγος обжора jedlík: се ч⟨ловѣ⟩къ ѣдьца і пивьца *Мт 11, 19 Зогр Мар*; се ч⟨ловѣ⟩къ ѣдьца • і винопивьца *Л 7, 34 Зогр Мар*

ꙗ ж е *Мк 1, 1 Сав см.* ꙗкоже

ꙗзва, -ы *ж* (35) πληγή, μώλωψ, τύπος, τραῦμα, ὠτειλή: (ꙗзвѫ приꙗти τραυματίζεσθαι) ранение, порез rána, poranění: пристѫпь обѧза ꙗзвы его *Л 10, 34 Сав* (строупы *Зогр Мар Ас*); къ болѣзні ѣзвъ моіхъ приложишѧ *Пс 68, 27 Син*; не стыждѫ сѧ тѣлесьнъıми своими ꙗзвами *Супр 503, 12* ● *перен.*: аште імаші чьто на врага • іждені гнѣвъ • ісцѣлі ѣзвѫ *Клоц 8б 20; Супр 421, 27* ● страдание utrpení: вѣроваaше бо • ꙗко вьсѧ страсти и вьсѧ ꙗзвы тѣлесьнъıѩ • отъ сотоны сълоучаѭтъ сѧ *Супр 556, 10* ● беда, напасть rána, pohroma: избывъше отъ нашьдъшѧѩ имъ богомь поуштенъıѩ ꙗзвы *Супр 531, 5* ● рубец, шрам jizva: аште не виждѫ на рѫкоу его ѣзвы гвозденнъıѩ... ни вѣлож(ж) пръста моего въ ѣзвѫ гвоздиинѫѭ • не имѫ вѣры *И 20, 25 Мар* (2) *Ас* (2) *Охр* (2) (∅ *Зогр*) ♦ ꙗзвѫ възложити, вънести, навести τὴν πληγὴν ἐπιτίθεσθαι, ἐπάγειν ранить, поранить poranit, zranit: ч⟨ловѣ⟩къ етеръ... въ разбоиникы въпаде • іже і съвлъкъше і • і ѣзвы възложьше отидошѧ *Л 10, 30 Зогр Мар Ас Сав* ● *перен.* повредить uškodit: і сеѭ кровьѭ не възможе въскочіті • і ѣзвѫ навесті *Клоц 6б 37*; ꙗзвѫ вънести *Супр 417, 18-19.— Зогр Мар Ас Сав Охр Син Евх Клоц Супр.— Ср.* рана, строупъ; ꙗзвѫ възложити *ср.* ꙗзвити

ꙗзвина, -ы *ж* (8) φωλεός нора, дупло nora, doupě: лиси ѣзвинъı імѫтъ і п'тицѧ неб⟨е⟩с⟨ьс⟩кыѩ гнѣзда *Мт 8, 20 Зогр Мар Ас*, ꙗзвины *Сав*; ѣзвинъı *Л 9, 58 Зогр Мар Ас*, ꙗзвины *Сав.— Ср.* ложе

ꙗзвити, ꙗжвлѭ *или* ꙗзвлѭ, ꙗзвиши *сов.* (2) τιτρώσκειν ранить, поранить zranit, poranit: въсхвативъ съ земьѧ камык' • връже... и толми и ꙗзви *Супр 558, 1*; видѣхомъ кго и свѧток ребро • ꙗзвьшее сѧ насъ ради *Супр 499, 28.— Ср.* ꙗзва (ꙗзвѫ възложити, вънести, навести), ꙗзвьнъ (ꙗзвьнъ быти)

ꙗзвлꙗти, -ꙗѭ, -ꙗкши *несов.* (1) πλήσσειν ранить zraňovat: чловѣкъ бо бѣаше а не богъ ꙗзвѣкмыи *Супр 436, 12*

ꙗзвьнъ, -ыи *прил.* (9) 1. τραυματίας, ἐλαυνόμενος (!); (ꙗзвьнъ быти τιτρώσκεσθαι, τραυματίζεσθαι, πλήσσεσθαι) раненый raněný: и ни кдинъ отъ насъ не бы ꙗзвьнъ *Супр 72, 30*; тъгда львъ акы раноѭ ꙗзвьнъ отъбѣже отъ наю *Супр 297, 6* ● *перен.* убитый, сраженный, павший (*в бою*) zemřelý na zranění, padlý (*v boji*): ѣко ѣзвьни съпешт(е)і (!) въ гробѣхъ *Пс 87, 6 Син* 2. τοῦ πάθους раны *род.* rány *род.*: винами ꙗзвъньıими врѣдъ цѣлаште *Супр 430, 16-17.— Пс 88, 11 Син; Супр 436, 19, 23, 26 и 28*

ꙗко *нареч., союз, частица* (>4000) [ако *Зогр* (3) *Ас* (3) *Супр* (14)] I. *нареч.* 1. *вопр.* (*в восклицательных предложениях и косвенных вопросах*) ὡς, πῶς как jak: чѧда • ѣко не оудобь естъ оупъваѭштимъ на богатьство • въ ц⟨ѣса⟩р⟨ь⟩с⟨тв⟩ие б⟨о⟩жие вьнити *Мк 10, 24 Зогр* (како *Мар*); г⟨оспод⟩і нашь • ѣко чюдьно імѧ твое по вьсеі земл і • ѣко възѧтъ сѧ вєлл ѣпота (!) твоѣ прѣвыше н⟨ебе⟩съ *Пс 8, 2 Син*; обаче вѣсте клико васъ искоусисте зимѫ • ꙗко тѧжекъ кстъ образъ тоѩ мѫкы *Супр 89, 11* 2. *относит.* ὡς, ὥσπερ, ὡσεί, καθώς, καθάπερ, καθά, δίκην; (ꙗко въ зьрцалѣ ἐσόπτρως; ꙗко оубогомъ хлапомъ δραπετοδούλως; ꙗко скотъ κτηνώδης): ꙗ к о, ꙗ к о с е, ꙗ к о и *при сравнении* (*членов предложения или целых предложений*) как jako: іже аште не приіметъ ц⟨ѣса⟩р⟨ь⟩с⟨тв⟩ьѣ б⟨о⟩жиѣ • ѣко отрочѧ • не іматъ вьнити вь нє *Мк 10, 15 Зогр Мар*; процвьтетъ отъ града ѣко трѣва земьнаѣ *Пс 71, 16 Син*; привидѣниемь сѧ авлѣѩ • ѣко се мѫжескъ полъ • іли женескъ *Евх 54а 6*; не сѫтъ от⟨ъ⟩ вьсего мира • ѣко и азь от⟨ъ⟩ вьсего мира нѣсмь *И 17, 14 Ас* (ѣкоже *Мар*, ꙗкоже и *Сав*, ∅ *Зогр*) ● *в сравнении* как, как будто, вроде jako, jakoby: і сътворь ѣко бичь отъ връвиі *И 2, 15 Зогр Ас* (*нет Мар*); и бънс⟨тъ⟩ ѣко мрътвъ *Мк 9, 26 Ас Мар Сав*, ѣко і *Зогр* ● *вводит придаточное предложение образа действия* как jak: придѫ пакы народи къ немоу • і ѣко імѣ обычаи • пакы оучааше ѩ *Мк 10, 1 Зогр Мар*; с⟨ы⟩нъ сы ѣко мьнимъ бѣ • іосифовъ *Л 3, 23 Зогр Мар* ● ꙗ к о, ꙗ к о и *присоединяет приложение, по смыслу близкое сравнительному обороту* как, в качестве, будучи, *тв. без предлога* jako, jakožto: бѣ же зракъ его • ѣко млъни • і одѣние его бѣло ѣко снѣгъ *Мт 28, 3 Зогр Мар Ас*, ꙗко... ꙗко *Сав*; ї азъ оуничьженъ і не разоумѣхъ • ѣко скотъ быхъ оу тебе *Пс 72, 22 Син*; попелъ ѣко хлѣбъ ѣсъ *Пс 101, 10 Син*; сътвори мѧ • ѣко единого отъ наимьникъ твоіхъ *Л 15, 21 Зогр Ас Сав* (нет Мар); ѣко пророка імѣхѫ і *Мт 14, 5 Зогр Мар*; видѣхомъ славѫ его • славѫ ѣко іночѧдаего отъ о⟨ть⟩ца *И 1, 14 Зогр Ас* (∅ *Мар*) ● іако... тако (и), іако... и, іако... такоже (и), іако (се)... такожде (же и), іако... сице и ὡς... καί, καθὼς... καί, ὥσπερ... οὕτως, ὡς... οὕτως, ὃν τρόπον... οὕτως, ὡσεὶ... οὕτως, καθάπερ... οὕτω καί как... так (и) jak... tak (i, také): ѣко бо бѣ іона вь чрѣвѣ ки҃товѣ... тако бѫдетъ с⟨ы⟩нъ ч⟨ловѣчь⟩скы въ ср⟨ъ⟩д⟨ь⟩ци землѧ *Мт 12, 40 Зогр Мар*; ѣко възлюбі мѧ о⟨ть⟩ць • и азь възъ[въз]любіхъ вы *И 15, 9 Ас 95аа 26* (ѣкоже... і *Зогр Мар, Ас 146а 29, Сав*); іако се при ц⟨ѣса⟩ри храбьрѣ... страхъ пристрашънъ нападаетъ • на непобѣдимааго владыкы врата (! *вм.* врага) • такожде же и въ адьское оно дивьно[о] х⟨ристо⟩сово пришъствие *Супр 464, 24*; іако брашьно пльтьное... паче продлъжитъ недѫгъ... сице и о таиныихъ доуховьныихъ естъ *Супр 421, 13* (ѣкоже і... тако і *Клоц 8б 3*) **3.** іако, іако и *при обозначении приблизительного количества* ὡς, ὡσεί приблизительно, около asi, kolem *с род.*: прѣбыстъ же мариѣ съ нею • ѣко три м⟨ѣ⟩с⟨ѧ⟩ца *Л 1, 56 Зогр Ас*, іако *Сав*, ѣко и *Мар*; бѣ же витаниѣ близъ і⟨ероуса⟩л⟨и⟩ма • ѣко ді҃ стадии *И 11, 18 Зогр Мар Ас Сав*; ѣдѫщихъ же бѣ мѫжь • ѣко пѧть тысѫщь *Мт 14, 21 Мар Ас* (*нет Зогр Сав*) **II.** *союз* **1.** іако, іако и *изъяснительный* ὅτι, ὅτιπερ, ὡς что že: не мните ѣко придъ разоритъ закона *Мт 5, 17 Зогр Ас* (∅ *Мар*); да оувѣсте ѣко власть іматъ с⟨ы⟩нъ ч⟨ловѣчь⟩скы на земи • отъпоуштати грѣхы *Мт 9, 6 Зогр Мар Ас Сав*; о семь не радоуіте сѧ • ѣко бѣси вамъ повиноуѭтъ сѧ *Л 10, 20 Зогр Мар Сав* (2), ѣко и *Ас* (2); глаголете вы сами іако мѫдри есмъ *Супр 265, 29*; показаѭште • іако и отъ того сѫтъ начѧтъкъ прияли дѣлоу *Супр 376, 23*; не вѣсте ли іако огню неоугасаемоу быти *Супр 107, 18* ● *вводит прямую речь, на русск. и чешск. не переводится*: г⟨лаго⟩лааше бо • ѣко аште прикоснѫ сѧ понѣ ризѣ его • с⟨ъ⟩п⟨ас⟩ена бѫдѫ *Мк 5, 28 Зогр Мар Ас Сав Унд*; придоша отъ ар'хисунагога г⟨лаго⟩лѭште • ѣко дъшти твоѣ оумрѣтъ *Мк 5, 35 Зогр Мар*; г⟨лаго⟩лѭ же вамъ • ѣко илиѣ юже приде *Мт 17, 12 Мар* (∅ *Зогр*); онъ же рече емоу ѣко братръ твои приде *Л 15, 27 Мар* (...рече емоу • братъ... *Зогр Ас Сав*); да разоумѣѭтъ рече іако ты мѧ поусти • то како имамъ разоумѣти рече іако ты мѧ поусти *Супр 309, 29 и 310, 1*; не рѣхъ ли ти іако остани сѧ бладии тѣхъ *Супр 156, 25* ● *вводит цитату* (*из Библии и т. п.*): да кънигы събѫдѫтъ сѧ • ѣко ѣдыи съ мноѭ хлѣбъ • въздвигнетъ на мѧ пѧтѫ своѭ *И 13, 18 Зогр* (*нет Мар*); нѣсте ли чьли николиже • ѣко из оустъ младьнечь и съсѫштихъ съвръшилъ еси хвалѫ *Мт 21, 16 Мар Сав Зогр-пал* (∅ *Зогр*); послоухоуѥтъ ми мѫдрости слово глаголетъ іако богъ съмрьти не сътвори *Супр 389, 6* ● не іако *не то, чтобы* ne, že by: не ѣко о⟨ть⟩ца видѣлъ естъ къто *И 6, 46 Зогр Мар* **2.** *пояснительный* (*после вопросительного предл.*) ὅτι что že: къто сь естъ ѣко вѣтри • і море послоушаѭтъ его *Мт 8, 27 Зогр Мар*; г⟨оспод⟩и (чь)то быстъ • ѣко намъ хошт(е)ши сѧ ѣвити • а не вьсемоу мироу *И 14, 22 Зогр Мар Ас Сав*; чьто естъ чл⟨овѣ⟩къ ѣко помьниши и *Пс 8, 5 Син* □ чьто іако, чьто се іако τί ὅτι почему, зачем proč: чьто ѣко іскашета мене *Л 2, 49 Зогр Мар Ас Сав*; что ѣко съ грѣшьникы ѣстъ и пьетъ *Мк 2, 16 Мар Ас*, что се іако *Сав* (*только* чьто *Зогр*) **3.** *причинный* (*часто с пояснительным оттенком*) ὅτι, διότι, καὶ γάρ потому что, так как, ибо protože, ježto, jelikož, neboť: радоуите сѧ і веселите сѧ • ѣко мъзда ваша многа естъ на небесехъ *Мт 5, 12 Зогр Ас Сав* (∅ *Мар*); іже бо аште напоітъ вы • чашѫ водъ • въ імѧ ѣко крьстиѣни есте *Мк 9, 41 Зогр Мар Ас*; величитъ д⟨оу⟩ша моѣ г⟨оспод⟩ѣ... ѣко призьрѣ на съмѣренье рабы своеѩ *Л 1, 48 Зогр Мар Ас Сав*; дрьзаите • іако азъ побѣдихъ миръ *И 16, 33 Сав* (бо *Ас, нет Зогр Мар*); ѣко видѣвъ мѧ вѣрова *И 20, 29 Зогр Мар Ас Охр*, іако ли мѧ видѣ *Супр 506, 3* ● сего ради... іако, того ради... іако διὰ τοῦτο... ὅτι потому... что proto... že: сего ради вы не послоушаете • ѣко нѣсте отъ б⟨ог⟩а *И 8, 47 Зогр Мар Ас*; того ради бо и юродивы ѧ наречетъ • іако... хоуждъшааго ради вьсе погоубиша *Супр 372, 1* **4.** *временной* ὡς, ὅταν, ἐν τῷ *с инф.*, μετὰ τὸ *с инф.* когда když: і быстъ ѣко възлеже съ нима • приемъ хлѣбъ бл⟨а⟩г⟨осло⟩ви *Л 24, 30 Мар Ас Охр* (∅ *Зогр*); да ако быстъ посрѣдѣ рѣкы • пакы възкрича *Супр 154, 18* ● *с уступительным оттенком* (*единственный случай*) ἄν если (бы) и, если даже i když, i kdyby: зане никътоже прѣдъ тобоѭ чистъ бѫдетъ • ѣко единъ день живъ бѫдетъ • ток'мо ты авлен сѧ на земи *Евх 65б 21* ● іако... и (се), іако... тогда ὡς... καὶ (ἰδού) когда.... тогда když... tehdy, když... tu: ѣко грѧды приближі сѧ къ домоу • і слыша пѣниѣ і ликы *Л 15, 25 Зогр*, ѣко... приближи сѧ къ домоу • слыша *Мар Сав*, ако *Ас*; і ѣко съмѣритъ сѧ емоу тѣло... тогда да възьмет⟨ъ⟩ мол⟨итвѫ⟩ ѡт⟨ъ⟩ поп⟨а⟩ *Евх 38б 1*; и ꙗко оуставивъша сѧ въстаста съ пъванимъ • и видѣста нѣкого въ бѣлахъ ризахъ посрѣдѣ облака сѣдашта *Супр 211, 13* □ ꙗ к о т ъ ч и ѭ *греч. нет* только что, как только jakmile: и ако тъчьѭ вьниде сѣдъшоу кнѧзоу • прѣкръсти сѧ *Супр 166, 10* **5.** *целевой* ὅπως (ἄν), ἵνα, ὥστε *с инф.*, πρὸς τὸ *с инф.*: ꙗ к о д а чтобы aby: съвѣтъ створиша фарисеі на і⟨соу⟩са • ꙗко да обльстатъ і словомъ *Мт 22, 15 Сав* (да *Мар Ас*, ∅ *Зогр*); да іспльнѧтъ сѧ оуста моѣ похвалы • ѣко да въспоѭ славѫ твоѭ *Пс 70, 8 Син*; съподоби и неосѫжден'но приꙗти • страшьнꙑхъ твоихъ і бесъмрътьнꙑхъ таинъ... ѣко да избавленъ бѫдетъ • отъселѣ в'сего нечиста • въкоушениѣ и дѣѣниѣ *Евх 22а 19*; мꙑсльѭ въ адъ идѣмъ • ꙗко да видимъ • како тоу... дръжитъ • дръжаштааго мѫчительство *Супр 462, 12* ● *с инф.* чтобы aby: съвѣтъ сътвориша • вси ар'хиереи... ѣко оубити і *Мт 27, 1 Зогр Мар, Ас 92аβ 4*, ѣко да оубиѭтъ и *Ас 106бβ 26-27, Сав* (2); (сътво)ри оубо хлѣбъ сь • драгое тѣло х⟨ристос⟩а твоего... ѣко быти приемлѭщинимъ вь в(ъ)д(ро)сть д⟨оу⟩ши *Служ 3а 18* **6.** *следственный* ὥστε *с инф.*, ὡς *с инф.*, ὅπου (!): ꙗ к о, ꙗ к о и так что takže: сърѣтосте и дъва бѣсьна... ꙗ҇юта ѕѣло • ѣко не можааше ник'тоже • минѫти пѫтемь тѣмь *Мт 8, 28 Зогр Мар Ас Сав*; вльнꙑ же въливаахѫ сѧ въ ладиѭ • ѣко оуже погрѧзнѫти хотѣаше *Мк 4, 37 Зогр Мар*; оужасѫ сѧ вси • ѣко і сътѧзаахѫ сѧ къ себѣ *Мк 1, 27 Зогр* (*только* и *Мар*) ● *с инф.* так что takže: абие • събьраша сѧ мноѕі • ѣко кь томоу не въмѣщаті сѧ ни прі двьрехъ *Мк 2, 2 Ас*, ѣко... не вьмѣштаахѫ сѧ *Зогр Мар Сав*; бꙑс⟨тъ⟩ ѣко мрътвъ • ѣко и многомъ г⟨лаго⟩латі ѣко оумьрѣтъ *Мк 9, 26 Ас*, ѣко... г⟨лаго⟩лаахѫ *Зогр Мар* (и *Сав*); исконьчаѭтъ сѧ грѣшьниці отъ землѧ • и безаконниці • ѣко не бъіті имъ *Пс 103, 35 Син* ● т а к о... ꙗ к о, с и ц е... ꙗ к о, т о л ь м и... ꙗ к о οὕτως... ὥστε, οὕτω... ὅτι, τοσοῦτον... ὅτι так... что, настолько... что tak... že, natolik... že (až): тако бо б⟨ог⟩ъ възлюби мира • ѣко с⟨ꙑ⟩на своего иночѧдааго дастъ *И 3, 16 Мар Ас* (2) *Сав* (∅ *Зогр*); сице бѣ їѡсифь боголюбьць... ꙗко и льстимъ и бѣдимъ • егоуптѣнꙑнѣѫ гнѫшааше сѧ *Супр 365, 17*; толми не може прѣдати ѥго юда • ꙗко и не видѣаше тоу сѫшта ѥгоже хотѣаше прѣдати *Супр 412, 14* (тольми... і *Клоц 5а 5*) **III.** *частица усилительная* (*при нареч.* авѣ, лютѣ *и, в виде исключения, при прил.* прочьн҇ии) πάντως, ὅτι совсем, полностью zcela, úplně: цѣмъ же данꙑ бѫдѫтъ • свѧтителꙑ ꙗвѣ ꙗко *Супр 246, 12*; ваше шѧтаньѥ лютѣ ꙗко раздроуши сѧ *Супр 467, 11-12*; и изволениемь нѣконхъ прочьнаѩ ꙗко похоулꙗти *Зогр-лл 26 11.— Зогр Мар Ас Сав Охр Унд Боян Зогр-пал Ен Син Служ Киев Евх Клоц Супр Хил Рыл Зогр -лл.— Ср.* акꙑ, окꙑ, ꙗкоже

ꙗ к о в- *см.* ıаков-

ꙖКОЖЕ *нареч., союз, частица* (>500) [акоже *Супр* (1)] **I.** *нареч.* **1.** *вопр.* (*в косвенных вопросах*) ὡς, ὅπως как jak: ꙗкоже бѣаше по истинѣ • исповѣда имъ *Супр 524, 1* **2.** *относит.* ὡς, ὡσεί, ὥσπερ, καθώς, καθά, καθάπερ, ὁποῖόν τε, οἷον, οἱονεί: ꙗ к о ж е, ꙗ к о ж е и, ꙗ к о ж е с е *при сравнении* (*членов предложения или целых предложений*) как jako: довьлѣетъ оученикоу да бѫдетъ ѣкоже і оучитель его • і рабоу ѣкоже і г⟨оспод⟩ьнъ его *Мт 10, 25 Зогр* (ѣкоже... ѣко *Мар*, ѣко... ѣкоже *Ас*); не лихо г⟨лаго⟩лѣте • ѣкоже і ѩзꙑчьници *Мт 6, 7 Зогр Мар* (ѣко и *Ас Сав*); аште кто въ мнѣ не прѣбѫдетъ • ізвръжетъ сѧ вънъ • ѣкоже розга *И 15, 6 Зогр Мар Ас, Сав 27б 8* (и ꙗко *Сав 102б 15*); да приꙗти бѫдемъ • ꙗкоже жрьтва жива *Супр 91, 23*; исоуши монхъ безаконии источьникъ • ꙗкоже исоуши подрагомъ крьвоточаштии рѣкꙑ *Супр 392, 17* ● *при обозначении* (*определенного*) *сходства* как будто jakoby: ѣкоже чешѫѩ отъврьглъ еси • отъ очью его *Евх 34б 2* (*Деян 9, 18*); рекоша же воини • мꙑ ꙗкоже измрьли бѣхомъ сьномъ • онъ же бьдѣ *Супр 79, 15-16*; да ꙗкоже се прѣдъ лицемъ принесъше дѣꙗниꙗ ихъ • подвигнѣмъ сѧ на подражаниѥ доблꙗишихъ *Супр 83, 17* ● *вводит придаточное предложение образа действия* как jak: въставъ же иосифь отъ сьна • сьтворі ѣкоже повелѣ емоу ан⟨ъ⟩ѣ⟨е⟩лъ *Мт 1, 24 Ас Сав* (∅ *Зогр Мар*); мнози начаша • чинити повѣсть • о ізвѣстьнꙑхъ въ насъ вештехъ • ѣкоже прѣдаша намъ • бꙑвъшеі ісконі самовидьци *Л 1, 2 Зогр Мар Ас*; изиде же паче ꙗкоже правꙑи пѫть велитъ еуаггелиꙗ *Супр 547, 4*; пѫтемь миноуꙗ и спѣша ꙗкоже к подова *Супр 380, 26* ● *в вводных предложениях, по характеру близких предложениям образа действия* как jak: аште за съмрьтьнааго ц⟨ѣса⟩ра борѭште сѧ одолѣва'хомъ • ꙗкоже и тꙑ послоушьствоуѭши • колико паче за бесъмрьтьнааго цѣсара подвизаѭште сѧ • побѣдимъ *Супр 69, 27*; пакꙑ имамъ ꙗкоже рѣхъ жизнь вѣчьнѫѭ *Супр 153, 19*; нъ велми трѣбѣ искати... вида смоковьнааго отъ многꙑихъ съказано (! *вм.* съказана) • ꙗкоже мьнѣ сѧ мьнитъ • нъ не по ї҇стинѣ *Супр*

345, 14; вьсе же ꙗкоже решти забывъ... въ блѫдьнѫѭ погыбѣль въпадохъ *Супр 525, 29* ● *присоединяет предложение, по значению близкое к сравнительному обороту* (*отмечено в единичных случаях*) как, в качестве, будучи jak, jakožto: прьвоѥ прѣдъложѫ въ словеси отьца їѡана мльчаливааго... ꙗкоже и лѣты и житиѥмь свѣтъломъ • инѣхъ вьсѣхъ старѣиша сѫшта *Супр 278, 13*; ни... подобаатъ... оному пакы сътрьпѣти отъ нѥго ꙗкоже отъ оучителꙗ слоужьбѫ принимати *Супр 548, 16* ● ꙗкоже (и)... тако, ꙗкоже... и, ꙗкоже... тако и, ꙗкоже... сице и, ꙗкоже и... тои, тако... ꙗкоже (и), такожде (и)... ꙗкоже (и), тольма... ꙗкоже, сице... ꙗкоже, такъ... ꙗкоже ὥσπερ... οὕτω(ς), ὡς... οὕτω(ς), ὥσπερ... ὡσαύτως, καθὼς... οὕτως, καθάπερ... οὕτω(ς), καθὼς... καί, οὕτως... ὡς, οὕτως... καθώς, οὕτως... ὃν τρόπον, οἷος... ὡς как... так (и), так... как (и), такой... как jak... tak (i), tak... jako (i), takový... jako: ѣкоже бо о⟨ть⟩ць въскрѣшаетъ мрътвыꙗ и живитъ • тако и с⟨ы⟩нъ ꙗже хощетъ живіті (! *вм.* -тъ) *И 5, 21 Ас* (ѣко *Зогр Мар*); ѣкоже розга не можетъ плода творити о себѣ... тако и вы *И 15, 4 Мар*, ѣкоже бо *Ас Сав* (ѣко *Зогр*); ѣкоже посъла мѧ отъцъ и азъ сълѭ вы *И 20, 21 Мар Охр Ас* (∅ *Зогр*); ѣкоже въ тъмѣ тако творітъ ны ходи(ті) *Клоц 4б 17*; ꙗкоже бо чрьвь срьдьце дѫбоу ꙗдъı оуваждаетъ • сице и зависть срьдце... оуваждаетъ *Супр 399, 25*; ꙗкоже и їѡна поклони сѧ... то и азъ паче поклонѭ сѧ *Супр 261, 24*; так⟨о⟩ коньчаѭтъ • ѣкож⟨е⟩ и в'сег'да *Евх 66а 20*; нѣстъ бо нич'тоже тако б⟨ог⟩оу любо • ꙗкоже ѥже обьшта'го ради оуспѣха жити *Супр 379, 2*; кыи бо гвоздии сице остръ ꙗкоже завист'... срьдьце прободетъ *Супр 399, 15*; и бѫдеши въ того такъ • ꙗкоже и онъ *Супр 381, 21* ● ꙗкоже... толицѣмь ὅσῳπερ... τοσοῦτον чем... тем čím... tím: ꙗкоже велико паденьѥ • толицѣмъ вѧште потомь ѥго бысть исправьѥньѥ *Супр 521, 1* **II.** *союз* **1.** *изъяснительный* (*очень редко*) ὅτι, ὅτιπερ что že: ѣкоже въстаѭтъ мрътвии • и мосии съказа *Л 20, 37 Мар* (ѣко *Зогр*); вѣдѧтъ бо... ꙗкоже въ градѣ ни смокы бѫдетъ • ни дѫбъ *Супр 301, 11*; та вьсꙗ вида оучитель • и оувѣдѣвъ ꙗкоже вьсь д⟨оу⟩ховьнъ ѥстъ *Супр 548, 10* **2.** ꙗкоже, ꙗкоже и *причинный* (*часто с пояснительным оттенком*) ὅτι, καθώς, ἐπειδή, καθάπερ потому что, так как, ибо protože, ježto, jelikož, nebot': любите врагъı ваша... да бѫдете с⟨ы⟩н⟨о⟩ве о⟨ть⟩ца вашего... ѣкоже и слънце свое сиѣетъ на зълыꙗ • и на благыꙗ *Мт 5, 45 Ас* (ѣко *Зогр Мар Сав*); хвалимъ тѧ г⟨оспод⟩і б⟨о⟩же нашъ • ѣкоже тебѣ единомоу животъ бесъмрътенъ естъ *Евх 58а 9*; живымъ і мрътвымъ сѫдітель ѣвлѣетъ сѧ • ѣкоже естъ поставилъ день • вь ньже хоштетъ сѫдіти б⟨ог⟩ъ вьсеі земі правъдоѭ *Клоц 11а 3* (*Деян 17, 31*) **3.** *временной* (*очень редко*) ὅταν, ὡς когда když: ѣкоже ведоми бѫдете • не пьцѣте сѧ како • ли чьто имати г⟨лаго⟩латі *Мт 10, 19 Ас* (егдаже *Зогр Мар*); ꙗкоже отрѣшиша врѣтиште • искочивъ с⟨вѧ⟩тыи ста простъ *Супр 112, 7* **4.** *целевой* (*с изъявительным накл.— единственный случай*) ἵνα чтобы aby: не тако не правьд'нъ владыка... ꙗкоже тебѣ своѭ пльть оувѣроуетъ *Супр 512, 10* ● ꙗкоже да (*единственный случай*) ὡς чтобы aby: на ѥд'но тъчьѭ зьрѣахѫ на своѥ проньрьство • ꙗкоже тѣмь да оделѣѭтъ *Супр 444, 8-9* ● *с инф.* (*часто также в изъяснительных конструкциях, по значению близких обстоятельству цели*) ὥστε *с инф.*, πρὸς (τὸ) *с инф.*, εἰς τὸ *с инф.*, ἐν τῷ *с дат.* чтобы aby: ѣкоже быти намъ • тоуждемъ грѣха... г⟨оспод⟩ю помоли⟨мъ сѧ⟩ *Евх 60б 7*; посъла по вьсемоу цѣсарьствоу своѥмоу • ꙗкоже вьсꙗ нарицаѭштаꙗ имꙗ хрисостово • привлѣшти на скврьнноꙗдениѥ *Супр 174, 16*; оумьныи зракъ • длъгыимъ трьпѣниѥмь очиштаѧ • ꙗкоже отъкрьвеномъ лицемь славѫ господьнѭ видовати *Супр 289, 3* **5.** *следственный* (*с изъявительным накл.— очень редко*) ὡς *с инф.*, ὥστε *с инф.*, εἰς τὸ *с инф.* так что takže: събра сѧ на мѣсто то мѫжи и женъı... ꙗкоже не бѣаше вьмѣстити сѧ народоу *Супр 109, 2-3* ● ꙗкоже, ꙗкоже и *с инф.*: бѣахѫ бо мнози молѧште сѧ о нѥи къ богоу • ꙗкоже и многомъ отъ поганъ покаꙗти сѧ *Супр 6, 5*; бьѭште ѥго женѣахѫ • ꙗкоже кръви ѥго земьѭ полиꙗти *Супр 17, 21*; ѫзы облежѧшта на нѥмъ • акы оутварь многоцѣн'нѫ имъı... радоваааше сѧ • ꙗкоже чоудити сѧ елинъскыимъ философомъ *Супр 105, 20* ● тако... ꙗкоже, толико... ꙗкоже, толикъ... ꙗкоже, тольма... ꙗкоже τοσοῦτον... ὥστε, τοσοῦτος... ὥστε, οὕτως... ὡς так... что, настолько... что tak... že, natolik... až: тако ѥмоу житиѥ богъ почьте • ꙗкоже и по съмрьти ѥго славьнѣиша сътвори *Супр 43, 9*; толико бо бѣаше възлюбьѥныи и славьныи градъ • ꙗкоже въторыи словѣѣше отъ цѣсарѣ града *Супр 56, 17*; толико же ѥмоу бѣаше пооувръжениѥ • ꙗкоже сльзити ѥмоу зѣло *Супр 285, 16-17*; въскѫѭ мѧ господи тольма прѣзьрѣ • ꙗкоже мѧ прѣльстити *Супр 287, 9* **III.** *частица усилительная* (*единствен-*

ный случай при нареч. авѣ) (авѣ ꙗкоже εὔδηλον) совсем, полностью zcela, úplně: да аште оубо не бы въсталъ ꙗвѣ • ꙗкоже акы прѣльштени сии... отъвръгли сѧ кго бышѧ *Супр 441, 30.— Зогр Мар Ас Сав Охр Боян Зогр-пал Ен Син Евх Клоц Супр Хил Рыл Зогр-лл.— Ср.* акы, окы, ꙗко

ІАКЪ, ꙗка, ꙗко (ꙗко *употр. также безотносительно к роду существительного*) *мест.* (4) **1.** *относит.* ὅς, οἷος какой, который jaký: і бышѧ ризꙑ его льштѧштѧ сѧ бѣлꙑ ѕѣло ѣко снѣгъ • ѣцѣхъ не може гнафеи на земи тако оубѣлити *Мк 9, 3 Мар* (ѣцѣхъ же *Зогр*); вѣрьствоуѥмъ ꙗко то сътвориши... ни разбоиника остави бꙑти ꙗкъ бѣ • ни мꙑтара отъвръже покаѭшта сѧ *Супр 507, 15* □ ꙗ к о *с* ὅστις что což: се мѫжа дъва съ ниимь г⟨лаго⟩лѭшта • ѣко бѣсте • м'ѡси • і илиѣ *Л 9, 30 Зогр* (ѣже *Мар*) **2.** *неопр.* ὁτιδήποτε какой-то nějaký: и не просто • ꙗко чесо ли ради прилагаѥ лице *Супр 370, 30.— Ср.* ꙗкъже

ІАКЪЖЕ, ꙗкаже, ꙗкоже *мест.* (12) **1.** *относит.* οἷος, ὡς (!) какой, который jaký: бѫдетъ бо тъгда скрьбь велиѣ • ѣкаже не бꙑла • ѿъ начѧла всего мира • до селѣ *Мт 24, 21 Зогр Мар Ас Боян,* ꙗка же *Сав*; и на то придеши и сътвориши оуста така ꙗка же рѣхомъ *Супр 380, 27* **2.** *неопр.* ὁσδήποτε какой-то nějaký, jakýsi: ѣцѣмъ же недѫгомъ одръжимъ бꙑвааше *И 5, 4 Мар* (*нет Зогр Ас*).— *Мк 9, 3 Зогр; Киев 5а 2; 5б 2; Супр 34, 6; 46, 24.— Ср.* ꙗкъ

ІАМА, -ꙑ *ж* (12) βόθυνος, βόθρος, λάκκος яма jáma: слѣпъ же слѣпьца аште водитъ • оба въ ѣмѫ въпадета сѧ *Мт 15, 14 Зогр Мар; Л 6, 39 Зогр Мар*; въпаде сѧ вь ѣмѫ ѭже створи *Пс 7, 16 Син*; повелѣшѧ вьсеи троупъ кго въврѣшти въ ꙗмѫ глѫбокѫ *Супр 269, 8.— Мт 12, 11 Зогр Мар; Пс 56, 7; 93, 13 Син; Супр 368, 12; 460, 30.— Ср.* прѣровъ, ровъ

ІАМОЖЕ *нареч.* (42) **1.** *относит.* οὗ, ὅπου куда kam: ѣможе азъ ідѫ • не можеши нꙑнѣ по мьнѣ іти *И 13, 36 Зогр Мар Ас,* ꙗможе *Сав* **2.** ꙗ м о ж е, ꙗ м о ж е к о л и ж д о *неопр.* ὅπου ἄν, ὅπου ἐάν куда... ни kamkoliv: оучителю ідѫ по тебѣ • ѣможе колиждо ідеши *Мт 8, 19 Зогр Мар Ас,* ꙗможе *Сав.— Зогр Мар Ас Сав.— Ср.* камо

ІАМЬНЪ, -ꙑи *прил.* (1) τοῦ λάκκου ямы *род.* jámový, jámy *род.*: не поминаѭ котꙑгꙑ растрьзании • ни ꙗмьнꙑѧ глѫбинꙑ *Супр 367, 17*

ꙗ н к ѵ р а *Супр 509, 17 см.* анкѵра

ІАРИТИ СѦ, ꙗрѭ сѧ, ꙗриши сѧ *несов.* на кого, чьто *или без доп.* (3) θυμοῦσθαι, ὀργίζεσθαι гневаться, сердиться zuřit, zlobit se: не имате мошти сътрьпѣти ꙗрости гнѣва кмоу • на такꙑѧ бо напрасно ꙗритъ сѧ *Супр 29, 19*; аѵрилиꙗнъ же ꙗрѣше сѧ слꙑшѧ то вьсе отъ нꙗ *Супр 13, 23*; (иже) наг(ло гнѣваетъ сѧ и)ли ѣритъ *Рыл 1βα 2.— Ср.* гнѣвати сѧ, гнѣвъ (въ гнѣвѣ бꙑти)

ІАРОСТЬ, -и *ж* (50) θυμός, ὀργή ярость, гнев, злобность zlost, rozhořčení, hněv, zuřivost: і испльнишѧ сѧ ѣрости вьси на съньмишти слꙑшѧште *Л 4, 28 Мар Зогр Ас*; пролы на нѧ гнѣвъ твоі • ї ѣрость гнѣва твоего да іметъ ѩ *Пс 68, 25 Син*; прогнѣва сѧ ѣрость твоѣ на овьцѧ пажіті твоеѩ *Пс 73, 1 Син; Ен 32а 1*; иде на аравиѭ и на палестинѫ съ многоѭ ꙗростиѭ *Супр 291, 28*; зане прогнѣвахъ ѣрость твоѭ *Евх 79а 7*; ꙗрость мѫчителꙗ аѵрилиана *Супр 6, 2.— Зогр Мар Ас Ен Син Евх Клоц Супр.— Ср.* гнѣваник, гнѣвъ, прогнѣваник

ІАРОУ *частица* (3) εἴθε о если бы!, если бы! kéž by!: ꙗроу да бꙑ обрѣлъ лютѣниша и нечловѣчьнѣиша *Супр 213, 2*; ꙗроу тоу грѣховьнѣи зълоби прѣсталъ коньцъ *Супр 386, 7*; ꙗроу и того да бꙑхъ не вѣдѣлъ *Супр 410, 12*

ІАРЪ, -ꙑи *прил.* (6) αὐστηρός жестокий, суровый tvrdý, krutý: вѣдѣаше ѣко ч⟨лов⟩къ ѣръ есмь *Л 19, 22 Зогр Мар Ас.— Л 19, 21 Зогр Мар Ас.— Ср.* гнѣвьнъ

ІАРЬМЪ, -а *м* (3) ζυγόν ярмо jho; *перен.* ярмо, иго jařmo: съврьгошѧ ꙗрьмъ братьства сь себе *Супр 364, 29*; прѣбѫдѣте оубо нецѣсароуѥми • работьнꙑи ꙗрьмъ вѣчьнꙑи влачѧште *Супр 435, 26-27*; подъ ꙗрьмъ вꙑѭ подълагаѧ *Супр 533, 21.— Ср.* иго

ІАРЬМЬНИКЪ, -а *м* (1) ὑποζύγιον вьючное животное tažné zvíře: и вьсѣдъ на осьла и жрѣбѧ с⟨ꙑ⟩на ꙗрьмьника *Мт 21, 5 Сав* (ѣрьмьнича *Мар Ас, Ø Зогр*)

ІАРЬМЬНИЧЬ *прил.* (2) τοῦ ὑποζυγίου вьючного животного *род.* tažného zvířete *род.*: се ц⟨ѣ⟩с⟨а⟩ръ твои градетъ тебѣ • кротокъ и вьсѣдъ на осьлѧ • і жрѣбѧ с⟨ꙑ⟩на ѣрьмьнича *Мт 21, 5 Мар Ас* (ꙗрьмьника *Сав, Ø Зогр*)

ІАРѢ *нареч.* (1) ἐμβριθῶς неустанно vytrvale: ꙗрѣ и съ страхомъ • и съ вьсѣмъ говѣниимъ стоѧ вь пѣтии по глаголаноуоумоу въ ѱалмѣхъ *Супр 285, 11*

ІАСЛИ, -ии *ж мн.* (24) φάτνη ясли (*кормушка для скота*) jesle (*krmelec*): кождо васъ въ сѫботѫ • не отърѣшаетъ ли своего волоу • ли осьла отъ ѣсли • і ведъ напаѣтъ *Л 13, 15 Зогр Мар Ас*; ꙗслі *Сав*; приближивъ сѧ къ юньцоу... рѫкоѭ поимъ • въведе въ свои хлѣвъ къ ꙗслемъ *Супр 566, 14.— Зогр Мар Ас Сав Клоц Супр*

ꙗсно *нареч.* (1) (ꙗсно глаголати τρανολογεῖν) ясно, отчетливо, чисто jasně, zřetelně: то ли не ѩзыци наиѣмь истинѫ ꙗсно глаголѭтъ *Супр 336, 25.— Ср.* чистѣ, ꙗснѣ

ꙗснъ, -ыи *прил.* (3) (ꙗсна рѣчь τρανότης ῥημάτων) ясный, чистый, отчетливый jasný, zřetelný: ꙗснѫ рѣчиѭ • исаврьскыим' ѩзыкомъ отъвѣшта глаголѧ *Супр 49, 1* ◆ на ꙗснѣ ὑπὸ τὸ αἴθριον, αἴθριος (!) под открытым небом na volném prostranství, pod širým nebem: тъгда оубо прїсѫждени бышѧ на ꙗснѣ вьсѧ ношть стоꙗти *Супр 90, 1.— Супр 89, 9.— Ср.* чистъ

ꙗснѣ *нареч., сравн. ст.* ꙗснѣѥ (3) *греч. нет* ясно, отчетливо, чисто jasně, zřetelně: онъ же рече оубо • нь не чистѣ ни ꙗснѣ... и ізглагола то малы ꙗснѣѥ *Супр 562, 19 и 21.— Супр 562, 23.— Ср.* чистѣ, ꙗсно

ꙗсти, ꙗмь, ꙗси *несов./сов.* (>300) ἐσθίειν, ἔσθειν, συνεσθίειν, προλαμβάνειν, τρώγειν, ἐκτρώγειν, βόσκεσθαι, βιβρώσκειν, ἐκβιβρώσκειν, ἐπιτελεῖν (!); (жрьтвьно ꙗсти, ꙗсти скврьньна мѧса μιαροφαγεῖν; не ꙗдъ νῆστις) есть/съесть jíst/sníst: възлакахъ бо сѧ і дасте ми ѣсти *Мт 25, 35 Зогр Мар Ас*, ꙗсти *Сав*, ꙗсте (!) *Супр 123, 20*; ѡ⟨ть⟩ци наши ѣшѧ ман'на въ поустыни *И 6, 31 Зогр*, ѣсѧ *Мар Ас*; отъпоустити іхъ не хоштѫ не ѣдъшь *Мт 15, 32 Зогр Мар Ас Сав*; еда ѣмь мѧса юнъча *Пс 49, 13 Син*; попелъ ѣко хлѣбъ ѣсъ *Пс 101, 10 Син*; чсо дѣлма оубо тѫ ꙗстъ пасхѫ х⟨ристо⟩с⟨ъ⟩ *Супр 416, 16*; близъ вьси вълѣзе въ нивѫ ꙗсти хотѧшти *Супр 218, 1*; ꙗкоже бо чрьвь срьдьце дѫбоу ꙗды оуваждаѥтъ • сице и зависть срьдце имѣѭштааго ѭ • ... страны ꙗдѫшти оуваждаѥтъ *Супр 399, 26 и 28.— Зогр Мар Ас Сав Боян Ен Син Евх Клоц Супр Хил.— Ср.* изѣдати, сънѣдати, снѣсти

ꙗто, -а *с* (1) σιτίον еда, пища jídlo, pokrm: два десѧти ѥстъ дьнии • нѣ въкоусила ни ꙗта ни питиꙗ *Супр 520, 1.— Ср.* брашьно, кръма[2], кръмлꙗ, кръмлѥниѥ, ꙗдь

ꙗтъхоульница, -ѧ *ж* (2) *греч. нет* монастырская гостиница hospic, hospitál, útulek (*v klášteře*): юньць... оустрьми сѧ на вънѫтрьнїї дворъ и вълѣзе въ ꙗтъхоульницѫ *Супр 565, 21.— Супр 566, 4.— Ср.* господа, гостиница, гостиньница, щоуждекръмьница

ꙗхати, ꙗдѫ, ꙗдеши *и* ꙗхаѭ, ꙗхаѥши *несов.* (8) ὑπάγειν, ἐπανάγειν, πλεῖν, ἔρχεσθαι ехать jet: виждь ѣхаі въ глѫбинѫ *Л 5, 4 Зогр* (вьзѣди *Мар*, вьзѣді *Ас*); вълѣзъше въ галиѭ (*вм.* ладиѭ) • ѣдѣахѫ на онъ полъ морѣ *И 6, 17 Зогр Мар* (идѣахѫ *Ас*).— *Мк 6, 33 Зогр; Л 8, 23 Зогр Мар; И 6, 21 Зогр Мар*

ꙗче *нареч.* (1): дьнь ꙗче дьнь *греч. нет* день ото дня, день за днем den co den, den ze dne: та вса видѧ оучитель • и оувѣдѣвъ ꙗкоже вьсь д⟨оу⟩ховьнъ ѥстъ • и дьнь ꙗче дьнь • на высотѫ растетъ чѧстыимъ теченииемъ оправьданиꙗ *Супр 548, 10*

ꙗште *Супр 475, 22 см.* аще

Ѥ

ѥ *мест. с вин. ед. см.* и

ѥгда *союз и нареч.* (>500) [єгода (!) *Син* (2), єг'да *Евх Супр*] **I.** *союз* ὅτε, ὅταν, ἐν τῷ *с инф.*, ἐπειδή, εἴ ποτε, ὡς, ἐπειδάν, ἡνίκα, ὁπότε, ὅπου, ποῦ, ἐπεί, ἀνθ' ὧν **1.** *временной* когда když, až: по чьто оученици твои... не омываѭтъ бо рѫкъ своіхъ • єгда хлѣбъ ѣдѧтъ *Мт 15, 2 Зогр Мар*; єгда оумы ноѕѣ іхъ... пакы рече імъ *И 13, 12 Зогр Мар Ас*, ѥгда *Сав*; прѣжде даже не бѫдетъ • да єгда бѫдетъ вѣсте ѣко азъ есмь *И 13, 19 Зогр Мар*; г⟨осподо⟩ь оуслышитъ мѧ єг'да възовѫ *Евх 73а 12*; мол⟨итва⟩ єг'да хотѧще виноградъ садити *Евх 13б 19*; єгда брані бѣшѧ нѫдѧштаѧ іхъ • ні псалмъ съмѣшѧ решті *Клоц 7б 5; Супр 419, 4-5* ● ѥгда... и (се), ѥгда... тогда, ѥгда... то ὡς... καί, ὅταν... καί, ὅταν... ὅτε, ὅταν... τότε когда... тогда když (až)... tehdy: єгда пѧть хлѣбъ прѣломихъ • вь пѧть тысѫшть • і колико кошь оукроухъ възѧсте *Мк 8, 19 Зогр Мар*; єгда быс⟨тъ⟩ • въ единомь отъ градъ • і се мѫжь... паде ниць • молѧ сѧ емоу *Л 5, 12 Зогр Мар*; єгда же вьзидѫ братриѣ его въ праздьникъ • тогда і самъ вьзиде *И 7, 10 Зогр Мар Ас*; ѥгда себѣ добрѣ оустроитъ • тъгда съ всеѭ красотоѭ да исходитъ *Супр 497, 20* **2.** *условный* если, если и jestliže, -li, kdyby: сего радї не оубоимъ сѧ єгда съмѫщаетъ сѧ землѣ *Пс 45, 3; Ен 26б 6*; єгда прїносіші даръ твоі... оставі тоу даръ твоі *Клоц 9а 16, Супр 422, 26* (аште *Мт 5, 23 Зогр Мар*) ● ѥгда... тогда, ѥгда... то, ѥгда... тоу ὅταν... τότε, ὅταν... εἴποτε если... то jestliže... pak: єгда правъ благъ... страхъ божии приметъ • тъгда вьсе... къ обѣштаныихъ благыихъ приѧтию подвизаѥтъ сѧ *Супр 252, 2*; ѥгда хотѧште съгрѣшаѥмъ • то како проштениѥ приимемъ *Супр 379, 18* **II.** *нареч. относит.* ὅτε, ὅταν, ἐν οἷς когда kdy: въ то же врѣмѧ ѥг'да с⟨вѧ⟩тыѧ мѫчаахѫ • бѣаше стоудень велика *Супр 76, 11.— Зогр Мар Ас Сав Охр Унд Боян Ен Син Евх Служ Клоц Супр Хил Рыл Зогр-лл*

ѥгда *Мт 13, 15 Зогр; Мк 4, 12 и 21 Зогр; И 4, 29 Ас; Пс 58, 12; 77, 20 Син см.* еда кгда (!) *Супр 471, 3 см.* еvга

ѤГДАЖЕ *союз и нареч.* (11) **I.** *союз* ὅτε, ὅταν, ἐπειδή, ἐν τῷ *с инф.* **1.** *временной* когда až, když: егдаже захождааше слъньце • приношаахѫ къ нѥмоу вьсѧ недѫжьнъıѩ *Мк 1, 32 Зогр* (егда *Мар*); и егдаже идѣше народи оугнѣтахѫ ї *Л 8, 42 Сав* (егда же *без* и *Зогр Ас; только* егда *Мар*) **2.** *условный* если jestliže: ег'даже хощеши творити над⟨ъ⟩ ⟨ни⟩мь мол⟨итвѫ⟩ • поглади прьстомь очи его *Евх 33б 10* **II.** *нареч. относит.* ὅταν когда kdy: придѫтъ же дьние • егдаже отъиметъ сѧ отъ нихъ женихъ *Мт 9, 15 Мар* (Ø *Зогр*); въ годинѫ онѫ... егдаже придет⟨ъ⟩ х⟨рис-тос⟩ъ ѡт⟨ъ⟩дати хотѧ комоуждо по дѣломъ его *Рыл 2аа 34.— Л 7, 1 Зогр; Евх 53а 9; 99б 23; Клоц 5б 21; Супр 85, 4 и 5*

кда *Л 11, 11 Сав (123а 14); Супр* (26) *см.* еда

кдва *Супр* (8) *см.* кдъва

ѤДИНАКО *нареч.* (1) *греч. нет* одновременно, вместе с тем, заодно zároveň, spolu, stejně: ѡт⟨ъ⟩нѫдь в'сѣхъ зълыхъ ѡт⟨ъ⟩връ-ѕѣм' сѧ • и единако молѭ съвлѣцѣм' сѧ ветъхааго ч⟨ловѣ⟩ка *Рыл 26а 32.— Ср.* кдьнако

ѤДИНАЧЕ *нареч.* (5) ἔτι, ἀκμήν еще ještě: і⟨соу⟩с⟨ъ⟩ же рече емоу • единаче ли и вы без-д-разоума есте *Мт 15, 16 Мар* (єдъначе *Зогр*); единаче же емоу гл⟨аголѭ⟩щю • се облакь свѣтелъ осѣнѣ ѩ *Мт 17, 5 Ас* (еште *Мар*, Ø *Зогр*); волѧи же единач⟨е⟩ поклонь стоитъ • і пак⟨ы⟩ поп⟨ъ⟩ молитъ с⟨ѧ⟩ *Евх 41б 2*; оужасе сѧ • ꙗко кдиначе живи сѫтъ *Супр 39, 24-25*; кдиначе же стоꙗше еvктимонъ • при коумирьници *Супр 137, 22.— Ср.* иначе, кдьначе, кще

ѤДИНАЧЬНЪ, -ъıи *прил.* (4) μοναδικός, μοναχικός, τῆς μοναστρίας; (кдиначьнъıи образъ ἄσκησις) монашеский mnišský: мо-л⟨итва⟩ над⟨ъ⟩ хотѧщимь приꙗти образъ • единачьнъи *Евх 80б 21*; ѡ съконьчати емоу • съмыслъ единачьнаего образа • бес порока и бесъблазна *Евх 98а 22.— Евх 93б 14-15; 99а 20.— Ср.* иночьскъ, мънишьскъ, чрьноризьскъ, чрьноризьчьскъ, чрьньчьскъ

ѤДИНОМѪДРЬНО *нареч.* (1) *греч. нет* единодушно jednomyslně: ѡ⟨ть⟩ца же и с⟨ы⟩на • і д⟨оу⟩ха в'си прѣс⟨вѧ⟩тааго • единомѫдрьно вѣрънии • славословимъ *Евх 86а 16.— Ср.* инодоушьно, съгласьно

ѤДИНОСѪЩИѤ, -иꙗ *с* (1) *спец.* ὁμοούσιος (!) единосущие, единосущность (*о Троице*) soupodstatnost: истинънѫѭ и нераздѣ-лꙗемѫѭ вѣрѫ • кдиносѫштиꙗ троичьнааго... вѣрънымъ прѣдашѧ *Супр 189, 16.— Ср.* коупьносѫщиѥ

ѤДИНОСѪЩЬНЪ, -ъıи *прил.* (1) *спец.* ὁμοούσιος единосущный (*о Троице*) soupodstatný: показавы намъ проображеніе • с⟨вѧ⟩-тѣи единосѫщьнѣи троици *Евх 64б 2-3.— Ср.* коупьносъıи, коупьносѫщьнъ, съсѫщьнъ, кдинокстьствьнъ, кдьносѫщьнъ

ѤДИНООУМЬНЪ, -ъıи *прил.* (1) ὁμόφρων единодушный jednomyslný: отъврьгѫ сѧ таибьно крьстиꙗнъскъı вѣръı их' • и кдиноумен-ти бѫдѫ ц⟨ѣса⟩роу *Супр 65, 30.— Ср.* равьнодоушьнъ, кдьнодоушьнъ, кдьноумьнъ

ѤДИНОЧѦДЪ, -ъıи *прил.* (33) μονογενής единственный (*о ребенке у родителей*), единородный jednorozený: призьри на с⟨ы⟩нъ мои • ѣко единочѧдъ ми естъ *Л 9, 38 Зогр* (иночѧдъ *Мар Ас Сав*); тако бо б⟨ог⟩ъ възлюби мира • ꙗко с⟨ы⟩на своего • единочѧдаго далъ еси вь миръ *И 3, 16 Сав Ас 127а 14* (иночѧда-аго *Мар*, възлюбленааго *Ас 86 18-20*, Ø *Зогр*); слава единочѧдъı с⟨ы⟩не *Ен 32а 11*; посъла-въı с⟨ы⟩на своего единочѧдааго *Евх 41а 5.— Зогр Ас Сав Ен Евх Супр.— Ср.* иночѧдъ, кдьнорожденъ, кдьночѧдъ

ѤДИНОѤСТЬСТВЬНЪ, -ъıи *прил.* (1) *спец. греч. нет* единосущный soupodstatný: ѡ... покланѣти сѧ • і пѣти с⟨вѧ⟩тъıѩ троицѧ • единоестествьнъıѩ *Евх 61а 6.— Ср.* коупьносъıи, коупьносѫщьнъ, съсѫщьнъ, кдиносѫщьнъ

ѤДИНОѬ *нареч.* (8) [кдинѫ (!) *Супр* (1)] ἅπαξ один раз, единожды jednou, jedenkrát: въ прьвѫѭ скиниѭ • вънѫ въхождахѫ иереи • слоужбы съдѣваѭще • въ вторѫѭ же единоѫ лѣта • единъ архиереи *Евр 9, 7 Ен*; тако и сь гласъ единоѭ реченъ быс⟨ть⟩ *Клоц 8а 25*, кдинѫ (!) *Супр 420, 22*; единоѫ г⟨лаго⟩ла б⟨ог⟩ъ дъвое сі слышахъ *Пс 61, 12 Син.— Пс 88, 36 Син; Евх 70а 5; 70а 21; Клоц 8а 23.— Ср.* кдьноѭ

ѤДИНЪ *числит. и мест.* (>1000) **I.** *числит. колич.* εἷς один jeden: аште хощеши да сътворимъ съде три кровы • тебѣ единъ и мосеови единъ • и илии единъ *Мт 17, 4 Мар* (3), єдінъ *Ас* (3) (Ø *Зогр*); овомоу же дастъ пѧть таланътъ • овомоу же дъва • овомоу же единъ *Мт 25, 15 Мар*, єдінъ *Ас* (ѧ҃• *Зогр Сав*); кдинъ *Супр 369, 18*; можемъ бо се створіти • аште хоштемъ • єдінѣмь дьнемь *Клоц 8б 18*; нам' же прѣдълежитъ не о кдином мѫченицѣ чоудити сѧ ни о дъвою *Супр 82, 13-14* ● один (*из двух*), один... другой jeden (*ze dvou*), jeden... druhý: тъгда распѧша съ нимь два разбоиника • единого о деснѫѭ • і единого о шюѭѭ *Мт 27, 38 Зогр Мар Ас Сав* □ кдинъ, кдинъı на десѧте *колич. и порядк.* ἕνδεκα, ἑνδέκατος одиннадцать; одиннадцатый jedenáct; jedenáctý: послѣдь же възлежаштемъ имъ • единоуемоу на десѧте ѣви сѧ *Мк 16, 14 Мар* (*∅ Зогр*); единꙑ же на десѧте оученикъ ꙇдошѧ въ галилеѭ *Мт 28, 16 Зогр Мар Ас* (2) *Сав*; вь единѫѭ же на десѧте годинѫ ишедъ • обрѣте дроугꙑѩ стоѩштѧ праздънꙑ *Мт 20, 6 Мар Ас Сав* (*∅ Зогр*); ї͠съ вьсѧ приемьѩ • иже и къ ѥдиноуоум (!) на десѧте часоу пришъдъшиимъ • то жде давъ динарионъ *Супр 437, 30*; ѥ д и н а с ѫ б о т ъ *см.* сѫбота II. *мест.* 1. εἷς; (подъ ѥдинѣмь кровомь ὁμορόφιος) один, общий, тот же jeden, společný, týž: блюсти • единение д⟨оу⟩ха • въ съвѧзѣ мира • едино тѣло • и единъ д⟨оу⟩хъ *Евх 105б 19-20 и 20*; ѥдинѫ д⟨оу⟩шѫ имѫште • въ раздѣлена тѣлеса *Супр 82, 16*; подъ ѥдинѣмъ кровомь бꙑхъ *Супр 394, 1* ▭ ѥ д и н о *с в знач. сущ.* ἕν одно, (единое) целое, то же jedno, jedna podstata, totéž: азъ ꙇ о⟨ть⟩ць едино ѥсвѣ *И 10, 30 Зогр Мар Ас* □ в ъ ѥ д и н о εἰς ἕν воедино, в одно место dohromady: нъ ꙇ да чѧда б⟨о⟩жиѣ съберетъ расточенаа въ едино *И 11, 52 Зогр Мар Ас*; ѥ д и н ѣ м ь г л а с о м ь *см.* гласъ; ѥ д и н о ѭ д о у ш е ѭ *см.* доуша; ѥ д и н ѣ м ь о у м о м ь *см.* оумъ 2. εἷς отдельный jednotlivý: (ѥ д и н ъ) п о ѥ д и н о м о у (εἷς) καθ' εἷς, καθ' ἕν, κατὰ μόνας отдельно, по одному, один за другим jednotlivě, jeden po druhém: сѫтъ же ꙇ ина многа • ѣже створи ис⟨оусъ⟩ • ѣже аште по единомоу с'пана (! *вм.* п'сана) бꙑваѭтъ • ни самомоу мнѭ (! *вм.* мьнѭ) • вьсемоу мироу вълѣстити • пишемꙑхъ кънигъ *И 21, 25 Зогр Сав*, по едiномоу *Ас* (2), (*∅ Мар*); слꙑшавъше ꙇсхождахѫ • единъ по единомоу • начьнъше отъ старьць *И 8, 9 Зогр Мар* □ ѥ д и н ъ к ъ ж ь д о εἷς ἕκαστος каждый každý: посъла прѣс⟨вѧ⟩тꙑи д⟨оу⟩хъ • на с⟨вѧ⟩тꙑѩ оученикꙑ • ꙇ ап⟨осто⟩лꙑ • ꙇ сѣде на единомь комьждо ихъ *Евх 62а 10-11* 3. μόνος, εἷς, μον- (*первая часть сложных слов*) единственный, (только) один jediný, pouhý, (jen) jeden: добрѣе бо ти естъ да погꙑбнетъ единъ оудъ твоiхъ • а не все тѣло твое въвръжено бѫдетъ въ ѥеонѫ *Мт 5, 29 Зогр Мар*; како вьниде въ домъ б⟨о⟩жии • ꙇ хлѣбꙑ прѣдъложеньѣ ѣстъ • ꙇ дастъ сѫштiмъ съ нимь • ꙇхъже не достоѣше ѣсти • тъкъмо ꙇерѣомъ единѣмъ *Л 6, 4 Зогр Мар Ас*; ѥдинъи блаже и милосрьде *Супр 21, 27* ● *при отрицании* никакой, никто žádný, nikdo: не можеши власа единого бѣла • ли чрънa сътворити *Мт 5, 36 Зогр Мар*; нѣстъ творѧи благостꙑнѩ нѣстъ до едiного *Пс 13, 3 Син* □ ѥ д и н а в л а с т ь *см.* власть 4. ѥ д и н ъ, т ъ ѥ д и н ъ μονώτατος, καθ' ἑαυτόν; (по ѥдиномоу κατ' ἰδίαν) один (*без других*) sám: ꙇ нѣсмь единъ • ѣко о⟨ть⟩ць съ м'ноѭ естъ *И 16, 32 Зогр Мар Ас Сав* (2); отиде пакꙑ въ горѫ единъ *И 6, 15 Зогр Ас*, тъ единъ *Мар*; пристѫпишѧ къ немоу оученици его единомоу *Мт 24, 3 Мар Ас* (2) (*нет Сав*, *∅ Зогр*); копиї же въ печали бꙑвъ о сьвѣтѣ ихъ • ѥдинъ оставъ на мѣстѣ *Супр 38, 2* 5. τις, εἷς какой-то, кто-то, некто, некоторый jakýsi, některý: жена єдина именемь маръта • приѩтъ ꙇ *Л 10, 38 Мар Сав* (етера *Зогр Ас*); притекъ единъ богатъ • ꙇ поклони сѧ емоу на колѣноу *Мк 10, 17 Зогр Мар*; въ ꙇстинѫ сѫтъ едини отъ стоѩштиихъ сьде иже не имѫтъ въкоусити съмръти • доньдеже оузьрѧтъ ц⟨ѣ⟩с⟨а⟩р⟨ь⟩ствие б⟨о⟩жие *Л 9, 27 Мар* (етери *Зогр*) □ н и ѥ д и н ъ(ж е) *см.* ниѥдинъ(же).— *Зогр Мар Ас Сав Охр Боян Зогр-пал Ен Син Служ Евх Клоц Супр Рыл*.— *Ср.* а͠, дина, етеръ, инъ, къто, кꙑи, нѣкоторꙑи, нѣкъто, нѣкꙑи, онъсица, ѥдьнъ

ѤДИНЬСТВО, -а *с* (1) *греч. нет* единство jednota: единъство б⟨о⟩ж⟨ь⟩ства • вь трехъ сѫще оупостасехъ • несъмѣсъно прѣбꙑвѫще *Евх 86а 18*.— *Ср.* ѥдиниѥниѥ

ѥ д и н ѫ *Супр 420, 22 см.* ѥдиноѭ

ѤДИНИѤНИѤ, -ия *с* (3) ὁμόνοια, ἑνότης единство, единение jednota, svornost: любовиѭ тъщѧще сѧ блюсти • единение д⟨оу⟩ха • въ съвѧзѣ мира • едино тѣло • и единъ д⟨оу⟩хъ *Евх 105б 18-19*; нам' же прѣдълежитъ... чоудити сѧ... м͠ сѫтъ мѫжь • ѩкоже ѥдинѫ д⟨оу⟩шѫ имѫште... въ ѥдномъ съдꙑхании • и ѥдинении вѣрꙑ • ѥдно же и трьпѣниѥ... показашѧ *Супр 82, 18*.— *Супр 493, 19*.— *Ср.* ѥдиньство

ѤДЪВА *нареч. и союз* (16) [ѥдьва *Ас* (1); ѥдва, едва *Супр* (10)] I. *нареч.* μόλις, μόγις с трудом, насилу, едва sotva, stěží, s námahou, těžce: ꙇ се д⟨оу⟩хъ емлетъ ꙇ... ꙇ едъва оходитъ отъ него съкроушаѩ ꙇ *Л 9, 39 Зогр Мар Ас Сав*; никътоже бо таѩ врѣдъ свои... ꙇцѣлѣетъ • нъ прилежъно ищѧ цѣлителѣ • едъва полоучитъ ослабѫ врѣдоу своемоу *Евх 68а 10*; аште бо праведънꙑи к'де авитъ сѧ *Супр 128, 8* II. ѥ д ъ в а ж е *союз* μόλις δέ едва, лишь только sotvaže: ѥд'ва же ставишѧ матежь • иже сѧ мнѣахѫ обраштаѭште сѧ • начѧшѧ глаголати *Супр 30, 7*; ѥд'ва же вь себѣ бꙑвъ анѳvпатъ • повелѣ ѩ вести вь темницѫ *Супр 111, 1*.— *Зогр Мар Ас Сав Евх Супр*.— *Ср.* ѥлѣ

ѤДЬНАКО *нареч.* (1) ὁμόφρων (!) одновременно, вместе, заодно zároveň, spolu, stejně: съ нами ед'нако бѫди *Супр 60, 26-27*.— *Ср.* ѥдинако

ѤДЬНАЧЕ *нареч.* (15) [едъначе *Зогр* (1), едначе *Супр* (1)] ἔτι; (ни ѥдьначе οὐδέπω; нъ ѥдьначе ἀλλά, δέ) еще ještě: едъначе ли въ бездразоума есте *Мт 15, 16 Зогр* (единаче *Мар*); нъ ѥд'наче съврьшениꙗ не имѣахѫ *Супр 30, 6*; прокъ же ихъ ѥдначе не покораште сѧ • по диꙗволовѣ силѣ *Супр 35, 18*; ѥдначе дъхаѭште огню прѣдани бꙑша *Супр 94, 12*; покористе ли сѧ понѣ нꙑнѣ • или ни едначе *Супр 33, 21* ● *по значению близко противительному союзу* все-таки přece: аште и врази имь ѥсмъ... нъ чловѣци ѥдначе обидѫ ненавидѧште *Супр 126, 28.— Супр 41, 9; 43, 12; 62, 6; 126, 28; 352, 7; 397, 8; 413, 24; 417, 9; 420, 6; 484, 28.— Ср.* иначе, одъначе, ѥдиначе, ѥще

ѤДЬНОГЛАСИѤ, -иꙗ *с* (1) συμφωνία единодушие, согласие jednomyslnost, souhlas: покажате и нꙑнѣ ѥд'ногласиѥ ваше *Супр 69, 22*

ѤДЬНОДОУШЬНЪ, -ꙑи *прил.* (1) ὁμόψυχος единодушный, согласный jednomyslný: и бꙑхъ вьсѣмь въ рѫгъ • не имꙑ ѥднодоушенъ слоугъ *Супр 78, 29-30.— Ср.* равьнодоушьнъ, ѥдинооумьнъ

ѤДЬНОНАДЕСѦТЪ, -ꙑи *числ. порядк.* (1) ἑνδέκατος одиннадцатый jedenáctý: по истинѣ бꙑстъ разбоиникъ • ѥднонадесѧтааго часа дѣлатель *Супр 427, 3.— Ср.* ѥдинъ (ѥдинъ на десѧте)

ѤДЬНОРОЖДЕНЪ, -ꙑи *прил.* (1) μονογενής единственный (*о ребенке у родителей*), единородный jednorozený: ѥже бо сътвори ѥднорожденꙑи сꙑнъ божии *Супр 423, 13-14.— Ср.* иночѧдъ, ѥдиночѧдъ, ѥдьночѧдъ

ѤДЬНОСѪЩЬНЪ, -ꙑи *прил.* (3) *спец.* ὁμοούσιος единосущный (*о Троице*) soupodstatný: тꙑ бе съмрьти • акꙑ ѥд'носѫштьнъ отьцоу *Супр 505, 6*; покланꙗѥмъ сѧ троици ѥд'носѫштьнѣ и неразлѫчьнѣ *Супр 59, 23.— Супр 342, 25.— Ср.* коупьносꙑи, коупьносѫщьнъ, съсѫщьнъ, ѥдиносѫщьнъ, ѥдиноѥстьствьнъ

ѤДЬНООУМЬНЪ, -ꙑи *прил.* (2) ὁμόφρων единодушный jednomyslný: покори ми сѧ • и ѥд'нооуменъ ми бѫди *Супр 65, 11-12.— Супр 67, 16-17.— Ср.* равьнодоушьнъ, ѥдинооумьнъ, ѥдьнодоушьнъ

ѤДЬНОЧѦДЪ, -ꙑи *прил.* (5) [едночѧд- *Супр* (1)] μονογενής единственный (*о ребенке у родителей*), единородный jednorozený: нѣкоѥго бо старѣишинꙑ... имѫштоу с⟨ꙑ⟩нъ едночѧдъ • того оумьръша вънѣ града погребоша *Супр 536, 2*; ѥже ѥсть ѥго ѥдночѧдꙑи с⟨ꙑ⟩нъ *Супр 10, 9-10.— Супр 109, 21; 163, 25-26; 455, 25.— Ср.* иночѧдъ, ѥдиночѧдъ, ѥдьнорожденъ

ѤДЬНОѤСТЬСТВЬНЪ, -ꙑи *прил.* (1) *спец.* ὁμοούσιος единосущный soupodstatný: вѣроуѭште... въ троицѫ ѥдноѥстьствьнѫ и несътворенѫ *Супр 486, 8-9.— Ср.* коупьносꙑи, коупьносѫщьнъ, съсѫщьнъ, ѥдиносѫщьнъ, ѥдиноѥстьствьнъ, ѥдьносѫщьнъ

ѤДЬНОѬ *нареч.* (19) [ѥд'ноѭ *Супр* (3), ѥдноѭ *Супр* (15), ѥднѫ (!) *Супр* (1)] **1.** ἅπαξ, καταμόνας один раз, однократно jednou, jedenkrát: побѣдникъ бо крьстъ • ѥдноѭ оубо подрѫженъ *Супр 428, 1*; владꙑкꙑ х⟨ристо⟩са • не ѥд'ноѭ и д'ваштди • нъ и триш'ди ѥго отъвръгъ сѧ *Супр 526, 26* **2.** ἅμα вместе zároveň: повелѣ сакелароу своѥмоу въ ѥдинъ дьнь • ѥдноѭ привести в҃і маломошти *Супр 121, 9.— Супр.— Ср.* ѥдиноѭ

ѤДЬНЪ, -ꙑи *числит. и мест.* (>100) [ѥд'н- *Супр*, ѥдн- *Супр*] **I.** *числит. колич.* εἷς, ἕτερος (!), ἁπλοῦς (!) один jeden: приближаѭштоу сѧ ѥмоу къ цръкъви • ꙗко въ далѥ ѥдного пъпришта *Супр 221, 26*; разно бꙑша при[с]носи отъ ѥдноѩ мнась • овь пѧть овъ десѧть принесоста *Супр 376, 3*; приведѣте ми ѥд'ного отъ онихъ *Супр 60, 12-13* ● один (их двух), один... другой jeden (ze dvou), jeden... druhý: дъвѣма прѣдълежаштема вештьма... ѥдно изволите *Супр 59, 15* □ ѥ д ь н ъ н а д е с ѧ т е ἕνδεκα одиннадцать jedenáct: ѥд'нѣми бо на десѧте звѣздъ кланꙗахѫ сѧ ѥмоу *Супр 389, 24* **II.** *мест.* **1.** εἷς, ὁμο- один, общий, тот же jeden, společný, týž: въ ѥдномъ съдъханиі • и ѥдинении вѣрꙑ • ѥдно же и трьпѣниѥ ѥже противѫ лютꙑимъ *Супр 82, 17-18*; повелѣ ѩ въ ѥд'нои темници затворити *Супр 60, 9* □ в ъ ѥ д ь н о εἰς ἕν в одно место dohromady: аште въ ѥд'но сьбереши ѩ *Супр 95, 1*; ѥ д ь н о ѭ д оу ш ѥ ѭ *см.* доуша; н а ѥ д ь н о и ꙗ д и *см.* ꙗдь **2.** εἷς отдельный jednotlivý: п о ѥ д ь н о м оу ἀνὰ ἕνα, ἕνα ἕκαστον по одному, отдельно po jednom, jednotlivě: не по ѥд'номоу раздѣлени бꙑв'ше приѥмꙑѭштиимъ • нъ размѣшени бꙑвъше въкоупѣ ликоуѭтъ *Супр 94, 25-26*; ѥ д ь н ъ к ъ ж ь д о εἷς ἕκαστος каждый (jeden) každý: повелѣ вести ѩ въ своѩ • земьѩ и градꙑ • ѥдного когождо ихъ *Супр 111, 11* **3.** εἷς, μόνος единственный, (только) один jediný, pouhý, (jen) jeden: вѣмь заповѣди б⟨о⟩жиѩ • вь онихъже велитъ намъ томоу ѥдномоу сѧ кланꙗти *Супр 125, 18*; мльчашти молитвѫ творꙗаше • и срьдцемь ѥднѣмь исповѣданиѥ творѧшти *Супр 391, 19* □ ѥ д ь н ѣ м ь т ъ ч и ѭ *в знач. нареч.* ἓν καὶ μόνον, *вар.* ἑνὶ καὶ μόνῳ только тем, только в одном pouze tak, pouze v jedné věci: ѥднѣмъ тъчиѭ не подобьнъ бꙑвъ мѡсеѡви *Супр 277, 20* □ ѥ д ь н а в л а с т ь *см.* власть **4.** μόνος, ἄλλος (!) один (*без других*) sám: походѧштоу ѥмоу ноштиѭ ѥдномоу по срѣдоудвории *Супр 282, 26*; не добро ѥсть бꙑти чловѣкоу ѥд'номоу *Супр 9, 2* (*Быт 2, 18*) **5.** εἷς некий, один nějaký, jeden: дошьдъшоу же цѣсароу ѥдного града близъ доунава *Супр 196, 9*; въ ѥдинъ оубо отъ дьнии • въземъ с⟨вѧ⟩тыи старць (!) сѣмѧ смок'ве ѥдноѧ *Супр 300, 8* □ **н и ѥ д ь н ъ (ж е)** *см.* никдинъ (же).— *Супр.— Ср.* ѥдинъ

ѥ ж е *мест. с ед.* (*встречается в единичных случаях* и в *им.* других родов и чисел) *см.* иже

ѥЖЕ *нареч. и союз* (18) **I.** *нареч.* **1.** *образа действия* διό (!) как jak: прідъ бо сѫтъ отъ клѧтвы закон'ныѩ отѫті (р)одъ ч⟨ловѣчь⟩скы • еже і павелъ г⟨лаго⟩летъ *Клоц 6б 4*; ни третьꙗго же дьне прѣбысте ѥже рече имъ *Супр 472, 19-20* □ **ѥ ж е и** *в знач. союза* καί как и jakož i: б⟨о⟩жествъное и с⟨вѧ⟩тое • і великое • і страшъное • еже • и трепетъное • і невъздръжаное • нарицание • і призъıвание творимъ *Евх 56б 7* **2.** *причины* ἵνα τι почему proč: онъ же рече к н҃емоу • и ѥже въпрашаѥши имене моѥго *Супр 122, 4* **II.** *союз* **1.** *причинный* διότι, ὥστε, οἷς потому что protože, že: сиꙗ же плакааста сѧ и тѫжааста о томь ѥже сътвориста зъло много *Супр 211, 22*; радоуѩ сѧ такожде • ѥже виждѫ отрокы простомъ ѩзыкомь и дѣлесемь • пѣснь цѣсароу творѧшта *Супр 333, 1*; онъ же драхлъ отиде • ѥже не пог'нѣва сѧ на крадъшааго *Супр 42, 10*; о сихъ радоуѥмъ сѧ • ѥже на чловѣкъи быти испрьва *Супр 37, 15* **2.** *изъяснительный* ὅτι, ἐν τῷ, *вар.* ἐπὶ τῷ что že: не се тъчьѭ имѣахѫ • ѥже ветъхыѩ имъ въспоминааше благодѣаниꙗ • нъ и ино большеѥ • ѥже грѧдѫшта имъ прѣжде казааше *Супр 417, 21 и 23*; і бѣшѧ л҃юдье жидѫште захариѩ • і чюждаахѫ сѧ еже мѫждааше въ цр⟨ъ⟩кьве *Л 1, 21 Зогр Мар Ас* **3.** *временной* ὡς, μετὰ τό *с инф.* когда když: тъгда бо ѥже и вьзѧ хлѣбъ июда • тоу въскочи вь н҃ь диꙗволъ *Супр 421, 2* (егда *Клоц 8а 32*); ѥже бо и видѣ г⟨оспод⟩а посрѣдоу висѧшта... и вьсѧ тварь ѥже видѣ • сѣмо и онамо зыбьѭштѧ сѧ *Супр 426, 20 и 27* **4.** *условный* εἰ если jestliže: ѥже пльтиѭ побѣждени бысте • крѣпостиѭ д⟨оу⟩шьнѫѭ побѣдите *Супр 108, 21* □ **б ѫ д и ѥ ж е** *греч. нет* если и jestliže i, i kdyby: бѫди ѥже не видѣлъ ѥси • то не слъıша ли *Супр 475, 5.— Ср.* аще, ꙗко, ѥгда

ѥЗЕРО, -**а** *с* и **ѥЗЕРЪ,** -**а** *м* (24) [*вин.* езеръ *Зогр* (1) *Сав* (1)] λίμνη озеро jezero: прѣидѣмъ на онъ полъ езера... съниде боурѣ ветръна въ езеръ *Л 8, 22 и 23 Зогр*, езера... езеро *Мар*, езерѣ... езеро *Ас*; і оустръми сѧ стадо по брѣгоу въ езеро *Л 8, 33 Зогр Мар Ас*, въ езеръ *Сав*; положилъ еси поустꙑнѭ въ езера *Пс 106, 35 Син*; ѥзеро же бѣ о н҃емъже и градъ сътворенъ бꙑстъ *Супр 90, 3*; ѥстъ бо вь севастиї езеро имꙑ водѫ многѫ *Супр 76, 10.— Зогр Мар Ас Сав Син Супр*

ѥЛЕНЬ, -**е** *м* (11) ἔλαφος олень jelen: горꙑ вꙑсокꙑꙗ еленемъ • каменъ прібѣжище заꙗцемъ *Пс 103, 18 Син*; отъкѫдоу придоша сиꙗ дивиꙗ козꙑ и ѥленії авиѥ же ѥдинъ отъ еленію отвръзъ оуста своꙗ рече *Супр 224, 3 и 3-4.— Пс 28, 9; 41, 2 Син; Супр 223, 7 и 27; 224, 12, 18, 22 и 27*

ѥЛЕН҃Ь *прил.* (2) τοῦ ἐλάφου, τῆς ἐλάφου олений jelení: и положі непороченъ пѫть мои • съвръшаꙗ нозѣ мои ѣко елені *Пс 17, 34 Син*; оужасенъ же бꙑвъ епископъ • о чловѣчьстѣ гласѣ елен҃и *Супр 224, 12*

ѥЛИ *союз* (4) εἰ если jestliže: ели бо распінаемъ цѣсарюетъ • како бѫдетъ вѣнъчаемъ *Клоц 11а 36-37*; ѥли бо овъ противѫ женъскꙋ прѣштению не сътрьпѣ • овъ же прѫтивѫ вѫзѣ *Супр 442, 25.— Супр 379, 17; 442, 20.— Ср.* аще

ѥ л и (е л и) *Л 9, 10 Зогр см.* ѥлико

ѥЛИКО *мест. и нареч.* (>100) **I.** *нескл. мест.* [ели (!) *Зогр* (1)] ὅσος, ὅς; (елико сила можетъ κατὰ δύναμιν) сколько, который, кто, что kolik, který, kdo, co: зане елико въ тъмѣ рѣсте вь свѣтѣ оуслꙑшитъ сѧ *Л 12, 3 Мар Ас Боян* (*нет Зогр*); нападаахѫ емь • хотѧште прикоснѫти сѧ емь • елико імѣахѫ ранꙑ *Мк 3, 10 Зогр Мар*; да испꙑтаетъ заемодавьцъ • вьсѣ елико сѫтъ его *Пс 108, 11 Син*; вьсѣ елико вьсхотѣ с⟨ъ⟩твори г⟨оспод⟩ь *Пс 134, 6 Син*; да чисто съблюдеши ср⟨ъдь⟩це • отъ скврънenъ помꙑшленеи • дѣениѣ • елико сила можетъ *Евх 92а 5-6*; прıемлѭ прѣжде елико отъ б⟨ог⟩а властъ прıемъше *Клоц 1б 35*; дьнесь с⟨ъ⟩п⟨а⟩сенье вьсемоу мироу • елико видимъ • і елико невидімъ *Клоц 12б 36* (2); ѥлико сѫтъ воини подъ ц⟨ѣса⟩ремъ *Супр 71, 10*; ѡле блаженнии ѩзꙑци • ѥлико ихъ с⟨вѧ⟩тꙑи тъ гласъ испоустиша *Супр 86, 5* □ **ѥ л и к о (а щ е)** ὅσος ἄν, ὅσος ἐάν, ὅσος, ἄν τι что(бы) ни cokoliv: елико аще съвѧжете на земи • бѫдетъ съвѧзано на небесехъ *Мт 18, 18 Мар Ас Сав* (∅ *Зогр*); елико аште оуслꙑшитъ г⟨лаго⟩лати імать *И 16, 13 Зогр Мар*; елико просите отъ о⟨ть⟩ца • о имени моемь • дастъ сѧ вамъ *И 16, 23 Сав 27б 7* (аште чесо *Зогр Мар Ас* (2) *Сав 106б 12*) **II.** *нареч.* ὅσῳ, ὅτε (!) сколько, насколько kolik, o kolik, oč, čím: тѫжъшаꙗ имѣти имаши дльгꙑ... елико и большии благодѣти наслаждаеши сѧ нꙑнѣ благꙑхъ *Евх 91а 21*; тꙑ дꙑꙗвола попьра ѥлико хотѣ *Супр 505, 24* □ **ѥ л и к о... т о л и ц ѣ м ь** ὅσῳ... τοσούτῳ насколько... настолько čím (více)... tím (více): ѥлико бо великоѥ въздръжаньѥ и житиѥ прѣжде обави • толицѣмь вел'ми и отъпаде *Супр 520, 30.— Зогр Мар Ас Сав Боян Син*

Клоц Супр Рыл.— Ср. иже, кликоже, кльма, кльмаже

ЮЛИКОЖЕ *мест. и нареч.* (19) **I.** *мест. нескл.* ὅσος, ὅς сколько, который, кто, что kolik, který, kdo, co: тъ... въспомѣнетъ вамъ вьсѣ еликоже рѣхъ вамъ *И 14, 26 Мар* (ѥже *Зогр Ас,* еже *Сав*); сътвориша ѥмоу еликоже хотѣша *Мк 9, 13 Зогр* (елико *Мар*); аще к'то гнѣвает' см на братра своего • еликоже денъ гнѣвъ дръжитъ • толико да поститъ см *Евх 104б 13*; молж въи н⟨ы⟩нѣчю брат⟨и⟩ѣ моѣ • елико же васъ естъ боıащь см б⟨ог⟩а *Рыл 2аа 24* □ кликоже аще ὅσος ἄν что (бы) ни cokoliv: клико же ми аште въложитъ богъ • повѣдѣ ти *Супр 299, 19* **II.** *нареч.* ὅσον чем больше čím více: еликоже ıмъ тъ запрѣштааше • они паче ıз лиха проповѣдаахж *Мк 7, 36 Зогр Мар Ас Сав Боян* □ кликоже... толико ὅσον... τοσοῦτον насколько... настолько čím (více)... tím (více): не кликоже ли она течааше къ нѥмоу • толико онъ оукланıааше см кл *Супр 365, 28*; толико... кликоже *в знач. союза* τοσοῦτον... ὅσον столько... чтобы tolik... aby: съна же толико прикмьıаше • кликоже тъчьıж оума не погоубити • бессьникмъ *Супр 274, 25.— Зогр Мар Ас Сав Боян Евх Супр Рыл.— Ср.* иже, клико, кльма, кльмаже

ЮЛИКЪ, -а, -о *мест.* (5) ὅσος; (клика сила кстъ κατὰ δύναμιν) который, какой (*по количеству*) který, jaký, jak veliký: елико врѣмм съ собож ıмжтъ жениха • не ıмжтъ постити см *Мк 2, 19 Зогр Мар*; примъıшлıаи оубо мжкъı кликъı хоштеши *Супр 12, 22*; и еликж ми подаси силж оум'нжж и тѣле(сьн)жж • троуждж см *Рыл 7ба 1.— Клоц 9а 36*

ЮЛЬ *нареч.* (1) (кль далече καθ' ὅσον) насколько jak, jak velice: ель далече отъстоıатъ вьстоцı отъ западъ • оудалилъ естъ отъ насъ безаконнъѣ *Пс 102, 12 Син*

ЮЛЬКРАТЫ *или* **ЮЛЬКРАТЪ** (?) *нареч.* (2) [елъкр- *Ен* (2)] ὁσάκις сколько раз kolikrát: се творите елък(ратъı аш)е пиете... елъкрат(ъı)... *1 Кор 11, 25 и 26 Ен.— Ср.* кратъ

ЮЛЬМА *нареч. и союз* (36) [клма *Супр* (30), елма *Супр* (3)] **I.** *нареч.* ἐφ' ὅσον, ὅσον сколько kolik, nakolik: кльма оубо сътвористе кдномоу отъ братиıа сеıа моıа х҃ѣдъııа • то мьнѣ сътвористе *Супр 123, 24* (по ѥеже *Мт 25, 40 Зогр Мар Ас Сав*); ни сице оуташъчила ıж кръвь захаринна • кл'ма жидове нечьстиıе се великое сътвориша *Супр 485, 13* **II.** *союз* **1.** *причинный* ἐπεί, ἐπειδή, ἐπειδήπερ, ἀνθ' ὧν, διὰ τό *с инф.* потому что, поскольку protože, pokud: нъ кл'ма оубо тъштиши са на съмрьть • живъ да изгориши *Супр 140, 20*; си къ жидомъ глаголж • клма мьнатъ са пасхж творашт е • клма оумомъ стъıдькомъ • опрѣсньkъı прѣди полагаıжтъ *Супр 418, 9 и 10* (понеже... ıво *Клоц 7а 16 и 17*) □ кльма оубо... сего дѣльма ἐπεί... διὰ τοῦτο, ἐπειδήπερ... διά потому что... поэтому protože... proto: клма оубо домоу не имѣаше владъıка • сего дѣл'ма оубо глаголжтъ *Супр 416, 1* **2.** *условный* εἰ если jestliže: клма господинъ мои госпожде не вѣстъ ничсоже из мене... како могж азъ сътворити неприıазнинок се дѣло *Супр 366, 3.— Супр.— Ср.* аще, кгда, кльмаже, кльми

ЮЛЬМАЖЕ *нареч. и союз* (10) [кл'маже *Супр* (1), клмаже *Супр* (5), ельмаже *Зогр-лл.* (1), елмаже *Супр* (1)] **I.** *нареч.* ὅσῳ насколько oč: клма же оубо немоштьнѣи сжпротивьникъ • толма же и бес простъıнѥ побѣжденъıѥ *Супр 371, 28* **II.** *союз причинный* ἐπεί, ἐπειδή, ἐπείπερ так как, потому что protože: кльма же не хоштеши повинжти са цѣсароу • вь рѣкж въвръженъ бждеши *Супр 253, 28*; клма же молитвъı проси молитвж дастъ *Супр 308, 12.— Супр 71, 21; 259, 26-27; 372, 22; 373, 14; 435, 24; 507, 4; Зогр-лл 1б 7.— Ср.* кгда, кльма, кльми

ЮЛЬМИ *нареч.* (3) [клми *Супр* (2), елми *Ен* (1)] καθ' ὅσον насколько oč, čím: ..а елми.. (*т. е.* большии бо славѣ паче мосеıа съподоби са • кльми вмщьшю чьсть храма иматъ сътвории кго) *Евр 3, 3 Ен* ● ὅσον (не столько...) сколько, как jako: не тол'ми богочьстьно отъвѣшташа • клми врачьбно *Супр 314, 13.— Супр 242, 2.— Ср.* клико, кликоже, кльма, кльмаже, кльмиже

ЮЛЬМИЖЕ *нареч.* (1) *греч. нет* насколько, как, в какой степени nakolik, jak, do jaké míry: ѡ многообразьнаaго дьни... паче же не толма врѣдивъ • клмиже исцѣливъ (*т. е.* дьнь) *Супр 429, 20.— Ср.* клико, кликоже, кльмаже, кльми

ЮЛѢ *нареч.* (4) (клѣ живъ ἡμιθανής) едва, еле sotva: ч⟨ловѣ⟩къ етеръ... въ разбоıникъı въпаде • ıже... оставьше ı елѣ живъ сжшть *Л 10, 30 Зогр Мар Ас Сав.— Ср.* кдъва

кмъше *Супр 40, 17 см.* ıаги

крмиıа *Супр 152, 2 см.* ермиıа

кроусалимъ *Супр 99, 17 см.* ıерусалимъ

кс е *Супр 88, 23; 369, 25 см.* есе

ксмь, кси, кстъ *см.* бъıти

ЮСТЬСТВИЮ, -ıа *с* (1) φύσις существо, природа (*чего-л.*); сущность přirozenost: ти к'то хоштетъ о томь пътати ноуда са • а не по сватъıимъ хода словесемь • то и кстьствиıа • а словеса имиже са кычитъ • гор'ко прѣтръгнетъ • и богословьнааго охоулитъ закона

Супр 338, 10.— Ср. родъ, сѫщиѥ, сѫщьство, ѥстьство, ѵпостась

ѤСТЬСТВО, -а *с* (41) φύσις, οὐσία, πρᾶγμα, ἰδιότης сущность; естество, субстанция podstata, substance: непрѣходима естъства • прѣходима авиша сѧ *Евх 16 6-7*; бездоушьноѥ ѥстьство • доушьнаа животъваа изнесе *Супр 495, 25-26*; етеръ бо вѣтръ страха вь нѣ вьвѣавъ • ꙗкоже листомъ вьсѣмъ естьствомъ движааше *Супр 472, 17-18*; како сътворьи множьство чоудесъ • изволилъ ѩтъ быти • ѥстьство водьноѥ вь вино прѣложивъıи *Супр 473, 9* ● сущность, природа (*чего-л.*) přirozenost: дьньсь чловѣчьско ѥстъство • отъ диꙗволꙗ противъства свободивъ *Супр 490, 6*; сего дѣльма бо сьниде сънъ б⟨о⟩жии • да състроитъ наше ѥстьство съ богомь *Супр 423, 9* (родъ *Клоц 9а 29-30*) ● качество vlastnost: ꙗко брашьно пльтьноѥ ѥгда въ ѩтробѫ слоузь имѣѭштоу зьль въпадетъ • паче продлъжитъ недѫгъ • не своимъ ѥстьствомь нь недѫгы ѩтробы *Супр 421, 16* (своеѭ • силоѭ *Клоц 8б 6*);младеништъ бо ѥстьство • не вѣстъ проныриꙗ ни проскоупьства имѣти *Супр 337, 23* ● *собир.* живые существа tvorstvo: прѣдаѥши… ѥстьствоу вьсемоу владыкѫ *Супр 412, 7* (вьсѣкоі тварі *Клоц 4б 35*) ● действительность, факт skutečnost, fakt: не моштьна и чоудьна вѣштаѥши • и бъхма не видима естьства *Супр 502, 1.— Евх Супр.— Ср.* родъ, сѫщиѥ, сѫщьство, ѥстьствиѥ, ѵпостась

ѤСТЬСТВЬНЪ, -ьıи *прил.* (7) **1.** φυσικός, τῆς φύσεως природный, естественный přirozený: ѥстьствънꙑѩ ради тѣлеси потрѣбы *Супр 289, 7-8*; ѥже исцѣлити ѥстьствьнꙑѩ съблазны • ѥже раздрѣшити страшънꙑѩ ѫзы *Супр 249, 20-21*; творитъ вьсего не знати • и себе и ближьнꙗѩ • и ѥстьствънꙑѩ законы *Супр 411, 25-26* (тѣлесънаго обычаѣ *Клоц 4б 13*) **2.** τῆς φύσεως сущностный, сущности *род.*, природы *род.* podstaty *род.*, přirozenosti *род.*: цѣлитель ѥстъствънъї дръжимъ бѣаше • не кон'чати своѥго хытростьнааго дѣла *Супр 431, 22.— Супр 273, 14; 327, 21; 365, 22-23*

ѤЩЕ *нареч.* (>100) ἔτι, ἤδη, ἀκμήν, εἴθε, αὖ; (паче ѥще προσέτι; не ѥще οὐδέπω, οὔπω, οὐκέτι) еще ještě: еште же ѥмоу не далече сѫштю отъ домоу • посъла къ нѥмоу дроугы сътъникъ *Л 7, 6 Зогр Мар Ас Сав*; чьто еште трѣбоуемъ съвѣдѣтель *Мт 26, 65 Зогр Мар Ас Сав* (2); вьсѣ покорилъ еси подъ ноѕѣ его • овьцѧ і волы вьсѧ • еще же и скоты польскꙑѩ • и пьтицѧ н⟨ебе⟩с⟨ь⟩нꙑѩ *Пс 8, 9 Син*; ї еще мало • ї не бѫдетъ грѣшьника *Пс 36, 10 Син*; хотѣхъ гнѣвъ їхъ оутолиті • не хотатъ нъ еште прѣбываѭтъ • въ зълобѣ своеі *Клоц 5а 28* (ѥдначе *Супр 413, 24*); ѥште же къ симь чоудесемъ и се бъıстъ *Супр 43, 11*; ѥште мало прѣтръпи да съвръшенъ бѫдеши *Супр 79, 29*; не ю ѥште почоу мѫжъ *Супр 112, 9.— Зогр Мар Ас Сав Ен Син Евх Клоц Супр Хил*

ѤША *частица* (3) [еша *Супр* (1)] εἴθε если бы, хотя бы kéž (by): еша могль быхь азь вась оувѣштати крьстиꙗномь быти *Супр 131, 9*; ѥша и не събрали събора • ѥша и сице не бесѣдовали • ꙗроу тоу грѣховьнѣи зълоби прѣсталъ коньцъ *Супр 386, 6 и 7*

ѥѵга *Супр 463, 2 см.* ѥѵга

Ѧ

ѧ- *см.* ѩ-

Ѫ

ѪГЛЬ, -и *м* (4) ἄνθραξ уголь uhel: ѫглье възгорѣшѧ сѧ отъ него *Пс 17, 9 Син*; стрѣлъї сильнааго їзоштренъї • съ горѫштіми ѫгльми поустъıннъıїми *Пс 119, 4 Син*; въсыпавъ въ лоно своѥ отъ ѫглии • излѣзе… без врѣда и цѣлъ *Супр 541, 3.— Пс 117, 13 Син*

ѪГЪЛЪ, -а *м* (10) [ѫгъл- *Ас* (1) *Супр* (1), ѫгл- *Сав* (1), ѫгол- *Евх* (1)] γωνία угол kout, roh: събравъ кости положи вь ѥд'номь ѫгълѣ *Супр 527, 28*; ѡтиди сотоно… отъ сихъ четырь ѫголъ *Евх 37а 23-24* ◆ глава ѫгълоу κεφαλὴ γωνίας краеугольный камень úhelný kámen: камень їже не врѣдоу сътворишѧ зіждѫштеї • сь бъıстъ въ главѫ ѫгълоу *Пс 117, 22 Син; Мт 21, 42 Мар Ас Сав* (Ø *Зогр*); *Мк 12, 10 Зогр Мар; Л 20, 17 Зогр Мар*

ѪГЪЛЬНЪ, -ьıи *прил.* (4) ἀκρογωνιαῖος краеугольный úhelný, základní: по срѣдѣ дъвоіхъ люди • камень ѫгъленъ лежѧ *Клоц 13б 32*; ѫгъльнъ *Супр 451, 7*; потъкнѫша сѧ въ ѫгъльнъи о камень х⟨ристо⟩са *Супр 448, 17* (акрогониѥ *Клоц 12б 20-21*).*— Супр 385, 14.— Ср.* акрогониѥ

ѪДИЦА, -ѧ *ж* (3) ἄγκιστρον удочка udice: шедъ въ море въврьѕи ѫдицѫ *Мт 17, 27 Мар Ас Сав* (Ø *Зогр*)

ѪДОЛИѤ, -иꙗ *с* (1) κοιλάς долина údolí: ѫдольѣ оумьножаѭтъ пъшеницѫ *Пс 64, 14 Син.— Ср.* ѫдоль

ѪДОЛЬ, -и *ж* (3) κοιλάς долина údolí: ѫдоль селомъ размѣрѭ *Пс 59, 8 Син; Пс 107, 8 Син* ◆ ѫдоль плачевьнаꙗ *см.* плачевьнъ.*— Пс 83, 7 Син.— Ср.* ѫдолиѥ

ѫдъ *Евх 55а 25 и 26 см.* оудъ

ѪЖЕ, ѫжа *с* (25) **1.** σχοινίον, ἱμάς, κάλος веревка; канат provaz; lano: и повелѣ…

страстьника распѧти жжи четъıрьми • и привѧзати и по четъıри колъı *Супр 152, 29*; старѣишинъı вльшьскъıѩ • повелѣшѧ жжемъ за ногѫ повръзъше и влѣшти *Супр 261, 7-8*; имѣ сии кораб' жже *Супр 401, 1* ● петля oprátka: оүдавьенню жже прнѩ *Супр 426, 14* ● *мн.* силки, сети osidla, tenata: жжа грѣшьникъ обѧзашѧ сѧ мьнѣ *Пс 118, 61 Син* ● веревка для измерения měřicí šňůra; *перен.* межа, граница mez, hranice: по жрѣбию раздѣли имъ землѭ • жжемь дѣломѣрьнъıмъ *Пс 77, 55 Син*; жжа допадѫ ми въ дрьжавънъıхъ *Пс 15, 6 Син* **2.**: жже желѣзно(к) ἅλυσις оковы, цепи řetěz: вѧзаахѫ і жжи желѣзнъı *Л 8, 29 Зогр Мар Ас Сав*; съкроушите сѧ желѣзнаꙗ жжа • нераздрѣшимаꙗ *Супр 464, 21; 462, 20; 466, 2-3.— Зогр Мар Ас Сав Син Супр.— Ср.* жза

ЖЖИКА, -ъı *м и ж* (21) ὁ, ἡ συγγενής, ἡ συγγενίς, οἰκεῖος; (жжикъı συγγένεια) родственник, родственница příbuzný, příbuzná: се елисавьть • жжика твоѣ *Л 1, 36 Зогр Мар Ас Сав; Супр 245, 11*; вѣроуи акъı жжицѣ *Супр 336, 1*; памѧт⟨ъ⟩ с⟨вѧ⟩т⟨а⟩го семеѡна • по плъти жжикъı г⟨осподъ⟩нѣ архиеп(и)ск(о)па *Ен 29б 17*; рѣшѧ въ срьдьци своемь жжікъı іхъ вькоупѣ *Пс 73, 8 Син* ● *собир.* родня, родственники příbuzenstvo: отъметаеши бо сѧ родитель • братриѩ женъı и дѣтеи • жжикъı • и в'сего рожденіѣ *Евх 89б 26.— Зогр Мар Ас Сав Ен Син Евх Супр.— Ср.* ближика, срьдоболꙗ

ЖЖИЧЬСТВО, -а *с* (2) συγγένεια, τὸ συγγενές родство příbuzenství: образъ и жжичьство просвѣштааше сѧ *Супр 511, 25-26*; аште нѣси и словесъı отъвръглъ жжичьства *Супр 336, 2*

ЖЖЬНИКЪ, -а *м* (3) δέσμιος узник, заключенный vězeň: нъ подвигнѣте сѧ • и жжникъı изведѣте аже доселѣ пожрѣсте *Супр 467, 9*; известъ вѣчьнъıхъ жж'никъ мѫжьствомъ *Супр 460, 6*; братрие • молѭ въı азъ жжъникъ о г⟨оспод⟩і *Евх 105б 11* (*Еф 4, 1*; свѧзаныи *Зогр-лл 1б 1*).*— Ср.* съвѧзати (съвѧзанъıи), съвѧзьнь, жзьникъ

ЖЗА, -ъı *ж* (59) **1.** δεσμός, σειρά, ᾅδης (!) оковы, кандалы; узы pouto, pouta: і растръзааше жзъı • гонимъ бъıвааше бѣсомь • сквозѣ поустъıнѩ *Л 8, 29 Зогр Мар Ас Сав*; не достоѣше ли раздрѣшити сеѭ • отъ жзъı въ дьнь сѫботънъı *Л 13, 16 Зогр Мар Ас*, отъ жзъ *Сав*; растръгнѣмъ жзъı іхъ *Пс 2, 3 Син; Ен 21а 5*; дьнесь нераздрѣшенъıми жзамі • съвѧзаетъ гоубітелѩ *Клоц 13а 28; Супр 449, 28*; воеводинъı слоугъı вѣровашѧ къ г⟨оспод⟩оу • и отрѣшишѧ кго отъ жзъ *Супр 18, 29* **2.** (*единственный случай*) νευρά сухожилие vazivo, šlacha: кгда кръстъ ꙗко лѫкъ б⟨о⟩жиꙗма рѫкама • жзами ꙗко тѧтивоѭ налѧче *Супр 462, 25.— Зогр Мар Ас Сав Боян Ен Син Евх Клоц Супр.— Ср.* жже

ЖЗИЛИЩЕ, -а *с* (3) δεσμωτήριον тюрьма žalář: іоанъ же слъıшавъ • въ жзилишти дѣла х⟨ристосо⟩ва *Мт 11, 2 Зогр Мар Ас.— Ср.* тьмьница

ЖЗЪКЪ, -ъıи *прил.* (8) στενός узкий, тесный úzký, těsný: вънидѣте жзъкъıми вратъı *Мт 7, 13 Зогр Мар Ас*; коль жзъка врата і тѣснъ пѫть • вьводѧı въ животъ *Мт 7, 14 Зогр Мар Ас; Евх 89б 7*; жзъкъıи пѫть паче пространааго поч'ти *Супр 290, 25.— Ср.* тѣснъ

ЖЗЬНИКЪ, -а *м* (2) δέσμιος узник, заключенный vězeň: даждъ ми тѣло мрьтво на погребеник... жзьника ї҃соуса *Супр 454, 19*; хотѧштии • подати жзникоу • и долѣ лежѧштоуоумоу рѫкѫ *Супр 522, 15.— Ср.* съвѧзати (съвѧзанъıи), съвѧзьнь, жжьникъ

ЖРОДИВЪ, -ъıи *прил.* (12) μωρός; (жродиваꙗ бесѣда μωρολογία) глупый, неразумный hloupý, pošetilý: пѧть же отъ н҃ихъ бѣаше мѫдръ • пѧть же жродивъ *Супр 368, 29* (боуі *Мт 25, 2 Зогр Мар Ас Сав*); по истинѣ сии людик жродиви а не мѫдри *Супр 335, 24*; жродивъıѩ бесѣдъı филистионовъı писати не ставъıате *Супр 403, 23.— Супр 165, 18; 183, 1; 265, 28; 368, 30; 372, 1, 23, 25, 26 и 30.— Ср.* безоумьнъ, боуи, жродъ, жродьнъ

ЖРОДИТИ СѦ, жрождѫ сѧ, жродиши сѧ *несов.* (1) *греч. нет* лишаться рассудка bláznit: алеѯандръ рече • чоуждѫ сѧ како жродиши сѧ глаголѧ богъı *Супр 163, 20.— Ср.* жродьствовати

ЖРОДОВАТИ, жродоуѭ, жродоукши *несов.* (1) *греч. нет* оглуплять ohlupovat: аште ли то тебе послоушаѭ • то не тъчьѭ бладь кемъ нъ и жродъ • жродоуѭтъ бо словеса твоꙗ *Супр 156, 2*

жродоуѭште (!) *Супр 145, 27 см.* орѫдовати

ЖРОДЪ *прил. м в знач. сущ.* (5) λῆρος неразумный, глупый; глупец, дурак pošetilý; hlupák: бладь кемъ нъ и жродъ *Супр 156, 1*; доколѣ досаждаеши не срамьꙗ сѧ жроде и безоумьлю *Супр 2, 16*; жроде непрѣподобьнъıи *Супр 8, 10; 8, 15; 12, 11.— Ср.* жродивъ, жродьнъ

ЖРОДЬНО *нареч.* (1) ἀφρόνως неразумно, глупо pošetile, hloupě: глаголѧ кмоу не жродьно и прѣзорьно отъвѣштаван *Супр 1, 12-13.— Ср.* жродьскъı

ЖРОДЬНЪ, -ъıи *прил.* (1) ἀγνώμων неразумный, глупый pošetilý, hloupý: си кстъ кръвь кяже дѣльма тократ стъıдъкъıѩ сьвѣтъı онъı творааше • сь жродьнъıими фарисеи *Супр 419, 24.— Ср.* неразоумьнъ, жродивъ, жродъ

ЖРОДЬСКЪІ *нареч.* (1) παραφρονήσας (!) неразумно, глупо pošetile, hloupě: съгрѣшихомъ прѣдъ тобоѭ жродъскъı *Супр 3, 19.— Ср.* жродьно

ЖРОДЬСТВО, -а *с* (3) μωρία, ἀγνωμοσύνη неразумность, глупость, безрассудство pošetilost, hloupost: мѫдрость бо чловѣчъска • жродьство оу бога ѥстъ *Супр 183, 4 (1 Кор 1, 25)*; видѣ ли жродьство видѣ ли безакониѥ *Супр 419, 4* (безоумье *Клоц 7б 4*).— *Супр 340, 20.— Ср.* безоумиѥ, боуиство, боуѥсть, неразоумиѥ

ЖРОДЬСТВОВАТИ, -ствоуѭ, -ствоуѥши *несов.* (1) μωραίνειν поступать неразумно, глупо být pošetilý, jednat pošetile: аноупате • не жродъствоуи богъı г⟨лаго⟩лѧ *Супр 100, 19.— Ср.* жродити сѧ

ж р ж ж и ѥ (!) *Пс 16, 13; 44, 4 Син; Евх 29а 4 см.* орѫжиѥ

ЖСОБИЦА, -ѧ *ж* (1) στάσις мятеж, возмущение vzbouření, vzpoura: пилатъ ни глаголати ни слъıшати можааше • съкоупьѥнааго ради мѧтежа • и жсобица мъıшлѩаше бъıти *Супр 434, 3-4 (ср. Мт 27, 24).— Ср.* говоръ, котора, млъва, мѧтежь, плищь, ръпътъ, тѫсъ, шѧтаниѥ

ЖТРОБА, -ъı *ж* (46) [рѫтроб- (!) *Син* (1)] **1.** τὰ ἔγκατα, τὰ σπλάγχνα, οἱ νεφροί внутренности vnitřnosti: вьниде ѣко вода вь жтробѫ его *Пс 108, 18 Син*; брашьно пльтьноѥ ѥгда въ жтробѫ слоузь имѣѭштоу зьль въпадетъ • паче продлъжитъ недѫгъ • не своимъ ѥстьствомь нь недѫгъı жтробъı *Супр 421, 14 и 17* (въ чрѣво, въ чрѣвѣ *Клоц 8б 4 и 7*) ● *перен.* внутренность vnitřek: придѣте оубо братрьѣ • відимъ болѣзни гробънъıѩ • відимъ жтробоу гробоу *Клоц 12а 26* ● *перен.* сердце, душа nitro, srdce: облѣцѣте сѧ... въ жтробѫ щедротъ *Кол 3, 12 Ен*; ср⟨ь⟩д⟨ь⟩це чисто създижді въ мнѣ б⟨о⟩же • ї д⟨оу⟩хъ правъ обнові въ жтробѣ моеі *Пс 50, 12 Син*; ави же вь немь о⟨ть⟩чѭ жтробѫ *Евх 83а 23-24*; огнь възгорѣ сѧ въ жтробѣ ѥго • и обьхождааше вьсѫдѹ по божию же попоуштению *Супр 191, 12-13* **2.** γαστήρ живот břicho: иждени із него... в'сѭ ѩзѭ жегѫщѭѭ пльть его • і жтробѫ его *Евх 29б 21-22*; мариѩ... многъı ризъı на жтробѣ полагаѭшти • їѡсифа гонезнѫти хотѣаше *Супр 239, 30* ● *перен.*: г⟨оспод⟩і... сокръвенъıхъ твоіхъ исплъни сѩ жтроба іхъ • насътішѩ сѩ с⟨ы⟩нъвъ и оставішѩ одълѣкъ младенъцемъ своімъ *Пс 16, 14 Син* **3.** κοιλία, μήτρα материнская утроба, чрево mateřské lůno: еда можетъ въторицеѭ въ жтробѫ вьлѣсти матере своеѩ *И 3, 4 Зогр* (въ чрѣво *Мар Ас Сав*); ѥште сѫштѫ ми въ жтробѣ матерні • обѣштанимъ дано бъıстъ имѧ моѥ *Супр 227, 6* □ о т ъ ж т р о б ъ ı (м а т е р е), и з ъ ж т р о б ъ ı м а т е р е ἀπὸ γαστρός (μητρός), ἐκ κοιλίας μητρός от рождения od narození: къ тебѣ привръженъ есмъ из ложеснъ • отъ жтробъı матери нашеѩ *Евх 62а 20-21*; отъ рѫтробъı (! *вм.* жтробъı) матері моѩ б⟨ог⟩ъ мои еси тъı *Пс 21, 11 Син*; на тѩ оутвръдіхъ сѩ отъ жтробъı *Пс 70, 6 Син*; из жтробъı матере моѥѩ крьстиѩнъ ѥсмъ *Супр 117, 28.— Зогр Мар Ас Сав Ен Син Евх Клоц Супр.— Ср.* исто, ложесно, лоно, чрѣво

ЖТРОБЬНЪ, -ъıи *прил.* (1) ἐν ἀφεδρόνι брюшной, кишечный břišní, střevní: жтробьнъıимъ подвизаниемъ женомъ бѣаше *Супр 190, 4.— Ср.* чрѣвьнъ

ж т р ъ *Супр 344, 4; 558, 27 см.* жтрь

ЖТРЬ *нареч.* (9) [жтръ *Супр* (2)] **1.** ἔνδοθεν, ἐντός, ἔσω; (въ... жтрь εἴσω) внутри uvnitř: жтрь въ домоу сѧ обрѣте *Супр 501, 10*; оста же жтрь с⟨вѧ⟩тъıи *Супр 22, 17*; аште к'то видит' вѣдро злато • имѣѭште жтръ камение чьстьноѥ *Супр 344, 4*; младеништь жтрь движааше сѧ *Супр 239, 28* **2.** (жтрь въ ἔνδον внутрь dovnitř): вьлѣзъ же безбожьнъıи жтрь въ градъ *Супр 56, 23.— Супр 23, 3 и 4; 444, 1; 558, 27.— Ср.* вънѫтрь, вънѫтрьѭдоу, изѭтрьѭдоу, жтрьѭдоу, жтрьѭдѣ

ЖТРЬНЬ, -ниі *прил.* (5) ἐνδότερος, ἐσώτερος, ὁ ἔνδοθεν; (въ жтрьниихъ прибѣжищихъ ἐνδότερον) внутренний vnitřní: въ жтрьнѭѭ клѣтькѫ заключи сѧ *Супр 516, 2-3* □ ж т р ь н ѥ ѥ *с в знач. сущ.* τὸ ἔσω внутренность nitro: отъ зьла и очиштанимъ вьсе жтрьнѥѥ и вьнѣшьнѥѥ *Супр 430, 28.— Супр 344, 7; 466, 16; 547, 12.— Ср.* вънжтрьнъ; жтрьнѥѥ *ср.* жтроба

ЖТРЬѬДОУ *нареч.* (1) ἔσωθεν внутри uvnitř: жтрьѩдѫ же сѫтъ • плъни хъıштениѣ • і нечистотъı *Мт 23, 25 Мар* (∅ *Зогр*).— *Ср.* вънѫтрьѭдоу, вънѫтрь, жтрь, жтрьѭдѣ

ЖТРЬѬДѢ *нареч.* (1) ἔσωθεν внутри uvnitř: вьнѣѩдѣ обраштаахъ чоудесно • а жтрьѩдѣ страшно *Супр 511, 21-22.— Ср.* вънѫтрьѭдоу, вънѫтрь, жтрь, жтрьѭдоу

ЖТЬЛЪ, -ъıи *прил.* (1) *греч. нет* дырявый děravý: не бъı възмоглъ лѫкавъıи врагъ акъı въ ал'дъı жтьлѣ • о камъı того розбити сьвѣсть *Супр 522, 8*

Ѭ

ѩ *мест. м и ж вин. мн. см.* и

ѩ *2 и 3 л. ед. аор. см.* ѩти

ѬДРО *нареч.* (11) ταχύ, ταχέως скоро,

быстро rychle, spěšně: зане ѣко трѣба ꙗдро їсъшѫтъ *Пс 36, 2 Син*; ꙗдро оуслыши мѧ *Пс 101, 3 Син; Пс 137, 3 Син; Пс 68, 18 Син*; отъшедъши ꙗдро отъ гроба *Мт 28, 8 Мар Ас* (скоро *Зогр Сав*).— *Мт 28, 7 Мар; Л 14, 21 Мар; И 11, 29 и 31 Мар; Пс 78, 8 Син.— Ср.* бръзо, скоро, скоръ (въ скорѣ)

ꙖДРОПИШЬЦЬ, -а *м* (1) ὀξύγραφος скорописец rychlopisec: ꙗзꙑкъ мои трьстъ кънижъника ꙗдропишьца *Пс 44, 2 Син*

ꙖДРЪ, -ꙑи *прил.* (1) ὀξύς скорый, быстрый rychlý, spěšný: херовимъскꙑи прѣстолъ оуготовилъ сѧ естъ • възносѧштеи ѧдри • иначе готови • трепеза оуготова сѧ *Супр 470, 25.— Ср.* бꙑстръ, скоръ

ꙖДѢ *нареч. в знач. предлога с род.* (1) ἐχόμενοι следом, вслед *за кем-л., чем-л.* zároveň *s někým, něčím*: доньдеже правъда обратітъ сѧ на сѫдъ • ї ꙗдѣ еѩ вьсі праві срьдьцемь *Пс 93, 15 Син*

ꙖЅА, ꙗѕѧ *ж* (37) μαλακία, νόσος, ἀσθένεια, ἀρρωστία, ἀρρώστημα, συμφορά; (сѫпротивьно ꙗѕи бꙑлиѥ ἀντιφάρμακον) болезнь, недуг nemoc, neduh: і проходѧаше вьсѭ галилеѭ и⟨соу⟩с⟨ъ⟩... цѣлѧ вьсѣкъ недѫгъ • і вьсѣкѫ ꙗѕѫ въ людехъ *Мт 4, 23 Зогр*, ꙗѕѫ *Ас*, ѧѕѫ *Сав* (∅ *Мар*); *Мт 9, 35 Зогр Мар*, ꙗѕѫ *Ас*, ѧѕѫ *Сав*; ицѣлѧтъ... вьсѣкѫ ꙗѕѫ въ людехъ *Мт 10, 1 Ас* (болѣзнь *Зогр Мар Сав*); отъгонѧ недѫгꙑ • і ꙗѕѧ и болѣзни *Евх 27б 19*; мнози же и инии прихождаахѫ к немоу • различьнꙑѩ • ѧѕѧ имѫште *Супр 518, 25.— Зогр Мар Ас Сав Евх Супр.— Ср.* болѣзнь, недѫгъ

ꙗ з ꙑ (!) *Пс 54, 10 Син см.* ꙗзꙑкъ

ꙖЗꙐКЪ, -а *м* (>200) [ѥзꙑк- ! *Син* (1), *Супр* (1), ꙗзꙑ ! *Син* (1), ꙗ̑зк- *Мар Ас Син*] **1.** γλῶσσα язык (*орган*) jazyk: ѡ⟨ть⟩че аврааме... посъли лазора да омочитъ • коньць пръста своего въ водѣ • і оустоудитъ ꙗзꙑкъ мої *Л 16, 24 Зогр*, ꙗз⟨ꙑ⟩кꙑ (!) *Мар*, ꙗз⟨ꙑ⟩кь *Ас*, ѧзꙑкъ *Сав*; раздрѣши сѧ ѫза ꙗзꙑка его • і г⟨лаго⟩лааше чисто *Мк 7, 35 Зогр*, ꙗз⟨ꙑ⟩ка *Мар Ас*, ѧзꙑка *Сав*; и ꙗзꙑкъ мої прілъпе грътані моимъ *Пс 21, 16 Син*; ꙗзꙑкъ іхъ мечь остръ *Пс 56, 5 Син*; то ли не ѧзꙑци нанѣмь истинѫ ꙗсно глаголѭтъ *Супр 336, 24-25* **2.** γλῶσσα, διάλεκτος язык (*речь*) jazyk (řeč): іменемъ моимъ бѣсꙑ иждєнѫтъ • ꙗз⟨ꙑ⟩кꙑ възглаг⟨о⟩лѭтъ новꙑ *Мк 16, 17 Мар* (∅ *Зогр*); своимъ имъ ѧзꙑкомъ въскрича глаголѧ *Супр 26, 28*; исаврьскꙑим' ѧзꙑкомъ отъвѣшта глаголѧ *Супр 49, 2*; потопи г⟨оспод⟩і і раздѣлі ꙗзꙑ (! *вм.* ꙗзꙑкꙑ) ихъ *Пс 54, 10 Син* **3.** ἔθνος народ, племя národ, kmen: въстанетъ бо ꙗз⟨ꙑ⟩къ на ꙗз⟨ꙑ⟩къ • і ц⟨ѣсарь⟩ство на ц⟨ѣ⟩с⟨а⟩р⟨ь⟩ство *Мт 24, 7 Мар Ас*, ѧзꙑкъ на ѧзꙑкъ *Сав* (∅ *Зогр*); *Мк 13, 8 Зогр Мар; Л 21, 10 Зогр Мар*; да единъ ч⟨лове⟩къ оумьретъ за люди • а не вьсь ꙗзꙑкъ погꙑбнетъ *И 11, 50 Зогр*, ꙗз⟨ꙑ⟩къ *Мар*; въскѫѭ шꙗташѧ сѧ ѥзꙑці • ї людье поочишѧ сѧ тъщет[•]нꙑмъ (!) *Пс 2, 1 Син; Супр 243, 17* (странꙑ *Супр 102, 27*); възвеселіті сѧ въ веселье ꙗзꙑка твоего *Пс 105, 5 Син*; ѣко пр⟨оро⟩ка бо въ ꙗзꙑцѣхъ положихъ тѧ *Евх 82а 22-23* **4.** ꙗ з ꙑ ц и *мн.* τὰ ἔθνη чужеземцы, иноплеменники; язычники cizozemci; pohané: осѫдѧтъ і • на съмрътъ • і прѣдадѧтъ і ꙗзꙑкомъ *Мк 10, 33 Зогр Мар Ас*, ѧзꙑкомъ *Сав*; вьсѣхъ бо сихъ ꙗзꙑци іштѫтъ *Мт 6, 32 Зогр Мар Ас* (поганиі *Сав*); їдоли ꙗз⟨ꙑ⟩къ сьребрьни ї злати *Пс 113, 12 Син*; оуклонивѣ сѧ отъ сего пѫти • да не сърѣтена бѫдевѣ свирѣпꙑими ꙗзꙑкꙑ • пастоуха бо оубиша *Супр 472, 12.— Зогр Мар Ас Сав Боян Зогр-пал Ен Син Евх Клоц Супр Рыл Зогр-лл.— Ср.* рѣчь; людиѥ, народъ; варъваръ, поганинъ, поганъ, ꙗзꙑчьникъ

ꙖЗꙐЧЬНИКЪ, -а *м* (6) ἐθνικός язычник pohan: молѧще же сѧ не лихо г⟨лаго⟩лѣте • ѣкоже і ꙗзꙑчьници • мьнѧтъ сѧ ѣко въ мноѕѣ г⟨лаго⟩лани своемь • оуслꙑшани бѫдѫтъ *Мт 6, 7 Зогр Мар Ас*, ѧзꙑчьници *Сав.— Мт 18, 17 Мар Ас* (поганъ *Сав*, ∅ *Зогр*).— Ср. варъваръ, поганъ, поганинъ, ꙗзꙑкъ

ꙖЗꙐЧЬНЪ, -ꙑи *прил.* (3) [ѧ̑зчьн- *Рыл* (1)] **1.** ἀείλαλος болтливый, болтун žvanivý, mluvka: нѣкотории завистиѩ пострѣкаѥми • ѧзꙑчьна и бладьника и нарицаѭ (! *вм.* нарицахѫ *или* нарицаѭтъ) *Супр 276, 24* **2.** τῶν ἐθνῶν языческий, чужеземный pohanský: и поклонѧтъ сѧ прѣдъ нимь вьсѣ отъчьства ꙗзъ(і)чьна *Пс 21, 28 Син*; ѣко възвращаѥте сѧ вьспѧть еже є..тъ на ꙗз⟨ꙑ⟩чьнаѣ дѣла *Рыл 2аβ 18-19.— Ср.* бладьнъ, поганьскъ, ꙗзꙑчьскъ

ꙖЗꙐЧЬСКЪ, -ꙑи *прил.* (1) τῶν ἐθνῶν языческий, чужеземный pohanský: паки печете сѧ творити ꙗз⟨ꙑ⟩чьскаѣ в'сѣ *Рыл 2аβ 31.— Ср.* поганьскъ, ꙗзꙑчьнъ

ꙖНЬДОРЪ, -а *м село (в Палестине)* (1) Ἀενδώρ Аендор Endor: потрѣбишѧ сѧ въ ꙗньдорѣ • бꙑшѧ ѣко гноі земьноі *Пс 82, 11 Син*

ꙖТИ, имѫ, имеши *сов.* (>300) **1.** кого, чьто *или* кого за чьто κρατεῖν, ἐπιλαμβάνεσθαι, κατέχειν, σφίγγειν, παρακρατεῖν взять; схватить vzít, uchopit: вьшьдъ же ꙗтъ ѭ за рѫкѫ *Мт 9, 25 Зогр Мар Ас*, ѧтъ *Сав*; и по комъканьи • иметъ п⟨о⟩пъ за рѫкѫ старѣишааго *Евх 11б 6* ● *перен.*: коньчьнѣє ѥдинъ ѩша сьвѣтъ *Супр 515, 1* ● καταλαμβάνειν, λαμβάνειν охватить, обнять zachvátit, pojmout: да тьма васъ не имєтъ *И 12, 35 Зогр Мар Ас*; ѩсѧ мѧ безаконнѣ моѣ *Пс 39, 13 Син*; въ скорѣ вьзнесеннимъ нѣкъıимъ или величааниимъ • ѩтъ • въ сьгрѣшеньѥ попоуштенъ бъıстъ въпасти *Супр 519, 14* ▭ ѩ т и с ѧ за чьто κρατεῖν схватить uchopit: онѣ же пристѫпьши • ѩсте сѧ за нозѣ его *Мт 28, 9 Зогр Мар Ас Сав* **2.** λαμβάνειν, συλλαμβάνειν, κρατεῖν, πιάζειν, κατέχειν, συνέχειν взять в плен, схватить (*задержать*) chytit, zajmout: съвѣтъ сътворишѧ на и⟨соу⟩са • да льстиѭ имѫтъ і *Мт 26, 4 Зогр Мар Ас Сав*; възложишѧ рѫцѣ на и⟨соу⟩са • і ѩшѧ и *Мт 26, 50 Зогр Сав*, ѩсѧ *Мар Ас*; иродъ • посълавъ ѩтъ іоана • і съвѧза і • въ тьмьници *Мк 6, 17 Зогр Мар Ас*; ѩти же бъıшѧ с⟨вѧ⟩тии мѫченици на мѫченик о х⟨рист⟩ѣ *Супр 81, 18* ● πιάζειν, ἀναλαμβάνειν, λαμβάνειν поймать, изловить chytit, ulovit: оужасъ бо одръжааше і • і вьсѧ сѫштѧѩ съ нимь • о ловитвѣ ръıбъ ѩже ѩшѧ *Л 5, 9 Зогр*, ѩсѧ *Мар Ас*; об ноштъ вьсѭ троуждьше сѧ • не ѩхомъ ничьсоже *Л 5, 5 Зогр Ас*, ѩсомъ *Мар* ● καταλαμβάνειν, αἱρεῖν, εὑρίσκειν застичь, захватить (*врасплох*) přistihnout: си жена ѩта естъ нъıнѣ въ прѣлюбодѣании *И 8, 4 Зогр Мар*; колико зълодѣискѫ сьмрьть приѩшѧ • ѩти бъıвъше о неправьдахъ *Супр 91, 15*; вараавѫ бо въ разбои имъıше дръжашѧ *Супр 398, 9* **3.** ѩ т и с ѧ о чемь, по чьто, чесомоу ἔχεσθαι, χρῆσθαι, τρέλεσθαι взяться, приняться *за что-л.* dát se *do něčeho*, pustit se *do něčeho*, začít *něco*: ѩ сѧ о молитвѣ *Супр 530, 17*; по большеѥ въздръжаниѥ ѩ сѧ блаженъıи анина *Супр 548, 5*; противънъıѩ силъı бѣствоу сѧ ѩшѧ *Супр 466, 6*; да оубо не позороуим' • нъ вьсѣмъ спѣшениимъ имѣмъı сѧ *Супр 382, 13* ◆ в ѣ р ѫ ѩ т и *см.* вѣра; ѩ т и с ѧ п ѫ т и *см.* пѫть; ѩ т и в ъ с л о в е с и *см.* слово.— *Зогр Мар Ас Сав Боян Охр Син Евх Клоц Супр Рыл Зогр-лл.— Ср.* възѩти, похватити, поѩти

ѩТИѤ, -иꙗ *с* (1) *греч. нет* взятие, прикосновение uchopení, dotyk: ѩтиѥ краꙗ ризъı крадѣаше ицѣлѥньꙗ *Супр 473, 19*

ѩЧЬНЪ, -ъıи *прил.* (2) κρίθινος ячменный ječný: иже иматъ пѧть хлѣбъ ѩчьнъ *И 6, 9 Мар* (ѩчьнѣнъ *Зогр Ас*).— *И 6, 13 Мар.— Ср.* ѩчьнѣнъ

ѩЧЬНѢНЪ, -ъıи *прил.* (4) κρίθινος ячменный ječný: събърашѧ же • і исплънишѧ дъва на десѧте коша оукроухъ • отъ пѧти хлѣбъ ѩчьнѣнъıхъ *И 6, 13 Зогр Ас* (ѩчънъıхъ *Мар*).— *И 6, 9 Зогр Ас.— Ср.* ѩчьнъ

Ѭ

ѭ *мест. ж ед. вин. см.* и

ѬДОУЖЕ *нареч.* (14) ὅθεν, ἔνθα, ὅ (!), *вар.* ὅπου где kde: жестокъ еси ч⟨лове⟩къ • жьнѩ идеже нѣси сѣꙗлъ • і събираѩ ѭдоуже не расточивъ *Мт 25, 24 Зогр Мар Ас Сав*; жьнѭ идеже не сѣхъ • і събираѭ ѭдоуже не расточихъ *Мт 25, 26 Зогр Мар Ас Сав* ● откуда odkud: вльсви... повелѣшѧ слоугамъ да одерѫтъ грѫгомь (! *вм.* крѫгомь) вьсѭ главѫ его • ѭдоуже власи сѫтъ *Супр 268, 18-19*; х⟨ристос⟩ъ... вьзиде въ въıспрьни і⟨ероуса⟩ли⟩мъ • ѭдоуже не разлѫчи сѧ *Клоц 14а 29; Супр 452, 12.— Л 19, 22 Зогр; Л 19, 21 Ас; Супр 251, 4.— Ср.* къде, отънѭдоу, оутънѭдоуже, ѭдѣже

ѬДѢЖЕ *нареч.* (1) ὅθεν где, куда, каким путем kudy: да не излази слово скврьнаво ѭдѣже х⟨ристос⟩ъ вьлазитъ *Супр 507, 22.— Ср.* къде, ѭдоуже

Ѯ

ѯ҃ *цифра кир.* (18) ξʹ ἑξήκοντα 60: ева⟨н⟩г⟨елие⟩ ѡт⟨ъ⟩ маѳ⟨еа⟩ глав⟨а⟩ ѯ҃а *Сав 32б 1.— Сав Син Супр.— Ср.* м҃ (*глаг.*)

ѮАНѲИИ, -иꙗ *м имя* (1) Ξάνθιος Ксанфий Xanthios: а се имъ имена... сѵнонѥъ • ѯан'ѳиі • сеѵрианъ *Супр 69, 10*

Ѱ

ѱ а л' м о с ъ *Супр 73, 10 см.* псалъмосъ

ѱ а л м ъ *Супр см.* псалъмъ

ѱ а т и *Супр 250, 24; 476, 8; 478, 22 см.* пьсати

ѱ а н и ѥ *Супр 266, 25 и 28; 304, 28 см.* пьсаниѥ

Ѳ

ѳ҃ *цифра кир.* (35) θʹ, ἐννέα 9: не і҃ ли ичистишѧ сѧ • да ѳ҃ како *Л 17, 17 Сав* (девѧть *Зогр Мар Ас*).— *Сав Ен Син Супр Рыл.— Ср.* ѕ҃, девѧть, девѧтъ

ѲАЛАСИИ, -иꙗ *м имя ангела* (1) Θαλάσσιος Фаласий Thalassius: тъгда глагола ѥмоу великъıи ѳаласии • въкоуси брашьна *Супр 168, 6-7*

ѳ е д о р ъ *Сав 73б 6 см.* ѳеодоръ

ѲЕКЛА, -ы *ж имя* (6) [текъл- *Евх* (1)] Θέκλα Фекла Tekla: мѣ⟨сѧ⟩ца сеп⟨тѧ⟩б⟨ра⟩ кг҃ страс⟨ть⟩... апо⟨сто⟩лы ѳеклъи *Ас 121а 20*, ѳеклы *Сав 131а 8*, ..клы *Ен 36а 1-2*; главѫ твоѭ постризаеши • ѣкоже текъла постриже сѧ павъломь *Евх 86б 11*; цѣсарьствоужштоу гръчьстѣи власти • михаилъ ѳеодѡръ • и ѳекла правовѣрьниї ц⟨ѣса⟩ри *Супр 65, 4.— Супр 179, 10*

ѲЕОДОРА, -ы *ж имя* (5) [теодор- *Ас* (1) *Ен* (2), теѡдоры *Ен* (1)] Θεοδώρα Феодора Teodora: кз҃ (*т. е.* авгос⟨та⟩)... с⟨вѧ⟩тѣ ѳеодорѣ солоунѣнъини *Ас 152б 2*; с⟨вѧ⟩тѣи теодорѣ *Ен 24б 10-11.— Ас 114ба 7; Ен 29б 7; 35а 10*

ѲЕОДОРОВЪ *прил. к* ѳеодоръ (1) *греч. нет* Феодоров Teodorův: придошѧ же томоу бывъшоу... їѡаннъ ѳеѡдоровъ ѵподиꙗкъ сы тъгда • и инн нѣци *Супр 554, 6*

ѲЕОДОРЪ, -а *м имя* (21) [теодор- *Ас* (1), ѳедор- *Сав* (1), ѳеор- *Сав* (1), ѳеѡдор- *Ен* (1), *Супр* (3), ѳеодѡр- *Супр* (5), ѳеѡдѡр- *Супр* (3)] Θεόδωρος Феодор Teodor: сѫб⟨ота⟩ а҃ с⟨вѧ⟩тааг⟨о⟩ пос⟨та⟩ • въ нѭже бываетъ памѧт⟨ь⟩ с⟨вѧ⟩таг⟨о⟩ м⟨ѫ⟩ч⟨ени⟩ка ѳеодора *Ас 74ба 10*, ѳедора *Сав 73б 6*, ѳеѡдора *Ен 6а 3*; блаженаго же зинона и алеѯандра • и ѳеодора... повелѣ къ сѫдиштоу привести *Супр 177, 18*; приведошѧ же... ѳеодѡра непобѣдимааго *Супр 60, 17.— Ас Сав Ен Супр*

ѲЕОДОСИИ, -ꙗ *м имя* (13) [ѳеѡдос- *Супр* (11), ѳеѡдѡс- *Супр* (1)] Θεοδόσιος Феодосий Theodosius: мѣ⟨сѧ⟩ца еноуар⟨ѣ⟩ аі҃ с⟨вѧ⟩таaг⟨о⟩ ѳеодосиа *Ас 141а 12*; гратиꙗнъ цѣсаръ иде въ римъ • а ѳеѡдосии въ кѡстантинѣ градъ *Супр 197, 14.— Супр 197, 1, 11 и 24; 198, 18; 199, 20; 200, 26; 201, 7; 202, 20; 206, 14; 208, 11; 209, 17*

ѲЕОДОТЬ, -и (?) *или* **ѲЕОДОТИ(И)**, -ьѩ (?) *ж имя* (2) Θεοδότη Феодотия Theodota: нарьци себе ѳеѡдоти *Супр 132, 10*; что сѧ глаголеши • она же рече ѳеодоть *Супр 132, 19*

ѲЕОДОУЛЪ, -а *м имя* (1) Θεόδουλος Феодул Theodulos: а се имъ имена • дометиꙗнъ... прискъ • ѳеодоул • еѵтѵхии *Супр 69, 14*

ѳ е о д ѡ р ъ *Супр* (3) *см.* ѳеодоръ

ѲЕОЛОГЪ, -а *м* (1) θεολόγος Богослов (*наименование евангелиста Иоанна*) Theolog (*přídomek Jana Evangelisty*): мѣ⟨сѧ⟩ц⟨а⟩ кѕ҃ прѣставлени(е) (и)ѡан⟨на⟩ ѳеолог(а) *Сав 131а 12-13.— Ср.* богословъ, богословьць

ѲЕОНА, -ы *м имя* (2) [ѳеѡн- *Супр* (1)] *греч. нет* Феона Theonas: посланъ бы жити вънѫ въ херсоньстѣ градѣ • ѳеѡна пати сътъ воинъ старѣишина *Супр 542, 2-3*; вьси коупно отидошѧ... съ еп⟨искоу⟩помъ и ѳеоноѭ жити *Супр 542, 10*

ѲЕОНИНЪ *прил. к* ѳеона (2) [ѳеѡнин- *Супр* (2)] *греч. нет* Феонин Theonův: тѣмъ отълѫчи жити въсточьнѫѭ странѫ града • да того радма и нарече сѧ херсоꙗнемъ • стоуждии ѳеѡнинь родъ *Супр 542, 6-7.— Супр 542, 12*

ѳ е о р ъ *Сав 144а 6 см.* ѳеодоръ

ѲЕОФИЛЪ, -а *м имя* (11) [теофил- *Зогр* (1) *Мар* (1) *Ас* (2), ѳеѡфил- *Супр* (6)] Θεόφιλος Феофил Teofil, Bohumil: ⰻзволи сѧ ⰻ мьнѣ хождьшю • ⰻс пръва по вѣсѣхъ • въ ⰻстинѫ по рѧдоу • псати тебѣ • славънъі т'еофилѥ *Л 1, 3 Зогр*, теофилѥ *Мар Ас*; ѳеѡфилъ иже о насъ цѣсарьствоуѥ • воѩ сътворивъ на скврънавъıѩ срацинъı изиде *Супр 56, 1.— Ас 141а 10; Супр 54, 7; 64, 8-9; 69, 16; 136, 25; 137, 5 и 8*

ѳ е ѡ д о с и и, ѳ е ѡ д ѡ с и и *Супр см.* ѳеодосии

ѳ е ѡ д о р ъ *Ен 6а 3, Супр см.* ѳеодоръ

ѳ е ѡ ф и л ъ *Супр* (6) *см.* ѳеофилъ

ѳ и м о ѳ е и *Ен 1б 3 см.* тимоѳеи

ѲОЛАСЪ, -а (?) *или нескл. м местность* (1) Θολᾶς Фолас Tholás: мѣстоу же томꙋ имѧ ѳолас *Супр 273, 28*

ѲОМА, -ы *м имя* (58) [том- *Зогр* (7) *Мар* (10) *Ас* (1) *Охр* (3)] Θωμᾶς Фома Tomáš: бѣахѫ въ коупѣ симонъ петръ • ⰻ ѳома нарицаемъı близньць *И 21, 2 Зогр Ас*, тома *Мар.— Зогр Мар Ас Сав Охр Супр*

ѲОМИНЪ *прил. к* ѳома (2) τοῦ Θωμᾶ Фомин Tomášův: ѳомино невѣрьствиѥ ицѣлиꙗ *Супр 533, 15.— Супр 509, 26*

ѲРАКИꙖ, -ьѩ *ж страна* (1) ἡ Θράκη Фракия Thrácie: и събравъше плъкъı своѩ • прѣплоувъше рѣкѫ рекѫмѫѭ доунавъ • плѣниꙗахѫ ѳракиѭ *Супр 191, 19*

ѲОУѲАИЛЪ, -а *м имя* (1) *греч. нет* Фифаил Thuthael: иже призъвавъ ѳоуѳаила бо⟨го⟩чьстива'го попа *Супр 564, 9*

ѳ ъ м ь ꙗ н ъ *Супр 220, 23 см.* тьмиꙗнъ

ѳ ь м ь ꙗ н ъ *Супр 228, 4 и 18 см.* тьмиꙗнъ

ѲЬМЫꙖНЬНИЦА, -ѧ *ж* (1) θυμιατήριον кадильница kadidelnice: и обрѣтохъ и ѳьмыꙗньницѫ въ чашѫ исъıпаѭшта *Супр 297, 19-20*

ѲѴМИꙖТОСЬНЬ, -нии *прил.* (1) τοῦ θυμιατηρίου кадильный, из кадильницы kadidlový, z kadidelnice: рекъı • ꙗко многа лѣта сътвори срьбаниѥ тъкмо приѥмьѩ • и се сь ѳѵмиꙗтосьнимъ пепеломъ растварѣ'ше ти тако ꙗдѣ'ше *Супр 297, 14.— Ср.* тьмиꙗньнъ

V

vвыꙁе *Пс 9, 16 Син см.* **оуваꙁнѫти**

vгльбѫ *Пс 9, 16 Син см.* **оуглъбнѫти**

VПОДИІАКЪ, -а *м* (3) *греч. нет* иподьякон podjáhen: **ї҆ѡаннъ ѳеѡдоровъ vподиꙗкъ сы** *Супр 554, 6-7.— Супр 554, 30; 555, 14*

VПОКРИТЪ, -а *м* (21) [**оупо-** *Ас* (1), **ипо-** *Сав* (1)] ὑποκριτής лицемер licoměrník: **раꙁоумѣвъ же и⟨соу⟩с⟨ъ⟩ • лѫкавъство ихъ рече • чъто ма окоушаате vпокрити** *Мт 22, 18 Мар Ас* (**лицемѣри** *Сав,* Ø *Зогр*).— *Зогр Мар Ас Сав.— Ср.* **лицемѣръ**

VПОСТАСЬ, -и *ж* (3) [**оупо-** *Евх* (1)] ὑπόστασις **1.** сущность, природа, естество podstata, bytost: **ї vпостась моѣ ѣко ничъ⟨то⟩же прѣдъ тобоѭ** *Пс 38, 6 Син*; **ї vпостась моѣ оу тебе естъ** *Пс 38, 8 Син* **2.** *спец.* ипостась (*одно из лиц Троицы*) hypostase, osoba (*jedna z osob božské Trojice*): **единъство б⟨о⟩ж⟨ь⟩ства • вь трехъ сѫще оупостасехъ** *Евх 86а 19.— Ср.* **съличиѥ, съставлениѥ, сѫщьство, сѫщиѥ, ѥстьство, ѥстьствиѥ**

VСОПЪ, -а *м* (5) [**исоф-** *Евх* (1), **ософ-** *Син* (1)] ὕσσωπος иссоп (*душистый кустарник*) yzop: **окропиши мꙑ осфомь** *Пс 50, 9 Син*; **исофомь** *Евх 84б 22*; **гѫбѫ же наплъньше оцьт(а) на vсопъ вьзнезъше • придѣша къ оустомъ его** *И 19, 29 Зогр Мар Ас*

VСТИНА, -ꙑ *ж имя* (1) Ἰουστίνη Устина Justina: **еп⟨искоу⟩па купрꙗна • и vстинъи дѣвъи** *Ас 122а 6-7*

vтро *Мт 20, 1 Мар см.* **оутро**[2]

МОРФОЛОГИЧЕСКИЕ ТАБЛИЦЫ

Прочерк в графе обозначает, что данная форма в старославянских рукописях не засвидетельствована.

Если конкретная форма слова, принятого в таблице за образец, в старославянских рукописях не встречается, то в круглых скобках приводится форма другого слова этого же типа.

I ИМЕНА СУЩЕСТВИТЕЛЬНЫЕ

Имена существительные в качестве заглавных слов приводятся в нормализованной формс *им. п. ед. ч.* (у pluralia tantum — *им. мн.*), за ней следует нормализованное окончание *род. п. ед. ч.* (*род. мн.* у pluralia tantum) и обозначение рода пометами *м*, *ж*, *с*. По этим признакам в старославянском языке имеются следующие типы склонения имен существительных:

Падежное окончание И.	Род Р.	м	с	ж
-ъ	-а	рабъ, раба		
-о	-а		лѣто, лѣта	
-'ь	-'а	кон҄ь, конꙗ мѫжь, мѫжа		
-'є	-'а		полѥ, полꙗ съньмище, съньмища	
-ии	-ꙗ	жрѣбии, жрѣбꙗ		
-иѥ	-ꙗ		знамениѥ, знамениꙗ	
-а	-ы	воѥвода, воѥводы		жена, жены
-'а	-'ѧ	ꙗдьца, ꙗдьцѧ		землꙗ, землѩ доуша, доушѧ
-'и	-'ѧ			богын҄и, богынѩ
-ꙗ	-ѩ			змиꙗ, змиѩ
-и(и)	-ѩ	сѫдии, сѫдиѩ		млъни(и), млъниѩ
-ь	-и	пѫть, пѫти		кость, кости
-ъ	-оу	сынъ, сыноу		
-ы//-ень	-ене	камы, камене		
-ѧ	-ене		имѧ, имене	
-ѧ	-ѧте		отрочѧ, отрочѧте	
-о	-есе		слово, словесе	
-ы//-ъвь	-ъве			црькы, црькъве
-и	-ере			мати, матере

Примечания к табл. на стр. 815

1. К существительным, которые склоняются по образцу **рабъ**, относятся названия жителей с суффиксом **-ꙗнинъ**, у которых во мн. ч. выпадает сочетание **-ин-**; во мн. ч. они склоняются следующим образом:

И. З. **граждане**
Р. **гражданъ**
Д. **гражданемъ**
В. **гражданы**
Т. **гражданы**
М. **гражданехъ**

2. К существительным, которые склоняются по образцу **кон҄ь**, относятся существительные с суффиксами **-тел҄ь**, **-ар҄ь**, которые во мн. ч. склоняются следующим образом:

И. З.	**приꙗтеле**	**мытаре//-р҄и**
Р.	**приꙗтелъ**	**мытаръ//-р҄ь**
Д.	**приꙗтелѥмъ**	**мытарѥмъ**
В.	**приꙗтелѩ**	**мытарѩ**
Т.	**приꙗтелꙑ//-л҄и**	**мытарꙑ//-р҄и**
М.	**приꙗтелехъ//-л҄ихъ**	**мытарехъ//-р҄ихъ**

3. К существительным, которые склоняются по образцу **мѫжь**, относятся существительные на **-ьць, -ѧѕь//-ѧзь,** которые в зв. ед. имеют окончание **-е,** как у типа **рабъ,** а перед окончанием чередования **ц:ч, ѕ/з:ж,** например, им. ед. **отьць**, зв. ед. **отьче**; им. ед. **кънѧѕь/кънѧзь**, зв. ед. **кънѧже**.

4. У некоторых одушевленных существительных (особенно со значением лица), склоняющихся по образцам **рабъ**, **кон҄ь**, **мѫжь**, **жрѣбии**, встречаются в дат. ед. также окончания **-ови//-еви** (по аналогии с типом **сынъ**), например, **рабови**, **мѫжеви**.

5. У тех же существительных в тех же типах склонения встречается в вин. ед. также окончание **-а**, например, **раба**, **конꙗ**, **мѫжа** (так наз. формы родительного-винительного).

6. У существительных, которые склоняются по типу **сынъ**, в род. и дат. ед., в им. вин. зв. дв. встречаются дублетные окончания по типу **рабъ**, например, род. ед. **сыноу//сына**, дат. ед. **сынови//сыноу** и т. п.

7. По образцу **камы** склоняется — за исключением им. ед.— существительное **дьнь**, род. ед. **дьне**.

8. У существительных, склоняющихся по образцу **камы**, в род. и местн. ед., в им. и род. мн. могут употребляться дублетные окончания по типу **пѫть**, например, род. местн. ед. **камени**, им. мн. **дьние//дьнье**, род. мн. **дьнии**.

Примечания к табл. на стр. 815

1. У существительных, которые склоняются по образцам **имѧ**, **отрочѧ**, **слово**, как вариант возможно окончание **-и** в род. и местн. ед., им. вин. зв. дв. по аналогии с парадигмой типа **кость**, например, местн. ед. **имене//имени**, им. вин. зв. дв. **словесѣ//словеси**.

2. По образцу **слово**, **словесе** склоняется — за исключением им. ед.— существительное **лице**, **личесе**.

3. У существительных, которые склоняются по образцу **слово**, встречаются формы с окончаниями по образцу **лѣто**, в которых утрачивается элемент основы **-ес-**, например, род. ед. **словесе//слова**, дат. ед. **словеси//словоу**.

Примечания к табл. на стр. 816

1. У существительного **кръвь**, склоняемого по образцу **кость**, встречается в род. ед. также форма **кръве** по образцу **црькы**.

2. В функции вин. ед. у существительных, склоняющихся по образцам **црькы**, **мати**, иногда употребляется форма род. ед.; в функции им. ед. иногда употребляется форма вин. ед.; например, вин. ед. **матерь//матере**; им. ед. **црькы//црькъвь//црьковь**.

3. У существительных, которые склоняются по образцам **црькы**, **мати**, в род. и местн. ед. как дублетные представлены окончания по типу **кость**, например, род. ед. **матере//матери**, местн. ед. **црькъве//црькъви**.

Образцы склонения существительных мужского рода

Число	Падеж										
Ед. ч.	И. Р. Д. В. Т. М. З.	рабъ раба рабоу рабъ рабомь рабѣ рабе	конь конꙗ коню конь конѥмь кони коню	мѫжь мѫжа//-ѣ мѫжю//-оу мѫжь мѫжемь мѫжи мѫжю//-оу	жрѣбии жрѣбиꙗ жрѣбию жрѣбии жрѣбиѥмь жрѣбии жрѣбию	воѥвода воѥводꙑ воѥводѣ воѥводѫ воѥводоѭ воѥводѣ воѥводо	ꙗдьца ꙗдьцѧ ꙗдьци ꙗдьцѫ ꙗдьцеѭ ꙗдьци ꙗдьце	сѫдии сѫдиꙗ сѫдии сѫдиѭ сѫдиѥѭ сѫдии сѫдиѥ	пѫть пѫти пѫти пѫть пѫтьмь пѫти пѫти	сꙑнъ сꙑноу сꙑнови сꙑнъ сꙑнъмь сꙑноу сꙑноу	камꙑ камене камени камень каменьмь камене (камень, камени?)
Мн. ч.	И. З. Р. Д. В. Т. М.	раби рабъ рабомъ рабꙑ рабꙑ рабѣхъ	кони конь конѥмъ конѧ кони конихъ	мѫжи мѫжь мѫжемъ мѫжѧ мѫжи мѫжихъ	жрѣбии жрѣбии жрѣбиѥмъ жрѣбиѧ жрѣбии жрѣбиихъ	воѥводꙑ воѥводъ воѥводамъ воѥводꙑ воѥводами воѥводахъ	ꙗдьцѧ ꙗдьць ꙗдьцамъ ꙗдьцѧ ꙗдьцами ꙗдьцахъ	сѫдиѧ сѫдии сѫдиꙗмъ сѫдиѧ сѫдиꙗми сѫдиꙗхъ	пѫтиѥ//-ьѥ пѫтии//-ьи пѫтьмъ пѫти пѫтьми пѫтьхъ	сꙑнове сꙑновъ сꙑнъмъ сꙑнꙑ сꙑнъми сꙑнъхъ	камене каменъ каменьмъ//-емъ камени каменьми каменьхъ//-ехъ
Дв. ч.	И. В. З. Р. М. Д. Т.	раба рабоу рабома	конꙗ коню конѥма	мѫжа//-ѣ мѫжю//-оу мѫжема	жрѣбиꙗ жрѣбию жрѣбиѥма	воѥводѣ воѥводоу воѥводама	ꙗдьци ꙗдьцю//-оу ꙗдьцама	сѫдии сѫдию сѫдиꙗма	пѫти пѫтию пѫтьма	сꙑнꙑ сꙑновоу сꙑнъма	камени каменоу каменьма

Образцы склонения существительных среднего рода

Число	Падеж							
Ед. ч.	И. В. З. Р. Д. Т. М.	лѣто лѣта лѣтоу лѣтомь лѣтѣ	полѥ полꙗ полю полѥмь поли	съньмище съньмища//-ѣ съньмищю//-оу съньмищемь съньмищи	знамениѥ знамениꙗ знамению знамениѥмь знамении	имѧ имене имени именьмь//-емь имене	отрочѧ отрочѧте отрочѧти отрочѧтьмь//-емь отрочѧте	слово словесе словеси словесемь словесе
Мн. ч.	И. В. З. Р. Д. Т. М.	лѣта лѣтъ лѣтомъ лѣтꙑ лѣтѣхъ	полꙗ поль полѥмъ поли полихъ	съньмища//-ѣ съньмищь съньмищемъ съньмищи съньмищихъ	знамениꙗ знамении знамениѥмъ знамении знамениихъ	имена именъ именьмъ//-емъ именꙑ именьхъ//-ехъ	отрочѧта отрочѧтъ отрочѧтьмъ//-емъ отрочѧтꙑ отрочѧтьхъ//-ехъ	словеса словесъ словесемъ словесꙑ словесехъ
Дв. ч.	И. В. З. Р. М. Д. Т.	лѣтѣ лѣтоу лѣтома	поли полю полѥма	съньмищи съньмищю//-оу съньмищема	знамении знамению знамениѥма	именѣ именоу именьма	отрочѧтѣ отрочѧтоу отрочѧтьма	словесѣ словесоу словесьма

Образцы склонения существительных женского рода

Ед. ч.	И.	жена	землꙗ	доуша//-ѣ	богꙑ҃ни	змиꙗ	млъни(и)	кость	црькꙑ	мати
	Р.	женꙑ	землѩ	доушѧ	богꙑнѩ	змиѩ	млъниѩ	кости	црькъве	матере
	Д.	женѣ	земл҃и	доуши	богꙑ҃ни	змии	млънии	кости	црькъви	матери
	В.	женѫ	землѭ	доушѫ	богꙑнѭ	змиѭ	млъниѭ	кость	црькъвь	матерь
	Т.	женоѭ	землеѭ	доушеѭ	богꙑнеѭ	змиеѭ	млъниеѭ	костиѭ//-ьѭ	црькъвиѭ//-иѭ	материѭ//-ьѭ
	М.	женѣ	земл҃и	доуши	богꙑ҃ни	змии	млънии	кости	црькъве	матери
	З.	жено	земле	доуше	богꙑне	змие	млъние	кости	—	мати
Мн. ч.	И. З.	женꙑ	землѩ	доушѧ	богꙑнѩ	змиѩ	млъниѩ	кости	црькъви	матери
	Р.	женъ	зем҃ль	доушь	богꙑ҃нь	змии	млънии	костии//-ьи	црькъвъ	матеръ
	Д.	женамъ	землꙗмъ	доушамъ	богꙑнꙗмъ	змиꙗмъ	млъниꙗмъ	костьмъ//-емъ	црькъвамъ	матерьмъ
	В.	женꙑ	землѩ	доушѧ	богꙑнѩ	змиѩ	млъниѩ	кости	црькъви	матери
	Т.	женами	землꙗми	доушами	богꙑнꙗми	змиꙗми	млъниꙗми	костьми	црькъвами	матерьми
	М.	женахъ	землꙗхъ	доушахъ	богꙑнꙗхъ	змиꙗхъ	млъниꙗхъ	костьхъ//-ехъ	црькъвахъ	матерьхъ//-ехъ
Дв. ч.	И. В. З.	женѣ	земл҃и	доуши	богꙑ҃ни	змии	млънии	кости	—	—
	Р. М.	женоу	землю	доушю//-оу	богꙑню	змию	млънию	костию	—	—
	Д. Т.	женама	землꙗма	доушама	богꙑнꙗма	змиꙗма	млъниꙗма	костьма	—	—

II ИМЕНА ПРИЛАГАТЕЛЬНЫЕ

Как заглавная форма в основных словарных статьях приводится нормализованная форма им. ед. м. р. именного [1] склонения, за ней приводится окончание им. ед. м. р. местоименного склонения и помета *прил.*

А. ИМЕННОЕ СКЛОНЕНИЕ

Прилагательные склоняются как существительные, а именно:

1. В так называемом «твердом» типе в мужском роде по образцу **рабъ**, в среднем роде по образцу **лѣто**, в женском роде по образцу **жена**, например, **слѣпъ** (м. р.), **слѣпо** (с. р.), **слѣпа** (ж. р.).

2. В так наз. «мягком» типе в м. р. по образцу **конь**, или **мѫжь**, а также **жрѣбии**, в с. р. по образцу **полѥ** или **съньмище**, а также **знамениѥ**, в женском роде по образцу **землꙗ** или **доуша**, а также **змиꙗ**, например, **послѣдьнь** (м. р.), **послѣдьнѥ** (с. р.), **послѣдьнꙗ** (ж. р.); **пѣшь** (м. р.), **пѣшѥ** (с. р.), **пѣша** (ж. р.); **божии** (м. р.), **божиѥ** (с. р.), **божиꙗ** (ж. р.).

По твердому типу склоняются также причастия настоящего времени страдательного залога (с суффиксальным **-м-**) и причастия прошедшего времени страдательного залога (с суффиксальным **-н-** или **-т-**), например, **ведомъ** (м. р.), **ведомо** (с. р.), **ведома** (ж. р.); **несенъ** (м. р.), **несено** (с. р.), **несена** (ж. р.); **ꙗтъ** (м. р.), **ꙗто** (с. р.), **ꙗта** (ж. р.).

Причастия прошедшего времени действительного залога (с суффиксальным **-л-**) также относятся к этому типу, но так как они употребляются как именная часть составного сказуемого, они представлены только в формах именительного падежа (во всех родах и числах), например, **неслъ** (м. ед.), **несло** (с. ед.) **несла** (ж. ед.), **несли** (м. мн.), **несла** (с. мн.), **неслы** (ж. мн.), **несла** (м. дв.), **неслѣ** (с. дв.), **неслѣ** (ж. дв.).

3. Переходный (смешанный) тип: в склонении прилагательных сравнительной степени и причастий действительного залога настоящего и прошедшего времени преобладают окончания преимущественно по типу «мягкого» склонения, но встречаются и отдельные окончания по образцу **камы**, **камене**, см. следующие таблицы.

Примечания к табл. на стр. 818—820

1. В вин. ед. прилагательных мужского рода сравнительной степени наряду с формой, тождественной с формой им. ед., употребляется форма на **-ьшь**, например, **болии//большь**.

2. В зв. ед. прилагательных мужского рода наряду с именной формой на **-е**, например, **слѣпе**, как вариант употребляется и форма им. ед., например, **роде невѣрьнъ**.

3. В им. мн. прилагательных мужского рода в сравнительной степени и причастий наряду с окончанием **-е** изредка встречается окончание **-и** (чаще в сравн. ст., чем в причастиях), например, **больши**.

4. В им. вин. ед. прилагательных среднего рода в сравнительной степени как вариант встречается также форма на **-ьш-**, например, **болѥ//больше**.

Б. МЕСТОИМЕННОЕ СКЛОНЕНИЕ

Членные (местоименные) формы прилагательных представлены во всех типах прилагательных.

Примечания к табл. на стр. 821—824

1. Наряду с приведенными в таблице формами род. ед. мужского и среднего рода твердого и мягкого типов с **-аѥ-//-ꙗѥ-**, дат. ед. твердого и мягкого типов с **-оуѥ-//-юѥ-** и местн. ед. твердого типа с **-ѣѥ-** в старославянских рукописях встречаются формы соответственно с **-аа-//-ꙗа-**, **-оуоу-//юоу-** и **-ѣѣ-//-ѣа-**, например, **слѣпаѥго//слѣпааго**, **послѣдьнюѥмоу//послѣдьнюоумоу**, **слѣпѣѥмь//слѣпѣѣмь//слѣпѣамь**.

[1] Именные прилагательные называются также краткими, а членные — полными или местоименными.

Образцы именного склонения прилагательных в сравнительной степени

		М	С	Ж	М	С	Ж	М	С	Ж
Ед. ч.	И. З.	болии	болє	больши	вѧщии	вѧщє	вѧщьши	старѣи	старѣє	старѣиши
	Р.	больша//-ѣ	больша//-ѣ	большѧ	вѧщьша//-ѣ	вѧщьша//-ѣ	вѧщьшѧ	старѣиша//-ѣ	старѣиша//-ѣ	старѣишѧ
	Д.	большю//-оу	большю//-оу	больши	вѧщьшю /-оу	вѧщьшю//-оу	вѧщьши	старѣишю//-оу	старѣишю//-оу	старѣиши
	В.	болии	болє	большѫ	вѧщии	вѧщє	вѧщьшѫ	старѣи	старѣє	старѣишѫ
	Т.	большемь	большемь	большеѭ	вѧщьшемь	вѧщьшемь	вѧщьшеѭ	старѣишемь	старѣишемь	старѣишеѭ
	М.	больши	больши	больши	вѧщьши	вѧщьши	вѧщьши	старѣиши	старѣиши	старѣиши
Мн. ч.	И. З.	большє	больша	большѧ	вѧщьшє	вѧщьша//-ѣ	вѧщьшѧ	старѣишє	старѣиша//-ѣ	старѣишѧ
	Р.	большь	большь	большь	вѧщьшь	вѧщьшь	вѧщьшь	старѣишь	старѣишь	старѣишь
	Д.	большемъ	большемъ	большамъ	вѧщьшемъ	вѧщьшемъ	вѧщьшамъ	старѣишемъ	старѣишемъ	старѣишамъ
	В.	большѧ	больша	большѧ	вѧщьшѧ	вѧщьша//-ѣ	вѧщьшѧ	старѣишѧ	старѣиша//-ѣ	старѣишѧ
	Т.	больши	больши	большами	вѧщьши	вѧщьши	вѧщьшами	старѣиши	старѣиши	старѣишами
	М.	большихъ	большихъ	большахъ	вѧщьшихъ	вѧщьшихъ	вѧщьшахъ	старѣишихъ	старѣишихъ	старѣишахъ
Дв. ч.	И. В. З.	больша//-ѣ	больши	больши	вѧщьша//-ѣ	вѧщьши	вѧщьши	старѣиша//-ѣ	старѣиши	старѣиши
	Р. М.	большю//-оу	большю//-оу	большю//-оу	вѧщьшю//-оу	вѧщьшю//-оу	вѧщьшю//-оу	старѣишю//-оу	старѣишю//-оу	старѣишю//-оу
	Д. Т.	большема	большема	большама	вѧщьшема	вѧщьшема	вѧщьшама	старѣишема	старѣишема	старѣишама

Образцы именного склонения причастий действительного залога настоящего времени

		от глаголов с основой настоящего времени на -є-						от глаголов с основой настоящего времени на -и-		
		М	С	Ж	М	С	Ж	М	С	Ж
Ед. ч.	И. З.	несꙑ	несꙑ	несѫщи	знаѩ	знаѩ	знаѭщи	хвалѧ	хвалѧ	хвалѧщи
	Р.	несѫща//-ѣ	несѫща//-ѣ	несѫщѧ	знаѭща//-ѣ	знаѭща//-ѣ	знаѭщѧ	хвалѧща//-ѣ	хвалѧща//-ѣ	хвалѧщѧ
	Д.	несѫщю//-оу	несѫщю//-оу	несѫщи	знаѭщю//-оу	знаѭщю//-оу	знаѭщи	хвалѧщю//-оу	хвалѧщю//-оу	хвалѧщи
	В.	несѫщь	несѫще	несѫщѫ	знаѭщь	знаѭще	знаѭщѫ	хвалѧщь	хвалѧще	хвалѧщѫ
	Т.	несѫщемь	несѫщемь	несѫщеѭ	знаѭщемь	знаѭщемь	знаѭщеѭ	хвалѧщемь	хвалѧщемь	хвалѧщеѭ
	М.	несѫщи	несѫщи	несѫщи	знаѭщи	знаѫщи	знаѭщи	хвалѧщи	хвалѧщи	хвалѧщи
Мн. ч.	И. З.	несѫще	несѫща//-ѣ	несѫщѧ	знаѭще	знаѭща//-ѣ	знаѭщѧ	хвалѧще	хвалѧща//-ѣ	хвалѧщѧ
	Р.	несѫщь	несѫщь	несѫщь	знаѭщь	знаѭщь	знаѭщь	хвалѧщь	хвалѧщь	хвалѧщь
	Д.	несѫщемъ	несѫщемъ	несѫщамъ	знаѭщемъ	знаѭщемъ	знаѭщамъ	хвалѧщемъ	хвалѧщемъ	хвалѧщамъ
	В.	несѫщѧ	несѫща//-ѣ	несѫщѧ	знаѭщѧ	знаѭща//-ѣ	знаѭщѧ	хвалѧщѧ	хвалѧща//-ѣ	хвалѧщѧ
	Т.	несѫщи	несѫщи	несѫщами	знаѭщи	знаѭщи	знаѭщами	хвалѧщи	хвалѧщи	хвалѧщами
	М.	несѫщихъ	несѫщихъ	несѫщахъ	знаѭщихъ	знаѫщихъ	знаѭщахъ	хвалѧщихъ	хвалѧщихъ	хвалѧщахъ
Дв. ч.	И. В. З.	несѫща//-ѣ	несѫщи	несѫщи	знаѭща//-ѣ	знаѭщи	знаѭщи	хвалѧща//-ѣ	хвалѧщи	хвалѧщи
	Р. М.	несѫщю//-оу	несѫщю//-оу	несѫщю//-оу	знаѭщю//-оу	знаѭщю//-оу	знаѭщю//-оу	хвалѧщю//-оу	хвалѧщю//-оу	хвалѧщю//-оу
	Д. Т.	несѫщема	несѫщема	несѫщама	знаѭщема	знаѭщема	знаѭщама	хвалѧщема	хвалѧщема	хвалѧщама

Образцы именного склонения причастий действительного залога прошедшего времени

		от глаголов с основой настоящего времени на -є-						от глаголов с основой настоящего времени на -и-		
		М	С	Ж	М	С	Ж	М	С	Ж
Ед. ч.	И. З.	несъ	несъ	несъши	знавъ	знавъ	знавъши	хвал҄ь	хвал҄ь	хвал҄ьши
	Р.	несъша//-ѣ	несъша//-ѣ	несъшѧ	знавъша//-ѣ	знавъша//-ѣ	знавъшѧ	хвал҄ьша//-ѣ	хвал҄ьша//-ѣ	хвал҄ьшѧ
	Д.	несъшю//-ѹ	несъшю//-ѹ	несъши	знавъшю//-ѹ	знавъшю//-ѹ	знавъши	хвал҄ьшю//-ѹ	хвал҄ьшю//-ѹ	хвал҄ьши
	В.	несъшь	несъше	несъшѫ	знавъшь	знавъше	знавъшѫ	хвал҄ьшь	хвал҄ьше	хвал҄ьшѫ
	Т.	несъшемь	несъшемь	несъшеѭ	знавъшемь	знавъшемь	знавъшеѭ	хвал҄ьшемь	хвал҄ьшемь	хвал҄ьшеѭ
	М.	несъши	несъши	несъши	знавъши	знавъши	знавъши	хвал҄ьши	хвал҄ьши	хвал҄ьши
Мн. ч.	И. З.	несъше	несъша//-ѣ	несъшѧ	знавъше	знавъша//-ѣ	знавъшѧ	хвал҄ьше	хвал҄ьша//-ѣ	хвал҄ьшѧ
	Р.	несъшь	несъшь	несъшь	знавъшь	знавъшь	знавъшь	хвал҄ьшь	хвал҄ьшь	хвал҄ьшь
	Д.	несъшемъ	несъшемъ	несъшамъ	знавъшемъ	знавъшемъ	знавъшамъ	хвал҄ьшемъ	хвал҄ьшемъ	хвал҄ьшамъ
	В.	несъшѧ	несъша//-ѣ	несъшѧ	знавъшѧ	знавъша//-ѣ	знавъшѧ	хвал҄ьшѧ	хвал҄ша//-ѣ	хвал҄ьшѧ
	Т.	несъши	несъши	несъшами	знавъши	знавъши	знавъшами	хвал҄ьши	хвал҄ьши	хвал҄ьшами
	М.	несъшихъ	несъшихъ	несъшахъ	знавъшихъ	знавъшихъ	знавъшахъ	хвал҄ьшихъ	хвал҄ьшихъ	хвал҄ьшахъ
Дв. ч.	И. В. З.	несъша//-ѣ	несъши	несъши	знавъша//-ѣ	знавъши	знавъши	хвал҄ьша//-ѣ	хвал҄ьши	хвал҄ьши
	Р. М.	несъшю//-ѹ	несъшю//-ѹ	несъшю//-ѹ	знавъшю//-ѹ	знавъшю//-ѹ	знавъшю//-ѹ	хвал҄ьшю//-ѹ	хвал҄ьшю//-ѹ	хвал҄ьшю//-ѹ
	Д. Т.	несъшема	несъшема	несъшама	знавъшема	знавъшема	знавъшама	хвал҄ьшема	хвал҄шема	хвал҄ьшама

Образцы местоименного склонения прилагательных

		Твердый тип			Мягкие типы					
		М	С	Ж	М	С	Ж	М	С	Ж
Ед. ч.	И. З.	слѣпыи	слѣпоѥ	слѣпаꙗ	послѣдьн҃ии	послѣдьнѥѥ	послѣдьнꙗꙗ	пѣшии	пѣшеѥ	пѣшаꙗ
	Р.	слѣпаѥго	слѣпаѥго	слѣпыѩ	послѣдьнꙗѥго	послѣдьнꙗѥго	послѣдьнѩѩ	пѣшаѥго	пѣшаѥго	пѣшѧѩ
	Д.	слѣпоуѥмоу	слѣпоуѥмоу	слѣпѣи	послѣдьнюѥмоу	послѣдьнюѥмоу	послѣдьн҃ии	пѣшюѥмоу	пѣшюѥмоу	пѣшии
	В.	слѣпыи	слѣпоѥ	слѣпѫѭ	послѣдьн҃ии	послѣдьнѥѥ	послѣдьнѭѭ	пѣшии	пѣшеѥ	пѣшѫѭ
	Т.	слѣпыимь	слѣпыимь	слѣпоѭ	послѣдьн҃иимь	послѣдьн҃иимь	послѣдьнѥѭ	пѣшиимь	пѣшиимь	пѣшеѭ
	М.	слѣпѣѥмь	слѣпѣѥмь	слѣпѣи	послѣдьн҃иимь	послѣдьн҃иимь	послѣдьн҃ии	пѣшиимь	пѣшиимь	пѣшии
Мн. ч.	И. З.	слѣпии	слѣпаꙗ	слѣпыѩ	послѣдьн҃ии	послѣдьнꙗꙗ	послѣдьнѩѩ	пѣшии	пѣшаꙗ	пѣшѧѩ
	Р.	слѣпыихъ	слѣпыихъ	слѣпыихъ	послѣдьн҃иихъ	послѣдьн҃иихъ	послѣдьн҃иихъ	пѣшиихъ	пѣшиихъ	пѣшиихъ
	Д.	слѣпыимъ	слѣпыимъ	слѣпыимъ	послѣдьн҃иимъ	послѣдьн҃иимъ	послѣдьн҃иимъ	пѣшиимъ	пѣшиимъ	пѣшиимъ
	В.	слѣпыѩ	слѣпаꙗ	слѣпыѩ	послѣдьнѩѩ	послѣдьнꙗꙗ	послѣдьнѩѩ	пѣшѧѩ	пѣшаꙗ	пѣшѧѩ
	Т.	слѣпыими	слѣпыими	слѣпыими	послѣдьн҃иими	послѣдьн҃иими	послѣдьн҃иими	пѣшиими	пѣшиими	пѣшиими
	М.	слѣпыихъ	слѣпыихъ	слѣпыихъ	послѣдьн҃иихъ	послѣдьн҃иихъ	послѣдьн҃иихъ	пѣшиихъ	пѣшиихъ	пѣшиихъ
Дв. ч.	И. В. З.	слѣпаꙗ	слѣпѣи	слѣпѣи	послѣдьнꙗꙗ	послѣдьн҃ии	послѣдьн҃ии	пѣшаꙗ	пѣшии	пѣшии
	Р. М.	слѣпоую	слѣпоую	слѣпоую	послѣдьнюю	послѣдьнюю	послѣдьнюю	пѣшюю	пѣшюю	пѣшюю
	Д. Т.	слѣпыима	слѣпыима	слѣпыима	послѣдьн҃иима	послѣдьн҃иима	послѣдьн҃иима	пѣшиима	пѣшиима	пѣшиима

Образцы местоименного склонения сравнительной степени прилагательных

		М	С	Ж	М	С	Ж	М	С	Ж
Ед. ч.	И. З.	болїи	болѥѥ	большиꙗ	вѧщии	вѧщеѥ	вѧщьшиꙗ	старѣи	старѣѥ	старѣишиꙗ
	Р.	большаѥго	большаѥго	большѧѧ	вѧщьшаѥго	вѧщьшаѥго	вѧщьшѧѧ	старѣишаѥго	старѣишаѥго	старѣишѧѧ
	Д.	большюѥмоу	большюѥмоу	большии	вѧщьшюѥмоу	вѧщьшюѥмоу	вѧщьшии	старѣишюѥмоу	старѣишюѥмоу	старѣишии
	В.	болїи	болѥѥ	большѫѭ	вѧщии	вѧщеѥ	вѧщьшѫѭ	старѣи	старѣѥ	старѣишѫѭ
	Т.	большиимь	большиимь	большеѭ	вѧщьшиимь	вѧщьшиимь	вѧщьшеѭ	старѣишиимь	старѣишиимь	старѣишеѭ
	М.	большиимь	большиимь	большии	вѧщьшиимь	вѧщьшиимь	вѧщьшии	старѣишиимь	старѣишиимь	старѣишии
Мн. ч.	И. З.	большеи	большаꙗ	большѧѧ	вѧщьшеи	вѧщьшаꙗ	вѧщьшѧѧ	старѣишеи	старѣишаꙗ	старѣишѧѧ
	Р.	большиихъ	большиихъ	большиихъ	вѧщьшиихъ	вѧщьшиихъ	вѧщьшиихъ	старѣишиихъ	старѣишиихъ	старѣишиихъ
	Д.	большиимъ	большиимъ	большиимъ	вѧщьшиимъ	вѧщьшиимъ	вѧщьшиимъ	старѣишиимъ	старѣишиимъ	старѣишиимъ
	В.	большѧѧ	большаꙗ	большѧѧ	вѧщьшѧѧ	вѧщьшаꙗ	вѧщьшѧѧ	старѣишѧѧ	старѣишаꙗ	старѣишѧѧ
	Т.	большиими	большиими	большиими	вѧщьшиими	вѧщьшиими	вѧщьшиими	старѣишиими	старѣишиими	старѣишиими
	М.	большиихъ	большиихъ	большиихъ	вѧщьшиихъ	вѧщьшиихъ	вѧщьшиихъ	старѣишиихъ	старѣишиихъ	старѣишиихъ
Дв. ч.	И. В. З.	большаꙗ	большии	большии	вѧщьшаꙗ	вѧщьшии	вѧщьшии	старѣишаꙗ	старѣишии	старѣишии
	Р. М.	большюю	большюю	большюю	вѧщьшюю	вѧщьшюю	вѧщьшюю	старѣишюю	старѣишюю	старѣишюю
	Д. Т.	большиима	большиима	большиима	вѧщьшиима	вѧщьшиима	вѧщьшиима	старѣишиима	старѣишиима	старѣишиима

Образцы местоименного склонения причастий действительного залога настоящего времени

		от глаголов с основой настоящего времени на -є-						от глаголов с основой настоящего времени на -и-		
		М	С	Ж	М	С	Ж	М	С	Ж
Ед. ч.	И. З.	несꙑи	несѫщеѥ	несѫщиꙗ	знаꙗи	знаѭщеѥ	знаѭщиꙗ	хвалѧи	хвалѧщеѥ	хвалѧщиꙗ
	Р.	несѫщаѥго	несѫщаѥго	несѫщѧѩ	знаѭщаѥго	знаѭщаѥго	знаѭщѧѩ	хвалѧщаѥго	хвалѧщаѥго	хвалѧщѧѩ
	Д.	несѫщюѥмоу	несѫщюѥмоу	несѫщии	знаѭщюѥмоу	знаѭщюѥмоу	знаѭщии	хвалѧщюѥмоу	хвалѧщюѥмоу	хвалѧщии
	В.	несѫщии	несѫщеѥ	несѫщѫѭ	знаѭщии	знаѭщеѥ	знаѭщѫѭ	хвалѧщии	хвалѧщеѥ	хвалѧщѫѭ
	Т.	несѫщиимь	несѫщиимь	несѫщеѭ	знаѭщиимь	знаѭщиимь	знаѭщеѭ	хвалѧщиимь	хвалѧщиимь	хвалѧщеѭ
	М.	несѫщиимь	несѫщиимь	несѫщии	знаѭщиимь	знаѭщиимь	знаѭщии	хвалѧщиимь	хвалѧщиимь	хвалѧщии
Мн. ч.	И. З.	несѫщеи	несѫпаꙗ	несѫщѧѩ	знаѭщеи	знаѭщаꙗ	знаѭщѧѩ	хвалѧщеи	хвалѧщаꙗ	хвалѧщѧѩ
	Р.	несѫщиихъ	несѫщиихъ	несѫщиихъ	знаѭщиихъ	знаѭщиихъ	знаѭщиихъ	хвалѧщиихъ	хвалѧщиихъ	хвалѧщиихъ
	Д.	несѫщиимъ	несѫщиимъ	несѫщиимъ	знаѭщиимъ	знаѭщиимъ	знаѭщиимъ	хвалѧщиимъ	хвалѧщиимъ	хвалѧщиимъ
	В.	несѫщѧѩ	несѫщаꙗ	несѫщѧѩ	знаѭщѧѩ	знаѭщаꙗ	знаѭщѧѩ	хвалѧщѧѩ	хвалѧщаꙗ	хвалѧщѧѩ
	Т.	несѫщиими	несѫщиими	несѫщиими	знаѭщиими	знаѭщиими	знаѭщиими	хвалѧщиими	хвалѧщиими	хвалѧщиими
	М.	несѫщиихъ	несѫщиихъ	несѫщиихъ	знаѭщиихъ	знаѭщиихъ	знаѭщиихъ	хвалѧщиихъ	хвалѧщиихъ	хвалѧщиихъ
Дв. ч.	И. В. З.	несѫщаꙗ	несѫщии	несѫщии	знаѭщаꙗ	знаѭщии	знаѭщии	хвалѧщаꙗ	хвалѧщии	хвалѧщии
	Р. М.	несѫщюю	несѫщюю	несѫщюю	знаѭщюю	знаѭщюю	знаѭщюю	хвалѧщюю	хвалѧщюю	хвалѧщюю
	Д. Т.	несѫщиима	несѫщиима	несѫщиима	знаѭщиима	знаѭщиима	знаѭщиима	хвалѧщиима	хвалѧщиима	хвалѧщиима

Образцы местоименного склонения причастий действительного залога прошедшего времени

		от глаголов с основой настоящего времени на -е-						от глаголов с основой настоящего времени на -и-		
		М	С	Ж	М	С	Ж	М	С	Ж
Ед. ч.	И. З.	несъıи	несъшеѥ	несъшиꙗ	знавъıи	знавъшеѥ	знавъшиꙗ	хвал҃ии	хвал҃ьшеѥ	хвал҃ьшиꙗ
	Р.	несъшаѥго	несъшаѥго	несъшѧѩ	знавъшаѥго	знавъшаѥго	знавъшѧѩ	хвал҃ьшаѥго	хвал҃ьшаѥго	хвал҃ьшѧѩ
	Д.	несъшюѥмоу	несъшюѥмоу	несъшии	знавъшюѥмоу	знавъшюѥмоу	знавъшии	хвал҃ьшюѥмоу	хвал҃ьшюѥмоу	хвал҃ьшии
	В.	несъшии	несъшеѥ	несъшѫѭ	знавъшии	знавъшеѥ	знавъшѫѭ	хвал҃ьшии	хвал҃ьшеѥ	хвал҃ьшѫѭ
	Т.	несъшимь	несъшимь	несъшеѭ	знавъшимь	знавъшимь	знавъшеѭ	хвал҃ьшимь	хвал҃ьшимь	хвал҃ьшеѭ
	М.	несъшимь	несъшимь	несъшии	знавъшимь	знавъшимь	знавъшии	хвал҃ьшимь	хвал҃ьшимь	хвал҃ьшии
Мн. ч.	И. З.	несъшеи	несъшаꙗ	несъшѧѩ	знавъшеи	знавъшаꙗ	знавъшѧѩ	хвал҃ьшеи	хвал҃ьшаꙗ	хвал҃ьшѧѩ
	Р.	несъшиихъ	несъшиихъ	несъшиихъ	знавъшиихъ	знавъшиихъ	знавъшиихъ	хвал҃ьшиихъ	хвал҃ьшиихъ	хвал҃ьшиихъ
	Д.	несъшиимъ	несъшиимъ	несъшиимъ	знавъшиимъ	знавъшиимъ	знавъшиимъ	хвал҃ьшиимъ	хвал҃ьшиимъ	хвал҃ьшиимъ
	В.	несъшѧѩ	несъшаꙗ	несъшѧѩ	знавъшѧѩ	знавъшаꙗ	знавъшѧѩ	хвал҃ьшѧѩ	хвал҃ьшаꙗ	хвал҃ьшѧѩ
	Т.	несъшиими	несъшиими	несъшиими	знавъшиими	знавъшиими	знавъшиими	хвал҃ьшиими	хвал҃ьшиими	хвал҃ьшиими
	М.	несъшиихъ	несъшиихъ	несъшиихъ	знавъшиихъ	знавъшиихъ	знавъшиихъ	хвал҃ьшиихъ	хвал҃ьшиихъ	хвал҃ьшиихъ
Дв. ч.	И. В. З.	несъшаꙗ	несъшии	несъшии	знавъшаꙗ	знавъшии	знавъшии	хвал҃ьшаꙗ	хвал҃ьшии	хвал҃ьшии
	Р. М.	несъшюю	несъшюю	несъшюю	знавъшюю	знавъшюю	знавъшюю	хвал҃ьшюю	хвал҃ьшюю	хвал҃ьшюю
	Д. Т.	несъшиима	несъшиима	несъшиима	знавъшиима	знавъшиима	знавъшиима	хвал҃ьшиима	хвал҃ьшиима	хвал҃ьшиима

2. Наряду с формами с -ꙑи- в твердом типе и с -ии- в мягком типе в старославянских рукописях встречаются формы с -ꙑ- и -и-; кроме форм с -аа-//-ꙗа-, -ѹѹ-//-юѹ-, -ѣѣ-//-ѣа- (см. пункт 1) встречаются формы с -а-//-ꙗ-, -ѹ-//-ю-, -ѣ-, например, слѣпꙑихъ//слѣпꙑхъ, пѣшиимъ//пѣшимъ, слѣпааго//слѣпаго, большюѹмоѹ//большюмоѹ, новѣѣмь//новѣамь//новѣмь.

3. В род. и дат. ед. мужского и среднего рода твердого типа изредка встречаются дублетные окончания -ого, -омоѹ по образцу местоимения тъ, например, слѣпаѥго//слѣпого, слѣпоѹѥмоѹ//слѣпомоѹ.

4. В тв. ед. женского рода единичны дублетные окончания на -ѫѭ, например, слѣпоѭ//слѣпѫѭ.

5. В им. мн. мужского рода прилагательных сравн. ст. и причастий действительного залога настоящего и прошедшего времени встречаются дублетные окончания на -ии, например, большеи//большии.

6. В им. вин. ед. мужского и среднего рода в формах сравнительной степени имеются дублетные окончания, содержащие -ьш-, например, болии//большии, болѥѥ//большеѥ.

III МЕСТОИМЕНИЯ

Как заглавные слова основных словарных статей местоимения приводятся в нормализованной форме им. ед. (для местоимений, изменяющихся по родам,— в мужском роде) с пометой *мест.*

Основные типы склонения: а) местоимения, не имеющие форм рода (личные местоимения 1-го и 2-го лица и возвратное местоимение);

б) местоимения, изменяющиеся по родам с подтипами:

ба) твердым — образец тъ, то, та;

бб) мягким — образцы нашь, наше, наша; мои, моѥ, моꙗ; сь, се, си.

Особым образом склоняются местоимения къто, чьто; вьсь, вьсе, вьсꙗ; кꙑи, коѥ, каꙗ.

Склонение личных местоимений 1-го и 2-го лица и возвратного местоимения

		1-е лицо	2-е лицо	возвратное местоимение
Ед. ч.	И.	азъ	тꙑ	—
	Р.	мене	тебе	себе
	Д.	мьнѣ//ми	тебѣ//ти	себѣ//си
	В.	мѧ	тѧ	сѧ
	Т.	мъноѭ	тобоѭ	собоѭ
	М.	мьнѣ	тебѣ	себѣ
Мн. ч.	И.	мꙑ	вꙑ	
	Р.	насъ	васъ	
	Д.	намъ	вамъ	
	В.	нꙑ	вꙑ	
	Т.	нами	вами	
	М.	насъ	васъ	
Дв. ч.	И.	вѣ	ва	
	Р. М.	наю	ваю	
	Д. Т.	нама	вама	
	В.	на	ва	

Образцы склонения местоимений, изменяющихся по родам

		Твердая разновидность			Мягкие разновидности								
		М	С	Ж	М	С	Ж	М	С	Ж	М	С	Ж
Ед. ч.	И.	тъ	то	та	нашь	наше	наша	мои	моѥ	моꙗ	сь	се	си
	Р.	того	того	тоѩ	нашего	нашего	нашеѩ	моѥго	моѥго	моѥѩ	сего	сего	сеѩ
	Д.	томоу	томоу	тои	нашемоу	нашемоу	нашеи	моѥмоу	моѥмоу	моѥи	семоу	семоу	сеи
	В.	тъ	то	тѫ	нашь	наше	нашѫ	мои	моѥ	моѭ	сь	се	сиѭ
	Т.	тѣмь	тѣмь	тоѭ	нашимь	нашимь	нашеѭ	моимь	моимь	моѥѭ	симь	симь	сеѭ
	М.	томь	томь	тои	нашемь	нашемь	нашеи	моѥмь	моѥмь	моѥи	семь	семь	сеи
Мн. ч.	И.	ти	та	ты	наши	наша	нашѧ	мои	моꙗ	моѩ	сии	си	сиѩ
	Р.	тѣхъ	тѣхъ	тѣхъ	нашихъ	нашихъ	нашихъ	моихъ	моихъ	моихъ	сихъ	сихъ	сихъ
	Д.	тѣмъ	тѣмъ	тѣмъ	нашимъ	нашимъ	нашимъ	моимъ	моимъ	моимъ	симъ	симъ	симъ
	В.	ты	та	ты	нашѧ	наша	нашѧ	моѩ	моꙗ	моѩ	сиѩ	си	сиѩ
	Т.	тѣми	тѣми	тѣми	нашими	нашими	нашими	моими	моими	моими	сими	сими	сими
	М.	тѣхъ	тѣхъ	тѣхъ	нашихъ	нашихъ	нашихъ	моихъ	моихъ	моихъ	сихъ	сихъ	сихъ
Дв. ч.	И. В.	та	тѣ	тѣ	наша	наши	наши	моꙗ	мои	мои	сиꙗ	си	си
	Р. М.	тою	тою	тою	нашею	нашею	нашею	моѥю	моѥю	моѥю	сею	сею	сею
	Д. Т.	тѣма	тѣма	тѣма	нашима	нашима	нашима	моима	моима	моима	сима	сима	сима

Особые виды склонения

И.	къто	чьто
Р.	кого	чесо, чесого
Д.	комоу	чесомоу
В.	кого	чьто
Т.	цѣмь	чимь
М.	комь	чемь

	Единственное число			Множественное число		
	М	С	Ж	М	С	Ж
И.	вьсь	вьсе	вьсꙗ	вьси	вьсꙗ	вьсѧ
Р.	вьсего	вьсего	вьсеѩ	вьсѣхъ	вьсѣхъ	вьсѣхъ
Д.	вьсемоу	вьсемоу	вьсеи	вьсѣмъ	вьсѣмъ	вьсѣмъ
В.	вьсь	вьсе	вьсѭ	вьсѧ	вьсꙗ	вьсѧ
Т.	вьсѣмь	вьсѣмь	вьсеѭ	вьсѣми	вьсѣми	вьсѣми
М.	вьсемь	вьсемь	вьсеи	вьсѣхъ	вьсѣхъ	вьсѣхъ

	Единственное число			Множественное число		
	М	С	Ж	М	С	Ж
И.	кыи	коѥ	каꙗ	ции	каꙗ	кыѩ
Р.	коѥго	коѥго	коѥѩ	кыихъ	кыихъ	кыихъ
Д.	коѥмоу	коѥмоу	коѥи	кыимъ	кыимъ	кыимъ
В.	кыи	коѥ	кѫѭ	кыѩ	каꙗ	кыѩ
Т.	кыимь	кыимь	коѥѭ	кыими	кыими	кыими
М.	коѥмь	коѥмь	коѥи	кыихъ	кыихъ	кыихъ

В двойственном числе засвидетельствована форма И. В. женского рода цѣи.

Примечания к табл. на стр. 825—827

1. У личных местоимений в ед. и мн. и у возвратного местоимения в функции вин. п. встречаются формы род. п.: мѧ//мене, тѧ//тебе, сѧ//себе, ны//насъ, вы//васъ.

2. У мест. азъ в род. ед. наряду с формой мене встречается (но реже) дублетная форма мьне.

3. Дублеты встречаются: а) в дат. мн. намъ//ны, б) в им. дв. 2 лица ва//вы, в) в вин. дв. на//ны, ва//вы, г) в функции им. мн.: мы//ны.

4. Местоимения, которые склоняются по образцу мои и нашь, в местн. ед. мужского и среднего родов имеют также дублетные формы, оканчивающиеся на -имь, например, моѥмь//моимь, нашемь//нашимь.

5. У местоимений тъ и сь изредка употребляются дублетные формы по местоименному типу склонения прилагательных, например, вин. мн. мужск. и ж. родов ты//тыѩ, им. ед. мужск. р. сь//сии.

6. В типе вьсь в вин. ед. женского рода представлены дублеты вьсѭ//вьсѫ, в им. и вин. мн. среднего рода — вьсꙗ//вьса.

7. В ж. р. типа мои изредка встречаются дублетные формы без серединного слога, напр. моѥѩ//моѩ, моѥѭ//моѭ.

8. Значительная вариативность форм наблюдается в род. и дат. местоимения чьто, у которого кроме представленных в таблице употребляются формы чьсо, чесого, чьсого; чьсомоу, чемоу.

9. Местоименные прилагательные на **-ликъ** (**толикъ**, **коликъ**, **ѥликъ**, **селикъ**), а также **мъногъ**, **дроугъ** встречаются как в именной, так и в членной форме и склоняются частично по твердому типу склонения прилагательных (именному или местоименному), частично имеют формы местоимений **тъ**, **то**, **та** — в тех падежах, в окончаниях которых имеется **ѣ**, т. е. в тв. ед. мужского и среднего рода, в род., дат. и местном мн. ч. всех родов, в им., вин. и зв. дв. ч. среднего и женского рода и дат., местном дв. ч. всех родов. Например, **толикъ**, **толицѣмь** и т. п.

10. У прилагательного **тоуждь** засвидетельствованы — кроме форм по мягкому адъективному типу (именному и членному) — также формы по образцу **мои**, **моѥ**, **моꙗ**.

IV ИМЕНА ЧИСЛИТЕЛЬНЫЕ

Как заглавные слова словарных статей числительные приводятся в нормализованных формах именительного падежа (у числительных, различающихся по роду,— в м. р.) и сопровождаются пометой *числ.* Числительные склоняются частью как существительные, частью как прилагательные, частью как местоимения.

1. Как существительные склоняются:

а) **триѥ** *м,* **три** *с* и *ж* по образцам **пѫть** *м,* **кость** *ж* во мн. ч.

б) **четꙑре** *м,* **четꙑри** *с* и *ж* по образцу **камꙑ** во мн. ч.

в) **пѧть**, **шесть**, **седмь**, **осмь**, **девѧть**, **десѧть** по образцу **кость**; числительное **десѧть**, кроме того, имеет дублетные формы м. р. с окончаниями по типу **камꙑ** в составе сложных числительных, а именно:

ва) в местн. ед. форму на **-е** в предложном сочетании **на десѧте**, образующем составную часть числительных 11—19, например, **ѥдинъ на десѧте**;

вб) в им. дв. форму на **-и** м. р. у числительного 20: **дъва десѧти**;

вв) в им. мн. форму на **-е** м. р. у числ. 30, 40: **триѥ десѧте**, **четꙑре десѧте** (//**три десѧти**, **четꙑри десѧти**);

вг) в род. мн. форму на **-ъ** у числ. 50—90, например, **пѧть десѧть**; во всех остальных падежных формах сложных числительных **десѧть** склоняется как указано в пункте в);

г) **съто** склоняется по образцу **лѣто**;

д) числ. **тꙑсѧщи**//**тꙑсѫщи** по образцу **богꙑни**.

2. Как прилагательные склоняются:

числительные порядковые как местоименные прил.:

по мягкому типу **третии**, по твердому типу все остальные (кроме **третии**), например, **прьвꙑи**, **пѧтꙑи**, **сътьнꙑи**.

3. Как местоимения склоняются:

а) количественные числительные **ѥдинъ** по образцу **тъ**; **дъва** и **оба** по тому же образцу в двойственном числе;

б) порядковые числительные **дъвои**, **обои**, **трои** по образцу **мои**.

V ГЛАГОЛЫ

Как заглавное слово в основной словарной статье приводится глагол в нормализованной форме инфинитива, за ним даются в нормализованной форме окончания 1 и 2 лица ед. ч. индикатива наст. вр. По окончанию 1-го л. индикатива (изъявит. наклонения) наст. вр. различаются: А. глаголы на **-мь** (атематические); Б. глаголы на **-ѫ/-ѭ** (тематические).

А. ТАБЛИЦА ФОРМ АТЕМАТИЧЕСКИХ ГЛАГОЛОВ

Инфинитив			быти	вѣдѣти	дати	ꙗсти	имѣти
Наст. вр.	Ед. ч.	1. 2. 3.	ѥсмь ѥси ѥстъ	вѣмь вѣси вѣстъ	дамь даси дастъ	ꙗмь ꙗси ꙗстъ	имамь имаши иматъ
	Мн. ч.	1. 2. 3.	ѥсмъ ѥсте сѫтъ	вѣмъ вѣсте вѣдѧтъ	дамъ дасте дадѧтъ	ꙗмъ ꙗсте ꙗдѧтъ	имамъ имате имѫтъ
	Дв. ч.	1. 2. 3.	ѥсвѣ ѥста ѥсте	вѣвѣ вѣста вѣсте	давѣ даста дасте	ꙗвѣ ꙗста ꙗсте	имавѣ имата имате
Наст. вр. сов. в. в знач. буд. вр.	Ед. ч.	1. 2. 3.	бѫдѫ бѫдеши бѫдетъ				
	Мн. ч.	1. 2. 3.	бѫдемъ бѫдете бѫдѫтъ				
	Дв. ч.	1. 2. 3.	бѫдевѣ бѫдета бѫдете				
Повел. накл.	Ед. ч.	2. 3.	бѫди бѫди	вѣждь вѣждь	даждь даждь	ꙗждь ꙗждь	имѣи имѣи
	Мн. ч.	1. 2.	бѫдѣмъ бѫдѣте	вѣдимъ вѣдите	дадимъ дадите	ꙗдимъ ꙗдите	имѣимъ имѣите
	Дв. ч.	1. 2.	бѫдѣвѣ бѫдѣта	вѣдивѣ вѣдита	дадивѣ дадита	ꙗдивѣ ꙗдита	имѣивѣ имѣита
Прич. наст. вр. действ. зал.		м с ж	сы сы сѫщи	вѣды вѣды вѣдѫщи	дады дады дадѫщи	ꙗды ꙗды ꙗдѫщи	имы//имѣѩ имы//имѣѩ имѫщи// имѣѭщи
Прич. наст. вр. страд. зал. м, с, ж				вѣдомъ, -о, -а //вѣдимъ, -о, -а		ꙗдомъ, -о, -а/ //ꙗдимъ, -о, -а	—

Инфинитив			быти	вѣдѣти	дати	ꙗсти	имѣти
Аорист	Ед. ч.	1. 2. 3.	быхъ бы//бысть бы//бысть	вѣдѣхъ вѣдѣ вѣдѣ	дахъ да//дасть да//дасть	ꙗсъ//ꙗхъ ꙗ//ꙗсть ꙗ//ꙗсть	имѣхъ имѣ имѣ
	Мн. ч.	1. 2. 3.	быхомъ бысте бышѧ	вѣдѣхомъ вѣдѣсте вѣдѣшѧ	дахомъ дасте дашѧ	ꙗсомъ//ꙗхомъ ꙗсте ꙗсѧ//ꙗшѧ	имѣхомъ имѣсте имѣшѧ
	Дв. ч.	1. 2. 3.	быховѣ быста бысте	вѣдѣховѣ вѣдѣста вѣдѣсте	даховѣ даста дасте	ꙗсовѣ//ꙗховѣ ꙗста ꙗсте	имѣховѣ имѣста имѣсте
Имперфект	Ед. ч.	1. 2. 3.	бѣхъ бѣ бѣ//бѣаше	вѣдѣахъ вѣдѣаше вѣдѣаше	дадѣахъ дадѣаше дадѣаше	ꙗдѣахъ ꙗдѣаше ꙗдѣаше	имѣахъ имѣаше имѣаше
	Мн. ч.	1. 2. 3.	бѣхомъ бѣсте бѣшѧ//бѣахѫ	вѣдѣахомъ вѣдѣашете вѣдѣахѫ	дадѣахомъ дадѣашете дадѣахѫ	ꙗдѣахомъ ꙗдѣашете ꙗдѣахѫ	имѣахомъ имѣашете имѣахѫ
	Дв. ч.	1. 2. 3.	бѣховѣ бѣста бѣсте//бѣа-шете	вѣдѣаховѣ вѣдѣашета вѣдѣашете	дадѣаховѣ дадѣашета дадѣашете	ꙗдѣаховѣ ꙗдѣашета ꙗдѣашете	имѣаховѣ имѣашета имѣашете
Прич. прош. вр. действ. зал.		м с ж	бывъ бывъ бывъши	вѣдѣвъ вѣдѣвъ вѣдѣвъши	давъ давъ давъши	ꙗдъ ꙗдъ ꙗдъши	имѣвъ имѣвъ имѣвъши
Прич. на -л- м, с, ж			былъ, -о, -а	вѣдѣлъ, -о, -а	далъ, -о, -а	ꙗлъ, -о, -а	имѣлъ, -о, -а
Прич. прош. вр. страд. зал. м, с, ж			(за-)бъвенъ, -о, -а	вѣдѣнъ, -о, -а	данъ -о, -а	ꙗденъ, -о, -а	
Супин			—	вѣдѣтъ	датъ	ꙗстъ	имѣтъ
Сослаг. накл.	Ед. ч.	1. 2. 3.	бимь//бихъ би би				
	Мн. ч.	1. 2. 3.	бимъ//бихомъ бисте бѫ//бишѧ				

Б. ТАБЛИЦЫ ФОРМ ТЕМАТИЧЕСКИХ ГЛАГОЛОВ

Тематические глаголы классифицируются: а) по основообразующему суффиксу наст. вр. (или: по суффиксу основы наст. вр.), который представлен в форме 2-го л. ед. ч. индикатива наст. вр. перед окончанием -ши как -е- (в том числе -не- и -ѥ-) и -и-; б) по суффиксу основы инфинитива, который представлен в форме инфинитива перед окончанием -ти как ∅ (нуль звука), -а-, -нѫ-, -ѣ-, -и-. Чтобы определить тип спряжения, необходимо, кроме того, принять во внимание также облик корня и возможные чередования его конечного согласного (например, к-:-ч-:-ц-, -т-:-щ- и др.) или целой группы его конечных фонем (например, -ьн-:-ѧ-, -ов-:-оу-, -ьр-:-рѣ- и др.).

Типы спряжения

Суффиксы основы настоящего времени		Суффиксы основы инфинитива				
		∅	-А-	-НѪ	-Ѣ-	-И-
-е-	1	вести, ведѫ, ведеши мощи, могѫ, можеши пѧти, пьнѫ, пьнеши мрѣти, мьрѫ, мьреши плоути, пловѫ, пловеши	зъвати, зовѫ, зовеши			
	2	стати, станѫ, станеши		двигнѫти, двигнѫ, двигнеши минѫти, минѫ, минеши		
	3	знати, знаѭ, знаѥши брати, борѭ, борѥши	глаголати, глаголѭ, глаголѥши плакати, плачѫ, плачеши вѣровати, вѣроуѭ, вѣроуѥши			
-и-			съпати, съплѭ, съпиши дрьжати, дрьжѫ, дрьжиши		трьпѣти, трьплѭ, трьпиши	хвалити, хвалѭ, хвалиши просити, прошѫ, просиши

Образцы спряжения глаголов с основой настоящего времени на -є- (1-я группа)

Инфинитив			вести	моѱи (реѱи)	пѧти	мрѣти (трьти)	плоути	зъвати
Наст. вр.	Ед. ч.	1.	ведѫ	могѫ	пьнѫ	мьрѫ	пловѫ	зовѫ
		2.	ведеши	можеши	пьнеши	мьреши	пловеши	зовеши
		3.	ведетъ	можетъ	пьнетъ	мьретъ	пловетъ	зоветъ
	Мн. ч.	1.	ведемъ	можемъ	пьнемъ	мьремъ	пловемъ	зовемъ
		2.	ведете	можете	пьнете	мьрете	пловете	зовете
		3.	ведѫтъ	могѫтъ	пьнѫтъ	мьрѫтъ	пловѫтъ	зовѫтъ
	Дв. ч.	1.	ведевѣ	можевѣ	пьневѣ	мьревѣ	пловевѣ	зовевѣ
		2.	ведета	можета	пьнета	мьрета	пловета	зовета
		3.	ведете	можете	пьнете	мьрете	пловете	зовете
Повел. накл.	Ед. ч.	2.	веди	моѕи//-зи	пьни	мьри	плови	зови
		3.	веди	моѕи//-зи	пьни	мьри	плови	зови
	Мн. ч.	1.	ведѣмъ	моѕѣмъ// -з-	пьнѣмъ	мьрѣмъ	пловѣмъ	зовѣмъ
		2.	ведѣте	моѕѣте// -з-	пьнѣте	мьрѣте	пловѣте	зовѣте
	Дв. ч.	1.	ведѣвѣ	моѕѣвѣ// -з-	пьнѣвѣ	мьрѣвѣ	пловѣвѣ	зовѣвѣ
		2.	ведѣта	моѕѣта// -з-	пьнѣта	мьрѣта	пловѣта	зовѣта
Прич. наст. вр. действ. зал.		м	ведꙑ	могꙑ	пьнꙑ	мьрꙑ	пловꙑ	зовꙑ
		с	ведꙑ	могꙑ	пьнꙑ	мьрꙑ	пловꙑ	зовꙑ
		ж	ведѫщи	могѫщи	пьнѫщи	мьрѫщи	пловѫщи	зовѫщи
Прич. наст. вр. страд. зал. м, с, ж			ведомъ, -о, -а	(рекомъ, -о, -а)	пьномъ, -о, -а	(търомъ, -о, -а)		зовомъ, -о, -а
Асигм. аорист	Ед. ч.	1.	ведъ	могъ				
		2.	веде	може				
		3.	веде	може		(отьре)		
	Мн. ч.	1.	ведомъ	могомъ				
		2.	ведете	можете				
		3.	ведѫ	могѫ				
	Дв. ч.	1.	ведовѣ	моговѣ				
		2.	ведета	можета				
		3.	ведете	можете				

Сигм. аорист I	Ед. ч.	1. 2. 3.	вѣсъ [веде] [веде]	рѣхъ [рече] [рече]	пѧсъ//пѧхъ пѧ пѧ	мрѣхъ мрѣ мрѣ	плоухъ плоу плоу	зъвахъ зъва зъва
	Мн. ч.	1. 2. 3.	вѣсомъ вѣсте вѣсѧ	рѣхомъ рѣсте рѣшѧ	пѧсомъ//пѧхомъ пѧсте пѧсѧ//пѧшѧ	мрѣхомъ мрѣсте мрѣшѧ	плоухомъ плоусте плоушѧ	зъвахомъ зъвасте зъвашѧ
	Дв. ч.	1. 2. 3.	вѣсовѣ вѣста вѣсте	рѣховѣ рѣста рѣсте	пѧсовѣ//пѧховѣ пѧста пѧсте	мрѣховѣ мрѣста мрѣсте	плоуховѣ плоуста плоусте	зъваховѣ зъваста зъвасте
Сигм. аорист II	Ед. ч.	1. 2. 3.	ведохъ [веде] [веде]	могохъ [може] [може]				
	Мн. ч.	1. 2. 3.	ведохомъ ведосте ведошѧ	могохомъ могосте могошѧ				
	Дв. ч.	1. 2. 3.	ведоховѣ ведоста ведосте	могоховѣ могоста могосте				
Импер-фект	Ед. ч.	1. 2. 3.	ведѣахъ ведѣаше ведѣаше	можаахъ можааше можааше	пьнѣахъ пьнѣаше пьнѣаше	мьрѣахъ мьрѣаше мьрѣаше	пловѣахъ пловѣаше пловѣаше	зъваахъ зъвааше зъвааше
	Мн. ч.	1. 2. 3.	ведѣахомъ ведѣашете ведѣахѫ	можаахомъ можаашете можаахѫ	пьнѣахомъ пьнѣашете пьнѣахѫ	мьрѣахомъ мьрѣашете мьрѣахѫ	пловѣахомъ пловѣашете пловѣахѫ	зъваахомъ зъваашете зъваахѫ
	Дв. ч.	1. 2. 3.	ведѣаховѣ ведѣашета ведѣашете	можааховѣ можаашета можаашете	пьнѣаховѣ пьнѣашета пьнѣашете	мьрѣаховѣ мьрѣашета мьрѣашете	пловѣаховѣ повѣашета пловѣашете	зъвааховѣ зъваашета зъваашете
Прич. прош. вр. действ. зал.	м с ж		ведъ ведъ ведъши	могъ могъ могъши	пьнъ пьнъ пьнъши	мьръ мьръ мьръши	плоувъ плоувъ плоувъши	зъвавъ зъвавъ зъвавъши
Прич. на -л- м, с, ж			велъ, -о, -а	моглъ, -о, -а	пѧлъ, -о, -а	мрьлъ, -о, -а	плоулъ, -о, -а	зъвалъ, -о, -а
Прич. прош. вр. страд. зал. м, с, ж			веденъ, -о, -а	(реченъ, -о, -а)	пѧтъ, -о, -а	(тьренъ, -о, -а// трьтъ, -о, -а)	пловенъ, -о, -о	зъванъ, -о, -а
Супин			вестъ	мощь	пѧтъ	мрѣтъ	плоутъ	зъватъ

Вместо не засвидетельствованных в письменности форм 2-го и 3-го л. ед. ч. I сигматического и II сигматического аориста глагола **вести** в квадратных скобках даются формы асигматического аориста от этого глагола, а в типе **мощи** — от глагола **рещи**.

Образцы спряжения глаголов с основой настоящего времени на -е- (2-я группа)

Инфинитив			двигнѫти (коснѫти)	минѫти (ринѫти)	стати
Наст. вр.	Ед. ч.	1.	двигнѫ	минѫ	станѫ
		2.	двигнеши	минеши	станеши
		3.	двигнетъ	минетъ	станетъ
	Мн. ч.	1.	двигнемъ	минемъ	станемъ
		2.	двигнете	минете	станете
		3.	двигнѫтъ	минѫтъ	станѫтъ
	Дв. ч.	1.	двигневѣ	миневѣ	станевѣ
		2.	двигнета	минета	станета
		3.	двигнете	минете	станете
Повел. накл.	Ед. ч.	2.	двигни	мини	стани
		3.	двигни	мини	стани
	Мн. ч.	1.	двигнѣмъ	минѣмъ	станѣмъ
		2.	двигнѣте	минѣте	станѣте
	Дв. ч.	1.	двигнѣвѣ	минѣвѣ	станѣвѣ
		2.	двигнѣта	минѣта	станѣта
Прич. наст. вр. действ. зал.		м	двигны	минны	станы
		с	двигны	минны	станы
		ж	двигнѫщи	минѫщи	станѫщи
Прич. наст. вр. страд. зал. м, с, ж			(неистрьгномъ, -о, -а)		
Асигм. аорист	Ед. ч.	1.	двигъ		
		2.	движе		
		3.	движе		
	Мн. ч.	1.	двигомъ		
		2.	дижете		
		3.	двигѫ		
	Дв. ч.	1.	двиговѣ		
		2.	движета		
		3.	движете		

Сигм. аорист I	Ед. ч.	1. 2. 3.	(коснѫхъ коснѫ коснѫ	минѫхъ минѫ минѫ	стахъ ста ста
	Мн. ч.	1. 2. 3.	коснѫхомъ коснѫстє коснѫшѧ	минѫхомъ минѫстє минѫшѧ	стахомъ стастє сташѧ
	Дв. ч.	1. 2. 3.	коснѫховѣ коснѫста коснѫстє)	минѫховѣ минѫста минѫстє	стаховѣ стаста стастє
Сигм. аорист II	Ед. ч.	1. 2. 3.	двигохъ [движє] [движє]		
	Мн. ч.	1. 2. 3.	двигохомъ двигостє двигошѧ		
	Дв. ч.	1. 2. 3.	двигоховѣ двигоста двигостє		
Имперфект	Ед. ч.	1. 2. 3.	(по)двигнѣахъ (по)двигнѣашє (по)двигнѣашє	(ринѣахъ ринѣашє ринѣашє	(о)станѣахъ (о)станѣашє (о)станѣашє
	Мн. ч.	1. 2. 3.	(по)двигнѣахомъ (по)двигнѣашєтє (по)двигнѣахѫ	ринѣахомъ ринѣашєтє ринѣахѫ	(о)станѣахомъ (о)станѣашєтє (о)станѣахѫ
	Дв. ч.	1. 2. 3.	(по)двигнѣаховѣ (по)двигнѣашєта (по)двигнѣашєтє	ринѣаховѣ ринѣашєта ринѣашєтє)	(о)станѣаховѣ (о)станѣашєта (о)станѣашєтє
Прич. прош. вр. действ. зал.		м с ж	двигъ двигъ двигъши	минѫвъ минѫвъ минѫвъши	ставъ ставъ ставъши
Прич. на -л- м, с, ж			двиглъ, -о, -а	минѫлъ, -о, -а	сталъ, -о, -а
Прич. прош. вр. страд. зал. м, с, ж			движенъ, -о, -а //двигновенъ, -о, -а		
Супин					статъ

Образцы спряжения глаголов с основой настоящего времени на -є-
(3-я группа)

Инфинитив			знати	брати (клати)	глаголати	плакати	вѣровати
Наст. вр.	Ед. ч.	1. 2. 3.	знаѭ знаѥши знаѥтъ	борѭ борѥши борѥтъ	глаголѭ глаголѥши глаголѥтъ	плачѫ плачеши плачетъ	вѣроуѭ вѣроуѥши вѣроуѥтъ
	Мн. ч.	1. 2. 3.	знаѥмъ знаѥте знаѭтъ	борѥмъ борѥте борѭтъ	глаголѥмъ глаголѥте глаголѭтъ	плачемъ плачете плачѫтъ	вѣроуѥмъ вѣроуѥте вѣроуѭтъ
	Дв. ч.	1. 2. 3.	знаѥвѣ знаѥта знаѥте	борѥвѣ борѥта борѥте	глаголѥвѣ глаголѥта глаголѥте	плачевѣ плачета плачете	вѣроуѥвѣ вѣроуѥта вѣроуѥте
Повел. накл.	Ед. ч.		знаи знаи	бор҄и бор҄и	глагол҄и глагол҄и	плачи плачи	вѣроуи вѣроуи
	Мн. ч.		знаимъ знаите	бор҄имъ бор҄ите	глагол҄имъ глагол҄ите	плачимъ плачите	вѣроуимъ вѣроуите
	Дв. ч.		знаивѣ знаита	бор҄ивѣ бор҄ита	глагол҄ивѣ глагол҄ита	плачивѣ плачита	вѣроуивѣ вѣроуита
Прич. наст. вр. действ. зал.		м с ж	знаѧ знаѧ знаѭщи	борѧ борѧ борѭщи	глаголѧ глаголѧ глаголѭщи	плачѧ плачѧ плачѫщи	вѣроуѧ вѣроуѧ вѣроуѭщи
Прич. наст. вр. страд. зал. м, с, ж			знаѥмъ, -о, -а	(колѥмъ, -о, -а)	глаголѥмъ, -о, -а		вѣроуѥмъ, -о, -а

Сигм. аорист I	Ед. ч.	1. 2. 3.	знахъ зна зна	брахъ бра бра	глаголахъ глагола глагола	плакахъ плака плака	вѣровахъ вѣрова вѣрова
	Мн. ч.	1. 2. 3.	знахомъ знасте знашѧ	брахомъ брасте брашѧ	глаголахомъ глаголасте глаголашѧ	плакахомъ плакасте плакашѧ	вѣровахомъ вѣровасте вѣровашѧ
	Дв. ч.	1. 2. 3.	знаховѣ знаста знасте	браховѣ браста брасте	глаголаховѣ глаголаста глаголасте	плакаховѣ плакаста плакасте	вѣроваховѣ вѣроваста вѣровасте
Импер-фект	Ед. ч.	1. 2. 3.	знаахъ знааше знааше	борꙗахъ борꙗаше борꙗаше	глаголаахъ глаголааше глаголааше	плакаахъ плакааше плакааше	вѣроваахъ вѣровааше вѣровааше
	Мн. ч.	1. 2. 3.	знаахомъ знаашете знаахѫ	борꙗахомъ борꙗашете борꙗахѫ	глаголаахомъ глаголаашете глаголаахѫ	плакаахомъ плакаашете плакаахѫ	вѣроваахомъ вѣроваашете вѣроваахѫ
	Дв. ч.	1. 2. 3.	знааховѣ знаашета знаашете	борꙗаховѣ борꙗашета борꙗашете	глаголааховѣ глаголаашета глаголаашете	плакааховѣ плакаашета плакаашете	вѣровааховѣ вѣроваашета вѣроваашете
Прич. прош. вр. действ. зал.		м с ж	знавъ знавъ знавъши	бравъ бравъ бравъши	глаголавъ глаголавъ глаголавъши	плакавъ плакавъ плакавъши	вѣровавъ вѣровавъ вѣровавъши
Прич. на -л- м, с, ж			зналъ, -о, -а	бралъ, -о, -а	глаголалъ, -о, -а	плакалъ, -о, -а	вѣровалъ, -о, -а
Прич. прош. вр. страд. зал. м, с, ж			знанъ, -о, -а	боренъ, -о, -а	глаголанъ, -о, -а	плаканъ, -о -а	вѣрованъ, -о, -а
Супин			знатъ	братъ	глаголатъ	плакатъ	вѣроватъ

Образцы спряжения глаголов с основой настоящего времени на -и-

Инфинитив			съпати	дрьжати	трьпѣти	хвалити	просити
Наст. вр.	Ед. ч.	1. 2. 3.	съплѭ съпиши съпитъ	дрьжѫ дрьжиши дрьжитъ	трьплѭ трьпиши трьпитъ	хвалѭ хвалиши хвалитъ	прошѫ просиши проситъ
	Мн. ч.	1. 2. 3.	съпимъ съпите съпѧтъ	дрьжимъ дрьжите дрьжѧтъ	трьпимъ трьпите трьпѧтъ	хвалимъ хвалите хвалѧтъ	просимъ просите просѧтъ
	Дв. ч.	1. 2. 3.	съпивѣ съпита съпите	дрьживѣ дрьжита дрьжите	трьпивѣ трьпита трьпите	хваливѣ хвалита хвалите	просивѣ просита просите
Повел. накл.	Ед. ч.	2. 3.	съпи съпи	дрьжи дрьжи	трьпи трьпи	хвали хвали	проси проси
	Мн. ч.	1. 2.	съпимъ съпите	дрьжимъ дрьжите	трьпимъ трьпите	хвалимъ хвалите	просимъ просите
	Дв. ч.	1. 2.	съпивѣ съпита	дрьживѣ дрьжита	трьпивѣ трьпита	хваливѣ хвалита	просивѣ просита
Прич. наст. вр. действ. зал.		м с ж	съпѧ съпѧ съпѧщи	дрьжѧ дрьжѧ дрьжѧщи	трьпѧ трьпѧ трьпѧщи	хвалѧ хвалѧ хвалѧщи	просѧ просѧ просѧщи
Прич. наст. вр. страд. зал. м, с, ж				дрьжимъ, -о, -а	трьпимъ, -о, -а	хвалимъ, -о, -а	просимъ, -о, -а

продолжение

Инфинитив			съпати	дрьжати	трьпѣти	хвалити	просити
Сигм. аорист	Ед. ч.	1. 2. 3.	съпахъ съпа съпа	дрьжахъ дрьжа дрьжа	трьпѣхъ трьпѣ трьпѣ	хвалихъ хвали хвали	просихъ проси проси
	Мн. ч.	1. 2. 3.	съпахомъ съпасте съпашѧ	дрьжахомъ дрьжасте дрьжашѧ	трьпѣхомъ трьпѣсте трьпѣшѧ	хвалихомъ хвалисте хвалишѧ	просихомъ просисте просишѧ
	Дв. ч.	1. 2. 3.	съпаховѣ съпаста съпасте	дрьжаховѣ дрьжаста дрьжасте	трьпѣховѣ трьпѣста трьпѣсте	хвалиховѣ хвалиста хвалисте	просиховѣ просиста просисте
Импер-фект	Ед. ч.	1. 2. 3.	съпаахъ съпааше съпааше	дрьжаахъ дрьжааше дрьжааше	трьпѣахъ трьпѣаше трьпѣаше	хвалꙗахъ хвалꙗаше хвалꙗаше	прошаахъ прошааше прошааше
	Мн. ч.	1. 2. 3.	съпаахомъ съпаашете съпаахѫ	дрьжаахомъ дрьжаашете дрьжаахѫ	трьпѣахомъ трьпѣашете трьпѣахѫ	хвалꙗахомъ хвалꙗашете хвалꙗахѫ	прошаахомъ прошаашете прошаахѫ
	Дв. ч.	1. 2. 3.	съпааховѣ съпаашета съпаашете	дрьжааховѣ дрьжаашета дрьжаашете	трьпѣаховѣ трьпѣашета трьпѣашете	хвалꙗаховѣ хвалꙗашета хвалꙗашете	прошааховѣ прошаашета прошаашете
Прич. прош. вр. действ. зал.		м с ж	съпавъ съпавъ съпавъши	дрьжавъ дрьжавъ дрьжавъши	трьпѣвъ трьпѣвъ трьпѣвъши	хвал҄ь хвал҄ь хвал҄ьши	прошь прошь прошьши
Прич. на -л- **м, с, ж**			съпалъ, -о, -а	дрьжалъ, -о, -а	трьпѣлъ, -о, -а	хвалилъ, -о, -а	просилъ, -о, -а
Прич. прош. вр. страд. зал. м, с, ж				дрьжанъ, -о, -а	трьпѣнъ, -о, -а	хвалѥнъ, -о, -а	прошенъ, -о, -а
Супин			съпатъ	дрьжатъ	трьпѣтъ	хвалитъ	проситъ

1. Глагол видѣти частично спрягается по образцу трьпѣти, но во 2 и 3 л. ед. повелит. накл.— по образцу атематического глагола вѣдѣти, т. е. виждь.

2. Глагол хотѣти//хътѣти имеет в индикативе наст. вр. смешанное спряжение: частично по типу плакати, частично по типу трьпѣти:

	ед.	мн.	дв.
1.	хощѫ	хощемъ	хощевѣ
2.	хощеши	хощете	хощета
3.	хощетъ	хотѧтъ	хощете

3. Дублетные формы имеет в индикативе наст. вр. глагол довьлѣти:

	ед.	мн.	дв.
1.	довьлѭ//довьлѣѭ	довьлѥмъ//довьлѣѥмъ	довьлѥвѣ//довьлѣѥвѣ
2.	довьлѥши//довьлѣѥши	довьлѥте//довьлѣѥте	довьлѥта//довьлѣѥта
3.	довьлѥть//довьлѣѥтъ	довьлѭтъ//довьлѣѭтъ//довьлѧть	довьлѥте//довьлѣѥте

4. Дублетные формы наст. вр. имеют глаголы искати: искѫ//ищеши и метати: метѫ//мещѫ//метаѭ, метеши//мещеши//метаѥши.

5. Некоторые глаголы, спрягаемые по типу знати, имеют дублетные основы инфинитива с нулевым суффиксом или с суффиксом -а-, например, сѣти//сѣꙗти, сѣѭ, сѣѥши.

6. Некоторые глаголы 3-й группы с основой наст. вр. на -е- образуют наст. вр. двояким способом, например, съвѧзати, съвѧзаѭ//съвѧжѫ.

7. Глагол ити имеет супплетивные формы: а) от основы и- (инф. ити, супин итъ); б) от основы ид- (наст. вр. идѫ, императив иди, прич. наст. вр. действ. зал. иды, аорист асигматич. идъ, аорист сигмат. II идохъ, имперфект идѣахъ); в) от основы шьд- (прич. прош. вр. действ. залога шьд-, прич. прош. вр. действ. залога шьлъ).

Аналогично глагол ꙗхати образует супплетивные формы от основы ꙗдъ- (наст. вр. ꙗдѫ, императив ꙗди, прич. наст. вр. действ. зал. ꙗды, аорист асигматический ꙗдъ, аорист сигмат. II ꙗдохъ, имперфект ꙗдѣахъ), от основы ꙗ- (прич. прош. вр. действ. зал. ꙗвъ), от основы ꙗха- (инфинитив ꙗхати, супин ꙗхатъ, дублеты причастия прош. вр. действ. залога ꙗхавъ и императив ꙗхаи).

8. У глаголов 3-й группы с основой наст. вр. на -е- относительно редко возникают дублетные формы в результате ассимиляции -аѥ-//-аа-, -ѣѥ-//-ѣа-, -оуѥ-//-оуоу- (подобно дублетам в склонении сложных прилагательных), например, подобаѥтъ//подобаатъ, питѣѥтъ//питѣатъ, вѣроуѥтъ//вѣроуоутъ.

9. В имперфекте изредка возникают дублетные формы в результате стяжения в сочетаниях -ѣа->-ѣ-, -аа->-а-, например, вѣдѣахъ//вѣдѣхъ, крыꙗахъ//крыꙗхъ.

10. В формах сигматического аориста I у некоторых глаголов (особенно у глаголов с корневым носовым и у атематического глагола ꙗсти) имеются дублетные формы, с одной стороны, с архаичным окончанием на -с-, с другой, с новыми, возникшими по аналогии, окончаниями с -х-, -ш-, например, пѧсъ//пѧхъ, пѧсѧ//пѧшѧ.

11. В 3 л. ед. наст. вр. как дублеты встречаются формы без окончания -тъ (преимущественно в *Супр*), например, достоитъ//достои.

12. В 1 л. мн. в индикативе наст. вр. и в повелит. наклонении наряду с обычным окончанием -мъ встречается изредка и дублетное окончание -мы (преимущественно в *Супр*), например, мы вѣмъ//мы вѣмы, прѣбѫдѣмъ//прѣбѫдѣмы.

13. В 1 л. дв. наряду с обычным окончанием -вѣ изредка встречается (в более поздних рукописях) также дублетное окончание -ва, например, дѣлаѥвѣ//дѣлаѥва.

14. В 3 л. дв. наряду с окончанием -те широко представлено (со времени наиболее ранних памятников и позднее) также дублетное окончание -та не только в наст. вр., но также и в формах аориста и имперфекта, например, дъва раба идете//дъва раба идета; в ж. и с. родах в поздних памятниках изредка встречается и окончание -тѣ, например, дъвѣ женѣ идетѣ.

15. Во 2 л. ед. повелит. наклонения атематических глаголов в *Евх* наряду с ожидаемым окончанием -ь как дублетное представлено также окончание -и (по аналогии с тематическими глаголами), например, вѣждь//вѣжди.

16. Во мн. ч. форм повелит. наклонения у некоторых глаголов 3-й группы с основой наст. вр. на -е- наряду с регулярным окончанием -имъ, -ите как дублетные встречаются также окончания с -ѣ-, -а-//-ꙗ-, например, глаголите//глаголѣте, покажите//покажѣте, плачите//плачате, биите//биꙗте.

17. Во 2 и 3 л. сигматического аориста у некоторых глаголов с односложным корнем наряду с регулярным нулевым окончанием употребляется также окончание -**тъ**, преимущественно у атематических глаголов **дати** и **ꙗсти** (у **бꙑти** — окончание -**стъ**), у глаголов типа **пѧти**, **мрѣти** и **бити**, например, **да//дастъ**, **пѧ//пѧтъ**, **пови//повитъ**.

18. При образовании форм имперфекта у некоторых глаголов встречаются наряду с формами, произведенными от основы инфинитива, также дублетные окончания, образованные от основы, преобразованной по аналогии с основой наст. вр.; уже в ранних старославянских рукописях такая дублетность имеет место у глаголов типа **зъвати**, например, **бьраахъ//берѣахъ**, **зъваахъ//зовѣахъ**. У других глаголов подобные дублеты наблюдаются реже, при этом преимущественно в поздних старославянских рукописях, например, **метаахъ//мещаахъ**, **вѣровааше//вѣроуꙗше**.

19. Во 2 л. мн. и во 2 и 3 л. дв. имперфекта наряду с ожидаемыми окончаниями -**шете**, -**шета**, -**шете** представлены дублетные окончания -**сте**, -**ста**, -**сте** по аналогии с флексиями сигматического аориста (преимущественно в кириллических памятниках).

20. В им. ед. м. местоименных форм причастий наст. вр. действит. залога атематических глаголов и тематических с основой наст. времени на -**е**- наряду с окончанием -**ꙑи** представлены также окончания с носовыми -**ѧи**, -**ѫи**, в *Зогр* и *Мар* преимущественно с «носовым с хвостиком» (в кириллической транскрипции **ѧ**), например, **грѧдѧи**, **живѫи**, **сѧи**.

21. У глаголов типа **двигнѫти** в причастиях прош. вр. действит. залога окончание нередко присоединяется непосредственно к корню, например, **прибѣгнѫти → прибѣгъ**; наоборот: **навꙑкнѫти → навꙑклъ**.

22. У глаголов с основой наст. вр. на -**и**- и с основой инфинитива на -**и**- в формах прич. прош. вр. действит. залога наряду с исконными формами представлены (преимущественно в поздних старославянских рукописях) также дублетные образования по аналогии с типом **трьпѣти**, например, **расточь//расточивъ**.

23. У некоторых глаголов употребляются дублеты форм прич. прош. вр. страдат. залога, а именно:

а) у глаголов 1-й и 3-й группы с основой наст. вр. на -**е**- дублеты -**тъ**//-**(е)нъ**, например, **прострьтъ//простьренъ**, **сѣтъ//сѣꙗнъ**;

б) у глаголов 2-й группы с основой наст. вр. на -**е**- окончание -**енъ** иногда присоединяется непосредственно к корню, а иногда к корню, расширенному суффиксом -**нов**-, например **двигнѫти:движенъ//двигновенъ**;

в) у глаголов типа **брати**, **борѭ**, **боркши** возможны дублеты с -**нъ**, присоединяемым или к основе инфинитива, например, **кланъ**, или же к основе наст. вр., например, **колѥнъ**.

ОСНОВНЫЕ ПОСОБИЯ ПО ГРАММАТИКЕ СТАРОСЛАВЯНСКОГО ЯЗЫКА

Более подробные сведения о фонетико-фонологических и морфологических особенностях старославянского языка можно найти в грамматиках старославянского языка.

Горшков А. И. Старославянский язык. М., 1963

Граматика на старобългарския език. Глав. ред. И. Дуриданов, ред. колегия: Е. Дограмаджиева, А. Минчева. БАН, София, 1991

Гурьева Е. И. Старославянский язык. Тарту, 1971

Гълъбов И. Старобългарски език с увод в славянското езикознание. София, 1980

Добрев И. Старобългарска граматика. София, 1982

Елкина Н. М. Старославянский язык. М., 1960

Иванова Т. А. Старославянский язык. М., 1977

Кривчик В. Ф., Можейко Н. С. Старославянский язык. Минск, 1970

Кульбакин С. М. Древне-церковно-словянскій язык. Харьков, 1917

Майборода А. В. Старослов'яньска мова. Київ, 1975

Матвеева-Исаева А. В. Лекции по старославянскому языку. Л., 1958

Мирчев К. Старобългарски език. София, 1972. То же. 2-е изд., София, 1985

Никифоров И. Д. Старославянский язык. М., 1952

Селищев А. М. Старославянский язык. М., 1951—1952. Т. 1—2

Скупский Б. П. Старославянский язык. Махачкала, 1965—1967. Т. 1—2

Хабургаев Г. А. Старославянский язык. М., 1974. То же. 2-е изд., М., 1986

Ђорђић П. Старословенски језик. Нови Сад, 1975

Aitzetmüller R. Altbulgarische Grammatik als Einführung in die slavische Sprachwissenschaft. Freiburg, 1978

Bartula Cz. Podstawowe wiadomości z gramatyki staro-cerkiewno-słowiańskiej na tle porównawczym. Warszawa, 1981

Bielfeldt H. H. Altslavische Grammatik. Halle/Saale, 1961

Diels P. Altkirchenslavische Grammatik. Heidelberg 1932. То же 2-е изд. Heidelberg, 1963

Hamm J. Staroslavenska gramatika. Zagreb, 1963

Kulbakin Št. Mluvnice jazyka staroslověnského. Praha, 1948

Kurz J. Učebnice jazyka staroslověnského. Praha, 1969

Le Guillou J.-Y. Grammaire du vieux bulgare (vieux slave). Budapest — Paris, 1984

Lehr-Spławiński T., Bartula Cz. Zarys gramatyki języka staro-cerkiewno-słowiańskiego na tle porównawczym. Wrocław — Warszawa — Kraków — Gdańsk, 1973

Leskien A. Handbuch der altbulgarischen (altkirchenslavischen) Sprache. Heidelberg, 1969

Lunt H. G. Old Church Slavonic Grammar. Hague, 1955. То же. 6-е изд. Hague, 1974

Łoś J. Gramatyka starosłłowiańska. Lwów—Warszawa—Kraków, 1922

Nandriş G. Handbook of Old Church Slavonic I. Old Church Slavonic Grammar. London, 1959

Pastrnek F. Tvarosloví jazyka staroslověnského s úvodem a ukázkami. Praha, 1912

Słoński St. Gramatyka języka starosłowiańskiego (starobułgarskiego). Warszawa, 1950

Schmalstieg W. R. An Introduction to Old Church Slavic. Cambridge, Mass., 1976. То же. 2-е изд. Cambridge, Mass., 1983

Stanislav J. Starosloviensky jazyk, т. 1 Bratislava, 1978; т. 2 Bratislava, 1987

Trubetzkoy N. S. Altkirchenslavische Grammatik. Wien, 1954. То же. 2-е изд. Wien, 1968

Vaillant A. Manuel du vieux slave. Paris, 1948. Перевод на русский язык: Вайян А. Руководство по старославянскому языку. М., 1952

Večerka R. Staroslověnština. Praha, 1984

Vondrák V. Altkirchenslavische Grammatik. Berlin, 1900. То же 2-е изд. Berlin, 1912

Weingart M. Rukověť jazyka staroslověnského, т. 1. Praha, 1937; т. 2 Praha, 1938

Van Wijk N. Geschichte der altkirchenslavischen Sprache. Berlin; Leipzig, 1931. Перевод на русский язык: Ван-Вейк Н. История старославянского языка. М., 1957

Справочное издание

СТАРОСЛАВЯНСКИЙ СЛОВАРЬ

(по рукописям X—XI веков)

Ведущие редакторы:
Д. А. ДЛУГИ
Н. Ф. АФОНИН

Редактор:
А. В. ЧИРКОВА

Художественный редактор
В. Г. ТЕРЕХОВ

Технический редактор
Э. Т. СОБОЛЕВСКАЯ

ИБ № 6700
Лицензия ЛР № 010155 от 04.01.92 г.

Сдано в набор 16.12.93. Подписано в печать 22.03.94. Формат 70×100[1]/16. Бумага офсетная. Гарнитура кудр.-энцикл. Печать офсетная. Усл. печ. л. 68,9. Усл. кр.-отт. 68,9. Уч.-изд. л. 92,76. Тираж 5060 экз. Заказ № 777. С 040.

Издательство «Русский язык» Комитета Российской Федерации по печати и информации. 103012, Москва, Старопанский пер., 1/5.

Диапозитивы изготовлены в ордена Трудового Красного Знамени ГП «Техническая книга» Комитета Российской Федерации по печати и информации. 198052, г. Санкт-Петербург, Измайловский пр., 29.

Отпечатано в ГПП «Печатный Двор» Комитета Российской Федерации по печати и информации. 197110, г. Санкт-Петербург, Чкаловский пр., 15.

ДЛЯ ЗАМЕТОК

ДЛЯ ЗАМЕТОК

ДЛЯ ЗАМЕТОК

ДЛЯ ЗАМЕТОК

ДЛЯ ЗАМЕТОК